U0554778

“十三五”国家重点出版物出版规划项目

中国当代法学家文库

赵秉志刑法研究系列

# 刑法完善与理论发展（上卷）

赵秉志 著

中国人民大学出版社

·北京·

# 前 言

现代法治是当代国际社会的基本共识和进步趋势。晚近四十余年来，中国社会的巨大发展变迁也伴随着其法治建设的进步。在 20 世纪 70 年代末、80 年代初，中国在拉开改革开放帷幕的同时，也开始了建设现代法律制度的探索。① 自中国共产党十八大，尤其是十九大以来，中国社会步入了一个新的发展时期，党和国家对依法治国、建设社会主义现代法治国家呈现出前所未有的清醒认识和高度重视。党的十九届六中全会通过的《中共中央关于党的百年奋斗重大成就和历史经验的决议》指出："党的十八大以来，中国特色社会主义法治体系不断健全，法治中国迈出坚实步伐，法治固根本、稳预期、利长远的保障作用进一步发挥，党运用法治方式领导和治理国家的能力显著增强。"2014 年 10 月中国共产党十八届四中全会通过了《中共中央关于全面推进依法治国若干重大问题的决定》，

① 虽然在实行改革开放以后至 1996 年的近 20 年间，在中央个别文件以及党和国家一些领导人的讲话中，曾屡次出现过"社会主义法治""法治""依法治国"的提法，但当时通行的还是建设"社会主义法制"即主要着眼于法律制度建设的主张；直到 1997 年中国共产党十五大报告首次明确提出"依法治国，建设社会主义法治国家"的治国方略和奋斗目标，自此方开启了我国实行依法治国、建设社会主义法治国家的新征程。李步云，黎青. 从"法制"到"法治"二十年改一字——建国以来法学界重大事件研究(26). 法学，1999 (7). 李步云，陈贵民. 关于法治与法制的区别. 人大工作通讯，1998 (8). 江泽民. 高举邓小平理论伟大旗帜，把建设有中国特色社会主义事业全面推向二十一世纪（在中国共产党第十五次全国代表大会上的报告，1997 年 9 月 12 日).



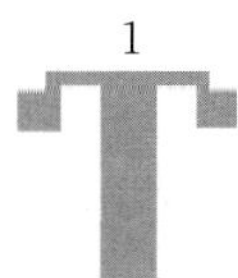

2020 年 11 月中共中央召开了中央全面依法治国工作会议，2020 年 12 月中共中央印发了《法治社会建设实施纲要（2020—2025)》。这是我们党和国家实行依法治国的宣言，是中国建设社会主义现代法治国家的号角。中国现代法治建设带来了法学理论的繁荣，法学理论的发展又促进乃至引导了建设现代法治的实践，当代中国的法治建设与法学理论研究呈现出良性互动的关系。作为一名在 20 世纪 50 年代中期出生的法学理论工作者，我是非常幸运的。我学习、研究法律和法学的岁月大体与国家实行改革开放、建设现代法治及繁荣发展法学理论的四十余年历程同步，又得到名师[①]教诲和扶持，加之其他多种有利条件和自己的努力，使本人得以在法学教学研究和参与立法、司法实践方面都有所贡献。每每想到这些，我都深有感慨，并对本人成长历程所处的国家大变革和建设现代法治的时代，对恩师和曾给本人以各种帮助的各有关方面，由衷地充满了感恩之心、感激之情。

作为一名刑法学者，从事刑法学理论研究是我的使命，也是我的学术兴趣所在。刑法是国家的基本法律，也是应用性极强的法律，在社会大变革时期，中国刑法还呈现出变动不居的特征。在以刑法及其适用为主要研究对象的刑法学理论研究中，我一向认为，撰写和发表论文正是一种及时关注和探索层出不穷的现代刑法理论与实务问题的恰当方式，一定时期专业论文的积累、梳理与选编出版又可以反映和检视研究者学术研究的轨迹与得失[②]；学术文集（选集）在很大程度上体现了作者学术研究的广度和深度，反映了学者的学术敏感性和学术见解水准。[③] 秉持这种认识，撰写和发表论文是本人走上刑法学研究道路以来始终坚持和重视的学术研究主要形式之一，选编和出版学术文集，尤其是按时间顺序选编和出版文集，也是我一直注重的学术工作。在本人 40 年的学术生涯中，自 1994

① 我在大学求学期间得到多科名师的教导；在攻读硕士学位和博士学位期间得到两位恩师——我国著名刑法学家高铭暄教授和王作富教授的悉心培养，荣获“人民教育家”国家荣誉称号的高铭暄教授不仅是我学业的导师，也是我几十年间事业发展、人生进步的导师。

② 赵秉志. 刑法立法研究. 北京：中国人民大学出版社，2014：前言：2.

③ 赵秉志. 刑法总则问题专论. 北京：法律出版社，2004：前言：1.



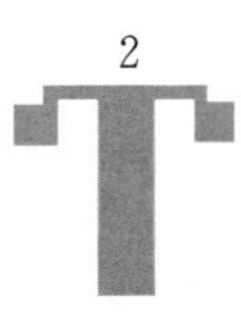

年出版第一本个人文集算起，迄今我一共出版了 20 本个人文集。其中除 3 本外①，其余 17 本均按论文发表的年份编选和出版，包含了 4 套 16 本外加 1 本②，时间截止到 2015 年年底。

这次选编的为本人的第五套文集，收录本人于 2016—2022 年间撰写、发表的论文和文章。这套文集取名为《刑法完善与理论发展》，共收入这一时期的 86 篇论文和文章（个别文章例外），按论文和文章的内容分为 3 卷、15 编。上卷为总论问题，包含第一至五编，收入 36 篇论文和文章，其中的刑法演进与改革专题、正当防卫理论与实务专题、死刑暨相关制度改革专题、特赦制度专题，均为近年来刑法学界与实务界关注的重点问题。中卷和下卷大体为分论问题：中卷包含第六至十编，收入 32 篇论文和文章，论及的反恐刑法暨危害公共安全犯罪专题、反腐败刑法暨追逃追赃专题、民营企业刑法保护专题、网络犯罪专题和环境犯罪专题，皆为当前刑法学界与实务界关注的热点问题。下卷包含第十一至十五编，收入 18 篇论文、文章和 1 篇学术综述文章，其中第十一至十三编论及的经济犯罪专题、侵犯人身权利犯罪专题、妨害社会管理犯罪专题，也均为常见多发犯罪而属于刑法学界与实务界所关注的刑法领域；第十四编的中国区际刑法专题虽然只收入了 1 篇论文，但这也代表了本人多年来持续注意拓展中国区际刑法领域研究的一个学术特色；第十五编是本人撰写的“改革开放时代刑法问题的研究与探索——我的主要学术观点述略”一文。这篇学术综述长文分八个方面梳理和简要介述了本人在既往 40 年学术生涯中从事刑法学研究的主要领域、主要课题、相关学术背景，尤其是我的主要

① 这三本未纳入时间序列的本人个人文集为：赵秉志．改革开放中的刑法理论与实务．长春：吉林人民出版社，1994．赵秉志．死刑改革探索．北京：法律出版社，2006．赵秉志．大变革时代的中国刑法问题研究——赵秉志自选集．北京：法律出版社，2017。

② 我的这 17 本文集依次为：第一套“刑法研究系列”（4 种 5 本，收录本人在 1983—1996 年间撰写/发表的论文，中国法制出版社 1996、1997 年版），第二套“赵秉志刑法学文集”（4 本，收录本人在 1997—2002 年间撰写/发表的论文，法律出版社 2004 年版），第三套“现代刑法问题新思考”（4 本，收录本人在 2003—2008 年间撰写/发表的论文，北京大学出版社 2010 年版），第四套“赵秉志刑法学研究·社会变迁与刑法发展系列”（3 本，收录本人在 2009—2013 年间撰写/发表的论文，中国人民大学出版社 2014 年版）；第 17 本《当代刑法问题新思考》（收录本人在 2014—2015 年间撰写/发表的论文，中国法制出版社 2016 年版）。

学术观点，并对本人数十年的刑法学研究有一个认真的自我审识与反思。这篇文章主要是想对本人的刑法学研究之路做一个比较系统的回顾与反思，亦希冀能对我国刑法学研究事业提供一些参考。附录是按照编选这类文集的惯例所附的本人于2016—2021年间出版和发表作品（包括著作和论文、文章）的目录。综观这套文集所收录的论文和文章，虽然论题较为广泛，但都基本上反映了本人在学术研究中一贯推崇并努力追求的学术风格，即关注法治现实问题，重视法治改革和学术前沿课题，强调理论联系实际，希冀对促进刑事法治和深化刑法学研究有所贡献。[①] 这套文集的编选仍秉持本人既往编选文集的一贯做法，即以保持原文的观点和基本内容、基本论述为原则，选编工作主要是进行规范性、技术性的编辑整理，并注明论文和文章原来发表的载体及合作者等情况（在此我要向论文合作者衷心致谢）。

最后，要特别感谢中国人民大学出版社。母校中国人民大学长期是我国人文社会科学研究领域的重镇，中国人民大学出版社作为中国人民大学的重要组成部分，“是一家有重要地位、有广泛影响、有开阔视野、有较大格局，而且尤其是有使命感和社会担当的文化出版单位”[②]。我在中国人民大学获得法学硕士和法学博士学位并曾长期在中国人民大学法学院任教，在我的学术研究起步和发展的道路上，中国人民大学出版社都给了我大力的扶持，并在其创建的“中国当代法学家文库”中为我设立了“赵秉志刑法研究系列”，而且也给了我所带领的刑事法学术团队，乃至我担任会长的中国刑法学研究会以巨大的支持，我对这种真挚的学术情谊心存感激！这次又承蒙中国人民大学出版社的刘志书记和李永强社长同意与支持把我这套个人文集纳入“中国当代法学家文库”之“赵秉志刑法研究系列”出版，中国人民大学出版社法律分社郭虹社长、策划编辑方明老师关照支持，各位责任编辑为我这套文集的编辑出版事宜不辞劳苦、认真细致、非常负责、贡献良多，使我这套文集增色不少。我对中国人民大学出版社领导和法律分社编辑同仁致以诚挚的感

① 赵秉志．刑法基本问题．北京：北京大学出版社，2010：前言：1-3.

② 高铭暄，赵秉志．刑法学事业的益友．中华读书报，2020-12-16（16）.

谢！我曾指导的博士研究生，现为中国政法大学刑事司法学院师资博士后研究人员的詹奇玮博士，在收集和整理文集的论文资料及校对书稿诸方面给了我很大的协助；香港中文大学法学院副教授暨牛津大学法学博士苗苗以其扎实的英语功底帮助精准翻译这套文集的英文目录，在此一并深表谢意。

谨将这套文集献给我服务了三十余年的中国刑法学研究会的学术事业[①]，献给我的学业恩师和人生导师、新中国刑法学界的泰斗、国家荣誉称号“人民教育家”获得者高铭暄先生，并作为本人从事刑法学研究 40 年的纪念。

**赵秉志谨识**

2022 年初春

① 从 1988 年我担任中国法学会刑法学研究会副秘书长算起，至 2021 年 12 月我在中国刑法学研究会任职服务达 33 年。我认为，中国刑法学研究会是全国刑法学者的重要学术平台和精神家园。

# 总目录

上卷



中卷



下卷





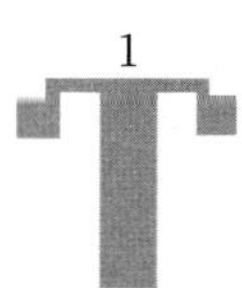

# 上卷目录

# Table of Contents

# 上卷细目

# 第一编　刑法演进与改革专题

# 改革开放 40 年我国刑法立法的发展及其完善*

## 一、前言

在新中国的发展历程中，自 20 世纪 70 年代末以降的改革开放 40 年历程的历史意义非凡而独特。在党和国家改革开放的政策指引下，我国在经济和社会发展的各个方面都取得了骄人的成绩，正迈向中华民族的伟大复兴。在法治领域，我国法治建设在改革开放 40 年间也取得了巨大成绩，不仅初步建成了我国社会主义法律体系，而且法律制度不断完善，法治水平不断提升，法治观念日益深入人心，法治已经成为我国社会治理的基本方针和策略。在我国社会主义法律体系中，刑法具有十分独特的地位和作用：一方面，刑法作为其他法律的保障法，其发展水平在相当大的程度上直接制约着我国法治发展的整体水平；另一方面，刑法对人权的保护和保障水平折射了国家的整体治理水平，也决定着一个国家民众的行为边界。

---

* 原载《法学评论》，2019（2）。



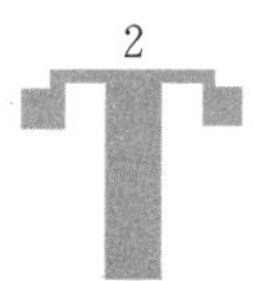

笔者曾于2017年应邀对我国1997年刑法典颁行以后20年的刑法立法演进作了系统而全面的归纳与总结。① 可以说，1997年刑法典颁行后的20年是我国刑法立法快速、理性和科学发展的20年，总体上呈现出明显的直线上升和进步的特点。不过，当我们将目光延展到改革开放40年的历程当中，我们会发现，我国刑法立法的发展并不完全是一个线性的进步过程，而是一个经历了不少曲折、不断改进并不断完善的过程，其间的立法经验和教训值得我们深思和总结。因此，从改革开放40年这样一个更长的时间跨度来全面审视我国刑法立法发展的背景、历程和成绩，并对我国刑法立法的未来发展进行展望，无疑具有十分重要的理论与实践价值。

## 二、改革开放40年我国刑法立法发展的主要背景

刑法立法的发展绝不是一个孤立的方面，而是国家总体发展的一部分，必然要受到各种发展因素的影响和制约。对于我国刑法立法而言，改革开放以后40年的发展历程尤其如此，体现了刑法立法的国际化与本土化相结合的过程。从刑法立法发展背景上看，这40年影响我国刑法立法发展的背景因素，主要包括国际和国内两个方面。

### （一）国际背景

1978年开始推行的改革开放政策致力于走出国门，我国的发展逐步迈向国际发展的大舞台，国际因素也因此成为影响我国刑法立法发展的重要外部力量。这其中最重要的体现就是刑法立法的国际化。在改革开放40年间，以全球眼光审视，不同国家的刑法立法之间相互借鉴、相互学习、相互影响的趋势越来越明显。对我国刑法立法发展而言，这种影响主要体现在以下两个方面：

第一，国际刑法立法观念的趋同化。刑法立法观念是刑法立法的思想指引，

① 赵秉志. 中国刑法立法晚近20年之回眸与前瞻. 中国法学，2017（5）.



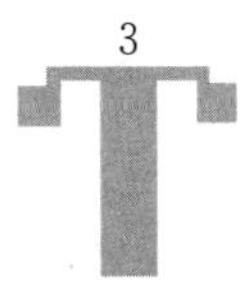

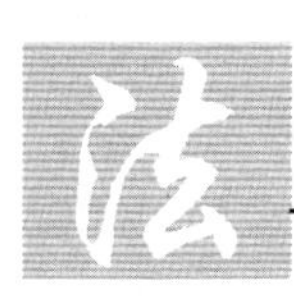



并因其对象差异而呈现出不同的内容。不过，对于刑法立法而言，其最核心的观念是如何平衡刑法的人权保护价值与人权保障价值。总体而言，在改革开放 40 年间，国际刑法立法在以下两个方面不断趋同：一是不断强化的刑法人权保障观念。刑法人权保障观念强调的是对被告人权利的保障。这 40 年间，国际人权运动如火如荼。国际、区际人权条约的制定和贯彻对各国人权立法产生了重要影响，其中最重要的人权条约是第二十一届联合国大会于 1966 年 12 月 16 日通过的《经济、社会、文化权利国际公约》、《公民权利和政治权利国际公约》以及《公民权利和政治权利国际公约任择议定书》。其中，《经济、社会、文化权利国际公约》于 1976 年 1 月 3 日生效，《公民权利和政治权利国际公约》和《公民权利和政治权利国际公约任择议定书》于 1976 年 3 月 23 日生效。国际人权运动的迅速发展对以国家利益为核心的传统国际秩序提出了严峻挑战，使其从过去单一强调“国家安全”到回归人本，开始强调国家对人民的保护责任。这些有关国家与个人关系之理念上的变化，表明国际社会越来越强调个人的价值和尊严，国家主权受到越来越多的限制。[①] 二是不断深化的刑法人权保护观念。刑法人权保护观念强调的是对社会秩序的维护。随着经济社会的全球化，犯罪的国际化趋势也在不断增强，腐败犯罪、网络犯罪、恐怖活动犯罪等新型犯罪不断增长，打击跨国有组织犯罪正成为各国刑法立法面临的重要立法难题。在此背景下，联合国和相关区际组织通过了一系列旨在打击跨国犯罪的国际和区际公约，其中比较有代表性的是，联合国于 1997 年 12 月 15 日通过的《制止恐怖主义爆炸事件的国际公约》，于 2000 年 11 月 15 日通过的《联合国打击跨国有组织犯罪公约》，欧洲理事会于 2001 年 11 月 23 日通过的《网络犯罪公约》，联合国于 2003 年 10 月 31 日通过的《联合国反腐败公约》等。这些国际、区际公约旨在强化刑法的人权保护观念，对我国刑法立法产生了重要影响。

第二，国际刑法立法制度的一体化。立足本国国情解决犯罪问题是各国刑法立法的基本出发点。但在国际范围内，犯罪治理又具有许多共性，刑法制度作为

① 张爱宁. 国际人权法的晚近发展及未来趋势. 当代法学，2008 (6).



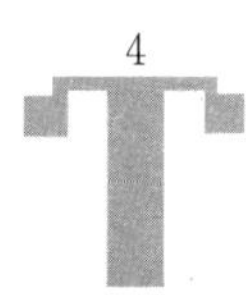

应对犯罪的制度性措施，具有许多普遍性规律，并需要各国的一致努力。基于此，国际社会的刑法制度立法呈现出明显的一体化特征。例如，在死刑制度改革问题上，各国越来越倾向于从立法上减少和废止死刑，死刑问题也因此成为影响国际、区际刑事司法合作乃至国家交往关系的重要因素。在此基础上，在改革开放40年间，特别是其后20年中，我国死刑适用的立法和司法限制取得了巨大成绩，受到了国际社会的普遍肯定。与此同时，在具体犯罪制度的设计上，各国刑法制度也呈现出一定的趋同性。例如，基于保护交通安全的需要，各国都加强了对危害公共交通安全犯罪的治理。1997年我国刑法典及之后刑法修正案中关于破坏交通工具罪、破坏交通设施罪、劫持航空器罪、暴力危及飞行安全罪、危险驾驶罪、交通肇事罪的规定，可以说是我国所加入的《关于航空器内的犯罪和其他某些行为的公约》《关于制止非法劫持航空器的公约》《关于制止危害民用航空安全行为的公约》相关规定在国内刑法中的具体化①，也是对一些法治发达国家刑法立法经验的借鉴。客观地说，与我国刑法立法相比，许多西方法治发达国家的刑法立法历程更长，立法水平也更高。我国刑法的国际化在其初期主要是对国外先进刑法立法经验的借鉴，这也是改革开放40年间我国刑法立法发展的重要动力，这一动力推动了我国刑法基本结构、立法模式、制度建设和立法技术的科学发展。

（二）国内背景

相比于国际因素，国内因素对刑法立法的影响更大，也更为显著。改革开放40年间，影响我国刑法立法的国内因素很多，其中社会治安形势是基础性因素，法治建设整体水平的提高是决定性因素，国民基本权利意识的提升则是影响性因素。其具体体现如下：

第一，基础性因素：社会治安形势的变迁。基于刑法“世轻世重”的理念与历史经验，我国社会治安形势对刑法立法的影响巨大。总体而言，改革开放40年间，我国社会治安形势呈现出以下两个趋势并对我国刑法立法产生了重要影

---

① 苏彩霞．刑法国际化：内涵、成因及其表现．现代法学，2002（5）．

响：一是犯罪状况的总体上升趋势。有数据显示，改革开放40年间，我国犯罪状况总体呈现出犯罪案件数量不断上升的趋势。例如，1979年我国犯罪案件总数首次突破了60万起（当年为63.6万起，是新中国成立以来第三次犯罪高峰），之后继续增长。1981年全国发生的犯罪案件为89万件，平均发案率为8.9‰，是新中国成立以来第四次犯罪高峰。① 1991年全国发生各种犯罪案件为236万起，比1990年增长了6.7%，发案率为20‰，是新中国成立以来第五次犯罪高峰。1992年由于公安机关调整了盗窃案件的立案标准，1992年的盗窃犯罪案件大幅度下降，但1992年的犯罪案件总数并没有下降。② 之后，我国犯罪案件的数量又开始逐步上升。二是犯罪状况的阶段性起伏。有资料显示，从1981至2001年全国的犯罪数量有三个持续上升的时期：第一个时期是从1981年开始至1983年，在短短两年中刑事立案的绝对数上升了近1倍；第二个时期是从1985年开始至1996年；第三个时期是从1997年开始至2001年。其中在1983—1985年和1996—1997年期间，有过两次短暂的下降。③ 犯罪数量的总体上升和20世纪80年代的犯罪状况持续恶化，客观上推动了我国的犯罪化立法进程以及20世纪80年代我国刑法立法的急剧扩张。

第二，决定性因素：法治建设整体水平的提高。作为法治建设的一部分，刑法立法必然要受制于国家法治建设的整体水平。客观地说，新中国法治建设的总体构建实际上是从20世纪70年代末中国共产党十一届三中全会作出改革开放的战略决策开始的。④ 从1978年到1992年中国共产党十四大召开，我国适应党和国家工作重心向以经济建设为中心转变的要求，致力于法治的恢复与重建。之后至2002年中国共产党十六大召开，适应计划经济体制向市场经济体制转变的要求，我国确立了依法治国的基本方略。此后至今，我国适应全面建设小康社会的

---

①② 康树华．两种经济体制下中国犯罪状况与治理．南都学坛，2003（5）．

③ 王立峰，张玉鹏．当代中国的犯罪状况与防治对策．中共中央党校学报，2005（3）．

④ 袁曙宏，杨伟东．我国法治建设三十年回顾与前瞻——关于中国法治历程、作用和发展趋势的思考．中国法学，2009（1）．

要求，坚持依法治国、依法执政、依法行政相互推进，加快建设社会主义法治国家。[①]“依法治国是社会进步、社会文明的一个重要标志，是我国建设社会主义现代化国家的必然要求。”[②] 总体而言，我国法治建设的整体任务与我国社会发展的任务是相一致的，这也决定了我国刑法立法在不同阶段的发展任务和水平。正是在这个法治建设的过程中，我国刑法立法历经曲折，逐步由分散走向统一，刑法立法的形式和内容也日趋完善。

第三，影响性因素：国民基本权利意识的提升。权利与法律的联系密切。人的权利作为理性的思考，必然成为人类所要思考的首要问题，也是法学应当回答的首要问题。[③] 在法治社会里，权利是法治的源泉，现代法治社会应当体现为公民权利对国家权力的有效制约；权利与权力由对立走向平衡和统一，是民主政治发展的必然结果。[④] 改革开放40年间，随着改革开放的不断深入，我国国民的观念逐步由封闭走向开放，国民的权利意识也因此得到了极大的提升。这主要体现在：一方面，公民对自己享有哪些权利有了越来越多的了解；另一方面，公民又为没有真正享有一些权利而感到不满。[⑤] 在此基础上，公民参与刑法立法的积极性明显提高，并产生了许多引发社会重大关切的问题。我国刑法立法对此也予以了积极回应。例如，在《刑法修正案（九）》的立法过程中，我国回应社会重大关切，将暴力袭警行为及其从重惩治立法化，增设了针对严重贪污受贿罪犯的终身监禁制度，明确将“医闹”行为入刑，废止了嫖宿幼女罪，将多种严重扰乱法庭秩序的行为入刑，等等。[⑥]

在1978年之后的40年间，改革开放是推动我国刑法立法的主要因素。其

---

① 袁曙宏，杨伟东．我国法治建设三十年回顾与前瞻——关于中国法治历程、作用和发展趋势的思考．中国法学，2009（1）．

② 江泽民文选：第1卷．北京：人民出版社，2006：513．

③ 征汉年，章群．西方自然法学派主要权利理论解读．思想战线，2005（6）．

④ 征汉年，章群．限制与平衡：法社会学视野下的权利与权力的对话．新疆大学学报（哲学人文社会科学版），2007（5）．

⑤ 曾秀兰．公民权利意识觉醒下社会管理之应变．广东社会科学，2013（2）．

⑥ 赵秉志，袁彬．刑法最新立法争议问题研究．南京：江苏人民出版社，2016：9及以下．

中，对外开放推动了我国刑法立法的国际化，对内改革则推动了我国刑法立法的本土化。在这些内外因素的综合作用下，我国刑法立法虽然也历经了一定的曲折，但最终不断地走向统一和科学。

## 三、改革开放40年我国刑法立法发展的基本历程

改革开放40年间，我国刑法立法的发展经历了一个长期的过程，其中有两个关键节点值得格外关注，即1979年制定刑法典和1997年全面修订刑法典。以此为基础，可以将这40年间我国刑法立法的基本历程大体区分为三个阶段。

### （一）起步阶段

1979年刑法典的制定至1981年《惩治军人违反职责罪暂行条例》的通过，是改革开放40年间我国刑法立法的起步阶段。之所以将《惩治军人违反职责罪暂行条例》纳入我国刑法立法的起步阶段，而不是1979年刑法典颁行之后因为形势变化而补充制定的单行刑法的范畴，原因有二：一是1981年《惩治军人违反职责罪暂行条例》的立法不是临时动议的应急性立法，而是在1979年刑法典制定之前就已经确定好的。“1979年制定刑法典时就曾考虑过要否在刑法典中规定军职罪，但后来考虑到来不及研究清楚，决定另行起草军职罪暂行条例。”[①]因此，1979年刑法典颁布、实施后不久，国家立法机关即开始着手刑法典的补充、完善工作，并很快于1981年6月10日通过了《惩治军人违反职责罪暂行条例》。[②] 前后不过一年多的时间。二是《惩治军人违反职责罪暂行条例》是与1979年刑法典配套而制定的刑法规范，二者相结合才构成了我国当时相对完整的刑法立法体系。军人违反职责罪是军人侵害国家军事法益的犯罪，它与危害国家安全犯罪、危害公共安全犯罪等构成了我国刑事犯罪的整体。缺少军人违反职

① 赵秉志主编. 中国特别刑法研究. 北京：中国人民公安大学出版社，1997：749.

② 赵秉志. 晚近中国大陆死刑制度演进之观察——纪念韩忠谟先生百年诞辰. 南都学坛，2013（3）.

责罪的刑法罪名体系必然是不完整的。将惩治军人违反职责罪的立法视为1979年刑法典的必要补充和作为1979年刑法典背景下我国刑法规范的有机组成部分，无疑是十分必要的。

在这一阶段的立法中，1979年刑法典是新中国第一部刑法典，结束了新中国成立后近30年没有系统刑法立法的历史。1979年刑法典和1981年《惩治军人违反职责罪暂行条例》作为这一阶段的立法，具有两个方面的显著特点：(1) 刑法立法的相对科学性。一方面，这一阶段的刑法立法体系相对完整。其中，1979年刑法典分为上下两编，第一编是"总则"，下设五章；第二编是"分则"，下设八章。加上《惩治军人违反职责罪暂行条例》规定的军人违反职责罪立法，我国刑法的总则体系和分则体系都相对完整。另一方面，这一阶段的刑法立法内容相对完备，不仅结合实际系统地总结了新中国成立后30年间的立法经验教训，而且积极借鉴了苏联的刑法立法经验。内外结合，是新中国历史上第一次系统地规定了犯罪、刑罚的基本原理原则和各类具体犯罪及其法定刑，标志着当代中国刑法体系的初步形成。① (2) 刑法立法的明显探索性。一方面，这一阶段的刑法立法内容较为粗略。作为这一阶段刑法立法主要体现的1979年刑法典只有192个条文，立法规定较为概括和粗略，某些规范明确性不足且操作性不强，不利于刑法的具体适用和科学遵守。另一方面，这一阶段的刑法立法尚没有完全体现现代刑法的基本精神。其典型体现是1979年刑法典甚至没有规定罪刑法定原则，同时却还规定了有违现代刑事法治精神的事后有罪类推适用制度，从而不符合现代刑法所强调的保障人权的基本精神和取向。

（二）扩张阶段

1981年《惩治军人违反职责罪暂行条例》颁行后至1997年刑法典颁行之前这一段时间，是我国刑法立法的扩张阶段。这一阶段的刑法立法扩张，主要体现在两个方面：(1) 刑法立法形式上的扩张。在这一阶段，我国在1979年刑法典的立法形式的基础上，又制定了大量的单行刑法和附属刑法规范，三种刑法立法

---

① 赵秉志. 中国刑法的百年变革——纪念辛亥革命一百周年. 政法论坛，2012 (1).



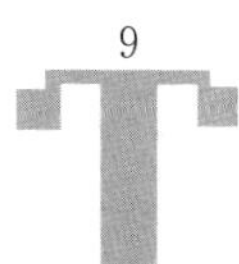

形式并存。具体而言，自 1981 年《惩治军人违反职责罪暂行条例》颁行后至 1997 年刑法典颁行之前，全国人大常委会先后通过了 24 部单行刑法[①]，并在 107 部非刑事法律中设置了附属刑法规范。[②]（2）刑法立法内容上的扩张。1979 年刑法典共有 192 个条文，即便加上《惩治军人违反职责罪暂行条例》规定的 22 个条文，刑法立法条文的总数也只有 214 个条文。而自此之后至 1997 年刑法典颁行之前，我国制定的 24 部单行刑法，总条文数是 183 条；107 部非刑事法律中的附属刑法总条文数是 367 条。[③] 两者合计 550 条，已超过 1979 年刑法典和 1981 年《惩治军人违反职责罪暂行条例》条文数量的两倍以上。这些条文内容涉及我国刑法的空间效力、溯及力、犯罪主体、共同犯罪、罪数、刑罚种类、死刑案件的核准、罚金适用、量刑制度以及法条适用、分则罪名、罪状、法定刑等众多内容。[④] 因此，无论是在刑法立法的形式上还是在刑法立法的内容上，我国这一阶段的刑法立法都呈现出明显的扩张态势。

当然，我国这一阶段的刑法立法之扩张有其必然性。一方面，1979 年刑法典的立法探索性决定了其立法带有明显的过渡性和不完备性，需要进一步的补充修正。另一方面，随着改革开放政策的深入实施，我国犯罪形势发生了很大的变化，大量新型犯罪不断涌现，需要刑法立法及时予以应对。客观地看，这一阶段的刑法立法扩张及时填补了我国刑法立法的不足，在一定程度上解决了当时司法实务之急需，但也带来了三个方面的明显问题：一是刑法立法极度分散乃至可谓散乱。在这一阶段，我国不仅有刑法典，而且还有独立于刑法典而存在的大量的单行刑法和附属刑法规范。其中特别是在附属刑法这一立法形式之下，大量刑法规范分散在民事、经济、行政等非刑事法律之中，给人们认识、运用刑法规范造成了极大的不便。二是刑法立法内容不统一。这一阶段的刑法立法，主要是为了

---

① 这里所称的 24 部单行刑法不包括 1981 年通过的《惩治军人违反职责罪暂行条例》。

② 高铭暄，赵秉志．中国刑法立法之演进．北京：法律出版社，2007：42.

③ 高铭暄，赵秉志编．新中国刑法立法文献资料总览．2 版．北京：中国人民公安大学出版社，2015：237-331.

④ 高铭暄，赵秉志．中国刑法立法之演进．北京：法律出版社，2007：44-52.

应对不断涌现的新型犯罪，同时为了维护社会治安，加大了对严重危害社会治安、经济秩序和社会秩序的犯罪的惩治，刑法立法具有明显的即时性，乃至往往顾此失彼。这就不可避免地导致了刑法立法的不统一。例如，对单位犯罪的规定，就只存在于少数单行刑法规定的具体犯罪之中，缺乏适用的针对性和统一性。三是刑法立法的重刑化倾向明显。这一阶段的刑法立法除了注重不断扩张其犯罪圈，而且有着较为明显的重刑化倾向。这在客观上导致和助长了重刑泛滥的司法，并对本已存在的重刑化的刑事法治理念与民意有推波助澜的作用。

（三）完善阶段

1997年刑法典颁行至今是我国刑法立法的完善阶段。其中，1997年刑法典的颁行标志着我国刑法立法由之前的扩张立法开始转型，之后的刑法立法主要是对1997年刑法典的完善。这一阶段与前一阶段相比其刑法立法虽然时间并不短，前后近21年（长于前两阶段），但这一阶段的刑法立法次数并不太多，只在1997年刑法典之外进行了11次刑法修法（制定了1部单行刑法和10部刑法修正案）。其中，单行刑法和刑法修正案的修法条文数量总计180条，约占1997年刑法典条文总数的三分之一强。

1997年刑法典是改革开放40年间我国刑法立法发展历程中的一个重要转折点，这部刑法典分为总则、分则和附则三编，共15章（总则5章、分则10章），计452条，其立法主旨是“制定一部统一的、比较完备的刑法典”[①]。这部刑法典具有两个显著特点：(1) 刑法立法的统一性。这又具体体现在两个方面：一是实现了刑法立法形式的统一，即将之前25部单行刑法（包括1981年的《惩治军人违反职责罪暂行条例》）和107部非刑事法律中的附属刑法规范全部纳入刑法典，只保留了单一刑法典的立法模式；二是实现了刑法立法内容的统一，即对之前刑法典、单行刑法和附属刑法规范的内容进行了全面的梳理、修改和补充，保证了整部刑法典内容的完整性和统一性。(2) 刑法立法的完备性。这也主要体现在两

① 王汉斌. 关于《中华人民共和国刑法（修订草案）》的说明. 人大工作通讯，1997（Z1）.

个方面：一是全面吸收了现代刑法的基本理念和制度，在刑法典中明确规定了罪刑法定原则，取消了有罪类推适用制度；强化了对未成年人等特殊群体的刑法保护；实现了单位犯罪的法定化等。二是实现了刑法对社会治理的有效覆盖，不仅刑法制度设置完备，兼顾了对犯罪的惩治和对人权的保障，而且刑法罪名设置完备，兼顾了对犯罪的全面惩治和重点惩治。①

1997 年刑法典颁行后，我国社会进入总体平稳期，刑法立法活动相对放缓。在之后迄今的 21 年间，前期的刑法修法较为简单。其中单行刑法和前六个刑法修正案都只是对刑法典分则个别或部分条款的修改，并不涉及刑法典总则方面的内容，重点是增设了大量新罪名，侧重于严密刑事法网和加大惩罚力度之立法。在已出台的宽严相济的基本刑事政策的影响下，《刑法修正案（七）》首次包括了刑法的立法从宽一面，主要的体现是在绑架罪中增设了一档较轻的法定刑幅度，即“情节较轻的，处五年以上十年以下有期徒刑，并处罚金”，从而将绑架罪的法定最低刑由以前的 10 年有期徒刑下调至 5 年有期徒刑；并对逃税罪增加出罪条款，规定有逃税行为但“经税务机关依法下达追缴通知后，补缴应纳税款，缴纳滞纳金，已受行政处罚的，不予追究刑事责任；但是，五年内因逃避缴纳税款受过刑事处罚或者被税务机关给予二次以上行政处罚的除外”。在此基础上，《刑法修正案（八）》《刑法修正案（九）》进一步贯彻宽严相济的刑事政策，采取宽严结合的修法举措，既一如既往地规定了一系列从严的立法，也注意规定了许多从宽的立法。而且，从 2011 年的《刑法修正案（八）》开始，我国刑法修法的对象由既往只限于刑法典分则扩大至同时也涉及刑法典总则，刑法修法的内容更为全面、综合。② 其中，《刑法修正案（八）》有关老年人犯罪从宽暨不适用死刑、管制刑的执行、特殊死缓犯限制减刑、附条件地提高有期徒刑数罪并罚的刑期、特殊累犯范围的扩大、坦白的法定化、缓刑适用，以及《刑法修正案（九）》关于提高死缓犯执行死刑的门槛、罚金、职业禁止、数罪并罚等修法内容，都属于对刑法总则规范的完善；而《刑法修正案（八）》废止 13 种犯罪的死刑、增设新

①② 赵秉志．中国刑法立法晚近 20 年之回眸与前瞻．中国法学，2017（5）．

的犯罪、完善部分犯罪的构成条件、降低某些犯罪的入罪门槛、提高相关犯罪的法定刑，以及《刑法修正案（九）》废止 9 种犯罪的死刑、增设和完善恐怖活动等犯罪则属于对刑法分则规范的修改。① 这些修法实现了刑法总则规范修改与刑法分则规范修改的相互配合、相互作用，有利于进一步完善我国刑法典的规范体系。②

## 四、改革开放 40 年我国刑法立法发展的总体脉络

改革开放 40 年，我国刑法立法经历了一个由起步到急剧扩张，再到逐步完善的演进与变革过程，逐步实现了我国刑法立法的现代化。其间，我国刑法立法发展的总体脉络主要体现在以下四个方面。

### （一）立法理念：由注重秩序走向秩序与自由并重

刑法立法理念是刑法立法活动的观念指导。过去一段时间，我国刑法理论上对刑法的理念有着多种不同的描述，出现过刑法谦抑、市民刑法、民生刑法、人本刑法、风险刑法和敌人刑法等多种不同的提法和主张。不过，笔者认为，刑法理念在根本上是要解决秩序与自由的关系问题，以秩序与自由为切入点分析刑法立法理念，能够更好地把握刑法立法的基本方向。总体而言，改革开放 40 年间我国刑法立法理念已由单纯注重秩序保护发展演变为秩序保护与自由保障并重。

追求维护秩序是刑法立法的天性，立法者制定刑法的目的，必然是更好地维护社会的整体秩序。我国 1997 年刑法典第 1 条就明确将刑法的目的界定为“惩罚犯罪，保护人民”。但问题在于，刑法立法在追求秩序的同时是否兼顾了自由，以及是否在秩序与自由之间保持了较好的立法平衡。对此，笔者认为，在 1997

①② 赵秉志.《刑法修正案（八）》宏观问题探讨. 法治研究，2011（5）. 赵秉志.《刑法修正案（九）》修法争议问题研讨//赵秉志主编. 刑法论丛：2015 年第 4 卷. 北京：法律出版社，2015.

年刑法典颁行之前，我国刑法立法主要是强调对维护秩序的追求而忽视了对自由的保障。这其中最典型的体现，当属罪刑法定原则的缺位，伴随而来的是刑法立法之明确性的缺失。按照 1979 年刑法典第 79 条规定的有罪类推适用制度，对任何法无明文规定的具有严重社会危害性的行为均“可以比照本法分则最相类似的条文定罪判刑”，只不过在程序上要“报请最高人民法院核准”。从刑法立法的层面上看，刑法的自由价值完全让步于秩序价值。

不过，1997 年刑法典及之后的立法改变了既往只注重维护秩序而忽略保障自由的立法理念与实践，开始注重保持刑法秩序价值与自由价值的平衡。这主要体现在两个方面：一是 1997 年刑法典第 3 条明确规定了罪刑法定原则，取消了 1979 年刑法典的有罪类推适用制度，并且尽可能地增强了刑法条文用语的明确性，尽量避免使用容易引起歧义的刑法用语。二是 1997 年刑法典及之后的立法在刑法制度上强化了对自由的保障，包括扩大了对特殊群体犯罪处罚从宽的范围，对行为入罪坚持适度犯罪化的做法，严格控制死刑的适用，降低部分犯罪的法定刑（包括废止部分犯罪的死刑）等。通过这些立法，我国刑法加强了对自由的保护，较好地兼顾了对维护秩序和保障自由的追求，体现了现代刑法的基本立场，值得充分肯定和进一步坚持。

（二）立法模式：由分散立法走向统一立法

刑法立法模式主要涉及刑法典、单行刑法和附属刑法这三种立法形式的选择。在改革开放 40 年间，我国刑法立法模式经历了一个由分散立法走向统一立法的过程。

在 1997 年刑法典颁行之前，我国刑法立法基本上采取的是分散立法模式。这主要体现在两个方面：一方面，1979 年刑法典的颁行虽然在形式上出现了单一刑法典的立法模式，但由于在 1979 年刑法典制定的同时，我国最高立法机关已经决定在刑法典之外另行制定与刑法典相配套的《惩治军人违反职责罪暂行条例》，因此 1979 年刑法典的单一立法模式显然是暂时性的，不能完全代表改革开放之初我国的刑法立法的实际模式。另一方面，在 1979 年刑法典颁行之后，全国人大常委会很快于 1981 年颁布了两部单行刑法（1981 年 6 月 10 日通过的《惩

治军人违反职责罪暂行条例》和《关于处理逃跑或者重新犯罪的劳改犯和劳教人员的决定》)。在1979年刑法典颁行之后至1997年刑法典颁行之前，我国先后制定了共计25部单行刑法，并且在107部非刑事法律中规定有附属刑法规范，刑法立法的分散性几乎发挥到了极致。

1997年刑法典颁行之后，我国刑法立法主要采取的是统一的刑法典模式。虽然全国人大常委会在1997年刑法典颁行后不久于1998年12月29日通过了《关于惩治骗购外汇、逃汇和非法买卖外汇犯罪的决定》，但这并没有改变这一时期我国统一刑法典的立法模式。这是因为：一方面，这一时期我国除这一单行刑法外没有再制定其他的单行刑法，也没有制定附属刑法，相反，先后出台了10个刑法修正案。刑法修正案成为这一时期我国刑法立法的主要形式。另一方面，在时间跨度上，在上述单行刑法颁行后的近20年间，我国一直都是采取刑法修正案的立法形式。这可以表明，1998年通过的单行刑法只是1997年刑法典颁行后我国刑法立法基于当时特殊立法背景与立法目的的临时选择①，之后我国逐步确定了以刑法修正案为唯一形式的立法模式，统一刑法典的立法模式得到了坚守。

关于统一刑法典的立法模式，笔者曾多次阐述了其在当前我国社会背景下的必要性与合理性，因为其能更好地保证刑法立法的灵活性、统一性和适用效率。② 而将该问题放到改革开放之后的40年跨度内进行审视，笔者进一步认为，统一的刑法典立法模式更应该得到坚守。这是因为，从刑法立法的演进轨迹来看，社会稳定与刑法立法模式之间具有高度的关联性。在社会急剧变革时期，犯罪形势变化迅速，刑法的立法理念需要不断地进行转换，其立法因只能重点考虑局部问题而可能更多地采用单行刑法或者附属刑法的立法方式。但在社会发展平稳时期，犯罪态势相对稳定，刑法的立法理念不会发生剧变，刑法立法应坚持

---

① 黄太云. 刑事立法的理解与适用——刑事立法背景、立法原意深度解读. 北京：中国人民公安大学出版社，2014：228-229. 周其华. 论骗购外汇罪. 法学杂志，2000（4）.

② 赵秉志. 当代中国刑法法典化研究. 法学研究，2014（6）. 赵秉志. 中国刑法立法晚近20年之回眸与前瞻. 中国法学，2017（5）.

采用统一刑法典的模式。当前我国社会总体平稳，统一的刑法典立法模式不仅能够较好地保证刑法立法的统一性、完整性，而且完全能够适应我国刑法修法的灵活性、及时性需要。未来，我国刑法立法应当进一步采取统一的刑法典立法模式。

（三）立法内容：由相对科学走向更加科学

刑法立法的科学性是刑法立法的基本内在要求，也是我国《立法法》的要求。我国《立法法》第 6 条第 1 款规定："立法应当从实际出发，适应经济社会发展和全面深化改革的要求，科学合理地规定公民、法人和其他组织的权利与义务、国家机关的权力与责任。"中国共产党十八大报告明确提出了"科学立法、严格执法、公正司法、全民守法"的方针。在此基础上，中国共产党十八届四中全会又进一步提出要"深入推进科学立法"。改革开放 40 年间，我国刑法立法在内容上实现了一个逐步科学化的过程。

我国 1979 年刑法典开启了新中国刑法立法系统化的征程。但在 1979 年刑法典颁行之后至 1997 年刑法典颁行之前这一阶段，我国刑法立法力求科学但仍存在诸多不甚科学之处。这主要体现在：一是刑法立法的工具色彩明显。在罪刑法定原则缺失的背景下，立法者赋予了司法机关追究几乎所有严重违法行为的可能性，刑法的入罪功能极度扩张、出罪功能严重限缩。刑法作为一个独立的体系，更多地服务立法者惩治犯罪的目的，而疏于贯彻现代刑法保障人权的基本精神和制度要求。二是刑法的制度建设不够全面。一方面，1979 年刑法典及之后特别刑法规范背景下已有制度的规定存在较多问题，如关于未成年人犯罪的刑法立法不够全面和彻底，死刑的适用范围明显过宽，累犯、数罪并罚等刑罚制度不够完备；另一方面，1979 年刑法典存在多种制度缺失，如老年人犯罪从宽制度的缺失，保安处分制度的缺失等等。三是刑法的罪名体系不科学。这不仅体现为在此期间大量已有犯罪的规定不科学，归类不合理，犯罪的成立条件和处罚不适当，而且还体现为大量新型犯罪的刑法立法缺失，如缺乏关于网络犯罪、环境犯罪、国际犯罪等具体犯罪的立法。

我国 1997 年刑法典吸收、整合和完善了 1979 年刑法典及之后的全部单行刑

法和附属刑法规范，刑法立法更为完备和科学。这主要体现在两个方面：一是刑法制度设置更为完备、科学，兼顾了对犯罪的惩治和对人权的保障，包括确立了属人管辖权，将单位犯罪法定化，放宽了累犯的条件，严格了缓刑、减刑、假释的适用条件，修改反革命罪为危害国家安全罪，放宽正当防卫的限度标准并增设特殊防卫制度，增设追诉时效延长的规定，加强对被害人的保护，并在此基础上强化了对未成年人等特殊群体犯罪的特别从宽。二是刑法罪名设置完备，兼顾了对犯罪的全面惩治和重点惩治。1997年刑法典设置了412种罪名，几乎涵括了社会生活各个方面，同时适应国内改革的需要，将惩治破坏社会主义市场经济犯罪和危害社会治安的犯罪作为惩治的重点，其中破坏社会主义市场经济秩序罪一章92条，妨害社会管理秩序罪一章91条，两者占全部分则350个条文的52%强。[①] 在此基础上，之后的1部单行刑法和10个刑法修正案进一步完善了我国刑法的立法内容，包括增设了老年人犯罪从宽制度，进一步严格控制和减少死刑的适用，完善了管制、累犯、坦白、缓刑、假释等制度的适用，增设了禁止令、从业禁止制度，进一步完善了刑法的罪名体系和法定刑设置，刑法立法的科学性得到了进一步增强。这些立法，特别是《刑法修正案（八）》《刑法修正案（九）》的立法，引发了社会的广泛关注并获得了刑法学界和司法实务界的充分肯定。[②]

### （四）立法技术：由粗疏立法走向精细立法

立法技术的粗疏与精细能够在很大程度上反映一国刑法的立法水平。从总体上看，我国1979年刑法典的立法技术相对粗疏，直到1997年全面修订刑法典，我国日益重视刑法立法技术，刑法立法技术也逐步由粗疏走向精细。

在1997年刑法典颁行之前，我国刑法立法的重点是应对当时不断涌现的新型违法犯罪行为，大量增设新的犯罪，并普遍提高原有犯罪的法定刑。受立法重点的影响，同时由于当时立法缺乏统一性，刑法立法对立法技术问题的关注较

---

① 赵秉志. 中国刑法的百年变革——纪念辛亥革命一百周年. 政法论坛，2012（1）.

② 赵秉志.《刑法修正案（八）》宏观问题探讨. 法治研究，2011（5）.

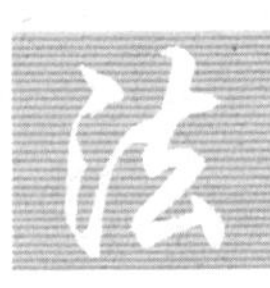


少。除不同刑法条文之间的关照较少，相互之间存在许多不统一甚至矛盾之外，刑法用语过于概括、法条含义不甚明确也是这一阶段我国刑法立法技术粗疏的重要体现。

1997 年全面修订刑法典后，我国刑法的立法技术逐步受到重视，并逐渐走向精细。这主要体现在三个方面：（1）刑法用语的精细化。与之前的刑法立法相比，1997 年刑法典及之后的单行刑法和刑法修正案更加注重刑法用语的精确性。例如，1979 年刑法典中的许多模糊用语都被替换更加明确、具体的用语。这使我国刑法对具体犯罪构成要件的规定更加明确，犯罪圈更加明晰，有利于更好地发挥刑法的人权保障功能。（2）刑法法条关系的精细化。根据罪刑法定原则的明确性要求，我国 1997 年刑法典对具体犯罪的设置采用了更加精细的分类，如诈骗罪被分解成了普通诈骗罪、合同诈骗罪、金融诈骗罪（类罪）等十多个涉骗罪名。同样，对于致人受伤或者死亡的行为，也依据其发生的情形不同而规定在不同的犯罪之中。这种刑法立法在一定程度上有利于提高人们对具体犯罪行为的认识，提升司法适用的准确性和统一性。在此基础上，我国刑法立法又对一些特殊情形作了更进一步的技术处理。例如，《刑法修正案（九）》为了减少死刑适用的罪名，在取消组织卖淫罪、强迫卖淫罪之死刑的同时，规定组织、强迫卖淫"并有杀害、伤害、强奸、绑架等犯罪行为的，依照数罪并罚的规定处罚"。这进一步明确了不同犯罪规定之间的法条关系，既减少了我国死刑罪名，又保持了刑法对杀害、伤害等严重危及人身安全犯罪的惩治力度。[①]（3）刑法条款设置的精细化。这方面的典型体现是，1997 年刑法典第 199 条的"开天窗"立法。1997 年刑法典第 199 条原本规定的是集资诈骗罪、票据诈骗罪和信用证诈骗罪的死刑适用。而在《刑法修正案（八）》废止了票据诈骗罪、信用证诈骗罪的死刑后，该条变成了关于集资诈骗罪死刑规定的专门条款。在《刑法修正案（九）》讨论废止集资诈骗罪之死刑的过程中，对于能否"开天窗"，使该条文成为空白条文，各方存在不少争议。不过，《刑法修正案（九）》最终借鉴国外立法采取了"开天

① 赵秉志，袁彬．中国刑法立法改革的新思维——以《刑法修正案（九）》为中心．法学，2015（10）．

窗”式立法，其第12条规定：“删除刑法第一百九十九条。”这使我国刑法立法的形式和内容更为统一和合理。

## 五、关于未来我国刑法立法发展的前景展望

中国共产党十八大提出，依法治国是党领导人民治理国家的基本方略，法治是治国理政的基本方式，要更加注重发挥法治在国家治理和社会管理中的重要作用，全面推进依法治国，加快建设社会主义法治国家。改革开放40年间，我国刑法立法无论是在基本理念、立法模式还是在内容设置、技术革新上，都取得了积极进展。这与我国改革开放政策的不断深入推进密切相关。不过，与当代法治发达国家相比，我国刑法立法还存在许多不足。未来我国还应当进一步完善刑法立法，这具体体现在以下方面。

### （一）基本前提

改革开放40年间，我国改革开放总体上经历了一个起步、全面展开、加快发展和新发展的过程。其中，1978年至1982年是我国改革开放的起步阶段，中国共产党十二大到邓小平1992年南方谈话前是我国改革开放全面展开阶段，邓小平南方谈话到20世纪末是我国改革开放的加快发展阶段，21世纪开始至今是我国改革开放新的发展阶段。[①] 与此相伴随，我国刑法立法也经历了一个起步、扩张和发展完善的过程，两者基本同步。

客观地看，我国刑法立法与国家改革开放的进程相同步有其必然性。这是因为：一方面，刑法作为上层建筑和社会治理的重要手段，需要为经济基础建设服务。如前所述，我国《立法法》第6条第1款明确规定“立法应当从实际出发，适应经济社会发展和全面深化改革的要求”。改革开放40年间，我国在经济、政治、外交、教育、文化、体育等各个领域都取得了巨大的进步。这其中，经济的发展最为关键也最受瞩目。有数据显示，在改革开放之初的1978年，我国GDP

---

① 中共中央党史研究室第三研究部编．中国改革开放史．沈阳：辽宁人民出版社，2002：5-8.

仅为 3 645.2 亿元，财政总收入为 1 121 亿元，进出口总额只有 206.4 亿美元。[①]而 2017 年，我国 GDP 为 827 122 亿元，财政总收入为 172 567 亿元，进出口总额为 277 923 亿元。[②] 我国经济总量成百倍增长。在此进程中，刑法作为上层建筑需要为我国经济建设的发展服务，进而必定会随着经济建设的发展而不断调整、完善。另一方面，改革开放的推进需要刑法的保驾护航。这 40 年间，随着我国改革开放的起步和不断推进，社会在持续发展的同时也遇到了许多问题，包括大量涌现的违法犯罪行为。这些新出现的违法犯罪行为，特别是生产、销售伪劣产品犯罪、走私犯罪、金融诈骗犯罪等破坏社会主义市场经济秩序犯罪，对我国改革开放的顺利进行产生了极大的干扰和破坏，需要刑法的介入。正因为如此，我国刑法立法适时增设了单位犯罪，并将大量危害社会经济发展和社会治安的违法行为入罪。刑法立法因此不断完善。

基于以上事实，未来我国刑法立法的发展仍以“适应经济社会发展和全面深化改革的要求”为必要，应积极服务于改革开放之全面深化的需要。这主要体现在两个方面：一是刑法直接适应全面深化改革的需要进行立法调整。当前我国刑法立法上规定的犯罪，绝大多数都属于法定犯，是以行政管理为前提的。而随着改革开放的全面深化，我国必然要对现有的行政管理体制作出一定的调整（如对进出口政策进行调整，对金融管制进行调整等），这势必会对我国刑法上相关犯罪的构成条件产生影响，进而会影响我国刑事法治领域犯罪圈的划定以及相关刑法制度的完善。二是刑法间接适应全面深化改革的需要进行立法调整。改革开放的全面深化会对我国国民意识、社会风俗习惯甚至社会文化等产生深远影响。例如，随着改革开放的全面深化和经济的发展，人们的权利意识必将继续增强，民众对违法犯罪行为的容忍度和对刑法制裁措施的感受性都将发生变化。我国刑法立法需要适应社会的这一变化进行调整。

---

① 胡必亮．中国为什么成功——纪念改革开放 40 年．［2018-01-03］．今日中国网：http://www.chinatoday.com.cn/chinese/sz/zggc/201801/t20180103_800113555.html.

② 中华人民共和国 2017 年国民经济和社会发展统计公报．［2018-01-03］．新华网：http://www.xinhuanet.com/fortune/2018-02/28/c_1122467973.htm.

（二）发展方向

基于我国改革开放全面深化的趋势，未来我国刑法立法将主要呈现出以下两个方面的发展方向。

第一，刑法立法的科学化。刑法立法的科学化要求刑法立法遵循刑法的内在发展规律，其中核心是要适应犯罪的发展规律和犯罪治理的需要。这又主要包括三个方面：一是刑法体系的科学化，即刑法必须不断完善其体系和结构，如刑法整体体系的完善（采取单一的刑法典，还是允许刑法典与单行刑法、附属刑法并存），刑法典的总则、分则结构的完善，以及刑法典总则、分则内部结构的科学划分。其中，对刑法的立法模式，理论上就存在多种不同的主张：有的主张刑法立法走综合化的道路，认为集中性、统一性的刑事立法模式并不现实，我国应由刑法典、单行刑法、附属刑法、轻犯罪法分别规定不同性质的犯罪。① 也有的主张刑法立法走二元化的道路，认为我国刑法立法应采取以刑法典为主、以特别刑法为辅的立法模式。② 如何正确看待和处理这一问题，关乎刑法立法的科学化程度。二是刑法制度的科学化，即刑法必须根据犯罪治理的需要不断完善其制度，如应否根据犯罪的低龄化趋势调整刑事责任年龄的起点，刑法预防性措施的增设，国际犯罪是否有增设的必要，等等。三是刑法措施的科学化，即刑法必须不断完善其制度内容，如量刑情节的科学设定，刑法的入罪与出罪范围，刑法条文的合理确定，等等。

第二，刑法立法的人道化。刑法立法的人道化反映的是刑法立法的人道主义价值取向。刑法立法的人道化在刑法立法上主要有两个方面的体现：一是刑法适用对象的人道化，即对于一些特殊群体（主要是未成年人、老年人、怀孕的妇女、精神障碍人、新生儿的母亲、残疾人等弱势群体）应当在刑法上给予特别的宽待，包括入罪标准从严、处罚幅度从宽、执行措施从宽，等等。二是刑法措施

① 张明楷．刑事立法的发展方向．中国法学，2006（4）．

② 孙力，付强．对我国刑事立法模式的反思与重构//戴玉忠，刘明祥主编．和谐社会语境下刑法机制的协调．北京：中国检察出版社，2008：34及以下．

的人道化，即需要对刑法上的一些制度作必要的人道性审查，对于那些不符合人道化要求的制度应当限制、减少直至不适用，如对于死刑制度，应当从人道的角度给予严格的控制、减少适用，直至最终予以废止。

（三）主要措施

关于未来我国刑法立法的内容，笔者认为，主要是要把握好刑法立法内容的“变”与“不变”两个方面。其中，对于符合我国刑法立法发展方向的措施应当保持“不变”，而对于不完全符合我国刑法立法发展方向的措施则应当作出一定的“改变”。这具体体现在以下方面。

第一，合理的“不变”：坚守刑法的统一立法模式与体系。这又包括两个方面：一是继续坚持统一的刑法典立法模式。如前所述，改革开放 40 年间，特别是 1997 年刑法典之后 20 余年的立法经验表明，统一的刑法典模式完全能够适应我国刑法立法的现实需要，能够较好地保障刑法立法的完整性、统一性，应当继续坚持。当然，在此基础上，为了进一步推进统一的刑法典模式，我国应当适时将 1998 年《关于惩治骗购外汇、逃汇和非法买卖外汇犯罪的决定》的内容纳入刑法典，取消单行刑法这一立法形式。① 二是继续坚持和完善刑法结构的章节制。关于刑法典的章节制，刑法理论上曾有过“大章制”与“小章制”的争论。1997 年刑法典采取的既非“大章制”，也非“小章制”，而是大小章结合、大章下设节的“章节制”。笔者认为，章节制增强了刑法体系的层次性，有助于更好地理顺刑法规范的结构关系，应当继续坚持。在此基础上，我国还可考虑进一步完善刑法现有的章节制，包括适当增设必要的章节，如将“刑法的适用范围”独立成章，增设“正当行为”“罪数”“特殊群体的刑事责任”“保安处分（预防性措施）”等专节；适当调整现有的章节，如有必要在刑法典分则所有的章下均设节，同时合并刑法典分则的部分章节。②

第二，必要的“改变”：不断完善刑法的制度与技术。这包括：（1）进一步

① 赵秉志，袁彬．建议将惩治外汇犯罪决定纳入刑法典．法制日报，2012-02-22（12）．

② 赵秉志．关于完善刑法典分则体系结构的新思考．法律科学，1996（1）．

完善刑法的相关制度，主要涉及：一是进一步扩大特殊群体刑法保护的范围，如适当降低老年人犯罪处罚从宽的年龄标准，将精神障碍人、新生儿的母亲、残疾人等纳入刑法的特殊群体范围；二是进一步调整刑事制裁体系，如进一步严格控制、减少死刑的适用，直至最终废止死刑，进一步推动刑罚的轻缓化并不断增设非刑罚处罚措施，适时建立并完善保安措施体系；三是进一步完善犯罪治理举措，如进一步合理划定犯罪圈，不断强化对网络犯罪、腐败犯罪、恐怖活动犯罪、生物犯罪等重点犯罪的治理。（2）进一步完善刑法的立法技术，主要涉及：一是合理划分刑法典总则与分则的关系，如有必要将一些分则的规定（如终身监禁制度、分则规定的量刑情节、战时缓刑等）上升为刑法典总则的规定，进一步理清刑法典总则与分则的一般与特别、概括与具体关系；二是合理设定刑法典分则的罪名体系，对于一些划分过细的罪名（如诈骗类犯罪）有必要作一定的整合，对于一些规定得过于概括的罪名也有必要作一定的细分；三是合理平衡刑法的条文关系，重点是充分利用法条竞合、数罪并罚以及牵连犯、想象竞合犯、转化犯等罪数理论，理顺总则与分则之间以及分则不同条文之间的关系；四是合理运用刑法的条款设置，如不断调整刑法的用语以进一步增强刑法的明确性，合理地在刑法典的条文上“开天窗”和填补“天窗”等。

## 六、结语

实行改革开放的40年，是我国社会快速发展的40年，也是我国刑法立法起步、扩张和不断完善的40年。在这40年间，我国刑法立法基本上完成了立法理念由单纯注重维护秩序走向维护秩序与保障自由并重、立法模式由分散走向统一、立法内容由相对科学走向更加科学以及立法技术由粗疏走向精细的过程，刑法立法的科学化和人道化不断增强，基本实现了我国刑法立法的国际化和现代化过程。这其中，国家和社会改革开放的起步、全面展开和深入完善，对我国刑法立法提出了新的且更加具体的任务与要求，同时也为我国刑法立法提供了积极的动力。可以说，在改革开放40年间的刑法立法历程是我国刑法立法顺应改革开

放不断前行的过程，也是我国刑法立法服务于国家和社会改革开放要求的过程。在此过程中，刑法作为一个独立、完整的基本法理体系不断充实和完善，刑法体系的内在逻辑性和生命力不断增强。放眼未来，我国刑法立法应当顺应当代刑法发展的内在规律，坚持科学和人道的发展方向，不断推动我国刑法的立法模式、重要制度和关键技术的发展与完善，以更好地服务于我国改革开放事业的全面推进，促进国家的长治久安和人民的幸福安康。

# 中国刑法立法晚近20年之回眸与前瞻

## 纪念1997年刑法典颁行20周年*

### 一、前言

我国刑法立法源远流长，其最早的成文法典可追溯至四千多年前夏朝制定的《禹刑》。此后，我国历经十余个朝代，制定了数十部成文刑法典。[①] 但我国现代刑法立法始于20世纪50年代。1951年至1952年我国先后公布、施行的《中华人民共和国惩治反革命条例》、《妨害国家货币治罪暂行条例》和《中华人民共和国惩治贪污条例》[②]，标志着新中国刑法立法的开始。新中国刑法典初创于1979年。1979年7月1日五届全国人大二次会议通过的刑法典是新中国成立后的第一部刑法典，也是一部相对粗放的刑法典。之后，根据国家立法工作的安排和社会形势的变化，我国于1981年6月10日通过了《惩治军人违反职责罪暂行条例》，

---

* 原载《中国法学》，2017（5）。

① 赵秉志. 中国刑法的演进及其时代特色. 南都学坛，2015（2）.

② 高铭暄，赵秉志编. 中国刑法规范与立法资料精选. 2版. 北京：法律出版社，2013：251-263.

并在之后又相继出台了 24 部单行刑法，同时在 107 部非刑事法律中设置了附属刑法规范。[①]

我国现行刑法典是 1997 年 3 月 14 日经八届全国人大五次会议系统修订的刑法典，这是一部具有划时代意义的重要法典。与以往的刑法立法相比，这部刑法典具有三个方面的显著特点：（1）统一性。我国系统修订 1979 年刑法典的工作于 1988 年被正式提上立法工作日程，其目的是“制定一部统一的、比较完备的刑法典”[②]。事实上，1997 年刑法典在立法形式上实现了制定一部统一刑法典的目标。该刑法典全面吸收了 1979 年刑法典和既往各个单行刑法暨附属刑法规范的合理内容，在立法形式上取消了与刑法典并行而相互独立的单行刑法和附属刑法，实现了刑法的法典化。[③] 特别是，1997 年系统修订刑法典时，把最高人民检察院当时正在起草的反贪污贿赂法纳入刑法典作为分则第八章的贪污贿赂罪[④]，把中央军委原本拟独立创制的惩治军人违反职责罪法纳入刑法典作为分则第十章的军人违反职责罪[⑤]，从而实现了我国刑法立法形式上的统一。（2）科学性。总体而言，1997 年刑法典在立法内容和体例上较为科学：一方面，该刑法典规定了一系列充分反映现代法治精神的刑法基本原则和制度。其中最值得肯定的是 1997 年刑法典明确规定了罪刑法定原则，取消了有罪类推制度，增强了立法的明确性，更改反革命罪为危害国家安全罪，取消或分解了投机倒把罪、流氓罪等口袋罪。另一方面，该刑法典规定了相对科学合理的刑法结构。刑法典共分三编：第一编是总则，下设五章，其中第二、三、四章下又分别设了若干节；第二编是分则，下设十章，其中第三、六章下又分别设了八节和九节；第三编是附则，规定的是刑法典的施行日期及相关法律的废止与保留。这些章节的设置与排

① 高铭暄，赵秉志．中国刑法立法之演进．北京：法律出版社，2007：42．

② 王汉斌．关于《中华人民共和国刑法（修订草案）》的说明//高铭暄，赵秉志编．新中国刑法立法文献资料总览．2 版．北京：中国人民公安大学出版社，2015：592．

③ 赵秉志．当代中国刑法法典化研究．法学研究，2014（6）．

④ 赵秉志，肖中华．中国刑法的最新改革．现代法学，1998（2）．

⑤ 王汉斌．社会主义民主法制文集：下．北京：中国民主法制出版社，2012：602．

列，表明我国刑法体例已经臻于科学。(3) 完备性。1997年刑法典的完备性主要体现在两个方面：一是刑法制度设置较为完备，兼顾了对犯罪的惩治和对人权的保障，包括确立了属人管辖权，将单位犯罪法定化，放宽累犯的条件，严格缓刑、减刑、假释的适用条件，放宽正当防卫的限度标准并增设特殊防卫制度，增设追诉时效延长的规定，加强对被害人的保护，并在此基础上强化了对未成年人等特殊群体犯罪的特别从宽制度，等等。二是刑法罪名设置趋于完备，兼顾了对犯罪的全面规制和重点惩治。1997年刑法典设置了412种罪名，几乎涵括了社会生活的各个方面，同时适应国内改革的需要，将惩治破坏社会主义市场经济的犯罪和妨害社会治安、社会管理的犯罪作为惩治的重点，其中破坏社会主义市场经济秩序罪一章92条，妨害社会管理秩序罪一章91条，两章占全部分则十章共计350个条文的52%强。①

光阴荏苒，岁月飞驰。1997年刑法典颁行至今已20年。晚近20年来，我国刑法因应社会发展和犯罪形势变化的需要，在立法上又取得了积极进展，先后颁布了1部单行刑法和9个刑法修正案，并创制了13个刑法立法解释文件。同时，我国刑法在立法理念、修法模式、基本制度和立法技术等方面也都有了新的发展。在1997年刑法典颁行20周年之际，回顾晚近20年来我国刑法发展的立法进程，总结其立法经验并发现其不足，进而瞻望未来，坚持改革理念，探索完善举措，对于提升我国刑法的立法水平，推动我国刑事法治建设的进步，无疑具有十分重要的现实意义。

## 二、中国刑法立法晚近20年演进之轨迹

晚近20年来，以1997年刑法典为基础，我国刑法进行了多方面的立法修正，刑法立法的数量和水平都得到了较大的提升。其演进轨迹具体体现在以下三个方面。

---

① 赵秉志．中国刑法的百年变革——纪念辛亥革命一百周年．政法论坛，2012（1）．

（一）刑法立法的时间轨迹

刑法立法的时间轨迹能够反映一国刑法立法的过程和频率，因而有助于我们更好地把握刑法立法的动向。从时间上看，晚近 20 年来我国刑法立法的轨迹主要体现在总的时间间隔轨迹以及通过、发布与施行时间的间隔轨迹两个方面。

第一，总的时间间隔轨迹。晚近 20 年来，我国先后通过 1 部单行刑法和 9 个刑法修正案。在法律文件的数量上，我国刑法立法的平均间隔时间是两年。如果再加上全国人大常委会通过的 13 个刑法立法解释文件，我国刑法立法的平均间隔时间不足一年。具体而言，我国全国人大于 1997 年 3 月 14 日通过经全面系统修订的刑法典，随后全国人大常委会于 1998 年 12 月 29 日通过了迄今唯一真正意义上的单行刑法《关于惩治骗购外汇、逃汇和非法买卖外汇犯罪的决定》（以下简称为“单行刑法”）[①]，之后全国人大常委会分别于 1999 年 12 月 25 日、2001 年 8 月 31 日、2001 年 12 月 29 日、2002 年 12 月 28 日、2005 年 2 月 28 日、2006 年 6 月 29 日、2009 年 2 月 28 日、2011 年 2 月 25 日和 2015 年 8 月 29 日先后通过了 9 个刑法修正案，前后间隔的时间分别是 361 天、615 天、120 天、364 天、793 天、486 天、975 天、727 天和 1 646 天。其中，最短的只间隔了 120 天，最长的间隔了 1 646 天。总体而言，我国刑法立法间隔的时间均不长，表明刑法立法活动较为频繁。

第二，通过、发布与施行时间的间隔轨迹。在晚近 20 年来的 10 次立法修正中，单行刑法和刑法修正案都是在通过当日即以国家主席令的形式对外发布。但在通过时间、发布时间与施行时间的间隔上，单行刑法和前 7 个刑法修正案都于通过之日发布，并规定“自公布之日起施行”。只有《刑法修正案（八）》和《刑法修正案（九）》的发布时间与施行时间不同：前者于 2011 年 2 月 25 日发布，同年 5 月 1 日施行，间隔 65 天；后者于 2015 年 8 月 29 日发布，同年 11 月 1 日

① 在此期间，全国人大常委会还于 1999 年 10 月 30 日通过了《关于取缔邪教组织、防范和惩治邪教活动的决定》，于 2000 年 12 月 28 日通过了《关于维护互联网安全的决定》。这两部法律与刑法规范密切相关。不过，考虑到这两部法律缺乏实质性的罪刑规范，一般认为其不属于严格意义上的单行刑法。

施行，间隔64天。这主要是考虑到这两个刑法修正案的修法幅度较大，条文数量都在50条以上，需要给法律实施留有一定的准备时间。[①] 这也反映出我国刑法修法的幅度逐渐加大。

（二）刑法立法的数量轨迹

这里所称的刑法立法数量，是指刑法修法的条文数量。它能大体反映出刑法的修法规模。晚近20年来，我国刑法修法的条文数量总计179条，并呈现出以下两个方面的特征。

第一，刑法立法的条文数量总体上呈逐渐增多的趋势。晚近20年来，我国立法机关颁布的1部单行刑法和9个刑法修正案的条文数量分别是：单行刑法9条，《刑法修正案》9条，《刑法修正案（二）》1条，《刑法修正案（三）》9条，《刑法修正案（四）》9条，《刑法修正案（五）》4条，《刑法修正案（六）》21条，《刑法修正案（七）》15条，《刑法修正案（八）》50条和《刑法修正案（九）》52条。从总体上看，后4个刑法修正案的修法条文数量要明显多于单行刑法和前5个刑法修正案的条文数量。刑法修法的这一数量关系，表明我国刑法修法的条文数量总体上呈现出逐渐增多的趋势，也意味着我国刑法修法的幅度逐渐加大。

第二，刑法立法的条文数量与修法的间隔时间密切相关。这种关系的总体呈现是：刑法修法的间隔时间越短，刑法修法的条文数量越少；相反，刑法修法的间隔时间越长，刑法修法的条文数量越多。其中，刑法修法的条文数量在10条以上的，刑法修法的间隔时间都在两年以上；而刑法修法的条文数量不足10条的，刑法修法间隔时间都在两年以下。究其原因，应当与刑法修法的准备时间相关，因为刑法修法的条文数量越多，涉及的相关部门、领域越多，自然需要越多的时间进行调研、研讨和审议。反之，刑法修法的条文数量越少，这方面的准备时间也就需要得越少，立法进度也就会越快。

① 赵秉志，袁彬. 刑法最新立法争议问题研究. 南京：江苏人民出版社，2016：225.

（三）刑法立法的规范轨迹

刑法立法的时间和条文数量，反映的是刑法立法的外在特征。刑法的规范内容则是刑法立法的核心，其发展变化的情况对于我们把握刑法立法的发展轨迹更为重要。总体而言，晚近 20 年来我国刑法立法在规范内容上主要呈现出以下三个方面的发展轨迹。

第一，刑法修法内容逐渐由刑法典分则而至刑法典总则。晚近 20 年间，我国刑法立法在内容上以对刑法典分则的修改为主，其中单行刑法和前 7 个刑法修正案都只是对刑法典分则的修改，并不涉及刑法典总则方面的内容。之后的两个刑法修正案即《刑法修正案（八）》和《刑法修正案（九）》，则既修改了刑法典分则，也修改了刑法典总则。对比刑法典总则与分则的修法幅度，以刑法修正案为例，9 个刑法修正案共对刑法典总则部分修改了 23 条，而刑法典总则计有 101 条，加上“之”字条文 2 个①，共计 103 条，修改比例为 22.33%；对刑法典分则共修改了 144 条，刑法典分则有 350 条，加上“之”字条文 37 条，共计 387 条，修改比例为 37.21%。由于刑法典总则是关于刑法的指导思想、任务和适用范围，以及关于犯罪和刑罚的一般原理、原则的规范体系，这些规范是定罪量刑所必须遵守的共同规则②，因此通常认为，刑法典总则规定的内容更为基本和重要。我国立法机关对刑法典总则的修改，表明刑法立法开始由对具体犯罪的修改逐渐走向对刑法重要制度的修改，显示刑法修法的内容不断深化。

第二，刑法修法的宽严趋向是逐渐由单一从严走向宽严相济。在单行刑法和前 6 个刑法修正案中，我国刑法立法在规范内容上表现为单向从严的趋向，并主要体现在两个方面：一是犯罪圈的扩张。刑法立法通过增设新的犯罪和调整原有犯罪的构成要件（包括增加规定单位犯罪主体、修改犯罪行为要件、降低行为入罪门槛等），不断地扩大刑法的惩治范围。二是刑罚处罚力度的加大，并集中体

① “之”字条文即《刑法修正案》在不改变刑法典原有的条文序号与条文基本结构前提下在刑法典中增设的新条文。《刑法修正案》给刑法典总则增设的这两个“之”字条文，分别是《刑法修正案（八）》第 1 条增设的刑法典第 17 条之一和《刑法修正案（九）》第 1 条增设的刑法典第 37 条之一。

② 赵秉志主编．刑法总论．北京：中国人民大学出版社，2016：27.

现为法定刑的提升。例如《刑法修正案（六）》将开设赌场行为从赌博罪中单立出来，并增加了“三年以上十年以下有期徒刑，并处罚金”的法定量刑幅度。值得关注的是，《刑法修正案（七）》开启了晚近20年来我国刑法修法宽严相济的走向，即刑法修正案的修法内容中不仅有从严的规范，也有了从宽的规范。例如，《刑法修正案（七）》将偷税罪修改为逃税罪并增设了一个出罪条款①，同时针对绑架罪增设了从宽的法定量刑档次。② 这打破了过去刑法修正仅注重扩大犯罪圈和提高法定刑的一味从严之立法惯例，开始注意入罪与出罪相结合、从严与从宽相协调，开始贯彻、体现宽严相济的基本刑事政策。③ 当然，我国刑法立法开始较为全面贯彻宽严相济刑事政策的，当属《刑法修正案（八）》。《刑法修正案（八）》在规定一些从严内容的同时，也作了一系列从宽的修正，如取消13种犯罪的死刑；规定对已满75周岁的老年人犯罪从宽处理并原则上不适用死刑，对未成年人和怀孕的妇女犯罪进一步从宽处理；增设“坦白从宽”制度，对假释需要实际执行的年限作出例外规定；降低两种犯罪的法定最低刑等。④《刑法修正案（九）》则在《刑法修正案（八）》的基础上，更加注意全面而充分地贯彻宽严相济的基本刑事政策，对刑法典的相关罪刑规范作了更进一步从宽处理的安排与调整，包括：进一步取消9种犯罪的死刑并提高死缓犯执行死刑的门槛，将绑架罪、贪污罪、受贿罪的死刑由绝对确定的死刑改为相对确定的死刑；部分地降低了对贪污罪、受贿罪的处罚力度，不仅将原来绝对确定的数额改为概括的数额，而且对犯贪污罪、受贿罪，如实供述自己罪行、真诚悔罪、积极退赃，避免、减少损害结果发生的，还规定可以从宽处理。⑤

第三，刑法修法的重心逐渐由单一走向综合。晚近20年来我国刑法立法调

---

① 其即刑法典第201条第4款：“有第一款行为，经税务机关依法下达追缴通知后，补缴应纳税款，缴纳滞纳金，已受行政处罚的，不予追究刑事责任；但是，五年内因逃避缴纳税款受过刑事处罚或者被税务机关给予二次以上行政处罚的除外。”

② 其即刑法典第239条第1款后半段：“情节较轻的，处五年以上十年以下有期徒刑，并处罚金。”

③ 赵秉志.《刑法修正案（七）》的宏观问题研讨. 华东政法大学学报，2009（3）.

④ 高铭暄. 刑法体现宽严相济刑事政策. 人民日报，2015-08-28（7）.

⑤ 赵秉志，袁彬. 中国刑法立法改革的新思维——以《刑法修正案（九）》为中心. 法学，2015（10）.

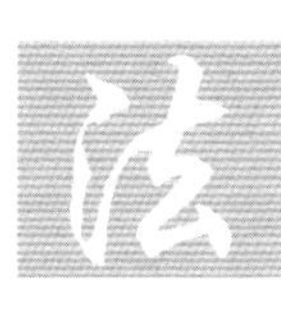



整内容广泛，涉及了除刑法典总则第一章之外的所有各章。据笔者统计，在刑法典分则方面，10 次刑法修法，分别修改刑法典分则第一章 1 次，修改第二章 4 次，修改第三章 8 次，修改第四章 5 次，修改第五章 2 次，修改第六章 7 次，修改第七章 2 次，修改第八章 2 次，修改第九章 3 次，修改第十章 1 次。其中，修法重点是死刑、腐败犯罪、金融犯罪、恐怖活动犯罪和网络犯罪，修改的条文数量和占相关条文总数的比例分别是：死刑 22 条，占比 32.35%；腐败犯罪 11 条，占比 27.5%；金融犯罪 17 条，占比 50%；恐怖犯罪 11 条，占比 100%；网络犯罪 3 条，占比 60%。不过，我国刑法修法的重心在总体上也经历了由单一逐渐走向综合的过程。例如，1998 年单行刑法的修法重心是外汇犯罪（包括骗购外汇罪和逃汇罪），1999 年《刑法修正案》修法的重心是破坏社会主义市场经济秩序犯罪，《刑法修正案（二）》修法的重心是非法占用农用地罪，《刑法修正案（三）》修法的重心是恐怖活动犯罪，《刑法修正案（四）》修法的重心是破坏社会主义市场经济秩序犯罪、妨害社会管理秩序犯罪和国家机关工作人员的渎职犯罪，《刑法修正案（五）》修法的重心是信用卡犯罪。不过，从《刑法修正案（六）》开始，我国刑法修法的重心开始走向多方面和综合性。其中，《刑法修正案（六）》的修法内容涵盖了危害公共安全罪、破坏社会主义市场经济秩序罪、侵犯公民人身权利罪、妨害社会管理秩序罪和渎职罪等；《刑法修正案（七）》则涉及破坏社会主义市场经济秩序罪、侵犯公民人身权利罪、侵犯财产罪、妨害社会管理秩序罪、危害国防利益罪和贪污贿赂犯罪等；《刑法修正案（八）》《刑法修正案（九）》因修法内容进一步扩充至刑法典总则，涉及的内容则更为广泛和综合。

我国刑法立法的上述轨迹表明，晚近 20 年来我国刑法立法经历了一个贯彻刑事政策由单一从严到宽严相济、修法条文数量由少到多、修法内容由单一到全面而综合的过程。这表明我国刑法立法逐渐变得更为积极、主动，刑法在社会生活中的地位进一步提升，作用进一步增强。

## 三、中国刑法立法晚近20年发展之要论

晚近20年来我国刑法立法的发展，是国家根据转型期社会发展变化和犯罪治理的现实需要而进行的有针对性的立法完善，其成效是提升了我国刑法的立法水平，促进了其立法目的的实现，彰显了我国刑法立法与时俱进的积极进展姿态。总体而言，晚近20年来我国刑法立法取得的进展主要体现在以下四个方面。

### （一）刑法立法的统一性问题

我国1979年通过了新中国第一部刑法典，虽然其内容还不够丰富和精细，但不可否认的是其在立法形式上采取的就是统一的刑法典模式。不过，这一模式随着1981年6月10日《惩治军人违反职责罪暂行条例》的通过开始被打破，之后我国刑法立法即逐步进入了刑法典与单行刑法和附属刑事法律并存的分散立法模式阶段。我国1997年颁布了经系统修订的刑法典，刑法立法再次回到了统一的刑法典模式。不过，与1979年刑法典之后采取的分散立法修法模式显著不同的是，晚近20年间，我国刑法修法总体上坚持了统一的刑法典模式。这主要体现在以下方面。

第一，1998年12月29日虽然通过《关于惩治骗购外汇、逃汇和非法买卖外汇犯罪的决定》这部单行刑法，但这并没有改变我国统一刑法典的立法格局。虽然在形式上，《关于惩治骗购外汇、逃汇和非法买卖外汇犯罪的决定》属于单行刑法，这导致我国刑法规范在客观上形成了刑法典与单行刑法并存的局面，但这部单行刑法的以下三个特征表明，该单行刑法的存在并没有改变我国刑法立法的统一刑法典模式：（1）其性质的过渡性。国家立法机关的权威说明显示，我国之所以在1997年刑法典颁行后第二年就很快通过该部单行刑法，主要是为了应对1997年第四季度开始发生的亚洲金融危机。当时我国社会上出现了大量套汇、骗购外汇行为，严重扰乱了我国的外汇管理秩序。为了有力地打击骗汇、逃汇、非法买卖外汇的违法犯罪行为，保持人民币汇率的稳定，有效防范金融风险，国家立法机关才制定该单行刑法，修改补充逃汇罪，并增设了骗购外汇罪。[①] 同时，我国立法机关工作机构的刑法立法专家曾说明，当时将外汇犯罪以单行刑法方式规定，是出于认为这类犯罪具有显著的暂时性、阶段性和时代性的特征，恰恰是为了保证统一的刑法典模式，以方便在将来我国外汇政策调整后对该类犯罪予以除罪化。[②] 只不过由于后来我国的外汇政策没有调整，该单行刑法才继续存在，但在司法实务中这类有关外汇犯罪的案例已很少见。(2) 其内容的单一性。从内容上看，该单行刑法虽然规定了 9 个条文，但其实质内容只有 2 条（第 1 条和第 3 条）[③]，主要是在增设骗购外汇罪的同时修改了刑法典第 190 条规定的逃汇罪。与晚近 20 年来我国刑法的修法数量相比，该单行刑法不仅内容单一，而且数量极少，只约占总修法条文数的百分之一。(3) 其适用的有限性。该单行刑法是在亚洲金融危机对我国金融安全和外汇管理造成重大压力的背景下出台的，当时我国外汇储备紧张。此后我国外汇储备规模已发生巨大变化，当前我国非但不存在外汇短缺，反而坐拥 3 万多亿美元的外汇储备。[④] 在此背景下，骗购外汇、逃汇行为的危害性明显减弱。司法实践中已很少追究这两类犯罪的刑事责任，其适用的范围极其有限。

第二，9 个刑法修正案维护了统一的刑法典模式。与单行刑法不同，刑法修正案对刑法典的修改是在刑法典的框架内对条文进行增删和修改，其本身是刑法

① 戴相龙. 对《关于惩治骗购外汇、逃汇和非法买卖外汇犯罪的决定（草案）》的说明（1988 年 10 月 27 日在第九届全国人民代表大会常务委员会第五次会议上）//高铭暄，赵秉志编. 中国刑法规范与立法资料精选. 2 版. 北京：法律出版社，2013：221-222.

② 曾长期在全国人大常委会法工委刑法室从事刑法立法工作，后来并担任刑法室副主任的黄太云先生在其专著中介述立法原意说：当时关于外汇犯罪的修法之所以采取“决定”即单行刑法的方式，“这主要是考虑到，《决定》的内容主要是针对骗购外汇、逃汇和非法买卖外汇的犯罪，这类犯罪具有十分显著的暂时性、阶段性和时代性特征。我国正在大力发展社会主义市场经济，随着我国经济的发展和国力的强盛，人民币最终要成为一种在国际上可自由兑换的货币。到那时，现阶段危害很大作为犯罪处理的骗购外汇、逃汇和非法买卖外汇行为将不再存在，或者即便是仍然存在，对国家经济的危害也不会像现在这样大，也就没有必要再作为犯罪处理了。因此，以作决定的方式更有利于今后随着形势的发展变化，对其进行修改或宣布废止，也不会影响刑法典的稳定”。黄太云. 刑事立法的理解与适用——刑事立法背景、立法原意深度解读. 北京：中国人民公安大学出版社，2014：228-229.

③ 该单行刑法的其他条文都是提示性规定，不具有增加或者删减刑法规范的具体内容。

④ 中国外汇储备强势逆袭三万亿，中国经济已经开启超级马达. (2017-03-11). 新浪网.

典的一部分。刑法修正案在立法形式上维持了刑法典的体例和结构，保证了刑法的统一性。[①] 晚近20年间，我国总共通过了9个刑法修正案，基本维持了统一的刑法典模式，并使刑法法典化成为一种不可逆转的趋势。这主要体现在两个方面：一是刑法修正案是1999年至今我国刑法修法的唯一方式。晚近20年间，我国除了于1998年制定过一部单行刑法，此后自1999年至今的18年间，先后制定了9个刑法修正案，因而刑法修正案是晚近20年来我国刑法修法的主要方式，也是过去18年间我国刑法修法的唯一方式。二是刑法修法均采用刑法修正案的方式。晚近20年间，我国刑法修法的条文多达179条，除去关于施行时间和部分提示性的条文，属于具体实质性修法内容的条文也多达162条。而这其中只有2个条文是由单行刑法进行修订的，其余160个条文均由刑法修正案修正，占比高达98.8%。可以说，晚近20年间，我国刑法修法主要都是采取刑法修正案的方式进行的，统一刑法典的立法模式在总体上得到了体现。

晚近20年来，我国刑法理论对于刑法修法模式存在争议，主要观点有三种：一是主张刑法立法走法典化的道路，认为我国刑法法典化是历史与现实的必然选择，具有重要的法律文化价值、比较法价值、社会价值、法治价值和规范价值[②]；主张刑法修正案是我国刑法修正的唯一模式。[③] 二是主张刑法立法走综合化的道路，认为集中性、统一性的刑事立法模式并不现实，应由刑法典、单行刑法、附属刑法、轻犯罪法分别规定不同性质的犯罪。[④] 三是主张刑法立法走二元化的道路，认为我国刑法立法应采取以刑法典为主、以特别刑法为辅的立法模式。[⑤] 笔者认为，晚近20年来我国刑法的立法实践表明，统一刑法典模式具有不容否认的积极价值。这具体体现在以下方面。

---

① 黄京平，彭辅顺．刑法修正案的若干思考．政法论丛，2004（3）．

② 赵秉志．当代中国刑法法典化研究．法学研究，2014（6）．

③ 杨辉忠．我国刑法修正案实践与思考//戴玉忠，刘明祥主编．和谐社会语境下刑法机制的协调．北京：中国检察出版社，2008：68-69．

④ 张明楷．刑事立法的发展方向．中国法学，2006（4）．

⑤ 孙力，付强．对我国刑事立法模式的反思与重构//戴玉忠，刘明祥主编．和谐社会语境下刑法机制的协调．北京：中国检察出版社，2008：34-36．

第一，刑法修正案能保证刑法立法的灵活性。长期以来，反对统一刑法典模式的一个重要理由，是认为统一刑法典模式在修法的灵活性上不如单行刑法、附属刑法，不能满足犯罪形势快速变化的立法及时跟进之需要。但晚近 20 年来我国刑法立法的经验表明，由于刑法修正案之立法权与单行刑法、附属刑法的立法权一样，归属于全国人大常委会，它们的立法程序也大体相同，因而刑法修正案与单行刑法一样具有灵活性、及时性、针对性强、立法程序相对简便的特点和优点。不仅如此，刑法修正案的灵活性在某些情况下，甚至还要超过单行刑法和附属刑法的灵活性。以反恐刑法的修正为例：我国不仅在 1997 年刑法典中规定了恐怖活动犯罪，而且还通过多个刑法修正案增设、修改了多个恐怖活动犯罪的立法。但我国《反恐怖主义法》直到 2015 年 12 月 27 日才正式出台。试想：如果对恐怖活动犯罪采取单行刑法或者附属刑法的立法模式，按照《反恐怖主义法》的立法进程，势必也要等到 2015 年年底才能进行规定。而这将远远不能满足我国应对恐怖活动犯罪的国际态势发展和治理国内恐怖活动犯罪的现实需要。统一刑法典模式下的以刑法修正案创制与完善反恐刑法立法的方式，避开了《反恐怖主义法》制定面临的诸多行政难题，增强了反恐刑法立法的灵活性。

第二，刑法修正案能充分维护刑法立法的统一性。刑法修正案与单行刑法、附属刑法不同，其只能针对刑法典进行修正。刑法修正案在创制过程中和通过时在形式上是独立于刑法典的，但在通过后即成为刑法典的组成部分，即刑法修正案的整个立法内容都必须被纳入刑法典的统一结构和体例。这样就明确了新的修法内容与刑法典的关系，有效地避免了新的修法与刑法典原有内容的关系不协调、不明确问题，既促进了刑法立法的协调完善，又便于司法中对刑法立法的正确理解与适用，从而兼顾了维护刑法典的统一性与完善性。① 刑法修正案的方式也有助于更好地明确修法条文的法律内涵。例如，《刑法修正案（九）（草案）》曾将恐怖活动犯罪分别置于刑法典分则的不同章节（包括刑法典分则第二章、第

① 赵秉志．论刑法典自身完善的方式．法学杂志，1990（4）．赵秉志，蒋熙辉．试论《刑法》修正案//张艾清，李理主编．贵州法学论坛．贵阳：贵州人民出版社，2000：26-30.

四章和第六章)。《刑法修正案(九)》对草案的这种立法状况进行了调整,将多种涉恐犯罪均纳入了危害公共安全罪专章。这有利于统一刑法关于恐怖活动犯罪的规定的司法适用。相反,如果对恐怖活动犯罪采取单行刑法或者附属刑法的立法方式,立法者就无法解决其犯罪客体的合理调整和科学定位问题,进而有可能会损害立法的统一。

第三,刑法修正案能提升刑法的适用效率。与单行刑法、附属刑法相比,刑法修正案的最大优点是能维持刑法典的集中和统一。这对法治发展水平尚有待进一步提高的当代中国而言十分重要,有利于人们更好地理解和掌握刑法规范的内容,进而能促进刑法的裁判功能和行为规制功能的实现。事实上,晚近20年来的刑法立法经验也表明,统一刑法典模式不仅提高了我国司法人员对刑法的认识水平,也提高了普通民众对刑法的认知和认可,从而促使我国社会整体秩序的进一步趋好。以《最高人民法院公报》发布的数据为例:仅2009年—2016年间,我国重刑犯(被判处5年有期徒刑以上刑罚的人)人数已由2009年的162 675人下降至2016年的97 816人,重刑率也由2009年的16.6%下降至2016年的8.15%,重刑率下降了一半以上。[①] 虽然导致重刑犯和重刑率下降的因素很多,但我国司法水平和公众法治观念的提升无疑是因素之一。

(二)刑法立法的民主性问题

刑法立法的民主性是刑法立法科学性的重要基础和保障,也是刑法充分发挥其功能的前提。晚近20年来,我国刑法立法的民主性得到了增强。这主要体现在两个方面。

其一,刑法立法工作注重听取社会意见和建议。我国在1997年系统修订刑法典时,就曾向社会公开征求意见,并引发社会各界的广泛讨论。这一立法工作趋向在过去20年间得到了加强。在法律草案出台后向社会公开征求意见,已经成为我国刑法立法工作的常态和国家立法机关修法中的基本工作方式。与以往不同的是,这一立法常态在过去20年间在三个方面得到了进一步拓展:(1)立法

① 具体数据参见2009年—2016年间《最高人民法院公报》刊载的年度全国法院司法统计公报。

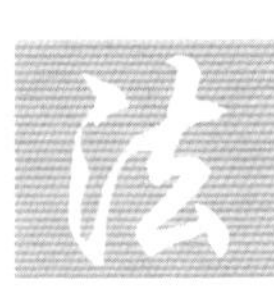



调研的民主性不断加强。广泛的立法调研是增强立法科学性的重要保障，也是立法民主的具体体现。过去20年间，我国立法机关的立法调研已经由单纯的部门调研走向社会调研，不仅广泛征求相关部门、专家学者的意见，还注重听取行业协会、行业代表和社会民众等各方面的意见。(2) 立法过程的公开性不断增强。立法的公开性是立法民主性的重要承载和保证，不公开的立法很难体现民主。过去20年间，我国刑法立法过程的公开性不断增强：一方面，刑法立法审议的透明度明显提高，全国人大常委会对刑法草案的每次审议意见都能够由媒体广泛报道，为社会所知悉；另一方面，刑法立法草案更加公开透明。在《刑法修正案（九）》之前，每个刑法修正案的草案都是在第一次立法审议后向社会公开；《刑法修正案（九）》审议期间，我国立法机关不仅将草案的第一次审议稿向社会公开，还将之后的第二次审议稿向社会公开，实现了刑法修正草案向社会公开的最大化。(3) 修法意见被采纳的程度得到提高。在刑法修正草案向社会公开的基础上，我国立法机关还十分注重听取各方意见，每次都会整理、研究社会各方面的意见和建议，并在立法审议过程中将整理、研究的情况向全国人大常委会汇报。这进一步增强了刑法立法的民主性。

其二，社会各界对刑法立法的参与程度明显提高。随着公民权利意识的增强，人们逐渐认识到刑法立法内容的重要性，社会各界对刑法立法的参与度得到了明显提升。例如，因《刑法修正案（九）》所涉及内容广泛且重要，社会各界高度重视并积极参与。据统计，《刑法修正案（九）（草案）》一审稿向社会公开征求意见后，共有社会民众15 096人提出了51 362条意见；二审稿向社会公开征求意见后，共有76 239位网民通过网络提出了110 737条意见。[①] 这一数字要远远高于同期进行的其他立法，表明社会各界对刑法立法的高度重视和积极参与。

不过，在晚近20年间，尤其是近年来，人们对我国刑法立法的民主性也产

① 中华人民共和国刑法修正案（九）（草案二次审议稿）参阅资料//第十二届全国人大常委会第十五次会议参阅资料（二）。

生了一定的争议。这主要体现在两个方面：(1) 关于刑法修正案应否提交全国人大审议通过的问题。这个问题在前 7 次刑法修正案出台过程中并不突出，而主要出现在《刑法修正案（八）》和《刑法修正案（九）》的立法过程中。有观点认为，这两次刑法修正案的内容都非常重大而且修法数量较多，对于修法内容多、幅度大的刑法修正案应由全国人大而不是由全国人大常委会审议通过。① (2) 关于刑法修正案立法审议的三审制问题。这个问题在《刑法修正案（九）》的立法过程中表现突出，因为《刑法修正案（九）》中的多项重大内容，如贪污受贿犯罪死缓犯终身监禁制度的增设、嫖宿幼女罪的取消等都是在草案第三次审议时才增加的，全国人大常委会对此只进行了一次立法审议即予以通过。有观点认为，在《刑法修正案（九）》制定过程中，草案第三次审议稿增加的这些重要内容没有经过全国人大常委会的三次审议，其立法程序存在瑕疵。②

上述两个问题都涉及刑法立法的民主性问题。笔者认为，前者涉及《立法法》第 7 条关于全国人大常委会职权的理解问题，后者则涉及对《立法法》第 29 条关于法律案三审制的理解问题。总体上看，无论是从《立法法》第 7 条还是第 29 条的规定，都不能得出我国在刑法修正案立法程序上存在形式或者实质违法的结论。但从增强刑法立法民主性的角度，笔者认为，我国有必要对全国人大常委会的职能和法律案经三次审议后付诸表决的规定作出合理的限定。对此可以从以下两个方面加以论述。

第一，从提升刑法立法民主性的角度考虑，我国有必要适当限制全国人大常委会的职权。我国《立法法》第 7 条后半段规定："全国人民代表大会常务委员会制定和修改除应当由全国人民代表大会制定的法律以外的其他法律；在全国人民代表大会闭会期间，对全国人民代表大会制定的法律进行部分补充和修改，但是不得同该法律的基本原则相抵触。"这其中有两个概念，即"部分"和"基本

① 全国人大常委会法工委刑法室编. 地方人大和中央有关部门、单位对刑法修正案（九）草案的意见（法工刑字［2015］1 号），2015 年 1 月 4 日. 全国人大常委会法工委刑法室编. 刑法修正案（九）草案向社会公众征求意见的情况（法工刑字［2015］2 号），2015 年 1 月 4 日.

② 赵秉志，袁彬. 中国刑法立法改革的新思维——以《刑法修正案（九）》为中心. 法学，2015 (10).

原则”十分关键。对这两个概念既可以作形式上的狭义理解，也可以作实质上的扩大或限制理解。笔者赞同对这两个概念作实质的理解。其中，对“部分”应作限制性解释，将其解释为“局部”，即补充和修改的刑法典条文数虽然没有超过半数但数量已经很大且涉及的方面也较多，就应认定其不属于“部分”；对“基本原则”则有必要作扩大的解释，即它既包括刑法典第 3～5 条明文规定的基本原则，也包括那些没有明文规定但对立法、司法具有重要指导作用的基本原则、原理。[①] 据此，刑法修法具有以下两种情形之一的，都应交由全国人大表决：(1) 刑法修法的条文数量较多。如果修法的条文达到了刑法典总条文数的五分之一或者四分之一以上，即可认为超出了“局部”修改。(2) 刑法修法的内容重大。例如，《刑法修正案（九）》增设的终身监禁制度涉及刑罚体系的调整和罪责刑相适应原则的贯彻，应认为涉及“刑法基本原则”问题。

第二，从增强刑法立法民主性的角度考虑，我国刑法修正案应实行相对严格的法律案三审制。我国《立法法》第 29 条规定：“列入常务委员会会议议程的法律案，一般应当经三次常务委员会会议审议后再交付表决。”从提升刑法立法民主性的角度审识，笔者认为，应对该条规定中的两个概念（“法律案”和“一般”）作适当的限定。一方面，对该条中的“法律案”不应机械地理解为仅指整个法律草案，而应该也包括法律草案中的重要内容。法律案都是由若干法律规范组成的，一些重要的法律条款对法律案的存在和价值具有重大甚至决定性影响，因而对《立法法》第 29 条规定的“法律案”应作实质性理解，否则，立法机关完全有可能在第三次审议时对第一次或者第二次审议的草案内容进行大量调整，进而虚置《立法法》第 29 条规定的法律案三审制。另一方面，该条中的“一般”指的是常例，表明了一种立法的原则性倾向要求，除非有特别原因，否则不能打破。这也是既往我国法律解释的基本思路。应该看到，《立法法》第 29 条之所以对列入全国人大常委会会议议程的法律案作“一般应当经三次常务委员会会议审议后再交付表决”的规定，其目的是让全国人大常委会委员和社会各方面对立法

① 赵秉志，袁彬. 刑法最新立法争议问题研究. 南京：江苏人民出版社，2016：16.

的内容进行更加全面而充分的讨论，以增强立法的民主性。因此，从立法民主性的角度看，应当将涉及重大刑法制度的立法内容交由全国人大常委会会议进行全面审议。①

（三）刑法立法的科学性问题

刑法立法的科学水平是一国刑事法治建设整体水平的反映。我国1997年刑法典在1979年刑法典的基础上较好地推进了刑法立法的科学化。而晚近20年间，经由系列立法修改，我国刑法立法的科学性得到了进一步的提升。这主要体现在以下四个方面。

第一，刑法立法理念的科学化。刑法立法需要一定的观念指引。合理的刑法立法理念对推动刑法立法的科学化具有积极作用。晚近20年来，我国刑法立法较好地坚持了科学立法的基本理念：(1)始终坚持以解决实践问题为主的立法导向。晚近20年间，我国社会发展迅速，违法犯罪的形势变化很大，新型犯罪层出不穷。在此背景下，我国刑法立法坚持问题导向：一方面针对新出现的违法犯罪行为，增设了大量的新罪名，如恐怖活动犯罪、极端主义犯罪、信息网络犯罪等，进一步严密了刑事法网；另一方面针对犯罪态势的变化，适时调整了诸多原有犯罪的构成要件和刑事处罚，如取消了嫖宿幼女罪，调整了绑架罪、组织卖淫罪、强迫卖淫罪等多种犯罪的法定刑。通过这些立法调整，我国司法实践中面临的许多突出问题都得到了较好的解决。(2)始终坚持以解决重点问题为重心的立法方向。当今我国社会正处于新的转型期，各个领域都有诸多问题需要立法作出回应和应对。晚近20年来，我国刑法立法主要致力于解决社会领域的各种突出问题，其中最为突出的当属对特殊群体的刑法保护、刑事制裁措施的调整以及涉恐怖主义犯罪、涉极端主义犯罪、信息网络犯罪、金融犯罪、腐败犯罪的立法完善等。对这些重点问题的解决，增强了刑法立法的针对性，提高了效率，增强了刑法立法的科学性。

第二，刑法立法政策的科学化。我国1979年刑法典创制时，强调要立足于

---

① 赵秉志. 中国刑法最新修正宏观争议问题研讨. 学术界，2017(1).

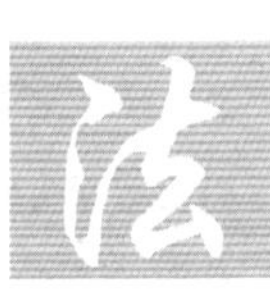



惩办与宽大相结合的基本刑事政策。[①] 后来在 20 世纪 80 年代初开始奉行的“严打”刑事政策对惩办与宽大相结合的基本刑事政策造成了冲击和影响，以至于到 1997 年修订刑法典时并未像 1979 年刑法典那样再在法律中载明惩办与宽大相结合的刑事政策，但惩办与宽大相结合作为我国基本刑事政策的地位并未被否定，而且在 1997 年刑法典中也得到了基本的体现。2005 年起我国开始将基本刑事政策由惩办与宽大相结合逐步调整、确立为宽严相济。宽严相济的刑事政策是对惩办与宽大相结合刑事政策的继承与发展，依该政策在刑事法治领域要宽中有严、严中有宽、宽严相济、宽严有度。[②] 作为我国现阶段的基本刑事政策，它既指导刑事司法，也指导刑事立法和刑事执行。[③] 以宽严相济的基本刑事政策为指导，2009 年的《刑法修正案（七）》开始注意刑法立法内容上的从严与从宽相结合，2011 年的《刑法修正案（八）》和 2015 年的《刑法修正案（九）》进一步强化了刑法立法上的宽严相济，其中值得特别关注的是刑法立法在从宽方面的三大举措：（1）死刑制度的趋宽改革，包括提高对死缓犯执行死刑的门槛，规定对老年犯罪人原则上不得适用死刑，针对贪污受贿犯罪增设具有死刑替代功能的终身监禁制度，废止 22 种罪名的死刑，取消 3 种犯罪之绝对确定的死刑等。通过严格限制死刑的适用，我国刑罚体系的严厉性有所减弱。（2）对特殊群体犯罪的从宽处理。这除了包括对老年犯罪人原则上不适用死刑，还包括对老年人犯罪的从宽处理，对未成年人犯罪、怀孕的妇女犯罪和老年人犯罪适用缓刑从宽，未成年人犯罪不成立累犯等。（3）对具体犯罪处理的从宽。这除了包括死刑改革所涉及的具体犯罪，还包括提高了逃税罪、贪污罪、受贿罪等多种犯罪的入罪门槛，降低了绑架罪等多种犯罪的法定刑，削减了组织卖淫罪、强迫卖

---

① 1979 年刑法典把惩办与宽大相结合的刑事政策载明为制定刑法的政策依据，其第 1 条规定：“中华人民共和国刑法，以马克思列宁主义毛泽东思想为指针，以宪法为根据，依照惩办与宽大相结合的政策，结合我国各族人民实行无产阶级领导的、工农联盟为基础的人民民主专政即无产阶级专政和进行社会主义革命、社会主义建设的具体经验及实际情况制定。”

② 赵秉志．和谐社会构建与宽严相济刑事政策的贯彻．吉林大学社会科学学报，2008（1）．

③ 马克昌．论宽严相济刑事政策的定位．中国法学，2007（4）．

淫罪等多种犯罪的加重处罚情节。通过这些方式，我国刑法对相关犯罪的处罚力度有所降低。

第三，刑法重要制度的科学化。晚近20年间，我国刑法立法的改革以具体犯罪的改革为重心，同时重视刑法制度的重大改革，并取得了积极成效：(1) 实现了刑事制裁措施的多元化。长期以来，我国刑事制裁措施总体上较为单一，主要以自由刑为核心，着重追求实现刑事制裁的报应正义。随着我国犯罪圈的扩张，人身危险性在犯罪结构中的地位逐渐提升，单一化的刑事制裁措施已难以适应犯罪结构的这一变化。在此基础上，我国通过《刑法修正案（八）》《刑法修正案（九）》先后增设禁止令、从业禁止等多项预防性措施，同时增设了专门针对特重大贪污罪、受贿罪的终身监禁制度，推动了刑事制裁措施的多元化，有助于提升刑法的治理效果和水平。(2) 促进了刑罚制度的实质化改革。我国传统刑事制裁体系在一定程度上存在着重刑（主要是较重的刑种）过重、轻刑（主要是较轻的刑种和刑罚制度）过轻的缺陷。为了弥补这一缺陷，我国《刑法修正案（八）》在轻刑设计方面专门增设了社区矫正制度。该制度对我国刑罚制度进行了多方面的实质化改革，包括通过完善社区矫正的内容和措施进一步充实了管制刑的内容，避免了管制刑因处罚过轻而容易被虚置；赋予缓刑、假释更具体的内容，提升了适用缓刑、假释的社会效果。(3) 推动了刑罚体系的轻缓化。如前所述，这主要体现在死刑制度改革、对特殊群体犯罪从宽、对若干具体犯罪从宽等三个方面，它们共同推动了我国刑事处罚的轻缓化发展。

在我国刑法的上述制度改革中，死刑制度改革取得的成效最为显著，主要体现在五个方面：(1) 废止死刑罪名。《刑法修正案（八）》废除了13种犯罪的死刑，在此基础上《刑法修正案（九）》又一次性废除了9种犯罪的死刑，使我国刑法典分则中的死刑罪名由之前的68种减至46种，减幅接近三分之一。(2) 提高对死缓犯执行死刑的门槛。《刑法修正案（九）》将对死缓犯执行死刑的条件由之前的“故意犯罪”修改为“故意犯罪，情节恶劣的”，同时规定，死缓犯“故意犯罪”但不属于“情节恶劣的”，不执行死刑，但应重新计算死刑缓期执行的期间并报最高人民法院备案。(3) 适度限制、调整对死缓犯的减刑、假释。根据

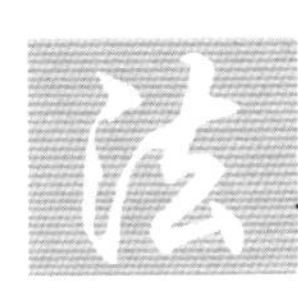



《刑法修正案（八）》的规定，死缓犯在死刑缓期执行期间，如果确有重大立功表现，2年期满以后，减为20年有期徒刑；对被判处死刑缓期执行的累犯以及因故意杀人、强奸、抢劫、绑架、放火、爆炸、投放危险物质或者有组织的暴力性犯罪被判处死刑缓期执行的犯罪分子，人民法院根据犯罪情节等情况可以同时决定在减为无期徒刑或者20年有期徒刑后，不得再予减刑。这大大提高了死缓犯的实际执行刑罚期限。（4）原则上废止对老年犯罪人的死刑适用。根据《刑法修正案（八）》的规定，对审判时已满75周岁的老年人，除以特别残忍手段致人死亡的外，不适用死刑。（5）《刑法修正案（九）》废止了3种犯罪的绝对确定的死刑，即将绑架罪、贪污罪和受贿罪原来绝对确定的死刑修改为相对确定的死刑，赋予了司法机关在刑罚适用上更多的选择权，从而有利于限制死刑的适用。

不过，在上述刑法制度改革中，终身监禁制度的增设引发了较大的意见分歧和争论。其中反对者的主要理由是：死缓，特别是死缓限制减刑已较为严厉，罪犯在被关押二三十年后已基本丧失再犯能力，没有必要再予以终身关押；终身监禁让罪犯看不到希望，违背改造教育的刑罚目的，也将导致监狱负担过重，执行上有困难；终身监禁与联合国有关囚犯待遇的国际公约等的相关规定之精神冲突；世界上几乎没有国家对罪犯予以实际上的终身监禁，对判处终身监禁的经过评估是可以释放的，或者可以予以特赦。① 而支持者的主要理由是：我国无期徒刑的处罚力度太轻，无法承担起死刑替代功能，终身监禁以死缓的适用为前提，较死刑更为轻缓和人道，采用终身监禁替代贪污罪、受贿罪的死刑，具有合理性。② 笔者认为，终身监禁本身存在着不人道、不公平、剥夺罪犯改造的机会和浪费司法资源等缺陷，但从切实推动我国死刑立法改革和严肃惩治严重贪腐犯罪的双重需要看，将终身监禁作为死刑立即执行的替代措施，有其积极意义。③ 但

---

① 全国人大常委会法工委刑法室编印．一些部门、法学专家对刑法有关问题的意见（2015年7月16日）．

② 陈丽平．走私核材料罪等不应取消死刑．法制日报，2014-12-17．

③ 赵秉志，徐文文．《刑法修正案（九）》死刑改革的观察与思考．法律适用，2016（1）．

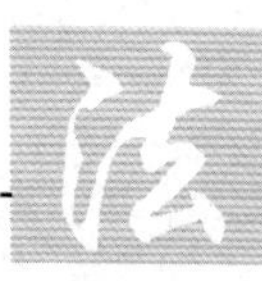

需要注意两个方面：（1）终身监禁立法的有限性。作为死刑的替代措施，终身监禁是为死刑的限制、减少乃至废止服务的，因此终身监禁制度的存在必须有一定的限度。对于备而不用、备而少用的死刑罪名，不应规定终身监禁制度。只有对死刑适用相对较多的犯罪，终身监禁的死刑替代价值才能体现。（2）终身监禁适用的有限性。《刑法修正案（九）》针对贪污罪、受贿罪增设的终身监禁制度，是作为贪污罪、受贿罪的死刑替代措施。但值得注意的是，近年来我国对贪污罪、受贿罪适用死刑，尤其是适用死刑立即执行的情况已经极少，特别是中国共产党十八大召开至《刑法修正案（九）》实施以前，我国已鲜有针对贪污罪、受贿罪适用死缓的情形，更不用说适用死刑立即执行了。但《刑法修正案（九）》施行以来，我国已对数起严重腐败犯罪案件的犯罪人适用了终身监禁。[①] 终身监禁似乎在客观上呈现出作为死刑立即执行和普通死缓之间的中间刑的趋势，值得关注和研究。

第四，罪刑关系设置的科学化。晚近20年来，我国通过刑法立法调整，从多方面完善了罪刑关系：（1）定罪量刑标准的调整。例如，《刑法修正案（八）》将刑法典第153条规定的走私普通货物、物品罪的定罪量刑标准由过去单纯的"数额"（"偷逃应缴税额"）修改为"数额＋其他情节"；《刑法修正案（九）》进一步将贪污罪、受贿罪的定罪量刑标准由过去单纯的"数额"（贪污受贿数额）修改为"数量＋其他情节"[②]。这样既突出了数额在相关经济犯罪和腐败犯罪中的地位，又可避免单纯的数额标准所可能导致的罪刑失衡，从而加强了刑法立法的科学性。（2）量刑档次的调整。这一方面体现为法定量刑档次的增设，如《刑

① 迄至2017年5月，我国对四起特重大腐败犯罪适用了死缓附加终身监禁。2016年10月，我国相继对3起特重大受贿犯罪案件的犯罪人适用了判处死缓附加终身监禁：一是2016年10月9日河南省安阳市中级人民法院对原正部级高官白恩培以受贿罪（2.46亿余元）判处死缓并适用终身监禁；二是2016年10月17日河北省保定市中级人民法院对国家能源局原副司长魏鹏远以受贿罪（2.11亿余元）判处死缓并适用终身监禁；三是2016年10月22日黑龙江省林区中级人民法院对某国有企业原副总经理于铁义以受贿罪（3.06亿余元）判处死缓并适用终身监禁。2017年5月27日，河南省郑州市中级人民法院对天津市政协原副主席、天津市公安局原局长武长顺以贪污罪（3.42亿余元）判处死缓并适用终身监禁。

② 赵秉志．贪污受贿犯罪定罪量刑标准问题研究．中国法学，2015（1）．

法修正案（七）》针对巨额财产来源不明罪增加了一档“差额特别巨大的，处五年以上十年以下有期徒刑”的法定量刑幅度；另一方面体现为量刑档次内量刑幅度的调整，如《刑法修正案（九）》将贪污罪、受贿罪的量刑档次由原来的“四大档四小档”（总体上分为四个大的量刑幅度，但每个量刑幅度又包括另一个小的量刑幅度）修改为“三大档一小档”（总体上分为三个大的量刑幅度，但最高量刑幅度包括另一个小的量刑幅度）。这样，法定量刑幅度得到了适当的扩大，并且避免了修法之前该罪不同量刑幅度之间的交叉，具有相当的科学性。（3）具体犯罪的刑罚增设。晚近20年间，我国针对大量的经济犯罪、计算机网络犯罪、职务犯罪等增设了财产刑，增强了刑罚惩治的针对性，提高了惩治力度，也更好地促进了罪刑关系的设置。

（四）刑法立法的完备性问题

晚近20年来，我国加大了对具体犯罪的刑法治理，极大地严密了刑法治理的法网，使刑法立法更加完备。这是我国为适应社会快速发展而进行的刑法立法调整。其中在严密法网而完备刑法规范方面，我国主要采取了以下三个方面的措施：（1）通过增设大量新罪，扩张犯罪圈。据统计，我国目前刑法中的罪名已由1997年刑法典颁行时的412种扩充至468种。仅罪名数量就增加了56个，主要分布在危害公共安全罪、破坏社会主义市场经济秩序罪、妨害社会管理秩序罪等章，集中表现为涉恐怖主义犯罪、涉极端主义犯罪、金融犯罪、信息网络犯罪等大量新型的具有严重社会危害性行为入刑，从而大大严密了刑事法网。（2）通过降低入罪门槛，扩大入罪范围。这方面我国刑法立法的重点是食品药品犯罪、信息网络犯罪等。一些过去适用较少的罪名逐渐被激活。例如，刑法典第288条规定的扰乱无线电通讯管理秩序罪原来的入罪门槛是“经责令停止使用后拒不停止使用，干扰无线电通讯正常进行，造成严重后果”，由于入罪门槛较高，该条文成为我国刑法上的“僵尸条款”，近20年间一直无司法适用的案例。针对这一情况，《刑法修正案（九）》将该罪的入罪门槛修改为“情节严重”，进一步严密了法网。（3）通过调整构成要件，扩充行为范围。其相关调整主要涉及犯罪的主体要件和客观方面要件。例如，《刑法修正案（六）》将刑法典第163条规制的行为

主体由公司、企业人员扩大至所有非国有单位人员，该罪的罪名也因此由“公司、企业人员受贿罪”修改为“非国家工作人员受贿罪”，从而显著扩大了该罪的适用范围。我国第一和第八刑法修正案也两次对非法经营罪的行为类型进行了扩张。通过这些方式的多次修法，我国刑法的法网变得更为严密。

在严密刑事法网方面，刑法理论上争议较大的是《刑法修正案（九）》通过采取预备行为实行化、帮助行为正犯化等方式将刑法保护的法益范围大幅提前或扩张的问题。对此，有观点以预防性反恐刑事立法为例，认为《刑法修正案（九）》增设大量恐怖活动犯罪新罪名有一定的合理性，但刑法必须维护法律基本价值在反恐领域的有序而合理的组合关系，国家要警惕幽暗而缺乏宽容的刑事政策借反恐之名进一步扩张[①]；主张国家要防止社会治理出现“过度刑法化”的倾向。[②] 但也有观点认为，这种现象是刑法必要的、积极的干预，而非过度干预；并认为我国社会转型的情势决定了未来的刑法立法必须具有能动性，增设新罪会是很长历史时期内我国刑法立法的核心任务。[③] 笔者对此类立法总体上持肯定态度，认为我国刑法的现有规定与我国社会治理的需要之间还存在一定的差距，特别是随着社会的发展，人们对违法行为的容忍度越来越低，过去许多不认为具有严重社会危害性的行为可能因为社会情势的变化而发生改变，将这些行为适时纳入刑法治理的范围逐渐成为必然趋势。例如，随着恐怖活动犯罪的加剧，人们对恐怖主义、极端主义相关行为的容忍度越来越低，《刑法修正案（九）》新增大量恐怖主义、极端主义新罪名也因此具有必然性。但对有些犯罪，如代替考试罪，笔者认为，从刑法谦抑的角度看尚不具备入刑的充分理由，因为对这些行为采取实施行政处罚的方式进行惩治仍能起到有效的治理作用，刑法似不具有介入的必要性。

---

① 何荣功．“预防性”反恐刑事立法思考．中国法学，2016（3）．

② 何荣功．社会治理“过度刑法化”的法哲学批判．中外法学，2015（2）．

③ 周光权．转型时期刑法立法的思路与方法．中国社会科学，2016（3）．

## 四、中国刑法立法未来完善之前瞻

晚近 20 年来我国刑法立法的轨迹和趋向反映了我国刑法立法的未来发展方向。笔者认为，我国有必要在总结现有立法经验的基础上，从以下三个方面进一步推动我国刑法立法的发展进步。

### （一）确立理性的刑法立法观念

刑法的立法观念决定着刑法立法的内容和走向。理性的刑法立法是刑法提升其社会治理效果的基本要求。对我国刑法立法而言，确立理性的刑法立法观念意味着：

第一，刑法立法必须理性回应重大社会关切。我国《刑法修正案（八）》《刑法修正案（九）》针对社会关注的诸多重大问题进行了多方面的回应性立法，包括增设危险驾驶罪、将考试作弊行为入刑、加大对拐卖妇女儿童行为的惩治力度、取消嫖宿幼女罪等。对此，刑法理论上有观点认为，我国刑法立法对重大社会关切的这种回应不够理性，是一种情绪性立法。[①] 笔者认为，刑法的立法目的决定了刑法应当对社会关切的重大问题作出一定的回应，但这种回应必须立足于刑法的基本原则和原理，且必须符合刑法立法发展的基本趋势。从总体上看，晚近 20 年来我国刑法对社会关切的回应基本上坚持了理性的立场，如只规定对暴力袭警从重处罚而没有将暴力袭警行为独立成罪；但在个别问题上也存在不够理性之处，如取消嫖宿幼女罪但保留了引诱幼女卖淫罪，这使得取消嫖宿幼女罪由于该罪对涉案幼女污名化之理由难以成立。未来，我国刑法立法应当更加审慎地回应重大社会关切。

第二，刑法立法应当坚持理性的犯罪观。其核心是要坚持适度犯罪化与适度非犯罪化相结合的立场。关于犯罪化，晚近 20 年来，我国刑法立法总体上较好地坚持了这一立场。但刑法理论上也有学者提出要进一步推进积极的刑法立法观，不断地扩张犯罪圈。例如，近年来有观点提出我国应当走社会治理一元化的道路，取

---

① 刘宪权．刑事立法应力戒情绪——以《刑法修正案（九）》为视角．法学评论，2016（1）．

消行政处罚措施和犯罪概念中的定量因素，对所有违法行为均采取刑法措施[①]；也有观点主张我国应当大量增设新罪，走大规模犯罪化的道路。[②] 对此问题，笔者在十多年前就曾提出要采取适度犯罪化策略，主要是基于我国社会的快速发展和我国刑法规定的犯罪类型的有限性。[③] 在此基础上，笔者今天进一步认为，未来我国不仅要继续坚持适度犯罪化的方向，还要坚持适度非犯罪化的方向。其中，前者仍是立足于我国社会治理的现实需要，即我国刑法需要根据违法犯罪形势的变化不断增设新的犯罪，不过考虑到我国社会发展正逐步进入一个相对平稳期以及刑法谦抑原理，新型犯罪的增设必然要有所限制，犯罪的增设不宜过度；后者主要是考虑到我国新刑法典颁行至今已经20年，人们对犯罪的认识也在逐渐发生变化，基于犯罪危害性的变化和刑法立法的观念调整，我国需要对部分犯罪（特别是无被害人的妨害风化类犯罪，纯粹属于社会管理类的行政犯罪）逐渐采取非犯罪化的做法。例如，对于虚报注册资本罪和虚假出资、抽逃出资罪，鉴于公司法的修改，全国人大常委会的立法解释就大大限缩了其适用范围[④]；对于非法吸收公众存款罪，我国有关司法解释也进行了极大的范围限缩，对于追诉前全部退回吸收资金的，在一定条件下可不予追究[⑤]；同样，非法经营罪在我国近年来的司法实践中也出现了明显受到限制适用的倾向。[⑥]

---

① 卢建平，孙本雄．危害社会行为治理体系二元论与一元论之比较//赵秉志，莫洪宪，齐文远主编．中国刑法改革与适用研究：上．北京：中国人民公安大学出版社，2016：42.

② 周光权．积极刑法立法观在中国的确立．法学研究，2016（4）.

③ 赵秉志．刑法调控范围宜适度扩大．检察日报，2004-03-25.

④ 全国人大常委会2014年4月24日通过的《关于〈中华人民共和国刑法〉第一百五十八条、第一百五十九条的解释》载明："刑法第一百五十八条、第一百五十九条的规定，只适用于依法实行注册资本实缴登记制的公司。"

⑤ 最高人民法院于2010年11月22日通过的《关于审理非法集资刑事案件具体应用法律若干问题的解释》第3条第4款规定："非法吸收或者变相吸收公众存款，主要用于正常的生产经营活动，能够及时清退所吸收资金，可以免予刑事处罚；情节显著轻微的，不作为犯罪处理。"

⑥ 最高人民法院于2011年4月8日发布的《关于准确理解和适用刑法中"国家规定"的有关问题的通知》第3条规定："各级人民法院审理非法经营犯罪案件，要依法严格把握刑法第二百二十五条第（四）的适用范围。对被告人的行为是否属于刑法第二百二十五条第（四）规定的'其他严重扰乱市场秩序的非法经营行为'，有关司法解释未作明确规定的，应当作为法律适用问题，逐级向最高人民法院请示。"

第三，刑法立法还应当坚持理性的刑罚观。理性的刑罚观与理性的犯罪观是相呼应的。对未来我国刑法的立法而言，理性的刑罚观要求：(1) 刑罚的轻缓化。我国目前的刑罚体系在整体上仍呈现出偏重于重刑的结构，即以自由刑为中心，兼及生命刑和财产刑，而资格刑在我国刑罚体系中种类较少且地位较低。这种重刑化的刑罚结构与我国犯罪圈的扩张不相适应，也与我国民众权利意识的增强不相适应。未来我国应当坚持刑罚轻缓化的改革方向，进一步减少死刑的立法和适用，提高财产刑的地位，增设更多的资格刑。(2) 刑事制裁措施的多元化。刑事制裁措施包括刑罚措施与非刑罚措施两大类。我国传统的刑事制裁措施均以刑罚为核心，非刑罚措施基本不发挥实质作用。不过，《刑法修正案（八）》《刑法修正案（九）》增设的禁止令和从业禁止拓展了非刑罚措施，推动了保安处分的刑法改革。[①] 这是我国刑事制裁体系改革的重要举措，也与我国重视犯罪人的人身危险性因素有关，并且符合我国刑罚的预防目的。事实上，随着人身危险性因素在我国定罪量刑中的地位提升[如《刑法修正案（八）》将“多次盗窃”作为盗窃罪的入罪标准之一]，保安处分的种类和地位必将得到进一步的增加和提升。

### （二）坚持统一的刑法立法模式

刑法立法模式反映了一国对刑法立法方式的追求。关于未来刑法的修法模式，笔者认为，我国应当发挥刑法法典化之优势，继续坚持统一的刑法典模式。这是因为：(1) 晚近 20 年来我国刑法立法的经验表明，统一的刑法典模式是一种成功的刑法立法模式，应当予以坚持。如前所述，晚近 20 年来我国刑法修法主要采取的是刑法修正案方式，通过刑法修正案对刑法典进行了修改、补充和完善，不仅能够满足刑法立法的灵活性要求，而且有效地维护了刑法立法的统一，促进了刑法立法功能的发挥。(2) 我国现实国情要求我国刑法立法应采取统一的刑法典模式。我国现代刑事法治始于新中国成立。之后，经过长期努力，我国的法治建设水平得到了较大的提升，立法和司法能力得到了显著的增强，民众的法治观念也得到了大幅的提升。但不可否认的是，我国刑事法治建设距离我国法治

---

① 魏东．我国废止劳教后的保安处分改革．苏州大学学报（哲学社会科学版），2015 (1)．

和社会现代化建设的目标仍有较大的差距，立法、司法和守法能力与水平仍有待进一步提升。我国仍然需要积极增强刑法立法的适用性，提升司法水平，增强守法意识。在此背景下，统一的刑法典模式因其体系完整、结构完备、内容集中，更容易为司法者和民众所理解与掌握。相比之下，分散的刑法立法模式将刑法规范分散在刑法典、单行刑法和附属刑法之中，刑法规范之间的联系和对应被削弱。特别是附属刑法，其被设置在民事、行政法律之中，对民事、行政法律具有很强的依附性，不容易为人们所掌握。可以说，对我国而言，统一的刑法典是具有号召力的法律文化力量，也是造就共同法律文化的有利因素。[①]（3）国外的立法实践表明，我国刑法立法应采取统一的刑法典模式。受历史、文化、传统和观念的影响，我国刑法在理念和规范上都与大陆法系国家的刑法更为接近。不可否认，从代表性大陆法系国家的刑法的立法模式来看，德国、日本等国家都在刑法典之外保留了单行刑法和附属刑法。造成这种立法状况的原因，一方面是德日等代表性大陆法系国家的刑法对犯罪采取的是“立法定性、司法定量”的模式[②]，其行政处罚几无存在的空间，因而这些国家将部分刑事责任规范规定在行政法律之中以明确行为的法律责任，有一定的合理性。而我国对犯罪采取的是“定性＋定量”的立法模式，行政法律对违法行为可以通过明确其行政责任的方式确立违法内涵，将比行政责任更严重的刑事责任规定在刑法典中并不会影响行政法律规范的强制性。另一方面是德、日等大陆法系国家的刑法典的修法程序更为复杂，不利的影响因素更多。据介绍，这些国家各有关政党有其自身利益要考虑，其立法机关的立法者也往往更关注那些民众感兴趣的现实民生性议题，而较少关注刑法典这样的基本法的修改。受党派利益之争和民意代表关注程度的影响，这些国家的刑法典修订工作变得更为复杂和困难。与这些国家相比，在我国刑法典的修正不会遇到这类阻力和分歧，修法程序也相对快捷。因此采取统一刑法典的立法

① 赵秉志，袁彬．建议将惩治外汇犯罪决定纳入刑法典．法制日报，2012-02-22．

② 欧锦雄．犯罪的定义对犯罪构成边界之限制——以我国四要件体系与德、日等国三阶层体系相比较为例的分析．法商研究，2016（2）．

模式，不会影响我国刑法修法的及时性。

立足于统一的刑法典模式，未来我国刑法的修正将可能采取以下两种方式进行：(1) 刑法修正案方式。目前我国已经通过了 9 个刑法修正案。按照这一思路，我国今后还可能继续采取刑法修正案的方式对刑法典进行修正。不过，受全国人大常委会职权的限制，这种修正仍然局限于对刑法典的“部分”修正，且不得违反刑法的基本原则，并需切实贯彻全国人大常委会审议法律案的三次审议制度。(2) 全面修订刑法典的方式。我国现行刑法典颁行于 1997 年，迄今已有 20 年（我国 1997 年刑法典与 1979 年刑法典之间只间隔了 18 年）。晚近 20 年来，我国刑法在立法的理念、政策等方面都有了较大的发展，其中对包括刑法基本制度、基本结构在内的刑法规范问题也有了新的认识。我国要将这些认识全面地体现在刑法典中，就需要对刑法典进行全面修订。综合各方面的因素，笔者认为，在统一的刑法典模式之下，我国未来应当考虑适时全面修订刑法典。这是因为：首先，这是全面调整刑法结构的需要。虽然当前我国刑法典的结构大体合理，但仍然存在若干有待改进之处。例如，我国刑法典关于空间效力的规定中，尚缺乏对港澳特别行政区和台湾地区与祖国内地（大陆）互涉刑事案件管辖权问题的规范；我国刑法典尚缺乏对特殊群体犯罪的专门规定，不利于加强对这些群体的刑法保护；我国刑法典规定的刑事制裁措施较为单一，有进行多元化改革的必要；我国刑法典分则尚缺乏国际犯罪等专章，不利于与国际社会加强惩治国际犯罪的要求相对接。我国刑法立法要解决这些问题，就需要对刑法典进行全面修订。其次，这是全面更新刑法理念的需要。晚近 20 年来，我国刑法在人权保障、犯罪治理、刑罚改革等方面都取得了积极进展，人权保障观念进一步深入人心，对犯罪的治理逐渐转向强调惩罚与预防并重，刑事制裁措施也逐渐由单一的惩罚性走向惩罚与预防相结合。对这些理念的贯彻涉及对刑法基本原理和制度的调整，显然不宜采取刑法修正案的方式进行。最后，这是将单行刑法纳入刑法典的需要。1998 年 12 月 29 日全国人大常委会通过的《关于惩治骗购外汇、逃汇和非法买卖外汇犯罪的决定》对刑法典只作了增设骗购外汇罪和修改逃汇罪两点修正。尽管如此，该单行刑法与刑法典并存的局面仍在一定程度上影响了我国刑法体系的完

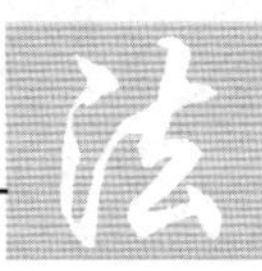

整与统一。特别是骗购外汇罪涉及的是一个独立的条款，在体系上不属于刑法典的任何一条，在单行刑法的框架下难以直接纳入刑法典。从这个角度看，我国要保持完全统一的刑法典模式，就需要将这一单行刑法的内容纳入刑法典。对此，最好的修法方式当然也是全面修订刑法典。

（三）实行综合的刑法立法举措

刑法立法的举措是刑法立法观的具体贯彻和体现。从完善刑法立法的角度考虑，笔者认为，我国未来的刑法立法应当切实采取以下三个方面的立法举措。

第一，对刑法结构予以合理调整。我国1997年刑法典确立了“总则”“分则”“附则”三编暨“总则”五章、“分则”十章的基本结构。1997年刑法典颁行后晚近20年来，我国刑法修法没有对刑法典的结构进行调整。但从刑法典结构进一步完善的角度考虑，我国有必要从以下两个方面进一步调整刑法典的结构：(1)适当增设必要的章节。其中，在刑法典总则方面，我国有必要将“刑法的适用范围”独立成章，并增设“正当行为”“罪数”“特殊群体的刑事责任”“保安处分（预防性措施）”等专节。这一方面是为了进一步充实相关部分的刑法规范内容，另一方面也是为了保持其与刑法典总则已有章节之间的协调与平衡。在刑法典分则方面，我国有必要增设“国际犯罪”专章以方便增加规定相关国际罪行，同时对恐怖活动犯罪、信息网络犯罪等单独设节，并将危害婚姻家庭罪、环境犯罪独立成章，以合理调整刑法对这些类型犯罪的惩治。① (2)适当调整现有的章节。一方面，我国有必要坚持在刑法典分则各章之下均设节的层次，这样既有利于彻底贯彻刑法典分则的章节制，也有利于保持刑法典分则各章之间的平衡；另一方面，我国有必要合并刑法典分则的部分章节，如可以根据犯罪侵害的同类客体，将贪污贿赂罪与渎职罪两章合并为职务犯罪专章，将危害国防利益罪和军人违反职责罪两章合并为危害国家军事利益罪专章，同时在章下设节，并在此基础上根据客体的重要程度调整不同章节的顺序。②

---

① 赵秉志．当代中国刑法体系的形成与完善．河南大学学报（社会科学版），2010（6）．

② 赵秉志．关于完善刑法典分则体系结构的新思考．法律科学（西北政法学院学报），1996（1）．

第二，对刑法制度予以合理改革。未来我国刑法改革的关键是刑法制度的改革。在制度设计上，我国有必要结合现有制度，积极推进以下四个方面的刑法制度改革：(1) 进一步加强对特殊群体的刑法保护。除了前述死刑制度改革涉及的特殊群体犯罪问题，我国有必要对未成年人、老年人、孕妇、新生儿的母亲、聋哑人、精神障碍人等特殊群体犯罪的刑法适用规定专门的政策、原则和制度，特别是要明确对特殊群体犯罪从宽的原则和措施。(2) 进一步推进死刑制度改革。如前所述，晚近 20 年来，我国在死刑制度改革方面取得了重大进展，但我国死刑制度的现状与我国死刑制度改革的目标之间尚存在较大的差异。未来我国应当进一步推进死刑制度的改革，包括严格限制死刑的适用条件，将适用死刑的罪种限定为联合国人权公约所倡导的"最严重的犯罪"之范围；严格限制死刑的适用对象，禁止对老年人、新生儿的母亲、聋哑人、精神障碍人等特殊群体适用死刑；进一步提升死缓制度的地位并提高对死缓犯执行死刑的条件；逐步将死刑适用的罪名缩小至致命性暴力犯罪，直至最终全部予以废止。(3) 进一步推动刑事制裁的多元化和轻缓化。一方面，我国应进一步探索建立并完善保安处分等预防措施，完善资格刑，提升财产刑的刑法地位，探索不同刑事制裁措施之间的转换制度，推动刑事制裁措施的多元化；另一方面，我国应进一步推动刑事制裁的轻缓化，包括推广和改进社区矫正制度，扩大管制刑的适用，完善缓刑适用，探索建立一整套完善的刑事赦免制度，改进具体犯罪的法定刑设置，合理推动相关犯罪法定刑的轻缓化。(4) 进一步完善重点领域的犯罪治理。我国应当进一步完善对恐怖活动犯罪、极端主义犯罪、黑恶势力犯罪、毒品犯罪、金融犯罪、信息网络犯罪、环境犯罪、腐败犯罪等重点犯罪的刑法治理，完善其入罪门槛、定罪量刑标准、法定刑设置；同时要适应犯罪治理的需要积极增设必要的新罪（包括增设前述的国际犯罪等）。

第三，对刑法立法技术予以合理革新。刑法要增强其适应社会生活的能力，就既要维护自身的确定性，又要具有一定的灵活性，而对于此二者的协调，立法技术在其中发挥着重要的作用。[①]《刑法修正案（九）》在取消组织卖淫罪、强迫

① 周少华. 立法技术与刑法之适应性. 国家检察官学院学报，2011 (3).

卖淫罪的死刑的同时，规定犯组织卖淫罪、强迫卖淫罪“并有杀害、伤害、强奸、绑架等犯罪的，依照数罪并罚的规定处罚”。这体现了我国死刑制度改革的立法技术探索。在此基础上，我国未来应当进一步加强刑法立法的技术革新，可以考虑致力于以下三个方面：(1) 对死刑罪名的技术性删除。尽管经过第八和第九两个刑法修正案，我国已经取消了22种罪名的死刑，但当前我国死刑罪名仍多达46种。而从司法实践的角度看，其中大部分死刑罪名都属于备而不用或者备而少用。许多罪名的死刑适用也仅限于致人死亡的情形（如抢劫致人死亡、强奸致人死亡等）。根据这一情况，我国应当扩大运用牵连犯等罪数原理，对以杀人手段实施的犯罪，确立按照故意杀人罪与相关犯罪数罪并罚或者从一重罪处罚的原则，将其死刑适用问题全部纳入故意杀人罪内进行解决。据此，在保留故意杀人罪之死刑的前提下，我国完全可以大量取消现有犯罪的死刑。(2) 对过度类型化犯罪的技术整合。从立法罪名的设置上，我国刑法存在着对许多类似犯罪区分过细的问题，如刑法典对诈骗犯罪、盗窃犯罪、抢劫犯罪的行为就明显分类过细。虽然其旨在细化罪刑关系，但相近似犯罪在定罪量刑标准上的差异也容易导致刑法适用的矛盾与冲突。对此，有观点认为，刑法过度类型化思维不仅造成了“不典型”与“典型”关系的混乱，而且造成了在犯罪行为方式以及犯罪形态等问题上所体现出来的规范的混乱。[①] 笔者认为，这种看法有一定的合理性。有鉴于此，我国应当探索犯罪类型化的合理规则，根据罪刑关系的需要，合理地进行类型化立法。(3) 关于刑法明确性的技术处理。“法律只能订立一些通则，不能完备无遗，不能规定一切细节，把所有的问题都包括进去。”[②] 对刑法立法而言，立法技术的局限性决定了刑法规范的明确性只能是相对的，一定的模糊性与不确定性不可避免。[③] 正是基于对这种立法特点的考虑，晚近20年来我国已将一些犯罪的定罪量刑标准由明确具体的刚性规定（如“偷逃应缴税额五万元以上”）修

① 马荣春．警醒刑法学中的过度类型化思维．法律科学（西北政法大学学报），2012 (2).

② ［古希腊］亚里士多德．政治学．吴寿彭译．北京：商务印书馆，1983：163.

③ 刘艳红．刑事立法技术与罪刑法定原则之实践——兼论罪刑法定原则实施中的观念误差．法学，2003 (8).

改为相对模糊的概括规定（如“数额较大”）。这种立法的模糊性和概括性赋予司法更大的弹性和张力。但刑法必须在立法的明确性与模糊性之间有所抉择，要保持一个合理的限度。未来我国应当在刑法立法上积极探索进一步细化量刑情节、慎用兜底条款等措施，合理把握刑法明确性的程度。

## 五、结语

通过上述分析可以发现，晚近 20 年来，我国刑法立法在立法理念、模式和内容上都取得了积极进展。其中特别值得肯定的是，我国坚持了统一的刑法典模式，促进了刑法立法的统一。在此基础上，我国刑法立法的民主性、科学性和完备性也都得到了不同程度的增强。但不可否认的是，我国刑法立法在观念、结构和制度设计上仍然存在一些缺陷。可以预见，尽管我国现行刑法典的体系能够基本满足我国现阶段犯罪治理和刑法修正的需要，但随着社会发展对完善刑法典呼声的不断增强，我国全面修订刑法典的时机正逐步来临。我国未来的刑法立法改革走向是，总结我国刑法立法的既往经验，正视其存在的不足，在纷繁复杂的现实之中，坚持理性的刑法立法观，积极探索刑法立法的结构优化、制度改革和立法技术完善，不断地从结构、制度和立法技术这三个方面完善刑法典。唯有如此，我国刑法立法的统一性、民主性、科学性和完备性才能持续地提升，从而进一步推动我国刑事法治建设。

# 当代中国刑法立法模式的演进与选择*

## 一、问题的提出

刑法立法模式是刑法立法表现形式的组合方式，是“作为刑法立法活动之成果的刑法的表现形式”①。综观当今世界各国的成文立法，刑法立法的形式主要有三种，即刑法典、单行刑法和附属刑法。这三种刑法立法形式在理论上可以组合出七种具体的模式②，其中常见的刑法立法模式是“刑法典”“刑法典＋单行刑法”“刑法典＋附属刑法”“刑法典＋单行刑法＋附属刑法”四种。在新中国

---

* 与袁彬教授合著，原载虞平主编：《法治流变及制度构建——两岸法律四十年之发展》，台北，元照图书出版公司，2020。

① 赵秉志主编．刑法总论．北京：中国人民大学出版社，2016：54.

② 这七种模式分别是“刑法典”“单行刑法”“附属刑法”“刑法典＋单行刑法”“刑法典＋附属刑法”“单行刑法＋附属刑法”“刑法典＋单行刑法＋附属刑法”。其中，刑法典是国家以刑法名称颁布的，系统、全面规定犯罪、刑事责任及刑罚的法律；单行刑法是指国家立法机关颁行的，在形式上独立于刑法典，内容上专门规定犯罪、刑事责任和刑罚的规范性文件的总称；附属刑法是指拥有刑事立法权的国家立法机关在制定经济、行政等非刑事法律时附加制定的，体现国家对一定范围内的特定社会关系加以特别调整的，关于犯罪、刑事责任和刑罚的法律规范的总称。刑法修正案是国家立法机关制定并颁布的，对刑法典的某一或某些条款直接予以修改补充，并自动成为刑法典组成部分的刑法规范性文件的总称。

70 年的刑法发展历程中，我国刑法立法经历了从无到有、由粗到细，不断完善、日益科学的过程，已初步建成了一个体系完备、结构合理、内容科学的社会主义刑事法治体系。在刑法立法模式上，我国则主要经历了一个由单行刑法与附属刑法并存，到刑法典、单行刑法与附属刑法并存，再到以刑法典为主并辅之以个别单行刑法的过程。不过，对于未来我国刑法立法模式的发展，近年来我国刑法理论上产生了一些争议和观点碰撞，主张也不完全相同。对此问题，本文第一作者曾撰文进行过探讨，并主张坚持统一的刑法典模式。[①] 不过，与以往的探讨角度有所不同，本文旨在在总结新中国成立 70 年来我国刑法立法模式演变过程的基础上，对未来我国刑法立法模式的发展愿景进行展望性探讨，以期对我们历史地看待我国刑法立法模式及其发展方向有所裨益。

## 二、当代中国刑法立法模式的演进历程

过去 70 年，中国刑法立法的演进基本上是以 1979 年刑法典的颁行和 1997 年全面修订刑法典为节点，并可以大体分为三个阶段，即 1949—1979 年新中国刑法初创阶段、1979—1997 年新中国刑法发展阶段和 1997 年至今新中国刑法完善阶段。[②] 与此阶段划分相对应，可以将我国刑法立法模式的演进历程大体上分为三个阶段。

### （一）1949—1979 年的刑法立法模式：单行刑法与附属刑法并存

1949—1979 年是新中国社会发展的恢复、停滞和重建启动时期。在这期间，我们经历了新中国成立初期的经济社会发展大恢复、社会发展总体向好的时期，也经历了“文化大革命”发生、社会发展停滞的时期，还经历了“文化大革命”结束后社会发展重启的时期。这反映在我国刑法立法过程上亦是如此。在这一时期，我国刑法在立法模式上主要呈现出以下两个显著特点。

---

① 赵秉志. 中国刑法立法晚近 20 年之回眸与前瞻. 中国法学，2017（5）.

② 赵秉志主编. 新中国刑法 70 年. 北京：法律出版社，2019：3.

第一，刑法立法的显性形式：单行刑法和附属刑法。在这一时期，我国刑法正式的法律渊源只有两种：一是单行刑法。这主要包括：(1) 1951 年 2 月 20 日中央人民政府委员会批准的《中华人民共和国惩治反革命条例》。该条例共 21 条，主要内容是惩治反革命罪犯、镇压反革命活动。(2) 1951 年 4 月 19 日中央人民政府政务院公布的《妨害国家货币治罪暂行条例》。该条例共 11 条，主要内容是惩治危害国家货币的犯罪。(3) 1952 年 4 月 18 日中央人民政府委员会批准的《中华人民共和国惩治贪污条例》。该条例共 18 条，主要内容是惩治贪污贿赂犯罪。除了这三个单行刑法，在这一时期带有单行刑法性质的法律规定，还有 1956 年 4 月 25 日全国人大常委会通过的《关于处理在押日本侵略中国战争中战争犯罪分子的决定》、1956 年 11 月 16 日全国人大常委会通过的《关于宽大处理和安置城市残余反革命分子的决定》、1956 年 11 月 16 日全国人大常委会通过的《关于对反革命分子的管制一律由人民法院判决的决定》、1957 年 7 月 15 日全国人大通过的《关于死刑案件由最高人民法院判决或者核准的决议》。[①] 二是附属刑法。在这一时期，我国立法文件总体数量不多，在非刑事法律中规定的附属刑法规范数量也很有限，主要是在《保守国家机密暂行条例》《全国人民代表大会及地方各级人民代表大会选举办法》等非刑事法律和法规中有关于犯罪和刑事责任的规定。例如，1951 年 6 月通过的《保守国家机密暂行条例》第 13 条规定："凡有下列行为之一者，以反革命论罪，依惩治反革命条例惩处：一、出卖国家机密于国内外敌人者；二、故意泄露国家机密于国内外敌人者；三、出卖国家机密于国内外奸商者。"这也构成了这一时期我国刑法规范的重要内容。总体而言，在这一时期我国的刑法立法只有单行刑法和附属刑法两种形式。

第二，刑法立法的隐性形式：政策与解释。刑法立法与刑事政策、刑法解释之间的应然关系是：刑事政策、刑法解释应当被置于刑法立法的框架下。[②] 刑法

---

① 这些相关立法文件参见高铭暄，赵秉志编．新中国刑法立法文献资料总览．2 版．北京：中国人民公安大学出版社，2015。

② 陈兴良．刑法的刑事政策化及其限度．华东政法大学学报，2013 (4).

是刑事政策不可逾越的藩篱。[①] 但在这一时期，由于刑法立法太少，运用已有的刑法立法规范无法有效惩治犯罪，因此刑法立法与刑事政策、刑法解释的这种关系被打破，出现了大量以刑事政策、刑法解释取代刑法立法而成为司法裁判的依据的现象。这主要体现在：一是中央有关机关的批复、指示、解释等。鉴于当时没有制定统一的刑法典，对于犯罪构成、刑事责任年龄、刑罚种类、量刑原则等涉及刑法总则的内容，中央有关机关通过批复、指示、解释等方式作出了规定，弥补了立法的不足，但是缺乏统一性、系统性和规范性。在当时的条件下，这对于打击犯罪，巩固人民民主专政的政权，维护社会秩序，保护公民的合法权益，保障经济的恢复和建设，都发挥了重要作用，同时也为 1979 年制定统一的刑法典奠定了基础。[②] 二是刑法草案、刑法理论著作等。刑法草案虽然不同于刑法典，不具有法律效力，但能在一定程度上反映这一时期的政策走向，因而具有政策指导意义。例如，刑法草案第 22 稿“虽然后来没有公布成为正式的法律，但我们了解到，在实际的判案中，第 22 稿成了法院主要参考的裁判依据”[③]。而刑法理论著作包括刑法的基本理论和观点，本身就具有指导司法实践的作用。在这一时期因刑法立法的缺失，刑法理论著作对刑事司法的指导更显重要，填补了刑法立法的不足。[④]

### （二）1979—1997 年的刑法立法模式：刑法典、单行刑法与附属刑法并存

1979 年刑法典颁行至 1997 年全面修订刑法典是中国刑法立法快速发展阶

---

① ［德］李斯特. 德国刑法教科书. 徐久生，译. 北京：法律出版社，2006：23.

② 李淳. 略论新中国刑法 50 年的发展与完善. 法学家，2000（2）.

③ 高铭暄，黄薇. 25 年曲折立法路——见证新中国第一部刑法诞生的艰辛. 文史参考，2011（7）.

④ 不过，在这期间我国的刑法理论著作数量极少，只有中央政法干部学校刑法教研室编印的《中华人民共和国刑法基本问题讲稿》（1956 年）、《中华人民共和国刑法分则中几种主要犯罪的定罪量刑问题》（1956 年）、《中华人民共和国刑法总则讲义》（1957 年），中国人民大学法律系刑法教研室和北京政法学院刑事诉讼法教研室共同编订的《中华人民共和国刑法教学大纲》（1956 年），中国人民大学法律系刑法教研室编印的《中华人民共和国刑法总则讲义》（1957 年）、《中华人民共和国刑法分则讲义》（1957 年）、《中华人民共和国刑法实习教材》（1957 年）、《中华人民共和国刑法教学大纲》（1957 年），张中庸编写的《中华人民共和国刑法》（1957 年），李光灿独著的《论共犯》（1957 年），西南政法学院刑法教研室编印的《中华人民共和国刑法总则讲义（初稿）》（1957 年）等为数不多的内容粗略的著作。高铭暄主编. 刑法专论. 2 版. 北京：高等教育出版社，2006：3-5.

段，刑法立法数量急剧增长。在这一时期，我国刑法立法在模式上采取的是综合立法模式，即在立法形式上以刑法典为统领，兼采单行刑法和附属刑法。这具体体现为以下两个方面。

第一，以刑法典为统领。1979 年刑法典虽然前后酝酿了近 30 年，仅正式的草案稿本就多达 38 稿，但该刑法典的通过在时间上仍略显仓促：距离“文化大革命”的结束仅两年多时间，与改革开放这一基本国策的提出几乎同步。客观地看，当时我们党和国家对我国社会形势的发展并没有形成一个稳定的预期，而是在探索和摸索中，正所谓“摸着石头过河”。在这一背景下，1979 年刑法典是本着“宜粗不宜细”的立法原则进行的，立法总体上较为粗疏，并且规定了后来颇受诟病的“类推制度”。但毫无疑问的是，1979 年刑法典为我国之后的刑法立法提供了基本的立法框架和立法原则，成为这一时期我国刑法立法的统领。这主要包括两个方面：一是 1979 年刑法典为这一时期我国刑法立法提供了整体框架。1979 年刑法典虽然只有为数不多的 192 个条文，但其总体框架基本合理：分为总则和分则两编，其中总则编又分为五章，大体上按照通则、犯罪总则、刑罚总则的逻辑演进；分则编又分为八章，按照犯罪所侵犯的同类客体分类，并大体上按照同类客体的重要程度排列。① 这为我国刑法立法提供了大体科学合理的基本框架，之后的单行刑法和附属刑法基本上都可以被纳入这一框架。二是 1979 年刑法典为这一时期我国刑法立法提供了立法的基本原则。1979 年刑法典虽然没有关于刑法基本原则的专门规定，但其关于犯罪、刑事责任和刑罚的规定，实际上为我国刑法确立了主客观相统一、罪责刑相适应、刑法面前平等等基本原则②，为我国单行刑法和附属刑法立法提供了重要的立法指引。可以说，尽管在这一时期我国刑法典的立法条文数量并不多，但该刑法典作为我国这一时期刑法立法的统领，明确了我国刑法立法的架构和方向。

第二，以单行刑法、附属刑法为重要补充。在刑法典之外采用单行刑法的立

① 高铭暄主编. 刑法学. 北京：法律出版社，1982.

② 高铭暄主编. 中国刑法学. 北京：中国人民大学出版社，1989：65.

法方式不是1979年刑法典颁行之后才作的选择，而是在1979年刑法典之前即已制定的刑法立法策略。这集中体现为1981年6月10日通过的《惩治军人违反职责罪暂行条例》。事实上，“1979年制定刑法典时就曾考虑过要否在刑法典中规定军职罪，但后来考虑到来不及研究清楚，决定另行起草军职罪暂行条例”①。在此基础上，以单行刑法、附属刑法的方式补充1979年刑法典是这一时期我国刑法立法的主要做法，刑法修正案的方式在这一时期尚未被立法机关提及，更未被采用。自1981年至1997年刑法典颁行前，我国先后制定了共计25部单行刑法，并且在107部非刑事法律中规定了附属刑法规范，刑法立法的分散性几乎发挥到了极致。② 其中，这一时期的单行刑法对1979年刑法典补充了一些新罪名，修改了某些犯罪的构成要件，并且使一些较为抽象的具体犯罪的构成要件趋于明确化、具体化，从而进一步协调了刑法中的罪刑关系；另外，散见于各种非刑事法律中的附属刑法规范也起到了修改、补充和解释刑法典的作用，同时还兼具照应的功能，使刑法与非刑事法律协调起来。③ 可以说，这些单行刑法和附属刑法在很大程度上缓解了1979年刑法典不能及时回应社会现实的尴尬处境。然而，诸多单行刑法和附属刑法游离在1979年刑法典之外，缺乏体系上的归纳，显得相当凌乱，不便于全面掌握；而且，单行刑法一个接一个地补充和归纳，彼此缺乏照应，在法条之间常有交叉重叠现象，在法定刑上也难免轻重失衡。特别是我国决定实行有中国特色的社会主义市场经济体制之后，为了实现经济体制的转轨，各方面都发生了许多深刻变化，仅靠单行刑法和附属刑法对1979年刑法典进行修修补补，已难以做到通盘考虑。④ 这些都促使我国在1997年进行刑法典的全面修订。

### （三）1997年至今的刑法立法模式：以刑法典为主，辅之以个别单行刑法

1997年是我国刑法立法模式发展与变革的一个重要分界点。1979年刑法典

---

① 赵秉志主编．中国特别刑法研究．北京：中国人民公安大学出版社，1997：749.

② 赵秉志．改革开放40年我国刑法立法的发展及其完善．法学评论，2019（2）.

③ 赵秉志，张智辉，王勇．中国刑法的运用与完善．北京：法律出版社，1989：190-191.

④ 高铭暄，赵秉志．中国刑法立法之演进．北京：法律出版社，2007：53.

之后，我国通过发布大量单行刑法、附属刑法的方式，在刑法典之外形成了大量独立存在的刑法规范，刑法立法极为分散，不同立法之间的冲突时有呈现。1997年全面修订刑法典主要就是为了解决这一不利局面。在1997年刑法典颁行后，经过20余年的发展，我国形成了刑法典、1部单行刑法和10个刑法修正案的立法格局，刑法立法模式系以刑法典为主并辅之以1部单行刑法。这具体体现在以下两个方面。

第一，一部统一的刑法典是该时期刑法立法的主体。1997年刑法典是新中国刑法立法的新成就，这部刑法典实现了我国刑法立法的统一化、科学化和完备化。其中，在刑法立法形式上，1997年刑法典实现了制定一部统一的、比较完备的刑法典的目标，取消了之前与刑法典并行而独立存在的众多的单行刑法和附属刑法，全面吸收了1979年刑法典和既往各个单行刑法暨附属刑法的合理内容，真正实现了我国刑法的法典化。特别是1997年系统修订刑法典时，国家立法机关经过巨大的努力，得以把最高人民检察院当时正起草中的“反贪污贿赂法”纳入刑法典，作为分则第八章的贪污贿赂罪①；把中央军委原本拟独立创制的“中华人民共和国惩治军人违反职责罪法”纳入刑法典，作为刑法典分则第十章的军人违反职责罪②，从而实现了我国刑法立法形式上的统一。在此之后，我国还借鉴世界上许多国家的做法，采用刑法修正案的方式对刑法典进行局部的立法修正和补充，继续保持着刑法典这一统一立法模式。

第二，唯一的单行刑法是刑法典的临时补充。值得指出的是，在这一时期我国没有在民事、行政等非刑事法律中再规定实质修改、补充刑法典内容的附属刑法规范，而只是通过一部单行刑法，在刑法典之外规定了数量极少的修改、补充刑法典的刑法规范。这部单行刑法就是1998年12月29日第九届全国人大常委会第六次会议通过的《关于惩治骗购外汇、逃汇和非法买卖外汇犯罪的决定》。该部单行刑法是为了应对当时席卷亚洲的金融危机而临时制定的，共9个条文，

① 赵秉志，肖中华．中国刑法的最新改革．现代法学，1998（2）．

② 王汉斌．社会主义民主法制文集：下．北京：中国民主法制出版社，2012：602．

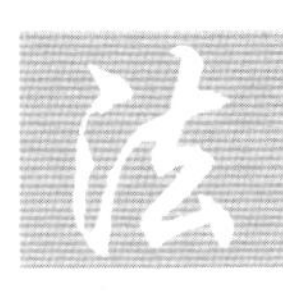



除部分指引性规范（第 2 条、第 4～8 条）外，实质性的修改、补充刑法典内容的刑法规范只有两条，即第 1 条增设了骗购外汇罪和第 3 条修改了逃汇罪。与我国刑法立法的总条文数量相比，该部单行刑法的立法数量占比极低。也正因为如此，我国一些学者认为，这一时期我国刑法的立法模式应属于统一刑法典模式。[①]

可见，新中国成立之后的 70 年间，我国刑法立法经历了一个曲折的过程，刑法立法形式也不断变化。到 1997 年全面修订刑法典之后，我国初步形成了以刑法典为核心的统一刑法典模式。

## 三、当代中国刑法立法模式演进的影响因素

过去 70 年间我国刑法立法的演进总体上呈现一个渐进的过程，即一个由分散到统一、由不完备到较为完备、由不科学到较为科学的过程。伴随这一过程，我国刑法在立法模式上也呈现由分散走向统一的特征。其中，在新中国成立之后的前 30 年里，单行刑法和附属刑法是我国刑法立法的主要形式；之后，1979 年刑法典的颁行实现了新中国刑法典的从无到有，但分散立法模式继续保持；直到 1997 年刑法典颁行，刑法典在我国刑法体系中的主体地位才开始确立，并在之后不断得到巩固和加强。综观新中国成立 70 年来的刑法立法模式演进，其中影响因素众多，但主要包括以下四个方面的影响因素。

### （一）社会因素：社会发展的稳定性

这里所称的社会发展的稳定性，是指政治、经济、文化、治安等社会各方面发展所呈现的综合稳定性。客观地看，新中国成立 70 年来，我国社会发展因阶段的不同而呈现不同的稳定性。例如，在新中国成立之后的前 30 年间，我国社会主要因为政治的原因而不稳定，特别是在“文化大革命”这十年，我国社会，特别是法治，基本上处于停滞状态；在 1978 年国家实行改革开放政策后，我国

---

① 赵秉志. 中国刑法立法晚近 20 年之回眸与前瞻. 中国法学，2017（5）. 刘之雄. 单一法典化的刑法立法模式反思. 中南民族大学学报（人文社会科学版），2009（1）.



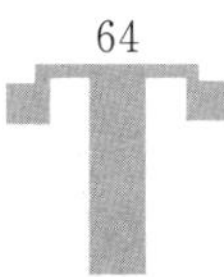

社会主要因为经济改革而不稳定，经济领域出现的新型违法犯罪现象较多；当前我国社会进入发展的相对平稳时期。

社会发展的稳定性对刑法立法模式的影响主要体现在：

第一，社会发展的稳定性包含着刑法立法的决定性因素。按照马克思主义法学理论，刑法作为法律的一部分，属于社会的上层建筑，是由社会的经济基础所决定的。而刑法的阶级性则意味着刑法的发展要受制于政治因素。因此，经济、政治等社会因素对刑法立法具有决定性影响。事实上，新中国成立后我国即全面废止了国民党执政时期的全部法律（包括刑法典）。“1949 年 3 月 31 日，董必武同志签署了《废除国民党的六法全书及其一切法律》的训令，对当时国民党政府以‘六法全书’为核心的法律制度予以全面的否定评价，包括刑法在内的旧法被全部废除。”① 同样，在新中国刑法立法第一阶段的后 20 年（包括“文化大革命”十年），我国刑法立法主要受政治因素影响而完全处于停滞状态，更遑论成熟的刑法立法模式（实际上这一时期我国完全没有新的刑法立法）；在新中国刑法立法的第二阶段，我国刑法立法主要受经济发展影响而不得不针对违法犯罪现象采取“堵窟窿”的方式进行分散立法，刑法立法形式以单行刑法、附属刑法为主；在新中国刑法立法的第三阶段，我国社会进入整体平稳期，刑法的临时性立法减少，刑法立法模式也逐渐趋于稳定，并形成了目前的统一刑法典模式。

第二，社会发展的稳定性包含着刑法立法的间接影响因素。社会发展的稳定性除了包含其作为刑法立法的客观基础而必然会影响刑法的立法模式选择，也包含了其他许多影响刑法立法的间接性因素。例如，社会违法犯罪形势（包括社会治安状况）作为影响社会稳定发展的因素之一，会影响立法决策者对社会形势的判断，进而会对刑法的立法产生影响。新中国成立 70 年来我国刑法立法的演进轨迹表明，在社会急剧变革时期，犯罪形势变化迅速，刑法的立法理念需要不断地进行转换，刑法立法因通常只能重点考虑局部问题而更多地采用单行刑法和附属刑法的立法方式。但在社会发展平稳时期，犯罪态势相对稳定，刑法的立法理

① 陈兴良．转型与变革：刑法学的一种知识论考察．华东政法学院学报，2006（3）．

念不会发生剧变，刑法立法则多采用统一刑法典的模式。结合前文所述，在新中国成立后的第三阶段，我国社会总体平稳，统一的刑法典立法模式不仅较好地保证了刑法立法的统一性、完整性，而且充分满足了我国刑法修法的灵活性、及时性需要。

（二）政策因素：刑法立法政策

从内涵上看，刑法立法模式的选择是刑法立法政策的内容之一，刑法立法模式是影响刑法立法决策的首要因素，毕竟立法者要进行刑法立法，首先要考虑的就是采取何种立法模式。新中国成立 70 年来，刑法立法政策对刑法立法模式的影响显而易见。这具体体现在：

第一，新中国成立初期的刑法立法模式，是政策选择的结果。新中国在成立初期面临着镇压反革命、巩固新生的人民民主政权和恢复经济建设两大任务。基于当时的社会背景，我国立法机关在立法思想上表现出一种注重以实用的态度解决现实问题的立场。例如，当时担任政务院政治法律委员会副主任的彭真同志在 1951 年 5 月 11 日《关于政法工作的情况和目前任务》的报告中曾明确指出："在立法方面，目前还不宜追求制定一些既不成熟又非急需的完备、细密的成套的法规，以致闭门造车；应该按照当前的中心任务和人民急需解决的问题，根据可能与必要，把成熟的经验定型化，由通报典型经验并综合各地经验逐渐形成制度和法律条文，逐步地由简而繁，由通则而细则，由单行法规而形成整套的刑法、民法。"① 在这种政策思想的指导下，我国在新中国成立初期并没有急于着手制定和通过刑法典，而是根据当时的现实需要制定了解决急需问题的多部单行刑法和少量的附属刑法。

第二，1979 年刑法典颁行至 1997 年全面修订刑法典之前这一期间的刑法立法模式，也是政策选择的结果。这具体体现在：一是在 1979 年刑法典制定时立法机关即决定另行制定《中华人民共和国惩治军人违反职责罪暂行条例》。该条例在刑法立法形式上属于单行刑法，这意味着在 1979 年刑法典制定时我国立法

① 彭真．论新中国的政法工作．北京：中央文献出版社，1992：26．



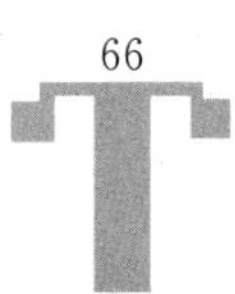

者在刑法立法模式上即决定要采取多样化的立法方式。二是 1979 年刑法典制定时采取“宜粗不宜细”的政策。1979 年刑法典草案的拟定过程虽然较长，但“文化大革命”后决定重启刑法典的制定工作至 1979 年刑法典通过，时间并不长。再加上当时我国的法制基础薄弱，因此立法者对 1979 年刑法典的制定及之后的刑法立法并没有一个详细的规划。在“宜粗不宜细”政策的影响下，1979 年刑法典总体上仍显得较为粗疏，需要通过单行刑法、附属刑法等刑法立法形式加以补充。

第三，1997 年全面修订刑法典，还是政策选择的结果，事实上，当时最高人民检察院提出要制定一部反贪污贿赂罪的单行刑法并得到了中央有关方面的支持，已经起草了多个稿本；中央军委也提出要制定一部惩治军人违反职责罪的单行刑法，已经起草完毕并由时任中央军委主席江泽民签署同意而提交全国人大常委会审核。但我国立法机关经过慎重考虑并报中央批准，最后还是决定将这两个部分作为两章置于刑法典分则中，这才保证了 1997 年刑法典的统一性和完备性。可以说，国家立法机关 1997 年采用统一刑法典的方式全面修订刑法典，是当时刑法立法政策选择的结果。当然，值得注意的是，这一刑法立法模式被 1998 年全国人大常委会出台的单行刑法所打破。

（三）能力因素：刑法立法的前瞻性

刑法立法者的能力可以体现在多个方面。对于刑法立法模式而言，刑法立法的前瞻性十分重要，并重点体现在以下两个方面：

第一，刑法基本原则的前瞻性。根据我国《立法法》第 7 条的规定，全国人大常委会在全国人大闭会期间，对全国人大制定的法律进行部分补充和修改，但是不得同该法律的基本原则相抵触。据此，不得违背“法律的基本原则”成为全国人大常委会补充和修改法律的一个限制。从这个角度看，刑法基本原则的立法必须具有前瞻性，否则以后要突破刑法基本原则进行立法就会面临障碍，进而会影响到刑法立法方式的选择。

第二，刑法基本框架的前瞻性。刑法的基本框架反映在刑法典中就是刑法的基本结构。例如，我国 1997 年刑法典包括三编十五章，其中总则编五章，分则


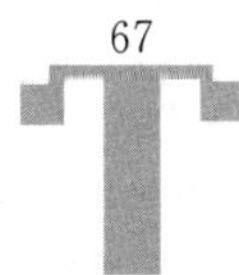

编十章；总则编第二至四章下设节，分则编第三、六章下设节。因为刑法的局部补充和修改不便于对刑法典的编、章、节这些宏观结构进行调整，因此刑法典编、章、节这些宏观层次的设置是否合理、是否具有前瞻性，会影响到刑法立法模式的选择。以刑法典总则为例：1997 年刑法典总则第四章第八节是“时效”，这意味着赦免等刑罚消灭制度难以被纳入该节，进而在刑法典中找不到合理的位置。对此，如果不对刑法典进行结构调整的话，就只能采取单行刑法或者附属刑法的方式进行立法。同样，1997 年刑法典分则没有设立“国际犯罪”专章或者专节，这意味着在 1997 年刑法典中集中增设国际犯罪可能面临章节的增设或者调整，否则只能采用单行刑法或者附属刑法的方式。

（四）技术因素：刑法立法技术

刑法立法技术包含了多方面的内容，刑法典的编、章、节、条、款、项这些层次结构是刑法立法技术的体现。对于刑法立法模式而言，以下两个方面的技术具有重要影响：

第一，关于刑法结构性的技术。刑法典在结构上通常具有封闭性，刑法典的章节条款都是固定的。这会给刑法典的修改造成一定的技术困难。对此，参考借鉴外国刑法的立法经验，我国 1997 年刑法典之后的刑法修正案主要从两个方面进行了突破：一是采用在既有法条之下增设“之一”“之二”法条的方式来弥补刑法条文数量不足的缺陷，并且不打乱原有法条的序号和排列顺序。目前我国 10 个刑法修正案对新增的条文都是采用这一方式。当然，这也导致了个别条文下增加的条款众多。例如，经过《刑法修正案（九）》的修正，1997 年刑法典第 120 条之后已经出现了“之六”，即共增加了 6 个条文。二是采取“开天窗”的方式解决刑法条文数量多余的缺陷。对刑法条文的删改可能导致刑法个别条文内容的全部废止，进而出现空白条文。而对刑法条文顺序的调整通常牵涉范围较广。在此情况下，刑法典修正遂采取“开天窗”的方式，进而导致个别条文内容空白。例如，在《刑法修正案（九）》第 12 条删除了 1997 年刑法典第 199 条的内容后，刑法典第 199 条就成为一个空白条款，这样也没有打乱原有条文的序号和顺序。

第二，关于刑法灵活性的技术。这里的灵活性是指刑法补充和修改的灵活性。刑法立法需要适时应对社会新出现的各种违法犯罪现象，就必然需要一定的技术支持。纵观新中国成立70年，特别是1997年刑法典颁行以来的我国刑法立法，这种立法技术主要表现为两个方面：一是刑法修正案。为了应对新出现的违法犯罪现象，我国在1979年刑法典颁行后至1997年全面修订刑法典之前，主要采用的是单行刑法和附属刑法方式；在1997年刑法典颁行后，则主要采用了刑法修正案的方式。客观上看，在灵活性程度上，单行刑法的修法灵活性最高，其次是刑法修正案，再次是附属刑法。这其中争议较大的也是刑法修正案。反对者认为其不够灵活，赞成者则认为其灵活性足够。二是刑法立法解释。刑法立法解释是由国家立法机关对刑法条文内涵所作的解释。在性质上，刑法立法解释是对刑法条文的阐释与说明，这显然不同于刑法立法。但实际上，我国既有的刑法立法解释也具有创制刑法规范的客观功能，具有“半立法”的性质，能够弥补刑法立法的不足。在1997年刑法典颁行之前，我国立法机关没有出台过专门的刑法立法解释，但在1997年刑法典颁行至今，我国立法机关先后已出台13个刑法立法解释，其解释的内容既涉及刑法典分则的条文也涉及刑法典总则的条文。

由上可见，刑法立法模式的选择既有主观性，直接受制于刑法立法政策和刑法立法能力，又有客观性，要受到社会发展的稳定性、刑法立法技术的影响。因此，需要综合平衡这些因素合理选择科学的刑法立法模式。

## 四、未来中国刑法立法模式的应然选择

关于未来中国刑法立法模式的选择，近年来我国刑法理论上有过不少探讨，但也存在较大分歧。相关分歧主要体现为两类：一类是主张统一的刑法典模式，坚持刑法立法的法典化[①]；另一类是主张多元的刑法立法模式，主张在刑法典之

---

① 杨辉忠．我国刑法修正案实践与思考//戴玉忠，刘明祥主编．和谐社会语境下刑法机制的协调．北京：中国检察出版社，2008：68-69.

外兼采其他刑法立法方式，如采取“刑法典＋单行刑法＋附属刑法”[①] 模式和“刑法典＋附属刑法”模式。[②] 双方争议各有所持，但论据的分歧主要在于刑法立法模式的灵活性（刑法立法模式是否足够灵活，刑法修正案的方式能否满足社会发展变化的需要）、刑法立法模式的统一性（刑法立法模式是否能持续保持刑法结构和内容的统一性）和刑法立法模式的功能性（刑法立法模式能否最大化地保证刑法与民事、行政法律规范的呼应性）。[③] 针对这些分歧，我们认为，根据新中国刑法立法的经验教训，并综合新中国刑法立法模式的事实、价值和技术三个层面考量，未来我国应当坚持统一的刑法典模式。理由主要包括：

（一）事实层面：统一刑法典模式的历史选择与现实明证

新中国成立 70 年来的刑法立法道路及其得失为我们探寻刑法立法的合理模式提供了鲜活的经验。过去 70 年间的刑法立法模式演进已充分表明，统一的刑法典模式完全可行。这主要体现在：

第一，统一刑法典模式是历史的选择。既往 70 年的刑法立法经验表明，我国在刑法立法模式上进行的探索是全面的。从早期的“单行刑法＋附属刑法”，到中期的“刑法典＋单行刑法＋附属刑法”，再到现在基本实现的统一刑法典模式，整个刑法立法的过程是刑法典从无到有、由不完备到较为完备的发展过程，是一个刑法法典化的过程。刑法的法典化程度直接反映了我国刑法立法水平的高低。因此，新中国刑法 70 年来的演进历程清晰地表明，当前我国基本实现的统一刑洪典模式是我国刑法立法在模式上综合权衡了刑法典、单行刑法和附属刑法立法形式利弊得失之后的历史选择，未来我国应当走向全面的统一刑法典模式。

第二，统一刑法典模式是现实的明证。既往 70 年，特别是 1997 年刑法典之

① 张明楷．刑事立法的发展方向．中国法学，2006（4）．

② 柳忠卫．刑法立法模式的刑事政策考察．现代法学，2010（3）．

③ 赵秉志．当代中国刑法法典化研究．法学研究，2014（6）．郭泽强．从立法技术层面看刑法修正案．法学，2011（4）．柳忠卫．刑法立法模式的刑事政策考察．现代法学，2010（3）．刘之雄．单一法典化的刑法立法模式反思．中南民族大学学报（人文社会科学版），2009（1）．梁根林．刑法修正：维度、策略、评价与反思．法学研究，2017（1）．

后晚近20余年来的刑法立法经验表明，统一刑法典模式完全能够满足我国刑法立法的实际需要。这包括：一是该模式有效地保持了刑法典的完整性。1997年刑法典颁行20余年来，我国先后通过了10个刑法修正案，刑法修改的数量超过1997年刑法典条文总数的三分之一，内容既涉及刑法典分则条款又涉及刑法典总则条款，政策上既有从严的规定也有从宽的规定，可谓包罗万象，但我国始终保持了刑法结构的稳定性，维护了刑法典的完整体系。二是该模式有效地发挥了刑法修正案的灵活性。虽然既往20余年我国社会发展整体平稳，但犯罪形势也发生过剧烈变化，其中最为突出的是全球突发恐怖活动犯罪。为了应对恐怖活动犯罪，世界上许多国家都进行单独立法。而我国先是在《中华人民共和国反恐怖主义法》出台之前多年即通过刑法修正案方式增设了涉恐怖活动的犯罪［如《刑法修正案（三）》增设的资助恐怖活动罪］，后是在《中华人民共和国反恐怖主义法》出台前夕通过《刑法修正案（九）》，增设了多种与反恐怖主义法衔接的涉恐怖主义、极端主义的犯罪（如准备实施恐怖活动罪，宣扬恐怖主义、极端主义、煽动实施恐怖活动罪，利用极端主义破坏法律实施罪，强制穿戴宣扬恐怖主义、极端主义服饰、标志罪，非法持有宣扬恐怖主义、极端主义物品罪等）。刑法修正案的立法灵活性由此彰显。

（二）价值层面：统一刑法典模式的灵活性、统一性与呼应性

刑法立法模式所要实现的全部价值是更好地为刑法立法服务，最大化地发挥刑法立法的功能。因此，刑法立法模式的主要价值是灵活性与统一性，并以此为基础兼采不同刑法立法形式的优势。综合而言，统一刑法典模式虽然形式单一但能够最大化地平衡刑法立法的灵活性与统一性，实现刑法与非刑事法律的呼应性。这具体体现在：

第一，统一刑法典模式的灵活性。缺乏灵活性曾被认为是统一刑法典模式的最大不足。但晚近20余年我国的刑法立法实践表明，统一刑法典模式的灵活性很强，完全能够满足刑法立法的现实与未来需求。我们认为，放眼未来，统一刑法典模式完全能够满足我国刑法立法的灵活性需要。主要理由在于：（1）未来社会长期平稳发展的预期是基础。刑法的立法模式要与社会稳定发展的形势相适

应。毕竟，在一个激烈动荡的社会，立法者重点关注的必然是立法如何能够更好地回应社会现实，最大化地发挥刑法的现实秩序维护功能，其对刑法立法的灵活性要求更高。而在一个稳定的社会中，政治、经济、文化、观念等因素总体上较为平衡和稳定，刑法立法原则、原理和观念发生根本性转变的基础不存在，刑法通常不需要进行结构上的调整，进而不需要跳出既定的刑法原则、原理和框架进行立法。刑法修正案方式完全能够满足社会对刑法的需求。（2）统一刑法典的综合修改模式是关键。所谓综合修改模式，是指对刑法的修正既可以修正总则性规定，也可以修正分则性规定；既可以增加从严的规定，也可以增加从宽的规定；既可以增加刑法条文，也可以删除刑法条文。现代刑法典的总则与分则模式决定了独立于刑法典之外的单行刑法、附属刑法基本上只能进行分则性修改，不能对刑法的基本原理进行修订，而且在技术上通常只能增加条文，较少删除条文，更不能删改刑法典条文。这意味着，单行刑法、附属刑法这两种修法方式存在一个根本性缺陷，即通常不能修改刑法典的总则性规定。相反，统一刑法典模式所采取的刑法修正案方式可对刑法典进行包括总则规范在内的综合修改，较之单行刑法、附属刑法其灵活性更强。（3）修补刑法规范的独立性是保障。所谓修补刑法规范的独立性，是指通过刑法修正案增加、修改、删除的刑法规范可以独立于其他法律而存在。相比之下，附属刑法必须依附于非刑事法律，其刑法规范不具有独立性。在没有出台相应非刑事法律的情况下，附属刑法因无所依附而难以存在。从这个角度看，刑法修正案在修法灵活性上也要明显强于附属刑法这一修法方式，同时也不弱于单行刑法。在此基础上，统一刑法典模式的灵活性因其修补刑法规范的独立性而有了充分保证。

第二，统一刑法典模式的统一性。这里所称的统一性，是指刑法规范内部的统一性。在1997年刑法典颁行之前，我国分散式刑法立法面临的一个主要质疑是，刑法规范因过于分散而出现了大量的对立性、冲突性立法，包括单行刑法之间、单行刑法与附属刑法之间、单行刑法与刑法典之间、附属刑法之间、附属刑法与刑法典之间等的冲突。这种统一性的缺失极大地损害了我国刑法的稳定性和权威性，毕竟，现代刑法立法科学性的基本要求是刑法立法规范的统一和协调。

与分散式刑法立法模式相比，统一刑法典模式可以从以下两个方面保证刑法立法规范的统一：(1) 刑法结构的统一。现代刑法典大都采取总则与分则相结合的模式，总则和分则之下又分别设置章节。这种立法方式可以有效地保障刑法规范在结构上的完整和统一。新增或者删除的刑法条文在刑法典中的位置十分明确。相比之下，单行刑法、附属刑法增补的条文该被纳入哪一同类客体之下往往会有争论，进而会影响对相关刑法规范的理解与适用。(2) 刑法内容的统一。如前所述，刑法立法规范在内容上可分为总则性规范和分则性规范。刑法内容的统一涉及刑法总则性规范、刑法分则性规范以及它们之间的统一。我国 1997 年刑法典颁行之前的刑法规范冲突，既有刑法分则性规范之间的冲突，也有刑法总则性规范之间的冲突。分散式刑法立法模式下的单行刑法、附属刑法通常会更多地强调自身的特殊性，相关规范与刑法典之间的协调性无形中会被削弱。相比之下，统一刑法典模式以刑法典作为立法内容的归依，立法者首先需要考虑新增内容被放置的位置，保持刑法典内部的统一性基本上是刑法立法的首要考虑因素。

第三，统一刑法典模式的呼应性。这里所称的呼应性，是指刑法规范与非刑事法律规范的呼应性，最常体现在行政犯之刑法规范与行政法律规范的呼应性上。这也是统一刑法典模式目前最受诟病的地方，毕竟统一刑法典模式下的刑法立法独立性决定了其可以抛开非刑事法律规范单独立法；而且，对同一问题由刑法与非刑事法律分别立法，会在一定程度上削弱法律规范的联合效应。不过，我们认为，刑法理论上对统一刑法典模式的呼应性质疑在很大程度上是基于我国的现行立法之不足。事实上，我们认为，通过以下两个方面的调整可以有效解决这一问题：(1) 合理运用空白罪状。空白罪状，即条文不直接地具体规定某一犯罪构成的特征，但指明确定该罪构成特征需要参照的其他法律、法规的规定。[①] 这一立法方式在我国现行刑法典中被大量运用，但在“参照”的表述上不完全相同，如有的表述为“违反法规”(如刑法典第 340 条对非法捕捞水产品罪表述的是“违反保护水产资源法规”)，有的表述为“违反国家有关规定”(如刑法典第

---

① 高铭暄，马克昌主编. 刑法学. 7 版. 北京：北京大学出版社，高等教育出版社，2016：322.

253 条之一规定的侵犯公民个人信息罪），也有的表述为“违反国家规定”（如刑法典第 225 条规定的非法经营罪），还有的表述为“非法”（如刑法典第 207 条规定的非法出售增值税专用发票罪）。这导致了相关行政犯前置法律法规极其不统一。但这种立法在未来并非不可以统一。事实上，如要借鉴附属刑法的做法，作为行政犯前置性规范的则只能是非刑事法律，而不包括法规（不包括行政法规、部门规章、地方性法规和地方规章等）。从技术上看，未来刑法立法要实现这一点并不困难，只需将其表述统一为“违反法律规定”即可。（2）合理运用指引性规范。这里所称的指引性规范是指非刑事法律中关于犯罪的提示性规定，如《证券法》第 231 条规定：“违反本法规定，构成犯罪的，依法追究刑事责任。”客观地说，这种指引性规范是非常抽象的，与刑法规范的呼应性不强。未来，从加强刑法与非刑事法律呼应性的角度，可以对非刑事法律中的指引性规范作两方面的严格限定：一是严格刑法的规定，必须是非刑事法律明确作了指引性规范的行为才能构成犯罪，无前置指引性规范不为罪；二是严格非刑事法律的规定，非刑事法律的指引性必须明确具体，即有明确的行为类型和界限。这两个方面能够相互呼应，且缺一即不构成犯罪。通过对刑法与非刑事法律的这种限定，刑法规范与非刑事法律规范之间的呼应性必将得到增强。

### （三）技术层面：刑法修正案与刑法立法解释的合理运用

统一刑法典模式的修法技术是其价值的保障，且主要体现在刑法修正案和刑法立法解释的创制中。这两者的合理运用能够有效保障统一刑法典模式的运行。这主要体现在：

第一，显性修补：刑法修正案能有效维护统一的刑法典模式。刑法修正案对刑法典的修改是在刑法典的框架内对条文进行增删和修改，其本身是刑法典的一部分。① 刑法修正案对刑法典条文增删的具体形式有：一是改换，即明文规定将某一条款改为新的内容；二是增补，即某一条之中或者之后增加某一款，或者将某一条分为两条；三是删除，即删除刑法典中的某一条或某条之下的某一款，使

① 黄京平，彭辅顺．刑法修正案的若干思考．政法论丛，2004（3）．



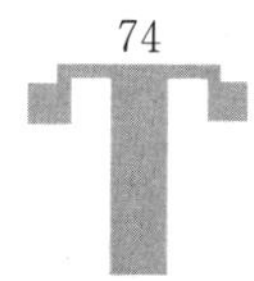

之成为空白条款。[①] 1997年刑法典颁行后20余年来我国刑法的立法实践表明，刑法修正案作为修法形式的统一立法模式，具有不容否认的积极价值。这具体体现在：

（1）刑法修正案能保证刑法立法的灵活性。在我国，刑法修正案的立法权一般都与单行刑法、附属刑法的立法权一样，归属于全国人大常委会，它们的立法程序大体相同，同样具有灵活性、及时性等特点。不仅如此，在某些情况下，刑法修正案的灵活性甚至还要超过单行刑法和附属刑法的灵活性。这包括两方面：一方面，在个别情况下，附属刑法可能需要由全国人大通过，较之于刑法修正案其立法程序就可能更为复杂。这主要涉及一种比较重要的非刑事法律，如《外商投资法》《慈善法》等。另一方面，附属刑法以非刑事法律存在为前提，要受到非刑事法律制定、修改等程序限制。以前述的反恐刑法修正为例：我国不仅在1997年刑法典中创设了涉恐犯罪，而且还通过多个刑法修正案增设、修改了多种涉恐犯罪的立法。但《中华人民共和国反恐怖主义法》直到2015年12月27日才正式出台。统一刑法典模式下以刑法修正案创制与完善反恐刑法立法的方式，避开了我国反恐怖主义法制定面临的诸多行政难题，加强了反恐刑法立法的灵活性。[②]

（2）刑法修正案能充分维护刑法立法的统一性。这又包括：一方面，有助于维护刑法的结构统一。从内容上看，刑法修正案属于刑法典，刑法修正案颁布以后要将其内容纳入刑法典并与刑法典的相关内容进行重新编纂，整个立法内容都必须被纳入刑法典的统一结构和体例。这样就明确了新的修法内容与刑法典的关系，有效地避免了新的修法与刑法典原有内容关系的不协调、不明确问题，既促进了刑法立法的协调完善，又便于司法中对刑法立法的正确理解与适用，从而兼顾了维护刑法典的统一性与完善性的需要。[③] 另一方面，有助于维护刑法的形式

---

① 谢望原，陈琴．改革开放30年的刑事法制——以刑法立法为视角．法学论坛，2008（6）．

② 赵秉志．中国刑法立法晚近20年之回眸与前瞻．中国法学，2017（5）．

③ 赵秉志．论刑法典自身完善的方式．法学杂志，1990（4）．赵秉志，蒋熙辉．试论刑法修正案//张艾清，李理主编．贵州法学论坛．贵阳：贵州人民出版社，2000：26-30．

统一。因附属刑法附属于非刑事法律，故定罪量刑时引用的法律是非刑事法律而非刑法。这在法律形式上相当不协调，容易造成人们认识上的错觉，即依据民事、行政法律定罪量刑似乎名不正言不顺。相反，刑法修正案并不独立于刑法典而存在，司法实务中在定罪量刑时引用的是刑法典的条文而非刑法修正案的条文。这种情形与附属刑法存在根本的区别。[①] 同时，受国家立法机关分工的影响，我国刑法的立法工作是由全国人大常委会法工委刑法室负责，但非刑事法律是由其他部门负责。由于专业工作的局限，非刑事法律工作部门在进行刑法立法时往往很难兼顾不同的刑法规范，因此难以保证不同刑法规范之间的协调与统一。相反，刑法修正案的立法工作则不存在这个问题。从这个角度看，刑法修正案在立法形式和立法内容上均能较好地维持刑法典的体例和结构，进而能充分地保证刑法的统一性。

第二，隐性修补：刑法立法解释有助于维护统一的刑法典模式。1997 年刑法典颁行至今，全国人大常委会先后通过了 13 个刑法立法解释文件。这些刑法立法解释文件的通过，是国家立法机关行使刑法解释权的重要实践，使法律解释工作在刑法领域取得了重要进展，从而带动了整个法律解释工作的发展。[②] 可以说，刑法立法解释文件的制定和发布，是我国刑法建设实践中逐步摸索出的一种比较成熟的完善刑法的模式，它不仅可以国家立法机关权威的形式解决最高人民法院与最高人民检察院在司法适用中的重要分歧问题，而且也是国家立法机关弥补刑法立法技术不足、明确刑法规范含义的一种良好的模式，是我国刑事法治化所迈出的重要步伐。[③] 对于刑法立法而言，刑法立法解释可以借助扩张解释和限制解释的方式，对刑法立法条文的内涵进行扩充和限制，进而间接地实现对刑法立法条文的修补。以全国人大常委会 2014 年通过的《关于〈中华人民共和国刑法〉第三十条的解释》为例：该解释规定，“公司、企业、事业单位、机关、团

---

① 张明楷，陈兴良，车浩. 立法、司法与学术——中国刑法二十年回顾与展望. 中国法律评论，2017 (5).

② 郎胜，雷建斌. 九届人大以来中国刑事立法的发展. 中国法律，2003 (4).

③ 赵秉志，时延安. 略论关于刑法典第 93 条第 2 款的立法解释. 法制日报，2000-05-28.

体等单位实施刑法规定的危害社会的行为，刑法分则和其他法律未规定追究单位的刑事责任的，对组织、策划、实施该危害社会行为的人依法追究刑事责任”。对此，我国刑法理论上普遍认为该解释明显扩大了刑法典第 30 条规定的内容，甚至涉嫌对单位犯罪罪刑法定原则的突破，带有明显的补充立法色彩。[①]

可见，刑法修正案和刑法立法解释二者各有优势，在维护刑法典的主体地位的同时，又能及时对刑法作出修正和补充，兼顾了刑法立法的灵活性和统一性。在此基础上，以刑法典为主体、以刑法修正案和刑法立法解释为补充的统一立法模式，能够不断加强我国刑法立法的科学性、完备性和统一性，维护刑法典的时代性及生命力。因此，我们认为，统一的刑法典模式应当成为未来我国刑法立法模式的当然选择。

① 刘艳红. “规范隐退论”与“反教义学化”——以法无明文规定的单位犯罪有罪论为例的批判. 法制与社会发展，2018 (6).

# 中国刑法最新修正宏观争议问题研讨*

## 一、前言

因应社会发展变化的需要，近年来我国刑法修正一直保持着较高的频率，刑法修正的内容越来越广泛，受到社会的关注度越来越高。这其中主要是涉及刑法修正的内容问题，但也有刑法修正的理念、技术、方法和程序问题。自 1997 年至今，我国先后进行了 10 次刑法立法修正，颁布了 1 部单行刑法和 9 个刑法修正案。我国刑法的最新修正是 2015 年 8 月 29 日通过的《刑法修正案（九）》。这是我国自 1997 年全面修订刑法典之后进行的规模最大且内容十分重要的一次刑法修正。《刑法修正案（九）》全文共计 52 条，包括对刑法典诸多内容，尤其是分则规范的修改补充，具有鲜明的时代特征，受到社会各界的广泛关注和热情期待。在立法研拟和审议过程中，《刑法修正案（九）》的许多重要问题也引发了一些争议，其中，在宏观方面，受到重点关注的是刑法立法的犯罪化、刑法立法如

* 原载《学术界》，2017（1）。

何回应重大社会关切和刑法修法程序的完善等问题。本文拟对《刑法修正案（九）》修法所涉及的这几个宏观的争议问题予以研讨。

## 二、刑法立法的犯罪化问题

### （一）修法背景暨修法内容

犯罪化，也称入罪化，简单地说，是指将以往不是犯罪的行为，作为刑法上的犯罪，使其成为刑事制裁的对象。[①] 近年来，随着我国刑法立法上大量增设新的犯罪以及同时对许多已有犯罪的适用范围进行扩张，刑法立法的犯罪化问题日益成为我国刑法理论关注的热点问题。例如，自 1997 年全面修订刑法典至今的 20 年间，我国刑法修法的条文数量总计多达 179 条，其中主要内容都是关于犯罪圈扩张和刑罚提升的立法。与此同时，我国刑法理论上对于刑法立法的犯罪化扩张有着截然不同的认识，赞成者有之，反对者有之，持中立态度者亦有之，许多意见大相径庭。如何看待刑法立法的犯罪化问题，直接关系到我国刑法立法的未来走向，进而将影响到刑法改革的理念、制度和具体措施的选择，值得高度重视。

马克思主义法学认为，“无论是政治的立法或市民的立法，都只是表明和记载经济关系的要求而已”[②]。刑法立法亦是如此。经过改革开放 30 多年的发展，我国在各个领域、各个方面都取得了巨大进步，但我国现阶段仍处于变动而复杂的社会转型期，由经济发展、科技进步及其所带来的政治、社会、文化、治安等方面的变化所决定、所影响的犯罪领域，也出现了一系列新情况、新问题、新特点，这在涉恐犯罪、网络犯罪、腐败犯罪、妨害社会管理秩序犯罪等方面都有其突出的表现。“……犯罪和现行的统治都产生于相同的条件。”[③] 刑法是现代国家遏制犯罪的基本手段，犯罪发展变化了，以遏制犯罪为使命的刑法当然也要有针

① 张明楷．司法上的犯罪化与非犯罪化．法学家，2008（4）．

② 马克思恩格斯全集：第 4 卷．2 版．北京：人民出版社，1958：121-122．

③ 马克思恩格斯全集：第 3 卷．2 版．北京：人民出版社，1960：379．

对性地予以调整。此次《刑法修正案（九）》出台的内在动因就是，社会发展和时代变迁所影响的犯罪发展变化情况及对之惩治防范的法治需要。2013 年 11 月 12 日中国共产党十八届三中全会通过的《中共中央关于全面深化改革若干重大问题的决定》勾勒了“推进法治中国建设”的宏伟蓝图，并在继续减少死刑罪名、废除劳动教养制度后的法律衔接以及反腐败等方面，阐明了方向性的涉及刑法修改的改革精神，中央司法体制改革的任务在这些方面也有进一步相关的要求。2014 年 10 月 23 日中国共产党十八届四中全会通过的《中共中央关于全面推进依法治国若干重大问题的决定》则在“加强重点领域立法”中明确提出了完善反腐败刑法和加强互联网领域立法（其中涉及刑法问题）等方面的立法任务。

在此背景下，《刑法修正案（九）》主要着力于解决以下三个方面的问题：一是针对近年来我国一些地方发生的严重暴力恐怖案件和网络犯罪呈现出的新特点，从总体国家安全观出发，统筹考虑刑法典与《反恐怖主义法》《反间谍法》等维护国家安全方面法律的衔接配套，修改、补充刑法典的有关规定；二是根据我国当前反腐败斗争的实际，着力完善刑法典的相关规定，为惩腐肃贪提供法律支持；三是落实中国共产党十八届三中全会关于逐步减少适用死刑罪名的要求，并做好劳动教养制度废除后法律上的衔接。① 在此基础上，《刑法修正案（九）》通过新增罪名和调整相关犯罪的构成要件暨法定刑，加强和改善了对相关犯罪的惩治。

此次《刑法修正案（九）》中，国家立法机关更加注重把坚持宽严相济的刑事政策、维护社会公平正义作为修法的一个重要的指导思想，强调“对社会危害严重的犯罪惩处力度不减，保持高压态势；同时，对一些社会危害较轻，或者有从轻情节的犯罪，留下从宽处置的余地和空间”②。从总体上看，犯罪化是此次刑法修正的重要内容，并突出体现在以下三个方面：

①② 李适时．关于《中华人民共和国刑法修正案（九）（草案）》的说明（2014 年 10 月 27 日在第十二届全国人民代表大会常务委员会第十一次会议上）//赵秉志主编．《中华人民共和国刑法修正案（九）》理解与适用．北京：中国法制出版社，2016：391.

第一，增设了大量新的犯罪。这主要体现在两类犯罪上，即涉恐犯罪和信息网络犯罪。《刑法修正案（九）》新增了5种涉恐犯罪和3种信息网络犯罪，共增加20种新罪名。[①] 正如有学者所言，这些“新的规定主要是为了解决目前定罪中的困惑和分歧，统一各地司法机关对这种行为的定性，彻底贯彻罪刑法定原则”[②]。

第二，扩充犯罪构成条件。这主要是从降低原有犯罪入罪条件的角度，扩充了许多犯罪的构成条件，包括扩大行为的类型（如在危险驾驶罪中增加了两类危险驾驶行为）、扩大主体的范围（如将出售、非法提供公民个人信息犯罪的主体由特殊主体改为一般主体，针对网络犯罪增设了单位主体）、降低入罪门槛（如将扰乱无线电通信管理秩序罪的入罪门槛修改为“情节严重”）等。这些问题也是过去长期困扰我国刑事司法，影响我国刑法功能发挥的重要方面。例如，扰乱无线电通信管理秩序罪在修法之前的入罪门槛过高，自1997年刑法典设立该罪后未看到一起适用该罪的判决，相关条文是刑法典中少有的“僵尸条款”，但以伪基站为代表的扰乱无线电通信管理秩序的行为又层出不穷，需要刑法立法作出有针对性的调整。在此背景下，《刑法修正案（九）》适时调整了扰乱无线电通信管理秩序罪的构成要件和入罪门槛。

第三，取消对多种犯罪的免除处罚规定，实际上扩大了相关犯罪的入刑范围。刑法惩治力度的加大，一方面体现为法定刑种类的增加和法定刑幅度的提

---

① 《刑法修正案（九）》新增的20种罪名是：（1）准备实施恐怖活动罪；（2）宣扬恐怖主义、极端主义、煽动实施恐怖活动罪；（3）利用极端主义破坏法律实施罪；（4）强制穿戴宣扬恐怖主义、极端主义服饰、标志罪；（5）非法持有宣扬恐怖主义、极端主义物品罪；（6）虐待被监护、看护人罪；（7）使用虚假身份证件、盗用身份证件罪；（8）组织考试作弊罪；（9）非法出售、提供试题、答案罪；（10）代替考试罪；（11）拒不履行信息网络安全管理义务罪；（12）非法利用信息网络罪；（13）帮助信息网络犯罪活动罪；（14）扰乱国家机关工作秩序罪；（15）组织、资助非法聚集罪；（16）编造、故意传播虚假信息罪；（17）虚假诉讼罪；（18）泄露不应公开的案件信息罪；（19）披露、报道不应公开的案件信息罪；（20）对有影响力的人行贿罪。其中，加强了对涉恐怖主义、极端主义犯罪暨网络犯罪的治理，同时增设了身份证件犯罪、考试作弊犯罪、妨害司法犯罪。

② 周光权.《刑法修正案（九）》（草案）的若干争议问题. 法学杂志，2015（5）.

升，如《刑法修正案（九）》针对贿赂犯罪增加了财产刑，增加了部分犯罪的量刑档次（如对扰乱无线电通信管理秩序罪增加了一个“三年以上七年以下有期徒刑”量刑幅度）；另一方面则体现为免除处罚规定的取消，如《刑法修正案（九）》严格收买被拐卖的妇女、儿童罪和行贿罪的从宽幅度与条件，也在一定程度上扩大了收买被拐卖的妇女、儿童罪和行贿罪的入罪范围。其立法背景是实践中拐卖妇女、儿童行为猖獗，但作为拐卖妇女、儿童犯罪的对向犯，收买被拐卖妇女、儿童的行为长期没有得到有效制裁，买方的需要在很大程度上刺激了拐卖行为的发生。在此背景下，《刑法修正案（九）》取消了对收买被拐卖的妇女、儿童罪和行贿罪的“免除处罚”“不追究刑事责任”的规定。鉴于被免除处罚的行为在实践中不会进入诉讼程序，这相当于扩大了收买被拐卖的妇女、儿童行为和行贿行为的入刑范围。

通过上述多种犯罪化手段，《刑法修正案（九）》扩大了刑法的适用范围，加大了刑法介入社会生活的力度，从而也引发了各方面的关注和争议。

（二）修法争议

毋庸讳言，犯罪化是当前我国刑法立法的主要趋势。在《刑法修正案（九）》修法过程中，对于《刑法修正案（九）》的犯罪化立法，各方面主要有三种不同的立场。

第一种是支持的立场，认为《刑法修正案（九）》的犯罪化修法有其现实基础，总体上看《刑法修正案（九）》对犯罪圈的扩大是必然而适当的。例如，绝大多数学者对《刑法修正案（九）》“前置法益保护、织密刑事法网”的立法举措表示赞赏。有观点认为，在当前涉恐怖主义、极端主义犯罪和网络犯罪态势不断恶化、手段不断翻新的形势下，我国加强对涉恐怖主义、极端主义犯罪和网络犯罪等的惩治具有明显的必要性。①

第二种是反对的立场，认为《刑法修正案（九）》修法以犯罪化为主，其犯

① 赵秉志，袁彬，郭晶．反恐刑事法治的理性建构：“我国惩治恐怖犯罪的立法完善学术座谈会”研讨综述．法制日报，2015-03-25.



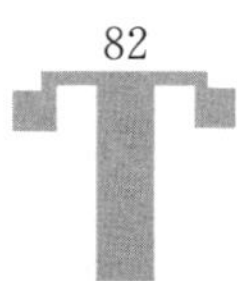

罪化立场与我国加强人权保障的理念和要求相悖。有观点认为：《刑法修正案（九）》宽严失衡、以严为主，尽管在废除死刑与提高对死缓犯执行死刑的门槛方面体现出了从宽的一面，但主要还是增设新的罪名、扩大处罚范围与提高法定刑。[①] 其中，仅新增罪名就多达 20 个，不少条款还采取扩张犯罪的行为类型和行为对象、降低入罪门槛等方式，扩大了刑法打击的范围，与中国共产党十八届三中全会提出的人权保障理念不甚符合。特别是针对弱势群体上访等现象，《刑法修正案（九）》将“多次扰乱国家机关工作秩序”的行为入罪，同时《刑法修正案（九）》新增的“泄露不公开审理案件信息罪”和扩充的“扰乱法庭秩序罪”，都可能对保护律师等群体的权益造成不当影响。[②]

第三种是折中的立场，认为《刑法修正案（九）》对新型违法犯罪行为的犯罪化具有必要性，但对部分违法行为的犯罪化不适当。有观点认为：适度犯罪化在现阶段是必要的。对于原给予劳动教养的行为，在劳动教养制度被废除后，多数应被纳入治安处罚范围，而不应被规定为犯罪。也有观点认为：《刑法修正案（九）》的犯罪化立法中存在刑法介入早期化、行政违法行为犯罪化问题。无论是否赞同风险刑法理论，都应该肯定刑法介入早期化的必要性和正当性，但应当将刑法介入的早期化控制在造成大规模人身伤亡后果、具有危害公共安全性质的犯罪类型之内，不应普遍降低乃至取消入罪标准而对行政违法行为实行大规模犯罪化；也可对那些侵犯公民人身与财产权利、危害公民切身利益的行政违法行为中危害比较严重的行为进行犯罪化。不过，对于那些扰乱秩序、危害公共利益的行政违法行为，尽管不能完全否定进行犯罪化的必要性，但应当慎之又慎。[③] 例如，有观点认为，“恐怖主义、极端主义有着极其复杂的历史根源与现实背景，甚至与国际局势的发展密切相关。刑法以犯罪和刑罚为主要内容，它无力解决社

---

① 周振杰. 宽严失衡、以严为主：《刑法修正案（九）》（草案）总体评价.（2016-09-05）. 新浪网.

② 赵秉志，袁彬，郭晶. 反恐刑事法治的理性建构：“我国惩治恐怖犯罪的立法完善学术座谈会”研讨综述. 法制日报，2015-03-25.

③ 刘志伟.《刑法修正案（九）》的犯罪化立法问题. 华东政法大学学报，2016（2）.

会的各种深层次冲突和矛盾，甚至很难说是一种‘治本’的法律。这就要求我们对于恐怖主义、极端主义行为持有一种理性、谨慎的态度，‘非犯罪化’和‘过度犯罪化’都不可取，应当采取‘适度犯罪化’的策略”①。

（三）修法研讨

针对《刑法修正案（九）》犯罪化的上述争议，笔者认为，在我国当前的犯罪形势和刑法立法状况下，《刑法修正案（九）》的犯罪化具备基本的合理性，而且也将是今后相当长一段时期内我国刑法立法的必然趋势，但我国刑法修正的犯罪化仍要坚持其适度性。这具体体现在以下两个方面：

第一，适度犯罪化是我国刑法立法的必然之选。这主要有两个方面的依据：一是违法犯罪治理的现实需要决定了我国刑法立法必须走犯罪化的道路。当前我国社会发展迅速，新型违法犯罪行为不断产生，刑法立法需要因应社会发展变化的需要将一些行为增加规定为犯罪。这方面最为明显的是涉恐犯罪和信息网络犯罪，前者与国际、国内涉恐犯罪发展的态势和变化有关，后者与信息网络技术的快速发展有关。刑法立法要填补立法的空白，就需要对一些行为采取适度犯罪化的做法。同时，以劳动教养制度废止为代表，我国行政处罚的范围正在逐步限缩，但对相关违法行为的治理又不能出现立法真空。对过去一些属于行政处罚范围的行为，随着法治观念的变化和法律制裁体系的调整，亦有犯罪化的必要。二是刑法的恶害性决定了刑法立法的犯罪化不能过度。我国有着长期的重刑主义传统和思想，并且始终对犯罪保持高度的警惕。刑法作为一种惩罚法，其“恶害性”不仅体现为刑罚本身对犯罪人的权利剥夺，而且也体现为刑罚附带效果对犯罪人再社会化的妨碍，加上公民权利意识的觉醒，人们对作为公权力的刑罚权越来越警惕，故刑法立法的犯罪化必须十分谨慎和适度。

第二，《刑法修正案（九）》的犯罪化举措在总体上是合理的。适度犯罪化是当前我国刑法立法的必要策略，也是平衡刑法的法益保护机能和人权保障机能的

---

① 赵秉志，袁彬，郭晶．反恐刑事法治的理性建构：“我国惩治恐怖犯罪的立法完善学术座谈会”研讨综述．法制日报，2015-03-25.

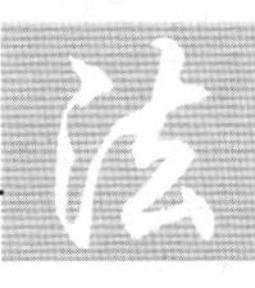

基本要求，更是当前我国犯罪形势不断发展和刑法法网不够严密背景下的合理选择。当然，《刑法修正案（九）》的犯罪化倾向是其立法的主要基调，但其同时对犯罪化的范围和程度进行了限制。总体上看，《刑法修正案（九）》的犯罪化态度是适当的，这主要体现在两个方面：(1) 对轻罪入刑保持了较高的入罪门槛。例如，《刑法修正案（九）》第 23 条对“使用伪造、变造的或者盗用他人的居民身份证、护照、社会保障卡、驾驶证等依法可以用于证明身份的证件”行为入罪，规定了“情节严重”的门槛条件；第 31 条第 2 款对“多次扰乱国家机关工作秩序”行为的入刑规定了“经处罚后仍不改正，造成严重后果”的门槛条件，第 3 款对“多次组织、资助他人非法聚集”行为的入刑规定了“扰乱社会秩序，情节严重”的门槛条件。(2) 对部分犯罪规定了较严格的行为条件。例如，《刑法修正案（九）》第 8 条修改了危险驾驶罪，虽修法前曾有不少意见主张将货车“双超”(超速和超载)、吸毒驾驶等行为入罪，但立法机关经广泛调研后将新增危险驾驶行为的范围严格限定于飙车和醉酒驾驶两种行为；第 25 条增设了三种考试作弊犯罪，但同时对“考试”范围作了较为严格的限定，在修法过程中，国家立法机关将之前草案规定的较为广泛的“国家考试”改为范围更为严格的“法律规定的国家考试”；第 32 条增设了编造、故意传播虚假信息罪，在修法过程中，国家立法机关曾拟将所有的虚假信息均纳入该罪的保护范围，后来对虚假信息作了十分严格的限定，仅限于涉“险情、疫情、灾情、警情”等四种特定的虚假信息。这种通过限缩行为类型、行为对象的方法限制行为入罪的范围，表明了我国立法机关对这些行为入罪的谨慎态度。

而除了犯罪化，《刑法修正案（九）》也进行了若干非犯罪化暨轻刑化的立法。这除了体现在《刑法修正案（九）》一次性取消了 9 种犯罪的死刑，还主要体现在以下三个方面：一是将绑架罪、贪污罪、受贿罪的死刑由绝对确定的死刑改为相对确定的死刑，增加了司法人员对这些犯罪适用刑罚的选择。二是提高了对死缓犯执行死刑的门槛，将对死缓犯执行死刑的条件由“故意犯罪”提升为“故意犯罪，情节恶劣的”，从而有助于减少死刑的实际执行。三是部分地降低了对贪污罪、受贿罪的处罚力度，不仅将原来绝对确定的数额改为概括的数额，而且对于

犯贪污罪、受贿罪，如实供述自己罪行、真诚悔罪、积极退赃，避免、减少损害结果发生的，还规定可以从宽处理。从这些方面看，《刑法修正案（九）》也很重视综合运用非犯罪化、轻刑化手段，而非一味地采取犯罪化暨重刑化的做法。

（四）引申思考：当代中国刑法立法适度犯罪化的方向及推进

1. 当代中国犯罪化的基本方向

针对我国刑法理论上关于犯罪化的争论，笔者曾在十多年前提出要坚持适度犯罪化的做法。① 如今看来，这不仅反映在近年来的多次刑法修法中，而且应当成为当代中国刑法修法中犯罪化的基本方向。

（1）适度犯罪化的基本内涵。

所谓适度犯罪化，是指对于一些严重危害民生的行为，应当根据行为的现实危害、影响范围、发展趋势等状况和我国法律制度的配套情况，有选择地予以犯罪化。② 适度犯罪化是一个相对的概念，它可以被理解为一个相对模糊的数量概念。适度犯罪化要求刑法立法在犯罪化方面应当采取循序渐进的方式，而不能采取大跃进的方式大量增设新的犯罪或者大量扩张犯罪的范围。但犯罪化数量的多少并不是绝对的，不是说一次增设 10 个罪名就是过度犯罪化，一次增设 5 个罪名就是适度犯罪化，而是要结合违法犯罪的情况和非犯罪化的情况综合判断。换言之，适度犯罪化不是将违法行为一概入罪，而是有选择地将那些危害较大的不法行为入罪；也不是只进行犯罪化而不进行非犯罪化，而是可以将适度犯罪化与适度非犯罪化同时进行。

这意味着，适度犯罪化并不表明犯罪化是刑法立法的主导，因此它包含了两种倾向：以犯罪化为主导的刑法立法和以非犯罪化为主导的刑法立法。前者可能只存在犯罪化立法或者虽然存在非犯罪化立法但犯罪化立法是主要的，后者则是以非犯罪化立法为主导，犯罪化立法未占据主要方面。

---

① 赵秉志. 刑法调控范围宜适度扩大. 检察日报，2004-03-25.

② 赵秉志. 中国刑法改革新思考——以《刑法修正案（八）（草案）》为主要视角. 北京师范大学学报（社会科学版），2011（1）.

(2) 适度犯罪化的理论倡导。

笔者认为，我国应当倡导以适度犯罪化作为当前我国刑法立法的基本方向，主要理由在于：

第一，犯罪化是我国社会抗制犯罪的现实需要。刑法的调控范围即犯罪圈的大小不是由立法者的主观意志决定的，而是由许多客观因素所决定的，其中最主要的因素就是社会抗制犯罪的客观需要。在中国，随着经济的迅速发展和各项改革的深入进行，以经济关系为主的社会关系日益复杂化，刑法立法对处于转型时期的多变的犯罪情势显得应接不暇。新型的、需要运用刑法进行抗制的危害社会行为不断出现，一些过去并不突出的危害社会行为日益突出且危害严重，需要运用刑法进行抗制。可以说，客观的社会情势决定了在较长时期内犯罪化将成为中国刑法立法的基本趋势。

第二，在当前的社会情势下，“过度犯罪化”和“大量非犯罪化”策略均不可取。一方面，刑法为调整社会关系的最后手段，只有在行政、民事等手段不足以惩治的情况下才能予以采用。正所谓“刑为盛世所不能废，而亦盛世所不尚”①。过度犯罪化只会导致刑罚的滥用，影响刑罚功能的发挥，出现进一步的重刑化倾向。另一方面，我国和许多西方国家在“犯罪”的内涵和外延上存在重大差异：我国向来严格区分犯罪与一般违法行为，只将严重危害社会的行为规定为犯罪；而许多西方国家则往往在非常宽泛的意义上使用犯罪概念，将许多在我国只被视为一般违法的行为也规定为犯罪。因为原有的基础不同以及犯罪观有别，因而不能将西方国家“大量非犯罪化”的做法简单地搬到中国。

因此，综合我国刑法制度、民众观念、犯罪状况等诸多因素，笔者认为，当前我国刑法立法应当坚持适度犯罪化的基本方向。

2. 当代中国刑法立法之犯罪化的具体路线

在坚持适度犯罪化的基本方向之下，笔者认为，未来我国犯罪化之路需要分两个步骤进行，并且面临一个转折点。

---

① 四库全书·政法类·法令之属按语.

（1）当代中国刑法立法之犯罪化的两个步骤。

总体而言，笔者认为，在我国建成富强、民主、文明、和谐、美丽的社会主义现代化国家之前，我国刑法立法总体上需要坚持以犯罪化为主的策略。但在此之前，仍可分为两个步骤：一是在21世纪30年代以前（未来10年左右），我国仍然要面临大量犯罪化的立法倾向；二是在21世纪30年代至50年代（之后的20年），我国犯罪化的步伐将有所放缓，但仍应以犯罪化为立法的主线。这主要是基于以下三个方面的考虑。

第一，我国社会发展的总体目标。这是宏观层面的考虑。中国共产党十五大报告首次提出“两个一百年”的奋斗目标。之后，中国共产党十八大报告再次重申：在中国共产党成立一百年时全面建成小康社会，在新中国成立一百年时建成富强民主文明和谐的社会主义现代化国家。在中国共产党十九大上，“两个一百年”奋斗目标是被写入党章。[①] 这“两个一百年”的内容是：第一个一百年，即到中国共产党成立100年时（2021年），我国要全面建成小康社会；第二个一百年，即到新中国成立100年时（2049年），我国要建成富强、民主、文明、和谐、美丽的社会主义现代化国家。中国共产党的这一发展目标与我国社会发展的总体趋势是相吻合的，并将成为未来我国社会发展的重要动力和指针，而我国刑法的发展无疑要与我国社会的总体发展相适应。一般而言，在社会发展的高级阶段，犯罪率会更低，因而更少依赖刑法，刑法的犯罪化步骤必将放缓；反之，在社会发展的初级阶段，犯罪率则会相对较高，社会治理也会更多地依赖刑法，刑法的犯罪化步骤必将加快。著名犯罪社会学家菲利的“犯罪饱和论”反映的就是犯罪与社会发展之间的这种关系，即每一个社会都有其应有的犯罪，这些犯罪是由自然及社会条件引起的，其质和量是与每一个社会集体的发展相适应的。[②] 基于此，同时考虑到刑法立法通常具有一定的滞后性，从社会发展的总体目标来

① 中国共产党十九大在《中国共产党章程》“总纲”中增加规定：在新世纪新时代，经济和社会发展的战略目标是，到建党一百年时，全面建成小康社会；到新中国成立一百年时，全面建成社会主义现代化强国。

② ［意］菲利．实证派犯罪学．郭建安，译．北京：中国政法大学出版社，1987：43.

看，未来十年我国刑法的犯罪化步骤仍会持续加快，但在全面建成小康社会之后会有所放缓，并将持续到 21 世纪 50 年代，直至我国全面建成富强、民主、文明、和谐、美丽的现代化强国。

第二，我国社会文明的发展程度。这是中观层面的考虑。具体而言，犯罪与社会文明的发展程度密切相关。社会文明发展程度越高，人们的自我道德约束力越强，社会越轨行为乃至犯罪行为必然减少，犯罪化的社会基础也会因而减弱。中国共产党十七届六中全会提出，要深化文化体制改革，推动社会主义文化大发展大繁荣；并提出到 2020 年要实现“社会主义核心价值体系建设深入推进，良好思想道德风尚进一步弘扬，公民素质明显提高”的目标。[①] 习近平总书记也将建设社会主义文化强国写进了我国社会发展的总体规划。[②] 从文明与犯罪的联系来看，在“公民素质明显提高”之前，刑法可能需要更多地介入社会生活，因而犯罪化会成为这一时期刑法立法的主要方向。在此之后，犯罪化的趋势则会逐渐减弱。

第三，我国刑法立法的发展水平。这是相对微观层面的考虑。自 1979 年新中国第一部刑法典颁行至今的近 40 年间，我国刑法的立法和司法水平得到了极大提升。特别是自 1997 年全面修订刑法典以来，我国刑法立法的民主性得到了较大加强，刑法立法日趋科学，刑事法网愈加严密。[③] 其中，我国刑法规定的犯罪圈也得到了极大扩张。尽管如此，我国刑法的立法水平与我国犯罪治理的现实需要之间还存在明显差异。这主要表现在：一是刑法立法水平与科技创新的发展水平不相适应。这集中体现在电信网络犯罪方面，以互联网金融犯罪为甚。这些领域的行为兼有创新与违规，刑法在这些领域面临着“一管就死、不管则乱”的尴尬局面，进退维谷。二是刑法立法水平与违法犯罪形势的变化不相适应。这反映出刑法立法的稳定性与违法犯罪行为多变性之间的矛

① 中共中央关于深化文化体制改革推动社会主义文化大发展大繁荣若干重大问题的决定. 人民日报，2011-10-26.

② 中共中央宣传部编. 习近平总书记系列重要讲话读本. 北京：学习出版社，人民出版社，2014.

③ 赵秉志. 中国刑法立法晚近 20 年之回眸与前瞻. 中国法学，2017 (5).

盾，同时也反映出一国刑法的立法水平。例如，在《刑法修正案（九）》的修法过程中，曾有意见主张将强奸罪的对象由“妇女”扩大至“他人”，认为近些年男性受到性侵犯的案例越来越多，应该在修改该条的基础上一并修改刑法典第 236 条关于强奸罪的规定，将对男性实施性侵犯的行为规定为强奸犯罪。[①]但立法者考虑到针对男性实施的强奸犯罪较少而未采纳该意见。这反映了刑法立法的谨慎态度。但从长远的角度看，再一次通过立法方式扩大强奸罪的范围似乎不可避免。三是刑法立法水平与国际社会要求不相一致。这主要涉及众多国际公约的要求和国际社会的发展潮流。我国的刑法立法和国际社会的刑事法治发展进步水平与要求之间还存在较大差距，其中比较突出的是死刑制度改革问题，同时也包括腐败犯罪、洗钱犯罪、国际犯罪等方面的犯罪化问题。对于这些问题，我国需要在今后的刑法立法中逐步加以解决。这成为中国刑法犯罪化立法的重要推动力量。

基于以上几个方面的考虑，笔者认为，在未来 30 余年间，我国刑法立法还需要坚持以适度犯罪化为主的立法倾向。

（2）当代中国刑法立法犯罪化的一个转折点。

我国刑法立法之犯罪化的转折点，是指刑法立法将由以犯罪化为主的方向转变为不以犯罪化为主的方向。这包括两种情形：一是刑法立法的犯罪化水平低于非犯罪化水平。这意味着，即便存在犯罪化的现象，但与非犯罪化相比，犯罪化将是少量的、次要的现象。二是刑法立法的犯罪化过程停滞。在刑法立法的犯罪化达到一定程度后，刑法已经能够全面适应违法犯罪现象的变化和社会治理的需要，进而可能在相当长的时间内保持稳定状态，既不进行犯罪化立法，也不进行非犯罪化立法。

我国刑法立法犯罪化的转折受制于一定的条件，即：社会发展进入高度稳定

---

① 全国人大常委会法工委刑法室编. 地方人大和中央有关部门、单位对刑法修正案（九）草案的意见（法工刑字〔2015〕1 号). 全国人大常委会法工委刑法室编. 刑法修正案（九）草案向社会公众征求意见的情况（法工刑字〔2015〕2 号).

期，新的违法犯罪现象不会大量涌现；刑法立法水平达到相当的高度，能够充分满足社会治理的需要。综合我国社会发展的总体目标，笔者认为，这个转折点很可能发生在第二个百年目标实现之后，即“到新中国成立100年时（2049年）建成富强、民主、文明、和谐、美丽的社会主义现代化国家”之后，彼时，我国社会高度发达，社会进入平稳的繁荣期，违法犯罪行为大量减少，我国刑法立法的犯罪化也将进入一个转折点，维持刑法立法的稳定甚至非犯罪化将成为我国刑法立法的主要方面。

综上所述，过去近40年间，尤其是晚近20年来，我国刑法立法基本上是坚持适度犯罪化的方向，坚持刑法立法的犯罪化应当与社会发展的总体水平和违法犯罪状况相适应。这在《刑法修正案（九）》中有着集中的体现。综合我国社会发展的总体目标、社会文明的发展程度和刑法立法水平的提升程度，未来我国刑法立法的犯罪化应当继续坚持适度犯罪化的方向，既要避免过度犯罪化的倾向，也要防止过度非犯罪化的倾向。具体而言，在我国建成富强、民主、文明、和谐、美丽的社会主义现代化国家之前，我国刑法立法总体上需要坚持以犯罪化为主的立法策略。但在前十年左右，我国刑法立法仍然要面临大量犯罪化的倾向；在之后的20年，我国刑法立法犯罪化的步伐将会有所放缓，但仍以犯罪化为主线。而在富强、民主、文明、和谐、美丽的社会主义现代化国家建成之后，我国刑法立法的犯罪化之路将可能发生转折，走向以立法稳定和立法逐步非犯罪化为主的发展方向。

## 三、刑法立法回应重大社会关切问题

### （一）修法背景暨修法内容

刑法是调整社会关系的法律规范，社会的发展变迁对刑法立法具有重要影响。近年来，我国社会生活和司法实践中出现了许多新的情况和问题，这主要体现在两个方面：一是不断涌现广受社会关注的新型违法犯罪现象。这其中，既有受到国际社会共同关注的涉恐怖主义、极端主义犯罪，也有随着技术改革而不断

涌现的网络犯罪。这些新出现的违法犯罪行为给传统刑法立法提出了新的命题和挑战，也引发了社会各方面的广泛关注。二是热点事件引发的犯罪治理问题。例如，2008年发生在贵州习水的嫖宿中小学生事件，引发了人们对嫖宿幼女罪的极大关注，实践中要求废除嫖宿幼女罪的呼声很高；同时一些地方相继出现的性侵未成年男子事件引发了人们对强奸罪、强制猥亵犯罪立法的关注，实践中要求加强对男性性权利保护的呼声也很高。如何合理地、及时地回应这些新型犯罪现象和热点社会事件，是刑法修法所需要考虑的问题。在《刑法修正案（九）》修法过程中，国家立法机关也适时地对诸多重大社会关切问题进行了回应，但也引发了有关方面的争议。

总体上看，《刑法修正案（九）》中的诸多立法都反映了当前社会生活领域的重大热点问题。在《刑法修正案（九）（草案）》一审稿中，这主要体现在三大方面：一是针对我国一些地方近年来多次发生严重暴力恐怖案件、网络犯罪，从总体国家安全观出发，统筹考虑刑法与反恐怖主义法、反间谍法等维护国家安全方面法律草案的衔接配套，修改、补充刑法的有关规定；二是随着当今中国反腐败斗争的深入，需要进一步完善刑法的相关规定，为惩腐肃贪提供法律支持；三是需要落实中国共产党十八届三中全会关于逐步减少适用死刑罪名的要求，并做好劳动教养制度废除后法律上的衔接。① 这又具体体现为七个方面：（1）逐步减少死刑罪名；（2）维护公共安全，加大对涉恐怖主义、极端主义犯罪的惩治力度；（3）维护信息网络安全，完善惩处网络犯罪的法律规定；（4）进一步强化人权保障，加强对公民人身权利的保护；（5）进一步完善反腐败的制度规定，加大对腐败犯罪的惩处力度；（6）维护社会诚信，惩治失信、背信行为；（7）加强社会治理，维护社会秩序。②

① 李适时．关于《中华人民共和国刑法修正案（九）（草案）》的说明（2014年10月27日在第十二届全国人民代表大会常务委员会第十一次会议上）//赵秉志主编．《中华人民共和国刑法修正案（九）》理解与适用．北京：中国法制出版社，2016：391.

② 同①391-396.

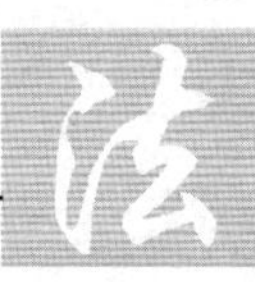

在《刑法修正案（九）（草案）》公布之后，国家立法机关根据社会各方面的呼声，从回应重大社会关切问题的角度，又增加了多个相关的立法条款，其中比较受社会关注的有：（1）暴力袭警行为的犯罪化。《刑法修正案（九）（草案）》第21条在妨害公务罪中增加了一款，规定："暴力袭击正在依法执行职务的人民警察的，依照第一款的规定从重处罚。"（2）增设了针对严重贪污受贿罪犯的终身监禁制度。《刑法修正案（九）（草案）》第44条第4款规定："犯第一款罪，有第三项规定情形被判处死刑缓期执行的，人民法院根据犯罪情节等情况可以同时决定在其死刑缓期执行二年期满依法减为无期徒刑后，终身监禁，不得减刑、假释。"（3）明确将"医闹"行为入刑。《刑法修正案（九）（草案）》第31条第1款规定："将刑法第二百九十条第一款修改为：'聚众扰乱社会秩序，情节严重，致使工作、生产、营业和教学、科研、医疗无法进行，造成严重损失的，对首要分子，处三年以上七年以下有期徒刑；对其他积极参加的，处三年以下有期徒刑、拘役、管制或者剥夺政治权利。'"（4）取消嫖宿幼女罪。《刑法修正案（九）（草案）》第43条规定："删去刑法第三百六十条第二款。"（取消了该款规定的嫖宿幼女罪，使嫖宿幼女的行为归入奸淫幼女的强奸罪）（5）修改扰乱法庭秩序罪。《刑法修正案（九）（草案）》第37条规定，将刑法第309条修改为："有下列扰乱法庭秩序情形之一的，处三年以下有期徒刑、拘役、管制或者罚金：（一）聚众哄闹、冲击法庭的；（二）殴打司法工作人员或者诉讼参与人的；（三）侮辱、诽谤、威胁司法工作人员或者诉讼参与人，不听法庭制止，严重扰乱法庭秩序的；（四）有毁坏法庭设施，抢夺、损毁诉讼文书、证据等扰乱法庭秩序行为，情节严重的。"可以说，《刑法修正案（九）（草案）》对重大社会关切的问题作了较为全面的回应。

### （二）修法争议

针对《刑法修正案（九）（草案）》对诸多重大社会关切问题的回应，在《刑法修正案（九）》修法过程中，各方面主要有两种不同的观点：

一种观点认为，刑法立法积极回应重大社会关切问题是必要的。在《刑法修正案（九）》修法过程中，多数意见认为，《刑法修正案（九）（草案）》坚持了科

学立法、民主立法，对刑法作了重要修改补充，对社会关注的热点问题作了及时回应，有利于更好地发挥刑法在惩治犯罪、保护人民、维护社会秩序、保障国家安全等方面的重要作用，以及在维护社会主义核心价值观、规范社会生活方面的引领推动作用，预期会起到较好的社会效果。有观点甚至认为，刑法修正要回应外界和全国人大常委会委员的关切，对于社会关注的热点问题要有回应，不修正的要说明理由，不要引起社会不必要的猜忌或质疑。①

另一种观点认为，刑法立法不应过度回应社会关切问题。持此种观点者认为：民意的随意性、从众性和易被操纵性确实容易导致情绪性立法。民意来源的复杂性决定了其具有较大的随意性。特别是进入网络时代以来，几乎每一起重大刑事案件的背后，都可以听到来自社会各个阶层的汹涌的“民意”表达。但在现实中，每个社会个体的情感都不尽相同。《刑法修正案（九）》中的情绪性立法现象表现较为突出和严重。废除嫖宿幼女罪，增设编造、故意传播虚假信息罪，增设拒不履行网络安全管理义务罪，加重对袭警行为的处罚，对收买被拐卖的妇女、儿童行为一律追究刑事责任，以及对重大贪污受贿犯罪设置不得减刑、假释的终身监禁等规定，均是《刑法修正案（九）》中情绪性立法的典型立法例。科学的刑事立法必须力戒情绪，既要遵循刑法发展的内在规律，又要对舆论或民意的反应有所为且有所不为。如此才能将我国刑事立法水平推向一个新的高度，充分实现良法善治。②

（三）修法研讨

刑法修法是否应当回应重大社会关切的问题？笔者认为，刑法作为调整社会关系的最终手段，当然应当回应重大社会关切问题，因应社会生活领域发生的重大事件，适时作出必要的立法调整；但刑法立法对重大社会关切问题的回应也应该有一定的限制，要遵循刑法立法的自身规律。对此可从以下两个方面进行

① 全国人大常委会法工委刑法室编．地方人大和中央有关部门、单位对刑法修正案（九）草案的意见（法工刑字〔2015〕1号）．全国人大常委会法工委刑法室编．刑法修正案（九）草案向社会公众征求意见的情况（法工刑字〔2015〕2号）．

② 刘宪权．刑事立法应力戒情绪——以《刑法修正案（九）》为视角．法学评论，2016（1）．


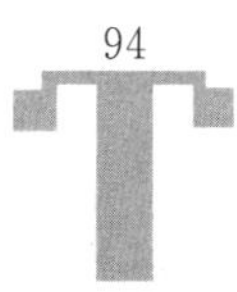

理解。

第一，刑法立法应当适度回应重大社会关切问题。这具体体现在以下两个方面。

一是刑法立法应当回应重大社会关切问题。刑法理论一般认为法益保护是刑法的首要机能，即刑法应当具备保护法益不受侵害或者威胁的机能。而当前我国社会关注的热点事件，大都是法益没有得到有效保护或者完全没有得到保护的情形。例如，在贵州习水嫖宿中小学生事件中，民众之所以关注嫖宿幼女罪，主要是因为民众认为，以嫖宿幼女罪对相关官员进行处罚，不能实现对幼女权利的有效保护。这反映了民众加强对某种法益保护的强烈愿望。刑法立法回应重大社会关切问题，实际上是刑法立法顺应社会民意，加强对某种法益的特别保护。这对刑法立法而言，也具有必要性。实际上，在某一时期特定法益保护的必要性发生明显变化时，刑法立法作出一定的调整是必要和必需的。

二是刑法立法对重大社会关切问题的回应应当适度。刑法是一个要素齐备、结构合理、体系完备的法律制裁体系，特定的要素、结构和功能决定了刑法立法有自身的规律。正如有学者所言，“立法者的任务不是建立某种特定的秩序，而只是创造一些条件，在这些条件下，一个有序的安排得以自生自发地建构起来，并得以不断地重构”①。科学的刑法立法应追求刑法能够自给自足地运行并合理建构有序的社会生活。而社会关切问题只是反映了民众基于自身朴素的道德情感而表现出的意愿或者愿望，该意愿或者愿望反映在刑法立法上会不会导致刑法内部发生体系性冲突，并不在社会关切的范围。例如，在强烈的取消嫖宿幼女罪的社会关切之中，对于取消嫖宿幼女罪会不会导致强奸罪与组织卖淫罪、引诱幼女卖淫罪之间的冲突，社会民众并不关注，也基本不了解。社会民众主要关注的是要取消嫖宿幼女罪，对嫖宿幼女行为以强奸罪论处，刑法能由此判处犯罪人更严厉的刑罚（如无期徒刑或者死刑）。但刑法立法除了要考虑取消嫖宿幼女罪，还必须关注刑法中与此相关的不同规范之间的协调与和谐关系，必须保证刑法立法

① ［英］弗里德利希·冯·哈耶克．自由秩序原理．邓正来，译．北京：三联书店，1997：201.

的体系性和功能完备性得到维护。从这个角度看，刑法立法应当回应重大社会关切问题，但必须适度，必须审慎。

第二，《刑法修正案（九）》对重大社会关切问题的回应大体上是合理的，但仍可进一步完善。这具体体现在以下两个方面。

一方面，《刑法修正案（九）》对重大社会关切问题的回应大体上是合理的。法律是凝固的智慧，而社会大潮瞬息万变，因此在发展变化的社会情势面前，刑法总是呈现出一定的滞后性特点。基于此，根据变化了的社会情势，对刑法规范进行修改、补充、完善，既是刑事立法科学化的必然选择，也是实现刑法之人权保障机能的重要路径。鉴于此，《刑法修正案（九）》以人权保障为基点，积极回应社会关切，根据犯罪化需求对实践中不断出现的新情况、新问题及时予以犯罪化处理。① 例如，在《刑法修正案（九）》修法过程中，一些社会民众对"毒驾入刑"表达出了强烈的愿望，一些媒体对"毒驾入刑"问题进行了较长时间的报道并呼吁将"毒驾"行为入刑，国家立法机关也曾拟在刑法典中增设有关"毒驾"的内容。但国家立法机关在进一步调研的基础上，认为目前的毒品检测技术无法为"毒驾入刑"提供相应的技术支持，如只能对少数毒品实行快速检测且因毒品在身体内残留时间长而无法证明是驾驶过程中还是驾驶前吸食。最终，"毒驾"行为并没有入刑。这表明，《刑法修正案（九）》对重大社会关切问题的回应是审慎的，值得肯定。

另一方面，《刑法修正案（九）》对个别重大社会关切问题的回应还可进一步商榷。其中，比较典型的例子是取消嫖宿幼女罪。在《刑法修正案（九）》的修法过程中，社会上对取消嫖宿幼女罪的呼声极高，并得到了有关部门的赞同。但刑法学界对该罪的取消大多持反对态度，其理由主要有两点：一是嫖宿幼女罪的取消并不能解决嫖宿幼女罪所可能给幼女带来的污名化效果，因为刑法典中还存在其他与幼女卖淫有关的罪名；二是嫖宿幼女罪的取消并不能加大对幼女性权利的保护，因为除最高刑外，嫖宿幼女罪的法定刑明显要高于强奸罪的法定刑。同

① 谢望原，张宝.《刑法修正案（九）》的亮点与不足. 苏州大学学报（哲学社会科学版），2015（6）.

时，取消嫖宿幼女罪后，对于组织、强迫幼女卖淫的行为究竟是以组织卖淫罪、强迫卖淫罪进行处理，还是按照强奸罪的组织犯、实行犯进行处理，就是一个难题。特别是在《刑法修正案（九）》已经明确取消了组织卖淫罪、强迫卖淫罪的死刑的情况下，对组织者、强迫者以组织卖淫罪、强迫卖淫罪进行处理，也面临着对其不能适用死刑而导致的处罚不力的局面（与强奸罪保留有死刑的立法相比）。但国家立法机关最终还是顺应社会的呼声，从立法上取消了嫖宿幼女罪。从这个角度看，《刑法修正案（九）》果断取消嫖宿幼女罪之举乃是侧重于回应社会，但仅取消嫖宿幼女罪而不对相关规定一并进行调整，可能出现与刑法基本法理不完全吻合的缺陷。

## 四、刑法修正案的立法程序问题

### （一）修法过程

自 1997 年全面修订刑法典迄今，我国已颁布了 9 个刑法修正案和 1 部单行刑法。在立法程序上，刑法修正案和单行刑法都是采取由全国人大常委会三次审议后再表决通过的程序。《刑法修正案（九）》之修法前后历时三年，其修法历程大体上经历了修法调研准备、研拟初步方案、第一次立法审议、第二次立法审议、第三次立法审议暨通过等五个阶段。[①] 其中，《刑法修正案（九）》的修法调研准备阶段，大体从 2012 年秋天开始到 2013 年 3 月由第十二届全国人大常委会确立该项修法工作；自 2013 年 3 月第十二届全国人大常委会确定修法到 2014 年 10 月《刑法修正案（九）（草案）》进行第一次立法审议前，是研拟《刑法修正案（九）（草案）》的初步方案阶段。2014 年 10 月 27 日，全国人大常委会委员长会议向全国人大常委会提交了《关于提请审议〈中华人民共和国刑法修正案（九）（草案）〉的议案》，并由全国人大常委会对《刑法修正案（九）（草案）》进

① 赵秉志主编.《中华人民共和国刑法修正案（九）》理解与适用. 北京：中国法制出版社，2016：5-21.

行了第一次立法审议。2015 年 6 月 24 日至 7 月 1 日，第十二届全国人大常委会第十五次会议召开，对《刑法修正案（九）（草案）》进行了第二次审议。2015 年 8 月 24 日至 29 日，第十二届全国人大常委会第十六次会议在北京召开，《刑法修正案（九）（草案）》被安排在此次会议上进行第三次立法审议并被表决通过。值得指出的是，在《刑法修正案（九）（草案）》第三次审议稿中，国家立法机关增加了多个之前草案中没有但意义比较重大的条文，如针对特别重大的贪污受贿犯罪增设了终身监禁制度。这些临时新增的内容受到了社会的广泛关注。

（二）修法争议

在修法过程中，关于《刑法修正案（九）》的修法程序方面，主要存在以下两点争论。

第一，刑法修正案应否由全国人大表决通过？在修法过程中，有全国人大常委会委员和列席人员提出，《刑法修正案（九）（草案）》涉及面很广、条文多，是一次重大修改，建议由全国人大常委会审议后，提请全国人大审议通过。在此之前的《刑法修正案（八）》修法过程中，刑法理论界也有不少人认为，对于修法内容多、幅度大的刑法修正案，应由全国人大而不是由全国人大常委会审议通过。[①] 在《刑法修正案（九）》修法过程中，也有观点认为：《刑法修正案（九）（草案）》条文多达 52 条，修法内容既涉及刑法典分则也涉及刑法典总则。其中，刑法典总则都是具有奠基性的功能作用、统领全局作用以及能够制约刑法典分则的原则性规定。因此，对刑法典总则内容的补充修改，由全国人大来表决通过比较妥当。[②]

第二，重大刑法制度的增设是否应当经“三审”后才交付表决问题。目前我国刑法修正在程序上都是采取“三审”后交付表决的方式，即由全国人大常委会对草案进行三次审议后再交付表决通过。《刑法修正案（九）（草案）》也是在全

---

① 全国人大常委会法工委刑法室编. 地方人大和中央有关部门、单位对刑法修正案（九）草案的意见（法工刑字〔2015〕1 号）. 全国人大常委会法工委刑法室编. 刑法修正案（九）草案向社会公众征求意见的情况（法工刑字〔2015〕2 号）.

② 杨兴培. 刑法修正案（九）的得与失. 检察风云，2015（20）.

国人大常委会三次审议后才交付表决的。但在此次修法中，针对特重大贪污受贿犯罪增设的终身监禁制度、取消嫖宿幼女罪、对暴力袭警从重处罚条款的增设等多个备受社会关注的刑法修法内容，都是在《刑法修正案（九）（草案）》第三次审议稿中才增加的，至其最终表决通过，这些条款实际上仅由全国人大常委会进行了一次审议。对此，有观点认为：《刑法修正案（九）（草案）》第三次审议稿增加的这些内容属于刑法的重大修改，应当由全国人大常委会进行三次审议后才能交付表决。《刑法修正案（九）》修法过程中，草案第三次审议稿增加的这些重要内容没有经过全国人大常委会三次审议，其立法程序存在瑕疵。但也有观点认为：立法草案三次审议后交付表决，所指的是整个法律草案，而不是指具体的法律条文草案。《刑法修正案（九）（草案）》经过了全国人大常委会的三次审议，其立法程序完全合法。[①]

（三）修法研讨

针对《刑法修正案（九）》修法过程中存在的上述立法程序争议，笔者认为，《刑法修正案（九）》的修法程序在上述两个方面确实存在值得完善之处，并具体体现在以下两个方面。

第一，对刑法的重大修改应当由全国人大表决。

这涉及全国人大和全国人大常委会的职权划分问题。我国《宪法》第 62 条规定了全国人大行使的 15 个方面职权，其中与立法相关的职权是该条的前三项，分别是，“（一）修改宪法；（二）监督宪法的实施；（三）制定和修改刑事、民事、国家机构的和其他的基本法律”。《宪法》第 67 条规定了全国人大常委会的 21 个方面的职权，其中与立法相关的职权是，“（一）解释宪法，监督宪法的实施；（二）制定和修改除应当由全国人民代表大会制定的法律以外的其他法律；（三）在全国人民代表大会闭会期间，对全国人民代表大会制定的法律进行部分补充和修改，但是不得同该法律的基本原则相抵触；（四）解释法律”。同时，我

① 赵秉志，袁彬．中国刑法立法改革的新思维——以《刑法修正案（九）》为中心．法学，2015（10）．

国《立法法》第 7 条也规定："全国人民代表大会和全国人民代表大会常务委员会行使国家立法权。全国人民代表大会制定和修改刑事、民事、国家机构的和其他的基本法律。全国人民代表大会常务委员会制定和修改除应当由全国人民代表大会制定的法律以外的其他法律；在全国人民代表大会闭会期间，对全国人民代表大会制定的法律进行部分补充和修改，但是不得同该法律的基本原则相抵触。"

根据上述规定，全国人大常委会只有权对刑法"进行部分补充和修改，但是不得同该法律的基本原则相抵触"。从内涵来看，这其中的两个概念内涵不太明确：一是"部分"的概念不明确，即：是否只要不是"全部"就是属于"部分"？"部分"是否既包括小部分也包括大部分？如果是"小部分"，可以小到什么程度？二是"基本原则"的概念不明确，即：基本原则是仅指刑法典第 3～5 条规定的三项基本原则，还是也包括刑法典总则规定的其他原则和共性制度？对这两个问题，当然可以只作形式上的理解，即"部分"只限于小部分，只要刑法修正案的修改条文没有超过刑法典总条数的一半，就可以认为是小部分；"基本原则"只限于刑法典第 3～5 条规定的罪刑法定原则、适用刑法人人平等原则和罪责刑相适应原则。但笔者认为，从法治的精神和原则出发，对于"部分"和"基本原则"也可以进行实质性的理解，如可以将"部分"理解为"局部"，即补充和修改的刑法典条文数虽然没有超过半数但已经数量很大且涉及的方面也较多，就可以认为其已经不属于"部分"；可以将"基本原则"理解为既包括刑法典第 3～5 条明文规定的基本原则，也包括那些没有明文规定但对立法、司法具有重要指导作用的基本原则（如主客观相统一原则等）和共性制度。

基于以上考虑，笔者认为，只要对刑法的补充和修改达到了重大的程度，即便修法的条文数量没有超过刑法典总条文数的半数，也应该交由全国人大表决。其中，"重大"的标准有两个：一是刑法修正的条文数量较多、涉及的方面较多；二是刑法修正的内容意义重大，涉及刑法的基本原则和重要制度。对此，有论者认为，只要刑法修正的内容涉及刑法典总则的基本内容，就应当认定为是对刑法的重大修改；认为"这同（全国）人大常委会不得修改变动基本法律的基本原则

的要求有一点相冲突，当为补充修改的行为和权限所忌讳的”[①]。若以此为标准，笔者认为，《刑法修正案（九）》[包括之前的《刑法修正案（八）》] 似应当交由全国人大审议和表决。具体理由是：(1)《刑法修正案（九）》修法数量和涉及方面较多，不应认定为是对刑法典的“局部”修改。从条文数量来看，《刑法修正案（九）》共 52 个条文，其条文数量占到了刑法典总条文数（452 条）的九分之一以上。如果将 9 个刑法修正案修改的刑法条文数量相加，其修正的刑法条文数多达 170 条[②]，超过了刑法典总条文数的三分之一，而且有的修正案一个条文同时新增多个罪名、条文或者涉及对多个刑法条文的修正。按照这种修改速度，过不了多少年，刑法典的全部或者大部分条文都会被修正一遍甚至多遍。而且从内容来看，这些刑法修正涉及刑法典从总则到分则、从刑法基本制度到具体犯罪规范等方方面面。如果始终不考虑采取由全国人大审议的方式，我国《宪法》和《立法法》关于全国人大修改基本法律的职权将会被全国人大常委会取代而虚置。(2)《刑法修正案（九）》修法的内容意义重大。从修法内容上看，《刑法修正案（九）》[甚至也包括《刑法修正案（八）》] 的修法内容与之前多个刑法修正案相比，内容所彰显的意义明显更为重大。这除了其修法内容既涉及刑法典总则内容也涉及刑法典分则内容，更为关键的一点是，《刑法修正案（九）》修法的内容构成了对我国刑罚体系的重大修改。在刑罚制裁方面，《刑法修正案（九）》一方面通过对特重大贪污受贿罪增设了不可减刑、假释的终身监禁制度，打破了我国刑法典不存在终身监禁的刑罚体系，构建了一种崭新的刑罚制度；另一方面，通过增设预防性措施 [包括《刑法修正案（八）》增设的禁止令制度]，改变了我国刑法制裁体系一元化的格式，使刑罚与刑法预防性措施并列。笔者认为，《刑法修正案（九）》这种立法内容显然属于意义重大的立法内容，涉及对刑法典第 5 条

---

① 杨兴培．刑法修正案（九）的得与失．检察风云，2015（20）.

② 1999 年《刑法修正案》计 9 条，2001 年《刑法修正案（二）》计 1 条，2001 年《刑法修正案（三）》计 9 条，2002 年《刑法修正案（四）》计 9 条，2005 年《刑法修正案（五）》计 4 条，2006 年《刑法修正案（六）》计 21 条，2009 年《刑法修正案（七）》计 15 条，2011 年《刑法修正案（八）》计 50 条，2015 年《刑法修正案（九）》计 52 条，总计 170 条。

规定的罪责刑相适应原则的贯彻和调整问题，应当交由全国人大审议和表决。

第二，对重大的刑法修改内容应当采取严格的三审制。

我国《立法法》第 29 条规定：“列入常务委员会会议议程的法律案，一般应当经三次常务委员会会议审议后再交付表决。”但《刑法修正案（九）（草案）》第三次审议稿新增的不少条款都只经过全国人大常委会的一次审议即交付表决。而《立法法》第 29 条之所以对列入全国人大常委会会议议程的法律案作“一般应当经三次常务委员会会议审议后再交付表决”的规定，其目的显然是让全国人大常委会委员和社会各方面能够对立法的内容进行更全面的讨论，以保证立法的民主性。在此次《刑法修正案（九）（草案）》第三次审议稿新增的多项规定中，终身监禁制度无疑属于刑法的重大制度，有必要交由各方进行充分的讨论。事实上，如前所述，关于该制度在修法过程中就争议很大，有不少人对刑法增设这一制度持反对态度。[①] 从立法民主性的角度看，全国人大常委会应当将这些涉及重大刑法制度的立法内容交由全国人大进行全面而充分的审议。但从此次刑法修法的过程看，全国人大常委会和社会各界对这一制度的讨论和研究还不是很充分，其做法值得推敲和完善。[②]

① 全国人大常委会法工委刑法室编印．一些部门、法学专家对刑法有关问题的意见（2015 年 7 月 16 日）．

② 赵秉志，袁彬．中国刑法立法改革的新思维——以《刑法修正案（九）》为中心．法学，2015（10）．

# 关于《刑法修正案（十一）》修法问题的思考与建言*

## 一、前言

我国1997年系统修订刑法典时，其首要的立法宗旨，即“制定一部统一的、比较完备的刑法典”[①]。1997年刑法典基本上实现了这一立法宗旨和目标，“修订后的刑法是一部统一的、完整的、新中国成立以来最完备的刑法典”[②]。但是，法律的完备是相对的，根据社会发展和防治犯罪的需要进一步完善刑法，是必要的健全刑事法治之举。1997年刑法典颁行后20余年来，经过11次的修改、补充（通过了1部单行刑法和10个刑法修正案），我国刑法典的科学性、完备性、可操作性得到持续的加强，在现代法治国家建设中发挥了重要的作用。但随着我国社会的发展、科技的进步和经济的繁荣，一些新型社会问题也不断呈现，犯罪情

---

* 本文系首次发表。

① 王汉斌．关于《中华人民共和国刑法（修订草案）》的说明（1997年3月6日在第八届全国人民代表大会第五次会议上）．

② 郎胜主编．中华人民共和国刑法释义．北京：法律出版社，2015：出版说明．

况也呈现出复杂多变的趋势，对刑法立法提出了新的更高的要求。结合我国刑法立法的现状和社会治理的现实需要，我国有必要在现有刑法立法的基础上进一步完善刑法立法。国家立法机关根据中央的有关决策暨我国司法实践和社会治理的实际需要，决定再次以刑法修正案的形式启动对刑法典的局部修改，可谓很有必要也正当其时。可以说，由于我国现阶段处于社会变革时期，司法实践中的新情况新问题不断涌现，因而在相当的时期内根据需要不断且适时地完善刑法规范，乃是我国刑事法治发展的需要和趋势，也应当是国家立法机关的持续性工作。

迈出较大修法步伐的 2011 年《刑法修正案（八）》和 2015 年《刑法修正案（九）》通过之后数年来，我国社会的发展和司法实践又给刑法立法提出了若干需要完善的课题，而 2017 年通过的《刑法修正案（十）》由于旨在单一解决尽快设立侮辱国歌罪的问题而无暇他顾，因而当前继续修改完善刑法的任务就交付给了这次国家立法机关要创制的《刑法修正案（十一）》。《刑法修正案（十一）》自 2018 年开始酝酿准备并进而被纳入全国人大常委会立法规划，2019 年 7 月全国人大常委会法制工作委员会（以下简称“法工委”）提出此次修改刑法的提纲并开始研讨和听取有关方面的意见，于 2020 年 6 月提交第十三届全国人大常委会第二十次会议进行第一次立法审议，于 2020 年 10 月提交第十三届全国人大常委会第二十二次会议进行第二次立法审议，至 2020 年 12 月在第十三届全国人大常委会第二十三次会议上进行第三次立法审议并于 2020 年 12 月 26 日获得通过，前后历时 3 年。其修法进程大体经历了立法审议前的准备和研拟、第一次立法审议、第二次立法审议、第三次立法审议和通过四个阶段。在《刑法修正案（十一）》研拟和创制的过程中，不仅全国人大常委会前后三次进行立法审议，而且国家立法工作机关也进行了必要的调查研究，多次召开座谈会听取有关方面和专家学者的意见，并通过网站先后发布《刑法修正案（十一）（草案）》第一次审议稿和第二次审议稿公开征求公众的意见，较好地贯彻了科学立法和民主立法的要求，旨在切实提高《刑法修正案（十一）》的立法质量。

本人自 20 世纪 80 年代初攻读刑法专业硕士研究生以来的近 40 年研究刑法

的学术生涯，恰是国家创立并不断修改完善刑法的过程。在各种有利因素的影响和自己的选择下，本人得以把刑法立法及其改革完善问题始终作为自己的主要学术领域之一，并在国家立法机关工作机构的信任与关怀下得以参加了1997年刑法典修订及之后一系列刑法修正案和刑法立法解释创制的研拟工作，从而对自己的刑法学学术研究和教学产生了积极的重要影响。[①] 在这次国家立法机关工作机构研拟《刑法修正案（十一）（草案）》的过程中，本人得以多次应邀参加国家立法机关工作机构主持召开的座谈会、研讨会，参加中国刑法学研究会在此期间召开的专题研讨会。在每次参会时本人都认真准备研讨意见和建议，希望能为国家刑法立法的完善建言献策。本人将参加这些会议时在发言基础上提交的书面修法建议稿汇集整理成文，作为本人对《刑法修正案（十一）》相关修法问题的阶段性认识[②]，也希望能在一定程度上提供一份研讨《刑法修正案（十一）（草案）》相关修法问题的参考资料，并就教于学界师长与同人。

## 二、关于完善我国刑事法治的几个宏观问题[③]

众所周知，《刑法修正案（十一）（草案）》已于2020年6月28日提请第十三届全国人大常委会第二十次会议进行首次审议。这是国家立法机关完善我国刑事法治的又一次重大立法举措，是我国刑事法治和刑法学研究领域的一件大事。相关学术团体和机构以及刑法理论与实务工作者对此予以关注、进行研讨、献计

① 赵秉志．积极促进刑法立法的改革与完善——纪念97刑法典颁行十周年感言．法学，2007（9）．

② 作为本人数次参与《刑法修正案（十一）（草案）》立法研讨的书面意见，其中关于有些问题的内容难免有所重复，这也是本人坚持一贯主张和多次提出某种修法意见的真实写照。本着实事求是的精神，对本人多次所提出的修法意见和建议均予以客观反映。

③ 2020年7月12日，中国刑法学研究会与中国法学会案例法学研究会、北京师范大学刑事法律科学研究院联合以线上形式召开了“《刑法修正案（十一）（草案）》研讨会”，本文第二部分选自本人在研讨会开幕式上的致辞（该部分于会后作为修法建议稿提交给了全国人大常委会法制工作委员会参考。该部分收入本文时略有删节），由于该致辞主要是关于修改完善刑法的宏观问题的建言，所以将其置于本文前面。这次会议围绕第十三届全国人大常委会第二十次会议审议的《刑法修正案（十一）（草案）》第一次审议稿进行了研讨。当时《刑法修正案（十一）（草案）》第一次审议稿已在“中国人大网”上公开发布。

献策，当然是责无旁贷。中国刑法学研究会、中国法学会案例法学研究会和北京师范大学刑事法律科学研究院联合召开《刑法修正案（十一）（草案）》研讨会，可谓正当其时。

作为曾经长期参加刑法立法工作和相关研究的一名学者，借这个致辞的机会，本人想侧重从宏观上谈几点相关意见，作为我参加这次研讨会的抛砖引玉的发言，供参考和商榷。

（一）关于《刑法修正案（十一）（草案）》第一次审议稿的总体看法

《刑法修正案（十一）（草案）》第一次审议稿目前为 31 条，共修改补充刑法典 30 条，其条文数量相比于曾被认为条文过多的《刑法修正案（八）》（50 条）和《刑法修正案（九）》（52 条）较少但又不算很少，作为一次重要的修法活动，由全国人大常委会以修正案的形式修改补充刑法典较为适宜；该草案涉及治理安全生产犯罪、食品药品犯罪、金融秩序犯罪以及强化对企业产权、公共卫生的刑事法治保障等方面，这些均为急需完善的重要乃至重大的现实刑事法治问题。正如国家立法机关在将该草案提交立法审议时所阐明，《刑法修正案（十一）（草案）》的总体思路有四条：一是将党和国家关于保障、引领社会健康发展的政策方针转化为必要的刑法规范。这是符合我国政策与法律的合理转化关系的。二是强化对人民群众生命财产安全，特别是涉及公共、民生领域的基本安全、重大安全的保护。这是我们党和国家在新时期坚持以人民为中心理念的重要体现。三是进一步贯彻宽严相济的基本刑事政策，处理好对严重犯罪保持高压态势和避免不必要的刑罚扩张的协调关系。这体现了国家基本刑事政策对刑法修法的指导。四是立足我国国情和社会治理实践，坚持问题导向性修法，注意立法的必要性、针对性和可操作性。这是刑法作为重要的国家基本法律和其他一切法律的制裁力量所必需的品质要求。

我认为，在审议和通过《刑法修正案（十一）（草案）》的过程中，乃至通过以后，各方面和诸多关注者、研究者还会就其具体内容提出种种意见和建议，这些都是修法中的正常情况；但是，国家立法机关所阐明的上述修法的总体思路，是值得充分肯定和赞许的。实际上，这些思路也是我国立法机关近年来在一些重

要的刑法修法活动中，尤其是第八、第九刑法修正案的创制中，注意坚持与体现的修法的指导思想和原则，而在这次刑法修法中又得到了进一步的总结、升华和强调。同时，在此次刑法修改的诸方面，国家立法机关也都在努力贯彻和体现这些修法的总体思路。本人认为，我们如果认同国家立法机关就这次刑法修改阐明的上述总体思路，那么，我们在研究《刑法修正案（十一）（草案）》时提出的种种具体的修法主张和建议，就应当注意以上述总体修法思路即修法指导思想和原则来衡量。

（二）关于完善我国刑法之立法模式的基本主张

改革开放 40 余年来，乃至新中国成立 70 余年来，我国刑法立法模式经历了一个由分散立法走向统一立法的过程。1997 年刑法典修订时，国家立法机关成功地贯彻了刑法典的统一性和完备性、法律的连续性和稳定性以及立法内容的科学性和可操作性等三项修法原则，从而使 1997 年刑法典成为新中国刑法发展史上的一个里程碑。1997 年刑法典颁行 20 余年来，全国人大常委会曾于 1998 年 12 月制定了迄今唯一的一个实质性的单行刑法《关于惩治骗购外汇、逃汇和非法买卖外汇犯罪的决定》。据国家立法机关工作机构的专家介绍，当时之所以采取单行刑法的方式，是因为立法机关认为这类有关外汇的犯罪具有显著的暂时性、阶段性的特征，在不太遥远的将来会进行非犯罪化的立法调整，因而采取单行刑法的形式更有利于将来的立法废止且不会影响刑法典的稳定性。以今天的眼光来看，立法机关当时的立法前景判断和立法形式抉择都是有历史局限性的。后来自 1999 年 12 月第一个刑法修正案问世起，我国立法机关修改补充刑法典再也没有采取过单行刑法或者附属刑法的模式，而是坚持采取刑法修正案的模式，迄今已先后通过了 10 个刑法修正案，《刑法修正案（十一）》也即将问世。维护刑法典的统一性和完备性并采取修正案的方式来修改补充刑法典，已成为 20 余年来国家立法机关坚持和成功实践的成熟的立法经验，并得到我国法律实务界和刑法学界的广泛认同。但近年来我国刑法学研究中，也出现了质疑统一性的刑法典和局部修法采取单一的修正案修法模式的观点，主张修改刑法可以采取单行刑法和附属刑法的模式。

我坚定地支持国家立法机关维护刑法典统一性和完备性的立法立场，认为局部修改刑法典应当坚持和完善采取刑法修正案的模式，认为这种修法模式具有单行刑法所不具有的优点，有利于维护现代法治的原则和精神。同时，我认为，刑法修正案并非只能由全国人大常委会通过。根据我国宪法关于全国人大和全国人大常委会立法权限的划分，全国人大有权制定和修改刑法，全国人大常委会有权对刑法进行部分补充和修改但不得同刑法的基本原则相抵触。因此，如果刑法修正案涉及刑法的基本原则或者较大部分（表现为多个方面、较多条文）的修改，就不应由全国人大常委会通过而应由全国人大通过。进而言之，我们还必须认识到，刑法修正案是局部补充、修改和完善刑法典的科学模式，但这种修法模式也是有其局限性的。随着我国社会的稳定发展和治理犯罪之实践经验的积累与成熟，在适当的时机，对于涉及刑法典重大结构、内容的修改或者整体内容的调整，应当通过由全国人大对刑法典本身进行重点或者全面、系统的修改完善予以解决，以修订出更加科学、完备且具有更长久适应性的刑法典。

（三）关于加强对我国刑法科学立法问题研究的建言

我国刑法学界一向认同，科学而完善的刑法立法是健全而有力的现代刑事法治的基础。关注刑法立法进展、研究刑法立法问题，乃是刑法学者的使命和职责所在，也是成为一个好的刑法理论工作者的必备素养所在。因此，我国刑法学界对刑法立法问题的研究历来比较重视和积极对待，我国刑法立法方面的诸多成就中包含了刑法学者直接或间接的贡献，中国刑法学研究会的多次学术年会也把刑法的修改完善作为研讨的议题。在中央把科学立法作为新时期我国现代化法治建设的一项根本性任务的当下，我们刑法学者应当进一步加强和完善对我国刑法科学立法问题的研究，尤其是应当结合国家立法机关的刑法修法酝酿和进展积极开展刑法立法研究。相关研究应当既包括刑法立法的基础理论问题，也包括刑法立法的现实法律修正问题；应当将宏观问题与微观问题相结合，不仅要研究刑法具体法条的增删修改问题，还要研究刑法修改的根据、方向、模式、原则、体系结构、重要制度等重大问题；应当兼顾立法程序问题与立法实体问题，不仅要研究刑法立法规范的废、改、立方面，也要研究立法的不同主体及其权限，以及民主

立法、科学立法的正当程序问题；应当将立法内容与立法技术相结合，研究如何通过立法技术的改进促使法律更加完善；应当兼顾刑法的自我完善研究与通过其他法律乃至其他方面促进刑法完善的研究；等等。通过多方面、多角度的研究，丰富、发展我国刑法立法的理论，促进我国刑法的科学立法，造就功底扎实、知识全面的刑法学者。

（四）关于死刑制度改革问题的建议

最后再补充一个《刑法修正案（十一）（草案）》第一次审议稿所没有涉及的死刑制度的改革问题。关于这个问题我在 2019 年 11 月法工委召开的刑法修改座谈会上曾提出过建议，今天在会议开幕式上我听到胡云腾大法官和刘仁文教授在发言中提出了死刑制度改革的步伐不能停下来、应该在《刑法修正案（十一）（草案）》中有所体现的主张时，我完全赞同和支持这个意见。我之前曾建议从几个方面进一步深化我国死刑制度改革，这里再简要提出并强调相关的主张。

第一，进一步明确死刑的适用条件。联合国《公民权利和政治权利国际公约》第 6 条第 2 款规定，“在未废除死刑的国家，判处死刑只能是作为对最严重的罪行的惩罚”。一般将此理解为“判处死刑……必须限于最严重的罪行，限于能够证明存在杀害意图且造成了生命丧失的情况”。与此相比，我国刑法典第 48 条关于死刑适用条件“罪行极其严重”的规定过于宽泛，涵盖了主观恶性、客观危害和人身危险性等诸多方面。因此，为严格限制死刑适用，建议将我国死刑的适用条件修改为“最严重的罪行”，并在刑法典分则中将死刑只规定于严重的暴力犯罪之中。

第二，进一步扩大死刑限制适用的对象范围。这包括两个方面：一是建议将新生儿的母亲、精神障碍人等特殊主体纳入限制适用死刑的对象范围。联合国经济与社会理事会《关于保护死刑犯权利的保障措施》第 3 条规定，对孕妇或新生婴儿的母亲不得执行死刑。联合国经济与社会理事会 1989/64 号决议通过的《保护死刑犯权利的保障措施的执行情况》第 3 条规定：“在量刑或执行阶段停止对智障人士与精神严重不健全者适用死刑。”在这四类人中，我国刑法典只明确规定对孕妇不适用死刑。因此，我国有必要贯彻联合国上述文件的规定，将新生儿

的母亲、精神障碍人、智障人士列入不得适用死刑的对象范围。二是建议在现有的对审判的时候年满 75 周岁的老年人原则上不适用死刑的从宽制度基础上再进一步，规定对审判时年满 70 周岁的老年人一律不适用死刑，以凸显刑法的人道主义关怀，契合我国减少死刑的精神。

第三，进一步废除一些死刑罪名。可综合两个标准废除一些死刑罪名：一是不侵害他人生命法益原则，二是备而不用、备而少用原则。前者要求适用死刑的罪名必须符合死刑剥夺他人生命这一本质特征，后者则是从社会接受度之现实考虑。综合这两个标准，可以考虑在《刑法修正案（十一）》中再废止以下犯罪的死刑：（1）运输毒品罪的死刑。这是因为运输毒品罪的危害要明显小于走私、贩卖、制造毒品罪的危害，而且实践中几乎没有因运输毒品罪而判处被告人死刑的情形。在此基础上，可以对刑法典第 347 条第 2 款的规定进行修改，以将运输毒品罪排除在死刑适用的范围之外。退一步而言，即便认为我国现阶段不宜直接取消运输毒品罪的死刑，也应当考虑运输毒品罪死刑适用的特殊性，针对运输毒品罪专门规定不同于走私、贩卖、制造毒品罪的更为严格的死刑适用条件。（2）取消非法制造、买卖、运输、邮寄、储存枪支、弹药、爆炸物罪，非法制造、买卖、运输、储存危险物质罪，盗窃、抢夺枪支、弹药、爆炸物、危险物质罪，抢劫枪支、弹药、爆炸物、危险物质罪的死刑。这是因为这些犯罪并不直接侵害他人生命，不符合适用死刑的本质条件，而且实践中适用死刑的情形很少。（3）在适当时候考虑废止贪污罪、受贿罪的死刑，因为这两个犯罪不仅属于非暴力犯罪，不符合死刑适用的本质条件，而且也属于我国司法实践中备而少用的死刑罪名。

第四，进一步限制死刑的实际适用。这包括两个方面：一是明确将对具体犯罪适用死刑的情形限定为造成他人死亡的情形，并据此严格限定故意伤害罪、强奸罪、抢劫罪、放火罪、爆炸罪、投放危险物质罪、决水罪、以危险方法危害公共安全罪、破坏交通工具罪、破坏交通设施罪等的死刑的适用范围。二是采用技术方式将死刑的适用仅限于造成他人死亡的情形，即在刑法典第 232 条增加一个提示条款，规定所有故意造成他人死亡的行为都成立故意杀人罪，并根据重法优

于轻法的原则，只对故意杀人罪规定死刑，取消其他所有犯罪的死刑（危害国家安全罪可除外）。

以上关于死刑制度继续改革的几方面的建议，也许过于理想化而难于在一个刑法修正案中予以全部考虑，但若能考虑部分也是好的，关键是由《刑法修正案（八）》开启的我国死刑制度改革的步伐不要停止下来，这也是符合中央关于继续推进死刑制度改革的决策精神的。

## 三、关于我国刑法修改的若干建言①

针对我国刑法立法的不足，结合此次国家立法机关工作机构关于刑法修改调研的重点，我试提出如下粗略的建言。

### （一）关于安全生产的刑法问题

近年来安全生产事故频发，安全生产问题因而成为当前我国社会生产经营过程中的突出问题。为了加强对安全生产的管理，中共中央、国务院《关于推进安全生产领域改革发展的意见》提出："将研究修改刑法有关条款，将生产经营过程中极易导致重大生产安全事故的违法行为纳入刑法调整范围。"

从刑法立法上看，我国现行刑法典关于安全生产的刑法规定主要包括第 134 条规定的重大责任事故罪和强令违章冒险作业罪，第 135 条规定的重大劳动安全事故罪，以及第 136 条规定的危险物品肇事罪；同时，针对安全生产事故发生后的行为，刑法典第 139 条之一规定了不报、谎报安全事故罪。这些针对安全生产行为（不考虑安全事故发生后的不报、谎报安全事故行为）的刑法规定，总体上体现出以下四个特征：一是行为人主观心态均被设定为过失，不包含故意。二是

---

① 这是笔者参加 2019 年 7 月 30 日全国人大常委会法工委召开的"修改刑法座谈会"时提交的书面意见稿。这次会议围绕全国人大常委会法工委刑法室提出的《修改刑法提纲》进行研讨，该提纲涉及了六个方面的修法框架：(1) 安全生产刑法问题；(2) 非公有制经济刑法保护问题；(3) 死刑规定的完善问题；(4) 金融乱象治理问题；(5) 自洗钱行为的刑事责任追究问题；(6) 其他修改完善刑法的意见和建议。

对生产行为违反安全管理规定无程度上的要求，只要违反安全生产规定即可，如“在生产、作业中违反有关安全管理的规定”（重大责任事故罪）、“安全生产设施或者安全生产条件不符合国家规定”（重大劳动安全事故罪）和“违反爆炸性、易燃性、放射性、毒害性、腐蚀性物品的管理规定”（危险物品肇事罪）。三是生产行为均必须造成严重后果才构成犯罪，包括“发生重大伤亡事故或者造成其他严重后果”（重大责任事故罪、强令违章冒险作业罪和重大劳动安全事故罪）、“在生产、储存、运输、使用中发生重大事故，造成严重后果”（危险物品肇事罪）。四是刑罚设置大体相同，基本都是两档，“三年以下有期徒刑或者拘役”和“三年以上七年以下有期徒刑”；个别的有“五年以下有期徒刑或者拘役”和“五年以上有期徒刑”两档。可见，我国对违反安全生产规定的行为（以下简称“违反安全生产行为”）规定的入罪标准和门槛总体较高，处罚则相对适中。

针对我国刑法关于安全生产的立法现状，结合安全生产的刑法保护需求，我国刑法立法应当针对当前安全生产问题高发、频发等特点，通过适当降低违反安全生产行为入罪的标准等形式，加大对安全生产的刑法保护。这主要包括：

第一，完善罪过形式，考虑将违反安全生产规定的罪过形式由“过失”部分地上升为“故意”。一般认为，《刑法修正案（六）》增设的不报、谎报安全事故罪是故意犯罪，除此之外，我国刑法规定的安全生产事故犯罪均为过失犯罪。过失犯罪重点关注的是行为后果。相比之下，故意犯罪不仅关注行为后果，而且也关注行为本身。从刑法的角度看，加大对违反安全生产行为的刑法治理，需要将关注的重点转向违反安全生产行为本身。对此，我国不宜再将违反安全生产行为的罪过形式仅仅局限于“过失”，而应当考虑将部分严重违反安全生产行为的罪过形式上升为“故意”，在罪过结构上形成以过失为基础、以故意为补充的合理罪过结构。

第二，区分违法程度，即区分违反安全生产行为的违反程度设置刑事责任。目前我国对违反安全生产行为入罪存在明显的“重后果、轻行为”特点。对于违反安全生产行为是否构成犯罪，考察的关键在于是否造成了严重后果，而不考虑违反安全生产行为本身的违章、违法程度。这显然不利于惩治我国当前突出的违

反安全生产行为。因此，从加大对违反安全生产行为惩治力度的角度看，我国应当将惩治的重点由“后果”提前至“行为”，应当区分违反安全生产行为的违章程度设置不同的刑事责任。具体而言，对于一些严重的违反安全生产行为，即便没有造成严重后果，也应当考虑将其入刑。

第三，调整行为类型，即合理设置违反安全生产行为的类型。一般而言，违反安全生产行为主要涉及三个方面，即生产单位的生产行为、从业人员的生产行为以及安全生产监管部门的监督管理行为。简而言之，它们在形式上可区分为安全生产的生产行为、管理行为和监督行为。对这三种行为，我国刑法典已有罪名均有所涉及，但针对性不强，区分处理的力度也不够大。

第四，优化入罪标准，即区分行为类型设置入罪标准。如前所述，我国现行刑法典对违反安全生产行为，在入罪标准上主要采取的是结果责任，即将造成严重后果作为入罪条件。这极大地限制了我国刑法对违反安全生产行为的惩治，也不利于全面加强对违反安全生产行为的治理。客观地看，不同类型的违反安全生产行为，其危害性各不相同，故其入罪标准也应当有所区别。例如，一些严重的违反安全生产行为虽然没有造成严重后果，但存在危害公共安全的重大危险；一些违反安全生产行为虽然造成了严重后果，但其违反的只是一般性的安全生产规定；还有一些行为不仅严重违反了安全生产规定而且也造成了严重后果；等等。对这些行为进行刑法追究的条件应当有所区别。

第五，完善刑罚设置，合理调整违反安全生产行为的法定刑。如前所述，我国刑法典针对安全生产犯罪设置的法定刑主要是两档，即：“三年以下有期徒刑或者拘役”和“三年以上七年以下有期徒刑”。只有强令违章冒险作业罪的法定刑不同，为“五年以下有期徒刑或者拘役”和“五年以上有期徒刑”。客观地看，这种刑罚设置的区分度明显不足，不利于刑法针对危害程度不同的违反安全生产行为进行处理。

基于以上五个方面的考虑，我认为，应当从以下三个方面完善我国刑法关于安全生产的立法：

一是增设“严重违章冒险作业罪”，规定“严重违反安全生产规定，违章冒


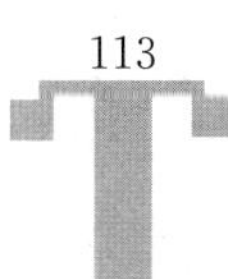

险作业，危害公共安全的，处二年以下有期徒刑或者拘役，并处罚金”。之所以将该罪的法定最高刑设置为“二年有期徒刑”，主要是为了与安全事故类犯罪相区别，毕竟在未造成严重后果的情况下，该行为在社会危害性上显然要低于造成严重后果的情形。

二是降低刑法典第 134 条第 2 款规定的强令违章冒险作业罪的入罪门槛，并调整其法定刑。对此，可考虑将强令违章冒险作业罪修改为：“强令他人违章冒险作业，危害公共安全，未发生重大伤亡事故或者未造成其他严重后果的，处三年以下有期徒刑或者拘役；发生重大伤亡事故或者造成其他严重后果的，处三年以上七年以下有期徒刑；情节特别恶劣的，处七年以上有期徒刑。”

三是增加安全生产监管渎职罪，规定“负有安全生产监督管理职责的国家机关工作人员，滥用职权或者玩忽职守，导致发生重大伤亡事故或者造成其他严重后果的，处三年以下有期徒刑或者拘役；造成特别严重后果的，处三年以上七年以下有期徒刑”。

（二）关于非公有制经济的刑法保护问题

加强对非公有制经济的刑法保护是当前我国刑法立法和司法领域的重大现实问题。为此，中共中央、国务院《关于完善产权保护制度依法保护产权的意见》明确提出，“加大对非公有财产的刑法保护力度”。

当前我国关于非公有制经济的刑法保护主要涉及两个方面：一方面是对非公有制单位的对外经营行为的刑法保护，如实践中较常涉及的合同诈骗罪、逃税罪，骗取贷款、票据承兑、金融票证罪，虚开增值税专用发票罪等；另一方面是对非公有制单位的对内管理行为的刑法保护，如追究非公有制单位内部人员的职务侵占、滥用职权、玩忽职守等行为的刑事责任。对于前一个方面，司法改革是重点，但立法改革也势在必行；对于后一个方面，则主要是立法改革问题。基于此，我认为，关于对我国非公有制经济的刑法保护，应重点把握以下两个方面：

第一，适当限制非公有制单位对外经营行为入罪的范围。目前，这方面存在的问题比较突出而亟须解决的是两点：一是对骗取贷款、票据承兑、金融票证罪设置合适的入罪范围，应将该罪的入罪门槛由行为犯改为结果犯，即将“给银行

或者其他金融机构造成重大损失或者其他严重情节”中的“其他严重情节”删除，将其入罪门槛改为“给银行或者其他金融机构造成重大损失”。这样，可以将有还款能力的非公有制单位骗取贷款、票据承兑、金融票证的行为排除出该罪的规制范围。二是对虚开发票类犯罪设置合适的入罪范围，主要是应当限制虚开增值税专用发票、用于骗取出口退税、抵扣税款发票罪的行为范围，将其主观方面限定为“以骗取出口退税、抵扣税款为目的”。这也是最高人民法院目前在此问题上的基本立场，最高人民法院为此发布了多个司法文件和指导案例。

第二，适当加强对非公有制单位内部人员渎职行为的治理。对此，我认为有两个问题需要审慎考虑：一是主张对民营企业工作人员的职务侵占罪、非国家工作人员受贿罪、挪用资金罪与国家工作人员的贪污罪、受贿罪、挪用公款罪予以同罪同罚的问题。这也是我国部分学者针对加强民营企业财产刑法保护问题提出的建言。在目前情况下，我认为，该建议不太妥当。这是因为：这两类犯罪的区别并非仅以财产性质为依据，实际上还涉及职权的性质以及其对行为危害程度的影响。而对公共管理职权与私营部门管理职权进行区分，也是符合当前多数国家的立法惯例和我国民众的基本观念的。二是关于增设民营企业工作人员渎职背信犯罪问题。对此，我持谨慎的肯定态度，认为我国应当增设民营企业工作人员渎职背信犯罪，但也应当有一定的限制。这是因为：一方面，我国目前针对国家机关工作人员，国有公司、企业、事业单位人员都规定了渎职犯罪，并针对部分民营企业工作人员（如上市公司工作人员）规定了背信损害上市公司利益罪，唯独缺乏针对一般民营企业人员的渎职背信犯罪，存在明显的立法漏洞，且实践中民营企业工作人员渎职背信损害企业财产的行为相当普遍，应当通过立法的方式补足；另一方面，我国民营企业管理不规范的情况普遍存在，特别是民营企业出资人担任企业管理者的情况十分普遍，如出资人是民营企业的唯一出资人或者企业财产与出资人财产发生混同，企业财产与企业管理者的财产具有法律上的同一性。对此种情形下的民营企业管理者规定渎职背信犯罪，可能出现民营企业工作人员自损利益行为构成犯罪的情况，不甚合理。对这类人员构成民营企业工作人员渎职背信犯罪有必要作例外规定。

据此，我认为，可以考虑在我国刑法典第 169 条之一后增加一个独立的条款，规定："公司、企业或者其他单位的工作人员，由于严重不负责任或者滥用职权，致使单位利益遭受重大损失的，处三年以下有期徒刑或者拘役；致使单位利益遭受特别重大损失的，处三年以上七年以下有期徒刑。""上述单位的主要出资人或者实际控制人犯前款罪的，可以从轻、减轻或者免除处罚。"

（三）关于死刑制度改革问题

死刑制度改革是我国刑事法治领域乃至社会文明发展必须重视的一项长期工作，并在《刑法修正案（八）》《刑法修正案（九）》中得到了较多体现。但目前在我国适用死刑的罪名仍然较多，与中央的要求仍然有较大差距。我认为，我国未来有必要从以下几个方面进一步坚定地推进死刑制度的改革。

1. 改革刑法典总则关于死刑制度的规定

我国刑法典总则针对死刑适用的对象、条件、程序等方面作了明确规定。从刑法典总则的角度看，我国迫切需要从以下三个方面深化死刑制度改革。

第一，进一步扩大限制死刑适用的对象范围。这包括两个方面：一方面是建议将新生儿的母亲、精神障碍人等特殊主体纳入限制适用死刑的对象范围；另一方面是建议对审判时年满 70 周岁的人一律免死。有关论述参见本文第二部分。

第二，进一步提高对死缓犯执行死刑的门槛。建议将对死缓犯执行死刑的门槛由目前的"故意犯罪，情节恶劣的"提高至"故意犯罪，应被判处五年有期徒刑以上刑罚的"，以将执行死刑的死缓犯限定在其犯罪的客观危害和行为的主观恶性、人身危险性都比较严重的范围内，以更好地限制死刑立即执行的适用。这是因为，"五年有期徒刑以上刑罚"可以将一般的盗窃犯罪、轻伤害犯罪等较轻且较常见的故意犯罪排除出对死缓犯执行死刑的条件范围。同时，"五年有期徒刑以上刑罚"与过失犯罪的刑罚相比更具合理性，毕竟在法律评价上故意犯罪的危害并不一定比过失犯罪的危害重，如果不对故意犯罪的刑罚作一定限制，将出现严重的过失犯罪不受影响但单一情节恶劣的故意犯罪却成为对死缓犯执行死刑的原因，客观上导致某个较轻的故意犯罪成为死刑适用的主要促成因素。

第三，建议将终身监禁由刑法典分则中仅适用于贪污罪、受贿罪的规定上升为刑法典总则的一般制度性规定，并作为死刑立即执行的替代措施。理由包括：一方面，我国现行刑法典规定的死缓限制减刑制度较终身监禁制度明显要轻，客观上不具有替代死刑立即执行的效果，需要探索新的死刑立即执行替代措施。另一方面，将终身监禁纳入刑法典总则，并明确将执行终身监禁的死缓作为死刑立即执行的主要替代措施，可以大幅度削减实践中死刑立即执行的适用数量，降低适用频率。这样一来，在保留死缓限制减刑制度的基础上，死缓制度将可以分为三档适用，即一般死缓、限制减刑型死缓以及终身监禁型死缓。这样能为有效发挥终身监禁替代死刑立即执行的作用提供法律空间。

2. 改革刑法典分则关于死刑制度的规定

从刑法典分则的角度看，我认为，我国应当从进一步取消死刑罪名、进一步限制具体犯罪死刑的适用和彻底废止绝对确定的死刑这三个方面加强死刑制度改革，以进一步减少死刑的适用。关于取消死刑罪名和限制具体犯罪死刑的适用已在本文第二部分予以论述，此处不赘述。下面对废止绝对确定的死刑问题加以论述。

关于彻底废止绝对确定的死刑，即建议将劫持航空器罪的死刑由绝对死刑修改为相对死刑。具体而言，可参考绑架罪的死刑改革规定，将刑法典第 121 条修改为“以暴力、胁迫或者其他方法劫持航空器的，处十年以上有期徒刑或者无期徒刑；致人重伤、死亡的，处无期徒刑或者死刑”。这一方面调整了劫持航空器罪的死刑适用条件，将“使航空器遭受严重破坏”这一财产损失不作为死刑的适用条件，以更符合死刑的本质；另一方面，将劫持航空器罪的死刑由绝对死刑修改为相对死刑，有助于减少死刑的适用。

（四）关于金融犯罪的刑法治理问题

当前我国金融犯罪高发频发。结合我国金融犯罪的乱象和我国司法实践的需要，我国应当考虑进一步完善金融犯罪的刑法立法。具体而言，我试提出以下几点建议。

第一，进一步充实金融犯罪的行为类型。例如，我国《证券法》第 219 条规

定："违反本法规定，构成犯罪的，依法追究刑事责任。"我国《证券法》第180条至218条规定了近40种证券违法行为，但我国刑法典中规定的证券犯罪行为的范围要明显小于《证券法》的规定。在此基础上，我国刑法典应当考虑将一些重大证券违法行为入罪，如将《证券法》第183条规定的"证券公司承销或者销售擅自公开发行或者变相公开发行的证券的"行为等纳入刑法治理的范围。同理，对期货等领域的行为亦应如此对待。

第二，进一步细化金融犯罪的行为方式。例如，对于当前我国金融犯罪十分突出的非法集资犯罪（包括非法吸收公众存款罪和集资诈骗罪），刑法典第176条、第192条的规定非常概括。实践中很多行为人打着金融创新的方式进行非法集资，最后"爆雷"而引发大量金融和民生问题。其中的原因之一就是非法集资的概念、行为方式等都十分抽象，不易掌握和辨别。对此，我国应当考虑对于非法集资犯罪等金融犯罪的行为方式进一步细化。

第三，增加部分犯罪的单位主体。这集中体现在贷款诈骗罪上。目前我国刑法典第193条关于贷款诈骗罪仍缺乏单位犯罪的规定，实践中对于单位实施的贷款诈骗行为多以合同诈骗罪追究单位的刑事责任。这显然不能更好地反映其行为的本质，也不利于惩治单位实施的贷款诈骗行为。从这个角度看，我国有必要对刑法典第200条的规定进行修改，将单位纳入贷款诈骗罪的主体范围。

（五）关于自洗钱行为的刑法治理问题

《中央追逃办2019年工作要点》提出，"研究论证'自洗钱'行为刑事责任追究问题"。在反洗钱金融行动特别工作组（Financial Action Task Force on Money Laundering，简称FATF）履约评估工作中，有的建议将"自洗钱"规定为单独犯罪。也有意见认为，"自洗钱"是上游犯罪的延伸，被上游犯罪吸收，可作为量刑情节考虑，但不宜规定为单独犯罪。

从刑法之犯罪化立法要特别慎重与合乎法理、考虑情理来权衡，我认为，我国目前似不宜将"自洗钱"行为规定为单独的犯罪。这是因为：一是违反吸收犯基本原理。我国刑法理论上一般认为，行为人在犯罪之后对犯罪所得、犯罪所得收益的掩饰、隐瞒行为，属于事后不可罚行为。该行为与上游犯罪之间是一种吸

收关系。在行为人的自洗钱行为符合洗钱犯罪的情况下，行为人的上游犯罪可吸收行为人的自洗钱行为。由于吸收犯关系到刑法上的禁止重复评价原则之适用，因此不可单独将自洗钱行为作为犯罪进行处理，自然也不宜在刑法上将其规定为单独犯罪。二是不符合成文法国家的法律传统。目前德、日等代表性大陆法系国家都采取的是成文法传统，这些国家对自洗钱行为均采取上游犯罪吸收下游犯罪的做法，不将自洗钱行为规定为单独犯罪。从法律传统的角度看，当前我国的刑法立法与它们的较为接近，似也不宜将自洗钱行为规定为单独的犯罪。

但在特定情况下，对自洗钱行为也有独立追究的可能。这主要体现为：在不追究上游犯罪的刑事责任的情况下，自洗钱行为有独立成罪的必要。这是因为，我国对上游犯罪采取的是犯罪事实说而非犯罪说，即只要存在上游犯罪之行为事实，即便该行为因行为人未达到刑事责任年龄或者不具备刑事责任能力而不构成犯罪，对该犯罪行为所得及其收益仍可成立洗钱犯罪。在此情况下，刑法上有一个较小的自洗钱行为独立成罪的空间，即行为人在实施上游犯罪时不具有刑事责任能力，后在具有刑事责任能力时实施了洗钱行为。对该行为，目前我国刑法立法存在空白，是否有必要在立法上专门作规定，可进一步研究。如果针对该种情形的自洗钱行为追究行为人的刑事责任，则不涉及禁止重复评价原则。

（六）关于刑法修改的其他问题

在近年来我国局部修改刑法典的过程中，理论界、实务界乃至社会上也提出了修改完善刑法的种种主张与建议，其中有些已较为成熟。尤其是国家有关部门经过认真调研和论证的某些修改刑法的建议，可以说其修法必要性和可行性大体上都已经具备。例如国家卫生健康委员会（原为国家卫计委）关于增设故意传播艾滋病罪的修法建议，以及国家生态环境部（原为国家环保部）关于增设若干危害生态环境罪的建议等，可以说都属于这种情形。我认为，根据我国刑法修正案具有综合性的特点，在保证根据中央指示这次刑法修正案要解决的重点修法问题的前提下，如果《刑法修正案（十一）》的容量允许，也可以区别轻重缓急，考察必要性与可行性程度，有选择地适当增加一些修法内容，以尽可能地促进我国刑法立法的完善，因为启动一次刑法修改并不容易。

## 四、关于《刑法修改初步方案》的完善建言[①]

全国人大常委会法工委研拟的《刑法修改初步方案》（2019 年 11 月 7 日会议稿）针对当前我国社会治理中的突出问题，从“安全生产犯罪的修改完善”“加大对非公有财产的刑法保护力度”“惩治金融乱象”“修改完善食品药品犯罪”“其他”五个方面对刑法的进一步修改提出了一个初步方案。[②] 我认为，整个方案重点突出，设计总体科学合理，对于进一步完善我国刑法立法具有十分重要的积极作用。但该修改方案也存在部分不合理或者需要进一步明确的地方。现针对《刑法修改初步方案》（以下简称《修改方案》），提出如下完善意见。

### （一）关于此次修法的总体性问题之意见

在谈具体问题之前，我想谈两点涉及修法总体性问题的意见：

其一，《刑法修正案（十一）》的起草和创制，既应当明确总体的修法指导思想，也要明确其中各部分的修法指导思想与政策精神。其中，尤其是关于非公有制经济的刑法保护问题，要正确阐明和界定刑法平等保护的合理含义，以及这方面现存的主要问题所在，并研究和把握中央有关文件精神的含义；此外，死刑的立法改革（限制与减少）不能停步，其意义重大。

---

① 这是笔者在 2019 年 11 月 7 日全国人大常委会法工委召开的“刑法修改座谈会”上提交的书面修法意见稿。这次会议针对全国人大常委会法工委研拟的《刑法修改初步方案》（2019 年 11 月 7 日会议稿）进行研讨。

② 《刑法修改初步方案》（2019 年 11 月 7 日会议稿）的修法框架和主要内容为：第一，安全生产犯罪的修改完善。(1) 关于违法违规重大隐患行为入刑；(2) 增加妨害公共交通工具安全驾驶罪；(3) 明确高空抛物的刑事责任；(4) 加大安全生产犯罪的刑罚力度。第二，加大对非公有财产的刑法保护力度。(1) 提高非国家工作人员受贿罪的刑罚并增加情节；(2) 提高职务侵占罪的刑罚并增加情节；(3) 提高挪用资金罪的刑罚。第三，惩治金融乱象。(1) 修改欺诈发行股票、债券罪；(2) 修改违规披露、不披露重要信息罪；(3) 修改提供虚假证明文件罪、出具证明文件重大失实罪；(4) 修改骗取贷款、票据承兑、金融票证罪；(5) 增加暴力讨债罪；(6) 修改非法吸收公众存款罪。第四，修改完善食品药品犯罪。(1) 修改生产、销售假药罪；(2) 修改生产、销售劣药罪；(3) 增加妨害药品管理制度的犯罪；(4) 修改食品药品渎职犯罪。第五，其他。(1) 规定对他人使用暴力的犯罪；(2) 将侮辱、诽谤英烈明确规定为犯罪。

其二，关于修法策略与内容安排问题也要认真研究与科学把握。其中，中央有明确指示和要求的，以及属于重大、亟待解决的问题的，应当优先安排；同时，还要适当配置其他社会关注的问题和从立法内容、立法技术上考量有明显立法缺陷的问题。

（二）关于安全生产的违法违规重大隐患行为入刑

《方案》在第一部分“安全生产犯罪的修改完善”中针对安全生产的违法违规重大隐患，专门在刑法典第 134 条中增加了一款，并提供了两种方案。对此，我赞成《修改方案》采用的现有表述，但认为还可完善个别文字表述。这具体体现在：

第一，现有条文表述更优。《修改方案》的另一种方案主张将刑法典第 134 条规定的入罪门槛设置为具体危险犯，即“具有导致重大伤亡事故或者其他严重后果发生的现实危险”。与具体危险犯的设置相比，现有条文表述更优：一方面，更具操作性。“现实危险”是一个模糊的表述，需要从具体行为上进行判断，这势必增加实践中判断的困难，导致条文适用的不确定。相比之下，现有条文的基本设定是行为犯，只要出现了法定的行为即可入罪，从而更加明确。另一方面，更为科学。我个人认为，现有条文所列明的“恶劣情形”本身就反映了行为的“现实危险”。在此基础上，再增加“现实危险”的表述，实为重复表述。特别是，目前该条设置的刑罚很轻，最高为 1 年有期徒刑，与现有条文规定的行为危险性相匹配。而且，即便存在个别极端情况，也可适用刑法典第 13 条的“但书”进行出罪处理。

第二，现有条文的个别文字可完善。这主要体现为《修改方案》所使用的“有前两款行为”表述。从刑法上看，前两款是重大责任事故罪和强令违章冒险作业罪。其中，重大责任事故罪中并没有列明具体的行为（条文表述的是“违反有关安全管理的规定”），且在内容上完全可包含现有条文列明的行为，如此便会产生重复表述的问题，“有前两款行为”的表述实属多余。结合该点和具体文字表述，建议将其前半段表述为：“在生产、作业中有下列情形之一，危及公共安全，因被及时制止、救援或者其他客观原因而没有发生重大伤亡事故或者其他严重后果的，处一年以下有期徒刑、拘役或者管制，并处罚金。”



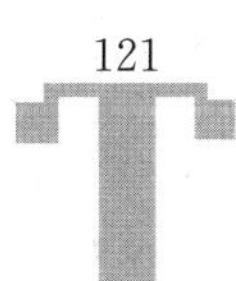

（三）关于增加妨害公共交通工具安全驾驶罪

《修改方案》在第一部分“安全生产犯罪的修改完善”中增设了妨害公共交通工具安全驾驶罪，其第 1 款规定，构成该罪的，“处拘役或者管制，并处或者单处罚金”。对该罪的处罚与刑法典第 133 条之一对危险驾驶罪的处罚（“处拘役，并处罚金”）相比大体接近，准确地说对该罪的处罚更轻一些，因为可以选择处“管制”，甚至“单处罚金”，而对危险驾驶罪必须“处拘役，并处罚金”。两相比较，似可说该罪的法定刑太低，应当考虑适当提高。因为该罪是针对公共交通工具的犯罪，其对公共安全的现实危险性一般明显大于危险驾驶罪的情况。此其一。其二，该罪第 3 款规定：“有前两款行为，造成严重后果，同时构成其他犯罪的，依照处罚较重的规定定罪处罚。”我建议将该款中的“造成严重后果”修改为“情节恶劣”或者修改为“造成严重后果或者有其他严重情节”。主要考虑是：妨害公共交通工具安全驾驶的行为“造成严重后果”（如致人重伤、死亡或者造成重大财产损失）的，最为接近的罪名是以危险方法危害公共安全罪（而非交通肇事罪，目前司法实践中对这两类行为基本上都是按照以危险方法危害公共安全罪定罪）。如此一来，其法定刑将直接由目前的“一年以下有期徒刑、拘役或者管制，并处或者单处罚金”升格为“十年以上有期徒刑、无期徒刑或者死刑”，立法上没有给出适用中间档（如以危险方法危害公共安全罪的“三年以上十年以下有期徒刑”档法定刑）的空间，显得不合理。

（四）关于提高非国家工作人员受贿罪的刑罚

《修改方案》在第二部分“加大对非公有财产的刑法保护力度”中针对非国家工作人员受贿罪新增了一档法定刑，规定：“数额特别巨大并且有其他特别严重情节的，处十年以上有期徒刑或者无期徒刑，并处罚金。”我个人建议将其中的“并且”改为“或者”。这一方面是因为依原有条文在数额巨大的情况下就可以判处最高 15 年有期徒刑，现在要判处 10 年以上有期徒刑却必须达到“数额巨大并且有其他特别严重情节”，与立法加大对非公有财产的刑法保护力度的取向不符；另一方面是因为我国对贪污罪、受贿罪都是采用“或者”的表述，而如果是想以此限制该罪中“无期徒刑”的适用，也可以专门规定适用无期徒刑的条

件，但在10年以上有期徒刑的情况下“数额特别巨大”和“有其他特别严重情节”择一即可。

（五）关于增加对他人使用暴力的犯罪

《修改方案》在第五部分“其他”中增加了关于对他人使用暴力的犯罪的规定，其第1款规定：“对他人身体使用暴力，尚未造成伤害结果，但具有不计后果等恶劣情形的，处二年以下有期徒刑、拘役或者管制。”建议对该款中的“恶劣情形”采取列举的方式进一步予以明确，以防止该罪变成口袋罪。

（六）关于将侮辱、诽谤英烈明确规定为犯罪

《修改方案》在第五部分“其他”中增加了关于侮辱、诽谤英烈的犯罪的规定，即：“侮辱、诽谤英雄烈士的，依照第一款的规定从重处罚。”由于该条第1款规定的侮辱罪、诽谤罪是告诉才处理的犯罪，所以虽然该款是放在第4款（在告诉才处理的规定之后），但仍会引发该行为是否独立成罪、是否属于告诉才处理的犯罪的争议。考虑该行为的被害人已不在世，且被害人的近亲属可能因时间久远等原因而不在或者难以行使权利，建议针对该款的行为列明具体的法定刑，不要将其与该条第1款规定的侮辱罪、诽谤罪建立起联系。

（七）关于死刑制度的改革

此次的《修改方案》没有针对死刑制度改革作出规定。我认为，我国死刑制度改革任重道远，不应停顿而应继续坚定不移地推进。应当在现有规定的基础上，考虑进一步深化死刑制度改革。具体建议同本文第二部分。

## 五、关于《拟新增相关犯罪的初步方案》的意见[①]

全国人大常委会法工委研拟的《拟新增相关犯罪的初步方案》（以下简称

① 这是笔者在全国人大常委会法工委于2020年9月3日召开的“《刑法修正案（十一）》拟新增犯罪初步方案研讨会”上提交的书面建议稿。这次会议针对全国人大常委会法工委研拟的《拟新增相关犯罪的初步方案》进行研讨。

《新增方案》）在《刑法修正案（十一）（草案）》第一次审议稿的基础上，从三个方面拟新增多种犯罪。[①] 对《新增方案》我从总体上表示赞同，但有以下三点具体意见。

（一）关于洗钱犯罪

《新增方案》拟对刑法典第191条规定的洗钱罪进行修改，以使该条能用以惩治金融自洗钱行为；并规定实施该条规定的上游犯罪，同时构成该条规定之罪的，依照处罚较重的规定定罪处罚。这是一个极其重要的修改。该条修改涉及的核心问题是金融自洗钱行为入罪是否必要和合理。对此，我总体上认为金融自洗钱行为单独入罪既不合理也不必要。关于其不合理性，可参见本文第三部分的论述，这里再对其非必要性作一些分析。

本人之所以认为将金融自洗钱行为单独入罪并非必要，主要理由在于：其一，国际公约对此并无强制性规定。《联合国反腐败公约》对此进行了弹性规定，其第23条明确表示各国可以按照各自的国情和法律传统的要求规定行为人自己清洗赃物的行为不适用洗钱犯罪；FATF的“40＋9”建议规定，若本国的法律原则有另外规定，该国可以规定不将犯罪行为人本人作为洗钱行为的主体。[②] 其二，处罚上游犯罪即可实现刑罚目的。金融自洗钱行为的前提是行为人同时实施了上游犯罪，而且刑罚设置洗钱犯罪也是为了更好地惩治上游犯罪。在上游犯罪已经被规定为犯罪的情况下，将行为人实施上游犯罪之后的金融自洗钱行为再入罪，完全不必要。其三，可能导致处罚失当。《新增方案》针对行为人实施上游犯罪同时构成刑法典第191条规定之罪的，规定依照处罚较重的规定定罪处罚。不过，由于该条设置的法定刑相对较高（分“五年以下有期徒刑或者拘役”和

---

① 全国人大常委会法工委《拟新增相关犯罪的初步方案》的基本框架和新增犯罪种类情况为：第一，关于金融犯罪。(1) 关于洗钱犯罪；(2) 关于操纵证券、期货犯罪；(3) 关于集资诈骗单位犯罪。第二，涉未成年人犯罪。(1) 关于奸淫幼女犯罪；(2) 关于特殊职责人员性侵犯罪；(3) 关于猥亵儿童犯罪；(4) 关于刑事责任年龄下调。第三，其他犯罪。(1) 关于兴奋剂犯罪；(2) 关于袭击警察、检察官、法官犯罪；(3) 关于冒名顶替犯罪；(4) 关于境外赌博犯罪。此外，关于知识产权犯罪涉及的数种犯罪之修法问题，该方案言明将另行研究。

② 严立新，张震主编. 反洗钱基础教程. 上海：复旦大学出版社，2008：246.

“五年以上十年以下有期徒刑”两档），因此在处罚上可能出现很普遍的处罚倒挂现象（按照该条规定之罪处罚要重于按照上游犯罪处罚），导致刑法处罚的重点偏移，与刑法设置是为了更好地惩治上游犯罪这一初衷相违背。

（二）关于降低刑事责任年龄

《新增方案》对刑事责任年龄进行了修改，增加规定：“已满十二周岁不满十四周岁的人，犯故意杀人、故意伤害罪致人死亡，情节恶劣，经最高人民检察院核准的，应当负刑事责任。”该规定将刑事责任年龄的下限下调至十二周岁，同时对“已满十二周岁不满十四周岁的人”的行为入罪的范围和程序作了严格限制。我认为，该降低刑事责任年龄的做法值得商榷。主要理由包括：

第一，降低刑事责任年龄的合理性存疑。这包括：（1）降低刑事责任年龄缺乏现实支撑。刑事责任年龄的设定在现实基础上需要考虑犯罪治理需要、责任能力状态（未成年人的认识能力和控制能力现状）等诸多因素。其中重点是要合理平衡未成年人的犯罪状况和责任能力状况。目前，我国缺乏已满 12 周岁不满 14 周岁的人的犯罪状况和责任能力状况的大数据，不清楚处于该年龄段的人犯罪的数量、犯罪的轻重程度，也不清楚该年龄段的人的责任能力状况（包括是否具有责任能力、具有责任能力的人的占比等）。在此情况下，我国降低刑事责任年龄缺乏现实支撑，值得商榷。（2）降低刑事责任年龄缺乏人道支撑。“矜老恤幼”是中华民族的古老传统和美德，也是现代社会的人道要求。在我国刑法在“矜老”方面已作出多项调整（包括限制死刑适用、老年人犯罪从宽等）的情况下，《新增方案》却在“恤幼”方面扩大入罪范围，降低刑事责任年龄，与现代刑法的人道要求不相吻合。（3）降低刑事责任年龄有违国际要求。一方面，当前绝大多数法治发达国家都将刑事责任年龄的下限设定为 14 周岁，甚至在一些国家还出现了上调刑事责任年龄的呼声和趋势。另一方面，联合国儿童权利委员会建议将最低刑事责任年龄设定 14 周岁甚至更高。联合国儿童权利委员会《关于落实青春期儿童权利的第 20（2016）号一般性意见》鼓励缔约国将最低年龄提高到至少 14 周岁，同时赞扬最低年龄较高（例如 15 或 16 周岁）的缔约国，并敦促缔约国在任何情况下都不应降低最低刑事责任年龄。联合国儿童权利委员会《关

于少年司法系统中的儿童权利问题的第24（2019）号一般性意见》称：儿童发育和神经科学领域的文献证据表明，12～13周岁儿童的成熟度和抽象推理能力仍在发展中，因为他们的额叶皮质仍在发育。因此，他们不太可能理解自己行为的影响，或理解刑事诉讼。他们还受到进入青春期的影响。

第二，降低刑事责任年龄的必要性存疑。《新增方案》对已满12周岁不满14周岁的人犯罪，规定了严格的承担刑事责任的条件：一是罪行限制，即必须是犯故意杀人罪、故意伤害罪且致人死亡；二是情节限制，即必须是情节恶劣；三是程序限制，即必须经最高人民检察院核准。这三个条件必须同时具备，才能追究已满12周岁不满14周岁的人犯罪的刑事责任。在现实层面，按照这三个条件真正会受到刑事追究的人只能是极个别的人，为了追究极个别已满12周岁不满14周岁未成年人的刑事责任而降低刑事责任年龄，完全不具有必要性。

（三）关于袭击警察、检察官、法官犯罪

《新增方案》通过修改刑法典第277条第5款，新增了暴力袭击警察、检察官、法官犯罪，规定："暴力妨害正在依法履行职责的人民警察、检察官、法官的，处三年以下有期徒刑、拘役、管制或者罚金；使用枪支、管制刀具、驾车撞击等方式暴力妨害人民警察、检察官、法官依法履行职责，严重危及其人身安全的，处三年以上七年以下有期徒刑。"该款规定除存在之前争议一直较大的问题（是否有独立成罪的必要）外，还存在以下两个具体问题：

第一，是否有必要将行为手段扩大至包括"威胁"。我国刑法典第277条第1～3款针对妨害公务罪规定的行为手段是"暴力、威胁"，第4款虽未限定手段但规定了结果（"造成严重后果"）。《新增方案》对妨害警察、检察官、法官履行职责，只规定了"暴力"，主要惩治的是暴力妨害执法的情形。但没有规定"威胁"，则将导致对妨害警察、检察官、法官履行职责行为处理的二元化：暴力妨害的可构成《新增方案》规定的这一犯罪，以威胁方式妨害的仍构成妨害公务罪。这种区分是否有必要，值得进一步考虑。我个人建议在《新增方案》该款规定的第一档（处三年以下有期徒刑、拘役、管制或者罚金）增加"威胁"的行为方式，以避免立法对犯罪行为类型的过度分化。

第二，进一步推敲法定刑升格条件。《新增方案》将该款的法定刑升格条件规定为“使用枪支、管制刀具、驾车撞击等方式暴力妨害人民警察、检察官、法官依法履行职责，严重危及其人身安全”。关于该规定有两个具体问题需要进一步推敲：一是“枪支”与“暴力”的组合问题。在内涵上，“使用枪支”是否可以被纳入“暴力”的范围值得商榷。显示枪支是一种胁迫，直接使用枪支是杀人或者伤害，“使用枪支暴力妨害”的意思范围有必要予以明确。二是“驾车撞击”有必要被限定为“驾驶机动车撞击”。驾驶非机动车撞击的，因非机动车的车体质量和车速限制，危害性相对较低，不一定适合作为该款的法定刑升格条件。

## 六、关于《刑法修正案（十一）（草案）》第二次审议稿的完善建言①

2020年10月14日，第十三届全国人大常委会第二十二次会议对《刑法修正案（十一）（草案）》第二次审议稿（以下简称“二次审议稿”）进行了审议。与一次审议稿相比，二次审议稿内容更全面（增加了11个条文），体系更合理（调整了部分条文位置），设置更科学（调整了不少条文的内容），值得充分肯定。但二次审议稿也存在一些值得进一步补充、完善的地方。现针对二次审议稿存在的不足，提出如下完善建言。

### （一）再谈关于降低未成年人刑事责任年龄的问题

针对不满14周岁的未成年人实施具有严重社会危害性行为的现象，应否降低刑事责任年龄予以治理，数十年来我国一直存在着肯定与否定两种针锋相对的主张，否定的主张一直是主流。长期以来，我国刑法立法从治理未成年人危害社会行为重在预防和挽救的政策与方针出发，一直没有采纳降低刑事责任年龄的举措。近年来，社会上时有发生不满14周岁的未成年人实施严重危害社会的行为，

① 这是笔者在全国人大宪法和法律委员会与全国人大常委会法工委于2020年11月2日联合召开的“《刑法修正案（十一）（草案）》座谈会”上提交的书面建议稿。这次座谈会是针对《刑法修正案（十一）（草案）》第二次审议稿进行座谈研讨。《刑法修正案（十一）（草案）》第二次审议稿已通过“中国人大网”公开发布。

经过新媒体的传播，其社会影响显然较以前更为广泛，于是又引起了社会各界关于应否降低刑事责任年龄的争论，虽然维持已满14周岁刑事责任年龄的主张仍是理论界和司法界的主流观点，但似乎主张降低刑事责任年龄的社会呼声明显高涨并引起了国家层面的重视。在这样的背景下，二次审议稿综合社会和有关方面的意见，将未成年人相对负刑事责任的最低年龄由此前的14周岁下调至12周岁，规定："已满十二周岁不满十四周岁的人，犯故意杀人、故意伤害罪，致人死亡，情节恶劣的，经最高人民检察院核准，应当负刑事责任。"我本人一向不赞同降低刑事责任年龄的主张，并在2020年9月3日全国人大常委会法工委召开的"《拟新增相关犯罪的初步方案》研讨会"上的发言中专门谈论过这个问题。我的主要理由是，降低刑事责任年龄的方案不是解决当前我国未成年人犯罪低龄化的根本措施和有效办法，且与联合国的主张及国际社会的普遍做法不符，也与我国人权保障的法治精神及治理未成年人违法犯罪的一贯政策方针相悖。但是，在二次审议稿基于有关方面意见拟定目前立法方案的情况下，我认为该方案也还比较慎重，关于对已满12周岁不满14周岁的未成年人追究刑事责任作了严格的实体方面和程序方面的限制，其涉及面不会太宽，这样付诸司法实务也还不失为惩治与教育挽救相结合。

同时，对于二次审议稿关于降低刑事责任年龄的表述，我个人认为，可以考虑将"应当负刑事责任"改为"应当追究刑事责任"。这主要是考虑最高人民检察院的核准只是启动追究刑事责任程序的依据，而不是承担刑事责任和定罪的依据。该年龄段的未成年人最终是否需要负刑事责任和定罪判刑，还需要考虑其他因素（包括刑罚消灭制度等）并由法院最终判定。

关于已满12周岁不满14周岁的未成年人对特定犯罪在特定情况下负刑事责任的规定，要不要对其最重刑罚作出限制？目前是没有限制性规定，我认为应当考虑作出限制性规定。刑法典第17条第2款关于已满14周岁不满16周岁的未成年人对八种犯罪负刑事责任的规定，只有未成年人犯罪不适用死刑的规定，而没有其他限制。但根据该条第3款关于未成年人犯罪"应当从轻或者减轻处罚"的规定，无期徒刑为其最重的刑罚且没有幅度而不能属于从轻或减轻的范畴，因

而从法理上讲对犯罪的未成年人不能判处无期徒刑。但是由于法律没有明文规定，有关司法解释和司法判例允许对犯罪的未成年人判处无期徒刑。我认为这是错误的。有鉴于此，对已满 12 周岁不满 14 周岁的未成年人追究刑事责任若不限制法定最高刑，恐怕也会解释和适用到无期徒刑。而对已满 14 周岁的犯罪的未成年人适用无期徒刑即属不当，对已满 12 周岁的犯罪的未成年人若也可适用无期徒刑则严重有违人道要求和罪责刑相适应原则。因此，我主张，应当明确限制对犯罪的未成年人适用无期徒刑；对犯罪的低、中年龄段的未成年人（已满 12 周岁不满 14 周岁，已满 14 周岁不满 16 周岁）还应当限制适用长期徒刑和罚金、剥夺政治权利等依其性质不适宜的刑种。

（二）关于完善民营企业产权刑法保护的思路

加强对民营企业产权的刑法保护是此次刑法修正的重要内容，并在一次审议稿和二次审议稿中都有多方面的体现，其中有些措施还得到了各方面的积极肯定，如提高骗取贷款、票据承兑、金融票证罪的入罪门槛等。不过，二次审议稿关于民营企业产权刑法保护的规定也还存在一些不足，似有必要考虑予以完善。这主要包括：

第一，草案似过于注重惩罚的同等性，而弱化了保护的平等性。民营企业产权刑法保护的核心是平等保护，但平等保护并不等同于同等惩罚。目前，二次审议稿针对民营企业产权刑法保护的修法重点是提高非国家工作人员受贿罪、职务侵占罪和挪用资金罪的处罚力度，将其法定刑提高至与受贿罪、贪污罪和挪用公款罪的法定型大体相当的程度。不过，中外司法实践经验和相关理论研究都表明，对违法犯罪行为的治理，重在法网的严密而非法律制裁措施的严厉。对民营企业而言，企业产权与企业出资人（主要高管）的权利具有一定的重合性，提高对非国家工作人员受贿罪、职务侵占罪、挪用资金罪的处罚力度，很可能因误伤企业出资人而直接损害企业产权，主张的保护可能因此而蜕变为侵害。

第二，草案应适当提高民营企业高频犯罪的入罪标准。当前，我国民营企业涉及的主要犯罪都是行政犯，如涉税犯罪、非法经营类犯罪，其违法性都来自行政管理法律法规。从保护民营企业产权的角度，我国应当适当提高这些犯罪的入罪标准，避免刑法过度介入民营企业的内部经营。对于可能出现的违法行为，要多采用行政处罚的手段而少用刑事制裁手段。例如，对于发票类犯罪，可以从目的上进行限制，将以骗取国家税款为目的作为入罪条件；对于非法经营类犯罪，可以提高违法标准，按照中央关于保护民营企业产权的要求，将“违反国家规定”上升为“违反法律、行政法规”。只有这样，民营企业才能有更大的生存空间，进而才更有利于保护民营企业产权和民营经济的发展。

（三）关于死刑制度的立法改革方案建言

死刑制度改革是现阶段我国刑事法治领域的重大现实问题。中国共产党十八届三中全会通过的《中共中央关于全面深化改革若干重大问题的决定》在确立“推进法治中国建设”的重大国策之下，明确提出要“逐步减少适用死刑罪名”，把死刑的限制和逐步减少作为法治中国建设进程中的一项重大而持续的任务。近年来，国家立法机关在各方面的支持下，在《刑法修正案（八）》和《刑法修正案（九）》中削减了22种死刑罪名，并在总则规范中也对死刑规范有所改进，从而在死刑制度改革方面迈出了坚实的步伐，取得了显著的成就，也获得了国内外广泛的好评；尤为重要的是，死刑的立法改革举措经司法机关的努力贯彻取得了良好的法律效果、社会效果和政治效果。但我国刑法中的死刑罪名迄今还有46种，同其他保留死刑的国家相比显然仍属死刑罪名过多，此外，总则有关死刑的规定也还有一些问题，可以说，我国死刑立法改革的任务仍然任重道远。正如国家立法机关在2019年7月30日提出的此次刑法修改提纲中认识到，我国死刑立法的完善应当“是一项持续性的工作”。我国立法机关应当通过一系列刑法修正案持续削减死刑罪名和完善死刑总则规范，形成死刑立法乃至死刑法治改革不可逆转的趋势。这也是我国立法机关推动死刑制度改革的初衷。我注意到：在一次审议稿之前形成的几个工作稿中，都有把完善死刑法律规定纳入此次刑法修正案的考虑，2020年2月的《修改方案（征求意见稿）》还草拟了总则与分则并举的修改死刑立法的方案，包括在死刑适用标准中吸纳联合国《公民权利和政治权利国际公约》相关规定的修改暨削减死刑罪名。此举鼓舞人心。但不知何因，后来提交给全国人大常委会审议的一次审议稿未包含死刑制度改革的内容，此次提交

给全国人大常委会审议的二次审议稿仍没有涉及死刑制度改革问题。这令人不解和遗憾。我认为，死刑立法改革事关重大，虽草案已过二审，在时间和程序上的余地都很有限，经再三思考，觉得还是应当提出来请立法机关再作权衡。关于在此次刑法修正案中对死刑制度改革问题的立法抉择，我试提出以下两个建议方案。

第一个方案：建议在二次审议稿现有规定的基础上，根据需要和可能，适当增加死刑立法改革的有关内容。

这主要是基于以下六个方面的考虑：一是继续坚定地贯彻中国共产党十八届三中全会关于"逐渐减少适用死刑罪名"的纲领性要求。二是保持死刑立法改革的延续性。《刑法修正案（八）》《刑法修正案（九）》对死刑制度进行的立法改革举世瞩目且备受好评，死刑立法改革已经进入改革的攻坚期，需要继续坚持和突破。此前《刑法修正案（十）》因为限于与国歌法配套、将侮辱国歌行为予以犯罪化，而未对死刑问题进行立法改革，当然情有可原。但《刑法修正案（十一）（草案）》涉及面广、条文众多、容量较大，应当对死刑问题有所涉及，哪怕只是削减少数死刑罪名，甚至只是修改总则少数条文（如修改死刑适用标准，以及/或者将新生儿的母亲排除出死刑适用对象的范围，取消审判时已满 75 周岁的老年人适用死刑的例外规定等），以保持死刑立法改革的延续性。三是贯彻宽严相济基本刑事政策的需要。宽严相济的基本刑事政策在《刑法修正案（八）》和《刑法修正案（九）》中都固有较好的贯彻而受到肯定，国家立法机关在一次审议稿的说明中也强调此次刑法修正要进一步贯彻宽严相济刑事政策，但从目前二次审议稿的内容看显然是从严有余而从宽不足，所以，若能加入属于从宽的死刑制度改革的内容，也会有利于切实贯彻宽严相济的刑事政策。四是有利于保持刑法立法改革的平衡性。死刑问题是我国刑法立法和司法的重大实践问题，其重要性远甚于某些罪名的增设，特别是对我国刑法改革的发展方向具有重要指引作用。二次审议稿关注了大量现实问题并进行了立法调整，却将具有更大现实意义的死刑制度改革问题置于一边，似不甚妥当。五是适应死刑制度改革国际化趋势的需要。减少乃至废止死刑是当今文明世界的共识，为联合国所力倡，亦为世界绝大

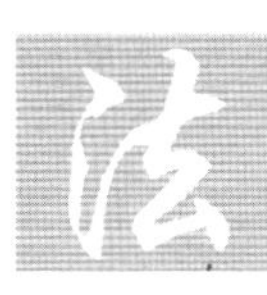



多数国家所认同，是刑事法治改革和社会文明发展的大势所趋。在国际化不断深化的今日乃至未来，顺应这一潮流有助于更好地推进我国社会的进步，促进刑法的文明化、人道化和科学化发展。六是具备可行性。虽然时间较紧，但此次死刑立法改革已有相对成熟的方案。在此次刑法修正案草案研拟过程中，死刑立法改革曾是此次刑法修改方案的重要内容［参见 2020 年 2 月 26 日全国人大常委会法工委《修改方案（征求意见稿）》第六部分］，涉及了死刑适用标准和两类具体犯罪（妨害枪支、弹药、爆炸物、危险物质安全管理有关犯罪和运输毒品罪）的死刑废止，内容已经较为成熟，具备被纳入此次刑法修正内容的基础。

第二个方案：如果死刑制度改革问题确因种种因素最终未能写入《刑法修正案（十一）（草案）》，退而求其次，建议国家立法机关在将最终刑法修正案（十一）草案提交审议的修改说明中提及此次刑法修改过程中研究过死刑制度改革问题，并表明死刑制度改革是今后我国刑法修改完善要坚定不移地继续推进的问题。

这主要是基于以下两个方面的考虑：一是死刑立法改革问题重大，在《刑法修正案（十一）（草案）》的立法说明中提及会有助于今后死刑立法改革的持续推进，也能够向国内和国际社会传递中国不断推进死刑制度改革、推动中国法治进步的决心。二是在此次刑法修正案的立法研拟过程中确有对死刑立法改革问题进行过研究并提出过改革方案，在立法说明中提及也符合实际情况。[①]

（四）视需要与可能再适当增设部分新的罪名

此次草案适应当前社会呼声和司法实际，增设了不少新的罪名，这在二次审议稿中体现得更为突出。但在我国刑事司法实践中，也有一些犯罪在其刑事责任追究上存在明显问题，应当在刑法立法上予以科学的规制。

① 笔者关于死刑制度改革的上述建议被纳入了国家立法机关工作机构提供给全国人大常委会对《刑法修正案（十一）（草案）》进行第三次审议的会议的参阅材料。全国人大常委会法工委刑法室．宪法法律委、法工委座谈会对《刑法修正案（十一）（草案二次审议稿）》的意见［第十三届全国人大常委会第二十四次会议（2020 年 12 月 22—26 日）参阅材料］．



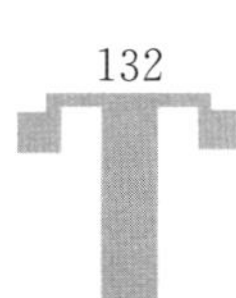

例如，对于针对特定对象故意传播艾滋病的行为，我国最高司法机关鉴于对该类行为进行司法治理的困难，采取折中处理的方式，规定造成被害人感染艾滋病病毒的，可以适用故意伤害罪（致人重伤）。这样部分地解决了对该类行为的司法治理难题，但也导致了新的难题，如：感染艾滋病病毒属于重伤是否符合重伤的严格定义？被害人未感染的，能否成立犯罪未遂？感染艾滋病病毒属于重伤，是否适用于其他犯罪（如强奸导致被害人感染艾滋病病毒能否适用强奸致人重伤）？客观地说，对于这些问题在司法层面上并不好解决，解决的依据也不是很充足。对此，我建议参考此次修改妨害传染病防治罪的做法（将按甲类传染病管理的乙类传染病在刑法立法上明确规定），将故意传播艾滋病行为单独立法，增设一个新的罪名，即故意传播艾滋病罪。对该罪的增设，在《刑法修正案（九）》的立法研拟过程中国家相关主管部门曾进行过调查研究并提出过几近成熟的方案，若考虑增设该罪，其方案可以作为基础。

再如，《刑法修正案（九）》的立法重点和主要成就之一是，增设了多种涉恐犯罪并修改完善了多种涉恐罪名，从而构建了我国反恐刑法的基本体系。但其中一个尚未解决的重大问题是，我国反恐刑法体系中还欠缺恐怖活动罪这样一种核心罪名，从而影响我国反恐刑法体系的科学性和相关司法效果。刑法理论界和司法实务界对增设恐怖活动罪早有基本的共识和呼声，若立法机关认可此种立法主张，此次刑法修正也可以考虑增设恐怖活动罪这一核心的涉恐罪名。

当然，基于此次刑法修正剩余时间已较为紧迫，程序上条件也不太具备，二次审议稿条文已有不少等情况，也可以这次修法不再考虑增设新罪名，而留待以后修法时再考虑。

## 七、结语

在行将结束本文的时候，我想谈以下两点感悟作为结语：

首先，我体会到，国家立法机关研拟和创制刑法修正案的过程，是调查研究和集思广益的过程，是民主立法和科学立法的活动。刑法学者参与刑法立法活


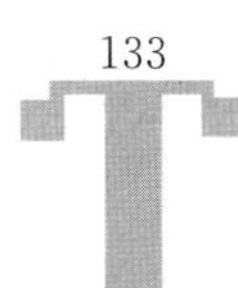

动，对刑法立法工作和刑法学者个人都是非常有意义的。[①] 我在参与《刑法修正案（十一）（草案）》研讨与创制的过程中，促进了自己对诸多刑法问题的研究和思考，加深了自己对法治理想与法治现实关系的认识，乃至在刑法立法观念、立法视野、立法策略、立法技术、立法语言诸方面也有所获益。我诚挚地感谢国家立法机关工作机构的信任！

其次，我认为，在刑法修正案研拟和创制过程中各有关方面和专家学者所产生的争议问题，尤其是一些焦点问题，其中有些在今后仍有研究价值和意义，并不以刑法修正案的通过即立法作出抉择为终结。譬如《刑法修正案（十一）（草案）》创制过程中的刑事责任年龄降低问题、非公有制经济的刑法保护问题、自洗钱行为的刑事规制问题、死刑制度改革问题等，都还需要进一步研究，也需要在立法作出抉择后由司法实践和社会实践予以检验。当然，在立法作出抉择后，研究新的刑法规范的准确理解和正确适用问题，往往更加需要，更加重要。

最后，我还要说明，我在参加以上国家立法机关工作机构研拟《刑法修正案（十一）（草案）》立法活动准备研讨意见过程中，大都邀请了我的同事暨学术合作伙伴袁彬教授和我共同切磋讨论。袁彬教授是一位刑法学术功底扎实并对刑法立法研究有浓厚兴趣的知名青年学者，我所提出的关于《刑法修正案（十一）（草案）》的立法意见和建议中包含了袁彬教授的学术见解和贡献，我对他的学术协助致以衷心的谢意。

---

① 赵秉志．积极促进刑法立法的改革与完善——纪念97刑法典颁行十周年感言．法学，2007（9）．

# 关于将惩治外汇犯罪决定纳入《刑法修正案（十一）》的建言*

## 一、前言

法典化是一国立法技术成熟和法治完备的重要表现，也是当前我国基本法律立法的基本模式。2020 年 5 月 28 日，十三届全国人大三次会议表决通过了《中华人民共和国民法典》，将之前婚姻法、继承法、民法通则、收养法、担保法、合同法、物权法、侵权责任法、民法总则等法律的内容统一纳入了民法典。这是我国第一次在法律名称上明确使用“法典”的表述，标志着我国法典化的进一步完善和成熟。

我国 1997 年经全面修订的《中华人民共和国刑法》虽未采用“法典”的表述，但普遍认为这是 1979 年刑法后一部内容全面、体系比较完备的刑法典。之后迄今，我国对刑法典进行了 11 次修正，以刑法修正案的方式进行修正是我国

* 与袁彬教授合著，为北京师范大学刑事法律科学研究院《刑事法治发展研究报告》(82)，2020 年 11 月 22 日编印，并于同日提交给全国人大常委会法工委刑法室参考。

刑法立法的主要方式，并有效地维护了我国刑法体系的科学性和完整性。其中，唯一一次以修正案之外的方式进行的刑法修正，是 1998 年 12 月 29 日全国人大常委会通过的《关于惩治骗购外汇、逃汇和非法买卖外汇犯罪的决定》（以下简称《惩治外汇犯罪决定》），这也是我国唯一的一部单行刑法。随着我国社会主义法律体系的形成和立法的法典化推进，《惩治外汇犯罪决定》与我国刑法体系完整性之间的冲突日益突出，有必要将其纳入刑法典。

目前我国正在进行《刑法修正案（十一）》的立法工作，《刑法修正案（十一）（草案）》已经过两次立法审议。维持刑法的法典化立法体系、促进刑法体系的科学化和完备化是此次刑法修正的重要方面。据悉，国家立法机关工作机构还拟在《刑法修正案（十一）》通过后编辑出版整编后的刑法典，以有助于更好地把握刑法的完整体系和规范。而《惩治外汇犯罪决定》增设的骗购外汇罪在刑法典中没有明确的条文位置，影响了我国刑法体系的完整性和统一性。针对此问题，我们建议通过将《惩治外汇犯罪决定》纳入《刑法修正案（十一）》的方式，将《惩治外汇犯罪决定》纳入刑法典，以强化我国刑法的法典化立场。

## 二、通过《刑法修正案（十一）》将《惩治外汇犯罪决定》纳入刑法典的必要性

### （一）《惩治外汇犯罪决定》已对我国刑法体系形成明显冲击

《惩治外汇犯罪决定》是我国为适应立法当时惩治骗购外汇、逃汇和非法买卖外汇犯罪以维护国家外汇管理秩序的需要而出台的一部单行刑法。它是我国 1997 年之前刑法主要修法模式的延续（1981 年至 1997 年间我国先后出台了 25 部单行刑法），更是当时立法机关针对外汇犯罪治理的现实需要而采取的一个权益之举。不过，随着我国刑法体系的完备和法典化程度的提升，这一立法方式与我国刑法体系之间的冲突日益突出。这主要体现在：

第一，《惩治外汇犯罪决定》与我国刑法体系完整性的要求不符。自 1999 年 12 月 25 日颁行第一个刑法修正案以来，我国刑法立法采取的都是刑法修正案的方式。作为对刑法典的修正，这些修正案都属于刑法典的一部分，从而保持了刑

法典从总则到分则、从章节到条文之间的完整。但是，《惩治外汇犯罪决定》是一部单行刑法，是刑法典之外的立法，具有独立性。这使我国刑法在客观上形成了一个刑法典与单行刑法并存的格局，破坏了刑法典对社会生活调整的完整性，与刑法体系完整性的要求不符。

第二，《惩治外汇犯罪决定》破坏了我国刑法体系的统一性。从内容来看，《惩治外汇犯罪决定》除明确规定非法买卖外汇等行为的刑法适用外，还包括两方面内容：一是对刑法典条文的修改，它修订了刑法典第190条关于逃汇罪的规定；二是对刑法典的补充，它增设了骗购外汇罪。前者属于对刑法典的修正，可将其直接纳入刑法典体系。但后者则是一个独立的条款，在体系上不属于刑法典的任何一条，因而难以被纳入刑法典。客观地看，《惩治外汇犯罪决定》的存在影响了我国刑法体系的统一。因此，为了保证刑法体系的完整和统一，我国应当采取一定的方式协调《惩治外汇犯罪决定》与我国刑法体系之间的这种冲突。

### （二）通过《刑法修正案（十一）》将《惩治外汇犯罪决定》纳入刑法典的立法价值

立法是国家政治意志影响社会变迁的最明显方式，而法典则是固化社会秩序和社会改革成果的有效形式。对中国而言，统一的法典是具有号召力的文化力量，也是造就共同法律文化的有利因素。基于此，我们认为，我国有必要通过《刑法修正案（十一）》将《惩治外汇犯罪决定》明确纳入刑法典。这是因为：

首先，通过《刑法修正案（十一）》将《惩治外汇犯罪决定》纳入刑法典是完善我国刑法体系的内在要求。建立一个结构完善、体系完整、内容科学的法律体系是我国社会主义法治建设的重要目标，也是我国刑法体系完善的必然要求。但是，《惩治外汇犯罪决定》与刑法典并存的局面在一定程度上影响了我国刑法体系的完整与统一。而法典是法的形式发展的最高阶段，从进一步完善我国刑法体系的角度看，我国应将《惩治外汇犯罪决定》的内容纳入刑法典。

2011年3月10日，全国人大常委会委员长吴邦国在十一届全国人大四次会议第二次全体会议上宣布，中国特色社会主义法律体系已经形成，我国已制定现行有效法律238件，其中刑法类仅列了1件即1997年刑法典。这意味着，我国

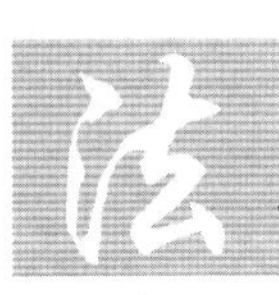



立法机关实际上认为《惩治外汇犯罪决定》应属于刑法典的范畴。不过，考虑到《惩治外汇犯罪决定》毕竟在立法形式上是独立于刑法典而存在的，尤其是其关于骗购外汇罪的规定无法与刑法典有效融合，为了保证刑法体系的完整与统一，我国应通过立法方式将其明确纳入刑法典。

其次，通过《刑法修正案（十一）》将《惩治外汇犯罪决定》纳入刑法典是完善和发展我国传统法律文化的需要。中国历来重视立法的法典化，注重法律体系的完整。中国延续了两千多年的法典模式，其间虽有道德、宗教、外来文化等的冲击，但以《法经》《秦律竹简》《汉九章律》《唐律》等为代表的统一律令形式始终不曾中断。客观地说，在 1997 年全面修订刑法典以前，虽然我国在刑法典之外也保留了大量的单行刑法和附属刑法，但这与当时各种新型犯罪大量涌现、刑法立法技术不甚成熟等多种因素有关。如今，影响我国刑法体系完整性的这些问题已基本得到改善，我国应当坚持维护刑法体系的完整与统一，将《惩治外汇犯罪决定》纳入刑法典，而这也是完善和发展中国传统法律文化的要求。

再次，通过《刑法修正案（十一）》将《惩治外汇犯罪决定》纳入刑法典符合我国刑法的法典化发展趋势。坚持法典化的立法模式是我国 1997 年全面修订刑法典时及之后的基本立场。1997 年全面修订刑法典时及之后出台十个刑法修正案都是这一立场的体现。从社会背景上看，刑法的法典化顺应了我国社会发展的法治化思潮和我国法制建设对形式理性的呼唤。实践证明，刑法修正案的立法模式既能充分满足我国惩治犯罪的现实需要，具有开放性和灵活性的特征，又能有效实现刑法立法的完整与统一，具有整体性和协调性。未来，坚持法典化模式将是我国刑法立法模式的必然选择和科学之路。为顺应我国刑法立法的这种法典化趋势，我国应及时将《惩治外汇犯罪决定》纳入刑法典。

最后，通过《刑法修正案（十一）》将《惩治外汇犯罪决定》纳入刑法典有利于刑法功能的发挥。作为国家的基本法律之一，刑法除了具有法的指引、评价、强制等功能，还具有预测功能。英国著名法社会学家科特威尔曾在其《法律社会学导论》中指出："西方自近代以来，其实法治的被接受，仅仅因为法制构建了一个可预见的规范体系。由于规范体系的可预测性，使得每个人都能够为实

现其目标而采取合理的社会行动。”而对于提高国民的行为预测可能性而言，法律规范除了要做到明确、具体，还需要形成一个完整的、科学的体系。比较而言，一个内容明确、体系完整、检索便利的刑法体系更能发挥刑法的预测功能，而将《惩治外汇犯罪决定》纳入刑法典也正是为了促进刑法典的包括其预测功能在内的功能的全面发挥。

可见，通过《刑法修正案（十一）》将《惩治外汇犯罪决定》纳入刑法典既有必要性又有重要立法价值。在当前我国强化立法的法典化、注重立法的统一性与完整性的趋势下，通过《刑法修正案（十一）》将《惩治外汇犯罪决定》纳入刑法典可谓正当其时。

## 三、通过《刑法修正案（十一）》将《惩治外汇犯罪决定》纳入刑法典的方式选择

在内容上，《惩治外汇犯罪决定》共 9 条，其中第 1 条增设了骗购外汇罪，第 3 条修改了刑法典第 190 条规定的逃汇罪，第 2、4、6、7 条是关于对四种行为适用刑法典的规定，第 5 条是对骗购外汇罪、逃汇罪共犯的规定并规定了从重处罚，第 8 条是追缴、没收，第 9 条是对施行时间的规定。据此，将《惩治外汇犯罪决定》纳入《刑法修正案（十一）》有两种选择方式：一是全面纳入，二是重点纳入。

### （一）将《惩治外汇犯罪决定》全面纳入《刑法修正案（十一）》

要将《惩治外汇犯罪决定》的内容都纳入《刑法修正案（十一）》，需要在《刑法修正案（十一）》现有草案基础上增加三项基本内容：一是增加骗购外汇罪的规定，即将《惩治外汇犯罪决定》第 1 条的内容明确规定在《刑法修正案（十一）》当中，作为独立的一个条文并明确其在刑法典中的条文位置；二是修改逃汇罪的规定，即将《惩治外汇犯罪决定》第 3 条的内容明确规定在《刑法修正案（十一）》当中，也作为一个独立的条文；三是增加关于骗购外汇罪、逃汇罪共犯的规定并明确特定人员的从重处罚情节，即可将《惩治外汇犯罪决定》第 5 条的

内容分别规定在《刑法修正案（十一）》新增的骗购外汇罪、逃汇罪条款之下，分别作为独立的一款。经过将上述三个方面的内容都纳入《刑法修正案（十一）》，《惩治外汇犯罪决定》可以废止。

（二）将《惩治外汇犯罪决定》重点纳入《刑法修正案（十一）》

如前所述，《惩治外汇犯罪决定》共有 9 个条文，但除了第 1 条和第 3 条，其他规定主要是注意规范，起提示作用。其中，真正破坏我国刑法内容体系的是《惩治外汇犯罪决定》的第 1 条。该条在刑法典中没有具体的条文位置，难以被直接纳入刑法典。因此，如果重点纳入的话，也有两种选择方式：一是只将《惩治外汇犯罪决定》的第 1 条纳入《刑法修正案（十一）》，但要保留《惩治外汇犯罪决定》；二是将《惩治外汇犯罪决定》的第 1 条和第 3 条都纳入《刑法修正案（十一）》，同时将《惩治外汇犯罪决定》废止。比较而言，第二种方式更为全面，更为彻底，且也只是在《刑法修正案（十一）》现有草案基础上增加两个条文，即规定：

一、将刑法第一百九十条修改为："公司、企业或者其他单位，违反国家规定，擅自将外汇存放境外，或者将境内的外汇非法转移到境外，数额较大的，对单位判处逃汇数额百分之五以上百分之三十以下罚金，并对其直接负责的主管人员和其他直接负责人员处五年以上有期徒刑。"

二、在刑法第一百九十条之后增加一条，作为刑法第一百九十条之一："有下列情形之一，骗购外汇，数额较大的，处五年以下有期徒刑或者拘役，并处骗购外汇数额百分之五以上百分之三十以下罚金；数额巨大或者有其他严重情节的，处五年以上十年以下有期徒刑，并处骗购外汇数额百分之五以上百分之三十以下罚金；数额特别巨大或者有其他特别严重情节的，处十年以上有期徒刑或者无期徒刑，并处骗购外汇数额百分之五以上百分之三十以下罚金或者没收财产：

"（一）使用伪造、变造的海关签发的报关单、进口证明、外汇管理部门核准件等凭证和单据的；

"（二）重复使用海关签发的报关单、进口证明、外汇管理部门核准件等凭证和单据的；

“（三）以其他方式骗购外汇的。

“伪造、变造海关签发的报关单、进口证明、外汇管理部门核准件等凭证和单据，并用于骗购外汇的，依照前款的规定从重处罚。

“明知用于骗购外汇而提供人民币资金的，以共犯论处。

“单位犯前三款罪的，对单位依照第一款的规定判处罚金，并对其直接负责的主管人员和其他直接负责人员，处五年以下有期徒刑或者拘役；数额巨大或者有其他严重情节的，处五年以上十年以下有期徒刑；数额特别巨大或者有其他特别严重情节的，处十年以上有期徒刑或者无期徒刑。”

在上述基础上，可在《刑法修正案（十一）》关于生效时间的那一条中增加规定：“1998 年 12 月 29 日第九届全国人民代表大会常务委员会第六次会议通过的《关于惩治骗购外汇、逃汇和非法买卖外汇犯罪的决定》同时废止。”

## 四、结语

著名刑法学家边沁曾言：“法律的改革应着重于两个方面：一是改变法律的本质，即改变衡量法律好坏的标准及其价值；二是改变法律的形式，即制定和编纂法典。”在我国社会主义法律体系已经形成并进一步推进立法法典化的当下，我们相信，通过《刑法修正案（十一）》将《惩治外汇犯罪决定》整合纳入刑法典，是我国进一步深化刑法体系改革、促进刑法立法的统一与完整、完善刑事法治建设的重要内容，也正当其时。

# 《刑法修正案（十一）》宏观问题要论*

## 一、前言

自1997年全面修订刑法典以来的二十余年间，我国已十二次进行了刑法的局部修正，先后出台了一部单行刑法和十一个刑法修正案，平均每不到两年就出台一部/个。2020年12月26日，第十三届全国人大常委会第二十四次会议表决通过了《中华人民共和国刑法修正案（十一）》［以下简称"《刑法修正案（十一）》"］①。该刑法修正案的通过，距离2017年通过的《刑法修正案（十）》三年有余，距离2015年8月通过的对刑法典进行较大幅度修改的《刑法修正案（九）》则五年有余。此次刑法修正是我国因应社会形势变化、促进法际融合进行的一次重要刑法立法，其修法动因多元、修法历时较长、修法内容丰富，呈现出

* 与袁彬教授合著，载《澳门法学》，2021（1）。

① 为表述简便，正文涉及其他刑法修正案或者刑法修正案草案的，也不再加缀"中华人民共和国"字样。

鲜明的时代特征，但也存在一些缺憾，有待进一步完善。本文拟对《刑法修正案（十一）》的这些宏观问题进行梳理和研讨，以期有助于对《刑法修正案（十一）》修法规范的总体认识和具体把握。

## 二、《刑法修正案（十一）》的修法动因

此次刑法修正主要是因应社会形势的变化，积极回应重大社会关切，并努力贯彻落实中央政策要求，促进刑法的国际、法际融合。其修法动因和背景具体表现在以下四个方面。

### （一）社会动因：回应重大社会关切

刑法需要顺应社会和时代的发展需要。从时间过程上看，《刑法修正案（十一）》修法的社会背景主要是 2015 年《刑法修正案（九）》通过后我国社会发生的一些重大变化［2017 年通过的《刑法修正案（十）》仅是为了加强与《国歌法》的衔接而进行的，且只有一个条文］。具体而言，《刑法修正案（十一）》修法的国内社会背景主要包括：

第一，新冠肺炎疫情引发的重大社会问题。2020 年以来肆虐全球的新型冠状病毒肺炎（Corona Virus Disease 2019，简称“新冠肺炎”），是当前人类社会面临的一次重大灾难事件，迄今已造成全球累计超过 7 000 万人被确诊，累计 160 余万人死亡。[①] 与抗疫、防疫相并存的是妨害疫情防控的犯罪频发。据统计，2020 年 1 至 6 月，全国检察机关受理审查逮捕妨害新冠肺炎疫情防控犯罪 6 624 人，经审查，批准和决定逮捕 5 370 人，逮捕人数占审结的 84.7%，较总体刑事犯罪高 5.6 个百分点；受理审查起诉 8 991 人，经审查，决定起诉 5 565 人，起诉人数占审结的 94.1%，较总体刑事犯罪高 6.6 个百分点。随着疫情形势好转，这类犯罪案件也呈现了下降趋势，第二季度逮捕 2 250 人、起诉 3 321 人，环比

① 截至 2020 年 12 月 13 日，国外确诊 20 274 247 人，累计确诊 72 127 979，累计治愈 50 244 596，累计死亡 1 609 136。数据来源：百度“新型冠状病毒肺炎疫情实时大数据报告”。

分别下降 27.9%、上升 48%。[①] 为惩治妨害新冠肺炎疫情防控的犯罪行为，我国快速采取措施，有效稳定了社会秩序。早在 2020 年 2 月 3 日，中共中央政治局召开的常务委员会会议即提出要依法严厉打击利用疫情哄抬物价、囤积居奇、趁火打劫等扰乱社会秩序的违法犯罪行为，严厉打击制售假劣药品、医疗器械、医用卫生材料等违法犯罪行为，坚决依法打击各类违法犯罪，维护社会稳定和国家安全。2020 年 2 月 5 日，中央全面依法治国委员会通过《关于依法防控新型冠状病毒感染肺炎疫情、切实保障人民群众生命健康安全的意见》，提出要依法严厉打击抗拒疫情防控、暴力伤医、制假售假、造谣传谣等破坏疫情防控的违法犯罪行为，保障社会安定有序。2020 年 2 月 6 日，最高人民法院、最高人民检察院、公安部、司法部联合发布《关于依法惩治妨害新型冠状病毒感染肺炎疫情防控违法犯罪的意见》，提出要准确适用法律，依法严惩妨害疫情防控的各类违法犯罪。2020 年 3 月 10 日至 4 月 25 日，最高人民法院发布了三批依法惩处妨害疫情防控犯罪典型案例。2020 年 2 月 11 日至 4 月 17 日，最高人民检察院发布了十批依法惩处妨害疫情防控犯罪典型案例。在此基础上，许多地方也发布了依法惩治妨害新冠肺炎疫情防控违法犯罪的意见和典型案例。这一系列政治和法治政策举措，对于维护新冠肺炎疫情防控、稳定社会秩序和保障人民群众的生命、财产安全，起到了积极作用。[②] 但我国实践表明，刑事司法应对新冠肺炎疫情防控仍存在不足，其中不少问题需要上升至立法层面，通过刑法规制才能有效解决。《刑法修正案（十一）》修改妨害传染病防治罪暨增设非法猎捕、收购、运输、出售珍贵、濒危野生动物以外的陆生野生动物犯罪等，就是为了更好地应对新冠肺炎疫情的诱发因素，防控新冠肺炎疫情的传播和流行。

第二，社会热点问题引发的社会重大关切。近几年来，我国社会领域发生许多重大热点问题，引发了人们对社会治理（包括刑法治理）问题的重大关

---

① 2020 年 1 月至 6 月全国检察机关主要办案数据. 中华人民共和国最高人民检察院官网，访问日期：2020-07-20.

② 赵秉志，袁彬. 中国重大公共卫生事件防控刑事政策研究——以中国新冠疫情防控刑事政策为中心. 江海学刊，2020 (6).

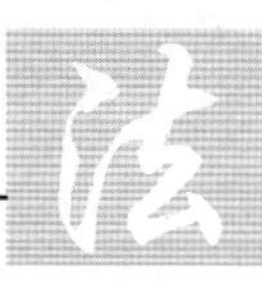

切。这包括：一是犯罪低龄化问题引发的社会关切。例如，以校园霸凌为代表的未成年人违法犯罪问题频发，经媒体报道后引发了社会的广泛关注；同时，个别低龄未成年人实施的恶性犯罪行为，如故意杀人、故意伤害、强奸等，在一些地方时有发生。这些未成年人常常未达到负刑事责任的最低年龄，且社会监管措施存在明显缺陷，导致一些违法犯罪的未成年人缺乏有效监管，有的甚至再次实施严重的恶性犯罪行为，引发了社会的普遍担忧。二是未成年人被性侵案件多发引发的社会关切。其中比较典型的是猥亵儿童案件，如上海发生王某某猥亵儿童案，引发社会对未成年人（特别是未成年女性）人身安全的高度关注。三是新型危害社会安全事件引发的社会关切。例如，乘客因纠纷在公共交通工具上抢夺方向盘或者殴打驾驶人员的案件在一些地方时有发生并且造成了严重的危害后果，引发民众对公共交通安全的担忧；高空抛物行为严重危害公共安全，但因为查证难、存在立法、司法漏洞，行为人往往难以受到有效追究，引发了民众对居住、通行安全的高度担忧。四是危害金融安全犯罪高发引发的社会关切。一些地方频频发生 P2P“暴雷”事件，很多 P2P 平台垮塌，导致很多投资者血本无归，引发了众多社会问题甚至群体事件，由此加强对非法集资等危害金融安全犯罪行为的刑法惩治势在必行。[①] 五是非法基因编辑事件引发的社会关切。基因编辑关乎人类的基因安全和人类的未来，必须受到严格控制。个别地方发生的将经非法编辑的基因植入人体进行培育引发了社会对人类基因安全的高度关注。这些热点问题，不仅需要通过行政、民事等方式进行解决，也需要刑法适时、适当地介入。《刑法修正案（十一）》因应这些社会热点进行了多方面的立法。

### （二）国际背景：促进刑法国际合作

随着我国国际化水平的不断提升，我国与国（境）外国家（地区）、国际组织之间的跨国合作不断增强。这对包括刑法在内的国内法律体系提出了新的要求。在刑法层面，我国刑法立法与国（境）外国家（地区）、国际组织的合作要

① 王新．适时调整刑罚 防范化解金融风险．检察日报，2021-01-06．

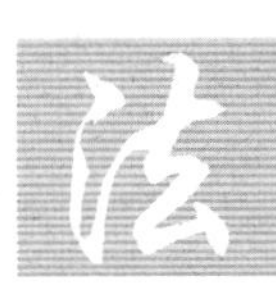



求还存在一定差异。《刑法修正案（十一）》的部分立法正是顺应了这一国际要求。这主要包括：

第一，反洗钱的国际合作要求。反洗钱是刑事司法领域国际合作的重要部分，也是我国追逃追赃活动的重要措施。在反洗钱立法方面，我国刑法面临的压力之一是自洗钱行为入刑问题。我国签署的联合国《禁毒公约》第1条、《打击跨国有组织犯罪公约》第6条以及《反腐败公约》第23条均规定自洗钱行为构成犯罪，并要求各缔约国在不违反本国法律制度基本原则的前提下将自洗钱行为规定为独立的犯罪。也正是基于此，反洗钱金融行动特别工作组（Financial Action Task Force on Money Laundering，简称FATF）在2019年4月发布的第四轮互评估报告中，将中国履行FATF 40条建议中的第3条关于洗钱犯罪的法律制度评估为部分合规，认为其重要缺陷之一就是缺乏对自洗钱行为独立成罪的规定，不符合国际公约和FATF的建议要求。①《刑法修正案（十一）》将自洗钱行为入罪正是考虑到国际社会对反洗钱的这一合作要求。

第二，知识产权保护的国际合作要求。在全球化背景下，知识产权保护制度已成为国与国之间利益分歧的争议焦点之一。自从中国加入世界贸易组织以来，其所承诺的《与贸易有关的知识产权保护协定》中对知识产权的刑法保护义务已通过国内法逐步得到落实。然而随着国际知识经济的加速发展，《与贸易有关的知识产权保护协定》所代表的国际标准被西方发达国家不断提高，这无疑对中国经济发展产生重大影响，也同时对中国刑法的相关规定带来了挑战。② 同时，知识产权保护也被上升到了国家战略的高度。2020年11月30日习近平总书记在中共中央政治局第二十五次集体学习时强调："知识产权保护工作关系国家治理体系和治理能力现代化，关系高质量发展，关系人民生活幸福，关系国家对外开放大局，关系国家安全。全面建设社会主义现代化国家，必须从国家战略高度和进入新发展阶段要求出发，全面加强知识产权保护工作，促进建设现代化经济体

---

① 贾济东，赵学敏．"自洗钱行为"应当独立成罪．检察日报，2019-08-07．

② 康均心，邹江江．知识产权刑法保护的国际标准．重庆大学学报（社会科学版），2012（6）．

系，激发全社会创新活力，推动构建新发展格局。”① 在此背景下，《刑法修正案（十一）》对原有的知识产权犯罪规范进行了全面调整，加大了对知识产权的刑法保护力度。

（三）法治背景：加强刑法与民法暨行政法的衔接

《刑法修正案（十一）》的立法内容，除了少数条文（主要是涉及未成年人的刑法规范）属于自然犯的范畴，其他绝大多数刑法规范都属于法定犯的范畴。基于法秩序保护的统一性，加强刑法与民法、刑法与行政法之间的协调是《刑法修正案（十一）》的重要立法因素。“这次刑法修改的多数内容是为了与其他部门法相衔接，属于前置法修改之后的‘不得已而为之’。”② 具体而言，这种衔接的需要主要体现在两个方面：

第一，加强刑法与民法之间的衔接。2020 年民法典的颁行是我国民事法领域的重大立法，其在过去民事法律规范的基础上进一步完善了民法的调整范围。《刑法修正案（十一）》的不少内容都与民法典的调整有关。例如，民法典第 185 条规定：“侵害英雄烈士等的姓名、肖像、名誉、荣誉，损害社会公共利益的，应当承担民事责任。”民法典第 1009 条规定：“从事与人体基因、人体胚胎等有关的医学和科研活动，应当遵守法律、行政法规和国家有关规定，不得危害人体健康，不得违背伦理道德，不得损害公共利益。”民法典第 1254 条规定：“禁止从建筑物中抛掷物品。从建筑物中抛掷物品或者从建筑物上坠落的物品造成他人损害的，由侵权人依法承担侵权责任；经调查难以确定具体侵权人的，除能够证明自己不是侵权人的外，由可能加害的建筑物使用人给予补偿。可能加害的建筑物使用人补偿后，有权向侵权人追偿。物业服务企业等建筑物管理人应当采取必要的安全保障措施防止前款规定情形的发生；未采取必要的安全保障措施的，应当依法承担未履行安全保障义务的侵权责任。”“发生本条第一款规定的情形的，

① 习近平在中央政治局第二十五次集体学习时强调 全面加强知识产权保护工作 激发创新活力推动构建新发展格局.［2020-12-01］. 新华网.

② 周光权. 刑事立法进展与司法展望——《刑法修正案（十一）》总置评. 法学，2021（1）.

公安等机关应当依法及时调查，查清责任人。”对于这些问题，我国刑法典中原本并没有对应的刑事责任规定，《刑法修正案（十一）》基于与民法典协调的立场，增设了侵犯英雄烈士名誉、荣誉罪，高空抛物罪及非法植入基因编辑、克隆的胚胎罪等多种犯罪。

第二，加强刑法与行政法之间的衔接。行政处罚与刑事处罚是国家治理社会的两种重要公权力，两者的协调一致有助于提高我国的社会治理水平。随着社会管理的需要，我国对不少行政法进行了调整。作为行政法的保障法，刑法也需要作出相应的调整。例如，我国《药品管理法》对假药、劣药的认定和管理进行了重大调整，需要我国刑法调整危害药品安全犯罪的刑法规范；我国新修订的《证券法》对证券发行等进行了调整，需要我国刑法调整证券发行方面的犯罪规定；我国新出台的《生物安全法》要求加强对人类遗传资源、生物安全的保护，需要我国刑法作出相应的回应。正是在此背景下，《刑法修正案（十一）》通过增设新的犯罪或者调整相关犯罪的入罪范围、法定刑，进行了积极的刑法立法回应，使刑法与行政法之间的衔接得到了加强。

（四）政策动因：贯彻中央相关政策要求

“坚决贯彻落实党中央决策部署，将党中央决策转化为法律制度”，是国家立法机关此次修正刑法的重要思路。① 其目的是保障党和国家重大战略目标的实现，保障改革开放成果，满足建设法治中国、平安中国的要求，统筹发挥好刑法对经济社会生活的规范保障、引领推动作用。实际上，对于当前我国社会领域突出的安全生产、食品药品、环境、公共卫生、企业产权、知识产权等方面，中央都作了多方面的部署和要求。这其中比较突出的是加强对企业产权的刑法保护和对安全生产的刑法维护。

第一，加强民营企业产权刑法保护的政策要求。当前，产权保护已被上升到国家战略的高度。2016 年 11 月 4 日中共中央、国务院《关于完善产权保护制度

① 全国人大常委会法制工作委员会副主任李宁．关于《中华人民共和国刑法修正案（十一）（草案）》的说明（2020 年 6 月 28 日在第十三届全国人大常委会第二十次会议上）．

依法保护产权的意见》明确提出："产权制度是社会主义市场经济的基石，保护产权是坚持社会主义基本经济制度的必然要求。""坚持权利平等、机会平等、规则平等，废除对非公有制经济各种形式的不合理规定，消除各种隐性壁垒，保证各种所有制经济依法平等使用生产要素、公开公平公正参与市场竞争、同等受到法律保护、共同履行社会责任。""加大对非公有财产的刑法保护力度。"之后，中央进一步出台了系列保护民营企业产权的政策规定，如2017年中共中央、国务院《关于营造企业家健康成长环境弘扬优秀企业家精神更好发挥企业家作用的意见》，2019年中共中央、国务院《关于营造更好发展环境支持民营企业改革发展的意见》等。加强企业产权（特别是民营企业产权）的刑法保护也成为我国刑法立法和刑事司法工作的重要方面。《刑法修正案（十一）》对职务侵占罪、非国家工作人员受贿罪、挪用资金罪，以及骗取贷款、票据承兑、金融票证罪等的修改，就是为了更好地贯彻中央关于加强民营企业产权保护的政策要求。

第二，加强安全生产之刑法维护的政策要求。安全生产是关系人民群众生命财产安全的大事。但近年来，我国一些地方安全生产事故频发，引发社会广泛的关注。中央对安全生产问题十分重视。2016年中共中央、国务院《关于推进安全生产领域改革发展的意见》明确提出要"坚持安全发展，坚守发展决不能以牺牲安全为代价这条不可逾越的红线，以防范遏制重特大生产安全事故为重点，坚持安全第一、预防为主、综合治理的方针，加强领导、改革创新，协调联动、齐抓共管，着力强化企业安全生产主体责任，着力堵塞监督管理漏洞，着力解决不遵守法律法规的问题"，并进一步提出要"研究修改刑法有关条款，将生产经营过程中极易导致重大生产安全事故的违法行为列入刑法调整范围"。之后，习近平总书记对安全生产问题多次作出重要批示。2020年国务院安全生产事务委员会办公室会同有关部门研究制定了《全国安全生产专项整治三年行动计划》。《刑法修正案（十一）》对强令违章冒险作业罪的调整和对危险生产、作业罪的增设等，就是对中央关于维护安全生产之政策要求的具体贯彻。

## 三、《刑法修正案（十一）》的修法过程

由于我国现阶段处于社会变革时期，司法实践中的新情况新问题不断涌现，因而在相当的时期内不断完善刑法规范，乃是国家立法机关的持续性工作。自2015年《刑法修正案（九）》通过并经公布施行以来，社会的发展和司法实践又给刑法立法提出了若干需要完善的新课题，而2017年通过的《刑法修正案（十）》由于集中于解决设立侮辱国歌罪的问题而无暇他顾，因而继续修改完善刑法的任务就交付给了《刑法修正案（十一）》。《刑法修正案（十一）》自2018年开始准备和纳入全国人大常委会立法规划，2019年7月全国人大常委会法制工作委员会（以下简称“法工委”）提出修改刑法的提纲并开始研讨和听取有关方面的意见，2020年6月提交第十三届全国人大常委会第二十次会议进行第一次立法审议，2020年10月提交第十三届全国人大常委会第二十二次会议进行第二次立法审议，至2020年12月在第十三届全国人大常委会第二十四次会议上获得通过。前后历时三年，其修法进程大体经历了立法审议前的准备和研拟以及三次立法审议等四个阶段。

### （一）立法审议前的准备和研拟阶段

《刑法修正案（十一）》立法审议前的准备和研拟阶段，大体上自2018年上半年开始，到2020年6月下旬全国人大常委会首次审议《刑法修正案（十一）（草案）》前。

2018年上半年，根据刑法修改完善的实际需要，全国人大常委会法工委及其刑法室即已在内部开始了修改刑法的准备工作。在全国人大常委会2018年9月7日发布的《十三届全国人大常委会立法规划》（共116件）中，刑法修正案被列入“第一类项目：条件比较成熟、任期内拟提请审议的法律草案（69件）”之中，明确由全国人大常委会委员长会议作为提请审议机关或牵头起草单位。[①]

---

① 十三届全国人大常委会立法规划（共116件）. 全国人民代表大会常务委员会公报，2018（5）：679-680.

《刑法修正案（十一）》的创制被纳入第十三届全国人大常委会立法规划后，在此阶段，为了科学地进行准备和开展修法草案的研拟工作，国家立法机关工作机构即全国人大常委会法工委进行了必要的调研，并召开了多次座谈会。例如，2019年7月16日，全国人大常委会法工委副主任李宁带领全国人大常委会刑法修改专题调研组赴山西省运城市，围绕刑法修改工作开展调研，旨在实地了解刑法在基层司法实践中存在的新情况、新问题，特别是在防范化解风险、维护发展稳定方面的具体情况，以在此基础上做好刑法的修改工作。山西省运城市人大常委会主任安雅文主持座谈会。山西省和运城市人大常委会的有关负责人，运城市人民法院、人民检察院和公安机关的负责人，以及政府相关管理机关和若干企业的代表等出席此次修改刑法的座谈会，并主要围绕在经济社会快速发展背景下，环境保护、食品药品安全、生产安全等方面对刑事立法提出的新挑战和新要求进行了讨论。

在全国人大常委会法工委刑法室就《刑法修正案（十一）》起草了修法提纲后，全国人大常委会法工委于2019年7月30日在京召开了专家学者座谈会。座谈会由全国人大常委会法工委副主任李宁主持，法工委刑法室主任王爱立及副主任雷建斌、黄永等出席，北京法学界的十余位刑法学者应邀参会。① 李宁副主任在讲话中指出《刑法修正案（十一）》的立法已被纳入第十三届全国人大常委会立法规划，刑法室王爱立主任介绍说《刑法修正案（十一）》已基于立法规划在起草中，这次座谈会讨论的修法提纲是初步考虑的《刑法修正案（十一）》的修法框架，尚未形成条文。该修法提纲包含了六个方面：（1）安全生产的刑法问题；（2）非公有制经济的刑法保护问题；（3）金融乱象的刑法治理问题；（4）死刑规范的完善问题；（5）关于自洗钱行为的刑事责任追究问题；（6）其他方面修改完善刑法的问题。与会的学者主要围绕修法提纲提出了一系列修法意见和建

① 应邀参加此次座谈会的11位刑法学者为：北京师范大学赵秉志、刘志伟、张远煌教授，清华大学张明楷、周光权教授，北京大学梁根林教授，中国人民大学黄京平、时延安教授，中国政法大学阮齐林、曲新久教授，北京理工大学曾粤兴教授。

议，有些学者还在发言后提交了书面建议稿。①

2019 年 11 月 7 日，全国人大常委会法工委在京召开“刑法修改座谈会”，邀请法学界和中央政法机关的代表参会，研讨《刑法修正案（十一）》的修法方案。座谈会由全国人大常委会法工委副主任李宁主持，刑法室王爱立主任、黄永副主任及许永安处长出席；来自法学界的三位刑法学者②，以及来自中央政法委员会、最高人民法院、最高人民检察院、公安部、司法部、国家安全部的 12 位专家应邀参加了此次会议。法工委刑法室研拟并提交此次会议讨论的《刑法修改初步方案》（2019 年 11 月 7 日会议稿），包含了安全生产犯罪的修改完善、加大对非公有财产的刑法保护力度、惩治金融乱象、修改完善食品药品犯罪和其他等五个方面③，并初步形成了 18 个条文的雏形。法工委刑法室王爱立主任作了该修法方案起草背景情况的介绍及方案内容的说明，许永安处长作了修法方案内容的补充说明。在此基础上，与会的中央政法各机关的代表和学者主要针对该修法方案的修法主张进行了研讨发言，有些还提交了书面意见。④

自 2020 年 1 月起，新冠肺炎疫情开始在中国肆虐，严重影响了正常的社会生活和工作秩序。在党和国家的坚强领导下，中国迅速遏制了新冠肺炎疫情的蔓延，生产和工作秩序在调整中有序运行。为在疫情防控背景下继续推进《刑法修正案（十一）》的立法起草工作，全国人大常委会法工委在之前修法方案的基础

---

① 如赵秉志教授提交了题为《关于我国修改刑法的若干建言》（2019 年 7 月 30 日）的书面建议稿，北京师范大学刑事法律科学研究院提交了题为《关于刑法修改若干问题的建议》（2019 年 7 月 26 日）的研究报告，均围绕国家立法机关工作机构的修法提纲所涉及的几个方面提出了相关的修法主张并进行了论证。

② 这三位刑法学者是北京师范大学赵秉志教授、中国政法大学曲新久教授和中国社会科学院法学研究所刘仁文研究员。

③ 值得注意的是，这次的《刑法修改初步方案》所涉及的修法的几个方面中，没有包含此前已有的死刑制度改革的内容。

④ 如赵秉志教授提交了题为《关于〈刑法修改初步方案〉的完善建言》（2019 年 11 月 7 日）的建议稿，内容涉及关于安全生产的违法违规重大隐患行为入刑、关于增加妨害公共交通工具安全驾驶罪、关于提高非国家工作人员受贿罪刑罚、关于增加对他人使用暴力的犯罪、关于侮辱诽谤英烈入罪和关于死刑制度的改革等。

上，修改拟成了《刑法修改初步方案》（2020 年 2 月 26 日征求意见稿），发送给中央政法机关等征求书面意见。该方案包含七个方面、26 条，依次为：第一，安全生产犯罪的修改完善：（1）违法违规重大隐患行为入刑；（2）加大对重大责任事故犯罪的惩处力度；（3）增加妨害公共交通工具安全驾驶罪；（4）规定高空抛物犯罪。第二，加大对非公有财产的刑法保护力度：（1）提高非国家工作人员受贿罪的刑罚并增加情节；（2）提高职务侵占罪的刑罚；（3）提高挪用资金罪的刑罚。第三，惩治金融乱象：（1）修改欺诈发行股票、债券罪；（2）修改违规披露、不披露重要信息罪；（3）修改提供虚假证明文件罪；（4）修改骗取贷款、票据承兑、金融票证罪；（5）增加采取暴力等非法手段讨债为业的犯罪；（6）修改非法吸收公众存款罪。第四，修改完善危害食品药品安全的犯罪：（1）修改生产、销售假药罪；（2）修改生产、销售劣药罪；（3）增加妨害药品管理秩序的犯罪；（4）修改食品药品渎职犯罪。第五，有关疫情防控的犯罪：（1）完善妨害野生动物管理的犯罪；（2）修改妨害传染病防治罪。第六，关于进一步减少死刑：（1）修改总则第 48 条第 1 款关于死刑适用标准的规定；（2）删除分则第 125 条第 1 款：非法制造、买卖、运输、邮寄、储存枪支、弹药、爆炸物罪的死刑；（3）删除分则第 127 条第 1 款盗窃、抢夺枪支、弹药、爆炸物、危险物质罪的死刑；（4）取消分则第 347 条运输毒品罪的死刑。① 第七，其他：（1）增加非法从事人体基因编辑的犯罪；（2）修改侵犯商业秘密罪的规定；（3）增加侮辱英雄烈士的规定。中央有关机关都非常重视和认真对待《刑法修正案（十一）（草案）》的修法意见征求情况，并结合本单位职责和实务工作情况认真研究，及时向全国人大常委会法工委反馈了修法意见和建议。例如，最高人民法院经过认真调查研究，于 2020 年 7 月整理出了系统的《关于刑法修改完善的研究意见》提交给全国人大常委会法工委参考。这份修改刑法的研究意见内容翔实、观点鲜明，不仅有针对性地涉及全国人大常委会法工委前述修法方案所关注的关于安全生产的刑法问题、关于非公有制经济的刑法保护问题、关于金融乱象治理的问题、关于死

① 值得注意的是，死刑制度的改革问题又被纳入了《刑法修正案（十一）》的修法方案。

刑规定的完善问题和关于洗钱罪的修改问题等，而且还包括了司法机关所关注的修改完善刑法的其他意见和建议（涉及刑法总则的 11 个方面和刑法分则的 5 个方面）。

另一方面，在书面征求中央有关机关的修法意见的基础上，当新冠肺炎疫情得到有效遏制，社会生活和生产、工作秩序基本恢复正常时，全国人大常委会法工委也及时于 2020 年 5 月 7 日再次召开了学者方面的座谈会。会议由全国人大常委会法工委副主任李宁主持，法工委刑法室负责人等出席，北京法学界的 7 位刑法学者应邀参会。[①] 这次座谈会讨论的《刑法修改初步方案》（2020 年 5 月 7 日会议讨论稿），是国家立法机关工作机构在前述向中央有关机关征求意见的《刑法修改初步方案》（2020 年 2 月 26 日征求意见稿）的基础上修改形成的，两相比较，5 月方案维持了 2 月方案的大部分内容，但也有所增加和修改、调整。具体而言，《刑法修改初步方案》（2020 年 5 月 7 日会议讨论稿）的框架和条文概况表现为以下六个方面。第一，安全生产犯罪的修改完善：（1）违法违规重大隐患行为入刑；（2）加大对重大责任事故类犯罪的惩处力度；（3）增加妨害公共交通工具安全驾驶的犯罪；（4）规定高空抛物犯罪。第二，加强民营企业财产和营商环境保护：（1）提高非国家工作人员受贿罪的刑罚并增加情节；（2）提高职务侵占罪的刑罚；（3）提高挪用资金罪的刑罚；（4）修改骗取贷款、票据承兑、金融票证罪。第三，惩治金融乱象：（1）修改欺诈发行股票、债券罪；（2）修改违规披露、不披露重要信息罪；（3）修改提供虚假证明文件罪；（4）增加采取暴力等非法手段讨债为业的犯罪；（5）修改非法吸收公众存款罪。第四，修改完善危害食品药品安全的犯罪：（1）修改生产、销售假药罪；（2）修改生产、销售劣药罪；（3）增加妨害药品管理秩序的犯罪；（4）修改食品药品渎职犯罪。第五，修改完善有关疫情防控的犯罪：（1）修改妨害传染病防治罪；（2）完善妨害野生动

① 应邀参加这次座谈会的 7 位刑法学者为：北京大学陈兴良教授，清华大学张明楷、周光权教授，中国政法大学曲新久教授，中国社会科学院法学研究所刘仁文研究员，北京师范大学刘志伟教授，中国人民大学时延安教授。

物管理的犯罪；（3）增加有关危害生物安全的犯罪，包括增加非法从事基因编辑、克隆胚胎的犯罪，增加危害国家人类遗传资源的犯罪，增加非法处置外来入侵物种的犯罪。第六，其他：（1）增加侮辱英雄烈士犯罪的规定；（2）增加破坏国家自然保护区的犯罪；（3）侵犯知识产权犯罪的修改完善（尚无条文）；（4）完善死刑的法律规定（尚无条文）。与会学者对修法方案总体予以肯定，并发表了见仁见智的具体意见和建议。

（二）第一次立法审议

2020年6月28日至30日，第十三届全国人大常委会第二十次会议在北京举行。根据全国人大常委会委员长会议提出的关于提请审议《刑法修正案（十一）（草案）》的议案，这次会议安排对《刑法修正案（十一）（草案）》进行首次审议。受全国人大常委会委员长会议的委托，全国人大常委会法工委副主任李宁在这次会议上作了《关于〈中华人民共和国刑法修正案（十一）（草案）〉的说明》。李宁副主任在说明中指出，这次修改刑法的总体思路有四条：一是坚决贯彻党中央关于国家和社会发展的决策部署，将党中央的决策转化为法律制度；二是坚持以人民为中心，加强保护人民群众生命财产安全，特别是有关安全生产、食品药品、环境、公共卫生等涉及公共、民生领域的基本安全、重大安全；三是进一步贯彻宽严相济刑事政策，在对社会危害严重的犯罪保持高压态势的同时，避免不必要的刑罚扩张；四是坚持问题导向，坚持“立得住、行得通、真管用”，避免偏离实践导向的修法，维护法律的权威和严肃有效执行。[①]《刑法修正案（十一）（草案）》（一审稿）共计31条，除去第31条是关于修正案施行时间的规定外，其余修改、补充刑法典的30条大体涉及六个方面：一是加大对安全生产和其他涉及公共安全犯罪的防治；二是完善对食品药品犯罪的惩治；三是完善对破坏金融犯罪的惩治；四是加强对企业产权的刑法保护；五是强化对公共卫生的刑事法治保障；六是其他方面的修法完善。2020年6月29日，第十三届全国人大常委

① 全国人大常委会法制工作委员会副主任李宁. 关于《中华人民共和国刑法修正案（十一）（草案）》的说明（2020年6月28日在第十三届全国人大常委会第二十次会议上）.

会第二十次会议对《刑法修正案（十一）（草案）》进行了初次审议。常委会组成人员和列席人员普遍认为，《刑法修正案（十一）（草案）》贯彻落实党中央决策部署，按照全面推进依法治国、推进国家治理体系和治理能力现代化的要求，坚持以人民为中心的发展理念，坚持宽严相济刑事政策，很好地发挥了刑法对经济社会发展的规范保障和引领作用，并且聚焦重点领域，积极响应民众关切，针对性强，因而总体上予以赞成。同时，立法审议时也对草案涉及的诸方面提出了需要进一步完善或推敲的意见和建议。①

第十三届全国人大常委会第二十次会议之后，全国人大常委会法工委将《刑法修正案（十一）（草案）》印发各省（自治区、直辖市）和一些较大城市的人大常委会、中央有关部门、有关社会团体和部分高等院校、科研机构、基层立法联系点、部分全国人大代表等征求意见，并于 2020 年 7 月 3 日在中国人大网全文公布草案征求社会公众的意见（截止日期为 2020 年 8 月 16 日）。全国人大常委会法工委还到广西、浙江进行了调研，并通过视频方式听取了湖南、湖北、吉林等地有关方面的意见，在此基础上对草案进行了完善。针对草案，中央各有关部门、地方和有关单位等普遍从总体上肯定草案的修法方案，并提出了 80 余项具体的修法意见和建议。② 中央政法机关和一些法律院校、科研单位提交了较为系统的修法意见和建议，一些学术团体和单位还专门召开了针对《刑法修正案（十一）（草案）》的研讨会，如最高人民法院就向全国人大常委会法工委提交了修法建议，该建议不仅对草案已有的条文提出了 13 条意见，而且对草案未涉及的条文也提出了多条修法建议，包括继续考虑削减死刑罪名问题。③ 2020 年 7 月 12 日，中国刑法学研究会联合中国法学会案例法学研究会和北京师范大学刑事法律科学研究院，在线上召开了"《刑法修正案（十一）（草案）》专题研讨会"：法学

① 全国人大常委会法工委办公室. 第十三届全国人大常委会第二十次会议审议《刑法修正案（十一）（草案）》的意见//第十三届全国人大常委会第二十二次会议（2020 年 10 月 13—17 日）参阅资料.

② 全国人大常委会法工委刑法室. 地方人大和中央有关部门、单位对《刑法修正案（十一）（草案）》的意见//第十三届全国人大常委会第二十二次会议（2020 年 10 月 13—17 日）参阅资料.

③ 最高人民法院. 关于《刑法修正案（十一）（草案）》的修改完善建议（2020 年 8 月）.

界和法律界的40余位专家学者参会并发表了见仁见智的修法意见；中国刑法学研究会会长赵秉志教授作了题为《完善我国刑事法治的重大立法举措》的致辞。[①] 在向社会公开征求意见后，全国人大常委会法工委共收到65 080位公众对《刑法修正案（十一）（草案）》（一审稿）提出的137 544条意见，社会公众意见涉及七个方面，主要集中在未成年人权益保护、集资诈骗行为惩治以及食品药品监管渎职犯罪规范的完善等方面。[②]

在对地方调研方面，例如，2020年8月18日，全国人大常委会法工委副主任李宁率全国人大常委会调研组赴广西壮族自治区，就《刑法修正案（十一）（草案）》修改完善问题召开专题调研座谈会。该自治区人大常委会副主任卢献匾出席并主持会议。广西壮族自治区高级人民法院、人民检察院、公安厅、司法厅、科技厅、生态环境厅、卫健委、应急管理厅、市场监管局等单位负责人和律师代表参加座谈会。与会者根据本单位职责和相关工作经验，就该草案的修改完善问题提出了修改意见和建议。

在这一时期，全国人大常委会法工委根据刑法规制的实际需要，就此次修改刑法的一些重要问题与中央有关部门反复沟通研究，在取得初步共识的基础上，又引人注目地增加了一些新的犯罪规定。2020年9月3日，全国人大常委会法工委在京召开了《拟新增相关犯罪的初步方案》的研讨会。会议由全国人大常委会法工委副主任李宁主持，法工委刑法室王爱立主任、黄永副主任、许永安处长、王宁处长出席，来自中央和全国人大的9个有关机关和部门[③]的20位专家，以及

---

① 该致辞包含四点关于修法的宏观意见：一是关于《刑法修正案（十一）（草案）》的总体看法，二是关于完善我国刑法之立法模式的基本主张，三是关于加强我国刑法科学立法问题研究的建言，四是关于死刑制度改革问题的建议。该致辞书面稿在会后提交给全国人大常委会法工委参阅。

② 全国人大常委会法工委刑法室.《刑法修正案（十一）（草案）》向公众征求意见的情况//第十三届全国人大常委会第二十二次会议（2020年10月13—17日）参阅资料.

③ 这9个机关和部门是：最高人民法院，最高人民检察院，公安部，教育部，中国人民银行，国家体育总局，共青团中央，全国妇联，全国人大社会委员会。

北京法学界的3位刑法学者[①]应邀参加了此次会议。这是《刑法修正案（十一）》创制过程中极其重要的一次会议，因为这次会议所研讨的《拟新增相关犯罪的初步方案》，是在2020年6月28日已提交全国人大常委会进行了初次审议的《刑法修正案（十一）（草案）》（一审稿）的31个条文的基础上，又新增11个条文，这些新增条文涉及之前多种社会关切或争议较大的罪名的重大修改或增设。《拟新增相关犯罪的初步方案》的框架和所涉条文概况为，第一，关于金融犯罪：（1）关于洗钱犯罪（主要是拟将自洗钱行为犯罪化）；（2）关于操纵证券、期货犯罪；（3）关于集资诈骗的单位犯罪（主要是删去集资诈骗罪之单位犯罪的规定）。第二，涉未成年人犯罪：（1）关于奸淫幼女的犯罪（主要是加强惩处）；（2）增设特殊职责人员奸淫未成年女性的犯罪；（3）关于猥亵儿童的犯罪（主要是加强惩处）；（4）关于刑事责任年龄（主要是降低刑事责任年龄，对已满12周岁不满14周岁的未成年人规定严格条件限制下要追究刑事责任）。第三，其他犯罪：（1）增设关于兴奋剂的犯罪；（2）增设袭击警察、检察官、法官的犯罪；（3）增设关于冒名顶替的犯罪；（4）增设关于境外开设赌场并组织、招揽中国公民赴境外赌博的犯罪。此外，该方案还提出，关于侵犯知识产权的犯罪修改涉及刑法典多个条文，全国人大常委会法工委将与有关方面研究后再提出修改刑法的方案。在李宁副主任作主持致辞后，法工委刑法室许永安处长作了对《拟新增相关犯罪的初步方案》的说明。随后，与会的中央各有关机关和部门的代表及学者进行了发言讨论，并在降低刑事责任年龄、自洗钱行为入罪和袭击警察、检察官、法官罪等问题上争议较大。

在此基础上，全国人大宪法和法律委员会于2020年9月16日召开会议，根据第十三届全国人大常委会第二十次会议上常委会组成人员的审议意见和其他各方面的意见，对新增11个条文后（此时总计42条）的《刑法修正案（十一）（草案）》进行了逐条审议，中央政法委员会、司法部有关负责同志列席了此次会

① 这3位刑法学者是：北京师范大学赵秉志教授，中国社会科学院法学研究所陈泽宪教授，清华大学黎宏教授。

议。2020 年 9 月 29 日，全国人大宪法和法律委员会又召开会议，再次对草案进行了审议。通过上述相关活动，国家立法机关为《刑法修正案（十一）（草案）》进行第二次立法审议做好了准备。

（三）第二次立法审议

第十三届全国人大常委会第二十二次会议于 2020 年 10 月 13 日至 17 日在北京举行。根据全国人大常委会委员长会议的建议，《刑法修正案（十一）（草案）》的审议被纳入此次会议议程，进行《刑法修正案（十一）（草案）》的第二次立法审议。提交此次会议审议的《刑法修正案（十一）（草案）》（二审稿）在一审稿 31 个条文的基础上增加了 11 个条文，共计 42 个条文。根据立法机关的说明，与草案一审稿相比，草案二审稿的主要修法情况是：第一，针对实践中低龄未成年人犯罪、性侵未成年人犯罪等涉未成年人犯罪案件较为突出、社会关切的情况，降低有关法定最低刑事责任年龄和修改收容教养的规定；并加重对奸淫幼女犯罪、猥亵儿童罪的处罚，增设特殊职责人员性侵未成年人的犯罪，加强对未成年人的刑法保护。第二，加大对金融犯罪的惩治力度，包括：补充、完善操纵证券、期货市场罪的罪状；修改洗钱罪，将实施一些严重犯罪后的“自洗钱”明确规定为犯罪，同时将地下钱庄通过“支付”结算纳入洗钱行为方式；加大对单位犯集资诈骗罪的处罚力度。第三，增设独立的袭警罪。第四，将盗用、冒用他人身份，顶替他人取得的高等学历教育入学资格、公务员录用资格、就业安置待遇的行为规定为犯罪，同时规定组织、指使他人实施的，从重处罚。第五，增设侮辱、诽谤英烈罪。第六，增设境外赌场人员组织、招揽我国国民出境赌博的犯罪。第七，完善草案有关非法植入基因编辑、克隆的胚胎罪的规定。第八，拟将组织、强迫运动员使用兴奋剂等行为入罪。[①] 2020 年 10 月 14 日下午，第十三届全国人大常委会第二十二次会议对《刑法修正案（十一）（草案）》（二审稿）进行了审议。全国人大常委会组成人员和列席人员普遍认为，《刑法修正案（十一）

① 全国人民代表大会宪法和法律委员会．关于《中华人民共和国刑法修正案（十一）（草案）》修改情况的汇报（2020 年 10 月 13 日在第十三届全国人大常委会第二十二次会议上）．

（草案）》（二审稿）贯彻落实党中央决策部署，积极回应人民群众关心、社会关注的问题，充分吸收采纳常委会组成人员的审议意见和各方面的意见与建议，对草案一审稿作了一些很重要的修改和完善，更好地发挥了刑法对经济社会发展的规范、保障和引领作用，体现了民主立法原则，坚持了问题导向，具有与时俱进的精神，总体已趋成熟。同时，立法审议中也对草案提出了一些修改意见，主要包括：一是关于完善涉未成年人的刑法规定，包括应否下调刑事责任年龄，对已满12周岁不满14周岁者追究刑事责任的范围，关于负有特定职责身份人员性侵犯罪的调整等；二是关于安全生产方面的犯罪，涉及妨害公共交通工具安全驾驶的犯罪、危险作业犯罪、高空抛物犯罪的修改；三是关于妨害药品管理秩序的犯罪，涉及关于假药、劣药犯罪和妨害药品管理秩序的犯罪；四是破坏金融管理秩序的犯罪，涉及证券犯罪、非法集资犯罪、洗钱犯罪、暴力讨债犯罪等的修改；五是关于加强企业产权的刑法保护，涉及加强非公有制经济的刑法保护和骗取贷款、票据承兑、金融票证的犯罪；六是妨害社会管理秩序方面的犯罪，涉及袭警犯罪、冒名顶替犯罪、侮辱诽谤英烈犯罪、赌博犯罪、基因编辑犯罪、兴奋剂犯罪等的修改；七是其他问题，涉及刑事政策避免重刑化、刑罚执行制度和多种罪名的修改完善。①

这次会议后，国家立法机关于2020年10月21日在中国人大网公布了《刑法修正案（十一）（草案）》（二审稿）向社会公众征求意见，截止日期为2020年11月19日。国家立法机关并继续进行了相关的调研和研讨活动。

2020年10月30日，由全国人大宪法和法律委员会副主任委员周光权、全国人大常委会法工委副主任李宁率领的全国人大立法调研组赴四川，就《刑法修正案（十一）（草案）》（二审稿）的修改完善开展调研。四川省人大常委会副主任刘作明出席并主持座谈会。会上，四川省高级人民法院、省人民检察院、省公

① 全国人大常委会法工委办公室. 十三届全国人大常委会第二十二次会议审议《刑法修正案（十一）（草案二次审议稿）》的意见//第十三届全国人大常委会第二十四次会议（2020年12月22—26日）参阅资料.

安厅、省教育厅、省生态环境厅等省级有关部门，成都市相关部门，以及部分全国人大代表、专家、律师、企业代表等，结合各自职责和相关工作经验，对该草案提出了修改意见和建议。

2020 年 11 月 2 日，全国人大宪法和法律委员会与全国人大常委会法工委在京联合召开“《刑法修正案（十一）（草案）》座谈会”，针对已提交全国人大常委会进行再次审议的《刑法修正案（十一）（草案）》（二审稿），听取中央有关部门、部分全国人大代表和专家学者的意见。此次会议由全国人大宪法和法律委员会副主任委员周光权和全国人大常委会法工委副主任李宁主持，法工委刑法室主任王爱立、副主任黄永、处长许永安和王宁出席，应邀参会者包括两位全国人大代表、三位刑法专家[①]，以及来自中央 15 个有关机关的 32 位代表。与会者围绕《刑法修正案（十一）（草案）》（二审稿）进行了认真的研讨，认为草案二审稿在草案一审稿的基础上进行了修改完善，吸收采纳了各方面的意见，内容更丰富、体系更合理、结构更科学，较好地贯彻落实了党中央的决策部署，坚持以人民为中心的发展理念，更好地发挥了刑法对经济社会发展的规范保障和引领推动作用，因而总体上予以赞同；同时，与会者也提出了见仁见智的意见和建议，涉及草案二审稿的多个方面。[②] 有些单位或专家还同时提交了书面意见，如：最高人民法院就提交了书面修法建议，对草案二审稿中的 13 个条文提出了意见和建议[③]；赵秉志教授也同时提交了书面修法建议，对草案二审稿提出了四点完善建言，包括要慎重对待降低未成年人刑事责任年龄问题，关于完善民营企业产权刑法保护的思路，应当持续推动死刑制度的立法改革问题，以及关于适当增设新罪

---

① 两位全国人大代表为深圳证券交易所理事长王建军，陕西省律师协会副会长方燕律师；三位刑法学专家为中国刑法学研究会会长、北京师范大学教授赵秉志，中国政法大学教授阮齐林，中国刑法学研究会副会长、北京大学教授梁根林。

② 全国人大常委会法工委刑法室. 宪法法律委、法工委座谈会对《刑法修正案（十一）（草案二次审议稿）》的意见//第十三届全国人大常委会第二十四次会议（2020 年 12 月 22—26 日）参阅资料.

③ 最高人民法院. 关于《刑法修正案（十一）（草案二次审议稿）》的修改完善建议（2020 年 11 月 2 日）.

名（如故意传播艾滋病罪、恐怖活动罪）的问题。[①] 值得指出的是，收到全国人大常委会法工委就《刑法修正案（十一）（草案）》（二审稿）的征求意见专函后，因病住院中的中国刑法学研究会名誉会长、“人民教育家”国家荣誉称号获得者高铭暄教授认真研读了《刑法修正案（十一）（草案）》（二审稿），并委托赵秉志教授代为向全国人大常委会法工委提交了书面意见，对草案二审稿予以总体肯定，并就降低未成年人刑事责任年龄等问题发表了修法意见。[②]

关于《刑法修正案（十一）（草案）》（二审稿）于 2020 年 10 月 20 日至 11 月 19 日在中国人大网向社会公开征求意见，据国家立法机关工作机构统计归纳，在此期间共收到 2 530 位公众提出的 8 491 条意见。公众意见主要集中在完善涉未成年人犯罪的刑法规定、对人工驯养动物与野生动物区别规制、完善冒名顶替及集资诈骗行为惩治等方面。[③]

经 2015 年修正的《立法法》第 39 条规定：“拟提请常务委员会会议审议通过的法律案，在法律委员会提出审议结果报告前，常务委员会工作机构可以对法律草案中主要制度规范的可行性、法律出台时机、法律实施的社会效果和可能出现的问题等进行评估。评估情况由法律委员会在审议结果报告中予以说明。”根据《立法法》第 39 条的这一规定，全国人大常委会法工委曾于 2015 年 8 月 10 日在京召开了《刑法修正案（九）》通过前的立法评估会，在刑法修正方面开启了立法评估会的先河。[④] 同样地，根据《立法法》这一规定，全国人大常委会法工委于 2020 年 12 月 11 日在京召开了“刑法修正案（十一）草案通过前评估会”。这次评估会由全国人大常委会法工委副主任李宁主持，邀

---

① 赵秉志. 关于《刑法修正案（十一）（草案二审稿）》的完善建言（2020 年 11 月 2 日）.

② 高铭暄教授关于《刑法修正案（十一）（草案二审稿）》的意见（2020 年 10 月 26 日）.

③ 全国人大常委会法工委刑法室.《刑法修正案（十一）（草案二次审议稿）》向社会公众征求意见的情况//第十三届全国人大常委会第二十四次会议（2020 年 12 月 22—26 日）参阅资料.

④ 赵秉志主编.《中华人民共和国刑法修正案（九）》理解与适用. 北京：中国法制出版社，2016：18-19.

请了两位全国人大代表、三位专家[①]和法院、检察院、公安机关的六位司法、执法人员参加；法工委刑法室的几位负责人亦出席了会议。提交这次评估会议讨论与评估的《刑法修正案（十一）（草案）》（2020 年 12 月 11 日稿），与之前提交第十三届全国人大常委会第二十二次会议进行第二次审议的《刑法修正案（十一）（草案）》（二审稿）相比，有两个方面的修改或补充：一是增加了 5 个条文，使条文总数由 42 个增加到 47 个，这样就使条文总数接近《刑法修正案（八）》（50 条）和《刑法修正案（九）》（52 条）。新增的 5 个条文即评估稿的第 17 条（修改刑法典第 213 条假冒注册商标罪）、第 18 条（修改刑法典第 214 条销售假冒注册商标的商品罪）、第 19 条（修改刑法典第 217 条侵犯著作权罪）、第 20 条（修改刑法典第 218 条销售侵权复制品罪）、第 23 条（修改刑法典第 220 条关于对单位犯罪的处罚），均为有关侵犯知识产权的犯罪，系立法国家机关工作机构会同中央有关机关共同研究而拟定。在此过程中国家立法机关工作机构曾专门到北京市海淀区人民法院和腾讯公司进行了涉知识产权违法犯罪方面的调研。[②] 二是对草案二审稿的部分条文又进行了修改，包括：（1）修改了降低刑事责任年龄的规定，将二审稿第 1 条第 3 款关于“已满十二周岁不满十四周岁的人，犯故意杀人、故意伤害罪，致人死亡，情节恶劣的，经最高人民检察院核准，应当负刑事责任”的规定，修改为“已满十二周岁不满十四周岁的人，犯故意杀人、故意伤害罪，致人死亡或者以特别残忍手段致人重伤造成严重残疾，情节恶劣的，经最高人民检察院核准追诉的，应当负刑事责任”。也即增加了“以特别残忍手段致人重伤造成严重残疾”的危害情况和经最高人民检察院核准“追诉”的程序规定。（2）将草案二审稿第 2 条危害公共交通工具行驶安全犯罪第 3 款关于“有前两款行为，致人伤亡或者造成其他严重后果，同时构成其他犯罪的，依照处罚较重的规定定罪处罚”的规定，修改为“有前两款行

---

① 两位全国人大代表为九三学社中央委员阎建国律师、中国科学院大学马一德教授；三位刑法学专家为中国刑法学研究会常务副会长陈泽宪研究员、副会长曲新久教授、秘书长刘志伟教授。

② 全国人大常委会法工委刑法室. 知识产权犯罪有关问题调研简报//第十三届全国人大常委会第二十四次会议（2020 年 12 月 22—26 日）参阅资料.

为，同时构成其他犯罪的，依照处罚较重的规定定罪处罚”。也即删去了“致人伤亡或者造成其他严重后果”的规定。(3) 对一些条文作了个别文字的修正。在全国人大常委会法工委刑法室王爱立主任对草案评估稿和评估要求予以介绍后，与会者对草案评估稿作了总体的肯定评价，认为草案适应社会发展和犯罪情况变化背景下完善刑事法治的实际需要，具备科学性和可操作性，及时通过并实施会取得较好的法治效果和社会效果；同时也提出了一些具体的修改意见。

（四）第三次立法审议暨通过

第十三届全国人大常委会第二十四次会议于 2020 年 12 月 22 日至 26 日在北京举行。根据全国人大常委会委员长会议的建议，《刑法修正案（十一）(草案)》的审议被纳入此次会议议程，进行第三次立法审议。提交此次会议审议的《刑法修正案（十一）（草案)》（三审稿）在二审稿 42 个条文的基础上增加了 6 个条文，共计 48 个条文。根据国家立法机关的说明，与草案的评估稿［2020 年 12 月 11 日《刑法修正案（十一）（草案)》］相比，草案三审稿主要是作了两处修改：一是增加了一个条文，即草案三审稿的第 19 条，规定：“将刑法第二百一十五条修改为：‘伪造、擅自制造他人注册商标标识或者销售伪造、擅自制造的注册商标标识，情节严重的，处三年以下有期徒刑，并处或者单处罚金；情节特别严重的，处三年以上十年以下有期徒刑，并处罚金。’”二是对草案评估稿的一些文字作了修改。之后，《刑法修正案（十一）（草案)》（表决稿）与草案三审稿的内容没有变化。

2020 年 12 月 26 日，第十三届全国人大常委会第二十四次会议表决通过了《刑法修正案（十一）(草案)》。同日，国家主席习近平发布《中华人民共和国主席令》(第 66 号)，公布了《刑法修正案（十一）》，《刑法修正案（十一）》自 2021 年 3 月 1 日起施行。

## 四、《刑法修正案（十一）》修法的基本内容

《刑法修正案（十一）》共计 48 条，除去第 48 条关于施行时间的规定，共有

47 个条文属于对刑法典进行的实质修改补充。其内容主要包括九个方面。

（一）完善未成年人刑法，加强未成年人的权利保护

基于对未成年人的权利保障和权益保护的双向立场，《刑法修正案（十一）》重点从四个方面完善了我国涉未成年人的刑法立法：(1) 附条件降低最低刑事责任年龄，将未成年人承担刑事责任的最低年龄由原来的年满 14 周岁下降为年满 12 周岁，规定："已满十二周岁不满十四周岁的人，犯故意杀人、故意伤害罪，致人死亡或者以特别残忍手段致人重伤造成严重残疾，情节恶劣，经最高人民检察院核准追诉的，应当负刑事责任。"(2) 完善强奸罪加重处罚的情节，对强奸罪适用"十年以上有期徒刑、无期徒刑或者死刑"增加规定了两种情形，即"在公共场所当众奸淫幼女的"，以及"奸淫不满十周岁的幼女或者造成幼女伤害的"。(3) 增设特殊职责人员性侵罪，规定："对已满十四周岁不满十六周岁的未成年女性负有监护、收养、看护、教育、医疗等特殊职责的人员，与该未成年女性发生性关系的，处三年以下有期徒刑；情节恶劣的，处三年以上十年以下有期徒刑。"(4) 完善猥亵儿童罪的刑罚规范，规定："猥亵儿童的，处五年以下有期徒刑；有下列情形之一的，处五年以上有期徒刑：（一）猥亵儿童多人或者多次的；（二）聚众猥亵儿童的，或者在公共场所当众猥亵儿童，情节恶劣的；（三）造成儿童伤害或者其他严重后果的；（四）猥亵手段恶劣或者有其他恶劣情节的。"该规定既调整了猥亵儿童罪的基本法定刑，即将原来的"五年以下有期徒刑或者拘役"调整为"五年以下有期徒刑"，也调整了猥亵儿童罪加重处罚的情节，即将适用"五年以上有期徒刑"的情节由原来的"聚众""在公共场所当众""其他恶劣情节"三种扩大为四种（其中第二种又包含了两种更具体的情节）。

（二）完善安全刑法，加强惩治危害安全生产的犯罪

着眼于加强对道路交通安全和生产安全的保护，《刑法修正案（十一）》加大了对危害安全生产犯罪的惩治力度。这方面的内容包括：(1) 增设妨害安全驾驶罪。《刑法修正案（十一）》第 2 条在刑法典中增设第 133 条之二，将对行驶中的公共交通工具的驾驶人员使用暴力、抢控驾驶操纵装置，以及驾驶人员与之互

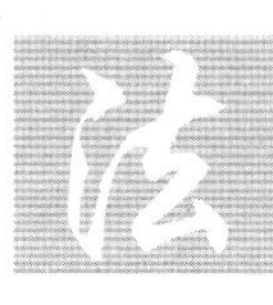



毁，危及公共安全的行为规定为犯罪。(2) 增加冒险组织作业犯罪。《刑法修正案（十一）》第3条将“明知存在重大事故隐患而不排除，仍冒险组织作业，因而发生重大伤亡事故或者造成其他严重后果的”情形纳入刑法典第134条第2款，提升对此类行为的处罚力度。(3) 增设危险生产、作业罪。《刑法修正案（十一）》第4条在刑法典中增设第134条之一，将违反规定实施具有导致重大伤亡事故或者其他严重后果的现实危险的3种违规生产行为纳入刑法的规制范围。

（三）完善民生刑法，加强惩治危害药品安全的犯罪

为加强对药品安全的刑法保护，《刑法修正案（十一）》重点加强了药品安全保护的刑法与行政法衔接、密织药品安全保护的刑事法网和完善对危害药品安全犯罪的刑罚处罚等三个方面的立法。这包括：(1) 完善假药劣药认定，加强刑法与行政法衔接。2019年8月26日修订的《药品管理法》对假药、劣药的认定作了重大调整，其中重要的一点是取消了“按假药论处”和“按劣药论处”的情形，只规定“假药”“劣药”的具体情形。为此，《刑法修正案（十一）》删除了刑法典第141条原第2款、第142条原第2款。(2) 扩张危害药品安全犯罪范围，密织刑事法网：一是扩大了假药、劣药犯罪的行为范围。《刑法修正案（十一）》扩大了生产、销售假药、劣药的行为范围，其第5条明确将“药品使用单位的人员明知是假药而提供给他人使用的”行为纳入生产、销售假药罪的范围，第6条明确将“药品使用单位的人员明知是劣药而提供给他人使用的”行为纳入生产、销售劣药罪的范围，严密了我国刑法惩治生产、销售假药、劣药行为的法网。二是增加规定部分妨害药品管理行为为犯罪。药品安全融合了人身财产安全法益和药品管理秩序法益，我国传统危害药品安全犯罪的刑法立法侧重对人身财产安全的保护。《刑法修正案（十一）》在此基础上加强了对药品管理秩序的刑法保护，专门将四种足以严重危害人体健康的妨害药品管理行为单独入罪并设置了专门的法定刑，进一步严密了我国刑法惩治危害药品安全犯罪的刑事法网。(3) 调整危害药品安全犯罪法定刑，优化刑罚处罚。这主要体现在以下两个方面：一是完善了生产、销售劣药罪的罚金刑。《刑法修正案（十一）》取消了生产、销售劣药罪的比例制罚金，改为抽象罚金，即规定“并处罚金”，至于具体

的罚金数额，交由司法机关综合案件情况判定，从而有利于更好地发挥罚金的功能。二是加强了对药品安全监管渎职行为的刑罚处罚。《刑法修正案（十一）》扩大了刑法典第 408 条之一的主体范围，将负有药品安全监督管理职责的国家机关工作人员纳入原食品监管渎职罪的主体范围，并提高了法定刑，从而有助于更好地发挥刑罚的预防犯罪功能。①

（四）完善金融刑法，加强惩治破坏金融秩序犯罪

为了加强对金融安全的刑法保护，《刑法修正案（十一）》从多个方面完善了金融刑法立法：（1）增设违法催收非法债务犯罪。针对当前我国多发的非法借贷及其衍生的违法催收非法债务行为，《刑法修正案（十一）》增设了专门的违法催收非法债务罪，其第 34 条规定："在刑法第二百九十三条后增加一条，作为第二百九十三条之一：'有下列情形之一，催收高利放贷等产生的非法债务，情节严重的，处三年以下有期徒刑、拘役或者管制，并处或者单处罚金：（一）使用暴力、胁迫方法的；（二）限制他人人身自由或者侵入他人住宅的；（三）恐吓、跟踪、骚扰他人的。'"（2）完善金融刑法的调整范围。《刑法修正案（十一）》结合我国惩治金融犯罪的实践需要，完善了欺诈发行证券罪，违规披露、不披露重要信息罪，操纵证券、期货交易罪的行为范围，使其能够更好地惩治相关的危害金融安全犯罪行为。同时，这方面特别引人注目和非常重要的一项修法，是《刑法修正案（十一）》根据我国当前惩治洗钱犯罪的实践需要和国际社会惩治洗钱犯罪的合作要求，修改了我国刑法中的洗钱罪，明确将自洗钱行为单独入罪。（3）加大对部分金融犯罪的刑罚处罚力度。针对我国实践中高发、多发的非法集资犯罪，为了提升惩治力度，《刑法修正案（十一）》大幅提高了非法吸收公众存款罪、集资诈骗罪的法定刑，将非法吸收公众存款罪的法定最高刑由之前的 10 年有期徒刑提高至 15 年有期徒刑，将集资诈骗罪的法定最低刑直接提高至 3 年有期徒刑。

① 袁彬．密织药品安全保护的刑事法网．检察日报，2021-01-06．

（五）完善产权刑法，加强民营企业产权刑法保护

加强对企业产权的刑法保护是《刑法修正案（十一）》贯彻中央关于加强民营企业产权法律保护政策的重要体现，并主要体现在以下两个方面：（1）加强惩治危害企业产权的职务犯罪。针对企业内部侵犯企业产权的行为，《刑法修正案（十一）》重点调整了非国家工作人员受贿罪、职务侵占罪和挪用资金罪的法定刑，包括完善其法定刑幅度（如将非国家工作人员受贿罪、职务侵占罪、挪用资金罪的法定刑由过去的两档调整为三档）和提高其法定刑（如将非国家工作人员受贿罪、职务侵占罪的法定最高刑由 15 年有期徒刑提高至无期徒刑，将挪用资金罪的法定最高刑由 10 年有期徒刑提高至 15 年有期徒刑）。（2）提高涉企业常见犯罪的入罪门槛。这集中体现为对骗取贷款、票据承兑、金融票证罪的入罪门槛进行了调整，将其入罪门槛由“给银行或者其他金融机构造成重大损失或者有其他严重情节”修改为“给银行或者其他金融机构造成重大损失”，使该罪由过去宽泛的情节犯改为结果犯。同时，加大了对提供虚假证明文件行为的刑法惩治。

（六）完善知识产权刑法，加强知识产权刑法保护

基于强化知识产权刑法保护立场，《刑法修正案（十一）》从四个方面加强了对知识产权的刑法保护：（1）增设为境外窃取、刺探、收买、非法提供商业秘密罪。《刑法修正案（十一）》第 23 条规定：“在刑法第二百一十九条后增加一条，作为第二百一十九条之一：‘为境外的机构、组织、人员窃取、刺探、收买、非法提供商业秘密的，处五年以下有期徒刑，并处或者单处罚金；情节严重的，处五年以上有期徒刑，并处罚金。’”（2）完善了对知识产权犯罪的处罚范围。例如，将刑法典第 213 条假冒注册商标罪的规制范围由“商品”商标扩大至“商品、服务”商标；将刑法典第 217 条侵犯著作权罪的规制范围扩大至包括“通过信息网络向公众传播”“未经表演者许可，复制发行录有其表演的录音录像制品，或者通过信息网络向公众传播其表演”“未经著作权人或者与著作权有关的权利人许可，故意避开或者破坏权利人为其作品、录音录像制品等采取的保护著作权或者与著作权有关的权利的技术措施”等。（3）调整了知识产权犯罪的入罪门

槛。例如，将刑法典第 214 条销售假冒注册商标的商品罪的入罪门槛由“销售金额数额较大”修改为“违法所得数额较大或者有其他严重情节”，将刑法典第 218 条销售侵权复制品罪的入罪门槛由“违法所得数额巨大”改为“违法所得数额巨大或者有其他严重情节”。(4) 提高对知识产权犯罪的刑罚处罚，例如，将刑法典第 215 条非法制作、销售非法制造的注册商标标识罪的法定最低刑由“管制”提高至“有期徒刑”，将刑法典第 218 条销售侵权复制品罪的法定最高刑由“三年有期徒刑”提高至“五年有期徒刑”。

（七）完善卫生刑法，加大惩治危害公共卫生犯罪

为保护公共卫生安全，总结新冠肺炎疫情防控经验和需要，与野生动物保护法、生物安全法、传染病防治法等法律的修改、制定相衔接，在强化公共卫生刑事法治保障方面，《刑法修正案（十一）》作了三个方面的调整：(1) 修改妨害传染病防治罪，进一步明确新冠肺炎等依法确定的采取甲类传染病管理措施的传染病属于该罪的调整范围，补充完善构成犯罪的情形，增加规定了拒绝执行人民政府依法提出的预防控制措施，非法出售、运输疫区被污染物品等犯罪行为。(2) 基于维护国家安全和生物安全，防范生物威胁，与生物安全法衔接的考虑，增加规定了三类犯罪行为：非法从事人体基因编辑、克隆胚胎的犯罪；严重危害国家人类遗传资源安全的犯罪；非法处置外来入侵物种的犯罪等。(3) 将以食用为目的非法猎捕、收购、运输、出售除珍贵、濒危野生动物以外的在野外环境自然生长繁殖的陆生野生动物，情节严重的行为增加规定为犯罪，以从源头上防范和控制重大公共卫生安全风险。

（八）完善公共秩序刑法，加大惩治扰乱公共秩序犯罪

为加强对社会公共秩序的维护，《刑法修正案（十一）》对刑法典作出了如下修改和补充：(1)《刑法修正案（十一）》第 31 条修改了刑法典第 277 条第 5 款，将原本作为妨害公务罪从重处罚情形的“暴力袭击正在依法执行职务的人民警察”的行为，修改成为一种独立犯罪；(2)《刑法修正案（十一）》第 32 条在刑法典中增设第 280 条之二，将冒名顶替他人取得 3 种资格的行为纳入刑法的规制范围；(3)《刑法修正案（十一）》第 33 条在刑法典中增设第 291 条之二，将从

建筑物或者其他高空抛掷物品，情节严重的行为纳入刑法的规制范围；（4）《刑法修正案（十一）》第35条在刑法典中增设第299条之一，将侵害英雄烈士的名誉、荣誉，损害社会公共利益，情节严重的行为纳入刑法的规制范围；（5）《刑法修正案（十一）》第36条调整了刑法典第303条第2款开设赌场罪的法定刑配置，将基本档的“3年以下有期徒刑、拘役或者管制，并处罚金”修改为“5年以下有期徒刑、拘役或者管制，并处罚金”，同时增设第3款，将组织我国公民参与国（境）外赌博，数额巨大或者有其他严重情节的行为纳入刑法的规制范围。

（九）完善环境刑法，加强惩治破坏环境资源保护犯罪

为了与野生动物保护法、生物安全法等法律的修改、制定相衔接，基于维护国家生态安全和生物安全、防范生物威胁、加大对污染环境罪的惩处力度的考虑，《刑法修正案（十一）》主要作了以下立法修改：（1）修改污染环境罪，增加一档法定刑（“七年以上有期徒刑，并处罚金”），并明确其具体适用情形，包括：在饮用水水源保护区、自然保护地核心保护区等依法确定的重点保护区域排放、倾倒、处置有放射性的废物、含传染病病原体的废物、有毒物质，情节特别严重的；向国家确定的重要江河、湖泊水域排放、倾倒、处置有放射性的废物、含传染病病原体的废物、有毒物质，情节特别严重的；致使大量永久基本农田基本功能丧失或者遭受永久性破坏的；致使多人重伤、严重疾病，或者致人严重残疾、死亡的。（2）增设了多个新的犯罪，包括增加规定在国家公园、国家级自然保护区非法开垦、开发或者修建建筑物等严重破坏自然保护区生态环境资源的犯罪，以及非法引进、释放或者丢弃外来入侵物种的犯罪。

此外，《刑法修正案（十一）》还增加了妨害兴奋剂管理犯罪，为境外窃取、刺探、收买、非法提供军事秘密犯罪；并完善了军人违反职责罪的主体。

## 五、《刑法修正案（十一）》修法的主要特点

综观《刑法修正案（十一）》的立法过程和立法内容可以发现，此次刑法修



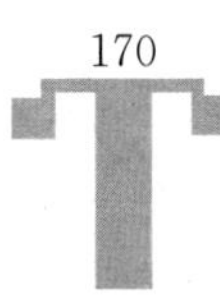

正具有以下四个方面的显著特点。

（一）立法的统一性

立法的统一性要求立法在形式上和内容上保持统一，以防止立法出现矛盾和冲突。《刑法修正案（十一）》在立法上也力求统一，并主要体现在：

第一，坚守刑法法典化，保持立法形式的统一。1997 年刑法典颁行至今，我国已对刑法典进行过 12 次修正［包括《刑法修正案（十一）》］，其中刑法修正案是刑法修法的主要模式（11 次）。《刑法修正案（十一）》采取刑法修正案的方式进行修法，延续了我国刑法修正的主要模式。这种刑法修正案能充分维护刑法立法的统一性：一方面，有助于维护刑法的结构统一。从内容上看，刑法修正案属于刑法典，刑法修正案颁布以后要将其内容纳入刑法典并与刑法典的相关内容进行重新编纂，整个立法内容都必须被纳入刑法典的统一结构和体例。这样就明确了新的修法内容与刑法典的关系，有效地避免了新的修法与刑法典原有内容关系的不协调、不明确问题，既促进了刑法立法的协调完善，又便于司法中对刑法立法的正确理解与适用，从而兼顾了维护刑法典的统一性与完善性的需要。① 另一方面，有助于维护刑法的形式统一。附属刑法附属于非刑事法律，而定罪量刑时引用的法律是非刑事法律而刑法，这在法律形式上相当不协调，容易造成人们认识上的错觉，即依据民事、行政法律定罪量刑似乎名不正言不顺。相反，刑法修正案并不独立于刑法典而存在，司法实务中在定罪量刑时引用的是刑法典的条文而非刑法修正案的条文。这种情形与附属刑法存在根本的区别。② 同时，受国家立法机关工作机构分工的影响，我国刑法的立法工作是由全国人大常委会法工委刑法室负责，但非刑事法律则是由其他部门负责。由于专业工作的局限，非刑事法律工作机构在对刑法进行立法时往往很难兼顾好不同的刑法规范，因此难以保证不同刑法规范之间的协调与统一。相反，刑法修正案的立法工作则不存在这

① 赵秉志．论刑法典自身完善的方式．法学杂志，1990（4）．赵秉志，蒋熙辉．试论刑法修正案//张艾清，李理主编．贵州法学论坛．贵阳：贵州人民出版社，2000：7.

② 张明楷，陈兴良，车浩．立法、司法与学术——中国刑法二十年回顾与展望．中国法律评论，2017（5）．

个问题。从这个角度看，刑法修正案在立法形式和立法内容上均能较好地维持刑法典的体例和结构，进而能充分地保证刑法的统一性。

第二，坚持刑法体系化，保持立法内容的统一。刑法立法在内容上不仅要兼顾纵向逻辑体系（考虑刑法的立法传统和未来发展），也要兼顾横向逻辑体系（考虑刑法内部不同章节的统一）。《刑法修正案（十一）》在立法内容上较好地做到了立法的统一，表现在：一是较好地实现了刑法与行政法、民法之间的统一。如前所述，加强刑法与行政法、民法之间的协调是此次刑法修正案的重要背景和立法依据。在此基础上，刑法修正案通过增设高空抛物罪、危害国家人类遗传资源安全罪、妨害安全驾驶罪，侵犯英雄烈士名誉、荣誉罪，冒名顶替罪等犯罪，并通过调整相关犯罪的入罪范围，促进了刑法与行政法、民法之间的统一。二是较好地实现了刑法内部之间的统一。例如，《刑法修正案（十一）》在增设妨害安全驾驶罪的同时，兼顾了该罪与交通肇事罪、以危险方法危害公共安全罪之间的协调关系，不仅明确规定有妨害安全驾驶行为，同时构成其他犯罪的，依照处罚较重的规定定罪处罚，而且在法定刑的设置上只规定了一档轻刑“处一年以下有期徒刑、拘役或者管制，并处或者单处罚金”，从而保证了该罪与交通肇事罪、以危险方法危害公共安全罪之间的处罚统一性。同样，《刑法修正案（十一）》关于高空抛物罪、冒名顶替罪等犯罪的设置都充分考虑了其与相关犯罪之间的协调关系，力求保证刑法立法的统一。

（二）立法的实用性

立法的实用性反映了立法对社会现实回应的及时性和程度，体现的是立法注重其实践性。《刑法修正案（十一）》的一大显著特点是及时回应社会重大关切，务实地处理当前我国社会面临的突出问题。其立法的实用性主要体现在以下两个方面：

第一，积极回应社会的现实需求。如前所述，近年来我国社会领域发生了系列具有重大影响的案件，引发了人们对刑法立法不足的关注。其中，已满 12 周岁不满 14 周岁的人实施恶性犯罪问题，猥亵、性侵儿童（尤其女童）问题，高考招生中的冒名顶替问题，抢夺公交车方向盘和殴打公交车驾驶员问题，基因编

辑问题等，都触碰到了刑法的立法痛点和盲点。刑法立法不足以应对社会重大问题的缺陷被暴露在公众眼前。针对这些重大社会热点问题，《刑法修正案（十一）》都一一进行了回应，不仅调整了相关犯罪的入罪标准、提高了相关犯罪的法定刑，而且通过设置一系列新的犯罪，完善了刑法的调控范围。至此，当前这些备受社会关注的热点问题和民众要求对相关热点问题完善刑法立法的诉求，都得到了解决和满足。

第二，注重立法的实际操作性。刑法立法要注重结构合理和体系统一，但也要注重实际操作性。这里面存在较大争议的是《刑法修正案（十一）》关于自洗钱行为入刑问题。从刑法体系性的角度看，自洗钱行为与我国传统刑法的事后不可罚行为的理论和实践不完全相匹配。但从反洗钱国际合作和我国反洗钱的现实需要角度看，自洗钱行为入刑具有其现实意义，而且也具有可操作性。《刑法修正案（十一）》实际上是在争议之中将自洗钱行为入刑，强化刑法立法的实际操作取向。同样，《刑法修正案（十一）》将集资诈骗罪的法定最低刑直接提高至3年有期徒刑，其基本法定刑被设定为“三年以上七年以下有期徒刑”，这与我国刑法关于诈骗犯罪的法定刑设置总体上不相匹配，明显偏高，在立法研拟过程中也备受争议，但最终《刑法修正案（十一）》仍然采用，强调了该立法对惩治集资诈骗犯罪的实用性。

（三）立法的创新性

立法的创新性是立法的生命力不断延续、提升的体现。为了提升刑法立法的生命力，《刑法修正案（十一）》也进行了一些立法上的创新，表现在：

第一，第一次使用“现实危险”的表述，将具体危险犯予以立法化认可。刑法上的危险犯有抽象危险犯与具体危险犯，抽象危险犯与行为犯无异，不需要对危险进行程度上的判定。但具体危险犯则要求对危险进行程度上的判定，只有危险程度较高的情形才能构成犯罪。在我国已有刑法立法条文中，虽然也规定了不少具体危险犯，但都使用的是“足以发生……危险”（如刑法典第116条的“足以使火车、汽车、电车、船只、航空器发生倾覆、毁坏危险”），只对行为与结果发生之间的危险程度高低进行表述，没有对行为与结果之间的危险实现早晚进行限定。《刑法修正案（十一）》第 4 条针对危险生产、作业罪规定的入罪门槛是“具有发生重大伤亡事故或者其他严重后果的现实危险的”。从表述的内涵来看，这种危险较之于“足以发生……危险”，具有更强的紧迫性。这也表明“我国刑法中的公共安全罪逐渐向着公共危险罪的立法方向演进”[①]。

第二，第一次将事后不可罚行为入罪，突破了吸收犯处罚原则。吸收犯是数个犯罪行为，其中一个犯罪行为吸收其他的犯罪行为，仅成立吸收的犯罪行为所触犯的那个罪名的犯罪形态。事后不可罚行为被认为是吸收犯的一种情形（前后行为有轻有重时，轻行为应为重行为所吸收）。[②] 不过，《刑法修正案（十一）》第 14 条将掩饰、隐瞒毒品犯罪、黑社会性质的组织犯罪、恐怖活动犯罪、走私犯罪、贪污贿赂犯罪、破坏金融管理秩序犯罪、金融诈骗犯罪的自洗钱行为入罪后，我国刑法将第一次面临对吸收犯进行数罪并罚的局面，并将突破传统的处罚吸收犯的原则。

（四）立法的审慎性

《刑法修正案（十一）》因应社会发展的需要进行了大量现实性立法，并通过增设新的犯罪、扩张犯罪的入罪范围等方式，加大了对许多犯罪的处罚力度。不过，在扩大犯罪圈的同时，《刑法修正案（十一）》也注重合理限制，反映了刑法立法的审慎性。这在《刑法修正案（十一）》中有诸多体现，其中比较典型的表现包括：

第一，在降低刑事责任年龄的同时，严格限制已满 12 周岁不满 14 周岁的人承担刑事责任的范围。对于降低刑事责任年龄，《刑法修正案（十一）》第 1 条第 3 款规定：“已满十二周岁不满十四周岁的人，犯故意杀人、故意伤害罪，致人死亡或者以特别残忍手段致人重伤造成严重残疾，情节恶劣，经最高人民检察院核准追诉的，应当负刑事责任。”该款在降低刑事责任年龄的同时，对

① 陈兴良．公共安全犯罪的立法思路嬗变：以《刑法修正案（十一）》为视角．法学，2021（1）．

② 高铭暄，马克昌主编．刑法学．9 版．北京：北京大学出版社，高等教育出版社，2019：192－193．

已满12周岁不满14周岁的人承担刑事责任的范围进行了严格限制，包括必须"犯故意杀人、故意伤害罪"（罪行条件）、"致人死亡或者以特别残忍手段致人重伤造成严重残疾"（结果条件）、"情节恶劣"（情节条件），以及"经最高人民检察院核准追诉"（程序条件）。这也反映出《刑法修正案（十一）》立法的审慎性。

第二，在增设新罪的同时，严格限定行为的入罪条件。这表现在：一是《刑法修正案（十一）》增设了十余种新罪，但同时对相关犯罪的入罪条件进行了严格限制。例如，《刑法修正案（十一）》对增设的新罪（如高空抛物犯罪、非法讨债犯罪，侵犯英雄烈士名誉、荣誉犯罪等），都规定了"情节严重"等限制，为司法限制相关行为入刑提供了立法依据。二是《刑法修正案（十一）》对部分犯罪法定刑的提升也十分审慎。在《刑法修正案（十一）》立法研拟过程中，其草案一审稿曾主张将食品、药品监管渎职罪的处罚大幅提升，规定只要具有"瞒报、谎报、漏报食品药品安全事件，情节严重的""对发现的严重食品药品安全违法行为未及时查处的""未及时发现监督管理区域内重大食品药品安全隐患的""不符合条件的申请准予许可，情节严重的""依法应当移交司法机关追究刑事责任不移交的"等情形之一的，就"处五年以下有期徒刑或者拘役"，处罚相当严厉。后经讨论、修改，《刑法修正案（十一）》第45条将食品、药品监管渎职行为入罪的门槛提升为"造成严重后果或者有其他严重情节"。这反映出《刑法修正案（十一）》立法的审慎性。

## 六、《刑法修正案（十一）》修法的若干缺憾

《刑法修正案（十一）》是我国刑法因应社会发展的现实需要进行的又一次重大刑法修正，其内容丰富、热点频出，具有十分积极的现实意义。不过，在笔者看来，由于各种因素的影响和制约，《刑法修正案（十一）》的修法也还存在一些缺憾。这主要体现在以下方面。

（一）在修法导向上，过于注重从严修法，从宽力度不大

宽严相济是我国现阶段的基本刑事政策，刑事法治包括刑法修正都应以宽严相济的刑事政策为指导。《刑法修正案（十一）》在起草之初即提出要贯彻宽严相济的刑事政策。那么，《刑法修正案（十一）》贯彻体现宽严相济刑事政策的情况如何？

《刑法修正案（十一）》共 48 条，除了第 48 条是关于刑法修正案施行时间的规定，其他 47 条都是关于刑法规范的条文。这些条文中，只有两个条文完全是从宽处罚的规定：一是《刑法修正案（十一）》第 11 条，即将刑法典第 175 条之一骗取贷款、票据承兑、金融票证罪的入罪门槛由“给银行或者其他金融机构造成重大损失或者有其他严重情节”修改为“给银行或者其他金融机构造成重大损失”，删除了“或者有其他严重情节”。这是提高了骗取贷款、票据承兑、金融票证罪的入罪门槛，有助于限缩该罪的入罪范围。二是《刑法修正案（十一）》第 46 条，即针对为境外窃取、刺探、收买、非法提供军事秘密罪增加了一档从宽的法定刑（“处五年以上十年以下有期徒刑”）。同时，在非法吸收公众存款罪①、挪用资金罪②中增设从宽情节。

不过，除了上述少量的几处从宽立法，《刑法修正案（十一）》的其他 45 个条文都是表现为从严的刑法规范，包括：（1）降低刑事责任年龄（1 条）；（2）增加新的犯罪（20 条）；（3）修改相关犯罪的罪状（13 条）；（4）提高相关犯罪的处罚（包括降低入罪门槛、增加加重处罚情节和提高法定刑，10 条）。从《刑法修正案（十一）》规定的刑法规范的比例来看，从严的刑法条文占据了绝大多数。与《刑法修正案（八）》《刑法修正案（九）》大幅削减死刑罪名、严格限制死刑适用条件、规定未成年人和老年人犯罪时从宽、将坦白上升为法定从宽情节等系列从宽规定相比，《刑法修正案（十一）》的立法整体上呈现出从严的趋

① 《刑法修正案（十一）》第 12 条第 3 款规定：“有前两款行为，在提起公诉前积极退赃退赔，减少损害结果发生的，可以从轻或者减轻处罚。”

② 《刑法修正案（十一）》第 30 条第 3 款规定：“有第一款行为，在提起公诉前将挪用的资金退还的，可以从轻或者减轻处罚。其中，犯罪较轻的，可以减轻或者免除处罚。”

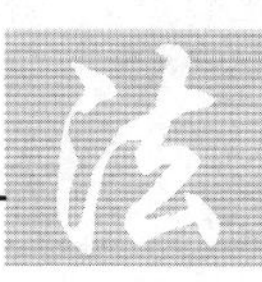

势，从宽的力度和幅度不大，其对宽严相济刑事政策的贯彻明显不够全面。

（二）在修法内容上，过于注重回应社会热点，整体修法不足

《刑法修正案（十一）》的47条规范中很大一部分内容是回应当前我国社会的热点问题，这些问题常因为个案而受到社会的密切关注。这体现在《刑法修正案（十一）》中非常普遍，包括降低刑事责任年龄，妨害安全驾驶、危险生产作业、高空抛物、侵犯英雄烈士名誉荣誉、非法讨债、冒名顶替、特殊职责人员性侵入罪，对猥亵儿童犯罪从严，等等。从修法的整体性角度看，《刑法修正案（十一）》的修法内容存在三个方面的明显不足：

第一，在刑法立法模式上，《刑法修正案（十一）》没有将单行刑法纳入修正案，未能进一步推动刑法的统一。1997年刑法典颁行20余年来，全国人大常委会曾于1998年12月制定了迄今唯一的一个实质性的单行刑法《关于惩治骗购外汇、逃汇和非法买卖外汇犯罪的决定》。据国家立法机关工作机构的专家介绍，当时之所以采取单行刑法的方式，是因为立法机关认为这类有关外汇的犯罪具有显著的暂时性、阶段性的特征，在不太遥远的将来会受到非犯罪化的调整，因而采用单行刑法的形式更有利于将来的立法废止，而且不会影响刑法典的稳定性。以今天的眼光看来，立法机关当时的立法前景判断和立法形式抉择都是有历史局限性的。之后，我国刑法修法都是采取修正案的方式。在我国已对民法明确采用了“民法典”的称谓之后，国家基本法律之立法法典化的趋势进一步加强。在此基础上，我国应当考虑将1998年单行刑法的内容纳入刑法典（包括刑法修正案），以实现刑法立法的完全法典化。在《刑法修正案（十一）》立法研拟过程中，我们也曾提出过这一建议①，遗憾的是未被立法机关采纳。

第二，在社会热点与刑法整体性冲突上，《刑法修正案（十一）》更倾向于回应社会热点，而忽视刑法的整体价值和结构。这有两个方面的重要体现：一是在刑法的社会保护价值与人权保障价值发生冲突的情况下，立法抉择更倾向于社会

① 赵秉志，袁彬．关于将惩治外汇犯罪决定纳入《刑法修正案（十一）》的建言//北京师范大学刑事法律科学研究院刑事法治发展研究报告（82），2020年11月22日．

保护价值。例如，《刑法修正案（十一）》第1条明确规定将负刑事责任的最低年龄降低至12周岁。但实际上，在整个修法研拟过程中，最高司法机关以及刑法理论界的多数意见都是反对降低刑事责任年龄，认为降低刑事责任年龄不仅缺乏实证数据的支持（关于犯罪低龄化的证据不足），而且有违刑法的人道主义，也与国际社会的普遍做法和要求不符。在价值层面，刑事责任年龄的下降关乎刑法社会保护价值与人权保障价值的冲突，《刑法修正案（十一）》最终倾斜于社会保护价值而弱化了人权保障价值，与现代刑法的整体价值取向不太符合。二是在结构发生冲突的情况下，更倾向于个罪而忽视整体结构。以《刑法修正案（十一）》将自洗钱行为入罪为例：在刑法的整体结构层面，自洗钱行为是一种事后不可罚行为，与上游犯罪相比，具有明显的从属性。在大陆法系国家，自洗钱行为大多都是不可罚行为。在《刑法修正案（十一）》的研拟和立法审议过程中，对自洗钱行为应否独立入罪的争议很大，主张将之单独入罪的声音并未占据明显的上风。但《刑法修正案（十一）》基于国际追逃追赃的实务要求和压力，最终采用了英美法系国家的刑法做法，明确将自洗钱行为单独入罪。这样一来，刑法对此类行为的规制将面临一个现实难题，即对其他没有专门入罪的事后不可罚行为，如犯罪之后涉及刑法典第312条掩饰、隐瞒犯罪所得、犯罪所得收益罪的行为和涉及刑法典第349条掩饰、隐瞒毒品、毒赃罪的行为，是否也能单独追究行为人的刑事责任？这些都将是刑法理论上和实践中的难题。

第三，在当前亟须与长久改革之间，《刑法修正案（十一）》更倾向于解决当下问题，而忽视刑法的长久改革。这集中体现在我国死刑制度改革上。我们注意到，国家立法机关工作机构在《刑法修正案（十一）（草案）》正式形成和提交立法审议前的一个修法调研提纲和一个修法方案中，曾将死刑制度完善问题纳入了此次修改刑法的规划：其一，2019年7月30日全国人大常委会法工委刑法室研拟的刑法修改座谈会的修法提纲乃是立法工作机构初步考虑的《刑法修正案（十一）》的修法框架，该修法提纲包含了六个方面，其中第四个方面即为“死刑规范的完善问题”；其二，全国人大常委会法工委于2020年2月26日拟就并发送给中央政法机关等征求书面意见的《刑法修改初步方案》（征求意见稿）包含的

七个方面中，第六个方面即为“关于进一步减少死刑”，涉及修改刑法典总则第48条第1款关于死刑适用标准的规定，以及删除刑法典分则第125条第1款非法制造、买卖、运输、邮寄、储存枪支、弹药、爆炸物罪，第127条第1款盗窃、抢夺枪支、弹药、爆炸物、危险物质罪和第347条中运输毒品罪的死刑。当时中央各有关机关都及时反馈了修法意见和建议，据悉死刑立法完善问题获得了基本的赞同。但不知何故，在之后提交全国人大常委会进行立法审议和最终通过的《刑法修正案（十一）》的各种稿本中，均未再涉及死刑立法改革问题。但实际上，从我国刑法的长久改革来看，死刑立法改革十分必要，理由包括：一是进一步贯彻中国共产党十八届三中全会关于“逐渐减少适用死刑罪名”规定的需要。二是保持死刑立法改革的延续性。《刑法修正案（八）》《刑法修正案（九）》对死刑制度进行的立法改革举世瞩目且备受好评，死刑立法改革已经进入改革的攻坚期，需要继续坚持和突破。此前《刑法修正案（十）》因为涉及内容极少、时间极短而未对死刑制度进行立法改革情有可原。但《刑法修正案（十一）》涉及面广、内容丰富，应当对死刑问题有所涉及，哪怕只是修改个别条文（如将新生儿的母亲排除出死刑适用对象的范围、取消对审判时已满75周岁的人适用死刑的例外规定）以保持死刑立法改革的延续性。三是保持刑法立法改革的平衡性。死刑问题是我国刑法立法和司法的重大实践问题，其重要性远甚于某些罪名的增设，特别是对我国刑法改革的发展方向具有重要指引作用。《刑法修正案（十一）》关注了大量现实问题并进行了立法调整，却将具有更大现实意义的死刑立法改革问题置于一边，不甚妥当。四是适应死刑制度改革国际化趋势的需要。减少乃至废止死刑是当今文明世界的共识，为世界绝大多数国家和联合国所认同，是大势所趋。在国际化不断深化的今日乃至未来，顺应这一潮流有助于更好地推进我国社会的进步，促进刑法的文明化、人道化和科学化发展。五是死刑立法改革已有相对成熟的方案。在此次刑法修正案草案研拟过程中，死刑立法改革曾是刑法修改方案的重要内容，涉及了死刑适用标准和两类具体犯罪（妨害枪支、弹药、爆炸物、危险物质安全管理有关犯罪和运输毒品罪的死刑废止），内容已经较为成熟，具备纳入此次刑法修正内容的基础。因此可以说，《刑法修正案（十

一)》未将死刑立法改革纳入其中，殊为可惜。

（三）在修法维度上，过于注重单一方面，多维考虑不足

《刑法修正案（十一)》的一个重要指导思想是贯彻中央的政策要求，包括中央关于保护民营企业产权、安全生产等多方面的政策。客观地说，《刑法修正案（十一)》对这些问题都有涉及，有的贯彻得还很充分，如关于知识产权刑法保护的修法就十分全面，不仅增设了新的罪名，还修改了多个犯罪的罪状，调整了相关犯罪的入罪门槛，完善了法定刑。但在有些方面，刑法修法关注的方面比较单一，缺乏多维度、全方位的刑法修法思维。这集中体现在对民营企业产权刑法保护的立法上。

加强对民营企业产权的刑法保护是此次刑法修正的重要内容，并在草案一审稿、二审稿和最终通过的《刑法修正案（十一)》中都有多方面的体现。其中有些措施如提高骗取贷款、票据承兑、金融票证罪的入罪门槛，还得到了各方面的积极肯定。[①] 不过，《刑法修正案（十一)》关于民营企业产权刑法保护的规定也存在一些不足，表现在：一是过于注重惩罚的平等性，弱化了保护的平等性。民营企业产权刑法保护的核心是平等保护，但平等保护并不等同于平等惩罚。目前，《刑法修正案（十一)》针对民营企业产权刑法保护的立法重点是提高非国家工作人员受贿罪、职务侵占罪和挪用资金罪的处罚力度，将其法定刑提高至与受贿罪、贪污罪和挪用公款罪的法定刑相当的程度。不过，已有的实践经验表明，对违法犯罪行为的治理重在法网的严密而非惩治的严厉。对民营企业而言，企业产权与企业出资人（主要高管）的权利具有一定的重合性，提高对非国家工作人员受贿罪、职务侵占罪、挪用资金罪的处罚力度，很可能因误伤企业出资人而直接损害企业产权，保护可能因此变为侵害。二是应适当提高涉民营企业高频犯罪的入罪标准。当前，我国民营企业涉及的主要犯罪都是行政犯，如涉税犯罪、非

① 骗取贷款、票据承兑、金融票证罪的行为主体虽然属于一般主体，没有限定为民营企业。但从民营企业、国有企业经营的实际状况和该罪的适用来看，该罪的行为主体主要是民营企业。《刑法修正案（十一)》提高该罪的入罪门槛，实际上是加强了对民营企业的保护。

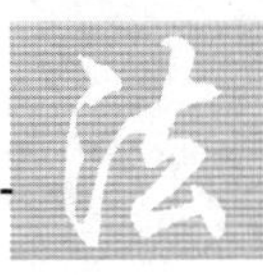

法经营类犯罪，其违法性都来自行政管理法律法规。从保护民营企业产权的角度，我国应当适当提高这些犯罪的入罪标准，避免刑法过度介入民营企业的内部经营。对于可能出现的违法行为，要多采用行政处罚的手段而少用刑事制裁手段。例如，对于发票类犯罪，可以从目的上进行限制，要求将以骗取国家税款为目的作为入罪条件；对于非法经营类犯罪，可以提高违法标准，按照中央关于保护民营企业产权的要求，将“违反国家规定”上升为“违反法律、行政法规。”只有这样，民营企业才能有更大的生存空间，进而才更有利于保护企业产权和民营经济的发展。但这些问题未引起立法者的足够重视，也没有反映在《刑法修正案（十一）》当中。

（四）在修法技术上，过多依赖概括表述，立法规范性不强

罪刑法定原则要求刑法立法尽可能地明确具体，以便司法者和民众能够更好地理解、掌握和适用。但从《刑法修正案（十一）》的立法过程和立法用语来看，其在立法技术上存在过多依赖概括表述、立法明确性不强的缺憾。这具体体现在：

第一，多处使用法益进行行为的限定，表明行为类型化不足。《刑法修正案（十一）》多处使用了法益对行为进行限定，如第 2 条第 1 款和第 2 款对妨害安全驾驶犯罪的规定中都使用了“危及公共安全”，第 38 条对危害国家人类遗传资源安全犯罪的规定中使用了“危害公共健康或者社会公共利益”。对这些法益的表述反映了立法者对相关犯罪的本质和行为性质缺乏信心。事实上，仅从相关犯罪所属的刑法典分则章节即可明确其侵害的法益。立法者既想将某些行为入罪，又担心入罪范围过宽，才刻意使用了法益来进行限定，意图进行行为范围的限定。但实际上这并不必要。

第二，多处使用“情节严重”进行行为的限定。“情节严重”是一种概括性称谓，因为情节的范围十分广，可以包括罪前、罪中、罪后的各种相关因素。一般而言，立法者对于入罪行为的危害性是有准确判断的，否则不能轻易将某类行为入罪。但在《刑法修正案（十一）》中，我们可以看到立法者大量使用了“情节严重”的表述，目的是适当限定行为的入罪范围，并留下区分行政违法与刑事

犯罪的界限空间。不过，这也反映出立法者对相关罪刑关系的把握信心不足，因而给司法留下非常自由裁量的空间。

第三，对部分犯罪的定位模糊。在《刑法修正案（十一）（草案）》的多个版本中，有几个犯罪的刑法定位引发很大争议。例如，《刑法修正案（十一）》第33条规定的高空抛物犯罪在最初的草案中是规定在危害公共安全罪一章，第35条规定的侵犯英雄烈士名誉、荣誉罪在最初的草案中是规定在侵犯公民人身权利、民主权利罪一章。这些犯罪在《刑法修正案（十一）》几次草案中的刑法定位变化反映了立法者对相关犯罪的认识变化，有其合理性，但也会带来一些问题。例如，高空抛物罪被放在危害公共安全罪一章意味着只有危害公共安全性质的高空抛物行为才能入罪，将其放在妨害社会管理秩序罪一章则意味着只要是高空抛物行为就可能入罪（至少在行为性质层面具备了入罪的条件），由此无疑会扩大该罪的入罪范围。

（五）在修法程序上，草案三审流于形式，立法程序不够完整

我国《立法法》第29条第1款规定：“列入常务委员会会议议程的法律案，一般应当经三次常务委员会会议审议后再交付表决。”第30条规定：“列入常务委员会会议议程的法律案，各方面意见比较一致的，可以经两次常务委员会会议审议后交付表决；调整事项较为单一或者部分修改的法律案，各方面的意见比较一致的，也可以经一次常务委员会会议审议即交付表决。”据此，对于刑法修正案草案一般都应当经三次全国人大常委会会议审议后才能交付表决，只有各方面意见比较一致的，才可以经两次或者一次全国人大常委会会议审议后交付表决。

在《刑法修正案（十一）（草案）》的立法审议过程中，草案一审稿只有31条，草案二审稿是42条，草案三审稿是48条。从增加的内容来看，草案二审稿主要增加的内容是降低刑事责任年龄、完善侵犯人身权利犯罪等内容，草案三审稿主要增加了完善侵犯知识产权犯罪的内容。从内容争议程度来看，毫无疑问，关于降低刑事责任年龄争议最大（从学界的争议情况看，反对降低刑事责任年龄的意见和支持降低刑事责任年龄的意见甚至不相上下），其次是关于修正案对一些犯罪的从严处罚。但这些内容都在两次甚至一次审议后交付表决通过。

## 七、结语

总之，《刑法修正案（十一）》因应社会形势的变化，对当前我国社会发展过程中的重大热点问题进行了刑法立法上的回应，具有十分重要的现实意义，其中对一些做法的坚守和一些问题的解决还为我国刑法立法的未来发展提供了重要方向。虽然《刑法修正案（十一）》也存在一些缺憾，但“法律不是嘲笑的对象”，其中一些立法不足可以通过司法的方式进行补足，另一些立法遗憾则需要通过以后的刑法立法予以解决。我们相信，随着刑法立法的不断演进，我国刑法立法一定会越来越科学、完备并更加体系化，未来以“刑法典”命名的完备刑法典也许指日可待。

# 《刑法修正案（十一）》罪名问题研究*

## 一、前言

2020年12月26日第十三届全国人大常委会第二十四次会议通过的《中华人民共和国刑法修正案（十一）》[以下简称"《刑法修正案（十一）》"]，是我国因应社会形势变迁、回应社会重大关切而进行的一次重大刑法立法。该刑法修正案不仅降低了刑事责任年龄、对已有若干犯罪的罪刑规范进行了调整和修正，而且修改、增设了二十余种罪名。这就涉及罪名的修改和新设问题，需要明确罪名确立的基本原则，并具体确定《刑法修正案（十一）》相关条文的罪名。本文就《刑

* 与袁彬教授合著，载《法治研究》2021（2）。本文成稿和投稿时，最高人民法院、最高人民检察院（以下简称"两高"）尚未通过包含《刑法修正案（十一）》罪名的司法解释，后"两高"于2021年2月26日公布了《关于执行〈中华人民共和国刑法〉确定罪名的补充规定（七）》，虽然本文中关于《刑法修正案（十一）》某些法条罪名的主张与该补充规定不完全一致，但其作为专门研究《刑法修正案（十一）》罪名问题的文章仍最终发表，其中一些学术见解在前述补充规定公布后也还有参考和商榷价值，故仍收入本文集。当然，司法实务中涉及《刑法修正案（十一）》修改补充的法条的罪名适用时，自应当遵循"两高"《关于执行〈中华人民共和国刑法〉确定罪名的补充规定（七）》。

法修正案（十一）》的罪名修正与新设问题进行专门探讨，希望能有助于司法实务和关于罪名问题的理论研究。

## 二、《刑法修正案（十一）》罪名确立应明确的基本原则

罪名是对罪状的概括和抽象。“罪名对犯罪行为作出认定，在人际互动中约束人们的行为，其人际意义表现为对行为的价值评判。谋杀、敲诈、勒索等行为对外界施加了不好的结果，是不道德的、邪恶的，评价意义虽然隐性但强烈，传达了对非正当行为的谴责，其消极的人品裁决赋予罪名负面的评价意义。”[①] 人们主要是通过罪名识别罪行并据此判断行为的性质。从这个角度看，罪名对于刑法目的和功能的实现具有十分重要的作用。

罪名的确立需要坚持以下三个基本原则。

第一，准确性原则。

罪名的准确性是罪刑法定原则的具体体现。罪刑法定原则要求“罪”和“刑”的法定，其中，“罪”多被理解为“罪行”。但实际上，“罪名”的法定也被认为是罪刑法定原则的基本内容。我国刑法对部分犯罪的罪名实现了法定，如贪污罪、受贿罪、行贿罪。但刑法对绝大多数犯罪都没有规定罪名，没有实现罪名的法定。从罪刑法定原则的角度，罪名的确立必须立足于罪状，即罪名的确定必须严格按照刑法规定的罪状进行，既不能超越具体条文的含义，也不能遗漏犯罪的重要特征和性质。“罪名的法定性特征要求应深刻把握犯罪性质、准确确定罪名，这样才能维护法律权威。”[②]

但问题是，在不少场合，刑法关于具体犯罪构成的规定比较分散、具体，罪名与具体罪状之间难以实现有效的对应，罪名确定的行为范围要么大于罪状要么

---

① 王振华，方硕瑜．刑法罪名中的名物化现象——基于英美法律体系与中国法律体系的比较．语言与法律研究，2020（1）．

② 刘剑．罪名功能新探．中共郑州市委党校学报，2018（1）．

小于罪状。[①] 例如，在最高人民法院、最高人民检察院《关于执行〈中华人民共和国刑法〉确定罪名的补充规定（七）（征求意见稿）》[②]（以下简称《征求意见稿》）中，既有罪名范围大于罪状的情况，也有罪名范围小于罪状的情况。前者如《征求意见稿》将刑法典第280条之二［《刑法修正案（十一）》第32条］的罪名确定为冒名顶替罪，该罪名对应的行为范围要远大于罪状的范围；后者如《征求意见稿》不主张对刑法典第141条第2款、第142条第2款单独设立罪名（适用生产、销售假药罪和生产、销售劣药罪）[③]，但该款对应的行为是“药品使用单位的人员”明知是假药/劣药而提供给他人使用，而“提供”的行为范围要明显大于“销售”行为，《征求意见稿》将该行为纳入“销售假药罪”/“销售劣药罪”的范围，罪名对应的行为范围要小于罪状。在此情况下，如何确定罪名才不违反罪刑法定原则？对此，我们认为，罪名对应的行为范围必要时可以大于罪状，但不能小于罪状。这是因为：

一方面，罪名对应的行为范围大于或者小于罪状都不契合罪刑法定原则。罪刑法定原则要求最大化地发挥刑法语言的明确性，以增强民众对自身行为的预测可能性。在此情况下，罪名要发挥其应有的行为预测功能，就要准确反映罪状的内容。因为罪状才是对行为进行定罪的依据，罪名不能准确反映罪状的内容，必然削弱人们通过罪名预测自己行为后果的可能性。从这个角度看，无论罪名对应的行为范围大于罪状还是小于罪状，都不契合罪刑法定原则。不过，由于语言表达的有限性，在个别场合，要求罪名的用语与罪状的内容完全对应，这对罪名的确立提出了非常高的要求，甚至在一些场合是根本无法做到罪名与罪状的完全对应。造成这种现象也有立法方面的原因，即立法者对罪状的描述没有周全地考虑

① 晋涛．论罪名的法定化：机遇及路径．政法学刊，2016（6）．

② 《征求意见稿》于2020年12月31日拟就并向有关方面和部分专家学者征求意见，其计划确定罪名的范围包括《刑法修正案（十）》和《刑法修正案（十一）》增设、修正的罪名，以及根据近年来司法实践反映的情况而需要调整的罪名。

③ 最高人民法院、最高人民检察院《关于执行〈中华人民共和国刑法〉确定罪名的补充规定（七）（征求意见稿）》（2020-12-31）．

到罪名确立的需要，导致最高司法机关在制定关于罪名的司法解释时无法找到合适的词语用于确定罪名。

另一方面，两者相比较，罪名范围大于罪状的情形更接近契合罪刑法定原则。在罪名范围大于和小于罪状这两种情形都不完全契合罪刑法定原则的情况下，相对于罪名范围小于罪状的情形，罪名范围大于罪状的情形更接近契合罪刑法定原则。这是因为前者会导致人们对自己行为后果的完全错误判断，后者只会导致人们对自己行为后果的不准确判断。从罪名的预测功能来看，在罪名范围小于罪状范围的情形下，人们如果仅从罪名上进行判断，是无法对罪名范围之外的行为后果进行判断的。在此情况下如果还要依据罪名进行行为后果的判断，则只会得出完全错误的判断。而导致这种错误发生的主要原因，无疑在于确定罪名的最高司法机关。相反，在罪名范围大于罪状范围的情形下，人们如果仅从罪名上进行判断，只会在一定范围内限制其合法行为的范围，并不会导致人们因误判而陷入犯罪。简而言之，在罪名与罪状范围不一致的场合，罪名范围大于罪状范围的，人们更可能限缩其合法行为的范围；罪名范围小于罪状的，人们更可能扩张其犯罪行为的范围。两害相权取其轻，罪名范围大于罪状的，显然相对有利于保障人们的权利，进而相对更接近契合罪刑法定原则。

第二，合理性原则。

这里的合理性是指因罪名确立而导致的处罚合理性。该合理性在形式上体现为罪名数量确定的合理性，即如何合理地把握是确定一个罪名还是数个罪名。[①]在刑法上，罪名的个数关乎罪数的处理，也关乎数罪并罚制度的适用。例如，对于行为人实施的两个以上行为，如果这些行为虽然不同但触犯的是同一罪名（包括选择罪名），根据我国刑法是不能对其进行数罪并罚的。但如果这些不同行为触犯的是不同罪名，根据我国刑法则可能要对其进行数罪并罚。在通常情况下，数罪并罚的处罚比不数罪并罚的处罚要更重，以走私、贩卖、运输、制造毒品罪为例：如行为人同时实施了四个行为，按照选择罪名对行为人只能定一个罪名

---

① 晋涛．论罪名的法定化：机遇及路径．政法学刊，2016（6）．

（走私、贩卖、运输、制造毒品罪）；如该罪名不是一个罪名而是四个罪名（走私毒品罪、贩卖毒品罪、运输毒品罪和制造毒品罪），则要对行为人定四个罪并进行数罪并罚。一般而言，后者对行为人的处罚要更重。按照合理性原则，对某种行为是否单独确立罪名、确定一罪名还是多罪名，需要考虑处罚的合理性。对于相互之间关联性不高的不同行为，原则上应当单独确立罪名或者确立不同的罪名。但对于一些关联性很高的不同行为，则可以不确立罪名或者只确立一个罪名（如选择罪名）。从这个角度看，我国司法上普遍存在的多罪一名现象[①]有其正当性和合理性。

第三，简洁性原则。

简洁性原则关乎罪名的长短。过去，“两高”确立的罪名中有些罪名的表述很简洁，如危险驾驶罪，也有些罪名的表述很冗长，如组织、利用会道门、邪教组织、利用迷信致人重伤、死亡罪。与准确性、合理性原则相比，简洁性原则的宗旨是便于掌握、适用，它的正当性建立在罪名的准确性、合理性之上，不能为了简洁而牺牲罪名的准确性和合理性。一般而言，罪名要做到简洁要求罪名对罪状进行较高程度的概括，个别情况下可能要舍弃对部分构成要件的表述。由于罪名在词语构成上的完整结构是“主语＋谓语＋宾语”，因此罪名的简洁只能在结构上下功夫，包括分别对“主语”、“谓语”和“宾语”进行高度概括，也包括在约定俗成的情况下舍弃部分结构（如舍弃“主语”“宾语”，但不能舍弃“谓语”即行为）。

## 三、《刑法修正案（十一）》罪名的具体确定探讨

根据罪名确定的准确性、合理性和简洁性原则，对比《征求意见稿》，我们主张将《刑法修正案（十一）》修改、新增的罪名确立如下。

---

① 丁胜明．以罪名为讨论平台的反思与纠正．法学研究，2020（3）．

（一）妨害安全驾驶罪［《刑法修正案（十一）》第2条］

《刑法修正案（十一）》第2条是在刑法典第133条之一后增加一条，作为第133条之二，其罪状包括两类：一是“对行驶中的公共交通工具的驾驶人员使用暴力或者抢控驾驶操纵装置，干扰公共交通工具正常行驶，危及公共安全的”（第1款），二是“前款规定的驾驶人员在行驶的公共交通工具上擅离职守，与他人互殴或者殴打他人，危及公共安全的”（第2款）。该条的罪名宜规定为“妨害安全驾驶罪”，主要理由是：

第一，该条两款涉及的行为具有高度的关联性，甚至交叉性，不宜规定为两个罪名。例如，该条第1款的“对行驶中的公共交通工具的驾驶人员使用暴力”和第2款的“前款规定的驾驶人员在行驶的公共交通工具上擅离职守，与他人互殴”可能是对向行为，即驾驶人员与乘客互殴。对于两个具有高度关联性的行为，确立为一个罪名更合适。

第二，该条罪状的结构较为复杂、烦琐，需要进行高度概括。从结构上看，该条两款罪状的结构较为烦琐，其主语是“一般主体＋公共交通工具的驾驶人员”，谓语是“使用暴力或者抢控驾驶操纵装置”＋“与他人互殴或者殴打他人”，宾语是“驾驶人员＋驾驶操控装置＋他人”。这意味着，该条罪名的确立要求对罪状要素进行必要的概括和舍弃。将该罪的罪名概括为“妨害安全驾驶罪”，一方面是舍弃罪状结构中的主语和宾语，因为该罪状的主语和宾馆都包含了一般主体和普通对象，没有单独纳入罪名的必要；另一方面是概括了该罪状的谓语结构，以第1款的罪状为基础，将该条规定的两个行为（实为四个具体的行为）概括为“妨害安全驾驶”。从“妨害安全驾驶”的内涵上看，它可以较好地涵盖该条第1款的行为，同时也能涵盖该条第2款的行为。不足之处是“妨害安全驾驶”更多的是反映驾驶人员以外的人对驾驶的妨害，驾驶人员对驾驶的妨害可以被纳入“妨害安全驾驶”的范围，但不是典型行为。

（二）组织、强令违章冒险作业罪［《刑法修正案（十一）》第3条］

《刑法修正案（十一）》第3条规定的罪状是“强令他人违章冒险作业，或者明知存在重大事故隐患而不排除，仍冒险组织作业，因而发生重大伤亡事故或者

造成其他严重后果”。该罪状是在刑法典原第 134 条第 2 款强令违章冒险作业罪的基础上增加了“明知存在重大事故隐患而不排除，仍冒险组织作业”的内容。我们认为，该条的罪名宜确定为“组织、强令违章冒险作业罪”，理由主要是：

第一，原罪名“强令违章冒险作业罪”无法涵盖新增罪状内容。与刑法典原第 134 条第 2 款的规定相比，《刑法修正案（十一）》新增了“冒险组织作业”行为。从内容上看，该“冒险组织作业”无法为“强令违章冒险作业”所涵盖。在此基础上，如果不对原有的罪名进行修改，将出现罪名的行为范围要明显小于罪状的行为范围情形，不符合罪刑法定原则的要求，无法体现罪名的准确性，应当进行修改。在我们看来，反对修改该罪名的理由难以成立。①

第二，将该罪名确立为“组织、强令违章冒险作业罪”能较好地概括新增内容。这是因为：一方面，“强令”无法涵盖“组织”行为，需要将“组织”行为在罪名中予以体现；另一方面，新增的“冒险组织作业”和“组织违章冒险作业”意思完全相同，“冒险组织”实为“组织冒险作业”，而“冒险作业”肯定是违章的，而不违章的冒险作业不应成为刑法惩治的对象。

（三）危险生产、作业罪［《刑法修正案（十一）》第 4 条］

《刑法修正案（十一）》第 4 条是在刑法典第 134 条后增加一条，作为第 134 条之一。该条规定的是“在生产、作业中违反有关安全管理的规定”的行为，并列举了三种违反规定严重的行为，即“关闭、破坏直接关系生产安全的监控、报警、防护、救生设备、设施，或者篡改、隐瞒、销毁其相关数据、信息的”“因存在重大事故隐患被依法责令停产停业、停止施工、停止使用有关设备、设施、场所或者立即采取排除危险的整改措施，而拒不执行的”和“涉及安全生产的事项未经依法批准或者许可，擅自从事矿山开采、金属冶炼、建筑施工，以及危险物品生产、经营、储存等高度危险的生产作业活动的”。我们认为，该条规定的

① 反对修改该罪名的理由包括：一是虽然此次修正增加了情形，但“明知存在重大事故隐患而不排除，仍冒险组织作业”可以被解释为广义的强令违章冒险作业，目前的罪名表述既可以反映核心特征，又可以涵盖新增罪状表述；二是本罪名适用多年，不论司法工作者还是广大人民群众均已适应，不动为宜。

罪名宜确定为“危险生产、作业罪”，主要理由是：

第一，应将该条中的生产、作业限定为“危险生产、作业”。这是因为，该条规定的违反安全管理规定的生产、作业都是“具有发生重大伤亡事故或者其他严重后果的现实危险的”生产、作业行为，而非所有违反安全管理规定的生产、作业行为，故应当对其作一定的限定。

第二，应将生产、作业并列规定于罪名上。在罪名研讨过程中，有观点主张将该罪的罪名设定为“危险作业罪”，认为作业能将生产涵盖。① 但实际上，生产与作业虽然在内容上存在一定的交叉，但并不等同：生产可以体现为一种作业，但并不仅限于作业，也可以是常规的生产管理活动。从这个角度看，该条第1、2项规定的行为不一定发生在作业过程中，也可以是发生在常规的生产管理活动之中（如尚未实际进行生产作业，但关闭了安全设施，或者作业之后隐瞒、销毁相关数据、信息）。

（四）非法提供假药罪、非法提供劣药罪［《刑法修正案（十一）》第5条第2款、第6条第2款］

《刑法修正案（十一）》第5条第2款、第6条第2款是在刑法典第141条生产、销售假药罪和第142条生产、销售劣药罪的基础上，增加规定：药品使用单位的人员明知是假药/劣药而提供给他人使用的，要依照生产、销售假药罪/生产、销售劣药罪的规定处罚。对于该两款的规定，我们认为宜确定两个新罪名——非法提供假药罪和非法提供劣药罪，主要理由是：

第一，对这两款对应的行为应当规定单独的罪名。这是因为，这两款规定的行为都是“提供”行为（包括提供假药和提供劣药）。在行为内涵上，“提供”包括有偿提供和无偿提供，前者能为“销售”行为所涵盖，但后者则不能为“销售”行为所涵盖。在此情况下，将非法提供假药、劣药的行为按照销售假药罪、销售劣药罪进行定罪，名不副实，会导致人们对自身行为后果的不当评价，也无法发挥罪名的行为预测功能。从实践的角度看，这两种行为主要是实践中可能出

① 《征求意见稿》。

现的卫生防疫站工作人员在明知是假药或者劣药的情况下，仍提供给他人使用的行为。此种情形中对方并不直接支付对价，似难以解释为销售假药或者劣药。①

第二，这两款规定的是非法提供行为。从罪状上看，这两款对提供行为进行了两个方面的限定，即“明知是假药/劣药”（主观限定，即主观违法）和“药品使用单位的人员”（主体限定，即主体违法）。这表明，并非所有的提供行为都是犯罪行为，只有具有特定违法性，即主观违法和主体违法的行为才是这两款规定的提供行为。从行为识别的角度看，将这两款行为对应的罪名分别确定为非法提供假药罪、非法提供劣药罪，显然更为合适。

（五）妨害药品管理罪［《刑法修正案（十一）》第7条］

《刑法修正案（十一）》第7条是在刑法典第142条之后增设一条作为第142条之一，该条规定的罪状是四种违反药品管理法规的具体行为，包括：“（一）生产、销售国务院药品监督管理部门禁止使用的药品的；（二）未取得药品相关批准证明文件生产、进口药品或者明知是上述药品而销售的；（三）药品申请注册中提供虚假的证明、数据、资料、样品或者采取其他欺骗手段的；（四）编造生产、检验记录的。”该条规定主要是针对《药品管理法》修订前部分“按假药论处”的情形及药品申请注册、生产过程中的文件、记录造假，将打击范围扩展至生产、销售药品的前后及整个过程。比属于违反《药品管理法》关于药品过程管理秩序的行为，宜规定单独罪名。

而从罪状的内容上看，该条规定的是“违反药品管理法规”的四种具体行为。这四种行为具有两个明显特征：一是行为的特定性。该四种行为都是特定的，包括生产、销售药品（禁用药品、违规药品），骗取药品注册，编造生产、检验记录。二是行为的危险性，即行为足以严重危害人体健康。从这两个方面看，《刑法修正案（十一）》第7条规定的违反药品管理法规的行为是严重违反药品管理法规的行为。考虑到“两高”之前对类似犯罪设置的罪名都是采用“妨害……管理”罪的表述（如妨害信用卡管理罪），该条的罪名也可确定为“妨害

① 《征求意见稿》。

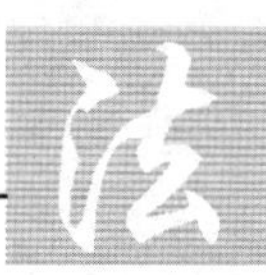

药品管理罪”。

（六）欺诈发行证券罪［《刑法修正案（十一）》第8条］

《刑法修正案（十一）》第8条是对刑法典第160条欺诈发行股票、债券罪的修正，其规定的罪状是“在招股说明书、认股书、公司、企业债券募集办法等发行文件中隐瞒重要事实或者编造重大虚假内容，发行股票或者公司、企业债券、存托凭证或者国务院依法认定的其他证券，数额巨大、后果严重或者有其他严重情节的”行为。与修正前的刑法典第160条相比，该条主要是扩大了行为的对象，即将行为对象由“股票或者公司、企业债券”扩大至进一步包括“存托凭证或者国务院依法认定的其他证券”。由于“两高”针对修正前的刑法典第160条规定的罪名是“欺诈发行股票、债券罪”，因此修正后的刑法典第160条罪名可确定为“欺诈发行证券罪”。

（七）为境外窃取、刺探、收买、非法提供商业秘密罪［《刑法修正案（十一）》第23条］

《刑法修正案（十一）》第23条是在刑法典第219条后增加一条，作为第219条之一。该条规定的罪状是“为境外的机构、组织、人员窃取、刺探、收买、非法提供商业秘密的”行为。从行为内容上看，该行为也是一种侵犯商业秘密的行为，可被纳入刑法典第219条侵犯商业秘密罪的规制范围。但《刑法修正案（十一）》将该行为单独规定为一条，作为刑法典第219条之一（而非作为刑法典第219条的一款）。这意味着立法者认为该行为有单独设置罪名的必要。考虑到“两高”关于罪名的司法解释已经确定刑法典分则中存在两个类似罪名（刑法典第111条为境外窃取、刺探、收买、非法提供国家秘密、情报罪和第431条第2款为境外窃取、刺探、收买、非法提供军事秘密罪），该条的罪名宜相应地确定为“为境外窃取、刺探、收买、非法提供商业秘密罪”。

（八）特殊职责人员性侵罪［《刑法修正案（十一）》第27条］

《刑法修正案（十一）》第27条是在刑法典第236条强奸罪后增加一条，作为第236条之一。该条规定的罪状是“对已满十四周岁不满十六周岁的未成年女性负有监护、收养、看护、教育、医疗等特殊职责的人员，与该未成年女性发生

性关系的”行为。该条罪名的确定可以有两种方案：

第一，将该罪的罪名确定为“特殊职责人员奸淫未成年女性罪”。《刑法修正案（十一）》第27条规定的罪状的基本结构是主语“对已满十四周岁不满十六周岁的未成年女性负有监护、收养、看护、教育、医疗等特殊职责的人员”＋谓语“发生性关系”＋宾语“该未成年女性”。从行为的内涵上看，“发生性关系”主要是双方自愿发生的性关系。结合我国刑法典第236条关于奸淫幼女的表述，对“发生性关系”的准确表述应该是“奸淫”，因此从完整表述看，该条罪名应为“特殊职责人员奸淫已满十四周岁不满十六周岁未成年女性罪”。考虑到该罪名较长，依简洁性原则，可将该罪的罪名确定为“特殊职责人员奸淫未成年女性罪”。

第二，将该罪的罪名确定为“特殊职责人员性侵罪”。相比于前一个罪名方案，该罪名方案最大的特点是省略了行为的对象（宾语），更为精炼。其不足之处在于“性侵”反映的都是非自愿的情形，似乎难以涵盖已满14周岁不满16周岁的未成年女性在自愿情况下发生性关系的情形。不过，如果将已满14周岁不满16周岁的未成年女性视为不具有完全性决定能力的人，那么将该罪的行为表述为“性侵”也是可以的。

对比上述两个罪名方案，将该罪的罪名确立为“特殊职责人员性侵罪”，似更符合罪名确立的原则，较为适当。

（九）暴力袭警罪［《刑法修正案（十一）》第31条］

《刑法修正案（十一）》第31条将刑法典第277条妨害公务罪第5款“暴力袭击正在依法执行职务的人民警察的，依照第一款的规定从重处罚”修改为：“暴力袭击正在依法执行职务的人民警察的，处三年以下有期徒刑、拘役或者管制；使用枪支、管制刀具，或者以驾驶机动车撞击等手段，严重危及其人身安全的，处三年以上七年以下有期徒刑。”我们认为，该条已将刑法典第277条第5款由妨害公务罪的从重情节改成独立的罪名规范，其罪名宜确定为“暴力袭警罪”，主要理由是：

第一，该款规定虽属妨害公务犯罪的范畴，但有成立单独罪名的必要。这是因为：一方面，该款规定的罪状具有特殊性，不仅行为方式限于“暴力”，而且



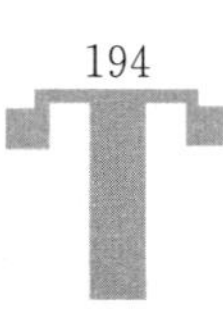

行为对象限于“依法执行职务的人民警察”，具备独立确定罪名的基础。另一方面，该款规定的法定刑明显不同于妨害公务罪的法定刑，其法定刑包括两档（妨害公务罪只有一档法定刑），且法定最高刑明显高于妨害公务罪的法定最高刑。

第二，该款规定的罪状突出了手段和对象的特殊性。该罪的主体是一般主体，没有体现在罪名中的必要和条件；该罪的手段和对象都具有特定性，可较好地体现在罪名之中。同时，在我国司法实践中暴力袭警已为约定俗成的表述，因此可将该条罪的罪名确定为“暴力袭警罪”。

（十）冒名顶替罪［《刑法修正案（十一）》第 32 条］

《刑法修正案（十一）》第 32 条是在刑法典第 280 条之一使用虚假身份证件、盗用身份证件罪后增加一条，作为第 280 条之二。该条规定的罪状包括两种行为：“盗用、冒用他人身份，顶替他人取得的高等学历教育入学资格、公务员录用资格、就业安置待遇的”（第 1 款），和“组织、指使他人实施前款行为的”（第 2 款）。

该条罪名的确立需要明确两个问题：

第一，该条第 1 款的罪名确立。该条第 1 款的核心行为包括两个：一是“盗用、冒用”他人身份，二是“顶替”他人取得的高等学历教育入学资格、公务员录用资格、就业安置待遇。由于“盗用”包括“盗取”和“冒用”两个行为，因此将“盗用、冒用”他人身份概括为“冒名”是适当的。在此基础上，该条第 1 款的罪名确立为“冒名顶替罪”较为合适。

第二，该条第 2 款是否有独立设立罪名的必要。从行为类型上看，该款规定的行为是“组织、指使”他人冒名顶替行为。从“两高”过去设立罪名的情况看，“组织”行为有设立独立罪名的先例，如刑法典第 284 条之一第 1 款的组织考试作弊罪；“指使”行为则类似于教唆，但又不完全等同于教唆。因此，若将该款规定的行为独立设置一个罪名似并无不妥。但考虑到该行为与该条第 1 款规定的行为具有高度关联性，可成为该条第 1 款规定的行为的共同犯罪，基于罪名确立的合理性原则，我们认为针对该条第 2 款规定的行为没有必要设置独立的罪名。

综上，该条的罪名可以统一确定为冒名顶替罪。

（十一）高空抛物罪［《刑法修正案（十一）》第 33 条］

《刑法修正案（十一）》第 33 条是在刑法典第 291 条之一后增加一条，作为第 291 条之二。该条规定的罪状是“从建筑物或者其他高空抛掷物品，情节严重的”行为。从罪状结构上看，该罪状的核心词是“高空抛掷物品”。据此，在罪名上，该罪的罪名可以确立为“高空抛掷物品罪”，也可以确立为“高空抛物罪”。从罪名涵盖上看，“高空抛物”似乎没有包括“高空掷物”的情形，但从扩大解释的立场看，“抛物”可以认为是“抛掷物品”的简称；同时，考虑到“高空抛物”已成约定俗成的表述，通俗明了，易于理解，将该条的罪名确定为“高空抛物罪”比较妥当。

（十二）违法催收非法债务罪［《刑法修正案（十一）》第 34 条］

《刑法修正案（十一）》第 34 条是在刑法典第 293 条寻衅滋事罪后增加一条，作为第 293 条之一。该条规定的罪状是，有下列情形之一，催收高利放贷等产生的非法债务，情节严重的：“（一）使用暴力、胁迫方法的；（二）限制他人人身自由或者侵入他人住宅的；（三）恐吓、跟踪、骚扰他人的。”从罪状上看，该罪具有两个基本特征：一是催收债务手段的违法性，即必须采用暴力、胁迫、限制他人人身自由、侵入他人住宅、恐吓、跟踪、骚扰他人等非法手段进行，采用合法方式（如诉讼）催收债务的不构成本罪；二是催收之债务的非法性，即催收的必须是非法债务，包括高利贷、赌债等不受法律保护的债务。基于罪名确立的准确性和简洁性原则，可以考虑将该罪的罪名确定为“违法催收非法债务罪”。

《征求意见稿》将《刑法修正案（十一）》第 34 条的罪名拟定为“非法讨债罪”。应该说，该罪名具有很强的概括性，且通俗易懂，并似乎属于约定俗成的表述。不过，从罪名应准确反映罪状的角度看，该罪名似存在过于概括的问题，而不能充分反映该罪状的内容，对于一般民众而言，该罪名不具有很高的行为辨识度。这是因为，根据《刑法修正案（十一）》第 34 条的规定，采取非该条列举的手段讨要非法或者合法债务、采取该条列举的手段讨要合法债务的行为都不能构成该条规定的犯罪。因而从更准确表达犯罪构成特征的角度进行推敲，我们主

张将该条的罪名定为“违法催收非法债务罪”。

（十三）侵害英雄烈士名誉、荣誉罪［《刑法修正案（十一）》第 35 条］

《刑法修正案（十一）》第 35 条是在刑法典第 299 条侮辱国旗、国徽罪和侮辱国歌罪之后增加一条，作为第 299 条之一。该条规定的罪状是“侮辱、诽谤或者以其他方式侵害英雄烈士的名誉、荣誉，损害社会公共利益，情节严重的”行为。该罪状的核心结构是谓语“侵害”＋宾语“英雄烈士的名誉、荣誉”。由于这个结构已经比较精炼、概括，因此可以将该罪状的核心结构作为该罪的罪名，即“侵害英雄烈士名誉、荣誉罪”。

（十四）组织跨境赌博罪［《刑法修正案（十一）》第 36 条第 3 款］

《刑法修正案（十一）》第 36 条是对刑法典第 303 条作了修改，并在第 1 款赌博罪和第 2 款开设赌场罪之后增设了第 3 款。该款规定的罪状是“组织中华人民共和国公民参与国（境）外赌博，数额巨大或者有其他严重情节的”行为。对于该款规定的罪状，有观点认为不应对其规定独立的罪名，主张根据该款关于“依照前款的规定处罚”的规定，适用该条第 2 款规定的开设赌场罪之罪名。其主要考虑是：该行为可以被理解为开设赌场罪的共犯或者片面共犯，在量刑时可比照适用共同犯罪的有关规定；如果单独入罪，反而不利于区别处理，其处罚甚至可能会重于对赌场“老板”的处罚[①]。但我们认为，应当对该款规定的罪状设立单独的罪名，可以确定为“组织跨境赌博罪”。主要理由是：

第一，该款规定的行为与开设赌场行为存在明显不同。这是因为，组织赌博行为既可以是组织开设赌场的一部分或者延伸行为，也可以是聚众赌博的一种形式，并不当然成立开设赌场罪的共犯或者片面共犯。在此基础上，不对该款规定的罪状设置独立的罪名，可导致对于部分不符合开设赌场罪的组织跨境赌博行为无法按照开设赌场罪进行追究，也不能对该行为适用赌博罪的法定刑，导致刑法适用的尴尬和错乱。

第二，即便构成开设赌场罪的共犯，对该款规定的行为以开设赌场罪规制也

① 《征求意见稿》。

可能产生错误。这集中体现在开设赌场行为在很多国家和地区是合法的，为合法开设的赌场招揽人员（包括组织中国公民参与赌博）可以被视为开设赌场的延伸行为。由于开设赌场行为合法，不能构成犯罪，因此将组织中国公民参与该赌场赌博的从属性行为认定为开设赌场罪，既不符合共同犯罪的基本原则，也不符合罪责刑相适应原则。

（十五）危害国家人类遗传资源安全罪［《刑法修正案（十一）》第 38 条］

《刑法修正案（十一）》第 38 条是在刑法典第 334 条非法采集、供应血液、制作、供应血液制品罪后增加一条，作为第 334 条之一。该条规定的罪状是“违反国家有关规定，非法采集我国人类遗传资源或者非法运送、邮寄、携带我国人类遗传资源材料出境，危害公众健康或者社会公共利益，情节严重的”行为。对该条罪名的确定，需要明确以下两个方面：

第一，该条设立的是一个罪名还是两个罪名？该条规定的罪状的基本结构是谓语“非法采集、非法运送、邮寄、携带”＋宾语“我国人类遗传资源”“我国人类遗传资源材料”，其中又有两个组合，分别是“非法采集”＋“国家人类遗传资源”，“非法运送、邮寄、携带”＋“国家人类遗传资源材料出境”。因此，如果要完整反映该条规定的罪状的内容，那么需要设置两个具体的罪名，即“非法采集国家人类遗传资源罪”和“非法运送、邮寄、携带国家人类遗传资源材料出境罪”。设立两个罪名的好处是可以准确反映罪状规定的行为类型，不足之处是给行为的评价和罪数的处理带来一定困难。例如，行为人先非法采集国家人类遗传资源，后非法携带该资源材料出境，其行为可分别构成非法采集国家人类遗传资源罪和非法携带国家人类遗传资源资料出境罪，且可能因情形的不同而产生不同的结果：以非法携带出境为目的而非法采集的，只定一罪（通常是第一个行为触犯的罪名，即非法采集国家人类遗传资源罪）；非法采集时没有非法携带出境的目的，但非法采集后产生了非法携带出境的目的并实施非法携带出境行为的，则要进行数罪并罚。

相比于设立两个罪名，设立一个罪名则可形成一个统一的做法并解决前述的混乱局面，即无论是非法采集还是非法携带，无论是非法携带出境的目的是形成

于非法采集之前还是之后，在设立一个罪名的情况下，都只能对行为人定一罪，不存在数罪并罚的问题。因此，对该条规定的罪状设立一个罪名更为合理。

第二，该条罪名的具体确定。在明确了该条宜确定一个罪名的情况下，需要明确具体的罪名确定。如前所述，该条规定的罪状包括了两类行为，即“非法采集”和“非法运送、邮寄、携带”，这两类行为的对象和具体表现不完全相同，后者要求“出境”。因此要对这两类行为进行准确概括，只能寻找更上位的概念，即“危害国家人类遗传资源安全”。2020年10月17日第十三届全国人大常委会第二十二次会议通过的《生物安全法》对危害人类遗传资源的行为作了明确规定，包括非法采集、保藏、利用、提供、运输、邮寄、携带等系列行为。《刑法修正案（十一）》第38条只规定了四类行为，并未涵盖所有危害国家人类遗传资源安全的行为，但根据罪刑法定原则，罪名的范围大于罪状的范围并不违反罪刑法定原则，因此在目前情况下将该条的罪名确定为“危害国家人类遗传资源安全罪”，更为合适。

（十六）非法植入基因编辑、克隆的胚胎罪［《刑法修正案（十一）》第39条］

《刑法修正案（十一）》第39条是在刑法典第336条非法行医罪和非法进行节育手术罪之后增加一条，作为第336条之一。该条规定的罪状是“将基因编辑、克隆的人类胚胎植入人体或者动物体内，或者将基因编辑、克隆的动物胚胎植入人体内，情节严重的”行为。该条规定的罪状的核心结构是谓语“植入胚胎”＋宾语“人体或者动物体内”，其行为组合包括三种：一是“将基因编辑、克隆的人类胚胎植入人体内”，二是“将基因编辑、克隆的人类胚胎植入动物体内”，三是“将基因编辑、克隆的动物胚胎植入人体内”。需要注意，这其中并不包括“将基因编辑、克隆的动物胚胎植入动物体内”的行为类型。基于此，将该条的罪名确定为“非法植入基因编辑、克隆的胚胎罪”更为适合。

“两高”《征求意见稿》将《刑法修正案（十一）》第39条的罪名拟定为“非法基因编辑、克隆胚胎罪”。在我们看来，对照该条规定的罪状，该罪名存在两个明显问题：一是罪名本身的用词搭配不合理，“非法”修饰的应该是行为，在语法上，“非法编辑基因、克隆胚胎罪”更符合一般语法。二是罪名与罪状中的行为明显偏离。《刑法修正案（十一）》第39条禁止的不是编辑基因、克隆胚胎行为，而是“植入”行为，即“将基因编辑、克隆的人类胚胎植入人体或者动物体内，或者将基因编辑、克隆的动物胚胎植入人体内”。从行为的角度看，将该条的罪名确定为“非法植入基因编辑、克隆的胚胎罪”显然更为适当。

（十七）非法猎捕、收购、运输、出售陆生野生动物罪［《刑法修正案（十一）》第41条］

《刑法修正案（十一）》第41条是在刑法典第341条中增加一款作为第3款，该款规定的罪状是“违反野生动物保护管理法规，以食用为目的非法猎捕、收购、运输、出售第一款规定以外的在野外环境自然生长繁殖的陆生野生动物，情节严重的”行为。对该款规定的罪名问题，需要明确以下两个具体问题：

第一，该款应否单独设立罪名问题。《征求意见稿》没有对《刑法修正案（十一）》第41条拟定新的罪名，认为可将该款规定的行为纳入该条第2款“非法狩猎罪”的罪名之下。不过，在一般概念上，“狩猎”的核心意思是“猎捕”，不能包括独立的“收购、运输、出售”行为（未事先通谋情况下的收购、运输、出售行为）。从这个角度看，为了更充分反映该款所规定的罪状的行为方式和行为对象，应当对该款规定的罪状设立单独的罪名。

第二，该款具体罪名的确定。从罪状规定的行为结构上看，该款所规定的罪状的基本结构是“非法”＋“目的”＋“行为”。其中，“非法”是“违反野生动物保护管理法规”，“目的”是“以食用为目的”，“行为”是“收购、运输、出售珍贵、濒危野生动物以外的在野外环境自然生产繁殖的陆生野生动物”。从非法性上看，“非法目的”也可被纳入非法的范畴。在此基础上，我们认为，将该条的罪名确定为“非法猎捕、收购、运输、出售陆生野生动物罪”更为合适（当然，如果想更为简洁，也可考虑将该条的罪名确定为“危害陆生野生动物罪”）。

（十八）破坏国家公园、国家级自然保护区罪［《刑法修正案（十一）》第42条］

《刑法修正案（十一）》第42条是在刑法典第342条非法占用农耕地罪后增加一条，作为第342条之一，该条规定的罪状是“违反自然保护地管理法规，在国家公园、国家级自然保护区进行开垦、开发活动或者修建建筑物，造成严重后

果或者有其他恶劣情节的”行为。从该条内容上看，该条保护的是属于自然保护地的国家公园、国家级自然保护区，行为方式是在国家公园、国家级自然保护区进行开垦、开发活动或者修建建筑物。因此，将该条的罪名确定为“破坏国家公园、国家级自然保护区罪”比较适当。

《征求意见稿》将《刑法修正案（十一）》第42条的罪名拟定为“破坏自然保护地罪”。不过，该罪名针对的对象是自然保护地，但《刑法修正案（十一）》第42条针对的对象是“国家公园、国家级自然保护区”。由于“国家公园、国家级自然保护区”属于“自然保护地”的下位概念，因此从准确反映罪状内容的角度，将该条的罪名确定为“破坏国家公园、国家级自然保护区罪”，应该更为合适。

（十九）非法处置外来入侵物种罪［《刑法修正案（十一）》第43条］

《刑法修正案（十一）》第43条是在刑法典第344条后增加一条，作为第344条之一。该条规定的罪状是“违反国家规定，非法引进、释放或者丢弃外来入侵物种，情节严重的”行为。该条所规定罪状的核心行为是“非法引进、释放、丢弃外来入侵物种”。因此，从罪名设立的角度看，可以将该条的罪名直接确定为“非法引进、释放、丢弃外来入侵物种罪”。如果要进一步简化，则可以将“非法引进、释放、丢弃外来入侵物种”行为概括为“非法处置外来入侵物种”行为，进而可以将该条的罪名确定为“非法处置外来入侵物种罪”。

（二十）妨害兴奋剂管理罪［《刑法修正案（十一）》第44条］

《刑法修正案（十一）》第44条是在刑法典第355条后增加一条，作为第355条之一。该条规定的罪状是“引诱、教唆、欺骗运动员使用兴奋剂参加国内、国际重大体育竞赛，或者明知运动员参加上述竞赛而向其提供兴奋剂，情节严重的”行为（第1款），以及“组织、强迫运动员使用兴奋剂参加国内、国际重大体育竞赛的”行为（第2款）。从罪状的内容看，该条规定了三大类、六小类行为（引诱、教唆、欺骗、提供、组织、强迫）。对于该条罪名的确立需要明确两个基本问题：

第一，该条罪名的个数，即该条设置的是一个罪名，还是两个或者三个罪名。从罪名设立的准确性考虑，要准确反映该条所规定的罪状的内容，可能设置

三个罪名较为合适，分别对应三种具体行为类型（“引诱、教唆、欺骗使用兴奋剂”、“非法提供兴奋剂”和“组织、强迫使用兴奋剂”）。但从罪名确立的合理性上看，该条规定的三类行为之间具有很高的关联性，行为人完全有可能在一个行为整体过程中同时存在这三类行为，如先引诱、教唆、欺骗，引诱、教唆、欺骗不成再强迫，并向运动员提供兴奋剂。规定三个罪名意味着要对行为人定三个罪名并进行数罪并罚，这样会导致罪刑失衡，也会使问题复杂化。因此，将该条的罪名确定为一个罪名更为合适。

第二，该条罪名的具体确定。在明确应确定为一个罪名的情况下，要对该条规定的三类行为进行概括，就需要找到这三个行为的共性：一是都与兴奋剂有关；二是都是妨害兴奋剂管理规定的行为，违反了反兴奋剂义务（国务院《反兴奋剂条例》第39条、第40条明确规定了对相关行为的行政处罚）。基于此，可将该条的罪名设定为“妨害兴奋剂管理罪”。

（二十一）食品、药品监管渎职罪［《刑法修正案（十一）》第45条］

《刑法修正案（十一）》第45条对刑法典第408条之一食品监管渎职罪第1款作了修改，其规定的罪状是，负有食品药品安全监督管理职责的国家机关工作人员滥用职权或者玩忽职守，有下列情形之一，造成严重后果或者有其他严重情节的：“（一）瞒报、谎报食品安全事故、药品安全事件的；（二）对发现的严重食品药品安全违法行为未按规定查处的；（三）在药品和特殊食品审批审评过程中，对不符合条件的申请准予许可的；（四）依法应当移交司法机关追究刑事责任不移交的；（五）有其他滥用职权或者玩忽职守行为的。”与刑法典原条文相比，此次修改增加了药品监管渎职的内容，故关于该款的罪名可在原罪名“食品监管渎职罪”[①] 的基础上增加药品的内容即可，即可将该款的罪名确定为“食品、药品监管渎职罪”。

① 刑法理论上对于刑法典原第408条之一的罪名被确定为“食品监管渎职罪”存在较大争议，不少观点主张将该罪名一分为二，确定为“食品监管滥用职权罪”和“食品监管玩忽职守罪”。本文对罪名的确立探讨是立足于过往司法解释，注重保持罪名的延续性，因而对原有罪名的适当性不作探讨。

# 关于《反有组织犯罪法（草案）》的修法建言*

## 一、前言

有组织犯罪是当代国际社会所公认的危害严重而必须予以重点治理的主要犯罪类型之一，第 55 届联合国大会于 2000 年 11 月 15 日通过了《联合国打击跨国有组织犯罪公约》，中国是该公约的签署国。重点治理有组织犯罪是新中国一贯的刑事政策和刑事法治精神。自改革开放以来，受多方面因素影响，作为我国有组织犯罪典型表现的黑恶势力及其犯罪活动在一些地方沉渣泛起。我国 1997 年刑法典规定了组织、领导、参加黑社会性质组织罪。此后国家立法机关和最高司法机关又根据实践需要，通过刑法修正案、立法解释、司法解释等形式，对相关规定予以完善。近几年开展“扫黑除恶”专项斗争以来，针对司法实践中的新情

---

* 本文收入本人在 2021 年因受邀参加国家立法机关主持的关于《反有组织犯罪法（草案）》立法研拟和座谈会而提交的三份书面建议稿的主要内容。需要说明的是，在这几份书面建议稿的准备过程中，本人都邀请了同事袁彬教授一起磋商研究，因而其中也包含了袁彬教授的学术见解，本人对袁彬教授的切磋和贡献深表感谢。

况、新问题，全国扫黑除恶专项斗争领导小组办公室协调中央纪委国家监委和中央政法单位发布了依法办理恶势力、“套路贷”刑事案件的规定等 10 个相关法律、政策文件。从总体上看，我国现有反有组织犯罪的法律制度虽具备一定规模，但仍比较分散，未成体系，部分文件效力位阶较低，防范、治理和保障等相关法律规定比较缺乏，因而有必要在现有法律规定和政策性文件的基础上，制定一部专门的反有组织犯罪法。[①] 党中央和全国人大常委会审时度势作出决策，反有组织犯罪法的制定遂被纳入国家 2020 年度立法工作计划并开始起草工作。2020 年 12 月 22 日，第十三届全国人大常委会第二十四次会议初次审议了《中华人民共和国反有组织犯罪法（草案）》[以下简称《反有组织犯罪法（草案）》]，2021 年 7 月 16 日和 7 月 28 日，全国人大宪法和法律委员会两次召开专门会议，对《反有组织犯罪法（草案）》逐条进行了审议；2021 年 8 月 17 日，第十三届全国人大常委会第三十次会议审议了《反有组织犯罪法（草案）（二审稿）》，2021 年 11 月 10 日和 11 月 30 日，全国人大宪法和法律委员会两次召开专门会议，对《反有组织犯罪法（草案）（二审稿）》进行了审议；2021 年 12 月 24 日，第十三届全国人大常委会第三十二次会议表决通过了《反有组织犯罪法》，该法自 2022 年 5 月 1 日起施行。制定《反有组织犯罪法》是我国系统总结“扫黑除恶”专项斗争经验，加强专门法律制度建设，保障在法治轨道上常态化、机制化开展扫黑除恶工作的重要举措。该法的颁行对于建设法治中国、确保人民安居乐业和社会安定发展，具有重大而深远的意义。[②]

基于科学立法和民主立法的要求，在《反有组织犯罪法（草案）》起草和审议过程中，国家立法机关不仅就草案的有关问题与中央纪委国家监委、中央政法委、最高人民法院、最高人民检察院、公安部、国家安全部、司法部等直接相关部门交换意见、共同研究，到地方专门调研，向各省（自治区、直辖市）人大常委会、中央有关部门及部分高等院校、科研机构和一些专家学者等征求意见，而

① 反有组织犯罪法草案提请审议 规范案件办理机制. 人民日报，2020-12-24.

② 反有组织犯罪法亮点解读. 法治日报，2021-12-26.

且在中国人大网两度全文公布草案一审稿和二审稿，征求社会公众意见，并多次召开专题座谈会，听取理论界和实务部门专家学者的意见与建议，这些活动对《反有组织犯罪法（草案）》的不断完善和最终顺利出台起到了积极的作用。作为长期参与国家刑事立法研拟工作的刑法学者，在《反有组织犯罪法（草案）》的起草研拟过程中，本人曾几次被邀请研究《反有组织犯罪法（草案）》并提交书面意见，或者参加由国家立法机关工作机构主持的专题座谈会。基于不辜负国家立法机关工作机构信任和为这部重要法律创制献计献策的愿望，本人几次都认真准备了书面建议稿提交国家立法机关工作机构参考。本文将本人这几次向国家立法机关工作机构提交的书面建议稿略加整理纳入，既意在反映本人关于反有组织犯罪法相关法律问题（主要是刑法问题）的学术见解，也希冀在一定程度上对了解和研究《反有组织犯罪法（草案）》的某些问题及其演进略有助益。

## 二、关于《反有组织犯罪法（草案）（一审稿）》的修法意见①

第十三届全国人大常委会第二十四次会议审议的《反有组织犯罪法（草案）（一审稿）》共 10 章 83 条，主要规定了五个方面的内容：一是总则，规定了立法宗旨、指导思想、基本原则和有组织犯罪的概念与调整范围；二是突出防治要求和责任；三是规范情报线索处置和案件办理机制；四是固化“打财断血”“打伞破网”的经验做法；五是明确相关保障制度。② 针对全国人大常委会法工委关于《中华人民共和国反有组织犯罪法（草案）》（以下简称《草案》）征求意见的函件，经认真研读相关条文，本人认为，《草案》对《反有组织犯罪法》的定位准确、体系完整、结构合理、内容全面，弥补了我国预防和治理有组织犯罪的立法空白。特别是《草案》注重《反有组织犯罪法》与刑法、刑事诉讼法、行政法、

① 本人于 2021 年 1 月 26 日收到全国人大常委会法工委 2021 年 1 月 22 日的专函，要求对《反有组织犯罪法（草案）（一审稿）》进行研究并于 2 月 5 日前提交书面意见。本人于 2021 年 2 月 3 日向全国人大常委会法工委提交了书面意见，本部分即为这份书面意见稿的主要内容。

② 反有组织犯罪法草案提请审议 规范案件办理机制．人民日报，2020-12-24.

国际法等相关法律的配合与衔接，注重对有组织犯罪的整体、全方位防治，值得充分肯定。鉴于本人的刑法专业学术背景，本人侧重对《草案》与刑法典之间的衔接问题，提出以下修改完善的意见和建议。

（一）关于《草案》与刑法典关系处理的基本原则

《草案》与刑法典的关系，涉及这两部法律的定位和相互之间的衔接问题。在我看来，《草案》对其与刑法典的关系的定位基本上为呼应法，即注重《草案》与刑法典在反有组织犯罪问题上的呼应，但在个别地方也对刑法典的规定有所突破。

对此，我认为，《草案》应当维护刑法典所确立的基本原则和现有基本规范，不应对刑法基本规范进行修改，特别是不应进行大的修改。这一方面是维护刑法典统一立法模式的需要，有助于更好地发挥刑法的法益保护和人权保障功能，促进刑法规范内部的统一与协调；另一方面也是符合《反有组织犯罪法》作为特别刑事法的要求的，即该法的重点应是突出对有组织犯罪（黑恶势力犯罪）治理的专门性和特殊性，但不能违背刑法的基本原则和基本规定。

（二）关于《草案》第 2 条

《草案》第 2 条第 1 款规定："本法所称有组织犯罪，是指刑法第二百九十四条规定的犯罪，以及由黑社会性质组织、境外黑社会组织、恶势力组织实施的犯罪。"第 2 款规定："恶势力组织，是指经常纠集在一起，以暴力、威胁或者其他手段，多次实施违法犯罪活动，为非作恶，欺压群众，但尚未形成黑社会性质组织的违法犯罪组织。"第 3 款规定："在信息网络空间实施违法犯罪活动，符合前两款规定的，应当依法认定。"我认为，该条规定存在以下问题：

第一，该条第 1 款中关于"……以及由黑社会性质组织、境外黑社会组织、恶势力组织实施的犯罪"的规定，在逻辑上以及实际上都能包括"过失犯罪"，如黑社会性质组织、境外黑社会组织、恶势力组织所构成的"交通肇事罪"，但这种理解绝非立法原意，也不应有此种理解存在的余地。《反有组织犯罪法》的锋芒应当针对特定犯罪组织实施的特定故意犯罪。因为故意犯罪与过失犯罪不仅通常在危害后果上存在明显区别，而且在犯罪发生的机制机理上也存在明显不

同。与后者相比，前者的主观恶性和危害性更大，行为的发动更积极主动，更有防范的必要。因此，这里应限定为“故意犯罪”，即规定为“……以及由黑社会性质组织、境外黑社会组织、恶势力组织实施的故意犯罪”。

第二，该条第1款中的“有组织犯罪”涉及了黑社会性质组织、境外黑社会组织、恶势力组织三种组织。关于黑社会性质组织我国现行刑法典第294条有定义界定，关于恶势力组织该条第2款有规定，但关于“境外黑社会组织”没有界定。似应考虑对境外黑社会组织也予以界定和进一步明确。这里的明确可以是在内涵上进行明确，如明确界定境外黑社会组织的概念；也可是从程序上进行明确，如以通过某个机构、某个程序列明的境外黑社会组织名单内的黑社会组织为限。

第三，该条第2款删除了之前司法文件中有所规定的恶势力组织的危害性特征，这似为不妥，且个别文字表述不规范。关于恶势力，最高人民法院、最高人民检察院、公安部、司法部2018年《关于办理黑恶势力犯罪案件若干问题的指导意见》和2019年《关于办理恶势力刑事案件若干问题的意见》均界定为“经常纠集在一起，以暴力、威胁或者其他手段，在一定区域或者行业内多次实施违法犯罪活动，为非作恶，欺压百姓，扰乱经济、社会生活秩序，造成较为恶劣的社会影响，但尚未形成黑社会性质组织的违法犯罪组织”。与此相比，《草案》删除了“扰乱经济、社会生活秩序，造成较为恶劣的社会影响”这一危害性要求。这一方面容易导致《反有组织犯罪法》与相关司法解释、司法文件关于恶势力组织的认定差异，也使恶势力组织的特征与黑社会性质组织的特征不能形成对应关系；另一方面更重要的问题是，如此容易导致对恶势力组织的认定过宽。因此，我认为，《草案》对恶势力组织的界定应当增加其危害性特征的内容。此外，该条第2款对恶势力组织的界定还存在个别文字不规范问题，这主要表现为“经常纠集在一起”的表述不规范，可以表述为“成员经常纠集在一起”，也可以删去“成员经常纠集在一起”（如此并不影响该段的意思）。

（三）关于《草案》第30条

《草案》第30条是关于反有组织犯罪的宽严处理规定，其中第1款是从严的规定，第2款是从宽的规定。该条存在两个具体问题：



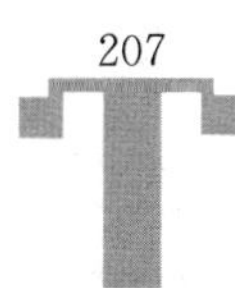

第一，该条第 1 款的表述不够全面，应适当调整。这包括：一是应将“保外就医”修改为“暂予监外执行”，以与刑事诉讼法的相关规定相对应；二是应当增加预防性措施规定，将“充分利用资格刑、财产刑”修改补充为“充分利用资格刑、财产刑和预防措施”，以呼应《草案》的多措施并举之立法原则。

第二，该条第 2 款的规定不够全面，应当扩大。这包括：一是该款没有对刑法及司法实践中的一些重大从宽制度包括自首、立功、认罪认罚等，进行规定。二是“在有组织犯罪组织中起次要、辅助作用的组织成员”的指向不明，即到底是指向在组织中参与程度不高的组织成员（如一般参加者），还是指向在有组织犯罪中起次要、辅助作用的组织成员，并不甚明确。如果是后者，应将“在有组织犯罪组织中”修改为“在有组织犯罪中”；如果是前者，因为我国刑法典对黑社会性质组织的参加者已规定了专门的刑事责任，故没必要单独规定。

（四）关于《草案》第 31 条第 3 款

《草案》第 31 条第 3 款是关于“软暴力”的规定。该规定存在两个方面的明显问题：

第一，在表述上没有使用“有组织”的表述（应是“有组织地对他人或者有关场所进行滋扰、纠缠、哄闹、聚众造势等”），这样与有组织犯罪的组织性不对应。

第二，在表述上存在语句不通顺的问题。建议将该款表述为“为谋取非法利益或者形成非法影响，有组织地对他人或者在有关场所进行滋扰、纠缠、哄闹、聚众造势等，足以使他人形成心理强制，或者其他足以影响、限制人身自由、危及人身财产安全，影响正常经济、社会生活秩序的手段，可以认定为有组织犯罪的犯罪手段”。

（五）关于《草案》第 35 条

《草案》第 35 条是关于黑社会性质组织犯罪适用财产刑的规定。该条规定存在的问题包括：

第一，该条没有涉及恶势力组织，似有必要对恶势力组织首要分子的财产刑适用进行规范（主要是根据其实施的具体涉财犯罪规定从严适用财产刑）。

第二，该条对不同组织人员的财产刑适用与刑法典的规定不一致，且个别表述不太规范。例如，对于黑社会性质组织的积极参加者，该条表述为“可以并处没收个人全部财产”，而刑法典第 294 条对此的规定是“可以并处罚金或者没收财产”，《草案》没有涉及“可以并处罚金”，这样会造成《反有组织犯罪法》与刑法典的不一致，《反有组织犯罪法》付诸实施后难免会使司法实务无所适从。再如，对于黑社会性质组织的一般参加者，该条表述是“依法决定财产刑的适用”，而刑法典第 294 条对此的规定是“可以并处罚金”，二者也不对应，且“财产刑”的用语也不规范。

（六）关于《草案》第 36 条

《草案》第 36 条是关于有组织犯罪的从宽规定。该条第 1 款似乎创制了一个有别于刑法典的相关规定的独立的法定从宽情节，但又不甚明确。其不足主要体现在：

第一，该条第 1 款中的“可以依法从轻、减轻或者免除处罚”含义不明，即究竟该款规定的情节是一个独立的法定从宽情节，还只是一个提示性规定（要依照刑法典的从宽规定适用），不够明确。如果要将该款规定的情节作为独立的法定从宽情节，则应将“可以依法从轻、减轻或者免除处罚”修改为“可以从轻、减轻或者免除处罚”，即删除“依法”字样，表明其在法律上的独立性。

第二，该款列举事项之间的关系不完全对应，主要是第 4 项与第 5 项的规定不具有对应性。其中第 5 项是兜底性规定——“其他……提供重要线索或者证据的”，意图表明该款规定的行为类别。但该款第 4 项规定的内容（“协助司法机关追缴、没收尚未掌握的赃款赃物的”）不是提供重要线索或者证据的行为类别，两者之间形成了一个不一致的矛盾关系。对此，要么删除第 4 项，要么对第 5 项的表述进一步改造以使其能涵盖第 4 项的内容。

第三，该款对其他从宽制度和情节如自首、坦白、立功、认罪认罚等，均未提及，这些从宽制度和情节对于分化瓦解犯罪组织、遏制有组织犯罪活动并降低其危害至关重要，应当如何在《反有组织犯罪法》中予以规定，需要重视和重点研究。


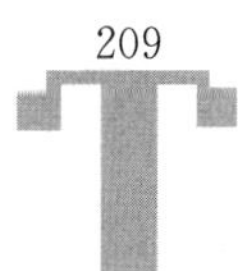

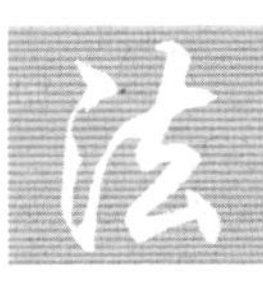


（七）关于《草案》第40条

《草案》第40条是关于减刑、假释的程序规定。该条规定存在的一个明显不足是，未明确规定“对被判处十年以上有期徒刑或者无期徒刑的有组织犯罪罪犯”的假释程序。目前的规定似乎包含了对该类罪犯不能适用假释规定的意思，但未明确。建议对该类罪犯的假释问题予以研究和明确规定。

（八）关于《草案》第57条

《草案》第57条是关于罪数的处理问题。该条规定存在的不足主要包括：

第一，该条第1款规定一律依照处罚较重的规定定罪处罚不合理，因为个别情况下也可能存在数罪并罚的情形，如行为人参加黑社会性质组织，同时又进行包庇、纵容、帮助，其包庇、纵容、帮助行为与参加行为具有明显的并列性，有数罪并罚的必要。

第二，该条第2款规定的一律数罪并罚不合理，当行为人属于司法工作人员且是以徇私枉法的方式进行包庇、纵容、帮助时，对此如进行数罪并罚，则有违刑法典第399条第4款关于“依照处罚较重的规定定罪处罚”的规定。要解决该问题，一方面要明确包庇、纵容、帮助黑社会性质组织行为与徇私枉法等犯罪之间的关系，另一方面要进一步完善其罪数的处理原则。

其实，《草案》对罪数问题进行立法规定，似必要性不足，可以考虑交由最高司法机关以司法解释进行规范和处理。

（九）关于部分条文的文字表述

《草案》的个别条文存在文字表述不严谨的地方，有的甚至影响了意思的准确表达，建议进一步斟酌、完善，包括（但不限于）：

第一，关于《草案》第14条、第15条。《草案》第14条、第15条涉及的是“相关行业部门”。但从准确表述的角度看，将其表述为“相关行业主管部门”似乎更为合适、准确。

第二，关于《草案》第38条。《草案》第38条针对的有组织犯罪的组织者、领导者主要是针对黑社会性质组织、境外黑社会组织，难以涵盖恶势力组织的首要分子，建议增加“首要分子”的表述，即“有组织犯罪的组织者、领导者、首


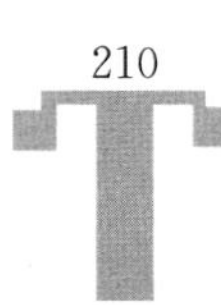

要分子”。

第三，关于《草案》第39条。《草案》第39条是关于从严控制减刑、假释的规定。该条在表述上缺少了一个“的”字，其意思就成了“本法规定的有组织犯罪”均属于“刑法规定的有组织的暴力性犯罪”了。应当在“本法规定的有组织犯罪属于刑法规定的有组织的暴力性犯罪”后面增加一个“的”，以使意思表达更确切。

## 三、关于《反有组织犯罪法（草案）（二审稿）》的修法意见①

第十三届全国人大常委会第三十次会议审议的《反有组织犯罪法（草案）（二审稿）》在草案一审稿（以下简称《一审稿》）的基础上进行了修改和完善，共计9章、77条。针对这次研讨会要讨论的《反有组织犯罪法（草案）（二审稿）》（以下简称《二审稿》），在《一审稿》和我2021年2月3日提交的书面意见的基础上，经认真研读《二审稿》，我认为《二审稿》较之前的《一审稿》有较大改进，值得充分肯定。在此，我主要结合自己的刑法学研究专长，提出以下修改完善的意见和建议。

### （一）关于取消《一审稿》第三章的问题

《二审稿》较之《一审稿》在结构上的最大变化，是删除了之前《一审稿》第三章“情报线索处理”专章。该章原有8个条文（第22条至第29条）。

从内容上看，之前《一审稿》第三章“情报线索处理”专章既有不少政策性规定，也有不少制度性规定，如财产查询及紧急措施、限制出境入境措施等。我认为，虽然该章的相关措施基本上都在《二审稿》中得到了保留（合并到原第四章、现第三章“案件办理”中），但情报信息作为专章或者专节规定也具有合理性。这是因为，反有组织犯罪立法是重要的单行立法，类似立法如我国的反恐怖

---

① 这部分是本人受邀参加全国人大常委会法工委于2021年9月17日召开的“反有组织犯罪法草案座谈会”而提交的书面意见稿。

主义法、国家安全法和反间谍法等都有涉及情报问题的处理。例如，《国家安全法》第四章设置了“情报信息”专节，《反恐怖主义法》设置了“情报信息”专章。这些相关立法可以作为处理《反有组织犯罪法》处理情报信息问题的借鉴，似可以进一步考虑将相关内容仍作为专章或者专节予以统一规定。

（二）关于《二审稿》第 2 条

《二审稿》第 2 条主要解释了“有组织犯罪”“恶势力组织”的概念内涵，并规定了境外黑社会组织犯罪的适用问题。该条规定存在以下问题：

第一，关于恶势力组织的范围问题。我国司法实践中将恶势力在形态上分为恶势力犯罪团伙和恶势力犯罪集团。其中，恶势力犯罪集团是符合恶势力全部认定条件，同时又符合犯罪集团法定条件的犯罪组织。《二审稿》对恶势力笼统地表述为“恶势力组织”，并将其定性为“犯罪组织”。但从内涵上看，这一界定并不明确，似有同时涵盖恶势力犯罪团伙和恶势力犯罪集团的意思。但将“犯罪团伙”纳入“有组织犯罪”是否合适？值得进一步推敲。

第二，关于恶势力组织的特征问题。刑法典第 294 条最初对黑社会性质组织的特征未作规定（只规定了概念），结果实践中争议很大，后司法解释、立法解释先后作出规定，最后上升为刑法条文的规定。同理，恶势力组织的特征也很不明确，司法实践中的争议也较大。对此，建议参考现行刑法典关于黑社会性质组织的规定，也对恶势力组织的特征在立法上予以明确。

第三，应明确境外黑社会组织认定问题。本文第二部分对此问题已有建言，此处不赘述。

（三）关于《二审稿》第 22 条

《二审稿》第 22 条是关于反有组织犯罪的宽严政策，其核心表述是“宽严相济”。我认为，该条在政策表述上有必要增加“适度从严”的内容。

该条第 1 款的表述是“办理有组织犯罪案件，应当以事实为根据，以法律为准绳，坚持宽严相济”。其中，“宽严相济”的表述更多要表达的是宽严互济，但《反有组织犯罪法》的总体思想是对有组织犯罪立法从严。在此基础上，建议考虑将该条第 1 款关于“宽严相济”的内容表述为“……坚持宽严相济，适度

从严”。

（四）关于《二审稿》第 40 条第 2 款

《二审稿》第 40 条第 2 款规定：“查封、扣押、冻结、处置涉案财物，应当为犯罪嫌疑人、被告人及其扶养的家属保留必要的生活费用和物品”。建议在该款的“扶养”后增加“抚养”的内容，即将该款修改为“查封、扣押、冻结、处置涉案财物，应当为犯罪嫌疑人、被告人及其扶养、抚养的家属保留必要的生活费用和物品”。主要原因在于，按照通常的理解，“扶养”一般是针对同辈、长辈，而“抚养”则一般是针对晚辈。从法律保护的对象来看，这里的家属显然也应当包括属于晚辈的家属，故增加“抚养”的规定，更为准确。

## 四、关于《反有组织犯罪法（草案）（修改稿）》的评估意见①

为保障和促进立法的科学性与民主性，经 2015 年 3 月修正的《立法法》第 39 条，设立了经全国人大常委会通过的法律案通过前可由立法机关工作机构（全国人大常委会法工委）进行立法评估的制度。此后，据我所知，一些重要的刑法立法都实行了通过前的立法评估制度，如在《刑法修正案（九）》和《刑法修正案（十一）》通过前，全国人大常委会法工委都召开了由部分全国人大代表、专家学者、律师、基层执法人员参加的立法评估会。②《反有组织犯罪法》是一项重要的立法，在其实行通过前进行立法评估之必要性和意义不言而喻。因此，《二审稿》之后和提交通过之前，全国人大常委会法工委也适时召开了立法评估会，针对立法机关研拟的《中华人民共和国反有组织犯罪法（草案）》（2021 年 12 月 3 日修改稿）（以下简称《评估稿》）进行研讨和评估。我受邀参加

① 这部分系本人受邀参加全国人大常委会法工委于 2021 年 12 月 3 日召开的“反有组织犯罪法草案评估会”提交的书面意见稿。

② 赵秉志主编.《中华人民共和国刑法修正案（九）》理解与适用. 北京：中国法制出版社，2016：18. 赵秉志主编.《中华人民共和国刑法修正案（十一）》理解与适用. 北京：中国人民大学出版社，2021：18-19.

“反有组织犯罪法草案评估会”，向立法机关提交了书面意见稿，主要意见和建议如下。

（一）关于《评估稿》的基本看法

经认真研读这次评估会要讨论的《评估稿》，我认为，《评估稿》在《一审稿》和《二审稿》的基础上作了多方面的改进，目前的《反有组织犯罪法》定位准确、体系完整、结构合理、内容全面，弥补了我国预防和治理有组织犯罪的立法空白。《评估稿》注重《反有组织犯罪法》与刑法、刑事诉讼法、行政法、国际法等相关法律的配合与衔接，注重对有组织犯罪的整体、全方位防治，值得充分肯定。《评估稿》的主要规范和制度切实可行，作为我国扫黑除恶专项斗争系统总结的重要法治成果，目前出台的时机成熟，其贯彻实施将会产生积极的法治效果和社会效果。在其出台后，应当抓紧进行宣传和研究，使其立法精神和主要制度规范为社会所了解，特别是为公安司法机关和有关部门所掌握，从而对有效地、切实地防治有组织犯罪发挥实际作用。

（二）关于《评估稿》具体条文的看法

针对这次评估会要讨论的《评估稿》，在之前我曾两次提交书面意见（2021年2月3日、9月12日）的基础上，经这次再认真研读《评估稿》，我主要结合自己的刑法学研究专长，试再提出以下几点具体的修改完善意见和建议。

1. 关于《评估稿》第2条

《评估稿》第2条主要解释了“有组织犯罪”“恶势力组织”的概念内涵，并规定了境外黑社会组织犯罪的适用问题，但未明确规定“恶势力”的基本特征，建议对恶势力组织的特征在立法上予以明确。

刑法典第294条最初对黑社会性质组织的特征未作规定（只规定了概念），结果实践中争议很大，后经由司法解释、立法解释最后上升为刑法条文。同理，恶势力组织的特征也不明确，司法实践中的争议也较大。对此，建议参考现行刑法典关于黑社会性质组织的规定，也对恶势力组织的特征在立法上予以明确。

2. 关于《评估稿》第19条

《评估稿》第19条规定了黑社会性质组织的组织者、领导者财产报告和日常

活动报告制度。我认为，对该条可以考虑作两点修改：(1) 将“自刑罚执行完毕之日起”修改为“自刑罚执行完毕或者假释之日起”。因为假释期满原判剩余刑期不再执行，假释期间不予监管不合适，且我国刑法在许多制度上都是同时将刑罚执行完毕之日和假释之日予以规定的。(2) 将“按照国家有关规定”删除。因为目前我国并无针对本条内容的财产和日常活动报告制度，该规定会造成执法的依据欠缺。

3. 关于《评估稿》第 22 条

《评估稿》第 22 条是关于反有组织犯罪的宽严政策，其核心表述是“宽严相济”。建议该条在政策表述上再增加“适度从严”的内容。这是因为，这不仅是此次立法的初衷并在具体措施上有充分的体现，也是细化“宽严相济”刑事政策的政策面。在具体表述上，可以考虑将该条第 1 款关于“宽严相济”的内容表述为“……坚持宽严相济，适度从严”，以与整个立法的方向、内容相一致。

4. 关于《评估稿》第 47 条

《评估稿》第 47 条规定的是缺席审判问题。在表述上，我认为应当将该条规定中的“依照《中华人民共和国刑事诉讼法》第五编第四章”规定中的“第五编第四章”的表述删除。因为近年来我国刑事司法改革力度很大，《刑事诉讼法》已多次修改，且法典结构也发生过较大的变动，为保证《反有组织犯罪法》的稳定性，建议只规定“依照《中华人民共和国刑事诉讼法》的规定办理”，即删除“第五编第四章”。

5. 关于《评估稿》第 72 条

《评估稿》第 72 条规定的是网络安全问题。该条第 2 项的规定“不按照主管部门的要求，对含有宣扬、诱导有组织犯罪内容的信息采取停止传输、消除等处置措施，保存相关记录的”表述拗口且意思不明，建议采取《网络安全法》的相关表述，修改为“不按照主管部门的要求，对含有宣扬、诱导有组织犯罪内容的信息不采取停止传输、消除等处置措施、保存相关记录的”。



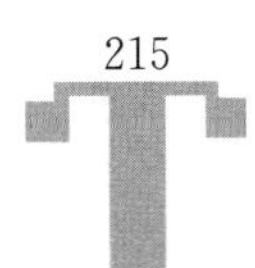

## 五、结语

第十三届全国人大常委会第三十二次会议于 2021 年 12 月 24 日表决通过并将自 2022 年 5 月 1 日起施行的《反有组织犯罪法》，包括总则、预防和治理、案件办理、涉案财产认定和处置、国家工作人员涉有组织犯罪的处理、国际合作等 9 章，共计 77 条。该法是一部预防和治理有组织犯罪的专门法，也基本上是一部刑事特别法。该法注重对有组织犯罪的整体性、全方位防治，填补了我国惩治有组织犯罪方面专门法律的空白，其立法亮点纷呈，例如：矛头针对黑恶组织犯罪而强调依法从严惩治；确立预防与治理相结合和宽严相济的刑事政策；深挖黑恶势力“保护伞”；固化“打财断血”的扫黑除恶的成功经验；严防黑恶势力渗入基层；防止黑恶势力侵害未成年人；防止黑恶势力死灰复燃；保障涉案单位和个人的合法权益；强调对国家工作人员涉有组织犯罪的严肃处理；重视治理有组织犯罪的国际合作；等等。[①] 这部法律为在法治轨道上常态化开展扫黑除恶工作提供了法律基础和机制保障，其法治效果和社会效果值得期待。其立法精神、基本规范、主要制度的内涵以及其适用问题，以及立法和法理上的一些争议问题，都还需要法学界和法律实务界的共同关注与深入研究。

---

① 反有组织犯罪法亮点解读. 法治日报，2021-12-26.

# 新中国刑法司法 70 年：回顾与前瞻*

## 一、引言

刑法司法是我国刑事法治的重要组成部分，是刑事法治的生命力所在。本文拟专门考察和研究新中国成立 70 年来我国刑法之司法的沿革与发展问题。与既往相关研究在研究视角上有所不同的是：此前的研究多以刑法立法或者刑法理论为视角，另有些则以刑事司法为研究视角；而本文是以刑法的司法实践为研究视角，即主要以刑法规范的司法适用为研究对象和范围。刑法司法是国家司法机关依照法定职权和法定程序，根据刑法规定处理刑事案件的专门活动。毋庸讳言，相比较而言，专门从刑法视角探讨司法活动规律与特点的理论成果相对较少。有鉴于此，在新中国成立 70 周年之际，我们尝试以刑法司法为视角，回顾和梳理 70 年来我国刑法司法的发展脉络，总结不同历史阶段刑法司法的基本特点，并

---

* 与张伟珂副教授合著，原载《法律适用》，2019（19）。发表时有删节。

对新时期刑法司法的发展前景予以探讨，以期有助于把握刑法司法发展的时代脉搏，对我国刑事法治建设有所裨益。

## 二、新中国刑法司法 70 年的发展历程

作为司法机关运用刑法规范处理案件的专门活动，刑法司法与刑法立法互相依存、相辅相成。尤其是在我们这样一个有数千年成文法传统并正在努力走向现代社会主义法治的国家里，刑法立法对刑法司法活动的影响具有鲜明的中国特色。如果说刑法司法以刑法规范为直接法律依据，刑法立法的发展状况就决定了刑法司法的质量与效果，而刑法立法从理念到体系、从内容到技术的重大变革，并由此形成理念先进、体系完善、结构合理、内容科学的现代刑法体系①，对刑事司法活动的影响是基础性、根本性的。因此，以新中国成立以来刑法立法的历史发展为线索，有助于全面透视刑法司法在历史进程中的时代脉络。

### （一）无法可依：1949 年新中国成立至 1979 年刑法典颁行

新中国成立后至 1979 年刑法典通过和实施以前，我国没有颁行统一的刑法典，司法机关仅根据零星的单行刑法和司法文件等规范性文件，甚至直接依据刑事政策惩治犯罪行为，刑法司法活动呈现出鲜明的时代色彩，即“无法可依，政策统领”。从司法定位来看，这一时期的刑法司法以维护国家政权稳定为主要目的，但在不同时期也会因政治需要而使实现这一目的的方式有较大差异。

#### 1. “安邦定国”：1949 年新中国成立至 1956 年社会主义改造完成

在新中国成立之初，敌我斗争尖锐、国内外颠覆势力猖獗，建立于战火之中的人民政权面临着数量庞大的土匪恶霸、特务间谍以及其他反革命分子的威胁与侵害。面对国家政权遭受的安全威胁，沿袭革命年代运动式的刑事犯罪治理行动，在军事斗争以外，通过司法手段维护国家政权安全和人民民主专政的政治制度，遂成为当时我国司法机关的首要任务。在这一时期我国的刑法司法活动，主

① 赵秉志．中国刑法的百年变革——纪念辛亥革命一百周年．政法论坛，2012（1）．

要是针对危害国家政权稳定与公共安全的犯罪行为进行查处和制裁，即严厉查处、惩治反革命分子、贪污腐败干部和不法资本家。为此，司法机关相继开展了镇压反革命运动、“三反”运动和“五反”运动，以此维护新生的人民政权。当然，作为一项政治运动的必然结果，诸多普通的犯罪现象被提升到意识形态的高度，而司法机关也将犯罪治理视为阶级斗争的新形式。由此带来的后果是，司法机关完全忽视了犯罪认定的程序限制，在犯罪认定的标准上也失去了正当性，甚至最终演变为一种对数字的追求，以至于为完成指标而采取偏执手段，频繁发生刑讯逼供并酿成冤假错案。①

从司法依据来看，在该时期我国的刑事司法政策弥补了刑法立法的严重不足，成为刑法司法的主要依据。在新中国成立前夕，中国人民政治协商会议于1949年9月颁布了《共同纲领》。其第17条明确提出，“废除国民党反动政府一切压迫人民的法律、法令和司法制度，制定保护人民的法律、法令，建立人民司法制度”。因此，随着新中国政权的建立，包括中华民国1935年刑法典在内的旧法统（也称“伪法统”）被统统废除。然而，面对惩治犯罪的现实需要，新中国只有少量零乱的单行刑法和附属刑法，如为适应惩治反革命犯罪的需要而由中央人民政府委员会颁行的《中华人民共和国惩治反革命条例》（1951年2月20日），为配合土地改革运动由各大行政区军政委员会颁发的惩治不法地主的单行条例，为配合“三反”“五反”运动施行的《中华人民共和国惩治贪污条例》（1952年4月18日）和《在五反运动中关于商业户分类处理的标准和办法》等。② 这些规范性文件不仅立法层级较低，而且条文简单，难以满足刑法司法活动的客观需求。即便如此，与革命根据地时期相比，此时对这些犯罪的治理呈现出区别既往的根本性不同，即虽然法律规范并不健全，但在有限的规范体系内，法律终于成了解决政治问题的一种有效方式，并最终由人民法院来作出最终的司法认定。③ 当

① 孙万怀. 刑事政策合法性的历史. 北京：法律出版社，2016：159-162.

② 赵秉志. 中国刑法的百年变革——纪念辛亥革命一百周年. 政法论坛，2012（1）.

③ 卢建平. 刑事政策与刑法变革. 北京：中国人民公安大学出版社，2011：126.

然，从革命时期带有浓厚军事色彩的犯罪惩治发展到带有一定法律色彩的司法治理，与司法机构的初步建立不无关系。1949 年 9 月 27 日，中国人民政治协商会议第一届全体会议通过了《中央人民政府组织法》，明确规定中央人民政府委员会组织最高人民法院及最高人民检察署为国家的最高审判机关及检察机关，分别行使审判权和检察权。自此，我国开始加强司法机制建设，规范刑事司法行为。直至 1954 年，第一届全国人民代表大会第一次会议颁布《人民法院组织法》《人民检察院组织法》，人民代表大会下的“一府两院”体制从此形成，司法制度的基本框架也构建起来①，在加强社会主义刑事法制的建设方面稳步前进。

2. “政策统领”：1956 年社会主义改造完成至 1979 年刑法典颁行

随着 1957 年“反右”扩大化和 1959 年“反右倾”运动的开展，特别是 1962 年中国共产党八届十中全会上作出关于过渡时期长期存在“社会主义和资本主义这两条道路的斗争”的判断，刑法司法活动依然被定位为保卫无产阶级专政的社会主义制度，履行政治使命成为这一时期我国刑事司法活动的重要职责。

从惩治对象来看，我国刑法司法的政治属性被进一步强化，尤其是随着 1966 年“文化大革命”的爆发，刑法司法成为维护国家政治安全的主要手段，甚至完全沦为政治斗争的一种普遍方式。正如有学者所概括的，这一时期国家注重对思想犯的惩罚，将许多普通犯罪作为敌我矛盾来对待，刑罚的标准，尤其是死刑的标准失去确定性，仅仅根据政策需要而运用，死刑等重刑的适用缺少应有的程序制约，刑事体制紊乱，刑罚甚至完全堕落成为一种所谓革命旗帜下的帮凶。② 可以说，“文化大革命”爆发，使新中国成立初期的法治建设很快被动乱的狂涛所淹没。中国人民在新中国成立以后取得的许多政治成果，包括尚未成熟的法治事业，被破坏殆尽。③

---

① 陈卫东. 中国共产党与新中国司法制度的创立、发展及其完善. 法学家，2001（4）.

② 孙万怀. 刑事政策合法性的历史. 北京：法律出版社，2016：164－167.

③ 曾宪义. 新中国法治 50 年论略. 中国人民大学学报，1999（6）.

从规范依据来看，这一时期党的政策完全超越法律成为司法活动的主要依据。新中国成立以后，中国共产党的政策一直是制定国家法律的依据，而中国共产党在历史上习惯于用政策来指导革命的成功经验，以及这段时间接二连三的群众运动，使政策比法律具有更多的优越性。[①] 因此，随着群众性社会治理的频繁展开，政策在国家司法活动中的地位越来越突出。直至“文化大革命”期间，甚至仅有的几部单行刑法也被彻底废弃，形成刑法立法的“真空”。这一时期作为司法依据适用的，除个别沿用下来的法规外，主要是“文化大革命”中制定的相关政策性文件，如1967年1月13日中共中央、国务院发布的《公安六条》；1970年年初，中共中央连续发出《关于打击反革命破坏活动的指示》《关于反对贪污盗窃、投机倒把的指示》《关于反对铺张浪费的通知》等。[②] 可以说，随着法律虚无主义的蔓延，“镇压与宽大相结合”“惩办与宽大相结合”的刑事政策相继成为刑法司法活动的主要依据[③]，严重影响了我国刑法司法的法定性和明确性。基于对政策治国的推崇以及对法律规范的彻底抛弃，从中央到地方逐渐形成对司法机关的地位与价值的强烈质疑。从1956年之后相继开始的“大跃进”、人民公社运动、“四清”运动等仍然采用以前大规模群众运动的形式，司法方式在社会治理中的地位被逐步削弱。特别是随着20世纪60年代整个国家的司法活动陷入一片混乱。司法系统的许多人员也受此影响而被戴上了“特务”“反革命”等反动分子的帽子。刑事司法因上述原因出现严重混乱并造成了大量的冤假错案。[④]

### （二）有法可依：1979年刑法典颁行至1997年刑法典修订通过

1978年12月召开的中国共产党十一届三中全会，开启了我国新时期改革开放的伟大历史征程，我国的刑法建设也由此获得前所未有的发展机遇。[⑤] 而司机

① 曾宪义. 新中国法治50年论略. 中国人民大学学报，1999（6）.

② 孙万怀. 刑事政策合法性的历史. 北京：法律出版社，2016：166.

③ 赵秉志. 新中国60年刑事政策的演进对于刑法立法的影响. 中国社会科学报，2009（3）.

④ 同①.

⑤ 赵秉志. 改革开放30年我国刑法建设的成就及展望. 北京师范大学学报（社会科学版），2009（2）.

机关“对林彪、江青反革命集团的审判，是我国健全社会主义法治的重要开端。在‘文化大革命’结束后，法治重新受到重视，并作为治国的基本方略”[①]。自此，我国刑法司法进入新的历史时期，并呈现出从保障政治安全的司法导向向维护社会稳定与发展转变的时代特色。

1.“拨乱反正”：从1979年刑法典颁行到1983年

中国共产党十一届三中全会以后，我国的刑法司法活动进入新的历史时期，主要表现在三个方面：（1）重塑司法观念。随着20世纪50年代“反右”扩大化，以人治思维积极进行深刻的阶级斗争，成为国家的主流认识，并在此后“文化大革命”期间成为社会治理的主要观念。[②] 而“文化大革命”对社会经济发展和公众幸福造成的严重破坏，则宣告了“人治”思维的彻底破产，强化依法而治深刻影响了这一时期的刑事司法理念。具体而言，一是坚持严格依法办案的理念，禁止按照“左”的政策和红头文件办案；二是坚持依照事实证据定罪量刑的理念，禁止把过激言行、思想等作为犯罪行为处理；三是树立严格依照法律程序独立办案的理念，取消联合办案、党委批案等做法；四是树立实事求是、有错必究的理念，坚决纠正冤假错案。[③]（2）完善司法机制。要扭转人治带来的社会混乱，建立法制主导社会发展的国家机制，就必须健全完善司法体系，避免个人的肆意妄为，进而规范司法活动。随着中国共产党十一届三中全会确立了“有法可依、有法必依、执法必严、违法必究”这一基本的法制原则，建立健全法律体系，完善司法运行机制，建立司法行为准则，成为国家法制发展的一项重要任务。此后，全国人大相继颁行了刑法、刑事诉讼法等法律规范，同时重建检察制度，使刑事诉讼的框架基本健全[④]，为建立规范的刑法司法机制，规范刑法司法行为夯实了制度基础。（3）纠正冤假错案。“文化大革命”期间，全国共判处刑

---

① 林彪、江青反革命集团案——我国健全社会主义法制的重要开端（1980—1981）.（2019-05-25）. http://www.jcrb.com/xztpd/ZT2018/fogang/fzjs/dayaoan/201812/t20181218_1943989.html.

② 陈耿，傅达林，欧阳晨雨．从“人治”到“法治”——新中国法治六十年线路图．中国改革，2009（10）.

③④ 胡云腾．改革开放40年刑事审判理念变迁．人民法院报，2018-12-18.

事案件145万件。经“文化大革命”后复查，其中的40万件反革命案件绝大部分属于错判，105万件普通刑事案件约有10%的属于错判。[①] 最高人民法院为此召开了第八次人民司法工作会议和旨在平反冤假错案的全国法院第二次刑事审判工作会议，旨在贯彻实施新宪法，落实党中央提出的平反冤假错案要求。“1978年，人民法院开始全面复查‘文化大革命’期间刑事案件，到1981年年底，全国各级人民法院共复查‘文化大革命’期间判处的120多万件刑事案件，依法改判纠正冤错案30.1万余件，涉及当事人32.6万余人。”[②]

值得一提的是，顺应社会主义现代化建设的时代趋势，刑法司法也开始积极树立经济刑法观，增强服务意识，拓宽服务视野，提高服务质量，严格按照党和国家决策部署为经济发展保驾护航。[③]

2.“运动司法”：从1983年“严打”到1997年刑法典颁行

自20世纪80年代初开始，随着改革开放的日益深入，因历史积累与现实因素的诱发，我国的犯罪总量开始增加。对此，作为一种感应式反应，“严打”政策出台，逐渐成为我国当时司法政策的主要导向，并在相当长的时期内主导了我国的刑法司法活动。[④]

1983年8月25日，中央召开全国政法工作会议，作出了《关于严厉打击刑事犯罪活动的决定》，提出了“从严从重、一网打尽”，严厉打击刑事犯罪活动的总体要求，掀开了第一次“严打”的序幕。同年9月2日，第六届全国人大常委会第二次会议颁布了《关于严惩严重危害社会治安的犯罪分子的决定》，规定对多种类型的严重危害社会治安的犯罪分子，可以在刑法规定的最高刑以上处刑，直至判处死刑。自此，包括1996年4月开始的第二次“严打”在内，刑法司法呈现出从严、从重的实践特点，且带有明显的行政化色彩和运动型特征。其突出表现就是：(1) 在入罪方面，司法机关降低入罪标准，扩大犯罪的处罚范围。在

① 高憬宏，刘静坤. 建国六十年刑事审判事业发展历程与经验研究. 法律适用，2009 (12).

② 张晨. 70年平冤纠错，不懈努力诠释司法公平正义. 法制日报，2019-06-19.

③ 赵秉志，鲍遂献. 论刑法观念的更新和变革. 中国法学，1994 (2).

④ 赵秉志. 新中国60年刑事政策的演进对于刑法立法的影响. 中国社会科学报，2009 (3).

国家立法机关通过单行刑法等方式使犯罪圈不断扩大的背景下，司法机关通过类推解释等方式推动犯罪化，扩张不法行为之刑事惩治的范围，同时通过调整证据标准等方式降低犯罪认定的标准。[①]（2）在量刑方面，重刑化的司法倾向较为突出。1983 年，人民法院判处的重刑比例（判处 5 年以上有期徒刑到死刑的人数占全部犯罪人数的比例）创纪录地达到了 47.39%，第二次"严打"的重刑率也达到了 43.05%。[②] 与此同时，在"从严、从重"的政策导向下，这一时期的死刑适用大幅度增加。

就司法依据而言，司法解释在刑法司法活动中的地位日益突出，刑事政策对司法活动的影响弱化。1979 年刑法典的颁行为刑法司法提供了明确的裁判依据，提高了司法活动的规范性和公信力。同时，为了有效应对严峻的犯罪形势，单行刑法、附属刑法以及司法解释成为刑法司法规范化的有力保障。（1）单行刑法、附属刑法为刑法司法活动提供了明确的法律依据。自 1981 年至 1997 年刑法典通过前，全国人大常委会先后通过了 25 部单行刑法，且在 107 个非刑事法律中设置了数量可观的附属刑法规范。这导致的结果是，至 1997 年刑法典通过之前，1979 年刑法典中的罪名由 130 个增加到 263 个。[③]（2）司法机关积极行使司法解释权，制定了数量庞大的刑法司法解释。据统计，从 1978 年到 1997 年刑法典实施前，最高人民法院单独以及与最高人民检察院联合发布的刑事司法解释共 254 件，另外还制定了大量指导刑事审判工作的规范性文件。虽然这些规定带有一定的应急性，但有助于刑法司法摆脱直接依据刑事政策定罪量刑的历史窠臼。

（三）有法必依：1997 年刑法典颁行至今

改革开放推动我国社会发展的同时，给刑法司法带来的直接影响，就是整个社会的司法观念发生转变，从过去注重国家安全和社会稳定转向社会保护与人权保障兼顾。尤其是 1997 年召开的中国共产党十五大划时代地提出了"依法治国，

①② 胡云腾．改革开放 40 年刑事审判理念变迁．人民法院报，2018-12-18．

③ 赵秉志，王俊平．改革开放三十年的我国刑法立法．河北法学，2008（11）．

建设社会主义法治国家”，是中国共产党首次将依法治国作为治国理政的基本方略，开启了依法治国新阶段。[①] 自此，刑法司法不仅要维护国家安全与社会主义市场经济秩序的稳定发展，而且要实现公平、公正的刑法司法价值。

1. “司法转型”：从 1997 年刑法典颁行至 2005 年

在刑事司法政策方面，“严打”政策备受质疑，刑法司法活动呈现出刑罚轻缓化、人道化的趋势。“严打”政策在扭转社会治安形势、保障社会经济发展的同时，对犯罪嫌疑人、被告人盲目从严从重，甚至随意加重处罚等偏重打击而轻人权保障的方式日益引起人们的警惕和反思。[②] 1997 年刑法典实施以后，司法机关，尤其是最高司法机关积极推动犯罪惩治的司法转型，虽然“严打”刑事政策仍然发挥一定的作用，也酿成了一些冤假错案，但“严打”行动和专项斗争逐步减少，刑法司法中的重刑主义得到一定程度的遏制并向轻缓化的方向转变。在此期间，2001 年全国开展了第三次“严打”，但不管是持续时间还是刑罚的适用情况，都远不及前两次“严打”。不仅死刑适用受到严格控制，而且重刑率也呈现逐年下降的良好态势，到 2005 年，重刑率已经下降到了 17.86%。[③]

在刑法适用方面，1997 年刑法典取消了类推制度，规定了罪刑法定、罪责刑相适应、刑法面前人人平等三项基本原则，对刑法司法理念产生了重要影响。然而，观念的改变并非一朝一夕的事情，刑法立法所确立的罪刑法定原则等刑法基本原则对刑法司法的影响是循序渐进的，因此，这一时期的刑法司法呈现出较强的过渡性特征，即一方面，强调刑法基本原则对刑法司法的根本性指导作用；另一方面，司法机关贯彻罪刑法定原则仍然存在着诸多问题，比如：司法机关对入罪标准的把握不够严谨、规范，个别罪名如非法经营罪、寻衅滋事罪等逐渐演变成新的口袋罪，其适用范围不断扩大，成为破坏社会主义市场经济秩序犯罪、扰乱社会管理秩序犯罪的兜底性条款。此外，司法解释中的一些解释条款也有违

---

① 余向阳. 司法改革进程见证我国法治进步史. 人民法院报，2019-06-16.

② 赵秉志. 对“严打”中几个法律关系的思考. 人民检察，2001 (9).

③ 胡云腾. 改革开放 40 年刑事审判理念变迁. 人民法院报，2018-12-18.

反罪刑法定原则的嫌疑，为解决法律适用中的疑难问题而时常突破刑法规范。如2002年2月25日最高人民检察院发布通知，要求将足球比赛裁判员的受贿行为按照公司、企业人员受贿罪论处，就明显超越了刑法立法对公司企业人员规定的应有之义。①

2.“宽严相济”：从2006年宽严相济刑事政策提出至今

进入21世纪以后，随着建设社会主义和谐社会的全面推进，宽严相济的基本刑事政策应运而生并替代了“惩办与宽大相结合”的基本刑事政策。此后，我国刑法司法工作也及时作出相应调整，不仅严格限制死刑的适用条件，减少死刑适用的数量，而且在刑罚裁量中逐渐扩大适用非监禁刑，推动社区矫正制度的实施等，顺应刑罚轻缓化的世界潮流。

宽严相济刑事政策的提出是这一时期刑法司法从重刑思维向宽缓化思维转型的重要标志。2006年10月11日，中国共产党第十六届六中全会通过了《中共中央关于构建社会主义和谐社会若干重大问题的决定》，明确提出实施宽严相济的刑事司法政策。虽然此时宽严相济尚未替代“惩办与宽大相结合”而作为一项基本刑事政策，但客观上对刑事司法活动产生了积极影响。2007年，作为贯彻宽严相济刑事政策的主要举措，最高人民法院收回了全部死刑案件的核准权。在2008年以后，最高人民法院又大力推进量刑规范化改革，连续几年出台规范性文件，促进了常见犯罪的量刑均衡和量刑过程的公开公正。由此，司法实践中出现了死刑适用和重刑率明显下降，重大犯罪案件也随之下降的良性循环态势。②2010年，最高人民法院出台了《关于贯彻宽严相济刑事政策的若干意见》，明确指出宽严相济刑事政策是我国的基本刑事政策。此后，“根据犯罪的具体情况，实行区别对待，做到该宽则宽，当严则严，宽严相济，罚当其罪”的宽严相济刑事政策，对刑法司法产生了重要影响。

1997年刑法典确立罪刑法定原则是我国刑法臻于现代化的重要标志之一。

① 陈志军．刑法司法解释研究．北京：中国人民公安大学出版社，2006：406.

② 胡云腾．改革开放40年刑事审判理念变迁．人民法院报，2018-12-18.



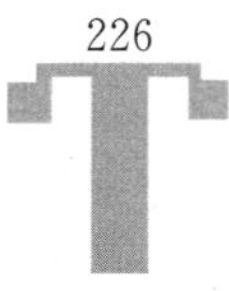

从此，依法保障犯罪嫌疑人的权利也名正言顺地成为我国刑法司法活动的重要任务。自此以后，虽然“严打”的司法活动仍然有过，但它已不是我国治理犯罪的主要司法手段，并且逐步实现了从偏重秩序保护到注重人权保障的转变，同时强化民生安全的刑法保护，积极推进建设公正、高效、权威的社会主义司法制度。总体而言：(1) 严格限制死刑适用。2007 年 1 月，最高人民法院收回死刑核准权，掀开了我国死刑制度改革的序幕。十多年来，最高人民法院以及全国法院系统严格按照“少杀慎杀”的基本原则，在死刑案件中奉行更严格的证据标准，使被判处死刑的人数大幅度下降，在世界范围内产生了良好影响。(2) 始终坚持积极纠正冤假错案。在这一时期，司法机关对冤假错案的关注已经从传统暴力犯罪领域向经济领域等拓宽，全面加强审判监督，保障冤假错案当事人的合法权益。2015 年以来，最高人民法院指导下级法院依法纠正数十件重大刑事冤假错案和多起涉产权刑事错案，对呼格吉勒图案、聂树斌案和张文中案等冤错案件进行改判，伸张了社会正义，保护了人权和产权。① (3) 趋于注重对民生安全的司法保护。司法机关在危害食药安全犯罪、危害环境安全犯罪、危害交通安全犯罪、涉黑涉恶犯罪等领域开展持续性的专项治理活动，提高犯罪防控的社会效果。(4) 加强刑罚适用的科学性。比如，针对严重犯罪行为，司法机关在严格执行限制减刑、假释的同时，合理适用终身监禁等刑罚执行措施，以实现犯罪预防的个别化和科学化。

## 三、新中国刑法司法 70 年的发展特点

新中国成立 70 年来，我国司法机关通过刑法司法活动，不仅全面维护了国家政治安全和社会主义经济秩序，而且保障了社会公众的合法权益，维护社会公平正义，构筑了一条具有中国特色的社会主义刑法司法道路。我们认为，新中国刑法司法 70 年的道路与实践呈现出以下五个方面的显著特征。

① 胡云腾．改革开放 40 年刑事审判理念变迁．人民法院报，2018-12-18.



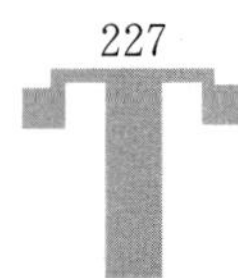

### （一）刑法司法始终坚持维护国家安全与社会稳定的大局观

自新中国成立以来，我国司法机关始终坚持服务党和国家工作需要[①]，积极维护国家安全与社会稳定。虽然刑法司法曾经偏离了现代法治的运行轨道，在特定时期基于犯罪防控的特殊需要而在政策导向、司法裁判等方面出现了曲折甚至倒退，但是司法机关在保卫国家安全与社会主义制度方面的立场是毋庸置疑的。

1. 始终将严厉打击危害国家安全与社会稳定犯罪作为刑法司法的重点

从刑法规范来看，1979 年刑法典和 1997 年刑法典都把保卫国家安全、人民民主专政和社会主义制度作为刑法的首要任务。全国司法机关在适用刑法打击犯罪的过程中，也始终坚持将危害国家安全与社会稳定的犯罪类型作为刑法司法的重点工作。且不说 1997 年刑法典实施以前为维护社会稳定而展开的“严打”运动，时至今日，维护国家安全与社会稳定依然是司法机关的重要任务。这一点，可以通过最高司法机关的年度工作报告加以印证，比如：2003 年最高人民法院工作报告在开篇第一部分就明确提到，在 1998 年至 2002 年间，全国法院系统“依法惩处颠覆国家政权、分裂国家等犯罪，恐怖犯罪，组织和利用‘法轮功’邪教组织破坏法律实施的犯罪”。2008 年，最高人民法院对过去五年工作进行总结时，同样在开篇把维护国家安全与社会稳定的成效作为重点内容，明确提到人民法院“重点审判各种危害国家安全、危害公共安全和危害人民群众生命财产安全的犯罪，推动全国社会治安形势持续好转”。2013 年最高人民法院工作报告也是如此，即在报告中明确指出，人民法院在 2008 年至 2012 年五年间“审结涉恐刑事犯罪案件以及湄公河中国船员遇害案等重大案件，有力打击分裂势力、恐怖势力和暴力犯罪分子”。同样，2018 年最高人民法院工作报告依然强调过去五年全国法院“严惩危害国家安全、暴力恐怖等犯罪，把维护国家政治安全特别是政权安全、制度安全放在第一位，加大反恐怖、反分裂、反邪教斗争力度，依法严惩煽动分裂国家、颠覆国家政权

① 袁春湘. 改革开放 40 年来司法审判之变化. 人民法院报，2018-10-30.



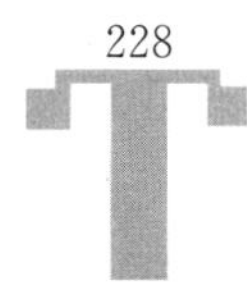

等犯罪，切实维护国家安全”。

2. 明确严厉打击危害国家安全与社会稳定犯罪的裁判标准

一方面，通过司法解释明确诸多危害国家安全犯罪行为的法律适用标准。随着科学技术发展以及公共安全形势的变化，一些新的危害国家安全的行为不断出现，构成对国家安全的严重挑战。为此，最高司法机关及时出台解释性文件，以增强法律适用的统一性。比如，为维护国家安全而制定了《关于审理为境外窃取、刺探、收买、非法提供国家秘密、情报案件具体应用法律若干问题的解释》，为严厉惩治涉暴涉恐犯罪而发布了《关于办理暴力恐怖和宗教极端刑事案件适用法律若干问题的意见》等。此外，面对科技发展伴生的新型公害犯罪，以及传统犯罪处理方式与现有的司法技术资源表现的滞后性，司法机关积极探索犯罪认定新规则，以满足公共安全保障的客观需要。例如，最高人民法院、最高人民检察院《关于办理危害食品安全刑事案件适用法律若干问题的解释》通过对高度危险行为进行类型化概括并将其直接认定为犯罪成立的要件，降低了犯罪构成要件的证明难度，有利于加强司法惩治效果。

另一方面，通过司法解释为犯罪专项治理行动提供明确的法律支撑。比如，2000 年 4 月，公安部联合相关部委掀起了“打击拐卖妇女儿童”专项斗争，最高人民法院、最高人民检察院联合有关部门共同发布了《关于打击拐卖妇女儿童犯罪有关问题的通知》，为此次“打拐”专项斗争提供规范指导。2000 年 12 月，公安部在全国范围内启动了“打黑除恶”专项行动，最高人民法院于同年 12 月 4 日发布了《关于审理黑社会性质组织犯罪的案件具体应用法律若干问题的解释》。再如，2018 年 1 月，中共中央、国务院发出《关于开展扫黑除恶专项斗争的通知》。随后，最高人民法院、最高人民检察院、公安部、司法部于 2019 年 2 月联合发布了《关于办理恶势力刑事案件若干问题的意见》，为有效打击恶势力违法犯罪统一了司法标准。

### （二）刑法司法从偏重社会整体利益保护逐步转向兼顾维护秩序与保障人权

在新中国成立后相当长的时期内，我国刑法司法重秩序而轻人权，时常以公民权利被漠视乃至被践踏为代价换取社会安宁。[①] 中国共产党十一届三中全会开启了我国刑法司法现代化的改革序幕，推动着刑法司法不断强化人权保障，并逐步主导刑法司法活动的现代改革。

1. 司法机关严格依法保障犯罪嫌疑人、被告人的人权

随着新刑法典的修订和通过、实施，我国司法机关积极贯彻罪刑法定原则，摒弃类推和不利于被告人的溯及既往追诉，在刑法司法活动中严格依法司法，着力保障犯罪嫌疑人、被告人的人权。当然，从司法实践来看，虽然司法机关积极转变陈旧的司法观念，但是受重刑主义和法律工具主义的影响，在 1997 年刑法典适用过程中仍然会存在违反刑法司法基本原则的行为。针对这一状况，司法机关通过制定司法解释、强化审判监督等积极贯彻罪刑法定原则，比如：(1) 严格限制死刑的司法适用。从 20 世纪 80 年代以来，为了严厉震慑并打击严重危害社会的犯罪行为，死刑核准权被下放到高级人民法院行使，事实上违反了刑法典的明确规定。为此，最高人民法院在 2007 年 1 月在全国范围内统一收回死刑核准权，从而在死刑核准问题上落实了罪刑法定原则。此外，最高人民法院对死刑的适用条件作出严格限制，比如，通过出台《全国法院维护农村稳定刑事审判工作座谈会纪要》《关于对怀孕妇女在羁押期间自然流产审判时是否可以适用死刑问题的批复》等规范性文件，细化死刑的限制措施，强化对犯罪嫌疑人的人权保障。(2) 严格限制“口袋罪”的扩张适用。法律语言具有抽象性、概括性的特征，这就给刑法解释提供了较为自由的空间，也为类推解释的扩张埋下了隐患。“口袋罪”就是这一司法乱象的典型表现，其中以非法经营罪最为突出。自 1997 年刑法典实施以来，不管是违反国家规定还是地方性规定，大多司法机关对于非法经营行为的犯罪化并没有从刑法目的的角度予以合理限制，致使只要出现不符合有关规定的非法经营行为，就会随意入罪而滥施刑罚。为了贯彻罪刑法定原则，最高人民法院发布了《关于准确理解和适用刑法中“国家规定”的有关问题的通知》，既在实质上限定了“违反国家规定”的认定范围，也在程序上明确了

---

① 赵秉志. 全球化时代中国刑法改革中的人权保障. 吉林大学社会科学学报，2006 (1).

非法经营认定存在争议时的处理程序，从而使民间借贷、违规经营食品等多种原本被认定为非法经营罪的行为被非犯罪化。如此，既维护了刑法权威，也充分保障了公众的合法权益。

2. 司法机关积极探索被害人合法权益的保障机制，努力实现人权保障全覆盖

受传统观念影响，一直以来刑法都被定位为惩罚犯罪的工具，其主要任务就是通过惩罚犯罪来保障公众安全。由此，被害人权益保障被忽视。但是，在犯罪以后，受害人的权益并非犯罪行为得到惩治就自然获得救助，而会因犯罪人死亡或者没有赔偿能力陷入新的困境。对此，国家有义务对其进行合理的救助。换言之，在刑法司法活动中，并非只有犯罪人的权利需要保障，受害人的利益同样需要保护，且不能只由犯罪人来承担。为此，2009 年 3 月，中央政法委员会、最高人民法院、最高人民检察院等多部门联合印发《关于开展刑事被害人救助工作的若干意见》，对因被犯罪行为侵害而出现生活困难的刑事被害人、近亲属，提供国家救助。可以说，推动刑事被害人救助制度改革，是司法机关切实维护被害人的合法权益、深入化解社会矛盾、彰显司法人文关怀的重大举措。此后，全国法院系统对生活确有困难的被害人及其亲属及时提供适当的经济资助，努力使被害人的损失减少到最低限度。而全国检察机关在 2009 年拨付救助资金支出 666 万余元的基础上，在 2010 年更是进一步加大救助力度，为刑事被害人支出 4 875 万余元。[①] 2019 年 2 月 25 日，最高人民检察院、国务院扶贫开发领导小组办公室又联合下发了《关于检察机关国家司法救助工作支持脱贫攻坚的实施意见》，通过完善先行救助机制等使刑事被害人救助制度更加完善。

（三）公平正义逐渐成为刑法司法活动的根本价值导向

考察我国刑法司法 70 年发展历程，尤其是改革开放 40 年以来的司法实践，可以发现“司法机关始终怀着司法为民之心，敢于纠错，勇于担当，为实现社会

---

① 肖荣. 检察机关开展刑事被害人救助有效化解矛盾. 检察日报，2011-03-02.

公平正义作出不懈努力”[①]。可以说，随着中国刑法现代化的逐步推进，公平正义成为刑法司法现代化不可缺少的基本内涵[②]，已然成为我国刑法司法活动的根本价值导向。

1. 司法机关强化审判监督，纠正冤假错案，维护社会公平正义

虽然在新中国成立初期，基于维护国家政治安全的巨大压力而在刑法司法方面出现过严重背离法治的行为，但制造冤假错案只是政策主导司法的副产品，而非刑法司法的直接目的。这就不难理解，即便在改革开放之前“无法可依”的年代里，也曾经有过纠正冤假错案的司法行为。时至改革开放之初，国家对司法公正、民主法治的认识更为深刻，并由此掀起了全国性的平反冤假错案，从而使刑法司法对公平正义的追求进入一个新的历史时期。从那时至今，不管是经媒体曝光还是当事人申诉而得到昭雪的冤假错案，我们从中都能看到司法机关坚持有错必纠的司法理念，使社会公众不断感受到司法机关推动刑法司法实现公平正义的努力。尤其是近几年来，坚决纠正和防范冤假错案，坚持严格公正司法，更是司法机关持续关注并努力践行的重要举措。比如，在 2013 年至 2017 年间，全国法院坚持实事求是、有错必纠，加强审判监督，以对法律负责、对人民负责、对历史负责的态度，对错案发现一起、纠正一起，再审改判刑事案件 6 747 件。[③] 而在刚过去的 2018 年，各级法院按照审判监督程序再审改判刑事案件 1 821 件，其中依法纠正“五周案”等重大冤错案件 10 件；审结国家赔偿案件 1.5 万件。[④]

2. 积极贯彻罪责刑相适应原则，追求司法公平公正

1997 年刑法典确立了罪责刑相适应原则，要求对行为人判处的刑罚应当与犯罪行为的性质以及应当承担的刑事责任相均衡。在刑罚裁量时，既不能一味从重，也不能肆意从宽，而应当保持刑罚的公平公正。毋庸讳言，在新中国成立 70 年间，中国传统文化中浓郁的重刑主义思想仍然对刑法司法活动有着相当的

---

① 张晨. 70 年平冤纠错，不懈努力诠释司法公平正义. 法制日报，2019-06-19.

② 赵秉志，田宏杰. 刑事司法正义论. 中国刑事法杂志，2000 (6).

③ 周强. 最高人民法院工作报告——2018 年 3 月 9 日在第十三届全国人民代表大会第一次会议上.

④ 周强. 最高人民法院工作报告——2019 年 3 月 12 日在第十三届全国人民代表大会第二次会议上.

影响，从而使“从重”成为 20 世纪我国刑法司法活动的重大特色。然而，随着罪责刑相适应原则的贯彻实施，人们对于刑法的性质、刑罚的功能有了更为客观的理解，重刑主义得到一定遏制。自 21 世纪初始，关于刑罚轻缓化的理论与实践日益引起人们的关注，从而为宽严相济基本刑事政策的提出提供了坚实的社会基础。宽严相济的刑事政策吸纳、承继了惩办与宽大相结合及“严打”的刑事政策的合理内涵和精神，既避免了一味强调从严或从宽、过分僵硬、缺乏弹性的单极化趋向，也避免了与世界刑罚轻缓化之潮流相左，不符合现代刑罚谦抑之精神的重刑主义。[①] 经过多年来的司法实践，重刑威慑的司法观念在我国刑法司法活动中逐步得到一定程度的扭转，其突出表现就是在刑法司法层面严格限制死刑适用，适用死刑的案件数量大幅度下降，同时积极带动了刑罚适用的轻缓化和人道化。

3. 积极回应热点案件，营造司法公正的良好氛围

在相当长的时期里，刑法司法过程被蒙上了神秘的外衣，司法机关对民意乃至舆论监督普遍持排斥态度，从而影响了刑法司法活动的法律效果和社会效果。近年来，在公平正义司法理念的影响和推动下，我国司法机关日益重视通过热点刑事案件来强化公众的司法认同。一方面，最高人民法院积极推动全国司法机关采取措施增进公众对司法的了解、信赖和监督。在 2018 年 11 月，最高人民法院出台了《关于进一步深化司法公开的意见》，提出要坚持实质公开，主动回应社会关切，努力把深化司法公开变成人民法院和人民群众双向互动的过程，让司法公开成为密切联系群众的桥梁纽带。可以说，这些规定早已经超越了刑事诉讼法关于司法公开的形式性规定，而是从刑法司法效果的角度完善司法公开的实质性举措。另一方面，全国法院系统严格落实司法公开的有关规定，通过典型案件传递法治精神，获得良好的法治效果。比如在于欢防卫过当故意伤害案、张文中“诈骗”案等案件中，司法机关的刑法司法活动通过与民意的积极互动取得了良

① 赵秉志. 宽严相济刑事政策视野中的中国刑事司法. 南昌大学学报（人文社会科学版），2007(1).

好的法治效果，强化了司法正义的公众认同。

（四）刑法司法的规范化举措趋于丰富

“加强司法规范化建设，是贯彻落实依法治国基本方略，构建公正高效权威的社会主义司法制度的必然要求。”① 改革开放以后，尤其是进入21世纪以来，随着人权保障观念的深入发展，加强司法规范化，避免司法活动的肆意妄为，提高司法公信力，成为我国司法机关的普遍共识。

1. 建立健全案例指导制度以规范司法裁判

为了着力解决法律适用中的新问题，统一认识，创新规则，弥补法律规定或司法解释的不足②，2010年7月29日，最高人民检察院第十一届检察委员会第40次会议通过了《最高人民检察院关于案例指导工作的规定》；同年11月26日，最高人民法院发布了《最高人民法院关于案例指导工作的规定》，从而正式建立了具有中国特色的案例指导制度。截至目前，最高人民法院共发布了21批共计112个指导案例，其中刑事指导案例共有21个；最高人民检察院发布14批共计56个指导案例，其中刑事指导案例共有43个。这些指导案例不同于以往发布的仅作为司法机关参考的指导性案例，本质是对法律法规条文或者法律规范的一种解释，甚至可能是对法律法规进行一定程度的补充。③ 特别是指导（性）案例往往针对的是典型疑难案件中的法律适用问题，或者社会关注度极高的争议性案件，因此，这些案件中裁判理由对法律适用问题的阐释、解读，已经成为司法解释之外规范司法活动的重要形式。毕竟，虽然司法解释是最高司法机关针对法律适用中的疑难问题而对法律规范所作的解释，但因针对的是普遍性问题而表现出一定的滞后性。相比之下，指导（性）案例灵活性高、针对性强的特点有助于弥补司法解释的不足，对于增强法律适用的规范性、应对法律适用疑难问题具有不可替代的重要价值。比如，正当防卫是维护公众权利、推动社会和谐发展的一

---

① 李少平．规范司法行为 促进司法公正．中国审判，2012（11）．

② 胡云腾．中国特色的案例指导制度与指导性案例．人民司法，2014（6）．

③ 胡云腾．打造指导性案例的参照系．法律适用（司法案例），2018（14）．

项重要制度，但我国没有专门发布关于正当防卫领域的司法解释，导致司法实践中正当防卫几乎沦为僵尸条款。对此，最高人民法院针对“于欢（防卫过当）故意伤害案”引发的社会舆论，及时发布指导案例93号，明确了正当防卫诸要素的判断标准并规范了防卫过当的司法认定。可以说，这些指导（性）案例的发布，对于正确适用刑法、切实提高刑事案件的司法水平起到了重要的指导作用。

2. 通过发布量刑指导意见提高量刑规范化水平

量刑公正是刑事司法的一项重要原则，既体现罪责刑相一致，又体现刑罚的公正性。量刑过重不利于保障犯罪人的合法权益，失之公平；量刑过轻则会放纵犯罪人，助长犯罪人的侥幸心理，失之公正，也削弱了刑罚的预防、威慑功能。[①] 因此，采取有效措施避免有损司法公正的量刑差异，是刑法司法的重要使命。然而，量刑是一个主观性较强的司法行为，量刑过程本身的特点也决定了实现量刑公正并非一件简单易行的事情。故而如何规范司法人员的自由裁量权，尽可能使相同的量刑情节在刑罚裁量上产生司法公正的效果，是刑法司法必须解决的问题。量刑规范化的意义正在于此，即：通过对自由裁量权加以规范，对司法人员的主观判断加以约束，实现量刑结果的公平公正。基于此，最高人民法院在全国各级法院积极推动量刑规范化的改革。自2010年最高人民法院发布《人民法院量刑指导意见（试行）》以来，相继出台了《关于常见犯罪的量刑指导意见（二）（试行）》《关于常见犯罪的量刑指导意见》等刑法司法文件。这些举措对于确保刑事案件办案质量，实现公平正义发挥了重要作用。据悉，“试点前后人民法院量刑尺度、轻重把握并无太大差别，至少是司法机关、当事人或律师并没有感受到明显差别。但是，被告人服判息诉的多了，上诉、抗诉的少了；怀疑、批评裁判不公的少了”[②]。可以说，量刑规范化改革对于加强刑法司法的规范性、提高刑法司法的公信力发挥了重要作用。

---

① 戴长林，张向东．从四个维度审视量刑规范化改革的时代性．人民司法，2011（7）．

② 杨维汉．全国法院量刑规范化改革工作会议在海南三亚召开．（2019-06-01）．http://www.gov.cn/jrzg/2010-09/16/content_1704302.htm.

（五）刑法理论对刑法司法的影响日益突出

自新中国成立之初到改革开放之前，“由于受国家政治生活中存在的‘左倾’思想和‘法律虚无主义’的影响，当时的法治建设与法学研究、法学教育也存在不少欠缺”[①]。即便在1979年刑法典颁布以后，由于在相当长一个时期刑法理论界的研究重点集中在刑法立法的发展完善方面[②]，因而我国刑法司法与刑法理论的交流相对薄弱。随着1997年刑法典的颁行，如何贯彻罪刑法定原则的司法适用，遂成为我国刑法司法的重要任务，刑法理论对刑法司法的影响也随之逐渐增强。

1. 刑法解释学的发展对刑法司法活动产生了重要影响

刑法条文本身与刑法司法的现实需要不可避免地存在一定的距离。一是刑法语言的抽象性使其在应用于实践时需要得到合理解释。刑法规范对类型化的犯罪行为高度概括，由此出现了刑法文本和实践样态是否有效对应的问题，并产生了解释需求。二是刑法语言的滞后性使其在司法实践中需要及时得到合理解释以应对新挑战。刑法应当尽可能保持稳定，这是罪刑法定原则的基本要求。然而，社会生活日新月异，势必对刑法规范构成挑战。通过合理的刑法解释填补规范漏洞，是刑法司法的职责所在。然而，要做到合理解释并非易事，如果缺乏充分的理论支持和专业素养，刑法解释最终会演化为一种随意解释，甚至违反罪刑法定原则。正是在这个意义上可以说，发现法律的缺陷并不是什么成就，将有缺陷的法条解释得没有缺陷才是智慧。[③] 这恰是刑法解释学的价值所在。事实上，刑法解释学属于广义刑法学的一个核心分支学科，并具有自身独立的学科品格。[④] 所以改革开放以后40年刑法学的发展历程，在某种程度上就是刑法解释学的发展过程。这一时期关于刑法解释的诸多理论日趋成熟，对刑法司法活动发挥了重要作用。如关于刑法解释权的争论有助于厘清刑法立法解释与刑法司法解释

① 曾宪义．新中国法治50年论略．中国人民大学学报，1999（6）．

② 陈兴良．中国刑法学研究40年（1978—2018年）．武汉大学学报（哲学社会科学版），2018（2）．

③ 张明楷．刑法格言的展开．北京：法律出版社，1999：7．

④ 徐岱．刑法解释学的独立品格．法学研究，2009（3）．

之间的关系，并推动刑法司法解释的规范化，有利于遏制司法解释立法化的倾向；关于刑法解释技巧与方法的研究，有助于在解释刑法规范时选择更为科学、合理的解释方式，避免不合理的解释结论侵蚀刑法权威。而理论上关于形式解释与实质解释、主观解释与客观解释的持续争议，更是推动了刑法解释学的日渐成熟，并为刑法司法活动中作出更为规范、科学的解释提供了理论支撑。

2. 为死刑的司法改革做充分的理论动员与指导

死刑制度改革理论研究主要包括三个方面的内容：一是死刑是否应当存在；二是在最终废止死刑的前提下，如何逐步实现废止死刑的目标；三是在当前没有废止死刑的情况下，如何推动死刑制度改革。对此，学者的基本共识是，“中国死刑的废止应本着谨慎、务实的态度，遵循先易后难、逐步发展的法治变革之规律，以废止罪责刑严重失衡、长期备而不用或很少适用、社会心理反应不大的死刑条款为起点，分阶段、分步骤地进行”，同时，在司法层面严格把握死刑适用的条件，减少死刑适用的数量。① 这就为死刑制度改革奠定了坚实的理论基础，最终，“保留死刑，严格控制和慎重适用死刑”，成为我国现行的死刑政策。② 基于此，我国司法机关积极推动死刑制度改革，在刑法司法层面严格限制死刑适用。这主要表现在：(1) 坚定支持最高人民法院收回死刑核准权。死刑核准权由最高人民法院下放给多个地方高级人民法院行使，曾经受到学界的广泛批判。“事实上，对二元制死刑复核体制批评和反思的风暴，首先也是发酵于法学界。”③ 也正是刑法理论层面扎实的学术探讨与支持，为最高人民法院收回死刑核准权做了充分的理论准备。(2) 制定规范性文件，严格把握死刑适用的条件。“在较长时期内，在司法上寻求限制死刑立即执行的适用，从而达到实际削减死刑的效果是最现实可行的选择，也是限制死刑的最直接、最高效的方法。”④ 为

① 赵秉志．全球化时代中国刑法改革中的人权保障．吉林大学社会科学学报，2006 (1).

②③ 赵秉志．当代中国重大刑事法治事件评析//赵秉志主编．刑法论丛：2010 年第 3 卷．北京：法律出版社，2010.

④ 张伟珂．中国死刑改革进程中的民意问题研究．北京：法律出版社，2016：216.

此，学者从犯罪类型、量刑情节、被害人过错等不同方面对死刑司法限制进行充分的理论研究，为司法机关规范死刑适用奠定了理论基础。[①]

此外，关于刑罚功能、刑罚轻缓化等刑罚理论的研究，不仅有助于淡化司法人员的重刑主义观念，而且对扩大资格刑适用、提高罚金刑的适用比例，乃至宽严相济刑事政策的提出等，都具有重要的理论指导意义。

## 四、新中国刑法司法未来发展之前瞻

70 年来，伴随着国家和国家法治曲折前行的步伐，新中国的刑法司法经历了从政治主导到追求公正的历史转变。这一情形也与现代法治发展的历史轨迹趋于吻合。展望未来，在中国特色社会主义及其法治建设的新的历史时期，我国刑法司法活动应当坚守公平正义的法治生命线，坚持保障人权与维护秩序的兼顾和统一，为改革开放事业保驾护航。为此，我们认为，未来我国的刑法司法活动应当遵循以下法治发展的基本方向。

### （一）恪守罪刑法定原则，强化人权保障的现代刑法司法理念

自 1997 年刑法典修订以来，罪刑法定原则已经成为我国刑法司法不可僭越的一项铁律。然而，从司法实践来看，如何恪守罪刑法定原则，并真正落实人权保障的现代司法理念，仍然是一个需要时常警示并不断强调的问题。可以说，不断强化罪刑法定原则的实践效果，应当是我国刑法司法活动的长久命题。就此我们试提出如下要点。

1. 准确理解罪刑法定原则，合理约束刑罚权

这一点在行政犯领域尤为重要。在当下中国，基于维护公共秩序的客观需要，在司法层面行政犯认定的形式化倾向以及由此导致犯罪圈的急剧扩张已成必

① 孟军．量刑制度改革背景下的死刑案件量刑程序：转型、模式及基础．山东社会科学，2019 (7)．吴雨豪．死刑威慑力实证研究——基于死刑复核权收回前后犯罪率的分析．法商研究，2018 (4)．付立庆．案例指导制度与故意杀人罪的死刑裁量．环球法律评论，2018 (3)．冯军．死刑适用的规范论标准．中国法学，2018 (2)．

然，近年来发生的王某军无证收购玉米案、王某非法出售鹦鹉案、赵某华非法持有枪支案等即是这一趋势在刑法司法中的体现。然而，对这些典型案件的司法裁判无不存在着背离罪刑法定原则的隐忧。面对不断扩张的犯罪圈，通过罪刑法定原则对刑法规范进行合理解释，进而使刑罚权保持适度谦抑，更契合良法善治的社会主义法治观。从刑法司法活动来看，关于罪刑法定原则在司法中的适用，涉及两大问题。其一，如何理解罪刑法定原则的出罪功能？关于刑法典第3条是否只具有入罪功能而不具有出罪功能一直分歧较大。我们认为，罪刑法定原则作为现代法治国家确立的保障人权的一项基本原则，其初衷是限制国家权力的恣意行使，因此，只有法有明文规定才可作出有罪判决是罪刑法定原则的应有之义，也表明其首先是一项限制入罪的原则。[①] 不过，即便在形式上符合刑法典明文规定的犯罪行为，也可能基于其他合理理由而出罪。这是罪刑法定原则的另一侧面，即其出罪功能毋庸置疑。其二，如何把握罪刑法定原则司法适用的合规范性？实践中，一些司法人员极易陷入两个误区：一是只要不法行为表现出一定的社会危害性，就将其认定为犯罪；二是只要不法行为在形式上符合刑法条文规定，就将其解释为犯罪。其实，这两种认识未能深刻把握罪刑法定原则。一方面，具有社会危害性的行为是否应当被认定为犯罪，必须考虑是否符合刑法典的明文规定，而不能予以类推适用；另一方面，形式上符合刑法条文规范，但实质上是否应当予以处罚，在特定情况下需要作出实质判断，以限制刑法圈的范围。因此，坚持罪刑法定原则，不仅仅是为了限制入罪行为的肆意，而且要积极发挥其出罪功能，将不值得处罚的行为排除在犯罪圈之外。这也是罪刑法定原则的应有之义。

2. 合理处理罪刑法定原则与司法解释的关系

最高司法机关制定和发布的刑法司法解释，是我国各级司法机关进行刑法司法活动的重要依据，也是提高司法裁判公信力的重要保障。然而，随着司法解释的作用越来越突出，刑事司法解释出现了与一般司法文件界限不清、解释权配置

---

① 陈兴良. 罪刑法定的价值内容和司法适用. 人民检察，2018（21）.

体制不合理、越权解释较为普遍地存在、制定方式和修改方式不规范等问题[①]，其中最典型的表现就是司法解释立法化即越权解释的问题。

"越权刑法解释，尤其是越权刑法司法解释是类推制度废止后罪刑法定主义的最大敌人。"[②] 因此，在制定司法解释过程中，必须恪守罪刑法定原则，合理限定司法解释性规范文件的形式和适用范围。（1）就司法解释的形式而言，要适度减少，甚至可以考虑废止通过批复等形式就个案作出司法解释的情形。批复是对高级人民法院、解放军军事法院就审判工作中具体应用法律问题的请示制定的司法解释。不过，其最主要的特点是它与个案裁判的关联性，更多的是针对个案的争议焦点给予下级法院相关意见性批复。[③] 这不仅可能导致个案批复与司法解释规则的冲突，而且会影响上下级法院案件审理的独立性。（2）就适用范围来说，要合理限定司法解释的适用，避免司法解释立法化。司法解释必须受到刑法规范所具有的文义的限制，应当以文义解释作为优先解释原则，在此基础上，当这种形式化解释方式不能满足规范目的的价值导向时，可以采取其他解释方法予以处理，但是不能超出罪刑法定原则的限制，即不能突破规范含义的一般外延。[④] 尤其需要改变为了处罚某种行为而忽略刑法文本的规范含义而肆意进行实质解释的类推思维，以恪守罪刑法定原则的法治底线。对于越权解释的情形，应当对撤销越权刑法解释的提请主体、审查主体和审查程序作出具体的法律规定。[⑤]

### （二）积极探索刑罚轻缓化路径，贯彻落实刑法司法的人道主义

刑罚轻缓化是人道主义发展与人权保障进步的结果，从世界范围内来看，刑罚轻缓化已然成为一股世界潮流，甚至成为评价一国法治文明程度的重要标尺。[⑥] 因此，刑罚轻缓化也应当成为我国刑法司法的当然选择和发展方向。

---

①② 赵秉志. 我国刑事司法领域若干重大现实问题探讨. 南都学坛（人文社会科学学报），2009（2）.

③ 刘风景，温子涛. 批复类司法解释的走向. 人民司法，2014（3）.

④ 詹红星. 刑法司法解释的宪法审视. 政治与法律，2013（4）.

⑤ 赵秉志，陈志军. 论越权刑法解释. 法学家，2004（2）.

⑥ 赵秉志，金翼翔. 论刑罚轻缓化的世界背景与中国实践. 法律适用，2012（6）.

1. 进一步限制死刑适用，切实降低死刑案件数量

目前，不管是在适用死刑的绝对数量上，还是在死刑案件的行为类型上，在司法层面削减死刑适用，乃至在事实上废止死刑，仍然有较大的改革空间。

(1) 将死缓作为死刑制度的主体，扩大死缓制度的适用范围。根据刑法典的规定，死缓的适用条件是罪行极其严重且不是必须立即执行的情形。因此，是否属于必须立即执行的案件，就成为区别死刑立即执行和死刑缓期执行的关键所在。从理论上讲，既然刑法典将死缓制度作为限制死刑适用的一种制度，那么它就是为限制死刑适用而存在，给罪行极其严重但又不需要判处死刑立即执行的犯罪人提供生的机会。故而，我们应当调整死缓制度的定位，将其作为死刑制度的主体，使之成为罪行极其严重情况下适用死刑时的首要选择，进而达到限制死刑适用的目标。[①] 在此基础上，综合评判犯罪行为是否属于危害性程度最严重的罪行；如果不属于这种情形，则不能适用死刑立即执行。事实上，这种处理方式对非暴力犯罪的死刑适用具有特殊的价值。经济犯罪、贪污贿赂犯罪等往往可能因数额特别巨大而被认定为罪行极其严重，但是从其他情节来看又不同于严重暴力犯罪这些最严重罪行，所以可以更合理地作为适用死缓的对象。

(2) 完善并严格死刑适用的标准，减少死刑适用的数量。一是对于罪行极其严重的认定标准，应该从主客观相一致的立场出发，将其理解为犯罪性质、危害后果都特别严重且犯罪情况特别恶劣的情形。[②] 当然，这里不宜直接将“罪行极其严重”的情形限定在暴力犯罪领域，因为在当前贪污犯罪等非暴力犯罪配置有死刑的情况下，将罪行极其严重的范围限定为严重暴力犯罪不符合刑法规定。二是对于是否需要判处死刑立即执行，应当从特殊预防考虑。根据犯罪情节综合判断，只有通过剥夺其生命的方式来预防再犯时，才能适用死刑立即执行；相反，只能判处死缓，否则就违背了当前的死刑政策，而且会导致刑罚适用的不公正。

---

① 也有学者认为，以适用死缓为通例，以适用死刑立即执行为例外，是刑法典第48条第1款的当然逻辑。劳东燕．死刑适用标准的体系化构造．法学研究，2015 (1)．

② 马克昌．论死刑缓期执行．中国法学，1999 (2)．

2. 逐渐扩大非监禁性质的刑罚措施的适用

（1）完善社区矫正制度。社区矫正是我国近年来推动刑罚执行措施改革的重大举措，但是，从健全社区矫正制度、落实社区矫正任务的内在要求来看，仍然有诸多亟待完善的地方。比如，应当逐渐扩大社区矫正的适用对象。根据《关于组织社会力量参与社区矫正工作的意见》的规定，社区矫正的适用对象是管制、缓刑、假释、暂予监外执行的罪犯。很显然，这个范围明显过窄，不利于社区矫正制度推广。为此，可以考虑将因被剥夺政治权利而在社会上服刑的罪犯等纳入进来，同时建立社区矫正的辅助矫正机构参与制度，涵盖社区戒毒人员、附条件不起诉人员、轻微违法人员以及刑释人员等。① 此外，应当完善社区矫正的运行机制，尤其健全配套机制建设，解决当前制约社区矫正规范化的管理机制、人员配备、工作模式、物质保障等问题。②

（2）探索更多类型的非监禁性质的刑罚措施。例如，假释是刑罚执行过程中实现刑罚轻缓化的司法制度，积极探索扩大假释制度的宽缓化运作是实现刑罚轻缓化的重要路径。从假释的法定条件来看，该制度仍然有较大的改革空间。根据刑法典第 81 条的规定，假释的适用条件包括可以假释的积极条件和不予假释的消极条件两类情形，因此，可以考虑从这两个方面扩大假释的适用。一方面，进一步合理限制不予假释的适用条件。对此，已有不少学者进行过深入的探讨。如对“累犯”作出进一步的区分，限定“累犯不得假释”的条件，适度收缩不得假释范围，有利于贯彻罪刑相适应原则和刑罚人道主义。另一方面，探索法定假释与裁量假释并用的双轨制假释类型模式，将现行的“可以假释”规则向特定情形下的“应当假释”制度转变，从而实现假释政策的宽缓化。③

（三）完善指导案例制度，提高刑法司法效果

司法解释“不能结合具体的案件事实去阐释某一法律规定的含义，它走的是

① 吴宗宪．论我国社区矫正的适用对象．北京师范大学学报（社会科学版），2017（3）．

② 吴宗宪．我国社区矫正基层执法机构的问题及改革建议．甘肃社会科学，2016（6）．

③ 刘政．扩张非监禁刑视野下的假释政策宽缓化初探．法学论坛，2016（2）．

‘从一般到一般’的道理，而‘从一般到个别’这条路子仍然是封闭的”[①]。这样一来，寻求一种新形式来细化对法律适用的指导，就成为司法活动亟待解决的问题。基于我们国家特有的宪法体制和司法传统，指导案例制度则成为较为合适的选择。

1. 指导案例制度面临的实践问题

然而，从司法实践来看，指导案例制度的运行并不理想，甚至有相当比例的司法人员不了解这一制度。[②] 这也表明指导案例制度存在亟待改进的内在缺憾。

首先，最高司法机关公布的指导案例的效力不够明确。近七成的司法者认为，指导案例效力不明，是影响指导案例制度效果实现的关键问题。[③] 有观点认为，检察指导案例具有不同于法律、司法解释的强制适用效力。[④] 按照这一逻辑，其不具有强制适用效力，对同类案件是否适用也不无疑问。但问题是，如果检察指导案例是因其对法律精神的准确阐释和精准应用而对司法人员有较强的说服力[⑤]，那么，为什么不使其在司法裁判说理过程中具有强制性？事实上，这种模糊性导致司法人员难以在实践中甄别适用。其次，指导案例制度的关注点和定位不够清楚。一方面，从关注视角来看，指导案例在实践中对疑难复杂问题的关注不够，没有充分发挥指导司法机关正确适用法律解决疑难复杂案件的功能。另一方面，指导案例被定位为“事实上的指导”而非规范意义上的指导。[⑥] 前者导致指导案例的实践指导价值难以得到充分发挥，而后者极易引发实践争议，从而削弱指导效果，因为某一案件中哪些属于事实指导的范畴、哪些属于规范意义的指导或许并不明确。以最高人民法院指导案例93号于欢故意伤害案为例，其裁判要点中提到“对正在进行的非法限制他人人身自由的行为，应当认定为刑法第20条第1款规定的‘不法侵害’”，可以进行正当防卫。不过，该要点到底是指

① 孙谦．建立刑事司法案例指导制度的探讨．中国法学，2010（5）．

② 杨会，何莉苹．指导性案例供需关系的实证研究．法律适用，2014（2）．

③ 左卫民，陈明国主编．中国特色案例指导制度研究．北京：北京大学出版社，2014：121．

④⑤ 万春．检察指导案例效力研究．中国法学，2018（2）．

⑥ 同①．



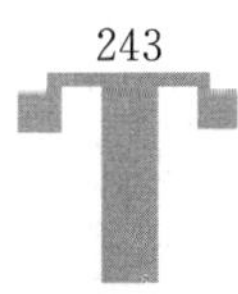

导正当防卫案件中事实认定还是构成要件的规范评价，似乎并不能一概而论。

2. 健全指导案例制度的发展路径

首先，应当合理限定指导案例的关注点。有学者将司法机关发布的刑事指导案例分为四种类型，分别是回应公共议题型、考虑被害人诉求型、重申司法解释型、拓展司法解释型。[①] 而从司法价值来看，对司法解释构成强有力补充效果的“拓展司法解释型”更符合指导案例的实践需求。基于此，应当尽可能选择法律规定比较原则且具有典型性、疑难复杂或者新类型的案例，弥补司法解释内容偏于抽象的不足，加强指导案例的针对性，而不应是对应于重复法律规定的判决。[②] 其次，应当强化指导案例的司法效力。对此，应当明确司法人员在审理刑事案件过程中违背指导案例的后果，提高司法适用的强制力。正如有观点所指出的，“指导性案例是适用法律的模范案例，一个裁判违反了指导性案例，就一定会违反指导性案例所适用的法律规则或原则精神”[③]。据此，指导案例中所蕴含的精神或者原则就具有强制力，是法官审理案件必须遵循的“先例”。当然，这里还涉及如何处理最高检察机关发布的指导案例和最高人民法院发布的指导案例的关系。我们认为，在同属刑法司法疑难问题的案件中，最高人民检察院所确立的司法解释规则应当与最高人民法院确立的司法解释规则具有同等的强制力，而不仅仅是作为可以参考的依据。

（四）强化刑法理论对刑法司法的理论支撑

自新中国成立 70 年来，我国刑事法治实践的发展极大地促进了刑法理论的发展，而刑法理论的日益精细、成熟也为刑法司法的改革与进步提供了必要的理论支撑。

1. 刑法司法要及时关注并吸纳成熟的刑法理论

随着刑法理论的开放交流、深入研究，我国的刑法观念早已经从国家刑法向人

① 周光权. 刑事案例指导制度：难题与前景. 中外法学，2013（3）. 也有学者根据检察指导案例功能定位和发挥作用方式的不同，将检察指导案例区分为重申规则、解释法律、指导工作三种类型。万春. 检察指导案例效力研究. 中国法学，2018（2）.

② 舒洪水. 如何建立我国的案例指导制度——以刑事案例为例. 人民论坛，2012（5）.

③ 胡云腾. 一个大法官与案例的 38 年情缘. 民主与法制，2017（20）.

本刑法转变。不管是从市民刑法的角度提出刑法转型，还是对民权刑法、公民刑法的提倡，大体都表达了同一个意思，即要对国家刑罚权作出必要的限制，刑法应当在约束公权力、保障私权利方面发挥应有的作用。① 这种理论研究最终以刑法司法的形式呈现出来，给刑法司法带来了极大变化。例如，随着 1979 年刑法典颁行而兴起的注释刑法学在一定程度上满足了刑法普法的客观需求，它逐渐引导司法机关正确适用刑法，提高定罪量刑的规范化水平。② 而后，随着刑法司法人权保障理念的进一步深化，严格执行罪刑法定、贯彻宽严相济的刑事政策以及纠正冤假错案成为刑法司法转型的重要表现，而刑法理论也从不同角度反思推动这一司法转型的学术支撑和规范基础。③ 从刑法司法的发展趋势来看，刑法司法面对新型犯罪的挑战需要接纳最新的、成熟的理论研究成果。近年来，基因技术犯罪、网络犯罪乃至人工智能犯罪等新型犯罪不断涌现，而这些都是传统刑法司法活动极少涉及的新领域，如何客观、规范、公正地评价不法者的刑事责任，急需合理的刑法理论予以论证。以网络犯罪为例：该犯罪类型已经日益成为危害社会的一大毒瘤，原因之一就是我们沿袭传统犯罪的对策应对网络犯罪，没有充分考虑网络犯罪自身的特点，导致刑事对策在一定程度上失灵。④ 故而刑法司法应当及时关注刑法理论的研究发展，进而将刑法理论上升为刑法司法规则如此，才能在刑法规范保持稳定不变的前提下，结合网络犯罪的自身特征和刑法理论的最新成果，妥当处理新型犯罪类型的定罪量刑问题，完善网络犯罪的刑事制裁体系。⑤ 因此，刑法司法只有在接纳理论研究成果方面保持主动性，才能科学、规范地应对不断变化的犯罪形势。

2. 借助刑法理论提高刑事裁判的说理性

强化刑事裁判文书说理对于规范刑法司法行为具有重要价值。“裁判文书是

① 刘仁文. 当代中国刑法的九个转向. 暨南学报（哲学社会科学版），2009（4）.

② 陈兴良. 注释刑法学经由刑法哲学抵达教义刑法学 . 中外法学，2019（3）.

③ 如与大多数学者从程序角度反思刑讯逼供的成因不同，有学者从不能未遂的理论视角对刑讯逼供进行学术审视和反思. 张志钢. 论不能未遂的可罚性. 北京：中国社会科学出版社，2019.

④ 喻海松. 网络犯罪二十讲. 北京：法律出版社，2018：6.

⑤ 于志刚. 虚拟空间中的刑法理论. 2 版. 北京：社会科学文献出版社，2018：代前言.

要当事人履行的，而当事人对裁判文书的理解和接受，不仅看认定事实和适用法律是否正确，还要看道理是否讲清楚了。"[①] 因此，裁判文书应当有情有理有据地说理，使当事人明确认定某一事实、否定某一辩解的依据，从而使其接受裁判结果、承担裁判后果。这对于解决诉讼争议，化解矛盾纠纷，实现诉讼目的，宣传国家法制，促进社会和谐，都具有重要意义。[②]

然而，目前我国刑法司法的说理还远远不能满足司法公信力的现实需求。"许多判决既没有将案件的演绎过程以及法官的心证过程清晰地呈现在当事人以及社会公众面前，也没有消除被告人对定性可能错误的疑虑。"[③] 这其中固然有司法处理机制等客观原因，也与司法人员对刑法理论的重视程度不够很有关系，说理难度大与法官说理能力相对不济有直接关系。[④] 因此，强化对刑法理论的研习，并将相关刑法理论适时融入司法裁判中，是实现司法裁判社会效果的必然选择。为此，裁判文书的说理不仅要敢于回应当事人提出的各种不合理诉求和理由，而且要针对决定案件法律关系的关键问题说理，根据裁判结果来说理，尤其要针对可能有意见的一方多说理等。[⑤] 这就要求说理不仅要透彻，而且要针对性强、论据充分。要做到这一点，仅仅靠摆事实是不够的，而且要通过成熟的刑法理论将事实、法律统一起来，从而推动司法裁判的法治效果。毕竟，法理能够成为指导案例的权威性论证理。[⑥] 在引起社会舆论高度关注的于欢故意伤害案等指导案例中，司法机关充分的裁判说理就是良好的示范。

（五）理性处理刑法司法专业化与大众化之间的关系

回顾自新中国成立 70 年来我国刑法司法的发展历程，可以说，我国刑法司

---

① 胡云腾．裁判文书说理的多维思考．法制日报，2011-08-24.

② 胡云腾．论裁判文书的说理．法律适用，2009（3）.

③ 周光权．判决充分说理与刑事指导案例制度．法律适用，2014（6）.

④ 彭文华．量刑说理：现实问题、逻辑进路与技术规制．法制与社会发展，2017（1）.

⑤ 同①.

⑥ 孙光宁．法理在指导性案例中的实践运用及其效果提升．法制与社会发展，2019（1）.

法的发展本身也是重建司法专业化的过程。然而，在相当长一段时间内，国家对司法专业化的探索，引起了人们一定的误解，甚至将司法大众化与法官职业化相对立。[①] 司法专业化不时受到司法大众化观念的冲击与质疑，两者之间的碰撞可以说构成了晚近20年来我国司法改革的一大特色。如今，司法专业化与大众化的关系仍然是我国司法改革中不可回避的重大议题，而如何处理这一问题也将是刑法司法发展必须直面的话题。

1. 刑法司法的专业化与大众化之间应保持适度的界限

在宪法层面司法大众化强调司法权属于人民，司法服务的对象应该是一国之内最广大的基本民众；法官所依赖的知识、使用的语言、司法文书的格式与文风、生活方式和道德情操等应与广大民众的现实生活基本保持一致，且应以民众的意见作为评判司法工作成败与否的最终标准。基于此，刑法司法的大众化强调的是尊重民众在刑法司法活动中的参与权，而反对刑法司法被封闭在一个独立的“专业槽”中与社会公众相割裂。但是，我们要注意的是，司法大众化应当立足于推动民众广泛参与司法，使后者着力解决人民群众最关心、最直接和最现实的问题，努力践行司法为民的宗旨，而不是要求司法权行使唯民意论。与此不同的是，刑法司法的专业化改革始终与司法机关的权力配置与运作、司法活动的具体制度设计密不可分，通过强调司法的独立价值，重塑司法的存在形态，走向专业司法。[②] 其立足于司法行为的技术性以及刑法适用的规范性，意图建立一种符合司法规律特点的职业体系，通过司法人员良好专业素养来应对犯罪形势的挑战，实现刑法司法的目的。就此而言，刑法司法大众化与专业化的指向是根本不同的，不能将两者混为一谈，而要为两者划定一个明确界限，即在避免司法大众化沦为民意主导的民粹司法的同时，从司法的中立性、程序性、法定性等方面构建刑法司法专业化的路径。

---

① 何兵. 司法职业化与大众化. 法学研究，2005（4）.

② 邢鸿飞，韩轶. 司法理性与司法公信——基于中国司法发展阶段的考察. 南京大学学报（哲学·人文科学·社会科学），2016（2）.


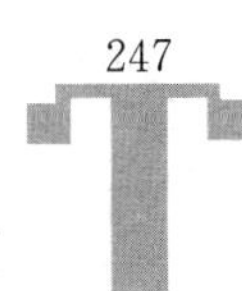

2. 刑法司法的专业化不能忽视大众化的客观性

司法专业化是对司法活动专业性的尊重。“一个普通人，即使是一个国王，如果未经专门的训练，也无法胜任法官的工作。”① 毕竟，作为一种高度程式化的活动，刑法司法通过专业的处理过程、中立超脱的裁判地位而赋予裁判结果天然的正当性。但是，固守刑法司法的专业领地也可能造成司法人员思维模式的僵化，致使裁判看似符合法律规范但实质上违背公众基本的道德情感，导致法律与伦理的背离。司法大众化所追求的公众参与刑法司法可以在一定程度对专业思维形成补充，适应社会大众的伦理需求，从而强化法治效果。“平民在处理案件的时候，可以排除专业法官的职业潜意识的干扰，他们比专业法官更接近日常生活，更了解普通人的经历，因而往往能够作出更合理的判断。”② 比如在于欢故意伤害案中，受过刑法司法专业化训练的职业人员最初的判断即否定不法侵害的存在，进而对行为的防卫正当性予以否认，但是从社会大众的视角来看，公众对司法的不认同恰恰让司法人员去反思正当防卫构成要素判断的“一般人标准”该如何把握，从而在舆论沸腾以后为最高司法机关作出指导案例提供了良好的社会基础。亦如有观点所言，“正确适用正当防卫制度，同样必须考虑常理常情，尊重民众的朴素情感和道德诉求，反映社会的普遍正义观念”。

基于上述分析，刑法司法的专业化改革与大众化诉求在让人民群体切实感受到司法公正这一根本问题上是统一的。为此，我们既要避免打着司法专业化的旗帜忽视司法对民意的合理应对，进而危及司法公信力，也要警惕以司法大众化的诉求否定刑法司法的专业化，进而导致唯民意至上的非理性司法，从而侵蚀司法权威。所以，从长远来看，刑法司法的发展应当充分协调司法大众化与司法专业化的关系，不能偏废其一。

---

① ［美］E. 博登海默. 法理学：法律哲学与法律方法. 邓正来译. 北京：中国政法大学出版社，2004：218.

② 丁以升. 司法的精英化与大众化. 现代法学，2004 (2).



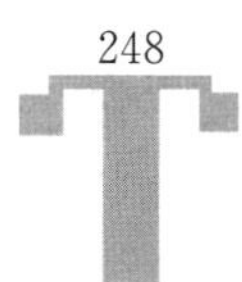

# 第二编　刑法学理论发展专题

# 改革开放 40 年的刑法学研究：发展脉络与知识转型*

## 一、前言

1978 年 12 月，中国共产党十一届三中全会确定了我国实行对内改革、对外开放的基本政策。2018 年是我国改革开放政策实施的 40 周年。改革开放以来的晚近 40 年是我国社会前所未有地快速发展的时期。晚近 40 年间，因应社会的变迁与发展，我国刑法学研究也取得了突飞猛进的进步。这主要体现在两个方面：一是刑法学研究的成果数量庞大。据"中国期刊网"的数据查询，自 1979 年至 2018 年间，我国共发表刑法学期刊论文 89 730 篇，若再加上报纸刊载文章、学位论文等文献，刑法学总文献数高达 147 243 篇。特别是进入 2010 年以后，我国仅发表的刑法学期刊论文每年都在 5 000 篇以上。① 与此同时，我国刑法学研究

* 与袁彬教授合著，原载赵秉志、陈泽宪、陈忠林主编：《改革开放新时代刑事法热点聚焦（全国刑法学术年会文集：2018 年度）》，北京，中国人民公安大学出版社，2018。发表时有删节。

① 中国期刊网的相关数据查询截止时间为 2018 年 5 月 31 日，下同。

的学术著作也层出不穷，大量研究著述可谓汗牛充栋。据“中国国家图书馆”网络查询，可查到的刑法学研究著作即达2 666种。[①] 可以说，过去40年间我国刑法学研究的成果数量相当庞大。二是刑法学研究的问题相对集中且比较深入。以刑法学研究的专业词在“中国期刊网”上进行检索发现，过去40年间我国刑法学研究的高频词不少，其中期刊论文中数量较多的词汇分别是“行为”（6 413篇）、“死刑”（2 553篇）、“刑法解释”（2 328篇）、“刑法原则”（1 865篇）、“网络犯罪”（1 746篇）、“刑事责任”（1 602篇）、“犯罪主体”（1 248）、“腐败犯罪”（1 224篇）、“犯罪故意”（1 111篇）、“知识产权犯罪”（1 074篇）。[②] 由此可见，过去40年间我国刑法学研究的问题相对比较集中。正如有学者所言，“作为显学的刑法学，在上个世纪末市场经济兴起导致民商经济法兴盛而经历了短暂式微之后，在21世纪的今天，其发展进入了最为活跃的时期”[③]。我国刑法学研究总体繁荣的客观事实不容否定。

不过，在改革开放40年间我国刑法学研究也经历了一个曲折的发展过程。这主要体现在两方面：一方面，我国刑法学研究在这期间经历了一个恢复、繁荣和发展的转型过程。例如，据“中国期刊网”查询的数据显示，1979年我国发表的刑法学研究论文数量非常少，只有48篇。此后数量虽然有所增加，但增长并不迅速，如1980年为125篇，1981年为200篇，1982年为308篇，1983年为317篇。[④] 可见，整个发展过程是一个成果逐步积累、逐步繁荣的过程。另一方面，我国刑法学研究的理论积淀程度一直饱受诟病。我国著名刑法学家马克昌教授曾尖锐地指出，我国刑法学研究存在的首要问题是不重视丰厚的知识积累，不是踏踏实实地进行研究，而是追求快出成果、多出成果；不是厚积薄发，而是边

① 关于刑法学研究著作的数量，目前我国尚没有比较全面的数据查询。中国国家图书馆的数据来自其刑法分类的图书数据。

② 除了这些高频词，犯罪构成（904篇）、恐怖犯罪（766篇）、过失（769篇）、未遂（729篇）、黑社会性质犯罪（707篇）、共同犯罪（704篇）、金融犯罪（670篇）等也都是我国刑法学研究的热点问题。

③ 刘艳红．刑法学研究现状之评价与反思．法学研究，2013（1）．

④ 这一方面是因为这个阶段我国刑法学术期刊较少、研究人员较少，学术成果自然要少；另一方面也部分因为“中国期刊网”对早期论文资料的收集不够全面。

积边发，甚至薄积厚发，通过电脑操作，将文稿稍做技术处理，放在多部书中出版。整个缺乏潜心研究，追求成果数量。[①] 同时也有学者指出，当前我国刑法学研究虽然一片繁荣景象，但繁荣背后潜伏着危机，主要问题在于理性自觉的匮乏与主体意识的失落，因而理论研究往往停留在低水平的重复上，刑法研究的热点如同过眼云烟，只有观点的泛滥而没有理论的积淀。[②] 因此，正确看待并总结改革开放40年来我国刑法学研究的发展历程和取得的成果，并对未来我国刑法学研究的发展前景进行理性展望，显然十分必要。

## 二、改革开放40年刑法学研究的发展脉络

### （一）发展的基本线索

对于改革开放以来我国刑法学研究的发展脉络，曾有一些学者进行过梳理。但因梳理视角的不同，形成的认识和结论并不完全相同。其视角的分歧，主要体现在是单一的应用研究视角，还是应用研究与基础研究并重的综合视角。

作为一门应用性极强的国家基本法律学科，刑法学研究的单一视角无一例外地都会集中在应用研究方面，因为正是过去40年间我国刑法立法和司法的快速发展为我国刑法学研究注入了强大的发展动力。例如，有学者将改革开放以来的刑法学发展历程分为以1979年刑法典为研究重心、以特别刑法的适用和刑法改革为研究重心以及以1997年刑法典为研究重心的三个阶段。[③] 也有学者认为，我国刑法学的发展经历了一个从以立法为中心到以司法为中心的过程，即以1997年刑法典为标志，我国刑法学研究可以分为两个阶段：1997年刑法典颁布之前，我国刑法学长期处于以立法为中心的研究状态；而在1997年刑法典颁布之后，

① 马克昌. 改进中国刑法学研究之我见. 法商研究，2003（3）.

② 陈兴良. 科学性与人文性——刑法学研究的价值目标. 政治与法律，1995（1）.

③ 高铭暄，赵秉志. 改革开放三十年的刑法学研究. 中国刑事法杂志，2009（3）.

我国刑法进入以司法为中心的研究状态。[①] 这类分析视角重点都集中在刑法学的应用研究方面。

除了应用研究的视角，兼顾应用研究和基础研究的综合视角也成为一些学者分析我国刑法学研究发展脉络的工具。例如，有学者将1976年以来刑法学的研究分为三个阶段，其中：第一阶段（1976年10月至1988年3月）的刑法学研究主要是系统地宣传、阐释刑法典的内容，并对刑法中的某些重要问题开始进行专题学术研究。1979年刑法典是这一阶段刑法学研究的核心和支柱。第二阶段（1988年3月至1997年3月）的刑法学研究基本上沿三条线发展：一是围绕一系列特别刑法对1979年刑法典所作的补充修改而进行专题研究或综合研究，二是就1979年刑法典的修改所作的全面深入的研讨，三是加强对刑法基本理论的研究，或开拓新的研究领域，或深化原有的研究领域。第三阶段（1997年3月以来）的刑法学研究则基本上沿两条线并行不悖地运行：一是宣传、阐释刑法，二是拓展、深化原来的研究专题。[②] 也有学者将新中国刑法学研究的发展分为创建、徘徊、恢复和繁荣四个时期，并认为其发展始终是与我国的社会发展和法治状况同步。其中，1949—1957年是创建时期；1958—1977年是徘徊时期；1978—1985年是恢复时期，主要围绕1979年刑法典、犯罪构成理论、青少年犯罪、经济犯罪展开；1986年至今是繁荣时期，刑法学研究主要向注释刑法学、理论刑法学、实践刑法学和外向型刑法学四个方面发展。[③] 对刑法学研究发展脉络的这类研究都兼顾了应用研究和基础研究两个方面。

比较而言，对刑法学研究发展的阶段划分，非常有必要同时兼顾应用研究与基础研究两个方面的线索。这是因为：一方面是刑法学的学科属性使然。刑法学是一门理论与实务兼顾的法学学科，应用研究与基础研究都是刑法学研究的重要内容。刑法学研究如果离开了应用研究将丧失生命力，而如果离开了基础研究将

① 陈兴良．中国刑法学研究40年（1978—2018年）．武汉大学学报（哲学社会科学版），2018（2）．

② 高铭暄主编．刑法专论．2版．北京：高等教育出版社，2006：7．

③ 张智辉．回首新中国刑法学研究五十年．国家检察官学院学报，2000（1）．

丧失根基和分析的理论工具。也正因为如此，过去40年间，我国刑法学研究始终都是兼顾基础研究与应用研究，两者相得益彰。另一方面是刑法学基础研究与应用研究的数量关系使然。客观地说，在改革开放40年间的任何一个发展时期，我国刑法学研究均是基础研究与应用研究并存，而且在研究成果的数量上并没有形成基础研究或者应用研究绝对占优的局面。例如，以1979—1988年“中国期刊网”收录的刑法学期刊论文为例，这一阶段总的期刊论文数量是3 403篇，其中“主题”为“立法”的仅122篇，“主题”为“司法”的仅267篇，即便加上一些未明确主题的论文，纯粹应用性研究成果的数量总体占比并不大。① 更为重要的是，很多刑法基础理论问题的研究是渗透在应用研究之中，客观上很难将基础研究与应用研究作一分为二的切割。

（二）发展的历史脉络

以刑法学的应用研究和基础研究为线索进行归纳，笔者认为，可以将改革开放40年我国刑法学研究的发展大体分为三个阶段，即刑法学研究的恢复发展阶段、稳定推进阶段和繁荣发展阶段。

第一阶段是刑法学研究的恢复发展阶段（大致为20世纪70年代末至20世纪80年代末）。在新中国成立之初，我国刑法学研究即已开始，并零星发表了一些著述。但十年“文化大革命”阻断了新中国刑法学研究的发展进程。直至1978年12月，中国共产党十一届三中全会作出了实行改革开放和加强社会主义法治建设的战略决策，我国刑法学研究才因此恢复。其中，1979年7月1日通过的新中国第一部刑法典为刚刚恢复的新中国刑法学研究注入了新的活力，大大推动了刑法学的发展。② 因此，这一阶段我国刑法学研究发展的实践线索是1979年刑法典的颁布与实施，理论线索是对刑法学基本理论体系的初步探索。总体而言，在这一阶段我国刑法学研究初见成效并主要体现在以下两个方面：一方面，

---

① 当然，这里存在很多对案例分析文章的认识问题，如果将所有的案例分析文章都纳入司法研究的范围，则应用性研究成果的占比会明显提高。

② 高铭暄主编. 刑法专论. 2版. 北京：高等教育出版社，2006：6.

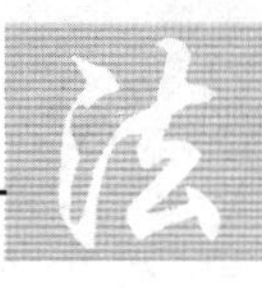

以1979年刑法典为重心的注释性理论研究开启了新时期我国刑法学研究的序幕，基本上确立了之后我国刑法理论发展的主要方向。[①] 以司法为中心的注释刑法学研究是这一阶段刑法学研究的显著特点。另一方面，刑法理论研究十分关注刑法基础理论与体系的建构，重点对犯罪构成理论、教唆犯、罪数、刑法因果关系、共同犯罪、犯罪未遂、正当防卫、刑罚目的、死刑问题等专题进行了较为深入的研究，形成了一批具有一定学术价值与理论影响的专题著作。[②] 在此基础上，刑法学的基本理论体系初步形成。这体现在教材方面是高铭暄教授主编的我国第一部统编的《刑法学》的问世。[③]

第二阶段是刑法学研究的稳定推进阶段（大致为20世纪80年代末至21世纪初）。在这一阶段我国刑法学研究发展的实践线索，是1988年7月1日《七届全国人大常委会工作要点》把刑法的修改工作正式列入第七届全国人大常委会五年立法规划，标志着刑法修改工作已经正式列入国家立法机关的议事日程。[④] 这是我国刑法立法进程中的重要事件。之后，经过近9年的研究和修订，1997年3月14日通过了一部全新的《中华人民共和国刑法》，标志着我国刑法立法的进一步成熟。其应用研究呈现出的是以立法为中心的理论刑法学研究。而这一阶段研究的理论线索是经过前一阶段的发展，我国刑法学科体系已经基本奠定，刑法学研究的广度和深度得到了进一步提升。这体现在刑法学科体系方面，是刑法学教材的建设水平得到明显提高。其中，高铭暄教授主编的高等学校文科教材《中国刑法学》[⑤] 在全国产生了较大影响，并于1992年获第二届普通高等学校优秀教材

---

① 高铭暄，赵秉志. 改革开放三十年的刑法学研究. 中国刑事法杂志，2009（3）.

② 代表这一时期刑法基础理论专题研究发展水平的著作主要有：吴振兴《论教唆犯》（吉林人民出版社1986年版），顾肖荣《刑法中的一罪与数罪问题》（上海学林出版社1986年版），李光灿、张文、龚明礼《刑法因果关系论》（北京大学出版社1986年版），李光灿、马克昌、罗平《论共同犯罪》（中国政法大学出版社1987年版），赵秉志《犯罪未遂的理论与实践》（中国人民大学出版社1987年版），陈兴良《正当防卫论》（中国人民大学出版社1987年版），田文昌《刑罚目的论》（中国政法大学出版社1987年版），樊凤林主编《犯罪构成论》（法律出版社1987年版），等等。

③ 高铭暄主编. 刑法学. 北京：法律出版社，1982.

④ 赵秉志. 中国刑法的百年变革——纪念辛亥革命一百周年. 政法论坛，2012（1）.

⑤ 高铭暄主编. 中国刑法学. 北京：中国人民大学出版社，1989.

全国特等奖。当时影响较大的刑法学教材，还有时任最高人民法院副院长林准主编的《中国刑法学教程》[①] 和赵秉志、吴振兴教授主编的《刑法学通论》。[②] 这一时期的刑法学研究主要围绕刑法典修订与刑法学基础理论研究展开[③]，其研究大体可分为五类：一是对特别刑法进行的专门研究，二是就类别犯罪、特定犯罪进行的综合研究，三是对刑法哲学、刑事政策进行的深入研究，四是对刑法基本理论进行的综合研究或就刑法总则某一方面进行的专题研究，五是对刑法改革、1979 年刑法典修改与完善进行的专门研究。[④] 其中在刑法基本理论领域进行综合研究方面具有较大影响的代表性著作，最主要的是高铭暄教授主编的《刑法学原理》（三卷本）[⑤] 和马克昌教授主编的《犯罪通论》《刑罚通论》[⑥]。

第三个阶段是刑法学研究的繁荣发展阶段（大致为 21 世纪初至今）。在这一阶段我国刑法学研究发展的实践线索，是 1997 年 3 月新刑法典的颁布，标志着我国刑法立法和司法进入了一个崭新时期。之后我国陆续出台了 10 个刑法修正案、1 部单行刑法、13 个刑法立法解释和大量司法解释文件。这些刑法立法和司法规范的制定大大推动了刑法学应用性研究的开展。在这一阶段我国刑法学研究发展的理论线索是刑法学基本体系的进一步完善和刑法学研究成果的井喷式发展。在这一时期，刑法学研究基本上沿着两个方向展开：一是注重研究刑法文本，理论研究者围绕新刑法典的贯彻实施与修改完善发表了大量文章，出版了许

---

① 林准主编．中国刑法学教程．北京：人民法院出版社，1989．该书因为贴近司法实践，在司法实务界有较大的影响。

② 赵秉志，吴振兴主编．刑法学通论．北京：高等教育出版社，1993．该书是我国第一部由中青年刑法学者主编与合作撰著的刑法学教材，因其体系有所创新和理论性较强而受到肯定和关注，于 1995 年获国家教委“第三届普通高校优秀教材”中青年奖。

③ 高铭暄，赵秉志．改革开放三十年的刑法学研究．中国刑事法杂志，2009（3）．

④ 高铭暄．20 年来中国刑法学科建设概览．法学家，1999（2）．

⑤ 高铭暄主编．刑法学原理．三卷本．北京：中国人民大学出版社，1993．该著作获第二届国家图书奖、首届普通高等学校人文社会科学研究成果一等奖。

⑥ 马克昌主编．犯罪通论．武汉：武汉大学出版社，1991（该书获首届普通高等学校人文社会科学研究成果一等奖）．马克昌主编．刑罚通论．武汉：武汉大学出版社，1995（该书获第二届普通高等学校人文社会科学研究成果二等奖）．

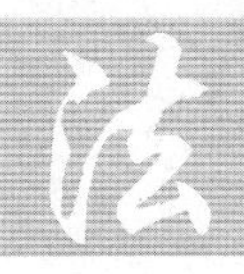

多著作。立法研究与司法研究并重是这一时期我刑法学应用研究的显著特点。二是进一步深化了刑法基本理论研究，并开拓了新的刑法研究领域。这其中既有深化性研究，如对刑法解释、刑法效力范围和原则、犯罪对象、不作为犯、共犯关系、共犯与身份、教唆犯、正当行为、单位犯罪、结果加重犯、过失危险犯、刑事责任、刑罚的一般预防、刑罚个别化、刑罚改革与完善、死刑的适用与废止条件等的研究，也有批判性研究、拓展性研究和引介性研究，如对犯罪概念、犯罪定义与犯罪化、犯罪构成及其体系、主客观相统一原则、社会危害性理论等问题的研究，以及对外国刑法或外国刑法学中某些基本理论的译介，从而呈现出了繁荣发展的景象。①

总体而言，改革开放40年来，我国刑法学研究的发展经历了一个由恢复到稳定，再到繁荣发展的过程。其中，在应用研究方面主要经历了一个从以司法为中心到以立法为中心，再到立法与司法并重的过程；在理论研究方面我国创建并不断发展了刑法学的基本理论体系，深化了对诸多刑法基础理论问题的研究。

## 三、改革开放40年刑法学研究的知识转型

经过改革开放40年来的探索和发展，我国刑法学研究已经今非昔比。除了研究成果数量的增长，更主要的是在刑法学的研究范式、研究重心、话语体系和分析工具等方面都发生了质的飞越。

### （一）研究范式转型：由平面研究到综合研究

刑法学以犯罪与刑罚为自身的主要研究对象，而“犯罪与刑罚”在社会生活中的意义至少可以包括三个层面，即“在刑法条文中以模型形式静态存在的犯罪与刑罚”、“在现实生活中以实然形式动态存在的犯罪与刑罚”和“在立法层面上以应然形式存在的犯罪与刑罚”②。基于对“犯罪与刑罚”的不同理解并

① 高铭暄，赵秉志编著．新中国刑法学研究60年．北京：中国人民大学出版社，2009：488.

② 冯亚东．刑法学研究的层面划分．法学研究，2001（3）.

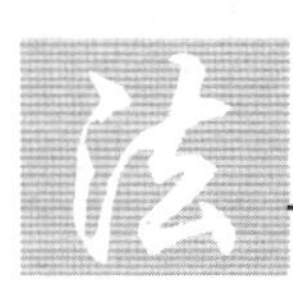



以此为基础开展研究，必然会形成不同的理论研究基础和规范，进而会衍生出不同的研究范式。改革开放40年来，我国刑法学的研究范式发生了很大的转变，出现了一个由平面研究到综合研究的转型过程。这主要体现在以下两个方面：

第一，由传统走向现代的刑法理念。刑法理念是人们对刑事立法、刑事司法以及刑法规范、功能等一系列问题的态度和价值取向的总称①，也是构建刑法研究范式的基础。刑法观的研究自20世纪80年代中期起颇受关注，学者从发展社会主义市场经济、建设社会主义民主和国家尊重与保障人权等角度，提出了经济刑法观、法制刑法观、民主刑法观、平等刑法观、人权刑法观、适度刑法观、轻缓刑法观、效益刑法观、开放刑法观以及超前刑法观等多种不同的刑法理念。②经过40年的理论研究，现代刑法观念在我国基本确立，以人权保障为核心的罪刑法定、刑罚人道、刑法谦抑，以及以平等、公正为核心的刑法面前人人平等、罪责刑相适应等现代刑法观念深入人心，成为刑法理论研究和实践发展的重要观念指导。

第二，由平面走向综合的研究取向。对于刑法学的研究取向，有学者认为，改革开放以来我国刑法学研究经历了政法刑法学、立法刑法学到规范刑法学的发展过程。③ 这是一种线性的分析。事实上，在过去40年间我国刑法学研究的取向转变并不是一个线性的过程，而是一个由单一走向多元、由平面走向综合的过程。一方面，注释刑法学在20世纪80年代曾经是我国刑法学研究的重要取向和方法，迄今也没有被抛弃，而是呈现了以司法为中心的注释刑法学、以立法为中心的理论刑法学、以概念为中心的概念刑法学④、以解释为中心的规范刑法学、

---

① 高铭暄，赵秉志编著. 新中国刑法学研究历程. 北京：中国方正出版社，1998：98-100.

② 赵秉志. 刑法改革问题研究. 中国法制出版社，1996：31及以下.

③ 刘艳红. 刑法学研究现状之评价与反思. 法学研究，2013（1）.

④ 有学者认为，注释刑法学的研究对象为刑法条文中静态存在的模型的犯罪与刑罚，概念刑法学的研究对象为法律关系中动态存在的实然的犯罪与刑罚，理论刑法学的研究对象为立法观念上虚拟存在的应然的犯罪与刑罚。冯亚东. 刑法学研究的层面划分. 法学研究，2001（3）.

以教义为核心的刑法教义学等并存的研究范式格局。这些范式之间虽有一定的重合，但并没有出现某一研究范式完全被另一研究范式取代的情况。另一方面，刑法学研究不仅关注刑法规范本身，而且还出现了明显的跨学科研究取向。这种跨学科研究取向除了有运用其他学科的方法和成果分析刑法的刑法哲学、刑法社会学、刑法政治学、刑法心理学等多种研究取向，还出现了融合刑法与相关学科立场的刑法学研究范式，例如：刑事一体化的研究范式认为犯罪决定刑法，刑法决定刑罚执行，行刑效果又反过来影响犯罪数量的升降，研究刑法必须确立刑事一体化意识。① 立体刑法学的研究范式则认为刑法学研究要前瞻犯罪学、后望行刑学，左顾刑事诉讼法、右盼民法和行政法等部门法，上对宪法和国际公约、下对治安管理处罚和劳动教养，对内加强刑法的解释、对外重视刑法的运作②；并主张以社会系统论作为理论基础，以刑法作为法律系统的子系统，一方面通过运作上的封闭性实现刑法教义学的再生产，另一方面通过认知上的开放性与其他法律系统的子系统实现衔接。③

（二）研究重心转化：由单一研究到多元研究

改革开放40年来，我国刑法学研究的重心或者中心发生了较明显的转移，其趋势是刑法学研究正由过去的单一研究转向现在的多元研究。这种多元性研究主要表现在以下两个方面：

第一，由以应用研究为中心转向应用研究与基础研究并重。刑法学是一门实践性很强的学科，刑法的实践性发展为刑法学研究注入了强大的研究动力。改革开放40年来，我国刑法学研究始终将全面解决刑法改革过程中所面临或者可能要面对的现实理论问题作为研究重点，广泛争鸣、深入研究，在通过为局部的立法完善提供理论支持、积累经验的基础上，为全面的刑法立法改革进行了充分的理论准备。④ 与此同时，我国刑法学也越来越重视刑法学的基础理论研究。其中

① 储槐植．建立刑事一体化思想．中外法学，1989（1）．

② 刘仁文．提倡“立体刑法学”．法商研究，2003（3）．

③ 周维明，赵晓光．分化、耦合与联结：立体刑法学的运作问题研究．政法论坛，2018（3）．

④ 高铭暄，赵秉志．改革开放三十年的刑法学研究．中国刑事法杂志，2009（3）．

比较突出的是对刑法基本原则、犯罪构成、刑罚目的等问题的深入研究。以犯罪构成理论为例，我国传统的犯罪构成理论坚持的是四要件说，但早在 1997 年以前，我国刑法学界就存在二要件说、三要件说和五要件说等不同主张，目前更是形成了三种不同的主要立场：一是否定我国现有的犯罪构成理论体系，主张全面移植大陆法系或者英美法系的犯罪构成理论体系。如有学者主张直接采纳大陆法系中构成要件该当性、违法性、有责性的递进式结构①；也有学者在综合大陆法系和英美法系犯罪构成理论优势的基础上，提出了事实要件、违法性评价和有责性评价三层次的构成要件体系。② 二是反对全面移植大陆法系或者英美法系的犯罪构成理论体系，主张在我国现有的犯罪构成理论体系的基础上进行改造。③ 如有学者认为，评价犯罪构成理论体系的标准是逻辑性和实用性。我国犯罪构成理论体系不仅在逻辑性上不次于大陆法系犯罪论体系，而且在实用性上也能够通过恰当的操作实践来达到准确定罪，因而反对彻底抛弃现有的犯罪构成理论体系，进而主张从自身的逻辑出发完善我国的犯罪构成结构。④ 三是主张基本维持现有的犯罪构成理论体系，只对现有的犯罪构成理论体系作一些技术性调整。如有观点在坚持传统四要件理论的基础上，主张对四要件的顺序加以调整，认为犯罪主体要件在整个犯罪构成体系中具有核心地位，故此犯罪构成要件应依由主观到客观的顺序加以排列。⑤

第二，由本土研究为中心转向本土研究与外向型研究并重。刑法学作为一门学科，其分支较多，如至少可以包括中国刑法学、外国刑法学、比较刑法学、国际刑法学、中国区际刑法学等以刑法规范为研究对象的分支学科。除此之外，刑事政策学、犯罪学、刑事执行法学等也常被视为广义刑法学的范畴。从研究重心

---

① 陈兴良．违法性理论：一个反思性检讨．中国法学，2007（3）．

② 劳东燕．刑法基础的理论展开．北京：北京大学出版社，2008：170－178．

③ 许发民．二层次四要件犯罪构成论——兼议正当化行为的体系地位．法律科学（西北政法学院学报），2007（4）．

④ 吴大华，王飞．犯罪构成理论体系：逻辑与实用的统一体//赵秉志主编：刑法评论．总第 12 卷．北京：法律出版社，2007．

⑤ 赵秉志．刑法基本理论专题研究．北京：法律出版社，2005：274 及以下．

上看，过去我国刑法学主要重视中国刑法学的研究，而且注重的是对其进行本土化的规范性研究。改革开放40年来，我国刑法学在本土化研究中不断强化了政策的视角，刑事政策与刑法规范的结合研究明显增加。更为重要的是外向型研究取到了长足的进展，以国际刑法学为例：改革开放40年来，我国对国际刑法学的研究取得了显著进展，已经从最初的注释国际刑法学（对于国际公约、条约的注释性研究）的一枝独秀，发展到注释国际刑法学、理论国际刑法学（对于国际刑法基础理论的研究）和案例国际刑法学（对于国际刑事审判案例的研究）三者的共同繁荣。国际刑法与中国刑法的结合不断加强[①]，从而积极地推动了我国刑法学的本土化与国际化的结合和共同发展。

（三）研究话语转换：由问题导向到体系导向

问题意识是理论研究的基础，但问题也有真伪之分。刑法学中的真问题，应当是前提真实与客观存在，具有学术价值与实践意义，并且能够寻找到答案的问题。[②] 改革开放40年来，我国刑法学研究始终十分关注刑法理论与实践中的问题，并在此基础上不断强化刑法学的体系建设。这主要体现在以下两个方面：

第一，由制度研究上升为制度研究与体系研究并重。

我国刑法学一直十分注重对刑法制度问题的研究，刑法效力、刑法基本原则、特殊群体犯罪从宽、单位犯罪、犯罪故意、犯罪过失、犯罪未遂、犯罪中止、共同犯罪、正当行为、罪数、死刑、保安处分、社区矫正、缓刑、赦免，以及经济犯罪、网络犯罪、恐怖活动犯罪、贪污贿赂犯罪、国际犯罪等热点犯罪问题与刑罚问题，受到了持续的关注。其中最具代表性的，莫过于关于中国死刑制度改革的研究。该问题是我国在具体刑法制度上相关成果最多、研究最为深入的问题。对该问题的研究始于20世纪80年代，兴于20世纪90年代并在此之后得到不断加强。总体而言，我国对死刑制度改革问题的研究主要集中在以下几个方

① 赵秉志，张磊．改革开放30年的国际刑法学研究．河南省政法管理干部学院学报，2009（3）．
② 张明楷．刑法学研究的五个关系．法学家，2014（6）．

面：（1）死刑的存废问题。改革开放 40 年来，尽管刑法理论上一直存在死刑立即废止论①、死刑有限存在论②、逐步废止死刑论③之争，但严格限制并逐步推进死刑的废止已成为我国刑法学界的基本共识。（2）死刑的立法完善问题。这主要涉及死刑适用总体标准与对象的限制、死缓制度的完善、绝对死刑的取消等。目前从立法上严格限制死刑的适用已成为学界共识。（3）死刑的替代措施问题。对此，尽管理论上存在无期徒刑替代死刑说④、死缓替代死刑说⑤、多元替代说⑥之争，但推动死刑替代措施以促进死刑制度改革已成为我国死刑制度改革正在探索的一个重要方面。（4）死刑的国际标准及其借鉴问题等。⑦ 总体上看，我国关于死刑制度改革的理论研究对引导死刑观念变革、推动死刑制度改革发挥了积极作用。可以说，2011 年《刑法修正案（八）》、2015 年《刑法修正案（九）》取消 22 种犯罪的死刑，与刑法学界对死刑制度改革持续而深入的关注和呼吁密不可分。

在此基础上，我国刑法学也十分注重对刑法的整体性研究，其中比较突出的是对刑法的修法模式、刑法的基本结构等问题进行了较为深入的研究。在刑法修法模式上，我国刑法理论上形成了三种不同的争议观点：一是主张刑法立法走法典化的道路，认为我国刑法法典化是历史与现实的必然选择，具有重要的法律文化价值、比较法价值、社会价值、法治价值和规范价值⑧；主张刑法修正案应是

① 邱兴隆. 死刑的德性. 政治与法律，2002（2）. 邱兴隆. 死刑的效益之维. 法学家，2003（2）. 此外，中国政法大学曲新久教授也持这种观点。陈兴良主编. 法治的使命. 北京：法律出版社，2003：218.

② 冯军. 死刑、犯罪人与敌人. 中外法学，2005（5）.

③ 赵秉志. 刑法基本理论专题研究. 北京：法律出版社，2005：638-660.

④ 赵秉志. 中国逐步废止死刑论纲. 法学，2005（1）. 李希慧. 论死刑的替代措施——以我国刑法立法为基点. 河北法学，2008（2）.

⑤ 陈兴良. 中国死刑的当代命运. 中外法学，2005（5）.

⑥ 这种观点主张以严厉化后的死缓制度、无期徒刑、附赔偿的长期自由刑来替代死刑的适用。高铭暄. 略论中国刑法中的死刑替代措施. 河北法学，2008（2）.

⑦ 赵秉志. 论全球化时代的中国死刑制度改革——面临的挑战与对策. 吉林大学社会科学学报，2010（2）.

⑧ 赵秉志. 当代中国刑法法典化研究. 法学研究，2014（6）.


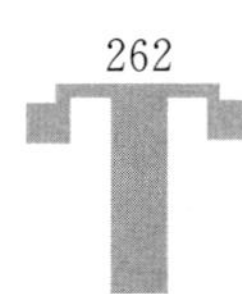

我国刑法局部修正的唯一模式。[①] 二是主张刑法立法走综合化的道路，认为集中性、统一性的刑事立法模式并不现实，在我国应由刑法典、单行刑法、附属刑法、轻犯罪法分别规定不同性质的犯罪。[②] 三是主张刑法立法走二元化的道路，认为我国刑法立法应采取以刑法典为主、以特别刑法为辅的立法模式。[③] 这些理论争议深化了我国关于刑法修法模式的研究。而在刑法结构方面，我国有不少学者加强了对刑法典总则、分则体系完善的研究，提出在刑法典总则方面将“刑法的适用范围”独立成章，并增设“正当行为”“罪数”“特殊群体的刑事责任”“保安处分（预防性措施）”等专节[④]；在刑法典分则所有的章下均设节的层次，合并部分章节，调整不同章节的顺序。[⑤] 这对进一步完善我国刑法结构和体系具有重要的指导意义。

第二，由问题研究到主义研究。

问题研究通常反映的是学者对某个问题的单一认识，而主义研究则旨在反映学者对诸多问题的共同看法。在刑法理论上，主义通常与学派相联系。例如，刑事古典学派与刑事人类学派之间的分歧就是学派之争，客观主义与主观主义之争则反映了刑法学者对诸多问题的立场差异。改革开放40年来，我国刑法学研究经历了一个由无意识地使用“主义”到有意识地倡导“主义”的过程，“主义”也因此成为我国刑法学研究的热点词汇。据查询“中国期刊网”，在过去40年间，我国有多达740篇论文对此进行了专门研究，并且出版了一些相关的研究著作。[⑥] 这种“主义”意识在对一些刑法具体问题的研究上也有体现。例如，对刑

---

① 杨辉忠．我国刑法修正案实践与思考//戴玉忠，刘明祥主编．和谐社会语境下刑法机制的协调．北京：中国检察出版社，2008：68-69.

② 张明楷．刑事立法的发展方向．中国法学，2006（4）.

③ 孙力，付强．对我国刑事立法模式的反思与重构//戴玉忠，刘明祥主编．和谐社会语境下刑法机制的协调．北京：中国检察出版社，2008：34-36.

④ 赵秉志．当代中国刑法体系的形成与完善．河南大学学报（社会科学版），2010（6）.

⑤ 赵秉志．关于完善刑法典分则体系结构的新思考．法律科学（西北政法学院学报），1996（1）.

⑥ 如张明楷教授的《刑法的基本立场》、周光权教授的“中国刑法学派研究系列”（4本）等著作，都对刑法的主义问题进行了系统分析和研究。

罚目的的不同认识就往往与“主义”有关，并形成了直接目的与根本目的说[①]，直接目的与终极目的说[②]，直接目的、间接目的与根本目的说[③]，教育改造说[④]，报应和预防统一说[⑤]，预防说[⑥]，实然与应然的刑罚目的说[⑦]，特殊预防与报应统一说[⑧]，刑罚目的三层次说[⑨]等等争论。

（四）研究工具转变：由以实质为主到形式与实质并重

形式解释与实质解释都是刑法学研究的重要分析工具。尽管刑法理论上对于形式解释与实质解释的含义尚存在较大的分歧和误解，但在解释方法的运用上，形式解释论与实质解释论的对立客观上反映了学者对研究工具选择的差异。形式论者与实质论者都认为构成要件符合性的判断涉及的不是单纯的事实判断而是需

---

① 这种观点认为，我国刑罚的直接目的包括惩罚犯罪，伸张社会正义；威慑犯罪分子和社会上不稳定分子，抑制犯罪意念；改造犯罪分子，使其自觉遵守社会主义法律秩序。我国刑罚的根本目的则是预防犯罪、保卫社会。田文昌．刑罚目的论．北京：中国政法大学出版社，1987：52.

② 这种观点认为，刑罚的直接目的是惩罚、威慑、改造、安抚、教育，终极目的是保护社会主义生产力和生产关系。周仲飞．论刑罚目的的结构．中国人民警官大学学报，1989（2）.

③ 这种观点认为，刑罚的直接目的包括特殊预防和一般预防；刑罚的间接目的即堵塞漏洞，铲除诱发犯罪的外在条件；刑罚的根本目的就是我国刑法第2条规定的刑法任务，简言之，就是惩罚犯罪，保护人民。何秉松主编．刑法教科书．北京：中国法制出版社，1997：535-540.

④ 这种观点认为，刑罚目的是教育改造犯罪人，通过惩罚和制裁犯罪人来教育和改造他们。周振想主编．中国新刑法释论与罪案．北京：中国方正出版社，1997：318.

⑤ 这种观点认为，刑罚目的是报应和预防的辩证统一，而且作为刑罚目的的预防既包括一般预防，也包括特殊预防。陈兴良．本体刑法学．北京：商务印书馆，2001：637-653.

⑥ 这种观点认为，报应是刑罚的正当化根据之一，而非刑罚所要实现的目的。刑罚通过制定、适用与执行，对犯罪人本人及其周围的一般人产生影响，从而达到预防犯罪的结果，乃是一种符合社会心态的普通的历史事实，因此，预防犯罪理所当然地也应成为我国刑罚的目的。张明楷．刑法学：上．北京：法律出版社，1997：402-404.

⑦ 这种观点认为，我国实然的刑罚目的是惩罚犯罪人；改造犯罪人，预防和减少犯罪；保护人民，保障国家安全和社会公共安全，维护社会主义秩序。我国应然的刑罚目的是惩罚犯罪人与防卫社会免遭犯罪侵害。谢望原．刑罚价值论．北京：中国检察出版社，1999：120-132.

⑧ 这种观点认为，刑罚目的应当是特殊预防与报应的统一。高铭暄主编．刑法学专论：上册．北京：高等教育出版社，2002：514－515．赵秉志主编．刑罚总论问题探索．北京：法律出版社，2003：20－22.

⑨ 这三个层次的刑罚目的分别是公正惩罚犯罪、有效预防犯罪和最大限度保护法益。韩轶．刑罚目的的建构与实现．北京：中国人民公安大学出版社，2005：78-81.

要同时运用价值判断，只是在如何运用价值判断，尤其是究竟是以自由保障优先还是以社会保护优先来展开价值判断以及相应的方法论选择的问题上，存在巨大的分歧。[①] 有论者甚至认为，形式解释论与实质解释论之争，是罪刑法定原则与社会危害性理论之争，也是形式刑法观与实质刑法观之争。[②]

在我国刑法学理论上，社会危害性是犯罪分析的重要工具。从刑法观的角度看，过去我国刑法学研究更强调的是对刑法的实质分析立场。特别是在1979年刑法典规定了类推制度的情况下，刑法学研究主要采取的是实质解释的分析工具。不过，随着刑法理念的发展，我国刑法理论上也出现了明显的形式刑法观和形式解释倾向，强调基于罪刑法定原则所倡导的形式理性，通过形式要件，将实质上值得科处刑罚但缺乏刑法规定的行为排斥在犯罪范围之外。[③] 也有论者认为，我国现有刑法文化生态环境决定了学界大部分人在客观上不可能抛弃实质解释论的立场；但从社会理论的现实批判功能以及学派意识的角度出发，主观上不宜提倡"实质解释论"，而应提倡"形式解释论"[④]。因此，在我国关于刑法学研究的分析工具，出现了一种形式解释论与实质解释论并存的格局，并且两者在解释目标上出现了相互协调、融合的趋势。例如，有资料表明，形式解释论者力图从罪刑法定原则的角度，以法律文本为基础，强调罪刑法定原则对自由的保障机能；而部分实质解释论者虽然注重从实质层面解释法律，但也出现了以实质的立场寻找出罪路径的倾向。[⑤] 这也反映出分析目的对分析工具的影响、作用。

## 四、未来我国刑法学研究发展的基本方向

如前所述，伴随着改革开放的发展，在改革开放40年间我国刑法学研究无

---

① 劳东燕．刑法解释中的形式论与实质论之争．法学研究，2013（3）．

②③ 陈兴良．形式解释论的再宣示．中国法学，2010（4）．

④ 周详．刑法形式解释论与实质解释论之争．法学研究，2010（3）．

⑤ 同①．



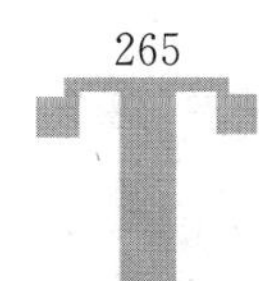

论是在研究的理念上，还是在研究的方法论和分析工具的选择上，都发生了巨大的变化，取得了令世人瞩目的成绩。而随着我国改革开放的全面深入，未来我国刑法学研究也必将得到进一步的繁荣和发展。结合我国刑法学既往的发展趋势，笔者认为，今后我国刑法学研究将朝着以下两个方面进一步发展。

（一）专门化的发展方向

刑法学研究的专门化是刑法学作为一门学科的科学性之要求，但在学科发展的不同阶段，刑法学研究的专门化程度会有所区别。总体而言，未来我国刑法学研究的专门化发展将主要表现在以下两个方面：

第一，研究的精细化程度不断提升。刑法学研究的细密化、精细化、专门化趋势是我国刑法学研究发展的重要趋势。[①] 精细化是刑法学研究专门化的必然要求。粗线条的理论研究只能出现在特定时期和特定背景之下。刑法学研究的精细化趋势可表述为刑法学研究由粗疏到精细、由精细到精致的递进过程。这种过程有两种表现形式：一是对于过去研究较少的领域和新出现的领域，刑法学研究仍要经历一个由粗疏到精细的过程。以当前的刑法学研究为例，我国对很多高技术领域的刑法学问题（如人工智能、新型金融犯罪、极端主义犯罪等）的研究总体上仍相当粗疏，即便有所研究，仍多停留于表面，未来有必要在研究上进一步精细化。二是对于过去研究较多的领域和问题，刑法学研究有必要进一步精致化。例如，对罪刑关系、犯罪构成理论体系、刑事制裁措施体系等问题，过去我国刑法学已有了相当的研究，甚至已经有了一些比较精细的理论架构，但尚未达到精致化的程度，未来有必要开展进一步的深入研究。

第二，研究的独立化程度不断提升。这里所称的独立化，是指学者研究的刑法学领域将呈现出更为明显的条块化。虽然刑法学只是我国的部门法学之一，但刑法学研究的领域和内容日益丰富和分化。特别是在刑法学研究精细化程度不断提升的背景下，任何一个学者要想对刑法学领域的所有问题均有深入研究，几乎是不可能完成的任务。因此，可以预见，在未来刑法学研究将会呈现出较为明显

---

① 陈泽宪. 关于我国刑法学研究转型的思考. 法学研究，2013（1）.

的条块化倾向，一个学者只能关注某个或者某些领域，某个或者某些领域也只能吸引部分学者的关注和研究。不同刑法学研究领域之间可能会形成一定的学术“壁垒”，但这种“壁垒”并不会强大到阻碍学者之间正常的学术沟通。目前来看，刑法学研究的这种独立化对促进刑法学研究的深入而言无疑具有重要的作用。

（二）多元化的发展方向

多元化是社会发展到一定高级状态所必然呈现的状态。对于刑法学研究而言，这种多元化主要体现为研究理念的多元化、研究范式的多元化和研究方法的多元化。

第一，研究理念的多元化。基于对社会的不同认识，人们通常会形成不同的世界观和价值观。虽然现代刑法学的主流理念是强调自由，重视人权保障，但自由与秩序之间的关系从来都不是绝对的。不同的时代、不同的场合，针对不同的对象，对自由与秩序之关系的考量可能会发生变化。例如，对刑法立法问题的研究，秩序往往是优先考虑的价值；但对司法问题的研究，自由往往又要优先于秩序。同时，即便对于同一个问题，不同的研究主体也可能会有不同的认识和结论。以对我国反恐刑法立法的评价为例，我国多数学者赞同当前的反恐刑法立法，认为其有利于维护安定的社会秩序，但也有学者认为该立法带有明显的预防性，有过于重视秩序而忽视自由之嫌。① 这种研究理念的多元化在今后将长期存在，并有可能出现扩大化的倾向。

第二，研究范式的多元化。这种趋势在目前来看已经相当明显。一方面，随着对刑法“主义”的不同认识和研究取舍，学者对相关问题的研究出发点、分析角度、分析工具都可能完全不同，进而必然导致不同研究范式的形成。多元化的研究范式被不少学者认为是学派形成的基础，甚至有因片面而走向深刻的必要，受到了一些学者的追捧。另一方面，随着分析框架的发展，被一些学者贴上标签的注释刑法学、理论刑法学、规范刑法学、刑法教义学等可能发生分立甚至对

① 何荣功.“预防性”反恐刑事立法思考. 中国法学，2016（3）.

立。同时，随着刑事一体化、立体刑法学等主张所奉行的打破不同法学学科之间的壁垒的发展，刑法学的研究范式发生分立将成为不可避免之势。客观地看，研究范式的多元化并不一定代表刑法学研究水平的明显提升，但刑法学研究的发展显然并不排斥，甚至鼓励不同研究范式在刑法学研究中发挥积极作用。

第三，研究方法的多元化。在研究方法上，改革开放40年来，我国经历了一个由完全的定性研究到以定性研究为主，再到定性研究与定量研究相结合的发展过程。客观地看，晚近十余年来，我国刑法学的定量研究得到了较好的发展。在“中国期刊网”上以“定量”“实证”为关键词进行检索，能检索到841篇刑法学术论文，其中将近90%的论文都发表在晚近10年。定量研究的繁盛意味着我国刑法学研究方法向多元化方面迈进了一大步。未来，这种多元化的研究方法将在刑法学研究过程中得到进一步的发展。今后，重视定性研究与定量研究的有机结合，重视思辨研究与实证研究的合理并用，繁荣、优化比较研究，注意借鉴、引进其他社会科学和现代自然科学的某些研究方法，将得到进一步加强。①

## 五、结语

改革开放40年是我国刑法学研究取得快速发展的时期，也是我国刑法学研究发生重大转型的时期。在这个过程中，我国逐步深化对刑法立法和司法实践问题的研究，并构建和完善了刑法学的基本理论体系，推动着刑事法治建设不断完善。当然，我国刑法学研究本身还存在一些不足，因而需要从体系到内容的全面变革。在此过程中，我们需要克服刑法学研究方法的缺陷，妥善处理好解释刑法与批判刑法、基本理念与具体结论、形式解释与实质解释、传统问题与热点问题、本土理论与外国理论等之间的关系②，继续坚持理论研究与应用研究并重，

① 赵秉志. 中国刑法学研究的现状与未来. 学术交流，2009（1）.

② 张明楷. 刑法学研究中的十关系论. 政法论坛，2006（2）.

加大在刑法的解释性研究、刑法基础理论、外向型刑法、刑法学体系和我国刑事法治道路的模式选择以及刑法现代化问题等薄弱环节上的研究力度，努力推进我国刑法学术的深入发展和繁荣。[①] 我们有理由相信，随着我国改革开放的不断深入，我国刑法学研究必将得到进一步的全面繁荣和发展。

① 赵秉志. 中国刑法学研究的现状与未来. 学术交流，2009（1）.

# 中国刑法哲学发展面临新机遇*

## 一、前言

刑法哲学是刑法学的重要分支，是以刑法存在的根据、正当性、合目的性为研究对象的学科分支。刑法哲学最初是从西方启蒙运动中孕育而来的。人类为什么需要刑法，什么是正当的刑法，特定组织乃至整个人类社会怎样实现刑法的正当性，等等问题，是刑法哲学的本原性议题。在当今中国，随着法治国家建设的推进，刑事立法越来越完善，刑事司法也更加文明进步。在新时期面对社会矛盾复杂、价值观念多样的现实，刑法的发展与运用需要进行哲学上的思辨。这将在很大程度上影响我国刑法学研究的总体水平和高度，并制约我国刑事法治的发展进步。

* 原载《人民日报》，2015-12-13（8）。

## 二、确定研究核心

自清末变法修律运动以来，中国传统刑法逐渐向现代转型。在这个过程中，中国刑法受到西方刑法理念和制度影响，对传统刑法进行变革以及树立现代新刑法需要在哲学上找到正当性，刑法哲学遂开始在中国古老的律学传统中萌生。

新中国成立后，特别是改革开放以来，随着刑事立法和刑法学科的发展，刑法哲学也日益发展。20 世纪 90 年代是现代中国刑法哲学勃兴的起点，加速发展的立法进程和繁荣的法学研究奠定了刑法哲学发展的基础。刑法哲学在这一时期取得长足进步，形成了具有相当规模的学术共同体，创立了学科共同话语体系，初步厘清了知识研究的界域，探寻了多元研究方法，集中形成了系列研究成果。中国刑法哲学以关注刑法学基础理论、体系构建为出发点，不断延展，逐步将对刑法价值的探寻确定为研究的核心内容。

当前，中国刑法哲学研究侧重于探讨刑法的“根源世界”和“意义世界”两个方面。前者解决的是国家刑法权力的正当性问题，对这一问题的探寻及回答，可以解释现代社会中刑法在应对各种新型社会危机与潜在风险时其调控范围（犯罪化）与调整力度（刑罚化）的正当性，解释国家基于其稳定与发展需要而限制国民权利的正当性问题；而后者解决的是刑法价值性问题，即刑法之于特定社会的意义以及其实现问题。

刑法哲学的勃兴是中国刑法学现代化的标志之一。一方面，刑法哲学关注刑法的根源性、本原性问题，推进了中国刑法学知识谱系的完善与深化。另一方面，刑法哲学的研究促进了刑法学新型学术与知识体系的形成，推动解决中国刑法改革中方向选择与价值平衡问题。

## 三、回应现实问题

起初，中国刑法哲学的研究对象过分西方化，表现为单纯对刑法文化史进行



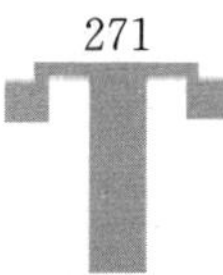

探究分析，导致刑法哲学研究比较空洞，人为阻隔了刑法哲学与刑法法理学的联系。随着刑法哲学研究的深入，特别是法哲学领域一系列积极成果在刑法哲学领域的传播与运用，刑法哲学的研究方向得到合理调整，基础性、现实性问题受到关注与重视，确保了刑法哲学研究的科学性。

刑法哲学研究面向中国现实，是中国刑法哲学走向成熟的标志。法哲学作为一种帮助人们确立立法世界观和法律运行方法论的学问，应当以对法现实与法现象进行深层、全面、客观的解释和分析为基本路径。因而脱离国情的全盘西化与固守传统的抱残守缺这两种研究取向，均应受到否定。刑法哲学研究的现实性，促使刑法学者更加关注中华民族在长期历史与生活环境中所形成的刑法价值观念及法律理想，充分尊重不同时代条件下刑法观念发展的现实过程，对刑法正当性的评价不再简单地以其他文化对刑法的认识为依据。

法律作为人类社会一种主要的调控机制，在不同国家发挥作用。刑法作为法律体系中的一种调控手段，具有地域性，同时也具有共通性。但是，基于人类社会历史演进的客观性，不同民族的法律信仰与法律理想必然呈现多元化态势。因此，刑法学者对刑法哲学进行研究，在通过价值比较与价值探究后，应充分考虑刑法制度建构的民族基础与现实环境，反对不加分析地简单移植他国的刑法观念与价值。

刑法哲学对于形成现代文明刑法观起到了积极作用。比如，如何看待废止死刑是刑法学界关注和争议较多的问题，具有深厚的刑法哲学基础。现代死刑观念促进了中国传统死刑观的变革，而坚持刑法哲学立足于中国现实，为确立分阶段逐步废止死刑的策略与路径提供了扎实的理论基础。再比如，“非犯罪化”为西方现代刑法发展的基本趋势，西方刑法哲学为之提供了很多理论论证。中国刑法哲学研究紧密结合中国现实，论证了区别化的犯罪政策的正当性，为当下中国刑事立法的“适度犯罪化”提供了理论支撑。这些研究对中国刑法改革起到积极引导作用，确保了中国刑事立法正确的发展方向。

## 四、构建理论依据

思辨性是法哲学的特点。这种思辨性是以实然的社会现实与具体的法律需求为基础而进行的一种应然性判断，因而审视、反思现实法是刑法哲学发展的基础和前提。在新的历史条件下，中国刑法哲学面临新的发展机遇，应在继续关注学科基本范畴与体系建构等基础领域的同时，坚持观照中国现实立法问题，为刑法改革提供充分理论依据。

研究刑事立法的发展现实。刑法哲学研究的首要问题是探寻刑法的价值，追问正当刑法的应然状态，而其前提就是对本国刑事立法发展的现实进行反思。如何反思立法现实，是刑法哲学的重要研究内容。显然，揭示中国刑事立法正当性的标准，应当成为中国刑法哲学学者乃至全体刑法学人的重大使命。为此，需要首先观照中国法律制度的现实、历史和前景，同时兼顾世界法律发展的潮流和趋势，进而形成我国刑法正当性评价的理论基础。

建构科学的刑事立法根据。在现代社会，刑法哲学的使命不仅在于论证刑法存在的必要性，更在于充分论证刑事立法改革的正当性。刑事立法的正当性，源于道德哲学对法律的合法性追问。对此，法实证主义与法价值主义提供了不同的思路：前者重视法律效力来源的合法性，主张刑法规范意义上的合法性就是其合法性的全部内容；后者反对将法律权威性等同于其合法性的做法，倡导法的存在必须具有道德的合法性与合目的性。这就为刑法哲学介入刑事立法根据之分析提出了要求。由此看来，在刑事立法之前，有必要由国家立法机关明确立法原则，对所制定的刑法进行充分的刑法哲学研究，以确保刑事立法的正当性与正确性。

# 现实挑战与未来展望：关于人工智能的刑法学思考*

## 一、前言

近年来，随着神经网络算法的不断改进和计算机硬件运算处理能力的大幅提高，人工智能技术开始在许多领域中推广应用。互联网全面普及产生的海量数据，使基于大规模数据集和大规模计算设备的技术方法日渐成熟，在语音识别、图像识别、语义理解等数据丰富的应用场景下，人工智能技术已经达到甚至超过人类水平。新一代人工智能技术及其应用所引发的，将是各国经济结构的重大变革、人类生活方式和思维模式的深刻改变。许多行业人士认为，人工智能将引领继蒸汽革命、规模化生产革命以及电子革命之后的第四次工业革命。面对这一新的机遇，西方发达国家纷纷出台支持性规划，在国家层面对人工智能产业进行战

* 与詹奇玮博士合著，原载《暨南学报（哲学社会科学版）》，2019（1）。又载于赵国强、邱庭彪、方泉主编：《网络犯罪的刑事法规制》，澳门刑事法研究会，2019。

略布局，以在未来的竞争中抢占技术制高点。① 在人工智能席卷全球的浪潮中，我国政府也表明了积极参与的态度与决心。2017 年 7 月 20 日，国务院发布了《新一代人工智能发展规划》，从战略态势、总体要求、重点任务、资源配置、保障措施和组织实施等六个方面对我国人工智能的发展作出了总体规划和战略部署。需要注意的是，科技进步带来的社会效应恰如一个硬币的正反两面，人类在享受科技发展提供的极大便利的同时，也必然要直面伴随而来的风险挑战。人工智能将为人类世界带来新的发展机遇，这种影响是广泛而深刻的，但是人工智能发展的不确定性也会对社会安全构成新的威胁。作为一种影响广泛的颠覆性技术，人工智能可能带来改变就业结构、冲击法律与社会伦理、侵犯个人隐私、挑战国际关系准则等问题，将对政府管理、经济安全和社会稳定乃至全球治理产生深远影响。因此，在大力发展人工智能的同时，也须高度重视伴随而来的安全风险挑战，确保人工智能安全、可靠、可控地发展。

历史经验无数次表明，刑法从来都不是引领社会发展的“急先锋”，刑法在社会发展进程中往往扮演着社会底线守护者的角色，通过刑法规范将危害行为予以类型化来为人们提供行动指引，通过刑罚的威慑和实施来实现对危害行为的有力防控，这种制度性安排体现了人类社会和现代国家趋利避害的理性本能，在很大程度上可以抵消发展与变革引发的社会风险，并将潜在风险向现实危害转化的可能性尽量降低。与此同时，刑法功能的发挥也受保障人权理念、立法技术水平和人类认识历史局限性等因素的制约。刑法作为保卫社会的最后一道防线，虽在

① 2016 年 10 月，美国白宫发布了《为人工智能的未来做好准备》和《国家人工智能研究与发展战略规划》两份报告，将人工智能上升到国家战略高度，为国家资助的人工智能研究和发展划定策略，确定了七项长期战略。英国在 2013 年宣布要力争成为第四次工业革命的全球领导者，并于 2017 年 1 月宣布了“现代工业战略”，增加的 47 亿英镑的研发资金将用在人工智能、“智能”能源技术、机器人技术和 5G 无线等领域。德国政府的“工业 4.0”战略对人工智能、智能机器人作出了全面布局，涉及的机器感知、规划、决策以及人机交互等领域都是人工智能技术的重点研究方向。日本政府在 2016 年 1 月发布的第 5 个科学与技术基础五年计划中提出名为“超级智能社会”的未来社会构想，发展信息技术、人工智能以及机器人技术，并于 2017 年制定了人工智能产业化路线图，计划分三个阶段推进利用人工智能技术，大幅提高制造业、物流、医疗和护理行业效率。赵刚．人工智能大国战略．环球，2017（6）．

惩治犯罪、抵御风险方面具有不可替代的重要作用，但同时也有其自身固有的局限性。只有明确了这种认识，刑法才能以正确的姿态来迎接人工智能带来的挑战，妥善发挥其保护公民权益、维护社会稳定的积极功能。在此背景下和认识基础上，本文拟通过简要梳理人工智能的发展历程来分别明确我们对专用人工智能与通用人工智能的应有态度，进而分析刑法应如何应对围绕专用人工智能产生的社会风险，并对通用人工智能对刑法可能带来的挑战进行展望性探讨，以期对人工智能的法律制度建设有所裨益。

## 二、总体态度：基于专用人工智能与通用人工智能的二分视角

人工智能是涉及多领域的交叉学科，这种复杂性使得人们对其概念存在不同的认识。《人工智能标准化白皮书（2018 版）》认为，人工智能是利用数字计算机或者数字计算机控制的机器模拟、延伸和扩展人的智能，感知环境、获取知识并使用知识获得最佳结果的理论、方法、技术及应用系统。① 根据应用范围的不同，人工智能可以分为专用人工智能、通用人工智能、超级人工智能三类。同时，这三个类别也对应于人工智能的不同发展层次。其中，专用人工智能又被称作弱人工智能，指的是以通过感知以及记忆存储来实现特定领域或者功能为主的人工智能。这种人工智能技术正处于高速发展阶段，并已经取得较为丰富的成果。② 而通用人工智能，又被称为强人工智能，是基于认知学习与决策执行的能力可实现多领域的综合智能。虽然当前的人工智能技术远未达到这种水平，但这种人工智能却是人工智能的未来发展方向。超级人工智能会在行动能力、思维能力和创造能力等方面全方位超越人类，但这还只是人类遥远的幻想。

专用人工智能与通用人工智能，在技术性质和技术能力等方面有着本质上的

---

① 中国电子技术标准化研究院．人工智能标准化白皮书（2018 版）．2018：5.

② 关注人工智能，必须先得聚焦这些新型计算!．（2017-07-13）［2018-04-15］．http://www.sohu.com/a/156770563_505803.

不同。当下备受关注和发展迅猛的人工智能属于专用人工智能的范畴，它是建立在大数据基础上的，受脑科学启发的类脑智能机理综合起来的理论、技术、方法形成的智能系统。① 这种人工智能可以在特定事项中具有接近甚至超过人类水平的功能，但由于其无法产生人类特有的自主意识，所以并不拥有真正的“智能”。而且，就专用人工智能的发展路径而言，即使拥有更高性能的计算平台和更大规模的大数据助力，这种提升仍然还只是量变而非质变，因而在人类真正理解自身的智能机理之前，通用人工智能仍然还只是一种遥远的设想。事实上，围绕人工智能开展的刑法学研究，本就具有相当的前瞻性，然而当下的刑法学界乃至整个法学界在讨论涉人工智能法学问题的时候，存在着一种过于超前的倾向，这种倾向的具体体现，就是将专用人工智能的现实风险与通用人工智能的未来挑战置于同一层面进行探讨，导致对人工智能的理论关切存在一定的错位。形成这种倾向的根本原因，在于讨论者未从技术层面上对人工智能的发展历程与未来趋势予以准确把握，过于注重对设想性问题的探讨。

“以古为镜，可以知兴替。”② 了解人工智能的历史演变和发展趋势，也有助于我们在关注人工智能法律问题过程中秉持客观、理性的态度。“人工智能”一词出自 1956 年的达特茅斯会议，此次会议标志着人工智能作为一个研究领域正式诞生。在 1959 年，阿瑟·塞缪尔（Arthur Samuel）提出了机器学习，推动人工智能进入了第一次繁荣期。到了 20 世纪 70 年代初，人们渐渐发现仅具有逻辑推理能力远远不够实现人工智能，很多系统一直停留在玩具阶段。之前过于乐观的态度让人们期望过高，而现实又缺乏有效的进展，人工智能遭遇了第一次低谷。③ 在 20 世纪 80 年代中期，随着美国和日本的立项支持以及机器学习方法的改进，出现了具有更强可视化效果的决策树模型和突破早期感知机局限的多层人工神

① 关注人工智能，必须先得聚焦这些新型计算！.（2017-07-13）[2018-04-15]. http://www.sohu.com/a/156770563_505803.

② 《旧唐书·魏征传》。

③ 张文斌. 深扒人工智能：历史篇.（2017-04-12）[2018-04-15]. https://zhuanlan.zhihu.com/p/25774614.

经网络，人工智能迎来第二次繁荣期。但是，由于当时的计算机存在难以模拟高复杂度和大规模神经网络的局限性，专家系统存在的应用领域狭窄、知识获取困难、维护费用昂贵等问题逐渐暴露，人工智能也随之进入了第二次低谷期。2006 年以来，以深度学习为代表的机器学习算法在机器视觉、语音识别等领域取得了极大的成功，而云计算、大数据等技术在提升运算速度、降低计算成本的同时，也为人工智能发展提供了丰富的数据资源，协助训练出更加智能化的算法模型。人工智能的发展模式“逐步转向以机器与人结合而成的增强型混合智能系统，用机器、人、网络结合成新的群智系统，以及用机器、人、网络和物结合成的更加复杂的智能系统”①。

半个多世纪的发展历程表明，受算法、计算速度、存储水平等因素的影响，人工智能历经两起两落，直至今天又迎来了第三次发展高潮。如今，人类似乎从来没有如此接近“真正的”人工智能，但其实在先前的繁荣期也曾出现过机器即将完全取代人类的论调，最后都因种种原因而惨淡收场。这需要人们尤其是刑法学者引以为戒，对人工智能保持理性、克制的态度。我们在此并非要“唱衰”人工智能的现实影响与未来前景，因为新一代人工智能技术带来的巨大变化有目共睹，这是谁也无法否认的，但是，正是因为人工智能技术在当下极为炙手可热，所以也应避免过分夸大和不当渲染。针对人工智能的刑法学研究，在当前应将重点放在作为技术工具的专用人工智能方面，结合其运行机制和功能特点进行全面深入的分析。对于人工智能潜藏的刑事风险，在维护现行刑法典稳定性的基础上予以适当回应。与此同时，考虑到当前的技术水平和未来的发展趋势，通用人工智能和超级人工智能可能带来的挑战，并非刑法亟须回应的问题，更何况技术水平的突破并不能代表价值藩篱的逾越，对于通用人工智能机器人的有关探讨应坚持谨慎的立场。

## 三、现实挑战：关于专用人工智能的刑法学思考

### （一）现实的影响

就专用人工智能而言，其为人类社会可能带来的最具变革性的影响，在于其

---

① 中国电子技术标准化研究院．人工智能标准化白皮书（2018 版）．2018：3-4.



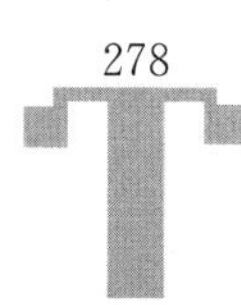

使网络空间与现实空间实现真正意义上的全面融合与深度互动。在网络 1.0 时期，网络只是把所有的终端连接到一起，无论是网民之间还是网民与网络之间，只能实现较为简单的信息交换。到了网络 2.0 时代，网民之间、网民与网络之间的“点对点”互动交流是此阶段的基本特征。及至网络 3.0 时代，以社交为中心的网络平台的出现，使得“网络”成为具有相对独立意义的空间范畴。依托于网络空间而形成的网络社会，与现实社会共同形成了“双层社会”的新型社会结构。① 在此阶段，网络平台不仅能够实现即时通信和信息分享，还可以提供支付、金融等其他种类的服务，这表明网络的触角已经逐渐向现实社会的方方面面进行延伸。在此基础上，专用人工智能技术的日渐成熟及广泛应用，不论是在广度上还是在深度上，都会加速推进这种由网络到现实进行全方位覆盖的趋势。具体而言，人工智能系统在借助传感器等器件对外界环境的感知能力采集数据之后，在网络空间依靠大数据技术和人工神经网络算法，加工、处理、分析这些丰富、海量的数据，从而最大限度地挖掘出数据的信息价值，进而通过先进算法模型的学习能力和适应能力，作出更具类人化、实质化的反应，在现实中为人类提供多领域、精准化的服务功能。也就是说，智能终端在为人类提供服务的同时可以接受各种各样的信息，而人工智能技术在利用这些信息进行深度学习之后，可以根据新的现实情况调节相应参数，优化算法模型，进而以更加合理的方式反馈于现实当中。如此循环往复，由云端至终端再到人和物，相互之间逐步建立起广泛而深入的数字化连接，人与机器的关系呈现出“互为镜像”、“互为嵌入”和“互为信息”的趋势，最终在网络与现实之间实现高度的融合和交互。② 可以预见，在不久的将来，如果人工智能从专业性较强的领域逐步拓展到社会生活的各个方面，人类未来会在“万物皆互联、无处不计算”的环境下精准生活。③ 以数据为媒介，人工智能终端可以大量采集和上传现实中的信息，通过智能算法的分析和处

① 于志刚．网络思维的演变与网络犯罪的制裁思路．中外法学，2014（4）．

② 毕宏音．人工智能发展的社会影响新态势及其应对．重庆社会科学，2017（12）．

③ 吴汉东．人工智能时代的制度安排与法律规制．法律科学，2017（5）．

理，从而提出更加科学的解决方案、作出更加合理的现实反映。现实世界中的更多情况将会同步反映在网络空间之中，而人们在网络世界的所作所为也会在现实世界中产生更大的影响。

基于上述分析，由于专用人工智能没有形成类似于人类的自主意识，所以将智能机器人纳入刑法规制的行为主体范围没有现实必要性，因而也就无须对以自然人为中心建立的犯罪论体系和刑罚体系进行彻底改造。但是，这并不意味着当下的刑法制度与刑法学理论可以无动于衷。事实上，既然人工智能的广泛应用会实现网络空间与现实空间的全面交融，那么未来无论在网络空间还是在现实空间，人工智能技术潜藏的刑事风险就既有可能广泛触及并冲击我国刑法典分则的罪刑规范，也有可能产生目前刑法难以规制的严重危害行为。有论者认为，刑事法律在人工智能时代将面临“内忧”与“外患”，即：在弱人工智能时代，刑法面临的“外患”在于设计者或使用者对人工智能产品进行不当利用，甚至将其作为实现犯罪意图的工具；而在强人工智能时代，刑法面临的“内忧”在于人工智能产品本身在设计和编制的程序范围外产生了犯罪意图，进而实施严重危害社会的行为，给人类社会带来极大威胁。① 对此，笔者认为，强人工智能时代的“内忧”并非迫在眉睫，这不是刑法规范与刑法学理论面临的现实挑战。而且，基于专用人工智能的技术特点和具体应用，刑法既要关注其引发的“外忧”，也要关注人工智能系统内部潜藏的安全风险。

### （二）面临的风险

#### 1. 专用人工智能的内部风险

近年来，人工智能之所以取得迅猛发展，在很大程度上得益于大数据、智能算法和硬件算力等基础性支撑技术的突破。正是上述三者相结合产生了“化学反应”，赋予人工智能更加强大、丰富的功能为人类提供服务。因此，人工智能系统内部的刑事风险，极有可能是围绕海量数据与智能算法而产生的。

一方面，人工智能系统遭受非法攻击或者被人工智能服务提供者违规操作，

---

① 刘宪权．人工智能时代的“内忧”“外患”与刑事责任．东方法学，2018（1）．


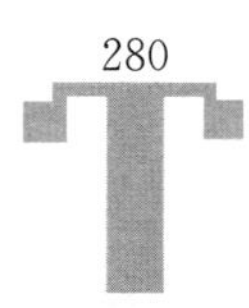

可能导致大量数据泄露甚至被非法利用，进而使各种重要信息遭受侵犯。所谓数据，是指所有能输入计算机并被计算机程序处理的符号的介质的总称。数据是信息的表现形式和载体，而信息则是数据的内涵。在人工智能时代，网络空间与现实空间高度融合的重要表现，就是越来越多的信息以数据形式被记录并存储于网络空间之中，人工智能系统分析和处理的海量数据正源于此。人工智能各种应用功能的实现，都是基于对海量用户数据的搜集和大数据技术的挖掘、分析。因此，人工智能时代下的数据高度集中，既有可能使人类享受更加便利、精准的服务，也有可能发生更大规模的数据泄露事件。而且，少量数据所承载的信息虽然只能侧面反映局部内容，但是经过大数据技术的交叉分析甚至简单分析，就可以描绘出完整、精确的实质内容，一旦人工智能系统遭到不法分子的入侵，其内部数据就可能面临大规模泄露的风险，从而对个人、公司和政府的信息安全构成极大威胁。另外，人工智能服务提供者对系统内部海量数据的保护不力，或者对搜集的数据进行不当使用（例如现实中一些互联网企业利用大数据“杀熟”的现象），也会侵犯网络用户的个人信息和其他合法权益。正如有论者指出，大数据时代数据犯罪的指向已经演变为以大数据对象为中心，纵向侵害技术与现实双层法益，形成的一个多行为方式，危害后果横向跨越个人、社会、国家各层面与政治、军事、财产、人身和民主权利各领域的大犯罪体系。① 所以，面对人工智能应用在未来对数据的大量搜集与深度处理可能引发的社会风险，刑法必须给予更全面、更有力的保护。

另一方面，人工智能系统内部算法的漏洞与偏差，可能导致人工智能系统在对数据分析之后形成错误决策，作出人类意料不到的反应并引发外部风险。算法、数据和计算能力是人工智能的三大要素，而算法在其中发挥着主导作用，可被称为人工智能的“大脑”。也就是说，人工智能之所以能够作出自动智能化决定，在很大程度上是基于智能算法对训练数据进行深度分析和“学习”，然后具备了预测和推断的能力。但是，人工智能并非完美无缺，它会一直朝着达到甚至

① 于志刚，李源粒. 大数据时代数据犯罪的制裁思路. 中国社会科学，2014（10）.

超越人类智能水平的方向不断改进，如果人工智能的内部算法存在缺陷，就可能忽视或者歪曲数据反映的现实情况，然后借助自动化决定机制对外界作出不合理的反应。更何况，智能算法分析的海量数据并非价值中立，这些数据在承载信息的同时必然也夹带着人类社会既存的价值偏差和观念歧视。因此，如果在智能算法模型的设计中忽视了纠正机制的构建，那么机器学习可能会在重复累计的运算过程中恶化这些偏差，从而导致人工智能系统作出与伦理道德产生偏差的决策。此外，以深度学习算法为例，它并不是一个数据输入、特征提取、预测的过程，而是计算机直接从训练数据集得的原始特征出发，自动学习并提取出深层特征或者规律，从而形成高级的认知能力。在人工智能输入的数据和输出的答案之间，存在着我们无法洞悉的“隐层”（hidden layer），它被称为“黑箱”（black box）。[①] 在通常情况下，人工智能系统的开发者出于维护自身商业利益的考虑，并不会公开其算法的具体实现细节，这就大大增加了第三方对其进行监管的难度，进而会出现一些不可预见的问题。因此，对这种内部算法存在缺陷、漏洞以及缺乏透明性的情况，如果刑法在必要时介入，不仅可以保证正常良好的研发、设计秩序，还能够避免内部风险引起的外部刑事风险和归责困境。

2. 专用人工智能的外部风险

在对内部风险分析的基础上进一步分析可知，专用人工智能外部的刑事风险挑战大体上会表现为以下两种：其一，滥用人工智能的刑事风险；其二，由人工智能内部风险转化为现实危害的刑事风险。

（1）滥用人工智能的刑事风险。

科学技术固然可以推动人类文明的发展进步，但技术本身是中立的，它为社会服务的同时也可能产生人类难以把控的风险。就此意义而言，人工智能技术是一把极为锋利的“双刃剑”：如果将其运用于正当途径，可以提高人类的生产效率和生活质量，帮助人们摆脱枯燥乏味和高度危险的工作；如果这种技术被不法分子利用在犯罪活动中，那么在其加功作用的助力下产生的危害后果亦会呈现

① 许可．人工智能的算法黑箱与数据正义．中国社会科学报，2018-03-29（6）.


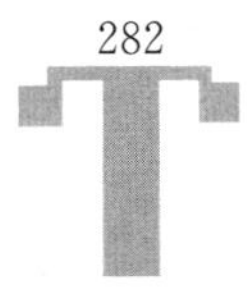

“放大效应”。而且，“与传统的公共安全（例如核技术）需要强大的基础设施作为支撑不同，人工智能以计算机和互联网为依托，无需昂贵的基础设施就能造成安全威胁。掌握相关技术的人员可以在任何时间、地点且没有昂贵基础设施的情况下做出人工智能产品”①。就此情形而言，利用人工智能技术作为辅助犯罪实施的工具和手段，虽然不会使传统犯罪的性质发生“质变”，但却可能发生显著“量变”。例如，在2017年破获的国内首例利用人工智能技术打码案中，犯罪分子运用机器深度学习技术训练机器，使其能够自主操作并有效识别图片验证码，轻松绕过互联网公司设置的账户登录安全策略。犯罪分子将这种技术提供给网络平台之后，网络平台就可以轻易对黑客窃取的账号和密码进行“洗号”，进而获得更为精准的个人信息，然后将这些个人信息出售给个人信息产业链下游的诈骗集团、广告商。② 相比于传统的人工“打码”，利用人工智能技术进行“打码”的效率提高了两千倍，而且识别正确率极高。因此，如果不法分子将人工智能技术作为犯罪的工具和手段，不仅可以大大减少犯罪成本、降低犯罪门槛，还会使一些犯罪行为的社会危害性显著提升。对此，刑法也需高度关注。

（2）由人工智能内部风险转化为现实危害的刑事风险。

专用人工智能的技术特点，决定其“能够实现无人类干预的，基于知识并能够自我修正地自动化运行”，即在特定领域中实现自主判断、自主决定甚至自主反应，这就意味着人工智能可以在某种程度上全面替代人类的操作行为。③ 因此，如果人工智能系统存在设计缺陷或技术漏洞，而且在投入现实应用之前没有避免和消除这些缺陷或漏洞，那么人工智能内部风险将会在现实应用过程中引发外部风险。例如，人工智能与交通工具相结合产生的无人驾驶技术，其本质正是在大数据的支撑下使用算法计算出最佳驾驶策略。智能驾驶系统可以让人类摆脱驾驶的辛苦劳累，而且其在人工智能领域内的发展较为成熟，在不远的将来很有

---

① 中国电子技术标准化研究院. 人工智能标准化白皮书（2018版）. 2018：32.

② 刘甦. 人工智能涉罪细节首次披露：你的个人信息是这样被破解的.（2017-11-08）[2018-04-15] http://yuanchuang.caijing.com.cn/2017/1108/4356782.shtml.

③ 同①.

可能实现大规模应用。在人类驾驶汽车发生交通事故的情况下，交通事故所造成的危害后果不会超过汽车自身及其周围环境，然而如果无人驾驶系统本身存在技术缺陷，那么在其推广应用之后，所有使用此项技术的汽车都会存在这种安全隐患，从而对大范围的交通秩序和公共安全构成巨大威胁。又如，人工智能与医疗行业相结合产生的智能医疗技术在辅助诊疗、疾病预测、医疗影像辅助诊断、药物开发等方面发挥了重要作用。如果医生基于智能医疗系统的错误诊断而作出了错误的治疗决定，或者智能医疗系统因内部缺陷，在独立诊断治疗的情况下造成就诊人死亡或者严重损害其身体健康，也将面临如何追究医疗事故相关责任的问题。

（三）刑法的应对

针对现阶段专用人工智能可能产生的刑事风险，应从以下三个方面予以应对。

1. 刑法应坚持罪刑法定的总体底线与谦抑性的内在品质

面对人工智能对刑法提出的挑战，我们不仅需要思考如何通过改变予以应对，还需要明确应当坚守的刑法理念与刑法原则。其中，最为重要的就是罪刑法定原则。保障人权作为现代刑法的价值基石，是各国刑法学人在启蒙思想影响下努力灌溉而收获的宝贵果实。及至如今，以保障人权为内在意蕴的罪刑法定原则仍然是现代刑法不可逾越的底线，也是刑法理论研究奉行的金科玉律。有论者认为，滥用人工智能行为的客观表现形式多种多样，未来还可能出现由于人工智能技术发展而无法全面考虑到的情况，因此可以考虑直接将滥用人工智能技术的行为作为规制的对象并规定相应兜底条款。[①] 但是，在一个罪名中将所有滥用人工智能的行为方式进行具体列举难度较大，直接将滥用人工智能的行为作为一种概括性的兜底条款也可能使其成为“口袋罪名”，进而引发司法实务的操作困惑。而且，滥用人工智能的行为既有可能侵犯公民的合法权益，也有可能危害公共秩序甚至是国家安全，设立这种极具包容性的罪名会泛化其保护的法益，由此角度来看也缺乏合理性和可行性。事实上，现阶段的人工智能技术仍然可以作为一种实施犯罪的工

① 刘宪权. 人工智能时代的刑事风险与刑法应对. 法商研究，2018（1）.

具和手段予以评价，利用人工智能技术实施犯罪的情形对现行刑法典罪名体系并不会造成显著影响，我国现行刑法也绝非对严重危害社会的滥用人工智能行为束手无策。基于此，即使在社会上出现了涉及人工智能技术的新型犯罪，如果不能用现行刑法和司法解释对其进行评价，也就不能通过类推解释对其进行定罪处刑。

同时，刑法还需坚守自身的谦抑性，围绕人工智能的刑法调控应注重与相关领域的其他部门法相结合。例如，人工智能生成的内容只要由机器人独立完成，即构成受著作权保护的作品，但由于机器人并不能像自然人作者或法人作者那样去行使权利，因此该项著作权应归属于机器人的创造人或所有人，在这种情况下可参照著作权法关于职务作品或雇佣作品的规定，由创造机器的"人"而不是机器人去享有和行使权利。[①] 由此可见，只有在著作权法及其理论对人工智能生成作品的权属和权能作出界定的情况下，侵犯人工智能生成作品的著作权犯罪才能进行具体认定。此外，刑法对人工智能犯罪的规制也应注意与民法、行政法相衔接。有论者主张，只有刑法的规制才能真正减少滥用人工智能行为的发生，刑法以外的法律法规的规制不足以威慑人工智能产品的研发者和使用者。[②] 笔者认为，这种看法存在一定偏差。刑法在整个法律体系内居于"保护法"和"后盾法"的地位，在民事制裁和行政制裁不能或者不足以规制危害行为的时候应当使用刑事制裁。对人工智能的风险防控主要应依靠强制性的技术标准和具体操作的使用规则，而这些内容往往依托于大量的行政法律法规。此外，民商法中的民事责任也能起到一定程度的惩罚和补偿作用。所以，在对人工智能技术及其应用进行规制的过程中，应尽量避免"刑法万能"的错误倾向，让各部门法都能充分发挥其应有的作用，而且首先应当由非刑事法律去发挥作用。

2. 刑法应提升对公民个人信息和数据安全的保护力度

在人工智能时代，公民、公司和政府等社会主体的信息安全都将面临前所未有的挑战。一方面，人工智能系统及其使用的大数据技术可以通过终端采集更广

---

① 吴汉东. 人工智能时代的制度安排与法律规制. 法律科学，2017 (5).

② 刘宪权. 人工智能时代的刑事风险与刑法应对. 法商研究，2018 (1).

范围和更多数量的数据，这些海量数据的集聚既会产生更具实质性的信息价值，同时也会形成巨大的安全风险。另一方面，人工智能技术的进步与普及也为实施侵犯信息安全的犯罪提供了更加便利的条件，前文提到的利用人工智能“打码”的情形即为典型示例。对于侵犯信息和数据的犯罪行为，可通过刑法典第253条之一的侵犯公民个人信息罪和第258条的非法获取计算机信息系统数据罪予以规制。

具体而言，侵犯公民个人信息罪以“公民个人信息”为保护对象，并且设定了“非法获取”、“提供”和“出售”三种行为方式。就保护对象而言，最高人民法院和最高人民检察院发布的《关于办理侵犯公民个人信息刑事案件适用法律若干问题的解释》将“公民个人信息”进一步明确为“以电子或者其他方式记录的能够单独或者与其他信息结合识别特定自然人身份或者反映特定自然人活动情况的各种信息”，从而划定了较为广泛的保护范围，可将记载上述信息的电子数据囊括其中。此外，上述三种行为方式实际上是从公民个人信息的“来源”和“去向”两个方面对侵犯行为进行类型化界定，这种保护路径显然是立足于信息的横向流动过程，在一定情况下难以触及信息的纵向使用过程。另外，同样涉及公民个人信息保护的拒不履行信息网络安全管理义务罪，也在一定程度上体现了这种保护路径。然而，对数据的广泛采集和深度分析正是人工智能技术及其应用不可缺少的重要一环。在人工智能对包含个人信息的数据进行分析和处理过程中，个人信息的合理使用问题就会凸显出来。而且，公民在强大的网络公司面前处于极为不利的弱势地位，其个人信息一旦被采集，之后就难以再进行有效的自主控制。因此，面对即将在社会上实现广泛应用的人工智能，侵犯公民个人信息罪在行为方式方面的结构性缺失亟须弥补。与之相对，刑法典针对数据安全的刑法保护则显得“静态有余，动态不足”。“大数据时代的海量数据具有动态价值，对一系列的数据收集、存储、挖掘和应用能体现出巨大的政治、经济、军事、生活价值。这种数据处理过程中，可能侵害到宏观的整体数据环境与微观的个人数据权利，也可能侵害到主观与客观方面的个人法益。”① 然而，非法获取计算机信息

① 于志刚，李源粒．大数据时代数据犯罪的类型化与制裁思路．政治与法律，2016（9）．

系统数据罪只是将数据作为行为对象，其最终的保护落足于计算机信息系统功能和通信安全，这种模式使得刑法难以对围绕数据产生的风险进行全程调控，这种局面在我国刑法典中也需尽快改善。

3. 刑法应针对人工智能进行全方位调控

考虑到人工智能的技术复杂性、功能强大性和影响不确定性，刑法应介入对其技术研发、生产制造、系统运营、现实使用等环节的调控。

首先，应对人工智能的技术研发行为和生产制造行为进行规制。在未来，人工智能产品的设计者和制造者可能会受到巨大的经济利益诱惑，将不成熟的技术和产品投入市场，而人工智能技术及其应用如果存在技术漏洞或者设计、制造缺陷，不仅会使系统自身易受攻击而遭受损失，而且会将这种内部风险转化为现实危害。对此，可按照刑法典第 140 条的生产、销售伪劣产品罪和第 146 条的生产、销售不符合安全标准的产品罪定罪处罚。除此之外，还可以考虑在建立人工智能技术标准体系（例如制定相关规则约束算法设计者遵守设计标准，保证算法的透明性和可解释性，以及限定人工智能应用的功能设计范围等）的基础上，对人工智能技术的研发者违反国家规定或者强制性标准的行为增设专罪予以规制。

其次，应对人工智能系统运营者的行为进行重点调控。人工智能的服务提供者在人工智能系统运营过程中扮演关键角色，他既要负责相关基础性技术的整合与协调，也要在提供服务的同时负责系统的日常维护。人工智能的系统运营者在广义上也属于网络服务提供者的范畴，因此对于符合法定情形的犯罪行为，可按照《刑法修正案（九）》增设的拒不履行信息网络安全管理义务罪进行处理。但是，由于该罪的成立要求“经监管部门责令采取改正措施而拒不改正”，这可能会导致难以及时发现有关违规行为并对该罪予以处罚。而且，法律法规规定的信息网络安全管理义务与人工智能系统运营者的技术能力往往存在一定的落差，而该罪目前的立法模式不能促使其主动积极地履行相关义务。此外，由于该罪的法定刑标准总体较轻且缺乏相应的区分档次，对一些具有严重情节的情形处理可能难以实现罪责刑相适应。对上述这些立法欠缺，应根据需要予以立法修正。

最后，应对利用人工智能技术实施犯罪行为的情形予以坚决惩处。对此情



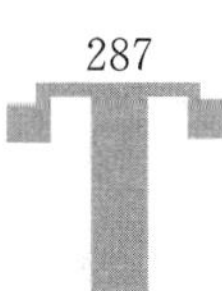

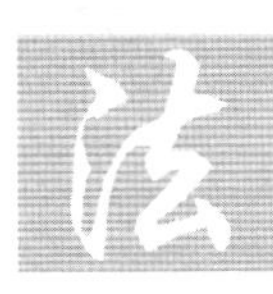



形，总体应根据具体的行为方式和侵害的法益，按照相应的普通犯罪罪名和网络犯罪罪名予以规制。在此基础上，还可结合人工智能的技术运行原理和作用模式，对其中的犯罪对象、工具、场域等要素进行扩张解释，摆脱对构成要件内容的物化理解。[①] 必要时，还可考虑对利用人工智能实施犯罪的情形从重处罚。

## 四、未来展望：关于通用人工智能的刑法学思考

对于专用人工智能所带来的现实危害，刑法规定与刑法学理论应及时作出合理回应。但是，对于未来通用人工智能可能造成的法律风险，刑法学人应当客观看待并审慎应对。通用人工智能与现阶段的专用人工智能在本质上有着根本差别。在通用人工智能时代，我们将从对所有大脑区域的逆向工程中学习到人类智能的实现原理，并将这些理论应用到具有大脑智力的计算平台。人工智能的应用将有更广阔的领域，并且它们的表现会更加灵活，这将极大地丰富不断发展基础的工具集。[②] 如果人工智能在未来的确能够达到甚至超过人类智能，这的确可能会对整个法律体系的有效运行提出巨大挑战。而且，“由于法律具有滞后性，现有的法律体系并不能很好地预测和解释人工智能以及机器拟人化后可能出现的法律现象，可以说，在人工智能的冲击下，法律体系可能需要全面重塑”[③]。在这种情况下，应否以及如何评价通用智能机器人的行为，就可能成为刑法领域最为棘手的理论与实践问题。但是，就当前人类的科技水平而言，通用人工智能时代依然遥不可及。“人工智能的一些领域似乎特别具有挑战性，如语言、创造力和情感。如果人工智能不能模拟它们，要实现强人工智能就好似做白日梦。”[④] 目

---

① 庄永廉．人工智能时代互联网刑事法律的发展方向．（2018－01－22）［2018－05－01］．http://www.sohu.com/a/218315164_741570.

② Ray Kurzwell．奇点临近．李庆诚，董振华，田源，译．北京：机械工业出版社，2011：177.

③ 高奇琦，张鹏．论人工智能对未来法律的多方位挑战．华中科技大学学报（社会科学版），2018（1）.

④ ［英］玛格丽特·博登．AI：人工智能的本质与未来．孙诗惠，译．北京：中国人民大学出版社，2017：66－69.

前，刑法学界出现了肯定智能机器人拥有独立刑事责任主体资格的观点。例如，有论者提出，“在程序设计和编制范围内智能机器人实施犯罪行为是按照人类的意识和意志，应当将智能机器人看作人类实施犯罪行为的‘工具’，而发展到一定阶段的智能机器人可能超越程序的设计和编制范围，按照自主的意识和意志实施犯罪行为，因而完全可能成为行为主体而承担刑事责任”①。还有论者认为，人工智能体应当是介于人与物之间的特殊刑事责任主体，并提出将人工智能体的智能化程度比拟自然人的刑事责任年龄，进而判定人工智能体的刑事责任能力。② 对此笔者认为，智能机器人难以成为与自然人并列的刑事责任主体，对通用人工智能机器人实施犯罪应否承担刑事责任的问题应持谨慎态度。

（一）通用智能机器人不具有相对的自由意志

人的存在具有自在价值，追求自由与幸福是人类的本性。人类由必然王国走向自由王国的进程体现为真正认识并依照自然规律自觉支配自己的社会行动。从马克思主义刑法学观点来看，对犯罪人追究刑事责任的哲学根据在于行为人具有相对的自由意志，或者说自由选择能力，即行为人能选择非犯罪行为却选择了犯罪行为，因而才追究其刑事责任。③ 因此，拥有相对自由的意志，是行为人承担刑事责任的重要前提。然而，通用智能机器人存在的根本目的是为人类服务，其存在的终极意义仍然是一种工具价值，智能机器人不会也不应有追求自在价值的自由意志。无论智能机器人发展到何种高级的程度，从来源上看它还是人类的创造物。人类发明人工智能的目的，无疑是使其更好地服务于人类，使人们的生活与工作更加舒适、便利。基于此，智能机器人似乎难以完全摆脱人类的控制，更不应有追求实现自我的自在价值。更何况，从当前的科技发展水平来看，通用人工智能时代依然遥遥无期，因此很难想象智能机器人会具有相对的自由意志。

---

① 刘宪权，胡荷佳．论人工智能时代智能机器人的刑事责任能力．法学，2018（1）．

② 马治国，田小楚．论人工智能体刑法适用之可能性．华中科技大学学报（社会科学版），2018（2）．

③ 高铭暄，马克昌．刑法学．8版．北京：北京大学出版社，2017：208-209．

（二）通用智能机器人实施犯罪难以与刑法学中的行为理论相兼容

刑法学中的行为理论学说众多，各种观点对如何界定刑法中的“行为”见仁见智。归根结底，这是由于不同时期、不同国家的刑法学者基于不同现实对犯罪行为形成的本质认识有所不同。而行为理论的观点分歧也表明，没有一种行为理论可以在一国乃至一个学者的逻辑体系内实现完全自洽。但是，从行为理论的发展历史可以看出，各学说均是以具有生命体征的自然人为核心来对行为进行探讨的。例如，根据德国刑法学者韦尔策尔于 20 世纪 30 年代提出的目的行为论，应当把人的行为的本质作为有目的的追求活动来把握，而所谓行为，是指通过有目的的意思对包括外部的举动在内的因果进行支配、操控。① 又如，由日本著名刑法学家团藤重光提出的人格行为论认为，行为是行为者人格的主体的实现化的身体举动。② 可见，无论是目的行为论还是人格行为论，都将行为的主体界定为具有生命特征的自然人。而作为“人造人”的智能机器人是不具有这种生命属性的，因此不符合目的行为论与人格行为论的要求。总而言之，通用智能机器人的非生命体征使其与各种行为理论难以兼容。

（三）承认通用智能机器人的主体地位会面临一系列判断难题

在刑法领域中承认一种全新的犯罪主体，并非仅仅涉及法条文字的改动以及相关理论的变化。即使在观念上认可智能机器人刑事责任的主体资格，司法实践中也会遇到一些棘手的，甚至无法解决的现实问题。其中，首要问题是如何判断智能机器人是基于自己独立的意志而做出行为。有学者认为，应当以是否在设计程序与编制范围之内来判定智能机器人是否具有意志自由。③ 智能机器人终究出自人类之手，而人类对智能机器人所设定的程序很难不对智能机器人的行为产生影响。因此，以设计程序与编制范围来判断智能机器人有无独立的辨认与控制自己行为的能力，排除了一部分受人类控制的行为，具有一定的合理性。然而，如

---

① 马克昌，卢建平．外国刑法学总论（大陆法系）．2 版．北京：中国人民大学出版社，2016：81.

② 赵秉志．刑法总论．3 版．北京：中国人民大学出版社，2016：170.

③ 刘宪权．人工智能时代刑事责任与刑罚体系的重构．政治与法律，2018（3）.

何准确判断其行为是否在此范围之内将面临许多实际困难。客观来讲，人们很难事先全面而准确地对智能机器人的行为作出预设。换言之，由于智能机器人具有独立的意志，因此人们很难对智能机器人的行为是否超出预设作出精准的判断。又如，有学者通过用人工智能的智能化程度比拟刑事责任年龄而对智能机器人的刑事责任能力作出了划分。① 从整体上来看，这种制度设计将智能机器人做出了拟人化的处理，具有一定的合理性。但是，与单纯以年龄作为刑事责任能力的判断依据相比，这种判断方式也面临更多的不确定性。因为年龄在自然人出生之时就被确定下来了，而智能化程度却不是以出厂时间为基准计算出来的。在具体认定过程中，对智能化程度的判断将会更为复杂与困难。以上仅以两个方面的问题作为可能性事例，但是在实践中必然会遇到更多的技术难题。所以，承认智能机器人独立的刑事责任主体资格不仅是观念与制度层面的问题，而且还涉及司法实践中的诸多现实难题。

### （四）技术水平上的突破并不等于观念的逾越

或许在未来某一天，科学技术的发展将会突破人工智能在刑事责任认定上的技术难题，但是这并不意味着刑法规范与刑法理论一定要立刻随之发生根本性改变。正如近年来一度成为热议话题的风险刑法理论，试图对刑法理论作出伤及筋骨的改变。风险刑法是基于对风险社会的考量而产生的对刑法理论的变革，对此，有学者认为："现代风险的特性决定风险社会中公共政策的基调：不是要根除或被动防止风险，也非简单考虑风险的最小化，而是设法控制不可欲的、会导致不合理的类型化危险的风险，并尽量公正地分配风险。对这项规制任务，刑法显然有些力不从心。现代刑法形成于绝对主义国家背景下，以国家与个体的二元对立为逻辑基础。其价值取向在于对个体权利的保障，法益概念主要围绕个体权

① 该学者以机器人的智能化程度来比拟自然人的刑事责任年龄，认为智能化程度较低的智能机器人处在相当于完全无刑事责任年龄阶段，智能化程度较高的智能机器人处在相当于相对有刑事责任年龄阶段，智能化程度很高的智能机器人处在相当于完全有刑事责任年龄阶段，而间歇性系统异常与中病毒相当于具有特殊人员的刑事责任能力，这种智能机器人相当于间歇性精神病人与醉酒的人。马治国，田小楚．论人工智能体刑法适用之可能性．华中科技大学学报（社会科学版），2018（2）．

利构建；在责任形式上，它强调规范意义的主观责任与个人责任，认为责任的本质是行为人基于自由意志选择违法行为，他应当承担受谴责的责任。这种以权利保障为导向的刑法在解决风险问题时容易遭遇挫败，无法识别和容纳现代风险。”[①] 诚然，风险刑法具有不可否认的理论价值，但是其理论本身也具有一定的风险，因此受到了诸多学者的理性批判。[②] 当然，学界并不是全盘否定风险刑法的理论价值，而是认为对其应当客观看待与理性借鉴。当风险社会可能到来之时，我们能够理性地对风险刑法理论作出判断，这说明人类社会的不断发展虽然对刑法理论造成了冲击，但是并不意味着以往的刑事责任体系就应当作出根本性的改变。与风险刑法的情况相类似，在人工智能时代出现的新情况超出了现有刑法理论的能力范围时，并不意味着应当立即建立一个全新的规则体系来进行回应，也并不意味着现有的理论完全无法作出应对。因此，在这种情况下，刑法学人首先应当考虑如何对现有的刑法理论作出完善，而不是仓促推翻现有的观念与理论。

（五）对通用智能机器人适用刑罚的合理性还需进一步探讨

即使承认智能机器人能够独立承担刑事责任，对于智能机器人适用刑罚的合理性问题仍需进一步探讨。就目前而言，刑事责任的主要实现形式是刑罚。对于智能机器人而言，如果承认其具有独立的刑事责任主体资格，从逻辑上讲也应适用现有的刑罚类型。因为，如果在观念上承认智能机器人具有控制与辨认自己行为的能力，则意味着将智能机器人作为真正的人来看待。实际上，也正是因为把智能机器人等同于具有生命体征的自然人，在逻辑上才能够承认其具有独立承担刑事责任的主体资格。然而，这种理念似乎又难以被人们所接受。正如有些赞同智能机器人独立承担刑事责任的学者，同时建议针对智能机器人增设删除数据、

---

① 劳东燕．公共政策与风险社会的刑法．中国社会科学，2007（3）．

② 陈兴良．风险刑法理论的法教义学批判．中外法学，2014（1）．黎宏．对风险刑法观的反思．人民检察，2011（3）．刘艳红．“风险刑法”理论不能动摇刑法谦抑主义．法商研究，2011（4）．于志刚．“风险刑法”不可行．法商研究，2011（4）．刘明祥．“风险刑法”的风险及其控制．法商研究，2011（4）．

修改程序、永久销毁等刑罚种类。① 但是，这实际上是对智能机器人做出了区别性的对待。在判定其是否具有刑事责任主体资格时，承认智能机器人具有对行为的控制与辨认能力，这事实上是将智能机器人等同于活生生的自然人；但是，在确定其刑事责任的实现形式时，却又承认了其作为机器的本质属性，因此相当于又否定了其作为人的资格。从根本上讲，智能机器人即使达到甚至超越人类智能的水平，也似乎无法被界定为“人”。因此，对于对智能机器人判处刑罚的合理性还需进一步探讨。

## 五、结语

本文对人工智能的发展历程与未来趋势进行了梳理和分析，并提出区别对待专用人工智能与通用人工智能的基本立场。在当前，面对即将大规模应用的专用人工智能，刑法应当重点防控其可能引发的内部风险和外部风险；而通用人工智能仍是一种较为遥远的设想，刑法对其讨论应保持谨慎克制的立场，刑法需要坚持罪刑法定的总体底线和谦抑的内在品质。与此同时，立足于现阶段人工智能的技术原理和功能特点，应充分发掘传统罪名的适用潜力，在刑法解释论上更新视角，必要时可增设专罪予以规制。对此，刑法学理论还需进一步深入研究。就通用智能机器人应否成为刑事责任主体的问题而言，在技术水平、价值观念、具体认定等方面尚存在较大困难，刑法对此应坚持克制、理性的态度，不可贸然将机器人纳入刑法规制的行为主体范围。总体而言，我们应谨慎对待人工智能引发的社会风险，并在此基础上积极迎接人工智能时代的全面到来。

① 刘宪权．人工智能时代的“内忧”“外患”与刑事责任．东方法学，2018（1）．

# 人工智能主体的刑法价值问题探讨*

## 一、问题的提出

近些年来，人工智能的发展取得了令世人瞩目的成就。亚马逊公司的个人助手 Alexa、谷歌公司的 AlphaGo、苹果公司的智能私人助理 Siri、特斯拉公司的自动驾驶汽车等人工智能系统都已经投入社会应用，引发社会巨大关注。① 伴随人工智能技术进步的是，人工智能也引发了诸多的事故，如 2015 年大众机器人"杀人事件"、2016 年 Twitter 聊天机器人"言论侮辱事件"、2016 年特斯拉自动驾驶汽车车祸致死事件，以及 2018 年亚马逊智能音响 Alexa"恐怖怪笑"事件等人工智能脱离控制事件。② 2017 年，我国浙江省发生的网络"黑产"系列专案中，出现了利用人工智能窃取数据、晒码撞库、分销数据、冒充诈骗等犯罪

---

* 本文系笔者与袁彬教授合作完成。

① 皮勇. 人工智能刑事法治的基本问题. 比较法研究，2018 (5).

② 闻志强，梁小敏. 人工智能刑事法律主体地位与归责判断//广州市法学会编. 法治论坛：2021 年第 3 辑. 北京：中国法制出版社，2021：120.

行为。[①] 这些成就和事件引发了法学界对人工智能的法律主体地位的热烈讨论。在刑法学领域，人工智能的刑法主体地位问题也引发了热议，并形成了肯定论[②]、否定论[③]和观望论等不同的立场，甚至了形成了“反智化”[④] 与“伪批判”[⑤] 的激烈对立，研究的问题不仅涉及作为刑法主体核心的刑事责任能力问题，也涉及刑法的哲学基础（自由意志）、预防目的和刑罚措施等更深远、更全面的问题，还涉及刑法学研究的取向和方法问题。

不过，与其他刑法问题不同，人工智能，特别是未来可能具有完全自主意识的人工智能的刑法问题，与当前人工智能发展的现状还有很大差异，刑法学者主要进行的是未来人工智能技术与刑法的结合研究，是前瞻性研究，这些研究要受到未来技术、政策、法律等众多因素的制约和影响。对技术、政策、法律等因素的不同理解，导致人们对人工智能能否成为刑法上的犯罪主体以及成为何种刑法上的犯罪主体，存在明显的认识分歧，尚未达成共识。例如，肯定说认为未来人工智能具有辨认和控制自身行为的自由意志，否认说则认为人工智能不可能具有自由意志；肯定说认为通过构建人工智能的刑罚体系可以对人工智能实施刑罚制裁，否定说则认为人工智能无法适用和适应刑罚；肯定说认为人工智能可以类比法人被拟制为刑事法律主体，否定说则认为人工智能的刑罚主体研究是一个伪命题。[⑥] 这种基本共识的缺乏，不仅影响了对人工智能主体的刑法价值研究，也影响了人工智能（包括弱人工智能）的司法应用，前景堪忧。

本文无意于对人工智能之刑法主体问题的肯定说或者否定说的论点作进一

① 范跃红，孙奇伟．诈骗用上人工智能，网络黑色产业链专案 82 人被捕．检察日报，2017-12-12.

② 刘宪权，胡荷佳．论人工智能时代智能机器人的刑事责任能力．法学，2018（1）．江溯．人工智能作为刑事责任主体：基于刑法哲学的证立．法制与社会发展，2021（3）．

③ 刘艳红．人工智能法学研究的反智化批判．东方法学，2019（5）．冀洋．人工智能时代的刑事责任体系不必重构．比较法研究，2019（4）．

④ 刘艳红．人工智能法学研究的反智化批判．东方法学，2019（5）．

⑤ 刘宪权．对人工智能法学研究“伪批判”的回应．法学，2020（1）．

⑥ 闻志强，梁小敏．人工智能刑事法律主体地位与归责判断//广州市法学会编．法治论坛：2021 年第 3 辑．北京：中国法制出版社，2021：120.

步的解构或评论，而是拟从技术、政策、法律角度探讨人工智能研究的共识基础，以人机关系为切入点，探讨人工智能主体涉及的刑法价值维度、价值依托、刑法范畴及其逻辑，并立足于当前和未来，寻找人工智能主体的刑法价值所在。

## 二、技术、政策与法律：人工智能主体的刑法共识维度

人工智能主体的刑法价值探讨，既非单纯的技术问题，也非单纯的法律问题，而是需要从技术、政策和法律三个不同的层面建立刑法共识的基础，欠缺任何一个层面的共识，对人工智能主体的刑法价值探讨都难以进行。

### （一）人工智能主体的技术维度

技术是人工智能的核心，也是人工智能的价值所在。从刑法的角度看，人工智能问题之所以受到刑法学者的关注，是因为人工智能的技术发展迅速，给当前刑事司法关于罪责的认定带来了一定的困扰（如自动驾驶汽车出现事故后的责任承担问题，成为当前各国共同面临的一个现实问题），学者产生了对未来人工智能发展的远虑。

由于人类智力的本质是独立思维（包括独立发现问题、分析问题和解决问题），因此评判人工智能的智能化程度也主要参考其是否具有独立发现问题、分析问题和解决问题的能力。根据技术水平和智能化程度的不同，人工智能可分为弱人工智能、强人工智能和超人工智能。其中，弱人工智能是擅长单个方面的人工智能，不具有综合发现问题、分析问题和解决问题的智能，通常只是作为人类从事社会活动的辅助；强人工智能是一种类似于人类级别智能的人工智能，具有较强的心理能力，能够进行思考、计划、解决问题、抽象思维、理解复杂理念、快速学习和从经验中学习等操作，即其是可以独立发现问题、分析问题和解决问题的人工智能，可以独立开展社会活动；超人工智能是高级形态的人工智能，在几乎所有领域都比最聪明的人类大脑还要聪明很多，具有包括科学创新、通识和社交在内的技能，它不仅能够独立地发现问题、分析问题和解决问题，还有可能

具有一定的，甚至完全的自主意识。[①]

刑法主体是一种独立的法律地位，被要求能够独立实施行为并独立承担责任。人工智能要成为刑法上的独立主体，前提是其能够独立于人类而存在，包括不依赖人类设计的程序。根据前述人工智能的分类，从技术与人工智能的主体地位上看，人工智能主体至少可分为两种情形：一是完全不具有独立主体地位的人工智能，包括弱人工智能和强人工智能。它们主要依赖人类设计的程序，不能脱离人类而独立存在，必须要有人类的因素参与，因而不可能具有独立的刑法主体地位。二是可能具有独立主体地位的人工智能，主要是指超人工智能。因强大的智能表现，其可以脱离人类而独立存在，甚至可能具有完全的自主意识，具备在法律上受到单独评价的技术基础。但这也只是一种技术可能性，超人工智能能否或者是否有必要成为刑法上的独立主体，则不是一个单纯的技术问题。在否认论者看来，人工智能只是一种计算程式，即便超人工智能也不可能具有自主意识。[②] 为了避免对未来人工智能发展可能性的不必要争论，本文对未来人工智能是否具有自主意识这种技术可能性基本持中立立场，即不排除其可能具有自主的意识。

### （二）人工智能主体的政策维度

政策是技术和法律的指导，人工智能的政策既会对人工智能的技术发展产生重要影响，也会对人工智能的法律主体地位产生重要影响。例如，人工智能的政策涉及人工智能的设计、研发、应用等多个方面，人工智能的设计、研发、应用政策会影响人工智能的设计、研发、应用的速度、范围、程度。更为重要的是，人工智能的政策会影响人工智能的技术标准制定，这些标准决定着人工智能能否

---

① 关于超人工智能是否可能具有自主意识和意志，刑法上存在肯定论与否定论的激烈争论。肯定论者认为，在人工智能时代，智能机器人有可能具有辨认能力和控制能力［刘宪权．人工智能时代我国刑罚体系重构的法理基础．法律科学（西北政法大学学报），2018（4）］；否定论者则认为，人工智能作出超出人类设定的程序、安排的计划的行为，不代表其产生了自主意志，也可以被解释为发生了机械故障［皮勇．论医疗人工智能的刑法问题．法律科学（西北政法大学学报），2021（1）］。为了避免对未来人工智能是否具有自主意识的可能性争论，本文对超人工智能的探讨是基于其可能具有自主意识这一立场．

② 叶良芳．人工智能是适格的刑事责任主体吗？．环球法律评论，2019（4）．

进入社会领域进行活动，同时决定了其是否能够独立从事社会活动。从人类中心主义的立场来看，不符合人类利益的人工智能（可能不受人类控制的人工智能）将不会被允许存在，更不可能被允许进入社会进行活动。

人工智能的政策也会直接影响人工智能的法律主体地位。这里的关键是人机的责任分配问题，即在人工智能开展社会活动造成危害后果时如何将这种责任分配到人和人工智能，包括人工智能的设计者、制造者对人工智能行为后果的责任承担程度和范围。这种责任的划分不是一个单纯的法律问题，而是要从国家发展、人工智能推广、人类社会安全等方面进行综合考量，且要有配套的制度设计。只有国家允许人工智能独立活动，且为人工智能独立承担责任提供了保障（如设立了专门的赔偿基金），人工智能才有可能具有独立的法律地位，进而人们才能探讨人工智能的独立刑法主体地位。

当前我国针对人工智能的发展提出了一些政策要求。2017 年国务院印发的《新一代人工智能发展规划》提出“立足国家发展全局，准确把握全球人工智能发展态势，找准突破口和主攻方向，全面增强科技创新基础能力，全面拓展重点领域应用深度广度，全面提升经济社会发展和国防应用智能化水平”，并提到要“开展与人工智能应用相关的民事与刑事责任确认、隐私和产权保护、信息安全利用等法律问题研究，建立追溯和问责制度，明确人工智能法律主体以及相关权利、义务和责任等”①。但对于人工智能的标准、责任等，我国尚在探索之中，没有明确的政策内容。2019 年第三届世界智能大会发布《关于“人工智能发展与法治保障”的天津共识》，自此人工智能问题在法学领域引发了进一步的激烈讨论。人工智能能否具有独立的法律主体地位，不仅取决于人工智能的技术发展和智能化程度，还取决于人工智能政策的推进。随着人工智能的智能化程度不断提高，各个国家和地区都在极力抢占人工智能的高地，如欧盟委员会于 2021 年 4 月 21 日提出了人工智能法规，旨在将欧洲打造为值得信赖的人工智能的全球中心。我国于 2017 年发布《新一代人工智能发展规划》，也是为了推动人工智能的

---

① 国务院关于印发新一代人工智能发展规划的通知．国务院公报，2017（22）．

快速发展。在此基础上，未来我国必将进一步推动人工智能相关政策的制定。

（三）人工智能主体的法律维度

人工智能的广泛应用必将引发新的社会问题，对这些新问题的治理最终都离不开法律规制。从法律的层面看，人工智能的法律问题涉及众多方面，但核心问题有两个：一是赔付，即当人工智能造成社会损害时，由谁承担对被害方（包括个人和单位）的赔偿责任。人工智能有没有独立承担赔偿责任的能力，决定了其能否在民事法律层面享有独立的主体地位。二是改正，即当人工智能会造成社会损害时，应该怎样进行行为纠正（谁承担这种纠正责任）。如人工智能不能进行行为的自我纠正，而是需要由人工智能的设计者、制造者、使用者承担起纠正责任，那么人工智能就不可能成为刑法上的独立主体。只有人工智能能对自己的不当行为进行自我纠正时，人工智能才有可能成为刑法上的独立主体。

不过，在刑法上，人工智能具有自我纠正能力不等于它就一定能成为刑法上的独立主体。这是因为：人工智能的行为纠正可能不是单一的，即既可能由超人工智能进行行为的自我纠正，也可能由人工智能的设计者、制造者、使用者、维护者通过修改程序的方式强行对人工智能进行行为纠正。在这两种行为纠正方式中，如果选择后者，则人工智能也不可能取得刑法上的独立主体地位；只有选择前者，人工智能才有可能成为刑法上的主体。相比之下，后一种行为纠正方式可能更为简单、便捷、高效，因此往往会成为立法者的首选。换言之，即便人工智能具备成为刑法上的独立主体地位的条件，赋予人工智能以刑法上的独立主体地位也可能不会是一种优先的选择，还需要考虑不同法律之间的关系。

## 三、关系与逻辑：人工智能主体的刑法价值基础

技术、政策、法律是分析人工智能能否具备法律主体资格的三个维度。在刑法理论框架内，技术、政策、法律又需要分别落实到人工智能主体涉及的人机关系、法际关系和范畴关系上，才能最终决定人工智能主体的刑法价值。

（一）人机关系："人—人工智能"的互为进退

"人—人工智能"的人机关系建立在人工智能的技术发展水平之上，其内容是一种互为进退的关系。简言之，人工智能的智能化程度越高，其对人类的依赖程度就越低，人类就越有可能减少对人工智能的操控，让人工智能独立参与社会活动；反之，人工智能的智能化程度越低，其对人类的依赖程度就越高，人类就越需要操控人工智能，越不可能让人工智能独立参与社会活动。

从长远的角度看，在人工智能高度智能化后，人类将不可避免地逐步退出"人—人工智能"的人机关系，让人工智能独立从事社会活动。这在当前的自动驾驶领域体现得较为明显。例如，2018 年 2 月《智能网联汽车产业专项规划（2020—2025）》正式发布，规定了自动驾驶的等级，包括有条件自动驾驶、高度自动驾驶和完全自动驾驶，其中，完全自动驾驶是由系统负责全部驾驶工作，车上可以没有乘客或者有乘客但乘客不需要具备驾驶能力，因为不论在何种情境下都不需要驾驶者进行操作。① 这意味着，在"完全自动驾驶"场景，人已经退出了"人—人工智能"的人机关系，由人工智能独立开展社会活动。

人工智能的智能化程度和人类退出人机关系的程度，将直接决定人工智能的法律地位。只有人类完全退出"人—人工智能"的人机关系，人工智能被允许独立开展社会活动，法律才有可能让人工智能独立承担法律责任，进而人工智能才有可能受到刑法的认可，成为刑法上的独立主体。反之，如果技术和政策都不允许人类退出"人—人工智能"的人机关系，人工智能就不可能成为刑法上的独立主体，但这不妨碍人工智能本身在刑法上具有其他方面的独立研究价值。

（二）法际关系：刑法与非刑事法律的保障关系

在国家法律体系中，刑法与其他法律之间是一种保障与被保障的关系，刑法是其他法律的后盾法和保障法，同时也是最后的法律手段。② 只有当其他法律对

---

① 周铭川. 论自动驾驶汽车交通肇事的刑事责任. 上海交通大学学报（哲学社会科学版），2019（1）.

② 高铭暄，马克昌. 刑法学. 10 版. 北京：北京大学出版社，高等教育出版社，2021：59.

社会矛盾的解决无力或者过于低效时，刑法才可能介入。

对于人工智能而言，即便人工智能智能化程度足够高且具备独立承担法律责任的条件，也面临着是由刑法还是由其他法律对其进行调整的问题，而这也将决定人工智能在刑法上的地位（包括能否取得刑法上的独立主体地位）。与其他问题不同，人工智能的核心是技术，而技术具有跨法际性，无论是对技术的保护还是对技术的制裁，刑法都不是首要的选择。在此基础上，未来刑法要不要赋予人工智能刑法主体地位，也取决于民商法等非刑事法律能否有效规范人工智能的活动。从刑民、刑行关系来看，只有当民法、行政法等非刑事法律无法有效规范人工智能的活动时，刑法才可能需要介入，才会赋予人工智能刑法主体地位。

### （三）范畴关系：刑法基本范畴的逻辑关系

现代刑法根基于行为，解决的是人的行为问题，相应的秩序是由人来构建的。单纯从这一点来看，“人”在法秩序构建中的主导性排除了其他主体，包括人工智能存在的可能性。[①] 在人的基本属性上，现代刑法以相对的理性人为假设前提，并围绕人的行为发展建立了相对自由意志、刑事责任能力、罪过、预防目的、刑罚等范畴，以及这些范畴之间的内在逻辑关系。其中，与人工智能相关的范畴及关系是：相对自由意志—刑事责任能力—罪过—预防目的—刑罚。这包含了两个内在的逻辑关系：一是犯罪行为发生逻辑，即建立在相对自由意志的哲学根基之上，行为人能在一定程度上自我决定，进而具有刑事责任能力（此处侧重犯罪能力），才能产生罪过，并在罪过作用下实施犯罪行为；二是刑事处罚逻辑，即建立在相对自由意志的哲学根基之上，行为人具有受罚能力，能够自我改变，才能运用刑罚，促使其改变，从而实现预防犯罪的刑罚目的。

上述范畴以及范畴之间的逻辑关系是现代刑法架构的基本逻辑，人工智能要成为刑法上的独立主体，至少必须满足上述范畴的要求以及范畴之间的逻辑关系要求，否则人工智能即便有成为刑法主体的可能和必要，也难以被纳入现代刑法体系内予以规范。

---

① 刘瑞瑞．人工智能时代背景下的刑事责任主体化资格问题探析．江汉论坛，2021（11）．

## 四、渐进多元：人工智能主体的刑法阶段价值

由于技术、政策和法律的不确定，未来人工智能的刑法价值必定是渐进多元的。结合人工智能主体的刑法价值基础，对人工智能主体的刑法价值可以从近期与远期、现代与未来两个不同侧面进行把握。

（一）近期价值

当前，人工智能已经取得了快速发展，但尚未在技术上取得根本性突破，人工智能仍只停留在弱人类的水平（弱人工智能），还没有出现类人类、超人类的人工智能。从自由意志的角度看，当前水平的人工智能完全不具备自由意志。据此，对人工智能主体的近期刑法价值，可从以下两个方面进行分析。

第一，人工智能完全不具有独立的刑法主体价值。这又包括：一方面，在技术层面，不具有独立发现问题、分析问题、解决问题的能力和独立意识的弱人工智能完全受制于人类，在技术上不具备独立承担法律责任的能力和条件。在“人—人工智能”的人机关系中，弱人工智能不能完全脱离人类，不能成为刑法上的独立主体。另一方面，在政策层面，虽然沙特阿拉伯开全球先例于2017年将公民权发给一位人工智能机器人索菲亚（Sophia），但目前没有国家普遍地赋予人工智能独立的政策地位，推动立法赋予人工智能独立主体地位的政策动力并不具备。人工智能目前的这种状况取决于人工智能的技术和政策，在今后数十年乃至数百年这种状况都可能不会发生根本性改变。

第二，人工智能会部分弱化人类的刑事责任。随着人工智能的技术发展，在“人—人工智能”的人机关系中人的作用将逐渐弱化，对于人工智能导致的危害后果人的刑事责任程度将逐步弱化。后者又体现在两个方面：一方面，人的责任形态的弱化。这集中表现为人类对人工智能导致危害后果发生所承担的责任将由以前的直接责任转化为间接责任。由于人工智能的存在，人与危害结果发生之间的因果链条明显被拉长，责任形态可能因此发生改变。例如，对于人工智能导致他人死亡的情形，由于人工智能因素的存在，人的罪责将可能由传统的故意杀人

罪（含间接故意杀人）、过失致人死亡罪（含业务过失致人死亡）等，转变为产品责任犯罪（如生产、销售伪劣产品罪）。另一方面，人的责任程度的弱化。这表现为对人工智能导致的危害后果，人承担刑事责任的主观基础将逐渐由直接故意转为间接故意，由故意转为过失，甚至由过失转为无罪过，主观因素的影响在弱化。例如，在汽车自动驾驶的场合，对处于自动驾驶状态的汽车导致的交通事故，驾驶人对事故发生的责任将降低，并会给交通肇事罪的主观责任认定带来困难，可能交通肇事罪更不容易成立。也正因为如此，有论者提出，在自动驾驶方面，可以将“高度自动驾驶”和“完全自动驾驶”看成“被允许的危险”，汽车使用者因为信赖自动驾驶系统而运行该系统，导致发生交通事故的，汽车使用者不承担交通肇事罪的刑事责任。①

（二）远期价值

这里的远期是指未来人工智能足够发达，人工智能能够达到类人类、超人类的智能水平的阶段。判断这一阶段出现的根本标准是人工智能能够脱离人类，完全独立从事社会活动，甚至有可能形成完全的自主意识，具有现代意义上的自由意志。从时间上看，这一阶段是否会出现、会在多长时间后出现，完全是未知的。对出现这一阶段的设想反映了人类对未来人工智能发展的美好期许，同时也反映了人类对未来人工智能发展可能不受控制的担忧。对于人工智能的这一远期价值，可以从以下两个方面进行把握。

1. 远期的现代刑法价值

这里远期的现代刑法价值是指按照现代刑法思维（包括刑法立法、司法和理论思维），未来人工智能所可能具有的刑法主体价值。换言之，未来具有完全自主意识的人工智能（假设存在该类人工智能）能否符合现代刑法上的主体要求，能否满足现代刑法主体所要求具备的范畴和范畴之间的逻辑关系，将直接决定具有自由意志的人工智能能否取得刑法上的独立主体地位。

---

① 陈洪兵. 人工智能刑事主体地位的否定及实践展开——兼评“反智化批判”与“伪批判”之争. 社会科学辑刊，2021（6）.

如前所述，现代刑法上的主体要求同时满足两套范畴的逻辑关系：一是犯罪行为发生的范畴及逻辑关系，包括刑事责任能力、相对自由意志、罪过；二是刑事处罚的范畴及逻辑关系，包括相对自由意志、预防目的、刑罚。对此，我们认为，未来的人工智能可能会满足现代刑法上犯罪行为发生的范畴及逻辑关系，但无法满足刑事处罚的范畴及逻辑关系，因而其仍然无法具有现代刑法意义上的独立主体地位。这主要体现在以下三个方面。

第一，未来的人工智能可能满足现代刑法关于犯罪行为发生的范畴及逻辑关系要求。从行为发生的角度看，现代意义上的刑法主体（犯罪主体）要求满足自由意志（相对的自由意志）、刑事责任能力和罪过三个基本范畴，并且要求这三个基本范畴之间建立起逻辑联系，基于自由意志的哲学根据，行为人具有刑事责任能力并产生罪过。其中，自由意志是哲学根据，刑事责任能力的核心（包括认识能力和控制能力）是自由意志的能力基础和反映，罪过的内容（包括认识因素和意志因素）建立在刑事责任能力之上。

如果未来人工智能不能产生自由意志（最终仍然是可被人类操控的算法），人工智能成为刑法主体的问题将不复存在，没有讨论的价值。这里要讨论的是，未来人工智能如果能够形成完全的自主意识，产生自由意志，那么它完全有可能具备现代刑法对独立主体所要求的相关范畴及范畴之间的逻辑关系。换言之，未来人工智能在具备自由意志的基础上，会形成独立的认识能力和控制能力，并会在此基础上产生独立的认识因素和意志因素，进而完全符合现代刑法意义上的自由意志、刑事责任能力、罪过等范畴及其逻辑关系的要求。以人工智能杀人为例：未来的人工智能有可能知道其实施的行为是杀人行为，也完全能够控制自己实施或者不实施杀人行为，但却基于某种动机选择了实施杀人行为。整个杀人行为从需要、动机产生、行为选择、行为支配到行为完成，完全都是该人工智能自主完成的，并没有受到人的支配（不是人的行为工具），且其对杀人的社会意义也有充分的认识。整个过程符合现代刑法对犯罪主体的要求，在这个层面上，似乎可以将评价或者赋予实施该杀人行为的人工智能评价为独立的刑法主体地位或者赋予其刑法主体地位。

第二，未来人工智能仍无法满足刑事处罚的范畴及其逻辑关系的要求。现代刑法的刑事处罚逻辑是行为人有自由意志（受罚能力的哲学根据）、受罚能力（有能力承受刑法意义上的处罚），对其适用刑事处罚符合刑法的预防目的（刑罚目的），才能给予刑法上的处罚（主要是刑罚）。未来的人工智能可能具有完全的自主意识，因而具有刑法意义上的自由意志。但它是否具备刑法意义上的受刑能力、预防目的、刑罚等范畴及其逻辑关系，仍然存在巨大疑问。特别是在特殊预防目的、刑罚（刑罚处罚必要性）的范畴，人工智能无法满足现代刑法的要求。这具体体现在以下三个方面。

一是未来人工智能只可能具备现代刑法意义上的部分受罚能力。现代刑法关于刑罚的架构是生命刑、自由刑、财产刑和资格刑。人工智能是制造物，且是可以进行程序性改造或者被消灭的。关于人工智能的生命存续、生命改造、自由行为范围、财产权利、社会资格等问题在未来都会面临巨大的不确定性。以现代人类有限的想象力，似乎难以想象未来人工智能都有这些方面的需求，也难以认定未来的人工智能会在这些方面与人类同步。在这个层面上看，无论未来人工智能如何发展，它也只可能具备现代刑法意义上的部分受罚能力，而不可能具备全部的受罚能力。

二是未来人工智能难以满足现代刑法的预防目的要求。现代刑法的预防目的包括一般预防目的和特殊预防目的，其中，一般预防目的是用刑罚威慑社会上的潜在不法分子，特殊预防是用刑罚防止已经犯罪的人再度犯罪。在理论上看，具有完全自主意识的人工智能是有可能按照人类设计的方式进行行为调整的，例如，具有实施违法犯罪行为可能性的人工智能可能因为知道法律的处罚规定或者类似行为将受到严厉处罚而不实施违法犯罪行为。但这里仍然存在两个明显的难点：一方面，具有完全自主意识的人工智能会完全按照人类设想的行为模式调整自己的行为吗？答案显然不是唯一的。换言之，具有完全自主意识的人工智能完全可能不按照人类的思维模式进行行为决策，甚至同样的人工智能会形成各种各样的思维模式和行为模式。而人类刑法设定的行为转变模式无疑是单一的，即由不守法行为转向守法行为。对具有完全自主意识的人工智能而言，这完全有可能

只是人类的一厢情愿，刑法的一般预防和特殊预防对人工智能可能丝毫不起作用。另一方面，刑法能否对人工智能实现真正的特殊预防？答案显然是否定的。特殊预防既要剥夺犯罪人的再度犯罪机会，又要通过改造犯罪人消除其再度犯罪的意愿。对于人工智能而言，剥夺其再度犯罪机会是完全可以实现的，最简单的方式就是停止其能量供给（通常是停止电力供给）；而改造犯罪人也是可以实现的，最简单的方式是修改程序。从这个角度看，刑法通过现代刑罚手段实现对人工智能的特殊预防，显然不是最有效的方式。也正因为如此，人工智能刑法主体的肯定论者也承认刑罚对人工智能不具有特殊预防功能。①

三是未来人工智能难以满足刑罚的必要性要求。如前所述，现代国家法治理念将刑法视为其他法律的保障法、最后法，只有在其他法律不奏效或者效率极低的情况下，刑法才能介入，对违法犯罪行为进行刑法上的惩处。以现在人们对人工智能的认知而言，对人工智能最有效的行为改变方式是增删数据，修改乃至删除程序，永久销毁。② 这将产生两个方面的问题：一方面，如果这些处理方式是有效的，对人工智能是否还有必要采用现代刑法意义上的处罚方式（主要是刑罚）进行处理？如果采取刑法上的处罚方式，是否会导致对人工智能问题处理的舍本逐末？另一方面，这些处理方式是否有必要上升为刑法上的处罚方式？如果要上升到刑法层面，其意义何在？显然，“删除数据、修改程序、技术销毁”等技术措施具有物理性、贯通性和不易分割性，欠缺刑罚处罚的差异性，难以进行法际区分。③ 而在现代国家刑法处理程序并不优于其他法律处理程序，甚至刑法的实质化路径导致对违法犯罪行为的认定和处罚都出现了过度主观化的倾向。这些都不适用于实施了违法犯罪行为的人工智能。

因此，即便未来人工智能高度发达且具有完全的自主意识，其也不能取得现代刑法意义上的独立主体地位。

---

① 江溯. 人工智能作为刑事责任主体：基于刑法哲学的证立. 法制与社会发展，2021（3）.

② 刘宪权. 人工智能时代的“内忧”“外患”与刑事责任. 东方法学，2018（1）.

③ 袁彬. 人工智能的刑法主体地位反思——自我意思决定、平等主义与刑法技术措施. 上海政法学院学报（法治论丛），2019（3）.

2. 远期的未来刑法价值

人工智能发展到具有完全自主意识究竟还需要多长时间？目前人们尚无法预测一个准确的时间，最少也得数十年，也许数百年甚至更长，还有可能是永远都不会出现。届时，刑法的发展水平和状况如何？我们今天也还难以预料。从这个角度看，未来刑法不排除赋予具有完全自主意识的人工智能一个独立的刑法主体地位（如果届时的人工智能具备这种完全自主意识的话）。依照现代人工智能的发展趋势，未来刑法要做到这一点，需要在以下三个方面发生改变。

第一，刑法定位的改变：由惩罚法转向保安法。现代刑法虽然也重视保安措施的刑法地位，但仍以惩罚为主，故其属于惩罚法。在此基础上，刑法要经由惩罚实现刑法的预防目的，要求行为人接受惩罚并作出行为改变，要求行为人自我改变。所以，现代刑法对精神病人等不能辨认或者控制自己行为的人不起作用，也没有将这类人群纳入刑法调整的范围。但保安法是以保护社会安全为出发点的，行为人是否作出自主的行为改变，不是保安法所关注的。只要存在威胁社会安全的行为，保安措施就可以介入。其缺憾在于，虽然刑法的社会控制机能在预防走向当中不断得到强化而可能带来社会的安全，但其代价是损害限制国家刑罚权扩张的自由保障机能，降低了刑法自身的安全性系数。① 对于人工智能而言，人工智能是否会按照人类法律设定的行为模式改变自己的行为，在目前乃至未来都是未知数。以惩罚为主的现代刑法不具有用来改造未来人工智能的基础。正如有论者所言，以刑罚规制人工智能的刑事风险缺乏适宜性，应当借鉴“科技社会防卫论”，建构保安处分机制，由司法机关在参考专业技术意见的基础上，对严重侵害人类利益的人工智能适用以技术性危险消除措施为内容的对物的保安处分，回避以刑罚规制人工智能的刑事风险必须具备可非难性的局限，进而为人工智能的发展预留必要的法律空间。② 不过，未来刑法一旦发展到以保安目的为主的保安刑法，则具有完全自主意识的人工智能是否会按照人类设想的行为模式发

① 姜涛．风险社会的刑法调控及其模式改造．中国社会科学，2019（7）．

② 刘仁文，曹波．人工智能体的刑事风险及其归责．江西社会科学，2021（8）．

生行为改变就不重要了，而只需要考虑其既往行为的危险性，并采取有效的保安措施进行防范。这意味着，刑法上的保安措施就完全可以适用于人工智能领域。

第二，刑法范式的改变：由行为范式转向人机范式。现代刑法主要立足于行为，并以此构建了刑法的基本范畴以及范畴之间的逻辑关系，相对自由意志、责任能力、罪过、刑罚预防、刑罚等都是现代刑法的重要范畴。未来，刑法要容纳人工智能，必须从根本上对现代刑法的范畴及其逻辑关系进行改造。以作为现代刑法根基的相对自由意志为例：虽然人工智能发展到最后可能具有完全的自主意识并进而有自由意志，但人工智能是一个宽泛的概念，存在着有无自主意识、自主意识强弱、自主意识思维模式的问题，且人工智能的自主意识强弱程度还可能不断变化（随着吸收的外界信息变化而发生改变）。未来刑法如仍以相对自由意志为根基，会面临将自己置于不确定性之上的险境，其大厦的根基不牢，甚至可能迟早要坍塌（如若人工智能具有完全自主意识，但与人类的自主意识完全不同）。在此基础上，未来刑法必须要创设新的刑法范畴及其逻辑关系，包括弱化“人”的概念、弱化“责任能力”、弱化“罪过”等概念，更加重视“危险性”“安全”“预防”等概念，并建立相应的范畴体系。刑法的基本范式将由行为范式转向人机范式。事实上，随着人工智能的发展在当前已经出现了行为主体与责任主体的分离，难以将法益侵害结果归责于直接造成该结果的主体，而是由其他主体承担责任。[①] 未来刑法范式的转变将会是社会的一种现实需要。

第三，法际关系的改变：由相互独立到高度融合。现代社会的法律体系被划分为不同的法律部门，各个部门法尽管相互之间也存在一定的交叉，但各自具有高度的独立性，民事法律、行政法律和刑事法律之间在基本理念、主要概念、结构框架等方面都存在重大差异。刑法的保障法、最后法地位也是建立在法际独立的基础之上的。未来，刑法可以赋予人工智能独立的主体地位，但对人工智能的处置措施主要是技术性的，且这种技术手段本身具有天然的跨法际特点（既可以存在于民事法律之中，也可以存在于行政法律之中，还可以存在于刑事法律之

① 姜涛，柏雪淳．谁之责任与何种责任：人工智能的责任模式配置慎思．河南社会科学，2019（4）．

中），这意味着刑法与其他部门法之间的界限将有可能不复存在，刑法与其他部门法之间的关系将由现在的相互独立发展到未来的高度融合。从这个角度看，未来社会要规制人工智能的违法犯罪行为，也许会制定一部专门的、跨法际的“人工智能机器人行为规制法”。

可见，远期的未来刑法价值的实现不仅需要人工智能的全面革新，实现高度智能化，具有完全的自主意识，而且需要刑法的全面转变，由惩罚法转变为保安法。唯有如此，人工智能才有可能取得独立的刑法主体地位。

## 五、人机关系的扩展：人工智能主体的当代刑法价值实现

当前我国社会正在发生急剧变革，包括人工智能在内的技术革新，对包括刑法在内的法律产生了重要影响。在刑法主体地位上，人工智能更多的是以技术促进刑法的转变。从这个角度看，在未来我们应当更多地观察人工智能对刑法的影响，而非以刑法去框定人工智能的行为范围。当前，人工智能仍属于弱人工智能的范畴，但这并不意味着刑法可以忽视其问题。从人机关系的角度看，人工智能主体的当代刑法价值仍然值得重视。

### （一）人机关系的刑法适用价值展开

人机关系是一种进退关系。在现代社会，人工智能（弱人工智能）仍然是作为人的辅助手段。在人机关系中，人是主导，机是辅助。这使得在人机共同导致危害后果发生时，人是责任承担的主体，机无法独立承担责任。不过，随着人工智能的进步，人机在相互关系中的此消彼长将更为突出，进而会影响刑事责任的判定。

从刑法适用的角度看，最重要的是人机关系中的刑事责任减免条件。社会的进步鼓励人们更多地去开发、利用先进的技术，人工智能是高端技术的代表，应该允许其被充分地运用于社会各个方面、各个领域。当前比较突出的应用领域是医疗、自动驾驶和财务管理。但人工智能的设计者、制造者、使用者与人工智能从事活动造成危害后果之间，间隔着一个人工智能主体。是应使人工智能的设计

者、制造者、使用者对人工智能从事活动造成的一切危害后果承担全部责任，还是应当设置一定的条件予以责任的阻隔？这是现代刑法应当重点关注的问题，该问题的解决也会反过来影响人工智能的进步与应用。

这涉及两个方面：一是人工智能的技术标准。这也是最为关键的方面，包括人工智能设计、制造的技术标准和人工智能使用的技术标准。前者划定的是人工智能设计者、制造者的责任边界，后者划定的是人工智能使用者的责任边界。简言之，如果人工智能的设计者、制造者的设计、制造达到了人工智能的设计、制造标准，对于人工智能从事活动造成的危害后果应当予以刑法上的免责；如果人工智能的使用者按照人工智能的使用标准使用人工智能，对于人工智能从事活动造成的危害后果也应当予以刑法上的免责。当然，如果人工智能的设计者、制造者、使用者明知人工智能存在技术缺陷仍予以设计、制造、使用，则其需要对人工智能从事活动造成的危害后果承担故意或者过失的刑事责任。目前我国对包括自动驾驶在内的一些人工智能规定了技术标准，对这些标准的刑法意义应当在司法上进一步明确和细化。二是刑事归责范围的合理限定。这建立在相应的技术标准之上。对于符合相应技术标准的人工智能的设计、制造和使用，司法者应当恪守刑法规制智能风险的理性姿态，立于弥补归责间隙的现实需求的立场，构建以判断行为人是否创设了不被容许的风险、考察行为人是否实现了不被容许的风险、明确相关行为人的责任范围为主要内容的客观归责模式①，以此对人工智能从事活动造成的危害后果，进行合理的归责。

（二）人机关系的刑法立法价值展开

人工智能的发展现状决定了现代刑法不可能赋予人工智能独立的刑法主体地位。但弱人工智能在社会生活中作为人类的辅助，应用得越来越广泛。在人机关系中，可能存在的违法犯罪类型包括四类：一是在人机关系中，人主导人工智能，利用人工智能实施了违法犯罪行为，即人利用人工智能违法犯罪（传统型人

---

① 张旭，杨丰一. 恪守与厘革之间：人工智能刑事风险及刑法应对的进路选择. 吉林大学社会科学学报，2021（5）.

工智能犯罪模式)；二是在人机关系中，人未主导人工智能，人工智能自主地实施了违法犯罪行为，即人被动、间接地通过人工智能实施违法犯罪（半传统型人工智能犯罪模式)；三是在人机关系中，人介入他人的人机关系，篡改他人的人工智能，利用他人的人工智能实施违法犯罪（现代型人工智能犯罪模式)；四是在人机关系中，人破坏了人工智能，包括破坏了他人对人工智能的合法关系（包括盗窃、破坏他人的人工智能等，此即传统型人工智能犯罪模式)。对于人机关系中可能存在的上述违法犯罪行为，我国刑法都有所涉及，但并不全面。

上述四种类型的第一、四种类型中，人工智能分别是犯罪的工具和对象，对此类违法犯罪可部分地按传统的刑法思维进行处理；第二种类型的，人工智能具有自主性，其对人的责任的影响不同于传统犯罪模式下；第三种类型（包括第四种类型的部分情形）的，行为人所可能构成的犯罪与人工智能的法律地位有关，如果人工智能具有其他法律上的相对独立的法律地位（包括人工智能取得了民事法律上独立或者半独立的主体地位，如人工智能机器人索菲亚（Sophia）在沙特阿拉伯取得了公民权后就不再是一个法律上的“物”，而是一个法律上的“人”），则不能将其理解为简单的计算机信息系统或者计算机，而应当在刑法上作专门规定，给予专门的保护。这就对刑法立法提出了新的要求。

## 六、结语

人工智能作为人类未来技术发展的典型代表，会更多地参与、影响我们的生活，甚至会影响刑法的发展。人工智能要成为刑法上的独立主体，必然要受到众多具体因素的限制，也要受到未来社会发展水平的制约。“也许设计具有人类心智的人工智能，在根本上是不可能实现的”，但这并不意味着人工智能的刑法研究不具有现实和长远的价值。基于现实的考虑，立足于当下，解决当前人工智能面临的现实刑法问题，是一种更切合实际的做法。

# 英美法系刑法中的“犯意”理论探源*

## ——兼与大陆法系刑法相关理论的比较

### 一、前言

没有邪恶的意志就不会有犯罪，刑罚应建立在恶意的基础上。无论从哲学立场，还是从宗教或道德立场，一个人如果意志上没有罪那么就不应被处罚。一项犯罪的本质是邪恶的意图，没有它犯罪就不存在。① 自从刑法上摒弃了结果责任原则，确立了以处罚对行为危险具有认识的心理状态为原则，以处罚无认识的心理状态为例外的处罚原则，对行为的心理要素的探究就未曾停止过。但面对这一套由语言拟制的概念符合系统，模糊性成为基本特征。对意志因素的探求，对“放任”“轻信”的厘分，虽然可能解决规范本身的语义模糊问题，但对于实践中的案件本体上的“模糊性问题”无济于事。② 是什么原因促使人们在处罚行

* 与孙倩博士合著，原载《中国刑事法杂志》，2017（1）。

① Joel Bishop, A Treatise on Criminal Law, 1865. Incited from Mohamed ELewa Badar, “Mens Rea-Mistake of Law & Mistake of Fact in German Criminal Law: A Survey for International Criminal Tribunals”, *International Criminal Law Review*, Vol. 5, 2005, p. 203.

② 冯亚东，叶睿. 间接故意不明时的过失推定. 法学，2013（4）.

为时触及犯意这一无法把握的心理要素?[①] 或许重新梳理犯意理论的历史更有利于我们把握犯意的本源性问题，以期对我国罪过理论的相关问题有所借鉴。

## 二、问题的缘起:“犯意”“罪过”“有责”的关联

犯意是英美法系一个重要的术语，它与我国罪过理论有着密切的联系。英美法系学者对“犯意”理论多不作概念上的界定，原因在于其太过模糊。“没有一个术语比英美刑法‘犯意’这一拉丁词汇更具有模糊性”[②]，犯意(mens rea)本身就是一个“变色龙”一样的概念。[③] 犯意问题一直是一个纠缠不清的难题。犯意术语困惑的一个源头是，自古遗留的观点认为犯意种类不具有独立性，每一种犯罪都有其自己的犯意，同一个犯意短语对不同的犯罪意义不同，因而在古代有很长一段时间漠视犯罪的主观因素，关于犯罪主观要件的定义呈现戏剧化。[④]

在论述英美法系犯意一词时，绕不过去的便是其与俄罗斯法和中国法中的“罪过”以及大陆法系中的“罪责”的联系。

### (一) 英美法系的犯意与中国法中的罪过

我国很多学者在表述大陆法系刑法学这一问题时称为“罪过”，在表述英美法系这一问题时称为“犯意”，也有学者将之译为“罪过”[⑤]，或者将“罪过”与“犯意”二词混用。如有学者称“大陆法系的罪过形式采二分法：故意和过失”，而“英美法系罪过形式取三分法或四分法，英国刑法的犯意分为三级，美国《模

---

① Demetrios Agretelis, “Mens Rea, in Plato and Aristotle”, *Issue in Criminology*, Vol. 1, No. 1, 1965, p. 20.

② George P. Fletcher, *Rethinking Criminal Law*, Oxford University Press, 1975, p. 398.

③ Francis Bowes Sayre, “The Present Signification of Mens Rea in the Criminal Law”, *Harvard Legal Essays*, pp. 399, 402 (1934).

④ Peter H. Karlen, “Mens Rea: A New Analysis”, *The University of Toledo Law Review*, Vol. 9, 1978, pp. 209-210.

⑤ 李居全. 论英国刑法学中的犯罪过失概念——兼论犯罪过失的本质. 法学评论，2007 (1).

范刑法典》的犯意分为四级”[①]。还有学者称“美国刑法中，罪过称作犯罪心态，罪过形式亦称犯罪心态模式，有蓄意、明知、轻率及疏忽”[②]。

在中国学者的论述中，实际上并没有专门区分犯意与罪过。

（二）“犯意”、“罪过”与“有责”

德国学者弗兰克针对心理责任论[③]无法解决疏忽大意的过失、紧急避险场合、行为人与行为结果的心理联系的缺陷，提出了规范责任论，认为行为人承担责任的根据在于其违反规定要求的义务实施违法行为。[④] 对此，俄罗斯学者认为，规范责任论中将罪过与刑事责任混同，并未将罪过作为承担刑事责任的一个心理要素单独进行研究，而是将责任作为一个心理要素与规范要素结合而成的复合概念专门进行研究。[⑤]

而在德国学者的论述中，有学者将犯罪构成的三阶层即行为、不法、责任中的“责任”（culpa）与英美法系中的“犯意”（mens rea）相对应。[⑥] 有学者认为德国法中的“犯意”（mens rea）有两种，即故意和过失。[⑦] 还有学者认为，在德国刑事法中同样存在犯意（mens rea）理论，并且其经历了同英格兰犯意理论基本一致的发展历程，包括故意和过失及其亚种，但法律规定中并没有提到犯意

① 陈磊．两大法系故意理论的本源性问题及其解决——以英美刑法故意理论为视角切入//赵秉志主编：刑法论丛：2012年第2卷．北京：法律出版社，2012.

② 储槐植，杨书文．复合罪过形式探析——刑法理论对现行刑法内含的新法律现象之解读．法学研究，1999（1）.

③ 心理责任论是于19世纪末20世纪初在欧洲大陆占统治地位的学说，代表人物有李斯特、贝林格。该学说认为，责任是行为人对行为及其结果的心理事实，包括对行为及行为结果的认识和认识可能性，责任能力与故意、过失一样是责任要件，只是两种不同的责任方式。

④ ［日］泷川幸辰．犯罪论序说．王泰，译//赵秉志主编．刑法论丛：第3卷．北京：法律出版社，2004.

⑤ 薛瑞麟．俄罗斯罪过理论的几个问题．求是学刊，2010（1）.

⑥ Hans-Heinrich Jescheck，“The Doctrine of Mens Rea in German Criminal Law：Its Historical Background and Present Staten”，*Comparative and International Law Journal of Southern Africa*，Vol. 8，Issue 1，1975，p. 114.

⑦ H. D. J. Bodenstein，“Phases in the Development of Criminal Mens Rea”，*The South African Law Journal*，Vol. 36，1919，p. 323.

(mens rea) 二字。[①] 而有学者认为：在德国法中，区分了广义的故意和过失，所以在德国刑事法律中很难找到犯意的概念，原因是在德国刑事法中对主观因素是单独讨论的，并没有一个统一的犯意概念。在德国刑事责任的犯意（mens rea）要件仅是广义上的故意（intent），包括行为人行为时对基本事实的意愿和明知的所有情况。[②]

有的法国刑事法学者认为：犯意有两个要素即意识（la conscience）和意志（la volonte），都需要一般意图和特殊意图。在德国、奥地利、瑞士刑事法中的犯意也有相似的两要素即意识（wissen）和意志（wollen)。依据这两个要素，按照意识程度的降低，将犯意分为直觉意图（intention in the strict sense）、直接意图（indirect intent）、有条件的意图（conditional intent）。[③]

实际上，欧洲大陆国家学者将责任（culpa）或广义的犯罪故意与英美法系中的犯意相对应。而苏俄学者又将欧洲大陆国家法中的责任与罪过相对应，因为苏俄学者继受了 19 世纪大陆法系古典刑事法理论的心理责任论，而心理责任论将行为和不法归于犯罪行为的客观要素，而将有责归于主观要素，这里的有责包括故意和过失两大要素，另外还有对行为的违法性认识。[④] 根据心理责任论，苏俄学者阐发出罪过概念来概括犯罪行为的心理要素，同时严格区分了罪过与刑事责任，也即走上了与大陆法系刑事理论完全不同的道路。[⑤]

关于中国使用“罪过”一词来概括犯罪行为的心理要素的源头，有学者认

---

① Hermann Mannheim, “Mens Rea in German and English Criminal Law”, *J. Comp. Legis. & Int'l L.*, 3d ser., Vol. 17, 1935, pp. 82-87.

② 广义的故意又包括 dolus directus, dolus indirectus, dolus eventualis。Mohamed ELewa Badar, “Mens Rea-Mistake of Law & Mistake of Fact in German Criminal Law: A Survey for International Criminal Tribunals”, *International Criminal Law Review*, Vol. 5, 2005, pp. 215, 245.

③ Mohamed ELewa Badar, “Mens Rea-Mistake of Law & Mistake of Fact in German Criminal Law: A Survey for International Criminal Tribunals”, *International Criminal Law Review*, Vol. 5, 2005, p. 206.

④ Hans-Heinrich Jescheck, “The Doctrine of Mens Rea in German Criminal Law: Its Historical Background and Present State”, *Comparative and International Law Journal of Southern Africa*, Vol. 8, Issue 1, 1975, p. 114.

⑤ 薛瑞麟. 俄罗斯罪过理论的几个问题. 求是学刊，2010 (1).

为，“根据已有资料推断，建国前旧中国刑法学者未使用‘罪过’一词”，我国最早使用该词的是彭仲文先生翻译的1950年出版的《苏联刑法总论》[①]；也有学者认为，“首次提出罪过概念的是皮昂特科夫斯基1925年出版的《刑法总则教科书》”[②]。有一点可以确定的是，我国用罪过一词来概括犯罪主观方面的故意、过失，源自苏联。[③] 苏联刑法学依据心理责任论阐发的罪过理论，实际上渊源于19世纪欧洲大陆法系的古典刑事理论。

### 三、犯意的本源：道德责任中的邪恶意图

关于犯意概念的起源，20世纪初的美国学者塞耶（Sayre）和李维特（Levitt）均有论及。李维特认为：犯意（mens rea）概念是经盎格鲁-撒克逊法律与基督教哲学相互影响和作用而产生的。圣·奥古斯丁主教可能是最早使用该词的人。但李维特并未指出犯意一词是如何进入基督教哲学之中的。很显然，犯意理念的渊源绝不是奥古斯丁。[④]

李维特的论述给我们提供了两种思考的维度，即犯意的哲学起源，以及犯意的社会政治起源。

塞耶指出：到17世纪，一项重罪构成，需要“邪恶的意图”和“行为”这一思想已经被广泛接受并写入法律当中，是道德概念塑造和指导了刑事法律的发展，因此我们应将注意力转移到道德哲学对法律责任的作用上来。[⑤] 但塞耶认为，早期法律中的犯意仅仅指一般的非道德的动机。[⑥]

---

① 姜伟. 犯罪故意与犯罪过失. 北京：群众出版社，1992：4.

② 马克昌主编. 犯罪通论. 武汉：武汉大学出版社，1991：289.

③ 李韧夫. 犯罪过错理论比较研究. 当代法学，1993（4）.

④ See Albert Levitt，“The Origin of the Doctrine of Mens Rea”，*Illinois Law Review*，Vol. 17，1952，p. 136.

⑤ Francis Bowes Sayre，“Mens Rea”，*Harvard Law Review*，p. 974（1932）.

⑥ Francis Bowes Sayre，“The Present Signification of Mens Rea in the Criminal Law”，*Harvard Legal Essays*，p. 412（1934）.

在塞耶和李维特论著的基础上，有学者专门论述了犯意的道德哲学起源，针对李维特遗留下的问题“犯意一词是如何进入基督教哲学的”，通过对17世纪英国学者霍布斯和黑尔的思想与柏拉图和亚里士多德的思想的比较分析，指出二者并无二致，虽未有直接证据证明二者有继承关系，但也不能认为二者思想如此相近是偶然的，从而推断出，在西方法律史的发展中，犯意一词的古老含义的哲学根基在于古希腊柏拉图和亚里士多德的道德哲学。而罗马帝国占领了古希腊领土的同时，也继承了古希腊的思想文化，而后随着基督教成为罗马帝国的国教，在罗马帝国灭亡后，基督教最大限度地保留了罗马文化，当然也包含其中的哲学思想。由此解答了犯意一词如何进入基督教的问题。[①]

（一）犯意的源头——古希腊的道德责任思想

1. 柏拉图和苏格拉底的灵魂治愈思想

柏拉图的论著基本未涉及刑事责任的概念，但在其早期关于正义和幸福的谈论中存在着一个逻辑上的必然结论：每个人在他们有意识的行为中都以追求他们自己的幸福为最终目的，而幸福只是正直人生的一个功能，而灵魂也有一个功能，即生活，也就是指导每个人的人生。为了使这一功能良好地运转，还必须有美德，这一特定美德被称为正义，不正义就是其缺陷，因为正义的灵魂即是正义的人，也会生活得美好，而不正义的人生则相反。每一个灵魂都需要它的美德，否则便不能很好地运转。为了确定灵魂的美德，柏拉图转向分析灵魂的本质，以其心理学为基础，柏拉图形成了对正义的定义。柏拉图认为，每个人都有特定的身体欲望或嗜好，但我们不会无节制地去追求这些欲望，这即是理智。但有时候我们的欲望会克服我们的理性因素，而屈从于个人欲望。柏拉图称之为激情因素。只有这三个因素，理智、欲望、激情，处在一个和谐的情况下，个人才会表现出平和、理性的状态，才会保持言行正义而荣耀，从而这一外在行为也会帮助个人产生和保持上述良好的意志习惯。所以，正义不是外在行为的事物，而是内

① See Demetrios Agretelis, “‘Mens Rea’ in Plato and Aristotle”, *Issue in Criminology*, Vol. 1, No. 1, 1965, p. 21.

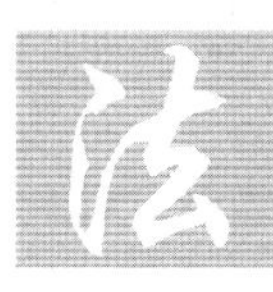



心世界的东西，是灵魂的和谐。综上，不正义的人因没有和谐的灵魂，因此也不会有幸福的人生。①

柏拉图为什么将美德的重心放在灵魂中，而不是人的行为中？对这一问题从柏拉图哲学基本原则中可以得到答案。柏拉图认为，人类世界由思想和能够感知的外部世界组成，肉体是暂时的、不真实的，一个人的真实性是其非物质的灵魂，灵魂是永恒的。

当问题转向惩罚时，为什么关注行为人的主观心理状态的问题就很明了了。因为肉体是可以消灭的，在《高尔吉亚篇》中，苏格拉底认为：死亡仅仅是灵魂和肉体的分离，肉体仅在一段时间内保持生活中的特征，而灵魂承载着一个人的一生应该是怎样的人，最终在末日审判中，每一个灵魂都会来到上帝面前，由上帝进行审判。而每个人一生所说所做的仅仅是其灵魂状态的反映，所以，应该惩罚的是其灵魂的状态。②

但对于惩罚不正义的行为，柏拉图却认为：每个人都是非自愿地作出不正义的行为的，没有自愿的不正义行为与非自愿的不正义行为之分，只有不正义的行为和行为引起的伤害之分，因为不正义是行为人的德行，而非行为的德行。不正义发生在一个人灵魂中的理智成为欲望的奴隶的情况下。所以，立法者有两层工作，一是通过在其灵魂中重建秩序，治愈一个人的不正义；二是恢复因其不正义行为造成的伤害。他必须通过法律手段弥补被害人的伤害，重建现实社会秩序，尽力转变原、被告双方的关系，将受刑者和受害人的不和谐关系转化为友好关系。立法者如何治愈不正义的人？就是通过惩罚。所以惩罚的目的是治愈失序的灵魂，重建灵魂中理智、欲望、激情之间的和谐关系，不惜采用任何方式使人们痛恨不正义而热爱正义。③

柏拉图提出施加的惩罚应根据犯罪本质的不同而不同，如杀人分为激情杀人

---

① ［古希腊］柏拉图．柏拉图文集．牛小玲，王桂林，译．长春：时代文艺出版社，2011：31-41.

② ［古希腊］柏拉图．柏拉图全集：第1卷．王晓朝，译．北京：人民出版社，2002：422-425.

③ 同①.

和预谋杀人，后者是卑劣的，反映了高度腐朽的灵魂，应受到更严厉的惩罚。如果一个灵魂已经腐朽、失序到不能治愈的程度，柏拉图认为应该终止其生命，因为不能允许这些不可救药的人去毒害污染整个国家。①

综上，柏拉图认为由腐朽灵魂引起的外在行为是非自愿的，因为其理智是被排除的，从而由欲望引发了不正义行为。这里预先假定理智能够控制欲望，前述已经明确了理智和激情的作用，人类能够用理智控制欲望、调解激情的情况下，却排除理智，从而展现了内心选择的自由。所以柏拉图得出：人的一生中有自由选择的因素，所以是我们自己而非上天对我们生活中的善与恶负责。②

这里，柏拉图将惩罚的重心放在人的精神因素上，并较早地提出了自由意志的因素。

2. 亚里士多德的人的意志状态理论

亚里士多德的道德哲学与柏拉图有惊人的相似，不同的是，亚里士多德不再以一种抽象的方式讨论这些问题，亚里士多德更进一步明确了自由意志对道德责任的重要性。亚里士多德关注，对一个人来说，善是什么。为了善，人们可以做任何他想做的，很多事物是工具性地善，比如药物的善在于健康。但并不是所有的善都是工具性的。有这样一种善，即幸福，我们选择它是为了它自身，而非其他东西。为了理解幸福的含义，亚里士多德接受了柏拉图的思想，即人类的善是与美德保持一致的灵魂的活动，如果有不止一种美德，那么与最完美的美德一致的灵魂的活动即是幸福。既然幸福是一个人灵魂状态的反映，那么我们必须确定灵魂的具体美德是什么。亚里士多德的发现与柏拉图的相似，但柏拉图认为人类美德是灵魂三种要素的平衡，而亚里士多德认为每一个要素有它自己的独特美德，美德根据其性质分为几类，一些是智力的，其他是道德的，我们只需要关心道德美德的定义。为此亚里士多德列举出三个可能的选择：感觉、能力、个性状态。最终亚里士多德认为美德就是一种个性状态，它允许人们依照其本性正常工

① ［古希腊］柏拉图．法律篇．张智仁，何勤华，译．上海：上海人民出版社，2001：295-312.

② ［古希腊］柏拉图．柏拉图文集．牛小玲，王桂林，译．长春：时代文艺出版社，2011：40-41.

作，而道德美德即人类灵魂最优秀的欲望，人类能够在激情和行为的过度与不足中获得平衡，就能将它（道德美德）运作得良好。

这里，亚里士多德将道德品德的重心放到了人的意志状态中。对于这样一个普遍理念，即一个人为正义而行为，他就是正义的人，亚里士多德作了原则性表述，并且奠定了以后几个世纪刑事责任的概念：如果一项与美德一致的行为，并没有沿着当初正义地或适度地实施这一行为时的状态而发展，那么行为人在实施这一行为时必须处于特定条件下：首先他必须明知；其次他必须选择了这些行为，且是基于这些行为的利益而作的选择；最后他必须坚定不变地实施下去。

同时，亚里士多德还区分了自愿行为与经选择的行为。自愿行为是非出于强迫或疏忽而实施的行为，行为人对于行为的特定环境有明确的认知。经选择的行为包括由以前深思熟虑所决定的行为，我们会考虑在我们能力所及范围内能达到所希望结果的行为。如医生不会考虑他是否能治疗，他考虑的是能够带来最终结果的行为。

综上，亚里士多德认为，一个人只有在明知特定的环境，且没有外部压力的情况下，经过思虑决定去做特定行为时，他才对此负道德责任。[①]

（二）古罗马的继承与发展

波洛克（Pollock）和梅特兰（Maitland）教授认为，犯意这一词汇源于公元5世纪前后的古罗马帝国基督教教父奥古斯丁。奥古斯丁主教在讨论伪证罪时使用了犯意一词：如果一个人自信他是在陈述一项虚假的事实，即使他的陈述事实上是真实的，也构成伪证罪。对此奥古斯丁认为："这是基于犯意"（ream linguam non facit nisi mens rea）这一表述对中世纪法律产生了深远的影响。但杰摩·霍尔认为：犯意格言最直接的渊源是生活于公元1世纪前后的古罗马哲学家塞内加（Lucius Annaeus Seneca），塞内加在书信里写道，"行为无罪，除非基于

① ［古希腊］亚里士多德．尼科马亥伦理学．刘国明，译．北京：光明日报出版社，2007：26-29，47-57，63-82．

邪恶的意图”（actio recta non erit，nisi recta fuerit voluntas）；而奥古斯丁所做的仅仅是重申了这一表述，并且是以错误的方式，因为他漏掉了行为（actio）一词。[①] 在塞内加的书信里，表明了行为意图的重要性，而奥古斯丁进行阐述时，直接将其表述成“犯意”。

在罗马法中并未找到“犯意”（mens rea）一词，但存在类似的词汇来表示犯意，并且已经很完备。罗马法规定了过失（culpa）和故意（dolus）来表示不同程度的过错。故意的意思包括欺骗性的（fraudulent）、故意地（willful）、蓄意策划的（intentional）毁坏；而过失的意思包括粗心大意地（negligence）或者对法律要求的行为标准失于观察。过失同样有程度上的区分，即过失（culpa）、轻微过失（culpa levis）、重大过失（culpa lata）。但这一区分并非绝对的，而是需要外部标准的，二者的意志状态都需要从外部的行为推断出来。[②]

## 四、中世纪以犯罪意图为核心的犯意概念逐渐成型

### （一）中世纪英格兰法律中的犯意：道德有罪

中世纪的世俗法律中没有对一个人引起严重伤害的道德责任持久关注，比如人们普遍认为盎格鲁-撒克逊法律对于一项恶行的实施是基于意图、疏忽还是偶然事件，并不关心。在早期的英国法中，一旦确定特定的行为、环境、结果应受处罚，法律就会惩罚所有这类行为，而不论行为人实施这些行为时处于何种精神状态，如果行为人具备犯罪意图，则处刑更重。[③] 无论结果是偶然发生或自卫发

---

① See Jerome Hall，*General Principles of Criminal Law*，Indianapolis：the Bobbs-Merrill Company，1947，p. 145.

② William Warwick Buckland，*A Text-book of Roman Law from Augustus to Justinian*，Cambridge：Cambridge University Press，2007，pp. 556－559. Adolf Berger，*Encyclopedic Dictionary of Roman Law*，Philadelphia：American Philosophical Society，1953. pp. 419，440.

③ Holmes，Oliver Wendell，*The Common Law*，Boston：Little，Brown，and Co.，1881. p. 3. 但该书中指出早期英格兰法律中私人间的暴力是限于有意图的恶行的。

生，行为人都要对结果承担刑事责任[①]，而法律令其承担刑事责任也无须证明过错。[②] 但实际上，这一论断太过简单化。

首先，古老的英格兰法律中规定了犯意。早在公元 9 世纪国王埃塞雷德（Aethelred）时代，盎格鲁-撒克逊法律已经区分了有意图的伤害与偶然事件。[③]其法律规定，应仔细区分每一种行为，判决应与罪行（offense）相适应。[④] 公元 10 世纪的丹麦王卡努特（Canute）的判决中曾指出：我们应衡量和区分老年和少年、富有和贫穷、自由和被奴役、精神健全人（hale）与不健全人（unhale），如果有人非故意地实施了某一行为，其案件性质与故意实施某一行为的性质完全不同。[⑤]

其次，从英格兰早期法律关于犯罪意图的断断续续的记录中，可以看到英格兰国家法已经开始关注犯罪意图，但这时的犯罪意图在定罪中仍然不起决定性作用，许多有恶行者被定罪是缘于因果关系而非邪恶的意图。犯意概念真正得到发展成为犯罪的本质，是在 12 世纪受罗马法和教会法的双重影响下开始的。罗马法关于行为和犯罪意志因素的规定，教会法关于道德有罪的主张、对罪孽的惩罚，直接影响了英格兰国家法犯意概念的发展。[⑥]

在爱德华一世时期，因年幼或精神失常而致的无能力成为辩护理由。到爱德华三世统治时期，强制成为特定叛国罪案件的辩护理由；并确定，动物所有者对因动物致伤者负刑事责任的前提是动物所有者明知动物的凶猛。[⑦] 随后，自我防

---

① Francis Bowes Sayre，"Mens Rea"，*Harvard Law Review*，pp. 979－980（1932）.

② Peter H. Karlen，"Mens Rea：A New Analysis"，*The University of Toledo Law Review*，Vol. 9，1978，p. 204.

③ Robertson，A. J.，Editor & Translator，*Laws of the Kings of England from Edmund to Henry Ⅰ*，Cambridge：University Press，1925，p. 107.

④ Robertson，A. J.，Editor & Translator，*Laws of the Kings of England from Edmund to Henry Ⅰ*，Cambridge：University Press，1925，p. 95.

⑤ Thorpe，Benjamin，*Ancient Laws and Institutes of England*，London：G. E. Eyre and A. Spottiswoode，1840，p. 177.

⑥ Eugene J. Chesney，"The Concept of Mens Rea in the Criminal Law"，*Am. Inst. Crim. L. & Criminology*，Vol. 29，1938—1939，p. 630.

⑦ William Searle Holdsworth，*A History of English Law*，London：Methuen，1923，pp. 372－373.

卫成为一个常规的辩护无罪的理由，虽然需要通过赦免程序。用于创造这些辩护理由的理想和语言都直接与故意行为的确认相关，但这些犯意的限制条件并不是以一个基础性原则为基础经过深思熟虑而得来的，实际上这些限制条件的产生在很大程度上都是偶然的。在公元1115年前后成书的亨利律法书里明确规定了犯意格言，即“除非有犯意，否则非法的行为也不受处罚”①（actus non facit reum nisi mens sit rea）。在13世纪时大多数重罪都包含了主观的意图，自卫杀人和灾难中杀人，虽然仍属重罪，但不再受普通重罪之死刑的惩罚。②

生活在13世纪的布莱克顿（Henry de Bracton）较早地论述了动机与意图的问题，他认为杀人罪行必须具备明知、预谋杀害的意图，基于愤怒、憎恨或出于获利的目的去杀害一个人；如果一起杀人行为并非出于任何憎恨的考虑，那么这就是一起意外的杀人行为。在纵火罪中，他阐明“恶意”这一短语的目的是区分自然起火或失火与蓄意纵火。布莱克顿关注了犯意的核心要素意图，但未直接采用犯意这一用语。布莱克顿表述下的意图仍然具备道德有罪（moral guilt）的意义。③

在布莱克顿及其以后的时代，显现出从原始责任概念到一般道德谴责的转变，这一转变是逐渐发生的。其间关于罪恶意图的新的辩护理由的出现，都包含了新的刑事责任的概念，但这一转变，并非思想上的转变，在更大程度上是关注点和方法的转变④，因为在这个时代，英格兰中央集权逐渐强大，无须再考虑以调解人的姿态平息氏族间的私人复仇，国家法将关注点放在了犯罪人的犯罪行为上而非被害人的赔偿上。

---

① 但在布莱克顿的著作里，这些罪过的限制条件有一个清晰的形成脉络，虽然尚受到系统化的对待。See Jerome Hall, *General Principles of Criminal Law*, Indianapolis: the Bobbs-Merrill Company, 1947, p. 144.

② Francis Bowes Sayre, “Mens Rea”, *Harvard Law Review*, p. 989 (1932).

③ Jerome Hall, *General Principles of Criminal Law*, Indianapolis: the Bobbs-Merrill Company, 1947, p. 146.

④ Eugene J. Chesney, “The Concept of Mens Rea in the Criminal Law”, *Am. Inst. Crim. L. & Criminology*, Vol. 29, 1938-1939, p. 632.

（二）文艺复兴时期“犯意”概念的定型

1. 科克爵士（Sir Edward Coke）时代

犯意格言即“无犯意，无犯罪”已普遍存在，科克用这一格言表达意图，以与偶然事件相区别，其意义是指意图为某一罪行，如盗窃罪中，犯意是指意图偷盗。塞耶认为科克关于犯意的阐释表明，犯意在意义上经历了一场革命性变革，即从古老的道德有罪（moral guilt）的内涵，转变为一个在既定时间实施某罪行的精确的意图。① 犯意的意义开始向法律上转变。

2. 霍布斯的良知义务违反说

生活在17世纪的霍布斯明确区分了道德责任与法律责任，实际上指出了犯意与道德上有罪的区别：法律的本质是使人们不仅行为要与法律一致，意欲也要与法律一致。法律的约束力被打破不仅是行为事实与法律相悖，其行为目的也要与法律相悖，也就是良知义务的违反。违反一项良知上的义务是如何对一个人的社会义务产生影响的？违反一项良知上的义务是罪孽，犯罪就是将一种罪孽付诸行动，犯罪是存在于法律所禁止的行为或语言中的罪孽，每一种犯罪都是罪孽，但并不是每一种罪孽都是犯罪，比如意图偷盗或杀人是一种罪孽，而只有付诸行动的才是犯罪，罪孽属于精神范畴，由上帝来审判；而法庭中的某一行为或言语的意图，则需要人类的法官去争论。②

3. 黑尔的行为意志说

与霍布斯处在同时代的英国大法官马修·黑尔（Matthew Hale）第一个系统地分析了犯意，他指出对一行为施加刑事责任取决于两大要素：明知和意志自由。他从普通人和普通条件相关的一般性概括，到非正常状态的考虑，还包括施加于正常意志上的额外压力，以及与意外事件的对比，指出没有对任何人身体的伤害意图即没有刑事责任。将道德上的恶意进行法律上的界定，即恶意

① Francis Bowes Sayre，“Mens Rea”，*Harvard Law Review*，pp. 999–1000（1932）.

② ［英］霍布斯. 利维坦. 英汉对照全译本. 刘胜军，胡婷婷，译. 北京：中国社会科学出版社，2007：469-473.

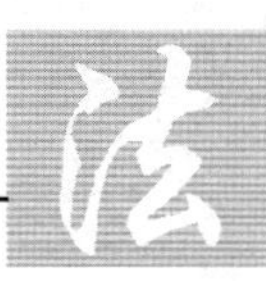

是旨在对他人造成肉体伤害的意图。同时强调了法律上犯意的重要性：在其著作中提到刑事诉讼程序中，某一行为被处以死刑，并非根据英格兰法律行为人应该受此刑罚，而是因为行为人的意愿（will）和意图（intention），及行为（act）和事件（event）使这一犯罪行为具备严重性，需要处以极刑。就比如拿走他人财物是一项重罪，还是仅仅是非法侵入这样的轻罪，取决于其意志（mind），因为意志和意图都是无法得知的，需要从案件发生时的外部环境进行判断。①

## 五、近代法定犯意概念中对道德责任的忽视

19 世纪以前的刑事法律要求被告必须被证明有邪恶的意志，包括以恶意的、恶毒的方式行为等，否则无罪。这反映了司法的一个基本原则，即只有值得谴责的而非不值得谴责的人，才应该被惩罚。在普通法上，法庭在确定何为邪恶的意志上有很大的自由裁量权。②

而后随着制定法规模的扩大，法庭在决定上述情形上的自由裁量权越来越小，其权威被限制在仅仅决定法规是否被违反上。到 20 世纪末，司法官关于有罪和可谴责性的质询仅限于表面上、更为狭窄和有限的问题，即被告人的行为是否表现出法律所规定的特定的犯意状态。③ 很明显，这一司法质询在概念上不同于一个世纪以前的质询，除非“法律规定的犯意”这一短语暗中吸收了普通法上的邪恶的意志。④

---

① Sir Matthew Hale，*Historia Placitorum Coonae*：*The History of the Pleas of the Crown*，Vol. I，*Philadelphia*：*Robert H. Small*，1847，pp. 15，38-39，451，508.

② Richard Singer，“The Resurgence of Mens Rea：I-Provocation，Emotional Disturbance，and the Model Penal Code”，*Buffalo Criminal Law Review*，Vol. 27，1986，p. 243.

③ Peter H. Karlen，“Mens Rea：A New Analysis”，*The University of Toledo Law Review*，Vol. 9，1978，pp. 191-192.

④ Jeremy M. Miller，“Mens Rea Quagmire：The Conscience or Consciousness of the Criminal Law”，*Western State University Law Review*，Vol. 29，2001—2001，p. 25.

在20世纪以来的法定犯意状态下，呈现出这样的责任状态：有的被告人满足了法定的责任要件，但未必有邪恶的意志；而有的被告虽然未满足法定的责任要件，但可能有邪恶的意志。这一转变，威胁到19世纪指导司法审判的一个基础性原则，即无辜行为应该从刑事制裁中区分出去。[①]

但实际上，关于犯意是邪恶或良知的传统犯意概念，还是明知程度或意识的法定犯意概念，英美法系国家的司法系统一直是摇摆不定的。[②]

（一）法定犯意概念的兴起及对传统犯意概念的否认

19世纪末20世纪初兴起的法典化浪潮及法律的客观主义、形式主义，要求法典如行驶的列车时刻表一样准确。这一思潮与犯意这一自古饱受争议的模糊性概念相悖，因此也进一步限缩了犯意在刑事定罪中的作用。

20世纪早期学者，如霍姆斯（Holmes）和史蒂芬（Stephen），认为把不道德视为犯罪的本质是对拉丁格言“actus non facit reum nisi mens sit rea”的误读。每一个犯罪的定义中都存在一个叫犯意或者有罪意志的东西，是不现实的，因为不同的罪行有不同的精神因素，并且将许多不同的意志状态定义为同一个名称——罪过，会出现混乱。事实是，上述犯意格言仅仅指不同的罪行都包含一个外在的可见的物质因素和一个内在的精神因素，这一精神因素根据不同犯罪的本质而变化，所以犯意这一表达本身是没有任何意义的。[③]

塞耶采纳了上述观点，认为：寻求通过任何广泛适用于所有案件的普遍原则来界定犯意是徒劳的，犯意不是一个必须被证明为所有犯罪先决条件的特定精确的意志状态，实际上犯意是一个变色龙一样的概念，在不同的环境下意义不同。没有一个适用于所有犯罪的单一精确的意志状态，所以旧的犯意概念应被抛弃，

---

① Richard Singer and Douglas Husak，“Of Innocence：The Supreme Court and Mens Rea since Herbert Packer”，*Buffalo Criminal Law Review*，Vol. 2，1998—1999，pp. 860-861.

② Jeremy M. Miller，“Mens Rea Quagmire：The Conscience or Consciousness of the Criminal Law”，*Western State University Law Review*，Vol. 29，2001—2001，p. 25.

③ Jerome Hall，*General Principles of Criminal Law*，Indianapolis：the Bobbs-Merrill Company，1947，pp. 138-139.

而代之以新的罪过概念。塞耶关于其犯意的观点为其构建的严格责任体系提供了理论支持，“严格责任成长的时代正是不用负担任何承诺的时代，也是犯意停止成为有罪先决条件的时代”①。

于20世纪60年代，关于美国最高法院就犯意是不是对某一犯罪行为施加刑罚的必备实质要件这一问题上的立场，美国法学家帕克普断言：犯意是一个重要的犯罪要件，但不是必须的犯罪构成要件符合性要素。② 自20世纪以来随着刑事法律的法典化带来的法定责任和严格责任逐渐兴起，并有扩大化的趋势，古老的犯意概念面临着被排除出刑事定罪要件的威胁。

（二）传统犯意概念的回归

美国自1930年代开始了从联邦到各州的刑事立法活动，实际上，这些法律使用的模糊语言使法律本身难以理解，很多法官认为“即使是机器一样的大脑也不能分清什么行为能够构成犯罪，以模范刑法典为代表的联邦刑事法律实际上是对古老普通法的背离，其牺牲的一个原则便是犯意格言。制定法中的犯意根本无法把握，有时候犯意是被接受的，有时候却不被接受，有时候应用得严格，有时候却不。有时候犯意要求被告证明知道自己在做什么或者知道法律的要求是什么。但经常的情况是，犯意这一主观意志状态是无关紧要的”③。随着严格责任条款的增长，犯意在刑事司法程序中保留的仅有的一点影响也荡然无存，随之而

---

① 但塞耶仍然赞同犯罪主观要素的重要性，他认为现代的犯意与早期的指代不道德的动机的犯意概念是不同的。现代的犯意概念是指实施犯罪的特定意图，虽然没有普遍的一般化的犯意概念，但有一件事情是可以明确的，即犯罪意图仍然是犯罪的主要因素。Francis Bowes Sayre，“The Present Signification of Mens Rea in the Criminal Law”，*Harvard Legal Essays*，pp. 402，404，405，417（1934）.

② Herbert L. Packer，“Mens Rea and the Supreme Court”，*Sup. Ct. Rev.*，p. 107（1962）.

③ 如针对英国1861年的盗窃法案，任何人非法地、任意地杀害、伤害或拿走任何家养的鸽子或信鸽，在这一情况下不能等同于普通法上的盗窃，但应承担罚金。但在1863年一起案例中，一个农民射杀一只在土地上喂食的鸽子，被判无罪。然而在1921年的一起相似的案件中，被告人射杀一只家养的鸽子，而其认为是野生鸽子，区法庭却依据1861年盗窃法案判其有罪。而在1929年一起案件中，被告人企图拿走他真诚地认为属于自己的信鸽，而该信鸽实际上属于原告，另外一个区法庭认为不构成犯罪。在1935年一起案件中，被告人由于被太阳照得晕眩，而射杀了一只家养的鸽子，但他真诚地认为这是一只野生的鸽子，而他自己是在行使保护自己庄稼的权利，法庭判定其有罪。W. T. S. Stallybrass，“The Eclipse of Mens Rea”，*The Law Quarterly Review*，Vol. 52，1936，p. 60.

来的是，过度犯罪化的问题。[①]

针对这一问题，学界一方面开始重新探索传统犯意概念。如有学者指出，在解释和推行联邦法律时，应遵循普通法司法的智慧和经验，恢复传统普通法上的犯意概念。因为普通法传统蕴含着慈悲的宗旨。当制定法的规定面临两难境地，理性人的行为与法律规定是否相符无法判断时，应作出有利于被告的解释。[②]

杰摩·霍尔认为应将犯意与道德责任的意义联系起来进行定义，以重新认识传统的犯意。他认为，现存文化中有两个基本的谬论：一是将道德责任限于动机，并用这一思想界定犯意，而意图这一任何行为阶段都十分重要的道德上的因素被忽略了；另一基础性谬论源于奥斯汀（Austin），他完全混淆了动机和意图。人类的普遍特点是其行为方向指向行为目标，这一行为包括追求的目标，达到目标的意图，以及追求目标的理由或根据，所以每一个行为道德上的重要性包括动机和意图，我们关心的整个行为过程的每一个阶段、每一个时刻都同时包含动机和意图，虽然动机先于目的，但动机并不是先前的推断的思想。[③]

还有学者通过道德哲学试图重构犯意概念：行为人具备自由意志，怀着邪恶的意图实施了违反法律的行为，那么他就要为这些行为负刑事责任。刑事法律上的第一个假设，即人的外部行为是其自由意志的结果。这一假设以意志和身体的二元论为先决条件。接下来的问题是，展现于外部的行为的可责性问题，以保证对行为的惩罚的正当性。行为的可责性表现为特定的精神状态引起该行为，而非行为导致的结果，因为在假定的自由意志状态下，一个人可以控制由意志而形成的精神上的原因，但不可能控制其后由外在行为造成的结果。可责性行为的核心

① Harvey Silverglate, “Remarks on Restoring the Mens Rea Requirement”, *Journal of Law, Economics & Policy*, Vol. 7, 2011, pp. 712–713.

② Harvey Silverglate, “Remarks on Restoring the Mens Rea Requirement”, *Journal of Law, Economics & Policy*, Vol. 7, 2011, p. 713.

③ Jerome Hall, *General Principles of Criminal Law*, Indianapolis: the Bobbs-Merrill Company, 1947, pp. 141–142.

在道德良知，道德良知的核心在行为人的意志状态而非其所说所为。[①] 因此，得出自由意志说，及作为其基石的身体、意志二元论假设，引起外在行为的意志状态所要承担的责任形成了刑事法律中的犯意要件。[②]

另一方面，学界也在力图使古老犯意概念在司法程序中发挥作用。如有学者指出，将犯意引入正当程序原则，犯意概念是保护无辜者不受处罚的重要原则，只有将犯意引入正当程序原则，才能使司法的程序性限制具备实际意义；将正当程序原则仅仅限制在程序上，不仅忽略了历史，还忽略了一个早已植根于英美法理论中、已被普遍接受的刑事责任概念。[③]

在实践中，面对如何理解责任要件是否应被列入制定法，以及哪些责任要件应被列入制定法，如何解释和应用一个法定的责任短语，以及在何种情况下州能够制定减少证明责任的法律，法庭仍然希望坚持采用旧的广义上的犯意概念。换句话说，保护无辜者的理念仍然在指导着法庭审判。实际上，20 世纪末美国最高法院又开始重新审视这一古老的犯意概念。[④] 另一重要表现是对重罪谋杀罪规则的限制，重罪谋杀罪规则是指，如果一个人在实施特定重罪过程中，引起另一个人的死亡，那么即使他没有实际的杀人意图，他仍然构成谋杀罪。美国模范刑法典确立了责任原则，要求犯罪行为的每一个要素都具备责任要素，责任要素要求的精神状态是有意图。这一责任原则与前述重罪谋杀罪规则不考虑责任要素相矛盾，因此司法实践中，绝大多数法院采取了折中的方法，即保留重罪谋杀罪规则，同时规定了特定的限制条件，如仅限于几种法定犯罪或者仅限于危险性犯罪。[⑤]

---

① Albert Levitt, “The Origin of the Doctrine of Mens Rea”, *Illinois Law Review*, Vol. 17, 1952, p. 117, footnote1.

② Demetrios Agretelis, “ ‘Mens Rea’ in Plato and Aristotle”, *Issue in Criminology*, Vol. 1, No. 1, 1965, p. 20.

③ C. Peter Erlinder, “Mens Rea, Due Process, and the Supreme Court: Toward a Constitutional Doctrine of Substantive Criminal Law”, *Am. J. Crim. Law*, Vol. 9, 1981, p. 171.

④ Richard Singer and Douglas Husak, “Of Innocence: The Supreme Court and Mens Rea Since Herbert Packer”, *Buffalo Criminal Law Review*, Vol. 2, 1998—1999, p. 861.

⑤ Guyora Binder, “Felony Murder and Mens Rea Default Rules: A Study in Statutory Interpretation”, *Buffalo Criminal Law Review*, Vol. 4, 2000—2001, p. 406.

英美法系犯意概念的发展始终是以一个辩护概念而出现的，其意义也伴随着各种观念和原则的变化而改变，犯意与意外、疏忽的区分，精神病、急需、强迫、错误成为辩护理由也表明，犯意的本质含义，即犯意是指故意或轻率（reckless）地实施了恶的行为，这一理念已经坚持了数个世纪。

## 六、大陆法系犯意发展的轨迹：将意图从罪责概念中剔除而实现纯粹规范责任论

中世纪的日耳曼法中并没有区分行为人的意志状态，被害方的复仇仍占主导地位。私人刑法和公共刑法并行，只要是对整个氏族有害的行为即受处罚，实行结果责任；而侵犯个人利益的行为，则由私人间自行解决。而最先在公共刑法中，开始考虑意图的因素；随后在私人刑法中，只有存在有意图的恶行才允许决斗逐渐成为习惯。但这一时期仍是结果责任占主导地位，因为即使在公共刑法中，也不是对每一项侵犯公共利益的行为都考虑意志因素，并且当行为人的行为引起了禁止的结果时，法庭会推断他是基于意图而实施的，并且不是在每一个案件中都允许被告人证明自己实施破坏和平秩序的行为都是非自愿的。只有能当面证明缺乏意图的意外事件除外：在这一类案件中，被告人必须坦白承认其行为并宣誓这是一场意外，以防止将行为人基于意图而实施的恶行被认定为无意图的。[①] 而在私人刑法中，关于无意图行为，有了过失（culpa）和意外事件的划分。[②] 但中世纪的日耳曼法的普遍特征是杂乱无章，并不存在整齐划一的日耳曼法。在私人刑法中，有时候存在减少无意图恶行之刑罚的趋势，但有时候行为人是承担完全责任的，有时候甚至不考虑犯意因素。在公共刑法中也是同样的：在有的案件中考虑了意图，而在有的案件中完全忽视过错因素；在无意图行为案件中，在有的案件中注意了过失与意外的区分，而在有的案件中完全不考虑二者的

① H. D. J. Bodenstein, "Phases in the Development of Criminal Mens Rea", *The South African Law Journal*, Vol. 36, 1919, pp. 324–325.

② H. D. J. Bodenstein, "Phases in the Development of Criminal Mens Rea", *The South African Law Journal*, Vol. 36, 1919, p. 326.

区分。[①]

但有一点可以确定的是，有意图的行为是指行为人基于自己的意愿而行为，从而引起结果的发生，并意识到结果的发生；而无意图的行为是指非自愿的行为，并且与意外相区别。最初做这些区分的是13世纪意大利的法学家。[②]

随后的几个世纪，日耳曼法关于犯意的学说被认为是静止不变的，结果责任占主导地位。但更多的历史学派学者对此持相反的态度。早期犯意理论的倡导者威尔达（Wilhelm Eduard Wilda）认为，在日耳曼法中不法意愿是所有应受惩罚恶行的基础，虽然对每一个行为首先是根据其结果和外部特征来判断的。李斯特断言雅利安部落法律的特性是，在所有恶行中，邪恶的意愿是犯罪的本质。海因里希（Heinrich Brunner）的调查也表明，日耳曼法律同其他民族的法律一样，在寻求无罪过心理即无惩罚这一格言。而实践中，日耳曼法的极端形式主义导致了对犯意问题的简单对待，在古老的日耳曼法中，是否有罪是依据典型观点而非根据个人特性来处理，其不问行为人在特定案件中是否具备有罪意志，而是制定出一般犯罪模型，只要发生某一犯罪模型所要求的典型场景，即推定有罪或证明其虚假。如根据吕贝克（LÜbeck）法律，当事人之间存在争议或行为人已从家里拿出武器，其意图即被视为已被证实。[③]

直到1532年查理五世的卡洛琳娜刑法典时代，德国刑事法律开始从旧日耳曼法中脱离，走上了与罗马法中的罪过理论融合的道路。德国法关于有罪意志(guilty mind）的理论同英国法犯意理论一样，在很大程度上是通过司法判例而非从理论上发展起来的。1871年德国刑法典中仅有关于有罪意志的简单描述，

---

① H. D. J. Bodenstein，“Phases in the Development of Criminal Mens Rea”，*The South African Law Journal*，Vol. 36，1919，p. 326.

② H. D. J. Bodenstein，“Phases in the Development of Criminal Mens Rea”，*The South African Law Journal*，Vol. 36，1919，p. 327.

③ Hermann Mannheim，“Mens Rea in German and English Criminal Law”，*J. Comp. Legis. & Int'I L.*，3d ser.，Vol. 17，1935，pp. 82-87.

它包含的既不是有罪意志的定义也不是其类似的定义。[①] 随后发展起来的刑法理论，将犯意归入罪责之中。

（一）意图在罪责中占主导地位阶段

17 世纪德国法学家萨缪尔·普芬道夫（Samuel Pufendorf）的著作已经涉及了主观归罪和客观归罪的区分，客观刑事责任仅仅是禁止的或不法的结果而引起的；而主观刑事责任与人类意志相联系，假定人具有自由意志，因此在刑事法律下潜在地有责任。

但在 18 世纪和 19 世纪早期的大陆法系普通法时期仍然未区分不法和有责。[②] 如阿道夫·默克尔（Adolf Merkel）认为，法律仅仅是道德力量（moral force），它要求市民的智慧和道德，因此法律的命令仅仅与有责任者的意愿（will）相联系。[③]

但实际上，在 19 世纪前半叶在普芬道夫主观归罪和客观归罪思想的影响下，有了不法与责任的区分。第一个发展了客观不法概念的学者是耶林（Rudolf von Ihering），他指出可责性要素在确定由不法行为或状况引起的法律后果时无法发挥作用，如对于善意持有他人财物的物主的责任。但耶林的这一思想仅限于私法领域，在刑事法领域耶林并没有否认默克尔的理论。正是在耶林这一思想的启发下，李斯特和贝林构筑了他们的刑事法体系。[④]

相对于大陆法系普通法时代学者的主观归罪和客观归罪，李斯特在其于

---

① Hermann Mannheim, "Mens Rea in German and English Criminal Law", *J. Comp. Legis. &Int'l L.*, 3d ser., Vol. 17, 1935, p. 85.

② Hans-Heinrich Jescheck, "The Doctrine of Mens Rea in German Criminal Law-Its Historical Background and Present State", *Comparative and International Law Journal of Southern Africa*, Vol. 8, Issue 1, 1975, p. 114.

③ Hans-Heinrich Jescheck, "The Doctrine of Mens Rea in German Criminal Law-Its Historical Background and Present State", *Comparative and International Law Journal of Southern Africa*, Vol. 8, Issue 1, 1975, p. 114.

④ Hans-Heinrich Jescheck, "The Doctrine of Mens Rea in German Criminal Law-Its Historical Background and Present State", *Comparative and International Law Journal of Southern Africa*, Vol. 8, Issue 1, 1975, p. 114.

1881 年出版的《德国刑法教科书》中提出了犯罪的三阶层论，即行为、不法、有责（schuldhafte），构成一项犯罪行为首先必须有行为，其次这一行为须是非法的，最后非法的行为必须是有责的。[①] 贝林在其于 1906 年出版的《构成要件理论》中同样强调了不法与有责（culpa）的区分。[②] 对于李斯特和贝林来说，区分不法与有责的标准，是纯粹的区分犯罪行为主观要素与客观要素的标准，行为和不法是客观不法，而主观不法归于有责。有责由故意和过失两大要素构成，另外还有对行为违法性的认识。德国学者并没有论述专门的罪过或犯意概念，其有责的概念表明行为精神上的可责难性，属于“法律上的主观欠缺瑕疵性”[③]。

（二）责任仅表示可能形成合法意愿的程度并开始与意图分离

但随着主观不法要素的发现和规范责任论的发展，这一学说的缺陷逐渐暴露。这时，人们意识到纯粹客观不法的概念是不存在的，如同过错不能完全由内部的思想、冲动、情感确定一样。主观不法要素说由麦兹格（Edmund Mezger）在其 1924 年的一篇论文中作了详细阐述。他认为：一方面，违法是客观的，因为法律代表生活的客观秩序，因此违法作为对这一秩序的违反也是客观的；另一方面，违法也是物质的，因为法律的内容是保护人类利益，相应地，违法的物质内容由对这些利益的侵犯组成。主观不法要素的要旨就是不法的客观的、物质的内容不能脱离行为人的主观意图而定。比如，盗窃要有永久地剥夺他人财物所有权的意图，不需要考虑主观意图的纯粹客观的盗窃概念是无意义的。人类行为不能被绝对地区分为孤立的外部行为和内心意愿，而应该

---

① ［德］李斯特. 德国刑法教科书. 徐久生，译. 北京：法律出版社，2000：167-168.

② ［德］恩施特·贝林. 构成要件理论. 王安异，译. 北京：中国人民公安大学出版社，2006：95-100.

③ 虽然贝林将有责归属于犯罪行为主观方面的因素，但他否认将责任看作“内在（主观）的构成要件”，他认为“内在构成要件”应该是“肯定责任所必需的行为人的精神状态”，所以不能将这种精神状态与责任等同。“责任没有本体概念，只是个法律意义上的概念（与价值相关的概念），并非精神上的事实。”［德］恩施特·贝林. 构成要件理论. 王安异，译. 北京：中国人民公安大学出版社，2006：95-97.

是二者相互关联的。[①]

伴随着主观不法要素的出现，又一基础性问题出现了：意图与其他犯罪要素的关系是什么？主观不法要素学说因此成为重新将意图列为不法要素这一新分析思路的先驱，并为发展纯粹的规范责任论学说奠定了基础。规范责任论的创建者是弗兰克（Reinhard Frank），弗兰克通过新的参照物——可谴责性，成功地将心理责任论的各个独立要素归集在一起，从而展示了它们之间的关系，使它们易于理解。他认为责任并不包含行为人行为的所有主观要素，责任只是错误地形成行为的意愿的这一心理过程，因而行为人应受谴责的程度取决于其可能形成合法意愿的程度。心理责任论面临的问题，在弗兰克这里得到了解答：责任在精神病案件中不存在，即使存在有意图的行为，因精神病人不能由于未形成合法意图而受谴责。同样，责任在强迫（duress）和急需（necessity）的案例中也是被排除的，即使存在刑事责任和意图，因为在紧急和不可避免的危险中期望行为人形成合法意愿是不合理的，在这种环境下形成的不法意愿也是不值得谴责的。同样，过失作为责任的一种形式，也能够得到很好的解释：根据这一学说，责任的本质不在于未预见到过失引起的后果，而在于犯罪人忽视了其注意义务或者在遵循其注意义务时没有尽到足够的注意义务。

在这一时期，德国刑事法律科学的主流理论和德意志帝国最高法院的裁决，都认为意图比明知更为重要，意图在罪责中仍占主要地位。[②]

（三）意图在罪责概念中消除并实现纯粹的规范责任论

在 1930 年代目的主义学说产生了，其建立在新的人类行为概念之上。根据其创立者威尔策尔（Hans Welzel）的理论，人类使用其意愿和想象力规范其行为的能力，组成每一个人类行为的本质，使其区别于其他事件。基于这一行为概

---

① Hans-Heinrich Jescheck, "The Doctrine of Mens Rea in German Criminal Law-Its Historical Background and Present State", *Comparative and International Law Journal of Southern Africa*, Vol. 8, Issue 1, 1975, p. 116.

② Hermann Mannheim, "Mens Rea in German and English Criminal Law", *J. Comp. Legis. & Int'l L.*, 3d ser., Vol. 17, 1935, p. 87.

念的刑法理论，将犯意（包括间接故意中的意图）从责任领域剔除，而归为不法的一个要素。因为从本质上看，意图是每一个人类行为的一部分，因此也是每一个不法行为的要素。随着最后一个心理学因素——意图在罪责概念中的消除，向纯粹规范性责任论的过渡完成了。根据这一理论，责任仅由刑事责任、对不法的明知、强迫和急需等排除责任的理由组成。在这一理论中，对不法的明知成为责任概念的核心要素，因为行为人往往在具备可谴责性的情况下形成其意愿，即明知行为不法而实施行为。①

以德国为代表的大陆法系国家的法典化进程，在其罪责理论发展中得到了充分的展现：从最初法律与道德不分，违法即违反道德，具有道德谴责性，到区分法律与道德，将罪责视为行为人行为的所有主观要素，再到责任与形成意愿的程度相关，与意图脱离关系，最终将意图这一心理学因素从罪责中剔除，将其归于不法。最终的纯粹规范责任论将罪责限于对行为不法的明知，而在不法中的意图仅关注客观的“不法”因素，而意图不再是精神领域的人类意志，从而实现了纯粹的规范化、法典化。

## 七、不同的历史背景使两大法系走向不同的犯意发展之路

无论是欧洲大陆国家还是不列颠群岛上的英国，都有一段共同的历史渊源，即古希腊、古罗马文明。

罗马帝国时期的法律已经有了关于罪过因素的细致区分，但在随后的中世纪除了犯意那句格言，其他的却又消失了。随着罗马帝国的衰落，罗马治下和平的消失，北欧和西欧的原始部落得以自由地实践它们自己的生活方式和政府形态，随后的公元5世纪到9世纪，欧洲大陆各种政体（王权政体、贵族政

① Kumaralingam Amirthalingan, “Mens Rea and Mistake of Law in Criminal Cases : A Lesson from South Africa”, *UNSW Law Journal*, Vol. 18, 1995, pp. 432–433. Hans-Heinrich Jescheck, “The Doctrine of Mens Rea in German Criminal Law-Its Historical Background and Present State”, *Comparative and International Law Journal of Southern Africa*, Vol. 8, Issue 1, 1975, pp. 117–118.

体、自由政体）并存，各个国家均动荡不安，建立、推翻、联合、分裂成为普遍现象，整个欧洲呈现出一片混乱，没有边界、没有政府。国王通过层层分封，将土地以及其他权利如捕鱼的权利、伐木的权利出让给各级贵族，以获得各级贵族的拥护和供奉，有些人还可以通过武力取得土地等权力，从而晋升为贵族。① 个人凭借纯粹的武力就可以变得强大，无法获得和拥有武力的农民不得不向一些封建领主寻求帮助，渴望生存下去的人不得不用武力对抗入侵者，而法律和秩序无人知晓，由此，封建制度在欧洲大陆和不列颠群岛逐渐发展起来。② 到公元10世纪封建制在整个欧洲占据主导地位，封建制下“一切统一的和普遍的文明都消失了”，代替它的是一个个孤立的、封闭的、互不来往的封建庄园，在每一块土地上，封建领主对自己土地上的所有物体（包括有生命物、无生命物）都拥有绝对的权力③，封建领主即是法律。“以眼还眼”习俗、绝对责任原则盛行，一个人不仅要对他自己的行为负责，还要对他的仆人、他的动物，甚至他拥有的无生命物负责。④

与此同时，罗马法却通过曾是罗马国教的天主教保留了下来，并经过主教们的发展形成了教会法。这一先进文明的形式，借助罗马帝国的威望，通过在欧洲大陆和不列颠群岛建立教廷、派驻神职人员，将影响力扩大至整个欧洲大陆。⑤ 随后在英格兰和欧洲大陆呈现不同的发展路径。

### （一）英格兰基于司法实践累积起来的犯意概念

由于英格兰地处边陲小岛，先于奥古斯丁时代的教会法对英格兰基本不起作

① ［法］基佐．欧洲文明史——自罗马帝国败落起到法国革命．程洪逵，沅芷，译．北京：商务印书馆，2005：49-84.

② Anne F. Noyes, “Early Causes and Development of the Doctrine of Mens Rea”, *Kentucky Law Journal*, Vol. 30, 1944—1945, p. 306.

③ 同①82-84.

④ Anne F. Noyes, “Early Causes and Development of the Doctrine of Mens Rea”, *Kentucky Law Journal*, Vol. 30, 1944—1945, p. 306.

⑤ Anne F. Noyes, “Early Causes and Development of the Doctrine of Mens Rea”, *Kentucky Law Journal*, Vol. 30, 1944-1945, p. 307.

用。在这一时期，“宣布非法”、家族仇杀、连带责任是主要的刑罚方式[①]，因此英格兰早期法律为寻找血腥氏族复仇制度的替代，将注意力放在对被害人的赔偿上，而非对被告人的谴责上。[②] 那个时代的法律体系旨在以它即时的、可预测的制裁措施代替习惯性的血亲复仇制度。鉴于血亲复仇的代价非常高，即使法律对行为人施加错误的严厉的制裁，如果能够以法律复仇代替血亲复仇，法律就不会再计较行为人的精神状态了。[③] 并且，关于行为人精神状态的质询是不必要的，因为早期社会的犯罪，没有意图或者明知是不会实施的，像现代社会要求轻率、疏忽或严格责任的犯罪，在那时几乎不会发生或很少发生，所以引起的社会危害也很小。[④]

在诺曼底征服之后，随着英格兰中央集权制的加强和对血腥决斗的镇压，减轻私人司法成本的考虑因素已经不存在了。在这时候，罗马法和教会法中的道德有罪、罪孽等概念开始对刑事责任产生影响。法律关注的重点渐渐从受害人的感受转移到行为人的责任上。刑事责任经历了早期普通法完全不考虑灾难、自卫以及其他辩护理由的严格责任，到后来遇到灾难、自卫等辩护理由，可以向国王请愿以得到赦免，再到后来，如果庭审中不能证明行为人的邪恶的意志状态，则被告人的刑事责任完全免除的发展历程。到 17 世纪下半叶，行为人的精神有责性成为承担刑事责任必不可少的条件。[⑤]

但这时的法律虽然注意到了意图（intent）和实际上的恶意（actual malice）以及一定程度上的明知，却没有区分轻率（recklessness）的概念，也没有将过

---

① A. E. Funk, “Mens Rea in the Early Law of Homicide”, *Kentucky Law Journal*, Vol. 33, 1944-1945, p. 313.

② Francis Bowes Sayre, “Mens Rea”, *Harvard Law Review*, pp. 976-977 (1932); J. W. C Turner, “The Mental Element in Crimes at Common Law”, *The Cambridge Law Journal*, Vol. 6 (1), 1936, p. 34.

③ James Fitzjames Stephen, *General View of the Criminal Law of England*, London, Cambridge: Macmillan and Co., 1863, p. 99.

④ Francis Bowes Sayre, “Mens Rea”, *Harvard Law Review*, pp. 981, 988-989 (1932).

⑤ Francis Bowes Sayre, “Mens Rea”, *Harvard Law Review*, pp. 981-989 (1932).

失（negligence）认定为一个单独的概念。[1]

直到工业革命时代，犯意的下一级概念才开始在法律中发挥重要作用。以前普通法上不会处罚对犯罪结果持过失（negligence）罪过的行为，因为过失发生的频率和造成危害的可能性都太低，尚未成为一个值得刑罚制裁的社会问题。而到工业革命之后，随着商业、交通工具、通信系统的发展，城市人口的爆炸式增长，由过失及其他罪过状态引起的伤害越来越多。到 19 世纪中叶，刑事法律从侵权法中借用了新形成的过失（negligence）一词，并迅速扩展到普通法上的重罪；同时曾因过错概念的出现而隐去的严格责任也开始针对特定犯罪结果而适用。[2]

### （二）欧洲大陆国家基于罪刑法定的纯粹规范性犯意概念

中世纪的欧洲大陆国家实行的是与英格兰完全不同的封建制，英格兰实施逐层分封，每一级的领主都宣誓向英王效忠；而欧洲大陆国家的封建制是“国王的附庸的附庸不再是国王的附庸”[3]。在整个中世纪，甚至直到 18 世纪末，一直都是战乱频仍，国王权力式微，封建领主可以在自己的领地上为所欲为。虽然公元 5 世纪到 10 世纪的法兰克王国完成了西欧象征意义上的统一，但法兰克境内各公国是自由的、骚乱的、好战的。国王宣称掌管臣民的生死，保护臣民的财产和荣誉，而实际上国王基本上没有权威，他们不制定法律，不去履行对臣民的保护义务，不能惩罚犯罪的人。国王所做的仅是怯懦地讨好各地领主，赋予各地领主执法的权力，以获得他们的支持。[4] 在法兰克君主制度崩溃之后，欧洲各国的民族精神复兴，又开始了一股复古运动，“导致法律向分裂的民族、邦和地区法方向发展”[5]。

---

① Francis Bowes Sayre，“Mens Rea”，*Harvard Law Review*，pp. 981–989 (1932).

② Francis Bowes Sayre，“Mens Rea”，*Harvard Law Review*，pp. 981–989 (1932).

③ 程汉大．英国法制史．济南：齐鲁书社，2001：49.

④ Louis-Phillippe Segur，“History of the Principal of the Reign of Frederic William Ⅱ. King of Prussiaa Political Picture of Europe from 1786 to 1797”，reproduction by Permission of Buffalo & Erie County Public Library Buffalo，N. Y.，p. 56.

⑤ ［德］李斯特．德国刑法教科书．徐久生，译．北京：法律出版社，2000：39.

德国直到19世纪仍是公国林立，据学者考证，在1684年至1806年间，神圣罗马帝国统治区域共有1 800多个区域领主，而在这些区域领土内又存在着诸侯、教会、独立市镇等大大小小的统治者，在17、18世纪国家主权理论盛行之时，它们均取得了“类似主权者”的地位。① 在1806年神圣罗马帝国灭亡后，这些大大小小的统治者都具有了完全主权②，当然也具有绝对的司法权。

1315年法王路易十世明确承认“封建领主在各类案件中享有绝对的刑事管辖权”，这使侵犯国王利益的“不可赎之罪”也脱离了国王的管辖。③

在南欧，在中世纪中晚期王室斗争在意大利就没有停止过，直到19世纪整个意大利境内仍是诸侯割据：北意大利分裂为若干城市共和国，中部是教皇国，南部是一个个封建领主国。④ 在每个封建领主国内，封建领主都拥有至高无上的司法权。⑤

13世纪晚期的法国著作《王室法令集》很好地诠释了封建领主的司法权：“在采邑界限内，只有领主的禁令（ban）有效，其余一律无效。”“国王不可以在男爵领域内颁布任何禁令，男爵也不可以在封臣的领域内发布禁令。”⑥ 16世纪的法国虽然建立了中央集权制国家，但延续中世纪的遗风，王室司法权可以转让和世袭，王室财政署卖官鬻爵，王室法官仅热衷于扩大王室司法权的管辖范围以从中渔利，所以在中世纪晚期的法国国家意义上的王室法院以世袭制和贪赃枉法闻名。⑦ 这就是贝卡利亚所说的“多人专制比一人专制更有害”⑧。

---

① 陈惠馨. 1751年德国《巴伐利亚刑法典》——德国当代刑法的起源. 比较法研究，2012（1）.

② ［德］费尔巴哈. 德国刑法教科书：第14版. 北京：中国方正出版社，2010：161-162.

③ ［英］爱德华·甄克斯. 中世纪的法律与政治. 屈文生，任海涛，译. 北京：中国政法大学出版社，2010：77-97.

④ 戴东雄. 中世纪意大利法学与德国的继受罗马法. 北京：中国政法大学出版社，2003：123.［比］R.C. 范·卡内冈. 法官、立法者与法学教授——欧洲法律史篇. 张敏敏，译. 北京：北京大学出版社，2006：98-99.

⑤ 同③92-93.

⑥ 同③77-97.

⑦ 同③97.

⑧ ［意］贝卡里亚. 论犯罪与刑罚：四十七章版. 黄风，译. 北京：中国方正出版社，2004：10.

在整个欧洲大陆，没有统一适用于各个国家的国家法，占据主导地位的是封建法、地方法、市镇法、王室法，以及教会领主的教会法。①

正是在这一社会背景下，欧洲大陆面临的首要问题是法律的统一，罪刑法定原则在欧洲大陆产生是有其深刻的社会历史背景的。在欧洲大陆国家规范性成为最主要的特色，法定的罪责概念完全剔除了宗教、伦理的因素，它不仅有着社会现实的考虑，还有深刻的历史背景。

## 八、结语

正是犯意或者说罪过的发展，才使得侵权与犯罪有了区分，才开启了刑法的文明时代。② 刑事法律开始于犯意或者说道德有罪的因素，这是刑事责任的基础性思想。③ 虽然现在的犯意理论或罪过理论被定义为包括各种罪过形式，与其最初的宗教和伦理上提倡的邪恶的意图的意义越来越远。无论是英美法系的法定犯意概念，还是大陆法系的纯粹规范责任论，都有着共同的社会背景，即工业革命以后的城市化运动，犯罪率飙升，使得保护社会和公共利益成为刑事司法的目标。④ 但在司法实践中，英美法系学者已经注意到法定犯意概念的缺陷，并尝试回归传统犯意概念。出现这一现象并不是偶然的，因为纯粹的规范并不能完全让人信服，由于人类语言的局限性和客观行为的千变万化，很多时候会出现法律与伦理相悖的问题，单纯依赖规范与逻辑思维是无法予以解决的。

无论我们愿不愿意承认，任何一种法学理论的产生都是基于一定的社会背景

---

① ［英］爱德华·甄克斯．中世纪的法律与政治．屈文生，任海涛，译．北京：中国政法大学出版社，2010：33．

② 19世纪的刑法学者将罪过作为刑法学的晴雨表，是“刑法学文明程度的最好标志”。庞冬梅．俄罗斯刑法中的罪过论．北方法学，2010（3）．

③ Eugene J. Chesney，“The Concept of Mens Rea in the Criminal Law”，*Am. Inst. Crim. L. & Criminology*，Vol. 29，1938—1939，pp. 644-645.

④ Eugene J. Chesney，“The Concept of Mens Rea in the Criminal Law”，*Am. Inst. Crim. L. & Criminology*，Vol. 29，1938—1939，pp. 644-645.

的。我国既没有经历过欧洲大陆那样持续千余年的分裂、割据、战乱，也不同于当今德国的联邦制，况且防止司法擅断、保障人权，也不是仅仅靠一部法典、一个原则即能解决得了的。实际上，中国自古以来完备的监督监察制度也在发挥着重要的作用。所以，在刑法立法及司法关于罪过的问题上，如果我们一味朝着纯粹规范学说发展，会不会走得太远了？也许这个问题值得我们反思。

# 案例是实践中的法律和法理*

## 一、我国最高人民法院发展中的案例指导制度

案例"是总结审判经验、诠释法律精神的重要载体"①。尽管我国的法律体系通常被归入以成文法典为表现形式的大陆法系的范畴，至少更类似这一法系，但是，不可否认的事实是，我国司法机关在刑事审判中其实一直很重视具有指导作用的案例。如果此前存在过类似的生效的法律判决，法官在作出判决的时候，底气就足得多。可以说，重视甚至遵循具有指导作用的案例，已经跨越法系的藩篱，成为当代世界各国或地区法律界的共识。

为了加强对地方法院，特别是基层法院刑事审判工作的指导，我国最高人民法院在发布大量司法解释的同时，还不断探索和实践具有中国特色的案例指导

* 原载《法律适用·司法案例》，2017（10）。

① 陈兴良，张军，胡云腾．人民法院刑事指导案例裁判要旨通纂．北京：北京大学出版社，2013：序一：1.

制度。“自人民司法制度建立以来，人民法院就一直重视案例指导，通过编发典型案例的方式指导审判工作。”这种指导方式曾存在以下表现形式：

（1）最高人民法院分类汇编案例，以内部文件的形式印发各地法院执行；

（2）最高人民法院以文件形式印发《刑事犯罪案例选编》，指导当时的“严打”斗争；

（3）最高人民法院在《最高人民法院公报》上公开向社会发布案例，供各级人民法院学习、参照；

（4）最高人民法院中国应用法学研究所编辑系列的《人民法院案例选》，国家法官学院、中国人民大学法学院联合编辑《中国审判案例要览》，最高人民法院各刑事审判庭编辑《刑事审判参考》等连续出版物，刊发大量典型案例，供人民法院参考；

（5）《人民法院报》开设“案例指导”专栏，《人民司法》杂志社编辑《人民司法·案例》杂志，刊登典型疑难案例，供各级人民法院参考；

（6）最高人民法院发布指导性案例，指导各级人民法院开展刑事审判工作；

（7）最高人民法院成立司法案例研究院，并新增《法律适用·司法案例》杂志，刊登古今中外新型、典型、疑难司法案例，供人民法院参考。

从法律效力的角度看，以上述指导方式发布的案例中，第一类和第六类具有法律约束力，各级人民法院必须按照案例所体现的裁判原则审判案件；其他各类案例的判决结果和判决理由则仅具有参考价值。不过，在司法实务中，第二类和第三类案例也具有很强的指导作用，各级人民法院通常会遵照有关案例确立的原则开展审判工作。

可以预见，随着案例指导工作的制度化、规范化，以及最高人民法院发布的指导性案例的不断增加，我国的案例指导制度将逐步健全和完善，其对刑事司法审判工作的指导作用也会逐渐增强。

## 二、我国刑事判决书在析法说理方面的问题

经过多年的探索和实践，我国刑事审判质量有了很大程度的提高，但离现代法治社会的要求还有一定的差距，法院作出的刑事裁判的权威性还有一定的提升空间。

法院是否具有权威性和公信力，主要是由其作出的裁判是否具有权威性和公信力决定的。就刑事审判而言，导致法院缺乏权威性和公信力的主要原因有两个：其一，法院作出的部分刑事裁判结果缺乏公正性及合法性，因而缺乏权威性和公信力。其二，案例的主要载体即人民法院作出的裁判文书的说理性不够。限于篇幅，本文重点关注刑事判决书说理性不够的问题。

尽管最高人民法院已经下了很大力气来提升法院判决析法说理的水平，但是，不少判决书中还是没有详尽的说理部分，尤其缺少对案件中明显、重要的争议问题的阐述。提升我国刑事审判质量面临的一个严峻问题是，许多法官至今依然不知道如何在刑事判决书中根据证据能够证明的案件事实析法说理。法官不知道如何在刑事判决书中析法说理的具体表现是：

(1) 对控辩双方争议的焦点把握不准。在一些判决书中，辩护人所发表的辩护意见的关键理由被忽略，定案的关键事实被忽视，留下的是经过取舍的无关痛痒的辩护理由，以致看不到控辩双方争议的焦点。例如，就相同案件而言，如果法官认为犯罪人的行为构成甲罪名，可能就会按照甲罪名的构成要件描述事实，这种被描述的事实也许不是全面、客观的，而阅读判决书的人一般也看不出其中存在的问题。

(2) 对案件证据运用不当。在一些判决书中，用以证明案件事实的证据被罗列和堆砌在一起，看不出哪些证据是用来证明法官所认定的哪项案件事实的。众所周知，定案是以事实为根据的，事实是需要证据来证明的，在判决书中找不到认定某一案件事实的证据，必然会影响到法院判决的公信力。

(3) 对争议问题的法理阐述不够透彻。在刑事诉讼中，控辩双方的争论焦


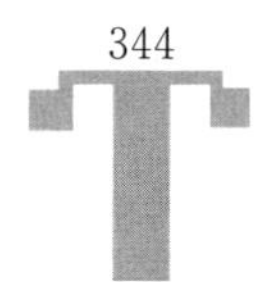

点，往往也是定案的难点。因此，对争论焦点问题的明确回答和对为何如此处理的充分阐释，决定着判决是否做到了以理服人，是否经得起检验。恰恰在这一关键问题上，一些判决书做得不够好，对控辩双方争论的焦点、定案的难点等关键问题，往往论述过于简单，缺乏逻辑严谨、理论深入的阐述。例如，某法院在对一起贩卖毒品的共同犯罪案件进行裁判时，对事关生死的两名犯罪人在共同犯罪中的地位和作用问题进行阐述时，仅仅用了不到一百字，简单指出两名被告人在共同犯罪中的作用和地位相当，不宜区分主从，然后对两名被告人均判处死刑。而实际上，其中一名被告人只是居间介绍贩毒，从其在犯罪中所起作用和所处地位来看，显然不宜被判处死刑。此类欠缺透彻说理的死刑判决，很难让人相信其判决结果是公正的，从而有损法院的权威性和公信力。

我们需要时刻铭记英国著名哲学家培根在《论司法》中的这一警句：一次不公正的判断比多次不平的举动为祸尤烈，因为这些不平的举动不过弄脏了水流，而不公正的判断则把水源败坏了。近年来影响极大的杜培武案、佘祥林案、赵作海案、“张氏叔侄”案等冤错案件就是例证。这些冤错案件对中国刑事司法，乃至整个司法系统的权威性和公信力造成了长期、深度的损害，需要我们付出百倍的努力来慢慢弥补。以赵作海冤案为例：从侦查阶段的刑讯逼供、超期羁押，到检察阶段的证据不足而审查起诉，再到司法判决的疑罪从轻，反映出了案件处理全过程中司法理念的错位、程序正义的缺失、法律保障的空乏、责任追究的无奈等诸多问题。

当前，部分审判人员对法理掌握不扎实，难以结合案情对作出的裁判结果展开充分的说理，因而很难作出具有开创性的裁判。这是可以理解的。在成文法国家，法官本来就在一定程度上被视为贯彻执行法律的机器，法官的自由裁量权始终受到高度警惕和严格限制。这样的法律文化背景再加上自信心不足，法官往往不愿发挥太多的主观能动性，避免作出具有一定风险，甚至风险很大的开创性的裁判。

## 三、我国刑法案例之法理研究的价值及现状

基于我国刑事司法的上述现状，刑法理论界对典型案例进行深度研究，对判决结果和判决理由展开有理有据的剖析，就显得尤为重要和十分紧迫。要知道，法律的活力和价值都必须通过其在实践中的运用才能得到体现。法律如果不在实践中被适用，在适用中被解释，在解释中获得生命，就会成为一堆僵死的文字，甚至成为法制被践踏的证据。针对已经发生的刑事案件就如何适用法律作出符合法理与情理的判断，针对已经作出的刑事裁判适用法律是否妥当进行反思和拷问，是赋予刑事法律以生命，实现刑事法律之价值，建立现代法治社会的必由之路。刑法学是一门应用法学，若不以现实生活中发生的具体案件作为研究对象，容易陷入抽象的空谈，不但于刑事司法实践无益，而且有害于刑法学本身的发展。“只学习理论与概念，不再从事于实例之检讨与分析，无法学以致用，更难以期待洞悉理论者将其所学用以解决实际之问题。”①

因为如此，作为关注刑事司法实践的刑法学者，我很早就开始关注刑法案例研究，并主编和出版了系统而有一定规模的相关研究成果，即9卷本的《中国刑法案例与学理研究》（法律出版社，2001），该套书自出版后获得好评，于2004年修订、整合成6卷再版，2006年10月，该套书获司法部第二届全国法学教材与科研成果优秀作品二等奖。此后，我又主编或者与他人合著了《中国疑难刑事名案法理研究》（迄今已出版6卷）、《中国刑法典型案例研究》（5卷）、《刑法教学案例》、《刑法总论案例分析》、《死刑个案实证研究》、《刑事大案要案中的法理智慧》等多部刑法案例研究著作。在我看来，刑法案例之法理研究类著作具有多方面的独特价值：

其一，可以帮助司法机关发现已经生效的刑事判决存在哪些不足之处，有利于防止今后出现类似的问题。尽管已经生效的刑事判决多数经得起法律和历史的

① 蔡墩铭．刑法例题演习．台北，2001：初版自序．

检验，但不可否认的是，有部分刑事判决并不完美。其中，有的判决结果不够公正，有的判决理由不足，有的甚至结论完全错误。通过案例研究的方式对这些存在问题的刑事判决进行深度剖析，指出其不足或者错误所在，反思发生问题的原因，对于促进司法机关今后正确处理类似案件显然具有重要的现实意义。

其二，可以为司法机关在刑事判决书中如何析法说理提供参考，提高说服力。刑法案例法理研究成果通常会对法院作出的判决结论、裁判理由展开进一步的分析研究，会结合案情对相关的法理问题展开有针对性的探讨。其在法理阐释的深度、析法说理的透彻度方面通常会强于裁判文书，这就为司法机关今后审理类似案件时充分阐明判决理由提供了有益的参考，有助于提高判决的说服力。

其三，可以为我国案例指导制度的健康发展提供理论指导。目前，我国案例指导制度尚处于起步阶段，所发布的指导性案例数量很少，对司法实务的指导作用有限。但是，随着案例指导制度的逐步完善，指导性案例的不断增加，其指导司法实务的价值必将不断提升。在此过程中，难免会涉及一些理论和实务中有争议的重要问题、疑难问题。高质量的刑法案例学理研究能够为将来发布这类指导性案例进行充分的理论准备，从而大大增强了指导性案例裁判结果的合法性和合理性，保证所发布案例的质量。

其四，可以推动刑法理论研究的深化。正如我一直强调的，刑法理论研究必须密切关注和回应刑事立法、司法实践中的疑难问题。刑法案例之学理研究就是这一追求最典型、最直接的表现。刑法个案涉及的问题具体并且独特，同时又可能是某一类案件中具有代表性的，因此，妥善解决一个问题，就意味着妥善解决了一类问题，就将这一领域的刑法学研究水平提升到了一个新的高度。随着刑法学领域的重大理论问题的研究逐渐成熟，能够推动刑法学研究进一步向纵深发展的，也许就是这种个案研究式的研究方法。

稍感遗憾的是，尽管刑法案例法理研究具有上述诸多独特价值，目前其价值未能充分展现出来。究其原因，主要是这种形式的研究成果较难发表在核心期刊上，对于担负沉重科研压力的学者吸引力不大，以致质量好、对实务部门借鉴价值高的研究成果较少。大量的这类研究成果因为析法说理不够充分，结合案情和

案件中的疑难问题展开的研究不够，对实务部门的参考价值不大，最后湮没无闻。还有一些人则依然以为，仅凭生活常识和经验就能在刑事审判中作出符合公平正义的裁判，甚至认为学了刑法以后反而不会断案了。殊不知，没有理论的实践是盲目的实践，而没有理论指导的刑法实践不但盲目，而且危险。刑罚已经成为一把公认的双刃之剑，“用之得当，个人与社会两受其益；用之不当，个人与社会两受其害”。所以，刑法理论的武器是任何刑事司法经验都不能代替的。如果不能对生效的既往判决进行理性的反思，不用刑法理论的武器来检验刑事审判实践的合法性、合理性，提升刑事审判质量的目标恐怕难以实现。因此，我们仍然亟须加强对刑法案例的法理研究，加强对生效刑事判决的理性反思，不断在刑法理论、刑法规范与刑事法律事实之间进行分析、比较、鉴别，在这种分析、比较、鉴别中发现法官断案的精彩或者不足之处，或者发现刑法理论的缺陷以及刑法规范的漏洞并加以弥补，同时找到最佳的处理刑事法律事实的方案，以推动刑事法治的进步和刑事司法实践水平的提升。

# 第三编　正当防卫理论与实务专题

# 正当防卫制度的理解与适用*

## ——我国正当防卫典型案例研究

### 一、前言

正当防卫是指为了使国家、公共利益、本人或者他人的人身、财产和其他权利免受正在进行的不法侵害，而对不法侵害者实施的制止其不法侵害且未明显超过必要限度的行为。正当防卫是排除犯罪性的典型事由之一。作为法律赋予公民同违法犯罪行为作斗争的一项重要权利，正当防卫对于遏制犯罪、维护社会治安秩序和培养良好社会道德风尚起了重大作用。在司法实践中，正当防卫案件属于争议较多的案件类型，从2006年的邓玉娇故意伤害案到2012年的“90后”少女捅死性侵大叔案，再到备受社会关注的于欢故意伤害案、于海明正当防卫案等，围绕行为人的行为是否具有正当防卫的性质、正当防卫与防卫过当的界限如何把

* 本文系最高人民法院2017年特别委托课题的研究成果。该课题由赵秉志主持，彭新林副教授协助主持，其他参加者为孙道萃博士、商浩文博士、徐文文博士、孙倩博士，以及博士研究生张拓、卓一丹。本文原载赵秉志主编的《刑事法判解研究》第39辑（人民法院出版社，2020），刊载时有删节；全文又收入魏东主编的《刑法解释》2020年卷（法律出版社，2020）。

握、属于一般防卫还是特殊防卫等问题，都产生了较大的争议。在处理涉正当防卫的案件时，有些司法机关对正当防卫的标准掌握过严，一味苛求行为人，将本来应当认定为正当防卫的案件作为防卫过当，甚至一般犯罪处理，错误地追究了行为人的刑事责任；而对于本来应当作为防卫过当或者一般犯罪处理的案件，司法机关因未正确把握正当防卫的成立条件而将其错误认定为正当防卫，未依法追究行为人的刑事责任，放纵了犯罪。凡此种种，实际上是混淆了罪与非罪、罪轻与罪重的界限，不仅给实践中正当防卫制度的司法适用带来了困惑和难题，而且在较大程度上影响了公民采取正当防卫措施制止不法侵害的行为，甚至出现了面对不法侵害时由于害怕掌握不好界限而不敢防卫的情况。正因如此，从类案比较研究的角度，对涉正当防卫案件的司法适用中争议较大、界限掌握模糊的正当防卫的性质、防卫的前提、防卫过当、特殊防卫等重点问题进行专题研究，就具有重要的理论价值和突出的现实意义。

本文从近年来我国人民法院已审结的涉正当防卫典型案例入手，分析和挖掘这些典型案例背后的法律精神、法律原理、法律规则和裁判理念、裁判方法、裁判规则，对与典型案例所确立的裁判要旨相关联的理论和实践问题进行系统梳理和深入探讨，尤其是呈现涉正当防卫典型案件在正当防卫的性质认定、防卫前提的把握、防卫过当的判断、特殊防卫的适用等方面的现状及规律，并从理论与实践相结合的角度进行比较研究，以期能够较为全面地归纳、提炼、阐释涉正当防卫典型案件之裁判规则的精髓，推动对正当防卫制度的正确理解、认定和适用，对司法机关在涉正当防卫案件中认定事实和适用法律起到启发、引导和参考作用。

## 二、关于防卫性质的认定问题

尽管公民享有正当防卫权，但并不意味着公民可以任意实施防卫行为。只有合法的防卫行为，才属于正当防卫，防为人才能依法不负刑事责任。其中，防卫意图、防卫对象和防卫时间的认定是判决行为人的行为是否具有防卫性质的关键因素，也是司法实践中认定的难点所在。

（一）关于防卫意图的认定

从辩证唯物主义看，人的思想与行为是辩证的统一体，人的行为受人的意志的左右。因此，防卫意图是非常重要的防卫条件，这一点早已成为理论界与实务界的共识。①

防卫意图是防卫认识因素与意志因素的统一。防卫认识是防卫意图的首要前提因素，是形成防卫目的和具备防卫意图的认识前提，具体是指对不法侵害的存在、不法侵害正在进行、不法侵害人、不法侵害的紧迫性、防卫的可行性以及其可能的损害结果等有相应的认识。防卫的意志因素或者说防卫的目的，是指在具备防卫认识的前提下，通过防卫措施，制止不法侵害，来保护合法利益的意图与主观愿望。防卫目的是防卫意图的核心，决定防卫的正当性。但是，也有观点认为，如果坚持严格的防卫意思必要说，则可能过于严苛，会不当缩小正当防卫的存在空间，也与实践中的一些特殊个案不太吻合，如同时具有防卫目的且具有伤害或报复的心态，或者纯粹出于惊慌、恐惧等陷入了无意识状态以及基于本能的反应等，并不必然存在防卫目的。② 从这点看，防卫认识是绝对的必要条件，但在一些特殊情形中，可以对防卫目的作较为宽松的认定。

在实践中，应根据实际情况，结合正当防卫制度的精神，特别是关联正当防卫的前提因素，遵循主客观相统一原则，进行综合的分析和具体的判断。只有明确防卫意图因素，才能从根本上确定防卫措施的正当性与出罪性。

1. 关于防卫认识的把握

防卫认识是防卫意图的首要因素，是形成防卫目的的认识前提，具体是指对不法侵害的存在、不法侵害正在进行、具体的不法侵害人、不法侵害的非法性与紧迫性以及其危险程度等、采取防卫措施的可行性以及其可能的损害结果等有相

① 高铭暄主编．新编中国刑法学：上册．北京：中国人民大学出版社，1998：281．王作富主编．刑法．北京：中国人民大学出版社，1999：105．马克昌主编．犯罪通论．武汉：武汉大学出版社，1999：746．

② 黎宏．刑法总论问题思考．北京：中国人民大学出版社，2007：325．

应的认识。[①] 防卫认识可以是明确、具体的认识，也可以是概括性的认识。

如在杨坤属案中，四川省泸县人民法院认为，缺乏证据证明，被告人不具有非法剥夺他人生命的主观故意，在无灯光的条件下，为教训王某而故意实施损害他人身体健康的伤害行为且致人死亡，不存在防卫意图，构成故意伤害罪。泸州市中级人民法院认为，上诉人杨坤属在人身遭受严重不法侵害时，所采取的防止不法侵害的行为，符合正当防卫的条件，不构成犯罪，不应负刑事责任。[②]

从该案的一审判决看，在不法侵害人王某不慎摔倒时，防卫人完全可以采取迅速逃跑的方式离开现场，继而呼救，而她却抱起狗槽向王某砸去，超出了正当防卫的范围。但这种看法是不正确的：首先，正当防卫是法律赋予公民的一项权利，旨在支持和鼓励公民勇于同违法犯罪行为作斗争。法律没有规定只有在不能躲避不法侵害的情况下才能实施正当防卫。其次，王某欲行强奸时，杨坤属已脱下裙子准备洗澡，赤身裸体，女人的贞操与尊严（面子）也使她不便于逃跑。更何况杨坤属与王某的住所在山上，周围并无邻居，杨也很难向他人呼救。最后，在认定防卫意图时，不以防卫的“不得已性”为必要前提，易言之，当不法侵害发生且尚未结束时，只要在一般人看来，可以采取防卫措施的，则无须继续等待不法侵害的进一步加剧，也无须在防卫人处于紧张的状态下考虑是否可以选择其他更稳妥或对不法侵害人的伤害更小的行为，而是可以直接实施防卫措施，因为正当防卫是公民的一项权利。

基于此，在认定是否存在防卫认识的问题上，应结合具体案件，根据不法侵害人及其侵害行为，以防卫人所处的主客观环境为基础，进行具体的判断，而不应一概要求具有准确的“认识因素”，原则上应作出对防卫人相对更有利的判断，从而实现鼓励公民进行正当防卫的制度设立之基本初衷。

2. 关于防卫目的的把握

防卫目的是防卫意图的核心内容。所谓防卫目的，是指通过采取防卫措施制

---

① 王政勋. 正当行为论. 北京：法律出版社，2000：162.

② 四川省泸州市中级人民法院 2001 年刑事裁定书。

止不法侵害，以保护合法利益的意图和主观愿望。

从刑法的基本原理看，防卫人在形成防卫目的时，一般应当具备相应的刑事责任能力，既具备相应的辨认能力，也具备相应的控制能力。易言之，在面对正在进行的不法侵害时，防卫人在具有防卫认识的前提下，通过自我意志的控制，实施与当时情况相符合的防卫措施，有效地遏制不法侵害，并最终保护合法权益。

不过，从实践中的情况看，限制刑事责任能力人主观上也可以形成防卫目的。如在轰动一时的邓玉娇案中，经司法精神病医学鉴定，邓玉娇为心境障碍（双相），属部分（限定）刑事责任能力。在此基础上，法院认为，邓玉娇在遭受邓某、黄某无理纠缠、拉扯推搡、言行侮辱等不法侵害的情况下，实施的反击行为具有防卫性质，但明显超过了必要限度，属于防卫过当，因而认定被告人邓玉娇故意伤害他人身体，致人死亡，构成故意伤害罪。鉴于邓玉娇是部分刑事责任能力人，并具有防卫过当和自首等法定从轻、减轻或者免除处罚情节，法院故判决被告人邓玉娇犯故意伤害罪，免予刑事处罚。①

因而在防卫人形成的防卫意图是否真实有效的问题上，一般应要求防卫人具有完全的刑事责任能力，但也不应完全排除限制刑事责任能力的情形。

3. 关于见义勇为行为是否存在防卫意图的认定

见义勇为是中华民族的传统美德，也是社会主义核心价值体系的重要组成部分。国家对公民在法定职责和义务之外，为保护国家利益、公共利益和他人的人身、财产安全挺身而出的见义勇为行为，依法予以保护。② 在实践中，对见义勇为行为按照正当防卫来处理已是基本共识，而且此举也有助于宣扬良好的社会风尚，增进社会和谐。

比如，在最高人民法院作为典型案件关注的孙明亮案中，甘肃省平凉市中级人民法院认定，孙明亮在打架斗殴中，持刀伤害他人致死，后果严重，犯故意伤

① 湖北省巴东县人民法院（2009）巴刑初字第 82 号刑事判决书。

② 《关于加强见义勇为人员权益保护意见的通知》（国办发）〔2012〕39 号。


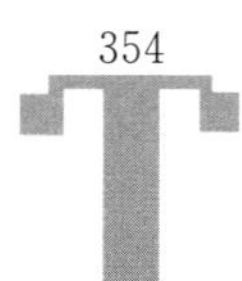

害罪，遂判处孙明亮有期徒刑15年。甘肃省高级人民法院经审判委员会讨论认为：孙明亮及其友蒋某路遇郭某等人在公共场所对少女实施流氓行为时，予以制止，虽与郭某等人发生争执，蒋某动手打了郭某一拳，但并非流氓分子之间的打架斗殴，而是公民积极同违法犯罪行为作斗争的正义行为，应予以肯定和支持。郭某等人不听规劝，反而纠结多人拦截孙明亮和蒋某进行报复，其中蒋某手持砖块与同伙一起助威，郭某主动进攻，对蒋某实施不法侵害。蒋某挨打后，与孙明亮退到垃圾堆上，郭某仍继续扑打。孙明亮在自己和蒋某已无后退之路的情况下，为了免遭正在进行的不法侵害，持刀进行还击，其行为属正当防卫，是合法的。但是，由于郭某是徒手实施不法侵害，蒋某手持砖头与同伙一起助威，孙明亮在这种情况下，持刀将郭某刺伤致死，其正当防卫行为超过必要的限度，造成不应有的危害后果，属于防卫过当，构成故意伤害罪。遂改判有期徒刑2年。最高人民法院审判委员会在总结审判经验时认为，对于公民自觉地与违法犯罪行为作斗争，应当予以支持和保护。人民法院在审判工作中，要注意把公民在遭受不法侵害而进行正当防卫时的防卫过当行为，与犯罪分子主动实施的犯罪行为区别开来，做到既惩罚犯罪又支持正义行为。①

因此，对于见义勇为的，一般应当认定具有防卫意图。而且，在防卫限度认定方面，应作出相对宽泛的理解，避免打击见义勇为的热情。

4. 关于为保护非法利益是否存在防卫意图的认定

从防卫目的看，防卫是为了制止不法侵害，并以此来保护合法权益。如若是为了保护非法利益或违法利益而进行还击，则缺乏正当防卫意图，不是正当防卫。② 在实践中，如果所保护的利益存在明显的纠纷、权属不明或有争议，保护的是违法利益或非法利益的，或者保护的利益违反国家政策等的，则一般认为缺乏正当的防卫意图。

比如，在吕正规案中，一审法院认为：自诉人暨附带民事诉讼原告人吕正

① 最高人民法院公报，1985 (2).

② 田宏杰. 刑法中的正当化行为. 北京：中国检察出版社，2004：239.

规，因山林纠纷竟持猎枪向被告人吕某强、附带民事诉讼被告人刘某华、吕某华开枪，其行为属违法犯罪行为。被告人吕某强和吕某国、附带民事诉讼被告人刘某华、吕某华在吕正规对准吕某强开枪行凶时上前制止，限制其人身自由，缴夺其枪支，属于正当防卫。并且，被告人吕某强等人的防卫没有超过必要的限度。湖北省宜昌市中级人民法院经二审审理后认为：上诉人吕正规因山林纠纷持猎枪向原审被告人吕某强、原审附带民事诉讼被告人刘某华、吕某华开枪，其行为属违法行为。原审被告人吕某强、吕某国和原审附带民事诉讼被告人刘某华、吕某华在吕正规对准吕某强开枪时上前制止，限制其人身自由，缴夺其枪支，属于正当防卫。① 由此可见，为保护事实上不存在或明显有争议的“合法利益”而实施的防卫，因缺乏防卫意图的正当性，不能成立正当防卫，行为人应当承担相应的刑事责任。

又如，在甘肃省庆阳市中级人民法院（2013）庆中刑终字第 76 号刑事裁定书中，二审法院认为：上诉人李某违反当地政府关于全面实行封山禁牧的规定，在禁牧区放羊，故其明知或应当知道自己所实施的行为是违反国家相关规定与政策的。被害人魏某是负有管理职责的工作人员，上前劝阻并要求李某停止实施违法违规行为，魏某的行为不属于不法侵害。李某拒绝履行并实施对抗、阻拦等行为，不具有正当防卫的目的。② 通过本案，可以看到，如果所意图保护的利益已经违反法律规定或国家政策，其实就是“不合法”的。负有管理职责的工作人员上前劝阻并要求停止实施违法违规行为的，并不是刑法中的“不法侵害”行为，因为没有“合法利益”受损。所谓的“防卫人”明知或应当知道自己所实施的行为违反了国家相关规定与政策，却拒绝履行并实施对抗、阻拦等行为的，不具有正当防卫的目的，也就不可能成立正当防卫。

再如，在苏永国案中，二审法院认为上诉人苏永国与梁某某因赌博纠纷发生

① 北大法宝，“法宝引证码”CLI. C. 23392。

② 甘肃省合水县人民法院（2013）合刑初字第 16 号刑事附带民事判决书，甘肃省庆阳市人民法院（2013）庆中刑终字第 76 号刑事裁定书。

口角并对打，双方在互相斗殴中，各自具有殴击、伤害对方的故意，都以侵害对方为目的，都实施了积极的侵害行为，根本不具备刑法规定的正当防卫的前提条件和合法目的，作为斗殴一方的苏永国不能就此主张正当防卫的权利，因此，本案不存在防卫过当的问题；对于非法损害梁某某、陈某某身体健康的行为，苏永国主观上是明知并积极追求的直接故意而非过失，因此，苏永国的行为构成故意伤害而非过失致人死亡。梁某某在赌博过程中遭苏永国掷牌后斥骂，继而动手殴打苏永国，虽对双方纠纷的升级与矛盾的激化负有相当责任，但其行为系由苏永国的掷牌行为所引发，且其对苏永国实施的攻击手段并未严重危及苏的人身安全，而苏永国持刀行刺致其死亡的严重后果则远远超过正常合理的反应范围，可见，梁某某对本案的发生不存在重大过错。综上，苏永国的上诉理由及其辩护人的辩护意见不成立，不予采纳。上诉人苏永国因日常生活矛盾而故意持刀损害他人身体健康，致一人死亡，一人轻微伤，其行为已构成故意伤害罪，判处有期徒刑 15 年，判决维持原判。[①] 由此可知，为赌债等非法利益之争，采用言语挑衅的方式，主动挑衅对方并希望其上门寻架，导致矛盾升级，招致对方多人上门打斗，并积极准备与之互殴的行为，不属于正当防卫，应以聚众斗殴罪处罚。

基于这些案件，应当明确的是，正当防卫之所以“正当”，是因为正当防卫保护了合法利益或正当利益。因而如果根本不存在刑法认可的合法利益，则属于缺乏防卫意图，也就不能成立正当防卫。

5. 关于互殴中防卫意图的具体认定

在实践中，互殴行为表现往往十分复杂，要根据案件的具体情况，包括案件发生的时间、地点、环境，双方力量对比、是否持有器械，不法侵害和防卫手段、强度等因素，全面、综合地考察分析，才能准确判断其是否存在正当防卫的行为。一般而言，互殴行为都缺乏正当防卫意图，因而不被认为是正当防卫行为。但是，互相斗殴在有些情况中会发生转变，也可能存在正当防卫的条件。比

---

① 广东省广州市中级人民法院（2008）穗中法刑一初字第 327 号刑事附带民事判决书，广东省高级人民法院（2009）粤高法刑二终字第 11 号刑事裁定书。

如，一方主动退让，不愿再殴斗，而另一方却紧追不停，继续行凶。这时主动退让的一方可以进行正当防卫。此外，也包括互殴一方突然加大侵害强度，打破了互殴状态原有的平衡，致使一方突然处在明显的弱势，该方基于自保或自救等原因，往往具备防卫意图。

互殴与正当防卫的区分①，是涉正当防卫案件司法实践中面对的难点之一。鉴于存在多种复杂情形，应当根据不同的互殴情形，具体判断是否存在防卫意图。

（1）一般的聚众斗殴，无论单方挑起还是双方约定，一般都缺乏防卫意图。比如，在牟武案中，检察机关认为被告人有时间离开现场而没有离开现场，事前事后有机会报警而没有报警，主观上有侵害对方的故意，是逞凶斗狠、打架斗殴，其行为均已构成故意伤害罪。检察机关以牟武、牟某、牟某国、何某海、李某宗、李某明之行为均构成故意伤害罪提起公诉。广西壮族自治区玉林市中级人民法院经审理查明后认为，被告人牟武故意非法损害他人身体健康致人死亡的行为，已触犯刑律，构成故意伤害罪，遂判处有期徒刑5年。②

（2）事先加害或积极加害是典型互殴，缺乏防卫意图。互殴即双方都有侵害对方的非法意图和非法损害对方利益的行为及相应结果，尽管存在侵害时间的先后、侵害结果的程度差异，但根本上不存在正当防卫的意图，而是怀着故意的侵害意图。因而，互殴与防卫之间存在着对立关系，互殴可以否定防卫，而防卫则需要排除互殴。一般而言，互殴的双方主观上都有加害对方的事先故意，都是不法侵害，不存在侵害者与防卫者之分。基于事先产生的斗殴故意而实施的反击行为，不具有正当防卫的目的，无论动手斗殴在先还是在后，都不能认定为正当防卫。③ 如在河南省高级人民法院（2016）豫刑终字第401号刑事附带民事判决书中，法院认为，双方事先聚众约架，意味着事前已经具有充分的预谋并作出相应的准

---

① 陈兴良．互殴与防卫的界限．法学，2015（6）．

② 广西壮族自治区玉林市中级人民法院（2010）玉中刑一初字第27号刑事判决书。

③ 陈兴良，张军，胡云腾主编．人民法院刑事指导案例裁判要旨通纂．北京：北京大学出版社，2013：33．

备，双方都具有明确的伤害意图，在多人共同互殴过程中，因双方均不存在正当防卫的认识和目的，缺乏正当防卫的意图，是聚众斗殴行为，不是正当防卫。①

(3) 斗殴中的即时反击的行为，可以形成防卫意图。在由一定事由偶然引发的双方互相对打或回击中，先动手的一方一般属于侵害方，后动手的一方属于防卫方，而不必然是互殴行为。后动手一方为了制止正在进行的不法侵害，实施了即时的反击行为，因不存在事先斗殴意图，仍可以形成防卫意图，可以认定其行为具有防卫性。如在广西壮族自治区桂平市人民法院（2013）浔刑初字第43号刑事判决书中，法院认为：在事先约好的互殴过程中，双方一般对互殴方式、所持械具、斗殴强度等有相对一致的认知，当一方突然加大打击强度，严重危及对方的生命或重大健康；或者一方已经停止斗殴并求饶或者逃跑，而对方仍紧追不舍，继续实行侵害。此时，互殴的性质已经转化为单方面的不法侵害，被侵害人可以进行正当防卫。② 但是，如果后动手一方的反击行为是在具有事先斗殴意图的情况下作出的，则是典型的互殴行为，缺乏真正有效的防卫意图，其行为的防卫性可以被否定。

(4) 在预期侵害中，一般不存在防卫意图，但事先准备工具的互殴也并不必然排除防卫意图。因双方事先已经发生一定的摩擦，在预期的侵害的场合，对可能出现的不法侵害有明确的认识，如果还有积极准备工具、言语挑衅、伺机等待等行为的，实质上具有积极的加害意思，可以否定行为的防卫意图与防卫性。如在江苏省苏州市中级人民法院（2012）苏中刑终字第0091号刑事裁定书中，法院认为，为赌债等非法利益之争，采用言语挑衅的方式，主动挑衅对方并希望其上门寻架，导致矛盾升级，招致对方多人上门打斗，挑衅一方明知对方上门滋事，仍积极准备工具并等候与之互殴，因具有故意侵害的不法意图和事先准备工

① 河南省周口市中级人民法院（2015）周少刑初字第00025号刑事附带民事判决书，河南省高级人民法院（2016）豫刑终字第401号刑事附带民事判决书。

② 广西壮族自治区桂平市人民法院（2013）浔刑初字第43号刑事判决书。

作，缺乏正当防卫的目的，不属于正当防卫，应以聚众斗殴罪处罚。[①] 不过，在互殴情形中，往往存在事先准备工具等行为，但也并不必然推定为具有斗殴的侵害故意，在受到他人侵害的情况下利用事先准备的工具实施反击行为，可以认定行为具有防卫性。

基于此，关于防卫与互殴之间的界限，基本上可以得出以下结论性认识：(1）对于双方事前都明知是互殴的，不存在防卫意图。(2）一方基于斗殴意图的反击行为，不能被认定为防卫。(3）对不法侵害即时进行的反击行为，不能被认定为互殴，防卫意图可以存在。(4）具有积极的加害意思的反击行为，应当被认定为互殴。(5）预先准备工具的反击行为，不能绝对否定该方行为的防卫性。

6. 其他三种不具有防卫意图情形的认定

一般认为，防卫挑拨与偶然防卫缺乏防卫意图，假想防卫也因缺乏防卫前提而丧失防卫意图的正当性，实践中一般都不认为是正当防卫。

(1）假想防卫。在胡小华案中，2005 年 9 月 25 日 18 时许，胡小华在其住处，与前来讨要工钱的王某辉等人发生争执并斗殴。王某辉等人见有警察来便往门外跑。胡小华从厨房拿了一把菜刀追出门外 100 多米，朝王某辉身上连砍几刀，致王某辉轻伤。法院认为：胡小华无视国家法律，与向其讨要工钱的工人殴斗，本就是非法行为。然后又持刀追砍已离开现场的王某辉，致人轻伤，是故意伤害，构成故意伤害罪。[②] 在本案中，不法侵害人与他人发生殴打行为，理亏在先，也是违法治安管理行为；而且，在警察到达现场之际，冲突相应地停止，讨要工钱的人见情势也迅速离开现场。然而，不法侵害人仍穷追不舍，继续实施殴打行为，是典型的事后防卫。据此，可以形成以下裁判思维：在本无防卫前提的情况下，实质上缺乏正当防卫的意图，特别是当警方到达现场时，不法侵害人应

---

① 江苏省常熟市人民法院（2011）熟刑初字第 0785 号刑事判决书，江苏省苏州市中级人民法院（2012）苏中刑终字第 0091 号刑事裁定书。

② 广东省河源市源城区人民法院（2006）源法刑初字第 39 号刑事判决书，广东省河源市中级人民法院（2006）河刑终字第 25 号刑事裁定书，广东省河源市源城区人民法院（2007）源刑再字第 1 号刑事判决书，广东省河源市中级人民法院（2008）河中法刑二终字第 14 号刑事裁定书。

当停止不法侵害，继续实施的属于加重情形，完全不存在实施正当防卫的时间条件。

（2）防卫挑唆或防卫挑拨。防卫挑唆或防卫挑拨是指为了加害他人，故意挑逗对方先向自己进行侵害，然后以正当防卫为借口损害对方，因缺乏防卫目的，不能认定为正当防卫。① 其行为的逻辑结构为：挑拨行为、攻击行为以及所谓的防卫行为。对于挑唆者，不构成正当防卫；对于被挑唆者或实施反击者，也不必然是合法的防卫行为。②

（3）偶然防卫。偶然防卫是指行为人客观上针对正在进行的不法侵害实施了防卫行为，但主观上没有防卫意识。尽管针对不法侵害的行为具有防卫属性，却是在犯罪故意支配下实施的，根本不具备正当防卫意图，因而，难以认定是正当防卫。③ 不过，真实的偶然防卫案件非常少，讨论偶然防卫并不具有明显的现实意义。不过，杨长寿案中，其辩护人杨某提出的辩护意见之一是本案不符合聚众斗殴罪的构成要件，不应认定构成聚众斗殴罪。其中，聚众斗殴罪的客观方面为纠集众人结伙斗殴的行为，而本案中的被告人是股东和员工，起诉指控的第一、二、四次打人事件均是对方事先实施不法侵害，员工方出于偶然防卫实施了反击行为。④ 在实践中，偶然防卫可以分为紧急救助型的偶然防卫与自己防卫型的偶然防卫。⑤

（二）关于防卫对象的认定

正当防卫的对象或者正当防卫的客体，是指正当防卫应当针对什么人实施反击。由于不法侵害是通过人的身体外部动作进行的，所以制止不法侵害就是要制止不法侵害人的行为能力，必须对其人身采取强制性、暴力性的防卫手段。⑥ 一

---

① 全国人大常委会法制工作委员会刑法室编．中华人民共和国刑法条文说明、立法理由及相关规定．北京：北京大学出版社，2009：20.

② 彭卫东．正当防卫论．武汉：武汉大学出版社，2001：135-138.

③ 田宏杰．刑法中的正当化行为．北京：中国检察出版社，2004：239.

④ 云南省剑川县人民法院（2015）剑刑初字第01号刑事附带民事判决书。

⑤ 张明楷．论偶然防卫．清华法学，2012（1）.

⑥ 陈兴良．正当防卫：指导性案例以及研析．东方法学，2012（2）.

般而言，正当防卫的对象只能是不法侵害人，但在一定情况下也包括不法侵害人的财产（财物）。

1. 关于对共同不法侵害人可否实施正当防卫的认定

一般来说，正当防卫的对象必须是具体实施不法侵害行为的本人，原则上不能对不特定的多数人实施防卫。如果属于多数人实施不法侵害的情形，可以根据实际情况确定具体的不法侵害人，特殊情况下也可以对共同的危险者实施防卫。其中，虽然双方多人发生打斗，但并不具有互殴性质。只要一方存在正在进行的不法侵害，另一方对非直接加害人亦可实施正当防卫。

比如，在广西壮族自治区玉林市中级人民法院（2010）玉中刑一初字第27号刑事判决书中，法院指出，在共同实施不法侵害中，所有不法侵害者是一个整体，难以区分先后、轻重，防卫对象不能局限于直接实施不法侵害者，其他共同实施不法侵害的行为人，尤其是共同实行人，都可以作为防卫的具体对象；面对多人形成的整体的不法侵害状态时，要求只能针对实施不法侵害个体实行防卫，是不符合实际的。① 又如，在江苏省苏州市工业园区人民法院［2005］园刑初字第057号刑事判决书中，法院认为，不法侵害人（陌生人）无故实施性骚扰行为，受害人的附近工友听闻见状上前询问，与原不法侵害人同行的第三人随即无故上前实施殴打，原实施性骚扰的不法侵害人也加入其中实施殴打，因原不法侵害人与第三人先后实施的不法侵害具有共同性、叠加性与加重性，可以对任一不法侵害人进行正当防卫，对原不法侵害人之外的第三人实施的防卫措施，是正当防卫。② 这两个案例充分说明在认定具体的不法侵害人时，不能单一地坚持数量标准，更应结合不法侵害的具体情况进行判断。对共同不法侵害人，可以基于不法侵害的实际情况，择机实施防卫措施。

这在广受关注的"于欢故意伤害案"中也有体现，二审法院认为，于欢是在人身安全面临现实威胁的情况下才持刀捅刺，且其捅刺的对象都是在其警告后仍

---

① 广西壮族自治区玉林市中级人民法院（2010）玉中刑一初字第27号刑事判决书。

② 江苏省苏州市工业园区人民法院［2005］园刑初字第057号刑事判决书。

向前围逼的人。[①] 从中可见，对于多人共同实施不法侵害的，由于具有共同的不法侵害故意，不法侵害行为是一个不可分割的整体，因而，防卫对象是指具体的个人或多个人。

2. 关于发生防卫对象错误可否实施正当防卫的认定

防卫对象错误，是指行为人在对不法侵害实行正当防卫的过程中，由于主观上认识错误或客观上的行为误差，而对没有实施不法侵害的第三人造成损害的情况。实践中一般认为，防卫对象出现错误的，不属于正当防卫。比如，在山东省菏泽市中级人民法院（2016）鲁17刑终第59号刑事裁定书中，法院认为，在相互追逐、拦截与殴打的过程中，有第三方的介入并试图阻止或拦截其中一方不法侵害人，被阻止一方为了摆脱而作出了推搡举动，第三方因年纪偏大而摔倒，另一方以为发生殴打行为，因对具体不法侵害人的认识错误而继续实施不法侵害的，因防卫目的与防卫对象有误，故而不认为是正当防卫。[②]

3. 对无（限制）刑事责任能力人可否实施正当防卫的认定

理论上一般认为，对无刑事责任能力或限制刑事责任能力的人，如未达到刑事责任年龄的人及精神病人，如果实施不法侵害的，原则上都可以对其实施正当防卫，但在防卫时间与防卫限度方面应当作出更高的要求：在迫不得已的情形下，才可以采取伤害更小的防卫措施，进行防卫。比如，在范尚秀故意伤害案中，被告人范尚秀与被害人范某雨系同胞兄弟。范某雨患精神病近10年，因不能辨认和控制自己的行为，经常无故殴打他人。2003年9月5日上午8时许，范某雨先追打其侄女范某辉，又手持木棒、砖头在公路上追撵其兄范尚秀。范尚秀在跑了几圈之后，因无力跑动，便停了下来，转身抓住范某雨的头发将其按倒在地，并夺下木棒朝持砖欲起身的范某雨的头部打了两棒，致范某雨当即倒在地上。后范尚秀把木棒、砖头捡回家。约一个小时后，范尚秀见范某雨未回家，即

① 山东省高级人民法院（2017）鲁刑终第151号刑事附带民事判决书。

② 山东省东明县人民法院（2015）东刑二初字第91号刑事判决书，山东省菏泽市中级人民法院（2016）鲁17刑终第59号刑事裁定书。

到打架现场用板车将范某雨拉到范某雨的住处。范某雨于上午11时许死亡。下午3时许，范尚秀向村治保主任唐某富投案。湖北省襄樊市中级人民法院经审理认为，被告人范尚秀为了使自己的人身权利免受正在进行的不法侵害，而持械伤害他人身体，造成他人死亡的后果，其防卫行为属明显超过必要限度造成他人损害，其行为已构成故意伤害罪。[①] 又如，在何国良案中，2003年，何国良的次子何某突然发疯，将邻居5岁小男孩砍死。事后，经当地政府及县公安局协调，对何某进行了强行医治。2006年，何某旧病复发，挥刀砍向妻儿兄弟。情急之下，何国良举起铁锤砸向了何某并致其死亡。经派出所及刑警大队民警前往调查取证，认定何国良系正当防卫，不负法律责任。[②]

4. 关于防卫对象认定的其他问题

关于防卫第三人和针对动物的防卫问题，实践中的真实案件很少，但理论上已经有较为完整的讨论，并形成了一定的共识。

（1）关于防卫第三人的问题。关于针对第三人的防卫问题，理论上的争议比较大，对不同情形的处理结果也不同。比如，有论者进行了总结，对防卫第三人的问题，应区别对待：一是故意针对第三人进行所谓防卫的，按照故意犯罪处理。二是误以为第三人是不法侵害者而进行所谓防卫的，按照假想防卫处理。三是不得已利用第三人物品抵抗他人不法侵害的，一般按照紧急避险处理。四是不法侵害人利用第三人及其物品实施不法侵害的，防卫人对第三人及其物品实施正当防卫的，不应承担伤害或损害的责任。五是防卫时非故意地侵害第三人的，应单独进行评价，属于不得已的情形则按照紧急避险处理。[③]

（2）关于对动物的侵袭是否可以防卫的问题。一般认为，对于动物的侵袭，是否可以采取正当防卫，不能一概而论。受到他人豢养的或者野生的动物侵袭

---

① 范尚秀故意伤害案——对精神病人实施侵害行为的反击能否成立正当防卫（第353号）. 刑事审判参考：第4辑. 北京：法律出版社，2005.

② 吴海涵. 正当防卫对象条件研究——从对无责任能力者能否进行正当防卫的视角. 中共郑州市委党校学报，2013（1）.

③ 李怀胜. 正当行为制度适用. 北京：中国人民公安大学出版社，2012：59.

的，无疑可以进行反击。但自然状态下的动物侵袭并不属于刑法中的不法侵害，因而，受害人反击也不存在是否属于防卫的问题。但是，如果有人利用动物来达到侵害他人的目的，则防卫人打击动物的行为，可以被认为是正当防卫。但实质上仍然是针对背后的唆使者或指使者，而非动物本身。

（三）关于防卫时间的认定

正当防卫时间是基于不法侵害这一前提而存在的逻辑延伸问题，是正当防卫成立的重要条件。理论上对正当防卫时间的讨论主要以不法侵害正在进行的判断、事前防卫与事后防卫的排除为重点。通过收集典型的已决案件，可以提炼出相应的司法认定规律与操作准则。其中，持续性的不法侵害、财产犯罪中的追回与反抗行为、不法侵害的危险状态延续是“已经开始、尚未结束”的认定难点，不法侵害人被制服或丧失侵害能力是不法侵害结束的常态。警方的有效介入、逃离现场、事后蓄谋报复、相互独立且新发生的不法侵害，都可能是典型的事后防卫情形。预防性的不法侵害往往是事先防卫，但预先携带防身工具的情形需具体分析判断。

1. 关于不法侵害已经开始的认定

“正在进行”的始端是不法侵害行为已经开始。从逻辑上看，判断不法侵害的开始，是确定正当防卫的开始时间的关键。通常认为，正在进行的不法侵害，是指已经着手以后的行为及其状态，由此，着手与否是判断的要点。从我国关于犯罪行为阶段的理论看，着手是犯罪的实行行为的起点①，也是不法侵害行为由预备性质转为实际危害或紧迫危险状态的重要节点。在实践中，不能过于苛求防卫人，应根据主客观因素全面分析，具体判断是否已经着手直接实施侵害行为。②

在此基础上，在认定不法侵害已经开始但尚未结束的问题上，其实涉及两个相关性问题：一是不法侵害是否已经开始。主要看是否着手实施不法侵害所对应的实行行为，不法侵害并非臆想之物，进而，涉及与事先防卫的区分问题。二是

① 赵秉志．论犯罪实行行为着手的含义．东方法学，2008（1）．

② 高铭暄，马克昌主编．刑法学．7版．北京：北京大学出版社，高等教育出版社，2016：133．

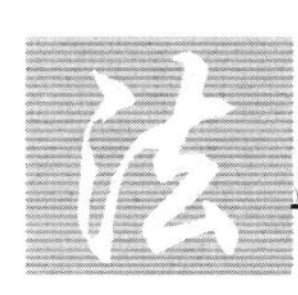



不法侵害已经开始且处在持续侵害的过程，离侵害行为的结束或危险状态的结束仍有明显的时空距离，进而，涉及与事后防卫的区分问题。但已经开始而尚未结束为一个独立的问题，对其判断是首要难题；不法侵害已经开始且在持续状态或已经开始而危险状态仍正在进行，是司法认定中的最具代表性的情形。

（1）持续性的不法侵害与防卫时机。在实践中，不法侵害的行为方式千变万化，从开始到结束，往往有一个较长的时空范围，而不是瞬间开始便立即结束或短暂持续便结束的。从案发的特点看，具有持续性特征的不法侵害是较为常见的情形，直接牵涉到是否可以将防卫时机进行必要的时空延伸，而不限于某个特定的时空界点。这成为实践中的难点。一般认为，持续性的不法侵害，决定了防卫时间的同步持续性。比如，在朱晓红案中，法院认为：李某文用纠缠和威胁的方法要朱某梅与其谈恋爱，遭拒后，李某文持刀对朱晓红和朱某梅、刘某玲三人实施不法侵害。被告人朱晓红在本人及其母亲刘某玲生命遭到严重威胁时，为了制止不法侵害，在不法侵害正在进行过程中，持刀刺伤李某文致死，属于防卫行为，防卫的程度适当。[①] 又如，二审法院认为：被害人一方首先挑起事端，在实施不法侵害行为时，使用凶器木棒、钢筋、菜刀等物，不法侵害行为的强度与情节甚重；在整个发案过程中，被害人一方始终未停止过不法侵害行为，五上诉人也始终处于被动、防御的地位。被告人可以实施无限制防卫，不构成犯罪。[②]

（2）财产犯罪中的追回与反抗行为。根据传统刑法理论，财产犯罪的既遂标准，往往是实际有效转移、占有并控制财产等，单纯占有财物并不必然等于实行行为已经结束或达到既遂状态，同时也不必然意味着财产犯罪附随的危险状态结束。在实践中，特别是当出现被抓现行的情形时，正在实施或行将结束的不法侵害行为，因意志以外的因素而未得逞的，或虽占有却并未真正控制、转移财产的，犯罪的危害行为结束与危险状态延续的并存态势尤为明显。与此同时，在财

① 朱晓红正当防卫案. 最高人民法院公报，1995（1）.

② 李小龙等被控故意伤害案——特殊防卫的条件以及对“行凶”的正确理解. 刑事审判参考，2003（5）.

产犯罪中，当出现犯罪分子被抓现行的情况时，财产所有人、占有人往往会当即采取报警等行为，也可能出于自救的目的而即刻实施追回财产的行为；犯罪嫌疑人可能立刻逃窜（逃跑），也可能现行选择对抗、拘捕等行为，其中，可能包括一些不法侵害行为。虽然在这些情形中，可能存在具体的实行行为已经结束、法定的危害结果已经出现、犯罪嫌疑人逃离现场等情形，但因被害人追回财产与不法侵害人反抗存在不间断性关系，使不法侵害处在进行中而尚未结束的持续状态，也就在一定条件下具备相应的防卫时间条件。比如，江苏省无锡市惠山区人民法院经审理认为：被告人汪海航在遭三人持械暴力抢劫后持刀反击；在追赶、夺回自己被抢财物期间，被告人汪海航将持铁棍击打自己的顾某峰捅伤、夺回自己被抢财物的行为没有明显超过必要限度，属于正当防卫。在被告人汪海航追回财物过程中，余某所持木梯对其实施不法侵害，从手段、强度、后果等诸因素综合分析，防卫行为明显超过必要限度，造成重大损害，属防卫过当，构成故意伤害罪。[①] 在该案中，被害人及时的追回行为，客观上使财产犯罪的危险状态仍在延续，也使防卫时间并未即刻停止下来。

（3）不法侵害行为的危险状态在延续。在实践中，应当看到的是，不法侵害行为与不法侵害状态的结束并非绝对同步出现，相反，即使不法侵害行为停止或结束，不法侵害状态仍可能继续存在。显然，从防卫时间的作用看，不法侵害行为所造成的危险状态如果持续存在，则防卫时机也应存在。继而，认定危险状态的持续性又是另一难题，具体应根据个案的情况，实质地判断“正在进行的不法侵害”这一成立条件。比如，被告人常磊与其父常某春（被害人，殁年 56 岁）、母郑某共同居住，常某春饮酒后脾气暴躁，经常辱骂、殴打家人。2012 年 8 月 29 日 18 时许，常某春酒后又因琐事辱骂郑某，郑某躲至常某卧室。当日 20 时许，常某春到常磊卧室继续辱骂郑某，后又殴打郑某和常磊，扬言要杀死全家并到厨房取来菜刀。常磊见状夺下菜刀，常某春按住郑某头部继续殴打。常磊义愤之下，持菜刀砍伤常某春头、颈、肩部等处，后将常某春送往医院救治。当晚常

---

① 江苏省无锡市惠山区人民法院（2008）惠刑初字第 164 号刑事判决书。

某春因失血性休克死亡。重庆市江津区人民法院经审理认为，常磊持刀故意伤害致一人死亡，属防卫过当，构成故意伤害罪，遂判处有期徒刑3年，缓刑5年。[①]

2. 关于不法侵害已经结束的认定

采取防卫措施，是为了避免正在进行的不法侵害。如果不法侵害已经结束，则没有防卫的必要性。因而，如何判断不法侵害已经结束同样是实践中的难点。

在认定不法侵害是否已经结束的问题上，在逻辑上需要明确以下两个方面：一是不法侵害行为或不法侵害状态的结束，往往是因防卫人的外部防卫措施而形成的，但也不排除不法侵害人自行放弃等情形。二是不法侵害已经结束的，意味着采取的防卫措施具有事后性。因而，在讨论不法侵害已经结束时，必须要同步考虑事后防卫问题，二者是紧密联系的两个部分，可以同时予以研究和解决。

从司法经验看，不法侵害人被制服，或因主客观因素而丧失继续侵害能力的，是不法侵害行为结束或其危险状态消除的主要情形。在具体案件中，应根据案件的主客观情状，个别性、实质地作出相应的判断。在实践中，常见的情形包括：一是不法侵害人被制服或被第三人制服，二是不法侵害人丧失继续侵害能力。

（1）不法侵害人被制服或被第三人制服。不法侵害人在实施不法侵害时，被被害人或第三人等人当即制服的，客观上属于因不法侵害人意志以外的因素而被迫停止的情形，具体的危害或危险状态往往被消除，也就不存在防卫时机。比如，在龚世义案中，北京市海淀区人民法院认为：被告人龚世义在遭受被害人冯某刚殴打时，被告人胡长青持铁管猛击冯某刚头部将其打倒，被告人龚世义在冯某刚已无实际侵害能力或实际已经丧失反抗能力的情形下，也即冯某刚的不法侵害行为已经停止，仍持铁管连续击打冯某刚的头部直至被害人死亡，是故意侵害；后又与被告人胡长青使用铁丝勒冯某刚的颈部，致冯某刚死亡，是事后的故意报复行为，是典型的事后防卫。[②]

---

① 最高人民法院发布的涉家庭暴力犯罪典型案例。

② 北京市海淀区人民法院（2002）海法刑初字第2775号刑事判决书。

（2）不法侵害人丧失继续侵害能力。不法侵害人因自身或外部因素而客观上无法继续实施不法侵害的，意味着不法侵害已经结束，防卫时间原则上也不存在。比如，2014年3月31日9时许，在唐山市××区建材市场北门外西侧路边，被告人顾某某因排队与常某某发生矛盾后双方互殴，常某某从车上取来改锥划伤顾某某的面部，二人因争抢改锥摔倒在地，顾某某骑在常某某后背，抢夺常某某手中的改锥并对常某某后脑部殴打，常某某用手防护时手部受伤。经鉴定，被害人常某某的损伤属轻伤二级。法院认为，双方因争执而大打出手，当其中一方使用威力很大的凶器实施更重的不法侵害时，另一方在相互搏斗中已使对方无法继续通过凶器实施更重的不法侵害，原持有凶器一方的不法侵害已经被消除，正当防卫的时机已不存在，不是正当防卫。①

3. 关于事后防卫的认定

当毫无防卫前提、原有的防卫前提不复存在或发生事实认识错误时，采取事后防卫的行为人，主观上不存在防卫意图，而是存在事后报复的心理，往往造成他人的不应有的损害，故这是一种具有报复性质的违法犯罪行为，不是正当防卫。但是，尽管不法侵害行为已经中止或结束，不法侵害使防卫人处于极度或强烈的惊恐状态，基于人性本能、日常生活常识常理而作出的防卫，却不必然都是“事后”防卫，仍需具体分析，否则，对防卫人过于严苛，不符合鼓励公民依法积极行使防卫权的基本初衷。

（1）警方调解处理无果。警方出警到现场，往往可以使事态得到控制，不法侵害往往会停止下来，也进而意味着防卫时间一般不存在。比如，被告人石启威、李朝英因琐事与邻居石某洋产生矛盾后，石某洋多次向二被告人家扔砖块、瓶渣，并经有关部门处理过两次。2003年10月10日晚8时许，石某洋再次向二被告人家扔砖块、瓶渣，二被告人报警。公安机关接警后派员处理，民警对石某洋进行了批评教育。民警离开后，石某洋又持匕首到被告人家门口叫骂。被告人

① 河北省唐山市开平区人民法院（2015）开刑初字第112号刑事附带民事判决书，河北省唐山市中级人民法院（2016）冀02刑终第1号刑事附带民事判决书。

石启威、李朝英持扁担、木棍出门击打石某洋，将石某洋打伤后再次报警。在公安人员的要求下，被告人石启威将被害人石某洋送至医院抢救。但因被钝性物体击打胸部等处致肺破裂、大出血，石某洋经抢救无效死亡。法院经审理认为，被告人石启威、李朝英因琐事殴打被害人，主观上伤害故意明显，客观上造成了被害人石某洋死亡的后果，两被告人的行为均已构成故意伤害罪。鉴于被害人石某洋有明显过错，法院最终判决被告人石启威犯故意伤害罪，判处有期徒刑 15 年，剥夺政治权利 5 年；被告人李朝英犯故意伤害罪，判处有期徒刑 3 年。①

（2）不法侵害人彻底逃离现场。不法侵害必须是正在进行的，如果不法侵害人逃离了现场，则客观上导致不法侵害结束，因而，不存在防卫时间，否则，可能是事后防卫。比如，2016 年 1 月 3 日 5 时许，刘某某在贵阳市云岩区酒吧因琐事与酒吧保安主管发生争执，并持刀反抗后逃离现场。随后，陆云、李银坤、何勇、唐文相持械追逐至贵阳市云岩区中华中路的隔离带附近，在刘某某翻越护栏摔倒后，将刘某某的头、胸、腿等部位打伤。法院认为，陆云、李银坤、何勇、唐文相故意伤害他人身体，致人轻伤，不属于正当防卫，不存在防卫过当，构成故意伤害罪。②

（3）实践中所谓的“受虐妇女综合征”问题。在认定正当防卫时，如果单独一次的家暴行为与“受虐妇女”实施反击行为之间存在客观上的紧密因果联系，可以考虑认定存在防卫时机；造成重伤死亡结果的，可以考虑是防卫过当。例如，吴某、熊甲长期遭受熊乙（吴某的丈夫、熊甲的父亲）虐待、殴打。2005 年 3 月 19 日晚，因熊甲学业又辱骂吴某、熊甲，熊甲遂提议当晚弄死被害人。次日凌晨 2 时许，吴某、熊甲分别持铁锤、擀面杖，趁熊乙熟睡之机，朝其头部、身上多次击打，又用毛巾勒其颈，致其机械性窒息死亡。当天上午，吴某用家中的手术刀将其碎尸。当晚 9 时许，吴某、熊甲将肢解后的尸体扔到金纺立交

① 江苏省徐州市中级人民法院（2004）徐刑一初字第 68 号刑事判决书。

② 贵州省贵阳市云岩区人民法院（2016）黔 0103 刑初第 697 号刑事判决书，贵州省贵阳市中级人民法院（2016）黔 01 刑终第 1184 号刑事裁定书。

桥西侧的水沟内，并浇上汽油焚烧。法院判决如下：被告人吴某（受虐妇女综合征[①]）虽然长期受到被害人对其身心的侵害，但案发当天被害人未实施侵害，被告人对被害人实施加害行为是有预谋、有准备实施的，而且杀人后所实施的手段是恶劣的，构成犯罪。被告人吴某犯故意杀人罪，判处死刑，缓期 2 年执行，剥夺政治权利终身；被告人熊甲犯故意杀人罪，判处有期徒刑 5 年。[②]

4. 关于事先（事前）防卫的认定

尽管公民享有正当防卫权，但权利不能滥用。从防卫时机来看，防卫意图的形成必须以不法侵害为前提，并且以不法侵害正在进行为基本准则，因而对尚未真正发生的不法侵害，或者说不法侵害仅处于预备阶段或犯意表示阶段，并未进入实行行为阶段的，并不能实施防卫措施，也是不被允许的事先防卫。其本质是滥用防卫权，是防卫时机的“过度早期预警”，一般不受刑法认可。

（1）预备性的不法侵害。对于处在预备阶段或犯意表示阶段的不法侵害，因其对合法权益的威胁并未达到现实状态，所以“先下手为强”的做法不是正当防卫，而是带有明显过度事前预防性的不法侵害行为。但是，有观点认为，虽一般不能对犯罪预备阶段的危害不大或危险系数不高的不法侵害进行事前防卫，但在严重危及社会利益或个人的重大合法权益等特定情况下可以防卫。[③] 不过，这其实涉及不法侵害的判断，具体是指不法侵害是否处在刑法所不能允许的高度危险状态。比如，重庆市高级人民法院认为：上诉人周文友在其母亲被被害人殴打后欲报复被害人，持刀与被害人打斗，打斗中不计后果，持刀猛刺被害人胸部等要

---

① 那些心理或身体长期受她们的配偶或生活中其他处于支配地位的男性虐待的妇女身上往往呈现出一系列常见的症状，国际上称之为受虐妇女综合征。在 20 世纪 70 年代末 80 年代初，美国临床心理学家雷诺尔·沃克最早提出了受虐妇女综合征这一概念。沃克在对几百名受虐妇女进行跟踪治疗和研究后发现，长期受家庭暴力虐待的女性，通常会表现出一种特殊的心理和行为模式。这种特殊心理支配下的极端行为模式被解释为一种正当防卫的行为，并被用以证明在不具备传统意义正当防卫的条件下，受虐妇女反击行为的合理性。英美等国家将此理论作为正当防卫的可采证据。赵秉志，郭雅婷．中国内地家暴犯罪的罪与罚——以最高人民法院公布的四起家暴刑事典型案件为主要视角．法学杂志，2015（4）．

② 辽宁省大连市中级人民法院（2005）大刑初字第 203 号刑事判决书。

③ 李怀胜．正当行为制度适用．北京：中国人民公安大学出版社，2012：63．

害部位，致被害人死亡，构成故意杀人罪，维持原判。[①]

（2）携带预防性工具的情形。在实践中，出于事前吃亏或事后仍心理恐慌等特殊理由，为了使自己的合法权益免于遭受不法侵害，往往会采取防范的准备，如准备刀具等。尽管这一行为可能具有轻度的违法性或不被法律所允许，但并不必然意味着事先准备预防性工具是先发制人，是对尚未发生的不法侵害的预先防备，进而认为一般不具备防卫的前提与时机条件，因而也不是正当防卫。其实不然，应具体案情具体分析，关键看是否受到正在进行的不法侵害、根据当时的情况是否需要作出防卫等因素，只要符合防卫前提等条件，仍可以认为具备防卫时机。在此，以下两种情形值得讨论：一是携带水果刀壮胆滋事。比如，2007年，杨南华（已婚）与离异女青年刘某某产生不正当男女关系，后刘某某表示与杨南华分手，杨南华不同意。为了与刘某某继续保持不正当男女关系，杨南华于2008年11月1日上午到刘某某所在的工厂找刘某某，刘某某的姐夫王某东叫管工劝其出厂外。当天中午12时许，杨南华身上带了一把约30厘米长的水果刀，到公平镇人民路等待刘某某下班，准备说服刘某某与其保持关系。当杨南华见到刘某某及其姐刘某群、姐夫王某东走出厂外时，便上前对刘某某进行纠缠。王某东见状上前阻止，并与杨南华扭打在一起。刘某群见状用做服装用的剪刀将杨南华的背部和右手臂刺伤，杨南华拿出随身携带的小刀朝王某东的胸部刺了一刀，致王某东受伤倒地，随后逃离现场。王某东被送往公平卫生院，后经抢救无效死亡。经海丰县公安局法医鉴定，王某东系被单刃锐器刺中心脏致失血性休克死亡。一审法院认为，被告人杨南华公然纠缠刘某某引起王某东与之斗殴，挑起事端；双方在斗殴过程中，王某东的妻子刘某群恐王某东受伤害而先持剪刀刺伤杨南华的背部致轻伤，杨南华则持事先携带的尖刀刺伤王某东胸部致死亡，杨南华的行为不属于正当防卫，构成故意伤害罪，处无期徒刑。[②] 二是携带刀具以备高

① 重庆市高级人民法院2005年刑事裁定书．周峰．周文友故意杀人案——如何理解正当防卫中“正在进行的不法侵害”（第363号）//最高人民法院刑事审判第一庭，第二庭编．刑事审判参考：2005年第5集·总第46集．北京：法律出版社，2006.

② 广东省汕尾市中级人民法院（2009）汕中法刑一初字第11号刑事附带民事判决书。

度盖然性的不法侵害。比如，2002年3月19日下午3时许，胡咏平在厦门某运动器材有限公司打工期间与同事张某兵（在逃）因搬材料问题发生口角，张某兵扬言下班后要找人殴打胡咏平，并提前离厂。胡咏平从同事处得知张某兵的扬言后即准备两根钢筋条并磨成锐器后藏在身上。当天下午5时许，张某兵纠集邱某华（在逃）、邱某道随身携带钢管在厦门某运动器材有限公司门口附近等候。在张某兵指认后，邱某道上前拦住正要下班的胡咏平，要把胡拉到路边，胡咏平不从，邱某道遂打了胡咏平两个耳光。胡咏平遭殴打后随即掏出携带的一根钢筋条朝邱某道的左胸部刺去，并转身逃跑。张某兵、邱某华见状，一起持携带的钢管追打胡咏平。经法医鉴定，邱某道左胸部被刺后导致休克、心包填塞、心脏破裂，损伤程度为重伤。厦门市杏林区人民法院认为：被告人胡咏平在下班的路上遭到被害人邱某道的不法侵害时，即掏出钢筋条刺中被害人邱某道，致其重伤，其行为已构成故意伤害罪，但属防卫过当，判处有期徒刑1年。检察机关抗诉认为：当人身安全受到威胁时，应当向单位领导或公安机关报告以缓和矛盾，解决纠纷。事先准备工具，说明其主观上有斗殴故意。因此，本案胡咏平的反击行为，不属于防卫，而是斗殴。二审法院维持原判。[①]

（3）关于预先采取防范措施是否属于正当防卫，理论上有肯定和否定两种看法。但通常认为应根据实际情况进行区分，关键看不法侵害所可能造成的损害与所要保护的合法权益之间是否存在明显的价值失衡，当明显违反法律、公共生活准则并且具有危害公共安全的危险，导致前者明显大于后者时，依照故意犯罪处理，行为的动机可以作为量刑情节。[②] 另有观点认为，设立防卫装置防卫可能发生的不法侵害，原则上都不属于正当防卫，除非出现正在进行的不法侵害情形。[③] 因而从总体上看，这类行为一般不能被认定为正当防卫。

① 胡咏平故意伤害案——当人身安全受到威胁后便准备防卫工具是否影响防卫性质的认定（第224号）//最高人民法院刑事审判第一庭，第二庭编．刑事审判参考：2003年第1辑·总第30辑．北京：法律出版社，2003：33-38.

② 高铭暄主编．刑法专论．2版．北京：高等教育出版社，2006：423-424.

③ 张明楷．刑法学：上．5版．北京：法律出版社，2016：203.

基于此，一方面，事前防卫可以俗称为“先发制人”，往往是对并不存在的不法侵害的“故意危害行为”。但人具有趋利避害的天性，基于认识能力的复杂性，在认定事前防卫时，不宜极端化，仍应立足于防卫人行使防卫权的正当性与权利性。另一方面，对于携带“防卫”工具的问题，实践中应区分以下主要情形：一是随身携带。一直随身携带工具的，因缺乏特定性、专门性，并非仅有预备地指向潜在的不法侵害人，因而其人身危险性明显低于后者。二是特定的事先预备。于特定的事先预备情形，其预防性目的更明显，防卫时间的偏差概率也变大，应当区分具体的工具情形，如刀具的类型、杀伤力等。同时，要结合不法侵害的具体情形，如侵害力度、侵害人数、是否具有延续性等，再具体判断属于事前防卫还是适时的防卫。

## 三、关于防卫前提的把握问题

正当防卫的目的是保护国家、社会利益或者个人利益免受正在进行的不法侵害。正当防卫得以行使的前提条件，就是必须有“正在进行的不法侵害”。所谓“正在进行的不法侵害”，概括来说，就是这种不法侵害应具有不法性、侵害性、紧迫性和现实性四个特点。

### （一）关于不法侵害之不法性的把握

所谓不法性，是指正当防卫制止的侵害必须是不法侵害，而不能是合法行为。如对于依法执行命令的行为、正当业务行为、依照法令的行为、正当防卫行为以及紧急避险行为等，不得实行正当防卫。例如，侦查人员依法拘留犯罪嫌疑人或者搜查、扣押涉嫌犯罪的物品的行为，是依法执行职务的行为，行为人或第三人不能以行为人的人身自由或者财产权益受到侵害为借口，实行所谓的正当防卫。关于“不法性”的认定，主要有以下争议问题值得关注。

1. 对不法侵害的认定应否考虑行为人的主观情况

对此，学术界主要有两种观点。第一种观点认为，行为是否不法，不能仅就行为本身来认定，还应当考虑行为人主观方面的情况。只有行为人客观上实施了

危害社会的行为，主观上具有责任意思，而且具备刑事责任能力时，才能成为“不法”。第二种观点认为，不法是指客观上危害社会并且违法的行为，不以行为人是否具有责任意思和责任能力为要件。目前，第二种观点为通说，主要理由是：一是从正当防卫的目的来看，刑法确立正当防卫制度是为了更有效地保护合法权益，不论行为人是否具备责任能力，是出于故意、过失还是由于意外事件或者不可抗力，都会对合法权益造成客观侵害，必要时就应当允许实行正当防卫以制止不法侵害。另外，刑法确立正当防卫制度并不是将不法侵害的制裁权力赋予防卫人，因而正当防卫不是对不法侵害人的制裁行为。对不法侵害人法律责任的追究，应当由司法机关综合分析认定，防卫人没有权力亦没有义务认定不法侵害人是否应当承担相应的刑事责任。二是从客观实际的角度来看，在实行防卫时，要求防卫人认定不法侵害人的责任能力和责任意思，无疑是强人所难。在大多数情况下，防卫人对不法侵害人的责任能力和意思能力是难以认识到的。因此，对于不具有意思能力和责任能力的不法侵害人，原则上也可以实行正当防卫。但是，防卫人如果明知不法侵害人不具有意思能力和责任能力，出于人道主义的考虑，在实施正当防卫时应当有所克制，即尽量采取逃跑、躲避等方式避免侵害，只有在不得已的情况下才可以进行防卫反击。

在司法实践中，对上述问题的理解和适用，主要涉及“对没有达到刑事责任年龄人的不法侵害行为或者精神病人的不法侵害行为，能否进行正当防卫”的问题。通过对涉正当防卫典型案例进行类型化研究，我们发现，法院对不法侵害的认定一般不考虑行为人的主观方面情况。换言之，对于没有达到刑事责任年龄人或者精神病人的不法侵害行为，也认为是可以进行正当防卫的。例如，在范尚秀故意伤害案中，法院认为：无刑事责任能力的精神病人实施的侵害行为，也是危害社会的行为，仍属于不法侵害。虽然刑法免除了精神病人在不能辨认或者不能控制自己行为时的刑事责任，但没有免除精神病人的民事违法责任。因此，民事违法行为仍是一种不法行为，不能辨认或者不能控制自己行为的精神病人实施的侵害行为仍属于一种不法侵害，故不能完全将其排除在正当防卫的对象之外，对这种不法侵害当然可以进行正当防卫。法院还认为，“无刑事责任能力人的侵害

行为明显不能等同于有刑事责任能力人的故意侵害，对于无刑事责任能力的精神病人的侵害行为实施正当防卫时，应当尽一切努力避免对精神病人造成不应有的身体或精神的损害。一般而言，在遇到无刑事责任能力人的侵害时，如果明知侵害者是无刑事责任能力人并有条件用逃跑等其他方法避免侵害时，则不得实施正当防卫；如果不知道侵害者是无刑事责任能力人，或者不能用逃跑等其他方法避免侵害时，才可以实行正当防卫。”①

2. 不法侵害行为是否仅指犯罪行为

对此，刑法理论通说认为，不法侵害不仅包括犯罪行为，也包括一般违法行为。主要理由是：一是从立法沿革的角度看，我国关于正当防卫的立法规定，有一个演变的过程，其所指的不法侵害都是包括一般违法行为的。如 1950 年《中华人民共和国刑法大纲草案》使用了“不法侵害”的术语，1954 年《中华人民共和国刑法指导原则草案》第 5 条将“不法侵害”修改为“犯罪侵害”，1957 年《中华人民共和国刑法草案》第 22 稿又恢复使用了“不法侵害”的术语，之后的 1979 年刑法典和 1997 年刑法典中均沿用了“不法侵害”的术语。显而易见，现行刑法中正当防卫制度规范的不法侵害行为是既包括犯罪行为也包括一般违法行为的。二是从法条用语的表述看，刑法典第 20 条第 1 款关于正当防卫的规定，采用的是“不法”的表述而非“犯罪”的表述，并且在第 20 条第 3 款关于特殊防卫的规定中，使用了“犯罪”的表述以区别于一般正当防卫的成立条件，这也表明犯罪行为以外的一般违法行为也属于不法侵害。三是从客观实际的角度来看，犯罪行为与一般违法行为均属于具有社会危害性的行为，二者之间的区别在于社会危害程度的不同。通常情况下，犯罪行为与一般违法行为较易区别，但在紧急情况下，很难断定不法侵害到底是犯罪行为还是一般违法行为，而且犯罪行为与一般违法行为之间并无不可逾越的鸿沟，如果不允许公民对一般违法行为实

① 最高人民法院刑事审判第一庭，第二庭编. 刑事审判参考：2005 年第 4 集・总第 45 集. 北京：法律出版社，2006：10-14.



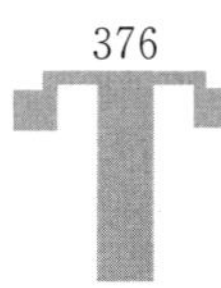

行正当防卫，显然不利于对合法权益的保护。[①]

从司法适用情况看，法院亦是认可不法侵害行为的范围，既包括犯罪行为，也包括一般违法行为的。行为人必须认识到不法侵害行为的发生，但无须认识到该不法侵害行为是否构成犯罪。例如，在胡咏平故意伤害案中，法院认为，“对为制止不法侵害的正当防卫行为而言，不必以不法侵害达到相当的严重性为前提，更无须其已经达到犯罪程度时才能实施。只要遭受到正在进行的不法侵害，不管程度轻重如何，都可以立即实施为制止不法侵害的相应的防卫行为”[②]。又如，在范尚秀故意伤害案中，法院认为，“虽然刑法将特殊防卫的前提条件限定为严重危及人身安全的暴力犯罪，但对一般防卫而言，刑法既没有要求是犯罪行为，也没有要求是一种严重违法行为，只要违法行为损害了国家、公共利益以及公民的人身、财产和其他权利，均可以采取制止行为”[③]。再如，在邓玉娇案中，法院认为，“邓玉娇在遭受邓某大、黄某智无理纠缠、拉扯推搡、言行侮辱等不法侵害的情况下，实施的反击行为具有防卫性质”[④]。就该案而言，被害人在强行要求被告人邓玉娇提供特殊服务遭到拒绝后，对被告人邓玉娇进行辱骂并实施了一定程度的暴力行为，如强行拉回并推倒在沙发上等，充分表明了被害人正在实施侵犯邓玉娇人身权益的违法行为。为避免自己的人身权利受到进一步的不法侵害，邓玉娇有权采取防卫行为。

（二）关于不法侵害之侵害性的把握

所谓侵害性，是指当某一行为对刑法所保护的国家、公共利益、本人或者他人的人身、财产等合法权益造成侵害或者威胁时，才可以实行正当防卫。根据不法侵害所指向的权益主体不同，大致有以下几种不法侵害：一是对国家利益的不

① 赵秉志主编. 刑法新教程. 4版. 北京：中国人民大学出版社，2012：135.

② 最高人民法院刑事审判第一庭，第二庭编. 刑事审判参考：2003年第1辑·总第30辑. 北京：法律出版社，2003：33-38.

③ 最高人民法院刑事审判第一庭，第二庭编. 刑事审判参考：2005年第4集·总第45集. 北京：法律出版社，2006：10-14.

④ 湖北省巴东县人民法院（2009）巴刑初字第82号刑事判决书。

法侵害，如对国家安全、国家财产以及对军事、国防利益等的侵害；二是对公共利益的不法侵害，如对公共安全、公共秩序、公共设施以及公共财产等的侵害；三是对个人利益的不法侵害，如对个人或他人的生命、健康、自由、财产、名誉、荣誉、隐私等的侵害。在司法实践中，对公民个人利益的不法侵害较为常见，法院认可的个人利益的范围也较为广泛。例如，在叶永朝案中，法院认为，不法侵害针对的个人合法权益，不仅包括公民的人身权利，如生命权、健康权、自由权和性权利等，而且包括财产权利、民主权利等合法权益。①

关于对侵害性的理解，主要有以下问题值得研讨。

1. 对职务违法行为能否进行正当防卫

职务违法行为不同于职务行为。通常而言，合法的职务行为需要满足四个条件：一是职务行为的主体合法，二是主体应当在职权范围内实施职务行为，三是职务行为的内容应当合法，四是职务行为的实施符合法定程序。对于主体不合法、超越职权、内容违法的职务行为而言，其行为的性质属于不法行为，行为人应当承担相应的法律责任，必要时国家对受害人还应承担相应的国家赔偿责任。因此，上述职务违法行为属于不法侵害，公民对其享有正当防卫的权利。

关于对程序违法的职务违法行为能否进行正当防卫，学术界存在肯定说与否定说两种观点。对此，相应的司法判例并不多见，但从刑法理论的角度看，大多数刑法学者支持肯定说。主要理由是：一是不法侵害中的“法”不仅包括实体法，也包括程序法。违反实体法的职务违法行为属于不法行为，那么违反程序法的职务违法行为也应当属于不法行为。二是职务行为是实现国家管理职能的行为，相对人具有协助、服从和容忍的义务，这种义务是国家实现其管理职能、维护社会秩序的必要条件。但是程序违法的职务行为既不符合法律的规定，也不利于实现国家的管理职能、维护社会秩序，故相对人没有对该职务行为协助、服从以及容忍的义务，自然可以对其实行正当防卫。三是从社会影响的角度看，允许对程序违法的职务行为实行正当防卫，有利于树立国家工作人员依法行使职权的

① 南英主编．中国刑事审判指导案例：第3册．北京：法律出版社，2012：15-17.

观念。因此，各类职务违法行为均属于不法行为，当这些行为对公民的合法权益造成侵害时，即为不法侵害行为，应允许公民对其实行正当防卫。[①]

2. 对防卫过当行为和避险过当行为能否进行正当防卫

防卫过当和避险过当属于犯罪行为，但一般认为，对于防卫过当和避险过当不得实行正当防卫。这是因为防卫行为和避险行为是否过当是一个十分复杂的问题，在紧急的情况下，就更不可能作出准确的判断。如果容许对防卫过当和避险过当实施正当防卫，则一方面在事后无法查明防卫行为和避险行为是否过当，另一方面无异于给不法侵害人抵挡正当防卫和紧急避险提供了借口。[②]

（三）关于不法侵害之紧迫性的把握

所谓紧迫性，是指不法侵害系具有紧迫危险性的行为。由于不法侵害的种类、情节极其复杂，必须具体问题具体分析。从实践中的情况看，通常只对于那些迫在眉睫或者正在进行的且往往带有暴力性、破坏性、紧迫性的不法侵害行为，在实行防卫可以减轻或者消除侵害威胁的情况下，才可以实行正当防卫。以犯罪行为为例，通常对那些带有紧迫性的直接侵犯公共安全、公民人身权利、公私财产所有权的犯罪行为，可以实行正当防卫。例如，对杀人、伤害、抢劫、强奸、投毒、爆炸、决水等故意犯罪，可以实行正当防卫；对贪污、贿赂、侮辱、伪证、重婚等故意犯罪，不宜实行正当防卫，这是因为这些犯罪通常不具有侵害紧迫性，而且也不可能用对侵害人造成人身、财产等损害的方法来保护合法权益，所以对于这些犯罪只能用检举、揭发、扭送等方法，请求有关部门依法处理。

值得注意的是，不法侵害的“紧迫性”表明了正当防卫是法律赋予公民与违法犯罪行为作斗争的权利，即正当防卫是公民制止不法侵害的必要手段，并非制止不法侵害的最后手段。通常情况下，不法侵害的“紧迫性”与实行正当防卫的

① 陈兴良主编．刑法总论精释：上．北京：人民法院出版社，2016：251-252．

② 赵秉志，等．刑法学．北京：北京师范大学出版社，2010：179．

“必要性”是密切相关且保持一致的。当不法侵害不具有紧迫性时，就没有必要诉诸暴力，实行正当防卫。当采用暴力，实行正当防卫具有必要性时，不法侵害要么迫在眉睫，要么实际面临。但是，“我国刑法并未将正当防卫规定为一种不得已的应急措施，并未要求防卫人穷尽一切手段之后才能实施正当防卫。相反，即使在有条件躲避不法侵害或者求助司法机关的情况下，防卫人仍然有权实施正当防卫”。但是不法侵害的“紧迫性”与正当防卫的“必要性”在逻辑上是相互独立的。不法侵害的“紧迫性”意义在于确定以暴力形式进行正当防卫是否具有“必要性”，即“紧迫性”的意义在于限制“必要性”的范围。另外，关于不法侵害的“紧迫性”易于形成先入为主的判断，即如果不法侵害不具有“紧迫性”，就假定行为人可以采取其他措施来避免采用暴力方式实行正当防卫。这种判断明显是存在缺陷的，因为在大多数情况下，行为人很难求得他人的帮助，或者求得的帮助是徒劳的。典型的情况是在持续性侵害的场合，如非法拘禁、绑架等继续犯以及非法侵入住宅、组织传销活动等侵害状态持续的不法状态，以及攻击在相当长时间内持续的围殴等，不法侵害行为的成立和既遂往往相对较早，且在犯罪人彻底放弃犯罪行为之前，违法状态也一直持续，犯罪并未终了，在此过程中，行为人理所应当可以实行正当防卫。[①] 例如，甲在一无人仓库内殴打乙，并声称把乙打成残废，但甲到停在仓库门口的车里取用于殴打的武器时，乙趁其不备将甲打成重伤。从严格意义来说，乙所遭受的侵害不具备“紧迫性”，但是待到甲取来武器进行殴打时，乙才能实行正当防卫，这显然是不公平的。因此，根据行为人的当时经历以及实际情况，有充分且合理的理由认为对方将对其发起暴力攻击的，在难以躲避以及无法求得他人帮助的情况下，应当认为行为人此时具有防卫的必要性，允许其实行正当防卫。当然，对于上述观点，尤其是持续侵害，还有待深入研究。

在司法实践中，法院对防卫前提的判断，亦把是否具有紧迫性作为认定不法侵害的重要条件之一。例如，在“周文友故意杀人案”中，法院认为，正当防卫

---

① 周光权. 论持续侵害与正当防卫的关系. 法学，2017（4）.

是为了使合法权益免受侵害，在紧急情况下制止不法侵害，赋予公民实施自力救济以便保护合法权益的一项措施。只有不法侵害具有紧迫性时，才允许对其实行正当防卫。[①] 又如，在“何强等聚众斗殴案”中，法院认为，“正当防卫要求不法侵害必须具有紧迫性，这是确立正当防卫必要性和合法性的基本前提，所以对于诸如贪污罪、重婚罪等这类相对缓和的犯罪，就没有成立正当防卫的现实可能性”[②]。再如，在“牟武等故意伤害案”中，法院认为，“不法侵害包括犯罪行为和其他违法行为，作为正当防卫的不法侵害一般都认为具有进攻性、破坏性、紧迫性”[③]。在具体判断是否具有防卫紧迫性时，实践中一般是通过案发时间、案发地点、经过人员、当事人经历以及当时具体情况等，论证不法侵害是否具有紧迫性。例如，在“曾卓荣故意伤害案”中，法院根据相关证据证明案发现场的周边状况以及曾卓荣被殴打的持续性和严重性，进而肯定曾卓荣所遭受的不法侵害具有紧迫性，从而认可其符合正当防卫的前提条件。[④] 又如，在“蒋小权故意伤害案”中，法院认为，“客观地看，在当时的情况下，被告人如果不采取一定措施和手段制止被害人的不法侵害，就会让窃贼从眼皮下溜掉，故不法侵害有一定的紧迫性，但该紧迫性与侵害人身权等严重不法侵害的紧迫性相比是轻微的”[⑤]。再如，在“于欢故意伤害案”中，一审法院在认定于欢的行为构成故意伤害罪，并认为“虽然当时其人身自由权利受到限制，也遭遇对方辱骂与侮辱，但对方的人没有使用工具，在派出所已经出警的情况下，被告人于欢和其母的生命健康权利被侵犯的现实危险性较小，不存在防卫的紧迫性。所以于欢持尖刀捅刺被害人不存在正当防卫意义上的不法侵害前提”。二审法院以故意伤害罪改判处以于欢有期徒刑五年的刑罚，并认可于欢的行为符合正当防卫的前提条件。在该案中，杜某浩等人为违法讨债所实施的严重侮辱、非法拘禁、轻微殴打等不法侵害，明

---

① 南英主编. 中国刑事审判指导案例：第3册. 北京：法律出版社，2012：109-113.

② 姚一鸣，黄晓梦. 主动挑起斗殴后被动方的行为性质. 人民司法·案例，2013（18）.

③ 广西壮族自治区玉林市中级人民法院（2010）玉中刑一初字第27号刑事判决书。

④ 广东省高级人民法院（2014）粤高法刑四终字第275号刑事判决书。

⑤ 广西壮族自治区桂林市中级人民法院（2007）桂市刑终字第42号刑事判决书。

显是违法犯罪行为，具有不法性；杜某浩等人实施不法侵害行为，侵害了于欢母子的人身自由、人格尊严、人身安全等合法权益，具有明显的侵害性；当于欢母子欲随处警民警离开接待室时，杜某浩等人将二人拦下，并对于欢推拉、围堵，在于欢持刀警告时仍出言挑衅并步步逼近，对于欢的人身安全形成了威胁，具有现实性。在此情况下，于欢为了制止不法侵害，对杜某浩等人实施反击行为可以减轻或者消除该不法侵害的威胁，理当具备正当防卫意义上的防卫前提。此外，该案对于司法实践中认定不法侵害是否具有“紧迫性”具有重要的指导意义。对于侮辱行为，若仅限于言语侮辱，侵犯人格尊严的程度较轻，且仅限于精神层面的法益侵害时，不应成为正当防卫的对象，但对于肢体侮辱，同时伴有非法拘禁、轻微伤害行为，涉及人格尊严、人身自由以及人身安全等法益时，理所应当成为正当防卫的对象。对于交替性、间隔性或者持续性的不法侵害行为，应当从整体上评价正当防卫的必要性。“即使个别不法行为违法程度较轻，或间断停止，但全部不法侵害并未完全中止，且被害人仍面临不法行为继续侵害的危险时，应认定不法侵害仍然存在。”①

另外，在实际生活中，不法侵害形式多种多样，其能否构成正当防卫中的不法侵害，关键在于能否形成具有紧迫性的侵害状态。对此，学术界关注较多的主要是以下问题：一是对过失的不法侵害能否进行正当防卫，二是对意外事件能否进行正当防卫，三是对不作为的不法侵害能否进行正当防卫等。虽然对上述不法侵害实行正当防卫的司法案例并不多见，但从刑法理论的角度来看，完全否定对上述不法侵害实行正当防卫的可能性，是机械且缺乏实证的。因此，一般认为，无论行为人是出于故意或者过失，无论是以作为形式还是不作为形式，无论是因意外事件还是因不可抗力，只要对合法权益形成侵害的紧迫性，就应当允许实行正当防卫。

（四）关于不法侵害之现实性的把握

所谓现实性，是指不法侵害必须是真实且客观存在的行为。如果客观上没有

① 高铭暄．于欢案审理对正当防卫条款适用的指导意义．人民法院报，2017-06-24.

不法侵害，但行为人误以为存在不法侵害，进而实施了所谓的防卫行为的，则属于假想防卫。在司法实践中，具体包括三种情况：一是不存在任何侵害，但行为人误以为存在不法侵害，实施了所谓的防卫行为；二是存在侵害，但是该侵害不属于不法侵害，或者虽然属于不法侵害但不能对其进行正当防卫（如相互斗殴），行为人误以为存在不法侵害，实施了所谓的防卫行为；三是存在不法侵害，且可以对其进行正当防卫，但行为人搞错了防卫对象，将无辜第三人作为不法侵害人，实施了所谓的防卫行为。对此，一般认为，应当根据案件的具体情况，依照事实认识错误的处理原则来解决。详言之，如果行为人应当预见到对方的行为可能不是不法侵害，那么他在主观上有过失，应对其假想防卫所造成的损害负过失犯罪的责任；如果行为人不能预见到对方的行为不是不法侵害，那么他在主观上无罪过，其假想防卫造成的损害属于意外事件，其不负刑事责任。①

在实践中，法院的通行做法是排除假想防卫成立故意犯罪的可能性，根据案件的具体情况，判断行为人是否认识到实际上并未面临正在进行的不法侵害，进而将其认定为过失或意外事件。例如，在“王长友过失致人死亡案”中，法院认为，“假想防卫是建立在行为人对其行为性质即其行为不具有社会危害性的错误认识的基础上的。假想防卫虽然是故意行为，但这种故意是建立在对客观事实错误认识基础上的，自以为是在对不法侵害实行正当防卫。行为人不仅没有认识到其行为会发生危害社会的后果，而且认为自己的行为是合法正当的，而犯罪故意则是以行为人明知自己的行为会发生危害社会的后果为前提的”②。这也就是说，假想防卫的故意只有心理学上的意义，而不是刑法上的犯罪故意。假想防卫的行为人，在主观上是为了保护自己的合法权益免遭侵害，其行为在客观上造成的危害是错误认识所致，其主观上没有犯罪故意。因此，假想防卫中是不可能存在直接故意的。

---

① 赵秉志主编．刑法新教程．4 版．北京：中国人民大学出版社，2012：135．

② 最高人民法院刑事审判第一庭，第二庭编．刑事审判参考：2001 年第 9 辑·总第 20 辑．北京：法律出版社，2001：22．

## 四、关于防卫过当的判断问题

正当防卫是法律赋予公民的一项权利。作为法律所赋予的权利，任何公民在面对国家、公共利益、本人或者他人的人身、财产和其他权利遭受正在进行的不法侵害时，均有权针对不法侵害实施正当防卫。正当防卫针对的是不法侵害，是“以正对不正”，是正当、合法的行为。然而即使防卫人出于防卫的目的，但是防卫行为明显超过了为制止不法侵害所必需的限度而造成了重大的损害，此时就构成了防卫过当。根据我国刑法典第 20 条的规定，防卫过当是指防卫明显超过必要限度造成重大损害，应当负刑事责任的行为。防卫过当与正当防卫都是具有防卫性的行为。要成立防卫过当，也必须符合正当防卫的前四个条件，亦即防卫行为必须是在不法侵害正在进行、针对不法侵害人且为了制止不法侵害，从而保护合法权益的前提下实施的。只是因为防卫不符合正当防卫的限度条件，或者说防卫明显超过必要限度造成了重大损害，才使防卫由适当变成过当，由合法变成非法，因而从总体上说防卫过当是一种非法侵害行为。故而对防卫过当和正当防卫认定的关键在于防卫限度条件的理解和把握。

### （一）何为“必要限度”

正当防卫的限度条件是防卫必须不能明显超过必要限度且不能对不法侵害人造成重大损害。这一条件表明正当防卫并非报复性的惩罚手段，而是要受到必要限度的制约，如果明显超过必要限度且对不法侵害人造成重大损害，应属于防卫过当。但是，刑法典并未明确规定何为“必要限度”，因而这一问题成为刑法理论应当予以解决的任务。

在我国以往的刑法理论和司法实践中，关于对正当防卫的“必要限度”的理解，曾有“基本相适应说”“必要说”“折中说”等三种观点。“基本相适应说”认为防卫行为与侵害行为应当基本相适应，即防卫行为的性质、手段、强度和后果，要与不法侵害行为的性质、手段和后果基本相适应，才能成立正当

防卫。两者不是基本相适应，防卫行为明显超过侵害行为，造成不应有危害的，就是超过了正当防卫的必要限度。“必要说”认为制止不法侵害行为所必要的限度，就是正当防卫的必要限度。防卫者所采取的行为和所造成的损害，只要是制止不法侵害行为所必要的，不论造成的损害是轻是重，都成立正当防卫。如果不是非此不能制止不法侵害，造成不应有的危害的，就应认为是防卫过当。“折中说”认为，对防卫行为的必要限度，应从两个方面考察：一方面要看防卫行为是否为制止不法侵害所必需，另一方面要看防卫与不法侵害行为是否基本相适应。由于“折中说”既着眼于正当防卫的目的，将为制止不法侵害所必需作为必要限度的最基本的内容，同时，也强调防卫行为与不法侵害行为的基本相适应，将其作为必要限度内容的重要补充，吸收了“基本相适应说”与“必要说”的合理之处，因而成为我国刑事法理论中认定正当防卫与防卫过当的通说。①

事实上，通过对课题组搜集到的相关司法判例的类型化研究，我国刑事司法实务中，在认定何为“必要限度”的问题上，原则上也是应以制止不法侵害所必需为标准，同时要求防卫行为与不法侵害行为在手段、强度等方面，不存在悬殊的差异。如刘名高案件中，刘名高与刘某海发生争执，刘名高被刘某恩拉回其屋内后，刘某海打电话通知刘某华、刘某贵及侄子刘某伟过来帮忙，在未经刘某恩同意，爬进刘某恩家，围殴刘名高，刘名高在不敌的情况下，用胶椅打伤了刘某华。法院据此认为，刘名高面对刘某海、刘某华和刘某贵等人的不法侵害，在不得已的情况下，为了使自己的人身免受正在进行的不法侵害，对加害人用胶椅进行反抗，虽然造成加害人刘某华轻伤，但应认定为正当防卫。② 而在李正飞故意伤害案中，刘某选与李某鑫、施某肖无理纠缠在公园玩耍的李正飞等人，拿走李正飞等人的手机并要求李正飞等人下到望海公园人工湖的水里，在他人劝说下才归还手机。之后刘某选、李某鑫等人又要求李正飞、刘某顺、马某灿往某网吧走

① 高铭暄，马克昌主编. 刑法学. 6版. 北京：北京大学出版社，高等教育出版社，2014：134.

② 广东省湛江市中级人民法院（2016）粤08刑终3号刑事判决书。

去，当走到望海公园九孔桥对面湖畔假日酒店门口的路边上时，因李正飞走得慢李某鑫用甩棍打了李正飞头部左耳上方一下，李正飞便拿出放在衣服包里的跳刀反抗，李某鑫见状即退让，但刘某选仍上前打李正飞时被李正飞用跳刀杀伤左胸，经“120”医务人员现场确诊刘某选已死亡。法院据此认为，李某飞在本人的人身权利遭受不法侵害时进行自卫，但防卫行为明显超过必要的限度，应认定防卫过当。① 上述两个案例中，法院均认可了防卫人进行防卫的必要性，但是对于防卫的必要强度，第一个案例行为人的防卫行为与不法侵害行为在手段、强度等方面，不存在悬殊的差异，因而被认定为正当防卫；第二个案例中，行为人尽管被他人殴打（棍击），但是在可以选择较小伤害的前提下，行为人选择了与不法侵害行为相差太大的防卫方式、防卫强度（用刀捅），因而被认定为防卫过当。

（二）何为“明显超过必要限度”

1997 年我国刑法典修正时，将防卫过当的标准由原先的“超过必要限度造成不应有的损害”，改为“明显超过必要限度造成重大损害”。立法修改的目的非常明显：正是考虑到了必要限度的模糊性，增加“明显”二字作为防卫过当是否超出必要限度的判断基准，意在明确和放宽正当防卫的成立标准。② 因而从刑法修正的原意来看，对防卫过当限度条件的掌握不能过于严格。

因而在具体案件的判断中，行为人在确实具有防卫的必要性的基础上实施了防卫行为，如果防卫行为本身的强度与不法侵害行为的强度基本相当，甚至小于不法侵害的强度，则如果造成重大损害结果，不能认为是“明显超过必要限度”；如果防卫人采用强度较小的行为就足以制止不法侵害，却采用了明显不必要的强度更大的行为并造成了重大损害的结果，此时就可以认定为“明显超过必要限度”。但是需要注意的是，在一些案件中，即使在防卫行为本身的强度超出不法侵害的强度，但从行为时的一般人标准来判断，该防卫行为系制止不法侵害所必需时，此时仍不能认为防卫行为“明显超过必要限度”。

---

① 广东省珠海市中级人民法院（2016）粤 04 刑终第 396 号刑事判决书。

② 戴长林，等．完善刑事立法强化公民的正当防卫权．中国法学，1996（5）．

课题组对现行司法实践中防卫过当案件的裁判文书进行梳理后发现，法院认定被告人的防卫行为明显超过必要限度，主要是因防卫方式、强度、手段不适当，明显超过必要限度。具体来说，主要体现在以下几种情形。

（1）因防卫行为人攻击部位不适当而认定“明显超过必要限度”。也即，行为人在遭受不法侵害时，具备防卫前提，依据案件的客观情形，防卫人实施防卫行为时本可选择伤害较小的身体部位来攻击，进而制止不法侵害，却不当选择了对不法侵害人伤害较大的身体部位来进行防卫，进而造成不法侵害人重大损害。如在广东省高级人民法院（2014）粤高法刑四终字第275号刑事判决书中，法院认定曾卓荣在保护自己避免被打伤的情况下持刀防卫，捅刺两被害人时不能控制捅刺部位与力量，致两被害人胸部被刺中，伤及心脏及肺部而死亡，其行为已属过当。[①] 广东省珠海市中级人民法院（2016）粤04刑终第396号刑事判决书中，也认为尽管兰文凭当时被对方压住头部殴打，但在当时之情境其仍然应该能够选择对被害人造成伤害较小的打击方式或者打击部位，然而事实上其直接捅刺了被害人张某国的腹部，造成被害人张某国重伤，该防卫行为造成的损害过于重大，因此属于防卫超过必要限度。[②]

（2）因防卫工具不适当而认定“明显超过必要限度”。也即，与不法侵害人采取的侵害手段、强度相比，防卫人选择的防卫工具明显超出了制止不法侵害的必要限度，进而造成不法侵害人重大损害。如《最高人民法院公报》1985年第2号孙明亮故意伤害案中，法院认定由于不法侵害人系徒手实施不法侵害，在这种情况下，防卫者持刀将其刺伤致死，其正当防卫行为超过必要的限度，造成不应有的危害后果，属于防卫过当；再如山东省高级人民法院（2014）鲁刑二终字第104号刑事附带民事判决书中认定，李洪钧在采取制止不法侵害的防卫行为过程中，较于不法侵害人的侵害手段及程度，采取持刀捅划的手段防卫并造成不法侵

① 广东省高级人民法院（2014）粤高法刑四终字第275号刑事判决书。

② 广东省珠海市中级人民法院（2016）粤04刑终396号刑事判决书。

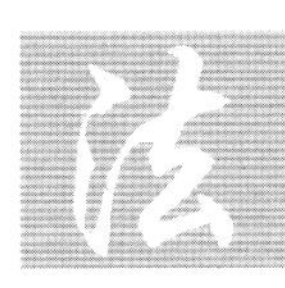



害人王某鲁死亡的严重后果，其防卫行为已明显超过了必要限度，应属于防卫过当。①

（3）因防卫方人数或体能优于侵害方而认定“明显超过必要限度”。该种情形，是指行为人虽然遭受多人不法侵害，但是较之于其中个别侵害人，防卫人具有防卫的优势，此时防卫人针对该特定的不法侵害人，其防卫手段、强度明显超过必要限度。如在广州市中级人民法院（2016）粤 01 刑终第 621 号刑事判决书中，法院指出：针对众多侵害人防卫过当的判断，应当考虑案发时间、地点，双方的行为目的、人数及所采用工具等因素。防卫人针对众多侵害人中某一人进行集中攻击时，判断防卫行为是否明显超过必要限度造成重大损害，不仅应综合双方的全部力量对比进行考量，还应将防卫人与个别侵害人的行为及状态进行比较。②

（4）因在不存在防卫紧迫性的情形下实施防卫行为而认定“明显超过必要限度”。该种情形，是指不法侵害人虽然实施了不法侵害，但是在此过程中，已经被控制，不存在防卫紧迫性。如山西省高级人民法院（2015）晋刑二终字第 23 号刑事判决书认定，上诉人史成钢面对被害人赵某伟不法侵害行为进行防卫，在被害人赵某伟的不法侵害行为已得到有效控制的情况下，仍连续挥拳击打被害人头面部导致被害人颅脑损伤死亡，其防卫行为明显超过必要限度。③ 再如山东省高级人民法院（2015）鲁刑二终字第 72 号刑事附带民事判决书认定，马超为使本人的人身权利免受正在进行的不法侵害，可以采取制止不法侵害的防卫行为，但相较于不法侵害人的侵害手段及程度，特别是马超夺取邓某超的刀具后，该不法侵害已不足以达到“严重危及人身安全的暴力犯罪”的程度，马超夺刀反刺侵害人邓某超二刀，并造成邓某超死亡的严重后果，其防卫行为已明显超过了必要限度，属于防卫过当。④

---

① 山东省高级人民法院（2014）鲁刑二终字第 104 号刑事附带民事判决书。

② 王婧．针对众多侵害人防卫过当的刑罚考量．人民司法（案例），2016（32）．

③ 山西省高级人民法院（2015）晋刑二终字第 23 号刑事判决书。

④ 山东省高级人民法院（2015）鲁刑二终字第 72 号刑事附带民事判决书。

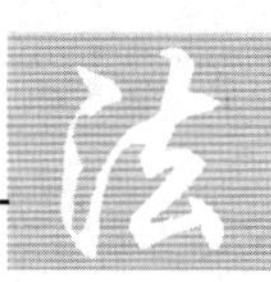

在课题组查询的其他认定防卫过当的相关案件中，有关裁判文书仅仅概述防卫方式、强度、手段等不适当，而没有进一步详细论述“明显超过必要限度”的认定理由。

以上四种情形是司法实务中较为常见的“明显超过必要限度”的认定理由，由于所选案例有限和司法实践的复杂性，以上四种情形并不能代表所有的防卫过当的类型。

（三）何为“造成重大损害”

对于防卫者而言，法律允许并提倡行为人为了保护人身、财产和其他合法权益对正在遭受的不法侵害进行必要的防卫，但法律并没有明确规定对侵害者造成怎样的损害才算是重大损害。与1979年刑法典相比，1997年刑法典将“不应有的危害”改为“重大损害”。这一修改更有利于司法人员从客观方面把握与判断重大损害。虽然学者对“重大损害”所涉及的范围有着不同的理解，但重大损害意味着防卫行为所造成的损害与不法侵害可能造成的侵害相比明显失衡。一般认为，所谓的“重大损害”，学理上一般认为仅限于重伤或死亡，不包括造成被害人轻伤或财产方面的损失。① 这样的见解也为实务所认同，如，最高人民法院编著的《刑事审判参考》（第38集）中第297号案例“赵泉华被控故意伤害”案中，法院指出：正当防卫仅致不法侵害人轻伤的，未明显超过必要限度造成重大损害，因而防卫人不负刑事责任。②

（四）“明显超过必要限度”与“造成重大损害”的关系

防卫过当的成立条件是防卫行为明显超过必要限度造成重大损害。那么“明显超过必要限度”与“造成重大损害”之间的关系是什么呢？目前关于两者之间的关系有以下几种观点：一是并列说。该说认为明显超过必要限度与造成重大损害是并列的，只有两者兼备才能被认定为防卫过当。如果防卫行为明显超过必要

① 劳东燕. 防卫过当的认定与结果无价值论的不足. 中外法学，2015（5）.

② 最高人民法院刑事审判第一庭，第二庭编. 刑事审判参考：2004年第3集·总第38集. 北京：法律出版社，2004：104.

限度但未造成重大损害，就不能被认定为防卫过当，反之亦然。[①] 二是交叉说。此种学说认为，明显超过必要限度可以造成重大损害后果或一般损害后果；而造成重大损害后果，可能是明显超过必要限度，亦可能是没有明显超过必要限度。[②] 还有一种观点认为，凡是明显超过必要限度的，必然造成重大损害；凡是造成重大损害的，都是明显超过必要限度。[③] 在这里，笔者认为，“并列说”的观点较为合理，也即只有防卫行为与“造成重大损害”同时具备，方可以构成防卫过当。因为防卫过当不仅包括行为的状态，还包括行为造成的结果状态。如果行为人的防卫行为造成重大损害，然而实际上并未“明显超过必要限度”，此时就不能认定为防卫过当，如我国刑法典第 20 条第 3 款规定的特殊防卫权。如果行为人的防卫行为虽然“明显超过必要限度”，但是实际上并未造成重大损害，此时也不能认定构成防卫过当。如，行为人在遭受徒手殴打的过程中，为了防卫，拔枪射击，但未射中，此时就不宜认定为防卫过当。

事实上，刑事实务中也是采取此两种条件必须同时具备的观点。如《刑事审判参考》（第 38 集）中第 297 号案例“赵泉华被控故意伤害案”中，法院指出：防卫措施明显超过必要限度、防卫结果造成重大损害两个标准必须同时具备，才能认定为防卫过当。行为人的防卫措施虽然明显超过必要限度但防卫结果客观上并未造成重大损害，或者防卫结果客观上虽造成严重损害但防卫措施并未明显超过必要限度，均不能认定为防卫过当。[④] 再如黑龙江省高级人民法院（2016）黑刑终第 267 号刑事附带民事判决书中，法院认定上诉人高宏胜在受到被害人殴打时持刀防卫，明显超过必要限度，并造成重大损害，系防卫过当，高宏胜应当负刑事责任。[⑤] 又如广东省东莞市中级人民法院（2016）粤 19 刑终第 363 号刑事判

---

① 王政勋．正当行为论．北京：法律出版社，2000：187.

② 郭泽强，胡陆生．再论正当防卫的限度条件．法学，2002（10）.

③ 陈兴良．正当防卫论．2 版．北京：中国人民大学出版社，2006：175.

④ 最高人民法院刑事审判第一庭，第二庭编．刑事审判参考：2004 年第 3 集·总第 38 集．北京：法律出版社，2004：104.

⑤ 黑龙江省高级人民法院（2016）黑刑终 267 号刑事附带民事判决书。

决书中，法院认为上诉人段文道面对正在进行的不法侵害将王某当捅伤，其行为明显超过必要限度且造成重大损害，属防卫过当。[①] 可见，在我国的刑事司法实务中，均是要求构成防卫过当需同时具备“明显超过必要限度”与“造成重大损害”两个条件。

（五）防卫过当限度条件的认定思路

在具体案件中，对防卫过当限度条件的认定思路，笔者认为：首先，应当在全面分析不法侵害的强度、缓急、性质，侵害方与防卫方的力量对比，现场情势等事实和情节基础上进行综合判断。特别是对于不法侵害要整体看待，要查明防卫行为的前因后果，考虑防卫人对持续侵害累积危险的感受，而不能局部地、孤立地、静止地看待，将防卫行为与防卫瞬间的不法侵害进行简单对比。其次，需要从一般人的观念出发，考虑一般人的可能认识，设想具有通常理解能力的第三人处于防卫人当时的境地，是否会作出相同或类似的选择，是否存在选择强度较低且又能有效制止不法侵害的其他防卫措施的可能[②]，如果有这种可能，行为人选择了防卫强度较大的行为，此时方可认定为“明显超过必要限度”。在实践中，许多不法侵害是突然、急促的，防卫人在仓促、紧张的状态下往往难以准确地判断侵害行为的性质和强度，难以周全、慎重地选择相应的防卫手段，此时应充分考虑行为人当时的处境而作出合理的判定。最后，要适当作有利于防卫人的考量。防卫过当毕竟存在防卫前提，因而在防卫过当与正当防卫认定存在争议时，应当适当作有利于防卫人的认定；即使认定为防卫过当，也应当充分运用“减轻或者免除处罚”的规定裁量处理。

在说理更为充分的于欢故意伤害案件二审中，对防卫过当限度条件的认定思路较为妥当。出庭检察员认为，于欢的行为具有防卫的性质，但采取的反制行为明显超过必要限度且造成了伤亡后果，应当认定为防卫过当；于欢提出其行为属

① 广东省东莞市中级人民法院（2016）粤19刑终363号刑事判决书。

② 劳东燕．防卫过当的认定与结果无价值论的不足．中外法学，2015（5）．

于正当防卫或防卫过当，其辩护人提出于欢的防卫行为没有超过必要限度，属于正当防卫。二审判决最后采纳了出庭检察员所提出的案件属于防卫过当的意见，认定于欢的防卫行为明显超过必要限度造成重大损害，于欢应当负刑事责任。[①]笔者认为，二审判决根据查明的案件事实及在案证据，从不法侵害的性质、手段、紧迫程度和严重程度，防卫的条件、方式、强度和后果等情节综合判定于欢的行为属于防卫过当，有充分的法律和法理根据。具体到于欢故意伤害案中，在当时的行为环境下，针对杜某浩等人实施的不法侵害行为，为使其本人及其母亲的人身权利免受正在进行的不法侵害，于欢可以采取制止不法侵害的防卫行为，也具有现实必要性。但杜某浩等人的主观目的是索要债务而不是加害于欢母子，因而他们的不法侵害手段相对克制，且并未使用器械工具，也没有对于欢母子实施严重的致命性攻击或者暴力性伤害等行为。相较于杜某浩等人的侵害手段及程度，于欢使用致命性工具即超过 15 厘米的单刃刀，猛力捅刺杜某浩等人身体的要害部位，造成一死、二重伤、一轻伤的严重后果，其防卫行为与不法侵害行为在手段、强度等方面明显不相适应，且造成了多人伤亡的“重大损害”后果，因而依据案件事实和相关法律规范来衡量，二审判决正确地认定于欢的反击行为“明显超过必要限度”并“造成重大损害”，属于防卫过当。[②] 因此，二审法院认定于欢的行为系防卫过当基础上构成的故意伤害罪，对其适用减轻处罚，判处有期徒刑 5 年。这是适当的，符合罪责刑相适应原则。

## 五、关于特殊防卫的适用问题

“特殊防卫，也称无过当防卫，是指为了使公民本人或者他人的人身权利免受正在进行的严重危及人身安全的暴力犯罪的不法侵害，而对不法暴力侵害者所

①② 山东省高级人民法院（2017）鲁刑终 151 号刑事附带民事判决书。

实施的即使造成其伤亡也不属于防卫过当、不负刑事责任的行为。”[①] 我国1979年刑法典第17条规定了正当防卫，并将防卫过当界定为正当防卫超过必要限度造成不应有的危害的行为，但没有涉及特殊防卫问题。由于1979年刑法典对正当防卫超过必要限度的规定太笼统，在实际执行中随意性较大，出现了不少问题。比如，受害人在受到不法侵害时把歹徒打伤了，不仅得不到保护，反而被以防卫过当追究刑事责任。为了保护被害人的利益，鼓励公民积极利用正当防卫与违法犯罪行为进行斗争，同时也为了避免公民滥用防卫权，造成社会的混乱，我国1997年修订的现行刑法典第20条第3款确立了特殊防卫权，即“对正在进行行凶、杀人、抢劫、强奸、绑架以及其他严重危及人身安全的暴力犯罪，采取防卫行为，造成不法侵害人伤亡的，不属于防卫过当，不负刑事责任”。由此开创了我国特殊防卫权刑事立法化之先河。“刑法典作出这样的规定，主要有两点考虑：一是考虑到了社会治安的实际状况。各种暴力犯罪不仅严重破坏社会治安秩序，也严重威胁公民的人身安全，对上述严重的暴力犯罪采取防卫行为作出特殊规定，对鼓励群众勇于同犯罪作斗争，维护社会治安秩序，具有重要意义。二是考虑了上述暴力犯罪的特点。这些犯罪都是严重威胁人身安全的，被害人面临正在进行的暴力侵害，很难辨认侵害人的目的和侵害的程度，也很难掌握实行防卫行为的强度，如果对此规定得太严，就会束缚被侵害人的手脚，妨碍其与犯罪作斗争的勇气，不利于公民运用法律武器保护自身的合法权益。”[②] 从刑法典的规定来看，特殊防卫的适用对象限于正在进行的“严重危及人身安全的暴力犯罪”。实践中，正确适用特殊防卫条款的关键在于准确把握“严重危及人身安全的暴力犯罪”的内涵与外延。

（一）关于“暴力犯罪”的理解和适用

对于一般防卫权来说，防卫行为不仅可以针对采取暴力手段的不法侵害行为实施，而且也可以针对采取非暴力手段的不法侵害行为实施。但是，特殊防卫的

---

① 赵秉志，等. 刑法学. 北京：北京师范大学出版社，2013：195.

② 郎胜主编. 中华人民共和国刑法释义. 北京：法律出版社，2015：23.

实施只能针对采取暴力手段的不法侵害，对于采取非暴力手段的不法侵害不能进行特殊防卫。从现行刑法典的有关规定来看，不仅法条所明确列举的“杀人、抢劫、强奸、绑架”等是典型的暴力犯罪，而且其所使用的概括性词语“其他暴力犯罪”，也清楚地表明特殊防卫只能针对暴力犯罪实施。对于非暴力的犯罪行为，只能进行一般防卫而不能进行特殊防卫。例如，在“黄丛起故意伤害案”中，武某某在黄丛起所经营的冷饮吧内，向业主黄丛起提出欲找女服务员陪酒的无理要求被拒绝后，又到其他房间寻衅滋事，被他人劝走后，又回家携带凶器再次返回冷饮吧并先后两次对黄丛起实施砍击。虽然黄丛起持刀予以反抗造成武某某重伤，但是法院最终认定黄丛起成立特殊防卫。[①] 在此案中，武某某持刀砍击黄丛起的行为即为特殊防卫中的暴力犯罪。此外，尽管从刑法典分则的规定来看，以暴力手段实施的犯罪范围是十分广泛的，但并非所有的暴力犯罪都是特殊防卫适用的对象，暴力犯罪还要受犯罪程度的限制。对刑法典第 20 条第 3 款规定的暴力犯罪，可以从以下几个方面来理解和确定：一是从具体罪名上确定暴力犯罪的程度。有些犯罪，依其罪名即可确定其是否达到了严重危及人身安全的程度，例如，刑法典第 123 条规定的暴力危及飞行安全罪。对于这类犯罪，应当允许进行特殊防卫。二是根据具体案件中是否具有“严重危及人身安全的威胁”来确定暴力犯罪的程度。有些犯罪，其暴力的程度可能会因为行为方式的不同而具有较大的差异，轻的可能致人轻微伤或者轻伤，重的则可能致人重伤或者死亡。对这类犯罪，应根据具体案件中犯罪分子所实际使用的暴力是否具有严重危及人身安全的程度来认定，对于行为强度足以致人重伤或者死亡的，则应当认为属于严重的暴力犯罪，可以实施特殊防卫。而对于仅仅可能造成轻微伤或者轻伤结果的，则不能实施特殊防卫。三是从法定刑幅度来看，在刑法典分则中，虽然有些犯罪比如侮辱罪可以是以暴力手段实施的，但是这些暴力犯罪都属于较轻的暴力犯罪，因此不能对其实施特殊防卫。若必须进行正当防卫，也只能适用一般防卫的规定。

---

① 黑龙江省牡丹江市中级人民法院（2016）黑 10 刑终 59 号刑事附带民事裁定书。


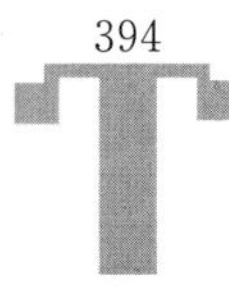

(二) 关于“危及人身安全”的理解和适用

对于任何侵犯“国家、公共利益、本人或者他人的人身、财产和其他权利”的不法侵害，都可以实施一般防卫，而特殊防卫则有所不同。特殊防卫必须在发生了危及人身安全的暴力犯罪侵害的时候才能实施，对于仅仅危及国家利益、公共利益或者财产权利的暴力犯罪侵害，只要这种侵害没有危及人身安全，则不允许进行特殊防卫，而只能进行一般防卫。这是特殊防卫权不同于一般防卫权的一个重要特征。虽然在1997年刑法典修订草案的征求意见稿中，曾有过对于“以破门撬锁”的方法侵入他人住宅可以实施特殊防卫的规定①，但是最终刑法典最终没有采纳这一规定。那么，什么是“危及人身安全”的暴力犯罪呢？从现行刑法典列举的犯罪来看，主要是指侵犯人的生命权、健康权、自由权、性权利和身心健康等权利的犯罪。侵犯除此之外的其他权利的犯罪，不能被纳入侵犯人身安全犯罪的范畴，也就不能成为特殊防卫所适用的前提条件。例如，在“于欢故意伤害案”中，杜某浩等人的违法讨债、非法拘禁、严重侮辱等不法侵害行为，虽然侵犯了于欢母子的人身自由、人格尊严等合法权益，但并不具有危及于欢母子人身安全的性质，因此该案并不存在特殊防卫的前提。② 然而，“危及”的形式不限于暴力犯罪造成了实际的严重损害，对于尚未造成实际损害但是具有造成实际损害可能性的暴力犯罪，同样存在实施特殊防卫的可能性。例如，在1997年刑法典颁行后第一例涉特殊防卫权的“叶永朝故意杀人案”中，叶永朝因王某友吃饭后未付钱向王某友催讨饭钱，但是王某友因感到名誉受损而纠集一些人来叶永朝的饭店闹事，并且让叶永朝请客了事。叶永朝不从，王某友即取过东洋刀往叶永朝的左臂及头部各砍一刀。叶拔出自备的尖刀还击，在店门口刺中王某友胸部一刀后，冲出门外侧身将王抱住，两人互相扭打砍刺。在旁的郑某伟见状即拿起旁边的一张方凳砸向叶的头部，叶永朝转身还击一刀，刺中郑的胸部后又继续

① 高铭暄，赵秉志编. 新中国刑法立法文献资料总览. 2版. 北京：中国人民公安大学出版社，2015：506.

② 山东省高级人民法院（2017）鲁刑终151号刑事附带民事判决书。

与王某友扭打，将王压在地上并夺下王手中的东洋刀。王某友和郑某伟经送医院抢救无效死亡，叶永朝全身多处伤，其损伤程度属轻伤。虽然，叶永朝实际所受到的伤为轻伤，但是由于王某友等人的行为已经达到了危及叶永朝人身安全的程度，因此，法院最终根据刑法典第 20 条第 3 款的规定认定其行为成立正当防卫。① 又如，在“陈某某故意伤害案”中，陈某某在被被害人容某、周某某、纪某某殴打时，持小刀还击，致容某死亡，致周某某轻伤，纪某某、刘某某轻微伤。本案中，陈某某的伤势为轻微伤，因此被害人的行凶行为并未造成实际的严重后果，但是法院依然认定陈某某行为成立特殊防卫。在该案的裁判理由中，法院明确指出：“法律并未规定特殊防卫的行为人必须身受重伤、已被抢劫、强奸既遂等才可以进行防卫。防卫的目的恰恰是使行凶、杀人、抢劫、强奸、绑架等暴力犯罪不能得逞，因此，即使防卫人根本没有受到实际伤害，也不应当影响特殊防卫的成立。”②

（三）关于危及人身安全暴力犯罪“严重性”的理解和适用

一般的防卫行为可以针对严重的暴力犯罪行为实施，也可以针对未达到严重程度的暴力犯罪行为实施，但特殊防卫只能适用于严重危及人身安全的暴力犯罪。这是现行刑法典对特殊防卫适用的前提条件在质上的规定。因而如果是危及人身安全的暴力犯罪侵害，但侵害行为程度较轻的或者未达到严重程度的，只能进行一般防卫，不能实施特殊防卫。例如，在“于欢故意伤害案”中，杜某浩等人的勒脖子、按肩膀、推搡等强制或者殴打行为，虽然让于欢母子的人身安全、身体健康权益遭受了侵害，但这种不法侵害只是轻微的暴力侵犯，既不是针对生命权的严重不法侵害，也不属于会发生重伤等严重侵害于欢母子重大身体健康权益的情形，因而不是严重危及人身安全的暴力犯罪侵害。③ 在实践中，许多被认定为防卫过当的案件都是由于暴力犯罪的程度尚未达到严重程度，故并未适用特

① 浙江省台州市中级人民法院（1997）台法刑抗字第 13 号刑事裁定书。

② 海南省三亚市中级人民法院（2016）琼 02 刑终 28 号刑事附带民事裁定书。

③ 山东省高级人民法院（2017）鲁刑终 151 号刑事附带民事判决书。

殊防卫条款。而这些案件的防卫对象几乎均表现为“行凶”类的暴力犯罪。

如在《刑事审判参考》中刊载的第261号案例即“李小龙等被控故意伤害案”中，王某富等人在尚未买票的情况下，不但自己强行入场，还强拉他人去现场观看表演。王某富等人在被阻止后便动手打人，双方厮打在一起。在此过程中，王某富持木棒、钢筋等物品殴打李小龙，在王某富手持菜刀冲进现场时，李小龙见状，即持“T”型钢管座腿向王某富的头部猛击，致其死亡。本案中因王某富等人持木棒、钢筋等物品殴打李小龙，已经不是一般的拳脚相加之类的不法侵害，而是用足以严重危及他人的人身安全的凶器、器械伤人的暴力犯罪行为，因而可以实施特殊防卫。正因如此，法院认定李小龙的行为成立特殊防卫，不构成犯罪。

又如，在“吴金艳故意伤害案”中，李某辉等人使用暴力强行闯入吴金艳（女）的宿舍，欲强行带走同宿舍的尹某红（女）；吴金艳见尹某红被殴打并被撕毁睡衣，即上前劝阻李某辉等人，但是同样遭到了李某辉等人的殴打。在此过程中，李某辉从桌上拿起一把长11厘米、宽6.5厘米、重550克的铁挂锁欲砸吴金艳，吴金艳持顺手从床头柜上摸起的一把刃长14.5厘米、宽2厘米的水果刀，刺向李某辉进行防卫，导致李某辉死亡。2004年9月16日，北京市第一中级人民法院对该案作出二审裁定：由于吴金艳是对严重危及人身安全的暴力行为实施防卫，故虽然造成李某辉死亡，但仍在刑法典第20条第3款规定的幅度内，不属于防卫过当，依法不负刑事责任。

再如，在“赵某某故意伤害案”中，在赵某某受到王某厅等人殴打的过程中，王某厅将寝室的木质扫帚的一头去掉，拿着木棒对着赵某某的上半身进行殴打，赵某某用左手抵挡，右手从自己后裤包拿出弹簧刀将王某厅捅成重伤。本案被告人赵某某在遭到他人不法侵害时，虽然实施的是正当防卫，但其正当防卫明显超过必要限度，造成了他人重伤的后果，属防卫过当，自己的行为已构成故意伤害罪。[①]

① 最高人民法院公布24起发生在校园内的刑事犯罪典型案例（四川）之九：赵某某故意伤害一案。

从对上述典型案件的比较研究中不难发现，在行为人同为遭受殴打的情况下，其人身安全所遭受的危及程度大不相同。如在“吴金艳故意伤害案”中，行为人所遭受的为多人连续并且使用金属工具进行殴打等侵害行为，并且具有使用暴力强行闯入室内的情节。而在“赵某某故意伤害案”中，虽然在此之前殴打赵某某的为多人，但是在防卫的过程中，行为人所受到的只是被害人一人持木质扫帚殴打的侵害。可见，前一案件中被告人的人身安全所受到的威胁程度明显要大于后者，而从案件的审理结果来看，前者成立特殊防卫，后者却为防卫过当。由此可见，对于一般的暴力行为不能够认定为特殊防卫中的行凶，而只有对人身安全的危及达到极为严重的程度，才可能对其进行特殊防卫。

（四）关于“行凶、杀人、抢劫、强奸、绑架”的理解和适用

刑法典第 20 条第 3 款对正当防卫的适用对象作了部分列举，即“行凶、杀人、抢劫、强奸、绑架”等严重危及人身安全的暴力犯罪。

首先，所谓“杀人、抢劫、强奸、绑架”，其具体含义比较明确，这是一种罪名与手段相结合的立法形式，并非特指具体某种犯罪罪名。“杀人、抢劫、强奸、绑架”当然应当包括具有同类性质或者相同手段的多种犯罪罪名，即包括以这四种具体犯罪罪名定罪的存在着两种以上犯罪行为的情形。例如，刑法典第 269 条规定，犯盗窃、诈骗、抢夺罪，为窝藏赃物、抗拒抓捕或者毁灭罪证而当场使用暴力或者以暴力相威胁的，应当依照刑法典第 263 条的规定定罪（抢劫罪）处罚。对于这种准抢劫犯罪，应当允许实施特殊防卫。此外，这四种犯罪也可以是指以这四种手段所实施的触犯其他具体罪名的犯罪。如对于绑架犯罪，不仅是指刑法典第 239 条规定的绑架罪，而且还包括以绑架的手段实施的触犯其他罪名的犯罪。如对于刑法典第 240 条第 5 项规定的“以出卖为目的，使用暴力、胁迫或者麻醉方法绑架妇女、儿童的”行为，虽然应当认定为拐卖妇女、儿童罪，但从犯罪手段上看，这是以绑架的手段实施的犯罪，应当允许实施特殊防卫。

其次，所谓“行凶”，不是一个独立的犯罪罪名，一般是指故意实施的危及他人生命、健康的暴力犯罪行为。从刑法典规定特殊防卫的宗旨出发，“行凶”

必须是程度严重的危及人身安全的暴力犯罪，即应被理解为与杀人、抢劫、强奸、绑架等暴力犯罪大致相当的杀伤或其他严重危及人身安全的暴力犯罪行为，尤其是使用凶器对被害人进行暴力袭击，严重危及人身安全的行凶。否则，不能进行特殊防卫。如在“孙某某故意伤害案”中，被害人张某某得知其妻子与孙某某妻子吵架后，持斧子进入孙某某家院内，将孙某某妻子管某某砍晕后，与孙某某厮打在一起。在此过程中，张某某持斧子砍被告人孙某某左后脑部一下，被告人孙某某持改制匕首刺张某某左颈部一刀，致张某某死亡。法院认定：张某某仅因抢客吵架等琐事纠纷，便持斧子闯入被告人孙某某家院内行凶，砍伤与其妻吵架的管某某，之后又与被告人孙某某厮打，侵害行为针对的对象转变为被告人孙某某，并且持斧子砍伤被告人孙某某的要害部位，严重侵害了被告人孙某某及其妻子的人身安全。被告人孙某某面对正在进行的不法侵害，有权采取防卫行为，其持改制匕首扎张某某一刀，其行为符合刑法典第 20 条第 1 款、第 3 款的规定，系正当防卫。① 又如，在“黄某某故意伤害案”中，武某某在黄某某所经营的冷饮吧内，向业主黄某某提出欲找女服务员陪酒的无理要求被拒绝后，又到其他房间寻衅滋事，被他人劝走后，又回家携带凶器再次返回冷饮吧并先后两次对黄某某实施砍击。在此过程中，黄某某在推开武某某的同时用刀捅伤武某某腹部，致其重伤。法院认为，黄某某的行为是本人为免受正在进行的不法侵害而采取的制止不法侵害的行为，是对正在进行的行凶实施的特殊正当防卫，其虽然事先准备了凶器，提前进行了防卫及本人并未真正受到伤害，但并不影响其特殊正当防卫的认定，故应当认定其无罪。②

从上述两个典型案件可以看出，行为人均持凶器对被告人造成人身严重伤害，因此法院认定其成立特殊防卫。由此可见，只有在“行凶”行为严重危及人身安全的情况下，才能对其实施特殊防卫。

---

① 辽宁省沈阳市中级人民法院（2005）沈刑初字第 43 号刑事附带民事判决书。

② 黑龙江省牡丹江市中级人民法院（2016）黑 10 刑终 59 号刑事附带民事裁定书。

## 六、结语

正当防卫作为我国刑法规定的一项极其重要的法律制度，在刑法理论上具有独特的地位，也是司法实践中令人关注的焦点。自 1997 年刑法典对正当防卫规定进行重要修改以来，我国刑法学界就围绕着正当防卫制度的重大理论和实际问题开展了一系列的讨论。正当防卫的性质问题、防卫前提问题、防卫过当问题和特殊防卫问题，在实践中更是常引起分歧和带来司法适用上的迷惑。本文通过对涉正当防卫典型案件的比较研究，试图总结提炼这些典型案件中司法适用的规律性、共通性规则和要旨，深入剖析实践中正当防卫运用的特点和规律，分析其合理因素及不足之处，并提出可能改进和完善的方向。一方面，旨在为司法人员正确理解和适用刑法中正当防卫的规定提供可行的指引，促进实践中正当防卫案件法律适用和裁判尺度的统一，从而更好地提高案件审判质量、提升司法公信力和维护法律的权威；另一方面，也是希冀通过对大量典型案例的比较研究和深入剖析，达到理论的实践性升华，引导公民在法律允许的范围和限度内正确行使正当防卫权，使该制度所具有的遏制犯罪、保护合法权益和维护社会治安秩序的功能得到更加充分有效的发挥，让人民群众在涉正当防卫案件的司法处理中感受到公平正义。

我们认为，通过前文的分析和研究，以下几个方面的结论性认识值得重视：

第一，尽管公民享有正当防卫权，但并不意味着公民可以任意实施防卫行为。不具有防卫性质的反击行为，不属于正当防卫。其中，关于防卫性质的认定，主要涉及对防卫意图、防卫对象、防卫时间等要素的分析和认定。防卫意图的正当性是区分正当防卫与非正当防卫的重要标志，在实践中，应根据实际情况，遵循主客观相统一原则进行综合判断。对见义勇为行为应认为存在防卫意图，但在保护非法利益、互殴等情形下不存在防卫意图。正当防卫的对象只能是不法侵害人，但在一定情况下也包括不法侵害人的财产（财物）。正当防卫是对正在进行的不法侵害的制止，判断不法侵害的着手是确定正当防卫的开始时间的

关键，应根据行为当时的主观和客观的因素全面分析是否已经着手直接实施侵害行为；一般而言，应以不法侵害的危险是否排除作为判断不法侵害是否结束的客观标准，不法侵害已经结束的，所实施的反击行为是事后的报复行为，与正当防卫有本质区别；对于处在预备阶段或犯意表示阶段的不法侵害，因其对合法权益的威胁并未达到现实状态，“先下手为强”的做法是非法侵害行为，不是正当防卫；当毫无防卫前提、原有的防卫前提不复存在或发生事实认识错误时，采取事后防卫的行为人，主观上不存在防卫意图，而是出于事后报复或求得补偿的心理，往往造成他人的不应有的损害，故是一种具有报复性质的违法犯罪行为，不是正当防卫。

第二，存在现实的不法侵害是正当防卫得以行使的前提条件。正当防卫制止的不法侵害应当具有不法性、侵害性、紧迫性和现实性。对不法侵害的认定无须考虑行为人的主观情况，对于没有达到刑事责任年龄人或者精神病人的不法侵害行为可以进行正当防卫。不法侵害不仅包括犯罪行为，也包括一般违法行为，但是并非对一切违法犯罪行为都可以实行正当防卫，通常只对那些迫在眉睫或者正在进行的且往往带有暴力性、破坏性、紧迫性的不法侵害行为，在实行防卫可以减轻或者消除侵害威胁的情况下，才可以实行正当防卫。只有当某一行为对刑法所保护的国家、公共利益、本人或者他人的人身、财产等合法权益造成侵害或者威胁时，才可以实行正当防卫，实践中对公民个人利益的不法侵害较为常见，法院认可的个人利益的范围也比较广泛。一般认为，对于防卫过当和避险过当不得实行正当防卫。“不法侵害”是真实且客观存在的行为，对于假想防卫，应当根据案件的具体情况，依照对事实认识错误的处理原则来解决。

第三，从总体上说，防卫过当是一种非法侵害行为，防卫过当认定的关键在于对防卫限度条件的正确理解和把握。在认定何为“必要限度”的问题上，原则上是以制止不法侵害所必需为标准，同时要求防卫行为与不法侵害行为在手段、强度等方面不存在悬殊的差异。在何为“明显超过必要限度”的判断上，主要是基于防卫方式、强度、手段不适当而认定明显超过必要限度，常见的情形包括防卫行为人攻击部位不适当、防卫工具不适当、防卫方人数或体能

优于侵害方、在不存在防卫紧迫性的情形下实施防卫行为等。“重大损害”意味着防卫行为所造成的损害与不法侵害可能造成的侵害相比明显失衡，一般仅限于重伤或死亡，不包括造成被害人轻伤或财产方面的损失。防卫措施明显超过必要限度、防卫结果造成重大损害两个标准必须同时具备，才能认定为防卫过当。

第四，特殊防卫适用的关键在于准确把握特殊防卫的适用对象。根据刑法典的相关规定，特殊防卫的适用对象系“正在进行的行凶、杀人、抢劫、强奸、绑架等严重危及人身安全的暴力犯罪”。“正在进行”是指这些严重危及人身安全的暴力犯罪已经开始尚未结束、正在进行的过程中，也即特殊防卫的成立须符合一般防卫成立的基本条件。“行凶”本身不是独立的罪名，应被理解为与杀人、抢劫、强奸、绑架等暴力犯罪紧密相关的杀伤或其他危及人身安全的行为。“严重危及人身安全的暴力犯罪”的适用，应从两个方面入手：其一，不法侵害应当为行凶、杀人、抢劫、强奸、绑架等严重危及人身安全的暴力犯罪，并非指故意杀人罪、抢劫罪、强奸罪、绑架罪等具体某种犯罪。其二，不法侵害对人身安全的威胁具有严重性。“严重”是暴力犯罪的程度要求，也是反击的条件限制，一般要达到重伤害以上程度。

# 正当防卫时间要件疑难问题研究*

## 一、前言

正当防卫是现代各国刑法中普遍设立且极为重要的一项制度。正当防卫的成立需要具备法定的多方面的构成条件。在正当防卫的基本条件上，各国的学说和司法实践普遍认为，必须有现时的不法侵害存在，防卫人才能使用暴力进行反击。这便是正当防卫的时间要件。之所以使用“时间要件”这一概念，原因在于各国针对这一要件有着不同的表述：我国学者一般认为不法侵害必须是“正在进行的”；日本学者通常表述为“急迫”[①]；德国学者惯用表述为“正在进行”[②]；英美刑法学者则使用了更为宽泛的即刻性（imminence，immediacy）的表述。[③] 由

* 与黄静野硕士合著，原载赵秉志主编：《京师法律评论》，第10卷，北京，中国法制出版社，2016。

① ［日］大塚仁. 刑法概说（总论）：第3版. 冯军，译，北京：中国人民大学出版社，2003：380.

② ［德］冈特·施特拉腾韦特，洛塔尔·库伦. 刑法总论：I——犯罪论. 杨萌，译. 北京：法律出版社，2006：165.

③ Wayne R. LaFave，*Criminal Law*，West Publishing Co.，2010，pp. 574-575.

于不同表述之间存在着范围大小的差异，因此必须使用一个揭示其共通性的概念，以减少歧义，便于叙述和说理，而时间要件可以说较好地满足了这一需求。因此，本文只在需要突出差异性的场合才会使用特定的表述，此外一律使用“时间要件”这一概念。面对已经着手实施的不法侵害，受攻击人自然有实施防卫的必要，但是，更为特殊和有争议的问题在于在不法侵害尚未现实存在，正当防卫的时间要件存在缺陷，以及不法侵害行为构成既遂的情形下，防卫人如有防卫必要是否有权实施防卫行为。

我国刑法学研究者在探讨上述情形时一般将其归入防卫不适时的范畴进行探讨①，其原因在于对不法侵害“正在进行”这一立法表述的严格遵守。但是这一立场在面对实务中的疑难问题时出现了松动，我国一些学者开始对时间要件存疑的模糊地带进行探索，并对保守立场产生冲击。② 值得注意的是，这些尝试虽然对相关的争议问题进行了不同程度的反思，然而问题的探讨往往集中于特定的争议点，而缺乏宏观层面的反思，因此对于时间要件的理论地位、防卫行为的性质，以及必要性原则与时间性要件间的联系等重要议题，都没有予以充分的重视。

针对当前研究现状存在的不足，本文的研究将重新检视防卫行为的性质，考察时间要件在正当防卫制度中的地位和功能，以及时间要件与必要性原则的关系，进而主张：防卫行为在本质上是可预见性的，时间要件是相对必要性原则的下位性和阐释性的概念，是必要性原则指导下对防卫人、被防卫人风险的分配方案。在此基础上，本文旨在明确必要性原则所具有的积极层面与消极层面，从而凸显时间要件在应对疑难问题时存在的不足，进而以必要性原则为核心构建统一的预见防卫系统，从而实现防卫风险的优化配置，实现防卫关系中双方法益保护的平衡。

---

① 陈兴良. 正当防卫论. 北京：中国人民大学出版社，1987：203－208. 有关防卫不适时概念的范畴与争论，参见王剑波. 防卫不适时之界限分析. 法治研究，2008（2）。

② 陈璇. 刑法中社会相当性理论研究. 北京：法律出版社，2010：26 及以下. 郭泽强. 正当防卫制度研究的新视界. 北京：中国社会科学出版社，2010：275 及以下.

## 二、正当防卫时间要件的重新审视

### （一）正当防卫的可预见性

我国刑法理论通说主张，只有在侵害行为正在进行的情况下，被侵害人才可以行使正当防卫的权利，也即不法侵害必须已经发生并客观存续。① 从这样的立场出发，带有预见性的防卫行为似乎不存在正当化的空间。然而值得注意的是，这样的观点往往忽视了一个重要的问题，即不法侵害的客观存在也并不意味着其会一直继续下去直至结束。除侵害人之外的因素导致的未遂以外，不法侵害也有可能因不法侵害人自身的主观因素（悔过、恐惧等）或客观因素（突发疾病、能力丧失等）而随时停止。美国的德雷斯勒教授（Joshua Dressler）曾把人的行为与多变的漏斗云进行类比，以其难以预测性反对单纯基于预见进行的防卫行为。他认为："人类因为有自由选择的能力，因而比漏斗云更难预测……这不意味着人类的行为总会或者经常违背预测，但只要人类有时会违背预测，那么如果只基于侵害不可避免的预测而行动，错误的可能就会出现。"② 但是同样的论据亦适用于正在进行的不法侵害，因为尚未发生的侵害行为是否发生和已经发生的不法侵害是否会继续进行都不是绝对确定的。③

在承认不法侵害是否继续亦存在不确定性的前提下，如果严格遵循通说的逻辑，也即只有在不法侵害继续存续的情况下防卫人才有权进行防卫，那么在侵害人继续实施不法侵害的过程中，其因种种不易为防卫人察觉的随机因素而突然结束不法侵害。此时虽然不法侵害的表象仍然存在，但防卫人已然失去进行防卫的权利了。这样的结论显然是有失公允的。这是由于正当防卫的构建并非单纯基

① 高铭暄，马克昌主编．刑法学：5 版．北京：北京大学出版社，2011：130.

② Joshua Dressler，"Battered Women Who Kill Their Sleeping Tormenters：Reflections on Maintaining Respect for Human Life While Killing Moral Monsters"，in *Criminal Law Theory*：*Doctrines of the General Part*，Stephen Shute & A. P. Simester eds.，Oxford University Press，2002，p. 275.

③ 当然，二者在可能性大小上存在着差异。

于客观事实，其制度的核心在于合理分配防卫人和不法侵害人间的风险，以实现法益保护的平衡，从而确保防卫行为存在的必要性。对不法侵害现时存续性的过于严苛的要求显然超出了正常人的合理预见范围，进而不当地提高了防卫人在防卫中的风险。正如美国大法官霍姆斯所云，“在屠刀高举的情况下，无法要求人们置身事外进行深思熟虑”[①]，更遑论即使通过深思熟虑都无法发现的情形了。所以通说中所论述的那个确定的、继续进行的不法侵害在很大程度上是一个过于理想化的概念，而与防卫现实存在着反差。

对此，有必要承认，在不法侵害正在进行的过程中，防卫人也是在预见侵害人仍将继续实施不法侵害的基础上进行防卫的，而这与防卫人在合理预见侵害可能发生的情况下进行防卫相比并无本质上的差异。易言之，正当防卫的触发条件并非不法侵害本身的客观存在，而是不法侵害发生和继续的可能性的客观存在。如此一来便揭示了防卫行为的可预见性本质，预见防卫和事中防卫之间的确定界限也不复存在了。

但是需要说明的是，上述结论并不意味着笔者对时间要件的存在持完全否定的态度，只是揭示了其作为防卫人和不法侵害人之间的风险分配方案的工具性，进而否定了其在正当防卫理论中作为独立要件的地位。[②] 由于法益保护的平衡性要求防卫风险的分配不能偏向任意一方，所以上述结论也并不意味着预见性的防卫行为没有任何的限制，只是在判定何时可以进行防卫时，需要考虑的问题由不法侵害是否现时存在转为预见侵害发生和继续的可能性大小是否达到进行防卫的标准罢了。[③]

（二）关于时间要件的反思

如前文所述，在揭示防卫行为在本质上的预见性的前提下，时间要件在正当防卫理论中似乎并非不可撼动的根本性要件。在对其进行调整，甚至废除的探讨

---

① Brown v. United States, 256 U. S. 335, 41 S. Ct. 201, 65 L. Ed. 961 (1920).

② 详见后文。

③ Larry Alexander, “A Unified Excuse of Preemptive Self-protection”, 74 *Notre Dame Law Review* 1475, p. 1476 (1998).

进行之前，有必要重新审视时间要件在正当防卫制度中的地位、实质和相关的影响因素，从而为新的正当防卫理论的系统建构提供理论基础。

1. 时间要件的地位

在否认时间要件作为根本要件的独立地位后，首先要解决的问题就是对其进行重新定位，从而认识其在正当防卫理论中所扮演的角色。对此，有必要从历史沿革和逻辑两方面对时间要件进行重新梳理。

(1) 时间要件的演进。

在19世纪前，存在着两种与现代正当防卫制度相关的事由，它们分别是作为宽宥事由的"自我防卫"和作为正当事由的"正当杀人"[①]。然而，这两者所适用的行为范围均有别于现代意义上的正当防卫行为。其中，自我防卫只有在满足如下条件的情况下才能适用：首先，行为人不能具有事前的犯罪预谋，而必须是在随机或突然的人身冲突中导致另一方的死亡。[②] 其次，行为人必须证明另一方威胁到了自己的生命安全，且他是在不具备逃避可能的情况下，为了自保才使用致命武力的。如果在具有逃避可能的情况下却直接使用致命武力进行打击，则构成故意杀人（manslaughter）。当然，在攻击如此猛烈，以至于在冲突现场条件下逃避会危及生命，或者受攻击人摔倒在地的情况下，就不需要逃避。[③] 最后，行为人在人身冲突结束后杀人的不能适用自我防卫事由。这是因为在冲突结束以后，或侵害人逃跑的情况下，行为人所实施的攻击行为属于报复而非防卫行为。[④] 更为重要的是，即使行为人的行为成立自我防卫，他仍须获得国王的赦免

---

① ［美］乔治·弗莱彻. 反思刑法. 邓子滨，译. 北京：华夏出版社，2008：629.

② Thomas A. Green，"The Jury and the English Law of Homicide，1200—1600"，74 *Michigan Law Review* 413，pp. 414-482 (1976).

③ Matthew Hale and Giles Jacob，*Pleas of the Crown*：*In Two Parts*，JN assignee of E. Sayer，esq.，1716，pp. 41-42.

④ William Blackstone，*Commentaries on the Laws of England*，Hardcastle Browne ed.，West Publishing Co.，1897，p. 647.

（pardon）或宽宥（excuse），才能免除死刑的适用，而且必须适用财产没收程序。[①] 虽然自我防卫并没有明确对行为提出时间要求，但是因为杀人行为发生于冲突期间，而且必须具备确实的重大必要（literally vital necessity），所以此时的杀人行为显然是拯救自己生命的最后措施。[②] 因此，自我防卫事由对行为人的限制远远大于现代意义上的正当防卫行为，此时再规定时间要件便显得十分多余了。

有别于自我防卫事由，正当杀人事由则不存在诸多的限制。对于试图实施纵火、强奸和盗窃等多数暴力犯罪（人身伤害除外，因为只能适用自我防卫事由）的侵害人，行为人可以使用致命武力对其进行打击，此外，行为人也可以选择在对逃犯进行追捕的过程中将其杀死。[③] 在正当杀人的规则中，侧重点在于行为人是否有杀死犯罪人以阻止其实施犯罪和逃逸的必要，而非行为人是否受到即刻的不法侵害。[④] 重要的是正当杀人在适用结果上与自我防卫事由不同，成立正当杀人的行为人不会受到谴责，并会被宣告无罪。[⑤]

随着时间的推移，自我防卫与正当杀人两大事由开始出现融合。成立自我防卫的行为人自动获得赦免的做法逐步成为普通法的常例，国王在赦免的适用上不再享有裁量权。[⑥] 而英国议会于 1828 年出台的《侵害人身法案》（Offences against the Person Act 1828）也在第 10 条中规定，“对于以自卫或其他非犯罪方

---

① Thomas A. Green，“The Jury and the English Law of Homicide，1200—1600”，74 *Michigan Law Review* 413，p. 425（1976）.

② Thomas A. Green，“The Jury and the English Law of Homicide，1200—1600”，74 *Michigan Law Review* 413，p. 420（1976）.

③ Matthew Hale and Giles Jacob，*Pleas of the Crown*：*In Two Parts*，JN assignee of E. Sayer，esq.，pp. 35－40（1716）.

④ “正当杀人必须是有必要的，也就是说，只有在不杀死对方便会使他能犯罪和逃跑的时候才能被允许。” Joseph H. Beale，Jr.，“Retreat from a Murderous Assault”，16 *Harvard Law Review* 567，pp. 572－573（1903）.

⑤ William Blackstone，*Commentaries on the Laws of England*，Hardcastle Browne ed.，West Publishing Co.，1897，p. 646.

⑥ Thomas A. Green，“The Jury and the English Law of Homicide，1200—1600”，74 *Michigan Law Review* 413，p. 426（1976）.

式杀人的，不处以刑罚或没收财产”，从而在适用结果上抹去了自我防卫和正当杀人之间的区别。从18世纪末期开始，这两种事由逐渐合二为一，形成了现代意义上的正当防卫事由（defense of self-defense）。如范西斯·沃顿（Fancis Wharton）就认为：“在我国，自我防卫和正当杀人事由的界限已不再存续，由于根据两种事由都可以宣告无罪，因此二者将会被合在一起进行考虑。”① 而这个融合而成的正当事由继承了自我防卫事由对防卫时间的严格限制，主要的特征便是自18世纪晚期到19世纪初开始出现的即刻性要件（imminence of impending harm）。②

（2）时间要件的理论地位。

通过对历史沿革的梳理可以看出，时间要件并非在防卫制度诞生之初便成为其必须具备的先天性要件，与之相反，贯穿于正当防卫制度发展全过程的是对防卫必要性的思考。因此，毋宁说时间要件是自我防卫事由和正当杀人事由在融合过程中逐渐形成的后天继受性标准。易言之，与必要性相较其在地位上具有下位性和工具性。通常而言，是否对武力使用行为进行正当化取决于其必要性，然而，必要性原则作为根本性要件并非明确而易于操作的标准，因此需要其他下位性规则的辅助才能阐释和实现其内容。③ 在解决“在什么时间点进行防卫是必要的”（启动防卫行为的时间点）这一问题上，时间要件在辅助和阐释必要性原则时作出了如下回答：只有在不法侵害行为即刻发生或正在进行的情况下，行为人才有必要进行防卫。这是因为在启动时间上越向后限缩，不法侵害行为发生的确定性就越大，也就更有把握确保防卫行为是损害相对较小的选择。④ 此外，在不

① Francis Wharton, “A Treatise on the Law of Homicide in the United States”, *Kay & Brother*, 1855, p. 211.

② Francis Wharton, “A Treatise on the Law of Homicide in the United States”, *Kay & Brother*, 1855, pp. 211–213.

③ 理查德·A. 罗森则把时间要件称为必要性原则的解读性工具。Richard A. Rosen, “On Self-defense, Imminence, and Women Who Kill Their Batterers”, 71 *North Carolina Law Review* 371, p. 380 (1992–1993).

④ Cathryn J. Rosen, “The Excuse of Self-defense: Correcting a Historical Accident on behalf of Battered Women Who Kill”, 36 *American University Law Review* 11, pp. 31–32 (1986).

法侵害行为不具备即刻性或现时性的情况下，往往存在着其他非暴力的解决方案，如此一来防卫行为就变得没有必要了。[①] 所以，时间要件在正当防卫理论中的地位和功能仅仅体现为它辅助和阐释了必要性原则的精神，明确了可以使用必要武力来保卫自身的情形。在这一过程中起决定性作用的因素是必要性，而不是时间要件本身。[②]

2. 必要性原则之反思

由于必要性原则在理论位阶上处于时间要件的支配性地位，其相关内容对于时间要件的塑造有着直接的影响，因此对必要性原则的认识和解读之于时间要件而言具有举足轻重的作用。

（1）通说中的必要性原则。

要充分认识必要性原则并明确其所包含的内容，离不开对其和相当性要件之关系的考察。这是因为理论和实务普遍认同这样一个观点，即必要性与相当性原则共同构成了对正当防卫权的基本限制。必要性与相当性构成英美普通法上正当防卫的两大基本元素。[③] 同样的理论关系也在我国正当防卫理论中有所体现。虽然我国通行理论并未对必要性原则进行独立的阐释，但在论述正当防卫限度要件时进行了类似的探讨，所列举的“基本相适应说”、“必需说”和“折中说”[④] 就是对二者的内容和关系所进行的考察。

在通行观点中，正当防卫的必要性是指正当防卫人所采取的打击是制止不法侵害所必须采取的手段，当防卫行为超出必要时构成防卫过当。[⑤] 也就是说，当具备多个防卫手段足以进行防卫时，防卫人应当尽量选择法益侵害较小的手段。然而关键问题在于当防卫人只有唯一的防卫手段能够保护自身利益，而该手段对

---

① Boaz Sangero, *Self-defence in Criminal Law*, Hart Publishing, 2006, p. 147.

② Stephen J. Schulhofer, “The Gender Question in Criminal Law”, 7 *Social Philosophy and Policy* 105, p. 127 (1990).

③ Suzanne Uniacke, *Permissible Killing: The Self-defence Justification of Homicide*, Cambridge University Press, 1994, p. 32.

④ 赵秉志主编. 刑法学总论研究述评. 北京：北京师范大学出版社，2009：440-441.

⑤ 陈兴良. 正当防卫论. 北京：中国人民大学出版社，1987：118.

不法侵害人所造成的侵害远大于受到保护的法益的情形。英国1879年刑法典法案委员会（the Criminal Code Bill Commission of 1879）就曾举过这样的一个案例：当一个体格较弱之人被强者拉扯头发，而此时唯一能够阻止其行为的措施便是将其射杀时，如果仅依据通行观点所认定的必要性原则，那么此时就有正当依据将其杀死。① 对此，安德鲁·阿什沃思（Andrew Ashworth）从人权思想出发，主张出于尊重侵害人生命与人身安全的考虑应当限制受侵害者使用必要武力反击的自由，而这一重要限制便是相当性原则。② 通常而言，相当性指防卫人所保卫的法益与防卫行为对侵害者造成的法益损害在量上相适应。③ 在上述案例中，由于防卫人的必要防卫行为所造成的损害（侵害人重伤或死亡）与其所保护的法益（头发被扯下）间存在悬殊的差距，因此根据相当性原则不应予以正当化。由此看来，通说所采取的立场是将相当性作为必要性原则的补充和限制条件，当行为必要而法益保护不相当时则予以排除。我国正当防卫理论在防卫限度上的通说为折中说，其主张必要性与相当性原则的相互调和，虽然表面上看是平等的相互作用，但就其内容而言亦与前述结构相同。④

（2）通说的缺陷及其反思。

然而，赋予必要性和相当性原则这样的定义和关系设定不能说是妥帖的。如果说相当性的功能在于将符合必要性要件的极端行为排除出正当防卫的范畴，那么是否可以作出以下判断：在多数情况下（客观存在多种防卫的选择），防卫行为是否只需考虑必要性，只有在例外情况下才适用相当性进行纠偏？这样的判断显然与通说对必要性的界定是存在冲突的。由于必要性要求防卫人在具备多种选择可能的情况下选择尽量小的打击手段，试想：如果不存在如相当性原则般对法

---

① Suzanne Uniacke, *Permissible Killing: The Self-defence Justification of Homicide*, Cambridge University Press, 1994, p. 33.

② Andrew Ashworth, "Self-Defence and Right to Life", 34 *Cambridge Law Review*, p. 297 (1975).

③ Fiona Leverick, *Killing in Self-Defence*, Oxford University Press, 2006, p. 5.

④ 高铭暄主编. 新编中国刑法学：上. 北京：中国人民大学出版社，1998：283.

益侵害的衡量机制①，那么如何且为何要对各种反击手段进行损害可能的排序，进而判断防卫人的选择是否必要？此外，更为明显的逻辑矛盾在于，必要性原则在具备多种防卫方案时要求防卫人尽可能选择法益损害较小的方案，而到了只有唯一可选方案的场景下却可以纵容法益保护的失衡，这其中立场的突然转变令人费解。当然，较为可信的回答是从语义出发，将防卫的“必要”理解为为实现某种目的所必需或不可避免要用之力。② 那么站在防卫人的角度看，即使所用之力会造成法益的悬殊对比，只要是实现防卫目的所必要，那么必要性似乎就可成立。但是这样的解释存在着视角的局限性。诚然，正当防卫的目的之一是保护个人法益不受不法侵害的攻击，但其更高的追求在于实现私力与公力的互济，在打击犯罪的同时维护社会秩序，而单纯从防卫人个人出发的极端武力使用无疑是与之相左的。此时选择忍受相比之下微不足道的不法侵害才是更为合理的。因此，必要性要件对于私人使用武力所提出的要求不光是个人防卫的必要，更是社会层面的必要。也就是说，不具法益保护均衡性的防卫行为即使满足事实上个人防卫的必要，也不能达到价值上社会对私力行使所期待的必要性。

综上可知，传统进路将纵贯正当防卫必要性原则的相当性考察作为独立要件进行单列，并将其与必要性并列，作为正当防卫行为的限制要件。这客观上存在着对必要性原则的误读。而这样的误读非常容易出现极端化的风险，使得对正当防卫必要性的认识出现单纯强调积极层面和单纯强调消极层面的可能。前者可能导致的危害在于过于重视防卫的有效性，从而在诸如受虐妇女综合征的场合忽视对法益相当性的关注；后者可能导致的危害在于过于重视对防卫的限制，从而使

---

① 如约翰·芬尼斯（John Finnis）就指出了通说划定的必要性范畴内所包含的相当性因素。他在论及持枪防卫时主张在击晕敌人便足以保护自己的情况下就不应向其心脏射击，因为这是不相当的。John Finnis，*Fundamentals of Ethics*，Georgetown University Press，1983，p. 85. 对此有学者认为，必要性针对行为，而相当性针对结果。郭泽强．正当防卫制度研究的新视界．北京：中国社会科学出版社，2010：57。但是仅仅依靠行为强度对防卫个案的损害进行排序是不够的，因为同样的行为亦有可能导致不同的结果。只有预见侵害结果，从而结合具体侵害法益的程度进行衡量比较才是可行的。

② Suzanne Uniacke，*Permissible Killing：The Self-defence Justification of Homicide*，Cambridge University Press，1994，p. 32.

诸如预见防卫的合理防卫行为无法正当化。

因此，应当对必要性原则的内容予以进一步的扩充，将相当性要件的相关内容予以吸收，使之成为兼具防卫效果与防卫限制两大方面的统领性要件。① 如此一来，正当防卫的必要性原则就会成为正当防卫制度的核心要件，相当性要件所要求的法益保护的平衡则会作为实现防卫行为必要性的工具贯穿于其适用的始终。就必要性原则的积极层面而言，由于犯罪人的不法侵害使防卫双方在法益保护上存在着不平等，因此防卫人自当行使有效的防卫手段阻止侵害；就必要性原则的消极层面而言，防卫人法益的优越性并不能完全否定法律对侵害人一方合法权益的保护，因此防卫人应当选择损害较小的防卫手段，或者在只可使用超限武力防卫的情形下选择忍受损害，使被防卫方承担合理的防卫风险，以确保防卫双方的法益保护平衡不被逆转。

3. 时间要件的影响因素与实质

(1) 时间要件的影响因素。

由于时间要件需要阐释必要性原则，且需要在与必要性原则相抵触的情况下服从于上位原则，因此必要性原则的内容对时间要件的内容、调整乃至存废都有着重大影响。总体而言，必要性原则的消极层面侧重于节制和限缩防卫权，主张强化时间要件的地位，以抑制防卫的启动时间；必要性原则的积极层面则强调防卫效果，主张消解乃至废除时间要件，从而将防卫权发动的时间向前推移。

第一，防卫启动时间受抑制因素影响。

主张限制防卫行为启动时间之论者的主要顾虑，在于防卫权利泛滥和异化的潜在危险。② 其主要理由有三方面。

---

① 事实上英美学界亦有概念将通说中必要性与相当性要件作为自身内容的两个层面，即“基于场合的必要性”(necessity of the occasion)。Norval Morris and Colin Howard, *Studies in Criminal Law*, Clarendon Press, 1964, p. 120.

② 甚至有论者指出，必要性只能是防卫权的限制，而不能为积极的防卫权 (positive right of self-defense) 提供基础。Suzanne Uniacke, *Permissible Killing: The Self-defence Justification of Homicide*, Cambridge University Press, 1994, p. 156.

首先，从道德的角度出发，只有针对不法侵害而实施的反击才能称为正当防卫。也正是侵害人的攻击行为才使防卫人的法益具有优于侵害人之法益的地位，而时间要件不仅是防卫行为的要求，而且是不法侵害的客观构成要件（actus-reus），具有独立于防卫人的防卫需求的意义，如果将其去除，那么侵害行为和防卫行为便无从区分了。①

其次，从维持秩序的角度出发，应维持国家在行为裁定上的权威，只有在不法侵害符合时间要件的情况下，国家的暴力垄断才被打破，被侵害人的自卫权利才得以重申②，因此个人对暴力的行使应当是例外性的。也正是出于其例外性，个人的暴力行使才能与国家的暴力垄断相协调。③ 在“妓院（Bordell-Fall）案”中，行为人在获知他人攻击自己的妓院的计划后决定自行解决争端，在未通知警方的情况下行为人对在距离妓院百米外聚集的人员进行了武装威吓和驱散。④ 对此案，德国法院也认为在能够获得官方帮助的情况下，不能成立紧急避险。对此，罗克辛认为预见性地对危险进行防卫原则上是警察的职责，因此必须最大限度地克制私人的防卫权，以尽可能的国家对暴力的垄断实现公共和平。⑤ 然而在行为人面对现时的不法侵害之时，即使有寻求官方帮助的可能，公民对防卫权的合理行使也不会构成对社会秩序的冲击。这就足以说明在同样能实现秩序维护的情况下，作为手段的国家暴力垄断并不必然在可行性和合理性上具备优势。同样地，在当事人预见不法侵害将于未来发生而自行对他人进行合理防卫的情况下，过分强调国家暴力垄断的优位性只能说是一种过度理想化的迷思。此外，暴力垄断说

---

① Kimberly Kessler Ferzan，“Defending Imminence：From Battered Women to Iraq”，46 *Arizona Law Review* 213，p. 217（2004）.

② ［美］乔治·P. 弗莱彻. 地铁里的枪声——正当防卫还是持枪杀人?. 陈绪纲，范文洁，译. 北京：北京大学出版社，2007：18.

③ George P. Fletcher，“Domination in the Theory of Justification and Excuse”，57 *University of Pittsburg Law Review* 533，p. 573（1995—1996）.

④ ［德］罗克辛. 德国最高法院判例·刑法总论. 何庆仁，蔡桂生，译. 北京：中国人民大学出版社，2012：106-107.

⑤ 同④108.

只是说明了“防卫行为在存在即时的不法侵害下是必要的”这一命题，但并不能就此得出“没有即时的不法侵害就不允许防卫”的结论。[①] 如果对时间要件进行消解，那么个人对暴力的行使将失去重要的节制，个人权威与国家权威间的冲突也将愈加频繁，从而模糊了防卫与惩罚的区分[②]，统一解决矛盾纠纷的机制也就无从谈起了。

最后，从保护被防卫人的利益出发，可以行使防卫行为的时间点愈加提前，不法侵害发生的可能便会随之下降，防卫人误判的可能性也会增加。如果仅考虑防卫者的绝对安全而忽视对无辜者的合法权益的保护，那么后者将成为前者权利保障的牺牲品，法律的平等保护也将岌岌可危。

第二，防卫启动时间受扩张因素影响。

相对于防卫行为发起的抑制因素，防卫时间的扩张因素则根植于较为单一的基础，也即防卫人的防卫效果。然而基础单一并不代表着立论的薄弱和不重要，因为必要的防卫行为必须首先是足以防卫不法侵害的行为，这本是必要原则的主旨之一。在犯罪人形成或表露犯意，准备各项犯罪条件和工具，着手实施犯罪直到既遂的全过程中，随着犯罪阶段的不断推进，不法侵害发生的概率不断升高，防卫人误判的可能性也随之不断下降。然而，这是以防卫难度的提高为代价的。同时，现实生活中，特定类型的侵害在着手和既遂间的时间间隔极短，等到侵害人着手实施犯罪时再进行防卫便难以防卫。这种限定防卫人必须在侵害人着手时才能防卫的做法不利于对公民合法权益的保护，也与我国正当防卫的立法精神不符。[③]

因此，适当的考察对象不是不法侵害威胁的即刻性，而是必要防卫行为的即刻性。如果被害人等到最后一刻才行动就无法避免侵害的话，正当防卫的原则就必须允许他更早地采取行动——早到足以有效地保护他自己。[④] 限制论者在以节

---

① Benjamin C. Zipursky, “Self-defense, Domination, and the Social Contract”, 57 *University of Pittsburg Law Review* 579, p. 586 (1995).

② George P. Fletcher, “Domination in the Theory of Justification and Excuse”, 57 *University of Pittsburg Law Review* 533, p. 562 (1995—1996).

③ 赵秉志主编. 刑法争议问题研究：上卷. 郑州：河南人民出版社，1996：526.

④ Paul H. Robinson, *Criminal Law Defenses*, West Publishing Co., 1984, p. 78.

制国家权力为主要导向的刑法领域大谈私权行使的泛滥风险和对它的限制措施，却有意无意地忽略了对防卫效果的考察，使得法益具有优越地位的防卫人需要等到自身利益岌岌可危之时才能行动。这不能不说是件咄咄怪事。

（2）时间要件的实质。

综上可知，在防卫行为是否发生或继续只是一个可能性的问题时，防卫行为究竟何时可以发动并不是非此即彼的问题，而是孰优孰劣的问题，亦即误判风险分配方案的优劣问题。美国学者弗莱彻认为，正当防卫的暴力行使不能太早，也不能太晚①：防卫发动得过早构成先发制人的非法攻击，此时防卫人遭受可能存在的不法侵害的风险最小，被防卫人遭到错误防卫行为攻击的风险最大；防卫发动得过晚构成事后报复（抑或私刑），此时防卫人遭受可能存在的不法侵害的风险最大，被防卫人遭到错误防卫行为攻击的风险最小。这两个极端的设置本身对于正当防卫行为而言并无太大意义（因为此时法益保护的失衡使其均无法构成正当防卫），但其作用有二：首先，两个极端显示了在确定防卫启动时间时，将抑制或扩张因素中的一者独立作为决定因素的危险之处，揭示了防卫启动时间设置的妥协性。其次，两个极端划定了防卫行为发动的时间范围，防卫行为发动的时间点必然在二者之间的某一点（但不与二者重合），其对某一端点的偏向也体现出了立法者与司法者对各项利益位阶排序的选择。所以时间要件的设置并非对防卫情景的事实性描述，其本质是防卫权限制因素和扩张因素的一个交汇点，是在正当防卫必要性原则指导下的误判风险在防卫人、被防卫人之间的一种分配方案，是基于法益平衡而进行妥协的产物。

## 三、正当防卫时间要件的调整与预见防卫

### （一）正当防卫时间要件调整的主要路径

正因为时间要件的下位性、工具性和妥协性，当必要性与之相冲突，也即风

---

① ［美］乔治·P. 弗莱彻. 地铁里的枪声——正当防卫还是持枪杀人?. 陈绪纲，范文洁，译. 北京：北京大学出版社，2007：18-20.



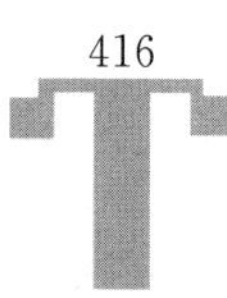

险的分配存在更优的选择时，时间要件便是可以被调整乃至取代的。由于要求防卫人只能对正在进行的不法侵害进行防卫的做法过于理想化，且在防卫启动时间的设置中过于偏向必要性的消极层面，在强调防卫权的限制的同时却忽视了防卫效果因素的应有地位，进而不当地增加了防卫者的风险，使得防卫者与被防卫者之间的风险分配处于不平衡的状态。出于人类生命平等保护原则，将防卫启动时间提前便是应有之义。① 也就是说，调整的实质是在强调必要性积极层面（防卫效果）的主导下，通过防卫启动时间的前移实现有利于防卫人的风险重新分配（抑或可以称为纠偏）。总体而言，主要的调整路径有以下两种。

1. 信条学的调整路径

总体而言，信条学的调整路径是在坚持正当防卫时间要件的前提下，通过对何谓“现在”进行扩张解释来迎合对防卫效果的诉求。严格解释时间要件，坚持将不法侵害的开始与着手相关联的主张②受到了批判，批判意见为着手更接近既遂，在防卫效果上并未给防卫人以充足的防卫空间，有不当限制防卫权之嫌。虽然使用了“合目的性”这样的说法，其实质就是防卫效果导向。③ 也有学者在坚持不法侵害与犯罪着手相关联的前提下对该观点进行了调整，其主张：有些犯罪的预备行为本身就构成其他犯罪的着手，因此可以针对其他犯罪的实行行为进行防卫。④ 但是这样的调整无疑是极为有限的，因为在预备行为不构成其他犯罪的着手，但仍需防卫的情况下，这一主张仍无法作出合理的回应。例如行为人为了杀人而从远处向防卫人迅速靠近并挥舞凶器，其靠近行为本身无法成立任何犯罪，但此时要求防卫人等待行为人走近并砍杀时才能防卫，这无疑是不能被接受的。因此，多数学者主张将二者予以区分，其中，较为激进的观点主张以再晚便

① “时间要件（imminence）有利于侵害人，而一个更为宽广的防卫时间范围则更有利于被害人。” Jeremy Horder，“Killing the Passive Abuser：A Theoretical Defence”，in *Criminal Law Theory：Doctrines of the General Part*，Stephen Shute & A. P. Simester eds.，Oxford University Press，2002，p. 292.

②③ Jakobs，AT2，12/23//［德］罗克辛．德国刑法学总论：第1卷．王世洲，译．北京：法律出版社，2005：432.

④ 王剑波．防卫不适时之界限分析．法治研究，2008（2）.

无法或难以防卫作为判定不法侵害的起始点。[①] 这无疑在实质上以防卫效果取代了时间要件。然而，这样的解释不仅容易导致防卫的不当提前，而且超出了时间要件的语义范围，因此受到了批判。更多的学者主张将现在的不法侵害解释为直接面临、正在发生、尚在继续[②]，并对“直接面临”进行了界定。[③] 这在司法实践中也得到了印证，如在“上衣口袋（Brusttaschen-Fall）”案中，德国法院提出了“防卫效果”＋“直接转换”的公式，具体表述为“尚未侵害到权利，但能直接演变为侵害，以致若不允许实施防卫行为，则防卫效果堪忧的举止，便可视为……现实攻击”[④]。我国有学者也从不法侵害的紧迫性角度出发提出相似的主张，认为侵害者虽尚未着手，但实施某一侵害行为的直接威胁已十分明显，合法权益遭受到现实的威胁时，可以实行防卫。[⑤] 然而，可以直接转换实质上意味着尚未转换为侵害，因此这一主张可以表述为“对于和着手行为紧密相连的犯罪预备行为，防卫人由于能够直接预见其转化为侵害行为，因此可以进行防卫”。如此便揭示了其旨在通过扩张解释时间要件来满足预见性防卫的需求，本质上完全是考虑防卫效果的产物。

对于处在预备初期，不能直接转换为侵害的行为，一般认为不能进行正当防卫。[⑥] 然而，客观上又存在着采取预见性措施的需求。[⑦] 因此德国学者认为此时

---

① 张明楷．外国刑法纲要．2版．北京：清华大学出版社，2007：157.

② ［德］汉斯·海因里希·耶塞克，托马斯·魏根特．德国刑法教科书．徐久生，译．北京：中国法制出版社，2001：409．马克昌．比较刑法原理．武汉：武汉大学出版社，2002：308.

③ 如罗克辛教授主张将现时性由着手阶段向前延展至犯罪预备中与着手紧密相连的部分。［德］罗克辛．德国刑法学总论：第1卷．王世洲，译．北京：法律出版社，2005：432-433.

④ ［德］罗克辛．德国最高法院判例·刑法总论．何庆仁，蔡桂生，译．北京：中国人民大学出版社，2012：37.

⑤ 马克昌主编．犯罪通论．武汉：武汉大学出版社，2000：730.

⑥ 西田典之教授认为在无法获取官方救助的情况下成立正当防卫较为合适。［日］西田典之．日本刑法总论．刘明祥，王昭武，译．北京：中国人民大学出版社，2007：122.

⑦ 具体表述为“在一种处在正在进行阶段的攻击，不再能够或者只能借助一种会产生死亡结局的高风险，才能对攻击者加以防卫的案件中，禁止采取一种提前和小心进行的预见性措施，就是不明智的”．［德］罗克辛．德国刑法学总论：第1卷．王世洲，译．北京：法律出版社，2005：492.

尚存在构成紧急避险的余地[①]，其逻辑大致为通过类比《德国民法典》第228条对防御型紧急避险[②]的规定，主张《德国刑法典》第34条规定的紧急避险包括防御型紧急避险。在因人而发生的危险状况欠缺行为、攻击、违法性或现时性的要件时仍可适用第34条的规定。[③] 然而这样的处理不能说是妥帖的。

首先，欠缺时间要件的预备行为与欠缺其他要件的情况存在本质的不同。在欠缺行为、攻击或违法性的情况下，自始至终就难以存在一个不法的侵害行为，出于避免危险而损害造成危险的他人尚且符合紧急避险中“正对正”的基本结构，而时间要件并不是正当防卫的基本要件，其缺失并不否定一个可预见的、将来会到来的不法侵害的存在，所以防卫人基于合理预见所实施的攻击行为仍旧属于“正对不正”[④] 的结构。因此，二者存在结构上的本质性差异，无法等同视之。

其次，很难认定此时存在现时的危险。有学者认为紧急避险中的时间有别于正当防卫中的时间，主张在不能或难以避免，以及随时能够转变为侵害的情况下认定存在正在进行的危险。[⑤] 这样的论证逻辑与上文所提到的激进的认定时间要件的学说如出一辙。以经常举的“穿颅术”为例：论者认为虽然胎儿对于孕妇的危险在分娩时才能成为现实，但在怀胎第三个月之时便可认为存在现时性的危险，而这样认定的原因在于如果等到分娩时便无法或难以避免孕妇的生命和健康，也即追求避险的效果。与其说此处存在着正在进行的现实危险，不如说是人们在预见到危险将会发生，而在心中所感到的“再不行动便晚了”的紧张情绪罢了，所以将紧急避险和正当防卫的时间要件等同视之更为合理。[⑥] 在这种避险效果优位理念主导下所进行的解释的弊端上文已有论及，在此便不予赘述。由此可

---

① ［德］韦赛尔斯. 德国刑法总论. 李昌珂，译. 北京：法律出版社，2008：182.

② 该条规定为“如果紧急避险行为是为避免危险所必须，且避险所造成的损失与危险相适应，允许损坏或毁坏他人之物”. ［德］李斯特. 德国刑法教科书. 徐久生，译. 北京：法律出版社，2006：234.

③ 王世洲教授将其分为非行为造成的危险、受害人自己造成的危险、手术危险和预见性紧急防卫。详见王世洲. 现代刑法学（总论）. 北京：北京大学出版社，2011：204。

④ 尽管是“预见的”不正。

⑤ 林山田. 刑法通论：上册. 北京：北京大学出版社，2012：215.

⑥ 黎宏. 日本刑法精义. 北京：法律出版社，2008：174.

以看出，效果理念对于紧急避险之时间要件的影响程度显然是要高出正当防卫中的，二者对时间要件的解读客观上存在着立场的不一致。

最后，这样的安排并不具有实际的可操作性。以伦克纳的设想为例[①]：案件大致情况为偏远小客栈的老板听到住客商议在打烊之后便来袭击他，由于无法对付他们的攻击，便在酒中给他们下麻醉药。罗克辛认为，对于下药导致的身体损害，可以通过紧急避险予以正当化。此时依上述逻辑，虽然不存在现时的不法侵害，但已经存在着正在进行的危险，因此成立紧急避险。然而，即使假定存在着现时的危险，也很难说可以成立紧急避险，原因在于受补充性要件的限制——当事人仅在迫不得已的情况下才能实施避险行为。尽管在本案例中当事人无法寻求官方的协助，但是客观上仍旧存在着逃跑的可能性。在可以通过逃跑避免人身伤害的情况下却选择了下药的方式造成他人损害，这很难称得上是迫不得已的选择。如此，补充性要件便几乎把成立紧急避险的空间压缩殆尽。

综上可知，信条学的调整路径针对预见性防卫所提出的解决方案较为复杂和烦琐，简单来说可以概括为以保护时间要件为名而行追求防卫效果之实的做法。如有著作主张："当不法侵害尚未实施，但不法侵害已经对合法权益形成现实的紧迫性危害，即不法侵害转入实施阶段后防卫者即刻丧失有效防卫可能性的条件下，应当认为防卫行为符合正当防卫的时间要件。"但是在同一页的对事前防卫的论述中，该著作又主张："（事前防卫）即在不法侵害尚处于预备阶段或犯意表示阶段，对于合法权益的威胁并未达到现实状态时，就对其采取某种损害权益的行为……实际上是一种'先下手为强'的非法侵害。"[②] 防卫行为的正当与否完全以防卫可能为转移，已经在实质上抛弃了时间要件。这无疑是信条学下维护法规范完整性的努力与迎合防卫效果诉求之间相互妥协的结果。但是应当指出的是，这种调整方案不但掩盖了正当防卫行为的预见性本质，而且分段承包式的解决方案也不利于预见性防卫的统一建构。此外，我国刑法对时间要件的表述为

---

① ［德］罗克辛．德国刑法学总论：第1卷．王世洲，译，北京：法律出版社，2005：492.

② 高铭暄，马克昌主编．刑法学．5版．北京：北京大学出版社，2011：133.

"正在进行的不法侵害"，从语义上讲就有很强的和犯罪着手挂钩的色彩，因此并没有太大的解释弹性，哪怕只是将其拉伸至侵害没有着手但已经直接面临的阶段，从解释上讲都是较为勉强的。而且从我国的具体司法实践来看，法院在认定特定行为是否构成正当防卫行为时态度较为谨慎，总体上存在限缩防卫成立空间的倾向，防卫人的行为往往受到各种限制，从而防卫人承担了过多的风险。因此，从信条学的角度出发所进行的调整并不能满足我国刑事法治的现实需求。

2. 取代时间要件的调整路径

有别于大陆刑法，英美法系一般要求在不法侵害具有即刻性（imminence，immediacy[①]）的时候即可以启动防卫行为，由于即刻性的概念范围较为宽松，不仅包括正在进行的行为，还可以沿着时间轴向前延伸，从而涵盖即将到来的行为，因此虽然在向前延伸范围的大小上存在争议[②]，但总体而言，即刻性要件在语义上比大陆法系中的时间要件更具弹性和灵活解释的空间。然而，英美国家的立法和司法实践在强调防卫效果的思想下进行了改革，其中影响较大的，便是美国模范刑法典（Model Penal Code）对正当防卫制度的重构。模范刑法典第3.04条第1款规定："当行为人认为在当前情况下，对于他人的不法侵害，有使用暴力保护自己的即刻必要时，对他人行使暴力的行为是正当的。"由于整个条文不存在对不法侵害即刻性的经典表达，因此引起了较大的争议。

首先，由于理解不同，关于模范刑法典方案和传统方案的差异性问题存在争议。如果认为"当前情况下"是指"他人的不法侵害"，那么两种方案间似乎并不存在太大的差异。[③] 值得注意的是，模范刑法典的官方解释也采纳了这一种理解，但主张当前情况下的不法侵害有别于即刻的不法侵害，相比而言前者的

---

① 虽然有论者主张两者间存在着区别，但是总体上英美法系学者在讨论时是将二者作为相同概念来使用的。

② Joshua Dressler，"Battered Women and Sleeping Abusers：Some Reflections"，3 *Ohio State Journal of Criminal Law* 457，p. 468（2005—2006）.

③ Sarah B. Vandenbraak，"Limits on the Use of Defensive Force to Prevent Intramarital Assaults"，10 *Rutgers-Camden Law Journal* 643，pp. 650-653（1978）.

弹性更大。[①] 反之，如果认为“当前情况下”是用于修饰“即刻必要”的话，那么防卫触发条件的重心便由不法侵害的即刻性转向了防卫必要的即刻性。如此一来防卫效果导向的色彩便异常鲜明，其防卫启动的时间点也相较传统模式下更为提前。[②]

其次，在承认两者存在差异性的前提下，部分州的立法与司法机关对于模范刑法典的方案有着不同程度的抵触。如有的州法院在本州刑法引入新方案之后仍以其与普通法之间存在矛盾为由拒绝采纳新方案较为宽松的时间要件。[③] 还有的州在引入相关规定后又重申了即刻性要件。[④] 究其抵制动因，在于传统的即刻性要件本身就较为宽松，防卫行为的启动可以提前至不法侵害尚未开始但即刻将发生的阶段，可以说在一定程度上已经承认了预见性防卫的存在。[⑤] 由于新方案具有更大的弹性，因此其遭到抵制也表现了传统观念对于过早防卫行为之正当性的质疑和担忧。

尽管存在上述争议，但模范刑法典的新方案无疑揭示了正当防卫的预见性本质，其“即刻必要”的用语不但是对必要性原则之地位的重申，也为以防卫效果为导向的预见防卫制度的建构扫清了语义上的障碍。但是其在处理上也是存在一定问题的。

第一，出于立法活动的妥协性，新方案在用语和表述上较为暧昧模糊，因此防卫启动时间的扩张论者和限缩论者都能根据自己的理解找到论据，进而抵消了其革新性。

---

① “The unlawful force against which he defends must be force that he apprehends will be used on the present occasion, but he need not apprehend that it will be used immediately.” [Model Penal Code and Commentaries, § 3.04 cmt. 2 (c) ].

② Nancy Fiora-Gormally, “Battered Wives Who Kill: Double Standard out of Court, Single Standard In?”, 2 *Law and Human Behavior* 133, pp. 133-159 (1978).

③ Commonwealth v. Grove, 526 A. 2d 369, p. 375.

④ George P. Fletcher, “Domination in the Theory of Justification and Excuse”, 57 *University of Pittsburg Law Review* 533, p. 569 (1995—1996).

⑤ Boaz Sangero, *Self-defence in Criminal Law*, Hart Publishing, 2006, p. 155.

第二，如果承认新方案的重心在于防卫必要的现时性的话，则新方案仍存在可行性的问题。如前文所述，必要性原则虽然是正当防卫制度的核心，但在适用上缺乏明确性和可操作性，客观上需要时间要件这样的下位规则的辅助。新方案废去即刻性要件后又没有为预见性防卫行为的行使设置可行的规则和限制，从而使得防卫人在进行预见防卫时完全以模糊的“即刻必要”为指导，客观上存在着防卫权泛滥的风险。

（二）笔者的新主张及其论述

正是由于上述两大路径或多或少存在瑕疵，因此有必要提出新的主张，以构建统一而自洽的预见性防卫制度。笔者尝试提出的新主张基本上可以概括为：以防卫行为的预见性为基础，以防卫效果为导向，与传统时间要件融洽互补的必要的暴力行使制度。为了便于理解，笔者将依据不法侵害发展的时间轴，将预见性防卫分为两大部分。

1. 预见不法侵害继续的防卫

由于笔者的新主张是以承认防卫的预见性和时间要件的下位性为前提的，所以没有必要对不法侵害的时间要件作扩大解释，从而扩展至尚未着手的时间段。而这也体现了对我国刑法学界的通说中受限较大的时间要件表述的迎合和保留。因此，预见防卫在这一部分的立场与通说相一致，即在侵害人已经开始着手实施不法侵害而未结束的时间范围内，除非综合侵害人的言行和相关环境因素明确可知不法侵害将突然终止，否则防卫人就可以合理预见不法侵害将继续，并基于预见对侵害人进行打击，而不论不法侵害在事实上是否将继续。

2. 预见不法侵害将要发生的防卫

笔者主张的新方案拟在我国刑法典第 20 条第 1 款后新增如下条款：“防卫人合理预见不法侵害将要发生的，也可以进行防卫。”也就是说，在不法侵害不具有现时性，即不法侵害尚未着手的情况下，防卫人也可以基于合理预见而进行防卫。笔者认为，有必要突破英美法系刑法中较为宽松的即刻性标准，进而将防卫的启动时间继续向前推移。也即防卫人不但在预见不法侵害即刻将发生的情况下可以进行防卫，而且在预见到不法侵害离即刻发生尚有较长的时间间隔，但是仍

有防卫必要的情况下也可以进行防卫。当然，在这一阶段的预见防卫不是毫无节制的，需要配置一系列的可操作规范予以限制。

首先，在判断不法侵害发生可能性是否已经达到足以触发防卫行为的水平时，应当结合一般人的认识和防卫人的特别认识来进行判断。在一般人足以发现不法侵害正在进行或将要发生的事实，如犯罪行为的实施、物理距离的接近、侵害工具的显露等时，防卫人可以进行防卫。此外，虽然处于事外的一般人无法预见不法侵害，但是在结合防卫人对文化、过往历史等特别因素的了解就可以合理预见不法侵害的情况下，也足以进行防卫。以西方学者所举的“燕麦案”为例：作为黑帮成员的甲知道黑帮老大乙在杀死仇人时习惯以游玩为名将其带到郊外的木屋，在请对方喝完一碗燕麦后便会将其杀死。当乙邀请甲去木屋并请他喝燕麦时，虽然这一行为在一般人看来并无任何异常，但是只要对乙的杀人癖好有所了解，便足以预见到不法侵害在甲喝完燕麦后便会发生。①

其次，防卫的方式应当以剥夺加害人的侵害能力为主。尽管从防卫效果来看，对尚未开始的不法侵害进行防卫最为有利，但是这并不代表防卫的手段和强度没有任何限制。虽然预见的不法侵害的危害程度也是检验防卫行为必要性的重要因素，但是因为不法侵害毕竟尚未发生，此时侵害人还处于创造犯罪条件的预备阶段，其行为的危险性尚未充分表露，而在此时只要对其侵害能力进行破坏便足以防止不法侵害，那么便不能以侵害开始后的法益危害程度来主张过剩的暴力行使。当然，此时并不要求防卫人的行为造成的损害是所有可能方案中最轻的，只要防卫行为具有合理性，即使其选择了另一种损害较大的方案，那么也是符合必要性原则的。②

最后，对于不会即刻发生的不法侵害，致命的预见防卫应当是绝对的例外。由于防卫行为是预见性的，被防卫人客观上承担着误判的风险，尤其是在不法侵

① Benjamin C. Zipursky, “Self-defense, Domination, and the Social Contract”, 57 *University of Pittsburg Law Review* 579, p. 604 (1995).

② Boaz Sangero, *Self-defence in Criminal Law*, Hart Publishing, 2006, pp. 145-146.

害距离开始尚存在较大时间间隔的情况下，如果存在非致命的解决方案，那么让被防卫者承担无可挽回的致命后果也是不公平的。只有在不杀死对方便无法保护自己的生命免受未来的不法侵害时，才能例外性地允许致命性暴力的行使。以肖普（Schopp）所举的“旅行者案”为例：X与Y两人比赛横穿沙漠，只在路程一半的位置有一个可以补给饮水的水洼。在比赛开始的前几天，X便发现Y改变路标，并试图偷走他的罗盘和饮水。在接近水源的前一天，X扭伤了脚踝，而Y在超越X时拿出老鼠药，告诉X自己在第二天到达水源后将在水里下毒。此时虽然Y还没有接近水源，但是由于X无力反超，且没有其他的求助手段，所以X此时用枪杀死Y是可以成立正当防卫的。但是从这种离奇巧合的案例设置就可以知晓，在犯罪预备行为尚不能即刻转化为不法侵害的情况下，致命性的暴力行使应当是极为例外的。①

在我国，刑事立法、司法实践、理论研究都不同程度地存在着对时间要件之地位和作用的误读，这种误读阻碍了人们对正当防卫预见性本质的认识，进而在防卫风险的分配中不当地限制了防卫人的正当权利。而预见防卫制度的提出与建构重申了防卫效果的重要性，为必要性原则指导下的防卫风险分配提供了更为优化而合理的解决路径。此外，预见防卫在触发条件上所要求的对不法侵害的预见，也使得预见防卫不至于出现异化的危险，从而倒向以他人人身危险和道德优劣评判为核心的先发制人的打击行为。

## 四、正当防卫时间要件的过度拉伸：受虐妇女杀夫行为的正当化问题

### （一）概述

在对正当防卫时间要件的研究中，受虐妇女综合征（Battered Women Syn-

① Robert F. Schopp, Barbara J. Sturgis, Megan Sullivan, “Battered Woman Syndrome, Expert Testimony, and the Distinction between Justification and Excuse”, *University of Illinois Law Review* 45, p. 66 (1994).

drome）是一个重要而充满争议的议题。妻子由于无法忍受丈夫长期的虐待而选择将其杀死，施虐者丧失生命，被虐者亦面临刑求。这无疑是人伦和社会的悲剧。对杀夫者的刑事追诉不仅激起了社会的广泛同情和争论，也对刑法理论提出了挑战。由于受虐者多趁配偶处于沉睡、醉酒或不备等消极状态而对其进行杀伤，行为的发起时间不符合传统正当防卫理论所提出的“不法侵害正在进行或具备紧迫性”这一时间要件，甚至无法被纳入上文所提出的预见防卫的范畴，因此在正当化事由适用上存在着法律和理论上的障碍。正是出于对正当防卫时间要件进行进一步拉伸乃至彻底取消，从而使受虐妇女的杀夫行为得以正当化的需求，受虐妇女综合征应运而生。

受虐妇女综合征的滥觞要追溯至 1967 年心理学家塞利格曼（Martin Seligman）所进行的实验。[①] 在实验中，塞利格曼首先将狗关入笼子，并对其进行不定期的电击。其后他将笼子打开，并继续对狗进行电击。尽管狗发现了逃跑的路线，但仍旧留在笼子里等待痛苦的来临。塞利格曼将这种创伤后的绝望消极现象称为“习得性无助”（learned helplessness）。受到塞利格曼实验的启发，沃克（Lenore E. Walker）将习得性无助理论适用到了对受虐妇女的研究中。通过对大量受虐妇女案件的归纳总结，沃克提出了受虐妇女综合征形成的规律，即妇女经历矛盾积累，虐待事件发生，再到因丈夫爱的忏悔（loving contrition）而进入的冷却期，随后又回归到第一个阶段。在这周而复始的过程中，妇女逐渐变得绝望而无助，无法采取任何积极措施，并对可能发生的虐待具有与他人不同的认知。[②] 此后，沃克又在 1984 年出版的《受虐妇女综合症》一书中就受虐妇女综合征进行了系统的论述，并批判了实务中拒绝对受虐妇女杀夫行为适用正当防卫的做法。[③] 随着以斯塔特夫·奥尔曼（State v. Norman）[④] 为代表的一系列大案的

---

① Martin Seligman and Steven Maier, “Failure to Escape Traumatic Shock”, 74 *Journal of Experimental Psychology* (1967).

② Lenore E. Walker, *The Battered Woman*, Harper & Row Publishers, 1979, pp. 95-104.

③ Lenore E. Walker, *The Battered Woman Syndrome*, Springer Publishing Company, 1984.

④ 378 S. E. 2d 8 (1989).

审判，受虐妇女综合征这一概念逐渐得到推广，与之相关的证据也在许多国家的刑事审判中得到了不同程度的采信。

然而应当注意到的是，受虐妇女综合征概念本身亦存在着问题。虽然在名称上有着医学或心理学式的表述，但是受虐妇女综合征内容的科学性自诞生始便不断受到批评。费格曼和赖特就指出了沃克研究中存在的方法错误，认为其在样本选取、控制组的设置，以及指标的设置上存在着种种问题。① 而塞利格曼也于事后发表论文称自己的实验无法适用于对人类习得性无助的研究。② 此外，对受虐妇女于非正面冲突性场合（non-confrontational）杀人的研究也有着数据上的矛盾。③

正是出于以上的问题，学界和司法实务界并未对受虐妇女综合症取得基本的共识，因此导致对受虐妇女综合征的适用存在着不同的认识和期待，而其适用定位所引发的混乱和矛盾也进一步阻碍了对受虐妇女综合征的认识深化。在我国最高人民法院、最高人民检察院、公安部、司法部于 2015 年 3 月 2 日联合发布的《关于依法办理家庭暴力犯罪案件的意见》（以下简称四机关《意见》）中，对家庭暴力犯罪案件中的防卫问题进行了一定的回应，足以体现出我国对受虐者所处的法律和道德困境的重视。在这一大背景下，对受虐妇女综合征的内容和适用路径进行进一步梳理是理论发展的需要，对于司法实务而言也有着积极的参考意义。

### （二）受虐妇女综合征的适用路径

在各方不同利益诉求的推动下，受虐妇女综合征以及相关证据的适用存在着

---

① David Faigman and Amy Wright，“The Battered Woman Syndrome in the Age of Science”，39 *Arizona Law Review* 67，p. 68（1987）.

② L. Abramson，Martin Seligman and J. Teasdale，“Learned Helplessness in Humans：Critique and Reformation”，87 *Journal of Abnormal Psychology* 49（1978）.

③ 如马吉甘（Maguigan）的统计结论是 20%的为非冲突性场合（配偶沉睡、女方先实施攻击、雇凶等）杀人，而尤文（Ewing）的数据则为三分之二。Holly Maguigan，“Battered Women and Self-defense：Myths and Misconceptions in Current Reform Proposals”，140 *University of Pennsylvania Law Review* 379（1991）；Charles P. Ewing，“Battered Women Who Kill：Psychological Self-Defense as Legal Justification”，*Lexington Books*，p. 34（1987）.

多种形态，具体而言有免责事由、正当化事由和行政赦免等主要形式。

1. 作为免责事由的受虐妇女综合征

免责论者主张限制受虐妇女综合征的适用范围，仅将其作为影响受虐者之刑事责任能力或者自由意志的因素，继而论证行为人的违法行为并非出于其自由意志，从而主张其应当基于免责事由阻却责任。

免责路径中寻常的做法是将受虐妇女综合征作为病理性的事实，通过在刑事诉讼中引入受虐妇女综合征的相关证言来支持其他传统意义上的免责事由。在被告人提出如暂时性精神错乱（temporary insanity）、受胁迫行为（duress）[①]或刑事责任能力减弱（diminished capacity）之类的免责抗辩事由之后，法庭可以考察其提交的相关证据，以认定被告人的认识能力和控制能力是否因为长期受虐而受损，因而在杀伤配偶时被告人不具备完全刑事责任能力。如果证言得到采信，那么被告人就会因为刑事责任能力的瑕疵而被免除或者减轻刑事处罚。[②]同时，受虐妇女综合征也可与受挑拨行为（provocation）之类的其他抗辩事由进行组合，以支持减免刑事责任的主张。[③]

同时，也有论者从规范责任论的角度出发对受虐妇女综合征进行定位。由于上述进路往往将被告人塑造成精神错乱的羸弱妇女[④]，忽视了神智健全者亦有可能于不具期待可能性的场合实施违法行为，因此存在着一定程度的不周延性。对此，德雷斯勒（Dressler）提出设立“无公平守法可能”（no fair opportunity）这一新的免责事由。[⑤]除却责任能力的瑕疵以外，行为人也可能因为没有公平机会

---

① 应当注意到的是受虐妇女杀伤配偶的情形并不符合典型的受胁迫行为结构，但是如模范刑法典第2.09条第1款对受胁迫行为的表述是可以适用于相关案件的。Joshua Dressler，“Battered Women and Sleeping Abusers：Some Reflections”，3 *Ohio State Journal of Criminal Law* 457，note 31（2005—2006）.

② R v. Ahluwalia [1992] 4 All ER 889 and Galbraith v. HM Advocate 2002 JC1.

③ R v. Thornton（NO. 2）[1996] WLR 1174.

④ 部分司法判例在适用受虐妇女综合征的相关证据时暗示了行为人精神层面的扭曲和异常。State v. Hundley，693 P. 2d 475，479（1985）.

⑤ Joshua Dressler，“Battered Women and Sleeping Abusers：Some Reflections”，3 *Ohio State Journal of Criminal Law* 457，p. 470（2005—2006）.

实施守法行为而缺乏自由选择的权利（lack of free choice），所以应当在法律无法期待其遵守法律的情况下阻却其责任。对于受虐妇女而言，只要能证明普通理性之人在相似场合亦会实施同种行为，那么就无须迎合和推广具有性别歧视意味的刻板印象，从而作为理性人被免除自身责任。更为重要的是，无公平守法可能这一事由并不局限于受虐妇女杀夫这一特殊情景，而应具有普遍的适用性，对于构建统一的规范责任理论体系、减少理论矛盾而言较为可取。

此外，受虐历史亦可以作为量刑上的责任减免事由。如四机关《意见》就于第20条将受虐者所处的激愤、恐惧状态作为酌定的从宽量刑情节，并规定严重家庭暴力导致身心遭受重大损害的受虐者和不堪忍受长期家庭暴力的受虐者故意杀人的，属于刑法所规定的故意杀人罪中的“情节较轻”，从而可以适用较轻的量刑区间。

总体而言，将受虐妇女综合征定位为免责事由的做法所考虑的并不仅仅是受虐妇女杀夫行为在结构上与正当防卫行为的不协调，更多的是受虐妇女综合征正当化会对社会所产生的不利影响。正如丹-科恩（Dan-Cohen）所论述的行为规范的声音隔离效应（acoustic separation）[①] 那样，正当事由和免责事由对不同受众有着不同的影响。作为行为规范，正当事由对于公众行为有着普遍的示范意义，而作为裁判规范的免责事由则不然，其行为本身具备违法性，仅仅是因为行为人不具备自由意志而阻却责任。如果贸然将免责行为纳入正当化事由的范畴，那么无疑将对公众产生负面的示范意义，导致违法犯罪行为的泛滥。对于坚持受虐妇女杀夫行为违法的免责论者而言，适当的主张不应是行为的正当合法，而是行为人不应就本能的自保行为而受到责难[②]，将受虐妇女综合征正当化的做法无疑是不能被接受的。

2. 作为正当事由的受虐妇女综合征

除通过受虐妇女综合征的适用阻却行为人刑事责任的进路以外，更为具有争

① Meir Dan-Cohen，“Decision Rules and Conduct Rules：On Acoustic Separation in Criminal Law”，97 *Harvard Law Review* 625（1984）.

② George P. Fletcher，“Domination in the Theory of Justification and Excuse”，57 *University of Pittsburg Law Review* 533，p. 577（1995—1996）.

议性的是将其引入正当化事由之中进行考虑。这是因为正当事由论者并不满足于对受虐者刑事责任的免除，而是希望更进一步，从行为规范上肯定受虐者杀死施虐者的正当性。然而，受虐者杀伤配偶行为无疑与既有的正当防卫理论架构之间存在着结构上的差异，于是正当化论者改革乃至重塑正当行为架构的雄心便与既有理论的排异反应产生了激烈的理念冲突。

受虐妇女综合征在正当防卫体系中最为保守的适用路径是仅在具备现时不法侵害的正面冲突型（confrontational）案件中引入相关证据，以之作为证明成立正当防卫所需事实的补充性信息来源。对于受虐者杀死处于消极状态下的施虐者的非正面冲突型（non-confrontational）情境则不予考虑。在证明行为人实施行为的必要性时，一个挑战便是解释为何受虐者选择忍受配偶长期的虐待而不选择其他解脱方案，纵容施虐者的侵害行为上升至具有致命性时才以杀伤手段进行反击。对此，受虐妇女综合征的回应是受虐者的认知和自由意志受到施虐行为的影响，因此受虐者在主观方面产生习得性无助，无法发现和采取其他有效措施提前避免致命结果的发生。然而，这样的解释主张受虐者责任能力减损所引起的选择困境，在正当防卫的认定中加入了免责事由的论据，实质上是基于理性或意志受损而主张阻却责任。[①] 而且正当防卫理论中亦有相关的论述足以支持受虐者不提前逃离的做法。从道德层面而言，施虐者的先行行为是具有犯罪属性的不正当行为，而受虐者选择与家人一起生活则是对正当权利的行使[②]，正无须让于不正，因此受虐者不应当受到谴责。然而从功利的角度出发，如果要求公民忍受恶行对自身合法权益的侵犯，从而避免挺身直面所引发的致命冲突，那么无疑是纵容非法秩序的建立和对合法权益的漠视。受虐妇女综合征的另一用途则是支持受虐者预见施虐人致命侵害的合理性。尽管人的行为很难预料，但未来发生侵害的最佳

---

① Stephen J. Morse, “The ‘New Syndrome Excuse Syndrome’ ”, 14 *Criminal Justice and Ethics* 3, p. 12 (1995).

② Richard A. Rosen, “On Self-defense, Imminence, and Women Who Kill Their Batterers”, 71 *North Carolina Law Review* 371, pp. 398-399 (1992—1993).

标志便是同一行为人在同一环境下曾经犯有的侵害历史。[①] 与上文预见防卫部分所介绍的“燕麦案”相同，施虐者的一些行为看似无害，但是只要了解施虐历史便可知是其实施侵害的前兆。所以正当防卫是否成立要依据防卫人所知的全部事实来作出判断，而在防卫结果发生前的事实自然也包括在内。[②] 如果一般人在了解施虐者的行为模式的基础上合理确信不法侵害将要发生，那么就可以认定不法侵害具备即刻性。[③]

受虐妇女综合征在正当防卫中的附属性适用显然不能满足正当化论者的需求，因此将受虐妇女综合征扩张适用至非正面冲突型案件中的主张也开始出现，而这些主张的成立都是以改变正当防卫时间要件为前提的。处于昏睡、醉酒或不备等消极状态下的施虐者如何对受虐者构成现时的不法侵害，这是在非冲突型案件中适用正当防卫的最大障碍。尽管这一议题似乎在逻辑上自相矛盾，但是对于在既有框架下使受虐者的行为正当化却有着现实性的意义，而逻辑上的矛盾也使时间要件在相关的论述中名存实亡，揭示出其对必要性要件积极层面的强烈需求。

在论述中最为便利的方案就是主张受虐者一直处于施虐者的不法侵害之下。埃伯就主张在相关的受虐案件中，施虐者长时间重复使用暴力，使受虐者处于持续积累的恐惧之中，因此其威胁一直是现实存在的。[④] 在斯塔特夫·奥尔曼案中，尽管多数意见认为朱蒂·奥尔曼（Judy Norman）趁丈夫施虐后沉睡而将其杀死的行为不构成正当防卫，马丁（Martin）法官所作出的少数反对意见亦认为

---

① Robert F. Schopp, Barbara J. Sturgis, and Megan Sullivan, “Battered Woman Syndrome, Expert Testimony, and the Distinction between Justification and Excuse”, *University of Illinois Law Review* 45, p. 72 (1994).

② State v. Warrow, 559 P. 2d 548, p. 555 (1977).

③ Joshua Dressler, “Battered Women Who Kill Their Sleeping Tormenters: Reflections on Maintaining Respect for Human Life While Killing Moral Monsters”, in *Criminal Law Theory: Doctrines of the General Part*, Stephen Shute & A. P. Simester eds., Oxford University Press, 2002, p. 264. 当然依据本文的立场，受虐者是在合理预见不法侵害的基础上实施反击的。

④ Loraine P. Eber, “The Battered Wife's Dilemma: To Kill or to Be Killed”, 32 *Hastings Law Journal* 895, p. 929 (1981).

即使其丈夫处于昏睡这一消极状态，但其此前的暴行仍使其对受虐者产生着即刻的威胁。[①] 所以只要存在着施虐的历史，且在表达犯意后施虐者在物理位置上与受虐者很接近，那么就具有现实威胁，即使施虐者处于消极状态亦可防卫。[②] 之所以使用威胁（threat）而不是不法侵害（aggression），其原因在于前者模糊性更大，具备更好的理论延展性。而这一做法本身也在一定程度上否定了时间要件，最为明显的例子便是费尔赞（Kimberly Ferzan）的相关论述。在维护时间要件的基础上，她提出非正面冲突型案件的架构与罗宾逊（Paul Robinson）所举的绑架案情形[③]或奴役相同，因此施虐者对妇女人格的否定行为构成了现时的不法侵害，受虐者可以使用致命武力杀死消极状态下的施虐者。[④] 然而罗宾逊 Robinson 所举的案例正是用来说明尽管此时不存在现时的不法侵害，但仍有防卫的必要（况且受虐者的杀伤行为是否具有必要性都是存疑的），因此费尔赞的立论就存在着逻辑上的矛盾。

在基于客观事实难以论证存在现时不法侵害的情况下，更多的努力被用于认定标准的主观化。由于英美法系一般在是否存在现时不法侵害的认定上以一般的客观理性人在当时情况下是否能认识到存在不法侵害为标准，因此在防卫启动条件上存在着主观性的要素。然而问题的关键在于主观性的要素究竟应该包含哪些内容。正当化论者的进路便是提高判断标准的主观化和个别化程度，在引入防卫前相关事实以外增加对受虐者之人身和精神特质的考察[⑤]，从一般的理性人标准转变为有受虐妇女综合征的理性人标准。也就是说，当具有受虐妇女综合征的人

---

① State v. Norman, 378 S. E. 2d 8 (1989), p. 19. 赫德（Herd）法官也于 State v. Stewart 案［763 P. 2d 572 (1988)］中有着相同的反对意见。

② Jane C. Moriarty, "'While Dangers gather', the Bush Preemptive Doctrine, Battered Women, Imminence, and Anticipatory Self-Defense", 30 *New York University Review of Law and Social Change* 1, p. 4 (2005).

③ 案情概要为绑架者扬言要杀死被绑者，后者为逃脱而趁其沉睡将其杀死。

④ Kimberly Kessler Ferzan, "Defending Imminence: From Battered Women to Iraq", 46 *Arizona Law Review* 213, p. 253 (2004).

⑤ State v. Leidholm, 334 N. W. 2d 811 (N. D., 1982), p. 818.

认为不法侵害即刻存在时，正当防卫时间要件就得到满足了。应当说这样的标准是自相矛盾的：一方面，论者主张受虐妇女综合征患者的认知能力不同于常人，存在责任能力的瑕疵；另一方面，论者又认为存在理性的受虐妇女综合征患者。这就像是主张存在精神错乱的正常人一样荒诞。如此一来，受虐妇女综合征便徒具正当防卫之名，其本质在于证明受虐者精神上的病态，实际上是向暂时性精神错乱、责任能力减弱等免责事由回归，充其量只是把"精神错乱的妇女"换成"精神错乱的受虐妇女"罢了。而这种在正当化事由认定中掺入免责事实的做法显然是对正当防卫客观标准以及正当化事由概念的嘲弄，并会摧毁正当化事由和免责事由间的重要界限。[①]

除以上进路外，更为激进的观点在于完全摆脱正当防卫的外壳而创设独立的正当化事由，也即在行为人具有受虐妇女综合征的情形下，不再考虑时间要件和必要性要件，允许受虐者于任何时刻杀死施虐者。持这一观点的论者主张受虐妇女是家庭暴力的受害者，并且没有得到正义和公道，因此其杀伤行为制止了未被绳之以法的罪犯并使其得到了应有的惩罚，是自治正义者（vigilante）。[②] 应当注意到的是，这种论调的内核是刑罚论中的一个重要分支，即道德丧失理论（moral forfeiture theory）。该理论主张一个人有意识的恶行将使其丧失生的权利，因此将其杀死并不会对社会造成损害。[③] 与行为评价相较，这种道德评价意味浓重的原则更重视对行为人个人品质的评价，因而存在着被滥用的风险。由于一个人的生活方式并不应对其生的权利有所影响，因此好人与坏人的生命权应当是平等的。[④]

---

① Stephen J. Morse, "The 'New Syndrome Excuse Syndrome' ", 14 *Criminal Justice and Ethics* 3, p. 13 (1995).

② Elisabeth Ayyildiz, "When Battered Woman's Syndrome Does Not Go Far Enough: The Battered Woman As Vigilante", 4 *American University Journal of Gender and the Law* 141, p. 93 (1995).

③ Joshua Dressler, "Battered Women Who Kill Their Sleeping Tormenters: Reflections on Maintaining Respect for Human Life While Killing Moral Monsters", in *Criminal Law Theory: Doctrines of the General Part*, Stephen Shute & A. P. Simester eds., Oxford University Press, 2002, pp. 270-271.

④ Sanford H. Kadish, "Respect for Life and Regard for Rights in the Criminal Law", 64 *California Law Review* 871, p. 880 (1976).

如果公民可以依据道德品质的高下而随意对他人进行先发制人的打击，这无疑是对法律平等保护和社会秩序的极大破坏。

3. 作为行政赦免事由的受虐妇女综合征

笔者认为关于受虐妇女综合征在刑事司法程序中的适用尚存在较大的争议，且相应的调整也会对社会和公众产生广泛影响，而对受虐者的严厉惩处又无法对公民守法产生正面的激励，因此主张保留正当防卫等相应抗辩事由的理论框架不变，而于事后通过行政赦免的方式减轻乃至免除对行为人的刑事处罚不失为一种灵活的策略。

不难看出，通过行政赦免解决受虐妇女的道德和法律困境也是最富实效的做法，因为它回避了争议的主体，即受虐妇女综合征的性质和适用问题，而是通过行政长官的赦免权来对刑事司法活动进行补充。如此一来既避免了实体法律修正可能引起的滥用现象，其发起和运行也较刑事立法和司法活动更为简易灵活。美国一些地区便对被定罪处刑的受虐者进行了频繁的赦免，如在俄亥俄州在 1990 年 25 人被减刑，在马里兰州在 1991 年也有 8 人被赦免。① 但是最富实效的另外一面则是最为保守，因为对于受虐妇女综合征症结的回避无益于深化对相关问题的认识，这也使实体法的发展止步不前。此外，行政赦免的频繁适用也存在着决策主体裁量权过大、赦免依据过于模糊的问题，所以其只能称得上是权衡之计。

（三）受虐妇女综合征的缺陷与重构

1. 受虐妇女综合征的缺陷

在完成对受虐妇女综合征的适用路径的梳理之后可知，当前对于受虐妇女综合征的理解和适用思路存在着如下的问题。

首先，受虐妇女综合征存在着空心化的趋势。对受虐者杀伤行为免除处罚，甚至非罪化的强烈需求推动着受虐妇女综合征的快速发展，并于适用路径上呈现出多样性，然而在对种种路径进行检视后似乎可以提出这样一个问题：受虐

① Joan H. Krause, “Of Merciful Justice and Justified Mercy: Commuting the Sentences of Battered Women Who Kill”, 46 *Florida Law Review* 699, pp. 703, 727－728 (1994).

妇女综合征于当下的存在是否具有真正的意义？抑或说，去除受虐妇女综合征的种种应用，对受虐者的实体和程序保障是否会有所减损？受虐妇女综合征在上述适用路径中对其他既有方案的依托可以被解释为务实的改革途径，但从另一个角度看，后者已经在理论和功能上将受虐妇女综合征掏空殆尽，真正具有改革意味的似乎就剩下一个概念了。这无疑是受虐妇女综合征的支持者要深思之处。

其次，受虐妇女综合征的适用有着很强的功利性和目的性。在受虐妇女杀夫案件中，英美法系的律师的辩护思路是以避免定罪为导向，不拘泥于区分正当化事由和免责事由、行为属于正当防卫还是责任能力减弱行为，而侧重于向陪审团阐述被告人的受虐故事，并说明受害妇女综合征的内容。① 这样的思路亦主导了相应的理论建构，使其缺乏统一、稳定的立场，并忽视对相应理论冲突的梳理，整体上呈现出以结果为导向的粗放态势。

最后，部分受虐妇女综合征论者在价值观上存在着矛盾。受虐妇女综合征理论发展的重要主张在于变更男权社会主导制定的具有性别歧视意味的正当防卫体系，使相应的行为规范顾及女性的特质。如有论者认为传统正当防卫理论以两个实力均衡的人之间的正面冲突为出发点，存在着对女性的歧视。② 然而，受虐妇女综合征的多数论据都围绕着受虐者的心理状态而非行为③，其经意或不经意间着力塑造的绝望无助、精神崩溃的女性形象本身就是对女性刻板印象的迎合。④ 部分激进观点甚至是与基本的法律理念相左的，如沃克就认为由于受虐妇女保护

---

① Irvin B. Nodland, "Defending Battered Women: Everything She Says May Be Used against Them", 68 *North Dakota Law Review* 131, p. 138 (1992).

② Celia Wells, "Battered Woman Syndrome and Defences to Homicide: Where Now?", 14 *Legal Studies* 266, p. 272 (1994). 相左的观点见 Susan Estrich, "Defending Women", 88 *Michigan Law Review* 1430, p. 1431 (1990)。

③ Lenore E. Walker, "Battered Women Syndrome and Self-defense", 6 *Notre Dame Journal of Law, Ethics and Public Policy* 321, p. 324 (1992).

④ Deborah W. Denno, "Gender, Crime, and the Criminal Law Defenses", 85 *Journal of Criminal Law and Criminology* 80 (1994).

自己的能力不足，因此必要时可以雇佣他人杀死配偶。① 这样的观点既是对现有理论框架的无视，也存在着对他人生命的漠视。

通过对受虐妇女综合征所存在的种种问题进行归纳和总结，我们得以对其实质作进一步的认识。受虐妇女综合征的提出有着提高自保可能、重新调整行为双方风险分配的动因。但是当相关论者不满足于正当防卫在正面冲突型案件中的适用，而主张将打击行为的发起时间进一步向前推移至对消极状态下的施虐者的杀伤时，施虐者所承担的过大风险必然导致法益保护的失衡，从而使行为的正当化依据从受不法侵害所形成的法益保护上的优越性转变为道德品质上的优越性。如果说预见防卫的提出是要重申正当防卫必要性的积极层面，使防卫行为的启动提前至合理预见不法侵害的时间点，那么对受虐者行为的全盘优化显然是将防卫必要的积极层面作为分配风险的唯一的依据，从而忽视了其消极层面，也即法益保护均衡相当方面的重要性。

2. 受虐妇女综合征的重构

为避免理论上和实务中可能产生的矛盾冲突，有必要将受虐妇女综合征的相关情景纳入预见防卫的理论框架中予以考虑，并沿着打击行为发动的时间轴依次向前进行区分并进行考察。

（1）受虐者直接受到施虐者不法侵害的情形。

在受虐者再次受到施虐者攻击时，行为架构与传统正当防卫所规定的情境相吻合，受虐者可以采取相应的措施予以反击，在符合正当防卫其他条件的基础上应当对其行为予以正当化。这一观点在四机关《意见》中亦得到了重申。②

最高人民法院于 2015 年 3 月发布了一系列涉及家庭暴力的典型案例③，其中案例 3 “常磊故意伤害案”便与本情形相近：被告人常磊和其母长期受到父亲的

---

① Lenore E. Walker, “A Response to Elizabeth M. Schneider's Describing and Changing”, 9 *Women's Rights Law Reporter* 223, p. 224 (1986).

② 其于第 19 条规定：“为了使本人或者他人的人身权利免受不法侵害，对正在进行的家庭暴力采取制止行为，只要符合刑法规定的条件，就应当依法认定为正当防卫，不负刑事责任。”

③ 最高人民法院发布涉家庭暴力犯罪典型案例. 人民法院报，2015-03-04.

殴打和辱骂，在父亲又一次实施辱骂和殴打，之后取来菜刀并扬言要杀死全家时，常磊夺下菜刀，并将继续殴打母亲的父亲砍伤，其父事后不治而亡。在本案中，常磊虽夺下菜刀，但其父仍对其母进行不法侵害。此时传统意义上的时间要件得到满足，常磊自当可以使用合理武力对其进行打击。虽然最后常磊因使用过剩的武力打破了法益保护的平衡，但除去这一情节后本案应当说较好地呈现出了受虐者适用传统正当防卫事由的情形。

（2）受虐者合理预见施虐者将要发起不法侵害的情形。

在施虐者并未开始实施侵害，但受虐者对其发起不法侵害的预见存在客观合理性的情形下，受虐者亦可对其进行防卫。在判断受虐者预见的合理性时，应当引入证明其受虐历史的相关证据，以证明施虐者看似无意义的举动所具有的特殊意义，从而使一般的理性人足以预见到不法侵害将要发生。比如甲习惯在饮酒后对妻子乙进行侵害，这一现象在长期的虐待历史中不断循环出现，因此虽然在外人看来饮酒这一行为似乎与虐待无关，但只要充分了解虐待历史，一般理性人都能在甲再次饮酒时合理预见其将要开始的不法侵害，所以乙有权对甲实施防卫行为。

但是应当注意到的是，由于施虐者此时尚未实施不法侵害，受虐者的防卫行为应以制止可能出现的不法侵害为限，而不能一概依预见的侵害所具有的强度进行判断，致命武力的行使应当是例外性的。

（3）受虐者趁施虐者处于消极状态时进行打击的情形。

当施虐者处于昏睡、醉酒、不备等消极状态时，不应当对受虐者的打击行为予以正当化。最高人民法院于 2014 年公布的薛某凤故意杀人案①便符合这一立场。薛某自 11 岁起便长期受到养父奸淫并导致怀孕、引产。在薛某结婚后，养父在酒后持刀对其进行威胁，要求再次发生性关系。薛某谎称同意，趁机将其手脚捆住并离开。在数个小时后薛某又折返，将养父杀死。在本案中，作为施虐者的养父被捆住，因此处于无法实施侵害和进行反抗的消极状态。此时薛某的杀人

---

① 最高人民法院公布十起涉家庭暴力典型案例. 人民法院报，2014-02-28.

行为虽然情有可原，但不应当被正当化。如果薛某的杀伤行为是由长期受虐所致的刑事责任能力欠缺所引起的，那么应在相应科学鉴定确认的基础上宣告其无罪或减轻其刑事责任；即使薛某不存在刑事责任能力的缺失，但是如果相关证据可以证明其行为时不具备任何合理机会实施守法行为，则可以根据规范责任论阻却其责任。①

## 五、正当防卫时间要件的适度后延：抢劫犯罪中的追击行为

### （一）概述

近些年来，抢劫犯罪受害人在追击过程中致劫匪重伤、死亡的案例时有发生②，而各地法院在性质认定方面意见不一，存在着正当防卫、防卫过当和故意犯罪等不同认定，从而加剧了社会的激烈争论。在我国正当防卫的时间要件是防卫行为必须针对“正在进行的不法侵害”实施，而从结构上进行分析，针对抢劫犯罪的追击行为发生于抢劫行为既遂之后，其在实施的时间点上迟于典型的正当防卫行为，因此其在性质上存在特殊性。出于维护受害者与侵害者的合法权益，稳定社会与司法秩序，引导社会观念良性发展的角度考虑，有必要分析和确定抢劫犯罪中追击行为的性质，并依相应的制度予以规范和调整。

随着社会科学以及自然科学的发展，现代国家对犯罪现象的研究与认识已经有了长足的进步，在理论发展的推动下，针对犯罪的预防与控制综合系统也日益成型，也即事前进行社会治理，控制犯罪根源，实现一般预防；事中对正在发生的犯罪行为予以制止和排除；事后对犯罪人进行惩罚和矫治，平复社会秩序。在

① 法院的判决仅将薛某的受虐历史作为量刑情节进行考虑，其立场相对保守。

② 被抢的哥撞死劫匪，法院终审判决的哥入狱服刑. [2013－04－20]. 北方网：http://news.enorth.com.cn/system/2005/08/31/001107865.shtml. “驾车撞死劫匪”教师被认定见义勇为，将免除刑责. [2013－04－20]. 凤凰网：http://news.ifeng.com/society/2/detail_2012_01/22/12119451_0.shtml. 陈笑尘，卢放兴. 女车主撞死劫匪之后——对佛山中院表态“正当防卫”的法律解读. 中国审判，2009－05－05.

应对犯罪现象的一体化反应链条中，事中对犯罪的控制由于直面正在发生的犯罪，且涉及对公民合法权益的及时救济，因而具有相当重要的地位。犯罪的突发性和隐蔽性决定了国家的保护无法及时地出现在每一个遭受犯罪侵害的公民面前，因此国家必须对公民的自卫权予以承认，使其与警权一道形成对现时犯罪的防线，进而将其作为有机组成部分纳入应对犯罪的综合性控制系统。然而若不对自卫权加以限制，私人为保护人身与财产权利而针对犯罪采取的防御性措施极易变为应对犯罪的事后措施，从而异化为私人的惩罚或复仇，导致整个体系的崩溃。正如美国的法院认为："物品已然失窃的受害者无权主张不经法律程序而自行惩罚盗贼。"[①] 出于维护社会司法秩序[②]的追求，公民只有在遭受现时的不法侵害时才有权对侵害者使用武力，以适度反击行为阻却犯罪。而在不法侵害结束后的反击，只能被称为不经法律程序的复仇罢了。因此，不法侵害结束的时间点的确立将直接导致对追击行为性质的不同评价。

针对这一问题，学界大体上存在着行为停止说、侵害事实结束说、离去现场说、排除危险说、危险制止说、危险结果形成说等不同的学说。[③] 种种学说争鸣的原因在于，学者在认定正当防卫时间要件是否满足的问题上所持的立场多数是基于侵害人的角度。由于侵害人实施的犯罪形态存在差异，因此从其行为角度出发对"不法侵害"进行描绘，自然会得出不同的结论。也有学者试图对不法侵害的结束形态加以囊括，如王政勋认为，不法侵害结束包括"不法侵害已经停止或不法侵害造成的结果已经出现，即使实施防卫行为，也不能阻止危害结果的发生或即时地挽回损失；即使不实行正当防卫，也不会发生危害结果或危害结果不致进一步扩大"[④] 等情况。然而囊括方法的问题在于，与多种多样的侵害结束形式相比，其定义与逻辑的承载能力是有限的。

---

① State v. Bruce, 24 Me. 71 (1984), quoted in United States v. Zappola, 677 F. 2d, p. 268.

② Boaz Sangero, *Self-defense in Criminal Law*, Hart Publishing, 2006, p. 259.

③ 赵秉志主编. 刑法学总论研究述评. 北京：北京师范大学出版社，2009：436-437.

④ 王政勋. 正当行为论. 北京：法律出版社，2000：144.

（二）追击行为的定性

从正当防卫必要性原则的积极层面出发，防卫行为的效果应当得到保障，因此，对正当防卫时间要件的规定首先要满足防卫人及时挽回损失，保全自身合法权益的目的，所以正当防卫时间要件并不是为了确定侵害人的刑事责任而存在的。① 由于不法侵害是针对防卫人实施的攻击行为，因此不法侵害的终结应当以防卫人的法益不再处于受攻击的不稳定状态为标准，而不是片面依赖于不法侵害行为的发展阶段。采取这一实质性判断标准的优点在于贯彻正当防卫制度保护个人合法权益的精神，同时更有利于司法人员的把握和裁量。以不法侵害的结束为分水岭，追击行为可以分为即时追击与事后追击两种情况。基于二者在性质上的不同，有必要分别展开论述。

1. 即时追击行为

即时追击指在侵害人劫取财物逃离后，受害人或第三人立即对其展开追踪，并采取各种方式夺回财物的行为。

（1）自救说。

持自救说的学者的一般观点是，在侵害财物的行为既遂的情况下，法益的侵害就已告终了，其后实施的夺取行为仅能作为恢复法益的自救行为。② 如日本学者山口厚认为，在状态犯的情况下，仍在继续的是违法状态而不是法益侵害，因此受害人必须利用公共纠纷解决机制来维护自身法益。③ 相关的批评观点指出，从性质上讲，侵害终了是事实关系，犯罪既遂是法律观念④；从侧重点来讲，侵害现在性重视防卫者的权利保护以及其正当化的界限⑤，而犯罪既遂与否是以不

① 陈璇. 刑法中社会相当性理论研究. 北京：法律出版社，2010：278.

② ［日］野村稔. 刑法总论. 全理其，何力，译. 北京：法律出版社，2001：225. ［日］大谷实. 刑法总论：新版第2版. 黎宏，译. 北京：中国人民大学出版社，2008：255. ［日］大塚仁. 刑法概说（总论）：第3版. 冯军，译. 北京：中国人民大学出版社，2003：424.

③ ［日］山口厚. 刑法总论：第2版. 付立庆，译. 北京：中国人民大学出版社，2011：119.

④ ［日］泷川幸辰. 犯罪论序说：上. 王泰，译//赵秉志主编. 刑法论丛：第3卷. 北京：法律出版社，1999：212.

⑤ 林钰雄. 新刑法总则. 北京：中国人民大学出版社，2009：188.

法者的可罚性及其轻重为标准的。因此，自救说实际上是将侵害的现在性与犯罪的既遂问题进行了不当的混同。此外，自救说在具体案件中亦将导致不合理的结论。例如甲在乙家中盗取戒指一枚，其后就地隐藏于乙的浴室中。通行观点认为，甲已经构成盗窃罪的既遂。然而，若甲嗣后再次假装前来拜访，但是在取走戒指的时候被乙发现，则此时根据自救说，甲的不法侵害已经终结，乙非但不能通过防卫行为保护自身的合法财物，反而要受到自救行为条件的不当限制。这样的结论无疑是荒谬的。

（2）正当防卫说。

多数学者认为，应当区分犯罪既遂问题与侵害的现在性问题，也即在抢劫罪、盗窃罪等侵犯财物占有型的犯罪既遂后，即时的追击行为仍可以成立正当防卫。

其中，有学者主张区分形式既遂（符合构成要件）与实质既遂（实施终了），在实质既遂前（也即发生真正不法后果前），受害人仍可对侵害人进行防卫。①这种学说可以被看成是在维持侵害现在性与犯罪既遂标准统一的前提下为加强合理性所作出的调整，但其仍未摆脱自救说所面临的诟病，即立场的内部冲突和逻辑混乱。并且，形式既遂与实质既遂这一对概念也有待商榷。同样以上述的“浴室盗窃案”为例：若乙在甲取回戒指之前便发现了戒指，则此时甲同时成立形式上的盗窃罪既遂和实质上的盗窃罪未遂，那么究竟应当如何认定？这不能不说是一个难以解决的难题。

因此，多数支持正当防卫说的学者都主张区分形式终了的既遂和实质终了的不法侵害。如德国学者罗克辛指出，“在状态犯罪中，尽管在形式上构成行为已结束，但是，直到实质上结束之前，这种攻击还是正在进行的”②。彭卫东教授

① ［日］山中敬一. 刑法总论：第2版. 东京：成文堂，2008：452-453//陈家林. 外国刑法通论. 北京：中国人民公安大学出版社，2009：282. ［德］冈特·施特拉腾韦特，洛塔尔·库伦. 刑法总论：I——犯罪论. 杨萌，译. 北京：法律出版社，2006：252.

② ［德］克劳斯·罗克辛. 德国刑法学总论：第1卷. 王世洲，译. 北京：法律出版社，2005：434.

也表达了相近的观点，即认为侵害行为的结束，一般不包括不法侵害状态的结束。[①] 持本说的其他学者认为虽然侵害者的行为构成既遂，但其并未对财物确立完全占有[②]，此时侵害处于已经发生而一经反抗即部分或全部消除的状态[③]，因此在受侵害法益可以挽回[④]的情况下，当场夺回构成正当防卫，因此正当防卫说又可以称为“可挽回说”。笔者原则上同意本说的前提，也即既遂与不法侵害的区分，但是并不认为不法侵害仍在继续的原因在于法益可以挽回。本说虽然在侵害现在性的判断上不再适用侵害人角度的既遂标准，但受侵害法益是否可以挽回仍是以侵害人的占有状态为出发点的，况且从逻辑上进行推演，主张法益可以挽回必须以法益丧失为前提，既然法益已然丧失，那么不法侵害的现在性又从何而来？即时防卫与事后防卫又有何区别？所以，正当防卫说并没有点出问题的实质。更为合理的解决方案应当从被害人的角度出发，构建立场统一的判断标准。

（3）追击行为符合正当防卫时间要件。

笔者认为，不法侵害并未终了的原因在于，在抢劫犯罪既遂而侵害者未脱离的情况下，受害者仍对财物具有部分控制力，侵害者的逃逸行为构成对受害者占有的侵害，因此防卫行为符合时间要件。通常认为，刑法上的占有侧重强调对物的事实性支配力，如果当事人对于物具有现实的控制可能，那么就应当承认其对物的占有。因此，并非只有通过身体部位与物的直接接触才存在控制力，处于事实性支配领域之内的财物，即使并未被持有或守护，亦构成所有。[⑤] 在即时追击中，受害人虽然失去了对财物的直接占有，但财物始终保持在其可以实施控制力

---

① 彭卫东. 正当防卫论. 武汉：武汉大学出版社，2001：68.

② ［日］西田典之. 日本刑法总论. 刘明祥，王昭武，译. 北京：中国人民大学出版社，2007：122.

③ ［德］汉斯·海因里希·耶塞克，托马斯·魏根特. 德国刑法教科书. 徐久生，译. 北京：中国法制出版社，2001：410.

④ 张丽卿. 刑法总则理论与运用. 2版. 台北，2002：116. 张明楷. 刑法学. 北京：法律出版社，2011：195. 黎宏. 刑法学. 北京：法律出版社，2012：132.

⑤ 同②113.

的事实支配范围内，从而其对物品具有的占有是受到减弱而非完全消灭。形象地讲，此时同时存在两只伸向被害人钱包的手——实质的手（侵害人的直接占有）与无形的手（受害人基于事实支配范围的占有）。从侵害人的角度看，其对财物的占有虽然足以构成抢劫罪既遂，但由于受到受害人的事实支配力妨碍，其对财物占有并不能称得上完全。这也正是其逃逸的原因所在，即脱离受害人以及第三人的事实支配范围，进而实现对财物的完全占有。因此，从财物在受害人事实支配范围内，到相交的那一刻之前，受害人或第三人都可以基于逃逸行为对其事实支配力的现实侵害而实施正当防卫。在即时追击中，当出现以下三种情况之一时，追击人的正当防卫权利即告消灭：（1）追击人成功夺回财物；（2）侵害人逃离追击人的事实支配范围；（3）侵害人丢弃所劫得的财物。

但是应当注意的是，受害人的事实支配范围并不是固定的，其大小应由审判法官根据现实具体情况和一般社会观念进行判断，而不能交予立法机关决定。总体而言，其范围与侵害人的逃逸能力呈负相关，而与受害人的追击能力呈正相关。此外，携带财物的侵害人必须始终处于被支配范围内，支配者可以是受害人或第三人任意一方，但二者可以交替进行追击。

2. 事后追击行为

事后追击行为指在不法侵害终止后，受害人发现侵害人而进行的追击行为，也即针对过去侵害所进行的反击。具体而言，在侵害人脱离追击人事实支配范围这一刻以后发生的任何取回行为，都不能构成正当防卫。这样的原则也得到了美国司法判例的支持。在伍德沃德诉州政府一案中，被告人伍德沃德的妻子借给了麦克莱尔 8 000 美元，而麦克在去其工作的酒吧还债的时候发现她有事外出，于是委托她的同事乔治库伯予以转交，但乔治私吞了这笔钱。伍德沃德在知情后便威胁乔治返还，否则便打断他的腿，乔治迫于威胁返还了部分金钱。初审法院判处伍德沃德构成勒索罪（extortion）；伍德沃德认为，根据阿拉斯加州的防卫财产法[①]，自己有权通过使用暴力或以暴力威胁的方式保卫自己的财产，因而向阿拉

① AS 11. 81. 350.

斯加州上诉法院提起上诉。针对伍德沃德的主张，上诉法院认为，“伍德沃德的行为是在寻求追回属于自己的金钱，而不是寻求制止他人对自己特定财产的侵夺……该条规定（防卫财产法）仅适用于即将实施或正在实施的犯罪”①，因而维持了原判。

事后追击不能成立正当防卫，同时也不能普遍成立自救，原因在于对维护社会秩序的考虑。“如果一般情况下都允许人们采取自助的措施，那么，法律的安全性就会消失，就会导致公共秩序的极大危险，导致法律和平的消失，最后，他还会使强权凌驾于法律之上。”② 易言之，普遍承认自救行为的做法将导致公共纠纷解决机制的废弃，使得私人武力的行使突破正当防卫制度所构建的限制，最终滑向私人复仇的深渊。但是在满足以下几个条件的时候，受害人的追击行为可以例外地成立自救。

（1）追击必须由受害人本人主导。

追击可以由受害人一人进行或在第三人协助的情况下进行，但第三人无权独立发起事后追击。如此处理的原因在于，受害人对自己的财物最为熟悉，同时在经历侵害的过程中也能对侵害者留下深刻的印象，因此误认的可能较小。而第三人则不同，其对案件的相关认识可能存在较多的谬误或偏差，在这种情况下赋予其独立的追击权利无疑是不合理的。

（2）受害人必须有较大的把握确认侵害人的身份或财物归属。

由于事后追击的开始距离不法侵害的结束已存在一定的时间和空间间隔，受害人可能出于种种因素将他人合法占有的财物错认为被劫财物。此时若不对自救权的行使加以限制，使受害人谨慎地采取辨认和取回措施，将导致他人的合法权益遭受不当的损害。而鲁莽实施的事后追击在不知情的外人看来，无异于另外一起暴力犯罪。

（3）追击完成后应及时要求有关部门介入。

从本质上看，自救行为原则上只是一种对合法的物权请求权的暂时保全，而

---

① Woodward v. State，855 p. 2d 423（Alaska App. 1993），p. 428.

② ［德］卡尔·拉伦茨. 德国民法通论：上册. 王晓晔，等译. 北京：法律出版社，2003：370.

其最终的实现还必须通过司法程序。[①] 因此，受害人在完成追击行为，从而取回被劫物品或暂时扣留侵害人后，必须及时要求行政、司法人员的介入，从而保证国家司法权力行使的稳定性和权威性。

(4) 事后追击行为的实施必须受到限制。

在事后追击中，必须避免权利的滥用，以防止造成他人合法权利的不当损害和社会秩序混乱。由于事后追击存在着时间上的间隔，受害人对于相关事实的误判风险较即时追击更大，因此出于法益平等保护的理念应对事后追击行为施以更为严格的限制。

(三) 对追击行为的限制

如前文所述，受害人在被劫取财物后立即追击并取回财物，对于在追击中造成逃逸者损害的，在一定程度上成立正当防卫。而决定追击行为是否构成正当防卫的关键因素就在于追击行为是否超越必要的防卫限度，因此有必要对这一问题进一步展开探讨。

1. 追击中防卫限度的动态性

由于防卫以遏制不法侵害为第一要义[②]，因此其防卫限度取决于不法侵害行为。然而，不法侵害并非自始至终保持同一强度，而是要经历一个发生、增强至顶峰，再减弱至消灭的阶段[③]，因此防卫行为的限度也应随不法侵害的发展而变化。对于追击行为而言，由于不法侵害是以逃逸的方式进行，与非暴力取财型犯罪中的逃逸行为大体相同，因此追击行为的限度应大体与之相对应。[④] 当然，这并不会使抢劫犯罪中的追击行为受到不当限制，当追击发展至靠近逃逸人并夺回财物的阶段之时，若逃逸人实施暴力行为进行压制，则因此时不法侵害的强度又

① ［德］卡尔·拉伦茨. 德国民法通论：上册. 王晓晔，等译. 北京：法律出版社，2003：371.

② ［德］汉斯·海因里希·耶塞克，托马斯·魏根特. 德国刑法教科书. 徐久生，译. 北京：中国法制出版社，2001：412.

③ 这仅仅是一个一般性的表述，现实中往往存在多次巨变的可能。

④ 这也正是本文单独论述抢劫犯罪的追击行为的目的所在，也即在逃逸人不具备若干特殊因素的情况下，对其追击行为的限度不能因为之前不法侵害的强度而不当提高。

将有所提高，追击人自然可享有更高的防卫限度。这与我国刑法典第 269 条所规定的转化型抢劫罪有异曲同工之妙。①

此外，追击人的防卫限度应随其与逃逸人距离的增大而降低，随其缩小而升高。这样处理的依据在于二者间距离的变化将导致逃逸行为对事实性支配的侵害程度的变化。同时，这也有利于避免追击人在距离扩大，即将难以追击之时使用杀伤力过大的手段②对逃逸人进行报复。

2. 致命武力在追击中的适用

在追击过程中，难免会产生这样的一个问题，即在不使用致命武力便难以阻止逃逸行为的情况下，追击行为应否予以实施。这一问题的实质在于片面强调正当防卫必要性的积极层面所导致的对不法侵害人合法权益的漠视。法益保护的优越并不能允许防卫人向侵害人施加不合比例的风险，从而导致法益保护的失衡。③ 笔者认为，防卫人在追击时使用驾车撞击之类的致命武力威胁到了侵害人的生命安全，这与受害人将要损失的财产利益之间并不能构成法益的均衡，因此原则上不应予以许可。可能存在的例外在于当抢劫犯罪中侵害人使用了致命性的器械，并在逃逸时未舍弃时，在追击人可以理性预见在追上后所面临的致命危险的情况下，应当例外地许可对逃逸者的撞击行为。

## 六、结论

作为事中阻止犯罪的重要环节，正当防卫具有保护个人法益与维护社会秩序的双重价值。而防卫的必要性原则旨在维护法益保护的平衡，防止防卫风险在防

① 该款规定“犯盗窃、诈骗、抢夺罪，为窝藏赃物、抗拒抓捕或者毁灭罪证而当场使用暴力或者以暴力相威胁的，依照本法第二百六十三条（抢劫罪——引者注）的规定定罪处罚。”因此，在非暴力取财型犯罪行为人逃逸过程中使用暴力的，追击人同样可以享有更大的防卫限度。

② 如射击型或投掷型武器。

③ 德国学者将其称为正当防卫的“社会道德性限制”，相关论述和争论，参见［德］罗克辛. 德国刑法学总论：第 1 卷. 王世洲，译. 北京：法律出版社，2005：443。

卫人、不法侵害人和社会三者间的不当分配。在明确防卫行为的预见性，并对正当防卫必要性原则的内容与理论地位进行重构之后，对于作为必要性原则的下位要件的正当防卫的时间要件，自当以此作为理论建构和调整的依据，并对不法侵害的始与终两个模糊的临界点进行不断探索，从而对相应的疑难问题作出符合价值和常识的应对。

因此，在兼顾必要性原则的积极层面和消极层面的基础上，对正当防卫行为在启动时间上的调整将更为切合逻辑与现实需求。在合理预见不法侵害将要发生的场合，应当基于防卫效果赋予防卫者正当防卫的权利。而在受虐者杀伤处于消极状态的施虐者，抑或追击人在侵害人成功脱离有效控制范围后实施追击行为的场合，正当化的进路无疑将导致防卫风险分配不均，进而引发法益保护的失衡，因此后者不应被纳入正当防卫的范畴。

# 于欢防卫过当案法理问题简析*

## 一、前言

对于备受社会关注的于欢防卫过当案（又称辱母杀人案，以下简于欢案），山东省高级人民法院于2017年5月27日二审开庭审理，于2017年6月23日公开宣判，认定于欢系防卫过当，构成故意伤害罪，予以减轻处罚，判处有期徒刑5年。在于欢案落下帷幕之际，对前段社会各界聚焦本案所关注的涉正当防卫的相关法理问题，有必要结合本案二审判决予以评析。

## 二、于欢的行为是否具有防卫的前提和性质

首先，于欢是否具有防卫的前提？

本案一审判决认为当时不存在防卫的紧迫性，因而于欢持刀捅刺被害人的行

* 原载《人民法院报》，2017-06-24（2）。

为不存在正当防卫意义上的不法侵害前提，从而否定于欢的行为具有防卫的前提。一审判决的这一定性受到普遍质疑。

从刑法的相关规定看，正当防卫得以行使的前提条件是，必须有“正在进行的不法侵害”。这种不法侵害既包括犯罪行为，也包括一般违法行为。不法侵害应具有不法性、侵害性、紧迫性和现实性四个特点。具体到于欢案，杜某浩等人为违法讨债所实施的严重侮辱、非法拘禁、轻微殴打等不法侵害，明显是违法犯罪行为，具有不法性；杜某浩等人实施的不法侵害行为，侵害了于欢母子的人身自由、人格尊严、人身安全等合法权益，具有明显的侵害性且持续存在。在此情况下，于欢为了制止不法侵害，对杜某浩等人实施反击行为可以减轻或者消除该不法侵害的威胁，理当具备正当防卫意义上的防卫前提。

其次，在于欢面对正在进行的不法侵害而具有防卫前提的情况下，于欢的反击行为是否具备防卫的性质?

依照我国正当防卫制度的法律和法理，对防卫意图、防卫时间和防卫对象的认定是判定行为人的行为是否具有防卫性质的关键。

从防卫意图看，防卫意图是防卫认识因素与意志因素的统一，实践中，应遵循主客观相统一原则进行分析和判断。首先，防卫认识是防卫意图的首要因素，是形成防卫目的的认识前提，具体是指行为人对不法侵害的存在、不法侵害正在进行、不法侵害人、不法侵害的紧迫性、防卫的可行性以及其可能的损害结果等有相应的认识。在于欢案中，于欢对正在进行的针对其母子的不法侵害有明确认识，即于欢认识到了自己及其母亲的人身自由、人格尊严正受到严重不法侵害，其母子的人身安全也正受到严重威胁。其次，防卫目的是防卫意图的核心。所谓防卫目的，是指通过采取防卫措施制止不法侵害，以保护合法权益的意图和主观愿望。在于欢案中，于欢持刀捅刺杜某浩等人的行为，是希望以防卫手段制止不法侵害，即于欢主观上是出于保护自己及其母亲的人身自由、人格尊严、人身安全等合法权益免受不法侵害的心理态度，具有防卫的目的。概言之，无论是从防卫认识还是从防卫目的看，于欢都是具有防卫意图的。

从防卫时间看，于欢的行为是针对正在进行的不法侵害实施的。在于欢案

中，杜某浩等人对于欢母子实施的不法侵害行为，没有因为民警出警而得到有效控制，当于欢母子急于随民警离开接待室时，杜某浩等人阻止于欢离开并对于欢实施了勒脖子、按肩膀、推搡等强制行为，杜某浩等人显然正处于实施不法侵害的过程之中，此时，于欢持刀捅刺杜某浩等人，具备实施防卫的时间条件。这与事后报复是有本质区别的。

从防卫对象看，正当防卫的对象只能是不法侵害实施人。于欢案中，于欢是针对不法侵害人进行反击的，即其持刀捅刺的对象包括杜某浩、程某贺、严某军、郭某刚四人。这四人均是非法拘禁、严重侮辱、轻微殴打等一项或多项不法侵害行为的直接实施者，是对于欢母子共同实施不法侵害的行为人，符合防卫的对象条件。在杜某浩等人共同实施的不法侵害中，所有不法侵害者是作为一个整体存在的，防卫对象不能局限于实施了最严重侮辱行为的杜某浩一人，其他共同实施不法侵害的行为人包括程某贺、严某军、郭某刚，都可以作为防卫的对象。面对多人共同形成的不法侵害状态时，要求于欢只针对实施了最严重不法侵害的某一个人实施防卫，是不符合以防卫行为制止不法侵害的实际需要的。

于欢在防卫意图的支配下，在不法侵害正在进行过程中，针对不法侵害人实施反击行为，其行为当然具备防卫的性质。因此，本案二审判决纠正一审判决否定不法侵害存在、否定于欢的行为具有防卫性质的错误，认定于欢持刀捅刺杜某浩等四人的行为属于制止正在进行的不法侵害，其行为具有防卫性质，是合乎本案事实，合乎法律情理的。

## 三、于欢的行为是否属于防卫过当

于欢的反击行为是否属于防卫过当？这是本案一审后社会各界和法律学者关注与争论的一个重要问题，也是本案二审中分歧较大的一个问题，存在系正当防卫、防卫过当、一般故意犯罪等三种主张。

根据刑法规定，防卫过当是指防卫明显超过必要限度造成重大损害的行为。防卫明显超过必要限度并造成了重大损害，使防卫由适当变成过当，由合法变成

非法。因而从总体上说防卫过当也是一种非法侵害行为，防卫过当认定的关键在于对防卫限度条件的正确把握。

按照我国刑法理论和司法实务中通行的主张，在认定何为“明显超过必要限度”的问题上，原则上应以制止不法侵害所必需为标准，同时要求防卫行为与不法侵害行为在手段、强度等方面，不存在悬殊的差异。在具体案件的判断中，行为人在确实具有防卫必要性的基础上实施防卫行为，如果防卫行为本身的强度与不法侵害强度基本相当，甚至小于不法侵害的强度，即使造成重大损害结果，也不能认为是“明显超过必要限度”。如果防卫人采用强度较小的防卫行为就足以制止不法侵害，却采用了明显不必要的强度更大的行为，则应认定为“明显超过必要限度”。总之，在何为“明显超过必要限度”的判断上，主要是基于防卫方式、强度、手段不适当而认定明显超过必要限度，常见的情形包括防卫行为人攻击部位不适当、防卫工具不适当、在防卫方人数或体能优于侵害方情形下实施防卫行为等。“造成重大损害”意味着防卫行为所造成的损害与不法侵害可能造成的侵害相比明显失衡，一般仅限于造成人身重伤或死亡，不包括造成侵害人轻伤或财产方面的损失。应当强调，防卫措施明显超过必要限度、防卫结果造成重大损害这两个标准必须同时具备，才能认定成立防卫过当。

具体到于欢案中，依据案件事实和相关法律来衡量，于欢的行为应当被认定为防卫过当。在当时的行为环境下，针对杜某浩等人实施的不法侵害行为，为使其母子的人身权利免受正在进行的不法侵害，于欢可以采取制止不法侵害的防卫行为。但杜某浩等人的主观目的是索要债务，他们的不法侵害手段相对克制，并未使用器械工具，也没有对于欢母子实施严重的致命性攻击或者暴力性伤害等行为。相比于杜某浩等人的侵害手段及程度，于欢使用致命性工具即刃长超过15厘米的单刃刀，捅刺杜某浩等人身体的要害部位，造成一死、二重伤、一轻伤的严重后果。其防卫行为与不法侵害行为在手段、强度等方面明显不相适应，且造成了多人伤亡的“重大损害”后果，因而二审判决认定于欢的反击行为“明显超过必要限度”并“造成重大损害”，属于防卫过当。这是合乎法律规定的，是正确的。

## 四、对于欢的行为应否适用特殊防卫规定

在于欢案一审后，就有意见认为，对于欢案可适用特殊防卫而免责；在于欢案二审中，于欢的辩护人亦提出本案可适用无限防卫（特殊防卫），二审时检察机关的出庭意见是于欢不具备特殊防卫的前提条件。

我国刑法典第 20 条第 3 款规定了特殊防卫，即“对正在进行行凶、杀人、抢劫、强奸、绑架以及其他严重危及人身安全的暴力犯罪，采取防卫行为，造成不法侵害人伤亡的，不属于防卫过当，不负刑事责任”。可见，特殊防卫的适用前提是防卫人针对严重危及人身安全的暴力犯罪的侵害人而实施防卫行为。实践中，正确适用特殊防卫条款的关键就在于，准确把握“严重危及人身安全的暴力犯罪”的内涵和外延。从上述刑法规定来看，不仅其明确列举的“杀人、抢劫、强奸、绑架”等是典型的暴力犯罪，而且其所使用的概括性词语“其他严重危及人身安全的暴力犯罪”，也表明特殊防卫只能针对暴力犯罪实施。可见，一般的防卫行为既可针对暴力犯罪实施，也可针对非暴力犯罪甚至违法行为实施。但特殊防卫只能针对暴力犯罪实施，并且这种暴力犯罪并非指所有的暴力犯罪，而必须是严重危及人身安全的暴力犯罪。这是刑法对特殊防卫适用前提的刚性规定。具体来说：第一，只有在发生了危及人身安全的暴力犯罪侵害时才能实施，对于没有危及人身安全的犯罪，哪怕是暴力犯罪，如暴力毁坏财物的犯罪，也不允许进行特殊防卫，而只能进行一般防卫。第二，还要求暴力犯罪侵害达到严重危及人身安全的程度。尽管不法侵害是针对人身安全的暴力犯罪侵害，但侵害行为未达到严重危及人身安全程度的，就只能进行一般防卫，而不能实施特殊防卫。有些犯罪例如侮辱罪可以是以暴力手段实施的，但是其属于较轻的暴力犯罪，对此即不能允许实施特殊防卫；若必须进行正当防卫，也只能适用一般防卫的规定。在实践中，在许多被认定为防卫过当的案件中由于暴力犯罪的危害尚未达到严重危及人身安全的程度，故不能适用特殊防卫条款。对暴力犯罪侵害，应根据具体案件中犯罪分子所实际使用的暴力是否达到严重危及人身安全的威胁程度来甄

别，对于行为强度足以致人重伤或者死亡的，则应当认为属于严重的暴力犯罪，可以实施特殊防卫。

就于欢案而言，虽然杜某浩等人对于欢母子实施了非法拘禁、严重侮辱、轻微暴力等违法犯罪行为，但这种不法侵害尚谈不上是严重危及人身安全的暴力犯罪。一则杜某浩等人非法拘禁、严重侮辱等不法侵害行为，虽然侵犯了于欢母子的人身自由、人格尊严等合法权益，但并不具有危及于欢母子人身安全的性质；二则杜某浩等人的勒脖子、按肩膀、推搡等强制或者殴打行为，虽然让于欢母子的人身安全、身体健康权益遭受了侵害，但这种不法侵害只是轻微的暴力侵犯，既不是针对生命权的严重不法侵害，也不属于会发生重伤等严重侵害于欢母子重大身体健康权益的情形，因而不是严重危及人身安全的暴力犯罪侵害。综上，应当认为，杜某浩等人实施的多种不法侵害行为，虽然满足了可以实施一般防卫行为的前提条件，但因不属于“行凶、杀人、抢劫、强奸、绑架以及其他严重危及人身安全的暴力犯罪”，不具有实施特殊防卫的前提，故于欢只能实施一般防卫行为，而不享有特殊防卫权，不能适用特殊防卫条款免除其刑责。因而二审判决认定本案并不存在适用特殊防卫的前提条件，也是于法有据的。

## 五、对于欢防卫过当行为的定罪处罚

关于防卫过当的罪过形式，我国刑法理论上一般认为包括过失或间接故意两种心理态度，司法实务中多认定为间接故意，也有认定为过失或直接故意的。对防卫过当罪过形式的认定直接关系到案件的定罪和处罚问题。根据二审查明的事实，对于欢的行为应定性为防卫过当下的故意伤害致死的犯罪，对于欢造成两人重伤害宜定性为间接故意，对于欢造成杜某浩死亡宜定性为故意伤害而过失致人死亡。关于防卫过当构成犯罪的刑罚适用，刑法典第 20 条第 2 款规定：“……应当负刑事责任，但是应当减轻或者免除处罚。”考虑到本案之过当行为造成一死二重伤的严重后果，对于欢不宜免除刑罚处罚，而以减轻处罚为妥。综合杜某浩等人先行的不法侵害行为情节恶劣以及于欢具有坦白交代犯罪事实、赔偿被害人

经济损失等法定、酌定从宽情节，对于欢可予以较大幅度的减轻处罚。因此，二审法院认定于欢的行为系防卫过当基础上的故意伤害罪，对其适用减轻处罚，判处其有期徒刑 5 年，这是适当的，符合罪责刑相适应原则。

## 六、结语

总之，于欢案的二审判决以案件事实和证据为依据，以我国刑法的相关规范为准绳，切实贯彻正当防卫的立法宗旨，体现全面保障人权的法治精神，从定罪到量刑均实事求是、合理合法地纠正一审判决的不当之处，其定性准确、量刑适当，并在审判程序上公正、公开，乃至向社会公开庭审活动，真正让人民群众在这起案件审判中感受到了法律的公平正义，使这起案件的审判成了全社会所共享的法治公开课，从而成为一件典范性的司法裁判案例。

# 境外正当防卫典型案例研究*

## 一、引言

正当防卫体现了法律应该保障社会成员在紧急状态下拥有保护自己和他人的合法权益的基本思想，也体现了“法律无须向不法让步”的正义命题，因此是当代各国刑法普遍认可的正当化事由之一。1997 年修订并颁布的《中华人民共和国刑法》第 21 条明确规定了正当防卫制度。但是由于司法认定方面的困惑与难题，正当防卫在实践中适用得相对较少，而且认定标准并不统一，相关案例中争议纷繁。如 2017 年审判的于欢防卫过当案就引发了全社会的关注和法学界、法律界的激烈争论。① 这种状况不但妨碍贯彻刑法规定的正当防卫制度的立法精神，

---

* 本文系最高人民法院 2017 年特别委托课题的研究成果。该课题由赵秉志主持，周振杰教授协助主持，其他参加者为曾淑瑜教授（台北大学法学院）、赵书鸿副教授、徐京辉检察官（澳门特别行政区检察院）、李颖峰博士。本文作者为赵秉志、周振杰、赵书鸿，原载赵秉志主编：《刑事法判解研究》，第 39 辑，北京，人民法院出版社，2020。刊载时有删节。

① 陈兴良. 正当防卫如何才能避免沦为僵尸条款——以于欢故意伤害案一审判决为例的刑法教义学分析. 法学家，2017 (5). 张传香. 新媒体下的社群组织类型、社会动员及舆论引导——以山东于欢刺死辱母者案为例. 现代传播（中国传媒大学学报），2017 (8).

而且也不利于实现刑法的秩序价值与刑罚的教育功能。

“他山之石，可以攻玉”。本文作为最高人民法院特别委托课题的研究成果，其研究目的，是通过对和中国有着相似文化背景与法律传统的一些代表性法域的正当防卫典型案例进行分析，归纳、总结出其中值得参考的原则和因素，以为我国司法机关正确认定正当防卫和具体适用正当防卫制度提供参考，推动我国正当防卫制度的基本思想与相关理论的完善，并进而为我国关于正当防卫的司法解释和案例指导制度的发展作出贡献。

## 二、代表性法域正当防卫典型案例的选择标准

### （一）代表性法域的选择标准

从上述目的出发，基于以下两方面的理由，本文选择了以德国、日本、韩国，以及中国台湾地区和澳门特别行政区的正当防卫典型案例为研究对象。一方面，这五个法域的刑法与刑法理论都具有大陆法系传统。历史上，德国、法国、日本被视为大陆法系的代表性国家[①]，在刑事法方面，随着法国 1992 年通过的新刑法典规定了法人刑事责任，并逐步将之延展到所有的刑事犯罪[②]，可以说坚持以道义责任与个人主义为核心的责任原则的德国和日本已经成为目前法学，尤其是公法学领域最有影响的大陆法系国家。诚如日本学者所言，如果严格坚持责任原则，团体责任是必须予以排除的[③]，所以法国接受法人刑事责任意味着对责任原则这一大陆法系刑法根本原则的修正。

韩国在 1910 年被日本侵占后，根据朝鲜总督府于 1911 年颁布的《朝鲜刑事令》沿用了日本的刑法。1945 年摆脱了日本的殖民统治之后，韩国虽然废除了

---

① 例如日本第一部近代刑法典（1882 年刑法典）是参照 1810 年的法国刑法典制定；现行刑法典（1907 年刑法典）是参照当时的德国刑法典制定。周振杰. 日本近代刑法与刑法思想史研究//赵秉志主编. 刑法论丛：2011 年第 3 卷. 北京：法律出版社，2011.

② 周振杰. 比较法视野中的单位犯罪. 北京：中国人民公安大学出版社，2012：46.

③ ［日］山中敬一. 刑法总论. 东京：成文堂，2008：580.

歧视性的旧法律，但是包括刑法在内的多部既有法律继续适用。尽管在历经多年的讨论与曲折之后，韩国终于在 1953 年通过了新的刑法典。然而，从刑法典的体系和刑法理论的基本立场来看，韩国深受大陆法系影响是毫无疑问的。①

中国台湾地区和澳门特别行政区自不待言。中国台湾地区深受德国和日本刑法与刑法理论的影响；澳门曾长时间处于葡萄牙的司法管辖之下，深受葡萄牙刑法与刑法理论的影响，而在传统上，葡萄牙也是公认的大陆法系国家之一。所以，中国台湾和澳门两个地区的刑法也都印刻着大陆法系刑法的烙印。

在新中国成立之初，在延续“刑期于无刑”等中国传统刑法思想的基础上②，我国刑法全面借鉴了当时苏联的刑法理论。有的学者甚至认为，由于新中国和苏联同属社会主义国家，在这种意识形态相同的历史背景下，新中国全面移植了苏联的刑事立法和刑法理论③。因此，虽然新中国的刑法起草工作自 1954 年开始历经几多周折，前后修改 30 余稿，25 年后才通过，但是并没有完全脱离当时苏联的刑法理论与立法结构的深刻影响。1997 年修订刑法典之际，虽然经过将近 20 年的改革开放，中国的刑法理论有了可观的发展，基本框架可以说是在借鉴大陆法系刑法思想的基础上形成的折中理论，但是仍然没有摆脱苏联刑法基本理论的影响，而苏联的刑法理论又来自对德国刑法理论的重要借鉴。

虽然相互之间存在着不同程度的法律移植关系，但是就刑法基本理论而言，上述法域都根据自己的客观情况对大陆法系的刑法理论进行了修正与发展。例如，在正当防卫的理论中，日本刑法更加深入地探讨了防卫意思，而韩国刑法则否认防卫面临的不法侵害包括国家法益和社会公共法益。因此，选取上述法域进行研究，不仅因为中国与它们有着诸多的相通之处，而且因为各法域之间对大陆法系刑法理论的完善、发展和争鸣也值得我们参考、借鉴和反思。

---

① ［韩］金昌俊．韩国刑法总论．北京：社会科学文献出版社，2016：20-22.

② 周密．中国刑法溯源．法律学习与研究，1989（2）.

③ 董玉庭，龙长海．也论我国刑法知识的去苏俄化——兼论构建我国犯罪构成理论的原则．学术交流，2008（6）.

此外，从经济发展状况来看，虽然中国与德国、日本、韩国有着不同的经济体制，但是在当今世界，中国与德国、日本、韩国都属于发展程度不同、但发展状况良好的经济体。从历史上看，经济发展到不同阶段总会面临属于该阶段相同或者相似的问题，并且会作用于法律领域，推动法律的发展和变化（如酷刑的大幅削减和废除），因此，中国与德国、日本、韩国之间存在相似或者成梯度的经济发展水平，使我们可以在横向上借鉴它们法律上的历史经验。

另一方面，就文化传统而言，中国大陆/内地与中国台湾地区和澳门特别行政区同种同宗，自无须多言。而日本和韩国也均与中国有着深厚的历史渊源，在刑事立法方面也是如此。例如，日本历史上最重要的两部封建刑事立法，即大宝元年（公元 701 年）颁布的《大宝律令》与养老二年（公元 718 年）在对《大宝律令》进行修正的基础上颁布的《养老律令》，都是以中国的隋律与唐律为参考与基础而制定的。1868 年开始的日本明治维新起初所制定的 1868 年颁布的《暂定刑律》（1868 年）、《暂定刑律》（1870 年）和《改正律例》（1873 年）也都秉承了上述两部律令的思想。[①] 韩国在 1905 年制定并实施《刑法大全》之前，一直处于中国刑法的影响之下，高丽王朝所制定的高丽刑法，其实也是对中国隋唐律令的模仿与继受。朝鲜王朝的刑事立法则是对当时被誉为刑法巅峰的明律的全面反映。[②] 虽然日本和韩国在 20 世纪先后制定了其近代刑法，但是从传统和习惯的角度而言，在其刑法解释和司法实践中完全排除历史的影响是不可能的。

简而言之，在刑法理论、法律传统、历史文化等方面，中国与上述法域都有着相通之处，故相比较于英美法系国家而言，以这几个大陆法系国家和地区的正当防卫典型案例为研究对象更具有相似性和参考价值。

（二）正当防卫典型案例的选择标准

在选择上述国家和地区正当防卫的典型案例之际，我们首先注重的是其典型

① 周振杰．日本前近代刑法史研究//赵秉志主编．刑法论丛：2011 年第 1 卷．北京：法律出版社，2011．

② ［韩］金昌俊．韩国刑法总论．北京：社会科学文献出版社，2016：20．

性，以选择最具有代表性的案例进行研究；其次，是注重其时效性，即尽量选择近年的案例；最后，是注重其针对性，即所选择的案例应该有助于回答这些代表性国家和地区的司法机关如何判断正当防卫是否成立、是否构成防卫过当以及如何量刑这些重要的司法问题，以为我国司法实践提供具体而有价值的参考资料。

为了使所选择的典型案例符合上述要求，从事本项研究的课题组在邀请北京师范大学刑事法律科学研究院国外合作单位的研究人员帮助筛选、翻译相关案件判决书全文以及评析意见等相关材料的基础上，参考了相应国家和地区刑法学者著述或者编辑出版的教科书、判例汇编以及案例参考书，例如，就德国的典型案例，课题组参考了罗克辛教授所著的《德国最高法院判例刑法总论》①；就日本的典型案例，课题组参考了松原芳博教授主编的《刑法判例（总论）》。② 在课题组作为研究对象最终确定的 12 个典型案件中，日本和韩国各 3 个，德国以及我国台湾地区、澳门特别行政区各 2 个。需要指出的是，因为在第三部分结合具体案例分析基本原理之际，研究报告引用了更多的判例或者案例，所以此处所谓的“12 个”典型案例是指作为主要分析对象的 12 个案例，并未包括在对之进行分析之际所引用的其他判例或者案例。

需要说明的是，我们所选择的这五个国家和地区都分别确立了其判例制度。例如，在德国，“联邦宪法法院的判例具有严格的拘束力，具有法律效力。联邦宪法法院的拘束力体现为，如果下级法院不遵守联邦宪法法院的判例，所作的判决就是违法的，将在上诉程序中被撤销。除联邦宪法法院的判例外，法律并未规定判例的效力问题。司法实践中，下级法院通常遵守上级法院判例。为了保障法律制度的统一性和一致性，高等法院的判决一旦偏离最高法院的判例，当事人可以以此为由提出上诉”③。

---

① ［德］克劳斯·罗克辛．德国最高法院判例刑法总论．何庆仁，蔡桂生，译．北京：中国人民大学出版社，2012.

② ［日］松原芳博．刑法判例（总论）．东京：成文堂，2011.

③ 张倩．自成一体的德国判例制度．［2017－15－11］．http://www.calaw.cn/article/default.asp?id=11357.

在日本，于1948年颁布，实施的《刑事诉讼法》第405条明确规定，如果存在下述情形，可以认定针对高等法院的第一审或者第二审判决的上告成立：(1) 违反宪法，或者对宪法解释错误；(2) 作出与最高法院的判例相反的判断；(3) 如果不存在最高法院的判例，作出与大审院、相当于上告法院的高等法院或者本法施行后相当于控诉法院的高等法院的判例相反的判断。此外，地方法院的案例虽然不能成为上诉的根据，但是如果被最高法院作为下级法院判例公布、出版，对于其后的审判，也具有重大的参考价值。①

在中国台湾地区，学术界在充分认识成文法传统局限性的基础上，大多承认判例的约束力。虽然因为台湾地区“司法院变更判例会议规则”和“法院组织法”的限制性规定，台湾地区的判例范围很小，限于“呈奉司法院核定者”核定的“最高法院”各庭审理案件时所作的判决。但在台湾地区，“裁判一经被确定为判例后，则对各级法院均具有法律拘束力，法官必须遵照判例判案”②。与此同时，判例之外的其他判决，尤其是高等法院的判决，虽然没有判例的法律拘束力，但是对法官判案也具有指导意义与影响力。

在我们选择的12个典型案例中，既有相关法域终审法院所作出的判例，也有其上诉法院和地方法院所作出的一般性典型案例。就此，我们在第二部分对具体案例进行简要介绍时一一进行了说明。

## 三、代表性法域正当防卫典型案例简介

### (一) 日本的典型案例

在我们选择的三个日本典型案例中，包括日本最高法院第二小法庭于2017年4月26日判决的“故意杀人、器物损害案”(以下简称2017年故意杀人、器

① 关于日本的判例制度，参见李洁．日本刑事判例的地位及其对我国的借鉴．国家检察官学院学报，2009 (1)。

② 杨鹏慧．论对我国台湾地区判例制度的借鉴．政治与法律，2000 (2).

物损害案)[①]，日本最高法院第一小法庭于2009年7月16日判决的“暴行案”(以下简称2009年暴行案)[②]，因为这两个案件都是由日本最高法院判处的，所以属于日本《刑事诉讼法》第405条规定的判例；第三个案例是日本千叶地方法院于2014年10月22日判决的“故意杀人案”(以下简称2014年故意杀人案)[③]，本案判决虽然不构成日本《刑事诉讼法》规定的判例，但是因为被收入了《下级法院裁判例》，因此具有一般性的指导意义与参考价值。

1. 2017年故意杀人、器物损害案

基本案情：2014年6月2日，被害人于被告人不在家之际，用灭火器多次击打被告人住宅的外门。同年6月3日凌晨4时，被告人在与被害人在电话中争吵之后，应被害人的电话之约出来。在自家楼下的路上，被告人用携带的厨刀，在没有做任何威吓动作的情况下，迎向手持锤子的被害人，在其左胸狠刺一刀，致使被害人死亡。

裁判结果：本案一审与二审判决都认定被告人的行为不构成正当防卫或者防卫过当，被告人的辩护人以二审判决违反判例为由向日本最高法院提起上诉。该院第二小法庭经审判，驳回上诉，维持原判。

裁判理由：被告人是应被害人的电话赶赴现场。在对被害人实施暴行有充分预期的情况下，并无应约的必要，而应该留在家里，等待警察的援助。被告人准备好厨刀，赶赴场所，在被害人没有用锤子进行攻击，自己也没有出示厨刀进行威吓等情况下，走近被害人，对其左胸部狠刺一刀。综合而言，不能认为被告人的行为满足侵害的紧迫性这一要件，因而不构成正当防卫和防卫过当。

2. 2009年暴行案

基本案情：被告人与被害人就共同持有大厦的使用权存在纠纷。被害人数次以违法手段阻挠被告人所委托的公司进行修缮施工，并设置障碍阻挠前来被告人

---

① 日本最高法院刑事判例平成28年（あ）第307号。

② 日本最高法院刑事判例平成20年（あ）第1870号。

③ 日本下级法院案例平成26年（わ）第60号。

所在公司的访客。被害人所在公司一度通过诉讼要求法院禁止被告人施工，但是被法院驳回。2006 年 12 月 22 日晚 7 点左右，在被害人企图设置“禁止进入”大厦的看板之际，被告人与被害人发生争执。被告人用双手推打被害人的胸部等部位，致使后者倒地受伤。

裁判结果：一审法院判决认定被告人的行为构成伤害罪，对被告人处以 15 万日元的罚金。二审判决以一审判决认定事实错误，予以撤销；同时认定被告人的行为构成暴行罪，对被告人处以 9 900 日元科料。最高法院第一小法庭经审理撤销了一审判决和二审判决，认定被告人的行为构成正当防卫。

裁判理由：被害人在本案所涉建筑物上设置“禁止进入”看板的行为，侵害了被告人的合法权益，被告人的行为是为了防止其共同持有权、使用权以及名誉权等受到不法侵害。从被告人（女，74 岁，身高 149 厘米）和被害人（男，48 岁，身高约 175 厘米）在体格等方面的差异来看，不能认定其行为超过了正当防卫所要求的相当性。而且，现有证据无法证明被害人跌倒完全是被告人的力量所致。因此，本案中的暴行行为构成正当防卫。

3. 2014 年故意杀人案

基本案情：2014 年 1 月 2 日晚 9 点 30 分左右，被告人及其弟 M 在其本人的住宅院内受到在电话中发生纠纷而驱车前来的被害人以及同伙的殴打。被告人挣脱后，目睹 M 被被害人踩在脚下，随即取出事先放在屋子后门内的尖刀，在被害人胸部右下侧刺了一刀，致使被害人在被送到医院后，因失血过多死亡。

裁判结果：在一审过程中，被告人提出其行为构成正当防卫，刺中被害人是无心之举。检察官则提出：被害人等对被告人和 M 实施暴力，是因为被害人之前在电话中有挑衅言语。而且，被告人预见到了被害人等可能前来，并为了实施对抗而做好了准备。此外，被告人和 M 与被害人等处于互殴状态，其行为缺乏防卫必要性和相当性，不构成正当防卫。千叶地方法院经审理认为被告人的行为构成防卫过当，判处被告人惩役 7 年 6 个月。

裁判理由：虽然被告人和被害人在案发之前曾在电话中发生争吵，但是一方面，被告人和被害人此前素未谋面，被害人也不知道被告人的住所，因此虽然被

害人在电话里表示要寻衅，但是被告人对此的预期很低。因此，不能因为被告人对侵害行为存在预期就否定防卫前提的存在。而且，在被告人行为之际，侵害行为的确正在发生，不能因为其存在杀人故意，就否定其防卫目的。同时，当时被害人已经停止了殴打行为，被告人造成被害人死亡的行为明显超过必要限度，所以成立防卫过当。

（二）德国的典型案例

我们选择的两个德国案例都存在被告人的先行挑衅行为，从正反两方面体现出了如何根据具体事实认定防卫行为的相当性。一个是德国联邦最高法院刑三庭于2000年11月22日判决的G等过失致死案[①]；另一个是德国联邦最高法院刑五庭于1996年3月21日判决的列车伤害致死案。[②] 二者因为是由德国联邦最高法院判处，所以都是具有法律约束力的判例。

1. G等过失致死案

基本案情：在斗殴中左腿受重伤的被告人G意图伤害M，在与被告人S讨论后，S说服被告人C来实施攻击。此后，C发现M的攻击更持久、更危险。1999年3月25日，G和S从C家中把携带装有两颗子弹的猎枪的C接走。之后，C将M骗至犯罪现场。在C意图用拳头击打M之际，M用携带的警棍击打C的头部致其重伤。之后，C取出猎枪，在距离M 30厘米的地方打中意图继续攻击他的M的胸部，致其失血过多死亡。

裁判结果：州法院认定被告人G犯有伤害致人死亡和严重伤害未遂，被告人S和被告人C同时违反枪支法，判处被告人G 9年6个月自由刑，判处被告人C 8年自由刑，判处被告人S 5年自由刑。被告人G提起上诉。联邦最高法院经审理认为：被告人C有防卫意图，其为正当防卫而使用枪支具有正当性。被告人G因为将凶器交给C违反枪支法，同时犯有未遂重伤和过失致死罪。

① BGH3 StR 331/00-Urteil vom 22. 11. 2000 (LG Kiel)。

② BGH 5 StR 432/95-21. März 1996 (LG Stade)。本案中文翻译参考了［德］克劳斯·罗克辛. 德国最高法院判例刑法总论. 何庆仁，蔡桂生，译. 北京：中国人民大学出版社，2012：46-47。

裁判理由：被告人C有防卫意图，虽然在M实施攻击前，他自己已经准备用拳头实施攻击，但这一点无关紧要，因为在这期间，他面临着在M实施攻击下的一个新的决定。当被告人C开枪射击时，他其实是对面临的生命威胁实施防御抵抗行为。其正当防卫的起点，并不是他开始实施作为整个行动计划一部分的用拳头攻击的行为，而且该动作处在M针对违法性攻击有权实施防卫的状态中。因此，被告人C因为正当防卫而使用枪支具有正当性。

2. 列车伤害致死案

基本案情：购买二等座的被害人杨巴在一等座车厢和被告人争吵起来。当时，被害人已中度醉酒，还携有一罐打开的啤酒。被告人认为被害人干扰了他，决定开窗把被害人冻出去，但是被害人立即就把窗户关上。在被告人第三次打开窗户之际，被害人关上窗户，并举起拳头威胁被告人。被告人取出携带的旅行刀，对被害人进行威吓，并打开窗户。被害人跳起来，抓住被告人的脸。被告人就把刀向上无目的地乱戳，捅到在他身上的被害人的腹部上部，伤口约8厘米～10厘米深，被害人退了回去。这时，被告人站了起来，两人继续在车厢里厮打，后被人分开。被害人当晚回到家中，因腹部受伤死亡。

裁判结果：州法院判决认为，被告人并无杀人故意，构成伤害致死，但是其行为构成正当防卫。联邦最高法院推翻了这一判决，认定被告人具有间接杀人故意，其行为不构成正当防卫。

裁判理由：只要攻击者尚未直接威胁到防卫者的生命，使用旅行刀这样具有致命后果的工具进行防卫，只能在特殊的情形下予以承认。在选择具有致命后果的防卫手段时，如果攻击者对于挑起争执负有责任，其应该特别保持克制。在这种情况下，可以期待受攻击者尽可能地躲避攻击，假若可以采取其他救济手段，包括私力救济手段，他就必须采取这种手段。被告人反复开窗的行为是对被害人的严重侮辱，其所受的威胁是拳打脚踢，而且在案发时，被告人如果高声求助，可以得到同车厢人的救助。

（三）韩国的典型案例

我们选择的3个韩国的典型案例都是韩国大法院（最高法院）的判例：一是

韩国大法院于2001年5月15日宣判的离婚诉讼杀人案；二是韩国大法院于1991年9月10日宣判的警员伤害致死案；三是韩国大法院于1985年9月10日宣判的寻衅滋事伤害致死案。这三个判例虽然判决时间较早，但都是非常具有代表性的暴力犯罪涉正当防卫或者防卫过当的案例，契合我们的研究目的。需要指出的是，第一个判例和第三个判例受到了韩国刑法学界的强烈批判。

1. 离婚诉讼杀人案

基本案情：被告人（女）与被害人（男）是夫妻关系。2000年，在离婚诉讼期间，被害人来到被告人的租住处。知道被害人来到门外，被告人担心被害人持刀寻衅闹事，便将两把厨房用刀（刀长34cm，刃长21cm）藏于床下后开门。被害人进门后要求被告人取消离婚诉讼并复合。被告人拒绝后试图逃出去，但被被害人抓回，被害人随后从厨房拿来剪刀，划伤了被告人的膝盖，指着被告人颈部进行威胁，殴打并强迫被告人进行变态性交，遭到被告人拒绝。被告人在激愤之中掏出藏于床下的刀，猛刺被害人致使其当场死亡。

裁判结果：即使被告人是在先受到被害人的暴力、胁迫的情况下，为了躲避而用刀刺了被害人，但是，就被害人实施的暴力、胁迫的程度而言，被告人用刀刺被害人使其当场死亡的行为，也不得不说超越了保护自身不受被害人暴力侵害的防卫限度。因此，这种防卫行为是社会通常观念所无法接受的，不能认为它属于“为了防卫针对自己法益的现在的不当侵害而实施的行为具有相当理由”，或者防卫行为超过限度的情形。因此，被告人的行为不属于正当防卫或防卫过当。

学理评价：被告人面临正在发生的不当侵害，这一点没有疑问。同时，被害人使用剪刀对被告人实施暴力并以杀害相胁迫，而且在强迫实施变态性行为之后又要求实施性交。在这种情况下，被告人如果采取其他方法反抗，则有可能面临更大的危险，因此，不能认为被告人的防卫行为缺乏相当的理由。即使认为被告人的行为缺乏相当的理由，也应当认为成立防卫过当。[①]

---

① ［韩］李在祥. 刑法基本判例总论. 首尔：博英社，2011：157-168.

2. 警员伤害致死案

基本案情：1989 年 12 月 5 日 20 时 30 分左右，醉酒的被害人手持水果刀在某外科医院滋事。两名警员甲与乙前往医院执行逮捕骚乱者的任务。在逮捕被害人之际，因为被害人手持水果刀逼近甲与乙，甲将枪口指向被害人，命令他不要过来。但是被害人仍然持刀继续靠近，甲与乙慢慢向后退了约 11 米，直至退到走廊尽头。无路可退的甲用枪口顶着被害人的胸部将其推开，但被害人继续靠近。此时甲扣动扳机开了一枪，导致被害人死亡。

裁判结果：即使被害人持刀拒捕，但是在甲与乙后退 11 米的过程中，存在发射空包弹或使用乙携带的瓦斯枪和警棍压制被害人反抗的时间和补充手段。同时，即使在退到走廊尽头只能开枪施加伤害的场合，也存在朝其下半身（而不是胸部）开枪，使危害降到最低限度的余地。因此，甲的枪械使用行为超出了《警察职务执行法》第 11 条规定的枪械使用限度，不属于正当防卫。

学理评价：甲向被害人开枪的行为违反了“警察比例原则”，属于违法行为。因为甲存在发射空包弹或使用瓦斯枪和警棍压制被害人反抗的充分时间和补充手段，也存在朝其下半身（而不是胸部）开枪，使危害降到最低限度的余地，所以，甲的枪械使用行为超出了《警察职务执行法》规定的枪械使用限度，也违反了正当防卫的相当性要件，即最小侵害原则，不属于正当防卫。甲的行为属于防卫过当，甲应当承担伤害致死的罪责。①

3. 寻衅滋事伤害致死案

基本案情：乙、丙、丁在醉酒后辱骂并把铅笔刀凑近甲的脸部，做捅刺的动作威胁甲。甲躲进商店，后被驱赶出来。丁、乙将敲破的玻璃瓶投向并击中甲的手腕，丙则拾起水泥砖头投向甲。甲逃至 50 米之外的轮胎店，对手持木棍和电缆继续对其强力殴打的乙、丁挥舞镐柄进行对抗，结果以较大力度击中丁的后脑，致其死亡，同时导致乙受伤，甲自己的左手第三指也折断。

裁判结果：被告人甲在受到上述集体攻击并且无法进一步躲避的情况下，为

① ［韩］裴钟大. 刑法总论. 12 版. 首尔：弘文社，1996：334.

了防卫采取了反击行为，但是这种行为显然超过了限度，因而构成防卫过当。

学理评价：甲的行为属于典型的正当防卫，即甲为了防卫正在进行的不当侵害，采取了“相当的”行为，因为在对方用木棍、电缆等进行恣意殴打的情况下，我们不能单方面要求甲只能针对给对方造成最小侵害的身体部位进行反击。同时，甲用以反击的镐柄并不比被害人使用的工具更危险，而且甲没有必要承受不充分的防卫行为带来的危险。大法院没有从实质上审查正当防卫的成立要件，而仅仅依据死亡结果就判断甲构成防卫过当，应该说违反了相当性要件的判断原理。[①]

（四）中国台湾地区的典型案例

我们选择了中国台湾地区的两个典型案例：一个是中国台湾地区高等法院于2016年9月6日判决的何柏翰过失致死案（以下简称何柏翰过失致死案）[②]；另一个是台湾地区高等法院于2015年10月13日判决[③]，台湾地区“最高法院”于2017年5月终审维持原判的李祥荣等故意伤害致死案（以下简称李祥荣等故意伤害致死案）。[④] 这两个案例虽然都不是严格意义上的判例，但是都直接回答了如何认定是否构成正当防卫与防卫过当的问题，而且在台湾地区造成了重大影响，所以具有相当大的参考价值。

1. 何柏翰过失致死案

基本案情：2014年10月25日晚20时30分许，被害人Z侵入被告人何柏翰的家中意图盗窃。同日20时38分许，被告人与其妻（当时怀孕）返家。何柏翰在进入浴室之际发现被害人，被害人挥拳对被告人进行攻击，试图逃离。在扭打过程中，被告人将仍然带有口罩的被害人按倒在地，并拉紧其衣襟。在警员接到其妻报警后赶到现场之时，被压倒在地的被害人已经因呼吸衰竭死亡。

---

① ［韩］裴钟大. 刑法总论. 12版. 首尔：弘文社，1996：344-345.

② 台湾地区士林地方法院刑事判决（2015年度易字第628号）。

③ 台湾地区高等法院刑事判决［2016年度上更（一）字第36号］。

④ 林伟信. 为“艾比女神”揝人殴毙友，判刑7年确定. ［2017-05-19］. http://www.chinatimes.com/realtimenews/20170510002944-260402.

裁判结果：一审法院台湾地区士林地方法院认定被告人的行为属于防卫过当，以过失致死罪判处 3 个月有期徒刑，可易科罚金，缓刑 2 年。被告人以其行为构成正当防卫为由，向台湾地区高等法院提起上诉。经审理，二审法院认为被告人的行为属于防卫过当，但改为认定其存在自首情节，遂以过失致死罪，改判被告人 2 个月有期徒刑，可易科罚金，缓刑 2 年。

裁判理由：被害人因呼吸困难终至窒息及心肌缺氧缺血之急性心肌梗死，导致呼吸性休克及心脏性休克而死亡。被害人在死亡之前，已有喘不过气、脸色苍白、手部发抖等情形，被告人能够据此预见其行为有造成被害人死亡之可能，对于死亡之结果自有过失。被害人虽然有冠状动脉硬化性心脏病，但法医鉴定显示，即使无此病症，被告人的上述防卫行为，仍足以导致被害人死亡之结果，则被告人之过失行为与被害人的死亡之间，自有相当因果关系。被告人为保护怀孕的妻子而实施上述行为，难以说是不必要的，但是从造成的结果来看，有失权益均衡之相当性，超过了必要程度，属于防卫过当。同时，被告人在现场等待警员并说明情况，其行为构成自首。

2. 李祥荣等故意伤害致死案

基本事实：2014 年 10 月间，被告人李祥荣因为其女友在 KTV 因账单问题与被害人 S 发生争吵，率吴宏达等其他四名被告人分持西瓜刀、安全帽、机车大锁、球棒赶赴现场，并与被害人等发生肢体冲突。警方获报后赶到现场，将双方人马强力隔开。后来被告人又率众寻到被害人的下落，以棍棒刀械痛殴被害人，致使被害人被送医月余后死亡。

裁判结果：一审法院台湾地区士林地方法院经审理，认定被告人等无杀人犯意，遂以伤害致死罪判处被告人李祥林 8 年 6 个月徒刑，判处其余 4 名共犯 8 年徒刑。被告人李祥林等主张其行为构成正当防卫或者误想防卫，检察官主张被告人李祥林等主观上系基于杀人之故意，其行为构成故意杀人罪，提起上诉。台湾地区高等法院在变更一审的判决（本研究报告引用之判决——引者注）中，认定被告人李祥林等之行为构成伤害致死罪，但考虑到被告人等已经与被害人家属达成和解，遂判处 5 名被告人 4 年 6 个月至 7 年不等有期徒刑。

裁判理由：现有证据难以证明被告人李祥荣等有杀害被害人之故意，依存疑时有利于被告人之法理，综合五名被告人与被害人之关系、冲突之起因、行为当时所受刺激、下手之情状、被害人受伤情形及五名被告人事后反应等各项因素综合分析，难以认定五名被告人行为时主观上有杀人之确定或不确定故意。同时，被害人在案发之际孤身一人，并未持械，双手始终于身侧握拳摆动，并没有持任何物品，亦无将手伸入背后背包中取物之动作。被告人李祥荣乍见被害人冲来，旋即伸手入怀取出器械朝被害人上半身挥击，因此五名被告人所提出之出于正当防卫或误想防卫自己或他人权利之情形之主张，不足采信。

（五）中国澳门特别行政区的典型案例

我们选择的两个澳门特别行政区的典型案例，均系澳门特别行政区中级法院所判案件：一个是 2003 年 6 月 19 日判决的甲严重伤害身体完整性案①；另一个是 2011 年 7 月 14 日判决的 A 严重致人死亡案。② 这两个案例都直接涉及了正当防卫与防卫过当的认定问题，与本文研究的目的有着直接的联系。

1. 甲严重伤害身体完整性案

基本案情：2000 年 12 月 12 日 19 时许，被告人甲在驾车过程中，由于交通问题与的士司机丙发生争吵，之后分别离开现场。其后，在另外一地，被告人发现丙及另外两名的士司机丁及乙正在找他。被告人与这三人再次就前述交通问题发生争吵，并开始打斗。被告人考虑到自己孤身一人，想法脱身逃往附近餐厅，当看到三名与他争吵的司机仍在餐厅外面时，遂拿起该餐厅的一把切肉菜刀破门而出，并砍向这三名司机，最终砍伤被害人乙的手指，并在被害人乙倒地后，继续砍伤其右上肢。

裁判结果：澳门特别行政区初级法院以严重伤害身体完整性罪，对被告人甲处以 1 年 3 个月徒刑，缓刑 2 年执行，条件是在 6 个月期间内向乙支付澳门币 43 000 元的财产损害及非财产损害之损害赔偿。被告人甲主张其行为构成正当防

① 澳门特别行政区中级法院第 126/2002 号刑事上诉案。

② 澳门特别行政区中级法院第 175/2011 号刑事上诉案。

卫，向澳门特别行政区中级法院提起上诉。中级法院认定被告人的行为不构成正当防卫，在定罪部分维持原判，但是鉴于其经济状况，确定被告人向受害人支付的损害赔偿，期限改为10个月。

裁判理由：虽然被告人面临对方三人，在相互侵犯中处于劣势，但是无论其处境如何，从他看见三人仍在餐厅外，拿起餐厅的厨房菜刀，“破门而出”地走出大门并决定砍向三名的士司机之时起，便立即证明其行为不具防卫的动机（防卫意图），因不存在正在进行中的及紧迫的侵犯。同时，被告人甲使用的“主动进攻”的方法并造成被害人严重创伤的方法，并非必要，因为该方法不是唯一选择，可以在该餐厅求诸公众部队，甚至使用“武器”作为对抗三名司机进行中的侵犯之“威慑”方法，从而维持其防卫地位。因此其行为不可能构成正当防卫，相应地不能考虑防卫过当。

2. A严重致人死亡案

基本案情：2008年6月22日11时许，在澳门监狱七楼医疗部C仓内，被告人A与同仓囚犯被害人B因不明原因发生争吵，继而二人打斗。在打斗中，B手持两根木筷子插中被告人A的左眼眶及左面。A被插中后，随即用手及拳攻击B的头面部及左胸部，并至少用手及拳击中B的头面部和左胸部5次。与此同时，B用双手拉扯A的头发，并拉低A的头部。同日11时15分，澳门监狱狱警发现A和B因互相攻击而受伤，遂于当日13时17分将B送往医院医治。同月25日，B因医治无效死亡。

裁判结果：澳门特别行政区初级法院经审理，于2011年1月28日以严重伤害致人死亡罪判处被告人A 10年9个月徒刑。被告人A旋即提起上诉，主张其行为构成防卫过当，应特别减轻其刑罚。澳门特别行政区中级法院经审理认为：被告人A的行为不构成正当防卫，亦不构成防卫过当。但是，一审判决认定被告人A构成累犯有误。因此，其维持定罪部分，改判被告人A 9年6个月实际徒刑。

裁判理由：由于两人在争吵后开始打斗，被告人A并非单纯击退被害人B的不法侵害，另外，被告人A在作出攻击行为时亦具有伤害他人的意图，而非正当防卫中要求的防卫意图，因此被告人A的情况在主观要素方面并不符合正

当防卫的要求。与此同时，被告人A与被害人B之间的打斗发生于监狱的囚仓内，这是一个特殊的环境，有监狱警员负责日夜看守，因此，被告人A并非不能立即求助于监狱当局以避免继续被被害人B殴打，故此被告人A的行为亦不符合有关的“无法实时求助于公权力”的要件。

## 四、代表性法域正当防卫典型案例的法理分析

虽然本文所研究的法域的刑法中有关正当防卫和防卫过当的表述不尽相同，但是从上述具体案例可以看出，这些法域在司法实践中认定是否构成正当防卫与防卫过当，主要围绕如下三个问题而展开：第一，是否存在防卫的起因条件，即是否存在紧迫的不法侵害？第二，是否存在防卫的主观要素，即意图保护自己或者他人的合法权益，以及在例外的场合，保护社会或者国家权益？第三，防卫行为是否具有相当性，即是否超过了必要的限度？

### （一）防卫行为的起因条件

存在紧迫的不法侵害是构成正当防卫乃至防卫过当的起因条件。在前述日本的2017年故意杀人、器物损害案件，中国台湾地区的李祥荣等故意伤害致死案以及中国澳门特别行政区的两个案例中，审判法院都是以不存在紧迫的非法侵害为由，否定存在正当防卫的前提条件。那么，应该如何认定存在“紧迫的不法侵害”呢？

1. “紧迫的不法侵害”的内涵

在“紧迫的不法侵害”这一词组中，侵害是核心词，不法与紧迫都是修饰用语。

首先，何为“侵害”？

在上述国家和地区，通常认为侵害是指“由人所实施的威胁到法律所保护的个人法益的行为”[①]，而且“必须是符合行为概念的行为。对于没有达到此种程

---

① ［德］冈特·施特拉腾韦特，洛塔尔．库伦．刑法总论：I——犯罪论．杨萌，译．北京：法律出版社，2006：162.

度的行为如反射的或者无意思的动作等的攻击，只能实施紧急避难”[①]。侵害的对象是法益，包括生命、健康、自由、财产、名誉等，以及未被冠以权利这一名称的东西，例如一般意义上的“人格”权。[②] 这一点在前述日本的2009年暴行案中也可以明显看出来，因为在该案中，日本最高法院明确认定，被告人为了防卫其对建筑的共同持有权、使用权以及名誉权，而对被害人B实施暴行，构成刑法规定的正当防卫。

其次，侵害行为必须是不法的，才具备正当防卫情形。

这里的“不法”不仅仅是指刑法上符合构成要件的违法，甚至还包括违反整体法秩序的违法行为，“即使不符合构成要件，但只要是客观的义务违反行为，也能够成为不当的攻击”[③]。质而言之，“如果对保护的利益的威胁，应该包含对法律的攻击……那么，必定违反了适用于所有人的一般的法律规范。而如果只是违反了合同规定的各方之间负有的义务，还不足以构成这样的违法侵害。如果邻居违反约定弹奏钢琴，则不能对其行使正当防卫权”[④]。

从“不法”的上述解释出发，两人扭在一起打架的情况，虽然具有相互攻击的违法性，但并不成立正当防卫。这是因为在打架的情况下，不仅攻击与防御相互交织在一起，而且也无法判断哪一方是正当的或者不当的。[⑤] 当然，就如韩国最高法院在1968年5月7日的判决中所指出的，在打架过程中，相对方在格斗中超过当然能够预见的程度使用了能够杀人的凶器时，“作为不当的侵害”应该允许对此实施正当防卫。[⑥]

前述德国的G等过失致死案也明确体现了这一立场。虽然被告人C首先意图用拳头攻击被害人M，但是当M用警棍重伤其头部并继续对其进行攻击时，

① ［韩］金日秀，徐辅鹤．韩国刑法总论．郑军男，译．武汉：武汉大学出版社，2008：279.

② ［日］山中敬一．刑法总论．东京：成文堂，2008：461.

③ 同②281.

④ ［德］冈特·施特拉腾韦特，洛塔尔．库伦．刑法总论：Ⅰ——犯罪论．杨萌，译．北京：法律出版社，2006：166.

⑤ 韩国大法院判决1960年2月17日、1960年9月7日、1984年5月22日。

⑥ 韩国大法院判决1968年5月7日，68DO370.

M的行为已经严重超过了C的预期程度，构成了严重威胁其生命或者健康的不法侵害。在这种情况下，被告人C使用枪支的行为就具有正当性，因为"这个防御抵抗行为是否必要，这在很大程度上取决于攻击的方式和程度"①。

日本的2014故意杀人案则从反面验证了这一点。在该案中，虽然被害人仍然将脚踏在M的背上，其行为构成不法侵害，但是其已经停止了殴打等暴行行为，因此日本最高法院认定，虽然存在正当防卫的前提，但是被告人选择使用尖刀刺杀被害人的手段，超过了法律所容许的程度，构成防卫过当。与之相似，韩国大法院在警员伤害致死案中也认为，虽然被害人将被告人逼到了走廊尽头，但是在存在朝被害人下半身开枪的余地下，警员直接选择对准其胸部开枪，不能构成正当防卫。中国澳门特别行政区的A严重致人死亡案亦是以相同原理，认定被告人A的行为不构成正当防卫，因为在监狱这一特殊场合，被告人A能够及时获得警察的有效保护，以避免继续被殴打，所以其行为不符合紧迫性条件。

需要指出的是，正当防卫场合的不法侵害，也可能由不作为构成。不作为场合的正当防卫，首先要求不作为人要具有作为的法定义务，其次要求该义务的不履行必须是可罚的。例如，韩国的刑法理论认为，在访客不顾房屋主人的退出要求，仍然拒不退出的场合，基于构成不作为的拒不退出罪，为赶出拒不退出的访客，实施正当防卫是可能的。②

此外，对无责任能力人的攻击行为能否进行正当防卫？一般情况下，正当防卫中发出攻击行为的行为人具备责任能力，然而，如果行为人为无责任能力人，攻击行为本身同样具有不法性，但是出于对这一群体的特殊保护，需要对正当防卫进行限制，因此只有在攻击达到无法回避的前提下才能进行正当防卫。"对幼儿、精神病人、醉酒者或者由于对禁止的认识错误而行为的人的攻击，认为正当防卫被全面禁止或者只在无法回避攻击时容许正当防卫，从而作出限制正当防卫

---

① BGHSt 25，229［230］＝ NJW 1974，154；BGH，NStZ 1996，29 jew. m. Nachw.

② ［韩］金日秀，徐辅鹤. 韩国刑法总论. 郑军男，译. 武汉：武汉大学出版社，2008：280.

的解释是一般的见解。”[①] 在韩国大法院1985年9月10日宣判的寻衅滋事伤害致死案中，乙、丙、丁醉酒（韩国刑法认为醉酒状态下无责任能力）后的寻衅滋事辱骂、暴力攻击行为具有不法性，应该认为具备正当防卫的起因条件，可以对其进行正当防卫。

最后，不法侵害必须是紧迫的。

所谓“紧迫”，是指面临权益侵害，也即权益受到侵害的危险迫在眉睫，瞬间就会转化为侵害[②]，或者已经发生、正在继续的状态。[③] “只有在还能奏效的最后时刻才允许进行防卫，只有这样，才能有足够把握地排除可能没有必要采取防卫的措施。”[④] 联邦德国最高法院在1955年、1960年以及1965年的判决中都认为尚未侵害到权利，但能够直接演变为侵害，以致若不允许实施防卫行为，则防卫效果堪忧的举止，便可视为……现时攻击。[⑤] 基于“紧迫”的概念，在不法侵害发生之前和终了之后实施的反击都不构成正当防卫。

此处还需要补充说明学界关于“类似正当防卫情形”的讨论，即：“即使违法行为还未发生，能够进行有效防卫的最后时刻也可能出现。例如，秘密录音，就可能是对付证人作伪证的唯一手段。”[⑥] 有学者认为这样的情况下可阻却违法性。但是，此种主张下受害人未面临直接的威胁，因此不法侵害的紧迫性并不成立。

因为不法侵害的发生与对侵害的预期联系在一起，所以将在下文论述。这里首先讨论侵害终了的判断标准。侵害是否终了，并非根据行为是否在形式上已经实现既遂的判断标准。在继续犯的场合，只要违法侵害状态正在继续，侵害行为

---

① ［韩］李在祥．韩国刑法总论．［韩］韩相敦，译．北京：中国人民大学出版社，2005：205.

② 日本最判昭24.8.18刑集3.9.1465。

③ ［日］山中敬一．刑法总论．东京：成文堂，2008：452.

④ Karatzsch，StV 1987，228.

⑤ ［德］克劳斯·罗克辛．德国最高法院判例刑法总论．何庆仁，蔡桂生，译．北京：中国人民大学出版社，2012：37.

⑥ ［德］冈特·施特拉腾韦特，洛塔尔·库伦．刑法总论：I——犯罪论．杨萌，译．北京：法律出版社，2006：165.

就没有实施终了。[①] 质而言之，只要危险还未彻底消除，或者不法结果还未彻底发生，就允许进行防卫，因为这样还可能制止对权利的最终侵害，再迟些最多只能对已经造成的损害进行补偿。[②] 德国的判例也认为，起决定作用的不是侵害行为所包括的犯罪的形式上的既遂，而是对法益的侵害，在小偷盗窃之后拿着钱包逃跑的场合，只要还能赶得上就允许继续行使正当防卫权。[③]

前述中国台湾地区的何柏翰伤害致死案明确体现出了这一判断标准。在该案中，被告人将被害人制服在地，压住其头部、拉住其衣领，在被害人呼吸困难、手部发抖之际，法益侵害状态实际上已经结束。在此之后继续实施防卫，属于延展的防卫过当。

2. 紧迫的不法侵害与事前预期

在实质上，不法侵害开始是指“如果不想受到攻击就应该立刻进行反应的状态”[④]。例如，对准他人举起装有子弹的手枪，不顾警察放下武器的警告仍然持有武器等，都可以被视为不法侵害已经开始。这里的问题是：在事前对不法侵害已经有预期的情况下，能否认定不法侵害的紧迫性？

在德国，主流的观点认为：“防卫不是躲避侵害。要求受侵害人如果能够而且也‘不会有失尊严或者伤害自己的其他权益’就应该躲避侵害，这违背了正当防卫的有关规定……最新的法院判决都不再要求受侵害人有义务躲避侵害。”[⑤] 韩国的刑法理论与判例也认为，正当防卫的情况并不适用补充性原则。因此，防卫者在遭受攻击时，原则上没有必要进行逃避或者躲避。这是因为，依照正当防卫的两个原则即自我保护和法确证原则，以自我的法益保护为基础，当出现不法的攻击时，法没有必要向不法作出让步。如此认定正当防卫不仅是在维护防卫自

① ［日］山中敬一. 刑法总论. 东京：成文堂，2008：452.

② BGHSt 27，336 (339).

③ TGSt 55，88 (84ff.).

④ ［韩］金日秀，徐辅鹤. 韩国刑法总论. 郑军男，译. 武汉：武汉大学出版社，2008：280.

⑤ ［德］冈特·施特拉腾韦特，洛塔尔·库伦. 刑法总论：I——犯罪论. 杨萌，译. 北京：法律出版社，2006：167.

身，而且还相当于同时在确证法秩序的权威。[①]

日本最高法院早在 1971 年的判例中就已经指出，即使在存在预期的场合，也不能认为可以直接否定紧迫性这一要件。[②] 究其原因，是因为如果以对侵害的预期否定紧迫性，可能就会认为在有预期的场合，对于侵害有事先回避的义务。[③] 1977 年的判例也明确表明，侵害的紧迫性要件“并无科以对预期的侵害进行回避的义务之含义”[④]。所以，在前述 2014 年故意杀人案中，日本最高法院认为即使被告人对被害人的行为有预期，也不能否定存在紧迫的不法侵害。

但是，在不仅没有回避预期到的侵害，反而积极利用这一机会对侵害人进行加害行为的意思迎接侵害的场合，原则上不具备紧迫性要件。[⑤] 这也是为什么在前述 2017 年故意杀人、器物损害案中，日本最高法院认为被告人以积极的态度准备凶器，并在不作任何警示的情况下，直接刺杀被害人的行为不构成正当防卫的原因所在。当然，如果防卫者自己设置了保护装置，就必须明确指出该装置的危险性，提醒可能涉及的范围内的人。[⑥] 因此，对不法侵害事前预期并进行准备，并不否定正当防卫紧迫性要件的成立，其实质上是在讨论行为是否符合防卫相当性、必要性要件的问题。

3. 紧迫的不法侵害与连续侵害行为

最后，在连续反复的不当行为的场合，是否可以认定不法侵害的紧迫性？对此问题，韩国大法院在 1992 年的判决中认为，在继父长时期持续性地强迫继女与之发生性关系，继女便与自己的男友共谋杀害继父的场合，很难认为这构成正当防卫。究其原因，一方面，在前一具体侵害行为已经结束，后一具体侵害行为尚未开始而且可以预见在较长时间内不会发生的场合，难以认定存在紧迫的不法

---

① ［韩］金日秀，徐辅鹤. 韩国刑法总论. 郑军男，译. 武汉：武汉大学出版社，2008：283.

② 日本最决昭 46.11.16 刑集 25.8.996.

③ ［日］山口厚. 问题探究刑法总论. 东京：有斐阁，1998：53.

④ 日本最判昭 52.7.21 刑集 31.7.747.

⑤ ［日］山中敬一. 刑法总论. 东京：成文堂，2008：468.

⑥ ［德］冈特·施特拉腾韦特，洛塔尔·库伦. 刑法总论：I——犯罪论. 杨萌，译. 北京：法律出版社，2006：168.

侵害。另一方面，成立正当防卫必须考虑行为的正当性，而这一考虑以侵害行为所侵害的法益种类与程度、侵害方法、侵害行为的种类与程度等具体情况为基础。事前共谋犯行，用刀杀害熟睡中的被害人的行为，即使考虑到犯行的动机或目的，也难以认定其具有社会通念上的相当性。[①]

（二）防卫的主观条件

1. 防卫意图

“为了防卫自己的权益”的意图是上述国家和地区公认的正当防卫的主观构成要素。例如，在日本，虽然在理论上存在着防卫意思不要说[②]与必要说[③]的重大分歧，但是通说从法条中“为……之目的”的用语出发，主张必须存在防卫意思；日本的判例也一贯坚持必要说。[④] 在德国，“正当防卫也需要具备主观要素，在主流观点看来，只有意识到正当防卫状况，在防卫意志支配下实施的行为，才是合法的”[⑤]。韩国学者也认为，“防卫行为是以防卫意思为基础的。法律条文将此表述为‘防卫的行为’。防卫意识作为使防卫行为正当化的主观要素，具有消除防卫行为的行为无价值的作用”[⑥]。

我国台湾地区与澳门特别行政区的刑法理论与判例立场实质上也是相同的。例如，在我国台湾地区的李祥荣等故意伤害致死案中，判决认定被告人在被害人孤身一人而且未持有任何凶器的情况下，对之进行围殴不存在防卫之意图。在澳门特别行政区的甲严重伤害身体完整性案中，判决也明确指出：“因为不存在正在进行中的侵犯，而该嫌犯之行为也不具有防卫动机（防卫意图）。”

① 韩国大法院判决 1992 年 12 月 22 日，92 DO 2540.

② 例如，［日］曾根威彦. 刑法总论. 东京：弘文堂，2000：117.［日］山口厚. 刑法总论. 东京：有斐阁，2007：124。

③ 例如，［日］大谷实. 刑法讲义总论. 新版第 2 版. 东京：成文堂，2007：287.［日］大塚仁. 刑法概说. 东京：有斐阁，2005：372。

④ 例如，日本大判昭 11.12.7 刑集 15.1561，最判昭 46.11.16 刑集 25.8.996。

⑤ ［德］冈特·施特拉腾韦特，洛塔尔·库伦. 刑法总论：I——犯罪论. 杨萌，译. 北京：法律出版社，2006：174.

⑥ ［韩］金日秀，徐辅鹤. 韩国刑法总论. 郑军男，译. 武汉：武汉大学出版社，2008：290.

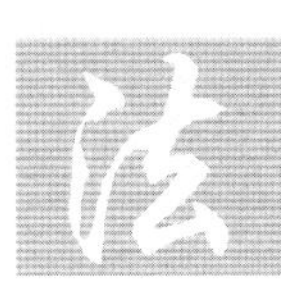



防卫意图是指以对正当防卫状况的认识为根据追求防卫行为的目的并加以实现的意思。仅以单纯的对防卫状况的认识是不够的，至少还需要具备以对防卫状况的认识为根据的追求或实现防御行为的意思[①]。那么，在掺杂了其他动机或者目的，例如为了憎恶、愤怒或者复仇而实施防卫行为，或者防卫意图与攻击意图并存的情况下，是否可以认定存在防卫意图？就此，上述国家和地区的立场在实质上是相同的，即目的和动机不能否定防卫意图。

例如，韩国学者明确指出："只要存在以对状况的认识为根据的行为意识就存在防卫意思，所以即使掺杂了其他动机或者目的如由于攻击者是仇人所以为复仇的目的，也不排斥防卫意思。"[②] 日本最高法院在 1975 年的判例中认为：虽然"假借防卫之名，积极对侵害人进行攻击的行为，因为欠缺防卫的意思，不能认定为是为了正当防卫而实施的行为"，但是"在防卫意思与攻击意思并存场合的行为，也并非欠缺防卫的意思"[③]。在 1985 年的判例中，被告人在自己经营的饮食店受到对方的严重暴行，出于憎恶和愤怒，从后厨拿出厨刀，在对方嘲笑说"想跑吗"并击打其肩膀之际，被告人向前一步，刺中被害人的胸膛致其死亡。日本最高法院判决认为："即使是基于对侵害人的憎恶和愤怒而产生攻击意思并实施该行为，认为该行为是为防卫而实施也具有相当性"，因为只要"攻击意思达到了能够与防卫意思并存的程度"，就不是完全以攻击的意思实施的行为。[④]

正因如此，在前述日本 2009 年暴行案中，虽然被告人在之前已经因为被害人的侵权与滋扰行为，而对之有厌恶、憎恨之情，但是最高法院并未因此否定其防卫意图。与此相似，在德国的 G 等过失致死案中，尽管被告人 G 等存有伤害被害人 M 的故意，但是高等上诉法院仍然认为其行为具有防卫意图。作为反面的例证，中国澳门特别行政区中级法院在 A 严重致人死亡案中，以伤害意图超

---

① ［韩］金日秀，徐辅鹤．韩国刑法总论．郑军男，译．武汉：武汉大学出版社，2008：290．

② 同①291．

③ 日本最判昭 50．11．28 刑集 29．10．983．

④ 日本最判昭 60．9．12 刑集 39．6．275．

过防卫意图为由，否定了被告人 A 的行为构成正当防卫。

2. 防卫挑衅

值得思考的又一问题是防卫挑衅对正当防卫的限制。防卫挑衅可以分为有目的的挑衅和有责任的挑衅。上述国家和地区的通说认为，对有目的进行挑衅的行为，是不容许正当防卫的。例如，韩国学者认为："在有目的的挑拨的情况下，不成立正当防卫。"① 在前述德国 G 等过失致死案中，法院也认为："故意实施挑衅，从而有目的地引起一个攻击，其目的是在正当防卫的幌子下对法益所有人造成伤害。这种情况下，对犯罪人的自卫——至少从原则上来说是应当否定的，因为他是通过假装防卫，但事实上却想进行攻击来滥用权力。"

而对于有责任的挑衅原则上认为可以进行限制的正当防卫，"按照主流学说，如果防卫者对于紧急防卫的情形负有责任时，具体而言，他预见到相应情况却可受谴责地蓄意挑起了这种紧急防卫的情形，那么，出于权利不得滥用的考虑，他的紧急防卫权就应当受到限制"②。韩国学者也认为，"在防卫人对于侵害有责任的情况下，也应该在原则上认为可以正当防卫。只是在该种情况下的正当防卫应该以无法回避攻击，或者用其他方法无法防御的情形为限"③。也即，如果有权实施正当防卫的人虽然不想引起攻击，但是负责任（可受谴责）地挑起了攻击，那么他就有义务遵循以下的顺序进行防卫：先尽可能回避攻击，再采取防御性防卫，最终才能采取诉诸致命武器的攻击性防卫。在德国列车伤害致死案中，法院认为防卫者对于挑起争执负有责任，应当保持克制。该案被告人在受到拳打脚踢的威胁时，没有采取回避或向同车厢人求助，而是直接使用道具杀害被害人，因此正当防卫被否定。

对防卫挑衅人限制正当防卫的依据（以下简称"限制依据"）是先前挑衅行为的违法性，即限制正当防卫的原因应该是法律上的可责难性。虽然对于限制依

---

① ［韩］李在祥．韩国刑法总论．［韩］韩相敦，译．北京：中国人民大学出版社，2005：206.

② ［德］乌尔斯·金德霍伊泽尔．刑法总论教科书：第 6 版．蔡桂生，译．北京：北京大学出版社，2015：175.

③ 同①207.

据还存在社会伦理上的可责难性的观点，但是从德国列车伤害致死案而言，法律上的可责难性更加合理。对于该案中的开窗行为，如果我们将限制依据定位为道德上的可责难性，那么就其是否构成挑衅行为，就会出现评价缺乏标准且模糊的难题，即无法认定开窗冻乘客是不是一种值得道德谴责的严重侮辱（需要考虑侮辱的时间、长度和程度）；如果将限制依据定位为法律可责难性，那么显然开窗会冻伤乘客，行为就是可认定的挑衅行为。

此处，还存在一个问题是：是否能够认定先前的防卫挑衅行为构成可罚的过失实行行为？质言之，如果防卫人的防卫行为具有正当化的效力，其之前的挑衅行为是否仍可能被科以过失责任？对此，主流观点持否定立场，认为可以防卫的攻击表现的是受害人自我答责的自危，这使得不能将由此造成的结果归属到防卫者之前的行为上去……仅当后来的防卫者当时有正当权利作出挑拨行为时，才能阻却归属。[①] 在德国G等过失致死案中，法院判例也说明先前的挑衅行为可以不承担责任："行为人轻率地挑起了攻击，即使他对此不承担责任，他也不应该毫无犹豫地使用自己的防卫权，而且是立即使用致命的手段实施防卫。"

（三）防卫行为的相当性

在紧迫的不法侵害的情况下，以防卫意图实施的反击行为，必须在一定的限度之内，且具有相当性才构成正当防卫，如果"防卫行为超过相当性程度，就是防卫过当"[②]。在前述日本的2014年故意杀人案、德国的列车伤害致死案、韩国1991年的警员伤害致死案，以及中国台湾地区的何柏翰过失致死案中，法院都是以防卫行为超过限度，不具有相当性为由，认定案中行为不构成正当防卫或者构成防卫过当。

那么，什么是防卫行为的相当性？防卫行为的相当性，从行为无价值的角度出发，包括两个方面，即行为样态的相当性和法益之间宽泛的均衡性；从结果无

① ［德］乌尔斯·金德霍伊泽尔．刑法总论教科书：第6版．蔡桂生，译．北京：北京大学出版社，2015：177.

② ［韩］金日秀，徐辅鹤．韩国刑法总论．郑军男，译．武汉：武汉大学出版社，2008：291.

价值的角度出发，仅仅指法益之间的宽泛的均衡性。就如德国学者所言："即使在受侵害者用自己的财物捍卫自己的权利时，被制止的损害和为了防卫所必需的对法益的损害之间的价值差异，也不能超过所有的限制。"[①] 韩国学者也认为："如果不顾相比较的法益间所存在的极端的不均衡而实施防卫行为的话，其就是权利滥用而不是正当防卫。"[②]

所以，在正当防卫的场合，相当性判断是一种客观的事前判断。虽然法益的均衡性是防卫行为的内涵之一，但是相当性的判断对象，并非单纯的侵害行为所威胁之法益和防卫行为所侵害之法益价值的比较，"而是侵害者与防卫者的侵害危险之间的均衡。所以，即使实际结果偶尔大于应该被防卫的利益，也未必就直接构成防卫过当"[③]。就判断这两种危险的基础，也即判断相当性的基础，虽然存在理论分歧[④]，但是从正当防卫的立法基础与司法实践出发，应该结合防卫人在实施防卫时所认识到的事实和事后认定的事实来认定。

从防卫行为相当性的内容、判断基础与对象出发，在具体案例中，判断被告人的行为是否具有相当性，应主要考察如下三个方面。

第一，防卫行为是否为最小限度行为?

韩国大法院 1989 年的判例指出，虽然"为实施有效的防卫，原则上允许采取所有的手段，但是防卫者必须要尽可能地选择为阻止攻击的轻微的手段。而且，在能够采取的诸多有效的防御手段中，防卫行为不能超越有效果地防御攻击所必要的程度（相对最小防卫原则）"[⑤]。日本最高法院 1969 年的判例也指出：

---

① ［德］冈特·施特拉腾韦特，洛塔尔·库伦. 刑法总论：I——犯罪论. 杨萌，译. 北京：法律出版社，2006：171.

② ［韩］金日秀，徐辅鹤. 韩国刑法总论. 郑军男，译. 武汉：武汉大学出版社，2008：285.

③ ［日］山中敬一. 刑法总论. 东京：成文堂，2008：489.

④ 例如，有的观点主张以事后认识到的事实，结合行为时存在的事实来判断；有的观点则主张以客观的第三人处于行为时的情况所认识到的事实为判断基础。［日］山中敬一. 刑法总论. 东京：成文堂，2008：471-472.

⑤ 韩国大法院判决 1989 年 8 月 8 日，89 DO 358.

“刑法第 36 条第 1 款所谓‘不得已而实施的行为’是指针对紧急不正的侵害所实施的反击行为，作为防卫自己或者他人的权利的手段，属于必要的最小限度内的行为，也即意味着作为针对侵害的防卫手段，反击行为有着相当性。”① 德国学者也认为：“只有当为了挽救一个法益，而不可避免地要侵害另一个法益时，才出现利益冲突。如果有几种方式可供选择，则只能选择侵害或者威胁最小的，比如，使用拳头足以自卫时，就不能使用武器，如果造成伤害就能制止侵害，绝不允许造成死亡结果。”② 因此，在上述的列车伤害致死案中，德国联邦最高法院明确指出：“只要攻击者尚未直接威胁到防卫者的生命，使用刀具这样具有致命后果的行为进行防卫，只能在特殊的情形下予以承认。”

当然，相当性判断“并非要求没有其他应该采取的方法，也即，并不科以退避义务和请求官方保护的义务，补充性原则在正当防卫的场合不适用”③。“受侵害者有寻求国家帮助的可能性，并不限制他所享有的正当防卫权。”④ 针对攻击没有必要只使用事前不充分的防卫手段，也可以使用最初就能够充分保护自身安全的手段。如果是这样，针对挥动拳头进行攻击者，如果防卫者也仅以拳头进行防御是力所不能及的话，即使攻击者没有携带武器进行攻击，也允许防卫者为进行防卫而使用武器。这是因为，在这种状况中并不期待使用安全的手段进行防御。例如，对于在夜间人迹稀少的道路上，强奸行为的被害人咬断强行亲吻的男子的舌头的行为，判例主张具有防卫手段的容许性。⑤ “起抽象作用的不是对防卫形式的抽象比较，而是受威胁者的具体需要。”⑥

但是，“如果能够获得国家的法律救助，就可能不存在必须通过私人行为预

---

① 日本最判昭 44.12.4 刑集 23.12.1573.

② ［德］冈特·施特拉腾韦特，洛塔尔·库伦．刑法总论：I——犯罪论．杨萌，译．北京：法律出版社，2006：167.

③ ［日］山中敬一．刑法总论．东京：成文堂，2008：472.

④ 同②172.

⑤ ［韩］金日秀，徐辅鹤．韩国刑法总论．郑军男，译．武汉：武汉大学出版社，2008：284.

⑥ 同②168.

防危险的必要性。（虽然）只有当国家至少有与受侵害者同等的把握制止危险时，才是如此”①。正因如此，中国澳门特别行政区中级法院在甲严重伤害身体完整性案中明确指出：甲持刀冲出去砍人的行为，“即使为了击退进行中的侵犯，也不是必要的。因为该方法不是唯一选择，（显然通过打电话）可以在该餐厅求诸公众部队”。在A严重致人死亡案中，中国澳门特别行政区中级法院在判决中也明确指出：“上诉人与被害人之间的打斗发生于监狱的囚仓内，这是一个特殊的环境，有监狱警员负责日夜看守，因此上诉人并非不能立即求助于监狱当局以避免继续被被害人殴打，故此上诉人的行为亦不符合有关的‘无法实时求助于公权力’的要件。”在上述德国的列车伤害致死案中，能够获得同车厢人的救助也是德国联邦最高法院否定被告人的行为构成正当防卫的理由之一。

需要指出的是，轻微的侵害行为也可能被认为不构成完全的正当防卫。如果能够通过其他手段回避，则应该选择其他手段，尽量不要采取即刻的反击行为，否则可能构成防卫过当。②

此外，对于能否由国家，特别是警察采取措施抵抗不法侵害，占据主流的观点是：“警察法只是规定在抵抗特别严重的大多数是针对生命或者人身的侵害时，警察才能使用射击武器……大多时候需要强调，这里之所以要求尽可能保护侵害者利益，其理由要么是适用于所有国家行政行为的适当性原则，要么是国家机关负有的不仅保护受威胁者也保护威胁者的特殊义务，要么是警察受过特殊训练掌握更好的干预手段等事实。”③ 因此，对韩国大法院在1991年9月19日宣判的警员伤害致死案的判决，韩国学者评价认为：“警员的行为违反了警察比例原则，超出了《警察职务执行法》规定的枪械使用限度，违反了正当防卫的相当性要件，不属于正当防卫，因此认定为防卫过当。”与此相对应的是德国《联邦最高

① ［德］冈特·施特拉腾韦特，洛塔尔·库伦．刑法总论：I——犯罪论．杨萌，译．北京：法律出版社，2006：173.

② ［日］山中敬一．刑法总论．东京：成文堂，2008：491.

③ 同①174.

法院刑事判例集》第 53 卷第 132 页的案例："一名警员打伤了一名偷猎者的腿，因为在口头警告和鸣枪警告之后，这名偷猎者不但不丢弃自己上了膛的手枪，反而逃跑。"① 在这种情形下，警官事先的警告行为与射击部位是符合比例原则的，且根据当时的情形偷猎者携带上膛枪逃跑的行为可以被认定为着手，因此警官的行为具备相当性。

第二，侵害的紧迫性程度、方法、攻击是否中断等具体事实。

虽然针对空手和棍棒的侵害以凶器进行反击的场合，从社会伦理等角度被认定为过剩防卫的情况较多，但是，日本最高法院在 1983 年的判例中认为，在从手持匕首来侵犯的被害人手中夺下匕首，但是被害人并未停止攻击，被告人为了排除攻击行为，而用匕首前后刺了被害人约 10 次的场合，只要没有以被害人的致命部位为目标，"就没有超过相当性程度"②。德国联邦最高法院也在 1973 年的判例中指出："对于没有使用武器只使用拳头的攻击，是否可以使用武器以应对的问题，不能抽象地说，双方武器对等就可以。更确切地，应该说，受违法攻击者可选择那些足以迅速、终局地消除危险的防卫手段。"③

同理，在上述韩国的离婚诉讼杀人案中，虽然法院认定被告人的行为不构成正当防卫，但是韩国学者批判认为："即使在夫妻之间，当一方配偶的暴力或残酷行为持续的情况下，因无法期待其履行保护义务，因而正当防卫不再受到限制，更何况婚姻关系破裂、处于离婚诉讼中的夫妻之间更加无法认可这种保证人关系……本案显然无法通过社会伦理限制正当防卫的成立。"④ 需要指出说明的是，德国学者认为"在同一个圈子生活的人不应该持续地抱有敌意"，但"婚姻也不是虐待的特许状"，配偶之间正当防卫的界限在于，"第一，风险达到不能接受的严重伤害程度，即指有必要由医生处理的严重伤害（如打断骨头等）；第二，

① ［德］克劳斯·罗克辛．德国刑法学总论：第 1 卷．王世洲，译．北京：法律出版社，2005：433.

② 日本东京高判平 5.1.26 判タ808.237.

③ ［德］克劳斯·罗克辛．德国最高法院判例：刑法总论．何庆仁，蔡桂生，译．北京：中国人民大学出版社，2012：41.

④ ［韩］李在祥．刑法基本判例总论．首尔：博英社，2011：166-168.

妇女没有必要持续地容忍（即使是轻微的）虐待，即要求这种虐待使她遭受耻辱成为专制的对象。”[①]

就防卫界限，作为反面的例子，在前述日本 2014 年故意杀人案中，日本最高法院判决认为：“就在本案刺伤行为之前，考虑到被告人不过是将脚踏在 M 的背上，当时并没有进行踢打等暴行，就被告人而言，以杀人的故意实施很可能导致被害人死亡的行为，从当时 M 所面临的身体侵害危险的紧迫性而言，难说是最小必要限度的行为，即使从被害人等非法侵入了被告人方的场所，本案符合《盗犯等防止与处分法》第 1 条的相关规定出发[②]，可以对刑法第 36 条规定的防卫手段的相当性放宽一些进行判断，作为防卫手段，也是超过了许可的限度，不成立正当防卫。”

第三，攻击者与防卫者的人数、年龄、体力及防卫能力等主体要素对比。

如果防卫能力较差，或者瞄准射击是唯一的防卫可能，那么射击所产生的所有难以避免的风险（包括造成死亡结果），即使损害本来可以轻一些，仍可以通过正当防卫否定违法性。[③] 德国联邦最高法院在 1986 年的起重器案中明确指出：“哪些防卫是必要的，这取决于总体的情状：攻击和防卫如何进行，尤其是攻击者的强度、危险性，以及被攻击者的防卫可能性。”[④] 在前述日本 2009 年暴行案中，虽然被告人是为了防卫自己的财产权和名誉权而侵犯了被害人的健康权，但是日本最高法院并未否定其手段正当性的重要原因之一就是，“被害人 B 在案发当时 48 岁，身高约 175 厘米，男性；被告人在案发当时 74 岁，身高约 149 厘米，女性。被告人在本案件之前，因为受到手术的影响，有上肢运动障碍，此外，还有左肩运动关节障碍和左肩锁关节脱臼等病症，一直在接受医护治疗”。

① ［德］克劳斯·罗克辛．德国刑法学总论．王世洲，译．北京：法律出版社，2005：434．

② 根据该条，为了驱赶无故侵入他人住宅、建筑物或者船舶的人，或者驱赶被要求离去而仍不从该场所离去的人，而杀伤犯罪人的，视为正当防卫。

③ ［德］冈特·施特拉腾韦特，洛塔尔·库伦．刑法总论：Ⅰ——犯罪论．杨萌，译．北京：法律出版社，2006：168．

④ ［德］克劳斯·罗克辛．德国最高法院判例：刑法总论．何庆仁，蔡桂生，译．北京：中国人民大学出版社，2012：39．

同理，在前述2014年故意杀人案中，虽然千叶地方法院基于被害人死亡否定被告人的行为构成正当防卫，但是并未否定被告人可以用凶器进行防卫，因为“在本案犯行之际，被告人身高161厘米，体重56.5公斤，M身高164厘米，体重48公斤，被害人身高178厘米，体重94公斤，E身高168厘米，体重85公斤”，双方力量对比存在明显差距。

与此相似，在韩国1985年的寻衅滋事致死案中，对于大法院一边承认“被告人在受到上述集体攻击并且无法进一步躲避的情况下，为了防卫采取了反击行为”，一边又认为“这种行为显然超过了其限度，因而构成防卫过当”，韩国学者批判道：“在遭受紧随而至的集体殴打的情况下，我们无法要求他采取其他行为。在对方用木棍、电缆等进行恣意殴打的情况下，我们不能单方面要求甲以攻击给对方造成最小侵害的身体部位进行反击。同时，甲用于反击的镐柄并不比被害人使用的工具危险，相反，甲没有必要承受不充分的防卫行为带来的危险。”① 质而言之，在遭受多人持械殴打的情况下，从人数、体能等角度而言，被告人使用镐柄进行反击具有完全的相当性，构成正当防卫。

最后，应该指出的是，德国、韩国，以及我国澳门特别行政区的刑法都规定，在防卫人由于惶恐、害怕、惊吓而防卫过当的场合，不予处罚。在刑法理论上，这一规定“与阻却违法事由无关，但却属于正当防卫，是有关防卫过当的特殊规定……该规则只适用于法律所列举出的几种微弱情绪，而不适用于激怒、复仇等强烈的情感”②。

## 五、结论

本文所研究的正当防卫典型案例表明，在认定是否构成正当防卫以及防卫过

---

① ［韩］裴钟大. 刑法总论. 首尔：弘文社，1996：345.

② ［德］冈特·施特拉腾韦特，洛塔尔·库伦. 刑法总论：I——犯罪论. 杨萌，译. 北京：法律出版社，2006：175.

当之际，德国、日本、韩国，以及中国台湾地区、澳门特区等法域的司法实践主要围绕是否存在紧迫的不法侵害、是否存在防卫意图以及防卫行为是否具有相当性三个问题展开。

首先，关于是否存在紧迫的不法侵害。“侵害”是指由人所实施的威胁到法律所保护的权益的行为，“不法”不仅仅是指刑法上符合构成要件的违法，还包括违反整体法秩序的违法行为。“紧迫”是指权益受到侵害的危险迫在眉睫，瞬间就会转化为侵害，或者已经发生但是正在继续的状态。侵害行为的终了不以行为是否在形式上已经实现既遂为判断标准，而以不法侵害状态是否还在继续为标准，只要危险状态还未彻底消除，或者不法结果还未彻底发生，就允许进行防卫，但是对于无责任能力人，虽其攻击行为本身同样具有不法性，但是出于对这一群体的特殊保护，需要对正当防卫进行限制，因此只有在攻击达到无法回避的前提下才能对其进行正当防卫。

其次，防卫意图是指基于对正当防卫状况的认识，追求并实现防卫目的的意思。质而言之，单纯的对防卫状况的认识是不够的，还需要具备以此为根据，追求或实现防卫目的的意思。需要指出的是，在为了憎恶、愤怒或者复仇而实施防卫行为，或者防卫意图与攻击意图并存的场合，不能直接否定防卫意图的存在。只要攻击的意图达到了与防卫的意图并存的程度，相关行为就不是完全以攻击的意图实施的行为。但是，如果攻击的意图超过了防卫的意图，例如，借机积极攻击侵害人，则不能认为存在防卫意图。在防卫挑衅情形下，正当防卫由于先前的挑衅行为具有违法性而受限，因此在负有责任的防卫挑衅中，后来的防卫者应当遵循躲避攻击、防御性防卫、攻击性防卫的顺序进行防卫。在对先前的防卫挑衅行为是否应当科处过失责任的问题上，应采取否认的观点。

最后，关于如何判断防卫行为的相当性。(1) 应该参考防卫行为是否和侵害危险相适应、是否存在他行为的可能性以及他行为是否有效等要素，判断防卫行为是不是最小限度的行为。(2) 应该以可能受到侵害的权益与防卫行为实际侵害的权益之间的差异、侵害行为与防卫行为的外在形态，以及侵害行为是否已经中止、继续进行的可能性等要素为基础，综合考虑侵害的紧迫性程度、方法、攻击

是否中断等具体事实。(3) 要考虑双方的人数对比、年龄、身体健康状况，侵害人的侵害能力、防卫人的防卫能力与防卫条件等主体要素。

总而言之，在认定正当防卫成立与否方面，与英美法系相比，具有大陆法系传统的国家和地区可能更趋于谨慎，这一点植根于各自的法律传统与社会文化之中。与此同时，在本报告所研究的具体案例，尤其是判决书之中，如下几点是值得我们参考的：第一，对案件所涉问题进行高度概括，明确理论与事实争点所在；第二，对相应案件事实进行全面分析，说明证据的相关性与可信性；第三，基于事实对问题予以层层说明，增强判决的说服力。

在宏观层面，德国、日本、韩国，以及我国台湾地区和澳门特别行政区的实践表明，案例在解释法律、宣传法律以及促进社会公众对法律含义的理解方面，是有着积极意义的。虽然我们不能建立判例制度，但是，当前的指导性案例制度应该能够大致发挥相应的功能。因此，就正当防卫的具体适用，应该发布一系列的指导性案例，在促进正当防卫制度得到正确适用的同时，推动正当防卫基础理论的发展与完善。

# 第四编　死刑暨相关制度改革专题

# 改革开放40年中国死刑立法的演进与前瞻*

## 一、前言

死刑制度改革对当前我国刑法改革乃至整个刑事法治建设意义重大。一方面，死刑制度改革决定着我国刑罚的整体结构。诚如储槐植教授所言：死刑是影响刑罚结构的关键所在。刑罚结构的调整主要体现在最重刑种的变动。最轻刑种的变动只有涉及最重刑种变动时才能体现出对刑罚结构的影响。[②] 简言之，死刑的取消会对无期徒刑的适用产生新的制约，因为在没有死刑的情况下，无期徒刑属于最高刑，判处无期徒刑则意味着顶格量刑，其对罪行的要求必然更高。另一方面，死刑制度改革预示着我国刑法和刑事法治建设的整体走向。在我国刑法上，死刑戴上了多重面具，可以说兼具正义与非正义、人道与非人道、高效与低效等多面性。尽管其间观点聚讼，但可以明确的一点是，死刑是刑法乃至国家正

* 与袁彬教授合著，原载《湖南科技大学学报（社会科学版）》，2018（5）。

② 储槐植. 刑罚现代化：刑法修改的价值定向. 法学研究，1997（1）.

义、人道发展程度的重要标杆。死刑的限制、减少与废止代表着现代刑法文明、人道的发展方向。正因为如此，尽管关于死刑话题在刑法理论上已经过多次热烈讨论，但可以预见的是，在我国全面废止死刑之前，死刑仍将是我国刑法理论研究长期持续关注的重大课题。

2018年适逢我国改革开放40周年。在中华人民共和国的历史上，这40年是我国发展最为迅速的时期，经济、社会、政治等各方面都获得了巨大的繁荣。改革开放通过打开国门，逐步解放了人们的思想。法治建设，包括刑事法治建设，也得以不断地繁荣发展。对于死刑制度而言，改革开放的40年是我国死刑制度经由改革的探索、稳定而至较为成熟的40年，死刑立法改革和司法改革都取得了长足的进步，受到了各方面的充分肯定。对改革开放40年我国死刑制度，特别是死刑立法进行纵向梳理，深入总结我国死刑立法的经验和教训，对于进一步深入推动我国死刑立法的科学发展意义重大。

## 二、死刑立法的基本历程：40年的探索前行

改革开放40年间，我国死刑立法过程漫长，立法文件繁多，其中比较重大的立法文件有1979年刑法典、1997年刑法典、2011年《刑法修正案（八）》和2015年《刑法修正案（九）》等。我国有学者主张将这一死刑立法过程分为三个阶段，即1979年刑法典至1997年刑法典颁行之前的近20年、1997年刑法典颁行之后到《刑法修正案（八）》第一次大规模废除死刑之前的近15年，以及《刑法修正案（八）》第一次大规模废除死刑之后的最近几年。[①] 这种划分当然有其合理性。不过，笔者更倾向于将1979年刑法典颁行至1981年《惩治军人违反职责罪暂行条例》颁行作为一个独立的时期，将1997年刑法典颁行至今作为一个时期，即过去40年我国死刑立法改革的历程可划分为如下三个阶段，即“1978—1981年”的立法起步阶段、“1982年至1997年刑法典颁行之前”的立法

① 王勇．中国死刑立法改革的过程叙事及其突围．吉林大学社会科学学报，2017（4）．

扩张阶段和“1997 年刑法典颁行至今”的逐步限制阶段。这一方面是因为，1979 年刑法典关于死刑的立法并不一个孤立的事件，而是对之前 30 年我国死刑立法和司法的总结，在此基础上我国又于 1981 年颁布了与 1979 年刑法典配套的《惩治军人违反职责罪暂行条例》；另一方面是因为，《刑法修正案（八）》之前我国已进行了较长时间的死刑司法改革和立法酝酿，《刑法修正案（八）》《刑法修正案（九）》是对之前长达 14 年之久的死刑制度改革的总结。

### （一）死刑立法的起步阶段

1978 年 12 月的中国共产党十一届三中全会决定实行我国现阶段要实行对内改革、对外开放的基本政策。1979 年刑法典的颁行结束了新中国长达 30 年没有刑法典的历史，也是改革开放以后我国死刑立法的开端。1981 年颁布的《惩治军人违反职责罪暂行条例》（1982 年 1 月 1 日生效）则标志着我国第一阶段的死刑立法任务初步完成。

1979 年刑法典的颁行与改革开放政策的施行有着密切的内在联系。早在 1950 年，我国就在当时的中央人民政府法制委员会的主持下进行了刑法典的起草准备工作。自 20 世纪 50 年代至 1979 年刑法典颁行前，我国刑法典草案前后经历了 38 个稿本。① 其中，第 22 稿曾经过中共中央法律委员会、中央书记处审查修改，又经过全国人大法案委员会审议，并在第一届全国人大第四次会议上发给全体代表征求意见，后因 1957 年“反右派”运动以后“左”的思想倾向急剧抬头，起草工作被迫停顿。② 直至 1978 年 10 月，邓小平在一次谈话中，就民主与法制问题专门指出：“法制问题也就是民主问题”，“过去‘文化大革命’前，曾经搞过刑法草案，经过多次修改，准备公布。‘四清’一来，事情就放下了”。现在“很需要搞个机构，集中些人，着手研究这方面的问题，起草有关法律”③。1978 年 12 月 18 日召开的中国共产党十一届三中全会提出我国要实行对内改

① 高铭暄，赵秉志编. 新中国刑法立法文献资料总览：上册. 北京：中国人民公安大学出版社，1998：435-524.

② 赵秉志. 中国刑法的百年变革——纪念辛亥革命一百周年. 政法论坛，2012（1）.

③ 高铭暄. 中华人民共和国刑法的孕育诞生和发展完善. 北京：北京大学出版社，2012：2.

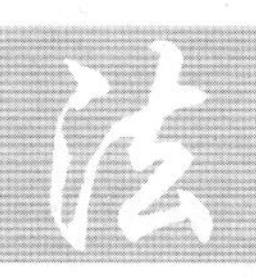

革、对外开放的政策，同时明确提出："为了保障人民民主，必须加强社会主义法制，使民主制度化、法律化，使这种制度和法律具有稳定性、连续性和极大的权威，做到有法可依，有法必依，执法必严，违法必究。从现在起，应当把立法工作摆到全国人民代表大会及其常务委员会的重要议程上来"。正是在此背景下，1979年7月1日第五届全国人大第二次会议通过了新中国第一部刑法典。可以说，这部刑法典是我国实施改革开放政策后取得的重要早期法律成果。

1979年刑法典的颁行对我国社会主义刑事法治建设的巨大意义毋庸讳言。在死刑立法方面，1979年刑法典从死刑的适用条件（死刑仅适用于罪大恶极的犯罪分子）、适用程序（死刑除依法由最高人民法院判决的以外，都应当报请最高人民法院核准；死刑缓期执行的，可以由高级人民法院判决或者核准）、执行方式（死刑采用枪决的方法执行）等多个方面限制了死刑的适用，具有重要而深远的意义。但从内容上看，1979年刑法典关于死刑的立法也带有相当强的探索性，这表现为其在多个方面对死刑适用作了严格限制的同时又留有余地：(1) 在死刑适用的对象上，既严格限制了对怀孕的妇女和未成年人的死刑适用，但又规定已满16岁不满18岁的人可以适用死缓。1979年刑法典第44条第一句规定："犯罪的时候不满十八岁的人和审判的时候怀孕的妇女，不适用死刑。"但同时第二句又规定："已满十六岁不满十八岁的，如果所犯罪行特别严重，可以判处死刑缓期二年执行。"由于死刑缓期二年执行属于死刑的一部分，因此该条规定内部存在一定的逻辑冲突。更为重要的是，该条规定对未成年人的死刑适用既作了严格限制，但又留有余地。(2) 在死刑适用的方式上，既规定了死缓但又未对死缓犯执行死刑的条件作特别严格的限制。1979年刑法典第46条规定："判处死刑缓期执行的，在死刑缓期执行期间，如果确有悔改，二年期满以后，减为无期徒刑；如果确有悔改并有立功表现，二年期满以后，减为十五年以上二十年以下有期徒刑；如果抗拒改造情节恶劣、查证属实的，由最高人民法院裁定或者核准，执行死刑。"据此，死缓犯执行死刑的实体条件是"抗拒改造情节恶劣"。由于"抗拒改造情节恶劣"的判断具有相当强的主观性，因而虽然在1979年刑法

典颁行之初司法实践中对之采取了从严掌握的做法[①]，但从立法层面上看该规定并不严格。这也客观上导致了20世纪80年代对死缓犯执行死刑条件的放宽。(3) 在死刑适用罪名上，既严格控制死刑适用罪名又规定了有罪类推适用制度。1979年刑法典分则共有死刑条文15个，涉及的死刑罪名27种，且仅限于严重危害国家政权或严重危及公共安全、公民人身权利和公私财产所有权的犯罪。[②] 但1979年刑法典第79条又规定了有罪类推适用制度，即"本法分则没有明文规定的犯罪，可以比照本法分则最相类似的条文定罪判刑，但是应当报请最高人民法院核准"。这意味着，虽然1979年刑法典只规定了27种死刑罪名，但实际适用死刑的罪行种类可远远超出这一范围。

1981年全国人大常委会颁布的《惩治军人违反职责罪暂行条例》规定了11种死刑罪名。我国刑法理论上有不少观点主张将该条例的颁行纳入我国死刑立法的第二阶段，但笔者认为，将该条例的颁行纳入我国死刑立法改革的第一阶段更具合理性。这是因为：一是1981年《惩治军人违反职责罪暂行条例》的立法不是临时动议的立法，而是在1979年刑法典制定之前就已经确定好的。"1979年制定刑法典时就曾考虑过要否在刑法典中规定军职罪，但后来考虑到来不及研究清楚，决定另行起草军职罪暂行条例。"[③] 因此，1979年刑法典颁布、实施后不久，国家立法机关即开始着手刑法典的补充、完善工作，并很快于1981年6月10日通过了《惩治军人违反职责罪暂行条例》。[④] 前后不过一年多的时间。二是

① 高铭暄主编．新中国刑法学研究综述（1949—1985）．郑州：河南人民出版社，1986：427.

② 这27种死刑罪名分别是：(1) 分则第一章反革命罪中的15种：背叛祖国罪，阴谋颠覆政府罪，阴谋分裂国家罪、策动叛乱罪、策动叛变罪、投敌叛变罪、持械聚众叛乱罪、聚众劫狱罪、组织越狱罪、间谍罪、特务罪、资敌罪、反革命破坏罪、反革命杀人罪和反革命伤人罪。(2) 分则第二章"危害公共安全罪"中的8种：放火罪、决水罪、爆炸罪、投毒罪、以其他危险方法危害公共安全罪、破坏交通工具罪、破坏交通设施罪和破坏易燃、易爆设备罪。(3) 分则第四章"侵犯公民人身权利、民主权利罪"中的2种：故意杀人罪、强奸妇女罪（含奸淫幼女罪）。(4) 分则第五章"侵犯财产罪"中的2种：抢劫罪和贪污罪。赵秉志，肖中华．论死刑的立法控制．中国法学，1998 (1).

③ 赵秉志主编．中国特别刑法研究．北京：中国人民公安大学出版社，1997：749.

④ 赵秉志．晚近中国大陆死刑制度演进之观察——纪念韩忠谟先生百年诞辰．南都学坛，2013 (3).

《惩治军人违反职责罪暂行条例》是与1979年刑法典配套而制定的，二者相结合方构成了我国相对完整的刑法立法体系。军人违反职责犯罪是军人侵害军事法益的犯罪，它与危害国家安全犯罪、危害公共安全犯罪等构成了我国刑事犯罪的整体。缺少军人违反职责罪的刑法罪名体系必然是不完整的。将惩治军人违反职责罪的立法视为1979年刑法典的必要补充和作为1979年刑法典背景下我国刑法规范的有机组成部分是十分必要的。据此，笔者认为，将1981年颁布的《惩治军人违反职责罪暂行条例》纳入改革开放后我国第一阶段的死刑立法更为妥当。

（二）死刑立法的扩张阶段

1982年至1997年刑法典颁行之前，是新中国死刑立法的扩张阶段。这一阶段死刑立法改革出现了明显的反复与迂回。这一时期最显著的特点是单行刑法和附属刑法大量增加。自1981年颁行《惩治军人违反职责罪暂行条例》后至1995年，我国最高立法机关先后制定了24部单行刑法，并在107部非刑事法律中设置了附属刑法规范。出现这一局面的原因无外乎两方面：一是之前的刑法立法（主要是1979年刑法典）不够完备；二是社会发展变化太快，刑法立法不调整就难以跟上时代的发展。20世纪80年代我国社会进入快速变革时期，不仅经济、政治、文化快速发展并取得了巨大进步，而且犯罪的类型、数量、结构也发生了急剧变化，一些严重危害社会治安、严重破坏社会经济秩序、严重危害国家和公共安全的犯罪日益猖獗，同时新型犯罪不断呈现。这迫使刑法立法作出回应，进而导致了这一时期我国刑法立法的快速扩张。

在这一阶段，我国死刑立法也呈现出快速发展和不断膨胀的态势。这主要体现在两个方面：(1)死刑适用罪名急剧增加。我国1979年刑法典只明确规定了27种死刑罪名，加上《惩治军人违反职责罪暂行条例》规定的11种死刑罪名，当时总共也只有38种死刑罪名。但自1982年和1983年以后，随着“严打”严重经济犯罪和严重危害社会治安犯罪的刑事政策的提出和实施，死刑在刑法中的地位得到了显著提升，死刑罪名的种类明显增多。自1982年至1995年间，我国

规定有死刑罪名或者对某些犯罪补充规定死刑之适用的单行刑法就有 15 部[①]，我国刑法立法中的死刑罪名由之前的 38 种猛增至 71 种。[②]（2）绝对死刑的立法设置。我国 1979 年刑法典和 1981 年《惩治军人违反职责罪暂行条例》中都没有绝对判处死刑的规定[③]，即没有规定在某种情况下必须和只能判处死刑的条款。不过，在这之后，我国颁布的一些单行刑法中规定了绝对确定的死刑。例如，1991 年全国人大常委会通过的《关于严禁卖淫嫖娼的决定》规定，组织他人卖淫、强迫他人卖淫“情节特别严重的，处死刑，并处没收财产”；1991 年全国人大常委会通过的《关于严惩拐卖、绑架妇女、儿童的犯罪分子的决定》规定，拐卖妇女、儿童，绑架妇女、儿童，绑架勒索“情节特别严重的，处死刑，并处没收财产”；1992 年全国人大常委会通过的《关于惩治劫持航空器犯罪分子的决定》规定，劫持航空器“致人重伤、死亡或者使航空器遭受严重破坏或者情节特别严重

---

① 这些单行刑法分别是：（1）1982 年 3 月 8 日第五届全国人大常委会第二十二次会议通过的《关于严惩严重破坏经济的罪犯的决定》；（2）1983 年 9 月 2 日第六届全国人大常委会第二次会议通过的《关于严惩严重危害社会治安的犯罪分子的决定》；（3）1988 年 1 月 21 日第六届全国人大常委会第二十四次会议通过的《关于惩治贪污罪贿赂罪的补充规定》；（4）1988 年 1 月 21 日第六届全国人大常委会第二十四次会议通过的《关于惩治走私罪的补充规定》；（5）1988 年 9 月 5 日第七届全国人大常委会第三次会议通过的《关于惩治泄露国家秘密犯罪的补充规定》；（6）1988 年 11 月 8 日第七届全国人大常委会第四次会议通过的《关于惩治捕杀国家重点保护的珍贵、濒危野生动物犯罪的补充规定》；（7）1990 年 12 月 28 日第七届全国人大常委会第十七次会议《关于禁毒的决定》；（8）1991 年 6 月 29 日第七届全国人大常委会第二十次会议通过的《关于惩治盗掘古文化遗址古墓葬犯罪的补充规定》；（9）1991 年 9 月 4 日第七届全国人大常委会第二十一次会议通过的《关于惩治拐卖、绑架妇女、儿童的犯罪分子的决定》；（10）1991 年 9 月 4 日第七届全国人大常委会第二十一次会议通过的《关于严禁卖淫嫖娼的决定》；（11）1992 年 12 月 28 日第七届全国人大常委会第二十九次会议通过的《关于惩治劫持航空器犯罪分子的决定》；（12）1993 年 7 月 2 日第八届全国人大常委会第二次会议通过的《关于惩治生产、销售伪劣商品犯罪的决定》；（13）1994 年 3 月 5 日第八届全国人大常委会第六次会议通过的《关于严惩组织、运送他人偷越国（边）境犯罪的补充规定》；（14）1995 年 6 月 30 日第八届全国人大常委会第十四次会议通过的《关于惩治破坏金融秩序犯罪的决定》；（15）1995 年 10 月 30 日第八届全国人大常委会第十六次会议通过的《关于惩治虚开、伪造和非法出售增值税专用发票犯罪的决定》。

② 高铭暄．我国的死刑立法及其发展趋势．法学杂志，2004（1）.

③ 1981 年颁布的《惩治军人违反职责罪暂行条例》规定了两种“可以判处死刑”的罪名，即第 11 条规定的盗窃武器装备、军用物资罪和第 14 条规定的战时造谣惑众罪。但“可以”的表述表明其不是绝对确定的死刑。

的，处死刑”。绝对确定的死刑在客观上导致了我国死刑适用的扩张。

（三）死刑立法的逐步限制阶段

1997年刑法典颁行至今是新中国死刑立法改革平稳推进期，死刑立法进入了逐步限制阶段。其中，1997年刑法典是这一阶段的开端和立法上限制死刑的“拐点”，《刑法修正案（八）》《刑法修正案（九）》则进一步开始和强化了我国对死刑适用的立法限制。

与之前的死刑立法相比，1997年刑法典针对死刑立法主要作了五个方面的重要调整：（1）在死刑的适用条件上，将死刑适用的条件由1979年刑法典第43条规定的“死刑只适用于罪大恶极的犯罪分子”修改为“死刑只适用于罪行极其严重的犯罪分子”。（2）在死刑的适用对象上，删除了1979年刑法典第44条关于“已满十六岁不满十八岁的，如果所犯罪行特别严重，可以判处死刑缓期二年执行”的规定。（3）放宽了死缓减为无期徒刑或者有期徒刑的条件，将1979年刑法典第46条规定的“判处死刑缓期执行的，在死刑缓期执行期间，如果确有悔改，二年期满以后，减为无期徒刑；如果确有悔改并有立功表现，二年期满以后，减为十五年以上二十年以下有期徒刑；如果抗拒改造情节恶劣、查证属实的，由最高人民法院裁定或者核准，执行死刑”修改为：“判处死刑缓期执行的，在死刑缓期执行期间，如果没有故意犯罪，二年期满以后，减为无期徒刑；如果确有重大立功表现，二年期满以后，减为十五年以上二十年以下有期徒刑；如果故意犯罪，查证属实的，由最高人民法院核准，执行死刑。”（4）减少了死刑适用的罪名，将适用死刑的罪名由之前的71种减少至68种。（5）提高了一些犯罪适用死刑的标准。例如，1997年刑法典在保留盗窃罪死刑的同时，对盗窃罪的死刑适用作了严格限制，规定只有两种情形下才可以适用死刑，即“盗窃金融机构，数额特别巨大”和“盗窃珍贵文物，情节严重”。这为我国减少盗窃罪死刑的适用，乃至2011年《刑法修正案（八）》彻底废止盗窃罪的死刑，打下了良好基础。

1997年刑法典关于死刑的立法规定是我国死刑立法演进中的一个重要拐点。虽然囿于当时各种因素的制约，1997年刑法典对死刑的立法限制尚不是十分显

著，但由此开始扭转了过去刑法立法上一味不断扩张死刑的倾向。在此基础上，我国逐步确立了严格控制和慎重适用死刑的基本方向。以 1997 年刑法典为根据和以严格限制死刑适用的政策为指导，我国司法机关进一步严格了死刑的适用：一是进一步严格了死刑适用的程序，并于 2007 年 1 月 1 日将之前下放给高级人民法院行使的死刑核准权全部收归最高人民法院行使；二是进一步严格了死刑适用的标准，突出强调要依法严格控制死刑的适用、统一死刑案件的裁判标准，确保死刑只适用于极少数罪行极其严重的犯罪分子。[①] 之后，我国死刑的适用数量开始逐步得到有效控制。

在此司法改革的基础上，2011 年全国人大常委会通过的《刑法修正案（八）》迈开步伐，从三个方面进一步限制了死刑适用：（1）在死刑适用对象上，增设了老年人犯罪原则上不适用死刑的规定，即“审判的时候已满七十五周岁的人，不适用死刑，但以特别残忍手段致人死亡的除外”。（2）在死缓制度上，增加了对死缓犯限制减刑的规定，即“对被判处死刑缓期执行的累犯以及因故意杀人、强奸、抢劫、绑架、放火、爆炸、投放危险物质或者有组织的暴力性犯罪被判处死刑缓期执行的犯罪分子，人民法院根据犯罪情节等情况可以同时决定对其限制减刑”。（3）最为引人注目的是，在死刑罪名上，一次性成规模地废止了 13 种经济性、非暴力犯罪的死刑。[②] 2015 年全国人大常委会通过的《刑法修正案（九）》在此基础上对死刑立法又作了三个方面的显著修改：（1）提高了对死缓犯执行死刑的门槛，将对死缓犯执行死刑的条件由之前的“故意犯罪”修改为“故

---

① 最高人民法院 2012 年发布的《关于贯彻宽严相济刑事政策若干问题的意见》第 29 条规定：“要准确理解和严格执行‘保留死刑，严格控制和慎重适用死刑’的政策。对于罪行极其严重的犯罪分子，论罪应当判处死刑的，要坚决依法判处死刑。要依法严格控制死刑的适用，统一死刑案件的裁判标准，确保死刑只适用于极少数罪行极其严重的犯罪分子。拟判处死刑的具体案件定罪或者量刑的证据必须确实、充分，得出唯一结论。对于罪行极其严重，但只要是依法可不立即执行的，就不应当判处死刑立即执行。”

② 这 13 种死刑罪名分别是：走私文物罪，走私贵重金属罪，走私珍贵动物、珍贵动物制品罪，走私普通货物、物品罪，票据诈骗罪，金融凭证诈骗罪，信用证诈骗罪，虚开增值税专用发票、用于骗取出口退税、抵扣税款发票罪，伪造、出售伪造的增值税专用发票罪，盗窃罪，传授犯罪方法罪，盗掘古文化遗址、古墓葬罪，盗掘古人类化石、古脊椎动物化石罪。

意犯罪，情节恶劣的”，同时规定，死缓犯“故意犯罪”但不属于“情节恶劣的”，不执行死刑，但应重新计算死刑缓期执行的期间并报最高人民法院备案。(2)在死刑罪名上，进一步成规模地取消了9种犯罪的死刑，使我国刑法典分则中的死刑罪名由之前的55种减至46种。(3)在死刑立法模式上，取消了3种绝对确定的死刑，将绑架罪、贪污罪和受贿罪的死刑由原来绝对确定的死刑修改为相对确定的死刑。①

## 三、死刑立法的规律探寻：40年的上下求索

改革开放40年来我国死刑立法改革的成效显著，并反映出我国死刑立法改革的一些内在规律和趋势。笔者认为这方面有以下四个规律。

### （一）死刑立法改革的进程紧跟时代

关于我国改革开放的阶段划分，理论上有不同的认识。权威的《中国改革开放史》一书把1978年至21世纪初的改革开放划分为四个阶段：第一阶段为1978年至1982年，表现为历史转折、拨乱反正和改革开放起步；第二阶段为中国共产十二大到邓小平1992年南方谈话前，表现为改革开放全面展开，同时也遇到波折并加以克服；第三阶段是邓小平南方谈话开始到20世纪末，表现为改革开放进入新阶段，社会主义现代化建设加快发展；第四阶段是21世纪开始我国进入全面建设小康社会，表现为加快现代化建设的新发展阶段。② 以此为基础，笔者认为，改革开放40年间我国死刑立法改革的发展历程与我国时代发展，特别是改革开放的发展进程基本同步。这具体体现在：

第一，死刑立法改革与改革开放同时起步。1978年至1982年是我国社会的历史转折、拨乱反正和改革开放起步阶段。这个阶段最显著的特点有：一是总结历史经验教训，二是探索前行方向。与此相对应，1979年刑法典和1981年《惩

① 赵秉志，袁彬．刑法最新立法争议问题研究．南京：江苏人民出版社，2016：19.

② 中共中央党史研究室第三研究部编．中国改革开放史．沈阳：辽宁人民出版社，2002：5-8.

治军人违反职责罪暂行条例》的死刑立法也强调了两个方面：一方面强调了对死刑的初步限制，对死刑适用的条件、标准、对象、程序和罪名等都作了明确规定，死刑的司法适用受到了相当程度的限制；另一方面是对死刑的立法留有余地，规定了有罪类推适用制度，客观上为死刑适用范围的扩张留下了口子，同时对未成年犯不能适用死刑的立法也留有余地，规定对已满16周岁不满18周岁的未成年犯可以适用死缓。这些规定都具有明显的探索性。

第二，死刑立法改革与改革开放同步扩张。1982年到20世纪末是我国改革开放的全面展开和加速发展时期。在改革开放解放人们思想、推进社会发展的同时，也因为法制不健全、规则意识不明确而出现了大量违法犯罪行为，给社会治安和社会经济发展都带来了严重挑战。为了应对这一挑战，更主要的是为改革开放保驾护航，我国刑法立法出现了明显的扩张趋势，伴随而来的是死刑立法的扩张。可以说，这一时期死刑立法的扩张与改革开放的全面展开基本上是同步的。自1981年颁行《惩治军人违反职责罪暂行条例》至1995年，我国先后通过了15个与死刑有关的单行刑法，总计增设了33种死刑罪名，与1979年刑法典和1981年《惩治军人违反职责罪暂行条例》规定的死刑罪名总体数量接近。死刑立法扩张的趋势非常明显。

第三，死刑立法改革与改革开放共同深入。进入21世纪以后，我国进入改革开放稳定发展的新时期。在全面建设小康社会、全面推进社会主义现代化建设的同时，我国社会进入相对平稳期。总体上看，21世纪以来，我国犯罪现象发生数量有所上升，犯罪率呈现波折趋势，刑事案件立案数与立案率居高不下。2001年到2008年，刑事案件立案数保持在430万起以上，刑事案件年立案率保持在33%以上。但这一时期也出现了另外一种趋势，即重刑案占犯罪案件的比例逐年降低。[①] 在社会形势总体平稳的背景下，我国死刑立法改革也进入了一个新的阶段，其中最典型的特点是对死刑的控制更为严格，死刑立法改革平稳推进。

① 郝英兵. 2000—2008年中国犯罪现象分析. 中国人民公安大学学报，2010（1）.



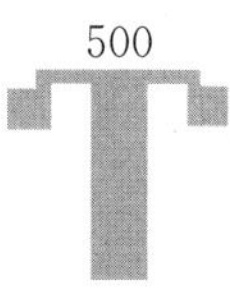

（二）死刑立法改革的动力日益增强

作为一项立法运动，死刑立法改革的推进无疑要受到两方面因素的影响和制约：一方面是死刑立法改革的促进因素，另一方面是死刑立法改革的阻碍因素。改革开放40年来我国死刑立法改革的影响因素出现了以下两方面的显著特点：

第一，死刑立法改革的促进力量不断增长。死刑立法改革的推进离不开积极的动力，这既包括国内因素也包括国际因素，既包括法治因素也包括社会因素、经济因素和政治因素，既包括社会精英阶层也包括社会普通民众。总体而言，改革开放40年间，我国推动死刑立法改革的积极因素不断增加。这方面的典型代表是：(1) 民众对保留死刑的态度由坚定支持而逐步分化、转变。与以前相比，越来越多的民众赞成严格限制和慎重适用死刑，赞成废止死刑的民众比例呈现出明显提高的趋势。我们也欣喜地看到在诸如吴英集资诈骗案等不少死刑案件中，民众反对适用死刑的声音日益强烈。这也成为我国立法上废止集资诈骗罪等非暴力犯罪之死刑的重要支持力量。(2) 死刑司法实践已成为死刑立法改革的重要促进因素。死刑司法实践对死刑立法具有重要的检验作用。同时，死刑司法与民众的死刑观念之间具有明显的互动影响。进入21世纪，特别是2007年1月1日最高人民法院全面收回之前下放给高级人民法院行使的死刑核准权以来，我国不仅统一了死刑案件的适用标准，而且不断严格了死刑的适用条件，从而减少了死刑适用的数量。社会公众对死刑的崇尚感不断弱化，死刑立法改革的社会基础得到不断充实。

第二，影响死刑立法改革的不确定因素仍然较多。当前我国死刑立法改革正朝着进一步严格限制、减少乃至最终废止死刑的方向前进，并且取得了令人鼓舞的进步。不过，改革开放40年来的死刑立法经验表明，死刑立法改革的影响因素很多，并且其中仍然存在许多不确定因素。这其中具有代表性的不确定因素包括：(1) 社会治安形势。过去的经验表明，每当社会治安形势比较好，严重犯罪数量下降时，人们对重刑的期待会有所降低，对死刑的诉求也会减弱，死刑立法改革遇到的阻力自然会减少。反之，死刑立法改革所遇到的阻力必然会增加。但社会治安形势不是一个孤立的存在，而是与经济和社会发展的平稳程度密切相

关。因此，我国死刑立法改革的持续推进需要一个相对稳定、和谐的社会治安环境。(2) 死刑政策调整。刑事政策是我国刑事立法和司法的重要指导。死刑政策对死刑制度改革具有非常重要的指导作用。我国目前采用的死刑政策是“保留死刑，严格控制和慎重适用死刑”。过去较长一段时间至今，该死刑政策对我国死刑制度的改革产生了积极的促进作用。但该政策回避了死刑制度演进中的两个重要的问题，即死刑的减少和废止问题，即死刑制度改革要不要朝着逐步减少，直至最终废止的方向进行。其中，死刑立法改革是否以全面废止死刑为目标，对我国未来死刑立法改革的影响尤其重大。因此，未来我国是继续沿用目前的死刑政策还是对死刑政策作必要的调整，对我国死刑立法改革及其速度而言，无疑是一个重要的影响因素。

### （三）死刑立法改革的内容益发科学

改革开放 40 年来，我国死刑立法改革的进程并非一个完全线性的发展过程，而是经历了不少的曲折和转变，体现了我国死刑立法改革的渐进式改革道路。不过，从总体上看，我国死刑立法改革在内容上是朝着更为科学的方向发展。这主要体现在：

第一，死刑立法改革的理念更为科学。死刑立法改革在价值理念上曾遇到了两个理论旋涡，即功利与人道的抉择。一方面，人们对死刑的功利价值莫衷一是，支持者认为死刑无论是在特殊预防上还是在一般预防上较之于其他刑种都更为高效，反对者则认为死刑与无期徒刑或者长期自由刑相比并不具有更高的一般预防效果；另一方面，人们对死刑的人道价值视角相异，因而态度不同，支持者认为死刑因能保护被害人或者更广大民众的生命权而具有人道价值，反对者则认为死刑以剥夺被告人的生命为内容不符合现代人道价值观念。经过 40 年的漫长改革过程，目前立法者基于刑事法治运行的特点而将更多的注意力集中在了犯罪人身上，更多地从犯罪人的角度考虑死刑的人道性和正当性价值。笔者认为，在不断强调人作为目的存在、重视人自身价值的当下，这才真正符合现代刑法的基本价值取向，也极大地推动我国死刑立法改革的科学发展。

第二，死刑立法改革的制度更为科学。这具体包括两个方面：一是基于人道



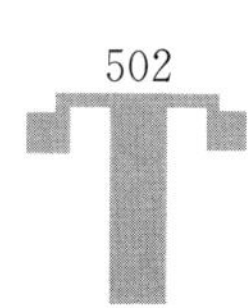

性进行的制度科学设置，如严格限制死刑的适用对象（死刑不适用于审判时怀孕的妇女和犯罪时不满18周岁的未成年人，原则上不适用于审判时已满75周岁的老年人）、死刑执行方法的人道性（死刑的执行方式仅限于枪决、注射）。二是基于正当性进行的制度科学设置，如将死刑适用的条件限定为“罪行极其严重”，死刑适用罪名集中在暴力性犯罪，尤其是致命性暴力犯罪，死刑适用的程序更为公正、严格（如明确规定并扩大了死缓制度的适用），死刑案件的核准权受到了严格限制（死刑的核准权统一由最高人民法院行使，死刑缓期二年执行的核准权由高级人民法院行使）。可见，改革开放40年间，我国死刑立法总体上是朝着更为正当、人道的方向发展，在积极践行死刑的正当、人道价值。

（四）死刑立法改革的技术不断丰富

我国死刑立法总体上采取的是刑法典总则与分则相结合的立法方式。其中，刑法典总则在“刑罚”一章中设置了“死刑”专节，规定了死刑适用的条件、对象、程序以及死缓等内容；刑法典分则在除分则第九章之外的其他九章规定了各种具体的死刑罪名。这种刑法典总则与分则相结合的立法方式，既保证了死刑立法的全面性又简单明了，较为科学。在刑法典总则和分则分别规定死刑的立法技术基础之上，近年来我国死刑立法改革还注重了以下两个方面的技术革新：

第一，开始取消绝对确定的死刑。如前所述，我国《刑法修正案（九）》取消了3种犯罪绝对确定的死刑，将绑架罪、贪污罪和受贿罪原来绝对确定的死刑修改为相对确定的死刑，赋予了司法机关在刑罚适用上更多的选择权，有利于限制死刑的适用。

第二，注重运用数罪并罚、法条竞合等刑法制度的原理减少死刑罪名。一方面，死刑立法注重运用数罪并罚原理减少死刑罪名。例如，《刑法修正案（九）》取消了组织卖淫罪、强迫卖淫罪的死刑，但同时规定组织、强迫卖淫“并有杀害、伤害、强奸、绑架等犯罪行为的，依照数罪并罚的规定处罚”，而我国对故意杀人罪、故意伤害罪等都规定有死刑。对于组织、强迫卖淫过程中采取暴力、胁迫手段构成相关犯罪的，仍有适用死刑的余地。但这客观上减少了死刑适用的罪名数量。



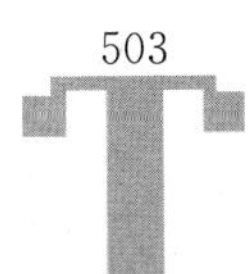

另一方面，死刑立法注重运用法条竞合原理减少死刑罪名。例如，《刑法修正案（九）》取消了走私枪支、弹药罪和走私核材料罪的死刑，但保留刑法典第125条规定的非法制造、买卖、运输、邮寄、储存枪支、弹药、爆炸物罪和非法制造、买卖、运输、储存危险物质罪的死刑。对于走私武器、弹药、核材料行为造成严重后果的，如果按走私武器、弹药罪或者走私核材料罪处理，无法体现罪责刑相适应，也不排除适用刑法典第125条规定的重刑甚至死刑的可能。刑法的这些处理方法，表明我国死刑立法改革正由传统的单纯取消死刑罪名走向技术性取消死刑罪名。

## 四、死刑立法的发展前瞻：未来改革的理性期许

改革开放40年来，我国死刑立法改革取得了令人瞩目的成绩，值得充分肯定。当然，与死刑立法改革的国际潮流和趋势相比，我国死刑立法改革还存在较大的差距，有相当长的路要走。未来，我国应当在总结过去40年间死刑立法改革的经验、教训的基础上，以更加理性的态度，不断推进死刑立法改革的深入。这具体包括以下几点。

### （一）死刑立法改革的政策调整

2010年2月8日最高人民法院发布的《关于贯彻宽严相济刑事政策的若干意见》第29条就明确规定："要准确理解和严格执行'保留死刑，严格控制和慎重适用死刑'的政策。对于罪行极其严重的犯罪分子，论罪应当判处死刑的，要坚决依法判处死刑。"可见，"保留死刑，严格控制和慎重适用死刑"是当前我国死刑制度改革的基本政策。这一政策与我国过去所提的"少杀、慎杀"死刑政策相比，强调了对死刑适用的慎重和严格控制，但似乎忽略了对"少杀"的强调。一般认为，"少杀"包含了适用死刑数量不断减少的内容。从这个角度看，"保留死刑，严格控制和慎重适用死刑"政策内容的正当性与合理性还有必要进一步发展、完善。

而更为重要的是，从未来发展的角度看，我国目前的死刑政策面临着进一步



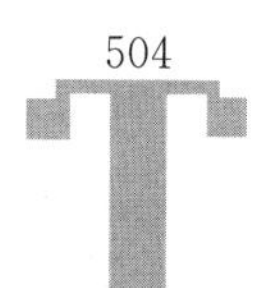

调整的必要，其中最核心的问题是，应否将“废止死刑”作为我国死刑立法改革的目标。对此，反对者主要是从现实的背景出发认为废止死刑不可行。例如，有观点认为，我国目前的刑事案件发案率，尤其是涉及剥夺生命的刑事案件发案率仍居高不下，社会无法迅速接受立即废止死刑的巨幅改革，彻底废止死刑欠缺相应的社会基础。①

不过，笔者认为，改革开放40年来我国死刑制度改革已经取得了巨大进步。未来，我国要进一步深入推进死刑制度改革，完全有必要将“废止死刑”作为我国死刑制度改革的最终目标。这是因为：一方面，从政策导向的角度看，这是死刑政策进一步发挥其功能的必然要求。死刑政策必须具有前瞻性，才能进而为死刑立法和司法改革提供动力支持。就“严格控制和慎重适用死刑”目标而言，经过近些年的立法和司法改革，已经取得了显著成效，甚至可以更明确地说，这一目标无论是在立法上还是在司法上都已初步实现。未来，我国只有把死刑制度改革的目标定得更高，才能更充分发挥死刑政策的指导作用，更快地推动我国改革深入。而比“严格控制和慎重适用死刑”更高的目标只能是“废止死刑”。另一方面，将“废止死刑”作为我国死刑制度改革的政策目标完全可行。当前我国社会较为稳定，政治较为开明，法治比较健全，人权观念日益深入，国际废止死刑运动仍如火如荼，综合影响死刑制度演进的这些主要因素可知，进一步限制、减少死刑，乃至最终废止死刑完全可期待。② 而更为重要的是，当前我国正处于死刑制度改革的关键期，将废止死刑纳入死刑政策的内涵，有助于进一步明确我国死刑制度的改革方向。③

### （二）死刑立法改革的路径选择

我国死刑立法改革的合理推进依赖正确的路径选择。改革开放40年来的死刑立法经验表明，我国死刑立法改革应当遵循循序渐进的实践改革方式，并具体

---

① 王勇．中国死刑研究的三个误区与路径调整．吉林大学社会科学学报，2012（5）.

② 赵秉志．当代中国死刑改革的进展与趋势．法学，2011（11）.

③ 赵秉志．当代中国死刑改革争议问题论要．法律科学，2014（1）.

体现在以下两个方面：

第一，死刑立法的渐进式改革路径。过去，我国死刑立法改革主要采取的是逐步推进的渐进式改革。未来，这仍将是我国死刑立法改革的基本方向。这是因为：(1) 从社会进程来看，我国改革开放的整体路径决定了死刑立法改革的渐进式路径。过去 40 年间，我国改革开放经历起步、全面展开、加快发展等多个不同阶段，改革力度很大，社会发展迅速。但当前我国社会已经进入了一个相对平稳的时期，各项改革基本上都进入了一个攻坚克难的稳步推进期，难有剧变。在此背景下，我国死刑立法改革更适合走渐进式的道路，以避免由急剧改革引发的民意裂变和矛盾激化。(2) 从民意条件来看，我国死刑立法改革应当坚持渐进式的改路路径。死刑在我国有着深厚的民意基础，历史上长期存在的"杀人偿命""冤有头、债有主"等报应观念还在一定程度上主导着中国的社会心理和文化，而且不可能在短期内予以祛除，并且我国迄今尚没有停止或很少适用死刑的司法实践，也缺乏对民众之死刑观念的必要正确引导，民众要逐步适应死刑制度改革的进程。①

第二，死刑立法的实践性改革路径。实践性改革路径是我国死刑立法渐进式改革的重要基础。过去 40 年间，特别是《刑法修正案（八）》迈开死刑立法改革的步伐以来，我国死刑立法改革的一个显著特点是始终坚持以死刑司法为基准。例如，《刑法修正案（八）》《刑法修正案（九）》关于老年人犯罪原则上免死和对死刑罪名的削减都是立足于死刑司法实践。其中，在《刑法修正案（八）》对审判时年满 75 周岁的人的死刑适用作出限制性规定之前，我国司法实践中已基本上没有对审判时年满 75 周岁的人适用死刑的案例。② 而这两次修法取消的 22 种死刑罪名主要是备而不用、备而少用的死刑罪名，长期以来基本上没有或者很少适用死刑。③ 基于此，未来我国死刑立法改革仍然要坚持立足于死刑司法实践，

---

① 赵秉志. 中国短期内能否废止死刑问题要论. 法学杂志，2009 (8).

② 赵秉志，袁彬. 我国死刑司法改革的回顾与前瞻. 社会科学，2017 (1).

③ 陈兴良. 减少死刑的立法路线图. 政治与法律，2015 (7).

由司法而立法，不断推动死刑立法改革的深入。

（三）死刑立法改革的措施完善

结合我国死刑立法改革的目标要求和基本路径，未来我国死刑立法改革应当着重加强以下四个方面的措施：

第一，进一步严格死刑适用的条件。这包括提高死刑适用的一般条件和提高具体犯罪的死刑适用条件。在死刑适用的一般条件上，我国应当加强与联合国《公民权利和政治权利国际公约》等国际条约的进一步衔接，将死刑适用条件限定为“最严重的罪行”，在从情节上限制死刑适用的同时，进一步从行为性质上限制死刑的适用。这一方面是因为我国的死刑适用标准缺乏对罪行性质的限制，因而与联合国的要求不相吻合；另一方面是因为将“最严重的罪行”标准纳入我国死刑适用的标准，有助于进一步限制死刑的适用，如将“最严重的罪行”纳入刑法典总则规定的关于死刑适用的标准，可以利用刑法典总则对刑法典分则的制约关系，促使立法者名正言顺地取消刑法典分则中非暴力犯罪和非致命性暴力犯罪的死刑，同时也有助于推动最高人民法院严格控制死刑适用的犯罪类型，扩大实践中不适用死刑罪名的范围，为死刑罪名的立法废止创造条件。[①] 在死刑适用的具体条件上，我国应当进一步提高刑法典分则规定的具体犯罪的死刑适用条件，在不断严格经济性、非暴力犯罪的死刑适用条件的同时，逐步将具体犯罪的死刑适用条件限定为造成生命损害的情形。

第二，进一步限制死刑适用的对象。这主要涉及两个方面：一是进一步扩大老年人犯罪免死的范围，包括将老年人犯罪免死的年龄下降为“已满70周岁”，甚至更低；取消老年人犯罪免死的例外规定。这样，既可以和我国老年人犯罪的状况相一致，又能更好地顺应死刑制度改革的国际趋势。二是逐步将新生儿母亲、智力障碍者、精神障碍者等特殊群体纳入不得适用死刑的范围。联合国经济与社会理事会《关于保护死刑犯权利的保障措施》第3条规定：“对孕妇、新生

---

① 赵秉志. 中国死刑立法改革新思考——以《刑法修正案（九）（草案）》为主要视角. 吉林大学社会科学学报，2015（1）.

婴儿的母亲或精神病患者不得执行死刑。”同时，联合国经济与社会理事会1989/64号决议通过的《关于保护死刑犯权利的保障措施的执行情况》第3条规定：“在量刑或执行阶段停止对弱智人与精神严重不健全者适用死刑。”对于我国死刑立法改革而言，应当将这些国际社会的要求和趋势纳入考虑的范围。① 而事实上，我国司法实践中对新生儿母亲、精神障碍者、残疾人等特殊群体犯罪之处理都体现了从宽处罚，基本没有看到对这些特殊群体适用死刑的判决。

第三，进一步严格对死缓犯执行死刑的条件。《刑法修正案（九）》严格了对死缓犯执行死刑的条件，将对死缓犯执行死刑的门槛由刑法典原来规定的“故意犯罪”提高至“故意犯罪，情节恶劣”。据此，死缓犯在死刑缓期二年执行期间，仅仅是故意犯罪的还不能被执行死刑，只有“故意犯罪，情节恶劣的”才能被执行死刑。不过，考虑到“情节恶劣”的表述过于抽象、概括，其限制对死缓犯执行死刑的意义有限，从立法合理性上看，基于严格限制对死缓犯执行死刑的考虑，应当将对死缓犯执行死刑的门槛进一步提高。②

第四，进一步减少死刑适用的罪名。其核心是应逐步将死刑适用的罪名缩小至致命性暴力犯罪，直至最终全部废止。当前，我国死刑适用的罪名主要是严重的暴力犯罪和毒品犯罪。以某省为例，当地最主要的死刑案件类型为故意杀人案件和抢劫案件，分别占80.64%和14.71%；其余4.65%的案件中，绑架案件占1.29%，走私贩运制造毒品案件占0.90%，故意伤害和强奸案件各占0.65%，其他非暴力经济案件仅占0.91%。由此可见，严重暴力类犯罪案件占到了死刑案件的98.19%之多。③ 总体而言，过去十余年间，我国死刑司法适用的罪种主要限于致命性暴力犯罪（包括故意杀人罪、抢劫罪、绑架罪和强奸罪）和少数危害特别严重的非暴力犯罪（如毒品犯罪），在立法上还保留有死刑的绝大多数经

① 赵秉志．当代中国死刑改革的进展与趋势．法学，2011（11）．

② 赵秉志．中国死刑立法改革新思考——以《刑法修正案（九）（草案）》为主要视角．吉林大学社会科学学报，2015（1）．

③ 徐岱，陈劲阳．死刑司法控制的地方性实践与方向．吉林大学社会科学学报，2012（5）．

济性、非暴力犯罪都极少适用死刑。[①] 未来，我国应当从立法上进一步缩小死刑适用罪名，将其严格限制为致命性暴力犯罪，直至最终废止所有犯罪的死刑。

## 五、结语

晚近改革开放的40年，是我国社会快速发展和急剧转型的40年，也是我国死刑立法改革不断进步的40年。梳理过去40年间我国死刑立法发展的轨迹可以发现，死刑立法改革不仅与我国刑法改革大体同步，而且与我国改革开放的进程相伴相随，与我国社会稳定程度和文明发展水平密切相关。既往40年，尤其是晚近20年来，我国促进死刑立法改革的有利因素不断增多，社会公众对“严格控制和慎重适用死刑”政策的认同度不断提升。当然，这其中也存在一定的不确定因素。随着改革开放的进一步深入，我国社会必然要进一步与国际社会接轨，必然要进一步发展社会主义民主和法治，我国立法改革的有利因素因而必然会进一步增多。我相信，随着经济的不断发展、法治的不断昌明、文明的不断提升，逐步减少死刑适用，直至最终全面废止死刑的目标在我国不太遥远的将来完全可以实现。

---

① 赵秉志，袁彬．我国死刑司法改革的回顾与前瞻．社会科学，2017（1）．

# 中国死刑制度改革的体系化思考

## ——以刑事一体化为视角*

### 一、问题的提出

加强死刑制度改革是当代中国刑法改革的重要任务。“死刑改革是当代中国刑法改革过程中最受关注且最具现实意义的重大问题”①。自 1997 年全面修订刑法典以来，我国对死刑制度进行了系列改革，包括通过《刑法修正案（八）》、《刑法修正案（九）》先后取消了 22 种罪名的死刑，严格限制死刑的适用对象，提高死刑的适用标准，增设终身监禁作为死刑替代措施，并通过司法改革将之前下放的死刑立即执行核准权收归最高人民法院行使，统一并严格限制死刑适用的程序标准和证据规则，加强死刑执行监督。② 特别是，2013 年 11 月 15 日，党的十八届三中全会审议通过的《中共中央关于全面深化改革若干重大问题的决定》

---

* 本文由笔者与袁彬教授合作完成，系向北京大学法学院将编辑出版的祝贺储槐植教授 90 华诞文集提交的论文。

① 赵秉志. 当代中国死刑改革争议问题论要. 法律科学，2014（1）.

② 赵秉志，袁彬. 改革开放 40 年中国死刑立法的演进与前瞻. 湖南科技大学学报（社会科学版），2018（5）；赵秉志. 袁彬. 我国死刑司法改革的回顾与前瞻. 社会科学，2017（1）.

明确提出“要逐步减少适用死刑罪名”。这也成为推动我国死刑制度改革的巨大动力。虽然2020年12月通过的《刑法修正案（十一）》没有涉及死刑制度改革问题，但这并不意味着我国死刑制度改革步伐的停止。事实上，在《刑法修正案（十一）》的立法调研过程中，死刑制度改革问题曾被提及并有比较具体的改革设想，后因种种原因没有被纳入这次刑法修法。但这并不妨碍我国死刑制度改革的推进。事实上，我们应该认识到，死刑是刑罚体系中最为严厉的刑罚，死刑存在与否、死刑罪名的多少等，在很大程度上决定了一个国家的刑罚体系是重刑体系还是轻刑体系。总体上看，我国现行刑法典不仅在刑罚体系中保留了死刑，而且还在46种具体犯罪中规定了死刑，此外，司法实践中死刑适用的数量还有一定的规模，我国刑罚体系总体上仍是重刑体系，需要更进一步的改革。

当前我国刑法理论对死刑制度改革问题已经有较为丰富的研究。以“死刑”为篇名关键词，在中国知网上能检索出7 121项，仅学位论文就多达898篇。[①]这还不包括在中国知网难以检索到的大量学术著作。这些关于死刑制度改革问题的研究，虽然也有不少宏观研究，但更多的是致力于死刑制度改革具体问题的研究，视角范围也往往局限于研究者自身的学科。但死刑制度改革不只是一个刑法问题，也不只是一个刑事诉讼法问题，甚至不只是一个社会问题，而是一个多领域、多学科交叉的问题，既在刑法之内又在刑法之外。对死刑制度改革问题的研究需要系统化、一体化的思维。早在20世纪80年代末，我国著名刑法学家储槐植教授就曾提出过刑事一体化思想，指出：刑法和刑法运行处于内外协调状态才能实现最佳社会效益，刑事一体化的内涵是刑法和刑法运行内外协调，即刑法内部结构合理（横向协调）与刑法运行前后制约（纵向协调）。[②] 该观点受到了学界的广泛关注和普遍认同。储槐植教授后来又对该问题作了更进一步的阐述和应用，主张刑事一体化既是一种观念也是一种方法（观察方法）。[③] 对

① 在中国知网收录的7 121项“死刑”文献中，学术期刊类4 359篇，学位论文类898篇，会议类103篇，报纸类1 076篇。检索日期：2022-03-28.

② 储槐植. 建立刑事一体化思想. 中外法学，1989（2）.

③ 储槐植，闫雨. 刑事一体化践行. 中国法学，2013（2）.

于我国死刑制度改革而言，刑事一体化的观念和方法要求死刑制度改革既要立足于刑法之内，又要放眼于刑法之外，左右联动，上下协调，对死刑制度进行体系化改革。

## 二、刑事一体化：死刑制度体系化改革的内外逻辑

客观地讲，当前我国死刑制度改革已经取得了令人瞩目的成就，但这些改革的总体逻辑是见招拆招、具体问题具体分析具体解决。与此不同的是，死刑制度的体系化改革，以刑事一体化为视角，应当是一种系统改革。其基本逻辑是，死刑制度改革应当保持刑法的内在一致性和刑法与其他领域的外在协调性。

### （一）死刑制度改革的内在一致性逻辑

死刑制度是关于死刑的各种要素和结构的结合体。根据死刑制度涉及的方面不同，死刑制度通常被解构为死刑适用条件、死刑适用标准、死刑适用对象、死刑适用范围、死刑核准程序、死刑执行方式等等。对这些方面的改革构成了死刑制度改革的重要内容。但从改革结果来看，当前的死刑制度改革并不一定能产生改革者想要的理想结果。以死刑执行方式改革为例：经过多次改革，我国刑法上设立了三种不同的死刑缓期二年执行制度——死刑缓期二年执行且终身监禁制度、死刑缓期二年执行且限制减刑制度和普通死刑缓期二年执行制度。由此在处于我国刑罚处罚顶端的死刑与无期徒刑之间形成了死刑立即执行、死刑缓期二年执行且终身监禁、死刑缓期二年执行且限制减刑、普通死刑缓期二年执行和无期徒刑五个位阶的重刑措施，位阶增多的结果之一是无期徒刑的适用减少，死刑缓期二年执行的适用增加。而这也许并不是死刑制度改革者所乐于看到的。

基于内在的一致性，死刑制度的体系化改革需要遵循以下内部逻辑：一是死刑的制度要素要合理，即要合理设计死刑适用条件、死刑适用标准、死刑适用对象、死刑适用范围、死刑核准程序、死刑执行方式等等。以死刑适用条件为例：我国刑法关于死刑适用条件的规定是“罪行极其严重”。对于该条件的设定是否

合理，刑法理论上有不同的认识，批评者以联合国《公民权利和政治权利国际公约》和联合国经济与社会理事会《关于保护面对死刑的人的权利的保障措施》（以下简称《保障措施》）等文件要求的“最严重的犯罪”为视角，认为由于我国刑法没有对什么是“极其严重的罪行”作进一步的明确解释，从刑事司法实践角度以及我国刑法分则对众多可适用死刑的故意犯罪的具体规定来看，“极其严重的罪行”显然比《保障措施》第1条中的“最严重的犯罪”范围更宽，应当将“极其严重的罪行”限定在“最严重的犯罪”之内。①怎样将死刑制度的具体要素规定得更为科学合理，是死刑制度体系化改革的关键。二是死刑的制度结构要协调。体系化的核心是要素的结构化，死刑制度改革的体系化要求死刑的各个制度要素保持协调，不能相互抵牾、互相冲突。例如，死刑制度改革不能出现死刑的实体改革从严但程序改革从宽的状况，也不能出现相反的情况，否则就是矛盾，就会大大影响死刑制度改革的实际效果。三是死刑的制度目标要统一。目前我国关于死刑的具体政策表述是“保留死刑，严格限制和慎重适用死刑”②。这实际上包括了“保留死刑”和“严格限制和慎重适用死刑”两个方面的内容。2009年最高人民法院《关于审理故意杀人、故意伤害案件正确适用死刑问题的指导意见》明确提出：“‘保留死刑，严格控制和慎重适用死刑’是我国一贯的刑事政策，必须保证这一重要刑事政策适用的连续性和稳定性；要以最严格的标准和最审慎的态度，确保死刑只适用于极少数罪行极其严重的犯罪分子，保证更有力、更准确地依法惩治严重刑事犯罪。”2010年最高人民法院《关于贯彻宽严相济刑事政策的若干意见》第29条进一步重申和强调了上述死刑政策及其内涵要求。这些重要的司法文件明确了我国死刑政策的重心是“严格限制和慎重适用死刑”。但我国死刑制度改革是否就仅以此为目标？显然不应该是。死刑制度改革应该有更为长远的目标，而毫无疑问，“减少死刑”、“最终废止死刑”应该作为

---

① 谢望原. 联合国死刑价值选择与中国死刑政策出路. 国家检察官学院学报，2007（2）.

② 该政策表述存在两个方面的不足：一是该政策表述没有包含“减少”死刑适用的内容（“少杀”之意），二是该政策表述没有包含“废止死刑”的内容。赵秉志，袁彬. 我国死刑司法改革的回顾与前瞻. 社会科学，2017（1）.

我国死刑制度改革的正确目标选项。唯有如此，我国死刑制度的体系化改革才能获得更大的动力支持，进而促进社会的文明发展。

（二）死刑制度改革的外在协调性逻辑

与其他法律制度一样，死刑制度也处于社会的大系统当中，其立法和司法要受到外界多种因素的影响和制约。作为一个系统，死刑制度要维持其稳定性和有效性，就要保持一定的开放性，能够与系统外的因素进行信息和能量的交换。死刑是一个刑种，属于刑法规定的刑罚体系的组成部分。从内外划分的角度看，影响死刑的外在因素主要包括两类：一类是刑法之外的其他刑事法律，如刑事程序法、刑事证据法、刑事执行法等的规定。我国目前关于这些内容的规定主要集中于刑事诉讼法当中。另一类是刑法之外的非刑事法律因素，如社会治安形势、公众舆论、国家宏观政策（包括死刑政策）等。

基于外在的协调性，死刑制度的体系化改革要遵循以下两个方面的逻辑：一是死刑制度的相对独立性。死刑制度是一项刑事法律制度，要遵循刑事法律的基本理念、基本范畴以及范畴之间的逻辑关系，要照应与刑事法律其他相关制度之间的结构与逻辑关系。例如，刑法结构合理与否的评定标准不是（至少主要不是）犯罪率升降程度，因为影响犯罪率变动的因素极为复杂，而刑法只是其中一个因素，尽管可能是较重要的一个因素，但绝非决定性因素。刑法结构合理与否的标准是刑法两大功能（保护社会和保障人权）实现程度以及是否易于协调实践中可能出现的法与情的冲突。① 从这个角度看，死刑制度改革不能完全照应社会治安形势、社会民众观念等因素，不能是社会治安形势恶化，死刑适用就猛增，也不能是社会民众要求适用死刑的观念越强烈，就越多地适用死刑，而应该保持死刑制度本身的相对独立性。二是死刑制度的相对开放性。健全的刑事机制应是双向制约：犯罪情况、刑罚和行刑效果。刑法运行不仅受犯罪情况的制约，而且要受刑罚执行情况的制约。② 死刑制度的开放性是指死刑制度要向死刑制度之

---

① 储槐植．再说刑事一体化．法学，2004（2）．

② 储槐植．建立刑事一体化思想．中外法学，1989（2）．

下、之中和之上的领域延伸，其中：向下应当向犯罪学（含犯罪心理学）等事实学科领域延伸，夯实死刑制度改革的事实基础；中间应当向刑事诉讼法、刑事执行法等刑事学科领域延伸，完善死刑制度改革的配套制度；向上应当向刑事政策学等价值学科领域延伸，合理确定死刑制度改革的价值目标。

死刑制度体系化改革的上述逻辑，反映的是刑事一体化逻辑。以此观之，我国死刑制度的体系化改革应当重点把握刑事一体化的内部结构合理（横向协调）与运行前后制约（纵向协调）。

## 三、刑法之内：死刑制度的内部冲突以及其体系化改革

### （一）死刑制度之刑法内部冲突的体系性考察

站在刑法的视角可以发现，我国刑法有大量关于死刑的规定：不仅刑法典总则设专节规定了死刑的适用条件、核准程序、适用对象、执行方式（死刑缓期二年执行），而且刑法典分则规定了死刑的适用范围和适用标准，绝大部分章都规定了死刑罪名（仅刑法典分则第九章的渎职罪没有规定死刑罪名）。不过，从系统论的角度看，我国刑法关于死刑的规定虽然较为丰富，但也存在不少问题和冲突。这主要体现在以下几个方面。

第一，死刑制度的内在要素冲突。

要素合理是制度科学的基础。当前我国刑法规定的死刑适用条件、死刑适用标准、死刑适用对象、死刑适用范围、死刑核准程序，本身存在不少合理性问题，要素内部之间也存在着一定的冲突。这包括：

（1）在死刑的适用条件上，“罪行极其严重”的定位和内涵不明。

一般认为，“罪行极其严重”是死刑的适用条件。但在具体定位上，“罪行极其严重”是所有死刑的适用条件，还是死刑立即执行的适用条件（是不是死刑缓期二年执行的适用条件）？同时，“罪行极其严重”是同时包括行为的客观危害、行为人的主观恶性与人身危险性，还是只包括行为的客观危害、行为人的主观恶性，抑或只包括行为的客观危害？这涉及对“罪行极其严重”的刑法内涵之把握

问题，对此目前仍存在较大争议。[①] 在司法实践中，“罪行极其严重”作为死刑适用条件的限制作用被虚置，难以对死刑的适用范围和具体犯罪的死刑适用标准进行限制。

（2）在死刑的适用标准上，我国刑法典分则针对具体犯罪规定的死刑适用标准不统一。我国刑法对 46 种罪名的死刑都规定了具体的适用标准，但各种犯罪的死刑适用标准所反映的方面多有所不同。其中，有的犯罪的死刑适用标准只注重结果（如我国刑法典第 121 条关于劫持航空器罪规定“致人重伤、死亡或者使航空器遭受严重破坏的，处死刑”），有的则注重数额和结果（如我国刑法典第 383 条针对贪污罪、受贿罪规定“数额特别巨大，并使国家和人民利益遭受特别重大损失的，处无期徒刑或者死刑，并处没收财产”），还有的规定了多种情节且每个具体情节反映的方面都有区别（如我国刑法典第 236 条关于强奸罪、第 263 条关于抢劫罪都规定了多种可以适用死刑的情节）。

（3）在死刑的适用范围上，我国刑法规定可以适用死刑的犯罪范围缺乏一致标准。目前我国刑法典分则规定的 46 种死刑罪名中，既有严重的暴力犯罪（如劫持航空器罪、故意杀人罪），也有相对较轻的暴力犯罪（如破坏交通工具罪、破坏交通设施罪、破坏电力设备罪、破坏易燃易爆设备罪），还有一些非暴力犯罪（如贪污罪、受贿罪）；既有侵害生命法益的犯罪（如故意杀人罪），也有侵害健康法益的犯罪（如故意伤害罪，生产、销售有毒、有害食品罪），还有侵害财产法益、社会法益的犯罪（如抢劫罪，非法制造、买卖、运输、邮寄、储存枪支、弹药、爆炸物罪，走私、贩卖、运输、制造毒品罪，贪污罪，受贿罪）。这反映出我国刑法在确定死刑的适用范围时，缺乏一致的认识和统一的标准。

---

① 最高人民法院从严格限制死刑适用的角度，对“罪行极其严重”作了较此更为严格的把握，不仅要求行为的社会危害性和行为人的主观恶性极其严重，而且要求行为人的人身危险性极其严重。最高人民法院于 2015 年发布的《全国法院毒品犯罪审判工作座谈会纪要》明确规定：“……应当全面、准确贯彻宽严相济刑事政策，体现区别对待，做到罚当其罪，量刑时综合考虑毒品数量、犯罪性质、情节、危害后果、被告人的主观恶性、人身危险性及当地的禁毒形势等因素，严格审慎地决定死刑适用，确保死刑只适用于极少数罪行极其严重的犯罪分子。”该规定明确将“人身危险性”等因素纳入死刑适用的条件范围，有利于严格限制死刑的适用。

(4) 在死刑的适用对象上，我国刑法规定不适用死刑的对象的内在逻辑不统一。我国刑法规定，对犯罪时不满 18 周岁、审判时怀孕的妇女不适用死刑，对审判时已满 75 周岁的人原则上不适用死刑。其确定不适用死刑的标准看似刑法人道主义，但对于同样应受到人道对待的新生儿母亲、精神障碍人等，我国刑法却没有规定不适用死刑。可见，我国刑法在确定不适用死刑的对象范围时，也缺乏统一的标准。

(5) 在死刑的核准程序上，我国刑法区分死刑立即执行和死刑缓期二年执行并规定了不同的核准程序，有失合理。一方面，死刑缓期二年执行只是死刑的一种执行方式，仍然属于死刑的范畴，不应该在核准程序上区别对待；另一方面，死刑缓期二年执行的适用条件与死刑立即执行的适用条件存在一定的重合（如“罪行极其严重”）。涉及死刑的适用条件的把握问题时，应当统一掌握，才能更好地统一死刑适用标准。

第二，死刑制度的内在结构冲突。

我国刑法规定的死刑制度要素之间存在较为密切的联系，如刑法典总则规定的死刑适用条件与刑法典分则规定的死刑适用范围、死刑适用标准之间存在密切联系，前者作为刑法典总则的规定对后者具有制约、指导作用。但从我国刑法典的规定来看，我国刑法典总则关于死刑适用条件的规定与刑法典分则关于死刑适用范围和死刑适用标准的规定，存在着一定的冲突。这包括：

(1) 刑法典总则规定的死刑适用条件与刑法典分则规定的死刑适用范围不相协调。尽管对于刑法典总则规定的死刑适用条件“罪行极其严重”的内涵与外延存在一定争议，但对于“罪行极其严重”包含了“犯罪行为的客观危害”内容是没有争议的。“罪行极其严重”体现在犯罪行为类型上，要求该类犯罪属于“极其严重的犯罪”。而在刑法保护的法益中，最重要的法益无疑是生命法益（包括含生命法益的国家安全、军事安全和公共安全），只有侵害生命法益的犯罪才能称得上“极其严重的犯罪”。但我国刑法规定的 46 种死刑罪名中，危害国家安全罪中有 7 种，危害公共安全罪中有 14 种，破坏社会主义市场经济秩序罪中有 2 种，侵犯公民人身权利、民主权利罪中有 5 种，侵犯财产罪中有 1 种，妨害社会

管理秩序罪中有 3 种，危害国家利益罪中有 2 种，贪污贿赂罪中有 2 种，军人违反职责罪中有 10 种。这些犯罪中，大量犯罪不涉及侵害生命法益的内容，与我国刑法典总则关于死刑适用条件（“罪行极其严重”）的规定明显不对应、不协调。

（2）刑法典总则关于死刑适用条件的规定与刑法典分则关于死刑适用标准的规定存在冲突。如前所述，刑法典总则规定的死刑适用条件（“罪行极其严重”）中最重要的一点是“犯罪行为的客观危害极其严重”。这要求刑法典分则在对具体犯罪的死刑适用标准上必须贯彻“罪行极其严重”的内容要求。但从刑法典分则规定的死刑适用标准来看，我国刑法针对具体犯罪规定的死刑适用标准非常不统一，也没有很好地贯彻刑法典总则关于死刑适用条件的要求。以我国刑法典第 347 条规定的走私、贩卖、运输、制造毒品罪为例：该条第 2 款规定可以适用死刑的标准包括“走私、贩卖、运输、制造鸦片一千克以上、海洛因或者甲基苯丙胺五十克以上或者其他毒品数量大的”、“走私、贩卖、运输、制造毒品集团的首要分子”、“武装掩护走私、贩卖、运输、制造毒品的”、“以暴力抗拒检查、拘留、逮捕，情节严重的”和“参与有组织的国际贩毒活动的”①。如果严格按照该款的规定，对走私、贩卖、运输、制造毒品的犯罪分子，可以只考虑其身份（“走私、贩卖、运输、制造毒品集团的首要分子”）或者只考虑其行为的手段（如“以暴力抗拒检查、拘留、逮捕，情节严重”），而完全不用考虑其行为的客观危害（如“走私、贩卖、运输、制造鸦片一千克以上、海洛因或者甲基苯丙胺五十克以上或者其他毒品数量大”），就可以对走私、贩卖、运输、制造毒品的犯罪分子适用死刑。这与我国刑法典总则关于死刑适用标准（“罪行极其严重”）的规定，存在明显的冲突。

---

① 我国刑法典第 347 条第 2 款规定：“走私、贩卖、运输、制造毒品，有下列情形之一的，处十五年有期徒刑、无期徒刑或者死刑，并处没收财产：（一）走私、贩卖、运输、制造鸦片一千克以上、海洛因或者甲基苯丙胺五十克以上或者其他毒品数量大的；（二）走私、贩卖、运输、制造毒品集团的首要分子；（三）武装掩护走私、贩卖、运输、制造毒品的；（四）以暴力抗拒检查、拘留、逮捕，情节严重的；（五）参与有组织的国际贩毒活动的。”

（二）死刑制度之刑法内部的体系化改革探索

针对刑法典总分则关于死刑制度的规定存在的内在要素和内在结构冲突，我们认为，我国应当对刑法典规定的死刑制度进行体系化改革，重点在以下两个方面。

第一，完善死刑制度要素的科学设置。

针对刑法关于死刑适用条件、死刑适用范围、死刑适用标准、死刑适用对象和死刑核准程序之规定存在的不足，我国应当采取必要措施加以改进，以使其更为科学合理。这包括：

（1）在死刑的适用条件上，应当增加规定“最严重的犯罪”予以限制，并明确死刑缓期二年执行的适用条件。针对死刑适用条件（“罪行极其严重”）的内涵与外延不明，难以发挥其应有功能的情况，我国应当对死刑的适用条件予以进一步明显和限定。对此，一方面，可以借鉴联合国《公民权利和政治权利国际公约》等有关规定的要求[①]，在现有死刑适用条件的基础上，增加规定“最严重的犯罪”，即死刑的适用条件是实施“最严重的犯罪”且“罪行极其严重”的犯罪分子；另一方面，对死刑适用条件进行合理定位，应当将“罪行极其严重”作为死刑适用的一般标准，并在此基础上明确规定死刑缓期二年执行的适用条件。正如储槐植教授所言，理论与实践都证明“罪行极其严重”是死刑两种执行方式所具有的共同前提。司法实践中，关于对犯罪人应采取何种死刑执行方式的问题，应当将主要精力放在犯罪人“主观恶性”的判断上：对于“罪大”（罪行极其严重）且恶极（主观恶性）的，适用死刑立即执行；对于“罪大”（罪行极其严重）但不恶极的，适用死刑缓期二年执行。[②]

---

① 联合国《公民权利和政治权利国际公约》第6条第2款规定，在未废除死刑的国家，死刑只适用于最严重的犯罪。联合国经济与社会理事会于1984年通过的《保障措施》、于1989年通过的《对〈保障措施〉的补充规定》及于1996年通过的《进一步加强〈保障措施〉的决议》等文件也作了限制性解读，即在保留死刑的国家作为死刑适用标准的“最严重的犯罪”，应被理解为死刑适用的范围仅限于蓄意害命或蓄意造成其他极端严重后果的罪行。

② 储槐植，闫雨．刑事一体化践行．中国法学，2013（2）．

（2）在死刑的适用标准上，应当严格限定具体犯罪之死刑适用的情节标准，将对生命法益的侵害作为死刑适用标准的核心要素。对此，原则上应当以是否造成他人死亡作为具体犯罪之死刑适用的标准，特殊情况下才考虑将重伤作为具体犯罪之死刑适用的辅助标准。这也是刑罚的“公正”标准的类型化要求：对侵犯人身利益与公共安全的犯罪侧重人身方面的刑罚，即生命刑和自由刑；对侵犯财产与经济活动的犯罪侧重财产方面的刑罚，即罚金和没收财产。① 没有直接侵害生命法益或者对生命法益造成重大、现实威胁的，不能适用死刑（包括不能适用死刑缓期二年执行）。

（3）在死刑的适用范围上，进一步削减死刑适用的罪名，将死刑适用的罪名严格限定在侵害生命法益的犯罪，逐步减少直至最终完全废止死刑。中国死刑的废止应本着谨慎、务实的态度，遵循先易后难、逐步发展的法治变革之规律，以废止罪责刑严重失衡、长期备而不用或很少适用、社会心理反应不大的犯罪的死刑条款为起点，分阶段、分步骤地进行。② 就中国现阶段的综合情况而言，应先行逐步废止非暴力犯罪的死刑，在条件成熟时进一步废止非致命犯罪（非侵犯生命的犯罪）的死刑，最后在社会文明和法治发展到相当发达程度时，全面废止死刑。③

（4）在死刑的适用对象上，应当进一步扩大不适用死刑的对象范围。对此，应当以人道主义为指引，在对犯罪时不满 18 周岁的人、审判时怀孕的妇女和审判时已满 75 周岁的人不适用死刑的基础上，按照联合国有关文件的要求④，进一步将精神障碍人、新生儿的母亲纳入不适用死刑的对象范围，同时将不适用死刑的老年人范围扩大（如可以将不适用死刑的老年人的年龄由审判时已满 75 周岁

---

① 储槐植. 建立刑事一体化思想. 中外法学，1989（2）.

② 赵秉志. 关于分阶段逐步废止中国死刑的构想. 郑州大学学报（哲学社会科学版），2005（5）.

③ 赵秉志. 论中国非暴力犯罪死刑的逐步废止. 政法论坛，2005（1）.

④ 联合国经济与社会理事会《保障措施》第 3 条规定：“……对孕妇或新生婴儿的母亲或精神病患者不得执行死刑。”联合国经济与社会理事会 1989/64 号决议通过的《对保障措施的补充规定》第 1 条 d 项规定：“在量刑或执行阶段停止对弱智人与精神严重不健全者适用死刑。”

降至审判时已满 70 周岁，同时取消对老年人不适用死刑的例外规定）。只有这样，刑罚的人道主义才能在死刑制度上得到进一步彰显，也才能保证死刑适用对象的逻辑统一。

（5）在死刑的核准程序上，要避免死刑缓期二年执行核准程序的虚化，修改刑法关于死刑立即执行和死刑缓期二年执行的核准权规定，将所有死刑（含死刑缓期二年执行）的核准权都交由最高人民法院行使。由此，一方面可以遏制地方法院扩大适用死刑缓期二年执行的动力，另一方面也可以进一步统一死刑适用条件和死刑适用标准，避免死刑缓期二年的核准程序与二审程序的合二为一，防止死刑缓期二年执行的核准程序被死刑案件的二审程序虚置（通常情况下死刑案件的二审和死刑缓期二年执行的核准权都在高级人民法院）。

第二，完善死刑制度的内在结构。

这集中体现在要发挥刑法典总则关于死刑适用条件之规定的作用，完善死刑适用条件与刑法典分则的死刑适用范围、死刑适用标准之间的制约机制和制约关系。这包括：

（1）在刑法典总则关于死刑适用条件的规定与刑法典分则关于死刑适用范围的规定之间，要建立起刑法典总则规定的死刑适用条件与刑法典分则规定的死刑适用范围之间的制约机制，重点是要以增加规定“最严重的犯罪”之后的死刑适用条件，从犯罪类型上限制刑法典分则规定的死刑罪名，逐步取消经济犯罪、非致命性犯罪等不属于“最严重罪行”的犯罪的死刑。事实上，当前我国刑法典中保留了死刑的 46 种罪名，除了严重危害国家安全、公共安全、人身权利、军事利益的犯罪，其他犯罪的死刑都应当分步骤地逐步取消。在死刑罪名的数量上，即便在目前，根据世情与国情，在立法上把死刑罪名减少到 10 种左右，有利于人权保障，对社会治安（基础当为综合治理）不会有危险。①

（2）在刑法典总则关于死刑适用条件的规定与刑法典分则关于具体犯罪之死刑适用标准的规定之间，要建立起刑法典总则规定的死刑适用条件对具体犯罪之

① 储槐植．死刑改革：立法和司法两路并进．中外法学，2015（3）．

死刑适用标准的限制机制。这又包括两个方面：一方面，要以死刑适用之一般条件（“罪行极其严重”）对具体犯罪的死刑适用标准进行限制。影响具体犯罪法定刑的情节很多，但唯有与生命法益直接相关的情节，才能作为死刑适用的情节。在此基础上，需要对刑法典总则中的“罪行极其严重”作限制解释，并将与生命法益没有直接关联的情节，如行为的次数、财物的数量、毒品的数量、犯罪人的身份等，排除出具体犯罪的死刑适用标准范围。另一方面，要以死刑缓期二年执行的特殊适用条件对死刑立即执行的适用标准进行限制。刑法理论上一般认为，死刑立即执行与死刑缓期二年执行的适用条件差异不在于罪行（都必须是实施了最严重的犯罪），也不在于行为的客观危害（都必须行为的客观危害极其严重），而在于非构成要件的情节，如行为的动机、行为的次数、行为人的身份、行为的方式等，多体现出行为人的主观恶性和人身危险性的不同。对于这些非构成要件的情节所反映的主观恶性和人身危险性，可以进行程度上的限制：行为人的主观恶性和人身危险性较低时，即便行为属于最严重罪行且客观危害极其严重，也不能对行为人适用死刑（包括不能适用死刑立即执行和死刑缓期二年执行）；只有行为人的主观恶性和人身危险性达到中等程度时，才可对行为人适用死刑缓期二年执行；当行为人的主观恶性和人身危险性达到高等程度时，可以考虑对行为人适用死刑立即执行。这将反过来限制死刑立即执行的适用标准，即必须同时具备最严重的犯罪且行为的客观危害、行为人的主观恶性和行为人的人身危险性都达到极其严重的程度，才可以对行为人适用死刑立即执行。

## 四、刑法之外：死刑制度的外部冲突以及其体系化改革

### （一）死刑制度之刑法外部冲突的体系性考察

死刑的实体规范存在于刑法之内，死刑规范的适用则在很大程度上依赖外部因素。这包括两个方面：一是有关死刑的其他刑事法律规范，并集中表现为刑事诉讼法关于死刑的程序、证据和执行的规定，是死刑实体规范的运行保障；二是涉及死刑的非刑事法律因素（如死刑适用效果、社会治安形势、公众舆论），是

死刑实体规范的制约因素（既制约有关死刑的立法，也制约有关死刑的司法）。当前我国死刑制度的刑法外部冲突也主要体现在这两个方面。

第一，死刑实体规范与死刑程序规范的不协调。

这主要体现为死刑的刑事诉讼法规定与死刑的刑法规定在个别方面不完全对应，包括：

（1）死刑案件的核准程序与普通二审程序容易发生混同，导致死刑案件核准程序被虚置。我国刑法和刑事诉讼法都规定了死刑立即执行与死刑缓期二年执行的核准权，其中，死刑立即执行由最高人民法院判决或者核准，死刑缓期二年执行由高级人民法院判决或者核准。但在实践中，死刑核准程序与普通二审程序容易发生混同，甚至可能存在合二为一的情况，即死刑核准程序与死刑案件的二审程序因是在同一个单位进行，而可能由两道具有监督性质的不同程序实质地变成了一道程序。死刑核准程序容易走过场，死刑核准程序的价值难以实现。

（2）死刑案件核准程序的限制功能没有发挥到最大。事实上，即便死刑适用的核准权已经收归最高人民法院统一行使，最高人民法院对具体犯罪的死刑适用标准也没有完全统一，在个别案件中死刑适用核准权收回对死刑的限制功能没有发挥到最大。以《刑法修正案（九）》前保留死刑的集资诈骗罪为例：2012 年吴英集资诈骗案中吴英的死刑没有被最高人民法院核准，但 2013 年曾成杰集资诈骗案中曾成杰的死刑却被最高人民法院核准，实际上两者的集资诈骗罪行差别不是很大，且吴英集资诈骗案的社会影响要明显大于曾成杰集资诈骗案的社会影响。

（3）刑事诉讼法的规定与刑法关于不适用死刑的对象的规定之间不完全对接。如前所述，我国刑法规定了多种不能适用死刑或者原则上不适用死刑的对象（犯罪时不满 18 周岁的人、审判时怀孕的妇女和审判时已满 75 周岁的人），其共同的法理根基是人道主义，即有必要从人道主义的立场对这些特殊群体给予法律上的优待。我国《刑事诉讼法》针对一些特殊对象（如审判时不满 18 周岁的人、审判时怀孕的妇女等）作了特别规定，但对审判时已满 75 周岁的人并没有作出特别的规定。对这类人，特别是部分因年龄增长而发生智力退化（如出现一定程度的



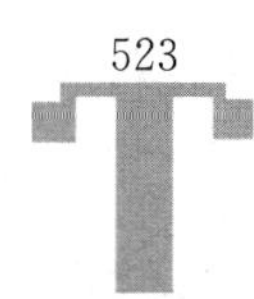

老年痴呆但并非生活不能自理）的人，我国《刑事诉讼法》没有从人道主义的角度给予特别的关照，与刑法上对这类人原则上不适用死刑的法律精神不完全协调。

第二，死刑的刑法根据与犯罪学等事实学科根据的冲突。

在刑法上，特殊预防（预防行为人再犯罪）和一般预防（预防潜在的人犯罪）是刑罚的目的。近年来，积极的一般预防观念在刑法立法上逐渐盛行，并在预防恐怖主义、极端主义、黑恶性质组织犯罪的刑法立法上得到了体现。死刑的正当性在刑法上主要体现为对潜在犯罪人的威慑（刑罚的一般预防）。不过，死刑的这一刑法正当性根据并没有充分的事实支撑，且与犯罪学等事实学科的部分研究结论之间存在一定的冲突。这包括：

（1）死刑的刑法学根据与犯罪学根据不协调。在犯罪学看来，犯罪是多因素综合作用的产物；犯罪与社会长期共存（从而应树立同犯罪的斗争具有长期性和艰巨性的思想）；社会矛盾的深度与广度同犯罪数量成正比（从而应把刑事政策纳入社会发展战略），犯罪率变动不是刑罚效用的唯一标志，刑法在控制犯罪方面只能起一定的作用（国家的刑罚目的和刑罚权以此为限）。① 从犯罪学的角度看，死刑作为一种刑罚，既不可能有效遏制犯罪的发生，更不可能铲除犯罪发生的根源，且目前也没有证据证明死刑比长期自由刑（包括终身监禁）具有更好的犯罪预防效果。这与刑法上一些人关于死刑的一般预防功能的认识存在较大差异。

（2）死刑的刑法学根据与犯罪心理学根据的冲突。现代刑法以罪刑法定为指引，强调刑法规定对潜在犯罪人的心理威慑，认为死刑因属于最为严厉的刑罚而对潜在犯罪人具有强大的心理威慑力。这也是死刑支持论的重要理论依据。但犯罪心理学研究表明，犯罪是心理冲突的产物，左右心理冲突的除了犯罪的收益与惩罚，还有两种重要的非理性力量：侥幸心理和不良情绪。② 事实上，实践中发生的很多故意杀人案件主要都不是利益权衡的结果，而是受侥幸心理和强烈的不良情绪驱动。而死刑对于侥幸心理和强烈不良情绪而言，几乎不起作用（至少没

---

① 储槐植．认识犯罪规律，促进刑法思想现实化．北京大学学报（社会科学版），1988（3）．

② 罗大华．犯罪心理学．5版．北京：中国政法大学出版社，2007：112．

有证据表明其会比终身监禁等长期自由刑更有作用)。从这个角度看,支撑死刑的刑法学根据与主导犯罪发生的心理因素之间并不能形成对应关系,甚至是矛盾的。

第三,死刑的刑法根据与相关政策因素不协调。

从内容上看,刑法与刑事政策对同一个问题的关注角度通常并不相同。以死刑为例:刑法既要关注死刑的作用,也要关注死刑与整个刑法体系的融合度;刑事政策则主要关注死刑的社会效果。在政策层面,社会治安形势、公众舆论(人民群众的心理反应)是影响刑事政策的重要因素。这种关注角度的差异容易导致死刑制度的功能不稳定和价值偏离,这主要体现在两个方面:

(1)社会治安形势的变化性与死刑制度的功能稳定性不相协调。《尚书·周书·吕刑》云:“轻重诸罚有权,刑罚世轻世重,惟齐非齐,有伦有要。”同时,合理的罪刑比价结构包含罪犯矫正难易程度(刑罚的“供”与矫正的“需”)以及社会治安形势(犯罪的“供”与治安的“需”)。[①] 刑罚的适用适当考虑社会治安形势具有一定的合理性,死刑亦然。但死刑对社会治安形势的考虑应当受到严格限制,即社会治安形势只能影响而不能决定死刑的适用数量和范围,否则社会治安形势一发生变化,死刑就要发生改变,死刑制度改革将不具有长期性,也难以为继。

(2)民众死刑观念的非理性与死刑制度的理性相冲突。民众的死刑观念反映了人们对死刑的看法,并会随着案件的出现而形成社会舆论。但民众的死刑观念具有非理性的特点,不仅更多的是一种情绪表达,不考虑死刑与犯罪之间的对称性,而且很容易因某个敏感因素发生反转。事实上,“死刑问题常常被仪式化、符号化,也常常承载了民众的情感寄托以及政治诉求。如此一来,死刑案件中民意的表达已经不是聚焦于案件的法律问题,而是反映与案件事实相关的某种社会问题”[②]。死刑制度作为一项法律制度,需要建立在理性的认识之上,需要排除

---

① 储槐植. 建立刑事一体化思想. 中外法学,1989(2).

② 赵秉志,苗苗. 论国际人权法规范对当代中国死刑改革的促进作用. 吉林大学社会科学学报,2013(4).

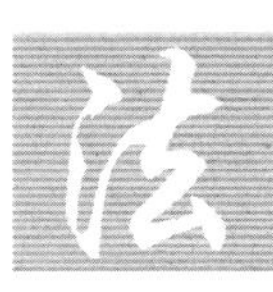



非理性的情绪表达。唯如此，死刑制度的改革才能长久，进而实现其远期目标。不过，从我国死刑的立法和司法来看，有关死刑的社会舆论会在一定程度上影响死刑的立法和司法。最高人民法院 2009 年《关于审理故意杀人、故意伤害案件正确适用死刑问题的指导意见》甚至明确提出死刑的适用要考虑社会治安形势和人民群众的心理感受，称："对故意杀人、故意伤害犯罪案件是否适用死刑，要严格依照法律规定，坚持罪刑法定、罪刑相适应等刑法基本原则，综合考虑案件的性质，犯罪的起因、动机、目的、手段等情节，犯罪的后果，被告人的主观恶性和人身危险性等因素，全面分析影响量刑的轻、重情节，根据被告人的罪责，并考虑涉案当地的社会治安状况和犯罪行为对人民群众安全感的影响，严格依法适用，确保死刑裁判法律效果和社会效果的有机统一。"

（二）死刑制度之刑法外部体系化改革探索

死刑制度的刑法外部冲突要求死刑制度改革必须兼顾横向和纵向两个方面的情况，其中，在横向上要加强刑法与刑事诉讼法的协调，在纵向上要瞻前夯实死刑的事实基础、顾后照应死刑的适用效果。借鉴刑事一体化思维，死刑制度的刑法外部体系化改革应当加强以下两个方面：

第一，横向协调：推动死刑制度改革的刑法与刑事诉讼法联动。刑事一体化的基本面是刑事法内部的一体化，且重点是刑法与刑事诉讼法、刑事执行法（含监狱法、社区矫正法等）的一体化。死刑既有实体规范（刑法），也有程序规范、证据规范和执行规范（刑事诉讼法）。我国在过去的死刑制度改革中也注重推进刑法与刑事诉讼法的改革，并取得了积极成效。但这并不意味着就没有问题。在死刑制度改革上，刑法与刑事诉讼法的联动不仅需要在理念上保持一致，而且需要保持制度上的一致，如刑事诉讼法应当在程序、证据和执行上充分考虑死刑适用对象的特点等方面，进行合理的制度设计。当前我国刑事诉讼法在限制死刑适用的制度设计上还存在不少问题，需要进一步改进。例如，我国刑事诉讼法可以在立法上探索增设死刑赦免程序，赋予符合一定条件的死刑犯申请死刑赦免的权利，进而减少死刑的适用；在司法上进一步发挥死刑核准程序的死刑限制功能，推动死刑核准程序庭审化，同时提高死刑案件的证据适用标准，扩大死刑案件中

排除合理怀疑规则的适用，调整怀疑的合理性标准，甚至可以将合理怀疑扩大为有关犯罪构成事实的一切怀疑，即只要不能排除有关犯罪构成要件事实的一切怀疑，就不能适用死刑（可以适用其他刑罚）。

第二，纵向制约：依托多学科完善死刑制度。这包括：一是依托犯罪学等事实学科，明确逐步减少直至最终废止死刑的改革目标。如前所述，犯罪学关于犯罪原因的研究表明，死刑作为一种最为严厉的刑罚，它既无法有效解决社会面临的现实问题，也无法解决最终的犯罪根源问题；犯罪心理学关于犯罪心理的产生机制表明，死刑的威慑作用对故意杀人等严重犯罪基本上是无效的。在此基础上，以理性的视角看，死刑并不值得推崇，死刑存在，特别是其大量存在，并没有事实基础，在死刑政策设定上，应当将逐渐减少，直至最终废止死刑作为我国死刑制度改革的长期目标。二是正视外界因素，适当调整死刑制度改革的策略。从外部因素上看，当前对我国死刑制度改革具有直接而重大影响的乃是不少民众支持死刑的观念。这些观念一旦与事件或者案件相结合，会对死刑的立法和司法改革产生较大压力。但如前所述，民众的死刑观念以直觉和情感为主导，以报应为中心，主要是非理性的。有研究表明，在具体个案中，对民众死刑观念的理性变革具有直接影响的因素有很多，其中就包括死刑错判难纠、替代措施和死刑执行时间，死刑错案导致的错杀会对民众的死刑观念产生直接影响，替代措施（如终身监禁）会在相当大的程度上改变人们对死刑的支持态度，同时随着死刑执行时间的延长，人们对死刑犯的憎恨情绪将逐渐减弱而对死刑犯的怜悯、同情会增加，民众要求对死刑犯适用死刑的愿望会明显减弱。[①] 仅以这三个方面考虑，首先，我们应当进一步推进错案纠正制度，对过去判决生效的死刑错案进行纠正，既还当事方以清白，也能够让民众看到死刑的危害；其次，我们应当进一步探索建构死刑替代措施，可以在死刑缓期二年终身监禁、死刑缓期二年执行限制减刑制度上，考察其功效，探索以终身监禁（不以判处死刑缓期二年执行为前提）作

① 袁彬. 死刑民意引导的体系性解释. 中国刑事法杂志，2009（11）. 袁彬. 我国民众死刑替代观念的实证分析——兼论我国死刑替代措施的立法选择. 刑法论丛，2009（4）.

为死刑替代措施的合理性与可能性；最后，我们应该改革死刑的执行程序，不仅要将死刑核准程序实质化、庭审化，避免走过场，真正发挥其限制死刑适用的作用，而且可以适时增加新的死刑核准程序，如在最高司法机关的司法核准外增加最高权力机关的行政核准，在增加监督环节的同时也可让民众在这个过程中降低要求适用死刑的愿望和期待。

## 五、结语

死刑制度改革不仅仅是一项重大的刑法改革，也是一项重大的社会改革和政治改革。这项改革既需要关注刑法之内的死刑制度完善，也需要关注刑法之外的死刑制度协调。我们应当清醒地看到，近年来我国死刑制度改革已经取得了积极进展，但仍然存在不少问题和冲突。从刑事一体化的视角看，我国刑法关于死刑适用条件、死刑适用对象、死刑适用范围、死刑适用标准和死刑核准程序等方面既存在自身规定不合理的问题，也存在不同规定之间不协调的问题，同时刑法关于死刑制度的实体规定与刑事诉讼法关于死刑制度的程序、证据和执行规定之间也存在一定的冲突或者不协调之处，且社会治安形势、社会公众舆论等外部因素对死刑制度改革的影响也很大。

文明、公正、法治等社会主义核心价值观不仅要求死刑制度改革坚持法治的道路，而且要求死刑制度改革促进社会的文明、公正。文明而理性的现代化刑法应当具有轻刑化的刑罚结构，刑罚应当是一种轻柔而坚定的行为改正力量。以此视之，我国死刑制度改革应当在前期具体制度改革的基础上，进一步树立体系化的立场，将死刑制度改革作为一项系统工程，由刑法之内到刑法之外，既改革死刑的刑法规定，也改革死刑的其他刑事法律和非刑事法律的配套规定，并通过合理的制度建设引导社会民众死刑观念的理性发展。唯有如此，我国死刑制度改革才能顺应社会文明的发展，并发挥其推动社会进步的作用。

# 宽严相济刑事政策在死刑法治中的贯彻论纲*

## 一、前言

时任中共中央政治局常委、政法委书记罗干在 2005 年 12 月 5 日至 6 日召开的全国政法工作会议上的讲话中提出宽严相济的刑事政策，并指出，宽严相济是我国的基本刑事政策。根据最高人民法院 2010 年《关于贯彻宽严相济刑事政策的若干意见》的规定，贯彻宽严相济刑事政策，需要根据不同的社会形势、犯罪态势与犯罪的具体情况，对刑事犯罪在区别对待的基础上，科学、灵活地运用从宽和从严两种手段，打击和孤立极少数，教育、感化、挽救大多数，最大限度地减少社会对立面，促进社会和谐稳定，维护国家长治久安。其内涵主要体现在“宽”“严”“济”三个方面，其中“济”是宽严相济刑事政策的精髓所在。所谓“宽”，是指对犯罪施以宽松刑事政策，在刑事处理上侧重宽大、宽缓、宽容，当

* 本文系赵秉志主编的《关于在死刑案件中贯彻宽严相济刑事政策的意见》（中国法制出版社，2019 年版）的导论，作者为赵秉志。

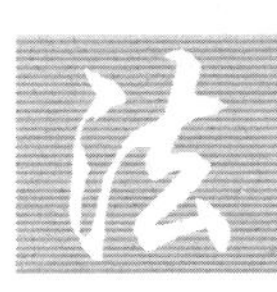



宽则宽。所谓“严”，是指对犯罪施以严格刑事政策，在刑事处理上侧重严密、严厉、严肃，当严则严。所谓“济”，蕴含着结合、配合、补充、渗透、协调、统一、和谐之意，亦即协调运用宽松刑事政策与严格刑事政策，以实现二者的相互依存、相互配合、相互补充、相互协调、有机统一。

宽严相济的刑事政策作为我国新时期确立的基本刑事政策，对我国刑事法治具有总体性、全面性的指导和制约作用。而在死刑法治领域，由于死刑所具有的特殊严厉性，宽严相济的刑事政策对死刑法治显然具有极其重要和比较特殊的指导与制约作用。梳理和研究宽严相济刑事政策在死刑政策和死刑法治中的正确贯彻问题，对于切实贯彻宽严相济的刑事政策，特别是在我国现阶段死刑制度改革大背景下进一步规范和保证死刑案件的正确适用，促进司法公正，尊重和保障人权，都具有十分重要的意义。

## 二、我国死刑刑事政策之演进

死刑政策是国家为死刑法治（包括立法和司法）所制定的指导方针和行动准则，死刑政策是死刑法治的灵魂和精神所在，因而要改革死刑法治，就必须确立能够引领死刑法治进步的死刑政策。

作为中国共产党第一代领导核心的毛泽东同志，在新民主主义时期至新中国成立后的20世纪50年代，多次论述并逐渐形成了“少杀、慎杀，可杀可不杀的坚决不杀”的死刑政策思想；1956年中共八大的政治报告中，在坚持“少杀慎杀”死刑政策思想的同时，甚至难能可贵地明确提出了要随着国家的发展和社会的进步“逐步完全废止死刑”的政策思想。[①] 在此基础上，我国逐渐形成了“保留死刑，严格控制死刑”或称“保留死刑，坚持少杀，防止错杀”的死刑政策，并在1979年第一部刑法典制定时得到切实体现和强调。1979年刑法典第1条明确规定，刑法依照惩办与宽大相结合的政策制定。在惩办与宽大相结合的刑事政

① 刘少奇．中国共产党中央委员会向第八次全国代表大会的政治报告．山西政报，1956（18）：28．



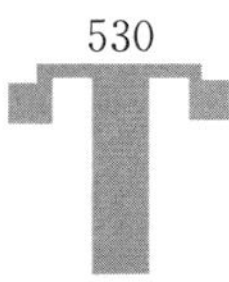

策指导下，我国 1979 年刑法典是相对轻缓的，整部刑法只规定了 28 个死刑罪名。

在 20 世纪 80 年代初期开始登台的长达二十多年的“严打”政策的冲击下，当时的死刑立法呈现出相当的重刑化倾向。在“严打”政策的推动下，严厉打击各种刑事犯罪的单行刑法也相继出台，我国刑事立法的死刑罪名也由 28 种猛增到 70 余种。[①] 例如，全国人大常委会于 1983 年 9 月通过《关于严惩严重危害社会治安的犯罪分子的决定》《关于迅速审判严重危害社会治安的犯罪分子的程度的决定》等，都在一定程度上扩大了死刑的法律适用。最为重要的是，在这一期间制定的 1997 年刑法典也没有完全体现限制死刑的精神，“少杀、慎杀”的死刑政策实际上被弃置，而代之以对严重危害社会治安犯罪和严重经济犯罪重视适用死刑的政策思想。

21 世纪初，随着和谐社会发展理念的逐渐形成，中央领导层开始不断反思多年来的“严打”政策，提出构建和谐社会和实行宽严相济的基本刑事政策，死刑政策整体改变，“少杀、慎杀”的死刑政策也得以回归，并突出体现在死刑复核权收归最高人民法院以及《刑法修正案（八）》和《刑法修正案（九）》两个修正案迈开死刑制度改革的较大步伐上。2006 年 10 月第十届全国人大常委会通过《关于修改〈中华人民共和国人民法院组织法〉的决定》，决定修订《人民法院组织法》中下放死刑复核权的有关规定。最高人民法院于 2007 年 1 月 1 日统一行使死刑案件核准权，标志着我国结束了长达 20 年的死刑核准权下放的司法实践，重新将死刑核准权收归最高人民法院行使。2011 年通过和实施的《刑法修正案（八）》在中共中央关于深化司法体制和工作机制改革的意见要求进一步落实宽严相济的刑事政策的背景下，以及借鉴、吸收国际先进经验并与国际公约相协调的基础上，对刑法进行了必要调整和多方面的修改，而其中修改的重点之一，就是对死刑的修改：《刑法修正案（八）》一次性废除了 13 种犯罪的死刑，并增设了

---

① 赵秉志. 我国现阶段死刑制度改革的难点及对策——从刑事实体法视角的考察. 中国法学，2007（2）.

对审判时年满 75 岁的老年人原则上不适用死刑的制度。①

中共十八届三中全会通过的《中共中央关于全面深化改革若干重大问题的决定》，提出要“逐步减少适用死刑罪名”的决策，成为《刑法修正案（九）》死刑制度改革的主要政策背景。随后，2015 年通过和实施的《刑法修正案（九）》继《刑法修正案（八）》之后，进一步废除了 9 种犯罪的死刑，并开始废止绝对死刑的法定刑规定。②

在宽严相济基本刑事政策的指引下，在上述死刑法治改革的背景下，近年来我国的死刑政策被重新规范和表述为“保留死刑，严格控制和慎重适用死刑”③。

笔者经研究，建议可在宽严相济基本刑事政策的指导与支持下，考虑对我国现阶段的死刑政策作更加积极的合理调整，将其修改调整为“现阶段暂时保留死刑，但严格控制和慎重适用死刑，并且逐步减少死刑和最终废止死刑”。若能在死刑政策中规定只是“现阶段暂时保留死刑”，明确要“逐步减少死刑”，尤其是要“最终废止死刑”，必将有助于进一步明确中国死刑制度改革的方向和目标，有力地推动当下的中国死刑制度改革，并使中国的死刑法治发展前景与国际社会的大趋势相一致。④

## 三、宽严相济刑事政策在我国死刑法治中贯彻的理念

毋庸讳言，在我国目前的刑事立法和司法实践中，在某种程度上仍存在宁“左”勿“右”、宁重勿轻的思想，甚至存在“杀人偿命”等同态复仇心理，以致过分注重打击犯罪而忽视保护人权，片面强调“严打”而忽视理性“宽缓”的一

---

① 赵秉志.《刑法修正案（八）》观察与思考//赵秉志主编：刑法评论：2011 年第 1 卷. 北京：法律出版社，2011.

② 赵秉志. 中国刑法的最新修正. 法治研究，2015（6）.

③ 最高人民法院 2010 年 2 月 8 日印发《关于贯彻宽严相济刑事政策的若干意见》第 29 条。

④ 赵秉志. 死刑改革新思考. 环球法律评论，2014（1）.

面，突出强调犯罪扩大化、刑罚重刑化。同时，由于存在证据意识淡薄、习惯有罪推定、轻信口供等认识，有些司法人员在有罪的与无罪的证据存疑时，往往作有罪处理，这极易导致冤假错案的发生，近年来不断浮出水面的冤假错案即是最显著的证明；在罪重的和罪轻的证据存疑时，往往作罪重处理。这些认识与做法显然有悖于宽严相济刑事政策的基本要求，直接影响到该政策在刑事法治（包括死刑司法）中的贯彻实施。而要从根本上解决这些问题，在死刑法治中尤其要注意牢固树立以下现代刑事法治理念。

（一）理性的犯罪控制观

正如法国著名社会学家迪尔凯姆所言：犯罪见于所有类型的社会，只要犯罪行为没有超出社会所规定的界限，它就是正常的。[①] 对犯罪虽可在规模和形式上控制，但却并不能完全予以消灭。这才是合乎社会发展基本规律的犯罪控制观。因此，不能寄希望于通过“严打”完全消灭犯罪，对待犯罪的正确方式应是科学地、系统地研究其发生发展的客观规律，综合利用包括刑事制裁在内的各种社会管控手段尽可能地预防和控制犯罪；要把刑事政策纳入社会政策体系，使之在防控犯罪方面和谐地发挥作用；在立法和司法中要合理设定犯罪圈，准确定罪和量刑，该宽则宽，当严则严，宽严有度、宽严互补，做到宽严相济。

（二）科学的刑罚功能观

德国著名刑法学家耶林指出：“刑罚如两刃之剑，用之不得其当，则国家与个人两受其害。”[②] 刑罚的严厉性及功能局限性决定了它只能是最后的制裁手段。实践也充分表明，重刑主义只会激化矛盾，从来不能维持社会的长治久安。在任何国家、任何社会，仅仅依靠或者主要依靠刑罚手段都是远远不能实现科学治理、达成社会和谐的，更重要的是要依靠道德规范以及民事、行政等非刑事手段来调整社会关系，以预防犯罪为重，以打击犯罪为辅，实行综合治理，这样才能从根本上减少社会不和谐因素，切实预防和控制犯罪。

---

① ［法］E. 迪尔凯姆. 社会学方法的准则. 狄玉明，译. 北京：商务印书馆，1995：83.

② 林山田. 刑罚学. 台北：“商务印书馆”，1985：167.

（三）以人为本、保障人权的现代刑事法理念

“以人为本”不仅是“依法治国”方略的重要补充，而且是“法治”“人权”观念的人文基础，是现代法治，尤其是现代刑事法治发展方向及命运的决定性因素。“国家尊重和保障人权”于2004年被明确载入我国宪法。坚持以人为本，尊重和保障人权，体现了尊重人、关爱人、谋求人的全面发展与社会进步的价值理念和精神旨趣。在这一背景下，贯彻宽严相济的基本刑事政策，必然要求在依法打击犯罪的同时注重保障人权，保障被害人和被告人的合法权益，保证被告人受到合法、公正、文明的刑事追诉与审判；必然要求重证据、不轻信口供的原则，切实做到认定案件事实清楚、证据确实充分；必然要求坚持罪刑法定原则和罪责刑相适应原则，切实做到定罪准确、量刑适当，确保无罪的人不受刑事追究，确保轻罪不予重判，尤其要树立严格控制死刑和非十分必要不动用死刑的理念。

## 四、宽严相济刑事政策在我国死刑立法中的体现

死刑政策是由我们党和国家制定的对死刑的设置与适用具有普遍指导意义的行动准则，是我国刑事政策的重要组成部分。我国当前死刑政策的完整表述为“保留死刑，严格限制和慎重适用死刑”。在保留死刑的现状下，“少杀、慎杀”即成为我国现行死刑政策的主旨，它是宽严相济基本刑事政策在死刑配置与适用方面的具体体现。具体在立法层面，自2006年10月，中共十六届六中全会通过的《关于构建社会主义和谐社会若干重大问题的决定》明确提出要实施宽严相济的刑事司法政策。在此政策指导下，于2011年5月实施的《刑法修正案（八）》和于2015年11月实施的《刑法修正案（九）》，均在死刑立法方面体现了宽严相济刑事政策的基本精神。

（一）从“宽”政策在我国死刑立法中的体现

《刑法修正案（八）》在死刑立法中贯彻宽严相济刑事政策的从“宽”方面，主要体现在两方面：一方面，取消13种罪名的死刑。此次刑法修正取消的13种死刑罪名具有两个显著特点：一是在法律性质上，都属于经济性、非暴力犯罪。

经济性、非暴力犯罪的客体与死刑所剥夺的生命权之间具有不对称性，因此《刑法修正案（八）》取消这13种犯罪的死刑既是对理论上关于应当废除经济性、非暴力犯罪死刑的主张的回应，也是对当前废除死刑的国际趋势的顺应。二是在司法适用上，都属于备而少用、基本不用的犯罪。另一方面，对老年人犯罪从宽，规定审判的时候已满75周岁的人，不适用死刑，但以特别残忍手段致人死亡的除外。对犯罪的老年人原则上不适用死刑符合我国矜老恤幼的传统刑罚思想，体现了人类内心深处对生命两极的关爱之心和悲悯之情。其既传承了我国法律文化的优良传统，也顺应了刑法人道主义的国际潮流，体现了刑法文明，是宽严相济刑事政策的鲜明体现，有利于我国和谐社会的构建。

同样，《刑法修正案（九）》在死刑立法中贯彻宽严相济刑事政策的从“宽”方面也主要体现在两方面：一方面，在《刑法修正案（八）》废止13种犯罪之死刑的基础上，又成规模地取消了9种犯罪的死刑。总体来看，取消这9种犯罪的死刑符合我国进一步减少死刑罪名的策略，并且也符合我国以非暴力犯罪为重点的死刑制度改革策略。而且值得重视的是，《刑法修正案（九）》开启了非致命性暴力犯罪的死刑废止步伐，符合我国逐步推进死刑制度改革的趋势和策略。从犯罪手段的严重性来看，非致命性暴力犯罪介于非暴力犯罪与致命性暴力犯罪之间。虽然死刑具体罪名废止的顺序，不一定要完全遵守非暴力犯罪、非致命性暴力犯罪和致命性暴力犯罪的顺序，但在总体上，非致命性暴力犯罪因其危害性相对较轻而理应先于致命性暴力犯罪废止死刑。而在非致命性暴力犯罪的死刑完全或者基本废止之前，严格限制乃至废止致命性暴力犯罪的死刑，难度必然更大。相反，如果非致命性暴力犯罪的死刑完全或者大部分被废止了，则致命性暴力犯罪的死刑严格限制乃至废止所遇阻力才会减小。从这个角度来看，非致命性暴力犯罪的死刑废止有助于促进致命性暴力犯罪死刑的严格限制乃至废止，从而有助于适时实现我国彻底废止死刑之任务。另一方面，开始取消绝对确定的死刑。《刑法修正案（九）》取消了绑架罪、贪污罪和受贿罪这三种犯罪的绝对确定的死刑。笔者认为，《刑法修正案（九）》对绝对确定死刑的摒弃具有合理性，因为绝对确定死刑存在诸多弊端，诸如无法体现罪责刑相适应原则，不利于实现刑罚的

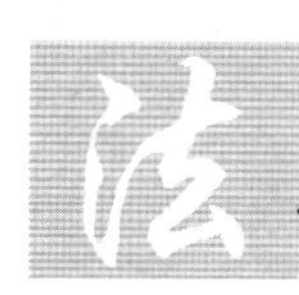


个别化，以及不利于宽严相济刑事政策下“严格控制和慎重适用死刑”政策的司法贯彻等，因此理应予以取消。

（二）从“严”政策在我国死刑立法中的体现

一段时间以来，社会各方面反映，我国刑罚制度在实际执行中存在对有些被判处死刑缓期执行的犯罪分子，实际执行的期限过短的情况。这导致出现两个方面的问题：一是被判处死刑缓期执行的犯罪分子都犯有很严重的罪行，实际执行刑期过短，难以起到惩戒和威慑作用，也不利于社会稳定；二是与死刑立即执行的差距过大，难以充分体现罪责刑相适应的原则，有必要严格限制对某些判处缓期执行的罪行严重的罪犯的减刑，延长其实际服刑期。① 为解决上述问题，《刑法修正案（八）》对刑法典第 50 条关于死缓的规定作了两处修改，由此充分体现了在死刑立法中贯彻宽严相济刑事政策的从“严”的一方面，主要包括：第一，规范并限制对死缓犯的减刑，将原条文中死缓犯有重大立功表现，二年期满以后，“减为十五年以上二十年以下有期徒刑”，修改为“减为二十五年有期徒刑”。第二，限制因累犯和因故意杀人、强奸、抢劫、绑架、爆炸、放火、投放危险物质或者有组织的暴力性犯罪被判处死缓的犯罪分子的减刑。以上修改，便是根据中央司法体制和工作机制改革关于落实宽严相济的刑事政策，建立严格的死刑缓期执行、无期徒刑执行制度以及明确死刑缓期执行和无期徒刑减为有期徒刑后罪犯应实际执行的刑期的精神所作出的。

《刑法修正案（九）》对刑法典第 50 条关于死缓的法律后果的规范再次作了修改，严格死刑执行的条件，主要包括：第一，进一步提高了死刑缓期执行的罪犯执行死刑的门槛，将死刑缓期执行期间“故意犯罪，查证属实的，由最高人民法院核准，执行死刑”之规定，修改为“故意犯罪，情节恶劣的，报请最高人民法院核准后执行死刑”。第二，同时增加规定对于故意犯罪未执行死刑的，死刑缓期执行的期间应当重新计算，并报最高人民法院备案。这一修改，体现了我国保留死刑、严格控制和慎重适用死刑的刑事政策，符合少杀、慎杀的一贯的死刑

① 臧铁伟主编.《中华人民共和国刑法修正案（九）》解读. 北京：中国法制出版社，2015：7.


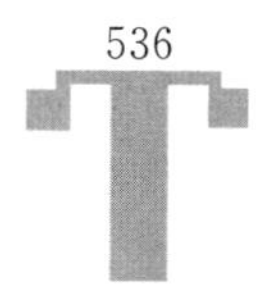

政策主张。这一规定，结合《刑法修正案（九）》关于死刑立法修改的其他方面，也充分体现了宽严相济刑事政策在死刑立法中的贯彻。

## 五、宽严相济刑事政策在我国死刑司法中贯彻的总体思路

我国目前选择宽严相济作为国家现阶段的基本刑事政策，不仅是历史与现实的要求，同时也是法的基本价值——秩序与自由、效率与公平等理性回归的体现。宽严相济刑事政策作为基本刑事政策，对于完善我国刑事法律体系具有重要的指导作用，对于控制死刑具有更为重要的意义。[①] 如果说立法削减是死刑制度改革的基础和根本，那么司法控制就是死刑制度改革的重点和关键。司法层面贯彻宽严相济刑事政策对死刑制度改革至关重要，对涉及死刑适用的严重犯罪案件和被告人，注意严中有宽、以宽济严，最大限度地控制和特别慎重地适用死刑，尤其是死刑立即执行。具体而言，宽严相济刑事政策在死刑的司法贯彻适用中，主要包括两方面的要求。

### （一）准确把握和正确适用从“宽”的政策要求

死刑只有在不得已的情况下配置和适用才具有其正当性。如果通过配置和适用死刑以外的其他刑种就能够消除犯罪人的犯罪能力，实现刑罚预防犯罪的目的，达到罪责刑之间的平衡，即不必以死刑作为威慑潜在犯罪人或者惩罚犯罪人的手段，那么对犯罪人适用死刑就是不必要的。从贯彻宽严相济刑事政策中从“宽”的角度考虑，应将死刑仅适用于极个别的实施了最严重犯罪中极其严重的罪行的犯罪分子。

第一，要充分重视死缓制度的适用。我国刑法所独创的死缓制度，既能严厉惩治犯罪，又能实际上“少杀人”，具有限制和替代死刑立即执行的积极功效。在宽严相济的基本刑事政策和“少杀、慎杀”的死刑刑事政策的视野之下，尽量全面考虑与案件相关的所有因素，只要是可以证明死刑“不是必须立即执行”的

---

① 李淑娟. 我国刑事政策的回顾与反思. 周口师范学院学报，2009（4）.

情形，就应当成为阻却执行死刑而适用死缓的决定因素。在最高人民法院收回死刑核准权之后的当年即2007年，我国死缓的适用数量在多年来首次超过了死刑立即执行的适用数量。① 相关理论研究和司法实践证明，在应当判处死刑的案件之司法中重视死缓的适用，是严格控制和有效减少实际执行死刑人数的重要途径，因此，在死刑的司法控制中，要通过司法解释、指导性案例、业务督导等途径，更加重视依法加强死缓的适用，以死缓尽可能多地替代死刑立即执行的适用。

第二，在法定刑选择上要注意最后选择死刑。目前我国现行刑法中配置死刑的还有46种罪名，其中大多数重罪的法定刑除死刑外同时还配有无期徒刑和长期徒刑，司法实务中在对这些罪行裁量刑罚时，要从严格控制死刑出发，尽量首先选择适用长期徒刑或者无期徒刑，而把死刑（包括死缓）作为最后选择的刑种。

第三，充分注意从宽情节对死刑控制的积极作用。首先，要充分重视法定从宽情节对死刑适用的影响，在具有法定从宽情节时依法不适用死刑或者不适用死刑立即执行，例如，对有自首或立功表现的被告人，不得，至少是不宜判处死刑立即执行。其次，也要注意酌定从宽情节对死刑适用的影响，在具有酌定从宽情节时，亦依法尽量不适用死刑或者不适用死刑立即执行。

（二）准确把握和正确适用从“严”的政策要求

最高人民法院《关于贯彻宽严相济刑事政策的若干意见》明确要求，要准确把握和正确适用从“严”的政策要求。具第6条即规定，宽严相济州事政策中的从“严”，主要是指对于罪行十分严重、社会危害性极大，依法应当判处重刑或

① 在2008年的全国人民代表大会期间，最高人民法院院长肖扬于3月10日下午与广东团代表共同审议“两高”工作报告时，介绍了自2007年1月1日起最高人民法院在时隔26年后收回死刑案件核准权一年来的运行情况，指出这项司法重大改革已经实现了平稳过渡，死刑的裁量标准得到了统一；并介绍说，“去年，全国被判死缓人数多年来首次超过死刑立即执行人数”。去年全国被判死缓人数多年来首超死刑立即执行人数．（2008-03-11）．中国新闻网：https://www.chinanews.com/gn/news/2008/03-11/1187622.shtml.

死刑的，要坚决地判处重刑或者死刑；对于社会危害大或者具有法定、酌定从重处罚情节，以及主观恶性深、人身危险性大的被告人，要依法从严惩处。据此，在司法实践中，对“罪行极其严重”的犯罪分子不判处死刑时也应该慎重，不能片面理解宽严相济的刑事政策，在准确把握和正确适用从“宽”的政策要求的同时，也要做到从严掌握死刑适用的条件和刑事诉讼程序。

第一，严格掌握死刑适用的条件。我国刑法典第48条第一句规定，死刑只适用于罪行极其严重的犯罪分子。所谓罪行极其严重，是犯罪性质极其严重、犯罪情节极其严重、犯罪分子的人身危险性极其严重的统一。犯罪情节极其严重，通常指犯罪的手段极其残忍或者极其卑劣、造成的后果极其严重等。犯罪分子的人身危险性极其严重，一般指一贯作恶多端，屡判屡犯；实施犯罪后态度恶劣、拒不认罪；在押期间不服看管，甚至充当牢头狱霸等。当行为人实施犯罪在犯罪性质、犯罪情节以及人身危险性上同时具备上述情形，罪行十分严重，社会危害性极大，符合死刑的适用标准时，应当严格依照法律规定，可以考虑适用死刑。

但与此同时，需要注意的是，尽管刑法典第48条已从罪行的严重程度上，将适用死刑的对象限定为“罪行极其严重”的犯罪分子，但客观而言，已达到“极其严重”程度的各种罪行，其实际的严重程度也会有所不同。虽然无论是死刑立即执行还是死刑缓期执行都属于死刑的范畴，但二者实则“生死两重天”，而且既然刑法规定应区分是否“不是必须立即执行”，那么在具体决定其死刑判决类型时就应当有足够的慎重。在判断是否“不是必须立即执行”时，必须严格考虑犯罪分子所犯具体罪行的严重程度，遵循刑法所规定的罪责刑相适应原则。从主客观相统一的立场考虑，可以将达到“极其严重”程度的各种罪行再从严重程度上大体作如下区分：(1) 行为的客观危害相对较轻，行为人的主观恶性和人身危险性相对较小；(2) 行为的客观危害相对较轻，行为人的主观恶性和人身危险性很大；(3) 行为的客观危害很重，行为人的主观恶性和人身危险性相对较小；(4) 行为的客观危害很重，行为人的主观恶性和人身危险性很大。立足于我国严格控制死刑，尤其是死刑立即执行的刑事政策，以及刑法理论界和司法实务界比较认同的报应与功利相统一的刑罚目的，应当认为，只有第四种情形下才可

能判处死刑立即执行，前三种情形下均宜判处死刑缓期执行。[①] 就此而言，死刑应当仅适用于极少数罪行极其严重的犯罪分子。

第二，严格掌握死刑案件的适用程序。宽严相济刑事政策是指针对犯罪的不同情况，区别对待，该宽则宽，该严则严，宽严适度；“宽”不是法外施恩，“严”也不是无限加重，而是严格依照刑法典、刑事诉讼法以及相关的刑事法律，根据具体的案件情况来惩罚犯罪，做到“宽严相济，罚当其罪”。刑事诉讼程序需要以宽严相济刑事政策为指导进行科学的制度设计，死刑刑事诉讼程序的运作是宽严相济刑事政策的具体体现。在死刑适用程序方面，应当做到严格死刑案件的审理程序、严格死刑案件的证据标准、严格死刑的执行程序，以及严格保障死刑案件被告人的律师的参与权等。具体来说，对于一审被告人被判处死刑的案件，遵循完备的正当程序，全面实行开庭审理，充分保障诉讼参与人的诉讼权利，尤其是保障被告人及其辩护人的辩解、辩护权利，强化被宣告死刑人的自我救济能力，从而更好地限制死刑；对于二审维持死刑判决的被告人，一律报请最高人民法院依法核准才能执行死刑。并且，死刑案件要实行最严格的证据规则，排除一切合理怀疑；要允许乃至鼓励实行和解制度，在加害人与被害人达成和解协议的情况下，应不适用死刑立即执行乃至不适用死缓等。

## 六、结语

总之，在当代人权观念日益深入人心、普遍受到重视的情况下，在我们国家尊重和保障人权已经写入宪法的今天，重刑主义理应受到彻底的清算。如果继续对严重刑事犯罪大量适用死刑，不仅与时代精神不符，也有违死刑的历史演变规律。因此，为了切实贯彻慎用死刑和宽严相济之基本刑事政策，就需要司法工作人员在严格掌握死刑的适用标准、遵循死刑的正当程序的基础上，合理衡量案件

① 刘志伟. 通过死缓减少死刑立即执行的路径探究 ——基于刑法解释论的考量. 政治与法律，2008 (11).



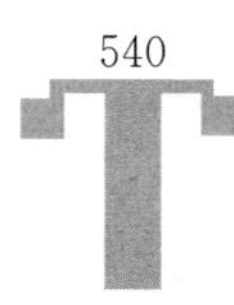

的各种罪前、罪中和罪后情节，要特别注意以罪中情节作为决定死刑适用与否的首要依据，以罪前、罪后情节作为决定死刑适用与否的必要补充，并且适当参酌案外相关因素，尤其是舆情民意，努力追求法律效果与社会效果的有机统一，在死刑适用过程中真正实现刑法的谦抑性、公正性和合目的性，树立严格限制死刑的观念。[①]

① 赵秉志．关于中国现阶段慎用死刑的思考．中国法学，2011（6）．

# 当代中国死刑政策问题检讨暨完善建言*

## 一、前言

在中国这样一个曾经长期以政策治国为传统的国家，死刑政策对死刑立法和司法实践都具有重要的指导作用。早在1956年的中共八大上，刘少奇同志代表中共中央所作的政治报告中就提到了我国应当随着社会的发展进步而逐步废除死刑的构想。① 但是时至今日，死刑制度依然在我国刑罚体系中占据了重要位置，甚至在一段时期内还呈现大幅度扩张之势。究其原因，与我国死刑政策的不明

* 与徐文文博士合著，原载《湖南科技大学学报（社会科学版）》，2017（3）。

① 刘少奇于1956年9月15日在中共八大上所作的《中国共产党中央委员会向第八次全国代表大会的政治报告》中指出："在今后，我们的公安机关、检察机关和法院仍然必须同反革命分子和其他犯罪分子进行坚决的斗争。但是如上所说，这一斗争必须严格地遵守法制，并且应当根据目前的新情况，进一步实行宽大政策。党中央委员会认为，除了极少数的罪犯由于罪大恶极，造成人民的公愤，因而不能不处死刑的以外，对于其余一切罪犯都应当不处死刑，并且应当在他们服徒刑的期间给以完全人道主义的待遇。凡属需要处死刑的案件，应当一律归最高人民法院判决或者核准。这样，我们就可以逐步地达到完全废除死刑的目的，而这是有利于我们的社会主义建设的。"［山西政报，1956（18）：28.］

确、不科学以及易变不无关系。在当前全球严格限制乃至废止死刑的潮流下，科学而明确的死刑政策不仅对推进我国死刑制度改革作用巨大，对死刑立法和死刑司法有着重要的指导意义，同时也会对死刑民意有着积极的引导作用。在当前我国立法和司法领域都强调严格限制死刑的形势下，我国的死刑制度改革已经进入极其关键的时期，因而对我国死刑政策也提出了新的要求。在这一背景下，我们应该更加重视对死刑政策的研究，科学地制定和表述死刑政策，以充分发挥死刑政策对死刑立法和死刑司法的指导作用。

## 二、死刑政策之概念探析

研究死刑政策的基本前提是明确其概念。很多学者在研究死刑政策时，都忽视了死刑政策的概念，而直接将其作为具体的刑事政策或刑罚政策进行探讨。这一方面与我国死刑政策的研究现状有关，即死刑政策仍属于一个有待深入研究的刑事政策领域；另一方面，也反映出一些学者认为死刑政策的定义并不直接影响对其内容的研究。但是，笔者认为，死刑政策的定义直接决定着死刑政策的地位与价值目标，并影响死刑政策的制定和实施。如何定义死刑政策，对明确我国当前及今后的死刑政策具有重要的意义。

### （一）争鸣观点之评析

目前，我国学者对死刑政策的定义主要有以下几种：

其一，死刑政策是一国关于死刑立法和死刑司法的指导方针及对策。①

其二，死刑政策是国家为了预防严重犯罪，维护其阶级统治而根据一定的犯罪形势所制定的与严重犯罪作斗争的方针和政策。②

其三，死刑政策是由党和国家制定的对死刑的设置与适用具有普通指导意义

① 胡云腾．死刑通论．北京：中国政法大学出版社，1995：120.

② 钊作俊．死刑限制论．武汉：武汉大学出版社，2001：63.

的行动准则，是我国刑事政策的重要内容。①

其四，死刑政策是指一国根据本国法制状况制定的关于死刑的立法存废、司法适用以及行刑的指导思想、方针、政策等的策略体系的总和。②

其五，死刑政策是指国家为维护社会秩序，与各种最严重的犯罪行为作斗争，对其罪犯适用死刑的对策和方针。③

其六，死刑政策是指我国基于预防和控制严重犯罪以维护社会秩序、实现正义之目的而制定的有关适用死刑的方针与策略、计划以及具体措施的总称。④

其七，死刑政策有广义和狭义之分，在广义上包括死刑的基本政策、死刑的立法政策、死刑的司法政策，以及为了遏制严重犯罪所采取的和死刑有关的其他社会政策等；在狭义上是运用死刑遏制极端严重犯罪的刑事策略。但是，死刑政策的核心是合理地运用死刑应对合适的犯罪范围。⑤

学者在定义上述死刑政策时，除简单地直接定义之外，大多是参考了刑事政策的概念。笔者认为，这是一种可取的研究方法。考虑到死刑政策与刑事政策属于具体与一般的关系，在定义死刑政策概念时，可以适当借鉴刑事政策的概念。这种“适当借鉴”主要体现在对刑事政策的概念中基本要素的借鉴，即死刑政策的定义也应涵盖一些基本要素。虽然关于刑事政策的概念存在最狭义说、狭义说和广义说等不同观点，但一般来说，刑事政策的概念都包含制定主体、手段、目的和存在样态等四种共性的要素⑥，在定义死刑政策时，也应从这些基本要素出发。但是，死刑属于刑罚手段之一，死刑政策本身并不涉及手段问题，手段不能成为死刑政策概念的要素之一，同时，可以将主要内容作为死刑政策的要素之

① 赵秉志．从中国死刑政策看非暴力犯罪死刑的逐步废止问题//赵秉志主编．刑法时评．北京：中国人民大学出版社，2004.

② 魏东，刘沛胥．死刑政策分析检讨//赵秉志主编．刑事政策专题探讨．北京：中国人民大学出版社，2005：298.

③ 王丹伟．论我国的死刑政策．株洲工学院学报，2004（1）.

④ 马松建．死刑司法控制研究．北京：法律出版社，2006：21.

⑤ 王占启．死刑适用研究．北京：中国民主法制出版社，2013：121.

⑥ 梁根林．刑事政策：立场与范畴．北京：法律出版社，2005：13.

一，以界定其具体范围，因此，我们认为，应从死刑政策的主体、目的、主要内容和存在样态四个方面来界定死刑政策的概念。

根据这一研究思路，笔者认为，上述列举的死刑政策概念，从概念的完整性上说，并非都包含了上述四种要素。第一种观点包含了三种基本要素，即死刑政策的主体（国家）、死刑政策的主要内容（死刑立法和死刑司法），死刑政策的存在样态（指导方针及对策）。第二种观点包含了三种基本要素，即死刑政策的主体（国家），死刑政策的目的（维护阶级统治和与严重犯罪作斗争）、死刑政策的存在样态（方针和政策）。第三种观点包含了三种基本要素，即死刑政策的主体（党和国家）、死刑政策的主要内容（死刑的设置与适用）、死刑政策的载体（行动准则）。第四种观点包含了三种基本要素，即死刑政策的主体（国家）、死刑政策的主要内容（立法存废、司法适用和行刑处遇）、死刑政策的载体（指导思想、方针、政策等策略体系）。第五种观点包含了四种基本要素，即死刑政策的主体（国家）、死刑政策的目的（维护社会秩序并与最严重的犯罪行为作斗争）、死刑政策的主要内容（死刑适用）、死刑政策的载体（对策和方针）。第六种观点包含四种基本要素，即死刑政策的主体（国家）、死刑政策的目的（预防和控制严重犯罪以维护社会秩序、实现正义）、死刑政策的主要内容（死刑适用）、死刑政策的载体（方针与策略、计划以及具体措施）。

最后一种观点主张的广义和狭义之分，是没有必要的。虽然在定义死刑政策时可以参考刑事政策的概念，刑事政策概念的多种不同学说也影响对死刑政策的理解，但并不表明死刑政策的概念也因此而存在不同的学说。最狭义、狭义以及广义的刑事政策说之间最大的区别体现在刑事政策的手段上面，但不管是哪一种刑事政策说，都将刑罚，尤其是死刑，包含在刑事政策的手段之内。因此，没有必要根据刑事政策的不同学说，相应地对死刑政策定义。

### （二）死刑政策概念之界定

下面将通过分析死刑政策的四个基本要素，来明确死刑政策的概念。

第一，死刑政策的主体。关于死刑政策的主体，上述不同观点基本上达成共识，即死刑政策的主体应该是国家。刑罚权是基于犯罪行为对犯罪人实行刑罚惩

罚的国家权能，是国家主权的组成部分。① 其中，死刑惩罚权又是决定公民最重要的生命权的惩罚权，更是只能归于国家。而有关死刑的立法存废、司法适用等策略，也只能由国家制定并由国家机构来具体执行。

第二，死刑政策的目的。上述列举的观点在论及死刑政策的目的时，主要有以下几种表述：维护阶级统治和与严重犯罪作斗争；维护社会秩序并与最严重的犯罪行为作斗争；预防和控制严重犯罪以维护社会秩序、实现正义。概括来说，这些观点基本上都是参考刑事政策的目的，将预防、控制严重犯罪和维护社会秩序也作为死刑政策的目的。这一思路是正确的：作为一种最严厉的刑罚措施，死刑无疑是国家维护统治最有力的武器，而死刑政策的直接目的自然也是更好地维护社会秩序。但是，纵观死刑政策从古代、近代到现代的演变进程，可以发现，随着死刑制度由兴至滥、由滥至衰、由衰至废的变化，死刑政策也经历了从主张重用死刑到主张限制死刑，再到主张废止死刑的沿革。其中，导致死刑政策变化的最根本的原因就是，随着时代的发展，人们开始对死刑在预防和控制严重犯罪方面的正当性、有效性、经济性和人道性等产生了严重的质疑。而这种质疑也可以通过数百年来一直没有停止过的有关死刑存废的各种争论体现出来。因此，笔者认为，当代死刑政策已经不仅仅是为了预防和控制严重犯罪并维护社会秩序，而应该是为了正当、有效、人道地预防和控制严重犯罪并维护社会秩序。对大多数已经彻底废除死刑的国家来说，它们所采取的死刑政策是主张废除死刑，但废除死刑这一政策并非为了防控严重犯罪或维护社会秩序，而是在认识到死刑的不正当、不人道和无效果之后，决定将其排除在刑罚措施之外，并通过其他刑罚措施来更加正当、有效和人道地预防、控制犯罪。对少数仍没有废除死刑的国家来说，由于国家政治、经济、社会形势等具体原因，可能目前废除死刑并不具有现实性，但也要以正当、有效、人道地预防和控制严重犯罪为其死刑政策的目的，不断调整死刑政策，争取尽快废止死刑。因此，笔者认为，死刑政策的目的应该是正当、有效、人道地预防和控制严重犯罪以维持社会秩序。

---

① 张明楷. 刑法原理. 北京：商务印书馆，2011：434.

第三，死刑政策的主要内容。上述列举的观点在探讨死刑政策包含或涉及的主要内容时，大体有以下几种看法：(1) 死刑立法和死刑司法；(2) 死刑的设置与适用；(3) 死刑的立法存废、司法适用和行刑处遇；(4) 死刑的适用。笔者认为，死刑政策的主要内容应该包括死刑的立法、司法和执行三个方面。具体到死刑立法上，死刑政策主要涉及死刑存废和死刑具体设置两个问题；在死刑司法方面，死刑政策主要涉及死刑的适用；而刑罚执行方面，死刑政策主要涉及死刑的执行。可以说，死刑政策的内容主要包括：死刑的立法存废和设置、司法适用以及死刑执行。但是，这种表达过于烦琐，可以用死刑适用一词来概括上述情况。同时，死刑适用又包括是否适用死刑以及如何适用死刑两个方面的内容，为强调死刑存废是死刑政策首先要考虑的问题，可以考虑将死刑政策的主要内容表述为是否以及如何适用死刑。

第四，死刑政策的存在样态。关于死刑政策的存在样态，不同概念中的表述也有所不同，具体有以下几种表述方式：(1) 指导方针及对策；(2) 行动准则；(3) 指导思想、方针、政策等策略体系；(4) 方针与策略、计划以及具体措施。笔者认为，死刑政策的存在样态应该兼顾宏观和微观两个层面，既应包括具有普遍指导意义的战略、方针，也应包括微观具体的策略、方法。同时，上述观点中存在将具体措施也作为死刑政策的存在样态的情况，如最后一种观点。对此，笔者并不赞同。死刑政策毕竟属于政策层面，不应包括具体的措施，以便与具体的死刑措施或死刑制度相区分。因此，死刑政策的存在样态可以表述为：关于死刑的战略、方针、策略和方法。

综上所述，笔者认为，我国死刑政策的概念可以表述为：死刑政策是国家为正当、有效、人道地防制严重犯罪和维护社会秩序而制定的有关是否适用以及如何适用死刑的战略、方针、策略和方法。

从死刑政策的内容上看，我们还可以将死刑政策分为根本死刑政策、基本死刑政策和具体死刑政策。其中，根本死刑政策是指国家在一个相当长的历史时期内有关是否适用死刑问题的总方针。我国长期以来实行的都是保留死刑的根本死刑政策。基本死刑政策，是指对死刑适用具有全局、普遍指导意义的方针和策

略。在整个死刑政策体系中，基本死刑政策起着重要的作用，既要体现根本刑事政策的指导思想和原则，又要指导和制约具体的死刑政策。具体的死刑政策，是指针对特定犯罪、特定对象、特定时期有关死刑适用的具体策略、方法。在不同时期，我国曾制定了很多具体的死刑政策，如对严重刑事犯罪依法从重从快、重用死刑的政策以及对少数民族公民实行少捕、少杀和从宽处理的“两少一宽”政策等。

## 三、当代中国死刑政策问题检讨

最高人民法院于2010年2月8日发布的《关于贯彻宽严相济刑事政策的若干意见》（以下简称《若干意见》）第29条中指明，“要准确理解和严格执行‘保留死刑，严格控制和慎重适用死刑’的政策”。一般认为，“保留死刑，严格控制和慎用死刑”就是我国当前的死刑政策。《若干意见》中还进一步解释了其具体内涵，即“对于罪行极其严重的犯罪分子，论罪应当判处死刑的，要坚决依法判处死刑。要依法严格控制死刑的适用，统一死刑案件的裁判标准，确保死刑只适用于极少数罪行极其严重的犯罪分子。拟判处死刑的具体案件定罪或者量刑的证据必须确实、充分，得出唯一结论。对于罪行极其严重，但只要是依法可不立即执行的，就不应当判处死刑立即执行”。近年来，在这一死刑政策的指导下，我国司法实践中已经日益重视对死刑适用的严格控制，并大大减少了死刑适用的人数。但是，这一死刑政策与我国应然的死刑政策相比，还存在一定的差距，并且主要表现在死刑政策的制定、指导地位、内容表述以及具体死刑政策等方面。

### （一）死刑政策制定方面的问题

一般来说，影响刑事政策制定的因素有很多方面，主要包括社会治安形势和犯罪态势，一定时期的政治、经济形势，理论学说，民意，领导人的意志以及国际组织的影响等。[①] 死刑政策的制定，也会受到上述因素的影响。不过，我国当

① 何秉松. 刑事政策学. 北京：群众出版社，2002：233-240.

代的死刑政策在制定及调整方面，主要表现为对社会治安形势与死刑民意的过度依赖。

首先，过于依赖社会治安形势突出表现为对死刑威慑功能的盲目迷信。自古至今，重刑思想在我国一直十分盛行，统治者在制定死刑政策时都极其看重死刑的威慑作用，并将死刑作为治国的利器。例如，古代统治者并非简单地受死刑威慑观念的影响，而是对死刑威慑观念过度地依赖。这种过度的依赖，直接导致死刑罪名繁多、死刑执行方式异常残酷，死刑政策不仅是主张保留死刑，而且表现为崇尚死刑。又如，在新中国成立以后，不管是镇压反革命运动、“三反”运动、“五反”运动中还是“文化大革命”中，死刑一直被用来对付各种反革命犯罪，以巩固国家政权。在我国进入全面建设社会主义时期后，当出现犯罪率上升、严重经济犯罪和腐败犯罪频发的问题时，死刑又被用来对付可能危及社会主义道路的严重经济犯罪和腐败犯罪。虽然近年来随着人权保障日益受到重视，我国也开始调整死刑政策，并逐步控制死刑的适用，但当代中国基本上没有明确提出过废止死刑的主张。

其次，在死刑问题上，民意一直都是一个重要的影响因素。新中国成立以来，我国领导人在论及死刑政策时，都会直接或间接地提到民意或民愤，并把其作为制定或调整死刑政策的一个重要因素。笔者认为，死刑民意对死刑政策应当有所影响，但这种影响只能是一定程度上的，即死刑政策的制定和调整不能与民意形成强烈的对立和冲突，但可以适度超前于死刑民意。一方面，死刑政策的贯彻执行需要得到民众的支持，在调整死刑政策时，完全不考虑死刑民意是不可行的，只有具备与死刑政策相一致的社会思想观念，死刑政策才能得到顺利贯彻执行。另一方面，虽然死刑政策的制定和调整需要考虑死刑民意，但并不意味着政策调整要一味地迎合、顺应死刑民意。考虑到死刑民意具有较强的非理性特点，死刑政策的调整就不宜完全迎合民众的死刑观念。多数公众对死刑的看法主要是基于朴素的情感，民意所显示的对死刑的支持态度，往往也是公众基于传统的“杀人偿命”等观念，认为对实施了社会危害性极其严重的行为的罪犯处以死刑是其罪有应得，可以达到所谓正义的需要，并修复社会的道德秩序，并不是建立

在对死刑的客观和深入的认知之上。在美国著名的 Furman 案中，马歇尔大法官就曾认为，美国民众对死刑知之甚少，如果他们能获取有关死刑目的与责任的充分信息，并了解死刑在美国被不公平执行的情况，公众将会发现死刑在道德上是不可接受的。马歇尔这种信念变成有名的马歇尔假说，以致后来学者一再就此论述加以调查研究，希望能验证这一假设。另外，公众的死刑观念还具有较强的保守性，表现为对传统死刑文化的继承和沿袭。死刑政策的调整如果完全迎合死刑民意，很可能导致死刑政策的调整停滞不前，无法有效地推动死刑制度改革的前进。再者，需要强调，死刑民意只能在一定程度上影响死刑政策调整的快慢进度，并不能决定死刑政策的发展方向和终极目标，更不能被作为借口来阻碍死刑政策顺应国际发展趋势。

例如，2013 年 11 月中共十八届三中全会通过的《中共中央关于全面深化改革若干重大问题的决定》中提出，要“逐步减少适用死刑罪名”。这就成为《刑法修正案（九）》改革死刑制度的主要政策背景。但是，不管是《关于〈中华人民共和国刑法修正案（九）（草案）〉的说明》，还是全国人大常委会法工委相关负责人就《刑法修正案（九）》答记者问，都一再强调当前的社会形势总体稳定可控，拟减少的死刑罪名并不会对社会治安形势形成负面影响或引起公众的负面反应。这表现出对死刑威慑功能和民意极度依赖。[①] 过于依赖死刑的威慑功能以及死刑民意，死刑政策即使回归为限制死刑的适用，也必将受到很多的束缚，不仅无法在较短时间内实现废止死刑的终极目标，甚至还可能因为社会形势和民意的变化而出现剧烈的反向变化。

（二）死刑政策指导地位方面的问题

死刑政策具有导向功能，对死刑立法和司法都具有重要的指导作用。可以说，死刑政策的贯彻执行效果与其指导地位是否明确也有一定的关系。要想切实推动我国死刑制度改革，必须首先明确死刑政策的指导地位，并充分发挥死刑政策对死刑立法与司法的引导作用。但是，当前我国的死刑政策是通过最高人民法

① 郑赫南．立法机关非常审慎地提出减少死刑方案．检察日报，2015-08-30（2）．

院发布的司法解释得到明确的，不仅具有不合理性，也无法体现死刑政策应有的指导地位。

司法解释一般是指，由最高人民法院和最高人民检察院根据法律赋予的职权，对审判和检察工作中具体应用法律问题所作的具有普遍司法效力的阐明。司法解释的制定主体是国家最高司法机关，同时，司法解释的内容是对法律适用所作的解释。但是，死刑政策作为国家刑事政策中的一项具体政策，不管是从其制定主体看还是从其主要内容看，都不应通过司法解释予以明确。死刑问题早已不是单纯的法律问题或者政策问题，而在很大程度上是一个政治问题。死刑政策既然不属于纯粹的法律问题，就不适合通过司法解释予以明确。即使死刑问题属于法律问题，死刑政策不仅对死刑司法有指导作用，同时也对死刑立法有重要的指导作用。考虑到司法解释仅仅是对法律适用作出的解释，也不应该由司法解释来明确死刑政策。另外，死刑政策的制定主体是国家，而司法解释的制定主体是最高司法机关，从制定主体上看，通过司法解释明确死刑政策，也是不合适的。相反，司法解释与死刑政策的关系应该是体现与被体现的关系，即司法解释应体现并贯彻相关的死刑政策，死刑政策应指导相关的司法解释。

我国当前的死刑政策通过司法解释予以明确，不仅不利于体现我国死刑政策应有的地位，会影响死刑政策更好地发挥其指导作用，也容易导致政策发生剧烈的变化。如果通过司法解释明确死刑政策，仅仅肯定了死刑政策对司法实践的指导作用，而不包括对死刑立法和其他方面的引导作用。另外，与法律相比，政策本身就具有易变性的特点。而当代我国的死刑政策在易变性的基础上，还容易出现剧烈的反向变化。例如，1979 年刑法典通过后初期我国的死刑政策还是少杀和慎杀，到“严打”时期我国的死刑政策已经逐步变为扩大死刑的适用。死刑政策的这种易变性除了与社会形势的变化有关，在一定程度上也与没有将死刑政策明确规定在国家相关法律中有关。而与法律相比，司法解释同样具有较大的灵活性，通过司法解释明确的死刑政策，很可能在短期内发生变化，从而不利于维护死刑政策的稳定性。可以说，通过司法解释明确死刑政策，既无法体现死刑政策应有的指导地位，也不利于迈开我国的限制乃至废止死刑之步伐。

（三）死刑政策内容方面的问题

当前我国的死刑政策是“保留死刑，严格控制和慎用死刑”。针对这一政策的具体表述，不少学者认为存在一定的问题，其中，最突出的问题就是没有在政策中直接提出废除死刑的最终目标。例如，有学者认为，“保留死刑，严格控制和慎用死刑”的政策在现阶段有其合理性，但只能是阶段性政策，就长远而言，应该明确废除死刑的终极目标。① 本文第一作者也曾指出，中国现阶段将废止死刑明确纳入其死刑政策，既有必要性和具体的理由，也有重大的意义。②

我们仍坚持这一看法，认为应将废止死刑明确规定在当前的死刑政策之中，以明确死刑制度改革的方向，并积极引导公众树立正确的死刑观。

首先，废止死刑是死刑发展的必然趋势，也是我国的应然死刑政策，有必要将其明确在当前我国的死刑政策中。作为一项具体的刑事政策，死刑政策不仅应该包括近期实现的目标，也应该含有长期的规划。其中，“保留死刑，严格控制和慎用死刑”是近期实现的目标，而废止死刑则是长期的规划。即使是为了政策表述的完整性，也应该将废止死刑规定在死刑政策之中。

其次，在死刑政策中规定废止死刑，有助于进一步明确中国死刑制度的改革方向和目标。近年来，我国的死刑政策是严格控制死刑的适用，立法和司法实践中也较好地贯彻了这一政策，从而有助于推进我国死刑的限制乃至废止。但是，废止死刑仍主要是我国刑法学界的主流学术观点，并没有得到国家层面的明确认可和支持。限制死刑与废止死刑是不是有必然的关系，限制死刑是不是为了最终实现废止死刑，这是需要进一步明确的问题，否则，不仅不利于明确今后死刑制度改革的方向，甚至死刑政策还可能出现剧烈的反向变化而一度扩大死刑的适用。例如，我国死刑立法政策就出现过剧烈的反向变化，违背了死刑立法政策应有的持续性和规律性。我国 1979 年刑法典颁行时的死刑立法政策还是严格控制死刑适用，但从全国人大常委会 1982 年颁行《关于严惩严重破坏经济的罪犯的

① 赵秉志．当代中国死刑改革争议问题论要．法律科学，2014（1）．

② 赵秉志．死刑改革新思考．环球法律评论，2014（1）．

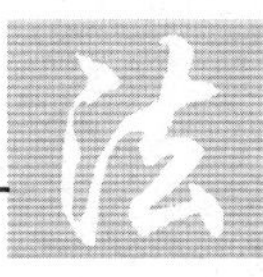

决定》和1983年颁行《关于严惩严重危害社会治安的犯罪分子的决定》开始“严打”立法后，我国的死刑立法政策就开始发生重大变化，并逐步向扩大死刑适用转变。这个历史的教训我们应当牢记。

再次，将废止死刑载明于死刑政策之中，有利于进一步推动死刑制度改革。当前的死刑政策虽然对死刑立法和死刑司法起到重要的指导作用，但还存在步伐迈得过小、过于保守的情况。例如，从《刑法修正案（八）》和《刑法修正案（九）》来看，我国死刑立法政策的调整主要限于减少死刑罪名方面，尚未开始全面调整死刑立法政策。除了进一步限制死刑适用对象的范围和完善死缓制度，并没有过多地涉及死刑适用的总则性规定。而当前刑法典总则中对死刑制度的很多规定都存在不尽合理之处，迫切需要予以修改和完善。例如，我国的死刑适用标准“罪行极其严重”与联合国《公民权利和政治权利国际公约》中的“最严重的罪行”标准存在一定差距，有必要对其进行修改，并与联合国公约中的规定相接轨。同时，在司法实践中，长期盛行的重刑思想仍然存在，这在一定程度上影响了对死刑的严格限制。新中国成立以后，不管基本死刑政策如何变化，司法实践中一直盛行重刑主义。虽然以毛泽东为领导的党中央多次明确提出少杀慎杀的政策，但少杀和慎杀往往被一再突破。不仅在具体判处死刑的数量上进行攀比，还不乏使用各种非法手段逼供，进而判处死刑，制造了不少冤假错案。在此后的“严打”时期，在重用死刑的政策指导下，死刑的司法适用率逐步上升，实践中很多地方严重扩大死刑的适用。新中国成立后的这些司法实践不仅强化了崇尚死刑的一般社会心理，而且加重了司法领域的重刑主义思维方式和办案模式。这种重刑主义的倾向，不仅严重妨碍死刑政策逐步朝废止死刑的方向调整，也影响了限制和慎用死刑政策的贯彻执行。在这种情况下，有必要将废止死刑明确作为死刑政策的内容，以更充分发挥死刑政策的指导作用，进一步促进司法实践中严格限制死刑适用，并朝着废止死刑的终极目标前进。另外，从我国死刑制度改革的现实情况看，也亟须明确提出废止死刑的政策和目标。在《刑法修正案（八）》和《刑法修正案（九）》已先后取消22种罪名之死刑的情况下，如果不明确提出废止死刑的最终目标，中国死刑制度改革的动力可能会逐渐减弱并导致改革止步不前。

最后，将废止死刑明确于死刑政策中，有利于引导死刑民意朝着理性方向发展。当前，虽然我国的多数民众并不支持废除死刑，但这种看法主要是基于朴素的情感，如传统的“杀人偿命”等观念，认为对实施了社会危害极其严重的犯罪行为的犯罪分子处以死刑是其罪有应得，可以达到所谓正义的需要，并修复社会的道德秩序；其并非建立在对死刑的客观和深入的认知之上。在这种情况下，有必要充分发挥死刑政策对死刑民意理性化的积极引导作用，帮助公众树立正确的死刑观。但是，自新中国成立以来，整体上看，我国死刑政策对民意的积极引导作用十分有限，很多时候反而进一步加重了公众对死刑的盲目崇拜和迷信心理。虽然新中国成立后死刑大体上经历了从少杀到扩大死刑适用，再回归严格限制死刑适用的过程，但这种调整在很大程度上是根据社会治安形势的变化而作出的，并非基于对死刑弊端的正确认识，也因此始终没有明确提出废止死刑的最终目标。在这种情况下，无论如何调整死刑政策，都无法有效地通过死刑政策来引导公众正确认识死刑的功能和弊端，并树立科学的死刑观。在“严打”时期，扩大死刑适用的政策更是迎合和满足了严峻的社会治安形势下公众要求重用死刑的心理和期望，进一步加重了这种不科学的死刑观。从 2004 年人权“入宪”之后，我国进一步重视对人权的保障，并在反思重用死刑政策的基础上，开始将死刑政策调整为严格限制死刑的政策。这一时期的死刑政策与之前的相比，更加强调慎用死刑，有利于培养公众的人权保障意识，但仍没能从根本上撼动公众对死刑的迷信。例如，从立法上看，这一时期先后通过《刑法修正案（八）》和《刑法修正案（九）》，废除了 22 种罪名的死刑，从而在死刑立法改革上迈出了重要的步伐。在立法如此大规模地废除死刑罪名的情况下，公众的刑罚万能观和崇尚死刑观必定会受到一定冲击，有利于公众认识到死刑罪名并非越多越好，死刑只应适用于罪行极其严重的犯罪。但是，立法上废除死刑的这 22 种罪名，都是司法实践中适用死刑较少，乃至备而不用的罪名，故没能从根本上质疑死刑的威慑功能。从这个角度看，当前的死刑立法改革还是无法从根本上引导公众摒弃重刑思想而树立正确的死刑观。总之，我们认为，只要不明确废止死刑的终极目标，无

论如何调整死刑政策，都不能从根本上撼动公众对死刑的迷信，也无法有效地通过死刑政策来引导公众正确认识死刑的功能和弊端。

（四）具体死刑政策方面的问题

死刑政策不仅包括根本和基本的死刑政策，也包括具体的死刑政策。其中，根本和基本的死刑政策对于明确我国死刑制度改革的方向具有重要的作用，而具体的死刑政策是切实有效贯彻实施根本死刑政策和基本死刑政策的基本保障。可以说，具体死刑政策对我国死刑制度改革的作用同样是不可忽视的。但是，从我国长期的实践看，具体死刑政策缺失以及不明确的情况十分突出，严重影响了我国当前死刑制度改革的深入推进。

分析我国死刑政策的演变，可以发现，我国一些具体领域的死刑政策长期处于缺失或不明确的状态。除死缓政策和减少死刑适用政策外，其他很多方面的死刑制度改革如死刑适用标准、死刑适用对象等，都缺少具体的死刑政策指导。以死刑适用对象为例：从联合国有关法律文件以及发达国家的立法例看，基于人道主义考虑，大多主张对犯罪的未成年人、老年人、孕妇或哺乳期妇女、精神病患者、聋哑人等特定主体实行不适用死刑的政策。但是，当前我国只有对犯罪的未成年人和孕妇实行不得适用死刑的政策，对犯罪的年满 75 周岁的老年人实行一般不适用死刑的政策。对比国际相关死刑政策的发展趋势，有必要尽快完善并明确我国特定主体的死刑适用政策。又如，我国当前适用死刑的罪名数量仍然较多，既有暴力性犯罪，也有非暴力性犯罪；既有实践中常用的死刑罪名，也有极少适用的死刑罪名。我们有必要针对不同的犯罪类型，制定不同的具体死刑政策。但是，仅从相关司法解释看，我国死刑司法政策重点适用的犯罪类型并非实践中常发的犯罪，导致一些司法实践中频发的死刑罪名的死刑政策模糊不清。在这种情况下，死刑政策很难全面实现对死刑制度改革的指导作用。而且，即使具体的死刑立法政策提出了，也存在不够明确的情况。例如，逐步减少死刑罪名，这一政策既不涉及减少死刑罪名的规模，也不涉及减少死刑罪名的策略等，导致实践中死刑立法制度的相关改革存在争议。在这种死刑立法政策的指导下，立法实践中既可以很保守，象征性地减少几种死刑罪名。也可以大踏步、冒进地一次

减少大多数死刑罪名。这都是不可取的。而上述两个刑法修正案在这一政策的指导下所废止的死刑罪名基本上都是实践中不常用的罪名，有过于保守之嫌。

## 四、当代中国死刑政策完善建言

### （一）以人道主义和人权思想为指导制定死刑政策

我国在制定死刑政策时过于依赖死刑的威慑功能，这不利于死刑政策内容的科学化。对此，有必要强调以人道主义和人权思想为指导制定死刑政策。关于死刑问题，存在着人道主义与功利主义之争。本文第一作者曾指出，刑罚人道主义必然要求超越功利与报应，并为死刑废止论提供理论支持。[①] 也有学者认为，通过对价值哲学、刑罚历史、刑罚根基的考察，人道不是刑罚的价值要素，人道对刑罚的限制不是根据性的，而是条件性的。[②] 上述两种观点都肯定了人道在刑罚发展方面所起的重要作用。人道主义的中心思想是突出犯罪人是人，因而必须将其作为人，而不是作为手段来对待。刑罚人道主义的内容之一就是绝对禁止酷刑和其他残忍不人道或有辱人格的待遇或处罚。因此，在制定死刑政策时，必须以人权思想为指导，体现对人权的尊重和保障。

但是，在制定死刑政策时，到底应该在多大程度上考虑人道主义和人权思想？对此，上述两种代表性观点的看法并不一致。其中，第一种观点认为，应该把人道主义作为制定死刑政策的主要依据，并适当考虑死刑的功利性；第二种观点则认为，人道在刑法中的地位应被认定为一种对刑法发展具有相当意义的价值要素，但并非刑罚自身的价值要素。我们仍坚持第一种观点，即死刑政策制定的主要依据在于人道，而非功利。从国际社会看，不少国家废止死刑都主要是基于人道主义。例如，欧洲坚持彻底废止死刑的立场就是“基于这样一种信念，即死

---

① 赵秉志．当代中国死刑改革争议问题论要．法律科学，2014（1）．赵秉志．死刑改革新思考．环球法律评论，2014（1）．

② 王水明，刘晓虎．刑法中的人道问题．法律科学，2009（2）．

刑是残忍、不人道、有辱人格的，并且侵犯了《欧洲人权公约》和《世界人权宣言》所载基本人权，尤其构成对其中人的尊严和生命权的侵犯”①。从中国人权观念的发展状况看，随着以人为本的科学发展观的提出以及“国家尊重和保障人权”被正式载入宪法，人道主义也被提升到了相当的高度，民众的人权观念也有了较为明显的提升。中国人权观念的这种变化状况，为人道主义作为死刑政策制定的主要依据提供了相应的观念空间和社会基础。反之，从死刑的功利性看，死刑的威慑功能存在难以证实的缺陷。虽然不能否认死刑在客观上具有一定的威慑力，但要想证明死刑具有比长期自由刑和无期徒刑、终身监禁更特别的威慑力，则是十分困难的。因此，把人道主义和人权思想作为死刑政策制定的主要依据，才能促使中国的死刑制度改革坚定地沿着限制、减少之路走向全面废止的目标。

此外，中国的死刑政策也存在过于依赖民意的情况。在制定或调整死刑政策时，适当考虑死刑民意问题，本是无可厚非的。但如果过分依赖民意，而且是不够全面、客观、真实的民意，并以此作为保留死刑的主要理由，难免会有以权力利用民意之嫌。有学者曾指出，政府在多大程度上将普通大众表达的意见作为其刑事政策的基础，当然要取决于其政治理念及其所深信的法律权威的源泉。② 很多国家的实践也表明，当决策者对死刑持保留态度时，就会认为支持死刑的民意力量使对死刑的废除无法进行；而当决策者对死刑持排斥态度时，尽管多数民众仍要求保留死刑，决策者也会顶住民意的压力并废止死刑。可以说，民意作用的产生在许多时候是和公权力同向的结果，无论是所谓的“顺应”民意还是“引导”民意，民意的作用过程总是和权力杂糅在一起，有的时候甚至很难说是权力主导影响刑罚还是民意影响刑罚。③ 对此，建议国家决策层在制定或调整死刑政

① ［德］汉斯-约格·阿尔布莱希特．欧洲的死刑制度//赵秉志主编．刑法论丛：2010 年第 2 卷．北京：法律出版社，2010.

② ［英］罗吉·胡德，卡罗琳·霍伊尔．死刑的全球考察．刘仁文，周振杰，译．北京：中国人民公安大学出版社，2005：479.

③ 孙万怀．论民意在刑事司法中的解构．中外法学，2011（1）.

策时应注意以下两个方面：一是可以适当考虑死刑民意，但不应过分依赖这种民意；二是可以将死刑民意作为现阶段暂时保留死刑的原因之一，但绝不能以此作为长期保留死刑的主要原因，或者因此而影响死刑废止的终极目标。

（二）实现死刑政策的立法化

关于如何明确死刑政策的指导地位，学者也有所探讨，主要有两种代表性观点：一是将死刑政策明确规定于宪法之中，二是将死刑政策明确规定于刑法之中。本文第一作者曾指出：从保持政策稳定性的角度看，有必要将死刑政策立法化，死刑政策的立法化也是严格贯彻死刑政策的重要保证。如果将中国的死刑政策纳入刑法典，那么它必将对中国死刑立法和司法改革产生极大的促进力。① 也有学者认为：为了明确死刑政策的地位，应将死刑政策规定在执政党的基本文件纲领，比如党的章程或重大决议、决定之中。对死刑政策应该及时通过法治的方式加以贯彻实施，其中最理想的目标当然是将其体现在宪法之中，从而实现死刑政策的宪法化。次优的选择是将其规定在刑法之中，当然，死刑政策的刑法化还必须考虑刑法自身的立法技术和特点。② 还有学者认为，应在宪法中表明国家对死刑的态度，明确规定对死刑的判处和执行应受到限制。③

在我们看来，上述观点都有一定的道理，并认为最好是将死刑政策规定于宪法之中。宪法历来被称为人权保障书，一般来说，宪法会明确保障公民的生命权，而死刑作为剥夺生命权的刑罚，与保障生命权的规定存在一定的冲突，也容易引发死刑是否违反宪法规定的争论。正是基于此，很多国家都直接在宪法中明确规定了死刑政策。例如，《瑞士宪法》第 10 条第 1 款规定，“每个人都享有生命权。禁止死刑”；《芬兰宪法》第 7 条规定，“每个人都享有生命权，人身自由、完整性和安全”，“任何人不得判处死刑，遭受拷打或其他侵犯人格尊严的待遇”。这两个国家都在宪法中明确规定了禁止死刑的政策。同时，也有一些国家在宪法

---

① 赵秉志．中国死刑立法改革新思考——以《刑法修正案（九）草案》为主要视角．吉林大学社会科学学报，2015（1）．

② 卢建平．死刑政策的科学表达．中外法学，2015（3）．

③ 上官丕亮．废除死刑的宪法学思考．法商研究，2007（3）．

中明确规定了保留死刑的政策。例如，1993 年《莱索托宪法》第 5 条规定："每个人都享有固有的生命权，任何人不得被任意剥夺生命。在下列情形下违反有关使用武力的法律，应当毫无例外地承担责任。但是，在下列情形下如果死亡在很大程度上是由于正当合理地使用武力造成的，则不视为违反本条所规定的剥夺生命……执行法院根据莱索托法律对业已证明的犯罪行为所作的死刑判决。"这一规定实际上是在宪法中明确保留死刑的政策。在我国，虽然通过 2004 年的《中华人民共和国宪法修正案》将"国家尊重和保障人权"载入宪法，却始终没有在宪法中明确死刑的政策问题。正因为如此，关于我国死刑是否违宪，学界一直存在不同的看法。考虑到死刑的限制及废除与宪法中的生命权密切相关，最好的选择就是将死刑政策明确规定在宪法之中。

进而言之，还可以考虑同时将死刑立法政策规定在刑法之中，以明确死刑立法政策的指导地位，并防止死刑立法改革步子迈得过小。减少死刑罪名虽然是限制我国死刑适用的关键一步，但只是一项具体的死刑立法政策。我们需要从全局考虑，明确基本的死刑立法政策以指导死刑立法。在明确基本的死刑政策后，即使每次刑法修正案涉及的具体死刑制度有所不同，也可以保证死刑制度改革在基本的死刑立法政策指导下进行。从我国当前的具体情况看，可以考虑将"严格限制并逐步减少死刑适用，乃至彻底废除死刑"作为基本的死刑立法政策，并规定于刑法典之中。这样做就等于直接明确了我国的死刑立法改革的最终方向以及改革的途径，不仅可以更快地推进死刑立法改革，也有利于杜绝出现改革倒退的情况。另外，也可以考虑将死刑司法政策规定于司法解释中，在保证死刑司法政策相对稳定的同时，进一步明确死刑司法政策的指导地位。

（三）修正当前死刑政策的表述

当前我国的死刑政策中并没有提及废止死刑的终极目标，建议将废止死刑明确于我国死刑政策之中，并对当前的死刑政策进行调整。关于对现阶段死刑政策的调整意见，学者提出了一些看法。例如，有观点认为可以调整为"暂时保留死刑，立法上逐步减少死刑罪名，司法上严格控制并慎重适用死刑，在条件适当的时候废除死刑”[①]。也有观点认为，为避免过于强化死刑的适用，不宜用“保留死刑”，而应表述为“严格控制死刑，逐步减少直至废除死刑”[②]。本文第一作者曾主张可以调整为“现阶段暂时保留死刑，但严格控制和慎重适用死刑，并且逐步减少死刑和最终废止死刑”[③]。

这些关于死刑政策的调整意见都有一个共同点，即在死刑政策中明确规定废除死刑的终极目标。但是，它们也存在一些不同之处，主要体现在以下两个方面：第一，是否需要明确“保留死刑”？保留还是废止死刑是一国对死刑的根本态度，也是一国根本的死刑政策。提到一国的死刑政策，首先想到的必然是废止死刑或者保留死刑。在我国当前仍保留死刑的情况下，似还是有必要在死刑政策中首先明确我国对死刑政策的根本态度，即保留死刑。上述第二种观点认为，将“保留死刑”明确规定在死刑政策中，可能会强化死刑的适用。其实这种担心是没有根据的，不管是否在死刑政策中明确“保留死刑”，我国当前保留死刑的现实情况是不可能改变的，而司法实践中是否重用死刑与是否明确“保留死刑”的政策也无必然的关联。但是，我们赞成在“保留死刑”前加上“暂时”二字，以强调当前我国保留死刑的阶段性和暂时性，并与废止死刑的最终目标保持方向的一致性。第二，是否需要区分立法层面和司法层面的政策，明确死刑立法政策和死刑司法政策？上述第一种修改意见区分了立法和司法两个层次：立法上逐步减少死刑罪名，司法上严格控制并慎重使用死刑，强调立法和司法的联动。[④] 我们认为这种修改意见的出发点是好的，区分了死刑立法政策和死刑司法政策，可以更好地指导死刑立法和司法实践。但是，这种修改并不是必要的。“保留死刑，严格控制和慎用死刑”作为我国当前的死刑政策，其实是我国基本和根本的死刑

① 赵秉志．当代中国死刑改革争议问题论要．法律科学，2014（1）．

② 卢建平，刘春花．死刑政策的应然表达及其对立法变革的影响．中南民族大学学报（人文社会科学版），2011（3）．

③ 赵秉志．死刑改革新思考．环球法律评论，2014（1）．卢建平．死刑政策的科学表达．中外法学，2015（3）．

④ 卢建平．死刑政策的科学表达．中外法学，2015（3）．

政策，也就是对死刑适用具有全局、普遍指导意义的方针和策略。而死刑立法政策和死刑司法政策是从死刑政策的横向结构上，对死刑政策进行的一种分类。从主张将死刑政策宪法化的角度看，也应该仅将最基本或根本的死刑政策规定于宪法之中。而且，基本和根本的死刑政策对具体的死刑立法政策和死刑司法政策具有指导作用，这也可以在一定程度上保障死刑立法政策或死刑司法政策与基本或根本的死刑政策保持方向的一致性，因而没有必要专门规定以强调立法和司法的联动。

因此，我们认为，这里论及的死刑政策最好只包括基本或根本的死刑政策，而不宜再具体区分立法层面和司法层面，并将死刑立法政策和死刑司法政策包括在内。另外，上述第一种意见对死刑立法政策和死刑司法政策的归纳尚不够全面，例如，“逐步减少死刑罪名”虽然是当前我国的死刑立法政策，却不能全面指导死刑立法的整体修改，如无法指导死刑适用标准以及特殊主体的免死制度等方面。这一政策只能被视为一种具体的死刑立法政策，仅对死刑立法中的死刑罪名数量增减有指导意义。又如，“严格控制死刑”不仅是死刑司法政策，也是死刑立法政策，对死刑立法同样具有指导作用。

再者，考虑到当前学界在探讨我国的死刑存废问题及死刑政策时，主流观点是逐步减少并最终废除死刑，我们认为，可以将这一观点吸纳进死刑政策的具体表述中，建议将当前的死刑政策表述为“暂时保留死刑，严格控制和慎重适用死刑，逐步减少并最终废止死刑”。

（四）进一步明确具体的死刑政策

对具体死刑政策缺失以及不明确的情况，我们建议增加具体的死刑政策，并尽量明确这些死刑政策。例如，我国虽然一直在限制死刑的适用对象，但却没有相应的政策进行指导，而立法上也只是限制了部分死刑适用的对象。因此，建议针对死刑适用对象制定具体的死刑政策。对犯罪的未成年人来说，由于我国已经实行了对未成年人不得适用死刑的政策，可以考虑进一步扩大主体范围，将不满 21 周岁的青少年人都作为不得适用死刑的主体。对犯罪的老年人来说，我国当前实行了对年满 75 周岁的老年人一般不适用死刑的政策，在

年龄标准和例外规定方面都不利于更好保护老年人的利益，应进一步将当前的政策调整为对年满70周岁的老年人一律不得适用死刑。对犯罪的哺乳期的妇女来说，从保护婴儿利益以及人道主义方面考虑，同样不应对其适用死刑。对犯罪的精神障碍者以及聋哑人、盲人来说，由于其刑事责任能力有所减弱，从人道主义考虑，也不应对其适用死刑。

又如，明确有代表性的几类死刑罪名的死刑政策。对故意杀人罪来说，当前我国对故意杀人罪的根本的死刑政策是暂时保留死刑，并且在今后很长一段时期内将一直保留。但是，在故意杀人罪的死刑被彻底废止之前，故意杀人罪的死刑政策并不是一成不变，而是应该根据社会的犯罪态势、死刑民意的变化以及其他犯罪的死刑废止情况，及时予以调整。对毒品犯罪来说，我国当前尚不能废止毒品犯罪的死刑，还应采取保留对严重毒品犯罪适用死刑的政策。但是，在保留对严重毒品犯罪适用死刑的同时，应致力于严格限制毒品犯罪的死刑适用。例如，应尽快废止运输毒品罪的死刑，调整司法实践中对毒品犯罪一贯的“严打”方针，尽快统一毒品犯罪的死刑适用标准，并提高数额标准等。对腐败犯罪来说，当前我国腐败犯罪的死刑政策应是，立法上暂时保留腐败犯罪的死刑，司法上一般不适用死刑。为了更好贯彻执行这一死刑政策，当务之急就是着手引导惩治腐败犯罪的死刑民意，尽量缩小当前的死刑民意与死刑政策之间的差距。

此外，有一些具体的死刑政策也需要进行修改和完善。例如，减少死刑罪名的政策就具有一定的模糊性，不仅容易引发立法实践中各方的争议，也不利于大规模地减少死刑罪名。就我国目前的情况看，可以考虑将减少死刑罪名的政策修改为“大规模地减少非暴力性犯罪的死刑罪名”。这样就等于从政策上明确当前我国死刑罪名的立法改革方向和步骤，更加有利于指导我国的死刑立法实践。等到立法上已经实现了非暴力性犯罪的死刑罪名全部废止后，可以再及时对死刑政策进行调整，将“尽快减少非致命性的犯罪的死刑”作为一项具体的死刑政策。同样地，在我国立法上已废止这类死刑罪名后，就要将“全面废止死刑罪名”作为最后的死刑政策。

(五) 分步骤制定不同阶段的死刑政策

我国的死刑废止不可能一蹴而就，而是要经历一个长期的过程。废止死刑是我国长期的死刑政策，对死刑政策的调整不能操之过急。当前我国的死刑民意倾向于支持保留死刑，而且这种重用死刑的观念是长期形成的，并非一朝一夕就能改变。如果过快调整死刑政策，而完全没有得到公众的理解和支持，那么死刑制度改革必然会以失败而告终。例如，学者通常认为对腐败犯罪等非暴力性犯罪不应适用死刑，如果将当前的死刑政策强制地调整为对所有腐败犯罪一律不适用死刑，可能就会引起公众对此项死刑政策的不解，甚至将这看作是对贪官免死的袒护、是对特殊群体利益的维护，产生强烈不满。因此，在明确废止死刑政策的同时，也要避免死刑政策的调整步伐迈得过大，而应分步骤制定死刑制度改革的政策。一些学者针对我国的死刑制度改革，曾提出具体的步骤。例如，有学者认为，废除死刑的进程要分为三个阶段：从 1995 年到 2010 年左右，为大量废除死刑的阶段；从 2010 年到 2050 年左右，这是基本废除死刑的阶段；从 2050 年到 2100 年，这是全面废除死刑的阶段。[①] 本文第一作者也曾指出，中国应该分三个阶段逐步废止死刑：一是及至 2020 年中国计划实现小康社会之发展目标之时，先行逐步废止非暴力性犯罪的死刑；二是再经过一二十年的发展，在条件成熟时进一步废止非侵犯生命的暴力性犯罪的死刑；三是在中国社会文明和法治进步发展到当今中等发达国家程度时，最迟到 2050 年即新中国成立一百周年之际，全面而彻底地废止死刑。[②] 我们认为，如同死刑制度改革需要分步骤逐步进行一样，我国的死刑政策也需要分步骤地制定，并有计划地执行。

不同阶段的政策取决于实现目标的不同，因此，在探讨如何分步骤制定死刑政策之前，应该先确定我国死刑制度改革的目标。从西方国家废止死刑的实践看，有部分国家是立即全面废止死刑的，但在我国的现实国情下，这种方式是不

---

① 胡云腾. 死刑通论. 中国政法大学出版社，1995：302 及以下.

② 赵秉志. 中国逐步废止死刑论纲. 法学，2005 (1).

可取的。同时，有很多国家是在刑事司法实践中严格限制死刑的宣告与执行，并适时中止死刑的执行，从而成为事实上废止死刑的国家，再经过长时间地闲置死刑，最终实现全面废止死刑的目标。基于重刑主义的文化传统和公众广泛支持死刑的社会现实，我国也可以考虑采取这种由严格限制死刑适用到事实上废止死刑，再过渡到全面废止死刑的策略。基于此，我们认为，可以通过逐步落实三个阶段性的目标，来实现废止死刑的终极目标。其中，第一阶段的目标是逐步限制和减少死刑的适用，也是近期的改革目标；第二阶段的目标是事实上废止死刑的适用，即中远期的改革目标；第三阶段的目标是全面而彻底地废止死刑，这是我国死刑制度改革的终极目标。与此相对应，也可以通过执行三个阶段性的死刑政策，来实现死刑的最终废止。其中，第一阶段的政策是暂时保留死刑，严格控制和慎重适用死刑，逐步减少并最终废止死刑；第二阶段的政策是暂时保留死刑立法，但中止所有死刑的司法适用；第三阶段的政策是在立法上全面废止死刑。至于每一阶段的具体实现时间问题，我们认为很难清楚地设定。就第一阶段来说，从我国当前限制死刑的现状看，从死刑的严格限制到事实上废止死刑不是短期内能完成的，而是需要相当长的时间；就第二阶段来说，从其他国家的死刑废止实践看，从事实上废止死刑到彻底废止死刑不仅时间长短不一，还易出现反复的情况，即可能出现重新适用死刑的情况。但是，不论何时能真正废止死刑，我们应始终本着务实、审慎的态度，分阶段、分步骤地制定死刑政策，并进行死刑制度改革，坚定地迈向死刑废止之路。

## 五、结语

作为一项公共政策，死刑政策的制定和实施必然涉及政治、经济、社会、文化等多个方面，并且受到诸多因素的影响。限于篇幅，本文仅从死刑政策的制定、指导地位、内容表述以及具体死刑政策等方面，对我国现行死刑政策进行了审视。此外，国家决策层的观念、社会治安形势、民意、国际社会的趋势等因素对死刑政策的制定和调整也极为重要，如何正确对待这些因素也是有待

深入探讨的问题，例如，制定死刑政策时应如何重视和积极提升国家决策层对死刑的认识、如何把握社会治安形势的好坏对死刑政策的影响等。只有制定并实施科学合理的死刑政策，我国的死刑制度改革才能真正朝着废止死刑的方向不断进步。

# 《刑法修正案（九）》死刑改革的观察与思考*

## 一、前言

全国人大常委会在 2011 年《刑法修正案（八）》一次性取消 13 种经济性、非暴力犯罪死刑的基础上，又于 2015 年 8 月通过的《刑法修正案（九）》中对我国死刑制度再次进行了重要修改，主要从三个方面严格限制了死刑：一是进一步减少死刑适用的罪名，取消了走私武器、弹药罪等 9 种犯罪的死刑；二是提高死缓犯执行死刑的门槛，将其门槛由在死缓考验期间“故意犯罪”提高至“故意犯罪，情节恶劣的”；三是修改绑架罪和贪污罪、受贿罪绝对死刑的规定为相对死刑的法定刑模式。上述有关死刑制度的改革不仅是《刑法修正案（九）》的一大亮点，也是我国死刑立法改革的又一重大进步。本文将围绕死刑制度改革的立法背景、具体条文解读及修法过程中的争议等问题，从上述三个方面对《刑法修正案（九）》中涉及的死刑制度改革进行分析和探讨。

* 与徐文文博士合著，原载《法律适用》，2016（1）。

## 二、《刑法修正案（九）》相关死刑改革的修法过程

从《刑法修正案（九）（草案）》的研拟，到全国人大常委会三次审议《刑法修正案（九）（草案）》，再到第十二届全国人大常委会第十六次会议表决通过《刑法修正案（九）》，历时三年。[①] 在这段时间里，国家立法机关在充分听取社会各界的不同意见后，不断修改和完善修正案的相关内容，才形成最终通过的《刑法修正案（九）》。死刑改革作为《刑法修正案（九）》中的一个重要部分，也在草案研拟和三次审议的过程中经历了一些演变。为了更清楚了解这些变动以更精准地把握立法精神和法律含义，现将此次死刑改革的立法过程及演变进行简单梳理。

从中国人大网公布的《刑法修正案（九）（草案）》看，有关死刑改革的条文主要涉及两个方面：一是进一步减少死刑适用的罪名，取消走私武器、弹药罪等9种犯罪的死刑；二是提高死缓犯执行死刑的门槛，将死缓犯执行死刑的门槛由“故意犯罪”提高至“故意犯罪，情节恶劣的”。但是，在《刑法修正案（九）（草案）》研拟过程中，关于拟减少的死刑罪名和提高死缓犯执行死刑门槛的具体条文曾有不同的意见和方案。[②] 关于减少死刑罪名，曾有方案提出取消4种或5种死刑罪名，也有方案建议只取消一种死刑罪名。而提交全国人大常委会审议并向社会公布的《刑法修正案（九）（草案）》延续了《刑法修正案（八）》的模式，拟成批量地取消9种罪名的死刑。关于死缓制度，有观点提出要明确死缓的适用条件，认为目前中国刑法关于死缓适用条件的规定过于抽象、含混，不利于死缓的适用和功能的发挥。例如，曾有一个方案认为可将对死缓犯执行死刑的条件改为：“故意犯罪，被判处五年有期徒刑以上刑罚的，或者被判处五年有期徒刑以下刑罚，情节恶劣的”。而《刑法修正案（九）（草案）》最终将现行刑法中对死

① 赵秉志主编.《中华人民共和国刑法修正案（九）》理解与适用. 北京：中国法制出版社，2016：5.

② 赵秉志. 中国死刑立法改革新思考——以《刑法修正案（九）（草案）》为主要视角. 吉林大学社会科学学报，2015（1）.

缓犯执行死刑的“故意犯罪”之门槛提升为“故意犯罪，情节恶劣的”。

而且，在《刑法修正案（九）草案》研拟过程中，有关死刑改革的条文远不止上述两个方面，还涉及明确死缓制度的地位、进一步改革死刑适用标准和严格限制死刑适用对象等问题。例如，曾有观点提出应提升死缓制度在中国刑罚体系中的地位，将其发展为死刑立即执行的替代措施，对可能判处死刑的罪犯优先或者一律适用死缓，以充分限制死刑立即执行的适用，逐步从事实上废止死刑。也曾有方案提出要对死缓的地位作更进一步的规定，即将刑法典原第 48 条第 1 款后半段的规定独立出来，作为单独一款，并将其修改为：“对于应当判处死刑的犯罪分子，除必须立即执行的以外，应当判处死刑同时宣告缓期二年执行。”但在正式公布的《刑法修正案（九）（草案）》中，该规定被取消了。此外，在草案的研拟过程中，曾有方案提出要进一步明确严格控制、慎重适用死刑的立法精神，主张将刑法典第 48 条第 1 款修改为：“死刑只适用于最严重的犯罪中罪行极其严重、人身危险性极大的犯罪分子。”但在国家立法工作机关主持的讨论中，与会者之间意见分歧较大，有人认为二者是一回事，有叠床架屋之嫌；有人认为对此规定要维持中国特色，不必直接采纳联合国公约的规定。最终，该方案未被已正式公布的《刑法修正案（九）（草案）》所采纳。①

在《刑法修正案（九）（草案）》公布之后，社会各界提出了很多建议，其中也包括涉及死刑改革的意见和建议。关于减少死刑罪名，有不少全国人大常委会委员赞成取消走私武器、弹药、走私核材料等 9 种罪名的死刑，认为这符合中央精神以及减少死刑适用的国际趋势。同时，也有全国人大常委会委员认为：减少死刑罪名要综合考虑社会治安状况、犯罪的危害程度、国家安全情况、社会公众的安全等因素，慎重决定；以实践中较少适用作为减少死刑罪名的理由不够充分，建议进一步明确减少死刑的标准；对严重危害国家安全、社会公共安全以及他人生命安全的犯罪，不能取消死刑；在取消死刑的同时应完善自由刑体系，设

① 赵秉志．中国死刑立法改革新思考——以《刑法修正案（九）（草案）》为主要视角．吉林大学社会科学学报，2015（1）．



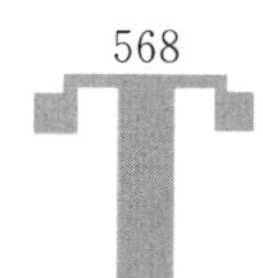

置终身监禁，严格限制相应犯罪判处无期徒刑后的减刑。有学者对有关死刑规定提出了修改意见，建议对运输毒品行为单独规定罪名和适用死刑的标准；并对死刑适用标准和死刑适用对象作进一步修改。社会公众也对死刑有关规定提出了一些看法，有意见认为，死刑具有相当的威慑力，在当前社会治安依然严峻和一些恶性暴力犯罪不断发生的情况下，不能减少死刑或不宜太快地减少死刑。[①]

在听取了社会各界对《刑法修正案（九）（草案）》的意见之后，全国人大法律委员会又召开会议，对草案进行了逐条审议，并就对草案主要问题的修改情况进行了汇报。其中，涉及死刑方面的主要有：第一，关于取消绑架罪的绝对死刑。刑法典原第239条规定，犯绑架罪，“致使被绑架人死亡或者杀害被绑架人的，处死刑……”。有的部门、地方和专家指出：刑法对这种情形规定绝对死刑的刑罚，司法机关在量刑时没有余地，不能适应各类案件的复杂情况，有的案件难以体现罪责刑相适应的原则。同时，除致人死亡或者杀害被绑架人的以外，对于故意伤害被绑架人、致人重伤的，也应当根据其犯罪情节，规定相应的刑罚。因此，国家立法机关决定将绑架罪的上述规定修改为：“故意伤害、杀害被绑架人，致人重伤、死亡的，处无期徒刑或者死刑。”第二，关于草案取消的9种罪名的死刑。有全国人大常委会组成人员、有关部门提出，对取消走私武器、弹药罪，走私核材料罪以及阻碍执行军事职务罪和战时造谣惑众罪两个军人违反职责罪的死刑需要慎重；有的常委会委员、部门、地方和专家建议再取消一些犯罪如运输毒品罪等的死刑。全国人大法律委员会经研究认为：“逐步减少适用死刑罪名”是党的十八届三中全会提出的改革任务，取消9种罪名的死刑，是在与中央各政法机关反复研究、论证，并广泛听取人大代表、专家和各有关方面意见的基础上提出的，同时，为了防止可能产生的负面影响，事先作了慎重评估。在全国人大常委会初次审议后，经同中央政法委、中国人民解放军总政治部等反复研究，认为草案的规定是适宜的。今后可进一步总结实践经验，根据经济社会发展

---

① 全国人大常委会法制工作委员会办公室．十二届全国人大常委会第十一次会议审议刑法修正案（九）草案的意见（法工办字〔2014〕39号）．

的情况和惩治犯罪的需要，适时对刑罚作出调整。据此，建议维持草案设计的取消 9 种罪名死刑的规定。[①]

鉴于此，《刑法修正案（九）（草案）》二次审议稿对涉及死刑的条文作了适当的调整和修改，除了重申减少 9 个死刑罪名的必要性，保留一审草案中减少的 9 个死刑罪名和提高对死缓犯执行死刑门槛的规定外，还对绑架罪的刑罚进行了修改，取消了绑架罪的绝对死刑规定。此后，中国人大网又公布了草案的二次审议稿，并再次广泛征求社会意见。在听取各界意见后，全国人大法律委员会又召开会议，再次对二次审议稿进行审议，认为草案经两次审议修改，已经比较成熟；并提出一些修改建议。其中，涉及死刑条文的意见主要是修改草案二次审议稿对绑架罪的规定。有全国人大常委会组成人员、有关部门提出，对于犯绑架罪，故意杀害被绑架人的，无论是否得逞，是否造成重伤、死亡的后果，都应当严厉惩处，以切实保护公民的安全。全国人大法律委员会建议采纳这一意见，将绑架罪的规定修改为：犯绑架罪，“杀害被绑架人的，或者故意伤害被绑架人，致人重伤、死亡的，处无期徒刑或者死刑，并处没收财产”[②]。

此后的草案三次审议稿按照上述意见对死刑的相关条款作出修改，并形成表决稿，提请第十二届全国人大常委会第十六次会议表决。最终通过表决的《刑法修正案（九）》主要在上述三个方面涉及死刑制度的修改。

## 三、关于《刑法修正案（九）》减少死刑罪名的问题

### （一）死刑罪名概况及相关条文解读

1. 目前的死刑罪名概况

在《刑法修正案（八）》一次性废止了 13 种经济性、非暴力犯罪的死刑后，

① 全国人民代表大会法律委员会. 关于〈中华人民共和国刑法修正案（九）草案〉修改情况的汇报//第十二届全国人大常委会第十五次会议文件（五）.

② 参见全国人民代表大会法律委员会. 关于〈中华人民共和国刑法修正案（九）草案〉审议结果的报告//第十二届全国人大常委会第十六次会议文件（三）.

我国刑法立法上还保留有 55 种死刑罪名。此次通过的《刑法修正案（九）》又废止了 9 种犯罪的死刑，即走私武器、弹药罪，走私核材料罪和走私假币罪（刑法典第 151 条第 1 款），伪造货币罪（第 170 条），集资诈骗罪（第 192 条），组织卖淫罪和强迫卖淫罪（第 358 条第 1 款），阻碍执行军事职务罪（第 426 条）和战时造谣惑众罪（第 433 条第 2 款）。至此，我国刑法典中仍保留有 46 种死刑罪名。这些死刑条款在刑法典分则中分布广泛，刑法典分则十章中只有第九章“渎职罪”中没有规定死刑罪名，其余九章均规定有死刑罪名。这 46 种死刑罪名在刑法分则中的分布为：危害国家安全罪一章中有 7 种死刑罪名；危害公共安全罪一章中有 14 种死刑罪名；破坏社会主义市场经济秩序罪一章中有 2 种死刑罪名；侵犯公民人身权利、民主权利罪一章中有 5 种死刑罪名；侵犯财产罪一章中有 1 种死刑罪名；妨害社会管理秩序罪一章中有 3 种死刑罪名；危害国防利益罪一章中有 2 种死刑罪名；贪污贿赂罪一章中有 2 种死刑罪名；军人违反职责罪一章中有 10 种死刑罪名。

2. 废止死刑罪名修法解读

《刑法修正案（九）》共取消了 9 种罪名的死刑，标志着我国在减少死刑罪名的道路上又迈出了重要一步。取消死刑后，走私武器、弹药罪和走私核材料罪、走私假币罪的最高刑罚为无期徒刑，并处罚金；伪造货币罪的最高刑罚为 10 年以上有期徒刑或者无期徒刑，并处罚金或者没收财产；集资诈骗罪的最高刑罚是 10 年以上有期徒刑或者无期徒刑，并处 5 万元以上 50 万元以下罚金或者没收财产；组织卖淫罪和强迫卖淫罪的最高刑罚是 10 年以上有期徒刑或者无期徒刑，并处罚金或者没收财产；阻碍执行军事职务罪和战时造谣惑众罪的最高刑罚是 10 年以上有期徒刑或者无期徒刑。从这 9 种罪名取消死刑后的最高刑罚看，只有走私武器、弹药罪和走私核材料罪、走私假币罪的最高刑罚为绝对的无期徒刑，即只有一种刑罚种类且无刑度，没有其他可供选择的刑罚。其他罪名在取消死刑后，都有 10 年以上有期徒刑或者无期徒刑两种不同的刑罚种类可供选择。考虑到绝对确定法定刑的弊端，《刑法修正案（九）》在取消走私武器、弹药罪和走私核材料罪、走私假币罪的死刑后，不应将其最高刑罚设置为绝对确定的

无期徒刑。关于绝对确定法定刑的弊端，将在下文中详细探讨。我们建议将走私武器、弹药罪和走私核材料罪、走私假币罪的最高刑罚调整为 15 年以上有期徒刑或者无期徒刑，即“情节特别严重的，处十五年以上有期徒刑或者无期徒刑”。

另外，为了取消集资诈骗罪的死刑，《刑法修正案（九）》直接删除了刑法典第 199 条的规定，出现了“开天窗”的情况，即正在施行中的刑法的某一条或者某几条被整体废除，条文成为空白。我国 1997 年刑法典对集资诈骗罪、票据诈骗罪、金融凭证诈骗罪和信用证诈骗罪 4 种金融犯罪的法定刑采取了分离立法的模式，即除在刑法典第 192 条“集资诈骗罪”、第 194 条第 1 款“票据诈骗罪”、第 194 条第 2 款“金融凭证诈骗罪”和第 195 条“信用证诈骗罪”规定法定刑之外，由第 199 条单独规定上述犯罪的最高刑为死刑。之后颁布、实施的《刑法修正案（八）》将票据诈骗罪、金融凭证诈骗罪和信用证诈骗罪的死刑废除，只保留了集资诈骗罪的死刑并规定在刑法典第 199 条中。而《刑法修正案（九）》取消集资诈骗罪的死刑，导致刑法典第 199 条整条被废除，于是出现了这种“开天窗”的情况。

### （二）修法过程中的争议问题

在《刑法修正案（九）草案》研拟和三次立法审议的过程中，社会各界对死刑罪名的减少曾提出不少意见，也存在一些有争议的问题。概括而言，相关争议主要包括两个方面：一是修正案中涉及的 9 种罪名死刑存废之争，二是关于减少死刑罪名的步骤及规模问题。

#### 1. 9 种罪名的死刑存废问题

关于《刑法修正案（九）》中涉及的 9 种死刑罪名的存废问题，在修法过程中存在一定争议。以全国人大常委会组成人员分组审议《刑法修正案（九）（草案）》时关于废除死刑罪名的讨论情况为例，就存在多种不同的意见。有意见认为不应该取消走私武器、弹药罪的死刑，其理由是如果放松对这种行为的管理，将无法起到震慑作用，并给国家安全造成极大的隐患。关于走私核材料罪，有意见认为这一罪名虽然在实践中较少适用，但行为人一旦实施这种行为，社会危害

巨大，后果不堪设想。也有意见认为走私伪造货币罪的行为和危害后果都很严重，对社会的危害很大，不应废除其死刑。关于集资诈骗罪和伪造货币罪，有意见认为这两种犯罪容易引起社会动荡，引发群体性事件，影响国家的经济、金融安全，因而不能废除死刑。关于组织卖淫罪和强迫卖淫罪，有意见建议对其死刑的取消持慎重态度，因为行为人具备主观恶性和再犯可能性等要素，特别是在现实中，强迫幼女卖淫的现象仍层出不穷，民愤极大。关于阻碍执行军事职务罪和战时造谣惑众罪，有意见认为虽然现在是和平时期，但并不排除今后发生战争的可能，如果不保留这两种犯罪的死刑，不利于战时维护军事利益。① 其中，争议较大的死刑罪名存废主要涉及走私武器、弹药罪，走私核材料罪，阻碍执行军事职务罪，战时造谣惑众罪。

上述建议过分强调了死刑的威慑功能，实则并不合理。可以说，《刑法修正案（九）》取消死刑的9种罪名，均是非暴力、经济性犯罪或非致命性暴力犯罪，且都是备而不用或备而少用的死刑罪名，与其他死刑罪名相比，它们属于应当优先考虑废止死刑的犯罪。在这种情况下，如果再质疑减少上述9种死刑罪名是否合理，其实已经不是对取消这些具体个罪的死刑的质疑，而是对我国限制与减少死刑的方向和规模的质疑。尤其是通过分析上述反对取消9种罪名的死刑的意见，不难发现，一些全国人大常委会组成人员反对取消个罪的死刑，主要是考虑到死刑所具有的震慑作用。其中大多数反对取消个罪的死刑的意见都指出，一旦取消死刑，可能会造成严重危害社会的后果。其实，关于死刑威慑功能的探讨，从18世纪死刑存废之争备受关注到现在，就一直没有停止过。综观关于死刑存废的各种争论，大多是围绕人道主义、刑事政策、死刑的预防功能、司法实践、被害人立场和死刑是否违宪等方面展开。其中，关于死刑的威慑功能（一般预防），支持死刑者一般认为，所有人都有趋利避害的本能，就刑罚的实际效果而言，不能否认死刑具有一般预防作用；而持死刑废止论者多认为，目前并无确切

① 陈丽平．一些常委委员建议认真研究减少死刑罪名原则走私核材料罪等不应取消死刑．法制日报，2014-12-17（3）．

的实证资料，足以证明死刑具有一般威吓作用，反而是刑罚越苛刻，越会助长人类的残酷心理。因此，死刑的执行，非但不具有震慑犯罪的作用，反而有教育人民残忍化的效果。我们认为，在目前无法证明死刑对遏制严重犯罪最具威慑力的情况下，在社会文明发达和人权观念日益强化的今天，中国应当顺应全球限制、废止死刑的立法趋势，摒弃过分依赖死刑威慑力的理念与实践。尤其是要考虑到，在《刑法修正案（八）》一次性废除了 13 种罪名的死刑之后，并没有对社会安定造成任何影响。正如国家立法机关在《关于〈中华人民共和国刑法修正案（九）（草案）〉的说明》中所指出："2011 年出台的刑法修正案（八）取消 13 个经济性非暴力犯罪的死刑以来，我国社会治安形势总体稳定可控，一些严重犯罪稳中有降。实践表明，取消 13 个罪名的死刑，没有对社会治安形势形成负面影响，社会各方面对减少死刑罪名反应正面。这次准备取消死刑的 9 个罪名，在实践中较少适用死刑，取消后最高还可以判处无期徒刑。对相关犯罪在取消死刑后通过加强执法，该严厉惩处的依法严厉惩处，可以做到整体惩处力度不减，以确保社会治安整体形势稳定。此外，上述犯罪取消死刑后，如出现情节特别恶劣，符合数罪并罚或者其他有关犯罪规定的，还可依法判处更重的刑罚。"① 全国人大常委会法制工作委员会相关负责人就《刑法修正案（九）》答记者问时，也强调"在减少死刑过程中，立法机关反复听取各个方面的意见，调取了大量数据，研究了大量案件，非常审慎地提出减少死刑的方案"②。可见，在我国社会治安形势总体稳定可控、一些严重犯罪稳中有降的社会背景下，不应过分依赖死刑的威慑功能，而应顺应国际限制、废止死刑的立法趋势，不断减少我国的死刑罪名。

2. 减少死刑罪名的策略及规模之争

在对《刑法修正案（九）（草案）》审议稿征求意见的过程中，有不少全国

① 李适时. 关于《中华人民共和国刑法修正案（九）（草案）》的说明（2014 年 10 月 27 日在第十二届全国人民代表大会常务委员会第十一次会议上）.

② 郑赫南. 立法机关非常审慎地提出减少死刑方案. 检察日报，2015-08-30（2）.

人大常委会委员、单位、学者或公众对此次修正案减少死刑罪名的步骤、策略提出疑问，其中有一些意见认为：《刑法修正案（九）》一次取消 9 种罪名的死刑，步子迈得太大，应该对死刑罪名的减少持谨慎态度。[①] 关于减少死刑罪名的策略问题，本文第一作者曾提出，就中国现阶段的综合情况而言，可以经历如下三个阶段逐步废止死刑：一是先行逐步废止非暴力犯罪的死刑；二是在条件成熟时进一步废止非致命犯罪（非侵犯生命的犯罪）的死刑；三是进而在社会文明和法治发展到相当发达程度时，全面废止死刑。不过，从中国死刑制度改革的实际需要来看，这三个阶段的区分是总体上、大致的区分，并不是绝对的，其中第一个阶段和第二个阶段可能会出现一定的交叉。[②] 也有学者建议，首先应废除非暴力犯罪的死刑，在非暴力犯罪的死刑罪名中，先考虑废除那些备而不用和偶尔适用的死刑罪名，然后，根据暴力程度轻重，在暴力犯罪的死刑罪名中先废除暴力程度较轻的死刑罪名。[③] 我们认同上述基本看法，并认为从死刑具体罪名废止的步骤来看，不一定完全遵循非暴力犯罪、非致命性暴力犯罪和致命性暴力犯罪的顺序，因为在确定废除死刑罪名的策略和步骤时，不仅需要考虑犯罪的社会危害程度，有时也需要结合死刑罪名是否较少适用等社会现实情况进行综合考虑。

关于减少死刑罪名的规模，我们认为，《刑法修正案（九）》取消 9 种罪名的死刑是我国现阶段死刑立法改革的重大进步，不仅不存在步子迈得过大的问题，反而应考虑取消运输毒品罪等其他罪名的死刑，以保证成规模地取消死刑罪名。《刑法修正案（九）》通过之后，我国死刑罪名的数量仍高达 46 种。我国要实现严格控制、慎重适用死刑，直至最终废止死刑的目标，若仅靠每次刑法修改取消

---

① 陈丽平．一些常委委员建议认真研究减少死刑罪名原则走私核材料罪等不应取消死刑．法制日报，2014-12-17（3）．全国人大常委会法制工作委员会办公室．十二届全国人大常委会第十一次会议审议刑法修正案（九）草案的意见（法工办字〔2014〕39 号）．全国人大常委会法制工作委员会办公室．刑法修正案（九）草案向社会公众征求意见的情况（法工刑字〔2015〕2 号等）．

② 赵秉志．中国死刑立法改革新思考——以《刑法修正案（九）（草案）》为主要视角．吉林大学社会科学学报，2015（1）．

③ 陈兴良．减少死刑的立法线路图．政治与法律，2015（7）．

一两种死刑罪名，那还需要很多年才能实现。而且，从死刑罪名适用的实际情况看，我国适用死刑较多的罪名主要是故意杀人罪、严重毒品犯罪、故意伤害罪、抢劫罪等少数几种严重危害公民人身和社会的犯罪，而绝大多数死刑罪名都较少适用，甚或备而不用。成批量成规模地取消这些备而不用或备而少用的死刑罪名，不会对社会治安形势造成太大的冲击和影响。因此，立法上应该成批量成规模地取消死刑罪名。

## 四、关于《刑法修正案（九）》提高死缓犯执行死刑门槛的问题

### （一）《刑法修正案（九）》涉死缓犯条文的修改解读

《刑法修正案（九）》关于对死缓犯执行死刑作了两点重大调整：一是提高了关于死缓犯执行死刑的门槛，将对死缓犯执行死刑的门槛由“故意犯罪”提高至“故意犯罪，情节恶劣的”；二是增设了死刑缓期执行期间重新计算制度，规定“对于故意犯罪未执行死刑的，死刑缓期执行的期间重新计算，并报最高人民法院备案”。修改之后，对被判处死刑缓期执行的犯罪人来说，在缓刑执行期间，如果没有故意犯罪，2 年期满后，减为无期徒刑；如果确有重大立功表现，2 年期满以后，减为 25 年有期徒刑。在死刑缓期执行期间，如果故意犯罪，且情节恶劣的，报请最高人民法院核准后执行死刑；如果故意犯罪，又不属于情节恶劣的，不予执行死刑，但死刑缓期执行的期间要重新计算，并报最高人民法院备案。其中，对“情节恶劣”的认定，仍需最高司法机关进一步予以解释。而“死刑缓期执行期间重新计算”制度可被视为提高死缓犯执行死刑门槛的配套措施，以防止死缓犯利用该规定逃避法律制裁。根据修改后的规定，如果死缓犯在死刑缓期执行期间多次故意犯轻罪的，则其死刑缓期执行的期间要多次重新计算。可见，死刑缓期执行期间的延长本身也是对罪犯的惩罚，可在一定程度上防止死缓犯滥用对死缓犯严格执行死刑的制度。另外，关于“报最高人民法院备案”的规定同时赋予了最高人民法院对相关活动的监督权，有利于促进司法的公平公正。

（二）修法过程中的争议问题

在《刑法修正案（九）（草案）》的研拟和审议过程中，有不少全国人大常委会委员、单位、学者和公众对修改死缓犯执行死刑条件提出建议，认为修改后的“情节恶劣”表述过于抽象、概括，应明确其含义；有意见认为，可以在“情节恶劣”前增加“性质严重”，或者将“情节恶劣”修改为“情节严重”；也有意见认为，修改后的“情节恶劣”限制条件过严，有悖于设置死缓制度的初衷，建议保留原来规定，不作修改。①

我们认为：首先，此次修正案中提高死缓犯执行死刑门槛具有积极的意义。在立法上增加“情节恶劣”的要求，提高死缓犯执行死刑条件，体现了我国严格限制对死缓犯执行死刑的一贯立法传统，也是对1979年刑法典和1997年刑法典相关规定的发展、完善。而且，这一修改也体现出“严格限制和慎重适用死刑”的刑事政策，有助于在实践中限制对死缓犯执行死刑。其次，结合我国死刑的程序等制度设计，在当前背景下，《刑法修正案（九）》将对死缓犯执行死刑的标准规定为“故意犯罪，情节恶劣”，也是合理的。这主要体现在两个方面：一是最高人民法院统一行使死刑复核权能防止对死缓犯执行死刑标准理解的不统一和扩大化。自2007年1月1日起，在我国死刑案件的核准权统一收归最高人民法院行使。至此，全国死刑案件中死刑的适用（包括死缓犯执行死刑的适用）实现了标准的统一。同时，鉴于最高人民法院作为我国最高司法机关的司法能力和水平，将对死缓犯执行死刑的标准规定为“故意犯罪，情节恶劣”，也可避免死刑案件核准权下放时可能存在的对“情节恶劣”之标准的不统一和任意扩大理解的问题。二是死缓犯故意犯罪的情况很复杂，单一的刑期标准无法涵盖一些特殊情况。虽然从内涵上看，刑期本身也能反映很多案件情节，但刑期主要受行为性质的影响，一些行为性质不是特别恶劣但其他方面情节恶劣的情形似乎难以包含在

① 全国人大常委会法制工作委员会办公室. 地方人大和中央有关部门、单位对刑法修正案（九）草案的意见（法工刑鉴〔2015〕1号）. 全国人大常委会法制工作委员会办公室. 刑法修正案（九）草案向社会公众征求意见的情况（法工刑字〔2015〕2号）.

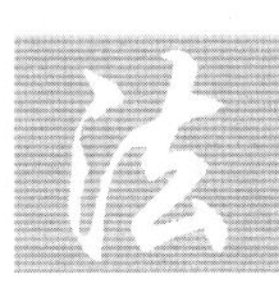



内。相比之下，采用“故意犯罪，情节恶劣”的标准，既可以在最高人民法院从严理解的基础上严格限制对死缓犯执行死刑的数量，又可以相对灵活地涵盖某些特定情况下刑期所不能涵盖的恶劣情况。因此，从目前来说，《刑法修正案（九）》对死缓犯执行死刑条件的修改是有其合理性的。

此外，在《刑法修正案（九）（草案）》研拟过程中，曾有方案提出要对死缓的地位作更进一步的规定，即将刑法典原第 48 条第 1 款后半段的规定独立出来。但在正式公布的《刑法修正案（九）（草案）》及之后的两次审议稿、表决稿及最终通过稿中，都没有作此修改。

我们认为，我国现行刑法典对死缓地位的规定不够明确，从而在一定程度上弱化了死缓的功能。这种不明确性主要表现在：一是刑法典第 48 条第 1 款没有明确死刑立即执行与死缓在死刑执行制度中的主次关系；二是“可以”的表述弱化了死缓的地位。关于如何把握刑法典第 48 条第 1 款规定的“罪行极其严重”与“不是必须立即执行”，学理上迄今尚未达成共识，司法解释也没有明确予以界定。实务中对个案“罪行极其严重”与“不是必须立即执行”的认定，主要依靠司法人员的经验。一些实证研究也表明，在决定究竟适用死刑立即执行还是死缓的问题上，法官的自由度与随意性相当高，而且，实务中判处死缓的案件一般要求存在特殊的从宽事由。例如，有学者对最高人民法院通过各个渠道公布的 1 643 个死刑案件进行实证研究后指出，导致法官较多适用死缓的因素包括：一是纠纷激化下的被害人过错；二是损失返还、赔偿或退赃；三是认罪态度好；四是行为既遂但实际损失不大；五是义愤犯罪；六是常见于毒品犯罪的特情引诱；七是抗诉或再审时被告已服刑超过 2 年等。[①] 只有在具备特定从宽事由时才适用死缓的事实表明，司法实务中对刑法典第 48 条第 1 款规定的理解，是以适用死刑立即执行为通例，以适用死缓为例外的。因此，很有必要在立法中明确死缓在死刑执行制度中的主要地位。在对死缓之地位的具体描述上，可以考虑对现行刑法典的规定作适当调整，如将刑法典第 48 条第 1 款后半段的规定修改为：“对于

① 白建军．死刑适用实证研究．中国社会科学，2006（5）．

应判处死刑的犯罪分子，应当判处死刑同时宣告缓期 2 年执行，但确属必须立即执行的除外。”①

## 五、关于《刑法修正案（九）》对绝对死刑的修改问题

### （一）绝对死刑条款的弊端

一般认为，在各国刑法典中主要有三种法定刑配置模式：绝对确定的法定刑、绝对不确定的法定刑和相对确定的法定刑。其中，绝对确定的法定刑是指，对刑法条文规定触犯某一罪名的犯罪行为，应判处某种确定的刑罚，司法裁判中无任何选择的余地。这种刑种、刑度单一化、固定化的法定刑，即为绝对确定的法定刑。绝对确定的法定刑是法定刑配置的极端形式，表明了国家严惩极少数严重罪行的坚决态度。绝对确定的法定刑在其他国家的刑法中也并不少见。如瑞士刑法典第 112 条规定，行为人之杀人，显由特别卑鄙意识或危险之情况或经深思熟虑者，处终身重惩役。日本刑法典第 81 条规定，与外国通谋，致使其对日本国行使武力的，处死刑。英美刑法中伪造货币罪、非法持有火器罪、赌博罪和乱伦罪等相当多的罪名中均规定有绝对确定的法定刑。②

其中，绝对死刑就属于此类绝对确定的法定刑之最。我国刑法中普遍采取的是相对确定的法定刑，但也有极少数罪名在特定情形下采取了绝对确定的法定刑，并主要表现为绝对死刑。如现行刑法典共有 7 种罪名规定了绝对确定的法定刑，即 121 条规定的劫持航空器罪，第 239 条规定的绑架罪，第 240 条规定的拐卖妇女儿童罪，第 317 条规定的暴动越狱罪和聚众持械劫狱罪，第 383 条规定的贪污罪，以及第 386 条规定的受贿罪。考虑到绝对死刑难以体现罪责刑相适应的原则，难以贯彻刑罚个别化，《刑法修正案（九）》取消了绑架罪和

① 赵秉志，等．关于《刑法修正案（九）（草案）》的修法建议//赵秉志．刑法论丛：2014 年第 4 卷．北京：法律出版社，2015.

② 周光权．法定刑配置模式研究．中国刑事法杂志，1999（4）．

贪污罪、受贿罪的绝对死刑。至此，我国刑法典中还有劫持航空器罪、拐卖妇女儿童罪、暴动越狱罪和聚众持械劫狱罪等 4 种罪名规定了绝对死刑。绝对死刑条款的存在及适用，具有以下消极作用：

第一，绝对死刑无法体现罪责刑相适应原则。绝对死刑由于排斥任何酌定情节，甚至还排斥某些法定的从轻、从重处罚情节，就难以避免罪与罪之间量刑上的轻重失当。如绑架罪：在《刑法修正案（九）》修改其绝对死刑之前，绑架致人死亡或者杀害被害人的，均必须一律判处死刑（有法定减轻、免除处罚的情节时除外）；而如果没有出现被害人死亡这一法定后果，则即使无论使绑架情节如何恶劣，被害人身体健康遭到多么重大的损害，勒索的财物多么巨大，都一律不能判处死刑。这明显不符合罪责刑相适应原则。

第二，绝对死刑不利于实现刑罚的个别化。在规定绝对死刑的情况下，只要犯罪符合法定的量刑情节，司法人员就必须对犯罪人适用死刑，毫无自由裁量的余地。这符合绝对罪刑法定主义的要求，即只要达到法定条件就必须适用同一绝对确定刑；但容易导致对同一类犯罪，即使在犯罪事实、手段、动机、悔罪表现、社会反响等影响量刑的因素不尽相同，甚至有较大差别的情况下，出现完全一致的处理结果，从而不利于实现刑罚个别化以及真正的公正。

第三，绝对死刑不利于"严格控制和慎重适用死刑"之死刑政策的司法贯彻。在司法实践中，只要符合绝对死刑条款规定的法定量刑情节，司法人员就必须对犯罪人适用死刑。这实际上扩展了死刑的适用面，不利于贯彻"严格控制和慎重适用死刑"的死刑政策。

（二）修改绑架罪绝对死刑的相关条文解读

在《刑法修正案（九）》修改绑架罪的法定刑之前，关于绑架罪的死刑适用一直是理论界和实务界长期争议的焦点，并主要表现在两个方面：一是死刑适用的情节，二是绝对死刑的规定。

第一，关于死刑适用的情节。

不少学者认为，刑法之前的相关规定，未对"致使被绑架人死亡"中的故意

与过失加以区分，无法体现罪责刑相适应原则。[①] 刑法之前规定的绑架罪，将“致使被绑架人死亡”与“杀害被绑架人”并列为死刑适用的条件。如果从广义上理解“致使被绑架人死亡”情节，“杀害被绑架人”的情节当然地包容在“致使被绑架人死亡”情节之中。但是，立法将两种情节分开并列表述，表明“致使被绑架人死亡”情节的主观因素中已经排除了“杀害”被绑架人的故意，其主观内容只可能是过失或者伤害故意。对比绑架罪中的“过失致使被绑架人死亡”与“故意伤害致使被绑架人死亡”的情况，无论从主观恶性、行为方式还是因果关系上，在刑罚评价上都应有所区别，不应一并规定为死刑，否则将无法体现罪责刑相适应原则。例如，犯罪人绑架得逞后为进一步控制被绑架人，实施了捆绑行为，却因为疏忽大意而捆错了部位，后犯罪人离开犯罪现场，被害人因挣扎窒息而死亡。对此，如果按照刑法典原来的规定，直接对犯罪人适用死刑，就属于量刑过重。

在这种情况下，《刑法修正案（九）》对绑架罪死刑适用的量刑情节进行了修改，将“杀害被绑架人”与“故意伤害被绑架人，致人重伤、死亡的”的情节并列，一起作为绑架罪适用死刑的量刑情节；排除了过失“致使被绑架人死亡”时适用死刑的情况，同时增加了“故意伤害被绑架人，致人重伤”时适用死刑的情况。在《刑法修正案（九）》实施之后，以下三种情况的绑架罪可能适用死刑：一是杀害被绑架人的；二是故意伤害被绑架人，致人重伤的；三是故意伤害被绑架人，致人死亡的。

第二，关于绝对死刑的规定。

从 1991 年《关于惩治拐卖、绑架妇女、儿童犯罪分子的决定》规定绑架罪的绝对死刑，到 1997 年刑法的制定和先后 8 个刑法修正案的出台，都没有对绑架罪的绝对死刑规定进行任何修改。正因此，绑架罪配置绝对死刑的不合理之处一直备受关注。有很多学者在探讨绑架罪的法定刑和死刑时，都多次提到绝对死

---

① 赵秉志，赵远．试论绑架罪的立法完善．法制日报，2009-02-18．付立庆．论绑架罪的修正构成的解释与适用兼评修正案对绑架罪的修改．法学家，2009（3）．

刑规定的弊端，如不利于实现罪责刑相适应原则等。《刑法修正案（九）》正是考虑到上述因素，为了切实贯彻罪责刑相适应原则，并从严格限制死刑的立场出发，在绑架罪的法定刑中增加“无期徒刑”，与“死刑”相并列，将“杀害被绑架人的，或者故意伤害被绑架人，致人重伤、死亡的”法定刑由“处死刑”修改为“处无期徒刑或者死刑”。这就意味着，在《刑法修正案（九）》实施之后，对于行为人实施了杀害被绑架人或者故意伤害被绑架人，致人重伤、死亡的行为，并非一概判处死刑，而是综合考虑行为人的人身危险性，犯罪的动机、手段、结果，犯罪后的态度以及社会影响等因素，适用无期徒刑或者死刑。只有实施上述行为，造成特别严重的危害结果或情节特别恶劣的，才能考虑适用死刑，否则应优先适用无期徒刑。

（三）贪污罪、受贿罪绝对死刑的立法演变及相关条文解读

新中国成立之后，贪污罪、受贿罪的绝对死刑配置大概经历了“立—废—立—废”的过程，体现出了反复性的特点。新中国成立初期，我国开展了包括反贪污贿赂在内的“三反”“五反”等运动，并于1952年4月21日颁布《中华人民共和国惩治贪污条例》，对包括贿赂行为在内的贪污罪设置了绝对死刑，具体规定为“个人贪污的数额，在人民币一亿元[①]以上者，判处十年以上有期徒刑或无期徒刑；其情节特别严重者判处死刑”。在1979年刑法典颁布、实施以前，这一条例一直是我国惩治贪污贿赂犯罪的主要法律依据。之后通过的1979年刑法典在整体刑罚趋轻的情况下，虽然保留了贪污罪的死刑，但取消了贪污罪绝对死刑的规定，并明确规定“情节特别严重的，处无期徒刑或者死刑”；同时也彻底废除了受贿罪的死刑规定。可以说，1979年刑法典对死刑的各种规定，包括取消了贪污罪和受贿罪的绝对死刑规定，还是较好地体现了严格限制死刑的政策。但是，1979年刑法典实施不久，在“严打”运动的影响下，我国立法机关又通过单行刑法逐步恢复了受贿罪的死刑以及贪污罪的绝对死刑。全国人大常委会于

① 这里的人民币指旧版人民币，与后来的人民币比值为1∶10 000，即1亿元旧币相当于后来的1万元。

1982年3月8日颁布《关于严惩严重破坏经济的罪犯的决定》，恢复了受贿罪的死刑规定。① 不久之后，全国人大常委会于1988年1月21日颁布《关于惩治贪污罪贿赂罪的补充规定》，恢复了贪污罪的绝对死刑。② 在1997年刑法典颁布，实施前的这段时期，立法上虽然增加了贪污罪的绝对死刑规定，但还尚未对受贿罪规定绝对死刑。但是，1997年刑法典在贪污罪、受贿罪的死刑问题上并没有很好地执行限制死刑的政策，不仅没有取消贪污罪的绝对死刑规定，反而通过对受贿罪比照贪污罪处罚这一规定，对受贿罪也规定了绝对死刑。③ 随后，一直到《刑法修正案（九）》才最终取消这两种犯罪的绝对死刑规定。贪污罪和受贿罪配置绝对死刑的上述立法沿革，基本上反映了我国基本死刑政策的演变过程，即从1979年刑法典之前的“立”到1979年刑法典的“废”，再到1997年刑法典的“再立”，最后又到《刑法修正案（九）》的“再废”。同时，这两种犯罪之绝对死刑规定在立法上的反复性，也体现出我国的反腐败刑事政策中存在很强的刑法依赖，甚至是死刑依赖的观念。须知，刑法手段是反腐败斗争最强有力的保障，是惩治严重腐败分子的利器，但也是最后的手段。我们要重视刑法在反腐败斗争中的作用并予以合理运用，但不可不慎用，更不可滥用。

此外，从《刑法修正案（九）》中涉及这两种犯罪绝对死刑的相关条文看，《刑法修正案（九）》在取消这两种犯罪之绝对死刑的同时，也修改了这两种犯罪死刑适用的具体标准。刑法典第383条第1款第1项的原规定为：“个人贪污数额在十万元以上的，处十年以上有期徒刑或者无期徒刑，可以并处没收财产；情节特别严重的，处死刑，并处没收财产。”而《刑法修正案（九）》将其修改为：“贪污数额特别巨大或者有其他特别严重情节的，处十年以上有期徒刑或者无期

---

① 全国人大常委会1982年《关于严惩严重破坏经济的罪犯的决定》中明确规定：“国家工作人员索取、收受贿赂的，比照……贪污罪论处；情节特别严重的，处无期徒刑或者死刑。”

② 全国人大常委会1983年《关于惩治贪污罪贿赂罪的补充规定》中规定：“个人贪污数额在5万元以上的，处10年以上有期徒刑或者无期徒刑，可以并处没收财产；情节特别严重的，处死刑，并处没收财产。”

③ 1997年刑法典第386条中规定：“对犯受贿罪的，根据受贿所得数额及情节，依照本法第三百八十三条的规定处罚……”

徒刑，并处罚金或者没收财产；数额特别巨大，并使国家和人民利益遭受重大损失的，处无期徒刑或者死刑，并处没收财产。”此次修改之前，司法实践中对贪污罪、受贿罪适用死刑的标准是“情节特别严重”。也就是说，只要相关案件符合“情节特别严重”的规定，就必须判处死刑。这不仅留给司法人员较少的自由裁量权，也不利于在实践中贯彻限制死刑适用的死刑政策。但是，《刑法修正案（九）》修改后，贪污罪、受贿罪的死刑适用标准变为，“数额特别巨大，并使国家和人民利益遭受重大损失的”，而且，配置的法定刑为“无期徒刑或者死刑”，于是，即使具体案件中的犯罪分子符合“数额特别巨大，并使国家和人民利益遭受重大损失的”这一标准，也不一定对其判处死刑，而应该优先考虑无期徒刑。只有当犯罪分子罪行极其严重，且具有很大的人身危险性时，才能考虑对其适用死刑。可以说，取消贪污罪和受贿罪的绝对死刑，是罪责刑相适应、刑罚个别化等原则的必然要求，也更有利于推动司法实践中严格限制腐败犯罪的死刑适用。

## 六、结语

在“严格限制和慎重适用死刑”之死刑政策的指导下，为落实党中央关于“逐步减少适用死刑罪名”的要求，《刑法修正案（九）》从多个方面对我国死刑制度进行了立法改革。除了本文探讨的三个主要方面，《刑法修正案（九）》也增设了对特重大贪污罪、受贿罪死缓犯的终身监禁规定，这在一定程度上也有利于限制这两种犯罪的死刑适用。终身监禁制度本身虽然存在着不人道、不公平、剥夺犯罪改造的机会和浪费司法资源等缺陷，但从切实推动我国死刑立法改革的视角看，将终身监禁作为死刑立即执行的替代措施，也是有其积极意义的。但是，《刑法修正案（九）》对死刑制度的改革也存在一些不足之处，例如：在减少死刑罪名时，应考虑一并废除运输毒品罪和盗窃、抢夺枪支、弹药、爆炸物、危险物质罪的死刑；在提高死缓犯执行死刑门槛时，应进一步明确其标准和条件；明确死缓制度的地位等。在今后的死刑立法改革中，我们还应该考虑完善死刑适用的标准，实现死刑政策的立法化，以及进一步完善特殊主体的免死制度等，以从立

法上全面、严格地控制死刑的适用。同时，我们也要重视死刑的司法改革，并严格死刑适用的司法标准、对象和程序，以不断减少死刑适用的数量。在现阶段严格控制和慎用死刑的政策指导下，通过死刑立法改革和司法改革的相互配合与切实促进，我国的死刑制度改革必将朝着废止死刑的方向不断前进。

# 我国死刑司法改革的回顾与前瞻*

## 一、前言

自最高人民法院于2005年决定收回死刑案件核准权，于2006年发布《关于统一行使死刑案件核准权有关问题的决定》，并于2007年1月1日起统一收回死刑案件核准权，我国死刑制度迄今已走过了十年的司法改革历程。这一改革是国家决策层针对此前我国死刑立法规定过宽、死刑司法适用过泛的反思和改进。十年来，我国死刑司法改革受到了各方广泛关注并取得了显著成效，与我国死刑立法改革形成了积极的良性互动，推动了《刑法修正案（八）》《刑法修正案（九）》的死刑立法改革，但也存在不少值得进一步完善、提高的地方。如今，我国死刑司法改革正逐步进入改革的攻坚期，改革的重点难点问题进一步集中，这需要死刑制度理论研究和立法、司法实务凝聚更大的勇气、智慧，积极寻找有效的解决方案。在此背景下，回顾我国死刑司法改革的十年发展，正确总结我国死刑司法

* 与袁彬教授合著，原载《社会科学》，2017（2）。

改革的成绩，积极发现其不足并进一步探索推动死刑司法改革深入的策略和方法，具有重要意义。

## 二、我国死刑司法改革的主要进展

过去十年来，我国死刑司法改革可谓力度空前、举措有力，在深入探索和研究死刑制度改革实践问题的基础上，出台了一系列具有重要指导意义的司法文件。其中，最高人民法院单独或者联合其他司法机关就出台了十余个死刑司法改革的专门文件，对死刑案件的审判和执行工作进行了科学规范。如：(1) 最高人民法院、最高人民检察院、公安部、国家安全部、司法部《关于办理死刑案件审查判断证据若干问题的规定》(2010 年)，(2) 最高人民法院《关于适用停止执行死刑程序有关问题的规定》(2008 年)，(3) 最高人民法院、司法部《关于充分保障律师依法履行辩护职责确保死刑案件办理质量的若干规定》(2008 年)，(4) 最高人民法院、最高人民检察院《关于死刑第二审案件开庭审理若干问题的规定（试行)》(2006 年)[①] 等等。同时，最高人民法院还单独或者联合有关司法机关出台了二十余个包含死刑司法改革内容的综合文件，如最高人民法院《全国法院毒品犯罪审判工作座谈会纪要》(2015 年)，最高人民法院《关于财产刑执行问题的若干规定》(2010 年)，[②] 最高人民法院《关于贯彻宽严相济刑事政策的若干意见》(2010 年)，最高人民法院《关于审理破坏电力设备刑事案件具体应用法律若干问题的解释》(2007 年)，最高人民法院、最高人民检察院《关于处理贪污贿赂刑事案件适用法律若干问题的解释》(2016) 等等。通过出台并严格实施这些规范性司法文件，我国司法实践强化了死刑案件适用的实体标准和程序标准，死刑案件的审理质量得到了大幅度的提升。总体而言，过去十年来，我国死刑司法改革在强化死刑案件质量的基础上，主要加强了以下四个方面的工作，

---

① 上述 (2) (4) 两个司法文件已被废止。此处作为过程中的文件予以引用。

② 此文件已于 2013 年被废止。此处作为过程中的文件予以引用。

并取得了积极进展。

（一）严格控制死刑适用政策的积极贯彻

严格控制死刑适用是过去十年间我国死刑司法改革的基本政策。2007 年最高人民法院《关于进一步加强刑事审判工作的决定》第 45 条提出要贯彻执行“保留死刑，严格控制死刑”的刑事政策。最高人民法院 2010 年《关于贯彻宽严相济刑事政策的若干意见》第 29 条则进一步提出要严格执行“保留死刑，严格控制和慎重适用死刑”的政策。“严格控制和慎重适用死刑”要求司法工作者在审理案件过程中综合考虑犯罪性质、犯罪情节、犯罪结果及犯罪分子的人身危险性等因素，尽量少用死刑，在死刑作为选择刑种之一出现时，慎用死刑，同时严格适用非法证据排除规则和执行死刑复核程序。基于此，最高人民法院从保留、严格控制和慎重适用的角度作了更进一步的细化，例如，最高人民法院《关于贯彻宽严相济刑事政策的若干意见》第 29 条规定：“对于罪行极其严重的犯罪分子，论罪应当判处死刑的，要坚决依法判处死刑。要依法严格控制死刑的适用，统一死刑案件的裁判标准，确保死刑只适用于极少数罪行极其严重的犯罪分子。拟判处死刑的具体案件定罪或者量刑的证据必须确实、充分，得出唯一结论。对于罪行极其严重，但只要是依法可不立即执行的，就不应当判处死刑立即执行。”在实践中，我国严格控制死刑适用的司法政策得到了较好的贯彻和体现，也取得了积极成效，死刑案件的审理质量得到了大幅提升，死刑适用的数量则得到了有效控制。

（二）死刑适用范围的严格控制

死刑适用的范围主要体现在死刑适用的条件、罪种、对象等方面。过去十年间，我国最高司法机关在立法严格控制死刑的基础上，基于严格控制和慎重适用死刑的刑事政策，对死刑适用的范围作了进一步的限制。这主要体现在以下三个方面：

第一，严格掌握死刑适用的条件。我国 1997 年刑法典第 48 条将死刑适用的条件规定为“罪行极其严重”。刑法理论上有观点认为，“罪行极其严重”应当被理解为犯罪性质和犯罪情节极其严重，而且犯罪分子的主观恶性也极其严重。但

另有观点认为，“罪行极其严重”只应被理解为犯罪性质和犯罪情节极其严重，而不包括犯罪分子的主观恶性极其严重，“罪行极其严重”的词意就是犯罪行为造成的社会危害达到了最高程度的严重性。最高人民法院从严格限制死刑适用的角度，对“罪行极其严重”作了较此更为严格的把握，不仅要求行为的社会危害性和行为人的主观恶性极其严重，而且要求行为人的人身危害性极其严重。例如，最高人民法院2015年发布的《全国法院毒品犯罪审判工作座谈会纪要》明确规定：“应当全面、准确贯彻宽严相济刑事政策，体现区别对待，做到罚当其罪，量刑时综合考虑毒品数量、犯罪性质、情节、危害后果、被告人的主观恶性、人身危险性及当地的禁毒形势等因素，严格审慎地决定死刑适用，确保死刑只适用于极少数罪行极其严重的犯罪分子。”该规定明确将“人身危险性”等因素纳入死刑适用的条件范围，有利于严格限制死刑的适用。

第二，严格控制死刑适用的罪种范围。我国1997年刑法典设置了68种死刑罪名，经《刑法修正案（八）》和《刑法修正案（九）》两次成规模成批量地削减，目前仍有46种死刑罪名，涉及的罪种既有暴力犯罪，也有非暴力犯罪。而过去十年间，我国死刑司法适用的罪种主要限于致命性暴力犯罪（包括故意杀人罪、抢劫罪、绑架罪和强奸罪）和少数危害特别严重的非暴力犯罪（如毒品犯罪），绝大多数在立法上还保留有死刑的经济性、非暴力犯罪的死刑都极少适用。2010年最高人民法院《关于贯彻宽严相济刑事政策的若干意见》第7条规定：“对于危害国家安全犯罪、恐怖组织犯罪、邪教组织犯罪、黑社会性质组织犯罪、恶势力犯罪、故意危害公共安全犯罪等严重危害国家政权稳固和社会治安的犯罪，故意杀人、故意伤害致人死亡、强奸、绑架、拐卖妇女儿童、抢劫、重大抢夺、重大盗窃等严重暴力犯罪和严重影响人民群众安全感的犯罪，走私、贩卖、运输、制造毒品等毒害人民健康的犯罪，要作为严惩的重点，依法从重处罚。尤其对于极端仇视国家和社会，以不特定人为侵害对象，所犯罪行特别严重的犯罪分子，该重判的要坚决依法重判，该判处死刑的要坚决依法判处死刑。”据学者对某省的统计，当地最主要的死刑案件类型为故意杀人和抢劫，分别占80.64%和14.71 %；其余4.65%的案件中，绑架案件占1.29%，走私、贩卖、运输、

制造毒品案件占 0.90%，故意伤害案件和强奸案件各占 0.65%，其他为非暴力犯罪案件。[①] 由此可见，严重暴力类犯罪案件占到了死刑案件的 98.19%之多。相比之下，对其他犯罪适用死刑的情况就较为少见，对很多犯罪虽然在立法上规定有死刑，但其死刑长期备而不用、备而少用，体现了死刑司法对死刑适用罪种范围的严格控制。

第三，严格限制死刑适用的对象范围。目前我国刑法典禁止对犯罪时不满 18 周岁的未成年人、审判时怀孕的妇女、审判时年满 75 周岁的老人（但以特别残忍的手段致人死亡的除外）适用死刑，死刑适用的对象范围从立法上得到了进一步限缩。而且实践中，我国司法机关对老年人等特殊群体犯罪的从宽制度由来已久且得到了长期的坚持。例如，在《刑法修正案（八）》对审判时年满 75 周岁的人的死刑适用作出限制性规定之前，我国司法实践中基本上没有对审判时年满 75 周岁的人适用死刑的案例。同时，我国司法实践中对新生儿母亲、精神障碍人、残疾人等特殊群体犯罪之处理都体现了从宽处罚，基本上没有看到对这些特殊群体适用死刑的判决。

（三）死刑适用程序改革的不断加强

实体正义与程序正义是我国司法公正不可或缺的两个方面。既往十年来，我国十分注重死刑司法的程序改革，主要体现在以下四个方面：

第一，严格了死刑案件的审理程序。例如，最高人民法院、最高人民检察院于 2006 年发布了《关于死刑第二审案件开庭审理若干问题的规定（试行）》[②]，要求死刑案件二审必须采取开庭审理的方式。在此基础上，最高人民法院还通过司法解释的方式，对死刑案件被告人上诉问题作了多方面有利于查明案件事实和正确适用法律的解释。目前来看，在我国较之其他刑事案件死刑案件的审理程序要严格，目的是最大限度地查明案件事实、准确适用法律，保证死刑案件的审理质量。

---

① 徐岱，陈劲阳. 死刑司法控制的地方性实践与方向. 吉林大学社会科学学报，2012（5）.

② 该解释已于 2013 年被废止。此处作为过程中的文件予以引用。

第二，严格了死刑案件的证据标准。例如，最高人民法院、最高人民检察院、公安部、国家安全部、司法部于2010年联合发布了《关于办理死刑案件审查判断证据若干问题的规定》，对死刑案件的证据采信和证明标准都提出了较一般案件更高的要求，明确提出“根据证据认定案件事实的过程符合逻辑和经验规则，由证据得出的结论为唯一结论”；同时出台了《关于办理刑事案件排除非法证据若干问题的规定》，这有助于提升死刑案件的审判质量。

第三，严格了死刑的执行程序。例如，2008年最高人民法院发布了《关于适用停止执行死刑程序有关问题的规定》，[①] 对停止执行死刑的条件和程序作了十分明确、细致、严格的规定，明确规定了四种暂停执行的情形，即发现罪犯可能有其他犯罪的；共同犯罪的其他犯罪嫌疑人归案，可能影响罪犯量刑的；共同犯罪的其他罪犯被暂停或者停止执行死刑，可能影响罪犯量刑的；判决可能有其他错误的。这有助于减少死刑执行的错误。

第四，严格保障死刑案件的律师参与权。为了更好发挥律师在死刑案件审理中的作用，最高人民法院先后出台了多个专门针对死刑案件听取辩护律师意见的规定，包括最高人民法院、司法部2008年《关于充分保障律师依法履行辩护职责确保死刑案件办理质量的若干规定》和最高人民法院2014年《关于办理死刑复核案件听取辩护律师意见的办法》等。上述2014年办法第5条明确规定，“辩护律师要求当面反映意见的，案件承办法官应当及时安排”。这有利于强化律师对死刑案件审理的参与，提升死刑案件的审判质量。

（四）死刑适用数量的严格控制

加强死刑适用的数量控制是将死刑核准权统一收归最高人民法院行使的重要考虑因素。根据最高人民法院的工作报告，自2007年1月1日将死刑案件的核准权统一收归最高人民法院行使以来，死刑案件的审判质量得到了较好的保证，死刑适用的数量也得到了有效控制。据报道，仅2007年一年，最高人民法院因原判决事实不清、证据不足、量刑不当、程序违法等原因不核准死刑立即执行的

① 该解释已于2015年被废止。此处作为过程中的文件予以引用。

案件，就占到复核终结死刑案件的15%左右。此后5年来也大体上保持了不核准死刑立即执行的这一比例。截至2014年，和2007年以前相比，全国（每年）的（死刑）数字减少可能超过三分之一，有些地方（减少了）将近一半。实践中，相当一部分可能被判处死刑的案件因为证据不足而改判无期，或者由死刑立即执行改判为死缓，从而实际大大降低了死刑适用率。死刑适用数量的下降是我国死刑司法改革取得重大成效的重要体现。

十年前，最高人民法院在决定收回死刑案件核准权时曾提出，收回死刑案件核准权要达到的目标是：统一死刑案件的适用标准，提高死刑案件的审判质量，减少死刑案件的数量。十年后回头看，可以说，最高人民法院收回死刑案件核准权要达到的三个目标都达到了，或者至少可以说基本上达到了。这是死刑司法改革的巨大成就。

## 三、我国死刑司法改革的理性反思

过去十年间，我国在死刑司法改革方面开展了大量工作，并在严格控制死刑适用方面取得了巨大的成绩。不过，与联合国有关人权公约的要求和国际社会全面废止死刑的趋势相比，我国死刑司法改革仍然有很长的路要走。这主要体现在以下三个方面。

### （一）死刑司法政策的科学化问题

死刑司法政策的科学化是死刑司法科学、人道的基础和死刑司法改革目标实现的重要保障。如前所述，当前我国最高司法机关对我国死刑政策采取的表述是“保留死刑，严格控制和慎重适用死刑”。客观地说，该死刑政策的表述在当前背景下无疑具有相当的合理性，但从我国死刑制度改革的发展目标上看，只能说大体符合当前我国死刑立法和司法的实际，且较为保守，不能满足我国死刑制度改革的需要。从内涵上，该政策表述存在两个方面的不足：一是该政策表述没有包含“减少”死刑适用的内容（“少杀”之意）。从词义上看，“严格控制和慎重适用死刑”并不必然包括减少死刑适用的内涵。因为“减少”是和过去相比要有数

量上的下降，而“严格控制和慎重适用”强调的是死刑适用的严格和慎重，并不必然包含数量的减少。换言之，在“严格控制和慎重适用”的政策指导下，死刑适用的数量可以维持在原有水平；但在明确“减少死刑”的政策指导下，死刑适用的数量应当呈下降趋势。二是该政策表述没有包含“废止死刑”的内容。从死刑发展的国际潮流和趋势来看，废止死刑是国际社会的共同目标。将“废止死刑”的内容纳入死刑政策，无疑有助于推动我国现阶段的死刑适用控制。相反，不明确废止死刑的目标，我国的死刑立法和司法改革都将出现畏首畏尾，甚至反复的可能，影响死刑司法改革的深入。

（二）死刑适用控制的程度问题

过去十年间，我国在死刑适用的条件、罪种、对象等方面采取的严格控制措施，有效地限制了死刑的适用。不过，从进一步推进死刑司法的角度看，我国司法机关对死刑适用的控制仍存在一定不足，有待进一步完善。这主要体现在：

第一，死刑适用的具体条件仍不够明确和统一。针对刑法典第 48 条规定的“罪行极其严重”标准，我国最高司法机关出台的许多解释性文件都力图将该标准具体化。但从目前来看，这种具体化仍存在一定不足：一是对“罪行极其严重”的内涵解读不明确，当“罪行极其严重”涉及行为的社会危害性和行为人的主观恶性、人身危险性之间的关系时，尤为明显。例如，关于对“罪大”（行为的社会危害性极其严重，如一次杀死多人）但不“恶极”（行为人的主观恶性、人身危险性并不极其严重，如被害人有一定过错的）等情形应如何处理，实践中仍存在较大分歧。对于一些故意杀人案件，由于被告人的行为造成的后果严重，尽管这些案件中具有能够说明行为人的主观恶性和人身危险性不是极大的法定或酌定从轻情节，法院往往还是单方面以危害后果特别严重为由判处了被告人死刑立即执行。如何进一步平衡社会危害性与人身危险性在死刑适用标准中的关系，对死刑，特别是死刑立即执行的适用影响甚大，值得高度重视。二是对具体犯罪的“罪行极其严重”标准不明确、不统一。一些涉及财物数额（如抢劫数额、毒品犯罪数额等）的犯罪，各地对财物数额的掌握标准不一致、不统一，而且存在数额所起作用过大的倾向（如毒品犯罪）。

第二，死刑适用的罪种范围仍时有扩张。按照联合国相关公约的要求，死刑只适用于“最严重的罪行”。我国司法实践中对死刑适用的罪种范围也有较为严格的限制，对经济性、非暴力犯罪基本上不适用死刑。但在死刑适用的罪种范围方面，实践中也存在两个值得关注的问题：一是对同一罪种内的死刑适用未作进一步的细分。例如，通常认为毒品犯罪的危害性大，但毒品犯罪中的运输毒品犯罪较之于走私、贩卖、制作毒品在危害性上有明显区别，目前最高人民法院对此作了一定的区分，但不够彻底。二是对经济性、非暴力犯罪适用死刑的情况仍不鲜见，例如，贪污罪、受贿罪。

第三，死刑适用的对象限制仍不够严格。在刑法立法已经明确禁止对部分特殊群体适用死刑的基础上，我国死刑的司法适用对此作了更进一步的扩展。实践中不适用死刑的对象范围要比立法规定有所扩大。但从人道的角度看，新生儿母亲、精神障碍人、残疾人、审判时达到一定年龄的老年人等都存在值得宽宥的充分理由。我国最高司法机关的相关司法文件对这些群体也都给予了一定从宽的考虑，但未明确其死刑适用问题。对于实践中出现的一些极端案件，司法机关仍不排除适用死刑的可能，表明司法对死刑适用对象的限制仍然不够严格。

（三）死刑适用的数量与公开问题

这主要包括两方面的问题：一是死刑适用数量是否下降问题。如前所述，与2007年最高人民法院收回死刑核准权之前相比，我国死刑适用的数量有了大幅的下降。但这十年来是否一直处于下降趋势当中，还是存在一定的反弹或者维持在某一固定水平？对此，学界和社会各界不得而知。从死刑司法改革的目标来看，死刑的司法改革应当关注死刑适用数量的下降问题。只有死刑适用的数量不断减少，死刑司法改革才能不断推进。二是死刑适用数量的公开问题。目前，死刑适用的数量在我国仍然属于国家严格保密的范围。联合国《公民权利和政治权利国际公约》第40条第1款规定：“本公约各缔约国承担在（甲）本公约对有关缔约国生效后的一年内及（乙）此后每逢委员会要求这样做的时候，提出关于它们已经采取而使本公约所承认的各项权利得以实施的措施和关于在享受这些权利

方面所作出的进展的报告。”这里的报告内容应包括死刑适用的数量。考虑到联合国该公约的要求，同时也为了加强对死刑适用情况的监督，我国应当适时将死刑适用的数量予以公开，最高人民法院等机关也有责任推动死刑适用数量的公开。

## 四、进一步深化我国死刑司法改革的建言

针对我国死刑司法改革存在的上述不足，我国最高司法机关应当采取必要措施，进一步推动死刑司法改革的深入。具体而言，可以从以下三个方面着手。

### （一）改革目标：确立逐步从事实上废止死刑的司法目标

在当前背景下，该目标的确立主要是基于以下三个方面的考虑：

一是死刑立法与司法的关系。毋庸讳言，死刑立法与死刑司法是相互作用的，死刑立法决定着死刑司法的方向和范围，而死刑司法反过来会影响死刑立法的走向。要推动死刑立法改革的深入，必须先从死刑司法入手。毕竟，与死刑立法改革相比，死刑司法改革可以避开立法改革所无法避开的很多障碍，能更方便、快捷地限制死刑的适用。为此应积极运用司法的手段努力控制和减少死刑的适用，尤其是切实减少死刑立即执行的适用。试想，那些在实践中适用广泛并有着较高社会认同度的死刑罪名，要想直接通过立法予以取消，显然不现实。只有通过死刑司法逐步减少，直至在事实上不再适用死刑（接近完全不适用亦可），人们对死刑的心理依赖才会减弱甚至消失。

二是死刑制度改革的趋势。对于死刑的司法适用，保证案件的审判质量是一个重要方面，但减少乃至最终不适用死刑，才是死刑司法改革的终极目标。无论是立法还是司法，在事实上减少适用乃至不适用死刑，与死刑制度改革的趋势才最相吻合。

三是死刑制度改革矛盾的化解。当前支持我国死刑适用的主要力量——社会大众对死刑有心理依赖和迷信观念。要解决这一问题，只能采取逐步化解的渐进方式。逐步从事实上废止死刑，不断降低人们对死刑适用的感知，弱化人们对死

刑的心理依赖，是解决这一问题的重要方面。

总体而言，从事实上废止死刑，大体上有两种方法：一是一次性全面停止死刑的适用，二是分步骤逐步停止死刑的适用。其中，逐步停止死刑的适用，是指先停止那些适用较少的犯罪的死刑适用，然后逐步扩展，直至将大部分死刑罪名，乃至全部死刑罪名的死刑都停止适用。目前，逐步停止死刑适用的方式显然更适合我国死刑司法改革的实际，而分犯罪类型逐步推进是其合理的措施选择。对此，可以考虑确立先区分犯罪类型，确定标准后再逐步推进。在犯罪分类标准上，过去我们更注重犯罪性质，即区分非暴力犯罪、非致命性暴力犯罪和致命性暴力犯罪，并认为在废止死刑方面非暴力犯罪应优先于暴力犯罪、非致命性暴力犯罪应优先于致命性暴力犯罪。不过，考虑到影响死刑制度改革的因素的多样性和死刑司法改革的阻力，就司法层面而言，死刑司法适用的数量综合反映了多方面的因素，可作为分类推进死刑司法改革的标准，并可细化为三个方面的具体标准：

第一个标准是立即停止适用死刑的罪名标准。对此可以考虑确定一个具体的数量标准（如过去 5 年适用死刑的数量不超过 10 例的罪名），对于未达到这一标准的罪名可以考虑立即停止其死刑适用，并且要做到，即便出现个别极端案件，也坚决不适用死刑。

第二个标准是近期停止适用死刑的罪名标准。对此可以有意识地控制那些死刑适用较多的罪名（如过去 5 年适用死刑的数量在 10 例以上、不超过 50 例的罪名）的死刑适用，直至其达到前一个标准，即逐步将其控制在每年 1～2 例案件适用死刑，然后再根据第一个标准立即停止该类犯罪的死刑适用。

第三个标准是远期停止适用死刑的罪名标准。对此应有意识地逐步减少那些死刑适用很多的犯罪（如过去 5 年适用死刑的数量在 50 例以上的罪名）的死刑适用，并努力将其中适用死刑数量不是特别多的罪名的死刑数量逐步控制至前述第二个标准，再逐步往第一个标准靠拢，直至最终停止其死刑适用。

上述三个标准的死刑司法改革可以同时进行，但最终从事实上废止死刑是根本目标。而且，只有确立了从事实上逐步废止死刑的目标，才能更有动力，进而


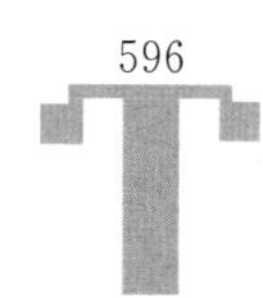

更有效地推动我国死刑的真正废止。

(二) 政策改革：进一步完善死刑制度改革的政策内容

如前所述，从发挥死刑政策推动我国死刑制度改革深入的作用的角度，应当进一步完善我国的死刑政策表述，增加两方面的内容：一是可以考虑将“减少死刑”的内容纳入死刑政策的表述，二是明确将“逐步废止死刑”作为死刑制度改革的政策目标之一。在此基础上，可以考虑将我国的死刑政策调整为“现阶段暂时保留死刑，但严格控制和慎重适用死刑，并且逐步减少死刑和最终废止死刑”。也即不仅要在死刑政策中规定只是“现阶段暂时保留死刑”，明确要“逐步减少死刑”，而且更要明确提出“最终废止死刑”。这将有助于进一步明确我国死刑制度改革的方向和目标，有力地推动当下我国死刑制度改革，并使我国的死刑法治发展前景与国际社会的死刑制度改革大趋势相一致。

(三) 改革措施：进一步严格死刑的司法适用

结合我国死刑司法的实际，从进一步严格死刑适用的角度，我国可以从以下四个方面着力推进死刑的司法改革：

第一，严格死刑适用的具体条件。我国有学者认为，“罪行极其严重”是死刑适用的一般化标准，即不能因人而异，属行为刑法，体现形式理性，同等情况同等对待；具体则是要因人而异，属行为人刑法，体现实质理性，不同情况不同对待。只有行为客观上造成了极其严重的危害后果，并反映出行为人极其严重的主观恶性和人身危险性时，才考虑适用死刑。从司法层面上看，进一步严格死刑适用的具体条件主要应加强两个方面的改革：一是强化各种法定和酌定从宽量刑情节对死刑适用的限制作用，对具有法定从宽量刑情节和较重要的酌定从宽量刑情节的被告人不适用死刑，例如：对有自首或立功表现的被告人，不得判处死刑立即执行；对有酌定从宽情节，且没有法定或司法解释、司法文件规定的从重量刑情节的被告人，不得判处死刑立即执行。二是强化具体犯罪的死刑适用标准，将刑法典分则规定的具体犯罪的死刑适用标准提升，例如，明确规定将抢劫罪适用死刑的情形仅限于抢劫致人死亡等。

第二，严格死刑适用的罪种范围。对于不涉及重大国家安全、公共安全和没

有直接造成他人生命被剥夺的情形，原则上不能适用死刑，即将死刑适用限制在侵害以生命权为主的重大法益的犯罪。按照该思路，死刑适用的情形应仅限于犯罪分子故意实施的犯罪行为已经造成致人死亡的结果，或者造成了与死亡结果危害程度相当的其他极端严重的危害结果，犯罪人主观恶性极大，已经达到令社会难以容忍其继续存在于该社会的程度，而且犯罪人难以接受改造，有再次危害社会的显著可能性。

第三，严格死刑适用的对象范围。在司法层面上，进一步严格死刑适用对象可从两方面着手：一是从事实上立即废止对新生儿母亲、精神障碍人适用死刑，即将新生儿母亲、精神障碍人等完全排除出死刑适用的对象范围。在当前我国已经极少针对这两类主体适用死刑的背景下，同时根据联合国相关公约的要求，停止对这两类主体适用死刑的国内和国际条件均已具备。二是从事实上废止对达到一定年龄的老年人适用死刑。虽然《刑法修正案（八）》规定的对老年人不适用死刑的年龄界限是“审判时已满七十五周岁”并规定了例外情形，但司法可以更严格地掌握该立法的规定，对达到一定年龄的老年人从司法上停止适用死刑。其中，对于老年人的标准，可在司法层面上将其年龄调整为审判时年满 70 周岁的人，并明确对达到该年龄的老年人一律不适用死刑，不允许有例外。

第四，严格控制死刑适用的数量并适时公开。其中，在死刑适用数量控制方面，要根据我国废止死刑的政策目标和社会实际，通过严格死刑适用标准的方式，逐步减少死刑适用的数量。在这方面，我国对贪污罪、受贿罪的死刑适用控制值得充分肯定，近年来对贪污罪、受贿罪适用死刑的标准逐渐受到了较为严格的控制。在具体操作层面，可扩大死缓的适用，毕竟死缓制度能够阻却死刑的实际执行，进而具有强大的限制死刑功能。特别是对于贪污罪、受贿罪，可在司法中明确以《刑法修正案（九）》增设的终身监禁完全替代死刑立即执行。在死刑适用数量公开方面，我国应当加强研究数量公开的形式，并适时公开具体的死刑适用数量。最高司法机关在此方面当有所作为。

## 五、结语

总之，过去十年间，我国死刑司法改革目标明确、举措有力、成效显著，值得充分肯定。不过，与联合国相关人权公约和死刑制度改革的国际趋势相比，与我国社会进步和法治与人权事业发展的要求相比，我国死刑司法改革仍有很长的路要走。我国应当确立死刑司法改革与立法改革并重并以司法改革为先锋的改革路径，积极推进死刑制度的司法改革，严格控制、减少死刑的适用，并以此不断推进我国死刑的立法改革，最终全面废止死刑。

# 死缓制度立法完善问题研究*

## 一、前言

在当今时代，全球死刑制度的发展呈现出两种并行不悖的趋势：一是全面彻底地废除死刑，二是在立法保留死刑的基础上严格限制、慎重适用死刑。① 由于现阶段我国彻底废除死刑的现实条件尚未成熟，因此，我国当前采取的是“保留死刑，严格控制和慎重适用死刑”的死刑政策。中共十八届四中全会提出：“建设中国特色社会主义法治体系，必须坚持立法先行，发挥立法的引领和推动作用，抓住提高立法质量这个关键。”② 在死刑领域，死缓是我国独创的一项具有切实减少死刑实际执行作用的特色制度，需要受到高度重视。从目前的情况看，将死缓作为死刑的一种特殊执行方式，在其法律地位及具体的立法建构上仍存在

* 与常凯硕士合著，原载《南都学坛》，2016（2）。

① 赵秉志. 关于死刑存废及其发展趋势的思考. 法律科学，1991（1）.

② 中共中央关于全面推进依法治国若干重大问题的决定. 中国法学，2014（6）.

诸多不足与缺陷。这不仅有悖于我国死缓制度的立法初衷，也在一定程度上妨碍了社会公正，削弱了司法公信力。在全面依法治国、实现国家治理体系和治理能力现代化、推进法治中国建设的时代背景下，通过立法改进构建更加科学合理的死缓制度，不仅能够有效地发挥其在限制死刑实际适用、教育改造被执行人等方面的积极功效，还能够充分彰显"国家尊重和保障人权"的宪法原则，有利于维护和促进社会的公平正义。

## 二、当前中国死刑制度改革背景下死缓制度的现实价值

当前中国的死刑制度改革事关人的生命权，事关刑罚体系的整体变革，事关法治的重大进步，是近年来我国刑事法治领域最受瞩目的重大现实问题。从历史沿革角度而言，当下中国死刑制度改革历了经 1979 年刑法典的初步限制、1981 年至 1997 年刑法典颁行前的膨胀扩张和 1997 年刑法典颁行后至今的重新限制等阶段的发展。[①] 自 1997 年刑法典颁行至今，中国无论是在死刑的立法改革方面还是在死刑的司法改革方面均取得了重大的突破和成就，尤其是 2007 年将死刑案件的核准权收归最高人民法院统一行使；2011 年通过的《刑法修正案（八）》原则上废止了对犯罪的老年人适用死刑，并一次性取消了 13 种经济性、非暴力犯罪的死刑，从而将适用死刑的罪名降至 55 种；2015 年 8 月 29 日通过的《刑法修正案（九）》，在《刑法修正案（八）》的基础上再取消走私武器、弹药罪等 9 种犯罪的死刑，同时增加了对判处死缓的罪犯执行死刑的限制规定。总之，当下中国死刑制度改革已经步入了限制、减少死刑适用并趋于轻缓化的良性发展模式，产生了推动社会文明进步、发扬人权观念、促进社会和谐稳定、营造良好的国际刑事环境等积极成效。在当下中国死刑制度改革的大背景下，死缓制度亦具有其自身独特的现实价值与意义。

---

① 赵秉志. 当代中国死刑改革争议问题论要. 法律科学（西北政法大学学报），2014（1）.

（一）契合国际社会限制与废止死刑的潮流和趋势

随着经济的全球化发展，法治的全球化进程也不断推进。正如张文显教授在《全球化时代的中国法治》一文中所指出："全球化是个综合的、全方位的概念，表征的是人类活动范围、空间范围和组织形式的扩大，从地方到国家再到世界范围，表征人类社会的综合性发展趋势。"① 在当今时代，在世界人权运动和法治改革的大背景下，减少、限制乃至废止死刑已成为国际刑事法治发展的潮流和趋势。根据2014年3月26日某国际组织发布的《2013年死刑处决和判决报告》(Death sentences & executions in 2013）显示，截至2013年12月31日，全球超过三分之二的国家和地区在法律上或事实上废除了死刑，其中，完全废除死刑的国家和地区有98个，废除普通犯罪死刑的国家和地区有7个，实际上废除死刑的国家和地区有35个，废除死刑（在法律上或实际上）的国家和地区总数为140个，而保留死刑的国家和地区总数仅为58个。② 同时，国际死刑的发展也愈来愈趋向于国际法制化，诸多国际条约都对死刑的适用范围进行了严格的限定，如1966年联合国《公民权利和政治权利国际公约》、20世纪80年代的《美洲人权公约》《欧洲人权公约》等，都要求成员国在限制和废止死刑问题上承担起相应的法律责任，从而初步形成了推动全球死刑变革的法律框架。③ 可见，在国际废除死刑理论的影响下，多数国家和地区都选择了全面废止死刑之路，而保留死刑的国家和地区也都积极地从立法和司法层面对死刑的适用加以严格控制并慎重适用死刑。这无疑凸显了刑罚趋于人道化发展的趋势。我国刑事法所独创的死缓制度，既能有效地威慑犯罪，又能在司法实践中限制死刑的执行，契合了当今国际社会所倡导的限制与废止死刑的潮流和趋势，使部分罪行极其严重应当处死的犯罪人，其若符合法定或者酌定从宽的情节，就会被附条件地不适用死刑立即执行，从而体现出刑罚的宽缓和谦抑精神。

---

① 张文显．全球化时代的中国法治．吉林大学社会科学学报，2005（2）．

② http://www.amnesty.org.hk/web/wp-content/uploads/2014/07/2014－dp_stats_report-zhhk.pdf，访问日期：2015－04－10。

③ 韩玉胜，沈玉忠．联合国国际公约对死刑的规定及中国的应对．政法学刊，2008（3）．

（二）符合宽严相济刑事政策的基本价值取向

"宽严相济"刑事政策是新时期我国刑事政策领域对"惩办与宽大相结合"刑事政策的新发展，对于培育社会主义法治理念、全面推进依法治国、实现国家治理体系和治理能力现代化都具有重大的理论意义和现实意义。其传承了古代先贤"宽猛相济"的治国理政思想之内核，立足于社会治安综合防控治理的现实，突出教育、改造与预防的优先作用，强调社会发展和变革的基础性作用，顺应了当今国际社会刑罚轻缓化的发展潮流。在法律规范层面上，以保障人权和根据具体情形将罪犯加以区别对待为核心，不断探索并寻求人权保障与法益保护的平衡点，是现代法治理念的一部分。① 宽严相济刑事政策的基本内涵为：该严则严，当宽则宽；宽严互补，宽严有度；审时度势，以宽为主。② "与惩办与宽大相结合的刑事政策相比较而言，宽严相济刑事政策更多强调的是非犯罪化、轻刑化和非监禁化。其重点在宽，以适当有利于行为人为出发点。"③ 死缓制度与宽严相济刑事政策的基本价值取向相符，主要表现在以下几个方面：

其一，死缓适用的不同结果体现了"该严则严，当宽则宽"的要求。根据我国刑法典第 50 条第 1 款的规定，对于被判处死缓的罪犯，根据罪犯在死刑缓期执行期间不同的情形和表现存在三种截然不同的处理结果，即减为无期徒刑、减为 25 年有期徒刑和执行死刑。在死刑缓期执行期间对罪犯进行全面、客观的考察，评估其人身危险性和社会危害程度，从而进一步加以区别对待，有针对性地给予轻重不同的处罚，无疑与"该严则严，当宽则宽"的要求相符合。

其二，死缓的限制减刑规定体现了"宽严互补，宽严有度"的要求。我国刑法典第 50 条第 2 款规定了死缓的限制减刑，即人民法院根据犯罪情节等情况，在判处犯罪分子死缓的同时，可以对被判处死缓的累犯以及故意杀人、强奸、抢劫等的犯罪分子限制减刑。限制减刑是基于犯罪分子的犯罪性质与再犯可能性作

---

① 卢建平. 刑事政策与刑法变革. 北京：中国人民公安大学出版社，2011：12.

② 马克昌. 论宽严相济刑事政策的定位. 中国法学，2007（4）. 卢建平主编. 刑事政策学. 北京：中国人民大学出版社，2007：12.

③ 同①12.

出的，赋予法官一定的自由裁量权。其设立旨在减少死刑立即执行，体现了“宽”的一面。同时，由于犯罪分子可能具有较大恶性，故对其在判处死缓的同时限制减刑，又体现出了“严”的一面，切实做到了“宽严互补，宽严有度”。

其三，死缓的适用条件体现了“审时度势，以宽为主”的要求。根据我国刑法典第 48 条第 1 款的规定，适用死缓应当同时具备以下两个条件：一是前提条件，即“应当判处死刑”。它要求适用死缓必须以犯罪分子被判处死刑为前提。二是实质条件，即“不是必须立即执行”，也就是根据案件的具体情形，可不立即剥夺犯罪分子的生命。这也就为罪行极其严重的犯罪分子开辟了免死的途径，通过对案件情况的综合考量和分析，如若存在法定或酌定的任意从轻、减轻情节，即可有生之希望。这体现出了死缓制度的宽缓价值。

总之，死缓制度在适用条件、限制减刑和适用结局等制度架构方面都与宽严相济刑事政策相呼应，从多层次、多方面反映着宽严相济刑事政策的价值追求，符合宽严相济刑事政策的基本价值取向。

（三）为死刑存废之争提供了过渡与缓冲

关于死刑存废问题，日本学者西原春夫曾言，其迄今已经成了一个枯竭的问题，所剩的只是关于存续或者废除的法律信念而已。[①] 诚然，自意大利著名刑法启蒙思想家切萨雷·贝卡里亚于 1764 年在其传世名著《论犯罪与刑罚》中首倡死刑废止论以来，关于死刑存废之争一直延续至今，死刑存置论者与死刑废止论者各自所能想到的理由几乎已经穷尽。[②] 相对于我国而言，现阶段并不存在立即全面废止死刑的现实性，社会公众重刑主义的思维定式不可能在短时间内得到根本扭转，社会现状也使立法者不会轻易放弃死刑。笔者主张采取渐进式的改革模式，即当前积极限制和减少死刑、未来全面废止死刑。[③] 因而我们一方面要寄希

① ［日］长井圆，张弘．围绕舆论与误判的死刑存废论．外国法译评，1999（2）．

② 陈兴良，周光权．刑法学的现代展开．北京：中国人民大学出版社，2006：213．

③ 赵秉志．死刑改革之路．北京：中国人民大学出版社，2014：123．

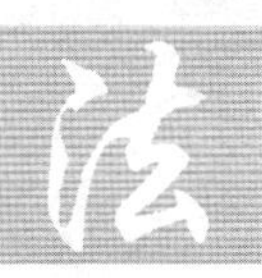

望于立法者在立法层面上秉持着谦抑原则减少和限制死刑，另一方面更要充分发挥并合理完善现存的限制死刑制度，其中死缓制度具有重大的作用。①

适用死缓的前提是判处死刑，这样就可以缓和死刑存置论者的立场，缓解死刑存置论者关于不适用死刑可能引发社会危机的担忧；在司法实践当中，对犯罪分子适用死缓的结局大都是减为无期徒刑和有期徒刑，将死缓变更为死刑立即执行的案件数量极少。这样也在一定程度上缓和了死刑废止论者的批评。② 死缓制度在理论上，既体现了保留死刑的内容，又包含了废除死刑的理念，因而居于死刑存废之争的中间地带。其既不是死刑的绝对执行，因而不同于死刑存置论，亦不是死刑的绝对不执行，故又不同于死刑废止论。故死刑的存与废二者均可在死缓制度中得到体现，因而可以说死缓制度缓解了理论界关于死刑废止的矛盾冲突，避免了非此即彼的两极化倾向，为死刑制度的进一步改革和发展创造了一个合适的过渡空间。③ 虽然此为理想与现实的折中，但死缓制度无疑极具现实性和可操作性，并为死刑存废之争提供了过渡和缓冲。

（四）更新民众的死刑观念，为逐步废除死刑打下民意基础

“我国是几千年来一直重视适用死刑的国度，在统治阶级的强化下，报应复仇的意识特别浓厚，‘杀人偿命’是至今流行的观念，死刑往往被视为公正的化身，我们常可见到某地执行死刑时当地群众‘拍手称快’或‘民心大悦’的报道。”④ 长期严刑峻法的专制统治以及源远流长的死刑文化，使民众对死刑具有过度的情感依赖，存在“迷信死刑”的现象，暴露出我国刑罚文化中较为强烈的报复意识。但是，死刑并非如民众所期望的那样总是具有维护统治威严、降低犯罪率和保障社会团结和谐的作用，有时甚至会被演变为一场场非人道的“杀人表演”，所以“民意所显示的对死刑的支持态度，往往是对犯罪之本能的义愤情绪和报复欲望所使然，很难具有理性成分。而法律的制定与实施既不是一种本能的

① 赵秉志，时延安．中国刑法中死缓制度的法理研析．中国司法评论，2001（1）．

② 何显兵．死缓制度研究．北京：中国政法大学出版社，2013：121．

③ 张文．十问死刑——以中国死刑文化为背景．北京：北京大学出版社，2006：129．

④ 胡云腾．死刑通论．北京：中国政法大学出版社，1995：222．

活动，也不应是对人之本能的简单认可，而是一种理性活动，即必须受法律所固有的理性所支配”[①]。而死缓制度的存在，在一定程度上丰富了死刑的内涵，使得在谈到死刑问题时不再拘泥于死刑立即执行，避免了一提及死刑就必然使人联想到剥夺生命的最严重刑罚的思维定式，有利于纠正普通民众对死刑的理解偏差，能够引起死刑观念的转变。

同时，在刑事司法实践中适用死缓可以降低民众对死刑的情感依赖，弱化民众的激烈情绪。司法适用以法律效果与社会效果相统一为基础，影响并重塑着普通民众的法治观念与意识。伴随着死刑执行数量的逐步减少，民众也会转移对死刑的关注，从而降低人们的报应情感。尤其是在司法裁判过程中在大量减少死刑实际适用的同时，倘若能够确保社会的相对稳定，将犯罪率控制在合理区间之内，就可以从实证角度有效证明死刑与犯罪发生和社会秩序之间并无必然联系，从而弱化民众的死刑报应意识，培育民众的现代法治思维和人道主义观念，使民众摆脱从死刑执行过程中所获得的非理性快感。正所谓，“法顺民意，冲淡了法的僵硬与冷酷的外貌，也更易于推行”[②]。民众的死刑观念是当今我国死刑制度改革的重要影响因素之一，而死缓制度能够转变民众的死刑观念，为逐步废除死刑打下民意基础。

## 三、现行死缓制度的立法缺陷与不足

新中国半个多世纪的刑事司法实践表明，死缓制度在贯彻落实死刑政策、充分保障人权以及实现教育改造罪犯之刑罚目的等方面均发挥出了巨大的作用。然而，伴随着我国刑事法治事业的不断推进，加之法律规范自身相对滞后的特征，现行的死缓制度也暴露出了诸多的立法缺陷和不足，主要表现在以下几个方面。

---

① 赵秉志．刑法总论问题探索．北京：法律出版社，2003：324.

② 王莹．法律的人本关怀及可能的危险——关于司法实践中“认真”对待民意的思考．西部法学评论，2009（4）．

（一）死缓的法律地位问题

死缓的法律地位问题，在刑法理论上，即死缓与死刑立即执行的法律关系，也就是在刑事立法上与司法实践中二者的主次关系。我国刑法典第48条第1款的规定（“对于应当判处死刑的犯罪分子，如果不是必须立即执行的，可以判处死刑同时宣告缓期二年执行。”）揭示出了两方面的内容：第一，与死刑立即执行相比较而言，死缓处于补充性的地位。如有学者认为：在两种死刑执行方式的选择上，根据法律规范的固有逻辑，我们总是优先考虑的死刑执行方式是立即执行，而只有死刑的执行不那么紧迫和必要时，才会选择适用缓期二年的执行方式。① 这也就意味着，对于罪该处死的犯罪分子，是以判处死刑立即执行作为“原则”，而以适用死缓作为其补充性质的“例外”，其实质就是死刑缓期执行是对死刑立即执行的补充。② 第二，法条使用“可以”的表述弱化了死缓的法律地位。③ 这样的表述方式使死缓的适用受到了极大的限制，因为即使完全符合死缓的适用条件，但依照相关法条的规定，死缓属于死刑执行中“可以”采用的方式，也就“可以”不适用死缓。“可以”的表述赋予了审判机关过大的自由裁量权。刑法规范中并没有明确要求法官在犯罪分子具有“不是必须立即执行”的情节时必须对犯罪分子宣告死刑缓期二年执行，从而使得在具体的司法操作当中，裁判者对于符合死缓适用条件的犯罪分子依然可以判处死刑立即执行。这显然缩小了死缓的适用范围，促使死缓只能成为死刑立即执行的“备胎”，从而更不利于最大限度地限制、减少死刑立即执行的案件数量。因此，死缓制度的法律地位亟待提升，以充分发挥其限制死刑立即执行的功能和价值。

（二）死缓适用条件的不足问题

根据我国刑法典第48条第1款的规定，适用死缓应当同时具备以下两个条

---

① 苏彩霞．国际人权法视野下的我国死刑立法现状考察//赵秉志主编．刑法评论：第8卷．北京：法律出版社，2005：312.

② 赵秉志主编．死刑改革研究报告．法律出版社，2007：312.

③ 赵秉志．中国死刑立法改革新思考——以《刑法修正案（九）（草案）》为主要视角．吉林大学社会科学学报，2015（1）.

件：一是前提条件，即“罪该处死”。它要求适用死缓必须以犯罪分子被判处死刑为前提。二是实质条件，即“不是必须立即执行”。同时这也是适用死缓与适用死刑立即执行的区别所在。但无论是死缓适用的前提条件还是实质条件都存在着一些的不当之处，具体如下。

1. 我国死缓适用的前提条件不明确且与联合国公约要求不协调

首先，死缓适用的前提条件不明确。死缓只是死刑的一种特殊执行方式，仍属于死刑的范畴，因而死缓的适用必须以犯罪分子被判处死刑为前提，适用死缓的前提条件也即适用死刑的条件。对此，有学者提出，应当如何正确理解与适用“罪行极其严重”（死刑的适用条件）还存在较大的争议①，并认为关于死缓适用的前提条件立法不够明确，缺乏统一的标准，适用过程中存在较大问题，进而认为，“罪行极其严重”是一个非常主观的判断标准，主要取决于裁判者的内心确信，在一定程度上加强了裁判者的裁量任意性，极易导致判决结果的不确定。亦有学者认为，立法者之所以修改 1979 年刑法典关于死刑适用的条件②，是为了祛除“罪大恶极”用语的政治色彩，使对死刑适用条件的表述更加符合法律用语的规范性和明确性，从而有利于增强其对司法实践的指导性。然而，不可否认的是，将“罪大恶极”修改为“罪行极其严重”却最终违背了立法者的原意。尽管不少学者都主张将“罪行极其严重”解释为包括行为人主观方面的因素和犯罪行为的客观表现两个方面，但这确有超出扩大解释应有范围之嫌，实则暴露出立法不足的弊病，作出上述解释也确为无奈之举。③ 因此，笔者认为，死刑（包括死缓）适用标准的缺损势必导致死刑的扩大适用，而降低死缓适用的条件，显然也违背了立法者的初衷和意图。尽管在理论上和司法实践中，一般认为“‘罪行极其严重’是指行为人犯罪的性质极其严重、犯罪的情节极其严重以及犯罪分子的人身危险性极其严重，即三个方面极其严重”④，但学理解释本身不具有权威性，

① 高憬宏、刘树德．死缓适用条件设置的四维思考．当代法学，2005（5）．

② 我国 1979 年刑法典第 43 条第 1 款第一句规定，死刑只适用于罪大恶极的犯罪分子。

③ 高铭暄，赵秉志主编．刑罚总论比较研究．北京：北京大学出版社，2008：33．

④ 高铭暄，马克昌主编．刑法学．中国法制出版社，2007：55．

很难避免因理解差异而导致司法适用上的混乱与无序。

其次，现阶段我国死刑的适用标准也与联合国公约的要求不相协调。在世界范围内，伴随着国际社会对死刑制度改革的日益关注，越来越多的国际法律文件规定了适用死刑的标准和原则。如我国在 1998 年签署了联合国《公民权利和政治权利国际公约》，该公约第 6 条第 2 款规定了尚未废除死刑国家的死刑适用标准，即死刑只能适用于“最严重的罪行”①。联合国经济与社会理事会《关于保护死刑犯权利的保障措施》第 1 条也阐明了“最严重的罪行”的含义，即应当将其限定在致命性的抑或能够造成其他极其严重后果的故意犯罪的范围之内。② 怎样理解和掌握“最严重的罪行”的限制意涵？联合国经济和社会理事会秘书长 1999 年关于死刑的第六个五年报告将毒品犯罪、经济犯罪、强奸罪等都列为不属于“最严重的罪行”的情况。③ 由此以观，当前我国“罪行极其严重”的死刑适用标准明显要比联合国公约的相关规定要低，从而导致我国死刑适用的罪种范围亦与公约的要求不相协调，我国现行刑法典对毒品犯罪、强奸罪，以及一些经济犯罪都配置了死刑。因此，笔者认为，作为公约的签署国，作为一个负责任的联合国安理会常任理事国，我国有必要也有义务在时机成熟时，通过立法修改将我国死刑的适用标准与联合国公约进行接轨，更加合理地配置死刑。

2. 实质条件不明确

死缓适用的实质条件为“不是必须立即执行”，即根据犯罪分子所犯罪行，虽然对其应当适用死刑，但不是非立即执行不可。刑法典只对应当判处死刑的犯罪有明确的规定，但对于哪些犯罪分子属于“不是必须立即执行”死刑的情况，没有明确规定。

综观学术界，对于“不是必须立即执行”究竟应当如何理解与适用，众说纷

---

① 北京大学法学院人权研究中心．国际人权文件选编．北京：北京大学出版社，2002：43.

② 黄芳．论死刑适用的国际标准与国内法的协调．法学评论，2003（6）.

③ 邱兴隆主编．比较刑法：第 1 卷 · 死刑专号．北京：中国检察出版社，2001：76.

纭，认识各异。学界对死缓适用的实质条件提出了若干种学说。[①] 例如，社会危害性标准说，即以犯罪分子的社会危害性大小为基准，进而来判断是否对犯罪分子适用死缓。主客观相统一说认为：考察“不是必须立即执行”，要秉持主客观相一致的原则，既要考察犯罪的客观社会危害性，也要考察犯罪分子的主观恶性。“罪行极其严重”反映在客观社会危害性和主观恶性上，犹如是一个区段，通过定性分析和定量分析来最终确定是否应当判处死刑缓期执行。犯罪分子“罪行极其严重”但其行为在客观方面的社会危害性和其主观恶性及人身危险性均未达到必须立即执行的程度，则应视为“不是必须立即执行”的情况。又如，有的学者认为“不是必须立即执行”是特殊的从宽情节，并在总结司法实践的基础之上主张，若存在以下几种情形，即可认为是“不是必须立即执行”：被害人存在严重过错，责任不全在被告人一方的；具有自首、立功等法定从轻处罚情节的；对被害人积极进行赔偿，并认罪、悔罪的[②]；在共同犯罪中，有多名主犯，其中首要分子或者罪行最严重的主犯已被判处死刑立即执行，其他主犯不具有最严重罪行的；其他应当留有余地的情况的。

但是，这种仁者见仁、智者见智的说法，也不可避免地给死缓的司法适用带来了混乱，致使宽严不一、量刑失衡。同时，该适用条件由于过于原则、抽象，因而可操作性不强，在司法实践中完全取决于司法机关的自由裁量。如有论者指出，是否对犯罪分子适用死缓往往产生“生死之别”的巨大落差，然而，我国刑法规范竟然没有对此作出明确规定，显然不当，不利于保护犯罪分子的正当权益。[③] 笔者对此亦深以为然。作为死刑立即执行与死刑缓期执行的界限——“不是必须立即执行”语焉不详，背离了罪刑法定原则的实质要求，具有很大的适用弹性，不同的法官基于不同的理解和认识角度会得出不同的结论，不利于维护法

---

① 任志中，周蔚．死缓适用实质条件之理论构建——宽恕理论之提倡．中国社会科学院研究生院学报，2011（4）．

② 张明楷．刑法学．北京：法律出版社，2011：342．

③ 赵秉志，许成磊．现代死刑适用制度比较研究//赵秉志主编．刑法论丛：2007年第1卷．北京：法律出版社，2007。

治的统一。[①] 如前些年轰动全国的“刘涌案”“李昌奎案”等均是历经不同审级的多次审判后改判，有些甚至还启动了再审程序，审判期间引发了社会舆论的持续关注。案件审理过程中司法裁判的不确定性严重影响了司法的公信力，其重要的症结就在于“不是必须立即执行”的含义不够明确，导致司法适用陷入两难境地。此外，适用条件的过于模糊也会限制死缓制度的功能发挥。死缓制度的实行，最大限度缩小了判处死刑立即执行的适用范围，较为全面地体现了“严格控制和慎重适用死刑”的死刑政策。倘若没有明晰的适用条件，谈充分发挥死缓制度的功能便成了无源之水、无本之木。在司法适用的过程中，对死缓适用条件无休止地争论，势必会影响死缓制度的功能发挥。因此，尽快明确死缓适用的实质条件，就成为当前死缓制度立法完善的核心和关键。

（三）将死缓变更为死刑立即执行的限制不足问题

《刑法修正案（九）》将对死缓犯立即执行死刑的条件由犯罪人“故意犯罪”修改为“故意犯罪，情节恶劣的”。这在一定程度上提高了对死缓犯执行死刑的门槛，具有重大的现实意义。在修订之前，“故意犯罪”是将死缓变更为死刑立即执行的唯一条件。该条件虽然表述清晰、适用明确，但对“故意犯罪”未作任何必要的限制。因而在司法实践当中，不论犯罪本身危害性程度的大小、轻罪还是重罪、行为人出于何种犯罪动机、属于什么犯罪形态、直接故意还是间接故意等，只要符合故意犯罪的构成要件，法官往往就不加区分地对处于死缓考验期的罪犯裁决执行死刑。[②] 然而罪犯在死缓考验期内故意犯罪的情形比较复杂，例如，有的死缓犯因受到牢头狱霸的欺压，实施了故意轻伤害的犯罪行为；有的仍处于脱逃犯罪的预备阶段；有的死缓犯在狱中多次盗窃且数额较小。若对实施了此类故意犯罪的死缓犯执行死刑，便有悖于刑罚的公正性和死缓制度设立的初衷。

毫无疑问，《刑法修正案（九）》将对死缓犯立即执行死刑的条件修改为“故

① 高铭暄，徐宏．中国死缓制度的三维考察．政治与法律，2010（2）．

② 吴宗宪．中国刑罚改革论．北京：北京师范大学出版社，2011：332．

意犯罪，情节恶劣的”是立法的一大进步，更好地体现了当前“保留死刑，严格控制和慎重适用死刑”的死刑政策。但是，从严格限制对死缓犯执行死刑的角度考虑，笔者认为，对于将死缓变更为死刑立即执行的限制仍有不足，这是因为“情节恶劣”本身是一种模糊性的表述。一方面，“情节”应当如何界定？在刑法上，“情节”的内涵十分丰富，既包括主观情节、客观情节，亦包括定罪情节、量刑情节，还包括罪前、罪中和罪后情节，那么，“情节恶劣”的“情节”到底是指何种情节？对此仍存有争议。另一方面，“恶劣”应当如何把握？这样的表述似乎亦会使法官陷入主观判断的非理性倾向当中，更会导致对死缓犯变更执行死刑的不当扩大化。从刑法谦抑性角度而言，“情节恶劣”的规定仍有不足之处。笔者认为，对于将死缓变更为死刑立即执行的限制条件仍由进一步提升的空间。

## 四、关于死缓制度立法完善的探索

### （一）死缓制度立法完善的原则

在对现有的制度进行重新阐释的时候，难免会受到既有框架的束缚，因而应当把握住新的立法契机，对死缓制度进行重新构造和完善。① 基于此，笔者认为，对死缓制度进行适度的立法完善，应当以其原有的功能和价值为基础，建构全新的立法架构，以期能够充分发挥死缓制度限制死刑立即执行的功效。具体而言，死缓制度的立法完善应当贯彻以下两个原则：

(1) 明确性原则。明确性是罪刑法定原则的实质要求之一。明确性原则要求，刑法的法律条文必须清晰、明确，规定的违法行为的内容能为普通民众所理解且能够较为容易地界定罪与非罪的适用范围。② 明确性体现的是限制国家权力、保障国民自由的基本理念，倘若刑法规范的表述过于抽象、模糊，势必会为

① 赵秉志．死刑改革探索．北京：法律出版社，2006：432.

② ［意］杜里奥·帕多瓦尼．意大利刑法学原理（注评版）．陈忠林译．北京：法律出版社，2009：323.

国家恣意侵害民众的自由埋下巨大的隐患。为了强调立法中的明确性原则的重要性，英国法学家吉米·边沁甚至认为，“没有法律就没有刑罚的原则的真正危险并非来自类推，而是来自不确定的刑法规定”①。因此，对死缓制度的重新构造与阐释也应当始终坚持并贯彻明确性原则。笔者认为，死缓制度立法完善的明确性原则，就是要在立法规范中最大限度地明确死缓的适用条件，以增强其在司法适用过程中的可操作性，避免实践中具体适用的任意性与裁判的随意性。

（2）谦抑原则。刑法谦抑，也称刑法的经济性，是指在采取其他手段或者采取较轻刑罚足以遏制不法行为时，就不应该采取刑罚或者采取严重的刑罚去惩治不法行为人。正如英国法学家吉米·边沁所言：“温和的法律能使一个民族的生活方式具有人性；政府的精神会在公民中间得到尊重。”② 刑法的谦抑原则，要求我们尽可能地限制、减少刑罚权的实施，即在决定死刑立即执行与死缓的条件和范围方面，尽可能地严格前者的实施，通过提升死缓制度的法律地位、拓宽死缓的适用空间来弱化死刑立即执行的法律地位，为我国逐步废除死刑奠定基础。

（二）死缓制度立法完善的措施

1. 重塑死缓的法律地位

针对死缓制度，不少学者都主张改善其法律地位，主要存在以下几种观点。

第一种观点认为，可以通过立法逐步地将死缓发展成为与管制、拘役、有期徒刑、无期徒刑一样的独立刑种，并赋予其终身监禁的内容，使其最终全面代替现存的死刑执行。③

第二种观点认为，应当将死缓作为死刑执行的必经程序。持该观点的学者主张，在不调整现有立法的情况下，可以在司法实践中逐步地将死缓制度适用的范围予以拓宽，将死缓作为死刑执行的必经程序，以有效地控制死刑立即执行的

① H. Welzel, Das deutsche Strafrecht. Eine syetematische Dasrstellung, Walter de Gruyter&co. 11. Aufl., 1969. S. 23.

② ［英］吉米·边沁. 立法理论. 李贵方，译. 北京：中国人民公安大学出版社，2004：221.

③ 钊作俊. 中国死刑之现状与走向. 郑州轻工业学院学报（社会科学版），2004（2）.

数量[①]；“放宽适用死缓的范围，甚至规定所有判处死刑的犯罪一律适用死缓”[②]。

第三种观点主张，通过修改现有立法，在死刑适用中将适用死缓作为基本“原则”，将死刑立即执行作为“例外”，并“对刑法典第 48 条第 1 款进行相应的修改，即对于应当判处死刑的犯罪分子，除确有判处死刑立即执行之必要的特殊情形外，应当判处死刑同时宣告缓期执行”[③]。

第四种观点认为，应当明确死缓在死刑执行制度中优先适用的地位，从而可以最大限度弱化死刑立即执行的刑法地位，“将刑法典第 48 条第 1 款的规定进行一定的调整，将其修改为：对于应判处死刑的犯罪分子，应当判处死刑同时宣告缓期二年执行，但确属必须立即执行的除外”[④]。

针对上述第一种观点，笔者认为：其虽然立足于未来的死刑立法，充分发挥了死缓作为死刑立即执行的替代措施的积极价值，但是，死缓制度创立之初即依附于死刑，并不具有独立的刑种地位，不可否认，当然可以修改现有的刑罚体系，将死缓作为一个与管制、拘役、有期徒刑、无期徒刑相并列的刑种，但死缓与其他各刑种相比较而言，其自身具有不确定性[⑤]，即死缓的最终适用结局是不确定的，适用的结局要根据罪犯在缓期二年执行的考验期内的具体表现来确定。此外，若通过立法使死缓具有终身监禁的内容，又该如何区分其与无期徒刑？是否会造成刑罚体系的混乱？因此，笔者不赞成将死缓作为一个独立的刑种。

上述第二种观点，即将死缓作为死刑执行的必经程序的支持者认为此做法有以下几个方面的合理性：第一，这是为最终彻底废止死刑做了必要的准备与过渡；第二，这样与世界范围内刑罚的轻缓化发展趋势相呼应；第三，如此全面限制死刑立即执行，与我国的基本国情相符。应当说，将死缓作为死刑执行的必经

---

① 张文，黄伟明．死缓应当作为死刑执行的必经程序．现代法学，2004（4）．

② 陈兴良．刑法哲学．北京：中国政法大学出版社，2004：541．

③ 莫洪宪，吴占英．关于我国死刑问题的几点思考．国家检察官学院学报，2013（4）．

④ 苏彩霞．国际人权法视野下的我国死刑立法现状考察//赵秉志主编．刑法评论：第 8 卷．北京：法律出版社，2005．

⑤ 张正新．中国死缓制度的理论与实践．武汉：武汉大学出版社，2004：164．

程序必然会限制、减少死刑的实际适用，对死刑立即执行起到一定的抑制作用。但对所有被判处死刑的罪犯一律适用死缓，从某种程度而言，是完全取消了在刑事司法实践当中对死刑立即执行的运用。在我国现阶段，无论是最高决策层还是普通社会公众对死刑仍有着普遍的认同感，或称为依赖感，并不存在将死缓作为死刑执行必经程序的民意基础，最高决策层在死刑威慑论的长期影响下也很难接受单一的死刑执行方式。[①] 此外，部分司法工作人员仍秉持重刑主义的理念，存在着推崇死刑的思想，他们主张为有效地遏制犯罪的发生，在适用法律时，应当多用重刑和长刑。[②] 基于此，将死缓作为死刑执行的必经程序具有过度“理想化”的成分，并不适合当前我国的刑事司法大环境。

上述第三、四种观点基本上趋于一致，都是在第二种观点与我国当前刑事立法和司法现状相融合的基础之上发展而来的，是对“所有死刑犯一律适用死缓”的修正与扬弃。这两种观点都主张强化死缓的法律地位，充分发挥死缓制度的功能，只是在修改刑法典现有条款的表述上略有不同。一方面，这两种观点都认为应当将现有条款中“可以判处死刑同时宣告缓期二年执行”的表述修改为“应当判处死刑同时宣告缓期二年执行”。“应当”在刑法规范中也即“必须”的含义，具有适用的强制性，有助于明确死缓与死刑立即执行的主次关系，改善死缓的补充性地位，促使法官在判处死刑的同时，如无特殊情形，必须适用死缓，从而削弱了法官的自由裁量权，可以有效提升死缓的适用率。另一方面，就这两种观点而言，笔者更倾向于赞同第四种观点关于现行刑法典相关条款立法改进的建议，即“对于应判处死刑的犯罪分子，应当判处死刑同时宣告缓期二年执行，但确属必须立即执行的除外”[③]。因为将“应当判处死刑同时宣告缓期二年执行”放置于“对于应判处死刑的犯罪分子”之后并非简单地颠倒顺序，而是在立法逻辑上强调要优先适用死缓，只有在“确属必须立即执行”的情形下，才能适用死刑立即

① 赵秉志主编．宽严相济刑事政策在死刑适用中的贯彻研究．北京：中国法制出版社，2015：323.

② 赵秉志．关于中国现阶段慎用死刑的思考．中国法学，2011（6）.

③ 苏彩霞．国际人权法视野下的我国死刑立法现状考察//赵秉志主编．刑法评论：第8卷．北京：法律出版社，2005.

执行。这样是将适用死缓作为“原则”，将适用死刑立即执行作为“例外”。这样表述更加规范和合理，与《刑法修正案（八）》当中对于75周岁以上犯罪的老年人原则上不适用死刑的表述原理相一致[①]，同时也体现出了刑法的谦抑原则。

在上述分析基础之上，笔者主张将现行刑法典第48条第1款后半段的规定修改为：“对于应判处死刑的犯罪分子，应当判处死刑同时宣告缓期二年执行，但属暴力犯罪且必须立即执行的除外。”也就是将死缓作为非暴力犯罪死刑案件的必经程序。[②] 这也与现阶段刑法理论界所倡导的逐步废除死刑的路线图相契合。[③] 2011年通过的《刑法修正案（八）》取消了13种犯罪的死刑，而这13种犯罪均属经济性、非暴力犯罪；2015年8月29日通过的《刑法修正案（九）》在《刑法修正案（八）》的基础之上再取消9种犯罪的死刑，而这废止死刑的9种犯罪，不仅包含经济性、非暴力犯罪，更包括了2种非致命性暴力犯罪，即强迫卖淫罪和阻碍执行军事职务罪。这也表明了最高决策层不仅看到了逐步废止非暴力犯罪的死刑的学界呼声，更迈出了废止非致命性暴力犯罪的死刑的步伐。既然当下死刑的废除始于非暴力犯罪，那么限制死刑的实际适用也应从非暴力犯罪开始。此外，由于非暴力犯罪并不侵害生命法益且在司法实践当中其死刑适用率也较低，故将死缓作为非暴力犯罪死刑案件的必经程序更容易被社会公众所接受，既充分发挥了死缓限制死刑立即执行的功能、作用，又不会对确有必要实际适用死刑的犯罪造成冲击。因此，笔者赞同将死缓作为非暴力犯罪死刑案件的必经程序，并对现行刑法的相关法律规范进行改进与完善。

2. 适当限制死刑适用的范围

死缓适用的前提条件，也即死刑的适用标准。如前所述，我国现行刑法典的

---

① 经《刑法修正案（八）》修正的我国刑法典第49条第2款规定：“审判的时候已满七十五周岁的人，不适用死刑，但以特别残忍手段致人死亡的除外。”

② 赖早兴．论死缓适用率的提高．山东警察学院学报，2013（3）．

③ 本文第一作者早在2005年即主张我国逐步废止死刑要经历三个阶段：一是先行逐步废止非暴力犯罪的死刑；二是进一步在条件成熟时废止非致命性犯罪（非侵犯生命的犯罪）的死刑；三是在社会文明和法治发展到相当发达程度时，全面废止死刑。赵秉志．论中国非暴力犯罪死刑的逐步废止．政法论坛，2005（1）．

死刑适用标准存在着明显的缺陷：其不当扩大了死刑适用的范围，也降低了死缓适用的条件，同时也与联合国公约的相关规定存在着较大的差距。在《刑法修正案（九）》研拟的过程当中，本文第一作者基于现有死刑适用标准的不足，提出“应将现行刑法典第 48 条第 1 款修改为：死刑只适用于最严重的犯罪中罪行极其严重、人身危险性极大的犯罪分子”①。对此，本文持肯定态度，具体而言，包括如下理由：

第一，将“最严重的犯罪”纳入死刑的适用标准，有助于与联合国公约相协调。现阶段我国死刑制度改革的第一要务就是顺应国际潮流，参照一系列国际人权公约并与之相接轨，全方位地减少死刑的适用。② 通过解读联合国《公民权利和政治权利国际公约》第 6 条第 2 款③关于死刑适用标准的规定，以及联合国经济与社会理事会《关于保障面临死刑的人的权利的措施》第 1 条的相关规定④，我们可知，联合国公约所称“最严重的罪行”强调的是犯罪的种类，即危害十分严重的犯罪，其侧重的是对犯罪性质的综合与整体考量⑤，进而将死刑的适用限定于“最严重的罪行”范围之内。因此，从限制死刑适用之目的，我国有必要对现行刑法典中死刑适用的范围进行限定，将死刑的适用范围严格限定于危害性质极其严重的罪种，从而与联合国公约相衔接。

第二，将“最严重的犯罪”纳入死刑的适用标准，有利于死刑的合理配置。当前我国死刑的适用范围十分广泛，现行刑法典中尚有 46 种罪名配置有死刑，其中有 22 种属于暴力犯罪，24 种属于非暴力犯罪。死刑罪名（46 种）约占全

---

① 赵秉志. 中国死刑立法改革新思考——以《刑法修正案（九）（草案）》为主要视角. 吉林大学社会科学学报，2015（1）.

② 赵秉志. 当代中国刑罚制度改革论纲. 中国法学，2008（3）.

③ 联合国《公民权利和政治权利国际公约》第 6 条第 2 款规定：“在未废止死刑的国家，判处死刑只能是作为对最严重的罪行的惩罚……”

④ 联合国经济与社会理事会《关于保护死刑犯权利的保障措施》第 1 条规定：在未废止死刑的国家，判处死刑只能是作为对最严重的罪行的惩罚，应当理解为其适用范围不应超过致命的或其他极度严重后果的故意犯罪。

⑤ 卢建平. 死缓制度的刑事政策意义及其扩张. 法学家，2004（5）.

部罪名（451种）的10.2%。与世界其他仍然保留死刑的国家相比，我国刑法中配置死刑的罪名数量显然过多。[①] 由于刑法总则对分则具有制约的作用，因此在刑法总则关于死刑适用标准的条文中加入“最严重的犯罪”，在一定程度上可以促使立法者逐步地取消刑法分则当中不属于“最严重的犯罪”之罪种的死刑配置，有利于进一步地限制死刑的适用范围，使死刑的配置更趋于合理化。[②]

第三，增加“人身危险性极大”的限制条件，有利于进一步严格限定死刑适用的标准。虽然我们在实践中多采用主客观相结合的方式对“罪行极其严重”进行理解，但是“罪行极其严重”的表述终究无法清楚表明立法对行为人的主观恶性及人身危险性的全面考量，因此，我们应当对死刑适用的标准予以进一步严格的限制，即增加“人身危险性极大”的表述。人身危险性是潜在犯罪人初犯和已犯罪人再次犯罪的可能性，其不仅包括主观内容，也包括客观内容；不仅包括犯中表现，也包括犯前和犯后表现。[③] 因此，将“人身危险性极大”的评价因素纳入死刑适用的实质条件之中，是关于对罪犯适用死刑的主、客观全面综合考量，也是旨在从犯罪分子的人身危险性角度出发考量其是否有再犯罪或者被改造的可能，从而能够使死刑的适用标准更加科学化、合理化。

3. 明确死刑立即执行与死刑缓期执行的界限

死缓适用的实质条件为“不是必须立即执行”，而这也是死刑的两种执行方式——死刑立即执行与死刑缓期执行的界限。如前所述，“不是必须立即执行”的表述过于抽象模糊，在司法适用过程中暴露出诸多的弊端，因而许多学者都主张应当更为明确地规定死缓适用的实质标准，以期厘清及严格划定死刑立即执行与死缓之间的界限，其中，主要有以下两种比较有代表性的观点：第一种观点认为，应当从犯罪人人身危险性的角度对死缓的适用条件进行界定，主张将犯罪人

① 陈泽宪主编．死刑改革的多重视角与具体路径．北京：中国民主法制出版社，2014：312.

② 苏彩霞．国际人权法视野下的我国死刑立法现状考察//赵秉志主编．刑法评论：第8卷．北京：法律出版社，2005：212.

③ 黄华生，舒洪水．死刑适用的原理与实务．北京：中国人民公安大学出版社，2012：97.

的人身危险性小作为死缓的适用条件，而将死刑适用标准确定为犯罪事实本身的社会危害性和主观恶性。[①] 第二种观点则认为，应当取消“不是必须立即执行”这一条件限制，对保留死刑的罪名一律适用死缓，也即将死缓作为死刑执行的必经程序，这样，既可以实现减少实际适用死刑的政策意义，又可以弥补死缓适用实质条件不明确的缺陷。[②]

笔者认为，第一种观点的失当性在于，其完全根据犯罪人的人身危险性来判断是适用死缓还是适用死刑立即执行，将死缓适用的实质条件“不是必须执行”与“人身危险性小”画上了等号。但是，人身危险性的判断标准本身是非常抽象的，在司法实践中难以准确理解和把握，并不能使裁判者较为合理地确定死缓和死刑立即执行的界限，也不能有效地解决现有的理论争议和司法乱象，反而会导致在适用标准上重新陷入争论当中。

上述第二种观点主张取消“不是必须立即执行”的立法规定，不再对其进行司法判断。诚然，在我国现行刑法典没有明文规定何种情节属于“不是必须立即执行”，而相关司法解释亦未阐明其立法内涵的情况下，此种做法摆脱了“不是必须立即执行”这一似有若无的主观臆断性的法律分析，也从源头上遏止了司法擅断的可能性。因而此观点有其可取之处。但将死缓作为死刑执行的必经程序有过于理想化的成分，具体理由上文已分析，故在此不赘述。

笔者认为，当前死缓制度立法完善的核心问题就是要明确且合理地界定死刑立即执行的适用条件和死缓的适用条件。如前所述，笔者主张将现行刑法典第48条第1款后半段的规定修改为：“对于应判处死刑的犯罪分子，应当判处死刑同时宣告缓期二年执行，但属暴力犯罪且必须立即执行的除外。”也即将死刑立即执行的适用范围界定为“属暴力犯罪且必须立即执行”，从而可以明确划定死刑立即执行与死缓的界限。当然，我们也要明确界定何为“暴力犯罪”，以及哪些情形为“必须立即执行”。

① 陈泽宪主编. 死刑改革的多重视角与具体路径. 北京：中国民主法制出版社，2014：212.

② 夏勇. 死缓适用条件之反思——以“李昌奎案”为例. 法商研究，2013（1）.

（1）“暴力犯罪”的界定。

我国刑法典第 20 条第 3 款[①]、第 50 条第 2 款[②]、第 81 条第 2 款[③]都使用了“暴力犯罪”或“暴力性犯罪”的表述。对于“暴力犯罪”，有的学者认为：应当从暴力犯罪的范围和暴力犯罪的程度两个方面加以考察。所谓暴力犯罪的范围，应当是以刑法典的具体规定为依据，但凡刑法分则规定的犯罪中其实行行为包含“暴力”内容的，就属于“暴力犯罪”。其包括明文规定和隐含规定两种形式。其中，明确规定的暴力犯罪如刑法典第 257 条规定的暴力干涉婚姻自由罪、第 121 条规定的劫持航空器罪等；隐含规定的暴力犯罪如刑法典第 240 条规定的拐卖妇女、儿童罪等。至于暴力犯罪的程度，则是从具体的罪名、法定刑等方面加以考察。在此基础上，有学者提出，“应当从广义上对‘暴力’进行解释，即直接或借助自然、物理之力对他人人身自由权、健康权、生命权施加强力打击或者强制行为，其范围不仅包括捆绑、拘禁、殴打、伤害、杀害、决水、爆炸等有形力，亦应包括施行催眠、麻醉、用酒灌醉等无形力，而暴力的程度则不仅包括对他人人身自由、健康或者生命造成损害，也包括尚未对他人人身安全造成损害，但对他人人身安全形成危险”[④]。

基于此，笔者认为，所谓“暴力犯罪”，应当同时满足以下的两个条件：第一，其犯罪基本构成要件中明确规定或隐含暴力内容，即其犯罪的实行行为是以暴力的手段实施的；第二，该犯罪是以他人人身为犯罪对象，能够对他人的人身安全形成直接、间接的损害或者危险。

① 我国刑法典第 20 条第 3 款规定：“对正在进行行凶、杀人、抢劫、强奸、绑架以及严重危及人身安全的暴力犯罪，采取防卫行为，造成不法侵害人伤亡的，不属于防卫过当，不负刑事责任。”

② 我国刑法典第 50 条第 2 款规定：“对被判处死刑缓期执行的累犯以及因故意杀人、强奸、抢劫、绑架、放火、爆炸、投放危险物质或者有组织的暴力性犯罪被判处死刑缓期执行的犯罪分子，人民法院根据犯罪情节等情况可以同时决定对其限制减刑。”

③ 我国刑法典第 81 条第 2 款规定：“对累犯以及因故意杀人、强奸、抢劫、绑架、放火、爆炸、投放危险物质或者有组织的暴力性犯罪被判处十年以上有期徒刑、无期徒刑的犯罪分子，不得假释。”

④ 高铭暄主编. 刑法专论. 2 版. 北京：高等教育出版社，2006：112.

(2)“暴力犯罪且必须立即执行”的界定。

笔者认为，相较于现行刑法典将“不是必须立即执行”作为死缓与死刑立即执行的区分标准，更为妥当的途径应当是从正面明示哪些情况下是“必须立即执行”的，因为只有这样，才能从根本上明确死刑立即执行与死缓的界限，才能最为严格地减少死刑的实际适用，才能最大限度地压缩司法擅断的空间。那么，如何确定“暴力犯罪且必须立即执行”的具体含义呢？如有论者提出，“暴力犯罪必须立即执行死刑”需要符合以下几个方面的条件，如完全符合等量正义观，包括犯罪人是有预谋地实施暴力犯罪，犯罪的发生与被害人无关，严重危及公共安全且犯罪手段危害性极大，实施的犯罪手段极其残忍且造成一人以上死亡或者导致多人严重残疾；又如，犯罪人有强烈的人身危险性，包括民愤极大并且被害人不宽恕或犯罪人具有较长的犯罪生涯。笔者较为赞同上述观点，此外，在立法技术上，可以采用列举式的表述，即“属暴力犯罪且具有下列情形之一的，可以判处死刑立即执行”。死刑立即执行与死缓具有“排他性”的特殊关系，有了对死刑立即执行适用条件的明确规定，就可以准确地划定死刑立即执行与死缓的界限。

4. 严格将死缓变更为死刑立即执行的条件

严格将死缓变更为死刑立即执行的条件，可以激发出死缓制度在限制死刑立即执行方面的潜在效能。如前所述，《刑法修正案（九）》对于将死缓变更为死刑立即执行的条件进行了修改，即由原来的“故意犯罪”修改为“故意犯罪，情节恶劣的”。此外，其还增设了“对于故意犯罪未执行死刑的，死刑缓期执行的期间重新计算，并报请最高人民法院备案”。此即死刑缓期执行期间的重新计算制度。这两点使得对死缓犯执行死刑的适用条件更趋于科学与完备。但笔者认为，该条件依然存在提升的空间。

目前，学术界关于对死缓犯执行死刑的条件如何界定，有三种意见：第一种意见主张，可以考虑将“故意犯罪”修改为“再犯应当判处死刑的犯罪”，即以缓期执行期间再次犯罪的法定刑是否为死刑来确定。第二种意见认为，应当以罪犯在死缓考验期间内触犯某些特定的性质较为恶劣的犯罪种类作为对其执行死刑

的条件，并且应当通过将这些犯罪种类明确地规定于法条之中。第三种意见认为，应当将对死缓犯执行死刑的条件界定为“再犯严重的故意犯罪”，也即罪犯在死缓考验期间仍不思悔改且所实施的罪行属于严重的故意犯罪的，对其执行死刑较为合理。但关于何谓“严重的故意犯罪”，持该观点的学者认为其有赖于司法机关的解释。[①]

此外，在第三种意见的基础之上，有学者还提出，应当将“严重的故意犯罪”予以明确化，即在死缓考验期间再犯应当被判处 10 年以上有期徒刑、无期徒刑或者死刑的故意犯罪的，应当执行死刑立即执行；亦有学者主张将“严重的故意犯罪”界定为：应当判处 3 年以上有期徒刑的故意犯罪或者应当判处 5 年以上有期徒刑的故意犯罪。

对于上述第一种意见，笔者并不赞同，因为以死缓犯“再犯应当判处死刑的犯罪”作为变更为死刑立即执行的条件，显然走到了限制死刑的极端：只要死缓犯在 2 年考验期内所犯罪行达不到判处死刑的程度，2 年考验期届满依然要给死缓犯减刑。这也极大地削弱了死缓的威慑力，不利于对被判处死缓的罪犯进行教育和改造。

针对上述第二种意见，笔者认为其存在着较为明显的缺陷：一方面，采用明确列举具体犯罪种类的方式固然可以增强司法的可操作性，但单从所犯罪行的具体种类来判断是否变更为执行死刑有失偏颇，因为不同的犯罪人实施的即使是同种类犯罪，其犯罪也会在犯罪情节、人身危险性等方面存在差异；另一方面，采用此种方式也容易使相关规范难以满足不断发展变化的刑事司法实践和科学裁量刑罚的需要，使立法过于琐碎、容易滞后。

上述第三种意见注意区分危害程度不同的故意犯罪来确定是否将死缓变更为适用死刑立即执行，因而有可取之处。因为即便是发生在死刑缓期执行 2 年期间内的故意犯罪，也会由于犯罪性质、犯罪情节的不同而有所不同，只有附条件地加以甄别，才符合刑罚的正义观，而不应是一概地变更为死刑立即执行。

---

① 李晓波．关于死缓制度的若干法律思考．云南法学，1999 (4).

在此基础上，笔者赞同将死缓变更为死刑立即执行的条件设定为“故意犯罪，被判处五年有期徒刑以上刑罚”的观点，主要理由有以下几点：第一，虽然我国刑法没有重罪、轻罪之分，但从刑法的规定上看，可以将“故意犯罪”大致区分为三档：较轻的故意犯罪，是指应当判处管制、拘役或者5年以下有期徒刑的犯罪；较重的故意犯罪，是指应当判处5年以上有期徒刑的犯罪；严重故意犯罪，是指应当判处无期徒刑、死刑的犯罪。在司法统计上，比较严重的犯罪都是指应当判处5年以上有期徒刑的犯罪。[①] 将“故意犯罪，被判处五年有期徒刑以上刑罚”作为死缓变更为死刑立即执行的适用条件可以将一般的盗窃、脱逃、轻伤害等情节轻微、社会危害不大的故意犯罪排除在外，从而可以有效限制死缓变更为死刑立即执行的数量。第二，通过量刑程序确定新罪的法定刑时，可以对死缓犯进行综合评定。将死缓变更为死刑立即执行，依然属于对罪犯裁量刑罚的刑事司法活动，根据刑法典第61条的规定[②]，量刑是对案件全面、综合地评价。相较之下，《刑法修正案（九）》规定的“故意犯罪，情节恶劣的”显得不够完备和科学。第三，我国刑法典对于大多数过失犯罪配置的刑罚中最高法定刑都为“三年有期徒刑”。“从刑罚匹配的角度看，故意犯罪被判处的刑罚只有高于过失犯罪的这一刑罚，对死缓犯执行死刑才相对合理。”因此，笔者主张将死缓变更为死刑立即执行的条件设定为“故意犯罪，被判处五年有期徒刑以上刑罚”。

## 五、结论

刑罚是刑事活动的重要内容，是刑法效能和目的得到实现的主要手段。死刑作为最严厉的刑罚，是影响刑罚结构调整的关键所在。当下中国死刑制度改革已经步入了限制、减少死刑适用并趋于轻缓化的良性发展模式，产生了推动社会文

---

① 陈兴良．规范刑法学．北京：中国政法大学出版社，2003：42．

② 我国刑法典第61条规定：“对于犯罪分子决定刑罚的时候，应当根据犯罪的事实、犯罪的性质、情节和对于社会的危害程度，依照本法的相关规定判处。”

明进步、发扬人权观念、促进社会和谐稳定、营造良好的国际刑事环境等积极成效。在此大背景下，死缓制度的现实价值也日益凸显。采纳上述关于死缓制度立法改进的建议，可以进一步提升死缓的法律地位，拓宽死缓的适用空间，严格限制死刑立即执行的适用，为我国逐步废除死刑奠定基础。

制度的设计难免会有理想化的倾向，但笔者坚信，随着司法实践的逐步深入和立法经验的渐趋成熟，死缓制度必将会更加完善和成熟。

# 论我国死缓变更为死刑立即执行的条件

## ——关于《刑法修正案（九）》第 2 条及其相关争议的研析*

### 一、前言

死刑缓期两年执行（以下简称“死缓”）适用于应当判处死刑但又不是必须立即执行的犯罪分子。作为一项具有中国特色的死刑执行方式，死缓制度在司法实践中发挥着合理限制死刑执行的积极功能。2015 年 8 月 29 日，全国人大常委会通过了《刑法修正案（九）》，对我国刑法典进行了较大幅度的修改和补充。其中，《刑法修正案（九）》第 2 条修改了我国的死缓制度，将在缓期执行期间对死缓犯变更执行死刑的条件由“故意犯罪，查证属实的，由最高人民法院核准，执行死刑”修改为“故意犯罪，情节恶劣的，报请最高人民法院核准后执行死刑”。

根据全国人大常委会法工委的立法说明，《刑法修正案（九）》对死缓变更为死刑立即执行的条件作出修改的主要原因在于：在此之前，刑法典中关于死缓犯

* 与詹奇玮博士合著，原载《河南警察学院学报》，2017（1）。

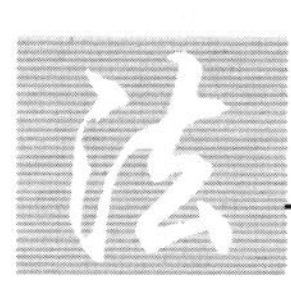


执行死刑的条件偏于刚性，在实务中适用起来可能会出现问题。① 在《刑法修正案（九）》通过之前，我国刑法典规定对死缓犯变更执行死刑的条件，是其在缓期执行期间实施了故意犯罪。但是，刑法典本身以及最高人民法院、最高人民检察院的司法解释均未对故意犯罪的具体含义作出明确界定，我国刑法学界对此也一直存在较大争议。② 通常情况下，基于罪刑法定原则之明确性的要求，一般都认为只要死缓犯在缓期两年执行期间内实施了故意犯罪，不论其实施的是何种故意犯罪，也不论其是否具有"重大立功"等表现，也不论其实施的故意犯罪属于既遂状态还是属于未完成状态的预备、未遂或中止，都应当对死缓犯变更执行死刑。然而，犯罪故意有直接故意和间接故意之分、激情故意和预谋故意之别；故意犯罪有重罪与轻罪之分，有亲告罪与非亲告罪之别，其社会危害性、人身危险性殊异。在现实中，死缓犯在缓期执行期间实施故意犯罪的具体情形也各有殊异：有的属于受到牢头狱霸的欺侮，出于激愤而反抗，且未造成严重后果；有的属于故意犯罪情节轻微，或者犯罪中止、未遂的。如果不对这些情况加以辨别和区分，而是坚持只要实施故意犯罪便一律执行死刑的做法，不仅过于严厉，而且也不能充分发挥死缓制度控制死刑实际执行的功能。

在《刑法修正案（九）》第 2 条对刑法典第 50 条第 1 款作出修改之后，死缓犯因其在缓期执行期间的表现不同，所可能面临的法律后果由轻到重依次为：(1) 在死刑缓期执行期间，确有重大立功表现的，缓期执行期满后减为 25 年有期徒刑；(2) 在死刑缓期执行期间，既没有故意犯罪也没有重大立功表现的，缓

① 臧铁伟主编. 中华人民共和国刑法修正案（九）解读. 北京：中国法制出版社，2015：8.

② 这种争议主要集中于如何界定"故意犯罪"的具体含义和存在范围。例如，有的观点主张，"故意犯罪"就是指符合刑法分则中某一具体故意犯罪的构成要件［黎宏. 死刑缓期执行制度新解. 法商研究，2009 (4)］；有的观点主张将"故意犯罪"限缩解释为严重的故意犯罪，即法定最低刑为 3 年以上有期徒刑的故意犯罪，或者故意犯罪的行为应当判处 5 年以上有期徒刑的［刘霜. 论死缓制度的缺憾及其弥补. 西南政法大学学报，2005 (6). 肖中华. 我国死缓制度的司法适用及相关立法评析. 法律科学，1999 (6)］；还有观点主张，"故意犯罪"应是指表明犯罪人抗拒改造情节恶劣的犯罪，即死缓犯实施的故意犯罪必须达到抗拒改造情节恶劣的程度，虽是故意犯罪但情节不恶劣的，不能变更为死刑立即执行（张明楷. 刑法学. 北京：法律出版社，2011：479）。

期执行期满后减为无期徒刑；(3) 在死刑缓期执行期间，故意犯罪，但尚未达到情节恶劣程度的，死刑缓期执行的期间重新计算，并报最高人民法院备案；(4) 在死刑缓期执行期间，故意犯罪，情节恶劣的，报请最高人民法院核准后执行死刑。笔者认为，就其形式结构而言，此次刑法修正进一步细化了死缓制度之法律后果的层次和梯度，彼此之间层层递进、衔接紧凑，体现了刑事立法对罪责刑相适应原则的贯彻。就其实质内容而言，该举措提高了对死缓犯实际适用死刑的门槛，在立法层面上让一部分在缓期执行期间故意犯罪但尚未达到“情节恶劣”程度的死缓犯获得保留生命的机会，有利于进一步发挥死缓制度限制死刑实际执行的积极作用。总而言之，这一举措改善了死缓制度在司法实务中缺乏灵活性的现状，贯彻了“严格限制和慎重适用死刑”的刑事政策，体现了我国顺应废除死刑的国际潮流、积极推进死刑制度改革的积极态度。

## 二、关于《刑法修正案（九）》第 2 条的理论争议述评

在限制并逐步废除死刑的方向上，提高对死缓犯变更执行死刑的条件是一种正确的选择。该举措得到了社会各界的普遍赞同和支持，但这并不意味着《刑法修正案（九）》第 2 条在现实中可以得到全面、准确的理解和适用。事实上，不论是在《刑法修正案（九）（草案）》的审议阶段，还是在《刑法修正案（九）》通过之后，均存在主张对死缓变更为立即执行死刑的标准进行再设计的观点，这些观点一方面认为《刑法修正案（九）》第 2 条存在不足之处，另一方面主张以其他标准替代该规定。

### （一）相关理论争议

在《刑法修正案（九）（草案）》的审议过程中，对于如何修改对死缓犯变更执行死刑的条件，主要存在以下三种意见：第一种意见主张保留原有规定，认为判处死缓已经给罪犯提供了重新做人的机会，但他在死缓考验期间还故意犯罪，说明其没有悔罪的诚意，应当执行死刑；第二种意见主张明确“情节恶劣”具体是指什么情况，建议将“情节恶劣”修改为“被判处三年以上有期徒刑的”或者

“被判处五年有期徒刑以上刑罚的”；第三种意见建议增加规定，故意犯数罪的，或者多次故意犯罪的，报请最高人民法院核准以后执行死刑。①

在理论界，也有一些观点认为“情节恶劣”的表述过于抽象、概括，将其作为死缓变更为死刑立即执行的条件适用起来比较困难，主张以更为明确、具体的标准来替代。例如，有观点认为，立法机关应将死缓考验期间核准死刑的条件由“故意犯罪，情节恶劣”修改为“故意犯罪，应处法定最低刑五年以上”。可将其概括为“法定刑标准说”。其主要理由在于：第一，与“情节恶劣”相比，“法定最低刑五年以上”是对犯罪的综合评价和判断，也是一个较为清晰、明确的标准，便于实践中操作。第二，可以将轻微的故意犯罪和告诉才处理的案件排除在外。因为法定刑5年以下的故意犯罪，在我国整体偏重的刑罚结构中可被视为较轻的故意犯罪，为了限制死刑实际执行的数量应将此类犯罪排除；另外，告诉才处理案件的法定最高刑是5年，将核准死刑的条件设置为“故意犯罪，法定最低刑五年以上”，解决了告诉才处理案件因当事人没有告诉而到底应不应该核准死刑的争论。第三，对限制法官的自由裁量权、统一核准适用死刑的标准具有积极作用。是否核准适用死刑关系到罪犯最重要的生命权，因此应当限制法官的自由裁量权，尽可能统一适用标准，避免出现由于法官因素而适用结果差别很大的情形。②

还有一种观点，根据其内容可称为“普通犯等同说”。该说主张，对死缓犯执行死刑的标准应当和普通犯的一样，只有在其实施的故意犯罪达到罪行极其严重、应当判处死刑的程度时，才能对之变更执行死刑。其主要理由在于，对罪犯适用死缓的实质原因是被害人的宽恕，如果该罪犯在死缓考验期间的故意犯罪并不具有严重的社会危害性而对其执行死刑，则忽略了前罪被害人的宽恕对死缓适用的限制作用，也有违死刑仅适用于罪行极其严重的犯罪的原则。此外，主张这种观点的学者对“故意犯罪，情节恶劣”的表述也提出了批评：一方面，认为《刑法修正案（九）》第2条不够明确，操作起来比较困难，难以实现立法限缩死

① 赵秉志. 中国刑法的最新修正. 法治研究，2015（6）.

② 王志祥，贾佳. 死刑改革问题新思考——以《刑法修正案九》为视角. 法学论坛，2015（5）.

刑的旨意；另一方面，认为法院已经在定罪量刑时对死缓犯所犯新罪作出了全面、综合的评价，也即对其在缓期执行期间所犯新罪的情节是否恶劣已经进行了评价，新罪的评价要素已被用尽，再将“情节恶劣”作为死缓变更为死刑立即执行的条件违反了禁止重复评价的原则。①

（二）争议观点评析

针对《刑法修正案（九）（草案）》审议过程中的争议，首先需要明确修改对死缓犯变更执行死刑条件的必要性，这种必要性一方面体现为弥补了《刑法修正案（九）》之前的标准过于刚性的缺陷，另一方面体现为提高对死缓犯执行死刑的门槛契合了我国的死刑政策和死刑制度改革目标。其次，以故意犯罪的宣告刑作为对死缓犯立即执行死刑的条件，从表面上看的确比“情节恶劣的故意犯罪”更为明确，然而宣告刑本身实际上也是一种对死缓犯所犯新罪的综合评价。这种标准没有充分考虑死缓犯的特殊身份和死缓变更为死刑立即执行的必要性，可能导致法官在评价死缓犯所犯新罪的过程中存在“就事论事”的倾向，对行为人的身份状况、在监狱中的表现、实施犯罪的原因、被害人是否存在过错等因素不够重视，从而形成一种将罪犯的被判处死缓的“前罪”与在缓期执行期间实施的“后罪”机械相加，进而作出立即执行死刑决定的状况。

就“法定刑标准说”而言，笔者认为存在以下问题：

其一，将死缓犯实施故意犯罪触犯罪名的法定最低刑作为对其执行死刑的标准，同样没有充分考虑死缓犯身份的特殊性以及对死缓犯执行死刑的必要性。

其二，刑法理论界和实务界对何谓“较轻的故意犯罪”并不存在统一认识，所以“故意犯罪，法定最低刑五年以上”的标准本身可能会引起广泛争议。

其三，该标准在实际适用中也会引起严重问题。详言之，由于死缓犯身处监狱，而且还要在监管人员的监督下接受教育和改造，所以在缓期执行期间可能触犯的罪名较为有限，比较常见的有故意伤害罪、故意杀人罪和脱逃罪等罪名。根据刑法典的规定，脱逃罪的法定最高刑为 5 年，故意伤害致人轻伤的法定最高刑

① 叶良芳，安鹏鸣．死缓变更为死刑立即执行的适用条件新探．时代法学，2015（5）．

为3年，故意伤害致人重伤的法定刑为3年以上10年以下。如果以“法定刑标准说”作为对死缓犯执行死刑的条件，那么除非死缓犯实施故意伤害行为且出现致人死亡或者以特别残忍手段致人重伤造成严重残疾的情形（其法定刑为10年以上有期徒刑、无期徒刑或者死刑），否则都会因其犯罪行为未达到法定最低刑标准而排除实际执行死刑的可能性，这显然是极不妥当的。

其四，将告诉才处理的案件排除在外意义有限。刑法之所以将某些犯罪规定为亲告罪，主要是因为这类犯罪比较轻微，被害人与行为人之间往往存在着亲戚、邻居、同事等较为密切的关系，而且这种犯罪往往涉及被害人的名誉，提起诉讼可能会损害被害人的名誉。[①] 而且，诸如暴力干涉婚姻自由罪、虐待罪等刑法典规定的告诉才处理的犯罪在监狱中几乎不可能发生，因此基于排除此类犯罪的考虑其意义极为有限。

其五，需要注意的是，法定刑的高低并不必然意味着宣告刑的轻重，而较重的宣告刑也并不必然意味着对死缓犯执行死刑是合理而且必要的。以法定刑的高低作为对死缓犯执行死刑的标准固然符合明确性的要求，但这种做法实质上与《刑法修正案（九）》颁布前的标准同样缺乏弹性，其对“故意犯罪”的主观罪过、人身危险性等内容并没有起到进一步阐明的作用。虽然不能否认这种观点在一定程度上可以起到统一标准、限制法官自由裁量权的作用，但其同时也堵死了触犯重罪罪名但情节轻微的死缓犯的求生之路，因此在适用过程中可能难以收到良好效果。

至于“普通犯等同说”对《刑法修正案（九）》第2条的批评，笔者认为也难以成立。可以从以下两个方面予以说明：

一方面，从文义上看，“故意犯罪，情节恶劣”的表述显然提高了“故意犯罪，查证属实”的标准，而且可以对其内涵进行具体界定。

另一方面，认为“情节恶劣”的条件违反禁止重复评价原则的说法也值得商榷。因为死刑缓期执行和死刑立即执行作为我国死刑的执行方式，其适用前提都

① 张明楷．刑法学．北京：法律出版社，2011：96-97.

是对行为人所犯之罪应判处死刑。立法者基于慎重适用死刑和鼓励罪犯改造的考虑，根据行为人的罪行及其情节和死缓考验期间的表现，为其设置了相应的法律后果。对死缓犯在刑罚方面的最终评价，需要结合其被判处死缓的犯罪和其在死缓考验期间的表现才能完成。换句话说，法院对死缓犯所犯新罪作出的评价，其意义不仅在于对该罪本身应判处刑罚的轻重，更在于死缓犯在缓期执行期间的表现是否反映了对其执行死刑的必要性。因此，对死缓犯应否执行死刑的评价与对死缓犯所犯新罪的评价形成了部分竞合的局面。但是，在行为人已被判处死缓的前提下，不论是否对其执行死刑，其在缓期执行期间所犯之罪的宣告刑都不存在实际执行的意义。所以，评价死缓考验期间所犯新罪的实际意义正是在于判断对死缓犯变更为立即执行死刑的必要性，既不是仅仅为了追究所犯新罪本身的刑事责任，也并非对死缓犯前后两罪分别进行独立评价。如果认为对死缓犯所犯新罪的评价要素已经用尽，基于禁止重复评价原则的考虑，对死缓犯在缓期执行期间的任何表现都只能进行单独评价，那么死缓制度本身其实也违反了禁止重复评价的原则。

此外，“普通犯等同说”本身也存在以下问题：(1) 仅将被害人的宽恕作为对行为人适用死缓的实质标准是片面、不充分的，因为，被害人的宽恕往往建立在罪犯已作出充分经济赔偿的基础之上（对此可进一步推断，具有充分经济赔偿能力的罪犯往往更容易得到被害人的谅解），而且只能以案件存在被害人（或其近亲属）为前提；与此同时，这种标准还会造成国家把执行死刑的决定权让渡给被害人的局面。事实上，坚持这种观点的学者一方面认为，“被害人宽恕”的适用标准是建立在加害人所犯罪行极其严重且依法应当对其适用死刑的基础之上的[①]；而另一方面又认为，如果行为人的“行为具有不可饶恕性，损失具有不可挽回性，人身具有极端危险性”，那么就可以抵消被害人宽恕的效果，对其适用死刑立即执行。[②] 这样的思路会令司法机关在实务中无所适从。(2) 认为只有在

① 叶良芳．死缓适用之实质标准新探．法商研究，2012 (5).

② 叶良芳，安鹏鸣．死缓变更为死刑立即执行的适用条件新探．时代法学，2015 (5).

死缓犯所犯新罪“罪行极其严重”时，才可以对其适用死刑立即执行的观点显然不妥，因为“罪行极其严重”包含的评价内容并不比“故意犯罪，情节恶劣的”所包含的更加明确、具体。(3) 将再犯应处死刑之罪作为对死缓犯执行死刑的标准过于宽宥，不符合民众甚至刑法专业人士的基本认知，难以取得良好的社会效果。(4) 在死缓犯先后两次实施应判死刑犯罪的情况下，法院才最终决定实际执行死刑的做法不符合罪责刑相适应的刑法基本原则，而且不能对死缓犯在缓期执行期间的改造活动形成有力威慑。

## 三、关于《刑法修正案（九)》第 2 条规定的合理性之理解

笔者认为，基于立法沿革、刑事政策、立法目的、司法实践以及适用程度等五个方面考虑，经《刑法修正案（九)》修正后的现行规定更为合理，应当予以充分的肯定。

### （一）从立法沿革的角度来看，修法规定体现了既继承又发展的科学思路

无论是刑事立法抑或刑法理论，都应坚持辩证发展的观点，把刑法的现行规定与历史情况和未来前景联系起来，进行科学的分析和评价。[①] 死缓制度的正式形成是在新中国成立初期的镇压反革命运动时期，在此之后为历部刑法立法草案所延续采纳，并最终在 1979 年被国家立法机关在刑法典中正式确立。关于 1979 年刑法典第 46 条[②]中“抗拒改造，情节恶劣”的表述，当时我国理论界和实务界一般都将其界定为犯罪人构成了新的较重的犯罪。当时就绝大多数案件而言，“抗拒改造，情节恶劣”都被理解为是指故意犯有如故意杀人、组织越狱、脱逃拒捕等严重新罪的行为。在具体认定时，应按新罪的性质、情节及危害程度，联系原来被判处死缓的罪行作统一的考虑。只有综观前后两罪，认为非杀不可的，

① 高铭暄，马克昌主编. 刑法学. 北京：北京大学出版社，高等教育出版社，2011：3-4.

② 1979 年刑法典第 46 条规定：“判处死刑缓期执行的，在死刑缓期执行期间，如果确有悔改，二年期满以后，减为无期徒刑；如果确有悔改并有立功表现，二年期满以后，减为十五年以上二十年以下有期徒刑；如果抗拒改造情节恶劣、查证属实的，由最高人民法院裁定或者核准，执行死刑。”

才能考虑执行死刑。① 但实际上，在 20 世纪 80 年代初我国开展“严打”斗争时期，实践中出于多判处死刑立即执行的“严打”需要，一度又对“抗拒改造，情节恶劣”作扩大化和降低标准的理解与掌握，一些死缓犯的仅仅违反监规的行为也被视为“抗拒改造，情节恶劣”而被执行了死刑，其教训深刻。这一规定的缺陷在于：第一，“抗拒改造，情节恶劣”的含义不清，理论界和实务界的认识极不一致；第二，对于既无悔改或立功表现又无“抗拒改造，情节恶劣”表现的罪犯如何处理，没有明文规定。② 在 1997 年修订刑法典时，国家立法机关将对死缓犯执行死刑的条件由原来的“抗拒改造，情节恶劣”改为“故意犯罪”。相较于“抗拒改造，情节恶劣”，该标准更具有明确性和规范性，增强了该规范的可操作性。但是，1997 年刑法典中“故意犯罪”的表述在司法实践中通常都被理解为，只要死缓犯在缓期执行期间实施了故意犯罪，便一律适用死刑立即执行。这就导致该标准在结果取向上缺乏柔性，扩大了死刑的实际适用情形。

综上所述，“抗拒改造，情节恶劣”的合理性在于其可以对死缓犯执行死刑的实际标准掌握得较高；其缺点在于不够规范和明确，且也可以掌握得很低。而“故意犯罪”的合理性在于其规范性和明确性；其缺点在于不能充分考虑死缓犯的具体情况，实际降低了变更执行死刑的标准。与以上二者相比，《刑法修正案(九)》中“故意犯罪，情节恶劣”的标准不仅提高了对死缓犯执行死刑的标准，而且在一定程度上保持了法律术语应具备的明确性和规范性。可以说，其既继承了 1979 年刑法典和 1997 年刑法典规定中的合理之处，同时又充分考虑了司法实践的现实需求以及死刑制度改革的目标，体现了刑事立法既继承又发展的科学思路。

（二）从刑事政策的角度考察，修法规定切实贯彻了我国的死刑政策

“情节恶劣”具有一定的模糊性，但是这种模糊性并不完全是立法者被动选

① 高铭暄主编．刑法学．北京：法律出版社，1982：238.

② 赵秉志，肖中华．论死刑缓期执行制度的司法适用——兼及相关立法之评析．华东政法学院学报，1996（1）.

择的结果，恰恰相反，在有些情况下，正是基于对特定历史阶段的刑事政策的考虑，立法者主动地、积极地选择并利用刑法规范的模糊性来实现其立法目标。[①]我国目前的死刑政策是“保留死刑，严格控制和慎重适用死刑”，“保留死刑”体现的是宽严相济刑事政策之“严”的一面，而“严格控制和慎重适用死刑”体现的是其“宽”的一面。[②] 因此，在保留死刑的现状之下，我国的刑事立法应当着重考虑如何切实贯彻“少杀、慎杀”的政策。《刑法修正案（九）》第 2 条将刑法典中规定的对死缓犯变更执行死刑的条件由先前的“故意犯罪”提高为“故意犯罪，情节恶劣的”，向法官明确传达了在刑事审判活动中进一步提高对死缓犯执行死刑门槛的信号，从而进一步发挥我国死刑政策的价值观指导作用、对刑事司法活动的调节作用。

（三）从立法目的的角度判断，修法规定符合修法的初衷

如前所述，死缓作为我国独具特色的死刑执行制度，在司法实践中发挥了限制死刑实际执行、减少死刑数量的作用。1997 年刑法典对死缓犯变更执行死刑的条件的规定，在方向上是正确的，执行效果也是好的。[③] 但是，1997 年刑法典中“故意犯罪”的标准偏于刚性，在部分案件适用过程中出现了一些问题，而《刑法修正案（九）》对死缓犯变更执行死刑的标准进行了修改，为法律规范的适用提供了一定的裁量空间。因此，《刑法修正案（九）》第 2 条对变更执行死刑标准的修改不仅旨在提高死缓犯执行死刑的门槛，而且还着眼于该标准在司法适用中的增强。笔者认为，以上两点考虑彼此之间并不矛盾，而是共同指向合理限制死刑适用的最终目标：一方面，“故意犯罪，情节恶劣”的标准相较于单纯的“故意犯罪”更具灵活性，在一定程度上避免了后者在司法实践中判断僵化的弊端，为死缓期间故意犯罪的罪犯扩大了保留生命的余地；另一方面，以“故意犯罪，情节恶劣”的标准进一步提高死缓犯执行死刑门槛，更能反映对死缓犯变更

---

① 李翔．刑事政策视野中的情节犯研究．中国刑事法杂志，2005（6）．

② 马克昌．宽严相济刑事政策研究．北京：清华大学出版社，2012：87．

③ 臧铁伟主编．中华人民共和国刑法修正案（九）解读．北京：中国法制出版社，2015：8．

执行死刑予以严格限制的立法意图。因此，从死缓制度的存在价值和此次刑法修正的原因来看，“故意犯罪，情节恶劣的”标准符合合理限制死刑适用的最终目标。

（四）从司法实践的角度审视，修法规定体现了对刑法判例的认可

在《刑法修正案（九）》施行前的司法实践中，就存在死缓犯在缓期执行期间故意犯罪但未被执行死刑的情形。兹举一例：陈某因犯故意杀人罪被判处死刑，缓期 2 年执行。在死刑缓期执行期间，陈某在监区短信平台发短信时邀请同监服刑罪犯家某帮忙，后陈某的短信卡因发违规短信被屏蔽，陈某遂怀疑系家某所为，对其怀恨在心。2009 年 9 月 10 日晚，二人因此发生殴斗，被值班警察制止、教育。同年 9 月 12 日 11 时许，陈某在用餐时趁家某不备将其咬伤，经法医鉴定为轻伤。一审法院认为陈某的行为已构成故意伤害罪，判处有期徒刑两年，并附带赔偿被害人的经济损失；判决若生效将报经最高人民法院核准，对陈某执行死刑。宣判后，陈某提起上诉。二审法院认为，原判决认定事实和适用法律正确、量刑适当、审判程序合法，裁定驳回上诉，维持原判；对陈某应当执行死刑的判决，依法报请最高人民法院核准。最高人民法院经复核认为：第一审判决、第二审裁定认定的事实清楚，证据确实、充分，定罪准确，量刑适当。审判程序合法。但是，鉴于本案的具体情况，裁定不核准对陈某执行死刑，并发回二审法院重审。二审法院重审后判决驳回陈某的上诉，维持一审院对其故意伤害罪的定罪和量刑部分，与原判决并罚，决定执行死刑，缓期两年执行，剥夺政治权利终身。①

就该案而言，根据对之前规定的一般认识进行操作，上述案件中的陈某应被核准执行死刑，但最高人民法院并没有这么做，这说明最高人民法院对死刑缓期执行期间实施故意犯罪的死缓犯并非一律核准死刑。笔者认为，最高人民法院在死刑核准过程中，一方面要对死缓犯在缓期执行期间故意犯罪的定罪、量刑和程序方面进行审查；另一方面，根据死缓犯前后两罪的表现，综合考虑对其执行死刑的合理性和必要性，以判断是否应当对其变更执行死刑。

上述案例表明，在我国以往的刑事审判实践中，本就存在以“故意犯罪，

① 丁学君，田虎．死缓考验期间故意犯罪案件的审查与处理．人民司法，2013（24）．

情节恶劣的”标准来判断对死缓犯是否实际执行死刑的做法。虽然陈某在缓期执行期间故意犯罪，但考虑其罪行较轻、事出有因且不存在抗拒改造等情况，可以说其情节并未达到“恶劣”的程度，不具备对其立即执行死刑的必要性。因此也可以说，《刑法修正案（九）》第2条关于对死缓犯执行死刑条件的修改体现了国家立法机关对既往司法实践的认可和采纳。

（五）从适用程序的角度考虑，修法规定的局限性可以得到弥补

前文中已经提到，对《刑法修正案（九）》第2条的批评意见大多集中在“情节恶劣”这种表述不够明确、具体，缺乏可操作性，可能造成对死缓犯执行死刑标准理解的不统一和扩大化。但是，我国死刑案件的适用程序在一定程度上可以克服这种弊端。这是因为，我国死刑案件的核准权已于2007年统一收归最高人民法院行使，全国死刑案件的适用（包括死缓犯执行死刑的适用）实现了标准的统一。鉴于最高人民法院作为我国最高司法机关的司法能力与水平，将对死缓犯执行死刑的标准规定为“故意犯罪，情节恶劣的”，也可避免死刑案件核准权下放时可能存在的对“情节恶劣”之标准的适用不统一和任意扩大理解与掌握的问题。[①] 因此，笔者认为，死刑核准权的行使主体的统一性、权威性和专业性能够克服《刑法修正案（九）》第2条的模糊性。“故意犯罪，情节恶劣的”标准既可由最高人民法院基于严格限制死刑适用的考虑进行统一把握，也可相对灵活地评价故意犯罪的宣告刑和法定刑难以涵盖的恶劣情节。

## 四、关于《刑法修正案（九）》第2条适用之研讨

（一）对“故意犯罪，情节恶劣”表述之界定

在肯定《刑法修正案（九）》第2条具有合理性的同时，笔者并不否认“故意犯罪，情节恶劣的”表述具有一定的模糊性。但是，出于维护刑法典稳定性的

① 赵秉志.《刑法修正案（九）》修法争议问题研讨//赵秉志主编. 刑法论丛：2015年第4卷. 北京：法律出版社，2015。


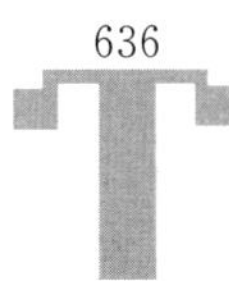

考虑，在《刑法修正案（九）》通过后的一段时期内不宜再对该标准进行修改。因此，更为妥当的做法应是以《刑法修正案（九）》第2条为基准，结合刑法理论与实际情况，通过明确“故意犯罪，情节恶劣”的具体内涵来提高其可操作性，从而切实发挥死缓制度限制死刑适用的功能。

明确“情节恶劣”的含义，需要结合死缓制度的价值进行理解。刑法典第48条规定，死缓适用于罪行极其严重应判处死刑，但不是必须立即执行的犯罪分子。死缓制度的价值在于，重视和尊重每个人最宝贵的生命权，给罪行极其严重的犯罪分子一次改过自新的机会。因此，为死缓犯设置两年的缓期执行期间，其实就是为了考察死缓犯的改造可能性和执行死刑必要性。对罪行极其严重的犯罪分子，如果人身危险性特别大，不堪改造，可以立即执行；对罪该处死但其人身危险性不是很大且有改造可能的，则可以判处死缓。[①] 由于法院在判决时尚未对罪犯进行考验，所以死缓犯是否真正悔过自新只是法官在已然之罪基础上的一种推测。法官在决定对犯罪人适用死缓的时候，认为其具备一定的改造可能性，所以死缓犯在缓期执行期间的表现正是对法官当时判断的现实回应。如果在缓期执行期间存在符合这种推测的情形，如存在接受改造、积极悔罪、有立功或者重大立功表现的，就说明罪犯的人身危险性下降，从而排除对其执行死刑的可能；如果存在不符合这种推测的情形，如抗拒改造、故意重新犯一定严重程度之罪的，就说明罪犯的人身危险性上升，应当被执行死刑。据此，界定“故意犯罪，情节恶劣”时，首先在于判断死缓犯在缓期执行期间实施的故意犯罪是否符合具体犯罪的构成要件；至于对情节是否恶劣的判断，应综合考虑死缓犯在考验期间的各种表现，并侧重考察体现其人身危险性的相关因素。

### （二）对“故意犯罪，情节恶劣”的具体展开

死缓制度体现了在制刑、量刑和行刑等一系列过程中对犯罪人区别对待的观念，这正是刑罚个别化原则的题中之意。刑罚个别化原则的实质即在于对犯罪人处以与其人身危险性大小相当的刑罚，而人身危险性则是由犯罪人的个人基本情

---

① 邱兴隆，等．刑罚学．北京：中国政法大学出版社，1999：173.

况、犯罪前的表现、犯罪后的态度等一系列个人情况所决定的再次犯罪的可能性。[①] 也就是说，对表征犯罪人人身危险性的因素可从其个人基本情况和行为表现（包括犯罪人一贯表现、犯罪过程中的表现、犯罪后的表现）进行把握。结合死缓犯的具体情况，对“故意犯罪，情节恶劣”的判断应当着眼于以下三个方面。

1. 死缓犯在故意犯罪前的表现

在考验期间，死缓犯正在监狱内接受教育和改造，因此其在监狱内的悔罪、改造表现在很大程度上体现了死缓犯人身危险性的变化状况。如果死缓犯在监狱中具备真心悔罪、积极接受监管人员的教育和监督、自觉学习并改造自己的思想、与监管人员和其他犯人和谐相处等情形，那么就表明该罪犯的人身危险性已经显著降低，除非事出有因，例如在监狱中其遭受到不公平的对待，被牢头狱霸欺凌等，否则不大可能再去实施故意犯罪的行为。

2. 死缓犯在故意犯罪中的表现

对死缓犯变更执行死刑的基本前提，是其在缓期执行期间实施了故意犯罪，因此，对“情节恶劣”的判断必须考虑死缓犯在故意犯罪中的表现。此外，个罪的构成要件要素各种各样，有的要素着重体现犯罪行为的客观危害性，而有的则着重体现犯罪人的主观恶性。在判断情节是否达到恶劣程度的过程中，应重视故意犯罪中侧重反映犯罪人主观恶性和人身危险性的实际情况。因此，需着重把握如下几种要素。

(1) 犯罪性质。犯罪的性质影响着犯罪人的主观恶性和人身危险性，一般来说，实施严重侵害社会（犯罪性质严重）的犯罪行为的犯罪人主观恶性和人身危险性较大。[②] 举例来说，行为人因实施严重侵犯公民人身权利的犯罪而被判处死刑缓期两年执行，说明实施此类性质犯罪的人具有较高的人身危险性。如果在缓期执行期间行为人又实施了故意伤害、杀害他人的行为，就印证了该行为人自身

① 周振想．刑罚适用论．北京：法律出版社，1990：194-195.

② 王奎．论人身危险性的评价因素．政治与法律，2007（3）.


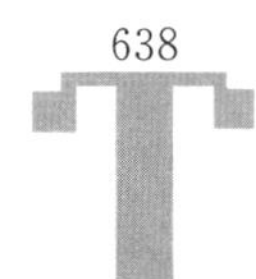

具有严重的人身危险性，因而也就具备了执行死刑的合理性和必要性。

(2) 犯罪动机和犯罪目的。犯罪动机和犯罪目的与人的身体活动及活动之结果关系密切，刑法中的犯罪动机和犯罪目的在一定程度上折射出行为人的人身危险性和主观恶性。[①] 例如，因长期遭受欺凌而激愤杀人与为了越狱而杀害监狱监管人员，前者所体现的人身危险性显然要小于后者所体现出的。同时，被害人自身是否具有过错也需纳入评价范围内。因此，在判断情节是否恶劣的时候，需要对死缓犯故意犯罪行为的动机和目的进行考虑并作出判断。

(3) 犯罪手段。我国刑法典第 49 条第 2 款规定，审判的时候已满 75 周岁的人，不适用死刑，但以特别残忍手段致人死亡的除外。可以看出，犯罪手段在刑事立法中已经发挥着限制死刑适用的作用。事实上，任何一个犯罪目的的实现都必须借助一定的犯罪手段，任何犯罪结果也都是通过犯罪人采取一定的犯罪手段得到实现的。[②] 犯罪手段作为我国司法实践中重要的酌定量刑情节，应当被纳入对死缓犯故意犯罪的情节是否恶劣的判断中。

(4) 犯罪的特殊形态。死缓犯实施的故意犯罪本身所呈现的特殊状态也是评价其人身危险性的重要因素。例如，如果死缓犯在犯罪过程中出于个人意志自动放弃犯罪或自动有效防止犯罪结果发生，则表明其人身危险性较小；如果死缓犯在共同犯罪中居于主犯地位，则表明其人身危险性较大。

3. 死缓犯在故意犯罪后的表现

所谓死缓犯在故意犯罪后的表现，主要是指死缓犯在缓期执行期间实施故意犯罪之后，在司法机关追诉、审判过程中的态度和行为表现，具体包括死缓犯在犯罪后、判决前是否积极配合国家机关进行调查，是否有自首、立功、坦白、积极赔偿被害人的损失等表现，如有这些表现，则表明死缓犯具有悔罪心理，可以据此认为其人身危险性有所降低，因此也应将其纳入对“情节恶劣”的评价之中。

---

① 陈建清. 论我国刑法中的犯罪动机与犯罪目的. 法学评论，2007 (5).

② 彭新林. 论犯罪手段与死刑的限制适用. 政治与法律，2011 (6).

最后，值得注意的是，全国人大常委会法工委的立法说明曾指出，死缓犯的故意犯罪情节是否达到恶劣的程度，需要结合犯罪的动机、手段、危害，造成的后果等犯罪情节，以及罪犯在缓期执行期间的改造、悔罪表现等综合确定。[①] 由此可见，笔者主张的判断路径在一定程度上与立法机关对“故意犯罪，情节恶劣”的理解是相契合的。归根结底，之所以提倡遵循这种全面、立体且有所侧重的路径进行判断，一方面是因为这种判断太过重大，涉及是否剥夺死缓犯生命的问题，另一方面是因为这种全方位的路径也可以让死缓犯从更多的角度进行辩护。

## 五、结语

刑法典的修改、补充不能终结对相关刑法规范的探讨和争鸣。相反，它时常开启刑法理论和刑事司法的新探索。在《刑法修正案（九）》施行之前，死缓制度中规定的对死缓犯变更执行死刑的条件缺乏灵活性，难以充分考虑现实适用中可能出现的各种情况。《刑法修正案（九）》所设立的“故意犯罪，情节恶劣的”标准虽在一定程度上弱化了先前对死缓犯变更执行死刑条件的明确性，但是从立法沿革、刑事政策、修法目的、司法实践和适用程序等方面来看，经《刑法修正案（九）》修正后的标准仍然具有相当的合理性。此外，对死缓犯又“故意犯罪，情节恶劣的”进行具体判断时，既要对死缓犯在故意犯罪前后及过程中的表现进行全面评价，又要有所侧重，更加注重体现其人身危险性的相关要素。事实上，刑法规范作用的发挥最终还是取决于司法机关的准确理解和坚决贯彻。要在司法实践中充分发挥死缓制度的作用，进一步扩大死缓的适用范围，应侧重从解释论的角度进行建构和分析，通过司法解释、指导性案例、业务督导等途径，更加重视依法加强死缓的适用，以死缓尽可能多地替代死刑立即执行的适用。[②]

---

① 臧铁伟主编．中华人民共和国刑法修正案（九）解读．北京：中国法制出版社，2015：10.

② 赵秉志．我国死刑限制适用的刑法问题探讨//赵秉志主编．刑法论丛：2015 年第 1 卷．北京：法律出版社，2015.

# 终身监禁新规之解读[*]

## 一、前言

全国人大常委会2015年8月通过的《刑法修正案（九）》有一个引人注目的新规，即对严重腐败犯罪增设的终身监禁的规定。法条载明，因严重贪污、受贿犯罪被判处死缓的，法院根据犯罪情节等情况，可以同时决定在其死刑缓期执行二年期满依法减为无期徒刑后，予以终身监禁，不得减刑、假释。该规定实际上是对特重大贪污受贿犯罪确立了终身监禁的制度。最高人民法院、最高人民检察院2016年4月18日颁行的《关于办理贪污贿赂刑事案件适用法律若干问题的解释》（以下简称"两高"《解释》）中进一步明确了该制度的适用标准。2016年10月9日，河南省安阳市中级人民法院一审判决对原正部级高官白恩培受贿、巨额财产来源不明案适用终身监禁，使该案成为我国司法实践中适用终身监禁的第一案。终身监禁作为一项新的刑法规范，引发了社会的广泛关注和争议。鉴于此，

* 原载《法制日报》，2016-10-12（9）。

有必要对此项终身监禁制度确立的意义和适用条件进行相关分析，以正确认识和适用该制度。

## 二、终身监禁的性质和法律意义

首先，应当明确，《刑法修正案（九）》在我国刑法典中新增设的针对严重腐败犯罪适用的终身监禁，规定于贪污受贿犯罪法条中而非刑法典总则规定的刑罚种类中，而且依附于死缓制度并与无期徒刑相关联，因而国家立法机关和最高司法机关以及刑法理论界普遍认为终身监禁不是一种独立的刑种，而是专门适用于严重贪污受贿犯罪之死缓犯的一种死缓执行方式。笔者认为，《刑法修正案（九）》增设的终身监禁也可以说是一种特别的惩罚制度或措施，其严厉程度介于死刑立即执行与一般死缓之间。

其次，终身监禁制度被立法者赋予了替代死刑立即执行和严肃惩治严重腐败犯罪的双重法律意义。

第一，终身监禁制度有助于严肃惩治严重腐败犯罪。在我国，虽然贪污罪、受贿罪的死刑适用在较早时期曾相对较多，但考虑到贪污受贿犯罪毕竟属于非暴力性质的贪利性职务犯罪，与死刑所剥夺的生命权不具有对等性，近年来，我国对贪污受贿犯罪分子已很少适用死刑立即执行，绝大多数达到死刑适用标准的严重腐败罪犯均被判处了死刑缓期执行。而对于死缓犯，依据我国刑法典的规定，死缓考验期满后，除非具有“故意犯罪，情节恶劣”的情形，一般均可减为无期徒刑，有重大立功的还可以减为有期徒刑，而在无期徒刑或者有期徒刑执行过程中还可以予以减刑、假释。这导致判处死缓与判处死刑立即执行两者之间的刑罚严厉性实际差距很大，难免让民众产生对严重贪污受贿犯罪适用刑罚过宽而不公正的认识。《刑法修正案（九）》对严重贪污受贿犯罪确立的终身监禁制度，赋予了对此类犯罪的死缓犯更为严厉的惩治措施，有助于贯彻罪责刑相适应原则，在一定程度上体现了司法的公平正义。

第二，终身监禁制度有助于切实减少死刑的实际适用。关于特重大贪污受贿

犯罪终身监禁制度的适用对象，相关立法说明和司法解释明确将其限定为原本应判处死刑立即执行的此类严重犯罪的罪犯。全国人大法律委员会《关于〈中华人民共和国刑法修正案（九）（草案）〉审议结果的报告》中明确将贪污受贿犯罪的终身监禁视为这两种犯罪的死刑立即执行的替代措施。事实上，《刑法修正案（九）》通过之后，最高人民法院颁行的有关司法解释和前述的“两高”《解释》也贯彻了上述立法精神和立法原意。据此可对原来罪该判处死刑立即执行的特重大贪污受贿罪犯适用死缓并最终转化成终身监禁。显然，这一举措有助于司法实践中切实减少死刑的实际适用。

## 三、终身监禁制度的适用条件

依照经《刑法修正案（九）》修正后的刑法典第383条和第386条的规定，犯贪污罪、受贿罪，犯罪数额特别巨大，并使国家和人民利益遭受特别重大损失，依法被判处死刑缓期执行的，法院根据其犯罪情节等情况可以同时决定死缓期满被依法减为无期徒刑后，对其适用终身监禁，不得减刑、假释。“两高”《解释》第4条第3款也规定，符合贪污、受贿数额特别巨大，犯罪情节特别严重、社会影响特别恶劣、给国家和人民利益造成特别重大损失之情形的，法院根据犯罪情节等情况可以判处死缓并同时裁判决定死缓期满被依法减为无期徒刑后，予以终身监禁，不得减刑、假释。故而依据上述立法和司法解释的规定，针对贪污受贿犯罪的死缓犯适用终身监禁措施，需要同时满足以下两个条件：

其一，因严重贪污受贿犯罪被判处死刑缓期执行。从立法内容来看，《刑法修正案（九）》对终身监禁制度的适用作了严格的限定，即只能适用于被判处死缓的贪污受贿犯罪分子，因而贪污受贿犯罪分子的罪行也就必须符合死刑的适用标准。如上所述，立法的本意是将终身监禁作为死刑立即执行的替代措施，因而终身监禁的适用对象必须是本应被判处死刑立即执行的贪污受贿罪犯，而基于慎用死刑的刑事政策，结合案件的具体情况，对其判处死缓。此种立法原意也体现在“两高”《解释》中，该解释第4条第3款规定，死缓犯终身监禁的适用必须

符合该条第1款规定死刑（立即执行）的情形，而非该条第2款关于一般死缓的适用条件之规定。依据该条第1款的规定，贪污、受贿判处死刑的适用条件是“数额特别巨大，犯罪情节特别严重、社会影响特别恶劣、给国家和人民利益造成特别重大损失”。上述贪污罪、受贿罪适用死刑的四个条件中，除数额标准在“两高”《解释》中已被概括规定外，其他三个条件（犯罪情节特别严重、社会影响特别恶劣、使国家和人民利益遭受特别重大损失）之含义和情形以及它们彼此之间的关系，都急需最高司法机关以司法解释予以明确，以保证司法实务中正确而统一地予以掌握和运用。

其二，法院根据“犯罪情节等情况”衡量应当适用终身监禁。根据《刑法修正案（九）》和“两高”《解释》的规定，人民法院决定对被判处死刑缓期执行的犯罪分子是否适用终身监禁的依据，是其“犯罪情节等情况”。然而，上述立法和司法解释并未对此“情况”作出具体规定。一般而言，所谓犯罪情节，是指犯罪构成的基本事实以外的、与犯罪行为或犯罪人有关、能够影响犯罪人刑事责任（主要是量刑）的各种情况，包括犯罪手段、犯罪对象及犯罪的后果、时间、地点等因素。值得注意的是，犯罪情节并非法院在决定是否对死缓犯适用终身监禁制度时所要考虑的唯一因素，除此之外还有其他一些情况需要考虑，因而立法上使用了“等”这样的模糊用语。参酌与死缓犯终身监禁制度相类似的死缓犯限制减刑制度的相关司法解释，此处的“犯罪情节等情况”应当包括犯罪情节和人身危险性等情况。就贪污受贿犯罪而言，一般应考察贪污受贿的次数、持续的时间、贪污对象是否为特定款物、贪污受贿赃款的具体用途和去向、是否退赃及退赃比例等各种情形。在综合判断相关犯罪情况后，如果认为对严重贪污受贿罪犯判处一般死缓（二年期满，减为无期徒刑后可以减刑、假释）尚不能体现罪责刑相适应原则的，可以同时决定对其适用终身监禁。

## 四、终身监禁执行中的问题

这里再谈一个终身监禁执行中的问题。依据《刑法修正案（九）》的规定，



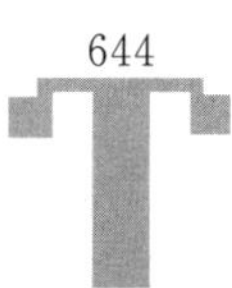

人民法院作出终身监禁的决定，依据的是行为人被判处死缓之前的表现，即“犯罪情节等情况”，而不是行为人在死缓考验期间的刑罚执行情节。因而该制度不是在死缓执行完毕之后确定的，而是在死缓判决确定的同时即已决定的。同时，适用终身监禁的时间和条件是“死刑缓期执行二年期满依法减为无期徒刑”时，那么依据刑法典第 50 条的规定，如果死缓犯在死刑缓期执行期间，确有重大立功表现的，是否可依法减为 25 年有期徒刑，进而绕开终身监禁的决定呢？刑法学界对此问题存在相当大的争议。为了强调终身监禁制度的严厉性和严惩特重大腐败犯罪，最高人民法院在“两高”《解释》新闻发布会上明确指出，对于死缓犯的终身监禁适用，在一、二审作出死缓裁判的同时应当一并作出终身监禁的决定，而不能等到死缓考验期届满再视情而定；并特别强调终身监禁一旦决定，不受执行期间服刑表现的影响。可见，依据最高司法机关的意见，在司法实践中，被法院决定适用终身监禁的特重大贪污受贿犯罪死缓犯，即使其在死缓考验期内有重大立功表现，也不得再予以减刑，而必须予以终身监禁。当然，这一规定的合理性尚值得商榷和有待实务检验。

## 五、结语

总而言之，我国立法机关在贯彻宽严相济的基本刑事政策和慎用死刑的刑事政策之精神时，对于特重大贪污受贿犯罪的死缓犯确立终身监禁制度，首先是要体现罪责刑相适应原则；在严厉惩治严重腐败犯罪的同时，也希望有助于减少死刑立即执行的实际司法适用。但是，需要注意的是，终身监禁制度亦颇为严厉且其本身存在一定的弊端，因而在司法实践中，我们需要切实贯彻立法精神，认真把握其适用条件，合理审慎地予以适用，应主要适用于过去原本要判处死刑立即执行而现在适用死缓附加终身监禁即可做到罚当其罪的情形，要切实防止对适用一般死缓即符合罪责刑相适应要求的案件不当地判处死缓附加终身监禁。

# 论死刑改革视野下的终身监禁制度*

## 一、终身监禁制度之立法确立

全国人大常委会2015年8月29日通过的《刑法修正案（九）》立足于法治反腐的立场，为进一步调整反腐败刑罚结构、贯彻罪责刑相适应的原则，在现行刑法典第383条中增设了针对特重大贪污受贿犯罪死缓犯的终身监禁制度。《刑法修正案（九）》第44条（关于贪污罪处罚的法条）第4款规定："犯第一款罪，有第三项规定情形被判处死刑缓期执行的，人民法院根据犯罪情节等情况可以同时决定在其死刑缓期执行二年期满依法减为无期徒刑后，终身监禁，不得减刑、假释。"最高人民法院、最高人民检察院2016年4月18日联合发布的《关于办理贪污贿赂刑事案件适用法律若干问题的解释》（以下简称《贪污贿赂司法解释》）又对该制度的具体适用作了明确规定。该制度的确立对于进一步完善贪污受贿犯罪的刑罚结构和限制死刑的司法适用，具有重要意义。

* 与商浩文博士合著，原载《华东政法大学学报》，2017（1）。

在全国人大常委会2014年11月公布的《刑法修正案（九）（草案一审稿）》、2015年7月公布的《刑法修正案（九）（草案二审稿）》中，并未针对贪污受贿犯罪死缓犯增设终身监禁制度。此后，2015年7月27日全国人大法律委员会召开会议对草案二审稿进行了审议，会议重点研究了关于特重大贪污受贿犯罪死缓犯终身监禁等10个问题。[①] 2015年8月的《刑法修正案（九）（草案三审稿）》正式规定了特重大贪污受贿犯罪死缓犯终身监禁制度。在对该制度的讨论过程中，一些专家学者着眼于“终身监禁”制度本身的特点与利弊，对该制度存在的正当性与合理性提出了不同意见。[②] 虽然在立法过程中存在争议，但最后正式出台的《刑法修正案（九）》基于慎用死刑的刑事政策和严厉惩治腐败犯罪之综合考量，依然确立了针对特重大贪污受贿犯罪死缓犯的终身监禁制度。国家立法机关对该制度的态度是，对于本应判处死刑立即执行的贪污受贿罪犯，根据慎用死刑的刑事政策，结合案件的具体情况，对其判处死缓依法减为无期徒刑后，终身监禁，有利于体现罪责刑相适应的刑法原则，维护司法公正，防止在司法实践中出现此类罪犯通过减刑等途径过度缩短服刑期限的情形，符合宽严相济的刑事政策。[③]

本文拟主要以我国死刑制度改革之发展为视角，从贪污受贿犯罪死缓犯终身监禁制度的性质入手，考量该制度对于死刑制度改革的价值，并对死缓犯终身监禁制度的未来走向提出相关建议。

## 二、终身监禁制度之法律性质

我们认为，贪污受贿犯罪死缓犯终身监禁制度主要依附于死缓制度而存在，

① 2015年8月17日全国人大法律委员会《关于〈中华人民共和国刑法修正案（九）（草案二次审议稿）〉主要问题修改情况的汇报》.

② 赵秉志.《刑法修正案（九）》修法争议问题研讨//赵秉志主编：刑法论丛：2015年第4卷.北京：法律出版社，2015.黄永维，袁登明.《刑法修正案（九）》中的终身监禁研究.法律适用，2016（3）.王志祥.贪污、受贿犯罪终身监禁制度的立法商榷.社会科学辑刊，2016（3）.

③ 2015年8月24日全国人大法律委员会《关于〈中华人民共和国刑法修正案（九）〉草案审议结果的报告》//全国人大常委会法制工作委员会刑法室编著.中华人民共和国刑法修正案（九）解读.北京：中国法制出版社，2015：355.

只能依据判决时之犯罪情节而适用，因而该制度不属于独立的刑种，不是非刑罚处罚方法，亦非刑罚执行措施，而是一种具体的死缓执行方式。

（一）终身监禁不是独立刑种

依据我国现行刑法典的规定，我国的刑种体系主要包括主刑和附加刑。管制、拘役、有期徒刑、无期徒刑和死刑为我国刑法典明确规定的五大主刑；罚金、剥夺政治权利和没收财产以及驱逐出境是我国刑法典中确定的附加刑。此外，我国还存在非刑罚处罚方法，如训诫、责令具结悔过、责令赔礼道歉、责令赔偿损失、由主管单位予以行政处罚或者行政处分。显然，终身监禁不属于上述任何一种刑事责任承担方式。从形式上看，我国刑法典将刑罚种类集中规定在总则“刑罚种类”之下，如果立法者需要增设新的刑种，一般也会选择在“刑罚种类”之下规定，以维持刑法典的体系性与协调性。然而《刑法修正案（九）》将该制度规定在贪污罪量刑法条之中，显然立法者不是将该种制度单独规定为独立刑种。全国人大法律委员会主任委员乔晓阳在《刑法修正案（九）（草案三审稿）》审议分组讨论的发言中指出，贪污受贿犯罪死缓犯减为无期徒刑后执行终身监禁，是刑罚执行的一种措施，不是增加新的刑种。① 这可以看作是立法者对该制度之性质的阐明。

（二）终身监禁属于死缓的执行方式

虽然终身监禁制度最终的结果可能是剥夺了犯罪分子的终身自由，但是从本质上看，其属于死缓执行方式之一。首先，终身监禁制度依附于死刑缓期执行制度。终身监禁适用的首要前提是行为人因犯贪污罪、受贿罪被依法判处死刑缓期执行。其次，终身监禁不是在死缓执行完毕之后确定的，而是在死缓判决确定的同时决定的。其由人民法院在案件裁判时径行确定，而非执行机关向人民法院提请建议后由人民法院确定；其发生在审判活动中，而不是在执行过程中，故不属于刑罚执行措施。最后，人民法院作出终身监禁的决定，依据的是行为人被判处死缓之前的表现，即“犯罪情节等情况”，而不是行为人在死缓考验期间的执行

① 郑赫南．增设“终身监禁”，封堵贪官“越狱”之路．检察日报，2015-08-31（5）．

情节。因而依据刑法条文的规定，该制度仅适用于贪污受贿犯罪的死缓犯，且决定于量刑阶段，其实质上与《刑法修正案（八）》所确立的死缓限制减刑制度相类似，属于一种死缓执行方式[①]，而非刑罚执行措施。

《刑法修正案（九）》生效之后，关于贪污受贿犯罪的死刑适用，构建了从“死刑立即执行”到“死缓犯终身监禁”，再到“普通死刑缓期执行”的有序衔接格局。相关司法人员在处理特重大贪污受贿犯罪案件时，依据案件情况，既可以适用一般死刑缓期执行，也可以适用判处死缓后不得减刑、假释的终身监禁；在个别罪行极其严重的案件中，还可以根据案件的具体情况，适用死刑立即执行，但是务必慎之又慎。

在死刑案件中赋予司法人员较大的刑罚裁量空间，可以在较大程度上减少死刑立即执行的实际适用。由于终身监禁制度之主要立法目的在于限制死刑的实际执行，因而在特重大贪污受贿犯罪案件的具体裁判中，一般应先考虑根据案件情况是否适用一般死缓，再考虑是否适用不得减刑、假释的死缓（终身监禁）。作为死刑立即执行的替代措施，终身监禁制度的适用对象必须是依据案件情况达到适用死刑立即执行标准的案件。

## 三、终身监禁制度之法律价值

从死刑制度改革的角度而言，该制度对于弥补死缓制度的适用缺陷、严格限制贪污受贿犯罪死刑立即执行的司法适用，具有重要意义。

### （一）弥补死刑缓期执行制度之适用缺陷

近年来我国对贪污受贿罪犯罪分子已很少适用死刑立即执行，绝大多数达到死刑立即适用标准的严重腐败案件中的罪犯均被判处了死刑缓期执行。而对于被判处死缓的罪犯，二年考验期满之后，除具有“故意犯罪，情节恶劣”之情形要依法执行死刑外，其余均可减为无期徒刑；有重大立功的，还可以减为有期徒

① 黎宏．终身监禁的法律性质及适用．法商研究，2016（3）．

刑。此外，在刑罚执行的过程中，一些司法机关对减刑条件掌握得过宽，减刑频率过高，次数过多，对假释条件亦掌握宽松，致使被判处死缓或者无期徒刑的犯罪分子实际执行刑期过短，与判处死刑立即执行的法律后果差距太大。如此一来，原本依法应判处死刑立即执行和判处死刑缓期二年执行的案件之间的界限逐步模糊，二者之间在刑罚严厉程度上的差异难以体现，难免让民众产生对严重贪污受贿犯罪适用刑罚不公正的误解。①

虽然全国人大常委会于2011年出台的《刑法修正案（八）》进一步提高了死缓犯的减刑条件，规定对被判处死缓的累犯以及特定暴力性犯罪分子限制减刑，但上述修法仅仅是提高了部分犯罪的死缓犯之减刑要求，却并未将贪污受贿犯罪死缓犯纳入限制减刑的范畴。近年来在处理职务犯罪的司法实践中，一些特重大贪污受贿罪犯弄虚作假，违法获得减刑、假释、暂予监外执行。② 2015年3月，最高人民检察院在媒体通报中就提到，职务犯罪罪犯与普通犯罪罪犯相比，减刑间隔时间短、幅度大，假释和暂予监外执行的比例高。③ 例如广东省江门市原副市长林崇中在受贿罪宣判当日直接保外就医④；山东省泰安市原市委书记胡建学二审被判处死缓后，经过5次减刑，最终的刑罚为有期徒刑15年6个月。⑤ 特重大贪污受贿罪犯采取欺骗手段，利用刑罚执行中的减刑、假释制度，提“钱”出狱或者不在监狱执行刑罚，导致严重司法不公的事例屡见不鲜。因而在当前慎用死刑、减少死刑适用的时代背景下，需要适当加强死缓执行的严厉性，以最大限度地贯彻罪责刑相适应原则。《刑法修正案（九）》所确立的终身监禁制度，对贪污受贿死缓犯施以更为严厉的惩治措施，有助于落实罪责刑相适应原则，体现司法的公平正义。

---

① 赵秉志．论中国贪污受贿犯罪死刑的立法控制及其废止——以《刑法修正案（九）》为视角．现代法学，2016（1）．

② 郭振纲．“重特大贪污受贿犯罪或被终身监禁”的多重意义．工人日报，2015-08-27（3）．

③ 新闻发言人解读最高检2015年工作报告．[2016-07-08]．http://news.jcrb.com/jxsw/201503/t20150312_1486632.html．

④ 孟粉，王付军．增设终身监禁意义何在．北京日报，2015-09-09（18）．

⑤ 袁云才．对死缓贪官终身监禁体现法律刚性．长沙晚报，2015-08-31（F02）．

（二）严格限制死刑立即执行之司法适用

最高人民法院于 2015 年 10 月 29 日作出的《关于〈中华人民共和国刑法修正案（九）〉时间效力问题的解释》第 8 条规定，特重大贪污受贿犯罪的死缓犯终身监禁制度，适用于“根据修正前刑法判处死刑缓期执行不能体现罪刑相适应原则”的情形，即适用于原本需要判处死刑立即执行的案件。在此，最高人民法院明确将终身监禁规定为贪污受贿犯罪死刑立即执行的替代措施。《贪污贿赂司法解释》进一步明确和强调了这一立法本意，其第 4 条第 1 款规定：“贪污、受贿数额特别巨大，犯罪情节特别严重、社会影响特别恶劣、给国家和人民利益造成特别重大损失的，可以判处死刑。”其第 4 条第 2 款规定：“符合前款规定的情形，但具有自首，立功，如实供述自己罪行、真诚悔罪、积极退赃，或者避免、减少损害结果的发生等情节，不是必须立即执行的，可以判处死刑缓期二年执行。”显然，第 4 条第 1 款规定的是死刑立即执行的适用，第 2 款规定的是死缓的适用。第 4 条第 3 款又规定，“符合第一款规定情形的，根据犯罪情节等情况可以判处死刑缓期二年执行，同时裁判决定在其死刑缓期执行二年期满依法减为无期徒刑后，终身监禁，不得减刑、假释”。这里明确强调了该款的终身监禁不能适用于第 4 条第 2 款规定的普通死缓案件，而只能适用于第 4 条第 1 款规定本该判处死刑立即执行的案件。因而对原本应该判处死刑立即执行的特重大贪污受贿罪犯适用死缓并最终转化成终身监禁，有助于在司法实践中切实减少贪污受贿案件死刑立即执行的裁决。

以往在司法实践中面临具体案件时，法官可能担心适用死缓不能满足预防犯罪的需要而选择适用死刑立即执行；确立终身监禁制度后，法官可以消除这种顾虑而选择适用死缓。① 可以说，终身监禁制度显然有助于切实减少贪污受贿案件中死刑立即执行的适用。

① 赵秉志．论中国贪污受贿犯罪死刑的立法控制及其废止——以《刑法修正案（九）》为视角．现代法学，2016（1）．

## 四、终身监禁制度之未来走向：以死刑制度改革为视角

终身监禁制度对于弥补贪污受贿犯罪刑罚结构之缺陷以及限制死刑之适用，具有重要的立法与司法意义。国家立法机关将其定位为贪污受贿犯罪死刑立即执行的替代措施。此种立法思路也给我们提供了一种针对保留死刑的罪名，特别是短期内难以废止死刑的严重犯罪，如何减少其死刑适用的立法路径；同时，也为死刑制度改革背景下终身监禁制度的走向留下了完善性思考的空间。

### （一）作为短时间内难以废止死刑之罪名的死刑立即执行之替代措施

鉴于死刑制度改革的系统性、复杂性，在我国未来相当长的一段时间内死刑罪名还会存在，故而在立法依旧保留相关罪名死刑配置的情形下，如何进一步减少尚存死刑罪名中死刑立即执行之适用，将是我国死刑制度改革中需要努力探讨的方向。

#### 1. 将终身监禁制度的适用范围扩展至短时间内难以废止死刑的罪名

此次《刑法修正案（九）》对特重大贪污受贿犯罪死缓犯设置终身监禁的做法，既体现了严厉惩处腐败犯罪的政策精神，也体现了慎用死刑的刑事政策。在此立法启示之下，我们可以考虑对于一些短期内难以废止死刑的罪名规定死缓犯的终身监禁制度，作为死刑立即执行的替代措施。这将大大有助于减少相关罪名的死刑适用。对此，我们还需要明确以下几点：

第一，对短时间内难以废止死刑的罪名规定死缓犯终身监禁制度，是我国进一步深化死刑制度改革的需要。在当下，逐步减少并严格控制死刑适用是我国基本的死刑政策。中国共产党十八届三中全会通过的决定提出要“逐步减少适用死刑罪名”。继 2011 年《刑法修正案（八）》一次性取消 13 种非暴力犯罪的死刑，迈开我国逐步废止死刑罪名的步伐之后，《刑法修正案（九）》进一步贯彻中国共产党十八届三中全会精神和中央司法体制改革的要求，一次性取消了 9 种罪名的死刑配置。自此可以说我国死刑制度改革取得了较大进展。我国未来的死刑制度改革将会是以非暴力犯罪的死刑废止为重点，并逐步迈开废止非致命性暴力犯罪

死刑的步伐，走出一条分阶段、分步骤且成批量、成规模削减死刑罪名的死刑制度改革之路。[①] 是故，我国刑法分则废止死刑罪名不会一蹴而就。因而在从罪质相对较轻、易于操作的罪名入手逐步废止死刑的同时，我们也应当着手对短时间内难以废止死刑的罪名进行死刑的立法控制和司法限制。若能如此，死刑制度改革将会形成一种多方互动、多点并进、相互配合、协调推进的良好局面，这对进一步深化死刑制度改革大有裨益。

第二，终身监禁制度作为死刑立即执行的替代措施，可首先考虑适用于最为严重罪名中罪行极其严重（本应判处死刑立即执行）的罪行，如短时间内难以废止死刑的严重危害国家安全犯罪、严重危害公共安全犯罪、严重侵犯人身权利的暴力犯罪等。若能如此，那么对于那些保留死刑的罪名便会形成死刑立即执行、死缓犯终身监禁、限制减刑的死缓以及一般死缓的四元化死刑适用格局。对于最为严重的犯罪，死刑立即执行将作为一种备而不用、备而少用的死刑执行方式，不得减刑、假释的死缓（终身监禁）则成为因极为严重犯罪而应当判处死刑立即执行的替代措施，限制减刑的死缓适用于一般因严重犯罪而判处死缓的案件。精细化地设计死缓制度之量刑，依据不同案件的情况适用不同的死缓执行方式，可尽量减少司法实践中死刑立即执行的适用。

2. 赋予终身监禁制度以矫正出口

依据《刑法修正案（九）》关于死缓犯终身监禁的适用条件“死刑缓期执行二年期满依法减为无期徒刑”的字面规定，该制度自死缓考验期满后开始发生效果。然而立法并没有明确对于被判处终身监禁的死缓犯在死缓考验期内是否能适用重大立功，进而减刑的规定。但是，从立法本意来看，刑法立法基于慎用死刑的精神将该制度适用的对象限定为原本应当被判处死刑立即执行的贪污受贿犯罪分子，其主要目的在于限制死刑的实际适用和加大对特重大贪污受贿犯罪的惩处力度。如果允许被判处终身监禁的死缓犯在考验期内因重大立功减为 25 年有期

---

① 赵秉志. 中国死刑立法改革新思考——以《刑法修正案（九）（草案）》为主要视角. 吉林大学社会科学学报，2015 (1).

徒刑，那么将降低终身监禁的刑罚力度，难以符合终身监禁制度的立法目的。正是基于此考虑，最高人民法院在《贪污贿赂司法解释》新闻发布会上明确指出，终身监禁一旦决定，不受执行期间服刑表现的影响，不能在死缓执行期满视情况而定。[①]“不能在死缓执行期满视情况而定”也就意味着不能在死缓考验期间适用重大立功的规定而减刑。另外，由于终身监禁依附于死缓制度而存在，《刑事诉讼法》中规定的保外就医只能适用于无期徒刑、有期徒刑和拘役的相关情形[②]，故保外就医制度对此类罪犯一般也不能适用。就此而言，被判处终身监禁的死缓犯一般会将“牢底坐穿”，出狱的概率将会微乎其微。

我们认为，适用“重大立功”而减刑的规定有助于司法实践中促使特重大贪污受贿犯罪分子积极检举、揭发其他特重大犯罪，有助于我国反腐败工作的深入开展，因而在进一步扩充适用死缓犯终身监禁制度的罪名范围时，不宜对其禁用“重大立功”而减刑的规定，而应当给予判处终身监禁的死缓犯以出路，从而有助于发挥该制度对于治理犯罪的积极作用。

另外，如果在我国刑法典中扩大终身监禁制度的适用范围，从有利于该制度长远发展和刑事法治进步的角度考量，可将赦免制度作为终身监禁制度的救济路径。国外不可假释的终身监禁罪犯，仍然具有赦免的可能。如在美国联邦和伊利诺伊、路易斯安那等州，被判处终身监禁的罪犯可以通过美国总统或者有关州的州长宣布的大赦、特赦获得释放。[③] 再如，德国在 1949 年 5 月 23 日通过《联邦基本法》第 102 条废除死刑后，就用不可假释的终身监禁代替死刑，但同时也规定了此类罪犯可以被特赦。后来，德国于 1981 年修改刑法时，又以可假释的终

---

① “两高”发布办理贪污贿赂刑事案件司法解释. [2016-10-08]. http://www.court.gov.cn/zixun-xiangqing-19562.html.

② 参见 2012 年《刑事诉讼法》第 254 条。该条第 1 款规定：“对被判处有期徒刑或者拘役的罪犯，有下列情形之一的，可以暂予监外执行：（一）有严重疾病需要保外就医的；（二）怀孕或者正在哺乳自己婴儿的妇女；（三）生活不能自理，适用暂予监外执行不致危害社会的。”该条第 2 款规定：“对被判处无期徒刑的罪犯，有前款第二项规定情形的，可以暂予监外执行。”

③ 全国人大常委会办公厅秘书局编印. 一些国家有关终身监禁的法律规定//中华人民共和国刑法修正案（九）（草案三次审议稿）参阅资料.

身监禁代替先前不可假释的终身监禁。[①] 我们赞同借鉴国外的做法，赋予被判处终身监禁的死缓犯赦免请求权，以避免终身监禁制度的弊病。[②] 这需要我国立法机关适时配套完善赦免制度的相关规定，以赦免制度作为终身监禁罪犯之救济路径。2015 年 8 月，为了纪念抗日战争暨世界反法西斯战争胜利 70 周年，全国人大常委会审议通过了关于特赦部分服刑罪犯的决定。该决定促进了赦免制度的法治化重构及其常态化运作。[③] 但此次特赦并未将贪污受贿罪犯纳入赦免对象范围。我国应当以赦免制度的常态化、制度化为契机，促进死缓犯终身监禁制度的合理化实施。

### （二）以无期徒刑的内部完善促进终身监禁的合理嵌入

我们认为，终身监禁制度与实质上的无期徒刑类似，应当合理协调终身监禁与无期徒刑之间的关系，将死缓犯终身监禁制度合理嵌入无期徒刑中，以使其能够作为死刑废止之后的刑罚替代措施，通过无期徒刑的体系调整促进我国的死刑制度改革。

#### 1. 终身监禁与无期徒刑具有契合性

在国外，在立法模式上，根据具体执行方法的不同，终身监禁分为不可假释的终身监禁、可假释的终身监禁两种类型。不可假释的终身监禁罪犯不能提前释放回社会，但仍然具有赦免的可能。可假释的终身监禁是指罪犯在服刑期间，在符合法定条件的情况下可以提前释放回社会。可假释的终身监禁通常同时可以适用赦免，大部分国家的终身监禁刑属于此种立法例。可见，国外的终身监禁制度是以假释作为调整手段，并且对于可假释的终身监禁设置了最低服刑年限，因而在具体适用上与我国的无期徒刑极为类似。正如有论者所言：终身监禁不过是通过限制减刑、假释或者延长服刑期限对无期徒刑进行的改造而已。排除具体执行方式的差异后，其与无期徒刑并无本质区别。[④] 因而按照我国刑罚体系的实际情

---

① 徐久生. 德语国家的犯罪学研究. 北京：中国法制出版社，1999：156-157.

② 姚建龙，李乾. 贪污受贿犯罪终身监禁若干问题探讨. 人民检察，2016（2）.

③ 赵秉志，阴建峰. 我国新时期特赦的法理研读. 法制日报，2015-09-02（9）.

④ 李立丰. 终身刑：死刑废止语境下的一种话语的厘定与建构. 刑事法评论，2012（1）.

况，可考虑以既有的无期徒刑为建构基础，将终身监禁制度的合理内涵纳入无期徒刑中，以克服无期徒刑存在的弊端。这样，可以尽量减缓刑罚体系调整所产生的不适。

2. 改革无期徒刑以促进终身监禁制度的合理嵌入

在死刑废止之后，在现有的刑罚体系内，无期徒刑将会是最严厉的刑罚。但在近些年的司法实践中，我国减刑的适用率一直保持在 25%以上。[①] 这种过高的减刑适用率导致了我国适用无期徒刑的刑罚严厉性不够。虽然 2011 年《刑法修正案（八）》进一步严格了减刑的条件[②]，针对累犯以及严重的暴力性犯罪规定不可假释的无期徒刑[③]，但是，即使依据此次修法后的调整，一般情形下的无期徒刑的实际执行期限也只是不少于 13 年。[④] 这样的无期徒刑，由于与死刑之间的刑罚力度相差太大，不能弥补死刑废止之后的刑罚差距，而且不得假释仅限于特定罪名，其适用范围亦很有限。

在未来的刑罚制度改革中，如果立法上实现了对某些罪名废止死刑或者停止适用死刑，则无期徒刑必须具有相当的严厉性。而现行的无期徒刑是一种相对的无期徒刑，其刑罚的严厉性不够，因此必须改革现行的无期徒刑制度。可以吸收终身监禁制度的合理内涵，以减刑、假释作为无期徒刑的调整手段，划分出严格的无期徒刑与一般的无期徒刑两种类型，对严格的无期徒刑设置较一般的无期徒

---

① 敦宁. 自由刑改革的中国路径. 北京：人民出版社，2014：322.

② 《刑法修正案（八）》第 15 条将刑法第 78 条第 2 款修改为："减刑以后实际执行的刑期不能少于下列期限：（一）判处管制、拘役、有期徒刑的，不能少于原判刑期的二分之一；（二）判处无期徒刑的，不能少于十三年；（三）人民法院依照本法第五十条第二款规定限制减刑的死刑缓期执行的犯罪分子，缓期执行期满后依法减为无期徒刑的，不能少于二十五年，缓期执行期满后依法减为二十五年有期徒刑的，不能少于二十年。"

③ 《刑法修正案（八）》第 16 条第 2 款规定："对累犯以及因故意杀人、强奸、抢劫、绑架、放火、爆炸、投放危险物质或者有组织的暴力性犯罪被判处十年以上有期徒刑、无期徒刑的犯罪分子，不得假释。"

④ 虽然对于依法减为无期徒刑的重罪死缓犯，在限制减刑的情况下的实际执行期限不少于 25 年，但是限制减刑的案件适用范围毕竟有限，且限制减刑制度也不具有独立性，依附于死缓制度，在死刑制度被废止之后，死缓制度也将被废止，依附于死缓制度的死缓限制减刑制度也将不复存在。

刑更为严格的减刑、假释条件和相对较长的实际执行期限，从而将严格的无期徒刑作为某些废止死刑的罪名之切实可行的替代措施。[①] 所谓严格的无期徒刑制度，是指限制减刑、假释的无期徒刑，包括可减刑、假释的无期徒刑和在一定时期内不得减刑、假释的无期徒刑；一般的无期徒刑则是指可以减刑、假释的无期徒刑。此时通过减刑、假释对无期徒刑的调整，终身监禁制度的相关内涵将会被涵括在无期徒刑之中，形成无期徒刑减刑、假释的合理刑罚适用格局，无期徒刑内部也将会形成轻重有别的刑罚适用等级。

## 五、结语

《刑法修正案（九）》中增设的特重大贪污受贿犯罪死缓犯终身监禁制度，是国家立法机关在我国深化死刑制度改革的当下对短期内难以在立法上废止死刑的贪污受贿犯罪限制适用死刑立即执行的立法尝试，体现了罪责刑相适应原则，对于死刑制度改革具有重要的促进和示范意义。此外，在保持刑罚严厉性的同时，有助于促进贪污受贿犯罪刑罚结构的完善。故其积极意义不言而喻。

但是不可否认，终身监禁制度本身存在着不人道、不利于罪犯改造和教育、增加监狱成本等缺陷，这也是其遭受非议的主要原因。因而需要我们在司法实践中合理审慎地加以适用，只能将其作为死刑立即执行的替代措施，而不能降低其适用标准，否则其负面效应会凸显。如果借由死缓犯终身监禁制度的创设作为突破口，进一步推动短时间内难以废止死刑罪名的立法改革，为进一步全面废止死刑打下基础，则该制度创设的功能将会得到充分体现，贪污受贿犯罪死缓犯之终身监禁制度对于死刑制度改革的“试点”价值将会充分彰显。

---

① 赵秉志. 当代中国刑罚制度改革论纲. 中国法学，2008 (3).

# 终身监禁新规法理争议问题论要*

## 一、前言

我国现行刑法典中对贪污罪、受贿罪的刑罚配置有死刑，而这两种罪名是典型的非暴力、经济性犯罪。考虑到死刑的法治缺陷以及贪污罪、受贿罪的产生原因、罪质特征等因素，其死刑的废止是中国刑事立法发展的必然趋势。但是基于对中国历史传统和现实国情之考量，立即或者短期内废止严重贪污罪和受贿罪的死刑尚不具备现实性，因而需要对其死刑适用从立法和司法上予以严格控制。为了进一步完善反腐败刑罚结构，促进贪污受贿犯罪死刑的科学适用，加强腐败犯罪的有效治理，全国人大常委会于 2015 年 8 月 29 日通过的《刑法修正案（九）》规定，犯罪人因严重贪污罪、受贿罪被判处死缓的，法院根据犯罪情节等情况，可以同时决定在其死缓二年期满减为无期徒刑后，予以终身监禁，不得再予减刑和假释。由此，《刑法修正案（九）》在立法上对特重大贪污受贿犯罪确立了死缓

* 与商浩文博士合著，原载《现代法学》，2017（4）。

犯的终身监禁制度。最高人民法院、最高人民检察院 2016 年 4 月 18 日颁行的《关于办理贪污贿赂刑事案件适用法律若干问题的解释》(以下简称“两高”《解释》)中进一步明确了该制度的适用标准。2016 年 10 月 9 日,河南省安阳市中级人民法院一审判决对原正部级高官白恩培受贿、巨额财产来源不明案适用死缓犯终身监禁,使得该案成为我国司法实践中适用终身监禁的第一案;随后,2016 年 10 月 17 日,国家能源局煤炭司原副司长魏鹏远因受贿罪、巨额财产来源不明罪被河北省保定市中级人民法院一审判决死缓并适用终身监禁;2016 年 10 月 21 日,黑龙江龙煤矿业控股集团有限责任公司物资供应分公司原副总经理于铁义因受贿罪,被黑龙江省林区中级人民法院一审判处死缓并决定终身监禁。终身监禁新规的创设及其付诸实施,引发了社会的广泛关注和学界的激烈争议。合理看待并正确引导民众对于贪污受贿犯罪死缓犯终身监禁制度的关注及学界争论,对于促进各方达成共识,并进而推动死缓犯终身监禁制度的司法和立法的发展完善,无疑都具有重要意义。鉴此,本文拟简要评析当前涉及终身监禁新规的五大争议问题,并阐明作者对相关问题的基本立场。

## 二、终身监禁的立法价值之争

在全国人大常委会 2014 年 11 月公布的《刑法修正案(九)(草案一审稿)》、2015 年 7 月公布的《刑法修正案(九)(草案二审稿)》中,均没有针对贪污受贿犯罪死缓犯增设终身监禁制度的有关规定。此后,2015 年 7 月 27 日全国人大法律委员会召开会议对草案二审稿进行了审议,会议重点研究了关于特重大贪污受贿犯罪死缓犯终身监禁等十个问题。2015 年 8 月的《刑法修正案(九)(草案三审稿)》中,明确规定了特重大贪污受贿犯罪死缓犯终身监禁制度并最终正式通过。

### (一)问题与争议

在终身监禁制度确立的过程中,一些专家学者着眼于该制度的特点与利弊,对该制度的立法价值提出了不同的意见。关于终身监禁制度有无积极的立法价值

问题，大体上存在肯定与否定两种主张。

第一种观点肯定贪污罪、受贿罪死缓犯终身监禁制度的立法价值。如有论者认为，对贪污受贿数额特别巨大、情节特别严重的犯罪分子，特别是其中本应当判处死刑的，根据慎用死刑的刑事政策，对其判处终身监禁，有利于维护司法公正；认为终身监禁制度能够起到从严打击腐败的目的，能够改善“死刑偏重、生刑偏轻”的刑罚结构，起到废除死刑和限制死刑的双重作用，彰显了报应与预防的刑罚功能。也有论者认为，对特重大贪污受贿犯罪的死缓犯判处终身监禁，可以对此类犯罪形成极大的威慑，有助于遏制贪污受贿、建立清廉政府；或者认为终身监禁相对于死刑更加人道，而相对于非终身监禁和非监禁刑而言更能维持社会秩序。我国立法机关的态度是，对于本应判处死刑的贪污受贿罪犯，根据慎用死刑的刑事政策，结合案件的具体情况，对其判处死缓并决定终身监禁，有利于体现罪责刑相适应原则，维护司法公正，防止在司法实践中出现这类罪犯通过减刑等途径致服刑期过短的情形，符合宽严相济的刑事政策。

另一种观点则是否定贪污罪、受贿罪死缓犯终身监禁制度的立法价值。《刑法修正案（九）（草案二次审议稿）》公布后，在全国人大常委会讨论的过程中，一些委员就提出，我国2011年的《刑法修正案（八）》针对因故意杀人、强奸、抢劫等严重暴力性犯罪而被判处死缓的犯罪分子，规定了死缓犯限制减刑制度，罪犯在此情形下被关押20年、30年后很难有再犯的能力，没有必要再单独增设终身监禁制度；认为该制度在一定程度上违背了教育改造的刑罚目的，也与联合国相关国际公约的有关精神相冲突。有论者认为，贪污受贿犯罪从罪质角度而言，其犯罪性质、社会危害性较小，不属于最危险、最严重的犯罪，不宜规定终身监禁。也有论者认为，针对特重大贪污受贿犯罪分子的终身监禁没有基于再犯危险性预测而剥夺其犯罪能力，在特殊预防上毫无意义，也不能有效改善我国“死刑过重，生刑过轻”的刑罚结构。还有论者提出，终身监禁制度不具备预防犯罪的合目的性，虽然死缓犯终身监禁制度可以实现特殊预防与一般预防的刑罚目的，但不得假释的终身监禁将会导致犯罪人在监狱的再犯可能性提高，无法实现对犯罪人的教育感化。

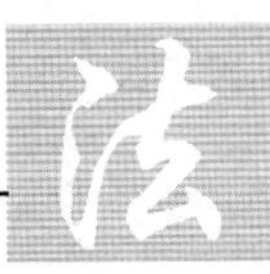

（二）研讨与主张

不可否认，对贪污受贿犯罪分子适用终身监禁制度必然会面临不人道、不考虑罪犯的具体改造表现、不利于罪犯的教育改造、给监狱管理带来压力等相关责难。这是由终身监禁制度本身的特点所决定的。但是，我们认为，任何事物都具有双面性，对特定事物进行评价时，我们要进行综合、全面、客观的衡量。就严重贪污受贿犯罪死缓犯终身监禁制度的立法价值而言，我们不能仅仅孤立、片面地就终身监禁这一制度本身来对之进行评判，而应当结合其立法目的、贪污受贿犯罪的刑罚体系以及刑法改革之大局等方面加以考量。

第一，从立法目的来看，我国立法机关是要将死缓犯终身监禁制度作为贪污受贿犯罪死刑立即执行的替代措施。关于特重大贪污受贿犯罪死缓犯终身监禁制度，相关立法说明和司法解释已经明确将其定位为死刑立即执行的替代措施。全国人民代表大会法律委员会《关于〈中华人民共和国刑法修正案（九）（草案）〉审议结果的报告》中明确将贪污受贿犯罪的终身监禁视为这两种犯罪死刑立即执行的替代措施。事实上，这一立法旨趣在《刑法修正案（九）》通过之后的相关司法解释中也得到了体现。最高人民法院于2015年10月29日颁行的《关于〈中华人民共和国刑法修正案（九）〉时间效力问题的解释》第8条规定："对于2015年10月31日以前实施贪污、受贿行为，罪行极其严重，根据修正前刑法判处死刑缓期执行不能体现罪刑相适应原则，而根据修正后刑法判处死刑缓期执行同时决定在其死刑缓期执行二年期满依法减为无期徒刑后，终身监禁，不得减刑、假释可以罚当其罪的，适用修正后刑法第三百八十三条第四款的规定。根据修正前刑法判处死刑缓期执行足以罚当其罪的，不适用修正后刑法第三百八十三条第四款的规定。"其中，"根据修正前刑法判处死刑缓期执行不能体现罪刑相适应原则"即意味着需要判处死刑立即执行。在此，最高人民法院明确将终身监禁限定为贪污受贿犯罪死刑立即执行的替代措施。最高人民法院、最高人民检察院于2016年4月公布、施行的《关于办理贪污贿赂刑事案件适用法律若干问题的解释》（以下简称2016年"两高"《解释》）进一步明确和强调了这一立法本意，其第4条第1款规定的是死刑立即执行的适用标准，第2款规定的是死缓的适用

标准，其第 3 款又明确规定，“符合第一款规定情形的，根据犯罪情节等情况可以判处死刑缓期二年执行，同时裁判决定在其死刑缓期执行二年期满依法减为无期徒刑后，终身监禁，不得减刑、假释”。这里明确强调了第 4 条第 3 款规定的终身监禁不能适用于该条第 2 款规定的普通死缓案件，而只能适用于该条第 1 款规定的本该判处死刑立即执行的案件。因而终身监禁制度只能适用于原来罪该判处死刑立即执行的特重大贪污受贿罪犯，这样有助于切实减少司法实践中此类案件死刑立即执行的适用，贯彻“严格控制和慎重适用死刑”的死刑政策。同时，较之于死刑立即执行，终身监禁能够作为死刑与自由刑的“生死缓冲带”，弥补贪污受贿犯罪“死刑过重”与“生刑过轻”形成的巨大落差。

第二，死缓犯终身监禁制度可以弥补贪污受贿犯罪死缓适用缺陷，促进司法公平正义。对特别严重的贪污受贿犯罪适用死刑立即执行在我国改革开放早期还比较普遍，但是近年来死刑立即执行在司法实践中已经极少适用，对绝大多数达到死刑适用标准的贪污受贿犯罪分子，司法实践中多适用死缓的执行方式。就此而言，可以说，在贪污受贿犯罪领域，近年来死缓在我国司法实践中事实上已经实现了对绝大多数死刑立即执行的替代。但是，对于被判处死缓的罪犯，两年考验期满之后，除具有“故意犯罪，情节恶劣”之情形要依法执行死刑外，其余均可减为无期徒刑，有重大立功的还可以减为 25 年有期徒刑；而且在刑罚执行的过程中，一些司法机关对减刑条件掌握得过宽，减刑频率过高，次数过多，对假释条件亦掌握得宽松，致使被判处死缓的犯罪分子实际执行刑期过短，与判处死刑立即执行的法律后果差距太大。这直接导致了严重贪污受贿犯罪案件的死刑立即执行与死刑缓期二年执行的界限模糊，引发了民众关于对严重贪污受贿案件处罚过宽、适用刑法不公正的看法。为了体现罪责刑相适应的原则，需要适当加强死缓裁判所替代的原本应判处死刑立即执行案件刑罚的严厉性。《刑法修正案（九）》确立终身监禁制度，将定位为贪污受贿犯罪死刑立即执行的替代措施，同时赋予贪污受贿犯罪死缓犯更为严厉的惩治效果，加大了司法实践中对特重大贪污受贿犯罪的刑罚力度，体现了我国严惩腐败犯罪的决心，有助于最大限度体现罪责刑相适应原则，促进司法的公平正义。另外，将终身监禁制度作为贪污受贿

犯罪死刑立即执行的替代措施，亦有助于切实减少此类犯罪的死刑的实际适用，有效地贯彻了我国严格限制死刑适用的死刑政策。

第三，死缓犯终身监禁制度能起到深化死刑制度改革试点之功效。据了解，在《刑法修正案（九）》起草研拟过程中，一些委员本来提出的是针对恐怖活动犯罪、暴力犯罪等严重危及人身安全的犯罪设置终身监禁制度，但是后来立法机关考虑到目前对这些严重危害人身安全的犯罪尚不具备以终身监禁替代其死刑立即执行的条件，加之考虑到在严格限制死刑立即执行之适用背景下严惩贪污受贿犯罪的社会现实需要，在《刑法修正案（九）》中最终仅针对司法实践中较少执行死刑但犯罪率较高的贪污罪、受贿罪设置了终身监禁制度。此种制度并非为了直接废除死刑所进行的死刑制度改革，而是在保留死刑的框架内以终身监禁作为死刑立即执行的替代措施，因而不会过分地折损法律的威慑力，对于慎用并减少死刑的适用具有重要意义。因而就此看来，针对贪污受贿犯罪死缓犯确定的终身监禁制度更多起到的是死刑制度改革试点之功效。国家立法机关选择司法实践中死刑立即执行适用较少、民众又最为关注的贪污受贿犯罪进行试点，能够有效地减少设立终身监禁制度所带来的社会震荡和法律风险。在民众对贪污受贿犯罪死缓犯之终身监禁制度没有太大的相反意见之情形下，随着该制度的发展、完善和社会舆论的进一步引导，随着死刑制度改革的进一步深化，或许可以在不久的将来，在修法时机成熟时，鉴于一些罪质更为严重、短时间内难以废止死刑的犯罪，比如严重的暴力犯罪、毒品犯罪等的死刑废止难度较大，可考虑在立法中暂时保留其死刑的前提下，对这些犯罪规定死缓犯终身监禁制度。这将有助于切实减少相关犯罪死刑立即执行的适用，减少死刑制度改革的阻力，进一步推进我国的死刑制度改革。因而在我们看来，贪污受贿犯罪死缓犯之终身监禁制度的确立，能够深化我国的死刑制度改革，为死刑制度改革的逐步推进奠定一定的社会民意基础，减少死刑制度改革的公众阻力，巩固死刑制度改革的成果，扩大死刑制度改革效果的社会影响力。

第四，死缓犯终身监禁制度的适用对象十分有限，对其所造成的负面影响不宜过分夸大。不可否认，正如前述批评者所论述，贪污受贿犯罪死缓犯终身监禁



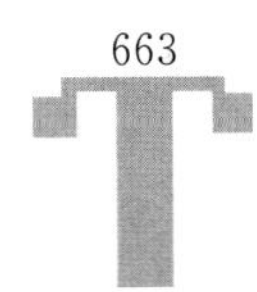

制度本身确实存在增加监狱成本、不人道等缺陷，这也是其遭受非议的重要原因，但是，依据《刑法修正案（九）》的规定，我国的死缓犯终身监禁并不完全等同于国外的终身监禁刑，其仅适用于本应被判处死刑立即执行的特重大贪污受贿犯罪分子，因而该规定适用范围较窄。因为其不仅限定了犯罪种类为贪污受贿犯罪，也限定了犯罪危害程度系原本要判处死刑立即执行的特重大贪污受贿案件，所以其适用的对象将会极其有限，对其所造成的负面影响不宜过分夸大。据统计，20世纪80年代到2013年，移交司法机关处理的103位省部级干部中，被判处死刑立即执行的案件有6例，被判处死缓的案件有27例，判处死刑（包含死刑立即执行和死缓）的比例共约占已判案例的35%，而死刑立即执行的比例则不到6%。而自1991年到2015年8月，在对省部级以上高官因受贿罪判处死刑的28起案件中，仅有4起被判处死刑立即执行，其余24起均被判处死缓。可见，在《刑法修正案（九）》生效之前，被判处死刑立即执行的重大贪污受贿犯罪分子已较为少见。更何况，2015年的《刑法修正案（九）》将对贪污受贿犯罪适用死刑的标准由贪污受贿“数额十万元以上，情节特别严重”，修改为贪污受贿“数额特别巨大，并使国家和人民利益遭受特别重大损失”；2016年的“两高”《解释》第4条第1款更是将死刑的适用标准强化限定为“贪污、受贿数额特别巨大，犯罪情节特别严重、社会影响特别恶劣、给国家和人民利益造成特别重大损失”，从而大幅度提高了对贪污受贿犯罪适用死刑的标准。就此而言，可以预料，在我国严格控制和慎重适用死刑的政策下，进入死刑立即执行惩处范围的贪污受贿犯罪分子将会更少。在这种情况下，未来贪污受贿犯罪之死缓犯终身监禁制度的适用对象将会十分有限，对其产生的负面作用不宜夸大。因而我们不能片面、过分夸大新设的终身监禁制度本身所会造成的负面影响，应当秉承客观、公正、理性的态度对其进行合理考量。

总之，终身监禁制度本身的特点决定了其存在相关的缺陷，但是我国刑法立法已注意并严格限制了死缓犯终身监禁制度的适用对象和范围，因而其所造成的负面影响会很有限。我国立法机关将其作为贪污受贿犯罪死刑立即执行的替代措施，一方面有助于减少死刑的实际适用，能够起到深化死刑制度改革试点之功

效；另一方面也能够更加严肃地惩治特重大贪污受贿犯罪，促进司法公平正义。因而其对贪污受贿犯罪的刑罚体系、刑法改革等均具有重要意义，我们应当对终身监禁制度的立法价值全面、客观地加以考量。

## 三、终身监禁的法律性质之争

明晰贪污受贿犯罪之死缓犯终身监禁制度的性质，对于我们正确理解该制度的价值功能具有重要意义，也有助于该制度的司法适用，因而有必要从死缓犯终身监禁制度的特点和刑法体系等视角来具体分析其法律性质。

### （一）问题与争议

贪污受贿犯罪之死缓犯终身监禁制度的法律性质，关乎该制度在我国刑法体系中之定位以及司法适用。对于此问题，在立法研拟过程和刑法学界的有关研究中，主要提出了三种观点。

第一种观点认为，贪污罪、受贿罪死缓犯终身监禁制度是一种特殊的刑罚措施。全国人大法律委员会主任委员乔晓阳在《刑法修正案（九）（草案三审稿）》审议分组讨论时指出，贪污受贿犯罪死缓犯减为无期徒刑后执行终身监禁，是刑罚执行的一种措施，不是增加新的刑种。有论者认为，死缓犯终身监禁制度并非一种全新的刑罚制度，也不是一个新的刑种，而是仅适用于特定贪污受贿犯罪的刑罚裁量和刑罚执行特殊措施。

第二种观点认为，贪污罪、受贿罪死缓犯终身监禁制度是一种与现有的死缓有别的死缓执行方式。如有论者认为，对贪污罪、受贿罪死缓犯终身监禁的决定必须在判处死缓的同时作出，而不是在死缓考验期满后作出；决定是否判处终身监禁的标准不是罪犯在死缓考验期间的表现，而是其“犯罪情节等情况”。因而该论者主张将贪污罪、受贿罪死缓犯终身监禁制度作为死缓的一种执行方式，进而将其定性为介于死刑立即执行与纯粹的死缓之间的中间刑罚。还有论者认为，最高人民法院、最高人民检察院的司法解释实际上是将终身监禁定位为一种中间刑，根据中间刑的逻辑，终身监禁是死刑立即执行与一般死缓之间的空档，即针

对那些判处死刑立即执行过重、判处一般死缓又偏轻的重大贪污受贿犯罪。

第三种观点认为，死缓犯终身监禁制度是无期徒刑的执行方式之一。如有论者认为，“终身监禁”是关于对特重大贪污受贿犯罪死缓犯改无期徒刑之后具体适用措施的规定，是无期徒刑的一种执行措施。也有论者认为，终身监禁与无期徒刑一样，均以限制、剥夺人身自由为基本内容，且终身监禁对无期徒刑的依附性强于其对死刑的依附性，因而将其定位为无期徒刑的执行方式之一，还有论者认为，终身监禁只是无期徒刑的执行方式之一，《刑法修正案（九）》施行之后，无期徒刑实际执行可分为未终身监禁的无期徒刑与终身监禁的无期徒刑，无期徒刑的执行方式中依法增加了一种不得减刑、假释的无期徒刑。

（二）研讨与主张

毫无疑问，《刑法修正案（九）》增设的贪污受贿犯罪之死缓犯终身监禁制度不同于国外存在的独立的终身监禁刑，其只能适用于被判处死缓的贪污受贿犯罪分子，其适用范围不具有普遍性，因而该种制度并不属于独立的刑种。我们认为，结合终身监禁的立法目的、适用条件和程序等，应将贪污受贿犯罪之死缓犯终身监禁制度定位为死缓的执行方式，其刑罚严厉性介于死刑立即执行与一般死缓之间。主要理由如下：

第一，死缓犯终身监禁制度不属于刑罚执行措施。依据刑法学的相关理论和司法实践，一般而言，刑罚执行措施由刑罚执行机关向人民法院建议，比如刑罚执行中的减刑、假释，法院依据的是已决犯在执行刑罚过程中的表现而决定是否适用减刑、假释等相关刑罚执行制度。而人民法院作出终身监禁的决定，依据的是行为人被判处死缓之前的表现，即案件中的“犯罪情节等情况”，而不是行为人在死缓考验期间的刑罚执行情况；且不是在死缓执行完毕之后确定是否适用，而是在死缓判决确定的同时决定的，即其属于刑罚裁量阶段的决定，而非刑罚执行阶段的决定，故而该制度不属于刑罚执行措施。但是特重大贪污受贿犯罪死缓犯终身监禁制度又与刑罚执行紧密相连，司法机关对于贪污受贿犯罪分子依法决定适用终身监禁的裁判生效后，只有死缓考验期满依法减为无期徒刑后，才能够对其实施终身监禁的法律措施。如果贪污受贿罪犯在缓刑考验期内“故意犯罪，

情节恶劣”的，将会被依法执行死刑，则终身监禁生效裁判的内容将不会被执行，终身监禁裁判将无法适用。故而从终身监禁的适用条件和适用程序而言，该制度并不属于刑罚执行措施。

第二，死缓犯终身监禁制度是依附于死缓制度而存在的，属于死缓执行方式。从《刑法修正案（九）》的相关规定来看，贪污受贿犯罪死缓犯终身监禁制度适用的首要前提是行为人因犯贪污罪、受贿罪被依法判处死缓。只有行为人被判处死缓，才有可能依据犯罪情况等决定是否适用终身监禁，因而终身监禁是依附于死缓制度而存在的。虽然适用终身监禁最终可能的结果是行为人在死缓考验期满后的无期徒刑执行期间不能减刑、假释，被剥夺了终身人身自由，但是此种效果的产生并非无期徒刑的效力或其执行情况而致，无期徒刑只是死缓裁判考验期满的法律效果之一，如果没有死缓的相关裁决，人民法院是无法对贪污受贿罪犯适用终身监禁的。可见终身监禁的效力来源于死缓，而非无期徒刑，故而不能将其作为无期徒刑的执行方式。在《刑法修正案（九）》通过后的记者招待会上，国家立法机关相关负责人也明确指出：“应当强调的是，这种措施不是一个新的刑种，它只是针对贪污受贿被判处死缓的犯罪分子在具体执行中的一个特殊的措施。”我们赞同该制度实质上与《刑法修正案（八）》中所确立的死缓限制减刑制度相类似，属于一种死缓执行方式。

第三，死缓犯终身监禁制度的刑罚严厉性介于死刑立即执行与一般死缓之间。所谓中间刑，是指在同一种刑罚中因执行方式不同而形成的，介于最重刑罚执行方法与最轻刑罚执行方法之间的，严厉程度居中的刑罚执行方法或特殊刑罚措施。就死缓犯终身监禁制度而言，其刑罚的严厉性恰恰介于死刑立即执行与一般死缓之间。于2011年出台的《刑法修正案（八）》对于被判处死缓的累犯以及八种严重暴力犯罪的罪犯规定了可以限制减刑，加之《刑法修正案（九）》中所确立的严重贪污罪、受贿罪死缓犯终身监禁制度，导致仅就事实上死刑执行方式而言，我国刑法立法中就确定了死刑立即执行、不得减刑和假释的死缓、限制减刑的死缓以及一般死缓的四元格局。但是，上述限制减刑的死缓的适用对象并未包括贪污受贿犯罪，就贪污受贿犯罪而言，对其能适用的死刑执行方式仅限于死

刑立即执行、死缓犯终身监禁、一般死缓三种。可见，死缓犯终身监禁无疑是介于最重的死刑执行方法（死刑立即执行）与最轻的死刑执行方法（一般死缓）之间、严厉程度居中的刑罚。

我国现有的死缓犯终身监禁制度与美国、英国、德国等的独立终身监禁刑不同，其被规定在刑法分则中，仅针对特重大贪污罪、受贿罪适用，故而其并不属于独立的刑种。终身监禁是在死缓判决确定的同时决定的，依据的是行为人被判处死缓之前的"犯罪情节等情况"，其适用的条件和适用的程序决定了其不属于刑罚执行措施。终身监禁的效力来源于死缓，而非无期徒刑，故而亦不能将其作为无期徒刑的执行方式。而宜将其定位为依附于死缓制度而存在的死缓执行方式，同时其刑罚严厉性介于死刑立即执行与一般死缓两种死刑执行方法之间。

## 四、终身监禁新规的时间效力之争

关于刑法的时间效力问题，我国刑法典基于贯彻罪刑法定原则和保障人权的精神，在刑法典第 12 条中规定了从旧兼从轻的刑法溯及力原则，即刑事案件原则上适用行为时的法律，但行为后的新法之定罪处刑更轻（对被告人有利）的，则适用新法。因而关于终身监禁新规的溯及力问题，关键在于比较新旧法律规定的罪行轻重，进而确定其时间效力。

### （一）问题与争议

关于死缓犯终身监禁制度的时间效力，即其能否溯及既往的问题，在《刑法修正案（九）》颁行后的相关研讨中，大体上有三种主张。

第一种观点认为，死缓犯终身监禁制度不应当具有溯及既往的效力。其主要理由是，从我国关于死缓和无期徒刑的规定来看，终身监禁的规定实质上提高了对贪污受贿犯罪刑罚处罚的严厉程度，此时新法较重，应当依据从旧兼从轻的原则，适用修法前的刑法。还有论者认为，从旧兼从轻的法治原则是有利于当事人原则，行为时法最有利就得优先适用行为时法，而依据 1997 年刑法典的规定，死缓犯终身监禁生效之前，我国刑法立法中只有死刑、死缓（不附加终身监禁

的）与无期徒刑三种刑罚或刑罚执行方式，对原判死缓的贪污受贿罪犯适用终身监禁违背了从旧兼从轻原则。

第二种观点认为，死缓犯终身监禁制度应当具有溯及既往的效力。其主要理由是，《刑法修正案（九）》提高了贪污受贿犯罪死刑的适用标准，并将犯罪后被提起公诉前如实供述罪行、真诚悔罪、积极退赃，以及避免、减少损害结果发生等原来的酌定从宽量刑情节改为法定从宽量刑情节，其有关贪污受贿犯罪死刑裁量的规定（包括死缓犯终身监禁制度），从总体上看更有利于被告人，即新法较轻，因而依据1997年刑法典的规定应当判处死刑立即执行的贪污受贿罪犯，依据修法后的规定判处终身监禁能够罚当其罪的，应适用终身监禁规定。

第三种观点认为，终身监禁规定是否具有溯及力应当区分情况分别对待。此种观点主张应结合死缓犯终身监禁制度慎用死刑立即执行的立法本意、贪污受贿定罪量刑标准提高以及酌定从宽量刑情节修改为法定从宽量刑情节等方面，来综合比较终身监禁规定与原有刑法规范的刑罚轻重，进而依据从旧兼从轻的原则决定是否具有溯及力。该观点主张：对依修正前刑法应判处死刑立即执行而根据修正后刑法判处死缓暨终身监禁可以罚当其罪的，由于此时新法较轻，应适用终身监禁的规定；对依修正前刑法本就应判处死缓的罪犯，由于此时旧法较轻，不应适用终身监禁新规定。

（二）研讨与主张

对于新旧刑法的时间效力，或者说修正后刑法的溯及力问题，我国刑法理论界和实务界一致认为，应严格遵循刑法典第12条的规定，也即通常所称的从旧兼从轻原则。因此，死缓犯终身监禁规定的时间效力应根据从旧兼从轻的原则来确定。结合该制度的立法原意和法律定位以及相关司法解释，我们认同上述第三种观点，即终身监禁规定是否具有溯及力应当区分情况分别对待。主要理由如下：

第一，立法修改的原意是将死缓犯终身监禁规定适用于原本应处死刑立即执行的贪污受贿罪犯，而非一般死缓犯。国家立法机关在《刑法修正案（九）（草案）》审议过程中曾对终身监禁的立法精神和立法本意予以阐明，即对贪污受贿

数额特别巨大、情节特别严重的犯罪分子，特别是其中本应当判处死刑（立即执行）的，根据慎用死刑的刑事政策，结合案件的具体情况，对其判处死刑缓期二年执行依法减为无期徒刑后，采取终身监禁的措施。据此，《刑法修正案（九）》最终确立了对特重大贪污受贿犯罪的死缓犯终身监禁的制度。可见，从立法精神与立法本意上来看，此项规定意在对本应判处死刑立即执行的特重大贪污受贿犯罪分子，基于慎用死刑立即执行的精神，根据案件的具体情况对其判处死缓暨终身监禁。在死缓犯终身监禁的适用标准上，2016 年“两高”《解释》第 4 条，通过规定死刑的适用条件（第 1 款）、一般死缓（第 2 款）、附加终身监禁的死缓（第 3 款），进一步阐释和贯彻了《刑法修正案（九）》在刑法典第 383 条第 4 款新增设终身监禁措施之立法原意，明确了死缓犯终身监禁制度只能适用于死刑立即执行的情形，而不能针对一般死缓犯适用。因而就立法原意而言，终身监禁规定只能适用于原本应判处死刑立即执行的贪污受贿罪犯。所以在其时间效力的问题上，我们应当坚持从旧兼从轻的刑法溯及力原则，只能将该规定适用于原本判处死刑立即执行的案件，而不能适用于原本判处一般死缓的案件。

第二，《刑法修正案（九）》提高了贪污受贿犯罪的死刑适用的门槛，应依据从旧兼从轻的原则区分死缓犯终身监禁制度是否具有溯及力。依据从旧兼从轻的刑法溯及力原则，修正后的刑法处刑较轻的，适用修正后的刑法。《刑法修正案（九）》将贪污受贿犯罪的死刑适用标准由原来的贪污受贿“数额十万元以上，情节特别严重”，修改为贪污受贿“数额特别巨大，并使国家和人民利益遭受特别重大损失”；2016 年“两高”《解释》进一步将其强化为贪污受贿“数额特别巨大，犯罪情节特别严重、社会影响特别恶劣、给国家和人民利益造成特别重大损失”，从而大幅度提高了贪污受贿犯罪的死刑适用标准；而且将真诚悔罪、积极退赃、减少损失等酌定从宽量刑情节修改为法定从宽量刑情节，而这些量刑情节在我国贪污受贿犯罪的司法实践中广泛存在。因而就刑法修改前后有关贪污受贿犯罪死刑裁量的规定相比较，修法后的规定更加有利于被告人。而死缓犯终身监禁制度的刑罚严厉性介于死刑立即执行与一般死缓之间，对于原来应判处死刑立即执行的贪污受贿罪犯，依据修法后的规定，可以不用判处死刑立即执行，此时

根据犯罪情节对其中的一些死缓犯判处终身监禁即可实现罚当其罪；而对于原来应判处死缓的罪犯，依据修法后的规定，可以予以较轻的处罚，此时就更不能对其适用死缓犯终身监禁制度，加重其刑罚，否则即有违从旧兼从轻的刑法溯及力原则。总之，应当结合具体案件的有关情况，以依据修订前刑法应判处死刑立即执行还是应判处死缓为界限来判断死缓犯终身监禁制度是否有溯及力。

第三，相关司法解释基于从旧兼从轻的原则对终身监禁制度的时间效力进行了明确。2015 年 11 月 1 日起施行的最高人民法院《关于〈中华人民共和国刑法修正案（九）〉时间效力问题的解释》（以下简称《时间效力解释》）第 8 条，也是以依照修订前刑法应判处死刑立即执行还是应判处死缓为界限来解决死缓犯终身监禁之规定是否有溯及力的问题。该条规定，对于 2015 年 10 月 31 日以前实施贪污、受贿行为，罪行极其严重，根据修正前刑法判处死缓不能体现罪刑相适应原则（原本应判处死刑立即执行），而根据修正后刑法判处死缓同时附加终身监禁可以罚当其罪的，适用修正后刑法第 383 条第 4 款。这是因为在以往的司法实践中，在国家严格控制死刑实际适用的情况下，大多数原本应被判处死刑立即执行的贪污受贿罪犯被判处了一般死缓。在《刑法修正案（九）》施行之后，对于此类贪污受贿犯罪案件，基于罪责刑相适应的原则，本应判处死刑立即执行，但是适用终身监禁较原拟判处死刑立即执行轻，因而采从轻原则适用死缓犯终身监禁制度，终身监禁规定具有溯及既往的效力。如果依据修正前刑法判处死缓即足以罚当其罪（原本就应当判处死缓）的，则不适用修正后刑法第 383 条第 4 款关于死缓犯终身监禁的规定，因为这种情况下终身监禁比一般死缓为重，因而采从旧原则，终身监禁规定并无溯及既往的效力，不能适用。

综上，刑法修改的相关立法原意是将死缓犯终身监禁规定适用于原本要处死刑立即执行的贪污受贿罪犯，而非一般死缓犯。在《刑法修正案（九）》进一步提高了贪污受贿犯罪的死刑适用门槛的情形下，我们应当依据从旧兼从轻的刑法溯及力原则，遵循罪责刑相适应的原则，以依据修订前刑法应判处死刑立即执行还是应判处死缓为界限，来判断死缓犯终身监禁规定是否具有溯及力：依据修订前刑法应判处死刑立即执行的，终身监禁规定有溯及力，可判处死缓并适用终身

监禁；依据修订前刑法应判处一般死缓的，终身监禁规定无溯及力，可判处一般死缓。

## 五、终身监禁能否适用重大立功规定之争

不同于域外的终身监禁可以假释，我国《刑法修正案（九）》中明确规定，对于严重贪污受贿犯罪死缓犯决定终身监禁的，在死缓考验期满不得再予减刑和假释。但是，刑法立法并未明确对于判处终身监禁的死缓犯在刑罚执行过程中是否可适用重大立功的有关规定，而这恰恰关系到终身监禁的刑罚执行效果，需要进一步明确以有助于司法适用。

### （一）问题与争议

根据《刑法修正案（八）》修正后的刑法典第 50 条的规定，判处死缓暨终身监禁的贪污受贿犯罪分子，如果在服刑期间有重大立功表现的，应当减刑。那么，该规定能否对于判处终身监禁的特重大贪污受贿犯罪死缓犯适用？对此问题，刑法学界主要有两种不同的观点。

第一种观点主张，对于被判处终身监禁的特重大贪污受贿犯罪死缓犯，即使其在死缓考验期内有重大立功的表现，也不得适用减刑的规定，而要予以终身监禁。在《刑法修正案（九）》的立法过程中，就有意见认为，对于被判死缓犯终身监禁的罪犯，即便在死缓考验期间有重大立功表现，也不能依据刑法典第 50 条的规定在死缓考验期满减为 25 年有期徒刑，而是必须予以绝对的终身监禁。最高人民法院在 2016 年“两高”《解释》新闻发布会上也明确指出，对于死缓犯的终身监禁适用，在一、二审作出死缓裁判的同时应当一并作出终身监禁的决定，而不能等到死缓考验期届满再视情而定。这表明强调终身监禁一旦决定，不受考验期间服刑表现的影响。这样，被法院决定适用终身监禁的特重大贪污受贿犯罪死缓犯，即使其在死缓考验期内有重大立功的表现，也不得再予以减刑而避免适用终身监禁制度。

第二种观点主张，对于被判处终身监禁的特重大贪污受贿犯罪死缓犯，如果

其在死缓考验期内有重大立功的表现，可以适用减刑的规定，进而避免终身监禁制度的实际适用。如有论者就认为：刑法典第 383 条第 4 款所规定的死缓犯终身监禁制度的实际执行起点，应为死缓考验期满后依法减为无期徒刑执行之际，也即只有进入执行“无期徒刑后”，终身监禁的相关决定才能产生实际效果。如果贪污受贿犯罪分子在死缓执行期间有重大立功表现，由于出现“重大立功”的法定事由行为人在死缓考验期满被减为 25 年有期徒刑，适用终身监禁制度的“无期徒刑的裁定”的法定条件并未出现，那么执行终身监禁的法律依据将不复存在。也有论者认为：因犯贪污罪、受贿罪被判处死缓终身监禁的犯罪分子，要根据死缓考验期间的表现来决定是否实际适用终身监禁。这意味着，即便对贪污、受贿犯罪分子判处死缓并决定终身监禁，如果行为人在死缓考验期间有重大立功而依法被减为有期徒刑，对行为人将无法执行原终身监禁措施的决定。还有论者提出，刑法典中“重大立功”的规定不仅能适用于判处终身监禁的处于考验期内死缓犯，也能适用于判处终身监禁的死缓犯依法减为无期徒刑者的。

（二）研讨与主张

对此，我们认为，对于被判处终身监禁的特重大贪污受贿犯罪死缓犯，能否适用“重大立功”的规定而予以减刑，需要结合刑法立法目的和刑法体系等来进行分析。

第一，刑法典中“重大立功”的规定不能适用于被判处终身监禁的死缓犯依法减为无期徒刑者。行为人被依法决定适用终身监禁后，在死缓依法减为无期徒刑之后，如果有重大立功表现，能否成为不执行终身监禁的法律依据呢？我们认为，从法律解释的角度分析，按照法律用语的通常含义以及文理解释方法，刑法典第 383 条第 4 款的明文规定“依法减为无期徒刑后，终身监禁，不得减刑、假释”，是对终身监禁的进一步强调，排除了刑法典中减刑、假释规定的适用。如果得出在执行无期徒刑时有重大立功表现的也应当减为有期徒刑的结论，无疑就违反了罪刑法定原则。另外，终身监禁制度是作为死刑立即执行的替代措施而适用，本身就是刑罚宽缓的体现，如果再允许在无期徒刑执行期间进行减刑，无疑

会大大削弱该制度的威慑力，不能体现其较之于一般死缓更为严厉的刑罚性质，导致刑罚的适用不能体现罪责刑相适应的原则，违背了终身监禁制度设立的初衷。

第二，从字面解释而言，被判处终身监禁的死缓犯在死缓考验期内似可适用重大立功的规定。依据《刑法修正案（九）》的规定，对特重大贪污受贿犯罪死缓犯适用不得减刑、假释的终身监禁的条件，是“死刑缓期执行二年期满依法减为无期徒刑”，故而按照字面解释，不得减刑、假释的规定自死缓考验期满后开始发生效力。根据我国刑法典的规定，死缓考验期内依据行为人的刑罚执行情况将会出现以下三种法律后果：（1）死刑缓期执行期间，如果没有故意犯罪，2年期满以后，减为无期徒刑；（2）死刑缓期执行期间，犯罪人“故意犯罪、情节恶劣”的，依法报请最高人民法院核准执行死刑；（3）死刑缓期执行期间，行为人“确有重大立功表现”，2年期满后应依法裁定减为有期徒刑25年。在上述前两种情形下，均可以适用刑法典的相关规定，或减为无期徒刑，或报请最高人民法院核准执行死刑；在第三种情形下，我国刑法有关终身监禁的立法中并没有明确规定不能适用重大立功的规定，因而从终身监禁规定的字面意思而言，也似可依据我国刑法典的有关规定对此类死缓犯适用重大立功的规定。

第三，从立法目的和效果而言，对被判处终身监禁的死缓犯在死缓考验期内也不能适用重大立功的规定。虽然从字面的解释来看，对于特重大的贪污受贿犯罪死缓犯似可适用重大立功的规定，进而避免终身监禁的实际执行，但是，这仅仅是对法条的字面解释。若从刑法立法原意来看，对被判定终身监禁的死缓犯在死缓考验期内依然不能适用重大立功的规定。这是因为：刑法修改的目的，一方面在于限制死刑的实际适用，另一方面是加大对特重大贪污受贿犯罪的惩处力度。死缓犯终身监禁制度适用的对象原本应当被判处死刑立即执行，但基于慎用死刑的精神，法院依法对其判处死缓并适用终身监禁。这已经是对特重大贪污受贿犯罪分子从宽适用刑罚。如果允许被判处终身监禁的死缓犯在死缓考验期内因重大立功减为25年有期徒刑，进而规避终身监禁规定的实际适用，那么将会减损终身监禁的刑罚力度，有悖于立法初衷，难以最大限度体现罪责刑相适应的原

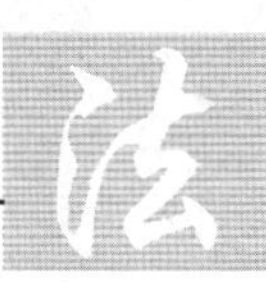

则。最高人民法院在2016年“两高”《解释》新闻发布会上也明确指出，终身监禁一旦决定，不受执行期间服刑表现的影响，不能在死缓执行期满视情而定。因而在司法实践中，对被判处终身监禁的死缓犯在死缓考验期内也不能适用重大立功的规定。

然而我们认为，虽然现阶段立法者和司法者基于终身监禁制度的法律定位和严惩严重腐败犯罪的考量，决意对被判定终身监禁的死缓犯不适用重大立功的规定，但是，在未来立法修改时，似可考虑对被判处终身监禁的特重大贪污受贿犯罪死缓犯适用重大立功的规定。理由在于：首先，我国刑法典中对重大立功的规定十分严格，被判处终身监禁的贪污受贿犯罪死缓犯要想获得重大立功的表现也绝非易事。而如果对其能够适用重大立功的规定，在不降低终身监禁的威慑力的前提下，可以促使此类罪犯对社会产生益处。其次，贪污受贿犯罪中一般存在较多的“窝案”“串案”，如果对特重大贪污受贿犯罪的死缓犯能够适用重大立功的规定，将促使特重大贪污受贿犯罪死缓犯积极检举、揭发其他特重大犯罪，促进对腐败犯罪的治理，进而发挥终身监禁的制度优势。最后，域外只有极少数国家规定了不得假释的终身监禁，绝大多数国家规定的是可以假释的终身监禁，以给予罪犯回归社会的机会。我国现行的不得减刑、假释的终身监禁制度几乎完全堵塞了犯罪分子回归社会的道路，不利于对罪犯的教育改造。如果允许对其适用重大立功的规定，相当于架设了其回归社会的通道，有助于促进对罪犯的教育改造。

故而从刑法典中有关终身监禁的规定来看，重大立功的规定不能适用于被判处终身监禁的死缓犯依法减为无期徒刑者；从立法目的和效果而言，现阶段重大立功的规定也不能适用于考验期内的死缓犯。但是，基于促进对罪犯的教育改造和发挥终身监禁的制度优势之考量，未来立法修改时，可考虑对被判定终身监禁的特重大贪污受贿犯罪死缓犯适用重大立功的规定。

## 六、终身监禁应否扩张适用范围之争

《刑法修正案（九）》中确立的死缓犯终身监禁制度对于限制死刑的实际适用

和严肃惩治严重腐败犯罪具有重要作用。然而，现行立法将终身监禁制度的适用对象仅限定为贪污罪、受贿罪两种犯罪，适用范围极其有限。那么，在我国未来的刑法修改中，是否有必要扩张终身监禁的适用范围以发挥其功能呢?

（一）问题与争议

关于是否有必要扩张死缓犯终身监禁制度适用范围的问题，我国刑法学界主要有两种观点。

第一种观点认为，在现行刑法体系下，不能扩大死缓犯终身监禁制度的适用范围。如有论者从终身监禁措施本身所存在的弊端和死缓犯终身监禁制度的实际功效出发，认为只有在以增设终身监禁措施的立法方式最终成功实现了贪污罪、受贿罪死刑废止目标之后，该种措施才能被推广适用于其他犯罪类型；如终身监禁措施并未实现贪污罪、受贿罪死刑废止目标，则应尽快停止对终身监禁措施的适用。还有论者认为：死缓犯终身监禁制度虽然具有相当程度的威慑力，其威慑力是以摧残人性的方式实现的。我国刑法中的自由刑具有足够的威慑力，因而不宜扩大死缓犯终身监禁制度的适用范围。

第二种观点认为，有必要进一步扩大死缓犯终身监禁制度的适用范围。如有论者认为，死缓犯设置终身监禁制度是对保留有死刑的罪名限制其死刑立即执行适用的一种立法与司法相配合的有益尝试，有利于发挥该制度限制死刑立即执行适用的作用。因而可考虑对于一些短期内难以废止死刑的罪名规定死缓犯的终身监禁制度。也有论者主张应根据罪责刑相适应原则对终身监禁制度扩大化适用：一是将其作为经济性、非暴力犯罪的死刑替代措施，二是将其作为暴力犯罪的死刑执行制度。至于扩大死缓犯终身监禁制度适用范围的方式，有论者建议，可考虑在刑法总则限制减刑的规定之后增加一款，规定不得减刑、假释的情形，在此基础上，待司法实践成熟后可考虑将终身监禁的适用范围扩展到非暴力犯罪，甚至危害性相对较弱的暴力犯罪。

（二）研讨与主张

如上所述，立法者选择司法实践中死刑立即执行适用较少、民众感触最深的贪污受贿犯罪作为终身监禁制度替代死刑立即执行之试点罪名，在当下中国反腐

法治如火如荼推进的背景下，确实可以实现对死刑制度改革的引导。在我们看来，虽然死缓犯终身监禁制度存在相关缺陷，但从死刑制度改革的大局而言，在修法时机成熟时可以考虑进一步扩大死缓犯终身监禁制度的适用范围。主要理由如下：

第一，扩大死缓犯终身监禁制度的适用范围，有助于切实减少死刑的实际适用，进一步推进死刑制度改革。在当下，严格控制并逐步减少死刑适用是我国基本的死刑政策，我国未来的死刑制度改革将会是一条分阶段、分步骤且成批量、成规模削减死刑罪名的死刑制度改革之路，因而我国刑法分则中死刑罪名的废止不会是一蹴而就的，而是针对相关罪名的罪质特征、废止难易程度等分阶段进行。在逐步推进一些罪质相对较轻、易于操作的罪名的死刑废止的同时，我们也应当着手对一些短时间内难以废止死刑的罪名进行死刑的立法控制和司法限制。由于这些罪名的死刑在短时间内尚不能骤然废止，否则易引起社会的动荡，因而采用较为缓和、稳妥的方式进行死刑制度改革较为妥当，而在死刑保留的框架内进行死刑制度改革会相对容易地取得社会公众的支持。死缓犯终身监禁制度恰恰是一种在不废止死刑的情形下进行的死刑制度改革，其既能起到切实限制死刑实际适用的作用，又不会引起民意的过度反对。若能如此，死刑制度改革将会形成一种多方互动、多点并进、相互配合、协调推进的良好局面，对于进一步深化死刑制度改革大有裨益。在此立法启示之下，我们可以考虑对于一些短期内难以废止死刑的罪名，规定死缓犯的终身监禁制度，作为死刑立即执行的替代措施。这将大大有助于减少相关罪名的死刑适用，推动短时间内难以废止死刑的罪名的死刑制度改革，为死刑制度改革开辟新道路。

第二，在死刑保留的框架内限制死刑适用，能够较大程度地得到民众的接受。一般而言，只有死刑制度改革获得民众的支持，改革的成果才能巩固，否则，一旦将制度应用于实践，就会发生民众的期待与制度的适用之间的矛盾，进而演化为民众对改革成果的否定与批判，这时死刑制度改革必将成为乌托邦。虽然从法治和人道的角度出发，死刑的最终废止是现代社会文明的发展趋势，但是，在我国长期的重刑主义的传统文化的影响下，民众具有浓厚的死刑报应观

念。对于一些严重的犯罪，民众更是具有报应的社会心理。而对一些严重犯罪确立死缓犯终身监禁制度，较之于立即废止死刑，虽然起到的限制死刑适用的作用大体相同，但是其是在死刑保留的框架内减少死刑的适用，从而能够在较大程度上获得民众的接受。而对贪污受贿犯罪设置死缓犯终身监禁制度只是立法者死刑制度改革的相关试点，从目前的情形来看，民众对于贪污受贿犯罪死缓犯之终身监禁制度并没有太大的反对意见，因而随着该制度的进一步确立和完善，在死刑制度改革进展到一定程度时，可以考虑将其适用范围适当扩大。

第三，应综合考虑死刑制度改革的大局，审慎扩大死缓犯终身监禁制度的适用范围。由于终身监禁制度本身存在一些难以克服的缺陷，因而对于其适用范围的扩大应当慎重。我们认为，可以考虑结合死刑制度改革的大局，甄别犯罪的类型，慎重地逐步扩大终身监禁的适用范围，对于可预期的在时间内能够废止死刑的非暴力犯罪不宜适用，其扩大适用的范围应限于短时间内难以废止死刑的危害国家安全的犯罪、危害公共安全的严重犯罪和侵犯人身权利的严重暴力犯罪，以及毒品犯罪等非暴力犯罪。主要理由是：(1) 将死缓犯终身监禁制度作为上述犯罪的死刑立即执行替代措施，可以有效切实减少死刑的实际适用。上述犯罪是我国刑法典分则中死刑废止最具有难度的犯罪，在相当长的一段时间内将会保留死刑。而这些罪名也是司法实践中死刑适用的“大户罪名”，如果在死刑保留的框架内对其配置死缓犯终身监禁制度，不会过分地降低刑罚的威慑力，进而减少民众的抵触；也可以有效减少死刑立即执行的适用。届时，对于相关犯罪，死刑立即执行将作为一种备而不用的死刑执行方式，终身监禁将成为因极为严重犯罪而应当判处的死刑立即执行的替代措施。这样可以尽量减少司法实践中死刑立即执行的适用。(2) 从各国规定来看，终身监禁均适用于危害公共安全、危害国家安全的严重犯罪和严重侵害人身权利的暴力犯罪。例如，在英国，终身监禁主要适用于政治性、公共安全类犯罪以及部分侵犯人身类犯罪、少数侵犯财产类犯罪和性犯罪；虽然美国的各个州关于终身监禁刑适用的范围的规定是不尽一致，但终身监禁一般只适用于危害或情节较为严重的犯罪；德国刑法典对预备发动侵略战争、针对联邦的叛乱、叛国、危害和平关系、谋杀、故意杀人等行为规定了终身

自由刑；法国刑法典对叛国罪、间谍罪等规定了终身拘押刑；俄罗斯联邦刑法典规定，对侵害生命的特别严重的犯罪，以及对破坏公共安全的特别严重犯罪，判处终身剥夺自由刑。可见，这些代表性国家的刑法典所设置终身监禁制度的对象，主要是严重侵犯社会公共利益或人身权益的暴力犯罪、危害国家安全和公共安全的犯罪。(3) 从中国现有的死刑罪名适用的实际情况看，毒品犯罪是死刑适用较多的几种罪名之一。在我国“厉行禁毒”的刑事政策指导下，考虑到我国毒品犯罪的多发态势和严重的社会危害性，毒品犯罪死刑的废止存在着一定观念和制度上的障碍，在短时间难以提上死刑废止的日程。其中，毒品犯罪中的运输毒品罪与走私、贩卖、制造毒品罪相比，运输毒品行为具有从属性、辅助性特点，其社会危害性相对较小，没有适用死刑的必要，中国司法实践中也很少针对单纯的运输毒品犯罪判处死刑，因而有必要在先行废止运输毒品罪死刑的前提下，对走私、贩卖、制造毒品罪规定死缓犯终身监禁制度，以切实减少死刑的实际适用。

综上，我们认为，在死刑保留的框架内扩大死缓犯终身监禁制度的适用范围，有助于切实减少短时间内难以废止死刑的罪名的死刑实际适用，也能够在较大程度上获得民众的接受，进而进一步推进死刑制度改革。但是，应综合考虑死刑制度改革的大局，审慎扩大死缓犯终身监禁制度的适用范围，其扩大适用的对象应限于在短时间内难以废止死刑罪名的危害公共安全、危害国家安全的严重犯罪和严重侵犯人身权利的暴力犯罪以及严重毒品犯罪等非暴力犯罪。

## 七、结语

在我国刑法典已经正式确立贪污受贿犯罪死缓犯之终身监禁制度的当下，深化关于死缓犯终身监禁制度之理论与实务问题的研究，尤其是重点梳理与探讨其中的争议问题，不仅对刑法理论发展具有显而易见的学术价值，而且对切实推进我国死缓犯终身监禁制度的司法适用和立法完善更是颇有助益。

《刑法修正案（九）》中增设的特重大贪污受贿犯罪死缓犯终身监禁的制度，

是国家立法机关在严格控制死刑适用和严惩腐败犯罪的社会情势下，采取的对于短期内难以在立法上废止死刑的贪污受贿犯罪限制其死刑司法适用的立法举措。这一举措一方面对于促进死刑制度改革具有重要的促进和示范意义，为我国的死刑立法改革开辟了新的路径和方向；另一方面加大了对特重大腐败犯罪的惩治力度，体现了我国死刑控制政策与高压反腐之间的合理平衡，具有重要的社会意义和法治意义。但是，死缓犯终身监禁制度作为一种新制度，其本身也存在相关弊病，因而需要我们在司法实践中合理审慎加以适用，使其在司法实践中发挥其法治功效，也使其通过实践的检验得到完善和发展。需要注意的是，我们只能将死缓犯终身监禁制度作为死刑立即执行的替代措施，而不能降低其适用标准，违背立法原意扩大其适用范围，否则其负面效应会凸显。同时，我们需要将死缓犯终身监禁制度的确立作为突破口，进一步深入推动短时间难以废止死刑的罪名的立法改革，进而为深化死刑制度改革奠定基础。

# 终身监禁第一案之观察*

## 一、前言

对重特大贪污受贿犯罪设立终身监禁的刑罚执行措施，是《刑法修正案（九）》出台过程中至今引人关注并引发争议的新规之一。在全社会对其付诸实施的期待目光中，我们终于看到了我国适用终身监禁规定的第一案，这就是由河南省安阳市中级人民法院刚刚作出一审判决的原正部级高官白恩培受贿、巨额财产来源不明案（以下简称白恩培案）。考察、分析白恩培案的罪与罚，尤其是其刑罚裁量问题，对于我们正确理解和适用终身监禁规定无疑具有重要价值。

## 二、关于本案的定罪依据

2016 年 6 月 16 日，河南省安阳市中级人民法院一审公开开庭审理了全国人

* 原载《人民法院报》，2016-10-10（2）。

大环境与资源保护委员会原副主任委员白恩培受贿、巨额财产来源不明一案。经审理查明：2000 年至 2013 年，被告人白恩培先后利用担任青海省委书记、云南省委书记、全国人大环境与资源保护委员会副主任委员等职务上的便利以及职权和地位形成的便利条件，为他人在房地产开发、获取矿权、职务晋升等事项上谋取利益，直接或者通过其妻非法收受他人财物，共计折合人民币 2.467 645 11 亿元；白恩培还有巨额财产明显超过合法收入，差额特别巨大，不能说明来源。

河南省安阳市中级人民法院经审理认为：被告人白恩培的行为分别构成受贿罪和巨额财产来源不明罪，应当数罪并罚。其中，白恩培受贿数额特别巨大，犯罪情节特别严重，社会影响特别恶劣，给国家和人民利益造成特别重大损失，论罪应当判处死刑。鉴于其到案后，如实供述自己罪行，主动交代办案机关尚未掌握的大部分受贿犯罪事实，认罪悔罪，且赃款赃物已全部追缴，具有法定、酌定从轻处罚情节，对其判处死刑，可不立即执行。河南省安阳市中级人民法院遂对被告人白恩培以受贿罪判处死刑，缓期二年执行，剥夺政治权利终身，并处没收个人全部财产。同时，根据白恩培的犯罪事实和情节，依据刑法的有关规定，决定在其死刑缓期执行二年期满依法减为无期徒刑后，终身监禁，不得减刑、假释；以巨额财产来源不明罪判处有期徒刑 10 年。决定执行死刑，缓期二年执行，剥夺政治权利终身，并处没收个人全部财产，在其死刑缓期执行二年期满依法减为无期徒刑后，终身监禁，不得减刑、假释。对白恩培受贿所得财物和来源不明财产予以追缴，上缴国库。

我们首先简单看一下本案的定罪问题。根据刑法第 385 条第 1 款的规定，国家工作人员利用职务上的便利，索取他人财物的，或者非法收受他人财物，为他人谋取利益的，是受贿罪；根据刑法第 395 条第 1 款的规定，巨额财产来源不明罪是指国家工作人员的财产、支出明显超出合法收入，差额巨大，而本人又不能说明其来源合法的行为。白恩培身为国家工作人员，利用其职务上的便利以及职权和地位形成的便利条件，为他人在房地产开发、获取矿权、职务晋升等事项上谋取利益，直接或者通过其妻非法收受他人财物共计折合人民币 2.4 亿余元，其行为完全符合受贿罪的构成特征，应当认定构成受贿罪；同时，白恩培的财产、

支出明显超过合法收入，差额特别巨大，不能说明其合法来源，符合巨额财产来源不明罪的构成特征，应当认定构成巨额财产来源不明罪；依法应当数罪并罚。从公布的资料看，河南省安阳市中级人民法院对白恩培案的定罪事实清楚、证据充分、法理充分、于法有据。

## 三、关于本案终身监禁的适用

本案最值得关注且具有法理研讨价值的，是其刑罚裁量问题，尤其是其中的终身监禁适用问题。这方面的主要问题有两个：一是终身监禁规定的溯及力问题，即其能否适用于白恩培案这类其生效之前发生的案件；二是白恩培案是否符合终身监禁规定的适用条件。下面分别予以探讨。

### （一）从溯及力角度分析：终身监禁规定能否适用于本案

对重特大贪污受贿犯罪增设终身监禁的《刑法修正案（九）》，是全国人大常委会于 2015 年 8 月 29 日通过并于 2015 年 11 月 1 日起施行的，而白恩培案所认定的受贿犯罪行为发生在 2000 年至 2013 年间，对白恩培案能否、应否适用其涉案行为之后颁行的终身监禁规定？关于新法的规定能否适用于新法施行前发生的行为，我国刑法贯彻罪刑法定原则和保障人权的精神，在刑法典第 12 条规定了从旧兼从轻的刑法溯及力原则，即刑事案件原则上适用行为时的法律，但行为后的新法之定罪处刑更轻（对被告人有利）的，则适用新法。可见，对白恩培案能否适用《刑法修正案（九）》增设的终身监禁规定，关键在于比较新旧相关法律规范规定的罪行轻重。这实际上也是终身监禁规定能否适用于其生效前发生的重特大贪污受贿案件的带有普遍意义的问题。

关于终身监禁规定的时间效力即其能否溯及既往的问题，在《刑法修正案（九）》颁行后的相关研讨中，大体上有三种主张：第一种主张认为终身监禁规定不应具有溯及既往的效力，其主要理由是终身监禁的规定实质上提高了对贪污受贿犯罪刑罚处罚的严厉程度，即新法较重。第二种主张认为终身监禁规定应当具有溯及既往的效力，其主要理由是《刑法修正案（九）》提高了对贪污受贿犯罪判处死刑的门槛，并将犯罪后被提起公诉前如实供述罪行，真诚认罪、悔罪，积极退赃以及避免、减少损害结果发生等原来的酌定从宽量刑情节改定为法定从宽量刑情节，其有关贪污受贿犯罪量刑的规定（包括终身监禁规定）从总体上看更有利于被告人，即新法较轻；第三种观点主张区分情况分别对待，认为应当结合终身监禁规定慎用死刑立即执行的立法本意、贪污受贿定罪量刑标准的立法修改与司法规则调整、贪污受贿案件酌定从宽量刑情节修改为法定从宽量刑情节等方面，来综合衡量终身监禁规定与原有刑法规范规定的刑罚轻重；主张对依照修正前刑法应当判处死刑立即执行而依照修正后刑法可判处死缓暨终身监禁的即适用终身监禁的规定（此时新法较轻），而对依照修正前刑法本就应当判处死缓的则不应适用终身监禁的规定（此时旧法较轻）。

我赞同上述第三种观点，下面结合相关立法及司法解释作进一步阐述。国家立法机关在《刑法修正案（九）（草案）》审议过程中曾对终身监禁的立法精神和立法本意予以阐明，即对贪污受贿数额特别巨大、情节特别严重的犯罪分子，特别是其中本应当判处死刑（立即执行）的，根据慎用死刑的刑事政策，结合案件的具体情况，对其判处死刑缓期二年执行依法减为无期徒刑后，采取终身监禁的措施，有利于体现罪责刑相适应的刑法原则，维护司法公正，防止在司法实践中出现这类罪犯通过减刑等途径服刑过短的情形，符合宽严相济的刑事政策。据此，《刑法修正案（九）》规定了对特重大贪污受贿犯罪的死缓犯终身监禁的制度。

可见，从立法精神与立法本意上看，此项规定首先旨在对属于非暴力犯罪的贪污受贿犯罪慎用死刑立即执行，对本应判处死刑立即执行的特重大贪污受贿犯罪分子，综合案件各种从宽量刑情节（主要是法定、酌定从宽量刑情节）判处其死缓；同时又综合案件各种从严量刑情节（主要是法定、酌定从严量刑情节）对其二年考验期满减为无期徒刑后附加终身监禁（不得减刑、假释）的严惩措施，从而在慎用、少用死刑立即执行的基础上从严惩处重特大贪污受贿罪犯，力图贯彻宽严相济的刑事政策精神。最高人民法院、最高人民检察院于 2016 年 4 月 18 日公布、施行的《关于办理贪污贿赂刑事案件适用法律若干问题的解释》（以下

简称《贪污贿赂解释》）第4条，通过规定死刑的适用条件（第1款）、一般死缓（第2款）、附加终身监禁的死缓（第3款），进一步阐释和贯彻了《刑法修正案（九）》在刑法典第383条第4款新增设终身监禁措施之立法原意以及其与一般死缓的区别。而前述第三种观点之分两种情况解决终身监禁规定有无溯及力的主张，在笔者看来，实际上也正是2015年11月1日起施行的最高人民法院《关于〈中华人民共和国刑法修正案（九）〉时间效力问题的解释》（以下简称《时间效力解释》）的主张。《时间效力解释》第8条规定：对于2015年10月31日以前实施贪污、受贿行为，罪行极其严重，根据修正前刑法判处死缓不能体现罪刑相适应原则（原本应当判处死刑立即执行），而根据修正后刑法判处死缓同时附加终身监禁可以罚当其罪的，适用修正后刑法第383条第4款。此种情况下，终身监禁较死刑立即执行为轻，因而采从轻原则终身监禁规定具有溯及既往的效力；若根据修正前刑法判处死缓即足以罚当其罪（原本就应当判处死缓）的，则不适用修正后刑法第383条第4款关于死缓犯终身监禁的规定，即这种情况下适用修正后刑法规定的附加终身监禁的死缓比根据原刑法判处的死缓要重，因而采“从旧”原则，终身监禁规定无溯及既往的效力。

由上分析可见，《时间效力解释》以依照修订前刑法应当判处死刑立即执行还是应当判处死缓为界限，确定终身监禁规定是否具有溯及力。可以说，《时间效力解释》正确把握了我国刑法所确立的“从旧兼从轻”的溯及力原则。不仅如此，笔者认为，《时间效力解释》第8条的规定，还明确和强调了终身监禁规定仅适用于原本应当判处死刑立即执行而根据具体案情从宽适用死缓的情形，而不能适用于原本应当判处死缓的贪污受贿犯罪之立法本意。依此立法本意暨司法解释之强调，对终身监禁规定必须严格掌握、慎重适用。

具体到白恩培案而言，根据一审法院经审理查明的事实，其受贿数额特别巨大，犯罪情节特别严重，若依据《刑法修正案（九）》修订前的刑法典第383条之规定及当时的司法实务掌握，对其受贿犯罪应当判处死刑立即执行，但由于其具有法定、酌定从宽处罚情节，判处其死缓附加终身监禁可以罚当其罪，所以法院本着“从轻”的溯及力原则选择适用了死缓附加终身监禁的规定。这一适用法

律选择是完全正确的，兼顾了慎用死刑立即执行与严惩腐败犯罪的双重需要，应当受到充分肯定。

（二）从罪责刑角度分析：对白恩培适用终身监禁是否体现了罪责刑相适应

在上述分析的基础上，对本案还可进一步分析对白恩培受贿行为的刑罚裁量（其中主要是适用终身监禁）是否体现了罪责刑相适应原则的要求。

依照修正后的刑法典第 383 条和第 386 条的规定，犯贪污罪、受贿罪，犯罪数额特别巨大，并使国家和人民利益遭受特别重大损失的，处无期徒刑或者死刑，并处没收财产；符合上述规定情形被判处死刑缓期执行的，法院根据犯罪情节等情况可以同时决定在其死刑缓期执行二年期满依法减为无期徒刑后，终身监禁，不得减刑、假释。依照《贪污贿赂解释》第 4 条的规定，贪污、受贿数额特别巨大，犯罪情节特别严重、社会影响特别恶劣、给国家和人民利益造成特别重大损失的，可以判处死刑；符合上述规定情形的，法院根据犯罪情节等情况可以判处死刑缓期二年执行，同时裁判决定在其死刑缓期执行二年期满依法减为无期徒刑后，终身监禁，不得减刑、假释。可见，刑法典规定的贪污罪、受贿罪的死刑适用条件有二：一是犯罪数额特别巨大，二是使国家和人民利益遭受特别重大损失。而《贪污贿赂解释》第 4 条对贪污罪、受贿罪规定的死刑适用条件为四，即在刑法规定的上述两条之外，又增加了“犯罪情节特别严重”“社会影响特别恶劣”两条。《贪污贿赂解释》在刑法规定的两个条件的基础上增加两条，这在法理上属于限缩性解释，其作用是进一步严格了死刑适用的标准，从实质上是符合罪刑法定原则之保障人权精神的，应当受到肯定。当然还要指出，上述对贪污罪、受贿罪适用死刑的四个条件中，除数额标准在《贪污贿赂解释》中已有规定外，其他三个条件（犯罪情节特别严重、社会影响特别恶劣、使国家和人民利益遭受特别重大损失）之含义、情形以及它们彼此之间的关系，都急需最高司法机关以司法解释予以明确，以保证司法实务中正确而统一地掌握和运用。

结合上述刑法法条和司法解释的规定，并考虑相关立法修正的原意和司法实务经验，笔者认为，终身监禁规定的适用条件有三个：一是适用对象限于构成贪污罪、受贿罪的被告人；二是贪污、受贿犯罪分子符合修正后的刑法典第 383 条

和《贪污贿赂解释》第4条规定的死刑适用条件而依法被判处死刑；三是在死刑执行方式选择上，根据其犯罪情节等情况，法院经衡量认为，选择死刑立即执行方式过重，选择原有的死刑缓期二年执行方式（死缓二年考验期满减为无期徒刑后允许减刑、假释）又偏轻，而选择增设的死缓附加终身监禁（死缓二年考验期满被依法减为无期徒刑后，终身监禁，不得减刑、假释）则处罚轻重适当。

具体到本案而言，是否具备上述死缓犯附加终身监禁的适用条件？笔者认为，可以从以下几个方面进行分析：首先，白恩培作为国家工作人员，利用职务上的便利收受他人财物并为行贿者谋取利益，其权钱交易的涉案行为触犯了受贿罪的规定，他是受贿罪的被告人，符合第一个条件自不待言。其次，白恩培的受贿行为符合受贿罪的死刑适用条件。先看其受贿数额问题。受贿数额特别巨大是刑法典第383、386条规定的对受贿罪适用死刑的首要条件；《贪污贿赂解释》第3条将受贿数额在300万元以上的规定为“数额特别巨大”，载明要依法判处10年以上有期徒刑、无期徒刑或者死刑；《刑法修正案（九）》颁布、实施后，理论界倾向于掌握的可以判处死刑立即执行的受贿数额是1亿元以上（当然，此时还要求同时具备犯罪情节特别严重、社会影响特别恶劣、给国家和人民利益造成特别重大损失）。而白恩培受贿数额达2.4亿余元，数额特别巨大，为近年来此类案件所罕见，也许可以说创下了我国迄今查处的贪污、受贿犯罪的数额纪录，其完全具备了对受贿罪适用死刑要求的数额特别巨大的条件；而且一审法院还认定其受贿犯罪行为之犯罪情节特别严重、社会影响特别恶劣、使国家和人民利益遭受了特别重大的损失。因此，对其受贿犯罪行为依据修正后的刑法典第383条、第386条和《贪污贿赂解释》第4条第1款衡量，都完全符合判处死刑的标准和条件，若不考虑其在案发后的从宽情节，基本上应当考虑判处其死刑立即执行。因此，一审法院依法认定白恩培犯受贿罪，应判处死刑。最后，关于死刑执行方式的选择。根据一审法院在查明案件事实基础上的认定，白恩培在到案后具有法定、酌定的从宽情节，其具备的法定从宽情节是坦白罪行：白恩培到案后如实供述了自己的罪行，尤其是主动交代了办案机关尚未掌握的大部分受贿犯罪事实。按照刑法典第67条第3款关于坦白的规定，犯罪嫌疑人虽不具有法定的自首情

节，但是如实供述自己罪行的，可以从轻处罚。白恩培如实供述自己罪行的行为构成坦白，而且其中大部分受贿犯罪事实为办案机关所未掌握，可以说这部分还在一定意义上具有自首同种罪行的性质而更具有应予从宽处罚的意义。白恩培具备的酌定从宽情节是认罪、悔罪，赃款赃物已全部追缴。这些犯罪后的法定、酌定从宽情节，说明行为人的人身危险性和改造困难程度相对降低，从预防犯罪的刑罚目的考虑，对此我国司法实务中一般都在量刑时适当从宽掌握。因此，在根据白恩培受贿犯罪的主、客观事实依法对其判处死刑的基础上，综合考虑其一方面具有上述法定、酌定从宽情节，不必判处死刑立即执行而可以判处死刑缓期二年执行；另一方面其毕竟具备犯罪数额特别巨大且犯罪情节特别严重、社会影响特别恶劣、给国家和人民利益造成特别重大损失的应予以从重处罚的犯罪情况，法院选择适用了死缓附加终身监禁，即在判处其死刑缓期二年执行的同时，裁判决定在其死刑缓期执行二年期满依法减为无期徒刑后，终身监禁，不得减刑、假释。

由上可见，对白恩培的受贿犯罪行为判处死缓并附加终身监禁，是完全符合这一新的法律规范及相关司法解释所规定的适用条件的，其法律适用是正确而妥当的。同时还应当注意到，白恩培还因财产、支出明显超出合法收入且差额特别巨大又不能说明来源，而被认定构成巨额财产来源不明罪，并因该罪“数额特别巨大”的加重构成而被顶格判处了 10 年有期徒刑。虽然按照我国刑法中数罪并罚的原则，其巨额财产来源不明罪所被判处的 10 年有期徒刑为受贿罪所被判处的死缓所吸收，决定仅执行死缓，但其巨额财产来源不明罪的严重犯罪情况严厉处刑情况，也是确定其全案整体刑事责任时不能忽视的一个因素，因而也会对法院最终就其受贿罪选择适用死缓附加终身监禁有一定的影响。这也是合乎情理的。

## 四、结语

最后值得强调的是，终身监禁系《刑法修正案（九）》在我国刑法中增设的针对严重腐败犯罪适用的介于死刑立即执行与一般死缓之间的刑罚执行措施，立

法者赋予其替代死刑立即执行和严肃惩治严重腐败犯罪之双重功能。这项新的刑罚制度在其立法价值、法律性质、时间效力、适用条件、适用内容、适用效果、发展前景诸方面尚有一系列理论与实务问题值得进一步研讨，最高司法机关也还有通过司法解释或者指导性案例统一和协调相关司法实务之任务。但从现代法治“有法必依”之要求看，目前首要的任务是在司法实务中迈开步子，正确而慎重地依法适用终身监禁规定，使其在司法适用中发挥积极作用，也使其通过实践的检验不断完善和发展。就此而论，白恩培案作为我国适用终身监禁规定的第一案其意义非同寻常，具有标杆效应，因而值得我们重视和研究。

# 被害人过错限制死刑适用研究*

## 一、前言

被害人过错作为罪前情节，是对被告人定罪量刑（包括死刑案件）具有重要影响的案件情节。然而我国刑事立法中并没有关于被害人过错的明确规定，只在相关的刑事政策和司法解释中有所涉及，我国刑法理论界对此问题的研究也还不够深入。虽然近年来关于被害人过错对定罪量刑影响的研究论文逐渐增多，但具体到被害人过错对死刑限制适用影响的研究寥寥无几。

目前，我国学者对被害人过错的研究，主要围绕被害人过错影响刑事责任的理论依据，被害人过错的含义、特征及分类，被害人过错的认定标准以及被害人过错与定罪、量刑的关系等方面展开，并取得了较为丰硕的成果。但我国学者关于被害人过错的研究亦存在不足之处：首先，相关研究缺乏系统性；其次，对被

* 与刘春阳硕士合著，原载赵秉志主编．刑事法治发展研究报告（2014—2015 年卷）．北京：法律出版社，2017。

害人过错限制死刑适用的研究较少，忽略了被害人过错情节可作为限制死刑适用的途径之一；最后，在被害人过错限制死刑适用的研究上，关于被害人过错如何限制死刑适用的探讨尚不够深入。有鉴于此，本文选取被害人过错对死刑的限制适用这一视角，力图对上述问题进行较为深入、系统的研究。

## 二、被害人过错概述

### (一) 被害人过错的概念与特征

#### 1. 被害人过错的概念

被害人过错一开始主要是犯罪学研究的范畴。随着 20 世纪 40 年代以来犯罪被害人学的兴起，有不少学者开始研究被害人的刑法意义，认识到在评价加害人的行为时，应将被害人过错纳入考量范围；并提出“被害人过错应当成为减轻犯罪人刑事责任的理由”的观点。[①] 自此刑法学中的被害人过错理论应运而生。

关于被害人过错的概念，刑法学界争议较大，大致有以下几种观点和表述：(1) 被害人过错是指被害人出于主观上的故意或过失，侵犯他人合法权益，诱发他人犯罪意识，激发他人犯罪程度的行为。[②] (2) 被害人过错是指被害人出于故意或过失，从而引发行为人合乎规律地作出侵害行为，并且能够影响到行为人刑事责任有无及程度的行为。[③] (3) 所谓被害人过错，是指被害人自身的故意或过失行为，对于犯罪行为的产生、进行以及犯罪结果的发生或加重起到了一定的促进作用。[④] (4) 被害人过错，是指诱使或促进行为人实施加害于己的行为，并对罪责刑产生直接影响的被害人的过失或错误。[⑤] (5) 被害人过错，是指与犯罪事

---

① 齐文远，魏汉涛．被害人过错影响定罪量刑的根据．西南政法大学学报，2008 (1).

② 高铭暄，张杰．刑法学视野中被害人问题探讨．中国刑事法杂志，2006 (1).

③ 任玉芳．刑事被害人学．北京：中国人民公安大学出版社，1997：163．阴建峰．故意杀人罪死刑司法控制论纲．政治与法律，2008 (11).

④ 张杰．被害人过错应成为法定量刑情节．人民检察，2006 (2 上).

⑤ 于同志．死刑裁量．北京：法律出版社，2009：224.

实的发生有着直接或间接关系的被害人的错误行为。[①]（6）被害人过错，就是刑事被害人基于其自身的不良行为，在刑事犯罪过程中存在过错而要承担的责任。[②]（7）被害人过错是基于被害人的行为，诱发犯罪人的犯罪意识而遭受犯罪行为的侵害，从而导致犯罪人应受惩罚性降低的过错。[③]（8）被害人过错，是指与刑事案件的发生有着直接或间接关系的被害人的过错行为。[④]

以上列举的关于被害人过错概念的表达，基本上涵盖了我国刑法学界有代表性的观点，虽然还有一些其他表述，但大多与上述观点类似，这里不再一一列举。那么，应该如何科学界定刑法学中被害人过错的概念？在界定被害人过错的概念时需要满足怎样的标准？笔者认为，在界定刑法学中被害人过错的概念时，需要从以下几方面进行把握：

第一，应当区分刑法学意义上的被害人过错和犯罪学意义上的被害人过错。以上所列被害人过错的概念中，有的是从犯罪学意义上进行界定的，如第一、三、五、八种观点；有的是从刑法学意义上进行界定的，如第二、四、六、七种观点。而界定被害人过错这一概念的研究目的才是抉择是从犯罪学意义上还是从刑法学意义上对其进行界定的关键所在。鉴于本文研究被害人过错是着眼于刑法学范畴，旨在探讨被害人过错这一情节对死刑限制适用的问题，本文从刑法学意义上对被害人过错的概念进行界定。从刑法学意义上来说，被害人过错需具备被害人主观上故意或过失的心理状态，而犯罪学意义上的被害人过错则不需要具备此要件，因为一些轻微的道德过错亦可成为利于分析犯罪原因或犯罪预防等犯罪学问题的被害人过错。此外，刑法学意义上的被害人过错必须与加害人的犯罪行为存在关联，唯此才能成为刑法规范评价的对象。因此，犯罪学意义上的被害人过错在范围上远大于刑法学意义上的被害人过错。

第二，作为酌定量刑情节的被害人过错在形式上是一种过错行为，而非主观

---

① 史卫忠．论被害人过错对故意杀人罪量刑的影响．法学论坛，1995（2）．

② 周晓杨．刑事被害人过错责任之实证考察．国家检察官学院学报，2006（6）．

③ 罗南石．被害人过错的成立要件与我国《刑法》的完善．江西社会科学，2007（12）．

④ 陈凌．论刑事案件中的被害人过错．今日南国，2008（1）．

心理状态。上述所列关于被害人过错概念的观点大多认为被害人过错是一种客观的被害人过错行为，但也有少数观点如第四、七种观点认为被害人过错是被害人的一种主观过错，即故意或过失。笔者认为，被害人过错是一种客观的过错行为，因为只有通过客观的被害人过错行为才能与加害人的行为造成的危害结果间产生一定的关联。反之，若被害人过错只是一种故意或过失的主观过错，而没有通过行为表现出来，那么也就缺乏被害人过错行为与危害结果间产生关联性的条件，故此时的被害人过错就不能成为刑法规范评价的对象。

第三，不能把被害人的被害性特征当成刑法学意义上的被害人过错。所谓被害人的被害性，是指在犯罪过程中与犯罪的发生有关的各种条件中属于被害人的各种条件的综合。这些条件反映了被害人易受害的特性。被害性有年龄、性别、职业、社会地位等一般的被害性，也有轻信、强欲、失意、轻浮等特殊的被害性。在每个个体上，这些特性重合、相互联系地构成易受害的条件。[①] 简而言之，被害人的被害性只是为犯罪提供了机会或系被害的条件，不能被认定为刑法学意义上的被害人过错。

综上所述，笔者认为，刑法学意义上的被害人过错是指被害人出于故意或过失，诱发犯罪人的犯罪意识而使其实施犯罪的行为。

2. 被害人过错的特征

被害人过错为一种事后的评价，必须对其特征有明确的认识。理论界对此存在不同的看法：（1）被害人过错应当具备客观性、时间的确定性、刑罚适用的关联性以及实际适用的标准性（被害人过错达到一定的程度才能影响量刑）[②]；（2）被害人过错的特征应当包括主体特定性、时间确定性，以及被害人过错与危害结果之间的因果关系的复杂性[③]；（3）被害人过错的特征为被害人的主体特定

① 罗南石．被害人过错的成立要件与我国《刑法》的完善．江西社会科学，2007（12）．

② 周晓阳、陈洁．刑事被害人过错责任问题研究．法学杂志，2003 年第 24 卷．

③ 卢建平，王丽华．被害人过错与死刑适用之探讨——以故意杀人罪为例．李洁，张军，贾宇主编．和谐社会的刑法现实问题（中国刑法学术年会文集，2007 年度）：中卷．北京：中国人民公安大学出版社，2007：1032．

性、被害人过错存在的客观性、时间确定性、被害人过错与危害结果之间的因果关系的复杂性，以及被害人过错行为的特定性（必须是达到一定程度、具有刑罚适用的意义的行为）。[①]

综观上述观点，笔者认为：首先，客观性与时间的确定性不能作为被害人过错的特征。这里的客观性是指被害人过错行为是客观存在的，不以人的意志为转移的。时间的确定性是指被害人过错行为的时间发生于犯罪行为之前、犯罪过程中以及犯罪之后，所有的“行为”都是真实存在的，而且必然具有时间的确定性。虽然客观性与时间的确定性这两大特性确实是被害人过错所具备的，但这两个特性还不足以成为被害人过错区别于其他行为的基本特征。其次，被害人过错对量刑的影响也不足以成为被害人过错的特征。[②] 因为对被害人过错的认定属于事实判断与价值判断的范畴，是对被害人过错这一行为本身的界定；而被害人过错与量刑是否从宽是另一个问题，是在认定被害人过错行为之后解决的刑罚裁量问题。因此，上述观点中的刑罚适用的关联性以及被害人过错行为的特定性不能成为被害人过错的特征，因为这实质上是过错程度对量刑影响的问题。也因此与前文提到的被害人过错的概念界定相呼应，在被害人过错的概念界定中不能出现类似于“影响被告人定罪量刑”等字眼。最后，被害人过错与危害结果之间的因果关系的复杂性的表述不甚恰当。刑法中的因果关系是指犯罪构成客观方面要件中危害行为同危害结果之间存在的引起与被引起的关系。[③] 其中的“因”是指加害人实施的危害行为造成了一定的危害结果，并据此判断实施犯罪的人承担刑事责任。而被害人过错与加害人的行为造成的危害结果之间还不存在必然的引起与被引起的关系，即不存在刑法意义上的因果关系，但却存在着一定的关联性，因此可以说被害人过错与危害结果间存在着关联性。

综上所述，笔者认为，刑法学意义上的被害人过错应当具备以下几个基本

① 徐跃飞. 论被害人的过错责任. 经济师，2007（3）.

② 彭新林. 酌定量刑情节限制死刑适用研究. 北京：法律出版社，2011：217.

③ 高铭暄，马克昌主编. 刑法学. 5版. 北京：北京大学出版社，高等教育出版社，2011：77.

特征：

第一，被害人行为的不正当性。这主要是指被害人本人实施，违背法律法规、道德规范与社会公序良俗的行为。这里需要强调的是，必须是被害人本人实施了不正当行为，因为：在存在被害人过错的案件中，将被害人过错作为酌定量刑情节，基于被害人与加害人的责任分担等依据，对加害人进行从宽处罚，是因为他被犯罪的对象（被害人）的不正当行为激发了犯罪意识。如果去加害一个与被害人有关系的人，那么因这个“无辜”的被害人与加害人之间并无关联系，从宽处罚也就失去了存在的基础。

第二，被害人行为与犯罪行为的关联性。这种关联性是指被害人的行为侵犯了加害人相关的利益或者社会公共利益，促使加害人实施了犯罪行为，但被害人过错行为与犯罪危害结果间不存在必然的引起与被引起关系。这里需要注意的是，过错行为指向的对象并不限于加害人本人，还应当包括加害人的近亲属或者其他与其有社会公共利益利害关系的人。但是此时被害人的行为应当主要以侵害了加害人近亲属等人的人格权为限。[①] 典型案例如付某故意杀人案：

2008 年 10 月 28 日晚 6 时许，中国政法大学政治与公共管理学院大四学生付某携刀进入教室，朝正在备课的老师程某砍去，随后掏出手机报警。当晚，43 岁的程某身受重伤，不治身亡。归案的付某表示认罪，但始终不悔罪。他表示，程某“潜规则”了自己的在读研究生的女友，最终导致女友与自己分手，程某不配做老师，他要“杀一儆百”。2009 年 10 月 20 日，有关付某弑师一案在北京市第一中级人民法院一审宣判，付某被判处死刑，缓期两年执行。

本案中，被告人付某将女友断绝与自己恋爱关系的责任完全归于被害人程某老师。实际上，这纯粹是被告人自己主观臆想出来的，被害人与付某女友的交往发生在付与其女友建立恋爱关系之前，即被害人的行为与被告人的犯罪行为是没有关联的，被害人对付某而言是不存在过错的。

---

① 赵秉志. 死刑改革之路. 北京：中国人民大学出版社，2014：468.

（二）被害人过错的刑法定位

1. 被害人过错在犯罪论中的地位

罪刑法定原则是刑法最基础、最重要的原则，它要求法律的价值理念以具体、肯定、明确的形态予以展现，而犯罪构成理论的出现正好满足了罪刑法定原则的这一要求。随着不断地发展、完善，犯罪构成理论逐渐形成了相对完备的体系结构，从而为犯罪的认定提供了更为具体可行的评判标准。犯罪构成要件体系主要包括以下两方面：其一，成立犯罪，需要满足哪些要件；其二，这些要件之间是如何排列组合的。

对此，大陆法系国家普遍采取的是阶层式的犯罪构成体系，英美法系国家采取的是双层次犯罪构成体系，而中俄采取的是耦合式犯罪构成体系。① 这些犯罪构成体系主要可以分为立体型犯罪构成体系和平面型犯罪构成体系，前者的主要代表是大陆法系国家的阶层式犯罪构成体系和英美法系国家的双层式犯罪构成体系，后者的主要代表是中俄的耦合式犯罪构成体系。

首先，在大陆法系犯罪构成体系中比较有代表性的通说，是“构成要件符合性、违法性及有责性的三阶层犯罪论体系”②。该学说的首位倡导者是德国学者M. E. 迈尔（Max Ernst Mayer），他认为构成犯罪的要素包括构成要件符合性（Tatbestandsmäßigkeit）、违法性（Rechtswidrigkeit）及有责性（Schuld），并且应当按照其顺序予以考察。其中，构成要件符合性是犯罪成立的第一层次，违法性是第二层次，有责性是第三层次。理论上和实务中，都是从构成要件符合性、违法性和有责性这三个逐步递进的层次来判断犯罪成立与否的。也就是说，符合构成要件的违法而且有责的行为即成立犯罪。③ 笔者认为，在这三要件中，被害人过错是属于违法性中的阻却违法事由这一层面的。在通常情况下，如果某种行为具有构成要件符合性，就意味着发生了具有违法性实质的法益侵害或危险，因

① 张小虎. 犯罪论的比较与建构. 北京：北京大学出版社，2006：62.

②③ ［日］大塚仁. 刑法概说（总论）：第3版. 冯军，译. 北京：中国人民大学出版社，2003：105.

而该行为具有违法性。但在某些情况下，某种特殊理由、根据的存在，否定了符合构成要件行为的违法性，这种特殊理由、根据就是违法性阻却事由。① 而被害人过错恰好是这一特殊理由的具体表现。被害人过错的存在，可能使加害人的行为构成正当防卫，由此成为违法阻却事由。在正当防卫的杀人案件中，防卫人由于被害人的过错行为而作出了指向被害人的正当防卫行为，这种正当防卫行为引发了被害人死亡的后果。和故意杀人罪相比，同样是造成了被害人死亡的后果，但是法律基于鼓励防卫人保护自己的合法权益以及被害人存在重大过错的理由而不将正当防卫以及特殊正当防卫的杀人认为是犯罪。② 故在大陆法系的三阶层犯罪论体系中，被害人过错是违法性中的违法阻却事由之一。

其次，英美法系采取的是双层次犯罪构成体系，它包含犯罪本体要件和责任充足要件两个层次。③ 犯罪本体要件包含两个方面的内容：犯罪行为和犯罪心态。犯罪本体要件是刑事责任的基础，刑法分则规定的犯罪是以行为本身具有刑事政策上的危害性和行为人具备责任条件的假设为前提的（假定责任充足条件具备）。在刑事司法中，公诉方只需证明被告人的行为符合犯罪本体要件，即可推定被告人具有刑事责任基础；如果被告人不抗辩，犯罪即告成立。但是，如果被告人抗辩，那么要成立犯罪，除应具有犯罪本体要件外，还必须排除合法辩护的可能，即具备责任充足要件。④ 要满足责任充足要件，就必须缺乏合法辩护事由。所谓合法辩护事由，是指被告人能说明自己不具有责任能力的事由。这些事由可以分为“正当理由”（justification）和“可得宽恕”（excuse）两类。⑤ 前者包括警察圈套、正当防卫、紧急避险等，后者包括未成年、错误、精神病、被迫行为等。所谓正当理由，是指尽管从表面上看行为是违法的，但在特定情形下，

① Günter Stratenwerth，Lothar Kuhlen，Strafrecht Allgemeiner Teil，Die Straftat，Verlag Franz Vahlen，2011，6. Aufl.，S. 114. ［日］大塚仁. 刑法概说（总论）：第 3 版. 冯军，译. 北京：中国人民大学出版社，2003：300.

② 刘腾. 被害人过错对故意杀人罪定罪量刑的影响研究. 南昌：南昌大学，2012.

③ 储槐植，江溯. 美国刑法. 4 版. 北京：北京大学出版社，2012：30.

④ 赵秉志主编. 英美刑法学. 北京：科学出版社，2010：36.

⑤ 张小虎. 犯罪论的比较与建构. 北京：北京大学出版社，2006：78.

此行为是对社会有益的行为，行为人不仅不应承担刑事责任，反而应当受到法律的鼓励。[①] 因此，笔者认为，被害人过错可能使加害人的行为成为正当防卫行为，故被害人过错在英美法系双层次犯罪构成体系中属于责任充足要件中的正当理由这一层面的。

最后，在中国耦合式犯罪构成体系中，通说采取的是犯罪客体、犯罪客观方面、犯罪主体和犯罪主观方面的犯罪构成体系[②]，其中：犯罪客体中划分出犯罪客体和犯罪对象；犯罪客观方面中划分出危害行为，危害结果，犯罪的时间、地点和方法，危害行为与危害结果之间的因果关系等；犯罪主体中划分出刑事责任能力、自然人、责任年龄、单位、特定身份等；犯罪主观方面中划分出犯罪故意、犯罪过失、犯罪目的等。[③] 但是在四要件犯罪构成体系之下，排除犯罪性事由并不能被包含在四个要件之中，只能放在犯罪构成体系之外进行讨论，独立于犯罪构成体系。正当防卫等排除犯罪性事由是在立法中明确规定的，在认定犯罪的问题上，立法已经赋予了排除此类行为构成犯罪的标准，直接根据法律文本即可将符合条件的行为排除在犯罪之外。故被害人过错在我国是独立于四要件犯罪构成体系之外的，可作为排除犯罪性事由对待。

综上，不管是在哪一种犯罪构成体系中，被害人过错均作为可能构成正当防卫的行为，在本质上是属于正当化事由这一范畴的。因此，被害人过错在犯罪论中是影响加害人的行为是否构成犯罪即定罪的重要考量因素。

2. 被害人过错在刑罚论中的地位

我国刑法中的刑罚论，主要涉及刑罚的概念、特征、功能、目的、体系、种类、裁量及执行等内容，其中刑罚裁量部分中的刑罚裁量情节是其重要组成部

---

① Peter D. W. Heberling，“Justification：The Impact of the Model Penal Code on Statutory Reform”，*Columbia Law Review*，Vol. 75，1975.

② 高铭暄，马克昌主编．刑法学．5版．北京：北京大学出版社，高等教育出版社，2011：50.

③ 马克昌主编．犯罪通论．武汉：武汉大学出版社，1999：88．何秉松，［俄］科米萨罗夫，科罗别耶夫主编．中国与俄罗斯犯罪构成理论比较研究．庞冬梅，丛凤玲，译．北京：法律出版社，2008：240－241.

分。而刑罚裁量情节，又称量刑情节，是指犯罪构成事实之外的，对犯罪的社会危害程度和犯罪人的人身危险性具有影响作用的，人民法院在对犯罪人量刑时需要考虑的各种事实情况。对量刑情节可以从以下不同的角度依据不同的标准进行分类：(1) 以刑法、司法解释有无明文规定为标准，分为法定量刑情节、司法解释规定的量刑情节和酌定量刑情节；(2) 以量刑时是否必须考虑为标准，分为应当型情节和可以型情节；(3) 以情节对量刑结果是产生有利影响还是不利影响为标准，分为从宽量刑情节和从严量刑情节；(4) 以情节与犯罪行为在时间上的关系为标准，分为罪中情节、罪前情节和罪后情节；(5) 以情节与犯罪的社会危害性、犯罪人的人身危险性的关系为标准，分为体现犯罪的社会危害性的量刑情节和体现犯罪人的人身危险性的量刑情节；(6) 以情节对量刑轻重的作用是确定的还是有选择余地为标准，分为功能确定情节和功能选择性情节。①

被害人过错在刑罚论中应当属于量刑情节，起到影响对加害人量刑的重要作用。而对量刑情节进行的上述分类，可以揭示不同情节的法律意义以及其对量刑轻重的不同作用，从而正确运用量刑情节。以下将分析被害人过错依据不同分类标准可以作为何种量刑情节。

依据第一种分类标准，被害人过错是属于酌定量刑情节的。不同于刑法明文规定的量刑时必须要考虑的法定量刑情节和司法解释中明文规定的量刑时必须要考虑的司法解释规定的量刑情节，酌定量刑情节是指刑法没有明文规定的，由人民法院从审判经验中总结出来的，审判人员在量刑时应酌情考虑的各种事实情况。显然，被害人过错就是酌定量刑情节中的一种，刑法或司法解释并没有明确规定并要求将其作为量刑情节考虑，它是法院在具体的个案运用中不断总结出来的且不是必须考虑的量刑情节。本文第二作者曾在最高人民法院刑五庭进行实习，在此期间在旁听合议庭对案件的评议并制作合议庭笔录时颇有感触：在复核故意杀人案件中的死刑，大多都需要考虑是否存在被害人过错这一情节，而在复核其他案件中的死刑时一般不考虑有无被害人过错这一情节。

---

① 高铭暄，马克昌主编．刑法学．5版．北京：北京大学出版社，高等教育出版社，2011：254.

依据第二种分类标准，被害人过错属于可以型情节。应当型情节是指量刑时必须考虑的从宽或者从严处罚的情节，都是法定情节。而可以型情节则是指量刑时可以考虑也可以不考虑的从宽或者从严处罚的情节。酌定情节都是可以型情节，部分法定情节也是可以型情节。作为酌定量刑情节的被害人过错是属于可以型情节的。

依据第三种分类标准，被害人过错属于从宽量刑情节。从宽量刑情节（简称从宽情节）是指审判人员在量刑时需要考虑的对量刑结果产生有利影响的各种事实情况。根据从宽幅度的由小到大，从宽情节具体包括从轻处罚情节、减轻处罚情节和免除处罚情节。而从严量刑情节（简称从严情节）是指审判人员在量刑时需要考虑的对量刑结果产生不利影响的各种事实情况。从严情节只有从重处罚情节一种。显然，被害人过错是对加害人的量刑结果产生有利影响的事实情况，可据以减轻加害人的刑事责任。

依据第四种分类标准，被害人过错属于罪前情节。所谓罪前情节，是指在犯罪实施之前所出现的对量刑具有影响的各种事实情况。如犯罪人的一贯表现、前科等即属这一类量刑情节。罪后情节，则是指在犯罪实施完毕后所出现的对量刑具有影响的各种事实情况。如犯罪后的表现即属这一类量刑情节。这里需要指出的是，被害人过错作为犯罪决意形成的原因在一般情况下是在罪前出现，但在某些案件中也可能在罪中出现。

依据第五种分类标准，被害人过错属于体现犯罪人的人身危险性的情节。体现犯罪的社会危害性的情节，是指主观或者客观上说明犯罪的社会危害程度的情节。如犯罪手段、犯罪结果、犯罪对象等即属于此类情节，它们大都是在犯罪过程中发生的。体现犯罪人的人身危险性的情节，是指发生在犯罪前或者犯罪后，说明犯罪人再犯可能性大小的情节。如犯罪人平时的表现、犯罪后的表现等即属此类情节。当然，上述两种情节的划分具有相对性，因为有的影响量刑的事实情况既有体现犯罪的社会危害性的作用，也有体现犯罪人的人身危险性的作用，不好将其简单地归于哪一种。如犯罪中止即属此种情况。因此，不能将上述两种情节的划分绝对化。而被害人过错在一般情况下是发生在犯罪前，说明犯罪人的再

犯可能性较小，故属于体现犯罪人的人身危险性情节。

依据第六种分类标准，被害人过错属于功能选择性情节。功能选择性情节，是指对量刑轻重的作用不是确定的、单一的，而是可由审判人员在几种作用中选择其中一种的事实情况。例如，防卫过当、紧急避险过当对量刑的作用有两种可供选择，其一是减轻处罚，其二是免除处罚，审判人员可根据具体情况决定对犯罪人减轻处罚或者免除处罚。法定从宽量刑情节大多属于功能选择性情节。而功能确定情节，是指对量刑轻重的作用是确定的、单一的事实情况。例如，累犯、教唆不满 18 周岁的人犯罪等对量刑的作用只有从重一种。从重情节均属于功能确定情节。又如，没有造成损害的犯罪中止、造成损害的犯罪中止等对量刑的作用也是确定的，前者是免除处罚，后者是减轻处罚。因此，被害人过错由于属于酌定量刑情节，对量刑轻重的作用是不确定的，一般由法官进行决定，故可作为功能选择性情节。

综上，被害人过错在刑罚论中属于量刑情节，是影响对加害人量刑的重要考虑因素。一般情况下，被害人过错是作为减轻加害人的刑事责任的量刑情节而存在的。

## 三、死刑案件中被害人过错的类型

对被害人过错可以依据不同的标准进行分类：根据过错行为的指向对象，分为对社会的过错、对加害人的过错；根据过错行为的性质，可分为法律上的过错、道德上的过错和习惯上的过错；根据过错的程度，可分为罪错、重大过错、一般过错与轻微过错[①]；依据过错的内容，可分为故意过错与过失过错；依据过错行为的原因，分为原生性过错与诱发性过错。[②]

而具体到死刑案件中，被害人过错类型的划分又有着不同的标准，如可从被

① 彭新林. 酌定量刑情节限制死刑适用研究. 北京：法律出版社，2011：224-227.

② 赵秉志. 死刑改革之路. 北京：中国人民大学出版社，2014：468.

害人过错行为或状态的规范属性、过错发生数量、过错发生时间、过错侵犯的客体及过错严重程度等多种角度进行划分。为了更加清晰地探讨被害人过错对死刑适用的影响，笔者从法源数据库、汇法网法律数据库、中国知网、北大法律信息网及《刑事审判参考》等资料来源中选取了50个涉及被害人过错的死刑适用典型案例（见表1），试图通过对这50例死刑适用典型案例的分析，归纳出死刑案件中被害人过错的具体类型。

**表1 “故意杀人案”“故意伤害案”中的死刑适用与被害人过错**

| 序号 | 案名 | 具体判决 | 被害人过错内容 | 被害人过错程度及影响力 | 其他从宽情节 |
|---|---|---|---|---|---|
| 1 | 简某梅故意杀人案 | 一审判处死刑；二审维持；最高人民法院复核不核准死刑，发回重审；二审法院判处死缓 | 被害人熊某长期对被告人虐待、毒打，严重影响其生存状态；被害人代某与熊某有不正当两性关系；熊与代亦曾对被告人下毒 | 被害人对矛盾激化负有一定责任 | 被告人认罪态度好，主观恶性和人身危险性不是很大 |
| 2 | 陈某某故意杀人、非法持有枪支案 | 一审判处死缓；二审驳回上诉，维持原判 | 被害人因争屋地，多次阻挠被告人一家建房，并雇请多人恶意填倒水泥浆入被告人的宅基地 | 被害人对本案的发生负有重大的过错责任，可酌情对被告人从轻处罚 | 被告人归案后能如实坦白交代，认罪态度较好 |
| 3 | 张某福故意杀人案 | 一审判处死刑 | 双方因地界问题多次发生争吵、厮打，后被告人进行报复 | 被害人有一定过错，不足以对被告人从轻处罚 | 犯罪手段极其残忍，情节、后果特别严重 |
| 4 | 王某故意杀人案 | 一审判处死缓；二审维持 | 双方因琐事发生争吵、厮打 | 被害人有明显过错 | 被告人有投案自首情节 |
| 5 | 刘某奎故意杀人案 | 一审判处死缓；二审改判死刑；最高人民法院改判死缓 | 生产生活、邻里纠纷等民间矛盾 | 被害人对本案的起因及矛盾发展有一定过错 | |

续表

| 序号 | 案名 | 具体判决 | 被害人过错内容 | 被害人过错程度及影响力 | 其他从宽情节 |
|---|---|---|---|---|---|
| 6 | 姜某故意杀人案 | 一审判处死刑；二审维持；最高人民法院核准死刑 | 被告人因家庭纠纷故意杀害妻子，并用枕头闷死无辜的女儿 | 被害人对被告人长期实施家暴，负有一定过错 | 犯罪手段残忍，情节、后果特别严重，虽有自首但不足以从轻处罚 |
| 7 | 孙某、冀某故意杀人案 | 一审判处孙某死刑、冀某死缓 | 被告人与被害人因支付房租和生活费等问题产生矛盾 | 被害人在案发起因上有一定关系 | 被告人杀人后碎尸，手段极其残忍，后果严重 |
| 8 | 张某嵘故意杀人案 | 最高人民法院核准死缓 | 婚姻纠纷，被害人出走后即与他人同居不归 | 被害人在本案的起因上负有过错责任 | |
| 9 | 宋某昌故意杀人案 | 一审判处死缓 | 因其妻子李某在网上结识被害人张某后频繁交往，并提出离婚而不满并产生报复心理 | 二被害人在案件起因上有一定过错 | 被告人作案后能主动投案自首 |
| 10 | 王某余故意杀人案 | 一审判处死刑，二审驳回上诉，维持原判 | 被害人吴某曾骂过被告人，苏某在案发争吵中先动手打被告人一耳光 | 被害方在案件起因上有一定过错 | 二审认为手段极其残忍，不足以从轻 |
| 11 | 屈某刚故意杀人案 | 一审判处死缓 | 因民事纠纷而互殴，被害人父子致被告人轻伤 | 被害人有明显过错 | 被告人坦白罪行；双方系邻里关系 |
| 12 | 苏某兴故意杀人案 | 一审判处死刑；二审驳回上诉，维持原判 | 一审：被害人与他人有暧昧关系 | 一审：被害人在案件起因上有过错，但不足以从轻处罚；二审：一审认定被害人过错无证据 | |

续表

| 序号 | 案名 | 具体判决 | 被害人过错内容 | 被害人过错程度及影响力 | 其他从宽情节 |
|---|---|---|---|---|---|
| 13 | 戴某故意杀人案 | 一审判处死缓；二审驳回上诉，维持原判 | 因双方对按摩服务费用发生纠纷 | 被害人对引发本案负有一定责任，对被告人可以从轻判处 | |
| 14 | 刘某鑫故意杀人案 | 最高人民法院核准死缓 | 事前发生纠纷，后又发生口角 | 被害人对本案的发生有一定过错 | 被告人认罪态度较好等 |
| 15 | 何本章故意杀人案 | 最高人民法院核准死缓 | 感情纠纷 | 被害人对纠纷的引发有一定过错 | |
| 16 | 杨某生等故意杀人、窝藏案 | 一审判处死缓 | 邻里房基纠纷 | 被害人的行为对本案的发生也有一定责任 | 自首 |
| 17 | 范某龙故意杀人案 | 一审判处死缓 | 婚恋纠纷 | “重大过错”的辩护意见不成立 | 被害人携女离家系本案起因，被告人自首，认罪态度较好 |
| 18 | 李某国故意杀人案 | 一审判处死缓 | 被告人在受到被害人威胁的情况下产生报复行为 | 被害人对引发案件负有一定责任（有一定过错） | 被告人归案后坦白交代罪行 |
| 19 | 宋某勤故意杀人案 | 一审判处死缓 | 王某与申某长期有不正当两性关系 | 被害人的行为影响他人正常家庭关系，具有过错 | |
| 20 | 王某军等故意杀人、故意伤害、抢劫案 | 一审判处死刑 | 赌资纠纷 | 被害人孙某在案发原因上确实负有一定责任，但不能构成主要、重大过错 | 犯罪手段残忍，情节恶劣，后果极为严重，累犯 |
| 21 | 司某故意杀人案 | 一审判处死缓 | 被害人未经被告人同意擅自占用其部分宅基地，形成邻里纠纷 | 被害人的寻衅行为对案件的引发有明显过错 | 被告人归案后认罪态度较好 |

续表

| 序号 | 案名 | 具体判决 | 被害人过错内容 | 被害人过错程度及影响力 | 其他从宽情节 |
| --- | --- | --- | --- | --- | --- |
| 22 | 路某平故意杀人案 | 一审判处死缓；二审改判死刑；最高人民法院改判死缓 | 因对方酒后倒地不让路而发生口角并斗殴 | 双方在案件起因上均有一定过错 | 因民事纠纷引发，且被告人在羁押期间有制止他人自杀的表现等 |
| 23 | 廖某故意杀人案 | 一审判处死缓 | 因儿子抚养费发生争扯 | 被害人对引发本案有一定过错 | |
| 24 | 罗某光等故意杀人案 | 一审判处死缓（另一被告人死刑） | 双方系父子关系，曾多次为钱财发生纠纷 | 被害人唐某在本案起因上有过错 | |
| 25 | 袁某英故意杀人案 | 一审判处死缓 | 被害人经常打牌输钱又懒惰，导致家庭纠纷 | 被害人有过错 | 被告人主观恶性不大，如实供述 |
| 26 | 郭某生等故意杀人案 | 一审判处死刑；二审维持 | 因被害人丢失现金而怀疑被告人 | 被害人在案件起因上虽有一定过错，但不足减轻 | |
| 27 | 赵某刚故意杀人案 | 最高人民法院核准死缓 | 被害人酒后滋事，殴打被告人 | 被害人的行为具有较大过错 | |
| 28 | 贺某龙故意杀人案 | 一审判处死缓；最高人民法院改判无期 | 被害人与他人同床赤身而睡，又不愿回家 | 被害人在案件起因上有严重过错，对造成的严重后果应负一定责任 | |
| 29 | 郑某燕故意杀人、故意伤害案 | 一审判处死缓；二审改判死刑；最高人民法院改判死缓 | 因摊位占用问题发生纠纷 | 被害人对纠纷产生和矛盾激化负有过错 | 被告人犯罪系与被害人的纠纷引起 |

续表

| 序号 | 案名 | 具体判决 | 被害人过错内容 | 被害人过错程度及影响力 | 其他从宽情节 |
|---|---|---|---|---|---|
| 30 | 贾某芳故意杀人案 | 一审判处死刑；二审改判死缓 | 被害人对被告人在身体上和精神上肆意摧残 | 被害人确有过错 | |
| 31 | 龚某等故意伤害、窝藏案 | 一审判处死缓 | 双方因喝酒发生争执，蓝某持酒瓶将龚某头部砸伤 | 被害人对本案的引发和矛盾的激化有一定责任 | 辩护意见为“对方有重大过错” |
| 32 | 冯某东等故意伤害案 | 一审判处死缓；二审维持 | 被害人辱骂被告人 | 被害人亢某、白某在本案起因上有过错 | 能积极赔偿被害人的经济损失 |
| 33 | 黎某标等故意伤害、窝藏案 | 一审判处死刑；二审改判死缓 | 民间纠纷 | 被害人对引发本案有一定过错 | 群殴中致被害人死亡的责任相对分散 |
| 34 | 许某钟故意伤害案 | 一审判处死缓 | 被害人家狗咬伤被告人，被害人未及时支付医药费 | 被害人在本案起因上有一定过错责任 | |
| 35 | 熊某等故意伤害、窝藏案 | 一审判处死缓 | 双方家属素有积怨，案发当天，两家因灌溉责任田再次发生纠纷 | 被害人在起因上有一定责任 | |
| 36 | 拉某故意伤害案 | 一审判处死刑 | 因琐事发生争执并殴打 | 被害人对案件的发生有一定过错 | 手段特别残忍、情节特别恶劣、后果特别严重 |
| 37 | 欧某故意伤害案 | 一审判处死缓 | 双方因跳舞发生碰撞 | 被害人对本案的发生存在一定过错 | |
| 38 | 曾某军等故意伤害、窝藏案 | 一审判处死缓 | 因被害人承认调戏之事而发生争执 | 被害人金某对引起本案的发生存在一定过错 | |

续表

| 序号 | 案名 | 具体判决 | 被害人过错内容 | 被害人过错程度及影响力 | 其他从宽情节 |
|---|---|---|---|---|---|
| 39 | 张某故意伤害案 | 一审判处死缓 | 因支付舞厅费用而争执 | 被害人先动手打人有过错，应该承担部分责任 | |
| 40 | 许某故意伤害案 | 一审判处死刑 | 因琐事发生争执，被害人黄某用剃刀割伤被告人的鼻子 | 被害人对案件的发生有一定过错，但不足以从轻处罚 | 手段极其残忍 |
| 41 | 贾某军故意伤害案 | 最高人民法院核准死缓 | 因被害人盘问对方身份而发生争执 | 被害人赵某有一定过错 | |
| 42 | 乔某故意伤害案 | 一审判处死刑；二审改判死缓 | 被害人因支付陪酒费问题发生争执 | 两被害人在案件起因上均有过错责任 | 上诉人乔某认罪态度较好 |
| 43 | 孙某故意伤害案 | 一审判处死缓 | 双方因开车发生纠纷，被害人先殴打被告人 | 两被害人对引发案件负有重要责任 | |
| 44 | 覃某尧、万某华故意伤害案 | 一审判处死刑 | 双方因借还自行车发生争执，被害人先动手 | 被害人有一定过错 | 情节恶劣，主犯，主观恶性大 |
| 45 | 杨某彬、蔡某军故意伤害案 | 一审判处死缓 | 被告人与被害人原为解决矛盾而谈判，被害人先动手打人 | 被害人有一定过错 | |
| 46 | 卢某存故意伤害案 | 一审判处死缓 | 被害人无故殴打被告人 | 被害人有一定过错 | 被告人认罪态度较好 |
| 47 | 吴某故意伤害案 | 一审判处死刑 | 两家关系不睦，被害人对被告人进行辱骂 | 被害人在起因上有过错 | 被告人又杀害无辜者刘某 |
| 48 | 王某平故意伤害案 | 一审判处死缓 | 因琐事与被害人发生口角，被害人用酒瓶将王某的头部打破 | 被害人在案件起因上有过错 | |

续表

| 序号 | 案名 | 具体判决 | 被害人过错内容 | 被害人过错程度及影响力 | 其他从宽情节 |
|---|---|---|---|---|---|
| 49 | 付某长故意伤害、破坏电力设备、盗窃案 | 一审判处死缓；二审驳回上诉，维持原判 | 被害人无故殴打被告人 | 被害人刘某在起因上有一定过错 | 被告人方某犯罪时未满 18 周岁，又有自首情节 |
| 50 | 李某等故意伤害案 | 一审判处死缓；二审驳回上诉，维持原判 | 因赌博输赢发生争执，被害人李某有扣押他人钱款的不当行为 | 被害人有一定责任 | |

通过对上述案例的分析，我们发现，死刑案件（特别是故意杀人及故意伤害案件）中被害人过错的具体事由包括婚姻纠纷、邻里宅基地纠纷、家庭纠纷、恋爱纠纷、相邻关系纠纷、侵权纠纷、服务纠纷、赌博纠纷等。此外，对被害人过错程度的表述也各不相同，如“被害人有明显过错”“被害人有过错”“被害人有一定过错”“被害人对案件的发生有一定关系”“被害人有较大的过错”“被害人有过错责任”“被害人有严重过错”“被害人负有重要责任”，等等。[①] 虽然上述表述不够规范，但由此可得被害人过错的程度是判断具体个案中是否适用死刑影响最大的因素。故本文将以被害人过错的程度为标准，将死刑案件中的被害人过错分为重大过错、一般过错和轻微过错三类。而被害人轻微过错并不足以引发犯罪，实际上并不属于刑事条件中应当考虑的被害人过错的范围，没有达到构成具有刑法意义的被害人过错的严重程度。故以下重点介绍死刑案件中的被害人重大过错和被害人一般过错。此外，笔者认为，可以被害人过错的原因力为标准，将被害人过错分为被害人诱发性过错与被害人冲突性过错。

① 刘树德编. 实践刑法学总则. 北京：中国法制出版社，2010：345.

（一）被害人重大过错与被害人一般过错

1. 被害人重大过错

被害人重大过错是指被害人严重违反法律或者伦理道德，激发或者引起犯罪人的犯罪行为的过错行为。[①] 重大的被害人过错行为既可能是违法行为，也可能是犯罪行为，还有可能是严重违反道德的行为。通过对上述典型案例的归纳分析，可发现，在死刑案件中，被害人重大过错常常表现为以下几种情形：第一，偶发的重大过错行为，例如被害人突然对行为人的殴打，或者与行为人间偶然发生的日常纠纷等；第二，长期的重大过错行为，例如被害人长期的对行为人的家暴行为等。

（1）偶发的重大过错行为。

偶发的重大过错行为，虽然具有偶发性，但易引发行为人情绪失控，从而出于一时的激情冲动，构成当场义愤杀人。该种被害人的重大过错行为对犯罪人的丧失理智的杀人行为起到了诱发、促进的作用。该种情况下行为人的自我控制能力通常有所下降，故一般应当减免其刑罚。典型的如 4 号案例王某故意杀人案。[②]

1996 年 1 月 12 日晚 8 时 30 分许，兵器工业部 213 所职工董某伟酒后在该所俱乐部舞厅跳舞时，无故拦住王某之父王某成，让王给其买酒喝，被王拒绝。董继续纠缠，并强行在王的衣服口袋里掏钱，致使二人推拉、厮打。厮打中，董致王头皮血肿、胸壁软组织损伤。后王某成被送医院住院治疗。

晚 10 时许，王某得知其父出事即赶回家中，适逢董某伟上楼来到其家，即与董某伟发生争吵、厮打。厮打中王某在自家厨房持菜刀一把，向董某伟头、面部连砍八刀，将董某伟当场杀死。王某作案后，乘车连夜逃往咸阳。次日下午，王某在其亲属陪同下到公安机关投案自首。

在该案中，被告人王某用菜刀向被害人董某伟颈部、头面部连砍数刀，致被害人董某伟当场死亡，其手段残忍，后果严重。但被害人董某伟在此前无故纠缠

① 初红漫. 被害人过错与罪刑关系研究. 重庆：西南政法大学，2012.

② 最高人民法院刑一庭，刑二庭编. 刑事审判参考案例：第 19 号. 北京：法律出版社，2000：90.

并打伤被告人王某的父亲，具有明显的过错，属于偶发的重大过错，对被告人的杀人行为起到了诱发、促进的作用，故应当对被告人王某从宽处罚。

（2）长期的重大过错行为。

长期的重大过错行为往往使行为人产生了长期的极大痛苦，行为人通常是由于无法忍受被害人的过错而实施了杀害被害人的行为。被害人对某人所实施的精神与肉体等虐待、迫害行为对行为人丧失理智的杀人行为起到了诱发、促进的作用。通过对上述案例的分析，我们发现，由于被害人长期的重大过错而可能判处死刑的案件有一种典型的类型，即受虐妇女杀夫案件。受虐妇女杀夫的典型案例如1号简某梅故意杀人案。①

简某梅与其丈夫熊某成长期不和，熊某成经常打骂简某梅。简某梅遂动杀机，决定用鼠药将熊某成毒死。2006年9月6日，简某梅与熊某成一同前往同村村民代某梅（与熊长期有不正当性关系）家中吃饭。简某梅与代某梅吃大锅中的玉米汤包，熊某成因不喜欢吃玉米汤包，便在另一锅中炒大米饭吃。简某梅趁机将随身携带的“毒鼠强”投放在熊某成的炒饭中，欲将熊某成毒死，后因熊某成未食用炒饭而未果。事后，简某梅明知炒饭中已投放有“毒鼠强”，却不告知代某梅，并于当晚随熊某成一起回家。次日，代某梅、刘某坤母子二人在食用投放有“毒鼠强”的炒饭后死亡。

一审法院判处简某梅死刑；二审维持原判；最高人民法院复核时不核准死刑，发回重审；二审法院最终判处简某梅死缓。

本案被告人简某梅之所以起意毒死丈夫熊某成，是因为长期受到熊某成的虐待和打骂，已经到了不堪忍受的程度。而被害人代某梅与熊某成又长期保持不正当男女关系，并曾企图毒死简某梅。上述行为均严重侵犯了被告人简某梅的合法权益。因此，熊某成对本案的发生具有重大过错，被害人代某梅对本案的发生亦负有直接责任，案件符合《全国法院维护农村稳定刑事审判工作座谈会纪要》指出的“被害人一方有明显过错或对矛盾激化负有直接责任”的情形。故对被告人

① 湖北省高级人民法院（2008）鄂刑一终字第1618号刑事判决书.

简某梅不应判处死刑立即执行，而应适当从宽处罚。

2. 被害人一般过错

被害人一般过错是指其行为虽然不违反法律，但是违反伦理道德。一般过错比重大过错的程度要轻，但是比轻微过错的程度要重。在故意杀人案和故意伤害案中，被害人一般过错常见于一些因琐事引起的矛盾中，例如被害人对行为人有辱骂或者不礼貌举动。在具有一般过错的故意杀人案件中，被害人的一般过错与行为人的自身因素共同对犯罪的发生产生影响。行为人自身可能存在性格上的缺陷，或者脾气暴躁，或者容易冲动。因此，对于由被害人一般过错引发的犯罪案件，可以酌情适当减轻行为人的刑事责任。

通过对上述案例的分析，我们发现被害人一般过错主要集中在婚姻纠纷、家庭纠纷、恋爱纠纷、侵权纠纷、赌博纠纷等情形中，此种被害人过错一般在案件发生的起因上具有一定责任。典型案例如29号郑某艳故意杀人、故意伤害案。[①]

郑某艳之父经村干部同意，于1999年4月间在霸州市中心市场南端的“百味粥屋”侧安装电表，由郑某艳之伯父在此摆放冰柜卖冰糕。同年10月因季节原因暂时停业。2000年4月28日郑某艳之父再次在此设钳摆放冰柜时，与已在此地卖水果的被害人王某霞之夫勇某杰因摊位占用问题发生争吵，经他人调解，勇某杰让出所占位置。被害人王某霞、勇某杰见状产生不满，与郑某艳发生争执，并推拉郑家摆摊所用冰柜，致郑某艳之母刘某倒地。郑某艳见状遂抄起王某霞摊位上的水果刀，刺王某霞背部一刀，致王左肺动脉破裂、心脏左侧缘伤，造成大出血死亡。勇某杰见状上前夺刀，被郑某艳刺伤右腿及左肩部，造成轻伤。

最高人民法院复核认为：被告人郑某艳持刀行凶，造成一人死亡、一人轻伤，其行为已分别构成故意杀人罪、故意伤害罪，应依法惩处。一、二审判决认定的事实清楚，证据确实、充分，定罪准确，审判程序合法。鉴于郑某艳犯罪系与被害人产生纠纷引起，被害人对纠纷的产生和矛盾激化负有过错，故对郑某艳判处死刑，可不立即执行。遂判决被告人郑某艳犯故意杀人罪，判处死刑，缓期

① 最高人民法院（2001）刑复字第218号刑事判决书。

二年执行，剥夺政治权利终身，与原判故意伤害罪有期徒刑三年并罚，决定执行死刑，缓期二年执行，剥夺政治权利终身。

本案被告人郑某艳持刀行凶，造成一人死亡、一人轻伤的严重后果，论罪当处死刑，但因“被害人王某霞、勇某杰见状产生不满，与郑某艳发生争执，并推拉郑家摆摊所用冰柜，致郑某艳之母刘某倒地”，对纠纷的产生和矛盾激化负有一般过错，故可考虑对被告人郑某艳不适用死刑立即执行。

### （二）被害人诱发性过错与被害人冲突性过错

#### 1. 被害人诱发性过错

所谓被害人诱发性过错，是指犯罪人本无犯意，被害人单方面首先实施侵害行为，推动犯罪人产生犯罪动机诱发犯罪。[①] 最高人民法院 1999 年 10 月 27 日发布的《全国法院维护农村稳定刑事审判工作座谈会纪要》规定：“对故意杀人犯罪是否判处死刑，不仅要看是否造成了被害人死亡结果，还要综合考虑案件的全部情况。对于因婚姻家庭、邻里纠纷等民间矛盾激化引发的故意杀人犯罪，适用死刑一定要十分慎重，应当与发生在社会上的严重危害社会治安的其他故意杀人犯罪案件有所区别。对于被害人一方有明显过错或对矛盾激化负有直接责任，或者被告人有法定从轻处罚情节的，一般不应判处死刑立即执行。”而其中的“对矛盾激化负有直接责任”就是被害人诱发性过错的具体表现，即被害人对引起行为人实施犯罪具有直接的推动、诱发作用。

此类被害人过错在表 1 列举的案例中有所体现，如 2 号案例陈某某故意杀人、非法持有枪支案中，被害人因争屋地，多次阻挠被告人一家建房，并雇请多人恶意填倒水泥浆入被告人家的宅基地，被害人这一行为对本案被告人犯罪行为的发生负有明显的诱发作用。又如 21 号案例司某故意杀人案中，被害人未经被告人同意擅自占用其部分宅基地，形成邻里纠纷，被害人的寻衅行为对被告人的犯罪行为有明显的推动作用。这两个案例中被害人的行为都是其首先单方面实施的，从而引发了被告人的犯罪行为，对案件起到诱发、推动作用，属于诱发性的

---

① 彭新林．酌定量刑情节限制死刑适用研究．北京：法律出版社，2011：217.

被害人过错。

2. 被害人冲突性过错

所谓被害人冲突性过错，是指加害人与被害人相互推动，双方有明显的互动，双方各自为自己的利益发生冲突，矛盾不断升级，最终发生了犯罪后果，双方都有错误，都要对犯罪的发生负责任。①

这类被害人过错在表1列举的案例中体现颇多，大部分因为双方发生矛盾而导致被害人产生过错的案件都属于这类过错。在表1所列50个案例中，有一半以上的案例都是双发因琐事或纠纷而发生争执，被害人在案件起因上负有一定过错，当然加害人也在起因上承担一定责任，双发因为明显的互动而发生利益冲突，最终引发犯罪行为。如3号张某福故意杀人案中，双方因地界问题多次发生争吵、厮打，后被告人进行报复；4号王某故意杀人案中双方因琐事发生争吵、厮打；7号孙某、冀某故意杀人案中被告人与被害人因支付房租和生活费等问题产生矛盾；11号屈某刚故意杀人案中双方因民事纠纷而互殴，被害人父子致被告人轻伤；13号戴某故意杀人案中双方因对按摩服务费用发生纠纷而起争执；31号龚某等故意伤害、窝藏案中双方因喝酒发生争执，蓝某持酒瓶将龚某的头部砸伤；35号熊某等故意伤害、窝藏案中双方家素有积怨，案发当天，两家因灌溉责任田再次发生纠纷；43号孙某故意伤害案中双方因开车发生纠纷，被害人先殴打被告人；45号杨某彬、蔡某军故意伤害案中被告人与被害人原为解决矛盾而谈判，被害人先动手打人，等等。

## 四、被害人过错限制死刑适用的根据与方式

### （一）被害人过错限制死刑适用的根据

1. 被害人过错限制死刑适用的理论依据

由于被害人过错影响被告人刑事责任的认定，故在死刑案件中，被害人过错

① 于同志. 死刑裁量. 北京：法律出版社，2009：229.

当然也会影响到对被告人是否被判处死刑。若对被害人过错及其影响加以准确认定，则可在一定程度上限制死刑的适用，由此这可成为逐步减少和限制死刑的重要途径之一。

目前西方理论上关于处理被害人过错与犯罪人刑事责任的关系主要有两种观点：一是认为被害人过错导致被害人分担责任的责任分担说，二是认为被害人过错导致犯罪人应受谴责性降低的谴责性降低说。① 这两种确定被害人过错的刑法后果的学说都有一定的合理性，其相同之处在于被害人的过错能够导致犯罪人的刑事责任减轻这一结论，其不同之处在于：主张被害人分担责任的观点认为被害人只要有过错，就应承担刑事责任；主张犯罪人应受谴责性降低的学者则认为，只有影响到犯罪人应受谴责性的被害人过错才具有刑法上的意义。②

我国学者对此问题也有几种代表性的观点：第一种观点是主客观相统一说。该观点认为，西方学者提出的责任分担说和谴责性降低说这两种学说各有利弊，其以不同的理论为基础，分别从不同的路径揭示了被害人过错影响加害人刑事责任的根据的一个方面。这两种学说花开并蒂，且彼此互补，只有将两者有机结合起来，才能完整地说明被害人过错影响定罪量刑的根据，即加害人刑事责任的大小只能以被害人分担责任后的客观危害和通过被害人过错揭示出的加害人应受谴责性大小为依据。③ 第二种观点是期待可能性降低说。该观点认为，在被害人有过错的案件中，正是被害人的过激言行导致了行为人情绪激动、不能控制，影响其意志自由，致使犯罪行为的发生，故行为人的意志受到一定影响或限制，其为合法行为的期待可能性就降低。④ 第三种观点是刑法公平价值观和量刑科学化说。该观点包含两个要点：一是被害人对危害结果的发生有过错的，应承担相应责任，这是刑法公正性的应有之义；二是量刑科学化要求量刑必须做到综合平衡，既与犯罪事实相适应，又与犯罪分子的人身危险性相适应，量刑时考虑被害

① 齐文远，魏汉涛．论被害人过错影响定罪量刑的根据．西南政法大学学报，2008（1）．

② 陈旭文．西方国家被害人过错的刑法意义．江南大学学报，2004（1）．

③ 彭新林．酌定量刑情节限制死刑适用研究．法律出版社，2011：220．

④ 陈凌．刑事被害人过错责任研究．辽宁公安司法管理干部学院学报，2008（1）．

人过错体现了这一要求。[①]

上述观点皆在一定程度上诠释了被害人过错限制被告人刑事责任大小的依据。其中，谴责性降低说和期待可能性说有异曲同工之妙，也具有较高的合理性。笔者认为，被害人过错影响被告人刑事责任大小的根据除了谴责性降低说，还有刑罚个别化的要求，即被害人过错反映了犯罪人的主观恶性和人身危险性大小，由此影响犯罪人刑事责任的轻重。被害人过错的程度是与其反映的犯罪人的主观恶性及人身危险性大小成反比的，而与受其影响的犯罪人刑事责任的轻重成正比。被害人过错的程度越大，其反映的犯罪人的主观恶性及人身危险性越小，对犯罪人刑事责任轻重的影响也越大；反之，被害人过错的程度越小，其反映的犯罪人的主观恶性及人身危险性越大，对犯罪人刑事责任轻重的影响越小。

2. 被害人过错限制死刑适用的概览数据

有学者对 1995 年北京市中级人民法院审结的 614 例刑事案件展开调查分析：(1) 故意杀人犯罪案件中被害人对自己被害负有责任的比例高达 61.7%，此外，77.6%的被害人在被害之前与犯罪人发生了冲突，冲突的严重程度为严重和一般的占 92.6%，为轻微的占 7.5%。也即故意杀人犯罪的被害人多数都是在自己挑起的事端中被杀的，完全无辜的人只占极少数。(2) 故意伤害犯罪案件中被害人对自己被害负有责任的比例高达 74.5%，此外，76.4%的被害人在被害之前与犯罪人发生过冲突。冲突的程度为严重和一般的占 91.2%，为轻微的仅占 7%。这说明故意伤害犯罪和故意杀人犯罪一样，多数存在被害人首先攻击对方、挑衅等形式的诱发性行为。[②]

另有研究指出，在暴力犯罪中被害人有过错的占 27.6%，过错较小的占 20.9%，两项合计占 48.5%。可见，在暴力犯罪中被害人的过错责任比例是较大的。在同暴力犯罪类型与被害人责任的关系上被害人过错责任比例最高的是故意杀人犯罪，占 59%，其次是故意伤害犯罪，有过错被害人的比例为 55.8%。

① 史卫忠. 论被害人过错对故意杀人罪量刑的影响. 法学论坛，1995 (2).

② 郭建安主编. 犯罪被害人学. 北京：北京大学出版社，1997：109-117.

这说明以上两种犯罪在很大程度上是由被害人过错引起的，如果被害人过错责任减少，这两种犯罪将会有所降低。①

在某市中级人民法院2004年办理的125件故意杀人案件中，有48件因被害人有过错而对被告人判处了死刑缓期2年执行（由婚姻家庭纠纷、民间纠纷引起，互殴升级引发等）；有17件因被害人有严重过错对被告人判处了10年以上有期徒刑和无期徒刑（被害人有严重违法或违反道德的行为、有加害行为在先、被告人有防卫因素等）；有3件被定性为防卫过当，减轻处罚；有2件属于义愤杀人，情节轻微，并有自首情节，均被判处3年以上10年以下有期徒刑。② 也即有67件案件是因考虑到被害人有过错而从轻判处死缓、无期徒刑或其他刑罚的，占53.6%。

（二）被害人过错限制死刑适用的方式

1. 被害人过错在定罪上限制死刑适用的方式

被害人过错对定罪的影响主要体现在影响罪与非罪和此罪与彼罪两个方面。具体到死刑案件中，如在故意杀人罪中，被害人过错对故意杀人罪定罪的影响主要体现在正当防卫以及特殊防卫的杀人案件中。

正当防卫包含被害人过错因素，是被害人过错影响罪与非罪的最典型例子。我国刑法典第20条规定的“正当防卫”中的“不法侵害人”实际上就是故意杀人罪中具有过错的被害人，并且在正当防卫案件中，不法侵害人的过错应当属于重大过错。在正当防卫的杀人案件中，防卫人由于被害人的过错行为而作出了指向被害人的正当防卫行为，这种正当防卫行为引发了被害人死亡的后果。和故意杀人罪相比，这种行为同样造成了被害人死亡的后果，但是法律基于鼓励防卫人保护自己的合法权益以及被害人存在重大过错的理由而不将正当防卫以及特殊正当防卫的杀人认为是犯罪。③

① 张宝义. 暴力犯罪中犯罪人与被害人的关系特征及过错责任分析. 河南公安高等专科学校学报，1999（4）.

② 阴建峰，彭福旺. 被害人过错对于故意杀人案件死刑适用的影响. 法制日报，2009-05-06。

③ 刘腾. 被害人过错对故意杀人罪定罪量刑的影响研究. 南昌：南昌大学，2012.

我国刑法典第20条亦规定了“特殊防卫”，其特殊之处在于法律赋予了防卫人对不法侵害人不受防卫限度限制的防卫权利。特殊防卫的出现需要满足三要素：暴力、人身安全、达到严重程度。在特殊防卫中，不法侵害人（被害人）的过错必须是严重危及人身安全的暴力犯罪行为。[①] 这与正当防卫中被害人过错可能是犯罪行为，也可能是其他违法行为不同。在特殊防卫中，即使行为人造成了被害人死亡的结果，也不应当负刑事责任，所以特殊防卫是被害人过错影响故意杀人罪罪与非罪的又一个比较典型的适例。

由此可见，若行为人的行为被判定为正当防卫或特殊防卫，则行为人可以不负刑事责任，即便其行为被判定为防卫过当，也不会被判处死刑。因此，对正当防卫行为的准确把握，不仅可以避免冤假错案的发生，还可以有效地限制和减少死刑的适用。典型案例如李尚某、李素某故意伤害致死被判缓刑案。[②]

经法院审理认为：被告人李尚某为了使本人和他人的人身、财产权利免受被害人张某柱正在进行的不法侵害，而与被告人李素某等人合力反抗，并使用铁锤击打张某柱头部，此行为与李素某的后期继续击打行为合并造成张某柱死亡后果，其行为虽有正当防卫之性质，但明显超过必要限度，已构成故意伤害罪，应予惩罚。被告人李素某在张某柱已经失去侵害能力的情况下，继续持械殴打，并与李尚某的前期击打行为合并造成张某柱死亡后果，其行为已构成故意伤害罪，应予惩罚。北京市海淀区人民检察院指控被告人李尚某、李素某犯有故意伤害罪的事实清楚，证据确实充分，指控罪名成立。被告人李尚某持铁锤击打张某柱的时间，系在其与李素某等人已经将张某柱按倒在地之时，此时张某柱虽有继续侵害的能力，但其危险性已经不足以严重危及他人人身安全，辩护人认为李尚某的行为系无限防卫权类型的正当防卫行为之辩解，夸大了张某柱被按倒在地后实施继续侵害行为的危险性，对其相应辩护意见不应采纳。被告人李尚某系正当防卫明显超过必要限度，结合其在归案后及在庭审过程中认罪、悔罪，态度较好等具

① 赵秉志主编．刑法总论．北京：中国人民大学出版社，2007：392.

② 北京市海淀区人民法院（2004）海法刑初字第1838号刑事判决书。

体情节，依法应当减轻处罚，并依法宣告缓刑。被告人李素某犯罪以后自动投案，如实供述自己的犯罪事实，构成自首，结合本案被害人侵害行为在先并具有较大过错等具体情节，依法可减轻处罚，并依法宣告缓刑，故判决被告人李尚某犯故意伤害罪，判处有期徒刑1年，缓刑1年；被告人李素某犯故意伤害罪，判处有期徒刑3年，缓刑3年。一审宣判后，北京市海淀区人民检察院未抗诉，二名被告人均未上诉，一审判决遂发生法律效力。

本案被害人张某柱因存在重大过错，引起被告人的故意伤害行为并致自己死亡。而被告人针对被害人的正当防卫行为明显超过必要限度，属于防卫过当，故对被告人的行为不应定性为故意杀人罪，而故意伤害罪，且要减轻被告人的刑事责任。

2. 被害人过错在量刑上限制死刑适用的方式

被害人过错在量刑上影响死刑适用是限制死刑的重要途径之一，而具体到被害人过错在量刑上如何影响死刑的适用，需要我们通过案例的归纳分析更为直观地得出结论。首先根据表1所列案例，从中选取不同的指标进行统计，得到表2。

**表2　故意杀人案、故意伤害案中被害人过错程度统计表**

| 被害人过错 | 被害人重大过错 | 被害人一般过错 | 合计 |
|---|---|---|---|
| 样本数 | 14 | 36 | 50 |
| 故意杀人案 | 9 | 21 | 30 |
| 故意伤害案 | 1 | 19 | 20 |
| 死刑判决数 | 1 | 10 | 11 |
| 死缓判决数 | 12 | 26 | 38 |
| 死刑改判死缓数 | 3 | 4 | 7 |

（注：1例为死缓改判无期）

结合表1、表2所列数据，我们可以得出一些被害人过错影响死刑适用的结论。

第一，被害人过错的程度与其影响犯罪人死刑适用率的高低成反比。被害人过错越大，其影响犯罪人刑事责任减轻的程度越大，故死刑立即执行和死刑缓期

两年执行的适用率就越低。如表2中，被害人有重大过错的故意杀人和故意伤害案案件中，死刑和死缓的判决率相对较低；而在被害人存在一般过错的故意杀人和故意伤害案中，死刑和死缓的判决率相对较高。

第二，在故意杀人和故意伤害案件中，在犯罪人被判处死刑的情况下，被害人过错大多为一般过错，对犯罪人从宽处罚的作用较小，并且犯罪人往往还存在犯罪手段极其残忍，犯罪情节、后果特别严重等从重处罚情节，因此，此时被害人过错的从轻情节不足以抵消犯罪人的犯罪手段恶劣等从重情节，故判处犯罪人死刑的比率较高。表2所列案例中有8例即为此种情况，占到样本死刑判决总数（11例）的73%。

第三，在故意杀人和故意伤害案中，在犯罪人被判处死缓的情况下，被害人过错既存在重大过错又存在一般过错。被害人过错的存在反映出犯罪人的主观恶性和人身危险性较小，对降低犯罪人的可谴责性和期待可能性发挥了重要作用，有利于对犯罪人进行从宽处罚。而更为重要的是，此类案件中犯罪人还存在认罪态度较好、自首、坦白、立功等从宽处罚情节。因此，在被害人过错和犯罪人有从宽情节的双重作用下，犯罪人一般不会被判处死刑立即执行，而是被判处死刑缓期两年执行。

第四，在故意杀人和故意伤害案件中，在对犯罪人的刑罚由死刑改判为死缓的情况下，被害人重大过错和被害人一般过错同样都存在，只不过需要进行综合考虑的其他情节较多，如被告人的认罪态度、自首、坦白等从宽情节，生产生活、邻里纠纷等民间矛盾，双方都存在过错等。如1号案例简某梅故意杀人案中，被害人对矛盾激化负有责任且被告人认罪态度好，主观恶性和人身危险性不是很大；5号案例刘某奎故意杀人案系由生产生活、邻里纠纷等民间矛盾引发；22号案例路某平故意杀人案中，双方在案件起因上均有一定过错，系民事纠纷引发，且被告人在羁押期间有制止他人自杀的表现等。

综上所述，通过对表1、表2的分析，可归纳出被害人过错对最终量刑结果（仅限于死刑立即执行和死缓）的具体影响有如下几类：（1）仅有被害人过错这一个因素影响对犯罪人适用死刑时，只有存在包括“被害人有明显过错”“被害人有严重过错”“被害人负重大责任”等表述的被害人重大过错时，才能使犯罪人得到从宽处罚。而被害人一般过错和被害人轻微过错一般只能与其他从宽情节一起影响对犯罪人的量刑。(2) 被害人过错与其他相关从宽情节共同影响死刑的适用时，需要存在如归案后的坦白、双方系邻里关系、归案后认罪态度较好、自首、附带民事赔偿到位、被害人亲属谅解、立功、作案手段不严重、主观恶性不大、被害人的长期虐待等从宽情节。这一类型的案例在样本案例中有 15 例，占总数的 30%。(3) 被害人过错与其他逆向的从严情节共同影响对犯罪人适用死刑时，最常见的情况是被害人过错不足以抵销犯罪人的从严情节而对最终被判处死刑，当然也存在被害人过错可以抵销从严情节而犯罪人最终没有被判处死刑的情况。而从严情节有被告人犯罪行为特别残忍、犯罪后果特别严重、累犯、无法定从轻条件、被害人系无辜者、犯罪人主观恶性极大等情况。[①] (4) 除了被害人过错情节，还要综合考虑是否为民间矛盾引发等一般不判处死刑立即执行的情况。

2014 年 2 月 27 日，最高人民法院公布了 10 起涉家庭暴力典型案例，其中汤某连故意杀人案和肖某喜故意杀人、故意伤害案两案的量刑比较具有典型性。[②]

(1) 汤翠连故意杀人案。

被告人汤某连（女）与被害人杨某合（殁年 39 岁）系夫妻。杨某合经常酗酒且酒后无故打骂汤某连。2002 年 4 月 15 日 17 时许，杨某合醉酒后吵骂着进家，把几块木板放到同院居住的杨某洪、杨某春父子家的墙脚处。为此，杨某春和杨某合发生争执、拉扯。汤某连见状上前劝阻，杨某合即用手中的木棍追打汤某连。汤某连随手从柴堆上拿起一块柴，击打杨某合头部左侧，致杨某合倒地。杨某洪劝阻汤某连不要再打杨某合。汤某连因惧怕杨某合站起来后殴打自己，仍继续用柴块击打杨某合的头部数下，致杨某合因钝器打击头部颅脑损伤死亡。案发后，村民由于同情汤某连，劝其不要投案，并帮助汤掩埋了杨某合的尸体。

法院经审理认为：被告人汤某连故意非法剥夺他人生命的行为已构成故意杀

① 刘树德. 实践刑法学总则. 北京：中国法制出版社，2010：347.

② 人民法院报，2014-02-28 (1).

人罪。被害人杨某合因琐事与邻居发生争执和拉扯，因汤某连上前劝阻，杨某合即持木棍追打汤某连。汤某连持柴块将杨某合打倒在地后，不顾邻居劝阻，继续击打杨某合头部致其死亡，后果严重，应依法惩处。鉴于杨某合经常酒后实施家庭暴力，无故殴打汤某连，具有重大过错；汤某连在案发后能如实供述犯罪事实，认罪态度好；当地群众请求对汤某连从轻处罚。综上，对汤某连可酌情从轻处罚。据此，法院依法以故意杀人罪判处被告人汤某连有期徒刑10年。

(2) 肖某喜故意杀人、故意伤害案。

被告人肖某喜和被害人肖某霞（殁年26岁）于1998年结婚并生育一女一子。2005年，肖某喜怀疑肖某霞与他人有染，二人感情出现矛盾。2009年4月，肖某霞提出离婚，肖某喜未同意。2010年5月22日，肖某喜将在外打工的肖某霞强行带回家中，并打伤肖某霞。肖某霞的父母得知情况后报警，将肖某霞接回江西省星子县娘家居住。2010年5月25日下午，肖某喜与其表哥程某欲找肖某霞的父亲肖某谈谈。肖某拒绝与肖某喜见面。肖某喜遂购买了一把菜刀、一把水果刀以及黑色旅行包、手电筒等物品，欲杀死肖某霞。当日16时许，肖某喜不顾程某劝阻，独自乘车来到肖某霞父亲家中，躲在屋外猪圈旁。23时许，肖某喜进入肖某霞所住房间，持菜刀砍击肖某霞的头部、脸部和手部数下，又用水果刀捅刺肖某霞前胸，致肖某霞开放性血气胸合并失血性、创伤性休克死亡。肖某喜扔弃水果刀后逃离。肖某及其妻子李某听到肖某霞的呼救声后，即追赶上肖某喜并与之发生搏斗，肖某喜用菜刀砍伤肖某，用随身携带的墙纸刀划伤李某。后肖某喜被接到报警赶来的公安民警抓获。

法院经审理认为：被告人肖某喜故意非法剥夺他人生命的行为已构成故意杀人罪，故意伤害他人身体的行为又构成故意伤害罪，应依法数罪并罚。肖某喜不能正确处理夫妻矛盾，因肖某霞提出离婚，即将肖某霞打伤，后又携带凶器至肖某霞家中将肖某霞杀死，将岳父、岳母刺伤，情节极其恶劣，后果极其严重，应依法惩处。据此，依法对被告人肖某喜以故意杀人罪判处死刑，剥夺政治权利终身；以故意伤害罪判处有期徒刑2年，决定执行死刑，剥夺政治权利终身。

经最高人民法院复核核准，罪犯肖某喜已被执行死刑。


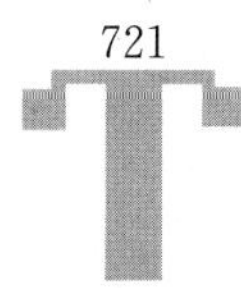

上述两案同为家暴案件，但量刑结果有很大不同。汤某连故意杀人案中被害人杨某合经常酒后实施家庭暴力，无故殴打汤某连，具有重大过错；且犯罪人汤某连在案发后能如实供述犯罪事实，认罪态度好；加之当地群众请求对汤某连从轻处，故可从轻处罚，未判处死刑。而肖某喜故意杀人、故意伤害案中被害人肖某霞被肖某喜怀疑与他人有染，后被害人提出离婚，而后被害人被肖某喜打伤及杀死，被害人存在轻微过错，且被告人肖某喜的犯罪手段及情节极其恶劣，后果极其严重，故对被告人肖某喜应判处死刑。

## 五、被害人过错限制死刑适用的现状与问题

### （一）被害人过错限制死刑适用的现状

1. 可以包含被害人过错的相关立法规定

目前，我国现行刑法只有几条模糊涉及被害人过错的规定。

第一，刑法典 13 条规定："……都是犯罪，但是情节显著轻微危害不大的，不认为是犯罪。"其中"但书"部分规定情节轻微危害不大的行为可以不作为犯罪论处，我们可以理解为在某些犯罪案件中，存在被害人过错这情节，使被告人的主观恶性和其行为的社会危害性等减弱，因此在某些个案的判罚上，可以为法官自由裁量被害人过错影响刑事责任提供一定的法律依据。

第二，刑法典第 61 条规定："对于犯罪分子决定刑罚的时候，应当根据犯罪的事实、犯罪的性质、情节和对于社会的危害程度，依照本法的有关规定判处。"此条作为量刑的一般原则，为被害人过错因素留下了司法空间。

第三，刑法典第 20 条第 1 款、第 3 款规定，加害人正当防卫对被害人造成损害的，不负刑事责任。另外，刑法典第 20 条第 2 款规定，被告人防卫过当应当负刑事责任（存在严重的被害过错时），但是应当减轻或者免除处罚。

第四，刑法典第 232 条对故意杀人罪规定："故意杀人的，处死刑，无期徒刑或者十年以上有期徒刑；情节较轻的，处三年以上十年以下有期徒刑。"而所谓"情节较轻"，学理上一般解释为"大义灭亲""义愤杀人""长期受被害人迫

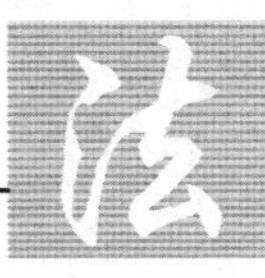

害的杀人”等情节，这些情节中都包含着被害人过错的因素。

2. 包含被害人过错的相关司法解释

关于被害人过错除了刑法中有模糊规定外，相关的刑事政策、司法解释、指导性案例中也有零星规定。

第一，最高人民法院2010年发布的《关于贯彻宽严相济刑事政策的若干意见》第22条规定：“对于因恋爱、婚姻、家庭、邻里纠纷等民间矛盾激化引发的犯罪，因劳动纠纷、管理失当等原因引发、犯罪动机不属恶劣的犯罪，因被害方过错或者基于义愤引发的或者具有防卫因素的突发性犯罪，应酌情从宽处罚。”该条在刑事政策层面将被害人过错作为酌定情节加以规定。

第二，最高人民法院1999年《全国法院维护农村稳定刑事审判工作座谈纪要》规定：“对于因婚姻家庭、邻里纠纷等民间矛盾激化引发的故意杀人犯罪，适用死刑一定要十分慎重，应当与发生在社会上的严重危害社会治安的其他故意杀人犯罪案件有所区别。对于被害人一方有明显过错或对矛盾激化负有直接责任，或者被告人有法定从轻处罚情节的，一般不应判处死刑立即执行。”可见，依该纪要，可以不适用死刑立即执行的情况有三种：被害人一方有明显过错；被害人对矛盾的激化有直接责任；被告人有法定从轻情节。该纪要显示出将“被害人过错”与法定从轻处罚情节等量齐观的观点，很快被害人过错被各级法院作为酌定量刑情节广泛运用，且不局限于上述两类罪名和判处死刑的案件。

第三，最高人民法院审判委员会2000年11月10日通过的《关于审理交通肇事案件具体应用法律若干问题的解释》第2条第1款规定，交通肇事死亡1人或者重伤3人以上，负事故全部或者主要责任的；死亡3人以上，负事故同等责任的；造成公共财产或者他人财产直接损失，负事故全部或者主要责任，无能力赔偿数额在30万元以上的，应追究刑事责任。这也就是说，在交通肇事案件中，如果被害人负事故的主要责任，肇事人的行为将不构成犯罪；而被害人负一定责任的，肇事人的责任将有所减轻。这也是我国在具体罪名上对被害人过错的明确确认。

第四，最高人民法院2010年10月1日施行的《人民法院量刑指导意见（试

行)》，明确将被害人过错视为酌定从宽情节，规定："因被害人的过错引发犯罪或对矛盾激化引发犯罪负有责任的，可以减少基准刑的20%以下。"

第五，最高人民法院刑事审判第一庭、第二庭2002年编选的《刑事审判案例》集中刊登了三个有关被害人过错的案例[①]，即"于光平爆炸案——危害结果严重但被害人有明显过错的案件如何适用刑罚"、"王勇故意杀人案——被害人有严重过错的故意杀人案件如何量刑"和"刘加奎故意杀人案—因民间矛盾激化引发且被害人有一定过错的案件如何适用死刑"。在上述三个案例中，法院均将被害人过错作为减轻犯罪人刑事责任的理由，在司法领域体现了法院对被害人过错的导向性意见。

从以上体现被害人过错影响刑事责任的司法解释或指导性案例中，我们可以大体总结出，被害人过错在我国刑事司法中是从轻处罚的酌定情节，各法院可以根据案件实际情况酌定参考。

（二）被害人过错限制死刑适用的问题

1. 被害人过错限制死刑适用的立法问题

被害人过错在我国立法上存在的主要问题，是缺乏体系性规定与类型化处理。对于现实中大量存在的被害人过错，我国刑法典缺乏明确规定，刑法、刑事政策、司法解释以及最高人民法院公布的刑事审判中存有零星规定。

(1) 从总则宏观角度而言，缺乏体系性规定。我国现行刑法没有明确规定被害人挑衅这样的辩护理由[②]，也没有如意大利[③]、俄罗斯[④]等清晰地规定被害人过

---

① 最高人民法院刑事审判第一庭，第二庭编．刑事审判案例．北京：法律出版社，2002：92-103.

② 我国香港特别行政区刑法规定，"考虑到是被害人挑衅被告人杀害他的，被害人本身有过错，因而受到挑衅者有部分正当理由"（赵秉志主编．香港刑法．北京：北京大学出版社，1996：93）。

③ 《意大利刑法典》第62条（"普通减轻情节"）规定："下列情节，当不属于犯罪构成要件或者特别减轻情节时，使犯罪变得较轻：……（2）因他人非法行为造成的义愤状态中做出反应的……（5）被害人的故意行为与犯罪人作为或者不作为共同造成结果的……"（最新意大利刑法典．黄风，译注．北京：法律出版社，2007：24-25）。

④ 《俄罗斯联邦刑法》第61条（"减轻刑罚的情节"）第1款第8项载明，"由于被害人的行为不合法或不道德而实施犯罪"（俄罗斯联邦刑法典．黄道秀，译．北京：北京大学出版社，2008：26）。

错是刑罚裁量的普通减轻或特别减轻情节（事由），更不存在与美国《联邦量刑指南》中的“被害人（过错）行为条款”[①] 相类似的被害人过错的专门性规定，仅刑法典第13条的但书、正当防卫以及与之相关的防卫过当和无过当防卫、酌定量刑情节等条款作出模糊规定。与被害人过错现象大量存在以及被害人过错在其他国家与地区获得重视的现实相比，总则中无体系性规定成为刑罚裁量依据的软肋。

（2）从分则微观角度而言，欠缺类型化处理。在德国[②]、俄罗斯[③]，对杀人、伤害等行为几乎无一例外地对被害人过错导致杀人或伤害行为作出专门规定，区分普通杀人、伤害与义愤杀人、伤害。而我国的相关司法解释和指导性案例虽然对被害人过错在刑法分则中的具体运用有所涉及，但是一方面司法解释、最高人民法院公布的刑事审判案例本身的普适性受到质疑，另一方面刑法分则中不同犯罪类型欠缺被害人过错的明确规定，即无类型化处理，甚至在被害人过错存在的共识领域，如杀人、伤害罪名中，均无规定，这无疑使在分则中关注被害人过错问题成为可望而不可即之事。[④]

---

① 美国《联邦量刑指南》中设置有“被害人（过错）行为”条款。该条款规定：“如果被害人的过错行为明显地促使了犯罪行为的发生，法院可以在指南范围以下减轻处罚以适应犯罪行为的性质和情节。在决定减轻处罚的幅度时，法院应当考虑：(a) 与被告人相比，被害人的体形和力量，以及其他相关的身体特征；(b) 被害人行为的持续性以及被告人为了避免冲突而做出的努力；(c) 被告人合理感知到的危险，包括被害人的暴力倾向等；(d) 被害人给被告人带来的现实危险；(e) 其他任何被害人能实质性地导致现实危险的行为……”（美国模范刑法典及其评注. 刘仁文，等译. 北京：法律出版社，2005：404.）

② 《德国刑法典》第213条规定，“（故意杀人的减轻情节）非行为人的责任，而是因为被害人对其个人或家属进行虐待或重大侮辱，致行为人当场义愤杀人，或具有其他减轻情节的，处1年以上10年以下自由刑”[德国刑法典（2002年修订）. 徐久生，庄敬华，译. 北京：中国方正出版社，2004：161]。

③ 《俄罗斯联邦刑法典》第107条（“在激情状态中杀人”）第1款规定，“因被害人的暴力、挖苦或严重侮辱，或因被害人其他违法行为或不道德行为（不作为），以及由于被害人经常不断地违法行为或不道德行为而长期遭受精神创伤，从而在突发的强烈精神激动（激情）状态中实施杀人的，处3年以下的限制自由；或处3年以下的剥夺自由”。与第105条杀人（故意造成他人死亡的）处6年以上15年以下剥夺自由相比，犯罪人的刑事责任因被害人过错的存在而减轻很多。与此相类似的还有其第113条“在激情状态中严重损害或中等严重损害他人健康”的相关规定。俄罗斯联邦刑法典. 黄道秀，译. 北京：北京大学出版社，2008：50.

④ 刘丽萍. 犯罪与被害互动关系中被害人过错法定化研究. 东南大学学报（哲学社会科学版），2009 (11).

2. 被害人过错限制死刑适用的司法问题

被害人过错在我国死刑案件的司法适用中，主要存在以下问题：

第一，被害人过错在量刑实践中容易被忽视。首先，公安机关往往忽略收集有利于对犯罪嫌疑人定罪量刑的被害人过错方面的证据，使审判人员无法对案件的事实有完整的认识，导致不能正确地适用刑罚，也会引起犯罪人对刑罚适用的不满，从而影响其教育改造的效果。其次，检察机关在进行公诉时较多关注对犯罪人的定罪量刑问题，而较少关注被害人方面是否存在过错，或者仅仅从同情的角度去评价被害人。最后，法院在进行判决时，往往因为被害人过错是规定不够明确的酌定量刑情节而忽略对这种情节的认定。由于被害人过错不属于法定从轻处罚情节，法院往往以被害人过错不是法律规定应当或可以从轻处罚的情节、缺乏法律依据而置之不理。

第二，被害人过错在量刑实践中的认定标准及其功效不统一。司法实践中，因为被害人过错属于酌定量刑情节，且对于如何对其进行运用的标准并不明确，故被害人过错的认定标准及其功效不统一，有的可以使犯罪人被从轻或减轻处罚，而有的本可以发挥从宽作用却未得到运用，且其认定的区域性差异较大，因而不利于司法公正及司法威信的确立。①

## 六、被害人过错限制死刑适用的法治完善

### （一）被害人过错限制死刑适用的立法完善

1. 死刑案件被害人过错法定化的立法模式

对于如何具体地在立法中将被害人过错设置为法定情节，国外被害人过错法定化的理论与立法给我们提供了可供借鉴的途径。如上文所提及的，在大陆法系国家和地区，很多国家和地区将被害人过错作为减轻刑事责任的情节予以考虑，主要有三种方式：一是在刑法总则中将被害人过错作为减刑情节予以规定，如俄

① 田庆生，郝如建. 被害人过错的司法适用. 产业与科技论坛，2007 (11).

罗斯。[①] 二是在刑法分则的故意杀人罪中单独规定被害人过错作为减轻杀人者刑事责任的情节。如《越南刑法典》第95条专门规定了精神受强刺激杀人罪："由于他人对自己或亲属的严重违法行为造成强烈刺激而杀害他人的，处六个月以上三年以下有期徒刑"，"在精神受到强烈刺激下杀死多人的，处三年以上七年以下有期徒刑"[②]。三是在刑法总则和分则中分别规定被害人过错这一从宽情节。比如《菲律宾刑法典》首先在总则"减轻刑事责任之情形"一章中规定了三种因被害人过错得以减轻处罚的情节，分别是受到受害人足够的挑衅或威胁、直系亲属遭到严重侵害后的保护行为，以及犯罪人受到强烈刺激引起愤怒或思维混乱。将这三种与被害人过错相关的情节作为法定减轻情节在总则中明确予以规定。同时《菲律宾刑法典》在分则中也设置了特殊杀人罪，包括两种涉及被害人过错的情况，分别是发现配偶与他人性交而当场杀死一方或双方的，以及父母杀死诱奸其未满18周岁女儿的行为。对于上述两种行为，从宽处流放刑。[③]

此外，我国不少学者都提出了自己的关于被害人过错的立法模式建议。有的学者认为，首先应当在总则中设立专门的"被害人责任"条款，该条款的内容为："由于被害人的不当行为或状态对犯罪人实施犯罪行为产生实质性影响，犯罪人仍应承担刑事责任，但可以根据具体情节酌情减轻或者免除处罚。""本法所指被害人，系犯罪行为所直接侵犯的自然人或者单位。犯罪人利用被害人不当行为或状态实施犯罪的，或被害人为不特定多数的，不适用本条的规定。"其次，通过类型化处理，将分则中存在被害人过错的具体犯罪类型分为暴力犯罪和白领犯罪。对暴力犯罪中的故意杀人罪的法条（第232条）作如下修改："故意杀人的，处十年以上有期徒刑或死刑；有以下情节之一的，处三年以上十年以下有期徒刑：（1）当场基于义愤而杀人的；（2）行为人在长期遭受被害人持续不断的不被法律或道德所容忍的迫害的情况下，无法控制的情绪而杀人的；（3）被害人没

① ［苏］库兹涅佐娃，H. M. 佳日科娃. 俄罗斯刑法教程（总论）：下卷·刑罚卷. 黄道秀，译. 北京：中国法制出版社，2002：667.

② 越南刑法典. 米良，译. 北京：中国人民公安大学出版社，2005：40.

③ 菲律宾刑法典. 杨家庆，译. 北京：北京大学出版社，2006：55.

有任何生存希望并且承受无法减轻的异常痛苦，基于被害人真诚请求而杀人的；（4）防卫过当而杀人的；（5）其他犯罪情节比较轻的。”[①] 也有的学者认为，应当在我国刑法总则部分“量刑情节”一节专设一条，即“在犯罪行为中，因被害人的过错行为而致犯罪发生的，视被害人过错行为的社会危害性以及犯罪人的主观过错的大小，对犯罪人做出从轻、减轻或者免除的处罚”。在刑法分则的条文中应当有选择性地选取一些典型的犯罪，如第 232 条规定的故意杀人罪，在该条增设第 2 款：“由于被害人的严重刺激、挑衅、加害、逼迫等行为，使犯罪人的精神处于亢奋状态从而实施了义愤杀人或激情杀人的，可以从轻或减轻处罚。”在第 234 条规定的故意伤害罪的后面增加第 3 款：“被害人有过错的，可以从轻或减轻处罚。”[②]

2. 我国死刑案件被害人过错法定化的途径

笔者认为，我国被害人过错法定化的可行之路，是总则一般规定与分则具体规定相结合的立法模式。

首先，可在刑法总则中对“被害人过错导致犯罪的，可以从轻或减轻处罚”作出一般规定，但是还要按照被害人过错的程度对其进行细化，防止发生一刀切的情况。（1）被害人负有重大责任的，一般会对犯罪人的刑事责任产生影响，但还要考虑是否有其他从严情节将其抵销，故最终可在被害人过错的一般条文中规定第 1 款：“被害人对于加害人的犯罪行为负有重大责任的，可以对加害人从轻或者减轻处罚。但加害人若存在犯罪行为特别残忍、犯罪后果特别严重、累犯、没有法定从轻条件、被害人系无辜者、犯罪人主观恶性较大等情况的，不适用本款规定。”（2）在被害人负有一般责任时，需要综合考虑其他从宽情节及由民间矛盾引发等情况。故可规定第 2 款：“被害人对于加害人的犯罪行为存在一般过错的，结合诸如归案后坦白、双方系邻里关系、归案后认罪态度较好、自首、附

① 王佳明. 互动之中的犯罪与被害——刑法领域中的被害人责任研究. 北京：北京大学出版社，2007：182-183.

② 郝如建. 论刑法学中的被害人. 北京：中国政法大学出版社，2007.

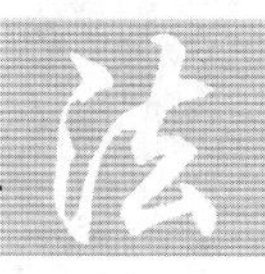

带民事赔偿到位、被害人亲属谅解、立功、作案手段不严重、主观恶性不深、被害人的长期虐待等从宽情节，可以对犯罪人从轻或者减轻处罚。”当然，至于被害人重大过错与被害人一般过错的具体类型，需要由司法解释加以规定。

其次，在刑法分则中可对被害人过错进行类型化的规定。因交通肇事罪在刑法分则中已有明确规定，故不赘述。重点在故意杀人罪与故意伤害罪中对被害人过错设置具体的规定：(1) 可将故意杀人区分为不同的情况分别加以规定，如区分谋杀、激情杀人、义愤杀人、遭受长期迫害而杀人、防卫过当杀人等不同行为。其中，激情杀人、义愤杀人、遭受长期迫害而杀人、防卫过当杀人等几种情形都可能包含被害人过错因素，故在这些情形下，对犯罪人的处罚可以减轻一个量刑档次，处 3 年以上 10 年以下有期徒刑。(2) 在故意伤害罪中亦可增设基于义愤而伤害的情形，对犯罪人从轻或减轻处罚。

（二）被害人过错限制死刑适用的司法完善

1. 转变侦审思维

在死刑案件中，公、检、法普遍存在对被害人过错这一酌定量刑情节不太重视的问题。首先，公安机关和检察机关需要转变思维模式，对被害人过错这一情节予以重视，并贯彻到证据的收集及起诉环节的考虑中。要有全面、客观地反映被害人在被害时行为正当和行为不当的具体材料；对于犯罪嫌疑人在侦查讯问中提到的被害人存在一定过错的申辩，绝对不能武断地认为其就是为了逃脱罪责而进行的狡辩，而应该进行详细的调查和研究，综合各种情况来分析是否存在被害人行为不当的可能性以及该不当行为对犯罪的影响程度，以此来分析和判断案件，作出合乎公平正义的结论和意见。

其次，法院要在此基础上对被害人过错是否影响死刑案件中对犯罪人的定罪量刑进行充分考虑。特别是在最高人民法院进行死刑复核的最后阶段，如故意杀人案件中，合议庭合议时必须考虑案件中是否具有被害人过错这一情节，并切实讨论和衡量这一情节是否影响死刑的适用。

2. 深化司法解释

完善被害人过错的相关司法解释，对存在被害人过错案件的量刑，可以发挥


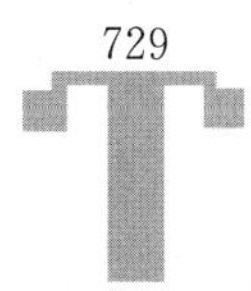

更大的指导功能。因此，需要将被害人过错在立法规定上的不足通过司法解释来予以弥补，如：明确被害人的认定标准、被害人过错的认定标准；从正面和反面分别明确死刑案件中被害人过错这一情节如何影响定罪量刑；明确死刑案件中被害人过错影响量刑的幅度等问题。

此外，最高人民法院近年来在全国法院推进了量刑规范化工作，2010 年发布了《人民法院量刑指导意见》；2014 年发布了《关于常见犯罪的量刑指导意见》，并在其第三部分“常见量刑情节的适用”中明确了 14 种常见量刑情节的调节幅度。基于对被害人过错的量刑进行进一步规范化的需要，建议今后可考虑在《人民法院量刑指导意见》类司法解释的常用量刑情节中增加被害人过错这一情节，并对其加以具体规定。①

3. 加强案例指导

随着 2010 年 11 月最高人民法院《关于案例指导工作的规定》的出台，我国的案例指导制度初具雏形，司法实务中确立了指导性案例的效力。

为解决对被害人过错在定罪量刑中存在的认定标准不统一等司法问题，应充分发挥案例指导制度的作用。我们建议最高人民法院经常对存在被害人过错的死刑案件进行总结，发布一些典型案例。首先，对被害人过错的认定标准作出规定，可收集正反两方面的案例进行说明。其次，对被害人过错的程度进行区分，将属于被害人重大过错和一般过错的情形加以列举。最后，可对被害人过错限制死刑适用的情况进行说明，区分哪些被害人过错可以从轻或减轻加害人的刑事责任，而哪些被害人过错不可以从轻或减轻加害人的刑事责任。

---

① 2017 年最高人民法院发布的《关于常见犯罪的量刑指导意见》取代了其于 2014 年发布的该同名文件，2021 年最高人民法院和最高人民检察院联合发布的《关于常见犯罪的量刑指导意见》又取代了最高人民法院于 2017 年发布的同名文件，但遗憾的是，2017 年和 2021 年的上述两个文件关于常见量刑情节的规定中，均未规定“被害人过错”这一情节。

## 七、结语

综上所述，本文对被害人过错限制死刑适用这一议题进行了较为深入的研究，大体有以下几点具有一定程度的新意：一是将研究视角定位在被害人过错对死刑的限制适用上，包括故意杀人罪和故意伤害罪的死刑案件；二是运用大量案例进行实证研究，特别体现在对死刑案件中被害人过错的类型及被害人过错在量刑上影响死刑限制适用的方式这两部分的论述；三是对被害人过错的刑法定位进行研究，不仅从四要件、三阶层、双层次的犯罪构成体系中分别分析被害人过错的地位，而且分析了被害人过错在刑罚论中的定位；四是在被害人过错限制死刑适用的立法完善上，从总则角度按被害人过错的程度分别规定其对死刑的限制适用。

总而言之，在笔者看来，被害人过错限制死刑适用这一议题具有理论价值和实践意义。本文的研讨不仅试图总结司法实践中被害人过错对死刑案件中定罪量刑影响的实际经验并提出完善建议，而且努力探索限制适用死刑的新路径，从而力图为司法实践中存在被害人过错的死刑案件的正确司法提供理论基础。

# 论运输毒品罪死刑废止的可行性*

## 一、问题的提出：废止运输毒品罪的死刑配置正当其时

全国人大常委会2011年通过的《刑法修正案（八）》一次性大规模废止13种非暴力犯罪的死刑，将刑法中的死刑罪名从68种减少到55种，迈开了中国死刑立法改革的步伐。此后，中国共产党十八届三中全会通过的《中共中央关于全面深化改革若干重大问题的决定》，明确把“逐步减少适用死刑罪名”作为“完善人权司法保障制度”的重要举措，进一步为削减死刑罪名的刑法改革提供了政治支持。以此为契机，第十二届全国人大常委会第十六次会议于2015年8月29日通过的《刑法修正案（九）》再次大幅度削减死刑罪名，废止了包括走私核材料罪、伪造货币罪、集资诈骗罪等9种罪名的死刑，使我国刑法中的死刑罪名减少到46种，向世界彰显了中国推动死刑制度改革、强化人权保障的法治努力。尤为值得关注的是，在这两次大规模废止死刑罪名的研讨过程中，虽然不乏一些

* 与张伟珂副教授合著，原载《河北法学》，2020（11）。

有争议的声音[①]，但总体而言，不管是国家决策层，还是社会舆论，抑或理论界、法律实务部门，都予以积极肯定，就废止非暴力犯罪的死刑达成了共识，这就为我们持续推进死刑立法改革奠定了良好的政治基础、社会基础和理论基础。申言之，即便在国家层面尚未颁布“死刑制度改革路线图”[②]，但持续推动非暴力犯罪死刑废止的立法改革，应当成为中国刑法修改完善之坚定不移的方向。

在刑法中，所谓非暴力犯罪，主要是指某一犯罪的基本构成要件中不包含暴力内容，即实行行为不能以暴力方法实施，且不以他人人身为犯罪对象，即对人身安全不能形成直接的损害或者危险。[③] 以此为标准予以检视，在中国刑法现有的46种死刑罪名中，非暴力犯罪的死刑罪名尚有25种，包括以下七大类：(1) 分则第一章“危害国家安全罪”中的非暴力犯罪5种，即背叛国家罪（第102条），分裂国家罪（第103条第1款），投敌叛变罪（第108条），为境外窃取、刺探、收买、非法提供国家秘密情报罪（第111条），资敌罪（第112条）。(2) 分则第二章“危害公共安全罪”中的非暴力犯罪4种，即投放危险物质罪（第115条第1款），非法制造、买卖、运输、邮寄、储存枪支、弹药、爆炸物罪（第125条第1款），非法制造、买卖、运输、储存危险物质罪（第125条第2款），盗窃、抢夺枪支、弹药、爆炸物、危险物质罪（第127条第1款）。(3) 分则第三章“破坏市场经济秩序罪”中的非暴力犯罪2种，即生产、销售、提供假药罪（第141条），生产、销售有毒、有害食品罪（第144条）。(4) 分则第六章“妨害社会管理秩序罪”中的非暴力犯罪1种，即走私、贩卖、运输、制造毒品罪（第347条）。(5) 分则第七章“危害国防利益罪”中的非暴力犯罪2种，即破坏武器装备、军事设施、军事通信罪（第369条第1款），故意提供不合格武器装备、军事设施罪（第370条第1款）。(6) 分则第八章“贪污贿赂罪”中的

① 陈丽平. 走私核材料罪等不应取消死刑. 法制日报，2014-12-17 (11).

② 陈兴良. 减少死刑的立法路线图. 政治与法律，2015 (7).

③ 黄京平，石磊. 简析中国非暴力犯罪及其死刑立法//赵秉志主编. 中国废止死刑之路探索. 北京：中国人民公安大学出版社，2004：6.

非暴力犯罪 2 种，即贪污罪（第 382、383 条），受贿罪（第 385、386 条）。(7) 分则第十章“军人违反职责罪”中的非暴力犯罪 9 种，即战时违抗命令罪（第 421 条），隐瞒、谎报军情罪（第 422 条），拒传、假传军令罪（第 422 条），投降罪（第 423 条），战时临阵脱逃罪（第 424 条），军人叛逃罪（第 430 条），为境外窃取、刺探、收买、非法提供军事秘密罪（等 431 条第 2 款），盗窃、抢夺武器装备、军用物资罪（第 438 条第 1 款），非法出卖、转让武器装备罪（第 439 条）。以上罪名，除具有非暴力性这一共同特点之外，其配置死刑的立法理由不大相同，分析起来，大致上可以归为以下三类：一是属于危害国家重大利益的犯罪类型，主要是涉及国家安全、公共安全和军事安全的犯罪；二是属于死刑配置获得较高民意支持的犯罪类型（基于危害大众生命健康的性质，或者系严重的腐败犯罪），如生产、销售假药罪，生产、销售有毒、有害食品罪，贪污罪，受贿罪等；三是属于当前经常适用的死刑罪名，如走私、贩卖、运输、制造毒品罪。虽然这些非暴力犯罪的死刑罪名在政治层面、社会层面和司法层面具有各自存在的合理性，但是从规范层面考量，基于死刑制度改革的规范化和现实性，从死刑适用的本体条件来检视废止上述非暴力犯罪之死刑的可行性仍十分必要。比如通过技术性策略废止生产、销售假药罪和生产、销售有毒、有害食品罪的死刑适用，通过完善犯罪防控机制和构建良好的舆论沟通机制逐步废止贪污受贿犯罪、毒品犯罪的死刑适用等。而在这些设置了死刑的众多现有罪名中，运输毒品罪的特殊性决定了其应当优先被纳入死刑制度改革的计划之中，因为不管在社会舆论层面还是在司法实践导向方面，严格限制运输毒品罪的死刑适用，使之区别于走私、贩卖、制造毒品犯罪，在当下已经成为我国的社会共识。[①] 鉴于此，我们认为，在当前良好的死刑制度改革氛围中，及时将废止运输毒品罪的死刑罪名提上修法议程可谓正当其时。本文拟从价值层面、规范层面和政策层面三个维度，探讨我国在当前刑法修正中从立法上废止运输毒品罪之死刑的必要性和可行

① 赵秉志. 中国死刑立法改革新思考——以《刑法修正案（九）（草案）》为主要视角. 吉林大学社会科学学报，2015 (1).

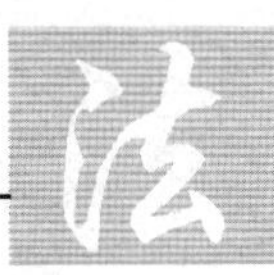


性问题。

## 二、价值层面的可行性：对运输毒品罪适用死刑背离死刑制度存在的有限正当性

在前两次刑法修正大规模地削减死刑罪名之后，有观点认为我国死刑立法改革的步伐难免会有所减缓，甚至有学者预言我国死刑的立法削减会进入一个“瓶颈”期、停滞期。[①] 但从长远来看，在立法层面进一步削减死刑罪名的方向应当是坚定不移的，我国死刑立法改革的趋势是不可逆转的。这也使我国立法机关、司法机关和刑法理论界有必要逐个探讨每种死刑罪名之死刑存废的合理性，尤其是非暴力犯罪之死刑罪名废止的可行性问题。

### （一）在我国现阶段死刑制度存在的有限正当性

我国刑法完善应当严格限制并逐步废除死刑，已经成为绝大多数学者的共识，也为我国近年来死刑制度改革的立法实践与司法实务所支持。虽然死刑废止论者坚持废止死刑是世界法治文明发展的必然结果，死刑保留论者坚持死刑“不可贸然地宣布废除”[②]，但是在我国现阶段还是需要保留死刑，已成为死刑存废激烈论战中不同主张的人们所维持的阶段性共识。之所以会出现这样一种局面，原因之一就是双方都认可一个国家死刑制度的存废必须考量三个因素，即主流民意、现实国情和传统文化。这“既是大多数死刑保留论者的基本理由，也是死刑渐进废除论者主张‘渐进’的现实根据”[③]。当然，具体到某一类、某一种死刑罪名在现阶段是否具备存在的正当性，还需要在此基础上考虑法律规范的评价标准，即是否符合刑法总则规定的死刑适用条件。基于此，以在我国现阶段保留死刑制度为前提，评价某一罪名死刑适用的有限正当性应当考察三个方面：合规范性、国情需要以及民意支持。

---

① 林维. 中国死刑七十年：性质、政策及追问. 中国法律评论，2019（5）.

② 严存生. 死刑应慎重，但不可废. 学术研究，2013（12）.

③ 时延安. 死刑、宪法与国家学说. 环球法律评论，2017（6）.

1. 合规范性是在我国现阶段死刑罪名存在的法治基础

认为死刑是以国家名义剥夺一个公民的生命，应当被贴上严苛、血腥的标签，也同正义分道扬镳的论断成为死刑废止论者的有力论据之一。然而，正义并非一成不变的自然范畴，它也被认为往往具有不可捉摸的主观色彩和时代痕迹，“死刑的存废、去留，并不取决于其自身无法辩明的正义性（或非正义性）以及无法证实或证伪的威慑性”[①]。因此，以在我国现阶段有限度地保留死刑罪名为背景，自然法意义上关于法治正义的探讨，并不足以否定死刑制度存在的必要性。在我们来看，在探讨每一种死刑罪名是否合乎文明人道的抽象逻辑之外，更需要在现行规范下论证死刑罪名的合规范性，即是否满足刑法体系内死刑配置的现实标准。这是我们探讨死刑罪名存废时不可逾越的法治尺度。因此，我国刑法中现存的 46 种死刑罪名的合规范性，首先面临刑法总则关于死刑适用标准的检验。

根据我国刑法典第 48 条第 1 款的规定，死刑只适用于“罪行极其严重”的犯罪分子。按照我国刑法的基本理论，刑法总则与分则之间是一般与特殊的关系，总则所规定的原则、制度等对分则具有指导作用，是立法者确定某一犯罪行为的成立条件与法定刑必须恪守的基本标准。因此，该条款在明确了死刑适用对象的同时，也确定了刑法分则某一罪名配置死刑的标准和依据，即如果要将某一罪名的法定最高刑设置为死刑，该种犯罪的危害性质和危害程度必须达到“罪行极其严重”这一法定标准。虽然在理论上和司法实践中，我们对“罪行极其严重”的内涵理解不一，但在将其客观表现限定为刑法分则中“最严重的罪行”这一表述上争议不大。也就是说，立法者在考虑对某一罪名配置死刑时，应首先用“最严重的罪行”标准对犯罪种类进行立法上的限制[②]，否则就会因背离刑法总则的规定而失去死刑适用的合法性基础。对此，我国学者大多会从联合国《公民权利和政治权利国际公约》第 6 条第 2 款关于现阶段尚不能废止死刑的国家应当

① 梁根林. 公众认同、政治抉择与死刑控制. 法学研究，2004 (4).

② 赵秉志. 中国死刑立法改革新思考——以《刑法修正案（九）（草案）》为主要视角. 吉林大学社会科学学报，2015 (1).

将死刑限制在“最严重的罪行”的范围之角度探讨其规范含义。在国际社会上，对于上述公约之“最严重的罪行”的含义虽然尚未作出完全一致的权威解释，但大多认为应尽可能以最受限制、最例外之方式来作出诠释①，并认为“最严重的罪行”应具有两个基本性质：“一是该犯罪只能是故意犯罪；二是犯罪行为造成了极其严重的危害后果，通常情况下是指犯罪行为非法剥夺了他人生命，或者其他与之性质相当的结果。”② 由此，关于对刑法分则某一罪名是否有必要配置死刑，就应当在故意犯罪中选择，同时判断该种犯罪的实行行为是否有可能对公众的生命安全造成实质性侵害。如果忽略了该限制性条件，就会导致刑法总则规定的死刑适用标准与刑法分则的死刑罪名配置之间发生冲突，从而使后者丧失合法性基础。

2. 国情需要是在我国现阶段死刑罪名存在的政治基础

在一国刑法保留死刑的前提下，关于对某一罪名是否配置死刑，国家立法者对犯罪形势的判断往往起到较大作用。例如，全国人大常委会在 1997 年 3 月 6 日第八届全国人大第五次会议上所作的《关于中华人民共和国刑法（修订草案）》的说明中明确主张：“考虑到目前社会治安的形势严峻，经济犯罪的情况严重，还不具备减少死刑的条件，这次修订，对现行法律规定的死刑，原则上不增加也不减少。”③ 而毒品犯罪之死刑立法的背后，正是毒品犯罪的日益猖獗和立法者认定原有立法威慑力不足，即毒品犯罪之死刑立法“是为了适应禁毒斗争的需要而适时出台的”④。就此而言，犯罪形势的变化所导致的立法者寄希望于通过适用死刑实现重刑治乱的心理期待，遂成为死刑制度存在之合理性不可回避的特殊国情，从而奠定了规范运行的政治基础。

---

① Rick Lines，“The Death Penalty for Drug Offences：a Violation of International Human Rights Law”，the International Harm Reduction Association，London. 2007，p. 18.

② 卢建平. 国际人权公约视角下的中国死刑制度改革//赵秉志主编. 死刑改革的中国实践. 北京：中国法制出版社，2011：61.

③ 高铭暄，赵秉志编. 新中国刑法立法文献资料总览. 北京：中国人民公安大学出版社，2015：699.

④ 张洪成. 毒品犯罪刑事政策之反思与修正. 北京：中国政法大学出版社，2017：85.

不可否认，在法律上设置并在事实上判处和执行死刑的国家，其死刑制度当然地承载着国家对其政治安全、社会稳定的高度期许。不管是基于公众心理上厚重的死刑报应观念，还是对死刑本身强大威慑力的迷信，对于国家决策者和立法者而言，剥夺犯罪人的生命，在大多数情况下不仅有助于平复受害者和社会公众的情绪，而且有助于震慑潜在的犯罪人，使之不敢轻易实施相应的严重犯罪行为，从而有助于实现国家的政治稳定。这样一来，在针对公众生命安全的暴力性犯罪和经常适用死刑的多发型犯罪的领域，死刑制度就被国家决策者和立法者赋予维护社会稳定的重要依托。以此来回望我国近年来两次大规模削减死刑的立法改革，就不难理解为什么首先选择备而不用或者少用的死刑罪名作为削减的对象：毕竟，这样既不会深切触动广大民众的激烈情绪，也不会削弱国家一直强力宣示的惩治高发型严重犯罪的政治决心。可以说，在毒品犯罪领域，这一特点表现得更加明显。特别是在“世界范围毒品问题泛滥蔓延，周边毒源地和国际贩毒集团对中国渗透不断加剧”，近年来中国毒品犯罪高发、滥用治理难度加大的情况下①，保留死刑以提高刑法对严重毒品犯罪的威慑力是国家决策必须考量的因素。也正是在这个意义上，“毒品犯罪死刑的限制与逐步废止问题实乃全面推进中国当下非暴力犯罪死刑废止进程所面临的最主要的法律障碍”②，因为在国家立法者眼中，保留死刑，是一种为遏制毒品犯罪、维护国家稳定而值得追求的“善治”③。

3. 民意支持是在我国现阶段死刑罪名存在的社会基础

国家对民意的回应与顺应是维护社会稳定的重要砝码。④ 在死刑制度改革问题上，国家决策也必然会慎重考虑民意对死刑罪名存废的支持力度。例如，对于

① 2018年中国毒品形势报告.（2019－06－17）［2019－11－12］. http://www.nncc626.com/2019-06/17/c_1210161797.ht.

② 赵秉志，阴建峰. 论中国毒品犯罪死刑的逐步废止. 法学杂志，2013（5）.

③ 孙世彦. 从联合国报告和决议看废除死刑的国际现状和趋势. 环球法律评论，2015（5）.

④ 赵秉志，苗苗. 论国际人权法规范对当代中国死刑改革的促进作用. 吉林大学社会科学学报，2013（4）.

贪污受贿犯罪而言，虽然废止其死刑获得了大多数学者的支持，有坚实的理论研究作支撑，司法实践中也极少对严重腐败犯罪的犯罪人适用死刑，适用死刑立即执行的更是罕见，且关于对属于非暴力性质的腐败犯罪不应适用死刑国际社会已经取得了广泛共识，但在我国现阶段仍然不能尽快废止贪污受贿犯罪的死刑，其主要原因就是保留这两种严重腐败犯罪的死刑获得了社会公众强大的支持力。[①]死刑制度改革必须直面舆情民意，不仅因为民意中蕴含着死刑制度改革依存的社会文化，而且因为对民意的回应是现代民主政治的必然要求。可以说，一个国家的主流民意奠定了该国死刑存在的社会伦理基础，成为影响国家对死刑的政治抉择的重要因素。

首先，公众对特定死刑罪名的支持，暗含着整体社会意识中最朴素的道德正义观念。“在认同应当保留死刑的前提下，人们可以随意地从人类的正义观念中找到死刑存在的理由，这甚至成为一个不言自明的真理。”[②] 道德赋予了死刑适用正当性，任何人都可以解释他觉得应当对某些犯罪适用死刑的原因，对某些犯罪而言这是罪有应得的。[③] 因此，立法对某一罪名配置死刑，也大多承载着公众的正义诉求，而刑法制度改革对民意的回应，实质上是回应普通民众普遍的报应需求和正义期待。[④] 其次，现代国家政治的民主机制要求法律改革必须关注公众诉求，以构建制度发展的合法性基础。我国多年来的死刑制度改革实践已经证明，死刑适用的限制与死刑罪名的废止，绝非社会精英可以独自完成的法治改革，而是需要积极吸纳社会土壤中的有益成分，以避免死刑制度改革与民意的撕裂。这样一来，为使死刑制度改革的决策合法化，社会公众关于死刑问题的看法就必须受到平等的关注和考虑[⑤]，否则，政治决策者的判断就会因为背离公众诉

---

① 张伟珂. 腐败犯罪死刑立法改革的特殊性研究. 中国刑事法杂志，2015（2）.

② 张伟珂. 中国死刑改革进程中的民意问题研究. 北京：法律出版社，2016：226.

③ ［美］欧内斯特·范·登·哈格，约翰·P.康拉德，等. 死刑论辩. 方鹏，吕亚萍，译. 北京：中国政法大学出版社，2005：333.

④ 林维. 中国死刑七十年：性质、政策及追问. 中国法律评论，2019（5）.

⑤ 袁涛. 论协商民主. 新疆社会科学，2007（1）.

求而被扰乱，死刑改革的力度就会迟滞。当然，即便承认这一点，也不意味着死刑制度改革必须一味地顺从，甚至迁就民意。相反，在死刑制度改革过程中，在客观把握民意诉求的同时，我们应当积极引导民意理性看待死刑制度改革问题，从而减少民意对死刑制度改革的阻力。如有学者所言，“在死刑这样一个公共政策问题上，政治领袖的重大政治责任在于根据对集体意识的民粹性、非理性、情绪性、保守性、乡土性乃至非正义性的辩证与科学的解构与分析，运用政治智慧和权力艺术，理智地引导普通民众以强国盛世的成熟与理智的国民心态，科学地认识犯罪规律与犯罪原因，对犯罪作出理性而平和的社会心理反应”①。

（二）运输毒品罪的死刑设置背离了死刑制度的有限正当性

当然，对现阶段死刑制度合理性的探讨，不影响我们对其进行深刻反思，只有这样才能推动死刑制度改革稳定有序进行。毕竟，在我国刑法立法上全面废止死刑只是时间问题，中国死刑制度的前景必定是一条从严格限制、逐步减少到最终全面废止的道路，这与全球死刑制度的发展趋势是相一致的。基于此，以上述标准来审视我国刑法中现有的 46 种死刑罪名可以发现，保留运输毒品罪的死刑明显不符合我国现阶段死刑制度的有限正当性。

1. 运输毒品罪不符合我国刑法总则规定的死刑适用标准

运输毒品罪属于毒品犯罪的一种类型，而毒品犯罪不属于“最严重的罪行”，对之配置死刑不仅不符合国际人权公约的基本要求②，而且违背了我国刑法典总则规定的死刑适用标准。当然，国际公约关于死刑适用范围的限定并非一条强制性标准，也允许“继续由特定国家自行解释”③，对国内法不会形成约束力，

---

① 梁根林. 公众认同、政治抉择与死刑控制. 法学研究，2004（4）.

② 联合国人权委员会在 2005 年和 2007 年关于泰国、苏丹在毒品交易中适用死刑的报告中重申，毒品犯罪不属于“最严重的罪行”，对之适用死刑有违联合国人权法的规定。Patrick Gallahue and Rick Lines，“The Death Penalty for Drug Offences：Global Overview 2010”，the International Harm Reduction Association，London，2010，p. 13. ［加］威廉·夏巴斯. “最严重的罪行”和死刑的适用//赵秉志，［加］威廉·夏巴斯主编. 死刑立法改革专题研究. 北京：中国法制出版社，2009：63.

③ ［加］威廉·夏巴斯. “最严重的罪行”和死刑的适用//赵秉志，［加］威廉·夏巴斯主编. 死刑立法改革专题研究. 北京：中国法制出版社，2009：65.

但这不妨碍我们从普通民众的视角分析保留运输毒品罪死刑的正当性问题。

首先，运输毒品罪作为毒品犯罪的一种，并不会直接侵害他人的生命安全，亦不会直接对公共安全、国家安全造成严重危害，属于无被害人的犯罪，对之配置死刑缺乏刑罚报应论的根基。按照我国刑法理论上与实务中的通行观点，运输毒品是指采用携带、邮寄、利用他人或者使用交通工具等方法，在我国将毒品从此地转移到彼地的行为。从法益侵害性来看，其侵害的客体是国家对毒品的管理制度，而不是公众安全或者重大的社会公共利益。[①] 显然，对包括运输毒品罪在内的毒品犯罪配置死刑偏离了报应刑的正当性。从行为目的来看，运输毒品的犯罪人往往是受经济利益驱动而实施犯罪行为的，运输毒品罪的设置则立足于全链条的毒品犯罪治理机制，其带有浓厚的行政犯色彩，故而关于对此类犯罪的预防与控制，更应该寻求自由刑、财产刑或者资格刑等手段，而不是像对待传统自然犯一样偏向于通过剥夺生命这一严苛的方式来实现刑罚目的。[②] 对于这一点，2015 年通过的《刑法修正案（九）》取消集资诈骗罪的死刑适用给我们提供了良好的分析视角，即通过加强执法，严厉惩处，保证整体惩处力度不降低的方式，来确保社会治安整体形势稳定。[③] 若能如此，也并不会导致毒品犯罪形势的恶化。

其次，运输毒品罪是典型的非暴力犯罪，不符合死刑适用的实质条件。按照通行观点，死刑只能适用于严重侵犯社会公共利益和他人重大利益，并且对潜在公共利益形成较大危险的犯罪行为。[④] 作为毒品犯罪的一种类型，运输毒品罪不具有明显的外显性、反伦理性、残酷性等暴力犯罪所固有的特征，而是通过所运输的毒品数量来体现社会危害的程度[⑤]，因此，对其适用死刑根本不符合刑法典

① 刑法学编写组．刑法学：下册·各论．北京：高等教育出版社，2019：234－235．

② 赵秉志，阴建峰．论中国毒品犯罪死刑的逐步废止．法学杂志，2013（5）．

③ 李适时．关于《中华人民共和国刑法修正案（九）（草案）》的说明（2014 年 10 月 27 日在第十二届全国人民代表大会常务委员会第十一次会议上）．(2019－11－20)．http://www.npc.gov.cn/wxzl/gongbao/2015-11/06/content_1951884.htm．

④ 赵秉志．中国逐步废止死刑论纲．法学，2005（1）．

⑤ 卢建平．试论中国非暴力犯罪死刑的废止//赵秉志主编．中国废止死刑之路探索．北京：中国人民公安大学出版社，2004：47．

总则所确立的“罪行极其严重”这一标准。现行立法既违背了罪责刑相适应的刑法基本原则，亦不符合刑罚等价性之要求，背离了合理配置死刑之价值衡量原则，有悖于我国当前“少杀、慎杀”之死刑政策。①

2. 运输毒品犯罪并非影响毒品犯罪治理形势的关键环节

严厉禁毒、严惩毒品犯罪在我国有其深厚的历史原因。1840 年的鸦片战争，开启了此后百余年中国被帝国主义列强侵略、掠夺、欺凌的近代历史，帝国主义的毒品贸易在中国近代史上扮演了祸国殃民的角色，毒品祸害成为中国人民心中永远的伤痛而为人民所深恶痛绝。新中国成立 70 年来，在长期历史环境和治国理念的影响下，一贯坚持实行严格禁毒的政策，始终坚持国家对禁毒工作的全面负责和干预以及严惩毒品犯罪。这一政策和法治也有着广泛的民意支持。中国针对毒品犯罪及其惩治的这种状况在目前以及可预见的未来，应当不会有特别的改变。② 但是，这并不是说对涉毒犯罪可以不加区分地一律适用重刑，在任何情况下，宽严相济、区别对待都应当是治理犯罪的基本原则，也是推动刑事立法和司法科学、公正运行的内在要求。基于此，中国不仅在刑法立法上区分了不同涉毒行为的刑事责任，而且在司法实践中也始终对不同类型的毒品犯罪予以区别处理。我们发现，在对毒品犯罪的全链条治理过程中，多年来司法机关始终将源头性毒品犯罪和涉暴毒品犯罪作为打击重点，对非源头、非涉暴的运输毒品犯罪的惩罚则较为克制。这在一定程度上表明，运输毒品犯罪并非司法机关重点打击和惩治的毒品犯罪类型。

最高人民法院发布的信息显示，“在 2012 年至 2017 年间，在犯罪类型上，人民法院坚持依法严惩走私、制造毒品、大宗贩卖毒品和走私、非法生产、买卖制毒物品等源头性毒品犯罪。在严惩对象上，人民法院对具有武装掩护毒品犯罪、以暴力抗拒检查、拘留、逮捕、参与有组织的国际贩毒活动等严重情节的毒

① 赵秉志．论中国非暴力犯罪死刑的逐步废止．政法论坛，2005（1）．

② 包涵．论毒品政策的演变与抉择：国家意志与市民需求的良性互动．中国人民公安大学学报（社会科学版），2017（4）．

品犯罪分子，以及毒枭、职业毒犯、累犯、毒品再犯等罪行严重和主观恶性深、人身危险性大的犯罪分子，该判处重刑至死刑的，坚决依法判处”①。多年来，我国“人民法院始终坚持依法从严惩处毒品犯罪，重点严惩走私毒品、制造毒品、大宗贩卖毒品等严重毒品犯罪，并加大对制毒物品犯罪、多次‘零包’贩卖毒品、引诱、教唆、欺骗、强迫他人吸毒及非法持有毒品等犯罪的惩处力度”②。据此，虽然在刑法立法上，运输毒品犯罪和走私、贩卖、制造毒品犯罪同属一个选择性罪名，但在司法实践中，走私、贩卖、制造毒品犯罪才是我国司法机关重点打击、惩办的毒品犯罪类型，而运输毒品犯罪在整个毒品犯罪司法惩治的链条中并不处于关键性的位置。这样一来，我们可以大致得出一个判断，对运输毒品犯罪适用死刑，不是因为其在毒品犯罪中地位突出，而仅仅是因为其属于走私、制造、运输、贩卖毒品犯罪的选择行为之一。换言之，运输毒品犯罪并不符合死刑存在所依赖的特殊国情——严厉打击毒品犯罪的情势需要。

3. 社会公众对运输毒品罪死刑配置的认同感不强

民意支持是一个国家对某类犯罪配置死刑的正当理由，也是死刑存在具有合理性的有力证明。因此，在《刑法修正案（八）》研拟修订的过程中，虽然从立法上即行废止运输毒品罪的死刑曾是呼声很高的话题之一，即便全国人大常委会法制工作委员会提交研拟的《刑法修正案（八）》草案中明确提出要继续研究取消运输毒品罪的死刑问题，最高人民法院当时也明确主张废止运输毒品罪的死刑，但国家立法机关最终因时机尚未成熟而没有将该罪的死刑一并予以废止。③这也可以说在一定程度上认同了一种观点，即“对严重毒品犯罪保留死刑的适用，显然比立即废除死刑更符合中国国情。这是死刑限制能够推行的社会心理基础”④。

① 最高人民法院．人民法院禁毒工作白皮书（2012—2017）．人民法院报，2017-06-21.

② 罗书臻，孙航．最高人民法院发布毒品犯罪司法大数据．人民法院报，2018-06-26.

③ 高铭暄，赵秉志，等．关于取消组织卖淫罪、集资诈骗罪死刑的立法建议//赵秉志主编．刑事法治发展研究报告（2010—2011年卷）．北京：中国人民公安大学出版社，2012：120.

④ 莫洪宪．中国毒品犯罪死刑的概况及其控制．政法论丛，2014（6）.

其实，相比已经通过2015年《刑法修正案（九）》废止死刑的集资诈骗罪、强迫卖淫罪等罪名来说，运输毒品罪的死刑废止所会遭遇的民意压力要小得多。为毒品犯罪配置死刑的特殊性在于，毒品犯罪为一个类罪，社会公众关于严厉打击毒品犯罪，乃至要求对毒品犯罪配置死刑的民意未必适用于每一种毒品犯罪。事实上，有研究表明，对某种犯罪“必须要适用死刑”这种民意取向并不常见，主要集中在致人死亡的严重暴力犯罪，公众对于刑法规定的其他非严重暴力犯罪的死刑，呼吁适用死刑立即执行的声音并不是如此强烈，公众普遍可以接受死缓、无期徒刑等判刑。① 如武汉大学刑事法研究中心和德国马普外国刑法与国际刑法研究所联合开展的中国公众死刑态度调研的报告显示，受访者关于对运输毒品罪适用死刑立即执行的支持度远远低于关于对抢劫、强奸和家庭内杀人适用死刑立即执行的支持度。② 因此，在考虑废止运输毒品罪的死刑时，对公众态度的认识要注意区分关于严惩走私、贩卖、制造毒品罪的民意与关于惩治运输毒品罪的民意，不能因为公众反对废止严重毒品犯罪的死刑而认为废止毒品犯罪中任何一种犯罪的死刑都是民众所反对的，而运输毒品罪正是这样一个特例。

## 三、规范层面的可行性：废止运输毒品罪之死刑的正当性的体系性考察

如果说何为“罪行极其严重”缺乏统一的规范标准，以此论证废止运输毒品罪之死刑的正当性有所欠缺，那么，根据运输毒品罪与相关毒品犯罪的行为特征，对既往死刑立法改革所削减的死刑罪名的行为特征进行比较分析，可以发现，废止运输毒品罪的死刑是正当的。

---

① 于志刚．死刑存废之争的三重冲突和解决之路．比较法研究，2014（6）．

② 武汉大学刑事法研究中心和德国马普外国刑法与国际刑法研究所主编．中国死刑态度调研报告．台北：元照图书出版公司，2010：16．虽然这份报告距今已有十年，但是考虑到公众对待死刑适用的态度越来越理性，尤其是两次刑法修正案删减死刑罪名的影响，可以认为，当时公众对运输毒品罪死刑的支持度较低的情况在今天依然具有参考价值。

### （一）从毒品犯罪体系内看废止运输毒品罪死刑的正当性

在毒品犯罪中，只有走私、贩卖、运输、制造毒品罪的法定最高刑为死刑。因此，通过分析运输毒品行为与走私、贩卖、制造毒品行为以及其他相似毒品犯罪行为的行为特征，可以发现为运输毒品罪配置死刑是不合理的。

1. 从运输毒品罪与走私、贩卖、制造毒品罪的关系看废止其死刑的正当性

按照我国刑法理论的通行解释，走私毒品，是指非法运输、携带、邮寄毒品进出国（边）境的行为；贩卖毒品，是指有偿转让毒品或者以贩卖为目的而非法收购毒品的行为；制造毒品，是指使用毒品原植物或者其他化工原料加工、合成毒品的行为。[①] 将运输毒品行为与走私、贩卖、制造毒品行为相比较，可以发现，其具有以下明显特征：

（1）从行为本质来看，运输毒品行为的危害性要远小于走私、贩卖、制造毒品的行为的危害性。因为走私毒品是将境外的毒品偷运至境内，而制造毒品则是直接产出毒品，两者都导致境内非法交易毒品量的增加，属于严重侵害毒品监管制度的源头性犯罪；贩卖毒品则是将毒品送入市场流通，较为直接地体现了对国家毒品监管秩序的严重侵犯，而运输毒品既没有造成境内毒品总量的增加，也没有直接将毒品从生产制造环节流入消费环节[②]，因此，运输毒品行为在客观危害性上要远远低于其他三类毒品犯罪行为。死刑保留论者普遍认为，在当前的社会背景下，通过死刑来惩罚罪大恶极的犯罪人是社会正义的体现，死刑的报应功能具有正当性。[③] 比较上述四种涉毒犯罪行为可以发现，如果说走私、制造、贩卖毒品行为的社会危害性较大，配置死刑具有报应刑的正义价值，那么，运输毒品犯罪人被适用死刑在很大程度上可以说失去了刑罚的正当性。

（2）从表现形式来看，运输毒品在毒品生产流通过程中居于辅助地位。一般来说，运输毒品行为有三种类型："第一，行为人本身就是走私、贩卖、制造毒

---

① 刑法学编写组. 刑法学：下册·各论. 北京：高等教育出版社，2019：235.

② 梅传强，伍晋. 毒品犯罪死刑控制的教义学展开. 现代法学，2019（5）.

③ 于志刚. 死刑存废之争的三重冲突和解决之路. 比较法研究，2014（6）.

品者，同时负责运输。第二，行为人明知他人在走私、贩卖、制造毒品但帮助他人进行运输，至于行为人运输毒品是受雇佣还是受胁迫以及是否营利在所不问。第三，走私、贩卖、制造毒品的行为人或者帮助他人走私、贩卖、制造毒品的行为人，利用不明真相的他人运输毒品。”[①] 第一种情形中运输行为是走私、贩卖、制造毒品行为的自然延伸，对走私、贩卖、制造毒品的行为适用死刑足以涵盖后续的运输毒品行为，对运输毒品行为单独设置死刑有重复评价之嫌。[②] 第二、三种情形中运输毒品行为都是走私、贩卖、制造毒品的帮助行为，而按照我国刑法理论的通行观点，不管是作为工具的“帮助”还是作为共犯的“帮助”，其本身在犯罪中处于次要地位，在评价其责任时也应当区别于其他三种行为。因此，在毒品犯罪中，施以报应的重点对象应当是增加境内毒品数量的生产毒品者、走私毒品者，以及促进毒品流通的贩毒者，而不是扮演“搬运工”角色的上述第二、三种情形中的运输毒品者。[③]

（3）从刑罚目的来看，对运输毒品罪配置死刑无助于实现预防效果。由于运输毒品行为在整个毒品犯罪过程中处于从属、辅助的地位，对这些“小角色”适用死刑并不能对运输毒品者背后的制造毒品者、贩卖毒品者产生威慑效果——他们可以迅速找到替代人员，这无助于实现死刑的预防功能（下文将作详述）。[④] 因此，我国刑法立法在现阶段考虑废止运输毒品罪的死刑是正当的。

2. 从运输毒品罪与其他毒品犯罪的关系看废止其死刑的正当性

我国刑法典分则第六章第七节“走私、贩卖、运输、制造毒品罪”包含11种毒品犯罪。就罪刑结构而言，意大利刑法学家贝卡里亚早就指出，其理想的状态是“犯罪对公共利益的危害越大，促使人们犯罪的力量越强，制止人们犯

① 赵秉志，肖中华. 论运输毒品罪和非法持有毒品罪之立法旨趣与隐患. 法学，2000（2）.

② 张洪成. 运输型犯罪废止论：以运输毒品罪为例. 太原理工大学学报（社会科学版），2013（3）.

③ 魏汉涛. 毒品犯罪死缓的司法偏差与匡正——基于100份死缓判决书的分析. 现代法学，2018（5）.

④ 王志祥，贾佳. 死刑改革问题新思考. 法学论坛，2015（5）.

罪的手段就应该越强有力”[①]，即公正的刑罚设置应该根据犯罪的危害程度而有轻重上的区分。由此，我们通过分析运输毒品罪与非法持有毒品罪等相关罪名在行为方式以及危害性上的差异，可进一步理清运输毒品罪配置死刑的不合理。

首先，与非法持有毒品罪的行为方式相比，应当考虑废止运输毒品罪的死刑。持有是非法持有毒品罪的行为方式，是指对毒品的事实控制和支配。其不要求行为人必须随身携带，只要能够对毒品的存废去留予以决定即可。[②] 将非法持有毒品行为与运输毒品行为相比较可以发现，虽然两个罪名在行为目的上有一定差异，但是二者的行为方式具有密切关系[③]：后者强调毒品在较大的空间范围内移动，而前者则强调毒品与行为人之间的依附关系；后者表明控制毒品的行为方式，而前者表明控制毒品的事实状态；后者是一种动态模式，前者则是静态模式。因此，这两种行为只是在表现方式上不同并由此导致评价角度的差异，在对国家毒品管理秩序的侵害性方面的区别不大——都不会导致国家范围内毒品生产流通量的增加。值得注意的是，这种行为方式的相似性也产生了司法认定相似的效果：在司法实践中运输毒品罪和非法持有毒品罪都表现出“口袋罪”的特征，即在不能证明行为人走私、贩卖、制造毒品的情况下，如果行为人不能合理解释控制毒品的理由，司法机关倾向于根据行为样态上的差异而将不法行为认定为运输毒品罪或者非法持有毒品罪。然而，虽然行为方式差异不大，但是非法持有毒品罪的法定最高刑是7年有期徒刑，运输毒品犯罪的法定刑是死刑，二者具有生死之差。在我国现行刑法规范确定将“罪行”作为评价死刑适用的合法性的前提下，立法者为运输毒品罪配置死刑显然背离了两罪在社会危害性上的差异。

其次，与法益侵害性更强的强迫他人吸毒罪相比，运输毒品罪被配置死刑是

① ［意］贝卡里亚．论犯罪与刑罚．黄风，译．北京：中国法制出版社，2005：79.

② 赵秉志主编．毒品犯罪研究．北京：中国人民大学出版社，1993：131.

③ 曾彦．运输毒品罪研究．北京：中国人民公安大学出版社，2012：77-78.

不合理的。强迫他人吸毒，是指以暴力、胁迫或其他强迫手段，迫使他人吸食、注射毒品的行为。其本质在于公然违背被害人的意志而迫使其吸食、注射毒品，严重侵犯了被害人的意志自由，给被害人的身体健康造成严重侵害。可以说，该罪不仅扰乱了国家对毒品的管理秩序，而且侵蚀了社会公众的身心健康。① 相比之下，运输毒品罪既没有直接的受害人，对国家毒品管理秩序的侵害也依附于其他毒品犯罪行为，因此，运输毒品罪的社会危害性并不比强迫他人吸毒罪的社会危害性更为严重。当然，依据目前的规范要求，对运输毒品的犯罪人适用死刑受到毒品数量、特殊身份等多重限制，但即便相应数量毒品被行为人强迫注射给他人（多人），该人也不会被适用死刑（将注射毒品作为杀人手段的除外），毕竟强迫他人吸毒罪的法定最高刑为 10 年以下有期徒刑，远低于运输毒品罪的刑罚。这种法定刑上的差异也凸显了立法上保留运输毒品罪死刑的不合理。

### （二）从《刑法修正案（九）》的死刑制度改革举措看取消运输毒品罪死刑的正当性

在《刑法修正案（九）》废止死刑的 9 种罪名中，包括了走私武器、弹药罪和走私核材料罪这些针对特殊对象的犯罪，以及集资诈骗罪、强迫卖淫罪等社会关注度极高的犯罪。尤其是以强迫卖淫罪为代表的暴力犯罪首次成为立法上废止死刑的对象，对于我国死刑制度改革的意义是里程碑式的。② 基于此，以《刑法修正案（九）》所废止的走私型犯罪的死刑为视角，可以构建更丰富的理论分析路径。因为犯罪构成作为认定犯罪成立的唯一标准，也是评价犯罪行为的社会危害性及其程度的主要依据，比较已经废止死刑的走私型犯罪和运输毒品罪的构成要件要素，更有助于我们理解废止运输毒品罪死刑的合理性。

---

① 赵秉志等. 毒品犯罪. 北京：中国人民公安大学出版社，2002：341-342.

② 正如有学者所评论，“在家国一体的千年文化传统影响之下，人们更关注的是国家安全与社会稳定给个人所带来的保护，更何况还包括涉及性与暴力两个敏感词的暴力性犯罪，人们一时无法全盘接受也在情理之中”［王勇. 中国死刑立法改革的过程叙事及其突围. 吉林大学社会科学学报，2017（4）］。因此，废止强迫卖淫罪的死刑遭遇了较大的民意压力，但是，国家立法者依然能够果断废止该罪的死刑，开启暴力犯罪死刑立法改革的新模式。这对于我们探讨其他犯罪死刑立法改革中国家决策与民意引导之间的关系具有重要参考价值。

首先，从行为方式来看，走私行为与运输行为的特殊关系，决定了走私行为的危害性要大于运输行为的危害性。按照我国刑法理论界与司法实务界的共识，走私是指行为人违反海关法规、逃避海关监管，将物品通过运输的方式进出国（边）境的行为。[①] 就此而言，运输是走私最直接的表现形式。当然，在具体犯罪构成中，作为实行行为的“运输”与“走私”在空间位置的动态变化上有根本性差异：走私型犯罪中的“运输”行为是跨越国（边）境的运送，而运输型犯罪中的“运输”则是在境内从一个地方到另外一个地方的空间移动。也正是因为此，走私行为较运输行为危害性更大，尤其是在毒品犯罪中，走私毒品行为不仅侵害了国家海关管理秩序，还对与走私物品类别相关的国家税款、国家公共安全、社会秩序等造成的侵害，而发生于境内的运输毒品行为并不具有如此复杂的法益侵害性，故而走私毒品行为的社会危害更大。

其次，从行为对象来看，武器、弹药与核材料的危害性决定了其在对法益的侵害与威胁方面要大于毒品。武器是指直接用于杀伤敌人有生力量和破坏敌方作战设施的器械、装置；弹药是指含有火药、炸药或其他装填物，爆炸后能对目标起毁伤作用或完成其他战术任务的军械产品；而核材料很容易发生辐射、裂变，一旦失去控制，被用来制造核武器，就会对人类形成巨大的威胁，严重危及世界和平与安全。[②] 因此，武器、弹药、核材料等对公共安全造成的侵害或者威胁更为直接，而且这种侵害性呈现出后果严重且不可控、突发性强等特点。相比之下，作为国家规定管制的能够使人形成瘾癖的药用类与非药用类麻醉药品和精神药品[③]，不同类型的毒品对人体健康造成的侵害或者威胁是有较大差异的，比如，相比流行的“K 粉”“摇头丸”“麻古”等毒品，传统毒品如鸦片、海洛因的毒性或成瘾性更强，而一些新毒品在上市之初，甚至被认为对人体是无害的。[④]

---

① 周道鸾，张军主编．刑法罪名精释．北京：人民法院出版社，2013：204．王作富主编．刑法分则实务研究．北京：中国方正出版社，2013：228．

② 王作富主编．刑法分则实务研究．北京：中国方正出版社，2013：232-235．

③ 包涵．规范视野下毒品定义要素的批判与重构．公安学研究，2019（3）．

④ 袁希利，何荣功．新型毒品犯罪的死刑判处要慎之再慎．云南大学学报（法学版），2012（6）．

更重要的是，毒品对吸毒者的生命健康或身心健康的危害，并不是毒品犯罪直接导致的①，脱离吸毒者个人的吸食行为毒品就不能直接产生法益侵害的后果，吸毒者的“中介行为”是不可或缺的。② 就此而言，毒品的危险性远小于武器、弹药和核材料等特殊违禁品的危险性。

最后，也需要进一步解释的是，一般认为，《刑法修正案（九）》废止走私武器、弹药罪与走私核材料罪的死刑，是因为它们都属于备而不用、备而少用的罪名，而运输毒品罪属于司法实践中经常适用的罪名，所以不宜将两者对比起来。也有学者明确提出，“经常适用的死刑罪名在短时间内不可能成为从立法上废除死刑的罪名”③。对此观点，我们认为值得商榷，因为不管是从刑法理论还是从《刑法修正案（九）》的改革情况来看，某一死刑罪名是否常用不是影响其存废的依据。言之前者，是因为死刑存废的依据从本质来说只能是某种犯罪是否符合“罪行极其严重”的法定标准；言之后者，备而不用、备而少用的罪名固然更有利于成为死刑制度改革的切入点，但是司法实践中时常运用的死刑罪名在时机成熟的时候也会成为死刑制度改革中削减死刑的对象，《刑法修正案（九）》废止集资诈骗罪的死刑已经证明了这一点。所以运输毒品罪的死刑适用状况并不是决定其死刑存废的决定性因素。更何况，在被判处死刑的毒品犯罪中，单纯因为运输行为而被判处死刑的案件占所有毒品案件的比例并不大④，将该罪称为经常适用死刑的罪名似乎也根据不足。

基于上述分析，我们认为，通过对比《刑法修正案（九）》已经废止死刑的部分罪名，运输毒品罪的社会危害性要远远小于走私武器、弹药罪等犯罪类型的社会危害性，因此，对运输毒品罪适用死刑失去了犯罪体系内刑罚均衡所要求的

---

① 梅传强，胡江．毒品犯罪死刑废除论．河南财经政法大学学报，2016（5）．

② 赵国玲，刘灿华．毒品犯罪刑事政策实证分析．法学杂志，2011（5）．

③ 陈兴良．减少死刑的立法路线图．政治与法律，2015（7）．

④ 有学者通过研究运输毒品犯罪的死刑适用状况发现，选择样本中构成运输毒品一罪的比例约为25.33%，而剩下的案件大多数是作为走私、制造、贩卖毒品行为的附属行为而被判处死刑的。梅传强，伍晋．毒品犯罪死刑控制的教义学展开．现代法学，2019（5）．

正当性逻辑，应当及时废止该罪的死刑。

**四、实践层面的可行性：取消运输毒品罪的死刑不会削弱严惩毒品犯罪政策的效果**

客观而言，上述分析主要是从规范层面对废止运输毒品罪死刑的正当性展开探讨的，而在毒品犯罪的死刑改革过程中，似乎教义学分析从来就不会引发较大的争议。在“逐步减少死刑”已经成为国家刑事法治政策的情况下，假以时日废止毒品犯罪的死刑并非难事，而当前制约毒品犯罪死刑改革的主要障碍并非学理上的应然性探讨，而是毒品犯罪形势是否允许废止其死刑这一实然性问题的影响分量。毒品犯罪的形势、国家与社会抗制毒品犯罪的能力、非刑法措施的完备性以及吸毒现象造成的社会危害等经验层面的因素，都极大地影响着毒品犯罪的死刑改革。[①] 甚至有观点断言，“对于毒品犯罪来说，考虑到其侵犯社会公益性以及疯狂蔓延的世界态势，大规模地限制死刑恐有操之过急的嫌疑”[②]。我国的官方数据显示，“2018 年，全国公安机关共破获毒品犯罪案件 10.96 万起，抓获犯罪嫌疑人 13.74 万名，缴获各类毒品 67.9 吨；查处吸毒人员 71.7 万人次，处置强制隔离戒毒 27.9 万人次，责令社区戒毒社区康复 24.2 万人次”[③]。从这些数据来看，在刑法层面废止毒品犯罪死刑的确会面临诸多困难。但是，这并不意味着废止运输毒品罪一罪的死刑与当前严峻的毒品犯罪形势、严厉惩治的司法政策相背离，进而显得不合时宜，因为废止运输毒品罪死刑的现实可行性是建立在我们下面将要论述的两个基础事实之上：一是严峻的毒品犯罪形势与运输毒品犯罪没有直接关系，二是单纯废止运输毒品罪的死刑并不会对治理毒品犯罪的司法政策产生负面影响。

---

① 莫洪宪. 毒品犯罪死刑制度的发展与国情. 法治研究，2012 (4).

② 王勇. 中国死刑立法改革的过程叙事及其突围. 吉林大学社会科学学报，2017 (4).

③ 2018 年中国毒品形势报告. (2019-06-17). http://www.nncc626.com/2019-06/17/c_1210161797.ht.

（一）我国现阶段毒品犯罪的严峻形势是诸多客观原因造成的，运输毒品犯罪等中介性犯罪对之并不具有决定性作用

首先，我国现阶段毒品犯罪的严峻形势是诸多客观因素造成的，应当客观看待运输毒品犯罪的影响性。这包括：(1) 毒品源头性犯罪与末端犯罪不断增长。有统计显示，在2012年到2017年五年间，“全国法院一审审结制毒物品犯罪案件数从2012年的145件增至2015年的288件，增长近1倍，2016年案件量虽有所回落，但制毒物品缴获量大幅增长，且新的制毒原料、制毒方法不断出现。受毒品消费市场持续膨胀影响，零包贩卖毒品（一般指涉案毒品10克以下的贩毒案件)、容留他人吸毒、非法持有毒品等犯罪增长迅速。零包贩毒是毒品犯罪的末端环节，此类案件通常占贩卖毒品案件的一半以上，在全部毒品犯罪案件中也占有较高比例，社会危害不容忽视。相当数量的零包贩毒人员本身吸食毒品，系为获得吸毒所需资金而实施毒品犯罪，由此形成以贩养吸的恶性循环。同时，近年来容留他人吸毒案件增长显著”[①]。(2) 毒品市场需求量较大，对毒品的制造、贩卖形成巨大吸引力。目前，境内毒品滥用人数增速减缓但规模依然较大。“截至2018年年底，全国现有吸毒人员240.4万名（不含戒断三年未发现复吸人数、死亡人数和离境人数)，同比下降5.8%。其中，35岁以上114.5万名，占47.6%；18岁到35岁125万名，占52%；18岁以下1万名，占0.4%。”[②] 而在2011年，境内查获有吸毒行为人员为41.3万人次。[③] 在近十年间，境内吸毒人员数量增加了近6倍，这一方面说明境内建立了较为完善的吸毒人员动态管理服务机制，能够更加有效地查获吸毒人员；另一方面也表明了国内吸毒市场的不断扩大。从毒品犯罪产生的根本原因来看，毒品犯罪之所以呈现出日益复杂、严峻的特点，缘于毒品犯罪的高额利润是其他任何商品都无法比拟的，境内庞大的毒

① 人民法院禁毒工作白皮书（2012—2017). 人民法院报，2017-06-21.

② 2018年中国毒品形势报告，(2019-06-17). http://www.nncc626.com/2019-06/17/c_1210161797.ht.

③ 史竞男，邹伟. 国家禁毒委员会办公室公布《2012中国禁毒报告》. (2012-05-17). https://www.chinacourt.org/article/detail/2012/05/id/517964.shtml.

品消费市场是毒品犯罪继续呈现高发态势的重要诱因。[①]（3）涉案毒品种类多样化，涉新精神活性物质犯罪案件不断增加。[②]“为吸引消费者、迷惑公众，一些毒贩不断翻新毒品花样，变换包装形态，‘神仙水’‘娜塔沙’‘0号胶囊’‘氟胺酮’等新类型毒品不断出现，具有极强的伪装性、迷惑性和时尚性，以青少年在娱乐场所滥用为主，给监管执法带来难度。据国家毒品实验室检测，全年新发现新精神活性物质31种，新精神活性物质快速发展蔓延是目前全球面临的突出问题。”[③]新型毒品类型不断出现，增加了执法难度，给毒品犯罪治理带来严重挑战。可以说，目前复杂的毒品犯罪形势与庞大市场吸引下的毒品源头性犯罪不断增加有密切联系，而制毒人员加工制造的毒品越多，开发的品种类型越丰富，毒品犯罪的形势就越严峻，反过来又刺激前者强化源头供给。而在这恶性循环的链条中，作为“搬运工”的运输毒品行为在整个毒品的生产流通过程中并非具有不可替代的作用，相应地，运输毒品行为也对毒品犯罪形势不具有决定性作用或较大作用。

其次，严峻的毒品犯罪形势是诱发运输毒品犯罪的因素，而不是运输毒品犯罪激化了毒品犯罪的形势，故而废止运输毒品犯罪的死刑不会对毒品犯罪治理产生反作用。从司法实践来看，运输毒品犯罪的行为人大多是受经济利益驱动，“从人员构成来看，运输毒品中多数人为受他人指使、雇用而运输的，多数是农民、边民或是下岗工人，很多是妇女……他们为了一点钱铤而走险，而且很愿意去。这些人生活在社会的底层，经济条件都不是很好”[④]。经济性、非暴力犯罪的死刑改革已经证明，适用死刑来遏制经济犯罪是徒劳的，也是不公正的。而在运输毒品罪中，运输毒品行为的隐蔽性、高收益性、低风险性以及可替代性都决

① 梅传强，胡江．我国毒品犯罪的基本态势与防治对策（下）．法学杂志，2009（3）．

② 胡云腾，方文军．论毒品犯罪的惩治对策与措施．中国青年社会科学，2018（5）．

③ 2018年中国毒品形势报告．（2019－06－17）．http://www.nncc626.com/2019－06/17/c_1210161797.ht．

④ 高贵君．毒品犯罪的死刑适用//莫洪宪主编．中国当代死刑制度改革的探索与展望．北京：中国人民公安大学出版社，2012：194．

定了适用死刑不足以遏制犯罪形势的复杂化，因为对绝大多数只是从事运输毒品的行为人适用死刑既不会影响其他人参与到运输毒品中来，也不会影响制、贩毒分子雇用他人从事运毒的积极性。相反，对运输毒品罪适用死刑反而可能进一步刺激运输毒品行为的收益，在不能起到有效促进运输毒品查处的前提下，也许会吸引更多的人从事运输毒品的活动。基于此，我们不仅不能在分析毒品犯罪的客观形势时将其归咎于运输毒品犯罪行为的久治不绝，更不能在观念上片面认为运输毒品犯罪的死刑适用有助于扭转复杂的犯罪形势。当然，人们更多的担心也许是，如果废止运输毒品罪的死刑，是否会导致更多的人从事运输毒品行为而加大毒品犯罪的流通速度，恶化毒品犯罪的治理形势。实则非然。在废除死刑的诸多国家，犯罪并没有出现异常现象，如在美国，对毒品犯罪基本上不判死刑，毒品犯罪还是平稳的，并未出现上升趋势。[①] 而法治理性和历史经验早已告诉我们，“对于犯罪最强有力的约束力量不是刑罚的严酷性，而是刑罚的必定性”[②]。企图靠死刑来控制犯罪率上升只能是一种空想。[③] 就此而言，既然运输毒品犯罪并非影响毒品犯罪形势的关键因素，废止运输毒品犯罪的死刑也不等于取消所有毒品犯罪的死刑，那么废止运输毒品罪的死刑就不会给毒品犯罪治理的整体效果产生根本性的影响。换言之，即便当前的毒品犯罪形势是不宜即刻废止毒品犯罪死刑的重要现实因素，但是这并不足以成为保留运输毒品罪死刑的理由。其实，在任何时候，把废除某种罪名的死刑视为对某种犯罪行为放松管制的观念，都是难以成立的。对某种犯罪废止其死刑并不是将这种犯罪行为非犯罪化，而只是不适用死刑而已，还可以最高判处无期徒刑，所以说废止死刑不等于降低对这种犯罪行为的惩处力度。[④]

---

① 赵秉志．我国现阶段死刑制度改革的难点及对策——从刑事实体法视角的考察．中国法学，2007（2）．

② ［意］贝卡里亚．论犯罪与刑罚．黄风，译．北京：中国法制出版社，2005：72．

③ 赵秉志．死刑改革探索．北京：法律出版社，2006：74．

④ 陈兴良．减少死刑的立法路线图．政治与法律，2015（7）．

### （二）近年来的司法实践可以证明，废止运输毒品罪的死刑不会削弱治理毒品犯罪的实践效果

首先，从司法政策来看，司法机关对运输毒品犯罪一直坚持慎用死刑的原则，故而废止该罪的死刑不会削弱治理毒品犯罪的实践效果。最高人民法院在2019年10月17日召开的第七次全国刑事审判工作会议上强调指出："要准确理解刑事政策，突出打击重点，落实宽严相济刑事政策，确保罪责刑相适应。要正确适用刑事法律，兼顾天理国法人情，坚持严格公正司法，以严谨的法理彰显司法的理性，以公认的情理展示司法的良知。"①而在运输毒品罪死刑适用的政策导向上，最高人民法院始终按照宽严相济刑事政策的要求，将区别对待、罪刑均衡和融情于法作为总体要求。早在2008年9月，最高人民法院在辽宁省大连市召开的全国部分法院审理毒品犯罪案件工作座谈会形成了《全国部分法院审理毒品犯罪案件工作座谈会纪要》（以下简称《大连会议纪要》）。该纪要明确指出，"毒品犯罪中，单纯的运输毒品行为具有从属性、辅助性特点，且情况复杂多样。部分涉案人员系受指使、雇佣的贫民、边民或者无业人员，只是为了赚取少量运费而为他人运输毒品，他们不是毒品的所有者、买家或者卖家，与幕后的组织、指使、雇佣者相比，在整个毒品犯罪环节中处于从属、辅助和被支配地位，所起作用和主观恶性相对较小，社会危害性也相对较小。因此，对于运输毒品犯罪中的这部分人员，在量刑标准的把握上，应当与走私、贩卖、制造毒品和前述具有严重情节的运输毒品犯罪分子有所区别，不应单纯以涉案毒品数量的大小决定刑罚适用的轻重。""对有证据证明被告人确属受人指使、雇佣参与运输毒品犯罪，又系初犯、偶犯的，可以从轻处罚，即使毒品数量超过实际掌握的死刑数量标准，也可以不判处死刑立即执行"。由此可见，《大连会议纪要》确立了运输毒品罪死刑适用的两大原则：一是宽严相济刑事政策所强调的区别对待原则，即将运输毒品与走私、贩卖、制造毒品区别

---

① 周强出席第七次全国刑事审判工作会议强调，牢记初心使命，忠诚履职尽责努力把新时代刑事审判工作提高到新水平.（2019-10-17）. http://courtapp.chinacourt.org/zixun-xiangqing-191211.html.

开来，将对前者适用死刑的条件限定得更加严格；二是明确了对运输毒品犯罪原则上不判处死刑立即执行的情形，从而有利于限制运输毒品罪的死刑适用，提高“宽严相济”的可操作性。此后，2014 年 12 月 11 日至 12 日，最高人民法院在湖北省武汉市召开了全国法院毒品犯罪审判工作座谈会，并形成了《全国法院毒品犯罪审判工作座谈会纪要》（以下简称《武汉会议纪要》）。该纪要明确提道：“对于运输毒品犯罪，应当继续按照《大连会议纪要》的有关精神，重点打击运输毒品犯罪集团首要分子，组织、指使、雇用他人运输毒品的主犯或者毒枭、职业毒犯、毒品再犯，以及具有武装掩护运输毒品、以运输毒品为业、多次运输毒品等严重情节的被告人，对其中依法应当判处死刑的，坚决依法判处。”“对于受人指使、雇用参与运输毒品的被告人，应当综合考虑毒品数量、犯罪次数、犯罪的主动性和独立性、在共同犯罪中的地位作用、获利程度和方式及其主观恶性、人身危险性等因素，予以区别对待，慎重适用死刑。对于有证据证明确属受人指使、雇用运输毒品，又系初犯、偶犯的被告人，即使毒品数量超过实际掌握的死刑数量标准，也可以不判处死刑；尤其对于其中被动参与犯罪，从属性、辅助性较强，获利程度较低的被告人，一般不应当判处死刑。对于不能排除受人指使、雇用初次运输毒品的被告人，毒品数量超过实际掌握的死刑数量标准，但尚不属数量巨大的，一般也可以不判处死刑。”该规定关于对运输毒品罪适用死刑的要求较《大连会议纪要》的要求有所变化，但仍然坚持宽严相济刑事政策的基本精神，突出强调了运输毒品犯罪中不同犯罪人的主体特殊性以及参与毒品犯罪的特殊作用，从而要求贯彻“区分对待”以及“严格限制死刑适用”这一原则。可以说，犯罪性质与犯罪人员构成上的特殊性，使司法机关在运输毒品罪死刑适用的政策导向上更加严格、慎重。这样不仅有利于实现对犯罪人的罚当其罪，而且更有利于突出打击毒品犯罪的重点。[1] 至于对“运输毒品的主犯或者毒枭、职业毒犯、毒品再犯”等特殊群体原则上考虑适用死刑，与其说是严厉惩治运输毒品犯罪人，倒不如说是重刑打击毒

---

① 高贵君主编. 毒品犯罪审判理论与实务. 北京：人民法院出版社，2009：148.

品行业的职业犯罪人。

其次，从司法实践来看，对运输毒品罪适用死刑有“替代责任”的嫌疑，废止运输毒品罪的死刑有助于进一步突出打击重点，对治理毒品犯罪起到正面作用。当前运输毒品罪的死刑适用存在的主要问题之一就是查证困难，无法达到司法政策提出的区别量刑要求，从而造成部分政策沦为空文，缺乏适用空间。[①] 虽然《武汉会议纪要》明确提出“对于不能排除受人指使、雇用初次运输毒品的被告人，毒品数量超过实际掌握的死刑数量标准，但尚不属数量巨大的，一般也可以不判处死刑”，但实践中将“不能排除受人指使”异化为没有证据证明其“受人指使”，从而在无法找到上游雇主的情况下对从事运输毒品的人判处死刑。正如有论者所提到的，“被告人实际上想贩毒，为了贩卖毒品而运输，结果在运输过程中被抓获，还没来得及进入交易环节。这种情况下，认定他是贩卖毒品的证据就很单薄，就应当认定他是运输毒品，这是他没法辩解的。尽管在定性上我们就低认定了，但在适用刑罚上，只要法官内心确信其是在贩卖毒品，适用死刑还是可以的”[②]。上述观点中提到，在“贩卖毒品证据单薄”的情况下将不法行为认定为运输毒品罪是基于“存疑有利于被告”的规范认定。这一说法是妥当的，但是在死刑适用上主张按照贩卖毒品罪来处理实为不妥，因为量刑应当以经查实的犯罪事实为基础，忽视了证据状况而以法官主观偏信为依据的量刑思路会导致量刑肆意而有失公平。具体而言，既然在证据层面不能认定运输毒品行为构成贩卖毒品罪，就不能按照贩卖毒品罪来确定刑罚。这是罪刑法定原则的基本要求。然而，司法机关在对运输毒品犯罪人适用死刑时明显存在定罪与量刑分离的状况，前者以事实为依据，后者则可以超越法律事实的约束，有违反罪刑法定原则之嫌。更重要的是，如果法官对运输毒品犯罪适用死刑依据的不是已经确定的犯罪事实，而是缺乏充分证据支持

---

① 曾嘉佳，等．运输毒品罪死刑量刑适用问题研究．山西省政法管理干部学院学报，2019（3）．

② 高贵君．毒品犯罪的死刑适用//莫洪宪主编．中国当代死刑制度改革的探索与展望．北京：中国人民公安大学出版社，2012：194．

的法官内心确信，就直接违反了适用死刑应当遵循的严格证据标准——确信被告人是制、贩毒者不是基于直接证据而是源于主观臆测，从而导致死刑适用的扩大化①，使运输毒品犯罪人在其上游雇主无法被查实的情况下而被适用死刑，或者当证据不足以认定贩卖、制造毒品罪成立时，运输毒品罪异化成了为了适用死刑而予以替补的罪名，“运输者也在某种程度上成为幕后操控者的‘防火墙’、替罪羊”②。按照这一逻辑，保留运输毒品罪死刑的不是因为运输者的罪行极其严重，而是因为运输者可能是证据无法充分证明的但有处罚必要的“制、贩毒”人员。这显然是死刑制度不能承受的工具价值——废止运输毒品罪的死刑就显得更为紧迫。

基于上述分析，我们认为，严格限制运输毒品罪的死刑适用是立法上保留该罪死刑的情况下的理性之举。该罪的法定刑为死刑，导致在司法治理毒品犯罪过程中办案机关集中力量深挖源头性毒品犯罪和末端毒品犯罪的努力弱化了，使运输毒品犯罪人以承受死刑的方式掩盖证明其为制、贩毒人员之证据的缺失，使死刑适用的正当性失去了。相反，如果从立法上废止运输毒品罪的死刑，使司法机关明白如果不能充分证明运输者是制、贩毒人员就不能对运输毒品罪适用死刑，就会促使有关部门将犯罪惩治的重点确定在制毒贩毒领域，通过及时、严谨的取证活动获得更多的证据来证明犯罪人的涉毒行为种类，而不是利用运输毒品罪的

① 例如，在赵某运输毒品案中，赵某在运输毒品途中被当场抓获，查获毒品数量大——海洛因 1 020 克、甲基苯丙胺 520 克，达到司法实务掌握的适用死刑数量标准，无法定从重或从轻情节。但是，人民法院认为，赵某供述稳定，其运输毒品路线是从云南省到四川省，属于长距离跨省运输，社会危害较大；他用自己的汽车运输毒品，并把毒品藏匿在面包车左侧门夹层内，证明其运输毒品的积极性高，主观恶性较大；他是四川富顺县人，从云南毒品犯罪的特点看，云南以外的人在云南进行毒品犯罪多有预谋，多为惯犯，可见，虽然没有证据证实其为惯犯，但其显然不同于为少量运费而运输毒品的农民，所以不具有从宽处理的身份特征，故而判处其死刑立即执行。（高贵君主编．毒品犯罪审判理论与实务．北京：人民法院出版社，2009：376.）在该案件中，如果说对前两个量刑情节的认定有证据支持，作为对其裁量刑罚的依据是合理的，那么最后一个理由中仅仅根据行为人的户籍所在地，在没有其他证据证明其属于再犯、惯犯的情况下，就认定其不具有从宽处罚的身份，显然过于主观化，有失死刑适用的客观、规范。事实上，从上述理由来看，适用死刑的最重要理由正是其身份。故而，我们认为，一旦在量刑层面加入过多的缺乏证据支撑的“法官主观要素”，就会导致运输毒品罪的死刑适用不当扩张。

② 梅传强，伍晋．毒品犯罪死刑控制的教义学展开．现代法学，2019（5）.

死刑配置来惩罚“可能存在”的制毒贩毒人员，从而突出打击重点，提高犯罪治理的科学性和有效性。因此，从死刑适用的正当性以及毒品犯罪治理的政策性角度考量，也应当废止运输毒品罪的死刑。

## 五、结语：废止运输毒品罪死刑配置的立法技术路线暨余论

当前，中国的死刑制度改革正逐步进入攻坚期，改革的重点难点问题进一步集中。这需要死刑理论研究和立法、司法实务凝聚更大的勇气和智慧，积极寻找有效的解决方案。[①] 废止运输毒品罪的死刑面临同样的问题，即废止其死刑并非在刑法条文中删去一个适用死刑的条款即可。在论证废止该罪的死刑的正当性的同时，也要考虑该罪法定刑的完善问题。基于此，根据对运输毒品犯罪行为的司法惩治特点以及其与其他毒品犯罪之间的协调，我们认为，废止运输毒品犯罪的死刑可以考虑两条技术路线：

其一，在刑法典第 347 条之后单独增设第 347 条之一“运输毒品罪”，废止其死刑的同时保持其法定刑类型和适用情节不变。也即删去第 347 条第 2、3、4 款中对运输毒品罪的规定，在第 347 条之后增加一条，作为第 347 条之一：“运输鸦片二百克以上不满一千克、海洛因或者甲基苯丙胺十克以上不满五十克或者其他毒品数量大的，处七年以上有期徒刑，并处罚金。”“运输毒品，有下列情形之一的，处十五年有期徒刑、无期徒刑，并处没收财产：（一）鸦片一千克以上、海洛因或者甲基苯丙胺五十克以上或者其他毒品数量大的；（二）运输毒品集团的首要分子；（三）武装掩护运输毒品的；（四）以暴力抗拒检查、拘留、逮捕，情节严重的；（五）参与有组织的国际毒品犯罪的；（六）以运输毒品为业的；（七）有其他严重情节的。”“运输鸦片不满二百克、海洛因或者甲基苯丙胺不满十克或者其他少量毒品的，处三年以上七年以下有期徒刑，并处罚金；情节严重

① 赵秉志，袁彬．我国死刑司法改革的回顾与前瞻．社会科学，2017（2）．

的，处三年以上七年以下有期徒刑，并处罚金。”①

其二，仅废止运输毒品罪的死刑而不单独增设运输毒品罪。也即将刑法典第 347 条第 2 款修正为：“走私、贩卖、制造毒品，有下列情形之一的，处十五年有期徒刑、无期徒刑或者死刑，并处没收财产；运输毒品，有下列情形之一的，处十五年有期徒刑、无期徒刑，并处没收财产：（一）走私、贩卖、制造或运输鸦片一千克以上、海洛因或者甲基苯丙胺五十克以上或者其他毒品数量大的；（二）走私、贩卖、制造或运输毒品集团的首要分子；（三）武装掩护走私、贩卖、制造或运输毒品的；（四）以暴力抗拒检查、拘留、逮捕，情节严重的；（五）参与有组织的国际贩毒活动的；（六）以运输毒品为业的；（七）有其他严重情节的。”

最后，作为本文的余论，我们要指出，关于运输毒品罪的死刑问题，在《刑法修正案（八）》的研拟过程中，最高人民法院向国家立法机关提出的是废止运输毒品罪死刑的主张；但到了《刑法修正案（九）》的研拟过程中，最高人民法院向国家立法机关提出了将运输毒品罪从刑法典第 347 条“走私、贩卖、运输、制造毒品罪”中分离出来单独成罪，并通过毒品数量和犯罪情节的完善来提高死刑适用标准的主张。也即将废止运输毒品罪的死刑之主张更改为保留但要更为严格地限制死刑的主张，其途径就是将运输毒品单独成罪并提高其适用死刑的标准；在国家立法机关最近正在启动创制新的《刑法修正案（十一）》的研拟活动中②，据悉最高人民法院关于运输毒品罪的死刑问题大体上是维持了其在《刑法修正案（九）》研拟过程中提出的上述主张。为什么最高人民法院对于运输毒品罪的死刑之立法改革意见会从主张废止死刑更改为主张单立罪名并严格控制死刑？依我们

① 有观点认为，现有规定中明确以具体数量作为对走私、运输、贩卖、制造毒品罪量刑的标准过于绝对，建议改为“数量较大”等概括性量刑情节。此类技术性调整，在立法上废止运输毒品罪的死刑时可以作为修改方向，以提高对毒品犯罪量刑的科学性。

② 全国人大常委会于 2020 年 12 月 26 日通过的《刑法修正案（十一）》，最终没有涉及死刑制度的改革，也没有涉及修改或废止运输毒品罪的死刑。但是，全国人大常委会法制工作委员会在研拟《刑法修正案（十一）（草案）》的方案时曾把死刑制度改革作为此次修法的一个方面，并有取消刑法典第 347 条中的运输毒品罪死刑的主张。赵秉志，袁彬.《刑法修正案（十一）》宏观问题要论. 澳门法学，2021（1）.

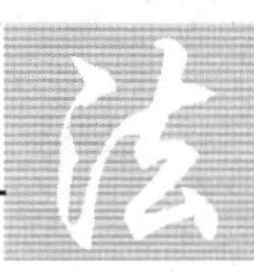

理解，这大约是基于两方面的考虑：一是认为当前从我国刑法立法上完全废止运输毒品罪的死刑与国情民意的认同和决策层的支持还有一定的差距，时机尚不成熟，恐难以获得立法通过；二是认为从实践来看运输毒品犯罪案件中也还有极少数危害极其严重而在当前需要适用死刑的特别严重的犯罪情况，如果现在就在立法上废止了该罪的死刑，则难免会造成对严重毒品犯罪行为惩治不力和刑罚适用横向失调的问题。由前述可知，我们是主张我国当下的刑法修正应及时废止运输毒品罪的死刑的，我们认为当前我国废止运输毒品罪的死刑已经具备了多方面的可行性。如果国家立法层面认为我们的主张过于激进和超前，尚与现阶段的国情民意有差距和与司法实务需要不符，认为马上从立法上废止该罪的死刑之时机还不成熟，那我们认为国家立法机关就应当考虑采纳最高人民法院的上述修法主张，即将运输毒品罪单独成罪，并通过立法完善和司法改进更加严格地限制和减少运输毒品罪的死刑适用。这不但是因为最高人民法院作为国家的最高司法机关的主张反映了司法界对运输毒品罪惩治的实务把握和需求，是一种稳妥而易于实现的修法方案；而且是因为最高人民法院的主张也可以说是一种稳妥中蕴含积极意义的方案，如果能够在立法上实现和在司法中切实贯彻，则能够为进一步在立法上废止运输毒品罪的死刑奠定司法基础、创造条件、消弭阻力，从而使立法上废止运输毒品罪的死刑最终“瓜熟蒂落，水到渠成”。简言之，我们认为，对我国刑法中运输毒品罪的死刑当下即应当予以立法修正：最好是当下就予以废止，否则即应更加严格地予以限制。

# 第五编　特赦制度专题

# 新中国成立 70 周年特赦之时代价值与规范研读*

## 一、前言

为庆祝新中国成立 70 周年，体现依法治国理念和人道主义精神，第十三届全国人大常委会第十一次会议于 2019 年 6 月 29 日通过《全国人民代表大会常务委员会关于在中华人民共和国成立七十周年之际对部分服刑罪犯予以特赦的决定》（以下简称《决定》），对依据 2019 年 1 月 1 日前人民法院作出的生效判决正在服刑的九类罪犯予以特赦。当日，国家主席习近平签署并正式发布了特赦令。这意味着继 2015 年我国第八次特赦之后，特赦制度时隔四年被再次启动。此次特赦也引起社会的广泛关注与热议。本文即拟在揭示新中国成立 70 周年之际特赦之重大时代价值的基础上，结合既往的特赦实践和相关经验，对此次特赦之规范进行文本解析，并就其适用原则和程序等问题略陈管见。

---

* 与高铭暄教授、阴建峰教授合著，原载《江西社会科学》，2019（7）。

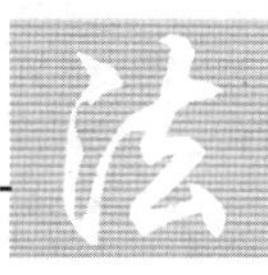

## 二、新中国成立70周年特赦的重大时代价值

2019年适逢新中国成立70周年，也是我国“两个一百年”奋斗目标进入历史交汇期的关键之年，是实现中华民族伟大复兴历史进程中的重要节点。值此重大节庆时刻依法实行特赦，是有诸多国内外先例可循的。事实上，作为一项重要的刑事政策措施，赦免多是在国家节日、庆典或者政治形势发生变化时实施。例如，德国的圣诞节赦免，泰国为国王的庆生赦免，韩国的光复节赦免等皆如是。从1980年至今，韩国历届总统共计进行了49次特赦，特赦的时间点一般为国家重要纪念日或节假日。文在寅政府的首次特赦即于2017年圣诞节之后进行。为迎接“三一抗日独立运动”和“大韩民国临时政府成立100周年”，韩国政府于2019年2月28日再次实行了大规模特赦。[①] 再如缅甸，温敏总统一上任就以庆祝新年和人道为由，于2018年4月17日宣布特赦8 500多名囚犯。[②] 2015年8月31日，为纪念“八月革命胜利和九·二国庆”70周年，越南对正在服刑、缓刑以及暂停执行刑罚的按照法律规定具备特赦条件的犯人分批予以特赦，共特赦18 298名犯人，其中有中国籍者为16人。[③]

就我国来说，1959年第一次特赦也正是为了庆祝新中国成立10周年而施行的。最值得称道的是，在与1975年的第七次特赦相隔40年后，为纪念中国人民抗日战争暨世界反法西斯战争胜利70周年，我国于2015年施行了第八次特赦，取得了良好的政治效果、法律效果和社会效果。进而言之，我们认为，在新中国成立70周年之际再行特赦，不仅能够发挥赦免制度所固有的调节利益冲突、衡平社会关系、弥补法律不足之刑事政策功能，也更能凸显如下重大的时代价值：

---

① 韩国将大规模特赦！迎接“三一抗日独立运动”百年.［2019-02-26］. http://news.haiwainet.cn/n/2017/1229/c3541093-31221515.html.

② 江飞宇. 缅甸总统新年特赦8 500多名囚犯可获释. 中时电子报，2018-04-17。

③ 越南国庆特赦逾1.8万犯人 不含政治活动分子.（2019-07-06）. http://news.sohu.com/20150829/n420055318.shtml.

（一）有助于促进国家治理体系和治理能力的现代化

中国共产党十八届三中全会首次提出要推进国家治理体系和治理能力现代化，标志着中国共产党治国理政进入了新境界。推进国家治理体系和治理能力现代化，既是坚持和发展中国特色社会主义的必然要求，也是实现社会主义现代化的应有之义。[①] 而作为一种重要的国家治理方式，刑事治理同样需要走向现代化。

自1949年10月1日成立以来，我国刑事治理经历了刑事立法匮乏、刑事立法不成体系向刑事立法科学化、体系化的重大转变。1997年刑法典颁行之前，我国尚未形成体系化的刑事立法，社会刑事治理处于捉襟见肘的状态，频繁出台且数量众多的单行刑法、附属刑法即是证明。事实上，伴随着改革开放的不断推进，各种严重危害社会治安、破坏经济的犯罪日益猖獗，犯罪状况趋于恶化。[②] 在这一社会形势下，国家当时立足于浓郁的重刑治国氛围，突出强调"严打"刑事政策，体现了强烈的犯罪化与重刑化观念。而特赦作为一种宽恕罪犯之政策措施，自然就被束之高阁了。而且，新中国成立后所实施的前七次特赦中，除第一次特赦的对象包括少数普通刑事罪犯以外，其余六次特赦均仅针对战争罪犯。因此，特赦制度尽管有其自身的独特价值，但在相当长的时间内与我国的基本国情和实际需要不相适应。

1997年刑法典颁行之后，随着国家治理体系的持续完善和国家治理能力的不断提高，我国刑事立法逐步走向体系化与科学化，刑事政策也由"严打"逐步向"宽严相济"转变。同时，特赦作为化解社会矛盾、促进社会和谐的有力措施，与国家治理体系和治理能力之现代化进程愈益契合，故而逐渐拥有了被再次激活的社会基础与政治基础。在此背景下，为纪念中国人民抗日战争暨世界反法西斯战争胜利70周年，我国于2015年8月底对同年1月1日前正在服刑、释放后不具有现实社会危险性的四类罪犯实行特赦。时隔40年再次启动特赦程序，可谓我国现阶段国家治理体系与治理能力现代化之重要实践，呈现出重要的政治

① 张博. 推进国家治理体系和治理能力现代化的思想与实践. 前线，2017（6）.

② 卢建平，刘春花. 我国刑事政策的演进及其立法影响. 人民检察，2011（9）.

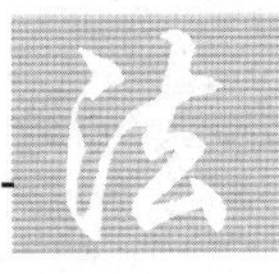

意义与法治意义。

我们认为，在新中国成立70周年这一决胜全面建成小康社会的关键时刻再次实行特赦，不仅是国家治理体系和治理能力现代化的进一步总结与实践，也可以切实为全面建成小康社会助力，因为：从一定意义上讲，我国全面建成小康社会也应当是一个不断化解社会矛盾的持续过程。面对当前我国社会所存在的各种矛盾，有必要建立和完善多元化的矛盾解决机制。而在新中国成立70周年之际对部分服刑罪犯予以特赦，正是这样一种化解矛盾、增进节日祥和喜庆氛围之有效措施，有利于从源头上最大限度地减少不和谐因素，不断促进社会的和谐与稳定，并更进一步推进国家治理体系和治理能力的现代化进程，进而向全社会昭示党和国家振兴中华、面向未来之理念，展现中国共产党的执政自信和制度自信，树立开放、民主、法治、文明、人道的大国形象。

（二）有助于彰显依宪治国、依宪执政的治国理念

中国共产党十八届四中全会在作出“全面推进依法治国”的决定时，明确提出“依宪治国”①。习近平总书记也指出：“坚持依法治国首先要坚持依宪治国，坚持依法执政首先要坚持依宪执政。”依宪治国、依宪执政的关键在于树立宪法权威、促进宪法的实施，而时隔40年再次启动的第八次特赦，事实上便是直接以宪法为依据的，是实施宪法规范、树立宪法权威的最直接体现。

2018年第十三届全国人大第一次会议高票通过宪法修正案，阶段性完成了宪法修改的重大历史任务。在新中国成立70周年之际再行特赦，是我国最新修宪之后的一次重大宪法实践活动，不仅有助于进一步彰显依宪治国、依宪执政之法治理念，树立宪法的权威，强化其根本法地位，增强宪法的生命力与活力，发挥其指导作用，也有助于特赦的制度化、法治化构建与常态化运作，还可充分体现以习近平同志为核心的党中央治国理政的新理念、新思想、新战略，推动执政理论创新与实践升华。

① 林来梵．依宪治国需要发挥宪法的潜能．理论视野，2017（2）．

（三）有助于体现依法治国和以德治国的有机结合

中国共产党十八届四中全会提出，全面推进依法治国必须“坚持依法治国和以德治国相结合”。法安天下，德润人心，推进国家治理体系和治理能力现代化，提高中国共产党的执政能力和执政水平，必须坚持依法治国和以德治国相结合，辩证和灵活地发挥二者在国家治理和社会治理体系中的功能，形成治国理政的合力。习近平总书记也曾指出，要强化道德对法治的支撑作用，重视发挥道德的教化作用，发挥道德对法治的滋养作用，努力使道德体系同社会主义法律规范相衔接、相协调、相促进。①

而特赦作为宪法性规范，具有重要的规范价值和法治功能。现代意义上的特赦是法治的产物，其以宪法和法律为根本遵循，主旨在于“使从前的法外行动得以依法处理，或在于使已负干犯法律的责任之个人得以依法救济”②。在当代民主与法治社会，特赦与否已不能如人治社会背景下那般由赦免权人独断专行，而须遵循法定的实体要求和程序规则，沿着法治的轨道运行，并以人权保障为目的。同时，特赦不仅具有内在的道德性，还具有外在的感化性，可以发挥一定的德治功能。特赦蕴含着对人的理解，对人性的关怀③，并对被特赦者乃至其他在押犯人具有一定程度的教育感化功能。

我国第八次特赦的四类对象以老年人和未成年人为主，充分体现了人道主义精神。其不仅发扬了历史上明德慎刑、尊老爱幼等德治传统，更突出了优先保护、特殊保护未成年人以及尊重老年人的现代法治理念。④ 此外，第八次特赦不仅给予了四类特赦对象重获自由与新生的机会，也让其他在押犯人怀抱希望，积极改造，努力争取下一次特赦的机会。

据此，严格按照法定的程序和条件，在新中国成立 70 周年之际实行特赦，

① 坚持依法治国和以德治国相结合推进国家治理体系和治理能力现代化．人民日报，2016-12-11（1）．

② ［英］戴雪．英宪精义．雷宾南，译．北京：中国法制出版社，2017：127．

③ 彭凤莲．依法特赦：法治与德治之结合．马克思主义与现实，2016（2）．

④ 蒋安杰．具有鲜明和突出时代特点的一次特赦．法制日报，2015-09-02．

既可充分体现我国依法治国的基本方略，彰显法治的程序价值，展现中国共产党的执政能力和执政水平，也可以昭示“国家尊重和保障人权”之宪法精神，突出以德治国的仁政思想。其已成为我国又一次法治与德治有机结合的生动实践，是在依法治国基本方略指引下对慎刑恤囚、怜老恤幼、明刑弼教等传统德治思想的理性传承，体现了中国共产党十八届四中全会所提出的“……法律和道德相辅相成、法治和德治相得益彰”的基本要求，有助于进一步改善我国的国际形象，并以实际行动驳斥和化解西方国家对中国人权的攻击。

（四）有助于切实贯彻宽严相济的基本刑事政策

基于对“严打”政策的理性反思以及对刑法谦抑性的强调，宽严相济的刑事政策已逐步成为我国当下的基本刑事政策①，成为我国新时期应对犯罪的基本策略思想。宽严相济的刑事政策重在根据不同的社会形势、犯罪态势与犯罪、犯罪人的具体情况，对刑事犯罪采取区别对待之立场，科学、灵活地运用从宽和从严两种手段，并强调“宽”的一面，注重“宽”与“严”之间的协调运作。宽严相济刑事政策的切实贯彻，有助于弘扬宽容精神，逐步树立科学的犯罪观和理性的刑罚观。而只有树立科学的犯罪观与理性的刑罚观，才能为赦免制度的常态化运行涤除观念障碍。反之，特赦制度的常态化运行也能从侧面反映出逐渐走向科学和理性的犯罪观与刑罚观。

在新中国成立70周年之际再行特赦，可谓切实贯彻宽严相济的基本刑事政策的重要举措，可以体现宽严相济刑事政策区别对待之基本蕴含，是遵循“以宽济严”政策内涵的合乎逻辑的选择②，可以凸显对刑罚轻缓化、人道化的尊崇，充分展现刑罚的宽容精神，不仅有助于鼓励罪犯悔过自新，强化教育改造的效果，也有助于改变普通民众对严刑峻法的过度迷信与依赖，破除刑罚万能论之非理性思维。同时，此次新中国成立70周年之际的特赦令还对九类适用对象中的部分服刑罪犯明确设定了排除适用特赦的范围，这实际上也体现了从严的一面，

① 赵秉志主编. 刑法学总论研究述评（1978—2008）. 北京：北京师范大学出版社，2009：64.

② 蒋娜. 宽严相济刑事政策下的死刑赦免制度研究. 法学杂志，2009（9）.

同样彰显了宽严相济刑事政策的要求。

（五）有助于推动特赦的制度化、法治化运作

推进国家治理能力和治理体系现代化，构建系统完备、科学规范、运行有效的制度体系，是新时期中国共产党领导人民治国理政的重要抓手。实现国家治理举措的制度化、法治化，是其中极其重要的一环。赦免是国家治理的重要措施，发挥着衡平社会关系、调整利益冲突、弥补法律不足的刑事政策机能，为现代绝大多数国家所采用。特赦制度虽然在我国历史悠久、源远流长，但缺乏活性、长期沉寂，这是学界很长时间内对我国特赦制度运行状态的共同体认。

在新中国成立 70 周年之际再次实行特赦，无疑有助于促进特赦的制度化建设。众所周知，自 1975 年第七次特赦之后，直到 2015 年我国特赦制度长达 40 年再未启用。其间，部分学者多次呼吁在国家重大节庆之际择时行赦，但直到 2015 年为纪念中国人民抗日战争暨世界反法西斯战争胜利 70 周年，我国才重启了沉睡 40 年之久的特赦制度。不过，由于没有形成常态化、制度化的运作机制，特赦制度可能会再度沉睡。恰如有论者所言，特赦之重启不免有些突兀，而且又在悄无声息间施行完成，它留给世人的是一副十分模糊的面貌，似乎仅仅是一个偶然性的政治决定。[①] 学界存在的这种关于特赦能否摆脱“沉睡的魔咒”之担忧不无道理，因为我国特赦制度化层次不高，缺乏具体的实体标准和程序规则，可操作性欠缺，正是特赦被虚置的一个重要缘由。有鉴于此，在新中国成立 70 周年之际再次行赦，发挥特赦之独特价值，显然有助于促进特赦的常态化运作，加快特赦的制度化建设，进而使其有法可依、有章可循。这也可以说是破解其“沉睡的魔咒”的不二法门。

而且，在新中国成立 70 周年之际再次实行特赦，还有助于促进特赦制度的法治化建设。特赦制度的法治化，是指对特赦制度的运行加以规范，将其纳入法治轨道，以防止特赦权的肆意行使。特赦制度对法治具有补救功效，其通过对形

① 梁鸿飞，张清. 认真对待“特赦”的法理言说——从人权、宪法实施、法治三个层面说起. 广州大学学报（社会科学版），2016（7）.

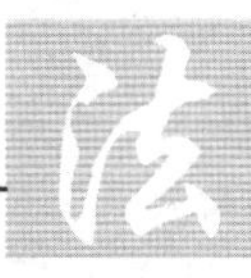

式法治的弥补或救济，可以使案件的处理结果符合实质法治的要求。同时，法治的建立往往以立法为契机和先导，特赦制度要实现法治化运作，就应当积极推动特赦立法，要根据现代刑法理念、人权保障观念及法治化精神，在特赦立法中科学合理地规定特赦的条件、范围、效果、程序及限制性原则。而在新中国成立70周年行赦，得以再次激活我国宪法中的特赦条款，进而推动特赦的立法进程，以促进特赦的实体要件与程序规则规范化。毋庸置疑，此举对于现代赦免制度的逐步重构与法治化建设，必定能起到十分重要的推动作用。

## 三、新中国成立70周年特赦之文本研析

新中国成立70周年的特赦，虽是又一次创新宪法实践的重要举措，但却以全国人大常委会的《决定》和国家主席的特赦令为最直接的规范依据。为此，我们必须结合规范文本所涉及的适用对象、实质适用条件、排除适用范围等内容予以深入研读与解析。

### （一）新中国成立70周年特赦的适用对象

鉴于我国2015年的第八次特赦取得了良好的政治效果、法律效果和社会效果，此次新中国成立70周年的特赦继续将2015年被特赦的四类人纳入适用对象范围，并在此基础上对适用对象进行了积极而适当的扩展。具体而言，新中国成立70周年特赦的适用对象可以分为以下三类。

#### 1. 曾为国家和人民作出过积极贡献的服刑罪犯

此类特赦对象共有四种人，其中包括2015年第八次特赦时就曾予以特赦的两种人：一是参加过中国人民抗日战争、中国人民解放战争的服刑罪犯；二是新中国成立以后参加过保卫国家主权、安全和领土完整对外作战的服刑罪犯。这次新增了两种人：一是新中国成立以后，为国家重大工程建设做过较大贡献并获得省部级以上“劳动模范”“先进工作者”“五一劳动奖章”等荣誉称号的服刑罪犯，二是曾系现役军人并获得个人一等功以上奖励的服刑罪犯。

参加过中国人民抗日战争、中国人民解放战争的服刑罪犯以及新中国成立以

后参加过保卫国家主权、安全和领土完整对外作战的服刑罪犯，其共同的特征是，在战争年代他们为民族独立、国家建立以及保家卫国作出过突出贡献。

其中，“参加过中国人民抗日战争”的服刑罪犯是指抗日战争时期具有下列情形之一的服刑人员：（1）参加过八路军、新四军的；（2）参加过地下革命工作的；（3）参加过抗日游击组织及其活动的；（4）参加过抗日组织、团体及其活动的；（5）原国民党政府、国民党军队、民主党派及其组织中参加过抗日的；（6）以其他形式为抗日战争作出贡献的。

“参加过中国人民解放战争的”，是指解放战争时期具有下列情形之一的人员：（1）参加过中国共产党领导的人民军队的；（2）参加过地下革命工作的；（3）参加过中国共产党领导的支援前线组织、团体及其活动的；（4）从国民党军队起义的；（5）各民主党派中拥护中国共产党，并参加、支援解放战争的；（6）新中国成立初期参加过解放大陆及沿海岛屿作战的；（7）以其他形式为解放战争作出过贡献的。

“参加过保卫国家主权、安全和领土完整对外作战的”，是指中华人民共和国成立以后，参加过下列战争之一的军队人员及民兵、预备役等地方人员：（1）1950年至1953年抗美援朝战争；（2）1950年至1954年援越抗法战争；（3）1962年中印边境自卫反击战；（4）1965年至1973年抗美援越战争；（5）1968年至1978年援老抗美作战；（6）1969年珍宝岛自卫反击战；（7）1974年西沙群岛自卫反击战；（8）1979年至1989年中越边境自卫还击战；（9）1988年南沙群岛自卫反击战；（10）保卫国家主权、安全和领土完整的其他对外作战。

何况，对于参加过中国人民抗日战争、解放战争的服刑罪犯而言，他们因年龄基本上已超过80周岁，不具有现实的社会危险性，回归社会后负面影响小，更容易为人民群众所理解和接受。在新中国成立70周年之时，国家对正在服刑的上述这两类罪犯予以特赦，可以继续展示对他们曾经保家卫国的正义行为之高度认可、衷心感谢以及奖励。

而在和平年代，与在战争年代参加正义战争的人士一样，那些曾为中华人民共和国成立、社会主义革命和建设、改革开放作出过突出贡献的人士，同样值得

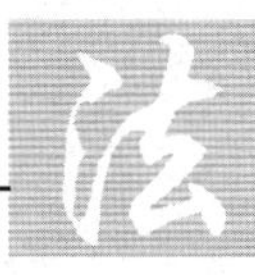

我们永远铭记与感激。即便是目前正在服刑的罪犯，他们曾经为国家和人民作出过的巨大贡献亦不能因其罪行而被抹杀。因此，此次特赦决定对新中国成立以后为国家重大工程建设作出过较大贡献并获得省部级以上“劳动模范”“先进工作者”“五一劳动奖章”等荣誉称号的服刑罪犯，以及曾系现役军人并获得个人一等功以上奖励的服刑罪犯予以特赦，正与喜迎新中国成立70周年之主旨和氛围契合，表明党和国家对他们既往重大贡献的认可和褒奖，也有助于彰显国家德政。

2. 属于需要给予从宽处遇的特殊群体的服刑罪犯

此类特赦对象除了2015年第八次特赦所涉及的年满75周岁、身体严重残疾且生活不能自理的服刑罪犯，以及犯罪的时候不满18周岁，被判处3年以下有期徒刑或者剩余刑期在1年以下的服刑罪犯这两种人，还包括丧偶且有未成年子女或者有身体严重残疾、生活不能自理的子女，确需本人抚养，被判处3年以下有期徒刑或者剩余刑期在1年以下的女性罪犯。

此处“年满七十五周岁”，是指《决定》施行之日即2019年6月29日已年满75周岁。所谓“身体严重残疾”，是指县级以上残疾人联合会核发的一级或者二级“残疾人证”中认定的残疾。实施犯罪时致残和犯罪后自伤自残的不在特赦之列。所谓“生活不能自理”，应当按照《暂予监外执行规定》第33条第2款规定的标准进行鉴别。这三个条件同时具备者才能被纳入被特赦的老年服刑罪犯之范畴。对于未成年犯而言，应当是犯罪的时候不满18周岁，而不是《决定》施行之日或者审判的时候不满18周岁。对“一老一少”的特赦，不仅彰显了自古有之的“矜老恤幼”之传统，也承续了刑事立法和司法实践已体现的对老年犯、未成年犯予以从轻处罚的精神。

而这次新增的对部分女性服刑罪犯的特赦，不仅是基于对妇女的特殊保护，也是为了纾解此类服刑女性罪犯所在家庭面临的实际困难，切实解决其未成年子女或者身体严重残疾、生活不能自理的子女的抚养与管教问题。事实上，司法部于2006年公布的《监狱服刑人员未成年子女基本情况调查报告》显示，当时我国服刑人员的未成年子女总数已逾60万，多数家庭经济陷入困境，半数以上生活堪忧；服刑人员未成年子女流浪、乞讨现象严重，占服刑人员未成年子女总数的2.5%；服刑人员未成年子女辍学现象严重，在被调查的服刑人员中，未成年子女在父（母）入狱前就已经辍学的占未成年子女辍学总人数的17.56%，在父（母）入狱后辍学的高达82.43%；其犯罪率远远高于全社会未成年人犯罪率，其中70%的人跟随父母走上犯罪道路。[①] 而据有关学者推断，截至2015年年底，我国在押服刑人员未成年子女总数极有可能远逾百万人。[②] 该群体多数处于心理亚健康状态，情感脆弱，安全感缺乏，自信心不足，性格内向甚至孤僻、敏感，极度介意他人看法，缺乏自我认同，存在明显的社交障碍。[③] 尽管国家开展了许多关于全国服刑人员未成年子女的关爱救助活动，但终不尽如人意。面对这一不断增长的庞大数字，我们应当构建更加合理、有效的未成年人救助体系。但实际上，对于未成年人而言，任何方式的社会救助都比不上母亲在身边的亲自管教。对有无人监管的未成年子女的部分女性罪犯予以特赦，可以使此类家庭深切感受国家的德政，也是向社会昭示与民更始的精神，与普天同庆新中国成立70周年之喜庆氛围相契合。

3. 基于司法实践以及犯罪人具体情况需要通过特赦来补充法律不足的服刑罪犯

这类人主要分为两种情形：一是因防卫过当或者避险过当，被判处3年以下有期徒刑或者剩余刑期在1年以下的服刑罪犯；二是被裁定假释已执行1/5以上假释考验期的，或者被判处管制的服刑罪犯。

就第一种情形而言，之所以对部分防卫过当或者避险过当的服刑罪犯予以特赦，主要是基于以下考虑：

其一，行为人在主观方面是为了使国家、公共利益、本人或者他人的人身、财产和其他权利免受正在进行的不法侵害，或者免受正在发生的危险，具有目的

① 司法部预防犯罪研究所课题组．监狱服刑人员未成年子女基本情况调查报告(2006年7月)。

② 刘红霞．在押服刑人员未成年子女救助体系的构建与完善．法学杂志，2016（4）．

③ 何瑞．服刑人员未成年子女的困境与社会工作的介入．北方民族大学学报（哲学社会科学版），2017（6）．

的正当性。对此类服刑罪犯予以特赦，有助于鼓励人民群众与违法犯罪行为作斗争，积极参与抢险救灾等工作，形成见义勇为的良好社会氛围。

其二，我国司法实务中对正当防卫或者紧急避险的认定，一直存在限制过严的现象，动辄认定为防卫过当或者避险过当，甚至完全否认行为的防卫或者避险性质。① 以正当防卫的认定为例：据有关学者对6 877份一审判决以及2 623份二审判决的统计，我国司法审判中防卫权合法性总体认定比例不高于5%，正当防卫不足1%，无限防卫权的认定数为0，正当防卫权利实现程度较低。② 实践中，我国司法人员对正当防卫存在着诸如只能对暴力行为防卫、对非暴力侵害不能防卫，只有暴力侵害发生的一刹那才能实行防卫，只要存在互殴现象就否定防卫，只要发生死伤结果就是防卫过当等的认识误区。③ 这就造成了现实中有相当一部分正当行使防卫权利的人，由于司法人员对正当防卫适用规则的误读，其行为被认定为防卫过当，或者相关案件直接被当作普通刑事案件处理。因此，对防卫过当或者避险过当的部分服刑罪犯予以特赦，也可以发挥特赦所固有的补充法律不足、救济司法误判、缓和刑罚严苛的功效。

就第二种情形而言，无论是被裁定假释的罪犯，还是被判处管制的罪犯，他们均在社区服刑。对于被裁定假释的罪犯来说，他们的假释考验期已执行1/5以上，足以考察他们能否遵守法律、行政法规，是否按照监督机关的规定报告自己的活动情况，是否遵守监督机关关于会客的规定等。对于管制犯来说，他们所犯之罪本就情节轻微，危害不大。如果他们认罪悔改，不具有现实的社会危险性，对他们予以特赦，有助于他们尽快复归社会，真正融入社会，从而实现鼓励犯人自新迁善、促成刑罚目的之功效，可以在严厉打击各类犯罪、维护社会和谐稳定的同时，积极烘托祥和喜庆氛围，增强人民的向心力、凝聚力。

### （二）新中国成立70周年特赦的实质适用条件

此次新中国成立70周年特赦的《决定》以及国家主席颁发的特赦令中均规

---

① 劳东燕．正当防卫的异化与刑法系统的功能．法学家，2018（5）．

② 王芳．中国防卫权刑事审判共识度实证研究．政法论坛，2018（6）．

③ 陈兴良．正当防卫如何才能避免沦为僵尸条款．法学家，2017（5）．

定，不认罪悔改或者经评估具有现实社会危险性的，不得特赦。这意味着，即便主观上认罪悔改，但客观上仍具有现实危险性，或者虽不具有现实危险性，但拒不认罪悔改的，均不在此次特赦之列。这实际上从主、客观两方面确定了国庆特赦的实质性适用条件，即服刑罪犯主观上必须认罪悔改，且客观上经评估不具有现实社会危险性。

从新中国的前七次特赦实践来看，除第七次特赦在释放全部在押战争罪犯时不考虑犯罪人的服刑时间长短和是否具有改恶从善之表现外，其余历次特赦都要求犯罪人“确实改恶从善”。而第八次特赦则将新中国前七次特赦实践所确立的“确实改恶从善”之实质条件修改为“释放后不具有现实社会危险性”。应该说，第八次特赦既不要求服刑人“确实改恶从善”，也不如假释般要求以“确有悔改表现”，为前提，故而从特赦实质条件上对服刑罪犯的要求有所放宽。不过，此次新中国成立 70 周年特赦则将特赦的实质性条件予以严格化，这也是为了有效化解人们在一定程度上存在的特赦可能进一步恶化治安状况之忧虑。

此处的“认罪悔改”，与减刑、假释之所谓“确有悔改表现”，在表述上有所不同，侧重于强调犯罪人在主观上具有认罪服法、悔过自新的认识和态度。而“不具有现实社会危险性”，则是指通过结合犯罪人的行为性质、所判刑罚、认罪悔罪表现、服刑改造情况等，可以判定服刑罪犯客观上在被释放后已不致再危害社会、给社会的稳定与安宁造成威胁。进言之，我们认为，应主要结合罪犯改造效果来推断罪犯在被释放后是否具有“现实社会危险性”。罪犯在被释放后具有“现实社会危险性”，意味着罪犯教育改造的失败，而教育改造失败之最有力证明即是罪犯在服刑或者社区矫正期间再次实施违法犯罪行为。结合 2015 年第八次特赦实践来看，存在被法院裁定特赦的未成年罪犯，后于缓刑期间再犯，法院裁定不予特赦以及检察院建议撤销特赦或法院撤回特赦裁定的情况。[①] 这也说明，

① 新疆生产建设兵团第十师中级人民法院（2015）兵十刑终字第 14 号刑事裁定书，陕西省洋县人民法院（2017）陕 0723 刑初 28 号刑事判决书，重庆市梁平县人民法院（2016）渝 0228 刑初 233 号刑事判决书，陕西省延安市中级人民法院（2016）陕 06 刑申 17 号刑事裁定书，湖南省常德市武陵区人民法院（2016）湘 0702 刑初 60 号刑事判决书。

在第八次特赦实践中，法院在裁定是否特赦时，已将在服刑或者社区矫正期间再犯作为不予特赦的一个标准，即以之为推定具有“现实社会危险性”的基础事实之一。在此，尚需明确的是，过失犯罪并不能充分证明罪犯的社会危险性，故应将罪犯在服刑或者社区矫正期间的过失犯罪排除在基础事实之外。此外，如果罪犯在服刑或者社区矫正期间违反《治安管理处罚法》，也可说明其未能取得较好的教育改造效果，但为了避免对罪犯过于严苛的评估，我们建议将违反《治安管理处罚法》的行为限定为“多次”。

值得一提的是，有学者建议，将罪犯具有“妨碍诉讼的可能”作为推定具有“现实社会危险性”之基础事实。[①] 但我们对此主张并不赞同。尽管逮捕之所谓“社会危险性”的具体判断标准中包括了这一情形，但在逮捕阶段犯罪嫌疑人毕竟系处于审判前的未决犯，其实施伪造、毁灭证据，打击报复证人等妨碍诉讼行为的可能性较大。然而特赦不同于逮捕，特赦所针对的均是已决犯，且一般是经过一段时间改造的服刑罪犯，在特赦后其几乎没有伪造、毁灭证据的必要，此种社会危险并不具有“现实性”。即便是打击报复证人之情形，往往也并非出于妨碍诉讼之目的，故完全可以通过附条件特赦或者其他法律规定予以防范或规制。

因此，我们建议，在新中国成立70周年特赦的具体施行过程中，应将在服刑或者社区矫正期间再次故意犯罪或者多次违反《治安管理处罚法》作为推断罪犯在被释放后具有“现实社会危险性”的基础事实。

### （三）新中国成立70周年特赦的排除适用范围

《决定》在确立新中国成立70周年特赦的九类适用对象的同时，还对排除特赦适用的范围进行了明确规定。具体而言，排除特赦适用的范围除了不具有前述认罪悔改、不具有现实的社会危险性之实质适用条件，还包括如下情形：

(1)《决定》所列第二、三、四、七、八、九类对象中系贪污受贿犯罪，军人违反职责犯罪，故意杀人、强奸、抢劫、绑架、放火、爆炸、投放危险物质或

① 卢建平，赵康. 作为特赦实质条件的“不具有现实社会危险性”. 国家检察官学院学报，2017(3).

者有组织的暴力性犯罪，黑社会性质的组织犯罪，贩卖毒品犯罪，危害国家安全犯罪，恐怖活动犯罪的罪犯，其他有组织犯罪的主犯，累犯的。

为特赦设定一定的排除适用范围，这也是世界各国的通行做法。我国 2015 年第八次特赦亦曾为新中国成立后参加过对外作战的服刑犯以及未成年犯设定特赦的排除适用范围。前者的除外范围包括“犯贪污受贿犯罪，故意杀人、强奸、抢劫、绑架、放火、爆炸、投放危险物质或者有组织的暴力性犯罪，黑社会性质的组织犯罪，危害国家安全犯罪，恐怖活动犯罪，有组织犯罪的主犯以及累犯”，后者则将“犯故意杀人、强奸等严重暴力性犯罪，恐怖活动犯罪，贩卖毒品犯罪”排除在外。为了有效防卫社会，避免触及民众的安全感与稳定感，此次新中国成立 70 周年特赦正是借鉴了第八次特赦的有益经验，对上述两种除外范围进行了综合并略予扩展，从而形成了此一排除适用范围。实际上，这几类对象所犯之罪性质严重，主观恶性较深，人身危险性较大，因而被推定为依然具有现实的社会危险性，尚不具备特赦适用的实质性条件。

据此，对于《决定》所列第二、三、四、七、八、九类对象而言，如果具有下列情形之一的，应排除特赦的适用：一是贪污受贿犯罪。应当注意，此处“贪污受贿犯罪”的表述显然不同于刑法典分则第八章之“贪污贿赂罪”，对其作限制性解释更为合理。易言之，我们认为，所谓“贪污受贿犯罪”并非刑法典分则第八章所规定的全部贪污贿赂犯罪，而应被限定为贪污罪和受贿罪这两种最为严重的腐败犯罪。如果不属于这两种犯罪，而是其他职务犯罪如挪用公款罪，则仍可以特赦。二是军人违反职责犯罪。这是此次新中国成立 70 周年特赦新增的除外适用之情形，主要是出于贯彻落实依法治军、从严治军方针之需要。三是故意杀人、强奸、抢劫、绑架、放火、爆炸、投放危险物质或者有组织的暴力性犯罪。这些暴力性犯罪严重危及社会稳定与安全，对此类犯罪的服刑罪犯排除适用特赦，也是为了避免触及民众的安全感与稳定感，不致引起太大的社会震荡。四是黑社会性质的组织犯罪，包括刑法典第 294 条规定的组织、领导、参加黑社会性质组织罪，入境发展黑社会组织罪，包庇、纵容黑社会性质组织罪。对此类犯罪排除特赦的适用，亦与当下正如火如荼进行“扫黑除恶”专项斗争之社会氛围

契合。五是贩卖毒品犯罪。2015 年第八次特赦时，还只是对实施了贩卖毒品犯罪的未成年犯罪人的产生排除特赦之效应，此次特赦则将所有实施了贩卖毒品犯罪的罪犯排除在特赦范围外。其立法思想显然是对毒品犯罪采取从严的态度。至于其是否完全合理，似也可进一步探究。六是危害国家安全犯罪。此类犯罪因为侵犯的是作为重大法益的国家安全，故而被纳入排除适用特赦的范畴。七是恐怖活动犯罪。第八次特赦时，曾将恐怖活动犯罪限定为刑法典第 120 条规定的组织、领导、参加恐怖组织罪，以及刑法典第 120 条之一规定的资助恐怖活动罪。不过，随着《刑法修正案（九）》对恐怖活动犯罪的扩容，作为此次特赦之除外对象的“恐怖活动犯罪”亦应扩展至所有专门的恐怖活动犯罪，包括准备实施恐怖活动罪，宣扬恐怖主义、极端主义、煽动实施恐怖活动罪等新增犯罪。八是其他有组织犯罪的主犯，亦即在黑社会性质组织、恐怖活动组织等以外的其他有组织犯罪中起组织、策划、指挥作用的服刑罪犯。九是累犯。此类服刑罪犯主观恶性更深、人身危险性大，故不予特赦。

(2)《决定》所列第二、三、四、九类对象中剩余刑期在 10 年以上的和仍处于无期徒刑、死刑缓期执行期间的。

对于新中国成立后参加过对外作战、为国家重大工程建设作出过较大贡献、获得过个人一等功以上军功的服刑罪犯，以及被裁定假释、已执行 1/5 以上假释考验期的假释犯而言，如果剩余刑期在 10 年以上，或者仍处于无期徒刑、死刑缓期执行期间，充分说明其所犯之罪性质相当严重，尚需通过足够长的服刑时间来判断其是否认罪悔改，不再具有现实的社会危险性。

至于《决定》所列第一、六类对象，因为年龄很大，已丧失了继续危害社会的能力；其所列第五、七、八类对象，因为已就特赦适用的宣告刑期或者残余刑期有明确限定，当然与此一规定不符。

(3) 曾经被特赦后因犯罪被判处刑罚的。

从第八次特赦的实践来看，的确存在犯人因欠缺必要监督而不能自持，竟然再次犯罪的情况，主要是未成年犯被特赦后再次实施犯罪。我们从中国裁判文书网所搜集的相关案件显示，2015 年 9 月至 2019 年 2 月间，被特赦的未成年犯重新故意犯罪并被作有罪判决的人数为130人（见表1）。

**表1　2015年特赦未成年犯重新犯罪情况**

| 类型 | 特赦前缓刑期间所犯漏罪 | 特赦后再犯 | | 特赦前后均有犯罪 |
|---|---|---|---|---|
| | | 故意 | 过失 | |
| 数量 | 34 | 130 | 2 | 5 |

2016年10月1日起施行的《关于人民法院在互联网公开裁判文书的规定》明确要求涉及未成年人犯罪的裁判文书不在互联网上公布，因此，未成年犯被特赦后重新犯罪的实际案件数量肯定多于我们在中国裁判文书网收集到的案例。

如前所述，特赦本身不仅体现了国家对服刑罪犯的宽宥，也彰显了国家的德政。但是，被特赦者竟重新实施犯罪，这既说明对罪犯的特赦未能发挥应有的感召效应，也意味着被特赦者丧失了特赦适用的认罪悔改、不具有现实的社会危险性之实质条件。对于此类人员不予特赦，可以有效避免特赦制度被滥用，从而更能凸显其应有的制度价值和刑事政策功能。不过，被特赦之后只有再次实施犯罪被判处刑罚的，才应被排除适用特赦。如果行为人再次实施的犯罪因情节轻微不需要判处刑罚，则因为无刑可赦，当然不在特赦之列。

## 四、新中国成立70周年特赦的规范适用

新中国成立70周年特赦既有宪法和法律根据，也有《决定》和特赦令等直接的规范依据。不过，正所谓“徒法不足以自行”，此次特赦能否取得良好的政治效果、法律效果和社会效果，关键在于相关规范是否得到准确适用。为此，有必要确立此次特赦应当遵循的适用原则，使其能在现行法律框架下按照既有的程序稳妥展开。

### （一）新中国成立70周年特赦的适用原则

作为一种刑罚消灭法律制度，特赦侧重体现的是宽严相济基本刑事政策中“宽”的一面，但“宽”并不是无节制、宽大无边的。我们认为，此次新中国成

立70周年特赦的适用应遵循如下原则：

（1）以法为据的原则。特赦应该在法治的轨道下进行，特赦的实体标准、程序规则都应该由法律明确规定，否则，我们就很难把现代意义的特赦和封建社会的特赦区别开来。而在我国现行法律框架下，无论是宪法还是刑法和刑事诉讼法，都对特赦制度有明确的规定。宪法第67条将特赦权明确赋予全国人大常委会。宪法第80条亦明确规定，特赦令由国家主席发布。刑法和刑事诉讼法在规定相关制度的同时，都对赦免制度有明确涉及。它们均可以为特赦的施行提供规范依据。更为重要的是，2019年6月29日通过的《决定》和国家主席随后于同日发布的特赦令，成为此次新中国成立70周年特赦最为直接的法律依据。在此次特赦过程中，司法行政机关等作为刑罚执行机关提请特赦，人民检察院作为法律监督机关监督特赦的实施，人民法院作为审判机关审理特赦案件，每个环节都应按照宪法和相关法律的规定严格依法进行。

（2）公平公正的原则。因为特赦是要将部分服刑罪犯予以提前释放，涉及不同服刑罪犯所获处遇的问题，所以如何才能够公平公正地展开和有效有序地实施，是我们必须直面的问题。为此，有必要突出此次特赦适用对象的不可攀比性，着力将特赦对象限定在社会可以普遍接受的范围之内；同时，应当精心设计、严格把握特赦条件，使特赦的适用易掌握、可操作，真正做到一视同仁、公正无私、不偏不倚。只有这样，才能使被特赦的服刑罪犯在认罪服法、悔过自新的基础之上感受国家的德政，真正地复归社会，从而切实发挥特赦的感召效应；也才能促使未获特赦的其他服刑罪犯真诚认罪、真心悔改，乃至创造条件，等待下一次特赦的机会。如果失去了公平公正，对服刑罪犯的教育改造无疑会产生消极的影响。

（3）审慎有序的原则。现代法理告诉我们，虽然赦免权的施行会影响既往的审判，甚至可以动摇确定判决的执行力，从而在一定程度上冲击司法权，但其始终不是对法律乃至法治的否定，而是法治国家对法治的一种谦抑，是对法治的必要救济与补充。不过，正是考虑到特赦可能产生的消极影响，此次新中国成立70周年特赦也应当强调审慎有序的原则，要积极审慎、平稳有序地开展。一方

面，应当着眼于庆祝新中国成立 70 周年之现实需要，并考虑当前我国的犯罪态势、国情民意等实际情况，审慎开展、循序渐进。另一方面，应当加强对全体服刑罪犯的思想、道德、法治教育，依法开展对拟特赦罪犯的现实社会危险性评估，强化对被特赦人员在释放后的教育管理与相关安置、帮扶工作，确保其回归社会后遵纪守法，不致再危害社会，同时也能促使未获特赦的服刑罪犯安心改造、认罪悔过。

（二）新中国成立 70 周年特赦之适用程序

我国 2015 年的第八次特赦在以往七次特赦的基础上，确立了较为固定的适用程序，相关部门各司其职、彼此制约，形成了较为成熟的操作流程和规则，为特赦工作的顺利开展提供了良好的程序保障。我们认为，新中国成立 70 周年的特赦应当继续按照这一程序，并根据适用对象的不同与司法实践的变化作适当的调整。特赦的相关工作可由中央政法委牵头，最高人民法院、最高人民检察院、公安部、国家安全部、司法部等部门具体参与。

具体而言，可根据上述部门在第八次特赦时所通过的相关实施办法，按照如下程序展开：

1. 关于特赦的摸排与筛查

在全国人大常委会根据中共中央的建议通过特赦的决定，并由国家主席签发特赦令后，刑罚执行机关就应当依据特赦决定和特赦令，结合服刑罪犯的认罪悔罪与教育改造情况，进行摸排、筛查工作，并根据摸排结果和罪犯申请情况，将符合特赦条件的罪犯名单移送地市级公安机关、国家安全机关。公安机关、国家安全机关应当对名单中的人是否存在危害国家安全犯罪、恐怖活动犯罪、黑社会性质组织犯罪等排除特赦适用的情形进行筛查，对筛查出的罪犯是否具有现实的社会危险性进行评估，并在 3 日内将书面意见反馈至刑罚执行机关。

2. 关于特赦的报请

特赦的报请机关主要是刑罚执行机关。其中，监狱、看守所对服刑罪犯拟报请特赦的，应当依法进行公示，将符合条件的罪犯报请该犯服刑所在地中级人民法院裁定。至于在军队监狱、看守所服刑罪犯的特赦，应由军队有关部门报请军

事法院依法裁定。对于尚在死刑缓期执行考验期和正在执行无期徒刑未减刑的罪犯，符合特赦条件的，须报经省级监狱管理机关审核同意后，报请高级人民法院裁定。县级司法行政机关对社区矫正人员拟报请特赦的，应当依法进行公示，对符合特赦条件的社区矫正人员提出特赦建议，报经地市级司法行政机关审核同意后，报请该社区矫正人员居住地中级人民法院裁定。县级公安机关对正在执行剥夺政治权利附加刑的罪犯拟报请特赦的，应当依法进行公示，对符合特赦条件的罪犯提出特赦建议，报经地市级公安机关审核同意后，报请该罪犯居住地中级人民法院裁定。报请机关在报请特赦前，应当征求人民检察院意见。人民检察院发现报请机关应当报请而没有报请，或者不应当报请而报请的，应当及时向报请机关提出检察意见。

报请机关向人民法院报请特赦时，应当提交下列材料：(1) 特赦建议书；(2) 罪犯被判处刑罚的生效裁判文书及交付执行的相关材料；(3) 刑罚执行变更的相关材料；(4) 根据案件情况需要提交的其他材料。例如，对于参加过中国人民抗日战争、中国人民解放战争以及新中国成立后对外作战的，应当提交证明其参与作战的证明材料；对于年满75周岁的老年罪犯，应当提交证明其身体严重残疾和生活不能自理的证明材料。

3. 关于特赦的审理

对于特赦案件，人民法院应当依法组成合议庭进行书面审理，并在受理后7日内作出裁定。人民法院审理特赦案件应当听取同级人民检察院的意见。对于合议庭关于特赦案件的征询，人民检察院应当在2日内回复。人民法院对于特赦案件，应当逐案进行审理：对于符合特赦条件的罪犯，应当依法作出特赦裁定。对于提交材料不全的，应当要求报请机关予以补充。

对于经补充后材料仍不完备的，应当退回报请机关。经审理不符合特赦条件的，应当作出不予特赦的裁定。特赦裁定作出后，应在3日内送达罪犯本人、报请机关和同级人民检察院，并抄送原审人民法院。对服刑相对集中的特赦罪犯，人民法院可以集中宣告、送达。人民检察院认为人民法院特赦裁定不当的，应当在收到裁定书副本后3日内，向人民法院提出书面纠正意见。人民法院应当在收到纠正意见后7日内重新审理，并作出最终裁定。人民法院所作出的特赦裁定书应依法向社会公布。

## 五、结语

现代赦免制度在我国的制度化、法治化建设不可能在短时间内一蹴而就。对罪犯的赦免必定触动社会公众之敏感神经，可能使社会公众在一定程度上产生是否会导致社会治安状况失控的顾虑。幸运的是，我国既有的特赦实践，尤其是2015年的第八次特赦，使我们拥有了一定的特赦经验和良好的社会基础。而且，社会各界对第八次特赦的良好反响也证明，特赦制度对法治具有十分重要的衡平作用。因此，在新中国成立70周年之际，党和国家着眼于国家稳步发展的大局，在充分考量普通民众的心理承受能力、积极做好相关工作的基础上，审时度势，果断而慎重地再次决定对部分服刑罪犯予以特赦。这次特赦比第八次特赦迈开的步伐更大，影响更为深远。这一重大决策和举措利国利民，必定可以最大限度地实现赦免制度维护国家、社会整体利益之初衷，为新中国成立70周年增进祥和喜庆气氛。更为重要的是，四年之内的两次特赦无疑为我国特赦制度的常态化运作提供了极大的助力，而常态化的特赦运作必将促进我国特赦的制度化、法治化构建，进一步保证其规范、有序地运行。因此，以新中国成立70周年特赦为契机适时推进我国特赦制度的常态化运作，既有经验可鉴，也有诸多合理缘由，可谓正逢其时。

# 关于在建党百年之际再次实行特赦之研讨*

## 一、前言

2021年上半年，中共中央将对全面建成小康社会进行系统评估和总结，然后正式宣布我国全面建成小康社会；同时，2021年也是“十四五”规划的开局之年，我国将开启全面建设社会主义现代化国家之新征程。值此历史交汇的关键时刻，中国共产党即将迎来成立一百周年。全面建成惠及十几亿人口的更高水平的小康社会，是中国共产党进入21世纪后，在基本建成小康社会基础上提出的奋斗目标。在建党百年之际宣布小康社会全面建成，意味着中国共产党对人民的庄严承诺得到实现，可以为建党百年奉献厚礼。

而特赦是一项增进祥和喜庆氛围、充分展示领导人执政理念的宽大性质的法治措施。晚近十余年来，我们始终关注中国特色特赦制度之构建，曾向中央政法

* 与高铭暄教授、阴建峰教授合著，系北京师范大学刑事法律科学研究院《刑事法治发展咨询报告》(2020年11月18日)，当时呈报了中央政法委员会、全国人大常委会法工委、最高人民法院、最高人民检察院、司法部；后载《法学评论》，2021 (1)。

领导机关提交多份相关的决策咨询报告，并在新时期的特赦实施过程中多次应邀参与咨询论证，在特赦施行后予以阐释、宣传和研究。[①] 我们认为，在中国共产党建党百年之际施行特赦是值得郑重考虑的为党献礼的重要举措。众所周知，为纪念中国人民抗日战争暨世界反法西斯战争胜利 70 周年以及新中国成立 70 周年，我国先后于 2015 年 8 月、2019 年 6 月实行了自 1975 年以后的两次特赦，充分彰显了以习近平总书记为核心的中共中央依法治国与以德治国相结合的治国理政思想，体现了重大的政治意义和法治意义。[②] 如今又喜逢中国共产党成立百年，在深入考察前两次特赦实践、全面总结特赦经验的基础上再次行赦，不仅可以为建党百年献礼，充分展示中国共产党的执政能力和综合国力，增强民族凝聚力，提振国民士气，还可以弥补法律之固有不足，发挥特赦制度之衡平功能，推进特赦的制度化、法治化进程，促进国家治理能力和治理体系现代化，因而同样具有重要的理论与实践意义。

## 二、在建党百年之际实行特赦的时代价值

事实上，作为一项重要的刑事政策措施，赦免一般是在国家重要节日、重大庆典或者政治形势发生重要变化时实施，这是有诸多国内外先例可循的。[③] 例如，2020 年 7 月 30 日，朝鲜最高人民会议常任委员会发布政令，决定实施大赦，以纪念朝鲜劳动党建党 75 周年。而且，在中国共产党建党百年之际再行特赦，不仅能够发挥赦免制度所固有的调节利益冲突、衡平社会关系、弥补法律不足之

---

① 赵秉志，阴建峰编著. 新时期特赦的多维透视. 台北：新学林出版社，2020. 该书设立主题论坛、规范文本、官方意见、学界解读、新闻时评、咨询报告、理论研讨、历史文献、域外法治等不同栏目，全方位、多视角呈现了我国新时期特赦的不同侧面，以期为新时期特赦制度的常态化运作与法治化建设提供助力。

② 高铭暄，赵秉志. 新时期特赦的政治与法治意义. 检察日报，2015-08-30 (2).

③ 高铭暄，赵秉志，阴建峰. 在新中国成立 60 周年之际实行特赦的时代价值与构想. 法学，2009 (5).

刑事政策功能，而且还能够凸显如下重要的时代价值。①

第一，可以彰显全面依法治国理念，有利于形成依宪执政、依宪治国的良好社会氛围。在 2020 年 11 月的中央全面依法治国工作会议上，习近平总书记再次强调，要坚持依宪治国、依宪执政。在建党百年之际再行特赦，不仅会是直接以宪法为依据的又一次重大宪法实践活动，也是实施宪法规范的最直接体现，有助于进一步弘扬依宪治国、依宪执政之法治理念，树立宪法的权威，强化其根本法地位，增强宪法的生命力与活力，充分发挥宪法在国家政治、经济、社会生活中的指导作用，充分体现以习近平同志为核心的党中央治国理政的新理念、新思想、新战略，从而推动社会主义法治国家建设不断迈向新水平。

第二，可以体现依法治国与以德治国的有机结合，有利于展示法安天下、德润人心的仁政思想。在 2020 年 11 月的中央全面依法治国工作会议上，习近平总书记重申，要坚持依法治国和以德治国相结合，实现法治和德治相辅相成、相得益彰。而特赦作为宪法性规范，具有重要的规范价值和法治功能。现代意义上的特赦是法治的产物，其以宪法和法律为圭臬，遵循法定的实体要求和程序规则，沿着法治的轨道运行。同时，特赦还具有内在的道德性和外在的感化性，可以发挥一定的德治功能。特赦蕴含着对人的理解、对人性的关怀②，对被特赦者，乃至其他在押服刑人员具有一定程度的教育感化功能。在建党百年之际实行特赦，可谓在依法治国基本方略指引下对慎刑恤囚、怜老恤幼、明刑弼教等德治传统的理性传承，既充分体现我国依法治国的基本方略，彰显法治的程序价值，也充分体现以德治国的仁政思想，必将成为我国又一次法治与德治有机结合的生动实践。

第三，可以凸显“国家尊重和保障人权”的宪法精神，有利于树立我国良好的国际形象。习近平总书记在中央全面依法治国工作会议上强调，推进全面依法

① 高铭暄，阴建峰. 新中国成立 70 周年之际实行特赦具有重大时代意义. 光明日报，2019-06-30 (3).

② 彭凤莲. 依法特赦：法治与德治之结合. 马克思主义与现实，2016 (2).

治国，根本目的是依法保障人民权益。事实上，加强对人权的保障和对犯罪嫌疑人、被告人乃至罪犯的人权司法保护，是我国宪法和刑法、刑事诉讼法的基本原则。随着刑事司法改革的深化，人权司法保护观念日益深入人心。“人权入宪”这一我国人权保护的重大进步，更是给人权之刑法保护奠定了坚实的基础。而现代特赦制度具有救济司法误判、缓和刑罚严苛之功能，它的施行对于保护犯罪嫌疑人、被告人乃至罪犯之合法权益具有重要意义。在建党百年之际适时对部分服刑罪犯予以特赦，是我国人权司法保障的一次具体体现，可以生动展现我国人权司法保障水平，有利于进一步树立我国开放、民主、法治、文明的国际形象，以事实驳斥和化解一些人对我国人权状况的误解与偏见。

第四，有助于切实贯彻宽严相济的刑事政策，促进社会的和谐与稳定。作为我国新时期应对犯罪的基本刑事政策，宽严相济刑事政策重在根据不同的社会形势、犯罪态势与犯罪的具体情况，对刑事犯罪采取区别对待之立场，科学、灵活地运用从宽和从严两种手段，并强调“宽”的一面，注重“宽”与“严”之间的协调运作。宽严相济刑事政策的切实贯彻，有助于弘扬宽容精神，逐步树立科学的犯罪观和理性的刑罚观。而只有树立科学的犯罪观与理性的刑罚观，才能为特赦制度的常态化运行涤除观念障碍。反之，特赦制度的常态化运行也能从侧面反映出逐渐走向科学和理性的犯罪观与刑罚观。特赦作为一种刑罚消灭制度，侧重体现的是宽严相济之“宽”的一面。在建党百年之际实施特赦，正是贯彻宽严相济刑事政策的实际举措，可以体现宽严相济刑事政策区别对待之基本内核，是遵循“以宽济严”政策内涵的合乎逻辑的选择[①]，契合我国刑罚宽宥、人道、轻缓的精神，有利于充分发挥特赦的感召效应，鼓励罪犯悔过自新，强化刑罚的教育改造效果；也有助于改变普通民众对严刑峻法的过度依赖，破除“刑罚万能”观念，最大限度地化消极因素为积极因素，促进社会和谐稳定。而且，新时期的特赦还可以对部分服刑罪犯明确设定排除适用之范围，这实际上也体现了从严的一面，同样彰显了宽严相济刑事政策的要求。

---

① 蒋娜．宽严相济刑事政策下的死刑赦免制度研究．法学杂志，2009（9）．

第五，有助于推动特赦的制度化、法治化建设，实现特赦制度的常态化运作。习近平总书记在中央全面依法治国工作会议上强调，要坚持在法治轨道上推进国家治理体系和治理能力现代化。而实现国家治理举措的制度化、法治化，无疑是其中极其重要的一环。赦免是国家治理的重要措施，发挥着衡平社会关系、调整利益冲突、弥补法律不足的刑事政策机能，为现代绝大多数国家所采用。特赦制度在我国历史悠久、源远流长，但在1975年以后长达40年的时间内，却长期沉寂、几近虚置。我国在新时期重启特赦制度，并在四年内两次实行特赦，则再次激活了我国宪法中的特赦条款，使之由法律层面落到实践层面，也使特赦的决定和实施在实践中得到检验。而在建党百年之际再次行赦，不仅可以进一步实现特赦的常态化运作，也有助于促进特赦的实体要件与程序规则的规范化，推动特赦的立法化进程，加快特赦的制度化建设，从而对中国特色赦免制度的法治化建设起到积极的推动作用。

## 三、在建党百年之际实行特赦的基本构想

赦免制度在我国新时期获得重生，有其特定的政治背景与社会根由。2015至2019年四年之内的两次特赦，不仅收到了良好的政治效果、法律效果和社会效果，也展示了中国共产党的执政能力和执政水平，体现了中国共产党的执政自信与制度自信，充分彰显了以习近平总书记为核心的中共中央治国理政的新理念、新思想、新战略，更是习近平法治思想的具体体现。而且，新时期的这两次特赦也是文明的人权观、科学的犯罪观与理性的刑罚观在我国逐步确立的应时之策，是近年来我国刑事司法改革取得实效后的顺势之举。在建党百年之际，着眼于国家稳步发展的大局，审时度势，果断而慎重地再次行赦，可以最大限度地实现赦免制度维护国家、社会整体利益之初衷。在此，我们结合新时期第八次、第九次特赦的相关实践，就在建党百年之际再次行赦提出如下初步构想和建言。

### （一）适时制定“中华人民共和国特赦法”

中国共产党十八届四中全会提出，建设中国特色社会主义法治体系，必须坚



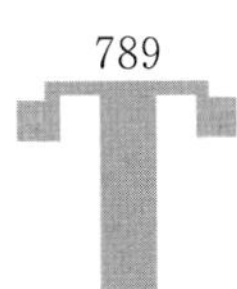

持立法先行，发挥立法的引领和推动作用，抓住提高立法质量这个关键。我国特赦制度自 1975 年之后曾长期处于“休眠”状态，这与没有完备的特赦法律规范体系不无关系。以宪法为根据加强特赦制度立法，把新中国成立以来的特赦实践和经验上升为法律，及时制定“中华人民共和国特赦法”，不仅有助于构建完备的特赦制度体系，规范特赦的实践工作，为特赦提供法律支持，促使特赦走向制度化、法治化轨道，也有助于形成维护宪法制度、尊重宪法权威的社会氛围，彰显“国家尊重和保障人权”之宪法精神。

为此，我们建议尽快将制定专门的特赦法纳入立法规划，及时制定“中华人民共和国特赦法”，对特赦的决定与颁布、适用对象与范围、适用条件、程序、承办单位等具体事项作出专门而详细的规定。具体而言，可以从如下两个宏观方面展开。

1. 关于特赦法的立法模式选择

综观世界主要国家和地区的赦免立法实践，主要有两种立法模式：第一种是集中立法模式，又称专门立法模式，即制定一部全面、集中针对赦免制度的综合性法律，将与赦免有关的法律条文全部纳入该部法律之中，并冠以《赦免法》《恩赦法》等称谓。采用该立法模式主要有日本、德国、韩国。如德国于 1935 年、韩国于 1948 年 8 月分别颁布了《赦免法》，日本于 1947 年 3 月颁布了《恩赦法》，作为各自实施赦免的规范依据。第二种是分散立法模式，又称混合立法模式，即有关赦免的法律规范散见于宪法、刑法、刑事诉讼法等相关法律之中。采取该立法模式的国家主要有法国、俄罗斯。

上述两种立法模式各有利弊。分散立法模式可以在不变更现行法律体系的情况下，对赦免制度进行查漏补缺式的规定，弥补赦免制度运行中的规范空白，立法成本较低。集中立法模式有利于增强赦免法律制度的系统性、整体性和协调性，可以避免或减少法律冲突与漏洞。相对而言，集中立法模式优势更为明显，也必将为越来越多的国家所采用。当然，各国采取何种立法模式都是立足于自身国情和历史的，并不是说集中立法模式必然优于分散立法模式。适合本国国情、有利于制度意旨实现的赦免立法模式才是最佳的立法模式。比如，法国并没有针

对特赦的专门立法，而是通过宪法、刑法、刑事诉讼法等法律对特赦制度进行全面而细致的规定。尽管如此，法国的特赦制度，无论是在实体层面还是在程序方面，均通过十分详尽的规定对特赦权的行使进行了严格的约束和规范。因此，有学者认为法国特赦立法“堪称世界范围内赦免制度的典范”①。

我们认为，根据具体国情及特赦实践，我国制定专门的特赦立法势在必行，通过采用集中立法模式，对特赦的含义类型、权限配置、适用范围、法律效力、运行程序等内容进行明确规定，将为特赦制度的高效、规范、常态运行提供坚实的规范依据和程序保障。

首先，采取分散立法模式须对宪法、刑法和刑事诉讼法同时进行修改，还要确保相关法律之间具有协调性和系统性，修法工程浩大，周期较长。目前，除宪法对特赦权限作出规定外，其他宪法条款及刑法和刑事诉讼法均未涉及特赦的实质性规定。因而制定一部单独的特赦法，将有关特赦的规定全部纳入该法之中，可以保证特赦立法的系统性。此外，制定单独的特赦法，不仅工作量相对较小，而且不涉及宪法、刑法及刑事诉讼法的同步增删，相关法律之间协调起来更为简易。

其次，从宪法及刑法、刑事诉讼法的性质来看，宪法属于国家根本大法，宪法对各项制度的规定本来就是原则性的，需要通过部门法或者宪法性法律予以具体化，故将有关特赦的实体条件和程序规范规定于宪法之中，与宪法根本大法的性质不相协调。此外，特赦虽然涉及刑罚适用，但其属于宪法制度，而且特赦权与司法权、特赦程序与刑事诉讼程序性质上迥然有别，将特赦规范规定于刑事诉讼法之中名不副实。特赦法属于宪法性法律，现代各国的赦免制度一般由宪法或行政法所规定，而不在刑法中规定。② 正如有论者所指出：赦免制度既不可能在高度纲领性、概括性的宪法中作出详细的规定，也不可能在原则、程序毫不相容的刑事诉讼法中加以明确。要在具有悠久成文法传统的中国实现赦免行为法治

① 刘宪权. 法国特赦：历史悠久制度完备. 法制日报，2014-04-08 (10).

② 马克昌主编. 刑罚通论. 武汉：武汉大学出版社，1999：693.

化，必须制定单独的赦免法。①

此外，现在也有很多国家或地区将赦免的适用范围扩大到行政性处罚和纪律性制裁，比如，韩国就曾对因交通违章而被吊销或停用驾照者予以赦免。实践中，有些行政性处罚实际上是犯罪或其他行政处分的附随后果，其严苛性有时并不亚于本罚。如根据我国《律师法》第7条的规定，对于受过刑事处罚的（过失犯罪除外）、被开除公职的等一律不予颁发律师执业证书，不论其品行、学识及犯罪原因等因素，而且终身禁业。这种从业禁止断绝了某些专业人士的生计，有时比刑罚或开除公职本身更为严厉，故赦免的必要性可能更大。将这种"准赦免"规定在刑法或刑事诉讼法中都不妥当，理想的做法就是规定在专门的赦免法中。当然，这种对行政性处罚和纪律性制裁的赦免与对刑事制裁的赦免有较大差别，是否采用可以进一步研究，但制定专门的赦免法可以为该情形预留立法空间。

综上，制定特赦法是我国实现特赦制度化、法治化的必然要求。

2. 关于特赦法的制定策略

关于制定特赦法时是一步到位还是分步实施，学界有不同的观点。有学者坚持赦免立法的两步走路径：第一步是以宪法性解释或宪法修正案的形式，对特赦的内涵、实施机构、权限配置等问题予以明确、细化。第二步是待时机成熟时，制定单独的赦免法，对赦免权行使的限制性原则、赦免的专门机关、赦免的类型以及赦免的启动、审议、决定、发布、执行、监督等程序作专门规定。可先由全国人大常委会通过"关于《中华人民共和国宪法》中特赦规定的解释"的方式对特赦相关事项予以明确规定。② 也有论者提出，目前宜采取分散立法模式，待时机成熟时再制定单独的赦免法。③

我们认为，我国已经实行了9次特赦，形成了一定的赦免先例和惯常做法，

① 邓华平，等. 论中国赦免制度的法典化. 西南政法大学学报，2004（4）.

② 王娜. 刑事赦免制度. 北京：法律出版社，2008：217.

③ 陈春勇. 赦免及其程序问题研究. 北京：中国人民公安大学出版社，2010：224-225.

可以考虑一步到位，直接制定专门的特赦法，没必要再分步骤实施。而且，从现实操作来看，由全国人大常委会进行宪法性解释或者采取宪法修正案形式，并不比制定一部专门的特赦法更加简易。即便进行宪法性解释或采取宪法修正案形式，如果规定的特赦内容较少，势必需要多个宪法性解释或宪法修正案来接续规定，从而导致特赦立法支离破碎；如果规定的特赦内容较多，则变成了没有特赦法之名而有特赦法之实的专门立法，这样还不如直接制定一部特赦法。因此，我们建议直接草拟专门的特赦法，并在赦免实践中不断加以修订完善。

（二）附条件特赦形式之提倡

通过对我国新时期第八次、第九次特赦实践的考察，可以发现，这两次特赦虽然设定的实质条件有所差异，但均把“释放后不具有现实的社会危险性”作为判断能否特赦的实质性条件。相对而言，这一规定是基本妥当的，毕竟这两次特赦的对象范围相对不大，且获得特赦的大多是未成年犯，对其实质条件的把握的确不宜过严。不过，我们始终主张，为了更加充分地发挥特赦在新时期的功能与价值，可适当扩大特赦的对象范围。对于在建党百年之际的特赦，我们仍然持此一见解。而特赦对象范围的扩大，则意味着整个社会安全风险的增加，因此对特赦实质条件的考量就需要更加谨慎，并使之契合实际。

事实上，所谓“社会危险性”之证明颇具特殊性，若无切实的再违法犯罪情况，单凭书面的格式化考核记录，很难准确推断罪犯在被释放后是否仍具有现实社会危险性。即使罪犯在服刑或者社区矫正期间没有违法犯罪，在被特赦后依然可能发生再犯的情况，甚至再犯性质相同之罪的概率也会很大，第八次特赦后的未成年人再犯情况即是明证。在我们从中国裁判文书网所收集的案例中，第八次特赦后的未成年人再犯案件即有 130 件，其中前、后罪性质相同的案件多达 91 件；在被特赦后多次再犯的案件为 20 件。这充分说明，特赦前的社会危险性评估具有一定的不确定性，且从罪犯的个人情况来看，其改造效果也是动态变化的，完全依靠释放前的社会危险性评估并不能有效平衡宽恕服刑罪犯与保障社会安全之双重目的，相反，还可能引发两种极端现象：一是罪犯在获得特赦后，由于完全没有了服刑或者社区矫正条件的约束，再次走上犯罪道路；二是在社会危险性评估中，某些认为自己符合特赦条件的罪犯因未获特赦，产生不满情绪，进而排斥，甚至放弃改造。

因此，为尽可能避免对罪犯进行过分严苛的评估，并且最大限度保证其在被释放后不致再危害社会，基于特赦前的社会危险性评估难以充分发挥作用之现实困境，我们主张对罪犯在被特赦后的行为给予某种限定，亦即确立附条件特赦制度。由此，特赦效果在实践中便有了事前社会危险性评估与事后行为限制的双重保障。具体而言，我们所提倡的附条件特赦是指被特赦的人在一定的期限内不能再次故意犯罪，否则将被给予的特赦溯及既往地予以撤销，并将新判决所确定的刑罚和原罪被特赦时剩余的刑罚一并执行。同时我们建议，出于和其他刑罚消火制度之间相互协调的考虑，可将该期限限定为 5 年。

需要指出的是，有论者认为，附条件特赦属于缓刑制度的一个类型，或可看作假释制度的一种创新或变异[①]。这一观点实际上源于未能真正认识到附条件特赦的独特价值。特赦制度的价值在于调节利益冲突、衡平社会关系、救济法律不足，而普通缓刑往往受法律规定的条件限制，不能及时因应司法实践中出现的特定情形。准予特赦并附加一定条件，无非是对传统特赦制度的改良。这种新的附条件特赦能够在灵活运用并发挥其独特价值的同时，在一定程度上收到防卫社会之功效。同样，刑法典所规定的假释制度亦有其适用条件的限制，会导致在某些情形下，犯人确有实据足以使人认为其可能不致再犯罪，而有提前予以释放之充分理由，但却碍于不合假释条件而无法得遂。而此时赦免制度的存在便可以恰当地起到弥补法律不足之功效。不过，若没有附条件赦免，径直予以特赦或免刑，则既有冒险之虞，又恐招致普通民众的反对，甚或导致犯人因欠缺必要监督而不能自持竟又犯罪。其结果，要么是因为欠缺附条件特赦，而让诸多犯人错失自新之机会；要么是特赦制度被滥用，缺乏必要的监督，导致犯人重新犯罪，危及社会安全。其实，这也正是附条件赦免制度在欧美许多国家得到不断发展之缘由。

据此，我们建议，在建党百年之际行赦时，可以采用附条件特赦的形式，具

① 于志刚．刑罚消灭制度研究．北京：法律出版社，2002：505，521.

体要求为：罪犯在被特赦后5年内不得再次故意犯罪，否则将被给予的特赦溯及既往予以撤销，并将新判决所确定的刑罚和原罪被特赦时剩余的刑罚一并执行。

（三）“现实社会危险性”之评估标准

我们认为，评估罪犯在被释放后具有“现实社会危险性”之基础事实需要予以明确。一方面，这是基于特赦制度化、法治化建设的考虑，较为明确的判断标准能够使特赦实践更加公平、公正，也能够使司法人员在评估罪犯的社会危险性时更加客观，同时也有利于促进特赦制度的常态化运作；另一方面，有助于在宽恕罪犯与保障社会安全之间达至均衡，既不过于宽泛地评估罪犯的社会危险性，湮灭许多犯人自新之机会，影响其继续改造的积极性，也不盲目对罪犯施行特赦，以防其欠缺必要监督，不能自持而又犯罪，危及社会安全。

但在附条件特赦的形式下，由于有了特赦后的条件保障，不宜再过于宽泛地界定可推定具有“现实社会危险性”的基础事实。原因有二：一则，如果过于宽泛地界定现实社会危险性，可能导致特赦的实质条件在严厉程度上同缓刑、减刑、假释制度相差无几，甚至可能会超越这些制度。而特赦制度的功能本在于彰显国家德政、缓和刑罚严苛以及救济法律不足等，之所以认为其具有不可替代性，原因之一就在于当缓刑、减刑、假释等刑罚制度由于适用条件过于严苛而无法有效运作时，国家可以采取特赦来消灭犯罪人的刑罚，实现上述价值。因此，在特赦前过于宽泛地解释现实社会危险性的含义，加之特赦后所附的条件，会给特赦的实施添加诸多阻碍，无法最大化地发挥特赦制度的功能，有违其制度设计之初衷。二则，之所以提倡附条件特赦，主要就是因为推定罪犯具有“现实社会危险性”存在较大的难度。相较于事前风险评估这种单一、可能误判的且存在权力滥用风险的防范措施，我们更倾向于采取事前风险评估与事后行为限定的双重保障。这在一定程度上可以将并不能足够推定罪犯在被释放后具有“现实社会危险性”的事由排除在此范围外，既可减轻司法人员的评估压力，也可降低其权力滥用风险，并能够使罪犯获得较为合理的特赦机会。

据此，对于不宜设定过严标准的特赦而言，应主要结合罪犯改造效果来推断罪犯在被释放后是否具有“现实社会危险性”。具体而言，罪犯在被释放后具有

"现实社会危险性"，意味着罪犯教育改造的失败，而教育改造失败之最有力的证明，即是罪犯在服刑或者社区矫正期间再次实施违法犯罪行为。在我们收集的所有特赦后的未成年人再犯案件中，并不存在在服刑或者社区矫正期间再犯而被判刑，后被法院裁定特赦的情况，不过，存在被法院裁定特赦的未成年罪犯，后于缓刑期间再犯，法院裁定不予特赦[①]以及检察院建议撤销特赦或法院撤回特赦裁定[②]的情况。这也说明，在我国新时期的两次特赦实践中，法院在裁定是否特赦时，已将在服刑或者社区矫正期间再犯作为不予特赦的一个标准，亦即作为推定具有"现实社会危险性"的基础事实之一。在此，尚需明确的是，过失犯罪并不能充分证明罪犯的社会危险性，故应将罪犯在服刑或者社区矫正期间的过失犯罪排除在基础事实之外。此外，如果罪犯在服刑或者社区矫正期间违反《治安管理处罚法》，也可说明其未能取得较好的教育改造效果，但为了避免对罪犯过于严苛的评估，我们建议将违反《治安管理处罚法》的行为限定为"多次"。

值得一提的是，有学者建议，将罪犯具有"妨碍诉讼的可能"作为推定"现实社会危险性"之基础事实。[③] 我们对此并不赞同。尽管逮捕之所谓"社会危险性"的具体判断标准中明确包含这一情形，但在逮捕阶段犯罪嫌疑人毕竟系处于审判前的未决犯，其实施伪造、毁灭证据，打击报复证人等妨碍诉讼行为的可能性很大。然而特赦不同于逮捕，特赦所针对的均是已决犯，且一般是经过一段时间改造的服刑罪犯，其特赦后几乎没有伪造、毁灭证据的必要，即此种社会危险并不具有"现实性"。即便存在打击报复证人之情形，往往也并非出于妨碍诉讼的目的，故完全可以通过附条件特赦或者其他法律规定予以防范或规制。

因此，我们建议，在建党百年之际的特赦中，可将在服刑或者社区矫正期间

---

① 新疆生产建设兵团第十师中级人民法院（2015）兵十刑终字第14号刑事裁定书。

② 陕西省洋县人民法院（2017）陕0723刑初28号刑事判决书，重庆市梁平县人民法院（2016）渝0228刑初233号刑事判决书，陕西省延安市中级人民法院（2016）陕06刑申17号刑事裁定书，湖南省常德市武陵区人民法院（2016）湘0702刑初60号刑事判决书。关于检察院建议撤销特赦、法院撤回特赦裁定的情况，将在下文探讨。

③ 卢建平，赵康．作为特赦实质条件的"不具有现实社会危险性"．国家检察官学院学报，2017（3）．

再次故意犯罪或者多次违反《治安管理处罚法》作为推断罪犯在被释放后具有“现实社会危险性”的基础事实。

（四）赦免性减刑之适度恢复

赦免性减刑是相对于普通减刑而言的：两者的立足点都在于减轻服刑人员的原判刑罚，其后果也都是使刑罚执行权部分消灭。但是，赦免性减刑属于赦免制度的具体形式，系外在于刑法的、为弥补法律功能之不足而存在的一种制度，其本身不属于刑罚制度，也不由刑法加以规定；而普通减刑则是一种具体的刑罚执行制度，属于对服刑中确有悔改表现的罪犯的回报和奖励，是司法机关的一项经常性的工作，是实现刑法有关规定的具体表现。① 由此，两者之间在性质、适用主体、适用程序、适用条件和根据、适用对象、适用效果等诸方面均有明显的差异。②

事实上，赦免性减刑既可以对某一罪犯实行，也可以对数位罪犯实行；可以对特定犯罪的罪犯实行，也可以对被判特定刑罚的罪犯实行；可以是减轻宣告刑，也可以是减轻执行刑。此处值得探讨的问题是：赦免性减刑在具体适用时能否附加条件？对此，学者有不同的观点，各国、各地区的实践也多有不同。许多学者认为，作为一种赦免制度，赦免性减刑的实施并不以罪犯真诚悔罪为适用前提，因此，如果在赦免性减刑命令中为罪犯规定具有实质内容的服刑条件或者悔过表现等条件，则其就不能再被理解为赦免性减刑，而在性质上已经向着普通减刑的方向发展，有可能异化为普通减刑。③ 我们认为，由赦免权人主动实行的赦免性减刑，固然不必以罪犯真诚悔罪为前提条件，但显然也不能否定在罪犯真诚悔罪的情况下也可以给予赦免性减刑，因为：对不真诚悔罪者尚且可以给予赦免性减刑，真诚悔罪者又怎能被排除在外？诚然，对真诚悔罪者往往可以通过普通减刑之途径减轻其刑罚，但普通减刑的适用毕竟还要受到法律规定的限制，在某些不能适用普通减刑的情况下，当然不能排斥赦免性减刑的适用。而且，赦免性

① 高铭暄主编．刑法学原理：第3卷．北京：中国人民大学出版社，1994：683.

② 于志刚．刑罚消灭制度研究．北京：法律出版社，2002：512－514.

③ 于志刚．刑罚消灭制度研究．北京：法律出版社，2002：511．陈东升．赦免制度研究．北京：中国人民公安大学出版社，2004：130.

减刑除由国家主动实行外，在很多国家还可以由服刑人员本人提出申请，而这实际上也是相关国际公约的要求。如果国家主动施行，当然在整体上要考虑社会、政治形势等诸多因素，至于具体的服刑人员是否真诚悔罪则非所问；但是，当服刑人员向赦免权人申请时，如果没有任何条件限制，岂不乱套？因此，在后一种情况下，服刑人员是否真诚悔罪应该成为赦免权人考虑能否给予赦免性减刑的前提条件之一。

具体到我国而言，虽然宪法及现行刑法典都没有单独规定赦免性减刑制度，但是通常认为，新中国成立后的前七次特赦实际上包含了赦免性减刑的内容。① 例如，1959 年 9 月 17 日的首次特赦令就规定，判处死刑缓刑 2 年执行的罪犯，缓刑时间已满 1 年、确实有改恶从善表现的，可以减为无期徒刑或者 15 年以上有期徒刑；判处无期徒刑的罪犯，服刑时间已满 7 年，确实有改恶从善表现的，可以减为 10 年以上有期徒刑。上述减刑与赦免性减刑的内容基本上一致，因而可以归于赦免性减刑之行列。

以此为基础，我们认为，在建党百年之际的特赦中，可以通过将赦免性减刑纳入特赦的范畴来适度恢复赦免性减刑之适用。换言之，特赦并不限于一概释放，还可以通过赦免性减刑免除部分刑罚的执行。对于曾为党和国家的建设作出过较大贡献、被判处长期自由刑且已服刑 10 年以上的服刑罪犯，如果确已真诚悔罪，也可以通过赦免性减刑，在合理的幅度内缩减其服刑的刑期。必要时，可以借鉴域外之做法，对赦免性减刑附加撤销减刑之后续性条件。从长远来讲，赦免性减刑的适度恢复也可以在减少死刑适用、构建死刑赦免制度、缓和终身监禁刑之严苛等方面发挥独特的作用。

（五）适用对象范围之适当扩大

1. 既有适用对象之保留与延续

新时期两次特赦的适用对象可以分为以下三类：

① 高铭暄主编. 刑法学原理：第 3 卷. 北京：中国人民大学出版社，1994：680. ［日］木村龟二主编. 刑法学词典. 顾肖荣，等译. 上海：上海翻译出版公司，1991：461.

其一，曾为国家和人民作出过积极贡献的服刑罪犯。此类对象共有四种人，既包括参加过中国人民抗日战争、中国人民解放战争的服刑罪犯，也包括新中国成立以后参加过保卫国家主权、安全和领土完整对外作战的服刑罪犯，还包括新中国成立以后为国家重大工程建设作过较大贡献并获得省部级以上“劳动模范”“先进工作者”“五一劳动奖章”等荣誉称号的服刑罪犯，以及曾系现役军人并获得个人一等功以上奖励的服刑罪犯。

其二，属于需要给予从宽处遇的特殊群体的服刑罪犯。此类对象包括：年满75周岁、身体严重残疾且生活不能自理的服刑罪犯；犯罪的时候不满18周岁，被判处3年以下有期徒刑或者剩余刑期在1年以下的服刑罪犯；丧偶且有未成年子女或者有身体严重残疾、生活不能自理的子女，确需本人抚养，被判处3年以下有期徒刑或者剩余刑期在1年以下的女性罪犯。

其三，基于司法实践以及犯罪人具体情况需要通过特赦来补充法律不足的服刑罪犯。其主要包括两种情形：一是因防卫过当或者避险过当，被判处3年以下有期徒刑或者剩余刑期在1年以下的服刑罪犯；二是被裁定假释，已执行1/5以上假释考验期的，或者被判处管制的服刑罪犯。①

我们认为，鉴于我国新时期的两次特赦均取得了良好的政治效果、法律效果和社会效果，上述既有的特赦适用对象在建党百年之际的特赦中还可以在整体上保留，并根据特赦的具体实践从以下方面适当予以调整：

(1) 考虑到参加过中国人民抗日战争、中国人民解放战争的服刑罪犯本就寥寥无几，在第八次特赦中此类对象只有50人，而且此类对象并未被附加排除适用之限制条件，随着这批人员被释放，实际上已没有符合这类条件的服刑罪犯。何况，此类对象已届耄耋之年，基本上丧失了危害社会的能力，不具有再犯可能性，因此尽管第九次特赦并未公布每一类特赦对象的具体人数，但想来符合条件的此类服刑罪犯几近于零。为了避免特赦制度流于形式，在建党百年之际的特赦中，可以不再将此类对象纳入特赦之范畴。

---

① 高铭暄，赵秉志，阴建峰. 国庆70周年特赦的时代价值与规范研读. 江西社会科学，2019 (7).

（2）就新中国成立以后参加过保卫国家主权、安全和领土完整对外作战的服刑罪犯来说，参加过20世纪50年代抗美援朝、援越抗法战争的，基本已年过八旬；参加过60年代中印边境自卫反击、中苏边境珍宝岛自卫反击、抗美援越、援老抗美战争的，大体已年过七旬；即便是参加过70、80年代中越战争的，至少已年过五旬，大部分则年过六旬。实际上，在第八次特赦中，符合条件的此类对象也只有1 428人。而第九次特赦为此类对象设定了与第八次特赦一样的排除适用条件，即犯贪污受贿犯罪，故意杀人、强奸、抢劫、绑架、放火、爆炸、投放危险物质或者有组织的暴力性犯罪、黑社会性质的组织犯罪，危害国家安全犯罪、恐怖活动犯罪，有组织犯罪的主犯以及累犯均被排除在外。这也意味着，除非将此类对象的特赦排除适用条件加以调整，否则几无符合条件的服刑罪犯。考虑到此类服刑罪犯曾为保家卫国作出过突出贡献，我们建议，将前两次特赦的排除适用条件取消，以便扩展在建党百年之际特赦的适用范围，因为：新时期的特赦均有“释放后不具有现实社会危险性”之实质性限定，而且，经过近年来的刑罚执行体制机制改革，我国已经实现了对罪犯“收得下、管得住、跑不了”的底线规则，对此类对象不设排除适用条件而全部予以特赦，相信并不会危及社会的安宁、和谐与稳定。

（3）为了彰显古已有之的“矜老”传统，承续刑事立法和司法实践均已体现的对老年犯从宽处罚之精神，我国新时期的两次特赦均将“年满75周岁、身体严重残疾且生活不能自理的服刑罪犯”纳入适用范围。不过，由于同时具备“年满75周岁”、“身体严重残疾”和“生活不能自理”这三个条件的服刑罪犯很少，第八次特赦中此类对象仅有122人，故而对老年服刑罪犯的特赦更多具有的是宣示与象征意义。为了进一步延展特赦的惠及范围，我们认为，可考虑将此类对象的年龄降至70周岁。

2. 新的适用对象之拓展与增列

（1）在企业经营过程中因制度缺陷而犯罪的民营企业家。

在改革开放之初，我国实行计划经济体制，重视对国有企业的而忽视对民营企业的产权保护。于夹缝中求生存的民营企业家，在创业初期可能采用了非常规



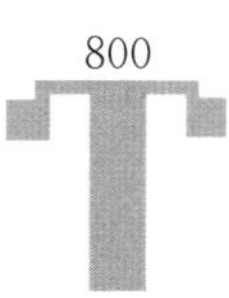

手段来经营发展企业，有的在不同程度上触犯了刑法，构成了人们所说的“原罪”。近几年的《中国企业家犯罪报告》也显示，民营企业家的犯罪多属于为降低经营成本、获取经营资金以缓解经营困难的“压力型”犯罪。相对于国有企业中企业家的“权力型”犯罪而言，民营企业家的“压力型”犯罪反映了制度设计层面对民营企业的不公平待遇。① 尽管当前我国的产权保护制度以及刑法等相关立法也在不断革新与完善，但基于上述经济体制与法律的原因，先前被定罪处罚的民营企业家中目前仍有部分身陷囹圄。②

在2018年11月召开的民营企业座谈会上，习近平总书记充分肯定了民营经济的重要地位和作用，要求以发展的眼光看待民营企业历史上曾有过的一些不规范行为，并多次强调要甄别、纠正一批侵害企业产权的错案冤案。本此精神，我们需要正视特定时期为冲破阻碍经济发展的旧有体制等而产生的企业“原罪”问题，并可考虑借助特赦制度来解决。

有鉴于此，我们认为，很有必要在建党百年之际的特赦中，对民营企业以及民营企业家所谓“原罪”案件予以考察，特赦部分相关人员。当然，需要进一步明确可以特赦的民营企业以及民营企业家“原罪”之范围、起始时间，乃至具体的犯罪类型。申言之，应当纳入特赦范围的只能是与民营企业以及民营企业家的经营活动密切关联的逃税、行贿、非法集资等犯罪，而不应包括杀人、放火、强奸等侵犯人身权利、危害社会治安的罪行。

（2）因新旧法律变更导致被判罪刑严重不均衡的服刑罪犯。

由于社会经济的持续发展，刑法及相关司法解释条文对某些罪的定罪量刑标准也趋于提高。这就意味着，原先被认定为犯罪或重罪的行为，现行刑法已不再认为是犯罪或者仅认为是轻罪。例如“投机倒把”行为曾经被认定为犯罪，但现行刑法早已废除相关规定。还有一些罪名，刑法虽尚未修改或废除，但已明显不

① 北京师范大学中国企业家犯罪预防研究中心课题组．民营企业家刑事风险分析与对策建议报告．河南警察学院学报，2015（4）．

② 阴建峰，刘雪丹．民营企业平等刑法保护的多维透视．贵州民族大学学报（哲学社会科学版），2018（1）．

适于当前时代，且前置法已作出修改。例如，2013 年修订后的《公司法》已经将公司注册资本实缴登记制改为了认缴登记制，并取消了最低注册资本限额的限制性规定，但刑法尚未对“虚报注册资本罪”“虚假出资、抽逃出资罪”及时废除或者修改。再如，盗窃罪的定罪量刑标准经历过 1997 年刑法典以及 2011 年《刑法修正案（八）》两次重大修改，并且在此期间相关司法解释也对盗窃罪的刑罚适用标准作出了较大幅度的提高，导致盗窃罪的前后定罪量刑标准出现巨大差异。曾有行为人因于 1996 年盗窃价值 11 万元的财物被判处死缓[①]，而如今盗窃 11 万元的量刑标准为 3 年以上 10 年以下有期徒刑。事实上，关于贪污贿赂罪的量刑标准的变更也属于此类情形。

而对于此类由于法律变更而形成的“同罪异罚”困境，特赦制度即是最好的解决之道。其可在尊重刑事判决、维护判决稳定性的基础上，补救法律之不足，修正刑罚之过分严苛，有效发挥其衡平功能。[②] 因此，我们认为，应当将法律变更导致被判罪刑严重不均衡的罪犯纳入特赦的适用范围。

（3）为党的发展与建设做过较大贡献并曾获得省部级以上荣誉称号的服刑罪犯。

在当前和平年代，那些曾为社会主义革命和建设、改革开放做出贡献的人士，同在战争年代参加正义战争的人士一样，同样应值得我们永远铭记与感激。即便是目前正在服刑的罪犯，他们曾经为国家和人民做出过的巨大贡献亦不能因其罪行而抹杀。因此，第九次特赦将新中国成立后为国家重大工程建设做过较大贡献并获得省部级以上荣誉称号的服刑罪犯纳入了适用范围。基于同样的道理，我们建议，将曾为党的建设与发展做出过突出贡献，并获得“全国优秀共产党员”“全国优秀党务工作者”等省部级以上荣誉称号的服刑罪犯，纳入特赦的考察范围，进一步考量其所受表彰的级别、所犯罪行的种类以及剩余刑期等情况，以决定是否予以特赦。将此类为党的发展与建设做出过重要贡献的罪犯予以特

① 江苏省镇江市中级人民法院（1996）镇刑初字第 124 号刑事判决书。

② 阴建峰，贾长森．“刑变罚恒”的价值背离及其重塑．法学杂志，2016（2）．

赦，正与喜迎建党百年之主旨与氛围契合，表明党和国家对他们既往贡献的认可和褒奖，也有助于彰显国家德政，展现与民更始的节庆气氛。

（4）引起我国与相关国家之间的外交纷争，已在国内受刑的犯罪人。

作为一项刑事政策工具，赦免制度的运用可以缓解国际矛盾，解决外交冲突。注重运用赦免制度此一功能的事例不胜枚举，例如，2020年9月7日，菲律宾总统杜特尔特基于对国家利益之考虑，宣布对因谋杀罪而被判处10年监禁的美国士兵约瑟夫·彭伯顿予以特赦。2003年8月9日沙特阿拉伯当局赦免6名涉嫌在两年前从事爆炸活动而被判刑的英国人，即很好地改善了两国的关系。[①] 而2000年12月14日俄罗斯总统普京特赦美国前海军军官波普，亦为通过赦免制度来缓和国家矛盾、解决外交冲突的适例：波普因涉嫌窃取俄罗斯水下高速鱼雷机密于同年4月3日被俄安全部门拘捕。此后，时任美国总统的克林顿及有关方面以波普身患癌症为由，强烈要求俄方释放波普。2000年12月6日，莫斯科市法院以间谍罪判处波普有期徒刑20年。判决作出后，美国方面反应强烈。同年12月8日，波普致信俄总统普京请求赦免。普京随后将其赦免请求信转交俄总统特赦问题委员会讨论，并在该委员会的建议下作出赦免的决定，从而缓解了俄美之间因这一间谍事件而引发的外交风波。

具体到我国而言，我国近年来所面临的国际形势日益严峻复杂。随着中美关系的急剧恶化，我国与整个西方阵营的关系也急转直下，明显针对我国的美日印澳联盟呼之欲出。这意味着我国外交处于非常需要突破的局面。而目前在我国监狱中服刑的外籍人员日益增多，产生了很多颇为棘手的问题。相关资料显示，近年来我国境内的外籍罪犯人数增长迅猛。2004年以后的5年，平均每年增长

---

① 2000年11月，在沙特首都利雅得发生了一起汽车炸弹爆炸事件，一位英国工程师遇害。沙特调查后认定，这是一起黑帮火并事件，目的是控制在沙特境内的非法白酒交易。6名涉案英国人被判有罪，其中2名主犯被判死刑，但一直未被核准执行。其余4名从犯则被判处了18年监禁，并已开始服刑。但是，这6名英国人一直声称：他们是无辜的替罪羊，并且受到了虐待。英国情报部门认为，爆炸是宗教极端分子所为。英国政府为此多次与沙特政府进行交涉，并最终使这6个英国人获得了赦免。尚军. 查尔斯走后门沙特赦免英6囚犯. 人民网.

31%，比全国同期押犯增长率高出27个百分点。截至2008年年底，外籍罪犯人数已达4 000人。尤其是国籍不明、无国籍罪犯、来自非洲地区的罪犯之人数增长速度较快，给监狱安全稳定带来较大压力。而且，外籍罪犯涉及84个国家，语言达20多种，宗教信仰涵盖世界五大宗教。涉毒罪犯占79%，10年以上有期徒刑罪犯占88.5%，无期徒刑、死缓罪犯占47.6%，文盲、半文盲罪犯占39.7%。[①] 这都给监狱管理和教育改造带来相当大的难度。何况，对外籍罪犯的监管工作十分敏感，始终为诸多国家驻华外交人员所高度关注，他们动辄指责我国监狱的一些做法“侵犯人权”，给我国狱政部门施压。特别值得一提的是，我国近来与加拿大、澳大利亚等国家还因部分外籍人员涉嫌犯罪被逮捕羁押，产生了较为尖锐的外交纷争，进一步恶化了我国的国际形势与外交环境。

在中央全面依法治国工作会议上，习近平总书记明确提出，要加快涉外法治工作战略布局；要强化法治思维，运用法治方式，有效应对挑战、防范风险。本此精神，我们认为，必要时可以考虑借助赦免制度所具有的缓解国家矛盾、解决外交冲突的功能，将部分可能关涉外交纷争的外籍服刑人员纳入特赦范畴，从而通过强化涉外法治，为我国当前面临严峻形势的外交工作寻求一个可资突破的路径。

## 四、结语

借鉴新中国以往九次，尤其是新时期两次特赦的实践，结合当下的现实需要与实际可行性，在作为执政党的中国共产党建立百年之际应再次行赦。这次特赦应侧重适用于犯罪性质不严重、犯罪情节相对较轻、宣告刑期与残余刑期不长，并且“释放后不具有现实社会危险性”的老年犯、未成年犯、女性罪犯、过失犯、初犯、偶犯等情形。同时，也可将曾为党和国家的发展、建设作出过较大贡献的服刑罪犯纳入特赦之范畴，以契合迎接建党百年之主旨与喜庆氛围。当然，

① 孙喜彬，陈帅. 对外国籍罪犯的狱情研判研究. 犯罪与改造研究，2013 (7).

为了避免触及民众的安全感与稳定感，不致引起太大的社会震荡，仍可以对部分适用对象附加排除适用范围，对故意杀人、抢劫、强奸、绑架、放火、爆炸、投放危险物质或者有组织的暴力性犯罪、黑社会性质的组织犯罪、危害国家安全犯罪、恐怖活动犯罪、有组织犯罪的主犯以及累犯等不予特赦，并排除对被特赦后重新犯罪者再次特赦。从罪犯的服刑时间来说，可限制为2021年1月1日之前正在服刑的罪犯，从而为判断罪犯是否“不具有现实社会危险性”提供较为充裕的时间，也可避免“刚判即赦”，以适度维护刑事判决的稳定性和严肃性。总之，在建党百年之际再次行赦，既有以往经验可鉴，也有诸多合理缘由，可以为我国特赦制度的常态化运作再次提供助力，进一步促进特赦的制度化、法治化构建。正所谓“没有宽恕，则没有未来”，以宽恕之心、和合之道，逐梦筑梦，梦想可待，未来可期。①

① 光明日报评论员. 重启特赦，以宽恕之心迎接未来. [2020-11-09]. https://guancha.gmw.cn/2015-08/25/content_16794838.htm.

**图书在版编目（CIP）数据**

刑法完善与理论发展. 上卷 / 赵秉志著. --北京：中国人民大学出版社，2022.6

ISBN 978-7-300-30214-0

Ⅰ.①刑… Ⅱ.①赵… Ⅲ.①刑法-文集 Ⅳ.①D914.04 - 53

中国版本图书馆 CIP 数据核字（2022）第 046996 号

“十三五”国家重点出版物出版规划项目
中国当代法学家文库
赵秉志刑法研究系列
**刑法完善与理论发展（上卷）**
赵秉志 著
Xingfa Wanshan yu Lilun Fazhan

| | | | |
|---|---|---|---|
| **出版发行** | 中国人民大学出版社 | | |
| **社　　址** | 北京中关村大街 31 号 | **邮政编码** | 100080 |
| **电　　话** | 010 - 62511242（总编室） | | 010 - 62511770（质管部） |
| | 010 - 82501766（邮购部） | | 010 - 62514148（门市部） |
| | 010 - 62515195（发行公司） | | 010 - 62515275（盗版举报） |
| **网　　址** | http://www.crup.com.cn | | |
| **经　　销** | 新华书店 | | |
| **印　　刷** | 涿州市星河印刷有限公司 | | |
| **规　　格** | 170mm×228mm　16 开本 | **版　　次** | 2022 年 6 月第 1 版 |
| **印　　张** | 52 插页 4 | **印　　次** | 2022 年 6 月第 1 次印刷 |
| **字　　数** | 771 000 | **定　　价** | 798.00 元（全三册） |

“十三五”国家重点出版物出版规划项目

中国当代法学家文库
赵秉志刑法研究系列

# 刑法完善与理论发展（中卷）

赵秉志　著

中国人民大学出版社
·北京·

# 中卷目录





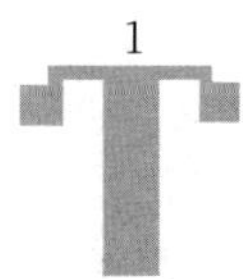

# Table of Contents

# 中卷细目





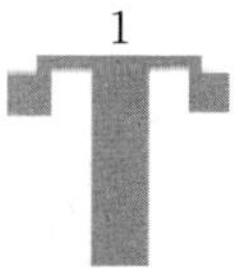

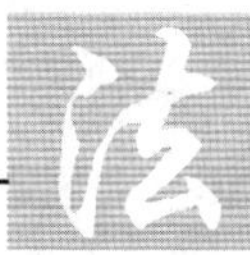

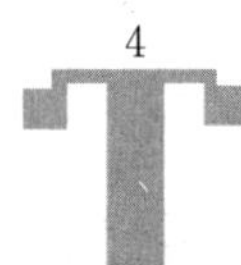

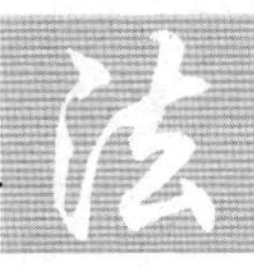

# 第六编　反恐刑法暨危害公共安全犯罪专题

# 晚近 20 年中国反恐刑法修法问题研究*

## 一、前言

反恐刑法是我国刑法规范中的一个相对年轻但极具现实性和极为重要的刑法领域。新中国成立至 1997 年刑法典生效之前，是我国反恐刑法的酝酿与初创阶段。20 世纪 80 年代末 90 年代初我国劫机狂潮的出现以及“东突”恐怖组织暴恐犯罪的频发，促使我国立法者在 1979 年第一部刑法典并未明确涉及恐怖活动犯罪的背景下，专门出台了针对劫机犯罪的反恐单行刑法。① 1997 年刑法典的出台，增设了新的反恐罪名并整合了之前的反恐刑法规范，使我国反恐刑法进入了发展与完善阶段。自 1997 年刑法典颁行以来，经过刑法修正案的三次修改以及相关涉恐法律规范的调整，我国反恐刑法发生了整体完善的重大变化。本文拟在回顾分析 1997 年刑法典颁行后晚近 20 年来我国反恐刑法演变历程的基础上，研究 20 年来我国反恐刑法的修法特征，并对未来我国反恐刑法的进一步发展完善建言献策。

---

* 与张拓博士合著，原载《华南师范大学学报（社会科学版）》，2018（1）。

① 该单行刑法为全国人大常委会于 1992 年通过的《关于惩治劫持航空器犯罪分子的决定》。

## 二、中国反恐刑法之修法要览

### （一）中国反恐刑法的历次修正

在进入21世纪之前，全球恐怖活动犯罪虽然时有发生，但恐怖活动的数量、规模和影响并未引起国际社会的普遍关注。然而进入21世纪之后，以美国“9·11”恐怖袭击事件为代表，全球恐怖主义的规模与形式发生了巨变，为世界各国敲响了警钟。在我国，恐怖活动犯罪的严重性也日益凸显，暴恐犯罪以新疆为中心，并且呈现出向北京、昆明等大中城市扩散的趋势，对人民群众的人身财产安全以及社会的稳定造成了严重威胁。面对国内外日益严峻的恐怖活动犯罪新形势、新特点，我国刑法立法及时作出了积极回应。1997年刑法典颁行后，经过《刑法修正案（三）》（2001年）、《刑法修正案（八）》（2011年）和《刑法修正案（九）》（2015年）的三次修改，我国反恐刑法的犯罪圈以及法定刑均发生了重大变化。总体来看，自1997年刑法典起我国反恐刑法结构的历次调整如下表所示。

| 修法历程 | 修法情况 |
| --- | --- |
| 1997年刑法典 | 设置“组织、领导、参加恐怖组织罪”（第120条） |
| | 设置“劫持航空器罪”（第121条） |
| 2001年《刑法修正案（三）》 | 删除刑法典第114条“放火罪”、“决水罪”、“爆炸罪”、“投放危险物质罪”与“以危险方法危害公共安全罪”行为对象中的“工厂、矿场、油田、港口、河流、水源、仓库、住宅、森林、农场、谷场、牧场、重要管道、公共建筑物或者其他公私财产”，并将“投毒罪”的对象扩充为“毒害性、放射性、传染病病原体等物质”（其罪名后被修改为“投放危险物质罪”） |
| | 提高刑法典第120条“组织、领导、参加恐怖组织罪”的法定刑 |
| | 增设“资助恐怖活动罪”（刑法典第120条之一） |

续表

| 修法历程 | 修法情况 |
| --- | --- |
| 2001 年《刑法修正案（三）》 | 将刑法典第 125 条第 2 款“非法买卖、运输核材料罪”的行为及对象由“非法买卖、运输核材料”修改为“非法制造、买卖、运输、储存毒害性、放射性、传染病病原体等物质”（其罪名后被修改为“非法制造、买卖、运输、储存危险物质罪”） |
|  | 将“毒害性、放射性、传染病病原体等物质”纳入刑法典第 127 条第 1 款“盗窃、抢夺枪支、弹药、爆炸物罪”的法条（该条款的罪名后被修改为“盗窃、抢夺枪支、弹药、爆炸物、危险物质罪”） |
|  | 将“毒害性、放射性、传染病病原体等物质”纳入刑法典第 127 条第 2 款“抢劫枪支、弹药、爆炸物罪”的法条（该条款的罪名后被修改为“抢劫枪支、弹药、爆炸物、危险物质罪”） |
|  | 在刑法典第 191 条洗钱罪之上游犯罪中增加“恐怖活动犯罪”的内容 |
|  | 增设“投放虚假危险物质罪”（刑法典第 291 条之一） |
|  | 增设“编造、故意传播虚假恐怖信息罪”（刑法典第 291 条之一） |
| 2011 年《刑法修正案（八）》 | 将恐怖活动犯罪纳入特别累犯制度予以规制（刑法典第 66 条） |
| 2015 年《刑法修正案（九）》 | 对“组织、领导、参加恐怖组织罪”增设财产刑（刑法典第 120 条） |
|  | 在刑法典第 120 条之一“资助恐怖活动罪”中增加“资助恐怖活动培训”与“为恐怖活动组织、实施恐怖活动或者恐怖活动培训招募、运送人员”的行为（其罪名后被更改为“帮助恐怖活动罪”） |
|  | 增设“准备实施恐怖活动罪”（刑法典第 120 条之二） |
|  | 增设“宣扬恐怖主义、极端主义、煽动实施恐怖活动罪”（刑法典第 120 条之三） |
|  | 增设“利用极端主义破坏法律实施罪”（刑法典第 120 条之四） |
|  | 增设“强制穿戴宣扬恐怖主义、极端主义服饰、标志罪”（刑法典第 120 条之五） |

续表

| 修法历程 | 修法情况 |
| --- | --- |
| 2015年《刑法修正案（九）》 | 增设“非法持有宣扬恐怖主义、极端主义物品罪”（刑法典第120条之六） |
| | 在刑法典第311条“拒绝提供间谍犯罪证据罪”中增加“恐怖主义、极端主义犯罪行为”的内容（其罪名后被更改为“拒绝提供间谍犯罪、恐怖主义犯罪、极端主义犯罪证据罪”） |
| | 在刑法典第322条“偷越国（边）境罪”中增加“为参加恐怖活动组织、接受恐怖活动培训或者实施恐怖活动，偷越国（边）境”的内容 |

兹简述如下。

1. 1997年刑法典

1997年刑法典包括总则、分则、附则三部分，共15章。该法典完善了刑法的体系结构和基本制度、重要内容等，并将1979年刑法典的192个条文大幅度增加到452个，实现了刑法的统一性与完备性，贯彻了现代刑事法治原则和加强刑法保障功能的刑法新理念，并且将立足本国国情与适当借鉴国外先进经验相结合，其修法幅度之大，修法涉及范围之广，在新中国立法史上可谓空前。对于反恐刑法而言，1997年刑法典针对反恐的现实需要，设置了组织、领导、参加恐怖组织罪与劫持航空器罪。前者针对有组织性的恐怖活动犯罪，主要为“东突”恐怖组织；后者则是认可之前单行刑法中有关劫持航空器犯罪的刑法规范。这两个罪名，尤其是组织、领导、参加恐怖组织罪的增设，对我国反恐刑法的创制和发展具有重要意义。组织、领导、参加恐怖组织罪是我国刑法典中第一个真正意义上的反恐罪名，也是我国刑事法律规范中第一次将非暴力恐怖活动行为定义为涉恐犯罪，标志着恐怖活动犯罪在我国刑法中正式被明确化与特定化，并体现了我国有针对性地惩治恐怖活动犯罪的法治立场。

2. 《刑法修正案（三）》

进入21世纪之后，恐怖活动犯罪愈加猖獗，2001年美国“9·11”恐怖袭


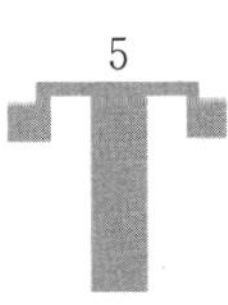

击事件的发生给各国敲响了警钟。为了应对国际恐怖主义急剧发展的变化形势，在联合国安理会第 1373 号反恐决议号召各国加强反恐法治并注意惩治资助恐怖活动之行为的背景下①，我国第九届全国人民代表大会常务委员会第二十五次会议于 2001 年 12 月 29 日通过了以强化反恐刑法为主题的《刑法修正案（三）》。《刑法修正案（三）》开宗明义地指出，“为了惩治恐怖活动犯罪，保障国家和人民生命、财产安全，维护社会秩序，对刑法作如下补充修改：……”《刑法修正案（三）》对我国反恐刑法的修改主要表现为以下几方面：

（1）提高组织、领导、参加恐怖组织罪中之组织、领导行为的法定刑。将组织和领导恐怖组织行为的法定刑由“三年以上十年以下有期徒刑”，提高为“十年以上有期徒刑或者无期徒刑”。

（2）增设资助恐怖活动罪、投放虚假危险物质罪和编造、故意传播虚假恐怖信息罪等 3 种反恐新罪名。其中，资助恐怖活动罪是此次新增反恐罪名的重点。资助恐怖活动罪的增设是我国贯彻联合国安理会第 1373 号反恐决议中积极打击“为恐怖主义提供或筹集资金之犯罪”要求的直接体现。该罪名是我国反恐刑法中继组织、领导、参加恐怖组织罪之后的第二个非暴力涉恐罪名，也是首个设置有单位犯罪的涉恐罪名。此外，《刑法修正案（三）》在刑法典第 291 条之后还增设了两种独立的涉恐罪名，即投放虚假危险物质罪和编造、故意传播虚假恐怖信息罪。虽然这两个罪名并非专门的反恐罪名，但是由于这两种行为能够引起与恐怖活动犯罪相近的社会恐慌，甚至可能为恐怖分子所利用来恐吓社会、助长恐怖活动犯罪，所以予以刑事规制也能起到防治恐怖活动犯罪的作用。

（3）对 5 种犯罪的罪名与罪状进行了修改。《刑法修正案（三）》对其他一些涉及恐怖活动犯罪的罪名和罪状进行了修改，进一步加强了惩治力度，主要表现为：1）删除刑法典第 114 条“放火罪”、“决水罪”、“爆炸罪”、“投放危险物质罪”与“以危险方法危害公共安全罪”行为对象中的“工厂、矿场、油田、港

① 维克托 · V. 拉姆拉伊，迈克尔 · 荷尔，肯特 · 罗奇，等. 全球反恐立法和政策：原书第二版. 杜邈，等译. 北京：中国政法大学出版社，2016：23-25.

口、河流、水源、仓库、住宅、森林、农场、谷场、牧场、重要管道、公共建筑物或者其他公私财产”，并将“投毒罪”的对象扩充为“毒害性、放射性、传染病病原体等物质”（其罪名后被修改为“投放危险物质罪”）；2）将刑法典第125条第2款“非法买卖、运输核材料罪”的行为及对象由“非法买卖、运输核材料”修改扩充为“非法制造、买卖、运输、储存毒害性、放射性、传染病病原体等物质”（其罪名后被修改为“非法制造、买卖、运输、储存危险物质罪”）；3）将“毒害性、放射性、传染病病原体等物质”纳入刑法典第127条第1款“盗窃、抢夺枪支、弹药、爆炸物罪”的法条（其罪名后被修改为“盗窃、抢夺枪支、弹药、爆炸物、危险物质罪”）；4）将“毒害性、放射性、传染病病原体等物质”纳入刑法典第127条第2款“抢劫枪支、弹药、爆炸物罪”的法条（其罪名后被修改为“抢劫枪支、弹药、爆炸物、危险物质罪”）；5）在刑法典第191条“洗钱罪”之上游犯罪中增加“恐怖活动犯罪”的内容。

《刑法修正案（三）》既是我国对全球恐怖活动犯罪形势急剧变化的及时立法回应，也进一步从增设新罪名、修改旧罪名、提高法定刑等方面加大了我国刑法对恐怖活动犯罪的惩处力度，因而意义重大。

3.《刑法修正案（八）》

第十一届全国人民代表大会常务委员会第十九次会议于2011年2月25日通过了《刑法修正案（八）》。虽然恐怖活动犯罪并非《刑法修正案（八）》的修法重点，有关反恐刑法的问题只是其涉及的一个方面，但这一修法也不容轻视，这次涉恐修法将恐怖活动犯罪纳入特别累犯制度予以规制。这一时期，我国处于恐怖活动犯罪高发、多发且危害极为严重的阶段，将恐怖活动犯罪纳入特别累犯的范围，符合对恐怖活动犯罪给予严厉打击的现实需要。[①] 尤其是2009年“7·5”乌鲁木齐恐袭事件的发生凸显出严惩恐怖活动犯罪的必要性。特别累犯比一般累犯要严厉很多，对于特别累犯前罪被判处的刑罚和后罪应判处的刑罚的种类和轻重都没有任何限制，特别累犯也不受前后两罪相距时间长短的限制，因此体现出

① 赵秉志.《刑法修正案（八）》理解与适用. 北京：中国法制出版社，2011：73.

对构成特别累犯的行为人更加从重处罚的精神。可见，《刑法修正案（八）》从一个方面进一步加强了对恐怖活动犯罪的惩治力度。

4.《刑法修正案（九）》

针对暴力恐怖犯罪出现的新情况、新特点，总结同这类犯罪作斗争的经验，第十二届全国人民代表大会常务委员会第十六次会议于 2015 年 8 月 29 日通过的《刑法修正案（九）》，对我国反恐刑法作出了大幅度且极为重要的修改充实。[①]此次修改是晚近 20 年来我国反恐刑法变动最为重大的一次，修法后标志着我国反恐刑法已经臻于成熟。《刑法修正案（九）》对反恐刑法的修正表现在两个方面。

（1）完善了 4 种已有的罪名，进一步调整了相关犯罪的构成要件和刑罚处罚。即：对"组织、领导、参加恐怖组织罪"（第 120 条）增设了财产刑；在"资助恐怖活动罪"（第 120 条之一）中增加"资助恐怖活动培训"和"为恐怖活动组织、实施恐怖活动或者恐怖活动培训招募、运送人员"的行为，其罪名也相应地更改为"帮助恐怖活动罪"；在"拒绝提供间谍犯罪证据罪"（第 311 条）中增加了"恐怖主义、极端主义犯罪行为"的内容，其罪名也相应地更改为"拒绝提供间谍犯罪、恐怖主义犯罪、极端主义犯罪证据罪"；在"偷越国（边）境罪"（第 322 条）中增加了"为参加恐怖活动组织、接受恐怖活动培训或者实施恐怖活动，偷越国（边）境"的内容。

（2）更为引人注目的是，增设了 5 种新罪名，将多种新的恐怖主义、极端主义行为规定为专门的犯罪。即增设了"准备实施恐怖活动罪"（第 120 条之二）、"宣扬恐怖主义、极端主义、煽动实施恐怖活动罪"（第 120 条之三）、"利用极端主义破坏法律实施罪"（第 120 条之四）、"强制穿戴宣扬恐怖主义、极端主义服饰、标志罪"（第 120 条之五）和"非法持有宣扬恐怖主义、极端主义物品罪"

① 李适时．关于《中华人民共和国刑法修正案（九）（草案）》的说明（2014 年 10 月 27 日在第十二届全国人民代表大会常务委员会第十一次会议上）//赵秉志．《中华人民共和国刑法修正案（九）》理解与适用．北京：中国法制出版社，2016：392.

（第 120 条之六）。

除此之外，第十一届全国人大常委会第二十三次会议于 2011 年 10 月 29 日通过的《关于加强反恐怖工作有关问题的决定》（以下简称《反恐决定》），特别是第十二届全国人大常委会第十八次会议于 2015 年 12 月 27 日通过的《中华人民共和国反恐怖主义法》（以下简称《反恐怖主义法》），对于我国反恐刑法的发展也具有重要的补充作用。《反恐决定》由 8 个条文组成，分别涉及反恐怖主义和反恐刑法的相关基本概念，相关国家机关、中国人民解放军、中国人民武装警察部队的反恐职能，恐怖活动组织及恐怖活动人员的认定与公布，反恐怖国际合作等问题。虽然由于《反恐怖主义法》的出台《反恐决定》已经失效，但是从历史的角度来看，该决定首次在全国人大常委会通过的立法文件中明确了恐怖活动、恐怖活动组织与恐怖活动人员的定义，并且完善了恐怖活动组织、人员的认定与公布制度，因此对于我国反恐刑法的实施具有重要作用。而《反恐怖主义法》的作用更为重大。《反恐怖主义法》是我国第一部反恐专门法律，标志着我国反恐法律体系已经初步形成，对于我国反恐工作具有里程碑的意义。《反恐怖主义法》是一部以行政法、行政诉讼法为主，同时涉及了刑法、刑事诉讼法、国家安全法等内容的综合性、专门性反恐法律，共包含 10 章、97 个条文，涉及反恐宏观问题、恐怖活动组织和人员的认定、安全防范、情报信息、调查、应对处置、国际合作、保障措施以及法律责任等问题。对于反恐刑法而言，《反恐怖主义法》设置了反恐刑法所涉及的绝大多数相关定义，扫清了困扰我国反恐刑法多年的概念不清之迷雾，确立了一些基本的反恐法治原则并且很好地担当了刑法之前提性法律的角色，解决了反恐刑法规范与其他相关法律规范间的衔接问题，同时还明确了恐怖活动犯罪的刑事管辖权原则。

综上所述，自 1997 年刑法典颁行以来，经过刑法修正案的三次修改以及《反恐决定》和《反恐怖主义法》的重要补充，我国反恐刑法发生了充实内容、完善体系等重大变化，扩大了惩治范围，增强了惩处力度。从修改时间上看，我国反恐刑法三次修改的时间间隔并不均匀。最长间隔是《刑法修正案（三）》至《刑法修正案（八）》，约为 10 年；而最短间隔是《刑法修正案（八）》至《刑法

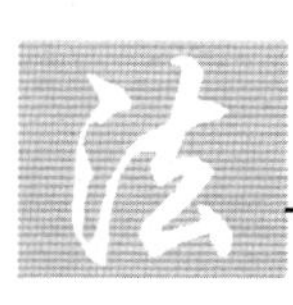



修正案（九）》，只有 4 年半左右。从修改幅度上看，《刑法修正案（三）》与《刑法修正案（九）》的修法规模巨大，这两次修改使我国反恐刑法产生了跨越式的发展。从修法节点上看，1997 年刑法典是我国反恐刑法发展的起始，《刑法修正案（三）》使我国反恐刑法得到显著重视和丰富，而《刑法修正案（九）》则标志着我国反恐刑法走向成熟。总而言之，晚近 20 年来，我国反恐刑法取得了突破性的体系性发展与完善，修法成果显著。

（二）中国反恐刑法的发展变化

经过晚近 20 年来的发展，我国反恐刑法的罪刑结构发生了巨大变化，具体表现在犯罪圈的划定与法定刑的配置两个方面。

1. 犯罪圈的划定特征

从犯罪圈的划定特征来看，我国反恐刑法的犯罪圈一直在不断扩大，并且刑法的介入在不断提前，具体表现为以下两个方面：

其一，犯罪圈扩张。进入 21 世纪之后，恐怖主义的活动形式和规模都发生了新的变化，特别是“9·11”恐怖袭击事件，使世界各国都感受到了恐怖主义所带来的空前压力。在我国，以新疆恐怖活动犯罪为代表的恐怖主义日益猖獗，成为影响我国社会安定团结的重大不稳定因素。作为犯罪治理的核心法律规范，我国刑法应当作出积极回应，刑法介入的力度应当加大。因此，我国反恐刑法的犯罪圈根据犯罪形势及其治理需要在不断扩张。1997 年刑法典颁行时，仅规定了 2 种针对恐怖活动犯罪的罪名，即组织、领导、参加恐怖组织罪（第 120 条）与劫持航空器罪（第 121 条）。到 2001 年《刑法修正案（三）》，我国刑法典中的涉恐罪名得到了扩充，资助恐怖活动以及涉恐洗钱等行为也被纳入了反恐刑法的规制范围。2015 年《刑法修正案（九）》对 4 种既有罪名进行了增加涉恐内容的修改，并且增设了 5 种反恐新罪名，使得我国反恐刑法的犯罪圈得到了大幅度扩张。值得注意的是，如果将犯罪主体以及犯罪对象的多样性再考虑进去，那么具体的涉恐犯罪行为类型将更为丰富。例如，《刑法修正案（九）》在刑法典第 120 条之二增设的准备实施恐怖活动罪，其列举的行为方式就有 4 种。由此可见，从 1997 年刑法典中明确设置恐怖活动犯罪起，经过刑法修正案的 3 次调整，我国

反恐刑法的犯罪圈在不断扩大。

其二，刑法介入提前。鉴于“暴恐活动在实践中具有极强的社会危害性，一旦实施会给公民生命财产造成重大损失，事后的惩罚措施由于其无补救功能，往往使得反恐怖斗争陷入被动。因此，刑法不能坐等恐怖活动造成实害才加以处罚，而有必要将对恐怖活动的处罚时机提前，将一些预备犯、帮助犯分离出来单独定罪，规定独立的罪名和法定刑”①。刑法修正案对我国反恐刑法的修改能够体现出这种提前介入的立法思想。1997 年刑法典所规定的组织、领导、参加恐怖组织的行为并非恐怖活动犯罪的实行行为，而是恐怖活动犯罪的前置行为。2001 年《刑法修正案（三）》将资助恐怖活动组织或者个人的行为犯罪化，进一步体现了刑法对于惩治恐怖活动犯罪的提前介入。而 2015 年《刑法修正案（九）》对于反恐刑法的修改，最为充分地体现了法益保护前置的思想。具体表现为：（1）帮助行为正犯化。修改“资助恐怖活动罪”，增加“资助恐怖活动培训”“为恐怖活动组织、实施恐怖活动或者恐怖活动培训招募、运送人员”等行为种类；修改“拒绝提供间谍犯罪证据罪”，增加“恐怖主义、极端主义犯罪行为”等行为种类；增设“宣扬恐怖主义、极端主义、煽动实施恐怖活动罪”。（2）预备行为实行化。增设“准备实施恐怖活动罪”。由此可见，反恐刑法的历次调整体现了法益保护前置的理念，对于恐怖活动犯罪的治理，刑法的介入时点在不断提前。

2. 法定刑的配置特征

从法定刑的配置特征来看，我国反恐刑法普遍设置了财产刑，法定刑相对严厉并且总则与分则相呼应。具体表现如下：

其一，普遍设置财产刑。从客观上来看，恐怖活动犯罪的实施通常需要以一定的财力作为经济基础，因而增强经济制裁是有效惩治与防范恐怖活动犯罪的重要方面。我国反恐刑法立法逐渐清醒地认识到经济制裁对有效遏制恐怖活动犯罪的必要性与重要性，因而对恐怖活动犯罪普遍设置了财产刑。1997 年修订刑法

① 赵秉志，杜邈. 刑法修正案（九）：法益保护前置织密反恐法网. 检察日报，2015-09-28（3）.



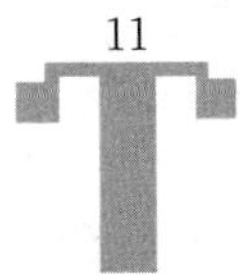

典时，并没有对组织、领导、参加恐怖组织罪配置财产刑。2001 年《刑法修正案（三）》增设的“资助恐怖活动罪”首次在反恐刑法中设置了财产刑，并且对涉恐洗钱犯罪也规定了较为详细的财产刑。对于前者，在一般情况下仅规定“并处罚金”，而对“情节严重的”规定“并处罚金或者没收财产”；对于后者，我国刑法典规定了“洗钱数额百分之五以上百分之二十以下”的比例制罚金，在一般情况下为“并处或者单处”，情节严重的为“并处”。2015 年《刑法修正案（九）》在全面扩大反恐刑法犯罪圈时，对涉恐犯罪普遍设置了财产刑。《刑法修正案（九）》不仅对组织、领导、参加恐怖组织罪增设了罚金刑，而且对所有新增设的 5 种涉恐犯罪均设置了财产刑。目前，在反恐刑法涉及的主要罪名中，除拒绝提供间谍犯罪、恐怖主义犯罪、极端主义犯罪证据罪之外，其他所有罪名均设置了财产刑。由此可见，当前我国反恐刑法普遍设置了财产刑。

其二，法定刑比较严厉。在现有的反恐罪名中，劫持航空器罪的法定最高刑是死刑，而且是绝对死刑。“在绝对确定的法定刑配置模式下，当犯罪行为的危害程度符合法定情节时，对行为人判处的刑罚种类及法定刑幅度均具有唯一性与确定性”[①]，可见劫持航空器罪法定刑配置的严厉性。并且，有 2 种涉恐犯罪行为的法定最高刑能够达到无期徒刑，即组织恐怖活动组织与领导恐怖活动组织的犯罪行为。在其他涉恐犯罪行为类型中，所有罪名都配置有不同幅度的有期徒刑。此外，我国反恐刑法并没有将直接实施恐怖活动的行为规定为独立罪名，而是将与恐怖活动相关的非实行行为规定为犯罪，如涉恐犯罪的帮助行为和预备行为。而这些被正犯化后的预备行为和帮助行为，与未被正犯化的预备行为和帮助行为相比，其法定刑的配置是相对严厉的。因为，对于一般的预备行为而言，根据我国刑法典第 22 条的规定，可以比照既遂犯从轻、减轻处罚或者免除处罚；而一旦这些行为被正犯化，由于其已经是独立的罪名，所以不能够再适用这一对预备犯的规定而减免处罚了。例如，准备实施恐怖活动犯罪的行为在被正犯化之前，作为恐怖活动犯罪实行行为的预备行为，可以根据刑法典第 22 条的规定从宽处

① 张拓. 绝对死刑立法修改问题研究. 四川师范大学学报（社会科学版），2016（5）.

理；但是在被正犯化之后，因为其已经是独立的罪名，具有自己独立的刑罚配置，因此就不能够再适用刑法典第22条的规定了。涉恐帮助行为（如刑法典第120条之一的帮助恐怖活动罪）被规定为独立罪名后之处罚原则，亦同上述之法理。由此可见，我国反恐刑法的法定刑相对严厉。

其三，总则与分则相呼应。反恐刑法的调整不仅体现在分则的具体罪名上，而且表现在总则规范中。1997年刑法典颁行之后，国家立法机关基于我国恐怖活动犯罪的现实状况及发展态势，在2011年《刑法修正案（八）》中增设恐怖活动犯罪构成特别累犯的规定，将原条文修改为："危害国家安全犯罪、恐怖活动犯罪、黑社会性质的组织犯罪的犯罪分子，在刑罚执行完毕或者赦免以后，在任何时候再犯上述任一类罪的，都以累犯论处。"至此，实施恐怖活动的犯罪分子在符合条件时将会构成特别累犯，适用总则关于累犯的规定。对于恐怖活动犯罪之特别累犯而言，具体包括三种情况：（1）前罪为危害国家安全罪或者黑社会性质的组织犯罪，后罪为恐怖活动犯罪；（2）前罪为恐怖活动犯罪，后罪为危害国家安全罪或者黑社会性质的组织犯罪；（3）前后罪均为恐怖活动犯罪。与一般累犯相比，特别累犯的成立条件相对宽松，因此具有更强的惩治力度。根据我国刑法典第66条的规定，特别累犯的成立条件为前后罪都是危害国家安全罪、恐怖活动犯罪与黑社会性质的组织犯罪其中之一，而对于前后罪的时间间隔以及前后罪所判处和所应判处的刑罚种类与轻重都没有限制。由此可见，《刑法修正案（八）》将恐怖活动犯罪纳入特别累犯制度予以规制，显著增强了对恐怖活动犯罪的惩处力度，使得我国反恐刑法总则与分则相呼应。

总之，从我国反恐刑法的犯罪圈与法定刑的发展变化来看，自1997年我国刑法典生效以来，我国反恐刑法在经历了《刑法修正案（三）》、《刑法修正案（八）》与《刑法修正案（九）》三次修正之后，法网逐渐严密而且法定刑也较为严厉。

## 三、中国反恐刑法之修法特征

综观1997年刑法典颁行以来晚近20年我国反恐刑法之修法，可以说具有以


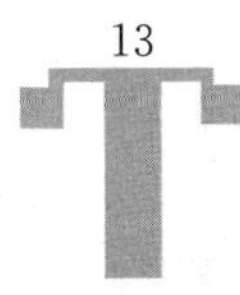

下三个显著的特征。

（一）顺应恐怖活动的变化形势

从修法轨迹来看，我国反恐刑法的发展顺应了国内外恐怖活动犯罪的变化形势。几乎每一次反恐刑法的重大变化，都是以恐怖活动犯罪形势的发展变化为背景的。20世纪80年代末90年代初，我国劫持航空器事件的数量剧增，甚至发生了劫机狂潮，仅1993年一年的时间就发生了21起劫机事件，并且成功10起。[①] 此外，20世纪末新疆发生了多起暴恐事件，对我国公共安全与社会稳定造成了严重损害。“据不完全统计，1990年至2001年，境内外‘东突’势力采取爆炸、暗杀、投毒、纵火、袭击、骚乱及暴乱等方式，在中国新疆境内制造了200余起暴力恐怖事件，造成各民族群众、基层干部、宗教人士等162人丧生，440多人受伤。”[②] 1997年刑法典所增设的劫持航空器罪与组织、领导、参加恐怖组织罪，对这两种形式的涉恐犯罪作出了回应。之后，“9·11”事件的发生使得国际社会的恐怖活动犯罪形势发生了重大变化，恐怖活动犯罪的整体数量逐渐上升，暴力程度日趋增强，危害后果日益严重，而恐怖组织的数量也呈现出增长的趋势，并且其运作方式亦日渐成熟。在此背景下，为了响应联合国安理会第1373号反恐决议的号召，履行安理会常任理事国的反恐国际义务，同时也是为了更加有效地惩治恐怖活动犯罪，我国以强化反恐为主题的《刑法修正案（三）》及时问世。时任全国人大常委会法制工作委员会副主任的胡康生在《关于〈中华人民共和国刑法修正案（三）（草案）〉的说明》中指出：“当前，恐怖主义对和平与安全的威胁受到各国的普遍重视。我国刑法对惩治恐怖活动犯罪已有一些规定，针对最近出现的恐怖活动的一些新情况，如何适用刑法需进一步明确，刑法的有关条款也需进一步完善。为了严厉打击恐怖活动犯罪，更好地维护国家安全和社会秩序，保障人民生命、财产安全，受委员长会议委托，法制工作委员会在与有关部

① 吕明合，丁补之，嘉实，等. 解密15年前惊心动魄“劫机潮”. 南方周末，2008-03-06（A02）.

② 20年来新疆359人死于“东突”暴行. 东方早报，2009-09-22（A18）.

门和专家多次研究的基础上，拟订了《中华人民共和国刑法修正案（三）（草案)》."[①] 步入新世纪之后，以 2009 年新疆“7・5”暴恐事件为标志，我国的恐怖活动犯罪形势日趋严重，呈现出犯罪动机极端化、犯罪手段复杂化、犯罪地域扩大化、犯罪对象无差别化以及暴恐犯罪存在长期化的特征，给公共安全和人民群众的人身财产安全造成了更加严重的现实威胁。[②] 面对恐怖活动犯罪的新情况及对其防制的新需要，《刑法修正案（八)》的进一步修改以及《刑法修正案（九)》的全面完善，无疑是有效应对恐怖活动犯罪的反恐刑法新举措。

可见，晚近 20 年来，我国反恐刑法是随着恐怖活动的形势变化而不断发展完善的，体现出以问题为导向、以实践为基础的立法思想。

（二）体现从严惩治的政策思想

对恐怖活动犯罪进行严厉惩处，是当前我国反恐刑事政策和刑事法治的整体趋势。我国国家领导人曾多次在暴恐事件发生后，明确指示要严厉打击恐怖活动犯罪。2014 年 3 月 2 日，在云南昆明火车站暴力恐怖事件发生后，习近平总书记立即作出重要指示，要求政法机关迅速组织力量全力侦破案件，依法从严惩处暴恐分子，坚决将其嚣张气焰打下去。要精心做好受伤和遇难群众的救治、善后工作。要深刻认识反恐形势的严峻性复杂性，强化底线思维，以坚决态度、有力措施，严厉打击各种暴力恐怖犯罪活动，全力维护社会稳定，保障人民群众生命财产安全。[③] 在 2014 年新疆“5・22”暴恐事件发生后，习近平总书记又立即作出重要批示，要求迅速侦破案件，从严惩处暴恐分子；及时组织救治受伤群众，安抚受害者家属，全面加强社会面巡控和重点部位防控，严防发生连锁反应。对暴恐活动和恐怖分子必须警钟长鸣、重拳出击、持续保持严打高压态势，全力维护

① 胡康生．关于《中华人民共和国刑法修正案（三）（草案)》的说明（2001 年 12 月 24 日在第九届全国人民代表大会常务委员会第二十五次会议上）//高铭暄，赵秉志．新中国刑法立法文献资料总览．2 版．北京：中国人民公安大学出版社，2015：790.

② 李栋．我国恐怖活动犯罪特点与防控策略研究．净月学刊，2017（2).

③ 习近平就云南昆明火车站暴力恐怖案件作出重要指示　要求全力侦破案件　依法从严惩处暴恐分子　精心做好受伤和遇难群众的救治和善后工作　李克强对处置工作作出批示孟建柱率工作组连夜赶赴昆明指导处置工作．人民日报，2014-03-02（1).

社会稳定。[①] 在中国共产党第十九次全国代表大会的报告中，习近平总书记在讲到“有效维护国家安全”的任务时强调指出，要“严密防范和坚决打击各种渗透颠覆破坏活动、暴力恐怖活动、民族分裂活动、宗教极端活动”[②]。进一步坚定地表达了我们党和国家严密防范和坚决严厉打击暴恐犯罪的决心与政策思想。我国最高司法机关也将严厉打击恐怖活动犯罪作为当前工作的重点之一，将其写入工作报告之中。最高人民法院2017年工作报告指出，2016年各级法院“严惩危害国家安全犯罪……加大对暴力恐怖、邪教犯罪等惩治力度，积极参与社会治安综合治理，保障国家长治久安、人民安居乐业”；并且强调全国法院系统2017年将“依法严惩危害国家安全和暴力恐怖等犯罪，坚决维护国家政治安全特别是政权安全、制度安全”[③]。最高人民检察院2017年工作报告强调，2017年要“严惩敌对势力渗透颠覆破坏活动、暴力恐怖活动、民族分裂活动和宗教极端活动”[④]。总而言之，当前我国的反恐怖工作是以严惩恐怖活动犯罪为指导思想和政策导向而逐步展开的。

从严惩治恐怖活动犯罪可以区分为两个层面的含义，即法网“严密”与惩治“严厉”。二者分别从广度和程度上对从严惩治的政策思想作出了阐释。晚近20年来，我国反恐刑法的修法历程能够鲜明地表现出“严密”与“严厉”的特性，进而体现出从严惩治恐怖活动犯罪的政策思想。一方面，从广度上来看，我国反恐刑法注重对恐怖活动犯罪的全面制裁，反恐刑法的法网从粗疏走向了严密，主要表现为罪名数量的大幅度增长，尤其是《刑法修正案（九）》对我国反恐刑法的法网进行了全面的扩张。并且，从形式上来看，我国反恐刑法既有对恐怖活动

① 习近平对新疆乌鲁木齐市“5·22”暴力恐怖案作出重要批示　要求及时组织救治受伤群众　迅速侦破案件　从严惩处暴恐分子. 人民日报，2014-05-23 (1).

② 习近平. 决胜全面建成小康社会　夺取新时代中国特色社会主义伟大胜利：在中国共产党第十九次全国代表大会上的报告. 北京：人民出版社，2017：49-50.

③ 周强. 最高人民法院工作报告（2017年3月12日在第十二届全国人民代表大会第五次会议上）. 中华人民共和国最高人民法院公报，2017 (4).

④ 曹建明. 最高人民检察院工作报告（2017年3月12日在第十二届全国人民代表大会第五次会议上）. (2017-03-20). https://www.spp.gov.cn/spp/gzbg/201703/t20170320_185861.shtml.

犯罪事前行为的规制（例如准备实施恐怖活动罪），也有对事中行为的规制（例如劫持航空器罪），还有对事后行为的规制（例如涉恐的洗钱罪）。此外，我国反恐刑法也非常注重对恐怖活动犯罪的经济制裁，不仅在洗钱罪中加入了恐怖活动犯罪的内容，而且在《刑法修正案（九）》之后对恐怖活动犯罪普遍增设了财产刑。另一方面，从程度上来看，我国反恐刑法强调对恐怖活动犯罪的严厉惩处。从刑罚的轻重程度上来看，我国反恐刑法的法定刑配置是相当严厉的。将劫持航空器罪的法定最高刑设置为绝对死刑即是最为鲜明的体现。并且，基于法益保护前置的理念，我国反恐刑法中存在一些预备行为正犯化的现象。而如上所述，这些被正犯化之后的预备行为，与一般的预备行为相比，其法定刑的配置要严厉得多。

由此可见，我国反恐刑法充分体现出从严惩治恐怖活动犯罪的政策思想与导向。

### （三）凸显保护法益的刑法功能

刑法的功能包括保护功能与保障功能，“保护功能是指刑法通过打击犯罪，保护社会不受犯罪行为侵害或威胁的功能”[①]。恐怖活动犯罪严重危害公共安全，对多数人的生命、健康和重大公私财产的安全造成巨大威胁。2013年10月28日北京天安门金水桥暴恐事件、2014年3月1日昆明火车站暴恐事件以及2015年3月6日广州火车站砍杀事件，让我国公众深深感受到了恐怖主义威胁和危害的现实性。因此，刑法作为惩治犯罪以及维护社会秩序的实体法，无疑应当对暴恐犯罪作出及时而有力的回应。反恐刑法对公共安全的保护功能，是通过严密规制和严厉打击恐怖活动犯罪而实现的。对于我国反恐刑法而言，严密的反恐刑事法网使得司法工作机制更加顺畅，有助于从严惩治恐怖活动犯罪，凸显保护法益的刑法功能。

（1）严密的反恐刑事法网能够为司法认定工作减少障碍。恐怖活动犯罪往往呈现出有组织的形式，并且通常在事前经过精心的策划。“在恐怖主义犯罪的跨国性、组织性、多样性和严重危害性特征面前，中国的刑事司法实践亦面临着新

① 关福金，杨书文. 论刑法的功能. 中国刑事法杂志，2001（3）.

的挑战。”① 随着互联网的不断发展与交通方式的日趋便利，涉恐犯罪的组织与策划形式变得更加丰富。而在《刑法修正案（九）》生效之前，我国反恐刑法所涉及的罪名较为欠缺，难以应对恐怖活动犯罪形式的多样性。司法工作人员在认定一些帮助与预备行为时，通常只能借助共同犯罪或者故意犯罪停止形态的相关理论。但是，对于这些非实行行为的取证通常非常困难，给司法认定工作带来了诸多不便。《刑法修正案（九）》将许多与恐怖活动犯罪相关的前置行为犯罪化，使司法工作人员在认定恐怖活动犯罪时无须过多地依赖刑法典总则的相关规定，减少了司法认定工作的障碍。

（2）严密的反恐刑事法网能够为侦查工作提供法律依据。侦查工作是司法程序的起始，是惩治恐怖活动犯罪的最前沿。“控制犯罪是刑事侦查的根本任务之一，是指刑事侦查在收集证据，准确、及时地查明案件事实的基础上，对应受刑罚惩罚的犯罪嫌疑人采取恰当、有效的措施，使其接受诉讼处理。”② 由于恐怖活动犯罪通常具有突发性，一旦发生将迅速对公众的人身财产安全造成损害，因此对于恐怖活动犯罪的控制应当适当提前，侦查工作应当着重于打早、打小。在同新疆维吾尔自治区干部座谈时，习近平总书记提出给予恐怖势力“毁灭性打击”，强调对暴力恐怖活动，必须打早、打小、打苗头，以迅雷不及掩耳之势、用铁的手腕予以毁灭性打击。③ 而在《刑法修正案（九）》生效之前，由于罪名的欠缺，侦查人员只能对恐怖活动犯罪中的个别行为采取行动，因此侦查活动通常表现出被动性。《刑法修正案（九）》生效之后，反恐刑法的犯罪圈不断扩大，而这些实体法上增设的罪名为侦查措施的运用提供了法律依据。例如，对于符合法定条件的帮助和准备恐怖活动的犯罪嫌疑人，侦查人员可以依法采取强制措施。因此，严密的刑事法网为侦查人员对一些涉恐犯罪行为采取侦查措施打下了基础。

（3）严密的反恐刑事法网能够为反恐国际合作提供便利。国际恐怖主义犯罪

---

① 赵秉志，杜邈．中国惩治恐怖主义犯罪的刑事司法对策．北京师范大学学报（社会科学版），2008（5）．

② 马忠红，杨郁娟．刑事侦查学．北京：中国人民大学出版社，2015：19．

③ 邹春霞．首次提出对三股势力“零容忍”．北京青年报，2014-05-22（A6）．

严重危害世界各国人民的人身财产安全，反恐国际合作是打击国际恐怖主义的有效途径。但是，各国的法律规定有所差异，有时会给反恐国际合作的开展带来阻碍。例如，在《刑法修正案（九）》生效之前，有限的罪名可能会使国际司法合作中的双重犯罪原则制约反恐国际合作的效果。而双重犯罪原则是在进行国际司法合作时所要考虑的一项重要原则，例如在实施引渡与国际刑事司法协助时，需要考虑是否受双重犯罪原则的限制。在引渡中，所谓双重犯罪（double criminality）原则是指引渡请求所指行为依照请求国和被请求国法律均构成犯罪。因此仅将涉及恐怖活动犯罪的个别行为犯罪化易导致与双重犯罪原则相冲突，从而阻碍反恐国际合作的开展。而修改后严密的反恐刑事法网将大量的涉恐行为犯罪化，使得国内外反恐刑法规范的衔接更为紧密，为开展反恐国际合作提供了便利。

## 四、中国反恐刑法再完善建言

### （一）犯罪治理之视角

我国反恐刑法的发展能够顺应恐怖活动犯罪的形势变化，值得肯定。而恐怖活动犯罪的形势时刻在发生改变，新的犯罪方式与手段在不断涌现。虽然当前我国反恐刑法对恐怖活动犯罪的治理已经比较全面，但是反恐刑法也不应当一成不变，这也是基于法律具有滞后性的考量。法的滞后性并不一定是一个劣质的属性，“因为法律滞后性及其累积客观上是推进法律运动（量变和质变）的动力”[①]。而且立法者也需要不断根据客观情况的变化来审视法律规范，只有这样才能够使法律的滞后性不会阻碍法律的效果。反恐刑法的发展也应当秉承这样的完善理念。如今，恐怖活动犯罪的行为方式日新月异，呈现出多元化的发展趋势。“从新闻媒体的相关报道来看，除惯常的绑架、纵火、砍杀、劫持人质等手段之外，还出现了驾车冲撞、劫机、制造爆炸装置、自杀式袭击等手段。”[②] 当

① 殷冬水．法律滞后三论．行政与法（吉林省行政学院学报），1998（2）．

② 梅传强，张永强．我国恐怖活动犯罪的现状、特征及防控对策．北京师范大学学报（社会科学版），2015（6）．

前，恐怖活动犯罪出现的新问题之一，即为日益泛滥和猖獗的网络恐怖活动犯罪。依托互联网的巨大优势，网络恐怖活动犯罪的行为方式非常丰富，有学者通过分析100个随机案例对其作出总结：(1) 恐怖活动宣传，包括编制、传播虚假恐怖活动信息；(2) 网络煽动宣传行为，在信息网络上煽动他人进行暴恐行为；(3) 在信息网络上招募成员，加入恐怖组织；(4) 在信息网络上募集恐怖活动资金；(5) 在信息网络上进行数据挖掘和情报分析；(6) 在网络上进行恐怖活动指导和训练；(7) 在恐怖活动事中将信息网络作为组织平台，协调恐怖组织内部活动甚至进行跨团体的沟通；(8) 出于恐怖目的，针对计算机信息系统、网络进行攻击；(9) 事后的暴恐事件认领，这是一种特殊的恐怖宣传活动。① 而在此背景下，虽然《刑法修正案（九）》对恐怖活动犯罪以及网络犯罪的相关问题作出了全面修改，能够在一定程度上达到有效惩治网络恐怖活动犯罪的效果，但是当前我国刑法典中的反恐刑法规范依然有待进一步完善。这主要表现为我国刑法规范缺乏对于网络恐怖活动犯罪的专门性规定，无法起到深入治理网络恐怖活动犯罪的作用。有论者提出的在"危害公共安全罪"一章中增设"实施恐怖活动罪"，以对目标型网络恐怖主义犯罪——网络恐怖袭击犯罪进行定罪处罚的观点，正是基于这样的考量。②

总而言之，为了更好地发挥反恐刑法的作用，未来应当延续问题导向的立法思想，进一步关注恐怖活动犯罪中的新情况、新问题，进而有针对性地对我国反恐刑法及时进行完善。

（二）刑事政策之视角

刑事政策对刑事实体法具有导向的功能，表现在对打击犯罪范围的划定、重

① 于志刚，郭旨龙．网络恐怖活动犯罪与中国法律应对：基于100个随机案例的分析和思考．河南大学学报（社会科学版），2015 (1).

② 该论者指出："无论是就犯罪性质，还是犯罪后果而言，网络恐怖袭击犯罪的严重性都远远高于普通犯罪，而计算机犯罪的法定刑配置则并不能满足对网络恐怖袭击犯罪的评价要求。"王志祥，刘婷．网络恐怖主义犯罪及其法律规制．国家检察官学院学报，2016 (5).

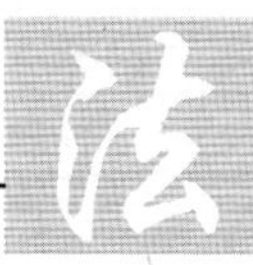

点的确定、程度的设定以及方式的选定上。[①] 换言之，刑事政策对于刑法的完善具有重要作用，因而合理界定反恐刑事政策对于我国反恐刑法的完善具有重要作用。当前，从严惩治恐怖活动犯罪已然成为我国反恐刑事政策的应有之义。有学者粗略统计了习近平总书记关于反恐的表态，从中我们可以看到，“坚决反对一切形式的恐怖主义”“标本兼治”“强化国际反恐合作”“零容忍态度”“打早、打小、打苗头”等用语，已经成为我国惩治暴恐犯罪的标志性口号。[②] 此外，我国《反恐怖主义法》第2条明确了我国反恐怖主义的基本立场，即“国家反对一切形式的恐怖主义，依法取缔恐怖活动组织，对任何组织、策划、准备实施、实施恐怖活动，宣扬恐怖主义，煽动实施恐怖活动，组织、领导、参加恐怖活动组织，为恐怖活动提供帮助的，依法追究法律责任。国家不向任何恐怖活动组织和人员作出妥协，不向任何恐怖活动人员提供庇护或者给予难民地位”。如上所述，这种从严惩治恐怖活动犯罪的刑事政策立场，集中表现在《刑法修正案（九）》对我国反恐刑法的全面修改中。可以说，从严惩治暴恐犯罪的政策思想已经内化在反恐刑法规范之中。

应当明确的是，在当前的恐怖活动犯罪形势下，刑法触角的延伸与介入时点的提前无疑具有正当性。国家对于恐怖活动犯罪的严惩态度是丝毫不能有所改变的。这也是我国宽严相济的基本刑事政策的内在要求。宽严相济的刑事政策是我国的基本刑事政策，其“内容可以归结为：当宽则宽，该严则严，轻中有严，重中有宽，宽严有度，宽严适时。其核心则是区别对待”[③]。面对日益严峻的恐怖活动犯罪，刑法立法则应当从严。当然，对于恐怖活动犯罪的从严惩处也应当是以宽严相济为前提的，正如有学者所指出，应当确立“宽严相济、以严为主”的反恐刑事政策。[④] 因此，对于恐怖活动犯罪的严惩也应当有所限制。虽然当前我

---

① 储槐植. 刑事政策：犯罪学的重点研究对象和司法实践的基本指导思想. 福建公安高等专科学校学报（社会公共安全研究），1999（5）.

② 郭永良. 全民反恐的战略构建：以反恐参与权为中心. 北京：中国法制出版社，2016：19-22.

③ 赵秉志. 和谐社会构建与宽严相济刑事政策的贯彻. 吉林大学社会科学学报，2008（1）.

④ 王秀梅，赵远. 当代中国反恐刑事政策研究. 北京师范大学学报（社会科学版），2016（3）.

国反恐刑法立法实际上并没有突破法治的底线，但是也有学者担心过于强调对恐怖活动犯罪的从严惩处。有学者指出："我国新近的反恐刑事立法明显呈现出预防性特征，它体现的是国家对恐怖主义犯罪政治宽容度的降低和刑法对秩序和安全价值保护的强化，在当下的我国，其不失为国家的理性选择。但刑法必须维护法律基本价值在反恐领域的有序而合理的组合关系。国家要警惕幽暗而缺乏宽容的刑事政策借反恐之名进一步扩张，'敌人刑法'的观念是一种危险的思考和解决问题的方法。"① 刑法作为最具严厉性的法律规范，在整个社会治理体系中应当处于最后阶段，只有对社会危害最大、最严重的行为才能够成为刑法的规制对象，这也是刑法谦抑性的基本要求。因此，在未来反恐刑法的发展过程中，从宏观层面来看，在坚持对恐怖活动犯罪严厉打击的基础上，也不能忽视从严惩处的限度，这样才能达到更加有效地治理恐怖活动犯罪的目的。

（三）刑法功能之视角

一方面，应当更加强调反恐刑法的保护功能。虽然经过三次立法修正，不断扩张的犯罪圈有助于从严惩治恐怖活动犯罪，但是当前我国反恐刑事法网并非疏而不漏，而是存在需要弥补之处。例如，虽然《刑法修正案（九）》将大量的有关恐怖活动的帮助行为、预备行为正犯化，但是恐怖活动犯罪的实行行为依然没有被独立设罪。这些恐怖活动犯罪的非实行行为具有独立罪名，但是相应的实行行为依然没有独立罪名，这使反恐刑法罪名体系的协调性大打折扣。实践中，恐怖活动犯罪的实行行为主要是以普通罪名定罪处罚的，如故意杀人罪、爆炸罪、绑架罪等。而这些普通罪名的犯罪毕竟与恐怖活动犯罪有所区别，因此难以体现恐怖活动犯罪的特殊性。再如，从犯罪主体来看，在我国反恐刑法中只有帮助恐怖活动罪与洗钱罪等少数反恐罪名规定了单位犯罪。基于当前恐怖活动犯罪的严峻形势，应当对恐怖活动犯罪中的单位犯罪加大惩处力度。但是，只有法律明文规定单位犯罪时才存在单位犯罪及其刑事责任的问题，而并非一切犯罪都可以由单位构成②，因此

① 何荣功."预防性"反恐刑事立法思考.中国法学，2016（3）.

② 赵秉志.刑法新教程.4版.北京：中国人民大学出版社，2012：84.

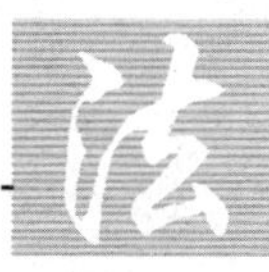

我国反恐刑法对涉恐单位犯罪的处罚是欠缺的。又如，如上所述，网络恐怖主义等新形式恐怖活动犯罪的出现给反恐怖工作带来新的挑战。因此，我国反恐刑法的法网是否能够将这些新情况和新问题有效地纳入，也是值得进一步思考的问题。由此可见，在未来反恐刑法的修法过程中，其保护功能依然需要进一步凸显。

另一方面，应当同时兼顾反恐刑法的保障功能。按照现代刑法功能观的理论，“刑法不仅可以通过依法惩罚犯罪来维护社会正常秩序，也保障无罪的人不受刑罚处罚，防止惩罚权的滥用，甚至在惩罚罪犯时也维护其应有权益，使其所受到的惩罚与其犯罪行为和刑事责任相适应，保证其免受不公正之惩罚，并通过刑罚的执行来感化和改造犯罪人，促使其重新回归社会”[①]。因此，即使是实施严重暴恐犯罪的恐怖分子，在刑法面前，其基本的人身权利也应当受到保障。我国反恐刑法也应当体现现代刑法的保障功能。综观我国反恐刑法的法定刑特征，对多数涉恐行为都根据不同情节设置了不同层次的法定刑，使得涉恐犯罪行为的危害程度与刑罚的轻重更为适应，并且为司法工作人员的实际适用提供了相对具体的定罪量刑标准。因此，层次化的法定刑结构能够在一定程度上为恐怖活动犯罪分子的合法权益提供保障。虽然多元的法定刑幅度能够对恐怖活动犯罪分子的合法权益起到一定的保障作用，但是从反恐刑法的结构来看，其保障功能依然具有局限性。例如，某些概念的模糊性使得反恐刑事法网的边界具有不确定性。在《反恐怖主义法》的起草过程中，其草案第104条第6款曾对“极端主义”的定义作出了明确的界定，即“本法所称极端主义，是指歪曲宗教教义和宣扬宗教极端，以及其他崇尚暴力、仇视社会、反对人类等极端的思想、言论和行为”[②]。然而，最终通过的《反恐怖主义法》并没有采取这种界定形式，而只是在第4条第2款作出了非定义性的描述，即“国家反对一切形式的以歪曲宗教教义或者其他方法煽动仇恨、

① 赵秉志. 全球化时代中国刑法改革中的人权保障. 吉林大学社会科学学报，2006 (1).

② 中华人民共和国反恐怖主义法（草案）.（2014-11-03）. http://www.npc.gov.cn/npc/xinwen/lfgz/flca/2014-11/03/content_1885027.htm.

煽动歧视、鼓吹暴力等极端主义，消除恐怖主义的思想基础”。但事实上，无论是在理论上还是在实践中，“极端主义”都是一个内涵不明确的概念，这必定会给极端主义犯罪立法的适用带来困难。因此，我们建议，应当在立法中进一步明确“极端主义”的概念。[①] 此外，在《刑法修正案（九）》新增罪名的刑罚适用条件中，出现了较多的“情节严重”与“情节特别严重”的规定，而“这些综合性、概括性用语是有悖于立法明确性要求的，其统一理解和适用还有赖于司法解释的进一步阐释和规范”[②]。这些具有不确定性的概念使得我国反恐刑法的作用界限变得模糊，因此容易导致司法中不适当地扩大处罚边界，从而侵犯恐怖活动犯罪分子的合法权益。

总而言之，在未来的反恐刑法修法过程中，在进一步强调反恐刑法保护功能实现的同时，也应当兼顾反恐刑法的保障功能。

## 五、结语

综上所述，自1997年刑法典颁行以来，经过《刑法修正案（三）》、《刑法修正案（八）》与《刑法修正案（九）》的三次修改，我国反恐刑法的犯罪圈与法定刑均发生了重大变化，表现为法网逐渐严密而法定刑比较严厉。犯罪圈的划定特征表现为犯罪圈扩张与刑法提前介入；法定刑的配置特征表现为普遍设置财产刑、刑罚相对严厉以及总则与分则相呼应。反恐刑法的历次修改能够顺应恐怖活动的变化形势，体现从严惩治恐怖活动犯罪的政策思想并且凸显保护法益的刑法功能。未来我国反恐刑法的完善应当延续问题导向的立法思想，注重解决恐怖活动犯罪中的新情况与新问题。同时，要合理界定反恐刑事政策，在坚持对恐怖活动犯罪严厉打击的基础上，不能忽视从严惩处的限度。此外，在进一步强调反恐刑法保护社会功能的同时，也须兼顾其保障人权功能的实现。

---

① 赵秉志，袁彬．刑法最新立法争议问题研究．南京：江苏人民出版社，2016：51.

② 赵秉志．《中华人民共和国刑法修正案（九）》理解与适用．北京：中国法制出版社，2016：52.

# 《反恐怖主义法》与反恐刑法衔接不足之探讨*

## 一、前言

《中华人民共和国反恐怖主义法》（以下简称《反恐怖主义法》）于2015年12月27日由第十二届全国人民代表大会常务委员会第十八次会议通过，并于2016年1月1日起正式施行。在现有法律规定的基础上，我国颁布专门的《反恐怖主义法》，既是当前打击国内恐怖主义的现实需要，也是履行我国国际义务的责任所在。该法的颁行将有助于推进我国反恐工作的进一步规范化、法治化。而就在《反恐怖主义法》颁布之前的2015年8月29日，第十二届全国人民代表大会常务委员会第十六次会议通过的《刑法修正案（九）》也把反恐刑法的修改和补充作为其修法重点之一，从而大大完善了我国反恐刑法的体系与内容。从《反恐怖主义法》与反恐刑法的关系来看，一方面，《反恐怖主义法》作为反恐领域综合性的基本法，其颁行必将对未来我国反恐刑法的完善具有统率和引领作用，

* 与牛忠志教授合著，原载《法学杂志》，2017（2）。

而且，由于我国刑法所规定的犯罪都是严重的违法行为，故反恐刑法所规制的恐怖活动犯罪首先也应该是违反《反恐怖主义法》的行为，《反恐怖主义法》对反恐刑法的规制范围、立法目的等都有基础性的制约作用；另一方面，刑法（反恐刑法）作为保障法，位于整个国家法律体系的第二防线，反恐刑法为《反恐怖主义法》的贯彻实施提供了强有力的保障。

在研究反恐刑法和《反恐怖主义法》的过程中，笔者发现二者在立法衔接上存在一些不足之处。本文拟针对这些不足或者疑惑进行研讨，并尝试提出完善建议，希冀对促进《反恐怖主义法》和反恐刑法的立法完善及贯彻实施有所助益。

## 二、《反恐怖主义法》与反恐刑法的调整范围之比较

《反恐怖主义法》的调整范围与反恐刑法的调整范围相比较，可谓宽窄问题并存。

首先，从名称上看，《反恐怖主义法》的称谓体现着较强的政治色彩。因为“主义”一词的本义就是“对客观世界、社会生活以及学术问题等所持有的系统的理论和主张”[①]。《反恐怖主义法》使用“主义”一词，会不恰当地限缩本法的涵摄范围，致使“非主义性”的恐怖行为因不属于“主义性”的恐怖行为而被排除在外。严格地说，这种立法表述难以把现实中的所有类型的主义性和非主义性的恐怖行为都涵盖在该法的调整范围之内。由此可见，《反恐怖主义法》存在立法空白。在反恐刑法方面，依照现行刑法典，恐怖活动犯罪不限于政治目的，还有基于经济目的或者其他社会目的而实施的恐怖活动犯罪。但是，按照“行政违法、民事违法”等在“情节严重”时构成犯罪的刑法学原理，由此纳入反恐刑法的调整范围（构成恐怖活动犯罪）的前提是违反《反恐怖主义法》。既然《反恐怖主义法》局限于对主义性的恐怖行为

① 中国社会科学院语言研究所词典编辑室．现代汉语小词典．北京：商务印书馆，1980：718.

而不包含对非主义性的恐怖行为的规制，又由于实践中确实存在非主义性的恐怖行为并且需要刑法制裁，那么，《反恐怖主义法》与反恐刑法的衔接就存在了缝隙。

其次，基于《反恐怖主义法》与反恐刑法的被保障法与保障法的关系，《反恐怖主义法》惩处一般的违法行为，反恐刑法惩处的是恐怖活动犯罪行为（严重的违法行为），因而前者要宽于后者。这种“宽”是合情合理的，但笔者所要指出的是另外一种不合理的“宽”。《反恐怖主义法》第3条第1款给“恐怖主义”下了定义：“本法所称恐怖主义，是指通过暴力、破坏、恐吓等手段，制造社会恐慌、危害公共安全、侵犯人身财产，或者胁迫国家机关、国际组织，以实现其政治、意识形态等目的的主张和行为。”① 即恐怖主义既包括行为，也包括主张。由于“主张”属于思想范畴，所以《反恐怖主义法》不仅调整行为，也调整思想。② 然而，我国刑法一直坚守着“犯罪是行为”的底线，并不调整人的思想和主张，从而造成两法衔接的“新”问题。

综观国内外，无论是国际条约、外国反恐刑法还是我国现行刑法典，其调整的边界都只限于人的行为，而不包括人的思想或者主张。目前在国际社会所缔结的14项关于某一类型或者某一具体领域国际犯罪的全球性“涉恐”国际条约中（我国参加或者缔结了其中已生效的13项），其所调整的对象都是“行为”，不包

---

① 《反恐怖主义法（草案）》第1稿第104条第1款规定：“本法所称恐怖主义，是指企图通过暴力、破坏、恐吓等手段，引发社会恐慌、影响国家决策、制造民族仇恨、颠覆政权、分裂国家的思想、言论和行为。”第2稿将其中的“思想、言论”改为“主张”。这种修改并没有实质性改变。如果说对于一些“言论”还可以治罪的话，那么对于“思想”是绝不可以治罪的。尽管如此，值得肯定的是，《反恐怖主义法》的第九章“法律责任”从第79条到第96条所规范的对象都限于行为，而不涉及思想或者主张。

② 显然是认识到了“主张”属于思想范畴会带来的问题，公安部反恐专员刘跃进在接受采访时试图以解释来纠正这一问题，他说：“本定义所称‘主张’是指系统的而且业已散布的‘恐怖主义思想’，不是指某人未予宣扬、未经实施的恐怖行为‘念头’或者‘企图’。”但是这样把“主张”解释为散布、宣扬行为，显然是牵强的。张璁. 多措并举 坚决依法打击和防范恐怖活动：公安部反恐专员刘跃进答记者问. 人民日报，2016-02-28（8）.

括思想或者主张。即使是联合国安理会通过的第 1368 号决议[①]、第 1373 号决议[②]、第 2129 号决议[③]等宣言性的规范性文件，也仅仅是谴责恐怖主义行为。外国反恐法律所调整的对象都只限于行为，而不包括思想或者主张。如美国的《爱国者法案》、英国的《2001－2002 年反恐怖、犯罪及安全法》、德国《反国际恐怖主义法》，以及《法国刑法典》第二编第二部分规定的恐怖犯罪等反恐刑法规范所调整的都只限于恐怖主义行为，而不包括思想或者主张。我国《反恐怖主义法》把恐怖主义主张纳入其调整范围，由此产生了新问题：既然反恐刑法是《反恐怖主义法》的保障法，那么，按照犯罪是严重的“违法”的刑法原理，能否把“秉持恐怖主义主张”且“情节严重”的行为作为犯罪来处理呢？我国目前的反恐立法是允许的，但是这一结论显然又是违背法理的。

笔者认为，我国刑法一直所坚守的“犯罪是严重危害社会的行为”的底线，

---

① 联合国安理会紧急召开会议，于 2001 年 9 月 12 日一致通过第 1368 号决议：针对 2001 年 9 月 11 日发生在美国纽约的“9·11”事件对恐怖主义进行谴责；决定对对国际和平与安全构成威胁的恐怖主义行为进行打击。

② “9·11”恐怖袭击事件之后，2001 年 9 月 28 日联合国安理会通过了第 1373 号决议，决定各国须迅速采取有效措施防止和制止资助恐怖主义行为。决议的主要内容包括：(1) 对以任何手段，直接或间接为恐怖活动提供或筹集资金的人或事，各国应将其定为犯罪；(2) 立即冻结协助、资助和参与恐怖行为的个人和实体的各类资产；(3) 禁止为协助、资助和参与恐怖行为的个人和实体提供任何资金和金融资产及有关服务；(4) 各国不得向参与恐怖行为的实体或个人提供任何支持和帮助；(5) 应将恐怖行为定为重罪，并确保将恐怖分子绳之以法；(6) 各国应为调查和起诉恐怖主义行为相互给予最大限度的协助；(7) 有效加强边界管制和证件签发等，防止和控制恐怖分子的跨国移动；(8) 在安理会设立监督委员会，监测各国执行决议的情况。

③ 联合国总部所在地当地时间 2013 年 12 月 17 日，联合国安理会以 15 票赞成一致通过第 2129 号决议，重申一切形式的恐怖主义均对国际和平与安全构成最严重威胁，强调国际社会应继续将打击恐怖主义作为工作重点。决议特别指出，对恐怖组织或恐怖分子利用互联网实施恐怖行为，包括煽动、招募、资助或策划等活动表示严重关切，明确要求联合国反恐机构会同各国和有关国际组织加强对上述行为的打击力度等。决议并将安理会反恐执行局任期延长 4 年。决议强调联合国在全球反恐斗争中的关键作用，并决定反恐执行局将在其任期内继续作为一项特别政治任务，在反恐委员会的政策指导下运作。决议同时也回顾和肯定了反恐执行局在支持反恐委员会执行任务方面发挥的重要作用。这是针对当前恐怖组织和恐怖分子利用互联网发布音频、视频等煽动、策划或实施恐怖活动的动向的积极应对。此系安理会决议首次明确要求各国就加强打击网络恐怖主义采取具体措施，对今后国际社会进一步打击恐怖组织和恐怖分子利用互联网从事恐怖活动具有重要意义。

不该因为《反恐怖主义法》的颁布、实施而有所突破。刑法由野蛮迈向文明的标志就是刑法的触角退出思想领域，不再惩罚思想犯。犯罪的成立一定要求主观要件和客观要件相统一，既不能主观归罪，也不能客观归罪。“犯罪是行为”的刑法格言已经深入人心，所以反恐刑法的调整对象应该仅限于行为而不包括思想或者主张。再者，刑法是保障法，即使《反恐怖主义法》等其他法律涉及了对思想或者主张的调整，刑法作为整个法律体系的第二防线，也绝对不应该把异己的思想或者主张作为犯罪处理。这是文明区别于野蛮、民主区别于专制的法治起码要求。

## 三、《反恐怖主义法》与反恐刑法的立法目的之比较

《反恐怖主义法》第1条把其立法目的表述为：“为了防范和惩治恐怖活动，加强反恐怖主义工作，维护国家安全、公共安全和人民生命财产安全，根据宪法，制定本法。”其中，“维护国家安全”的内容，尽管与现行刑法关于恐怖活动犯罪的实然规定[①]相吻合，但是，从应然的角度看，则与反恐刑法未来发展趋势（应然的立法目的应是维护公共安全）并不协调。

在世界范围内，恐怖活动犯罪一定范围的脱政治化是一个坚定不移的趋势，因此从应然视角而言，恐怖活动犯罪应以公共安全为其主要客体要件。其主要理由包括：

其一，把恐怖活动犯罪的主要客体要件定位为国家安全，是既往把恐怖活动犯罪局限于政治目的的逻辑结论。然而，在现实中，恐怖活动犯罪的目的早已超越了政治范畴而包括了经济目的以及其他社会目的。

其二，把恐怖活动犯罪的主要客体要件定位为公共安全，是对所有恐怖活动犯罪取了最大公约数，能够涵盖无论出于什么犯罪目的（或者犯罪动机）所实施

① 根据我国现行刑法典，恐怖活动行为既可能构成危害国家安全罪，也可能构成危害公共安全罪，还可能构成故意杀人罪、故意伤害罪，以及妨害社会管理秩序罪等。

的任何恐怖活动犯罪。

其三，外国反恐立法大多数已经摒弃恐怖活动犯罪的政治属性。如《俄罗斯联邦刑法典》将恐怖主义犯罪规定在第九编第二十四章“危害公共安全的犯罪”中，其犯罪客体要件是公共安全；现行《法国刑法典》(1992 年通过，1994 年 3 月 1 日起生效）也把恐怖主义犯罪归类于其第四卷“危害民族、国家及公共安宁罪”中。

其四，涉恐的国际公约已经多次明确摒弃了恐怖活动犯罪的政治属性。例如，1997 年 12 月 15 日订立的《制止恐怖主义爆炸的国际公约》第 11 条规定：“为了引渡或相互法律协助的目的，第 2 条所列的任何罪行不得视为政治罪行、同政治罪行有关的罪行或由政治动机引起的罪行。因此，就此种罪行提出的引渡或相互法律协助的要求，不可只以其涉及政治罪行、同政治罪行有关的罪行或由政治动机引起的罪行为由，加以拒绝。”再如，1999 年 12 月 9 日订立的《制止向恐怖主义提供资助的国际公约》第 14 条规定：“为引渡或司法协助的目的，不得视第二条所述任何罪行为政治犯罪、同政治犯罪有关的罪行或出于政治动机的犯罪。……”又如，2005 年通过的《制止核恐怖主义行为国际公约》第 15 条规定：“为了引渡或相互司法协助的目的，第 2 条所述的任何犯罪不得视为政治罪、同政治罪有关的犯罪或由政治动机引起的犯罪。因此，就此种犯罪提出的引渡或相互司法协助的请求，不可只以其涉及政治罪、同政治罪有关的犯罪或者由政治动机引起的犯罪为由而加以拒绝。”国际社会对待恐怖主义犯罪的“去政治化”立场，有助于反恐的国际合作，即对恐怖活动犯罪坚持或引渡或起诉原则。鉴于反恐国际公约对待恐怖主义犯罪愈来愈“去政治化”的现状，我国也已缔结或者参加了其中的绝大多数国际公约，由此，我国关于恐怖活动犯罪的主要客体要件也宜确定为公共安全。

对于《反恐怖主义法》与反恐刑法的立法目的之差异问题，其解决方案有二：一是修改《反恐怖主义法》，在其立法目的中删除“维护国家安全”的内容。二是维持《反恐怖主义法》的立法现状，将来在我国反恐刑法中可增加规定：“危害行为既构成恐怖活动犯罪，又构成其他犯罪的，依照刑法关于惩治恐怖活动犯罪的规定定罪处罚。”这样，当恐怖活动犯罪与危害国家安全罪等出现竞合

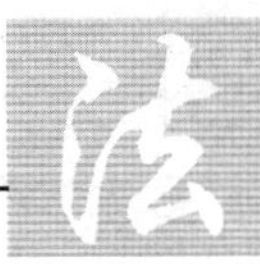

时，选择以恐怖活动犯罪定罪处罚。相比较而言，笔者认为后一种方案更加合理可行，因为《反恐怖主义法》的大量法律规范属于行政法，所以该法从总体属性上应该归属于行政法。按照日本学者木村龟二的观点，行政法的指导原理是法的合目的性，司法法的指导原理在于法的安定性。[①] 以法律的稳定性为指导原理的，属于司法法；以追求合目的性为着眼点的，则属于行政法。[②] 行政法的“合目的性”决定了行政法以建立和维护符合统治阶级利益的社会秩序与行政管理秩序，确保行政机关充分、有效地实施行政管理为第一要务，具有十分鲜明的阶级性；决定了行政法具有很强的变动性，即由于社会生活和行政关系复杂多变，因而作为行政关系调节器的行政法律规范也具有较强的变动性，需要经常进行废、改、立，以使其时刻符合统治阶级的利益和意志；决定了行政决定的效力“先定力”特性，即行政决定一旦生效，其效力先定，行政决定一经行政主体作出、成立，不论是否合法，即具有暂时被推定为合法、有效的法律效力（当事人如果不服，也只能事后救济）。所谓司法法的安定性，就刑法而言，体现为罪刑法定原则、确立时效制度、要求刑法的实定化和稳定性等方面。由行政法的合目的性原理使然，行政法完全可以也应该宣示对国家安全的维护。刑法本也可以并应该保障国家安全，但是，由于恐怖活动犯罪的“去政治化”国际趋势把恐怖活动犯罪排除出“政治犯不引渡原则”的适用范围，故不宜修改《反恐怖主义法》的立法目的，而应适当调整和修改我国现行反恐刑法的规定，把恐怖活动犯罪的主要犯罪客体定位为公共安全。

## 四、《反恐怖主义法》与反恐刑法的法律术语之协调

### （一）《反恐怖主义法》对有的术语缺乏界定或者界定存在不协调的情形

《反恐怖主义法》对于“恐怖主义”“恐怖活动”“恐怖活动组织”“恐怖活动

① 木村龟二．刑法学词典．顾肖荣，郑树周，等译校．上海：上海翻译出版公司，1991：9.

② 福田平，大塚仁．日本刑法总论讲义．李乔，文石，周世铮，译．沈阳：辽宁人民出版社，1986：3.

人员”“恐怖事件”等术语作了界定，这有助于我国依法准确打击恐怖活动，维护国家安全、公共安全和人民生命财产安全，有助于加强国际反恐合作。但是，在术语界定方面，《反恐怖主义法》还存在一些问题：一是对有的术语缺乏界定；二是对有的术语的界定还存在不协调的情形。

1. 关于术语缺乏界定的问题

最值得重视的问题，乃是《反恐怖主义法》最终删除了其草案中原有的对“极端主义”①的界定，这势必增加对“极端主义”的内涵全面把握的难度，因为我们只能借助于该法的有关条款来分析“极端主义”的内涵与外延。《反恐怖主义法》在其第 4 条第 2 款规定：“国家反对一切形式的以歪曲宗教教义或者其他方法煽动仇恨、煽动歧视、鼓吹暴力等极端主义，消除恐怖主义的思想基础。”这里，该法把“一切形式”的“极端主义”定位为“恐怖主义的思想基础”。而在其第 28 条、第 29 条还使用了“极端主义”、“极端主义活动”、“恐怖活动”、“恐怖活动罪犯”和“极端主义罪犯”②，在其第 45 条和第 82 条又使用了“恐怖活动犯罪”“极端主义犯罪”③等术语。这里就至少会产生两个问题：

一是“极端主义”与“恐怖主义”的关系问题。因为，《反恐怖主义法》中“极端主义”一词有时与“恐怖主义”并列使用，有时单独使用。而且，现实中

---

① 《反恐怖主义法（草案）》第 104 条第 6 款规定：“本法所称极端主义，是指歪曲宗教教义和宣扬宗教极端，以及其他崇尚暴力、仇视社会、反对人类等极端的思想、言论和行为。”

② 《反恐怖主义法》第 28 条第 2 款规定：“公安机关发现极端主义活动的，应当责令立即停止，将有关人员强行带离现场并登记身份信息，对有关物品、资料予以收缴，对非法活动场所予以查封。”第 29 条规定：“对被教唆、胁迫、引诱参与恐怖活动、极端主义活动，或者参与恐怖活动、极端主义活动情节轻微，尚不构成犯罪的人员，公安机关应当组织有关部门、村民委员会、居民委员会、所在单位、就读学校、家庭和监护人对其进行帮教。监狱、看守所、社区矫正机构应当加强对服刑的恐怖活动罪犯和极端主义罪犯的管理、教育、矫正等工作。监狱、看守所对恐怖活动罪犯和极端主义罪犯，根据教育改造和维护监管秩序的需要，可以与普通刑事罪犯混合关押，也可以个别关押。”

③ 《反恐怖主义法》第 45 条第 2 款规定：“依照前款规定获取的材料，只能用于反恐怖主义应对处置和对恐怖活动犯罪、极端主义犯罪的侦查、起诉和审判，不得用于其他用途。”第 82 条规定：“明知他人有恐怖活动犯罪、极端主义犯罪行为，窝藏、包庇，情节轻微，尚不构成犯罪的，或者在司法机关向其调查有关情况、收集有关证据时，拒绝提供的，由公安机关处十日以上十五日以下拘留，可以并处一万元以下罚款。”

未必总是先有极端主义，再演化为恐怖主义；也可能是先被恐怖组织洗脑，再产生极端主义思想并实施恐怖行为。因而“极端主义”与“恐怖主义”的关系究竟如何，很值得推敲。

二是极端主义究竟是指特定的行为，还是指特定的思想。从该法将“极端主义”作为“恐怖主义的思想基础”，以及在其他地方使用的“极端主义”“极端主义活动”“极端主义罪犯”“极端主义犯罪”术语的体系性地位及其所呈现出的内容来看，《反恐怖主义法》中的“极端主义”是指一类“思想”。然而，2001 年 6 月 15 日在上海签署的《打击恐怖主义、分裂主义和极端主义上海公约》(简称《上海公约》)第 1 条第 1 款第 3 项规定：“极端主义是指旨在使用暴力夺取政权、执掌政权或改变国家宪法体制，通过暴力手段侵犯公共安全，包括为达到上述目的组织或参加非法武装团伙，并且依各方国内法应追究刑事责任的任何行为。”即该公约把“极端主义”定位为“行为”。可见，《反恐怖主义法》对“极端主义”的限定与《上海公约》是矛盾的。那么，我们到底是该遵从《上海公约》的“行为定性”，还是遵从《反恐怖主义法》的“思想定性”？问题的实质是：极端主义到底是一种思想，还是基于一定思想的行为？还是既包括思想，也包括基于极端主义思想的行为？这是十分重要的问题，必须有明确的结论。

2. 关于术语界定不协调的问题

应该注意，《反恐怖主义法》第 2 条第 2 款的表述，使用了“任何恐怖活动人员”的措辞①，那么，“任何恐怖活动人员”就应该不仅包括恐怖主义者，也包括其他非主义性的恐怖活动犯罪实施者。若如此，则恐怖活动犯罪就既可以是基于“主义”(无论是恐怖主义还是极端主义，抑或分裂主义等）而实施的，也可以是基于“非主义”而实施的。基于恐怖主义而实施恐怖活动者多为恐怖组织，基于非主义而实施恐怖活动者多为个人。如果这样理解是合理的，那么《反恐怖主义法》所规制的内容就与该法的名称存在矛盾，该法的名称可能就需要修

① 《反恐怖主义法》第 2 条第 2 款规定：“国家不向任何恐怖活动组织和人员作出妥协，不向任何恐怖活动人员提供庇护或者给予难民地位。”

改。那么，宜如何概括该法的名称呢？从应然角度而言，首先，反恐基本法所涵盖的恐怖行为（情节严重时，构成犯罪），显然不仅包括恐怖主义行为，还包括“非主义”的恐怖行为（情节严重时，构成恐怖活动犯罪），以及“一切形式的以歪曲宗教教义或者其他方法煽动仇恨、煽动歧视、鼓吹暴力等极端主义”者的极端行为（情节严重时，构成极端主义犯罪）。由此，恐怖活动的实施主体包括：恐怖主义者（组织和个人）、极端主义者（极端民族主义者、极端宗教主义者或者其他极端主义者），以及不属于任何主义的极端偏执的恐怖分子。其次，恐怖活动犯罪应该只限于行为（可以是特定的言论），而不包括单纯的思想或者主张，在《反恐怖主义法》和反恐刑法中，恐怖主义与恐怖主义行为、极端主义与极端主义行为似应该有所区分。所以，我国反恐法如果采用“恐怖活动预防与制裁法”或者“恐怖活动防治法”之称谓，可能更为妥当。

### （二）《反恐怖主义法》与反恐刑法的法律术语的进一步协调问题

从刑法方面看，虽然反恐刑法多次使用“恐怖活动”一词，但也有“恐怖主义”“极端主义”表述的存在。如 2015 年 8 月颁布的《刑法修正案（九）》最先在刑法典第 311 条中使用了“恐怖主义犯罪”“极端主义犯罪”两个新名词。[①] 这早于 2015 年 12 月颁布的《反恐怖主义法》。但是，由于《刑法修正案（九）》和其后颁布的《反恐怖主义法》都没有进一步明确其含义，故这两个术语就需要今后的司法解释或者《反恐怖主义法》实施细则来进一步明晰。

准确界定法律术语，并使法律术语之间保持协调，是立法科学化的要求，也是立法技术精细化的重要体现。如果立法者对法律术语随意使用，或者对法律术语的界定不科学，则必然造成对法律理解和适用、执法和司法上的偏差。这样既不利于本法立法目的的实现，也不利于本法与相关法律的衔接和协调，尤其是对于像反恐刑法与《反恐怖主义法》这样具有保障与被保障密切关系的法律更是如此。

---

① 《刑法修正案（九）》第 38 条将刑法典第 311 条修改为：“明知他人有间谍犯罪或者恐怖主义、极端主义犯罪行为，在司法机关向其调查有关情况、收集有关证据时，拒绝提供，情节严重的，处三年以下有期徒刑、拘役或者管制。”

## 五、《反恐怖主义法》中的违法行为与反恐刑法规范之界限

我国刑法典第 13 条[①]关于“但书”的规定，从犯罪定义的高度为我们区分罪与非罪的界限提供了一个总标准：“情节显著轻微危害不大的”，属于一般违法；而违法且情节严重的，则构成犯罪。这是长期以来我国刑法学人和刑事司法实务工作者所形成的思维定式。不过，值得注意的是，我国的犯罪门槛近年来有逐步降低之趋势。这种趋势首先表现在 2011 年 2 月颁布的《刑法修正案（八）》对危险驾驶罪[②]的增设上；之后于 2015 年 8 月颁布的《刑法修正案（九）》多处对犯罪门槛的降低也很典型。例如，其所增加的第 120 条之三（宣扬恐怖主义、极端主义、煽动实施恐怖活动罪）规定：“以制作、散发宣扬恐怖主义、极端主义的图书、音频视频资料或者其他物品，或者通过讲授、发布信息等方式宣扬恐怖主义、极端主义的，或者煽动实施恐怖活动的，处五年以下有期徒刑、拘役、管制或者剥夺政治权利，并处罚金；情节严重的，处五年以上有期徒刑，并处罚金或者没收财产。”第 120 条之四（利用极端主义破坏法律实施罪）规定：“利用极端主义煽动、胁迫群众破坏国家法律确立的婚姻、司法、教育、社会管理等制度实施的，处三年以下有期徒刑、拘役或者管制，并处罚金；情节严重的，处三年以上七年以下有期徒刑，并处罚金；情节特别严重的，处七年以上有期徒刑，并处罚金或者没收财产。”第 120 条之五（强制穿戴宣扬恐怖主义、极端主义服饰、

① 刑法典第 13 条规定：“一切危害国家主权、领土完整和安全，分裂国家、颠覆人民民主专政的政权和推翻社会主义制度，破坏社会秩序和经济秩序，侵犯国有财产或者劳动群众集体所有的财产，侵犯公民私人所有的财产，侵犯公民的人身权利、民主权利和其他权利，以及其他危害社会的行为，依照法律应当受刑罚处罚的，都是犯罪，但是情节显著轻微危害不大的，不认为是犯罪。”

② 《刑法修正案（八）》增设了危险驾驶罪，该罪又经《刑法修正案（九）》进一步修改，现行的刑法典第 133 条之一规定：“在道路上驾驶机动车，有下列情形之一的，处拘役，并处罚金：（一）追逐竞驶，情节恶劣的；（二）醉酒驾驶机动车的；（三）从事校车业务或者旅客运输，严重超过额定乘员载客，或者严重超过规定时速行驶的；（四）违反危险化学品安全管理规定运输危险化学品，危及公共安全的。机动车所有人、管理人对前款第三项、第四项行为负有直接责任的，依照前款的规定处罚。有前两款行为，同时构成其他犯罪的，依照处罚较重的规定定罪处罚。”

标志罪）规定："以暴力、胁迫等方式强制他人在公共场所穿着、佩戴宣扬恐怖主义、极端主义服饰、标志的，处三年以下有期徒刑、拘役或者管制，并处罚金。"

要准确把握刑法典第120条之三、第120条之四、第120条之五这几种犯罪的犯罪构成，尤其是罪与非罪的界限，就必须联系《反恐怖主义法》第80条和第81条的规定。其第80条规定："参与下列活动之一，情节轻微，尚不构成犯罪的，由公安机关处十日以上十五日以下拘留，可以并处一万元以下罚款：（一）宣扬恐怖主义、极端主义或者煽动实施恐怖活动、极端主义活动的；（二）制作、传播、非法持有宣扬恐怖主义、极端主义的物品的；（三）强制他人在公共场所穿戴宣扬恐怖主义、极端主义的服饰、标志的；（四）为宣扬恐怖主义、极端主义或者实施恐怖主义、极端主义活动提供信息、资金、物资、劳务、技术、场所等支持、协助、便利的。"其第81条规定："利用极端主义，实施下列行为之一，情节轻微，尚不构成犯罪的，由公安机关处五日以上十五日以下拘留，可以并处一万元以下罚款：（一）强迫他人参加宗教活动，或者强迫他人向宗教活动场所、宗教教职人员提供财物或者劳务的；（二）以恐吓、骚扰等方式驱赶其他民族或者有其他信仰的人员离开居住地的；（三）以恐吓、骚扰等方式干涉他人与其他民族或者有其他信仰的人员交往、共同生活的；（四）以恐吓、骚扰等方式干涉他人生活习俗、方式和生产经营的；（五）阻碍国家机关工作人员依法执行职务的；（六）歪曲、诋毁国家政策、法律、行政法规，煽动、教唆抵制人民政府依法管理的；（七）煽动、胁迫群众损毁或者故意损毁居民身份证、户口簿等国家法定证件以及人民币的；（八）煽动、胁迫他人以宗教仪式取代结婚、离婚登记的；（九）煽动、胁迫未成年人不接受义务教育的；（十）其他利用极端主义破坏国家法律制度实施的。"

比较上述反恐刑法和《反恐怖主义法》的立法不难发现，与过去作为惯例的只有"情节严重的""违法行为"才构成犯罪不同，上述立法是情节轻微的属于一般违法，情节一般的（暗含在法条之中的一种情形）为入罪门槛，情节严重的则属于加重情节。这就是说，罪与非罪的界限已经改为："情节一般"即构成犯

罪；“情节严重的”，则成为法定刑升格的条件。立法中涉恐犯罪门槛的降低有其合理性，既是对社会现实需要的回应，也有其刑事政策的考量和刑法理念的创新，还有与我国劳动教养的取消相适应等论据的支撑。但是，对于“情节轻微”与“情节一般”的界限把握，则是一个新问题。鉴于“情节轻微”“情节一般”“情节严重”这几个术语的抽象性，显然需要进一步的有权解释加以明确。

## 六、关于《反恐怖主义法》中的刑事管辖权规定之思考

《反恐怖主义法》是否扩大了我国反恐刑法的刑事管辖范围？如果没有，是否应该扩大？有学者主张对于恐怖活动犯罪管辖应当不受我国刑法典关于管辖权规定的制约，可将中国公民在域外的恐怖活动犯罪和外国人在域外对中国国家或公民的恐怖活动犯罪一律纳入我国刑法的管辖范围。这一主张的主要论据是恐怖活动犯罪的国际性、巨大危害性和严厉惩治恐怖活动犯罪的现实需要。[①]那么，《反恐怖主义法》是否扩大了我国刑法的保护管辖范围？换句话说，《反恐怖主义法》是否就我国刑法典关于恐怖活动犯罪的刑事管辖权规定作了实质的修改？

《反恐怖主义法》第 11 条规定：“对在中华人民共和国领域外对中华人民共和国国家、公民或者机构实施的恐怖活动犯罪，或者实施的中华人民共和国缔结、参加的国际条约所规定的恐怖活动犯罪，中华人民共和国行使刑事管辖权，依法追究刑事责任。”该条规定了属人管辖、保护管辖和普遍管辖。其中，《反恐怖主义法》第 11 条在普遍管辖方面与刑法典第 9 条[②]的规定一致，无须赘言；问题是该法是否扩大了属人管辖权和保护管辖权的范围。我国刑法典第 7 条（属人管辖权）规定：“中华人民共和国公民在中华人民共和国领域外犯本法规定之罪

① 杜邈．反恐刑法立法研究．北京：法律出版社，2009：333 以下；陈馨远．惩治恐怖主义犯罪的刑事立法研究．济南：山东大学，2015：41.

② 刑法典第 9 条规定：“对于中华人民共和国缔结或者参加的国际条约所规定的罪行，中华人民共和国在所承担条约义务的范围内行使刑事管辖权的，适用本法。”

的，适用本法，但是按本法规定的最高刑为三年以下有期徒刑的，可以不予追究。中华人民共和国国家工作人员和军人在中华人民共和国领域外犯本法规定之罪的，适用本法。”第8条（保护管辖权）规定：“外国人在中华人民共和国领域外对中华人民共和国国家或者公民犯罪，而按本法规定的最低刑为三年以上有期徒刑的，可以适用本法，但是按照犯罪地的法律不受处罚的除外。”

比较《反恐怖主义法》和刑法典的相应规定，问题的关键在于《反恐怖主义法》是否实质修改了刑法典第7条“但是按本法规定的最高刑为三年以下有期徒刑的，可以不予追究”，以及第8条“按本法规定的最低刑为三年以上有期徒刑的，可以适用本法，但是按照犯罪地的法律不受处罚的除外”的规定。笔者认为，《反恐怖主义法》与刑法典的属人管辖和保护管辖规定相比，虽然二者表面上有所差别，但实质上并无不同。换句话说，《反恐怖主义法》中的反恐刑法规范，作为特别法（附属刑法），并没有扩大对恐怖活动犯罪的属人管辖权和保护管辖权的范围。因为《反恐怖主义法》规定的“中华人民共和国行使刑事管辖权，依法追究刑事责任”中的“依法”，在当今中国无非三种刑法渊源：刑法典、单行刑法和附属刑法。在我国目前不存在单行的反恐刑法的情况下，其结果无非两种情况：一是依照我国现行刑法典的规定；二是依照附属反恐刑法规范的规定。如果是依照现行刑法典的规定，即依照刑法典第7条和第8条之刑事管辖权的规定，自然不存在扩大刑事管辖权范围之说；如果是依照附属反恐刑法规范的规定，目前中国的反恐立法仅有《反恐怖主义法》涉及管辖权的规定——就是依照《反恐怖主义法》第11条关于“中华人民共和国行使刑事管辖权”的规定。但《反恐怖主义法》第11条没有关于“中华人民共和国行使刑事管辖权”的明确、具体的扩大行使管辖权的规定。由此看来，《反恐怖主义法》第11条的内容只能被解释为照应性规定，并没有创设新的法律规范以扩大我国对恐怖活动犯罪的刑事管辖权。

或许有人认为，《反恐怖主义法》设立第11条对刑事管辖权再作规定是有其特别用意的，旨在扩大对恐怖活动犯罪的刑事管辖权。这种解读与目前该法突出强调刑事管辖权（即在附属刑法中再次立法强调）有相吻合的一面。尽管如此，

笔者依然坚持认为：即使立法者确实具有扩大刑事管辖权的立法旨意，但目前《反恐怖主义法》第 11 条的立法表述并无此指向。如果将本条中的“依法”表述为“依本法”，则无疑为我们探求该条扩大刑事管辖权的立法旨意提供了可能。据统计，《反恐怖主义法》中总计 16 处使用了“本法”一词，那么，在其第 11 条旨在扩大行使管辖权这一关键问题上，为何不使用“本法”而恰恰使用“依法”一词呢？所以，基于对“依法追究刑事责任”规定的理解，肯定得不出《反恐怖主义法》扩大了刑事管辖权的结论。

如果说以上是对《反恐怖主义法》现行立法的实然解读，那么，从应然的层面考虑，是否应该扩大对恐怖活动犯罪的属人管辖权和保护管辖权的范围呢？笔者对此持否定态度。在理想的状态下，鉴于恐怖活动犯罪的国际性，基于法律对国家和公民利益的保护，我国反恐似应当以刑法对所有的恐怖活动犯罪无例外地处罚。但是，社会现实毕竟不是真空，理想与现实永远存在距离，国际社会不可能处于完全的理想状态。在现实中，国家刑事管辖权范围的确定还涉及国内法对在外国的犯罪适用的可能性、司法成本、国际关系等多方面因素的考量。笔者不主张扩大刑事管辖权，主要理由有：其一，国内法的效力根基在于国家实力的支配范围。对于国外犯，内国的刑法实力往往难以当然支配。其二，我国刑法典第 7 条关于属人管辖的规定，实际上已经把所有中国公民在国外的犯罪都纳入了我国的刑法管辖范围，只是对一般公民的国外犯罪规定了一定的灵活处理：“但是按本法规定的最高刑为三年以下有期徒刑的，可以不予追究”。这里使用了“可以不予追究”的表述，其潜台词是：如果必要，则可以追究。应该说，这样的立法已经很好了，既维护了国家和公民的利益，也有助于避免在外国犯罪的中国公民受到外国的不公正处罚，还体现了适度尊重外国当地法律和习惯、求大同、存小异、灵活务实的国际合作精神。假如把法律修改为“对于中国公民在国外所犯的恐怖活动犯罪一律追究刑事责任”，实际上很难保证真正执行，况且，在很多情况下也不可能对所有的轻微恐怖活动犯罪都追究刑事责任，当然也没有必要。其三，外国人在其本国应是首先遵守其本国法律，而不是首先要遵守包括我国法律在内的“他国法律”。对于外国人在外国对中国国家或者公民的恐怖活动犯罪，基于对国家和本国公民保护的原则，我国刑法将保护管辖权限定在“重罪”[①] 之内，既体现了原则性（保护原则），又有一定的灵活性、务实性。倘若把法律修改为“外国人在中华人民共和国领域外对中华人民共和国国家或者公民犯罪的，一律适用中国刑法”，则不但难以真正贯彻执行，使法律变为摆设，而且也因不经济而很难实现真正的司法效益。

## 七、结语

法律规范是组成刑法体系的基本单元，而法律术语则是法律规范的构成细胞。无论是《反恐怖主义法》，还是《刑法修正案（九）》，在立法技术上都需要进一步严谨、科学。法律术语必须保持统一，且尽量不造新词。有时一个新词的出现甚至会牵一发而动全身。再者，由于行政法律责任和刑事责任的性质不同，在法律条文设计时，必须注意保证行政违法与相应犯罪的构成条件的区别与衔接。所以，无论是刑法的修正或修改，还是反恐基本法的制定，都应该不断改进立法技术，提高立法质量，真正做到术语内涵确定、外延清晰，条文的表述准确，条文之间的逻辑关系严谨，所规制的界限清楚、明晰。当然，对于新颁布的法律，无论是《反恐怖主义法》，还是《刑法修正案（九）》，我们都应持基本的维护态度。

① 我国刑事法律界一般认为，处刑为 3 年以上有期徒刑的犯罪为重罪。

# 我国反恐刑事政策调整暨刑法总则完善建议*

## 一、前言

系统梳理并分析我国反恐刑法的立法现状，笔者认为我国现行反恐刑法的立法在以下几个方面存在不足：

其一，在立法的理念和刑事政策方面存在不足。对于恐怖活动犯罪奉行“双严”（严防、严惩）的刑事政策，固然必要，但是，如若忽视宽的策略而一味地重打击犯罪、轻保障人权，则也是不可取的。故在立法上，分化瓦解犯罪的策略还有施展的空间。

其二，在犯罪的设定方面存在不足。（1）没有专门的恐怖行为罪的立法设定，导致实践中对所发生的恐怖活动犯罪只能按照有关的普通犯罪定罪处罚。其结果：一是司法上无法做到罪责刑相适应，因为恐怖活动犯罪与其他犯罪在犯罪构成上有本质的区别，其社会危害性相对较大。二是使刑法的行为规制和引导社

* 与牛忠志教授合著，原载刘志伟，等：《反恐怖主义的中国视角和域外借鉴》，北京，中国人民公安大学出版社，2019。



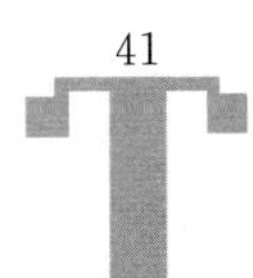

会功能难以发挥。刑法设定犯罪的日益精细化，除依法惩治已然的犯罪外，刑法作为行为规范，对人们的行为和社会价值有一定的引领和塑造作用。而缺乏专门的恐怖行为罪之立法设定，显然不利于刑法对恐怖活动犯罪的行为规制和社会正义价值功能的塑造。三是无法充分全面地履行我国所担负的反恐国际义务。例如，根据我国现行刑法，对于实际发生的基于恐怖目的的绑架人质犯罪，只能按照普通的绑架罪定罪处罚，而这样处理难以充分体现1979年《反对劫持人质国际公约》的缔约宗旨。(2）法网不严密。如对入境发展恐怖组织的行为，包庇或纵容恐怖组织的行为，邮寄危险物质、物品的行为，除暴力危及飞行安全之外的"危害航空飞行安全"的行为，危害大陆架固定平台安全等危害海上航行安全的行为，以及关于实施"核犯罪"和"核恐怖活动犯罪"等，我国刑法还存在着立法空白。

其三，在制裁措施种类和制度的设置上存在不足。(1）在资格刑、对犯罪的外国人驱逐出境的刑罚、没收财产刑，以及关于保安处分的措施等刑事制裁措施方面，存在不足。(2）在量刑制度和行刑制度方面也有很大的完善空间，如缺乏特殊的从宽情节，欠缺针对恐怖分子心理、人格特点的执行制度，等等。

鉴于上述立法不足，我国反恐刑法从总则到分则都有完善的空间与必要。关于我国反恐刑法分则方面的完善，笔者已另行撰文研讨①；本文拟在反思我国反恐刑事政策之应然抉择的基础上，专门就我国反恐刑法总则的完善进行研讨和提出建议。

## 二、我国反恐刑事政策及其应然选择

政策是法律的灵魂，对法律规范的创制、解释和司法适用具有指导作用，而刑事政策无疑也具有指导刑法规范创制、解释和司法适用的功能。由此，完善我

① 赵秉志，牛忠志．我国反恐刑法分则的完善之建言：以恐怖活动犯罪的罪刑规范为视角．南都学坛（人文社会科学学报），2018（2）．

国的反恐刑法规范，首先就需要正确选择并不断调整和完善反恐刑事政策。

（一）我国反恐法和反恐刑法所体现的反恐刑事政策

反恐刑法，属于刑法范畴，当然应该受到我国基本刑事政策的指导。同时，反恐刑法所规制的是恐怖活动犯罪，理所当然地也要受到国家反恐政策的制约。这就是说，反恐刑事政策应该是国家基本刑事政策和国家反恐政策的有机结合。由此，分析反恐刑事政策时，必须分析国家的反恐政策。不仅如此，由于国家基本刑事政策具有相对的稳定性，所以，分析反恐刑事政策，主要便是讨论反恐政策。针对恐怖活动犯罪，我国总体上与俄罗斯、意大利、美国等国家一样，奉行“从严”的反恐刑事政策。

从1992年《关于惩治劫持航空器犯罪分子的决定》和1997年修订的刑法典增设我国早期的反恐刑法规范①，到《刑法修正案（三）》时我国反恐刑法取得显著进展②，再到《刑法修正案（八）》，尤其是《刑法修正案（九）》和《反恐怖主义法》中我国反恐刑法规范实现重大体系性发展与完善③，纵观反恐刑法规范的这一立法过程，可以看出我国反恐刑事政策之形成脉络，即与反恐的社会实践需要相适应。我国应对恐怖活动犯罪的刑事政策，经历了由重视恐怖活动犯罪的刑法惩治到全方位综合预防和惩治，由零散不系统的立法到经过不断探索、总

① 我国1992年《关于惩治劫持航空器犯罪分子的决定》创设了劫持航空器罪；而我国1997年刑法典不仅把劫持航空器罪纳入其中，而且增设了劫持船只、汽车罪，更增设了一种真正意义上的涉恐犯罪罪名，即组织、领导、参加恐怖组织罪（第120条）。

② 在美国2001年“9·11”恐怖袭击事件以及后来联合国安理会通过第1373号反恐决议的背景下，我国2001年12月29日通过的《刑法修正案（三）》以完善反恐刑法为主题，增设了资助恐怖活动罪、投放虚假危险物质罪和编造、故意传播虚假恐怖信息罪共三种新的涉恐犯罪罪名，并且修正了一些可能涉恐罪名的罪状，完善、强化了组织、领导、参加恐怖组织罪的法定刑。

③ 我国2011年2月25日通过的《刑法修正案（八）》中涉及的反恐刑法的内容，是将恐怖活动犯罪纳入刑法典第66条特别累犯之中；我国2015年8月29日通过的《刑法修正案（九）》，对反恐刑法作了体系性的大规模补充与修正，包括增设5种新的涉恐罪名，修改3种原有罪名之罪状使之包含涉恐的内容，以及对组织、领导、参加恐怖组织罪增设财产刑；我国2015年12月27日通过的《中华人民共和国反恐怖主义法》虽然是一部以行政法为主的反恐综合性法律，但其通过设立反恐法治原则、界定反恐刑法相关的概念术语、明确恐怖活动犯罪的刑事管辖权原则和解决反恐领域刑法与其他相关法律衔接的问题，对我国反恐刑法的完善具有重要的作用。

结而形成相对系统的反恐刑法的立法发展过程。在这里，所谓的“重视恐怖活动犯罪的刑法惩治”，是指我国的反恐工作在相当长的一个时期内存在着倚重刑事打击的情况，甚至一些学者把反恐法与反恐刑法等同起来；所谓“全方位综合预防和惩治”的反恐刑事政策，是指体现在《反恐怖主义法》中的关于全面反恐、群防群治、预防与打击相结合、重在预防、对恐怖活动“打早打小”的策略的确定和立法化。

鉴于国家基本刑事政策的相对稳定性，在我国的反恐刑事政策中，最能体现其反恐刑法特点的，当是国家的反恐政策。故这里详细分析一下我国反恐政策的丰富内涵，并通过反恐政策来把握我国的反恐刑事政策。

我国的反恐政策集中地体现在《反恐怖主义法》中。该法第 2 条规定：“国家反对一切形式的恐怖主义，依法取缔恐怖活动组织，对任何组织、策划、准备实施、实施恐怖活动，宣扬恐怖主义，煽动实施恐怖活动，组织、领导、参加恐怖活动组织，为恐怖活动提供帮助的，依法追究法律责任。国家不向任何恐怖活动组织和人员作出妥协，不向任何恐怖活动人员提供庇护或者给予难民地位。”该规定表明了我国全面反恐、全程反恐，以打击有组织的恐怖活动为重点，不向恐怖分子妥协，不给任何恐怖分子可乘之机的坚决立场和严正态度。其第 4 条规定：“国家将反恐怖主义纳入国家安全战略，综合施策，标本兼治，加强反恐怖主义的能力建设，运用政治、经济、法律、文化、教育、外交、军事等手段，开展反恐怖主义工作。国家反对一切形式的以歪曲宗教教义或者其他方法煽动仇恨、煽动歧视、鼓吹暴力等极端主义，消除恐怖主义的思想基础。”该条把反恐工作提升至国家战略地位的高度，肯定了综合反恐、综合治理、标本兼治、反恐战线前移的原则。其第 5 条规定：“反恐怖主义工作坚持专门工作与群众路线相结合，防范为主、惩防结合和先发制敌、保持主动的原则。”该条规定了群防群治、预防为主、积极主动、先发制敌的反恐工作原则。其第 6 条第 1 款规定：“反恐怖主义工作应当依法进行，尊重和保障人权，维护公民和组织的合法权益。”在法治国家，在打击犯罪、保护公民和组织的合法权益的同时，还要依法保障犯罪嫌疑人、被告人和犯

罪人的基本人权。这些集中规定在《反恐怖主义法》中的反恐政策，其实已经在《反恐怖主义法》之前的《刑法修正案（三）》、《刑法修正案（八）》、《关于加强反恐怖工作有关问题的决定》和《刑法修正案（九）》中有了一定的体现。

宽严相济的基本刑事政策和国家的反恐政策的有机结合，形成了我国反恐刑法所奉行的针对恐怖活动犯罪之刑事政策的主旋律，即“严防”“严惩”的“双严”刑事政策。①

所谓“严防”，是指坚持对恐怖活动犯罪以防范为主，积极预防，防患于未然，禁恶于萌芽，对恐怖活动犯罪行为，“打早打小”。这就是使反恐刑法介入调整的时机有所前移，突出地表现为将一些恐怖活动犯罪的煽动行为、培训行为等预备行为和帮助行为等独立化立法，设定为独立的“恐怖活动犯罪”。例如，《刑法修正案（三）》把资助恐怖活动组织或者实施恐怖活动的个人的行为犯罪化，把恐怖活动犯罪纳入洗钱罪的上游犯罪，这些立法旨在切断恐怖主义的资金来源，实现对恐怖活动犯罪的早期预防和惩治。再如，《刑法修正案（九）》增设了“准备实施恐怖活动罪”（第 120 条之二）、“宣扬恐怖主义、极端主义、煽动实施恐怖活动罪”（第 120 条之三）、“非法持有宣扬恐怖主义、极端主义物品罪”（第 120 条之六），同时把“资助恐怖活动培训”“为恐怖活动组织、实施恐怖活动或者恐怖活动培训招募、运送人员”纳入第 120 条之一“资助恐怖活动罪”的范围，等等。又如，为了切实预防恐怖活动犯罪的犯罪分子再犯，《刑法修正案（九）》规定，对于“因利用职业便利实施犯罪，或者实施违背职业要求的特定义务的犯罪被判处刑罚的，人民法院可以根据犯罪情况和预防再犯罪的需要，禁止其自刑罚执行完毕之日或者假释之日起从事相关职业，期限为三年至五年”。这一罪犯从业禁止的规定也有利于对恐怖活动的及早预防。

所谓“严惩”，是指在刑法对恐怖活动犯罪惩罚的力度上，有不断重刑化的趋势。在主刑的配置方面，不断提高法定刑上限。例如，《刑法修正案（三）》对

① 梁根林. 刑事政策、罪刑法定与严厉打击暴恐犯罪. 人民检察，2014（24）.

刑法典第120条第1款作了修改，把“组织、领导恐怖活动组织”与“积极参加恐怖活动组织”区分开来，并分别提高了“组织、领导型”和“积极参加型”犯罪的法定刑设置。此修改旨在严厉打击恐怖组织的组织、领导和决策层，实行区别对待。《刑法修正案（八）》有关把恐怖活动犯罪纳入特别累犯范畴的修改、关于暴力性犯罪的犯罪分子被判死缓的减刑限制性规定，以及关于缓刑制度和假释制度的修改等，都直接或者间接地有利于严惩恐怖活动犯罪，贯彻着对恐怖活动犯罪从严惩治的立法宗旨。在附加刑方面，我国刑法立法针对恐怖活动犯罪增加配置了没收财产刑和罚金刑。例如，《刑法修正案（九）》对组织、领导、参加恐怖组织罪增加配置了没收财产刑或者罚金刑，这也体现了严惩恐怖活动犯罪的立场。在刑罚制度上，对于关涉恐怖活动犯罪的牵连犯，明确规定数罪并罚，例如，刑法典第120条第2款规定，犯组织、领导、参加恐怖组织罪，并实施杀人、爆炸、绑架等犯罪的，依照数罪并罚的规定处罚。在累犯制度、缓刑制度和假释制度等方面，也都作出了不利于恐怖活动犯罪分子的规定，体现了对涉恐犯罪从严惩治的立法精神。

目前，我国的反恐刑法在奉行对恐怖活动犯罪“严防”“严惩”之“双严”政策的主旋律的同时，也有“宽”的一面。例如，《刑法修正案（九）》修改之后的刑法典第120条第1款规定：“组织、领导恐怖活动组织的，处十年以上有期徒刑或者无期徒刑，并处没收财产；积极参加的，处三年以上十年以下有期徒刑，并处罚金；其他参加的，处三年以下有期徒刑、拘役、管制或者剥夺政治权利，可以并处罚金。”据此规定，将其他参加者与组织和领导者、积极参加者相比，立法对他们所适用的法定刑档次是有差别的；而且，其财产刑的配置也是有差别的。

（二）我国反恐刑事政策的应然调整

宽严相济的刑事政策是我国基本的刑事政策，其基本精神是讲求区别对待的策略。根据社会现实情况，对不同犯罪（者）的惩处，有宽有严，而且，在区别对待、宽严处置时，要相辅相成、相互配合、宽严相济，以便收到事半功倍的效果。

笔者认为，我国现行反恐刑法在奉行对恐怖活动犯罪“严防”“严惩”政策的同时，也有“宽”的一面。总体来看，今后我国反恐刑法在进一步趋“宽”方面还可采取很多举措，而且也可在继续趋“严”上有所作为。

1. 关于进一步“从宽”的建议

第一，宽严相济的刑事政策，本身就有“宽”的一面。如果反恐刑法在贯彻宽严相济的刑事政策时，完全没有“宽”的一面，那将怎样实现宽严相济呢？没有“宽”，则无以济“严”。把宽严相济的刑事政策落实到应对恐怖活动犯罪上，考虑到恐怖主义犯罪的形成原因涉及政治、文化、经济、宗教、民族等多元因素，故在确定针对恐怖活动犯罪的刑事政策，奉行“严防”“严惩”政策的同时，也不应忽视“宽”的一面：要注意对恐怖分子采取分化瓦解和区别对待的策略。因为作为斗争策略，同样需要立法分清不同的共同犯罪人的刑责轻重，区别对待，以便分化瓦解。在惩罚力度、刑罚制度等的设计上，要注意区别对待组织、领导者（中坚分子），积极参加者（核心、骨干力量），与一般参加者、胁从者、幡然悔悟立即改过自新者，注意自首、立功、坦白等从宽的刑罚制度在反恐刑法中的充分运用。

第二，在法治时代，立法不能疏忽对犯罪者的基本人权的保障问题。罪刑法定和罪责刑相适应原则的确立与贯彻是对犯罪者基本人权的重要保障，也是最基本的保障。我国现行反恐刑法在奉行罪刑法定原则方面，恪守了“犯罪是危害行为”的底线，没有把刑法的触角延伸到思想领域。反恐刑法在贯彻罪责刑相适应原则方面，在具体的制度设计上也有一些区别对待的做法（例如，对于组织、领导、积极参加者和其他参加者，法定刑的配置不同，附加刑的配置也不同）。这些立法都是值得称道的。今后，我国的反恐刑法调整范围仍应坚守“危害行为”的边界，而不能把触角延伸到思想领域。① 这是现代刑事法治的刚性要求。

① 《反恐怖主义法》把恐怖主义界定为“主张和行为”，尽管现行的反恐刑法没有突破犯罪是行为的底线，但是，考虑到《反恐怖主义法》对反恐刑法的指导作用，人们的担心并非杞人忧天。

2. 关于进一步“从严”的建议

第一，将恐怖行为罪独立设罪，以便充分考虑恐怖行为罪的客观和主观的犯罪构成要件之特点，在实践中正确衡量恐怖行为犯罪的社会危害性，准确定罪判刑，做到罪责刑相适应。如果目前将恐怖行为独立设罪还存在困难的话，那么，至少应将基于恐怖动机而实施的杀人、绑架、放火、爆炸、劫持等行为设定为相应犯罪的加重情节。①

第二，关于刑事制裁制度的完善，可以对涉恐犯罪增设资格刑以及特殊的从宽量刑制度、严格的行刑制度等。具体内容见下文。

第三，进一步增加考察恐怖活动犯罪分子社会危险性的指标，增加保安处分措施。具体内容亦见下文。

## 三、关于完善反恐刑法总则的若干构想

检讨当前我国反恐刑法总则的完善问题，笔者认为，主要涉及反恐刑法的管辖权范围应否扩大、追诉时效应否不受限制，以及反恐刑事制裁的种类和刑罚制度应否调整等方面。下面分别予以讨论。

（一）关于反恐刑法的管辖权问题

我国《反恐怖主义法》是否扩大了我国的刑事管辖范围？如果没有，那么应否扩大对恐怖活动犯罪的刑事管辖权范围？

1.《反恐怖主义法》没有扩大我国的保护管辖范围

《反恐怖主义法》第 11 条规定：“对在中华人民共和国领域外对中华人民共和国国家、公民或者机构实施的恐怖活动犯罪，或者实施的中华人民共和国缔结、参加的国际条约所规定的恐怖活动犯罪，中华人民共和国行使刑事管辖权，依法追究刑事责任。”该条规定了属人管辖、保护管辖和普遍管辖。其中，《反恐

① 赵秉志，牛忠志．我国反恐刑法分则的完善之建言：以恐怖活动犯罪的罪刑规范为视角．南都学坛（人文社会科学学报），2018（2）．


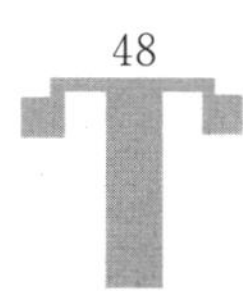

怖主义法》第11条在普遍管辖方面与刑法典第9条[①]规定的表述一致，对其实质内容的解读也取决于该法是否扩大了属人管辖权和保护管辖权的范围。所以，关键在于厘清《反恐怖主义法》是否扩大了属人管辖和保护管辖。

刑法典第7条（属人管辖权）规定："中华人民共和国公民在中华人民共和国领域外犯本法规定之罪的，适用本法，但是按本法规定的最高刑为三年以下有期徒刑的，可以不予追究。中华人民共和国国家工作人员和军人在中华人民共和国领域外犯本法规定之罪的，适用本法。"第8条（保护管辖权）规定："外国人在中华人民共和国领域外对中华人民共和国国家或者公民犯罪，而按本法规定的最低刑为三年以上有期徒刑的，可以适用本法，但是按照犯罪地的法律不受处罚的除外。"

比较《反恐怖主义法》和刑法典的相应规定，问题的关键是《反恐怖主义法》是否修改了刑法典第7条"但是按本法规定的最高刑为三年以下有期徒刑的，可以不予追究"，以及第8条"按本法规定的最低刑为三年以上有期徒刑的，可以适用本法，但是按照犯罪地的法律不受处罚的除外"的规定。2016年出版的权威注本《中华人民共和国反恐怖主义法释义》对此持明确的肯定立场，认为《反恐怖主义法》的"这一规定不再要求法定最低刑为三年以上有期徒刑和按照犯罪地的法律也应受刑罚处罚的条件限制"。其理由是："考虑到恐怖主义和恐怖活动犯罪是国际公认的罪行及其严重的社会危害性和极端危险性，本法对在领域外对我国实施恐怖活动犯罪或者实施国际条约规定的恐怖活动犯罪，我国行使管辖权作了规定，对刑法第八条的规定有所突破。"[②]

笔者对此问题持否定立场，认为《反恐怖主义法》与刑法典的属人管辖和保护管辖规定相比，虽然二者表面上有所差别，但实质上并无不同。换句话说，《反恐怖主义法》中的反恐刑法规范，作为特别刑法（附属刑法），并没有扩大刑

① 刑法典第9条规定："对于中华人民共和国缔结或者参加的国际条约所规定的罪行，中华人民共和国在所承担条约义务的范围内行使刑事管辖权的，适用本法。"

② 郎胜，王爱立．中华人民共和国反恐怖主义法释义．北京：法律出版社，2016：48-49.

法典中对恐怖活动犯罪的属人管辖权和保护管辖权的范围。因为《反恐怖主义法》规定的“中华人民共和国行使刑事管辖权，依法追究刑事责任”中的“依法”，在当今中国无非三种刑法渊源：刑法典、单行刑法和附属刑法。在我国目前不存在单行的反恐刑法的情况下，其结果无非两种情况：一是依照刑法典现行规定，二是依照附属反恐刑法规范的规定。如果是依照刑法典现行规定，则是依照第 7 条和第 8 条之刑事管辖权的规定，自然不存在扩大刑事管辖权范围之说；如果是依照附属反恐刑法规范的规定，目前中国的反恐立法仅有《反恐怖主义法》涉及管辖权的规定——就是依照《反恐怖主义法》第 11 条关于“中华人民共和国行使刑事管辖权”的规定。但《反恐怖主义法》第 11 条没有关于“中华人民共和国行使刑事管辖权”的明确、具体的扩大行使管辖权的规定。由此看来，《反恐怖主义法》第 11 条的内容只能被解释为照应性的规定，并没有创设新的法律规范以扩大我国对恐怖活动犯罪的刑事管辖权。

或许有人会说，《反恐怖主义法》第 11 条关于刑事管辖权的规定有其特别用意，即旨在扩大对恐怖活动犯罪的刑事管辖权。这种解读与目前该法对刑事管辖权的突出强调有相吻合的一面。但是，尽管如此，笔者也十分遗憾地认为：如果立法者确实具有扩大刑事管辖权的立法旨趣的话，那么，目前该法第 11 条的立法表述是词不达意的。如果将本条中的“依法”表述为“依本法”，则无疑为我们探求该条扩大刑事管辖权的立法旨意提供了可能。据笔者统计，《反恐怖主义法》中共有 16 处使用了“本法”一词，其第 11 条若旨在扩大行使管辖权，这是个关键问题，怎么这里就不使用“本法”，反而使用“依法”一词呢？所以，基于对现行《反恐怖主义法》词义及相关规范的客观理解，得不出该法扩大了刑事管辖权的结论。

2. 将来我国也不应该扩大对恐怖活动犯罪的刑事管辖权范围

进而言之，从应然的层面，是否应该扩大对恐怖活动犯罪的属人管辖权和保护管辖权的范围呢？有学者主张对于恐怖活动犯罪之管辖应当不受目前刑法典关于管辖权规定的制约，可将中国公民在域外的恐怖活动犯罪和外国人在域外对中国国家或公民的恐怖活动犯罪一律纳入我国刑法的管辖范围。这一主张的主要论

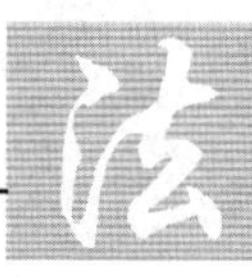

据是恐怖活动犯罪的国际性和严厉惩治恐怖活动犯罪的现实需要。①

上述观点仍值得商榷。只有在十分理想的状态下，基于恐怖活动犯罪的国际性，出于对国家和公民利益的保护，我国反恐刑法才可以对所有的恐怖活动犯罪无例外地处罚。但是，社会现实毕竟不是真空，国际社会不可能处于完全的理想状态，理想与现实永远存在距离。在现实中，国家刑事管辖权范围的确定还涉及国内法对在外国的犯罪适用的可能性、司法成本、国际关系等多方面因素的考量。笔者之所以不主张扩大我国反恐刑法的刑事管辖权，主要理由如下：

其一，国内法的效力根基在于国家实力的支配范围。对于国外犯，内国的刑法实力往往难以当然支配。

其二，我国现行刑法典第 7 条关于属人管辖的规定，实际上已经把所有中国公民在国外的犯罪纳入了我国的刑法管辖范围，只是对一般公民在国外的犯罪给予了一定的灵活处理："但是按本法规定的最高刑为三年以下有期徒刑的，可以不予追究"。这里使用了"可以不予追究"的表述，其潜台词是：如果必要，则可以追究。应该说，现行的立法既维护了国家和公民的利益，也有助于避免在外国犯罪的中国公民在外国受到不公正处罚，还体现了适度尊重外国当地习惯、求大同、存小异、灵活务实的国际合作精神。假如把法律修改为："对于中国公民在国外的犯罪一律追究刑事责任"，实际上根本不能保证执行，况且在很多情况下对轻微的涉恐怖犯罪无例外地追究刑事责任，不但在司法成本上得不偿失，而且没有必要，没有可能，其结果是有法难依。

其三，外国人在外国应是首先遵守所在国法律，而不是首先要遵守他国法律。对于外国人在外国对中国国家或者公民的恐怖活动犯罪，基于对国家和本国公民保护的原则，我国现行刑法将保护管辖权限定在较重的犯罪之内，既体现了原则性（保护原则），又有一定的灵活性、务实性。假若把法律修改为"外国人在中华人民共和国领域外对中华人民共和国国家或者公民犯罪的，一律适用中国

① 杜邈．反恐刑法立法研究．北京：法律出版社，2009：333 以下；陈馨远．惩治恐怖主义犯罪的刑事立法研究．济南：山东大学，2015：41.



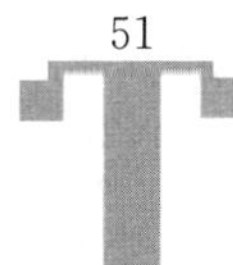

刑法”，则不但因不经济而没有司法效益，而且也难以真正贯彻执行，会使法律规定变为摆设。

（二）关于恐怖活动犯罪的追诉时效问题

是否应该规定恐怖活动犯罪不受追诉时效的限制？有的学者主张，“对于具有恐怖主义犯罪性质的谋杀、绑架、恐怖主义袭击等严重危害人类和平与安全的犯罪行为不应受法定时效的限制，否则将影响国际社会共同惩治恐怖主义犯罪的信心和决心，从而成为恐怖主义犯罪滋生、蔓延的隐患”①。这一主张的主要根据是1968年11月26日通过的《战争罪及危害人类罪不适用法定时效公约》。还有学者基于严惩恐怖活动犯罪的反恐立场，主张所有恐怖活动犯罪均不受追诉时效的限制。②

笔者不赞成上述观点，简要分析如下：

第一，恐怖活动犯罪是一类内涵丰富、外延很广的犯罪。依我国现行刑法，除恐怖性的杀人罪、放火罪、爆炸罪、绑架罪等暴力性犯罪之外，还包括许多基于恐怖目的所实施的“预备罪”和“帮助罪”，例如，准备实施恐怖活动罪，宣扬恐怖主义、极端主义、煽动实施恐怖活动罪，利用极端主义破坏法律实施罪，强制穿戴宣扬恐怖主义、极端主义服饰、标志罪，非法持有宣扬恐怖主义、极端主义物品罪，等等。而“战争罪”及“危害人类罪”与恐怖活动犯罪在内涵与外延上并不一致。所以，由于我国目前尚未加入《战争罪及危害人类罪不适用法定时效公约》，不能以此作为制约我国立法的论据；即使将来我国批准了该公约，也不能基于该公约的义务要求而主张恐怖活动犯罪不受追诉时效的限制。

第二，不能为了惩罚恐怖活动犯罪而不讲策略，而必须看到追诉时效制度的法治意义。所谓追诉时效，是指刑法规定的、对于犯罪人追究刑事责任的有效期限。一旦超过追诉时效，国家的刑罚权即告消灭。追诉时效制度是现代刑法普遍设立的一种刑事责任追究与限制的制度，其设立的意义，首先是其符合刑罚目的

① 王秀梅，杜澎，赫兴旺．惩治恐怖主义犯罪国际合作中的普遍管辖．法学评论，2003（4）．

② 杜邈．反恐刑法立法研究．北京：法律出版社，2009：343以下．

的要求。如果犯罪分子犯罪后在一定期间内没有再犯罪，就表明其犯罪的危险性已经消失，就没有再对他追诉以实施惩罚、教育和改造的必要。其次，有利于司法机关集中精力打击现行犯罪。因为如果不设追诉时效，那么势必在一些陈年旧案上花费司法资源；而对于那些不必追究的陈年旧案，通过时效制度不予追究，则可以节省司法资源。恐怖活动犯罪是一类犯罪，如果对于这一类犯罪，不讲策略，都无例外地不受追诉时效限制，则是不明智的选择。

第三，为了应对一些极端情形，刑法典第87条第4项规定："法定最高刑为无期徒刑、死刑的，经过二十年。如果二十年以后认为必须追诉的，须报请最高人民检察院核准。"这一规定为对特别严重犯罪（包括恐怖活动犯罪）的追究提供了灵活的制度依据。

第四，为了严惩犯罪，不给犯罪分子以漏洞可钻，刑法典还规定了追诉时效的中断和延长制度，以打击那些已经进入追诉程序但逃避追究的犯罪者，或者虽没有进入追诉程序但因其再次犯罪的严重危险性而经不起时间考验的犯罪者。刑法典第88条规定："在人民检察院、公安机关、国家安全机关立案侦查或者在人民法院受理案件以后，逃避侦查或者审判的，不受追诉期限的限制。被害人在追诉期限内提出控告，人民法院、人民检察院、公安机关应当立案而不予立案的，不受追诉期限的限制。"第89条规定："追诉期限从犯罪之日起计算；犯罪行为有连续或者继续状态的，从犯罪行为终了之日起计算。在追诉期限以内又犯罪的，前罪追诉的期限从犯后罪之日起计算。"所以，我国现行刑法关于追诉时效的规定，既有原则，又讲策略，体现了原则性与灵活性统一。鉴于恐怖活动犯罪是一类外延广泛的犯罪，我们不能不加区分地一概不考虑追诉时效制度，故没有针对恐怖活动犯罪再修改我国刑法中追诉时效制度的必要。

### （三）关于反恐刑法之刑事制裁措施的完善问题

恐怖活动犯罪的刑事制裁措施的特点比较集中地体现在附加刑和保安处分方面。在附加刑方面，剥夺罪犯一定的资格，有利于限制恐怖分子参与社会政治、经济、文化等活动范围的广度和深度；没收财产或者处以罚金，则可剥夺恐怖分子实施恐怖活动犯罪的物质基础，以收釜底抽薪之效；对犯罪的外国人，可以适用驱逐出境的附加刑。不过，我国现行反恐刑法中的资格刑、没收财产、驱逐出境，以及保安处分措施，都需要再予完善。

1. 关于对恐怖主义犯罪可以单处或者附加剥夺政治权利

剥夺政治权利是指剥夺犯罪分子参加国家管理和政治活动的权利的刑罚方法。刑法典第 54 条规定："剥夺政治权利是剥夺下列权利：（一）选举权和被选举权；（二）言论、出版、集会、结社、游行、示威自由的权利；（三）担任国家机关职务的权利；（四）担任国有公司、企业、事业单位和人民团体领导职务的权利。"

由于恐怖主义犯罪具有和危害国家安全犯罪一样的极端社会危害性，恐怖主义犯罪还往往具有政治性特点，尤其是组织、领导、参加恐怖组织罪实质上是对结社权的滥用，所以，各国都重视反恐刑法中对资格刑的运用。《德国刑法典》第 129 条 a 第 6 项规定，对建立、参加恐怖组织的犯罪，除处以自由刑外，还可以剥夺其担任公职或参加公开选举的资格。① 按照《法国刑法典》第 421—3 条之规定，犯恐怖活动罪的，可处以剥夺公民权、民事权及亲权，禁止担任公职，禁止领导工商企业，禁止从事某种职业或禁止从事特定活动等刑罚。② 故建议对恐怖主义犯罪的犯罪分子可以单处或者附加剥夺政治权利的刑罚。由此，可将我国刑法典第 56 条的现行规定③修改为："对于危害国家安全的犯罪分子应当附加剥夺政治权利；对于故意杀人、强奸、放火、爆炸、投毒、抢劫等严重破坏社会秩序的犯罪分子，以及恐怖活动犯罪、黑社会性质组织犯罪的犯罪分子，可以附加剥夺政治权利。"

需要指出的是，笔者在这里使用了"可以剥夺"，而没有使用"应当剥夺"或者"剥夺"的提法，是因为恐怖活动犯罪作为一类犯罪，不一定都要剥夺政治权利。这样，既表明了对恐怖活动犯罪的犯罪分子一般要剥夺政治权利的立场，

① 德国刑法典. 冯军，译. 北京：中国政法大学出版社，2000：92.

② 最新法国刑法典. 朱琳，译. 北京：法律出版社，2016：197-198.

③ 我国刑法典第 56 条规定："对于危害国家安全的犯罪分子应当附加剥夺政治权利……。独立适用剥夺政治权利的，依照本法分则的规定。"

又给司法实务提供了一个自由裁量的空间。至于具体的案件是否最终判处剥夺罪犯的政治权利，则交给司法审判来酌定。

2. 关于没收财产刑的完善建议

这里讨论的没收财产刑，即“一般没收”。在我国刑法中，没收财产是指剥夺犯罪人合法财产的一部分或者全部，收归国家所有的刑罚方法。

从近现代世界刑法的发展趋势看，没收财产刑日渐式微。在我国，由于刑法的立法技术不精，没收财产刑的适用对象太泛，规定笼统，司法执行困难，在这样的背景下，近年来国内理论界废止没收财产刑的声音不断。①

不过，笔者认为，从刑罚的本质属性以及刑罚的法哲学根据、刑罚功能、刑罚目的等维度来考察，没收财产刑具有现代刑罚的品性，这从根本上决定了没收财产刑存在的合理性；一些西方国家废止没收财产刑的理由和现实，不足以说明我国应该效仿。在我国，没收财产刑有其存在的历史和现实原因。国内理论界关于废除我国没收财产刑的主要观点，值得商榷。尤其是笔者发现没收财产刑既有抑制罪犯贪利性的功用（此功能可与罚金刑互换），在没收全部财产的场合又有对罪犯经济权利彻底否定的威慑功能（此功能难以由罚金刑担当）。②

这种“对罪犯经济权利彻底否定”的功能，奠基于马克思主义的剥夺“剥夺者”理论。按照马克思主义的国家理论，无产阶级为建立、巩固自己的政权，必须以一定的经济为基础，而革命胜利的当时，社会的财富却集中在资产阶级（或者地主阶级）手中，因而社会主义国家都注重对当时的敌对分子采用没收财产的手段。在社会主义建设过程中，广大人民作为统治阶级基于维持国家法律秩序的需要，仍然可以对犯罪分子依法适用没收财产刑。这就是没收财产刑的独特价

① 根据笔者的粗略考察，关于没收财产刑的废除论，1997年刑法典修改之后发表的文章主要有：熊向东，王思鲁．再论没收财产刑的废止．河南省政法管理干部学院学报，1998（1）；曲新久．没收财产，一种应当废除的刑罚．检察日报，2000-03-16；李洁．论一般没收财产刑应予废止．法制与社会发展，2002（3）；王飞跃．我国财产刑与刑法基本原则的背离及其完善．华东政法学院学报，2003（5）；万志鹏．没收财产刑废止论：从历史考察到现实分析．安徽大学学报（哲学社会科学版），2008（5）.

② 牛忠志．我国没收财产刑的立法完善研究//赵秉志．刑法论丛：2010年第4卷（总第24卷）．北京：法律出版社，2010.

值。尤其是在为惩治和预防犯罪而没收其全部财产的情况下，没收财产刑的独特功能是不能被罚金刑所替代的。

鉴于此，对于我国刑法中的没收财产刑，尚不宜轻言废止，当务之急应该是针对其存在的不足之处（如我国刑法中没收财产刑的设定确实存在着设置泛化，量化不足，与其他刑种不够协调，适用没收财产的硬性规定多、弹性不足，缺乏禁止没收的规定而难以保障基本人权等问题）设计出完善对策，具体建议包括[①]：(1) 适当收缩没收财产刑的适用对象和适用范围，立法要正面指出犯罪分子的哪些财产不可没收，并规定在非死刑和无期徒刑的场合，禁止立法设置和司法适用没收全部财产，而只能没收犯罪分子的部分财产。(2) 适当改变没收财产刑立法设置的粗疏问题以增强可操作性，增强科处没收财产刑的灵活性等，包括增加单处没收财产的规定；在并处的时候以“得处”为原则，尽量不规定“强制处”；只有对主刑为无期徒刑或者死刑的，才能规定对犯罪分子一律并科没收财产刑[②]；等等。

上述立法建议虽然不是针对恐怖活动犯罪而展开的，但对于反恐刑法的立法完善也是适用的。

令人欣喜的是，《刑法修正案（八）》《刑法修正案（九）》都针对涉恐犯罪和其他严重犯罪增加了没收财产刑的配置。《刑法修正案（八）》修改组织、领导、参加黑社会性质组织罪，增设了没收财产刑。修正后的刑法典第 294 条第 1 款规定：“组织、领导黑社会性质的组织的，处七年以上有期徒刑，并处没收财产；积极参加的，处三年以上七年以下有期徒刑，可以并处罚金或者没收财产；其他参加的，处三年以下有期徒刑、拘役、管制或者剥夺政治权利，可以并处罚金。”

---

① 牛忠志．我国没收财产刑的立法完善研究//赵秉志．刑法论丛：2010 年第 4 卷（总第 24 卷）．北京：法律出版社，2010．

② 这里关于没收财产刑的立法建议是针对普通条款的。为了协调立法的灵活性，可以同时在后段加上“法律有特别规定的，依照规定”。比如，《刑法修正案（九）》出于对组织、领导恐怖组织罪的严惩导向，将刑法典第 120 条第 1 款前段修改为：“组织、领导恐怖活动组织的，处十年以上有期徒刑或者无期徒刑，并处没收财产”，这就是特别条款。

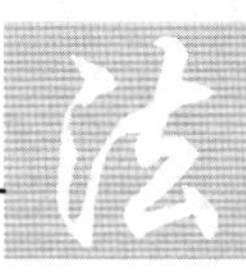

《刑法修正案（九）》修改组织、领导、参加恐怖组织罪时也增设了没收财产刑。修正后的刑法典第120条第1款规定："组织、领导恐怖活动组织的，处十年以上有期徒刑或者无期徒刑，并处没收财产；积极参加的，处三年以上十年以下有期徒刑，并处罚金；其他参加的，处三年以下有期徒刑、拘役、管制或者剥夺政治权利，可以并处罚金。"上述立法是对严惩恐怖活动犯罪、黑社会犯罪之现实需要的反应，同时也证实了没收财产刑具有独特性质从而有独特功用的见解。当然，我国反恐刑法增设没收财产刑还有一个国际背景，即与1999年联合国《制止向恐怖主义提供资助的国际公约》的精神相一致：削弱或者捣毁实施恐怖活动犯罪的经济基础。

3. 关于细化对于犯罪的外国人适用驱逐出境的规定

驱逐出境是强制犯罪的外国人离开中国国（边）境的刑罚方法。将犯罪的外国人驱逐出境，消除了其继续在我国犯罪的时空条件。在外国，将恐怖分子驱逐出境也是资格刑的重要组成部分。美国《移民与国籍法》中规定了可对外国犯罪人科以禁止入境和驱逐出境这两种资格刑；美国反恐法《爱国者法案》第411条规定，允许将涉嫌恐怖主义犯罪但没有相关证据予以起诉的移民遣送回国。

我国刑法典第35条规定："对于犯罪的外国人，可以独立适用或者附加适用驱逐出境。"但立法并没有进一步对驱逐出境这一附加刑予以详细规定，以致法律规定过于原则，操作性不强。尽管驱逐出境的适用问题不是反恐刑法所特有的问题，但因为恐怖活动犯罪的国际性日益突出，因而该问题是研究反恐刑法时不可或缺的内容。在目前关于完善驱逐出境刑罚制度之已有研究成果的基础上，笔者建议如下：

第一，在适用的范围上，并非对任何犯罪的外国人都可以适用驱逐出境。其有积极条件和消极条件。前者如《意大利刑法典》第235条第1款规定："除法律明确规定的情况外，当外国人被判处10年以上有期徒刑时，法官做出将其驱逐出境的决定。"① 后者如《法国刑法典》第131－30条第2款规定："法院只有

① 最新意大利刑法典．黄风，译注．北京：法律出版社，2007：86.

依犯罪之严重程度，且以特别阐明理由之决定，方可宣告禁止下列之人进入法国领域：1. 被判刑之外国人是居住在法国的法国儿童的父亲或母亲，只要其对该儿童行使亲权，即使仅部分行使亲权，或者其实际供养该儿童；2. 被判刑之外国人同其法国籍配偶结婚至少已有 1 年，只要其结婚先于引起其被判刑之行为，夫妻共同生活未有停止，配偶仍保留法国国籍；3. 被判刑之外国人能证明其尚不满 10 岁时即已来法国合法居住；4. 被判刑之外国人能证明其合法地在法国居住已过 15 年。"① 意大利和法国的相关立法可以为我国立法所借鉴。考虑到我国所规定的是"可以"而不是"应当"驱逐出境，所以，可借鉴法国的立法，规定消极条件以对适用驱逐出境的对象适当限制。②

第二，明确规定驱逐出境的期限。我国现行刑法典对此缺乏明确规定。2012 年 6 月 30 日颁布的《出境入境管理法》第 81 条第 3 款规定："被驱逐出境的外国人，自被驱逐出境之日起十年内不准入境。"虽然该规定是针对行政处罚的驱逐出境而言的，但刑罚性质的驱逐出境一般比行政处罚的驱逐出境更为严厉，在我国刑法对驱逐出境的对象没有作出限定的情况下，可以参照这一规定，限定适用驱逐出境刑罚的外国罪犯自被驱逐出境之日起 10 年内不准再次入境。这样是否过于严苛和僵硬？笔者认为答案是否定的。这方面也有外国立法例可资参考借鉴。在外国，驱逐出境分为驱逐出境且一定期限内不得入境和驱逐出境且终身不得入境两种情况。如《法国刑法典》第 422—4 条规定："任何外国人犯本编所指之一罪的（恐怖活动罪——引者注），得依第 131—30 条规定的条件，宣告其永久性或最长 10 年时间禁止进入法国领域。第 131—30 条最后 5 款之规定不予适用（一般的驱逐出境的限制性四类外国人，在因恐怖活动罪被处罚时不再享有优

① 法国刑法典. 罗结珍，译. 北京：中国人民公安大学出版社，1995：20-21.

② 在我国，刑法上的"外国人"包括有外国国籍的人和无国籍人。那么，对于无国籍人能不能适用驱逐出境刑罚制裁措施呢？如果从人道主义的角度看，似乎不可；但从国家法律秩序维持的角度考虑，又是可以的。在 2012 年上海市第一中级人民法院受理的无国籍男子走私毒品案中，该男子从泰国曼谷抵达上海浦东，在海关人员例行检查时发现其体内藏毒。因其所持赞比亚护照造假，且其自报国籍也未得到该国驻华大使馆核实，该男子最终被认定为无国籍人，该案经上海市第一中级人民法院审理并判决该无国籍男子走私毒品罪成立……并处……驱逐出境。不过，这是行政处罚性质的驱逐出境。

惠待遇——引者注)。”[①]《瑞士联邦刑法典》第55条第1项规定：“法官可将被科处重惩役或监禁刑的外国人从瑞士驱逐出境3年至15年，在重新犯罪情况下，可将该外国人终身驱逐出境。”[②] 法国、瑞士的立法例可供我国刑法所借鉴，可考虑设立有期限的驱逐出境（比如5年至15年）和终身驱逐出境两种措施，具体可参照我国关于追诉时效期限的规定模式立法，按犯罪的轻重设立相应的再次入境的时间限制。

第三，在我国的司法实践中，曾经发生过这样的情形：在宣布对犯罪的外国人驱逐出境后，没过多久该犯罪的外国人又来到了中国，对此应当怎么处罚呢?《意大利刑法典》第235条第2款规定：“对于违反由法官宣告的驱逐出境决定的外国人，适用公共安全法律为违反由行政主管机关宣告的驱逐出境决定情况规定的制裁措施。”[③] 我国《出境入境管理法》在其第七章“法律责任”部分也有对不服从边境管理非法入境者的行政制裁措施，我国刑法可以借鉴意大利刑法的立法，通过设置指引性规定，以实现刑法典与《出境入境管理法》的衔接。

第四，驱逐出境的执行（包括何时执行和执行机构）。鉴于驱逐出境既可以单独适用，也可以附加适用，所以，驱逐出境在单独适用时，自判决生效之日开始执行；在附加适用时，应待其他刑罚执行完毕之后依法执行。[④] 例如，对于犯罪的外国人判处了3年有期徒刑，并处罚金40万元人民币和驱逐出境，那么，只有待其3年有期徒刑和罚金刑执行完毕之后，才能执行驱逐出境。驱逐出境的执行机构，当然是我国公安机关。

4. 关于对恐怖活动犯罪科处保安处分的立法建议

在刑法视野下，保安处分是刑事制裁体系中与刑罚体系并立的另一类刑事制

---

① 法国刑法典. 罗结珍，译. 北京：中国人民公安大学出版社，1995：144-145.

② 瑞士联邦刑法典. 徐久生，庄敬华，译. 北京：中国方正出版社，2004：22.

③ 最新意大利刑法典. 黄风，译注. 北京：法律出版社，2007：86.

④ 《法国刑法典》第131—30条第1款规定：“在法律有规定时，对犯重罪或轻罪之任何外国人，得宣告永久性或最长10年时间，禁止其进入法国领域；禁止进入法国领域，当然应将被判刑人犯遣送出境；在相应场合，至该人犯监禁刑或徒刑服刑期满，遣送出境。”法国刑法典. 罗结珍，译. 北京：中国人民公安大学出版社，1995：20.

裁措施。从更宽泛的意义上看，保安处分不仅对犯罪者适用，而且对严重违法者也可以适用。因此，保安处分是指对具有实施“犯罪或严重的反社会行为”现实危险性的人，为了防止这种危险性的行为化，进而防卫社会对其所给予的处分。

尽管基于刑事法学新派理论，对于虽然没有犯罪但有严重违法倾向的人也可以进行保安处分，尽管保安处分既包括对人的保安处分也包括对物的保安处分，但是，考虑到恐怖活动犯罪的主体预防原则，只有对恐怖活动犯罪之罪犯的保安处分才具有其显著个性和典型特点。所以，本文不涉及对有严重违法倾向者的保安处分问题，也不涉及对物的保安处分问题，只限于研究对实施恐怖活动犯罪者的保安处分问题。

对人的保安处分，从国外立法来看，主要有：(1) 监护处分。适用于限制责任能力的精神病人，处分方法是将其送入精神病院或者治疗监护所，强制治疗。(2) 禁戒处分。适用于病癖性违法犯罪者（如吸毒者或者性变态者、偏执狂等），处分方法是将其交付禁戒所，以矫正其恶习，使之逐步适应正常的社会生活。(3) 善行保证。这是把民事担保理论运用到刑事领域，责令被使用者提供一定数额的保证金，以担保其将来不再实施违法犯罪。(4) 保护观察，是指有专门机构或者人员对被保护对象进行管束、监督考察，以免受处分者由于不良因素的引诱而重新违法犯罪。(5) 禁止出入特定场所或者限制居住。前者是禁止受处分者出入酒馆、咖啡馆、舞厅等公共场所，后者是防止受处分者进入其他区域从而使之远离特定的易于犯罪的场所。上述对人的保安处分措施，都是出于预防犯罪的需要，限制犯罪分子的活动空间，或者对其进行心理和行为的矫治等，以期预防犯罪的再次发生。

我国 1997 年修订的刑法典关于对人的保安处分仅有一些零散的规定。近年来的刑法修正案和附属刑法有逐步完善的趋势。例如，2011 年颁布的《刑法修正案（八）》增加了“禁止令”，其内容是：“判处管制，可以根据犯罪情况，同时禁止犯罪分子在执行期间从事特定活动，进入特定区域、场所，接触特定的人。”“对判处管制的犯罪分子，依法实行社区矫正。”“宣告缓刑，可以根据犯罪情况，同时禁止犯罪分子在缓刑考验期限内从事特定活动，进入特定区域、场

所，接触特定的人。”“对宣告缓刑的犯罪分子，在缓刑考验期限内，依法实行社区矫正……”“对假释的犯罪分子，在假释考验期限内，依法实行社区矫正……”其不足是这些禁止令仅限于对判处管制的犯罪分子、缓刑犯、假释犯适用。再如，2015 年颁布的《刑法修正案（九）》增加了职业禁止的规定，其增设的刑法典第 37 条之一规定：“因利用职业便利实施犯罪，或者实施违背职业要求的特定义务的犯罪被判处刑罚的，人民法院可以根据犯罪情况和预防再犯罪的需要，禁止其自刑罚执行完毕之日或者假释之日起从事相关职业，期限为三年至五年。”

上述禁止令和职业禁止制度，虽然不是专门针对恐怖活动犯罪的，但对防制恐怖活动犯罪是显然有效的。这些新制度的设定都体现了刑法理念的创新。

根据我国《反恐怖主义法》第 5 条规定的“反恐怖主义工作坚持……防范为主、惩防结合……的原则”，对恐怖活动犯罪的防范为主具体体现为“主体预防”“重点防范”的原则。鉴于恐怖活动犯罪分子的个体认知、情绪，以及其心理偏执、非常态型人格特点——主要表现为反社会人格和偏执型人格，反恐刑法要授权对恐怖活动犯罪分子配置与运用监护处分和禁戒处分：对恐怖分子的禁止令可作为配合刑罚发挥作用的约束性措施；而“在刑满释放后的安置教育措施”可以巩固刑罚的处罚、改造和教育效果，在预防恐怖活动犯罪领域发挥独特功能。我国《反恐怖主义法》第 30 条规定：“对恐怖活动罪犯和极端主义罪犯被判处徒刑以上刑罚的，监狱、看守所应当在刑满释放前根据其犯罪性质、情节和社会危害程度，服刑期间的表现，释放后对所居住社区的影响等进行社会危险性评估。进行社会危险性评估，应当听取有关基层组织和原办案机关的意见。经评估具有社会危险性的，监狱、看守所应当向罪犯服刑地的中级人民法院提出安置教育建议，并将建议书副本抄送同级人民检察院。罪犯服刑地的中级人民法院对于确有社会危险性的，应当在罪犯刑满释放前作出责令其在刑满释放后接受安置教育的决定。决定书副本应当抄送同级人民检察院。被决定安置教育的人员对决定不服的，可以向上一级人民法院申请复议。安置教育由省级人民政府组织实施。安置教育机构应当每年对被安置教育人员进行评估，对于确有悔改表现，不致再危害社会的，应当及时提出解除安置教育的意见，报决定安置教育的中级人民法院作

出决定。被安置教育人员有权申请解除安置教育。人民检察院对安置教育的决定和执行实行监督。”这一安置教育制度是针对恐怖分子顽固的犯罪心理及其人格偏执化的特点而设定的准予适用的保安处分。所以，不仅是从业准入限制，其他禁止出入一定场所、禁止接触一定人员等保安处分都是必要的。

不过，我国刑法关于“禁止令”“安置教育”的具体措施等，还有待于进一步细化以增强其可操作性。关于对恐怖分子的保安处分，德国、美国、英国和法国的相关立法都值得我国借鉴。

《德国刑法典》第129条a第7款规定，对于建立恐怖组织的犯罪分子，法院可以依据该法第68条第1款的规定命令予以“行状监督”①。该法第68条第1款规定，因实施法律特别规定了行状监督的犯罪行为，而被判处6个月以上有期自由刑，如果行为人仍存在继续犯罪的危险，法院除判处自由刑外，还可命令予以行状监督，即德国刑法规定对于恐怖分子可以同时科处刑罚和保安处分。

《2005年美国爱国者法修改与再授权法》规定：“在该法实施以前，相关法律要求被定罪的恐怖主义分子如果可能会再次严重危害社会，法官在量刑时可以对其处以释放后的任何年限或终身期限的监视。在此基础上，该法授权法官对恐怖主义犯罪案件中被定罪的罪犯处以终身或者任何年限的释放后监控，不再要求考虑该罪犯是否可能会造成严重的损害。”② 该法授权法官对释放后的恐怖分子科处监视措施，这实际上是扩大了法官对恐怖分子的酌定采取保安处分措施的权利。

英国《2005年预防恐怖主义法》中创设了“控制令”这一反恐措施，由行政机关对有合理理由认为其涉嫌恐怖主义活动犯罪的嫌疑人签发，法院批准后执行。“控制令”的内容包括限制被执行人会见特定人、从事特定活动，如夜间外出、离开住处、使用网络或电子通信设备，以及允许侦查机关对其采取特殊侦查

---

① 德国刑法典. 冯军，译. 北京：中国政法大学出版社，2000：92-93.

② 刘涛.《2005年美国爱国者法修改与再授权法》介评. 国家检察官学院学报，2008（2）.

措施，等等。[①] 由此，英国的禁止令扩大了禁止令的适用范围而不限于对判处管制的犯罪分子、缓刑犯、假释犯适用，甚至扩大到侦查阶段。

《法国刑法典》第422—3条第2项规定：自然人犯恐怖活动罪，可以"依第131—27条之限制规定，禁止从事在活动之中或活动之时实行了犯罪的那种职业性或社会性活动，但是，暂时性受禁止最长时间加至10年"。该条第3项规定：自然人犯恐怖活动罪，可以"依第131—31条之限制规定，禁止居留；但是，在重罪场合，禁止居留最长时间加至15年；在轻罪场合，加至10年"。该法第131—27条规定："因重罪或轻罪，作为附加刑罚，受到禁止担任公职或禁止从事职业活动或社会性活动之处罚，可以是永久性的，也可以是暂时性的。在后一种场合，禁止时间不得超过5年。该禁止事项不适用于经选举产生的任职或履行工会之职责，亦不适用于新闻方面的轻罪。"第131—28条规定："受到禁止的职业活动或社会活动，可以是在从事该活动中或从事该活动时实施了犯罪的那种职业性或社会性活动，也可以是由惩治犯罪之法律所定意义上的任何其他职业性或社会性活动。"第131—29条规定，如被全部或者部分地剥夺公权、民事权与亲权，或者被"禁止担任公职或从事职业性、社会性活动并科无缓刑之自由刑，该禁止事项自自由刑开始，即予实施；自自由刑终止之日起，禁止事项在判决规定的时间内仍继续执行"[②]。上述法国关于职业禁止和禁止居留的立法，针对恐怖活动犯罪的规定较之其他犯罪的规定严厉得多。

借鉴上述外国立法，笔者认为，我国反恐刑法应该扩大对恐怖活动犯罪分子的保安处分的配置：可以对恐怖活动犯罪分子在判处刑罚的同时科处保安处分，也可以对恐怖活动犯罪分子在刑满释放时根据其社会危险性大小视必要与否决定是否科处监视性的保安处分；相对于其他犯罪分子，对恐怖活动犯罪分子可以科处更加严厉的保安处分。并且，应尽量详细地规定保安处分措施以使其科处和执行具有可操作性。

---

① 杜邈．英国反恐立法的新发展．时代法学，2009（5）．

② 法国刑法典．罗结珍，译．北京：中国人民公安大学出版社，1995：144，20．

当然，在适用保安处分时，切不可忘记基本人权的保障，一定要恪守与严格遵从保安处分的适用原则（保安处分的法定原则、必要性原则和相当性原则）和适用条件的限制（客观上存在违法犯罪行为，行为人有社会危险性而有科处保安处分的必要）。

（四）反恐刑法之量刑和行刑制度的完善问题

1. 从重惩处制度的设定

第一，在立法设定单独的恐怖行为罪及其法定刑的基础上，对这一类犯罪规定从重或加重情节。以《俄罗斯联邦刑法典》为例，这些罪重情节主要包括：一是对特定犯罪主体的从重或加重情节。如其第 205 条将"有预谋或有组织的团伙实施的"，即行为人的特殊身份作为加重处罚的依据。二是对犯罪手段特殊的从重或加重情节，包括重复犯罪、使用特殊犯罪工具等。如其第 205 条中将"多次实施的、使用发火武器实施的"作为加重情节规定。三是犯罪实害后果严重的加重情节，造成基本犯罪构成要件之外的严重后果，应加重法定刑。如其第 205 条规定，恐怖行为造成致人死亡或其他严重后果的，处 10 年以上 20 年以下的剥夺自由。① 再以《法国刑法典》为例，该法第 421—1 条规定了以恐怖目的实施杀人，伤害，绑架，劫持航空器、船只，实施盗窃、勒索、破坏、毁坏，以及计算机方面的犯罪的，都属于恐怖活动罪。接着，其第 421—3 条第 1 款规定，构成此种恐怖活动罪，应受之自由刑，依下列规定加重罚之："1. 当处 30 年徒刑之犯罪，加重为无期徒刑；2. 当处 20 年徒刑之犯罪，加重为 30 年徒刑；3. 当处 15 年徒刑之犯罪，加重为 20 年徒刑；4. 当处 10 年监禁之犯罪，加重为 15 年徒刑；5. 当处 7 年监禁之犯罪，加重为 10 年监禁；6. 当处 5 年监禁之犯罪，加

① 需要说明的是，《俄罗斯联邦刑法典》第 205 条规定的基本罪的法定刑为 5 年以上 10 年以下的剥夺自由，初级加重的法定刑为 8 年以上 15 年以下的剥夺自由，再次加重的法定刑为 10 年以上 20 年以下的剥夺自由。其不同档次的法定刑之间存在着一定的交叉现象，而不是如我国刑法规定的不同法定刑档次之间基本上是衔接的。《俄罗斯联邦刑法典》第 206 条（劫持人质）也有类似的加重情节规定：基本罪的法定刑为 5 年以上 10 年以下的剥夺自由，初级加重的法定刑为 6 年以上 15 年以下的剥夺自由，再次加重的法定刑为 8 年以上 20 年以下的剥夺自由。俄罗斯联邦刑法典. 黄道秀，译. 北京：北京大学出版社，2008：104-106.

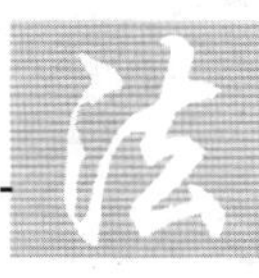

重为 7 年监禁；7. 最高当处 3 年监禁之犯罪，加倍罚之。”①

其实，不仅是主刑，即使是附加刑，对恐怖活动罪的处罚也要从重或加重。如对于非恐怖活动罪，《法国刑法典》第 131—27 条规定：“因重罪或轻罪，作为附加刑罚，受到禁止担任公职或禁止从事职业活动或社会性活动之处罚，可以是永久性的，也可以是暂时性的。在后一种场合，禁止时间不得超过 5 年。该禁止事项不适用于经选举产生的任职或履行工会之职责，亦不适用于新闻方面的轻罪。”第 131—31 条规定：“禁止居住之刑罚，即告禁止被判刑人出现在法院指定的特定场所。该禁止事项还包括监督与救助措施。被禁止场所的一览表以及监视与救助措施，可以由刑罚执行法官依照《刑事诉讼法典》规定的条件予以变更。因重罪被判刑，禁止居住的期限不得超过 10 年；因轻罪被判刑，禁止居住的期限不得超过 5 年。”② 然而，对于恐怖活动罪，《法国刑法典》则规定可科处更长时间的职业禁止或社会性活动禁止，即该法第 422—3 条第 2、3 项规定，自然人犯恐怖活动罪，“依第 131—27 条之限制规定，禁止从事在活动之中或活动之时实行了犯罪的那种职业性或社会性活动，但是，暂时性受禁止最长时间加至 10 年”，“依第 131—31 条之限制规定，禁止居留；但是，在重罪场合，禁止居留最长时间加至 15 年；在轻罪场合，加至 10 年”③。

第二，在立法不把恐怖行为罪设为独立犯罪的情况下，退而求其次，建议将基于恐怖目的而实施有关犯罪作为相应犯罪的法定从重处罚情节。除美国《爱国者法案》之外，许多国家的法律也都对基于恐怖目的而实施的犯罪加重处罚。如《西班牙刑法典》规定，如果普通刑事犯罪与恐怖主义目的或活动相联系，将会被处以比普通犯罪正常处罚更重的刑罚或者被加重处罚，甚至会被适用终身监禁。④ 再如，德国对刑法典第 46 条第 2 款的修改，在“行为原因和行为人的目

---

① 法国刑法典. 罗结珍，译. 北京：中国人民公安大学出版社，1995：142-143.

② 最新法国刑法典. 朱琳，译. 北京：法律出版社，2016：25.

③ 同①20，21，144.

④ 胡塞·路易斯·德拉奎斯塔. 西班牙的反恐立法：基于刑事法视角的考察. 杜邈，译. 中国刑事法杂志，2008（1）.

的”之后增加“尤其是种族主义的、排外的或者其他蔑视人类的”内容（该修改于2015年8月1日起生效）。NSU是德国具有纳粹背景的极右翼恐怖团体，因制造了多起骇人听闻的连环杀人案而被视为新纳粹的恐怖巢穴。德国联邦议院组建的NSU调查委员会所提出的法律改革建议最终被采纳并贯彻为法律。《德国刑法典》第46条第2款原来规定，量刑时应综合考量各种对行为人有利和不利的因素，同时列举了可供法官参考的若干具体情节，其中的第1项为“行为原因和行为人的目的”。上述修改增加的内容即位于该项之后，“尤其是种族主义的、排外的或者其他蔑视人类的”原因或目的被强调为量刑的重要考量因素。这是德国鉴于欧盟许多其他国家已经将仇恨犯罪以明确的或者更高的法定刑规定在刑法中所作出的立法回应。所谓的仇恨犯罪与一般的暴力行为相比具有更高的不法含量。行为人并不基于和被害人的个人关系来实施犯罪，而是出于对被害人的一种“异类”的判断。因此被害人并不是作为个人，而是作为行为人所仇恨和蔑视的一类人的代表，可能是甲也可能是乙。这类犯罪较之其他情形下的暴力行为通常以更为残忍和无顾忌的手段实施。所以在仇恨犯罪中升高的不法含量应由刑法典更明确地加以规定。此番德国对其刑法典第46条第2款的修改并非意味着对这一类行为的处罚要比以前更重，而只是更为着重地予以考虑。所以对《德国刑法典》第46条的修正并不仅仅是为了填补法条本身的漏洞，而更多是为了表达法治国的一种抵制种族主义、排外或者其他蔑视人类等犯罪行为的政治立场。外国的从重惩治恐怖活动犯罪的立法经验应该为我国所借鉴。

2. 特殊的从宽情节的立法设定

刑法总则指导和约束刑法分则适用，因此，刑法总则关于犯罪的未完成形态的犯罪预备形态、犯罪中止、犯罪未遂，共同犯罪从犯、胁从犯的规定，以及坦白、自首、立功等从轻、减轻或者免除处罚的制度，当然也适用于反恐刑法。但是，本文这里所说的特殊的从宽制度，不是指刑法总则已经存在的这些规定，而是指根据恐怖活动犯罪的特殊性所设立的特殊的宽宥情节：旨在根据恐怖活动犯罪的特殊性，从预防犯罪的角度对恐怖活动犯罪的犯罪人规定特殊的从宽情节，以最大限度地分化、瓦解恐怖组织，降低恐怖事件发生的概率，减少恐怖活动犯

罪所造成的损失。

外国反恐刑法中有特殊的宽宥制度设定。例如，《法国刑法典》第422—1条规定："图谋进行恐怖活动的任何人，如其告知行政当局或司法当局，从而得以避免犯罪既遂，且在相应场合，得以侦破其他罪犯的，免于刑罚。"这是关于单独的恐怖活动犯罪的犯罪中止并且立功的免除处罚的规定。其第422—2条规定："恐怖活动罪之正犯或共犯，如其告知行政当局或司法当局，从而得以制止犯罪行为，或者得以避免犯罪造成人员死亡或永久性残疾，且在相应场合，得以侦破其他罪犯的，其所受之自由刑减半；在当处之刑罚为无期徒刑时，所受之刑罚减为20年徒刑。"这是关于恐怖活动犯罪之共同犯罪的犯罪中止并且立功减轻处罚的规定。[①] 再如，《俄罗斯联邦刑法典》规定了对恐怖活动犯罪罪犯的特殊免除处罚制度。其第205条规定，参与准备实施恐怖行为的人员，如果及时提前报告权力机关或采取其他措施预防恐怖行为的发生，如果其行为没有别的犯罪构成，则免除刑事责任。[②] 其第206条规定：在实施劫持人质罪的场合，"主动或按照当局要求释放人质的，且其行为没有其他犯罪构成，则免除刑事责任"[③]。

我国刑法应当借鉴外国的立法经验，在反恐刑法中规定特殊的从轻、减轻或者免除刑罚的情节。相关立法完善设想是：（1）尽管有参加恐怖活动组织行为，但加入后退出且其行为不构成其他犯罪的，则不以犯罪论。可在刑法典第120条"组织、领导、参加恐怖组织罪"中增加一款，作为第3款，规定："参加恐怖组织又自动退出，向行政当局或者司法当局等有关部门自首，查实其没有从事其他恐怖活动犯罪的，不以犯罪论。"（2）参加恐怖活动组织的人员在实施恐怖活动犯罪过程中及时向有关机关自首而使有关机关得以采取措施预防恐怖行为的发生，从而避免人员伤亡或财产损失的，应作为法定减轻或者免除刑罚情节予以规定。可在"组织、领导、参加恐怖组织罪"的条文中增加一款，作为第4款，规

---

① 法国刑法典. 罗结珍，译. 北京：中国人民公安大学出版社，1995：144.

② "免除刑罚"与"免除责任"，其含义是有差别的。

③ 俄罗斯联邦刑法典. 黄道秀，译. 北京：北京大学出版社，2008：104-106.

定：“参加恐怖活动组织的人员在实施恐怖活动犯罪过程中及时向有关机关自首而使有关机关得以采取措施预防恐怖行为的发生，从而避免人员伤亡或财产损失的，减轻或免除其刑事责任。犯罪分子自首且又立功的，减轻或者免除刑罚。”（3）规定特殊的坦白制度：“恐怖活动犯罪的嫌疑人虽不具有前款规定的自首情节，但是如实供述自己罪行的，从轻处罚；因其如实供述自己罪行，避免特别严重后果发生的，减轻处罚。”

以上建议，其减免的力度，都大于普通的犯罪中止、自首和立功制度的减免力度[①]：犯罪分子一般情况下的自首、坦白和立功，构成“可以”从轻、减轻或免除刑事责任的情节；而对于恐怖活动犯罪，犯罪分子的自首、坦白和立功，如果能够避免犯罪的发生或者避免人员伤亡，提供其他恐怖活动犯罪的犯罪线索从而对案件的侦破有巨大的推动作用，构成这里的特殊的从宽情节：应当“减轻或免除”刑事责任。这主要是考虑到恐怖活动犯罪的社会危害性大，对其防范难度很大，故需要采用主体防范、积极防范、分化瓦解的策略。特殊的从宽情节一旦成立，则“应当”从轻、减轻或者免除刑事责任，而不是授权性的“可以”。

3. 犯罪竞合时的法律适用

为了严惩恐怖活动犯罪，建议我国刑法立法设定：行为人的行为既触犯恐怖活动犯罪，又触犯危害国家安全罪或者其他犯罪的，选择对其最不利的刑事制裁措施和最严厉的处罚制度予以处罚。例如，刑法典第56条第1款规定：“对于危害国家安全的犯罪分子应当附加剥夺政治权利；对于故意杀人、强奸、放火、爆炸、投毒、抢劫等严重破坏社会秩序的犯罪分子，可以附加剥夺政治权利。”按

① 我国刑法典第67条规定：“犯罪以后自动投案，如实供述自己的罪行的，是自首。对于自首的犯罪分子，可以从轻或者减轻处罚。其中，犯罪较轻的，可以免除处罚。被采取强制措施的犯罪嫌疑人、被告人和正在服刑的罪犯，如实供述司法机关还未掌握的本人其他罪行的，以自首论。犯罪嫌疑人虽不具有前两款规定的自首情节，但是如实供述自己罪行的，可以从轻处罚；因其如实供述自己罪行，避免特别严重后果发生的，可以减轻处罚。”第68条规定：“犯罪分子有揭发他人犯罪行为，查证属实的，或者提供重要线索，从而得以侦破其他案件等立功表现的，可以从轻或者减轻处罚；有重大立功表现的，可以减轻或者免除处罚。”

照现行刑法典的规定，对恐怖活动犯罪没有关于剥夺政治权利的规定。为克服此制度的不足，可以通过创设这样的制度——“选择最严厉的刑事制裁措施和最严厉的处罚制度”——来达到严惩恐怖活动犯罪的目的。这样的制度设计在于弥补立法技术欠缺或者立法疏漏造成的立法不足。

4. 对恐怖活动罪犯的特殊的减刑和假释制度

建议增加规定：在对恐怖活动犯罪判决的同时，人民法院可以决定对其减刑、假释作出限制限定。

刑法典第 50 条第 2 款规定：“对被判处死刑缓期执行的累犯以及因故意杀人、强奸、抢劫、绑架、放火、爆炸、投放危险物质或者有组织的暴力性犯罪被判处死刑缓期执行的犯罪分子，人民法院根据犯罪情节等情况可以同时决定对其限制减刑。”反恐刑法可以把这一款规定的从严惩治的立法精神拓展到恐怖活动犯罪。故建议：对被判处恐怖活动犯罪（或许也可以包括黑社会性质的犯罪等）的犯罪分子，人民法院根据犯罪情节等情况，可以在判决的同时决定对其减刑、假释作出限制性裁判。

5. 特殊的行刑制度的设立

由于恐怖活动犯罪分子心理和人格的偏执特点，应该给予其特殊的行刑处遇。如《意大利刑法典》关于行刑处遇规定，恐怖活动罪犯的处遇比普通的罪犯要严厉得多。普通罪犯和恐怖主义罪犯在刑罚执行方面的重要差异在于监禁处遇。以恐怖主义罪行定罪的罪犯会置于特殊的监禁制度之下。在该制度下，能否享有普通权利，包括监外工作、短期离监、日间离监，缓刑等，通常取决于罪犯在查明共犯方面与警方和司法部门的合作情况，由法院酌定。如果罪犯不合作，则将一直在刑罚执行机构内服刑直至期满。这是一项由司法部部长根据个别案件情况签发命令的特殊监禁制度，旨在最大限度地减少犯罪分子和犯罪组织之间相互交流的可能性，特别是采取强行限制与亲属联系、单独监禁、检查信件等方式。这项特殊监狱制度最初是针对黑手党成员的，但最近已扩大到恐怖主义犯罪分子。

如前所述，恐怖活动犯罪分子的人身危险性大，人格偏执，改造其危险的人


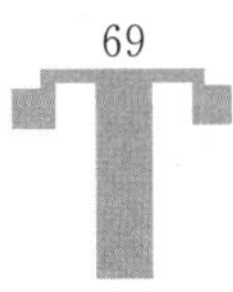

格、矫正其犯罪心理并非易事，所以必须设立特殊的执行制度，况且，特殊的执行制度也可切实使反恐刑法对恐怖活动犯罪分子所配置的监护处分或者禁戒处分得到有效执行。故意大利刑法关于对恐怖活动罪犯的行刑处遇的特别规定，值得我国反恐刑法借鉴。

# 我国反恐刑法分则的完善建言

## ——以恐怖活动犯罪的罪刑规范为视角*

### 一、前言

反恐刑法是我国近年来受到重视而建设的一个新兴的犯罪与刑法领域。这一刑法领域经过 1997 年刑法典的创立、2001 年《刑法修正案（三）》的发展和 2011 年《刑法修正案（八）》尤其是 2015 年《刑法修正案（九）》的完善，已初步形成较为完备的体系，从而在我国反恐法治实践中开始发挥重要的作用。但从立法科学的高度来考察，我国反恐刑法规范仍有进一步发展与完善的空间和必要。我国反恐刑法规范的完善大体可以包括反恐刑法总则规范的完善及分则规范的完善两个方面，本文拟就我国反恐刑法分则规范的完善进行探讨，关于反恐刑法总则规范的完善拟另行撰文研究。

笔者认为，关于我国反恐刑法分则的完善建议，必须建立在对我国现行刑法关于惩治恐怖活动犯罪的罪刑规范予以系统梳理、全面评析的基础上；同时，具

* 与牛忠志教授合著，原载《南都学坛（人文社会科学学报）》，2018（2）。

体完善建议的提出应该考虑以下三个方面：一是我国惩治恐怖活动犯罪的实践需要，这是我国反恐刑法奠立的基础。二是我国担负的反恐国际义务（基于我国缔结或者参加的有关反恐国际条约），反恐刑法必须与国际条约义务相承接。我国作为负责任的大国，承担国际义务是我们不可克减的法律责任，我们应该义不容辞地将条约义务具体落实到国内法立法层面。三是参考、借鉴其他国家（如美国、德国、意大利、俄罗斯等）的反恐刑法立法经验。恐怖主义的国际化趋势使各国在惩治恐怖活动犯罪方面相互借鉴、取长补短成为可能和具有必要。但限于篇幅，本文无法详细地展开这些内容，而只能另行研究。

本文的内容包括反恐刑法在刑法分则体系中的设置和具体的恐怖活动犯罪之犯罪构成设置的立法完善探讨。就分则体系的完善而言，基于对恐怖活动犯罪的犯罪构成特征，尤其是“该类犯罪的犯罪客体要件应当为公共安全”的认识，本文主张将来修订刑法典时可将“恐怖活动犯罪”作为刑法典分则第二章“危害公共安全罪”的一个亚类犯罪设专节予以规定；而恐怖活动犯罪中具体犯罪设置的完善，则包括增设恐怖行为罪、入境发展恐怖组织罪、包庇或者纵容恐怖组织罪、危害航空飞行安全罪、危害海上航行安全罪、危害大陆架固定平台安全罪，以及邮寄危险物质罪等的修法建议。

## 二、“恐怖活动犯罪”的犯罪客体之定位

犯罪客体要件是指我国刑法保护而为犯罪行为所侵犯的社会关系。特定主体之间的社会关系经由法律的调整在法律主体之间产生了特定的权利义务关系，即形成法律秩序；在这一法律秩序被严重破坏的情形下，就必须由刑法介入规制。所以，犯罪的客体要件实质是犯罪行为危害的国家整体法律秩序。尽管恐怖活动犯罪的犯罪客体要件也包括一般客体要件、同类客体要件、直接客体要件，但本文是把恐怖活动犯罪作为一类犯罪来研究的，故这里重点研究其同类客体要件。那么，应怎样认识“恐怖活动犯罪”的同类犯罪客体呢？

### （一）注释刑法学视角下的解释

1997年修订的刑法典将组织、领导、参加恐怖组织罪设置在“危害公共安全罪”一章。2001年颁布的《刑法修正案（三）》对恐怖活动犯罪条款的增补和修订则从刑法典第114条到第191条，涉及分则的“危害公共安全罪”和“破坏社会主义市场经济秩序罪”两章。同时，在“侵犯公民人身权利、民主权利罪”和“侵犯财产罪”等章节中也存在一些不纯正的恐怖活动犯罪。2015年8月通过的《刑法修正案（九）》所增设的恐怖活动犯罪及与其密切相关的犯罪也不限于公共安全犯罪。根据现行立法规定，在注释法学语境下，我国现有的恐怖活动犯罪涵盖以下同类犯罪客体：

其一，国家安全。国家安全是指我国主权、领土完整和安全，以及人民民主专政的政权和社会主义制度的安全。例如，极端民族分裂势力实施恐怖活动犯罪，可构成分裂国家罪、煽动分裂国家罪等，这些犯罪属于危害国家安全罪，其同类客体要件是中华人民共和国的国家安全。

其二，公共安全。公共安全是指不特定或者多数人的生命、身体（包括身体完整和身体健康两个方面）及重大公私财产的安全。按照现行立法，涉恐怖组织者可构成组织、领导、参加恐怖组织罪；恐怖分子实施放火、决水、爆炸、投放危险物质等行为，制造社会恐慌的，可构成放火罪、决水罪、爆炸罪、投放危险物质罪、以危险方法危害公共安全罪等；恐怖分子之暴恐活动可构成破坏交通工具罪、破坏交通设施罪、破坏电力设备罪、破坏易燃易爆设备罪、劫持航空器罪及劫持船只、汽车罪。以上犯罪都属于危害公共安全罪的范畴，都危害了公共安全。

其三，公民的基本权利。公民的基本权利，尤其是人身权利，其外延相当广泛，包括生命权、健康权、性的不可侵犯权、人身自由权、人格权、名誉权以及与人身直接有关的住宅不受侵犯权等。根据现行立法，属于恐怖活动犯罪的故意杀人罪、故意伤害罪、绑架罪等都直接侵犯了公民的人身权利。

其四，社会主义市场经济秩序。依据现行刑法规定，一些涉恐怖活动的犯罪，如洗钱罪，走私武器、弹药罪，走私核材料罪等，破坏了社会主义市场经济秩序。

其五，社会管理秩序。在法治背景下，社会管理秩序是指国家机关为了执行其政治职能和社会职能，使其统治得以持续和发展下去，管理社会所形成的社会法律秩序。根据现行刑法规定，一些涉恐怖活动的犯罪，如投放虚假危险物质罪，编造、故意传播虚假恐怖信息罪，非法侵入计算机信息系统罪，破坏计算机信息系统罪，涉恐的偷越国（边）境罪等，都妨害了社会管理秩序。

恐怖活动犯罪的犯罪客体要件，涉及上述五类犯罪客体，从一个侧面反映了我国对恐怖活动犯罪立法的散乱现状。这一现状无疑是应该改善的。

（二）“恐怖活动犯罪”的犯罪客体的应然定位

应然而言，恐怖活动犯罪的犯罪客体要件是什么呢？我国刑法学界对此存在分歧。

按照我国通行的犯罪客体理论，犯罪客体要件可区分为一般客体要件、同类客体要件、直接客体要件这三个层次。犯罪的一般客体要件是指一切犯罪行为所共同侵害的客体，也即犯罪行为所侵害的而为我国刑法所保护的社会关系的整体。犯罪的同类客体要件是指为某一类犯罪行为所共同侵害的而为我国刑法所保护的社会关系的某一方面。犯罪的直接客体要件是指某犯罪行为所直接侵害的某一种或者几种具体的社会关系。直接客体要件是犯罪行为成立的第一要件，同类客体要件是直接客体要件的上位概念，一般客体要件是对所有的犯罪客体要件的进一步抽象概括。

恐怖活动犯罪作为一类犯罪，其犯罪客体要件是复杂客体，对此大家普遍认可。但是，对于何者为其主要客体要件，我国刑法理论界则存在分歧。其中主要是国家安全和公共安全之争。

其一，国家安全说。有些学者认为，在恐怖主义犯罪侵害的客体中，国家安全是主要客体要件。恐怖主义犯罪既可能侵害国家安全、公共安全，又可能侵害社会管理秩序和经济秩序，但其侵害的主要客体是国家安全。[①] 其理由是：“恐

① 王利宾．反恐怖犯罪刑事法完善研究：兼论反恐怖系统化立法．政治与法律，2014（10）．

怖主义犯罪的最终目标在于实现其政治目的，这就决定了恐怖主义犯罪侵害的主要客体必然是国家安全。……从恐怖主义犯罪的实际危害来看，恐怖主义犯罪最主要的危害就体现在它对国家安全的威胁。”①

其二，公共安全说。另一些学者认为，恐怖活动犯罪以公共安全作为其主要客体要件②，主张应将恐怖主义犯罪作为“危害公共安全罪”章中的一节加以规定③，认为恐怖主义犯罪的主要客体不是国家安全，而是公共安全。④

笔者认为，从应然角度而言，恐怖活动犯罪应以公共安全为其主要的客体要件。

（1）把恐怖活动犯罪的主要客体要件定位为“国家安全”，是过去把恐怖活动犯罪局限于政治目的的当然逻辑结论。然而，现实中的恐怖活动犯罪之目的早已超越政治范畴。虽然一些敌对分子、极端民族主义者、分裂主义者往往基于其特定的政治目的实施恐怖活动犯罪，但是，并非所有的恐怖活动犯罪都具有危害国家安全的性质。因为有些恐怖活动犯罪显然不是基于政治目的，而是出于经济目的、报复社会目的，乃至出于（极端主义的）环境保护或者其他目的而实施的。所以，将恐怖活动犯罪的主要客体要件概括为“国家安全”，在逻辑上并不周延。

（2）犯罪是立法者把某种危害行为规定为犯罪的结果，而不是自然而然的“自然存在物”。所以，对于某一种犯罪、某一类犯罪的立法评价，取决于由当时社会物质生活条件所决定的立法者意志的倾向性。例如，同样是贪污罪，在国家比较贫穷的时期，立法者将其评价为主要侵害了国家的财产权，将其归属于侵犯财产罪；然而，待国家稍富裕时，这种利用职务之便的渎职行为，便被评价为主要危害了国家机体的正常运转——公务行为的清正和廉洁，甚至被从渎职罪类罪中单列出来作为刑法分则的一章加以突出地规定。再如，1979 年刑法典中，体

① 喻义东．论恐怖主义犯罪在刑法分则中的地位．法学，2005（2）．

② 杜邈．反恐刑法立法研究．北京：法律出版社，2009：323．

③ 莫洪宪，王明星．我国对恐怖主义犯罪的刑法控制及立法完善．法商研究，2003（6）．

④ 阮传胜．恐怖主义犯罪研究．北京：北京大学出版社，2007：64．

罚虐待被监管人员罪属于渎职罪；但是，随着我国的社会进步，尤其是民主法治事业的飞速发展、国家对公民基本人权的不断重视，现行刑法典则把这一犯罪归属到侵犯公民人身权利罪类罪之中。所以，尽管立法曾经把恐怖活动犯罪的主要客体要件确定为危害国家安全，但后来基于变化了的社会物质生活条件，法律完全可以对其社会危害性作出新的评价。

(3) 把恐怖活动犯罪的主要客体要件定位为公共安全，取了最大公约数，能够涵盖所有的恐怖活动犯罪。所谓“安全”，与“震荡”“残缺”之意相反，是指“不是处于震荡或缺损的状态”，而是处于安稳无损的完美状态。所谓“公共安全”是指不特定或者多数人的生命、身体（包括身体完整和身体健康两个方面）、重大公私财产，以及其他重大公共利益的安全。这里的“不特定”并不是说危害公共安全犯罪的行为人没有特定侵犯对象或者目标。在具体犯罪实施场合，犯罪人在主观上有要侵犯的特定对象，同时也会对损害的可能范围有所估计和认识，客观上有其指向的具体目标，但其行为所造成或者可能造成的实际后果则往往是犯罪分子难以控制的。犯罪行为可能侵犯的对象和可能造成的结果事先无法确定，行为人对此既无法具体预料，也难以实际控制，行为造成的危险状态或者危害结果可能随时扩大或增加。这里的“多数人”，是指人数不能用具体数字准确表述。危害行为使较多的人（包括特定或者不特定的多数人）感受到生命、健康、重大财产受到威胁时，应当认为危害了公共安全。也就是说，危及多数人生命、健康与同时造成了多数人的损害不是一个概念。这里增加“其他重大公共利益”，是因为在高科技飞速发展的今天，总会出现一些利益是传统的生命、健康和财产利益所无法包容的。

恐怖活动犯罪，无论是出于政治的、经济的还是其他目的，其根本特点在于该类犯罪所导致的社会恐怖效果。行为人实施恐怖活动犯罪，通过实施极端的爆炸、放火、绑架、暗杀等暴力性行为或者其他非暴力性恐怖行为，将犯罪行为指向有可能引起公众恐慌的犯罪对象——制造恐怖事件直接危及不特定或者多数人的生命、健康、重大财产安全，以及其他重大公共利益的安全，在深层次上达到制造社会恐怖气氛之效果，以实现其特定的诉求。恐怖活动犯罪一经实施，其恐

怖行为就会产生巨大的危害后果，导致社会恐怖气氛的产生，这些犯罪后果甚至是犯罪分子事先难以预料、事中难以控制的。所以，任何恐怖活动犯罪都具有危害公共安全的性质。

（4）外国反恐立法亦呈逐步摒弃恐怖活动犯罪政治属性的趋势。例如，《俄罗斯联邦刑法典》将恐怖主义犯罪规定在第九编第二十四章“危害公共安全的犯罪”中，其犯罪客体要件是公共安全。再如，现行《法国刑法典》（1992 年通过，1994 年 3 月 1 日起生效）把恐怖主义犯罪归类于其第四卷“危害民族、国家及公共安宁罪”中（该卷单列一编“恐怖活动罪”）。其第 421—1 条规定：“下列犯罪，在其同以严重扰乱公共秩序为目的，采取恐吓手段或恐怖手段进行的单独个人或集体性攻击行为相联系时，构成恐怖活动罪：1. 本法典第二卷所指的故意伤害人之生命，故意伤害人之身体，绑架与非法拘禁以及劫持航空器、船只或其他任何交通工具之犯罪；2. 本法典第三卷所指的盗窃、勒索、破坏、毁坏、损坏财产以及在计算机信息方面的犯罪；……”其第 421—2 条规定：“在空气中、地面、地下或水里，其中包括在领海水域，施放足以危及人、畜健康或自然环境之物质的行为，如其与以严重扰乱公共秩序为目的采用恐吓或恐怖手段进行的单独个人或集体性侵犯行为相关联，亦构成恐怖活动罪。”[①] 又如，美国 2001 年颁布的《反恐怖法》、德国 2001 年颁布的《反国际恐怖主义法》等，同样都是有意识地摒弃政治因素，促使恐怖活动犯罪非政治化，以便顺利引渡恐怖主义犯罪分子。

（5）国际反恐条约已经摒弃了恐怖活动犯罪的政治属性。在国际法方面，“政治犯不予引渡”是一项国际法基本规则。过去，恐怖主义犯罪分子往往借助于这一规则逃避刑事惩罚。但是，恐怖活动犯罪日益成为全人类的公敌，各国对恐怖活动犯罪同仇敌忾，并缔结了许多惩治恐怖活动犯罪的国际条约以有效地预防和打击国际恐怖主义。国际社会已经把恐怖主义犯罪排除出“政治犯罪”之范畴，以便能够将其作为非政治犯罪而实行“或引渡或起诉”。

---

① 法国刑法典. 罗结珍，译. 北京：中国人民公安大学出版社，1995：142-143.

目前，有关国际条约对待恐怖主义犯罪的态度已经“非政治化”。恐怖活动犯罪是全人类的公敌，因而国际社会已经达成共识：反对和谴责一切形式的恐怖主义，不论其目的和动机如何均不得以恐怖主义手段实现其政治目的。即使是正当的目的，也不允许借助于恐怖主义的手段来达成。“权利的存在与权利的行使是两个不同范畴的概念，合法的目的，不等于有权使用非法的手段，也即不能用坏的手段来促成好的目标。”① 正如 1994 年的《消除国际恐怖主义措施宣言》所指出：为了政治目的而企图或者蓄意在一般公众、某一群人或特定的人之中引起恐怖状态的犯罪行为，不论引用何种政治、哲学、思想、意识形态、种族、人种、宗教或其他性质的考虑作为理由，在任何情况下都是无可辩护的。国际社会对待恐怖主义犯罪的“非政治化”立场，有助于在反恐的国际合作中贯彻对恐怖活动犯罪的“或引渡或起诉”原则。

此后，在联合国的历次大会和有关的国际反恐法文件上都重申了这一原则立场。例如，1997 年 12 月 15 日订立的《制止恐怖主义爆炸的国际公约》第 11 条规定：“为了引渡或相互法律协助的目的，第 2 条所列的任何罪行不得视为政治罪行、同政治罪行有关的罪行或由政治动机引起的罪行。因此，就此种罪行提出的引渡或相互法律协助的要求，不可只以其涉及政治罪行、同政治罪行有关的罪行或由政治动机引起的罪行为由，加以拒绝。”再如，1999 年 12 月 9 日通过的《制止向恐怖主义提供资助的国际公约》第 14 条规定：“为引渡或司法协助的目的，不得视第 2 条所述任何罪行为政治犯罪、同政治犯罪有关的罪行或出于政治动机的犯罪。……”又如，2005 年通过的《制止核恐怖主义行为国际公约》第 15 条规定：“为了引渡或相互司法协助的目的，第 2 条所述的任何犯罪不得视为政治罪、同政治罪有关的犯罪或由政治动机引起的犯罪。因此，就此种犯罪提出的引渡或相互司法协助的请求，不可只以其涉及政治罪、同政治罪有关的犯罪或者由政治动机引起的犯罪为由而加以拒绝。”

① 黄瑶，等. 联合国全面反恐公约研究：基于国际法的视角. 北京：法律出版社，2010：22.

《关于国际恐怖主义的全面公约（草案）》[①]、区域性国际条约以及许多国家缔结的双边（多边）引渡条约中，也都明确把恐怖主义犯罪排除于政治犯罪范围之外。首先，《关于国际恐怖主义的全面公约（草案）》以专条规定了引渡和司法协助问题，其第14条规定："为了引渡或相互法律协助的目的，第二条所述任何犯罪及构成附件一系列条约之一范围内和所界定的犯罪的行为，不得视为政治犯罪、同政治犯罪有关的犯罪或者由政治动机引起的犯罪。因此，就此种犯罪提出的引渡或相互法律协助的请求，不可只以其涉及政治犯罪、同政治犯罪有关的犯罪或者由政治动机引起的犯罪为由而加以拒绝。"[②] 其次，区域性国际公约或者双边、多边条约也都在致力于恐怖活动犯罪的非政治化。例如，1996年9月27日制定的《欧盟成员国间引渡公约》排除了对恐怖活动犯罪适用"政治犯罪不引渡"规则。该公约第5条第1款规定："为适用本公约之目的，被请求成员国不得视任何犯罪为政治犯罪、与政治犯罪有关的犯罪或基于政治动机的犯罪。"虽然该条第2款允许各缔约国对上述规定的适用范围提出保留，但对于《惩治恐怖主义犯罪的欧洲公约》第1条和第2条列举的犯罪，则必须适用该规定。也就是说，对于劫机、谋杀、伤害、绑架、爆炸等严重危害公共安全或人身权利的暴力犯罪，在引渡问题上不得将其视为政治犯罪、与政治犯罪有关的犯罪或基于政治动机的犯罪。再如，哈萨克斯坦共和国、中华人民共和国、吉尔吉斯共和国、俄罗斯联邦、塔吉克斯坦共和国和乌兹别克斯坦共和国等六国于2001年6月在上海签订的《打击恐怖主义、分裂主义和极端主义上海公约》[③] 第3条规定："各方应采取必要措施，包括适当时制定国内立法，以使本公约第一条第一款所指行为在任何情况下不得仅由于政治、思想、意识形态、人种、民族、宗教及其他相似

---

① 该公约旨在缔结一项全面禁止恐怖主义并适用于所有情况的普遍性国际公约。自1999年第54届联合国大会第76次全体会议通过的第54/110号决议将制定《关于国际恐怖主义的全面公约》提上日程，该公约草案迄今经历了十几年艰苦的谈判协商，虽然有很大的进展，但在一些关键问题上，如关于国际恐怖主义的定义、公约的适用范围、该公约与现存的反恐公约的关系等，仍没有最终达成一致。

② 殷洁龙，余宏．最新国际反恐法律文件汇编．北京：中国民主法制出版社，2016：118。

③ 该公约于2001年6月15日签署，2001年10月27日由第九届全国人民代表大会常务委员会第二十四次会议批准。

性质的原因而被开脱罪责，并使其受到与其性质相符的处罚。”最后，有些国家为了做到这样的排除而修订了原有的双边或多边引渡条约。例如，美国与英国在2003年3月31日就引渡问题签署了一项补充条约：对于劫持或破坏民用航空器的犯罪、侵害应受国际保护人员的犯罪、劫持人质罪、谋杀罪、屠杀罪、绑架罪、涉及武器或爆炸物并造成严重财产损失的犯罪，无论出于怎样的理由，均不得援引“政治犯罪例外原则”以免除对犯罪嫌疑人的引渡。

(6) 我国的反恐立法也体现出对恐怖活动犯罪去政治化的趋势。2001年签署的《打击恐怖主义、分裂主义和极端主义上海公约》把打击的范围限定于“主义”性的“恐怖活动犯罪”。但是，此后2011年10月29日全国人大常委会通过的《关于加强反恐怖工作有关问题的决定》删掉了“恐怖主义”中的“主义”二字，这表明了我国立法机关对反恐工作去政治化的态度，将恐怖活动犯罪视为非政治性犯罪加以惩治，从而有利于降低政治因素对反恐工作的不利影响。而且，由于现实中一些恐怖活动犯罪不属于“主义”性的犯罪，故删除“主义”一词也有助于严密惩治恐怖活动犯罪的法网。2015年颁布的《中华人民共和国反恐怖主义法》虽然仍旧采用“恐怖主义”的提法，但是其界定的“恐怖主义”的内涵是宽泛的。该法第3条第1、2款规定：“本法所称恐怖主义，是指通过暴力、破坏、恐吓等手段，制造社会恐慌、危害公共安全、侵犯人身财产，或者胁迫国家机关、国际组织，以实现其政治、意识形态等目的的主张和行为。本法所称恐怖活动，是指恐怖主义性质的下列行为：（一）组织、策划、准备实施、实施造成或者意图造成人员伤亡、重大财产损失、公共设施损坏、社会秩序混乱等严重社会危害的活动的；（二）宣扬恐怖主义，煽动实施恐怖活动，或者非法持有宣扬恐怖主义的物品，强制他人在公共场所穿戴宣扬恐怖主义的服饰、标志的；（三）组织、领导、参加恐怖活动组织的；（四）为恐怖活动组织、恐怖活动人员、实施恐怖活动或者恐怖活动培训提供信息、资金、物资、劳务、技术、场所等支持、协助、便利的；（五）其他恐怖活动。”同时，由于认识到极端主义是恐怖主义的思想基础，《反恐怖主义法》还规定了“极端主义犯罪”（第45条、第82条）。可见，《反恐怖主义法》所指的恐怖活动，不限于政治性的恐怖活动，其内

容是很广泛的。

相反，如果把恐怖活动犯罪归属为危害国家安全犯罪，则容易将其混同于政治犯罪、同政治犯罪有关的犯罪或者由政治动机引起的犯罪。政治犯不引渡是国际法的引渡准则之一。如果将恐怖活动犯罪定位为危害公共安全罪，则有利于预防和惩治恐怖活动犯罪的国际合作。所以，恐怖活动犯罪应以公共安全为其主要的客体要件。而主张恐怖活动犯罪“侵犯的主要客体是国家安全”① 的见解，并不可取。

在确定了“恐怖活动犯罪应以公共安全为其主要的客体要件”的基础上，将来修订法律时，就可以以恐怖行为罪为基干把恐怖活动犯罪单设一节纳入“危害公共安全罪”，其中相应的上游犯罪和下游犯罪也应尽量纳入该节之中（毕竟，刑法分则体系的构建有其自身的逻辑要求而不能强求所有的上游犯罪、恐怖行为罪和下游犯罪都囊括于此）。

当然，“公共安全”的内涵也应该与时俱进、不断丰富。“公共安全”的内容，传统意义上通常表述为“不特定或者多数人的生命、健康和重大公私财产安全”。但是，考虑到科学技术发展的日新月异，网络虚拟空间的产生，环境生态价值的日益受到重视，核安全、海洋利益、太空利益等日益走进社会的现实生活，如果恐怖分子使用生物、化学或者核武器等高端武器，或者采用网络袭击、电磁袭击等高科技手段实施恐怖活动犯罪，其危害结果就很难完全用传统意义的“生命权、健康权和重大公私财产安全”来概括。因此，应该考虑增列“其他重大社会公共利益”亦作为“公共安全”的内容。

综上所述，恐怖活动犯罪的主要客体要件是公共安全，即不特定或者多数人的生命权、健康权、重大公私财产安全，以及其他重大社会公共利益安全。由此，“恐怖活动犯罪”宜在刑法典分则第二章“危害公共安全罪”中设专节予以规定。

---

① 王利宾. 反恐怖犯罪刑事法完善研究：兼论反恐怖系统化立法. 政治与法律，2014 (10).

## 三、增设专条规定恐怖行为罪的罪与刑

我国现行刑法与德国刑法一样，没有在立法上区分基于恐怖主义目的的杀人、爆炸、投放危险物质、绑架、放火等与普通的杀人罪、爆炸罪、投放危险物质罪、绑架罪、放火罪的罪质之差别。按照我国现行刑法，对于基于制造社会恐怖的目的而实施的故意杀人、劫持航空器、劫持船只汽车、绑架、放火、爆炸以及投放毒害性、放射性、传染病病原体等恐怖活动犯罪的行为，只能按照故意杀人罪，劫持航空器罪，劫持船只、汽车罪，绑架罪，放火罪，爆炸罪以及投放危险物质罪等来定罪处刑。这样的立法现状明显存在着不足之处。因为以普通的刑事罪名加以处置，忽视了恐怖活动犯罪的本质特点，不利于对恐怖活动犯罪的惩治和预防。我们知道，恐怖活动犯罪的客体要件、主观要件、犯罪对象等都有自己的特殊性，所以，基于恐怖目的实施故意杀人、爆炸、投放危险物质等犯罪，与非出于恐怖目的而实施这些犯罪行为，其社会危害性是有所不同的。例如，就一般的故意杀人与恐怖活动的杀人而言，前者侵害的客体（要件）是公民的生命权利，后者侵害的主要客体（要件）则是公共安全。因此，属于恐怖活动犯罪的杀人行为不能等同于一般的故意杀人行为，如果将其按照普通杀人罪处罚，难以做到罪责刑相适应，不能够体现出对恐怖行为罪的立法重视，亦难以发挥刑法严惩恐怖活动犯罪的威慑和规范指引功能。

相关立法完善建议有两个方案：一是增设独立的恐怖行为罪，二是将基于恐怖目的实施的相应犯罪作为从重或者加重情节。

### （一）增设独立的恐怖行为罪

建议对基于制造社会恐怖气氛的目的而实施的爆炸、投放危险物质、杀人、伤害、绑架、劫持航空器等行为，在其符合恐怖活动犯罪的特征时，规定其构成相应的恐怖行为罪，以区别于一般的爆炸罪、投放危险物质罪、故意杀人罪、故意伤害罪、绑架罪、劫持航空器罪等。

在这一方面，我国现行刑法有相应的立法例可循。例如，侵占罪与贪污罪、


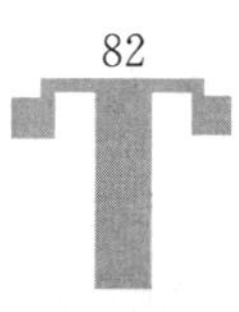

职务侵占罪与非国家人员受贿罪的关键区别点之一就在于行为人是否具有“非法所有的目的”；再如，传播淫秽物品牟利罪与传播淫秽物品罪的区别，仅在于行为人的传播形式是否具有牟利目的。

再则，一些国家的相关立法例也可资借鉴。例如，《意大利刑法典》第二编“重罪分则”之第一章“国事罪”的第280条设置了“以恐怖主义或者颠覆为目的的侵害”罪，规定凡是以恐怖主义或者颠覆民主秩序为目的，侵害他人生命或者健康的，即构成此罪。同时，该法典第二编“重罪分则”之第十二章又设置了侵犯个人生命和健康的犯罪（杀人罪、殴打罪、人身伤害罪等）。类似的还有，该法典第289条—2设置了“以恐怖主义或者颠覆为目的进行绑架”罪，用以处置以恐怖主义或者颠覆民主秩序为目的而绑架他人的行为；同时其第630条又规定了普通的“掳人勒赎”罪，用以处置以释放为条件，为自己或其他人索取不正当利益，并且为此目的对他人进行绑架的行为。再如，《法国刑法典》在第四卷“危害民族、国家及公共安宁罪”中专设第二编“恐怖活动罪”，其第421—1条规定：“故意伤害人之生命，故意伤害人之身体，绑架与非法拘禁以及劫持航空器、船只或其他任何交通工具之犯罪”，以及“盗窃、勒索、破坏、毁坏、损坏财产以及在计算机信息方面的犯罪”，“在其同以严重扰乱公共秩序为目的，采取恐吓手段或恐怖手段进行的单独个人或集体性攻击行为相联系时，构成恐怖活动罪”。其第421—3条规定，恐怖活动罪在普通犯罪法定刑基础上加重法定刑。又如，《俄罗斯联邦刑法典》在第九编“危害公共安全和社会秩序的犯罪”的第二十四章“危害公共安全的犯罪”中设置了纯正的反恐刑法规范。其第205条规定：“一、恐怖行为，即实施爆炸、纵火或其他造成人员死亡、造成重大财产损失、带来其他危害社会后果的行为，如果实施这些行为是为了破坏公共安全，恐吓居民或对权力机关作出决定施加影响，以及为了同样目的以实施上述行为相威胁的，处5年以上10年以下的剥夺自由。二、上述行为，有下列情形之一的：(1) 有预谋的团伙实施的；(2) 多次实施的；(3) 使用发火武器实施的，处8年以上15年以下的剥夺自由……”之后颁布的《俄罗斯联邦反恐怖主义法》规定：“任何具有恐怖主义目的的、在《俄罗斯联邦刑法典》中规定的其他形式犯罪，也属于恐怖主义性质的犯罪。”①

笔者认为，在前述外国立法例中，采用“列举危害行为＋兜底描述”的方式的《俄罗斯联邦刑法典》的立法方式，最值得我国借鉴。法条可表述为：“基于制造社会恐怖的目的，实施的故意杀人，故意伤害他人，爆炸，放火，投放危险物质，绑架，劫持航空器、汽车、船只的，以及在计算机信息方面的犯罪等，构成相应的恐怖行为罪。② 依照相应的犯罪，从重处罚，并且可以并处没收财产。对于恐怖活动犯罪可以剥夺政治权利或者剥夺职业资格。法律有特别规定的，依照规定。”

这一建议的好处是：

其一，从形式上看，既有对主要恐怖行为的列举，又有对恐怖行为的兜底性描述。这样既可以突出常见的恐怖行为样态，又可以不挂一漏万而遗留立法空白。

其二，从内容上看，立法将恐怖行为罪独立设罪，彰显了恐怖活动犯罪的犯罪特性，体现出了国家对恐怖行为罪的立法重视，以充分发挥刑法严惩恐怖活动犯罪的威慑和规范指引功能，从而有助于严惩恐怖活动犯罪，做到罪责刑相适应。

其三，有助于反恐国际义务的切实承担，进一步实现我国反恐刑法与反恐国际公约内容上的承接。通过对我国已加入的 13 项专门反恐国际公约所设之罪的简析，可以发现：有的公约规定了纯正的恐怖活动犯罪，如《制止恐怖主义爆炸的国际公约》、《制止向恐怖主义提供资助的国际公约》和《制止核恐怖主义行为

---

① 其实我国澳门特区的《澳门刑法典》第二卷“分则”第四编“妨害社会生活罪”之下第五章“妨害公共秩序及公共安宁罪”中第 289 条第 2 款规定的“恐怖组织（罪）”也是如此：“恐怖团体、组织或集团，系指所有二人或二人以上之集合，其在协同下行动，目的系借着实施下列犯罪，以暴力阻止、变更或颠覆已在澳门确立之政治、经济或社会制度之运作，或迫使公共当局作出一行为、放弃作出一行为或容忍他人作出一行为，又或威吓某些人、某人群或一般居民者：a）侵犯生命、身体完整性或人身自由之犯罪；b）妨害运输安全及通讯安全之犯罪，包括电报、电话、电台或电视等之通讯；c）借着造成火警，释放放射性物质、有毒或令人窒息之气体，造成水淹，使建筑物崩塌，弄污供人食用之食物或水，又或传播疾病、蔓延性祸患、有害之植物或动物等而故意产生公共危险之犯罪；d）破坏罪；或 e）有使用核能、火器、爆炸性物质或爆炸装置、任何性质之燃烧工具、又或有使用设有陷阱之包裹或信件而作出之犯罪。”

② 罪名可称为恐怖杀人罪、恐怖爆炸罪、恐怖绑架罪等。

国际公约》；而其他众多的专项公约所规定的并非纯正的恐怖活动犯罪。[①] 面对这样的情况，国内刑法既不能克减所担负的反恐国际义务，使国内相应的刑法规范的调整范围小于国际刑法规范的调整范围；又要突出国家对恐怖活动犯罪予以严惩的政策和立场，同时还要惩治现实中那些基于非恐怖目的而实施的相应危害行为。由此，国内刑法立法的最好选择，便是先设定普通规范（普通法条），在此基础上再设定一个基于恐怖目的的恐怖活动犯罪之罪刑规范（特别法条）。如劫持航空器罪，先设定一个普通的劫持航空器罪（作为劫持对象的航空器，既可以是民用航空器，也可以是军用航空器，以保证我国的相应国际义务在国内法上的切实履行），在此基础上，再设定一个基于恐怖目的的恐怖劫持航空器罪。再如绑架罪，我国刑法先规定普通绑架罪（既包括绑架勒赎罪，也包括绑架人质罪——涵盖绑架所有的人质），在此基础上，再设定一个基于恐怖目的的恐怖绑架罪。其他的相关恐怖性国际犯罪的设立，也依此类推，如对危害航空飞行安全罪、邮寄危险物品罪、危害海上航行安全罪、危及大陆架固定平台罪等，都可如法炮制。

当然，立法者和理论界、实务界难免会有一种担心：若增设单独的恐怖行为罪，势必增加若干死刑罪名。死刑罪名的增加，会不会影响我国刑法的轻刑化发展趋势？会不会抵消自《刑法修正案（八）》《刑法修正案（九）》以来我国逐步废除死刑的成绩？肯定是会的。不过，在笔者看来，即使有影响也是值得的。党的十八大提出了道路自信、理论自信、制度自信和文化自信。只要我们合理地自信，就不应担心某些国家“说三道四”“指手画脚”。其实，“9·11”恐怖袭击事件之后不到两个月，美国很快出台了《爱国者法案》，该法较之《美国法典》原来的规定普遍加重了涉恐犯罪的法定刑上限。[②] 此后，为严惩恐怖活动犯罪，美

---

① 正因为如此，笔者主张，国内刑法无须机械地设立与国际公约相对应的国际犯罪。

② 例如，美国《爱国者法案》将“纵火”的法定刑上限由原来的“不超过20年”调高至“无期或终身监禁”（810a）；将“对恐怖分子的物质支持”“对特定外国恐怖组织的物质支持”等行为的最高法定刑由10年提高到15年（810c）；将“破坏能源设施”“破坏国家防御物资”“对核设施或燃料的破坏”“损毁州际天然气或危险气体管道设施”等行为的最高法定刑由10年提高到20年（810b、810e、810f、810h）。此外，还将许多犯罪——致人死亡的——的法定最高刑调高至无期徒刑或者终身监禁。

国又于2005年颁布了《爱国者法修改与再授权法》，其中最引人注意的有两点：一是该法明确了对恐怖主义犯罪适用死刑的立场，修改了对恐怖主义分子适用死刑的程序。二是在该法实施以前，按照有关法律被定罪的恐怖主义分子如果可能会再次严重危害社会，法官在量刑时可以对其处以释放后的任何年限或终身期限的监视；而且，该法授权法官对恐怖主义犯罪案件中被定罪的罪犯处以终身或者任何年限的释放后监控，不再要求考虑对该罪犯是否可能会造成严重的损害。这实际是加大了法官对恐怖分子酌定采取保安处分措施的权力。美国在颁布或者修改反恐法律时，是否因担心其他国家的反应而畏畏缩缩呢？当然没有！所以，我们要自信，要有自己的特色，法律科学与否、合理与否、适合不适合本国国情，应该有自己的判断和决策。

这一方案凸显了刑法对恐怖活动犯罪的打击，虽然在理想层面可以一步到位，但是在现实层面却对现行刑法的格局冲击较大。

（二）将基于恐怖目的实施的相应犯罪作为从重或者加重情节

除增设单独的恐怖行为罪这一首选方案外，如果退而求其次，可以借鉴意大利和美国的做法，在反恐刑法中对恐怖活动犯罪设置高于相应的普通犯罪的法定刑，从重处罚相应的恐怖行为罪。

实际上，我国刑法中存在着这种基于特定目的或者犯罪动机而加重其处罚的立法例。例如，刑法典第397条第1款规定了常态的滥用职权罪和玩忽职守罪及其法定刑，在此基础上，该条第2款规定：“国家机关工作人员徇私舞弊，犯前款罪的，处五年以下有期徒刑或者拘役；情节特别严重的，处五年以上十年以下有期徒刑。本法另有规定的，依照规定。”该法条第2款规定了“徇私舞弊”，即基于特定的犯罪动机而加重了对犯罪的处罚。

建议相关法条可表述为：“基于制造社会恐怖的目的，实施的故意杀人，故意伤害他人，爆炸，放火，投放危险物质，绑架，劫持航空器、汽车、船只的，以及在计算机信息方面的犯罪等，依各相应的犯罪，从重处罚。”

这一方案的特点是，对我国现行刑法的立法格局冲击较小，可能比较容易被立法者和刑法学界所接受。

## 四、增设新的纯正的恐怖活动犯罪

### （一）增设入境发展恐怖组织罪

恐怖活动犯罪愈来愈国际化，境内外恐怖势力往往相互勾结、狼狈为奸。一方面，国内恐怖分子不断出国接受培训，参与国外的“圣战”；另一方面，国外恐怖组织（势力）也不断派人入境，在我国境内加强相关培训和指导。

目前，在中东地区，恐怖分子的占领区正在被逐步解放，各种恐怖组织被打散，如“伊斯兰国”面临覆灭，“博科圣地”、“基地”组织等恐怖组织受到重创。[①] 在恐怖分子在栖身老巢四处溃败的情况下，为了避免彻底被歼灭的命运，恐怖分子使用假身份证或者冒充难民等身份潜入其他国家以苟延残喘。面对国际恐怖主义的这种“反向渗透”，很有必要增设入境发展恐怖组织罪。

关于本罪的犯罪构成。本罪的犯罪客体是公共安全。本罪的犯罪客观要件，即境外的恐怖组织（恐怖分子）到中国境内发展恐怖组织成员的行为。这里的“境外”“境内”，是以中国大陆（内地）边境线为标准划分的，即“境外”既包括国外，也包括我国港澳台地区。发展对象可以是中国公民，也可以是在中国境内居住的外国人或无国籍人。本罪的犯罪主体只能是境外的恐怖组织或其成员。本罪的犯罪主观要件，即唆使发展对象参加恐怖组织、参与恐怖活动。

关于本罪的法定刑。可比照组织、领导、参加恐怖组织罪（刑法典第 120 条[②]）

---

① 康均心. 国际反恐转型下我国反恐立法与司法的挑战与回应. 河南警察学院学报，2018（1）.

② 我国刑法典第 120 条规定：“组织、领导恐怖活动组织的，处十年以上有期徒刑或者无期徒刑，并处没收财产；积极参加的，处三年以上十年以下有期徒刑，并处罚金；其他参加的，处三年以下有期徒刑、拘役、管制或者剥夺政治权利，可以并处罚金。犯前款罪并实施杀人、爆炸、绑架等犯罪的，依照数罪并罚的规定处罚。”

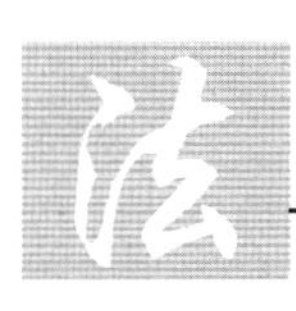



的法定刑，并参照入境发展黑社会组织罪（刑法典第294条第2款[①]）的法定刑，规定为：犯本罪的，处5年以上10年以下有期徒刑，并处罚金；情节严重的，处10年以上有期徒刑或者无期徒刑，并处没收财产或者罚金。

（二）增设包庇或者纵容恐怖组织罪

恐怖活动犯罪是高度有组织的犯罪。为了保护自身免受法律惩治，恐怖组织总是想方设法地寻求保护伞。实践中，有的国家工作人员被拉拢腐蚀进而包庇或者纵容恐怖组织，其社会危害性严重。

新疆地区的“两面人”就是这种情况的突出代表。面对“三股势力”的恐怖暴行，“我们很痛心地看到，宗教人士中有一部分人看不清敌人的嘴脸，认不清敌人的罪恶企图，经不起诱惑拉拢，成为口是心非的‘两面人’，走上了与祖国为敌、与人民为敌、与民族为敌的不归路。他们在组织面前一个样，在组织背后另一个样；在寺里一个样，在寺外另一个样；在白天一个样，晚上另一个样，把‘三股势力’视为自己的主子，沦落为‘三股势力’手中的工具，为敌人吹号敲鼓，成为彻头彻尾的‘两面人’”[②]。其实，这种“两面人”何止限于“宗教人士”，个别的国家工作人员，也是典型的“两面人”。他们用合法的身份干着非法的勾当，沦为恐怖活动犯罪的保护伞；他们隐蔽得深且蛊惑力强，对祖国统一、民族团结、社会稳定、宗教和谐造成的危害极大。故应增设包庇、纵容恐怖组织罪对包庇或纵容恐怖组织行为加以惩治。

关于本罪的犯罪构成。本罪的主要客体要件是公共安全。本罪的客观要件是实施包庇或者纵容恐怖组织的行为。包庇恐怖组织的客观表现，是国家工作人员实施了包庇恐怖组织的行为。“包庇”的本身含义是指在他人被追究时对他人予

---

① 我国刑法典第294条第1、2、3、4款规定：“组织、领导黑社会性质的组织的，处七年以上有期徒刑，并处没收财产；积极参加的，处三年以上七年以下有期徒刑，可以并处罚金或者没收财产；其他参加的，处三年以下有期徒刑、拘役、管制或者剥夺政治权利，可以并处罚金。境外的黑社会组织的人员到中华人民共和国境内发展组织成员的，处三年以上十年以下有期徒刑。国家机关工作人员包庇黑社会性质的组织，或者纵容黑社会性质的组织进行违法犯罪活动的，处五年以下有期徒刑；情节严重的，处五年以上有期徒刑。犯前三款罪又有其他犯罪行为的，依照数罪并罚的规定处罚。”

② 阿不都热克甫·吐木尼牙孜．坚决与宗教界“两面人”作斗争．新疆日报，2017-08-31.

以包庇。因此，包庇行为的发生应该仅限于“事后”，而不存在所谓的事前“包庇”。对事先通谋、事后予以包庇的，应按共同犯罪处理。包庇行为只限于作为的方式。纵容恐怖组织的客观表现，是指国家工作人员不依法履行职责，实施了放纵恐怖组织进行违法犯罪活动的行为。首先，行为人负有查禁恐怖活动犯罪的义务，对恐怖组织的违法犯罪活动有追究的职责；其次，这里的不作为，既包括行为人完全不履行惩治恐怖组织违法犯罪活动的职责，也包括不完全或不正确履行其职责；最后，行为人能够履行其查禁职责所担负的义务。“纵容”行为应发生在恐怖组织成立之后，直至恐怖活动犯罪被处理完毕之前。本罪的犯罪主体是特殊主体，即国家工作人员。本罪的犯罪主观要件，是行为人明知自己的行为是包庇、纵容恐怖组织而故意为之的心理，并且希望或者放任恐怖组织逃脱法律制裁的结果发生。

就本罪的法定刑而言，可比照包庇、纵容黑社会性质组织罪的法定刑来设置，设两个量刑档次：对于本罪的基本犯，处5年以下有期徒刑，并处罚金；情节严重的，处5年以上有期徒刑，并处罚金。

应该说明的是，包庇恐怖组织罪和纵容恐怖组织罪应该是并列罪名，这与“包庇黑社会性质组织罪与纵容黑社会性质组织罪是并列罪名”① 一样。实践中，如果有国家工作人员事前纵容恐怖组织构成纵容恐怖组织罪，事后又包庇恐怖组织构成包庇恐怖组织罪，则应该数罪并罚，而不能将这两个罪视为选择罪名，按选择罪名处理而不并罚。

## 五、关于非纯正恐怖活动犯罪之立法完善

下面探讨一下增设新的非纯正恐怖活动犯罪以及相关立法完善的问题，以便在此基础上解决相应的恐怖活动犯罪的准确定罪量刑问题。

① 牛忠志．包庇黑社会性质组织罪与纵容黑社会性质组织罪是并列罪名．法学论坛，2010（3）．

（一）设置危害航空飞行安全罪

《关于制止危害民用航空安全的非法行为的公约》（一般简称《蒙特利尔公约》）第1条所规定的“危害航空飞行安全罪”包括五类危害行为方式：一是非法地和故意地对飞行中的航空器内的人实施暴力行为，危及该航空器的安全；二是非法地和故意地破坏使用中的航空器或对该航空器造成损坏，使其不能飞行或将会危及其飞行安全；三是非法地和故意地用任何方法在使用中的航空器内放置或使别人放置一种将会破坏该航空器或对其造成损坏使其不能飞行或对其造成损坏而将会危及其飞行安全的装置或物质；四是非法地和故意地破坏或损坏航行设备或妨碍其工作，危及飞行中航空器的安全；五是非法地和故意地传送行为人明知是虚假的情报，从而危及飞行中的航空器的安全。①

我国现行刑法中只是明确设立了“暴力危及飞行安全罪”，与《蒙特利尔公约》所规定的相关犯罪还有一定的差距。为了明确和周延起见，建议我国刑法立法可增设“危害航空飞行安全罪”以与国际公约一致起来，这样既可把暴力危及飞行安全罪囊括其中，又不至于遗漏其他行为方式。

关于危害航空飞行安全罪的犯罪构成。本罪的犯罪客体，即国际航空运输安全，属于公共安全的有机组成部分。本罪的犯罪客观要件，即非法地和故意地使用一种装置、物质或武器，在用于国际航空的机场内对人实施暴力行为，造成或足以造成重伤或死亡的；或者非法地和故意地使用一种装置、物质或武器，破坏或严重损坏用于国际航空的机场的设备或停在机场上未在使用中的航空器，或者中断机场服务危及或足以危及该机场的安全。本罪的犯罪主体，可以是任何具备犯罪主体要件的人，即已满16周岁且精神正常的人。实践中一些犯罪主体是恐怖组织成员或者恐怖分子。本罪的犯罪主观要件，即行为人具有特定的犯罪故意。犯罪过失不构成本罪。

① 殷洁龙，徐宏．最新国际反恐法律文件汇编．北京：中国民主法制出版社，2016：24.

就本罪的法定刑而言，可以比照破坏交通设施罪和破坏交通工具罪[①]来设置：对具体的危险犯，处 3 年以上 10 年以下有期徒刑；发生实害结果时，处 10 年以上有期徒刑、无期徒刑或者死刑。

在此基础上，把基于制造社会恐怖气氛而实施的危害航空飞行安全的非法行为，作为恐怖行为罪的具体内容，设置专门的罪名和法定刑；或者按照前文关于分则完善的第二方案，作为情节加重犯而设置相应的刑罚。

（二）增设危害海上航行安全罪

《制止危及海上航行安全非法行为公约》（以下简称《公约》）所规定的危害海上航行安全罪，包含了一组危害行为：一是以武力或武力威胁或任何其他恐吓形式夺取或控制船舶；二是对船上人员施用暴力，而该行为有可能危及船舶航行安全；三是毁坏船舶或对船舶或其货物造成有可能危及船舶航行安全的损坏；四是以任何手段把某种装置或物质放置或使之放置于船上，而该装置或物质有可能毁坏船舶或对船舶或其货物造成损坏而危及或有可能危及船舶航行安全；五是毁坏或严重损坏海上导航设施或严重干扰其运行，危及船舶的航行安全；六是传递其明知是虚假的情报，从而危及船舶的航行安全；七是因从事上述各项所述的任何罪行或从事该类罪行未遂而伤害或杀害任何人。[②]

我国现行刑法对于《公约》所规定的危害海上航行安全诸种行为，只能借助于劫持船只罪、破坏交通工具罪、破坏交通设施罪等定罪处罚。为了明确和周延起见，建议我国刑法立法增设危害海上航行安全罪。

关于危害海上航行安全罪的犯罪构成。本罪的犯罪客体，即船舶的海上航行安全，属于公共安全的有机组成部分。关于作为保护对象的船舶的范围，《公约》

---

① 我国刑法典第 116 条规定："破坏火车、汽车、电车、船只、航空器，足以使火车、汽车、电车、船只、航空器发生倾覆、毁坏危险，尚未造成严重后果的，处三年以上十年以下有期徒刑。"第 117 条规定："破坏轨道、桥梁、隧道、公路、机场、航道、灯塔、标志或者进行其他破坏活动，足以使火车、汽车、电车、船只、航空器发生倾覆、毁坏危险，尚未造成严重后果的，处三年以上十年以下有期徒刑。"第 119 条第 1 款规定："破坏交通工具、交通设施、电力设备、燃气设备、易燃易爆设备，造成严重后果的，处十年以上有期徒刑、无期徒刑或者死刑。"

② 殷洁龙，徐宏．最新国际反恐法律文件汇编．北京：中国民主法制出版社，2016：50.

第 1 条规定："就本公约而言，'船舶'系指任何种类的非永久依附于海床的船舶，包括动力支撑船、潜水器或任何其他水上船艇。"第 2 条规定："1. 本公约不适用于：(a) 军舰；或 (b) 国家拥有或经营的用作海军辅助船或用于海关或警察目的的船舶；或 (c) 已退出航行或闲置的船舶。2. 本公约的任何规定不影响军舰和用于非商业目的的其他政府船舶的豁免权。"笔者主张，我国国内立法的保护范围可以宽于国际公约，故可不局限于《公约》的规定，使本罪的保护对象扩展到所有的船舶。本罪的客观要件，即《公约》列举的所有危害行为。本罪的犯罪主体是一般主体，即已满 16 周岁且精神正常的人，实践中多为恐怖组织成员或者恐怖分子。本罪的主观要件，即特定的犯罪故意。实践中，多数犯罪还具有制造社会恐慌的目的。由上可见，本罪不是一种纯正的恐怖活动犯罪。

就本罪的法定刑而言，可以比照破坏交通设施罪和破坏交通工具罪来设置：对具体的危险犯，处 3 年以上 10 年以下有期徒刑；发生实害结果时，处 10 年以上有期徒刑、无期徒刑或者死刑。

在此基础上，把基于制造社会恐怖气氛而实施的危害海上航行安全行为，作为恐怖行为罪的具体内容，设置专门的罪名，从重处罚。

（三）增设危害大陆架固定平台安全罪

《制止危及大陆架固定平台安全非法行为议定书》（以下简称《议定书》）所规定的危害大陆架固定平台安全罪包含一组危害行为：一是非法故意地以武力或武力威胁或任何其他恐吓形式夺取或控制固定平台；二是非法故意地对固定平台上的人员施用暴力，危及固定平台的安全；三是非法故意地毁坏固定平台或对固定平台造成可能危及其安全的损坏；四是非法故意地以任何手段将可能毁坏固定平台或危及其安全的装置或物质放置或使之放置于固定平台上；五是非法故意地因实施前述危及固定平台安全的行为而伤害或杀害任何人；六是对固定平台上的人员施用暴力，以武力毁坏固定平台或者对固定平台的设施、结构造成可能危及其安全的损坏相威胁，迫使某自然人或法人从事或不从事某种行为；等等。这里的行为对象包括大陆架固定平台、固定平台上的人员等，这与危害海上航行安全罪的对象是"船舶"明显不同。

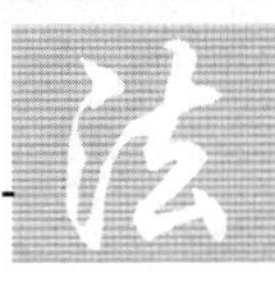

在我国现行刑法框架下，尽管可以对《议定书》中规定的危及大陆架固定平台安全的行为，依照破坏交通设施罪、破坏公用电信设施罪、故意毁坏财物罪、破坏生产经营罪等来论处，对伤害和杀害固定平台上的人员的行为，还可以以故意伤害罪、故意杀人罪定罪处罚，但终究还存在一定的缺憾。因为，目前各国对海洋资源的争夺达到了十分激烈的程度。我国有着长达 3.2 万公里的海岸线，在东海和南海存在着与邻国的冲突：中韩“苏岩礁之争”、中日“钓鱼岛之争”、中菲“黄岩岛之争”、中越“南沙群岛岛屿归属和海域划界争议”等。我国应该拿起国际法武器，充分保护我国的海洋主权，在国内法上增设专门的危害大陆架固定平台安全罪。这样，既有利于完全彻底地履行我国的相关国际义务，也有助于充分地保护我国的海洋权益和国家主权。

关于本罪的犯罪构成。本罪的犯罪客体，即与大陆架固定平台密切关联的船舶海上航行安全（属于公共安全的有机组成部分）。本罪的犯罪客观要件，即《议定书》所规定的一组危害行为。本罪的行为对象，即大陆架固定平台、固定平台上的人员等。这与危害海上航行安全罪的对象是“船舶”明显不同。本罪的犯罪主体为一般主体，即已满 16 周岁且精神正常的人，实践中多为恐怖组织成员或者恐怖分子。本罪的犯罪主观要件为特定的犯罪故意。犯罪过失不构成本罪。

就本罪的法定刑而言，可以比照破坏交通设施罪和破坏交通工具罪来设置：对具体的危险犯，处 3 年以上 10 年以下有期徒刑；发生实害结果时，处 10 年以上有期徒刑、无期徒刑或者死刑。

本罪不是一种纯正的恐怖活动犯罪。在此基础上，可以把基于制造社会恐怖气氛而实施的危害大陆架固定平台安全行为，作为恐怖行为罪的具体内容，设置专门的罪名和法定刑；或者按照前文关于分则完善的第二方案，作为情节加重犯而设置相应的刑罚。

### （四）增设邮寄危险物质、物品罪

《万国邮政公约》设定了邮寄危险物品罪。而按照我国现行刑法，对邮寄危险物品的行为只能以运输行为加以惩处。我国刑法典第 125 条第 1 款规定：“非

法制造、买卖、运输、邮寄、储存枪支、弹药、爆炸物的，处三年以上十年以下有期徒刑；情节严重的，处十年以上有期徒刑、无期徒刑或者死刑。”这里针对“枪支、弹药、爆炸物”规定了“制造、买卖、运输、邮寄、储存”五种行为方式。该条第 2 款规定：“非法制造、买卖、运输、储存毒害性、放射性、传染病病原体等物质，危害公共安全的，依照前款的规定处罚。”这里针对“毒害性、放射性、传染病病原体等物质”规定了“制造、买卖、运输、储存”四种行为方式。比较二者可以发现，还缺少“邮寄毒害性、放射性、传染病病原体等物质”行为的犯罪化。人们或许会说，可以将“邮寄”包含到“运输”之中，或者说通过对“运输”作扩大解释，可以解决邮寄危险物品的问题。

但是，问题在于：在同一条文之中，第 1 款的“运输”与“邮寄”相并列，而第 2 款却不得不把“邮寄”包含在“运输”之中，这显然是不妥当的。鉴于我国参加了《万国邮政公约》，我国就应该承担公约所设定的国际义务。故建议增设普通的邮寄危险物质、物品罪（其中的放射性物质当然包括“核材料”在内）。其条文设计是：在刑法典第 125 条第 2 款中，把“邮寄”明确列为该罪的行为方式即可。

邮寄危险物质、物品罪的犯罪构成为：其犯罪客体是作为公共安全有机组成部分的邮政活动安全。其犯罪客观要件，即非法邮寄禁止邮寄的危险物质、物品，包括毒害性、放射性、传染病病原体等危险物质、物品。其犯罪主体是一般主体，即已满 16 周岁且精神正常的人均可构成本罪。其主观方面表现为故意心态，过失心态不构成本罪。

在此基础上，把基于制造社会恐怖气氛而实施的邮寄行为，作为恐怖行为罪的具体内容，设置专门的罪名和法定刑；或者按照前文关于分则完善的第二方案，作为情节加重犯而设置相应的刑罚。

（五）关于“核犯罪”和“核恐怖活动犯罪”的立法完善建议

《核材料实物保护公约》在对“核材料”“同位素 235 或 233 浓缩的铀”“国际核运输”等术语进行界定的基础上，规定了相应的以核材料为行为对象的犯罪；《〈核材料实物保护公约〉的修正案》（《制止核恐怖主义行为国际公约》），在


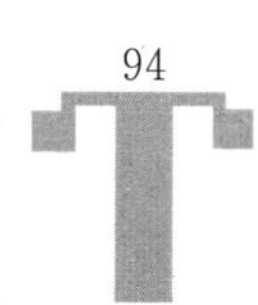

对“放射性材料”“核材料”“富集了同位素235或233的铀”“核设施”“装置”进行明确界定的基础上，规定了“核恐怖主义行为罪”。

鉴于我国刑法与《核材料实物保护公约》和《制止核恐怖主义行为国际公约》相对照，尚存在诸多不足，特提出以下立法完善建议：

其一，建议把“核材料”“核设施”“核装置”等专门术语明确规定在相应的刑法条文中，以实现刑法的规范引导功能。因为，我国刑法目前所使用的“放射性物质”还不足以凸显或者涵括“核材料”“核设施”“核装置”。故建议把“核材料”“核设施”“核装置”增列为刑法典第125、126、127、151条的行为对象，使“核材料”、“核设施”、“核装置”与“放射性物质”相并列，规定在相应的刑法条文之中。[①]

其二，在涉“核”“行为方式、方法”的犯罪化方面，我国刑法也存在不足。《核材料实物保护公约》所规定的行为方式有：“（a）未经合法授权，收受、拥有、使用、转移、更换、处理或散布核材料，引起或可能引起任何人死亡或重伤或重大财产损害；（b）偷窃或抢劫核材料；（c）盗取或以欺骗手段取得核材料；（d）以武力威胁或使用武力或任何其他恐吓手段勒索核材料；（e）威胁：（一）使用核材料引起任何人死亡或重伤或重大财产损害，或（二）犯（b）项所称罪行以迫使一个自然人或法人、国际组织或国家作或不作某种行为；（f）图谋犯（a）、（b）或（c）项所称任何罪行；和（g）参与（a）至（f）项所称任何罪行。”

对比我国刑法典第114条和第115条投放危险物质罪，第125条非法制造、买卖、运输、邮寄、储存枪支、弹药、爆炸物罪，非法制造、买卖、运输、储存危险物质罪，第127条盗窃、抢夺枪支、弹药、爆炸物、危险物质罪，抢劫枪支、弹药、爆炸物、危险物质罪，第128条第1款非法持有、私藏枪支、弹药罪，第130条非法携带枪支、弹药、管制刀具、危险物品危及公共安全罪，第

① 相应地，有关条文中的“危险物质”“危险物品”就应该包括“核材料”“核设施”“核装置”“放射性物质”等。

151 条第 1 款走私核材料罪等等，可见我国刑法对于国际公约中的一些行为方式还缺乏规定。故建议：将上述公约中的非法收受、使用、处理、散布、诈骗、敲诈勒索核材料的行为增设为犯罪。由此：首先，把诈骗、敲诈勒索核材料、核装置、核设施的行为增列到刑法典第 127 条之中，该条罪名可概括为“盗窃、抢夺、诈骗、勒索枪支、弹药、爆炸物、危险物质（物品）罪”；其次，在刑法典第 128 条中增加一款作为第 2 款，增设“非法持有、私藏、收受、使用、处理、散布核材料、核设施、核装置罪”。本罪的犯罪构成是：犯罪客体是公共安全，犯罪客观要件即非法持有、私藏、收受、使用、处理、散布核材料、核设施、核装置的行为，犯罪主体是一般主体，犯罪主观要件即特定的犯罪故意。

其三，在设置普通的“核犯罪”的基础上，可把基于制造社会恐怖气氛而实施的犯罪设立为“核恐怖活动犯罪”，以实现与《制止核恐怖主义行为国际公约》所规定的“核恐怖主义行为罪”的全面对接。[①] 或者按照前文关于分则完善的第二方案，将其作为情节加重犯而设置相应的刑罚。

① 《制止核恐怖主义行为国际公约》第 2 条规定：“一、本公约所称的犯罪是指任何人非法和故意：（一）拥有放射性材料或制造或拥有一个装置：1. 目的是致使死亡或人体受到严重伤害；或 2. 目的是致使财产或环境受到重大损害；（二）以任何方式利用放射性材料或装置，或以致使放射性材料外泄或有外泄危险的方式利用或破坏核设施：1. 目的是致使死亡或人体受到严重伤害；或 2. 目的是致使财产或环境受到重大损害；或 3. 目的是迫使某一自然人或法人、某一国际组织或某一国家实施或不实施某一行为。二、任何人实施以下行为也构成犯罪：（一）在显示威胁确实可信的情况下，威胁实施本条第一款第（二）项所述犯罪；或（二）在显示威胁确实可信的情况下通过威胁，或使用武力，非法和故意索要放射性材料、装置或核设施。三、任何人实施本条第一款所述犯罪未遂也构成犯罪。四、任何人实施以下行为也构成犯罪：（一）以共犯身份参加本条第一、第二或第三款所述犯罪；或（二）组织或指使他人实施本条第一、第二或第三款所述犯罪；或（三）以任何其他方式促进以共同目的行动的群体实施本条第一、第二或第三款所述犯罪；促进行动应当为故意的，并且是为了助长该群体的一般犯罪活动或目的，或明知该群体有意实施有关犯罪。”

# 编造、故意传播虚假恐怖信息典型案件法理研究*

## 一、前言

早在2001年12月29日，《刑法修正案（三）》就增加了编造、故意传播虚假恐怖信息罪。2013年5月，最高人民检察院公布第三批指导性案例（检例第9号李某强编造、故意传播虚假恐怖信息案①，检例第10号卫某臣编造虚假恐怖信

* 与王焱硕士合著，原载《法律适用（司法案例）》，2016（13）。

① 2010年8月4日22时许，李某强为发泄心中不满，在北京市朝阳区小营北路13号工地施工现场，用手机编写短信"今晚要炸北京首都机场"，并向数十个随意编写的手机号码发送。天津市的彭某收到短信后于2010年8月5日向当地公安机关报案，北京首都国际机场公安分局于当日接警后立即通知首都国际机场运行监控中心。首都国际机场运行监控中心随即启动紧急预案，对东、西航站楼和机坪进行排查，并加强对行李物品的检查和监控工作，耗费大量人力、物力，严重影响了首都国际机场的正常工作秩序。2010年12月14日，朝阳区人民法院作出一审判决，认为李某强已构成编造、故意传播虚假恐怖信息罪，判处有期徒刑1年。

息案[①]，检例第 11 号袁某彦编造虚假恐怖信息案[②]）。2013 年 9 月 18 日，最高人民法院公布了《关于审理编造、故意传播虚假恐怖信息刑事案件适用法律若干问题的解释》（以下简称《解释》）。《解释》于同年 9 月 30 日起施行，进一步细化了编造、故意传播虚假恐怖信息刑事案件的定罪量刑标准。同时，最高人民法院

① 2010 年 6 月 13 日 14 时 46 分，卫某臣带领四川来大连的旅游团用完午餐后，对四川导游李某键说自己可以让飞机停留半小时，遂用手机拨打大连周水子国际机场问询处电话，询问 3U8814 航班起飞时间后，对接电话的机场工作人员说“飞机上有两名恐怖分子，注意安全”。大连周水子国际机场接到电话后，立即启动防恐预案，将飞机安排到隔离机位，组织公安、安检对飞机客、货舱清仓，对每个出港旅客的资料进行核对确认排查，查看安检现场录像。在确认没有可疑问题后，当日 19 时 33 分，3U8814 航班飞机起飞，晚点 33 分钟。2010 年 10 月 11 日，大连市甘井子区人民法院判决卫某臣犯编造虚假恐怖信息罪，判处有期徒刑 1 年 6 个月。

② 2005 年 1 月 24 日 14 时许，袁某彦拨打上海太平洋百货有限公司徐汇店的电话，编造已经放置炸弹的虚假恐怖信息，以不给钱就在商场内引爆炸弹自杀相威胁，要求上海太平洋百货有限公司徐汇店在 1 小时内向其指定的牡丹灵通卡账户内汇款人民币 5 万元。上海太平洋百货有限公司徐汇店即向公安机关报警，并进行人员疏散。接警后，公安机关启动防爆预案，出动警力 300 余人对商场进行安全排查。袁某彦的行为造成上海太平洋百货有限公司徐汇店暂停营业 3 个半小时。2005 年 1 月 25 日 10 时许，袁某彦拨打福州市新华都百货商场的电话，称已在商场内放置炸弹，要求福州市新华都百货商场在半小时内将人民币 5 万元汇入其指定的牡丹灵通卡账户。接警后，公安机关出动大批警力进行人员疏散、搜爆检查，并对现场及周边地区实施交通管制。2005 年 1 月 27 日 11 时，袁某彦拨打上海市铁路局春运办公室的电话，称已在火车上放置炸弹，并以引爆炸弹相威胁要求春运办公室在半小时内将人民币 10 万元汇入其指定的牡丹灵通卡账户。接警后，上海铁路公安局抽调大批警力对旅客、列车和火车站进行安全检查。2005 年 1 月 27 日 14 时，袁某彦拨打广州市天河城百货有限公司的电话，要求广州市天河城百货有限公司在半小时内将人民币 2 万元汇入其指定的牡丹灵通卡账户，否则就在商场内引爆炸弹自杀。2005 年 1 月 27 日 16 时，袁某彦拨打深圳市天虹商场的电话，要求深圳市天虹商场在 1 小时内将人民币 2 万元汇入其指定的牡丹灵通卡账户，否则就在商场内引爆炸弹。2005 年 1 月 27 日 16 时 32 分，袁某彦拨打南宁市百货商场的电话，要求南宁市百货商场在 1 小时内将人民币 2 万元汇入其指定的牡丹灵通卡账户，否则就在商场门口引爆炸弹。接警后，公安机关出动警力 300 余人在商场进行搜爆和安全检查。2005 年 6 月 24 日，上海市第二中级人民法院作出一审判决，认为袁某彦为勒索钱财故意编造爆炸威胁等虚假恐怖信息，严重扰乱社会秩序，其行为已构成编造虚假恐怖信息罪，且造成严重后果，判决袁某彦犯编造虚假恐怖信息罪，判处有期徒刑 12 年，剥夺政治权利 3 年。一审判决后，袁某彦提出上诉。2005 年 8 月 25 日，上海市高级人民法院二审终审裁定，驳回上诉，维持原判。

还公布了三起编造虚假恐怖信息犯罪典型案例。① 本文将结合相关司法解释与编造、故意传播虚假恐怖信息的几个系列典型案例，对此罪予以法理探究。

## 二、“虚假恐怖信息”的理解与认定

### （一）虚假恐怖信息的内涵

从刑法典第291条之一编造、故意传播虚假恐怖信息罪之罪状的表述中可以看出，本罪中编造、故意传播的对象即内容，是“爆炸威胁、生化威胁、放射威胁等恐怖信息”。毫无疑问，以爆炸威胁、生化威胁和放射威胁为内容的信息当然是恐怖信息。这里以“等”结尾，应当理解为被省略的部分因不重要或不必要而不必一一列出，或因为知道得不确切而无法说出。

首先，本罪罪状中的描述为“……等恐怖信息”，若“恐怖信息”仅包括爆

① 这三起案例分别为：(1) 张某奇编造虚假恐怖信息案。2007年3月23日19时许，张某奇因和前男友宫某某之间有经济纠纷，到宫某某承包的北京大学第二体育馆歌舞厅欲收取当日的营业款。遭到拒绝后，张某奇使用手机拨打“110”报警，谎称北京大学第二体育馆内有炸弹，造成公安机关出动多名警力赶赴现场进行排查，并疏散北京大学第二体育馆内群众200余人。北京市海淀区人民法院一审判决、北京市第一中级人民法院二审裁定认为：张某奇无视国法，编造爆炸等恐怖信息，严重扰乱社会秩序，其行为已构成编造虚假恐怖信息罪。鉴于张某奇系限制责任能力人，且认罪态度较好，可依法从轻处罚，判处张某奇有期徒刑2年。(2) 潘某编造虚假恐怖信息案。2010年11月30日13时30分许，潘某在广东省广州市海珠区赤沙南约街边，使用手机拨打“110”报警电话，编造在广州市公安局海珠区分局官洲派出所内装了炸弹，会在15分钟后爆炸的虚假恐怖信息，造成公安机关出动大量警力对官洲派出所及周围进行排查。广东省广州市海珠区人民法院一审判决、广州市中级人民法院二审裁定认为：潘某编造爆炸威胁的虚假恐怖信息，严重扰乱社会秩序，其行为已构成编造虚假恐怖信息罪，判处潘某有期徒刑1年3个月。(3) 熊某编造虚假恐怖信息案。2012年8月30日22时许，熊某得知债主将搭乘航班向其索债，为阻止或迟滞债主到达，遂拨打深圳机场客服投诉电话，谎称当天从襄阳至深圳的深圳航空公司ZH9706航班上有爆炸物，将于飞机起飞后45分钟爆炸。深圳航空公司接到通报后，随即启动一级响应程序，协调空管部门指挥ZH9706航班紧急备降武汉天河机场。紧急备降期间，导致空中9个航班紧急避让，武汉天河机场地面待命航班全部停止起飞并启动了二级应急响应程序，调动消防、武警等多个部门200余人到现场应急处置，深圳航空公司为运送滞留在机场的乘客，临时增加2个航班，给深圳航空公司造成直接经济损失17万余元。湖北省襄阳高新技术产业开发区人民法院审理认为，熊某故意编造虚假恐怖信息，严重扰乱了社会秩序，其行为已构成编造虚假恐怖信息罪，判处熊某有期徒刑4年。判决宣告后，熊某未上诉，判决已发生法律效力。

炸威胁、生化威胁和放射威胁三种恐怖信息，那么当出现与上述三种恐怖信息恐怖性相当，甚至超过上述三种恐怖信息的恐怖信息时，它们也不能成为本罪规制的对象，这样理解就严重限制了对刑法中该罪的合理解释，缩小了对该罪的打击范围，会放纵大量的犯罪行为。其次，2003 年最高人民法院和最高人民检察院针对“非典”期间出现的问题颁布的《关于办理妨害预防、控制突发传染病疫情等灾害的刑事案件具体应用法律若干问题的解释》的第 10 条，就认可了虚假恐怖信息不限于爆炸威胁、生化威胁和放射威胁这三种信息，还包括与突发传染病疫情相关的信息。

《解释》第 6 条对虚假恐怖信息进行了界定：虚假恐怖信息是指以发生爆炸威胁、生化威胁、放射威胁、劫持航空器威胁、重大灾情、重大疫情等严重威胁公共安全的事件为内容，可能引起社会恐慌或者公共安全危机的不真实信息。据此，虚假恐怖信息不仅指以发生爆炸威胁、生化威胁和放射威胁为内容的不真实信息，还包括了与上述威胁所造成的社会危害性相当的信息，比如劫持航空器威胁、重大灾情、重大疫情等虚假信息。

（二）虚假恐怖信息的认定

对于虚假恐怖信息，可以从以下五个方面予以认定：

第一，内容的虚假性。[①] 虚假性是指不真实的、不是客观存在的[②]，也就是说，虚假恐怖信息中所含的爆炸威胁、生化威胁、放射威胁等不具有现实发生的可能性。虚假性并不一定要求内容完全虚假，还包括部分真部分假的情况[③]，即信息可能是行为人胡编乱造、凭空捏造的，也可能是对某些真实信息添油加醋修改的。如果行为人传播的是真实的恐怖信息，即使严重扰乱社会秩序，甚至引发严重后果，也不构成此罪。因此，虚假性是所传播虚假恐怖信息的前提条件。

① 王作富．刑法分则实务研究：中．4 版．北京：中国方正出版社，2010：1232.

② 张军．刑法［分则］及配套规定新释新解．北京：人民法院出版社，2013：1185.

③ 姜嫦蓉．论编造、故意传播虚假恐怖信息罪中虚假恐怖信息的认定：以地震谣言为切入点．法制与社会，2011（11 下）.

第二，内容的恐怖性。[①] 恐怖性是指信息包含的内容能对不特定多数人的生命、财产安全造成严重威胁，足以制造恐怖气氛，足以造成公众恐慌。一旦该信息所包含的威胁实现，足以对不特定多数人的生命、财产等造成严重损害，使不特定多数人陷入恐慌，严重扰乱社会公共秩序。恐怖性是虚假恐怖信息的最重要的特征，虚假恐怖信息以此区别于其他的虚假信息。有些信息虽然能够造成人们恐慌，但不具有恐怖性，就不能被认定为恐怖信息。比如 2011 年 3 月 11 日，日本福岛核电站机组发生核泄漏，有人传播“日本核电站爆炸对我国海域有影响，并不断污染，请转告周边的家人朋友储备些盐、干海带，暂一年内不要吃海产品”的信息，引发了抢盐风波，制造了“盐慌”，但这一虚假信息并不具有恐怖性，因此不属于恐怖信息。

第三，误导性。即足以使人误认为是真实信息；或者虽然人们半信半疑，但是因其恐怖性，人们宁可信其真，也不敢信其假。一般来说，虚假的东西都有一定的欺骗性，但如果信息过于虚假，就没有人会相信，也就不会误导公众，不会扰乱社会秩序。虚假的东西本质上是无意义的，虚假恐怖信息的危害不在于其虚假性而在于其能够使公众误认为该信息是真实的。误导性是虚假恐怖信息与情绪发泄式的过激言论的关键区别。[②] 比如在 2013 年 7 月，歌手吴某飞发表微博称自己“想炸建委”。仔细研究她发表的微博，可以发现，她“想炸建委”的言论就是一个愤青的个人感情宣泄。不久后她删除了这条微博，又发表了“炸薯条”的调侃式微博，这些行为也说明她只是一时的情绪激动。如何判断某一虚假信息具有误导性？应采取客观标准，即以一般人的认识为标准，结合案件的所有客观事实，综合判断虚假恐怖信息是否具有误导性。具体来说，就是应在事后根据一般人的认识，以行为时的客观事实为基础，判断行为人所传播的恐怖信息是否虚假并且达到了足以使人误以为真实的程度。

---

① 王作富. 刑法分则实务研究：中. 4 版. 北京：中国方正出版社，2010：1231.

② 孙万怀，卢恒飞. 刑法应当理性应对网络谣言：对网络造谣司法解释的实证评估. 法学，2013 (11).

第四，内容的具体性。[①] 误导性的一个潜在要求就是信息内容的具体性。信息分为事实性言论和观点性言论。观点性言论是表达一个人的思想，属于言论自由的范畴；而事实性言论是对事实的陈述，需要具备事实的基本要素，如时间、地点等。[②] 虚假恐怖信息应为事实性言论，即恐怖信息的内容应当比较具体，应该有具体的时间、地点和威胁方式等，这样才会使一般人误认为恐怖信息是真实的、即将发生的，从而造成大众心理恐慌，破坏社会秩序。不过这种内容的具体性并不要求将时间、地点、方法全部确定在某一个点，只要有一个大致具体范围的威胁内容即可[③]，即足以使一般人相信这个信息是真实的，大概会在某个时候发生。

第五，紧迫性。紧迫性即指人们无法在极短的时间里判断信息内容的真假，或者没有足够的信心确保能够成功避免恐怖事件的发生，从而感到高度恐惧。比如在歌手吴某飞"炸建委"事件中，吴某飞"我想炸建委"的微博发布后，相信更多的人是一笑了之，认为她不过就是瞎说而已，没有人会感到危险就在眼前，要立即逃出建委。相反，飞机上的乘客若听到"飞机上有炸弹"这个消息时，定会吓得魂飞魄散，也根本来不及判断信息是真是假，本能地就要匆忙逃离了。

## 三、"编造"及"故意传播"的理解与认定

检例第 9 号的"要旨"中指出，编造、故意传播虚假恐怖信息罪是选择性罪名。编造恐怖信息以后向特定对象散布，严重扰乱社会秩序的，构成编造虚假恐怖信息罪；编造恐怖信息以后向不特定对象散布，严重扰乱社会秩序的，构成编造、故意传播虚假恐怖信息罪。既实施编造虚假恐怖信息行为又实施故意传播虚假恐怖信息行为的，应当认定为编造、故意传播虚假恐怖信息罪一个罪名，并不实行数罪并罚，但应当将其作为从重量刑情节予以考虑。《解释》则规定，编造

---

① 王作富. 刑法分则实务研究：中. 4 版. 北京：中国方正出版社，2010：1232.

② 孙万怀，卢恒飞. 刑法应当理性应对网络谣言：对网络造谣司法解释的实证评估. 法学，2013（11）.

③ 同①1232.

恐怖信息，传播或者放任传播，严重扰乱社会秩序的，应认定为编造虚假恐怖信息罪。明知是他人编造的恐怖信息而故意传播，严重扰乱社会秩序的，应认定为故意传播虚假恐怖信息罪。笔者也认为，将刑法典第291条之一规定的“编造爆炸威胁、生化威胁、放射威胁等恐怖信息”与“明知是编造的恐怖信息而故意传播”联系起来看，该条实际上规定了两种不同的犯罪类型：编造虚假恐怖信息和故意传播虚假恐怖信息。

（一）编造虚假恐怖信息罪

编造指无中生有，凭空捏造。[①] 具体到本罪，则是指原本没有爆炸、生化、放射等威胁，而行为人故意以语言或文字等方式显示社会上存在这种威胁。同时，编造还包括对某些信息进行加工、修改的行为。[②] 而且，虚假恐怖信息只有被传播才能危害社会，虚假恐怖信息若不被传播，如行为人仅在自己的日记本上书写“某航班将于某年某月某日飞至某处时发生特大爆炸事件”，则不会造成实际的社会危害，就不可能成立编造虚假恐怖信息罪。因此，编造成为刑法关注和规制的对象，具有刑法意义，在客观上就要求应当具有传播行为或者故意让他人传播的要件。

传播，指社会信息的传递。在本罪中，一般认为传播是指以语言、文字等方式，通过散布、在新闻媒体上刊登或播发或者发送短信等传播手段，使不特定的多数人知晓该信息的行为。[③] 从全国发生的多起案例来看，实践中自己编造虚假恐怖信息并传播的情形主要有三种：一是编造虚假恐怖信息并向不特定多数人散布，比如编写短信并随机群发、在网上发帖等，这是最典型的传播。二是编造虚假恐怖信息向特定单位散布，比如打电话给机场、商场等单位，因上述单位是众多人员工作、聚集的场所，向这些单位拨打虚假恐怖电话，也是传播。三是编造虚假恐怖信息并传达给某个人，知悉者因为信息中含有威胁他人人身安全的恐怖

① 黎宏．刑法学．北京：法律出版社，2012：794.

② 张明楷．刑法学．4版．北京：法律出版社，2011：932.

③ 王作富．刑法分则实务研究：中．4版．北京：中国方正出版社，2010：1231.

内容，必定会告知有关单位和个人，这种口头相传的方式，会使信息快速扩散，也应被视为传播。因此，并不要求传播行为公然实施①，也不限制传播的具体方式，既可以当面口头传播，也可以通过报刊传播，还可以利用电视、网络等传播。无论采取何种方式，只要虚假恐怖信息被传播出去并造成社会秩序混乱，即可构成本罪。

实践中，行为人在编造了虚假恐怖信息后一般都会将该信息主动传播出去，但是也不排除虚假恐怖信息的编造者自己不传播而故意让他人传播的情形。这里的故意包括直接故意和间接故意。如果行为人在其他人不易接触的私用载体上编写虚假恐怖信息，在通常情况下，该信息不会被传播，如果该信息非常偶然地被他人知晓、传播而造成社会恐慌，造成严重扰乱社会秩序的后果，因为编造者主观上没有传播的故意，对扰乱社会秩序的后果主观上是过失或者是意外事件，所以不应认定为犯罪。

（二）故意传播虚假恐怖信息罪

故意传播虚假恐怖信息，首先要求传播的必须是他人编造的虚假恐怖信息。其次，应当强调“明知”这一主观要件。本罪中，所谓明知，是行为人知道或者应当知道其获知的信息是他人编造的虚假恐怖信息。对本罪中的“明知”可以采取推定的方法，主要从两个方面进行判断：第一，要判断明知的内容要素，即行为人必须认识到他传播的是他人编造的虚假恐怖信息。这里必须满足两个条件：一为必须是他人编造的；二为必须是虚假的恐怖信息。如果行为人由于自己的原因，误认为他人编造的虚假恐怖信息是真实的，或者在难辨真假而又危急的情况下把虚假恐怖信息当真，然后进行传播，因为其缺乏主观故意，故不构成此罪。第二，要判断明知的程度要素，即在何种程度下可以认定行为人达到刑法意义上的“明知”。明知的认识程度包括“确实知道是”和“应当知道是”两种。② 具体到本罪中，前者指行为人明确知道该信息是虚假的恐怖信息，后者指以其个人

① 周光权．刑法各论．2版．北京：中国人民大学出版社，2011：317.

② 张军．刑法［分则］及配套规定新释新解．北京：人民法院出版社，2013：1186.

社会经验、常识及判断能力能够判断该信息为虚假恐怖信息。实践中，对于后者的认定相对困难，应当根据案件具体情况，综合把握行为人的年龄、相关知识、行为目的和社会阅历等进行判断。笔者认为，具有下列情形之一，行为人不能做出合理解释，而且没有证据证明行为人确实是被蒙骗的，即可以推定行为人“应当知道”：（1）获知的恐怖信息来源于非正规信息渠道，如不合法的报纸、小广告等；（2）获知的恐怖信息来源于网络上未经身份认证的微博等新媒体；（3）依据正常认知能力可以判断恐怖信息是虚假的。

虚假恐怖信息传播的对象是否必须是不特定的人？笔者认为，本罪的传播，不依据传播对象是否特定进行判断，无论是对特定对象还是对不特定人编造、传播虚假恐怖信息，只是传播的对象不同，并不影响罪名的认定。没有任何的现行刑法条文和司法解释明确规定本罪由于犯罪对象不同而应定不同的罪名。而且从刑法规定来看，本罪的犯罪构成中仅强调“严重扰乱社会秩序”，并没有规定必须向不特定人传播。虽然本罪要求造成严重扰乱社会秩序的犯罪结果，但并不能因此就认为本罪的犯罪对象必须是不特定的人。行为人向特定的人或单位传播虚假恐怖信息，由此引起正常社会秩序的混乱，甚至造成财产损失等，也构成本罪。①

综上，在检例第10号、第11号和最高人民法院公布的三起典型案例中，被告人自己编造虚假恐怖信息，告知机场、火车站、商场、公安机关等特定对象，造成机场、火车站、商场、体育馆秩序混乱，严重扰乱社会秩序，构成编造虚假恐怖信息罪。检例第9号的被告人李某强编造虚假恐怖信息并传播，虽然信息传播的对象是不特定的人，但是只要造成严重扰乱社会秩序的结果，即可构成编造虚假恐怖信息罪。

## 四、关于本罪之犯罪结果的司法认定

从刑法典第291条之一的规定来看，本罪是结果犯，即行为人编造、故意传

① 张军．刑法［分则］及配套规定新释新解．北京：人民法院出版社，2013：1184.

播爆炸威胁、生化威胁、放射威胁等恐怖信息的行为，必须达到严重扰乱社会秩序的结果才能构成本罪。在最高人民检察院发布的三个指导案例和最高人民法院公布的三个典型案例中，行为人编造虚假恐怖信息导致机场运行监控中心启动紧急预案，公安机关出动大量警力，排查停机坪，加强检查，进行人员疏散，耗费大量人力、物力，是否构成“严重扰乱社会秩序”？给机场、商场造成数十万元经济损失，是否构成“造成严重后果”？

（一）严重扰乱社会秩序的认定

严重扰乱社会秩序，是指社会公共秩序被干扰、破坏，但尚未造成人员伤亡和重大经济财产损失。本罪的犯罪对象不要求必须是不特定多数人，个人、党政机关、企事业单位、人民团体都可以成为本罪的犯罪对象。因此本罪的“严重扰乱社会秩序”一方面可以体现为引起社会公众心理恐慌，另一方面也可以体现为使党政机关、企事业单位的正常工作、生产等被迫中断或停止，国家职能部门（如公安、武警、消防等）的正常工作秩序被严重扰乱。

《解释》第 2 条列举了“严重扰乱社会秩序”的六种情形。①在这六种情形中，机场、车站、码头等地方都是众多人员工作、聚集的场所，在这些人员密集型场所编造、故意传播虚假恐怖信息，会引起公众心理恐慌，有关单位进行人员紧急疏散，会造成社会秩序混乱。编造、故意传播在飞机、列车、轮船等大型客运交通工具上有炸弹等虚假恐怖信息，致使运营公司为保证运输安全不敢掉以轻心，一方面会花费大量人力、物力排除险情，造成一定经济损失，影响其正常运行；另一方面，也会使大量乘客心理恐慌，社会危害性也较大。其中第 3 项规定的“单位”，不应被局限于法条中所述的几种机关单位，而是包括了一切公共管理或

① 《解释》第 2 条规定：“编造、故意传播虚假恐怖信息，具有下列情形之一的，应当认定为刑法第二百九十一条之一的‘严重扰乱社会秩序’：（一）致使机场、车站、码头、商场、影剧院、运动场馆等人员密集场所秩序混乱，或者采取紧急疏散措施的；（二）影响航空器、列车、船舶等大型客运交通工具正常运行的；（三）致使国家机关、学校、医院、厂矿企业等单位的工作、生产、经营、教学、科研等活动中断的；（四）造成行政村或者社区居民生活秩序严重混乱的；（五）致使公安、武警、消防、卫生检疫等职能部门采取紧急应对措施的；（六）其他严重扰乱社会秩序的。”

服务单位、组织、社会团体以及生产经营的公司或企业，及与之具有一定类似性的大型活动。不论个人还是单位收到虚假恐怖信息，在一般情况下都会立即报警，公安、武警、消防、卫生检疫等职能部门也都会启动相应的紧急预案，立即投入人力、物力排除险情，这不仅会引起社会大众恐慌，同时也严重干扰了公安、武警、消防、卫生检疫等职能部门的正常工作秩序，也应属于严重扰乱社会秩序。

（二）造成严重后果的认定

造成严重后果，一般是指编造恐怖信息或者明知是编造的恐怖信息而故意在公共场所传播，以致引起秩序大乱，造成人员践踏死伤，或者在社会上引起极度恐慌，致使工作、生产、营业和教学、科研无法正常进行，造成重大损失等情形。[①] 这里的“后果”包括非物质性结果和物质性结果。非物质性结果，主要是指社会秩序方面的危害后果，与严重扰乱社会秩序相比，主要是程度上的差别，这种差别可以以造成生活秩序混乱的范围大小来区分。物质性结果，主要是指造成重大的财产损失或人员伤亡。比如行为人编造、故意传播虚假恐怖信息致使一定范围内公共场所秩序混乱，继而发生人群踩踏事件造成人员重伤或者死亡，或者生产、经营被打断而造成重大经济损失，等等。物质性结果，可以以造成的直接经济损失的多少来衡量。

《解释》第 4 条，从造成人员伤亡、重大经济损失、重大社会影响三个方面，通过列举的方式，明确规定了“造成严重后果”应当加重处罚的五种情形：一是“造成 3 人以上轻伤或者 1 人以上重伤的”；二是“造成直接经济损失 50 万元以上的”；三是“造成县级以上区域范围居民生活秩序严重混乱的”；四是“妨碍国家重大活动进行的”；五是“造成其他严重后果的”。达到上述“严重后果”标准的，处 5 年以上有期徒刑。

① 周道鸾，张军．刑法罪名精释．4 版．北京：人民法院出版社，2013：723．

## 五、以编造、故意传播虚假恐怖信息的方式敲诈勒索的定性

对于行为人以编造爆炸威胁等虚假恐怖信息的方式进行敲诈勒索的，理论上和实践中一般都认定为一罪，但理论依据却不尽相同，主要有牵连犯说和想象竞合犯说。牵连犯说认为，行为人为非法占有钱财，实施了编造、故意传播虚假恐怖信息和敲诈勒索两个行为，这两个行为之间具有手段行为和目的行为的牵连关系，编造虚假恐怖信息是其手段行为，敲诈数额较大以上的公私财物是其目的行为，依牵连犯的处罚原则，应择一重罪处断。[①] 想象竞合犯说认为，行为人只实施了打电话一个行为，该行为具有多重属性，触犯了编造虚假恐怖信息罪和敲诈勒索罪两个罪名，符合想象竞合犯的特征，应按该行为所触犯的罪名中的一个重罪论处。[②]

笔者赞同牵连犯说。虽然牵连犯和想象竞合犯的处罚原则相同，但是两者实质上有很大的区别。牵连犯是指行为人出于一个最终的犯罪目的实施了数个犯罪行为（目的行为、方法行为或结果行为）而分别触犯不同罪名的犯罪形态。[③] 区分牵连犯与想象竞合犯，关键是看行为人触犯数罪名的行为到底是一行为还是数行为。成立牵连犯的首要条件是其行为的复数性，而想象竞合犯的本质就是实质的一罪，虽然行为人实施某一行为所采取的方法或者造成的结果可能触犯不同的罪名，但是行为人仅有一个行为，当然也就不存在牵连的情况。具体到我们讨论的这种情况，行为人的手段行为与目的行为能否独立构成犯罪则是区分两者的关键。

在以编造虚假恐怖信息的方式实施敲诈勒索的行为中，从主观上看，如果行为人没有非法占有他人财物的目的，也就不会实施编造、故意传播虚假恐怖信息

① 秦明华．编造虚假恐怖信息罪若干问题探析．犯罪研究，2005（2）.

② 陈兴良，张军，胡云腾．人民法院刑事指导案例裁判要旨通纂：下卷．北京：北京大学出版社，2013：868.

③ 高铭暄，叶良芳．再论牵连犯．现代法学，2005（2）.

的行为（虽然胁迫的手段有多种，但是编造虚假恐怖信息以扰乱社会公共秩序为要挟更能体现出其非法占有他人财物的目的的真实性和确定性，也不失为一种有效手段），即行为人编造、故意传播虚假恐怖信息的行为以及以后实施的敲诈勒索的行为，都是为了非法占有他人的财物。这里的目的准确地反映了行为人的牵连意图。行为人除在主观上具有一个犯罪目的外，在客观上编造、故意传播虚假恐怖信息的行为又恰好符合敲诈勒索罪“以暴力、威胁或者要挟的方法，强行要求他人将来或者当场交付数额较大的财物”的客观要件，也即作为手段的编造、故意传播虚假恐怖信息的行为完全被作为目的的敲诈勒索行为构成要件中的客观要件所包含，因此，构成牵连犯的主客观因素都具备了。因此，在以编造、故意传播虚假恐怖信息的方式进行敲诈勒索的情况下，成立牵连犯，即行为人出于非法占有的目的实施了两个行为，即手段行为（编造、故意传播虚假恐怖信息）和目的行为（敲诈勒索较大数额的公私财物），这两个行为之间具有牵连的关系。

因此，在检例第 11 号中，袁某彦意图通过编造爆炸威胁的虚假恐怖信息向商场、火车站敲诈勒索钱财，于是他编造了已经在商场、火车上放置炸弹的虚假恐怖信息，以不给钱就引爆炸弹相威胁，前后共拨打 6 家单位的电话，敲诈勒索财物共计 26 万元。袁某彦以非法占有为目的威胁商场和火车站工作人员，索取数额较大的公私财物，符合敲诈勒索罪的犯罪构成。同时作为其敲诈勒索的手段，行为人编造虚假恐怖信息，导致商场、火车站正常的工作、经营秩序被打乱，公安部门投入大量的人力、物力，对多家单位进行人员疏散，后果严重，其行为也符合编造虚假恐怖信息罪的犯罪构成。而且这两个犯罪行为之间具有手段与目的的牵连，因此成立牵连犯。根据我国刑法典第 291 条之一的规定，本案中袁某彦编造虚假恐怖信息并将其传播给 6 个单位进行敲诈勒索，使商场损失营业额高达 58 万元，属于造成严重后果，应判处 5 年以上有期徒刑。根据刑法典第 274 条对敲诈勒索罪量刑的规定和最高人民法院、最高人民检察院 2013 年《关于办理敲诈勒索刑事案件适用法律若干问题的解释》对该罪数额的规定，本案中袁某彦敲诈勒索财物共计 26 万元，应对其在 3 年以上 10 年以下有期徒刑范围内

裁量刑罚。但袁某彦并未获得任何财物，属犯罪未遂，可以从轻、减轻或者免除处罚。两相比较，认定为编造虚假恐怖信息罪处罚更重。所以在本案中，应以编造虚假恐怖信息罪对袁某彦定罪处罚。

## 六、对编造、故意传播虚假恐怖信息系列案件的反思

对于编造、故意传播虚假恐怖信息的行为，事实上我国已制定了较为严厉的惩罚措施。不仅刑法典第 291 条之一规定了编造、故意传播虚假恐怖信息罪，并配置了最高可达 15 年的有期徒刑，而且对于那些散布虚假恐怖信息但尚未严重扰乱社会秩序而未达犯罪标准的行为，我国《治安管理处罚法》第 25 条规定了对此类违法者可处以行政拘留处罚。由此可见，通过刑法和行政处罚法的双重规制，我国投入了相当的司法成本来治理该行为。但是，我国编造、故意传播虚假恐怖信息案件依旧频繁发生，其中一个重要原因就是违法成本过低。一方面，违法者往往通过当面胡言、打个电话、发个短信或网上发个帖子就可以实施违法行为，一个简单的行为就能引起社会秩序混乱。另一方面，对实施这样行为的违法者所处的惩罚较轻。有时构成犯罪的案件却依据《治安管理处罚法》进行了处理，对行为人处以几天的行政拘留和少量的罚款，一般都没有要求民事的经济赔偿。结合国外经验，笔者试提出以下三点建议：

其一，完善刑罚种类，增设罚金刑。

限制自由刑，加强财产刑尤其是罚金刑的运用是现代刑罚改革的潮流。罚金刑通过强制犯罪人向国家缴纳一定金钱的方式，实现刑罚的惩罚。在现代社会中，财产权是人的重要权益，在某种程度上也可以说是人的价值的体现，是人的健康、自由、尊严、财富甚至生命的重要支撑和基础。对金钱权益的剥夺，必然会使人产生痛苦，有时甚至是强烈的痛苦。反映在法律制度中，在刑种规定上重视罚金刑能够起到预防遏制犯罪的作用。同时，罚金刑通过剥夺行为人的钱财来惩治其人，在作用于有罪者的财产上谴责有罪者的人格。从这一意义上说，罚金

刑也是人格刑的刑罚。[①] 而且罚金刑的适用能够很好地体现宽严相济之“宽”与“严”的结合。

《美国模范刑法典》第 250 条第 3 款明确规定：行为人明知报告或警报虚假或没有事实根据，或可能导致他人从建筑物、集会场所或者交通工具中撤离，或可能导致公共交通不便或恐慌，而编造或散布即将发生爆炸、其他实质性犯罪或灾害的报告或警报的，成立犯罪。[②] 在《美国模范刑法典》的基础上，不同的州又进行了不同的规定。比如纽约州规定，对于此类行为可处以 20 年及以上监禁和 20 万美元以上的罚金；在密西西比州，无论以何种方式谎称任何形式的炸弹存在于某个地点，将被判处 10 年以下监禁，并被处罚金 1 万美元。2013 年，一个名叫 Lizet Sariol 的人，打电话给航空公司谎报飞机上有炸弹，结果导致航班返航，最终他被判处 5 年徒刑以及 24 万美元的罚款。

现代社会中，在很多情况下行为人编造、故意传播虚假恐怖信息是为了获取非法经济利益，对其适用自由刑而不适用罚金刑，也与罪刑相适应的原则违背，难以实现惩治犯罪的目的。因此，建议在直接给国家、集体、公民造成重大经济损失的编造、故意传播虚假恐怖信息犯罪的各个档次的法定刑中增加罚金刑，并且规定罚金的数额标准。罚金刑与自由刑配合适用，能够发挥刑罚惩罚、预防犯罪的作用，从而在一定程度上减少编造、故意传播虚假恐怖信息罪的发生。

其二，民事追偿与刑罚处罚并行。

编造、故意传播虚假恐怖信息的行为本身就是一种侵权行为，因此，在判处行为人承担刑事责任的同时，可以由受害者提起民事诉讼，向侵权者主张侵权损害赔偿。

特别是在编造、故意传播虚假恐怖信息威胁民航安全的情况下，航空公司为了安全起见，在接到虚假恐怖信息时会启动紧急预案，这必然影响飞机的正常运

---

① 赵秉志. 高铭暄刑法思想述评. 北京：北京师范大学出版社，2013：260.

② 张明楷. 外国刑法纲要. 2 版. 北京：清华大学出版社，2007：211.



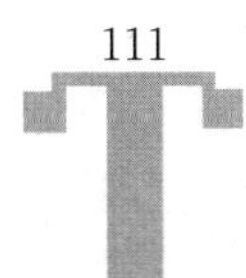

行，甚至导致飞机返航或备降，造成经济损失。对于航油消耗这些直接损失，检方可以提起公诉，然而除这些直接损失外，备降费用、支付机场费用、乘客补偿、人力成本等间接损失也不是一个小数目。不仅这样，飞机晚点或者取消，还影响了乘客的出行，给他们带来损失。而乘客因虚假恐怖信息遭受的损失又不在航空公司赔偿的范围之内。因此，为了弥补航空公司和乘客的损失，可以由他们向法院提起民事诉讼，进行民事索赔。

这种民事追偿与惩罚并行的治理方式远胜于刑罚或行政处罚单行的处置手段。通过民事追偿手段可以弥补行政处罚或刑事处罚的不足。在发生编造、故意传播虚假恐怖信息的行为之后，应由案件的直接受害者（如民航企业）对违法犯罪人提出民事赔偿之诉，这类诉讼一旦胜诉，违法犯罪人将可能承担巨额的民事赔偿责任，这必然会进一步提升违法成本，从而产生更大的威慑效力。

其三，及时追诉，严肃惩治。

进行及时有效的追诉和严肃的惩治是贯彻刑罚必定性和及时性的要求。刑罚的必定性是指行为人只要触犯了法律，就必然要受到惩罚。意大利刑法学家贝卡里亚曾中肯地指出“对于犯罪最强有力的约束力量不是刑罚的严酷性，而是刑罚的必定性，这种必定性要求司法官员谨守职责，法官铁面无私、严肃认真”①。因此，司法机关在实践中要做到无论案件大小，保证有案必立、每案必结，严格判断每个案件的属性，判断是否构成犯罪、达到何种程度，对构成犯罪的人及时抓捕并进行处罚，使任何人都难以侥幸逃脱。

对犯罪人及时追诉、惩罚，体现出犯罪与刑罚之间的因果联系，这样做对预防犯罪会起到更大的作用。“犯罪与刑罚之间的时间隔得越短，在人们心中，犯罪与刑罚这两个概念的联系就越突出、越持续，因而，人们就很自然地把犯罪看作起因，把刑罚看作不可缺少的必然结果。”② 如果不及时抓捕犯罪嫌疑人并对

---

① 切萨雷·贝卡里亚．论犯罪与刑罚．黄风，译．北京：北京大学出版社，2008：62.

② 同①47-48.

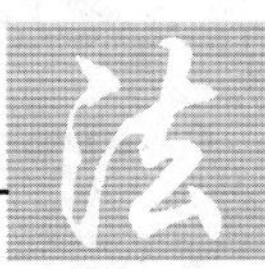

其进行处罚，那么随着时间的推移，刑罚在他身上起到的威慑作用会越来越小。因此在司法实践中就要求司法机关要迅速侦破案件，及时将犯罪嫌疑人抓获归案并进行有效追诉和惩罚。只有如此，才能保证刑罚和行政处罚的威慑力，最大限度地提高违法犯罪者的违法成本，从而减少该罪的发生。

# 法治反恐的国际视角：难点与对策*

## 一、前言

恐怖主义是影响当代国际社会和平发展进步的毒瘤。自20世纪六七十年代起，国际恐怖主义犯罪活动逐渐猖獗；进入21世纪以来，国际恐怖主义犯罪急剧上升，恐怖分子的袭击手段层出不穷，大规模恐怖事件相继发生，国际反恐形势异常严峻。随着全球一体化进程的加快，各国的“本土”恐怖势力与国际恐怖组织也建立了千丝万缕的联系，出现了有组织的入境渗透和跨境犯罪，走出国门务工、求学、旅游的各国公民、海外企业、驻外使领馆，都可能成为恐怖袭击的目标。在新的时代背景下，由于恐怖主义具有较强的政治和意识形态色彩，加之涉及国家之间、国家与国际组织之间、国内法与国外法以及国际条约之间的复杂关系，纠缠着基于政治制度、经济利益以及具体法律制度方面的差异而产生的矛盾，国际社会有效开展法治反恐的制约“瓶颈”日益凸显。这不仅妨害了预防和

* 原载《东南大学学报（哲学社会科学版）》，2020（2）。

惩治恐怖犯罪活动的成效，也影响到国际社会的稳定与发展。国际社会要有效克减法治反恐领域的难题，必须切实加强法治反恐方面的国际合作。有鉴于此，本文拟在梳理与把握国际恐怖主义犯罪之演进历程和特点的基础上，对国际社会法治反恐中的难点暨反恐国际合作问题，进行研讨。

## 二、国际恐怖主义犯罪的演进和特点

从沿革的角度考察，现代意义上的国际恐怖主义犯罪，大体上可以区分为以下三个阶段。

### （一）“冷战”恐怖主义阶段

国际恐怖主义犯罪的第一阶段，是“冷战”恐怖主义阶段。通常认为，现代恐怖主义出现于20世纪60年代末期。当时正值美苏两个超级大国冷战期间，东西方两大阵营内的各种民族分裂势力、种族主义、宗教狂热和领土纠纷都从属于意识形态的冷战对峙，有些甚至被用来作为对付敌对阵营的工具。[①] 在此期间，风起云涌的世界各国民族解放运动告一段落，但仍有许多遗留问题并未得到解决。此外，在一些西方国家中，各种受极左思潮影响和控制的组织也日趋活跃。随着民族国家的兴起和政治矛盾的激化，恐怖手段逐渐演变为全世界范围内地区性的关乎政治、民族和种族压迫与反抗的普遍威慑手段，并且上升为恐怖主义。

1968—1969年，全球出现了暗杀、爆炸、绑架、劫机、炸机等恐怖活动高潮，后来类似的恐怖主义活动愈演愈烈。据不完全统计，1968—1980年，全世界共发生恐怖事件6 714起。在这十多年中，共有3 668人无辜丧生。此后，国际社会一般就以1968年作为现代恐怖主义的起点。[②] 在这一时期，恐怖主义犯罪

---

① 金卫星. 国际恐怖主义的历史演变与界定. 苏州科技学院学报（社会科学），2003（3）.

② 中国现代国际关系研究所反恐怖研究中心. 国际恐怖主义与反恐怖斗争. 北京：时事出版社，2001：2.

主要集中于特定国家或地区，在犯罪手段、危害后果等方面与普通犯罪的区别尚不明显，全球影响亦较为有限。因此，除以色列等少数国家反恐局势严峻外，多数国家并未针对恐怖主义活动作出专门的法律规定。由于冷战对抗思维占主流，当时建立全球范围的国际反恐体系尚难以实现，但因为国际航空业等国际行业的发展，个别领域的国际反恐合作形式有了初步发展。① 20 世纪 80 年代末期，随着美苏冷战的结束，世界从两极格局朝着多极化发展，“冷战”恐怖主义逐渐淡出历史舞台。

（二）“多元”恐怖主义阶段

国际恐怖主义犯罪的第二阶段，是“多元”恐怖主义阶段。冷战结束后，全球范围内种种被压制已久的民族、宗教矛盾瞬间爆发，从而为恐怖主义的泛滥提供了充分的社会土壤。自此以后，在经济全球化和政治多极化的时代背景下，各种类型和形式的恐怖主义活动相继发生。这个时期的恐怖主义与前一时期相比表现出许多新的特点：一是动机不同，前一阶段的恐怖主义主要出于反殖民统治的动机，而 20 世纪八九十年代以后的恐怖主义的动机大部分属于宗教、政治意识形态与地缘政治的混合物；二是危害性不同，这一阶段恐怖活动的危害性远远大于前一阶段，因为大规模杀伤性武器和计算机网络都放大了恐怖主义的危害；三是活动规律不同，这一阶段恐怖主义的跨国性更加明显，现代的交通条件与国门开放政策使得恐怖主义的跨国色彩更加浓厚。② 仅就 20 世纪 90 年代而言，造成巨大损失和引起强烈反响的恐怖事件就有埃及卢克索袭击游客事件、东京地铁沙林毒气案、美国俄克拉何马爆炸案、以色列“哈马斯”爆炸案等等。恐怖事件的频繁发生与巨大危害，引起了以联合国为首的国际组织和多个国家的高度关注。正是在这样的背景下，发生了冷战结束以后迄今最为震惊世界的美国“9·11”恐怖袭击事件。2001 年 9 月 11 日，恐怖分子劫持四架民航客机，相继对美国纽约世贸中心和华盛顿五角大楼进行自杀式撞击，造成极为严重的人员伤亡和财产

① 柏枫．关于网络恐怖主义和国际反恐合作的思考．辽宁公安司法管理干部学院学报，2017（2）.

② 简基松．恐怖主义犯罪之刑法与国际刑法控制．北京：国家行政学院出版社，2012：8-9.

损失，这标志着恐怖主义犯罪对国际社会的危害达到新的高峰。[①]

（三）“宗教极端主义”恐怖主义阶段

国际恐怖主义犯罪的第三阶段，是“宗教极端主义”恐怖主义阶段。自“9·11”事件之后，宗教极端主义与恐怖主义快速合流，并在全球范围内迅速蔓延，重大恐怖袭击事件相继在世界范围内发生。时至今日，已很少有国家或地区能够成为远离恐怖主义的净土。当前，恐怖袭击事件除集中于从中东、北高加索、中亚、南亚到东南亚的“弧形地带”之外，在其他国家和地区也都不同程度地存在着，并呈现出显著有别于普通犯罪的发展新趋势、新特点。

第一，恐怖袭击地域的重点化。“9·11”事件之后，美国通过发动反恐战争、加强国内安保措施等手段，在相当一段时间内收到了较为显著的防范恐怖袭击的效果，除波士顿马拉松爆炸案等零星恐怖袭击之外，其本土自 2001 年“9·11”事件以后至 2015 年的近 15 年期间未发生大规模的恐怖袭击事件。[②] 有学者经研究指出，近年来国际恐怖主义以中东为中心向四周辐射，形成两个恐怖主义势力循环圈：一个是中东—东非、北非—西欧圈，一个是中东—中亚—东南亚圈。[③] 我国国家反恐安全专员程国平在接受采访时也指出，在极端恐怖主义组织遭受沉重打击之下，其暴恐活动也发生了新的变化，出现了一些新的分化、聚合，并向其他地区转移、渗透。在这样的背景下，当今的国际暴恐活动表现出两个新特点：一是极端主义恐怖组织从中东经过东南亚，向中亚特别是阿富汗转移；二是针对欧洲等西方发达国家的暴恐事件频频发生，这是前所未有的。[④] 特别是在欧洲，近年来恐怖袭击的形势日趋严重。例如，继 2017 年 8 月 17 日西班

---

① “9·11”委员会报告：美国遭受恐怖袭击国家委员会最终报告．赵秉志，王志祥，王文华，等译．北京：中国人民公安大学出版社，2004：154-162.

② 这一平稳状况近年来有被打破的迹象：2016 年 6 月，美国奥兰多一酒吧发生恐怖袭击，致 49 人死亡；2017 年 10 月 31 日，美国纽约曼哈顿发生驾车撞人的恐怖事件，致 8 人死亡；2017 年 12 月 11 日，美国纽约曼哈顿港务局客运总站发生一起“未遂恐怖袭击案”，造成 4 人受伤。法制晚报，2017-03-10（A8）；法制日报，2017-12-30（4）；法制日报，2017-12-13（4）；法制日报，2017-12-14（4）.

③ 张金平．国际恐怖主义与反恐策略．北京：人民出版社，2012：14.

④ 暴恐活动今有 2 个新特点（专访国家反恐安全专员程国平）．法制晚报，2017-03-10（A8）.

牙巴塞罗那发生货车撞人的恐怖袭击事件之后，同年 8 月 18 日即次日，芬兰、德国、俄罗斯又连续发生持刀行凶的恐怖袭击事件。[1] 而英国更是一度成为欧洲遭受恐怖袭击的重灾区：2017 年 3 月 22 日下午，英国伦敦市中心议会大厦附近发生恐怖分子驾车撞人的恐怖袭击事件，造成 5 人死亡、约 40 人受伤，袭击者试图进入议会大厦而被击毙。[2] 时隔 2 个月，2017 年 5 月 22 日夜，英国曼彻斯特一个正在举行演唱会的体育馆发生爆炸式恐怖袭击，造成至少 19 死、50 伤，英国政府随之将恐怖威胁级别上调至最高等级“危急”[3]。十多天后，在 2017 年 6 月 8 日英国大选之前的 6 月 3 日晚，伦敦一夜之间发生 3 起安全事件，当时即造成 6 死、20 伤，警方称其中 2 起为恐怖袭击事件。[4] 2017 年 9 月 15 日早上，伦敦西部一地铁站在高峰期间遭受爆炸式恐怖袭击，当时共造成至少 29 人受伤，英国首相特蕾莎·梅当晚即宣布，将英国的恐怖威胁级别再度上调至最高等级“危急”[5]。有评论说，英国、法国、德国等原本属于“远离”恐怖袭击的欧洲发达国家目前也成为极端组织“伊斯兰国”（ISIS）的袭击目标，由此，欧洲全境恐将无一净土，难免令人担忧。[6] 缘何欧洲目前成为恐怖袭击的重灾区？其中的一个重要原因，是由于欧洲部分国家采取“开放性”的移民或难民政策，大批具有极端主义思想的人到叙利亚或伊拉克参战后或参加恐怖组织培训后潜回欧洲从事恐怖活动，从而给欧洲的安全和社会稳定带来严重威胁。据伦敦大学国王学院极端化与政治暴力国际研究中心（ICSR）2015 年 1 月的统计数据，在叙利亚和伊拉克战斗的西方籍恐怖主义战斗人员的人数已经攀升至 4 000 人，其中法国、

① 张春友，冀勇，单士磊，等．国际社会强烈谴责恐怖袭击事件．法制日报，2017-08-21（4）．

② 男子 Z 字形开车冲撞人群．法制晚报，2017-03-22（A13）．

③ 听到巨响 以为是表演环节．法制晚报，2017-05-23（A16）；英恐怖威胁级别调至危急．法制晚报，2017-05-24（A14）．

④ 大选在即 伦敦一夜遇三袭．法制晚报，2017-06-04（A8）．

⑤ 英恐怖威胁等级提至最高．法制晚报，2017-09-16（A10）；伦敦恐袭案两名嫌疑人被逮捕．法制晚报，2017-09-18（4）．

⑥ 同①．

英国和比利时分别达到 1 200 人、600 人和 440 人。[①] 同时，以“伊斯兰国”为代表的国际恐怖组织企图在欧洲各地建立训练营地，培训当地武装分子，以便在英国和欧盟国家实施“特种部队式”的恐怖袭击。近年来，接受恐怖主义理念、本地生长的恐怖分子制造的恐怖事件越来越多。这些“新生代”恐怖分子多在西方接受教育，对西方政治、文化和媒体运作以及社会治安漏洞了解得相当深入，因而其恐怖活动更具灵活性、隐蔽性和危害性。例如，法国的恐怖袭击者大多是年龄在 20 至 30 岁之间的移民后代。无论是制造尼斯恐怖袭击和巴塔克兰剧院屠杀事件的恐怖分子，还是参与《查理周刊》袭击的库阿希兄弟，他们都是拥有法国国籍的移民后代，都具有在宗教场所、监狱或通过社交网络接触极端组织人员的经历。[②]

第二，恐怖袭击主体的政权化。自北非爆发、波及中东的所谓“阿拉伯之春”发生以来，国际恐怖主义势力日益猖獗，尤其是极端组织“伊斯兰国”异军突起，迅速壮大，在伊拉克和叙利亚攻城略地，占领了伊叙两国大片土地。2015 年以后，该组织的恐怖活动向全球扩展，严重威胁着地区和全球的和平与稳定。国际恐怖组织的活动从制造零星的恐怖暴力行动扩展到攻城略地甚至建立非法政权，使用的武器也从一般小型武器发展到常规战争武器。他们发动的暴力行动已明显具有传统意义上的正规战争的特点。截至 2015 年初，从世界各国前往叙利亚加入“伊斯兰国”组织的外国公民达到 2 万人左右，远远超过了外国公民加入其他“吉哈德”极端组织的总和。[③]

与此同时，恐怖组织的规模开始朝着大型化和小型化双重方向发展，其组织性也朝着高度严密型和松散型多个方向发展。在世界各国的严厉打击之下，“伊

---

① Peter R. Neumann. Foreign Fighter Total in Syria/Iraq Now Exceeds 20，000；Surpasses Afghanistan Conflict in the 1980.（2018－05－04）. https://icsr.info/2015/01/foreign-fighter-total-syriairaq-now-exceeds-20000-surpasses-afghanistan-con-flict-1980s/.

② 张乐．法国本土恐怖主义现象的原因分析．国际关系研究，2016（5）.

③ Alberto M. Fernandez. Here to Stay and Growing：Combating ISIS Propaganda Networks. The Brookings Project on U. S. Relations with the Islamic World：U. S. -Islamic World Forum Papers，2015：3.

斯兰国”“基地”组织等国际恐怖组织转而进一步扩散，它们加紧同地方恐怖组织紧密合作，在一些地区实现了本土化。同时，恐怖组织调整策略，产生了新的发展态势：传统的恐怖组织在结构方面一般具有若干分支，这些分支机构各有分工、互不联络，但都与组织的领导层保持直接联系，在实施恐怖袭击时，需要多个分支机构相互配合，有的负责侦察，有的负责后勤，有的负责搜集情报，等等；而当今恐怖组织大都采用了非中心的、少等级、灵活和松散的网络结构。

第三，恐怖袭击手段的多样化。恐怖主义犯罪的手段包括暗杀、爆炸、绑架、劫机等，与普通刑事犯罪相比，恐怖主义犯罪造成的危害后果是惊人的，甚至不亚于小规模的战争。更为可怕的是，恐怖主义犯罪给社会公众带来了广泛的恐惧感，使公众不知道在何时、何地会再次受到恐怖袭击，处于防不胜防的境况，从而对国家稳定和社会秩序造成了严重侵害。当今全球恐怖袭击的主要手段包括：(1) 驾车冲撞。例如，2016 年 7 月 14 日，法国国庆日当晚，一辆卡车在法国南部海滨城市尼斯冲撞观看国庆节烟花表演的人群，造成至少 80 人死亡、50 余人受伤，伤者中包括 2 名中国公民。时任法国总统奥朗德说，这起袭击事件的“恐怖性质”不可否认，并宣布将全国紧急状态延长 3 个月。[①] 2016 年 12 月 19 日，恐怖分子突然冲进德国柏林市中心的一个圣诞市集进行恐怖袭击，造成 12 人死亡，多达 48 人受伤。由于临近圣诞节，该市集当时人潮涌动。目击者指称，实施撞击的货车冲上人行道，撞向路人。货车司机在撞击人群后一度弃车逃逸，后来在市集附近落网。[②] 2017 年 8 月 17 日晚上，西班牙巴塞罗那的旅游景点遭受到以驾驶货车撞人方式的恐怖袭击，造成至少 13 人丧生、100 余人受伤（其中 15 人受重伤），极端组织“伊斯兰国”当天宣称对此恐怖袭击事件负责。[③] (2) 爆炸。例如，2016 年 3 月 22 日，比利时首都布鲁塞尔市郊的扎芬特

① 龙剑武. 法国尼斯观看国庆烟火人群被卡车冲撞 或已致数十人死亡. (2016-07-15). http://news.ifeng.com/a/20160715/49358538_0.shtml.

② 默克尔：柏林卡车撞集市是一场恐怖袭击. (2016-12-20). http://mini.eastday.com/mobile/161220183952302.html.

③ 巴塞罗那遭恐袭 已致 13 人亡. 法制晚报，2017-08-18 (A14).

姆机场和市内欧盟总部附近地铁站先后发生爆炸，造成至少 31 人遇难、300 余人受伤。比利时联邦检察院将该事件定性为“自杀式恐怖袭击”，比利时内政部一度将该国的安全警戒级别调至最高级。[①] 2017 年 11 月 24 日，埃及北西奈省一座清真寺发生炸弹爆炸和随后枪击的恐怖袭击，造成 305 人死亡、128 人受伤。这是美国“9·11”事件以后死亡人数最多、最严重的恐怖袭击事件。[②]（3）枪击。例如，2015 年 8 月 21 日，在一列从荷兰阿姆斯特丹开往法国巴黎的国际列车上发生枪击事件，造成 2 人重伤、1 人轻伤。携带了武器和大量弹药的摩洛哥嫌犯被乘客制服，避免了造成更大伤亡。该嫌犯因涉及“与恐怖组织关联的意图谋杀”等多项罪名被调查。2015 年 11 月 13 日，法国首都巴黎辖区内发生多起袭击，共发生 5 次爆炸、5 次枪击，其中法兰西体育场附近发生 3 次爆炸，造成至少 130 人死亡、350 多人受伤，其中 99 人伤势严重，极端组织“伊斯兰国”声称实施了这次袭击。（4）暗杀。例如，2016 年 12 月 19 日，在土耳其安卡拉，俄罗斯驻土耳其大使卡尔洛夫在参加一个艺术展活动时遭枪击，因受伤严重不治身亡，另有 3 人受轻伤。枪击者当场被击毙。据悉，枪击者在射击卡尔洛夫后叫嚷：“别忘记阿勒颇，别忘记叙利亚。”[③]（5）网络战。现代信息技术和网络技术的飞速发展也使恐怖分子如虎添翼，网络袭击可能也是未来恐怖袭击的重要方式之一。各大恐怖组织开始由媒体宣传的受众转变为组织者和制作者。如何有效控制各类媒体平台，制作出比对方更有传播效力的视频、演讲文稿、录音和图像，已成为恐怖组织与全球反恐联盟斗争的重点。作为“基地”组织主要宣传工作室的“云彩电台”（As-Sahab，阿拉伯语为云彩之意），在 2005 年制作播放了 16 个视频，2006 年制作播放了 58 个，2007 年达到 90 多个。[④] 此外，恐怖分子将信息

① 比利时布鲁塞尔机场发生爆炸.（2016-03-22）. http://www.xinhuanet.com/world/2016-03/22/c_128823429.htm.

② 埃清真寺恐袭 超 300 人死伤. 法制晚报，2017-11-25（A18）；2017 年国际十大案件. 法制日报，2017-12-30（4）.

③ 俄罗斯驻土耳其大使在安卡拉遭枪击 目前伤势不明.（2016-12-20）. http://news.youth.cn/gj/201612/t20161220_8964240.htm.

④ 谢许潭. 国际反恐新战场：应对“伊斯兰国”媒体宣传的挑战. 外交评论，2016（1）.

传播与恐怖袭击手段相结合，以招募恐怖组织成员、传播恐怖主义、增强恐怖袭击的效果，最大限度地制造社会恐怖气氛。例如，以“伊斯兰国”为代表的新生恐怖势力开始实现宣传与恐怖袭击的“零时差”操作，并注重在宣传与各阶段战略目标之间实现高度吻合。一些恐怖分子在绑架人质后将其杀害，并使用录像和照片记录下全过程，通过电视、网络等现代传媒予以公布，希望以这种方式给人以“视觉震荡”，向相关国家和政府发出威胁信号。在“线上”鼓动与“线下”行动之间实现紧凑衔接，已成为恐怖组织运作的新模式。

第四，恐怖袭击对象的平民化。当前，恐怖袭击的目标除政界、商界、军界要人等外，更多地指向无辜平民。恐怖分子越来越多地袭击集市、居民区、公交系统和大型餐饮娱乐场所等“软目标”，将包括老弱妇孺在内的无辜平民作为牺牲品。由于各国和各地区普遍加强了对重要军政设施和首脑人物的安保工作，恐怖分子对重要的军事和政治目标实施恐怖袭击日益困难，因而将袭击目标转向无辜平民。同时，恐怖分子为了实现“让更多人死，让更多人看”的恐怖效应，开始大肆攻击无辜平民，以制造更大范围的社会恐慌。

第五，恐怖袭击背景的复杂化。目前，中东地区总体形势动荡，为恐怖主义滋生提供了土壤。反恐在美国中东战略中的地位下降，弱化了国际反恐合作，在某种程度上减轻了恐怖主义势力面临的国际压力。同时，大量来自战场的难民涌入法国、德国等欧洲国家，不少恐怖分子以难民的面目进入这些国家境内。

正是在当前“宗教极端主义”恐怖主义发展的新趋势、新特点之背景下，国际社会在法治反恐领域面临一系列难题，因此亟须加强法治反恐的国际合作。

## 三、国际社会法治反恐中的难点问题

国际恐怖主义的产生和发展有其复杂的、多方面的根源、原因和助长因素，遏制与铲除国际恐怖主义需要国际社会和各国政府通力合作，采取政治、军事、经济、法治、文化、社会等多方面的应对举措，法治反恐只是其中的一个方面，但也是极其重要的方面。就此方面而言，当代国际社会在法治反恐领域面临一系

列形形色色的新老难题，从国际反恐视角观察，择其要者，主要涉及恐怖主义概念的界定、反恐双重标准的困扰、越境反恐、反恐跨境取证等突出问题。

（一）关于恐怖主义概念的界定问题

概念揭示事物的本质。恐怖主义的本质何在？中国国家主席习近平在多个国内外重要场合鲜明地表达了中国政府对恐怖主义本质的认识："恐怖主义是人类的公敌，是全球性挑战"①。"暴力恐怖活动漠视基本人权、践踏人道正义，挑战的是人类文明共同的底线，既不是民族问题，也不是宗教问题，而是各族人民的共同敌人。"② 在把握恐怖主义本质的基础上，我们还需要全面而准确地确定恐怖主义的概念，因为在全球交往日益深化的年代，愈演愈烈的恐怖主义对区域冲突、国家安全、法律秩序等领域产生着巨大的影响，而恐怖主义概念界定的科学与否，直接决定着国际反恐怖主义斗争，尤其是法治反恐的成效。

据荷兰学者亚历克斯·施密德（Alex P. Schmid）的统计，自1936年至1981年间，世界各国的文献中就引用了109个表述各异、主张不一的恐怖主义概念。学者们从政治学、法学、国际关系学、社会学等视角对恐怖主义基础概念进行界定，几乎每个学者都有着自己的见解，这给反恐立法造成极大的困惑。亚历克斯·施密德对上述概念所涉及的21种因素进行了研究，运用"结构式内容分析法"进行分析，结果发现出现频率最高的内容要素主要是：暴力、武力（83.5%），政治性（65%），恐惧、恐怖（51%），威胁（47%）。③ 其后，我国学者胡联合又陆续整理了1982—2010年间的50个具有代表性的恐怖主义定义，并参照亚历克斯·施密德的方法将这些定义所涉及的内容要素（共计16种）编写成表进行统计分析，结果发现出现频率最高的要素主要是：政治性目标（90%），（暴力）威胁（54%），恐惧及心理影响（54%），以及有计划的、系统

① 潘珊菊. 中国领导人走遍半个地球 今年外交圆满收官. 京华时报，2015-12-07（A04-A05）.

② 习近平在中共中央政治局第十四次集体学习时强调 切实维护国家安全和社会安定 为实现奋斗目标营造良好社会环境. 人民日报，2014-04-27（1）.

③ Alex P. Schmid，Albert J. Jongman. Political Terrorism. Amsterdam：North-Holland Publishing Company，1988：5-6.

化的、有组织的行为（40%）。[①] 胡联合把亚历克斯·施密德关于恐怖主义的109个定义和他本人关于恐怖主义的50个定义的两份统计表结合起来分析，得出的结论是：人们较有共识的是恐怖主义包含暴力、政治性、旨在制造恐惧和威胁（使用暴力）的行为这四种要素；而对于在恐怖主义概念中应否包含社会性、有组织性、重复性、不受人性约束、强迫性、受害者的无辜性、随机性或无选择性、难以预测性或突发性、象征性、宣传性、非法性、犯罪性、非正义性等要素，人们则存在明显分歧。[②] 由于不同观点基于不同立场，从国际性、国内性角度广义或狭义地界定了恐怖主义的内涵，所以这些关于恐怖主义的定义难免存在过于粗疏或精细的纰漏。一方面，宽泛的外延导致法律条文缺乏严谨性，因而概念界定模糊；另一方面，缜密的界定又缺乏法律条文制定的前瞻性，特别是随着不断变化的犯罪现象的出现，严格遵循罪刑法定原则会放纵了罪犯。[③] 在缺乏定论的情况下，立法者通常从有效打击恐怖主义的方面进行考虑，学者们乃至公众通常从人权法和公民自由的视角展开批评，很多国家的反恐立法之所以充满争议甚至夭折，很大程度上就是因为恐怖主义概念界定的困难过大。

恐怖主义本身具有突出的复杂性，这也给反恐立法带来了不可避免的重大困难，特别是各国文化、习俗和视角的不同导致了理解上的多重性。截至目前，国际社会尚不存在一个统一的、权威的恐怖主义概念和法制框架。1999年底联合国大会通过第54/110号决议，决定开始制定一部《关于国际恐怖主义的全面公约》。但是，历经数年的艰苦谈判，特设委员会仍未拟定出这项反恐公约的最后草案，在起草和审议该公约草案的过程中，围绕恐怖主义概念界定进行的磋商显示出严重的南北分歧。联合国有关机构的负责人在多个场合呼吁各国结束有关恐怖主义概念的争吵，为制定全面性、综合性的国际反恐公约铺平道路。[④]

尽管存在诸多困惑，绝大多数国家仍然试图对“恐怖主义行为”等概念进行

---

① 胡联合．全球反恐论．北京：中国大百科全书出版社，2011：14-26.

② 同①26-27.

③ 赵秉志．惩治恐怖主义犯罪理论与立法．北京：中国人民公安大学出版社，2005：15.

④ 黄瑶．联合国反恐全面公约中的武装部队问题．法学研究，2009（2）.

界定。然而，法律语言本身具有局限性，由于缺乏先例可循，以及实际操作的经验不足，不少国家的反恐怖法使用一些模糊用语，对“恐怖主义目的”的界定过于宽泛。正如有学者指出：“恐怖主义概念中‘意图威胁或强制人民’‘威胁或压抑影响政府政策’等要素，并没有特别限定于何种行为，甚至可能包括合法表达意见；而‘暴力行为’‘损害财产行为’‘危害公共健康与安全’等要素，都是相当广泛的概念，或是不确定的法律概念，可能以反恐之名将诸多只是轻微影响他人或公众生活之行为，或是只是轻微的犯罪，都认定为恐怖主义行为。”①

此外，一些国家出于种种考虑，将普通刑事犯罪纳入恐怖主义的基础概念之中，而这些行为通常并不与恐怖主义相联系。例如，根据巴基斯坦《1997 年反恐怖主义法》的规定，恐怖主义行为包括“扔石块碎砖或旨在扩大恐慌的任何其他形式恶作剧”；在巴基斯坦《2002 年反恐怖主义法（修正案）》中，甚至将轮奸、虐待儿童、抢劫、强奸、敲诈财物等手段也纳入其中。② 这样扩大化的反恐立法也直接影响了相关的司法实践。例如，2002 年 6 月 22 日，巴基斯坦旁遮普省的米尔瓦拉村发生了一起骇人听闻的轮奸案。在该案中，受害人梅属于巴基斯坦当地一个名叫古加尔的低等部落，她 11 岁的弟弟被指控调戏了一名马斯托伊的高等部落的女子。为了报复这个低等部落的家庭，部族法庭威胁说梅家里的所有女子都将受到强奸，除非梅接受轮奸之刑，为整个家族承担罪责。4 名年龄在 20～40 岁之间的男子以“行刑者”的面目出现，在众目睽睽之下对梅施暴。巴基斯坦总统穆沙拉夫闻讯后，谴责这是一起“恐怖主义案件”。2002 年 9 月 1 日，巴基斯坦反恐法庭就此案作出判决，判处数名犯罪者绞刑。③再如，巴基斯坦是风筝大国，不少风筝爱好者在制作风筝时，往往用金属作为风筝线，每年都有因风筝剐蹭而导致人身伤亡的事件发生。但是，旁遮普政府和拉合尔警方却把风筝伤人与触犯反恐法挂钩。巴基斯坦拉合尔地方警察局局长扎法尔·祖力法卡尔下

① 廖福特. 是共存、非冲突：欧洲理事会如何平衡打击恐怖主义与人权保障. 月旦法学杂志，2006（5）.

② 杜邈. 反恐刑法立法研究. 北京：法律出版社，2009：137.

③ 强奸就是恐怖活动. 兰州晨报，2002-08-21（3）.

令禁止放风筝，政府随后逮捕了1 100名风筝肇事者并关闭了22个违抗政府法令出售风筝的商店，对他们以违反反恐法论处。[①] 以上两个案例，都是不当地把普通刑事犯罪当作恐怖活动犯罪来论处的典型案例。

如果反恐法的基础概念界定存在瑕疵，将会引发一系列负面的法律与社会后果，如恐怖主义基础概念界定不当可能导致反恐怖斗争的“泛化”。从一般社会公众的角度来看，恐怖主义概念应当是明确、具体的，指向那些危害国家安全、公共安全和公民生命财产安全的严重犯罪，而不是强奸、街头斗殴等普通刑事犯罪。如果恐怖主义概念的范围不断扩张，将反恐法用于处理那些不被认为是恐怖分子的人，势必会影响社会公众对恐怖主义的认知，将反恐怖斗争与政治问题相混同，同时，给普通刑事犯罪人贴上恐怖分子的标签，难免会激化其对抗情绪。

### （二）反恐双重标准问题

当今国际反恐怖主义斗争面临着双重标准问题的挑战。双重标准是指根据自身诉求、利益等，采取不同的标准，对同一性质的事情进行不同的判断，主张伤害本国国民的就是恐怖主义、恐怖分子，而伤害他国国民的就成了无辜者甚至“民主斗士”。有的国家为了自身利益，对恐怖主义的认定与应对采取了双重标准，以实现自己的政治诉求。因为政府可将其对手的行动界定为恐怖活动以达到使其对手非法化的目的，从而使其武装部队可以理直气壮地进行打击。[②] 例如，以美国为首的一些西方国家在国际反恐活动中，只从本国利益出发，对于恐怖主义事件的标准也是随着自身利益诉求的变化而变化。[③] 美国是当今国际社会唯一的“超级大国”，影响力遍布全球，其反恐主张直接影响着国际社会的反恐形势。所以，美国反恐政策采取双重标准对国际反恐的负面影响是极其深远的。一方面，这样会妨害国际反恐合作的效果。2001年“9·11”事件后，世界各国的反恐力度显著提升，恐怖势力受到空前打击。但是由于以美国为首的一些西方国家

① 巴基斯坦两省禁放风筝 伤人者将受反恐法处置. 新京报，2006-03-12（4）.

② 刘德海，周婷婷，王维国. 反恐国际合作双重标准问题的序贯互惠博弈模型. 中国管理科学，2015，23（s1）.

③ 石云霞. 关于美国“人权外交”的标准、地位与理论基础. 法学评论，1998（3）.

在打击国际恐怖主义行动上采取双重标准，各国政府在反恐态度上达不成一致，互相指责，在国际反恐行动的合作上也难以同步，因此国际反恐前景不容乐观。另一方面，这样会导致国际恐怖主义势力趁机发展。美国为了自己的国家利益，常常将他国的恐怖主义活动定义为民族、宗教或人权问题，并借此指责他国政策进而干涉他国内政，甚至资助他国的恐怖主义势力，导致恐怖主义势力不但未被削弱，反而因为美国为首的一些西方国家的双重标准而得以增强。例如，在20世纪美苏冷战时期，美国为了对抗苏联，曾经扶植过阿富汗的极端势力，而因此发展起来的恐怖势力就是日后“基地”组织和塔利班的主要力量。

在国际反恐合作中，同样存在双重标准的问题。当一些国家遭遇诸如“9·11”事件、波士顿马拉松爆炸等恐怖袭击时，中国往往在第一时间表达对恐怖主义事件的强烈谴责，并对遭到恐怖袭击的国家和民众表示同情和慰问；而在中国发生恐怖主义事件时，某些西方国家总是只考虑自身利益，而将这些恐怖暴行称为“中国民主运动的开始”，将其错误地定性为民族问题、宗教问题，进而指责中国的民族和宗教政策，甚至以此为借口资助境外分裂组织，以干涉中国内政。自2008年拉萨“3·14”打砸抢烧严重暴力事件和2009年乌鲁木齐“7·5”暴力恐怖事件发生以后，迄今恐怖分子已制造了数十起暴恐袭击事件，其中影响较大的为“10·28”北京天安门金水桥暴恐事件、“3·1”昆明火车站暴恐事件、“5·22”乌鲁木齐爆炸事件、“7·28”新疆莎车县暴恐事件等。① 不出所料的是，每次在中国发生恐怖袭击，一些西方媒体对恐怖分子行为的同情之声、对中国政府调查的质疑之声，以及对中国民族政策的抨击之声就会此起彼伏、不绝于耳。例如，以CNN和VOA为代表的西方媒体在报道“7·28”新疆莎车县暴恐事件时在标题中使用了“骚乱”（riot）或者“动荡”（unrest）等词而非“恐怖袭击”（terror attack）②。有的西方媒体对中国发生的暴力恐怖犯罪作出的解释竟

① 赵远．21世纪中国恐怖活动犯罪暨反恐刑法的发展//赵秉志．刑法评论：2016年第1卷（总第29卷）．北京：法律出版社，2016．

② William Ide. China Censors Web Posts Following Xinjiang Unrest Rumors. VOA，2014-07-29.

然是：它们并非恐怖活动，而只是民族主义情感的一种表达，是对政府不满的一种抗议。即使在承认确实实施了暴力行为的同时，他们也认为行为人使用暴力是“毫无选择、被逼无奈”，因为“和平对抗在中国是非法的”[①]。“这种对恐怖主义搞‘双重标准’的做法只会成为对恐怖主义的怂恿与纵容”[②]，因为这样的反恐双重标准将暴力恐怖活动与政治、民族、宗教问题相混同，甚至以此为借口干涉他国内政，势必严重影响反恐法治的发展和反恐国际合作的开展。

例如，2009 年，美国政府不顾中国强烈反对，将 6 名曾经关押在关塔那摩监狱的中国籍“东伊运”成员安置在太平洋岛国帕劳，公然拒绝中国遣返恐怖主义嫌犯的要求。如果“东突”分子仅在中国作恶，那么西方舆论便视其为争取“民族自决”“值得同情的被压迫者”，就可以不断给予其同情和支持。显然，比起恐怖分子的巨大危害，某些西方舆论更关心的是中国内部的冲突，并处心积虑地扩大和加剧这种冲突。近年来，某些西方国家支持新疆、西藏的民族分裂势力分裂中国的具体策略和行动，就是利用“人权”、“自由”、“民族”与“主权”等话题捏造谎言、制造矛盾，从经济、舆论、政治、法律上支持民族分裂势力扰乱中国。[③]

而美国总是对自己认为是“恐怖主义”的国家或者组织发动攻击，对于对自己有利的“友好国家”的恐怖行为则采取庇护、支持的态度。如美国无视巴以冲突的根源，一味偏袒以色列，指责巴勒斯坦没有约束“恐怖分子”，无视以色列对巴激进组织发起的“定点清除”行动；在南斯拉夫政府军镇压“科索沃解放军”之前，美国政府也承认“科索沃解放军”为恐怖势力，然而，为了本国在东欧的利益，美国又把南政府的行动视为对人权的侵犯。在反恐斗争中，美国长期以来都采取实用主义政策和双重标准的霸权主义做法，根据自己的利益需要，偏

① Erik Eckholm. China Muslim Group Planned Terror，U. S. Says. New York Times，2002-08-31.

② 国务院新闻办公室．世界反恐困局怎么破？习近平提出“中国方案”．（2015-11-17）．http://www.scio.gov.cn/37236/37262/Document/1602209/1602209.htm.

③ 张扬．界定恐怖袭击不能用“双重标准”．中国社会科学报，2013-11-22.

袒一方，打击另一方，从而使矛盾冲突更加尖锐复杂，也在一定程度上助长了恐怖主义的气焰。①

而超级恐怖组织“伊斯兰国”的形成，就是因为部分大国在中东地区栽培自己的势力，对极端势力和恐怖主义持双重标准。中东地区出现“伊斯兰国”这样的极端主义势力，既有外部地缘环境的原因，也有本地区的根源。首先是因为近年来的叙利亚内战，参加“圣战”的国际武装人员（jihadists）集中到了这片区域。之前，美国推翻萨达姆政权，奥巴马上台之后力主撤军，该地区就出现了权力真空。同时美国为了推翻叙利亚的巴沙尔政权，扶持叙利亚及其周边的反政府武装，而这些反政府武装后来联合伊拉克萨达姆的残余势力发展成后来的“伊斯兰国”。

正是基于对恐怖主义是人类社会公敌之本质的深刻认识，在第四届核安全峰会上，中国国家主席习近平代表中国提出鲜明的主张：“打击恐怖主义必须摒弃双重标准。无论恐怖活动打着什么旗号、针对哪个国家、采取何种手段，都要坚决予以打击。”②

（三）越境反恐问题

在全球化的大背景之下，恐怖主义也呈现国际化趋势，恐怖组织不断制造跨国恐怖袭击。受恐怖主义严重危害的国家都在积极探索打击境外恐怖组织、彻底解除威胁本国安全的国内外恐怖势力的对策，其中最重要的一条措施，就是修改和完善反恐法律，授权本国武装力量走出国门，到境外打击恐怖分子。再从国际层面来看，联合国安理会通过的第 2249 号决议，同样视恐怖势力为“国际和平与安全面临的前所未有的全球性威胁”，重申“决定采取一切手段打击国际和平与安全面临的这一前所未有的威胁”，进而促请有能力的会员国打击在叙利亚和伊拉克境内的恐怖势力。③

---

① 李阳. 试论当前国际反恐合作中存在的突出问题. 新西部（理论版），2015（5）.

② 刘平. 习近平就打击核恐怖主义提出四点主张. 中国青年报，2016-04-03（1）.

③ 管建强，曹瑞璇. 惩治国际恐怖主义以及完善我国惩治恐怖主义法律体系. 法学杂志，2015（7）.

从国家层面来看，一些国家赋予本国军事力量或其他力量越境反恐的权力。例如，俄罗斯《2006年反恐怖主义法》赋予其武装力量“先发制人”的越境反恐权，俄罗斯联邦武装力量依其反恐法可以从联邦境内打击境外的恐怖分子及其基地，或在联邦境外执行制止国际恐怖主义活动的任务。[①] 日本《2001年恐怖对策特别措施法》扩大了其自卫队的活动范围，开创了派遣自卫队实行海外反恐的先例，同时放宽了自卫队使用武器的标准。[②] 不难看出，这些国家可能动用军事手段打击对其安全构成严重威胁的恐怖势力，不排除把攻击的矛头指向国外、进行跨境作战的可能性。这表明，在面对安全领域出现的根本性变化和新的威胁时，一些国家的反恐法呈现出新的发展趋势。在反恐法中规定越境打击的内容，具有一定的现实背景和现实考虑。恐怖主义在呈现出组织国际化和装备现代化特点的同时，其影响范围也日益增大，既有一个国家内部的恐怖主义活动，也有地区性乃至国际层面发生的恐怖主义活动。在实践中，很多国家面临的恐怖威胁主要来自境外，在国际反恐合作成效有限的情况下，一些国家在其国内法中授予有关部门反恐的越境打击权，旨在有力地震慑境内外的恐怖势力。

虽然越境打击在国际反恐行动中已经越来越普遍，但现有国际法中缺乏主权国家可以越境打击恐怖势力的具体规范，在实践操作中容易引发争议。个别国家在其反恐法中规定越境打击的内容，对现行国际法构成严重挑战，导致了国际关系的紧张，也在一定程度上造成恐怖主义的泛滥。在反恐的名义下，如果将本国的军事力量派遣至境外实施行动，就可能出现侵犯他国主权的事实，从而破坏国家之间的正常关系。

在越境反恐方面值得肯定的是我国反恐法的相关规定。2015年12月通过的《反恐怖主义法》第71条规定：“经与有关国家达成协议，并报国务院批准，国务院公安部门、国家安全部门可以派员出境执行反恐怖主义任务。中国人民解放军、中国人民武装警察部队派员出境执行反恐怖主义任务，由中央军事委员会批

① 外国最新反恐法选编. 赵秉志，等编译. 北京：中国法制出版社，2008：326.

② 同①412.

准。”这里突出强调了境外反恐的条件——“经与有关国家达成协议”，从而避免出现单边越境反恐的不良国际影响。

实践证明，未经其他国家同意或许可的越境反恐会导致对他国主权的侵犯，对当地居民的生命、财产造成损害；如果恐怖组织利用社会公众对越境国的不满情绪，大肆传播极端思想，唆使或诱骗一些激进分子从事恐怖袭击活动，恐怖势力将加速蔓延，甚至会诱发新型的恐怖主义，从而使反恐斗争的效果事倍功半。近年来，国际社会一直致力于预防和打击恐怖主义，但是，全球反恐形势依然不容乐观，局部地区甚至出现了“越反越恐”的局面。不可否认，一些西方国家的单边越境反恐打击是造成该局面的重要因素之一。“9·11”事件之后，美国以反恐为由先后发动阿富汗战争和伊拉克战争，并且颁行《2006年巴勒斯坦反恐怖主义法》，通过美国的国内立法对中东局势进行强力干预。但是，美国的越境打击并未收到理想的反恐效果，而是逐渐演变为美国霸权主义与“反美主义”之间的决战。由此可见，如果片面强调反恐怖斗争的武力性，虽然可能取得战场上的暂时胜利，但恐怖势力不会因此而有所收敛，相反，反恐怖斗争呈现出更强的“文明冲突”色彩，从而使国际社会更难对恐怖主义进行标本兼治。

例如，2011年5月1日，时任美国总统奥巴马在白宫宣布，“基地”组织领导人本·拉登已经被美国军方击毙。在美国东部时间当天晚上11点36分，美国新闻电视台直播了美国总统奥巴马在白宫发表的有关本·拉登被打死的讲话。他在讲话一开始就宣布，美国军方已经在巴基斯坦首都伊斯兰堡郊外的一所房子中把“基地”组织领导人本·拉登打死。本·拉登是2011年5月1日被击毙的，击毙拉登的军事行动由美国海军陆战队的海豹突击队实施，突击队在发动袭击之前进行了多次模拟演练。[①] 再如，2002年9月11日，俄罗斯总统普京向格鲁吉亚发出警告，宣称格鲁吉亚若不能制止车臣恐怖分子从其领土的进攻，俄将考虑

① 细节披露：奥巴马只要死拉登　DNA比对样本来自谁．（2011－05－04）．http://www.chinadaily.com.cn/micro-reading/dzh/2011-05-04/content_2499377.html.

向恐怖分子的藏身之地——潘基西山谷发动空中打击。此后，俄格关系骤然紧张，几乎到了剑拔弩张、马上开战的地步。俄罗斯的越境反恐声明引起了国内外极大反响：格鲁吉亚认为，俄方的种种要求是对格鲁吉亚主权的粗暴干涉，轰炸潘基西山谷“是俄罗斯的国家恐怖主义行为”①。又如，日本以“支援”美国反恐战争的名义，制定了《2001 年恐怖对策特别措施法》等向海外派兵的法律，以使其在海外的武装干涉行动合法化。② 日本的反恐立法引发了周边国家的严重忧虑。各国担心，日本的反恐立法是对本国“专守防卫”政策的正式放弃，是日本安全政策的重大转折。以上这些越境反恐的法律、决策或实例，其利弊得失，值得相关国家去权衡和反思，也值得国际社会予以关注。

（四）反恐跨境取证问题

与普通刑事案件相比，恐怖主义犯罪案件大都是通过“暗箱操作”的方式进行的，其隐蔽程度较高，知情人较少。在实践中，国际恐怖主义犯罪通常需要一个系统、复杂的作案过程才能够完成，由于该类犯罪是以动态的方式进行的，因而办案机关很难通过对犯罪人的持续调查和分析获取证据。在实践中，国际恐怖分子的流动性较大，甚至行为人、资金、作案工具来自不同国家，一旦相关人员作案后潜逃，由于犯罪行为地、结果地均不在本国，犯罪人又非本国公民，在刑事追诉之证据的提取、收集，证人证言的获得，巨额诉讼成本的承担以及语言翻译等方面，必然会有诸多困难。

国际恐怖主义犯罪呈现显著的组织化、隐蔽化和复杂化特点，不仅涉及民族、宗教或其他社会因素，而且往往与国际恐怖组织密切相关，这就对追诉中相应的取证工作提出了更高的要求。很多国家根据惩处犯罪的需要和审判工作的实际情况，对法院的管辖权限进行了适当调整，由审判能力更强的法庭负责审理恐怖活动犯罪案件。例如，西班牙的 Audiencia Nacional 法院（位于马德里的一所

① 王郦久．潘基西谷地，勾起旧怨新仇：俄罗斯“打恐”兵发格鲁吉亚?．世界知识，2002（19）．

② 日本政府向国会递交支援美军行动等法案．（2001－10－06）．http://news.enorth.com.cn/system/2001/10/06/000158819.shtml.

专门中央法院）是西班牙法定的、唯一的调查和审判恐怖活动犯罪的适格法院。[①]

在国际社会法治反恐方面，对查处和惩治恐怖活动犯罪而言，有效地收集和固定证据困难重重：第一，由于恐怖活动犯罪手段具有隐蔽性。恐怖活动犯罪通常采用爆炸、故意杀人、纵火、绑架等手段，表现为有组织、有预谋并带有恐怖性质的严重暴力犯罪案件。某些恐怖案件（比如以爆炸手段实施的）一旦发生，往往留下的有价值的、能作为证据的东西很少。恐怖集团一般都得到基于某种民族、种族和地缘政治的国际财团的支持，可以采用最为先进的物质手段实施犯罪，从而给案件侦破带来很大困难。[②] 第二，由于恐怖分子之主观目的的证明难度较大。在普通刑事案件中，司法机关只要证明行为人具有相应的主观罪过和客观行为即可，其犯罪目的一般不影响定罪，而属于酌定的量刑情节。但是，司法机关要认定行为人构成恐怖活动犯罪，除须证明其具有犯罪故意外，还需要证明行为人具备特定目的，因而增加了侦查、起诉和审判的难度。犯罪主观方面作为行为人的一种内心活动，只要其拒不供认或者矢口否认，司法机关往往很难查明。在一些案件中，即使将犯罪分子送上法庭，由于缺乏足够有力的证据，也可能导致针对恐怖活动犯罪提起的指控不能成立。第三，由于恐怖犯罪组织极为严密。恐怖组织不仅构成复杂、纪律严格、活动隐秘，且基于共同的极端思想而具有很强的聚合性，能根据司法机关的打击重点，有选择地变换组织形态和活动方式。恐怖活动组织的成员还会通过订立攻守同盟、串供、毁证及指使他人作伪证等活动，让个别人承担责任，以保全首要分子，从而给侦查机关获取、固定证据制造极大的困难。

例如，西班牙马德里 2004 年 3 月 11 日发生的“3・11”列车爆炸案于 2007 年 10 月 31 日宣判。西班牙反恐法庭裁定案件成立犯罪，主犯被判入狱 4 万年。但是根据西班牙法律，刑期最长为 40 年。同时，检察官指控主要疑犯摩洛哥人

---

① 胡塞・路易斯・德拉奎斯塔. 西班牙的反恐立法：基于刑事法视角的考察. 杜邈，译. 中国刑事法杂志，2008（1）.

② 荆忠. 恐怖主义犯罪证据采用困难及我国入世后的预防对策. 犯罪研究，2002（6）.

贾迈勒·祖盖姆在一列通勤列车上放置炸弹，另外一名摩洛哥人运输爆炸物，一名西班牙人提供爆炸物品，法庭判决这3人谋杀罪成立。① 在这次对马德里“3·11”列车爆炸案的审判中，除涉及29名被告、大约300名证人之外，还有大量爆炸物、DNA、指印、弹道、证件、翻译、法医学物证、精神病学等方面专家的陈述书，才最终确认犯罪嫌疑人及其使用的爆炸物。②

再如，在2002年肯尼亚天堂饭店爆炸案中，尽管检方已证明3名被告人在“基地”组织中与自杀式袭击者有联系，在事件发生前与袭击者保持联络，并与他们“有大体相同的意图以实现某种非法目的，即使这些目的可能包括或导致谋杀”，但法院认为，如果对没有直接实施爆炸行为的被告人定罪，需要高标准的证据以证明其具体知情和实际参与。最终因证据不足，3名被告人均被宣告无罪。③

又如，2015年8月17日，泰国首都曼谷市中心的著名旅游景点四面佛发生爆炸，造成20人死亡，其中包括7名中国人，另有超过120人受伤。这是泰国境内近数十年来最严重的暴力恐怖袭击事件之一。2016年11月15日，泰国曼谷四面佛爆炸案在曼谷军事法庭开庭审理。据路透社报道，2名其他民族嫌疑人当天身穿棕色囚衣出庭，被检方提出谋杀、非法持有爆炸物、非法移民等10项指控。从2016年8月至11月，这一案件的开庭审理曾延期三次，由于泰国法院找不到合适的其他民族语言翻译员而宣布推迟庭审。④

## 四、关于加强法治反恐国际合作的建言

上述国际社会法治反恐所面临的种种难题，通过切实加强与改进法治反恐方

---

① 马德里3·11爆炸案宣判21人有罪最高刑期4万年．（2007－10－31）．http://www.chinadaily.com.cn/hqgj/2007-10/31/content_6220796.htm.

② 联合国毒品和犯罪问题办公室．恐怖主义案例摘要．2010：80.

③ 同②8.

④ 泰国四面佛爆炸案再次开庭 两名中国少数民族嫌疑人受审．（2016－11－16）．https://bbs.tiexue.net/post2_12301553_1.html?_t_t_t=0.9393569859676063.

面的国际合作，都可以得到克减乃至解决。那么，应当如何加强与改进法治反恐领域的国际合作？笔者认为，首先应当支持联合国充分发挥国际反恐的主导作用，同时要树立现代的法治反恐之国际合作观念，还要努力拓展法治反恐国际合作的渠道，并充分考虑境外反恐的国际影响而审慎地采取境外反恐的行动。

### （一）支持联合国发挥国际反恐的主导作用

当前，国际反恐怖主义的法治实践仍然存在诸多问题，如各国间的反恐法治缺乏衔接，对恐怖分子的引渡与司法协助步履维艰，某些国家对恐怖主义采取双重标准，少数国家采取单边反恐行动，这些不仅妨害了国际社会法治反恐的成效，也造成了国际关系的不和谐。

要克服国际反恐方面的种种困难，就必须建立一个广泛而有力的国际反恐联盟，而这就有赖于联合国发挥主导作用。联合国是世界上最强大、职权范围最广泛、最具有普遍性的以国家为基本主体的国际组织，自成立以来，在维持世界和平与发展方面发挥了至关重要的作用。长期以来，“联合国在全球抗击恐怖主义斗争中发挥不可或缺的作用”[①]。联合国一直致力于架构能有效处理恐怖主义问题的全面法律框架，通过《制止恐怖主义爆炸的国际公约》《制止向恐怖主义提供资助的国际公约》等一系列国际反恐文件的签署与实施，以及成立联合国反恐怖主义委员会及其执行局，有力地推动着各国和各地区反恐法治的发展与完善。由联合国主导法治反恐的国际合作，有利于保持各国利益的平衡，有利于引领各国反恐法治的完善与衔接，从而有助于促进国际反恐法治实践有效地开展。为此，国际反恐怖主义斗争应在联合国框架内在政治、经济、法治等方面展开，加强和完善法治建设，解决诸如引渡、刑事司法协助、越境打击是否符合国际法等具体法律问题；客观、公正、准确地制定统一的全球反恐合作规则，在恐怖活动、恐怖组织和恐怖分子的认定上加强沟通、求同存异。因此，应当呼吁和支持在联合国主导下开展法治反恐的国际合作。比如在联合国的主导下，制定国际反恐公约、设立专门反恐机构等。[②]

---

① 联合国安理会第1624号决议。

② 杜邈．反恐刑法立法研究．北京：法律出版社，2009：37-39.

中国政府对支持联合国在国际反恐中发挥主导和协调作用有着明确的认识和坚定的态度。习近平主席在 2014 年 5 月 19 日会见联合国秘书长潘基文时明确指出："在反恐问题上，联合国应该有更大作为，倡导鲜明的是非标准，推动国际社会坚决打击任何形式的恐怖主义。"① 2017 年 9 月 4 日在中国厦门发表的、中国起主导作用的《金砖国家领导人厦门宣言》中，"呼吁国际社会建立一个真正广泛的全球反恐联盟，支持联合国在这方面的中心协调作用。……呼吁联合国大会加快达成并通过《全面反恐公约》"②。2018 年 6 月 10 日在中国青岛举行的上合组织成员国元首理事会会议上发表的《上海合作组织成员国元首理事会青岛宣言》中申明："成员国强烈谴责一切形式和表现的恐怖主义，认为必须努力推动建立联合国发挥中心协调作用、以国际法为基础、摒弃政治化和双重标准的全球反恐统一战线。重申国家及其主管机构在本国境内打击恐怖主义、分裂主义和极端主义及在上合组织和其他国际机制框架内合作问题上的关键作用。""成员国主张在《联合国宪章》等联合国文件基础上以协商一致方式通过联合国关于打击国际恐怖主义的全面公约。"③ 只有在联合国的领导、协调和筹划下，世界各国和国际组织之间开展多种形式的反恐国际合作，才能达到有效治理乃至彻底根除恐怖主义这一艰巨的目标。

（二）树立现代的法治反恐国际合作观

严峻的现实表明，当代恐怖主义已不是相关国家的国内问题，也不是某一个方面的问题，而是国际社会"综合征"导致的需要全面根治的严重的社会问题和国际性犯罪问题，非某一国家或地区能够单独应对，而必须走反恐国际合作的道路。尽管反恐工作在很多情况下属于一个国家的内政，但如果仅仅把它局限于国内，无视反恐国际合作的需求，则会严重妨害预防和打击恐怖主义犯罪的实际效果。中国对反恐需要加强国际合作有明确的认识。中国共产党十六大报告中即明

① 习近平会见联合国秘书长. 人民日报，2014-05-20 (1).

② 金砖国家领导人厦门宣言（中国厦门，二〇一七年九月四日）. 人民日报，2017-09-05 (7).

③ 上海合作组织成员国元首理事会青岛宣言. 人民日报，2018-06-11 (3).

确提出防范和打击恐怖活动特别需要加强国际合作。[①] 中国共产党十八大以来，我国更加重视与强调反恐要加强国际合作。2015 年 7 月 29 日及 11 月 30 日，中国国家主席习近平分别于北京和巴黎会见了土耳其总统埃尔多安与俄罗斯总统普京，在这两次会面中，习近平均提及我们应反对一切形式的恐怖主义，加强各国间的国际反恐执法、司法合作。[②] 可以说，转变反恐观念，发扬合作精神，摒除某些偏执的自我保护意识，把治理恐怖主义犯罪的视野从国内转向国际，不仅是针对恐怖主义犯罪的国际化趋势所要求的，而且也是当今社会全球化良性发展的必然结果。

概括起来看，应当树立的新型法治反恐国际合作观念主要包括：一是对量刑承诺予以遵守的观念。恐怖分子作案后逃匿境外的事件近年来在各国时有发生，而国际范围的“死刑不引渡”原则又使得其中很多论罪当处死刑的犯罪嫌疑人被拒绝引渡，与可能到来却又遥遥无期的死刑判决相比，及时作出量刑承诺——对犯罪嫌疑人适当降格惩罚是一种更为务实、理性的选择。二是同意分享涉恐资产的观念。随着国际反恐合作的深入开展，与他国分享涉案赃款包括涉恐资产是一种折中而又切合实际的选择。在这一问题上，既不能一味迁就他国的无理要求，同时又要借鉴国际通行做法，给协助国一定的成本补偿，以最大限度地剥夺恐怖组织招募成员、发动恐怖袭击的经济能力。三是对于外国判决予以适当承认与执行的观念。在特定条件下适当承认外国法院判决的效力，是相关国家开展国际反恐合作的必然要求。可以将恐怖主义犯罪的涉案资产、外国法院认定的恐怖组织作为突破口，确立有限承认与执行外国判决的制度，对国际反恐合作而言，这不仅是现实需要，而且具有可能性。

（三）拓宽国际反恐合作的渠道

在“9·11”事件发生后不久，联合国安理会通过的以国际反恐为主旨的第

---

① 中国共产党第十六次全国代表大会文件汇编. 北京：人民出版社，2002：47.

② 习近平同土耳其总统埃尔多安举行会谈. 人民日报，2015-07-30（1）；习近平会见俄罗斯总统普京. 人民日报，2015-12-01（1）.

1373号决议即呼吁会员国与其他国家政府间通过双边和多边协议展开反恐国际合作，调查、发现、逮捕、引渡和起诉恐怖分子，强化反恐行动信息的交换。实际情况表明，很多国家都具有开展国际反恐合作的迫切需要和广阔前景。随着全球一体化进程的加快，恐怖活动的行为人、行为地、结果地可能涉及多个国家，单靠本国的力量，很难实现对恐怖活动的有效治理。国际反恐合作必须正视恐怖活动的国际化和跨国性趋势，不断拓宽合作渠道：一是要尽可能地使本国的反恐法律框架符合国际标准，以减少引渡或刑事司法协助过程中的一些不必要的麻烦和负担。尽管各国因政治体制、经济条件、社会制度等的不同在具体适用时可能有所差异，但不能因此否认建立反恐国际标准的积极意义。例如，恐怖主义概念通常包括“制造社会恐慌”的要素，金融机构应履行反洗钱和反恐融资的特定义务，应当严格贯彻联合国安理会的反恐决议，等等。二是要注重拓展法治反恐国际合作的多种渠道，包括人员培训、情报交流，涉恐资金的监测与冻结、危险物品管控、大陆架平台的安全防护、恐怖活动组织及恐怖活动人员的认定乃至军事交流等。例如，在引渡恐怖主义犯罪嫌疑人时，因为要受到双重犯罪原则、特定性原则、政治犯不引渡原则、死刑不引渡原则的限制，从而给引渡恐怖分子带来了困难。因此，一国在积极与其他国家缔结引渡条约的同时，还要不断探索移民法遣返、使逃犯在藏匿国接受刑事制裁等替代措施，利用多种途径实现对外逃恐怖分子的有效惩处。三是要注重高科技合作手段。随着经济社会的迅速发展，高科技手段在国际恐怖主义犯罪中逐步扮演了重要的角色，对此联合国安理会已有深刻的认识。[①] 2018年6月10日发表的《上海合作组织成员国元首理事会青岛宣言》指出：“成员国将进一步加强协作，打击利用互联网传播和宣传恐怖主义思想，包括利用互联网公开洗白恐怖主义、为一系列恐怖组织招募成员、教唆和资助实施恐怖主义行径并指导实施方法。”[②] 高科技手段在法治反恐之国际合作领域也应逐步发挥更加重要的作用，其中最为典型的就是互联网技术的广泛运

① 参见联合国安理会2005年第1624号决议、2014年第2178号决议。

② 上海合作组织成员国元首理事会青岛宣言．人民日报，2018-06-11（5）．

用。在传统意义上，刑事司法协助的取证方式主要是委托他国协助提供证据、核查证据或代为询问证人等，由于取证方式是在被请求国法律规定的程序下完成，取证结果不一定能为请求国所采用或对案件有作用，其耗费的时间和司法资源较多。为解决这一问题，《联合国打击跨国有组织犯罪公约》遂成为首个规定允许以视频会议方式取证的国际公约。在审理案件期间，为了让当事人充分行使诉讼权利，法庭上可以运用互联网视频技术，法官和双方当事人直接以视频形式向未能到法庭现场的证人提问，从而顺利完成庭审中案件证据的举证、论证。

（四）充分考虑境外反恐的国际影响而审慎行动

当前，相比于以国家为中心、主要协调国与国之间关系的传统安全，以恐怖主义为中心的非传统安全正演变成一个全球性问题。[①] 在全球性的反恐斗争中，各国应理性而又审慎地看待自己的作用，奉行以“互信、互利、平等、协作”为核心的新安全观，充分考虑境外反恐的国际影响，充分尊重国际法和相关国家的主权。

自改革开放以来，中国选择了一条争取和平的国际环境来发展自己，又以自身的发展来维护世界和平的道路。这条道路的实质，就是要在与全球化相联系而不是相脱离的进程中，同国际社会实现互利共赢。中国决不追求成为一个争霸世界的军事大国，而是要成为法治反恐国际合作中起建设性作用的、负责任的大国。目前，中国正处于加快社会发展、全面建成小康社会的关键时期，迫切需要一个和谐稳定的外部环境。与此同时，亚太地区乃至国际局势仍充满不安定因素，一些国家或势力出于各种目的大肆宣扬“中国威胁论”。在不断蔓延的恐怖主义威胁面前，中国的反恐法治应保持足够的理性。某些西方国家那种以“反恐”的名义四处插手和干涉别国主权与内部事务的做法，只能制造更多的仇恨与动荡。因此，中国不主张采取“单边”越境反恐措施，认为这不是法治反恐的应有举措，这样会引发国际关系的紧张，不利于保持国际关系的和平与稳定，也不利于对国际恐怖主义犯罪活动的遏制与预防。

---

① 傅勇. 非传统安全与中国. 上海：上海人民出版社，2007：45.

## 五、结语

放眼当今世界，国际恐怖主义犯罪及法治反恐的全球化特点与趋势令各个国家都难以置身事外。在联合国的倡导下，国际社会已经在全球范围内逐渐形成共同打击与惩治恐怖主义犯罪的共识，并且认识到加强法治反恐之国际合作的必要性与重要性。但在法治反恐领域及其国际合作方面，还有一系列难点问题暨应对举措需要引起关注，进行研讨，达成共识。这既是法治反恐的基础理论课题，更是法治反恐的重要实践课题。对此我们要加强研究。

# 金融反恐国际合作法律规范及其执行情况之考察*

## 一、前言

实践证明，金钱是恐怖主义的生命线，大规模恐怖活动的实施更需要雄厚的资金支持。没有充足的资金来源，恐怖活动将难以进行。因此，协调国际社会在金融领域的合作，密切监控恐怖组织的资金流动，切断恐怖组织的资金来源，被视为一种有效和可行的反恐手段。1999 年 12 月 9 日，联合国通过了《制止向恐怖主义提供资助的国际公约》（International Convention for the Suppression of the Financing of Terrorism，2002 年 4 月 10 日生效），为金融反恐国际合作提供了基本的法律支撑。2001 年美国“9·11”恐怖袭击事件发生之后，时任美国总统乔治·布什专门发表了“切断恐怖主义财源”的演讲，联合国安理会也随之通

* 与王剑波博士合著，原载赵秉志主编：《刑法论丛》，2016 年第 4 卷（总第 48 卷），北京，法律出版社，2017。

过了相关金融反恐决议，金融反恐随之成为全球反恐斗争中十分重要的一环。① 在其后迄今的十余年时间里，西方国家在国际上与以联合国和金融行动特别工作组（The Financial Action Task Force，FATF）为主的有关国际组织展开合作，共同打击恐怖融资犯罪，并取得了不错的效果。

"合作需要法律，国际法与国际合作有着天然的联系，法治是合作的本质属性。"② 只有将金融反恐合作纳入国际法和国际反恐公约的框架内，才能最大限度地平衡各国在金融反恐合作问题上的分歧，切实防范金融霸权主义，更好地保障各国主权和公民人权，充分发挥金融合作反恐的效用。可以说，合作反恐已经成为国际社会的共同选择。目前，以全球性合作为核心、以区域性合作为补充的国际金融反恐合作法律体系已经初步形成。应如何理解国际社会有关金融反恐的公约、协议以及建议？对之是否有必要予以进一步的完善？各缔约国应如何履行公约义务？这些问题仍需要不断地进行探索。本文拟对国际金融反恐合作的法律规范予以简要的考察评析，力图探寻法治框架内国际金融反恐合作的有效办法，进而促进国内的金融反恐法治。

## 二、联合国《制止向恐怖主义提供资助的国际公约》述评

### （一）《公约》的创制背景与主要内容

从20世纪60年代起，联合国就开始把恐怖主义治理作为重点关注的问题之

① "9·11"恐怖袭击事件发生后，美国总统布什呼吁各国同美国一起在金融部门采取行之有效的措施，打击恐怖主义活动。联合国安理会也通过决议，要求各国冻结与恐怖分子有关联的资产和银行账户。英国立即宣布了一系列紧急立法计划，并采取了阻止利用外汇兑换系统从事与恐怖主义和毒品走私有关的洗钱活动等措施。德国也冻结了与恐怖分子有联系的214个账户的370万美元的资产，并对27个恐怖组织在德国的有关联系开始进行调查。日本财政当局也提出建议，通过立法要求银行加强对任何存款顾客的背景进行检查，"了解你的客户"原则成为银行更广泛地打击洗钱活动的一部分。显然，在金融系统追查恐怖组织的资金来源已成为对恐怖主义进行军事、外交和情报打击之外的第四个战场。刘桂山. 世界金融系统联手　断绝恐怖分子财源. 金融信息参考，2001（11）：55.

② 李鸣. 安全事务的合作与法律//北京大学法学院国际法研究中心. 北大国际法与比较法评论：第2卷第1辑. 北京：北京大学出版社，2003：12.

一。至20世纪90年代末，联合国已经先后通过了九项惩治特定恐怖主义犯罪行为（包括劫机、劫持人质、爆炸等）的国际公约和议定书。1994年12月9日，联合国大会第49/60号决议所载附件《消除国际恐怖主义措施宣言》明确指出，要禁止“组织、怂恿、便利、资助、鼓励或容忍恐怖主义活动”[①]。1996年12月17日，联合国大会第51/210号决议所载附件《补充1994年〈消除国际恐怖主义措施宣言〉的宣言》重申了禁止资助恐怖主义的要求，并决定设立一个对联合国所有会员国或各专门机构或国际原子能机构成员开放的特设委员会，以研究如何进一步发展一个对付国际恐怖主义的综合性公约法律框架。[②] 1998年12月8日，联合国大会第53/108号决议“决定大会1996年12月17日第51/210号决议所设立的特设委员会将继续详细拟订一项制止核恐怖主义行为的国际公约草案，以期完成这项文书，并将拟订一项制止向恐怖主义者提供资助的国际公约草案，以补充现有的相关国际文书”[③]。1999年10月15日，联合国安理会第1267（1999）号决议要求所有国家均应冻结塔利班的资产。[④]

以上国际社会为了预防和惩罚恐怖融资行为所做的种种努力，为联合国反恐怖融资全面公约的出台奠定了良好的基础。1999年12月9日，联合国大会通过了《制止向恐怖主义提供资助的国际公约》（以下简称《公约》）。在《公约》的序言中，联合国阐明了制定《公约》的意图，即“考虑到向恐怖主义提供资助是整个国际社会严重关注的问题，注意到国际恐怖主义行为的次数和严重性端赖恐怖主义分子可以获得多少资助而定，并注意到现有的多边法律文书并没有专门处理这种资助，深信迫切需要增强各国之间的国际合作，制定和采取有效的措施，

① 《消除国际恐怖主义措施宣言》（1994年12月9日联合国大会第49/60号决议通过），载于联合国文件A/RES/49/60。

② 参见《补充1994年〈消除国际恐怖主义措施宣言〉的宣言》（1996年12月17日联合国大会第51/210号决议通过），载于联合国文件A/RES/51/210。

③ 《消除国际恐怖主义的措施》（1998年12月8日联合国大会第五十三届会议通过），载于联合国文件A/RES/53/108。

④ 参见《联合国安全理事会第1267（1999）号决议》（1999年10月15日安全理事会第4051次会议通过），载于联合国文件S/RES/1267（1999）。

以防止向恐怖主义提供资助，和通过起诉及惩罚实施恐怖主义行为者来加以制止”①。《公约》由28条正文和1个附件组成，主要规定了缔约国应承担的三项义务：其一，要求缔约国在国内法中将《公约》规定的资助恐怖主义罪也规定为刑事犯罪；其二，要求缔约国在惩治资助恐怖主义犯罪上全面展开引渡和刑事司法协助等方面的国际合作；其三，要求缔约国在司法、执法及金融领域采取必要的监管措施以惩治和预防资助恐怖主义的罪行。在《公约》的全部条文中，其第2条共5款是定义条款，可以说是《公约》其他全部条款的制定根据，下文将详细研析该条各款。

第一，《公约》第2条第1款规定：“本公约所称的犯罪，是指任何人以任何手段，直接或间接地非法和故意地提供或募集资金，其意图是将全部或部分资金用于，或者明知全部或部分资金将用于实施：(a)属附件所列条约之一的范围并经其定义为犯罪的一项行为；或(b)意图致使平民或在武装冲突情势中未积极参与敌对行动的任何其他人死亡或重伤的任何其他行为，如这些行为因其性质或相关情况旨在恐吓人口，或迫使一国政府或一个国际组织采取或不采取任何行动。”该款详细规定了资助恐怖主义罪的构成要件，是第2条的核心款项，但其中也存在着一些不确定因素：(1)作为犯罪主体的“任何人”应如何理解？“国家”和“民族解放运动组织”是否包括在内？这是最大的不确定因素。(2)作为犯罪动机的“恐吓人口，或迫使一国政府……”的规定是否准确？一般认为，恐怖主义是出于政治目的而使用暴力的行为，即目的的政治性决定了行为的恐怖性，这是恐怖主义与普通暴力犯罪的最大不同之处。那么，“恐吓”是否具有政治目的？单纯从字面来理解，既可以有，也可以没有。具体而言，如果规定为“恐吓人口，并迫使一国政府……”则有，如果如本款一样用“或”字则不能确定。总之，从主体和主观特征来看，该款并没有确立一个明确的、统一的恐怖主义概念。

第二，《公约》第2条第2款规定：“(a)非附件所列条约缔约国的国家在交

① 段洁龙. 国际反恐法律文件汇编. 北京：海洋出版社，2009：80.

存其批准书、接受书或加入书时得声明，对该缔约国适用本公约时，应视该条约为不属第1款（a）项所述附件所开列的条约之一。一旦该条约对该缔约国生效，此一声明即告无效，而该缔约国应就此通知保存人；（b）如一国不再是附件所列某一条约之缔约国，得按本条的规定，就该条约发表一项声明。”该款进一步确立了各缔约国适用本公约的不同范围。具体而言，《公约》第2条第1款的（a）项和（b）项分别确立了恐怖主义犯罪的两个渊源。其中，（a）项所确立的渊源即为《公约》通过前联合国先后通过的九项惩治特定恐怖主义犯罪行为的国际公约和议定书[①]，对此《公约》在附件中已明确列出。根据第2条第2款的规定，《公约》允许缔约国排除附件所列九项条约，条件是该国并非该条约缔约国。当该国签署并批准某项条约后，它对该条约的排除就自动失效。当然，如果该国退出附件所列的某项条约，即可将该条约排除在适用条约的范围之外。

第三，《公约》第2条第3款规定：“就一项行为构成第1款所述罪行而言，有关资金不需实际用于实施第1款（a）或（b）项所述的罪行。”该款实际上将单纯为恐怖主义筹集资金的行为规定为犯罪，而无须考虑资金是否被实际用于实施恐怖主义活动。据此，不但为恐怖分子发动恐怖袭击而筹集资金的行为构成犯罪，那些为维持恐怖组织日常运转，甚至为满足恐怖分子奢侈消费而筹集资金的情形也构成犯罪。

第四，《公约》第2条第4款规定：“任何人如试图实施本条第1款所述罪

---

① 《制止向恐怖主义提供资助的国际公约》附件包括：（1）1970年12月16日在海牙签署的《关于制止非法劫持航空器的公约》。（2）1971年9月23日在蒙特利尔签署的《关于制止危害民用航空安全的非法行为的公约》。（3）1973年12月14日联合国大会通过的《关于防止和惩处侵害应受国际保护人员包括外交代表的罪行的公约》。（4）1979年12月17日联合国大会通过的《反对劫持人质的国际公约》。（5）1980年3月3日在维也纳通过的《关于核材料的实物保护公约》。（6）1988年2月24日在蒙特利尔签署的《补充关于制止危害民用航空安全的非法行为的公约的制止在为国际民用航空服务的机场上的非法暴力行为的议定书》。（7）1988年3月10日在罗马签署的《制止危害航海安全的非法行为公约》。（8）1988年3月10日在罗马签署的《制止危害大陆架固定平台安全非法行为议定书》。（9）1997年12月15日联合国大会订立的《制止恐怖主义爆炸的国际公约》。

行，也构成犯罪。”本款应该是想将“预备行为”和“未遂行为”纳入本罪的构成之中，对此并无不可。但是，“试图”二字的含义较为广泛，甚至可涵盖“思想”。然而，需要注意的是，“任何人不因思想受到处罚”早已成为当代社会的共识。思想是自由的，国家不能将任何人的思想作为刑罚处罚的对象。只有行为才是法律的规制对象，法律是行为规范而不是思想规范。因此，“试图”二字所蕴含的风险是需要国际社会注意的。

第五，《公约》第 2 条第 5 款规定：“任何人如有以下行为，也构成犯罪：(a) 以共犯身份参加本条第 1 或第 4 款所述罪行；(b) 组织或指使他人实施本条第 1 或第 4 款所述罪行；(c) 协助以共同目的行事的一伙人实施本条第 1 款或第 4 款所列的一种或多种罪行；这种协助应当是故意的，或是：(一) 为了促进该团伙犯罪活动或犯罪目的，而此种活动或目的涉及实施本条第 1 款所述的罪行；或 (二) 明知该团伙意图实施本条第 1 款所述的一项罪行。”该款规定的“组织”“指使”“协助”实际上将组织、教唆、帮助等共犯行为纳入了刑罚处罚的范畴；同时，该款还规定只要明知恐怖融资犯罪而予以协助即构成共犯，这实际上进一步明确了恐怖融资犯罪的处罚范围，符合罪刑法定原则的明确性要求。

（二）《公约》之评析与研讨

《公约》旨在切断恐怖主义的资金来源，它的通过对国际社会共同打击恐怖融资犯罪具有重要的意义。当然，《公约》毕竟是开创性的国际反恐法律文件，其中存在的问题也不容忽视。

一方面，《公约》的通过对国际社会加强金融反恐合作、共同预防与惩治恐怖融资行为具有重要的意义。首先，从宏观上讲，作为最具普遍性的政府间国际组织，联合国在国际合作反恐中发挥了重要作用，其基本确立了以国际反恐公约为依据、以联合国大会等为协调机构的国际反恐法律合作模式。可以说，联合国在全球反恐法律合作领域发挥了任何国家和组织都无法替代的作用。《公约》是联合国通过的首部将恐怖融资行为规定为犯罪的国际法律文件，对所有缔约国都有法律约束力。它不但为国际社会的金融反恐合作提供了法律

支撑，对金融反恐的全球化趋势起到了很好的推动作用，还有利于缔约国将反恐怖融资的各种行为规范化，以避免反恐手段的不当使用。其次，从微观上讲，将恐怖融资行为独立成罪，对于切断恐怖组织和恐怖分子的资金来源有着更为重要的意义。具体而言，在侦查阶段，将恐怖融资行为规定为犯罪可以为侦查机关扣押、冻结可疑资金提供法律依据；即使无确实证据证明可疑资金是为实施特定恐怖活动或为特定恐怖组织而筹集，侦查机关仍可以涉嫌恐怖融资犯罪为由扣押、冻结该资金。在追诉阶段，将恐怖融资行为规定为犯罪可以减轻追诉部门的证明责任。详言之，如果将恐怖融资行为理解为实施恐怖犯罪的预备行为，追诉部门在起诉时必须证明恐怖融资行为与正在实施或将要实施的特定恐怖活动或特定恐怖组织有关联，而要在恐怖袭击发生前完成这样的证明是非常困难的；如果将恐怖融资行为规定为犯罪，则不需要作出上述证明，而只要确定融资行为违反了有关规定，是为恐怖主义活动或恐怖组织而筹集即可。

另一方面，《公约》所蕴含的侵犯国家主权与公民人权的风险也不容忽视。首先，从宏观上讲，目前联合国只有一些针对某一具体领域或某一类恐怖主义犯罪的专门性反恐公约，还没有全面性的反恐国际公约①，这就造成现有的联合国主导的反恐法律合作模式存在相当大的局限性。《公约》只是一部针对恐怖融资行为的专门性反恐公约，无法有效地指导国际社会全面反恐，因而会给国际社会的全面反恐合作造成一定的不利影响。而且，联合国在国际反恐合作框架内的权威性还没有得到充分树立，各国对《公约》的认可和执行程度也各不相同，致使金融反恐斗争中的单边主义和霸权主义始终存在，少数大国不断利用《公约》推

① 早在1994年，第49届联合国大会第84次全体会议通过的第49/60号决议中就提出惩治国际恐怖主义需要“一个全面的法律框架”；1996年第51届联合国大会第88次全体会议通过的第51/210号决议将制定综合性的反恐公约纳入联合国的工作计划；1999年第54届联合国大会第76次全体会议通过的第54/110号决议将制定全面反恐公约提上日程，联合国开始起草《关于国际恐怖主义的全面公约（草案）》；2001年以来，该公约草案进入漫长而艰难的谈判磋商、修改阶段，因其中有许多问题各国认识不一、争执不下，该公约草案至今尚未通过。


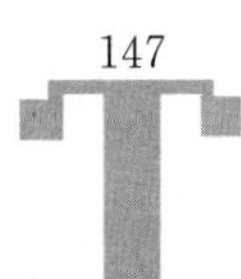

行自己的金融霸权。其次，从微观上讲，目前关于什么是恐怖主义，国际社会并没有一个统一的认定标准，无论是《公约》本身，还是《公约》附件所列九项反恐国际公约和议定书，都没有给出一个明确的回答。最后，恐怖主义本身就是一个政治性很强的词语，对恐怖主义概念的界定不可避免地会受到不同主体意识形态或政治利益的影响。因此，金融反恐在“恐怖主义”概念尚未明晰的情势下能否取得预期的效果，确实值得考量。《公约》将恐怖融资行为规定为犯罪并要求缔约国合作打击，其中对涉恐嫌疑人甚至普通民众所蕴含的风险是确实存在的，“9·11”恐怖袭击事件之后国际社会关于“恐怖主义黑名单”的争议即是明证。①

## 三、联合国安理会关于反恐融资的系列决议述评

### （一）系列决议的制定背景与主要内容

作为联合国的六大主要机构之一，联合国安全理事会（以下简称“联合国安理会”“安理会”）也一直关注恐怖主义问题，并通过制定一系列的反恐融资决议及其附属的两个委员会，即“安全理事会关于‘基地’组织及有关个人和实体的第1267（1999）号决议和第1989（2011）号决议所设委员会”（也称“‘基地’组织制裁委员会”）和“反恐怖主义委员会”打击恐怖融资犯罪。

2001年9月28日，“9·11”事件发生后的第17天，联合国安理会迅速作出反应，召开了第4385次会议，一致通过了内容广泛、影响深远的打击恐怖融资犯罪行为的第1373（2001）号决议。② 该决议决定：所有国家都应将恐怖融资行

---

① 李嘉．美国“恐怖主义黑名单”不止一份．（2008-03-16）．http：//news. sina. com. cn/w/2008-03-16/090013580633s. shtml；宋悦．沙特拒绝冻结美国黑名单上“恐怖分子”资产．（2001-11-27）．https：//new. sina. com. cn/w/2001-11-27/408108. html；王文华．论国际金融反恐的现状与反思．国际论坛，2008（3）；钟伟．金融反恐是对“无罪推定”的亵渎?．南方周末，2002-07-22（C12）．

② 参见《联合国安全理事会第1373（2001）号决议》（2001年9月28日安全理事会第4385次会议通过），载于联合国文件S/RES/1373（2001）。

为定为刑事犯罪，并且应加强合作，共同打击恐怖融资行为。同时，安理会根据第1373（2001）号决议成立了由安理会15个成员国组成的反恐怖主义委员会（Counter-Terrorism Committee，CTC，以下简称“反恐委员会”），负责监测该决议的实施情况。反恐委员会不是执法机构，也没有制裁措施，而是安理会和成员国之间就如何实现第1373（2001）号决议的目标所建立的对话机制。第1373（2001）号决议呼吁“所有国家向委员会报告本国为执行本决议而采取的步骤”。安理会反恐委员会则据此确定各国需要加强和完善的领域，以提升这些国家预防和打击恐怖主义行为的能力。

2004年，为了振兴反恐委员会的工作，联合国安理会通过了第1535（2004）号决议，决定成立反恐委员会执行局（Counter-Terrorism Committee Executive Directorate，CTED，以下简称“反恐执行局”），“以加强委员会监测第1373（2001）号决议执行情况的能力，并有效地继续委员会所进行的能力建设工作”。反恐委员会在反恐执行局协助下开展工作，反恐执行局执行反恐委员会的决定，对各会员国进行专家评估，并为各国的反恐技术援助提供便利。[①] 2005年7月29日，联合国安理会第5244次会议通过第1617（2005）号决议，“强烈敦促所有会员国采用金融行动特别工作组（FATF）关于洗钱问题的40项建议和关于资助恐怖主义问题的9项特别建议中的国际全面标准”[②]。2005年9月14日，联合国安理会第5261次会议通过第1624（2005）号决议，“指示反恐委员会：(a) 把会员国为执行本决议而作出的努力，列为它与会员国对话的一项内容；(b) 与会员国合作，协助建设能力，具体办法包括推广最佳法律惯例，促进这方面的信息交流”[③]。总之，打击恐怖融资犯罪行为是反恐委员会工作的最重要组成

① 参见《联合国安全理事会第1535（2004）号决议》（2004年3月26日安全理事会第4936次会议通过），载于联合国文件S/RES/1535（2004）。

② 《联合国安全理事会第1617（2005）号决议》（2005年7月29日安全理事会第5244次会议通过），载于联合国文件S/RES/1617（2005）。

③ 《联合国安全理事会第1624（2005）号决议》（2005年9月14日安全理事会第5261次会议通过），载于联合国文件S/RES/1624（2005）。

部分。

各国在联合国安理会通过的各项决议下的义务大致可归纳为两类：

其一，禁止为恐怖主义提供资助。根据联合国安理会第1373（2001）号决议，禁止资助恐怖主义包括：禁止资助恐怖主义行为和禁止资助恐怖分子。一方面，禁止资助恐怖主义行为的规定包含在决议第1条的（a）项和（b）项中。决议第1条（a）项要求所有国家应“防止和制止资助恐怖主义行为”；第1条（b）项要求所有国家应“将下述行为定为犯罪：本国国民或在本国领土内，以任何手段直接间接和故意提供或筹集资金，意图将这些资金用于恐怖主义行为或知晓资金将用于此种行为”。另一方面，禁止资助恐怖分子的规定包含在决议第1条的（d）项中。决议第1条（d）项要求所有国家应“禁止本国国民或本国领土内任何个人和实体直接间接为犯下或企图犯下或协助或参与犯下恐怖主义行为的个人、这种人拥有或直接间接控制的实体以及代表这种人或按其指示行事的个人和实体提供任何资金、金融资产或经济资源或金融或其他有关服务”。此外，在决议第3条（d）项中，联合国安理会还呼吁所有国家“尽快成为关于恐怖主义的国际公约和议定书、包括1999年12月9日《制止向恐怖主义提供资助的国际公约》的缔约国”。

其二，冻结恐怖组织和恐怖分子的资产。早在“9·11”恐怖袭击事件发生之前，联合国安理会分别在其1999年10月15日通过的第1267（1999）号决议①和2000年12月19日通过的第1333（2000）号决议②中决定，所有国家应采取进一步措施，毫不拖延地冻结经委员会认定是乌萨马·本·拉登以及与他有关的个人和实体，包括“基地”组织的资金和其他金融资产。同时，联合国安理会根据1267（1999）号决议成立了安全理事会委员会（也称“制裁‘基地’组织和塔利班委员会”），形成了相应的三项制裁制度（资产冻结、旅行禁令和军火禁

① 参见《联合国安全理事会第1267（1999）号决议》（1999年10月15日安全理事会第4051次会议通过），载于联合国文件S/RES/1267（1999）。

② 参见《联合国安全理事会第1333（2000）号决议》（2000年12月19日安全理事会第4251次会议通过），载于联合国文件S/RES/1333（2000）。

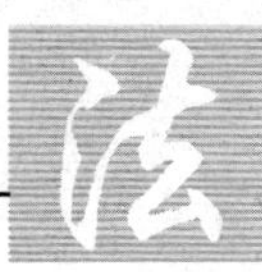

运)，并编列了受制裁措施制裁的“基地”组织及与其有关联的个人、集团、企业和实体的名单，即“‘基地’组织制裁名单”。“9·11”事件后，联合国安理会通过的一系列决议，包括第1373（2001）号[①]、第1390（2002）号[②]、第1455（2003）号[③]、第1526（2004）号[④]、第1617（2005）号[⑤]、第1735（2006）号[⑥]、第1822（2008）号[⑦]、第1904（2009）号[⑧]、第1989（2011）号[⑨]、第2082（2012）号[⑩]和第2083（2012）号决议[⑪]，不断对制裁制度进行调整和加强，并通过列名、除名和审查等措施不断调整该名单。目前，“‘基地’组织制裁名单”由如下两个部分组成：(1）与“基地”组织有关联的个人（226名个人)；

① 决议第1条（c）项要求所有国家应“毫不拖延地冻结犯下或企图犯下恐怖主义行为或参与或协助犯下恐怖主义行为的个人、这种人拥有或直接间接控制的实体以及代表这种人和实体或按其指示行事的个人和实体的资金和其他金融资产或经济资源，包括由这种人及有关个人和实体拥有或直接间接控制的财产所衍生或产生的资金”。

② 参见《联合国安全理事会第1390（2002）号决议》（2002年1月16日安全理事会第4452次会议通过），载于联合国文件S/RES/1390（2002)。

③ 参见《联合国安全理事会第1455（2003）号决议》（2003年1月17日安全理事会第4686次会议通过），载于联合国文件S/RES/1455（2003)。

④ 参见《联合国安全理事会第1526（2004）号决议》（2004年1月30日安全理事会第4908次会议通过），载于联合国文件S/RES/1526（2004)。

⑤ 参见《联合国安全理事会第1617（2005）号决议》（2005年7月29日安全理事会第5244次会议通过），载于联合国文件S/RES/1617（2005)。

⑥ 参见《联合国安全理事会第1735（2006）号决议》（2006年12月22日安全理事会第5609次会议通过），载于联合国文件S/RES/1735（2006)。

⑦ 参见《联合国安全理事会第1822（2008）号决议》（2008年6月30日安全理事会第5928次会议通过），载于联合国文件S/RES/1822（2008)。

⑧ 参见《联合国安全理事会第1904（2009）号决议》（2009年12月17日安全理事会第6247次会议通过），载于联合国文件S/RES/1904（2009)。

⑨ 参见《联合国安全理事会第1989（2011）号决议》（2011年6月17日安全理事会第6557次会议通过），载于联合国文件S/RES/1989（2011)。

⑩ 参见《联合国安全理事会第2082（2012）号决议》（2012年12月17日安全理事会第6890次会议通过），载于联合国文件S/RES/2082（2012)。

⑪ 参见《联合国安全理事会第2083（2012）号决议》（2012年12月17日安全理事会第6890次会议通过），载于联合国文件S/RES/2083（2012)。

(2) 与“基地”组织有关联的实体及其他集团和企业（64 个实体）。[①] 2011 年联合国安理会根据第 1988（2011）号决议和第 1989（2011）号决议将安全理事会委员会更名为“安全理事会关于‘基地’组织及有关个人和实体的第 1267（1999）号决议和第 1989（2011）号决议所设委员会”即“‘基地’组织制裁委员会”。

（二）系列决议之评析与研讨

联合国安理会通过的一系列决议旨在禁止为恐怖主义提供资助，并冻结恐怖组织和恐怖分子的资产，这对国际社会的金融反恐合作具有非常重要的指导意义。而且，在安理会决议框架内展开的金融反恐法律合作，非常在意追求惩治恐怖主义犯罪与保障人权的平衡。

一方面，安理会通过《联合国宪章》拓展了自身的反恐职能，从而有利于国际社会加强合作，共同打击恐怖融资犯罪行为。一般而言，国际公约在经联合国会员国签署和批准后在该国才有法律效力。与此不同的是，根据《联合国宪章》的宗旨和原则，安理会负有维持国际和平与安全的责任，是唯一有权采取强制行动的联合国机构。因此，在特定情形下，安理会的决议可能直接对所有会员国具有法律拘束力。具体而言，《联合国宪章》第 25 条规定：“联合国会员国同意依宪章之规定接受并履行安全理事会之决议。”第 39 条规定：“安全理事会应断定任何和平之威胁、和平之破坏或侵略行为之是否存在，并应作成建议或抉择依第四十一条及第四十二条规定之办法，以维持或恢复国际和平及安全。”安理会在第 1373（2001）号决议中，明确指出 2001 年 9 月 11 日在纽约、华盛顿特区和宾夕法尼亚州发生的恐怖主义攻击行为，“如同任何国际恐怖主义行为，对国际和平与安全构成威胁”。将恐怖主义行为定性为“对国际和平与安全构成威胁”的直接法律后果是，一旦安理会确定了恐怖主义行为的性质，其就有权在必要时根据《联合国宪章》第 39 条、第 41 条以及第 42 条采取一定的“制裁措施”。同

① 参见“‘基地’组织制裁名单”，最近一次更新时间是 2013 年 5 月 2 日，载于“基地”组织制裁委员会网站 http://www.un.org/chinese/sc/committees/1267/index.shtml。

时，根据《联合国宪章》第 25 条的规定，安理会在这种情况下决定采取的措施对于联合国所有会员国都是有法律约束力的。所以，安理会第 1373（2001）号决议要求各国应冻结恐怖组织和恐怖分子的资产，显然具有准立法的性质。

另一方面，联合国安理会在加强打击恐怖融资行为力度的同时，也非常注重对人权的保障。首先，安理会在一系列的决议中多次强调要注意反恐怖主义与维护人权之间的平衡关系。2001 年，安理会在第 1373（2001）号决议第 3 条（f）项中，呼吁所有国家"在给予难民地位前，依照本国法律和国际法的有关规定，包括国际人权标准采取适当措施，以确保寻求庇护者没有计划、协助或参与犯下恐怖主义行为"。2003 年，安理会在第 1456（2003）号决议所附宣言中强调："各国必须确保为打击恐怖主义而采取的任何措施符合国际法规定的全部义务，并应按照国际法，尤其是国际人权、难民和人道主义法采取这种措施。"① 2005 年，各国国家元首和政府首脑在首脑会议期间举行的安理会会议上通过的第 1624（2005）号决议着重指出，"各国必须确保为实施本决议第 1、2 和 3 段而采取的任何措施，符合它们依国际法，尤其是国际人权法、难民法和人道主义法承担的所有义务"②。其次，安理会对恐怖分子资产的处理建议十分谨慎。《公约》第 8 条第 1 款规定："每一缔约国应根据其本国法律原则采取适当措施，以便识别、侦查、冻结或扣押用于实施或调拨以实施第 2 条所述罪行的任何资金以及犯罪所得收益，以期加以没收。"可见，《公约》的规定是一项全面的规定，其中包含识别、侦查、冻结、扣押和没收恐怖分子的资金，而第 1373（2001）号决议第 1 条（c）项只规定"冻结"恐怖分子的资金。而且，在安理会的授权下，安理会关于"基地"组织及有关个人和实体的第 1267（1999）号决议和第 1989（2011）号决议所设委员会还详细规定了将要冻结其资产的个人和实体名单的增删办法，并不时发布和修改其资产将被冻结的个人和实体名单。个人和实体也可

① 《关于打击恐怖主义的宣言》(《联合国安全理事会第 1456（2003）号决议》，2003 年 1 月 20 日安全理事会第 4688 次会议通过），载于联合国文件 S/RES/1456（2003）。

② 《联合国安全理事会第 1624（2005）号决议》(2005 年 9 月 14 日安全理事会第 5261 次会议通过），载于联合国文件 S/RES/1624（2005）。

依照委员会的程序规定请求从名单中除名。然而，需要注意的是，由于国际社会并没有一个统一的恐怖主义概念，国际社会对名单的看法并不能完全达成一致，这在金融反恐实践中也导致了侵犯他国主权与公民人权的情况时有发生。

## 四、金融行动特别工作组关于反恐融资的特别建议述评

### （一）特别建议的形成背景与主要内容

金融行动特别工作组（FATF），原称反洗钱金融行动特别工作组（The Financial Action Task Force on Money Laundering，FATF），成立于1989年的西方七国首脑巴黎峰会，是当今世界最具影响的、专门致力于研究和制定反洗钱与反恐怖融资标准和建议的政府间国际组织。FATF的秘书处设在法国巴黎经合组织（OECD）的总部，其主要职责是协助主席处理FATF的日常事务。FATF的工作语言为英语和法语。截至2012年，该组织已拥有36个正式成员（包括34个国家和地区及2个国际组织）、8个准成员以及26个观察员。[①] FATF的主要目标任务有两项：一是向全球所有国家和地区提供反洗钱和反恐怖融资建议，并通过扩大成员、公布不合作名单、在各地发展区域性反洗钱与反恐怖融资组织以及与其他相关国际组织合作，建立一个全球性的反洗钱与反恐怖融资网络。二是关注全球洗钱与恐怖融资的发展趋势，研究制定出相应的措施，并及时修订反洗钱和反恐怖融资标准和建议，以有效控制洗钱与恐怖融资犯罪的发生。FATF自成立以来，已经取得了一系列成果，在全球反洗钱和反恐怖融资领域发挥了重要作用。

1990年，FATF提出了早期的“反洗钱40项建议”，旨在打击毒品洗钱行为。1996年，为应对不断变化更新的洗钱趋势和手段，FATF第一次对上述建议进行了修订，将打击范围扩大到清洗毒资外的其他犯罪领域。2001年10月6

① 具体名单参见FATF官方网站 http://www.fatf－gafi.org/pages/aboutus/membersandobservers/。

日，“9·11”事件发生后不久，西方七国集团在华盛顿举行会议，一致承诺将积极追查和阻截恐怖分子的资产，并制定了《打击资助恐怖主义活动的行动计划》。该行动计划主要包括以下内容：(1) 更积极地实施国际制裁以切断恐怖主义的财源。(2) 设在巴黎的反洗钱金融行动特别工作组在打击恐怖主义财源方面将发挥重要作用。为此，反洗钱金融行动特别工作组将于本月底在华盛顿举行特别会议，重点是制定打击资助恐怖主义活动的特别措施。(3) 增强各国金融情报机构之间的信息共享。(4) 全球各地的金融监管者应加倍努力确保金融部门不被恐怖分子所利用。[①] 2001 年 10 月 29 日至 30 日，FATF 在美国华盛顿召开了特别大会，决定将其职责进一步拓展至反恐怖融资领域。在这次特别大会上，FATF 通过《关于反恐融资的 8 项特别建议》，并同“反洗钱 40 项建议”一起，为侦查、预防和制止恐怖融资行为制定了一个基本框架。2003 年 6 月 20 日，FATF 根据洗钱及恐怖融资的发展趋势，再次对“反洗钱 40 项建议”进行了修订，并将反恐怖融资的要求纳入了反洗钱建议，出台了新的“反洗钱 40 项建议”。2004 年 10 月 22 日，FATF 又制定了一项反恐怖融资特别建议，与之前的 8 项特别建议合称为“反恐融资 9 项特别建议”。至此，获得国际社会公认的反洗钱与反恐怖融资国际标准“FATF40＋9 建议”正式形成。

“反洗钱 40 项建议”主要由四部分构成：一是法律体系，即各国应将洗钱罪归为严重的刑事犯罪（建议 1～3）；二是金融机构和非金融机构企业或行业防范洗钱和恐怖主义融资的措施（建议 4～25）；三是打击洗钱和恐怖主义融资系统中必要的体制和其他措施（建议 26～34）；四是国际合作（建议 35～40）。“反恐融资 9 项特别建议”主要由两部分构成：一是重申了《制止向恐怖主义提供资助的国际公约》及联合国有关决议的要求。具体包括：批准和执行联合国相关公约和决议（建议 1）；将资助恐怖主义及相关的洗钱行为定为刑事犯罪（建议 2）；冻结和没收恐怖主义资产（建议 3）；报告与恐怖主义有关的可疑交易（建议 4）；

① 王建生，严锋．7 国集团制定《打击资助恐怖主义活动的行动计划》．(2001-10-07)．http://news.xinhuanet.com/world/20011007/901940.htm.

国际合作（建议 5）。二是根据恐怖融资的发展趋势提出应对的建议。具体包括：替代性汇款体系（建议 6）；电汇（建议 7）；非营利组织（建议 8）；现金运送（建议 9）。此外，FATF 对成员国是否达到建议要求的进展情况进行评估，即自我评估和互相评估。在自我评估阶段，各成员国每年就其执行建议的情况回答标准问卷。在互相评估阶段，各成员国受到来自其他成员国专家的检查和评估。早在 2002 年，FATF 就与国际货币基金组织、世界银行等国际组织共同制定了《评估反洗钱和反恐怖融资遵守情况的方法》。“FATF40＋9 建议”正式形成后，该评估方法也得到了修订。

2012 年 2 月，FATF 全会将“反恐融资 9 项特别建议”完全融入“反洗钱 40 项建议”之中，讨论通过了《反洗钱、反恐融资和反扩散融资国际标准：FATF 建议》（“FATF40 项新标准”）。[①] 该新标准将作为 2013 年起 FATF 新一轮反洗钱与反恐怖融资体系的评估依据。2013 年 2 月，FATF 又通过了新的评估方法，即《FATF 建议技术性合规评估方法与反洗钱和反恐怖融资体系有效性评估方法》，新的评估方法将适用于 FATF 第四轮评估。新的互相评估方法分为合规性评估和有效性评估两部分，其中有效性评估首次被系统引入互相评估方法体系[②]，供新一轮评估使用。“FATF40 项新标准”主要由七部分构成：一是反洗钱与反恐怖融资的政策和协调（建议 1～2）；二是洗钱与没收（建议 3～4）；三是恐怖融资与扩散融资（建议 5～8）；四是预防措施（建议 9～23）；五是透明度、法人的受益所有权和安排（建议 24～25）；六是主管部门的权力、责任及其他制度性措施（建议 26～35）；七是国际合作（建议 36～40）。与“FATF40＋9 建议”相比，FATF 新标准最重要的变化就是在第 1 条明确提出

① The Financial Action Task Force (FATF). International Standards on Combating Money Laundering and the Financing of Terrorism & Proliferation-the FATF Recommendations. (2012－02－16). http://www.fatf-gafi.org/media/fatf/documents/recommendations/pdfs/FATF_Recommendations.pdf.

② The Financial Action Task Force (FATF). Methodology for assessing technical compliance with the FATF Recommendations and the Effectiveness of AML/CFT systems. (2012－02－22). http://www.fatf-gafi.org/media/fatf/documents/methodology/FATF%20Methodology%2022%20Feb%202013.pdf.

实施“风险为本方法”。所谓“风险为本方法”（risk－based approach，RBA），即要确保主管部门和金融机构与特定非金融机构所采取的防止或抑制恐怖融资的措施与被识别出的风险水平相适应，从而保证资源得到最有效的分配。其原则就是，资源应根据目标的优先次序进行分配，以保证最高的风险受到最多的关注。[①] 自“FATF40＋9 建议”正式形成后，FATF 先后制定发布了分别适用于房地产业、赌博业、法律职业、货币服务业、寿险业、足球业、证券业、银行业等领域的风险为本方法指引[②]，为各国具体实施“风险为本方法”提供了重要参考。

（二）特别建议之评析与研讨

FATF 自成立以来，成功地推动了国际社会改革金融监管制度，制定和完善金融反恐法律法规，使得国际社会在反洗钱和反恐怖融资领域取得了巨大成绩。当然，FATF 在推行建议过程中所存在的问题也值得注意。

一方面，FATF 推行反洗钱和反恐怖融资建议所取得的成绩值得肯定。首先，FATF 制定的建议为各国反洗钱和反恐怖融资设定了全面、完整的措施框架，FATF 还制定了指引、最佳实践文件等，以帮助各国更好地执行 FATF 标准，这些框架建议本身并没有法律约束力，仅供各国根据具体情况灵活适用。但是，2005 年联合国安理会第 1617（2005）号决议，“强烈敦促所有会员国采用 FATF 关于洗钱问题的 40 项建议和 FATF 关于资助恐怖主义问题的 9 项特别建议中的国际全面标准”，这在一定程度上使得“FATF40＋9 建议”取得了反洗钱和反恐怖融资国际法标准的地位。这不但为 FATF 建议的全面适用提供了依据，也为后来成绩的获得奠定了基础。其次，FATF 的运行模式与其研究制定的反洗钱和反恐怖融资建议起到了很好的示范效应。例如，在 FATF 成立之后，一些类似的地区性反洗钱与反恐怖融资组织相继建立（如亚太反洗钱小

① 童文俊．恐怖融资与反恐怖融资研究．上海：复旦大学出版社，2012：304.

② The Financial Action Task Force (FATF). FATF Annual Report (2004—2012). http://www.fatf-gafi.org/.

组、欧亚反洗钱与反恐怖融资小组等），这些地区性组织在各自地区的反洗钱与反恐怖融资领域发挥了重要作用。又如，受FATF建议的启发，沃尔夫斯堡集团发表了《制止恐怖融资指南》，巴塞尔委员会等联合发布了《打击洗钱和恐怖主义融资的倡议》，还有其他如国际货币基金组织、世界银行等国际组织也都针对反恐怖融资制定了相应的规定和指南。这些反恐怖融资文件的出台，极大地推动了国际金融反恐的法律合作，提高了国际金融反恐的针对性和实效性。

另一方面，FATF发布"不合作国家和地区"（NCCT）名单所蕴含的风险也值得考量。FATF为了敦促各国采用国际标准惩治和预防洗钱及恐怖融资行为，自2000年开始发布"不合作国家和地区"名单。某国一旦被列入名单，不但会遭受名誉上的损失，还会受到经济上的制裁。因此，大多数"榜上有名"的国家为了从名单上除名，往往会妥协并按照建议完善自身的反洗钱与反恐怖融资机制，以挽回声誉和损失。至2007年，FATF主席弗兰克·斯委德罗夫（Frank Swedlove）公开宣布，经过不懈的努力，先后出现在名单上的23个国家和地区已经全部从名单上移除，这些国家与地区的反洗钱和反恐怖融资体系已经得到加强，将不再被视为"不合作"[①]。2009年，FATF在年度报告的"不合作和高风险司法区域"一节中发表声明，鼓励伊朗、巴基斯坦等五国具有更大的合规性。[②] 2012年，FATF在年度报告中将17个国家列入所谓的"不合作和高风险司法区域"，但表示只对伊朗和朝鲜采取制裁措施。[③] 从某种程度上讲，这有利于国际社会反洗钱与反恐怖融资行动的开展，但从另一个角度考虑，"不合作"本身就是一个具有误导性的用语，出现在名单上的国家和地区出于自身政治、经

① The Financial Action Task Force (FATF). FATF ANNUAL REPORT (2007): Foreword. http://www.fatf-gafi.org/media/fatf/documents/reports/2006%202007%20ENG.pdf.

② The Financial Action Task Force (FATF). FATF ANNUAL REPORT (2009): 17. http://www.fatf-gafi.org/media/fatf/documents/reports/2008%202009%20ENG.pdf.

③ The Financial Action Task Force (FATF). Public Statement. (2012-02-16). http://www.fatf-gafi.org/topics/high-riskandnon-cooperativejurisdictions/documents/fatfpublicstatement-16february2012.html.

济以及金融安全、自身能力等各方面因素的考虑，暂不采纳 FATF 的建议也许并无不当，根本谈不上“不合作”。所以，“不合作”有强迫合作的嫌疑，在一定程度上可能会侵犯到他国的经济主权。

## 五、关于反恐融资公约、决议与建议的执行情况之分析

### （一）安理会反恐委员会和反恐执行局的四次全球反恐融资调查

联合国安理会反恐委员会和反恐执行局成立至今，对各会员国执行联合国第 1373（2001）号决议的情况共进行了四次全球性的调查。调查的重点领域主要有国家反恐战略、反恐怖主义立法、刑事司法、打击资助恐怖主义行为、执法、边境管制、国际合作和人权等，这实际上涵盖了各会员国对反恐融资公约、决议与建议的执行情况。调查的结果显示：在不同时间、不同区域和不同领域，各会员国在执行决议的进展上有明显差异，具体情况如下。

1. 2008 年的第一次全球性调查

（1）关于反恐怖主义立法。尽管多数会员国已经开始采取重要步骤来建立明确、完整和一致的反恐怖主义法律框架，该法律框架能够将各种恐怖主义行为规定为重大刑事犯罪，并根据行为的严重程度予以相应的刑事惩罚，但非洲、南亚和东南亚等区域的进展较为缓慢。

（2）关于打击资助恐怖主义行为。许多国家，特别是东非、西非、太平洋群岛、东南亚和拉丁美洲的国家的一个重大不足是：其国内法没有根据第 1373（2001）号决议第 1 条（b）项的要求，将资助恐怖主义行为规定为刑事犯罪。而且，很少有国家按照决议第 1 条（c）项的要求，采取有效的机制来充分执行毫不迟延地冻结恐怖分子资产的条款。

（3）关于反恐国际合作。多数地区的多数国家已经有了适当的法律和措施，在互惠基础上，提供法律互助，进行引渡。然而，西亚、南亚和非洲的几个国家仍然没有颁布相关法律，简化相关程序，或排除相关的法律和行动障碍，以便加

强国际合作。[①]

2. 2009 年的第二次全球性调查

（1）关于反恐怖主义立法。西欧、东欧、中亚和高加索地区的多数国家，以及超过一半的东南欧国家和几乎半数的南美国家，已经引入了全面的反恐立法。但在非洲、西亚、东南亚、中美洲和加勒比地区，许多国家还没有全面的反恐立法。

（2）关于打击资助恐怖主义行为。自第一次调查以来，尽管在某些领域取得了一些进步，尤其是颁布了新的反洗钱反恐怖融资法律，但各个区域仍然面临许多挑战。有相当数量的国家，要么仍然没有将资助恐怖主义的行为规定为刑事犯罪，要么规定的资助恐怖主义罪行并不是《公约》或第 1373（2001）号决议所规定的犯罪。但是，有几个国家已经建立了令人印象深刻的有效执行机制，一些国家已经执行了有效的资产冻结制度。

（3）关于反恐国际合作。反恐领域国际合作的一个重要组成部分是批准了 16 项国际反恐法律文件。自上次调查以来，又增加了 127 份批准书。《公约》现有 169 个缔约国，比之前增加了 9 个。绝大多数会员国已成为 10 项以上文书的缔约国。然而，在批准水平上存在区域差异。[②]

3. 2011 年的第三次全球性调查

（1）关于反恐怖主义立法。西欧、东欧、中亚和高加索地区的多数国家都已经引入了全面的反恐立法。在仍然需要进步的那些区域，相关恐怖主义罪行被充分纳入法典的程度差异很大，仍需继续予以关注。

（2）关于打击资助恐怖主义行为。随着金融领域的持续发展，如网络系统、新的付款方式、电汇和电子支付的发展，各会员国正面临着多种多样的威胁。尽管在将资助恐怖主义行为规定为刑事犯罪方面取得了一些进步，但仍有相当数量

---

① United Nations Security Council Counter-Terrorism Committee，"Survey of the Implementation of Security Council Resolution 1373（2001）"，S/2008/379，10 June 2008，pp. 28-35.

② United Nations Security Council Counter-Terrorism Committee，"Survey of the Implementation of Security Council Resolution 1373（2001）"，S/2009/620，3 December 2009，pp. 43-49.

的国家尚未完全按照《公约》或决议的要求，将资助恐怖主义的行为规定为刑事犯罪。另外，多数国家尚未规定有效的资产冻结制度。

(3) 关于反恐国际合作。自从上次调查以来，又增加了 65 份批准书。《公约》现有 173 个缔约国，比之前增加了 4 个。为了使这些国际法律文件全面生效，各会员国应通过国内立法，将国际法律文件设立的罪行规定为刑事犯罪，设置相应的处罚并对界定的罪行确立管辖权，以确保嫌疑人得到引渡或起诉。[①]

4. 2016 年的第四次全球性调查

(1) 关于国家反恐战略。迄今为止，会员国制定的大多数国家反恐战略都倾向过于狭隘地关注执法措施。尽管这些战略在某种程度上可能有效，但却没有包括许多有助于解决恐怖主义问题的其他预防性措施。

(2) 关于反恐怖主义立法。自第 1373 (2001) 号决议通过以来，多数会员国已经根据国际反恐法律文件的要求，采取措施将恐怖主义行为规定为刑事犯罪。尽管多数会员国已经采取重要步骤建立了一套适当的反恐怖主义法律框架，但某些区域的进展却较为有限。

(3) 关于打击资助恐怖主义行为。各会员国一般都很努力地执行了第 1373 (2001) 号决议关于制止向恐怖主义提供资助的规定。然而，即使在恐怖主义风险较高的区域，尽管有些国家用其他罪名对资助恐怖主义者进行了起诉和定罪，但对资助恐怖主义行为的定罪率仍然相对较低。

(4) 关于反恐国际合作。43.8%的会员国仍然没有指定或只是部分指定一个中央部门，并仅使用外交途径，这经常导致处理时间较长。另外，多数会员国都加入了区域性的法律互助协议。然而，各区域的参与程度有很大不同，跨区域合

---

① United Nations Security Council Counter-Terrorism Committee, "Global Survey of the Implementation of Security Council Resolution 1373 (2001)", S/2011/463, 1 September 2011, pp. 71-87.

作依然面临大的挑战。不过，许多区域性的协定是公开的，可供区域外的国家批准。①

分组区域中的“西欧、北美和其他国家”② 的执行情况相对较好，大体上处于深入执行第 1373（2001）号决议的阶段，但现阶段仍存在不少问题，具体评估领域情况如下③：

第一，关于国家反恐战略。该分组区域的会员国几乎都没有制定通过完整全面的国家反恐战略。欧盟制定了一个基于预防、保护、追踪和应对这四大支柱的区域性反恐战略。欧盟各成员国往往认为没有必要制定通过国家层面的综合性反恐战略，因为它们依赖《欧盟反恐怖主义战略》和《欧盟打击恐怖主义激化和蔓延战略》。不过这些国家应当考虑将欧盟反恐战略国内化，以提供一个能够有效监测和评估的国家标准，适应各自国内的具体情况。所有欠缺综合反恐战略的国家应当根据《联合国全球反恐战略》通过各自的综合反恐战略，以应对恐怖主义的蔓延。

第二，关于反恐怖主义立法。该分组区域属于欧盟成员国的 16 个国家都已经批准了《制止恐怖主义的欧洲理事会公约》，遵守欧盟的反恐法律文件，参与欧盟理事会反恐专家委员会的运作，大多数国家都实现了欧盟反恐法律文件的国内法转化。该分组区域的非欧盟国家都独立发展了自己的反恐法律框架，并将国际反恐法律文书规定的罪行纳入国内法之中。大多数国家都采用了综合性的反恐

① United Nations Security Council Counter-Terrorism Committee, “Global survey of the implementation by Member States of Security Council Resolution 1373（2001）”, S/2016/49, 20 January 2016, pp. 111-126.

② “西欧、北美和其他国家”这一分组区域共 30 个国家，包括安道尔、澳大利亚、奥地利、比利时、加拿大、塞浦路斯、丹麦、芬兰、法国、德国、希腊、冰岛、爱尔兰、以色列、意大利、列支敦士登、卢森堡、马耳他、摩纳哥、荷兰、新西兰、挪威、葡萄牙、圣马力诺、西班牙、瑞典、瑞士、土耳其、大不列颠及北爱尔兰联合王国和美国。

③ United Nations Security Council Counter-Terrorism Committee, “Global Survey of the Implementation of Security Council Resolution 1373（2001）”, S/2011/463, 1 September 2011, pp. 64-70; United Nations Security Council Counter-Terrorism Committee, “Global survey of the implementation by Member States of Security Council Resolution 1373（2001）”, S/2016/49, 20 January 2016, pp. 99-106.

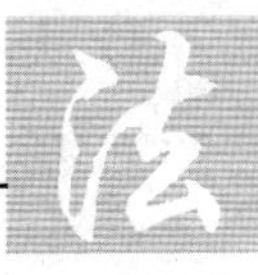

法律，明确地界定了恐怖主义行为，并继续在刑事法典中增加恐怖主义犯罪。大多数国家都能将恐怖分子绳之以法，并有这样做的政治意愿。澳大利亚、法国、德国、希腊、荷兰、土耳其、英国、美国和其他一些国家已经成功地将有恐怖罪行的人予以审判和定罪。所有国家都在提高它们的诉讼和司法能力方面取得了进展。

第三，关于打击资助恐怖主义行为。该分组区域所有 30 个国家都是《公约》的缔约国，并且都已经将资助恐怖主义行为规定为一项单独的刑事犯罪。然而，少数几个国家的立法，或不符合将资助恐怖主义行为规定为刑事犯罪的要求，或规范用语不足以涵盖资助外国恐怖主义人员的罪行。所有国家都已建立金融情报机构，且都是艾格蒙特组织的成员。23 个国家是金融行动特别工作组的成员。这些国家中属于欧盟的国家还执行欧盟的反洗钱反恐怖融资指令，并使其国内立法与欧盟的相关指令一致。所有国家都将资助恐怖主义看作洗钱罪的上游罪行，并将金融机构及其他机构的报告义务扩大，以包括资助恐怖主义行为。约有四分之一国家的法律，或缺少资助恐怖分子个人的要素，或缺少资助恐怖主义团伙的要素。半数国家面对的最大挑战是：没有根据第 1373（2001）号决议的要求，毫不迟延地冻结恐怖分子的资产。

第四，关于反恐国际合作。该分组区域国家很好地与地区性和全球性的伙伴合作，以减少恐怖主义的风险和漏洞。它们交换威胁和预警情报，共享可操作信息，并在双边和多边范围内进行联合训练和演习。这一组中批准国际反恐怖主义文书的数目相对较多，已经有 4 个国家批准了所有 16 项文书。这一组中的所有国家都制定和公布了恐怖主义案件中与司法互助和引渡相关的国内法律和程序方面的指南。欧盟成员国已经制定了相互之间以及与第三方之间（包括欧洲司法组织和欧洲刑警组织）进行合作的复杂机制。

总之，联合国安理会反恐委员会在对该区域进行评估后给出的建议是：（1）在诸如欧盟等相关的次区域机构内，或通过双边关系，继续开展合作、交换信息；（2）在没有反恐战略的地方，制定全面完整的国家反恐战略；（3）制定与第 1373（2001）号决议第 1 条（b）项完全一致的打击资助恐怖主义的法律；

（4）加强毫不迟延地冻结恐怖分子资金的制度；（5）采取步骤减少非营利部门在恐怖融资问题上的弱点。下文拟对欧盟和英国执行反恐融资公约、决议与建议的具体情况予以述评，以资借鉴。

（二）欧盟执行情况

欧洲联盟（European Union），简称欧盟（EU），其总部设在比利时首都布鲁塞尔，是由欧洲共同体（European Community，又称欧洲共同市场）发展而来的。目前，欧盟是一个集政治实体和经济实体于一身、在世界上具有举足轻重的巨大影响力的区域一体化组织。1991 年 12 月，欧洲共同体马斯特里赫特首脑会议通过《欧洲联盟条约》，通称《马斯特里赫特条约》（简称《马约》）。1993 年 11 月 1 日，《马约》正式生效，欧盟正式诞生。为了有效预防与惩治恐怖主义犯罪行为，欧盟制定了一系列反恐公约和措施，形成了具有全球影响力的区域性反恐机制。具体到金融反恐问题上，欧盟执行反恐融资公约、决议与建议的具体情况主要表现在以下三个方面：

第一，通过全面反恐公约惩治恐怖融资犯罪行为。1977 年 1 月 27 日，欧洲理事会成员国于斯特拉斯堡订立了《惩治恐怖主义的欧洲公约》。该公约由序言和 16 个条文组成，主要围绕着恐怖分子的引渡而展开，对恐怖融资问题未作任何规定。[①] 换言之，这部公约在实体法方面没有作出太多的安排，而只在程序方面作出了简单的规定。所以，从某种意义上讲，这部区域公约是一部程序性的反恐怖主义条约。[②]“9·11”恐怖袭击事件发生后，2001 年 12 月 27 日，欧盟通过了《理事会关于应用具体措施打击恐怖主义的共同立场》。该文件在序言中指出，联合国安理会第 1373（2001）号决议的通过，奠定了打击恐怖主义（尤其是恐怖融资行为）的广泛策略，欧盟应采取措施予以落实。第 3 条则指出，在欧洲共同体的权力范围内，应确保资金、金融资产、经济资源和财务等其他相关服务，

① European Community. European Convention on the Suppression of Terrorism (1977). http://conventions.coe.int/Treaty/Commun/QueVoulezVous.asp? NT = 090&CM = 8&DF = 22/06/2013&CL = ENG.

② 赵永琛. 国际反恐怖主义法的若干问题. 中国人民公安大学学报，2002 (3).

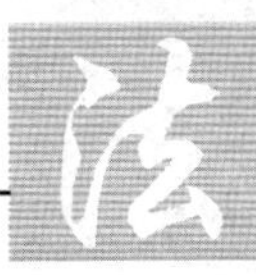

不直接或间接地被附件中所列举的涉恐个人、组织和实体所利用。[①] 可以说，该文件的出台拉开了欧盟金融反恐的序幕。2002年6月13日，欧盟通过了《理事会关于打击恐怖主义的框架决定》。该决定重申了惩治恐怖融资行为的问题。[②] 2003年5月15日，欧盟通过了《修正惩治恐怖主义的欧洲公约的议定书》。该议定书根据反恐形势的需要，在第1条就依据《公约》确立了恐怖融资犯罪行为。[③] 这是欧盟第一次在正式的法律文件中对恐怖融资行为加以规定。此外，欧盟还先后批准第467/2001号、第1354/2001号、第1996/2001号、第2062/2001号和第2199/2001号条例，规定冻结“阿富汗制裁委员会”（根据联合国安理会第1267号决议设立）所确定和该条例附件中所列的任何自然人或法人、实体或机构的全部资金和其他财政资源。欧盟在打击“基地”组织融资活动方面初见成效。[④] 2005年5月16日，欧盟通过了《制止恐怖主义的欧洲理事会公约》。该公约在第1条指出了恐怖主义犯罪包括恐怖融资行为。[⑤]

第二，通过反洗钱指令惩治恐怖融资犯罪行为。洗钱是恐怖主义重要的融资手段，因此，反恐怖融资总是与反洗钱联系在一起。从1991年开始至今，欧洲共同体和欧盟分别通过了三个反洗钱指令，并逐步将反洗钱措施扩展到了反恐怖

---

① European Union (EU). Council Common Position of 27 December 2001 on the application of specific measures to combat terrorism. http://eur-lex. europa. eu/LexUriServ/LexUriServ. do? uri=OJ：L：2001：344：0093：0096：EN：PDF.

② European Union (EU). Council Framework Decision of 13 June 2002 on Combating Terrorism (2002/475/JHA). http://eur-lex. europa. eu/LexUriServ/LexUriServ. do? uri=CONSLEG：2002F0475：20081209：EN：PDF.

③ European Union (EU). Protocol Amending the European Convention on the Suppression of Terrorism (2003). http://conventions. coe. int/Treaty/Commun/QueVoulezVous. asp? NT=190&CM=8&DF=22/06/2013&CL=ENG.

④ 中国现代国际关系研究院反恐怖研究中心. 国际恐怖主义与反恐怖斗争年鉴（2003年）. 北京：时事出版社，2004：60.

⑤ European Union (EU). Council of Europe Convention on the Prevention of Terrorism (2005). http://conventions. coe. int/Treaty/Commun/QueVoulezVous. asp? NT=196&CM=8&DF=22/06/2013&CL=ENG.

融资领域。1991 年 6 月 10 日，欧洲共同体通过了《理事会关于防止利用金融系统洗钱的指令》（《反洗钱 1 号指令》，编号为 91/308/EEC）。该指令遵循了反洗钱金融行动特别工作组提出的早期的“反洗钱 40 项建议”，对金融机构如何控制和预防毒品犯罪洗钱活动进行了规制。[①] 2001 年 12 月 4 日，欧盟通过了《欧洲议会和理事会修正关于防止利用金融系统洗钱的 91/308/EEC 号理事会指令的 2001/97/EEC 号指令》（《反洗钱 2 号指令》）。该指令扩展了洗钱上游犯罪的范围，并将欧盟反洗钱指令的适用范围由金融机构扩展到部分非金融系统的单位和个人主体。[②] 2005 年 10 月 26 日，欧盟通过了《欧洲议会和理事会第 2005/60/EC 号关于防止利用金融系统洗钱和恐怖融资的指令》（《反洗钱 3 号指令》）。该指令参照了金融行动特别工作组的反洗钱与反恐怖融资“FATF40＋9 建议”，将指令的适用范围扩展到恐怖融资领域。该指令由序言和七章共 47 个条文组成，主要围绕适用范围、定义、客户尽职调查、报告义务、交易记录保存和统计数据的规定、强制措施和执行措施等方面规定了反洗钱和反恐怖融资体系的具体程序和措施。该指令在序言中指出，洗钱和恐怖融资是国际性的问题，打击它们需要全球性的努力。在第 1 条指出，所谓恐怖融资，是指以任何方式直接或间接地提供或募集资金，意图将全部或部分资金用于，或者明知全部或部分资金将用于实施《理事会关于打击恐怖主义的框架决定》第 1 至 4 款所指定的恐怖主义犯罪。[③]

---

① European Union (EU). COUNCIL DIRECTIVE of 10 June 1991 on prevention of the use of the financial system for the purpose of money laundering (91/308/EEC). http://eur－lex. europa. eu/LexUriServ/LexUriServ. do? uri=OJ：L：1991：166：0077：0082：EN：PDF.

② European Union (EU). Directive 2001/97/EEC of the European Parliament and of the Council of 4 December 2001 amending Council Directive 91/308/EEC on prevention of the use of the financial system for the purpose of money laundering. http://eur－lex. europa. eu/LexUriServ/LexUriServ. do? uri＝OJ：L：2001：344：0076：0081：EN：PDF.

③ European Union (EU). Directive 2005/60/EC of the European Parliament and of the Council of 26 October 2005 on the prevention of the use of the financial system for the purpose of money laundering and terrorist financing. http://eur － lex. europa. eu/LexUriServ/LexUriServ. do? uri ＝ OJ：L：2005：309：0015：0036：EN：PDF.

第三，通过专门反恐融资公约惩治恐怖融资犯罪行为。2005 年 5 月 16 日，欧盟通过了一部专门性的预防与惩治恐怖融资行为的公约，即《欧盟理事会关于清洗、搜查、扣押和没收犯罪收益及恐怖主义融资的公约》。该公约在序言中，回顾了《公约》第 2 条和第 4 条要求缔约国将恐怖融资行为确立为刑事犯罪之规定，并确信欧盟各成员国有必要立即采取措施来完全批准和实施该公约。在第一章“术语的使用”中，界定了“恐怖融资”和“冻结”等的内涵和外延，如所谓“冻结”或者“扣押”，是指依照法院或其他主管部门签发的命令，暂时禁止转让、破坏、转换、处理、运转财产，或暂时保管或控制财产（第 1 条第 7 项）。在第二章“恐怖融资”中，要求各成员国应通过立法和其他措施，使得本公约第三、四、五章的相关条款能够适用于反恐怖融资（第 2 条第 1 款）；同时还特别要求各成员国确保能够搜查、追踪、识别、冻结、扣押和没收恐怖融资相关财产及收益，不论其来源合法或非法、是用于或以任何方式被分配用于、是全部或者部分的，且在该问题上能够提供最大限度的合作（第 2 条第 2 款）。在第三章“国家层面上采取的措施”中，规定了一般性的措施（如没收、冻结、扣押等）以及金融情报机构及其采取的预防性措施。在第四章“国际合作”中，规定了国际合作原则、调查协作、临时措施、拒绝与合作的延迟、第三方权利的告知与保护以及其他一般性规则等。另外，在第五章“金融情报机构的合作”、第六章“监测机制与纠纷解决”以及第七章“最后条款”中，也都有相应的惩治恐怖融资犯罪行为的规定。①

总之，欧盟通过不懈努力，目前已经形成了完善的反洗钱与反恐怖融资法律框架，并且随着洗钱与恐怖融资活动的变化而不断地修正，有力地推动了各成员国反洗钱与反恐怖融资法律体系的完善。

---

① uropean Union (EU). Council of Europe Convention on Laundering, Search, Seizure and Confiscation of the Proceeds from Crime and on the Financing of Terrorism (2005). http://conventions. coe. int/Treaty/Commun/QueVoulezVous. asp? NT=198&CM=8&DF=22/06/2013&CL=ENG.

（三）英国执行情况

英国从1974年开始立法打击恐怖主义。[①] 进入21世纪之后，英国相继颁布了7部全面反恐法案，从而形成了较为完备的反恐法律体系。联合国安理会反恐委员会对执行第1373（2001）号决议的情况进行的全球性的调查结果也显示，英国在预防与惩治恐怖主义问题上进展明显。具体到金融反恐问题上，英国执行反恐融资公约、决议与建议的具体情况主要表现在以下三个方面：

第一，通过全面反恐法案惩治恐怖融资犯罪行为。2000年7月20日，英国通过了《2000年恐怖主义法案》。该法案共有8部分计131条，其中的第三部分“恐怖主义财产”（terrorist property）创设了与“恐怖财产”有关的犯罪，如其第15条规定：“为他人提供金钱或其他财物，如果知道或有合理理由怀疑这将用于实施恐怖主义，则构成犯罪”。该法案还确立了恐怖组织和恐怖分子的认定程序，且将其列入了相关的制裁名单，这奠定了英国反恐怖融资的基本法律框架。[②] 2001年12月14日，英国通过了《2001年反恐怖、犯罪及安全法案》。该法案是“9·11”恐怖袭击后快速制定和通过的，遭到了广泛的批评，被称为“过去一个世纪以来和平时期通过的最苛刻的法律”[③]。该法案共有14部分计131条，其中的第一部分“恐怖主义财产”（terrorist property）明确指出要切断恐怖主义的资金，所有为恐怖主义提供资金的行为都是犯罪。第二部分“冻结令”（freezing orders）则详细规定了冻结涉恐财产的权限和程序。[④] 2005年3月11日，英国通过了《2005年预防恐怖主义法案》。[⑤] 2006年3月30日，英国通过了《2006年恐怖主义法案》。[⑥] 这两部法案基本未涉及反恐怖融资问题。2008年9月

---

① United Kingdom (UK), “Prevention of Terrorism (Temporary Provisions) Act 1974”, 1974 c. 56.

② United Kingdom (UK), “Terrorism Act 2000”, 2000 c. 11.

③ Adam Tomkins. Legislating Against Terror: the Anti－terrorism, Crime and Security Act 2001. Public Law, Summer, 2002: 205.

④ United Kingdom (UK), “Anti-terrorism, Crime and Security Act 2001”, 2001 c. 24.

⑤ United Kingdom (UK), “Prevention of Terrorism Act 2005 (repealed) ”, 2005 c. 2.

⑥ United Kingdom (UK), “Terrorism Act 2006”, 2006 c. 4.

26 日，英国通过了《2008 年反恐怖主义法案》。该法案共有 8 部分计 102 条，其中的第五部分授予财政部在处理与恐怖主义问题相关的交易时享有若干权力（第 62 条）；另外还规定了涉恐资产的冻结问题。① 2011 年 12 月 14 日，英国通过了《2011 年恐怖主义预防和侦查措施法案》。该法案以“恐怖主义预防和侦查措施”替代了极具特色、备受争议、严厉的“控制令”（control orders）②。2015 年 2 月 12 日，英国通过了《2015 年反恐与安全法案》。该法案共有 7 部分计 53 条，基本未涉及反恐怖融资问题。③ 从数量上看，英国反恐立法的出台频率是相当高的，16 年间共有 7 部反恐法案；从内容上看，在与相关国际反恐公约接轨的同时，创设了富有本国特色的、多样化的、较为严厉的反恐措施。④

第二，通过反洗钱条例惩治恐怖融资犯罪行为。可以说，英国的反洗钱条例与欧盟的反洗钱指令是一脉相承的。1991 年欧洲共同体通过了《反洗钱 1 号指令》，为履行该指令，英国于 1993 年 7 月 28 日通过了《1993 年反洗钱条例》。⑤ 2001 年欧盟通过了《反洗钱 2 号指令》，为履行该指令，英国于 2003 年 11 月 28 日通过了《2003 年反洗钱条例》，该条例扩大了 1993 年条例的适用范围，规定了金融机构和其他机构预防洗钱的责任，但与欧盟前两个指令一样，并未涉及反

---

① United Kingdom (UK)，“Counter-Terrorism Act 2008”，2008 c. 28.

② United Kingdom (UK)，“Terrorism Prevention and Investigation Measures Act 2011”，2011 c. 23.

③ United Kingdom (UK)，“Counter-Terrorism and Security Act 2015”，2015 c. 6.

④ 应该说，英国的反恐法案是颇受争议的，其在平衡反恐与保障人权方面的经验教训值得深思。“9·11”事件后不久，英国政府以“特殊环境需要特殊法律”为由，于当年出台了《2001 年反恐怖、犯罪及安全法案》，并据此拘捕了 17 名外籍恐怖嫌疑人。2004 年 12 月，英国议会上院上诉法院裁定，政府在不起诉和不审判的情况下，不能无限期拘留外籍恐怖嫌疑人，并称政府出台的反恐法违反了《欧洲人权公约》。2005 年 1 月，英国内政大臣克拉克宣布，英国政府将修改“9·11”事件后制定的反恐法律，不再无限期拘留外籍恐怖嫌疑人，而是通过一系列“限制令”对证据不足的恐怖嫌疑人进行严格管制。2006 年 4 月 12 日，英国一高等法庭的法官作出裁决，称英国政府在新反恐法下实施的一套“限制令”措施违反了欧洲人权法律的相关规定，同时也是对英国司法体系的“玷污”。这是在最近两年时间里，英国法庭第二次作出反恐法违反人权法律的裁决。林颖．英国新反恐法面临尴尬：舆论称法官裁决“限制令”违反欧洲人权公约．(2006－04－15)．http://www.legaldaily.com.cn/bm/content/2006－04/15/content_300748.htm? node=6.

⑤ United Kingdom (UK)，“The Money Laundering Regulations 1993”，1993 No. 1933.

恐怖融资问题。[①] 2005年欧盟通过了《反洗钱3号指令》，将适用范围扩展到了恐怖融资领域；为履行该指令，英国于2007年7月24日通过了《2007年反洗钱条例》，同样将适用范围扩展到了恐怖融资领域，该条例共六章51条，主要内容包括：一般性规定（如适用范围等）、客户尽职调查、记录保存、程序和培训、监管与等级、执行以及其他规定等。另外，该条例在第2条明确指出，恐怖融资行为可根据如下规定来确定：《2000年恐怖主义法案》第15、16、17、18、63条，《2001年反恐怖、犯罪及安全法案》关于“冻结令”的规定，《2006年恐怖主义（联合国措施）令》第7、8、10条，以及《2006年“基地”组织或塔利班（联合国措施）令》第7、8、10条。[②] 2007年、2011年（2次）、2012年、2015年，该条例又经历了五次修正。[③] 2007年条例借鉴了欧盟《反洗钱3号指令》，虽然在内容上并未有所创新，但在很大程度上考虑到了英国的恐怖融资现实状况，较好地把握了反洗钱与反恐怖融资在本国执行的界限。

第三，通过专门反恐法案惩治恐怖融资犯罪行为。2010年12月16日，英国通过了《2010年恐怖分子资产冻结法案》。该法案是一部关于涉恐资产冻结的专门法案，共有3部分51条，非常详细地规定了涉恐资产冻结的法律机制。（1）该法案不但确立了制裁名单的认定程序，还规定了相应的救济除名程序。具体而言，一方面，根据该法案第1条的规定，制裁名单的认定方式有两种：一是授权英国财政部依法认定制裁名单；二是直接认可欧盟为实施安理会第1373（2001）号决议而于2001年12月27日制定的《理事会关于为打击恐怖主义而针对某些人员和实体采取特定限制措施的第2580/2001号条例》[④] 第2条所认定的

① United Kingdom (UK), “The Money Laundering Regulations 2003”, 2003 No. 3641.

② United Kingdom (UK), “The Money Laundering Regulations 2007”, 2007 No. 3075.

③ The Money Laundering (Amendment) Regulations 2007 (2007 No. 3299), The Money Laundering (Amendment) Regulations 2011 (2011 No. 1781), The Money Laundering (Amendment No. 2) Regulations 2011 (2011 No. 2833), The Money Laundering (Amendment) Regulations 2012 (2012 No. 2298), The Money Laundering (Amendment) Regulations 2015 (2015 No. 11).

④ European Union (EU), “on specific restrictive measures directed against certain persons and entities with a view to combating terrorism”, Council Regulation (EC) No 2580/2001 of 27 December 2001.

名单。另外，根据 2002 年 5 月 27 日《欧盟理事会第 881/2002/号条例》第 7 条的规定，欧盟有权根据安理会或其制裁委员会的决定来修订制裁名单。① 简言之，在此模式下，英国不仅通过行政方式认定制裁名单，还直接适用欧盟认定的制裁名单，且间接列入了联合国安理会“基地”组织制裁委员会认定的制裁名单。另一方面，该法案还规定了被列名的法律救济手段，即申请除名的程序。该法案第 26 条规定，在特定情形下受到制裁名单影响的人员（包括个人和实体）可以向法院提出司法审查申请。(2) 该法案不但明确了资产冻结的效力范围，还规定了例外的许可证制度。该法案第 17 条规定，英国财政部依申请可颁发许可证，允许涉恐资产冻结不适用于为基本或特殊开支所必需的资产。(3) 该法案对违反资产冻结相关规定的处罚作出了详细的规定，尤其是对相关行为的入罪规定非常严密。例如，第 10 条规定了“违反信息披露义务罪”，即行为人“明知”或“有合理理由怀疑”自己所掌握的信息属秘密信息，仍违反禁令予以披露的行为。第 11 条规定了“违反资产冻结义务罪”，即行为人“明知”或“有合理理由怀疑”资产为制裁名单上的人员所拥有、持有或控制，仍违反规定予以处理（包括使用、改变、移动等）的行为。第 12～15 条规定了“违反禁止交易义务罪”，即行为人“明知”或“有合理理由怀疑”交易对象是制裁名单上的人员，仍违反规定为其（或其利益）提供资金、经济资源或金融服务的行为。第 17 条规定了“违反豁免许可罪”，即行为人“明知”或“不注意地”提供虚假的信息材料或超出文件的效力范围获得许可，进而得以豁免资产冻结的行为。第 19 条规定了“违反报告义务罪”，即相关机构“明知”或“有合理理由怀疑”对象属于制裁名单上的人员，或信息属于应该报告的信息，而没有按照要求报告的行为。②

---

① European Union (EU), “imposing certain specific restrictive measures directed against certain persons and entities associated with Usama bin Laden, the Al-Qaida network and the Taliban, and repealing Council Regulation (EC) No 467/2001 prohibiting the export of certain goods and services to Afghanistan, strengthening the flight ban and extending the freeze of funds and other financial resources in respect of the Taliban of Afghanistan”, Council Regulation (EC) No 881/2002 of 27 May 2002.

② United Kingdom (UK), “Terrorist Asset-Freezing etc. Act 2010”, 2010 c. 38.

## 六、结语

综上所述，以全球性合作为平台的金融反恐国际合作法律体系已经初步形成。联合国《制止向恐怖主义提供资助的国际公约》是一部针对涉恐融资犯罪行为的专门性反恐公约，联合国安全理事会出台的反恐融资系列决议具有准立法的性质，金融行动特别工作组关于反恐融资的特别建议也在一定程度上取得了反恐融资的国际法标准的地位。这些公约、决议和建议标准为国际社会的金融反恐合作提供了法律支撑，对于国际社会加强合作、共同打击恐怖融资犯罪行为、切断恐怖组织和恐怖分子的资金来源发挥着重要的作用。面对恐怖主义全球化和金融一体化的趋势，为了进一步融入国际社会的金融反恐框架，严厉打击涉恐怖融资犯罪，遏制恐怖主义的发展势头，中国也应当在保障国家主权和公民人权的基础上，注意坚持、完善和深化金融反恐的全球性法律合作。

# 危险驾驶罪立法与司法完善研究*

## 一、前言

在《刑法修正案（八）》增设危险驾驶罪四年有余之际，全国人大常委会 2015 年 8 月 29 日通过的《刑法修正案（九）》对危险驾驶罪又作了进一步的修改。然而，该罪理论上的问题迄今尚未完全解决，司法适用的新问题亦层出不穷。从立法层面看，“毒驾”入刑需要在深入探讨可实施性的基础上，解决“毒驾”检测等实际问题。随着危险驾驶罪行为方式的不断增加，人们不禁要问：究竟哪些交通违法行为有入刑的必要？以危险驾驶罪立法过程为视角的反思，将成为今后轻（微）罪立法的宝贵经验。而危险驾驶罪在司法实践中出现的问题也需要我们予以认真研究，找到解决办法暨完善途径。

---

* 与侯帅博士合著，原载赵秉志主编：《刑事法治发展研究报告》，2014—2015 年卷，北京，法律出版社，2017。

## 二、危险驾驶罪立法完善问题之建言

我们注意到，2015 年 8 月 29 日通过的《刑法修正案（九）》增加了两种危险驾驶罪的行为方式，即“从事校车业务或者旅客运输，严重超过额定乘员载客，或者严重超过规定时速行驶的”与“违反危险化学品安全管理规定运输危险化学品，危及公共安全的”。随着危险驾驶罪行为方式的增加，有如为严重交通违法行为的犯罪化打开了“缺口”。在众多交通违法行为中，很多行为对公共安全构成的潜在危险，与醉酒驾驶、追逐竞驶不相上下，比如“毒驾”、超速驾驶、无证驾驶、疲劳驾驶和超载等。上述交通违法行为应否增加为危险驾驶罪新的行为方式？醉酒驾驶、追逐竞驶入刑后，随即有人大代表提议应当将“开车玩手机”入刑，称之为“盲驾”[①]。究竟什么样的交通违法行为应当入刑，增设危险驾驶罪行为方式应当遵循什么样的立法原则？

### （一）增设危险驾驶罪行为方式的基本原则

综观国外立法例，很多国家不但将醉酒驾驶机动车作为犯罪行为处理，还将吸毒或者服用麻醉药品、精神药品后驾驶机动车等行为纳入刑法规制的范围。例如，丹麦、芬兰、葡萄牙等许多国家将“毒驾”作为犯罪行为，“使用麻醉药品、精神药品或者具有类似效力的物质”后驾驶机动车的行为和醉驾共同归为“driving under influence”。例如，《葡萄牙刑法典》[②] 第 291 条规定：因为处在醉酒状态，或者处于酒精、麻醉药品、精神药品或者具有类似效力的物质的影响下，或者身体、精神缺陷或者过度疲劳，而不具备安全驾驶的条件的，在公共道路或者等同的道路上驾驶机动车或者非机动车，对他人的生命、身体完整性或者价值巨大的财产造成危险的，处不超过 3 年的监禁或者罚金。值得注意的是，《葡萄牙

① 江方方. 人大代表建议“开车玩手机”入刑 你怎么看?. (2014-11-04) [2014-11-06]. http://news.163.com/14/1104/09/AA6QM25700014AEE.html.

② 根据 1982 年 9 月 23 日颁布的《葡萄牙刑法典》。

刑法典》不但规定了醉驾这种危险驾驶行为，还规定了违反道路交通规则，比如违反优先通行权、停车命令、超车、转向、行人通行、在高速公路或者乡村公路上倒车等规则而对他人的生命、身体完整性或者价值巨大的财产造成危险时，也要判处 3 年以下监禁或者罚金；还可能处以吊销机动车驾驶资格的保安处分措施(第 291 条、第 101 条)。① 根据芬兰司法部提供的 2004 年官方英文版《芬兰刑法典》，第二十三章第 3 条规定了“迷醉状态下驾驶罪”。“迷醉状态”不但包括酒后，还包括吸食毒品后。另外，《芬兰刑法典》规定了严重迷醉状态下驾驶罪、迷醉状态下进行水路运输罪、迷醉状态下进行航空运输罪、迷醉状态下进行铁路运输罪，还规定了将交通工具交于处于迷醉状态的人、在迷醉状态下运行非机动交通工具，对他人造成危险的行为，也是犯罪行为，并配置了相应的刑罚。②

风险社会、风险刑法语境下的犯罪圈扩张对刑法传统理论、刑法基本原则与宽严相济的刑事政策都造成了一定程度的冲击，应当引起立法者的警惕。危险驾驶罪行为方式的扩张事关犯罪圈、刑罚权的扩张，影响刑法稳定性，需要在刑法立法层面确立一定的原则、标准进行限制，从而防止危险驾驶罪无序扩张，最终形成一个容纳各种道路交通违法行为的“口袋罪”。笔者认为，对增加危险驾驶罪行为方式必要性与合理性的判断，应当从以下几个方面进行：

首先，从社会治理层面进行判断。(1) 是否对公共安全造成较高风险。一方面，危险驾驶行为必须是那些对不特定人的人身、重大财产构成危险的交通违法行为，而像驾驶无牌照机动车等主要违反道路交通管理秩序的行为应当首先排除在犯罪圈之外；另一方面，只有那些造成“较高”风险的交通违法行为才能考虑入刑。怎样衡量“较高”呢？笔者认为，与其形而上学地在逻辑上探讨，不如采取实证方法进行定量研究，从而根据大量事实得出结论。公安交通管理部门每年处理大量的道路交通违法行为和交通事故，应当收集、分析事故数据，在事实的

① 葡萄牙刑法典. 陈志军，译. 北京：中国人民公安大学出版社，2010：135，49-50.

② 芬兰刑法典. 于志刚，译. 北京：中国方正出版社，2005：10.

基础上得出哪些交通违法行为是造成人员伤亡的主要原因。基于数据和事实的结论，更能为立法决策提供有价值的参考。但是，根据笔者对公安交通管理部门网站的查询以及在搜索引擎上对相关信息的搜索，目前我国还缺乏这方面的权威数据。(2) 是否是现实生活中经常发生的违法行为。(3) 刑法治理成本。危险驾驶罪入刑以后，醉驾行为减少的事实有目共睹，很多论者以此为依据说明危险驾驶入刑的必要性和合理性。笔者认为，将醉驾等危险驾驶行为引发的事故数量有所减少作为证明增设该罪的必要性的证据，这种论证逻辑不甚严密，有待商榷。其一，据公安部交通管理局的数据，增设危险驾驶罪后，从公安交通管理部门查获醉酒驾驶行为的途径看，以路面执勤和事故处理为主，交警在路面执勤中查获的醉酒驾驶数量占总量的 63.3%，因交通事故查获的醉酒驾驶占 36.7%，其中，有一小部分是通过群众举报、报警等途径查获的。[①] 增设危险驾驶罪后，公安交通管理部门加大了对醉驾等危险驾驶行为的查处力度才是醉驾等行为引发事故率下降的真正原因，即与交警的严格执法有关。事实上，即使没有增设该罪，交警严格查处醉驾又何尝不能达到此目的？其二，即使醉驾入刑的一般预防效果显著，醉驾、追逐竞驶行为入刑的成本是否需要专门论证？是否符合刑法谦抑性原则中的经济性原则？根据浙江省高级人民法院课题组对浙江省醉酒驾驶机动车刑事案件审判情况的调研，2013 年浙江全省范围内法院新收危险驾驶刑事案件 17 969 件，同比上升了 58.72%。危险驾驶刑事案件占全部刑事案件的 20.84%，在所有刑事案件中排第二（盗窃罪第一）。[②] 醉驾等危险驾驶行为入刑的成本，即对司法资源的消耗，可以体现于司法与立法两个方面：司法上，危险驾驶罪案件的大量增加，给本就不轻松的基层司法机关更大的工作量。增设危险驾驶罪带来的司法成本的增加，还体现在公安交警部门查处措施的严格化，也带来了人员投入、时间投入的大量增加。立法上，危险驾驶罪设立以来，人们发现两种行为

① 公安部交管局. 醉驾入刑七个月全国查获酒驾 20 万起. (2011-12-08) [2014-10-15]. http://www.gov.cn/govweb/gzdt/2011-12/08/content_2014716.htm.

② 中华人民共和国最高人民法院刑事审判第一、二、三、四、五庭. 刑事审判参考：办理危险驾驶类犯罪专集. 北京：法律出版社，2014：257-258.

方式明显不能满足需要，《刑法修正案（九）（草案二次审议稿）》准备增加两种行为方式也说明了立法上还将对这个罪名作进一步的修改和调整。[①]

其次，从刑法自身来看，增设危险驾驶罪的行为方式应当考虑以下几个条件：(1) 是否是刑法法网的“漏网”行为，是否与危险驾驶罪已有的行为方式重复，是否与其他相关条文重复？这些方面比较容易作出判断。(2) 是否有刑法规制的必要性？有学者提出利用德国“显见可能性”理论来控制危险驾驶罪行为方式的扩张。显见可能性理论是指，行为造成的法益侵害危险，必须达到相当的紧迫性，超出实害犯规范（甚至包括未遂犯与预备犯的规范手段），刑法才能予以干涉，这种情况下的刑法立法才符合刑法的谦抑性，才能达到刑罚一般预防的效果。显见可能性的判断标准之前是经验判断式的，即实害发生的可能性明显高于不发生的可能性，或者根据一般经验主体的事后判断处罚具有高度盖然性即可。后来显见可能性的判断标准转向了规范式，即从信赖义务角度，如果危险未转化为实害的原因不能归结为社会需要的可信赖义务，则应认定危险具有显见可能性。[②] 在我们身处的高风险社会里，能够对他人与社会安全产生危险的行为越来越多、越来越生活化，比如驾驶机动车几乎成为现代人的必备技能，但是机动车带来的不只有生产、生活的便利，还有无处不在的安全风险。面对纷繁复杂的风险，刑法不能不加选择而统统加以规定和调整。因此，显见可能性理论应运而生，致力于对需要刑法规制的风险行为进行合理的选择。笔者认为这种观点对危险驾驶罪行为方式选择问题具有一定的指导意义。

最后，危险驾驶罪进一步增加的行为方式，必须是其他道路交通安全法规范治理无效的行为。上文已经阐述了刑法作为社会治理手段，需要投入较多的成本（立法和司法资源），犯罪圈盲目扩张将带来刑法与行政法调整范围日渐模糊、司法运行负担较重等问题。因此，强调刑法谦抑性，强调刑法在整个法律体系中的

① 参见《刑法修正案（九）（草案二次审议稿）》（十二届全国人大常委会第十五次会议文件（六））第8条。

② 李川. 论危险驾驶行为入罪的客观标准. 法学评论，2012 (4).

“最后防线”的作用，在现阶段不只是保障公民自由、防止刑罚权滥用的刑法价值取向问题，更是司法资源如何在宽严相济刑事政策下合理分配的现实问题。是行政法规对醉驾等危险驾驶行为的威慑力不够，还是执法不严导致的法力失效？这都是值得刑法立法者深思的问题。并且，行政法规对交通违法行为治理效果是否起不到遏制作用，使得某些交通违法行为愈演愈烈，是一个需要实证研究的定量问题（比如调查一段时期内，是否醉驾行为一直处于上升趋势，加大行政执法力度以后，仍然得不到有效遏制，仍然频发）。今后在论证危险驾驶罪行为方式增加问题时，可以通过定量研究得出更加科学的立法参考依据。

像开车玩手机这种行为，提议入刑的主要理由是：如今智能手机普及和社交软件泛滥，开车司机“低头”现象越来越多，比开车打手机更危险。打手机毕竟还会看着前方，而开车时刷微博、玩微信，频频低头，更容易引发交通事故。笔者认为，“开车玩手机”入刑的提议，对提议的可实施性考虑不甚充足，对现实中交通行为的复杂性，亦缺少充分认识。在现实生活中，手机不但是人们日常必备的通信工具，还是充当信息终端的电子设备。以出租车司机举例，使用越来越广泛的打车软件，一般安装在出租车司机的手机中，成为他们获得租车信息的重要途径，很多司机需要通过手机进行“接单”操作才能开展营运业务。类似行为还有，在驾驶机动车时，通过手机查询线路、播放音乐等。如果将这些行为统称为“盲驾”，即在驾驶机动车时注意力分散，或者主要指驾驶者的“视觉缺位”，那么，驾驶时瞬间的“视觉缺位”不可避免，入刑不免苛刻。如果盲驾状态需要持续一段时间才能入罪，随之必然带来立法的困惑与司法认定的困难。

（二）“毒驾”行为应否入刑

《刑法修正案（九）》最终并未将“毒驾”作为危险驾驶罪新的行为方式。实际上，自《刑法修正案（八）》增设危险驾驶罪以来，呼吁“毒驾”行为入刑的声音就此起彼伏。曾于2010年提出增设危险驾驶罪提案的全国政协委员施杰，又于2013年全国两会期间提交《关于进一步推进将服用国家管制的精神药品或者麻醉药品驾驶机动车的行为纳入危险驾驶罪的提案》，建议“毒驾”入刑。其主要理由是：(1)“毒驾”社会危害性大并且频发。据称，仅2012年“毒驾”引

起的交通事故案例高达百起以上，为历年来最高；(2) 现有的交通肇事罪和行政法规对“毒驾”的处罚与其社会危害性不相称；(3) 国外很多国家已经将“毒驾”入刑；(4) 公安部门已经掌握了鉴别吸毒者的技术，“毒驾”入刑有可操作性。[①] 有学者认为，国外立法例和现实经验都表明，影响行为控制能力从而使驾驶人丧失驾驶能力，进而造成道路安全危险之“显见可能”的因素不限于醉酒。几乎所有国家都规定，在危险驾驶行为中，药物影响与醉酒后驾驶具有同等的效果。服用毒品后的驾驶行为甚至比醉酒驾驶的危险性更显著。[②] 在2014年全国人民代表大会上，海南省代表团拟提出议案：建议将“毒驾”纳入危险驾驶罪，“毒驾”行为如同醉酒驾驶、追逐竞驶危险驾驶行为，具有严重的社会危害性与刑事违法性，符合危险驾驶罪的构成要件，应被纳入刑法调整范畴，列为危险驾驶罪。[③]

与呼吁“毒驾”入刑的观点不同，反对“毒驾”入刑的观点认为，“毒驾”入刑面临的主要问题是司法认定上的困难：不同种类的毒品、不同的毒品使用方式，对不同体质的人有不同的影响，对醉酒可以划定单一的血液酒精含量标准，但对于吸食毒品，测定的标准较为烦琐，在实践中操作困难。[④] 有的论者认为，查处“毒驾”缺少简便、高效的类似酒精呼气检测的初步筛选方法，我国虽然已经研发出了用于“毒驾”随机筛查的唾液检测产品，但只能检测冰毒、海洛因和摇头丸等少数几种常见毒品，且唾液测毒成本很高，普及使用存在难度。并且，唾液测毒只是粗筛，并不能作为法庭上的证据使用。我国检测吸毒的常规方法为对被检测者的尿液进行检验，如果将“毒驾”行为犯罪化，尿液检验必须在民警监督下取尿等复杂环节，意味着将消耗大量司法资源。[⑤] 还有学者认为，吸毒驾

---

① 施杰：建议将毒驾、严重超载等行为纳入危险驾驶罪当中.（2013-05-02）[2014-08-02]. http://money.163.com/13/0502/17/8TST8QVR00254TI5.html.

② 李川．论危险驾驶行为入罪的客观标准．法学研究，2012（4）.

③ 两会观交通：委员建议“毒驾、三超”纳入危险驾驶罪.（2014-03-11）[2014-04-05]. http://www.122.cn/xwzx/jtyw/426089.shtml.

④ 朱磊．“毒驾入刑”尚面临司法认定难题．法制日报，2012-08-10（3）.

⑤ 翟兰云，张灿灿．治理“毒驾”入刑与源头管控同等重要．检察日报，2010-06-26（4）.

驶在现实生活中并不常见，且难以查证。如果发现“毒驾”，首先考虑要对行为人进行强制戒毒，强制戒毒实为限制人身自由的措施，如果强制戒毒后再施以危险驾驶罪的短期自由刑，有过度威慑的嫌疑。[①]

据新闻媒体报道，2012 年 6 月，第十一届全国人大常委会第二十七次会议后，公安部会同最高人民法院、最高人民检察院对吸食（注射）毒品后驾驶机动车案件的法律适用问题开始进行研究。[②] 之后，《刑法修正案（九）（草案二次审议稿）》并未将“毒驾”入刑纳入这次刑法修改的考量范围。[③] 经过三次审议，最终于 2015 年 8 月 29 日通过的《刑法修正案（九）》将危险驾驶罪的行为方式扩充为四种，其中并不包括“毒驾”行为。

笔者主张，既然已经将醉驾、追逐竞驶行为入刑，从立法上进一步完善该罪也成为不可阻挡的趋势。现阶段，对“毒驾”入刑的顾虑主要集中于两个方面：一方面，“毒驾”数量不大，还没有入刑的紧迫性；另一方面，即使“毒驾”现在入刑，也会因为查处“毒驾”的程序机制没有建立，而影响刑法规制“毒驾”的实际效果。这些顾虑具有一定的合理性，是刑法立法犯罪化谦抑性原则的体现。然而，这些问题并不影响“毒驾”入刑的正当性，司法实践中具体程序问题可以通过逐步完善得到解决，特别是“毒驾”查处、检测程序和醉驾有一定的相似性，一旦“毒驾”入刑，可以将两者综合起来，建立一个系统化的危险驾驶罪查处机制。

首先，“毒驾”的称谓其实并不准确，人体使用后会严重影响认识能力与控制能力，进而影响驾驶机动车行为的化学物质，除我们熟知的毒品外，还包括麻醉药品和精神药品。国外经常使用“driving under the influence”这一术语来概括醉驾和“毒驾”，将其翻译为“迷醉状态下驾驶机动车”是比较准确的。“迷醉”既可以形容醉酒状态，还可以将使用麻醉药品、精神药品后的状态表达出

① 叶良芳．危险驾驶罪的立法证成和规范构造．法学，2011（2）．

② 陈丽平．毒驾案件法律适用问题正在研究．法制日报，2013-01-04（3）．

③ 参见《刑法修正案（九）（草案二次审议稿）》（十二届全国人大常委会第十五次会议文件（六））第 8 条。

来。因此，“毒驾”的“毒”，指的是通过吸食、注射方式使用国家禁止或管制的麻醉药品、精神药品，包括毒品［既包括鸦片、吗啡、大麻、海洛因等传统毒品，还包括甲基苯丙胺（俗称“冰毒”）、摇头丸、氯胺酮（俗称“k粉”）等新型毒品］和国家管制的医用麻醉药品和精神药品（美沙酮口服液、杜冷丁、二氢埃托啡、三唑仑、安定、曲马多、丁丙诺啡等）。鉴于在现实生活中，毒品种类花样翻新，麻醉药品和精神药品的种类也日趋增多，所以如果将“毒驾”入刑，应当将可以使人陷入迷醉状态的化学品限定在“麻醉药品、精神药品或者具有类似效力的物质”的范围内，这样的表述具有一定的弹性，有利于适应上述药品的发展变化。

其次，随着社会的发展，“毒驾”发生率将呈增长趋势，“毒驾”入刑将是具有前瞻性的立法。根据国家禁毒委员会《2015中国禁毒报告》提供的数据，截至2014年底，全国累计登记吸毒人员295.5万人。其中，滥用阿片类毒品人员145.8万人，滥用合成毒品人员145.9万人。还有成倍的隐性吸毒人员未被登记。[①] 并且，这个数字可能还将继续增长。我国申领机动车驾驶证的程序中，并没有核实申领人是否吸毒这一环节，这也就导致了防止“毒驾”机制从源头监管上的缺失。根据“举轻以明重”的法理，“毒驾”比醉驾更容易引发公共安全重大事故，具有高度危险性的“毒驾”也应当被纳入刑法规制的范围。

最后，关于“毒驾”查处、检测程序的完善。针对学者提出的“毒驾”入刑可能面临的初步检测的难题，我国已经研发出检测人体是否摄入毒品的便携式工具，即唾液试纸。第一代是接触式的，用棉花棒在被测者口腔中取得唾液样本进行检测，是禁毒部门最早开始使用的方法。第二代是非接触式的，被测者将唾液吐在检测仪器的容器中，几分钟之内即可得出检测结果。唾液试纸可以检测出国内常见的海洛因、鸦片、罂粟、冰毒等毒品，准确率较高，成本为十几元。这些简易的检测方法可以解决对“毒驾”的初步检测，为现实中交警设卡临检“毒

① 2015中国禁毒报告.（2015-03-25）.http://www.nncc626.com/2015-03/25/c_127620885_2.htm.

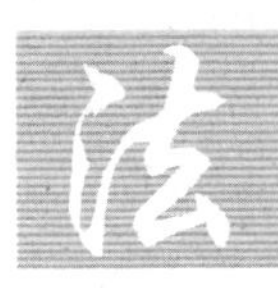



驾”行为提供了可操作的条件。[①]

当然，与醉驾检测一样，唾液试纸检测不能作为定案依据，作为定案证据的是准确性更高的检测方法，我国通常使用的检测手段是尿液检测。笔者主张，因为致人迷醉的药品种类较多，不同体质的个体对其反应不同，出于司法便宜性考虑，不再设立像醉酒那样的血液酒精含量标准。但要注意个案特殊性，比如服用少量药品的行为人，虽然能够被检出，但结合其他检验标准（对辨认力和控制力的测试），证明摄入少量药品并未影响驾驶的，则应当允许出罪。

许多国家采用主观标准与客观标准相结合的方式来认定“毒驾”，就是以记录嫌疑行为的影像资料与警察对驾驶者进行的测试结果作为证据。美国洛杉矶警察署在20世纪70年代设计实施了DRE（drug recognition experts）程序，授权具有检测资质的警官通过十二个步骤对驾驶者进行药物识别。这十二个步骤分别是：（1）呼吸测试（the breath test），这个步骤是为了排除醉驾可能性；（2）具有测试资质的警察与发现嫌疑人的警察交流嫌疑人被逮捕时的情况（the D. R. E's interview of arresting officer），交流的重点是询问发现嫌疑人的警察是否在车内找到毒品等药品，嫌疑人是否承认或否认使用过药品；（3）初步检查及第一次脉搏测试（preliminary examination and first pulse reading）；（4）眼部检查（eye examination），重点在于观察嫌疑人眼球的大小，是否眼球充血，或者眼神飘忽不定，这项检查可以帮助判断嫌疑人使用的是哪种毒品（某些毒品会导致人产生以上症状）；（5）运动能力检查（motor skills evaluation），主要包括单腿站立、走直线等；（6）生命体征及第二次脉搏测试（blood pressure，temperature and second pulse reading），因为在毒品作用下，人的体温通常会升高；（7）瞳孔暗室检查（pupil measurement and ingestion exam）；（8）肌张力检查（muscle rigidity exam）；（9）注射部位检查及第三次脉搏测试（inspection for injectionsites and third pulse reading）；（10）讯问、被检测者陈述及其他观察（interrogation，suspect statement，and other observations）；（11）测试专家的分析和意见

① 李瑾．毒品唾液快速检测试剂及其应用．警察技术，2013（4）．

(the D. R. E's opinion)，即执行测试的警察根据上述步骤得出嫌疑人是否“毒驾”；(12) 毒物学检查 (toxicology tests)，警察要求嫌疑人提供尿液或者血液样本，进行毒物化验，这样，化验就可以再次证实上述测试的结论。[①]

这种检测方法通过几十年的实践，也还有一些问题（比如对其准确性的质疑），但它仍是美国38个州和华盛顿特区检测“毒驾”的法定方法。值得借鉴之处是，在美国对“毒驾”的十二个步骤的检测中，毒物学检查，也就是我们通常认为的尿液或者血液检查只是步骤之一，这说明了“毒驾”检测的复杂性，不能单凭尿液或者血液检测，应当将毒品、麻醉药品与精神药品可能产生的其他生理反应作为检测“毒驾”的重要参考，这样，才可以防止对尿液（血液）检测的依赖。这种依赖可能产生的后果是：如果嫌疑人在日后对尿液检测的程序和结果产生怀疑，样本可能失效而无法再次检测；尿液（血液）检测可能通过偷换样本等造假，也可能因样本污染等影响检测结果。而其他步骤的检测可以通过影像、照片或者文字记录提供相互印证的证据链。

### (三)《刑法修正案（九）》增加的危险驾驶罪行为方式

《刑法修正案（九）》将增加的危险驾驶罪行为方式最终确定为：“从事校车业务或者旅客运输，严重超过额定乘员载客，或者严重超过规定时速行驶的”行为与“违反危险化学品安全管理规定运输危险化学品，危及公共安全的”行为。在修改过程中出现的不同审议稿中，可以看出上述两种行为表述发生的变化。

2014年10月27日提请第十二届全国人大常委会第十一次会议审议的《刑法修正案（九）（草案）》将这两种行为表述为：(1) 在公路上从事客运业务，严重超过额定乘员载客，或者严重超过规定时速行驶的；(2) 违反危险化学品安全管理规定运输危险化学品的。《刑法修正案（九）（草案二次审议稿）》进一步修改为：(1) 从事校车业务或者旅客运输，严重超过额定乘员载客，或者严重超过规定时速行驶的；(2) 违反危险化学品安全管理规定运输危险化学品，危及公共安

① Scott Brown. The D. R. E.: drug recognition expert or experiment?. UMKC Law Review, 69: 557-558.

全的。这一表述与最后通过版本的该条表述相同。由此得出，超速、超载行为从驾驶“在公路上从事客运业务”的机动车，限缩为驾驶“从事校车业务或者旅客运输”的机动车，行为对象限制在一个较小，也较明确的范围内，凸显了这两种机动车的特殊性，即可能在较长路途中运送较多旅客，客观上起到了限缩犯罪圈的作用。后一种行为方式之所以增加“危及公共安全的”的限定，也是为该行为入刑设定一定的门槛。

有关数据显示，我国交通事故的主要原因有超速行驶、酒后驾驶和疲劳驾驶，其中，超速行驶才是位列第一的交通事故原因。[①] 因此，将超速和超载行为入刑在社会治理层面具有一定的必要性与合理性。而《刑法修正案（九）》将入刑的超载和超速行为仅限于从事校车业务或者旅客运输的机动车，其出发点可能是：校车的乘客多为未成年人，需要刑法加以特殊保护；而从事旅客运输的机动车通常承载较多乘客，又在地形较为复杂的景区行驶，对驾驶这种机动车的超载、超速行为应当较为严厉地约束。当然，针对法条规定的“严重超过额定乘员载客”和“严重超过规定时速”，还需要司法解释加以明确，以增加司法实践的可操作性。

在《刑法修正案（九）（草案）》审议过程中，有代表提出，应当将“危险化学品”改为“危险物品”，因为“危险物品”不但可以包含“危险化学品”，还包括以危险化学品为原材料制成的雷管、炸药等产品，这些产品同样可能因为违反危险品安全管理规定的运输行为造成危害公共安全的高危风险。这样的提议让笔者想到，我国刑法典第136条规定了危险物品肇事罪：违反爆炸性、易燃性、放射性、毒害性、腐蚀性物品的管理规定，在生产、储存、运输、使用中，由于过失发生重大事故，造成严重后果的行为。该罪中的“危险物品”概念一直存在争议，有学者认为，“凡是对人体健康有害，或者在生产、运输、装卸、储存、保

---

① 2011年全国交通事故造成62387人死亡.（2012-02-09）［2014-08-20］. http://www.north-news.cn/2012/0209/672492.shtml.

管中，可能引起燃烧、爆炸等的物品，统称为危险物品”①。也有学者认为，危险物品是具有杀伤、爆炸、易燃、毒害、腐蚀、放射性等性质，在生产、储存、运输、使用过程中，容易造成人员伤亡和财产损毁或可能引发公共安全危害，需要特别防护或管制的物品。②

依据《危险化学品安全管理条例》第3条第1款的规定，危险化学品，是指具有毒害、腐蚀、爆炸、燃烧、助燃等性质，对人体、设施、环境具有危害的剧毒化学品和其他化学品。将“危险物品”与“危险化学品”概念比较，可以看出，将“违反危险化学品安全管理规定运输危险化学品”的行为犯罪化，实际是将刑法对危险物品肇事行为的规制时间点提前，并且将犯罪对象从“危险物品”缩小为“危险化学品”范畴，将危险物品肇事罪中对生产、储存、运输、使用行为的调整，集中于“运输行为”一种，将具有抽象危险却还没有发生实害后果的危险物品运输行为犯罪化，这类似于危险驾驶罪与交通肇事罪的关系。

在危险驾驶罪中增加“违反危险化学品安全管理规定运输危险化学品”的行为方式，笔者认为有待商榷。主要原因有三个方面：(1) 该行为方式与前三种行为方式违反的行政规范并不相同，这种行为违反的主要是“危险化学品安全管理规定”，而其他三类行为方式违反的是道路交通安全法规范，如果从行政违法性来看，它们的行为性质并不相同。(2) 刑法典第133条之一的罪名普遍认为是“危险驾驶罪”，而“违反危险化学品安全管理规定运输危险化学品”的行为，其危险来源主要是危险化学品本身的易燃性、易爆性、放射性和毒害性加上违反安全管理规定的运输行为，这里的运输行为不只包括不当的驾驶行为，还包括运输中的装卸、包装等行为。故而，该行为方式也与“危险驾驶罪”的罪名不符。(3) “违反危险化学品安全管理规定运输危险化学品”的行为种类繁多，依据《危险化学品安全管理条例》的规定，包括第45条规定的“运输危险化学品，应当根据危险化学品的危险特性采取相应的安全防护措施，并配备必要的防护用品

① 孟庆华. 重大责任事故犯罪的认定与处理. 北京：人民法院出版社，2003：210.

② 王新建，熊一新. 危险物品管理. 北京：中国人民公安大学出版社，2002：152.

和应急救援器材”“用于运输危险化学品的槽罐以及其他容器应当封口严密，能够防止危险化学品在运输过程中因温度、湿度或者压力的变化发生渗漏、洒漏；槽罐以及其他容器的溢流和泄压装置应当设置准确、起闭灵活”，第46条规定的“通过道路运输危险化学品的，托运人应当委托依法取得危险货物道路运输许可的企业承运”，第47条规定的“通过道路运输危险化学品的，应当按照运输车辆的核定载质量装载危险化学品，不得超载”“危险化学品运输车辆应当符合国家标准要求的安全技术条件，并按照国家有关规定定期进行安全技术检验”“危险化学品运输车辆应当悬挂或者喷涂符合国家标准要求的警示标志”等多达十几种行为，是否将这些行为方式都认定为犯罪行为，有待立法进一步明确。

从醉驾、追逐竞驶入刑，超速、超载入刑，到提出“开车玩手机”入刑，我们看到了危险驾驶罪可能成为新“口袋罪”的可能性。既然醉驾、追逐竞驶行为能够被犯罪化，那么其他与其社会危险性相当的交通违法行为就可能成为下一个犯罪化的对象。在危险驾驶罪立法中，刑法不仅面临着公民个人自由和公共秩序、公共安全价值之间的权衡，还面临着刑法作为社会治理手段的两面性，一方面是刑罚严厉性带来的立竿见影的治理效果，另一方面则是付出高额的隐性成本和可能带来的对公民自由的压缩甚至侵犯。综上所述，在我国现有的行政刑法的立法模式、刑事诉讼程序的背景下，在对危险驾驶罪这样的轻（微）罪的立法过程中，应当从社会现实出发，严格遵循一定的立法原则，从社会治理层面、刑法和刑法理论自身协调统一方面，还有刑法与行政法的衔接方面充分考察犯罪化的必要性与合理性。在评估立法必要性和合理性的过程中，不但要听取民众、专家等各方意见，还要进行必要的实证调查研究。在立法实施后，还要对立法进行评估以反馈立法效果、司法实践中出现的问题等信息。

### （四）危险驾驶罪的部门法衔接

在探讨危险驾驶罪中出现的刑法与行政法衔接不严的问题之前，需要先说明醉驾行为是否一律入刑之争。增设危险驾驶罪后，醉酒驾驶行为是否一律入刑成为一个极具争议的问题。《公安部关于公安机关办理醉酒驾驶机动车犯罪案件的指导意见》规定：“从严掌握立案标准。经检验驾驶人血液酒精含量达到醉酒驾

驶机动车标准的，一律以涉嫌危险驾驶罪立案侦查”。最高人民检察院也表明了醉驾行为原则上一律起诉、不存在选择性的态度。

笔者认为，醉驾行为不必一律入刑。首先，刑法典第 133 条之一针对危险驾驶罪的醉酒驾驶、追逐竞驶两种行为方式规定了不同的罪状形式。追逐竞驶行为需达到“情节恶劣”，才构成危险驾驶罪；而醉驾行为并无此要求。根据刑法典条文规定的不同罪状形式，应当可以看出立法者对两种行为方式设定了不同的入刑标准：追逐竞驶行为一旦实施，即产生公共安全之抽象危险，并且这种抽象危险需要综合各种情节进行恶劣程度的再次判断；醉驾行为则不需要进行情节是否恶劣的判断。但是，这并不能排除现实中可能存在不具有抽象危险的醉酒驾驶行为。其次，醉驾行为不必一律入刑是由抽象危险犯的属性所决定的。刑法规定为犯罪以及刑罚处罚的行为，必须是具有法益侵害性的行为，这种行为不但包括对法益已经造成客观、实际侵害的行为，还包括那些具有侵害法益高度可能性的行为，也就是使法益处于高度危险中的行为。现代刑法之所以突破传统刑法只处罚造成现实法益侵害行为的做法而处罚危险犯，正是出于对一些重大法益（比如公共安全）保护的需要，出于预防犯罪的需要而将刑法介入犯罪行为的时间提前，将这种侵害公共安全法益的恶性犯罪止于其还未造成实害之时。这种做法的优点显而易见，但弊端在于，事物的演化发展充满变数，如果刑法惩罚具有“造成法益侵害的高度可能性”的行为，这种行为很可能演化发展出现实害结果，也有不出现实害结果的可能性。在抽象危险犯的认定中，对实施了构成要件行为，却不具有抽象危险的行为出罪，是遵循刑法法益保护原则的表现。最后，醉驾行为不必一律入刑，是对我国犯罪构成体系与犯罪概念关系的正确理解。我国四要件的犯罪构成体系是对现实中犯罪行为的抽象化、类型化的概括，是形式判断与实质判断的结合。在这样的犯罪构成体系中，规律性的结论是：符合犯罪构成即行为构成犯罪，例外情形是符合犯罪构成却不具有社会危害性或者社会危害性极小的情形。“法有限而情无穷”，刑法中的许多理论都存在例外情形，但这并不能对犯罪构成理论构成实质性的冲击。有的学者反对利用犯罪概念（但书）对行为进行出罪，认为既然承认我国四要件的犯罪构成是形式判断与实质判断的结合，那么

符合犯罪构成的行为，就是具有相当社会危险性的行为，即为犯罪行为。事实上，我国犯罪构成体系融合了形式判断与实质判断，但在实际操作中这两种判断并不总是相统一的，而“例外”情形的出现，正是由于上述原因。“但书”就是对这种“例外”的查漏补缺，是在形式上符合犯罪构成而判断不能达到形式与实质相统一时的一种出罪途径。并且，可以利用“但书”出罪的不但包括刑法规定了“定量”因素的情节犯（追逐竞驶型危险驾驶罪），还可以是醉驾型危险驾驶罪这样的抽象危险犯。

综上所述，一般情况下实施了醉驾行为即构成危险驾驶之犯罪，然而，该罪同其他罪名一样，存在刑法典总则规定“情节显著轻微危害不大的，不认为是犯罪”之情形，因此不应当一律入刑而追究行为人的刑事责任。这个重要结论随之带来新的问题：如果某些醉驾行为不需要追究刑事责任，这种行为应当怎样处罚？

危险驾驶罪中的部门法关系有其特殊性。醉驾入刑后，醉驾行为的性质就由行政违法行为转化为具有行政违法与刑事违法双重违法性的行为；从由行政法规制的行为，转变为行政法与刑法共同调整的行为，在规制醉驾行为的法律体系中，行政法由主体地位转为刑法的“辅助”规范。醉酒驾驶行为入刑后，《道路交通安全法》随之进行相应修改，然而，还是出现了因为刑法与行政法衔接不严而形成的法网漏洞：如果司法实践中出现情节轻微可以免除刑事处罚的醉驾行为以及情节显著轻微、不认为是犯罪的醉驾行为，现阶段只能依照《道路交通安全法》处以吊销机动车驾驶证的行政处罚，这就出现了处罚过轻、与刑罚处罚没有很好过渡的问题。

笔者认为，为了解决上述问题，即出现不负刑事责任的醉酒驾驶行为，现阶段只能按照《道路交通安全法》第 91 条的规定，按照醉酒后驾驶机动车的行为，吊销机动车驾驶证，五年内不得重新取得机动车驾驶证；或者按照饮酒后驾驶机动车的行为，处暂扣六个月机动车驾驶证，并处一千元以上二千元以下罚款；因饮酒后驾驶机动车被处罚，再次饮酒后驾驶机动车的，处十日以下拘留，并处一千元以上二千元以下罚款，吊销机动车驾驶证。显然，根据上述规定对不负刑事

责任的醉驾行为进行处罚，处罚内容单一，处罚强度较弱，不能起到预防该种行为的目的，也未与醉驾的刑罚处罚形成统一体系。

要想从根本上解决这一问题，还需要行政法规在立法方面作出调整。因此，笔者建议，在现有刑法典第 133 条之一与行政法规相关规定的基础上，将《道路交通安全法》第 91 条关于醉酒驾驶的规定修改为："醉酒驾驶机动车的，由公安机关交通管理部门约束至酒醒，吊销机动车驾驶证，依法追究刑事责任；五年内不得重新取得机动车驾驶证。醉酒驾驶机动车不构成犯罪的，由公安机关交通管理部门约束至酒醒，处十五日以下拘留，暂扣一年机动车驾驶证，并处二千元以上四千元以下罚款。"

## 三、危险驾驶罪司法完善问题之研讨

### （一）危险驾驶罪查处程序的规范化

增设危险驾驶罪后，该罪的查处、取证工作一直由交警部门承担。也就是说，醉酒驾驶行为从行政违法行为转变为刑事违法行为后，承担查处职责的主体和相应的程序却没有发生大的变化。追求效率的行政执法活动具有了针对犯罪的调查取证性质后，严密执法程序、建立规范化的执法规程就成了危险驾驶罪司法完善的首要环节。特别是抽取血液样本等调查取证的关键环节，如果缺少规范化的查处规程，不但影响对醉驾型危险驾驶罪关键证据的提取，影响进一步的起诉、审判程序的进展，而且可能因不规范的取证手段侵犯公民人身权与隐私权。

增设危险驾驶罪后，查处该犯罪所依据的法律规范主要有：《道路交通安全法》、《道路交通安全违法行为处理程序规定》（简称《程序规定》）、《公安部关于公安机关办理醉酒驾驶机动车犯罪案件的指导意见》（简称《指导意见》）[①]、《交

① 醉驾入刑后制定，规定了"执勤检查方式""血样提取条件""固定犯罪证据""血样提取送检""醒酒约束措施"等内容。

通警察道路执勤执法工作规范》（简称《工作规范》）[①] 等。就查处醉驾来看，这些规范基本形成了“设卡拦截车辆—初步筛查—抽取血样—血样检验—行政执法程序与刑事诉讼程序转换衔接”这几个主要步骤的规范制度。其中，针对醉驾行为的特殊性，还设置了“醒酒约束措施”[②]、嫌疑人逃逸或者妨碍取证等突发情况的处置措施。然而，与其他国家（地区）相比，查处醉驾的执法程序还有以下几个方面值得改进：

第一，当事人逃避、拒绝呼气检测的处置措施。

醉驾的查处主要依靠交警设卡临检的方式进行，而对驾驶员进行初步呼气检测需要驾驶员主动配合，这时，驾驶员如果拒绝配合检测，是否可以被认为是危险驾驶罪的“嫌疑人”？交警可以采用哪些手段达到检测目的？现实中，可能出现酒后驾驶机动车的行为人看到有交警检查而开车逃跑的情况，如果因此而无法进行酒精检测，经过一段时间，酒精浓度证据灭失，无法再证明行为人醉驾。针对这种情况，交警可以驾车堵截，如果堵截失败，行为人最终成功逃避检测，即使有间接证据（比如机动车行驶路线摇摆不定，逃跑行为本身也增加了行为人醉驾嫌疑）证明行为人可能醉驾，也不能认定醉驾。如果行政法将逃避酒精检测规定为一种行政违法行为，则可以追究其逃避酒精检测的责任。

交警设卡临检时，还经常出现驾驶人锁闭机动车门窗、拒绝接受呼气检测的情况，意图随着酒精在体内代谢，消除自己的醉驾证据。遇到这种情况，交警除了劝说，能否采取破除门窗等强制措施呢？行政法规中，关于交警设卡拦截车辆，进行呼气检测的规范，有以下几项规定：(1)《指导意见》第 1 条规定，拒绝配合呼气酒精测试等方法测试的，应当立即提取血样检验血液酒精含量；第 4

① 附件 1 较为系统地规定了查处酒驾的程序，包括拦截车辆、初步酒精检测、血液抽取，并规定具有实施血样抽取资质的医院是“县级以上医院”。

②《道路交通安全违法行为处理程序规定》第 33 条规定，车辆驾驶人对酒精呼气测试等方法测试的酒精含量结果有异议的，涉嫌饮酒、醉酒驾驶车辆发生交通事故的，以及拒绝配合酒精呼气测试等方法测试的，应当对其检验体内酒精含量。对酒后行为失控或者拒绝配合检验的，可以使用约束带或者警绳等约束性警械。

条规定："……要求驾驶人接受呼气酒精测试时，应当使用规范用语，严格按照工作规程操作，每测试一人更换一次新的吹嘴……"（2）《工作规范》规定，"发现有酒后驾驶嫌疑的，应当及时指挥机动车驾驶人立即靠路边停车，熄灭发动机，接受检查，并要求机动车驾驶人出示驾驶证、行驶证""对有酒后驾驶嫌疑的机动车驾驶人，要求其下车接受酒精检验。对确认没有酒后驾驶行为的机动车驾驶人，应当立即放行"。（3）《程序规定》第7条第1款规定："交通警察调查违法行为时，应当表明执法身份。"第22条规定，公安机关交通管理部门及其交通警察在执法过程中，依法可以采取扣留车辆，扣留机动车驾驶证，拖移机动车，检验体内酒精、国家管制的精神药品、麻醉药品含量，收缴物品或者法律、法规规定的其他行政强制措施。第39条规定，强制排除妨碍，公安机关交通管理部门及其交通警察可以当场实施。（4）2011年6月30日颁布的《行政强制法》第9条规定的对财物的强制措施，包括查封与扣押。第26条规定，对查封、扣押的财物，行政机关应当妥善保管，不得使用或者毁损；造成损失的，应当承担赔偿责任。

我国行政法律法规规范对交警堵截拦车进行酒精检测的职权与基本操作规范进行了规定，包括：有要求机动车驾驶人路边停车、接受酒精检测的权力，要在检查前表明执法身份，要在酒精检测执法活动中使用规范用语。但是，并没有对机动车驾驶人拒绝酒精检测的处置程序作出规定，特别是对在什么情况下可以使用行政强制措施、可以使用怎样的行政强制措施、强制排除妨碍的"妨碍"包括哪些情况、强制排除的手段等都语焉不详。交警对闭锁机动车门窗、拒绝酒精检测的行为人实施破除门窗的措施，是否属于法定的强制措施呢？《行政强制法》规定的强制措施种类中，最接近的要数扣押，交警可以依法实施扣押机动车的强制措施，但依据《行政强制法》第26条的规定，行政机关对在扣押过程中，因为没有妥善保管造成财物损失的情况还要承担赔偿责任，那么法律是否允许执法者在采用强制措施之初就使用破坏财物的手段来扣押财物，就值得怀疑。因此，法律需要明确交警对拒绝酒精检测者实施的强制措施的合法性，赋予交警查处酒驾过程中必要的职权。

我国台湾地区“警察人员对酒后驾车当事人实施强制作为应注意事项”（简称“注意事项”）中，较为详细地规定了警察在查处酒驾中可以实施的“强制作为”方式，因为该项规定的效力位阶较低，条文中甚至还注明了实施每一种强制作为方式的“法令”依据，即授权警察该项权力的上位规定的规范名称与条文内容。“注意事项”规定，当汽车驾驶人紧闭车窗及车门拒绝接受检查时，警察首先应当表明身份、告知事由；如果告知后，当事人仍然拒绝检查，经现场指挥官研判确有必要时，可以实施强制力，促使其下车接受检查。

在司法实践中，如果出现驾驶人闭锁机动车门窗、拒绝呼气检测的情形，交警采用破除门窗的强制方法，在法律上缺少直接的授权。应当增加相关规定，比如：在交警表明身份、说明检查事由之后，驾驶人仍然拒检，应当先实施劝导行为；如果仍然不同意呼气检测，而醉驾证据可能面临灭失风险，交警可以使用破除机动车门窗的强制措施，但要注意不要伤及驾驶人的人身。并且，如果在行政法规中规定，对于拒绝酒精检测的违法行为，可以直接实施一定的行政处罚，也能对减少拒检行为产生一定的积极作用。

第二，当事人逃避、拒绝与妨碍血液检测的处置措施。

现实中，因为机动车驾驶人原因导致无法抽取血样和进行血液检测的情况大致可以分为逃避检测、拒绝检测和妨碍检测三种。逃避检测是指，嫌疑人经过呼气检测，具有醉驾嫌疑，但趁交警不注意，或者强行冲卡，逃避进一步血液检测的情况。《指导意见》第 8 条规定：“……当事人经呼气酒精测试达到醉酒驾驶机动车标准，在提取血样前脱逃的，应当以呼气酒精含量为依据立案侦查。”我国关于醉驾标准的各种规定，并没有明确血液酒精含量的证明力大于呼气酒精检测数值的证明力。然而，根据相关规定，呼气检测只是醉驾的初步检测，一旦呼气检测表明有醉驾嫌疑，则必须进行血液或者尿液检测，后者才是认定醉驾的定案证据。当事人经过呼气检测达到醉驾标准，而在抽取血样前逃跑的，笔者认为，可以呼气检测酒精含量作为立案侦查的依据，但能否最终认定为醉驾行为，有待商榷。呼气检测的准确性、可靠性不足，直接作为刑事证据欠缺足够的证明力。而因为嫌疑人逃避血液检测，就让其承担“推定”血液中酒精含量达到醉驾标准

的结果，不符合刑事诉讼的证据规则。除非能够收集其他有力证据可以有效印证，否则，不应将呼气检测酒精含量直接作为醉驾行为的定案证据，但可以让逃避血液检测的行为人承担逃避、拒绝酒精检测的行政违法责任；如果行政法补充规定了对不构成犯罪的醉驾行为的处罚，还可以让其承担醉驾的行政违法责任。

第三，当事人对血液检测鉴定结果提出异议的处理。

血液样本具有一定时效性，一旦失效，就再无证据价值。针对这种证据的特殊性，应当考虑当事人对血液检测鉴定结果提出异议的处理程序。建议如果血液样本还在有效期内，当事人可以以下理由申请重新鉴定：鉴定机构、鉴定人不具备鉴定资格，或者超出登记范围鉴定，可能导致鉴定意见不准确的；鉴定程序违法，可能影响鉴定意见正确性的；鉴定的血样检材被严重污染或者是虚假的；鉴定意见的依据明显不足的；鉴定人故意作虚假鉴定的；鉴定意见不准确的；鉴定意见与其他证据明显矛盾的；鉴定人应当回避而没有回避的；其他应当重新鉴定的情形。如果血液样本已经失效，当事人申请重新鉴定的，则无法实现。所以，为了使鉴定结论不至于形成孤证而影响证明力，在取证过程中，就应当注意保存影像、照片的记录，比如对血液样本拍照取证等。另外，就查处追逐竞驶行为来看，执法程序规范并没有提供充足的、有针对性的指导。应该增加设立一定的程序性规范或证据标准。实际上，追逐竞驶的取证，比醉驾更加困难，如果没有发生实害后果，又没有客观的直接证据，想要证明行为发生就相当困难。交警在对追逐竞驶的查处和取证过程中，除了遵循查处一般道路交通违法行为的程序规范，还应当全面收集各种类型的追逐竞驶型危险驾驶罪的证据（比如，调取追逐竞驶机动车行驶路段的监控设备记录的相关资料，收集证人证言，等等），以证明行为发生的事实。

（二）危险驾驶罪强制措施适用的规范化

笔者随机选取了100个危险驾驶罪案件进行研析①，发现其中适用比例最高

① 笔者以“危险驾驶罪”为案由的关键词，以“初审”为审理程序的关键词，在从北大法宝案例数据库中搜索出的79 521个案件中，随机选取2013年9月—2014年8月的100起危险驾驶罪案件作为研析对象。

的强制措施是取保候审，其次是拘留。还存在拘留转为取保候审、取保候审转为拘留、取保候审转为逮捕、取保候审转为监视居住的动态形式。2012 年修正的《刑事诉讼法》第 79 条规定，对可能判处徒刑以上刑罚的犯罪嫌疑人、被告人，才可以实施逮捕。危险驾驶罪最高法定刑为拘役刑，这意味着不能对危险驾驶罪的犯罪嫌疑人、被告人采用逮捕的强制措施。当然，这里并不排除因为违反取保候审、监视居住所应当遵守的规定而将取保候审、监视居住转为逮捕的情况。

对危险驾驶罪的犯罪嫌疑人、被告人不能直接适用逮捕措施，而适用拘留强制措施同样存在问题：一方面，有观点认为：对该类犯罪行为人适用拘留没有必要，实际意义不大，醉驾也不符合紧急情况下采取拘留措施的特点。根据《刑事诉讼法》关于拘留适用条件的规定，只有对现行犯或重大犯罪嫌疑人，并在七种法定前提下才可以采用拘留措施。由于醉驾案件一般能够当场查明事实，从查明案件案情需要的角度考虑，也没有采取拘留措施的必要。另外，对犯罪嫌疑人的拘留期限较短，由于无法转为逮捕措施，如果在此期间没有完成公诉、审判程序，只能将拘留变更为取保候审与监视居住，因而适用拘留措施没有意义。① 另一方面，在有限拘留羁押期限内，需要完成证据收集、起诉和审判全部诉讼程序，给司法机关以很大的工作压力。依据《刑事诉讼法》的相关规定，公安机关对于正在预备犯罪、实行犯罪或者在犯罪后即时被发觉的，可以先行拘留。② 依据该法的规定，一般情况下，公安机关对醉驾行为人只有 3 日的拘留时限，在特殊情况下，可以自行决定延长 1 至 4 日；具有"流窜作案、多次作案、结伙作案"重大嫌疑的犯罪嫌疑人，拘留期限才能延长至 30 日。③ 而醉驾行为人通常不具备这一条件，因此，对醉驾者拘留的最长期限为 7 日。有观点认为：在现实中，7 天时间有可能连侦查程序都无法完成。主要原因在于血液的化验方面，根据《指导意见》的规定要求，涉嫌醉驾必须进行血液酒精检测，同时还要考虑到

---

① 赵云昌，张子栋."醉驾"案件应以非羁押性强制措施为主.检察日报，2011-07-11 (3).

② 该规定在现行《刑事诉讼法》中位于第 82 条第 1 项。——笔者补注

③ 该规定在现行《刑事诉讼法》中位于第 91 条第 1、2 款。——笔者补注

生理性醉酒和病理性醉酒两种特殊情况。而有些地方不具备血液检测条件，血液要送其他地方的机构进行检测，因此检测时间比较长，导致在7天内不能保证案件全部证据到位，尤其是血液检测这一关键证据不能到位。[①] 还有论者提出：在一般情况下，最短的刑事诉讼期限也不可能少于13天。假设不考虑其他因素，即使公安机关当天立案并且当天移送审查起诉，检察机关当天受理并且当天提起公诉，法院当天受理并且按照简易程序当天作出一审判决，也需要3天时间；而判决必须在10天上诉期满且被告人不上诉的情况下才能生效，才能交付执行，所以共计13天，超出了最长的可适用拘留期限6天。[②]

笔者认为，可以依据2012年修正的《刑事诉讼法》第80条的规定，对“正在……实行犯罪或者在犯罪后即时被发觉”的现行犯或重大犯罪嫌疑人适用拘留强制措施，而危险驾驶罪的行为人通常被交警当场查获，多为现行犯或即时被发觉的情况。司法实践中拘留也并不以转为逮捕措施为前提，拘留后更多的是取保候审或者直接释放。因此，可以对危险驾驶罪的犯罪嫌疑人与被告人采用拘留措施。当然，适用拘留符合法律规定，那么司法适用效果如何？我国刑事诉讼体系是否适应醉驾入刑带来的案件数量骤增、诉讼节奏加快的情况呢？最高人民检察院于2007年发布的《关于依法快速办理轻微刑事案件的意见》确立了轻微刑事案件快速办理机制（简称“轻刑快审机制”），即对于案情简单，事实清楚，证据确实充分，犯罪嫌疑人、被告人认罪的轻微刑事案件，在遵循法定程序和期限、确保办案质量的前提下，可以简化工作流程、缩短办案期限。修改后的《刑事诉讼法》调整了简易程序的适用条件和范围，这为检察机关轻刑快审机制提供了新的依据和思路，法院系统也逐步建立起快速办理机制。报道称，截至2014年5月，北京市基层法院适用简易程序审案比例已达到70%以上，其中四分之一是快速办理的案件。一个三人办案组一年可以审结1 000余件轻微刑事案件。对于

① 周宏伟．危险驾驶罪中醉驾认定的疑难问题实证分析．中国人民公安大学学报（社会科学版），2012（3）．

② 陈珍建，张健，陈晓英．醉驾不捕时如何保障诉讼正常进行．中国检察官，2011（7）．

95%以上的醉驾案件，做到了查获后1个月内处理完毕。[①] 从上述材料可以得出结论：北京基层法院即使利用轻刑快审机制，绝大多数的醉驾案件也只能在1个月内处理完毕，这显然与7天的期限相距甚远，也就是说，大部分醉驾案件在7天期限内进行起诉、审判全部程序面临困难。笔者从基层检察院、法院司法人员处了解到的关于醉驾案件办理的情况也证明：受制于拘留羁押期限，7日办案期限时间过于紧张，很有可能影响到办案质量。

2012年修正的《刑事诉讼法》第72条第2款规定，对符合取保候审条件，但犯罪嫌疑人、被告人不能提出保证人，也不交纳保证金的，可以监视居住。实践中，监视居住也非针对危险驾驶罪的犯罪嫌疑人、被告人的主要强制措施，其原因在于：监视居住由公安机关负责执行，如果大量适用，需要充足的民警，执行成本也太高。

目前，取保候审应当作为危险驾驶罪案件最主要的强制措施。这是慎用拘留羁押性强制措施的表现，也是在结合危险驾驶罪案件的特征，对各种强制措施适用的利弊充分分析后得出的结论。其一，取保候审作为危险驾驶罪的强制措施，基本上可以达到保障诉讼顺利进行的效果，因为该罪属于轻罪，刑罚处罚也是刑法各个罪名中比较轻的，犯罪嫌疑人、被告人逃避惩罚的可能性较小，取保候审已经可以达到约束犯罪嫌疑人、被告人的目的。当然，对外地户籍的犯罪嫌疑人采取取保候审的强制措施，在现阶段仍然缺乏有效的配套措施和强制力，无法保证犯罪嫌疑人及时到案，应当有针对性地设置取保候审的配套措施，保证措施效果的实现。其二，拘留措施期限很短，适用中经常要面临期限届满而变更为其他强制措施的情况。与其期限届满后变更措施，不如直接适用取保候审等非羁押性强制措施。监视居住需要投入的成本较大，且没有取保候审的适用范围广泛。其三，取保候审措施中，保证人对犯罪嫌疑人、被告人的约束力有限，应当更多地适用保证金制，其为罚金刑的执行也提供了方便。保证金的确定要结合犯罪嫌疑

① 北京法院实行轻微刑事案件快速办理机制效果好.（2014-05-19）[2014-10-30]. http://bjgy.chinacourt.org/article/detail/2014/05/id/1297472.shtml.

人、被告人具体的收入、经济情况。

(三) 危险驾驶罪量刑的规范化

增设危险驾驶罪以来，怎样对危险驾驶罪准确量刑，成为司法实践中的难题。危险驾驶罪的量刑问题源自刑法对其配置的拘役并处罚金的法定刑，不同于刑法典分则中任何其他罪名的法定刑。危险驾驶罪这种特殊的刑罚设置，导致了新罪增加之初司法机关在量刑问题上较长时间的困惑。比如：在什么情况下可以适用缓刑？什么情况下可以免予刑事处罚？怎样实现拘役刑和罚金刑的量刑均衡？

1. 拘役刑的适用

危险驾驶罪增设后不久，著名音乐人高某某醉酒驾驶案引发社会广泛关注。2011 年 5 月 9 日晚，高某某在和朋友聚会席间，与朋友一起喝下一瓶威士忌及一瓶白葡萄酒。酒后的高某某驾驶白色英菲尼迪越野车回家，在东直门外大街十字坡路口（春秀路路口）造成四车追尾、三人轻伤的交通事故。经酒精检测，高某某体内血液酒精含量高达 243.04mg/100ml。庭审中，被告人辩称曾找过代驾，但因代驾迟迟不来而决定自己驾驶车辆。并且，庭审表明高某某认罪态度较好，积极赔偿损失。法院最终以危险驾驶罪判处高某某拘役 6 个月，罚款 4 000 元人民币。[①] 该案件中，据以量刑的情节包括：行为人血液酒精含量超过醉驾标准两倍多，属于较为严重的醉酒状态；醉驾行为造成了三人轻伤、车辆受损的连环事故；被告人酒后曾联系代驾，后未果；其认罪态度较好，积极赔偿受害人损失。综合上述情节，法院判处高某某拘役 6 个月。顶格判刑的量刑依据是什么？是否实现了量刑均衡？这些都涉及危险驾驶罪拘役刑量刑规范化的问题。

危险驾驶罪判处拘役刑的量刑不均衡，有的是因为危险驾驶罪刚刚设立，司法机关没有这方面的审判经验，也有的是因为对危险驾驶罪的量刑情节认识有偏差，还有的是因为立法本身对量刑规范化不足。

从笔者随机选取的 100 个危险驾驶罪判决书中可以发现，对于作为判决理由

---

① http://baike.baidu.com/link? url=K5MWtKnGhVVS5OIppRC7l-l6fC0bNCEXeUj7zasuaq6ek2n-MHpYbTksmtc9of3_GQOj8BciYAuZM_ooFM28HOa.

的量刑情节，判决书阐述得相当简单，纳入考量的情节类型单一，基本上集中于血液酒精含量、被告人认罪态度、是否有自首与坦白情节等。有学者随机选取2011年5月至2013年4月末之间全国法院审结的1 179个醉驾型危险驾驶罪判决书作为样本，进行了样本更丰富的量刑规律实证研究，得出了相当具有价值的结论：(1) 总体上，醉驾型危险驾驶罪的量刑呈现轻刑化倾向；(2) 血液酒精含量是醉驾量刑的主导性因素；(3) 拘役刑除了受到血液酒精含量因素影响，还受到机动车类型、有无自首与坦白情节、被告人有无其他违法行为等因素影响；(4) 罚金刑受到机动车类型、有无自首与坦白情节及缓刑等因素影响。[①] 还有学者经过定量研究也得出类似结论：犯罪嫌疑人血液酒精含量与醉驾型危险驾驶罪拘役刑量刑存在高度相关性；案发原因（交警例行检查还是发生交通事故）、是否有其他违规行为、是否造成了损失、是否积极赔偿、自首或坦白情节与拘役刑的关系符合一般量刑规律。[②]

一些学者也提出了危险驾驶罪适用拘役刑规范化的方案。有学者认为，要以血液酒精含量为基准，同时考虑各种其他情节，如：当80mg/100ml≤BAC（血液酒精含量）<100mg/100ml时，以1个月的拘役为基准刑；当100mg/100ml≤BAC<200mg/100ml时，以2个月的拘役为基准刑……然后根据行为人对交警调查的配合程度、是否有醉酒驾驶前科、认罪态度、是否造成具体危险等情节，在基准刑的基础上确定拘役期限。[③]

从司法实践的经验中可以看出，各地司法机关对于决定罪刑轻重的重要情节种类，基本上能够取得共识，然而两个方面的原因导致了拘役刑的量刑不均衡：(1) 血液酒精含量是大多数法官采纳的重要量刑情节，但很多法官并没有对影响罪刑轻重的行为方式、主观心态等因素充分考量；(2) 刑罚的预防目的突破了刑罚的报应性。很多危险驾驶罪个案量刑不公平，出现拘役刑畸重畸轻，正是因为

---

① 褚志远. 醉酒型危险驾驶罪量刑规律实证研究. 政治与法律，2013 (8).

② 章桦，李晓霞. 醉酒型危险驾驶罪量刑特征及量刑模型构建实证研究：基于全国4 782份随机抽样判决书. 中国刑事法杂志，2014 (5).

③ 冯军. 论《刑法》第133条之1的规范目的及其适用. 中国法学，2011 (5).

过多地重视悔罪（积极赔偿）、坦白等情节，进而突破了罪行本身轻重程度对刑罚的限制。醉驾型危险驾驶罪拘役刑的量刑规范化，应当从以下几个方面进行完善：

（1）不能过度依赖血液酒精含量，而要综合全部案情。有论者认为，车辆因素、道路因素、时间因素和人员因素也应当被纳入量刑考虑的范围。车辆因素是指，不同的车辆类型可能造成不同的危险，比如通常来说摩托车就没有大型机动车的危害性大，车辆是否年审也直接关系其安全性；道路因素是指，在城市道路、闹市和偏僻乡镇道路上醉驾可能造成的社会危害性是不一样的；时间因素是指，一般情况下，傍晚驾车，路上行人众多，潜在的社会危害性就大，而凌晨驾车，车辆行人稀少，社会危害性也较小；人员因素是指，醉驾车辆上除了驾驶人是否还有其他人员，如果有其他人员乘坐，也增加了行为的危险性。① 虽然血液酒精含量是醉驾型危险驾驶罪量刑的重要依据，而且因其具有科学性、客观性而受到审判者的重视，在其他情节相同、相似的情况下，血液酒精含量越高，可以认为行为的危险性越大；但是血液酒精含量并非醉驾行为罪与非罪的唯一标准，在量刑时不能过于依赖血液酒精含量，其只是衡量行为危险性的一个方面，决定罪行轻重的还有其他客观、主观方面的情节，不可偏废。应当将零散的醉驾型危险驾驶罪的常见情节看成一个“客观危害性—主观恶性—人身危险性”的情节体系。

（2）醉驾型危险驾驶罪的量刑情节体系包括客观危害性、主观恶性与人身危险性三个方面。客观危害性主要包括醉驾行为方式、实害后果、机动车类型、道路情况。主观恶性主要考察不同类型的故意心态，比如醉酒原因是明知要驾车还自愿饮酒还是被劝酒，主观恶性并不相同。人身危险性，即再犯可能性，包括是否配合交警调查，是否存在自首、认罪、坦白、悔罪（积极赔偿）情节。针对醉驾型危险驾驶罪量刑不均衡的问题，笔者认为：可以公布相关的指导性案例对该

① 周宏伟. 危险驾驶罪中醉驾认定的疑难问题实证分析. 中国人民公安大学学报（社会科学版），2012 (3).

类犯罪的定罪量刑进行指导。然而，指导性案例多是单个案件，个案情节单一且没有对比性，并不能形成体系。因此，还可以采用量刑指导意见的形式对该罪的重要量刑情节进行系统梳理和明确。

（3）醉驾型危险驾驶罪量刑具体操作。根据《人民法院量刑指导意见（试行）》量刑规范化的思路，对危险驾驶罪拘役刑的确定分为三步：一是确定醉驾型危险驾驶罪的责任刑，在这个阶段可以血液酒精含量为依据，对应设立几个拘役刑区间，即确定“量刑起点”。二是根据实害后果、行为方式、机动车类型、道路状况等情节确定“基准刑”，即如果某个情节特殊（道路十分偏僻）或者由多个同向的情节作用（道路偏僻、时速较低的摩托车），可以在区间内增加、减少刑期。三是根据被告人是否配合交警调查，是否认罪、坦白、悔罪（积极赔偿）而最终确定宣告的拘役刑刑期。

追逐竞驶的量刑问题学界探讨不多，一方面是因为追逐竞驶型危险驾驶罪发案数量相比醉驾型较少，另一方面是因为它没有血液酒精含量这样的明确标准来划分“量刑起点”。例如最高人民法院公布的第 32 号指导性案例[①]：被告人张某某犯危险驾驶罪，判处拘役 4 个月，缓刑 4 个月，并处罚金人民币 4 000 元；被告人金某犯危险驾驶罪，判处拘役 3 个月，缓刑 3 个月，并处罚金人民币 3 000 元。本案中作为“情节恶劣”的情节有：两人驾驶车辆为速度较快的改装摩托车；驾驶速度很快，在多处路段超速达到 50%以上；在民警盘查时驾车逃离；行驶沿途人员较为密集。而作为从轻处罚判断依据的情节有：张某某如实供述所犯罪行，金某投案自首，两人行为均未造成损害后果。可以看出，指导性案例量刑的特点是将“定罪情节”与“量刑情节”明确区分：用以定罪、认定“情节恶劣”的情节，都是犯罪构成情节，量刑时不再评价；作为量刑时评价的情节主要是反映行为人人身危险性的情节与定罪剩余的犯罪构成事实（结果）。这与醉驾型危险驾驶罪不同，其作为定罪情节的血液酒精含量，仍然作为量刑情节予以考量。

---

① 最高人民法院关于发布第八批指导性案例的通知.（2014－12－18）［2015－05－08］. http://www.chinacourt.org/article/detail/2014/12/id/1520779.shtml.

2. 罚金刑的适用

国外很多立法例对类似危险驾驶罪的犯罪行为配置了自由刑或者罚金刑的法定刑，即可以单处罚金。我国则采取自由刑并处罚金刑的必并制。这种必并制模式可能是来源于醉驾作为行政违法行为时，行政拘留并处罚款的处罚模式；同时，必并制模式可以表达刑法对醉驾行为的严厉态度。危险驾驶罪设立已经有几年了，罚金刑的适用还很不规范。在公诉机关移送起诉期间，法院就要求被告人缴纳罚金，被告人当时缴纳或者承诺判决后缴纳，法院即对其判处缓刑；如果被告人无法缴纳罚金，则不被判处缓刑，可见罚金刑适用之混乱。罚金刑适用的最大问题还是司法实践缺乏判处罚金的统一标准，因而导致罪刑不相适应的现象。因此，当务之急在于结合危险驾驶罪的特征，设立罚金刑的判罚标准。

在对醉驾型危险驾驶罪罚金刑的实证研究中，学者发现：车辆类型和是否缓刑两个变量对于罚金数额的影响作用较大。① 还有学者指出：血液酒精含量与罚金数额存在正相关关系，案发原因、是否造成损失等因素也影响罚金数额。② 笔者认为，确定罚金数额，一方面应当以罪行轻重为主要标准，具体来说是根据影响危险驾驶行为危险性以及主观恶性的因素来考察，这主要包括血液酒精含量、行为后果、机动车类型、道路状况和醉酒原因等；另一方面还要考察当地的经济发展情况与被告人自身收入情况。

罚金刑对于危险驾驶犯罪预防的效果不明显，主要表现为报应刑的性质，故而罚金数额的多少就与罪行轻重直接相关。而醉驾型危险驾驶罪的罪行轻重主要由行为危险性表现，这就不难解释实证研究中，醉驾型危险驾驶罪罚金数额与血液酒精含量的正相关关系了。

为了提高罚金刑判罚的统一性，使其尽量符合罪刑相适应原则的精神，丹麦司法实践中用以计算醉驾犯罪罚金数额的方法值得借鉴。这个计算方法是：罚金

---

① 褚志远．醉酒型危险驾驶罪量刑规律实证研究．政治与法律，2013（8）．

② 章桦，李晓霞．醉酒型危险驾驶罪量刑特征及量刑模型构建实证研究：基于全国 4 782 份随机抽样判决书．中国刑事法杂志，2014（5）．

数额＝行为人月平均净收入×血液酒精含量×10。比如行为人血液中酒精含量为0.05%，月收入是3 000欧元，则要处以1 500（3 000×0.05×10）欧元的罚金。[①] 我国采用了与丹麦不同的血液酒精含量单位，所以上述计算方法适用于我国时应当调整为：罚金数额＝行为人月平均净收入×血液酒精含量值。比如，行为人月平均净收入为人民币3 000元，血液酒精含量为90mg/100ml，则应当处以2 700（3 000×0.9）元人民币的罚金。

这种方法的特点是：以血液酒精含量与行为人月平均净收入为衡量要素，将两者相乘，得出应当判处的罚金数额。血液酒精含量是影响醉驾行为危险性的重要因素，具有一定的客观性与明确性；而行为人的月平均净收入又是罚金刑得以执行的基础。但这种方法如果移植到我国，也存在一定问题：其一，危险驾驶罪被告人很多是自由职业者，没有固定月收入，不能直接代入计算。可以考虑使用居民最低收入、城市居民平均收入或者农村居民平均收入作为替代，在计算出结果后根据被告人的具体情况再作调整。其二，影响醉驾型危险驾驶罪罪行轻重的要素有很多，上述公式只将血液酒精含量纳入考量，虽然计算方法简单易行，得出结论较为明确，在其他犯罪构成要素为常见、普通情况时，可能得出罪刑相适应的罚金数额，但是如果机动车类型、道路状况、行为后果出现异常，使得行为危险性骤增或骤减，还应当在上述计算基础上作出相应的调整。

3. 缓刑的适用

增设危险驾驶罪之初，缓刑适用问题就受到了关注。司法机关适用缓刑，除了考虑到该罪本身配置了较低的拘役刑、有些案件情节较轻、被告人人身危险性小、再犯可能性小等原因，最重要的现实原因是，在查办危险驾驶案件时，不能采取逮捕的强制措施，而通常适用取保候审、监视居住，因此，到了审判阶段，法院通常会适用缓刑。在笔者随机选取的100个案例样本（北大法宝案例数据库2013年9月—2014年8月）中，有47起案件适用了缓刑，在适用缓刑的案件

① Lars Fynbo，Margaretha Jarninen. The best drivers in the world. British Journal of criminology，2011（5）：773-788.

中，有1起判处禁止在缓刑期内饮酒的禁止令。在判处缓刑的案件中，行为人血液酒精含量从84.6mg/100ml到305mg/100ml不等，多数案件有“积极赔偿，取得被害人谅解”“有悔罪表现”“没有再犯风险”的情节。

根据浙江省高级人民法院课题组的调研，增设危险驾驶罪之初（2011年5月—2012年4月），缓刑的适用比例非常低，大约只有11.9%，明显低于其他刑事案件中非监禁刑的适用比例。针对这一问题，2012年9月7日印发的《浙江省高级人民法院、浙江省人民检察院、浙江省公安厅关于办理“醉驾”犯罪案件若干问题的会议纪要》（简称《会议纪要》）明确规定，对血液酒精含量在120mg/100ml以下，无《会议纪要》中规定的10种从重情节且认罪的被告人，可以适用缓刑；对血液酒精含量在90mg/100ml以下，没有特别从重情节且认罪的被告人，可以免予刑事处罚。经过政策调整，2013年浙江省各地法院审结的危险驾驶罪案件中，有26.1%适用缓刑，与该省全部刑事案件的缓刑适用率基本持平。2011年、2012年江苏省醉驾刑事案件的缓刑适用率分别为11.7%与22.3%，也呈现出危险驾驶罪设立之初缓刑适用率较低的现象，2012年时，达到与全国此类案件21.3%的缓刑适用率持平的状态，但仍然远低于江苏省刑事案件的平均缓刑适用率。①

关于缓刑在危险驾驶罪中的适用问题，主要存在两种观点。一种观点认为：应当警惕缓刑在危险驾驶罪中的大量适用。醉驾入刑前最高可处以行政拘留15天，而如果缓刑适用于醉驾，被告人反而不用被羁押，这不利于打击该类犯罪，也不符合醉驾入刑的立法精神。另一种观点认为：不应当限制缓刑在危险驾驶罪案件中的适用。当危险驾驶行为人不存在逃逸等行为，能够认真悔罪，积极赔偿被害人损失，且被认为不存在再犯可能性，以及不会产生重大不良影响之时，可以考虑适用缓刑。②

---

① 中华人民共和国最高人民法院刑事审判第一、二、三、四、五庭. 刑事审判参考：办理危险驾驶类犯罪专集. 北京：法律出版社，2014：261-270.

② 李松，黄洁. 法学专家称醉驾可考虑适用缓刑. 法制日报，2011-06-30（5）.

缓刑在危险驾驶罪中的大量适用将是今后很长时期内危险驾驶罪刑罚适用的常态。决定这种状态的主要原因有：(1) 这是由我国宽严相济的刑事政策所决定的。最高人民法院《关于贯彻宽严相济刑事政策的若干意见》规定："宽严相济刑事政策中的从'宽'，主要是指对于情节较轻、社会危害性较小的犯罪，或者罪行虽然严重，但具有法定、酌定从宽处罚情节，以及主观恶性相对较小、人身危险性不大的被告人，可以依法从轻、减轻或者免除处罚；对于具有一定社会危害性，但情节显著轻微危害不大的行为，不作为犯罪处理；对于依法可不监禁的，尽量适用缓刑或者判处管制、单处罚金等非监禁刑。"危险驾驶罪属于轻罪，应当是宽严相济刑事政策宽缓处理的对象。(2) 很多危险驾驶罪案件符合缓刑适用的条件。缓刑适用于"被判处拘役、三年以下有期徒刑的犯罪分子"，同时要求满足四个条件：一是犯罪情节较轻。犯罪情节主要从结果、行为、主观心态等方面考察。很多危险驾驶罪并无实害结果，行为不具有恶劣手段，主观恶性也不大，因此情节较轻的情况很常见。二是具有悔罪表现。在许多危险驾驶罪案件中，行为人都会积极赔偿被害人损失，具有明显的悔罪表现。三是没有再犯风险。醉酒驾驶机动车的，根据《道路交通安全法》应予吊销机动车驾驶证，并五年内不得重新取得机动车驾驶证，因此，通过剥夺其资格可以在一定期间内杜绝其再犯。四是宣告缓刑对所居住社区没有重大不良影响。大多数危险驾驶罪行为人的人身危险性不大，一般不会对居住社区有什么不良影响。另外，缓刑不得适用于累犯。危险驾驶罪的最高刑为拘役，不可能构成累犯。(3) 这是由拘役刑属于短期自由刑的性质所决定的。短期自由刑的弊端在拘役刑上更为明显。我国的拘役刑主要在看守所执行。看守所的主要功能是羁押未决犯，教育改造服刑人的主要活动是劳动，其矫正、改造罪犯的功能很弱。拘役犯与罪行轻重不一的未决犯混合关押，还可能造成严重的交叉感染。(4) 这是由拘役刑执行场所有限容量所决定的。如果刻意限制缓刑的适用，数量庞大的服刑人将给监禁场所带来很大压力。

在我国司法实践中，对危险驾驶罪适用缓刑，还存在很多方面的问题，应当针对问题作进一步的完善。

其一，怎样判定危险驾驶罪案件的“情节较轻”、“悔罪表现”与“再犯罪的危险”。从现有公布的危险驾驶罪判决书中可以看出，判处缓刑的理由较为单一，也很模糊，多数表述为“被告人认罪态度好”“如实供述”“有悔罪表现”“积极赔偿被害人，得到谅解”。只有结合危险驾驶罪的主客观多个层次、不同方面的情节，缓刑才能得到正确适用。(1) 犯罪情节较轻，主要从被告人醉酒程度、驾驶机动车情况、危害后果三个方面进行评价。(2) 悔罪表现，主要从是否有自首、坦白情节，是否具有较好的认罪态度来判断。“赔偿和取得被害人谅解”是悔罪的一种表现形式，但并非悔罪的必要条件，悔罪还可以通过如实供述罪行、配合查处和诉讼等方式表现。(3) 对再犯可能性的考量，主要从行为人是否有过酒后驾驶、醉驾行为的处罚来判断。然而，再犯可能性是由被告人有无酗酒习惯、是否从事机动车运营职业等复杂因素决定的，对再犯可能性应该结合被告人生活、工作特点进行综合评价。(4) “对所居住社区没有重大不良影响”缺乏有效的评价标准。实践中对危险驾驶罪被告人适用缓刑，要依法实行社区矫正，一般被告人所在社区具备矫正条件，就认为被告人在矫正期间对所居住社区没有重大不良影响，因此被告人所在社区是否真正具备矫正条件，应当在作出适用缓刑的决定前加以落实。

其二，应当在司法解释中明确排除适用缓刑的消极条件。前述 2012 年 9 月 7 日印发的《会议纪要》第 6 条规定了适用缓刑的积极条件，即血液酒精含量在 120mg/100ml 以下，无从重情节且认罪。而消极条件有：(1) 造成他人重伤或者死亡，尚未构成交通肇事罪的；(2) 在高速公路上醉酒驾驶的；(3) 醉酒驾驶营运客车（公交车）、危险品运输车、校车、单位员工接送车、中（重）型货车等机动车的；(4) 醉酒在城市道路上驾驶工程运输车的；(5) 造成他人轻伤且负有主要责任的；(6) 无驾驶汽车资格醉酒驾驶汽车的；(7) 明知是无牌证或者已报废的汽车而驾驶的；(8) 在被查处时逃跑，或者抗拒检查，或者让人顶替的；(9) 在诉讼期间拒不到案或者逃跑的；(10) 曾因酒后、醉酒驾驶机动车被处罚的。构成上述条件的危险驾驶案件，不能适用缓刑。笔者认为，上述 10 种适用缓刑的消极条件，其实全部属于缓刑适用条件的提示性规定，即适用缓刑的条件

不属于“犯罪情节较重”的情形。这些情形包括造成他人重伤或者死亡、驾驶特殊种类机动车（营运客车、危险品运输车、校车等）、无证并醉酒驾驶机动车、醉酒驾驶无牌证或者报废汽车等。这些情节都增加了醉驾行为的危险性，具备这些情节，确实不应当适用缓刑。“在被查处时逃跑，或者抗拒检查，或者让人顶替”“在诉讼期间拒不到案或者逃跑”可以认为没有悔罪的表现。“曾因酒后、醉酒驾驶机动车被处罚”则是具有再犯可能性的表现。这些消极条件的设立，并没有突破缓刑适用的法定条件，又达到了规范适用的目的，值得借鉴。

其三，危险驾驶罪缓刑适用于社区矫正的执行。我国刑法典第 76 条规定：“对宣告缓刑的犯罪分子，在缓刑考验期限内，依法实行社区矫正……”刑罚应当具有特殊预防之作用，对判处缓刑的犯罪分子实行社区矫正，正是利用各种矫正手段，让他们在不脱离社会的环境中，得到教育、改造，防止其再犯可能性。导致危险驾驶罪的原因多种多样，比如，犯罪人缺乏法律观念，存在侥幸心理，具有酒精依赖等心理原因。在社区矫正中，应当对危险驾驶罪的犯罪分子有针对性地加强教育矫正工作，主要包括对道路交通法规的教育、学习，对不良饮酒习惯的纠正，对酒精依赖的心理治疗。只有这样，才能从根本上防止醉驾等危险驾驶行为人再犯。

其四，禁止令的适用。依据《刑法修正案（八）》的规定，对于判处管制和宣告缓刑的罪犯，人民法院可以同时禁止其在执行期间“从事特定活动，进入特定区域、场所，接触特定的人”。伴随危险驾驶罪缓刑适用的是禁止令的出现。禁止令的主要内容有两种：一种是禁止缓刑考验期内饮酒，另一种是禁止缓刑考验期内驾驶机动车。依据全国人大常委会《关于〈中华人民共和国刑法修正案（八）（草案）〉的说明》，设立禁止令制度在于适应对犯罪分子的改造和预防再犯罪的需要，因此，可以认为禁止令是一种辅助刑罚起特殊预防作用的强制性约束措施。司法实践中对危险驾驶罪适用的禁止令，是否起到了特殊预防之作用呢？笔者认为，以禁止饮酒和禁止驾驶机动车为内容的禁止令的有效性值得商榷。

被认定为危险驾驶罪并被判处缓刑的犯罪分子，还要接受吊销机动车驾驶证

的行政处罚，并且这项处罚在刑罚判决前已经生效。也就是说，在缓刑考验期内，犯罪人并没有驾驶机动车的资格，如果在此期间驾驶机动车，就违反了道路交通安全法规，进而违反了缓刑犯在缓刑考验期内应当遵守的规定——“遵守法律、行政法规”，导致撤销缓刑的后果。所以，再使用以“禁止驾驶机动车”为内容的禁止令并无意义。另外，禁止饮酒的禁止令对于吊销了机动车驾驶证的犯罪人也无预防再犯的效果，更何况，禁止令效力只限于缓刑考验期，对缓刑考验期外的行为人再犯并无约束力。然而，如果将禁止饮酒的禁止令与社区矫正相结合，对具有不良饮酒习惯或者有酒精依赖症的犯罪人适用，可以弥补社区矫正手段不具有强制力的缺点，两者相互结合，可以起到较好的监督矫正作用。

4. 免予刑事处罚的适用

危险驾驶罪设立之初，对于是否可以适用免予刑事处罚的问题存在较大争议。支持者认为，危险驾驶罪为轻微犯罪，后果不严重的，自然可以适用免予刑事处罚。反对者则认为，危险驾驶罪免刑，将会伤害刑法的权威性及实际规制效果，也会使量刑标准模糊化，从而导致权力寻租。[①] 在这几年的司法实践中，已经出现了不少适用免予刑事处罚的危险驾驶罪案件。浙江省杭州市拱墅区人民法院的钱某危险驾驶案就是一起典型案例。2014 年 6 月 21 日 2 时 55 分许，被告人钱某违反道路交通安全法的规定，在饮酒后驾驶小型轿车沿本市上塘路由北向南行驶至霞湾巷国安局门口处时被执勤民警查获，经呼吸检测其血液酒精含量为 96mg/100ml。法院经过审理认为，钱某构成危险驾驶罪，但因为血液酒精含量超出醉酒驾驶标准不多，最终决定对其免予刑事处罚。

免予刑事处罚的危险驾驶罪案件通常具有如下特点：被告人血液酒精含量较低，没有发生实害后果，被告人具有如实供述、悔罪、认罪等情节。关于免予刑事处罚在危险驾驶罪案件中的适用条件，有学者认为，需要同时满足：(1) 被告人血液酒精含量在 80mg/100ml 到 100mg/100ml（不足 100mg/100ml）之间；(2) 驾驶车辆种类为微型车辆和轻型车辆；(3) 没有发生任何实害后果；(4) 具

① 周宗. “醉驾”可否免予刑事处罚惹争议. 人民公安报，2011-11-17 (1).

有如实供述案件事实、悔罪、认罪等酌定减刑情节；（5）必须为初犯。[①]

首先，应当明确危险情节较轻的危险驾驶罪案件，可以适用免予刑事处罚。适用免予刑事处罚可能导致权力寻租，是司法权滥用的恶果，而非免予刑事处罚带来的必然后果。免予刑事处罚，一是为了呼应刑法典总则中因法定情节“免除处罚”的规定，二是为了呼应虽然构成犯罪，但情节轻微不适宜判处刑罚的情况。既然免除刑事处罚是刑法典总则中的规定，那么刑法典分则中的个罪都可以适用，不应当将个别犯罪排除。特别是现阶段，醉驾一律入刑还是公安机关与公诉机关较为一致的意见，因此，对于那些确实存在法定免除刑罚处罚情节和酌定减轻处罚情节的案件，可以依靠适用免予刑事处罚，来贯彻宽严相济的刑事政策。

其次，血液酒精含量是醉驾型危险驾驶罪最重要的情节，也是决定醉驾行为危险性的主要因素，可以在司法解释中设置一定的血液酒精含量区间，作为适用免予刑事处罚的前提条件；免予刑事处罚还必须具有酌定减轻情节，如认真悔罪、如实供述、配合调查、积极赔偿。还可以设置不能适用免予刑事处罚的情形：危险驾驶行为导致实害后果，被告人曾因为酒后、醉酒驾驶受到过处罚，等等。

最后，应当注意危险驾驶罪免予刑事处罚与行政处罚的衔接。上述对钱某免予刑事处罚的案件中，公诉机关提交的证据显示，钱某在被起诉之前，已经被处以吊销机动车驾驶证的行政处罚（五年内不得重新取得机动车驾驶证）。醉驾入刑前，按照《道路交通安全法》的规定，醉酒后驾驶机动车的应当处以“十五日以下拘留和暂扣三个月以上六个月以下机动车驾驶证，并处五百元以上二千元以下罚款”。与此相比，钱某受到的处罚显得过于轻缓，这与醉驾被认定为犯罪行为的性质并不相符。因此，在明确免予刑事处罚可以适用于危险驾驶罪的同时，应当处理好刑事处罚与行政处罚的衔接和协调关系。之所以在依法适用免予刑事处罚后，行政处罚的结果过轻，是因为在增设危险驾驶罪过程中，没有充分考虑

① 储陈城. 以危险度构建“醉驾”案件的罪刑关系. 法学，2013（3）.

危险驾驶罪免予刑事处罚的可能性。如果能保留行政法规对于醉驾行为的行政拘留处罚与罚款处罚，那么对那些情节轻微、免予刑事处罚的危险驾驶罪，还可以依据行政法规进行相应的行政拘留处罚、吊销机动车驾驶证和罚款处罚。

## 四、结论

在醉酒驾驶和追逐竞驶两种行为方式的基础上，立法可能会进一步增加危险驾驶罪的行为方式以适应公共安全的需要，比如“毒驾”行为等。从长远来看，危险驾驶罪的行为方式是否继续增加，应将哪些交通违法行为入刑，不但是个罪立法完善的问题，还关乎刑法立法犯罪化应该遵循怎样的原则以及我国附属刑法的立法模式转变等问题。针对危险驾驶罪司法实践的疑难问题，应当先从查处程序规范化、强制措施适用规范化与量刑规范化三个方面入手解决。特别是现阶段比较突出的醉驾嫌疑人逃避、拒绝和妨碍血液酒精检测的处置问题，不但要通过完善立法对交警处置行为进行制度层面的完善，还应当完善预防逃避、拒绝和妨碍酒精检测行为的机制，进一步明确在上述情况下醉驾案件的取证方法、证据规则以及行为人责任。交警对危险驾驶案件的主动查处，是发现危险驾驶犯罪的主要途径，因此，还应当克服“运动性执法”的弊端，减少犯罪黑数，充分发挥刑罚预防危险驾驶犯罪的功能。

危险驾驶罪反映出刑法原则性与灵活性的紧张关系、刑法谦抑性与刑法功利性之间深层次的矛盾。通过对危险驾驶罪的立法反思以及对司法实践疑难问题的探讨，我们对现阶段刑法及刑法理论的发展向度有了更系统、更深入的思考。危险驾驶罪是社会“现代性”对刑法提出的新问题，刑法与刑法理论也因此面临一系列的挑战。传统理论怎样适应新的社会形势发展，怎样在原则性与灵活性之间寻求平衡点或许将成为刑法永恒的难题。刑罚具有目的性，这与刑事政策贯穿下的刑法规范的精神不谋而合。只有合乎犯罪规律、社会需要和刑法自身价值的立法和司法活动，才有可能达致刑罚的目的——对犯罪进行有效的预防。将刑法与刑罚作为社会治理手段，需要始终围绕怎样以最小的代价（公民自由与司法资

源）来承担刑法“最后防线”的责任，从而与其他部门法共同作用以控制违法行为对重大法益造成的风险。

治理醉酒驾驶、追逐竞驶等交通违法行为同治理其他违法、犯罪行为一样，是一个系统工程。这意味着仅仅局限于刑法理论去探讨危险驾驶罪的疑难问题，可能得不出满意的结论。运用刑罚惩治危险驾驶行为，实际只是社会治理交通违法行为的一个环节或其中的一种手段。危险驾驶行为屡禁不止是由社会中多种主体、多种原因共同导致的，其中包括对我国社会影响深远的“酒文化”、社会控制力的弱化以及公民交通法规意识薄弱等原因。对危险驾驶罪的立法、司法完善有助于我们利用刑法惩治这种犯罪行为，发挥刑罚威慑力以减少这种犯罪行为，但我们应当始终明确：在治理危险驾驶行为时，不能一味依赖刑法，而应当多管齐下与综合治理。

# 妨害安全驾驶罪的规范考察与适用探析*

## 一、前言

近年来，乘客辱骂殴打公交车司机、抢控公交车方向盘等现象频频出现，严重影响公众出行安全。2018 年 10 月 28 日发生的“重庆万州公交车坠江事故”，造成十余人遇难的重大伤亡结果，引发全社会的高度关注。公交车等公共交通工具与人们的日常出行紧密相关，每个人既可能是搭乘者，也有可能是行驶线路的交通参与者。如果放任、宽宥此类事件，无疑将极大地降低公众的安全感，导致人人自危。① 为了更好地保障人民群众的出行安全，全国人大常委会 2020 年 12 月 26 日通过的《中华人民共和国刑法修正案（十一）》（以下简称《修十一》）在

* 与詹奇玮博士合著，原载《贵州社会科学》，2021（10）。发表时有删节。

① 史洪举. 严惩“抢方向盘”体现公共安全至上. 北京青年报，2019-01-12（A2）.

第 2 条[①]增设了妨害安全驾驶罪[②]，体现了刑法对公众高度关切问题的积极回应。本文以该罪立法过程为研究起点，对《修十一》审议和征求意见过程中的观点及争议进行梳理与评析，进而力图明确该罪的立法意图和规范内涵，希冀为司法实务的准确适用提供理论支持。从而在一个方面贯彻《修十一》的立法旨意，即推动刑法适应新时代人民群众日益增长的美好生活需要，发挥好刑法对经济社会生活的规范保障、引领推动作用。[③]

## 二、妨害安全驾驶罪的立法过程考察

“能够体现立法者含义的不仅是法律文本，还有起草法律过程中能反映立法者意图的其他文件或资料。”[④] 在法律条文孕育过程中，内容表述的演变反映了立法意图的逐步明晰；而审议和征求意见过程中的观点与争议，既是立法机关调整草案条文的重要参考，也对颁行后的现实应用与理论研究颇有助益。

### （一）妨害安全驾驶罪的立法内容演变

在《修十一》审议前的研拟过程中，针对抢夺公交车方向盘等妨害安全驾驶行为，国家立法工作部门曾提出在刑法典中新增第 133 条之二，具体内容为：“对正在行驶中的公共交通工具的驾驶人员使用暴力，或者抢夺驾驶控制装置，干扰公共交通工具正常行驶，危及公共安全的，处拘役或者管制，并处或者单处

---

① 依据《修十一》第 2 条，新增的刑法典第 133 条之二包括以下 3 款规定：(1) 对行驶中的公共交通工具的驾驶人员使用暴力或者抢控驾驶操纵装置，干扰公共交通工具正常行驶，危及公共安全的，处一年以下有期徒刑、拘役或者管制，并处或者单处罚金。(2) 前款规定的驾驶人员在行驶的公共交通工具上擅离职守，与他人互殴或者殴打他人，危及公共安全的，依照前款的规定处罚。(3) 有前两款行为，同时构成其他犯罪的，依照处罚较重的规定定罪处罚。

② 中华人民共和国最高人民法院，中华人民共和国最高人民检察院．关于执行《中华人民共和国刑法》确定罪名的补充规定（七）．检察日报，2021-02-28 (3).

③ 李宁．关于《中华人民共和国刑法修正案（十一）（草案）》的说明：2020 年 6 月 28 日在第十三届全国人民代表大会常务委员会第二十次会议上．(2020-12-28). http://www.npc.gov.cn/npc/c30834/202012/f16fedb673644 b35936580d25287a564.shtml.

④ 强世功．文本、结构与立法原意：“人大释法”的法律技艺．中国社会科学，2007 (5).

罚金。”“前款规定的驾驶人员有与他人殴打等妨害安全驾驶的行为，危及公共安全的，依照前款的规定处罚。”“有前两款行为，造成严重后果，同时构成其他犯罪的，依照处罚较重的规定定罪处罚。”[①] 由此可见，增设妨害安全驾驶罪的刑法条文之“雏形”具备如下特点：(1) 条文共分 3 款，围绕公共交通工具的行驶安全，分别针对一般主体（第 1 款）和驾驶人员（第 2 款）设计罪状，并设置与他罪竞合从一重罪处罚的提示性规定（第 3 款）；(2) 对一般主体的妨害安全驾驶情形作出明确限定，即限于“使用暴力”和“抢夺驾驶控制装置”两种方式；(3) 对驾驶人员的妨害安全驾驶情形未作明确限定，即不限于“与他人殴打”情形；(4) 以上两种主体构成犯罪，均要求“危及公共安全”；(5) 配置了相当轻缓的法定刑，最轻可单处罚金，最重可处以拘役。

2020 年 6 月 28 日，十三届全国人大常委会第二十次会议对《刑法修正案（十一）（草案）》进行了第一次立法审议。在《刑法修正案（十一）（草案）》中，该罪条文表述为：“对行驶中的公共交通工具的驾驶人员使用暴力或者抢夺驾驶操纵装置，干扰公共交通工具正常行驶，危及公共安全的，处一年以下有期徒刑、拘役或者管制，并处或者单处罚金。”“前款规定的驾驶人员与他人互殴，危及公共安全的，依照前款的规定处罚。”“有前两款行为，致人伤亡或者造成其他严重后果，同时构成其他犯罪的，依照处罚较重的规定定罪处罚。”与先前相比，本次审议的条文有如下变动：(1) 删去了第 1 款的“正在”一词；(2) 将“使用暴力，或者抢夺驾驶控制装置”的表述合并为一句；(3) 将法定最高刑由拘役提升为“一年以下有期徒刑”；(4) 将驾驶人员的妨害情形明确限定为“与他人互殴”；(5) 将第 3 款的“造成严重后果”修改为“致人伤亡或者造成其他严重后果”。

在十三届全国人大常委会第二十二次会议于 2020 年 10 月 14 日审议的《刑法修正案（十一）（草案二次审议稿）》中，该罪的条文表述又有两处发生变动：(1) 第 1 款的“抢夺驾驶操纵装置”被修改为“抢控驾驶操纵装置”；(2) 第 2 款的“前款规定的驾驶人员与他人互殴”被修改为“前款规定的驾驶人员在行驶

---

① 全国人大常委会法工委. 刑法修改初步方案（2019 年 11 月 7 日会议稿）：2.

的公共交通工具上擅离职守，与他人互殴或者殴打他人”。

2020年12月26日，十三届全国人大常委会第二十四次会议对《刑法修正案（十一）（草案三次审议稿）》进行了审议，此次审议删去了第3款“致人伤亡或者造成其他严重后果”的表述，并经表决后最终通过。

由上述立法研拟、审议过程可见，本罪条文表述的立法变化呈现如下特征：（1）对一般主体的妨害情形作出封闭式限定，并且坚持具备一定的暴力性质；（2）对驾驶人员的妨害情形由概括式规定调整为列举式规定，缩小了承担刑事责任的范围，“擅离职守”表述的增加提升了条文的明确性；（3）法定最高刑虽略有提升，但总体仍保持轻缓水平；（4）坚持将“危及公共安全”作为本罪的成立门槛；（5）调整与他罪竞合的提示性规定，提升了立法语言的简洁性。

### （二）妨害安全驾驶罪的立法争议评析

#### 1. 相关立法争议

在《修十一》审议和征求意见过程中，围绕妨害安全驾驶罪的立法必要性与妨害情形、成立门槛和处罚力度设定等问题，社会各界展开了热烈而深入的讨论，这些意见推动了本罪立法创制中罪刑规范的完善，亦有益于深化对本罪的理解与适用。

（1）关于增设本罪的必要性问题。对于本罪立法的必要性，有意见持否定态度。理由如下：其一，采用加装护栏等物理手段，将驾驶员与乘客隔离，就很容易解决这个问题；其二，从现实情况来看，按照以危险方法危害公共安全罪进行处理的效果较好，以较轻犯罪处理反而会给人们一种倒退的印象；其三，驾驶人员主动与他人打架的情形在现实中比较罕见，第2款可能会对驾驶人员遭受袭击后的反击行为构成不当限制，影响其履职的积极性；其四，国外对此类行为的处罚呈现加重态势，例如美国纽约州等地已将此类行为由“轻罪”提升到了“D级重罪”（最高7年刑期），我国增设此罪反而减轻了处罚。①

---

① 中国法学会研究部.《刑法修正案（十一）（草案）》专家咨询报告（2020年7月）：11-12；全国人大常委会法工委. 十三届全国人大常委会第二十次会议审议刑法修正案（十一）草案的意见//第十三届全国人大常委会第二十二次会议（2020年10月13日—17日）参阅材料：3.


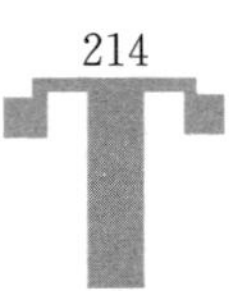

（2）关于妨害情形的设置问题。针对一般主体的妨害情形，有意见提出应增加“或者以其他方法”或者“实施其他妨害安全驾驶的行为”[①]的兜底规定，或者增加威胁、辱骂、激怒、激光照射、遮挡驾驶员视线、在公共交通工具上相互斗殴、危险物品超载超限等列举情形。[②]针对驾驶人员的妨害情形，存在两种认识：第一种主张扩大驾驶人员的刑事责任范围，即不应限于被动与他人发生冲突的情形，可将相关表述修改为“驾驶人员实施与他人互殴等行为”[③]，或者增加“实施其他严重违规操作行为”[④]；第二种主张着眼于强调对安全驾驶职责的违反以及明确正当防卫与互殴行为之界限，建议增加“擅离职守”[⑤]或“放弃安全驾驶职责”等表述。[⑥]

（3）关于成立犯罪门槛的设定问题，即是否只要行为人实施妨害安全驾驶行为，就可以成立犯罪。依据新增设的刑法典第133条之二的规定，一般主体和驾驶人员构成本罪不仅需要实施特定的妨害行为，而且需要“危及公共安全”，但亦有观点建议删去这一表述，即实施行为就应定罪，不需要作出进一步判断。[⑦]

（4）关于本罪刑罚的配置问题。在立法过程中，有些意见认为本罪法定刑配置偏轻，主张予以提升，以体现从严惩处的精神。其中，有的着眼于本罪的主客观特征，认为此类行为主观恶意较深，对公共安全或他人生命安全会造成重大威胁[⑧]；有的着眼于罪责刑相适应基本原则的贯彻，认为对于在大型公交车上或者

---

① 全国人大常委会法工委办公室．十三届全国人大常委会第二十二次会议审议刑法修正案（十一）草案二次审议稿的意见//第十三届全国人大常委会第二十四次会议（2020年12月22—26日）参阅材料：2.

② 全国人大常委会法工委．地方人大和中央有关部门、单位对刑法修正案（十一）草案的意见//第十三届全国人大常委会第二十二次会议（2020年10月13日—17日）参阅材料：4.

③ 同②5.

④ 同①.

⑤ 全国人大常委会法工委．十三届全国人大常委会第二十次会议审议刑法修正案（十一）草案的意见//第十三届全国人大常委会第二十二次会议（2020年10月13日—17日）参阅材料：2-3.

⑥ 中国法学会研究部．《刑法修正案（十一）（草案）》专家咨询报告（2020年7月）：12-13.

⑦ 同⑥.

⑧ 同⑤2.

危险路段实施相关行为的，本罪处罚力度偏轻，而且与危险驾驶罪的刑罚不协调，因为本罪的社会危害性更大，但最低却可“单处罚金”①；有的着眼于本罪在处罚上与以危险方法危害公共安全罪的衔接，建议将本罪法定最高刑提高为3年有期徒刑。②

2. 立法争议评析

笔者认为，前述有关本罪的争议和观点具有一定合理性，但总体而言，还是应当肯定增设本罪的必要性，而且本罪的罪状设计与刑罚配置也是比较科学的。

第一，应当肯定本罪的立法必要性。抢控公交车司机方向盘等现象之所以引起公众的高度关切，主要在于公共交通工具承担着人们日常出行的基本职能，其行驶安全是公共安全的重要体现，尤其是随着城市化水平的持续提升和公众对安全感的日益重视，加强对公共出行安全的保护已经成为亟待刑法治理的现实课题。从以往的案（事）件来看，有关部门对此类行为的处理尺度较为宽泛：既有以口头批评、警示教育、行政拘留等非刑罚措施作出处理的，也有按照以危险方法危害公共安全罪、寻衅滋事罪等罪名判处刑罚的。需要注意的是，最高人民法院、最高人民检察院、公安部2019年1月8日发布的《关于依法惩治妨害公共交通工具安全驾驶违法犯罪行为的指导意见》（以下简称《指导意见》），虽然为实务部门处理此类案件指明了适用依据，却也形成了“形式化”认定和“重刑化”处理的趋向，强化了以危险方法危害公共安全罪的“口袋罪”色彩。具体而言，在以往的实务中，对没有造成人员伤亡与财产损失的妨害安全驾驶行为，按照以危险方法危害公共安全罪进行处理，也必须判处3年以上有期徒刑（有减轻处罚情节的除外）③；在没有仔细考量行为类型及其危险性的情况下，就相对轻

① 全国人大常委会法工委. 地方人大和中央有关部门、单位对刑法修正案（十一）草案的意见//第十三届全国人大常委会第二十二次会议（2020年10月13日—17日）参阅材料：5.

② 全国人大常委会法工委办公室. 十三届全国人大常委会第二十二次会议审议刑法修正案（十一）草案二次审议稿的意见//第十三届全国人大常委会第二十四次会议（2020年12月22—26日）参阅材料：2.

③ 张明楷.《刑法修正案（十一）》对司法解释的否认及其问题解决. 法学，2021（2）.

易地得出行为危害公共安全的结论，造成“危害公共安全”的要素事实上被司法人员解释掉了。[①] 因此，在妨害安全驾驶行为与“危险方法”不完全具有相当性的情况下，增设本罪可以提升刑法评价此类行为的准确程度，“制止司法解释利用不明确的法条”[②]。从而在统一规制尺度的基础上，为实现妥当处罚提供了更加充分的依据。

第二，妨害情形的设计保证了本罪的针对性和明确性。对于要求扩大本罪规制范围的意见，国家立法机关并未采纳，而是明确列举了两类妨害情形。首先，刑法条文列举的情形在以往案件中是最为常见的[③]，而且具有一定的典型性[④]，社会公众的入刑呼吁最为强烈，而其他情形的发生较为罕见，入罪缺乏充分的现实基础。其次，辱骂、激怒、遮挡视线等手段虽然可以妨害到安全驾驶，却并非直接作用于司机人身或驾驶操纵装置。再次，驾驶人员不仅是本罪第 2 款条文规定的行为主体，同时也是第 1 款条文所要保护的对象。现实中发生的司乘冲突，绝大部分不是由驾驶人员引起的，所以本罪主要规制的应为一般主体干扰驾驶人员正常操控从而影响公交工具安全行驶的现象，而非经过专业培训的驾驶人员主动违规与他人发生冲突的现象，然而对其使用“违规”“放弃职责”等概括性表

---

① 周光权．刑事立法进展与司法展望：《刑法修正案（十一）》总置评．法学，2021（1）．

② 张明楷．《刑法修正案（十一）》对司法解释的否认及其问题解决．法学，2021（2）．

③ 根据中国司法大数据研究院发布的《司法大数据专题报告之公交车司乘冲突引发刑事案件分析》，在公交车行驶中的司乘冲突的刑事案件中，乘客攻击司机和抢夺车辆操控装置的情形超过 8 成。司法大数据：公交车司乘冲突刑事案件近 70%由乘客引发．（2018－11－19）．https://www.chinacourt.org/article/detail/2018/11/id/3578720.shtml)．另有学者统计了 262 起妨害安全驾驶案（事）件，辱骂、攻击司机的占 52.67%，抢夺车辆操纵装置的占 32.06%，持器物威胁、攻击司机的占 4.2%，以上 3 类占据所有案件 9 成以上。余丽，陈志军．对妨害公共交通工具安全驾驶行为的刑法规制研究．公安学研究，2020（4）．

④ 根据重庆市公安局发布的警情通报，在万州公交车坠江事件中，冉某作为公交车驾驶人员，在驾驶公交车行进中，与乘客刘某发生争吵，遭遇刘某攻击后，应当认识到还击及抓扯行为会严重危害车辆行驶安全，但未采取有效措施确保行车安全，将右手放开方向盘还击刘某，后又用右手格挡刘某的攻击，并与刘某抓扯，其行为严重违反公交车驾驶人员职业规定。乘客刘某和驾驶员冉某之间的互殴行为，造成公交车失控，致使公交车与对向正常行驶的小轿车撞击后坠江，造成重大人员伤亡。重庆万州公交车坠江原因公布：乘客与司机激烈争执互殴致车辆失控．（2018－11－02）．https://weibo.com/5499751075/H0MhKv3Qd?from=page_1001065499751075_profile&wvr=6&mod=weibotime&type=comment#_rnd1614501416534.

述，会造成驾驶人员承担刑事责任的范围，要远远广于作为主要规制对象的一般主体承担刑事责任的范围，从而弱化了对一般主体的规范指引功效。最后，从行为性质上看，“使用暴力或者抢控驾驶操纵装置”和“与他人互殴或者殴打他人”均具有一定的暴力色彩，前者即便在司机恪守职责的情况下，也难以保证行驶安全，而后者是对职业规定的严重违反，往往置公交工具行驶安全于不顾。

第三，“危及公共安全”体现了本罪的“公共危险”特性与立法的谦抑追求，因而对于删除“危及公共安全”表述的建议，国家立法机关并未采纳。这一表述的保留，首先强调了本罪所具备的公共危险性，以及作为危害公共安全犯罪的基本定位。此外，这还意味着，认定本罪成立，不仅要从形式上判断行为人实施的行为是否与构成要件相符，而且需结合实际情况审查行为是否威胁、妨害了公共安全。相比单纯的形式化判断，实质审查的引入提高了本罪成立门槛，也意味着行为人实施的妨害行为并非一律成立犯罪，这体现了国家立法机关在积极回应民众呼声的同时，在入刑上依然保持谨慎与克制。

第四，刑罚配置凸显本罪轻缓“底色”。如前所述，虽然要求提升本罪法定刑的呼声较为强烈，但国家立法机关最终并未采纳。笔者认为，本罪的设立有助于此类案件从以危险方法危害公共安全罪中“分流”，“最高一年”的处罚有益于扭转司法实务的“重刑”偏向。但不可否认，本罪法定最高刑与以危险方法危害公共安全罪“三年起步”之间尚有两年的差距。而且，相比于《指导意见》专门划分 7 种重处情形，本罪仅设一档法定刑缺乏区分度。另外，就本罪与危险驾驶罪而言，由于二者的社会危害性与条文表述的不同，其处罚的均衡性尚需进一步探讨。

### 三、妨害安全驾驶罪的入刑规范研析

依据刑法典第 133 条之二的规定，妨害安全驾驶罪，是指对行驶中的公共交通工具的驾驶人员使用暴力或者抢控驾驶操纵装置，干扰公共交通工具正常行驶，或者驾驶人员在行驶的公共交通工具上擅离职守，与他人互殴或者殴打他人，

危及公共安全的行为。立足于本罪的定义，结合前文的相关立法争议及其评析，在规范层面需要对本罪的两类妨害行为和“危及公共安全”进行明确和准确把握。

（一）一般主体的妨害情形

一般主体的妨害情形，是指刑法典第 133 条之二第 1 款规定的本罪的第一类行为，即“对行驶中的公共交通工具的驾驶人员使用暴力或者抢控驾驶操纵装置，干扰公共交通工具正常行驶”的行为。

1. 如何理解“行驶中的公共交通工具的驾驶人员”?

首先，“驾驶人员”是指直接操控公共交通工具行驶的人员，不包括与公共交通工具相关的安全员、调度员、售票员等其他人员。

其次，驾驶人员是驾驶“公共交通工具”的人员。所谓公共交通工具，一般是指供社会公众共同使用的运输工具，从事旅客运输的各种公共汽车、出租车、火车、地铁、轻轨、轮船、飞机等都在其中。需要注意的是，《指导意见》第 7 条曾将其限定为“公共汽车、公路客运车，大、中型出租车等车辆”。笔者认为，这种限定于地面道路行驶的公共交通工具的解释是基本可取的。因为这体现了对本罪的设立背景和刑罚配置的考虑，何况地铁、火车、轮船、飞机等大型交通工具的驾驶空间本身就更为封闭。但在此基础上，还应当将班车、校车和小型出租车、网约车也纳入其中。社会性、公用性应是公共交通工具与非公共交通工具的本质区别，而接送职工上下班的班车、接送师生往来的校车等大、中型交通工具，均具备这两种属性。① 就小型出租车和网约车而言，二者既属于社会营运车辆，也是公众出行的重要工具，而且在拼车现象较为普遍的当下，其所载乘客也具有不特定性。② 有观点认为，将小型出租车排除出“公共交通工具”，是基于谦抑原则作出的限制解释，因为小型出租车一般是核定载客数为 4 人或以下的汽车，乘坐人数有限，一般不会危及公共安全。③ 然而，这种观点似没有考虑到小

① 余丽，陈志军．对妨害公共交通工具安全驾驶行为的刑法规制研究．公安学研究，2020（4）．

② 何鑫．妨害安全驾驶行为的罪名适用：兼论妨害安全驾驶罪的条文增设．上海公安学院学报，2019（4）．

③ 胡云腾，徐文文．《刑法修正案（十一）》若干问题解读．法治研究，2021（2）．

型出租车对车辆外部安全具备的公共危险性。从以往案例①来看，抢夺网约车、小型出租车方向盘的行为通常按照以危险方法危害公共安全罪、寻衅滋事罪论处。如果将其排除在外，仍然以较重的罪名进行处理，则难以实现罪刑均衡。

最后，公共交通工具应处于“正在行驶”的状态。对此有四种理解：一是公共交通工具处于营运载客的位移状态；二是营运载客时的驾驶操纵装置处于运行状态（公共交通工具已经启动，正在位移或随时可以发生位移）；三是公共交通工具处于载客营运状态（在可载客状态下，且不论驾驶操纵装置是否启动，但要排除出场、回场、加油、充电、维修等脱离路线和与载客营运无关的状态）；四是公共交通工具处于营运时间内（在开始与结束载客营运的时间段内，不论是否处于载客营运状态）。笔者认为：第四种理解似过于扩张本罪的规制范围；第一种和第二种理解与“正在行驶”的日常含义最为贴近，但涵盖范围尚有不足，排除了某些可能妨害安全驾驶的情形（例如在公交车等红灯时的熄火状态下，对司机使用暴力或抢夺方向盘）；比较而言，考虑到本罪保护公共出行安全的立法目的，笔者主张采取第三种理解较为适宜。

2. 如何理解“使用暴力或者抢控驾驶操纵装置，干扰公共交通工具正常行驶”？

“使用暴力”，是指通过殴打、推搡等动作将有形的物理强制力量施加于驾驶人员，这种暴力应当“限于轻微伤，如果暴力程度达到轻伤以上，则应当以故意伤害罪论处”②。

就“抢控驾驶操纵装置”而言，“驾驶操纵装置”是指控制公共交通工具按照驾驶人员的意愿行驶的部件，包括方向盘、离合器踏板、加速踏板、制动踏

① 凌晨，乘客抢夺出租车方向盘，结果车一头撞向了…….（2019-09-09）. https://www.thepaper.cn/newsDetail_forward_4382389;俩乘客抢滴滴司机方向盘 危害公共安全均被判刑.（2020-01-06）. https://www.chinacourt.org/article/detail/2020/01/id/4758175.shtml;突抢司机方向盘致交通事故发生 乘客被判刑.（2020-06-09）. https://www.chinacourt.org/article/detail/2020/06/id/5289380.shtml;福州一小伙醉酒“闹事”，抢网约车方向盘导致事故，被刑拘逮捕.（2020-11-27）. https://www.baijiahao.baidu.com/s? id=1684395574237888415&wfr=spider&for=pc.

② 陈兴良. 公共安全犯罪的立法思路嬗变：以《刑法修正案（十一）》为视角. 法学，2021（1）.

板、变速杆、驻车制动手柄等[①]，同时考虑到启动是操纵的前提，还应将启动开关纳入其中；“抢控”是指行为人强行介入驾驶人员对操纵装置的正常控制，使公共交通工具按照行为人自己的意图启动、停止、转向或者加减速度。有观点认为，本罪不要求具有控制意图，乃是本罪与劫持船只、汽车罪的根本区分。[②] 笔者认为这种见解是值得商榷的：其一，“抢控”一词具有一定的控制意味，立法过程中曾有意见提出将其修改为“抢夺”[③]，但最终立法并未采纳，可见立法是肯定本罪具有“控制”意图的。其二，从实际情形看，时有发生的乘客在搭乘中因坐过站要求司机停车不成后实施的抢控方向盘的行为，本身就存在控制公共交通工具以实现自己下车的意图。当然，本罪的“抢控”与劫持船只、汽车罪的“劫持”虽然都包含“控制”的因素，但两罪的立法目的及其所影响的客观方面是不同的：劫持船只、汽车罪的立法目的在于规制“逃避法律追究”或“作为要挟手段”等情形[④]，因而其要求“控制”船只、汽车的行为在手段上对他人至少形成精神强制，并在效果上往往具有一定的时间持续性；而妨害安全驾驶罪（本罪）的立法目的是维护公共交通运输安全，主要着眼于防止乘客对驾驶人员使用暴力或者抢控驾驶操纵装置而干扰公共交通工具正常行驶、危及公共安全的行为，同时也规制驾驶人员特定的危及公共安全的行为，其中乘客“抢控”公共交通工具的行为并无对他人形成精神强制和持续一定时间的要求与特征。

3. 如何理解“干扰公共交通工具正常行驶”？

这是对暴力、抢控行为引发状态的进一步描绘，也是妨害行为危及公共安全

---

① 汽车百科全书编纂委员会. 汽车百科全书. 北京：中国大百科全书出版社，2010：194.

② 陈兴良. 公共安全犯罪的立法思路嬗变：以《刑法修正案（十一）》为视角. 法学，2021（1）.

③ 全国人大常委会法工委刑法室. 宪法法律委、法工委座谈会对刑法修正案（十一）草案二次审议稿的意见//第十三届全国人大常委会第二十四次会议（2020年12月22—26日）参阅材料：2.

④ 全国人大常委会法制工作委员会刑法室.《中华人民共和国刑法》条文说明、立法理由及相关规定. 北京：北京大学出版社，2009：170.

的必要条件。只有足以干扰公共交通工具正常行驶，公共安全才有受到影响的可能。[①] 所以，此类妨害情形要求影响了公共交通工具正常行驶，但不要求“使用暴力”对驾驶人员造成实际伤害，也不要求“抢控驾驶操纵装置”完全取代驾驶人员的正常控制。

（二）驾驶人员的妨害情形

驾驶人员的妨害情形，是指刑法典第 133 条之二第 2 款规定的本罪的第二类行为，即“前款规定的驾驶人员在行驶的公共交通工具上擅离职守，与他人互殴或者殴打他人”的行为。

1. 如何理解“前款规定的驾驶人员”?

对此，可作两种理解：一是专门指在行驶中的公共交通工具上被他人“使用暴力或者抢控驾驶操纵装置”的驾驶人员；二是单纯指行驶中的公共交通工具的驾驶人员。也就是说，对于本条第 2 款规定的妨害情形的行为主体，需要明确的是行驶中的公共交通工具的驾驶人员，是否要求其处于被他人使用暴力或抢控驾驶操纵装置的状态。

有观点主张第一种理解，认为对“驾驶人员”进行限定，更有利于保护公共交通安全，从而实现本罪的立法目的；而且从限制特定岗位、特定场合驾驶人员的正当防卫权的角度出发，也有必要对驾驶人员的范围加以限定。[②]

但是，在笔者看来，国家立法机关之所以使用“前款规定”的表述，主要原因很可能仅仅是为了条文表达的简洁性。而且，在不以第 1 款情形作为前提的情况下，因辱骂、争吵等情况不顾公共交通工具和乘客的安全，擅离职守实施第 2 款行为的，对公共安全同样会形成巨大威胁，将此排除出本罪的规制范围，反而不利于保护公共出行安全。另外，对驾驶人员正当防卫权的限制，应当立足于正当防卫的成立条件和驾驶人员对安全驾驶职责的恪守程度进行综合把握，而不是

① 梅传强，胡雅岚．妨害公共交通工具安全驾驶罪的理解与适用．苏州大学学报（哲学社会科学版），2021 (1).

② 涂龙科．以限缩方式界定危险驾驶罪中的“互殴”．检察日报，2020-10-16 (3).

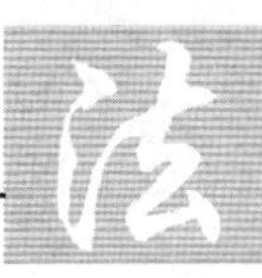

通过限缩刑事责任范围来实现。相比之下，笔者认为，采取第二种理解更为妥当。

2. 如何理解“在行驶的公共交通工具上擅离职守，与他人互殴或者殴打他人”?

首先，“行驶中的公共交通工具”的含义，与前述情形相同。

其次，“擅离职守”，是指未经许可，违背安全驾驶职责，擅自离开自己特定的工作岗位。

最后，“与他人互殴或者殴打他人”，是指通过击打、锤击等方式相互伤害或伤害他人身体。总体把握这两种行为方式，意味着不论他人是否实施了殴打行为，只要驾驶人员实施了殴打行为就符合该要件，同时排除单纯的言语上的辱骂、争吵等。需要注意的是，由于驾驶人员正处于操纵公共交通工具的状态，所以“与他人互殴或者殴打他人”本身就是“擅离职守”的具体表现。在“擅离职守”的限定下，这种殴打行为不要求造成实际伤害，但具有主动性和违规性，即主动违反安全驾驶的规定，置工作岗位于不顾去殴打他人，同时应当排除驾驶人员被动还击和坚守职责的抵抗行为。

（三）“危及公共安全”与本罪的危险形态

1. 如何理解“危及公共安全”?

无论是一般主体还是驾驶人员的妨害情形，成立本罪均要求“危及公共安全”。所以对“危及公共安全”的理解在很大程度上决定了本罪的成立门槛。作为刑法学概念的“公共安全”，强调其要具有“社会性”与“公众性”，这两种属性主要是通过“多数”体现的，而“不特定”蕴含着向“多数”发展的可能性。危及公共安全会导致社会成员产生不安全感，所以应将公共安全理解为不特定或多数人的生命、健康或重大公私财产的安全。① 从语义上讲，“危及”是指“有损于；威胁到”②。据此，“危及”之于公共安全，可作如下理解：“有损于”表

① 赵秉志，李希慧．刑法各论．北京：中国人民大学出版社，2016：30.

② 中国社会科学院语言研究所词典编辑室．现代汉语词典．6版．北京：商务印书馆，2012：1349.

明对公共安全产生不利影响的属性，“威胁到”表明使公共安全面临现实的危险。与“危及”相近的“危害”，在语义上指“使受破坏；使蒙受损失”[①]，表达的是受到伤害的过程和遭受伤害的状态。因此，与“危害”相比，“危及”更倾向于表达较早的、较浅程度的不利影响，还可单纯用以表达不利于公共安全的“定性”评价。我们若进一步审视刑法典中其他有关“危及”的表述，可以发现这种解释是妥当的：其一，刑法典有关正当防卫的第 20 条的第 3 款规定了“严重危及人身安全的”，第 277 条第 5 款袭警罪（《修十一》修正）中规定了“严重危及其人身安全的”，其中，“严重”是定量评价，“危及”分别是对特殊防卫前提的犯罪和袭警罪升格处罚的手段性质的评价，二者结合用以描述其他“暴力犯罪”和“以驾驶机动车撞击等手段”的涵盖范围；其二，刑法典第 123 条暴力危及飞行安全罪中的“危及飞行安全”之规定，第 130 条非法携带枪支、弹药、管制刀具、危险物品危及公共安全罪和第 133 条之一第 1 款第 4 项“运输危险化学品”型危险驾驶罪中的“危及公共安全”之规定，不仅是对行为方式或行为对象性质的描述，而且还表达了公共（飞行）安全面临危险的状态；其三，相较于“危害公共安全”类犯罪，“危及公共安全”类犯罪往往不要求造成严重后果，且法定刑总体上较轻。

2. 危险形态的争议：是抽象危险犯抑或具体危险犯？

与“危及公共安全”密切相关的重要问题是对本罪危险形态的确定，这直接关系到本罪的成立标准，目前存在认为其属于具体危险犯与认为其属于抽象危险犯两种立场。

主张属于具体危险犯的理由在于：第一，刑法条文中的“危及公共安全”的表述是具体危险犯的立法特征[②]；第二，将干预起点前置化，可以实现刑法在危害行为可能导致的具体损害结果尚未出现或仅存在一定危险性时提前介入、提前

---

① 中国社会科学院语言研究所词典编辑室. 现代汉语词典. 6 版. 北京：商务印书馆，2012：1349，1248.

② 陈兴良. 公共安全犯罪的立法思路嬗变：以《刑法修正案（十一）》为视角. 法学，2021（1）.



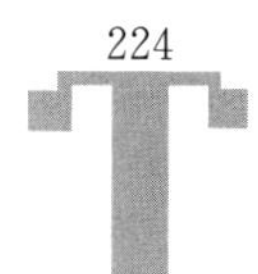

惩治。[①]

主张属于抽象危险犯的理由在于：第一，立足于罪责刑相适应原则推断，“危及公共安全”类犯罪的法定刑普遍轻于作为具体危险犯的“危害公共安全”类犯罪的法定刑，表明前者对公共安全的威胁程度小于后者，只能将其定位为抽象危险犯；第二，本罪的设立目的在于使刑法提前介入公共交通领域，防范公共交通领域的安全风险，这与抽象危险犯理论产生的根源具有天然亲缘性；第三，应将“危及”理解为“威胁到”而非“有害于”，即对公共安全产生损害的较低可能性，如果达到高度盖然性和现实可能性的程度，应认定为以危险方法危害公共安全罪，从而实现与《指导意见》相协调。[②]

笔者认为，以上两种立场均有值得商榷之处：首先，单纯以“危及”作为具体危险犯的确定标识，或者仅根据法定刑轻重推断危险形态的论证路径，均明显流于形式；其次，具体危险犯的提前介入效果是相对于实害犯而言的，在更为“提前”的抽象危险犯面前没有说服力；再次，《修十一》的立法草案说明指出，增设本罪在于妨害安全驾驶行为“社会反映突出”，为了“维护人民群众……‘出行安全’”，需要“进一步作出明确规定”[③]，这里并未提到是因为需要刑法提前介入[④]；最后，立法机关在设立新罪时，主要考虑的应是刑法条文之间的协调，刑法立法没有必要主动适应在其之前的司法解释。另外，如果认为本罪属于抽象危险犯，就无法解释前文提到的删除“危及公共安全”的立法建议为何未被采纳；如果认为本罪属于具体危险犯，则无法说明“危及”与“危害”之间的差

① 刘宪权，陆一敏．《刑法修正案（十一）》的解读与反思．苏州大学学报（哲学社会科学版），2021（1）．

② 梅传强，胡雅岚．妨害公共交通工具安全驾驶罪的理解与适用．苏州大学学报（哲学社会科学版），2021（1）．

③ 李宁．关于《中华人民共和国刑法修正案（十一）（草案）》的说明：2020年6月28日在第十三届全国人民代表大会常务委员会第二十次会议上．（2020－12－28）．http://www.npc.gov.cn/npc/c30834/202012/f16fed b673644b35936580d25287a564.shtml．

④ 值得注意的是，同样是“加大对安全生产犯罪的预防惩治”的立法内容，立法草案说明却明确指出将“刑事处罚阶段适当前移，针对实践中的突出情况，规定对具有导致严重后果发生的现实危险的三项多发易发安全生产违法违规情形，追究刑事责任”。

异，进而增加了本罪与以危险方法危害公共安全罪的区分难度，弱化了其作为独立罪名的意义。综上所述，笔者认为，将抽象危险犯或具体危险犯确定为本罪的危险形态均存在一定的缺陷。

3. 准抽象危险犯之提倡

立足上述讨论，笔者认为应将妨害安全驾驶罪定位为准抽象危险犯。以研究危险犯见长的日本知名刑法学者山口厚认为：具体危险犯明文要求“危险”的发生，是否发生了具体的、高度的危险被独立地作为判断对象；抽象危险犯要求的是实行一般的、抽象的危险行为，这样的行为一旦实施通常就能肯定危险的发生，即通过这种危险的行为而展示了作为结果的危险内容。属于二者中间形态的准抽象危险犯，是指在对构成要件行为的适用评价中，已经要求了某种程度的实质危险判断，即作为犯罪要件的“危险”，由于具体的、个别的特殊事情而没有发生，即便实施了条文上明文规定的一般的危险行为，也应该否定犯罪的成立。① 与具体危险犯相比，准抽象危险犯的行为性质具有独立判断价值，但无须考虑行为造成何种危险状态；与抽象危险犯相比，“行为客体”（犯罪行为指向的、体现刑法保护的权利义务关系的、刑法禁止改变的人或物的存在状态）已经处于行为作用范围内，但还没有达到具体危险状态，而抽象危险犯通常不规定行为客体，更不要求行为导致危险状态。②

回归本罪进行审视，笔者认为，“危及公共安全”是对法益受到威胁的描述，“使用暴力或者抢控驾驶操纵装置”和“与他人互殴或者殴打他人”是对行为方式的描述，而“干扰公共交通工具正常行使”和“擅离职守”正是对“行为客体”处于行为作用范围内的表述。也就是说，公共交通工具正常行驶的状态和驾驶人员恪尽职守驾驶公共交通工具的状态，会因本罪中的妨害行为的实施受到影响。但是，“使用暴力”、“互殴”和“殴打”直接侵犯的是他人身体，“抢控驾驶操纵装置”直接侵犯的是驾驶人员对公共交通工具的控制，即便这二者受到影

① 山口厚. 刑法总论：第2版. 付立庆，译. 北京：中国人民大学出版社，2011：45-46.

② 李婕. 限缩抑或分化：准抽象危险犯的构造与范围. 法学评论，2017（3）.

响，也并不必然意味着公共安全就会面临高度现实化的、紧迫的危险。与此同时，“干扰公共交通工具正常行使”和“擅离职守”恰恰对妨害行为是否具备公共危险性提出了要求，对此需要在个案中结合现实情况作出具体判断。这种判断的合理性在于：

其一，符合前文对“危及”的语义分析，即是一种对公共安全较早的、较浅程度的不利影响，同时也是对妨害行为的危险性质作出的限定。

其二，避免回应为何没有采纳删除“危及公共安全”表述这一立法建议，同时赋予了该表述在犯罪成立判断过程中的存在意义。

其三，相比于具体危险犯之立场，更能说明本罪与以危险方法危害公共安全罪在处罚力度上的差异，即本罪的成立标准更低，对于不特定或多数人重伤、死亡或者公私财产重大损失，不要求形成现实、紧迫的危险，这也彰显出其作为独立罪名的意义。

其四，相比于抽象危险犯之立场，并非根据立法内容直接推定存在公共危险而成立犯罪，妨害行为是否具有致生公共危险的属性，还需要司法人员结合个案具体判断，避免处罚没有引起公共危险或没有必要使用刑事处罚的妨害行为，从而妥当地划定本罪的规制范围。

## 四、妨害安全驾驶罪的司法适用探讨

### （一）罪与非罪的界限：准抽象危险犯的进一步展开

既然坚持准抽象危险犯的立场，判断本罪能否成立，就需要立足于这种危险犯的特征，结合条文内容和具体情况进行分析。

首先，对是否符合法定的妨害行为样态进行抽象审查。现实中妨害安全驾驶的行为方式多种多样，但基于本罪对妨害行为作出的封闭式限定，只有一般主体的“使用暴力”和“抢控驾驶操纵装置”的行为，以及驾驶人员的“与他人互殴”和“殴打他人”的行为，才可能成立本罪。对于其他类型的妨害行为，尤其是未与驾驶人员身体或驾驶操纵装置产生接触的行为，必须恪守罪刑法定原则予

以坚决排除。

其次，对妨害行为样态的危险属性进行具体判断。如前所述，行为客体是一种犯罪行为指向的、刑法禁止改变的人或物的存在状态。“犯罪行为作用于行为客体的实质，并不是要侵害作为行为客体基础的人或物，而是通过改变人或物的状态来侵害具体的犯罪客体。”① 也就是说，行为仅仅是制造了法益侵害危险状态的可能性而非法益危险状态本身。② 行为人实施的行为是否符合刑法规定的样态是一种抽象判断，而是否具有法益侵害危险状态的可能性还需结合案件具体情况进行判断，这就形成了一种“妨害行为样态＋行为危险性＝妨害行为”的判断路径。如果行为的危险性为零或危险程度很低，不可能或不太可能使法益面临具体危险状态，就不应成立犯罪。就本罪而言，具体的犯罪客体是妨害行为“危及”的“公共安全”，但本罪指向的“公共安全”之所以可能受到威胁，是因为“公共交通工具正常行使”的状态发生了变化，或者驾驶人员由“忠于职守”转变为“擅离职守”的状态。由于“擅离职守”实际上也意味着公共交通工具不能再正常行使（除非可以立即切换为智能化的自动驾驶状态），所以本罪妨害行为所具备的危险属性，应当是指可以造成公共交通工具处于不能正常行驶的状态。基于此，以下两类行为也可予以排除：

（1）行为不具有危险属性，反而具有维持公共交通工具正常行驶的作用。例如，司机在驾驶公交车的过程中突发疾病，有车内乘客主动抢过驾驶操纵装置，把控车辆行驶方向并紧急刹车。在此情形中，虽然形式上符合本罪的妨害行为样态，但是司机突发疾病会造成公共交通工具不能或即将不能正常行驶，此时车内乘客挺身而出恢复或维持了正常行驶状态，显然不应成立本罪。

（2）行为具有危险属性但危险程度很低，没有改变或没有明显改变公共交通工具正常行驶的状态。例如，公交车处于等红灯的停止状态，车内乘客与司机发生口角，乘客上前扇了司机一耳光后回到座位继续辱骂司机，司机也没有还手。

① 吴念胜．犯罪客体要件研究．北京：中国检察出版社，2010：138.

② 李川．适格犯的特征与机能初探：兼论危险犯第三类型的发展谱系．政法论坛，2014（5）.

在此情形中，扇耳光显然符合本罪“使用暴力”的行为样态，这种暴力行为即使对司机造成一定伤害，但由于没有改变公交车正常行驶的状态，也不应成立本罪。[①] 但是，在上例相同情境下，如果乘客实施的不是扇耳光而是抢踩公交车油门的行为，导致公交车向前猛冲，就明显改变了正常行驶的状态，可以成立本罪。又如，乘客上车后发现坐错了车，此时公交车启动后缓慢驶出站点，乘客要求司机停车，但司机以车辆已经启动为由拒绝，乘客上前抢夺方向盘迫使司机停车开门后下车。在此情形中，乘客的行为是“抢控驾驶操纵装置”的行为，但由于当时车辆刚刚启动缓慢行驶，所以公共交通工具的正常行驶状态没有明显改变，也宜将这种情况予以排除。

最后，尚未对不特定或多数人的重伤、死亡形成现实、紧迫危险。前述抽象审查和具体判断两个步骤，已经为成立本罪划出了“下限”。既然“危及”相较于“危害”，更倾向于表达较早的、较浅程度的不利影响，所以，立足于准抽象危险犯的特征，这种不利影响是指未对不特定或多数人的重伤、死亡形成现实、紧迫危险，这是成立本罪的“上限”。准抽象危险犯不要求如具体危险犯般存在具体可察的法益显见危险状态，这种状态需要作为一种行为的结果来独立于行为之外认定。[②] 立足于准抽象危险犯之立场，经过抽象审查和具体判断两个步骤，就已经可以认定本罪能否成立，是否对公共安全形成具体危险，在规范层面不作要求，在现实层面也无须证明。简而言之，公共安全是否处于具体危险状态，实际上是区分本罪与其他重罪的重要标准。

### （二）本罪与他罪的界限：罪刑均衡、犯罪结果与危险相当性

刑法典第 133 条之二第 3 款规定：“有前两款行为，同时构成其他犯罪的，依照处罚较重的规定定罪处罚。”由此可见，实施妨害安全驾驶行为并非一律成立本罪，在符合其他重罪之犯罪构成的情况下，应当按照特定的重罪予以定罪处罚。依据《指导意见》的规定，以下两种行为危害公共安全，应当以以危险方法

① 另当别论的是，如果乘客扇耳光的行为对司机造成轻伤以上伤害，可以成立故意伤害罪。

② 李川．适格犯的特征与机能初探：兼论危险犯第三类型的发展谱系．政法论坛，2014（5）．

危害公共安全罪定罪，其中尚未造成严重后果的，处 3 年以上 10 年以下有期徒刑，致人重伤、死亡或者使公私财产遭受重大损失的，处 10 年以上有期徒刑、无期徒刑或者死刑：（1）乘客在公共交通工具行驶过程中，抢夺方向盘、变速杆等操纵装置，殴打、拉拽驾驶人员，或者有其他妨害安全驾驶行为的；（2）驾驶人员在公共交通工具行驶过程中，与乘客发生纷争后违规操作或者擅离职守，与乘客厮打、互殴的。对此有观点认为，上述内容将相对轻微的危害行为按较重的犯罪处罚，导致罪刑不均衡，对没有造成人员伤亡与财产损失的妨害安全驾驶行为，也必须判处 3 年以上有期徒刑，这与《修十一》关于本罪的规定相抵触，需要及时修改。①

不可否认，在《修十一》出台之前，司法实务中以以危险方法危害公共安全罪处理妨害安全驾驶行为存在"重刑化"倾向，然而形成这种倾向的原因并非在于以危险方法危害公共安全罪本身是重罪，而是在于未对妨害安全驾驶行为是否"危害公共安全"进行严格的实质判断。之所以"刻意"忽略这一标准，恰恰在于在此类行为亟待刑法介入的同时，刑法自身缺乏与之对应的轻罪立法。也就是说，如果妨害安全驾驶行为不具备与"危险方法"的相当性，没有对公共安全造成具体危险，按照以危险方法危害公共安全罪定罪处罚自然就会出现降低证明标准和提高处罚力度的问题。但是，在《修十一》出台之后，基于第 133 条之二第 3 款"择一重罪"的要求，也不应由本罪实现对所有妨害安全驾驶行为的规制。增设本罪的主要意义，并非立法机关降低了对妨害安全驾驶行为社会危害性的评价（因为先前就不存在针对性条文），而是对原本由以危险方法危害公共安全罪"形式化"认定和"重刑化"处理的妨害安全驾驶行为，通过作为轻罪立法的本罪实现了准确认定和妥当处罚，从而将罪责刑相适应原则落到实处。

综合上述分析：一方面，《指导意见》的上述内容与刑法典第 133 条之二并

① 周光权代表：建议及时修改与刑法修正案（十一）相抵触的司法解释．（2021-03-09）．http://k.sina.com.cn/article_2087169013_7c67abf5027012q9z.html?sudaref=www.baidu.com&display=0&retcode=0.

不存在矛盾，因为以危险方法危害公共安全罪与本罪的成立标准和刑罚配置存在显著差异，二者分属重罪和轻罪；另一方面，应当肯定妨害安全驾驶行为存在适用以危险方法危害公共安全罪的可能，但这往往是因为出现了比较严重的情况，同时需要对妨害行为的危险相当性和引起的危险状态予以严格把握。在此基础上，考虑到本罪的法定刑较低，致人伤亡或者造成其他严重后果的，几乎可以断定不可能以本罪论处，而只能根据后果的形态转化为其他更重的犯罪。[①] 所以，关于此罪与彼罪的区分路径，笔者主张以罪责刑相适应为判断目的，以危害结果为判断指引，以危险相当性为判断标准。

第一，故意实施妨害安全驾驶行为致人重伤、死亡的，不应适用本罪，应结合具体情况审查妨害行为与放火罪等罪是否具备危险相当性。如果具备，则应适用刑法典第 115 条第 1 款，按照以危险方法危害公共安全罪定罪，并在“十年以上有期徒刑、无期徒刑或者死刑”范围内量刑；如果不具备，则应按照故意伤害（致人重伤、死亡）罪作出处理。

第二，故意实施妨害安全驾驶行为致人轻伤的，不应适用本罪，应结合具体情况审查妨害行为与放火罪等罪是否具备危险相当性。如果具备且形成具体危险，则应适用刑法典第 114 条，按照以危险方法危害公共安全罪定罪，并在“三年以上十年以下有期徒刑”范围内量刑；如果不具备具体危险，则应按照故意伤害罪作出处理。

第三，故意实施妨害安全驾驶行为造成轻微伤、多数人心理恐慌或单纯财物损失等后果的，可以适用本罪，在这种情况下一般不需要对妨害行为的危险相当性进行审查。与此同时，如果造成的财物损失达到故意毁坏财物罪的立案标准，可以按照该罪作出处理。

（三）驾驶人员的妨害行为与正当防卫的区分

在本罪立法过程中，有意见认为，刑法典第 133 条之二第 2 款的设置，可能会对驾驶人员的正当防卫权形成限制。笔者认为，事实上，无论本罪是否包含驾

① 陈兴良．公共安全犯罪的立法思路嬗变：以《刑法修正案（十一）》为视角．法学，2021（1）．

驶人员的妨害行为，其正当防卫权都会因其安全驾驶职责的存在受到一定影响。在《修十一》通过之后，应当立足刑法典和有关司法解释的内容，对二者的界限予以进一步明确。依据刑法典第 20 条之规定，成立正当防卫需要满足起因、时间、对象、意图和限度等五个方面的条件。与此同时，结合最高人民法院、最高人民检察院、公安部 2020 年 8 月 28 日联合发布的《关于依法适用正当防卫制度的指导意见》（以下简称《正当防卫指导意见》）对正当防卫制度作出的细化规定，对于驾驶人员是否成立正当防卫，可作如下明确和把握：

第一，就起因条件和对象条件而言，《正当防卫指导意见》指出："对于正在进行的拉拽方向盘、殴打司机等妨害安全驾驶、危害公共安全的违法犯罪行为，可以实行防卫。"据此，驾驶人员成立正当防卫在起因条件上并不限于他人实施了刑法典第 133 条之二第 1 款的行为，只要侵害人实施的行为妨害到公共交通工具的行驶安全，就应当肯定驾驶人员存在成立正当防卫的空间。此外，如果驾驶人员的行为仅针对侵害人，亦符合正当防卫的对象条件。

第二，就时间条件而言，《正当防卫指导意见》指出："对于不法侵害已经形成现实、紧迫危险的，应当认定为不法侵害已经开始；对于不法侵害虽然暂时中断或者被暂时制止，但不法侵害人仍有继续实施侵害的现实可能性的，应当认定为不法侵害仍在进行……对于不法侵害是否已经开始或者结束，应当立足防卫人在防卫时所处情境，按照社会公众的一般认知，依法作出合乎情理的判断，不能苛求防卫人。"一方面，驾驶人员成立正当防卫，不宜认为其遭受到袭击才是不法侵害的开始，只要侵害人处于可以随时发动袭击的距离范围内，并且其言语、动作等足以表明将要实施袭击行为，就应当认定不法侵害已经开始；另一方面，驾驶人员遭受的不法侵害是否结束需要综合判断，不宜认为只有在侵害人袭击的同时驾驶人员才能还击，侵害人使用暴力之后仍然处于可以随时发动袭击的距离范围内，而且其言语、动作等足以使驾驶人员相信其可能会继续袭击的，就应当认定不法侵害尚未结束。

第三，就意图条件而言，《正当防卫指导意见》指出："对于故意以语言、行为等挑动对方侵害自己再予以反击的防卫挑拨，不应认定为防卫行为"；区分防

卫行为与互殴“要坚持主客观相统一原则，通过综合考量案发起因、对冲突升级是否有过错……等客观情节，准确判断行为人的主观意图和行为性质”；此外，“因琐事发生争执，双方均不能保持克制而引发打斗，对于有过错的一方先动手且手段明显过激，或者一方先动手，在对方努力避免冲突的情况下仍继续侵害的，还击一方的行为一般应当认定为防卫行为”。据此，驾驶人员在对方侵害之前就通过语言、行为等挑衅的，不应认定其具有正当防卫的意图。需要注意的是，判断驾驶人员的回击行为属于互殴还是正当防卫，应当进行综合分析，但以下两点较为关键：一是驾驶人员是否存在引发冲突或使冲突升级的言语、行为；二是驾驶人员是否完全放弃正常驾驶公共交通工具的职责，即是否不管不顾自己的安全驾驶职责而回击对方。

第四，就限度条件而言，《正当防卫指导意见》指出：“认定防卫过当应当同时具备‘明显超过必要限度’和‘造成重大损害’两个条件”。前者要求应当“综合不法侵害的性质、手段、强度、危害程度和防卫的时机、手段、强度、损害后果等情节，考虑双方力量对比，立足防卫人防卫时所处情境，结合社会公众的一般认知作出判断”；后者是指“造成不法侵害人重伤、死亡”，“造成轻伤及以下损害的，不属于重大损害”。据此，判定驾驶人员的回击行为是否符合正当防卫的限度条件，首先，需要考虑侵害人袭击的方式、强度和周边环境等因素，这实际上也是对妨害行为的危险属性及其是否引发了不特定多数人重伤、死亡的具体危险的判断。其次，侵害人的袭击行为是否与放火等危险方法具有相当性，以及是否对公共安全形成具体危险，决定了驾驶人员的还击行为是否受到“重大损害”的限定，造成侵害人轻伤及以下损害的应当予以排除。如果侵害人的袭击行为构成以危险方法危害公共安全罪，即使造成侵害人重伤、死亡也可以成立特殊防卫。最后，在对驾驶人员的还击行为进行把握时，不能苛求其采取与袭击行为完全相当的反击方式和强度，因为对“必要限度”的判断不仅需要考虑驾驶人员自身的人身安全，还需要考虑与公共交通工具行驶安全相关的其他人员的人身安全。但在遭受袭击的情况下，驾驶人员不能以可能造成更严重侵害的手段进行回击，例如在能够采取紧急制动的情况下，却以开车撞击的方式阻止他人继续实施侵害。与此同时，驾驶人员的还击行为在一定程度上是对安全驾驶职责的放弃，尽管对公共交通工具行驶安全和其他人员的人身安全造成了一定威胁，但只要在程度上没有显著提升或者转化为现实结果，应尽量站在有利于驾驶人员的立场上进行判断。

## 五、结语

妨害安全驾驶罪的增设，是刑法立法及时回应社会关切、积极适应公众日益提升的安全感需求的显著体现。它实现了对妨害公共交通工具安全驾驶行为的专门规制，对于弱化以危险方法危害公共安全罪“口袋罪”的色彩具有积极意义。通过对妨害安全驾驶罪立法过程的考察，可以发现本罪中两类妨害情形的设计具有充分的现实基础与较强的可操作性；而“危及公共安全”的设置与轻缓的刑罚配置，则彰显了立法机关在扩张法网的同时保持的必要的谨慎与克制。通过对入刑规范的研析，可以明确在尊重条文基本含义的基础上，应适当提升有关概念的包容程度，以保证本罪规制范围与立法意图的契合；结合对“危及公共安全”的分析，将本罪定位为“准抽象危险犯”可以避免抽象危险犯机械性的“一律入罪”，又不像具体危险犯待到公共安全面临现实、紧迫威胁时刑法才能介入。通过对本罪司法适用的探讨，在罪与非罪界限上需着重把握妨害行为是否明显改变了公共交通工具正常行驶状态；以妨害行为造成何种结果为指引，结合对妨害行为危险相当性的审查，可以妥当划分本罪与以危险方法危害公共安全罪等罪的适用界限。驾驶人员殴打他人构成本罪还是成立正当防卫，应当结合具体情况对起因、时间、对象、意图、限度等条件进行把握。妨害安全驾驶罪的立法创制不久，对本罪内涵的正确阐述和本罪在司法中的妥当适用，还需要随着时间和实践的演进而不断深化。

# 第七编　反腐败刑法暨追逃追赃专题

# 当代中国腐败犯罪立法的检视与完善[*]

## 一、前言

当代中国腐败犯罪立法，是我国刑法针对滥用公共权力行为设置的一系列犯罪及其制裁规范，是中国特色反腐败法治体系的重要组成部分。“对权力腐败的治理和制度建设，不仅属于国家治理能力现代化的重要内容，而且也是党和国家不断自我净化、自我完善的法治保障。”① 党的十八大以来，以习近平同志为核心的党中央领导党和国家与腐败进行坚决斗争，通过依法公正审理和严格惩办腐败犯罪分子，取得了反腐败斗争的压倒性胜利。坚定不移深化反腐败斗争，不断实现不敢腐、不能腐、不想腐一体推进战略目标，对新时代反腐败刑事法治建设提出了更高要求。本文在梳理分析我国惩治腐败犯罪立法的演进及特点的基础上，检讨和反思腐败犯罪立法在规制范围和刑事制裁上存在的不足之处，并着眼

* 与詹奇玮博士合著，原载《河南师范大学学报（哲学社会科学版）》，2021（4）。

① 王建国，谷耿耿．新时代监察改革深化的法治逻辑．河南师范大学学报（哲学社会科学版），2020（2）．

于治腐效能的优化，探讨相关立法的修正与完善。

## 二、我国惩治腐败犯罪刑法立法的演进与特点

### （一）我国惩治腐败犯罪刑法立法的演进

新中国惩治腐败犯罪的刑法立法，起步于中央人民政府委员会 1952 年 4 月 21 日颁行的《中华人民共和国惩治贪污条例》，该条例以单行刑法的形式规定了贪污贿赂等犯罪的罪与刑。[①] 此后，1979 年刑法典规定了挪用特定款物罪、徇私舞弊罪、受贿罪、贪污罪等腐败个罪，推动了腐败犯罪罪名体系的初步形成。20 世纪 80 年代由全国人大常委会制定的《关于严惩严重破坏经济的罪犯的决定》（1982 年 3 月 8 日通过）和《关于惩治贪污罪贿赂罪的补充规定》（1988 年 1 月 21 日通过），以“具体数额为主、情节为辅”的模式构建了贪污受贿犯罪的定罪量刑标准，通过增设单位受贿罪、单位行贿罪、挪用公款罪、巨额财产来源不明罪和境外存款隐瞒不报罪等犯罪，扩张部分腐败个罪的行为主体和行为方式，调整贿赂犯罪的构成要件并提高其法定最高刑，等等，提升了惩治腐败犯罪立法的多样性、科学性和严厉性。1997 年全面修订的刑法典，通过在分则专设“贪污贿赂罪”一章，增设对单位行贿罪、私分国有资产罪和私分罚没财物罪等腐败个罪，设置多种徇私型腐败犯罪，调整贪污受贿犯罪起刑数额标准，等等，使惩治腐败犯罪立法的体系性显著提升，并进一步扩大了规制范围，丰富了惩治手段。

1997 年刑法典修订以来，全国人大常委会以刑法修正案和刑法解释的方式，陆续对惩治腐败犯罪的立法作出了一系列修改和补充：（1）1999 年 12 月 25 日通过的第一个《刑法修正案》，将徇私舞弊造成破产、亏损罪分立为国有公司、企业、事业单位人员失职罪和国有公司、企业、事业单位人员滥用职权罪，并将“徇私舞弊”作为两罪从重处罚的情形。（2）2000 年 4 月 29 日通过的《关于〈中

---

① 高铭暄，赵秉志．新中国刑法立法文献资料总览．2 版．北京：中国人民公安大学出版社，2015：62－63．

华人民共和国刑法〉第九十三条第二款的解释》，针对村基层组织人员腐败现象，将协助人民政府从事有关行政管理工作的村基层组织人员明确为“其他依照法律从事公务的人员”，并规定其有关腐败行为适用刑法典分则第八章的腐败罪名。(3) 2002 年 4 月 28 日通过的《关于〈中华人民共和国刑法〉第三百八十四条第一款的解释》，对挪用公款罪中的挪用公款“归个人使用”作出了更具体的解释。(4) 2002 年 12 月 28 日通过的《关于〈中华人民共和国刑法〉第九章渎职罪主体适用问题的解释》扩大了徇私型渎职犯罪的主体适用范围。(5) 2006 年 6 月 29 日通过的《刑法修正案（六）》，将贪污贿赂犯罪纳入洗钱罪的上游犯罪范围，同时增设了枉法仲裁罪。(6) 2009 年 2 月 28 日通过的《刑法修正案（七）》增设了利用影响力受贿罪，并将巨额财产来源不明罪的法定最高刑提升至 10 年有期徒刑。(7) 党的十八大之后，为了配合大力开展的反腐败斗争，全国人大常委会 2015 年 8 月 29 日通过的《刑法修正案（九）》更是将惩治腐败犯罪作为修法重点予以修改完善，包括：将“概括数额或情节”确立为贪污受贿犯罪的定罪量刑标准，将贪污罪、受贿罪这两种严重腐败犯罪的法定刑最高档调整为相对确定的死刑，对贪污受贿犯罪增加从宽处罚的规定，增设不得减刑、假释的终身监禁制度，对行贿罪增加罚金刑并进一步限制从宽处罚条件，增设对有影响力的人行贿罪，等等。

### （二）我国惩治腐败犯罪刑法立法的特点

数十年的相关立法演进历程表明，我国惩治腐败犯罪立法积极因应时代需求，适时增加罪名并扩张规制范围，在保证制裁力度的同时，推动刑罚适应惩治不同类型腐败犯罪的需求。及至目前，总体呈现“规制范围较为周全和广泛”及“刑事制裁相对完备且较为严厉”两大特点。

#### 1. 规制范围较为周全和广泛

从我国现行刑法对腐败行为的规制类型来看，相关罪名形成了比较周全的罪名体系。这些罪名大致可以分为以下四类：(1) 以权谋私型腐败犯罪，即利用公权力侵占、挪用公共财物或谋取利益的行为，如贪污罪、巨额财产来源不明罪、私分国有资产罪、私分罚没财物罪、挪用公款罪、挪用特定款物罪、非法经营同


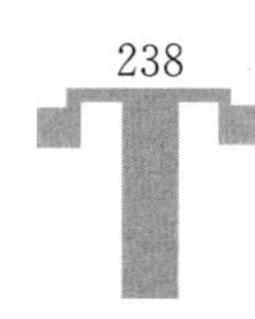

类营业罪和为亲友非法牟利罪等。(2) 权钱交易型腐败犯罪，即谋取不正当利益的权钱交易行为，包括受贿犯罪、行贿犯罪和撮合行贿与受贿的介绍贿赂罪。(3) 徇私舞弊型腐败犯罪，即为了私情、私利而渎职的行为，这种类型的腐败犯罪主要集中于刑法典分则第九章的“渎职罪”，也有少数分布在分则第三章和第七章中，其显著特点是将“徇私”或“徇私舞弊”作为相关犯罪的成立要素或加重情节。(4) 关联型腐败犯罪，即与对腐败犯罪的赃物处置等有关的犯罪，包括隐瞒境外存款罪和洗钱罪等。

从我国现行刑法对腐败行为主体的规制来看，对腐败行为主体的规制形成了较为广泛的规制格局：(1) 将国家工作人员作为犯罪主体的核心范畴。国家工作人员以“从事公务”为本质特征，包括国家机关工作人员、准国家工作人员（国有公司、企业、事业单位、人民团体中从事公务的人员，或者国家机关、国有公司、企业、事业单位委派到非国有公司、企业、事业单位、社会团体从事公务的人员）和其他依照法律从事公务的人员，这样的规定保证了贪污犯罪、挪用犯罪和贿赂犯罪适用主体范围的广泛性。(2) 在国家工作人员的基础上，为专门惩治某些领域的腐败行为，设置了针对特定主体的腐败犯罪。例如，徇私枉法和徇私舞弊减刑、假释、暂予监外执行等犯罪的行为主体为司法工作人员，非法批准征收、征用、占用土地和非法低价出让国有土地使用权等犯罪的行为主体是国家机关工作人员，徇私舞弊不移交刑事案件罪的行为主体是行政执法人员，徇私舞弊不征、少征税款罪的行为主体是税务机关工作人员，徇私舞弊低价折股、出售国有资产和为亲友非法牟利等犯罪的行为主体是国有公司、企业、事业单位工作人员。(3) 形成了“自然人＋单位”的二元主体格局。《关于惩治贪污罪贿赂罪的补充规定》改变了腐败犯罪只能由自然人实施的状况，伴随着刑法对腐败犯罪规制范围不断扩张，单位犯罪在贪污贿赂犯罪中占据了一定的比例，腐败犯罪主体的广泛性得到进一步强化。

2. 刑事制裁相对完备且较为严厉

从定罪量刑标准来看，基于不同类型犯罪的具体特点，腐败犯罪立法围绕犯罪数额、犯罪情节和犯罪结果等因素构建其刑事责任的综合评价体系：(1) 贪污罪和受贿罪的标准在《刑法修正案（九）》之前表现为“具体数额为主、情节为辅”，之后表现为“概括数额与情节并立”；挪用公款罪的标准不仅考虑挪用的数额，还要考虑挪用的用途。(2) 行贿犯罪和徇私舞弊型腐败犯罪的标准主要考虑情节严重程度和国家利益受损程度，而挪用特定款物罪的标准既考虑情节也考虑犯罪后果。(3) 将犯罪数额单独作为定罪量刑标准，如巨额财产来源不明罪的标准是财产、支出与合法收入之间的差额，隐瞒境外存款罪、私分国有资产罪和私分罚没财物罪的标准是隐瞒或私分的数额。与此同时，腐败犯罪立法还注重将腐败个罪的法定刑划分为多个档次，以使刑罚与不同危害情形和危害程度的腐败犯罪相适应。

从刑罚严厉程度来看，我国刑法针对腐败犯罪的制裁整体表现为“偏向从严”的立场：(1) 监禁刑在腐败犯罪的刑罚设置中占据绝对比例，而且公权力领域的反腐败刑罚较之私权领域的反腐败刑罚更为严厉。例如，针对公权力的贪污、贿赂、挪用公款等罪的法定刑，在整体上要明显重于行为方式基本相同的职务侵占、商业贿赂、挪用资金等私权领域的腐败犯罪的法定刑。又如，有的徇私舞弊型腐败犯罪只针对公权力领域，而私营部门中的类似情形并不触犯刑法。(2) 贪污罪和受贿罪长期保留死刑刑种的配置和适用。贪污罪和受贿罪这两种严重的腐败犯罪在本质上属于经济性、非暴力犯罪，与严重的暴力犯罪有本质区别，其社会危害性与死刑对生命的剥夺并不具有均衡性和对等性。① 但是，我国现阶段的刑法为了彰显对严重腐败犯罪的严惩态度，在对特别重大的贪污罪适用死刑的基础上，进一步将特别重大的受贿罪纳入适用死刑的范围。(3) 财产刑占据一定比例且往往与监禁刑同时适用，这种刑罚主要应用于贪污贿赂犯罪，而且基本与监禁刑配套使用。(4) 惩治腐败犯罪的刑罚严厉程度通过修法活动不断加强，如提高巨额财产来源不明罪的法定最高刑，对特重大贪污贿赂犯罪的死缓犯设置不得减刑、假释的终身监禁制度，严格对行贿罪从宽处罚的条件，等等。

---

① 赵秉志. 论中国贪污受贿犯罪死刑的立法控制及其废止：以《刑法修正案（九）》为视角. 现代法学，2016 (1).

## 三、我国腐败犯罪规制范围的检视与修正

### （一）腐败犯罪的规制范围尚有缺漏

刑法修法不断增设腐败个罪，推动了反腐败刑法规制范围整体持续扩张。然而，针对部分腐败犯罪成立而设置的限制条件，却不适当地缩小了个罪的规制范围，进而在整体上造成腐败犯罪的规制法网“广而不密”。这不仅降低了反腐败刑法的震慑效应和腐败分子的触罪风险，也在一定程度上增加了腐败犯罪案件的侦破难度。

1. 挪用公款罪的犯罪对象和行为主体方面的问题

一方面，挪用公款罪的犯罪对象仅限于“公款”。依据刑法典第 384 条的规定，挪用公款罪的犯罪对象以“公款”为核心，只有在国家工作人员挪用特定款物，或者其被委派到非国有单位、金融机构的情况下，才会涉及对“公物”和“非公共款项”的保护。[①] 但是，“公物”与“公款”在本质上都属于公共财产，而且我国刑法理论的通说也认为挪用公款罪侵犯了“国家工作人员的廉洁性和公共财产的占有、使用、收益权”[②]，那么将挪用犯罪的对象仅限于“公款”的立法安排，显然不利于实现对公共财产的全面保护。

另一方面，单位主体不能构成挪用公款罪。按照刑法典的规定，挪用公款罪只能由作为自然人的国家工作人员实施，而单位实施的挪用行为被排除在外。国家工作人员与公款之间形成的支配、管理关系，来源于法律法规赋予单位的公权力，而单位也只是公权力的行使载体，其存在意义是促进公共利益的实现，并非像私营部门那样促进自我利益的增长。然而，单位私自挪用公款设置“小金库”，或者改变公款用途进行借贷、投资、炒股等“创收”活动，在现实中并不罕见；

---

① 事实上，挪用公物归个人使用情节严重，需要追究刑事责任的，可将公物折价按照挪用公款罪处罚，这在 1997 年刑法典修订之前曾是司法机关长期沿用的做法。为了突出挪用公款罪的打击重点，刑法典在 1997 年修订后未对非特定公物再作专门规定。

② 高铭暄，马克昌. 刑法学. 9 版. 北京：北京大学出版社，高等教育出版社，2019：626.

而且，单位挪用公款体现的是单位意志，其挪用的数额往往不亚于甚至常常大于个人挪用的数额。最重要的是，单位挪用公款的目的在于单位自身的小团体利益，这种自益性与其行使公权力的公益性形成了根本冲突。但是，由于单位挪用公款并不会造成公款落入个人“腰包”，以往人们对其现实危害缺乏足够重视，即使查处也往往只给予相关人员党纪政务处分。

2. 浪费行为没有得到专门规制

相比于贪污挪用行为，虽然浪费行为没有将公共财物占为己有或挪作他用，但是在公务活动中违反财经规定和纪律超标开支和铺张挥霍，利用国家资财满足个人或小团体私欲，同样也是对公权力的滥用。这种行为通常打着“公务活动”的旗号实施，以消费的形式将合理支出与不合理支出混在一起，它不仅造成公共财物的永久性损失，而且极大地助长了奢侈腐化的社会歪风。毛泽东曾指出，“贪污和浪费是极大的犯罪”①。习近平总书记曾专门作出批示：“广大干部群众对餐饮浪费等各种浪费行为特别是公款浪费行为反映强烈。……各种浪费现象的严重存在令人十分痛心。浪费之风务必狠刹!”② 在革命战争时期和新中国成立初期，党和国家就已经注重运用刑事手段惩办严重的浪费行为。③ 就当前而言，《中国共产党纪律处分条例》和《监察法》也均将“浪费国家资财”明确规定为腐败行为。在此基础上，中央纪委和国家监察委 2018 年 4 月 16 日发布的《国家监察委员会管辖规定（试行）》第 18 条第 2 款规定：“公职人员违反科学决策、民主决策、依法决策程序，违反财经制度，浪费国家资财构成犯罪的，适用贪污罪、徇私舞弊低价折股出售国有资产罪等规定。”然而，浪费国家资财行为与贪污贿赂两种腐败犯罪及其他腐败个罪的构成要件并非严密契合，因此，我们难以

---

① 毛泽东选集：第 1 卷. 2 版. 北京：人民出版社，1991：134.

② 中共中央文献研究室. 十八大以来重要文献选编：上. 北京：中央文献出版社，2014：119.

③ 中华苏维埃共和国中央执行委员会 1933 年 12 月 15 日颁布的《第二十六号训令——关于惩治贪污浪费行为》和陕甘宁边区政府 1938 年 8 月 15 日公布的《陕甘宁边区政府惩治贪污暂行条例》，分别将浪费公款和浪费公有财物规定为犯罪行为。为了巩固“三反”运动的成果，政务院 1952 年 3 月 11 日公布了《中央节约检查委员会关于处理贪污、浪费及克服官僚主义错误的若干规定》，比较细致地规定了个人、集体和业务上的浪费行为，并根据情节可“酌予刑事处分”。

借此对公款浪费行为进行有效的刑事规制。

3. 贿赂犯罪的“财物”和“谋取利益”方面的问题

（1）贿赂犯罪的贿赂内容仅限于“财物”。我国刑法将贿赂犯罪的行为对象均限定为“财物”，这在很大程度上限缩了此类犯罪的规制范围。“财物”的内容包括金钱和财物，主要以有形物的形式存在，将其作为贿赂内容的优点是便于从数额上计算价值，在司法实务中容易操作。但是，“财物”是否可以包括“财产性利益”尚有争议，更难以包括“非财产性利益”。有观点认为，将财产性利益解释为财物，不仅没有彻底解决刑法中的财产性利益问题，反而导致许多新问题产生，其原因就在于这种解释结论违反了罪刑法定原则，属于刑法禁止的类推解释。① 在笔者看来，虽然贿赂犯罪目前仍然多以财物作为与公权力进行交易的载体或工具，但是其并非唯一的载体或工具。一切不正当的好处皆有作为与权力交易工具的可能，而无论以财物还是以其他利益作为收买的方式，均侵犯了公职人员职务行为的不可收买性。随着反腐败力度的增大和科学技术的进步，贿赂犯罪的隐蔽性和智能性会更加突出，如果仍将犯罪对象限定于“财物”，很可能会造成放纵新型贿赂犯罪的情况。

（2）贿赂犯罪的“谋取利益”设置不当。“谋取利益”是刑法为贿赂犯罪设置的特别要素，具体包括受贿犯罪的“为他人谋取利益”“为请托人谋取不正当利益”和行贿犯罪的“为谋取不正当利益”。前者旨在表明国家工作人员收受财物与其职务行为之间具有对价关系②，而将“感情投资”和亲友馈赠排除在外③；后者主要考虑当事人在不得已的情况下去行贿，没有谋取不正当利益的，作为犯罪处理不符合我国实际情况。④ 上述考虑虽然具有一定的合理性，但是减损了贿赂犯罪法网的严密性。

就受贿犯罪而言，“一事一贿”固然是最典型的模式，但对受贿人输送利益

① 陈烨. 财产性利益与罪刑法定问题. 上海交通大学学报（哲学社会科学版），2013（5）.

② 张明楷. 刑法学. 5版. 北京：法律出版社，2016：1207.

③ 熊选国，苗有水. 如何把握受贿罪构成要件之“为他人谋取利益”?. 人民法院报，2005-07-06.

④ 黄太云.《刑法修正案（六）》的理解与适用（下）. 人民检察，2006（15）.

的方式绝不限于此。在现实中，如果贿赂双方没有基于一定时间的交往并以此建立信任，受贿人往往不会贸然接受贿赂。诸如“感情投资”“放长线钓大鱼”的“围猎”形式更加隐蔽，也是贿赂双方建立信任的途径，在这种情况下受贿人职务行为的廉洁性和公正性同样会受到侵犯。然而，基于“为他人谋取利益”的要求，认定受贿犯罪需要同时考察受贿人是否接受了利益和是否为他人谋取了利益，以及接受利益与谋取利益之间是否存在联系。如果行贿方在输送利益时没有明确提出请托事项，或者受贿人利用职权为他人“办事”后在较长的时间内并未立即要求兑现利益，则这些行为难以得到充分而准确的刑法评价。有观点主张将该要素理解为受贿罪客观方面的要素，即在收受他人财物后还需实施为他人谋取利益的行为①，但这容易使“只收钱没办事”成为有力的无罪辩护理由。也有观点认为可将其理解为主观方面的要素，但在追诉过程中还需要提供相互印证的证据，证明难度仍然较大。所以，不论对其作主观理解还是作客观解读，都可能导致处罚的不周延。② 此外，受贿罪和利用影响力受贿罪要求为请托人谋取的是“不正当”利益，而单位受贿罪要求“为他人谋取利益”，这种区别对待也表明对几种受贿犯罪之间的规制力度不均。

就行贿犯罪而言，设置“为谋取不正当利益”的条件的主要问题在于：首先，对手段的评价并不完全等同于对结果的评价，即行贿人谋取的利益是否正当，并不影响其“收买”国家工作人员的行为性质。“行为人为了谋取某种利益而采用贿赂这样的不正当手段时，就已经是一种程序性瑕疵。”③ 其次，“不正当”的具体内涵较难把握，因为用以评价利益是否“正当”的法律法规、政策规章，也具有一定的抽象性，在评价过程中仍然需要结合行贿人的具体情况进行判断。如果行贿人自身满足获得某种利益的条件，便难以认定其获取的是不正当利益。最后，受贿罪的“为他人谋取利益”与行贿罪的“为谋取不正当利益”并不

---

① 孙国祥，魏昌东．反腐败国际公约与贪污贿赂犯罪立法研究．北京：法律出版社，2011：436.

② 夏伟．宽严相济刑事政策视野下贿赂犯罪的处罚边界．河南大学学报（社会科学版），2018（4）.

③ 苏彩霞，胡陆生，蒋建宇．《联合国反腐败公约》与我国刑事法的协调完善．长春：吉林大学出版社，2008：87.

具有对称性，即为谋取正当利益的行贿人不构成犯罪，但此时受贿人可以构成犯罪，然而现实中受贿多由行贿引发，这种制度安排不利于抑制行贿行为。

4. 巨额财产来源不明罪的规定限制了刑事推定的适用

腐败犯罪，尤其是贿赂犯罪通常具有隐蔽性和复杂性，即往往发生在“一对一”的场合。这种特点不仅导致取证难度较大且证据不够稳定，而且需要从贿赂双方分别获取的证据相互印证。在腐败犯罪中适用刑事推定的意义在于：在控方提供证据证明基础事实的基础上，可以推定相关犯罪构成要件的事实存在，如果被控方没有提出反驳或反驳不能成立，推定的内容就可以作为支持控方的证据被采用，即可以减轻控方证据收集负担，提高诉讼效率，节约司法资源。虽然我国刑法典通过增设巨额财产来源不明罪确立了对腐败分子非法所得的推定规则，但是这种以专门罪名确立的刑事推定模式，限制了刑事推定的推广运用。具体而言，该罪主要针对行为人拥有不合理的财产或支出，并且无法取得确切证据证明财产或支出是由实施贪污、贿赂等腐败犯罪所得的情况，即“国家工作人员的财产或者支出明显超过合法收入且差额巨大”与“非法所得”之间具有常态联系。[①] 也就是说，该罪的推定事实是行为人实施某种行为的结果，并不能借此推断行为人实施的是何种行为及其主观内容。[②] 所以，刑事推定在实体层面的适用范围和适用对象相当有限。此外，相较于实体性规则已经有所运用，腐败犯罪刑事推定的程序性规则尚付阙如。[③] 由于巨额财产来源不明罪与其他腐败犯罪彼此都是独立罪名，在追诉时必然要面临罪与罪的选择，刑事推定在实体层面的局限和程序层面的缺失，在司法实践中会导致为了追求效率而放弃对犯罪按照证明要求较高的罪名进行追诉，径直按照巨额财产来源不明罪进行处罚的情况。

---

① 彭新林. 腐败犯罪刑事推定若干问题研究. 法学杂志，2015（3）.

② 最高人民法院1998年4月29日公布的《关于审理挪用公款案件具体应用法律若干问题的解释》第6条规定：“携带挪用的公款潜逃的，依照刑法第三百八十二条、第三百八十三条的规定定罪处罚。”这是司法机关对转化型贪污罪的“非法占有目的”的推定，属于腐败犯罪主观要素的推定规则，但是它并不是由法律设置的。

③ 赵秉志. 中国反腐败刑事法治的若干重大现实问题研究. 法学评论，2014（3）.

（二）需要提升规制范围的严密程度

为了改变腐败犯罪的规制法网“广而不密”的局面，提升刑法应对新型腐败的隐蔽性、迷惑性、期权性的能力[①]，未来有必要对相关犯罪作出修正，进一步增强腐败犯罪立法规制的严密性。

1. 拓展挪用公款罪的行为主体和犯罪对象

一方面，可以考虑在挪用公款罪中摒弃以“国家工作人员”的身份确定行为主体的模式，而代之以是否“履行公务”的判断模式，从而实现对该罪行为主体的拓展，同时将单位纳入挪用公款罪的行为主体中，避免将对单位实施挪用公款行为的处罚降格为党纪政务处分。另一方面，应当拓展挪用公款罪的犯罪对象。对此，可以分两个阶段进行，即：前期可以将挪用公款罪的犯罪对象与贪污罪的犯罪对象保持一致，使挪用公款事实上成为“挪用公共财物”；后期则可借鉴《联合国反腐败公约》第三章第 17 条中的公职人员贪污、挪用或者以其他类似方式侵犯其因职务而受托的财产的规定，将“因职务而受托的任何财产、公共资金、私人资金、公共证券、私人证券或者其他任何贵重物品”确定为挪用公款罪的犯罪对象。

2. 推动将浪费国家资财的行为设立成罪

公款吃喝、因公浪费的本质是对公共财产的侵占，这种滥用权力的行为侵犯了公共财产权益和权力行使的正当性、合法性。[②] 推动全社会多方位厉行节约反对浪费，必须由党政机关率先垂范。目前，《中国共产党纪律处分条例》（以下简称《条例》）、《监察法》和《公职人员政务处分法》均将浪费行为纳入规制范围。基于“纪—法—刑”在规制内容上的一致性的考虑，也有必要将严重浪费国家资财的行为设立成罪，填补反腐刑事法网的“漏洞”，为公权力机关财务预算管理的规范化、透明化提供有力保障。

3. 调整贿赂犯罪的“财物”和“谋取利益”的规定

其一，应当借鉴《联合国反腐败公约》第 15 条关于“贿赂本国公职人员”

---

① 庄德水. 新型腐败的发生特点和整治策略. 中国党政干部论坛，2021 (3).

② 徐爱国，潘程. 中国反浪费法的法理基础和法律设计. 河南财经政法大学学报，2018 (2).

的规定，将我国贿赂犯罪中的“财物”扩展为“不正当好处”，以使其涵盖“财产性利益”和“非财产性利益”。

其二，鉴于直接删去受贿犯罪“为他人谋取利益”要素有矫枉过正之嫌，在删去“为他人谋取利益”的同时，可以考虑借鉴《条例》第88条中“收受可能影响公正执行公务”的表述①，并规定只要受贿者明知有请托事项，或者与行贿者之间存在监督制约关系，或者作出了为行贿者谋取利益的承诺，就可以认定“可能对职务履行产生影响”。

其三，应将行贿犯罪中的“为谋取不正当利益”调整为“为谋取利益”，在适当扩充规制范围的同时降低实务认定难度。

4. 改善和扩大腐败犯罪刑事推定的适用

一方面，对巨额财产来源不明罪进行调整，适度提高该罪的法定刑，以缩小其与其他腐败个罪之间的处罚差距，对“可以责令该国家工作人员说明来源”的场合作出限定，以确保其他腐败犯罪的优先适用。

另一方面，适度扩大推定和举证责任倒置的适用范围②，对腐败犯罪中某些确实难以证明的主观构成要素，如以非法占有为目的、故意、明知等要素，可以根据实际情况实行刑事推定。

## 四、我国腐败犯罪刑事制裁的反思与优化

### （一）关于腐败犯罪的刑罚配置

1. 对刑罚配置失调问题的系统性认识

其一，关于贪污罪与受贿罪的异罪同罚问题。贪污罪表现为国家工作人员自

---

① 《中国共产党纪律处分条例》第88条规定：“收受可能影响公正执行公务的礼品、礼金、消费卡和有价证券、股权、其他金融产品等财物，情节较轻的，给予警告或者严重警告处分；情节较重的，给予撤销党内职务或者留党察看处分；情节严重的，给予开除党籍处分。收受其他明显超出正常礼尚往来的财物的，依照前款规定处理。”

② 赵秉志. 中国反腐败刑事法治的若干重大现实问题研究. 法学评论，2014（3）.

发地、单方面地、积极地图谋不法利益[①]，其本质在于为了个人利益而直接侵蚀公职权益，是对自身职权及其管控利益的直接侵犯。[②] 贪污罪主要调整国家工作人员与“公权”“公财”的关系。受贿罪是一种非法交易的行为，表现为国家工作人员违背使用公权力的应有目的，以掌握的权力作为“商品”与行贿人进行交换而获益。受贿罪主要调整国家工作人员与普通公民之间的关系。因此，贪污数额在很大程度上就是贪污罪社会危害性的集中体现，而受贿罪则需要根据受贿的数额、情节、危害后果以及受贿者渎职的程度等因素综合判断。[③] 贪污罪与受贿罪异罪同罚的规定显然有违罪责刑相适应的原则。在司法实务中，运用刑法典第383条中的定罪量刑标准，需要兼顾考虑两罪情况，从而时常形成“数额”与“情节”之间难以调和的紧张关系。

其二，关于受贿犯罪之间的处罚失调问题。以行为主体为划分标准，我国刑法典中的腐败犯罪立法设置了受贿罪、单位受贿罪和利用影响力受贿罪三种受贿犯罪。由于受贿罪与贪污罪适用同一法定刑，所以受贿罪的法定刑在三种受贿犯罪中最为严厉且可适用死刑；利用影响力受贿罪的最低档法定刑虽与受贿罪的最低档法定刑相同，但随着量刑档次的提升，前者的处罚力度逐渐明显轻于后者；单位受贿罪的法定刑最为轻缓且仅有一个量刑档次，最高可判处5年有期徒刑。基于上述对比，单位受贿罪相对轻缓的法定刑，表明“单位意志”的主观意识和“单位获益”的犯罪后果对该罪的处罚力度影响显著，具有一定的“法不责众”色彩。在司法实践中，对单位受贿案件的涉案人员大量适用缓刑或者免予刑事处罚，量刑畸轻，这使得很多腐败分子假借“单位”名义，以集体受益的形式通过

---

① 陈俊秀. 贪污罪和受贿罪法定刑并轨制的法治逻辑悖论：基于2017年公布的2097份刑事判决书的法律表达. 北京社会科学，2019（4）.

② 刘志伟，尤广宇. 超越“回应性”立法：中国腐败犯罪刑法立法体系发展70年之检视与完善. 华南师范大学学报（社会科学版），2020（1）.

③ 在“严打”刑事政策的指导下，为了加大对受贿罪惩罚的力度，1982年颁布的《关于严惩严重破坏经济的罪犯的决定》作出两罪适用同一法定刑的立法安排，这一立法安排为此后1997年修订的刑法典所沿袭。

犯罪手段获益，却未受到应有的制裁，不利于刑法发挥预防受贿犯罪的作用。① 另外，利用影响力受贿罪虽然将“离职的国家工作人员”纳入规制范围，扩充了贿赂犯罪的主体范围，但其整体较轻的法定刑指引腐败官员利用“特定关系人”来经手受贿，或者“任上办事，退休收钱”，以此来实现“平稳着陆”并规避更重的惩罚。

其三，关于行贿犯罪之间的处罚失调问题。对有影响力的人行贿罪关注的是“核心权力的周边行为”，这与行贿罪直接针对的是“权—利交易”有着根本不同，两罪的法定刑有所区别尚有一定合理性。② 但是，“单位”因素对处罚均衡性的影响依然比较突出：(1) 在单位作为行贿主体的情况下，单位行贿罪的法定最高刑为5年有期徒刑（自然人实施的行贿犯罪最高可判处无期徒刑），单位对单位、单位对有影响力的人行贿的法定最高刑为3年有期徒刑（自然人对单位、自然人对有影响力的人行贿的法定最高刑分别为3年和10年有期徒刑）。(2) 在单位作为行贿对象的情况下，向自然人行贿的普通行贿罪（其法定最高刑为无期徒刑）与向单位行贿的对单位行贿罪（其法定最高刑为3年有期徒刑）二者的处罚标准悬殊。由此可见，行贿犯罪内部的同罪异罚现象，导致了单位主体行贿和向单位行贿的犯罪成本较低。

其四，关于贪污罪与私分型腐败犯罪之间的处罚失调问题。私分型腐败犯罪（私分国有资产罪和私分罚没财物罪）都是以单位名义实施，将国有财产私分给个人的腐败行为。事实上，这两种犯罪实质上是由单位实施的贪污行为，造成的危害后果与贪污罪并没有本质的区别。但是，私分型腐败犯罪的刑罚在整体上显著低于自然人实施的贪污罪。有观点指出，这是由于私分型腐败犯罪的集体参与性，使得个别行为人责任的分配减少，处罚随之降低。③ 但是，这种集体参与性

---

① 温登平. 单位受贿犯罪处罚畸轻的原因及对策：兼论罪刑相适应原则在司法实践中的贯彻. 山东警察学院学报，2016 (4).

② 徐永伟. 对有影响力的人行贿罪的增设对行贿罪认定的影响. 四川警察学院学报，2017 (4).

③ 陈文昊. 私分国有资产罪与贪污罪的罪质与区分：从责任分配的视角. 山东青年政治学院学报，2017 (3).

所表现出的单位整体意志，是基于单位负责人或领导班子集体决策而形成的，由此衍生的“领导吃肉，职工喝汤”的分配方式，使得决策主体得以规避更高的刑事制裁风险。而且，私分型腐败犯罪实行“代罚制”，即不对单位处以罚金，只处罚直接负责的主管人员和其他直接责任人员，导致并没有令单位“分摊”刑事责任的状况。因此，贪污罪与私分型腐败犯罪悬殊的法定刑配置，也在一定程度上体现了“法不责众”的观念。

其五，关于徇私型渎职犯罪没有充分彰显腐败性质。与一般渎职犯罪相比，徇私型渎职犯罪并非单纯的滥用职权或玩忽职守，其在主观上基于个人私情、私利的考虑，即为徇个人私利或者亲友私情，从个人利益出发而置国家利益于不顾，主观恶性更为严重。[①] 与贪污贿赂犯罪相比，此类犯罪所徇之利、之情，既可以包括社会交往中的“面子”“关系”等人情世故中不可量化的利益，也可以包括财物等可以量化的利益。在徇私型渎职犯罪中，只有个别罪名将“徇私”情节作为刑罚加重情节，其他则直接将其作为犯罪成立条件。[②] 如果行为人是基于可量化的利益实施此类渎职犯罪，其行为可能同时触犯受贿罪和渎职罪两类罪名，面临的制裁后果将是数罪并罚；然而，如果行为人是基于不可量化的利益实施此类渎职犯罪，其行为只会触犯徇私型渎职犯罪，所面临的制裁后果整体上轻于数罪并罚的情形。

2. 推动刑罚配置系统的均衡协调

为了改善腐败犯罪刑罚配置的轻重失衡问题，在不同类型腐败犯罪内部，需要立足行为方式、行为主体等因素对腐败个罪的刑罚配置进行调适，以密切相同类型腐败犯罪在处罚力度上的关联程度，从而在整体上提升此类犯罪刑罚配置的系统性与均衡性。

---

① 郎胜．中华人民共和国刑法释义．6版．北京：法律出版社，2015：682-683.

② 如徇私舞弊低价折股、出售国有资产罪，接送不合格兵员罪，徇私舞弊减刑、假释、暂予监外执行罪，徇私舞弊不移交刑事案件罪，滥用管理公司、证券职权罪，徇私舞弊不征、少征税款罪，徇私舞弊发售发票、抵扣税款、出口退税罪，违法提供出口退税证罪等罪名，都将“徇私舞弊”作为犯罪成立的必备要件。

其一，对贪污罪与受贿罪分别配置法定刑。异罪同罚的立法模式须以不同罪名的实质内容具有同罪特征为前提，受贿罪比照贪污罪处罚造成了异罪同罚的失当局面。[①] 按照不同情节对受贿罪定罪量刑的立法缺失，导致司法解释对情节的解释具有任意性与混乱性，而情节要素的冗杂、抽象，反而使可以具体量化的数额发挥了主导作用，造成情节所应当具备的独立评价意义被搁置。[②] 两罪适用同一法定刑的立法安排，体现了浓厚的政策考量，缺乏基于罪责适应与刑罚目的的理论支撑。因此，有必要为受贿罪单独配置法定刑，弱化“数额”对受贿罪的定罪量刑意义，以对职务行为的不可收买性和公正性的侵犯程度构建刑罚档次，将“为他人谋取利益”的情况由犯罪成立层面调整至刑罚裁量层面。

其二，缩小贪污罪与私分型腐败犯罪之间的处罚差距。由于贪污罪与私分型腐败犯罪都具备侵犯财产的性质，所以在法定刑配置上应当考虑二者具有一定的可参照性。但是，我国刑法典中私分型腐败犯罪的法定刑（包括入罪标准）远轻于贪污罪，这就导致对前者难以实现预期的规制效果，因而有必要参照贪污罪标准，对私分型腐败犯罪适当降低入罪门槛、合理加大处罚力度，以缩小两者之间的制裁力度。

其三，加大对单位受贿罪和利用影响力受贿罪的惩罚力度。如前所述，虽然受贿罪、单位受贿罪和利用影响力受贿罪在本质上都是受贿犯罪，但是三者在法定刑设置上欠缺相关性，而且在处罚程度上悬殊。为了进一步实现对受贿犯罪的公正规制和充分预防，应参照受贿罪的法定刑配置，适当加大对单位受贿罪和利用影响力受贿罪的惩罚力度，从而缩小这三种受贿犯罪在定罪量刑上的差距。

其四，削弱“单位”因素对行贿犯罪处罚的影响。目前，“单位”因素对行贿犯罪刑罚配置的影响，在于其显著降低了处罚单位行贿和向单位行贿的力度。犯罪对象的不同导致实质层面上罪刑不相称的积弊，有违罪责刑相适应的刑法基本原则，有悖我国反腐刑事政策中的“零容忍”要求。而且，囿于单位中相关负

① 张金钢. 受贿罪罪刑配置问题之反思与消解. 政治与法律，2019（9）.
② 徐永伟，王磊. 受贿罪之刑罚配置：现实症结、理念省思与体系重塑. 湖南社会科学，2019（6）.

责人的个人责任，弱化了刑法的积极治理功能，在很大程度上会减损预防腐败犯罪的效果。[①] 为了改善多种行贿犯罪之间罪刑不均衡的状况，单位行贿罪和对单位行贿罪的法定刑可以参照行贿罪的法定刑予以适当提升。

其五，将"徇私"情节作为专门的刑罚加重情节。虽然徇私型渎职犯罪在本质上就是一种渎职行为，但由于其同时具备"徇私"性质，因而也属于腐败犯罪，即徇私型渎职犯罪兼具"渎职"与"腐败"两种属性。但是，我国刑法典中将"徇私"作为此类犯罪的成立要件，既造成了对不具有徇私情节的渎职行为的放纵，也没有基于徇私型渎职犯罪的双重性质作出更重的刑罚配置。因此，有必要厘清徇私型渎职罪与无徇私情形的渎职罪之间的罪刑关系，考虑在去除渎职犯罪成立条件中的"徇私"情节的基础上，将"徇私"情节作为专门的刑罚加重情节。

### （二）关于腐败犯罪的刑种设置

#### 1. 现有刑种设置偏重人身性质

腐败犯罪的刑种设置偏重人身性质，首先表现为刑法为腐败犯罪设置的刑罚以限制、剥夺人身自由或生命为主。在此基础上，刑法修法活动不断提升对具体腐败犯罪的处罚强度，进一步在刑种设置上强化了这种倾向。此外，财产刑的有限适用和资格刑的配置缺失，阻碍了这两种刑罚的积极意义的充分"释放"，削弱了刑事制裁对腐败犯罪的贪利性和职务性的针对性，也不利于预防功能的实现。

第一，财产刑适用有限。腐败犯罪分子大多表现为在特定经济利益的驱使或诱惑下，背离公权力的行使目的而滥用权力谋取一己私利的情形。财产刑是一种与腐败犯罪的贪利性相对应的刑种，针对腐败犯罪配置广泛而科学的财产刑，既是"标本兼治"的应有之义，也是破除"重刑反腐"迷信的有效路径。但就目前的状况而言，一方面，财产刑的适用范围有待拓展，例如挪用公款罪、巨额财产来源不明罪、隐瞒境外存款罪等腐败犯罪尚未配置财产刑，又如单位受贿罪仅对

① 李俊，郭泽强．我国反腐败刑事治理的现代化研究．学习与实践，2020（11）．


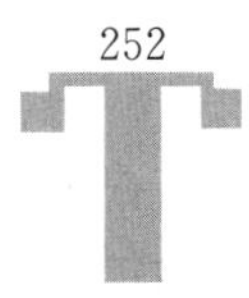

单位主体处以罚金，未在针对直接负责的主管人员和其他直接责任人员的法定刑中配置罚金刑；另一方面，财产刑的体系定位仍需调整，财产刑在反腐败刑法中完全从属于自由刑，只能采取“并科”模式与自由刑同时适用，这种立法安排不利于发挥财产刑对轻微腐败犯罪的预防作用。

第二，资格刑配置缺失。资格刑虽然相较自由刑更为轻缓，但其在性质上能与腐败犯罪的职务性相对应——剥夺腐败分子从事某些活动、享有特定权利的资格。对腐败犯罪配置资格刑，既是加强对权力运行制约和监督的现实需要，也是维护公职人员良好形象的有力举措。① 但就目前而言，我国刑法典中尚未对腐败犯罪配置专门的资格刑。现有的剥夺政治权利涉及的内容有限，且只能直接适用于被判处死刑和无期徒刑的腐败犯罪分子，而《刑法修正案（九）》增设的职业禁止制度，多被归为保安处分或非刑罚处置措施，而非作为新增的资格刑种类。

2. 建议提升非监禁刑的配置比重

鉴于对腐败犯罪的刑事制裁在惩罚强度上的“偏重”和刑种设置上的“单调”，应当通过改善财产刑配置、增设资格刑配置，使腐败犯罪的刑罚种类更加多元、刑罚强度趋于轻缓。

第一，改善财产刑配置。以罚金刑为主要内容的财产刑，具有显著的刑种优势，如“不会如监狱刑般导致犯人无法再社会化，发生误判之情形，罚金刑乃最能事后补救的刑罚”②，等等。在《刑法修正案（九）》中，“相关贪污贿赂罪（除了挪用公款罪）的刑罚规定中都增设了罚金刑或财产刑，使得刑质体现了罪质，符合罪刑均衡的原则”③。但是，《刑法修正案（九）》对腐败犯罪财产刑的修正并不完备，有必要在刑法修正中进一步改善腐败犯罪的财产刑配置。对此，可从以下几个方面着手：（1）实现财产刑在腐败犯罪中的“全覆盖”，对尚未配

---

① 彭新林. 我国腐败犯罪刑法立法完善建议. 法学杂志，2021（3）.

② 林钰雄. 新刑法总则. 北京：中国人民大学出版社，2009：21.

③ 楼伯坤，陈致远. 罪刑均衡视野下腐败犯罪的刑罚配置研究. 净月学刊，2017（3）.

置财产刑的挪用公款罪、巨额财产来源不明罪、隐瞒境外存款罪等配置财产刑；（2）完整地对“单位犯罪中应该负刑事责任的自然人配置罚金刑”[①]，明确直接负责的主管人员和其他直接责任人员的罚金刑；（3）拓展目前罚金刑执行单一的“并科”模式，规定可以单处罚金刑；（4）实践中罚金刑与没收财产刑的刑罚效果基本一致，因此也可以逐步废止没收财产刑，同时改善罚金的适用数额规定。

第二，增设资格刑配置。在腐败犯罪中设置资格刑，可以直接剥夺行为人赖以实施腐败的国家工作人员等身份，这不仅可以实现对腐败犯罪的特殊预防，也能通过资格刑的适用从整体上降低惩罚强度，从而助益于“严而不厉”的刑事法网之架构。对此，可作如下完善：（1）增加设置对单位行贿罪或单位受贿罪中的资格刑，并扩充停业整顿、单位训诫等新的资格刑种类；（2）在规定受贿罪等犯罪的条文中，通过明确规定资格刑的方式来强调对资格刑的适用；（3）可以考虑实行资格刑分立制，规定资格刑剥夺的权利可以分解适用，可以剥夺罪犯一项或多项资格，避免资格刑适用带来过剩的附随效果。

## 五、结语

我国腐败犯罪立法的体系性、丰富性和严厉性不断增强，形成了较为广泛的规制范围和相对有力的制裁强度，为惩治腐败犯罪提供了充分而有力的制度依据。但是，对具体腐败犯罪设置的某些限制性条件、部分腐败犯罪之间在刑罚配置上的轻重失衡，以及财产刑和资格刑的供给不足，表明我国反腐刑事法治建设尚有改进空间。只有持续不懈地建设反腐制度与机制，才是避免“越反越腐”局面和个体道德态度上机会主义倾向的关键。[②] 反腐败斗争不断向纵深发展和公众

---

① 罗猛. 对贪贿犯罪要注重适用资格刑财产刑. 检察日报，2013-06-26.

② 郭夏娟，涂文燕. 反腐制度与个体道德发展：基于十八大以来公职人员腐败容忍度的分析. 浙江大学学报（人文社会科学版），2019（3）.

对腐败行为的容忍度持续降低，与腐败犯罪立法的严密性、系统性和均衡性的提升互为倚仗。所以，取消或调整部分腐败犯罪成立的限制性条件，调整腐败犯罪的刑罚配置，扩大财产刑适用，以及增加资格刑的配置，既是进一步优化腐败犯罪立法的有效路径，也是符合当前和未来治腐需要的合理选择。

# 新时代反腐败刑事政策视野下的刑事司法论纲*

## 一、前言

党的十八大以来，中国社会发展进入了一个崭新的时代。在我国发展的新时代，反腐败成为党和国家的重大决策之一，反腐败刑事政策也理所当然地成为党和国家的重要政策之一。当代中国的反腐败刑事政策，是指新中国成立尤其是党的十八大以来，在中国共产党的领导下，由党和国家有关机关制定和实施的，通过运用刑事措施等一系列手段，开展腐败犯罪治理的战略、方针和策略、方法。近年来，以习近平同志为核心的党中央领导党和国家与腐败现象进行坚决的斗争，提出一系列治理腐败的新思想，贯彻一系列治理腐败的新举措，取得了举国称赞、举世瞩目的反腐败斗争的压倒性胜利，逐步形成了以“有腐必反、依法反腐、标本兼治、注重预防”为主要内容的中国新时代反腐败刑事政策。

新时代反腐败刑事政策既是对以往成功治腐经验的总结升华，也是当前和未来一段时期治理腐败犯罪的科学指引。它表现为反腐败司法理念的塑造和工作原

---

* 与詹奇玮博士合著，原载《上海政法学院学报》，2022 (1)。

则的确立，并且通过司法解释等规范性文件的制定、修改来具体呈现。新时代反腐败刑事政策直接影响着纪检监察机关和司法机关惩治腐败犯罪的价值取向、实践安排和效果评估，指导司法活动，对腐败犯罪立法进行细化、完善与变通。本文试图立足于新时代反腐败刑事政策的基本内涵及要求，对我国近年来反腐败刑事司法实践及成效进行观察和评价，反思和检讨其中尚存的问题和不足，并着眼于刑事司法治腐成效的进一步优化提升。

## 二、新时代反腐败刑事政策视野下的刑事司法状况考察

“有腐必反、依法反腐、标本兼治、注重预防”是新时代反腐败刑事政策的主要内容，也是新时代反腐败刑事政策的几个层面或维度。笔者从这几个维度对新时代反腐败刑事政策视野下的刑事司法实践略加考察。

### （一）“有腐必反”下的反腐败刑事司法

作为对待腐败问题的基本态度和总体立场，“有腐必反”要求国家和全社会以坚定的态度反对腐败，对腐败现象作出全面、综合和系统的反应，具体包括以“零容忍”态度惩治腐败、查处腐败案件“不定指标、上不封顶”、“‘老虎’‘苍蝇’一起打”、“受贿行贿一起查”等内涵与要求。近年来，党和国家在刑事司法领域积极推进各项惩治腐败活动，充分彰显了对“有腐必反”的积极贯彻。

1. 积极配合保持“高压反腐”态势，强调对司法腐败“零容忍”

党的十八大以来，我国司法机关充分发挥自身职能，服务反腐败工作大局，始终保持对腐败犯罪较大的打击力度，对“高压反腐”态势的形成和持续发挥了重要作用。在十八大之前的2008—2012年5年间，我国各级人民法院共审结贪污贿赂、渎职犯罪案件13.8万件，判处罪犯14.3万人[①]；而党的十八大之后的

① 王胜俊. 最高人民法院工作报告（2013年3月10日）. 中华人民共和国全国人民代表大会常务委员会公报，2013（2）.

5 年间，全国各级人民法院共审结贪污贿赂等案件 19.5 万件，判处罪犯 26.3 万人[①]，案件数量和罪犯人数均有明显增长。在党的十九大以来的 3 年间，全国各级人民法院历年审结的贪污贿赂、渎职等案件数和罪犯人数分别为：2018 年 2.8 万件、3.3 万人，2019 年 2.5 万件、2.9 万人，2020 年 2.2 万件、2.6 万人[②]，这表明我国刑事司法的反腐决心不变、力度不减。

"打铁还需自身硬"，惩治司法腐败在我国反腐法治事业中具有特别重要的意义。只有确保审判队伍和检察队伍自身的廉洁性，才能维护司法机关的公信力和良好形象，在刑事司法领域公正、高效地开展对腐败犯罪的防治活动。作为国家最高司法机关，最高人民法院和最高人民检察院均提出以"零容忍"的态度严惩司法腐败。最高人民检察院 2018 年 2 月 2 日对全国检察机关党风廉政建设和反腐败工作作出部署，强调要以"零容忍"态度严惩司法腐败，着力打造一支让党放心、让人民满意、忠诚可靠、清正廉洁的检察队伍。[③] 最高人民法院院长周强 2019 年 10 月 23 日在十三届全国人大常委会第十四次会议上所作的《最高人民法院关于加强刑事审判工作情况的报告》中指出，要"以零容忍态度严惩司法腐败，确保公正廉洁司法"。

2. 提出"受贿行贿一起查"，加大对行贿犯罪的惩治力度

"重受贿，轻行贿"是我国以往反腐败刑事司法中比较突出的现象，即注重对受贿犯罪的查处和追究，对惩治行贿犯罪缺乏足够的重视，甚至在一定程度上形成了宽纵行贿者的局面。但是，在党的十八大之后，司法机关在严肃查处受贿犯罪的同时，显著加大了对行贿犯罪的查办和追究力度。自 2013 年至 2017 年，检察机关查办国家工作人员索贿受贿犯罪 59 593 人，查办行贿犯罪 37 277 人，

---

① 周强．最高人民法院工作报告（2018 年 3 月 9 日）．中华人民共和国全国人民代表大会常务委员会公报，2018（2）．

② 周强．最高人民法院工作报告（2019 年 3 月 12 日）．人民日报，2019-03-20；周强．最高人民法院工作报告（2020 年 5 月 25 日）．中华人民共和国全国人民代表大会常务委员会公报，2020（2）；周强．最高人民法院工作报告（2021 年 3 月 8 日）．人民日报，2021-03-16．

③ 孙莹．最高检再次强调：以"零容忍"态度严惩司法腐败．（2018-02-02）[2020-04-30]．https://www.sohu.com/a/220585725_362042．

查办受贿和行贿人数相较于党的十八大之前的5年间分别上升约6.7%和87%[①]；自2014年至2019年6月，各级人民法院判处行贿犯罪罪犯达到1.4万人[②]，从而显著扭转了“重受贿，轻行贿”的偏颇局面，强化了对行贿犯罪的惩治力度。

3. 兼顾对重大腐败犯罪案件和群众身边“微腐败”的惩治

“‘老虎’‘苍蝇’一起打”作为“有腐必反”的重要组成部分，要求在反腐败斗争中坚决查处领导干部的腐败行为，同时切实解决发生在群众身边的基层腐败问题。党的十八大之后，我国反腐败刑事司法积极落实“打虎”“拍蝇”方针。一方面，重视对“位高权重”的腐败分子依法查处和惩治，自2013年至2018年，在各级人民法院审结的腐败案件中，被告人原为省部级以上干部119人，厅局级干部1 149人。[③] 检察机关在2019年对秦光荣、陈刚等16名原省部级干部腐败案件提起公诉；在2020年对赵正永等12名原省部级干部腐败案件提起公诉，对赖小民特大腐败案件提出判处死刑的公诉意见并得到人民法院判决采纳。另一方面，坚决惩治“小官大贪”和“微腐败”。自2013年至2017年，检察机关持续关注发生在群众身边、损害群众利益的职务犯罪，在关涉民生领域查办“蝇贪”62 715人。[④]

### （二）“依法反腐”下的反腐败刑事司法

“依法反腐”作为治理腐败的基本模式，要求以法治思维和法治方式治理腐败（“法治反腐”），在中国特色社会主义法治体系总体框架下，建设和完善当代中国反腐败法治体系。法治反腐，是党和国家在认识到运动反腐和权力反腐存在难以克服的缺陷后确立的，立足而又超越制度反腐，符合长期治理腐败要求的反

---

① 曹建明. 最高人民检察院工作报告（2018年3月9日）. 中华人民共和国最高人民检察院公报，2018（3）.

② 周强. 最高人民法院关于加强刑事审判工作情况的报告. 人民法院报，2019-10-27.

③ 此处数据是由2019年《最高人民法院工作报告》和2018年《最高人民法院工作报告》中的数据相加所得。

④ 同①.

腐模式。反腐败刑事司法作为其中的关键环节，直接肩负着查办腐败犯罪案件、制裁腐败犯罪分子的重要任务。为了依法开展惩治腐败犯罪活动，准确把握宽严相济的刑事政策，我国司法机关单独或联合有关部门出台了一系列司法解释等规范性文件，推动反腐败刑事司法规范化、科学化和法治化水平不断提升。

1. 在刑法适用上推动对腐败犯罪的依法惩治

（1）配合《刑法修正案（九）》对贪污受贿犯罪的定罪量刑标准作出调整。2015年通过的《刑法修正案（九）》的一个重要修法进展，就是将贪污受贿犯罪的定罪量刑标准由“绝对确定数额＋情节”修改完善为“概括性数额＋情节”的标准。[①] 根据刑法立法的这一重要修正，结合我国反腐败斗争的现实需要，最高人民法院、最高人民检察院于2016年4月发布的《关于办理贪污贿赂刑事案件适用法律若干问题的解释》（以下简称《2016年解释》），对贪污受贿犯罪定罪量刑的具体数额和情节标准作出细化规定，对挪用公款、行贿等腐败犯罪的定罪量刑标准也一并进行调整，对部分腐败犯罪主客观要件的认定也作出了更为具体的规定。

（2）明确从严掌握腐败犯罪刑罚执行的原则和标准。为了积极贯彻宽严相济的刑事政策，确保腐败犯罪之刑罚执行的法律效果与社会效果。最高人民法院2016年9月通过并于2017年1月1日起施行的《关于办理减刑、假释案件具体应用法律的规定》，对腐败犯罪等职务犯罪的减刑、假释标准作出了限制性规定。[②] 此外，最高人民法院2019年3月通过、4月公布并于2019年6月1日起施行的《关于办理减刑、假释案件具体应用法律的补充规定》，专门针对腐败犯罪的减刑、假释问题作出了规定，明确了对腐败犯罪罪犯假释从严的原则及从严减刑的具体标准和尺度，规定了不得假释且一般不予减刑的具体要求。

---

① 赵秉志.《中华人民共和国刑法修正案（九）》理解与适用. 北京：中国法制出版社，2016：322-324.

② 黄永维，聂洪勇，李宗诚.《关于办理减刑、假释案件具体应用法律若干问题的规定》的理解与适用. 人民司法，2012（7）.

2. 在司法程序中贯彻对腐败案件的依法查办

（1）完善腐败犯罪查办的举报奖励、保护机制。为了破解职务犯罪举报人不敢举报、不愿举报等难题，充分发挥举报在反腐败工作中的重要作用[①]，最高人民检察院、公安部、财政部2016年3月30日发布了《关于保护、奖励职务犯罪举报人的若干规定》，对腐败犯罪等职务犯罪举报人的保密、保护和奖励措施及相关工作中失职、渎职的法律责任作出了比较明确的规定。

（2）强化腐败犯罪罪犯刑罚变更执行的法律监督。为了在腐败犯罪案件中依法严格实施刑罚变更执行制度，改善社会反映强烈的腐败犯罪分子被判刑后减刑快、假释及暂予监外执行比例高、实际服刑时间偏短等现象，提高司法反腐败的公信力，最高人民检察院2014年6月23日发布的《关于对职务犯罪罪犯减刑、假释、暂予监外执行案件实行备案审查的规定》规定，对原县处级以上职务犯罪罪犯减刑、假释、暂予监外执行的案件实行备案审查，并对备案审查案件范围和材料内容、违法情况的处理等提出了明确要求。

（3）推动《刑事诉讼法》与《监察法》的“法法衔接”。为了准确贯彻和适用2018年出台的《监察法》和修正的《刑事诉讼法》，推动刑事司法与国家监察有机衔接，中央纪委、国家监察委2018年4月发布的《国家监察委员会管辖规定（试行）》和最高人民检察院2018年11月发布的《关于人民检察院立案侦查司法工作人员相关职务犯罪案件若干问题的规定》，明确了各自调查、侦查的罪名管辖范围。此外，最高人民检察院2019年12月发布了修订后的《人民检察院刑事诉讼规则》，对监察机关案件调查后的移送程序、监察管辖与审判管辖的协调机制、留置措施与刑事强制措施的衔接等作出了全面、系统的规定。

### （三）“标本兼治”下的反腐败刑事司法

作为治理腐败问题的根本方法，“标本兼治”强调治理腐败兼采并用“治标”与“治本”两种手段，既要坚决打击和遏制腐败现象，又要积极发现并消除腐败

---

① 万春，吴孟栓，李昊昕.《关于保护、奖励职务犯罪举报人的若干规定》解读. 人民检察，2016（9）.

产生的深层因素。另外，“标本兼治”要求摈弃“重刑反腐”观念，理性看待刑罚功能，同时注重协同治理，兼顾运用刑法手段与其他手段共同治理腐败。

1. 对腐败犯罪案件依法适用认罪认罚从宽制度

对腐败犯罪案件适用认罪认罚从宽制度，是对“惩前毖后、治病救人”方针和宽严相济刑事政策的科学贯彻，可以提升腐败犯罪案件侦办效率，节约司法资源，鼓励腐败犯罪分子改过自新、将功赎罪，推动反腐败刑事司法走出“重刑反腐”的观念误区。近年来，检察机关主动提出与监察机关强化协作配合，配合完善监察调查程序与刑事诉讼程序衔接机制，充分发挥认罪认罚从宽制度在惩治职务犯罪中的积极作用。① 在持续的反腐败高压态势下，监察机关、司法机关发挥综合治理效能，“不敢腐”的震慑效应充分显现，一批腐败分子主动投案自首并依法得到惩治，凸显出“标本兼治”的综合效应。

2. 在特定领域的专项治理中兼顾惩治腐败犯罪

相较于治标，治本是一种更具积极性的治理手段，涉及的范围和开展的工作更为广泛、深入，常常需要数种不同类属或不同层次的机构相互配合，以及调动更加充分的资源开展长期工作，方能收到根本成效。② 我国新时代反腐败刑事政策要求综合运用多种手段治理腐败违法犯罪行为，发挥刑事司法与其他社会力量的联动作用，在特定领域的专项治理中兼顾打击腐败犯罪。为了在反腐败刑事司法中彰显“标本兼治”，最高人民法院、最高人民检察院和公安部、司法部 2018 年 1 月 16 日发布《关于办理黑恶势力犯罪案件若干问题的指导意见》，提出“正确运用法律规定加大对黑恶势力违法犯罪以及‘保护伞’惩处力度，在侦查、起诉、审判、执行各阶段体现依法从严惩处精神”，强调“依法严惩‘保护伞’”，并特别要求“公安机关在侦办黑恶势力犯罪案件中，应当注意及时深挖其背后的腐败问题”。最高人民检察院 2018 年 6 月 11 日发布《关于充分发挥检察职能为打好“三大攻坚战”提供司法保障的意见》，要求在防范化解重大风险、精准脱

① 张军. 认罪认罚从宽：刑事司法与犯罪治理“中国方案”. 人民论坛，2020（30）.

② 林山田. 刑事法论丛：二. 台北：作者自版，1997：459.



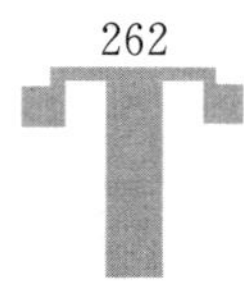

贫、污染防治的攻坚战当中，反腐败刑事司法要与有关部门协作配合，依法严厉打击涉及危害金融领域安全、在精准扶贫中损害群众利益的腐败犯罪。

（四）“注重预防”下的反腐败刑事司法

作为提升腐败治理效能的应然方向，“注重预防”强调预防是比惩罚更具优先性和根本性的治理方式，着眼于主动消除滋生腐败的各种原因，遏制和减少腐败现象的发生。党的十八大之后，检察机关和监察机关在坚持依法查办腐败犯罪案件的同时，注重发挥自身的职能优势，结合办案发挥预防腐败的功能，在反腐败刑事司法领域体现了对“注重预防”的积极践行。

1. 检察机关：发挥法律监督职能，加强腐败犯罪预防

作为国家监察体制改革的配套举措，检察机关的反贪、反渎和职务犯罪预防职能转隶为监察机关的监督、调查职能，但与此同时检察机关并未忽视结合自身职能开展预防腐败工作。为了与相应的监察机关进行专门对接，地方各级人民检察院陆续成立了职务犯罪检察部门，不仅负责办理监察委员会移送审查的职务犯罪案件，而且还承担了开展法治宣传教育的任务。为了加强预防职务犯罪，检察机关在办案中认真分析腐败犯罪发生原因并提出检察建议，开展惩防职务犯罪年度报告和专题报告工作，着力推动制度建设。

2. 监察机关：履行国家监察职能，深化“以案促改”

立足自身监督、调查、处置三项职能，监察机关积极发挥预防腐败违法犯罪的作用，以治标促进治本。其中，典型做法是各地监察机关开展推进“以案促改”的常态化、制度化工作。所谓“以案促改”，是指不仅对腐败现象予以坚决惩治，而且以查办的腐败案件为镜鉴，透过腐败现象深挖问题发生根源，研究案发规律，查找风险漏洞。通过在案发单位、行业和地区强化警示教育，推动在腐败案件整改中反映深层问题，进而审查、评估和纠正现有制度的不足之处。“以案促改”在办理腐败案件中体现了对“解剖麻雀，以点带面”工作方法的贯彻，具有查处一案、警示一片、规范一方的积极预防作用。

由上可见，党的十八大以来，我国刑事司法活动积极配合“高压反腐”态势的发展与维持，积极践行“打虎拍蝇”“受贿行贿一起查”等反腐新理念，彰显

了党和国家反腐败的坚定立场与决心。同时，作为“法治反腐”的重要组成部分，刑事司法惩治腐败犯罪的规范化、精细化程度不断提升。此外，在腐败犯罪案件中适用认罪认罚从宽制度，在特定领域开展腐败犯罪专项整治，表明在逐渐破除“重刑反腐”的基础上，刑事司法活动对腐败发生机制和腐败治理规律的认识得到进一步升华，“标本兼治”作为治腐根本方法得到进一步贯彻。“监察反腐”的确立和“检察反腐”的转型，不仅推动了“不敢腐、不能腐、不想腐”的具体落实，而且对腐败犯罪案件的警示意义和整改价值实现了更深层次的发掘。

## 三、新时代反腐败刑事政策视野下的刑事司法问题检讨

不可否认，我国的刑事司法活动积极配合党和国家的反腐败大局，发挥了富有成效的治理作用。但是，也要清醒地看到，我国反腐败刑事司法的运行机制及效果仍然存在一些不足。其中既有以往有所忽视且尚未明显改善的短板，也有因反腐败形势变化和体制变动而产生的新问题。为了深入贯彻新时代反腐败刑事政策，有必要对这些不足进行反思和检讨，以进一步提升刑事司法的治腐效能。

### （一）纪检监察机关与检察机关衔接不畅形成“以罚代刑”

伴随国家监察体制改革的深入推进，纪检监察机关对公职人员的犯罪行为作非罪化处理的数量增加，形成了“以罚代刑”现象①，表现为在调查处置中“降格处理”涉嫌犯罪的腐败行为，基于各种考虑仅给予腐败分子党纪处分或者政务处分，而未将腐败案件移送检察机关审查起诉。查阅各地对涉腐官员处理的通报，可以发现“以罚代刑”现象在许多地方有不同程度的体现，而且涉及贪污、挪用、贿赂、渎职等多种类型的腐败犯罪罪名。有观点认为，这种现象蕴含着党政因素的考量，是对监察权的滥用，严重损害了法治反腐的权威性。②

笔者认为，治理腐败中“以罚代刑”现象的产生，其实际原因可能更为复

---

① 李蓉. 监察机关非罪化处置权及其限制. 北方法学，2019（4）.

② 刘艳红.《监察法》与其他规范衔接的基本问题研究. 法学论坛，2019（1）.

杂，简单批判并不足以概括。其一，监督执纪“四种形态”[①] 的确立和运用，是党在传承“惩前毖后、治病救人”方针的基础上，对管党治党规律和反腐败规律认识深化的成果。它在理念层面对党纪政务处分案件和刑事犯罪案件的“分流”具有重要的作用，然而在具体操作过程中，出现了机械性理解和指标式运用的偏差。其二，《监察法》第31条的从宽处罚建议制度存在法律效力不够明确、适用程序比较严格，面临着适用规范困惑和适用动力缺乏的问题。其三，“主动投案”效应的形成和扩大不仅需要持续的反腐高压震慑，也需要提供宽大处理的正面激励。其四，刑法上的判断强调行为时的主客观情况与构成要件的契合性，而党纪的判断更加侧重对行为人的主观心态和行为前后的具体情况作“立体”评价。其五，《监察法》的监察对象更加广泛，而非罪化处理可以减轻工作压力。其六，监察机关的立案程序在实际操作中具有专门部门审查、领导集体决定的行政化色彩，检察机关在现有法律框架下往往只能“被动”地等待监察机关移送案件。

腐败犯罪在广义司法范畴中的非罪化处理，并非完全不具有现实合理性。事实上，腐败犯罪并非性质最为严重的犯罪类型。对“以罚代刑”现象的一律否定，看似从形式上严格遵循了法治逻辑，但其实也忽视了腐败治理中区别对待的实际需求。笔者认为，纪检监察机关对腐败犯罪“以罚代刑”，问题并不在于应否作非罪化处理，而是在于这种从宽处理缺乏有序性和透明性，是监察权“侵入”司法权的一种表现。虽然“以罚代刑”并非完全放纵腐败犯罪分子，却也从侧面反映出“纪法衔接”和“法法衔接”有待进一步明确化和规范化。

### （二）司法解释迎合反腐形势作出的扩张有违罪刑法定

在涉腐犯罪司法解释中，仍然存在部分追求打击效果而对刑法条文过度扩张，以致与罪刑法定原则相悖的规定。例如，《2016年解释》第13条将“为他人谋取利益”规定为4种具体情形，为处理事后受贿和感情投资等问题提供了比

---

① 监督执纪的“四种形态”具体包括：（1）党内关系要正常化，批评和自我批评要经常开展，让咬耳扯袖、红脸出汗成为常态；（2）党纪轻处分和组织处理要成为大多数；（3）对严重违纪的重处分、作出重大职务调整应当是少数；（4）严重违纪涉嫌违法立案审查的只能是极极少数。

较明确的认定规则，但其中的“履职时未被请托，但事后基于该履职事由收受他人财物的”，以及“索取、收受具有上下级关系的下属或者具有行政管理关系的被管理人员的财物价值三万元以上，可能影响职权行使的”两种情形，难以被受贿犯罪“为他人谋取利益”的表述在语义上涵盖，从而被认为是一种超越扩张的类推解释。[①] 再如，《2016 年解释》第 15 条第 2 款规定，受请托之前收受的数额在 1 万元以上的财物一并计入受贿数额，这种做法直接将刑法规定的“为他人谋取利益”的要件排除在外。又如，为了追求鼓励国家工作人员积极上交收受财物的廉政效果，最高人民法院、最高人民检察院 2007 年 7 月发布的《关于办理受贿刑事案件适用法律若干问题的意见》第 9 条第 1 款将“收受请托人财物后及时退还或者上交的”行为一律不认定为受贿，这种“一刀切”的做法导致一部分符合受贿罪构成要件的情形被排除出犯罪成立范围，同时引发了如何判断“及时”的实务难题。还如，最高人民法院、最高人民检察院 2017 年 1 月发布的《关于适用犯罪嫌疑人、被告人逃匿、死亡案件违法所得没收程序若干问题的规定》第 2 条，将适用没收违法所得程序的“重大”犯罪案件，解释为“在省、自治区、直辖市或者全国范围内具有较大影响”和“犯罪嫌疑人、被告人逃匿境外”两种情形，由办理案件的公安机关、人民检察院和人民法院对之作出判断，这种安排显然有违《刑事诉讼法》确立的案件管辖基本原则。[②] 由上可见，刑事司法解释表现出的过度扩张倾向，是司法权积极适应惩治腐败的现实需要而“侵入”立法权的具体表现。但是，无论是“有腐必反”的基本立场，还是“标本兼治”的治理方法，都应当在“依法反腐”的总体框架下进行贯彻。

（三）腐败犯罪刑罚适用标准及效果面临宽严失当的困境

1. 规范层面的适用标准宽严失当

（1）腐败犯罪内部的刑罚适用标准宽严失当。基于《刑法修正案（九）》对贪污受贿犯罪定罪量刑标准的修改，《2016 年解释》重新设定了贪污贿赂犯罪等

---

① 陈兴良．贪污贿赂犯罪司法解释：刑法教义学的阐释．法学，2016（5）．

② 张吉喜．违法所得没收程序适用中的相关问题研究．现代法学，2019（1）．

的具体数额和情节标准，提升了贪污贿赂犯罪定罪量刑新模式在司法实务中的可操作性，但由此也引发了腐败犯罪内部、腐败犯罪与其他犯罪在刑罚适用标准上宽严失当的问题。《2016 年解释》对贪污罪、受贿罪和行贿罪等 10 种罪名的刑罚适用标准作出了细化规定，但并未对单位受贿罪、单位行贿罪、巨额财产来源不明罪、私分国有资产罪等腐败犯罪的处罚标准进行调整。如果认为经济社会发展是数额标准变动的重要原因①，那么这种未作通盘考虑的安排显然有顾此失彼之嫌。具体而言，虽然受贿罪和行贿罪的起刑数额被提升至 3 万元，但两罪法定刑的基本档次却存在轻重差异②，这就在规范层面造成“行贿重于受贿”，反而是对“重受贿，轻行贿”的矫枉过正。此外，《2016 年解释》未对介绍贿赂罪的起刑数额（2 万元）进行修改③，导致该罪的成立标准低于受贿罪和行贿罪，在现实中可能会出现介绍贿赂者达到数额标准受到追诉，而贿赂双方却因数额不够而不受追诉的尴尬局面。

（2）腐败犯罪与其他犯罪的刑罚适用标准宽严失当。《2016 年解释》对腐败犯罪定罪量刑的数额标准所作的提升，进一步拉大了腐败犯罪与侵犯财产型犯罪在处罚力度上的差距，这种现象在贪污罪与盗窃罪、诈骗罪之间表现得尤为突出。结合最高人民法院、最高人民检察院 2011 年 3 月发布的《关于办理诈骗刑事案件具体应用法律若干问题的解释》和 2013 年 4 月发布的《关于办理盗窃刑事案件适用法律若干问题的解释》来看，如果不考虑其他犯罪情节，在贪污罪和盗窃罪、诈骗罪的法定刑配置基本相同的情况下，贪污罪的具体数额标准远高于另外两种财产犯罪的标准。从最低起刑数额上看，贪污罪分别是盗窃罪和诈骗罪的 30 倍和 10 倍；而在犯罪数额达到 50 万元的情况下，贪污罪与本罪“数额特

---

① 裴显鼎，苗有水，刘为波，等.《关于办理贪污贿赂刑事案件适用法律若干问题的解释》的理解与适用. 人民司法（应用），2016（19）.

② 即前罪的“三年以下有期徒刑或者拘役，并处罚金”要低于后罪的“五年以下有期徒刑或者拘役，并处罚金”。

③ 依据最高人民检察院 1999 年 9 月 16 日发布的《关于人民检察院直接受理立案侦查案件立案标准的规定（试行）》，涉嫌介绍个人向国家工作人员行贿，数额在 2 万元以上的，应予立案。

别巨大”的标准尚有250万元的差距，但盗窃罪与诈骗罪已经达到“数额特别巨大”，应当判处“十年以上有期徒刑或者无期徒刑，并处罚金或者没收财产”，这就出现了三罪之间罪刑明显失调的局面。

2. 现实层面的适用效果宽严失当

（1）贪污受贿犯罪量刑不均衡现象仍在一定程度上存在。通过对比《2016年解释》施行前后的量刑状况，可以发现，贪污受贿犯罪案件在《2016年解释》施行后的量刑明显较轻；而且，在犯罪金额相同、其他情节大体相似的情况下，《2016年解释》也没有改变量刑差距显著不合理的情况。① 另外，从地域维度来看，《2016年解释》虽然在一定程度上减少了贪污受贿犯罪案件在不同地区的自由刑量刑差异，但是“数额”因素的缓解作用相对有限，而“情节”因素的改善作用虽然比较明显，但是存在适用不充分、不规范的问题，其均衡量刑的功能潜力并未充分释放。②

（2）腐败犯罪的财产刑适用存在不统一、不均衡现象。结合近年来的司法实践看，腐败犯罪的财产刑适用不统一的现象主要表现为：在刑法规定罚金刑与没收财产刑择一适用的情况下，最终的选择往往是并处罚金刑，适用没收财产刑的情形要远远少于适用罚金刑，即这两种财产刑在现实中并未形成清晰的适用界限；但就没收财产刑而言，有的判决表述为没收“全部”财产，有的表述为没收“部分”财产，还有的表述为仅没收“财”而忽略了“产”。③ 财产刑适用不均衡的现象表现得更为突出：其一，部分没收财产刑成为一种事实上的罚金刑，而且没收的财产数额相差甚大，有的没有严格遵循司法解释规定的罚金限额，有的则在涉案金额相差巨大的情况下判处等额罚金。④ 其二，罚金刑在行贿案件中的适

① 张旭，杨丰一，高昕. 张弛失济：贪污受贿犯罪量刑失衡之里表与纾难——基于600份判决的研究. 警学研究，2018（5）.

② 张清芳，王瑞剑. 贪污罪自由刑量刑的地区差异实证研究：以全国1400份判决书为样本的分析. 时代法学，2019（1）.

③ 王晓东，曲鹏程. 论贪污贿赂犯罪财产刑的适用. 法律适用，2019（11）.

④ 张兆松，余水星. 贪贿犯罪量刑公正难题之破解：基于100例贪污受贿案件刑事判决文书的实证分析. 浙江工业大学学报（社会科学版），2018（3）.

用比例不高，而且在罚金数额相同的情况下，不同行贿案件涉案数额跨度较大，罚金数额既有高于行贿数额的，也有低于行贿数额的。①

（3）“重受贿，轻行贿”的局面仍未得到彻底改善。作为“有腐必反”的内涵之一，“受贿行贿一起查”的提出，旨在改善反腐工作中“重受贿，轻行贿”的局面。虽然“腐败问题的敏感性和隐蔽性导致有关腐败问题的统计数据非常有限”②，但行贿犯罪与受贿犯罪的判决书数量的总体比例，仍然可以在相当程度上反映出“重受贿，轻行贿”的倾向（如表1、表2、表3所示）。

**表1　中国裁判文书网2017—2020年案由为行贿罪、单位行贿罪与受贿罪的一审判决书发布数量及比例**

| 裁判年份 | 行贿罪＋单位行贿罪判决书数量/份 | 受贿罪判决书数量/份 | 前后两类判决书数量比例 |
|---|---|---|---|
| 2017年 | 3 186＋914＝4 100 | 7 261 | 56.5% |
| 2018年 | 1 964＋738＝2 702 | 4 967 | 54.4% |
| 2019年 | 1 347＋472＝1 819 | 4 225 | 43.1% |
| 2020年 | 841＋271＝1 112 | 3 686 | 30.2% |
| 合计 | 9 733 | 20 139 | 48.3% |

注：检索时间为2021年4月27日。

**表2　中国裁判文书网2017—2020年案由为对单位行贿罪、单位受贿罪的一审判决书发布数量及比例**

| 裁判年份 | 对单位行贿罪判决书数量/份 | 单位受贿罪判决书数量/份 | 前后两类判决书数量比例 |
|---|---|---|---|
| 2017年 | 124 | 199 | 62.3% |
| 2018年 | 66 | 149 | 44.3% |
| 2019年 | 20 | 83 | 24.1% |
| 2020年 | 9 | 34 | 26.5% |
| 合计 | 219 | 465 | 47.1% |

注：检索时间为2021年4月27日。

① 刘霜，石阳媚. 行贿罪处罚的实证分析及其优化：以某省103个行贿罪判决为研究范本. 河南社会科学，2018（6）.

② Andrew Wedeman, “The Intensification of Corruption in China”, 180 The China Quarterly 1, 895 (2004).

**表3　中国裁判文书网2017—2020年案由为对有影响力的人行贿罪、利用影响力受贿罪的一审判决书发布数量及比例**

| 裁判年份 | 对有影响力的人行贿罪判决书数量/份 | 利用影响力受贿罪判决书数量/份 | 前后两类判决书数量比例 |
|---|---|---|---|
| 2017年 | 4 | 84 | 4.8% |
| 2018年 | 2 | 103 | 2.0% |
| 2019年 | 1 | 83 | 1.2% |
| 2020年 | 4 | 65 | 6.2% |
| 合计 | 11 | 335 | 3.3% |

注：检索时间为2021年4月27日。

由以上3个表可见：行贿犯罪的判决书数量，明显少于受贿犯罪的判决书数量；行贿罪、单位行贿罪与受贿罪的判决书数量比例，以及对单位行贿罪与单位受贿罪的判决书数量比例，总体呈现较大幅度下降；对有影响力的人行贿罪与利用影响力受贿罪的判决书数量比例虽然呈现“先降后升”，但该组比值在3组贿赂犯罪判决书数量比值中最小。同时，从判决书的绝对数量上看，受贿犯罪和行贿犯罪总体都在减少，但行贿罪、单位行贿罪和对单位行贿罪的数量减少幅度更大。如果认为贿赂犯罪判决书数量逐年减少是反腐力度加大和腐败存量削减的“成果”，那么行贿犯罪与受贿犯罪的判决书数量比例总体均呈下降的趋势则说明，受贿犯罪在此过程中被作为绝对优先的打击对象，而对行贿犯罪惩处的概率不仅没有随之提升，甚至可能有所下降。

另外，从打击力度上看，行贿犯罪在刑事司法中被宽纵的倾向也很突出。有的实证研究表明，行贿罪判决中判处缓刑和免予刑事处罚的比例仍然偏高，甚至有所上升；而且，行贿罪的轻刑化趋势也非常明显，在现实中甚至出现被告人行贿561万元且没有自首、立功情形，也只被“踩线”判处10年有期徒刑的情况；此外，从宽情节的滥用也是轻纵行贿犯罪的一种表现，例如，有的判决将“自首”“坦白”等法定量刑情节与“认罪态度好”一并适用，存在重复评价的嫌疑。①

① 黄新飞. 浙江省行贿罪处罚的实证分析. 南昌：南昌大学，2019：17；刘霜，石阳媚. 行贿罪处罚的实证分析及其优化：以某省103个行贿罪判决为研究范本. 河南社会科学，2018 (6).

## 四、新时代反腐败刑事政策视野下的刑事司法改善建言

基于前文分析，笔者认为，我国反腐败刑事司法的实践及其效果，与我国新时代反腐败刑事政策切实贯彻的要求尚有一定偏差。为了改善这种状况，有必要从以下三个方向来纠正观念、优化操作，以进一步提升我国刑事司法的治腐成效。

### （一）妥当处理纪检监察与司法的各自反腐定位和相互关系

纪检监察机关对腐败犯罪“以罚代刑”，虽然并非对腐败分子的完全放纵，但是存在将“四种形态”作为机械性指标的理解误区，有违“不定指标、上不封顶”的反腐败政策意蕴。从长远来看，不利于维持“不敢腐”的威慑效应，甚至可能引发新的腐败现象。事实上，“以罚代刑”现象背后更为深层的问题，是如何在新的治理腐败体制和反腐败形势下妥当安排纪检监察机关和司法机关各自的反腐败“角色”，在腐败案件查办过程中妥当处理二者的关系。

国家监察体制改革的主要内容，是加强党对反腐败工作的统一领导，建立集中统一、权威高效的国家监察体制，这在我国宪制框架内体现为将原本隶属行政机关的监察部门独立作为专门行使监察权的国家专门机关，同时将检察机关的预防、调查腐败的权责及其机构一并整合，形成拥有监督、调查、处置三大职能的反腐败专门机构。其中，监督是监察机关的首要职能，负责对公职人员“依法履职、秉公用权、廉洁从政从业以及道德操守”的情况进行监督检查①；调查职能是指通过采取一定的措施，查明职务违法和职务犯罪的事实；处置职能主要包含两个方面，一方面可以对职务违法行为作出实体上的制裁处理，另一方面则是对涉嫌职务犯罪的行为作出程序上的决定处理，即将调查结果移送检察机关决定是否提起公诉。在此基础上，进一步考虑到纪委与监察委实行合署办公，以及地方

---

① 魏昌东. 监督职能是国家监察委员会的第一职能：理论逻辑与实现路径——兼论中国特色监察监督系统的规范性创建. 法学论坛，2019（1）.

各级纪委书记兼任监察委主任的组织安排，纪检监察机关整体上既要对腐败违纪行为进行监督、执纪、问责，又要对腐败违法犯罪行为进行监督、调查、处置。所以，纪检监察机关在惩治腐败的制裁体系中发挥着关键的“分流”作用，即所有腐败行为的查办程序都要由其启动，腐败行为都要由其调查，然后分别按照违纪、违法和犯罪进行处理，通过党纪处分、政务处分和刑事制裁实现对腐败行为的分类惩处。

“以罚代刑”现象的出现，表明这种分流作用在实际操作中出现了偏差，而司法机关只能处于被动接受的境地。在新时代反腐败刑事政策视野下，“有腐必反”要求国家应对腐败行为积极作出反应，同时坚持“依法反腐”，在既定的法治框架中进行处理。虽然在腐败犯罪调查过程中适用的是《监察法》而非《刑事诉讼法》，但是决定适用何种程序的前提，仍然是行为是否符合刑事实体法中的犯罪成立标准。所以，纪检监察机关在反腐败职权运行中的主责作用，不仅在于自身反腐作用的发挥，还在于推动司法机关发挥惩治腐败犯罪的保障作用。司法反腐既是政治反腐的组成部分，也是政治反腐的法治保障；腐败犯罪的检察、审判在反腐败政治格局中处于巩固监察执法成果、实现反腐罪刑法定和彰显反腐法治权威的终局地位。①

从“标本兼治”“注重预防”的角度来看，纪检监察机关应当更加侧重其监督职责的治本作用，即加强对党员和公职人员的日常监督，对腐败违纪违法行为“打早打小”，避免其进一步恶化为严重的腐败犯罪行为。然而，“以罚代刑”现象不仅削弱了司法反腐的强力治标作用，事实上也背离了纪检监察机关侧重治本的反腐定位。因此，如果纪检监察机关与司法机关能够各司其职，依照法律正确对待不同性质的腐败行为，经过二者治本与治标的协同治理，自然就会形成“四种形态”的腐败治理局面。所以，结合当前的反腐败形势来看，司法反腐的定位和作用应当得到更加充分的尊重，纪检监察机关与司法机关在反腐败工作中不仅

① 吴建雄，王友武．监察与司法衔接的价值基础、核心要素与规则构建．国家行政学院学报，2018(4)．

要注意相互配合，而且要形成有效的双向制约机制。

（二）对反腐败政策目标的追求应当尊重刑事司法特性

最高司法机关针对具体应用法律问题所作的司法解释，既是其自身适用法律的具体表现，又是对地方各级司法机关进行业务指导的重要途径。刑事立法虽然受到刑事政策的指导和影响，但是其内容经过立法原则“塑形”、立法技术“加工”和立法程序“授权”形成了相对静态的法律规范，所以其对刑事司法的指导具备较高程度的明确性和稳定性；相比之下，刑事政策对刑事司法活动的调节作用则是立足于更为宏观的层面，表现为根据特定的社会形势进行动态的目标引导和规范理解。刑事司法解释的独特性在于，它不仅是刑事司法活动对刑事立法文本的理解及其运用，也是刑事政策在刑事司法领域中的指导及其转化。由此可见，刑事司法解释在一定意义上可以说是刑事立法与刑事政策的“角力场”：一方面，刑事政策指导着刑事立法，刑事立法是刑事司法活动的基本依据，而刑事司法解释是司法机关为了运用刑事立法作出的细化规定；另一方面，刑事政策亦可直接作用于刑事司法，刑事司法解释的制定正是司法机关贯彻刑事政策的具体表现，刑事司法解释是使刑事司法活动趋向政策目标的指导性文本。

刑事立法内容与刑事政策目标在刑事司法解释中存在的张力，应当以尊重刑事司法特性作为调节基准。对于司法解释内容的形成，刑事政策主要基于犯罪治理目的进行考量，而且这种考量往往是以功利主义和司法效率为导向的，不太关注规范法学的形式规则。[①] 然而，刑事司法在本质上是依附于刑事立法而存在的，如果忽视其本身固有的中立性、被动性和程序性的“个性”，就会形成脱离刑事立法的局面，也就偏离了司法作为社会公正最后防线的定位。罔顾刑事立法的基本原则和条文内容的限定，过度追求将打击腐败的政策目标径直转化为刑事司法解释的内容，会引发违反罪刑法定、破坏刑法体系的稳定性和严肃性、损害

① 韩嘉兴. 刑事政策与刑法解释关系论：以贪污贿赂罪司法解释为解读范本. 枣庄学院学报，2016（6）.

司法权威、束缚法官能动性等弊端。[①] 法律的滞后性与稳定性是相伴相生的，即使随着社会形势的变化刑事立法会导致刑事司法活动不能满足反腐的现实需要，也应当通过刑事立法的修正进行弥补。为了追求某种打击腐败的效果而突破刑法条文的语义范围，看似在追求反腐败政策目标过程中绕过刑事立法走了“捷径”，却也忽视了刑事司法的特性，损害了现代法治的根基。“依法反腐”不仅是对腐败治理活动的指导和要求，同样也是对反腐败刑事政策贯彻实现的自我理性约束，它意味着罪刑法定原则是法治社会的刑事政策不可逾越的红线，也是新时代反腐败刑事政策区别于一般性反腐败政策的根本所在。

（三）提升腐败犯罪刑事制裁的规范化和精细化程度

如前所述，近年来，不论是司法解释设置的操作标准，还是司法实务呈现的制裁效果，对于腐败犯罪的刑罚适用都存在一定的宽严失当之处，而这种适用矛盾的主要方面体现为“宽”的一面的失当。例如，前文揭示的“重受贿，轻行贿”的制裁倾向，其问题主要在于对行贿犯罪的宽纵；再如，腐败犯罪与侵犯财产型犯罪在具体数额标准上差距甚远，主要体现为腐败犯罪在数额标准上的放宽；又如，财产刑在腐败犯罪中适用不统一、不均衡的现象，表现为倾向适用更为轻缓的罚金刑；等等。在立法层面上，受国家和民众高度一致的“从严治腐”态度的影响，腐败犯罪的刑罚结构在总体上是偏向严厉的。有鉴于此，腐败犯罪的刑罚适用应当立足于宽严相济基本刑事政策，贯彻“当宽则宽”“以宽济严”。在此过程中，需要注意的是：就刑罚适用标准而言，对腐败犯罪的从宽处理必须在罪刑法定基本原则的限度内进行；就刑罚适用效果而言，对腐败犯罪从宽处理是为了体现罪责刑相适应的精神。但是，宽严失当的局面在一定程度上突破了上述刑事法治的底线，既背离了“有腐必反”的基本立场，也减损了“不敢腐”的威慑效应，不利于刑法在贯彻“标本兼治”过程中发挥其应有的治标作用。事实上，对宽严相济之“宽”的贯彻，绝不意味着对腐败分子的宽纵，即便在立法层面推动腐败犯罪的刑罚结构趋向轻缓，也并不意味着在司法层面要对腐败犯罪过

① 李翔. 论刑事司法政策司法解释过度化的弊端及其反思. 法治研究，2014（8）.

度从轻处理。这是因为，对“重典治腐”的否定是由刑罚功能的局限性和刑罚供给的有限性决定的，而在司法上过度宽缓则舍弃了刑法威慑力的主要来源——刑罚的不可避免性，从而不当缩小和降低了刑罚有效的打击范围和力度。

为了发挥对腐败犯罪的“严而不厉”的刑事法网的治理效能，必须在刑事司法活动中坚决贯彻“从严处理”的立场，即通过提升腐败犯罪刑事制裁的规范化和精细化程度，实现严格追诉犯罪和严肃依法惩治。笔者认为，可以从以下几个方面着手改进：其一，树立公正优先于效率的办案意识，全面领会和辩证运用宽严相济的基本刑事政策，切实贯彻“有腐必反”和“受贿行贿一起查”，摒弃片面追求办案成果而“部分追究、部分宽纵”的选择性思维；其二，对腐败犯罪的定罪量刑标准（尤其是起刑点的具体数额标准）进行全面完善，为追诉腐败犯罪提供更加充分的依据，避免因无据可依在司法实务中造成追诉活动的随意性；其三，对司法解释中不科学、不均衡的刑罚适用标准进行调整，提升裁判规则的合理性和可操作性，进一步限缩财产刑适用的自由裁量权，对罚金刑的具体数额和档次划分进行再细化，对没收财产刑的适用条件和没收范围作出更具体的规定，明确罚金刑和没收财产刑的适用界限，充分发挥罚金刑与没收财产刑各自的作用；其四，提升犯罪情节在定罪量刑过程中的独立地位和影响程度，充分发挥犯罪情节在刑事责任与犯罪数额之间的“修正”作用；其五，更加重视指导性案例和典型案例的指导作用，尤其是对腐败犯罪情节因素的认定判断，要充分发挥案例针对性、说理性强的优势，使之与司法解释形成优势互补。

## 五、结语

刑事政策决定了刑事司法的基本价值取向，指导着具体的司法实践活动，并在此过程中对法律发挥细化和补缺功能。[①] 对于反腐败刑事司法的活动安排及其成效实现，反腐败刑事政策具有重要的指导作用，它既可以通过价值观念和工作

① 陈卫东，石献智. 刑事政策在刑事司法中的地位和作用. 江海学刊，2002 (5).

原则等相对简明的形式呈现，也可以通过司法解释等规范性文件以相对具体的方式产生影响；同时，反腐败刑事司法对于反腐败刑事政策的贯彻与实效，同样具有直接的反馈和检验作用。通过这种双向互动视角，本文考察和分析了近年来我国刑事司法领域的治腐成就与不足；在此基础上，着眼于监察反腐与司法反腐的密切配合与顺畅衔接，以及法治反腐所面临的更高要求与期待，针对相应问题提出了若干改善建言。我国新时代的反腐败斗争永远在路上，当下正是进行时，方兴未艾，远未臻于完成时。反腐败斗争不断向纵深发展和公众对腐败行为的容忍度持续降低，不仅与腐败犯罪立法的严密性、系统性和均衡性的提升互为倚仗，也有赖于反腐败司法的公正性和规范性。[①] 在全面深化监察体制改革的背景之下，我国反腐败刑事司法必须以新时代反腐败刑事政策的相关内容为指导，随着反腐败形势的变化及时进行调适和优化，在一体推进“不敢腐、不能腐、不想腐”进程中发挥积极的治理作用。

① 詹奇玮，赵秉志. 当代中国腐败犯罪立法的检视与完善. 河南师范大学学报（哲学社会科学版），2021 (4).

# 贪污贿赂犯罪最新司法解释的理解与适用*

## 一、前言

反腐败关系人心向背乃至我们党和国家的生死存亡。中共十八大以来，新一届中央领导集体高举反腐败大旗坚决而有力地防治腐败，坚定不移把党风廉政建设和反腐败斗争引向深入，响亮地提出要“把权力关进制度的笼子里”，要求反腐败坚持“老虎”“苍蝇”一起打，有腐必反、有贪必肃，不断铲除腐败现象滋生蔓延的土壤，吹响了我国新时期反腐败的号角。2013 年 11 月召开的中共十八届三中全会，从多个方面对加强反腐败体制机制创新和制度保障作出了科学部署，对新形势下的反腐倡廉建设提出了新要求。2014 年 10 月召开的中共十八届四中全会又勾勒了法治反腐的蓝图，对我国反腐工作进一步朝着法治化、制度化方向迈进，具有十分深远而积极的意义。法治反腐具有根本性、全局性、严肃性、

---

* 本文写作和完成于 2016 年，是笔者为作《刑法修正案（九）》专题讲座所准备的文稿，全文未曾发表，其中部分内容以《略谈最新司法解释中贪污受贿犯罪的定罪量刑标准》为题目成文，发表于《人民法院报》，2016-04-19（3）。在本文研究和写作过程中，当时担任笔者学术秘书的商浩文博士协助整理资料并与笔者切磋，笔者深表感谢。

稳定性和长期性。法治反腐是反腐败最有效的手段，也是解决腐败问题的根本方式。要使反腐败取得根本的成效，就应当在法治的框架下，以现代法治思维和法治方式推进反腐败，使反腐败走向规范化、制度化。

全国人大常委会2015年8月29日通过的《刑法修正案（九）》立足于法治反腐的基本立场，进一步完善了反腐败的刑法规范，包括修改贪污受贿犯罪的定罪量刑标准，加大对行贿犯罪的处罚力度，严密惩治行贿犯罪的法网，等等，为惩贪肃腐提供了强有力的法律支持，在我国掀起了新一轮强劲的法治反腐败浪潮，对我国新时期的反腐败法治工作必将产生重大而深远的积极影响。由于贪污贿赂犯罪的刑事立法修订不久，贪污贿赂犯罪案件办理中存在不少法律适用问题需要明确和解决，最高人民法院、最高人民检察院（以下简称“两高”）于2016年4月18日联合发布了《关于办理贪污贿赂刑事案件适用法律若干问题的解释》（以下简称《解释》），对贪污贿赂犯罪的相关司法适用问题进行了进一步明确。这一重要的针对贪污贿赂犯罪的最新司法解释文件为我国反腐败司法实务提供了明确的规范性指导，对该司法解释的阐释和研究也应当成为我国刑法学理论及时关注的重要课题。

## 二、《解释》制定的背景和原则

### （一）《解释》制定的背景

认真研析“两高”的《解释》及其相关说明，可知《解释》的制定是基于以下三个方面的必要和旨意。

1. 使刑法典的最新相关修正具备可操作性以沟通立法与实务

《刑法修正案（九）》对贪污贿赂犯罪的定罪及量刑作了五方面的重大调整：一是取消贪污罪、受贿罪原有的定罪及量刑的具体数额标准，突出数额之外其他情节在定罪量刑中的作用；二是对贪污罪、受贿罪增设死刑缓期二年执行减为无期徒刑后予以终身监禁的制度；三是对贪污罪和贿赂犯罪增设罚金刑；四是增设

对有影响力的人行贿罪；五是对行贿罪的从宽处罚设定更为严格的条件。[①]《刑法修正案（九）》从2015年11月1日生效实施之后，这些新规定应该如何具体理解、准确把握和正确适用，亟须制定专门的司法解释明确贪污贿赂犯罪的相关认定标准。

2. 解决相关犯罪的新情况、新问题以合理有效地贯彻法治

随着我国经济社会的发展变化，近年来贪污贿赂犯罪呈现出一些新情况、新特点，给司法实践带来了新的法律适用问题。例如，贿赂犯罪的对象过去主要是财物，现在出现了各种各样的财产性和非财产性利益，给予或者收受这些利益的行为能否以行贿受贿犯罪处理？又如，在受贿犯罪当中，过去主要表现为国家工作人员直接收受贿赂，现在一些案件当中国家工作人员本人没有收受贿赂，收受贿赂的是国家工作人员的近亲属或者与其有着特定关系的人，在这种情况下能否以受贿罪追究国家工作人员的刑事责任？这些新情况、新问题给刑事法网的严密性和法律适用的针对性提出了更高的要求，亟须制定司法解释予以明确。

3. 尝试解决司法实践中长期存在的争议问题以统一司法适用

贪污贿赂犯罪具有其特殊复杂性，我国刑法理论上和实践中对于一些法律适用问题长期存在意见分歧。例如，作为受贿犯罪的法定要件，“为他人谋取利益”究竟应如何理解？正常履职后收受“感谢费”、上下级之间的“感情投资”等能否认定为“为他人谋取利益”？又如，司法实践中经常遇见被告人辩称贪污贿赂款物用于公务支出等情形，这些情形对于定罪量刑究竟应否有影响？应有何种影响？这些问题既关系到法律的统一适用，也关系到依法惩治腐败的实际效果，亟须制定司法解释予以明确。

鉴于上述情况，“两高”在深入细致调研的基础上，对当前办理贪污贿赂犯罪案件中较为突出的法律适用问题进行了认真梳理和筛选研究，并广泛征求了国家立法机关、各级司法机关及各方面人士的意见，制定了《解释》。

---

① 赵秉志.《中华人民共和国刑法修正案（九）》理解与适用. 北京：中国法制出版社，2016：321.

（二）《解释》制定的原则

研究《解释》的制定过程及其文本，笔者认为，《解释》注意贯彻和体现了以下几项原则。

1. 依法从严

依法从严是我国惩治贪污贿赂犯罪的一贯原则，《解释》通篇注意贯彻和体现了惩治贪腐“严”字当头。主要体现为：一是严厉追究贪污、受贿犯罪行为，明确贪污、受贿数额满一万元、具有一定较重情节的就应当追究刑事责任。二是赋予终身监禁制度刚性特征，明确终身监禁的决定必须在裁判的同时就作出，终身监禁一经作出将无条件执行，不受服刑表现的影响，不得减刑、假释。三是加大经济处罚力度，规定远重于其他犯罪的罚金刑判罚标准。四是严密法网，结合当前贿赂犯罪的新情况、新特点，对“财物”和“为他人谋取利益”等贿赂犯罪构成要件作出明确解释。五是对受贿与行贿的打击并重，对行贿犯罪从宽处罚的适用条件进行必要的限定。六是从重打击滥用职权损害国家、人民利益的受贿犯罪，明确国家工作人员收受贿赂、违反规定为他人谋取利益，同时构成受贿罪和渎职犯罪的实行数罪并罚。

2. 统筹协调

《解释》注意综合考量各种因素而确定不同职务犯罪的定罪量刑标准，统筹解决罪与非罪、罪轻与罪重的标准掌握问题，以确保相关犯罪的罪刑关系协调一致。主要体现为：一是刑事犯罪与违纪行为的协调。为落实党纪严于国法、“把纪律挺在前面”的反腐要求，突出刑法打击重点，做到刑事处罚与党纪政纪处分衔接有序，《解释》在实证研究的基础上重新确定了各种贪污贿赂犯罪的定罪处罚标准，为党纪政纪处分留下了合理的空间。二是罪轻与罪重的协调。为解决实践当中长期存在的刑罚失衡问题，根据“数额＋情节”的立法思路，《解释》结合犯罪情节进一步拉开了贪贿犯罪不同量刑档的数额级差，以此满足不同情节犯罪的量刑需要，尽可能实现罪刑均衡。三是不同主体身份职务犯罪的协调。刑法区分国家工作人员身份与非国家工作人员身份，规定了两类职务犯罪并配置了不同的刑罚。为确保两类职务犯罪处罚上的平衡协调，《解释》对非国家工作人员职务犯罪的定罪量刑标准一并作出了规定。

3. 积极稳妥

《解释》注意坚持问题导向，对于司法实践中出现的新情况、新问题在刑法规定框架内积极予以回应，对于长期存在争议的问题认真研究并力图形成共识。主要体现为：一是规定作为贿赂犯罪对象的“财物”包括财产性利益，并进一步明确，除物质利益之外，需要支付货币的其他利益也应当认定为财产性利益。二是对受贿犯罪中的“为他人谋取利益”要件作出界定，明确事后受贿符合为他人谋取利益要件的要求，收受下属或者行政被管理人员超出人情往来范围的财物的视为承诺为他人谋取利益。三是对特定关系人受贿作出规定，明确与国家工作人员有着特定关系的人收受财物，国家工作人员知道后未退还或者上交的，应当对国家工作人员以受贿罪追究刑事责任。四是针对实践中常见的被告人辩解贪污贿赂款物用于公务支出的问题，明确根据在案证据可以认定存在贪污、受贿主观故意的，不影响定罪。

4. 便于操作

司法解释必须便于操作，这是司法解释的应有之义。[①]《解释》规定务求明确具体，可操作、可执行。主要体现为：一是对各种贪污贿赂犯罪的定罪量刑标准一一作出规定，对常见贪污贿赂犯罪的定罪量刑均能做到有据可依。二是采取“数额＋情节”的模式规定贪污罪、受贿罪的定罪量刑标准，在情节的设置上辅以不同的犯罪数额限制，以此增进司法的确定性，避免因情节难以量化而出现操作性问题。三是对直接决定定罪量刑的犯罪数额和量刑情节的具体认定作出规定，明确国家工作人员为他人谋取利益前后连续收受的财物均应计入受贿数额。四是采取绝对数和倍比数相结合的办法规定罚金刑的判罚标准，在兼顾被判刑人受罚能力的同时，确保判罚充分有效。

5. 宽严相济

宽严相济是我们党和国家晚近十余年来逐步确定的我国现阶段的基本刑事政策，这一政策的指导作用应当贯彻于我国刑事法治的全过程和各个领域，当然也应

---

① 赵秉志，王勇．论我国刑法的最高司法解释．法学研究，1988（1）．

当贯彻于我国刑法立法、刑事司法领域。[①] 在宽严相济作为我国现阶段的基本刑事政策被提出和确立之后不久，全国人大常委会于2009年2月通过的《刑法修正案(七)》即打破了既往刑法修正仅注意从严从重之修法惯例，开始注意在修法中对从严与从宽的兼顾，以体现宽严相济的基本刑事政策。[②] 在全国人大常委会2011年2月通过的《刑法修正案（八)》中，宽严相济的基本刑事政策得到了进一步的重视和体现，从而成为《刑法修正案（八)》修法的首要特点。[③] 在此次《刑法修正案（九)》中，全国人大常委会更加注重把坚持宽严相济的刑事政策、维护社会公平正义作为修法的一个重要的指导思想，强调“对社会危害严重的犯罪惩处力度不减，保持高压态势；同时，对一些社会危害较轻，或者有从轻情节的犯罪，留下从宽处置的余地和空间”[④]。针对贪污贿赂犯罪，虽然“两高”的《解释》遵循了《刑法修正案（九)》总体上坚持的从严惩处的原则，但是相关规定也体现了合理从“宽”的一面。比如，针对特重大贪污受贿犯罪的死缓犯设置的终身监禁制度，其确立的是对原本罪该判处死刑立即执行的特别严重的贪污受贿罪犯适用死缓并最终转化成终身监禁的制度，这就体现了宽严相济刑事政策“宽”的一面；再如，《解释》大幅提高贪污、受贿、挪用公款等犯罪的入刑数额，也在一定程度上体现了刑事处置“宽”的方面。

《解释》共20条，“两高”发布时将其归纳为十一个方面的内容，本文着重研讨其中九个方面的内容，并将其进一步概括为以下五个方面予以论述。

## 三、贪污受贿犯罪定罪量刑标准的调整

### （一）《刑法修正案（九)》的相关修改

进一步完善反腐败刑法规范是《刑法修正案（九)》修法的重点之一，而合

---

① 赵秉志. 和谐社会构建与宽严相济刑事政策的贯彻. 吉林大学社会科学学报，2008 (1).

② 赵秉志.《刑法修正案（七）》的宏观问题研讨. 华东政法大学学报，2009 (3).

③ 赵秉志.《刑法修正案（八）》理解与适用. 北京：中国法制出版社，2011：5.

④ 李适时. 关于《中华人民共和国刑法修正案（九）（草案）》的说明（2014年10月27日在第十二届全国人民代表大会常务委员会第十一次会议上）. http://www.npc.gov.cn/wxzl/gongbao/2015-11/06/content_1951884.htm.

理调整贪污受贿犯罪定罪量刑标准的模式则是其中的一大亮点。鉴于近年来司法实践中越来越感受到1997年刑法典对贪污受贿犯罪定罪量刑规定单一的具体数额标准[①]的种种弊端（如难以全面而适时地反映案件的社会危害程度，不能充分贯彻罪责刑相适应原则，等等），根据各方面的意见和建议，《刑法修正案（九）》实事求是地对此作了合理调整，将贪污受贿犯罪原来的单一依据具体数额进行定罪量刑的模式，修改为“概括数额＋情节”的定罪量刑模式，即：原则上规定“数额较大或者有其他较重情节的”“数额巨大或者有其他严重情节的”“数额特别巨大或者有其他特别严重情节的”三种由轻到重的犯罪情况，相应规定了三档法定刑；并规定数额特别巨大且使国家和人民利益遭受特别重大损失的，处无期徒刑或者死刑，并处没收财产。

为了维护国家司法的统一性和公正性，《刑法修正案（九）》所确定的“概括数额＋情节”的贪污受贿犯罪的定罪量刑标准必须由依法享有司法解释权的国家最高司法机关（最高人民法院和最高人民检察院）以司法解释的形式予以具体规定。“两高”《解释》在《刑法修正案（九）》相关规范的基础上，进一步科学合理地设定了贪污受贿犯罪定罪量刑的具体数额和情节标准，很好地贯彻了《刑法修正案（九）》的相关修法精神暨司法公正、罪责刑相适应原则的要求。

（二）关于数额标准

贪污受贿犯罪是贪利型的职务犯罪，犯罪数额是其社会危害程度的基本决定因素。因而《刑法修正案（九）》关于贪污受贿犯罪定罪量刑标准的设定，还是

① 1997年刑法典第383条规定：“对犯贪污罪的，根据情节轻重，分别依照下列规定处罚：（一）个人贪污数额在十万元以上的，处十年以上有期徒刑或者无期徒刑，可以并处没收财产；情节特别严重的，处死刑，并处没收财产。（二）个人贪污数额在五万元以上不满十万元的，处五年以上有期徒刑，可以并处没收财产；情节特别严重的，处无期徒刑，并处没收财产。（三）个人贪污数额在五千元以上不满五万元的，处一年以上七年以下有期徒刑；情节严重的，处七年以上十年以下有期徒刑。个人贪污数额在五千元以上不满一万元，犯罪后有悔改表现、积极退赃的，可以减轻处罚或者免予刑事处罚，由其所在单位或者上级主管机关给予行政处分。（四）个人贪污数额不满五千元，情节较重的，处二年以下有期徒刑或者拘役；情节较轻的，由其所在单位或者上级主管机关酌情给予行政处分。对多次贪污未经处理的，按照累计贪污数额处罚。”

以犯罪数额为首要的模式，只是改“具体的数额模式”为“概括的数额模式”，以维护刑法立法的稳定性和适应性，并授权最高司法机关可以动态地、科学合理地设置某一时期的具体数额标准。“两高”《解释》则将经《刑法修正案（九）》修改的刑法典第383条、第386条贪污罪、受贿罪的由轻到重的三种罪状（数额）及其对应的法定刑档次确定为：贪污或者受贿数额在3万元以上不满20万元的为“数额较大”，适用“三年以下有期徒刑或者拘役，并处罚金”的法定刑幅度（《解释》第1条第1款）；贪污或者受贿数额在20万元以上不满300万元的为“数额巨大”，适用“三年以上十年以下有期徒刑，并处罚金或者没收财产”的法定刑幅度（《解释》第2条第1款）；贪污或者受贿数额在300万元以上的为“数额特别巨大”，适用“十年以上有期徒刑、无期徒刑或者死刑，并处罚金或者没收财产”的法定刑幅度（《解释》第3条第1款）。《解释》关于数额模式的规定，即其所确定的贪污受贿犯罪定罪量刑的数额标准，涉及以下三个问题。

1. 数额标准的规定模式

数额标准应采用什么模式规定？从理论与实践的结合上考虑，对于贪污受贿犯罪的数额标准的规定，大体上有三种模式可供选择：一是数额幅度模式。即由“两高”制定司法解释规定贪污受贿犯罪定罪量刑的数额幅度，同时授权省级司法机关在司法解释规定的数额幅度内，根据本地区经济发展水平并考虑当地犯罪状况，确定本地区执行的具体数额标准，再报“两高”批准。如“两高”对盗窃罪、诈骗罪等侵犯财产犯罪的具体数额确定即采用了此种模式。二是不同类型的地区数额分立模式。即由“两高”将全国各省份按其经济发展状况划分为三类或四类地区，并对各类地区分别确定不同的数额。以上两种模式可以说都是因地而异的数额标准，相比之下，第一种模式的差异是因省份而异，各省份自行确定数额；而第二种模式是不同类型地区间有所差异且其数额标准是由“两高”具体确定的。这两种模式的优点是考虑了不同地区经济发展状况对贪污受贿犯罪数额所体现的社会危害程度的不同影响；其主要弊端是造成司法的不统一，并给犯罪行为跨省份案件的指定管辖和定罪量刑带来困难。三是统一数额模式。即由“两高”以司法解释在全国范围内规定统一的贪污受贿犯罪定罪量刑的数额标准。这

是《解释》所采取的模式。此种模式的优点，一是维护了司法的统一性；二是对跨省份案件的定罪量刑采取统一标准维护了司法的公平公正，也增强了司法的可操作性。其弊端是未能体现不同地区经济发展状况之差异。相比之下，可以说第三种模式利大于弊，因为司法的统一与公正尤其是现代刑事司法的生命线。因此，对《解释》所采取的统一数额模式应予以肯定和支持，并且可以在司法实践中予以检验和完善。

2. 贪污受贿犯罪的起刑点数额问题

怎样确定贪污受贿犯罪的起刑点数额？即“数额较大”的标准应怎样掌握？1988 年全国人大常委会《关于惩治贪污罪贿赂罪的补充规定》对贪污罪、受贿罪设置的起刑点是 2 000 元，1997 年刑法典将这一起刑点提高至 5 000 元，《刑法修正案（九）》在立法上取消了此一起刑点具体数额的规定，而改为“数额较大”的概括规定，并将“数额较大”的确定标准交由最高司法机关以司法解释来明确。那么，对贪污受贿犯罪“数额较大”的标准应怎样掌握？原来的 5 000 元起刑点是应维持不变还是要有所提高？若需要提高，其提高幅度应有多大？对此问题存在较大的意见分歧，大体上有三种主张：第一种观点主张 5 000 元的起刑点不宜提高，甚至还应有所降低。认为这是严惩腐败犯罪的要求，是契合中央对腐败行为“零容忍”的反腐政策的，也是符合严厉反腐败的社会舆情和民众呼声的。第二种观点主张此一起刑点应适当提高，但不宜提得太高，比如可以将“数额较大”的起刑点提高至 1 万元。第三种观点主张对此起刑点，即“数额较大”的标准应予以明显的提高，比如可以提高到 3 万元。①“两高”的《解释》采纳了上述第三种观点，将这一起刑点提高至 3 万元。笔者认为《解释》此一规定是正确的抉择，因为对贪腐行为的“零容忍”绝不等于对贪污受贿犯罪要实行刑事犯罪门槛的“零起点”。我国刑法对犯罪行为之规制一贯坚持质与量相统一的思想，并以行为的社会危害程度的大小来作为区分犯罪行为与一般违法行为的界限。在

① 赵秉志，刘志伟，彭新林. 努力完善惩治腐败犯罪立法建设：“我国惩治腐败犯罪的立法完善问题学术座谈会”研讨综述. 法制日报，2015-04-08 (9).

当前反腐败的大潮中，中央也旗帜鲜明地提出要把党纪政纪挺在刑事追究的前面，即对贪污受贿行为在定罪量刑之前，要有党纪政纪处分可以独立发挥作用的空间。再者，贪腐行为的社会危害程度是一个变量，它会随着社会经济的发展状况而相应地变化。自 1997 年刑法典规定贪污受贿犯罪 5 000 元起刑点迄今，我国经济社会的发展变化巨大，人均 GDP 自 1997 年至 2014 年增长了约 6.7 倍[①]，而适用了近 20 年的贪污受贿犯罪 5 000 元的起刑点却仍未变化，已严重不符合当初设定这一起刑点时所掌握的社会危害程度，因而适当提高这一起刑点数额乃势在必行，而且幅度提高太小也不解决问题。据介绍，《解释》将此起刑点数额由原来的 5 000 元提高至 3 万元，也是符合近年来司法实践中予以刑事追诉的贪污受贿犯罪案件的实际情况的。而从实际出发、实事求是，历来是我国刑事法治所注意贯彻的重要理念。

3. 贪污受贿犯罪“数额巨大”“数额特别巨大”的标准问题

怎样确定贪污受贿犯罪“数额巨大”“数额特别巨大”的标准?《解释》结合对既往司法实践的考察和相关立法精神，将贪污受贿犯罪“数额巨大”的标准确定为满 20 万元，将“数额特别巨大”的标准确定为满 300 万元。其主要考虑是要适当拉开不同量刑档次的级差，以更好地贯彻罪责刑相适应原则下的区别对待。笔者认为《解释》这一改动是正确的，是值得充分肯定的。在《刑法修正案（九）》之前，刑法典第 383 条、第 386 条关于贪污受贿犯罪第二档次（对应现在的“数额巨大”）的数额规定是 5 万元，法定刑为 5 年以上有期徒刑；第三档次（对应现在的“数额特别巨大”）的数额规定是 10 万元，法定刑为 10 年以上有期徒刑或者无期徒刑。其主要问题有二：一是在起刑点数额（“数额较大”）过低的基础上，刑法典中对“数额巨大”“数额特别巨大”的具体数额设置也均过低，严重脱离当前经济社会背景下数额之社会危害性程度的真实情况，导致罚过其

① 我国 1997 年的人均 GDP 为 6 050 元，2014 年的人均 GDP 为 46 629 元。卢继传. 中国知识经济文选. 北京：中国经济出版社，1999：224；林火灿. “十二五”时期，特别是党的十八大以来——经济社会发展成就斐然. 经济日报，2015-10-22（8）.

罪，与配置的重刑显然不协调。二是数额与刑罚相对应的量刑区间狭窄，轻重罪刑之间缺乏科学合理的幅度和梯次之分。首先，从第一档次起刑点的 5 000 元（对应 1 年以上 7 年以下有期徒刑）到第二档次的 5 万元（对应 5 年以上有期徒刑），再到第三档次的 10 万元（对应 10 年以上有期徒刑或者无期徒刑）之间总共仅有 9.5 万元的数额差距，而法定刑就从 1 年有期徒刑上升到 10 年以上有期徒刑或者无期徒刑，导致数额差距空间较小而刑罚轻重差距过大；其次，犯罪数额在 5 000 元到 10 万元之间的，实践中的量刑大体上是按照 1 万元判刑 1 年掌握，看似公平，实则显属轻罪重罚。其问题更突出地表现在第三档次（10 万元以上判处 10 年以上有期徒刑或者无期徒刑）的罪刑关系上，在此档次，只要不属于“情节特别严重的，处死刑”的情况，则贪污受贿数额满 10 万元与不满 10 万元的案件在量刑上轻重差别巨大，而贪污受贿数额 10 万元、几十万元的案件与数百万元、数千万元的案件在量刑上却差别不大（其量刑区间仅为 10 年至 15 年有期徒刑、无期徒刑），导致这一档次在实践中长期存在罪刑失衡、重刑集聚的不合理现象。以上这些弊端严重违背了我国刑事法治中社会危害性理论的基本原理和罪责刑相适应原则的要求，严重有损现代刑事法治的公平正义理念。因而相当一个时期以来，各方面要求合理调整和适当提高贪污受贿犯罪加重刑罚的第二档次、第三档次之数额标准的呼声很高，这也正是《刑法修正案（九）》将其更改为概括性的“数额巨大”“数额特别巨大”的立法本意所在。此次我国最高司法机关在《解释》中将属于第二量刑档次的“数额巨大”提高至满 20 万元，将属于第三量刑档次的“数额特别巨大”提高至满 300 万元，较过去的相应数额标准有了较大幅度的提高，其数额标准的确定是建立在对我国当下经济社会状况及贪污受贿数额的社会危害程度认真调研把握之基础上的，是符合目前我国社会罪刑关系之实际的。如此设置，给 3 年以上 10 年以下有期徒刑的适用以及 10 年有期徒刑以上刑罚的适用都留下了尽可能大的犯罪数额对应空间，有利于从根本上解决司法实践中长期存在的贪污受贿犯罪之量刑罪刑失衡、重刑集聚的现象，从而较好地贯彻了罪责刑相适应的刑法基本原则。

（三）关于情节标准

在1997年刑法典中，贪污受贿犯罪的定罪量刑以具体数额为基本模式，“情节”只是其补充因素。《刑法修正案（九）》改变了既往刑法典中单纯计赃论罪论罚的具体数额的基本模式，而代之以“数额＋情节”（实际上是“数额或情节”）的模式，即将“有其他较重情节”与“数额较大”并列，将“有其他严重情节”与“数额巨大”并列，将“有其他特别严重情节”与“数额特别巨大”并列，相应规定了三档法定刑。也就是说，由《刑法修正案（九）》第44条的语义来看，国家立法机关在刑法修正中显然是把“情节”作为与“数额”并列的贪污受贿犯罪之定罪量刑标准看待的，即贪污受贿犯罪之定罪量刑有两个标准，一为数额标准，二为情节标准，二者并列而相互区别、相互独立，具备其中之一即可。但是，“两高”的《解释》一方面规定了独立的数额标准；另一方面却没有规定完全独立于数额的情节标准，而是将情节与相对较低的数额（大体上减半）结合而规定了“数额＋情节”模式的标准。此种模式与数额模式的三个档次相对应，区分为三档罪刑规范：（1）贪污受贿数额在1万元以上不满3万元，同时具有《解释》所列举的严重情节之一的，即认定为法条规定的“其他较重情节”，与“数额较大”（单纯的数额在3万元以上不满20万元）一样适用第一档次的法定刑；（2）贪污受贿数额在10万元以上不满20万元，同时具有《解释》所列举的严重情节之一的，即认定为法条规定的“其他严重情节”，与“数额巨大”（单纯的数额在20万元以上不满300万元）一样适用第二档次的法定刑；（3）贪污受贿数额在150万元以上不满300万元，同时具有《解释》所列举的严重情节之一的，即认定为法条规定的“其他特别严重情节”，与“数额特别巨大”（单纯的数额在300万元以上）一样适用第三档次的法定刑。针对“两高”《解释》将《刑法修正案（九）》所规定的独立于数额的情节标准改造成“数额＋情节”模式，应当探讨和明确以下几点。

1. 将情节标准改造为“数额＋情节”标准之理由

在《刑法修正案（九）》的修法过程中，鉴于过去单纯数额标准的弊端，一种意见反对将数额作为贪污受贿犯罪的主要定罪量刑标准，主张应以脱离数额的

情节作为其定罪量刑的标准，规定“情节较重”“情节严重”“情节特别严重”三种情形及相应的三档法定刑。国家立法机关经研究没有采纳单纯的情节标准之主张，也没有维持既往的单纯具体数额标准之模式，而是采取了将数额与情节并列的“数额+情节”（或者更准确地说是“数额或情节”）标准的模式。而最高司法机关的《解释》又在数额标准之外的情节标准中加入了数额因素，将情节与数额挂钩，使情节标准实际上成为“数额+情节”（或者说“情节+数额”）的模式。这主要是基于两点考虑：一是犯罪数额在贪污受贿犯罪危害程度的衡量中具有基础性的作用，对此类贪利性职务犯罪之定罪量刑虽不能单纯考虑数额，但也往往离不开对犯罪数额的考量，这也是罪责刑相适应原则的要求和体现；二是完全脱离数额的其他情节之严重程度往往难以量化和准确把握，若仅根据其他情节决定刑罚裁量可能会出现数额较小而判刑过重的罪刑失衡现象，也容易给量刑的随意性留下空间。笔者认为最高司法机关这两点考虑是值得充分肯定的，是准确地把握了数额与其他情节对贪污受贿犯罪之危害程度影响的辩证关系，也是借鉴了以往我国最高司法机关在侵犯财产类犯罪之司法解释中的成功经验。因此，应当予以认同和支持。当然，将来若能在立法上对情节标准独立于数额之规定作适当修改，使情节标准从立法上看也有容纳一定数额因素的空间，以使立法与司法合理协调，则效果会更好。

2. 关于情节标准与数额标准的关系问题

按照《刑法修正案（九）》的相关规范和“两高”《解释》第1～3条的规定，可以说，我国当前对贪污受贿犯罪的定罪量刑采用了“两套标准”“三个档次”（三个罪刑单位）。“两套标准”之一为数额标准，这也是贪污受贿犯罪基本的定罪量刑模式，区分为“数额较大”（满3万元不满20万元）、“数额巨大”（满20万元不满300万元）、“数额特别巨大”（300万元以上）三个档次并配置由轻到重的三档法定刑；“两套标准”之二为情节标准，更确切地讲应为“数额+情节”（亦可称“情节+数额”）标准，区分为“其他较重情节”（满1万元不满3万元，同时具备《解释》所列严重情节的）、“其他严重情节”（满10万元不满20万元，同时具备《解释》所列严重情节的）、“其他特别严重情节”（150万元以上不满

300万元，同时具备《解释》所列严重情节的）三个档次，并与符合数额标准者一样分别适用三档法定刑。由此可见，贪污受贿犯罪定罪量刑的数额标准与情节标准（“数额＋情节”标准）是并行不悖、彼此独立的两套标准：没有《解释》所列举的严重情节者即不适用情节标准而适用数额标准；具有《解释》所列举的严重情节者适用情节标准（“数额＋情节”标准），此时的数额要求要依照《解释》之规定有所降低，原则上是减半掌握。“两高”《解释》对《刑法修正案（九）》所确定的贪污受贿犯罪定罪量刑之概括数额标准的具体化，以及对情节标准进行的“数额＋情节”的改造和具体化，使这两种标准形成互补关系且均明确、具体而具备可操作性，这是值得充分肯定的。

3.“数额＋情节”标准中“严重情节”的抉择

在“数额＋情节”模式下，大体上减半掌握数额标准，从而使数额外的其他情节成为影响贪污受贿犯罪定罪量刑的重要因素。为使情节因素正确而充分地发挥其对贪污受贿犯罪定罪量刑的作用，“两高”《解释》以能够真正体现犯罪特点并对贪污受贿犯罪定罪量刑有重要意义为标准，认真选择了若干严重情节加以规定。具体而言，《解释》对贪污罪规定的严重情节有六项：（1）贪污救灾、抢险、防汛、优抚、扶贫、移民、救济、防疫、社会捐助等特定款物的；（2）曾因贪污、受贿、挪用公款受过党纪、行政处分的；（3）曾因故意犯罪受过刑事追究的；（4）赃款赃物用于非法活动的；（5）拒不交待赃款赃物去向或者拒不配合追缴工作，致使无法追缴的；（6）造成恶劣影响或者其他严重后果的（《解释》第1条第2款）。这些情形从犯罪对象、犯罪行为、行为人主观恶性和人身危险性、认罪悔罪态度和危害后果等方面说明了其社会危害性较大，因而被合理地确定为影响贪污罪定罪量刑的因素。《解释》对受贿罪规定的严重情节分为两类：第一类是仅适用于受贿罪法定刑第一档次的上述贪污罪第（2）至（6）项的5种情节。第二类是同时适用于受贿罪三档法定刑的另外3种情节：（1）多次索贿的；（2）为他人谋取不正当利益，致使公共财产、国家和人民利益遭受损失的；（3）为他人谋取职务提拔、调整的。这三项情节是针对受贿罪特点而设立的，而且对受贿案件的危害程度或行为人的主观恶性程度有显著影响。第一项“多次索

贿”表明了行为人主观恶性较大，第二项贪赃枉法又造成损害后果，明显具有更大的社会危害性，第三项组织、人事类腐败行为的危害性质和危害程度都十分严重，因而将这三项情形规定为受贿案件的严重情节是合乎法理与情理的。总之，《解释》所规定的贪污罪、受贿罪的这些严重情节，都是从我国相关的司法实践中总结出来的，并具有相应的理论根据。当然，对《解释》所规定的这些严重情节，还可以通过司法实践予以检验和进一步完善。

## 四、贪污受贿犯罪死刑暨终身监禁的理解与适用

死刑改革是当代中国刑事法治乃至整个法治领域最受关注的重大现实问题之一，关乎中国法治的进步和社会文明的发展。随着国际社会限制与废止死刑运动的蓬勃发展和中国法治与人权事业的日益进步，近年来，中国的死刑制度改革也取得了重大的进展。腐败犯罪是典型的非暴力、经济性犯罪，基于死刑的法治缺陷以及贪污罪和受贿罪的罪质特征、产生原因等因素，贪污罪和受贿罪死刑的废止是中国刑事立法发展的必然前景。但是由于中国历史传统和现实国情尤其是当前反腐败形势的制约，立即废止或者在短期内废止严重贪污罪和受贿罪的死刑尚不现实，因而需要对严重贪污罪和受贿罪的死刑从立法和司法上予以严格控制。由于立法控制能够在源头上实现限制死刑适用的目标，因而立法控制乃是死刑改革的基础和根本。因此，在废止严重贪污罪和受贿罪的死刑之前，国家立法机关应当在刑法立法上采取有效措施进一步严格其死刑适用标准；待时机成熟时，则应考虑在刑法立法上彻底废止贪污罪、受贿罪的死刑。[①] 在逐步减少并最终废止死刑的死刑改革趋势下，2015 年 8 月 29 日全国人大常委会通过的《刑法修正案（九）》进一步修订了严重贪污罪、受贿罪死刑适用的标准，并且将认罪悔罪、积极退赃等酌定量刑情节法定化，以积极发挥司法实践中常见的从宽量刑情节对于

---

① 赵秉志. 论中国贪污受贿犯罪死刑的立法控制及其废止：以《刑法修正案（九）》为视角. 现代法学，2016（1）.

贪污罪、受贿罪死刑裁量的影响；同时，对于被判处死刑缓期执行的特重大贪污罪、受贿罪的犯罪人规定死刑缓期执行二年期满依法减为无期徒刑后不得再予减刑和假释，予以终身监禁。这些相关的立法改革为严格控制乃至最终废止贪污罪、受贿罪的死刑提供了必要条件和基础。“两高”《解释》进一步明确了贪污受贿犯罪死刑适用标准的相关问题。在此，笔者结合以上刑法立法和司法解释对贪污受贿犯罪死刑适用标准的相关问题进行简要探讨。

（一）贪污受贿犯罪死刑适用标准之科学化

《刑法修正案（九）》通过之前，我国刑法典第383条、第386条将严重贪污受贿犯罪的死刑适用条件规定为个人贪污受贿“数额在十万元以上的……情节特别严重的，处死刑，并处没收财产”。由于当时立法对贪污受贿犯罪适用死刑的“十万元以上”之犯罪数额规定过低，而“情节特别严重”之规定又十分概括和过于抽象，缺乏可操作性和可预测性，不可避免地导致了司法适用的无所适从和死刑适用标准的不统一。为促进贪污受贿犯罪定罪量刑标准的科学化、合理化，并进一步限制贪污受贿犯罪死刑的司法适用，《刑法修正案（九）》第44条将贪污受贿犯罪的死刑适用条件修正为：贪污受贿犯罪“数额特别巨大，并使国家和人民利益遭受特别重大损失的，处无期徒刑或者死刑，并处没收财产”。修法后的贪污受贿犯罪之死刑适用标准相对而言显然更为科学合理、简洁明确，更具可操作性；而且摒弃了原有的绝对确定死刑的法定刑模式，将无期徒刑和死刑并列作为严重贪污受贿犯罪法定刑幅度内的可选择刑种，赋予法官合理的刑罚裁量选择空间，有助于合理限制贪污受贿犯罪死刑的适用。为了进一步区分贪污受贿犯罪无期徒刑和死刑之间的量刑标准，“两高”《解释》第4条第1款对于贪污受贿犯罪的死刑适用标准作了进一步具有强调性和补充性的规定，即“贪污、受贿数额特别巨大，犯罪情节特别严重、社会影响特别恶劣、给国家和人民利益造成特别重大损失的，可以判处死刑”。《解释》关于“贪污、受贿数额特别巨大”和“给国家和人民利益造成特别重大损失”是对《刑法修正案（九）》的照应性、强调性规定，而《解释》关于“犯罪情节特别严重、社会影响特别恶劣”的规定则是对《刑法修正案（九）》合理的补充性规定。对于“两高”《解释》中确立的贪

污受贿犯罪死刑适用标准，需要明确以下几点。

1. 关于贪污受贿犯罪死刑适用之“数额特别巨大”之认定

“两高”《解释》第3条将贪污或者受贿数额在300万元以上的，认定为“数额特别巨大”。需要注意的是，贪污受贿300万元仅是适用10年以上有期徒刑、无期徒刑、死刑的法定刑幅度的犯罪数额起点。不同刑罚对应的社会危害性程度应当有所区别，死刑作为最严厉的刑罚，其对应的行为的社会危害性也应当是最为严重的，因而死刑适用标准之“数额特别巨大”中的数额标准应当在300万元的基础上有显著的提高，以利于体现罪责刑相适应的原则。在既往贪污受贿案件中，行为人单纯贪污受贿上千万元甚至数千万元也都未判处死刑，尤其是判处死刑立即执行，故而司法实务对于死刑适用标准中的“数额特别巨大”应当从严掌握，这是司法实践中贯彻“保留死刑，严格控制和慎重适用死刑”的死刑政策的需要，也是慎用死刑的法治思想的具体体现。

2. 关于“给国家和人民利益造成特别重大损失”的认定

以往因贪污受贿犯罪判处死刑立即执行的案件的司法裁决中并没有明确“给国家和人民利益造成特别重大损失”之认定，这不利于明确贪污受贿犯罪适用死刑的裁量标准。笔者认为，可以参考相关司法解释中关于“国家和人民利益遭受重大损失”的认定标准来考察贪污受贿行为的危害结果，重点考虑贪污受贿行为造成的经济损失、物质损失等犯罪情节，并且以相关指导性案例和量刑指导意见加以明确，以使贪污受贿犯罪的死刑适用标准能够相对统一、明确，从而有助于贪污受贿犯罪量刑的统一和死刑的司法控制。

3. 关于“犯罪情节特别严重、社会影响特别恶劣”的认定

这是“两高”《解释》中确立的区分同一量刑档次内死刑与无期徒刑的量刑标准。因而在考量贪污受贿犯罪应否适用死刑时，不仅要考虑“数额特别巨大”“给国家和人民利益造成特别重大损失”，也需考虑“犯罪情节特别严重、社会影响特别恶劣”之适用条件。结合相关的司法实践，在具体案件中，应当综合相关的犯罪情节，考察行为人的主观恶性、人身危险性以及行为的社会危害性，并具体考察犯罪行为是否给社会造成特别恶劣的影响，以决定是否最终适用死刑。总

之，对贪污受贿犯罪的死刑适用要慎之又慎，要确保死刑（包括死缓）只能适用于罪行极其严重的贪污受贿犯罪。

（二）影响死刑适用的酌定量刑情节法定化

近年来，在宽严相济基本刑事政策暨“严格控制和慎重适用死刑”的死刑政策指引下，中国司法机关注意充分发挥酌定量刑情节限制死刑适用的功效，使酌定量刑情节限制死刑适用的可能性逐步成为现实。在《刑法修正案（九）》通过之前，是否退赃或者追缴赃物、是否认罪悔罪等酌定量刑情节在司法实践中对贪污受贿犯罪死刑适用的影响较为明显。

有鉴于此，《刑法修正案（九）》对既往贪污受贿犯罪的相关酌定从宽量刑情节予以法定化的提升，其第 44 条第 3 款明确规定：“犯第一款罪，在提起公诉前如实供述自己罪行、真诚悔罪、积极退赃，避免、减少损害结果的发生，有第一项规定情形的，可以从轻、减轻或者免除处罚；有第二项、第三项规定情形的，可以从轻处罚。”（该条第 1 款第 3 项规定的是贪污受贿“数额特别巨大或者有其他特别严重情节”的情形，也即适用死刑的量刑幅度。）

笔者认为，将贪污受贿犯罪的相关酌定量刑情节法定化，对于贪污受贿犯罪的死刑限制适用具有重大的现实意义。积极退赃、真诚悔罪等酌定从宽量刑情节不仅是衡量犯罪社会危害性的重要因素，也在一定程度上反映了行为人的人身危险性大小，因此在我国司法实践中对贪污受贿犯罪死刑适用具有重要影响。在司法实践中，如果犯罪人主动退赃、真诚悔罪、避免或减少危害结果的发生等，一般会考虑从宽处罚。将这些在司法实践中得到普遍认可的、争议较小的酌定量刑情节法定化，有助于发挥这些情节对贪污受贿犯罪量刑合理从宽的影响作用，为贪污受贿犯罪的死刑限制适用提供明确的法律依据，有利于规范量刑、统一标准，限制量刑环节的随意性，对死刑的限制适用发挥比较稳定、可预期的影响力，进而有助于切实减少死刑尤其是减少死刑立即执行的适用。事实上，“两高”《解释》第 4 条第 2 款明确规定，即使行为人符合该条第 1 款的死刑适用标准，但是“具有自首，立功，如实供述自己罪行、真诚悔罪、积极退赃，或者避免、减少损害结果的发生等情节，不是必须立即执行的，可以判处死刑缓期二年执行”。

(三) 针对特重大贪污受贿犯罪的终身监禁制度

1. 终身监禁制度的创设

在我国，虽然贪污罪、受贿罪的死刑适用在较早时期曾相对较多，但考虑到贪污受贿犯罪毕竟属于经济性、非暴力犯罪，与死刑所剥夺的生命权不具有对等性，近年来我国对贪污罪、受贿罪犯罪分子已很少适用死刑立即执行，绝大多数达到死刑适用标准的严重腐败罪犯均被判处了死刑缓期执行。这样，原本依法应判处死刑立即执行的案件和判处死刑缓期二年执行的案件之间的界限逐步模糊，二者之间刑罚严厉性的差异难以体现，难免让民众产生对严重贪污受贿犯罪适用刑罚不公正的误解。在《刑法修正案（九)》的修法过程中，一些全国人大常委会委员提出，应在逐步减少死刑罪名的同时，考虑增设终身监禁刑罚。例如，有委员提出，“尽管国际上有一些取消死刑的国家，但其法律体系中保留着终身监禁的罪名，有些数罪并罚可以被判几十年，甚至上百年。为了发挥好刑法惩罚犯罪、保护人民的功能，建议在不断取消死刑罪名时，增设终身监禁罪”。也有委员认为，“很多国家没有死刑但有终身监禁；我国有无期徒刑，但基本是死缓后就是无期，只要没有新的犯罪，就减刑，十几年就出来了，几乎没有人在监狱待一辈子。尊重他的生命不杀他，但应终身监禁，让犯罪人付出沉重代价”[①]。据了解，一些委员提出终身监禁制度的本意是针对恐怖主义犯罪、暴力犯罪等严重危及人身安全的犯罪，后来可能考虑到对这些严重危害人身安全的犯罪目前尚不具备以终身监禁替代死刑立即执行的条件，加之考虑严惩严重贪贿犯罪的形势，《刑法修正案（九)》最终针对贪污罪，受贿罪设置了终身监禁制度。[②]《刑法修正案（九)》第 44 条第 4 款规定，因严重贪污、受贿犯罪被判处死缓的，法院根据犯罪情节等情况，可以同时决定在其死缓二年期满减为无期徒刑后，不得再予减刑和假释，而要予以终身监禁。该款实际上是对特重大贪污受贿犯罪确立了终

① 陈丽平. 走私核材料罪等不应取消死刑. 法制日报，2014-12-17.

② 赵秉志.《刑法修正案（九)》修法争议问题研讨//赵秉志. 刑法论丛：2015 年第 4 卷（总第 44 卷). 北京：法律出版社，2015.

身监禁制度。“两高”《解释》中进一步规定只有在符合贪污受贿犯罪死刑适用标准情形下才能适用该制度。①

2. 终身监禁制度的适用条件

特重大贪污受贿犯罪终身监禁制度的严厉性介于一般死缓与死刑立即执行之间，它并不是一个刑种，但是具有相对独立性。对于特重大贪污受贿犯罪之终身监禁制度有必要严格控制适用，基于发挥死刑替代措施作用和限制贪污受贿犯罪死刑适用之考量，该制度仅适用于原本应判处死刑立即执行而从宽适用死缓的情形，而不能适用于原本应判处死缓的贪污受贿犯罪。“两高”《解释》进一步明确和强调了这一立法本意。其第 4 条第 1 款规定：“贪污、受贿数额特别巨大，犯罪情节特别严重、社会影响特别恶劣、给国家和人民利益造成特别重大损失的，可以判处死刑。”第 2 款规定：“ 符合前款规定的情形，但具有自首，立功，如实供述自己罪行、真诚悔罪、积极退赃，或者避免、减少损害结果的发生等情节，不是必须立即执行的，可以判处死刑缓期二年执行。”显然，其第 1 款规定的是死刑立即执行的适用，其第 2 款规定的是死缓的适用。其第 3 款又明确规定：“符合第一款规定情形的，根据犯罪情节等情况可以判处死刑缓期二年执行，同时裁判决定在其死刑缓期执行二年期满依法减为无期徒刑后，终身监禁，不得减刑、假释。”这里明确强调了该款的终身监禁不能适用于第 2 款的普通死缓案件，而只能适用于第 1 款的本该判处死刑立即执行案件的要求。事实上，将贪污受贿犯罪的终身监禁视为这两种犯罪死刑立即执行的替代措施，也已为国家立法机关和最高司法机关先前的相关司法解释所明确。一方面，全国人大法律委员会 2015 年 8 月 17 日在《关于〈中华人民共和国刑法修正案（九）（草案二次审议

① 最高人民法院、最高人民检察院 2016 年 4 月 18 日发布的《关于办理贪污贿赂刑事案件适用法律若干问题的解释》第 4 条第 1 款规定：“贪污、受贿数额特别巨大，犯罪情节特别严重、社会影响特别恶劣、给国家和人民利益造成特别重大损失的，可以判处死刑。”第 2 款规定：“ 符合前款规定的情形，但具有自首，立功，如实供述自己罪行、真诚悔罪、积极退赃，或者避免、减少损害结果的发生等情节，不是必须立即执行的，可以判处死刑缓期二年执行。”第 3 款规定：“符合第一款规定情形的，根据犯罪情节等情况可以判处死刑缓期二年执行，同时裁判决定在其死刑缓期执行二年期满依法减为无期徒刑后，终身监禁，不得减刑、假释。”

稿）〉主要问题修改情况的汇报》中，明确将终身监禁视为贪污罪、受贿罪死刑立即执行的替代措施。[①] 另一方面，最高人民法院 2015 年 10 月 29 日公布的《关于〈中华人民共和国刑法修正案（九）〉时间效力问题的解释》第 8 条规定："对于 2015 年 10 月 31 日以前实施贪污、受贿行为，罪行极其严重，根据修正前刑法判处死刑缓期执行不能体现罪刑相适应原则，而根据修正后刑法判处死刑缓期执行同时决定在其死刑缓期执行二年期满依法减为无期徒刑后，终身监禁，不得减刑、假释可以罚当其罪的，适用修正后刑法第三百八十三条第四款的规定。根据修正前刑法判处死刑缓期执行足以罚当其罪的，不适用修正后刑法第三百八十三条第四款的规定。"其中，"根据修正前刑法判处死刑缓期执行不能体现罪刑相适应原则"即意味着需要判处死刑立即执行。在此，最高人民法院明确将终身监禁规定为贪污受贿犯罪死刑立即执行的替代措施。显然，此举措有以终身监禁替代死刑立即执行之意义，乃至有进一步考虑对贪污受贿犯罪实际上不适用死刑立即执行之精神。这样可以通过在司法实践中不判处死刑立即执行状态的持续，逐步从事实上废止贪污受贿犯罪死刑的适用，进而最终从立法上予以废止，走出一条从实践中停止适用再到立法上废止贪污受贿犯罪死刑的道路。

3. 终身监禁制度的利弊权衡

在《刑法修正案（九）》修法的过程中，许多人反对增设该制度，主要理由包括：死缓特别是死缓限制减刑，已较为严厉，罪犯关押二三十年后已完全丧失或基本丧失再犯能力，没有必要再予以终身关押；终身监禁让罪犯看不到希望，违背教育改造的刑罚目的；与联合国有关囚犯待遇的公约等国际公约规定的在押罪犯有权获得假释与赦免的精神冲突；世界上几乎没有国家对罪犯予以实际上的终身监禁；贪污受贿犯罪不属于最危险、最严重的犯罪，不宜规定终身监禁。[②]

① 参见《全国人民代表大会法律委员会关于〈中华人民共和国刑法修正案（九）（草案二次审议稿）〉主要问题修改情况的汇报》（2015 年 8 月 17 日）。

② 参见全国人大常委会法工委刑法室编印《一些部门、法学专家对刑法有关问题的意见》（2015 年 7 月 16 日）。

但如前所述，也有一些全国人大常委会委员、人大代表赞成设立终身监禁制度。国家立法机关的态度是，对于本应判处死刑的贪污受贿犯，根据慎用死刑的刑事政策，结合案件的具体情况，对其判处死缓依法减为无期徒刑后，采取终身监禁的措施，有利于体现罪刑相适应的刑法原则，维护司法公正，防止在司法实践中出现这类罪犯通过减刑等途径致服刑期过短的情形，符合宽严相济的刑事政策。①

关于对特重大贪污受贿犯罪设置的终身监禁制度，笔者认为：终身监禁本身存在着不人道、不公平、剥夺罪犯改造的机会和浪费司法资源等缺陷，从世界范围来看，也只有极少数国家规定了不得假释的终身监禁制度。② 但从切实推动我国死刑立法改革的角度考虑，将终身监禁作为死刑立即执行的替代措施，也有其积极意义。从立法内容上，《刑法修正案（九）》虽然增设了终身监禁制度，但同时对该制度作了严格的立法限定，即终身监禁只适用于被判处死缓的严重贪污受贿犯罪分子，体现出明显的死刑替代措施色彩。而如前所述，我国立法机关和相关的司法解释对此进一步明确，就是要将终身监禁作为死刑的替代措施，只适用于本应判处死刑立即执行的贪污受贿罪犯。该制度的设立对于从严惩处严重腐败犯罪，贯彻宽严相济刑事政策，严格控制、慎用死刑，都具有积极意义。该制度一方面对于判处死缓的贪污受贿犯罪分子不论是在死缓执行期间还是执行期满减为无期徒刑后，均不能因重大立功而减为有期徒刑，进而不得再减刑和假释而予以终身监禁，这在一定程度上是加重了死缓犯刑罚的严厉性；但另一方面，对本来罪该判处死刑立即执行的特别严重的贪污受贿犯罪分子适用死缓并最终转化成终身监禁，又有宽大的精神。因而可以说该制度是对严重贪污受贿犯罪之处罚融宽严于一体的新举措。

---

① 参见《全国人民代表大会法律委员会关于〈中华人民共和国刑法修正案（九）（草案二次审议稿）〉主要问题修改情况的汇报》（2015 年 8 月 17 日）。

② 参见全国人大常委会办公厅秘书局编印《中华人民共和国刑法修正案（九）（草案三次审议稿）参阅资料》（2015 年 8 月 23 日）。

## 五、挪用公款、行贿等其他涉职务犯罪定罪量刑标准的调整

### （一）相关调整的必要性

贪污罪、受贿罪、行贿罪、挪用公款罪等同属于职务犯罪，相关犯罪之间存在某种联系，为了最大限度地符合罪责刑相适应原则，需要保持相关罪名定罪量刑标准的协调和明确。《刑法修正案（九）》和《解释》在调整贪污罪、受贿罪的定罪量刑标准后，为确保相关职务犯罪定罪量刑标准的内在协调性，避免其他职务犯罪的定罪量刑标准出现“轻重倒挂”现象，需要对挪用公款罪、行贿罪的定罪量刑标准作出相应调整，同时对尚未明确定罪量刑标准的利用影响力受贿罪、对有影响力的人行贿罪以及职务侵占罪、挪用资金罪、非国家工作人员受贿罪和对非国家工作人员行贿罪等非国家工作人员职务犯罪的定罪量刑标准一并作出规定。同时，为依法从严惩治国家工作人员“身边人”的贿赂犯罪，《解释》规定，对于利用影响力受贿罪、对有影响力的人行贿罪适用与受贿罪、行贿罪相同的定罪量刑标准。

### （二）挪用公款罪定罪量刑标准的调整

关于挪用公款罪的定罪量刑标准，最高人民法院 1998 年《关于审理挪用公款案件具体应用法律若干问题的解释》（以下简称《挪用公款解释》）曾有所规定，该解释第 3 条第 1 款规定：“挪用公款归个人使用，‘数额较大、进行营利活动的’，或者‘数额较大、超过三个月未还的’，以挪用公款一万元至三万元为‘数额较大’的起点，以挪用公款十五万元至二十万元为‘数额巨大’的起点。挪用公款‘情节严重’，是指挪用公款数额巨大，或者数额虽未达到巨大，但挪用公款手段恶劣；多次挪用公款；因挪用公款严重影响生产、经营，造成严重损失等情形。”该条第 2 款规定：“‘挪用公款归个人使用，进行非法活动的’，以挪用公款五千元至一万元为追究刑事责任的数额起点。挪用公款五万元至十万元以上的，属于挪用公款归个人使用，进行非法活动‘情节严重’的情形之一。挪用公款归个人使用，进行非法活动，情节严重的其他情形，按照本条第一款的规定执行。”但是，《挪用公款解释》迄今已经适用了18年[①]，社会经济已经发生了重大变化，原有的数额标准已明显滞后，不能适应经济社会发展的需要和反映行为的社会危害性；而且，一般而言，挪用公款罪的社会危害性要轻于贪污罪，在贪污罪定罪量刑的数额标准大幅度提高的情形下，如果挪用公款罪仍然沿用原来的数额标准，则会出现刑罚“轻重倒挂”的现象，不利于贯彻罪责刑相适应的原则。

鉴于此，《解释》对《挪用公款解释》第3条关于挪用公款罪的定罪量刑标准进行了调整，主要体现在以下三个方面：

一是将原有的具体数额标准由一个幅度调整为确定的数额，同时适度提高了数额。挪用公款进行非法活动追究刑事责任的数额起点由原先的5 000元至1万元调整为3万元；挪用公款归个人使用，数额较大、进行营利活动的，或者数额较大、超过3个月未还的，数额较大的起点由1万元至3万元调整为5万元，数额巨大的起点由15万元至20万元调整为500万元。具体数额标准有很大幅度的提高，主要是考虑到《刑法修正案（九）》将受贿罪的法定刑设为3年以下有期徒刑或者拘役，3年以上10年以下有期徒刑，10年以上有期徒刑或者无期徒刑、死刑三档，而挪用公款罪的法定刑未作修改，仍为5年以下有期徒刑或者拘役、5年以上有期徒刑、10年以上有期徒刑。就第一档刑期而言，挪用公款罪的刑期更重，但主观恶性和社会危害性较贪污罪又更轻。《解释》以贪污罪的定罪量刑数额为参考标准，在犯罪数额与刑期的罪刑比例关系上，遵从挪用公款罪比贪污罪相对宽松的原则，设置目前的数额标准，以避免“轻重倒挂”情况的出现，旨在更好地贯彻罪责刑相适应的原则。

二是增加了挪用公款进行非法活动“数额巨大”的标准。《挪用公款解释》第3条对挪用公款进行非法活动的，仅规定了追究刑事责任的数额起点和“情节严重”，未对“数额巨大”的标准作出规定，也未明确在挪用公款进行非法活动的情况下，可否按照挪用公款进行营利活动或者超过3个月未还情况下“数额巨

① 本文写作于2016年，所以当时距离1998年《挪用公款解释》是18年。——笔者补注

大”的标准执行。虽然可以理解为“举轻以明重”，但长期以来挪用公款进行非法活动“数额巨大”标准的缺失还是给审判实践带来不必要的麻烦，故最高司法机关在《解释》中一并予以规定。

三是对“情节严重”的规定增加了数额的限制，并将其中单纯的数额标准与“数额巨大”的标准相区分。《挪用公款解释》第3条在对挪用公款“情节严重”的规定中，除单纯数额标准外，对于“多次挪用公款”“因挪用公款严重影响生产、经营，造成严重损失”等情形没有设置一定的数额限制，这就意味着，即使是刚达到追诉标准的数额，如果具有上述单纯的情节标准，即要判处5年以上有期徒刑。显然，缺乏一定数额的限制，单纯以情节作为量刑标准容易导致罪刑失衡，因此有必要对单纯的情节标准设置一定的数额限制。同时，《挪用公款解释》是将“数额巨大”的标准作为挪用公款进行经营活动或者超过3个月未归还情形下“情节严重”的情形之一规定的，这意味着同样的数额，赃款是否退还成了确定量刑档次的决定性因素，而两个量刑档次的最低刑分别为5年有期徒刑和10年有期徒刑，实践中可能导致刑罚悬殊。因此，《解释》根据不同量刑档的法定刑对“数额巨大”的标准与“情节严重”中单纯的数额标准作了区别规定。

（三）行贿罪定罪量刑标准的调整

最高人民法院、最高人民检察院2012年公布的《关于办理行贿刑事案件具体应用法律若干问题的解释》（以下简称《行贿解释》）对行贿罪的定罪量刑标准已有规定，出于与挪用公款罪相同的考虑，《解释》对行贿罪的定罪量刑标准也作出适当调整，以弥补因立法存在的问题可能造成的“轻重倒挂”现象。同时，为了纠正司法实务中惩治贿赂犯罪普遍存在的“重受贿，轻行贿”的司法错误观念，《解释》对行贿罪、受贿罪设置了相同的入刑数额标准。《解释》对行贿罪定罪量刑标准的调整重点体现在以下两个方面：

一是适度提高了行贿罪的起刑点以及“情节严重”“情节特别严重”中的数额标准。行贿罪的起刑点由原先的1万元调整为3万元，与受贿罪保持一致，体现打击受贿的同时也注重打击行贿，从源头治理贿赂犯罪的精神。“情节严重”

中单纯的数额标准由原先的 20 万元以上不满 100 万元调整为 100 万元以上不满 500 万元，“数额＋情节”中的数额标准由原先的 10 万元以上不满 20 万元调整为 50 万元以上不满 100 万元。“情节特别严重”中单纯的数额标准由原先的 100 万元以上调整为 500 万元以上，“数额＋情节”中的数额标准由原先的 50 万元以上不满 100 万元调整为 250 万元以上不满 500 万元。《解释》之所以对行贿罪“情节严重”“情节特别严重”中数额标准大幅上调，是为了防止行贿罪与受贿罪二者之间的罪刑失衡问题。

二是对起刑点增设了“数额＋情节”的追诉标准。即行贿数额在 1 万元以上不满 3 万元，同时具有《解释》规定的情形之一的，也应当被追诉。这样规定是考虑到虽然一些行贿数额不大，但在行贿范围广、向特定领域的国家工作人员行贿、造成较大经济损失等情形下，行贿所造成的社会危害性和恶劣影响并不小，有必要对这些情况予以刑事处罚。同时这样规定也与受贿罪相一致，有助于克服单纯依据数额定罪量刑不能全面体现行为社会危害性、行为人的主观恶性以及人身危险性之弊端，以全面体现罪责刑相适应的原则，促进行贿犯罪定罪量刑的科学化、合理化。

（四）利用影响力受贿罪和对有影响力的人行贿罪之定罪量刑标准的明确

关于利用影响力受贿罪和对有影响力的人行贿罪的定罪量刑标准，之前相关的司法解释中并未明确规定。在此类案件中，由于受贿的主体，即行贿的对象均非直接利用本人的职权为他人谋取不正当利益，被利用（或被企图利用）的国家工作人员主观上没有为他人谋取利益的故意，或者不知道其职权或地位形成的便利条件被关系密切的人利用，因此，相对于受贿罪、行贿罪直接的权钱交易来说，利用影响力受贿罪和对有影响力的人行贿罪的实际危害要小。但是考虑到这类行为与国家工作人员的职务廉洁性又有一定关联，不同于非国家工作人员受贿罪和对非国家工作人员行贿罪；而且，刑法典对利用影响力受贿罪设置了三档法定刑（3 年以下有期徒刑或者拘役、3 年以上 7 年以下有期徒刑、7 年以上有期徒刑），对对有影响力的人行贿罪也设置了三档法定刑（3 年以下有期徒刑或者拘役、3 年以上 7 年以下有期徒刑、7 年以上 10 年以下有期徒刑），对利用影响

力受贿罪和对有影响力的人行贿罪设置的法定刑明显轻于受贿罪和行贿罪的法定刑（刑法典规定的受贿罪法定刑为 3 年以下有期徒刑或者拘役、3 年以上 10 年以下有期徒刑、10 年以上有期徒刑或者无期徒刑、无期徒刑或者死刑，行贿罪的法定刑为 5 年以下有期徒刑或者拘役、5 年以上 10 年以下有期徒刑、10 年以上有期徒刑或者无期徒刑），适用受贿罪、行贿罪的定罪量刑标准不会造成量刑过重的问题，故《解释》规定这两个罪与受贿罪、行贿罪适用相同的定罪量刑标准。同时考虑到此二罪的犯罪方式与受贿罪、行贿罪存在一定不同，《解释》对受贿罪、行贿罪规定的一些情节不适用于此二罪，比如对于非国家工作人员利用影响力受贿，《解释》中规定的受贿罪中存在党纪、行政处分的定罪量刑情节就不可能适用于此罪，故《解释》规定“参照”《解释》对受贿罪、行贿罪的定罪量刑标准执行。

（五）非国家工作人员职务犯罪定罪量刑标准的明确

考虑到以往的司法解释对非国家工作人员受贿罪、职务侵占罪、挪用资金罪、对非国家工作人员行贿罪这四个罪名的定罪量刑标准没有涉及，在实践中各地司法机关掌握的标准不一，能否参照对应的职务犯罪罪名的定罪量刑标准，以及如何参照均不明确，因此，有必要通过司法解释来统一标准。《解释》将这四个罪名的定罪量刑标准均设定为对应的职务犯罪定罪量刑标准的一定的倍数，主要是基于以下考虑：第一，体现从严治吏的原则。非国家工作人员受贿罪、职务侵占罪、挪用资金罪、对非国家工作人员行贿罪均不涉及公共财物和国家工作人员的职务廉洁性，一般认为其危害性要小于对应的职务犯罪，对其定罪量刑标准可以适度宽松一些。第二，非国家工作人员受贿罪、职务侵占罪的第一档量刑均为 5 年以下有期徒刑，受贿罪、贪污罪的第一档量刑是 3 年以下有期徒刑，如果采取同样的数额标准，则会出现“轻重倒挂”现象。因此，《解释》规定非国家工作人员受贿罪、职务侵占罪“数额巨大”的数额起点按照受贿罪、贪污罪对应的数额标准的 5 倍执行，其他的数额起点均按照对应的国家工作人员犯罪的数额标准的 2 倍执行，以消除立法的不足。

## 六、贿赂犯罪若干疑难问题的明确

### （一）贿赂犯罪对象“财物”的范围界定

我国刑法典将贿赂犯罪中的“贿赂物”限于“财物”。长期以来，刑法理论界对于“贿赂物”形成了宽严不同的“财物说”、“财产性利益说”和“利益说”三种观点。[①] 目前，我国刑法学界较为通行的观点是“财产性利益说”，即贿赂物应当是指具有价值的有体物、无体物和财产性利益，而性贿赂等非财产性利益不属于贿赂物。[②] 这一观点，也被最高人民法院、最高人民检察院于 2008 年 11 月 20 日联合发布的《关于办理商业贿赂刑事案件适用法律若干问题的意见》所采纳。该意见第 7 条规定：“商业贿赂中的财物，既包括金钱和实物，也包括可以用金钱计算数额的财产性利益，如提供房屋装修、含有金额的会员卡、代币卡（券）、旅游费用等。具体数额以实际支付的资费为准。”2014 年《中共中央关于全面推进依法治国若干重大问题的决定》（以下简称《决定》）中，也提出了“把贿赂犯罪对象由财物扩大为财物和其他财产性利益”的指导性意见。

根据《决定》的相关精神和反腐败斗争形势的需要以及司法实践经验的总结，为了更有效地严惩腐败犯罪，《解释》对刑法规定的财物作出适度扩张解释，《解释》第 12 条规定：“贿赂犯罪中的‘财物’，包括货币、物品和财产性利益。财产性利益包括可以折算为货币的物质利益如房屋装修、债务免除等，以及需要支付货币的其他利益如会员服务、旅游等。后者的犯罪数额，以实际支付或者应当支付的数额计算。”该条规定贿赂犯罪中的财物包括财产性利益，并进一步明确财产性利益包括可以折算为货币的物质利益和需要支付货币才能获得的其他利益两种。前者如房屋装修、债务免除等，其本质上是一种物质利益。后者如会员服务、旅游等，由于取得这种利益需要支付相应的货币对价，故在法律上也应当

① 赵秉志．中国反腐败刑事法治的若干重大现实问题研究．法学评论，2014（3）．

② 高铭暄，马克昌．刑法学．5 版．北京：北京大学出版社，2011：406．

被视同为财产性利益。实践中提供或者接受后者利益主要有两种情况：一种是行贿人支付货币购买后转送给受贿人消费；另一种是行贿人将在社会上作为商品销售的自有利益，免费提供给行为人消费。《解释》认为两种情况实质相同，均应被纳入贿赂犯罪处理。但因表现形式不同有可能导致第二种情况数额认定上的意见分歧，故《解释》同时明确，“后者的犯罪数额，以实际支付或者应当支付的数额计算”。对贿赂物范围的扩张解释和细化分类，将有助于对贿赂案件的定罪判刑。[①]

（二）受贿罪中“为他人谋取利益”的界定

刑法典第 385 条规定成立受贿罪必备要件之一是“为他人谋取利益”，也即利用职务上便利为请托人“办事”。而有些贿赂案件的被告人是否具备“为他人谋取利益”要件，认定起来相当困难。针对“为他人谋取利益”认定的难点，《解释》第 13 条关于对受贿罪“为他人谋取利益”要件的认定之规定，在坚持既往司法做法的基础上作了进一步的扩张解释。《解释》第 13 条第 1 款规定：“具有下列情形之一的，应当认定为‘为他人谋取利益’，构成犯罪的，应当依照刑法关于受贿犯罪的规定定罪处罚：（一）实际或者承诺为他人谋取利益的；（二）明知他人有具体请托事项的；（三）履职时未被请托，但事后基于该履职事由收受他人财物的。”第 2 款规定：“国家工作人员索取、收受具有上下级关系的下属或者具有行政管理关系的被管理人员的财物价值三万元以上，可能影响职权行使的，视为承诺为他人谋取利益。”

1. 受贿罪“为他人谋取利益”要件的认定

《解释》第 13 条第 1 款分三项共列举了三种应当认定为“为他人谋取利益”的情形：第一项规定的核心内容，是承诺为他人谋取利益即可认定为“为他人谋取利益”，是否着手为他人谋取利益以及为他人谋利事项是否既已完成均在所不问，既不影响定罪也不影响既遂的认定。实际上，2003 年《全国法院审理经济犯罪案件工作座谈会纪要》（以下简称《纪要》）已经明确规定：“为他人谋取利

① 阮齐林. 依法从严惩治贪污贿赂犯罪. 人民法院报，2016-04-19.

益”包括“承诺、实施和实现三个阶段的行为”，只要实施其一即可认定。虽然该问题已有司法文件规定，但是此次在效力层级更高的司法解释中予以规定，可以作为法律依据在裁判文书中引用，对司法实践具有更高、更强的指导作用。

《解释》第13条第1款第2项规定同样来源于《纪要》的内容。《纪要》规定，“明知他人有具体请托事项而收受其财物的，视为承诺为他人谋取利益”。本项规定的要点在于“具体请托事项”，只要收受财物与职务相关的具体请托事项建立起关联，即应以受贿犯罪处理。具体包括两种情况：一是行贿人明确告诉受贿人具体请托事项，或者受贿人基于客观情况能够判断出行贿人有请托事项，受贿人收受对方财物的，虽然尚未实施具体谋取利益行为，也应认定为受贿人“为他人谋取利益”；二是受贿人知道或应当知道行贿人的具体请托事项，但并不想具体实施为对方谋取利益的行为，只要其接受行贿人的贿赂，形式上就是一种向对方的承诺，实际上也会让对方产生其同意为对方谋取利益的认识，公职人员的职务廉洁性同样受到侵害，也应认定为受贿人“为他人谋取利益”。

《解释》第13条第1款第3项是针对事后受贿作出的新规定。这一规定将原有规范性司法文件的规定又向前推进了一步。行为人履职时没有受贿故意，亦未有人对其提出请托，但在履职后收取他人财物，只要该财物与其先前的职务行为存在关联，其收受财物的行为同样侵犯了国家工作人员的职务廉洁性。因而在实践中，如何证明事后收受财物的行为与先前的为他人谋取利益的行为之间具有因果关系，是认定事后收受财物的行为属于事后受贿的关键。如果行为人在为请托人谋取利益时，双方之间就事后的财物收受有明确的约定，构成受贿当无疑义。但实践中对于大多数事后受贿而言，行为人之间的约定是以十分隐蔽的方式进行的，或者是行为人之间没有约定，司法机关难以提出相应的证据予以证明。结合此类案件的特殊性，《解释》的规定充分发挥了法律推定在认定为他人谋取利益行为与事后取财行为之间的因果关系上的作用。通常情形下，只要国家工作人员利用职务上的便利为请托人谋取利益，在此之后又收受请托人的财物，如果此种情形下收受的财物数额已经超出了通常的礼尚往来的范围，就可以推定二者之间存在因果关系，属于事后受贿，除非当事人有合理证据证明其收受请托人财物不

是出于权钱交易的目的。

2. 受贿罪与"感情投资"的界限划分

《解释》第13条第2款规定的是受贿犯罪与"感情投资"的界限划分问题。对于"感情投资"，在刑法没有规定赠贿、收受礼金方面犯罪的情况下，受贿犯罪牟利要件的认定可以淡化，但不能虚化，这就需要把握住一个底线，这个底线就是《纪要》确立的具体请托事项。鉴于此，纯粹的感情投资不能以受贿犯罪处理。同时，对于日常意义上的"感情投资"，又有必要在法律上作进一步区分：一种是与行为人当前职务无关的感情投资；另一种是与行为人当前职务行为有着具体关联的所谓的"感情投资"。对于后者，由于双方行为人在职务活动中日常而紧密的关系，谋利事项要么已经通过具体的职务行为得以体现，要么可以直接推断出给付金钱有对对方职务行为施加影响的意图，这种情况下只要能够排除正常人情往来，即可认定为受贿。基于这一认识，《解释》规定了"国家工作人员索取、收受具有上下级关系的下属或者具有行政管理关系的被管理人员的财物价值三万元以上，可能影响职权行使的，视为承诺为他人谋取利益"。其中，"价值三万元以上"是为了便于实践掌握而对非正常人情往来作出的量化规定。同时，所规定的3万元数额标准，与受贿罪的起刑点保持一致。该款规定充分考虑了与《中国共产党纪律处分条例》关于违纪收受礼金规定的衔接，将收受财物限制在"收受具有上下级关系的下属或者具有行政管理关系的被管理人员的财物"的范围内，且将金额限制在价值3万元以上，从而为正常人情往来以及一般违纪行为的认定和处理也留足了适当的空间。

（三）行贿罪"从宽处罚"的适用条件

在《刑法修正案（九）》之前，我国刑法典中关于行贿罪从宽处罚的规定是："行贿人在被追诉前主动交待行贿行为的，可以减轻处罚或者免除处罚。"这一规定长期以来受到诟病，被认为是"重打击受贿，轻打击行贿"。针对实践中存在的"重打击受贿，轻打击行贿"这一突出问题，为进一步加大对行贿罪的处罚力度，从源头上惩治和预防腐败犯罪，《刑法修正案（九）》对行贿罪从宽处罚的条件和幅度作了重要调整，对行贿罪减轻或者免除处罚设定了更为严格的适用条件。《刑法修正案（九）》第45条中规定："行贿人在被追诉前主动交待行贿行为的，可以从轻或者减轻处罚。其中，犯罪较轻的，对侦破重大案件起关键作用的，或者有重大立功表现的，可以减轻或者免除处罚。"这样进一步严格了对犯罪较轻且对侦破案件起关键作用或者有重大立功表现的行贿人的从轻处罚。因而行贿人在被追诉前主动交待行贿行为，只有在"犯罪较轻的，对侦破重大案件起关键作用的，或者有重大立功表现的"这三种情况下才可以减轻或者免除处罚。

为便于司法机关正确掌握、严格适用《刑法修正案（九）》的相关内容，"两高"《解释》明确了相关的具体适用条件。（1）关于"犯罪较轻"。《解释》将这里的"犯罪较轻"规定为，根据行贿犯罪的事实、情节，可能被判处3年有期徒刑以下刑罚的情形。这主要是考虑将3年有期徒刑以下刑罚作为犯罪较轻的认定标准，符合立法和司法的普遍认识。比如，刑法典将缓刑的适用条件确定为判处3年有期徒刑以下刑罚。如果将这一标准提得过高，会与刑法典第37条将"犯罪情节轻微"作为免予刑事处罚适用条件的规定反差过大。（2）关于"重大案件"。《解释》将"重大案件"规定为，根据犯罪行为的事实、情节，已经或者可能被判处10年有期徒刑以上刑罚，或者案件在本省、自治区、直辖市或者全国范围内有较大影响的情形。将判处10年刑期以上刑罚和省级影响性案件确定为"重大案件"。主要有三点考虑：一是行贿犯罪人对侦破案件起作用的主要集中在受贿犯罪，在《刑法修正案（九）》将"使国家和人民利益遭受特别重大损失"增设为受贿罪适用无期徒刑的重要条件和《解释》大幅提高受贿犯罪量刑标准的情况下，可以预见，绝大多数受贿案件都将在有期徒刑内量刑。二是刑法典对于行贿罪的从宽处罚规定，罪责刑相适应只是一个方面，更为重要的是出于打击策略的考虑。适当调低重大案件的掌握标准，有利于为该规定的实践适用提供更大的空间。三是受贿罪的罪重罪轻主要取决于数额大小。将重大案件的标准定得过高，将导致只有极少数犯罪数额极大的行贿犯罪分子才有"资格"适用本从宽规定的不合理现象，这对于那些罪行更轻但又不属于前述犯罪较轻的行贿犯罪分子是不公平的。（3）关于"对侦破重大案件起关键作用"，《解释》规定仅包括四种情形：一是主动交待办案机关未掌握的重大案件线索的；二是主动交待的犯罪线

索不属于重大案件的线索，但该线索对于重大案件侦破有重要作用的；三是主动交待行贿事实，对于重大案件的证据收集有重要作用的；四是主动交待行贿事实，对于重大案件的追逃、追赃有重要作用的。行贿人主动交待行贿事实，对侦破重大案件所起作用主要体现在两个方面：一是提供案件线索，即司法机关不掌握某一行受贿案件的线索，由于行贿人主动交待该线索，从而侦破重大案件的。其中又分为两种情况：行贿人主动交待的行贿行为相对应的受贿本身就构成重大案件；以及行贿人主动交待的行贿行为相对应的受贿不构成重大案件，但以此为线索另外查出受贿人其他重大受贿犯罪事实。二是对受贿案件的证据收集、事实认定、追逃追赃起关键作用，即司法机关虽掌握某行受贿案件的线索，但未掌握追究刑事责任的足够证据，行贿人主动交待的事实为司法机关收集、完善、固定证据起到关键作用，或者行贿人主动交待的事实涉及受贿犯罪分子的行踪或者赃款赃物的去向等，对于司法机关抓捕受贿犯罪分子，追缴赃款赃物起到关键作用。如此解释，行贿犯罪的从宽处罚将更加严格，行贿犯罪案件的查办将更加严肃。

（四）多次受贿数额的累计计算

《解释》第 15 条第 1 款规定："对多次受贿未经处理的，累计计算受贿数额。"该款规定的是多次受贿的数额计算。《解释》直接借鉴了刑法典对于多次贪污的数额计算的规定。针对小额贿款的问题，明确多次受贿未经处理的，累计计算受贿数额。这里的"处理"包括刑事处罚和党纪、行政处分。未经处理既包括因未达到追诉标准未处理，也包括达到追诉标准但未被侦查机关发现而未处理。据此，受贿人多次收受小额贿款，虽每次均未达到《解释》规定的定罪标准，但多次累计后达到定罪标准的，应当依法追究刑事责任。

《解释》第 15 条第 2 款解决的是在行贿人长期连续给予受贿人超出正常人情往来范围的财物，收受财物与具体请托事项不能一一对应的情况下，受贿数额如何计算的问题。《解释》第 15 条第 2 款规定："国家工作人员利用职务上的便利为请托人谋取利益前后多次收受请托人财物，受请托之前收受的财物数额在一万元以上的，应当一并计入受贿数额。"因而该规定针对收受财物与谋利事项不对应的问题，明确利用职务上的便利为请托人谋取利益前后多次收受请托人财物，受请托之前收受财物数额在1万元以上的，应当一并计入受贿数额。据此，对那些小额不断、多次收受财物的，符合条件的也应当一并追究刑事责任。笔者认为，行贿人长期连续给予受贿人财物，且超出正常人情往来，其间只要发生过具体请托事项，则可以把这些连续收受的财物视为一个整体，全额认定为受贿数额。本项规定的要点在于多次收受财物具有连续性，即行为人要在为请托人谋取利益前后多次收受请托人财物，这是得以在法律上将之作为整体行为对待的事实基础。这里规定1万元以上的数额限定，主要是出于排除正常人情往来因素的考虑。据此，历史上长期收受的财物，符合条件的也应当一并追究刑事责任。

（五）受贿罪的数罪并罚问题

受贿犯罪中，对于国家机关工作人员因受贿而实施渎职犯罪或者实施渎职犯罪后又受贿的贪赃枉法行为，在受贿行为和渎职行为均构成犯罪的情况下，是择一重罪处罚还是实行数罪并罚，理论上长期存在意见分歧，而相关立法和司法解释对此规定也不一致，实践中各地做法不一严重影响了刑事司法的统一性。

全国人大常委会1988年颁行的《关于惩治贪污罪贿赂罪的补充规定》第5条第2款明确规定："因受贿而进行违法活动构成其他罪的，依照数罪并罚的规定处罚。"1997年刑法典没有将上述规定明文吸收，而是在第399条前两款分别规定了徇私枉法罪和民事、行政枉法裁判罪。其第3款规定："司法工作人员贪赃枉法，有前两款行为的，同时又构成本法第三百八十五条规定之罪的，依照处罚较重的规定定罪处罚。"经过2002年的《刑法修正案（四）》和2006年的《刑法修正案（六）》的立法修改，最后在刑法典第399条前三款中规定了徇私枉法罪，民事、行政枉法裁判罪以及执行判决、裁定失职罪和执行判决、裁定滥用职权罪，第399条之一规定了枉法仲裁罪。第399条第4款规定："司法工作人员收受贿赂，有前三款行为的，同时又构成本法第三百八十五条规定之罪的，依照处罚较重的规定定罪处罚。"最高人民法院、最高人民检察院2010年发布的《关于办理国家出资企业中职务犯罪案件具体应用法律若干问题的意见》规定，国有公司、企业工作人员实施渎职犯罪并收受贿赂的，择一重罪处理。而最高人民法

院、最高人民检察院2012年发布的《关于办理渎职刑事案件适用法律若干问题的解释（一）》规定，国家机关工作人员实施刑法分则第九章渎职犯罪并收受贿赂的，除刑法另有规定外，应当实行数罪并罚。由上可见，相关司法解释性质相同，意见相左，从而影响了司法处理的严肃性。

为了协调并整合相关司法解释的规定，《解释》第17条规定："国家工作人员利用职务上的便利，收受他人财物，为他人谋取利益，同时构成受贿罪和刑法分则第三章第三节、第九章规定的渎职犯罪的，除刑法另有规定外，以受贿罪和渎职犯罪数罪并罚。"因而《解释》明确了构成受贿罪后同时构成渎职犯罪的，应当实行数罪并罚。在理论上对于构成受贿罪后同时构成渎职犯罪的，是按照从一重处理还是数罪并罚，存在一定的争议。笔者认为，《解释》的规定具有一定的合理性。(1) 受贿罪的实行行为是索取财物或收受财物的行为；渎职罪的实行行为，是违反职务要求作为或不作为的行为。两者的实行行为并不存在交叉重合问题。受贿罪"为他人谋取利益"的要件属于纯粹主观要件，而渎职罪的渎职行为属于客观要件，纯粹主观要件和客观要件之间不存在交叉重合关系。故而单从普通犯罪构成要件上看，把受贿并渎职的行为评价为数罪，并不违反禁止重复评价原则。相反，在受贿行为和渎职行为互不作为对方定罪量刑情节评价依据的前提下，如果仅以其中较重的犯罪论处，反而违反了充分评价原则的要求。(2) 法理上所有严重渎职犯罪都有资格作为受贿罪加重处罚的"严重情节"，但是如果从一重处罚将会导致受贿罪的刑罚大幅度升高，而受贿罪配置有死刑，受贿犯罪人因贪赃枉法被判处死刑的数量将有可能增多，这会严重背离严格限制死刑的刑事政策。因此，除刑法重点惩处的特定渎职犯罪以外，因受贿而渎职即使情节特别严重的，应数罪并罚，而不是把渎职犯罪作为受贿罪的加重情节定罪处罚。

## 七、贪污受贿犯罪故意的认定问题

### （一）赃款赃物的去向与贪污受贿故意的认定关系

近年来，检察机关在查处贪污受贿犯罪案件时，经常会出现犯罪嫌疑人辩称

其将受贿赃款赃物用于“公务开支”或“捐赠”的情况，并以此辩解其罪轻或无罪。对此问题，在司法实践中存在较大争议。一种观点认为，受贿人接受贿赂后，已经构成受贿罪，至于将贿赂用于“公务开支”或“捐赠”，只是受贿人对赃款赃物的处置，是受贿行为既遂后的赃款去向问题，不影响受贿罪的成立；另一种观点认为，行为人收受财物后，又将其用于“公务开支”或“捐赠”，说明其没有非法占有他人财物的主观故意，因而不构成受贿罪。①

为了进一步明确相关的司法适用，《解释》第 16 条第 1 款规定：“国家工作人员出于贪污、受贿的故意，非法占有公共财物、收受他人财物之后，将赃款赃物用于单位公务支出或者社会捐赠的，不影响贪污罪、受贿罪的认定，但量刑时可以酌情考虑。”该款规定解决了实践中较为普遍的两种贪污、受贿情形中的赃款赃物去向与贪污、受贿故意的认定的关系问题，即：只要基于个人非法所有的目的实施贪污、受贿行为，不管事后赃款赃物的去向如何，即便用于公务支出或者社会捐赠，也不影响贪污罪、受贿罪的认定，以此堵住贪污、受贿犯罪分子试图逃避刑事追究的后门。

笔者认为，司法解释的上述规定是恰当的，贪污罪、受贿罪侵害的最主要、最直接的客体是国家工作人员职务行为的廉洁性，行为人实施贪污受贿犯罪行为后，尽管将贪污受贿款物用于所谓的“公务开支”或“捐赠”，但仍不能改变已经发生的贪污、索取或收受贿赂行为对国家公职人员职务行为廉洁性的侵害结果。也就是说，无论行为人如何处分其所取得的贿赂款物，都不能改变其行为侵害国家公职人员职务行为廉洁性的性质。在这种情况下，贪污、受贿犯罪既已实施完毕，无论赃款被如何处置，都是在犯罪既遂后的行为，赃款赃物的事后处分不影响刑事定罪。当然，在司法实践中可以将赃款赃物的事后处分行为作为酌定量刑情节来加以考虑。

（二）特定关系人受贿时国家工作人员贪污受贿故意的认定问题

随着近年来我国反腐败斗争的深入开展，新情况、新问题不断涌现，腐败犯

① 缪军．赃款去向不影响受贿罪认定．检察日报，2015-03-18.



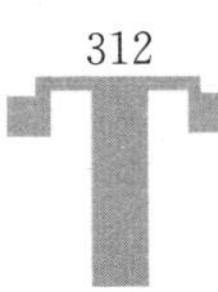

罪也呈现与以往不同的特点和发展趋势。其中，腐败犯罪官员与特定关系人共同受贿已成为当前我国腐败犯罪中的一个新动向，在腐败犯罪案件中占有较大比例。所谓特定关系人，根据最高人民法院和最高人民检察院 2007 年 7 月 8 日联合发布的《关于办理受贿刑事案件适用法律若干问题的意见》（以下简称《意见》）的规定，是指与国家工作人员有近亲属、情妇（夫）以及其他共同利益关系的人。特定关系人在近年来的官员腐败犯罪中扮演了十分重要的角色，有的还是官员腐败犯罪的催化剂和加速器。例如，在薄熙来案件中，薄谷开来、薄瓜瓜都是薄熙来的"特定关系人"，公诉机关所指控的薄熙来受贿的犯罪事实中，薄熙来除直接收受唐肖林给予的财物（折合人民币 110.9 万余元）外，还明知并认可其家庭成员收受徐明给予的财物（折合人民币 19 337 930.11 元）。[①] 再如，在周永康案件中，法院经审理查明，其子周滨、其妻贾晓晔收受吴兵、丁雪峰、温青山、周灏给予的折合人民币 1.290 410 13 亿元的财物并在事后告知周永康。[②] 由于腐败犯罪官员与特定关系人关系的紧密性、经济的关联性和活动的隐蔽性，对这种新型腐败犯罪的证明、发现和查处，比传统型腐败犯罪难度更大，任务更为艰巨。

为了解决司法实践中受贿罪主观方面认定的难题，《解释》第 16 条第 2 款规定："特定关系人索取、收受他人财物，国家工作人员知道后未退还或者上交的，应当认定国家工作人员具有受贿故意"。该款解决的是国家工作人员的办事人、身边人收受财物行为的刑事定罪问题。本着主客观相一致的定罪原则，该行为能否认定国家工作人员构成受贿犯罪，关键看其对收受财物一事是否知情及知情后的态度。《解释》明确，特定关系人索取、收受他人财物，国家工作人员知道后未退还或者未上交的，应当认定国家工作人员具有受贿故意。

笔者认为，《解释》的该规定对于打击特定关系人共同受贿具有重要意义。由于国家工作人员与特定关系人关系的紧密性、经济的关联性和活动的隐蔽性，

① 赵秉志. 薄熙来案件审判的法理问题研究（上）. 法学杂志，2014（3）.

② 赵秉志. 略谈周永康案件的罪与罚. 法学杂志，2016（10）.

在特定关系人受贿场合，认定国家工作人员具有受贿故意的举证较为困难。《解释》将国家工作人员知道特定关系人收受财物后未退还或者未上交，推定为国家工作人员具有受贿故意，有助于减轻检察机关的举证责任，加大对特定关系人受贿的打击力度。因而在特定关系人受贿的场合，国家工作人员知道特定关系人收受财物后是否退还或者上交就成为是否构成受贿罪的关键。也就是说，只要国家工作人员事后明知特定关系人收受财物，就应当及时退还或上交，此时不会认定国家工作人员具有受贿故意；如果不及时退还或上交，就符合了受贿罪主观方面的构成要件。当然如果国家工作人员对于特定关系人收受财物不知情，国家工作人员当然不用承担刑事责任，特定关系人的行为就有可能构成《刑法修正案（七）》增补规定的“利用影响力受贿罪”。

## 八、结语

《解释》是最高人民法院与最高人民检察院经深入调研，在总结司法实践经验的基础上形成的司法解释成果，全文 20 条，对于刑法典中的相关贪污贿赂犯罪规定进行了较为全面的明确和补充，能够使反腐败的相关法律规定在司法实践中落到实处，有效地严密了反腐败的刑事法网。同时，也对司法实践中存在的疑难复杂问题进行了明确和统一，为今后贪污贿赂犯罪案件的审判工作提供了明确、具体的司法依据。

限于篇幅，笔者在本文中仅就其中相关的重要内容进行了解读。除此之外，《解释》在刑法典第 64 条的基础上，进一步强调：贪污贿赂犯罪分子违法所得的一切财物，应当依法予以追缴或者责令退赔；尚未追缴到案或者尚未足额退赔的违法所得，应当继续追缴或者责令退赔。[①] 因而追缴赃款赃物不设时限，一追到

① 《解释》第 18 条规定：“贪污贿赂犯罪分子违法所得的一切财物，应当依照刑法第六十四条的规定予以追缴或者责令退赔，对被害人的合法财产应当及时返还。对尚未追缴到案或者尚未足额退赔的违法所得，应当继续追缴或者责令退赔。”

底、永不清零，随时发现将随时追缴。同时，针对《刑法修正案（九）》增加的贪污罪和相关贿赂犯罪的罚金刑规定，为确保罚金刑适用的有效性和严肃性，《解释》明确了罚金刑的判罚标准，依托主刑的不同，分层次对贪污贿赂犯罪规定了远重于其他犯罪的罚金刑判罚标准。[①] 这些问题都值得刑法理论界和法律实务界进一步阐释与研讨。

---

① 《解释》第 19 条规定："对贪污罪、受贿罪判处三年以下有期徒刑或者拘役的，应当并处十万元以上五十万元以下的罚金；判处三年以上十年以下有期徒刑的，应当并处二十万元以上犯罪数额二倍以下的罚金或者没收财产；判处十年以上有期徒刑或者无期徒刑的，应当并处五十万元以上犯罪数额二倍以下的罚金或者没收财产。对刑法规定并处罚金的其他贪污贿赂犯罪，应当在十万元以上犯罪数额二倍以下判处罚金。"

# 受贿罪若干法理问题研究

## ——以黄胜受贿案为视角*

### 一、概述

黄胜曾任山东省人民政府副省长。2013 年 5 月 3 日，江苏省南京市中级人民法院以受贿罪判处黄胜无期徒刑，剥夺政治权利终身，并处没收个人全部财产。黄胜受贿案是中国共产党十八大之后早期落马的高官贪腐犯罪案件之一，也是我国反腐败的又一典型案件。与其他许多腐败案件相比，黄胜受贿案具有两个方面的显著特点：一是受媒体关注度较高。在黄胜移送司法机关之前，媒体就对黄胜主政山东德州和调到山东省人民政府任职期间的负面内容进行了大量报道。从起诉和判决的情况看，媒体报道的大量内容都是虚假的或者未经确认的，但经由这些报道，黄胜案备受社会各方面的关注。二是一审法院全部采信了公诉机关的起诉意见，但从刑事法治的角度看，部分案件事实的定性和案件的量刑还是存在值得推敲之处。这与当前我国不少学者关注和提出的“反腐败要不要严格遵循法治”

---

* 与袁彬教授合著，原载赵秉志主编：《中国疑难刑事名案法理研究》，第 7 卷，北京，北京大学出版社，2020。笔者曾担任黄胜受贿案一审的辩护律师，本文系在该案辩护词的基础上修改而成。

之问题密切相关。事实上，在当前我国反腐败的大背景下，如何实现腐败案件个案处理的公平公正，也是我国刑事法治建设甚至全面推进依法治国所必须慎重考虑的问题。从这两个方面看，黄胜受贿案都具有值得专门研究的积极价值。

（一）本案的基本案情

1998 年下半年至 2011 年 8 月间，黄胜先后利用其担任山东省德州市人民政府市长、中共山东省德州市委书记、山东省人民政府副省长的职务便利，在企业经营、职务晋升等方面为他人谋取利益，或者利用其担任山东省人民政府副省长职务形成的便利条件，通过其他国家工作人员职务上的行为，为他人谋取不正当利益，直接或通过其亲属先后 61 次非法收受德百公司法定代表人杨丙、国某公司法定代表人蔡甲等 21 个单位和个人给予的财物，共计折合人民币 1 223.922 153 万元。

具体事实如下：

（1）2002 年底至 2011 年 3 月间，黄胜利用担任中共山东省德州市委书记、山东省人民政府副省长的职务便利，接受德百公司法定代表人杨丙的请托，为德百公司百货大楼费用减免及排除竞争、天衢购物中心及澳德乐时代广场建设项目费用减免、杨丙之弟职务晋升等事项提供帮助。2007 年初至 2010 年初，黄胜通过其弟黄甲收受杨丙给予的医疗设备款人民币 280 万元，并单独收受杨丙价值人民币 236.782 683 万元的住房一套（含契税）、人民币 40 万元，共计折合人民币 556.782 683 万元。

（2）2002 年初至 2011 年 7 月，黄胜利用担任中共山东省德州市委书记、山东省人民政府副省长的职务便利，为山东省大同宏业投资集团（以下简称“大同宏业集团”）法定代表人张甲之弟职务晋升提供帮助，并接受张甲的请托，为该集团下属企业开发的“枣山家园”项目缓缴城市基础设施配套费和排除施工干扰、张甲朋友之女报考山东警察学院等事项提供帮助。2004 年下半年至 2008 年上半年，黄胜先后收受张甲给予的价值人民币 104.545 万元的住房一套（含契税）、英镑 3 万元，共计折合人民币 144.851 2 万元。

（3）2006 年 5 月至 9 月，黄胜利用担任中共山东省德州市委书记的职务便利，接受德州天宇化学工业有限公司（以下简称“天宇公司”）投资人王甲的请托，为该公司获取企业搬迁补偿费提供帮助。2006 年下半年至 2009 年春节前，黄胜先后收受王甲给予的人民币 98.247 万元的购房款（含契税）、价值人民币 11 万元的车位及人民币 5 万元，共计折合人民币 114.247 万元。

（4）2003 年底至 2009 年夏天，黄胜利用担任中共山东省德州市委书记、山东省人民政府副省长的职务便利，接受国某公司法定代表人蔡甲的请托，为该公司免除行政罚款、获得商业贷款、逃避税务稽查、筹建高尔夫球场项目等事项提供帮助。2005 年秋天至 2011 年元旦前，黄胜先后收受蔡甲给予的人民币 22 万元、美元 2 万元及价值人民币 29 万元的购物卡，共计折合人民币 67.019 6 万元。

（5）2003 年 1 月至 2011 年 3 月，黄胜利用担任中共山东省德州市委书记、山东省人民政府副省长的职务便利，为中共禹城市委原副书记杨甲担任宁津县人民政府县长、中共宁津县委书记等事项提供帮助，并接受杨甲的请托，为夏丙计划生育工作、夏丙特殊教育学校解决用地指标等事项提供帮助。2007 年夏天至 2011 年初，黄胜先后 4 次收受杨甲给予的共计存有人民币 40 万元的银行卡。

（6）2007 年初至 2010 年 1 月，黄胜利用担任中共山东省德州市委书记、山东省人民政府副省长的职务便利，接受山东省德州科技职业学院（以下简称“科技学院”）院长朱某的请托，为该学院获取教育经费、恢复招生指标及筹建青岛校区等事项提供帮助。2007 年中秋节前至 2008 年下半年，黄胜先后收受朱某给予的人民币 10 万元和存有人民币 30 万元的银行卡，共计人民币 40 万元。

（7）2011 年 3 月，黄胜利用担任山东省人民政府副省长的职务便利，接受济南善智投资咨询有限公司（以下简称“善智公司”）法定代表人温某的请托，为该公司参与汇胜集团股份有限公司（以下简称“汇胜集团”）收购平原县翔龙纸业有限公司（以下简称“翔龙纸业”）并能享受税收优惠政策等事项提供帮助。2011 年 4 月，黄胜通过黄乙收受温某给予的人民币 40 万元。

（8）1998 年下半年至 2007 年 2 月，黄胜利用担任山东省德州市人民政府市长、中共山东省德州市委书记的职务便利，接受德州市人民政府驻北京办事处（以下简称“办事处”）原主任、德州大酒店有限责任公司（以下简称“德州大

酒店”）原董事长白某的请托，为办事处下属企业建设项目土地出让金减免、德州大酒店国有股减持及综合改造项目城市基础设施配套费减免等事项提供帮助。2002年3月至2011年初，黄胜先后收受白某给予的人民币8万元、美元2 000元、英镑1万元及价值人民币3万元的商场购物卡，共计折合人民币33.235 4万元。

(9) 2006年6月至2009年11月，黄胜利用担任中共山东省德州市委书记、山东省人民政府副省长的职务便利，接受皇明太阳能集团股份有限公司（以下简称“皇明公司”）董事长黄丙的请托，为该公司下属企业承揽工程和下属职业中等专业学校（以下简称“职业中专”）升格等事项提供帮助。2008年夏天，黄胜在其济南金鸡岭家中收受黄丙给予的人民币30万元。黄胜得知与其受贿有关联的人被调查后，遂于2011年9月将人民币30万元退还给黄丙。

(10) 2009年春节前至2011年8月，黄胜利用担任山东省人民政府副省长的职务便利，接受德州学院党委书记任某、院长贺某的请托，为德州学院获得高校专项资金、申请硕士研究生试点工作等事项提供帮助。为此，黄胜在其省政府办公室先后收受任某、贺某给予的价值人民币3万元和20万元的商场购物卡，共计折合人民币23万元。

(11) 2007年11月至2009年8月，黄胜利用担任山东省人民政府副省长的职务便利，接受泰山体育产业集团有限公司（以下简称“泰山集团”）法定代表人卞某的请托，为该公司的业务发展、产品推荐等事项提供帮助。为此，黄胜于2008年2月至2009年上半年，先后3次共收受卞某给予的美元3万元，共计折合人民币20.749 9万元。

(12) 1999年下半年至2011年8月，黄胜利用担任山东省德州市人民政府市长、中共山东省德州市委书记、山东省人民政府副省长的职务便利，接受古某集团有限公司（以下简称“古某公司”）法定代表人周某的请托，为该公司的业务发展、形象提升等事项提供帮助。为此，黄胜先后4次收受周某给予的人民币18万元。

(13) 2003年底至2004年下半年，黄胜利用担任中共山东省德州市委书记

的职务便利，接受山东莱钢永锋钢铁有限公司（以下简称“永锋公司”）法定代表人刘甲的请托，为该公司获取财政借款提供帮助。2006 年初，黄胜通过黄甲收受刘甲给予的价值人民币 10.713 4 万元的钢材，2010 年 3、4 月，黄胜在其中央党校宿舍收受刘甲给予的存有人民币 5 万元的银行卡，共计折合人民币 15.713 4 万元。

(14) 2001 年 5 月至 2007 年 3 月，黄胜利用担任中共山东省德州市委书记的职务便利，接受德州市公安局交警支队原副支队长王乙的请托，为王乙担任交警支队支队长、德州市公安局副局长、正县级侦查员以及王乙女儿工作调动等事项提供帮助。2007 年下半年至 2009 年上半年，黄胜先后 3 次共收受王乙给予的人民币 13 万元。

(15) 2008 年下半年至 2011 年 7 月，黄胜利用担任山东省人民政府副省长的职权或地位形成的便利条件，接受中澳控股集团有限公司（以下简称“中澳公司”）法定代表人张乙的请托，向中共山东省委统战部有关领导打招呼，为张乙担任山东省工商业联合会副主席、德州市工商业联合会主席等事项提供帮助。2008 年底至 2011 年 5 月，黄胜先后收受张乙给予的价值人民币 7.5 万元的商场购物卡、人民币 5 万元，共计折合人民币 12.5 万元。

(16) 2002 年 6 月至 2003 年 12 月，黄胜利用担任中共山东省德州市委书记的职务便利，接受德州市公路局原副局长孙某的请托，为孙某担任德州市交通局副局长、局长等职务提供帮助。2002 年 6、7 月和 2006 年中秋节前，黄胜先后 2 次共收受孙某给予的人民币 12 万元。

(17) 2010 年 4 月至 6 月，黄胜利用担任山东省人民政府副省长的职务便利，接受中天建设集团有限公司（以下简称“中天公司”）山东分公司项目部负责人于某的请托，为该分公司办理外地企业“进济施工备案证”提供帮助。2010 年春节、2011 年春节，黄胜在上海分别收受于某给予的人民币各 5 万元，共计人民币 10 万元。

(18) 2010 年 10 月至 2011 年 4 月，黄胜利用担任山东省人民政府副省长的职务便利，接受古某公司法定代表人周某的请托，为山东新明玻璃钢制品有限公

司（以下简称“新明公司”）获取人防产品生产许可证提供帮助。2010 年 10 月，黄胜在济南山东大厦收受周某转交的新明公司法定代表人商某给予的人民币 10 万元。

（19）2001 年 1 月至 2011 年 1 月，黄胜利用担任中共山东省德州市委书记、山东省人民政府副省长的职务便利，为中共禹城市委原副书记杨乙先后担任临邑县人民政府县长、中共临邑县委书记等事项提供帮助，并接受杨乙的请托，为其任职的德州经济开发区由省级升级为国家级提供帮助。2008 年 9 月至 2010 年 11 月，黄胜先后收受杨乙给予的美元 8 000 元、欧元 5 000 元，共计折合人民币 9.822 97 万元。

（20）2003 年底至 2005 年 11 月，黄胜利用担任中共山东省德州市委书记的职务便利，接受德州商贸开发区管委会原主任张丙的请托，为该开发区干部的提拔任用提供帮助。2003 年底和 2005 年下半年，黄胜在其德州市委办公室分别收受张丙给予的人民币 3 万元和 5 万元，共计人民币 8 万元。

（21）2006 年 5 月至 12 月，黄胜利用担任中共山东省德州市委书记的职务便利，接受山东黑马集团有限公司（以下简称“黑马集团”）董事长刘乙的请托，为该集团下属公司获取土地补偿提供帮助。2007 年春节前、中秋节前，黄胜先后 2 次共收受刘乙给予的人民币 5 万元。

另查明，案发后，黄胜主动交代了办案机关尚未掌握的大部分受贿犯罪事实，并积极退缴了全部赃款赃物。

2013 年 5 月 3 日，江苏省南京市中级人民法院作出一审判决：被告人黄胜犯受贿罪，判处无期徒刑，剥夺政治权利终身，并处没收个人全部财产；受贿犯罪所得赃款人民币 1 223.922 153 万元及孳息予以追缴，上交国库。一审判决后，黄胜没有上诉。

（二）本案的裁判要旨

本案中，辩护人提出“对黄胜通过黄甲收受杨丙给予的医疗设备款人民币 280 万元的指控难以成立，该笔款项系杨丙给予潍坊眼科医院而非黄甲个人的，黄胜的行为不构成受贿”“对黄胜收受张甲购置的上海住房一套的指控难以成立，

现有证据不能排除该住房系黄胜借用”“对黄胜通过黄甲在北京收受白某给予的人民币 8 万元的指控不能成立，黄胜事先并不知情，黄胜的行为不构成受贿”“对黄胜通过黄甲收受刘甲给予的钢材的指控难以成立，该笔钢材系刘甲给予潍坊眼科医院而非黄甲个人的，且钢材价格难以确定，黄胜的行为不构成受贿”“黄胜收受于某给予的人民币 10 万元属亲友间的馈赠，不构成受贿”“黄胜的受贿行为没有给国家、社会造成严重损失；黄胜有过多次拒贿、退贿表现，且其多数受贿行为均属被动受贿，主观恶性较小”等辩护意见，被告人黄胜提出其“没有恶意敛财”。

对此，一审判决书指出：关于辩护人所提的“对黄胜通过黄甲收受杨丙给予的医疗设备款人民币 280 万元的指控难以成立，该笔款项系杨丙给予潍坊眼科医院而非黄甲个人的，黄胜的行为不构成受贿”的辩护意见，经查，黄胜先后多次为杨丙谋取利益。2004 年黄胜为帮助其弟黄甲解决潍坊眼科医院的设备款，向杨丙提出予以支持，杨丙遂代为垫付医疗设备款人民币 280 万元，黄甲将该情况告知了黄胜。2007 年初，杨丙在黄胜的办公室撕毁其垫付人民币 280 万元设备款的银行汇款凭证且明确告知黄胜该款已平账，不用归还，黄胜默认并告知黄甲。潍坊眼科医院为黄甲一手操办、组建，虽然该医院并非黄甲个人所有，但黄甲作为股东和经营管理者亦可从中获利，且黄胜供述称，在其看来这家医院就是黄甲的，其明白杨丙系为了感谢其多方面的帮助才支付了该笔设备款。证人杨维某证实，其为黄甲支付人民币 280 万元设备款完全是看在黄胜的面子上，其与黄甲之间无其他经济往来。因此，该笔款项系黄胜出于为黄甲利益考虑而要求杨丙代为支付的，属于黄胜对受贿款项的处置，不影响受贿罪的认定。故辩护人的该辩护意见不能成立，不予采纳。

关于辩护人所提的“对黄胜收受张甲购置的上海住房一套的指控难以成立，现有证据不能排除该住房系黄胜借用”的辩护意见，经查，2004 年，黄胜以改善其岳母居住条件为名向张甲提出借用上海房产，张甲为感谢黄胜此前的帮助并希望与黄胜继续搞好关系，便提出为黄胜专门购买一套合适的住房，黄胜同意并指定了地段。为规避调查，黄胜儿子黄乙以张丁、张甲的名字办理了房产证。该

房屋虽经黄胜岳母试住一天便不再居住，但黄胜家仍长期控制和使用该房产，在其岳母于 2007 年去世后亦未归还，黄胜儿子黄乙更是在一段时间内出租该房屋获取租金。2009 年，黄胜虽曾提出用济南书苑山某的房屋与该房置换，但终因张甲坚持送房而作罢，后黄胜又将书苑山某的房屋转给黄甲。黄胜和张戊明确证实，该上海房产实际系张甲送给黄胜，而非借用。因此，黄胜以借房改善岳母居住条件为名，由张甲为其购买特定房屋供家人长期占用，具备归还条件但未归还，后虽曾有置换房屋的意思表示，但最终并未实施，黄胜的行为符合受贿罪的本质特征，故辩护人的该辩护意见不能成立，不予采纳。

关于辩护人所提的“对黄胜通过黄甲在北京收受白某给予的人民币 8 万元的指控不能成立，黄胜事先并不知情，黄胜的行为不构成受贿”的辩护意见，经查，黄胜与白某在 2002 年至 2011 年间多次进行权钱交易。白某系应黄胜要求帮黄甲儿子办理转学事宜，虽然黄胜当时没有要求白某代黄甲交纳 8 万元赞助费，但其得知此事后亦表示了认可。黄胜供述称，其心里明白 8 万元应该由黄甲交，白某代交其实是把这笔钱送给了其本人。证人白某证实，其为黄甲交 8 万元赞助费完全是看在黄胜的面子上。故黄胜通过黄甲收受白某给予的 8 万元，应以受贿罪论处。故辩护人的该辩护意见不能成立，不予采纳。

关于辩护人所提的“对黄胜通过黄甲收受刘甲给予的钢材的指控难以成立，该笔钢材系刘甲给予潍坊眼科医院而非黄甲个人的，且钢材价格难以确定，黄胜的行为不构成受贿”的辩护意见，经查，2003 年底至 2004 年下半年，黄胜应刘甲的请托为永锋公司获取财政借款提供帮助。2006 年初，黄甲要黄胜帮其解决一部分钢材用于潍坊眼科医院建设，黄胜与刘甲联系后，刘甲安排永锋公司的经销商天保公司为潍坊眼科医院无偿提供了 40 余吨钢材，并于 2006 年 4 月与天保公司结算钢材款时以让利人民币 10.713 4 万元的形式冲抵该 40 吨钢材款。黄胜供述称，黄甲告诉其刘甲没有收钱的时候，其予以默认；刘甲之所以不收钱，完全是因为其给刘甲的公司提供过帮助，刘甲一直想表示感谢，在其看来，潍坊眼科医院就是黄甲的。证人刘甲的证言证实，黄胜当时要其支援几十吨钢材，言下之意就是让其送几十吨钢材给他，供货后其就未向黄胜和潍坊眼科医院追要过这

笔钢材款。证人黄甲的证言证实，永锋公司提供的40余吨钢材是为了感谢黄胜对他们企业的关心或者是希望黄胜给予他们企业支持，从本质上看是黄胜支持其个人的。因此，该笔钢材系黄胜出于为黄甲利益考虑而授意刘甲送给潍坊眼科医院的，属于黄胜对受贿所得的处置，不影响受贿性质的认定。至于刘甲所送钢材的价值，证人刘甲、戴某、张戌证言及相关书证证实，永锋公司以向天保公司让利的形式折抵了其委托所送钢材的价款，让利款为10.713 396万元，该款系刘甲支付的成本，应认定为行贿数额。综上，辩护人的该辩护意见不能成立，不予采纳。

关于辩护人所提的“黄胜收受于某给予的人民币10万元属亲友间的馈赠，不构成受贿”的辩护意见，经查，黄胜与于某于2009年认识并开始交往，黄胜接受于某请托为中天公司协调办理“进济施工备案证”，并于2010年春节、2011年春节两次收受于某各人民币5万元，两次收钱与请托、谋利密切相关。黄胜与于某虽有亲戚关系，但认识时间不长且无对等的经济往来，二人之间的往来具有明显的权钱交易性质。对此，二人亦有明确供证，故辩护人的该辩护意见不能成立，不予采纳。

关于被告人黄胜所提的其“没有恶意敛财”的辩解及辩护人所提的“黄胜的受贿行为没有给国家、社会造成严重损失；黄胜有过多次拒贿、退贿表现，且其多数受贿行为均属被动受贿，主观恶性较小”的辩护意见，经查，黄胜利用职务便利以及本人职权或者地位形成的便利条件，在职务晋升、企业经营等方面为他人谋取利益，并先后数十次收受他人巨额贿赂，其受贿行为严重玷污了国家工作人员的职务廉洁性，造成了恶劣的社会影响，社会危害严重，故上述辩解和辩护意见不能成立，不予采纳。

关于被告人黄胜及其辩护人所提的“黄胜认罪、悔罪，退缴全部赃款赃物”的辩解及辩护意见，以及辩护人所提的“黄胜如实供述主要受贿事实，主动交代有关部门尚不掌握的大部分受贿事实”的辩护意见，经查属实，予以采纳。

### （三）本案引发的法理问题

本案中，控辩双方的主要分歧集中在三个方面。


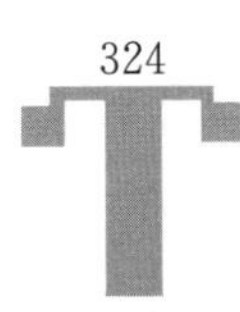

一是部分事实是否成立的问题。如控方认为黄胜通过黄甲在北京收受白某给予的人民币8万元构成受贿，但辩方认为公诉机关“对黄胜通过黄甲在北京收受白某给予的人民币8万元的指控不能成立，黄胜事先并不知情，黄胜的行为不构成受贿”。

二是部分事实的性质认定问题，即控辩双方对于存在的事实无争议，但对该事实法律性质的认定存在明显分歧。例如，控方认为，2007年初黄胜通过其弟黄甲收受杨丙给予的医疗设备款人民币280万元，其行为构成受贿罪。但辩方认为，控方“对黄胜通过黄甲收受杨丙给予的医疗设备款人民币280万元的指控难以成立，该笔款项系杨丙给予潍坊眼科医院而非黄甲个人的，黄胜的行为不构成受贿”。

三是量刑情节问题。例如，辩方提出，“黄胜的受贿行为没有给国家、社会造成严重损失；黄胜有过多次拒贿、退贿表现，且其多数受贿行为均属被动受贿，主观恶性较小”。

从法理上看，本案引发的主要理论争议问题有以下三个：

(1) 受贿罪与滥用职权罪的界限问题。这主要涉及一审判决书认定的“黄胜通过其弟黄甲收受杨丙给予的医疗设备款人民币280万元”的问题，黄胜是滥用职权为其弟黄甲的医院谋利280万元，还是黄胜个人收受了杨丙的医疗设备款280万元？同时，一审判决书认定的“2006年初黄胜通过黄甲收受刘甲给予的价值人民币10.7134万元的钢材”，也存在同样的问题。

(2) 受贿与借用、收受礼金的区分问题。这主要涉及一审判决书认定的“黄胜收受张甲购置的上海住房一套”和“黄胜收受于某给予的人民币10万元”等项事实。

(3) 受贿罪的量刑依据问题，即受贿罪的量刑是否完全依据受贿的数额，如何看待受贿人的认罪、悔罪等从宽情节对量刑的影响。

下面，笔者结合本案对上述三个法律（法理）问题进行研讨。


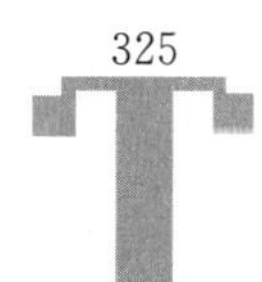

## 二、受贿罪与财产型滥用职权罪的界限

在我国刑法上，受贿罪是指国家工作人员利用职务上的便利，索取他人财物，或者非法收受他人财物为他人谋取利益的行为。受贿的类型很多，有“利用职务之便，索取他人财物”（索取贿赂型受贿）、“利用职务之便，非法收受他人财物，为他人谋取利益”（非法收受型受贿）、“在经济往来中，违反国家规定，收受各种名义的回扣、手续费归个人所有”（经济型受贿）和“利用本人职权或者地位形成的便利条件，通过其他国家工作人员职务上的行为，为请托人谋取不正当利益，索取请托人财物或者收受请托人财物”（斡旋受贿）①。而无论何种受贿，受贿行为的成立都必须具备收受财物的要件，否则就不成其为受贿。而滥用职权罪在我国刑法上则是指国家机关工作人员超过职权，违法决定、处理其无权决定、处理的事项，或者违反规定处理公务，致使公共财产、国家和人民利益遭受重大损失的行为。②

从滥用的职权内容上看，行为人对公共事务的处理就包括了行为人擅自决定并通过他人将公共利益处理给其亲友，以使其亲友获利的行为，从而容易导致受贿罪与财产型滥用职权罪之间的界限模糊。例如，行为人为了同时帮助到两个关系人，滥用职权将 1 000 万元财政拨款给甲，同时要求甲出资 200 万元帮助乙处理乙的债务问题，但行为人没有收取甲的任何财物。在此情况下，行为人的行为究竟是构成滥用职权罪，还是构成滥用职权罪与受贿罪的竞合，恐怕难免会存在争议。同样的情形也可以是，行为人帮助甲谋取了不少利益，为了帮助到乙，行为人让甲出资帮助乙解决部分债务问题。本案中，一审判决书认定，“黄胜通过其弟黄甲收受杨丙给予的医疗设备款人民币 280 万元”，在此之前黄胜帮助杨丙

① 高铭暄，马克昌．刑法学．9 版．北京：北京大学出版社，2019：630－632；赵秉志．当代刑法学．北京：中国政法大学出版社，2009：728－730.

② 高铭暄，马克昌．刑法学．9 版．北京：北京大学出版社，2019：645.

“为德百公司百货大楼费用减免及排除竞争、天衢购物中心及澳德乐时代广场建设项目费用减免、杨丙之弟职务晋升等事项提供帮助”。此外，一审判决认定黄胜“收受刘甲给予的价值人民币10.7134万元的钢材”与此类似。对于黄胜的这类行为究竟是构成受贿罪还是构成滥用职权罪，控辩双方存在重大分歧。笔者认为，对此行为的判断，应当重点考虑以下两个方面。

（一）财物的控制：行为人是否直接或者间接取得财物

是否实际取得财物是受贿罪成立的核心要件。刑法理论上一般认为，受贿罪的客体是国家工作人员职务行为的廉洁性，其犯罪对象是贿赂（财物）。[①] 据此，无论是索贿、非法收受型受贿还是其他类型的受贿，行为人是否通过权钱交易的方式获取请托人的财物，是认定受贿罪是否成立的关键，也是区分受贿罪与财产型滥用职权罪的重要方面。关于财物的收受（获取），在实践中，既可以是行为人自己收取，也可以是行为人让他人代为收取，即只要行为人有通过直接或者间接的方式控制财物的行为，就可认定行为人收受了请托人的财物。在受贿罪与财产型滥用职权罪中，行为人是否控制相关财物对于区分两罪具有两方面的重要意义：

第一，它反映了行为所侵害的客体差异，进而成为区分受贿罪与财产型滥用职权罪的重要方面。我国刑法理论上通常将“公务职责的公正、勤勉性和国家机关的正常职能”作为滥用职权罪的客体[②]，而将“国家工作人员职务行为的廉洁性”作为受贿罪的客体。[③] 其中，对国家工作人员职务行为廉洁性的侵害主要体现为行为人将权力作为交易的筹码，客观上通常表现为权钱交易。就交易而言，转移占有是其基本特征。在受贿罪中，这种转移占有即是将贿赂物由行贿方转移至受贿方占有。而行为人是否实际控制财物（包括直接控制和间接控制），是确定行为人是否“转移占有”财物的具体体现，也是判断受贿罪客体是否受到侵害

① 王作富．刑法分则实务研究．4版．北京：中国方正出版社，2010：1619．

② 赵秉志，李希慧．刑法各论．3版．北京：中国人民大学出版社，2016：414．

③ 赵秉志．当代刑法学．北京：中国政法大学出版社，2009：731．

的主要依据。

第二，它反映了行为方式的差异，进而成为区分受贿罪与财产型滥用职权罪的重要方面。关于滥用职权罪的行为方式，通常认为，它主要有两种类型：一是超越职权，违法决定、处理其无权决定、处理的事项；二是违反规定处理公务。而受贿罪的行为方式核心是利用职务上的便利，非法收受他人财物。因此，在共同的财物范围内，滥用职权罪是将公共财产、国家和人民利益违规处理给他人，而受贿罪是将他人财物非法收受归自己所有。前者不存在行为人本人转移占有财物的问题，否则其所构成的犯罪可能是贪污罪；后者则必须由行为人本人转移占有财物，否则就不构成受贿罪。

从转移占有财物的角度看，在本案一审判决认定黄胜构成受贿的事实中，杨丙代潍坊眼科医院支付的 280 万元医疗设备款和刘甲送给潍坊眼科医院的 10.713 4 万元的钢材并非由黄胜本人占有，也很难认定为黄胜的弟弟黄甲占有，因而在是否成立受贿罪的问题上存在一定的争议。笔者认为，根据一审判决采信的证据，上述两个事实难以认定黄胜实现了对财物的转移占有。

第一，280 万元医疗设备款没有被黄胜转移占有。关于该 280 万元医疗设备款，一审判决认为：潍坊眼科医院为黄甲一手操办、组建，虽然该医院并非黄甲个人所有，但黄甲作为股东和经营管理者亦可从中获利，且黄胜供述称，在其看来这家医院就是黄甲的，其明白杨丙系为了感谢其多方面的帮助才支付了该笔设备款。证人杨维某证实，其为黄甲支付人民币 280 万元设备款完全是看在黄胜的面子上，其与黄甲之间无其他经济往来。因此，该笔款项系黄胜出于为黄甲利益考虑而要求杨丙代为支付的，属于黄胜对受贿款项的处置，不影响受贿罪的认定。按照一审判决的逻辑，这 280 万元设备款实际已为黄胜所控制，代为潍坊眼科医院支付医疗设备款只是黄胜对这 280 万元的处置。不过，本案的以下事实不容忽视：(1) 杨丙出资 280 万元购买的医疗设备实际成为潍坊眼科医院的单位资产，而非黄甲的个人财产或其个人对潍坊眼科医院的投资。(2) 黄甲只占有潍坊眼科医院部分股权，不构成对作为潍坊眼科医院资产的该医疗设备的占有。(3) 潍坊眼科医院属于非营利性医疗机构，股东并不能依其股权对医院利润进行

分配。卫生部、国家中医药管理局、财政部、国家计委 2000 年 7 月 18 日发布的《关于城镇医疗机构分类管理的实施意见》明确规定："非营利性医疗机构是指为社会公众利益服务而设立和运营的医疗机构，不以营利为目的，其收入用于弥补医疗服务成本，实际运营中的收支结余只能用于自身的发展，如改善医疗条件、引进技术、开展新的医疗服务项目等。"据此，无论黄甲对潍坊眼科医院拥有多大比例的股权，他都不能依其股权享有医院的利润，更不可能构成对杨丙出资 280 万元购买的医疗设备的占有。(4) 杨丙撕毁 280 万元汇款单的行为并不能改变医疗设备归潍坊眼科医院所有的事实。(5) 黄甲虽然能从潍坊眼科医院获利，但该获利与 280 万元设备款完全不同，不能将黄甲可能获取的利益等同于这 280 万元。可见，无论是黄胜本人还是其弟弟黄甲都没有实际取得杨丙的 280 万元医疗设备款。从行为上看，这 280 万元医疗设备款既未直接也未间接为黄胜取得。黄胜客观上没有收受杨丙的这笔款项。

第二，价值 10 万余元的钢材没有被黄胜实际控制。关于刘甲给予潍坊眼科医院价值人民币 10.713 4 万元的钢材，一审判决认定：2003 年底至 2004 年下半年，黄胜应刘甲的请托为永锋公司获取财政借款提供帮助。2006 年初，黄甲要黄胜帮其解决一部分钢材用于潍坊眼科医院建设，黄胜与刘甲联系后，刘甲安排永锋公司的经销商天保公司为潍坊眼科医院无偿提供了 40 余吨钢材，并于 2006 年 4 月与天保公司结算钢材款时以让利人民币 10.713 4 万元的形式冲抵该 40 吨钢材款。黄胜供述称，黄甲告诉其刘甲没有收钱的时候，其予以默认；刘甲之所以不收钱，完全是因为其给刘甲的公司提供过帮助，刘甲一直想表示感谢，在其看来，潍坊眼科医院就是黄甲的。证人刘甲的证言证实，黄胜当时要其支援几十吨钢材，言下之意就是让其送几十吨钢材给他，供货后其就未向黄胜和潍坊眼科医院追要过这笔钢材款。证人黄甲的证言证实，永锋公司提供的 40 余吨钢材是为了感谢黄胜对他们企业的关心或者是希望黄胜给予他们企业支持，从本质上看是黄胜支持其个人的。因此，该笔钢材系黄胜出于为黄甲利益考虑而授意刘甲送给潍坊眼科医院的，属于黄胜对受贿所得的处置，不影响受贿性质的认定。不过，笔者认为，本案的以下事实同样不容忽视：(1) 黄胜、刘甲都知道该批钢材是给潍坊眼科医院的，而非给黄甲个人。(2) 刘甲提供的钢材被全部用于潍坊眼科医院的扩建，且没有作为黄甲个人对医院的投资或借款。(3) 黄甲只拥有潍坊眼科医院部分股权，且该医院属于非营利性医疗机构，黄甲不能通过医院实现对刘甲钢材的占有。可见，黄甲客观上没有占有刘甲给潍坊眼科医院的钢材，难以构成此笔受贿。

（二）行为的意图：行为人是个人收受的意图还是为他人谋取利益的意图

受贿罪在主观方面是直接故意，包括认知因素和意志因素两方面。在认识因素上，它是指行为人必须认识到自己索取、收受的对象物的贿赂性质，即行为人必须认识到对象物是有关其职务行为的不正当酬谢，与其职务行为存在着对价关系。在意志因素上，就索贿而言，它要求行为人须有索取他人贿赂的决意；而对于收受贿赂来说，则包括两方面的内容：一是行为人具有收受贿赂的决意；二是行为人具有利用职务上的便利为他人谋取利益的决意。① 滥用职权罪的主观方面是故意，即行为人明知自己滥用职权的行为会给公共财产、国家和人民利益造成重大损失，而希望或放任这一结果的发生。②

在实践中，行为人对财物的处置意图是区分不同犯罪的重要方面。就受贿罪与滥用职权罪的界限而言，行为人利用职权使第三人获得一定的财物和行为人利用职权收受一定的财物后送给第三人，两者之间的界限不仅体现为客观行为上的差异，而且也体现为行为人主观意图上的差异。本案中，以 280 万元医疗设备款为例，黄胜让杨丙为潍坊眼科医院代付 280 万元设备款，究竟是黄胜意图个人收受这 280 万元后转送给潍坊眼科医院，还是黄胜意图让杨丙从其所获得的利益中分出 280 万元代潍坊眼科医院支付医疗设备款，对黄胜行为的定性至关重要。

本案中，关于黄胜对于 280 万元医疗设备款的主观意图，一审判决认定的依据是“黄胜供述称，在其看来这家医院就是黄甲的，其明白杨丙系为了感谢其多方面的帮助才支付了该笔设备款”。不过，笔者认为，本案中以下几个事实对于

① 王作富．刑法分则实务研究．4 版．北京：中国方正出版社，2010：1637.

② 高铭暄，马克昌．刑法学．9 版．北京：北京大学出版社，2019：646.

黄胜主观意图的认定不容忽视：（1）黄胜明确告诉杨丙是支持黄甲所办的医院。（2）黄甲明确告诉杨丙是医院购买设备需要资金。黄甲的证言称：我说我们眼科医院看好了一台治疗近视眼的设备，想买进来，但医院缺少资金，请他帮忙支持我们一下，我们可以合作。（3）杨丙知道是黄甲的医院需要资金购买设备。杨丙的证言称：黄甲到德州找到我，跟我说他办了一家眼科医院需要购买设备，目前资金有些紧张，问我能不能与他合作，由我出资购买设备，他负责经营管理，利润双方分成。我说好的，并问他需要多少钱，他说他还不清楚，要回去问一问。可见，在代付 280 万元医疗设备款之前，黄胜、杨丙和黄甲主观上都知道是要代潍坊眼科医院而非黄甲个人支付医疗设备款。

关于 10 万余元钢材款，一审判决认定的依据是“黄胜供述称，黄甲告诉其刘甲没有收钱的时候，其予以默认；刘甲之所以不收钱，完全是因为其给刘甲的公司提供过帮助，刘甲一直想表示感谢，在其看来，潍坊眼科医院就是黄甲的”。但本案事实表明，黄胜知道这价值 10 万余元的钢材是给潍坊眼科医院的，其弟弟黄甲只拥有潍坊眼科医院的部分股权，因此无论黄胜如何供述，他都清楚他是在帮助潍坊眼科医院解决困难。黄胜本人和黄甲都无法控制或者支配这价值 10 万余元的钢材。

因此，本案至少不能排除一种可能，即：黄胜主观上是想让杨丙、刘甲帮助潍坊眼科医院解决困难。而 280 万元设备款和 10 万余元的钢材只不过是黄胜为杨丙、刘甲谋取利益的一部分，黄胜是让杨丙、刘甲从其所获得利益中出让部分利益给潍坊眼科医院。基于此，一审判决对黄胜这两个行为的定性值得商榷。

## 三、受贿与借用、收受礼金的区分

本案中，辩护人曾提出公诉机关指控黄胜收受张甲的住房系借用，收受白某的 8 万元等系礼金而非贿赂。但公诉方和法院没有采信辩护人的这一主张。如何区分受贿与借用、受贿与收受礼金，是当前我国司法实践中处理受贿案件面临的重大难题，也是本案认定的两个重要方面。

（一）受贿与借用的合理区分

从概念上看，受贿与借用的区分是明确的，因为借用针对的是财物的使用权，而受贿针对的是财物的所有权。不过，由于借用有有偿借用与无偿借用之分，而且实践中许多收受房产、汽车等财物的人并不办理财产变更登记，且常以“借用”作为辩解理由，因而使得收受房产、汽车的行为与无偿借用房产、汽车的行为较难区分。鉴于此，最高人民法院、最高人民检察院 2007 年 7 月 8 日发布的《关于办理受贿刑事案件适用法律若干问题的意见》第 8 条中规定：“认定以房屋、汽车等物品为对象的受贿，应注意与借用的区分。具体认定时，除双方交代或者书面协议之外，主要应当结合以下因素进行判断：（1）有无借用的合理事由；（2）是否实际使用；（3）借用时间的长短；（4）有无归还的条件；（5）有无归还的意思表示及行为。”据此，对于受贿与借用的界分，应着重把握以下两个方面：

第一，行为人主观上是否具有意图。对此可从以下两个方面进行界定：一是行为人的借用是否有理由。有观点认为，对于是否借用，在理由上应看其“借用”之物对于借用之人是否急需。“一般来说，急需什么才会借什么。在以借用名义行受贿之实的案件中，行为人在收受他人物品时，一般缺乏对该物品的急需条件，而且，在有些案件中，往往还会出现一些反常现象，出借方无财产出借却要四处奔波筹措，受借方经济宽裕却堂而皇之地借，而借来的财产不用于急需。”① 笔者认为，该观点有一定道理，但并非必然如此。实践中，未雨绸缪的先借后用情形亦不可避免。只要行为人客观上有使用的需要，就可认定行为人有借用的合理事由，至于是否急需则不是认定其事由是否合理的唯一标准。二是行为人是否有归还的意思表示及行为。这针对的主要是实践中可能存在的一时不能归还的情况。例如，出借人短期出国或者长期出差导致房产或者汽车一时不能归还。在实践中最常遇到的情况是，“出借人”有行贿的意思，借给行为人后，“出借人”不想收回出借的房产、汽车，因而找各种理由不接收行为人欲归还的房产

① 庆华．如何界定未办理权属变更的受贿与借用．中国纪检监察报，2010-07-27.

或者汽车。在此情况下，行为人是否有归还的意思表示和行为，将成为认定行为人“借用”行为性质的重要依据。

第二，行为人客观上是否属于借用行为。对此也可从以下两个方面进行界定：一是行为人是否实际使用。笔者认为，这是区分受贿与借用的关键。如果行为人只“借”不用，从客体的角度看，其核心就不是“使用权”，而可能涉及财物的处分权。如果行为人借而不用，则借用的理由也必然无法成立。当然，对于实际使用的判断也需要放在一个较长的期间内加以考虑。对于借的时间很短而来不及使用的情况，也不宜认定为借而不用。二是借用时间的长短和有无归还的条件。笔者认为，“借用时间的长短”和“有无归还的条件”这两个因素应当放在一起加以考虑。这是因为，一方面，如果单纯看“借用时间的长短”而不看行为人的实际需要，则无法判断借用是否合理。例如，一些学校不给部分学生提供宿舍，如果行为人为解决其子女上学期间的住宿问题，而借用他人一套住房，其时间可能长达3～4年。单纯从时间上看，它肯定属于比较长的时间，但并不能由此认定借用不合理，还需要结合“有无归还的条件”。另一方面，“有无归还的条件”主要针对的是行为人借用的事由是否消失。这些条件包括行为人有将物品归还的时间、有现实的归还对象、有物品可供归还等。①

本案中，公诉机关和一审法院都认定，2004年初，张甲向黄胜提出为其在上海购置一套住房，黄胜表示同意。后张甲以自己名义为黄胜购置了上海市杨浦区双阳北路288弄7号101室房屋，并支付购房款人民币103万元、契税人民币1.545万元。2004年下半年，张甲将该房屋交付给黄胜。而黄胜的辩护人则认为不能排除该房屋是黄胜、严某夫妇向张甲借用的可能。笔者认为，本案不能排除该房屋系黄胜、严某夫妇借用的可能。这主要体现为本案反映出的以下事实：(1) 黄胜、严某夫妇与张甲的关系十分密切，他们找张甲借房合理。(2) 黄胜、严某夫妇明确向张甲提出过借用上海的住房，且严某始终认为是借用，主观上的借用意图明显。(3) 黄胜、严某夫妇的确需要并且大多数时候都在使用张甲的住

① 孟庆华. 新型受贿犯罪司法解释的理解与适用. 北京：中国人民公安大学出版社，2012：351.

房。(4）黄胜、严某夫妇多次向张甲提出退还房屋或者以济南的房子进行置换，有归还的意思表示和行为，但均被张甲拒绝，导致该房屋客观上一时不能归还。综上，张甲与黄胜、严某夫妇是多年好友，黄胜、严某夫妇有借用张甲上海住房的合理事由和行为，虽然黄胜、严某夫妇对该房屋的使用时间较长，但黄胜、严某夫妇已有明确的归还意思表示和行为，只是由于张甲的拒绝而一时没能归还。因此，本案不能排除黄胜、严某夫妇是借用张甲上海的住房。

（二）受贿与接受馈赠的合理区分

受贿与接受馈赠的相同之处，就是接受财物。但受贿是以权力为条件来接受财物，对社会、国家政权有严重危害，而接受馈赠并非出于谋求不正当利益，与行使职权无关，是民事法律行为，对社会没有危害性。具体来说，要正确区分受贿与接受馈赠，实践中应着重把握以下六点：第一，所送财物的数量、价值大小。在馈赠情况下，个人之间一般所给付的财物数额相对较小，而在受贿的情况下给付的财物数额一般较大。第二，送财物的方式。一般来讲，受贿是不可公开的行为，受贿是在非公开场合“悄悄地”暗箱操作的，不敢“曝光”，具有隐蔽性。而馈赠是可以公开的，往往是在公开场合进行。第三，赠送和接受财物的心态。在馈赠情况下，送者不讲条件，不追求收受人行使职权回报，而收受者坦然，不感到内疚。在受贿情况下，送者的动机是为了让收受者行使职权为其谋利，而收受者也对此“心照不宣”。第四，送者与被送者之间的关系。受贿者必然是有一定职权的公务人员，而馈赠的对象却不一定是有职权的公务人员，也可以是一般公民。但还应考察二人是否属于亲戚，或者平时交往较多的朋友，或者常常有互相馈赠往来。馈赠往往有“渊源”，受贿大多是突然的，一两次就了断了，少部分有时也有“渊源”。第五，送者与收受者对行为的判断。在送财物的过程中，行贿者往往提出或暗示收受者利用职权帮忙之意，即便送者假借其他之意或什么也没有说，相互之间对送财物行为的性质也有一定的判断力。第六，赠送人赠送时有无利益要求，该利益要求与对方职务有无关系。赠送财物前后，赠送人有无从被赠送人那里得到利益好处。对上述几点要全面分析、综合判断，确

定行为人主观动机目的，确认有无权钱交易，以准确认定二者关系。[①]

最高人民法院、最高人民检察院 2008 年 11 月 20 日发布的《关于办理商业贿赂刑事案件适用法律若干问题的意见》第 10 条规定："办理商业贿赂犯罪案件，要注意区分贿赂与馈赠的界限。主要应当结合以下因素全面分析、综合判断：(1) 发生财物往来的背景，如双方是否存在亲友关系及历史上交往的情形和程度；(2) 往来财物的价值；(3) 财物往来的缘由、时机和方式，提供财物方对于接受方有无职务上的请托；(4) 接受方是否利用职务上的便利为提供方谋取利益。"本案中，笔者认为，从于某与黄胜的亲戚关系、于某送钱的目的和时机等因素上看，不能排除于某分两次送给黄胜的 10 万元系亲友间的馈赠。这主要体现为本案反映出的以下事实：(1) 于某是黄胜的远房亲戚。(2) 于某给黄胜钱主要是为了加强亲戚关系，且并未提出具体的请托事项。(3) 于某给黄胜送钱都是在春节期间的家庭聚会上。(4) 于某送给黄胜财物的数额虽然较大，但很难说就一定超出了亲友间馈赠的范围。

## 四、受贿罪的量刑依据问题

我国 1997 年刑法典将数额作为受贿罪定罪量刑的主要标准。在司法实践中，数额也因此成为受贿罪量刑的主要依据，甚至是决定情节是否特别严重的基础指标，进而影响受贿罪的死刑适用。例如，有观点认为，除了一般以数额为基础的量刑幅度界限，受贿罪之"情节特别严重"的判断，本来应该是与"数额特别巨大"并列的情节。但从实际操作看，受贿数额实际上是"情节特别严重"的主要考虑因素。即使受贿已经达到了 10 万元以上，也具有其他严重情节，但因为数额没有达到一定量，法院也不会轻易认定"情节特别严重"。例如，在过去的高官腐败案件中，黄松有受贿 390 万元，尽管有知法犯法、影响恶劣等酌定从重情节，但判决并没有据此认定其属于"情节特别严重"。而米凤君受贿 628 万元，

① 薛晓卫. 试论受贿与接受馈赠的司法认定. 人民检察，2005 (8).

尽管被认定具有认罪态度好和退赃等情节，但仍被认定为“情节特别严重”①。本案中，法院判决黄胜无期徒刑的主要依据是“黄胜受贿的数额和情节”，同时考虑了“其在归案后主动交代办案机关尚未掌握的大部分受贿犯罪事实，具有坦白情节，认罪、悔罪，并追缴了全部赃款赃物”。在法院审理过程中，辩护人还提出了“黄胜的受贿行为没有给国家、社会造成严重损失；黄胜有过多次拒贿、退贿表现，且其多数受贿行为均属被动受贿，主观恶性较小”的辩护意见。

笔者认为，受贿罪的核心是权钱交易。从社会危害性的角度看，权钱交易的情况是判定受贿罪社会危害性大小的主要标准。基于权钱交易的互易性，受贿罪的危害性可具体体现在两个方面：一是“钱”的状况，主要是指受贿人收受贿赂的数额大小；二是“权”的状况，主要是指利用了什么样的职权。从“等价”互易的角度看，“钱”数越多，反映出权力被收买的程度越高。不过，从现实的角度看，“权”“钱”之间并非总是能进行等价互换。实践中，“小官大贪”和“大官小贪”的情况都很常见。因此，仅以“钱”或者“权”作为受贿罪的定罪量刑标准显然是不够的，必须同时考虑“钱”和“权”的情况。基于此，笔者认为，在对受贿罪行为人进行量刑时，必须考虑其职务的利用情况，具体表现为行为人是否为请托人谋利，为请托人谋取的是什么利益、多大的利益，等等。基于此，笔者认为，本案中，法院在对黄胜进行量刑时，还必须考虑其利用职权为他人谋取利益的情况。

而本案事实表明，黄胜的受贿行为没有给国家、社会造成严重损失。根据一审判决采信的证据，虽然黄胜的受贿数额巨大，并因受贿而为他人谋取了一定的利益，但从情节上看，黄胜为他人谋取的并无非法利益，也没有给国家、社会造成严重损失。法院判决认定：“黄胜利用职务便利以及本人职权或者地位形成的便利条件，在职务晋升、企业经营等方面为他人谋取利益，并先后数十次收受他人巨额贿赂，其受贿行为严重玷污了国家工作人员的职务廉洁性，造成了恶劣的

---

① 孙国祥．受贿罪量刑中的宽严失据问题：基于2010年省部级高官受贿案件的研析．法学，2011（8）．

社会影响，社会危害严重。”从法理上看，这显然是不适当的，这是因为：一方面，法院判决只认定黄胜为他人谋取利益，但并未认定黄胜为他人谋取非法利益；另一方面，法院判决以“恶劣的社会影响”作为“社会危害严重”的认定标准，颠倒了两者的逻辑。因为只有“社会危害严重”的行为才可能产生“恶劣的社会影响”，而非因为“恶劣的社会影响”导致了“社会危害严重”。从本案的情况看，黄胜案所带来的“恶劣的社会影响”在很大程度上都是媒体的不当报道所致，将这种影响作为黄胜受贿行为的危害后果，显然不合理。因此，从总体上看，在法院判决认定的权钱交易中，作为交易对象的权力并没有被明显滥用。这在一定程度上反映了黄胜受贿行为的社会危害性较小，这一事实也应当在量刑中加以考虑，一审判决没有考虑这一事实，显然值得质疑。

# 受贿罪量刑标准之司法运作检讨及其完善建言*

## 一、前言

党的十八大以来，我们党和政府十分重视对腐败犯罪的科学治理，反腐败成效明显，但是反腐败形势依然较为严峻。由于1997年刑法典中关于贪污受贿犯罪定罪量刑标准的立法规定欠缺科学性、合理性，贪污受贿犯罪定罪量刑标准的立法规定很难适应司法实践，导致贪污受贿犯罪定罪量刑出现"尴尬"局面，司法实践中贪污受贿犯罪的具体刑罚裁量无法完全实现罪责刑相适应，难以全面反映具体贪污受贿犯罪的社会危害性。[①] 鉴于此，全国人大常委会2015年8月29日通过的《刑法修正案（九）》因应反腐败的现实需要，将贪污受贿犯罪原有的"唯数额"的刚性定罪量刑标准，修改为"概括数额＋情节"的定罪量刑模式。为了维护国家司法统一，最高人民法院、最高人民检察院2016年4月18日联合

* 与商浩文博士合著，原载赵秉志主编：《刑事法治发展研究报告》，2016—2017年卷，北京，法律出版社，2018。

① 赵秉志. 贪污受贿犯罪定罪量刑标准问题研究. 中国法学，2015 (1).

发布的《关于办理贪污贿赂刑事案件适用法律若干问题的解释》（以下简称“两高”《解释》）在《刑法修正案（九）》相关规范的基础上，较为细化地设定了贪污受贿犯罪定罪量刑的具体数额和情节标准。

然而，就受贿罪的量刑标准而言，在责任刑与预防刑的二元量刑根据下，我国现阶段受贿罪仍缺乏统一的量刑标准，司法实践中从轻、从重量刑情节的失衡，数额与情节量刑标准的协调性欠缺，导致了司法实践中量刑的不统一和量刑的失衡。因而有必要进一步实现部分酌定从重量刑情节法定化，以促进量刑的规范化；同时，为了促进量刑的统一，进一步指导司法实践，有必要对其他犯罪情节对量刑的影响力进行量化评价并及时出台受贿罪的量刑指导意见，以促进受贿罪量刑的公平公正。

## 二、受贿罪量刑标准确立的理论依据

量刑根据是量刑的基础性依据，其对于量刑标准和量刑制度的确立具有指导意义，有助于合理确定受贿罪的量刑标准。现代社会普遍确立的是综合刑的立法模式，因而在量刑时我们要科学掌握责任刑和预防刑的判定规则。在对受贿罪量刑时，应将报应刑下的犯罪责任作为主要标准，将犯罪预防作为调节标准。

### （一）量刑二元根据：责任刑与预防刑的统一

关于量刑根据，刑法学理论经历了报应刑、预防刑、综合刑的发展变迁之路。①

报应刑论强调已然之罪是适用刑罚的根据，未实施犯罪行为则不得处刑。但是，由于它对罪刑关系的把握是静态的，而犯罪情形是动态的，而且它并未将罪犯改造难易程度以及人身危险性等因素纳入量刑考量因素，因而难以与犯罪的现实情况和防卫社会的需要相适应。而在预防刑论者看来，对犯罪人适用刑罚不是为了报复犯罪人，而是为了预防其再次犯罪。因而预防刑论者主张适用刑罚是为

① 赵廷光. 中国量刑改革之路. 武汉：武汉大学出版社，2014：17-19.

了保护社会，不应以已然之罪为唯一原因，而是为了预防未然之罪，故而刑罚的轻重应当与行为人的人身危险性及其程度相适应。[①] 预防刑理论又可以分为一般预防理论和特殊预防理论。一般预防理论主张，刑罚的目的是通过刑罚的威胁和执行，说服一般社会成员将来远离犯罪行为。[②] 但是，一般预防理论之立足点在于一般公众而不是行为人，有滥用刑罚的危险，为了威慑而施加的多余刑罚具有不正当性。[③] 特殊预防理论认为，刑罚的目的仅仅是预防行为人将来犯罪。特殊预防理论着眼于再社会化的理论，主张刑法的任务只是为了保护个人和社会。[④] 特殊预防理论立足于预防犯罪，如果证明某人具有犯罪危险性，则不必等到他实施犯罪，就可以对他实施再社会化处理，甚至剥夺其终身自由，这会严重侵犯公民的自由，因而也有其难以克服的缺陷。

由于报应刑理论和预防刑理论都存在难以克服的缺陷，因而试图结合这两种理论，对报应刑和预防刑进行调和的综合刑理论逐渐发展起来。综合刑理论有多种学说，其中有代表性的理论为以报应刑为主导的综合刑理论。该理论认为，综合刑不应该是单纯地将报应或者功利作为刑罚的正当性依据，而应该将报应和功利予以统一和融合，使二者共同成为衡量刑罚与犯罪之间均衡关系的标准。在报应和功利的两者关系中，应该做到以报应为基点和核心，用报应去限制预防，任何超出报应的限度去实现刑罚的功利都是缺乏正当性的。综合刑理论既承认刑罚的报应功能，同时又提倡刑罚具有一般预防、特殊预防之目的。由于刑罚的基本价值是公正，因而由罪责确定刑罚量度是刑罚公正的标准。但是，刑罚的预防目的也不能忽视，罪责决定刑罚量度，预防刑的目的只能在罪责的范围内追求。[⑤] 所以刑罚的轻重应当与行为人的主观恶性、人身危险性以及行为的社会危害性相

---

① 弗兰茨·冯·李斯特. 德国刑法教科书. 徐久生，译. 北京：法律出版社，2000：90.

② 克劳斯·罗克辛. 德国刑法学总论：第1卷. 王世洲，译. 北京：法律出版社，2005：41.

③ 约书亚·德雷斯勒. 美国刑法精解（第四版）. 王秀梅，等译. 北京：北京大学出版社，2009：19-20.

④ 同①92-93.

⑤ 皮勇，王刚，刘胜超. 量刑原论. 武汉：武汉大学出版社，2014：35.

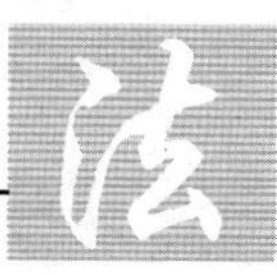

适应，这是综合刑理论视野下量刑公正的一般标准。

由于综合刑理论能够在一定程度上克服报应刑和预防刑的缺陷，因而成为现代国家普遍采用的刑罚立法立场。如《德国刑法典》第 46 条第 1 项规定："行为人的罪责是量刑的基础，量刑时应考虑刑罚对行为人将来的社会生活所产生的影响。"该条第 2 项同时列举了司法机关在量刑时需要考虑的相关情节。[①] 可见，上述法条第 1 项规定的量刑应当遵循行为罪责原则，体现了报应刑的观点。同时也考虑了刑罚对行为人未来的影响，体现了特殊预防观点。日本的 1974 年《改正刑法草案》第 48 条也规定，刑罚应当根据犯罪人的责任量定，同时也应当考虑犯罪人其他犯罪情节，以有助于抑制犯罪和促进犯罪人的改善更生。[②] 我国刑法典第 5 条、第 61 条的相关规定也表明，在对犯罪人适用刑罚时，一方面要考虑与罪行本身的轻重程度相适应（包括行为的社会危害性和行为人的主观恶性），另一方面也要与犯罪前后犯罪人所表现出来的再犯可能性相适应。[③] 可见，我国刑法中的量刑也是坚持综合刑理论的。

（二）量刑根据下的受贿罪量刑标准

正如有论者所言，量刑时应主要根据具体案件的犯罪情节，在考虑犯罪人的再犯罪危险性的基础上作出裁判。对于特殊预防的考虑以及一般预防所起的作用必须受到报应刑的限制。[④] 由此推论，在确定受贿罪的量刑标准时，必须将报应刑下的犯罪责任作为主要标准，将犯罪预防作为调节标准。

1. 行为责任是受贿罪量刑之基础标准

如前所述，世界上多数国家对于量刑坚持的是报应刑和预防刑相结合的立法主张，我国也是如此。因而在对行为人进行定罪量刑时，首先需要考虑的是行为人的罪责，也即行为人的责任。从某种意义上讲，责任主义理念是并合主义罪刑均衡理念进一步发展的产物。因为责任主义是将犯罪人所应承担责任之大小作为

① 德国刑法典. 徐久生，庄敬华，译. 北京：中国方正出版社，2004：17.

② 日本刑法典. 2 版. 张明楷，译. 北京：法律出版社，2006：109-110.

③ 高铭暄，马克昌. 刑法学. 7 版. 北京：北京大学出版社，2016：224，252.

④ 张明楷. 责任刑与预防刑. 北京：北京大学出版社，2015：92.

罪刑均衡与否的基本依据和标准，而责任本身就包含了对犯罪人实施犯罪行为所侵害法益之性质和程度以及犯罪人主观恶性等因素的综合评价。责任主义是近代刑法的基本原理，定罪和量刑都必须遵循责任主义，量刑阶段的责任主义主要体现为责任刑。责任刑是与责任对应或者相当的刑罚，其与行为人的责任相适应，因而在责任刑的裁量层面，要求罪刑均衡是妥当的，将责任评价对象限定为行为，从而确保量刑结果的稳定性，保证法律运行的稳定性。①

在受贿罪中，量刑首先需要考虑行为的责任，而行为的责任主要体现在责任刑的相关情节上。受贿罪的刑事责任大小，一方面体现为“外显”于罪名的受贿行为，即根据受贿数额的多少可以测算行为责任的大小；另一方面则是“内隐”于犯罪中的侵犯职务廉洁性的行为，在此行为侧面中，体现责任刑的“情节”是行为责任评价的重要因素。在这两个维度中，都能通过相关情节体现行为的刑事责任大小。故而在确定受贿罪的量刑标准时，一方面，我们需要关注表征社会危害性大小的受贿数额，但受贿数额难以全面适时反映个罪的社会危害性；另一方面，我们也不应忽视“职务”本身在刑事责任中的权重，也需要考察受贿行为对公权力本身的侵害程度。而表征受贿罪责任刑的情节主要体现在受贿行为是否违背职责及其程度、犯罪结果、犯罪的时间和地点、犯罪的实施程度等客观方面和犯罪的罪过、动机、目的等主观方面，这些相关情节能够较为全面地反映行为的社会危害性。

2. 犯罪预防的需要是受贿罪量刑之调节标准

责任刑的作用只是限制刑罚，防止对预防目的的过度追求，将对预防目的的追求控制在报应的限度之内，因而对预防刑的裁量是实现刑罚目的的关键。有论者认为，在量刑时，一般预防虽然是量刑所期待的结果，但是在责任刑中已经得到了体现，而且不能为了威慑一般人而对犯罪人从重处罚。因而在量刑时基本考虑的是特殊预防目的，对于一般预防基本不应当进行考虑，其考量仅限于一般预

---

① 张苏．量刑根据：以责任主义为中心的展开//陈兴良．刑事法评论：第30卷．北京：北京大学出版社，2012：452.

防性小的情形。[①] 但是在具体案件中，要根据不同情况对特殊预防和一般预防有所侧重。[②] 虽然在量刑时，基于预防的需要，更多应当考量特殊预防的需要，但并不意味着一般预防在量刑时并不会发生作用。如有论者指出，在某些情况下，一些犯罪能够增大犯罪行为的模仿可能性，引起公众对特定行业及其从业人员的厌恶，损害公众对其的信赖，因而在此情形下必须加强该地区对该犯行的防范体制，通过对行为人处以与责任相适应的刑罚并考虑一般预防的必要性，能够在一定程度上缓解社会的不安全感，防止犯罪的无限蔓延，改善特定行业的形象。[③] 虽然考虑社会影响可以起到一般预防的作用，但是并不提倡运用重刑。只能在责任刑的范围内考量预防的必要性，不能以一般预防的必要性大为由而超越责任刑的范围，同时犯罪的社会影响还需受到特殊预防的制约，比如行为人悔罪态度等。因而在考虑犯罪的社会影响而进行一般预防时，还需要同时受责任主义和特殊预防的制约。

在受贿罪中，在对行为人进行量刑时需考量特殊预防和一般预防。对于一般预防主要是通过严密受贿犯罪法网、严格查处受贿案件进而加强对相关行为的规制来实现，其在量刑过程中的“显性”作用不明显，主要体现在国家对受贿犯罪的刑事政策、刑事立法和司法方面。如我国《刑法修正案（九）》中修改贪污受贿犯罪的定罪量刑标准，确立了特重大贪污受贿犯罪死缓犯的终身监禁制度以及增设贿赂犯罪的罚金刑等，这些举措都是基于一般预防之目的。而在受贿罪量刑过程中还需要考察特殊预防之必要性，但是考量特殊预防，需要立足于已经发生、存在的能够体现行为人的犯罪危险性的事实，并以此作为评判依据。[④] 这些事实主要体现为：（1）犯罪人的人格、家庭及社会环境、职业状况等影响再犯罪的危险性因素。这些因素虽然对行为人事实的犯罪本身没有影响，但是却可以预示其改造的难易程度和再犯罪的危险性，进而决定特殊预防的必要性。（2）犯罪

① 张明楷．责任刑与预防刑．北京：北京大学出版社，2015：326-332.

② 李冠煜．从绝对到相对：晚近德、日报应刑论中量刑基准的变迁及其启示．东方法学，2016（1）.

③ 李冠煜．量刑基准的研究：以责任和预防的关系为中心．北京：中国社会科学出版社，2014：167.

④ 张明楷．新刑法与并合主义．中国社会科学，2000（1）.

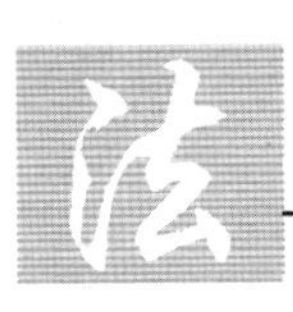



前的表现。犯罪前的表现是指犯罪人在实施犯罪行为以前的一贯表现，以及是否有前科[①]、是否属于再犯等事实特征。这些事实特征，反映出犯罪人的人身危险性大小。(3) 犯罪后的表现。犯罪后的表现是指犯罪人从犯罪行为实施完毕到审判结束前这段时间对犯罪的认识和悔罪表现。主要表现为是否自首、主动坦白、积极退赃等。通过对相关情节的考量，确定犯罪预防之必要性。

## 三、受贿罪量刑标准之司法运作检讨

受贿罪的量刑关系到受贿犯罪的惩治力度和防治效果。然而，现阶段我国受贿罪量刑标准却存在量刑从宽、从严情节失衡之现象，缺乏统一的量刑基础，量刑数额与情节协调性不够等问题，导致了司法实践中量刑的不统一和量刑失衡，因而有必要在检讨现有受贿罪量刑标准的基础上，进一步完善我国受贿罪的量刑标准。

### （一）从宽、从严量刑情节失衡

我国刑法典中针对受贿罪，除在总则中规定了自首、坦白、立功等适用于一般罪名的法定量刑情节外，也在分则中规定了针对受贿罪的特定法定量刑情节，也即索贿情节和《刑法修正案（九）》中增设的法定从宽情节。[②] 但是，从量刑的根据来看，这些法定情节绝大部分为体现预防刑的情节，体现责任刑的法定量刑情节寥寥无几（如索贿），尤其是这些体现预防刑的情节绝大多数为从轻量刑情节，这就不可避免地会影响受贿罪量刑的科学性和合理性。有论者对我国受贿罪量刑过程中量刑情节的适用情况和量刑结果的类型进行了实证分析，从其研究中我们可以看出，在司法实践中，我国相关司法机关对于受贿罪从宽、从严情节在量刑时处理失衡。该论者从“中国裁判文书网”上收集了全国各地 200 份判决

① 此处的前科主要是指贪污受贿违法违纪行为。

② 《刑法修正案（九）》第 44 条中规定了行为人实施受贿行为后，能够如实供述自己罪行、真诚悔罪、积极退赃，避免、减少损害结果发生的，可以从宽处罚。

书，发现法官共适用了18种480个量刑情节，其中从重情节3种（索贿、多次受贿和给单位造成重大损失）11个，分别占量刑情节总量的17%和2%；从宽情节15种469个，分别占量刑情节总量的83%和98%。[①] 由此可见，在受贿罪的量刑中，从宽情节占绝对优势，从重情节寥寥无几。在这200份判决书中，从轻处罚、减轻处罚、从轻处罚后判处缓刑、减轻处罚后判处缓刑、免除处罚的判决数量分别占判决总量的32%、33.5%、8.5%、13.5%、6.5%，也即从宽处罚的比率是94%。由此可见，在这200份贪污受贿犯罪的判决书中，从宽处罚的比率相当之高，从重处罚的情形几乎不存在。这也从其他论者的相关实证研究中得到证实，该论者选取全国640份生效裁判文书中的671名受贿罪被告人的量刑情况进行分析，发现从轻处罚的共计423人，占样本总数的63.0%；减轻处罚的共计234人，占样本总数的34.9%；既从轻又减轻处罚的共计124人，占样本总数的18.5%。[②]

可见，在受贿罪的量刑实践中，从宽情节占绝对优势，从重情节几乎付之阙如。这与我国刑法典中的相关规定不无关系，我国刑法典中针对受贿罪仅规定"索贿的从重处罚"这一特定的从重处罚情节。从重处罚只能在法定刑幅度内从重处罚，且这种从重处罚缺少比例幅度的限制，再加之司法实践中存在众多的法定从轻量刑情节，导致该法定从重量刑情节对于量刑的影响力较为有限。虽然在刑法理论界和实务界，均认为违背职务的程度、违背职务行为而造成损失的严重程度、具备特定身份的人员受贿等情节能够较大程度地体现行为人的责任大小，在理论上应当对量刑产生较大影响，但是，这些情节在我国刑法立法中并未被规定为法定的量刑情节，在司法实践中只能作为酌定量刑情节来加以适用。而酌定量刑情节在刑事司法中存在适用不确定的问题，司法人员有较大的自由裁量权，其对于受贿罪量刑的影响力存在一定程度的弱化和不确定性，进而影响了受贿罪

① 王刚，洪星. 我国贪污受贿犯罪量刑中存在的问题及完善建言：以200份贪污受贿案件判决书的实证分析为基础//赵秉志. 刑法评论：2014年第2卷（总第26卷），北京：法律出版社，2014：182-184.

② 景景. 受贿罪量刑均衡问题研究. 北京：人民法院出版社，2015：52.

量刑的公平公正。

（二）情节量刑标准的影响力有限

《刑法修正案（九）》提升了犯罪情节在受贿罪定罪量刑标准中的地位，确立了犯罪数额与犯罪情节并重的二元标准，将受贿罪原来的单一依据具体数额进行定罪量刑的模式，修改为“概括数额＋情节”的定罪量刑模式，进而将犯罪数额和犯罪情节都作为衡量受贿行为社会危害程度的基本依据，使之在受贿罪的定罪量刑中都发挥重要作用。从《刑法修正案（九）》的相关立法来看，其确立了两套定罪量刑标准，也即数额标准和情节标准，二者并列，相互独立。① 可见，我国在立法上突出强调了犯罪情节对于定罪量刑的影响，犯罪数额和犯罪情节都可以作为受贿行为社会危害性的评判标准②，这在理论上是符合受贿罪的罪质特征的，同时也是满足司法实践的现实需要的。考虑到司法实践的现实需要，2016年“两高”《解释》在《刑法修正案（九）》相关规范的基础上，一方面规定了独立的数额入罪标准；另一方面却没有规定完全独立于数额的情节入罪标准，而是将情节与相对较低的数额（大体上减半）相结合而规定了“数额＋情节”模式的入罪标准。③ 由“两高”《解释》的规定可见，非数额情节要发挥定罪量刑的功能仍然是以一定数额起点为基础的，并未彻底形成受贿罪定罪量刑标准的双轨制。基于司法实践的可操作性考量，司法人员对受贿行为的量刑仍然是在“数额”这一单轨机制上运行的，也即，在绝对不考虑任何数额的情形下，非数额情节尚不足以自行。数额依然在适用序位上优先于情节，即首先必须满足数额的要求，然后才会考虑情节，这样在一定程度上否定了情节的独立评价功能，导致情

① 赵秉志．略谈最新司法解释中贪污受贿犯罪的定罪量刑标准．人民法院报，2016-04-19.

② 赵秉志．完善贪污受贿犯罪定罪量刑标准的思考和建议//赵秉志．刑法论丛：2015年第2卷（总第42卷）．北京：法律出版社，2015.

③ 依据“两高”《解释》的相关规定，犯罪情节定罪量刑标准为：贪污受贿数额在1万元以上不满10万元，同时具有《解释》所列举的相关情节的，即认定为法条规定的“其他较重情节”，与“数额较大”（单纯的数额在3万元以上不满20万元）一样适用第一档次的法定刑；数额在10万元以上不满150万元，具有相关情节的，适用第二档次的法定刑；数额在150万元以上，具有相关情节的，适用第三档次的法定刑。

节评价功能的弱化。而且，正如有论者所言，上述“两高”《解释》将基本犯与加重犯的情节同一化，使得法定刑量刑区间的升降主要依赖于受贿数额，进一步削弱了情节的评价能力。①

（三）缺乏相对统一的量刑标准

对于受贿罪的定罪量刑标准我国刑法典中规定得十分概括抽象，也没有相关的司法性文件予以明确规定，导致司法实践中受贿罪的量刑没有统一的标准。最高人民法院自2005年开始推行的量刑规范化改革取得了较为明显的成果，其目的就是统一量刑标准，促进量刑的规范化、科学化、明确化。但是最高人民法院2013年颁布的《关于实施量刑规范化工作的通知》以及《关于常见犯罪的量刑指导意见》、2017年修订的《关于常见犯罪的量刑指导意见》中并未就受贿罪的量刑标准进行统一规定，因而在司法实践中一直缺乏关于受贿罪量刑的指导性规定，这就导致司法人员在量刑时对于情节和量刑因素的把握所采用的标准不一致，特别是在对受贿罪的法定量刑情节、酌定量刑情节和从严情节、从宽情节的认定上，没有法律或者司法解释作出具体规定，又没有统一的量刑标准和量刑规则，司法人员行使自由裁量权的空间较大，对于相关情节的运用无章可循、随意性较大，对于量刑的影响力也不明显，难免造成量刑结果的失衡。

制定全国统一的受贿罪量刑标准，能够在一定程度上防止因司法人员个体差异而导致的量刑失衡，在做到准确量刑的同时，也可以使受贿罪的量刑更具可操作性，最大限度地减少受贿案件量刑不统一或者法定情节、酌定情节认定过于宽泛、不一致导致的量刑失衡问题，进而促进受贿罪量刑公平公正和量刑统一。事实上，由于贪污受贿犯罪没有统一的量刑标准，《刑法修正案（九）》通过之后，不同地区即使是同一地区相关案件判决对于量刑仍缺乏统一的标准，如在相关量刑情节相类似的情况下，在福建省厦门市中级人民法院（2015）厦刑初字第67号刑事判决书中，行为人因受贿2 000余万元而被判处有期徒刑13年；在广东省广州市中级人民法院（2015）穗中法刑二初字第54号刑事判决书中，行为人受

① 钱小平．贿赂犯罪情节与数额配置关系矫正之辨析．法学，2016（11）．


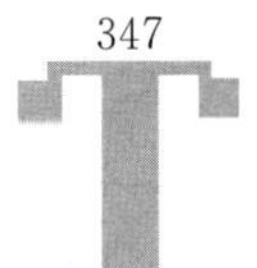

贿450余万元而被判处有期徒刑12年。再如，在北京市高级人民法院（2017）京刑终78号刑事裁定书中，被告人受贿110余万元，部分赃款、赃物已被追缴，被判处有期徒刑3年6个月；在北京市第二中级人民法院（2016）京02刑终710号刑事判决书中，被告人受贿约140万元，具有自首情节并退缴全部犯罪所得，也被判处有期徒刑3年6个月。这些案件中量刑的不统一，极大地影响了受贿罪量刑的公平公正。

## 四、受贿罪量刑标准完善的建言

为了完善受贿罪的量刑标准，我们必须适时在立法上进一步实现部分酌定量刑情节法定化，特别是对于相关的从重量刑情节，以促进量刑的规范化。为了促进受贿罪量刑的统一，进一步指导司法实践，有必要及时出台受贿罪的量刑指导意见。同时，为了发挥情节对于量刑的影响力，应对受贿罪情节之量刑标准进行适当量化。

### （一）适时实现部分酌定量刑情节的法定化

对于受贿罪而言，由于法定量刑情节较少，因而在受贿罪的司法实践中，较为注重酌定量刑情节对量刑的影响。有论者通过对我国华北地区、东北地区、华东地区、华中地区、华南地区、西北地区、西南地区等七个大区的640份涉及受贿罪的有效裁判文书的实证研究发现，影响主刑量刑结果的十大因素中，被告人身份、地区、年份、认罪态度、退赃、谋取利益是否成功及其利益正当性、危害结果等酌定量刑情节对受贿罪量刑有较大的影响力。[①] 可见，相关酌定量刑情节对于量刑的影响力明显超过相关法定量刑情节，因而如果能够将司法实践中较为常见、对量刑影响力较大的量刑情节在受贿罪的刑法规范中进行明确化，将会促进量刑的统一化、规范化，避免量刑的随意性、不确定性。[②] 当受贿罪存在这些

① 景景．受贿罪量刑均衡问题研究．北京：人民法院出版社，2015：30.

② 莫洪宪，张昱．酌定量刑情节在死刑案件中的适用及其完善//赵秉志．刑法论丛：2014年第2卷（总第38卷）．北京：法律出版社，2014.

量刑情节时，司法机关就可以明确依据刑法典的具体规定对其进行处罚，从而有助于促进受贿罪的量刑公正。

那么，受贿罪中的哪些酌定量刑情节应当上升为法定量刑情节呢？笔者认为，酌定量刑情节的法定化并不可能一蹴而就，应当经过审慎研究并且需要有相关的实务数据作为支撑，这样予以法定化的酌定量刑情节才能科学合理。正如上文所分析的，在现阶段的司法实务中，受贿罪的量刑普遍存在从轻、从重量刑情节失衡的现象，特别是对于那些能够反映行为人责任的从重量刑情节，司法实践中给予的关注度较低。因而现阶段有必要将那些在理论界和实务界形成基本共识、能够反映受贿罪责任刑的酌定量刑情节上升为法定量刑情节，以解决受贿罪量刑失衡之问题。

依据以上理由，笔者认为，现阶段可以考虑将受贿罪中能够体现责任刑的情节，如行为人的身份、是否违背职责及其程度、犯罪结果、谋取利益情况等酌定从重量刑情节法定化。例如，受贿罪所保护的法益是国家工作人员职务行为的不可收买性，国家工作人员的职务行为是否违反法定职责对于量刑有重要影响，但是，我国刑法并未将此作为加重法定刑的情节。中国古代法典中早就有“受财枉法”与“受财不枉法”之别，对于前者量刑重，对于后者量刑较轻。如《唐律疏议》中针对“受财枉法”和“受财不枉法”规定了不同的量刑幅度：“诸有事以财行求，得枉法者，坐赃论；不枉法者，减二等。即同事共与者，首则并赃论，从者各依己分法。”① 在许多国家的刑法中，如日本②、意大利③等也通常将受贿

① 唐律疏议．刘俊文，点校．北京：法律出版社，1999：240.

② 《日本刑法典》（2005 年修订）第 139 条第 1 款规定：“公务员犯前两条之罪（受贿罪和第三者受贿罪——引者注），因而实施不正当行为，或者不实施适当行为的，处 1 年以上有期惩役。”日本刑法典．2 版．张明楷，译．北京：法律出版社，2006：154.

③ 《意大利刑法典》第 319 条也规定了因违反职责义务的行为受贿罪，即“公务员为不履行或拖延其职务行为或者因曾未履行或曾拖延其职务行为，或者为实施违反其职责义务的行为或者因曾实施过违反其职责义务的行为，为自己或第三人接受钱款或其他利益的，或者接受有关的许诺的，处以 2 年至 5 年有期徒刑。”较之该法典第 318 条因职务行为受贿罪的 6 个月至 3 年有期徒刑的刑罚，因违反职责义务的行为受贿将会被处以更加严厉的刑罚。最新意大利刑法典．黄风，译．北京：法律出版社，2007：112.

的行为人是否枉法背职，作为设置轻重不同的法定刑的依据。然而在我国，无论是刑法立法还是刑事司法，对于体现责任刑的诸多量刑情节并未给予过多关注，而这些情节恰恰是能够体现行为人责任大小的重要量刑情节。如在国家发展和改革委员会原副主任刘铁男受贿案中，法院认定刘铁男收受南山集团有限公司董事长宋某文的财物后，将南山集团下属的南山实业公司未通过上报的项目重新上报。① 这种背职为他人谋取不正当利益的情节却并未在量刑裁决中得到体现。在这些重要量刑情节没有得到充分评价的情况下，得出的量刑结论难以实现罪责刑相适应，也难以让民众在具体的个案中感受到公平正义。故而为了体现受贿罪量刑的公平公正，有必要将司法实践中常见的反映受贿罪责任刑的酌定量刑情节上升为法定量刑情节，以增强相关情节对于受贿罪量刑的影响力。

（二）量化受贿罪情节之量刑标准

从我国的司法实践来看，之所以出现受贿罪的认定“唯数额论”的现象，其中一个很重要的原因就是数额标准作为一种刚性标准，是判断犯罪行为社会危害性程度最直接、最清晰的标准。与概括和不确定的情节相比较，司法人员可以通过简明的、直接的、便于识别的具体数额去衡量涉案行为社会危害性的大小，从而使得定罪乃至量刑较为容易。可见，司法人员青睐受贿罪中的数额定罪量刑标准主要是基于定罪量刑的可操作性考虑。因而为了进一步发挥犯罪情节对于受贿罪定罪量刑标准的作用，有必要进一步对犯罪情节进行量化，构建科学合理的犯罪情节评价体系，以有助于司法适用，这也与我国量刑规范化改革的基本目标相一致。未来最高人民法院在修订《关于常见犯罪的量刑指导意见》时，应规定对其他情节量化评价的标准，对受贿数额情节和其他情节能够以较为统一的标准进行综合评价，更科学、合理地认定犯罪和适用刑罚。②

从现实情况来看，对其他犯罪情节进行量化评价不仅具有必要性，也具有可

① 参见河北省廊坊市中级人民法院（2014）廊刑初字第 50 号刑事判决书。

② 最高人民法院、最高人民检察院于 2021 年 6 月 16 日联合印发了最新的《关于常见犯罪的量刑指导意见（试行）》（2021 年 7 月 1 日起实施），该意见并未包括受贿罪。而“两高”《解释》第 1 条虽然对受贿罪规定了数额之外的其他多种情节，但也未将之量化。——笔者补注

行性。从《关于常见犯罪的量刑指导意见》中，我们可以看到“其他情节”包括涉及数额的其他情节和非数额的其他情节，对于此两种情节需要采用不同的量化评价方法：(1) 对于涉及数额的其他情节，可以依据该情节所涉数额对受贿的数额进行适当的修正。例如，2017 年修订的《关于常见犯罪的量刑指导意见》规定，“对于退赃、退赔的，综合考虑犯罪性质，退赃、退赔行为对损害结果所能弥补的程度，退赃、退赔的数额及主动程度等情况，可以减少基准刑的 30%以下”。正如有论者所言，此种情节量化评价思路也可以适用于其他涉及数额的情节评价，例如，“使国家和人民利益遭受损失”，可参考造成的损失数额来确定合理的刑罚。[①] 再如 2017 年修订的《关于常见犯罪的量刑指导意见》规定，对于在重大自然灾害等期间故意犯罪的，根据案件的具体情况，可以增加基准刑的20%以下。这种可以增加一定比例的刑罚量的“特定时期”犯罪情节，可以类比于受贿的领域和时间，以此为依据适当增加刑罚量。(2) 对于非数额的其他情节，可参照涉及数额的情节与非数额情节的并列关系进行转换计算。如《刑法修正案（九）》第 44 条中将相关的酌定从宽量刑情节转化为法定量刑情节。其中，“在提起公诉前如实供述自己罪行”“真诚悔罪”等非数额情节与涉及数额的“积极退赃”“避免、减少损害结果的发生”等情节对于刑罚的影响力大致相当，因而可以比照具有数额的情节合理确定非数额情节的刑罚力度。此种方法尽管尚不能十分精准地对非数额情节进行适当量化，然而却为司法人员评价相关非数额情节提供了一种较为统一的量刑思路。

（三）及时出台贪污受贿罪的量刑指导意见

受贿罪是当前民众最为关注的、腐败犯罪中最为多发的犯罪。明确受贿罪量刑标准，能够在一定程度上防止因司法人员个体差异而导致的量刑失衡，最大限度地减少受贿案件量刑不统一或者法定情节、酌定情节认定过于宽泛、不一致导致的量刑失衡问题，进而促进受贿犯罪量刑公平公正和量刑统一。但是如前所

① 皮勇，王肃之．论贪污罪的数额与情节要件：兼评《刑法修正案（九）》相关立法条款//赵秉志．刑法论丛：2016 年第 1 卷（总第 45 卷）．北京：法律出版社，2016．

述，目前我国相关的规范性文件中并未就受贿罪的量刑标准进行统一规定，导致司法人员自由裁量权的空间较大，量刑的统一性无法得到有效保障。

我国从2004年开始进行量刑规范化改革，至2013年底取得了显著的改革成果。2013年12月，最高人民法院颁布《关于实施量刑规范化工作的通知》以及《关于常见犯罪的量刑指导意见》，该指导意见将一部分数额犯的情节进行了量化评价，如盗窃罪和职务侵占罪等，规定增减一定比例的基准刑。但是上述量刑规范涉及的罪名仅限于交通肇事罪、故意伤害罪等15个罪名，并不包括受贿罪。[①] 2017年最高人民法院颁行了修订后的《关于常见犯罪的量刑指导意见》，但是，受贿罪依然没有被包括在上述指导意见中。受贿罪是我国发案数量极大的常见犯罪，国家司法机关应当及早考虑出台受贿罪量刑指南，以促进量刑的统一性和公正性。事实上，早在2006年11月8日，时任最高人民法院副院长姜兴长在第五次全国刑事审判工作会议上就指出，最高人民法院正在抓紧制定贪污、贿赂、挪用公款犯罪的量刑指导意见，统一量刑情节的认定标准。[②] 2013年10月，在第六次全国刑事审判工作会议上进一步提出全面推行量刑规范化改革。[③] 从司法实践来看，受贿罪量刑是当前民众最为关注的、司法实践中最需要规范的犯罪领域之一，特别是在高官腐败犯罪中，这直接关系到民众对司法公正的感知。因而基于量刑公正和促进反腐败刑事法治进步的考量，笔者认为，最高人民法院应当尽快出台关于受贿罪的量刑指南，及时对受贿罪适用刑罚，以及从轻、从重的量刑幅度和其他量刑情节作出较为详细的规定，以指导司法实践中受贿罪的量刑。

## 五、结语

当前世界各国刑事法治中普遍实行的是责任刑与预防刑统一的二元量刑根

---

① 张先明. 最高法院出台指导意见规范常见犯罪量刑. 人民法院报，2014-01-01 (3).

② 鲁生. 同罪同罚：公平正义的必然要求. 法制日报，2006-11-14 (2).

③ 张先明. 第六次全国刑事审判工作会议闭幕. 人民法院报，2013-10-16 (1).

据，我国也采取该种量刑根据，因而受贿罪的量刑标准的确定也要遵循责任刑与预防刑统一的二元量刑根据。关于受贿罪的量刑，我们一方面需要关注表征社会危害性大小的受贿数额，另一方面也不应忽视能体现责任刑的其他犯罪情节对量刑的影响。

《刑法修正案（九）》提升了犯罪情节在受贿罪定罪量刑标准中的地位，尽管2016年“两高”《解释》并未赋予犯罪情节独立的量刑地位，但是，在司法实践中，应当注重发挥犯罪情节对于受贿罪量刑之作用。除收受贿赂的数额之外，受贿行为所侵害的法益及其危害程度，还可以通过谋取利益的性质、造成损失的大小、是否造成恶劣的社会影响等“其他犯罪情节”来加以体现。所以，必须在刑事立法和司法中淡化“数额中心论”之思维观念，强化“其他犯罪情节”在受贿罪量刑中的作用，这有助于体现受贿罪的罪质特征，依据犯罪的不同情形科学合理地量刑，体现罪责刑相适应的原则。

# 论行贿罪从宽处罚制度的司法适用*

## 一、前言

腐败犯罪的防治是当下中国一个重大的现实问题。行贿犯罪是腐败犯罪的重要表现形式之一，它与受贿犯罪互为对合性犯罪，是受贿犯罪得以生存和蔓延的土壤。可以说，行贿犯罪的有效治理关系到我国反腐败的现实效果。1997 年刑法典基于打击受贿犯罪和司法效益的考量，对行贿罪规定了从宽处罚制度。由于该制度的相关规定存在一定的缺陷，司法实践中长期存在的“重打击受贿，轻打击行贿”的现象较为突出。为进一步合理地加大对行贿罪的处罚力度，从源头上惩治和预防腐败犯罪，全国人大常委会 2015 年通过的《刑法修正案（九）》对行贿罪从宽处罚的条件和幅度作了重要调整，对行贿罪减轻或者免除处罚设定了更为严格的适用条件。最高人民法院、最高人民检察院于 2016 年 4 月 18 日联合发布了《关于办理贪污贿赂刑事案件适用法律若干问题的解释》（以下简称“两高”

* 原载《人民检察》，2016（Z1）。

《解释》)，对行贿罪从宽处罚制度的相关司法适用问题予以明确，从而为司法机关惩治行贿罪提供了具体的规范性指导。从理论上进一步厘清该制度的司法适用问题，有助于促进惩治行贿罪的刑事司法实践。

## 二、《刑法修正案（九)》的相关立法修改

在刑事司法实践中，由于行贿人主动如实交待贿赂犯罪事实有利于分化瓦解贿赂犯罪同盟，降低检察机关获取证据和破案的难度，同时也有助于节约司法资源，减少诉讼成本以及有效惩治和预防贿赂犯罪，世界上多数国家一般都会给予主动如实交待贿赂犯罪事实的行贿人宽大处理。[①] 我国对行贿罪特别从宽的制度肇始于全国人大常委会 1988 年颁布的《关于惩治贪污罪贿赂罪的补充规定》[②]，并在 1997 年刑法典中正式确立。1997 年刑法典第 390 条第 2 款规定："行贿人在被追诉前主动交待行贿行为的，可以减轻处罚或者免除处罚。"

但是，我国 1997 年刑法典关于行贿罪的这一特别从宽制度的规定存在一定的不足：(1) 从我国刑法中关于从宽处罚制度的相关规定来看，从宽处罚一般是从轻处罚、减轻处罚、免除处罚。从轻处罚是在法定刑幅度内处罚，减轻处罚则是可以降格处罚的，其从宽幅度较大。1997 年刑法典第 390 条第 2 款直接规定了减轻处罚和免除处罚，没有规定从轻处罚，与刑法典总则关于从宽处罚的体系没有保持一致，而且该规定导致对行贿人从宽幅度过大，不利于依据行贿人主动交待的具体情形具体量刑，难以有效体现罪刑相适应的原则和严厉惩处腐败犯罪的刑事政策。(2) 关于免除处罚的规定也不合理。依据 1997 年刑法典对行贿罪从宽处罚的规定，免除处罚还有可能包含坦白等情形；而依据 2011 年《刑法修正

---

① 商浩文. 我国行贿犯罪的刑法立法检视与调适. 华北水利水电大学学报（社会科学版），2015 (1).

② 该规定第 8 条第 2 款规定："行贿人在被追诉前，主动交代行贿行为的，可以减轻处罚，或者免予刑事处罚。"

案（八）》的规定[①]，犯罪人坦白的并不能免除处罚。尤其是1997年刑法典和相关司法解释并没有对行贿罪免除处罚的相关情形进行明确，这难免导致行贿人坦白情形下的量刑失之混乱。

故根据司法实践中相关经验教训的总结及合理地加大对行贿罪的处罚力度的需要，为了提升从宽处罚制度对于腐败犯罪防治之效果，《刑法修正案（九）》对行贿罪的减轻处罚或者免除处罚设定了更为严格的适用条件。《刑法修正案（九）》第45条中规定："行贿人在被追诉前主动交待行贿行为的，可以从轻或者减轻处罚。其中，犯罪较轻的，对侦破重大案件起关键作用的，或者有重大立功表现的，可以减轻或者免除处罚。"

## 三、对行贿罪从宽处罚时间条件的限定

"两高"《解释》在《刑法修正案（九）》的基础上，进一步对行贿罪从宽处罚制度的司法适用问题进行了明确，有助于引导行贿罪的刑事司法，因而有必要进一步阐释和研究"两高"《解释》的有关规定，以有助于行贿罪从宽处罚制度的司法适用。

从《刑法修正案（九）》的相关规定来看，行贿人只要在被追诉前如实交待自己的行贿行为，就可以从轻或者减轻处罚。何为"被追诉前"？有观点认为，被追诉前主动交待应是指在检察机关立案侦查以前主动交待行贿行为；但也有不少论者主张，将追诉时间界定在立案前过于严苛，有悖于立法精神；还有一种观点认为，被追诉前应该是指被检察机关起诉前，即只要是在被起诉前交待行贿行为，就可以被认定为被追诉前主动交待。[②] 在《刑法修正案（九）》修法研拟过程中，有单位和专家建议，将"在追诉前"主动交待可以从宽处罚修改为"在查

① 《刑法修正案（八）》在刑法典第67条中增加一款作为第3款："犯罪嫌疑人虽不具有前两款规定的自首情节，但是如实供述自己罪行的，可以从轻处罚；因其如实供述自己罪行，避免特别严重后果发生的，可以减轻处罚。"

② 孙国祥．被追诉前主动交待行贿行为的认定．检察日报，2013-06-17（3）.

处前”可以从宽处罚，以加大对行贿罪的处罚力度。[①]

笔者认为，将“被追诉前”界定在立案前是合适的。因为“追诉”是刑事诉讼活动，包括司法机关依照立案、侦查、起诉、审判等法定程序进行的追究犯罪人刑事责任的一系列司法活动。2012 年修正的《刑事诉讼法》第 107 条规定：“公安机关或者人民检察院发现犯罪事实或者犯罪嫌疑人，应当按照管辖范围，立案侦查。”可见，立案是指公安机关或者检察机关在发现了犯罪事实或者犯罪嫌疑人的情况下，启动的刑事诉讼追诉程序。立案后犯罪嫌疑人已经处于“被追诉”的过程中，而绝非“被追诉前”的状态。而且刑法典第 88 条第 1 款规定，在立案侦查后，逃避侦查或者审判的，对犯罪的追诉就不受追诉期限的限制。这也印证了刑事追诉程序始于立案侦查阶段。实际上，如果经过侦查程序行贿人都没有主动交待，案件进入审查起诉阶段，侦查机关不仅掌握了行贿人的行贿罪行，而且已经认为犯罪事实清楚而移送审查起诉，此时犯罪嫌疑人、被告人根本无法再主动交待。[②] 因而在侦查机关立案前，犯罪嫌疑人主动向司法机关投案，如实供述行贿犯罪事实的，属于行贿人在被追诉前主动交待，可以从轻或者减轻处罚；在侦查机关立案后至侦查终结和审查起诉阶段，犯罪嫌疑人主动供述行贿犯罪事实的，应认定为坦白认罪，不应认定为被追诉前主动交待行贿行为。对此，2013 年施行的最高人民法院、最高人民检察院《关于办理行贿刑事案件具体应用法律若干问题的解释》第 13 条明确规定：“刑法第三百九十条第二款规定的‘被追诉前’，是指检察机关对行贿人的行贿行为刑事立案前。”

需要注意的是，由于贿赂案件的查处通常由纪检监察机关先行调查，或者受贿人先被检察机关立案侦查，在对国家工作人员受贿违纪调查或检察机关侦查过程中，行贿人作为证人配合调查。在这期间行贿人交待了行贿行为的，能否认定为被追诉前主动交待？也即被追诉前与主动交待是否必须同时具备？对此，法律

---

① 《中华人民共和国刑法修正案（九）（草案二次审议稿）》参阅资料//全国人民代表大会常务委员会办公厅秘书局．第十二届全国人大常委会第十五次会议参阅资料（二）．2015：56-58.

② 孙国祥．贿赂犯罪的学说与案解．北京：法律出版社，2012：649.

上并没有明确规定，理论上也较少涉及。笔者认为，被追诉前与主动交待必须同时具备。如果纪检监察机关或者检察机关并没有掌握受贿人受贿犯罪的具体事实，仅仅知道被调查对象与行贿人来往密切，有行贿嫌疑，在调查过程中行贿人交待自己行贿罪行的，其交待具有一定的主动性，可以被认定为被追诉前主动交待。如果纪检监察机关或者检察机关已经初步掌握了受贿人的受贿罪行，则行贿人在配合调查或者作为证人期间对其行贿行为的交待，就不能被认定为被追诉前主动交待。这是因为，行贿罪与受贿罪是对合犯罪，受贿人如果供述受贿事实在先，说明行贿人作为贿赂犯罪共犯（对合性的共同犯罪人）的嫌疑人地位已经有证据证明，其在配合调查的过程中只是被动承认了自己行贿行为和自己的对合性共犯身份，这种承认尽管对证实受贿犯罪具有积极作用，但不属于主动交待，不能被认定为被追诉前主动交待。

## 四、行贿罪减免处罚的适用条件之理解与认定

《刑法修正案（九）》对行贿罪从宽处罚的条件和幅度作了重要调整，依据修正后的法条的规定，行贿人在被追诉前主动交待行贿行为，只有在“犯罪较轻的，对侦破重大案件起关键作用的，或者有重大立功表现的”这三种情况下可予以减轻或者免除处罚。为便于司法机关正确掌握和严格适用《刑法修正案（九）》的相关内容，“两高”《解释》第 14 条明确了相关的具体适用条件。

首先，关于“犯罪较轻”的理解和认定。“两高”《解释》将这里的“犯罪较轻”规定为，“根据行贿犯罪的事实、情节，可能被判处三年有期徒刑以下刑罚”的情形。刑法理论界和实务界一般认为，我国刑法典分则中规定的判处 3 年有期徒刑以下刑罚的犯罪属于轻罪范畴。我国刑法典第 72 条将缓刑的适用条件确定为判处 3 年有期徒刑以下刑罚。刑法典第 37 条将“犯罪情节轻微”作为免予刑事处罚的适用条件。2012 年修正的《刑事诉讼法》第 173 条第 2 款也规定：“对于犯罪情节轻微，依照刑法规定不需要判处刑罚或者免除刑罚的，人民检察院可以作出不起诉决定。”这里的“犯罪情节轻微”，司法实践中一般是指法定刑为 3

年以下有期徒刑的轻罪案件。[①] 因而将3年有期徒刑以下刑罚作为犯罪较轻的认定标准，符合刑法立法和刑事司法实践的通识。

其次，关于“重大案件”的判定。“两高”《解释》将“重大案件”规定为，“根据犯罪的事实、情节，已经或者可能被判处十年有期徒刑以上刑罚的，或者案件在本省、自治区、直辖市或者全国范围内有较大影响的”。而依据最高人民法院1998年《关于处理自首和立功具体应用法律若干问题的解释》第7条第2款规定的判定“重大案件”的标准[②]，“重大案件”主要包括犯罪嫌疑人、被告人可能被判处无期徒刑以上刑罚的案件以及在本省、自治区、直辖市或者全国范围内有较大影响的案件。可见，“两高”《解释》适当调低了重大案件的判定标准，即“重大案件”的判定标准由之前司法解释中规定的“犯罪嫌疑人、被告人可能被判处无期徒刑以上刑罚”，降低为犯罪嫌疑人、被告人“已经或者可能被判处十年有期徒刑以上刑罚”。这主要是因为，行贿犯罪与受贿犯罪是对合性犯罪，行贿犯罪人对侦破案件起作用的主要集中在受贿犯罪。而依据《刑法修正案（九）》的规定，受贿犯罪被判处无期徒刑的情形仅限于受贿数额特别巨大或者有其他特别严重情节的，以及受贿数额特别巨大并使国家和人民利益遭受特别重大损失之情形。因而判处无期徒刑的受贿案件仅限于特别严重的受贿犯罪。在“两高”《解释》大幅提高受贿犯罪量刑标准的情况下，如果将“重大案件”的判定标准定得过高，将会导致只有极少数犯罪数额极大的行贿犯罪分子才能适用特别从宽制度，其适用的范围将会较为狭窄。这对于那些罪行更轻但又不属于前述犯罪较轻的行贿犯罪分子不公平。因而基于充分发挥从宽处罚制度功能之考虑，降低“重大案件”的判定标准将有利于扩大特别从宽处罚规定的适用空间。

---

① 梁平．“犯罪情节轻微”在相对不起诉中的适用．检察日报，2009-06-15（3）．

② 该解释第7条第1款规定：“根据刑法第六十八条第一款的规定，犯罪分子有检举、揭发他人重大犯罪行为，经查证属实；提供侦破其他重大案件的重要线索，经查证属实；阻止他人重大犯罪活动；协助司法机关抓捕其他重大犯罪嫌疑人（包括同案犯）；对国家和社会有其他重大贡献等表现的，应当认定为有重大立功表现。”第2款规定：“前款所称‘重大犯罪’、‘重大案件’、‘重大犯罪嫌疑人’的标准，一般是指犯罪嫌疑人、被告人可能被判处无期徒刑以上刑罚或者案件在本省、自治区、直辖市或者全国范围内有较大影响等情形。”

再次，关于“对侦破重大案件起关键作用”的理解与认定。“两高”《解释》将其规定为仅包括四种情形：一是主动交待办案机关未掌握的重大案件线索的；二是主动交待的犯罪线索不属于重大案件的线索，但该线索对于重大案件侦破有重要作用的；三是主动交待行贿事实，对于重大案件的证据收集有重要作用的；四是主动交待行贿事实，对于重大案件的追逃、追赃有重要作用的。行贿人主动交待行贿事实，对侦破重大案件所起作用主要体现在两个方面：一是提供案件线索，即司法机关不掌握某一行受贿案件的线索，由于行贿人主动交待该线索，从而侦破重大案件。其中又分为两种情况：行贿人主动交待的行贿行为相对应的受贿本身就构成重大案件；以及行贿人主动交待的行贿行为相对应的受贿不构成重大案件，但以此为线索另外查出受贿人其他重大受贿犯罪事实。二是对受贿案件的证据收集、事实认定、追逃追赃起关键作用，即司法机关虽掌握某行受贿案件的线索，但未掌握追究刑事责任的足够证据，行贿人主动交待的事实为司法机关收集、完善、固定证据起到关键作用，或者行贿人主动交待的事实涉及受贿犯罪分子的行踪或者赃款赃物的去向等，对于司法机关抓捕受贿犯罪分子、追缴赃款赃物起到关键的作用。

最后，关于“重大立功”的认定。最高人民法院 1998 年 4 月 17 日公布的《关于处理自首和立功具体应用法律若干问题的解释》第 7 条第 1 款规定：“……犯罪分子有检举、揭发他人重大犯罪行为，经查证属实；提供侦破其他重大案件的重要线索，经查证属实；阻止他人重大犯罪活动；协助司法机关抓捕其他重大犯罪嫌疑人（包括同案犯）；对国家和社会有其他重大贡献等表现的，应当认定为有重大立功表现。”可见，与一般立功不同，重大立功者不仅要有检举、揭发、提供侦破案件线索、阻止他人犯罪活动、协助抓捕等行为，而且该行为的对象还必须是重大案件、重大犯罪或者重大犯罪嫌疑人。何为“重大案件”“重大犯罪”“重大犯罪嫌疑人”？该司法解释第 7 条第 2 款规定了两个基本的判断标准：一是犯罪嫌疑人、被告人可能被判处无期徒刑以上刑罚（或称刑罚标准）；二是案件在本省、自治区、直辖市或者全国范围内有较大影响（或称社会影响标准）。如上所述，“两高”《解释》降低了刑法典第 390 条第 2 款中规定的行贿罪中“重大

案件”的判定标准，那么是否意味着“重大立功”的判定标准就会适当降低呢？笔者认为，从司法解释的体系来看，降低行贿罪中“重大案件”的判定标准，并不意味着降低了“重大立功”的判定标准。“两高”《解释》中的“重大案件”的判定标准是针对刑法典分则中的行贿罪而言的，仅仅适用于行贿罪。而最高人民法院《关于处理自首和立功具体应用法律若干问题的解释》中的“重大案件”的判定标准是针对刑法典总则中重大立功的相关规定而言的，适用于所有犯罪。从《刑法修正案（九）》将“对侦破重大案件起关键作用”和“有重大立功表现”并列的立法表述中也可以看出，此二者中的“重大案件”的判定标准不一致，否则立法者也无须将“对侦破重大案件起关键作用”单独列出来。

## 五、结语

对于被追诉前主动如实交待行贿行为的犯罪嫌疑人从宽处罚，能够“引导”行贿人为了争取宽大处理而主动交待自己的行贿行为，有利于案件侦破，减少司法成本，是贯彻宽严相济刑事政策的具体体现；同时，也能够为侦破受贿犯罪提供有力的证据支持。一直以来，由于“重受贿，轻行贿”观念导向的影响，存在对行贿犯罪惩治不力的现象，导致行贿罪从宽处罚制度在司法实践中的功能被扭曲和异化。“两高”《解释》基于受贿与行贿打击并重的原则，对行贿犯罪从宽处罚的适用条件进行必要的限定，有助于严肃对行贿罪的刑事惩治。但需要注意的是，在司法实践中，如果对一些犯罪情节特别恶劣、罪行特别严重的行贿犯罪人，予以从轻处罚，并不符合罪刑相适应原则，因而在特殊的情形下，还可以考虑不予以从轻处罚。毕竟，这里规定的是“可以”从宽处罚，而不是“应当”从宽处罚。

# 试论我国境外追逃追赃的法治原则*

## 一、前言

在 2017 年 10 月召开的中国共产党第十九次全国代表大会上，习近平总书记代表中共第十八届中央委员会，向大会作了题为《决胜全面建成小康社会　夺取新时代中国特色社会主义伟大胜利》的报告（以下简称“十九大报告”），从党和国家事业发展全局的高度，对新时代中国特色社会主义发展作出了战略部署，标志着中国特色社会主义建设事业已经进入了一个新的时代，中华民族正在踏上实现伟大复兴的新征程。在十九大报告中，习近平总书记强调：“当前，反腐败斗争形势依然严峻复杂，巩固压倒性态势、夺取压倒性胜利的决心必须坚如磐石……不管腐败分子逃到哪里，都要缉拿归案、绳之以法。”这凸显了以习近平同志为核心的党中央对于反腐败追逃追赃工作的高度重视，为我国的反腐败追逃

* 与张磊教授合著，原载张远煌主编：《当前刑事法治领域热点问题研究》，北京，中国人民公安大学出版社，2020。

追赃工作指明了方向。反腐败追逃追赃工作是我国反腐败战略的重要组成部分，是反腐败零容忍的实现途径和重要体现。[①] 党的十八大以来，以习近平同志为核心的党中央高度重视反腐败和反腐败追逃追赃工作。特别是2014年以来，我国开展了以“天网”行动和“猎狐”行动为代表的反腐败追逃追赃专项行动，要求各有关部门加大反腐败国际追逃追赃力度，不能让外国成为一些腐败分子的避罪天堂，取得了突出的成绩。从2014年全面开展反腐败追逃追赃工作到2019年6月底全国共追回外逃人员5 974人，其中党员和国家工作人员1 425人[②]，“百名红通人员”59人。[③] 随着我国反腐败追逃追赃工作的全面开展，我国在国际反腐败领域的话语权逐渐扩大，国际影响力显著提升。在2016年9月召开的二十国集团（G20）领导人杭州峰会上，G20各国领导人一致通过《二十国集团反腐败追逃追赃高级原则》、在华设立G20反腐败追逃追赃研究中心[④]、《二十国集团2017—2018年反腐败行动计划》等重要反腐败成果，体现了G20各成员国加强反腐败务实合作，尤其是追逃追赃合作的共同愿望，表明了中国以反腐败国际追逃追赃为抓手，参与全球反腐败治理、推动构建反腐败新秩序的决心，标志着中国向着构建国际反腐败合作新格局的目标迈出了坚实的一步。[⑤]

随着我国追逃追赃法治实践的开展，有关境外追逃追赃的理论研究也逐步深入，相关研究成果日渐丰富。根据在中国期刊网上的统计，题目中包含追逃追赃的论文已有300余篇，相关著作达30余部。已有研究成果主要涉及境外追逃追赃的宏观问题研究、具体制度和措施研究、典型案例研究和法律法规的汇编与翻

① 张磊. 反腐败零容忍与境外追逃. 北京：法律出版社，2017：10-11.

② 中央追逃办成立五周年 全国共追回外逃人员5 974人.（2019-06-27）. https://news.sina.com.cn/c/2019-06-27/doc-ihytcitk7904275.shtml.

③ 第59名！外逃18年“百名红通人员”刘宝凤回国投案.（2019-06-30）. https://www.thepaper.cn/newsDetail_forward_3806841.shtml.

④ G20反腐败追逃追赃研究中心成立于2016年9月23日，设立在北京师范大学，实际依托于北京师范大学刑事法律科学研究院。

⑤ 瞿芃. 勠力构建国际反腐新秩序：二十国集团杭州峰会达成重要反腐成果. 中国纪检监察报，2016-09-06.

译等几个方面，这些研究为反腐败追逃追赃的开展提供了坚实的智力支持，具有重要意义。但是，当前对于追逃追赃相关基础理论，如基本概念、基本原则、基本理念等的研究还并不多见。[①] 事实上，基础理论是任何一个学科（或者领域）开展全面研究的前提[②]，没有相对完善和系统的基础理论，一个学科不可能有宽广而深入的拓展。特别是基本原则问题，更是基础理论发展的依托和实践进展的指导。所以，境外追逃追赃的发展，也需要有基本原则的指导。法治原则的提出，正是深入研究境外追逃追赃理论的必然趋势。本文拟就我国境外追逃追赃法治原则的基本问题进行初步探讨，以期推动我国相关理论研究和实践的发展。

## 二、我国境外追逃追赃法治原则的理论依据

关于何为法治，古希腊哲学家亚里士多德早在两千多年前就明确指出："法治应包含两重意义：已成立的法律获得普遍的服从，而大家所服从的法律又应该本身是制订得良好的法律。"[③] 英国哲学家洛克也认为，法治原则应包括：法律的至上性；法律必须公布，为人所周知；法律必须稳定、有效；纠纷应由公正无私的法官依据法律来裁决。[④] 据此，法治原则的基本内涵应当是"法律的统治"与法律至上，也即法律应当得到普遍的遵守，政府官员和公民都应受到法律的约束并遵守法律，严格依法办事。[⑤] 境外追逃追赃中法治原则的基本内涵，应当是追逃追赃工作和行动要严格依据法律进行，不仅要遵守请求国的法律，还要遵守被请求国的法律、双方签订的双边条约和国际公约，以及国际社会所公认的其他相关的国际规则。

---

① 张磊．境外追逃追赃良性循环理念的界定与论证．当代法学，2018（2）．

② 例如，与追逃追赃紧密相关的刑法学、国际刑法学、刑事诉讼法学等学科都拥有较为深刻和系统的基础理论，如基本概念、基本原则、基本范畴、基本理论等。

③ 亚里士多德．政治学．吴寿彭，译．北京：商务印书馆，1965：199．

④ 洛克．政府论：下篇．叶启芳，瞿菊农，译．北京：商务印书馆，2009：80．

⑤ 严海良．作为法治要素的法治原则．//南京师范大学法学院《金陵法律评论》编辑部．金陵法律评论：2015 春季卷．北京：法律出版社，2015．

我国境外追逃追赃之所以要确立和坚持法治原则，其理论依据在于以下方面。

（一）依法治国的必然要求

法治是现代国家治理的基本方式，是国家治理现代化的重要标志，国家治理法治化是国家治理现代化的必由之路。[①] 法治也是我国治理国家的基本方式。2012 年 11 月召开的党的十八大对全面推进依法治国作出重大部署，强调要把法治作为治国理政的基本方式。2014 年 10 月召开的十八届四中全会通过了《中共中央关于全面推进依法治国若干重大问题的决定》，作出全面推进依法治国的重大决定，明确全面推进依法治国的总目标是建设中国特色社会主义法治体系，建设社会主义法治国家，坚定不移地走中国特色社会主义法治道路。[②] 习近平总书记在十九大报告中也进一步指出："全面依法治国是中国特色社会主义的本质要求和重要保障。必须把党的领导贯彻落实到依法治国全过程和各方面，坚定不移走中国特色社会主义法治道路，完善以宪法为核心的中国特色社会主义法律体系，建设中国特色社会主义法治体系，建设社会主义法治国家，发展中国特色社会主义法治理论，坚持依法治国、依法执政、依法行政共同推进，坚持法治国家、法治政府、法治社会一体建设"。综上所述，当前依法治国是我们党领导人民治理国家的基本方略，其要义是人民在党的领导下，依照法治原则和法律规定，通过各种途径和形式管理国家事务，管理经济文化事业，管理社会事务，使国家各项工作法治化，使社会主义民主制度和法律不因领导人的改变而改变，不因领导人看法和注意力的改变而改变。[③]

境外追逃追赃，作为我国防治犯罪特别是防治腐败犯罪的重要途径，作为我国社会主义法治建设的重要内容，应当坚持现代法治原则，必须严格依照法律规定进行。不论是对外逃人员相关罪行的查处，还是向他国提出追逃追赃的司法合

---

① 张文显. 法治与国家治理现代化. 中国法学，2014（4）.

② 张文显. 全面推进依法治国的伟大纲领：对十八届四中全会精神的认知与解读. 法制与社会发展，2015（1）.

③ 张文显. 习近平法治思想研究（中）：习近平法治思想的一般理论. 法制与社会发展，2016（3）.

作请求；不论是对外逃人员回国后的起诉和审理，还是对其所得犯罪收益的追缴与没收，都应当严格依据相关法律规定进行。

（二）国际关系法治化和开展法律外交的切实需要

境外追逃追赃是到他国境内追回我国的外逃人员和外流资金，从而行使我国司法主权，维护我国国家利益，这也是我国外交活动的一种，必然涉及对我国与他国关系的处理问题。境外追逃追赃坚持法治原则，是当前国际关系法治化暨我国开展法律外交的切实需要。

其一，国际关系法治化要求使用法治手段处理国际关系。法治是人类文明和进步的重要标志。当前，国际社会交往越来越呈现出法治化的趋势，法治越来越成为解决国际争端、维护国际和平与安全的重要手段。推进国际关系法治化是大势所趋，是顺应历史潮流的正确选择。[①] 习近平强调："我们应该共同推动国际关系法治化。推动各方在国际关系中遵守国际法和公认的国际关系基本原则，用统一适用的规则来明是非、促和平、谋发展。'法者，天下之准绳也。'在国际社会中，法律应该是共同的准绳，没有只适用他人、不适用自己的法律，也没有只适用自己、不适用他人的法律。适用法律不能有双重标准。我们应该共同维护国际法和国际秩序的权威性和严肃性，各国都应该依法行使权利，反对歪曲国际法，反对以'法治'之名行侵害他国正当权益、破坏和平稳定之实。"[②] 我国开展境外追逃追赃，在处理与被请求国之间关系的时候，也应当坚持法治原则，不仅要遵守我国法律，还要遵守被请求国的法律，以及双方共同签署的双边条约、国际公约等国际统一的法律规则。

其二，法律外交要求将外交问题转化为法律问题开展外交活动。外交是"国家以和平方式，通过正式代表国家的行为在对外事务中行使主权，以处理与他国

① 张文显. 推进全球治理变革，构建世界新秩序：习近平治国理政的全球思维. 环球法律评论，2017（4）.

② 习近平. 弘扬和平共处五项原则　建设合作共赢美好世界：在和平共处五项原则发表 60 周年纪念大会上的讲话. 人民日报，2014-06-29（2）.

的关系，参与国际事务，是一国维护本国利益及实现对外政策的重要手段”①。法律外交指以法律为内容、机制和媒介的外交活动，即把法律观念和法治理念贯穿在外交活动之中，善于将某些外交问题转化为法律问题，以合法的程序和行为处理外交事务，依法化解外交纠纷，转变外交方式方法，开辟外交工作新局面。法律外交概念的提出，既是中国外交观念和外交机制的重大转变和丰富②，也是国际关系法治化对国家外交活动的必然要求。我们应当顺应当代国际关系法治化的大趋势，善于将政治、经济、文化、军事、环境等方面的问题，作为法律议题开展外交活动。③ 通过积极开展法律外交来推动我国与他国关系的法治化发展，从而维护我国与他国良好的国际关系，为我国新时代社会主义现代化建设创造良好的国际环境。境外追逃追赃涉及法律、政治、经济等多领域多方面的问题，境外追逃追赃的成功也是多方面因素综合作用的结果。我们在境外追逃追赃工作中，要善于将直观上非法律的问题转化为法律问题，将现代法律观念和法律理念贯穿于境外追逃追赃实际工作的全过程，防止将境外追逃追赃工作泛政治化。特别是在外逃腐败犯罪嫌疑人向所在地国提出在我国遭受政治迫害并以此为由来对抗我国追逃，意图将我国追逃政治化的时候，我们一定要向犯罪嫌疑人所在地国提供充足证据，证明外逃人员所实施的行为只是普通刑事犯罪，强调我国境外追逃的法律属性，为我国成功追逃奠定基础。

### （三）统筹国内国际两个大局所必需

《中共中央关于制定国民经济和社会发展第十三个五年规划的建议》（以下简称《建议》），把坚持统筹国内国际两个大局，作为“十三五”时期如期实现全面建成小康社会奋斗目标、推动经济社会持续健康发展必须遵循的原则之一。《建议》指出：“全方位对外开放是发展的必然要求。必须坚持打开国门搞建设，既立足国内，充分运用我国资源、市场、制度等优势，又重视国内国际经济联动效

① 钱其琛．世界外交大辞典：下．北京：世界知识出版社，2005：2045．

② 张文显，谷昭民．中国法律外交的理论与实践．国际展望，2013（2）．

③ 张文显．推进全球治理变革，构建世界新秩序：习近平治国理政的全球思维．环球法律评论，2017（4）．

应，积极应对外部环境变化，更好利用两个市场、两种资源，推动互利共赢、共同发展。”这既是对过去30多年我国发展经验的总结，也为今后一个时期统筹国内国际两个大局指明了方向、提出了要求。[①] 2013年1月28日，习近平总书记在十八届中共中央政治局第三次集体学习时强调，要更好地统筹国内国际两个大局，夯实走和平发展道路的基础。我们要以邓小平理论、“三个代表”重要思想、科学发展观为指导，加强战略思维，增强战略定力，更好统筹国内国际两个大局，坚持开放的发展、合作的发展、共赢的发展。[②] 所以，统筹国内国际两个大局是我们党治国理政的基本理念和基本经验。在法治建设和法治发展领域，我们同样要坚持统筹国内法治和国际法治两个大局，正确处理国内法治与国际法治的关系。通过统筹国内法治和国际法治两个大局，更好地运用国内和国际两级法治维护我国的合法利益，为中国的繁荣富强、持续稳定发展构建一个良好的外部环境。[③] 境外追逃追赃，不仅要依据国内法治，更要依据他国和国际社会公认的法律规则，需要国内法治与国际法治的协调统一，需要强调协调国内法治和国际法治两个大局。不遵守国内法治，国内法治不取得实质性进展，就不可能增强国际社会对于我国法治发展的信心；不遵守国际法治，追逃追赃在境外就会寸步难行。所以，要统筹国内法治和国际法治两个大局，就必须坚持境外追逃追赃的法治化发展。

## 三、境外追逃追赃坚持法治原则的基础：具备完善的国内国际立法

境外追逃追赃坚持法治原则的前提是有法可依，即必须具备完善的国内国际立法。

---

① 韩文秀．坚持统筹国内国际两个大局．光明日报，2015-11-27（5）．

② 习近平：统筹两个大局　夯实走和平发展道路的基础．（2013-01-29）．http://www.gov.cn/ldhd/2013-01/29/content_2321822.htm.

③ 张文显．推进全球治理变革，构建世界新秩序：习近平治国理政的全球思维．环球法律评论，2017（4）．

(一) 国内立法的完善[①]

实践证明，每一个境外追逃追赃案件的核心都在于被请求国对于中国刑事法治的评价问题。即从该国的视角看，目前中国国内的法治是否符合现代国际人权标准？中国外逃人员回国后能否获得公正、人道的待遇？评价内容涉及中国法律和刑事司法制度的诸多重要方面，包括中国法律制度的性质和历史、刑法和刑事诉讼法及其改革，乃至中国司法改革以及中国与国际社会开展的法治合作等等。[②] 也正因为如此，近年来在我国境外追逃追赃工作中所遇到的困难几乎都与中国刑事法治自身的问题，以及西方国家对于中国刑事法治的误解有关；而中国境外追逃追赃所取得的成就，其根本也都在于中国刑事法治取得的进步。[③] 所以，中国国内刑事法律制度的发展与完善，是我国境外追逃追赃取得成功的根本原因所在。我们应当进一步完善我国刑事立法，从而为我国境外追逃追赃的成功奠定基础。

1. 刑事实体法

当前完善我国境外追逃追赃的刑事实体法，可以考虑从以下两个方面尽快推进：(1) 旗帜鲜明地逐步限制和废止死刑。死刑问题是我国绝大多数境外追逃案件中都难以绕开的问题。当前我国刑法对于 46 种犯罪还规定有死刑，特别是对于贪污罪和受贿罪这些典型的非暴力性质的腐败犯罪还规定有死刑，而我国外逃人员外逃的主要目的国大多已经废除了死刑（如加拿大、澳大利亚），或者适用死刑很少并对贪腐犯罪不适用死刑（如美国），并坚持死刑不引渡（不遣返）的原则。因此只要是对我国外逃犯涉及死刑的，我国不论是提出引渡还是遣返的请求，都可能被对方搁置或者拒绝。例如，在福建远华特大走私犯罪集团首犯赖昌星外逃加拿大后的遣返案中，赖昌星就曾经以回国后可能被判处死刑为由对抗我国要求加拿大方面遣返犯罪嫌疑人之请求。甚至在黄海勇涉嫌走私普通货物罪引

① 境外追逃追赃的国内立法涉及刑法、民法、刑事诉讼法、民事诉讼法、引渡法、反洗钱法等多种立法，由于本文视角和篇幅所限，这里仅就其中较为重要的刑事立法问题进行阐述。

② 赵秉志，张磊. 赖昌星案件法律问题研究. 政法论坛，2014 (4).

③ 张磊. 反腐败零容忍与境外追逃. 北京：法律出版社，2017：185.

渡案件中，在我国《刑法修正案（八）》已明文废止走私普通货物罪之死刑的情况下，由于走私普通货物罪曾经设置和适用死刑等法治背景，在美洲人权法院巡回法庭开庭审理黄海勇引渡案件时，我国的死刑立法暨司法还是成为法庭审理时所关注的一个重点问题。① 所以，仅从有利于我国境外追逃追赃的实践考虑，我国也应当加快死刑改革步伐，尽早废除包括腐败犯罪在内的非暴力性质犯罪的死刑。这既是我国现行死刑制度改革发展的方向和阶段性目标，也有助于完善我国法治尤其是刑事法治的形象，切实推进我国的境外追逃追赃工作。(2) 完善没收财产刑。我国刑法典第 59 条规定了没收财产刑，在执行方式上包括没收个人全部财产和部分财产。但是，在没收个人全部财产刑已经被当代绝大多数国家的刑事立法所摒弃的前提下，我国在依据本国法院所作出的没收全部财产的判决向他国提出境外资产追缴请求的时候，一般也都会被外国所拒绝，从而影响我国境外追赃工作的顺利进行。所以，我国也应当适时考虑在刑法上废除没收个人全部财产的刑罚②，以有助于我国境外追赃工作的顺利进行。

2. 刑事程序法

境外追逃追赃需要我国与他国开展刑事司法合作，这不仅涉及刑事实体法问题，还涉及刑事程序法即刑事诉讼法问题。具体来说，我国的刑事诉讼法应当考虑如下完善举措：(1) 严格禁止酷刑。酷刑问题是多年来制约我国境外追逃工作顺利进行的重要不利因素。一些外逃人员屡屡以回到中国以后将会遭受残忍和不人道的待遇作为对抗引渡、遣返的理由。例如，在重大走私案主要犯罪嫌疑人黄海勇引渡案中，黄海勇就曾经以回国后可能遭受残忍、不人道的待遇为由对抗我国的引渡请求③；在重大贪腐犯罪嫌疑人杨秀珠劝返案中，杨秀珠最初也以同样

① 赵秉志，张磊. 黄海勇案引渡程序研究（上）：以美洲人权法院黄海勇诉秘鲁案判决书为主要依据. 法学杂志，2018 (1).

② 黄风. 论“没收个人全部财产”刑罚的废止：以追缴犯罪资产的国际合作为视角. 法商研究，2014 (1).

③ 同①.

的理由对抗遣返。[①] 近年来，我国全面推进依法治国，刑事法治建设的进步前所未有，人权保障事业取得巨大进展。但是不可否认，我国刑事司法实务中刑讯逼供还时有发生，在一些地方甚至屡见不鲜。这种状况显然不利于我国国际刑事法治良好形象的提升，也会对我国的境外追逃工作造成实质性的不利影响。因此，应当进一步推动我国刑事法治的文明发展，严格执行《关于办理死刑案件审查判断证据若干问题的规定》和《关于办理刑事案件排除非法证据若干问题的规定》，严格执行刑法和刑事诉讼法的相关规定，严格禁止刑讯逼供，依法惩治犯罪，充分保障人权。[②]（2）为境外追逃追赃提供详细的程序依据。境外追逃追赃应当由哪个部门按照什么程序向他国提出请求，在对方有所反馈之后又应当由哪个部门予以接收、转交或者执行，等等，都需要有法律的明确规定。虽然在这方面，我国已经有一些立法进行了相关规定（如《引渡法》），一些立法（如《国际刑事司法协助法》）也已经列入立法日程[③]，但由于我国境外追逃追赃是近年来才得到全面开展的，相关程序的规定还并不全面和健全。例如，就我国境外追逃中的量刑承诺制度而言，我国《引渡法》第50条[④]只对承诺作出的程序简单规定为，“对于量刑的承诺，由最高人民法院决定”，“在对被引渡人追究刑事责任时，司法机关应当受所作出的承诺的约束”，而并没有对量刑承诺的启动、运行，承诺之后向外国政府的送达，引渡回国以后如何保证承诺的兑现等程序进行详细的规定。正如有学者所提出的，我们“不能把量刑承诺简单地理解为不需要法定地作出程序，只需司法机关作出的口头或书面的保证，或者加盖了最高人民法院公章的一纸文

① 张磊．境外追逃中的引渡替代措施及其适用：以杨秀珠案为切入点．法学评论，2017（2）.

② 张磊．境外追逃追赃良性循环理念的界定与论证．当代法学，2018（2）.

③ 王茜．我国拟立法促进反腐败国际追逃追赃合作．（2017-12-22）．http://www.xinhuanet.com/politics/2017-12/22/c_1122154863.htm.

④ 我国《引渡法》第50条规定：“被请求国就准予引渡附加条件的，对于不损害中华人民共和国主权、国家利益、公共利益的，可以由外交部代表中华人民共和国政府向被请求国作出承诺。对于限制追诉的承诺，由最高人民检察院决定；对于量刑的承诺，由最高人民法院决定。在对被引渡人追究刑事责任时，司法机关应当受所作出的承诺的约束。”

件”[①]，而是应当有一套完整程序的法律规范，从而为实践中的操作提供依据。为此，应当尽快完善相关立法，考虑对相应程序作出如下具体规定：中国外交部在收到被请求国关于引渡附加条件的信息之后，应当将相关信息通报给申请引渡的中央机关，该中央机关应当将被请求国提出的相关条件提请最高人民检察院、外交部等国内相关部门研究讨论，形成统一认识以后由最高人民检察院向最高人民法院提出关于对被引渡人员作出不判处死刑、不执行死刑或者减轻刑罚的量刑承诺的建议。[②]

### （二）国际立法的发展

我国开展境外追逃追赃不仅需要依据我国相关的国内法，还需要尊重乃至遵守相关国家的国内法，而且也往往需要依据中外双边条约和多边国际公约。

#### 1. 积极缔结和适用中外双边条约

双边条约指两国就特定事项签订的国际协议，缔约双方都有履行条约的义务。截至 2018 年 9 月，我国已与 76 个国家缔结司法协助条约、资产返还和分享协定、引渡条约、打击“三股势力”协定及移管被判刑人条约共 159 项（128 项生效）。[③] 这些双边条约不仅是我国以往开展双边合作的重要成果，更是我国与他国开展追逃追赃合作的重要依据。笔者认为，在双边条约的缔结和适用方面，我国还可以作如下改进：(1) 积极与西方发达国家缔结更多的双边条约。由于受到多种因素影响，迄今与我国缔结双边条约（特别是引渡条约）的多是发展中国家，我国外逃人员的主要目的地国（如美国、加拿大、澳大利亚）尚未与我国签订双边引渡条约（或者还没有生效），这就导致我国难以与这些国家开展引渡合作。[④] 在此背

---

① 陈雷，薛振环．论我国引渡制度的量刑承诺：兼论死刑不引渡原则的变通或例外适用．法学杂志，2010（1）．

② 张磊．境外追逃中的量刑承诺制度研究．中国法学，2017（1）．

③ 司法协助类条约缔约情况一览表．https://www.fmprc.gov.cn/web/ziliao_674904/tytj_674911/tyfg_674913/t1215630.shtml.

④ 例如，美国在引渡合作上坚持条约前置主义，必须有双边引渡条约的存在才能进行引渡合作，而我国尚未与其签订引渡条约。加拿大虽然在 1999 年《引渡法》中弱化了条约前置主义的限制，但是我国与其在引渡问题上至今还没有实质性的突破。澳大利亚虽然与我国于 2007 年签订了双边引渡条约，但是该条约迄今尚未得到澳大利亚国会的批准，因此一直没有生效。

景下，习近平总书记指示："要加快与外逃目的地国签署引渡条约"①。所以，我们应当尽快创造条件与我国外逃人员主要目的地国签订包括双边引渡条约、资产追缴类协定等在内的国际刑事司法协助类的双边条约，从而为境外追逃追赃提供更为丰富而坚实的法律依据。（2）提高双边条约的利用率。我国当前缔结的双边条约不仅总体数量较少，而且利用率也较低。正如有专家指出：在境外追逃中，我国主管机关比较习惯于通过警务合作查找、缉捕和遣返逃犯，不大善于运用双边引渡条约或多边公约引渡条款打好法律仗，借助引渡诉讼获取国际合作。例如，近年来法国向我国提出的引渡请求有 4 件，我国向法国提出的引渡请求只有 1 件，而在法国司法部逃犯数据库中，受到通缉的中国逃犯则有一百余人。② 所以，我们在力争缔结更多双边条约的基础上，还要大力提高现有双边条约的利用率，努力打好境外追逃追赃的法律仗。

2. 积极利用多边国际公约

除双边条约之外，多边国际公约也是境外追逃追赃的重要法律依据。为了维护我国利益，推动我国境外追逃追赃的开展，我国应当积极参与这些国际公约的制定和适用，通过积极参与乃至主导国际立法，力争把我国的立场、主张、利益诉求和价值观注入国际法律体系之中，以推动国际法律体系向有利于我国的方向发展。③ 以《联合国反腐败公约》为例，该公约是联合国历史上通过的第一个用于指导国际反腐败斗争的法律文件，也是目前反腐败领域最权威和最具影响力的国际法律文件。该公约设置了"国际合作"和"资产的追回"专章，专门规定了反腐败的国际合作机制和资产追回机制，对各国加强国内的反腐行动、提高反腐成效、促进反腐国际合作具有重要意义。当前该公约拥有 170 余个缔约国，我国外逃人员的主要目的地国美国、加拿大、澳大利亚、新西兰、新加坡等都是该公

① 中共中央纪律检查委员会，中共中央文献研究室．习近平关于党风廉政建设和反腐败斗争论述摘编．北京：中央文献出版社，中国方正出版社，2015：132.

② 黄风．反腐败国际追逃合作：困难、问题与对策．人民论坛，2015（25）.

③ 张文显．推进全球治理变革，构建世界新秩序：习近平治国理政的全球思维．环球法律评论，2017（4）.

约的缔约国。针对该公约，我们可以利用参加该公约历届缔约国大会的机会，主动提出建议，要求“以订有条约为引渡条件的缔约国如果接到未与之订有引渡条约的另一缔约国的引渡请求”，“应当”（shall）而不是“可以”（may）将公约作为开展引渡合作的法律依据①，从而将该公约也作为国际社会开展引渡合作的依据，以推动我国境外追逃追赃的全面开展。在此基础上，我国应当与西方发达国家积极进行磋商，争取将该公约作为双方开展引渡合作的重要依据，从而打开我国境外追逃追赃工作的新局面。

## 四、境外追逃追赃坚持法治原则的关键：遵守他国法律和国际规则

境外追逃追赃是在他国境内追回我国外逃人员和外流资金，主要的程序都在他国境内展开，所以只有尊重和遵守他国法律程序暨国际社会公认的国际规则，我国的境外追逃追赃才能取得成功。否则，任何在他国境内有违他国法律程序，甚至触犯他国主权的行为，都会引起对方的强烈抗议和反制。要尊重和遵守他国法律暨国际规则，就需要我们在研究他国法律和造就懂法、守法的高素质执法队伍两个方面努力。

### （一）加强对于他国法律制度和国际规则的研究与评介

习近平总书记曾针对改进我国境外追逃追赃工作指示：“要加强对国际规则和国际组织情况的研究，深入了解和掌握有关国家的相关法律和引渡、遣返规则。要及时了解和掌握国际反腐败最新动态，提高追逃追赃工作的针对性。”②

① 《联合国反腐败公约》第44条第5款明确规定：“以订有条约为引渡条件的缔约国如果接到未与之订有引渡条约的另一缔约国的引渡请求，可以将本公约视为对本条所适用的任何犯罪予以引渡的法律依据”。If a State Party that makes extradition conditional on the existence of a treaty receives a request for extradition from another State Party with which it has no extradition treaty, it may consider this Convention the legal basis for extradition in respect of any offence to which this article applies.

② 中共中央纪律检查委员会，中共中央文献研究室．习近平关于党风廉政建设和反腐败斗争论述摘编．北京：中央文献出版社，中国方正出版社，2015：101.

"中国司法机关在进行反腐败国际合作时，对具体案件都应该提供确凿证据。"①实际上，不了解他国法律的相关规定已经成为当前我国境外追逃追赃的主要障碍之一。在以往的追逃追赃国际司法合作中，由于各国司法制度和法律规定差异较大，对于司法协助请求所要求提供的材料不统一，我国办案机关又多来自基层，对于国际司法合作和不同国家的具体标准并不了解，在准备、翻译所需证据和材料方面不太熟练，难以在短时间内提供符合对方要求的证据，从而降低了国际合作的效率。② 针对这种情况，我们一定要加强对于我国外逃人员主要目的地国的相关法律如刑事程序法、刑法、证据法、民事程序法、引渡法、国际刑事司法协助法、犯罪收益追缴法、移民法，以及相关的主要国际公约的翻译、研究和评介工作，对于不同国家的相应规定进行归纳整理，并将其提供给追逃追赃工作一线的实务部门参考和使用，这将为我国境外追逃追赃提供巨大的便利。③

（二）培养懂法、守法的执法队伍

境外追逃追赃需要前往他国境内开展工作，所以培养懂得他国法律的合格的国际法治人才至关重要。对此，十八届四中全会通过的《中共中央关于全面推进依法治国若干重大问题的决定》明确要求，"建设通晓国际法律规则、善于处理涉外法律事务的涉外法治人才队伍"。习近平总书记也强调指出："要加强能力建设和战略投入，加强对全球治理的理论研究，高度重视全球治理方面的人才培养。"④ 具体来说，我国境外追逃追赃执法队伍应当具有以下几个方面的素质：

① 走到哪里讲到哪里 越讲越坚决越硬气越深刻 坚持党的领导 总书记在国际上是怎么讲的.（2016-02-16）[2017-09-02]. https://www.ccdi.gov.cn/toutiao/201602/t20160216_124594.html.

② 赵秉志，张磊. 习近平反腐败追逃追赃思想研究. 吉林大学社会科学学报，2018（2）.

③ 事实上我国学者已经开始了这方面的工作，并已有一些成绩，如：赵秉志等编《〈联合国反腐败公约〉暨相关重要文献资料》（中国人民公安大学出版社 2004 年版）；黄风执行主编《国际刑事司法协助国内法规则概览》（中国方正出版社 2012 年版）；黄风、赵林娜审订，张磊等译《澳大利亚 2002 年犯罪收益追缴法》（中国政法大学出版社 2008 年版）；黄风、赵林娜审订，张磊等译《英国 2002 年犯罪收益追缴法》（中国政法大学出版社 2010 年版），尤小文译《加拿大移民与难民保护法及条例》（中国政法大学出版社 2011 年版）；等等。

④ 习近平在中共中央政治局第二十七次集体学习时强调 推动全球治理体制更加公正更加合理 为我国发展和世界和平创造有利条件. 人民日报，2015-10-14（1）.

（1）具备尊重他国主权、遵守他国法律的法治意识。执法人员应当明确，境外追逃追赃是在他国执法，必须时刻尊重他国司法主权，严格遵守他国法律规定，任何触犯他国主权的行为都可能带来不必要的麻烦，甚至引起国际争端。（2）具有很强的大局观念、整体观念。虽然境外追逃追赃所面临的是一个个具体的案件，所要追回的是某个具体的外逃人员和某笔外流资金。但是，执法人员一定要清楚，我国境外追逃追赃是一个长期的反腐败战略，而不是与他国之间的一锤子买卖[①]，每个案件之间都相互关联、互为依托、互相影响，有着千丝万缕的联系，前一个案件的效果与影响，会直接影响到随后其他案件的效果。只有做好每一个案件，才能推动追逃追赃的良性循环、长期发展。[②] 所以，我国有关部门的人员在境外执法时，应当始终秉持大局观念、整体观念，决不能够为了追回某个外逃人员，或者为了某个案件的成功而触犯他国主权，违背他国法律，从而影响到后续其他案件的国际司法合作，影响我国境外反腐败追逃追赃长期战略的发展。（3）熟悉他国法律制度。我国境外执法人员应当熟悉被请求国的相关法律制度、具体规则和外交政策，从而结合具体情况提出符合该国法律、政策要求的司法协助请求，防止因为程序上的错误、疏漏，或者政策上的抵牾而影响我国境外追逃追赃工作的开展。（4）具有较强的法律外语应用能力。较强的外语应用能力是境外追逃追赃执法人员必备的素质，我国外语人才数量众多，但是熟知法律知识（更别说追逃追赃法律与规则）的专门外语人才数量太少；而且在实践中，一般的翻译并不能满足瞬息万变的追逃追赃工作的实际需要，关键词语含义翻译的些许误差都可能造成不必要的耽搁。所以提高境外追逃追赃执法人员的专业外语应用能力，就成为当务之急。[③]

---

① 黄风. 建立境外追逃追赃长效机制的几个法律问题. 法学，2015（3）.

② 张磊. 境外追逃追赃良性循环理念的界定与论证. 当代法学，2018（2）.

③ 张磊. 腐败犯罪境外追逃追赃的反思与对策. 当代法学，2015（3）.

## 五、境外追逃追赃坚持法治原则的体现：依法追究刑事责任

境外追逃追赃的目的不仅是追回外逃人员和外流资金，更要依法追究涉案嫌犯的刑事责任。只有严格依法追究外逃人员的刑事责任，追回被转移到境外的资金，实现法治的公平正义，才是实现了境外追逃追赃的目的。严格依法追究外逃人员的刑事责任，应当切实做好以下两个方面的工作。

### （一）依法保障外逃人员的各项诉讼权利并对其进行公正审判

如前所述，我国与他国（特别是西方发达国家）合作开展境外追逃追赃，在很大程度上就是相关国家从本国的视角，审视我国外逃人员被引渡或遣返回国后能否获得人道待遇和公正审判，我国的刑事法治制度是否符合该国或者国际社会的人权和法治标准。当前部分西方发达国家对于我国刑事法治建设不断完善、人权保障事业不断发展的进步现状置若罔闻、视而不见，在他们眼中，中国根本没有完善的刑事法治制度，相关审判缺乏公正性，犯罪嫌疑人一旦被引渡（遣返）回国，很可能受到不公正对待，甚至遭受酷刑。[①] 在此背景下，建立被请求国对于我国刑事法治的信任和信心，就成为我国境外追逃追赃成功的关键。近年来，我国全面推进依法治国，积极进行社会主义法治建设，刑事法治发展取得了前所未有的成绩。也正是在此基础上，我国在一些境外追逃案件中才成功取得了被请求国的信任。例如，在加拿大滞留长达 12 年的重大走私犯罪嫌疑人赖昌星之所以最终能够被遣返，就与中方经过努力取得了加拿大方面对于我国刑事法治的信任与肯定有直接关系。[②] 而在重大走私犯罪嫌疑人黄海勇引渡案中之所以能够获得其外逃后潜藏国秘鲁对我国引渡请求的支持与配合，不仅是由于中国与秘鲁之间签订有引渡条约，也是由于秘鲁方面对我国刑事法治的了解和肯定。至于美洲人权法院通过开庭审理最终批准了秘鲁将黄海勇引渡给我国对其进行追诉和审

① 赵秉志. 我在加拿大赖昌星聆讯庭上作证. 凤凰周刊，2011 (23).

② 赵秉志，张磊. 赖昌星案件法律问题研究. 政法论坛，2014 (4).

判，也是与中秘两国经过多方努力让美洲人权法院及其审理该案的巡回法庭对中国刑事法治有了基本认可分不开的。[①] 所以，在外逃人员回国之后被追诉和审判的过程中，我国司法机关一定要充分保障其各项诉讼权利，严格禁止刑讯逼供，并对其依法进行公开、公正的审判，向世界展现中国刑事法治的发展状况，提振国际社会对于中国刑事法治的信任和信心。

（二）充分兑现我国向被请求国作出的各项外交承诺

境外追逃追赃中的外交承诺，是指在国际合作中，请求国向被请求国作出关于外逃人员在回国之后的追诉、量刑以及相关诉讼权利的承诺，并保证在外逃人员回国后坚决兑现的制度。在种类上，外交承诺具体包括量刑承诺、追诉承诺、保障外逃人员不遭受酷刑等非人道待遇的承诺、保障外逃人员在诉讼过程中各项权利的承诺、保障被请求国其他权利的承诺等等。在作出程序上，外交承诺由我国中央有关机关决定，并由我国外交部代表我国政府向被请求国庄严地作出（例如，量刑承诺由我国最高人民法院决定，并由外交部代表我国政府作出）。[②] 在一般情况下，被请求国在收到请求国作出的外交承诺之后，会对该承诺进行考察，在通过考察确立对于该承诺的信任，认为该承诺是“足够的”之后，才会同意遣返或者引渡外逃人员。在外逃人员回国之后，被请求国往往也会要求请求国及时通报对该外逃人员的诉讼程序和审判情况，有的国家还会派员到请求国旁听审判甚至探视外逃人员，这实质上是对于请求国是否兑现其之前所作外交承诺的一种督促和监督。在确认请求国充分兑现承诺之后，被请求国将会进一步增强对于请求国的信任，推动双方司法合作甚至国家间关系的良好发展。反之，被请求国如果发现请求国没有兑现承诺，或者兑现承诺不充分，就会降低对于请求国的信任，影响请求国的国际形象及其以后外交承诺的分量，进而影响双方司法合作的开展甚至两国间的外交关系。所以，在外逃人员回国之后，我们不仅要依法对

① 赵秉志，张磊．黄海勇案引渡程序研究（下）：以美洲人权法院黄海勇诉秘鲁案判决书为主要依据．法学杂志，2018（2）．

② 张磊．境外追逃追赃良性循环理念的界定与论证．当代法学，2018（2）．

其进行追诉和审判，还要注意充分兑现我国之前作出的外交承诺，及时向被请求国通报兑现承诺的情况。通过承诺的作出与兑现，向被请求国和国际社会证明，中国政府值得信任，中国法治值得信赖，从而巩固乃至提升我国的国际刑事法治形象，并推动境外追逃追赃的良性循环。

## 六、结语

综上所述，虽然境外追逃追赃不仅涉及法律问题，还受到国际政治、外交关系等方面因素的影响，但毫无疑问，在现代法治影响国际司法合作以及我国法治现状的背景下，法律问题显然是影响我国现阶段境外追逃追赃工作最为关键的因素。一方面，我们要加强国内刑事法治建设，为境外追逃追赃提供法律依据和保障；另一方面，要在境外追逃追赃中坚持法治原则，严格遵守他国法律规定和国际规则，向国际社会充分展现中国执法队伍的法治素质和中国刑事法治的发展进步，宣传中国人权保障事业的伟大进展。通过讲好中国反腐败的法治故事，赢得国际社会对于中国法治事业的信任与肯定，以全面提升中国刑事法治的国际形象，促进反腐败追逃追赃的良性循环，进而为推动依法治国的全面开展、建设新时代中国特色社会主义法治贡献力量。

# 关于加大防逃追逃追赃力度暨加强反腐败国际合作工作的若干建议*

## 一、前言

中国共产党第十八届中央纪律检查委员会第二次全体会议上确立了加大防逃追逃追赃力度、完善国（境）外办案合作机制、加强反腐败国际合作的基本工作思路，对今后我国坚持惩治和预防并举，实现两手抓、两手硬的反腐败战略方针提出了具体的要求。

多年来，尤其是近年来，在中央纪委的正确领导和有力协调下，我国反腐败制度性和机制性建设取得明显成效，陆续出台了一系列预防与惩治腐败的制度措施，中央在确立了防逃追逃追赃工作协调机制的基础上，在十个省市还开展了试点工作，有效地遏制和防止公职人员“裸官”、外逃、资产转移境外等现象的发生。与此同时，国家还加大了办理境外追逃追赃重大案件协调工作的力度，在中

* 本文系向中央有关机关提交的完善相关法治工作的建议报告，为高铭暄教授与笔者、黄风教授、王秀梅教授、陈雷博士合著，原载赵秉志主编：《刑事法治发展研究报告》，2013—2014年卷，北京，法律出版社，2016。

央境外缉捕工作联络办公室的领导和组织指挥下，充分发挥检察、公安、外交、司法行政等部门的职能作用，成功地办理了一批具有重大影响的大案要案，有效地推动了反腐败法治领域的国际合作。例如，从加拿大成功地遣返了远华集团特大走私、行贿案主犯赖昌星，成功遣返经济犯罪嫌疑人邓心志，成功劝返中国银行黑龙江省分行哈尔滨河松街支行原行长高山案全部主犯高山、李东哲和李东虎；从日本成功引渡涉嫌挪用公款的案犯袁同顺；从澳大利亚将潜逃该国的职务犯罪嫌疑人李继祥转移到该国的赃款悉数追回；等等。

为进一步加大防逃追逃追赃力度，加强反腐败国际合作，笔者作为法学理论界、实务界的相关专家学者，认为有必要向中央有关领导机关建言献策。

## 二、关于加大防逃追逃追赃力度的必要性

根据对相关情况的考察和思考，笔者认为，在看到我国上述反腐败追逃追赃工作成绩的同时，也应当清醒地认识到我国防逃追逃追赃工作的艰巨性、复杂性和长期性，认识到有了相关的工作机制和法律措施并不意味着就能够有效杜绝外逃现象，就可以防止违法所得或犯罪资产被非法转移到境外。就如同我国虽然有了严厉的预防和惩治腐败的法律、法规、政策、条例以及党章党纪，但那些企图腐败的公职人员并不会因此就有所收敛及放弃不法的念头；相反，在“有权有势”的情况下，一旦监督缺失，那些自律不强且人品不正的官员就会钻制度漏洞，只要具备适当的腐败“土壤”条件，腐败现象照样会不时出现，外逃现象仍然会不断发生。

近两年中央关注的几起重要职务犯罪外逃案件，恰好说明了这一点。如江西省鄱阳县财政局经济建设股原股长李华波利用自己掌管财政资金的便利，伙同他人共同贪污 9 400 万元公款，几乎是该国家级贫困县一年财政收入的四分之一，用公款在澳门豪赌，并将 2 000 多万元赃款转移至新加坡。在非法取得新加坡的永久居留身份后，李华波于 2011 年初携家人潜逃至新加坡。又如中储粮河南周口粮库原主任乔建军利用职务之便贪污 2.4 亿元公款后，于 2011 年 8 月携家人潜逃到美国。再如辽宁省凤城市委原书记王国强涉嫌受贿罪等职务犯罪，于

2012 年 4 月携家人潜逃到美国。发生上述外逃案件的主要原因有：一是个人“权力”太大，管理制度形同虚设。近年来，贪污贿赂罪犯以经济、金融部门的官员居多。李华波仅为县里的股级干部，乔建军也只是一名正处级干部，李华波和乔建军虽然职务不高，但他们的“权力”大得几乎达到为所欲为的地步，他们想要多少钱、想拿多少公款，只要稍许做一些“手脚”就能得逞，钱来得太容易，以致拿去挥霍和赌博时一点儿都不心疼，一点儿都不以为耻。李华波在接受新加坡警方讯问时曾对办案人员说过，反正是国家的钱，赌博输掉一点儿都不心疼。据说乔建军是用麻袋将数百万、上千万元现金取走，手段隐秘。按说我国的财政管理和经济管理制度非常严格，但在这些贪官面前，几乎是形同虚设。二是监督缺失，相关方面对干部及其家人移居海外和出入境的监管机制十分脆弱。上述外逃官员之所以在中央三令五申加强对干部及其家人出境和移居境外管理的情况下，仍然能够在犯罪前后顺利地办理出境和移居境外的手续，而且在犯罪后还能“从从容容”地携家人通过正规渠道潜逃到境外，是因为有关国家机关在对公职人员干部管理、身份证明、护照管理和出境管理等方面，存在着许多重大漏洞，以致这些贪官及其家人可以不受“约束”地顺利离开祖国，实现“胜利”大逃亡。三是干部管理部门、纪检监察部门、司法机关与公安边防检查部门缺乏有效的沟通协调机制、信息共享平台，以及自动生成阻却有污点官员和贪官外逃工作机制。因此，切实加强我国的防逃追逃工作十分重要。

此外，在注重防逃追逃的同时，追赃工作也不可忽视。贪官外逃必然伴随赃款赃物转移境外。在一般情况下，贪官将赃款赃物转移境外，主要有两方面考虑：一是逃避监管和法律制裁；二是为出逃之后在境外的生活奠定物质基础。而后者是促成贪官外逃的主要动因。

目前，贪官携款外逃的数额已从过去的数十万、数百万元迅速上升到数千万、数亿、数十亿元。如中行广东开平支行案涉案 4.85 亿美元（约合人民币 30 亿元）、中行哈尔滨河松街支行原行长高山案涉案近 10 亿元、中储粮河南周口粮库原主任乔建军案涉案 2.4 亿元、江西省鄱阳县财政局经济建设股原股长李华波案涉案 9 400 万元，上述涉案犯罪数额仅仅是司法机关近年来办理的几个典型的


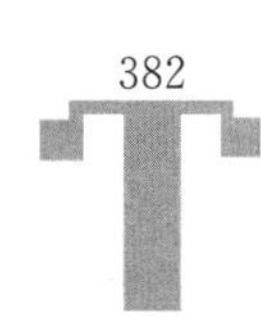

职务犯罪境外追逃个案的涉案赃款数额，如果将所有贪官外逃携带的赃款赃物加起来计算，数量一定十分巨大。

而从境外追赃的实际情况来看，效果并不十分理想。远华特大走私、受贿案主犯赖昌星涉案金额达 270 多亿元，中行广东开平支行案三名共犯余振东、许超凡和许国俊三人涉案 4.85 亿美元，但从境外追回的犯罪资产数量极为有限。在开平支行案中，美方协助我国仅追回了 355 万美元，还不到所有赃款的一个零头，虽然有关方面通过在境外开展民事诉讼等方式也追回了一部分赃款，但被犯罪嫌疑人转移出去的绝大部分赃款赃物至今尚未追回。而令人不可思议的是：一方面我国通过多方努力，尤其是通过司法协助等途径仍然无法查获并追缴被贪官转移到境外的全部赃款赃物；另一方面这些潜逃的贪官却可以用高昂的费用聘请当地知名的律师为其打官司，开脱罪责，为阻止遣返而人为地设置诸多法律障碍。赖昌星的律师从赖昌星的身上"榨取"的"油水"就不在少数。

再从现实情况看，追赃工作做好了，可以有效地促进追逃工作。这是因为，赃款赃物是潜逃贪官在境外赖以生存的物质基础，如果能够有效地将其加以铲除和摧毁，使外逃贪官的一切幻想破灭，自首或自愿遣返、回国受审、减轻罪责将成为外逃贪官不得不认真考虑的明智选择。同时，也可以起到震慑与预防的作用，有效地防止贪官和经济罪犯外逃现象的发生。

## 三、关于加强我国反腐败国际合作工作的若干建议

### （一）关于中央纪委方面

建议进一步加强中央纪委在领导、组织确定我国反腐败基本政策、制定反腐败总体规划、协调重大反腐败国际合作案件办理、督促司法机关依据我国法律及我国缔结的国际条约或公约开展国际执法合作等方面发挥作用，在全国上下形成纪检监察机关配合与支持司法机关开展境外追逃追赃的工作氛围。

建议中央纪委、中央境外缉捕工作联络办公室进一步加强对重大职务犯罪境外追逃追赃案件的办理，尤其是加大对在全国有影响的大要案办理的协调工作力



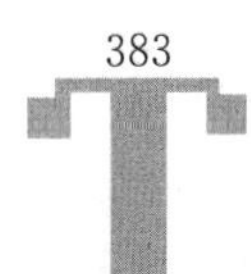

度，及时掌握案件办理的进展情况，对国际合作中可能出现的问题和存在的障碍，要及时协调检察、外交、公安等部门依据我国法律和国际法解决，督促案件承办单位高质量完成境外追逃追赃工作任务。

此外，建议中央纪委加大对省级纪检监察机关反腐败工作，尤其是防逃追逃追赃工作的领导。反腐败国际合作、境外追逃追赃工作既离不开中央的领导，更离不开各级纪检监察机关，尤其是案发地的纪检监察机关的有力支持。要形成中央与地方、纪检监察机关与职能部门分工负责、密切协作的工作合力。

（二）关于检察机关方面

建议进一步发挥检察机关在反腐败国际合作、职务犯罪境外追逃追赃工作方面的主要职能作用和主渠道作用。

检察机关既是我国宪法和法律规定的国家法律监督机关，也是我国的一支重要的反腐败力量。《联合国反腐败公约》在我国生效后，经党中央和全国人大常委会批准，最高人民检察院被确定为我国实施该公约司法协助的中央机关；此外，截至2013年底在我国缔结的50项双边刑事司法协助条约中，有12项条约指定最高人民检察院为中国参与对外司法协助的中央机关。因此，检察机关不仅是国内反腐败的重要力量，也是反腐败国际合作的重要力量。上述职务犯罪境外追逃追赃案件均由检察机关立案，并以最高人民检察院为主对外开展国际合作。目前，最高人民检察院已开始尝试通过《联合国反腐败公约》的合作机制开展个案执法合作，尤其是与尚未与我国缔结双边条约的国家开展反腐败国际合作。如在李华波案件中，最高人民检察院便以该公约为依据与新加坡总检察署开展国际合作，目前该案已取得重要积极进展。

建议最高人民检察院进一步重视和主动承担好反腐败国际合作、职务犯罪境外追逃追赃的工作任务，切实履行好我国实施《联合国反腐败公约》中央机关的职能，在中央纪委的领导和协调下，以及在公安、外交、司法行政等部门的密切配合下，依据我国的法律和我国参加的国际条约或公约，或国际合作互惠原则，积极认真地开展好职务犯罪境外追逃追赃工作。

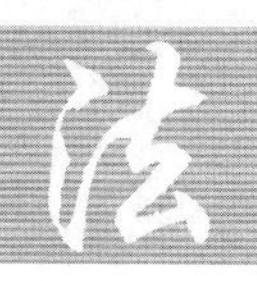

（三）关于其他机关方面

建议进一步加强外交、公安、司法行政和审判机关在职务犯罪境外追逃追赃工作中的重要作用。

外交部不仅是我国引渡逃犯的中央机关，也是我国开展反腐败国际合作的重要职能部门。通过司法和外交渠道开展职务犯罪境外追逃追赃工作，一直是我国反腐败国际合作坚持的原则。通过国际刑事警察的渠道，以及充分发挥我国驻外警务联络官的作用，并在公安机关的密切支持配合下，可以有效地促进职务犯罪境外追逃追赃工作的开展。

司法部是我国刑事司法协助的重要中央机关，反腐败国际合作和职务犯罪境外追逃追赃工作，离不开司法行政机关的支持与配合，尤其对一些我国贪官外逃的主要国家而言，两国司法部之间的相互协调配合十分重要。

审判机关要在促进我国反腐败国际合作、职务犯罪境外追逃追赃，尤其是境外追赃工作中发挥积极的作用。在已经生效实施的2012年修正的《刑事诉讼法》中增设了“违法所得的没收程序”，对于潜逃并经通缉1年以上不能到案的贪污贿赂等腐败分子，检察机关可以启动该程序，审判机关依法作出生效没收裁决后，通过请求相关国家承认与执行我国刑事没收裁决的司法协助方式，可以实现境外追赃的最终目的。

（四）关于加强境外追赃机制性建设方面

建议参照美国的做法，组建一支由检察、纪检监察、审计、公安、外交、财政、国有资产管理等部门组成的跨部门的，主要针对我国公职人员在境外拥有违法所得进行调查的特别侦查队伍。

美国政府于2003年成立了由其国务院、司法部、国土安全部、移民和海关执法局等部门参加的特别行动小组，主要任务是调查和没收涉嫌贪污腐败的外国官员经由洗钱渠道进入美国的资产，并可对外开展追赃调查的国际合作。通过该特别行动小组的追赃活动，美国已协助相关国家追回大量贪官赃款。

鉴于境外追赃的知识性、专业性和国际性较强，进行这方面的工作不仅要熟悉本国的法律制度、追赃诉讼程序，还要了解和研究相关国家的法律制度、追赃的民事和刑事程序，并且熟练掌握刑事司法协助或国际合作的业务。相关工作涉及检察、审判、外交、公安、司法行政、财政、国有资产管理等部门，因此由相关部门组成并派员参加，借鉴美国成功的追赃做法和经验，在国家层面组建一支境外追赃的跨部门特别侦查队伍十分必要。其基本任务是：组织、指挥、指导针对我国公职人员在境外拥有违法所得，以及我国在境外投资的国有资产项目被挥霍或非法转移的案件进行侦查、调查，办理境外追赃调查取证、司法协助事务，等等。由其形成的侦查终结或调查结论，可转交相关职能部门，或由司法机关采取刑事诉讼追缴措施或国际合作追赃措施，或由行政机关依法采取其他措施予以处置，除依法返还被害人或单位的部分外，其余一律上缴国库。

### 四、关于发挥专家学者的作用

加强反腐败国际合作实务，需要加强相关理论问题研究，这就特别需要进一步发挥专家学者在推动反腐败国际合作之立法与司法活动，以及机制性、制度性建设等方面的重要作用。

北京师范大学刑事法律科学研究院（简称“北师大刑科院”）是我国刑事法律科学的重点研究基地，汇集了多位在国内外享有盛誉的刑法学家和一大批中青年刑事法学者，他们十分注重加强与纪检监察机关、审判机关、检察机关等实务部门的工作联系，注重推动理论研究成果转化为实务部门的工作机制。同时，北师大刑科院还设有国际刑法研究所，研究领域涉及与我国反腐败国际合作实践最为密切的《联合国反腐败公约》、引渡、刑事司法协助等，主持多项国家级和省部级有关反腐败刑事政策问题和国际合作问题的研究项目，在国内独树一帜，在国际上也有一定的影响和知名度。北师大刑科院已培养出了一批在反腐败国际合作、刑事司法国际合作方面的法学博士和博士后，其中一些已成长为该领域的专家，并活跃在我国反腐败国际合作、境外追逃追赃工作的第一线。

目前，北师大刑科院正积极和联合国毒品与预防犯罪办公室（UNODC）联系与磋商，双方已达成初步共识，拟在北京师范大学筹建国际联合反腐败中心，

具体筹建工作由北师大刑科院和北师大国际交流与合作处共同负责。该中心旨在通过教育、培训和实证研究等方式，研究加强反腐败国际合作对策和预防腐败措施，并通过加强国际刑事司法协助与合作具体措施的研究，促进各国对腐败犯罪进行惩治，在全球范围内编织打击腐败犯罪的比较完备的刑事司法网络。

国家兴亡，匹夫有责。习近平总书记在第十八届中央纪律检查委员会第二次全体会议上的讲话中突出强调："腐败是社会毒瘤。如果任凭腐败问题愈演愈烈，最终必然亡党亡国。"笔者认为，我国当前包括反腐败国际合作在内的反腐败斗争，不仅仅是纪检监察、司法机关等职能部门的事，全社会都应当以大局为重，必须关心、参与，并置身其中，努力形成全社会共同反腐的氛围。只有这样，腐败现象才能真正得到有效的遏制，我们才能更加有效地防止贪官外逃、赃款外流现象的发生。为此，笔者愿意贡献自己的力量，积极支持和参与中国的反腐败暨国际合作的大业。笔者提出如下建议：

其一，建立反腐败暨国际合作工作专家论证与咨询制度。鉴于防逃追逃追赃、反腐败国际合作工作具有较强的涉外性、知识性和专业性，建立专家论证与咨询制度十分必要。中央纪委或中央境外缉捕工作联络办公室有必要聘请一批该领域专家参与到制定反腐败政策、编制工作规划、协调重大境外追逃追赃案件的工作中来，尤其是参与到重大、疑难案件的研究讨论过程中。必要时，在决策前，可请专家就相关问题进行专题研究，形成独立的咨询或论证意见。这样做的好处是，通过专家的研究，提供客观、公正和准确的评价意见，可以避免一些部门仅从自身的利益出发考虑问题，从而影响正确的决策及相关工作的顺利开展。为此，北师大刑科院及其国际刑法研究所愿意在此项工作中做出应有的贡献。

其二，组织力量加强反腐败暨国际合作实务问题的理论研究，结合我国最新修正的刑法典、已生效实施的修正后的刑事诉讼法、正在起草的刑事司法协助法和各项反腐败法律政策，通过参与课题研究、举行研讨会和参加国际刑法学年会等方式，推动相关政策、立法和司法工作的顺利开展。

近年来，以北师大刑科院及其国际刑法研究所的专家学者为主体，并联合实务部门的有识之士，北师大刑科院开展了一系列的反腐败暨国际合作理论问题研

究，取得了一批重要的理论研究成果。一些研究成果提交中央政法领导机关参考；一些研究成果以新华社内参方式上报中央，得到了中央领导的重要指示；还有一些研究成果已转化为立法成果，并适用于司法实践中。

目前，我们重点关注反腐败国际合作实务中的三个热点和难点问题的研究：一是在追逃国际合作方面，我们在继续重视对腐败犯罪引渡问题研究的基础上，注意加强我国反腐败国际合作实务中切实可行的遣返、劝返和驱逐出境等引渡替代措施问题的研究。二是在追赃国际合作方面，我们侧重于我国最新修正的刑事诉讼法实施后，适用“违法所得的没收程序”开展境外追赃问题的研究；同时通过研究赃款赃物所在国的犯罪所得追缴法和相关国际法，寻求多种途径开展境外追赃活动，并提出可行性的工作意见和建议。三是在追诉犯罪嫌疑人之国际合作方面，加强对跨国腐败犯罪，尤其是洗钱犯罪的国际合作的研究，通过研究管辖权冲突，解决共同打击腐败犯罪方面的问题与障碍，使腐败分子难以逍遥法外，促进在全球形成反腐败国际合作的严密法网。

其三，通过举办培训班、授予专业学位等方式，培养一批反腐败暨国际合作方面的实务工作人才和理论研究人才。

我们将充分运用北师大刑科院反腐败国际合作理论研究和法学教学经验丰富的资源优势，通过组织举办短期培训班、授予专业学位（硕士、博士）等培养模式，为实务部门和教学科研部门培养一批反腐败暨国际合作的实务工作和理论研究人才。为此，我们将积极联络纪检监察、检察、审判、公安、外交、司法行政等部门，并在教育行政管理部门的支持下，培养出合格的反腐败国际合作的实际运用和理论研究人才。

# 关于进一步推动我国境外追逃工作的几点思考

## ——在美洲人权法院巡回法庭黄海勇引渡案中出庭作证的体会*

### 一、引言

2016 年 7 月 17 日，重大走私犯罪嫌疑人黄海勇被从秘鲁引渡回国，这是我国境外追逃工作取得的重大战果！这首先要归功于我们国家领导人对海外追逃追赃工作的重视，以及中央有关部门的正确领导和办案机关多年来持续不懈的努力[①]；其次也得益于我国近年来刑事法治建设和人权保障事业的不断进步，我国国际地位的日益提高、国际形象的日趋完善和国际影响力的逐步扩大；最后也得

* 本文系笔者于 2016 年 8 月 11 日在"'10·7'专案（黄海勇引渡案）引渡工作研讨会"上的发言，原载赵秉志主编：《刑法评论》，2016 年第 1 卷（总第 29 卷），北京，法律出版社，2016。在黄海勇被从秘鲁引渡回国以后，为了全面总结"10·7"专案的引渡工作，为今后开展境外追逃工作积累经验，海关总署缉私局于 2016 年 8 月 11—12 日在武汉海关组织召开"'10·7'专案引渡工作研讨会"，笔者应邀参会并作主题发言。

① 我国领导人和中央有关部门高度重视黄海勇引渡案的追逃追赃工作。当年国务院总理朱镕基和中央政法委书记罗干曾作过专门批示，习近平主席 2014 年曾为此案与秘鲁时任总统奥良塔·乌马拉·塔索专门进行沟通，中央纪委书记王岐山也高度关注此案引渡工作的进展。中央纪委、外交部、海关总署、公安部、司法部、最高人民法院、最高人民检察院等部门密切配合、协同作战，经过长期坚持不懈的努力，终于使这起追逃历时 18 年、引渡历时 8 年的新中国成立以来最复杂的引渡案完美收官。

益于其他参与作证工作的中秘专家的支持与配合[①]，而我的作证工作还得益于我的几位年轻同事的协助。[②] 能够作为专家证人之一参与黄海勇引渡案件，赴美洲人权法院出庭作证，我感到非常荣幸和自豪，同时也非常感谢中央纪委、外交部、海关总署给了我一次难得的学习和提高的机会，使我有机会参与中国境外追逃的一线实务工作，了解到国际人权法庭的运作情况。

在美洲人权法院出庭作证的过程中，法庭各方向我提出问题共计 61 个[③]，涉及黄海勇案件会涉及的我国刑事诉讼程序、我国《刑法修正案（八）》的主要内容、我国刑事法治中的死刑问题、赖昌星遣返案件的相关问题等，涵盖我国刑事法治发展状况的多个方面。参与此案作证，我深刻体会到我国境外追逃工作之不易和近年来我国刑事法治发展进步的影响效应。这里，我结合自己参与此案作证的实践及思考，就我国境外追逃工作提出以下几点粗浅看法，供参考并请指正。

## 二、积极推进死刑改革，严守不判处死刑的承诺

死刑问题几乎是我国每一个涉严重犯罪引渡案件都不可回避的问题。作为国

① 2014 年 9 月 3 日在美洲人权法院巴拉圭巡回法庭上作证的中秘两国 3 位专家证人为中国的赵秉志教授（笔者）、孙昂参赞和秘鲁的托马博士。笔者的作证及各方对笔者的盘问主要围绕与本案相关的中国刑事司法程序和实体问题以及笔者曾出庭作证的中加遣返赖昌星案件的有关情况而进行；时任外交部境外追逃与国际执法合作特别协调员孙昂参赞的作证及各方对其的盘问则主要围绕中国引渡法制与实践以及中加遣返赖昌星的外交承诺而进行；秘鲁司法部前部长托马博士的作证及各方对其的盘问主要围绕与本案相关的中秘引渡条约和秘鲁相关国内法律问题而进行。此外，中国社会科学院国际法研究所所长助理柳华文研究员作为本案未出庭的专家证人，经美洲人权法院同意提交了有关中国人权法律保护状况的书面证词。中秘有关部门专家组成的专门工作小组也为中秘专家的作证提供了积极有效的支持和帮助。

② 2014 年 4 月接到出庭作证的任务以后，因为时间紧，作证又涉及多个方面，为了保证圆满完成作证任务，笔者约请本人所在单位北京师范大学刑事法律科学研究院的三位青年教师（袁彬教授、张磊副教授和何挺副教授）和笔者一起组成作证工作小组，协助笔者进行前期资料准备工作。

③ 其中秘鲁政府律师雷阿尼奥先生所提的问题 11 个，黄海勇律师路易斯·拉马斯普丘先生所提的问题 16 个，美洲人权委员会专员詹姆斯·路易斯·卡夫罗里先生所提的问题 16 个，美洲人权法院巡回法庭五位法官所提的问题 18 个。

际刑事司法合作中的一项基本原则，死刑不引渡是现代引渡制度的产物，并随着人权观念的兴起逐步形成和发展起来。虽然黄海勇所涉嫌的走私普通货物罪已经于2011年由《刑法修正案（八）》废除了死刑，但死刑问题仍然是黄海勇及其律师用来对抗引渡的主要借口之一，也是美洲人权法院关注的重点问题之一。在法庭上我被询问的61个问题中，涉及死刑的有22个，占了三分之一还多，主要包括黄海勇是否会被适用死刑，中国就黄海勇案件所作出的不判处死刑的外交承诺，以及中国死刑适用的罪名、数量、执行方式等三方面的问题。而且，即使在明确了黄海勇所涉嫌的走私普通货物罪已经被《刑法修正案（八）》废除了死刑之后，美洲人权法院各方还就中国死刑的适用对我进行了详细询问，更加说明了死刑问题在黄海勇案件，乃至在涉中国引渡案件中的重要地位和影响作用。

近年来我国努力推进死刑制度改革，加快限制和废除死刑的步伐，分别通过《刑法修正案（八）》和《刑法修正案（九）》先后废除了13种和9种罪名的死刑，但是我国现在还对包括贪污罪、受贿罪在内的46种犯罪保留死刑，对于贪污罪、受贿罪的死缓犯还配置了不得减刑、不得假释的终身监禁制度。当前我国正在全面开展反腐败境外追逃工作，腐败犯罪的死刑问题将是我们无法回避的障碍。我们应当顺应世界范围内限制和废除死刑的国际趋势，结合我国国情，切实推进死刑制度的改革进程，尽早废除非暴力犯罪，特别是腐败犯罪和经济犯罪的死刑，并为最终废除死刑而努力。在当前我国还不具备完全废除死刑的条件下，如果在引渡、遣返等国际合作中遭遇死刑问题，应当根据案件情况，及时、果断地作出并严格信守不判处死刑的承诺，避免死刑问题成为外逃者的免责盾牌，以尽早将外逃者缉捕归案，切实推动我国境外追逃工作的开展。

## 三、加强自身刑事法治建设，完善国际刑事法治形象

在引渡合作中，引渡能否顺利进行的一个重要因素，就是被请求国是否认同和信任请求国的刑事司法制度。因此，能否增强国际社会对于我国刑事司法制度的了解与信心，将是我国能否顺利开展引渡合作的关键。在黄海勇案件中，黄海

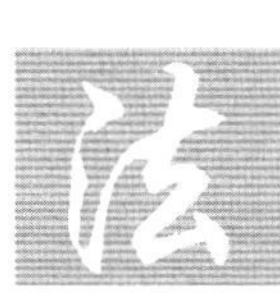



勇及其律师用来对抗引渡的主要理由，除死刑之外，就是声称黄海勇回国之后很可能会面临酷刑以及非公正的待遇。在美洲人权法院巡回法庭上，我被询问的涉及中国刑事司法制度的问题有 13 个（约占所有问题的五分之一），具体包括黄海勇被引渡回国之后的刑事诉讼程序、中国无罪判决的比例、中国刑事诉讼中是否存在酷刑、中国刑事诉讼中律师的参与程度、引渡程序中特定性原则的适用等。美洲人权法院对于中国刑事诉讼程序问题的关注，直接关系到其对于中国刑事司法制度公正性的评价，即中国刑事司法制度是否符合美洲人权法院所认可的国际人权标准，黄海勇在被引渡回中国后能否获得公正的审判和人道的待遇，其诉讼权利能否得到充分的保障。近年来，我国刑事法治建设取得了长足进展，“国家尊重和保障人权”被写入宪法，人权保障的刑事法治理念逐步得到确立，中国特色社会主义法律体系已经形成，国际社会对于中国刑事法治的了解与信任明显提升，这也是中国近年来境外追逃工作取得突出成绩的重要原因之一。但是客观来说，中国刑事法治建设还有一些需要改进的地方，如部分地方还存在刑讯逼供，司法机构的独立性有待进一步提高，等等。所以，我们应当积极推进中央所确定的以审判为中心的诉讼制度改革，完善刑事法律制度，保证刑事审判的公开、公平、公正，充分保障犯罪嫌疑人、被告人的诉讼权利，进一步增强国际社会对于中国刑事法治的认同与信心，奠定我国在境外追逃中的自信与底气。

需要注意的是，当前国际社会对于中国刑事司法制度不信任的原因，主要还在于他们对中国刑事法治发展的状况并不完全了解，甚至有所误解。我在赴美洲人权法院作证之前，就得知法庭因为不知道中国已经于 2011 年在《刑法修正案（八）》中废除了走私普通货物罪的死刑，而对中国能否遵守不判处黄海勇死刑的承诺信心不足。而在我赴美洲人权法院作证接近尾声之时，美洲人权法院的庭长谢拉法官也明确表示：“您所讲的与我们原来所了解的有很大不同，我们将认真研究。”这都反映出美洲人权法院对于中国刑事法治状况的了解不够，进而增加了其对引渡中国犯罪嫌疑人的担心与疑虑。所以，我们在加快我国刑事司法改革、推进刑事法治建设的同时，还要积极加强同外部世界的交流及对外宣传，使国际社会能够及时而全面地了解我国的社会进步状况，特别是我国刑事法治建设

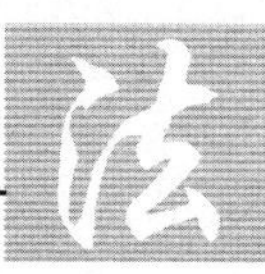

的卓越成就，利用各种机会消除国际社会对于我国法律和司法制度的误解与偏见，从而推动海外追逃工作的顺利开展。

## 四、妥善运用已有成功案例，推动境外追逃的顺利开展

在我于2014年4月接到将赴美洲人权法院作证的任务的同时，我就被告知此次作证的一个重要方面，就是介绍赖昌星遣返案件的相关情况。这一方面是因为我曾经于2001年8月和10月两次应加拿大政府邀请作为事实证人（实质上是作为专家证人）赴加拿大出席审理赖昌星案件的法庭聆讯并出具了证言；另一方面是由于两案有极大的相似性，黄海勇案件是美洲人权法院审理的首个涉中国的引渡案件，赖昌星遣返案件是美洲人权法院巡回法庭审理黄海勇案件的重要参考。在准备作证的过程中，我在中央纪委、外交部等中央部门的指导和帮助下，有针对性地回忆、整理了我于十多年前参与的赖昌星遣返案件的有关情况。在美洲人权法院审理黄海勇案件的过程中，法庭各方询问我关于赖昌星案件的问题共有10个，包括加拿大为什么同意遣返赖昌星、赖昌星被遣返回国后的定罪量刑、赖昌星案件中的外交承诺、黄海勇案件与赖昌星案件的相似性等。后续的实践证明，我国在赖昌星案件中及时作出并严格遵守不判处死刑的外交承诺、依法对赖昌星进行公正审判、充分保障赖昌星的诉讼权利、允许加方在赖昌星服刑后前去探视等事实，都向美洲人权法院表明，中国具有较为完善的刑事司法制度，中国政府信守承诺、言出必行，对于美洲人权法院作出引渡黄海勇的裁决具有积极的促进作用。

在国际引渡、遣返合作中，我们要妥善运用以往的成功案例，积极宣传外逃人员回国以后所受到的公正待遇、宽大处理，向国际社会和外逃人员表明，中国具有公正的司法制度、完善的诉讼程序，完全能够保证外逃人员的合法权益和诉讼权利，从而一方面增强他国对于中国刑事法治的信心，使其积极与中国开展引渡合作，另一方面促进外逃人员思想转变，提高其自觉接受引渡乃至回国自首的可能性。

## 五、遵守国际法律规则，提供符合对方要求的证据材料

在法庭上，美洲人权委员会专员曾经询问我两个问题：一是中国向秘鲁提出的引渡申请中为什么没有附上证实黄海勇构成犯罪的证据？二是引渡申请中为什么没有附上中国相关法律条文的西班牙文文本？对这两个问题，我由于不了解我国向秘鲁提出引渡请求的具体内容，都如实作了“不了解”的回答。虽然就这两个问题对方律师并没有纠缠下去，这两个问题对于整个案件也没有造成实质性影响，但是这也反映出引渡合作中被请求方对于引渡申请中提交证据和材料的重视。事实上，在引渡合作中，被请求国的法律或者引渡双边条约中都规定了提出引渡请求所需的文件（如《中华人民共和国和秘鲁共和国引渡条约》中就有相关规定①）。但是，由于基层办案人员对国际法律与制度不熟悉，对引渡工作的具体标准欠缺经验，在准备、翻译证据和材料方面不熟练，以及犯罪嫌疑人出逃后不能及时有效取证等因素，我国往往难以提供符合对方要求的证据材料，一个突出的表现就是引渡请求中关于犯罪事实的描述过于简单，请求材料中没有包含必要的线索和信息，这样的请求很容易被搁置乃至拒绝。例如，2005 年 5 月，意大利佛罗伦萨上诉法院裁决拒绝引渡中国公民高明亮的一个理由，就是中方提供的支持引渡请求的证据过于薄弱，不符合基本的证据规则。② 2015 年 7 月，加拿大温尼伯法院判定程慕阳司法复核成功，将程慕阳的难民申请发回难民署重新考虑和决定的主要原因，也是中方向加方提供的相关证据不全面或者这些证据过于模糊。③

客观来说，遵守国际法律制度，提供符合对方要求的证据材料，是刑事司法

① 《中华人民共和国和秘鲁共和国引渡条约》第 7 条第 1 款规定：“引渡请求应当以书面形式提出，并且包括或者附有：……（三）有关案情的说明，包括犯罪行为及其后果的概述；（四）有关该项犯罪的刑事管辖权、定罪和刑罚的法律规定……”

② 黄风. 中国境外追逃追赃：经验与反思. 北京：中国政法大学出版社，2016：133.

③ 陈雷. 如何破解程慕阳案国际执法合作困局. 法制日报，2015-07-21.

协助中的技术性问题，只要给予足够重视和充分准备，应该能够做到。所以，我们一定要认真研究引渡被请求国的国际刑事司法合作法律规范和制度，提前做好充分准备，一旦需要，一次性向对方及时提交符合要求的引渡请求和包括翻译文本在内的所有证据材料，减少对方因为证据材料问题搁置乃至拒绝我国引渡请求的可能性，从而降低境外追逃追赃中的技术性障碍。

## 六、加强对国际人权法庭规则的了解，做好充足的应诉准备

黄海勇引渡案被称为中国迄今最复杂的引渡案件，该案不仅历经了秘鲁最高法院和宪法法院等国内司法系统，而且被黄海勇及其律师申诉至美洲人权委员会，并最终提交至美洲人权法院进行审理。美洲人权委员会和美洲人权法院的介入，是本案不同于以往我国引渡案件的鲜明特点。美洲人权委员会和美洲人权法院是根据《美洲人权公约》建立的泛美人权体系的两个主要的人权机构，分别有自己的人权保护机制和程序规则，两个机构，特别是美洲人权法院的裁决，对于引渡黄海勇与否具有决定性意义。因此，对于这两个国际组织的机构设置、程序规则的了解和做出相应准备，对我们成功引渡黄海勇具有重要意义。

在接到作证任务以后，为了保证作证的顺利进行，我在外交部等部门的指导、帮助下，查阅了大量关于美洲人权委员会、美洲人权法院、秘鲁司法体系的资料，提前进行熟悉了解，为法庭作证的顺利进行奠定了基础。近年来，越来越多的外逃人员将人权问题作为对抗引渡和遣返的理由，除向在逃国家的司法系统提起诉讼以外，还将案件提交到区域性人权机构，如美洲人权法院、欧洲人权法院等。我们应当全面了解区域性人权机构的性质、运作和程序规则，做好充分的应诉准备，只有这样才能在未来境外追逃中，知己知彼，百战不殆。

## 七、结语

不论是为赖昌星案站在加拿大的难民资格聆讯庭上，还是为黄海勇案站在巴

拉圭的美洲人权法院巡回法庭上，我都深深地感到，国内法治和人权状况对于我国境外追逃和国际刑事司法合作的开展具有重要影响乃至决定性的意义，每一个引渡案件、遣返案件的开展，都是对我国法治发展程度和人权保障水平的综合检验，也将对今后引渡、遣返合作等工作的开展产生示范性影响。经过中央纪委、外交部、海关总署等多个部门 8 年来甚至更长时间持续不懈的共同努力，外逃经济犯罪嫌疑人黄海勇终于被成功引渡回国。正如我国外交部等相关部门所评价的，本案是美洲人权法院成立以来首次就引渡逃犯案件作出判决，是我国首次在国际人权法院出庭并告捷，也是我国首次从拉美国家成功引渡犯罪嫌疑人，这将对我国今后在拉美国家的追逃工作产生直接影响，并可能在一定程度上影响我国在欧洲方向的追逃工作，具有重要的标志性意义。但是应当指出，黄海勇案件并没有在其被引渡回国后就告结束，在后续对黄海勇的刑事诉讼程序中，我们一定要严格遵循法治程序，充分保障黄海勇的各项诉讼权利，及时兑现之前我国作出的外交承诺，用铁的事实向秘鲁政府、美洲人权法院乃至整个国际社会表明，中国政府值得信赖，中国法治值得信赖，中国刑事司法制度能够充分保障犯罪嫌疑人的权益，从而提升中国的国际刑事法治形象，增强国际社会对于中国刑事法治的信心，实现我国国际刑事司法合作工作的良性循环。相信黄海勇案件也必将像赖昌星案件一样，成为今后他国与我国开展引渡合作所“遵循的先例”，在我国乃至世界国际刑事司法合作历史上留下光辉的一页。

# 从黄海勇引渡案看我国引渡合作的法治化问题*

## 一、前言

近年来，我国反腐败追逃追赃工作所取得成绩的一个主要原因，就在于我们稳步推进反腐败追逃追赃法制建设，推动追逃追赃工作的法治化、规范化。作为反腐败工作的重要组成部分，反腐败追逃追赃也应当严格依法依规进行，坚持法治化、规范化的道路。特别是反腐败追逃追赃的国际合作主要是在境外开展，任何违反法律或者不规范之处，都可能引起合作双方的误解甚至国际争端，从而不利于中国反腐败追逃追赃工作的长期开展。引渡是中国在国际上进行反腐败追逃的主要措施之一，当然也要走法治化的道路。中国《引渡法》颁布至今已超过20 年，部分法律措施已不能满足当今引渡实践的需要。本文将结合我国近年来成

* 与张磊教授合著，原载甘添贵教授八秩华诞祝寿论文集编辑委员会编：《刑事法学的浪潮与涛声（刑事政策·刑事诉讼法）——甘添贵教授八秩华诞祝寿论文集》，台北，元照出版有限公司，2021。

功引渡的黄海勇引渡案这个典型案件的具体实践，对我国引渡制度进行一些研讨。

作为新中国成立以来最为复杂的引渡案，黄海勇引渡案在我国国际刑事司法合作，特别是引渡合作的历史上具有里程碑的意义。黄海勇于 1996 年 8 月至 1998 年 5 月期间伙同他人走私进口保税毛豆油 10.7 万吨，于 1998 年 8 月出逃，先后逃至美国、秘鲁等国，2008 年 10 月在秘鲁被秘鲁警方逮捕，中国政府随即向秘鲁政府提出引渡黄海勇的请求。随后，中国和秘鲁之间进行了长达 8 年的引渡交涉与合作，2016 年 7 月 17 日黄海勇被引渡回中国。2019 年 6 月 12 日，武汉市中级人民法院对黄海勇案作出一审判决，认定黄海勇犯走私普通货物罪，判处有期徒刑 15 年。黄海勇提出上诉后又撤回上诉，一审判决遂生效。至此，这起中国迄今最为复杂的引渡案终于落下帷幕。[①] 在该案的引渡合作中，我国依法开展引渡合作，历经曲折，最终获得成功。思考和总结该案引渡方面的经验和教训，笔者认为，可以从以下几个方面推动我国引渡合作的法治化。

## 二、关于外交承诺的法治化问题

国际刑事司法合作中的外交承诺，是指在国际刑事司法合作中，为了顺利实现合作并基于被请求国的要求，请求国通过外交途径向被请求国所作出的，关于外逃人员在回国之后在刑事追诉、刑罚裁量、诉讼权利保障，以及其他权益保障方面的承诺。这种外交承诺具有以下特点：由有关机关代表请求国作出；基于被请求国的请求作出；目的是将外逃人员追回国内从而追究其刑事责任；只有在经过对方的认可后才可能实现刑事司法合作；外逃人员回国后请求国必须充分兑现该承诺才能够推动以后国际合作的顺利开展。从类型上来说，外交承诺包括量刑

① 黄海勇案的具体情况，参见赵秉志，张磊．黄海勇案引渡程序研究（上）：以美洲人权法院黄海勇诉秘鲁案判决书为主要依据．法学杂志，2018（1）；赵秉志，张磊．黄海勇案引渡程序研究（下）：以美洲人权法院黄海勇诉秘鲁案判决书为主要依据．法学杂志，2018（2）；赵秉志，张磊．黄海勇引渡案法理问题研究．法律适用（司法案例），2017（4）．

承诺、追诉承诺、禁止酷刑的承诺、保障外逃人员回国之后的各项诉讼权利的承诺，以及保障被请求国随时了解案件程序的承诺等。[①] 在我国当前所开展的反腐败追逃追赃国际合作中，外交承诺扮演着越来越重要的角色，在大多数典型的国际合作案件中，都可以看到外交承诺的身影，在黄海勇案件中也不例外。在该案中，我们可以看到在中国和秘鲁之间的引渡合作中，中国曾经应秘鲁方面的要求，向对方作出过数次外交承诺。

一是承诺不判处黄海勇死刑。2009 年 12 月 11 日，中国通过驻秘鲁大使馆向秘鲁方面发出外交照会（第三次外交照会）：中国最高人民法院已经决定，如果黄海勇被引渡回国并判刑，将不对其执行死刑，“即便根据法律其罪行足以被判处死刑”[②]。

二是承诺黄海勇不会遭受酷刑等残忍、不人道的待遇。2014 年 8 月 19 日，中国驻秘鲁大使馆再次向秘鲁外交部发出外交照会（第八次外交照会），具体承诺包括以下内容：作为《禁止酷刑和其他残忍、不人道或有辱人格的待遇或处罚公约》的缔约国，在 2009 年作出不判处黄海勇死刑之承诺的基础上，中国政府确保黄海勇将不会受到酷刑或其他残忍、不人道或有辱人格的待遇和处罚，中国方面将遵守这一承诺。

三是承诺保障黄海勇的各项诉讼权利。在第八次外交照会中，中国还承诺：根据中国《刑事诉讼法》和《律师法》，保障黄海勇聘请律师为其辩护，并享有在不受监视的情况下与其律师会面的权利。中国司法机关应当对黄海勇的审判和预审进行同步录音录像，并可应秘鲁方面的要求供其使用。允许具有执业资格证、可以在中国从事经营的独立的社会医疗机构为黄海勇提供医疗服务。

四是承诺保障秘鲁方面随时了解和监督黄海勇在中国的诉讼程序。在第八次外交照会中，中国还承诺：保证秘鲁方面可以了解黄海勇在中国的羁押地点，派

---

① 董晓松，张磊. 论反腐败国际刑事司法合作中的外交承诺. 辽宁大学学报（哲学社会科学版），2020（4）.

② 参见美洲人权法院黄海勇诉秘鲁案判决书第 72～77 段。

遣外交或者领事官员与黄海勇座谈；秘鲁方面可以派遣其外交或者领事官员旁听对于黄海勇的公开审判；在黄海勇被羁押期间，为其提供视频设施，方便秘鲁官员与黄海勇联系。①

在中方向秘鲁方面作出的上述外交承诺中，第一个承诺是不判处死刑的外交承诺，涉及对黄海勇犯罪的刑罚裁量问题；第二个承诺是关于黄海勇回国之后的处罚待遇，也就是不遭受酷刑或其他残忍、不人道或有辱人格的待遇和处罚的外交承诺；第三个承诺是关于黄海勇的诉讼权利的问题；第四个承诺是保证秘鲁作为引渡的被请求国，在黄海勇回国之后对各种诉讼程序的知情权的问题。这些承诺都是由中国外交部代表中国政府向秘鲁方面作出的，在经过秘鲁政府认可之后，成为秘鲁最高法院最终同意引渡黄海勇的重要因素。如前所述，这些承诺实际上涉及前述我国外交承诺中除追诉承诺之外的其他类型的承诺。黄海勇案件在2019年已经作出判决，现在处于刑罚的执行过程中。在该案的诉讼程序中，我国充分兑现了这些承诺，一方面没有判处黄海勇死刑，另一方面充分保障了黄海勇的各项诉讼权利，没有使其遭受任何残忍和不人道的处遇，也保证了秘鲁方面对于该案诉讼程序的知情权。但是，在当前应大力推进我国境外追逃追赃法治化、规范化的背景之下，在黄海勇引渡案外交承诺的作出与履行过程中，也有以下问题值得反思：

其一，我国外交承诺的作出和履行并没有法定的程序，建议规定相应的法定程序，为我国外交承诺的作出和履行奠定法律基础。根据我国的立法，在黄海勇案件所涉及的上述外交承诺中，除对于不判处死刑的承诺有相应的法律依据之外，其他承诺当前都没有明确的法律依据。我国《引渡法》第50条规定："被请求国就准予引渡附加条件的，对于不损害中华人民共和国主权、国家利益、公共利益的，可以由外交部代表中华人民共和国政府向被请求国作出承诺。对于限制追诉的承诺，由最高人民检察院决定；对于量刑的承诺，由最高人民法院决定。

① 参见美洲人权法院黄海勇诉秘鲁案判决书第108～114段。

在对被引渡人追究刑事责任时，司法机关应当受所作出的承诺的约束。”① 该条实际上规定了我国的量刑承诺和追诉承诺制度，但是《引渡法》对于这两项外交承诺的作出与执行的上述规定也还存在以下问题：

(1) 对于承诺的作出，仅规定了分别由最高人民检察院和最高人民法院决定，并没有规定该承诺如何传递给这两个最高司法机关。“两高”作为我国的最高司法机关，虽然其内部都设置有外事部门，但是被请求国在引渡合作中，对于请求国所提出的请求的回复并不会直接向该国的国内司法机关作出，而是先传递给该国的外交部门，然后再予以转交。而且，最高人民法院和最高人民检察院在作出该决定的时候，是否需要与以后审理该案件的下级司法机关进行协商，还是直接就可以作出决定，都没有作出明文规定。

(2) 对于承诺的执行，仅仅规定了“在对被引渡人追究刑事责任时，司法机关应当受所作出的承诺的约束”。但是，该承诺应当如何执行，如何保证下级机关一定能够遵守该承诺，如果相关司法机关没有遵守该承诺的话，该如何纠正等问题，也都没有进行规定。

(3) 只规定了量刑承诺和追诉承诺，并没有规定其他种类外交承诺的作出和履行的程序问题。事实上，我国《引渡法》第50条的规定在逻辑上并不周延：该条第1款前半段中有“被请求国就准予引渡附加条件的”规定，这里的“条件”的范围是很广泛的，不仅包括关于量刑和追诉的相关问题，还包括了任何被请求国提出的可能影响引渡的条件，当然也就包括前述关于禁止酷刑和残忍、不人道的待遇，保障被告人诉讼权利等方面的内容。但是，在该条第1款后半段中，则仅仅规定了关于量刑承诺和追诉承诺的决定主体，并没有规定其他承诺的决定主体。而且，在该条第2款中，规定在对被引渡人追究刑事责任时，也只明

① 中国2018年通过的《国际刑事司法协助法》第11条也作了相应的规定：“被请求国就执行刑事司法协助请求提出附加条件，不损害中华人民共和国的主权、安全和社会公共利益的，可以由外交部作出承诺。被请求国明确表示对外联系机关作出的承诺充分有效的，也可以由对外联系机关作出承诺。对于限制追诉的承诺，由最高人民检察院决定；对于量刑的承诺，由最高人民法院决定。在对涉案人员追究刑事责任时，有关机关应当受所作出的承诺的约束。”

确了“司法机关”应当受到所作出的承诺的约束。很明显，这里也只是针对量刑承诺和追诉承诺而言的，并没有涉及其他承诺的履行问题，因为其他承诺的履行主体并不一定都是“司法机关”，也可能是行政机关。因为我国负责刑事案件侦查的公安机关、执行刑罚的监狱等并不是严格意义的司法机关，而是行政机关。①

也许有观点认为，只要中国能够作出承诺并且最终能够兑现该承诺即可，没有必要对该承诺的作出程序以及履行程序予以非常详细的规定。但是，两个国家在开展国际合作过程中，特别是在两国首次合作的时候，由于彼此之间的法律制度、价值观念存在较大差异，对于对方的法律制度可能存在较大的陌生感和不信任感。而在承诺方作出承诺之后，被承诺方能否相信该承诺，在双方没有经过合作建立相应的信任之前，对该承诺的评价，更多地只能依据承诺方对于承诺作出与履行的相关法律规定。正如在黄海勇案件当中，笔者和孙昂参赞作为秘鲁政府聘请的专家证人到美洲人权法院巡回法庭出庭作证时，各方对于中方向秘鲁方面作出的不判处死刑的量刑承诺非常关注，询问了多个问题。孙昂参赞被询问的52个问题中有16个是关于外交承诺的问题，笔者也被询问了6个这方面的问题。这些问题主要涉及：

➢对比黄海勇案与赖昌星案，若黄海勇被引渡回中国，其司法操作程序是否会与赖昌星案相似？中国是否提供同样的外交承诺？

➢中国哪个机构可以向外国作出不判处死刑等的外交承诺？

➢最高人民法院作出这类决定，是否会受到外交部的影响？

➢在这些涉及死刑的案件中，对方是否都要求中国作出不判处死刑的承诺？

➢中国都接受了对方的要求，还是没有接受？

➢在涉及死刑的案件中，中国作出的不判决死刑的外交承诺是否得到了履行？

➢在引渡和变相引渡的案件中，被申请引渡国提出的外交承诺包括哪些？

➢中国政府在引渡案件中对外国作出的外交承诺，是否对于所有中国政府机关都有约束力？

---

① 实际上，类似问题也出现在《国际刑事司法协助法》第11条的规定当中。

➢中国政府在引渡案件中作出的外交承诺的约束力在中国法律中有无保障？在你的职业生涯中接触到的中国就引渡对外国作出的外交承诺，执行的情况如何？

➢是否可以说中国就引渡对外国作出的外交承诺是可信的，是有效的？

➢如果中国就引渡对外国作出的外交承诺没有得到执行，有何种后续解决争议的程序可资利用？

➢赖昌星涉嫌走私罪，在中国请求加拿大遣返赖昌星时，中国刑法典对走私罪还保留了死刑，因此，中国根据加拿大的要求作出了不判处赖昌星死刑的外交承诺。而不判处赖昌星死刑的决定是由中国最高人民法院作出的。情况是这样的吗？

➢考虑到在赖昌星遣返案中，中国执行了不对其判处死刑的外交承诺，在黄海勇案中，是否予以同样的外交承诺并确保其执行？

➢你说若外交承诺履行有问题时通过外交途径解决，那是否有司法途径解决？[①]

从上述问题可以看出，被请求国以及国际社会在对请求国所提出的外交承诺进行评价和判断的时候，重要的因素就是请求国国内法律对于该承诺的作出与履行的方式是否作出了明确规定，以及该国以往在类似案件上的做法。有资料显示，虽然我国对于量刑承诺、追诉承诺的作出和履行在《引渡法》第 50 条中只作了原则规定，但是相关司法机关对于这两项承诺的作出程序也有内部的规范性文件予以规定，只是没有公开，所以事实上是可以保证该承诺严格依规作出的。但是，在面对国际社会和被请求国的时候，正如上面所提到的，对方所要求的不仅是我们要充分兑现承诺，而且要以公开的、他们看得见的方式予以明示和兑现。所以，仅仅有内部规定还是很不够的，还需要有相关的公开的法律或者司法解释加以规定，或者至少是公开的规范性文件予以规定。在此前提下，笔者建议：

① 赵秉志．黄海勇引渡案法理聚焦．南京：江苏人民出版社，2019：182-184，234-237.

首先，通过立法明确规定除量刑承诺和追诉承诺之外其他外交承诺作出的主体。如可以修订《引渡法》第 50 条，在该条第 1 款最后增加“对于关于其他附加条件的承诺，由公安部、最高人民检察院、最高人民法院、司法部等部门决定”。将该条第 2 款修改为：“在对被引渡人追究刑事责任时，相关机关应当受所作出的承诺的约束。”

其次，通过司法解释，对我国外交部、公安部、最高人民检察院、最高人民法院、司法部等部门作出外交承诺、执行外交承诺的具体程序和方式予以规定，并对有关机关不执行该承诺的情况规定一定的救济和处罚措施。同时，为了保障被请求国了解承诺的兑现情况，也可以适当规定将承诺兑现情况及时通知被请求国的程序。

其二，黄海勇案件判决书中并没有提及之前所作出的外交承诺。建议在判决书中提及上述外交承诺，并说明该承诺的履行情况，建立与外交承诺案件最终判决之间的直接联系

2019 年 6 月 12 日，武汉市中级人民法院对黄海勇案作出一审判决，认定黄海勇犯走私普通货物罪，判处有期徒刑 15 年。在针对黄海勇的整个诉讼程序以及最终的判决书中，中方严格遵守了曾经向秘鲁方面作出的所有外交承诺，没有判处黄海勇死刑，充分保障黄海勇的各项诉讼权利，保障其没有遭受任何残忍和不人道的待遇，并充分保障了秘鲁方面的知情权，但是，在判决书当中却没有提及之前所作出的所有的外交承诺的内容。特别是针对不判处死刑的承诺，虽然在本案中，由于黄海勇所涉及的走私普通货物罪在 2011 年《刑法修正案（八）》中就已经废除了死刑，而不可能判处死刑，但是如果在判决书中没有提及前述不判处死刑的承诺的话，就难以体现我国已经作出的量刑承诺对于最终判决的拘束力。而且，假如走私普通货物罪没有废除死刑，而黄海勇的犯罪情节和数额都达到了应当判处死刑的程度，且又不存在自首等从宽情节的话，如果不提及之前的不判处死刑的承诺，就难以既实现判决书的充分说理，又达到不判处其死刑的目的。

总体来说，如果不在判决书中提及之前的外交承诺，将会出现以下问题：

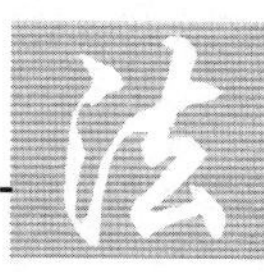

（1）无法明确体现外交承诺本身对于最终刑事判决的约束力。引渡被请求国在考虑请求国外交承诺是否兑现的时候，判决书是其审查的一个重点内容，如果其中不提及外交承诺的作出与兑现，则很难建立起外交承诺对于最终判决的约束力，就很可能降低该承诺在被请求国心目中的分量与地位。（2）难以有效增强国际社会对于中国量刑承诺的认可和信心。外交承诺的作出与兑现虽然发生于两国之间，但是请求国是否履行承诺会受到整个国际社会的关注，也将成为请求国以后与其他国家开展国际合作的重要参考和借鉴。如果我们在案件判决书中不能明确提及外交承诺，不能明确体现量刑承诺对于判决结果的直接约束力，自然也就会降低国际社会对于中国量刑承诺效力的认可和信心，从而不利于发挥外交承诺对于境外追逃工作的重要作用。[①]

针对上述问题，笔者建议在被请求引渡人回国被审判后的判决中，明确提及之前的外交承诺，建立该外交承诺与最终判决（和国内相关诉讼程序）之间的拘束力关系，具体来说包括以下情况：（1）关于量刑承诺。如果案件本身已经存在自首等其他从轻、减轻处罚的情节，就直接依据该情节作出符合之前量刑承诺内容的量刑，并在作出判决且完成正常的量刑说理后，对之前量刑承诺作出的背景、必要性等内容进行说明。如果案件本身不存在自首等从宽因素，那么就直接对量刑承诺进行说明，并按照该承诺作出符合承诺要求的判决。（2）关于保障被请求引渡人免遭残忍和不人道待遇的承诺，以及保障其诉讼权利的承诺。由于中国法律本来就严格禁止残忍和不人道的待遇，并且充分保障犯罪嫌疑人、被告人的诉讼权利，所以这两类承诺实质上是对中国相关法律规定的再次强调，即使没有这些承诺，我们也会严格遵循法律，充分保障犯罪嫌疑人、被告人的各项权利。尽管如此，在判决书中，也应当提及之前作出的外交承诺，对于已经履行外交承诺的情况予以说明，对于判决之后尚未履行的承诺，包括罪犯在监狱里面的状况等，也要重申我们将依法严格保障其各项权利，保障其生命健康安全。同时强调，中国法律明确规定保障犯罪嫌疑人和被告人的权益，即使没有承诺，我们

① 张磊．境外追逃中的量刑承诺制度研究．中国法学，2017（1）．

也会严格依法行事，从而通过判决书向国际社会展现中国刑事法治的发展状况。(3）关于保障被请求国各项知情权的承诺。对于这类承诺，要在判决书中提及之前作出外交承诺的前提下，说明已经履行承诺的情况，并说明尚未履行的部分承诺也将得到充分履行，重申有关部门将继续充分保障被请求国了解罪犯在监狱服刑情况，以及随时能够接触到罪犯的权利。

对于在判决书中提及之前的外交承诺，特别是明确提及不判处死刑的承诺，或者减轻处罚的承诺，也很可能遭遇如下质疑：一是，是否会有只要出逃到其他国家，被引渡回国后就可以减轻处罚的嫌疑，而且判决书对此也予以公开认可。二是，在判决书中直接提及向其他国家作出的量刑承诺，是否会有直接依据其他国家的法律，而不是依据中国法律作出判决，他国干涉中国司法主权的嫌疑。笔者认为，虽然这两种质疑都不无道理，但是都不能否认在判决书中明确提及量刑承诺的正当性：(1）既然中国已经通过外交途径向被请求国作出量刑承诺，该承诺就已经向国际社会公开，就没有再予以隐瞒的意义和必要。当外逃人员逃往境外，被请求国向我方提出量刑条件的时候，我方实际上面临着一个两难选择：要么同意对方条件，作出不判处死刑或者减轻处罚的量刑承诺，将外逃人员引渡回国，追究其刑事责任；要么不作出不判处死刑或者减轻处罚的量刑承诺，外逃人员暂时无法被引渡回国，也就无法追究其刑事责任。那么在此前提下，与其不作出承诺，让外逃人员逍遥法外，倒不如作出承诺，虽然在一定幅度内对其减轻处罚，但是最终还是可以实现对其刑事责任的追究。(2）依据量刑承诺作出判决并不意味着他国对于中国司法主权的干涉。首先，量刑承诺虽然是依据对方国家的要求而作出，但是毕竟是由中国最高司法机关决定，由中国外交部向对方国家作出的，这本身就体现了中国的司法主权。其次，中国刑法事实上是认可基于外交原因而在法定刑以下减轻处罚的，如中国刑法典第 63 条第 2 款明确规定：“犯罪分子虽然不具有本法规定的减轻处罚情节，但是根据案件的特殊情况，经最高人民法院核准，也可以在法定刑以下判处刑罚”。该条款中，“案件的特殊情况”即包括了涉及国防、外交、民族、宗教、政治等特殊因素的案件。所以，中国向他国所作出的外交承诺，本身就是基于外交因素而可以减轻处罚的特殊情况。那

么，根据该条款之规定，基于外交因素的影响，在不具备中国刑法规定的减轻处罚的情节的前提下，经过最高人民法院的核准，也可以在法定刑以下判处刑罚。该条款也可以看作依据量刑承诺不判处死刑或者减轻处罚的国内法依据。

### 三、关于将外逃人员境外羁押期间予以折抵的法治化问题

基于中国的引渡请求，黄海勇被秘鲁方面逮捕后羁押了 8 年。那么，对于这 8 年时间，在黄海勇被引渡回国之后的判决中，能否予以折抵？中国国内法律并没有明确规定[①]，实践中也有争论。对此，笔者之前曾经撰文，详细论证了该刑期应当予以折抵的正当性。[②] 令人关注的是，2019 年 6 月 12 日，武汉市中级人民法院对黄海勇案作出一审判决："被告人黄海勇犯走私普通货物罪，判处有期徒刑十五年（刑期从判决执行之日起计算。判决执行以前先行羁押的，羁押一日折抵刑期一日，即自 2008 年 10 月 30 日起至 2023 年 10 月 29 日止）。"从该判决可以看出，中国法院明确判决，对黄海勇之前在秘鲁被羁押的刑期进行了折抵，该案件中的刑期折抵具有重要的法律意义。

其一，创制了境外羁押期限折抵国内判决刑期的先例。黄海勇案是中国第一个对境外羁押期限进行折抵的案件。随着中国境外追逃案件的日益增多，中国会有更多的案例面临境外羁押期限能否折抵国内刑期的问题，本案的判决为此后的类似案件创制了先例。

其二，推动中国刑法关于刑期折抵问题的立法完善。中国刑法没有规定境外羁押期限能否折抵国内判决刑期，随着时代的发展，现有规定越来越不能适应司法实践的需要。虽然中国所缔结的部分双边条约中也有折抵刑期的规定，但这些

---

① 中国刑法典第 41 条、第 44 条、第 47 条虽然规定了管制、拘役和有期徒刑的折抵问题，但是只针对在中国刑事诉讼中被羁押的情况，而不涉及在外国被羁押的情况。

② 赵秉志，张磊．黄海勇案引渡程序研究（上）：以美洲人权法院黄海勇诉秘鲁案判决书为主要依据．法学杂志，2018（1）；赵秉志，张磊．黄海勇案引渡程序研究（下）：以美洲人权法院黄海勇诉秘鲁案判决书为主要依据．法学杂志，2018（2）．

双边条约仅仅适用于缔约国之间，并不具有普遍的适用意义。本案的判决是一个重要契机，将为中国修改刑法，明确规定境外羁押期限可以折抵国内判决的刑期奠定实践基础。

其三，充分体现罪刑法定原则保障人权和“有利于被告人”的精神内涵。罪刑法定原则的一个基本精神内涵是保障人权和“有利于被告人”。本案中秘鲁根据中方的引渡请求，基于黄海勇在中国所实施的走私犯罪，对其执行逮捕并羁押近 8 年的时间，从罪刑法定原则保障人权和“有利于被告人”的基本精神内涵出发，用黄海勇在秘鲁的羁押期限折抵其在国内被判处的刑期，向世界昭示：中国刑事法治充分尊重与保障犯罪嫌疑人和被告人的各项权益，对国内法律没有明确规定的问题，将作出有利于被告人的裁决。

其四，鼓励在境外被羁押的外逃人员尽早回国自首。随着中国追逃追赃国际合作的全面展开，将有更多的犯罪嫌疑人基于中国的请求而被他国逮捕、羁押，进而被引渡回国。这类犯罪嫌疑人在境外被羁押的期限（引渡程序一般都较为漫长）如果能够折抵其回国后被判处的刑期，将有利于鼓励更多的犯罪嫌疑人及时回国自首，从而有利于提高中国境外追逃工作的效率。

虽然黄海勇案就刑期折抵问题作出了判例，但是在中国国内法中，依然没有对于外国基于中国引渡请求而进行的羁押期限能否折抵国内判决刑期的相关规定。对此，笔者建议从国内法和国际法两个方面完善相关的立法，为境外羁押期限折抵国内判决刑期问题提供法律依据。

一方面，应当在中国引渡法中增加刑期折抵的相关规定。可以考虑在《引渡法》第 51 条（关于由公安机关负责接收被请求引渡人）中增加 1 款作为第 2 款，规定：“公安机关应当了解被请求引渡人在被请求方受到羁押的时间，以便考虑折抵其刑期。”

另一方面，也应当在双边引渡条约中增加类似规定。双边引渡条约也是中国开展引渡合作的重要依据。在中国已经签订的引渡条约当中，对刑期折抵问题的规定分为三类：一是明确规定了刑期折抵问题。如《中华人民共和国和突尼斯共和国引渡条约》第 14 条“移交被请求引渡人”第 1 款明确规定：“如果同意引

渡，缔约双方应商定移交的地点、时间，被请求方应通知请求方被请求引渡人受到羁押的时间，以便折抵该人的刑期。”但是作出如此规定的，只有这一个双边条约。二是只规定了被请求方应当通知请求方羁押的时间，但没有明确是否可以折抵刑期的问题。如《中华人民共和国和秘鲁共和国引渡条约》第 11 条“移交被引渡人”第 1 款规定：“如果被请求方同意引渡，双方应当商定执行引渡的时间、地点等有关事宜。同时，被请求方应当将被引渡人在移交之前已经被羁押的时间告知请求方。”和《中华人民共和国和突尼斯共和国引渡条约》相比，该条少了“以便折抵该人的刑期”的表述，这也就意味着，在能否折抵刑期问题上态度比较模糊。三是没有就刑期折抵问题作出表述。笔者建议，在以后引渡条约的谈判和缔结中，中国应当尽可能都参照《中华人民共和国和突尼斯共和国引渡条约》第 14 条“移交被请求引渡人”的规定，明确“被请求方应通知请求方被请求引渡人受到羁押的时间，以便折抵该人的刑期”。而已经缔结的类似于《中华人民共和国和秘鲁共和国引渡条约》第 11 条的规定，虽然没有“以便折抵该人的刑期”的表述，但是对其也应当作出对被请求引渡人有利的解释，即由请求国充分考虑该人已经被羁押的事实，将羁押期限予以折抵。

## 四、关于引渡合作基础的法治化问题

中国以往的引渡实践一再表明，引渡合作顺利进行的关键在于中国刑事法治化的进程。在黄海勇引渡案中，不论是在秘鲁方面对于中国各项外交承诺包括不判处死刑承诺的评价中，还是在美洲人权法院审理黄海勇案件的过程中，我们都可以看到，被请求国和国际社会能否许可引渡的一个关键在于对中国刑事法治制度如何评价。也就是站在国际社会的立场上，中国的刑事法治能否符合被请求国或者国际的标准？能否充分保障被请求引渡人的各项权益？只有经过评价得出肯定的结论，才能够保证引渡工作的顺利进行。特别是在美洲人权法院的法庭上，各方询问作为中国专家证人的笔者的问题中，涉及中国刑事法治发展状况，包括中国刑事诉讼程序、中国的死刑状况、中国刑事判决中有罪无罪的比例、中国辩护律师辩护权的行使等内容，兹将部分问题摘录如下：

➢黄海勇若被引渡回中国，之后的刑事诉讼程序是怎样的？

➢黄海勇案件的刑事审判是否公开？各方参与人有哪些？

➢黄海勇案的审判机关是谁？黄海勇若不服一审判决，可否提起上诉？黄海勇若上诉向哪个机关提起？哪个机关对其案件进行二审？

➢辩护律师何时可介入诉讼？被告人的辩护律师有哪些诉讼权利？

➢请告诉我们，近两年来，中国有多少人被判处死刑？

➢请告诉我们中国执行死刑的数字。

➢中国执行死刑用什么方式？

➢中国刑事司法中有没有无罪的判决？

➢你能告诉我们中国刑事司法中有罪无罪的比例是多少吗？

➢如果我们说中国刑事司法中 99％的案件审判都是有罪的结论，你对此如何评价？

➢中国刑事诉讼中的上诉程序是怎样提起的？诉讼过程中有侵犯权利的问题可否提出？①

在中国所开展的引渡国际合作中，虽然引渡所针对的只是某一个案件和具体的罪名，但是影响引渡合作能否顺利进行的因素却包括中国刑事法治发展的整个状况。所以，要想顺利促进引渡合作的开展，根本还在于中国刑事法治的整体进步与完善，这是我们开展引渡合作的底气与后盾。这里仅就影响引渡合作最为关键的死刑和酷刑问题，提出以下建议：

其一，加快削减乃至废止死刑的步伐。死刑不引渡是国际社会引渡法治的刚性原则，中国现行刑法中还保存有 46 种死刑罪名，中国法律上保留死刑和实践中适用死刑的情况都在全球保留和适用死刑的国家中处于前列。死刑问题一直是影响中国引渡合作的一个主要障碍。所以，从有利于中国开展引渡等国际合作实践的角度考虑，中国应当加快死刑制度改革步伐，尽早废除包括腐败犯罪在内的

① 赵秉志．黄海勇引渡案法理聚焦．南京：江苏人民出版社，2019：181-184.

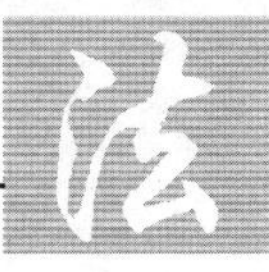

非暴力犯罪的死刑。这不仅是中国现行死刑制度改革发展的方向和阶段性目标，也有助于推动中国刑事法治的进步，提高中国刑事法治文明的国际形象。

其二，严格禁止酷刑（刑讯逼供）。酷刑问题也是制约中国引渡合作开展的重要因素。在黄海勇引渡案中，黄海勇及其律师就曾经以回国后可能遭遇残忍、不人道的待遇为由对抗中国的引渡请求。近年来，中国刑事法治建设取得了前所未有的进步，人权保障事业取得巨大进展，但在司法实务中，刑讯逼供还时有发生，这种状况严重影响中国刑事法治形象，也会对中国引渡合作的开展造成不利影响。因此，我们应当进一步推动中国刑事法治的文明发展，严格执行刑法和刑事诉讼法的相关规定，严格禁止刑讯逼供，充分保障人权，向国际社会展现中国刑事法治的进步。①

## 五、关于办案人员理念与思维的法治化问题

开展境外追逃追赃工作要坚持建设德才兼备的高素质法治工作队伍。在引渡合作当中，虽然较为完善的引渡法律制度和刑事法律制度为引渡合作的开展奠定了良好的立法基础，但是引渡合作的依法开展还需要一线办案人员的切实执行，他们是直接向国际社会展现中国刑事法治形象的窗口。所以，高素质的引渡合作工作队伍，对于中国顺利开展引渡合作也具有重要意义。

德才兼备的高素质法治工作队伍，除要具有较强的专业素质、娴熟的外语能力之外，更重要的是具有现代法治思维和法治理念。事实上，实践中已经有一些外逃人员反映，他们相信和认可中国的法律制度，但是对于办案机关特别是办案人员的素质心存疑虑，担心办案人员不能够严格依法办事，侵犯他们的合法权益。不可否认，虽然近年来中国刑事法治取得了巨大的进步，但是现实中的确有部分办案人员法治素养不高。同时，办案人员为了完成年度工作任务，或者由于

① 赵秉志，张磊．试论我国境外追逃追赃的法治原则//张远煌．当前刑事法治领域热点问题研究．北京：中国人民公安大学出版社，2020：426-428.


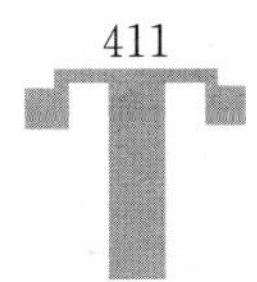

上级的压力，在办案过程中很可能为了盲目追求追逃的高效性而忽略了对外逃人员权益的保障，忽略了对被请求国法治的尊重，从而影响到中国办案人员的整体形象，乃至中国法治的整体形象。所以，办案人员一定要具有现代的法治理念和法律思维，严格依法办案，向外逃人员、被请求国乃至整个国际社会展现较高的办案能力和法律素养，具体来说：(1) 在引渡阶段，办案人员要强化法治思维和法治方式，按照规定的权限、规则、程序开展引渡合作，对内保证法律程序的合法性和证据的有效性，对外要善于适用引渡国际公约、条约，促进引渡的合法开展。不能认为只要将人追回来即可，而忽视了追逃措施包括引渡措施的合法性。(2) 被请求引渡人回国之后，办案人员要严格依法追究其刑事责任，充分保证其各项诉讼权利，充分兑现之前所作出的所有外交承诺，决不能因为此时被请求引渡人已经回国，就放松了法治观念和法治标准。只有严格依法追究被请求引渡人的刑事责任，充分兑现之前作出的各项外交承诺，做到依法、专业、守信，才能够推动包括引渡在内的各项追逃工作的长期发展，从而实现国际追逃追赃和引渡合作工作的良性循环。①

① 张磊. 从“百名红通人员”归案看我国境外追逃的最新发展：写在“百名红通人员”名单公布五周年之际. 法律适用，2020 (10).

# 黄海勇引渡案法理问题研究*

## 一、黄海勇引渡案基本案情及问题清单

### （一）为什么要关注黄海勇引渡案

黄海勇系中国重大走私案首犯，曾任深圳裕伟贸易实业有限公司法人代表，深圳市亨润国际实业有限公司董事、总经理，湖北裕伟贸易实业有限公司法人代表，武汉丰润油脂保税仓库有限公司董事长，香港宝润集团有限公司董事。

1996年8月至1998年5月期间，黄海勇伙同他人，利用其经办的多家公司与其他企业相互勾结、虚构事实，向海关骗领3本“进料加工手册”，并骗取成立武汉丰润油脂保税仓库有限公司，逃避海关监管，共同进口保税毛豆油10.7万吨在境内销售牟利，案值12.15亿元，偷逃税款7.17亿元。案发后，黄海勇于1998年8月出逃，先后逃至美国、秘鲁等国。2008年10月，黄海勇在秘鲁被秘鲁警方逮捕，后中国政府向秘鲁政府提出引渡黄海勇的请求。经过长达8年的

---

* 与张磊教授合著，原载《法律适用（司法案例）》，2017（4）。

中秘引渡沟通以及美洲人权委员会和美洲人权法院的介入，2016 年 7 月 17 日凌晨，黄海勇自秘鲁被成功押解回中国。[①] 至此，被称为新中国成立以来最复杂引渡案件的黄海勇引渡案圆满落下帷幕。反思黄海勇引渡案，本案有以下理由值得我们关注：

首先，本案走私普通货物涉案金额巨大，犯罪嫌疑人滞留境外时间漫长。黄海勇伙同他人涉嫌走私 10.7 万吨毛豆油，偷逃税款 7.17 亿元，涉案金额巨大。黄海勇从 1998 年 8 月出逃，到 2016 年 7 月被引渡回国，在境外滞留 18 年，引渡他耗时近 8 年（从 2008 年 11 月到 2016 年 7 月）。在引渡黄海勇的过程中，虽然秘鲁政府一直积极同我国政府开展引渡合作，而且两国之间一直具有良好的外交关系，但为什么双方的引渡程序还耗费将近 8 年的时光？这值得我们思考。

其次，美洲人权委员会和美洲人权法院介入了本案。引渡黄海勇，是中国和秘鲁政府之间的国际刑事司法合作，可是案件为什么会被提交到美洲人权委员会，并且还要由美洲人权法院审理？以后我国和他国开展类似的引渡合作案件，是否也有可能被提交到国际人权审判机构（如欧洲人权法院等）？我们应当如何应对？

再次，本案系中国专家证人首次到国际人权法庭出庭作证。在美洲人权法院审理黄海勇引渡案中，秘鲁政府邀请了三位专家证人出庭作证，其中两位证人来自中国。在本案中，为什么会邀请中国专家证人出庭作证？专家证人作证的主要内容是什么？以后类似案件是否还会邀请中国专家证人出庭作证？这些也值得我们关注。

从次，本案对于以后中国境外追逃具有重要的借鉴意义。2014 年以来，我国掀起了以“天网”行动为代表的境外追逃追赃风暴，并取得了突出成绩。但是迄今为止，还有一些重要的腐败分子逍遥海外，涉案的巨额贪腐资金尚未追回。2016 年 9 月，G20 领导人杭州峰会通过了《二十国集团反腐败追逃追赃高级原则》，开创性地提出对外逃腐败人员和外流腐败资产“零容忍”、国际反腐败追逃

① 潜逃十八年走私犯罪嫌疑人被成功引渡押解回国.（2016-07-18）. http://www.gov.cn/xinwen/2016-07/18/content_5092299.htm.

追赃体系和机制“零漏洞”、各国开展反腐败追逃追赃合作时“零障碍”的概念，在构建国际反腐败新格局目标下发出清脆嘹亮的“中国声音”。而2016年9月23日在北京师范大学成立的G20反腐败追逃追赃研究中心，则是第一个面向G20成员开展反腐败追逃追赃研究的机构，不仅为G20成员开展相关合作搭建了平台，将来还会为反腐败国际合作规则的制定提供智力支持。[①] 在此背景下，作为新中国成立以来最复杂的引渡案和继赖昌星遣返案以后我国反腐败国际刑事司法合作的又一典型案例，黄海勇的成功引渡对于以后中国开展境外追逃具有重要的借鉴意义，值得我们重点研究。

最后，本案也反映了中国刑事法治发展的进程。黄海勇的成功引渡，不仅是中秘双方国际刑事司法合作的典范，也是中国近年来刑事法治发展进步的结果，是中国刑事法治建设同国际接轨的结果，是中国刑事法治形象不断完善的结果。对于本案的研究，有利于进一步推动中国刑事法治建设的发展。

基于上述理由，我们选择将黄海勇引渡案作为研究对象，试图厘清黄海勇引渡案件的基本程序和所涉及的法律问题，从中总结经验教训，从而推动我国境外追逃追赃的法治实践及其理论研究的进一步开展。

（二）黄海勇引渡案的基本案情

由于黄海勇引渡案件不仅涉及秘鲁国内的刑事司法程序，还涉及美洲人权委员会和美洲人权法院的诉讼程序，所以对于本案的基本案情笔者分为以下三个阶段进行阐述。

1. 秘鲁国内司法程序

黄海勇1998年外逃以后，在一段时间内消失在了人们的视野之外。2001年6月，我国公安部通过国际刑警组织针对黄海勇发布了红色通缉令。2008年10月，黄海勇在秘鲁被秘鲁警方逮捕，同年11月，我国根据《中华人民共和国和秘鲁共和国引渡条约》向秘鲁政府提出引渡黄海勇的请求。基于中秘双方以往良

① 张磊. 二十国集团反腐败追逃追赃研究中心：为反腐败国际合作提供智力支撑. 中国纪检监察报，2016-09-24（1）.

好的外交与合作关系，并经过中国政府的反复努力，秘鲁政府快速回应了我国的引渡请求，并积极配合我国开展双边引渡合作。但是，由于秘鲁对普通犯罪已经废除了死刑（只对战争背景下的叛国罪保留有死刑）①，而且自 1970 年以来一直未执行过死刑，所以当时秘鲁政府要求我国就黄海勇被引渡回国以后不判处死刑作出承诺。2009 年 12 月，经过我国最高人民法院决定，外交部代表中国政府向秘鲁政府作出了对黄海勇不判处死刑的外交承诺。2010 年 1 月 26 日，秘鲁最高法院判决同意引渡黄海勇。黄海勇不甘心被引渡，聘请专业律师，以回国存在所谓死刑和酷刑风险为由抗拒引渡。秘鲁最高法院判决以后，黄海勇及其律师即向秘鲁宪法法院提出秘鲁最高法院的判决违宪之诉。2011 年 5 月，秘鲁宪法法院认为我国外交承诺不充分，要求秘鲁政府停止引渡程序，并推翻了秘鲁最高法院同意引渡黄海勇的判决，对黄海勇的引渡被迫中止。虽然秘鲁政府随后向秘鲁宪法法院提出了重新审查的请求，但是此请求被秘鲁宪法法院于 2013 年 3 月驳回，秘鲁宪法法院维持了原判。

2. 美洲人权委员会受理案件

在向秘鲁宪法法院申诉的同时，黄海勇及其律师也以“被引渡回国将会面临死刑，其人权将受侵犯”为由向美洲人权委员会提出申诉。2010 年 11 月 1 日，美洲人权委员会正式受理“黄海勇诉秘鲁政府”案，并一再向美洲人权法院申请给予黄海勇“人身保护令”，阻碍秘鲁政府对黄海勇采取引渡措施。2013 年 7 月，美洲人权委员会作出报告，称秘鲁政府对黄海勇的超期羁押等措施侵犯了黄海勇的人身权利，有违《美洲人权公约》，并认为中国的死刑和酷刑状况令人疑虑，秘鲁政府同意引渡黄海勇的决定过于草率，因而建议秘鲁政府终止引渡，改变或解除对黄海勇采取的临时羁押措施。

3. 美洲人权法院受理案件

2013 年 10 月 30 日，美洲人权委员会将黄海勇案交给美洲人权法院进行审

① 各国死刑存废盘点：亚洲最多 我国 55 个死刑罪名. (2015－06－30). http://mt.sohu.com/20150630/n415902060.shtml.

理。2014 年 1 月 29 日，美洲人权法院作出决定，要求秘鲁政府在其作出最后判决之前不得引渡黄海勇。2014 年 9 月 3 日，美洲人权法院巡回法庭在巴拉圭首都亚松森，借用巴拉圭最高法院开庭审理了“黄海勇诉秘鲁政府”一案。2015 年 6 月，美洲人权法院正式作出判决，判定由于引渡黄海勇回国不存在其被判处死刑和遭受酷刑的风险，所以秘鲁政府可以引渡黄海勇回国。至此，黄海勇引渡案获得重大突破，取得了程序上的最大胜利，奠定了引渡的法律基础。其后，黄海勇又陆续穷尽了秘鲁国内的法律救济程序，最终于 2016 年 7 月 17 日被引渡回中国。

（三）黄海勇引渡案引发的法理问题

黄海勇引渡案中主要存在以下几个法理问题：

（1）当前我国境外追逃有多种措施，对黄海勇回国为什么我国采取的是引渡，而不是其他追逃措施？

（2）以往我国境外追逃案件都是国与国之间的刑事司法合作，黄海勇引渡案为什么会涉及美洲人权委员会和美洲人权法院？美洲人权委员会和美洲人权法院为什么会介入黄海勇案件？这两个机构的性质和功能是什么？

（3）为什么黄海勇引渡案会有中国专家证人出庭作证？美洲人权法院专家证人作证制度是怎样的？我国专家证人作证的主要内容是什么？在黄海勇引渡案件中发挥了什么作用？

（4）从 2008 年被秘鲁政府逮捕之后，黄海勇已经被秘鲁政府羁押了 8 年，那么，黄海勇在外国这 8 年的羁押期限是否能够在中国法院对黄海勇判决的刑期中予以折抵？

（5）从黄海勇引渡案中，我们应当吸取的经验教训是什么？研究已经发生的典型案例，是为了更好地警诫未来。黄海勇引渡案是我国迄今最为复杂的引渡案件，具有重大影响，其中既有值得我们反思的教训，更有许多值得我们总结的经验。

## 二、对黄海勇为什么要采取引渡措施

党的十八大以来，以习近平同志为核心的党中央掀起了前所未有的反腐败高

潮，尤其要求各有关部门要加大反腐败国际追逃追赃力度，不能让境外、国外成为一些腐败分子的“避罪天堂”，腐败分子即使逃到天涯海角，也要把他们追回来绳之以法。特别是 2014 年以来，在党中央的领导下，我国掀起了前所未有的境外追逃追赃风暴[①]：2014 年 1 月 15 日，第十八届中央纪律检查委员会第三次全体会议对“反腐败国际合作”作出部署，提出将“加大国际追逃追赃力度，决不让腐败分子逍遥法外”；2014 年 7 月，公安部部署代号为“猎狐 2014”的行动，集中开展缉捕在逃境外经济犯罪嫌疑人专项行动，后来延长为“猎狐 2015”“猎狐 2016”行动；2014 年 10 月 10 日，中央反腐败协调小组国际追逃追赃工作办公室亮相，预示着我国纪检、政法、金融、外交等八个部门将联手追逃追赃，建立集中统一、高效顺畅的追逃追赃协调运作机制；2015 年 3 月，中央反腐败协调小组国际追逃追赃工作办公室决定启动“天网”行动，要求有关部门从 2015 年 4 月开始，综合运用警务、检务、外交、金融等手段，集中时间、集中力量“抓捕一批腐败分子，清理一批违规证照，打击一批地下钱庄，追缴一批涉案资产，劝返一批外逃人员”。这些专项行动取得了突出的成绩，例如 2015 年“天网”行动追回 863 人，其中党员和国家工作人员 196 人。[②] 2016 年，截止到 7 月 15 日，“天网”行动已经从 40 多个国家和地区追回外逃人员 381 人，追回赃款 12.4 亿元。[③]

我国以往的境外追逃措施，主要有引渡、非法移民遣返、异地追诉和劝返[④]，其中后三种也被称为引渡的替代措施。虽然引渡是出现最早的追逃措施，但是由于引渡面临着诸多限制，迄今为止我国境外追逃的成功案例多是通过非法移民遣返、异地追诉和劝返三种措施，引渡回国的成功案例鲜见。如我们通过非

---

① 张磊. 腐败犯罪境外追逃追赃的反思与对策. 当代法学，2015（3）.

② 大数据 2015（五）：从 68 个国家和地区追回外逃人员 863 人 “百名红通”19 人到案.（2016-01-06）. http:/www.ccdi.gov.cn/special/lcqh/jjqh_lcqh/201601/t20160111_72484.html.

③ 沙雪良.“天网行动”上半年追逃 381 人 追回赃款 12.4 亿.（2016-07-18）. http://www.jznews.com.cn/comnews/system/2016/07/18/011866597.shtml.

④ 黄风. 境外追逃的四大路径. 人民论坛，2011（11 上）.

法移民遣返程序追回了赖昌星①、邓心志、崔自力②、曾汉林③，通过异地追诉追回了余振东④，通过劝返追回了胡星⑤、高山。⑥ 特别是劝返，在境外追逃中发挥着越来越重要的作用。最高人民检察院反贪污贿赂总局的数据显示，2013 年在我国检察机关从境外追捕归案的 16 名贪污贿赂犯罪嫌疑人中，有 12 人系经劝返主动回国投案自首。⑦ 而在公安部“猎狐 2014”行动中，截至该年度 10 月 29 日，在从境外缉捕的 180 名在逃经济犯罪嫌疑人中，有 76 名是被劝返的，占总数的 42.2%。⑧ 在国际刑警组织中国国家中心局于 2015 年 4 月 22 日集中公布的 100 名红色通缉令人员名单中的外逃人员到案的主要方式是劝返、缉捕、遣返等

① 赖昌星是新中国成立以来涉案金额最大的经济犯罪分子，赖昌星遣返案是我国反腐败国际刑事司法合作的成功范例。赖昌星于 1999 年 8 月携家人出逃加拿大，经过中加双方的共同努力，于 2011 年 7 月 23 日被遣返回国。

② 2003 年，邓心志、崔自力涉嫌合同诈骗罪潜逃到加拿大，后二人的难民申请先后被加拿大方面否决。邓心志于 2008 年 8 月 22 日被遣返回国，是我国首个从加拿大被遣返的经济犯罪嫌疑人；崔自力于 2010 年 1 月 13 日被遣返回国。

③ 1997 年 10 月至 1998 年 8 月，曾汉林涉嫌重大合同诈骗犯罪，并于案发前潜逃至加拿大。曾汉林潜逃后，我国公安机关坚持不懈地对其开展境外追逃工作，迅速向加方提出缉捕、遣返请求，并及时提供曾汉林涉嫌犯罪的相关证据材料。2011 年 2 月 17 日，曾汉林非法移民诉讼审理终结，曾汉林被加拿大遣返回国。邹伟．经济案疑犯曾汉林潜逃加拿大 12 年被遣返回国．(2011-02-18)．http://news.sina.com.cn/c/2011-02-18/190721977702.shtml.

④ 2001 年 10 月，涉嫌挪用巨额资金的中国银行开平支行原行长余振东潜逃境外。2002 年 12 月，余振东在洛杉矶被美方执法人员拘押，2004 年 2 月因非法入境、非法移民及洗钱三项罪名被美国法院判处 144 个月监禁。根据余振东与美方达成的辩诉交易协议，美国政府在把余振东遣送回中国以前，应从中国政府得到关于余振东在中国起诉和监禁的相应保证，即：假如余振东在中国被起诉的话，中国法院应当判处余振东不超过 12 年刑期的有期徒刑，并不得对余振东进行刑讯逼供和判处死刑。2004 年 4 月 16 日，美方将余振东驱逐出境并押送至中国。这是第一个由美方正式押送移交中方的外逃经济犯罪嫌疑人。2006 年 3 月 31 日，广东省江门市中级人民法院以贪污罪、挪用公款罪判处余振东有期徒刑 12 年，并处没收其个人财产 100 万元。

⑤ 胡星是云南省交通厅原副厅长，涉嫌受贿，案发后于 2007 年 1 月 19 日潜逃国外，2 月 18 日被劝返回国。

⑥ 高山是中国银行哈尔滨河松街支行原行长，在伙同商人李东哲骗取客户巨额存款后，于 2004 年 12 月 30 日出逃至加拿大。2012 年 8 月，经过中加双方的共同努力，高山自愿回国自首。

⑦ 常红．我国过去 5 年抓获 6 694 名外逃贪污贿赂嫌犯．(2014-10-29)．http://news.sina.com.cn/c/2014-10-29/112931063085.shtml.

⑧ 张洋．“猎狐”百天 180 人落网．人民日报，2014-11-03 (11).

方式。[①] 其中，在2015年的18名落网“红通”人员中，有7人是投案自首；2016年截至7月，在15名落网“红通”人员中已有11人属于投案自首[②]，也就是说，没有一名“红通”人员是引渡回来的。那么，在引渡存在诸多障碍、我国当下的主要追逃措施并非引渡的前提下，针对黄海勇为什么采取了引渡措施？这就值得我们关注和总结。笔者认为，黄海勇案之所以采取引渡措施，主要是基于以下几点原因。

（一）中秘双方启动引渡程序无法律障碍

当前，我国境外追逃之所以很少采取引渡措施，是因为中国与外逃人员的主要目的地国，如美国、加拿大、澳大利亚等都还没有签署双边引渡条约（中国和澳大利亚虽然于2007年9月已经签署引渡条约，但是条约尚未生效），而这些国家又都坚持（或者在一定程度上坚持）条约前置主义，即以双边条约关系作为开展引渡合作的前提条件，所以中国和这些国家很难顺利开展引渡合作。但是这种障碍在中国和秘鲁之间并不存在，中秘两国于2001年11月5日就签署了双边引渡条约，该条约第1条规定，双方有义务根据本条约的规定开展引渡合作。在此前提之下，我国在2008年11月向秘鲁方面提出引渡黄海勇的请求，可谓于法有据、名正言顺，并且实际上也得到了秘鲁方面的积极回应与配合。

（二）难以进行劝返

劝返是在外逃人员发现地国家司法执法机关的配合下，通过发挥法律的震慑力和政策的感召力，促使外逃人员主动回国接受处理的一种措施。劝返具有追逃国发挥主导作用、国家强制力作为后盾、程序多样，以及缉捕方式有一定软柔性、有效性和及时性等特点。劝返强调通过对犯罪嫌疑人说服教育，晓之以理，动之以情，摆明利害关系，促使其心理上发生转变，心悦诚服地随办案人员回

① “百名红通人员”30人到案，都是怎么追回来的?.（2016-06-26）. https://www.ccdi.gov.cn/toutiao/201606/t20160625_124877.html.

② “百名红通”已有33人落网 他们都是谁干了啥?.（2016-07-16）. https://www.sohu.com/a/10620149_115402.

国，整个过程没有任何强硬色彩，完全出于犯罪嫌疑人的自愿。[①] 而在黄海勇案中，黄海勇一直通过各种措施和我国对抗，抗拒被引渡回国。在此前提之下，他显然不会接受劝返回国自首。而且，黄海勇在被秘鲁方面逮捕之后一直被羁押，我方并没有太多机会接触黄海勇并对其进行劝说，这更降低了劝返的可能性。

（三）没有必要采取非法移民遣返和异地追诉措施

作为引渡的替代措施，非法移民遣返（也被称为移民法的替代措施）指将不具有合法居留身份的外国人境者遣送回国，是遣返国为维护本国安全和秩序而单方面作出的决定。[②]异地追诉（也被称为刑事法的替代措施）指在难以开展引渡合作的情况下，协助外逃人员发现地国依其本国法律对外逃人员提起诉讼的特殊的国际司法合作形式。[③] 两者都是双方在无法诉诸正式的引渡程序或者引渡遇到不可逾越的法律障碍的情况下采取的替代性措施。在黄海勇案中，一方面，中秘双方已经启动引渡合作，秘鲁方面积极配合中方的引渡请求，所以没有必要再采取其他引渡替代措施；另一方面，不论非法移民遣返，还是异地追诉，都需要秘鲁方面启动相应的非法移民程序或者刑事诉讼程序，需要中方向秘方提供大量证据，在中方没有向秘方提供这些证据的前提下，秘方也难以启动相应的程序。

综上，我国当前境外追逃很少采取引渡措施的主要原因是引渡存在法律上的困难，或者犯罪嫌疑人经过劝说愿意投案自首而没有必要再进行引渡。而在黄海勇案中，一方面引渡不存在法律上的障碍，另一方面劝返、非法移民遣返、异地追诉并不现实或者不可能，所以采取引渡是最为有效也是最为现实的措施。

## 三、美洲人权委员会和美洲人权法院的介入

黄海勇案不仅涉及秘鲁国内的司法系统，还涉及美洲人权委员会和美洲人权

① 张磊. 从胡星案看劝返. 国家检察官学院学报，2010（2）.

② 赵秉志，张磊. 赖昌星案件法律问题研究. 政法论坛，2014（4）.

③ 黄风. 引渡问题研究. 北京：中国政法大学出版社，2006：120.


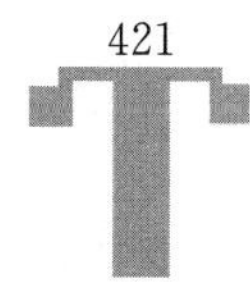

法院，这两个区域性人权机构是根据《美洲人权公约》所建立的美洲人权体系的组成部分，构成了美洲国家组织最重要的区域性人权保障机制，在黄海勇引渡案中具有重要的地位和作用。下面对这两个机构作一简单介绍。

（一）美洲人权委员会

1959 年在智利首都圣地亚哥举行的第五届外交部长协商会议（Consultation of Ministers of Foreign Affairs）上通过决议，决定依照《美洲国家组织宪章》选举成立美洲人权委员会。1960 年，美洲国家组织常设委员会批准《美洲人权委员会规约》，标志着美洲人权委员会的正式成立。1978 年 7 月，《美洲人权公约》生效，并在其第 7 章中确认了美洲人权委员会履行《美洲人权公约》的职责。1980 年，《美洲人权委员会程序规则》通过。因此，美洲人权委员会实际上行使的是《美洲国家组织宪章》《美洲人权公约》两个公约的职能。除这两个国际公约以外，美洲人权委员会的组织机构和职能，还由《美洲人权委员会规约》和《美洲人权委员会程序规则》进行了详细规定。

根据上述国际公约之规定，美洲人权委员会根据对象的不同具有不同的职权：（1）对于美洲国家组织的成员国，该委员会的职能主要有：发展人权意识；向各成员国政府提出改进保护人权措施的建议；要求成员国提交关于人权问题的报告；向成员国提供咨询；等等。[①]（2）对于《美洲人权公约》的缔约国，除（1）中的职权之外，还具有如下职权：针对公约规定的申诉和来文采取行动；就依据公约所提起的案件在美洲人权法院出庭；对尚未提交美洲人权法院的案件，如认为必要可以要求法院采取它认为适当的临时措施；等等。[②]（3）对于非《美洲人权公约》的缔约国，该委员会的职能除（1）中列举的职权外，还包括：对于《美洲人的权利和义务宣言》相关条款[③]所涉及的人权保护情况给予特别注意；对于来文以及其他相关信息加以审查并在认为合适的时候提出建议；等

① 参见《美洲人权委员会规约》第 18 条。

② 参见《美洲人权委员会规约》第 19 条。

③ 参见《美洲人的权利和义务宣言》第 1、2、3、4、18、25 和 26 条。

等。[①] 秘鲁既是美洲国家组织的成员国，也是《美洲人权公约》的缔约国，所以美洲人权委员会可以针对秘鲁实施上述（1）和（2）中规定的职权。

美洲人权委员会共有 7 名委员，由美洲国家组织大会从成员国政府所提名的候选人中选出，以个人身份任职，不代表任何国家。委员会委员从当选之日起享有外交人员的特权与豁免权。[②] 美洲人权委员会设有秘书处，协助和支持美洲人权委员会的各项工作。

（二）美洲人权法院

美洲人权法院是除美洲人权委员会外美洲人权区域保护的另一个重要机构，其职能是根据《美洲人权公约》管辖美洲国家（实际上主要是拉美国家）有关人权的案件和相关法律事务。美洲人权法院的成立也与《美洲人权公约》的生效有密切关系，1978 年 7 月《美洲人权公约》生效后，美洲人权法院正式建立。随后，分别于 1979 年 10 月通过了《美洲人权法院规约》（以下简称《规约》），1980 年 8 月通过了《美洲人权法院程序规则》，前者规定了法院的管辖权和组织结构，后者规定了法院审理案件的具体程序，从而奠定了法院运行的法律基础。《规约》第 1 条明确规定了法院的性质和目的："美洲人权法院是一个法律自主机构，其目的是适用和解释《美洲人权公约》。该法院根据公约和规约的规定行使职权。"美洲人权法院规模较小，仅由 7 名法官组成。法官必须是美洲国家组织成员国的国民，但是仅以个人身份当选，不得有两名法官为同一国家的国民。[③]

美洲人权法院的主要职能是通过行使诉讼管辖权和咨询管辖权等方式来实施《美洲人权公约》：（1）诉讼管辖权。该法院的诉讼管辖权是指审理和裁决有关成员国是否侵犯人权的权力，该法院的诉讼管辖权分为两种，即对缔约国间控告的管辖权和对个人申诉的管辖权。不论是缔约国还是个人提出控告，诉讼管辖权的被告只能是国家。该法院诉讼管辖权的特点是其仅接受成员国或者人权委员会提

① 参见《美洲人权委员会规约》第 20 条。

② 参见《美洲人权公约》第 12 条。

③ 赵海峰，窦玉前. 美洲人权法院：在困难中前进的区域人权保护司法机构. 人民司法，2005（12）.

交的案件，个人无权直接向其提交申诉，只能由美洲人权委员会作为受害者个人的代表在法庭上出现。对于国家间指控的案件，美洲人权委员会也应当出庭。[①]而且，在美洲人权法院行使诉讼管辖权之前，受害人需要穷尽《美洲人权公约》所规定的美洲人权委员会的有关指控程序。也就是说，该法院行使诉讼管辖权的前提是美洲人权委员会的审查程序已经结束，诉至法院的指控和申诉必须首先经过美洲人权委员会的审查，只有在美洲人权委员会无法解决的情况下才能提交给法院。（2）咨询管辖权。咨询管辖权主要是澄清人权文件的法律标准，以及判定国家的法律和实践与这些标准是否相符，咨询管辖权的提请主体包括美洲国家组织的成员国和《美洲国家组织宪章》第 10 章所载的机关。

虽然美洲人权法院成立初期面临管辖权缺乏普遍性、美洲的政治机构对该法院的支持不够、法官素质不高等问题，但是自成立以来，该法院在监督各国实施公约、采取临时措施、监督判决的执行等方面都做了很多工作，对于拉美各国人权保护的发展也起到了重要作用。正如美洲人权法院院长、秘鲁司法部前部长暨外交部前部长迭戈·加西亚-萨扬所说，美洲人权法院的法律体系已经在诉讼和解决拉美地区人权保护的不同方面占据着重要位置，大大促进和推动了保障人权的国内诉讼程序，使法律手段更加民主化，在具体案件处理中，也不再仅仅是追求令受害人满意，而是为推动维护权利的基本改革，为消除侵犯人权的行为而斗争，为人类的逐渐进步而斗争。[②] 与此同时，美洲人权法院还致力于开展文化的多样性、政府信息公开、对弱势群体的保护等工作，对美洲，尤其是南美洲人权的保护产生了积极的影响。[③]

### （三）秘鲁与美洲人权委员会、美洲人权法院的关系

秘鲁是美洲国家组织的成员国，也是《美洲人权公约》的缔约国，所以对在

---

① 赵海峰，窦玉前. 美洲人权法院：在困难中前进的区域人权保护司法机构. 人民司法，2005 (12).

② 迭戈·加西亚-萨扬. 泛美人权法庭的实践. 光明日报，2010-10-21 (7).

③ 泛美人权法庭庭长：推动对文化多样性的保护. (2010-10-19). http://www.cnr.cn/2010tfzt/rqlt/st/201010/t20101019_507193156.html.

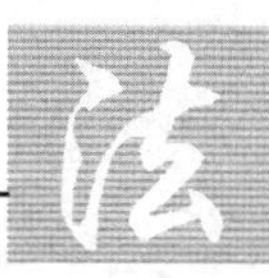

秘鲁发生的违反《美洲人权公约》的相关案件，美洲人权委员会、美洲人权法院这两个区域性人权组织都有权进行管辖。这也是黄海勇及其律师能够以个人名义将秘鲁政府诉至美洲人权委员会，美洲人权委员会经过审查之后，又将案件提交给美洲人权法院的原因。

## 四、本案涉及的专家证人作证制度

黄海勇引渡案的一个亮点是中国专家证人到美洲人权法院出庭作证，这为成功引渡黄海勇发挥了重要作用。而中国专家证人出庭作证的依据就是美洲人权法院的专家证人作证制度。

### （一）美洲人权法院的专家证人作证制度

美洲人权法院的专家证人作证制度，主要是由《美洲人权法院程序和证据规则》（以下简称《程序规则》）规定的。根据《程序规则》之规定，“专家证人”（expert witness）是指拥有特定的科学、艺术、技术或实践知识或经验，可以依其特定领域的知识或经验向法院就争议问题提供信息的人。《程序规则》对于担任专家证人的资格并没有进行明确规定，但明确规定了丧失专家证人资格的条件。[①]根据《程序规则》，缔约国和美洲人员委员会、受害人及其代理人以及被告国都可以提出专家证人，同时必须提交专家证人的简历、联系信息和作证的目的。一方提出专家证人名单以后，法院需要将该名单发送给另一方，另一方如果有异议应当在 10 日以内提出。首席法官应当将异议通知专家证人，让专家证人对此发表评论。法院在收到一方符合要求的变更专家证人的请求后，在征求另一方意见以后可以接受变更请求。

在专家证人出庭作证的庭审程序中，首先由美洲人权委员会宣读起诉书，然

---

① 例如，与一名受害人是四代以内直系或者旁系血亲或收养关系；在国内层面或者美洲促进与保护人权机制内与案件事实相关的程序中，曾为一名受害人的代理人；与提供自己作为专家证人的一方有密切联系或曾经为其下属，法院认为可能影响公正的；曾经为美洲人权委员会工作人员，了解争议案件的情况；曾经在争议案件中作为被告方的代理人；以前以任何身份在任何机构参与过争议案件；等等。

后由首席法官传唤作证者到庭。在法庭确定专家证人的身份之后、进行询问之前，专家证人应当宣誓，保证其将诚实和认真地履行职责。对专家证人，首先由提供专家证人的一方询问，然后由另一方询问。

为了保护专家证人，各国不能因在法庭作出的陈述、意见或法律抗辩而起诉专家证人，也不能对他们的家人施加压力。专家证人应当出庭作证，如果被传唤出庭的专家证人无正当理由没有出庭或者拒绝作证，或者法院认为其行为违反了之前的宣誓，法院应当通知对专家证人有管辖权的国家，以便于该国依照国内法对其采取措施。

（二）黄海勇案件中的专家证人出庭作证

在得知美洲人权法院将要开庭审理黄海勇引渡案以后，秘鲁政府积极准备应诉，并与中国政府沟通，希望中方提出专家证人人选，到美洲人权法院出庭作证。同时要求相关专家证人应当具有独立身份，避免对外让人产生中国政府直接介入的印象。中国政府经过认真筛选，最终确定由北京师范大学刑事法律科学研究院院长暨中国刑法学研究会会长赵秉志教授、时任外交部境外追逃与国际执法合作特别协调员孙昂参赞和中国社会科学院国际法研究所所长助理柳华文研究员作为专家证人，并得到秘鲁政府的许可和美洲人权法院的批准。

2014 年 9 月 3 日，美洲人权法院在巴拉圭首都亚松森的巴拉圭最高法院开庭，审理中国政府向秘鲁政府提出引渡申请的涉嫌走私普通货物罪的中国公民黄海勇引渡案。赵秉志教授、孙昂参赞和秘鲁司法部前部长托马博士作为秘鲁政府邀请的 3 位专家证人到庭作证，并分别承担了不同的作证任务。

赵秉志教授的作证及各方对其的盘问，主要围绕与本案相关的中国刑事司法程序和实体问题，以及赵秉志教授曾出庭作证的中加遣返赖昌星案件的有关情况而进行。赵秉志教授首先围绕个人简况、与本案相关的中国刑事诉讼程序和中国《刑法修正案（八）》进行了自我陈述，然后依次接受了秘鲁政府方面、美洲人权委员会代表、黄海勇的律师的盘问以及法庭的发问，各方向赵秉志教授提出共计

61个问题[①]，包括黄海勇案可能涉及的中国刑事诉讼程序、中国《刑法修正案(八)》的主要内容、中国的死刑问题、赖昌星遣返案件的相关问题等，涵盖中国刑事法治发展状况的多个方面。

孙昂参赞的作证及各方对其的盘问，则主要围绕中国引渡法制与实践以及中加遣返赖昌星的外交承诺而进行。孙昂参赞首先围绕中国对外开展引渡合作的三种方式、中国引渡合作中的不判处死刑的外交承诺等问题进行了自我陈述，然后依次接受了秘鲁政府方面、黄海勇的律师、美洲人权委员会代表的盘问以及法庭的发问，各方向孙昂参赞提出了共计52个问题[②]，涉及中国的引渡制度、中国不判处死刑外交承诺的作出、中国外交承诺的执行状况、赖昌星遣返案中的外交承诺等问题。

秘鲁司法部前部长托马博士的作证及各方对其的盘问，主要围绕与本案相关的中秘引渡条约和秘鲁相关国内法律问题而进行。

作证结束之后，法庭对三位专家证人的作证予以感谢，并特别表示赵秉志教授和孙昂参赞的作证对他们了解中国的刑事法治与实践很有帮助。在当天下午三位专家证人作证结束之后，参与庭审的三方又进行了辩论和陈述。当天庭审结束后，秘鲁政府方面对三位专家证人的作证给予了充分肯定和高度评价。

秘鲁政府邀请的另一位中方专家证人中国社会科学院国际法研究所研究员柳华文作为未出庭的专家证人，经美洲人权法院同意提交了有关中国人权法律保护状况的书面证词。该证词主要涉及中国人权政策的制定、中国人权白皮书中关于司法工作中人权保障的规定、中国在人权领域与联合国的合作、中国在调查和惩处酷刑行为方面的新进展、中国对被羁押人人权的保障等问题。

---

① 其中秘鲁政府律师雷阿尼奥先生所提的问题11个，黄海勇律师路易斯·拉马斯普丘先生所提的问题16个，美洲人权委员会专员詹姆斯·路易斯·卡夫罗里先生所提的问题16个，法庭五位法官所提的问题18个。

② 其中秘鲁政府律师多奈雷斯女士所提的问题16个，黄海勇律师路易斯·拉马斯普丘先生和米格尔·安赫尔·索里亚·富尔特先生所提的问题共计14个，美洲人权委员会专员詹姆斯·路易斯·卡夫罗里先生和西尔维亚·塞拉诺·古斯曼女士所提的问题共计11个，法庭五位法官所提的问题11个。

## 五、黄海勇在境外的羁押期限应否折抵其国内刑期

在本案中，黄海勇于2008年10月被秘鲁警方逮捕后即被羁押（2014年3月改为监视居住）。也就是说，从其被逮捕直到2016年被引渡回国，黄海勇已经被羁押了将近8年。那么黄海勇在秘鲁被羁押的8年能否折抵他被引渡回国以后将被判处的刑期？这一问题值得思考。

我国刑法中有犯罪嫌疑人先行羁押期限折抵刑期的规定，但是要以被告人被判处有期自由刑为前提。中国刑法典第41条、第44条、第47条具体规定了有期自由刑的折抵问题。根据该规定，判决以前先行羁押的，羁押1日折抵管制刑期2日，折抵拘役或有期徒刑1日。虽然刑法典上述规定中的"先行羁押"没有明确是否包含"域外先行羁押"的情况，但作为中国刑法典的规定，该规定应当只适用于在中国国内羁押的犯罪嫌疑人。关于域外羁押期限能否折抵回国后被判处的有期自由刑的问题，我国刑法、刑事诉讼法和引渡法中都没有明确规定。[①] 但笔者认为，从法理上来讲，对于秘鲁方面基于我国请求而对黄海勇进行的域外羁押，可以考虑折抵其回国后被判处的有期自由刑，其理由如下。

（一）黄海勇被秘鲁警方羁押是基于我国的引渡请求

我国《引渡法》第14条规定："请求国请求引渡，应当作出如下保证……（二）请求国提出请求后撤销、放弃引渡请求，或者提出引渡请求错误的，由请求国承担因请求引渡对被请求引渡人造成损害的责任。"该条规定实际上体现了"引渡请求国应当承担被请求国根据本国引渡请求所采取的一切措施的法律后果"的精神实质，那么基于中国的引渡请求而采取的羁押等刑事强制措施所产生的法律后果，自然也应当由中国承担。在黄海勇案中，武汉海关走私犯罪侦查分局

① 虽然我国刑法典第10条规定，"凡在中华人民共和国领域外犯罪，依照本法应当负刑事责任的，虽然经过外国审判，仍然可以依照本法追究，但是在外国已经受过刑罚处罚的，可以免除或者减轻处罚"，但是，该条中免除或者减轻处罚的前提是在外国已经受过刑罚处罚，而在本案中，黄海勇在秘鲁只是受到刑事羁押，并没有被判处刑罚，所以也就不能适用该条之规定。

(现为武汉海关缉私局）于2001年3月16日对黄海勇签发逮捕证，同年6月26日中国警方通过国际刑警组织签发红色通报，希望各成员国逮捕黄海勇并引渡给中国。2008年10月27日，秘鲁警方根据该红色通报逮捕黄海勇，黄海勇随后被羁押。所以，黄海勇在秘鲁被执行的羁押实际上是中国以引渡为目的而请求秘鲁所采取的刑事强制措施，中国应当承认并承担该羁押所产生的相应法律后果。

（二）符合罪刑法定原则有利于被告人的实质内涵

作为刑法的基本原则，罪刑法定原则以保障公民自由、限制国家刑罚权的行使为己任，其基本内容是法无明文规定不为罪，法无明文规定不处罚，其实质内涵是行为人行为时法无明文规定的即“不定罪、不处罚”。在刑事诉讼当中，罪刑法定原则的基本精神体现为“有利于被告人”，这不仅因为罪刑法定原则自身的终极目标就是保护人权，而且也由被告人在刑事诉讼中的弱势地位所决定。罪刑法定原则的派生原则如禁止类推、从旧兼从轻原则、禁止不定期刑等，均体现了有利于被告人的精神内涵。[①] 在本案中，黄海勇在域外已经被羁押近8年，虽然羁押的执行者是秘鲁政府，但是秘鲁政府是基于中国的引渡请求而羁押黄海勇的，黄海勇也是因为自己涉嫌在中国所实施的走私犯罪而被羁押的，这种羁押与其在中国被逮捕而羁押并没有实质的区别。从罪刑法定原则“有利于被告人”的基本精神出发，应当将其在秘鲁的8年羁押期限在未来被判处的刑期中予以折抵。

（三）域外羁押期限折抵被判处的刑期有立法先例

虽然我国国内立法中没有关于境外羁押能否折抵国内刑期的相关规定，但是我国同他国签订的双边引渡条约中却有类似规定，这样的规定分为两类：(1) 明确规定境外羁押时间应当折抵回国后被判的刑期。如《中华人民共和国和突尼斯共和国引渡条约》第14条“移交被请求引渡人”第1款明确规定：“如果同意引渡，缔约双方应商定移交的地点、时间，被请求方应通知请求方被请求引渡人受

① 刘宪权．新中国60年：罪刑法定原则的演进与内涵精神//上海市社会科学界联合会．社会主义与中国现代化：政治、法律与社会．上海：上海人民出版社，2009.

到羁押的时间，以便折抵该人的刑期。”（2）虽然没有明确规定，但是暗含着境外羁押时间可以折抵回国后被判处的刑期的意思。如《中华人民共和国和秘鲁共和国引渡条约》第 11 条“移交被引渡人”第 1 款规定：“如果被请求方同意引渡，双方应当商定执行引渡的时间、地点等有关事宜。同时，被请求方应当将被引渡人在移交之前已经被羁押的时间告知请求方。”① 这种规定虽然没有明确说明境外羁押时间可以折抵回国后被判处的刑期，但是却要求双方在移交被引渡人的时候“被请求方应当将被引渡人在移交之前已经被羁押的时间告知请求方”，这本身就说明，被请求方有义务将其已经羁押被引渡人的时间告知请求方，请求方也有义务了解被引渡人已经被羁押的时间，以便于为后续的相关诉讼程序作参考，而参考的一个重要内容就应当是能否折抵回国后被判处的刑期。

综上，笔者认为，黄海勇回国后如果被判处有期自由刑，他在秘鲁被羁押的期限可以考虑折抵其回国后所判处的刑期，具体折抵方法可以参考中国刑法典第 41 条、第 44 条、第 47 条之规定，但如果被判处无期徒刑，则没有刑期折抵的问题。

## 六、黄海勇案件的经验与反思

### （一）积极推进死刑改革，严守不判处死刑的承诺

死刑问题几乎是我国每一个涉严重犯罪引渡案件都不可回避的问题。作为国际刑事司法合作中的一项基本原则，死刑不引渡是现代引渡制度的产物，并随着人权观念的兴起逐步形成和发展起来。虽然黄海勇所涉嫌的走私普通货物罪已经于 2011 年由《刑法修正案（八）》废除了死刑，但死刑问题仍然是黄海勇及其律师用来对抗引渡的主要借口之一，也是美洲人权法院关注的重点问题之一。在美

① 类似的规定还存在于以下引渡条约中：《中华人民共和国和罗马尼亚引渡条约》第 12 条、《中华人民共和国和大韩民国引渡条约》第 12 条、《中华人民共和国和柬埔寨王国引渡条约》第 11 条、《中华人民共和国和老挝人民民主共和国引渡条约》第 11 条、《中华人民共和国和阿拉伯联合酋长国引渡条约》第 11 条、《中华人民共和国和巴基斯坦伊斯兰共和国引渡条约》第 11 条等等。

洲人权法院的巡回法庭上，赵秉志教授作为专家证人被询问的 61 个问题中，涉及死刑的问题达 22 个，主要包括黄海勇是否会被适用死刑，中国就黄海勇案件所作出的不判处死刑的外交承诺，以及中国死刑适用的罪名、数量、执行方式等三方面的问题。孙昂参赞被询问的 52 个问题中，涉及死刑的也有 10 个之多，包括中国以往不判处死刑的外交承诺是否得到了履行、保证不判处死刑承诺履行的机制等问题。而且，即使在明确了黄海勇所涉嫌的走私普通货物罪已经被《刑法修正案（八）》废除了死刑之后，美洲人权法院各方还就中国死刑的适用问题对赵秉志教授、孙昂参赞进行了详细询问，更加说明了死刑问题在黄海勇案件，乃至在涉中国引渡案件中的重要地位。

近年来我国努力推进死刑改革，加快限制和废除死刑的步伐，通过《刑法修正案（八）》和《刑法修正案（九）》先后废除了 13 种和 9 种罪名的死刑，但是我国现在还对包括贪污罪、受贿罪在内的 46 种犯罪保留死刑，对于贪污罪、受贿罪的死缓犯还配置了不得减刑、不得假释的终身监禁制度。当前我国正在全面开展反腐败境外追逃工作，腐败犯罪的死刑问题将是我们无法回避的问题。我们应当顺应世界范围内限制和废除死刑的国际趋势，结合我国国情，切实推进死刑改革进程，尽早废除非暴力犯罪，特别是腐败犯罪和经济犯罪的死刑，并为最终废除死刑而努力。在当前我国还不具备完全废除死刑的条件下，如果在引渡、遣返等国际合作中遭遇死刑问题，应当根据案件情况，及时、果断地作出并严格信守不判处死刑的承诺，避免死刑问题成为外逃者的免责盾牌，以尽早将外逃者缉捕归案，切实推动我国境外追逃工作的开展。

（二）加强自身刑事法治建设，完善国际刑事法治形象

在国际刑事司法合作中，引渡能否顺利进行的一个重要因素，就是被请求国是否认同和信任请求国的刑事司法制度。因此，能否增强国际社会对于我国刑事司法制度的了解与信心，将是我国能否顺利开展引渡合作的关键。在黄海勇案件中，黄海勇及其律师用来对抗引渡的主要理由，除死刑之外，就是声称黄海勇回国之后很可能会面临酷刑以及非公正的待遇。在美洲人权法院巡回法庭上，赵秉志教授被询问的涉及中国刑事司法制度的问题有 13 个，具体包括黄海勇被引渡

回国之后的刑事诉讼程序、中国无罪判决的比例、中国刑事诉讼中是否存在酷刑、中国刑事诉讼中律师的参与程度、引渡程序中特定性原则的适用等。孙昂参赞被询问的涉及中国引渡制度和被引渡人回国之后刑事诉讼程序的问题有23个，具体包括中国外交承诺的作出与履行、中国引渡的相关程序、中国和他国开展引渡合作的情况等。

美洲人权法院对于中国刑事诉讼程序问题的关注，直接关系到其对于中国刑事司法制度公正性的评价，即中国刑事司法制度是否符合美洲人权法院所认可的国际人权标准，黄海勇在被引渡回中国后能否获得公正的审判和人道的待遇，其诉讼权利能否得到充分的保障。近年来，我国刑事法治建设取得了长足进展，“国家尊重和保障人权”被写入宪法，人权保障的刑事法治理念逐步得到确立，中国特色社会主义法律体系已经形成，国际社会对于中国刑事法治的了解与信任明显提升，这也是中国近年来境外追逃工作取得突出成绩的重要原因之一。但是客观来说，中国刑事法治建设还有一些需要改进的地方，如部分地方还存在刑讯逼供，审判权的独立运行有待进一步提高，等等。所以，我们应当积极推进中央所确定的以审判为中心的诉讼制度改革，完善刑事法律制度，保证刑事审判的公开、公平、公正，充分保障犯罪嫌疑人、被告人的诉讼权利，进一步增强国际社会对于中国刑事法治的认同与信心，奠定我国在境外追逃中的自信与底气。

需要注意的是，当前国际社会对于中国刑事司法制度不信任的原因，主要还在于他们对中国刑事法治发展的状况并不完全了解。赵秉志教授等在赴美洲人权法院作证之前，就得知法庭因为不知道中国已经于2011年在《刑法修正案（八）》中废除了走私普通货物罪的死刑，而对中国能否遵守不判处黄海勇死刑的承诺信心不足。而在赵秉志教授在美洲人权法院作证接近尾声之时，美洲人权法院的庭长谢拉法官也明确表示：“您所讲的与我们原来所了解的有很大不同，我们将认真研究。”这都反映出美洲人权法院对于中国刑事法治状况的了解不够，进而增加了他们对引渡中国犯罪嫌疑人的担心与疑虑。所以，我们在加快我国刑事司法改革、推进刑事法治建设的同时，还要积极加强同外部世界的交流及对外宣传，使国际社会能够及时而全面地了解我国的社会进步状况，特别是我国刑事

法治建设的卓越成就，利用各种机会消除国际社会对于我国法律和司法制度的误解与偏见，从而推动海外追逃工作的顺利开展。

（三）妥善运用已有成功案例，推动境外追逃的顺利开展

赵秉志教授、孙昂参赞等人在 2014 年 4 月接到将赴美洲人权法院作证的任务的时候，就获知此次作证的一个重要方面，就是介绍赖昌星遣返案件的相关情况。这一方面是因为赵秉志教授曾经于 2001 年 8 月和 10 月两次应加拿大政府邀请作为事实证人（实质上是作为专家证人）赴加拿大出席审理赖昌星案件的法庭聆讯并出具了证言，孙昂参赞当时作为中国外交部条约法律司的官员也直接接触了赖昌星案件的材料并参与了有关工作；另一方面是由于两案有极大的相似性，黄海勇案件是美洲人权法院审理的首个涉中国的引渡案件，赖昌星遣返案件是美洲人权法院巡回法庭审理黄海勇案件的重要参考。在准备作证的过程中，赵秉志教授在中央纪委、外交部等中央部门的指导和帮助下，在北京师范大学刑事法律科学研究院几位年轻学者的协助下[①]，有针对性地回忆、整理了他所参与的赖昌星遣返案件的有关情况。在美洲人权法院审理黄海勇案件的过程中，法庭各方询问赵秉志教授关于赖昌星案件的问题共有 10 个，询问孙昂参赞关于赖昌星案件的问题也有 10 个，包括加拿大为什么同意遣返赖昌星、赖昌星被遣返回国后的定罪量刑、赖昌星案件中的外交承诺、黄海勇案件与赖昌星案件的相似性等。后续的实践证明，我国在赖昌星案件中及时作出并严格遵守不判处死刑的外交承诺、依法对赖昌星进行公正审判、充分保障赖昌星的诉讼权利、允许加方在赖昌星服刑后前去探视等事实，都向美洲人权法院表明，中国具有较为完善的刑事司法制度，中国政府信守承诺、言出必行，对于美洲人权法院作出引渡黄海勇的裁决具有积极的促进作用。

所以，在国际引渡、遣返合作中，我们要妥善运用以往的成功案例，积极宣

---

① 2014 年 4 月接到出庭作证的任务以后，因为时间紧，作证又涉及多个方面，为了保证圆满完成作证任务，赵秉志教授约请他所在单位北京师范大学刑事法律科学研究院的三位青年教师（袁彬教授、张磊副教授和何挺副教授）和他一起组成作证工作小组，协助他进行前期资料准备工作。

传外逃人员回国以后所受到的公正待遇、宽大处理，向国际社会和外逃人员表明，中国具有公正的司法制度、完善的诉讼程序，完全能够保证外逃人员的合法权益和诉讼权利，从而一方面增强他国对于中国刑事法治的信心，使其积极与中国开展引渡合作，另一方面促进外逃人员思想转变，提高其自觉接受引渡乃至回国自首的可能性。

（四）遵守国际法律规则，提供符合对方要求的证据材料

在法庭上，美洲人权委员会专员曾经向赵秉志教授询问关于中国向秘鲁提出的引渡申请中为什么没有附上证实黄海勇构成犯罪的证据和中国相关法律条文的西班牙文文本的问题。对这两个问题，赵秉志教授由于不了解我国向秘鲁提出引渡请求的具体内容，都如实作了“不了解”的回答。虽然就该问题对方律师并没有纠缠下去，该问题对于整个案件也没有造成实质性影响，但是这也反映出引渡合作中被请求方对于引渡申请中提交证据和材料的重视。事实上，在引渡合作中，被请求国的法律或者引渡双边条约中都规定了提出引渡请求所需的文件（如《中华人民共和国和秘鲁共和国引渡条约》中就有相关规定[①]）。但是，由于基层办案人员对国际法律与制度不熟悉，对引渡工作的具体标准欠缺经验，在准备、翻译证据和材料方面不熟练，以及犯罪嫌疑人出逃后不能及时有效取证等因素，我国往往难以提供符合对方要求的证据材料，一个突出的表现就是引渡请求中关于犯罪事实的描述过于简单，请求材料中未包含必要的线索和信息，这样的请求很容易被搁置乃至拒绝。对此，来自国际刑事司法合作一线的实务工作人员有过明确论述：在我国引渡请求实践中，因请求书的制作质量和译文质量不高，以及向被请求国提供的相关证据材料不符合被请求引渡国的证据标准，而影响引渡的顺利开展的情况客观存在。主要原因包括：各国法律制度和司法制度差异较大，各国对于引渡请求所附加的证据材料、证据标准有不同的要求，没有统一、专业

① 《中华人民共和国和秘鲁共和国引渡条约》第7条第1款规定：“引渡请求应当以书面形式提出，并且包括或者附有：……（三）有关案情的说明，包括犯罪行为及其后果的概述；（四）有关该项犯罪的刑事管辖权、定罪和刑罚的法律规定……”



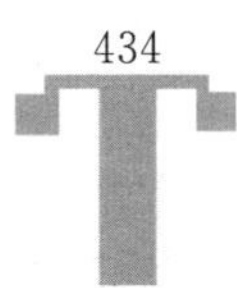

的翻译机构，等等。[①] 也有实务工作者称，由于很多案件的办理人员来自基层，他们对国际司法协作和不同国家的具体标准欠缺经验，在准备、翻译所需证据和材料方面不太熟练。另外，在有些犯罪嫌疑人出逃后，办案单位难以短时间内有效取证。[②] 这些都严重影响了我国境外追逃的效率。例如，2005 年 5 月，意大利佛罗伦萨上诉法院裁决拒绝引渡中国公民高明亮的一个理由，就是中方提供的支持引渡请求的证据过于薄弱，不符合基本的证据规则。[③] 2015 年 7 月，加拿大温尼伯法院判定程慕阳司法复核成功，将程慕阳的难民申请发回难民署重新考虑和决定的主要原因，也是中方向加方提供的相关证据不全面或者这些证据过于模糊。[④]

客观来说，遵守国际法律制度，提供符合对方要求的证据材料，是刑事司法协助中的技术性问题，只要给予足够重视和充分准备，应该能够做到。所以，我们一定要认真研究引渡被请求国的国际刑事司法合作法律规范和制度，提前做好充分准备，一旦需要，一次性向对方及时提交符合要求的引渡请求和包括翻译文本在内的所有证据材料，减少对方因为证据材料问题搁置乃至拒绝我国引渡请求的可能性，从而降低境外追逃追赃中的技术性障碍。

### （五）积极同西方国家缔结双边条约，为境外追逃追赃提供法律依据

双边条约和协定是我国开展国际刑事司法协助的重要依据。中国和秘鲁之所以能够顺利引渡黄海勇，中秘引渡条约是一个重要的法律基础。虽然到 2016 年 9 月为止中国已与近 60 个国家签署了 79 项司法协助条约，与 46 个国家签署了引渡条约[⑤]，但是，我国与国内外逃犯罪分子的主要目的地国加拿大、美国等西方发达国家都没有签订专门的引渡条约。虽然中国、加拿大、美国都是《联合国反

---

① 郭明聪．关于刑事司法协助几个问题的探讨//“10·7”专案引渡工作研讨会会议资料．

② 王丽娜，李恩树，蔡婷贻，等．盘点境外追逃追赃：薄熙来法国别墅仍未追缴．(2014-12-01)．http://news.china.com/domestic/945/20141201/19034927.html．

③ 黄风．中国境外追逃追赃：经验与反思．北京：中国政法大学出版社，2016：133．

④ 陈雷．如何破解程慕阳案国际执法合作困局．法制日报，2015-07-21．

⑤ 徐宏．李克强总理访问加拿大 中加签署协定分享返还跨境追赃．(2016-09-23)．https://world.huanqiu.com/article/9CaKrnJXL4J．

腐败公约》的缔约国，根据加拿大 1999 年《引渡法》，国际公约也可以成为开展引渡合作的依据，但是中加之间尚没有通过国际公约开展引渡合作的先例。美国则拒绝将国际公约作为开展引渡合作的依据。所以，依据国际公约开展引渡合作还存在一定障碍。在此背景下，积极发展同发达国家的合作关系，争取缔结双边条约，将是推动我国国际刑事司法协助的重要渠道。

令人振奋的是，中国和加拿大之间在双边条约和协定的缔结方面有了突破性进展。2016 年 9 月 22 日，在李克强总理访问加拿大期间，中加两国外长正式签署了《中华人民共和国和加拿大关于分享和返还被追缴资产的协定》（以下简称《协定》），这是我国就追缴转移到境外的犯罪所得同他国缔结的第一项专门协定，是我国深化司法领域国际合作的重要举措①，也是中加双方刑事司法执法合作的一个重要里程碑。事实上，关于赃款赃物的查找、冻结、没收和移交问题，1994 年中加之间签订的《中华人民共和国和加拿大关于刑事司法协助的条约》第 17 条即进行了规定，但这些规定过于原则，实践中的可操作性不强。而此次《协定》则为中加双方返还和分享被追缴的犯罪所得提供了更为详细、具体和具有操作性的依据。《协定》的内容主要包括分享和返还两个方面，规定对于被转移到他国的犯罪所得是应当返还还是分享，要根据该犯罪所得是否能够被认定有合法所有人分别予以认定。除对分享和返还的对象进行明确规定外，《协定》还详细规定了资产分享和返还的具体程序和途径。② 这些规定为两国在返还和分享犯罪所得方面提供了具有操作性的法律依据，对于提高资产流入国配合资产流出国开展追赃国际合作的积极性具有重要意义。

除追赃国际合作之外，中加之间在追逃国际合作方面也取得重要进展。据媒体报道，加拿大总理办公室网站上的一份联合公报显示，加拿大已经同意与中国进行协商，签署一份双边引渡条约。而长期以来，加拿大一直对此类条约持抵制

① 徐宏．李克强总理访问加拿大 中加签署协定分享返还跨境追赃．(2016-09-23)．https://world.huanqiu.com/article/9CaKrnJXL4J.

② 汪闽燕．中加签订关于分享和返还被追缴资产的协定．法制日报，2016-09-23.


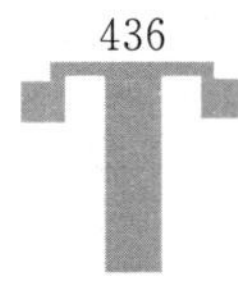

态度。[①] 随着近年来中加双方人员流动更加频繁、交往更为密切，双方开展引渡合作的愿望更加迫切。在此背景之下，中加双方在引渡谈判上有了重大转机，对于中加国际刑事司法合作的开展来说，无疑是一个重大利好消息。有媒体称，在接下来的几个月里，双方将就引渡条约进行深入的讨论，当前两国不存在重大的政治和法律障碍，并且已经建立了良好的合作基础。[②]

《中华人民共和国和加拿大关于分享和返还被追缴资产的协定》的签订，是中加国际刑事司法合作的一个重要进展，完全符合两国的共同愿望和共同利益。我们期待，以《协定》的签订为契机，中加能够在引渡条约、移管被判刑人条约等双边条约签订上尽快取得实质性进展，并以中加合作为范本，推动我国与其他外逃人员主要目的地国（如美国、澳大利亚、新西兰等西方发达国家）在类似协定、条约的谈判和签订上取得突破，从而进一步完善我国司法执法对外合作体制，推动我国境外追逃追赃工作的全面开展。

### （六）加强对国际人权法庭规则的了解，做好充足的应诉准备

黄海勇引渡案被称为中国迄今最复杂的引渡案件，该案不仅历经了秘鲁最高法院和宪法法院等国内司法系统，而且被黄海勇及其律师申诉至美洲人权委员会，并最终提交至美洲人权法院进行审理。美洲人权委员会和美洲人权法院是根据《美洲人权公约》建立的泛美人权体系的两个主要的人权机构，分别有自己的人权保护机制和程序规则，两个机构，特别是美洲人权法院的裁决，对于引渡黄海勇与否具有决定性意义。因此，对于这两个国际组织的机构设置、程序规则的了解，对我们成功引渡黄海勇具有重要意义。

我国的专家证人之所以在美洲人权法院的巡回法庭上，面对各方的问题能够沉着冷静、妥善回答，就因为他们在接到作证任务以后，在外交部等部门的指导、帮助下，查阅了大量关于美洲人权委员会、美洲人权法院、秘鲁司法体系的

---

① 加拿大同意与中国协商引渡条约 转变抵制态度．（2016－09－22）．http://news.163.com/16/0922/00/C1HDSLUO00014JB5_all.html.

② 同①.

资料，提前进行熟悉了解，为法庭作证的顺利进行奠定了基础。近年来，越来越多的外逃人员将人权问题作为对抗引渡和遣返的理由，除向在逃国家的司法系统提起诉讼以外，还将案件提交到区域性人权机构，如美洲人权法院、欧洲人权法院等。我们应当全面了解区域性人权机构的性质、运作和程序规则，做好充分的应诉准备，只有这样才能在未来境外追逃中，知己知彼，百战不殆。

## 七、结语

黄海勇引渡案的成功，其中一个重要的原因，是得益于近年来我国国内刑事法治发展和人权保障的进步。我国每一个引渡案件的开展，都是对我国法治发展程度和人权保障进程的综合检验，也将对我国今后引渡合作的开展产生示范性影响。黄海勇引渡案是美洲人权法院成立以来首次就引渡逃犯案件作出判决，是我国首次在国际人权法院出庭并告捷，也是我国首次从拉美国家成功引渡犯罪嫌疑人，这将对我国今后在拉美国家的追逃工作产生直接影响，并可能在一定程度上影响我国在欧洲方向的追逃工作，因而被认为具有非常重要的标志性意义。虽然黄海勇被成功引渡回国，但是案件并没有结束，在后续对黄海勇的刑事诉讼程序中，我们一定要严格遵循法治程序，充分保障黄海勇的各项诉讼权利，兑现之前我国作出的外交承诺，用铁的事实向秘鲁政府、美洲人权法院乃至整个国际社会表明，中国政府值得信赖，中国法治值得信赖，中国刑事司法制度能够充分保障犯罪嫌疑人的权益，从而提升中国的国际刑事法治形象，增强国际社会对于中国刑事法治的信心，实现我国国际刑事司法合作工作的良性循环。相信黄海勇案件必将成为今后他国与我国开展引渡合作所“遵循的先例”，在我国乃至全球国际刑事司法合作实践中留下光辉的一页。

# 黄海勇案引渡程序研究

## ——以美洲人权法院黄海勇诉秘鲁案判决书为主要依据*

### 一、前言

在中国共产党第十九次全国代表大会上，习近平总书记在代表第十八届中央委员会向大会所作的报告中明确强调："当前，反腐败斗争形势依然严峻复杂，巩固压倒性态势、夺取压倒性胜利的决心必须坚如磐石……不管腐败分子逃到哪里，都要缉拿归案、绳之以法。"① 这既凸显了以习近平同志为核心的党中央对于反腐败追逃追赃工作的高度重视，也为我国的反腐败追逃追赃工作指明了方向。党的十八大特别是十九大以来，以习近平同志为核心的党中央以零容忍的态

* 与张磊教授合著，原载《法学杂志》，2018（1）（2）。

① 习近平．决胜全面建成小康社会　夺取新时代中国特色社会主义伟大胜利．人民日报，2017-10-28（1）.

度严格依法惩治腐败，坚持有腐必反、有贪必肃，“老虎”“苍蝇”一起打，坚定不移地把党风廉政建设和反腐败斗争引向深入，掀起了反腐败高潮。境外追逃追赃是反腐败司法合作的重要组成部分，是反腐败零容忍的重要体现。特别在当前腐败犯罪国际化趋势日益明显、腐败分子携款外逃现象频繁发生的背景下[①]，只有开展和强化国际社会境外追逃追赃的司法合作，才能有效遏止腐败犯罪的发生和发展势头。习近平总书记高度重视反腐败追逃追赃工作，围绕反腐败追逃追赃问题发表了一系列重要讲话，要求各有关部门要加大交涉力度，不能让外国成为腐败分子的“避罪天堂”。2014 年以来，我国开展了以“天网”行动、“猎狐”行动等为代表的境外追逃追赃专项行动，公布百名外逃人员红色通缉令，取得了突出成绩。2014 年以来，我国共从 90 多个国家和地区追回外逃人员 3 453 名、追赃 95.1 亿元，“百名红通人员”中已有 48 人落网。[②]

黄海勇引渡案是我国近年来境外追逃最为成功的案例之一，被称为新中国成立以来最为复杂的引渡案件。该案不仅涉案金额巨大，犯罪嫌疑人滞留境外时间漫长，穷尽了秘鲁国内司法程序，而且被提交到美洲人权委员会和美洲人权法院等区域性人权机构裁决。该案也是美洲人权法院成立以来首次就引渡逃犯案件作出判决[③]，是秘鲁首次同非欧洲国家开展引渡，是我国专家证人首次到国际人权法院出庭作证，也是我国首次从拉美国家成功引渡犯罪嫌疑人。该案全面反映了近年来中国刑事法治发展的进程[④]，对于以后中国境外追逃的开展具有重要的借鉴意义。笔者以美洲人权法院黄海勇诉秘鲁案判决书（Inter-American Court of Human Rights Case of *Wong Ho Wing* v. *Peru* Judgment of June 30，2015，以

① 张磊．腐败犯罪境外追逃追赃的反思与对策．当代法学，2015（3）．

② 十八届中央纪律检查委员会向中国共产党第十九次全国代表大会的工作报告（2017 年 10 月 24 日中国共产党第十九次全国代表大会通过）．（2017－10－29）．http://www.gov,cn/zhuanti/2017－10/29/content_5235228.htm.

③ Inter-American Court of Human Rights. Inter-American Court of Human Rights-Annual Report. 2015：100.

④ 赵秉志，张磊．黄海勇引渡案法理问题研究．法律适用（司法案例），2017（4）．

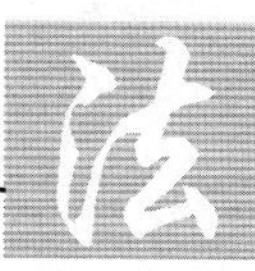

下简称“判决书”)[①] 中所反映的黄海勇的引渡程序为主要研究对象[②]，以习近平总书记十九大报告中关于反腐败追逃追赃的思想为指导，力图从中总结出引渡黄海勇的教训和经验，并对我国境外追逃追赃提出建议，以期推动我国境外追逃追赃的全面开展。

## 二、黄海勇引渡案的基本情况

黄海勇，曾任深圳裕伟贸易实业有限公司法人代表、深圳市亨润国际实业有限公司董事及总经理、湖北裕伟贸易实业有限公司法人代表、武汉丰润油脂保税仓库有限公司董事长、香港宝润集团有限公司董事。1996 年 8 月至 1998 年 5 月期间，黄海勇伙同他人共同走私进口保税毛豆油 10.7 万吨，案值 12.15 亿元，偷逃税款 7.17 亿元。案发后，黄海勇于 1998 年 8 月出逃，先后逃至美国、秘鲁等国。2008 年 10 月，黄海勇在秘鲁被秘鲁警方逮捕，随后中国政府依据中秘引渡条约向秘鲁政府提出引渡黄海勇的请求。2010 年 1 月，秘鲁最高法院作出判决同意向中国引渡黄海勇。2011 年 5 月，秘鲁宪法法院推翻了秘鲁最高法院同意引渡黄海勇的判决，引渡被迫中止。与此同时，黄海勇还向美洲人权委员会提出申诉，2013 年 10 月，美洲人权委员会将此案提交给美洲人权法院审理。2014 年 9 月，美洲人权法院开庭审理“黄海勇诉秘鲁政府”一案。2015 年 6 月，美洲人权法院作出判决，判定由于引渡黄海勇回国不存在其被判处死刑和遭受酷刑的

① 美洲人权法院的该案判决书分为以下部分：案情介绍与争议情况；法院程序；权力；初步反对意见；临时措施；前期考虑；证据；证明的事实；生命；人身安全权利以及与保障权利的义务有关的不遣返原则；与尊重和保障权利的义务有关的司法保护和司法担保权；与尊重和保障权利的义务有关的人身自由和人身安全权利；赔偿；判决结果。

② 严格意义上来说，黄海勇的引渡程序从 2008 年 10 月黄海勇被秘鲁警方逮捕开始，一直到 2016 年 7 月黄海勇被引渡回国为止，前后历时近 8 年时间。但是由于本文以美洲人权法院黄海勇诉秘鲁案判决书中所描述的引渡程序为研究对象，所以本文针对的引渡程序是从 2008 年 10 月到 2015 年 6 月美洲人权法院作出判决的将近 7 年时间的引渡程序。在 2015 年 6 月到 2016 年 7 月 1 年多的时间里，黄海勇又陆续穷尽了秘鲁国内的救济程序，由于相关资料欠缺，对于这部分程序笔者从略。

风险，所以秘鲁政府可以引渡黄海勇回国。至此，黄海勇引渡案获得实质性突破，取得了程序上的最大胜利。其后，黄海勇陆续穷尽了秘鲁国内的法律救济程序，于2016年7月17日被引渡回中国。

## 三、中国与秘鲁围绕黄海勇案开展引渡合作的法律依据

引渡是指一国应他国的请求，将当时处于本国境内而在他国受到刑事追诉或者已被判刑的人，依照一定程序移交请求国，以便对其进行审判或者处罚的制度。引渡一般要以互惠或者双边条约为前提①，本案也不例外。中国和秘鲁之间的双边条约及两国相关的国内法是双方开展引渡合作的主要依据。虽然本案主要发生于中国和秘鲁之间，但是由于本案又被黄海勇方面提交给美洲人权委员会和美洲人权法院，所以本案引渡的法律依据除中秘引渡条约、中秘国内法之外，还有美洲人权委员会和美洲人权法院的相关程序性规定。

### （一）中秘引渡条约

中国与秘鲁于2001年11月5日签订了《中华人民共和国和秘鲁共和国引渡条约》(共计22条，2003年4月5日生效)。判决书对该条约的相关内容进行了简单介绍，强调该条约在第1条就明确规定双方有“根据对方要求引渡境内所有人员，从而对其采取刑事程序或执行判决”的义务，同时该条约还规定了可以引渡的罪行、应当或者可以拒绝引渡的理由、引渡的国内法条件、提出引渡申请的条件和要求、提出引渡申请的程序、通讯和信息渠道等内容。接着，判决书还指出，该条约并没有明确规定如果申请引渡的罪行有可能被判处死刑应该如何处理，而只规定对于该请求的处理不得“与要求国的法律体系相冲突”。

由此我们可知，针对中秘双边引渡条约，判决书在提要性地介绍主要内容的前提下，特别明确指出两点：(1) 中秘双方具有根据对方请求开展引渡合作的义务，这是双方围绕黄海勇案件开展引渡合作的前提。在黄海勇被秘鲁警方逮捕之

① 黄风. 国际刑事司法合作的规则与实践. 北京：北京大学出版社，2008：3-4.


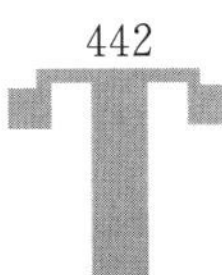

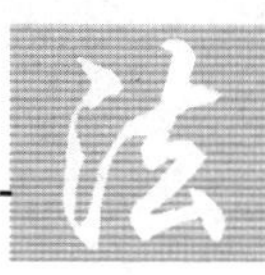

后，选择何种途径将黄海勇带回中国是双方必须作出的重要选择。正因为有了中秘引渡条约，双方才得以围绕本案开展引渡合作。如果没有中秘引渡条约，也许选择的将是其他途径。[①]（2）中秘双边引渡条约没有明确规定被请求引渡罪行涉及死刑问题时应该如何处理。本案中，死刑问题是黄海勇能否被顺利引渡的关键，也是黄海勇方面赖以对抗引渡的主要凭借，更是秘鲁司法机关、美洲人权委员会和美洲人权法院关注的重点问题之一，所以判决书中专门提出双边引渡条约中关于死刑问题的规定，为之后围绕死刑问题展开的诉讼程序奠定基础。

（二）中国和秘鲁国内法的相关规定

引渡分为主动引渡和被动引渡。主动引渡也被称为请求引渡或者从外引渡，是指一国请求将犯罪嫌疑人、被告人或被判刑人引渡回国的活动，是请求国的行为。被动引渡也被称为被请求引渡或者向外引渡，指一国向请求国引渡犯罪嫌疑人、被告人或被判刑人的活动，是被请求国的行为。[②] 各国国内法关于引渡程序的规定中，一般都包括了主动引渡程序和被动引渡程序，以调整本国分别作为请求国和被请求国与他国所开展的引渡活动。在中秘双方围绕黄海勇案件所开展的引渡活动中，中国是请求国，秘鲁是被请求国，双方的引渡合作就要依据中国法律中的主动引渡程序和秘鲁法律中的被动引渡程序展开。因此，除双边引渡条约之外，两国国内法律中关于引渡程序的规定也是双方开展引渡合作的法律依据。

1. 中国的主动引渡程序

中国的引渡程序主要由《中华人民共和国引渡法》（以下简称《引渡法》）所调整，该法共计 55 条，分为四章，除第一章“总则”和第四章“附则”以外，第二章“向中华人民共和国请求引渡”（调整被动引渡程序）和第三章“向外国请求引渡”（调整主动引渡程序）是其主要内容。在本案中，中国主要适用的是第三章的相关规定，该章共计 5 条（第 47～51 条），主要规定向外国提起引渡的

① 当前公认的追逃途径除引渡之外，还有非法移民遣返、异地追诉和劝返。黄风．境外追逃的四大路径．人民论坛，2011（11 上）．

② 黄风．国际刑事司法合作的规则与实践．北京：北京大学出版社，2008：19．

国内程序、紧急情况下在提起引渡请求前请求外国先行羁押、引渡请求所需要的文书材料、引渡中的追诉承诺和量刑承诺、被请求引渡人和相关财物的接收等问题。

《引渡法》第47条具体规定了向外国提出引渡请求的一般程序："请求外国准予引渡或者引渡过境的，应当由负责办理有关案件的省、自治区或者直辖市的审判、检察、公安、国家安全或者监狱管理机关分别向最高人民法院、最高人民检察院、公安部、国家安全部、司法部提出意见书，并附有关文件和材料及其经证明无误的译文。最高人民法院、最高人民检察院、公安部、国家安全部、司法部分别会同外交部审核同意后，通过外交部向外国提出请求。"依据该条之规定并结合中国实践，中国向外国提出引渡请求的程序基本流程如下：(1) 具体办理案件的地市一级审判、检察、公安、国家安全或者监狱管理机关（建议引渡机关）向省、自治区、直辖市一级相应机关建议引渡；(2) 省、自治区、直辖市一级机关（提议引渡机关）就下一级机关提出的引渡建议经过审核后向中央相应机关提议引渡（或者就其负责办理的需要引渡的案件直接向中央相应机关提议引渡）；(3) 中央相应机关（申请引渡机关）就省、自治区、直辖市一级机关的引渡提议经过审核后向外交部提出申请（或者就其负责办理的需要引渡的案件直接向外交部提出申请）；(4) 外交部（提出引渡机关）接到中央机关的引渡请求后报国务院批准；(5) 国务院（批准引渡机关）批准后，外交部向被请求国提出引渡请求；(6) 外交部向驻被请求国的使馆转递引渡请求并发出有关指示；(7) 中国（请求国）驻被请求国的使馆向驻在国外交部提交引渡请求。

在本案中，负责办理案件的是武汉海关走私犯罪侦查分局，由于其直接受海关总署缉私局（公安部第二十四局）的垂直领导，所以由该局（提议引渡机关）直接向公安部提出引渡请求①，公安部（申请引渡机关）经过审核之后向外交部提出引渡申请，外交部（提出引渡机关）在报请国务院（批准引渡机关）批准后

① 在我国，海关缉私局是海关的重要组成部分，也是公安机关的一个组成部分，是走私犯罪的侦查机关，同时接受海关和公安机关的双重领导。

向秘鲁提出引渡请求。[①]

2. 秘鲁的被动引渡程序

秘鲁的引渡程序主要由秘鲁宪法、刑事诉讼法等法律规定。在引渡黄海勇过程中，主要障碍并且耗时最长的就是秘鲁的被动引渡程序，所以判决书专门对此进行了阐述和强调。具体来说，判决书对秘鲁的被动引渡程序主要强调了以下三点：

第一，秘鲁的被动引渡程序是混合程序，包括司法程序和政治程序（political stage）两个阶段。秘鲁《宪法》（2009 年 9 月由秘鲁宪法法院颁布）第 37 条规定："只能由行政部门在得到最高法院同意后，按照法律和国际条约规定及对等原则进行引渡。"[②] 所以，秘鲁的被动引渡首先由秘鲁最高法院作出决定，然后再由秘鲁政府作出决定，只有在两者都同意的前提下，才能成功引渡。

第二，引渡合作必须坚持双重犯罪原则和可引渡犯罪原则。双重犯罪（double criminality）原则和可引渡犯罪（extradition offence）原则是各国开展引渡合作的两个重要原则。前者要求引渡请求所指行为依照请求国和被请求国法律均构成犯罪[③]；后者要求引渡所涉及的犯罪必须是可引渡的犯罪，即引渡的犯罪应当达到一定的严重程度（被判处一定刑罚），从而值得对其开展引渡合作。[④] 秘鲁《刑事诉讼法》也就引渡的双重犯罪原则和可引渡的犯罪进行了规定："引渡申请基于的事实在申请引渡国和秘鲁均不构成犯罪，或者依据两国法律规定，不应当判处最高 1 年或者 1 年以上徒刑的，则对引渡申请予以拒绝。"[⑤] 根据该规

---

① 严格来说，中国国内的主动引渡程序也是黄海勇引渡程序的重要组成部分，也应当是本文的研究对象，但是由于研究资料欠缺，美洲人权法院的判决书中也没有提及，所以笔者着重依据中国对外主动引渡程序的法律规定进行论述。

② 《世界各国宪法》编辑委员会. 世界各国宪法：美洲大洋洲卷. 北京：中国检察出版社，2012：223.

③ 黄风. 国际刑事司法合作的规则与实践. 北京：北京大学出版社，2008：7.

④ 同③9.

⑤ 秘鲁《刑事诉讼法》第 517 条第 1 款。《世界各国刑事诉讼法》编辑委员会. 世界各国刑事诉讼法：美洲卷. 北京：中国检察出版社，2016：173.

定，请求国提起引渡所涉嫌的犯罪必须在请求国和秘鲁均构成犯罪，并且至少都应判处 1 年以上徒刑，否则应当拒绝引渡。

第三，对于可能被判处死刑的犯罪，在请求国作出不判处死刑的保证之前，应当拒绝引渡。死刑不引渡原则是当前国际社会开展引渡合作时所坚持的一项基本原则，该原则要求在对被引渡人可能判处或者执行死刑的情况下拒绝引渡。所以，如果被请求引渡人在请求国可能被判处死刑，在请求国做出不判处死刑的保证之前，秘鲁应当拒绝引渡。对此，秘鲁《刑事诉讼法》也有明确的规定："被请求引渡人在请求引渡国可能被判处死刑，并且在请求国未提供不对其判处死刑承诺的情况下，秘鲁应当拒绝引渡。"①

（三）美洲人权委员会和美洲人权法院的相关程序规定

美洲人权委员会和美洲人权法院是根据《美洲人权公约》所建立的美洲人权体系的组成部分，两者构成了美洲国家组织最重要的区域性人权保障机制。美洲人权法院对于其成员国是否侵犯人权具有诉讼管辖权，包括缔约国间控告的管辖权和对个人申诉的管辖权。在美洲人权法院诉讼管辖权的启动方面，法院仅接受成员国或者美洲人权委员会提交的案件。对于个人的申诉，必须由美洲人权委员会作为受害者个人的代表在法庭上出现。在美洲人权法院行使诉讼管辖权之前，受害人需要穷尽《美洲人权公约》所规定的美洲人权委员会的有关指控程序。也就是说，美洲人权法院行使诉讼管辖权的前提是美洲人权委员会的审查程序已经结束，只有在美洲人权委员会无法解决的情况下才能提交给美洲人权法院。

本案中，黄海勇及其律师于 2009 年 3 月 27 日向美洲人权委员会提出申诉。美洲人权委员会经过审查后，于 2010 年 11 月通过 151/102 号受理报告受理了黄海勇诉秘鲁政府案。2013 年 10 月 30 日，美洲人权委员会将该案件提交给美洲人权法院，要求美洲人权法院对受理报告中所提到的侵权情况进行审查，明确秘鲁

① 秘鲁《刑事诉讼法》第 517 条第 3 款。《世界各国刑事诉讼法》编辑委员会. 世界各国刑事诉讼法：美洲卷. 北京：中国检察出版社，2016：173.

政府所应承担的法律责任，并命令秘鲁政府执行该报告中的建议。① 所以，本案在被提交给美洲人权法院之后，由该法院居中审判，美洲人权委员会（作为黄海勇的代表）及黄海勇作为原告一方，而秘鲁政府作为被告一方，这是本案当事各方的基本利益框架。

## 四、黄海勇案在秘鲁的诉讼程序及分析

在对引渡法律依据进行介绍之后，判决书详细描述了黄海勇的引渡程序。黄海勇从 1996 年 8 月至 1998 年 5 月在中国实施了严重的走私罪行后潜逃境外，2001 年 6 月，中国通过国际刑警组织的红色通缉令对黄海勇进行全球通缉。2008 年 10 月 27 日上午，黄海勇从美国入境秘鲁，在秘鲁利马市豪尔赫·查韦斯国际机场（Jorge Chávez International Airport）被捕，后秘鲁警方将其移交给秘鲁卡亚俄常设刑事法院（Permanent Criminal Court of El Callao）管辖，黄海勇被关押在秘鲁卡亚俄临时监狱。②

秘鲁《刑事诉讼法》中针对外国当局指控人员的羁押规定了“临时逮捕或预引渡”的强制措施。根据该规定，临时逮捕主要针对两类人员适用：一是相关国家中央机关正式提出引渡申请的人员；二是被他国追捕而试图进入本国的被请求引渡人。正式的逮捕请求应当提交给国家检察长办公室，由其立即转交给具有管辖权的预审法官，同时通知相应的省检察院。只要被指控的犯罪事实在秘鲁也可能构成犯罪，并且会被判处 1 年以上的监禁，就可以签发临时逮捕令。一旦执行临时逮捕，预审法官应当在 24 小时内听取被捕人员的陈述，如果被捕人员未委托可以信任的律师，还可以为其指定官方的辩护律师。③ 另外，《中华人民共和国和秘鲁共和国引渡条约》对此也进行了规定，“紧急情况下，在提出引渡请求

① 参见美洲人权法院判决书第 4 段。

② 参见美洲人权法院判决书第 60 段。

③ 参见秘鲁《刑事诉讼法》第 523 条。《世界各国刑事诉讼法》编辑委员会. 世界各国刑事诉讼法：美洲卷. 北京：中国检察出版社，2016：175.

前，请求方可以请求临时羁押被请求引渡人”[①]。黄海勇就是根据该临时逮捕制度而被羁押的，并由此开始了长达8年的引渡程序。我们可以将此引渡程序分成四个阶段进行分析。

（一）自黄海勇被逮捕到秘鲁最高法院作出第一次判决（2008年10月至2009年1月）

1. 黄海勇被逮捕后各方的反应

（1）基本程序。[②]

在黄海勇被秘鲁警方逮捕之后，黄海勇方面和中国方面都及时作出了反应。

第一，黄海勇方面。在黄海勇被逮捕的第二天，即2008年10月28日，卡亚俄常设刑事法院对黄海勇进行了预审，黄海勇在律师的陪同下发表声明，声称如果因为被指控的罪行被遣返回中国，他将有可能被适用或执行死刑，所以他要求秘鲁当局给予其特殊待遇，以保障其人权，并且要求在秘鲁接受审判。2008年12月10日，在卡亚俄常设刑事法院举行的公开听证会上，黄海勇及其律师再次提出，本案适用的条款是规定了死刑的中国刑法典第151条[③]，也就是说黄海勇被遣返回国以后有可能被判处死刑。

第二，中国方面。在黄海勇被秘鲁警方逮捕的6天后，即2008年11月3日，公安部第二十四局根据中秘引渡条约以黄海勇涉嫌违反中国刑法典第153、154、191、389、390条的规定，构成走私普通货物罪、洗钱罪和行贿罪为由[④]，向秘鲁方面提出引渡黄海勇的请求，同时要求秘鲁当局采取必要的措施，确保继续羁押黄海勇，以便于此后开展引渡程序。该引渡请求还指出黄海勇涉嫌偷逃税款超过7.17

① 《中华人民共和国和秘鲁共和国引渡条约》第9条第1款。

② 参见美洲人权法院判决书第60～63段。

③ 当时的中国刑法典第153条规定，走私普通货物、物品行为情节特别严重的，根据刑法典第151条第4款的规定处罚。第151条第4款针对该条第1、2款规定的犯罪规定了无期徒刑或者死刑，并处没收财产。所以，根据当时的中国刑法典，走私普通货物、物品罪是可以判处死刑的。只不过该条的死刑由第151条和第153条共同规定。

④ 中国刑法典第153条和第154条是关于走私普通货物、物品罪的规定，第191条是关于洗钱罪的规定，第389条和第390条是关于行贿罪的规定。

亿元人民币，并且其中的404.8万美元已经被从中国转出，同时还附上了中国刑法典的相关法条规定、批准逮捕书以及逮捕证等内容。卡亚俄常设刑事法院判决书也明确指出，在中国提出的引渡请求及其附件中，并未包括中国刑法典第151条规定的内容，根据该条之规定，黄海勇所涉嫌的走私普通货物罪可能被判处死刑。

（2）法理评析。

黄海勇被逮捕之后双方的反应具有以下特点：

第一，在反应时间上。双方都较为迅速，说明之前都作了充分的准备。特别是黄海勇及其律师，在黄海勇被逮捕第二天即明确发出声明，对抗引渡。而中方则在黄海勇被捕的6天后即向秘鲁方面提出了引渡请求。虽然中方反应的时间略晚于黄海勇方面，但是考虑到消息的传递、时差、各机关的协调配合、准备引渡材料等都需要时间，所以能够在6天之后即将引渡材料准备妥当并提交给秘鲁方面，已经难能可贵。

第二，在声明的内容上。黄海勇方面在第一次声明中就直接抛出死刑问题作为自己的救命稻草，以黄海勇回国后将有可能被适用或执行死刑为由对抗引渡。不仅如此，在一个多月后的引渡听证会上黄海勇方面再次明确提出本案所适用的条款是中国刑法典第151条，这说明其不仅有所准备，而且较为准确地把握住了对抗引渡的关键点。在此后的几年中，黄海勇方面紧紧抓住中国刑法典中对走私罪规定的死刑问题，给中秘双方的引渡合作带来了巨大麻烦，大大延缓了引渡程序的进程。相比之下，中方虽然也按照双边引渡条约的要求提交了引渡材料，附上了相关刑法典条文的内容和诉讼文书的复印件，但中方并没有提交关于走私普通货物罪可能被判处死刑的中国刑法典第151条的法律条文。而正是这一点，不仅被判决书明确指出中方提交的材料缺少关键性刑法条文，而且（如后所述）也被黄海勇方面作为攻击中方的重要理由。

2. 秘鲁最高法院的第一次判决。

（1）基本程序。[①]

2009年1月6日，本案被提交到秘鲁最高法院。2009年1月19日，秘鲁最

① 参见美洲人权法院判决书第63～64段。

高法院第二临时刑事法庭就黄海勇引渡案举行了听证会。在听证会上，黄海勇方面和中国方面围绕死刑问题再次展开了交锋。

第一，中国方面对黄海勇涉嫌的犯罪事实作出了进一步解释。在听证会的当天，法庭收到了中国武汉海关缉私局提交的报告，该报告针对黄海勇在中国所涉嫌的犯罪事实作了进一步解释，指出黄海勇是和他人共同犯罪，并提出了其他同案犯所适用的刑法条文。但判决书还是明确指出，中国武汉海关缉私局提交的报告中依然没有提到该罪行可能适用死刑的问题。

第二，黄海勇方面提交了中国刑法典第 151 条和第 153 条的译文。在听证会上，黄海勇的律师向法庭说明，根据中国刑法典这两条的规定，涉案金额“超过 50 万元（如本案）的走私罪”，应当根据刑法典第 151 条第 4 款的规定予以处罚，而且“情节特别严重的，处无期徒刑或者死刑”。

2009 年 1 月 20 日，秘鲁最高法院第二临时刑事法庭作出本案引渡程序中的首次咨询判决（first advisory decision），主要包括以下内容：

第一，中国针对黄海勇以逃避关税罪（the offenses of evasion of customs，在中国刑法典中被称为走私普通货物罪）和行贿罪提出引渡请求是正确的，这符合两国之间引渡条约的规定；同时指出，对于逃避关税罪，引渡仅适用于“中国刑法典第 153 条第 1 款规定”（for the criminal offense established in the first paragraph of article 153 of the Chinese Criminal Code）的情况。

第二，中国针对黄海勇以洗钱罪提出引渡是不当的，因为秘鲁刑法中并不存在洗钱罪，这不符合秘鲁引渡所遵循的双重犯罪原则。

（2）法理评析。

本阶段中，黄海勇方面和中国方面在听证会上分别进一步提出自己的主张，秘鲁最高法院在此基础上作出了判决。本阶段的程序有以下特点：

第一，黄海勇方面在之前抛出死刑问题并向法庭指出本案适用中国刑法典第 151 条的基础上，在本阶段直接向法庭提交了该条文的译文（也就是走私普通货物罪可能被判处死刑的法律依据），用于证明自己前述的可能被判处死刑的危险。客观来说，黄海勇方面不仅抓住了本案引渡问题的要害，而且一再提交和补充相

应的证明材料及其译文，紧紧揪住走私普通货物罪的法定刑包括死刑这一问题不放，用于支持自己的论点，抗拒引渡。而对比之下，中国方面在此阶段虽然进一步解释了黄海勇是共同犯罪，以其同案犯可能适用的刑法条款来说明黄海勇回国后可能被判处的刑罚，但还是没有针对本案的死刑问题进行直接回应。法庭判决书显然也注意到了这一点，明确指出中国武汉海关缉私局提交的报告依然没有提到该罪行可能适用死刑的问题。

第二，秘鲁最高法院的首次咨询判决对中国的引渡请求进行了评价，在肯定中方以逃避关税罪和行贿罪提出引渡请求的基础上，将围绕走私普通货物罪的引渡限制在不判处死刑的前提下，同时以双重犯罪原则否定了中方就洗钱罪提出的引渡请求。应当说，严格依照中国和秘鲁的法律规定，秘鲁最高法院的判决是比较客观的。因为当时中国的刑法典的确针对走私普通货物罪规定了死刑，而且如果秘鲁刑法中没有规定洗钱罪的话，以洗钱罪为由向秘鲁方面提交引渡请求就的确违背了引渡的双重犯罪原则。

（二）从秘鲁最高法院作出第一次判决到其作出第二次判决（2009 年 1 月至 2010 年 1 月）

1. 秘鲁最高法院作出第一次判决后双方的反应

（1）基本程序。①

在秘鲁最高法院作出第一次咨询判决后不到一周，即 2009 年 1 月 26 日，黄海勇的兄弟就以“存在侵犯黄海勇生命和人身安全的某种迫在眉睫的威胁”为由，针对秘鲁最高法院第二临时刑事法庭的法官提出第一次人身保护请求，并要求释放黄海勇。其提出请求的主要依据仍然是走私普通货物罪的死刑问题，并明确指出中国“出于恶意，引渡请求没有附上规定了死刑的中国刑法典第 151 条对应的译文”。另外，他还请求释放黄海勇。

2009 年 2 月 2 日，中方向秘鲁司法部引渡和被判刑人员移交官方委员会（Official Commission for Extraditions and Prisoner Transfers of the Ministry of Jus-

---

① 参见美洲人权法院判决书第 65～71 段。

tice）提交了中国公安部的一份说明（第一次外交照会），明确指出：根据请求引渡黄海勇所涉及犯罪的性质和中国刑法典的规定，不存在对黄海勇判处无期徒刑或死刑的可能，中国将依据法律以及中秘引渡条约对黄海勇追究刑事责任。

2009年2月12日，秘鲁利马第56刑事法庭签发命令，要求在针对黄海勇方面提出的人身保护令的程序做出结论之前，暂时中止引渡程序。但是该命令在2009年4月24日被秘鲁利马高等法院刑事法庭以人身保护令程序中没有关于中止引渡程序的规定为由予以撤销。

2009年2月19日，秘鲁司法部引渡和被判刑人员移交官方委员会对引渡请求出具报告指出："未收到中国刑法典第151条的译文，根据资料的译文，第153条第1款提到了该条。"根据以上内容认为，需要"获取译文"。2009年2月24日，中国驻秘鲁大使馆向秘鲁利马第56刑事法庭提交了中国刑法典第151、153、154、191、389、390条的译文。

2009年4月2日，秘鲁利马第56刑事法庭作出判决，判决包括以下内容：第一，黄海勇方面提出的人身保护请求成立，但是驳回了释放黄海勇的请求；第二，以"不具有足够依据"为由宣布秘鲁最高法院于2009年1月20日作出的咨询判决无效，即认为该判决所依据的事实没有明确并充分地说明为什么不能因为其犯下的可能适用死刑的犯罪而引渡黄海勇。经过一次上诉之后，2009年6月15日，该判决得到确认。

2009年8月25日，中国驻秘鲁大使馆向秘鲁最高法院提交了一份外交照会（第二次外交照会），明确指出：与黄海勇案件类似的案件在中国被判处了15年监禁，所以不存在对黄海勇适用死刑的可能。

（2）法理评析。

本阶段的程序有以下值得关注的特点：

第一，黄海勇提出了人身保护令。人身保护令作为普通法中古老的特权令状，是由法院向羁押者签发的一份命令，要求羁押者将被羁押者提交法院以审查

羁押的合法性。人身保护令在英美法国家被誉为“大自由令状”[①]。该项制度起源于英国，自1066年诺曼底公爵征服英国开始，国王为加强司法集权，要求各地司法机关根据国王的令状并以国王的名义进行审判，人身保护令制度正是在此基础上发展演变而来的。随着大英帝国的海外扩张，该项制度作为保障人身自由的重要举措被扩展到世界各地特别是当今的普通法系国家。[②] 在本案中，黄海勇一直利用人身保护令作为自己的救济手段，一再延缓引渡程序的进展。秘鲁利马第56刑事法庭就是审理黄海勇方面提出的人身保护令的法庭。[③] 由于该人身保护令是针对秘鲁最高法院首次咨询判决的，所以该法庭在判决黄海勇方提出的人身保护令成立的同时，还以无充足理由说明黄海勇不能被引渡为依据宣布秘鲁最高法院的首次咨询判决无效。在该判决之后，中国再次向秘鲁发出外交照会，提交了同类案例没有判处死刑而仅仅判处了有期徒刑的说明，再次表明对黄海勇不存在适用死刑的可能性。需要注意的是，之前中国提交的黄海勇同案犯的判决情况，以及这次提交的案件情况，都是用相关或者相似的案例说明黄海勇不会被判处死刑，而不是直接针对本案作出不判处死刑的承诺，当然在说明本案黄海勇不会被判处死刑的力度上也就不如后者，这也许就是后来秘鲁最高法院明确要求在案件中增加中方不判处死刑承诺的原因。

第二，中方迟迟没有提交中国刑法典第151条及其译文，被黄海勇方面诬蔑为恶意。在提起人身保护请求的同时，黄海勇方面将中国方面所提交的引渡请求中没有包含中国刑法典第151条关于走私普通货物罪可以判处死刑的规定及其译文作为攻击中方的理由，将中方推断为“以恶意和隐蔽的方式”（in a malicious and covert manner），即故意不提交该条文，掩盖可能判处黄海勇死刑的事实。

---

① 薛竑．人身保护令制度研究．重庆：西南政法大学，2006：1．

② 房国宾，黄承云．两大法系人身保护令制度比较研究．西部法学评论，2008（5）．

③ 根据秘鲁法律，当事人可以在秘鲁国内任一法院提出人身保护令，不一定在对该案具有管辖权的卡亚俄常设刑事法院提出人身保护令。美洲人权法院判决书中出现的利马第56、42、53法庭等都是审理黄海勇提出的人身保护令的初级法院（一审），请求被驳回后，黄海勇还可向利马高等法院上诉（二审）。如终审再被驳回，黄海勇可向秘鲁宪法法院提出违宪申诉。秘鲁宪法法院的决定是最终裁决。

第三，中国公安部在秘鲁最高法院首次咨询判决之后，提交了黄海勇不会被适用死刑的说明，并明确中国将依据法律和中秘双边引渡条约的规定追究黄海勇的刑事责任。这也被认为是中国向秘鲁方面提交的第一次外交照会。此时，距离黄海勇被逮捕已经过了将近 4 个月。但需要注意，由于此次提交说明的是中国公安部，并非中国最高人民法院，所以此次提交的说明并不意味着中方正式作出了不判处死刑的承诺。

第四，秘鲁司法部在针对中方提交的报告的回应中，明确强调该报告并没有提交中国刑法典第 151 条的译文，中方于 5 天之后提交了相应条文的译文。这表明，即使在第一份外交照会中提交了不判处黄海勇死刑的说明，也没有达到对方的要求，还是缺少该条文的译文，经过对方的再一次要求以后，中方才提交了译文。此时，比黄海勇方面明确提交关键性法条及其译文已经晚了 1 个月左右。而且秘鲁司法部的反馈也说明，提交关键法条的译文是此次引渡必不可少的程序。这说明，中方在提交引渡程序材料的掌握上还有待进一步提高。

2. 第二次人身保护令与中方不判处死刑的承诺

(1) 基本程序。①

2009 年 10 月 2 日，秘鲁最高检察院的检察官通知秘鲁最高法院，表明不赞成秘鲁最高法院同意引渡黄海勇的首次咨询判决。

2009 年 10 月 5 日，秘鲁最高法院常设刑事法庭举行引渡听证会，命令将资料退还给卡亚俄高等法院刑事法庭，让该法庭“附上已经提交（或者已经请求提交）在被判处死刑之后不执行死刑的担保，并且重新及时举行听证会”。

2009 年 10 月 12 日，黄海勇的律师以“对黄海勇的生命与人身安全存在某种迫在眉睫的威胁”为由，针对秘鲁最高法院常设刑事法庭的法官提交了第二份人身保护请求。2010 年 1 月 5 日，秘鲁利马第 53 刑事法庭经过审理认为该请求不当，因为其提出的请求已经在 2009 年 4 月 2 日的判决中进行了分析，其上诉后又被驳回。

① 参见美洲人权法院判决书第 72～77 段。

2009年12月9日，秘鲁最高法院常设刑事法庭举行引渡听证会。2009年12月11日，中国驻秘鲁大使馆通知该刑事法庭（中方发出的第三次外交照会）：中国最高人民法院已经决定，如果黄海勇被引渡回国并判刑，将不对其执行死刑，“即便根据法律其罪行足以判处死刑”。

2009年12月15日，秘鲁最高法院常设刑事法庭进行公开审理，宣布10月5日的听证会无效，双方当事人可以围绕中国所提交的外交承诺发表自己的观点。

2009年12月21日，秘鲁最高法院常设刑事法庭重新举行引渡听证会，法庭命令在案件卷宗中添加中国刑法典第151条的译文，以及2009年12月11日中国驻秘鲁大使馆公文中提到的最高人民法院的承诺。2009年12月29日，中国重新提交了刑法典第151条的译文（中方发出的第四次外交照会）。

（2）法理评析。

本阶段的诉讼程序具有以下特点：

第一，由于秘鲁最高检察院也不赞成秘鲁最高法院的首次咨询判决，秘鲁最高法院将案件退给了卡亚俄常设刑事法院，要求其附上中国不执行死刑的担保，这说明迄今为止，中方虽然已经提交了数个关于本案不会适用死刑的说明，但是一直没有明确作出不判处死刑的承诺。对此，中方在两个月后，即2009年12月11日向秘鲁最高法院正式提交了不判处死刑的承诺，这也促使秘鲁最高法院在4天后，也就是12月15日宣布撤销把案件退回卡亚俄常设刑事法院的裁决，让双方围绕中国提交的不判处死刑的承诺发表自己的观点。这也进一步证明，中国作出充分的不判处死刑的承诺是本案的关键环节，如果没有该承诺，诉讼程序就会继续搁置，而有了该承诺诉讼程序才会顺利推进。

第二，黄海勇方面再次以其生命受到威胁（也就是死刑问题）为由提出了人身保护请求，但是后来被驳回。这应该也是黄海勇方面的诉讼策略，其一再提出人身保护令，是其拖延诉讼程序的重要战术，不论最终结果如何，都会造成诉讼程序的耽搁和延长。

第三，在秘鲁最高法院常设刑事法庭继续举行引渡听证会的时候，中国提交了最高人民法院所作出的对黄海勇不判处死刑的承诺。这是中国正式根据中国《引渡法》第 50 之规定[①]就本案作出不判处死刑的承诺，即向对方明确表示，即使根据黄海勇的罪行依法应当被判处死刑，其最终也不会被判处死刑。事实上，根据当时的中国刑法典第 151 条之规定，并结合黄海勇的涉案事实，他客观上是存在被判处死刑的可能的。而中方不判处死刑承诺的作出，则正式表明，不论原本依照立法是否应当被判处死刑，黄海勇最终都不会被判处死刑。

第四，秘鲁最高法院常设刑事法庭举行的引渡听证会上还要求在案件卷宗（case file）中添加中国刑法典第 151 条的译文，以及 2009 年 12 月 11 日中国驻秘鲁大使馆公文中提到的中国最高人民法院的承诺。这也表明，在本案案件卷宗中并没有这两份案件材料。中国最高人民法院的承诺由于是刚刚提交的，尚未存入卷宗当中可以理解，但是为什么 2009 年 2 月中方已经提交给秘鲁方面的中国刑法典第 151 条的译文尚未纳入卷宗当中，美洲人权法院的判决书并没有予以说明。笔者认为，这是因为当时译文提交给了秘鲁利马第 56 刑事法庭而并非秘鲁最高法院，所以案件卷宗当中没有。即便如此，中方在得到秘鲁方面的要求之后，即在 8 天之后再次提交了该条的译文。

（三）从秘鲁最高法院作出第二次判决到秘鲁宪法法院作出判决（2010 年 1 月至 2011 年 6 月）

1. 秘鲁最高法院的第二次咨询判决

（1）基本程序。[②]

2010 年 1 月 27 日，秘鲁最高法院常设刑事法庭作出第二次咨询判决，判决包括以下内容：(a) 批准关于中国刑法典第 153、154、389、390 条规定的逃避

---

① 中国《引渡法》第 50 条规定："被请求国就准予引渡附加条件的，对于不损害中华人民共和国主权、国家利益、公共利益的，可以由外交部代表中华人民共和国政府向被请求国作出承诺。对于限制追诉的承诺，由最高人民检察院决定；对于量刑的承诺，由最高人民法院决定。在对被引渡人追究刑事责任时，司法机关应当受所作出的承诺的约束。"

② 参见美洲人权法院判决书第 78～80 段，第 93 段。

关税罪和行贿罪产生的引渡请求。(b) 虽然逃避关税罪(中国刑法中的走私普通货物罪)规定有死刑，但是 2009 年 12 月 8 日中国最高人民法院已经作出了不判处死刑的承诺，所以应当认为黄海勇不存在被判处死刑的风险。(c) 以不符合双重犯罪原则宣布中方以洗钱罪提出引渡的请求无效。(d) 秘鲁最高法院判决引渡黄海勇的条件是："中国当局作出不会判处其死刑的承诺；在对被引渡人作出判决时将判决内容通知秘鲁政府。"

2010 年 2 月 9 日，黄海勇的律师针对秘鲁总统、司法部和外交部提交了第三份人身保护请求，后被秘鲁利马第 42 刑事法庭宣布无效，上诉后于 4 月 14 日被驳回，理由是在引渡期间，总统、司法部和外交部没有发布任何侵权或威胁黄海勇的决定，也没有对其造成任何侵害。黄海勇的律师随后又提出违宪上诉，2011 年 5 月 24 日该上诉得到了秘鲁宪法法院的支持。

2011 年 2 月 22 日，中国驻秘鲁大使馆通知秘鲁司法部(第五次外交照会)，除不判处死刑的承诺以外，中国政府正式承诺将邀请秘鲁政府派遣观察员参加黄海勇被引渡回国后的审判，并对判决的执行情况进行监督。2011 年 2 月 25 日中国通过了《刑法修正案(八)》(2011 年 5 月 1 日生效，该修正案废止了走私普通货物罪的死刑)，中国方面于 2011 年 4 月 6 日将《刑法修正案(八)》获批准的情况通知了秘鲁宪法法院。

(2) 法理评析。

本阶段的诉讼程序有以下特点：

第一，秘鲁最高法院作出了第二次咨询判决：(a) 批准了针对逃避关税罪(走私普通货物罪)和行贿罪的引渡申请，但基于不符合双重犯罪原则，拒绝了针对洗钱罪提出的引渡申请；(b) 虽然根据走私普通货物罪可能判处死刑，但是基于中国最高人民法院已经作出的不判处死刑的承诺，秘鲁最高法院相信，黄海勇被引渡回国之后不会被判处死刑；(c) 明确黄海勇被引渡回国的条件是：中国当局作出不会判处其死刑的承诺，而且中方在对黄海勇作出判决时，应当将判决内容通知秘鲁政府。

第二，中方承诺邀请秘鲁方面监督黄海勇回国后的审判。在秘鲁最高法院

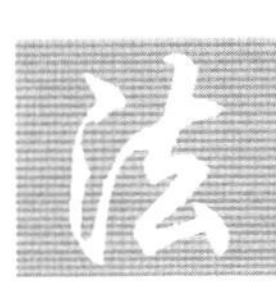



作出第二次咨询判决 1 年多后，中国向秘鲁方面发出了第五次外交照会，向秘鲁方面承诺，将邀请秘鲁方面派员参加黄海勇被引渡回国之后的审判，并且对判决执行情况进行监督。这是中方作出的除不判处死刑承诺之外的新的外交担保，即邀请秘鲁方面对中方日后黄海勇案件的判决进行监督，也是对秘鲁最高法院第二次咨询判决中所要求的引渡黄海勇的条件的一个回应。但是，这种回复似乎有点儿晚，因为是在秘鲁最高法院作出判决一年多之后才予以回应的。

第三，中方及时向秘鲁方面通知中国的相关最新立法进展。中国立法机关 2011 年通过的《刑法修正案（八）》废除了包括走私普通货物罪在内的 13 种经济性、非暴力犯罪的死刑，占中国刑法中死刑全部罪名总数的 19.1%；同时原则上免除了审判时已满 75 周岁的老年犯罪人死刑的适用。这是中国踏上废除死刑征途的一个起点和迈出的一大步，标志着法学界呼吁已久的限制、废除死刑的主张正式获得了国家立法机关的认可，并进入立法推进层面。① 中国及时将此重要信息通知了秘鲁方面，从而从立法上明确，即使中国未对秘鲁作出不判处黄海勇死刑的承诺，由于中国刑法的修改，中国法院也不可能对黄海勇判处死刑。

2. 秘鲁宪法法院的判决及其修正

（1）基本程序。②

秘鲁最高法院作出判决之后，黄海勇及其律师向秘鲁宪法法院提起违宪申诉，后秘鲁宪法法院经过审判于 2011 年 5 月 24 日作出判决，判决包括两个方面的内容：(a) 认为中国提供的外交担保不足以保证不会对黄海勇执行死刑。理由是根据联合国的标准，中国死刑的适用存在法外执行、即审即决或任意处决（extrajudicial，summary or arbitrary executions），而且死刑适用受到公众舆论影响过大。(b) 中国虽然提交了《刑法修正案（八）》的有关资料，但是该资料并没有通过秘鲁的正式外交程序递交，也没有提到中国宪法是否承认刑法对被告

---

① 高铭暄，陈璐.《中华人民共和国刑法修正案（八）》解读与思考. 北京：中国人民大学出版社，2011：3.

② 参见美洲人权法院判决书第 81～84 段，第 200 段。

人有利的溯及力问题，因此不能被理解为不适用死刑的担保。在此基础上，秘鲁宪法法院宣布黄海勇的人身保护请求是正当的，并且命令秘鲁政府放弃将黄海勇引渡回中国。

秘鲁宪法法院的判决作出以后，秘鲁司法部和外交部的公共辩护律师申请秘鲁宪法法院针对已经作出的判决作出进一步的解释。2011 年 6 月 9 日，秘鲁宪法法院作出决定，明确指出，关于为什么在判决中认为中国提供的外交担保不充分，是因为在作出判决时案件卷宗中并没有公诉人所提到的外交担保，而只包括了关于《刑法修正案（八）》废除走私罪死刑的情况，但这“不能构成外交担保”①。外交担保的材料是在判决作出以后的 2011 年 7 月 7 日才被纳入卷宗中的。② 因此，法院没有机会对走私普通货物罪死刑的废除是否适用于本案以及中国所提供的外交担保进行评估。③ 考虑到以上情况，秘鲁宪法法院认为，判决中的第 9 条和第 10 条依据存在实质性的错误，因此对其进行如下修改：“9. 中国提供的外交担保不足以保证不会对黄海勇先生执行死刑。这是因为案件材料中没有中国提供给秘鲁政府的任何外交担保。”④ “10. 由于本案卷宗中没有外交担保，本庭认为，不能证明中国已经为维护黄海勇先生的生命权提供了必要和充分

① On June 9，2011，the Constitutional Court issued a decision in which it indicated that，“regarding the request to clarify the reasons why it had considered that the diplomatic assurances offered by the people's Republic of China were insufficient，(it recalled) that at the time the (judgment) was delivered，the case file did not contain any of the diplomatic assurances referred to by the public attorneys who were requesting the clarification”. 参见美洲人权法院判决书第 84 段。

② The diplomatic assurances were incorporated into the case file following the delivery of this judgment on July 7，2011. 参见美洲人权法院判决书第 84 段。

③ Thus，the Constitutional Court was unable to assess either the annulment of the death penalty for the offense of smuggling ordinary merchandise and it applicability to Wong Ho Wing's situation，or the subsequent diplomatic assurances provided by the People's Republic of China，which this Court has been able to assess. 参见美洲人权法院判决书第 203 段。

④ The diplomatic assurances offered by the People's Republic of China are insufficient to ensure that the death penalty will not be imposed on Wong Ho Wing. This is because，since the case file does not contain any diplomatic assurances provided to the Peruvian State by the People's Republic of China，it has not been proved that real protection of the right to life has been ensured. 参见美洲人权法院判决书第 84 段。

的担保。"[①] 同时，法庭还认为，虽然法庭在判决之后才了解到中国外交担保的内容，但是这并不能改变已经通过的判决，因为其已经获得了宪法上的既判力。[②]

（2）法理评析。

从上面的程序可知，秘鲁宪法法院首先作出了判决，然后又通过决定对作出该判决的理由进行了修改。具体来说，秘鲁宪法法院在 2011 年 5 月 24 日作出的判决中，认为中国死刑适用存在法外执行和任意处决、受到舆论影响较大等问题，中国提交的《刑法修正案（八）》不仅没有通过秘鲁的正式外交程序递交，也没有说明在溯及力上是否适用于黄海勇案件，所以中国提供的外交担保不能够保证对黄海勇不适用死刑，进而拒绝引渡黄海勇。而经过秘鲁司法部等要求作出进一步解释之后，秘鲁宪法法院对之前判决的主要依据修改为"作出判决之时，外交担保并未被纳入案件卷宗当中"。事实上，如前所述，中国早在 2009 年 12 月 11 日就将不判处死刑的承诺提交给了秘鲁最高法院常设刑事法庭，但是关于该外交担保为什么在 2011 年 5 月 24 日作出判决之前没有被纳入秘鲁宪法法院的案件卷宗中，直到 2011 年 7 月 7 日才被纳入，判决书中并没有明确说明。

（四）从秘鲁宪法法院作出判决到美洲人权法院作出判决（2011 年 6 月至 2015 年 6 月）

1. 基本程序。[③]

按照秘鲁《刑事诉讼法》规定的引渡程序，在司法程序结束之后引渡程序进入行政程序。在秘鲁宪法法院作出判决之后，秘鲁司法部数次提出违宪上诉，要求对秘鲁宪法法院的判决作出解释。但是 2013 年 3 月 12 日，秘鲁宪法法院裁定，要求对黄海勇案件作出的判决进行解释的请求无效。自此以后，双方对秘鲁宪法法院的判决（2011 年 5 月 24 日）和秘鲁最高法院的第二次咨询判决（2010

① Bearing in mind the inexistence of diplomatic assurances in the case file, this Court finds that it has not been proved that the People's Republic of China has granted the necessary and sufficient guarantees to safeguard the right to life of Wong Ho Wing. 参见美洲人权法院判决书第 84 段。

② 参见美洲人权法院判决书第 200 段。

③ 参见美洲人权法院判决书第 86～91 段，第 93 段，第 108～114 段。

年 1 月 27 日）都没有提出新的上诉，因此两个判决同时有效，即认为应当支持引渡的判决和秘鲁宪法法院放弃引渡的判决同时存在。从那时起，秘鲁司法部一直在办理程序，没有作出最终决定。

第一，中方又发出三次外交照会。2011 年 6 月 10 日（秘鲁宪法法院对其判决作出解释的第二天），中国向秘鲁司法部发出第六次外交照会，提交了中国刑法典第 12 条（关于刑法溯及力问题）的译文，证明中国《刑法修正案（八）》将适用于黄海勇一案。

2011 年 12 月 22 日，中国驻秘鲁大使馆向秘鲁外交部发出了第七次外交照会，提交了对中国《刑法修正案（八）》所适用的案件的解释，解释中明确了以下内容：根据中国刑法典第 12 条第 1 款的规定，中国刑法典的追溯效力应当遵循根据行为当时的法律进行判决的原则和从轻判决的原则。对中国刑法典生效之前已经宣判的罪行，如果行为当时的法律与现行法律相比没有变化，适用行为当时的法律。中国《刑法修正案（八）》（2011 年 5 月 1 日生效）修改了中国刑法典第 153 条第 1 款之规定，黄海勇的罪行发生于该修正案生效之前，但是经该修正案修改后该罪的刑罚轻于修改前的刑罚，所以根据从旧兼从轻原则，对本案应适用中国《刑法修正案（八）》的规定。2009 年 12 月中国作出的不判处死刑的承诺继续有效，即对黄海勇不适用死刑。

2014 年 8 月 19 日，中国驻秘鲁大使馆向秘鲁外交部发出第八次外交照会，包括以下内容：（1）承诺黄海勇不会遭受酷刑等不人道的待遇。作为《禁止酷刑和其他残忍、不人道或有辱人格的待遇或处罚公约》的缔约国，在 2009 年作出不判处黄海勇死刑承诺的基础上，中国政府确保黄海勇将不会受到酷刑或其他残忍、不人道或有辱人格的待遇和处罚。中国方面将遵守这一承诺。（2）保障黄海勇的诉讼权利。根据中国《刑事诉讼法》和《律师法》，黄海勇享有聘请律师为其辩护并在不受监视的情况下与其律师会面的权利。中国司法机关应当对黄海勇的审判和预审进行同步录音录像，并可应秘鲁方面的要求供其使用。允许具有执业资格证、可以在中国从事经营的独立的社会医疗机构为黄海勇提供医疗服务。（3）保障秘鲁方面随时了解和监督黄海勇在中国的诉讼程序。保证秘鲁方面可以了解黄海勇在中国的羁押地点，派遣外交或者领事官员与黄海勇座谈；秘鲁方面可以派遣其外交或领事官员旁听对黄海勇的公开审判；在黄海勇羁押期间，为其提供视频设施，方便秘鲁官员与黄海勇联系。

第二，黄海勇又先后提出三次人身保护申请。2011 年 11 月 16 日，黄海勇的律师针对秘鲁司法部和卡亚俄常设刑事法院提交了第四份人身保护申请，认为黄海勇临时羁押的材料提交给了司法部，但是随后没有提交给卡亚俄常设刑事法院。2012 年 5 月 30 日，秘鲁利马第 30 刑事法庭宣布不予受理，因为这并没有对黄海勇的宪法权利造成任何损害。

2012 年 3 月 13 日，黄海勇的律师针对秘鲁最高法院开庭审理本案提出第五次人身保护申请。根据 2014 年 12 月 1 日秘鲁政府的通知，该程序尚未有结果。①

2013 年 4 月 26 日，黄海勇的律师又提交了第六份人身保护申请，申请要求立即释放黄海勇，并不受任何限制。2013 年 11 月 20 日，黄海勇再次提出要求改变对自己的羁押状况。2014 年 3 月 10 日，卡亚俄第 7 刑事法庭针对黄海勇的该要求作出裁决指出，黄海勇被剥夺自由的时间超过了合理的期限，因此应当改变为较轻的刑事强制措施，但要能够确保其留在秘鲁，直至行政机关对引渡请求作出终审判决。因此，法庭命令将强制措施变为由其弟弟对其监视居住（house arrest）②，并于 2014 年 3 月 24 日开始执行。有鉴于此，接受黄海勇第六份人身保护申请的法院也于 2014 年 10 月 24 日作出裁决，以对黄海勇的强制措施已经变为监视居住且该案件已经提交给美洲人权法院为由驳回申请。

2013 年 10 月美洲人权委员会将本案提交给美洲人权法院。此后该案件由美洲人权法院审判，直至 2015 年 6 月 30 日美洲人权法院就本案作出判决。

---

① Cfr. 2014 年 12 月 1 日秘鲁政府的书面材料（背景资料，第 1159 页）。人身保护申请于 2013 年 4 月 29 日得到认可。Cfr. 2013 年 4 月 29 日批准美洲人权法院判决书（证词，第 8517～8520 页）。

② The Court ordered “house arrest……in the custody of his brother.” 参见美洲人权法院判决书第 113 段。当然，这里的“house arrest”能否翻译为“监视居住”还有待于进一步研究，笔者暂且将其翻译为“监视居住”。

2. 法理评析。

在秘鲁宪法法院作出判决之后，秘鲁司法部虽然数次提起违宪上诉，但是最终还是被驳回。之后，由于秘鲁最高法院同意引渡的判决和秘鲁宪法法院不同意引渡的判决同时存在，该案引渡的行政程序无法进行，因而秘鲁司法部一直没有就引渡程序作出最终同意引渡的决定。但是中方继续通过外交照会的形式推动引渡程序的开展，而黄海勇方面则通过人身保护令的方式要求被释放，延缓引渡程序的进行。

第一，中国方面。中方首先在秘鲁宪法法院对判决作出解释的第二天就提交了中国刑法典第 12 条的译文，然后又于 6 个多月后（2011 年 6 月 10 日至 2011 年 12 月 22 日）再次就中国《刑法修正案（八）》的溯及力问题进行了解释。后又在美洲人权法院开庭审理黄海勇案件（2014 年 9 月 3 日）的前夕，即 2014 年 8 月 19 日向秘鲁外交部作出了进一步的外交承诺，包括保证黄海勇不会遭受酷刑等不人道的待遇的承诺、保障其各项诉讼权利的承诺，以及保证秘鲁方面了解各项诉讼进程并和黄海勇保持联络的承诺。这说明，虽然死刑问题是本案的核心，中国作出不判处死刑的承诺是本案的关键问题，但是除此之外，不遭受酷刑、保证其诉讼权利、保证秘鲁的监督权，也是秘鲁方面重点关注的问题。中国方面所作的这些承诺，向秘鲁和美洲人权法院全面展现了中国刑事司法的进步，表明中国对黄海勇进行公正审判的决心，从而为美洲人权法院最终作出有利于中国的判决奠定了基础。

第二，黄海勇方面。人身保护令是黄海勇延缓引渡程序的重要措施。在秘鲁宪法法院判决之后，黄海勇又多次申请人身保护令或者提出人身保护请求。对于其不合理的请求，秘鲁司法机关予以驳回。但是对于其一些合理的请求，秘鲁法院也及时作出了处理。应当说，由于本案涉及的程序复杂，黄海勇自 2008 年 10 月被捕以来一直被羁押，客观上的确存在超期羁押的问题。也正因如此，在黄海勇提出改变对自己的羁押要求之后，卡亚俄第 7 刑事法庭将强制措施改变为监视居住。根据判决书显示，到 2015 年 6 月判决作出时，黄海勇已经被羁押了 5 年 4 个月，监视居住 1 年 3 个月。根据秘鲁《刑事诉讼法》第 272 条之规定，审前羁

押不得超过 9 个月，案情复杂的不得超过 18 个月。所以，虽然在此期间秘鲁政府一直在推进相应的诉讼程序，但是超期羁押的客观事实是存在的。那么，对此羁押期限能否在黄海勇回国接受审判后被判处的刑期中予以折抵，就值得关注。

## 五、黄海勇案在美洲人权委员会和美洲人权法院的诉讼程序及分析

在秘鲁最高法院作出同意引渡黄海勇的首次咨询判决之后，黄海勇方面还将案件提交到美洲人权委员会，并最终提交给美洲人权法院。所以，在提交给美洲人权委员会以后，秘鲁国内的诉讼程序与美洲人权委员会暨美洲人权法院的诉讼程序是同时进行的。

### （一）基本程序①

1. 在美洲人权委员会的诉讼程序（2009 年 3 月至 2013 年 10 月）

2009 年 3 月 27 日，黄海勇首次向美洲人权委员会提出请求。2010 年 11 月，美洲人权委员会通过 151/102 号受理报告受理了该案。2013 年 7 月 18 日，根据《美洲人权公约》第 50 条的规定，美洲人权委员会通过第 78/13 号背景报告（以下简称“背景报告”）就本案得出了一系列结论，认为秘鲁政府侵犯了黄海勇的人身自由权、生命权、人身安全权利、司法保障与司法保护权利，具体包括以下三个部分：(1) 自 2008 年 10 月 27 日羁押黄海勇后，任意和过度地剥夺黄海勇的自由，涉嫌超期羁押；(2) 在引渡程序中，部分违规行为侵犯了黄海勇的人身安全；(3) 2011 年 5 月 24 日，秘鲁宪法法院已经命令秘鲁行政机关放弃引渡黄海勇，但该命令并没有得到执行，违反了司法保护权。

在此基础上，美洲人权委员会还向秘鲁政府提出了一系列建议：(1) 根据秘鲁《刑事诉讼法》采取必要的措施尽快终止引渡程序，严格遵守 2011 年 5 月 24 日秘鲁宪法法院的判决对引渡申请作出裁决，同时，秘鲁政府应当确保其主管机构均不得延误履行该判决。(2) 对黄海勇的临时逮捕措施进行审查。特别要指出

① 参见美洲人权法院判决书第 2～14 段。

的是，与黄海勇人身自由相关的所有司法决定的执行，均应当严格遵守背景报告描述的例外性、必要性和相称性原则。

2013年7月30日，美洲人权委员会将背景报告发送给秘鲁政府，给予其两个月的时间对履行建议的情况进行报告。2013年9月30日，秘鲁政府提交了一份报告，介绍了为履行这些建议所采取的措施。

2. 在美洲人权法院的诉讼程序（2013年10月至2015年6月）

2013年10月30日，美洲人权委员会将本案提交给美洲人权法院[①]，要求美洲人权法院对背景报告中的侵权情况、秘鲁政府所应承担的责任给出结论，另外还要求命令秘鲁政府执行该报告中的建议。2013年12月9日，美洲人权法院将该案件被提交的情况通知了秘鲁政府和黄海勇的律师。

2014年2月5日、6日、9日，黄海勇的律师分别向美洲人权法院递交了申请书、辩护词和证词。2014年5月6日，秘鲁向美洲人权法院提交其初步反对意见书，向美洲人权委员会提交关于本案的答复，向黄海勇方面递交对申请书和辩护词的意见。在给美洲人权委员会的答复中，秘鲁政府以“尚未走完内部程序”为由提出了初步反对意见：（1）在2009年3月黄海勇首次向美洲人权委员会提出申请的时候，黄海勇案件并没有用尽国内的上诉程序，所以秘鲁政府的所谓超期羁押并非没有缘由。（2）在美洲人权委员会决定受理本案时，并没有考虑到黄海勇代理人所提出的人身保护要求正在办理手续的程序中。也就是说，黄海勇的“引渡程序正在办理”，秘鲁行政机关到现在都没有作出决定。对此，美洲人权委员会认为，秘鲁政府应当对受理期间未用尽内部上诉程序的例外情况提交说明。黄海勇的律师也认为，行政机关的决定“超过四年”都未有结果，因此，存在“引渡决定不合理拖延”的情况。美洲人权法院经过审议，驳回了秘鲁政府的初步反对意见。

---

① 美洲人权法院审理本案的有6名法官：Humberto Antonio Sierra Porto（审判长），Roberto F. Caldas（副审判长），Manuel E. Ventura Robles（法官），Alberto Pérez Pérez（法官），Eduardo Vio Grossi（法官），Eduardo Ferrer Mac-Gregor Poisot（法官）。

2014年7月28日，美洲人权法院审理本案的审判长签发命令，召集秘鲁政府、黄海勇律师和美洲人权委员会举行听证会，听取各方的意见。2014年9月3日，美洲人权法院在巴拉圭首都亚松森市举行了听证会。[①] 2014年10月3日，当事人与美洲人权委员会分别提交其书面最终辩护词和意见。2015年6月24日，法院开始考虑作出判决。

2015年6月30日，美洲人权法院就本案作出判决，判决包括以下内容：(1)如果秘鲁引渡黄海勇，黄海勇不存在被适用死刑的可能性以及遭受酷刑的危险，秘鲁也不会因为违反《美洲人权公约》第4条、第5条和《美洲地区预防和惩治酷刑公约》第13条第4段规定的相关义务而承担责任。(2)秘鲁政府对黄海勇的羁押措施超出了合理期限，侵犯了黄海勇的人身自由权，为此应当在接到本判决书1年内赔偿黄海勇3万美元，同时支付黄海勇的律师2.8万美元的成本及费用。并强调，支付给律师的成本与费用也是赔偿的一部分，因为黄海勇基于秘鲁政府应当承担国际责任的行为而在国内和国际采取的行为都应当获得赔偿。(3)秘鲁政府因为没有尽到应尽的职责而导致引渡程序拖延至今，秘鲁必须尽快在引渡程序中作出最终决定。(4)自本判决通知之日起，秘鲁政府应当在6个月之内发布本判决书，并在1年内向美洲人权法院提交介绍其为执行判决而采取的措施的报告。(5)关于原告方的其他主张，不予支持。[②]

### （二）法理评析

#### 1. 美洲人权法院最终作出有利于中方的判决

在经过1年8个月（从2013年10月30日至2015年6月30日）的漫长审理之后，美洲人权法院对本案作出了判决。判决书第329段对本案的问题作出了最

---

① 出席听证的主要有三个方面：a）美洲人权委员会方面：James Louis Cavallaro，Commissioner and Silvia Serrano Guzmán and Erick Acua，Advisers of the Executive Secretariat；b）受害人方：Luis Lamas Puccio，Miguelángel Soria Fuerte，c）秘鲁政府方面：Luis Alberto Huerta Guerrero，Special Supranational Public Prosecutor，Agent，and Sofía Janett Donaires Vega and Carlos Miguel Reao Balarezo，lawyers of the Special Supranational Public Prosecutor's Office。

② 参见美洲人权法院判决书第302、306、317、322、323、329段。

终处理，该段虽然分为 17 个部分，分别对相关问题作出了最终裁决，但是其核心内容主要包括以下 3 个部分：(1) 如果秘鲁方面判决将黄海勇引渡给中国，黄海勇不存在被判处死刑或者遭受酷刑等不公正待遇的风险，秘鲁政府也不会为此承担相应的国际责任。这里需要注意的是，美洲人权法院的判决书并不是直接判决秘鲁是否引渡黄海勇，而是针对黄海勇回国后可能面临的情况作出裁判，最终是否引渡的裁判还是要由秘鲁方面作出。(2) 裁判秘鲁方面需要对黄海勇的超期羁押承担责任，秘鲁政府应当在接到判决书 1 年内承担相应的赔偿责任。具体来说，由于超期羁押侵犯了黄海勇的人身自由权，秘鲁政府需要赔偿黄海勇 3 万美元，同时支付给黄海勇的律师 2.8 万美元的成本和费用，并强调支付给律师的成本和费用也是赔偿的一部分，因为黄海勇是基于秘鲁政府的不当行为而聘请律师进行诉讼行为的。(3) 由于秘鲁政府没有尽到应尽的职责，引渡程序拖延至今，所以命令秘鲁必须尽快在引渡程序中作出最终决定。

从该判决我们可以看出，美洲人权法院一方面围绕死刑、酷刑等问题进行评估，认可了中方作出的包括不判处死刑在内的外交承诺；另一方面也指出秘鲁政府的超期羁押是客观存在的，秘鲁政府应当为此承担相应的责任，并督促秘鲁政府尽快作出是否引渡的判决。同时，这也表明，为了配合中国的引渡请求，秘鲁方面也的确付出了巨大代价。该判决的作出标志着中国在黄海勇引渡问题上取得了实质性的胜利。虽然之前秘鲁宪法法院质疑中国的外交承诺，但是美洲人权法院最终认可了中国的外交承诺，从而为秘鲁方面最终作出有利于中国的引渡判决奠定了基础。此后虽然黄海勇方面依然心存不甘，继续利用秘鲁国内程序对抗引渡，但最终黄海勇还是被引渡回国。

2. 中国专家证人的证言对作出有利于中方的判决起到了重要作用

美洲人权法院审理本案的一个突出亮点，就是邀请有关方面的专家证人出庭作证。对此，判决书也进行了专门描述：“法院还收到了黄海勇以及证人 Kin Mui Chan 与 He Long Huang 在公证人面前作出的声明，以及 Carmen Wurst de Landázuri、Ben Saul 和 Geoff Gilbert、Huawen Liu 和 Jean Carlo Mejía Azuero 专家的意见。对于听证会期间获得的证据，法院听取了专家证人赵秉志教授、孙

昂参赞和 Víctor Oscar Shiyin García Toma 的意见。”[①] 这些专家证人特别是中方专家证人的证言，对本案判决的作出起到了重要作用。

第一，对专家证人证言的肯定。判决书中多次引用中方专家证人的证言，说明中方专家证人的证言对美洲人权法院最终作出有利于中方的判决作出了显著的贡献。

中国刑法学研究会会长赵秉志教授的证言对于证明黄海勇不会被判处死刑发挥了重要作用。判决书 3 次引用专家证人赵秉志教授的证言：(1) 强调黄海勇不可能被判处死刑。如“根据中国刑事法专家赵秉志的说法，在《刑法修正案（八）》出台之前，根据黄海勇的罪行，对其的量刑为第三档即 10 年以上有期徒刑至无期徒刑或死刑。但是，在《刑法修正案（八）》于 2011 年 5 月生效以后，就不可能针对黄海勇所涉嫌的走私普通货物罪判处死刑”[②]；而且“由于他的同案犯被判处了 13 年有期徒刑，因此，法庭在对其量刑时，将考虑其同案犯适用同种刑罚和相同幅度的量刑”[③]。(2) 向法庭解释中国刑法典第 12 条的溯及力问题，强调《刑法修正案（八）》可以适用于黄海勇案件。“根据专家证人赵秉志在听证会上的解释以及德国马克斯-普朗克研究所的司法报告[④]和标准内容，中国刑法典第 12 条规定了有利于被告人的刑事追溯原则”[⑤]，这就意味着，对黄海勇可以适用《刑法修正案（八）》的规定。(3) 关于外交担保，“赵秉志专家强调，在《刑法修正案（八）》之后，即使未提供不判处死刑的外交担保，也不会对走私普通货物罪判处死刑”[⑥]。

---

① 美洲人权法院判决书第 37 段。

② 美洲人权法院判决书第 147 段。

③ 美洲人权法院判决书第 148 段。

④ 报告称“中国刑法承认：根据刑法典第 12 条第 1 款，第 12 条第 1 款禁止在一项新的刑法规定中进行追溯应用，除非新规定所包含的处罚更有利（温和法律原则）。换言之，如果新的规定更有利，则必须强制执行”。同时解释称，目前，“根据中国刑法，黄海勇先生一案不适用死刑，因为没有一项罪行是引渡中所通缉的”。《中国刑法专家对黄海勇先生洗钱、行贿、走私和海关欺诈一案的报告》（背景资料，第 820 页）。

⑤ 美洲人权法院判决书第 149 段。

⑥ 美洲人权法院判决书第 151 段。

来自中国外交部条法司的专家证人孙昂参赞的证言对于说服法庭相信中国提供的外交担保的拘束力问题卓有成效："法院注意到专家证人孙昂的意见，他说，根据中国《引渡法》第50条，在中国外交部提供外交担保之后，这些担保对中国所有司法机构都是有效力的。法庭认为，在本案的特殊情况下，担保以及提供的监测方法是充分的。"①

中方没有出庭的来自中国社会科学院国际法研究所的专家证人柳华文研究员所提交的书面证言对于法庭排除黄海勇回国后可能遭受酷刑或残忍、不人道或有辱人格折磨的危险也发挥了重要作用。如判决书提道："秘鲁政府在卷宗中所提供的中国专家柳华文的意见，强调了在维护酷刑与其他残忍、不人道或有辱人格虐待禁令，以及排除严刑逼供方面的改善情况，或是新的控制、通报和监管情况，以及在中国羁押人员受到的待遇情况。"②

而黄海勇所提供的专家证人 Geoff Gilbert、Carmen Wurst 和 Ben Saul 的证言，判决书几乎没有提到，这也再次说明，在专家证人方面，秘鲁政府方面的证人特别是来自中方的证人的证言，对于说服法庭最终作出有利于引渡的判决起到了至关重要的作用。

第二，对对方专家证人意见的反驳。虽然本案中专家证人的证言起到了重要作用，但双方也都对对方专家证人的证言进行了质疑，这些质疑对于我们今后进一步改进专家证人的作证有一定的借鉴意义。如秘鲁政府质疑黄海勇方面 Geoff Gilbert、Carmen Wurst 和 Ben Saul 的专家意见。秘鲁政府认为：（1）专家 Geoff Gilbert 的专业背景和经验都不足，反对采纳该专家对黄海勇一案使用的背景资料。（2）质疑 Carmen Wurst 的专家意见，秘鲁政府对其使用的方法提出异议，怀疑报告的质量及其应有的科学严谨性。（3）对于 Ben Saul 的专家意见，秘鲁政府对其报告所使用的背景资料、分析论证方法以及尚未答复秘鲁方面任何问题的情况表示质疑。对秘鲁政府的质疑意见，法院也表示将在评估本案背景证据时

① 美洲人权法院判决书第186段。

② 美洲人权法院判决书第175段。

适当考虑。①

## 六、黄海勇引渡案对我国境外追逃的启示

从黄海勇 2008 年 10 月被羁押，到美洲人权法院 2015 年 6 月作出裁决，黄海勇的引渡程序跌宕起伏、历经波折。经过我国和秘鲁政府的不懈努力，终于促使美洲人权法院作出有利于我方的判决，这是我国引渡合作史上的里程碑，具有重大的标志性意义。通过此案我们可以得出以下启示。

### （一）“咬定青山不放松”，持之以恒开展境外追逃

习近平总书记曾对境外追逃追赃工作多次作出指示，强调：“腐败分子即使逃到天涯海角，也要把他们追回来绳之以法，五年、十年、二十年都要追，要切断腐败分子的后路。”② 在中国共产党第十九次全国代表大会上，习近平总书记在代表第十八届中央委员会向大会所作的报告中再次明确强调：“不管腐败分子逃到哪里，都要缉拿归案、绳之以法。”③ 这进一步凸显了以习近平同志为核心的党中央以零容忍的态度惩治腐败，强力推进反腐败追逃追赃工作的坚定决心、鲜明态度和严正立场。黄海勇引渡案，就是党和国家以“咬定青山不放松”的精神，持之以恒开展境外追逃的典型案例。该案境外追逃 18 年，引渡程序 8 年，其间不仅经过了秘鲁地方法院、秘鲁最高法院、秘鲁宪法法院，而且被提交到美洲人权委员会和美洲人权法院。在此过程中，黄海勇及其律师一再利用死刑问题、人身保护令等措施为引渡设置障碍。中秘两国相关部门为引渡的顺利进行付出了艰辛和努力。

1. 中国方面

在中国国家领导人亲自过问、批示和与秘鲁国家领导人商谈下，中方由中央

① 参见美洲人权法院判决书第 51 段。

② 中共中央纪律检查委员会，中共中央文献研究室．习近平关于党风廉政建设和反腐败斗争论述摘编．北京：中央文献出版社，中国方正出版社，2015：98.

③ 习近平．决胜全面建成小康社会　夺取新时代中国特色社会主义伟大胜利．人民日报，2017-10-28（1）.

纪委、外交部、中国驻秘鲁大使馆、海关总署、司法部、最高人民法院、最高人民检察院、武汉海关以及有关高等院校的专家证人组成工作团队，共同努力，坚持不懈，攻坚克难，不屈不挠，将案件一步步向前推进，为本案最终的判决结果奠定了基础。

2. 秘鲁方面

秘鲁与中国具有良好的外交关系，在中方积极争取和沟通下，秘鲁各相关部门一直对本案的引渡合作持支持态度。秘鲁总理府、外交部、司法部、内政部、监狱管理局、警察总局等政府部门，秘鲁最高法院、利马高等法院、卡亚俄高等法院等司法机构，秘鲁宪法法院、国家检察院等独立机构，秘鲁利马机场管理局等相关机构都曾参与此案。其间，秘鲁还经历了两届政府、五任外长、四任最高法院院长、十一任司法部部长与十二任内政部部长的更替，这些部门始终与中方一道精诚合作，接续努力，共同开展黄海勇案的引渡工作，其间的曲折与漫长远远超乎想象。

反思引渡黄海勇的过程，我们发现，在很多情况下，包括引渡在内的境外追逃，说到底就是中方和外逃人员之间的一场毅力大较量，谁能够坚持到最后，胜利就属于谁。我们在开展境外追逃工作的时候，对境外追逃的曲折和漫长一定要有足够的心理准备。2014 年以来，中国开展了以“天网”行动、“猎狐”行动为代表的境外追逃追赃专项行动，取得了突出的成绩，境外追逃中最难啃的硬骨头——“百名红通人员”，截止到 2017 年 9 月 17 日也被追回了 45 名。[①] 表面上看来都是在短短几年内取得的成绩，但其实每一个被追回的外逃人员都凝聚了中国追逃机构和工作人员的大量心血，都是中国同他国多年来开展国际合作的结果。特别是与国外合作开展非法移民遣返、异地追诉和引渡的案件，一般都不是短时间内能够成功的。例如赖昌星案件，赖昌星从 1999 年出逃到 2011 年历经 12

① “百名红通人员”王林娟回国投案. (2017-09-17)[2017-11-01]. http://www.ccdi.gov.cn/special/ztzz/ztzzjxs_ztzz/201709/t20170917_107259.html.

年才被追回。① 所以在境外追逃中，我们要妥善采取各种措施，努力在短时间内将外逃人员尽早缉拿归案，但同时也应当抱着打持久战的决心，特别是对外逃美国、加拿大、澳大利亚等经济、法治发达国家的犯罪嫌疑人，要以“咬定青山不放松”的精神，百折不挠、锲而不舍，有针对性地解决境外追逃中的每一个法律难题，一步步推进案件的进展，直到将犯罪嫌疑人缉拿归案。

（二）及时澄清死刑问题，避免对方对我国司法制度的误解

与其他涉及严重犯罪的境外追逃案件一样，死刑问题是黄海勇引渡案的核心问题之一。在本案引渡程序当中，不论是在秘鲁地方法院、最高法院、宪法法院，还是在美洲人权委员会和美洲人权法院，中国是否可能判处黄海勇死刑，乃是这些机构着力应对和评估的重点问题。从黄海勇引渡案所涉死刑问题看，在我国开展境外追逃中应当注意以下几个方面的问题：

第一，直面死刑问题。黄海勇涉嫌的走私普通货物罪，在《刑法修正案（八）》通过之前的我国刑法典第 153 条和第 151 条中是规定有死刑的，这是客观事实。但是在中国向秘鲁方面提交的引渡请求和随后的各种说明中，却迟迟没有明确提供该条文之规定和相应的译文。例如，在 2008 年 10 月黄海勇被逮捕之后，中方在前三次向秘鲁方面提交引渡材料或者说明②时，均没有提到刑法典第 151 条之规定，直到 2009 年 2 月 19 日秘鲁司法部明确要求中方提供刑法典第 151 条及其译文之后，中方才于 5 天后的 2 月 24 日提交了该条的规定及其译文。而反观黄海勇方面，在黄海勇被逮捕后的第二天，就提出了中国刑法典对走私普通货物罪规定有死刑的问题。在两周后举行的引渡听证会上，黄海勇方面再次直接提出本案适用的条款是中国刑法典第 151 条，并在 2009 年 1 月 19 日秘鲁最高法院的引渡听证会上提交了该条文及译文。中方对死刑问题的迟缓（没有及时提交该条规定及其译文），也被黄海勇在首次提出人身保护请求的时候污蔑为出于

① 关于赖昌星案件的详细内容，参见赵秉志，张磊．赖昌星案件法律问题研究．政法论坛，2014（4）．

② 这三次分别是：2008 年 11 月 3 日，中方首次向秘鲁方面提供请求引渡黄海勇的材料；2009 年 1 月，中方向秘鲁最高法院提交关于黄海勇犯罪事实的进一步解释；2009 年 2 月 2 日，中方公安部给秘鲁司法部提交说明。

恶意而隐瞒。事实上，不论中方是否提供关于死刑的规定，以及何时提供，都不能掩盖该罪规定有死刑的事实。而且即使中方不明确提出，也会被对方直接提出。所以，既然死刑问题在我国境外追逃中无法回避，那么我们就应当直接面对，在向对方提交的材料中明确说明该罪可能被判处死刑的情况，并尽早作出不判处死刑的承诺，而不应该忽略甚至有意回避此问题，因为我方的任何疏忽或者回避，都可能被外逃人员直接提出，并被对方国家或者国际人权机构理解为故意甚至恶意掩盖对外逃人员判处死刑的可能性，从而影响我国的司法形象，降低追逃成功的可能性。

第二，全面澄清死刑问题。境外追逃中的死刑问题不仅包括死刑立法问题，还包括实践中死刑的实际适用状况问题。秘鲁宪法法院 2011 年 5 月 24 日判决拒绝引渡黄海勇的理由之一，就是怀疑中国法律中的死刑还可能存在法外执行和任意处决、死刑的适用受到舆论影响较大等问题。所以境外追逃中的死刑问题并不限于某种犯罪是否规定有死刑，还在于中国死刑在实践中的适用状况问题，如死刑适用有没有法外执行、死刑的适用是否存在法外因素等。而这些问题都与国际社会对中国司法制度的不了解和误解颇有关系。近年来，部分国家对我国刑事法治建设不断进步、人权保障不断完善的现状视而不见，认为中国根本没有基本的刑事法治制度，犯罪嫌疑人一旦被引渡（遣返）回国，很可能会遭受酷刑、死刑乃至法外执行等严刑峻法。即使我们把相关法律和案例摆到他们面前，证明中国法治状况的公正与进步，他们还是会执拗地认为法律规定不足以说明问题，司法实践和立法规定存在较大差距，相关案件背后受多种非法律因素的控制与制约。[①] 实际上，近年来我国刑事法治建设取得了突破性的进展，死刑的适用严格依照法律进行，没有任何法外执行的情况。虽然公众舆论的确对于死刑适用有一定的影响，但也是在法律允许的限度之内。针对这种可能存在的误解甚至曲解，我们在向被请求国提出的引渡申请材料中不仅要对法律是否规定有死刑、是否依法可能被判处死刑等问题进行说明，还要向

① 赵秉志．我在加拿大赖昌星聆讯庭上作证．凤凰周刊，2011 (23).

对方提供中国死刑实践中的适用状况、死刑适用标准的说明，以尽量减少对方对我国死刑制度的误解。当然，这在根本上还要靠我国刑事法治的进步及对这些进步的适当宣传，以增强国际社会特别是被请求国对中国刑事法治状况的了解。[①]

（三）熟稔对方引渡规则，严格遵循对方法律提交引渡请求

2008 年 11 月，中国以黄海勇涉嫌走私普通货物罪、洗钱罪和行贿罪向秘鲁方面提出引渡请求，而秘鲁最高法院对于本案的两次裁决（2009 年 1 月与 2010 年 1 月）中均明确提出，由于洗钱行为在秘鲁不构成犯罪，以洗钱罪提出引渡请求违反了双重犯罪原则。此外，美洲人权法院判决书中在对中秘引渡条约的内容进行介绍时，也专门提到中秘双方的引渡应当坚持双重犯罪原则。但是，中方在 2013 年曾经向秘鲁方面以走私普通货物罪和洗钱罪提出第二次引渡请求，如果说在第一次提起引渡请求时不了解对方法律的话[②]，那么在秘鲁最高法院两次咨询判决后依然就洗钱罪提出引渡请求就令人费解了。而且，实际上黄海勇最终被引渡回国的罪行只有走私普通货物罪，并没有洗钱罪。所以，我方在提交引渡请求的时候应当着重注意以下两点。

1. 充分了解对方法律

反腐败追逃追赃是在他国境内追回我国外逃人员和外流资金，需要依据追逃追赃的国际规则和当地的法律制度进行。习近平总书记曾指出："要加强对国际规则和国际组织情况的研究，深入了解和掌握有关国家的相关法律和引渡、遣返规则。要及时了解和掌握国际反腐败最新动态，提高追逃追赃工作的针对性。"[③]在境外追逃中，我们一定要充分了解对方关于引渡的所有程序性法律，熟悉其引渡的基本程序和所坚持的重要原则，特别是是否坚持死刑不引渡原则、政治

① 张磊．反腐败零容忍与境外追逃．北京：法律出版社，2017：187.

② 事实上，我国对于秘鲁刑法的了解的确较少。据笔者查询，迄今为止秘鲁刑法尚没有翻译为中文出版，在中国期刊网上也没有以秘鲁刑法为标题的论文出现。

③ 中共中央纪律检查委员会，中共中央文献研究室．习近平关于党风廉政建设和反腐败斗争论述摘编．北京：中央文献出版社，中国方正出版社，2015：101.

犯罪不引渡原则、双重犯罪原则、可引渡的犯罪原则等我国外逃人员可能用以对抗引渡的规定。此外，应充分了解对方刑法对于外逃人员所涉嫌犯罪的规定情况，如对方刑法或者相关法律是否将外逃人员在中国涉嫌的犯罪规定为犯罪，如果是，根据该国刑法其罪行可能判处多重的刑罚。只有切实按照对方法律和规则提起符合要求的引渡请求，才不至于由于技术性的原因而被对方轻易搁置甚至拒绝。

2. 做好早期侦查工作

向他国提出引渡请求，一般都需要提供相应的证据，证明被请求引渡人涉嫌实施了相关犯罪。因而相对扎实的证据材料是开展引渡合作的前提条件。在实践中，我们应当尽早做好证据的准备工作，在证据扎实的基础上向对方提出相应的引渡请求，防止因为自身证据原因而被对方拒绝，甚至自己被动撤下引渡请求。

（四）全面提交案件材料，根据要求果断作出外交承诺

美洲人权法院的判决书显示，从黄海勇被羁押到美洲人权法院作出判决期间，中方共计提出了八次外交照会。这些外交照会中，除引渡请求之外，还涉及黄海勇与他人共同犯罪的事实、同案犯的判刑情况和所适用的法律及判处的刑罚等等。但是，其中有数次所提交的信息都是在对方要求或者提醒之后才提交的。比如，前述的提交中国刑法典第151条法条条文及其译文的问题和中国刑法典第12条的溯及力说明问题，都是在对方提醒之后才提交的。这种在对方提醒甚至是数次提醒后才提交材料的情形，往往使得中国在引渡程序中处于被动（起码从美洲人权法院判决书的行文上来看是如此）。所以，我们在以后境外追逃向对方提交材料的过程中，可以考虑将有关材料打包一次性提交，防止在材料的提交上被对方一再提醒补充，甚至被外逃人员提前提交材料而占了先机使我方处于被动。具体来说，应当提交的引渡要求的材料可以包括以下几个部分：

第一，双方法律规定的案件材料、翻译文本以及相关案件事实。应当根据双

边引渡条约以及被请求国引渡法律之规定提交引渡材料[①]，一般包括被请求引渡人的基本情况，相关案情说明，相关法律条文、诉讼文书、证据材料以及相应的翻译文本，特别是规定有死刑的相关法律条文，一定要如实提交。同时还要注意根据对方的要求提供相应的翻译文本（如秘鲁官方语言是西班牙语，就应当提交西班牙文文本，需要的话还可以附上英文文本）。相关案件事实包括行为人共同犯罪的事实、共同犯罪人在中国的诉讼程序以及判决情况，要向对方说明在中国根据同案犯的情况不会被判处死刑，诉讼权利会得到充分的保障。当然，引渡程序和刑事司法合作的情况是多变的，不可能一次提交所有的材料，更不可能一次提交的所有材料均符合对方的标准和要求，但是我们应当尽早做好全面准备，即使遇到不符合对方要求或者缺少相应材料的情况，也应当快速反应，在第一时间补充相关材料，从而在国际合作中处于主动地位，彰显中方对该案的重视程度，提高国际司法合作的效率。

第二，外交承诺。从黄海勇案我国向秘鲁方面陆续作出的三个包含外交担保的照会（分别为 2009 年 12 月 11 日、2011 年 2 月 22 日、2014 年 8 月 19 日）可以看出，在开展引渡合作过程中，被请求国所关注的关键问题除犯罪嫌疑人是否会被判处死刑之外，还包括犯罪嫌疑人是否会遭受酷刑等残忍和不人道的待遇、诉讼权利能否得到充分保障、请求国能否保证被请求国对案件进展的知情权和监督权等问题。这说明引渡合作中的外交担保不仅包括不判处死刑或者不执行死刑的承诺，还包括外逃人员不会遭受酷刑等不人道待遇的承诺，保障外逃人员充分

① 如《中华人民共和国和秘鲁共和国引渡条约》第 7 条规定："一、引渡请求应当以书面形式提出，并且包括或者附有：（一）请求机关的名称；（二）被请求引渡人的姓名、年龄、性别、国籍、身份证件、职业、住所地或者居所地等有助于确定被请求引渡人的身份和可能所在地点的资料；如有可能，有关其外表的描述、照片和指纹；（三）有关案情的说明，包括犯罪行为及其后果的概述；（四）有关该项犯罪的刑事管辖权、定罪和刑罚的法律规定；（五）有关追诉时效或者执行判决期限的法律规定。二、除本条第一款规定外，（一）旨在对被请求引渡人进行审判的引渡请求还应当附有请求方主管机关签发的逮捕证的副本；（二）旨在对被请求引渡人执行刑罚的引渡请求还应当附有已经发生法律效力的法院判决书的副本和关于已经执行刑期的说明。三、经适当签署和（或者）盖章的引渡请求及所需文件应当附有被请求方文字的译文。四、根据本条第三款提交的文件免于任何形式的领事认证。"

享有诉讼权利的承诺，外逃人员在执行刑罚的时候享有医疗服务的承诺，在案件审判的时候邀请对方参加庭审、对案件执行情况进行监督的承诺，等等。虽然外交担保一般是基于对方的要求作出的①，而不宜在对方未提出请求的情况下主动承诺，甚至一次性打包承诺，但是我们同样要尽早准备，与国内有关部门提前做好沟通工作，力争做到“提前充分准备，按需及时承诺”。一旦对方提出要求，各部门应快速行动，精诚合作，尽早作出恰当的承诺和担保，以推动引渡程序的顺利进行。

第三，刑法修正案的溯及力问题。秘鲁宪法法院在2011年5月的判决中，拒绝中国引渡请求的一个理由，是“没有提到中国宪法是否承认刑法对被告人有利的溯及力问题”。由于《刑法修正案（八）》生效于2011年5月，而黄海勇的相关犯罪主要实施于1996—1998年间，确实存在中国《刑法修正案（八）》是否适用于本案的问题。客观来说，根据中国刑法典第12条，中国刑法在溯及力问题上采取的是从旧兼从轻原则，所以《刑法修正案（八）》当然可以适用于黄海勇案件，即不判处死刑。这虽然在我国刑事法领域是一个常识性问题，但是对于并不熟悉中国刑法规定的美洲国家来说却是陌生的。如果中国刑法不坚持从旧兼从轻原则，而是一概适用行为时的法律，即采用从旧原则，那么即使《刑法修正案（八）》废除了走私普通货物罪的死刑，对黄海勇依然可以适用死刑。所以，虽然中国已经于2009年12月向秘鲁作出了不判处黄海勇死刑的承诺，也于2011年4月就将《刑法修正案（八）》对走私普通货物罪废除死刑的情况通知了秘鲁方面，但如果没有提到该修正案的溯及力问题，那么秘鲁宪法法院对于中国是否判处黄海勇死刑的问题存在疑惑也在情理之中。因此，我方在秘鲁宪法法院作出判决之后的2011年12月，即通过外交照会的形式向秘鲁方面进一步解释了中国刑法典第12条关于溯及力的规定。总之，在以后境外追逃的司法协助中，在向

① 比如，秘鲁最高法院在2010年1月作出第二次咨询判决的时候，就提出黄海勇的引渡条件之一是“在对被引渡人作出判决时将判决内容通知秘鲁政府”；此后的2月22日，中方通过外交照会向秘鲁司法部承诺邀请秘鲁政府派遣观察员参加对黄海勇的审判，并对判决执行情况进行监督。

对方提交关于相关犯罪死刑废除材料的时候，不仅要提交相关刑法修正案的材料，还要注意提交关于修正案的溯及力问题的材料，以便对已经废除了死刑的修正案的溯及力问题予以明确说明。

（五）保持客观公正，如实向国际社会证明中国刑事法治的发展进步

如前所述，美洲人权法院审理本案的一个突出特点是专家证人出庭作证，特别是中方的专家证人在法庭上的表现得到了判决书的专门赞许，为法庭最终作出有利于中方的判决发挥了重要作用。可以预见，在我国以后的境外追逃案件中，会有更多的外逃犯罪嫌疑人在穷尽了所在国司法程序之后，为了拖延诉讼程序而将案件提交给区域性人权机构进行审理，也会有更多的专家证人走上国际法庭，捍卫我国的司法尊严和法治声誉。所以，从本案专家证人出庭作证的实践中汲取有益经验，对于以后我国专家证人到国际人权机构出庭作证，也具有重要意义。具体来说，总结本案专家证人出庭作证，有以下两点值得注意。

1. 所选取的专家证人一定要具有丰富的相关司法经验和阅历

根据《美洲人权法院程序和证据规则》之规定，“专家证人”（expert witness)是指拥有特定的科学、艺术、技术或实践知识或经验，可以依其特定领域的知识或经验向法院就争议问题提供信息的人。在美洲人权法院的法庭上，秘鲁政府反驳黄海勇方专家证人证言的一个主要理由，就是对方专家不具有与其作证相关的专业背景和实践经验。所以，所选取的专家证人一定要具备与作证相符合的良好的专业背景、充分的知识储备和丰富的实践经验，从而在资质上提高其证言的可信性。

2. 充分做好各种准备

在秘鲁政府对黄海勇方证人的质疑当中，还包括了对黄海勇方所提交报告使用的案例、分析方法以及没有回答秘鲁政府所提出的所有问题等的质疑。也就是说，在法庭上，专家证人可能遇到对方对自己的各种质疑。所以，专家证人在出庭作证前应当有充分的准备，不论对方问题如何刁钻，都要不卑不亢地予以适当回答。

(六) 做好充分准备，妥善应对引渡中的程序性意外

美洲人权法院的判决书显示，在本案诉讼程序中至少出现过两次由于缺少案件材料而影响程序进行甚至判决结果的情况。第一次是 2009 年 12 月 21 日，秘鲁最高法院常设刑事法庭在引渡听证会上，要求在案件卷宗中增加中国刑法典第 151 条的译文。[①] 但如前所述，中国早在 2009 年 2 月 24 日就通过中国驻秘鲁大使馆向利马第 56 刑事法庭递交了包括中国刑法典第 151 条在内的相关刑法条文的译文。[②] 第二次是 2011 年 6 月 9 日，秘鲁宪法法院针对该法院 2011 年 5 月 24 日的判决作出的解释指出，基于在本案卷宗中没有中方向秘鲁作出的不判处死刑的外交承诺的相关材料，不能证明中国已经作出了不判处黄海勇死刑的担保。[③] 同样如前所述，中国早在 2009 年 12 月 11 日，即向秘鲁最高法院常设刑事法庭提交了中方的量刑承诺。关于在这两种情况下为什么案件卷宗中没有中方之前已经提交的材料和文件，美洲人权法院判决书中并没有说明，也没有相关资料佐证，所以笔者也无从得知。[④] 但至少说明，在引渡程序中，不论是基于何种原因，任何技术性甚至程序性问题都可能影响案件的进程甚至最终判决。所以，在不了解或者不充分熟悉对方司法体系和诉讼程序的前提下，我们对于境外诉讼的困难和复杂程度应当有足够的心理预期。在可能的情况下，还应及时了解并提醒对方司法机关将案件材料向相关机关转交。同时，每次提交案件材料之时，都应准备多份作为备份，以便于在由于对方司法机关之间交流不畅而导致案件卷宗中缺少相关材料的时候及时补充，从而保证诉讼程序不间断并能够高效进行。

(七) 秉承有利被告理念，正确处理在国外羁押期限折抵刑期的问题

美洲人权法院的判决肯定了秘鲁政府对黄海勇的超期羁押问题，并判决秘鲁

---

① the Chamber ordered that the translation of article 151 of the Criminal Code of the People's Republic of China should be requested and added to the case file，参见美洲人权法院判决书第 77 段。

② 参见美洲人权法院判决书第 69 段。

③ 参见美洲人权法院判决书第 84 段。

④ 笔者只能推断为：在第一种情况下，中方提交译文的对象是利马第 56 刑事法庭，而不是秘鲁最高法院常设刑事法庭，所以该庭的案件卷宗当中并没有该译文。在第二种情况下，中方之前的外交担保提交给了秘鲁最高法院，而不是秘鲁宪法法院，所以秘鲁宪法法院的案件卷宗当中没有该外交担保。

政府赔偿黄海勇及其律师共 5.8 万美元。如前所述，截止到美洲人权法院作出判决之时，黄海勇已经被羁押 5 年 4 个月，监视居住 1 年 3 个月。虽然在对黄海勇羁押和监视居住期间，秘鲁政府相关的诉讼程序一直在进行，对案件没有作出最终判决，但是超期羁押的客观事实是存在的。而且，秘鲁政府对黄海勇的羁押也是基于中国向秘鲁方面提出的红色通缉令与引渡请求而采取的。所以，虽然我国《刑法》《刑事诉讼法》《引渡法》中都没有针对在国外被羁押的期限是否应当折抵回国后被判处刑期的明确法律规定，但是我们应当考虑秘鲁政府超期羁押的事实、美洲人权法院的裁决、《中华人民共和国和秘鲁共和国引渡条约》第 11 条的相关规定[①] 以及中国刑法中罪刑法定原则有利于被告人的精神，在对黄海勇作出判决的时候进行刑期折抵。在具体操作中，由于黄海勇既有被羁押的时间，也有被监视居住的时间，可以考虑结合我国相关法律规定进行折抵：如果黄海勇被判处有期徒刑，针对羁押的时间，可以考虑依据刑法典第 41、44、47 条之规定[②]，羁押 1 日折抵刑期 1 日；针对监视居住的时间，可以考虑依据《刑事诉讼法》第 74 条之规定[③]，监视居住 2 日折抵刑期 1 日。如果黄海勇被判处无期徒刑，则不存在刑期折抵的问题。

## 七、结语

黄海勇引渡案历经 8 年，在整个引渡过程中，中秘两国政府一道与黄海勇及其律师斗智斗勇，引渡程序跌宕起伏、历经曲折，最终黄海勇被成功引渡回国。在 2016 年 7 月黄海勇被引渡回国之后，客观来说该案已经告一段落，但是并不

① 《中华人民共和国和秘鲁共和国引渡条约》第 11 条“移交被引渡人”第 1 款规定：“如果被请求方同意引渡，双方应当商定执行引渡的时间、地点等有关事宜。同时，被请求方应当将被引渡人在移交之前已经被羁押的时间告知请求方。”

② 中国刑法典第 41、44、47 条具体规定了有期自由刑的折抵问题。根据该规定，判决以前先行羁押的，羁押 1 日折抵管制刑期 2 日，折抵拘役或有期徒刑 1 日。

③ 中国 2012 年修正的《刑事诉讼法》第 74 条规定：“指定居所监视居住的期限应当折抵刑期。被判处管制的，监视居住一日折抵刑期一日；被判处拘役、有期徒刑的，监视居住二日折抵刑期一日。”

意味着该案已经“完美收官”，只有我们依法对黄海勇进行审判，在诉讼过程和刑罚执行中保证其充分的诉讼权利，全部兑现对秘鲁政府作出的承诺，该案才算得上是正式落下帷幕。据悉，黄海勇被引渡回国之后，武汉海关缉私局对其进行了逮捕，继续对案件进行侦查，并移送武汉市人民检察院审查起诉，武汉市中级人民法院也已经开庭审判。[①] 我们相信，中国的司法机关一定能够严格依法保障黄海勇的各项诉讼权利，同秘鲁方面密切沟通，实现对黄海勇的公正判决，对其进行应有的惩罚，将黄海勇案打造成境外追逃的标志性案例，从而向世界证明中国刑事法治的发展进步，提升中国的国际刑事法治形象，增强国际社会对中国刑事法治的信心，实现中国境外追逃和国际引渡合作的良性循环。

① 根据武汉市中级人民法院 2019 年 6 月 12 日作出的（2017）鄂 01 刑初 83 号刑事判决书，依法判决被告人黄海勇犯走私普通货物罪，判处其有期徒刑 15 年；并注明刑期从判决执行之日起计算，判决执行以前先行羁押的，羁押一日折抵刑期一日，即自 2008 年 10 月 30 日起至 2023 年 10 月 29 日至。由此以观，黄海勇在秘鲁被羁押的期限得以折抵我国法院对其判处的刑期。赵秉志．黄海勇引渡案法理聚焦．南京：江苏人民出版社，2019：497-513．——笔者补注

# 第八编　民营企业刑法保护专题

# 为什么要对非公有财产加强刑法保护*

## 一、概述

2016 年 11 月 27 日，《中共中央国务院关于完善产权保护制度依法保护产权的意见》（以下简称《意见》）公布。《意见》第 3 条中明文规定，要“加大对非公有财产的刑法保护力度”。最高人民法院也于 11 月 28 日发布了《关于充分发挥审判职能作用切实加强产权司法保护的意见》，对上述《意见》中加强对非公有财产刑法保护力度的内容作出了积极回应和细化。这是我国依法保护产权、促进经济社会发展的重要新精神，应当及时研究，加深理解，确保在刑事司法中落到实处。

## 二、现行刑法对非公有财产的保护及其不足

实际上，我国刑法通过多种形式，不断加强对非公有财产的保护，具体包括：

* 与左坚卫教授合著，原载《光明日报》，2016-12-19（10）。

一是在刑法典总则中明确规定了保护非公有财产的内容。如刑法典第 2 条规定了刑法的任务之一是保护公民私人所有的财产。

二是在刑法典分则“侵犯财产罪”一章中设置了许多对公私财产予以同等保护的罪名，如抢劫罪、盗窃罪、诈骗罪、抢夺罪、敲诈勒索罪、故意毁坏财物罪等。

三是在刑法典分则中规定增设了不少旨在保护非公有财产的罪名。如 1997 年刑法典增设了侵占罪、职务侵占罪、挪用资金罪，这些罪名都是 1979 年刑法典没有的，主要保护对象都是非公有财产。

四是修改了某些罪名，对非公有财产与公有财产进行同等保护。例如，将原来的破坏集体生产罪修改为破坏生产经营罪，将破坏不同所有制企业或者个人的生产经营的行为均纳入惩治范围。

五是通过发布刑法立法解释及司法解释，加强对非公有财产的保护。例如，全国人大常委会法工委曾专门就隐匿、故意销毁会计凭证、会计账簿、财务会计报告罪的主体范围进行解释，明确指出该罪的犯罪主体包括任何单位、个人，从而实现了对不同所有制主体的平等保护。

尽管我国刑法已对非公有财产给予多方面的保护，但是，保护效果尚不尽如人意。目前，我国对非公有财产的刑法保护存在的问题，可以从立法和司法两个方面来反思。在立法上，存在对公有财产和非公有财产的保护不平等的问题，主要体现为立法缺失、立法不明、区别对待等；在司法上，存在对非公有财产刑法保护不重视甚至非法侵犯非公有财产等问题。

## 三、关于强化刑法对非公有财产保护的建言

鉴于上述我国刑法在保护非公有财产方面存在的不足之处，笔者认为，有必要采取以下六个方面的举措来强化我国刑法对非公有财产的保护：

第一，坚持对不同所有制财产予以平等保护的原则，修改或者废除刑法中对非公有财产不平等保护的规定，补充完善保护非公有财产的规定。有种观点认



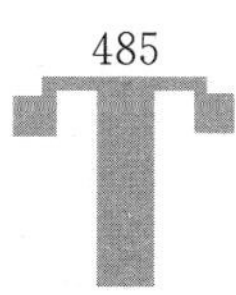

为，社会主义社会的本质，以及宪法及其他法律对公有制经济和非公有制经济地位和保护政策的不同表述，决定了对公有财产和非公有财产不可能实现平等保护。这种观点是对有关法律规定的错误理解，应当坚决予以纠正。应当通过增设罪名弥补缺失，通过补充立法明确模糊地带，通过修改立法纠正现有的歧视性规定。

第二，坚持有错必纠，甄别纠正已经发生的事实不清、证据不足、适用法律错误的民营企业刑事错案冤案。司法人员应当改变观念，树立对公有财产和非公有财产平等保护的意识，从根本上改变对非公有财产的歧视心态。司法机关应当通过启动刑事追诉程序，依法惩治侵犯非公有企业产权以及侵犯非公有制经济投资者、管理者、从业人员财产权益的犯罪。

第三，要严格遵循罪刑法定、从旧兼从轻等刑法原则，以发展的眼光客观看待和依法妥善处理民营企业涉罪案件。对于改革开放以来民营企业因经营不规范所引发的问题，要以历史和发展的眼光客观看待，严格遵循罪刑法定、疑罪从无、从旧兼从轻等原则，依法公正处理。对虽属违法违规但不构成犯罪，或者罪与非罪区别不清的，应当宣告无罪。

第四，严格规范涉罪财产处置的法律程序。应当进一步细化对涉嫌犯罪的非公有企业和人员财产的处置规则，依法慎重决定是否采取相关强制措施。对涉案非公有企业和人员，应当综合考虑行为性质、危害程度以及配合诉讼的态度等情况，依法慎重决定是否适用刑事强制措施和查封、扣押、冻结措施，最大限度地降低对企业正常生产经营活动的不利影响。

第五，审慎把握处理产权和经济纠纷的司法政策。要充分考虑非公有制经济的特点，严格把握刑事犯罪的认定标准，严格区分合同纠纷与合同诈骗的界限、企业正当融资与非法集资的界限、民营企业参与国有企业兼并重组中涉及的经济纠纷与恶意侵占国有资产的界限，准确把握经济违法行为的入刑标准，准确认定经济纠纷和经济犯罪的性质，坚决防止把经济纠纷当作犯罪处理。防范刑事执法介入经济纠纷，防止选择性司法。

第六，加大知识产权刑法保护力度。应当完善知识产权刑事审判工作机制，

积极发挥知识产权法院的作用，推进知识产权民事、刑事、行政案件审判“三审合一”，加强知识产权行政执法与刑事司法的衔接，加大知识产权刑事司法保护力度。完善涉外知识产权执法机制，加强知识产权刑事执法国际合作，加大涉外知识产权犯罪案件侦办力度。严厉打击不正当竞争犯罪行为，加强品牌商誉保护。

# 清除法律障碍实现刑法平等保护非公经济*

## 一、前言

对非公有制经济给予和公有制经济同等的刑法保护，早在 2001 年我国加入世界贸易组织时就已经提出。当时在理论上已经基本达成了共识，即在我国加入世界贸易组织、发展市场经济的时代背景下，应当通过修改立法，逐步实现刑法对非公有制经济的平等保护。然而，十多年过去了，刑法对非公有制经济的平等保护仍不尽如人意。刑法中非平等保护非公有制经济的内容没有得到完全修改，刑事司法实践中损害民营企业合法权益的情况仍然存在，这种法治状况显然不利于我国国民经济的健康发展。因此，有必要思考如何加强刑法对非公有制经济的平等保护问题。

---

* 与左坚卫教授合著，原载《检察日报》，2017-08-09（3）。

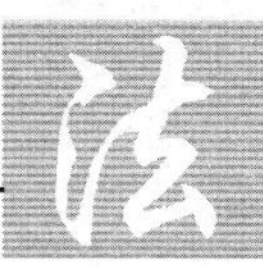

## 二、扭转对非公有制经济的理念偏见

尽管刑法理论界多数人认为刑法应当平等保护非公有制经济，但对于刑法为何要平等保护非公有制经济，论证并不充分。理论准备的不足，给从制度上具体落实对非公有制经济的刑法平等保护留下了隐患，以至于不但在刑事立法上未能彻底修改对非公有制经济不平等保护的条款，而且在理论上出现了反对刑法平等保护非公有制经济的观点。

否定刑法应当平等保护非公有制经济的观点存在以下三个问题：

第一，将立法现状与立法改革目标混为一谈。刑法的现有规定与立法改革要实现的目标是两回事。前者是实然，后者是应然。根据现行刑法规定不能得出的结论，从合理性层面考量并非不可行。如果从现行刑法规定中不能得出刑法应当平等保护非公有制经济的结论，但从合理性层面考量，刑法应当平等保护非公有制经济，那么就要进行立法改革，在立法上确立这一原则，这就是刑法以及其他法律接下来需要实现的突破。因此，基于刑法现状来否认刑法应当平等保护非公有制经济，显然是把实然和应然、现状和目标混为一谈。

第二，将非公有制经济在国民经济中的占比地位和支撑作用与非公有制经济的法律地位混为一谈。非公有制经济在国民经济中所占比重及所发挥的作用，是一个国民经济结构和经济发展现状的问题；非公有制经济是否应当受到刑法平等保护，是一个法学问题。两者不具有同一性和相关性。只有在法律上确立了公有制经济和非公有制经济的平等地位，才能实现刑法对非公有制经济的平等保护。否则，即使非公有制经济在国民经济中所占比重及所发挥的作用超过公有制经济，它在法律上的地位仍然可能不如后者。

第三，没有看到经济体制改革和时代变迁对刑法平等保护非公有制经济的影响。不可否认，我国对公有制经济和非公有制经济曾经实行过区别保护政策，刑法区别对待公有制经济和非公有制经济也曾具有合理性。但是，这只是在一定历史时期，比如计划经济时代、有计划的商品经济时代能够成立的命题。那时，决

定资源分配的不是市场而是政府；不同经济活动主体的法律地位是不平等的，有的主体甚至被排除在经济活动之外。在这样的时代背景下，谈刑法平等保护非公有制经济显然是不合时宜的。但是，在我国全面发展市场经济并且加入世界贸易组织之后，仍然拒绝承认不同所有制经济活动主体的平等法律地位，拒绝给予平等的法律保护，同样是不合时宜的。

当前，无论是从经济体制上看，还是从世界贸易组织等我国已加入的国际组织的要求上看，以及从国家现行政策层面上看，均要求对非公有制经济给予刑法平等保护，这主要是基于以下三方面理由：

第一，市场经济体制要求刑法平等保护非公有制经济。市场经济要求市场对资源配置发挥决定性作用，各市场经济主体应当公平竞争、受到平等保护，最终实现优胜劣汰。刑法平等保护非公有制经济，是市场经济的必然要求。

第二，世界贸易组织规则要求刑法平等保护非公有制经济。世界贸易组织中的《关税与贸易总协定》、《服务贸易总协定》、《关贸总协定乌拉圭回合政府采购协议》以及《中国加入世界贸易组织议定书》等协定、协议中，均体现了非歧视原则，该原则要求各成员方平等对待各贸易活动主体，实施非歧视待遇。既然我国对国外贸易活动主体都要平等对待，对国内包括非公有制经济在内的经济活动主体更应当平等对待。

第三，党中央、国务院有关政策性文件规定要求刑法平等保护非公有制经济。1993年《中共中央关于建立社会主义市场经济体制若干问题的决定》规定："国家要为各种所有制经济平等参与市场竞争创造条件，对各类企业一视同仁。"2003年《中共中央关于完善社会主义市场经济体制若干问题的决定》中，明确提出要"保障所有市场主体的平等法律地位和发展权利"。2005年《国务院关于鼓励支持和引导个体私营等非公有制经济发展的若干意见》规定，要"消除影响非公有制经济发展的体制性障碍，确立平等的市场主体地位，实现公平竞争"。2014年《中共中央关于全面推进依法治国若干重大问题的决定》规定，要"使市场在资源配置中起决定性作用"，"健全以公平为核心原则的产权保护制度……清理有违公平的法律法规条款"。尤其是2016年《中共中央国务院关于完善产权

保护制度依法保护产权的意见》中六次提到“平等保护”，明确指出要“完善平等保护产权的法律制度”“清理有违公平的法律法规条款”。在1993年至2016年长达23年的时间里，党中央、国务院的政策性文件中，反复申明对非公有制经济要一视同仁，要保障它们的平等法律地位，要实现它们与公有制经济的公平竞争，对它们进行平等保护，其政策取向可以说一目了然。这些政策性文件的内容共同昭示着我国计划经济时代遗留下来的歧视非公有制经济的政策和做法应当彻底转向，非公有制经济主体应当与公有制经济主体站在同一起跑线上，受到包括刑法在内的法律的平等保护，成为与公有制经济主体具有同等法律地位的市场主体。

## 三、完善法律规定，平等保护非公有制经济

如前所述，尽管从国家政策和国际规则层面看，我们应当实现对非公有制经济的刑法平等保护，但是，现行刑法的有关规定中，还存在没有对非公有制经济给予平等保护的地方，这就成为刑法平等保护非公有制经济的障碍。对这些法律规定，应该及时进行修改和清除。

其一，立足宪法，增强正确认识，促进刑法平等保护非公有制经济。

我国宪法经过1993年、1999年和2004年三次修改后，大大增强了对非公有制经济的保护力度，但是，由于宪法对国有经济和非公有制经济在国民经济中所处地位、具有的作用以及支持力度上存在不同表述，有的人认为，宪法并没有对非公有制经济和国有经济采取一视同仁的态度，这种认识是不正确的。对于国有经济和非公有制经济的地位、作用和态度，修改后的宪法表述分别是：“国有经济，即社会主义全民所有制经济，是国民经济中的主导力量。国家保障国有经济的巩固和发展。”“个体经济、私营经济等非公有制经济，是社会主义市场经济的重要组成部分……国家鼓励、支持和引导非公有制经济的发展，并对非公有制经济依法实行监督和管理。”对于二者权益的保护，宪法的表述分别是：“社会主义的公共财产神圣不可侵犯。国家保护社会主义的公共财产。禁止任何组织或者个



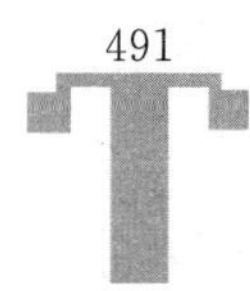

人用任何手段侵占或者破坏国家的和集体的财产。”“公民的合法的私有财产不受侵犯。”尽管存在上述不同表述，但并不能得出宪法对非公有制经济和国有经济仍然实行差别保护的结论。因此，应尽快纠正不正确的认识。

其二，应当修改现行刑法中对非公有制经济和国有经济实行差别保护的内容。

近年来，我国刑法通过多种形式不断加强对非公有制经济的保护，具体可以概括为以下几个方面：一是在刑法典总则中明确规定了保护非公有制经济财产的内容；二是在刑法典分则中设置了许多对公私财产予以同等保护的罪名；三是在刑法典分则中增设了若干旨在保护非公有制经济财产权的罪名；四是修改了某些罪名，对非公有制经济与国有经济进行同等保护；五是通过发布刑法立法及司法解释，加强对非公有制经济的保护。

尽管如此，我国刑法并没有全面实现对非公有制经济的平等保护，至今在许多方面，对非公有制经济实行的是有差别的保护甚至保护缺失，这主要体现在以下三个方面：

(1) 刑法典总则对非公有制经济权益的保护立场不够明确。尽管刑法典总则第 92 条将个体户和私营企业的合法财产解释为公民私人所有的财产，但是，非公有制经济并不限于个体户和私营企业，还包括中外合资企业、混合制企业等，这些企业及其权益的保护在刑法典总则中没有得到体现。

(2) 某些立法规定，只惩治侵害国有经济利益的行为，对侵害非公有制经济利益的同类行为却不予规制。例如，刑法典第 165 条至第 169 条规定的非法经营同类营业罪，为亲友非法牟利罪，签订、履行合同失职被骗罪，国有公司、企业、事业单位人员失职罪，国有公司、企业、事业单位人员滥用职权罪，徇私舞弊低价折股、出售国有资产罪等，都旨在保护国有公司、企业、事业单位的财产和利益，非公有制经济这方面的利益，则得不到刑法保护。而在经济活动中，通过上述行为损害非公有制经济合法权益的情况同样存在，同样应当定罪处罚。

(3) 对侵害客体相同、客观方面表现形式相同的危害行为，按侵害的对象是非公有制经济还是国有经济区别对待，配置相差悬殊的法定刑。例如，贪污罪与

职务侵占罪、挪用公款罪与挪用资金罪、受贿罪与非国家工作人员受贿罪等立法，都存在这方面的问题。我国于2005年批准加入的《联合国反腐败公约》，不但已经将私营部门中的贿赂行为规定为腐败犯罪，而且将这些部门中的贪污行为也规定为腐败犯罪。许多国家刑法中贪污罪的犯罪对象既包括公共财物，也包括私人财物。我国既然已经加入《联合国反腐败公约》，就应当遵守公约的规定，将非公有制经济中的贪污、受贿等职务犯罪行为也视为腐败犯罪。这样，非公有制经济和国有经济中的贪污、受贿行为所侵犯的客体的数量和重要性就没有明显差别，二者的社会危害性也没有明显差别。刑法没有理由再将二者分别定罪，配置相差悬殊的法定刑。

## 四、改进司法观念，加强对非公有制经济的刑事司法保护

近年来，在刑事诉讼中对国有企业和民营企业区别对待，利用公权力滥用刑事手段侵害民营企业利益，违法查封、扣押、冻结民营企业财产等违法犯罪现象时有发生。这些违法犯罪现象严重挫伤了非公有制经济发展的积极性，阻碍了我国经济的正常发展，破坏了国家鼓励、支持及引导非公有制经济发展的大政方针，具体而言，主要表现为以下三种情况：

其一，对侵害非公有制经济权益的有案不立、推诿搪塞。在刑事司法实务中，经常出现非公有财产的受害人报案后不予受理，或者受理后无人负责，案件一拖再拖，最后不了了之的情况。

其二，违法立案和追诉民营企业负责人。在司法实务中，一些不法商人与权力结盟，利用公权力介入经济纠纷，非法追究民营企业负责人的刑事责任。近年来，违法采用刑法手段追诉民营企业投资人、管理人的情况时有发生。

其三，在刑事诉讼中非法占有、处置、毁坏民营企业的财产。按照刑事诉讼法的规定，司法机关对其查封、扣押、冻结的财产应当妥善保管，不得查封、扣押、冻结与案件无关的财产。然而，在司法实践中，有的办案单位非法或者超范围查封、扣押、冻结民营企业的财产，非法占有、处置、毁坏被查封、扣押、冻

结的民营企业的财产。

## 五、结语

“加大对非公有财产的刑法保护力度”，是《中共中央国务院关于完善产权保护制度依法保护产权的意见》明确提出的要求。以此为契机，我们相信，对非公有制经济的刑法平等保护必将得以贯彻落实，乃至蔚然成风。

# 刑法平等保护民营经济面临的三大问题*

## 一、前言

对民营经济和国有经济①给予同等的刑法保护，这一命题早在十多年前就已经提出。其时代背景是我国于2001年加入世界贸易组织（WTO）。在此背景下，我国刑法学界对包括民营经济在内的非国有经济的刑法平等保护问题展开了研究。当时在理论上已经基本达成了共识，即在我国加入WTO，并且确定要走市场经济道路的情况下，应当通过立法修改和完善，实现对民营经济的刑法平等保护。然而，十多年过去了，对民营经济给予刑法平等保护的事业基本上没有得到推进。其间，理论上出现了不宜对民营经济给予平等保护的观点，刑法立法中歧视民营经济的内容没有得到修改，刑事司法实务中损害民营企业合法权益的情况

---

* 与左坚卫教授合著，原载《净月学刊》，2017（4），之后有删节并收入赵秉志主编：《依法治国背景下企业产权的刑事法保护》，北京，清华大学出版社，2018。

① 从逻辑上看，民营经济属于非公有制经济的组成部分，国有经济属于公有制经济的组成部分，因此，当我们说对公有制经济与非公有制经济予以刑法平等保护的时候，实际上也是在说对民营经济和国有经济给予刑法平等保护。在本文中，基于尊重参考文献的考虑，这两种表述都会用到。

则是屡见不鲜。这些理论、立法和司法状况非常不利于我国国民经济的健康发展，亟须进行深刻反思和认真检讨。

## 二、问题之一：对刑法应当平等保护民营经济的理论准备不足

尽管刑法理论界多数人认为刑法应当平等保护民营经济，但对于刑法为何要平等保护民营经济，论证并不充分。这为具体落实这一目标留下了理论隐患，以致不但在立法上未能修改刑法中对民营经济的不平等保护条款，而且在理论上还出现了反对刑法平等保护民营经济的观点。归纳起来看，关于刑法平等保护民营经济的理论准备不足，主要体现在以下两个方面。

### （一）关于刑法为何要平等保护民营经济的正面论述不充分

也许是受计划经济时代的思维定式的影响，或者是由于政治敏锐性过强，又或是认为在我国已经加入 WTO 的情况下，对国有企业与民营企业给予平等的刑法保护已经成为一件顺理成章的事情，学者们并没有将重点放在对这一结论的合理性，亦即为什么刑法要平等保护民营经济的论证上，而是偏重分析现行刑法对民营经济的保护存在的缺陷、刑法对国有经济和民营经济的差别性保护的不合理性以及由此带来的消极影响。例如，早期发表的关于对民营企业予以刑法平等保护的文章，重点都放在了梳理刑法对公有制经济和非公有制经济实行差别保护的现状和立法完善方面，对于为何应当对二者实行平等保护，则仅从某个侧面加以论述①，或者仅作较为简略的论述。②

尽管后来学者们加强了对为何应当给予民营经济刑法上的平等保护的论证，但其不足之处还是比较明显，突出体现在不少学者把加强对民营经济的刑法保护与刑法平等保护民营经济两个不同的命题混为一谈。具体而言，这些不足主要体

① 张天虹．论《刑法》对公有、非公有经济的平等保护．山西大学学报（哲学社会科学版），2004（3）．

② 徐建峰．强化对非公有制经济的刑法平等保护．黑龙江省政法管理干部学院学报，2004（6）．



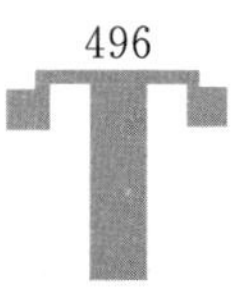

现在以下几个方面：

第一，认为我国宪法已经确立了平等保护非公有制经济的立场。例如，有学者认为："中国的根本大法宪法对非公有制经济和公有制经济是平等保护，不歧视，不偏私的。"① 可是，其得出该结论的依据却是宪法对非公有制经济的地位不断提升，保护力度不断加大。笔者认为，该结论与根据都是不能成立的，与宪法目前的规定不符。对此，笔者将在本文第三部分详加分析。

第二，认为刑法的基本原则要求对民营经济给予刑法平等保护。例如，有学者认为，我国刑法典第 4 条规定的刑法面前人人平等的基本原则要求刑法对非公有制经济给予平等保护。② 然而，刑法典第 4 条的具体内容是："对任何人犯罪，在适用法律上一律平等。不允许任何人有超越法律的特权。"显然，该条规定的是适用刑法人人平等，而不是任何犯罪主体在立法上一律平等，也不包含对不同法益在立法上应当平等保护的含义。因此，从刑法典第 4 条并不能得出对民营经济应当给予刑法平等保护的结论。另有学者认为，刑法典第 5 条规定的罪责刑相适应原则也要求刑法平等保护民营经济。③ 然而，在没有确定对民营企业与国有企业的权益应当给予刑法平等保护之前，以罪责刑相适应原则来论证这一结论，显然缺乏实体性基础，属于循环论证。

第三，认为民营企业地位的不断提升是刑法对其平等保护的理由。④ 这种观点存在的问题是，混淆了民营经济在国家经济结构中所处地位、所起作用与其法律地位平等两个不同性质的问题。按照这种观点的逻辑，当民营经济在国民经济中所占的比重还不高、所起作用还不大时，就可以让其继续处于与国有经济法律地位不平等的状态；而如果将来民营经济在国民经济中所占比重、所起作用超过了国有经济，则其法律地位也可以反过来超过国有经济。这显然是不可接受的。

---

① 李永升，叶静. 国有与私营企业刑法平等保护论纲. 经济研究导刊，2012 (19).

② 卢建平，陈宝友. 应加强刑法对非公有制经济的保护. 法学家，2005 (3).

③ 同①.

④ 王志祥，柯明. 刑法对国有企业和民营企业财产权应予以平等保护：以刑法对企业管理领域违法行为的规制为研究视角. 河南警察学院学报，2016 (3).

民营经济在国民经济中所处地位的高低、所起作用的大小，与其是否应当受到刑法平等保护，是并不直接关联的两个问题。对此，时任全国人大常委会副委员长王兆国早已代表国家最高立法机关作出了表态，他指出：“平等保护不是说不同所有制经济在国民经济中的地位和作用是相同的。”[①] 法律是否应当平等保护民营经济，遵循的是另外的逻辑。因此，民营经济在国民经济中的地位和作用即使比不上国有经济，也同样可以甚至应当受到刑法的平等保护。

第四，一方面认为刑法对民营经济和国有经济应当平等保护，另一方面又认为对侵害民营企业和国有企业的相同法益（如财产所有权）的同种类型行为，可以甚至应当异罪异罚。这种观点认为，应当以犯罪所侵犯的客体及其所体现的社会危害性为标准来判断应当给予何种程度的保护。[②] 这种配刑标准是可取的，但是，持这种观点的学者没有认识到侵害民营经济和国有经济利益的行为，以及针对民营经济和国有经济的侵占、受贿等腐败行为，其社会危害性已经随着经济体制的改革而发生变化，仍然用旧的眼光看待新的事物，也是不妥的。

（二）部分学者主张刑法对民营经济应当实行差别保护

对刑法为何要平等保护民营经济的正面论证不够充分，导致理论对实践的指导作用大大弱化，同时还促成了相反观点的出现。这种观点认为，刑法对民营经济就应当实行有别于国有经济的保护。其理由主要是：（1）公有制企业因其公共性而不同于非公有制企业；（2）宪法无论是在条文的表述上，还是在立法的内在精神上，都体现出优先保护公有制经济的立场；（3）从现行刑法中对侵害国有经济和民营经济行为的出入罪标准的设定来看，对国有经济和民营经济也应当实行不平等保护，这是由这两种行为的社会危害性大小有所不同决定的；（4）我国属于社会主义国家，公有制经济控制着国家经济命脉，这就决定了非公有制经济不

---

① 王兆国. 关于《中华人民共和国物权法（草案）》的说明：2007 年 3 月 8 日在第十届全国人民代表大会第五次会议上. 人民日报，2007-03-09（2）.

② 莫洪宪，郭玉川. 论刑法对非国有经济的保护：谈平等保护与区别保护的冲突与协调. 湖北社会科学，2008（2）.

可能得到与公有制经济相同的刑法保护。[①] 因此，对公有制经济和非公有制经济实行区别保护既是罪刑均衡原则的要求，又反映了人民群众的利益和价值取向，因而是合理的。[②]

否定刑法应当平等保护民营经济的观点存在以下三个问题：

第一，将立法现状与立法改革目标混为一谈。宪法和刑法的现有规定与立法改革需要实现的目标是两回事。前者是实然，后者是应然。根据现行宪法和刑法规定不能得出的结论，从合理性层面考量并非不可行。如果从现行宪法和刑法规定不能得出刑法应当平等保护民营经济的结论，但从合理性层面考量，刑法应当平等保护民营经济，那么，进行立法改革，在立法上确立这一原则，就是宪法和刑法以及其他法律接下来需要做出的突破。因此，基于宪法和刑法目前的规定来否认刑法应当平等保护民营经济，显然把实然和应然、现状和目标混为一谈了。

第二，将民营经济在国民经济发展中的占比地位和支撑作用与民营经济的法律地位混为一谈。民营经济在国民经济中所占比重、所发挥的作用，是一个经济学问题，它受制于国民经济发展战略。民营经济是否应当受刑法平等保护，是一个法学问题，它受制于法律制度、国家政策。两者不具有同一性。只有在法律上确立了其平等地位，才能实现刑法对民营经济的平等保护。否则，即使民营经济在国民经济中所占比重、所发挥的作用超过国有经济，它在法律上的地位仍然可能不如后者。

第三，没有看到经济体制改革和时代变迁对实现刑法平等保护民营经济的影响。不可否认，我国宪法对公有和非公有经济的基本态度曾经是区别保护，刑法区别对待公有和非公有经济也曾具有合理性。[③] 但是，这只是在一定历史时期，比如计划经济时代、有计划的商品经济时代能够成立的命题。那时，决定资源分

① 王晓明. 为刑法中的公有制、非公有制经济不平等保护正名. 湖南科技学院学报，2010 (5).

② 林卫星，李丽. 我国刑法对非公有制经济区别保护的原因探析：兼评平等保护观. 政法论丛，2007 (2).

③ 黄利红，王成明. 对公有和非公有经济刑法平等保护的再思考. 黄石理工学院学报（人文社会科学版），2011 (2).

配的不是市场，而是政府；不同经济活动主体的法律地位是不平等的，有的主体甚至被排除在经济活动之外。在这样的时代背景下，谈刑法平等保护民营经济，显然是不合时宜的，也是缺乏经济基础的。但是，在我国已经决定全面发展市场经济，并且正式加入 WTO 之后，仍然拒绝承认不同所有制经济活动主体的平等法律地位，拒绝对它们给予平等法律保护，则同样是不合时宜、不符合经济基础的要求。

笔者认为，当前无论是从经济体制上看，还是从我国加入的国际组织的要求以及现行党和国家政策层面上看，均应对民营企业给予刑法平等保护。这主要是基于以下三方面的理由：

首先，市场经济体制要求刑法平等保护民营经济。我国在 1992 年党的十四大上，即确立了发展社会主义市场经济的战略目标。市场经济要求市场对资源配置发挥基础性或者决定性作用，各市场经济主体应当公平竞争、受到平等保护，最终实现优胜劣汰。所谓使市场对资源配置发挥基础性或者决定性作用，意味着资源向哪个方向流动，流向哪个市场主体，不再由政府决定，而是由市场决定。所谓公平竞争，是指竞争者之间所进行的比拼是公开、平等、公正的。市场配置资源以及公平竞争必然要求法律对所有市场活动主体一视同仁，给予平等保护。竞争不平等，人为阻滞资源按照市场规律进行配置，就不可能建立市场经济。因此，刑法平等保护民营经济，是市场经济的必然要求。

其次，WTO 的规定要求刑法平等保护民营经济。2001 年，我国正式成为 WTO 的第 143 个成员。WTO 中的《关税与贸易总协定》、《服务贸易总协定》、《关贸总协定乌拉圭回合政府采购协议》以及《中国加入世界贸易组织议定书》等协定、协议中，均体现了非歧视原则，该原则要求各成员方平等对待各贸易活动主体和客体，实施非歧视待遇。[①] 既然我国对国外贸易活动主体都要平等对待，对国内包括民营经济在内的经济活动主体更应当平等对待。

---

① 刘东方．从 WTO 非歧视原则具体规定看培育我国统一大市场的国内法建设．中国市场，2015(12).

最后，党中央、国务院有关政策性文件规定要求刑法平等保护民营经济。1993年《中共中央关于建立社会主义市场经济体制若干问题的决定》规定："国家要为各种所有制经济平等参与市场竞争创造条件，对各类企业一视同仁。"① 2003年《中共中央关于完善社会主义市场经济体制若干问题的决定》中，四次提到"公平竞争"，明确提出要让部分国有企业"在市场公平竞争中优胜劣汰"，要"废止妨碍公平竞争"的规定，"保障所有市场主体的平等法律地位和发展权利"②。2005年《国务院关于鼓励支持和引导个体私营等非公有制经济发展的若干意见》（即著名的"非公经济36条"）规定，要"消除影响非公有制经济发展的体制性障碍，确立平等的市场主体地位，实现公平竞争"③。2014年《中共中央关于全面推进依法治国若干重大问题的决定》规定，要"使市场在资源配置中起决定性作用"，"健全以公平为核心原则的产权保护制度，加强对各种所有制经济组织和自然人财产权的保护，清理有违公平的法律法规条款"，"维护公平竞争的市场秩序"④。2016年《中共中央国务院关于完善产权保护制度依法保护产权的意见》中六次提到"平等保护"，明确指出"公有制经济财产权不可侵犯，非公有制经济财产权同样不可侵犯"，要"完善平等保护产权的法律制度"，"清理有违公平的法律法规条款，将平等保护作为规范财产关系的基本原则"⑤。在1993—2016年长达23年的时间里，党中央、国务院的政策性文件中，反复申明对民营经济要一视同仁，要保障它们的平等法律地位，要实现它们与国有经济的公平竞争，对它们进行平等保护，其政策取向可以说一目了然、毋庸置疑。这些政策性文件的内容共同昭示着我国计划经济时代遗留下来的歧视民营经济的政策和做法应当彻底转向，民营经济应当与国有经济站在同一起跑线上，受到包括刑

① 中共中央关于建立社会主义市场经济体制若干问题的决定．求实，1993（12）．

② 中共中央关于完善社会主义市场经济体制若干问题的决定．学习导报，2003（11）．

③ 国务院关于鼓励支持和引导个体私营等非公有制经济发展的若干意见．司法业务文选，2005（12）．

④ 中共中央关于全面推进依法治国若干重大问题的决定．中国法学，2014（6）．

⑤ 中共中央国务院关于完善产权保护制度依法保护产权的意见．人民法院报，2016-11-28．

法在内的法律的平等保护，成为与国有经济具有同等法律地位的市场主体。

## 三、问题之二：刑法平等保护民营经济的法律障碍

尽管无论是从我国社会主义市场经济体制的要求看，还是从 WTO 的规定以及党中央、国务院有关政策性文件的内容看，都应当实现对民营经济的刑法平等保护，但是，现行法律，特别是刑法的有关规定，不但没有对民营经济予以平等保护，反而成了刑法平等保护民营经济的障碍。①

（一）我国现行宪法中的相关规定

前文提及，不少学者认为，我国现行宪法在经过 1993 年、1999 年和 2004 年三次修改后，已经消除了对民营企业的不平等待遇，实现了对民营企业的平等保护。他们这么认为的主要理由是：

第一，法律面前人人平等是我国宪法的基本原则，根据该原则，应当对民营经济给予刑法平等保护。②

第二，1999 年的《宪法修正案》规定："……个体经济、私营经济等非公有制经济，是社会主义市场经济的重要组成部分。国家保护个体经济、私营经济的合法的权利和利益……"③

第三，2004 年的《宪法修正案》进一步加大了对包括民营经济在内的非公有制经济的保护力度。④

然而，在笔者看来，法律面前人人平等这一宪法原则并不能必然导出对民营

---

① 迄今唯一明确表达了民营经济应当得到法律平等保护立场的重要基本法律，是 2007 年 3 月 16 日第十届全国人民代表大会第五次会议通过的《中华人民共和国物权法》，该法第 3 条第 3 款规定："国家实行社会主义市场经济，保障一切市场主体的平等法律地位和发展权利。"遗憾的是，我国宪法和刑法并没有跟进。

② 祁若冰，单华东. 刑法平等保护公私财产的理性思考：以职务型侵财犯罪为视角. 法律适用，2010（10）.

③ 赖早兴，熊春明. 平等保护：刑法中的国有企业与非国有企业. 商业研究，2006（8）.

④ 尹宁，张永强. 论刑法对私营企业财产权的平等保护. 西南政法大学学报，2016（2）.

经济和国有经济应当给予刑法平等保护的结论。《宪法》第33条规定的法律面前人人平等原则，就立法而言，指的是“法律的实体内容符合平等的原则”[①]。为了追求实质上的平等，“立法平等并不排斥立法上区别对待”[②]。例如，我国刑法对未成年人、怀孕妇女、75周岁以上的老人均规定了不适用死刑等特殊保护制度，这并不违背法律面前人人平等的宪法原则，反而是在实质上实现该原则所必需的。基于同样道理，如果对国有经济实行特殊保护确实更有利于维护大多数人的权益，那么，对民营经济与国有经济实行差别保护在实质上也是符合法律面前人人平等这一宪法原则的。可见，认为法律面前人人平等这一宪法原则当然要求对民营经济和国有经济给予刑法平等保护的观点，并没有真正理解该宪法原则的含义，难以成立。认为1999年及2004年《宪法修正案》不断加大对民营经济的保护力度，因而实现了对民营经济的平等保护的观点，则是把经济地位与法律地位两个性质不同的问题混为一谈，同样不具有说服力。

实际上，唯一能引申出刑法应当平等保护民营经济的宪法内容，是1993年《宪法修正案》第7条中的规定：“国家实行社会主义市场经济。”正如王兆国在《关于〈中华人民共和国物权法（草案）〉的说明》中所指出的，“公平竞争、平等保护、优胜劣汰是市场经济的基本法则。在社会主义市场经济条件下，各种所有制经济形成的市场主体都在统一的市场上运作并发生相互关系，各种市场主体都处于平等地位，享有相同权利，遵守相同规则，承担相同责任。如果对各种市场主体不给予平等保护，解决纠纷的办法、承担的法律责任不一样，就不可能发展社会主义市场经济”[③]。因此，宪法确立了国家实行社会主义市场经济的发展战略，实际上就已经蕴含了应当给予民营经济刑法平等保护的精神。遗憾的是，长期以来，市场经济这一应有的意蕴被完全忽视，宪法本身也没有对这一市场经济的应有之义作出任何明确规定，立法者和许多理论工作者甚至没有认识到国家

---

① 潘盛洲. 全面推进依法治国必须坚持法律面前人人平等. 人民日报，2014-11-21 (7).

② 朱力宇，化国宇. “法律面前人人平等”应涵盖立法平等. 求实，2012 (7).

③ 王兆国. 关于《中华人民共和国物权法（草案）》的说明：2007年3月8日在第十届全国人民代表大会第五次会议上. 人民日报，2007-03-09 (2).

实行社会主义市场经济当然意味着对民营经济等非公有制经济给予法律平等保护，由此导致理论上有人要“为刑法中的公有制、非公有制经济不平等保护正名”①，认为对二者实行不平等的刑法保护是合理的。实践中更是出现了各种各样的歧视、排挤民营经济，甚至非法侵害民营经济合法权益的现象。

综上所述，可以看到，即便在经过多次修改后，现行宪法也仍然没有确立对民营经济给予法律平等保护的立场。而宪法对国有经济和民营经济在国民经济中所处地位、具有的作用以及支持力度上的不同表述，更是让许多人认为，宪法并没有对民营经济和国有经济采取一视同仁的态度。对于国有经济和民营经济的地位、作用和态度，经过1993年、1999年、2004年修改后的我国《宪法》的表述分别是：“国有经济，即社会主义全民所有制经济，是国民经济中的主导力量。国家保障国有经济的巩固和发展。”“个体经济、私营经济等非公有制经济，是社会主义市场经济的重要组成部分……国家鼓励、支持和引导非公有制经济的发展，并对非公有制经济依法实行监督和管理。”关于对二者权益的保护，《宪法》的表述分别是：“社会主义的公共财产神圣不可侵犯。国家保护社会主义的公共财产。禁止任何组织或者个人用任何手段侵占或者破坏国家的和集体的财产。”“公民的合法的私有财产不受侵犯。”（着重号为笔者所加）可见，即便经过多次修改，宪法对国有经济和民营经济厚此薄彼的态度仍然清晰可见。因为有上述宪法内容的引导，加上宪法又没有明确宣告对民营经济给予平等的法律保护，许多人认为宪法对民营经济和国有经济仍然实行有差别的保护。在这样的认识下，刑法对国有经济和民营经济实行有差别的保护也就在所难免了。

### （二）我国现行刑法对民营经济和国有经济的差别保护

不可否认，近年来，我国刑法确实通过多种形式，在不断加强对包括民营经济在内的非公有制经济的保护，具体可以概括为以下几个方面：

第一，在刑法典总则中明确规定了保护民营经济财产的内容。例如，刑法典第2条规定了刑法的任务之一是保护公民私人所有的财产；第92条对公民私人

① 王晓明．为刑法中的公有制、非公有制经济不平等保护正名．湖南科技学院学报，2010（5）．

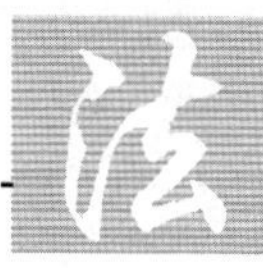

所有的财产进行了详细规定，将个体户和私营企业的合法财产也包含在内。

第二，在刑法典分则设置了许多对公私财产予以同等保护的罪名。如第五章“侵犯财产罪”中的抢劫罪、盗窃罪、诈骗罪、抢夺罪的犯罪对象就不分公私财产，同等对待。

第三，在刑法典分则中规定增设了不少保护民营经济财产权的罪名。例如，1997 年刑法典分则第三章第七节的“侵犯知识产权罪”，可以说重点在于保护包括民营经济在内的非公有制经济的产权。第五章“侵犯财产罪”中的职务侵占罪、挪用资金罪，旨在保护民营经济等非公有制经济的财产权，该章中的侵占罪，重点也在于保护非公有财产。这些罪名都是 1979 年刑法典没有的，主要保护对象都是包括民营经济在内的非公有制经济的财产。在陆续颁布的多个刑法修正案中，也增设了若干保护民营经济权益的罪名，如隐匿、故意销毁会计凭证、会计账簿、财务会计报告罪，背信运用受托财产罪，违法运用资金罪，拒不支付劳动报酬罪。

第四，修改了某些罪名，对民营经济与国有经济进行同等保护。例如，将原来的破坏集体生产罪修改为破坏生产经营罪，将破坏不同所有制经济生产经营的行为均纳入惩治范围。

第五，通过发布刑法立法及司法解释，加强对民营经济的保护。例如，全国人大常委会法工委曾专门就隐匿、故意销毁会计凭证、会计账簿、财务会计报告罪的主体范围进行解释，明确指出该罪的犯罪主体包括任何单位、个人，从而实现了对民营经济的平等保护。最高人民法院、最高人民检察院更是发布了大量惩治经济犯罪方面的司法解释，切实加强对民营经济权益的刑法保护。

尽管如此，我国刑法并没有全面实现对民营经济的平等保护，至今在许多方面，我国刑法对民营经济实行的仍然是有失公平的差别保护甚至保护缺失。这主要体现在以下三个方面：

其一，刑法典总则对民营经济权益的保护立场不够明确。尽管刑法典总则第 92 条将个体户和私营企业的合法财产解释为公民私人所有的财产，但是，民营经济并不限于个体户和私营企业，还包括中外合资企业、混合制企业等，这些企

业及其权益的保护在刑法典总则中没有得到体现。

其二，某些立法，只惩治侵害国有经济利益的行为，对侵害民营经济利益的同类行为却不予规制。例如，刑法典第 165 条至第 169 条规定的非法经营同类营业罪，为亲友非法牟利罪，签订、履行合同失职被骗罪，国有公司、企业、事业单位人员失职罪，国有公司、企业、事业单位人员滥用职权罪，徇私舞弊低价折股、出售国有资产罪等，都旨在保护国有公司、企业、事业单位的财产和利益，民营经济这方面的利益，则得不到刑法保护。而在经济活动中，通过上述行为损害民营经济合法权益的情况同样存在。有学者认为，统计资料显示，刑法典第 165 条至第 168 条规定的犯罪在民营经济中并没有发生过，说明这类行为没有严重的社会危害性，无须入罪。而且，对民营经济也规定非法经营同类营业罪和为亲友非法牟利罪，与中国的传统文化背离甚远。① 笔者认为，既然刑法没有将损害民营经济利益的这类行为犯罪化，它们当然不会出现在犯罪统计资料中，而且即使这类行为没有被统计到，原因也是多方面的，并不能得出其社会危害性不严重的结论。一个明显的事实是，这类行为对民营经济和国有经济的利益具有同样的危害性。既然如此，刑法就没有理由只将损害国有经济的这类行为犯罪化，而将损害民营经济的这类行为非罪化。又如，集体私分国有资产的行为会被定罪处罚，集体私分民营经济资产的行为，却得不到刑法的制裁。甚至有人认为私分民营经济资产的情形根本就不会发生，发生了也没有多大的社会危害性，用不着刑法来调整。② 笔者认为，在股份制民营企业、全员持股企业以及混合制企业中，同样可能出现以单位名义将单位资产私分给个人、掏空企业的行为，因此，对于集体私分民营经济资产的行为，同样应当定罪处罚。

其三，对侵害客体相同、客观方面表现形式相同的危害行为，按侵害的对象是民营经济还是国有经济区别对待，配置相差悬殊的法定刑。对于客观方面表现

① 王晓明．为刑法中的公有制、非公有制经济不平等保护正名．湖南科技学院学报，2010（5）．

② 莫洪宪，郭玉川．论刑法对非国有经济的保护：谈平等保护与区别保护的冲突与协调．湖北社会科学，2008（2）．

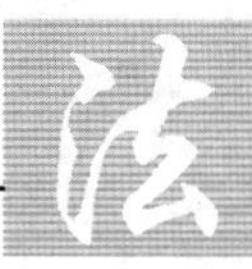

形式相同的危害行为，刑法有时仅仅因为侵害的对象存在公有和非公有之分，或者主体归属单位的不同，就规定为不同的罪名，在刑罚的配置上也给予明显的区别对待，体现出对公有财产和非公有财产的不平等保护，对民营经济进行明显的歧视。例如，贪污罪与职务侵占罪、挪用公款罪与挪用资金罪、受贿罪与非国家工作人员受贿罪等立法，都存在这方面的问题。有学者认为，对于不同所有制经济主体的工作人员利用职务之便实施的非法占有单位财物、受贿、挪用公款（资金）的行为，就应该异罪异罚。理由是国有经济单位的工作人员实施上述行为，不仅侵害了单位的财产所有权，而且侵害了国家工作人员的职务廉洁性，而非国有经济单位的工作人员实施的上述行为，仅仅侵害了单位的财产所有权或者使用权。① 即使后者也侵害了公司、企业工作人员的职务廉洁性，其危害程度与前者也是不可同日而语的。② 然而，我国于 2005 年批准加入的《联合国反腐败公约》不但已经将私营部门中的贿赂行为规定为腐败犯罪③，而且将这些部门中的贪污行为也规定为腐败犯罪。④ 许多国家刑法中贪污罪的犯罪对象都既包括公共财物，也包括私人财物。⑤ 我国既然已经加入了《联合国反腐败公约》，就应当遵守公约规定，将民营经济中的贪污、受贿等职务犯罪行为也视为腐败犯罪。这样，民营经济和国有经济中的贪污、受贿行为所侵犯的客体的数量和重要性就没有明显差别，二者的社会危害性也没有明显差别。刑法没有理由再将二者分别定罪，配置相差悬殊的法定刑。而且，正如有学者指出，刑法这种区别对待的规定不但导致对民营经济的保护不平等，而且导致了贪污罪、挪用公款罪构成要件的

① 林卫星，李丽．我国刑法对非公有制经济区别保护的原因探析：兼评平等保护观．政法论丛，2007（2）．

② 莫洪宪，郭玉川．论刑法对非国有经济的保护：谈平等保护与区别保护的冲突与协调．湖北社会科学，2008（2）．

③ 赵秉志．反腐败法治建设的国际视野：《联合国反腐败公约》与中国刑事法治之协调完善研究．北京：法律出版社，2008：327-328．

④ 张蓉．非公有经济的刑法平等保护：以贪污罪立法为视角．现代法学，2006（4）．

⑤ 同④．

混乱。[①] 因此，笔者赞同有的学者所提出的以下建议：对贪污罪、受贿罪、挪用公款罪的犯罪主体进行限缩，在职务侵占罪、非国家工作人员受贿罪、挪用资金罪中则不区分国有和非国有单位，以体现对民营经济和国有经济的平等保护。[②]

显然，要想实现对民营经济的刑法平等保护，修改和补充宪法对国有经济和民营经济法律地位的有关规定，修改或者废除刑法中对民营经济不平等保护的规定，补充完善保护民营经济的规定，势在必行。如果我们继续坚持社会主义社会的本质决定了宪法对国有经济和民营经济的法律地位和保护政策必须采取区别对待的立场，那么，在刑法上就难以实现对民营经济和国有经济的平等保护。

## 四、问题之三：民营经济受刑法平等保护的司法困境

理论的混乱、立法的缺陷以及计划经济时代遗留下来的“厚公薄私”的思维定式，难免影响司法人员，给刑事司法中落实对民营经济的刑法平等保护带来阻碍。近年来，民营经济在刑事司法中不但没有得到平等保护，反而受到歧视。在刑事诉讼中对国有企业和民营企业区别对待，利用公权力滥用刑事手段侵害民营企业的产权，违法查封、扣押、冻结民营企业财产等违法犯罪现象时有发生。这些违法犯罪现象挫伤了非公有制经济发展的积极性，阻碍了我国经济的正常发展，甚至导致民营资本向海外转移，破坏了国家鼓励、支持及引导民营经济发展的大政方针，具体而言，表现为以下几种情况。

### （一）对民营经济权益受侵害有案不立、推诿搪塞

在刑事司法实务中，经常出现非公有财产的受害人报案后不予受理，或者受理后无人负责，案件一拖再拖，最后不了了之的情况。例如，有一家房地产开发公司的两个股东因利润分配问题产生纠纷，控股股东兼公司董事长和总经理甲在将房屋全部销售一空后，竟然告诉股东乙，说经营亏损没有利润可分。而乙担任

① 张军. 对非公有制经济应该实行平等的刑法保护. 法制日报，2007-09-16.
② 李邦友. 对非公有制经济刑法平等保护的思考. 人民检察，2006（23）.

公司财务总监所拥有的查账职权早已被甲非法剥夺，乙连公司的大门都无法进入，更不用说查账。在这种情况下，乙先是打民事官司，要求核账，法院不予受理。乙想尽办法好不容易收集了甲虚报工程成本、隐瞒房屋销售收入的证据，向公安机关控告甲涉嫌职务侵占罪，公安机关却以证据不足、事实不存在为理由拒绝立案，致使乙只能眼睁睁地看着房屋销售一空，自己却一无所获。试想，如果是一个国有企业遭受乙这样的对待，甲还能这样逍遥法外吗？大概率恐怕是不会。

（二）违法立案和追诉民营企业负责人

民营经济遭受的司法不公除了有案不立，被侵害的合法权益得不到保护和恢复，还包括被违法立案。在司法实务中，一些不法商人与权力结盟，利用公权力介入经济纠纷，非法追究民营企业负责人的刑事责任。近年来，违法采用刑法手段追诉民营企业所有人、投资人、管理人的情况时有发生，甚至产生了一些这方面的冤错案件。一些民营企业家，就因为在经营过程中挂靠了国有企业，成为所谓的“红顶商人”。企业发展起来后，政府中有人眼红，企图利益均沾，当遭到民营企业的抵制时，相关事件便可能演变成刑事案件。例如，某大型家具制造企业，早期由冯某借款340万元组建而成。后来，该企业成为股份制试点企业，向社会公开发行社会公众股和增资扩股，总股本不断增加，最后公司重组成立集团家具股份有限公司，在深交所挂牌上市。从该企业的最初资金来源，以及此后增资扩股资金来源就可以清楚地看到，该企业实际上并不存在国有股份。然而，当地政府和司法机关却认定，冯某在未经有关部门许可，也没有进行资产评估的情况下，串通个别人，非法将集团公司所有制性质由国有变更为集体，然后通过采取挂名股东的方式，将各企业股权多次转让，非法将有效资产的控股权变更到个人控股公司名下。最终认定冯某贪污国有控股公司股权合计7.9亿元，伙同他人共同贪污国有控股公司股权合计7 988万余元，贪污公司财产1 100余万元，以犯贪污罪为由，判处冯某死刑，缓期二年执行，并没收个人全部财产。

（三）在刑事诉讼中非法占有、处置、毁坏民营企业的财产

在刑事诉讼中，司法机关对其查封、扣押、冻结的财产应当妥善保管，不得

查封、扣押、冻结与案件无关的财产，这都有法律的明确规定。然而，在司法实践中，公安机关等办案单位非法或者超范围查封、扣押、冻结民营企业的财产，非法占有、处置、毁坏被查封、扣押、冻结的民营企业的财产的情况并不少见。例如，商人于某龙于2002年因携带黄金被吉林市公安局拦截，46公斤黄金被罚没上缴。此后不久，国家政策调整，个人收购、买卖黄金的行为不再构成非法经营罪，检察机关也认定于某龙的行为不构成犯罪，然而，于某龙被扣押的黄金却不知所终，于某龙多次讨要均未果。更有甚者，2012年8月，于某龙又因“非法经营罪”再度被抓，2013年7月被判决无罪。在此期间，他被查扣的黄金始终未能退还给他。直至2015年5月19日，于某龙才在银行完成国家赔偿交接手续，取回45 860克黄金。[①] 于某龙还算是幸运的，虽然历经13年，毕竟被扣的黄金最终还是退还给了他，很多的民营企业就没有这么幸运了。有些被非法查封、扣押、冻结的财产不翼而飞，直到案件彻底结束，人都刑满释放了，这些财产还是无法返还。例如，北京某大型连锁商业控股集团，因为某种原因卷入刑事诉讼，1 000多万元的资金被直接从关联公司账上划走，不知所终，然而这笔钱在案卷中根本没有得到体现。

### （四）在刑事诉讼中注重追究民营企业，而对国有企业有所宽纵

由于国家长期以来都对国有经济予以特殊保护，加之宪法对国有经济和民营经济也采取区别对待的态度，一些政府部门领导及司法人员头脑中几乎从未形成过对非公有财产要给予平等保护的观念，相反，多少都存在对非公有经济的歧视心态。在这种心态的影响下，具体刑事诉讼活动中时常出现注重追究民营企业的刑事责任而在一定程度上宽纵国有企业的相同行为的不正常现象。例如，在严厉打击虚开增值税专用发票和骗取出口退税犯罪的过程中，有的司法机关明明已经查到了国有企业参与犯罪的事实，却视而不见，不将其纳入立案侦查范围；而有些司法机关对于民营企业的虚开增值税专用发票行为，即便不是以骗取税款为目

① 商人92斤黄金遭警方没收 追讨13年终获赔.（2015-05-25）[2017-04-06]. https://www.sohu.com/a/16311567_110565.

的，也是照抓不误，往往不考虑该行为是否具有实质上的社会危害性。由此导致出现这样的怪现象：一方面，将民营企业的某些不具有社会危害性的虚开增值税专用发票行为不适当地纳入了刑法惩治的范围，给民营经济的发展造成不必要的伤害；另一方面，又放纵了某些国有企业的具有实质社会危害性的虚开增值税专用发票行为。在查处骗取出口退税罪的过程中，也存在类似情形。例如，同样是购买小微企业制造的服装，以本公司的名义对外出口，然后向国家税务机关申请出口退税的行为，对民营企业时常是以骗取出口退税罪追究和定罪处罚，对国有企业却时常是不闻不问。

## 五、结语

鉴于民营企业屡屡遭受歧视甚至非法的刑事追究，民营经济的产权遭受非法侵犯，民营企业家的发展信心遭受严重挫伤，中央全面深化改革领导小组第二十七次会议于 2016 年 8 月 30 日召开，会议审议通过了《中共中央国务院关于完善产权保护制度依法保护产权的意见》，对完善产权保护制度、推进产权保护法治化有关工作进行了全面部署。该意见明确提出要加大对非公有财产的刑法保护力度。我们相信，在中央的清醒认识和鲜明立场的指引下，对中国民营经济的刑法平等保护原则必将日益得到强化和完善。

# 我国民营企业产权之刑法保护第一案

## ——张文中案（诈骗罪部分）的事实澄清与法理展开*

### 一、前言

最高人民法院按照审判监督程序进行再审，于2018年5月31日对张文中诈骗、单位行贿、挪用资金一案进行了公开宣判，认定张文中三项罪名均不成立，宣告张文中无罪。判决公开后，社会各界反响巨大，对判决结果所具有的法律和社会效果给予高度的正面评价。张文中再审改判无罪案因其审级规格之高、纠错力度之大、析法说理之透、改判结论之彻底、社会影响之广泛，无可争议地成为我国新时期依法保护产权、纠正民营企业涉产权冤错司法的“标杆式案件”。然而，由于张文中案案情较为复杂，媒体报道受篇幅和新闻规律的限制，侧重于揭示判决的政策导向价值，未能对案件事实和判决理由进行详细、全面的分析说明，这在一定程度上消减了该案改判的法治价值。例如，有人误以为民营企业在

* 与左坚卫教授合著，原载《法律适用（司法案例）》，2018（12）。原文标题为《张文中案：事实澄清与法理展开——诈骗罪部分》。

2002年没有资格申报国债技术改造项目，物美集团申报项目存在欺骗的成分，以致错误地认为最高人民法院的无罪判决有些勉强。对案件事实的这种错误认识可能引发对最高人民法院判决合法性的怀疑。因此，有必要澄清张文中案的事实真相，并在此基础上展开相关法理问题探讨，从而进一步弘扬张文中案件再审改判的法治意义。限于篇幅，本文仅涉及作为张文中案件核心的诈骗罪部分。①

## 二、关于原审法院定罪以及最高人民法院改判无罪的事实依据梳理

张文中案中的所谓诈骗犯罪，源于物美控股集团有限公司（原北京物美商业集团有限公司，以下简称“物美集团”）2002年申报国债技术改造项目的单位行为。所谓国债技术改造项目，是指用国债专项资金支持的由国家组织安排的技术改造贷款项目。原审法院认为，张文中在物美集团申报2002年国债技术改造项目的过程中存在冒充国有公司的下属企业骗取国债技改贴息资金的行为，因而构成诈骗罪。

根据本案二审判决书，原审法院定罪的事实依据是：(1) 国家重点技术改造项目重点从国有大型企业和国有控股大型企业中选择，民营企业不属于国债技改贴息资金支持的范围。(2) 物美集团作为民营企业，没有资格获得国债技改贴息资金支持，以其名义申报国债技术改造项目不可能得到批准。(3) 张文中明知物美集团没有资格申报国债技改贴息资金，仍然让物美集团冒充属于国有公司的诚通公司的下属企业申报项目。(4) 物美集团以根本不具备实施条件的物流项目和信息化项目进行虚假申报。(5) 物美集团取得国债技改贴息资金后，未用于申报的具体项目。(6) 物美集团未实施获批的物流项目及信息化项目。

根据本案的再审判决书，最高人民法院改判诈骗罪不成立的事实依据是：

---

① 关于张文中案件的全面情况及有关法理问题，可参考在本文发表之后笔者编著的专书。赵秉志，左坚卫. 民营企业产权保护第一案：张文中案件的参与暨思考. 北京：法律出版社，2019. ——笔者补注

(1) 相关政策性文件并未禁止民营企业参与申报国债技术改造项目。(2) 身为民营企业的物美集团于2002年申报国债技术改造项目，符合国家当时的国债技改贴息政策。(3) 物美集团通过诚通公司以真实企业名称申报国债技术改造项目，没有隐瞒其民营企业性质，也未使负责审批的主管部门产生错误认识。(4) 物美集团申报的物流项目和信息化项目并非虚构。(5) 物美集团违规使用3 190万元国债技改贴息资金的事实虽然存在，但不属于诈骗行为。

显然，本案的定性问题，首先表现为案件事实的认定问题，然后才表现为法律适用问题。在本案再审中，最高人民法院对原审法院所认定的案件事实进行了颠覆性的改变。对这些改变的案件事实，需要以具有说服力的方式加以澄清，才能正本清源，恢复真相。

在不同刑事诉讼主体对案件事实存在不同认识甚至对立看法的情况下，究竟如何认定？笔者认为，认定案件事实，应当以合法有效的证据为依据。现有证据能够证明的事实，即属于司法机关应当认定的案件事实，我们可以称之为法律真实。“在发现和认定案件事实的过程中，必须尊重体现一定价值的刑事程序的要求。”[①] 这种要求之一，就是证据裁判原则。刑事诉讼中的证据裁判原则，是指诉讼中司法人员认定案件犯罪事实必须以证据为依据。[②] 如果我们认真审查近年来广受关注的冤错案件，会发现一种普遍现象：司法机关通常都是先对案件事实作出错误认定，然后错误地适用法律。之所以会错误地认定案件事实，是因为司法机关在证据采信方面出现了严重错误。明明证明犯罪事实的证据不足，甚至推翻所指控事实的证据很充分，法院仍然认定所谓的犯罪事实存在。因此，最高人民法院审判监督庭负责人在就张文中案改判接受采访时强调：刑事审判“要严格

① 樊崇义，锁正杰，吴宏耀，等. 刑事证据前沿问题研究//何家弘. 证据学论坛：第1卷. 北京：中国检察出版社，2000：208-209.

② 陈光中，郑曦. 论刑事诉讼中的证据裁判原则：兼谈《刑事诉讼法》修改中的若干问题. 法学，2011 (9).

贯彻证据裁判、疑罪从无原则”①。

## 三、民营企业是否有资格申报2002年国债技术改造项目

本案是否成立诈骗，一个基础性同时也是核心的问题，就是民营企业是否有资格申报2002年国债技术改造项目？物美集团是民营企业，如果民营企业没有资格申报2002年国债技术改造项目，物美集团当然也没有资格申报。在没有资格申报的情况下，张文中仍然组织物美集团进行申报，其诈骗的嫌疑必将挥之不去。对此，最高人民法院以政策性文件、项目申报结果等书证，以及证人证言，多层面、多角度证明了民营企业有资格申报2002年国债技术改造项目。

### （一）原国家经贸委的政策性文件允许民营企业申报2002年国债技术改造项目

2002年申报国债技术改造项目的文件依据是1999年国家经贸委等四部门发布的《国家重点技术改造项目管理办法》（以下简称《项目管理办法》），以及国家经贸委2002年下发的《关于组织申报2002年国债技术改造项目的通知》（以下简称《申报项目通知》）。在《项目管理办法》中，有“国家重点技术改造项目的企业选择……重点从512户重点企业、120户试点企业集团和行业骨干企业中重点选择领导班子强、管理好、银行信用等级高的国有大型企业和国有控股大型企业”的规定。在《申报项目通知》中，有“重点支持国有和国有控股的大型骨干企业……促进经济结构的优化，实现国有企业战略性改组”的规定。

原审判决根据上述文件内容，认定只有国有大型企业和国有控股大型企业才有资格申报2002年国债技术改造项目，民营企业没有资格申报。有的学者也持这种观点，理由是：如果文件已经明确规定适用对象为A，那么，非A者不能适用，那就是无须再专门规定的题中应有之义。正如厕所门上只写了“男”字，

---

① 罗沙，丁小溪．为何要改判张文中、物美集团无罪？听最高法详解．（2018－06－14）．http://www.xinhuanet.com/2018－05/31/ c_1122920054.htm.

并未明确说“禁止女性入内”，并不能以此作为女性可以进入男厕所的理由。[①]该学者还认为，虽然“文件规定用语是‘重点支持国有企业’，似乎也存在着非国企属于非重点支持范围的解读空间”，但是，“这个说理，还是让人有生硬之感”[②]。

上述解读存在四个方面的问题：第一，对有关文件内容的解读有违法律解释的基本原理。第二，对有关文件内容缺乏全面了解。第三，没有注意新旧政策的适用原则。第四，对物美集团以国有公司下属企业名义申报项目的真实情况和原因存在误解。对第四个问题，笔者将在本文第四部分澄清，下面着重澄清前三个问题，解释为何根据有关文件的规定，民营企业有资格申报 2002 年国债技术改造项目。

在涉及定罪时，对政策性文件文本含义的解释，同样应当遵循法律解释的一般原理。“在法律解释方法中，文义解释是首先要考虑的解释方法。”[③]“只要法律措辞的语义清晰明白，且这种语义不会产生荒谬的结果，就应当优先按照其语义进行解释。”[④]“探求法条中的立法原意，必须根据法条文字一般和通常的意义来理解，而不能牵强附会。”[⑤]

那么，从文义上看，《项目管理办法》和《申报项目通知》蕴含了民营企业没有资格申报 2002 年国债技术改造项目之意吗？显然没有。

首先，《项目管理办法》对于国家重点技术改造项目的企业选择，只是规定重点从 512 户重点企业、120 户试点企业集团和行业骨干企业中选择国有大型企业和国有控股大型企业，并没有说只能从这些企业中选择，因而没有禁止民营企业申报。按照文义解释，重点选择国有大型企业和国有控股大型企业，显然不是

---

① 车浩．最高法院改判张文中案：遗憾与贡献．（2018－06－14）．http://www.sohu.com/a/234748959_650721.htm.

② 同①.

③ 孔祥俊．法律方法论：第 2 卷．北京：人民法院出版社，2006：793.

④ 同③.

⑤ 赵秉志，王勇．论对刑事立法原意的把握．政法论坛（中国政法大学学报），1990（3）.

只能选择国有大型企业和国有控股大型企业，否则就不是文义解释，而是限制解释。因此，从文义上看，《项目管理办法》的规定为民营企业申报技术改造项目留了一席之地。

其次，《申报项目通知》不但没有蕴含民营企业无资格申报国债技术改造项目之意，而且对以“促进产业升级”为目标的项目申报采取的是对各种所有制企业一视同仁的态度，民营企业申报项目的空间更大。《申报项目通知》没有任何只支持国有企业和国有控股企业申报2002年国债技术改造项目的表述，按照文义解释，不能得出民营企业没有资格申报国债技术改造项目的结论。同时，根据《申报项目通知》的具体内容，以体系解释为指导，更是可以得出民营企业有资格申报2002年国债技术改造项目的结论。所谓体系解释，是指根据法律规范的上下文来得出其具体含义。“法律规范只能在上下文中得出其具体含义，该含义在上下文中被表达出来，又在上下文中被接受。”[①] 根据《申报项目通知》第1条的规定，2002年国债技术改造投资重点有四个方向，分别是“促进产业升级”、“加快结构调整”、“促进企业安全生产、工业节能节水和污染治理”以及“推进企业信息化”。对后三个方向，《申报项目通知》分别规定了“重点支持国有和国有控股的大型骨干企业”“充分支持国有大中型煤炭企业安全设施的更新改造”“重点支持国有大型骨干企业信息化建设”。对第一个方向，即“促进产业升级”方向，则没有区分企业性质，而是规定“坚持以市场需求为导向”。显然，按照体系解释，既然文件对“促进产业升级”的国债技术改造项目的投资方向没有规定重点支持国有企业和国有控股企业，而对其他方向作出了这方面的明确规定，那么，只能理解为在该方向国家对不同所有制企业采取的是一视同仁的态度，这些企业可以平等地进行申报。否则，我们就无法解释文件为何要作出这种存在明显差别的表述。

最后，按照政策性文件适用的通常原则，应当主要以《申报项目通知》而不是以《项目管理办法》，作为确定2002年国债技改贴息资金支持范围的主要规范性根据。在改革开放时期，国家经济政策具有很强的变动性，当针对相同事项，

① 孔祥俊. 法律方法论：第2卷. 北京：人民法院出版社，2006：841.

国家出台了新的政策性文件时，显然应当执行新文件的规定，而不能再适用旧文件，否则，国家的新政策就形同虚设。正因为如此，最高人民法院审判监督庭负责人在答记者问时说："要准确理解国家政策的精神，把握政策的发展变化，防止用过去的政策衡量行为发生时的企业经营活动。"① 本案中，《项目管理办法》只是针对国家重点技术改造项目所作的原则性规定，并且是在 1999 年 9 月印发的；《申报项目通知》则是专门针对 2002 年国债技术改造项目申报工作而发布的特别规定，发布时间是 2002 年 2 月。显然，决定申报 2002 年国债技术改造项目主体范围，以及 2002 年国债技术改造资金支持范围的，应当是《申报项目通知》。只有《申报项目通知》没有规定的内容，才适用《项目管理办法》。也就是说，对认定民营企业是否有资格申报 2002 年国债技术改造项目具有决定性作用的，是《申报项目通知》。《项目管理办法》由于对申报主体规定得不明确、不具体、不详细、不具有针对性，并且与已经作出重大调整的国债技改贴息政策不符，不能直接用来确定 2002 年国债技改贴息资金支持的范围。

可见，基于文义解释，《项目管理办法》为民营企业申报国债技术改造项目留了一席之地，《申报项目通知》为民营企业留下的申报空间则更大。基于体系解释，《申报项目通知》在以"促进产业升级"为目标的项目申报中，对各种所有制企业一视同仁，民营企业与国有企业可以平等申报。基于新旧政策适用原则，《申报项目通知》才是判断民营企业是否有资格申报 2002 年国债技术改造项目的主要依据。因此，最高人民法院认定"相关政策性文件并未禁止民营企业参与申报国债技改贴息项目，且身为民营企业的物美集团于 2002 年申报国债技改项目，符合国家当时的国债技改贴息政策"，是完全正确的。

（二）通过历史解释的方法，可以进一步说明当时的政策性文件允许民营企业申报 2002 年国债技术改造项目

所谓历史解释，"是指通过探求立法者在制定法律之时所作的价值判断和意

① 罗沙，丁小溪．为何要改判张文中、物美集团无罪？听最高法详解．（2018－06－14）．http://www.xinhuanet.com/2018－05/31/ c_1122920054.htm.

欲实现的目的，确定立法者的意思，在此基础上得出法律规范的含义”[①]。我们在此姑且将政策性文件视同类似于法律的规范性文件，以法律解释的原理来探明其含义，这应当是一种较为严谨的思考方式。

历史解释通常以立法过程中参考的资料或者其他相关历史资料作为解释的依据。那么，在制定《申报项目通知》时，有关部门参考了哪些资料，又有哪些相关历史资料，可以为我们解释《申报项目通知》提供依据呢？当时的新闻媒体关于国债技改贴息政策的报道具有重要的参考价值。这些报道包括：(1) 中国新闻网等多家网站报道，时任国家经贸委主任李荣融于 2001 年 11 月在国债技改宣传新闻通气会上宣布：“从明年起……按照国际惯例，改革国债贴息的办法，在国家规定的范围、专题内……对各种所有制企业均实行国民待遇。”[②] (2) 中国新闻社等媒体报道，时任国家经贸委投资与规划司司长甘智和接受记者专访，强调“随着中国加入世贸组织，向 WTO 规则靠拢、按其规则办事已成必然和必需。在国债技改项目上的国民待遇，是指不同所有制的企业……在政策取向上一致，其具体表现主要在项目的审查与实施方面”[③]。(3) 在 2001 年《国家经贸委 2002 年技术改造工作的初步设想》中，国家经贸委已经明确提出在国债技术改造中要“根据当前形势的变化……编制发布第三批‘双高一优’导向计划，破除企业所有制界限，鼓励符合导向的中小企业的技术改造，在政策上一视同仁”[④]。(4) 国研网报道，2000 年 7 月，时任国家经贸委副主任李荣融在接受记者采访时表示，“技术改造的国债贴息政策范围要拓宽，要面向所有的企业，不仅面向国有企业，还应面向非国有企业包括民营企业”[⑤]。上述与国债技改贴息政策相

---

① 孔祥俊．法律方法论：第 2 卷．北京：人民法院出版社，2006：869.

② 尹丹丹．明年国债技改贴息对各所有制一视同仁．(2001-11-16) [2018-06-15]．http://finance.sina.com.cn/y/20011116/130537.html.

③ 肖瑞，尹丹丹．入世后国债技改贴息如何惠及四方?．(2001-11-17) [2018-06-15]．http://finance.sina.com.cn/t/20011117/131164.html.

④ 国家经贸委 2002 年技术改造工作的初步设想．中国经贸导刊，2001 (23).

⑤ 李荣融：技改国债贴息将面向非公经济．(2000-07-11) [2018-06-15]．http://finance.sina.com.cn/news/2000-07-11/40684.html.

关的历史资料，可以帮助我们理解《申报项目通知》为何在“促进产业升级”方向，没有出现重点支持国有企业和国有控股企业的表述，进而帮助我们理解文件有关表述所蕴含的对各种所有制企业申报项目一视同仁、平等对待，以及民营企业完全有资格申报2002年国债技术改造项目的意思。

上述媒体所报道的内容，是最高人民法院判决中这段说理的主要根据：“2001年12月，我国正式加入了世界贸易组织，由于国有企业三年改革与脱困目标基本实现，国家调整了国债技改项目的投向和重点，在规定的范围、专题内，进一步明确了对各种所有制企业实行同等待遇，同时将物流配送中心建设、连锁企业信息化建设列入了国债贴息项目予以重点支持。”需要注意的是，这段说理并非脱离《申报项目通知》这一政策性文件泛泛而谈，而是对该文件内容的政策导读，目的在于进一步阐明为何《申报项目通知》允许民营企业申报2002年国债技术改造项目。

（三）一系列证人证言，进一步印证了民营企业有资格申报2002年国债技术改造项目

这些证人证言包括：（1）证人门晓伟证实，2002年国家没有禁止国债技改贴息资金支持民营流通企业的规定，在当时的第七、八、九批国家重点技术改造国债贴息项目中，确实有民营企业得到支持并拿到贴息。（2）再审期间，证人甘智和出具的“关于2002年国债技术改造项目相关情况的说明”证实，从2001年开始，部分民营企业进入国债技改贴息计划。（3）再审期间，证人黄海出庭作证证明，第八批国债技改贴息项目对企业的所有制性质没有限制性要求。这三位证人中，门晓伟时任国家经贸委贸易市场局助理巡视员，参与了2002年流通业国债技术改造项目审批；甘智和时任国家经贸委投资与规划司司长，负责制定国债贴息政策；黄海时任国家经贸委贸易市场局局长，负责对申报的流通业项目进行把关。显然，他们关于2002年民营企业是否有资格申报国债技术改造项目的说法是具有权威性的。

（四）在与物美集团同时获批国债技术改造项目的企业中，还有数家是民营企业

国家经贸委等七部门于2003年3月17日联合下发的《关于下达2003年第

二批国债专项资金国家重点技术改造项目投资计划的通知》及其附件中，记载了获得2002年国债技改贴息资金支持的企业及其技改项目，证明在获得2002年国债技术改造项目的企业中，除物美集团外，还有黑龙江哈尔滨圣泰制药有限公司、江苏盐城丰东热处理有限公司、浙江恒逸集团有限公司、浙江美欣达印染股份有限公司、横店集团控股有限公司、天津宝迪农业科技股份有限公司等六家非国有企业。这一书证进一步印证了民营企业有资格申报2002年国债技术改造项目。

显然，现有的书证和证人证言彼此印证，系统、完整地证明了民营企业有资格申报2002年国债技术改造项目，原审法院以及有的学者仅凭《项目管理办法》和《申报项目通知》中"国家重点技术改造项目的确定……以加快国有企业技术进步和产业升级为目标""国家重点技术改造项目……重点选择领导班子强、管理好、银行信用等级高的国有大型企业和国有控股大型企业""重点支持国有和国有控股的大型骨干企业……促进经济结构的优化，实现国有企业战略性改组"等表述，便认为民营企业没有资格申报2002年国债技术改造项目，显然没有正确、完整地解读文件内容，忽视了政策出台背景，也与确有多家民营企业获得2002年国债技改贴息资金支持这一基本事实不符，因而是错误的。

## 四、物美集团以诚通公司下属企业的名义申报国债技术改造项目的真相

既然物美集团作为民营企业有资格申报2002年国债技术改造项目，为什么它还要以国有诚通公司下属企业的名义申报国债技术改造项目？这是本案另一个对于定性十分重要的问题，也是一个看似十分费解的问题。这一问题甚至影响到人们对物美集团有无资格申报国债技术改造项目的认识。有学者就质疑："如果文件制定者的原意真如最高法院所说，本来就给民企留出了空间，那物美集团不直接申报而是以其他国企名义申报的行为就费解了。"[①] 原审法院正是根据这一

① 车浩. 最高法院改判张文中案：遗憾与贡献.（2008－06－14）. http://www.sohu.com/a/234748959_650721.html.

看似明显不正常的现象，反推物美集团作为民营企业肯定没有资格申报，所以张文中才会同意物美集团冒充国有诚通公司的下属企业进行申报，进而认定张文中在申报过程中存在诈骗行为，并认为其他非国有企业申报项目获得批准，不影响被告人虚构物美集团是国有诚通公司下属企业的事实认定。因此，有必要澄清物美集团为何会以诚通公司下属企业的名义申报国债技术改造项目这一问题。为此，需要明确以下几个方面的事实。

（一）物美集团之所以通过诚通公司申报国债技术改造项目，不是因为物美集团作为民营企业没有申报资格，而是因为通过诚通公司申报较为快捷

所谓“物美集团以诚通公司下属企业的名义申报国债技术改造项目”的实际情况是：2002 年初，张文中在得知国家经贸委在组织申报 2002 年国债技术改造项目后，基于其从 2002 年 1 月 20 日在上海召开的全国推进流通现代化工作现场会上了解到的情况，决定物美集团积极参加申报，并派张某春（本案另一原审被告人）到国家经贸委了解申报项目的具体情况。张某春反馈回来的信息是：(1) 物美集团有资格申报，可以通过两条途径提交项目申报材料，一条是通过地方经贸委申报，另一条是通过央企申报；(2) 通过央企比较便捷，比通过地方申报能节省时间；(3) 基于物美集团与央企诚通公司之间的关系①，物美集团可以通过诚通公司上报项目申报材料。张文中在确认物美集团可以通过诚通公司递交项目申报材料后，召开物美集团高层会议讨论决定，物美集团通过诚通公司递交项目申报材料。在征得诚通公司董事长等人同意和支持后，物美集团通过诚通公司递交了项目申报材料。从申报过程可以看出，物美集团实际上是为了节省时间，将诚通公司作为其递交项目申报材料的渠道，而不是以诚通公司下属企业的名义申报项目。需要注意的是，“通过诚通公司递交项目申报材料”与“以诚通公司下属企业的名义申报项目”的含义存在本质差异。前者是将诚通公司作为递交项目申报材料的一个通道，不包含项目申报单位是诚通公司下属企业的意思；而后者则非常清楚地包含着申报单位是诚通公司下属企业的意思。因此，有必要

① 物美集团在申报项目时，与诚通公司存在间接持股以及其他关联关系。

加以澄清。

（二）物美集团在通过诚通公司递交项目申报材料时，并未隐瞒自己的民营企业性质，更未将自己冒充为诚通公司下属企业

尽管最高人民法院没有完全接受物美集团是通过诚通公司申报项目材料，而不是以诚通公司下属企业的名义申报项目的说法，但确认了以下事实：物美集团在通过诚通公司申报国债技术改造项目时，一直使用本企业的真实名称，从未隐瞒自己的民营企业性质。这实际上就说明了物美集团在申报过程中，并没有冒充诚通公司的下属企业。

（三）在申报项目时，就如何递交申报材料，对政策执行得并不严格，物美集团通过诚通公司递交申报材料事实上是被允许的

尽管如果严格按照政策性文件的要求，物美集团确实不应该通过诚通公司递交项目申报材料，但是，实际情况是相关政策性文件并没有被严格执行。由于组织申报国债技术改造项目的文件下发后，离申报截止时间已经很近[①]，国家经贸委实际上对如何递交项目申报材料采取了变通的办法，申报企业在与国有企业之间存在一定关系的情况下，即使不是其下属企业，也可以通过国有企业递交项目申报材料。这种政策性文件在实际工作中被变通执行的情况经常发生。正因为存在这方面的问题，最高人民法院才在2016年发布的《关于充分发挥审判职能作用切实加强产权司法保护的意见》中规定："对改革开放以来各类企业特别是民营企业因经营不规范所引发的问题，要以历史和发展的眼光客观看待，严格遵循罪刑法定、疑罪从无、从旧兼从轻等原则，依法公正处理。"

在还原了事情经过后，我们可以清楚地看到，物美集团通过诚通公司递交项目申报材料事出有因，并非因为民营企业没有资格申报国债技术改造项目，然后冒充国有公司进行申报。由此我们应当注意，在某些看似奇怪甚至荒唐的现象背后，往往有其发生的特殊但合理的原因。如果我们不能透过现象去查明背后的原

① 这一事实可以从《关于组织申报2002年国债技术改造项目的通知》中得到证明。通知发布时间是2002年2月27日，申报截止日期为2002年3月31日，从通知下发到申报截止仅有30多天的时间。

因，想当然地认为事出反常，必有诡诈，就很容易陷入先入为主的错误认识之中，进而得出错误结论。实际上，在查明民营企业有资格申报2002年国债技术改造项目之后，结合申报时间紧迫、政策在实际执行过程中经常走样等实际情况，我们就不难理解物美集团为何不是在冒充国有企业进行申报了。

## 五、物美集团通过诚通公司申报国债技术改造项目，是否使负责审批的主管部门产生了错误认识

作为诈骗罪客观要件的欺骗行为，必须是使受骗者产生认识错误的行为。如果欺骗行为并未使受骗者陷入或者维持错误认识，那么，行为人取得财产就不可能与其欺骗行为存在因果关系，也就不能将财产损失的结果归责于欺骗行为。因此，查明物美集团以诚通公司下属企业名义申报项目是否使负责审批的主管部门产生了物美集团是国有企业的错误认识，对于本案定性也具有重要价值。

对此问题，最高人民法院作出了明确的否定回答。最高人民法院认为负责审批的主管部门未产生错误认识的理由是：（1）物美集团在申报材料“企业基本情况表”中填报的是企业真实名称，并未隐瞒。（2）证人黄海的证言以及原国内贸易部《关于确定全国第一批连锁经营定点联系企业的函》证实，物美集团是原国内贸易部及原国家经贸委贸易市场局的定点联系企业。（3）证人李甲证实，在物美集团申报项目的过程中，她曾听过张文中、张某春等人的汇报，并考察了物美集团的超市和物流基地，参与了审批，经审查认为符合国债项目安排原则。可见，作为审批部门的原国家经贸委对物美集团的企业性质是清楚的。张文中、张某春将物美集团以诚通公司下属企业名义申报国债技术改造项目，并未使原国家经贸委负责审批工作的相关人员对其企业性质以及与诚通公司的关系产生错误认识。

在此，最高人民法院创造性地采用了推定这一事实认定方法。“推定是一种根据所证明的基础事实来认定推定事实成立的方法。”[①] “推定事实的成立，并不

---

① 陈瑞华．论刑事法中的推定．法学，2015（5）．

是根据证据事实所直接推导出来的结论，而是法官运用推定规则所作的法律认定；在基础事实与推定事实之间，并没有建立必然的因果关系，而可能存在一种逻辑推理上的跳跃。”① 推定通常被用于解决特定有罪事实的证明困难问题，例如对罪过和犯罪目的这类主观心态的认定。本案中，最高人民法院不是将推定用于认定被告人的罪过或者犯罪目的，而是用于认定可能属于被骗对象的原国家经贸委负责项目审批的工作人员的主观认识。在诈骗类犯罪中，经常会遇到类似情况，即对被骗对象到底有没有产生错误认识存在争议，许多被骗对象对行为人所实施的行为有清楚的认识，完全是基于对事物的正确认识而处分财物，但事后都声称不知情，被欺骗了。对这类情形应当如何定性，是处理诈骗类犯罪的难点之一。最高人民法院在本案中的尝试，是一种非常有价值的司法实践，对于今后各级法院处理类似案件具有重要指导意义。

事实上，用以推定负责审批的主管部门未产生错误认识的基础事实不止最高人民法院所列举的三项。在申报 2002 年国债技术改造项目前，即 2001 年 12 月 28 日上午，负责国债技术改造项目审批工作的时任国家经贸委主任李荣融、副主任张志刚以及时任北京市常务副市长孟学农、国家经贸委贸易市场局局长黄海等陪同时任国务委员吴仪视察了物美，张文中和物美集团高层全程陪同。在申报项目期间，物美集团还将公司简介、营业执照复印件以及《物美月刊》给了负责项目审批工作的李甲、李乙等人。上述事实与最高人民法院所列举的事实相结合，可以更充分地推定负责项目审批的原国家经贸委知道物美集团的企业性质，并未因物美集团通过诚通公司递交项目申报材料而对其所有制性质以及与诚通公司的关系产生错误认识。

## 六、物美集团所申报项目的真实性

物美集团所申报项目的真实性对于认定其是否存在诈骗行为也具有重要意

① 陈瑞华. 论刑事法中的推定. 法学，2015 (5).

义。即使物美集团作为民营企业有资格申报2002年国债技术改造项目，如果其所申报项目是虚假的、不可能实施的，仍然可能构成诈骗。在所申报项目是否真实上，原审判决认为，物美集团以根本不具备实施条件的物流项目和信息化项目进行虚假申报。最高人民法院则认为：物流项目并非虚构，项目获批后未按计划实施及未能获得贷款系客观原因所致，且已异地实施；认定信息化项目虚假依据不足。

最高人民法院与原审法院之所以在物美集团所申报项目真实性方面得出完全不同的结论，主要是因为对物美集团在项目实施过程中出现的问题和存在的瑕疵作出了完全不同的评价。最高人民法院是在肯定物美集团为实施所申报项目做了大量工作的基础上，客观看待项目实施过程中出现的问题和存在的瑕疵，因而没有被项目未能获得贷款、物美集团采用签订虚假合同等手段申请项目贷款，以及未按计划实施项目等表象所迷惑，没有否认项目的真实性。原审法院则正好相反，只抓住物流项目未能获得贷款和未按计划实施等问题，以及信息化项目采用签订虚假合同的手段申请贷款等瑕疵，没有客观全面地审查项目未按计划实施等问题出现的原因，便认定项目虚假。

笔者认为，原审判决的结论在逻辑上无法成立。判断项目是否虚假，应当考察的因素是项目是否为物美集团所需要，以物美集团的能力是否能完成，物美集团是否采取了措施积极推进项目的实施，而不是项目最终是否完成，更不是项目是否严格按原计划完成。须知，项目按计划实施需要依赖一定的客观外在条件，当这些条件发生变化时，原计划能够完成的事项就可能无法按计划完成，甚至无法完成，但是，显然不能因此就认定项目虚假。

物美集团申报的物流项目就遇到了这种外在条件的变化。物美集团在北京市通州区的物流项目申报下来后，先是因“非典”疫情推迟实施，后来在土地出让方式方面，通州区物流产业园区要求购买，而物美集团原计划是租赁土地，因投资成本太高，双方未能达成一致。在这种情况下，物美集团在北京市百子湾等地建了物流中心。而原申报项目因无法提供用地及开工手续，不能取得银行贷款，后按要求办理异地实施项目的变更手续，但因故最终未能落实。最高人民

法院充分考虑到上述客观原因，认为物美集团所申报的物流项目没能按计划在原址实施，未能申请到贷款，系“非典”疫情及通州区物流产业园区土地由租改卖等客观原因造成。即使项目《可行性研究报告》有不实之处，也不足以否定该项目的可行性和真实性。笔者认为，这才是理性的、符合事物认识规律的思维方式和判断。

事实上，本案有充分的证据证明，物美集团所申报的物流项目和信息化项目，是物美集团作为国内大型流通企业所急需的，无论是否获得国债技改贴息资金支持，物美集团都必须实施。其中的物流项目，就是在未获得银行贷款、在原计划的选址上无法实施的情况下，选择了异地实施。信息化项目所设定的目标，则已经全部实现，企业投入信息化建设的资金，甚至超过了预算，更是远超银行贷款。这已经充分说明了所申报项目的真实性和必要性。

## 七、对本案性质的综合评价

在对本案事实作出上述澄清之后，再来评判张文中的涉案行为是否构成诈骗罪，就有了可靠的基础。在此基础上，应当严格遵循我国刑法的规定以及我国犯罪构成理论来评判行为的性质。我国犯罪构成理论认为，犯罪构成是认定犯罪是否成立的标准，“是在犯罪概念基础上建立起来的检验行为是否构成犯罪的规格和标准”[①]。“为了认定某人构成犯罪，就必须确定在其行为中具有某种犯罪构成。”[②] 以刑法所规定的诈骗罪的犯罪构成为标准来分析评判张文中的涉案行为，我们可以清楚地得出其不构成诈骗罪的结论。

我国刑法对诈骗罪的描述采用的是简单罪状，仅表述为“诈骗公私财物，数额较大”。这难免给我们把握诈骗罪的基本构造、确立诈骗罪的成立条件带来困难。为解决此问题，有学者借鉴国外的刑法理论及司法实践来探讨。大陆法系国

① 高铭暄．刑法问题研究．北京：法律出版社，1994：152.

② 高铭暄，马克昌．刑法学．5版．北京：北京大学出版社，2011：51.

家的刑法理论与审判实践普遍认为，除行为对象与行为人的故意与目的外，诈骗罪（既遂）在客观上必须表现为一个特定的行为发展过程：行为人实施欺骗行为—对方陷入或者继续维持认识错误—对方基于认识错误处分（或交付）财产—行为人取得或者使第三者取得财产—被害人遭受财产损失。[①] 根据诈骗罪在客观方面表现出的上述演进特征，成立诈骗罪在客观上并非存在欺骗行为和财产损失即可，还要求在欺骗行为与对方陷入或者维持认识错误之间、对方认识错误与处分财产之间，以及对方处分财产与行为人取得或者使第三人取得财产之间存在因果关系。基于这样的要求，本案至少应当查明存在以下事实，才能认定张文中犯有诈骗罪：（1）张文中在物美集团申报国债技改贴息资金的过程中实施了欺骗行为；（2）张文中的欺骗行为使原国家经贸委负责审批国债技术改造项目的工作人员产生错误认识；（3）有关工作人员基于这种认识错误批准了物美集团所申报的项目，把国债技改贴息资金批给了物美集团。基于前述已经澄清的事实，可以明白无误地得出结论：上述三个方面的事实均不存在。

首先，张文中没有实施欺骗行为。作为诈骗罪客观要件的欺骗行为，必须是一种在非法占有他人财物的目的和骗取他人财物的故意支配下，虚构事实、隐瞒真相的行为。本案中，物美集团虽然客观上实施了通过国企诚通公司申报国债技术改造项目的不规范行为，但是，物美集团这样做只是为了节省时间，并不是为了欺骗原国家经贸委。事实上，物美集团有资格申报国债技术改造项目，自身也具备文件规定的申报条件和实力，用不着欺骗原国家经贸委。在进行申报时，物美集团使用的是本公司真实名称，所提交的项目申报资料符合文件规定，不存在欺骗行为。因此，物美集团通过诚通公司申报国债技术改造项目的不规范行为并非诈骗罪中的欺骗行为。张文中本人更没有实施任何欺骗行为。

其次，物美集团的行为并没有使原国家经贸委负责审批国债技术改造项目的工作人员产生错误认识，即他们并没有因此而错误地认为物美集团是国有企业。这一点前面已经充分阐明，在此不必赘述。

① 张明楷. 诈骗罪与金融诈骗罪研究. 北京：清华大学出版社，2006：8.



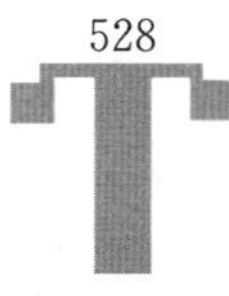

最后，以诚通公司下属企业的名义申报国债技术改造项目，并不一定能使物美集团获得国债技改贴息资金支持。2002年，通过诚通公司向国家经贸委递交申报材料的项目共有11个，除物美集团申报的两个项目外，只有中国物资储运总公司的物流配送中心改造建设项目获批，其余8个均没有获得批准。这充分说明，以诚通公司下属企业的名义申报国债技术改造项目既不是前提条件，更不能给所申报的项目获得批准带来什么帮助。能否获得国债技改贴息资金的支持，关键不在于企业的所有制性质，而在于企业在行业中的地位，以及所申报的项目是否符合国家的产业政策。因此，物美集团以国有诚通公司下属企业的名义申报项目与其最终获得国债技改贴息资金支持的结果之间没有因果关系。

总之，在基于证据裁判原则澄清案件事实之后，可以发现物美集团在申报和实施国债技术改造项目的过程中所实施的行为，完全不具备诈骗罪的构成要件，应当是毫无争议地不构成诈骗罪。最高人民法院认定张文中没有实施骗取国债技改贴息资金的行为，没有诈骗故意，不构成诈骗罪，这是完全正确的。最高人民检察院出庭检察官在发表出庭意见时也认为："原判认定物美集团不具有申报国债技改贴息资格依据不足；物美集团申报材料中的企业基本情况表和物流项目《可行性研究报告》均有不实内容，但该违规申报行为不是虚构事实、隐瞒真相的诈骗行为，更未因该不实申报行为使国家主管机关陷入错误认识……故张文中、张某春的行为不构成诈骗罪。"

值得注意的是，有学者认为，需要引入"社会目的落空"理论，才能得出本案中张文中不构成诈骗罪的结论。该学者认为：包括国债技改贴息资金在内的各种国家补贴，本质上是国家对企业的一种无对价的财政支持，是国家明知经济上没有具体回报仍自愿处分的财产。简言之，是一种有意识的自我（财产）损害。对这种"有意识的自我损害"的特殊案件，在认定行为人的欺骗行为是否构成诈骗罪时，还需要进一步检验是否存在社会目的落空的情形。如果不存在社会目的落空，就不成立诈骗罪。虽然文件规定民营企业没有资格申报国债技术改造项目，但物美集团申报该项目符合当时国家经济发展形势和产业政策的要求，国家通过贴息政策支持各种企业发展，这一超越具体文件规定的社会目的没有落空，而是得到了实现。因此，张文中不构成诈骗罪。①

笔者认为，“社会目的落空”理论确实有助于合理限缩诈骗罪的犯罪圈，将某种不应当处罚的诈骗行为出罪化。虽然这种理论在司法实务中可能暂时无人喝彩，但随着对责任根据研究的不断深入和研究成果逐步向司法实务界渗透，终有其发挥作用之时。但是，本案并不需要借助社会目的落空理论就能认定张文中不构成诈骗罪，因为这一理论发挥作用的基础——欺骗行为，在本案中并不存在。这一理论发挥作用的前提——民营企业没有资格申报 2002 年国债技术改造项目，也是错误的。

## 八、对最高人民法院再审判决的综合评价

最高人民法院对本案的判决得到了广泛的好评。这种好评源于三个方面：一是对罪刑法定原则的遵守；二是对证据裁判原则的遵守；三是注重说理。

首先，再审判决对罪刑法定原则的坚守，体现为严格按照诈骗罪的构成要件来评判物美集团在申报和实施国债技术改造项目过程中的存在瑕疵甚至违法之处的行为。判决以全面论证物美集团作为民营企业有资格申报 2002 年国债技术改造项目为起点，以诈骗罪客观方面的构成要件为准据，抽丝剥茧，逐一还原了那些与认定诈骗有关的案件事实的真相，包括是否存在欺骗行为，是否使负责审批的主管部门产生错误认识，项目是否真实。同时，还澄清了物美集团在申报和实施国债技术改造项目过程中的某些不规范行为的法律属性，论证了为何这些不规范行为不属于诈骗行为。例如，对于令人费解的以诚通公司下属企业名义申报的问题，最高人民法院没有被案件的表象迷惑，而是深入证据和案件事实，查明了物美集团以诚通公司下属企业申报项目的真相和原因，并得出了物美集团并非以这种方式骗取国债技改贴息资金的结论。

---

① 车浩．最高法院改判张文中案：遗憾与贡献．（2018－06－14）．http://www.sohu.com/a/234748959_650721.html.

其次，再审判决对证据裁判原则的坚守，体现为对每一个案件事实的认定，都提供了充分的有针对性的证据进行支持。“由于证据裁判原则的确立，法官查明案件事实均须依据证据。”① 可以说，在很大程度上，证据是法治的基石，是实现司法公正的基石，打官司就是打证据。为了贯彻证据裁判原则，最高人民法院审理该案的合议庭的法官可谓下了大力气，对全案证据进行了全面梳理，并在此基础上充分运用证据说事。例如，解决本案定性问题的关键，在于查明民营企业是否有资格申报 2002 年国债技术改造项目。一旦确认物美集团有资格申报 2002 年国债技术改造项目，原审法院关于“张文中明知物美集团作为民营企业没有资格申报国债技改贴息项目，仍然决定让物美集团冒充国企诚通公司的下属企业进行申报”的结论也就不攻自破了。为此，合议庭组织了大量的书证和证人证言，充分证明了从文件规定，到时代背景，再到具体负责项目审批的负责人和工作人员，都能得出民营企业有资格申报国债技术改造项目的结论。这种证据裁判模式，完全不像某些不合格的裁判文书那样，罗列一大堆证据，却看不出哪些证据要证明哪些事实、能证明哪些事实。可以说，本案合议庭在判决书中对证据裁判的运用，是奉行证据裁判原则的难得例证，值得作为范本推广。

最后，再审判决注重说理，体现为对争议和疑难问题的解答有理有据，思路清晰，分析透彻。仔细阅读本案的再审判决书，能够发现有大段大段的内容在论证民营企业有资格申报 2002 年国债技术改造项目，论证物美集团所申报项目并非虚构，论证物美集团以诚通公司下属企业名义申报项目并未使负责审批的主管部门产生错误认识，论证违规使用国债技改贴息资金不属于诈骗行为。这些重点论证的事项，正是本案是否成立诈骗罪的重点和难点，争议较大，大家都期待能有个明确的说法。这种直面争议焦点、大胆说理的做法，既体现了本案合议庭对需要解决问题的清楚认识，对以理服人的重视，也体现了合议庭法官的专业自信，值得称道。

---

① 陈卫东，付磊．我国证据能力制度的反思与完善．证据科学，2008（1）．

## 九、结语

最高人民法院推翻原审法院关于诈骗罪的定性，改判张文中无罪。最高人民法院的判决在对政策性文件的解读方面，遵循了法律解释原理；在对案件事实的认定方面，遵循了证据裁判原则；在对行为性质的认定方面，遵循了罪刑法定原则，严格以诈骗罪构成要件为评判标准。因此，事实认定清楚，法律适用正确，判决有理有据。

最高人民法院改判张文中无罪的事实认定和判决理由中，蕴含着许多值得深入研究的裁判规则和司法理念，其具有的法治价值和社会价值需要通过司法实务的进一步推广来实现。因此，笔者建议将张文中案作为最高人民法院的指导性案例进行发布。①

笔者初步归纳，张文中案诈骗罪部分的改判至少建立或者重申了以下裁判规则：

其一，对政策性文件内容的理解应当以文义解释为基础，同时参考文件制定的时代背景和实际执行情况。

其二，对违反政策性文件的企业不规范行为，包括弄虚作假行为，应当查明行为发生的原因、行为实施的目的、行为的具体内容，以确定行为的性质，不能一概将行为定性为诈骗行为。

其三，被欺骗对象没有因欺骗行为而产生错误认识的，可以阻却诈骗罪的成立。

---

① 在本文发表之后，在最高人民法院与中央广播电视总台联合举办并于2019年3月发布的“2018推动法治进程十大案件”评选活动中，张文中案件入选并列于首位。最高法发2018推动法治进程十大案件 张文中案入选.（2019－03－07）. https://baijiahao.baidu.com/s?id＝1627326294759032510&wfr＝spider&for＝pc. 张文中案件还被纳入了改革开放40年之际于国家博物馆展出的《伟大的变革——庆祝改革开放40周年大型展览》中的“深入推进依法治国实践”部分，成为我国“改革开放40周年40个重大司法案例”之一。——笔者补注

其四，在以申报虚假项目获取资金支持型诈骗罪中，项目是否虚假不能以项目是否完成或者按项目规划书的要求完成为判断标准，而应当以项目内容是否可行、行为人是否为完成项目作出了实际努力作为判断依据。

其五，在以申报虚假项目获取资金支持型诈骗罪中，行为人是否严格按照财经制度使用项目资金对定性没有构成要件方面的价值，不能以行为人没有按照财经制度使用项目资金为理由，认定行为人构成诈骗罪。

# 第九编　网络犯罪专题

# 治理网络犯罪迫在眉睫*

## 一、治理网络犯罪是刑事法领域的新课题

当前，互联网广泛普及，移动互联网更是塑造了全新的社会生活形态，网络空间已成为人们生活的“第二空间”。随着网络发展，一些不法分子也开始利用网络的公共性、匿名性、便捷性等特点，将网络作为一种新的违法犯罪平台，现实社会中的犯罪行为逐渐向网络渗透。近年来，网络犯罪案件大幅上升，治理网络犯罪已成为迫在眉睫的问题。

网络犯罪尤其是新型网络犯罪行为层出不穷，使得原有的法律难以对其进行有效预防和制裁，特别是网络犯罪的刑法治理已成为重大的理论和实务课题。在此背景下，2015 年 8 月，全国人大常委会通过《刑法修正案（九）》，增加了多种新的网络犯罪罪名，这对于治理网络犯罪无疑具有积极意义。然而，网络犯罪

* 原载《人民日报》，2016-07-20（7）。

的复杂性决定了对其治理不可能一蹴而就。面对网络犯罪的新情况、新变化，应进一步加强网络犯罪理论研究，完善治理网络犯罪的刑法体系。

## 二、关于加强网络犯罪之理论研究

当前，我国对网络犯罪的研究逐步深入，但尚未有效建立起关于网络犯罪的刑法基础理论。网络犯罪在主观要件、客观行为要件、共犯表现形式、犯罪停止形态以及犯罪的定量评价等方面，均产生了有异于传统刑法理论的具体形态。以网络共同犯罪为例，我国刑法规定共同犯罪需要具备共同犯罪故意和共同犯罪行为。但在网络犯罪中，共同行为人之间意思联络形式多样化、联络主体匿名化、联络内容模糊化，很难达到传统刑法对共同犯罪构成要件的要求，因而给网络共同犯罪的认定造成困难。再如，对行为社会危害性的评价，由于网络犯罪的社会聚焦效应，对网络犯罪社会危害性的评价就不能完全局限于行为人本人的行为，行为人的行为如果在网络上能够引起甚至已经引起了其他人的行为，进而造成较大的社会危害，行为人也应当承担相应的刑事责任。可见，网络犯罪引发的诸多新问题，已经对现行刑法相关理论造成一定冲击。

## 三、关于完善治理网络犯罪的刑法立法

有效治理网络犯罪有赖于刑法立法的科学性。基于网络犯罪的特点，我们应从整体上设计信息化时代网络犯罪的刑法立法体系。比如，不同网络犯罪类型具有不同特点，有必要在刑法中设置不同的刑法制裁体系。网络作为犯罪对象、犯罪工具、犯罪空间的共存和融合，对传统刑事法律体系的冲击非常明显，因此也可以思考网络犯罪刑事制裁的独立体系和独立地位问题。我们应当在全面厘清网络技术因素对刑法影响的基础上，努力构建适用于网络犯罪规制的刑法立法体系，确定刑法延伸适用于网络空间的途径，推进信息化时代背景下网络犯罪立法的科学化。

## 四、关于运用司法解释治理网络犯罪

由于网络犯罪具有新特点，不断呈现新趋向，而刑法立法相对滞后，很多现行刑法规范很难直接适用于网络犯罪。因此，在司法实践中，一个行之有效的办法就是对现行刑法规范进行司法解释，特别是对常见多发网络犯罪的罪名适用问题进行司法解释，以适应网络犯罪治理需要。当然，在进行相关司法解释时，需要遵循法治基本原则，兼顾现行刑法规范与新增解释规范之间的协调。

通过司法解释治理网络犯罪，需要从两方面进行努力。一是刑法术语的网络化解释。传统刑法罪状表述中设置了一系列刑法术语，如公共场所、公私财物等。这些关键术语对于特定刑法罪名的选择和适用具有决定性意义，可以成为确定罪与非罪、此罪与彼罪的基本依据。当前，应结合网络特点对这些刑法关键术语进行解释，实现相关刑法罪名在网络空间的有效适用。二是具体犯罪定罪量刑标准的网络化解释。在网络空间中，犯罪行为的方式和侵害对象发生了一定的变化，影响了对犯罪的定量评价，传统定罪量刑标准有时难以直接适用于网络空间。因此，应推动传统刑法罪名体系向网络空间延伸适用，建立反映网络空间特点的定罪量刑标准。

# 我国网络犯罪立法的合理性及其展开*

## 一、前言

信息网络安全是当前我国社会安全的重要组成部分。随着计算机技术的发展和信息网络日益深入人们的生活，信息网络犯罪已然成为当前我国犯罪治理的一个突出难题。在过去一段时期内，计算机网络犯罪总量呈现持续上升态势，跨国性计算机网络犯罪不断增多。同时，利用移动智能终端实施的犯罪、互联网金融发展引发的犯罪、侵犯公民个人隐私和信息的犯罪持续高发，一些传统犯罪利用计算机网络技术不断升级。[①] 为更好地维护网络安全，全国人大常委会 2015 年通过的《刑法修正案（九）》新增了 4 种网络犯罪罪名，并对 6 种与网络相关的原有犯罪罪名进行了立法修改，从而显著加大了对网络犯罪的惩治力度。但在修法

* 与袁彬教授合著，原载《南都学坛（人文社会科学学报）》，2019（3）。

① 胡永平. 最高检：当前网络犯罪呈现五特点 犯罪日趋组织化.（2017-10-16）. http://news.china.com.cn/txt/2017-10/16/content_41740088.htm.

过程之中及之后，人们对《刑法修正案（九）》新增网络犯罪罪名和修改已有罪名的立法也存在一定的争议，有一些争议至今仍困扰着刑法理论研究并将进而影响司法的正确适用，因而有必要进一步予以厘清。

## 二、我国网络犯罪最新立法的背景暨内容

### （一）网络犯罪最新修法的背景

根据修法内容的不同，我国网络犯罪的修法背景主要体现在以下两个方面：

其一，关于修法的总体背景。

随着网络技术的发展，我国网民数量不断增多。据统计，截至2014年底，我国互联网网民规模已达到6.5亿人，互联网普及率为47.9%。其中手机即时通信网民5.08亿人，比2013年增长7 683万人，年增长率达17.8%。全国前三大互联网应用——即时通信、搜索引擎和网络新闻，用户规模分别达到5.88亿人、5.22亿人和5.19亿人。[①] 以互联网为主体包括通信网、广播电视传输覆盖网在内的信息网络日益普及，信息网络已成为人民群众工作、学习、生活不可缺少的组成部分。不过，在科技进步的同时，一些不法分子也利用信息网络的公共性、匿名性、便捷性等特点，将信息网络作为一种新的犯罪平台，利用信息网络实施犯罪、泄露并贩卖公民个人信息、网络攻击、黑客攻击、网络谣言等充斥着网络空间。

2015年，全国检察机关共批捕涉嫌电信网络犯罪案件嫌疑人334人，起诉329人。网络犯罪呈现出四大特点：网络犯罪数量、涉案数额持续增加，组织化、职业化特点日益明显；新的犯罪类型、新型犯罪手段不断出现，防范和打击难度加大，而法律规定相对滞后，依法惩治新型网络犯罪遇到不少问题和困难；网络恐怖主义日趋猖獗，恐怖组织利用网络大肆传播恐怖主义、招募人员、募集

---

① 2014年中国人权事业的进展（白皮书）.（2015-06-08）. http://www.scio.gov.cn/zfbps/ndhf/2015/document/1437147/1437147.htm.

资金、动员部署暴力恐怖活动，严重危害我国的国家安全和社会稳定；跨国网络犯罪问题突出。[①] 为了加大对网络犯罪的惩治，2014 年 10 月 23 日，党的十八届四中全会通过的《中共中央关于全面推进依法治国若干重大问题的决定》提出，要“加强互联网领域立法，完善网络信息服务、网络安全保护、网络社会管理等方面的法律法规，依法规范网络行为”。在此背景下，《刑法修正案（九）》根据网络犯罪的新特点，增设了多种新的网络犯罪罪名，并对多种已有网络犯罪进行了修正。

其二，关于修法的具体背景。

《刑法修正案（九）》根据治理网络犯罪的需要，新增了多种网络犯罪罪名，同时修改了多种已有的网络犯罪。其修法的具体背景主要体现在以下五个方面：

（1）网络侮辱、诽谤犯罪案件的取证难。网络侮辱、诽谤是我国侮辱罪、诽谤罪的新发展。为了加大对网络侮辱、诽谤犯罪的治理力度，2013 年最高人民法院、最高人民检察院联合发布了《关于办理利用信息网络实施诽谤等刑事案件适用法律若干问题的解释》，将“捏造损害他人名誉的事实，在信息网络上散布，或者组织、指使人员在信息网络上散布”等行为明确规定为犯罪。然而在我国刑法典中，一般情形的侮辱罪、诽谤罪属于告诉才处理的犯罪，必须由被害人本人向人民法院提起诉讼。这就要求被害人自己有效收集他人在信息网络上侮辱、诽谤自己的证据。而这类证据与网络技术具有很强的联系，单纯由被害人收集很难做到全面、有效，需要在立法上作出相应的调整。

（2）侵犯公民个人信息犯罪治理的现实需要。我国刑法关于侵犯公民个人信息犯罪的立法，主要体现为经 2009 年《刑法修正案（七）》修正的刑法典第 253 条之一第 1 款规定的“出售、非法提供公民个人信息罪”。从内容上看，该罪规制的是“国家机关或者金融、电信、交通、教育、医疗等单位的工作人员，违反国家规定，将本单位在履行职责或者提供服务过程中获得的公民个人信息，出售或者非法提供给他人，情节严重的”行为。其中的公民个人信息仅限于特定单位

① 李想．去年批捕涉嫌网络犯罪 334 人．法制日报，2016-03-11（3）．

依法收集的公民个人信息，而不包括一般的个人、非特定的单位收集或者取得的公民个人信息。[①] 由于“出售”的本质是“有偿提供”，因此该罪的主体实为公民个人信息的提供者。从立法内容上看，该款立法对侵犯公民个人信息犯罪行为的治理客观上具有两方面的重要意义：一是该款立法明确将“公民个人信息安全”纳入了刑法的保护范围，为侵犯公民个人信息行为入刑提供了重要的基础；二是该款立法规定的行为类型与侵犯公民个人信息犯罪行为的类型十分接近。但该款立法也存在明显缺陷，即其设定的该罪的行为对象必须是特定单位依职权收集的公民个人信息，甚至不包括没有利用“公权力”采集的公民个人信息。[②] 实践中存在大量特定主体之外的人侵犯他人个人信息的行为，难以受到出售、非法提供公民个人信息罪的规制，我国有进一步扩大侵犯公民个人信息犯罪范围的必要。

(3) 计算机犯罪主体扩张的需要。我国刑法规定了多种计算机犯罪，如非法侵入计算机信息系统罪等。在《刑法修正案（九）》修法之前，我国刑法都将这类犯罪规定为自然人犯罪。而随着计算机技术的发展和网络产业化的进步，人们对计算机信息系统的依赖不断增强，保护计算机信息系统就意味着对有关单位利益的保护，侵入破坏他人计算机信息系统则可能给行为人带来直接的经济利益或者竞争优势，单位实施的计算机犯罪因此逐渐增多，这给我国原来以个人犯罪为核心的计算机犯罪提出新的挑战，需要刑法立法作出适当的调整。

(4) 完善扰乱无线电管理秩序罪立法的需要。为加强对无线电的保护，我国刑法典原第288条专门设置了一个扰乱无线电管理秩序罪。但近年来，随着无线电技术的日益普及，无线电频率资源越来越紧张，干扰无线电管理秩序行为也出现了许多新的情况和变化。一些涉及民用航空、军事、国防安全等领域的无线电业务一旦受到侵害，后果往往难以估量。而且随着无线电设备和技术的发展，不法分子更容易利用其掌握的无线电技术实施犯罪，“伪基站”就是其中的典型。

---

① 赵秉志．刑法修正案（七）专题研究．北京：北京师范大学出版社，2011：150.

② 黄太云．刑法修正案解读全编：根据刑法修正案（八）全新阐释．北京：人民法院出版社，2011：148.

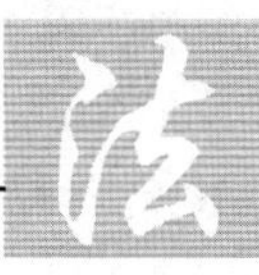

据统计，自2014年2月至7月，仅上海警方就抓获268名利用新型“伪基站”牟利的犯罪嫌疑人，其中涉及24个犯罪团伙，警方还缴获了165套相关设备。[①]无线电与人们的日常生活联系日益紧密，妨害无线电管理秩序行为对人们日常生活的影响也不断加深。但我国刑法典原第288条关于扰乱无线电管理秩序罪的立法规定存在诸多缺陷，包括入罪门槛过高、刑罚处罚过轻等，需要我国刑法立法作出调整。

（5）刑法对网络犯罪行为的类型规定严重不足。除了上述四个方面涉及的网络犯罪，我国还存在大量其他类型的网络犯罪行为，其中比较常见的是网络服务提供者基于自身利益的考虑怠于履行网络监管职责和网民利用信息网络进行非法信息传播等行为。对这些行为，刑法已有的罪名难以规制，需要针对网络犯罪在刑法中增设新的罪名。

（二）网络犯罪最新修法的内容

《刑法修正案（九）》针对网络犯罪的立法主要包括以下两个方面的内容：

其一，新增4种网络犯罪罪名。

为了加强对网络犯罪的治理，《刑法修正案（九）》针对我国刑法治理网络犯罪罪名存在的法网不够严密的情况，增设了4种网络犯罪的新罪名。

（1）增设拒不履行信息网络安全管理义务罪。为了惩治网络服务提供者严重不履行信息网络安全管理义务的行为，《刑法修正案（九）》第28条在刑法典第286条之后增加一条作为第286条之一，其第1款规定：“网络服务提供者不履行法律、行政法规规定的信息网络安全管理义务，经监管部门责令采取改正措施而拒不改正，有下列情形之一的，处三年以下有期徒刑、拘役或者管制，并处或者单处罚金：（一）致使违法信息大量传播的；（二）致使用户信息泄露，造成严重后果的；（三）致使刑事案件证据灭失，情节严重的；（四）有其他严重情节的。”该条第2款对其同时规定了单位犯罪。根据该规定，网络服务提供者（主要是指

---

① 陈静. 上海严打“伪基站”犯罪 今年抓获268名犯罪嫌疑人.（2014－07－08）. http://www.chinanews.com/fz/2014/07/08/6364661.shtml.

网站）对于网络上出现的违法行为，经监管部门责令采取改正措施后，必须采取改正措施进行改正，否则要承担相应的刑事责任。

（2）增设非法利用信息网络罪。《刑法修正案（九）》第29条通过增设刑法典第287条之一，规定了非法利用信息网络罪，其具体的犯罪行为类型包括：1）设立用于实施诈骗，传授犯罪方法，制作或者销售违禁物品、管制物品等违法犯罪活动的网站、通讯群组的行为；2）发布有关制作或者销售毒品、枪支、淫秽物品等违禁物品、管制物品或者其他违法犯罪信息的行为；3）为实施诈骗等违法犯罪活动发布信息的行为。

（3）增设帮助信息网络犯罪活动罪。《刑法修正案（九）》第29条通过增设刑法典第287条之二，规定了帮助信息网络犯罪活动罪，即明知他人利用信息网络实施犯罪，为其犯罪提供互联网接入、服务器托管、网络存储、通讯传输等技术支持，或者提供广告推广、支付结算等帮助，情节严重的行为。

（4）增设编造、故意传播虚假信息罪。《刑法修正案（九）》第32条在刑法典第291条之一中增加一款，将“编造虚假的险情、疫情、灾情、警情，在信息网络或者其他媒体上传播，或者明知是上述虚假信息，故意在信息网络或者其他媒体上传播，严重扰乱社会秩序的”行为入罪。

其二，修改6种与网络相关的犯罪。

根据我国加强网络犯罪治理的需要，除了增设新的罪名，《刑法修正案（九）》还修改了刑法典中原有的6种罪名。这具体体现在以下四个方面：

（1）增加规定侮辱、诽谤犯罪的证据提供。《刑法修正案（九）》第16条规定，行为人通过信息网络实施侮辱、诽谤行为，被害人向人民法院告诉，但提供证据确有困难的，人民法院可以要求公安机关提供协助。根据该规定，针对网络侮辱、诽谤行为，被害人无法提供相关证据的，可以请求人民法院要求公安机关提供帮助。

（2）修改了侵犯公民个人信息犯罪的立法规定。《刑法修正案（九）》第17条将刑法典第253条之一的犯罪主体由原来的特殊主体（国家机关或者金融、电信、交通、教育、医疗等单位的工作人员）扩大为一般主体，规定：“违反国家

有关规定，向他人出售或者提供公民个人信息，情节严重的，处三年以下有期徒刑或者拘役，并处或者单处罚金；情节特别严重的，处三年以上七年以下有期徒刑，并处罚金。违反国家有关规定，将在履行职责或者提供服务过程中获得的公民个人信息，出售或者提供给他人的，依照前款的规定从重处罚。窃取或者以其他方法非法获取公民个人信息的，依照第一款的规定处罚。单位犯前三款罪的，对单位判处罚金，并对其直接负责的主管人员和其他直接责任人员，依照各该款的规定处罚。"

(3) 针对计算机犯罪增加了单位犯罪主体。在《刑法修正案（九）》出台之前，我国刑法典中的非法侵入计算机信息系统罪，非法获取计算机信息系统数据、非法控制计算机信息系统罪，提供侵入、非法控制计算机信息系统程序、工具罪以及破坏计算机信息系统罪的犯罪主体均为自然人。随着科学技术的迅速发展，单位实施非法侵入计算机信息系统、破坏计算机信息系统等行为的情况经常发生，单位比较自然人来说，具有更大的经济、技术及资源优势，单位实施上述行为的破坏力和危害性也更大。因此，《刑法修正案（九）》第 26 条规定，在刑法典第 285 条中增加一款作为第四款："单位犯前三款罪的，对单位判处罚金，并对其直接负责的主管人员和其他直接责任人员，依照各该款的规定处罚。"《刑法修正案（九）》第 27 条规定，在刑法典第 286 条中增加一款作为第四款："单位犯前三款罪的，对单位判处罚金，并对其直接负责的主管人员和其他直接责任人员，依照第一款的规定处罚。"

(4) 完善扰乱无线电管理秩序罪。《刑法修正案（九）》第 30 条将刑法典原第 288 条第 1 款修改为："违反国家规定，擅自设置、使用无线电台（站），或者擅自使用无线电频率，干扰无线电通讯秩序，情节严重的，处三年以下有期徒刑、拘役或者管制，并处或者单处罚金；情节特别严重的，处三年以上七年以下有期徒刑，并处罚金。"这对刑法典原第 288 条的扰乱无线电管理秩序罪作了三处修改：一是将"擅自占用频率"修改为"擅自使用无线电频率"；二是降低其构成犯罪的门槛，将"经责令停止使用后拒不停止使用，干扰无线电通讯正常进行，造成严重后果的"修改为"干扰无线电通讯秩序，情节严重的"；三是增加一档法定刑，规定“情节特别严重的，处三年以上七年以下有期徒刑，并处罚金”。这些修改有利于增强该罪的可操作性，并能更好地实现罪责刑的相互适应，有效保护无线电通讯管理秩序。

## 三、我国网络犯罪最新立法的合理性争论

针对《刑法修正案（九）》网络犯罪修法的不同内容，关于网络犯罪修法的争议具体体现为以下两个方面。

### （一）增设网络犯罪罪名的修法争议

针对《刑法修正案（九）》增设网络犯罪罪名的立法，在修法过程中，人们的争议主要体现在以下三个方面：

第一，拒不履行信息网络安全管理义务罪的合理设置问题。对于拒不履行信息网络安全管理义务罪，在修法过程中，有意见认为：刑法已有非法提供公民个人信息罪和帮助毁灭证据罪，没有必要针对特定企业设置特别条款，建议删去该条或者删去该条第4项的兜底条款。[①] 也有观点主张将“经监管部门通知采取改正措施而拒绝执行”修改为“经监管部门通知采取改正措施而未及时改正”，或者修改为“拒绝接受”[②]。

第二，非法利用信息网络罪和帮助信息网络犯罪活动罪的合理设置问题。对于非法利用信息网络罪和帮助信息网络犯罪活动罪，在修法过程中，有意见认为：《刑法修正案（九）》增设的非法利用信息网络罪和帮助信息网络犯罪活动罪可以理解为其他犯罪的“预备行为”和共同犯罪的“帮助行为”。对这两类行为，可以按照相关犯罪的预备犯、共犯以及传授犯罪方法等来追究其刑事责任，没有必要独立定罪。事实上，最高人民法院曾经出台过司法解释明确规定将明知他人

---

① 参见全国人大常委会法工委刑法室编《刑法修正案（九）草案向社会公众征求意见的情况》（2015年1月4日）。

② 全国人大常委会法工委刑法室编《十二届全国人大常委会第十一次会议审议刑法修正案（九）草案的意见》（2014年12月15日）。

实施犯罪而为其提供网络帮助的行为以相关犯罪的共犯论处。[①] 也有意见认为：为信息网络犯罪提供帮助的行为不能因其是业务中立行为而限制其可罚性，仍应成立相关犯罪的帮助犯。《刑法修正案（九）》增设“帮助信息网络犯罪活动罪”尽管有其合理性目的，但其“帮助犯正犯化”的立法模式有悖于共犯处罚根据，导致刑法总则与分则的关系矛盾，并且其对应的正犯罪名不确定，立法的妥当性存在疑问。按共犯理论处罚为网络犯罪提供帮助的行为，可以达到规制网络犯罪帮助行为的效果。[②] 但也有意见不赞同《刑法修正案（九）》关于网络犯罪的立法采取的是帮助行为正犯化，认为：我国刑法典第 287 条之二所规定的帮助信息网络犯罪活动罪，并不是帮助犯的正犯化，只是帮助犯的量刑规则；帮助信息网络犯罪活动罪的成立，以正犯实施符合构成要件的不法行为为前提，因而帮助信息网络犯罪活动罪的设立也不表明刑法典第 287 条之二对帮助犯采取了共犯独立性说；刑法典第 287 条之二第 1 款将“情节严重”作为成立条件，为限制中立的帮助行为的处罚范围提供了法律依据，对网络服务商所实施的作为业务行为的中立的帮助行为，原则上不能以该罪论处；帮助信息网络犯罪活动罪的设立，也没有加重帮助犯的处罚程度。[③]

对于非法利用信息网络罪，在《刑法修正案（九）》审议过程中，曾有意见认为应当增加有关“买卖、贩卖人口”信息的行为，也有意见指出应适当提高刑罚幅度，加大对这类行为的惩处力度。在刑法理论上，有学者认为应当对本条的规定作进一步的推敲，因为本条是将诈骗犯罪、毒品犯罪等犯罪的预备行为规定为独立的犯罪。也有学者提出，“利用信息网络”是手段行为，如果一概入罪，会导致该规定与其他犯罪规定的大量竞合，建议慎重考虑或者删除。[④]

---

① 参见全国人大常委会法工委刑法室编《刑法修正案（九）草案向社会公众征求意见的情况》（2015 年 1 月 4 日）。

② 苏彩霞，侯文静．“帮助信息网络犯罪活动罪”正当性考量：《刑法修正案九（草案）》第 29 条之评议．中南财经政法大学研究生学报，2016（1）．

③ 张明楷．论帮助信息网络犯罪活动罪．政治与法律，2016（2）．

④ 参见全国人大常委会法工委刑法室编《刑法修正案（九）（草案）分解材料》（2014 年 10 月）。

第三，编造、故意传播虚假信息罪的合理设置问题。对此，在修法过程中，有意见主张要适当扩大该罪的对象，认为：应将“警情”修改为“案情”，不限于公安机关处理的案件；在“警情”后加“等”字，或增加“等严重危害公共安全的虚假信息”，以扩大该罪的适用范围。[①] 也有意见认为该罪列举的几类信息不够全面，编造虚假的政治谣言、食品药品有害谣言等，同样扰乱社会秩序，也应该打击，建议在“警情”后面增加“等信息”的规定，或者“军情”等具体内容。[②] 但也有意见认为，哪些是谣言，哪些不是谣言，普通人往往很难判断，该条规定在实践中可能被滥用，会妨碍对权力的监督，也涉及公民的言论自由，建议删除。还有意见认为“警情”的定义不明确，范围过广，建议删除。[③]

（二）修改已有犯罪的修法争议

在修法过程中，对于《刑法修正案（九）》修改已有犯罪的立法，人们的争议意见主要体现在以下三个方面：

第一，关于增加规定侮辱、诽谤犯罪证据提供的合理性问题。在修法过程中，有意见认为：该内容是关于人民法院与公安机关之间的协作关系，属于程序法的范畴，应将该内容纳入刑事诉讼法的修改内容。也有意见认为：为防止出现推诿、扯皮现象，应将“人民法院可以要求公安机关提供协助”修改为“人民法院应当要求公安机关提供协助，公安机关应当予以协助”[④]。这两种意见均未被《刑法修正案（九）》采纳。

第二，关于修改侵犯公民个人信息犯罪的合理性问题。对此，有意见认为：我国刑法中规定了出售、非法提供公民个人信息罪和非法获取公民个人信息罪两

---

① 参见全国人大常委会法工委刑法室编《刑法修正案（九）草案向社会公众征求意见的情况》（2015年1月4日）。

② 参见全国人大常委会法工委刑法室编《十二届全国人大常委会第十一次会议审议刑法修正案（九）草案的意见》（2014年12月15日）。

③ 同①.

④ 全国人大常委会法工委刑法室编《地方人大和中央有关部门、单位对刑法修正案（九）草案的意见》（2015年1月4日）。

种罪名，具有立法的进步性，但面对我国公民个人信息被滥用、被侵害的严峻现实，仍显不足。目前我国没有个人信息保护的专项立法，个人信息保护的条文散落在各法律和行政法规之中，导致因缺乏前置性规范而增加了对该罪认定的困难。另外，出售、非法提供公民个人信息罪与非法获取公民个人信息罪这两种罪名涉及个人信息的获取、出售、提供等环节，但在现实中，非法利用个人信息进行犯罪的情况也非常普遍，比如冒用他人信息实施的诈骗、洗钱、走私、恐怖活动等。有观点建议立法者完善相关立法，构建我国公民个人信息保护的严密法网。①

第三，关于修改扰乱无线电管理秩序罪的合理性问题。对此，在修法过程中，有观点主张将“无线电通讯”更改为“无线电业务”，以便其能涵盖“无线电通讯”之外的其他无线电业务。② 也有观点认为，使用无线电频率造成危害后果的行为并非都是直接故意，一些无线电科研工作者或者爱好者有时会在无意中干扰无线电频率，经通知改正后仍拒不停止使用的再入刑更为合理，建议保留原条文中的“经责令停止使用后拒不停止使用”的规定。③

## 四、我国网络犯罪最新立法的合理性根据及其展开

针对网络犯罪的上述修法争议，笔者认为，网络犯罪立法既关乎立法技术，更关乎保障社会生活的合理需要。总体而言，《刑法修正案（九）》关于网络犯罪的最新立法具备相应的合理性根据，且应当进一步展开、完善。

### （一）新增网络犯罪罪名的合理性及其展开

针对《刑法修正案（九）》关于网络犯罪修法的上述争论，笔者认为，《刑法

---

① 赵秉志.《中华人民共和国刑法修正案（九）》理解与适用. 北京：中国法制出版社，2016：167.

② 赵秉志，等. 关于完善我国刑法典第 288 条的立法建议//北京师范大学刑事法律科学研究院刑事法治发展研究报告（54），2014.

③ 参见全国人大常委会法工委刑法室编《刑法修正案（九）草案各方面意见分解材料》（2015 年 5 月）。

修正案（九）》新增网络犯罪罪名的立法选择总体上是合理的，但在一些具体问题的设置上也有进一步完善的空间。

其一，关于网络服务提供者刑事责任立法的合理性及其展开。

《刑法修正案（九）》增设的拒不履行信息网络安全监管义务罪和帮助信息网络犯罪活动罪主要解决的是网络服务提供者的刑事责任。笔者认为，《刑法修正案（九）》针对网络服务提供者的立法基本合理。

（1）网络服务提供者刑事责任立法的合理性根据。基于网络服务提供行为归责的司法困境，我国有论者主张将网络服务提供行为的刑事责任单独化。[①]《刑法修正案（九）》对此亦采取了专门立法的方式，将网络服务提供者规定为独立的刑事责任主体，并规定了两种犯罪：一是增加网络服务提供者拒不履行法定义务的犯罪。这是典型的不作为犯罪，立法所要解决的关键问题是其义务的起点和义务程度，同时要求行为人有履行义务的能力。二是增加为实施网络犯罪提供帮助的犯罪，这是一种典型的作为犯罪。《刑法修正案（九）》的这一立法是不作为犯罪与作为犯罪的混合，是一种二元化的立法做法。其立法基础分别对应的是网络侵权中的“避风港”规则和“红旗”规则。

“避风港”规则是网络服务提供者的免责原理，其适用条件是：网络服务提供者不知道侵权事实的存在；权利人向网络服务提供者发出了合格的通知书；网络服务提供者在接到权利人的通知书后，及时移除了侵权内容。[②] 根据该规则，网络服务提供者在接到权利人的通知后，有义务采取移除措施。欧洲议会与欧盟理事会《关于电子商务的法律保护指令》第 13 条关于“缓存”责任的规定采纳了这一规则。我国《信息网络传播权保护条例》第 15 条也规定：“网络服务提供者接到权利人的通知书后，应当立即删除涉嫌侵权的作品、表演、录音录像制品，或者断开与涉嫌侵权的作品、表演、录音录像制品的链接，并同时将通知书转送提供作品、表演、录音录像制品的服务对象……”我国立法机关上述关于

① 彭文华．网络服务商之刑事责任探讨．佛山科学技术学院学报（社会科学版），2004（3）．

② 管育鹰．美国 DMCA 避风港规则适用判例之研究．知识产权，2013（11）．

"增加网络服务提供者拒不履行法定义务的犯罪"的规定针对的正是网络服务提供者在接到通知后采取措施阻止违法犯罪行为的义务。

"红旗"规则是"避风港"规则的例外。根据该规则,网络服务提供者虽然在大多数情况下不需要为符合"避风港"规则而主动核查侵权行为的存在,但如果其获知了明显可以看出侵权活动的事实情况("红旗"),就必须采取适当的行动制止侵权,否则将失去"避风港"的保护。[①] 这也是一项国际性规则。根据"红旗"规则,被告不需要权利人发出的侵权通知就应当知道侵权行为存在但却没有将侵权资料移除,对其不能适用"避风港"规则。[②] 我国《关于维护互联网安全的决定》第7条中也规定:"从事互联网业务的单位要依法开展活动,发现互联网上出现违法犯罪行为和有害信息时,要采取措施,停止传输有害信息,并及时向有关机关报告。"我国立法机关上述关于"增加为实施网络犯罪提供帮助的犯罪"的规定所针对的正是网络服务提供者在"红旗"规则下违反其法定义务所构成的犯罪。从规则对应的角度看,《刑法修正案(九)》关于网络服务提供者责任的规定具有相当的合理性。

(2)网络服务提供者刑事责任立法的合理性展开。在上述规则中,"红旗"规则和"避风港"规则解决的实际上是一个问题。"红旗"规则解决的是"避风港"规则中"知道"的认定标准问题。因为根据"避风港"规则,不适用"避风港"保护的情形主要有两种:一是根据"红旗"规则,网络服务提供者知道侵权事实的存在而没有采取阻止措施;二是网络服务提供者经权利人或者执法单位通知采取阻止措施而没有采取。在我国司法实践中,后一种情形也被视为网络服务提供者"知道或者应当知道"的认定标准。例如,最高人民法院、最高人民检察院《关于办理利用互联网、移动通讯终端、声讯台制作、复制、出版、贩卖、传播淫秽电子信息刑事案件具体应用法律若干问题的解释(二)》第8条就将"行

① 孟传香. 关于网络服务提供者不作为刑事责任问题的探讨. 重庆邮电大学学报(社会科学版),2012(6).

② *Columbia Pictures Industries Inc.*, *et al.*, v. *IsoHunt Web Technologies*, *Inc*, *Case* No. 10-55946 (C. A. 9, Mar. 21, 2013), p. 46.

政主管机关书面告知后仍然实施上述行为”和“接到举报后不履行法定管理职责”作为行为人“明知”的认定标准。从这个角度看，《刑法修正案（九）》所采取的二元化立法模式解决的是同一个问题。其中，关于拒不履行信息网络安全管理义务罪的规定可被视为帮助信息网络犯罪活动罪中“明知”的认定标准，两者实际上是一个问题的两个方面而已。基于此，笔者认为，从立法经济性的角度，将两者合二为一的一元化立法模式更为合理。

在一元化立法模式中，网络服务提供行为入罪的立法所需要解决的主要问题有二：

一是网络服务提供的行为类型。关于网络服务提供的行为类型，主要有不作为和作为两种，前者表现为拒不履行信息网络安全管理义务，后者主要表现为帮助信息网络违法犯罪活动。就前者而言，目前我国相关法律法规的规定很多，如在法律层面上有全国人大常委会《关于维护互联网安全的决定》和《侵权责任法》①，在行政法规层面上有国务院《信息网络传播权保护条例》等。从内容上看，网络服务提供行为的核心是《刑法修正案（九）》专门提到的网络服务提供者提供信息发布平台等技术支持、广告推广、支付结算等帮助，采取措施停止有害信息的传输（包括删除或者修改相关网络信息或者链接）则是由前述行为产生的延伸义务。

二是网络服务提供行为的违法程度。关于网络服务提供行为的违法程度，从入罪的范围上看，根据我国《侵权责任法》及相关规定，可从三个方面进行限定：第一个方面是网络服务提供者“明知”信息网络上存在违法犯罪事实②，这是网络服务提供行为归责的主观条件。其中包括网络服务提供者“视而不见”的情形。根据美国的实践，“视而不见”是“主观意图”的替代判断标准。法院对

① 我国《民法典》于2021年1月1日开始施行，《民法典》第七编是关于侵权责任的规定，因而《侵权责任法》也同时废止。——笔者补注

② 鉴于我国刑法上的犯罪都存在一定的入罪门槛，网络服务提供者对于信息网络上的有害信息是否构成犯罪难以准确认知，从入罪的角度看，只要网络服务提供者认识到该信息的有害性即具备入罪的主观条件。基于此，笔者认为将网络服务提供者认识的内容由“犯罪”扩大至“违法犯罪”十分必要。

“视而不见”可分两步考虑：被告主观上相信某一侵权事实存在的高度可能性；被告有意采取不欲获知该事实的行为。[①] 在我国，“视而不见”的情形应被纳入行为人“明知”的范围。第二个方面是网络服务提供者在明知他人实施违法犯罪活动的情况下仍然为其提供信息网络服务，包括发现违法犯罪事实后不主动采取措施和被有关权利人或者执法机关通知采取措施后拒绝执行等情况。第三个方面是网络服务提供者的行为达到了一定的严重程度，通常表现为造成了违法犯罪行为明显扩大或者发生了其他严重危害后果。《刑法修正案（九）》对拒不履行信息网络安全管理义务罪和帮助信息网络犯罪活动罪都设置了“情节严重”的标准，是适当的。

其二，关于增设编造、故意传播虚假信息罪的合理性及其展开。

基于惩治网络虚假信息的需要，《刑法修正案（九）》增设了编造、故意传播虚假信息罪。针对修法过程中的争议，笔者认为，可对该罪的增设从以下两个方面进行把握：

（1）增设编造、故意传播虚假信息罪的合理性根据。在立法模式上，我国刑法对虚假信息的治理采取的是完全分散的刑法立法模式，刑法典直接涉及虚假信息的常见犯罪多达七种（还不包括以编造、故意传播虚假信息为手段的诈骗类犯罪）。[②] 立法上存在较大的差异和不足，其中最突出的缺陷是对虚假信息入罪的行为方式覆盖不全面。从虚假信息的类型上看，在《刑法修正案（九）》之前，我国刑法将编造、故意传播的虚假信息限于四类，即影响证券、期货交易的虚假信息，有损商业信誉、商品声誉的虚假信息，有关他人名誉的虚假信息，以及虚假的恐怖信息。除此之外，对于非商业单位（如事业单位、人民团体、社会团体等）、国家机关、国际关系等方面的虚假信息，我国刑法没有将其纳入一般的编

---

① 管育鹰．美国 DMCA 避风港规则适用判例之研究．知识产权，2013（11）．

② 这些犯罪分别是：编造并传播证券、期货交易虚假信息罪（刑法典第 181 条第 1 款），损害商业信誉、商品声誉罪（刑法典第 221 条），非法经营罪（刑法典第 225 条），诽谤罪（刑法典第 246 条），编造、故意传播虚假恐怖信息罪（刑法典第 291 条之一第 1 款），寻衅滋事罪（刑法典第 293 条）和战时造谣惑众罪（刑法典第 433 条）。

造、故意传播行为对象范围。①《刑法修正案（九）》新增编造、故意传播虚假信息罪，其中的虚假信息包括了“险情、疫情、灾情、警情”，对我国已有的相关立法具有积极的补充、整合作用。

（2）增设编造、故意传播虚假信息罪的合理性展开。为更好地治理虚假信息，国外有刑法专门设置了针对虚假信息的罪名。例如，泰国2007年《电脑犯罪法》第14条就专门规定了针对“在计算机系统上传播、散布虚假信息”行为的罪名。类似的规定在法国和韩国的刑事立法中都有体现。② 我国也有学者主张设置专门针对虚假信息的罪名。③ 不过，在当前全媒体时代信息的传播特点决定了不同传媒之间存在着相互配合和融合的趋势。网络媒体与传统纸质媒体之间存在大量的信息交换，即虚假信息可能来自纸质媒体，而纸质媒体上的虚假信息也可能源自网络。据此，仅针对网络设置专门的虚假信息犯罪，显然过于片面。但我国有必要针对虚假信息的特质进行立法罪名的完善。具体而言，在当前背景下，我国立法应当考虑针对侵犯社会法益和国家法益的虚假信息犯罪设立统一的、更大范围的“编造、故意传播虚假信息罪”，将涉及虚假信息的所有犯罪加以统一，其中包括将涉及虚假信息的破坏社会主义市场经济秩序罪、妨害社会管理秩序罪统一纳入编造、故意传播虚假信息罪的范畴，同时将虚假信息的范围扩大至涉及国家信誉、国际关系的虚假信息，进而有助于更好地统一不同类型、不同情节的散布虚假公共信息行为的处罚标准和刑罚。④ 在此基础上，我国也有必要进一步完善其行为类型和定罪量刑标准，包括修改行为类型，直接将该类犯罪的行为类型限定为“传播”；完善定罪量刑标准，只要行为人散布虚假公共信息的行为“危害公共法益并达到了情节严重的程度”即可构成该罪，并将其法定刑

---

① 袁彬. 全媒体时代虚假信息犯罪的刑法治理：兼议《刑法修正案（九）》的立法选择. 内蒙古社会科学（汉文版），2014（3）.

② 法国法律对虚假信息也有明确规定：危害国家安全、煽动社会动乱、煽动种族歧视、损害他人名誉、侵害他人隐私、鼓动和推介反社会道德（例如推介自杀方法等）等网络行为最高可被判处3年徒刑和4.5万欧元的罚款。代山. 国外对网络谣言的处罚. 人民政坛，2013（9）.

③ 闵政，陈路坤. 法学专家呼吁完善打击网络谣言法律框架. 人民公安报，2013-08-24（4）.

④ 同①.

的升格标准修改为"情节特别严重"。

（二）与网络相关犯罪修法的合理性及其展开

针对《刑法修正案（九）》修法过程中关于网络犯罪修改的立法争议，笔者认为，可从以下三个方面进行把握：

其一，关于增加侮辱、诽谤犯罪证据提供规定的合理性及其展开。

《刑法修正案（九）》关于增加侮辱、诽谤犯罪证据提供的规定，具有充足的合理性根据，并应当进一步展开和推进。

（1）增加侮辱、诽谤犯罪证据提供规定的合理性根据。针对《刑法修正案（九）》关于侮辱、诽谤犯罪的证据提供问题，笔者认为《刑法修正案（九）》的规定是合理、适当的，理由主要有两个方面：一是该项规定虽然是解决证据的提供问题，但主要是针对告诉才处理所作的补充规定，在我国明确将告诉才处理问题规定在刑法典中的前提下，将告诉才处理案件的证据收集问题与告诉才处理问题一起放在刑法典中规定，并无不妥。二是利用信息网络实施侮辱、诽谤行为的证据收集十分复杂。例如，由于技术原因或者时间的问题，不仅被害人无法收集相关证据，甚至公安机关也无法收集到相关证据。在这种情况下，即便是公安机关应要求帮助收集，也无法协助行为人收集相关证据，如果法律规定人民法院必须要求公安机关提供协助，在这些情况下将可能导致该规定的适用困难，损害立法的权威。

（2）增加侮辱、诽谤犯罪证据提供规定的合理性展开。笔者认为，《刑法修正案（九）》关于网络犯罪证据提供的规定还可以进一步推进，即有必要对其加以完善并将其由刑法典分则的规定上升为刑法典总则的规定。这主要有两个方面的考虑：一是被害人有证据线索但不能提供证据的情形众多，应加以统一规定。例如，依据刑法典的规定，除侮辱罪、诽谤罪之外，侵占罪、暴力干涉婚姻自由罪、虐待罪也都属于告诉才处理的犯罪，在实践中都可能面临证据难以提供的问题。对于被害人有线索但难以提供证据的，都可以增加规定"人民法院可以要求公安机关提供协助"。二是完善告诉才处理制度、保障被害人告诉权的合理需要。依据刑法典第 98 条的规定，告诉才处理是指被害人告诉才处理。被害人因受强

制、威吓无法告诉的，人民检察院和被害人的近亲属也可以告诉。该条规定的核心是赋予被害人起诉权，不涉及证据提供问题。实践中，因为被害人无法取得有效证据，且刑事诉讼的证明标准又不会因为告诉才处理案件而降低，告诉才处理且最后认定有罪的案件极少，实际上限制了被害人的告诉权。从取证的角度出发，对于特定情形下的取证，增加规定“人民法院可以要求公安机关提供协助”，可以更好地保障被害人的告诉权，进而能够完善告诉才处理制度。

其二，关于修改侵犯公民个人信息犯罪的合理性及其展开。

《刑法修正案（九）》修改侵犯公民个人信息犯罪的立法总体上是合理的，并可在非法性的认定上进一步推进和完善。

（1）修改侵犯公民个人信息犯罪的合理性根据。这主要涉及侵犯公民个人信息犯罪的立法模式合理性问题。从各国的刑法立法情况来看，关于侵犯公民个人信息犯罪的立法模式，通常可分为两种：一是统一模式，即对非法提供公民个人信息的行为主体不作区分，将其统一规定在一个刑法条款、一种罪名当中。二是分散模式，即区分非法提供公民个人信息的行为主体，针对不同主体分别设置不同的刑法条款和罪名。[①] 从立法模式上看，《刑法修正案（九）》关于侵犯公民个人信息犯罪采取的是统一模式，即规定一个统一的、不区分主体的侵犯公民个人信息罪，并针对特殊主体规定了从重处罚的情形。这一立法模式，既能实现对不同侵犯公民个人信息犯罪的统一定罪，又能实现对不同主体侵犯公民个人信息犯罪的分别处罚，具有基本的合理性。

（2）修改侵犯公民个人信息犯罪的合理性展开。这主要涉及非法性的认定标准。对此，大体上有两种标准：一是实质标准，即从行为本身（是否经过他人同意或者行为的目的）认定行为的非法性[②]；二是形式标准，即仅从相关法律法规的形式规定上判断行为的非法性。我国《刑法修正案（九）》对该罪行为非法性

① 在《刑法修正案（九）》的修法过程中，曾有方案采取的是这种分散模式，并区分出售、非法提供公民个人信息的不同主体分别设置了两个条款、两个罪名：在刑法典第 253 条之一第 1 款之外，增设了两款，分别规定了普通的出售、非法提供公民个人信息罪和保护公民个人信息失职罪。

② 袁彬．“人肉搜索”的刑事责任主体及其责任模式选择．政治与法律，2014（12）．


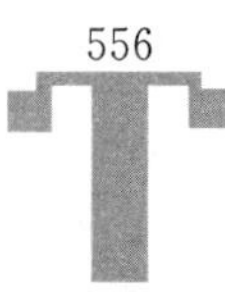

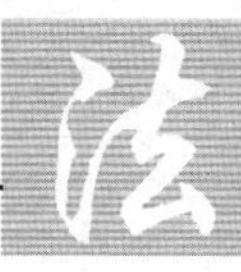

的判断，采取的是形式标准，即“违反国家有关规定”标准。对于“违反国家有关规定”，最高人民法院、最高人民检察院《关于办理侵犯公民个人信息刑事案件适用法律若干问题的解释》第2条将其解释为“违反法律、行政法规、部门规章有关公民个人信息保护的规定”。不过，由于我国法律、行政法规、部门规章关于公民个人信息的规定少之又少，相比之下，实质标准从行为的本身出发来判断侵犯公民个人信息行为的非法性的做法更为妥当。而且，当前也有不少国家对此采取实质标准。例如，《墨西哥联邦刑法典》第210条“泄露秘密罪”规定的非法性，是指“无正当理由并且未获得可能被造成损害的人同意的情况”①。《古巴刑法典》第290条“泄露通信秘密罪”规定的非法性标准，是“出于损害他人利益或者为自己或第三人谋取利益的目的”②。而究竟是采取《墨西哥联邦刑法典》的做法还是《古巴刑法典》的做法，笔者认为，在当前背景下，《古巴刑法典》的规定更值得我国借鉴。这是因为，公民个人信息并不限于公民隐私，现实生活中存在众多交流公民个人信息的情况（如打听他人电话号码、工作单位等），而且“正当理由”很难认定，因此仅从行为本身无法判断行为的非法性。同时，“出于公共利益目的的信息披露是对公民权利的尊重和保护，是舆论监督的需要”③。相比之下，《古巴刑法典》中的行为目的的非法性既可以反映出行为人的主观恶性，也可以从目的的角度限定行为的道德和法律基础。基于此，笔者赞同以“目的非法”作为“提供他人个人信息”的非法性的判断标准。在具体表述上，可将其表述为“以致人损害为目的或者明知可能致人损害”。当然，从入罪门槛的角度看，构成犯罪的“非法提供公民个人信息”行为还必须达到情节严重的程度。这既是为了与现行刑法典第253条之一第1款的“出售、非法提供公民个人信息罪”的立法规定相协调，也是为了合理限定其入罪范围。

其三，关于修改扰乱无线电管理秩序罪的合理性及其展开。

---

① 墨西哥联邦刑法典. 陈志军，译. 北京：中国人民公安大学出版社，2010：100.

② 古巴刑法典. 陈志军，译. 北京：中国人民公安大学出版社，2010：159.

③ 王地，王岚. “人肉搜索”的法律边界在哪. 检察日报，2013-12-21（1）.

《刑法修正案（九）》对刑法典原第288条的扰乱无线电管理秩序罪作了多方面的重要修改，目的是激活刑法典中原第288条这一“僵尸条款”。笔者认为，《刑法修正案（九）》关于扰乱无线电管理秩序罪的修法十分合理、适当。这主要体现在：

（1）删除相应的行政前置程序十分必要。针对刑法典原第288条关于扰乱无线电管理秩序罪中“经责令停止使用后拒不停止使用”的规定，从完善立法的角度出发，《刑法修正案（九）》将其删除，理由较为充分：一是该行政前置程序的存在不合时宜。客观地看，该行政前置程序的确立在立法之初是为了避免司法权力的滥用、犯罪门槛过低，体现了刑法的谦抑性。应该说，以当时的信息科技水平、人们的生活状况、无线电的覆盖范围来衡量，这一立法设置是符合社会现实的。随着我国社会的飞速发展，当前我国已步入信息化时代，特别是近十年来由互联网所引领的信息科技发展日新月异，公众对于无线电的认识与使用也与过去大不相同。然而，无线电事业的发展，也使不法分子认识到了这一领域的价值，他们或是利用无线电私设电台牟取非法利益，或是侵入电台、空管、公安甚至军队的专用无线电频道，无事生非，造成了严重的危害结果。从发展的眼光来考量，应当说，该罪法条中“经责令停止使用后拒不停止使用”这一定罪的基础条件之立法要求已不再合时宜。二是该行政前置程序在实践中无法适用。从内涵上看，“经责令停止使用后拒不停止使用”要求行政机关要先发现“擅自设置、使用无线电台（站），或者擅自占用频率”的行为存在，并实施了责令他人停止使用的行为。这实际上赋予了相关行政机关积极全面地监测、发现他人非法使用无线电的特定职责。但在现实中，使用“伪基站”等方式扰乱无线电通讯管理秩序的行为大量出现并呈爆发之势。要求相关行政机关及时发现这些非法使用无线电的行为并责令行为人停止使用，显得十分困难，难以适用。三是删除该行政前置程序，并不会影响对扰乱无线电通讯管理秩序行为的危害性判断。客观地说，“擅自设置、使用无线电台（站），或者擅自占用频率”者经行政机关责令停止使用后拒不停止使用，通常表明其具有更大的主观恶性和危险性。但这只是对扰乱无线电通讯管理秩序行为进行判断的一个方面。事实上，扰乱无线电通讯管理秩

序行为的危害性主要体现在扰乱的范围、次数、程度，及造成危害结果等方面。删除“经责令停止使用后拒不停止使用”这一行政前置程序并不会影响对扰乱无线电通讯管理秩序行为的危害性判断。四是删除该行政前置程序有利于与相关犯罪的规定相协调。我国涉及无线电通讯管理的犯罪除了刑法典第288条规定的扰乱无线电通讯管理秩序罪，还有刑法典第124条的破坏广播电视设施、公用电信设施罪，过失损坏广播电视设施、公用电信设施罪，以及刑法典第369条第1款的破坏武器装备、军事设施、军事通信罪以及第2款的过失损坏武器装备、军事设施、军事通信罪。此外，与扰乱无线电通讯管理秩序罪相当的犯罪还有计算机信息类犯罪。目前我国刑法典对这些犯罪都没有设置行政前置程序，因此对刑法典第288条的扰乱无线电通讯管理秩序罪也没有必要保留行政前置程序。

(2) 将“造成严重后果”的定罪条件改为“情节严重”比较合理。针对刑法典原第288条关于扰乱无线电管理秩序罪的“造成严重后果”的规定，从扩大该罪适用范围的角度看，《刑法修正案（九）》将其改为“情节严重”。笔者认为，《刑法修正案（九）》的这一修法是适当的，理由包括：一是“情节严重”可以涵盖“造成严重后果”的情形。从内涵上看，“情节”是一个内涵较为丰富的综合概念，可以涵盖犯罪人、犯罪目的、犯罪动机、犯罪手段、犯罪时间地点、犯罪结果等各个方面的内容。“严重后果”是“情节严重”的情形之一，因此，“情节严重”可以涵盖该罪之前“造成严重后果”的所有情形。二是将该罪的定罪条件由“造成严重后果”扩大至“情节严重”，符合我国治理相关犯罪行为的现实需要。从内涵上看，若将该罪的基本构成由“结果犯”改为“情节犯”，则该罪的“情节严重”既包括造成一定的危害后果，也应当包括多次或多人实施危害行为、针对特殊领域实施危害行为以及实施的危害行为造成严重危险等情况。例如，很多严重威胁他人生命及财产安全、扰乱社会秩序的破坏无线电通讯管理的行为并不一定当即产生现实的危害结果，然而，即便是仅产生一定的危险有时其社会危害性也不容小视。任意占有无线电频段的情况会出现在航空领域，这是因为民航通过甚高频电台进行指挥调度，频段与调频广播相邻，很容易受到广播“跳频”

的干扰。"'黑广播'所用设备质量较差，在播放广告时很容易'跳频'到民航指挥频段。"[①] 据我国无线电管理部门的介绍，"黑广播"对民航飞机的干扰是全国性的，吉林、山东、陕西、广东等多省都有类似的事件发生过。[②] 对这些非法使用航空调频而致使他人生命安全受到严重威胁的个人及组织，从其行为危害程度考量，无疑应当适用刑法典中的针对性罪名即扰乱无线电通讯管理秩序罪予以规制，仅仅予以行政处罚显然失之过轻。三是将该罪的定罪条件由"造成严重后果"扩大至"情节严重"，有利于与相关犯罪的规定相平衡。规定该罪的刑法典原第 288 条不仅要求只有"造成严重后果的"才构成犯罪，而且只规定了一个罪刑单位和最高法定刑仅为 3 年有期徒刑的法定刑幅度。以罪责刑相适应原则来考量，该罪之刑罚设置难免有重罪轻罚之嫌。相比较而言，与该罪危害大体相当的其他犯罪，如刑法典第 124 条第 1 款规定的破坏公用电信设施罪，第 285 条规定的非法侵入计算机信息系统罪，非法获取计算机信息系统数据、非法控制计算机信息系统罪及提供侵入、非法控制计算机信息系统程序、工具罪，第 286 条规定的破坏计算机信息系统罪，要么有着比较低的入罪标准，无须造成严重后果，要么具有更高的法定刑标准。这就使得该罪与上述罪种的刑罚轻重比较而言显得不相协调，从而影响整个刑法典罪刑体系的协调性和严谨性。

（3）增设一个加重的罪刑单位和量刑档次十分恰当。刑法典原第 288 条针对扰乱无线电管理秩序罪只规定了一个罪刑单位和量刑档次，最高法定刑为 3 年有期徒刑。这种单一的罪刑单位和法定刑幅度显然不够科学，既不利于区分该罪危害程度不同的犯罪情况，也不利于对该罪危害严重的情况予以有效惩治，造成司法实践中扰乱无线电管理秩序危害程度显著不同的行为在量刑上差别不大的窘境，同时也导致该罪与其他危害相当的犯罪之量刑档次不相协调。此外，触犯该罪的犯罪行为很多时候也会同时触犯其他罪名，如非法经营罪、虚假广告罪、诈骗罪甚至是以危险方法危害公共安全罪。此种情况，依照相关刑法理论及司法解

---

① 翟永冠，邓中豪，李鲲．别让"黑广播"成民航"杀手"．四川日报，2014-07-30（5）．

② 沈昌．黑广播干扰无线电可致航班失联．山西晚报，2014-07-30（2）．

释，属于想象竞合犯的情况，应择一重罪处罚。但较为尴尬的是，由于扰乱无线电管理秩序罪的刑罚设置过轻，就会在绝大多数扰乱无线电管理秩序行为与其他罪名构成想象竞合犯的情况下，该罪总是得不到适用。这样就等同于架空了该罪，使得该罪存在的必要性受到质疑。因此，《刑法修正案（九）》给扰乱无线电通讯管理秩序罪增设一个加重的罪刑单位和法定刑更高的量刑档次十分恰当。

(4) 改进法条中的部分用词科学合理。从法条用语科学性和可操作性上来考虑，《刑法修正案（九）》对扰乱无线电通讯管理秩序罪的法条用语作如下修改：把“占用”无线电频率更改为“使用”无线电频率。如前所述，无线电资源为国家所有，并且无线电频率是一种无形的资源，看不见，摸不着，该罪法条中使用“占用”一词并不是十分准确，容易让人误解、产生歧义。而“使用”则更符合当前扰乱无线电通讯管理秩序罪的实际情况。因为，私设“黑广播”“黑电台”的个人或单位一般是通过设备进入一个固有的波段，目的是“使用”而非“占用”中的“占有”。因此，《刑法修正案（九）》将“占用”改为“使用”，科学合理。

不过，在用词上，笔者认为，我国还是有必要将该罪法条中的“无线电通讯”更改为“无线电业务”。这是因为，随着我国无线电事业的发展，“无线电通讯”已经只能算是无线电总体业务中的一小部分了。无线电业务应当包括无线电通讯业务与其他多项无线电业务。刑法典本身很难将所有的无线电业务都一一罗列，否则有违刑法条文应具备的简洁性。较为合理的做法是在刑法典中将“无线电通讯”更改为“无线电业务”，而在相关的司法解释中罗列具体的无线电业务名称。

## 五、结语

客观地说，我国网络犯罪立法与国外的立法相比起步较晚，但近年来我国相关的刑法立法修正次数较多，速度也较快。1997 年至今，我国已通过多个刑法修正案对网络犯罪相关立法进行了补充、完善。《刑法修正案（九）》新增 4 种网络犯罪罪名，并对已有的6种网络犯罪进行了修正，可谓修法幅度最大的一次修正。总体而言，《刑法修正案（九）》关于网络犯罪的立法修正是必要和合理的，不过其在网络服务提供者刑事责任、虚假信息犯罪立法范围、侵犯公民个人信息罪立法模式等问题上也还存在诸多立法内容与技术上的问题，有待进一步完善。从长远的角度看，我国应当立足于网络犯罪快速发展的趋势，采取适度超前的立法态度，合理确定网络犯罪的治理政策，进一步增设、整合网络犯罪的刑法立法，积极推动我国网络犯罪刑法治理的系统化和科学化。

# 论拒不履行信息网络安全管理义务罪的罪过形式*

## 一、问题的提出

《刑法修正案（九）》（以下简称《刑九》）所增设的三种网络犯罪，是我国立法机关对保护信息网络安全的现实需求作出的有力回应。① 自《刑九》生效以来，帮助信息网络犯罪活动罪和非法利用信息网络罪得到了较为充分的适用，对维护我国的信息网络安全发挥了积极的作用，但是司法实务中适用拒不履行信息网络安全管理义务罪（以下简称“本罪”）的案例却屈指可数，这与近几年网络服务提供者因不履行或不充分履行安全管理义务而发生危害后果的情形高发形成了鲜明对比。② 对此，虽然不能得出本罪属于所谓的“象征性立法”或“情绪型

---

* 与詹奇玮博士合著，原载《贵州社会科学》，2019（12）。

① 这 3 种网络犯罪罪名分别为拒不履行信息网络安全管理义务罪、帮助信息网络犯罪活动罪和非法利用信息网络罪。

② 截止到 2019 年 11 月 3 日，在中国裁判文书网中对被告人适用“拒不履行信息网络安全管理义务罪”的判决书仅有 2 份。

立法”的结论，但也无法掩饰其刑法上的适用困境。笔者认为，其中一个原因是针对本罪主观要件的认识存在较大的分歧，围绕本罪的主观心态，存在直接故意说、过失说、轻率说和模糊罪过说等观点。理论争议在一定程度上增加了本罪的适用难度，进而导致了司法实践中的适用不足。因此，有必要对相关理论进行梳理和评析，以明确本罪故意的罪过形式。

## 二、关于本罪主观心态的学术争鸣及其评析

### （一）直接故意说

该观点认为，本罪的心理要素只能是直接故意，且本罪“故意”内容中不要求具有特定目的。这是因为本罪的法条表述为“经监管部门责令采取改正措施而拒不改正”，“拒不改正”的词语本义恰恰反映了行为人对危害后果的积极追求或希望态度，故本罪不可能由间接故意（单纯的放任）行为构成，也不可能存在于过失犯罪中。①

事实上，直接故意说过分限缩了本罪的成立范围，无益于其立法目的的实现。其一，针对法条词语表达的分析是事实性分析而非规范性分析，仅仅通过对“拒不改正”的语义分析，就得出行为人对危害结果持积极追求或希望的态度，是武断且不充分的。其二，在刑法理论中，直接故意的认识因素与意志因素具有高度一致性，即行为人不仅能够认识到自己实施的行为及其危害结果的性质，而且还将其作为直接追求的目标。就本罪而言，“拒不改正”的对象是监管部门的责令，责令的内容是要求网络服务提供者履行法律、行政法规规定的信息网络安全管理义务。但是，在意志因素方面，网络服务提供者拒不履行监管部门责令的行为，在主观上直接表明其对监管部门执法行为的消极甚至蔑视的态度，而并非直接表明其追求或希望本罪四种危害后果②的发生。

---

① 谢望原. 论拒不履行信息网络安全管理义务罪. 中国法学，2017（2）.

② 根据刑法典第286条之一的规定，这四种危害后果分别为：（1）致使违法信息大量传播；（2）致使用户信息泄露，造成严重后果；（3）致使刑事案件证据灭失，情节严重；（4）有其他严重情节。

（二）过失说

这种观点认为，“如果网络服务提供者在对危害结果具有预见可能性和回避可能性的情况下，实施了不作为的监督过失行为，该行为与危害结果之间具有因果关系，那么网络服务提供者就应当承担刑事责任”①。而且，坚持“主观过失论”，还有助于划清本罪与帮助信息网络犯罪活动罪的界限，从而使网络服务提供者的刑事责任体系趋于协调、完备。此外，“拒不履行”虽然在词义上表达的是一种积极的目的追求，以及在此目的支配下的积极举动，但是，对于刑法术语或词语的解读应当放在个别语境中进行。本罪中“拒不”的对象仅仅是行政机关的整改责令，而不是构成要件的结果，因而不能因为“拒不”本身表征了积极的身体举动就认定本罪的罪过形式为直接故意。过失说本身认为，本罪法定构成结果，只能是义务的不履行导致的严重的结果，行为人对该结果成立过失犯罪。在我国刑法典中，同样的例子还有交通肇事罪和消防责任事故罪等。

这一观点仍存值得商榷之处：一方面，监督过失无法作为本罪归责模式的理论基础。广义的监督过失包括狭义的监督过失和管理过失两种类型，其中前者属于一种监督者的过失与被监督者的过失竞合的形态，即监督者和被监督者都存在过失行为，而且两者行为之间存在因果关系；所谓管理过失，指管理人对设备、机构、体制等管理的不完备，因而导致结果发生所构成的一种直接的过失。② 就本罪而言，作为监督者的网络服务提供者虽然可能是因过失而疏忽监督，或因轻信结果可以避免而疏于监督，但作为被监督者的危害后果的直接实施者（如网络用户、“内鬼”或“黑客”）的主观心态显然不可能排除故意。而且，网络服务提供者自身的机构、设备、技术等要素的利用和运行，归根结底要靠其人员的管理和作为，在网络服务提供者自身体制完善的情况下，因其拒绝履行整改责令而致使危害结果发生也是完全有可能的，但这已非管理过失“题中之义”。另一方

① 陆旭．网络服务提供者的刑事责任及展开：兼评《刑法修正案（九）》的相关规定．法治研究，2015（6）．

② 马克昌．比较刑法原理：外国刑法学总论．武汉：武汉大学出版社，2002：269．

面，对“拒不履行”的个别性解读也不够严谨。“拒不履行”的对象是监管部门的整改责令，即网络服务提供者需要按照责令要求积极作为，但是仅对“拒不履行”作文义解读，进而界定本罪罪过是不充分的。而且，即便以个别性的立场进行审视，以规定本罪与交通肇事罪、消防责任事故罪的刑法条文极为类似这一理由，得出本罪属于过失犯罪的“类推”做法反而违背论者自己所主张的作个别性解读的根本立场。

网络服务提供者是一种通过信息网络向公众提供信息或者以获取网络信息等为目的提供服务的机构，其所提供服务的网络空间具有无形、海量和迅速变动的特点，所以刑法显然不能像要求一般单位负责自身有限的、相对稳定的物理空间内的消防安全那样，要求网络服务提供者耗费大量资源以“贴身盯防”的方式维护信息网络的安全。因此，如果因为刑法典第286条之一的罪状设计与第139条的罪状极为类似，就理所当然地认为本罪属于过失犯罪，在入罪标准上对网络服务提供者的信息网络安全管理义务适用与一般单位的消防安全义务同等程度的标准，不仅忽视了政府在网络安全治理中的主导地位，也给网络服务提供者带来了太过沉重的运营负担。

（三）轻率说

这种观点认为，本罪在一定程度上突破了故意和过失两种罪过泾渭分明的理论认知，引入了类似英美法系中“过于自信”和“间接故意”复合的“轻率”主观罪过。① 一方面，本罪中的“拒不改正”表示具有客观方面的行为特征，属于一种不作为的犯罪行为；另一方面，“拒不改正”又被多个司法解释确立为一种主观推定明知的情形。所以，本罪的罪状中就明确了行为人主观上具有一种“明知”。对于明知的内容，可以进行以下两种解读：(1) 明知自己未履行信息网络安全管理义务，但由于过于自信或疏忽大意，被监管部门责令改正后依然不履行信息网络安全管理义务，继续提供网络服务，造成了特定严重后果的产生；(2) 明知自己未履行信息网络安全管理义务的行为会造成特定的严重后果，但由

① 于志刚．网络空间中犯罪帮助行为的制裁体系与完善思路．中国法学，2016 (2).



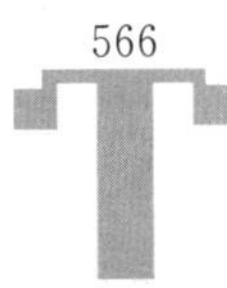

于积极追求或放任特定严重后果的发生，被监管部门责令改正后依然不履行信息网络安全管理义务，继续提供网络服务，造成了严重后果的发生。

基于上述两种解读，本罪引入“过失责任”的意义在于与帮助信息网络犯罪活动罪相区分。因为如果仅将本罪视为一种“故意责任”，那么帮助信息网络犯罪活动罪将成为全面包含本罪的“一般罪名”，而二者的法定刑又完全相同，本罪的立法不再具有价值，因此，立法者出于对平台责任的强化，有条件地引入了“过失责任”。但是，这种“过失责任”的引入是从刑法对网络犯罪帮助行为评价递进式趋严的角度提出的，并不是将本罪限定为过失犯罪。由于行为人对严重后果的可能发生具有认识，显然可以排除无认识的疏忽大意的过失，同时，如果网络服务提供者对于严重后果持积极追求的意志，则应当成立相应的犯罪，而从拒不履行信息网络安全管理义务罪较轻的法定刑设置来看，显然本罪也不是用于制裁积极追求严重后果的直接故意犯罪。①

笔者赞同其中排除疏忽大意过失的主张，但有几个问题需进一步厘清：

其一，如果排除直接故意的主观心态，可能在某些情况下会形成轻纵犯罪的局面。例如，本罪“致使违法信息大量传播”之中的“违法信息大量传播”本身就是拒不履行义务造成的危害后果，即只要事实上造成了违法信息大量传播即可构成本罪，而不是一定要发生具体的实害性的犯罪后果。② 根据《关于办理非法利用信息网络、帮助信息网络犯罪活动等刑事案件适用法律若干问题的解释》第3条的规定，只需对违法信息的传播数量和接受范围从形式上进行把握。相较而言，成立“传播计算机病毒型”破坏计算机信息系统罪，不仅要求行为人的主观心态是故意，而且还要达到“后果严重”的程度。成立故意传播虚假恐怖信息罪和故意传播虚假信息罪，也要求行为人的主观心态是故意，并且达到“严重扰乱社会秩序”的程度。③ 而传播淫秽物品牟利罪的成立，不仅要求行为人在主观上

① 于志刚．网络空间中犯罪帮助行为的制裁体系与完善思路．中国法学，2016（2）．

② 郎胜．中华人民共和国刑法释义．6版．北京：法律出版社，2015：500．

③ 还需注意的是，故意传播虚假信息罪的基本法定刑与本罪是一致的，其法定刑升格的条件也要求“造成严重后果”。

必须是直接故意（以牟利为目的），而且其基本法定刑与本罪是一样的。传播淫秽物品罪的成立要求“情节严重”，而且其法定刑比本罪更轻。这表明，在“致使违法信息大量传播”情形可能同时构成其他犯罪的情况下，如果将直接故意排除在本罪主观心态之外，那么一些大量传播违法信息的情形会因为没有达到传播型犯罪的“后果严重”“严重扰乱社会秩序”“情节严重”等条件而被排除在犯罪圈之外，或者适用相同甚至更轻的法定刑幅度。这显然不符合刑法设立本罪旨在要求网络服务提供者积极配合监管部门开展信息网络安全治理工作的初衷。

其二，作为一种新增罪名，如果在《侵权责任法》和《网络安全法》已经规定相关民事、行政责任和不完全排除“故意责任”的情况下，本罪又为网络服务提供者的平台责任引入“过失责任”，这不仅难以解决论者自己指出的“动摇网络犯罪帮助性行为三种刑事责任的分工协作评价体系”问题，而且在“同时构成其他犯罪的”情况下可能会引发新的评价混乱。

其三，既然平台责任实际上已经是正犯责任的发展，是基于网络服务提供者在网络社会中的核心作用而对网络服务提供者设立的更为严格的责任形态，那么，在此基础上引入“过失责任”是否具备现实必要性，以此来督促网络服务提供者履行信息网络安全管理义务是否有“矫枉过正”之嫌，这些问题仍然需要进一步探讨。

（四）模糊罪过说

这种观点主张，本罪的罪过形式应为一种“模糊罪过”，即虽然网络服务提供者在“拒不改正”上持故意态度，但对于造成“违法信息大量传播”等严重后果，则既可能是持放任甚至希望态度，也可能是因疏忽大意而没有预见，或者已经预见而轻信能够避免；但无论网络服务提供者对因“拒不改正”而导致的严重后果是持故意还是过失的态度，只要其对严重后果具有预见可能性，都不妨碍本罪的成立。就自然犯而言，故意与过失在伦理非难程度上明显不同，致使罪过形式是故意还是过失会导致罪轻与罪重的显著差异，甚至罪与非罪的天壤之别，因而严格区分故意与过失既有可能也有必要。然而，对于像本罪一样的法定犯，不仅严格区分故意与过失非常困难，而且因为故意与过失的非难可能性的差异并不

明显，对量刑的影响不大，所以也没有必要严格区分故意与过失。[①]

事实上，在网络服务提供者故意不履行监管部门作出的改正责令，并且自身拥有较高专业技术能力的情况下，难以认为其对本罪四种危害后果的发生不具有预见可能性。“拒不改正”在司法实践中往往被确立为一种推定明知的情形，即使能够证明网络服务提供者对危害后果具有预见可能性，但由于时间、技术等因素而不具备结果避免可能性的情形仍然按照本罪处罚，明显过于严苛。更何况，“有无预见可能性是一个经验事实层面的问题，而能否进行归责则是一个规范判断问题……作为一个经验事实范畴的预见可能性，不可能承担起规范层面归责判断标准的重任”[②]。而且，“模糊”罪过自身也存在许多值得商榷之处：首先，按照“模糊罪过”，结果加重犯的成立要求行为人对加重结果至少存在过失时，才能让基本犯行为人对加重结果承担责任，这说明我国刑法典中存在类似“模糊罪过”的立法例。[③] 但是，结果加重犯与基本犯罪并非同一层面上的概念，前者不具有独立性，只具有罪轻罪重的区别，而将其引入基本犯罪中，使其具备了此罪彼罪的意义。其次，虽然模糊罪过说有助于减轻控方的证明负担，提高追诉效率，但是效率并非刑法所优先追求的价值目标。确定哪些罪名具有“复合罪过”时，必须严格、准确地依照立法原意，遵循罪刑法定原则，不允许扩张解释，禁止类推解释。在司法实践中，还要警惕司法机关由此产生的“惰性”[④]。

## 三、关于本罪“故意”罪过形式的肯定性展开

### （一）基于回应批评的肯定性展开

上述观点中“直接故意说”遭受了最多的学理非议。比如，有观点就认为将

① 陈洪兵. 论拒不履行信息网络安全管理义务罪的适用空间. 政治与法律，2017（12）.
② 劳东燕. 责任主义与过失犯中的预见可能性. 比较法研究，2018（3）.
③ 陈洪兵. 模糊罪过说之提倡：以污染环境罪为切入点. 法律科学，2017（6）.
④ 储槐植. 刑事一体化论要. 北京：北京大学出版社，2007：141.

本罪界定为故意犯罪会导致处罚上的不周。① 但是，这种说法实际上是让网络服务提供者主动承担其自我监管和自我改正的任务，显然对其课以了太多沉重的负担，也忽视了本罪的“责令”要件具有督促监管部门和网络服务提供者在网络安全治理体系内扮演各自角色的双重功效。此外，还有观点认为，如果将本罪界定为故意犯罪，那么其规制范围就会与帮助信息网络犯罪活动罪重合甚至完全被后者包含在内，这不仅在适用时会出现理解混乱，在根本上本罪也失去了作为独立罪名的意义②；而且，从刑法条文的字面意义上看，某些情形的确可能同时为两罪所评价。在笔者看来，这些批评意见过于强调两罪之间的重合之处，夸大了这种情况可能带来的不利影响，也忽视了刑法解释的能动性。鉴于这种意见关涉两罪区分这一重要问题，有必要予以专门回应。

1. 两罪的设立目的各有侧重

拒不履行信息网络安全管理义务罪具有鲜明的行政目的导向。“在实践中，一些网络服务提供者不履行法律、行政法规规定的信息网络安全管理义务的情况比较常见，其中有的甚至造成了严重的危害后果”③。因此，《刑九》增设本罪是为了促使网络服务提供者切实履行安全管理义务，保障网络安全和服务业的健康、有序发展。④ 而帮助信息网络犯罪活动罪具有突出的司法目的导向。具体而言，网络犯罪的帮助行为相较于传统的帮助行为，对完成犯罪起着越来越大的决定性作用。而且，由于网络犯罪活动不同环节的人员之间往往互不相识，没有明确的犯意联络，如果按照刑法典总则关于共同犯罪的规定进行追究，他们就难以构成具体犯罪的共犯。因此，此罪的增设是为了更准确、有效地打击各种网络犯

---

① 该论者认为，由于专门从事网络服务的企业相比于行政监管部门具有显著的技术优势，监管部门的整改责令可能是相对落后的技术要求或者管理措施，企业在满足了行政整改责令之后可能存在更高程度的认知，其本可以自觉履行，但可能出于技术自信或者成本控制的考虑而没有尽到监管责任，从而最终导致其平台被犯罪分子所利用的严重后果，而本罪在这种情况下没有评价空间。李本灿．拒不履行信息网络安全管理义务罪的两面性解读．法学论坛，2017（3）.

② 于志刚．网络空间中犯罪帮助行为的制裁体系与完善思路．中国法学，2016（2）.

③ 王爱立．中华人民共和国刑法修正案（九）（十）解读．北京：中国法制出版社，2018：192.

④ 臧铁伟．中华人民共和国刑法修正案（九）解读．北京：中国法制出版社，2015：190.

罪的帮助行为，保护公民合法权益和社会公共利益，维护信息网络秩序，保障信息网络健康发展。① 由此可见，帮助信息网络犯罪活动罪的设立，是着眼于保障和促进司法机关打击网络犯罪，但拒不履行信息网络安全管理义务罪则绝非如此。在“政府主导，多方参与”的网络安全治理体系内，网络服务提供者一方面作为市场经营主体，需要接受行政部门的监管，另一方面作为网络平台，基于自身具备的技术能力和提供的服务类型，在网络空间中需要对网络用户等活动主体进行监督和管理。也就是说，网络服务提供者既是网络空间的监管者也是行政部门的被监管者。在作为被监管者的情况下，其被考察的内容包括自身的经营情况，以及作为监管者履行信息网络安全管理义务的情况。所以，本罪体现了立法机关希望通过设置罪刑规范，督促网络服务提供者忠实履行安全管理义务，保证其积极配合监管部门实现网络安全治理的行政目的，促使其在营造良好网络秩序中发挥自身应有的作用。

2. 两罪的犯罪构成要素存在多重区别

本罪表现为网络服务提供者不履行法律、行政法规规定的信息网络安全管理义务，经监管部门责令采取改正措施而拒不改正，情节严重的行为；帮助信息网络犯罪活动罪表现为明知他人利用信息网络实施犯罪，为其犯罪提供技术支持或其他帮助，情节严重的行为。分析二者的犯罪客观要件，可以进一步明晰本罪存在的独立意义。

第一，从犯罪成立的前提条件来看，本罪要求以“不履行法律、行政法规规定的信息网络安全管理义务”为前提，这种判断是一种对行为人先前行为的行政违法性判断，这与本罪属于典型的行政犯罪具有内在一致性；而帮助信息网络犯罪活动罪要求行为人“明知他人利用信息网络实施犯罪”，即行为人帮助支持的只能是第三人实施的构成刑法典分则具体罪名的行为，这种判断是一种对第三人行为的刑事违法性判断。由此可见，如果第三人行为未达到“犯罪”的程度，帮助信息网络犯罪活动罪是不存在任何适用空间的。在这种情况下，如果监管部门

① 臧铁伟. 中华人民共和国刑法修正案（九）解读. 北京：中国法制出版社，2015：206-208.

切实履行职责发出了改正责令，则有可能触发本罪的处罚条款。

第二，从犯罪行为的具体表现来看，本罪调整的是行为人与监管部门之间的关系，即从改正责令的角度，考察行为人是否以不作为的行为方式拒绝履行信息网络安全管理义务，即使行为人的不作为行为对第三人实施犯罪构成了事实上的帮助，这种帮助在本罪中也不具有刑法上的评价意义。而且，这种事实上的帮助只能以网络服务提供者自身提供的服务类型为限。但是，帮助信息网络犯罪活动罪调整的是行为人与利用网络实施犯罪者之间的关系，即从他人实施犯罪的角度，考察行为人是否以积极作为的方式为他人提供了帮助，这种帮助在该罪中具有不可回避的评价意义。而且，该罪中的“帮助行为”表现为为他人犯罪提供互联网接入、服务器托管等技术支持，或者提供广告推广、支付结算等各种帮助，这种帮助相较于本罪对被帮助行为具有更强的针对性，但与行为人实施犯罪之前的自身情况不具有必然联系。

第三，从罪量要素来看，本罪的成立要求行为人实施的行为具备“致使违法信息大量传播的”、“致使用户信息泄露，造成严重后果的”、“致使刑事案件证据灭失，情节严重的”或者“有其他严重情节的”等情形。“有其他严重情节的”这一规定是一项为了应对实践中可能出现的各种复杂情况的兜底规定，在司法适用中“可以参考本款前三项规定的情形中造成的社会危害程度，结合行为人拒不采取改正措施给公民合法权益、社会公共利益以及国家利益造成的危害后果的具体情况认定”[①]。然而，帮助信息网络犯罪活动罪“情节严重”的认定要“结合行为人所帮助的具体网络犯罪的性质、危害后果，其帮助行为在相关网络犯罪中起到的实际作用，帮助行为非法获利的数额等情况综合考量”[②]。据此，前者的“其他严重情节”在于拓展相关危害情形，这些情形与刑法条文明确规定的前三种情形具有相当的社会危害性。由于网络平台具有公共服务的属性，所以这些情形的直接实施者即使不构成犯罪，但如果在总体上达到一定的严重程度也可构成

① 郎胜. 中华人民共和国刑法释义. 6版. 北京：法律出版社，2015：500.

② 同①508.

本罪。后者的“情节严重”意味着行为人帮助他人所实施的危害行为至少要达到轻罪的程度，然后结合帮助行为对危害行为的“放大”程度进行评价。

（二）基于现实判例的肯定性展开

从已有的判例来看，司法实务人员也更倾向于“直接故意说”的观点。兹举一例：2015 年 7 月至 2016 年 12 月，胡某为非法牟利，租用国内、国外服务器，自行制作并出租“土行孙”“四十二”翻墙软件，为境内 2 000 余名网络用户非法提供境外互联网接入服务。2016 年 3 月、2016 年 6 月上海市公安局浦东分局先后两次约谈胡某，并要求其停止联网服务。2016 年 10 月 20 日，上海市公安局浦东分局对胡某利用上海某网络科技有限公司擅自建立其他信道进行国际联网的行为，作出责令停止联网、警告并处罚款人民币 15 000 元、没收违法所得人民币 40 445.06 元的行政处罚。胡某拒不改正，于 2016 年 10 月至 2016 年 12 月 30 日，继续出租“土行孙”翻墙软件，违法所得共计人民币 236 167 元。法院认为，胡某非法提供国际联网代理服务，拒不履行法律、行政法规规定的信息网络安全管理义务，经监管部门责令采取改正措施后拒不改正，情节严重，其行为已构成拒不履行信息网络安全管理义务罪，判处胡某犯拒不履行信息网络安全管理义务罪，判处拘役 6 个月，缓刑 6 个月，罚金人民币 3 万元。①

本案中这种通过租售翻墙软件牟利的行为，在司法实务中亦有按照非法经营罪②，破坏生产经营罪③，提供侵入、非法控制计算机信息系统程序、工具罪④处理的判例，这些犯罪毫无疑问都是故意犯罪。这种行为表明，行为人在主观上是一种明知自己的行为会造成翻墙软件被大量传播的结果，仍然希望结果发生并借此牟利的心态。在此基础上，胡某拒不履行改正责令的行为，表明其主观上继续

① 参见上海市浦东新区人民法院（2018）沪 0115 刑初 2974 号刑事判决书。

② 我市办理首例“VPN”代理非法经营案.（2017-08-22）. http://www.pajh.gov.cn/yianshuofa/201806/t20180621_7597391.shtml.

③ 男子私自搭建 VPN 服务器非法获利 50 余万元被判刑.（2017-12-20）. http://news.jcrb.com/jxsw/201712/t20171220_1827176.html.

④ 参见上海市宝山区人民法院（2018）沪 0113 刑初 1606 号刑事判决书。

保持了这种心态，同时对监管部门的执法权威和行为持漠视甚至蔑视的态度。所以，相比于单纯租售翻墙软件牟利的行为，胡某的行为表现出更大的主观恶性。如果将本罪界定为过失犯罪，那么胡某的行为就不能再为本罪所规制。但是，如果按照类似判例中的其他罪名追究胡某的刑事责任，则难以评价其拒不履行改正责令的行为。所以，以本罪对胡某的行为作出评价，不仅体现了本罪属于故意犯罪的实务立场，而且相比于其他罪名能够实现更为充分、准确的评价。

（三）基于刑法规定的肯定性展开

刑法以处罚故意犯罪为原则，以处罚过失犯罪为例外，这是当今世界各国刑法的通例。从刑法典第 15 条第 2 款中“法律有规定”的表述来看，刑法是否处罚过失行为取决于“法律有无规定”，而非“事实上能否出于过失”，所以忽视该前提径直对刑法条文进行个别性解读，有违罪刑法定原则。[①] 因此，界定本罪的罪过形式，最终还应回归对刑法典相关规定进行分析，如果不能得出过失罪过的结论，就应当确认本罪属于故意犯罪。

1. 基于本罪罪状的肯定性展开

首先，刑法典第 286 条之一没有使用诸如“过失”“疏忽”“严重不负责任”“发生……事故”等通常指示过失的词语或句式。而同样包含“拒不……”句式的其他分则罪名，在刑法实务和刑法理论中一般均被认为是故意犯罪。[②]

其次，“法律、行政法规规定的信息网络安全管理义务”是针对各类网络服务提供者设置的一般性的普遍义务，既然行为人的专业水平和技术能力能够支持其提供网络服务，行为人就不可能对违反义务可能带来的风险毫无认识。在危害结果发生之后，行为人仍然以当初未能认识到危害后果可能发生作为抗辩，是缺乏现实根据的。

再次，“经监管部门责令采取改正措施而拒不改正”的表述，说明行为人在

① 张明楷. 刑法分则的解释原理. 2 版. 北京：中国人民大学出版社，2011：122.

② 这些罪名包括：抗税罪，侵占罪，拒不支付劳动报酬罪，非法持有国家绝密、机密文件、资料、物品罪，非法集会、游行、示威罪，拒不执行判决、裁定罪，拒不救援友邻部队罪，战时拒不救治伤病军人罪。

主观上需要认识的内容并非一般性的法定义务内容，而是监管部门发出的具有针对性和强制性的通知内容。依据《关于办理非法利用信息网络、帮助信息网络犯罪活动等刑事案件适用法律若干问题的解释》第2条的规定，对行为人经监管部门责令采取改正措施而拒不改正的认定，主要考虑责令改正是否具有法律、行政法规依据，改正措施及期限要求是否明确、合理，行为人是否具有按照要求采取改正措施的能力等因素。就“拒不改正”而言，从监管者的角度来看，表现为行为人收到改正责令之后没有改正；从行为人的角度来看，表现为其对自己违反安全管理义务依然“我行我素”。所以，“拒不履行”的对立面，可以表现为行为人在收到改正责令之后表现出积极应对的态度，并且切实采取了有效的措施，即使这种措施不足以完全避免危害后果的发生，或者行为人在积极改正过程中发生了危害后果，也不应认定成立本罪。① 反之，如果行为人在具备改正能力的情况下没有采取任何措施，或者表面上看似按照改正责令的要求积极采取措施，但是这种措施与其改正能力或实际效果明显不相称，对此两种情况，行为人以自己轻信能够避免危害结果的发生作为辩解，也是缺乏现实根据的。

最后，从本罪的四种危害后果和“同时构成其他犯罪的”规定来看，将本罪界定为故意犯罪，可以使本罪与刑法典分则中占大多数的故意犯罪实现紧密衔接，从而对拒不履行信息网络安全管理义务的行为实现更加充分的规制。

2. 基于本罪法定刑的肯定性展开

从法定刑配置的角度看，也应将本罪的罪过形式界定为故意。本罪的法定刑与非法利用信息网络罪和帮助信息网络犯罪活动罪的法定刑基本一致，而后两种犯罪属于故意犯罪并不存在争议。非法利用信息网络罪是一种直接利用网络实施违法犯罪活动的行为形态，帮助信息网络犯罪活动罪则是一种直接加功于他人利

① 《全国人民代表大会法律委员会关于〈中华人民共和国刑法修正案（九）（草案三次审议稿）〉修改意见的报告》第4条指出，在修法过程中曾有意见指出本罪的“仍不改正”在实践中不好掌握，建议修改为“拒不改正”，这一意见最终被采纳。笔者认为，这一修改有助于把握本罪的罪过形式。从语义上讲，“拒不改正”相较于“仍不改正”更能体现行为人对改正责令反对甚至蔑视的态度。在这种态度的指引下，行为人就不会主动对改正责令采取有效措施积极应对。

用网络实施犯罪，从而使犯罪更易于实施或完成的行为形态。相较而言，本罪是一种对他人利用自身技术的漏洞或提供的服务实施违法犯罪，而未予以积极有效阻拦的行为形态，这种“平台责任”并不依托于网络空间中特定的其他犯罪行为，而是直接对自己所提供服务、所管理的平台中出现的危害后果承担刑事责任，所以其独立性更为明显，是基于网络服务提供者在网络社会中的核心作用而对网络服务提供者设立的更为严格的责任形态。① 因此，在法定刑配置基本相同的情况下，对网络服务提供者不履行安全管理义务的行为进行追责的责任形态应是比另外两种网络犯罪更为严格的责任形态。将本罪界定为故意犯罪不仅能体现刑法对网络服务提供者的特别规制，也能与刑法对另外两种犯罪的评价态度相协调，反之，如果将过失责任引入本罪，会导致犯罪之间的罪责失衡。

3. 基于本罪章节位置的肯定性展开

从本罪所在的章节位置来看，将本罪的罪过形式界定为故意更为恰当。网络服务提供者切实履行安全管理义务可以起到保护公民合法权益等方面的作用，而本罪位于刑法典分则第六章第一节“扰乱公共秩序罪”中，说明其直接目的在于维护网络空间的公共秩序，即国家对社会的管理活动。在这种管理活动中，行政权发挥着更主要、更主动、更直接的作用，而司法权尤其是刑事司法应当坚守自身的谦抑性立场，从而避免僭越行政权力而过度干涉公民的基本权利。因此，本罪作为一种维护网络空间管理秩序的犯罪，同样应当保持克制的态度，切不可“只问有无过错，不去区分罪过”，否则，“头悬的刑事制裁的达摩克利斯之剑，使网络服务提供者有惶惶不可终日之感，必将极大地制约网络技术、网络服务产业的健康发展”②。

① 于志刚．网络空间中犯罪帮助行为的制裁体系与完善思路．中国法学，2016（2）．

② 涂龙科．网络内容管理义务与网络服务提供者的刑事责任．法学评论，2016（3）．

# 第十编　环境犯罪专题

# 中国环境犯罪的立法演进及其思考*

## 一、前言

随着社会发展水平的提升，人们对环境的要求和重视程度也越来越高。但工业社会对环境的破坏招致了环境对人类的报复。全球变暖、物种加速灭绝、酸雨、雾霾、淡水资源危机、能源短缺、森林资源锐减、水土流失、土地荒漠化、土地盐碱化、沙尘暴、生活垃圾成灾、有毒化学品污染等，正日益加剧着我们生活的危机。有学者指出："大自然正以百倍的疯狂，惩罚着为所欲为的人类，将人类推到了死亡的境地。"① 有学者认为，环境犯罪是违反环境资源保护法规，污染或破坏环境资源，引起或者足以引起环境资源、他人生命健康或公私财产重大损害的行为。② 当代中国环境违法犯罪是破坏环境的主要因素。加强对环境犯

* 原载《江海学刊》，2017 (1)。

① 陈泉生. 可持续发展与法律变革. 北京：法律出版社，2000：1.

② 王秀梅. 破坏环境资源保护罪的定罪与量刑. 北京：人民法院出版社，1999：62.

罪的治理，是国家保护环境的必然法律行动。中国政府较早就开始提出要重视环境问题，但我国环境犯罪的立法经历了一个曲折的过程。当今中国环境犯罪的立法，无论是在立法模式、罪名设置还是在刑罚处罚的范围和力度上，都正在走向成熟和科学，但也还存在值得进一步完善之处。

## 二、中国环境犯罪的立法演进

中国有关环境犯罪的立法可谓源远流长。有资料显示，中国早在三千多年前的商朝就有了以刑罚手段惩治破坏环境行为的立法。① 《韩非子·内储说上》记载："殷之法，弃灰于公道者断其手。"对于"弃灰于公道"这种现代看来十分轻微的污染环境行为，商朝的法律规定竟然是可"断其手"，不可谓不严厉。之后，中国历朝历代的刑法立法中都有关于惩治环境犯罪的一些规定。其中以唐律的规定最具代表性。《唐律疏议》记载了多种环境犯罪。其中有一项规定："其穿垣出秽污者，杖六十；出水者，勿论。主司不禁，与同罪。"对于随意倾倒垃圾以及主管人员不加以禁止的行为，唐律明确规定要以刑罚手段处置。中国现代意义上的环境犯罪立法始于 1949 年中华人民共和国成立以后，并大体上可分为环境犯罪立法的探索、确立和发展三个时期。

### （一）中国环境犯罪立法的探索时期

1949 年中华人民共和国成立至 1979 年刑法典颁行，是中国环境犯罪立法的探索时期。这一时期，中国尚未制定统一的刑法典，也没有环境犯罪的单行刑法，有关环境犯罪的立法只是零星散见于《森林保护条例》《防止沿海水域污染暂行规定》等少量非刑事法律之中。这一阶段的环境犯罪立法具有以下两个特点：

第一，缺乏正式的立法渊源。这体现在两方面：一是非刑事法律中的附属刑法规范不甚明确。中国刑法理论一般认为，在 1979 年刑法典颁行之前，中国只

① 郭建安，张桂荣. 环境犯罪与环境刑法. 北京：群众出版社，2006：136.

有三部单行刑法[①]，而没有刑法典和附属刑法的立法形式。不过，通过考察一些相关的非刑事法律规范可知，这一时期不太规范的个别环境立法中也包含了一些不太明确的相关附属刑法规范。例如，1963 年 5 月 27 日国务院颁布的《森林保护条例》第 38 条规定："违反本条例，有下列情形之一的，给予行政处分、治安管理处罚。但是，情节轻微的，经过批评教育以后，可以免予处分。（一）国家工作人具，工作失职，使森林遭受损失的；（二）不遵守林区野外用火规定，引起火灾的；（三）滥伐、盗伐以及其他破坏林木的行为，使森林遭受损失的；（四）不按照国家规定进行采伐和更新的。盗伐林木，应当追回赃物，并且责令赔偿损失。"其第 39 条第 1 款规定："有前条第一款各项行为之一，情节严重，使森林遭受重大损失或者造成人身伤亡重大事故的，送交司法机关处理。"这里所称的"送交司法机关处理"，实际上是指送交司法机关作为犯罪处理。这相当于一个附属的环境刑法规范。二是刑法草案实际地作为了环境犯罪的非正式法律渊源。尽管新中国直至 1979 年才通过了第一部刑法典，但早在 1950 年我国就开始准备起草刑法典草案，从 1954 年国家立法机关开始正式起草刑法典草案至 1979 年 7 月 1 日第一部刑法典通过，前后近 30 年间，我国先后出台了 38 个刑法典草案稿本。[②] 其间，一些当时较为成熟的刑法典草案对指导司法发挥了一定的作用。例如，自始至终参与 1979 年刑法典草案拟定的高铭暄教授就曾称，刑法典草案第 22 稿出来后，"虽然后来没有公布成为正式的法律，但我们了解到，在实际的判案中，第 22 稿成了法院主要参考的裁判依据，发挥了一定的作用"[③]。实事求是地说，当时刑法典草案作为一种非正式渊源的确在司法实践中发挥了一定的立法作用。这些刑法典草案中就有多个条文明确将放火（或失火）烧毁森

① 即《中华人民共和国惩治反革命条例》(1951)、《妨害国家货币治罪暂行条例》(1951)、《中华人民共和国惩治贪污条例》(1952)。高铭暄，马克昌．刑法学．7 版．北京：北京大学出版社，高等教育出版社，2016：9；高铭暄．中华人民共和国刑法的孕育诞生和发展完善．北京：北京大学出版社，2012：1.

② 赵秉志．中国刑法的百年变革：纪念辛亥革命一百周年．政法论坛，2012 (1).

③ 高铭暄，黄薇．25 年曲折立法路 见证新中国第一部刑法诞生的艰辛．文史参考，2011 (7).

林、牧场和决溃堤防等危害环境的行为规定为犯罪。①

第二，环境犯罪规范数量极少且相当分散。在新中国成立后至 1979 年刑法典颁行前，我国出台了一系列环保法规，如 1950 年的《关于治理淮河的决定》和《政务院关于规定古迹、珍贵文物图书及稀有生物保护办法》，1952 年的《关于荆江分洪工程的决定》，1953 年的《政务院关于发动群众开展造林、育林、护林工作的指示》，1956 年的《矿产资源保护试行条例》，1963 年的《森林保护条例》，1974 年的《防止沿海水域污染暂行规定》《工业“三废”排放标准》《国家放射防护规定》，等等。② 其中只有少量的环保法规中规定有环境犯罪问题。除前述 1963 年的《森林保护条例》外，1974 年 1 月 30 日国务院批准的《防止沿海水域污染暂行规定》第 5 条第 1 项规定：“凡对海水造成污染的肇事者，视情节之轻重，给予警告，或处以人民币二万元以下的罚款，或并处以六个月以内的监禁。”虽然该项中所称的“监禁”是否属于刑种不甚明确，但考虑到 1950 年 7 月 25 日《中华人民共和国刑法大纲草案》第 17 条明确将“监禁”作为刑罚的种类之一（期限为“一年以上，十五年以下，加重时，得加至二十五年，但以有明文规定者为限”），《防止沿海水域污染暂行规定》这一条的规定也可以认为部分地包含了附属刑法规范。此外，如前所述，这期间拟定的多个刑法典草案中都有关于环境犯罪的规定。但总体而言，我国当时环境犯罪的立法规范数量极少，且十分分散，只能算是一种摸索性立法。

---

① 如 1957 年 6 月 28 日的《中华人民共和国刑法草案》（第 22 次稿）分则第二章“危害公共安全罪”中第 122 条第 1 款规定：“放火烧毁……森林、牧场……的，处三年以上十年以下有期徒刑。”第 2 款规定：“犯前款罪……使公私财产遭受重大损失的，处十年以上有期徒刑、无期徒刑或者死刑。”第 124 条规定：“失火烧毁……森林、牧场……的，处五年以下有期徒刑。”第 128 条第 1 款规定：“决溃堤防、损坏水闸足以危害公共安全的，处五年以下有期徒刑。”第 2 款规定：“犯前款罪……使公私财产遭受重大损失的，处十年以上有期徒刑、无期徒刑或者死刑。”第 3 款规定：“过失犯第一款罪的，处一年以下有期徒刑或者拘役。”1963 年 10 月 9 日的《中华人民共和国刑法草案》（第 33 次稿）分则第二章“危害公共安全罪”中第 111 条规定：“放火烧毁……森林、农场、谷场、牧场……的，处三年以上十年以下有期徒刑。”高铭暄，赵秉志．中国刑法规范与立法资料精选．2 版．北京：法律出版社，2013：312-313，330-331.

② 付立忠．环境刑法学．北京：中国方正出版社，2001：154-155.

### （二）中国环境犯罪立法的确立时期

1979年刑法典颁行至1997年全面修订刑法典，是我国环境犯罪立法的确立时期。这一时期，我国不仅颁行了1979年刑法典，而且出台了大量单行刑法和附属刑法规范。据统计，自1981年至1997年刑法典全面修订前，全国人大常委会先后通过了25部单行刑法，并在107部非刑事法律中设置了附属刑法规范。[①]这一时期的环境犯罪立法具有以下三个特点：

第一，立法形式多元。这一时期中国环境犯罪的立法形式有刑法典、单行刑法和附属刑法：（1）刑法典。1979年刑法典分则条文虽然总共只有103条，但与环境犯罪相关的条文就有近10条，涉及放火、决水、爆炸、以危险方法危害公共安全（刑法典第105～106条），盗伐林木、滥伐林木、非法捕捞水产品、非法狩猎（刑法典第128～130条）等犯罪。（2）单行刑法。即1988年11月8日全国人大常委会通过的《关于惩治捕杀国家重点保护的珍贵、濒危野生动物犯罪的补充规定》，规定了非法捕杀珍贵、濒危野生动物罪。（3）附属刑法规范。这些规范散见于1982年8月23日通过的《海洋环境保护法》、1984年5月11日通过的《水污染防治法》、1984年9月20日通过的《森林法》、1986年1月20日通过的《渔业法》、1988年11月8日通过的《野生动物保护法》、1989年12月26日通过的《环境保护法》、1995年8月29日修正的《大气污染防治法》、1995年10月30日通过的《固体废物污染环境防治法》、1996年8月29日修正的《矿产资源法》和1996年10月29日通过的《环境噪声污染防治法》等十余个非刑事法律之中。其中关于环境犯罪的立法方式主要有两种：一是采取"依法追究刑事责任"的笼统、概括性规定。例如，1982年的《海洋环境保护法》第44条第1款规定："凡违反本法污染损害海洋环境，造成公私财产重大损失或者致人伤亡的，对直接责任人员可以由司法机关依法追究刑事责任。"[②] 二是采取"依照"

① 高铭暄，赵秉志. 中国刑法立法之演进. 北京：法律出版社，2007：42.

② 高铭暄，赵秉志. 新中国刑法立法文献资料总览. 2版. 北京：中国人民公安大学出版社，2015：289.

或者“比照”刑法有关条款处罚的规定。例如，1984 年的《水污染防治法》第 43 条规定：“违反本法规定，造成重大水污染事故，导致公私财产重大损失或者人身伤亡的严重后果的，对有关责任人员可以比照刑法第一百一十五条或者第一百八十七条的规定，追究刑事责任。”1984 年的《森林法》第 34 条第 2 款规定：“盗伐、滥伐森林或者其他林木，情节严重的，依照《刑法》第一百二十八条的规定追究刑事责任。”① 上述立法中都没有采用在非刑事法律中直接规定相关环境犯罪法定刑的方式。

第二，立法规范数量较多但较为分散。与前一时期相比，这一时期的环境犯罪立法数量明显增多。据统计，其条文数量多达 50 余条，包括刑法典中的 9 条、单行刑法中的 1 条和附属刑法规范 40 余条。这些立法规范的分布比较分散，这体现在：一是刑法典分则中没有设置环境犯罪的专章或者专节，关于环境犯罪的立法规范散见于刑法典分则第二章“危害公共安全罪”、第三章“破坏社会主义经济秩序罪”、第六章“妨害社会管理秩序罪”和第八章“渎职罪”等章。二是环境犯罪的立法规范以附属刑法规范为主，散见于多部非刑事法律之中。这些规范，除了刑法典和 1 部单行刑法中的共 10 个条文，其他 40 余个条文分散在 18 部非刑事法律之中，其中少的只有 1 个条文，多的也只有 4～5 条。环境犯罪立法的分散在一定程度上影响了人们对环境犯罪法律后果的认识，进而影响了其法律实施效果。

第三，立法调控的行为范围明显扩大。刑法规范数量的增多除了立法的细化，更多的是立法调控范围的扩张。这一时期的环境犯罪立法亦然。与前一时期只有个别附属刑法规范相比，这一时期环境犯罪的立法扩张是全面的：一是刑法典、单行刑法设置了多种专门的环境犯罪，惩治的范围涵盖了盗伐、滥伐林木，非法捕捞水产品，非法狩猎，非法捕杀国家重点保护的珍贵、濒危野生动物等一系列危害环境的犯罪行为；二是附属刑法规范中的“依照”“比照”等规定，

① 高铭暄，赵秉志. 新中国刑法立法文献资料总览. 2 版. 北京：中国人民公安大学出版社，2015：325，291.

扩大了环境刑法的治理范围，较为全面地涵盖了对森林、海洋、水资源、野生动物、矿产、土地、大气、环境噪声等涉及环境的多个领域的危害行为的治理。

（三）中国环境犯罪立法的发展时期

1997 年全面修订刑法典以来，是我国环境犯罪立法的发展时期。这一时期，我国通过了 1 部经全面修订的刑法典和 9 个刑法修正案[①]，同时出台了 1 部单行刑法和 1 个法律修改的决定。这期间中国环境犯罪立法具有以下三个特点：

第一，立法形式由多元走向统一。尽管在 1997 年刑法典全面修订后，中国于 1998 年 12 月 29 日通过了 1 部单行刑法（《关于惩治骗购外汇、逃汇和非法买卖外汇犯罪的决定》），但之后中国立法机关开始注意坚持刑法法典化的做法，主要采取刑法修正案的形式修改刑法典。由于刑法修正案属于刑法典的一部分，因此中国刑法的立法形式实际上由多元逐渐走向了统一。其中，关于环境犯罪的立法，1997 年刑法典作了专门规定，之后又有第二、第四和第八共计三个刑法修正案对环境犯罪有所修正。[②]

第二，立法规范由分散走向集中。这除了体现为针对环境犯罪摒弃了单行刑法和附属刑法的立法形式，还表现在 1997 年刑法典分则中设置了环境犯罪专节，即刑法典分则第六章“妨害社会管理秩序罪”中设立了第六节“破坏环境资源保护罪”。虽然该节并没有涵盖所有与环境相关的犯罪（如刑法典分则第九章“渎职罪”中第 408 条的环境监管失职罪），但该节用 9 个条文较为集中地规定了以环境资源保护为主要客体的 15 种环境犯罪。其他一些犯罪，如动植物检疫徇私舞弊罪（刑法典分则第九章“渎职罪”第 413 条第 1 款）和动植物检疫失职罪

① 本文发表于 2017 年初，之后迄今，全国人大常委会又通过了《刑法修正案（十）》和《刑法修正案（十一）》。——笔者补注

② 2001 年《刑法修正案（二）》将“非法占用耕地罪”修改为“非法占用农用地罪”；2002 年《刑法修正案（四）》将“非法采伐、毁坏珍贵树木罪”修改为“非法采伐、毁坏国家重点保护植物罪”和“非法收购、运输、加工、出售国家重点保护植物、国家重点保护植物制品罪”，将“非法收购盗伐、滥伐林木罪”修改为“非法收购、运输盗伐、滥伐林木罪”；2011 年《刑法修正案（八）》将“重大环境污染事故罪”修改为“污染环境罪”，同时调整了非法采矿罪的定罪量刑标准。

(第 413 条第 2 款）等，虽然也与环境相关，但我国立法者显然认为它们所侵害的主要客体不是生态环境因而没有被纳入“破坏环境资源保护罪”专节。因此，1997 年刑法典虽然没有实现对环境犯罪完全集中的规定，但较之于 1997 年全面修订刑法典之前，其立法的集中性明显得到了加强。

第三，立法内容更加科学合理。这主要体现在：一是增加了单位犯罪主体，扩大了环境犯罪的主体范围。[①] 1997 年刑法典第 346 条规定：“单位犯本节第三百三十八条至第三百四十五条规定之罪的，对单位判处罚金，并对其直接负责的主管人员和其他直接责任人员，依照本节各该条的规定处罚。”二是扩大了环境犯罪的处罚范围。例如，《刑法修正案（二）》将刑法典第 342 条的“非法占用耕地罪”修改为“非法占用农用地罪”，该罪的行为对象也由“耕地”扩大至“耕地、林地等农用地”，进而扩大了该罪调整的行为范围。《刑法修正案（八）》第 47 条将非法采矿罪的入罪标准由“经责令停止开采后拒不停止开采，造成矿产资源破坏”修改为“情节严重”，扩大了该罪的入罪情节标准。三是加大了对环境犯罪的处罚力度。例如，1979 年刑法典第 128 条盗伐、滥伐林木罪的法定最高刑是 3 年有期徒刑，第 129 条非法捕捞水产品罪和第 130 条非法狩猎罪的法定最高刑是 2 年有期徒刑；1997 年刑法典将非法捕捞水产品罪、非法狩猎罪的法定最高刑提高至 3 年有期徒刑，将滥伐林木罪的法定最高刑提高至 7 年有期徒刑，将盗伐林木罪的法定最高刑提高至 15 年有期徒刑。刑罚处罚的力度明显加大，也体现了中国对环境之刑法保护力度的加强。

### 三、中国环境犯罪的立法模式问题

环境犯罪的立法模式主要涉及两个方面：一是环境犯罪的立法体例，即是采取刑法典、单行刑法还是采取附属刑法规范的立法方式；二是刑法典关于环境犯罪的立法方式，即是否设置专门的环境犯罪章节。

① 赵红艳．环境犯罪定罪分析与思考．北京：人民出版社，2013：32.

（一）关于中国环境犯罪的立法体例

当今世界各国的环境犯罪立法体例大致有三种类型：一是刑法典模式，即在刑法典中设立环境犯罪的专门章节，如《德国刑法典》分则第二十九章的危害环境罪①，《俄罗斯联邦刑事法典》分则第二十六章的生态犯罪。② 二是单行刑法模式，即在普通刑法典之外制定专门的单行环境刑法来规定环境犯罪，如日本的《公害罪法》。三是附属刑法模式，即通过行政法中的附属刑法条款来惩治环境犯罪，如英国、美国等大多数英美法系国家。③ 附属刑法模式又可以分为三种：一是在环境行政法规中直接规定刑事罚则，这种方式多见于英美法系国家，大陆法系的德国、日本的环境行政法规中对此也有规定。二是在环境行政法规中规定比照刑法典的具体条款对环境犯罪予以处罚，如罗马尼亚环境行政法规中即有此类规定。三是在环境行政法规中规定原则上要依照刑法典定罪处罚，但并不指明具体条款，如苏联的环境行政法中就有这类规定。④

中国环境犯罪的立法体例经历了一个由分散走向综合再走向统一的过程。目前中国环境犯罪的立法体例采取的是统一的刑法典模式，即所有环境犯罪的规范都被规定在刑法典中。不过，在刑法理论上，论者们对环境犯罪的应然立法模式也存在不同的主张。例如，有观点认为，根据国情，中国的环境刑事立法应当从战略高度走向特别环境刑法集中立法与环保法律分散立法相结合的道路。所谓集中立法，是指把大部分具有稳定形态的环境犯罪和环境刑事诉讼规则规定到特别环境刑法当中去；所谓分散立法，是指把在相当长时间内还不具有稳定性但又须惩罚的犯罪规定到单行环境行政法之中。⑤ 也有观点认为，集中性、统一性的刑事立法模式并不现实，中国应由刑法典、单行刑法、附属刑法、轻犯罪法分别规

① 德国刑法典．徐久生，庄敬华，译．北京：中国方正出版社，2004：160-166.

② 俄罗斯联邦刑事法典．赵路，译．北京：中国人民公安大学出版社，2009：179-191.

③ 王勇．环境犯罪立法：理念转换与趋势前瞻．当代法学，2014（3）.

④ 李希慧，董文辉，李冠煜．环境犯罪研究．北京：知识产权出版社，2013：45-46.

⑤ 董文勇．相对独立立法：我国环境刑事立法的模式选择．人民法院报，2004-07-21.

定不同性质的犯罪。[①] 还有学者主张中国应建立刑法典、特别刑法和刑法修正案相结合的刑法立法模式。[②] 也有学者认为，刑法典、单行刑法、附属刑法相互配合的模式既在某种程度上保证了法律的稳定性，又可以很好地应对多样性的环境犯罪，及时扩大刑法惩治的范围，准确定位各类环境犯罪行为以防止出现漏网之鱼。[③] 如此等等，见仁见智。不过，笔者认为，中国环境犯罪的理想立法体例仍然是中国目前采取的刑法典模式。

第一，环境犯罪立法的单一刑法典模式是中国法典化立法传统的要求和具体体现。中国立法传统中存在鲜明的注重法典化的倾向，特别是一些基本法律部门，在可能的情况下都制定了法典。中国刑法立法采取的也是这种立法传统，并经历了由分散立法（单行刑法或附属刑法）到综合立法（刑法典、单行刑法和附属刑法）再到统一立法（刑法典）的演变过程。当然，当代中国现代刑法的法典化程度与中国社会形势的变迁、法治的整体发展水平和立法技术的提升密切相关。中国刑法法典化是中国历史与现实的必然选择，有其重要的法律文化价值、比较法价值、社会价值、法治价值和规范价值。[④] 中国刑法立法的这一特点，要求将所有犯罪都囊括于刑法典之中，这也决定了环境犯罪必须由刑法典进行规定。单行刑法、附属刑法都是在刑法典之外规定相关犯罪问题，是对刑法法典化的破坏。中国刑法法典化的特点决定了中国不宜在刑法典之外再采取单行刑法或者附属刑法模式对环境犯罪进行规定。

第二，环境犯罪侵害法益日益增强的独立性削弱了环境犯罪立法的附属刑法模式价值。长期以来，环境犯罪都被认为是一种行政犯罪，其“首先侵犯的是国家环境资源保护管理制度，其次，环境犯罪侵犯的是人们的生命健康和重大公私

---

① 张明楷. 刑事立法的发展方向. 中国法学，2006（4）.

② 柳忠卫. 刑法立法模式的刑事政策考察. 现代法学，2010（3）.

③ 邓琳君，吴大华. 风险社会语境下环境犯罪的立法思考. 中国社会科学院研究生院学报，2013（6）.

④ 赵秉志. 当代中国刑法法典化研究. 法学研究，2014（6）.

财产的安全”[①]。它依存于相关的环境行政法，大多数环境犯罪的有关构成要件要参照环境行政法才能得到解释和说明，环境刑法因而被认为具有附属性。不过，随着环境重要性的凸显，人们逐渐对环境犯罪侵害的法益有了新的认识。有观点认为，环境法益既不能简单归于公共安全，也不能轻率认定为管理秩序或环境权，而是一类独立的新兴法益，即环境安全法益。[②] 也有观点认为，环境犯罪侵害的客体是环境权，“环境刑法所保护之法益，并不只是生命法益、身体法益或财产法益，而且亦包括所谓之‘环境法益’，由于生态环境之破坏，将足以导致生命、身体或财产之危险，故以刑法保护环境法益，亦属间接地保护个人之生命、身体或财产法益”[③]。对环境犯罪侵害的法益认识的变化赋予了环境刑法更强的独立性，即环境犯罪不再以环境行政法的规定为必要前提。“环境刑法不是只为了保障环境行政法，不是只关系着管理、分配与秩序问题，而是将人类自然生活空间里的种种生态形态，如水、空气、风景区以及动植物世界等，视为应予保护的法益。”[④] 环境犯罪的性质正逐渐由法定犯走向自然犯。这削弱了环境犯罪立法的附属刑法模式的存在价值。

第三，中国既往附属刑法的立法特点决定了环境犯罪立法不宜采取附属刑法模式。如前所述，过去中国附属刑法的立法主要采取的是“依法追究刑事责任”和“依照”“比照”刑法有关条款处罚的规定方式。它具有两个显著特点：一是均不单独规定法定刑。中国 1997 年全面修订刑法典之前设置有附属刑法规范的 107 部非刑事法律对相关犯罪的规定都只有罪状的描述，而没有法定刑的规定，均只是规定“依照”“比照”刑法典相关条文进行处罚，这也是中国立法机关一贯坚持的一项立法原则。二是依附于刑法典。严格地说，非刑事法律中的“依法追究刑事责任”的规定并不创制新的罪刑规范，只是提示性的规定，不属于独立

① 曹子丹，颜九红．环境犯罪若干理论问题探讨//丁慕英，等．刑法实施中的重点难点问题研究．北京：法律出版社，1998：807-808．

② 钱小平．环境刑法立法的西方经验与中国借鉴．政治与法律，2014（3）．

③ 刘红．环境权应为环境犯罪客体之提倡．中国刑事法杂志，2004（5）．

④ 叶瑟．环境保护——一个对刑法的挑战//环境刑法国际学术研讨会文辑．台北：1992：27．

的附属刑法规范。同样，“依照”规定的内容本身也可以纳入刑法典相关条文之中。例如，1996年8月29日全国人大常委会通过的《煤炭法》第78条规定：“煤矿企业的管理人员违章指挥、强令职工冒险作业，发生重大伤亡事故的，依照刑法第一百一十四条的规定追究刑事责任。”而1979年刑法典第114条规定的重大责任事故罪本身是可以包含这一内容的。因此，只有“比照”的规定才是独立的犯罪规范，但它也依附于刑法典的已有规定：一方面，其在法理上依赖于1979年刑法典第79条的类推制度（“本法分则没有明文规定的犯罪，可以比照本法分则最相类似的条文定罪判刑，但是应当报请最高人民法院核准”）；另一方面，其在法律上依赖于1979年刑法典关于相关犯罪已有的法定刑规定。在我国1997年刑法典已取消类推制度的情况下，这种“比照”的附属刑法模式显得缺乏充分的法理根据，而在非刑事法律中单独规定专门的法定刑又不符合中国附属刑法立法的一贯传统。从这个角度看，中国环境犯罪立法不宜再走回头路采取附属刑法的立法模式。

第四，中国刑事法的独立性和完整性决定了中国不宜对环境犯罪采取特别刑法立法模式。提倡创制环境犯罪的特别立法的主张实际上是要制定一部环境犯罪综合法，如“危害环境罪法”，它要同时涵盖环境犯罪的实体规范和程序规范。这一立法模式不仅要打破刑法典的统一立法模式，还要在立法内容上协调其与刑法、刑事诉讼法相关规定之间的关系，需要解决的问题众多，其可行性甚低。中国目前的刑法、刑事诉讼法与其他法律之间的关系相互独立，自成一体，设立特别环境刑法势必造成其与刑法、刑事诉讼法之间内容的交叉，打破刑法、刑事诉讼法已有的独立性和完整性，立法阻力很大。事实上，在中国2015年《反恐怖主义法》的制定过程中，也曾有不少观点主张将其制定成一部同时涵盖反恐怖主义行政法、刑法和刑事诉讼法内容的综合法，但最终这一主张并没有被中国立法机关所采纳。《反恐怖主义法》最终被制定成为一部以行政法为主的专门的反恐法，并未涵括刑法、刑事诉讼法的实质内容。与恐怖主义犯罪相比，对环境犯罪采取特别刑法立法模式的必要性更低。考虑到中国刑法立法的观念与传统，中国未来也不太可能对环境犯罪采取特别刑法的立法

模式。

（二）关于中国环境犯罪的章节设置

关于环境犯罪的章节设置，在对1979年刑法典进行修订并曾考虑分则实行小章制的过程中，国家立法工作机关曾有将环境犯罪设置专章的设想和安排[①]，后来又决定刑法典分则仍采用大章制。这样，对于环境犯罪，目前是在刑法典分则第六章“妨害社会管理秩序罪”中设专节，即第六节“破坏环境资源保护罪”作了较为集中的规定，该节用9个条文规定了15种具体的环境犯罪；同时，在刑法典分则第二章、第三章、第六章第六节之外的其他节以及第九章中，也分别规定了一些环境犯罪。对于中国刑法典的这种立法设置，中国刑法理论界多数论者都认为不够彻底，主张应当在刑法典中设置环境犯罪专章。例如，有论者认为，考虑到目前中国的环境状况、环境犯罪的特殊性、中国刑法体系的设置以及刑法立法的特点，应将刑法典分则第六章“妨害社会管理秩序罪”中的第六节“破坏环境资源保护罪”从该章中独立出来，并将分散在刑法典分则各章节中有关环境犯罪的规定纳入其中，单独成立一章，章名可为“侵害环境罪”，排列在刑法典分则第五章“侵犯财产罪”之后、第六章“妨害社会管理秩序罪”之前。[②] 笔者对此一直深以为然。[③] 其中有两个方面最值得关注：一是环境犯罪独立成章有助于强化刑法对环境犯罪的治理。刑法立法体例的排列不仅表明相关犯罪所侵害的社会关系类型，更为重要的是表明立法者对某种社会关系的重视程度。将环境犯罪独立成章，可以进一步增强刑法在环境保护上的威慑力，也有助于进一步表明国家重视环境保护的精神和态度，增强人们保护环境的自觉性。二是环境犯罪独立成章有助于环境犯罪的类型化。目前中国刑法典分则第六章第六节“破坏环境资源保护罪”只规定了15种环境犯罪，此外大量的环境犯罪被置于其他章节之中，原因在于其他环境犯罪不适合置于刑法典分则第六章“妨害社

① 高铭暄，赵秉志．新中国刑法立法文献资料总览：中册．北京：中国人民公安大学出版社，1998：950，985-986，1036-1038．

② 李恒远，常纪文．中国环境法治：2008年卷．北京：法律出版社，2009：219．

③ 赵秉志，陈璐．当代中国环境犯罪刑法立法及其完善研究．现代法学，2011（6）．

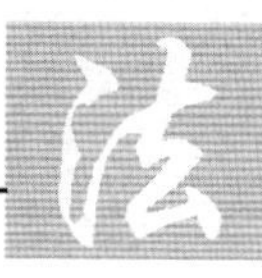

会管理秩序罪”中，其客体特征决定了将其置于其他章节中更合适。例如，刑法典分则第三章第二节“走私罪”中的“走私珍贵动物、珍贵动物制品罪”、“走私国家禁止进出口的货物、物品罪”中的“走私珍稀植物及其制品”、“走私废物罪”，以及第九章“渎职罪”中的“违法发放林木采伐许可证罪”“环境监管失职罪”“非法批准征收、征用、占用土地罪”“动植物检疫徇私舞弊罪”“动植物检疫失职罪”等，均是如此。如果刑法典分则设立环境犯罪专章，并将这些犯罪归入环境犯罪专章，则显然更为合适。

## 四、中国环境犯罪的立法调控范围问题

环境犯罪的立法调控范围主要解决的是环境犯罪的立法保护范围，主要涉及两个方面：一是环境犯罪的种类设置，即设置哪些环境犯罪的罪名；二是具体环境犯罪的入罪标准，即具体环境犯罪的惩治范围。

### （一）关于中国环境犯罪的种类设置

关于环境犯罪的分类，刑法理论上有不同的观点。有观点主张根据环境犯罪侵害法益的不同，将环境犯罪分为污染环境类犯罪、损害资源类犯罪和侵害动物类犯罪三大类。[①] 也有观点主张将环境犯罪划分为“污染环境的犯罪”、“破坏自然资源的犯罪”和“与环境犯罪相关的犯罪”三类。[②] 还有观点主张将环境犯罪划分为“污染环境的犯罪”、“危害生态资源的犯罪”和“其他可能危害环境的犯罪”三类。[③] 比较而言，笔者赞同将中国刑法典中的环境犯罪分为“污染环境类犯罪”、“损害资源类犯罪”和“与环境犯罪相关的犯罪”三类，因为这一分类不仅能较好地涵盖中国刑法典分则第六章第六节规定的环境犯罪，还能较好地涵括中国刑法典分则其他章节中的环境犯罪。

① 焦艳鹏. 刑法生态法益论. 北京：中国政法大学出版社，2012：147.

② 刘仁文. 环境资源保护与环境资源犯罪. 北京：中信出版社，2004：289-470.

③ 杨春洗，向泽选，刘生荣. 危害环境罪的理论与实务. 北京：高等教育出版社，1999：169-244.

根据上述分类，在中国刑法典中，第一类“污染环境类犯罪”包括 3 种罪名，分别是污染环境罪（第 338 条）、非法处置进口的固体废物罪和擅自进口固体废物罪（第 339 条第 1、2 款）。第二类“损害资源类犯罪”包括 12 种罪名，分别是非法捕捞水产品罪（第 340 条），非法猎捕、杀害珍贵、濒危野生动物罪（第 341 条第 1 款），非法收购、运输、出售珍贵、濒危野生动物、珍贵、濒危野生动物制品罪（第 341 条第 1 款），非法狩猎罪（第 341 条第 2 款），非法占用农用地罪（第 342 条），非法采矿罪（第 343 条第 1 款），破坏性采矿罪（第 343 条第 2 款），非法采伐、毁坏国家重点保护植物罪（第 344 条），非法收购、运输、加工、出售国家重点保护植物、国家重点保护植物制品罪（第 344 条），盗伐林木罪（第 345 条第 1 款），滥伐林木罪（第 345 条第 2 款），非法收购、运输盗伐、滥伐的林木罪（第 345 条第 3 款）。第三类“与环境犯罪相关的犯罪”包括刑法典分则第二、三、六、九章中相关的二十余种罪名，其中比较典型的是走私珍贵动物、珍贵动物制品罪（第 151 条第 2 款），走私国家禁止进出口的货物、物品罪（含走私珍稀植物及其制品行为，第 151 条第 3 款），走私废物罪（第 152 条第 2 款），违法发放林木采伐许可证罪（第 407 条），环境监管失职罪（第 408 条），非法批准征收、征用、占用土地罪（第 410 条）、动植物检疫徇私舞弊罪（第 413 条第 1 款），动植物检疫失职罪（第 413 条第 2 款）等。

探究上述环境犯罪的分类可见，我国现行刑法典关于环境犯罪的立法无论在污染环境类犯罪、损害资源类犯罪，还是在与环境犯罪相关的犯罪方面都存在一定的不足，需要进一步完善。这具体体现在以下三个方面：

第一，在污染环境类犯罪方面，我国刑法典规定的污染环境类犯罪还不够全面。这体现在：(1) 没有将噪声污染入刑，因为噪声不属于有害物质，噪声污染行为不能被纳入刑法典第 338 条的污染环境罪。我国刑法典有必要考虑增设噪声污染罪，将“在生产、作业过程中，违反有关噪声污染防治法规，长期超标排放、发射噪声，拒不采取防污治理措施，造成严重噪声污染的”行为入罪。[①]

① 牛忠志. 环境犯罪的立法完善：基于刑法理论的革新. 重庆：西南政法大学，2013：191.

(2) 擅自进口固体废物罪的对象仅限于固体废物，没有包括液态废物和气态废物，也有进一步扩大该罪对象范围的必要。

第二，在损害资源类犯罪方面，我国刑法典涵盖的损害资源行为类型还不够全面。《环境保护法》第 2 条规定："本法所称环境，是指影响人类生存和发展的各种天然的和经过人工改造的自然因素的总体，包括大气、水、海洋、土地、矿藏、森林、草原、湿地、野生生物、自然遗迹、人文遗迹、自然保护区、风景名胜区、城市和乡村等。"与此对比，我国刑法典关于损害资源类犯罪的立法仍然存在一定的不足，这包括：(1) 非法占用农用地罪的行为方式仅限于"占用"，没有涵盖其他破坏农用地的行为，如单纯破坏耕地、林地、草原等的行为。(2) 损害资源类犯罪的对象没有涵盖湿地、自然保护区、风景名胜区等重要资源，不利于刑法对湿地、自然保护区、风景名胜区等的保护。(3) 对动物的保护仅限于珍贵、濒危野生动物，且行为方式仅限于猎捕、杀害、非法收购、运输和出售行为，没有包含对普通野生动物、一般动物实施的一些残忍行为，如虐待动物行为。我国刑法典有必要将这些损害环境资源的行为规定为犯罪。

第三，在与环境犯罪相关的犯罪方面，我国刑法典没有将抗拒环境保护部门的环境监督管理的行为入罪。对于以暴力、威胁方法阻碍环境保护部门执法行为的，可依照我国刑法典第 277 条追究其妨害公务罪的刑事责任；而对于以暴力、威胁方法之外的行为抗拒环境保护部门的环境监督管理的，我国刑法尚不能追究其刑事责任。这显然不利于环境监管的开展。我国有必要将这类妨害环境监督管理的行为规定为犯罪。

(二) 关于中国环境犯罪的入罪标准

环境犯罪的入罪标准主要涉及环境犯罪的形态问题。我国 1997 年刑法典规定的环境犯罪入罪标准主要有四种类型：一是行为标准，即以行为入罪，只要实施了危害行为即构成犯罪，如刑法典第 341 条非法猎捕、杀害珍贵、濒危野生动物罪和非法收购、运输、出售珍贵、濒危动物、珍贵、濒危动物制品罪，只要行为人实施了非法猎捕、杀害或者非法收购、运输、出售行为即构成犯罪。二是情节标准，即以危害行为达到一定严重程度的情节入罪，行为人不仅要实施危害环

境的行为，而且要求危害行为达到情节严重的程度才构成犯罪，如刑法典第340条的非法捕捞水产品罪、第343条第1款的非法采矿罪，不仅要求行为人实施了非法捕捞水产品、非法采矿的行为，而且要求行为"情节严重"才能入罪。三是危险标准，即要求行为具有足以造成一定危害结果的危险才入罪，如刑法典第114条的放火罪、决水罪等，要求行为足以导致严重危害公共安全后果的发生。四是结果标准，即以特定的危害结果入罪，只有行为造成了一定的危害结果才构成犯罪，如刑法典第339条第2款的擅自进口固体废物罪、第342条的非法占用农用地罪即如此，前者要求"造成重大环境污染事故，致使公私财产遭受重大损失或者严重危害人体健康"，后者要求"数量较大，造成耕地、林地等农用地大量毁坏"才构成犯罪。

上述四种入罪标准中，以结果作为入罪标准的立法要求最为严格，不利于刑法对危害环境行为的及时惩治。为了加强对环境犯罪的惩治，我国2011年通过的《刑法修正案（八）》对环境犯罪的入罪标准作了两方面的重要修改：一是将部分犯罪由结果犯降为行为犯。《刑法修正案（八）》第46条将刑法典第338条污染环境罪的入罪门槛由原来的"造成重大环境污染事故，致使公私财产遭受重大损失或者人身伤亡的严重后果"，修改为"严重污染环境"。据此，只要行为严重污染了环境，即便没有造成重大环境污染事故，也构成犯罪。二是将部分犯罪由结果犯降为情节犯。《刑法修正案（八）》第47条将刑法典第343条非法采矿罪的入罪门槛由原来的"经责令停止开采后拒不停止开采，造成矿产资源破坏"，修改为"情节严重"。由于"情节严重"所包含的范围更广，不仅包括"经责令停止开采后拒不停止开采，造成矿产资源破坏"，还包括非法采矿的次数、数量等情节，其入罪门槛明显降低。

《刑法修正案（八）》对环境犯罪所作的上述两方面修改，扩大了环境犯罪的处罚范围，受到刑法理论界与实务界的肯定。但仍有不少论者主张进一步扩大环境犯罪的处罚范围。例如，有观点主张通过增设环境犯罪的危险犯、无过错责任原则和责任推定规定，降低环境犯罪的入罪标准，以更好地扩大环境犯罪的立法

范围。[①] 笔者认为，在环境问题日益突出并广受社会关注的情况下，我国环境犯罪的立法确有必要进一步调整环境犯罪的入罪标准，但也不是一味地将环境犯罪的结果犯均降为危险犯或者行为犯才妥当，而应当结合环境犯罪的类型分别设定。这主要有两方面的考虑：一是对于污染环境类的环境犯罪，可考虑将已有的结果犯降为危险犯。这主要涉及刑法典第 339 条第 2 款的擅自进口固体废物罪，因为其他两种污染环境类的犯罪（污染环境罪和非法处置进口的固体废物罪）已经是行为犯。对此，可考虑将擅自进口固体废物罪的入罪标准调整为“足以造成重大环境污染事故”，作为一个过渡。二是对于损害资源类的环境犯罪，可考虑将已有的结果犯降为情节犯。这主要涉及刑法典第 342 条的非法占用农用地罪、第 343 条的非法采矿罪和破坏性采矿罪，可从强化环境保护的角度，将其调整为情节犯，只要非法占用农用地、非法采矿、破坏性采矿的行为达到“情节严重”程度即可构成犯罪。对这两类犯罪作这种调整，可在解决其入罪标准问题的同时，解决环境犯罪的无过错责任问题和责任推定问题，因为当这两类环境犯罪不再属于结果犯时，就可直接解决过去长期困扰中国环境犯罪实务的因果关系问题（污染环境的行为与公私财产损失、人身健康危害之间的因果关系）。只要行为人实施了污染环境并达到一定程度的行为即可入罪，至于行为人对污染环境后所造成的人身、财产损害是否有过错或者责任，则无须证明，也就无须再运用刑法理论上存在极大争议的无过错责任和责任推定理论。当然，对于“与环境犯罪相关的犯罪”的入罪标准，因需综合考虑其行为侵害的其他法益而不宜作统一规定。但个别犯罪，如刑法典第 407 条违法发放林木采伐许可证罪、第 408 条环境监管失职罪，也可以考虑将入罪标准由结果犯调整为情节犯。事实上，同为渎职罪，刑法典第 410 条的非法批准征收、征用、占用土地罪和非法低价出让国有土地使用权罪就是以“情节严重”作为其行为的入罪标准的，可资借鉴。

---

① 邓琳君，吴大华. 风险社会语境下环境犯罪的立法思考. 中国社会科学院研究生院学报，2013 (6).

## 五、中国环境犯罪处罚的合理化问题

环境犯罪的处罚种类和处罚力度也是环境犯罪立法的重要内容。中国环境犯罪的刑法立法也十分重视其处罚的种类和力度问题。

### （一）关于中国环境犯罪的处罚种类

环境犯罪的处罚种类，主要涉及环境犯罪的刑罚措施的设置。中国现行刑法典对环境犯罪配置的刑罚种类很多，涵盖管制、拘役、有期徒刑、无期徒刑、死刑等五种主刑和罚金、剥夺政治权利、没收财产、对外国人适用的驱逐出境四种附加刑。其中，死刑、无期徒刑的适用主要涉及危害公共安全的环境犯罪，如以污染环境的方法危害公共安全犯罪（以危险方法危害公共安全罪），剥夺政治权利则主要存在于死刑、无期徒刑附加适用剥夺政治权利的场合。值得注意的是，中国刑法典十分重视对环境犯罪适用财产刑。中国刑法典对分则第六章第六节“破坏环境资源保护罪”中的15种环境犯罪全都规定了财产刑（包括罚金和没收财产）；同时，中国刑法典对分则第三章第二节“走私罪”中的走私珍贵动物、珍贵动物制品罪，走私国家禁止进出口的货物、物品罪，走私废物罪等与环境资源相关的犯罪也都规定了财产刑。

在中国刑法理论上，争议较大的是环境犯罪资格刑的增设问题。例如，有论者认为，单位环境犯罪的刑罚种类可增设刑事破产和禁止犯罪单位从事特定业务活动这两种资格刑，认为这两种资格刑在刑罚体系中的地位类似于针对自然人犯罪的生命刑和自由刑，可以弥补单位刑事责任实现方式体系上的不足，从而达到有效预防和控制单位犯罪的目的。[①] 笔者即持此种观点，并认为在立法方式上可有三种选择：一是在刑法典总则增设剥夺政治权利刑之外新的资格刑类型，包括可适用于环境犯罪的刑事破产和禁止从事特定业务活动。二

---

① 赵秉志，陈璐．当代中国环境犯罪刑法立法及其完善研究．现代法学，2011（6）；邓琳君，吴大华．风险社会语境下环境犯罪的立法思考．中国社会科学院研究生院学报，2013（6）．

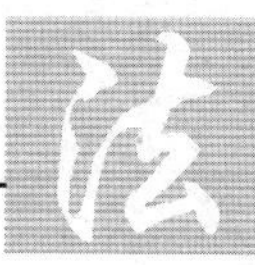

是扩大《刑法修正案（九）》增设的职业禁止的适用范围，使其不仅可适用于犯罪的自然人，也可适用于实施环境犯罪的单位。三是借鉴《刑法修正案（九）》针对贪污罪、受贿罪单设终身监禁制度的做法，在环境犯罪独立成章的基础上，专门针对单位环境犯罪增设刑事破产和禁止从事特定业务活动的刑罚措施。

（二）关于中国环境犯罪的处罚力度

环境犯罪的处罚力度主要体现在环境犯罪的主刑方面。中国环境犯罪的法定刑幅度主要有三种：一是基本量刑幅度，包括"三年以下有期徒刑"和"五年以下有期徒刑"两种；二是加重量刑幅度，包括"三年以上七年以下有期徒刑"和"五年以上十年以下有期徒刑"两种，是与基本量刑幅度相对应的加重幅度；三是最高量刑幅度，包括"七年以上有期徒刑"和"十年以上有期徒刑"两种。从总体上看，中国刑法典对环境犯罪规定的主刑幅度较大且普遍较高。特别是在法定最高刑方面，刑法典分则第六章第六节"破坏环境资源保护罪"规定的 15 种环境犯罪中，法定最高刑最低的是 3 年有期徒刑（非法捕捞水产品罪和非法狩猎罪），最高的是 15 年有期徒刑（非法处置进口的固体废物罪，非法猎捕、杀害珍贵、濒危野生动物罪，非法收购、运输、出售珍贵、濒危野生动物、珍贵、濒危野生动物制品罪和盗伐林木罪）。不仅如此，中国刑法典分则中与环境犯罪相关的多种犯罪，如放火罪、爆炸罪、决水罪、投放危险物质罪、以危险方法危害公共安全罪和非法制造、买卖、运输、储存危险物质罪等危险物品类犯罪，其法定最高刑还要明显高于刑法典分则第六章第六节的规定，多种犯罪都设置了死刑。

对于中国环境犯罪的刑罚处罚力度，刑法理论上也有观点主张要进一步提高环境犯罪的法定刑，这主要涉及环境犯罪中几个法定最高刑相对较低的犯罪。例如，有观点主张对非法捕捞水产品罪、非法狩猎罪增设一个加重的法定刑档次（"三年以上七年以下有期徒刑"），将非法猎捕、杀害珍贵、濒危野生动物罪和非法收购、运输、出售珍贵、濒危野生动物、珍贵、濒危野生动物制品罪的法定最高刑提高到无期徒刑，将非法采伐、毁坏国家重点保护植物罪的法定最高刑提

高到10年有期徒刑，将盗伐林木罪的法定最高刑提高到无期徒刑，等等。[①] 不过，笔者认为，中国对环境犯罪的刑罚处罚力度总体已属较高，不宜再普遍提高。这是因为：其一，与其他犯罪治理一样，环境犯罪治理的重点在于法网的严密性，而非处罚的严厉性。过于严厉的刑罚处罚不仅不能收到好的犯罪治理效果，而且还容易导致刑罚的过剩。其二，中国环境犯罪的刑罚处罚总体上明显高于域外的立法。例如，有论者统计了国外环境犯罪的法定刑，其中有期徒刑2年以下的有芬兰、爱沙尼亚的环境犯罪立法和瑞典的《环境保护法》，有期徒刑3年以下的有俄罗斯、奥地利、塔吉克斯坦的环境犯罪立法和日本的《公害犯罪法》、美国的《水污染控制法》，有期徒刑4年以下的有丹麦、西班牙（6个月以上4年以下）的环境犯罪立法和巴西的《环境犯罪法》（1年至4年），有期徒刑5年以下的有德国、挪威。[②] 这些都要明显低于中国环境犯罪的立法。其三，与中国刑罚改革的趋势不相符合。中国目前正在大力推进死刑制度改革并力图以此促进刑罚结构的合理平衡。中国《刑法修正案（八）》一次性取消了13种经济性、非暴力犯罪的死刑，其中的走私珍贵动物、珍贵动物制品罪就属于环境犯罪。在此背景下，中国目前没有再提高环境犯罪法定刑的必要。

## 六、结语

中国环境犯罪立法历经数十年的改革，无论是在立法形式还是在立法内容上都取得了巨大的进步。中国环境犯罪的刑事法网日益严密，对环境犯罪的刑事处罚也日益多元和科学。不过，与国外环境保护发达国家相比，中国社会的环境意识与观念尚显落后，对经济发展与环境保护之间关系的认识还有待进一步加强。好在中国政府已经充分认识到了环境保护的重要性，近年来先后制定了多个国家环境保护规划，提出要全面推进环境保护的历史性转变，积极探索代价小、效益

① 牛忠志．环境犯罪的立法完善：基于刑法理论的革新．重庆：西南政法大学，2013：188.

② 杜澎．环境刑法的基本原理．重庆：西南政法大学，2006：151.

好、排放低、可持续的环境保护新道路，加快建设资源节约型、环境友好型社会。环境犯罪立法即环境刑法作为环境保护的最后一道防线，需要在新的环境保护理念指导下不断加强和完善，以积极推动和深化环境犯罪治理和环境刑事法治。

# 当代中国环境犯罪立法调控问题研究*

## 一、前言

当今，环境问题已成为国际社会普遍关注的热点问题。当代中国在取得经济长期快速增长、人民生活水平显著提高的发展成就时，与之伴随的环境破坏、生态失衡和资源枯竭等问题也日益严峻。仅 2017 年一年，我国就发生了华北地区大面积雾霾事件、甘肃祁连山系列环境污染事件、天津静海万亩渗坑污染事件、广西来宾“3·14”非法跨省倾倒危险废物系列事件等一系列严重的环境污染事件。诸如此类事件所造成的生态环境问题，不仅会影响到国家的可持续发展，也会成为人民追求美好幸福生活的重大阻碍。因此，妥善解决环境问题，既能体现出国家治理能力的现代化程度，也决定着一个国家将面临怎样的未来。

* 与詹奇玮博士合著，原载《中国地质大学学报（社会科学版）》，2018（4）。

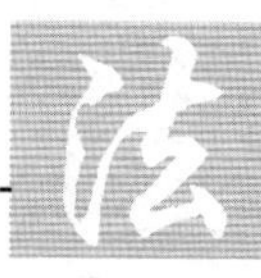

晚近二十余年来，我国对生态环境的保护和治理愈加重视，关于环境犯罪的刑法立法也呈现出较为活跃的态势。在整合1979年刑法典、单行刑法和附属刑法中涉及环境犯罪相关规定的基础上，1997年刑法典在分则第六章“妨害社会管理秩序罪”中设立了专节“破坏环境资源保护罪”，并进一步增加了环境犯罪的单位犯罪主体，扩大了环境犯罪的处罚范围，加大了对环境犯罪的处罚力度。此后，2001年的《刑法修正案（二）》将“非法占用耕地罪”修改为“非法占用农用地罪”；2002年的《刑法修正案（四）》增加了处罚走私液态废物和气态废物行为的规定，扩大了第344条的保护范围，取消了盗伐、滥伐林木行为构成犯罪在发生区域、主观目的方面的限制，并增加了明知是盗伐、滥伐林木而“运输”的行为；2011年的《刑法修正案（八）》则将“重大环境污染事故罪”修改为“污染环境罪”，并降低了非法采矿罪的入罪门槛。由此可见，无论是对1979年刑法典作出全面修订的1997年刑法典，还是之后的《刑法修正案（二）》、《刑法修正案（四）》和《刑法修正案（八）》，均体现出全面从严惩治环境犯罪的立法态度。与此同时，我国的环境刑法体系也呈现出立法形式趋向统一、立法规范趋向集中、立法内容趋向科学合理的演进特点。①

刑法治理作为现代社会治理的一种重要方式，拥有刑罚这种最严厉的制裁手段，可以为防制严重危害社会的行为提供有效的制度保障。然而，我国治国理政的历史经验表明，“刑为盛世所不能废，而亦盛世所不尚”②。而在当代，过度依赖刑法解决社会问题的思维和做法，不仅会导致国家权力资源分配失衡，而且也会增加过度干涉公民基本权利和自由之虞，乃至动摇法治国家权力合法性之根基。科学、协调的环境刑法体系可以为惩治严重危害环境行为提供强有力的制度保障。因此，以科学的立法调控理念指导环境刑法调控范围的划定和调控标准的确定，在统一刑法典的体系框架内构建完备、协调的环境刑法体系，才能充分发挥刑法在保护生态环境方面的积极作用。

① 赵秉志．中国环境犯罪的立法演进及其思考．江海学刊，2017（1）．

② 《四库全书总目提要·政书类·法令之属按语》。

## 二、环境犯罪的立法调控理念

环境犯罪的立法调控理念，即环境犯罪的刑法立法观，是指在刑法立法中应以何种态度对待环境犯罪，它是指导和支持刑法惩治环境犯罪的观念支撑。树立怎样的调控理念，在一定程度上决定了刑法对环境犯罪调控范围的划定和调控标准的确立。因此，在环境犯罪的刑法治理中，首先应当树立科学的立法调控理念。“现代的价值观念以及现行法律的基本原理与构造决定着刑法保护环境的价值取向。”① 这进一步表明，树立怎样的环境刑法立法观，取决于坚持以何种环境伦理观来指导处理人类与自然界的关系，以及经济发展与环境保护的关系。

在环境伦理学中，以是否承认非人类存在物的内在价值为界限，将环境伦理观划分为人类中心主义与生态中心主义两大基本立场。② 其中，人类中心主义的基本立场在于：人类居于生态系统的“中心”，自然环境处于人类的“外围”，对生态环境的保护必须置于人类利益之下。③ 自工业革命以来，人类认识世界和改造世界的能力大大提高，主观能动性得以充分发挥，同时在观念上也增强了人类的自我主体意识。人类中心主义认为，在人与自然环境的关系中，人是当然的主体，一切应以人类的利益为中心和尺度，自然存在物只有相对于人类的工具价值，不具有自身的内在价值。④ 但是，批评者们认为，人类中心主义是一种“唯我独尊”的狭隘意识，这种观念驱使人类对自然界进行毫无节制的掠夺和破坏，根本不能起到保护自然环境的作用。生态中心主义是在反思人类中心主义的基础上提出的环境伦理观，这种观念承认自然环境本身具有独立的内在价值，这种价值即使人类不予承认也是客观存在的。⑤ 因此，只有承认自然物具有自在价值，

---

① 赵秉志，王秀梅，杜澎．环境犯罪比较研究．北京：法律出版社，2004：32.

② 赵星．论环境刑法的环境观．法学论坛，2011（5）.

③ 帅清华．环境伦理的嬗变与环境刑法的法益．西南政法大学学报，2015（2）.

④ 同②.

⑤ 同②.

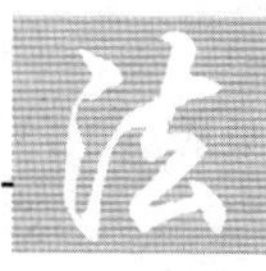

才能将自然界及其要素与人类放置于平等的地位来处理二者之间的关系，进而妥善解决生态环境问题。

上述两种环境伦理观反映在刑法立法方面，体现为应否运用刑法的手段对环境犯罪进行早期化治理的争论。一方面，由于人类中心主义认为自然存在物只有相对于人类的工具价值，所以刑法无须保护生态环境本身，只有当人类的利益因环境破坏遭受到重大损害或者严重威胁时，这种破坏环境的行为才具有刑事可罚性，这是一种事后治理的观念；另一方面，生态中心主义主张，生态环境及其要素与人类拥有相同意义的自在价值，因而也具有专门保护的独立价值，即使破坏生态环境的危害行为尚未对人类的利益造成重大损害或者严重威胁，刑法也可以提前介入，并且可以防患于未然。在我国刑法学界，有观点认为，传统的事后治理刑法理念无法预防重大环境事故的发生，应确立以预防性理论和生态中心主义为基础的早期化治理理念，其理论依据即在于积极预防思想，实践依据则是基于国家任务作出的优先保护“绿水青山”的价值抉择与积极关注民生和安全的社会治理需要。[①] 但是，也有反对观点认为环境犯罪刑事治理的早期化超越了我国刑法当前所处的发展阶段，“风险刑法”所具有的反法治属性、对积极一般预防的过度依赖以及生态中心主义环境法益的脱离现实，决定了以之为据的环境治理早期化欠缺合理性，对环境犯罪惩处的早期化会冲击刑法的谦抑性。[②]

我们暂且不谈自然自在价值的哲学争论，而由人类中心主义到生态中心主义的观念演进，本身就反映出人类面对自然界的自觉醒悟和自我检讨；而且，上述二者均未否定人类的主体性，也表明从自身的利益、立场、视角去看待万物，是人类一切思想和行为的基点。所以，这一争论的共同指向，在于帮助人类对自身与自然的关系，乃至人自身在世界中的位置、角色拥有更合理、更清晰的认识。这种反思成果使得人们更加重视对自然系统的维护，最终仍然有利于人类自身的

① 李梁．环境犯罪刑法治理早期化之理论与实践．法学杂志，2017（12）．

② 刘艳红．环境犯罪刑事治理早期化之反对．政治与法律，2015（7）．

生存和发展。[①] 人类时时刻刻生活在地球上，永远不可能脱离自然万物而独立生存。在这种人类与自然共生共存的关系中，既不应全面肯定其中一方而否定另外一方，也不应将自然环境的保护与人类社会的发展视为一种非此即彼的对立关系。对此，习近平总书记曾深刻而辩证地指出："我们既要绿水青山，也要金山银山。宁要绿水青山，不要金山银山，而且绿水青山就是金山银山。"因此，环境伦理观的演进体现了人类自我认识的反思与深化，然而这种认识归根结底反映的是人类不同利益的价值评判与协调兼顾问题，即如何处理人类局部利益与整体利益的共时性问题，以及如何处理人类当前利益与长远利益的历时性问题。既然如此，树立科学的环境犯罪立法调控理念，就不宜片面强调人类中心主义或者生态中心主义之一端。如果仅坚持由人类中心主义所支撑的事后治理理念，就可能导致环境刑法对社会发展的整体利益与长远利益不够重视；而全面贯彻由生态中心主义所支撑的早期化刑事治理理念过于超前，不能充分考虑我国目前生产力发展水平仍然较低的基本国情，也忽略了其他法律部门在环境治理事业中的应有作用。我国《环境保护法》第5条规定："环境保护坚持保护优先、预防为主、综合治理、公众参与、损害担责的原则。"其中的"保护优先"原则和"预防为主"原则，都具有比较鲜明的早期化治理的理念色彩。但是，环境问题的早期化治理，并不意味着环境问题刑法治理的早期化，因为环境犯罪之刑法治理不仅要考虑环境问题的具体态势，同时也要兼顾刑法自身的严厉性、补充性及其"保护法"之特性。因此，较为可取的做法，应当是以人本主义理念为基座，同时尽量兼顾生态本位之理念，充分尊重生态环境自身的独立价值。[②]

基于上述所言，笔者主张，我国的环境刑法在立法上应坚持"全面保护、重点治理"的调控理念，即在严密环境犯罪刑事法网的同时，突出对某些环境犯罪行为的重点治理。一方面，要以人类中心主义的观念为支撑，保障环境犯罪事后

---

① 陆树程，崔昆．关于自然内在价值的哲学反思．社会科学，2006（2）．

② 高铭暄，徐宏．环境刑法应当走上刑法"前台"：我国环境刑事立法体例之思考．中国检察官，2010（3）．

治理的全面性，坚持法益保护的传统刑法理念，严密环境犯罪的刑事法网，将严重危害社会利益和公民权利、破坏环境的行为纳入刑法治理的范围；另一方面，要积极借鉴生态中心主义之观念，结合我国当前环境犯罪的严峻形势以及整体社会现状，在不对当前社会发展水平和居民生活水平造成明显影响的前提下，对于高发频发易反复的破坏生态环境现象和造成难恢复、不可逆的严重污染的污染现象等突出问题，刑法应适当提前介入进行早期化治理。这种调控理念适当兼顾了人类中心主义和生态中心主义的合理因素，符合我国当前环境治理工作的总体态势，并且可以较好地指导对突出环境问题的刑事治理。

### 三、环境犯罪的立法调控范围

刑法对环境犯罪的调控范围问题，也即环境犯罪犯罪圈的划定问题，主要涉及环境刑法的整体规制范围和具体罪名设置。我国刑法典分则第六章第六节对环境犯罪作出了集中规定，该节共设有 15 种具体罪名，具体可分为以下两类：(1) 污染环境犯罪，具体包括污染环境罪、非法处置进口的固体废物罪和擅自进口固体废物罪等 3 种犯罪；(2) 破坏资源犯罪，具体包括非法捕捞水产品罪，非法猎捕、杀害珍贵、濒危野生动物罪，非法收购、运输、出售珍贵、濒危野生动物、珍贵、濒危野生动物制品罪，非法狩猎罪，非法占用农用地罪，非法采矿罪，破坏性采矿罪，非法采伐、毁坏国家重点保护植物罪，非法收购、运输、加工、出售国家重点保护植物、国家重点保护植物制品罪，盗伐林木罪，滥伐林木罪和非法收购、运输盗伐、滥伐的林木罪等 12 种犯罪。我国刑法学界普遍认为，上述罪名在性质上均属于典型的环境犯罪，是我国环境刑法的主要组成部分。此外，还存在一些涉及危害环境行为的罪名，也可将其纳入环境刑法的范畴之中。其中，比较典型的有走私珍贵动物、珍贵动物制品罪，走私国家禁止进出口的货物、物品罪（内含走私珍稀植物及其制品的行为），走私废物罪，非法批准征收、征用、占用土地罪，动植物检疫徇私舞弊罪，动植物检疫失职罪等罪名。虽然这些罪名分属刑法典分则的不同章节，而且拥有各自的主要保护客体，但是这些罪

名所包含的犯罪行为在现实中都有可能对生态环境造成不同程度的危害。对于此类犯罪，可称之为“与环境犯罪相关的犯罪”，并可将其纳入环境刑法的范畴之中。由此可见，规定上述犯罪的刑法条文构成了我国目前已经颇具规模的环境刑法体系。即便如此，还应注意到，我国的环境刑法体系仍存在罪名体系化程度不高、罪名针对性不强和罪名结构单一等问题。就总体调控范围而言，环境刑法的保护范围还不够全面；就具体个罪设置而言，一些罪名的罪状设计有欠考虑，造成罪名之间的规制范围细疏失当。笔者认为，在“全面保护、重点治理”的调控理念指导下，我国环境刑法仍需进一步严密法网，将严重危害环境的行为全面纳入刑法的规制范围，并在此基础上对其中的重点行为提前介入予以早期化治理。

### （一）完善环境刑法的调控范围

其一，将制造严重噪声污染的行为纳入环境刑法调控范围。噪声污染是一种物理性污染，虽然不产生污染物质，但具有危害人类环境的公害性。噪声污染不仅会对动物和建筑物构成危害，造成财产利益的损失，而且也会严重影响人类的生理健康和心理健康，损害人们的人身权益。伴随着城市化和工业化进程的推进，以及人口密度的增加，我国在噪声污染方面的防治压力一直较大。为了防治环境噪声污染，我国曾于1996年颁布了《环境噪声污染防治法》，但是这部行政法律缺乏相应的刑法规定作为后盾，而且监测数据表明我国大部分城市的噪声水平近十年来并无明显好转。[①] 由于噪声不属于有害物质，噪声污染行为不能被纳入刑法典第338条污染环境罪之中。因此，为了改善我国目前较为严重的噪声污染情况，将造成严重噪声污染的危害行为纳入环境刑法的规制范围势在必行。

其二，进一步完善对土地资源的刑法保护。土地作为生态环境的基本要素，同时具备自然和社会经济双重属性。土地资源是指已经被人类所利用的和在可预见的将来能被人类利用的土地，其在总量上具有有限性，在方位上具有不可移动

---

① 数据：中国大城市夜间噪音问题待改善．（2018－01－10）．http://www.ftchinese.com/story/001075837.

性，在经济供给上具有稀缺性。[①] 我国国土面积虽然位列世界第三，但是不可利用土地占有相当比重，而且人均土地面积远远低于世界平均水平。2014 年 4 月，环境保护部和国土资源部联合发布了《全国土壤污染状况调查公报》。在全面调查我国陆地国土的基础上，公报指出：全国土壤环境状况总体不容乐观，部分地区土壤污染较重，耕地土壤环境质量堪忧，工矿业废弃地土壤环境问题突出。工矿业、农业等人为活动以及土壤环境背景值高是造成土壤污染或超标的主要原因。[②] 此外，治理土壤污染的成本高、周期长、难度大，而且污染一旦发生，仅仅依靠切断污染源的方法难以恢复。目前，环境刑法针对破坏、污染土地资源的危害行为，设置了非法占用农用地罪。根据刑法典第 342 条的规定，违反土地管理法规，非法占用农用地，改变被占用土地用途，数量较大并且造成农用地大量毁坏的行为，构成犯罪。然而，从行为方式上看，"占用"这种表述要求行为人在农用地上实施危害行为，或者行为人实施的危害行为直接作用于农用地；而土地是一个整体，土地的生态平衡是相互影响、相互作用的，对其他非农用土地的开采和滥用，同样会直接影响到农用地正常使用。[③] 此外，从保护对象上看，一些对生态环境的改善和维持具有独立价值的非农用土地资源也需要刑法的保护。例如，按照刑法和有关司法解释的规定，对严重破坏耕地资源、林地资源和草原资源的行为可以按照非法占用农用地罪定罪处罚[④]，但是由于被誉为"地球之肾"的湿地不能为"农用地"所包含，因此破坏湿地的行为仍然面临着刑法保护的空白。由此可见，我国的环境刑法在保护土地资源方面仍有进一步完善的空间。

其三，进一步完善对动物资源的刑法保护。我国环境刑法针对破坏动物资源

① 江伟钰，陈方林. 国土资源实用词典. 武汉：中国地质大学出版社，2011：1.

② 全国土壤污染状况调查公报.（2014－04－17）. http://www.gov.cn/xinwen/2014－04/17/content_2661765.htm.

③ 赵秉志，陈璐. 当代中国环境犯罪刑法立法及其完善研究. 现代法学，2011（6）.

④ 根据最高人民法院《关于审理破坏草原资源刑事案件应用法律若干问题的解释》（法释［2012］15 号）第 1 条的规定，违反草原法等土地管理法规，非法占用草原，改变被占用草原用途，数量较大，造成草原大量毁坏的，依照刑法第 342 条的规定，以非法占用农用地罪定罪处罚。

的行为，设置了非法猎捕、杀害珍贵、濒危野生动物罪，非法收购、运输、出售珍贵、濒危野生动物、珍贵、濒危野生动物制品罪和非法狩猎罪等三种罪名。其中，前两种罪名的保护对象限于“国家重点保护的珍贵、濒危野生动物（及其制品）”，并不包括普通野生动物和其他动物；而且，在行为方式上限于猎捕、杀害、非法收购、运输和出售的行为，并不包括虐待、残害的行为和破坏生存条件的行为。此外，根据刑法典第 341 条第 2 款之规定，非法狩猎罪的成立要求行为人在违反狩猎法规的前提下，实施在禁猎区、禁猎期狩猎或者使用禁用的工具、方法进行狩猎，情节严重的行为。这就意味着，该罪的基本行为样态只有两种，即在禁猎区、禁猎期狩猎和使用禁用工具、禁用方法狩猎，而且“违反狩猎法规”是成立该罪的行政违法性前提。这种规定的缺陷在于：在《野生动物保护法》《陆生野生动物保护实施条例》等狩猎法律法规中，除“在禁猎区、禁猎期”狩猎和“使用禁用的工具、方法”狩猎以外，还有“未取得狩猎证、未按照狩猎证规定”狩猎等其他违反狩猎法规的情形；但是由于非法狩猎罪将客观方面仅限定为上述两种行为样态，所以即使实施了“未取得狩猎证、未按照狩猎证规定”狩猎等其他违反狩猎法规的行为，也难以适用该罪名调控此类行为。[①] 因此，环境刑法需要对上述罪名的犯罪构成作出适当调整。

其四，将抗拒环境监管的行为纳入环境刑法的调控范围。环境犯罪的成立，往往以违反行政法律法规为前提；而且，环境监管方面的法律法规中也存在相当数量的处罚规定。这些规定若能充分发挥其应有功能，不仅可以实现对环境污染的有效管控，也能减少对刑法的动用以弘扬其谦抑性。因此，刑法作为行政法等其他部门法律的“后盾法”和“保护法”，在对严重危害生态环境行为定罪处刑的同时，更应将抗拒行政部门环境监管的行为纳入环境刑法的调控范围，对现实中逃避和藐视环保监管的行为形成有力震慑，保障环保监管的执行效果。事实上，许多国家对环境犯罪行为的设定通常都非常重视对单纯违反环境行政法规行为的处罚，以杜绝违反环境行政法的行为和违反环保强制性标准和规定、环保部

① 吴鹏．略论非法狩猎罪的立法缺陷．森林公安，2010（4）．

门行政命令的行为，从而防止灾难性的环境危害结果出现。[①] 就目前而言，对于以暴力、威胁方法阻碍环境保护部门执法行为的，可以依照刑法典第 277 条关于妨害公务罪的规定定罪处罚；但是，对于以暴力、威胁方法之外的方式抗拒环保部门监管行为的，即使情节乃至后果严重，也不能追究其刑事责任，这显然不利于行政部门开展环境监管工作，保证监管效果。因此，笔者认为，可以考虑将拒不执行环保部门整改命令，多次违反环保法规、环保强制性标准等情节严重的妨害环境监管的行为纳入环境刑法的调控范围。

### （二）合理界定个罪的调控范围

我国环境刑法在罪名设置方面存在细疏失当的现象，应当作出调整。就罪名数量而言，在刑法典分则第六章第六节“破坏环境资源保护罪”的 15 种具体罪名中，对于破坏动植物资源和土地、矿产资源的行为，均有一个甚至数个罪名进行规制，而污染环境类的罪名只有污染环境罪、非法处置进口的固体废物罪和擅自进口固体废物罪等 3 种罪名。这样的立法安排，总体上显然有失妥当，而且在具体个罪设置方面也存在一些问题亟须解决。

#### 1. 应将污染环境罪进行细化和拆分

《刑法修正案（八）》第 46 条将刑法典第 338 条中的行为对象由“危险废物”修改为“有害物质”，将危害后果由“造成重大环境污染事故，致使公私财产遭受重大损失或者人身伤亡的严重后果”修改为“严重污染环境”，并且删除了“向土地、水体、大气”的表述。相比于先前的重大环境污染事故罪，上述三处修正使得污染环境罪拥有更为广泛的规制范围，而且在司法解释的配套下，各地法院审理的污染环境案件数量呈现“井喷”之势，在环境污染刑法治理方面发挥了较大作用。[②] 但是，过于概括的污染环境罪也存在一些问题。笔者认为，从以下三个方面进行考虑，应将污染环境罪分解为数个罪名。

---

① 张旭，高玥．环境犯罪行为比较研究：以刑事立法为视角．吉林大学社会科学学报，2010（1）．

② 喻海松，马剑．从 32 件到 1691 件：《关于办理环境污染刑事案件适用法律若干问题的解释》实施情况分析．中国环境报，2016-04-06．

第一，从主观心态的角度看，《刑法修正案（八）》通过之后，刑法理论界和实务界一直对污染环境罪的主观心态存在很大分歧。有的观点主张该罪的主观方面为故意[①]；也有观点认为该罪属于过失犯罪[②]；更有观点认为该罪的主观方面为复合罪过，既包括故意也包括过失。[③] 相比于重大环境污染事故罪属于过失犯罪的理论共识，这种局面在一定程度上提高了准确理解和适用该罪的难度。

第二，从污染类型的角度看，除非法处置进口的固体废物罪和擅自进口固体废物罪以外，其他污染环境的犯罪行为均在污染环境罪的调控范围之内，这使得该罪成为一个极具包容性的罪名。综观域外法制，拥有较高环境治理水平的发达国家，大多在其环境刑法体系中将不同类型的污染行为单独设立罪名。例如，《德国刑法典》在“环境犯罪”一章中，设立了对污染水域（第324条）、污染土地（第324条a）、污染空气（第325条）和侵害保护区（第329条）等多种行为分别进行定罪处罚的规定。[④] 此外，美国、日本、俄罗斯等国的环境刑法体系中也全面系统规定了针对各类污染的罪名。[⑤] 事实上，不同类型污染的危害性质和危害程度各有不同，过于概括的污染环境罪忽略了各种污染类型的个体差异，使得配套司法解释不断扩张，因而难以保持相对稳定，内容也愈加庞杂；而且，这种模式难以体现该罪作为污染环境犯罪基本罪名之定位，也不能与《水污染防治法》《大气污染防治法》《固体废物污染环境防治法》等环境行政法律充分衔接，从而影响相应法律的实施效果。综上所述，为了进一步完善环境刑法的调控体系、丰富环境刑法的调控内容，应从污染环境罪中分解出针对不同类型污染的犯罪，例如大气污染罪、土地污染罪、水污染罪等罪名。

---

① 张明楷．刑法学．5版．北京：法律出版社，2016：1131.

② 高铭暄，马克昌．刑法学．7版．北京：北京大学出版社，高等教育出版社，2016：582；周道鸾，张军．刑法罪名精释：下．北京：人民法院出版社，2013：858.

③ 汪维才．污染环境罪主客观要件问题研究：以《中华人民共和国刑法修正案（八）》为视角．法学杂志，2011（8）；喻海松．污染环境罪若干争议问题之厘清．法律适用，2017（23）.

④ 德国刑法典．徐久生，庄敬华，译．北京：中国方正出版社，2004：160，163.

⑤ 赵秉志．环境犯罪及其立法完善研究：从比较法的角度．北京：北京师范大学出版社，2010：70-73.

第三，从犯罪成立的角度看，成立该罪要求“严重污染环境”，这既包括发生了造成财产损失或者人身伤亡的重大环境污染事故，也包括虽未造成重大环境污染事故，但长期违反国家规定，超标准排放、倾倒、处置有害物质，已使环境受到严重污染或破坏的情形。① 相比于重大环境污染事故罪，污染环境罪虽然降低了入罪门槛，但仍然要求危害行为造成环境污染的后果。当然，这种危害后果范围的扩大化，不仅保护了人身利益和财产利益，也保护了生态环境本身，体现了“生态本位”与“人类本位”并重的理念，值得肯定。为了进一步明确污染环境罪的适用标准，提高该罪在司法实务中的可操作性，最高人民法院和最高人民检察院于 2013 年和 2016 年先后两次发布了办理环境污染刑事案件的司法解释。② 2013 年《解释》第 1 条规定的 14 种“严重污染环境”情形，将污染环境罪由结果犯转变为行为犯与结果犯并存的局面，在现实中此类案件的数量也得以迅速增加。③ 但是，有观点认为这种解释有违罪刑法定原则，而且案件的增量主要集中于“有毒有害物质超标排放三倍以上”、“偷排有毒有害物质”和“非法排放、倾

① 黄太云.《刑法修正案（八）》解读（二）. 人民检察，2011（7）.

② 即最高人民法院、最高人民检察院 2013 年 6 月发布的《关于办理环境污染刑事案件适用法律若干问题的解释》（法释［2013］15 号，已失效）和最高人民法院、最高人民检察院 2016 年 12 月发布的《关于办理环境污染刑事案件适用法律若干问题的解释》（法释［2016］29 号）（本文将其分别简称为 2013 年《解释》和 2016 年《解释》）。

③ 根据 2013 年《解释》第 1 条的规定，实施刑法典第 338 条规定的行为，具有下列情形之一的，应当认定为“严重污染环境”：(1) 在饮用水水源一级保护区、自然保护区核心区排放、倾倒、处置有放射性的废物、含传染病病原体的废物、有毒物质的；(2) 非法排放、倾倒、处置危险废物 3 吨以上的；(3) 非法排放含重金属、持久性有机污染物等严重危害环境、损害人体健康的污染物超过国家污染物排放标准或者省、自治区、直辖市人民政府根据法律授权制定的污染物排放标准 3 倍以上的；(4) 私设暗管或者利用渗井、渗坑、裂隙、溶洞等排放、倾倒、处置有放射性的废物、含传染病病原体的废物、有毒物质的；(5) 两年内曾因违反国家规定，排放、倾倒、处置有放射性的废物、含传染病病原体的废物、有毒物质受过两次以上行政处罚，又实施前列行为的；(6) 致使乡镇以上集中式饮用水水源取水中断 12 小时以上的；(7) 致使基本农田、防护林地、特种用途林地 5 亩以上，其他农用地 10 亩以上，其他土地 20 亩以上基本功能丧失或者遭受永久性破坏的；(8) 致使森林或者其他林木死亡 50 立方米以上，或者幼树死亡 2 500 株以上的；(9) 致使公私财产损失 30 万元以上的；(10) 致使疏散、转移群众 5 000 人以上的；(11) 致使 30 人以上中毒的；(12) 致使 3 人以上轻伤、轻度残疾或者器官组织损伤导致一般功能障碍的；(13) 致使 1 人以上重伤、中度残疾或者器官组织损伤导致严重功能障碍的；(14) 其他严重污染环境的情形。

倒、处置危险废物三吨以上”等三种“行为犯”情形，“结果犯”数量相比先前并无太大差异，这与行为犯的证明难度较低、结果犯的损害结果鉴定成本高有密切关系，也造成此类案件“轻刑化”的现象比较突出，影响环境监管失职罪的充分适用。[①] 值得注意的是，2016 年《解释》在 2013 年《解释》的基础上，进一步细化了超标排放重金属污染物的情形，并且增加了隐蔽排污，篡改、伪造自动监测数据排污，减少防污支出 100 万元以上和违法所得超过 30 万元以上等情形。这表明，行为犯构成“严重污染环境”的模式，在 2016 年《解释》中继续充分体现并得以进一步扩张，这显然无益于解决上述司法实践中存在的问题，而配套司法解释在偏离“结果犯”的道路上越走越远，其根本原因还是在于污染环境罪过于概括的认定标准，无法实现对不同类型和不同程度污染情形的充分评价。

2. 应对涉及废物的罪名作出合理调整

在刑法典分则第六章第六节中，污染环境罪、非法处置进口的固体废物罪和擅自进口固体废物罪都是涉及废物的罪名；另外，第三章第二节“走私罪”中设有走私废物罪。[②] 对规定上述罪名的刑法条文进行分析，可以发现存在以下几个问题：第一，将走私废物罪放置于“走私罪”中，其目的是维护海关对进口此类物品的监管秩序，而且前文所提到的司法解释中的规定也体现了这种考虑。但

① 严厚福. 污染环境罪：结果犯还是行为犯——以 2015 年 1322 份“污染环境罪”一审判决书为参照. 中国地质大学学报（社会科学版），2017（4）.

② 刑法典第 152 条第 2 款规定：“逃避海关监管将境外固体废物、液态废物和气态废物运输进境，情节严重的，处五年以下有期徒刑，并处或者单处罚金；情节特别严重的，处五年以上有期徒刑，并处罚金。”第 338 条规定：“违反国家规定，排放、倾倒或者处置有放射性的废物、含传染病病原体的废物、有毒物质或者其他有害物质，严重污染环境的，处三年以下有期徒刑或者拘役，并处或者单处罚金；后果特别严重的，处三年以上七年以下有期徒刑，并处罚金。”（《刑法修正案（十一）》对该条已作修改）第 339 条第 1 款规定：“违反国家规定，将境外的固体废物进境倾倒、堆放、处置的，处五年以下有期徒刑或者拘役，并处罚金；造成重大环境污染事故，致使公私财产遭受重大损失或者严重危害人体健康的，处五年以上十年以下有期徒刑，并处罚金；后果特别严重的，处十年以上有期徒刑，并处罚金。”第 339 条第 2 款规定：“未经国务院有关主管部门许可，擅自进口固体废物用作原料，造成重大环境污染事故，致使公私财产遭受重大损失或者严重危害人体健康的，处五年以下有期徒刑或者拘役，并处罚金；后果特别严重的，处五年以上十年以下有期徒刑，并处罚金。”第 339 条第 3 款规定：“以原料利用为名，进口不能用作原料的固体废物、液态废物和气态废物的，依照本法第一百五十二条第二款、第三款的规定定罪处罚。”

是，这种考虑并未真实揭示走私废物的社会危害性。正如有观点所指出的，如果说在改革开放之初基于发展经济的考虑作出这种立法安排尚可理解，那么在已经充分重视环境保护的今天，打击走私废物行为的真正目的，就是在于控制废物越境转移，防止“洋垃圾”危害我国的生态环境。① 第二，从本质上讲，如果擅自进口固体废物罪中“进口固体废物用作原料”的行为，尚且属于一种为了生产活动的“国际贸易”，相应的违规违法行为的确会妨碍到关税的征收和海关的监管秩序；那么，刑法典第399条第3款中“以原料利用为名，进口不能用作原料的固体废物、液态废物和气态废物”的行为，则纯属一种置生态环境于不顾，接受境外废物借以牟利的行为。因此，将这种行为也纳入走私废物罪的规制范围显然不妥当。第三，从基本行为样态来看，走私废物罪表现为运输固体、液态、气态废物进境，擅自进口固体废物罪表现为进口用作原料的固体废物，非法处置进口的固体废物罪表现为倾倒、堆放、处置进境的固体废物，污染环境罪表现为排放、倾倒或者处置有放射性的废物、含传染病病原体的废物、有毒物质或者其他有害物质。由此不难发现，由于任何走私废物进境的行为都要经过进境“倾倒、堆放、处置”的过程，走私废物罪与擅自进口固体废物罪的行为方式和行为对象存在高度重合②；此外，非法处置进口的固体废物罪与污染环境罪的调控范围也存在重合之处。综上所述，基于维护环境刑法体系的统一性和协调性之考虑，应将走私废物纳入环境刑法的调控范围，并对涉及废物的环境犯罪罪名作出调整。

## 四、环境犯罪的立法调控标准

结合环境犯罪的自身特点，可将环境犯罪的立法调控标准分为前置标准与后置标准。其中，前置调控标准涉及环境刑法行政从属性的探讨，而后置标准涉及具体个罪犯罪形态的探讨。如果说对环境犯罪的立法调控范围的讨论是立足于严

---

① 牛忠志，张霞．非法进口废物犯罪的立法完善研究．山东社会科学，2016（1）．

② 同①．

密环境治理的刑事法网，从而实现对严重危害环境行为的全面规制；那么关于环境犯罪的立法调控标准的讨论，则应着眼于体现环境刑法重点调控之侧面，从而贯彻宽严相济的刑事政策。

（一）前置调控标准：坚持相对的行政从属性

刑法学界普遍认为，环境犯罪具有鲜明的行政从属性。“所谓环境刑法的行政从属性，是指依据环境刑法条文规定，其可罚性的依赖性，取决于环境行政法或基于该法所发布的行政处分而言。”① 具体而言，环境犯罪的构成，往往以违反环境行政法律为前提，而且对一些环境犯罪构成要素的解释与认定，也需要借助行政法律法规予以明确化。对此，有论者指出，环境刑法行政依附性的积极现实意义在于：（1）基于环境刑法的行政从属性的存在，环境刑法的制定与实施有了一定的基础；（2）有利于刑法与行政法的合理分工，促进司法资源的合理分配；（3）环境刑法的行政从属性体现了司法权与行政权分离的法治精神；（4）有利于在环境刑法与环境行政法之间产生一定的共济效应，在环保事业中发挥各自的长处。②

与此同时，也存在严厉批评环境刑法行政从属性的观点。在论者看来，环境犯罪在客观上所具有的行政前置评价特征，并不等同于环境犯罪对环境行政执法和行政管理的附属性。进而言之，论者认为，环境犯罪具有行政从属性的观点容易形成环境刑法的存在是为了维护国家环境行政管理秩序的错误认识，给人以环境行政执法和行政管理是环境刑事司法必要前置程序的错误印象，从而造成环境行政执法和行政管理的强势地位。在实践中，这种心理倾向膨胀的直接体现，就是许多应受刑事处罚的犯罪行为都被以行政处罚了事。③

笔者认为，考虑到刑法自身的特性与环境治理的现实需求，在环境刑法前置调控标准方面，应坚持相对的行政从属性。一方面，应当承认在环境刑法中坚持

---

① 郑昆山．环境刑法之基础理论．台北：五南图书出版公司，1998：179.

② 董邦俊．环境法与环境刑法衔接问题思考．法学论坛，2014（2）.

③ 赵星．环境犯罪的行政从属性之批判．法学论坛，2012（5）.

行政从属性具有必然性。刑法作为法律体系的重要组成部分，由于拥有最为严厉的制裁手段，所以其他部门法所保护和调整的事项也往往需要借助刑法的调控，此所谓刑法的最后性与“保护法”之特性。就此意义而言，与其说刑法具有行政从属性，倒不如说刑法与行政法本来就是一种相互配合、紧密衔接的关系，这种关系并非局限于环境保护领域，但是环境保护领域所具有的复杂性与专业性，使得刑法与行政法之间的密切联系在此领域更显突出。毕竟，环境保护是一项“全民参与，政府主导”的长期事业，环保部门的行政监管仍是最基本、最直接、最广泛的治理手段，相比较而言，环境行政法能够更为经济、迅速地处理环境违法行为，在对环境违法责任追究的程序启动、责任证明等方面，环境行政法也都具有一定的优势。[①] 所以，承认并坚持环境刑法的行政从属性，既是由刑法自身特性所决定的，也是刑法与行政法之间的关系所决定的，更是充分实现生态环境良好治理的现实必要性所决定的。另一方面，还应注意保持环境刑法一定的独立性，此所谓相对的行政依附性中“相对”之要求所在。有学者指出，环境刑法如果处处都以环境行政法为依据，就不利于环境刑法功能的动态发挥。[②] 从质的方面来看，赋予环境刑法一定的独立性，可以有效避免环境行政执法中由于依据滞后而出现的处罚漏洞；从量的方面来看，赋予环境刑法一定的独立性就意味着，环境犯罪的构成在定量因素上拥有独立的判断标准，并进而明确划定刑事处罚与行政处罚之间的界限，有利于环境刑法和环境行政法在各自规制范围内充分发挥作用，从而避免出现行政监管中“以罚代刑”的现象，也可以彰显刑法的谦抑性。

### （二）后置调控标准：适当降低部分入罪门槛

环境犯罪的后置标准，是指环境刑法具体个罪的成立标准，而成立标准的高低，在一定程度上直接决定了刑法介入环境治理的程度。在刑法学界，有不少论者主张进一步扩大环境犯罪的处罚范围，例如通过增设环境犯罪的抽象危险犯和

---

① 陈梅．在从属性与独立性之间：论环境刑法的定位．上海政法学院学报，2018（1）．

② 董邦俊．环境法与环境刑法衔接问题思考．法学论坛，2014（2）．

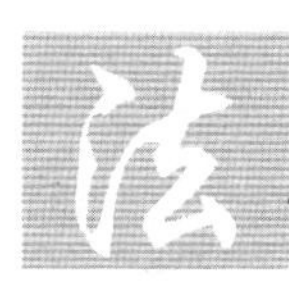



过失危险犯，引入无过错责任原则和责任推定的规定，以降低环境犯罪的入罪门槛，全面实现环境犯罪的早期化治理。[①] 在环境问题日益突出并广受社会关注的情况下，我国环境刑法的确有必要对个别犯罪的入罪标准进行调整，但是也不能“一刀切”，而是应当结合环境犯罪的类型分别设定。

立足于刑法典的规定和环境治理的现实需要，对于污染环境类的环境犯罪，可以考虑将已有的结果犯下降为危险犯，即将刑法典第 339 条第 2 款的擅自进口固体废物罪的成立标准由“造成重大环境污染事故”调整为“足以造成重大环境污染事故”。在进口环节加强管控，有利于从源头上减少固体废物进境，可以避免此后“非法处置进口的固体废物”行为的发生。对于损害资源类的环境犯罪，可以考虑将已有的结果犯下降为情节犯，这主要涉及刑法典第 342 条的非法占用农用地罪、第 343 条的非法采矿罪和破坏性采矿罪。上述几种犯罪的发生不仅会导致自然资源遭受损失，通常也会造成周围的生态环境被破坏。因此，从强化环境保护的角度出发，可以考虑将其调整为情节犯，即只要非法占用农用地、非法采矿、破坏性采矿的行为达到“情节严重”程度即可构成犯罪。而且，对上述两类犯罪作出这种调整，可在解决其入罪标准问题的同时，解决长期困扰环境犯罪实务的因果关系问题。[②]

还需注意的是，降低环境监管失职罪的入罪门槛亦具有相当的现实必要性。根据刑法典第 408 条的规定，环境监管失职罪是指负有环保监管职责的国家机关工作人员严重不负责任，导致发生重大环境污染事故，致使公私财产遭受重大损失或者造成人身伤亡的严重后果的行为。由此可见，构成环境监管失职罪要求必须发生特定的实害结果，这就意味着如果失职行为没有导致实害结果的发生，就不能对行为人追究刑事责任。笔者认为，在《刑法修正案（八）》下调污染环境罪入罪门槛的情况下，也需适当降低环境监管失职罪的入罪门槛。这是因为，某

① 邓琳君，吴大华．风险社会语境下环境犯罪的立法思考．中国社会科学院研究生院学报，2013（6）．

② 赵秉志．中国环境犯罪的立法演进及其思考．江海学刊，2017（1）．

些类型的环境污染所造成的结果，往往具有潜伏性、长期性、持续性，如果在日常行政监管过程中对环境污染的危险状态持放任不管的态度，只要不发生事故就不予高度重视，其实在一定程度上“助长”了重大环境污染事故的发生。因此，为了保证环境监管行政部门的执法力度和执法效果，尽可能地避免重大污染事故的发生，可以考虑将该罪的入罪标准由结果犯调整为情节犯。

## 五、结语

为了充分发挥刑法在环境治理中的应有作用，需要树立科学的立法调控理念。虽然在环境伦理学中存在人类中心主义和生态中心主义的立场冲突，但是刑法应该借鉴二者各自合理之处，确立“全面保护、重点治理”的调控理念，并在此基础上合理划定环境刑法的调控范围。虽然我国环境刑法已初具规模，但仍面临“保护范围存在漏洞”和“罪名设置细疏失当”两个问题。对此，应考虑将制造严重噪声污染和抗拒环境监管的行为纳入环境刑法调控范围，进一步完善对土地资源和动物资源的刑法保护。基于环境刑法在罪名设置方面存在的细疏失当现象，应将污染环境罪进行细化和拆分，整合涉及废物的相关罪名。与此同时，在调控标准方面，既要努力实现环境刑法与环境行政法的充分衔接，同时环境刑法自身也要保持一定的相对独立性。立足于刑法典的规定和环境治理的现实需要，对于污染环境类的环境犯罪，可以考虑将已有的结果犯下降为危险犯，降低环境监管失职罪的入罪门槛亦具有相当的现实必要性。当然，关于环境刑法的探讨并非局限上述问题。从更全面的视角来看，构建协调、完备的环境刑法体系还需要在环境犯罪在我国刑法典中单独成章的语境下进一步探讨。

# 关于通过刑法解释按照非法采矿罪严惩非法采砂活动的建议*

## 一、前言

随着我国建筑、交通等行业的迅猛发展，建筑活动对作为重要建筑用材之一的河砂的需求大量增长，使得河砂市场不断扩张，非法采砂活动大量出现，并呈现出“凡有河砂的地方，即有非法采砂”的极度猖獗情形。非法采砂行为不仅严重危害河道堤防安全，而且已成为引发各种刑事案件和治安案件、危害社会秩序的突出现实因素。

近几年来，国家和地方政府以及水利部门、司法机关，逐渐重视利用刑罚手段治理非法采砂行为，但是，对非法采砂追究刑事责任的刑事司法活动存在严重

* 本文系笔者主持的水利部政策法规司委托项目的研究成果，由笔者与张远煌教授、阴建峰教授、黄晓亮副教授合著，作为北京师范大学刑事法律科学研究院刑事法治发展研究报告（57），于2014年2月呈交委托单位，并于2014年8月25日呈报全国人大常委会法工委刑法室。原载赵秉志主编：《刑事法治发展研究报告》，2013—2014年卷，北京，法律出版社，2016。

的不统一现象，各地司法机关对非法采砂行为所认定的犯罪罪名五花八门，所裁量的刑罚也很不均衡，不仅严重地损害国家的司法权威，而且很难有效地惩治和防范反复肆虐的非法采砂行为。环境资源保护的现实压力，以及国家关于水资源、水生态保护的战略决策，都要求司法机关对非法采砂行为予以严厉的刑事制裁；国外有关国家、地区和国际组织对非法采砂行为予以犯罪化的立法例也充分表明，对非法采砂行为追究刑事责任是可行的。研究我国刑法典关于非法采矿罪的规定以及我国司法机关当前处理非法采砂行为的司法经验，笔者发现，将非法采砂行为认定为“非法采矿罪”是适当的，但因非法采矿罪本身的规定不甚明确，且犯罪构成要件过于严格，有必要贯彻罪刑法定原则的要求，通过对非法采矿罪进行扩张的立法解释，将非法采砂纳入非法采矿罪的客观行为范围中，为政法机关充分利用刑罚手段遏制非法采砂行为提供明确的法律依据。

## 二、对非法采砂予以刑事法规制的必要性

### （一）非法采砂活动造成了严重的现实危害

河砂市场的畸形膨胀性发展，使得不计其数的不法分子为牟取非法暴利铤而走险，在我国凡是有河砂的地方，在缺乏许可的情况下，罔顾国家规定和生态环境安全，大肆开采河砂，数量惊人，给河道防洪安全、水资源、水生态环境造成了极为严重的损害。

第一，非法采砂对河道的防洪安全造成了现实的严重威胁。河砂是保持河床稳定和水流动态平衡必不可少的铺盖层和保护层，非法采砂者随意开采，会严重破坏河床自然形态，容易造成堤岸坍塌、农田被毁、河流改道等，严重威胁河道的防洪安全。而且，在一些地方的河道内，非法采砂的船只数量太多，采砂能力超出规定或者许可。有的采砂动作辐射面达几十米，严重破坏水底砂层，破坏水流动态平衡；有些还造成防洪工程基部空心化，处于塌陷的危险中，进而使堤防、坝体的控水能力严重削弱，在较大洪水来临时，堤防很容易引发渗水管涌险情，并有被冲决的危险。

第二，非法采砂严重破坏国家对水资源的保护。水域是国家水资源的基本载体，没有了水域，就谈不上水资源。而河砂不仅仅是一种矿产资源，也是一种宝贵的水生态资源，是广义水资源的重要组成部分，对维护水域的动态平衡、保护水环境特别是地下水资源起到无以替代的作用。没有了应有数量和面积的河砂，水域的面积、位置就会受到严重影响，进而使水域所承载的水资源受到严重破坏，使水资源处于枯竭的危险之中。人民群众的生产生活也会因此遭受严重的威胁。

第三，非法采砂严重破坏我国的生态环境。作为水域的重要组成部分，河砂起着保护河道、储蓄水源、过滤污染物、维护生态平衡的重要作用。河砂资源的盲目掠夺性开采对河流流域的自然生态环境的损害是巨大的。具体而言，非法采砂活动，使河床不断加深、加宽，浅滩消失，急流变缓，降低河流对受污染水体的降解能力，增加水环境的污染概率，使河水水质标准下降，同时，严重降低水域附近土壤的保湿能力，使某些湿地自然保护区遭受破坏，从而造成河道生态环境的恶化，严重威胁乃至破坏河道及其周围土地的生态环境，使得特定区域的动植物生存环境严重恶化，破坏该区域的生态链，从整体上造成当地生态环境不可恢复的变化，进而在一定程度上恶化了人们生存的自然环境，国家经济的可持续发展和社会的不断文明进步，也因此成为空谈。

同时，还要指出的是，非法采砂活动还伴生了其他各种严重危害社会治安或者破坏公共安全的违法犯罪活动。(1) 非法采砂的巨额利润，刺激了社会黑恶势力参与其中，抢占砂石资源，为害一方，即使合法采砂户也被逼与当地黑恶势力相勾结，寻求保护，因非法河道采砂引发的信访、社会矛盾等问题一直居高不下，涉砂打架斗殴、暴力抗法等事件时有发生，涉砂利益群体复杂，治安环境较差，群众反映强烈。(2) 在许多地方，非法采砂活动对于航运、矿井、桥梁、油气管道的安全生产也造成极大的威胁。例如，中国矿业大学所作的《昭阳湖和地面塌陷坑内采砂对微山崔庄煤矿安全生产影响评估报告》显示：当采挖深度达到20米时，大量残留竖向通道会沟通湖水和上组沙层含水层；达到40米时，会破坏中组至上隔水层的完整性、沟通上组和中组之间的水力联系，对矿井生产构成

极大威胁；达到 60～80 米时，会造成湖水和松散层地下水和水砂灌入矿井，容易引发严重矿难，危及公共安全。

（二）非法采砂活动亟待明确的刑事法规制

对于危害很严重，但个别发生的违法活动，刑事法并不予以关注，这既是刑法谦抑性的要求，又是刑法节俭性的体现。而对于那些危害严重，并普遍反复发生的不法行为，就需要发挥刑法作为保障法的作用，由刑法作出明确的规定。正是基于这种考虑，笔者认为，对非法采砂活动应当给予刑法的规制。

第一，非法采砂活动具有普遍性。在当今的中国，可以说，凡是有河砂（海砂）的地方，就有非法采砂活动，从南到北，从东到西，以及中部地带，概莫能外。例如，在福建省的福州市，仅 2010 年上半年，闽江沿线的非法采砂活动就造成 110 亩耕地坍塌，形势不容乐观。[①] 据报道，在黑龙江省七台河市倭肯河桃山水库附近，在 10 公里长、2 公里宽的地带内，有 60 余家砂场，堆积的砂山有近百座，这些非法采砂活动挖坏河床，毁坏河堤，蚕食耕地，令人触目惊心。[②] 而在中国中部，据不完全统计，2011 年淮河安徽段的采砂船只多达 2 500 多艘，比 2007 年多了近千艘，平均每公里河道就有 6 艘非法采砂船，船只吨位也随之增加，平均每条船的吨位超过 150 吨。而且，淮河干流大量河段无序非法采砂活动还在不断增多。[③] 就在 2014 年初，人民网刊发甘肃省岷县对非法采砂活动处置的报道，其中提到，在岷县，境内共有采砂场 25 家，零星采砂点和砂石料加工点 30 多家，有 7 家办理了采砂许可证，但都没有办理工商、税务登记。其他地方的非法采砂活动，长期以来，也被屡屡报道，俨然成为一种让人见怪不怪的现象了。

第二，非法采砂活动具有反复性。各地政府和相关执法机关也非常重视对非法采砂活动的防范和惩处。有些地方还专门成立了县或市的采砂管理办公室。但

---

① 河道非法采砂危及两岸民生.（2010－12－01）. http://news.sohu.com/20101201/n278022191.shtml.

② 非法采砂啃烂倭肯河. 生活报，2013－05－11.

③ 济宁市检察院建议：非法采砂单独入刑 防卷土重来.（2012－04－24）. http://news.iqilu.com/shandong/shandonggedi/20120424/1200157.shtml.

是，在巨额非法利益驱使之下，非法采砂的不法分子采用“游击战术”，尽可能逃脱监管。如果白天有查处，他们就在夜晚偷采，而且又在水下作业，采砂买卖多用现金交易，没有什么原始记录，难以实施行政处罚。同时，为了维护所谓的安全，还常有黑社会势力介入。据报道，微山湖崔庄煤矿（处于微山湖水层之下）的井田范围内，就经常有采砂船出现，他们甚至避开白天和工作日，夜间及假日采砂活动十分猖獗。很多非法采砂活动，在有关部门检查和处罚的时候停止作业，而执法行动告一段落时，非法采砂就迅速重新开始，更加疯狂地采砂，弥补避开检查时所谓蒙受的损失。水务部门指出，非法采砂整治最大的难点就是死灰复燃，搞一次执法行动就好一阵，行动结束后又回到原来状态。

第三，行政处罚无法有效遏制非法采砂活动。针对危害严重、普遍而又反复不断出现的非法采砂活动，在惩治和防范上，相关的行政处罚越来越力不从心。行政执法手段有限，只有罚款手段，没有限制违法人人身自由的行政处罚，相对于一艘采砂船每夜可获利数万元的高额利润，罚款数额如九牛一毛，违法分子根本就不在乎罚款处罚。在长江流域，有关部门对非法采砂实行一次次的“专项行动”，但因为行政处罚力度太轻以及刑事处罚的缺失，非法采砂屡禁不止、数次反弹，治标不能治本。因为水务、水利部门没有刑事法作后盾，在违法行为被发现之际，非法采砂人员均对执法部门的执法行为置之不理，甚至有非法采砂的不法分子极为嚣张，暴力抗法，故意殴打执法部门行政执法人员，阻碍查处非法采砂的管理活动。近几年，随着打击力度的加大，也出现了司法机关通过非法采矿罪等罪名解决非法采砂问题的做法，但在这些成功司法案例的背后，还有更多无以计数的情形游离于刑罚之外。这些情形或因为无法完全满足非法采矿罪的犯罪构成要件，或因为没有针对性刑罚条款等具体操作方面的障碍，大都在行政处罚后草草收场。更可怕的是，因为非法采砂很少得到刑法规制，使得众多采砂者，甚至执法人员都不具有或者刻意淡化非法采砂会构成犯罪的意识，进而出现知法犯法、执法不力的现象。显而易见，针对非法采砂活动，需要强有力的刑事制裁手段介入，作为行政处罚的后盾，改变惩治和防范非法采砂行为的法律规制效果。

## 三、对非法采砂予以刑事法规制的可行性

### （一）对非法采砂追究刑事责任有例可循

非法采砂，危害到河流、湖泊、水库等河道的防洪安全。世界上有不少国家或者地区通过立法来追究非法采砂行为的刑事责任。查询世界上主要国家或者地区刑法典中相关立法规定，可以发现对非法采砂行为的刑事规制，有着不同的特色。我国可以根据实际情况借鉴这些国家或者地区的具体立法规定，对发生在我国各地的非法采砂行为依法追究刑事责任。

1. 侵犯的犯罪客体或者社会关系不完全相同

我国台湾地区在专门的“水利法”中对非法采砂行为追究刑事责任，这意味着非法采砂行为侵犯了水利管理秩序。而其他国家或者地区，不管是直接将非法采砂规定为犯罪实行行为，还是罪刑条文关于特定犯罪实行行为的规定可以包含非法采砂行为，基本上都是以侵害环境资源保护秩序犯罪来追究非法采砂的刑事责任。我国刑法典将非法采矿罪规定于分则第六章“妨害社会管理秩序罪”第六节“破坏环境资源保护罪”中，因而按照非法采矿罪追究非法采砂行为的刑事责任，符合各国以刑罚手段保护环境资源的立法趋势。

2. 对非法采砂规定为犯罪实行行为的模式不同

第一，直接将非法采砂规定为犯罪，不限定非法采砂的区域范围。例如，《西班牙刑法典》卷二“犯罪及其刑罚”第十六集“破坏国土资源、历史遗产和环境罪”第三章“破坏自然资源和环境罪”第325条规定了“直接或者间接向太空、地面、地下、地表流水、海洋、地下水或者严重影响生态系统平衡的国境或者水流汇集区域实施或者试图实施开采行为”的犯罪，从开采的本义来理解，自然包括开采矿藏和砂石的情形。再如，我国台湾地区“水利法”第78条规定了被第91条规定为犯罪行为的相关行政违法行为，其中就包括“在行水区擅采砂石、堆置砂石或倾倒废土”，“在距堤脚和堤防附属建造物四周规定之距离内，耕种或挖取泥沙砖石等物”。



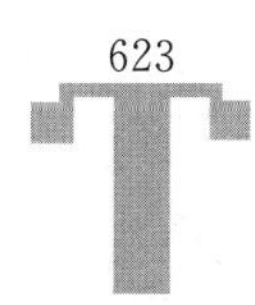

第二，直接将非法采砂规定为犯罪，但限定了特定的区域，仅对发生在特定区域的非法采砂行为追究刑事责任。例如，《德国刑法典》分则第二十九章“危害环境”第329条“侵害保护区”规定了“违反保护水或者矿泉的法规，在水或者矿泉保护区内”，“在工商企业周围开采鹅卵石、沙土、陶土或者其他坚硬物质”，以及“开采矿藏或者其他地下物质”的罪行。再如，《罗马尼亚刑法典》第八编第五章“危害环境罪”第397条规定了“违反水体管理规定罪”，该罪的表现之一就是“在水源卫生保护区，河床保护区，河岸保护区，水利科技建筑，水体比重测量、水质自动检测设施所在区域开采矿物质”。值得注意的是，《罗马尼亚刑法典》第399条规定的“破坏水利保护设施罪”其实也涉及非法采砂的行为，即“未经水利管理部门批准或无视水利管理规定，在大坝、河堤或其他水利设施上挖掘”，这里的“挖掘”自然包括“挖掘砂石”的情形。

第三，没有直接规定非法采砂本身为特定犯罪的实行行为，但根据规定特定犯罪之罪刑条文的表述，可以确定，对非法采砂行为，可以认定为特定犯罪。例如，《墨西哥联邦刑法典》分则第二十五编“危害环境和环境管理罪”第二章“破坏生物多样性罪”第420条A所规定的犯罪客观表现包括破坏、干涸、回填湿地、红树林、环礁湖、河口、沼泽的行为，非法采砂自然可以归入“破坏”行为中。

3. 关于犯罪人主观罪过的规定不同

就目前的资料来看，大多数国家或者地区对非法采砂行为构成犯罪，规定了故意的主观罪过态度，少数同时规定犯罪过失。规定过失的有罗马尼亚、德国和欧洲理事会。如前所述，《罗马尼亚刑法典》分则第八编第五章“危害环境罪”第397条规定了“违反水体管理规定罪”，其中第1款、第2款所规定的该罪客观行为包括了非法采砂的情形，第3款规定了过失实施上述危害行为构成犯罪的情形，即规定：“过失实施第一款和第二款规定的行为，处六个月以上一年以下监禁或者按日科处罚金。”该国刑法典第399条第1款和第2款规定了“破坏水利保护设施罪”，其犯罪客观行为可包括非法采砂的情形，其第3款就规定了过失实施上述危害行为构成犯罪的情形，即：“过失实施第一款和第二款规定的行为，处六个月以上一年以下监禁或者按日科处罚金。”就目前的资料而言，尚没

有仅仅规定非法采砂过失构成犯罪的国家或者地区的立法例。因而就我国的情形而言，发生在我国各地的非法采砂行为均是为了牟取不法利益，行为人主观上明知无许可而采砂，显然属于犯罪故意，因而按照非法采矿罪来处理，也符合行为人实际的犯罪态度，与大多数国家或者地区的立法规定相一致。

4. 关于法定刑种类和幅度的规定也不尽相同

就目前的各个国家或者地区刑法典的具体规定来看，基本都同时规定了自由刑和财产刑。例如，《德国刑法典》分则第二十九章“危害环境”第329条“侵害保护区”对包括非法采砂在内的犯罪规定了“5年以下自由刑或者罚金刑”；《罗马尼亚刑法典》分则第八编第五章“危害环境罪”第397条则规定了“一年以上三年以下严格监禁或者按日科处罚金”的法定刑；我国台湾地区“水利法”第92条第1款规定，违反第78条[①]规定情形之一者，除通知限期回复原状、清除或废止违禁设施外，处6 000元[②]以上3万元以下罚金；因而损害他人权益者，处3年以下有期徒刑、拘役或科或并科4 000元以上2万元以下罚金；致生公共危险者，处5年以下有期徒刑，并科6 000元以上3万元以下罚金。有个别在自由刑、财产刑之外还规定了资格刑。例如，《西班牙刑法典》卷二“犯罪及其刑罚”第十六集“破坏国土资源、历史遗产和环境罪”第三章“破坏自然资源和环境罪”第325条，对涵盖非法采砂的具体罪行，规定了“6个月以上4年以下徒刑”“8个月至24个月罚金”“剥夺行使其职业或者职位1至3年的权利”等法定刑。另外，从法定刑轻重幅度看，在上述立法例中，自由刑最重者也不过是《德国刑法典》规定的5年自由刑，相比之下，我国刑法典第343条第1款对非法采矿罪规定的自由刑最高达到7年，是比较重的。因而按照非法采矿罪对非法采砂追究刑事责任，能够有效实现惩治和预防此类违法活动的目的。

（二）我国已有对非法采砂行为追究刑事责任的司法实践

目前，各地政府以及相关执法部门、司法机关已经充分认识到以刑罚手段惩

① 我国台湾地区“水利法”第78条规定的情形包括非法采砂。

② 这里的“元”是指“新台币”的元。

治和防范非法采砂活动的必要性，并采取措施对一些非法采砂活动追究刑事责任。根据水利部政策法规司收集的资料，在2013年32起典型非法采砂案件中，司法机关以不同的罪名追究不法分子的刑事责任，同时，所裁量的刑罚也有很大的差异，具体表现在如下几个方面：

第一，各地法院以不同的罪名追究本地非法采砂行为的刑事责任。具体而言，这些罪名有非法采矿罪（16起）、盗窃罪（5起）、非法经营罪（4起）、重大责任事故罪（1起）、非法占用农用地罪（1起）、寻衅滋事罪（2起）、妨害公务罪（2起）、故意毁坏财物罪（1起）等八种。其中，重大责任事故罪属于我国刑法典分则第二章“危害公共安全罪”，非法经营罪属于第三章“破坏社会主义市场经济秩序罪”第八节“扰乱市场秩序罪”，盗窃罪、故意毁坏财物罪属于第五章“侵犯财产罪”，妨害公务罪、寻衅滋事罪、非法占用农用地罪、非法采矿罪属于第六章“妨害社会管理秩序罪”，前两个罪名在该章第一节“扰乱公共秩序罪”中，后两个罪名在第六节“破坏环境资源保护罪”中。

第二，各地法院并非都直接地对非法采砂行为予以刑事法的规制。这八种具体犯罪所侵犯的犯罪客体也是不相同的。盗窃罪、故意毁坏财物罪侵犯了公私财物的所有权，重大责任事故罪侵犯了公共安全，非法经营罪侵犯了社会主义市场经济秩序。尽管非法采矿罪、非法占用农用地罪、寻衅滋事罪、妨害公务罪都侵犯了社会管理秩序，但它们也有很大区别，这四种犯罪的直接犯罪客体分别是国家矿产资源管理秩序、土地管理秩序、社会正常管理秩序、国家机关工作人员正常工作秩序。另外，从上述司法适用活动所针对的危害行为来看，仅盗窃罪、非法经营罪、非法采矿罪直接针对非法采砂行为本身，对不法分子非法采砂、获取河砂资源的情形追究刑事责任，而在按照其他五种犯罪处理的情形中，非法采砂活动及其伴随行为是因为符合该五种犯罪本身的危害行为特征才予以处理的。如非法采砂，因占用了农用地，才按照非法占用农用地罪追究不法分子的刑事责任，换言之，若没有占用农用地，就不可能以非法占用农用地罪来处理非法采砂活动。

第三，各地法院对非法采砂所判处的刑罚有着较大的差异。司法机关在实践

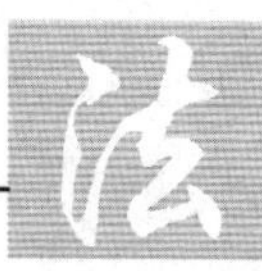

中对非法采砂活动适用的罪名有很大的不同，而刑法典分则罪刑条文对这些罪名所规定的法定刑也有较大的差异，造成了司法机关所裁量的刑罚各个不同。例如，若犯罪行为人被认定为盗窃罪，其被裁量的刑罚就是10年以上有期徒刑，若犯罪行为人被认定为非法采矿罪等其他犯罪，则其被裁量的刑罚多在3年以下有期徒刑，甚至还有不少人被判处了缓刑。而所判处的罚金，在数额上也远远低于这些犯罪行为人及其同伙通过非法采砂获得的不法利益。这反映出，当前对非法采砂活动的刑事制裁较为轻缓，不利于对此类活动的惩治和防范。

从上述我国各地处理非法采砂活动的实际情况来看，针对非法采砂活动定罪量刑的司法适用活动严重不统一，在一定程度上影响了对非法采砂活动予以治理的效果，不利于有力遏制和有效防范各种非法采砂活动。我们需要研究，以何种犯罪来追究非法采砂活动的刑事责任才是合理的。

## 四、当前对非法采砂行为应按照非法采矿罪追究刑事责任

只有认真研究非法采砂行为的性质和特征，看其符合刑法典分则罪刑条文所规定之哪一个犯罪的构成要件，才能够正确地确定其构成何种犯罪，进而合理地裁量刑罚，从而结束上述刑事司法适用活动的混乱状态，有效地惩治和防范各地频频发生，甚至肆虐疯狂的非法采砂活动。

1. 非法采砂行为不符合非法经营罪和盗窃罪的犯罪构成

非法采砂行为是针对河道内的河砂实施非法开采行为，因而并不符合非法经营罪和盗窃罪的犯罪构成。

第一，非法经营罪无法涵盖非法采砂行为。尽管很多非法采砂行为是行为人在没有取得行政许可的情况下实施的，且通过销售行为将河砂推入市场流通领域，但采砂本身却是一种资源开采活动，近似于生产行为。而在非法经营罪的情形中，法律并不对生产行为追究刑事责任。例如，缺乏许可生产香烟，即便并无销售，也构成生产伪劣产品罪；若生产并销售假香烟，则构成非法经营罪与生产、销售伪劣产品罪的想象竞合犯。在非法采砂的场合，若仅开采河砂，即便数

量巨大，假设是行为人自用，也不构成非法经营罪；若从开采河砂的人那里购买河砂再转手销售，即便数量巨大，由于国家未对河砂销售实行专卖制度，行为人也不受刑事处罚。

第二，盗窃罪也无法涵盖非法采砂行为。很多非法开采河砂的不法分子确实是在没有取得许可的情况下擅自开采河砂，有时候偷偷在夜间或者执法人员无法察觉的地方开采，但这并不符合盗窃罪的犯罪构成。在盗窃罪中，行为人在财物占有人并不知情的情况下非法占有他人的财物。作为盗窃罪对象的财物，在法律上属于动产，且已经产生法律上的所有权关系，或者处于法律上能够确认的他人占有状态。而在非法采砂活动中，行为人所开采的河砂，尽管从宪法意义上属于国家资源，为国家所有，但并不像盗窃罪之对象那样具有动产的特征，而是如同山石、动物、植物、水流那样，属于大自然的一部分，未经合法开采和加工活动以及国家的法律确认，并不能成为法律意义上的动产。正是基于这样的原因，刑法典分则并未将非法捕捞水产品，非法猎捕珍贵、濒危动物，非法采伐国家重点保护植物，盗伐林木以及未经许可采矿的行为，归入侵犯财产罪的范围，而是规定于破坏环境资源保护罪的范围。

2. 非法采砂行为属于非法采矿罪的危害行为之一

河砂属于国家自然资源的特征，使得我们只能从那些破坏环境资源的犯罪中寻找能够涵盖非法采砂行为的具体犯罪。

第一，非法采砂违反了行政法律和法规确定的行政许可制度，具备非法采矿罪的违法性特征。针对河道采砂行为，水行政主管部门审批发放的“采砂许可证”与国土资源部门的“采矿许可证”，都是砂石资源的开采许可，在权力的性质、效力、来源等方面并没有本质区别，都是代表国家行使自然资源的开采权出让。由法律赋予水行政部门河道砂石管理权，较之于其他部门管理河砂，在便利性、效率性以及有效保护公众利益等方面都具有优势。为了减少行政成本、方便社会公众和提高行政效率，应当允许将采砂许可证视同为采矿许可证。未取得采砂许可证的河道非法采砂行为应当视同未取得采矿许可证的擅自采矿行为。对此，最高司法机关有关司法解释曾有规定。最高人民法院 1995 年 9 月 6 日作出

的《关于对河道采砂应否缴纳矿产资源补偿费问题的答复》中指出："采砂人凡在《矿产资源补偿费征收管理规定》施行以后在河道采砂的，均应依照该规定缴纳矿产资源补偿费。法律、行政法规另有规定的除外。"其根据便是 1994 年 4 月 1 日起施行的国务院《矿产资源补偿费征收管理规定》第 2 条的规定（在中华人民共和国领域和其他管辖海域开采矿产资源，应当依照本规定缴纳矿产资源补偿费；法律、行政法规另有规定的，从其规定）。

第二，河砂符合非法采矿罪的犯罪对象特征。在刑法典分则第六章第六节规定的破坏环境资源保护的犯罪中，有非法捕捞水产品罪等九种具体犯罪，是针对国家特定的资源的，具体有渔业资源、野生动物资源、土地资源、矿产资源、植物资源、森林资源等。除属于矿产资源外，河砂本身并不具有其他任何资源的特征，如河砂不可能是渔业资源或者野生动物资源。因而在犯罪对象上，只有非法采矿罪的犯罪对象能够包括河砂。对此，我国相关法律和法规其实也作出了规定。

《矿产资源法实施细则》第 2 条规定："矿产资源是指由地质作用形成的，具有利用价值的，呈固态、液态、气态的自然资源。矿产资源的矿种和分类见本细则所附《矿产资源分类细目》。新发现的矿种由国务院地质矿产主管部门报国务院批准后公布。"《矿产资源分类细目》将河砂归属到非金属矿产中，因为江砂、河砂属河流相沉积天然石英砂，主要化学成分为二氧化硅，经长期地质作用形成，属非金属矿产。国土资源部《关于开山凿石、采挖砂、石、土等矿产资源适用法律问题的复函》第 1 条更是明确指出，"砂、石、粘土及构成山体的各类岩石属矿产资源"。1998 年 8 月国土资源部《关于理解运用〈矿产资源法〉及其配套法规有关条款问题的批复》中，对于采挖航道、河道内砂石适用法律的问题，明确指出，根据《矿产资源法实施细则》第 2 条规定，河道、航道内的砂石均属矿产资源。

第三，非法采砂符合非法采矿罪的危害行为特征。所谓采矿即是开采矿藏，即利用机械的方法从地表或者地壳内将矿产资源（矿石）挖掘并运输到集中场合，其实质就是一种物料的选择性采集和搬运过程，具体包括：（1）采准、切割，为回采准备生产条件。（2）回采，将矿石崩落破碎，装入运输容器。地下回采包括落矿、出矿作业，露天回采包括穿孔、爆破和采装作业。（3）运输，将装入运输容器的矿石运交选矿厂或矿仓。（4）管理巷道地压、立井地压、采场地压以及露天矿边坡。（5）在矿石运输过程中，通过矿仓、堆栈，将矿石混匀，保证生产的矿石质量稳定。（6）将巷道掘进和剥离产出的废石排弃至废石场。可以看出，上述采矿过程不涉及冶炼等工业过程。因而采用机械设备，将河砂从水中或者河砂堆积层挖掘开，使之与水或者其他物料分离，并将其运输到特定场合堆放，同样也是采矿的过程，当然地符合刑法典第343条第1款规定之非法采矿罪的客观行为特征。

3. 非法采砂情节严重的确定问题

关于非法采砂之情节的确定问题，可以根据进行非法采砂活动的时间长短、所用开采工具的规模和破坏性质、开采河砂数量、销售数额等来综合判断其犯罪情节的轻重程度。就价值数额而言，根据最高人民法院《关于审理非法采矿、破坏性采矿刑事案件具体应用法律若干问题的解释》的规定，非法采砂按照非法采矿罪起诉，需要确定采砂的价值，数额在5万元以上才能定罪。[①] 具体需要注意如下问题：

其一，关于砂石的单价问题。实践中确定砂石价格一般有以下三种方式：第一种是非法采砂单位的砂石销售单价乘以数量，第二种是当地物价部门核定的砂石销售单价乘以数量，第三是以河道采砂管理费为标准。第三种方式比较合理，即按照国家应征收的河道采砂管理费为标准确定。因为不管是非法采砂单位的销售单价还是当地物价部门核定的砂石销售单价都主要包括了以下三项内容，即砂石本身的价值（矿产本身价值）、采取砂石的成本和销售利润。

其二，关于计算方法问题。非法采砂的销售有两种不同情形，一种是堆放销售，一种是就地销售。堆放销售确定非法开产量较为容易，只需实际测量就行。

① 该司法解释已被2016年12月1日起施行的最高人民法院、最高人民检察院《关于办理非法采矿、破坏性采矿刑事案件适用法律若干问题的解释》所废止，相关价值数额亦作了修改。——笔者补注

在就地销售情况下，砂石价格计算比较困难，因为非法采砂的地点不固定，且处于水流中，所采砂石系水流携带泥沙冲击河床淤积形成，堆积形状不断变动，开采后由于水流冲刷，采砂区很快被重新填埋，采砂现场难以保存或恢复，所以，无法实际勘测其开采数量。经初步研究，笔者认为，可以根据行为人开采的时间长短、每天开采的平均数量，计算总体的开采量。

其三，损害后果的鉴定问题。上述司法解释规定，造成矿产资源破坏或者严重破坏的数额以及破坏性的开采方法，由省级以上地质矿产主管部门出具鉴定结论，经查证属实后予以认定。参考该规定，笔者建议，在涉及有关采砂数额或者数量的鉴定问题时，可以由省级以上的水行政主管部门或者流域管理机构负责组织专家进行分析鉴定，出具科学合理的鉴定结论，因为非法采砂活动发生在河流、湖泊等水利部门管理范围内，对水流的存储、流动有影响，也改变水域，并损害水域所承载的泄洪、航运、保湿等功能。但科学合理地根据采砂数量或者非法获利数额评价非法采砂对水域的危害，具有相当的复杂性和专业性，超出了地质矿产、土地规划的范围，需要水利部门根据水科学和水利管理专业知识来具体地确定生态环境和水利设施所受到的危害。

## 五、对非法采砂予以刑事规制的路径选择

一般来说，对具有严重社会危害性的行为给予刑事规制，不外乎刑法立法路径和刑事司法路径两种。而结合我国的实际情况，所谓刑法立法路径，是指通过刑法修订而将相关的危害行为规定为独立的犯罪或者某种已有犯罪的犯罪行为方式之一，主要表现为刑法修正案形式和立法解释形式；所谓刑事司法路径，是指在实际的刑事司法适用活动中，将相关的危害行为确定为刑法典分则罪刑条文所规定的某种具体犯罪，表现为刑法司法解释形式和刑事司法具体适用形式。

对于非法采砂行为而言，结合前述分析，予以刑事规制的路径有这样几种选择：（1）以刑法修正案形式，以新的罪刑条文规定独立的非法采砂罪；（2）以刑法修正案形式，修订非法采矿罪的罪刑条文，将非法采砂规定为非法采矿罪的犯

罪行为方式之一；（3）以立法解释的形式，对非法采矿罪作出解释，将非法采砂确定为非法采矿罪的犯罪行为方式之一；（4）以司法解释的形式，对非法采矿罪作出解释，将非法采砂确定为非法采矿罪的犯罪行为方式之一；（5）各级司法实务机关在司法适用活动中，通过自我认识，自觉地将非法采砂行为认定为非法采矿罪。

在上述几种路径中，第一种尽管看到了"采矿"与"采砂"的差别，避开了司法实践中存在的河砂是否属于矿产的争议，也有利于保护水利工程和防洪安全，但就目前的情形来看，关于水利工程和防洪安全之刑法保护在刑法典分则罪名体系中的合理位置，还缺乏充分和足够的理论研讨，故而不具备成熟的立法条件；第二种其实是明确承认"采砂"与"采矿"的差别，将"未取得采砂许可证而擅自采砂"的行为规定为与"未取得采矿许可证擅自采矿"的行为相并列的犯罪行为方式，容易引起争议；第五种即是前述在司法实践中司法实务机关对非法采砂行为刑事处理的形式之一，会导致司法适用活动不统一的问题，不利于有效惩治和防范非法采砂活动，故也是不可取的。

根据我国刑法典分则关于破坏环境资源保护罪的具体规定，对比分析上述几种路径，笔者认为，可行性较强因而可取的当数以刑法解释的形式对非法采砂的定罪量刑作出规定，即对刑法典关于非法采矿罪的罪刑条文作出解释，将非法采砂确定为非法采矿罪的犯罪行为方式之一，从而实现对非法采砂行为的刑事规制。这是因为刑法有权解释的形式，既能避免刑法修正案所遇到的复杂程序问题与条文拟定的相关复杂争议，又能避免各地司法机关自由裁量所产生的司法混乱现象，在维护司法统一的情况下以简便、迅捷的方式实现对非法采砂行为的刑事规制。当然，就解释的形式而言，可以先由最高司法机关进行司法解释，在时机成熟的情况下，再由国家立法机关作出立法解释。

综合上述分析，对非法采矿罪进行解释，以规制非法采砂行为，可以表述为："违反法律法规的规定，未取得许可擅自采砂，情节严重的，依照刑法第三百四十三条第一款的规定定罪处罚，处三年以下有期徒刑、拘役或者管制，并处或者单处罚金；情节特别严重的，处三年以上七年以下有期徒刑，并处罚金。在

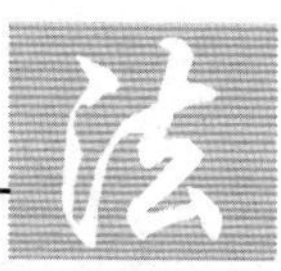

办理非法采砂犯罪案件时，对于非法采砂的数量或者被告人非法获利的数额，可由省级以上水利主管部门进行鉴定。”

## 六、结语

对非法采砂行为追究刑事责任，符合保护环境资源的时代理念，世界上不少国家或地区的法律对之已经有明确规定。就我国而言，建筑活动催生河砂市场畸形发展，对河砂的需求不断膨胀，刺激非法采砂活动到处肆虐，严重危害河道堤防安全，危害人民群众的生命财产安全，破坏国家对土地、森林、渔业、动物、植物等资源的保护秩序，严重损害水资源和水生态环境，同时也不断引发各种刑事和治安案件，危害了社会的正常稳定秩序，对之以适当的刑事制裁方式进行治理，已成为现实的迫切需要；新闻媒体、有关机构以及有识之士也在不断呼吁，国家有关机关应当重视并予以回应。在坚持罪刑法定原则的情况下，可考虑通过刑法解释来扩张非法采矿罪的行为范围，将非法采砂行为纳入进来，为惩治和防范非法采砂活动，保护国家水资源和水生态环境，提供明确和坚实的法律根据。

# 关于增设“非法占用水域罪”的立法建议*

## 一、前言

水是人类等一切生物赖以生存的基本物质，是人类长期生存、生活和生产所需要的重要资源。而对中国而言，尽管水资源总量居于世界前列，但人均量却只占世界人均水资源量的四分之一。党和国家历来重视对水资源的利用、管理，通过政策和法律加强对水资源的管理，不断促进水利事业的发展。截至目前，国家颁布实行的与水资源有关的法律、行政法规、部门规章、地方性法规和规章等规范性文件有 700 余件。但是，与水资源利用、管理有关的刑法规定却屈指可数，具体的罪名主要有刑法典第 114 条和第 115 条第 1 款规定的“决水罪”、第 115 条第 2 款规定的“过失决水罪”、第 330 条规定的“妨害传染病防治罪”（第 1 项）、

* 本文系笔者主持的水利部政策法规司委托项目的研究成果，由笔者与张远煌教授、阴建峰教授、黄晓亮副教授合著，作为北京师范大学刑事法律科学研究院刑事法治发展研究报告，于 2015 年 2 月呈交委托单位。原载赵秉志主编：《刑事法治发展研究报告》，2013—2014 年卷，北京，法律出版社，2016。

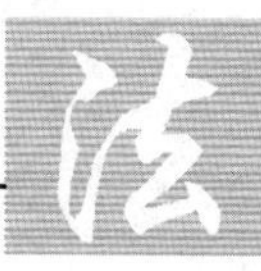

第338条规定的“污染环境罪”（包括污染水的情形）、第339条规定的“非法处置进口的固体废物罪”和“擅自进口固体废物罪”、第340条规定的“非法捕捞水产品罪”；而且，这几个犯罪只是将水资源作为保护社会主义特定社会关系（如公共安全、水产资源管理秩序）的具体表现因素之一，并不是直接以水资源的合理管理和合法利用为保护的客体。显然，国家刑法立法并未注意到对属于防洪、排水、灌溉、水力、水道、给水、水土保持、水资源保护、环境水利和水利渔业等水资源的刑法保护问题。

刑法典分则第六章“妨害社会管理秩序罪”中的第六节“破坏环境资源保护罪”，也只是对破坏水产资源、矿产资源、土地资源、动植物资源的行为明确规定了相应的罪名，对破坏水资源本身的行为，却缺乏具体的罪名规定。这不仅显示出国家对环境资源的刑法保护在体系上存在缺陷，而且更重要的是，这种对水资源刑法保护的空白，已经严重地落后于国家水资源法治建设的现实需要，对国家水资源和生态环境的保护极其不利，从长远看，也必然有碍于国家的可持续发展和社会的文明进步。

对国家水资源的刑法保护，涉及多方面的内容，而最为紧迫、最具可操作性的，莫过于对河流和湖泊水域的刑法保护。因为任何水资源都存在于河湖水域中，河湖水域是我国宝贵水资源的基本载体和重要的国土生态空间，发挥了防洪、灌溉、供水、航运、养殖和维护生态平衡等多种功能，对保障我国经济社会生态可持续发展和满足人民群众生产生活需要起着不可替代的重要作用。对河湖水域予以全面保护和合理管理，是水资源保护的应有之义。所以，笔者建议国家立法机关借再次修订刑法典并出台《刑法修正案（九）》之机，在刑法典中增设“非法占用水域罪”。

## 二、对非法占用水域行为予以刑事规制的必要性

### （一）非法占用水域的行为有日益严重的社会危险性

受落后观念和利益欲望的驱使，一些基层政府、企业和公民错误地认为，水



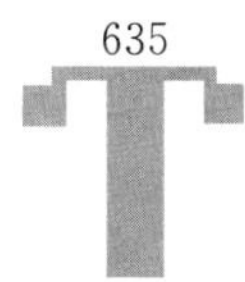

域可以“牺牲”，可以任意侵占。围水造地、与水争地等非法占用水域的情形因而常见多发，在不少地方甚至极为猖獗，具体表现为占用河道，违法建房、在水域上修建码头、修建鱼塘、铺修道路、搭建桥梁、围建工厂、修堤引水、随意排污、丢弃或者放置物品、种植林木植物等等。非法占用水域已从零星占用向成片占用发展，河道被侵占速度明显加快，在全国发展成为一种普遍现象，大量河湖开发已经接近或超出水资源和水环境的承载能力。例如，湖南省洞庭湖已由20世纪50年代的4 350平方公里减少到2 690平方公里，长沙市仅2003年就减少水域面积3 452亩。拥有“千湖之省”美誉的湖北省面积在333平方公里以上的湖泊，20世纪50年代初期还有332个，现在只有125个；水域面积从1996年至2009年减少611平方公里，其中，非法占用的就达296平方公里。在南水北调中线的水源地丹江口水库库区内，一些地方政府和个人非法拦叉建设库中库，进行水产养殖或旅游地产开发等，严重威胁着北京等受水区调来的生命水的安全。浙江省水域面积2000年比1978年减少1 316平方公里，湖泊面积2000年比新中国成立初期减少了34.7%。2013年，北京市清理出侵占河湖水域的垃圾渣土16.2万立方米，大连市清理出侵占河湖水域的垃圾渣土130万立方米，浙江省拆除涉水违章建筑52.3万平方米，黄河全河清理河道内违规弃渣近42万立方米，黄河河南省段发现违法砖瓦窑场1 011座。①

这些非法占用水域的行为，加速了江河湖库水面萎缩，造成水系不通、引排不畅、调蓄能力下降、水环境容量减少、纳污能力衰减、自然净化能力退化等多种负面影响，严重威胁防洪安全、供水安全、生态安全和人民群众生命财产安全，危害状况触目惊心，很多情况已经不具备恢复的可能性。人民群众对此强烈不满，通过举报、控告、曝光甚至上访等方式向各级党政机关反映；全国人大代表、政协委员多年连续提出议案和提案，要求加大河湖水域管理力度、强化对非法占用水域行为的刑事制裁。尽管各级党政机关非常重视，加强执法，但限于手段有限、执法力量分散等因素，常常感觉力不从心，效果不佳。

① 这些数据系水利部政策法规司提供。

（二）行政法制无法有效治理非法占用水域的行为

从中央到地方，各级政府以及具体工作部门非常重视水利法制工作，逐步建立依法治水的法治体系。适合我国国情和水情的水法体系已经基本建立，具体包括《水法》以及《防洪法》、《水土保持法》、《水污染防治法》等法律，《河道管理条例》《防汛条例》《水文条例》《抗旱条例》《南水北调工程供用水管理条例》等19部行政法规，56件部门规章及700余件地方性法规、规章。根据该法律体系，可依法进行各项涉水事务的管理活动，对可能影响防洪、水域保护的行为，可依法进行限制、禁止乃至处罚。其中，对于非法占用水域的行为，《水法》《防洪法》《河道管理条例》等法律法规规定了相应的行政处理措施，例如，《水法》第65条第1款规定：“在河道管理范围内建设妨碍行洪的建筑物、构筑物，或者从事影响河势稳定、危害河岸堤防安全和其他妨碍河道行洪的活动的，由县级以上人民政府水行政主管部门或者流域管理机构依据职权，责令停止违法行为，限期拆除违法建筑物、构筑物，恢复原状；逾期不拆除、不恢复原状的，强行拆除，所需费用由违法单位或者个人负担，并处一万元以上十万元以下的罚款。”根据2003年至2012年10年执法统计数据，全国共发生53.4万件水事违法案件，每年发生水事案件5万多件，其中河湖违法案件（包括违法侵占河湖水域、非法采砂、违法设障等）3万余件，占查处的水事违法案件总数的60%左右，而且呈不断增长势头。而案件查处率却呈下降趋势，如1998年全国水事违法案件共27 122件，查处率为94.4%；2007年全国水事违法案件增长至49 501件，查处率下降至89.7%；2012年全国水事违法案件进一步增长至54 842件，查处率进一步下降至86.7%。①

与此同时，上述行政法律制裁所针对之非法占用水域的行为，危害性日益严重，已经超出了上述制裁能够规制和约束的范围，因为行政法律制裁所限制或者剥夺的当事人利益，在质和量上都已经远远低于非法占用水域行为所获得的非法利益。换言之，这种行为危害重、行政制裁轻的局面直接造成了违法成本低、非

① 这些数据系水利部政策法规司提供。

法获益高的后果，例如，某些当事人非法占用水域，动辄就会有上亿元的土地和房地产收益，而行政处罚的数额简直可以忽略不计。违法分子屡抓屡犯、屡犯屡重，刺激其他不良分子铤而走险，参与其中，造成非法占用水域的现象愈演愈烈。

因此，从我国目前水域被大肆非法占用、水资源受到严重破坏的实际情况来看，行政法律制裁无法发挥有效规制的作用，需要刑法发挥其作为保障法的特征[①]，严厉处罚危害性质超出一般行政违法行为的严重非法占用水域的不法行为；而且，非法占用水域违法行为的高发性、普遍性，也充分地表明，对水域管理秩序予以刑法保护，已经到了刻不容缓、十分必要的地步。

（三）刑法典的现行规定无法有效规制非法占用水域的行为

自然资源并非像通常所认为的那样是“取之不尽，用之不竭”的，因而对自然资源、生态环境给予并加强法律的保护，是当前我国自然资源法律保护的必然趋势。[②] 我国重视通过刑罚手段来惩治危害自然资源的违法行为，在刑法典分则中规定了相应的具体罪名。从行为方式上看，这些犯罪表现为三种类型：第一，非法利用自然资源、危害社会的犯罪行为，如决水罪、过失决水罪、破坏交通设施罪、过失损坏交通设施罪、走私罪、走私毒品罪、非法占用农用地罪、非法采矿罪、破坏性采矿罪、滥伐林木罪、盗伐林木罪等；第二，污染环境、破坏环境资源的犯罪行为，如污染环境罪、非法处置进口的固体废物罪、擅自进口固体废物罪、走私废物罪等；第三，非法获取自然资源、危害生态平衡的犯罪，如非法捕捞水产品罪，非法猎捕、杀害珍贵、濒危野生动物罪，非法收购、运输、出售珍贵、濒危野生动物、珍贵、濒危野生动物制品罪，非法狩猎罪，非法采伐、毁坏国家重点保护植物罪，非法收购、运输、加工、出售国家重点保护植物、国家重点保护植物制品罪等。从侵害的对象上看，这些犯罪涉及整体环境资源以及具

① 高铭暄，马克昌. 刑法学. 5版. 北京：北京大学出版社，高等教育出版社，2011：8.

② 焦艳鹏. 刑法生态法益论. 北京：中国政法大学出版社，2012：1.

体的土地、草原、森林、滩涂、矿产、渔业、野生动植物等资源。① 上述决水罪、过失决水罪、破坏交通设施罪、过失损坏交通设施罪尽管涉及水资源本身，但并非对水资源的保护，惩治非法利用水资源的犯罪还是付之阙如，仍属空白。这形成了与其他环境资源之刑法保护的显著落差，在实际上就无法完整地建构我国环境资源的整体刑法保护体系。在一定意义上说，也难以真正切实地贯彻落实中央关于实行最严格水资源管理制度、保障我国水安全、建设生态文明的决策。

而且，即便是我国刑法典当前关于涉水犯罪的规定，也无法有效地规制非法占用水域的各种危害行为。如前所述，我国刑法典规定了七种具体涉水的犯罪，其中，第 114 条和第 115 条第 1 款规定的“决水罪”、第 115 条第 2 款规定的“过失决水罪”，侵犯的客体是公共安全；第 330 条规定的“妨害传染病防治罪”（第 1 项）侵害的客体则是公共卫生；第 338 条规定的“污染环境罪”（包括污染水的情形）、第 339 条规定的“非法处置进口的固体废物罪”和“擅自进口固体废物罪”、第 340 条规定的“非法捕捞水产品罪”，侵犯的客体是国家关于环境资源的保护秩序。另外，第 117 条和第 119 条规定的“破坏交通设施罪”“过失损坏交通设施罪”，第 342 条规定的“非法占用农用地罪”，在某些情况下也会涉及对个别占用水域行为的刑事处罚。应当承认，我国规定的涉水犯罪涉及了水资源管理和利用的主要方面，但是，我国的立法规定存在一定的不足，难以有效地规制非法占用水域的各种危害行为，具体表现为：

（1）保护的间接性。在我国刑法典规定的七种涉水犯罪中，除决水罪、过失决水罪外，其他五种犯罪都不是直接针对水利的侵害，而除妨害传染病防治罪之外，其他四种犯罪并不以水利为直接的犯罪对象。应当承认，我国刑法典所规定的这几种犯罪，虽然也能较好地起到保护水资源的作用，但是，对水资源的保护具有间接性，而对于水利、水域的管理，保护关系更为遥远。这就意味着，在水利工程内、在水域中，即便有特定非法行为，若没有造成污染或者传染病传播，也不能通过刑法来处理。

---

① 李希慧，董文辉，李冠煜．环境犯罪研究．北京：知识产权出版社，2013：15.

（2）保护的片面性。应当承认，在某些非法占用水域行为涉及农用地，或者危害水道的交通安全时，按照非法占用农用地罪或者破坏交通设施罪、过失损坏交通设施罪，在个别情况下也能够起到对非法占用水域行为予以刑事处罚的作用。但是，应该看到，在绝大多数情况下，被非法占用的水域既不属于农用地，又不涉及水路的公共交通安全，因而引起的水资源被严重破坏的后果，就完全无法涵盖在非法占用农用地罪或者破坏交通设施罪、过失损坏交通设施罪的范围内。在这样的情况下，针对非法占用水域的情形，规定非法占用农用地罪或者破坏交通设施罪、过失损坏交通设施罪之罪刑条文就难以全面地对非法占用水域行为所侵害的水域管理秩序提供全面的刑法保护。

（3）处罚的滞后性。在我国刑法典规定的涉水犯罪中，决水罪、过失决水罪、妨害传染病防治罪、非法捕捞水产品罪直接涉及水资源的利用，但是，这几种犯罪的成立，都有较为严格的特征要求：决水罪的成立，尽管“尚未造成严重后果”，但仍要求具备具体的危险，即足以危及多数人的生命、健康或重大公私财产的安全①；过失决水罪的成立，则要求“致人重伤、死亡或者使公私财产遭受重大损失”；妨害传染病防治罪的成立，要求“引起甲类传染病以及依法确定采取甲类传染病预防、控制措施的传染病传播或者有传播严重危险”；非法捕捞水产品罪的成立，要求“在禁渔区、禁渔期或者使用禁用的工具、方法捕捞水产品，情节严重的”②。因此，在非法占用水域的情况下，只有针对不特定多数人形成具体危险或者造成实际损害，才能按照决水罪、过失决水罪、妨害传染病防

① 赵秉志．刑法新教程．北京：中国人民大学出版社，2009：388.

② 最高人民检察院、公安部2008年6月25日发布的《关于公安机关管辖的刑事案件立案追诉标准的规定（一）》第63条规定：“违反保护水产资源法规，在禁渔区、禁渔期或者使用禁用的工具、方法捕捞水产品，涉嫌下列情形之一的，应予立案追诉：（一）在内陆水域非法捕捞水产品五百公斤以上或者价值五千元以上的，或者在海洋水域非法捕捞水产品二千公斤以上或者价值二万元以上的；（二）非法捕捞有重要经济价值的水生动物苗种、怀卵亲体或者在水产种质资源保护区内捕捞水产品，在内陆水域五十公斤以上或者价值五百元以上，或者在海洋水域二百公斤以上或者价值二千元以上的；（三）在禁渔区内使用禁用的工具或者禁用的方法捕捞的；（四）在禁渔期内使用禁用的工具或者禁用的方法捕捞的；（五）在公海使用禁用渔具从事捕捞作业，造成严重影响的；（六）其他情节严重的情形。”

治罪追究行为人的刑事责任；而捕捞水产品，只有违反法律规定，才按照非法捕捞水产品罪处理。而此时，对水域的非法占用，很可能达到了极为严重的程度，远远超过行政法律能够调控的范围，即便按照上述犯罪处理相关违法行为，也已经非常迟延，在对水资源保护的进程上极为滞后。

## 三、关于非法占用水域罪罪刑条文的具体设计

综上所述，只有增设非法占用水域罪，并合理设定非法占用水域罪的犯罪构成要件，才能弥补我国刑法典有关涉水犯罪之规定的不足，确立具有司法可操作性的罪刑规范，完善对水利、水资源的刑法保护体系，直接、全面地保护水域所承载的水资源。考察世界上其他国家或者地区关于水域、水资源、水利保护的刑事立法，就本罪的犯罪构成要件，笔者具体考虑和设计如下。

### （一）世界上主要国家或者地区对水域予以刑法保护的立法经验

不管是发达国家或者地区，还是发展中国家，都认识到了水资源关系国计民生的重要性，因而非常重视通过刑法立法来保护本国或者本地区的水资源。我国在刑法典中规定非法占用水域的具体罪名，符合世界上大多数国家或者地区利用刑罚手段保护水资源的一般立法惯例。

第一，利用刑罚手段保护水资源或者水利管理秩序。根据犯罪所属的类型，具体犯罪所侵害的社会关系或者法益主要有以下几种：（1）公共安全，如日本；（2）环境资源，如罗马尼亚、西班牙、德国。比较复杂的是我国台湾地区，妨害水利犯罪侵害的社会关系是公共安全，而非法破坏、占用水道犯罪，私开或私塞水道犯罪的客体则是水利管理秩序。

第二，立法例将非法占用水域的违法行为，或者直接，或者间接地规定为犯罪行为，仅个别国家限定具体的空间范围，即德国。

第三，立法例对非法占用水域的犯罪行为规定了一般性的主体，而在主观罪过方面，规定的形式主要有如下几种：（1）仅规定故意犯罪，如日本、瑞士、西班牙；（2）既规定故意犯罪，又规定过失犯罪，如罗马尼亚、德国；（3）最有特



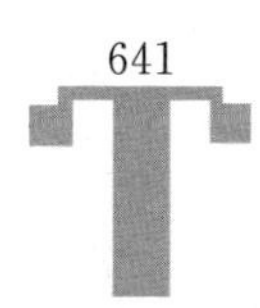

色的是我国台湾地区，对于妨害水利的犯罪，规定了故意犯罪和过失犯罪，而对河道犯罪，则仅规定了故意犯罪。

第四，关于犯罪的法定刑，有如下特征：(1) 除个别情况外，上述立法例均对非法占用水域的行为规定自由刑与财产刑，自由刑表现为徒刑，财产刑表现为罚金；(2) 上述立法例对非法占用水域行为所规定的自由刑，在幅度上差异很大，较轻者如罗马尼亚，故意犯的法定刑为1年以上3年以下，过失犯的法定刑为6个月以上1年以下，而较重者如德国，故意犯而致公共危险者，法定刑为5年以下；(3) 对非法占用水域行为所规定的罚金刑，在数额上差异也很大，较轻者如泰国，仅规定“500铢以下罚金”，而较重者如西班牙，为“24个月罚金”，也有个别国家（德国）仅规定适用罚金，没有规定罚金的数额或者天数；(4) 仅个别立法例对非法占用水域的犯罪行为规定了资格刑，即西班牙，其规定了“剥夺行使其职业或者职位1至3年权利”的资格刑。

综合上述分析，笔者认为：(1) 直接立法规定非法占用水域之行为构成犯罪的模式值得我国借鉴，我国可在“破坏环境资源保护罪”中对此规定，以便将水资源的刑法保护纳入刑法典分则第六章第六节的规定中，形成对各种环境资源予以刑法保护的完整体系；(2) 鉴于我国在“破坏环境资源保护罪”中没有规定过失犯，上述立法例也不是均将过失性的非法占用河道、水域行为规定为犯罪，因而我国刑法典暂时可先不规定过失非法占用水域的行为；(3) 上述立法例关于法定刑的规定，与其国家有较为完善的水资源刑法保护体系有关，而我国目前在水资源保护方面非常欠缺刑事法方面的规定，加之前述的严重情形，可考虑规定较重的法定刑。

### （二）关于非法占用水域罪构成要件的构想

#### 1. 关于犯罪客体特征

如前所述，考察世界上主要国家或者地区关于水利、水资源犯罪的规定，这些犯罪所侵犯的客体有公共安全、公共卫生、环境资源管理秩序、经济管理秩序等。我国规定的涉水犯罪也侵害了公共安全、公共卫生、环境资源管理秩序等社会关系。具体而言，对于非法占用水域、河道，危害严重的行为活动，若涉及公

共安全，可按照我国刑法典关于决水罪、过失决水罪的规定处理；若涉及公共卫生，可按照关于妨害传染病防治罪的规定处理；若涉及环境污染的防治，可按照关于污染环境罪、非法处置进口的固体废物罪、擅自进口固体废物罪的规定处理；若涉及渔业资源的保护，可按照关于非法捕捞水产品罪的规定处理。但从环境资源保护的角度看，刑法典关于侵犯环境资源管理秩序的涉水犯罪的规定，仅限于防治环境污染和保护渔业资源，并未考虑到对其他水利活动和其他形式的水资源给予刑法保护。因而未达到损害公共安全、公共卫生、环境资源、渔业资源程度的非法占用水域行为，以及其他非法占用水域、侵害水资源的行为，即便严重地妨碍防洪、排水、灌溉、水力、水道、给水、污渠、港工、水土保持、环境水利等水利活动以及水资源保护，造成严重的危害，刑法典关于上述七种犯罪的规定也是无法适用，刑法对此无计可施。而以刑法严惩非法占用水域的违法行为，就意味着要对水资源进行整体性、直接性的刑法保护，且和刑法典关于上述七种犯罪的规定相比，也提前了刑法介入防治非法占用水域活动的时间，有利于从整个生态的角度加强对水资源的法律保护。因而我们要增设的非法占用水域罪，侵犯的客体就是国家关于作为水资源载体的水域、河道的管理秩序，自然也属于破坏环境资源保护罪方面的具体犯罪。

2. 关于犯罪客观方面特征

既然将非法占用水域罪规定于刑法典分则第六章“妨害社会管理秩序罪”第六节“破坏环境资源保护罪”中，那么，对该罪之犯罪客观方面要件的设定，也可参考相关的破坏环境资源保护罪。

第一，关于法定犯之违法要素的设定。

根据刑法典的规定，非法侵害特定环境资源的犯罪主要有非法捕捞水产品罪，非法狩猎罪，非法占用农用地罪，非法采矿罪，破坏性采矿罪，非法采伐、毁坏国家重点保护植物罪，非法收购、运输、加工、出售国家重点保护植物、国家重点保护植物制品罪，滥伐林木罪。这些犯罪都将行为的违法性要素设定为“违反国家规定”或者违反国家某方面资源保护法的规定，如刑法典第342条规定的非法占用农用地罪，法条就规定“违反土地管理法规”。因而我们也可以将非法占用水域罪的违法性要素设定为“违反水法规”，参考《全国人民代表大会常务委员会关于〈中华人民共和国刑法〉第二百二十八条、第三百四十二条、第四百一十条的解释》的相关规定①，“违反水法规”，是指违反《水法》《防洪法》《水土保持法》《水污染防治法》等相关国家法律，以及《河道管理条例》《防汛条例》等相关行政法规。

第二，关于犯罪对象的设定。

如前所述，水域是水资源的载体，通过对水域的保护，可实现对水资源的保护。而河道则是指水流的通道，是水域存在的处所。对于二者的关系，我国目前法律规定有三种界定模式。（1）并不明定的模式。我国《水法》第 31 条第 1 款规定：“从事水资源开发、利用、节约、保护和防治水害等水事活动，应当遵守经批准的规划；因违反规划造成江河和湖泊水域使用功能降低、地下水超采、地面沉降、水体污染的，应当承担治理责任。”该规定从水资源管理基本法的角度提出了水域的概念。就非法占用问题，该法第 37 条规定：“禁止在江河、湖泊、水库、运河、渠道内弃置、堆放阻碍行洪的物体和种植阻碍行洪的林木及高秆作物。禁止在河道管理范围内建设妨碍行洪的建筑物、构筑物以及从事影响河势稳定、危害河岸堤防安全和其他妨碍河道行洪的活动。”显然，“江河、湖泊、水库、运河、渠道”指的是水域的范围，而对“河道管理范围”及其与水域的关系，《水法》则没有规定。（2）河道管理范围包括水域的模式。《防洪法》第 21 条第 3 款规定：“有堤防的河道、湖泊，其管理范围为两岸堤防之间的水域、沙洲、滩地、行洪区和堤防及护堤地；无堤防的河道、湖泊，其管理范围为历史最高洪水位或者设计洪水位之间的水域、沙洲、滩地和行洪区。”该法第 22 条将《水法》上述第 37 条的规定作了改变，将禁止的范围规定为“河道、湖泊管理范围”。《河道管理条例》也是将河道作为比水域更大的概念，其第 20 条第 1、2 款明确规定：“有堤防的河道，其管理范围为两岸堤防之间的水域、沙洲、滩地

① 该解释第一段规定：“刑法第二百二十八条、第三百四十二条、第四百一十条规定的‘违反土地管理法规’，是指违反土地管理法、森林法、草原法等法律以及有关行政法规中关于土地管理的规定。”

（包括可耕地）、行洪区，两岸堤防及护堤地。无堤防的河道，其管理范围根据历史最高洪水位或者设计洪水位确定。”（3）水域包括河道管理范围的模式。《渔业法》第11条也提及水域的概念，其实施细则第2条作出界定：“‘中华人民共和国的内水’，是指中华人民共和国领海基线向陆一侧的海域和江河、湖泊等内陆水域。”国家标准《土地利用现状分类》（GB/T21010—2007）也采用了《渔业法》及其实施细则的规定模式，将“水域及水利设施用地”列为第11个一级分类，包括了河流水面、湖泊水面、水库水面、坑塘水面、沿海滩涂、内陆滩涂、沟渠、水工建筑用地、冰川及永久积雪共9个二级分类，并将“水域及水利设施用地”调查列入了全国第二次土地调查范畴。[①] 笔者认为，按照第三种模式，将水域界定为非法占用之危害行为的对象，是比较合适的，因为其更符合国土资源、国家环境资源的整体概念，在法律法规上能将水域周边的堤防管理范围纳入进来，且前述从环境资源法律保护的角度规定非法占用水域为犯罪的立法例，均将犯罪对象界定为近似于水域的区域，如水域系统、水或者矿泉保护区等。还要指出的是，尽管上述第二种模式从表面上看也较为可取，但因法律法规的性质而突出了防洪安全，并非像《水法》《土地利用现状分类》那样着眼于整体性的水资源，因而并不可取。

因而本罪的对象可界定为“水域，即河道、湖泊、水库的管理范围”。其中，有堤防的河道、湖泊，管理范围为两岸堤防之间的水体、沙洲、滩地（包括可耕地）、行洪区，两岸堤防及护堤地；无堤防的河道、湖泊，管理范围根据历史最高洪水位或者设计洪水位确定；水库库区管理范围为校核洪水位或者移民征地线以下受淹没影响的区域。

第三，关于危害行为的设定。

对于非法占用水域、河道的行为，我国相关的法律、行政法规作出了明确的规定。

---

① 国家标准《土地利用现状分类》（GB/T21010－2017）已失效，目前的二级分类又增加了“沼泽地”，即共10个二级分类。——笔者补注

《水法》第72条规定，禁止在水工程保护范围内，从事影响水工程运行和危害水工程安全的爆破、打井、采石、取土等活动。《防洪法》第61条[①]规定，对破坏、侵占、毁损堤防、水闸、护岸、抽水站、排水渠系等防洪工程和水文、通信设施以及防汛备用的器材、物料，构成犯罪的，可以依照刑法的有关规定追究刑事责任。

《河道管理条例》第44条规定禁止如下占用水域的行为："（一）在河道管理范围内弃置、堆放阻碍行洪物体的；种植阻碍行洪的林木或者高秆植物的；修建围堤、阻水渠道、阻水道路的；（二）在堤防、护堤地建房、放牧、开渠、打井、挖窖、葬坟、晒粮、存放物料、开采地下资源、进行考古发掘以及开展集市贸易活动的；（三）未经批准或者不按照国家规定的防洪标准、工程安全标准整治河道或者修建水工程建筑物和其他设施的；（四）未经批准或者不按照河道主管机关的规定在河道管理范围内采砂、取土、淘金、弃置砂石或者淤泥、爆破、钻探、挖筑鱼塘的；（五）未经批准在河道滩地存放物料、修建厂房或者其他建筑设施，以及开采地下资源或者进行考古发掘的；（六）违反本条例第二十七条的规定，围垦湖泊、河流的；（七）擅自砍伐护堤护岸林木的；（八）汛期违反防汛指挥部的规定或者指令的。"其第45条规定禁止如下行为："在堤防安全保护区内进行打井、钻探、爆破、挖筑鱼塘、采石、取土等危害堤防安全的活动"。

《水库大坝安全管理条例》第29条规定："违反本条例规定，有下列行为之一……构成犯罪的，依法追究刑事责任：……（二）在大坝管理和保护范围内进行爆破、打井、采石、采矿、取土、挖沙、修坟等危害大坝安全活动的；……（四）在库区内围垦的；（五）在坝体修建码头、渠道或者堆放杂物、晾晒粮草的；（六）擅自在大坝管理和保护范围内修建码头、鱼塘的。"

总而言之，非法占用水域的行为有多种表现，而从结果上看，是改变了水域、河道的用途，如挖筑鱼塘、存放物料、建房盖厂等。另外，刑法典第342条规定的非法占用农用地罪也是非法占用型的犯罪，其危害行为表现为"非法占用

① 该条于2015年《防洪法》修正后变为第60条。——笔者补注

耕地、林地等农用地，改变被占用土地用途”。参考该规定，笔者认为，可将非法占用水域罪的危害行为设定为“未经许可，占用水域，改变被侵占水域用途”。

第四，关于刑事处罚条件的设定。

水域或者河道，不同于刑法典分则第六章第六节规定的相关破坏环境资源保护犯罪的对象，受侵害的形态表现得要更为复杂一些，不仅可能是被非法占用水域的面积数量，而且还有可能是不法分子非法获利的金钱数额，以及给防洪安全等水资源所造成的其他损失，因而不能像某些破坏环境资源保护犯罪那样，将非法占用水域受刑事追究的条件设定为某一个单一的要素（数量、手段、对象性质等），如非法占用农用地罪、破坏性采矿罪、滥伐林木罪等。而某些将刑事处罚条件设定为“情节严重”的规定，如非法捕捞水产品罪、非法狩猎罪、非法采矿罪，倒是比较可取。因此，笔者认为，对于非法占用水域罪，可按照情节犯的模式，将其刑事处罚条件设定为“情节严重”，在司法适用中从多个方面来考虑和确定有哪些严重情节。

3. 关于犯罪主体特征

刑法典分则第六章“妨害社会管理秩序罪”第六节“破坏环境资源保护罪”所规定的具体犯罪，在犯罪主体上都是一般主体，即不限定主体的身份要素，同时，第346条规定，单位也可以构成本节的犯罪。因而可以设定，非法占用水域罪的犯罪主体是一般主体，既可以是自然人，即达到刑事责任年龄、具有刑事责任能力的责任人，也可以是单位，包括国有公司，集体所有的公司，合资或独资、私人所有的公司、企业，以及各级国家机关、企事业单位和社会团体。这里的国家机关不包括具有河道水域管理职责的国家机关。河道管理机关的国家工作人员侵权或越权批准占用河道、水域，构成犯罪的，应以滥用职权罪追究责任，而不以本罪论。

4. 关于犯罪主观方面特征

刑法典分则第六章“妨害社会管理秩序罪”第六节“破坏环境资源保护罪”所规定的具体犯罪，在犯罪主观方面要件上都是故意，而且，从法理上说都是直接故意。因而笔者认为，可将非法占用水域罪的犯罪主观方面要件界定为故意，

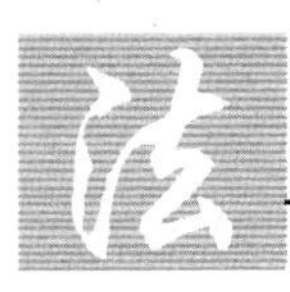



即明知自己非法占用河道、水域的行为违反了河道管理法律法规，会影响河道行洪安全，破坏国家对水资源的保护，希望这种结果发生。

5. 关于法定刑

刑法典分则第六章“妨害社会管理秩序罪”第六节“破坏环境资源保护罪”所规定的具体犯罪，在法定刑上呈现出如下两种类型：（1）基本犯的法定刑为“三年以下有期徒刑、拘役或者管制，并处或者单处罚金”，加重犯的法定刑为“三年以上七年以下有期徒刑，并处罚金”“七年以上有期徒刑，并处罚金”，如盗伐林木罪；（2）基本犯的法定刑为“五年以下有期徒刑或者拘役，并处罚金”，加重犯的法定刑为“五年以上十年以下有期徒刑，并处罚金”“十年以上有期徒刑，并处罚金或者没收财产”，如非法猎捕、杀害珍贵、濒危野生动物罪。当然，有些犯罪只有基本犯，而其基本犯的法定刑也是上述两种类型基本犯法定刑中的一种，如非法占用农用地罪。

根据非法占用水域行为的实际危害，以及其与其他涉水犯罪在法定刑上的衔接匹配关系，笔者认为，可将非法占用水域罪基本犯的法定刑设定为“三年以下有期徒刑、拘役或者管制，并处或者单处罚金”，加重犯的法定刑设定为“三年以上七年以下有期徒刑，并处罚金”。在非法占用水域，造成侵害公共安全、公共卫生、污染环境等后果时，可根据想象竞合的原则，按照处罚较重的犯罪来处理。

## 四、立法规定非法占用水域罪的可行性研讨

在刑法典分则中规定非法占用水域罪的罪刑条文，在宏观上符合党和国家关于水资源的战略决策，在中观上有助于有效提高水资源行政管理体系的效率，在微观上则具有较强的司法操作性，因而具备立法的可行性。

### （一）符合我们党和国家的水资源战略决策

我们党和国家历来重视水资源的保护和管理工作，制定了一系列方针政策，而近几年来，党和国家更是给予了极大的关注，将水资源提高到了战略地位，作

出相关的重大决策，其中也充分重视对水域的保护和合理利用，强调对危害水资源的行为追究法律乃至刑事责任。

2010 年 12 月 31 日，中共中央和国务院联合发布《中共中央国务院关于加快水利改革发展的决定》（2011 年 1 号文件），强调“下决心加快水利发展，切实增强水利支撑保障能力，实现水资源可持续利用”，明确提出“推进依法治水……加强河湖管理，严禁建设项目非法侵占河湖水域”。

2011 年 7 月 8 日至 9 日，首次以中共中央名义召开了中央水利工作会议，这次新中国成立以来最高规格的治水会议阐述了新形势下水利的重要地位，对事关经济社会发展全局的重大水利问题进行了全面部署，会议强调，“到 2020 年，基本建成防洪抗旱减灾体系、水资源合理配置和高效利用体系、水资源保护和河湖健康保障体系、有利于水利科学发展的体制机制和制度体系”。

2012 年 1 月 12 日，国务院专门发布了《国务院关于实行最严格水资源管理制度的意见》。该意见将“处理好水资源开发与保护关系”作为基本原则之一，要求“推进水生态系统保护与修复。开发利用水资源应维持河流合理流量和湖泊、水库以及地下水的合理水位，充分考虑基本生态用水需求，维护河湖健康生态”。

2013 年 11 月 12 日，中国共产党第十八届中央委员会第三次全体会议通过了《中共中央关于全面深化改革若干重大问题的决定》，其中指出，“建设生态文明，必须建立系统完整的生态文明制度体系，实行最严格的源头保护制度、损害赔偿制度、责任追究制度，完善环境治理和生态修复制度，用制度保护生态环境”。就水资源保护的问题，该决定指出，“建立资源环境承载能力监测预警机制，对水土资源、环境容量和海洋资源超载区域实行限制性措施”，并强调，“建立生态环境损害责任终身追究制”，“对造成生态环境损害的责任者严格实行赔偿制度，依法追究刑事责任”。

2013 年 12 月召开的中央城镇化工作会议强调，要“高度重视生态安全，扩大森林、湖泊、湿地等绿色生态空间比重，增强水源涵养能力和环境容量”。城镇建设要“依托现有山水脉络等独特风光，让城市融入大自然，让居民望得见山、看得见水、记得住乡愁”。“在促进城乡一体化发展中，要注意保留村庄原始风貌，慎砍树、不填湖、少拆房，尽可能在原有村庄形态上改善居民生活条件。”

2014年3月，习近平总书记就保障国家水安全的问题发表了重要讲话，被概括为“节水优先、空间均衡、系统治理、两手发力”十六字的治水思路。其中，“系统治理，是统筹自然生态各种要素，把治水与治山、治林、治田有机结合起来，协调解决水资源问题”[①]。时任水利部部长陈雷指出，就系统治理而言，“要强化河湖生态空间用途管制，打造自然积存、自然渗透、自然净化的‘海绵家园’、‘海绵城市’。要加快构建江河湖库水系连通体系，加强水利水电工程生态调度，提升水资源调蓄能力、水环境自净能力和水生态修复能力”[②]。在这里，“河湖生态空间”“江河湖库水系连通体系”都是水域的直接体现，对水域没有强有力的法律保护，也就谈不上所谓的“河湖生态空间”“江河湖库水系连通体系”，也很难说实现水资源的“系统治理”。

综合上述论述，可以看出，对非法占用水域的行为予以刑事处罚，保护国家关于水域的管理秩序，符合上述党和国家的水资源战略决策，也是对该战略决策的切实贯彻和落实，能够为中央和地方有关国家机关所接受，并通过执法活动予以实施。

（二）有助于有效提高水资源行政管理体系的效率

目前，在我国，对水资源的利用和管理，多个部门都有不同的权力。具体而言，水利部负责全国水资源的统一管理和监督工作，住房和城乡建设部负责城市供排水，环境保护部负责水污染防治，国土资源部负责地下水过量开采及污染检测，农业部负责发展节水农业，国家林业局负责指导生物措施防治水土流失，南水北调办公室承担南水北调工程建设管理的职责，交通部负责河流湖泊的航运管理。对于非法占用水域的危害行为，上述部门根据该行为所违反的行政管理法律

① 李建华. 坚持科学治水 全力保障水安全. 人民日报，2014-06-24.

② 水利部党组学习贯彻习近平总书记关于保障水安全重要讲话精神. （2014-04-25）. http://www.mwr.gov.cn.

法规和有关规章作出处理。这种情形被称为“九龙治水”，越来越呈现出对水违法行为无法严厉惩治和有效预防的弊端，因为不同的部门出于不同的职责对水违法行为进行处理，存在趋利避害、选择性执法的可能性。在对非法占用水域行为的处理上，同样存在这样的问题。很多专家呼吁构建全面管理水资源的部门（如真正意义上的水资源部）①，对各种水违法行为（包括非法占用水域）进行全面惩处和管理。

但是，构建水资源部，涉及多方面法律法规和规章的调整和改进，也涉及多种政府管理部门的职权整合，“牵一发而动全身”，有其复杂性和艰巨性，在短时间内难以完成。而国家立法机关在我国刑法典分则中规定非法占用水域罪，却能为上述工作找到突破口，打开局面。因为水资源管理和利用的很多方面涉及水域的各种占用，各种非法占用水域的行为从整体上危害到水资源的统一保护和管理，而对此，不同的政府部门仅从本部门职责和权力的角度进行评价和处理，对一些间接或者远期的破坏性结果，很多部门甚至无法依法处理。我国目前只有水利部的职责是负责全国水资源的统一管理和监督工作，能够全面地评价和分析非法占用水域对我国水资源的实际损害和未来威胁。由水利部对非法占用水域、涉嫌构成犯罪的危害行为进行初期的调查，分析非法占用水域所侵犯的利益及行为性质，确定是否构成犯罪、构成何种犯罪，自然也是水到渠成的事情。水利部在对非法占用水域行为进行初步调查、确定其达到犯罪程度的情况下，一方面依法将案件转交司法机关处理，另一方面也根据违反行政法律法规和规章的情况，确定负责对该行为进行行政处罚的部门，除违反水利法律法规的案件之外，应将案件情况告知该部门，由该部门配合司法机关处理非法占用水域行为，并在刑事处理后依照行政法律法规作出处理。这样的做法显然有助于提高当前水资源行政管理的效率，而且也相对容易实现。只要国务院将非法占用水域行为的初步调查权力赋予水利部即可，不需要去构建水资源部。

① 中国水资源管理模式：五龙治水，九龙戏水．中国经济时报，2011-07-28.

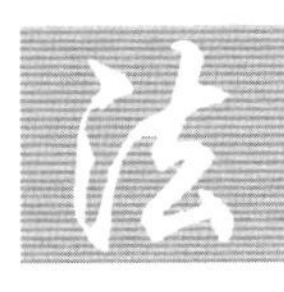



（三）合理确定刑事制裁的适用范围

以刑法典分则罪刑条文规定非法占用水域罪，能够实现与其他相近犯罪的区分，明晰地确定犯罪的界限，从而合理地确定刑事制裁的范围。

1. 与非法占用农用地罪有明确的界限

如前所述，我国刑法典第342条规定了非法占用农用地罪。本罪与非法占用农用地罪，在犯罪主体、犯罪主观方面、犯罪客观行为上，基本上是一致的，即自然人或者单位，故意非法占用，但在犯罪对象上，则完全不同。本罪的犯罪对象是水域、河道，而非法占用农用地罪的犯罪对象是农用地。通常情况下，水域、河道与农用地有着较为明晰的界限，因而很容易将这两个犯罪区分开。不过，在有些地方，农用地与水域、河道有重合，即不少农用地本身处在水域或者河道内。对此，《土地管理法》第4条第3款中规定，"农用地是指直接用于农业生产的土地，包括耕地、林地、草地、农田水利用地、养殖水面等"。因而那些未经许可，违反法律法规，非法占用农田水利用地、养殖水面的行为，既符合刑法典第342条规定之非法占用农用地罪的犯罪构成，又符合本文所阐述的非法占用水域罪的犯罪构成。这显然是《土地管理法》本身的规定造成的，属于刑法理论上所讲的法条竞合的情形。对此，根据上述关于非法占用水域罪法定刑的分析，笔者认为，可按照重罪优于轻罪的原则处理，即情节较轻的，按照非法占用农用地罪（5年以下有期徒刑或者拘役，并处或者单处罚金）处理；情节较重的，按照非法占用水域罪（3年以上7年以下有期徒刑，并处罚金）处理。

2. 与以危险方法危害公共安全相关犯罪有明确的界限

国家对水域、河道的管理，自然而然地包括了防洪、航道安全，而违反国家关于水域、河道的管理规定而非法占用水域的行为，不仅侵犯了合法运用水资源的管理秩序，而且也会危及防洪或航道安全。具体而言，非法占用水域，故意危害防洪安全，或者在某些时候造成河流或者湖泊排泄、行洪不畅，使得水流逾越堤防或者拦洪设施工事，形成洪水，过失造成堤坝决水，同时也触犯了刑法典第114条、第115条第2款的规定，构成决水罪或者过失决水罪；故意破坏水路航道等设施，占用水域，或者非法占用水域，过失损坏水路航道，使船只发生倾

覆、毁坏危险，造成严重后果，同时也触犯了刑法典第117条、第119条第2款，构成破坏交通设施罪、过失损坏交通设施罪。换言之，非法占用水域的危害行为，不仅构成上述非法占用水域罪，而且也可能同时构成以危险方法危害公共安全的相关犯罪。在这样的情况下，非法占用水域行为，同时侵犯多种法益，触犯多个罪名，符合想象竞合犯的特征。而结合刑法典分则第二章关于以危险方法危害公共安全犯罪的规定，根据“从一重罪处罚”的原则，对这种类型的想象竞合犯，可按照相关的以危险方法危害公共安全罪来定罪处罚。

3. 与占用水域行政违法行为有明确的界限

国家立法机关在刑法典中规定非法占用水域罪，并非意味着对所有非法占用水域的行为都要追究刑事责任。对情节严重、达到犯罪程度的非法占用水域行为，才追究刑事责任。结合水法规及河道保护管理的相关规定，根据执法实践经验，“情节严重”是指具备如下情形之一：(1) 非法占用湖泊水域30亩以上，或者侵占或未经批准围垦河道面积达到10亩以上；(2) 未经批准，在水域内修建水工程，建设桥梁、码头和其他拦河、跨河、临河建筑物、构筑物，铺设跨河管道、电缆或者未按照批准要求建设前述工程设施，占用水域面积达到10亩以上，或者减少过水断面达到15%以上或者在设计流量下壅高水位达到15厘米以上；(3) 未经批准，在河道管理范围内擅自弃置砂石、垃圾、堆放物料等阻碍行洪物体，或者进行打井、钻探、爆破、采石、采矿、取土等活动，占用水域面积达到10亩以上，或者减少过水断面达到15%以上或者在设计流量下壅高水位达到15厘米以上；(4) 其他非法占用水域，严重影响水生态、危害公共利益的行为。当然，对于那些经水利部门通知，及时恢复非法占用水域，没有造成严重危害的行为，可以考虑不追究刑事责任。这些可通过最高司法机关发布刑事司法解释的方式来予以规定。

## 五、结语

我国经济的发展和社会的进步越来越要求加强对水资源的保护，而我国刑法典直到目前尚未建立完善的水资源刑法保护体系，在一定意义上，落后于时代，不能适应国家的可持续发展。在刑法典中规定非法占用水域罪，弥补水资源刑法保护的不足，符合当前保护水资源的现实需要，符合党和国家水资源战略决策，跟上了国际上关于水资源保护的刑法立法趋势，有着重要的意义。根据前述研究，笔者认为，宜在刑法典分则第六章“妨害社会管理秩序罪”第六节“破坏环境资源保护罪”中，规定非法占用水域罪。具体而言，可将该罪的罪刑条文表述为：

“第三百四十二条之一　违反水域、河道管理法规，非法占用水域，改变被侵占水域用途，情节严重的，处三年以下有期徒刑、拘役或者管制，并处或者单处罚金；情节特别严重的，处三年以上七年以下有期徒刑，并处罚金。

有前款行为，同时构成其他犯罪的，依照处罚较重的规定处罚。”

**图书在版编目（CIP）数据**

刑法完善与理论发展．中卷/赵秉志著．--北京：
中国人民大学出版社，2022.6
ISBN 978-7-300-30214-0

Ⅰ.①刑… Ⅱ.①赵… Ⅲ.①刑法-文集 Ⅳ.
①D914.04-53

中国版本图书馆 CIP 数据核字（2022）第 046995 号

“十三五”国家重点出版物出版规划项目
中国当代法学家文库
赵秉志刑法研究系列
**刑法完善与理论发展（中卷）**
赵秉志　著
Xingfa Wanshan yu Lilun Fazhan

---

| | | | |
|---|---|---|---|
| **出版发行** | 中国人民大学出版社 | | |
| **社　　址** | 北京中关村大街 31 号 | **邮政编码** | 100080 |
| **电　　话** | 010－62511242（总编室） | | 010－62511770（质管部） |
| | 010－82501766（邮购部） | | 010－62514148（门市部） |
| | 010－62515195（发行公司） | | 010－62515275（盗版举报） |
| **网　　址** | http://www.crup.com.cn | | |
| **经　　销** | 新华书店 | | |
| **印　　刷** | 涿州市星河印刷有限公司 | | |
| **规　　格** | 170mm×228mm　16 开本 | **版　　次** | 2022 年 6 月第 1 版 |
| **印　　张** | 42 插页 4 | **印　　次** | 2022 年 6 月第 1 次印刷 |
| **字　　数** | 623 000 | **定　　价** | 798.00 元（全三册） |


---

“十三五”国家重点出版物出版规划项目

中国当代法学家文库
赵秉志刑法研究系列

# 刑法完善与理论发展（下卷）

赵秉志 著

中国人民大学出版社
·北京·

# 下卷目录





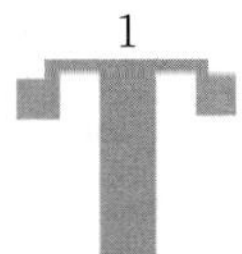

# Table of Contents





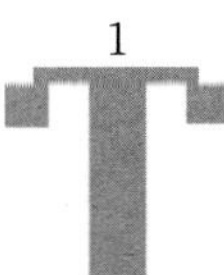

# 下卷细目





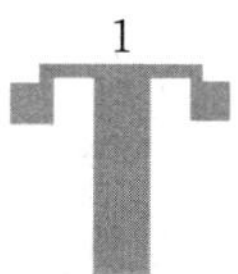

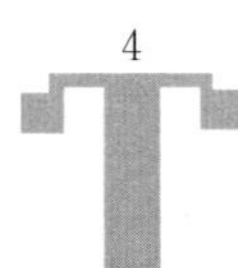

# 第十一编　经济犯罪专题

# 中国惩治危害食品安全犯罪之实证考察与检讨

## ——以危害食品安全犯罪构成要件司法适用类型梳理为视角*

### 一、前言

毋庸讳言，当下我国食品安全问题是一个弥漫着社会集体性恐慌的沉重话题。根据《中国食品安全发展报告（2015）》，2005 年至 2014 年这十年间，全国共发生食品安全事件 227 386 起。[①] 一方面，食品安全事件层出不穷，“苏丹红鸭蛋”“孔雀绿鱼虾”“三聚氰胺奶粉”“福尔马林银鱼”“甲醛奶糖”“爆炸西瓜”“地沟油”“僵尸肉”“瘦肉精”“塑化剂”“毒韭菜”“毒豆芽”“染色紫菜”“避孕黄鳝”等，好像是人们耳熟能详的相声段子了；另一方面，国家对食品安全监管的信息透明度却存在着很大的提升空间。据北京大学公众参与研究与支持中心发

---

* 与张心向教授合著，原载《澳门法学》2016 年第 2 期。

① 江南大学江苏省食品安全研究基地与中国食品安全舆情研究中心. 中国食品安全发展报告（2015）. 中国食品安全报，2015-11-28（1）。

布的《2014—2015年度中国食品安全监管透明度观察报告》显示，“除国家食药监总局信息公开勉强及格外，31个省级与27个省会城市食品安全监管部门无一及格……多数地方食品安全监管部门信息公开指南和目录不透明，只有刚刚超过三分之一（11个）的省级食药监局和不到10%（3个）的省会城市食药监局按时、完整地公开信息公开年报……百姓很难从最为切近的本地食品监管部门那里获得信息”[①]。严重信息不对称的结果只能引发更加严重的惶恐不安，严惩危害食品安全犯罪已成为全社会的呼声。那么，当下我国食品安全问题到底有多严重？具体状况如何？惩治危害食品安全犯罪的立法与司法还存在哪些问题？应当如何改进？我们拟从刑法学专业研究的角度，在我们所能收集和掌握的有限资料范围内，对我国惩治食品安全犯罪的立法特别是司法现状以及存在的问题做一实证考察与检讨，以期对了解中国惩治食品安全犯罪现状及促进相关刑事法治实务完善能有所帮助。

## 二、惩治危害食品安全犯罪的法律依据之梳理

我国惩治危害食品安全犯罪的法律依据，主要涉及刑法和行政法两个方面，以下分别予以梳理。

### （一）刑法依据

危害食品安全犯罪与“危害国家安全罪”“危害公共安全罪”等类犯罪相比，并不是一个严格意义上的类罪称谓，这一概念在中国现行刑法规范中并不存在。亦即，不论是1979年刑法典还是1997年刑法典中，都没有将与食品安全相关的罪名统一规定在某一个章节之中，在单行刑法抑或刑法修正案中也没有“危害食品安全犯罪”这一概念。只是近年来随着食品安全事故频发和相关部门对危害食品安全犯罪的重视，“危害食品安全犯罪”一词才频频出现在司法解释及其他规

① 食品安全监管透明度观察报告发布.（2016-03-17）http://news.gmw.cn/2016-03/17/content_19318549.htm.



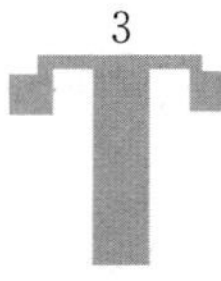

范性文件之中。据我们不完全考证，最早使用“危害食品安全犯罪”一词的规范性文件，是2010年9月最高人民法院、最高人民检察院、公安部、司法部联合发布的《关于依法严惩危害食品安全犯罪活动的通知》。尔后，2011年最高人民法院发布的《关于进一步加大力度依法严惩危害食品安全及相关职务犯罪的通知》和公布的危害食品安全犯罪的典型案例，以及2013年5月2日最高人民法院、最高人民检察院（以下简称“两高”）发布的《关于办理危害食品安全刑事案件适用法律若干问题的解释》[*]（以下简称《食品安全犯罪司法解释》），陆续使用了“危害食品安全（犯罪）”这一表述。

大体说来，刑法作为惩治危害食品安全犯罪的主要依据，其相关规定是散见于刑法典各有关章节以及刑法修正案及单行刑法当中，如果以1979年刑法生效开始至今以来，审视这类犯罪形成的简单脉络，应该说其大致经历了从规范缺失到逐渐创制，从简单粗疏到初步完善这样一个过程。[①]

1. 规范缺失阶段

这个阶段大致是从1979年刑法生效到1993年《关于惩治生产、销售伪劣商品犯罪的决定》颁布之前的时期。这期间最突出的特点，是相关刑事法律中没有关于惩治危害食品安全犯罪的直接规定，对司法实践中发生的危害食品安全的行为，只能以玩忽职守罪、重大责任事故罪和制造、贩卖假药罪论处。

这期间我国正处于改革开放的初期，商品经济的空前发展极大地刺激了人们追求利益的欲望，一些不法商家或个体工商户为一己私利，开始生产、销售一些不符合卫生标准的食品甚至是有毒、有害食品。鉴于此，1982年11月全国人大常委会通过的《食品卫生法（试行）》第41条规定：“违反本法，造成严重食物中毒事故或者其他严重食源性疾患，致人死亡或者致人残疾因而丧失劳动能力的，根据不同情节，对直接责任人员分别依照中华人民共和国刑法第一百八十七

* 本文发表后，最高人民法院、最高人民检察院于2021年12月30日发布了新的《关于办理危害食品安全刑事案件适用法律若干问题的解释》。——笔者补注

① 本文第一作者赵秉志教授作为专家学者部分参与了这一立法活动并见证了危害食品安全犯罪的立法渐渐形成至目前现状的过程。


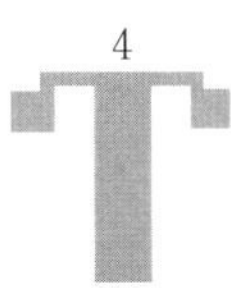

条、第一百一十四条或者第一百六十四条的规定，追究刑事责任。情节轻微，依照中华人民共和国刑法规定可以免予刑事处分的，由主管部门酌情给予行政处分。”这是我国第一次以附属刑法的方式明确规定危害食品安全的行为可以依据其他相关犯罪处理。① 实践中对诸如制造、贩卖以工业酒精兑水的假酒等严重扰乱市场秩序危及人民生命健康的食品安全犯罪，一般都类推或直接依照以其他危险方法危害公共安全罪、投机倒把罪或其他相关犯罪论处，如广为知晓的左成洪、李永泰、谢麟、吴自均以制造、贩卖有毒酒的危险方法致人伤亡案。②

2. 简单创制阶段

这个阶段大致是从 1993 年《关于惩治生产、销售伪劣商品犯罪的决定》生效之后到 2011 年《刑法修正案（八）》生效之前的时期。这期间最突出的特点，是危害食品安全的犯罪先后在单行刑法和刑法典中被明确规定下来，初步但相对简单地在刑事立法中明确确立了危害食品安全的两个罪名。

这个时期，社会上相当一部分商户或个体工商户在食品的加工、销售、运输、储存过程中，甚至包括在食品的种植、养殖过程中实施的各种危害食品安全的行为，已经开始更加频繁的进入公众视野，食品不安全现象越来越普遍，人们对食品的不安全感越来越强烈。危害食品安全的行为开始直接被刑法所关注。首先，1993 年 9 月全国人大常委会专门制定了一个单行刑法，即《关于惩治生产、销售伪劣商品犯罪的决定》，在其第 3 条中规定了生产、销售不符合卫生标准的食品罪和生产、销售有毒、有害食品罪。同时，1995 年的《食品卫生法》第 39 条第 2 款也规定，“违反本法规定，生产经营不符合卫生标准的食品，造成严重食物中毒事故或者其他严重食源性疾患，对人体健康造成严重危害的，或者在生产经营的食品中掺入有毒、有害的非食品原料的，依法追究刑事责任。”其次，1997 年 3 月全国人大常委会通过了新修订的刑法典，在新刑法典分则第三章

① 根据 1979 年刑法的规定，第 187 条、第 114 条、第 164 条分别为玩忽职守罪、重大责任事故罪和制造、贩卖假药罪。

② 该案判决书请参见《最高人民法院公报》，1985（3）.

“破坏社会主义市场经济秩序罪”的“生产、销售伪劣商品罪”一节中吸收并完善了《关于惩治生产、销售伪劣商品犯罪的决定》的相关内容，其中第 143 条“生产、销售不符合卫生标准的食品罪”和第 144 条“生产、销售有毒、有害食品罪”是与食品安全直接相关的犯罪，分别来源于前述决定而仅有少许修改。①另外，这期间围绕着惩治危害食品安全犯罪，“两高”陆续出台了一批司法解释。②

3. 初步完善阶段

这个阶段大致是从 2011 年《刑法修正案（八）》生效以后至现今的这段时期。这期间主要表现为《刑法修正案（八）》对原有刑法规定的两种直接危害食品安全犯罪的修改。其最突出的特点，是这一修改高度注意了刑法与《食品安全法》的衔接，并在一定程度上回应了风险社会对惩治危害食品安全犯罪的期待。

毋庸讳言，这一阶段食品安全问题进一步加剧，食品安全事件在 2011 年达到了历史上的峰值，当年全国共发生食品安全事件 38 513 起③，危害食品安全的刑事案件亦接连发生。“苏丹红鸭蛋”“瘦肉精”“毒豆芽”等问题层出不穷，食品安全问题在某种程度上已经演变成一种社会集体恐慌，危害食品安全犯罪已经发展成为一种社会公害性犯罪，开始成为刑法回应风险社会不能不慎重面对的一个重要问题。而这具体体现于 2011 年 5 月《刑法修正案（八）》对刑法典原有危害食品安全犯罪之修改内容上。首先，《刑法修正案（八）》将刑法第 143 条修改

① 其中最明显的修改是把生产、销售不符合卫生标准的食品罪由原来只有结果犯和结果加重犯两种情形，增加规定了“足以造成严重食物中毒事故或者其他严重食源性疾患的”危险犯之情形，另外，对生产、销售有毒、有害食品罪，增加了“销售明知掺有有毒、有害的非食品原料的食品的”这一罪状，可以说是进一步严密了法网，加大了对此类犯罪的惩处力度。

② 最高人民检察院《关于办理非法经营食盐刑事案件具体应用法律若干问题的解释》（2002 年 9 月 4 日发布，2002 年 9 月 13 日实施），最高人民法院、最高人民检察院《关于办理生产、销售伪劣商品刑事案件具体应用法律若干问题的解释》（2001 年 4 月 9 日发布，2001 年 4 月 10 日实施），最高人民法院《关于审理生产、销售伪劣商品刑事案件有关鉴定问题的通知》（2001 年 5 月 21 日发布并实施），最高人民检察院《关于人民检察院直接受理立案侦查案件立案标准的规定（试行）》（1999 年 9 月 16 日发布并实施）。

③ 江南大学江苏省食品安全研究基地与中国食品安全舆情研究中心．中国食品安全发展报告（2015）．中国食品安全报，2015-11-28（1）.

为："生产、销售不符合食品安全标准的食品，足以造成严重食物中毒事故或者其他严重食源性疾病的，处三年以下有期徒刑或者拘役，并处罚金；对人体健康造成严重危害或者有其他严重情节的，处三年以上七年以下有期徒刑，并处罚金；后果特别严重的，处七年以上有期徒刑或者无期徒刑，并处罚金或者没收财产。"此一修改一是修改了罪名，将"生产、销售不符合卫生标准的食品罪"修正为"生产、销售不符合安全标准的食品罪"。《刑法修正案（八）》的修改"注意与《食品安全法》相衔接，扩大了犯罪对象的范围，将不符合卫生标准的食品扩大到不符合安全标准的食品，解决了实践中生产、销售不符合营养安全标准食品案件定罪难的尴尬，扩大了本罪的处罚范围。"[①] 二是加大了处罚的力度和范围。如"增加了'或者有其他严重情节的'也处以相关刑罚的规定，扩大了本罪的处罚范围；同时修改罚金刑的规定，删除罚金刑的比例限制和单处罚金，有利于加大本罪的刑事处罚力度。"[②] 其次，《刑法修正案（八）》将刑法典第144条修改为："在生产、销售的食品中掺入有毒、有害的非食品原料的，或者销售明知掺有有毒、有害的非食品原料的食品的，处五年以下有期徒刑，并处罚金；对人体健康造成严重危害或者有其他严重情节的，处五年以上十年以下有期徒刑，并处罚金；致人死亡或者有其他特别严重情节的，依照本法第一百四十一条的规定处罚。"该条的修改主要体现在加重刑罚处罚的力度上。主要是删除了原"处五年以下有期徒刑或者拘役"中的"拘役"及"造成严重食物中毒事故或者其他严重食源性疾患的"限制性规定以及罚金刑的比例限制和单处罚金的规定，增加了"或者有其他严重情节的"刑罚条件，并用"其他特别严重情节的"代替原"对人体健康造成其他特别严重危害的"规定。另外，《刑法修正案（八）》还增设了食品监管渎职罪，并对之规定了较为严厉的刑罚。即在刑法典第408条后增加一条，作为第408条之一："负有食品安全监督管理职责的国家机关工作人员，滥用职权或者玩忽职守，导致发生重大食品安全

① 赵秉志. 刑法修正案（八）理解与适用. 北京：中国法制出版社，2012：210.

② 同①.



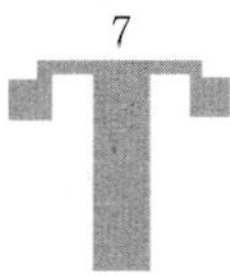

事故或者造成其他严重后果的，处五年以下有期徒刑或者拘役；造成特别严重后果的，处五年以上十年以下有期徒刑。”突显了国家对食品安全监管予以刑法规制的重视。《刑法修正案（八）》对危害食品安全犯罪的修改，尽管可以从一定意义上说是为了与2009年新修订的《食品安全法》相衔接，但更重要的还是刑法以风险社会的思维明确释放出了要严惩危害食品安全犯罪的信号。2013年5月“两高”颁布了《食品安全犯罪司法解释》，对上述刑法规定内容作了进一步细化和操作性阐释。

而实际上就当下而言，作为处罚危害食品安全犯罪之刑法依据的也并非只有生产、销售不符合安全标准的食品罪和生产、销售有毒、有害食品罪，而是围绕这两罪已经形成了一个彼此关联、结构复杂的惩治危害食品安全的犯罪“罪名群”，如生产、销售伪劣产品罪，非法经营罪、假冒注册商标罪等，即便是时至今日，在司法实务中甚至还有以危险方法危害公共安全罪处罚的案例。① 不同罪名的构成要件相似或相近、成立范围重叠或交叉，在具体案件的裁判中如何厘清这些犯罪之间的关系，对刑法规定的危害食品安全犯罪各具体犯罪构成要件的分析与研究就显得尤为重要。

（二）行政法依据

相关行政法成为惩治危害食品安全犯罪的重要依据，主要是由于危害食品安全的犯罪均属于行政犯罪，刑法中相关危害食品安全犯罪的规定大都属于空白刑法规范。空白刑法规范与完备刑法规范所不同的主要是其法律要件的不完整，也即犯罪构成要件或要素的不完整，这就决定了相关行政法作为处罚危害食品安全犯罪的“补充性规范”，通过对刑法相关危害食品安全犯罪规定的构成要件以补充、辅助、说明、论证等方式，介入了具体案件的裁判过程，并对具体裁判结果产生影响。在这其中，对处罚危害食品安全犯罪影响最大的当属《食品安全法》。

---

① 赵秉志．危害食品安全罪问题研究——以河南特大“瘦肉精”案件为主要样本．河南大学学报，2014（1）．



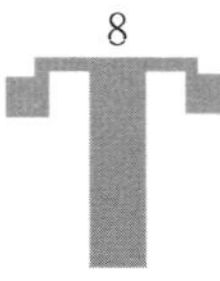

如上所述，刑法有关危害食品安全罪从规范缺失到逐渐创制，从简单粗疏到初步完善的立法过程，实际上是与《食品安全法》相伴而行的。不同历史时期的《食品安全法》影响了刑法在不同时期对危害食品安全犯罪的处罚罪名、形式、力度以及对相关犯罪构成要件或要素概念意义的解读。

行政法作为惩治危害食品安全犯罪的重要依据，主要体现在它为危害食品安全犯罪中所涉及犯罪构成要件或要素的概念该如何解读，提供了一套规范解释的范本，亦即为如何理解该犯罪中所涉及的犯罪构成要件或要素的概念意义，作出了必须依照哪些“法律”解读的“限制性”规定。

例如，对于什么是“食品”，什么是“食品安全标准”，《食品安全法》第150条和第26条都有明确规定[①]，这些规定构成了我们如何解释刑法中规定的“食品”“不符合食品安全标准的食品”的规范依据；再如，什么是“食品添加剂”“食源性疾病”等等，《食品安全法》也都有明确规定。除此之外，对于有些《食品安全法》中没有明确规定的概念该如何理解，《食品安全法》也指出了相应的“准据法”，如其第2条规定，“供食用的源于农业的初级产品（以下称食用农产品）的质量安全管理，遵守《中华人民共和国农产品质量安全法》的规定”。

可见，如何解读危害食品安全犯罪中所涉及的犯罪构成要件或要素的概念意义，除了要参照《食品安全法》中的相关规定外，还涉及其他大量与食品安全相关的行政法律法规，如《产品质量法》《农产品质量安全法》《计量法》《标准化法》等。这些法律法规为具体而明确地解读刑法所规定的危害食品安全犯罪的犯罪构成要件或要素的内涵及外延提供了准据。亦即，刑法仅为相关危害食品安全犯罪提供了犯罪构成要件或要素的基本框架，而这一框架的填充与完善是由相关行政法律、法规等完成的。这类犯罪其犯罪构成要件的最终完成，实际上是刑法与行政法共同努力的结果，这是由行政犯的特点所决定的，也是行政犯相比于刑事犯在法律适用上的精细与复杂之所在。

---

① 本文发表于2016年，本处引用法律条文为2015年修订的《食品安全法》，下同。——笔者补注

## 三、惩治危害食品安全犯罪的司法现状之考察①

### （一）具体罪名司法选用情况

1. “两高”指导性与典型案例涉及的罪名

最近几年，“两高”陆续公布了几批危害食品安全罪的指导性或典型案例，具体如下。

（1）最高人民法院公布的案例。

2011 年 11 月 24 日，最高人民法院公布了 4 件危害食品安全犯罪典型案例。②这 4 件案例分别是刘襄、奚中杰、肖兵、陈玉伟、刘鸿林以危险方法危害公共安全案，孙学丰、代文明销售伪劣产品案，叶维禄、徐剑明、谢维铣生产、销售伪劣产品案，以及王二团、杨哲、王利明玩忽职守案。

2012 年 7 月 31 日，最高人民法院公布了 10 件危害食品药品安全犯罪的典型案例。③ 其中危害食品安全犯罪的案件有 6 件，分别是郑礼桥、罗六清生产、销售有毒、有害食品案，胡昌彬、柯名治、陈洪勇等生产、销售伪劣产品、生产、销售不符合卫生标准的食品案，龙海市海新饲料预混有限公司、蔡顺田、黄淑宽等非法经营案，马小荣生产、销售有毒、有害食品案，杨涛销售有毒、有害食品案，张进勇生产、销售不符合卫生标准的食品案。

2013 年 5 月 2 日，最高人民法院公布了 5 件危害食品安全犯罪的典型案例。④ 这 5 件案例分别是王长兵等生产、销售有毒食品、生产、销售伪劣产品案，

---

① 本部分涉及的案例等实证研究资料的数据分析，由南开大学法学院刑法学专业硕士研究生杨亚会、秦金星、穆裕、刘晓雨、汪康佳等同学协助整理完成，在此向他们致谢。

② 该案相关裁判文书，请参见中国法院网 http://www.chinacourt.org/article/detail/2011/11/id/469280.shtml.

③ 该案相关裁判文书，请参见中国法院网 http://www.chinacourt.org/article/detail/2012/08/id/538767.shtml.

④ 该案相关裁判文书，请参见中国法院网 http://www.chinacourt.org/article/detail/2013/05/id/954257.shtml.

陈金顺等生产、销售伪劣产品、非法经营、生产、销售不符合安全标准的食品案，范光非法经营案，李瑞霞生产、销售伪劣产品案，袁一、程江萍销售有毒、有害食品，销售伪劣产品案。

2015 年 12 月 4 日，最高人民法院公布了 14 件打击危害食品、药品安全违法犯罪典型案例。① 其中关于危害食品安全犯罪的案件有 11 件，分别是陶昌醒等生产、销售不符合安全标准的食品案，徐丙华生产、销售不符合安全标准的食品案，谢天、李华春生产、销售不符合安全标准的食品案，赵榜河生产、销售有毒、有害食品案，刘希强等人生产、销售伪劣产品、对非国家工作人员行贿案，吐某生产、销售不符合安全标准的食品案，姚扬业生产、销售有毒、有害食品案，麻秀龙生产销售有毒、有害食品案，邱某某生产、销售有毒、有害食品案，张益祥、张庆裕、农秀勤生产、销售有毒、有害食品案，张佳章销售不符合安全标准的食品案。

(2) 最高人民检察院公布的案例。

2014 年 2 月 21 日，最高人民检察院公布第 4 批指导性案例——惩治危害食品安全犯罪。② 该批指导性案例共有 5 件，分别是柳立国等人生产、销售有毒、有害食品，生产、销售伪劣产品案；徐孝伦等人生产、销售有害食品案；孙建亮等人生产、销售有毒、有害食品案；胡林贵等人生产、销售有毒、有害食品，行贿，骆梅等人销售伪劣产品，朱伟全等人生产、销售伪劣产品，黎达文等人受贿，食品监管渎职案；赛跃、韩成武受贿、食品监管渎职案。

2015 年 8 月 5 日，最高人民检察院公布 11 件危害食品安全犯罪的典型案例。③ 分别是刘伟、黄康等 19 人生产、销售不符合安全标准的食品案，王勇朝等人生产、销售伪劣产品案，周雄、王成生产、销售有毒、有害食品案，熊智等人生产、销售伪劣产品案，吴金水、陈雪彬、冉仕勤等人生产、销售不符合安全标

---

① 该案相关裁判文书，请参见中国法院网 http://www.court.gov.cn/zixun-xiangqing-16208.html.

② 该案相关裁判文书，请参见最高人民检察院官网 http://www.spp.gov.cn/zdgz/201402/t20140222_67764.shtml.

③ 该案相关裁判文书，请参见最高人民检察院官网 http://www.spp.gov.cn/zdgz/201508/t20150805_102533.shtml.

准食品案，以及江西高安病死猪渎职系列案件，湖北当阳病死猪渎职案件，四川省南充腌腊制品渎职案，福建省漳平市病、死猪肉渎职案，河北张家口不合格燕麦片渎职案，山东乐陵生猪、肉鸭渎职案。

综上，最高人民法院公布的关于危害食品安全犯罪的典型案例共有 26 件，最高人民检察院公布的关于危害食品安全犯罪的指导性案例有 5 件、典型案例有 11 件。“两高”共计 42 件，涉及罪名适用情况 53 次①，其中以生产、销售伪劣产品罪定罪的 13 次，占比 24%；以生产、销售不符合安全标准的食品罪定罪的 10 次，占比 19%；以生产、销售有毒、有害食品罪定罪的 13 次，占比 24%；以非法经营罪定罪的 3 次，占比 6%；以危险方法危害公共安全罪定罪的 1 次，占比 2%；以相关渎职罪定罪的 9 次，占比 17%；以其他罪定罪的 4 次②，占比 8%。以上分析情况如图 1 所示。

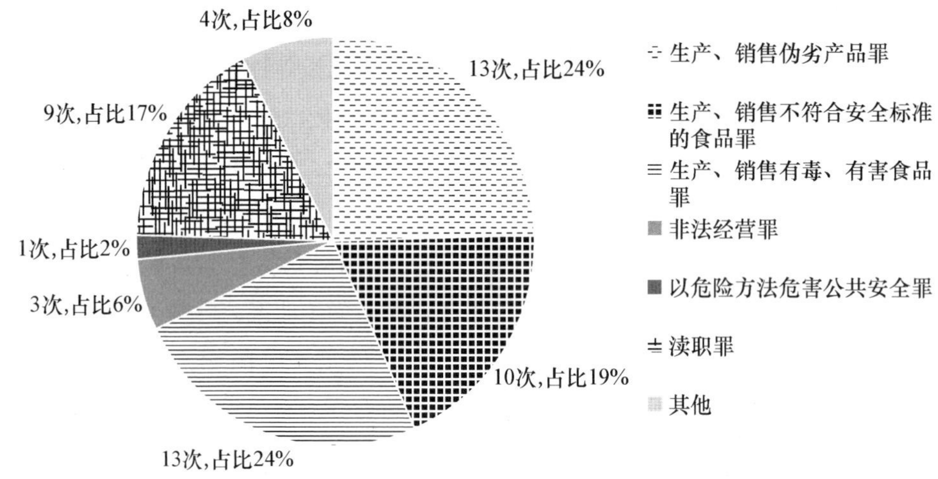


**图 1 “两高”公布案例中危害食品安全犯罪罪名适用情况**

---

① 有的案件是一个案件涉及多个罪名，如：柳立国等人生产、销售有毒、有害食品，生产、销售伪劣产品案，既有生产、销售有毒、有害食品罪，又有生产、销售伪劣产品罪，这样就会被统计 2 次。所以最后统计出来的罪名会多于案件数。

② 以其他罪定罪的 4 个罪名是 2 个行贿罪、2 个受贿罪。

2. 裁判文书网中样本案例之选取

从上述统计数据看，司法实践中惩治危害食品安全犯罪具体适用的罪名，减除适用相关渎职罪罪名论处 9 次占比 17%，以及 4 次适用“其他”罪名占比 8%，主要适用的罪名其实只有 3 种，分别是：生产、销售伪劣产品罪，生产、销售不符合安全标准的食品罪，生产、销售有毒、有害食品罪。① 故本文以此三种罪名作为我们按罪名选取样本案例的基本依据。

2016 年 2 月 25 日②，首先，我们在中国裁判文书网上对生产、销售伪劣产品罪、生产、销售不符合安全标准的食品罪以及生产、销售有毒、有害食品罪进行搜索，具体步骤是：打开中国裁判文书网首页，点击刑事案件，输入关键字生产、销售伪劣产品罪，搜索得到 3 956 个结果，再按照裁判日期排序，每页按 10 条录选，选取这 3 956 件案例的 1/10，即 401 个案例。在这 401 件案例中涉及犯罪对象是食品的案件有 54 件，占比 13.47%（仅保留到小数点后两位）。其次，输入关键字生产、销售不符合安全标准的食品罪，得到 4 308 个结果，按照裁判日期排序，每页按 10 条录选，取这 4 308 件案例的 1/20，即 220 件案例，去除掉重复的 30 件后，最后得到 190 件案例。最后，输入关键词生产、销售有毒、有害食品罪，得到 5 769 个结果，按照裁判日期排序，每页按 10 条录选，取这 5 769 件案例的 1/20，即 330 件，去除掉重复的 83 件后，最后得到 247 件案例。以这样的统计方法，在三罪共计 14 033 件案例中共选取了 491 件样本案例。

样本案例所涉及的审级及地区分布情况如下图（表）所示。③

---

① 这三罪分别占 24%、19%、24%，共计占 67%。如不考虑渎职罪以及“其他”罪名的话，生产、销售伪劣产品罪占比为 32%，生产、销售不符合安全标准的食品罪占比 24%，生产、销售有毒、有害食品罪占比 32%，总计 88%。

② 中国裁判文书网上的案例排序及数量每天都在发生变化。

③ 一共统计了 491 个案例，由于其中生产、销售伪劣产品罪中有 2 个减刑裁定书，所以在对审判程序进行分析时是只对 489 个案例进行分析。

**表 1　三罪样本案例审级情况**

| 罪名 | 一审 | 二审 |
| --- | --- | --- |
| 生产、销售伪劣产品罪（食品） | 41 | 11 |
| 生产、销售不符合安全标准的食品罪 | 178 | 12 |
| 生产、销售有毒、有害食品罪 | 208 | 39 |
| 总计 | 427 | 62 |

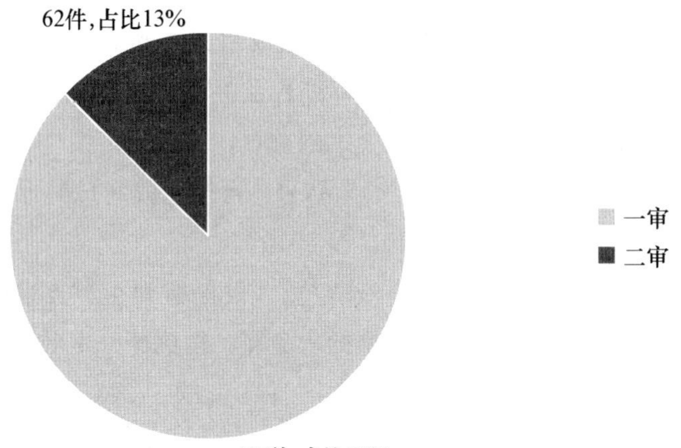


**图 2　三罪样本案例审级情况**

**表 2　三罪样本案例审判地区分布情况**

| 省份 | 生产、销售不符合安全标准的食品罪（件） | 生产、销售有毒、有害食品罪（件） | 生产、销售伪劣产品罪（食品）（件） |
| --- | --- | --- | --- |
| 江苏 | 8 | 33 | 3 |
| 北京 | 12 | 1 | 0 |
| 浙江 | 11 | 29 | 8 |
| 吉林 | 4 | 2 | 1 |
| 辽宁 | 4 | 5 | 4 |
| 安徽 | 1 | 0 | 1 |
| 河南 | 80 | 61 | 4 |
| 江西 | 6 | 7 | 0 |

续表

| 省份 | 生产、销售不符合安全标准的食品罪（件） | 生产、销售有毒、有害食品罪（件） | 生产、销售伪劣产品罪（食品）（件） |
|---|---|---|---|
| 山东 | 6 | 22 | 8 |
| 湖南 | 7 | 4 | 7 |
| 广东 | 23 | 21 | 5 |
| 四川 | 1 | 3 | 0 |
| 河北 | 14 | 11 | 3 |
| 上海 | 9 | 7 | 5 |
| 内蒙古 | 1 | 0 | 0 |
| 陕西 | 2 | 10 | 1 |
| 山西 | 1 | 3 | 1 |
| 广西 | 0 | 7 | 0 |
| 福建 | 0 | 9 | 2 |
| 甘肃 | 0 | 1 | 1 |
| 贵州 | 0 | 2 | 0 |
| 黑龙江 | 0 | 2 | 0 |
| 湖北 | 0 | 2 | 0 |
| 海南 | 0 | 1 | 0 |
| 宁夏 | 0 | 1 | 0 |
| 新疆 | 0 | 1 | 0 |
| 重庆 | 0 | 1 | 0 |
| 天津 | 0 | 1 | 0 |

本文所涉及的我国惩治危害食品安全犯罪相关问题实证分析数据，均来自这54件生产、销售伪劣产品罪案例，190件生产、销售不符合安全标准的食品罪案例，以及247件生产、销售有毒、有害食品罪案例的裁判文书。

（二）构成要件司法适用情况

1.“食品”的主要类型

危害食品安全罪的犯罪对象主要是“食品”。其具体类型在这些案例中主要



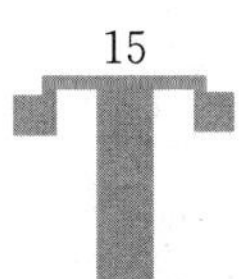

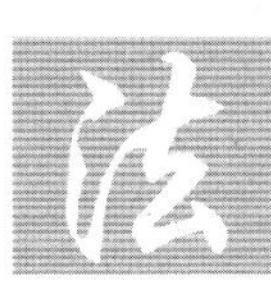

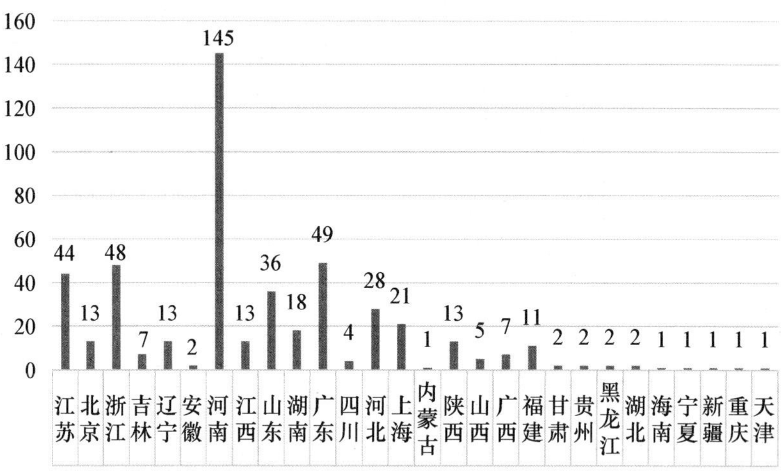


**图 3　样本案例地区分布情况**

分为三类：成品性食品、半成品性食品、非食品性物质。成品性食品指的是直接用于食用或饮用的食品，比如酒、饮料、腊肉、熟食等；半成品性食品是指消费者购买后需要有进一步加工才可以食用或饮用的食品，比如各种生肉、部分蔬菜、水产品等；非食品性物质指的是那些根本不能食用或饮用的东西，或者用根本不能食用或饮用的原料制作成所谓的“食品”，比如病死的猪肉、马肉、驴肉等。这些犯罪对象在这三种犯罪中的具体情况如下。

（1）生产、销售伪劣产品罪中的“食品”。

在生产、销售伪劣产品罪中，54 件案例中去除掉 1 个减刑裁定书后[①]，在 53 件案例中还有 1 件案例行为人既销售病死的鸡肉，又销售病死的猪肉，所以统计为 2 次[②]，最终 53 件案例统计得出 54 个结果。其中涉及成品食品主要包括桶装水、蜂蜜、食用油、瓜子、奶粉、酒、熟食、腊肉等，有 28 件，占比 52%；半成品食品主要是猪肉，有 15 件，占比 28%；非食品性物质主要包括死因不明的

① 王建岭减刑刑事裁定书，(2016) 豫 01 刑更 58 号。来源：中国裁判文书网。

② 王寿峰生产、销售伪劣产品罪，张某生产、销售不符合安全标准的食品罪二审刑事裁定书，(2014) 临刑二终字第 233 号。来源：中国裁判文书网。

猪肉、鸡肉等，有 11 件，占比 20%。如图 4 所示。

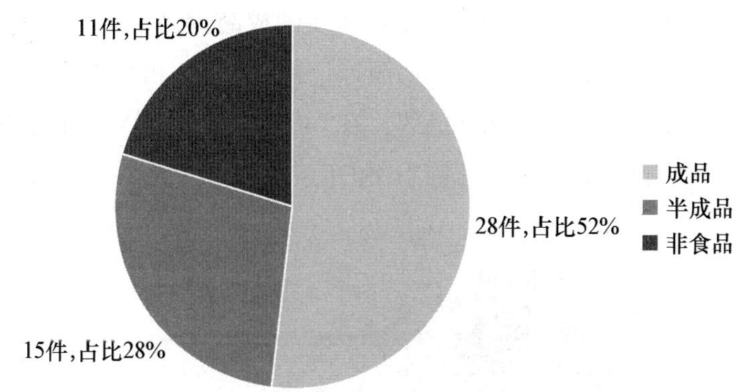


**图 4 生产、销售伪劣产品罪中犯罪对象类型**

(2) 生产、销售不符合安全标准的食品罪中的“食品”。

在生产、销售不符合安全标准的食品罪中涉及的成品食品主要包括蛋糕、油条、花生油、馒头、食用盐、保健品、酒等，有 157 件，占比 83%；半成品食品主要为猪肉，有 5 件，占比 2%；非食品性物质主要是一些死因不明的猪肉，有 28 件，占比 15%。如图 5 所示。

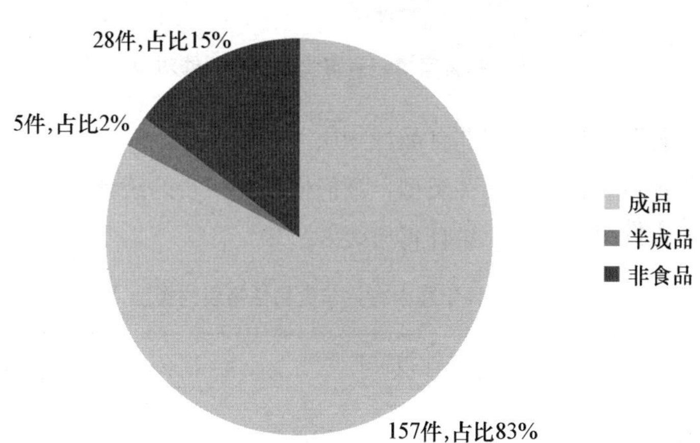


**图 5 生产、销售不符合安全标准的食品罪中犯罪对象类型**

（3）生产、销售有毒、有害食品罪中 的“食品”。

在生产、销售有毒、有害食品罪中，涉及的成品食品主要包括面包、馒头、卤制品、熟食、食用盐、保健食品、白酒等，有102件，占比49%；半成品食品主要包括豆芽、猪肉、鸭子、水产品等，有130件，占比46%；非食品性物质主要有死猪肉、死狗肉，以及其他死因不明的肉类产品等，有15件，占比4%。如图6所示。

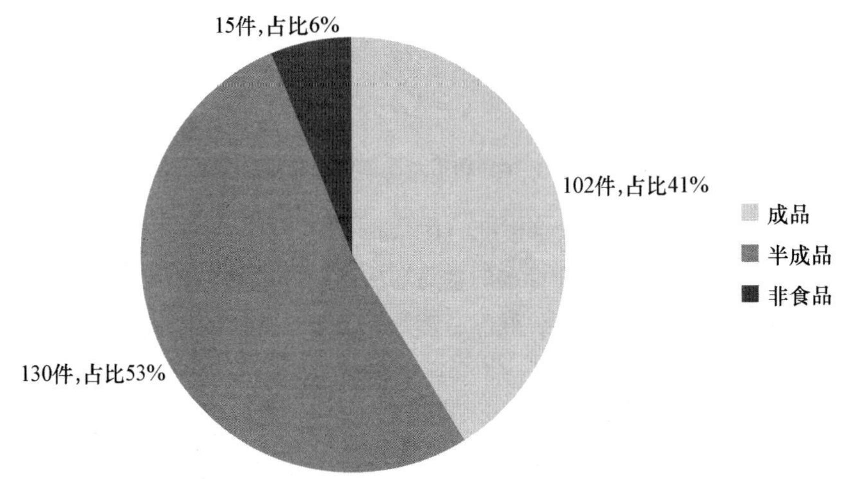


**图6　生产、销售有毒、有害食品罪中犯罪对象类型**

（4）三罪犯罪对象所涉“非食品性物质”类型总览。

对有关非食品性物质的相关类型，我们做了进一步的统计，将三种犯罪中涉及的非食品性物质进行划分，统计得出表3。

**表3　三种犯罪中有关非食品性物质的类型**

| 生产、销售伪劣产品罪中有关非食品性物质类型 | |
|---|---|
| 病死鸡肉 | 3 |
| 病死猪肉 | 7 |
| 病死牛肉 | 1 |

续表

| 生产、销售不符合安全标准的食品罪中有关非食品性物质类型 | |
|---|---|
| 病死猪肉 | 17 |
| 病死鸡肉 | 3 |
| 病死牛肉 | 3 |
| 病死羊肉 | 1 |
| 病死马肉 | 1 |
| 工业盐 | 3 |
| 生产、销售有毒、有害食品罪中有关非食品性物质类型 | |
| 假蜂蜜 | 1 |
| 毒死的狗 | 6 |
| 空心胶囊 | 7 |
| 病死猪肉 | 1 |

将这三种犯罪中涉及的非食品性物质进行整体统计结果，见图 7。

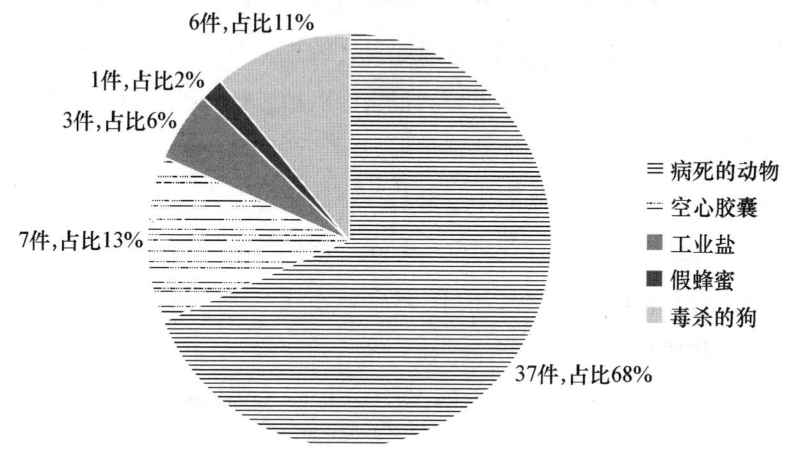


**图 7　非食品性物质各具体类型比**

（5）结论及问题。

上述该三种犯罪在其犯罪对象所涉及的“食品”中，无论是成品食品还是半成品食品基本上都属于大众日常生活消费品，作成品与半成品的界分分析，主要



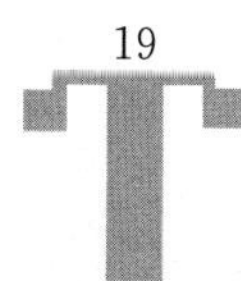

是看其在各罪中分别所占的比例。一般来说，犯罪对象是成品食品的，由于其具有可以直接食用性，社会危害性较之半成品食品会更大一些，在量刑上会有所考虑，但对定罪没有影响。这里的这种类型分析后突显的问题主要是病死动物、毒死的狗等这些“非食品性物质”，如果作为生产、销售有毒、有害食品罪的犯罪对象，还可以解释，但其也成了生产、销售伪劣产品罪以及生产、销售不符合安全标准的食品罪的犯罪对象，对此在现行刑法规定中该如何解读？

2.“食品”的检测认定

检测报告是惩治危害食品安全犯罪中认定犯罪对象——“食品”是否符合犯罪构成要件所要求达到的“法定要求”的一个重要证据，我们在统计这491份裁判文书的过程中，发现竟存在完全没有提到检测报告的情况，即证据列表里没有检测报告，裁判文书中也没有出现“经检验”这三个字，但在绝大部分裁判文书中还是提及了检测报告的。这又分为三种情况：一是检测报告由行政机关作出；二是检测报告由非行政机关即主要由一些公司性质的检验机构作出；三是作出检测报告的检验机构不详。[①] 为清晰明确起见，我们对这三种犯罪分别进行统计，先统计是否有检测报告，再对作出检测报告的机构进行分类，最后对作出检测报告的行政机关进行再分类，具体整理步骤如图8。[②]

（1）生产、销售伪劣产品罪中“食品”检测情况。

在54份生产、销售伪劣产品罪的裁判文书中，完全没有提到检测报告的有20份，占比37%；涉及检测报告的有34份，占比63%。如图9所示。

---

① 此处的第三种情况在裁判文书中表现为，证据列表中只是简单地列出了检验报告作为证据，没有提到检验机构的名称，或者是只有“经检验”这三个字，对检验机构未作说明的。

② 在本次统计中，检验机构的性质分为三类：行政机关、非行政机关、不详，行政机关主要是一些政府官方建议机构，比如××市（县）产品质量监督检验所；非行政机关主要是一些民间的公司性质的检验机构，比如××市××检测技术有限公司；不详主要指裁判文书中仅仅提到了检验报告或者仅有“经检验”三个字，并未涉及检验机构的名称的情况。在行政机关性质中的检验机构按照行政级别分为三类：省（部）级、市级、县级，一般是带有××省（市/县），比如湖南省动物疫病预防控制中心检验，其中对于很多××省（市）质量技术监督局下属的××质量技术监督所，并非级别降低，而是为了提供技术支持而单独在外设立的，其行政级别依然与质量技术监督局相同。

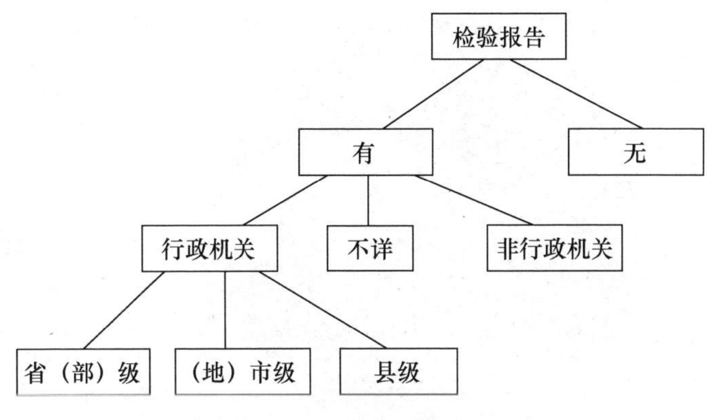


**图8　检测报告整理步骤**

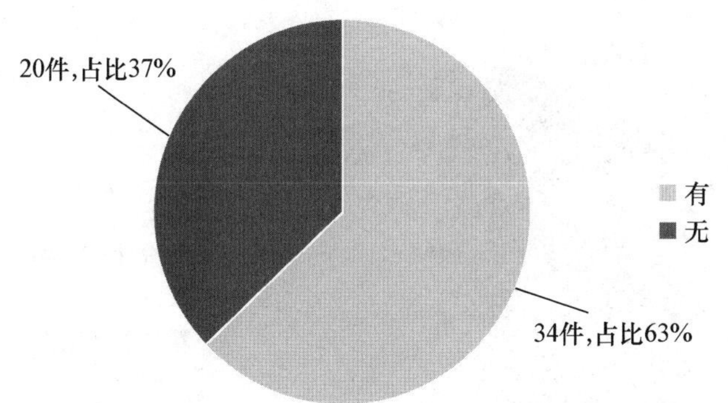


**图9　生产、销售伪劣产品罪中检测报告有无情况**

在这34份有检测报告的裁判文书中，作出检测报告的主体分为三类：行政机关有27份，占比79%；非行政机关有1份，占比3%；不详的有6份，占比18%。如图10所示。

在这27份由行政机关作出的检测报告中，按照级别又分为三类：省（部）级的有14份，占比52%；（地）市级的有10份，占比37%；县级的有3份，占比11%。如图11所示。

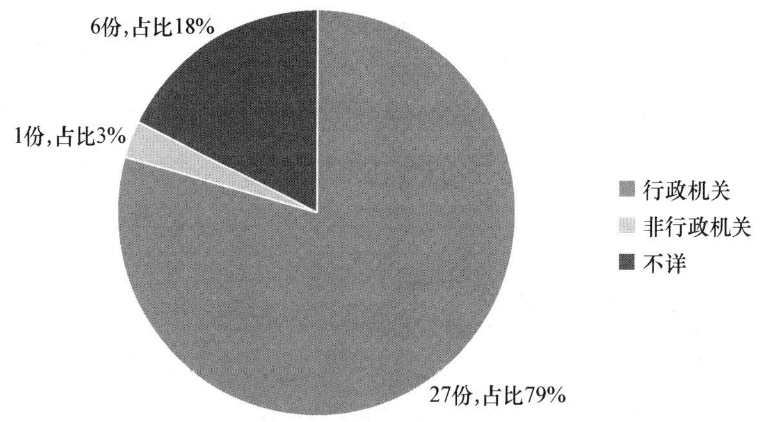


**图 10　作出检测报告的检验机构的分类情况**

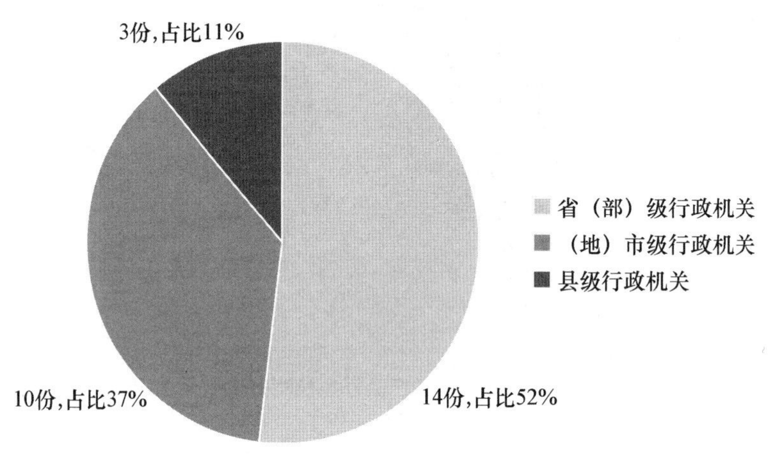


**图 11　作出检测报告的检验机构的行政级别**

（2）生产、销售不符合安全标准的食品罪中“食品”检测情况。

在生产、销售不符合安全标准的食品罪中，190 份裁判文书有检测报告的 176 份，占比 93%；没有提及检测报告的有 14 份，占比 7%。如图 12 所示。

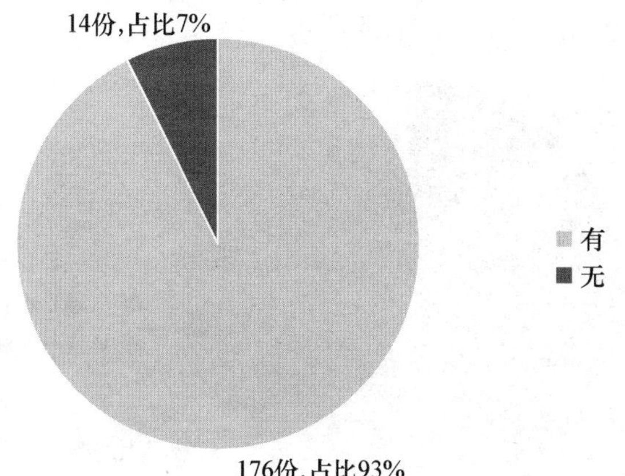


**图 12　生产、销售不符合安全标准的食品罪中检测报告有无情况**

在 176 份有检验报告的裁判文书中，由行政机关作出的有 80 份，占比 46%；非行政机关作出的有 41 份，占比 23%；不详的有 55 份，占比 31%。如图 13 所示。

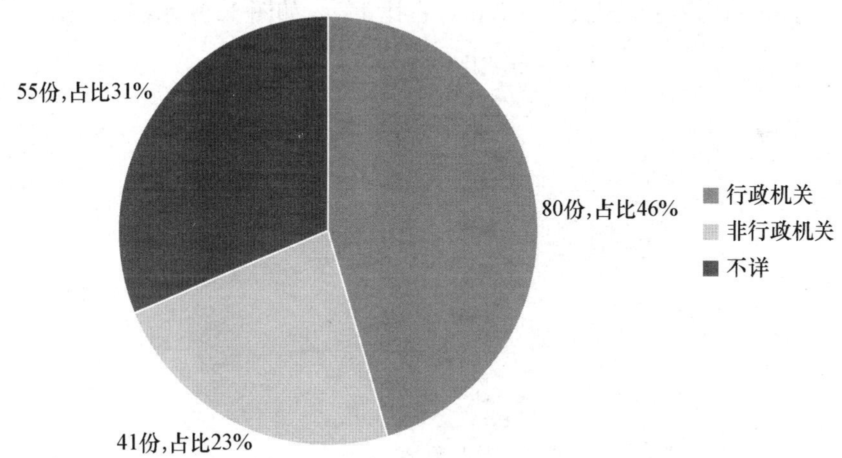


**图 13　检验机构的分类情况**

在这 80 份由行政机关作出的检测报告中，省（部）级检测机构作出的有 47 份，占比 59%；（地）市级检测机构作出的有 16 份，占比 20%；县级检测机构

作出的有 17 份，占比 21%。如图 14 所示。

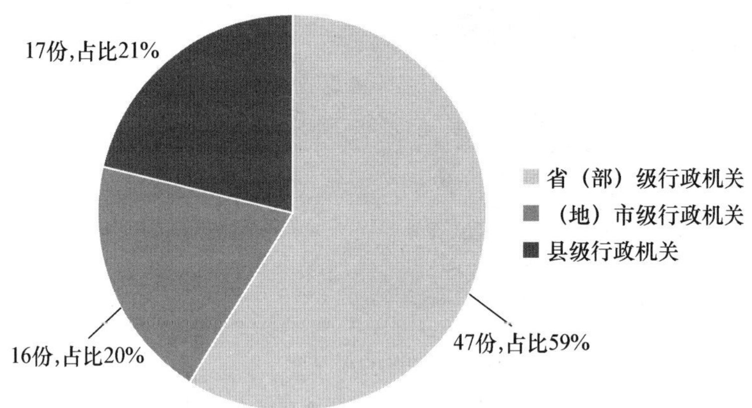


**图 14　检验机构的行政级别**

（3）生产、销售有毒、有害食品罪中“食品”检测情况。

在生产、销售有毒、有害食品罪的 247 份裁判文书中，有检测报告的 244 份，占比 99%；没有检测报告的 3 份，占比 1%。如图 15 所示。

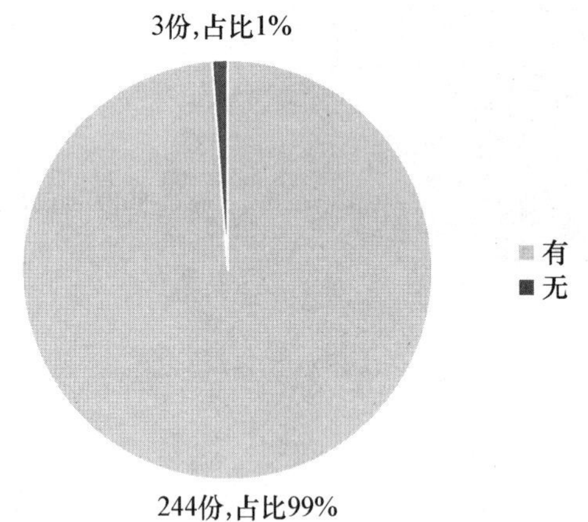


**图 15　生产、销售有毒有害食品罪中检测报告有无情况**

这其中检测报告由行政机关作出的有 136 份，占比 56%；非行政机关作出的有 54 份，占比 22%；不详的有 54 份，占比 22%。如图 16 所示。

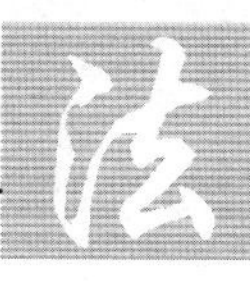

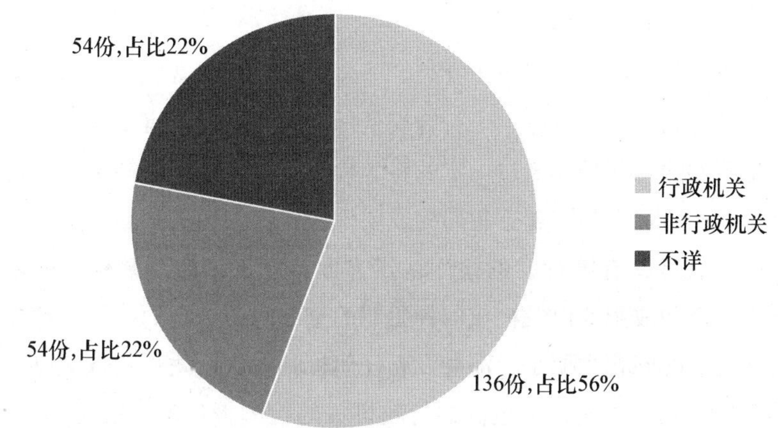


图 16 检验机构的类型

136 份由行政机关作出的检测报告中，检测机构为省（部）级的有 67 份，占比 49%；（地）市级的有 53 份，占比 39%；县级的有 16 份，占比 12%。如 17 所示。

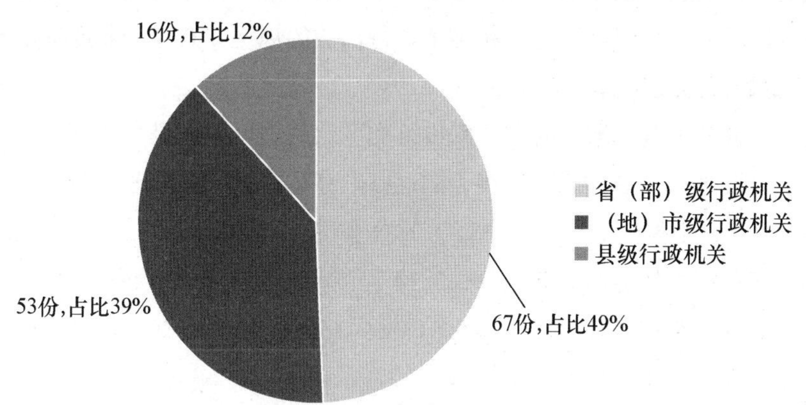


图 17 检验机构的行政级别

（4）结论及问题。

综上统计，该三种犯罪一共涉及 491 份裁判文书，其中有检测报告的 454 份，完全没有提到检测报告的有 37 份。在这 454 份检测报告中行政机关作出的有 243 份，非行政机关作出的有 96 份，检验机构不详的有 115 份。在 243 份由行政机关作出的检测报告中，省（部）级检测机构作出的有 128 份，（地）市级的有 79 份，县级的有 36 份。

我们知道，某种物质是否属于食品，一般只需要作出常识性判断；但判断某种“食品”是否属于伪劣食品、不符合安全标准的食品以及有毒、有害食品，仅有常识则是不够的，还需要通过一定的科学检测手段才能得出结论。上述三罪在涉及“食品”性质，即是否属于犯罪构成要件所要求的伪劣食品、不符合安全标准的食品以及有毒、有害食品的检测认定方面，由于是涉及某种“危害食品安全”的行为是否构成犯罪以及构成何种犯罪的重大问题，我们才做了这样的细致分类。由此突显的问题主要是：那些没有任何检测报告仅凭一般常识以及一份带有商业性质的检测报告或级别很低的行政机关的检测报告就“决定”了“食品”的性质，以及仅凭一纸检测报告证明被检测对象含有某些不符合安全标准或法律、法规禁止添加、使用的物质，就确认为“足以造成严重食物中毒事故或者其他严重食源性疾病”或“有毒、有害的非食品原料”，从而决定了某种行为是否构成犯罪以及何种犯罪，这是否超越了现行刑法的规定并有悖于罪刑法定原则？

3. 犯罪行为发生的时空范围

对危害食品安全犯罪的时空要素进行类型化整理，主要是想了解一下相关犯罪行为主要发生在食品加工、销售、贮运（贮存、运输）的哪些环节？[①]

(1) 生产、销售伪劣产品罪中行为的发生环节。

在生产、销售伪劣产品罪中，去除掉 1 个减刑裁定书[②]，对其余 53 件案例经统计得出：发生在加工环节的有 45 件；发生在销售环节的有 7 件；发生在贮运环节的有 2 件。[③] 如图 18 所示。

---

① 统计规则为行为人既加工又销售，则统计为加工；行为人既加工、销售又贮运的，统计为加工；行为人既销售又贮运的统计为销售；行为人仅贮运的统计为贮运。在有的共同犯罪中主犯通常负责加工、销售，而存在运输的从犯，这种情况下也统计为贮运。这样一个案例可能会统计两次或以上。在我们统计的案例中，更多的是表现为一种两个或以上的行为人故意违法加工、销售食品，而对于进行运输或贮存的行为人通常为从犯，不涉及加工销售环节。如果主犯自己既加工又销售还贮运的话，我们计算在加工或销售之内。

② 参见王建岭减刑刑事裁定书，(2016) 豫 01 刑更 58 号。来源：中国裁判文书网。

③ 参见王赐清、黄某甲等非法经营罪二审刑事裁定书，(2014) 漳刑终字第 290 号。这一案例既涉及加工、销售，又涉及运输，所以统计了两次。来源：中国裁判文书网。

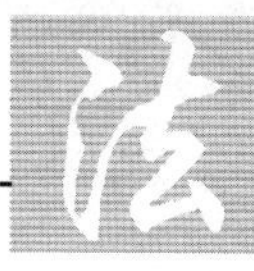

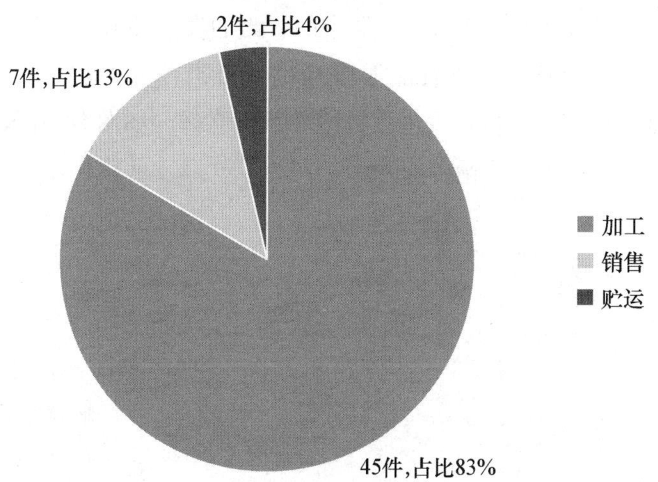


**图 18　生产、销售伪劣产品罪中行为的发生环节**

(2) 生产、销售不符合安全标准的食品罪中行为的发生环节。

在生产、销售不符合安全标准的食品罪中的经统计得出：发生在加工环节的有 180 件；发生在销售环节的有 9 件；发生在贮运环节的有 1 件。① 如图 19 所示。

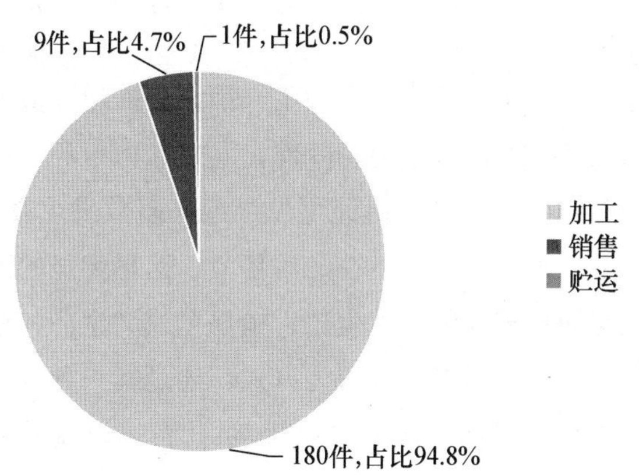


**图 19　生产、销售不符合安全标准的食品罪中行为的发生环节**

① 参见周某某、彭某某生产、销售不符合安全标准的食品一审刑事判决书，(2015) 阳刑初字第 118 号。来源：中国裁判文书网。

(3) 生产、销售有毒、有害食品罪中的行为的发生环节。

在生产、销售有毒、有害食品罪中经统计得出：发生在加工环节的有 243 件；发生在销售环节有 4 件；发生在贮运环节为 0 件。如图 20 所示。

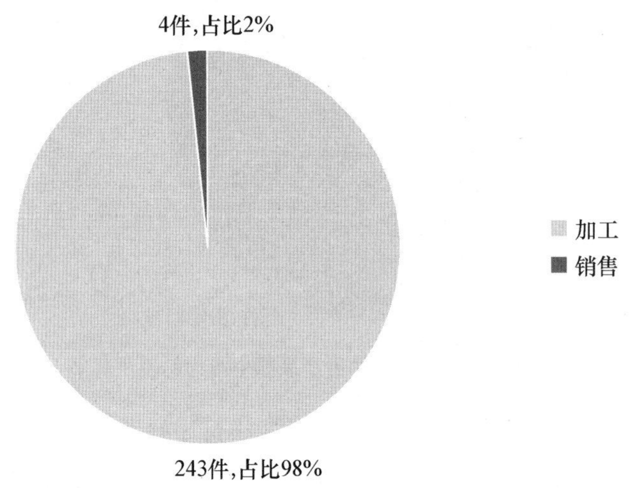


**图 20　生产、销售有毒、有害食品罪中行为的发生环节类型**

(4) 结论及问题。

在这三种犯罪中，对犯罪行为处于加工、销售、贮运环节进行整理统计后结果如下：发生在加工环节的案例数为 468 件，发生在销售环节的案例数为 20 件，发生在贮运环节的案例数为 3 件。由此可见，绝大多数发生在食品的加工环节，少数发生在销售环节，极个别的发生在贮运环节。这里突显的问题是，作为刑法明确规定构成相关犯罪构成要件的“生产、销售”或“生产、销售者”在具体的案件事实中该如何被解读，是指一种行为方式，还是指一种行为的时空要素，抑或是指一种针对所有危害食品安全的“概括性行为”，以及应否包含“运输、贮存”等含义？

4. 犯罪数额的认定

(1) 生产、销售伪劣产品罪中的犯罪数额。

依据刑法典第 140 条的规定，生产、销售伪劣产品罪是结果犯，成立犯罪的

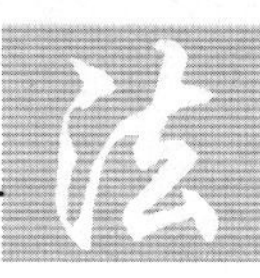

最低数额标准是销售金额5万元。根据我们的统计，在这54件案例中还没有发现低于5万元的裁判文书。根据这些案件的实际情况，我们将生产、销售金额具体确定为7个档次，分别为：5万～10万元，10万～20万元，20万～50万元，50万～100万元，100万～300万元，300万～500万元，500万元以上，统计规则为a≤X＜b，即只包括下限而不包括上限。具体统计数据见图21。

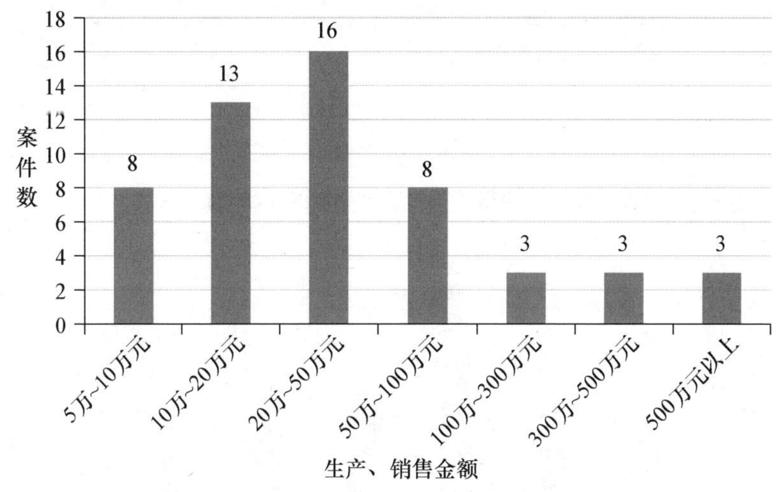


**图21　生产、销售伪劣产品罪犯罪数额**

（2）生产、销售不符合安全标准的食品罪中的犯罪数额。

根据刑法典第143条的规定，生产、销售不符合安全标准的食品罪是危险犯，成立犯罪的构成要件中没有数额因素的要求。从裁判文书的具体内容看，此罪所涉及的生产、销售数额一般都比较小，而且大部分都未明确写出数额。我们统计的这190件案例，涉及有详细数额的只有22件，占比11.58%。具体情况见图22。

（3）生产、销售有毒、有害食品罪中的犯罪数额。

依据刑法典第144条的规定，生产、销售有毒、有害食品罪是行为犯，成立犯罪的构成要件中当然不会有数额的要求，所以从这247件案例看，只有54件裁判文书写出了具体的生产、销售金额，占比21.86%，而且所涉及的数额也都相对较少。如图23所示。



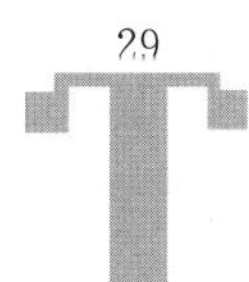

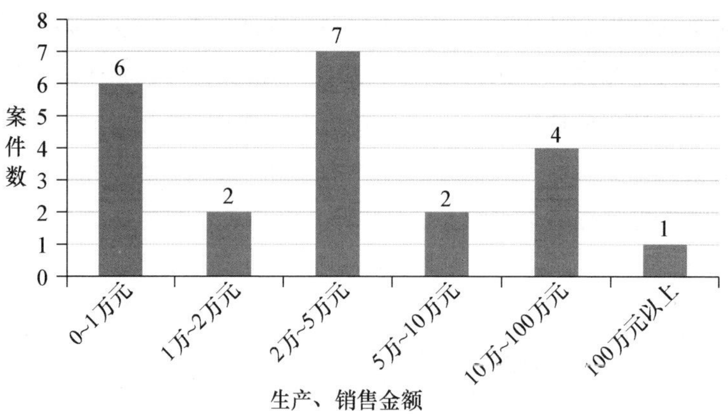


**图 22　生产、销售不符合安全标准的食品罪犯罪数额**

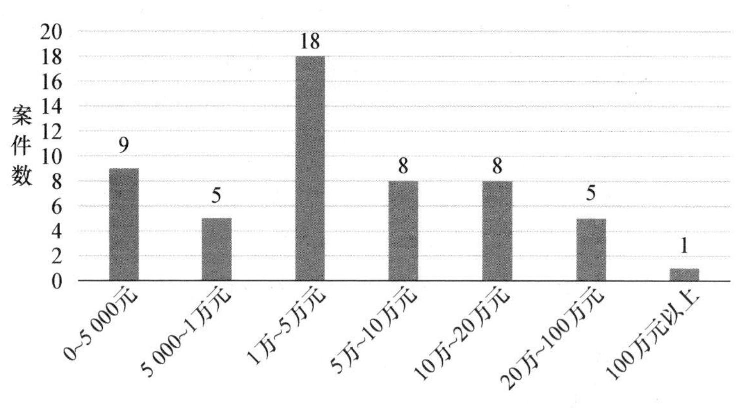


**图 23　生产、销售有毒、有害食品罪犯罪数额**

（4）结论及问题。

犯罪数额在上述三种犯罪之构成要件中的意义是不同的，在生产、销售伪劣产品罪中是成立犯罪的必备要件；而在生产、销售不符合安全标准的食品罪以及生产、销售有毒、有害食品罪中则不具有犯罪构成要件的意义，只具有量刑上的考虑价值。样本案例反映出来的情形和法律规定的情况是一致的。在这里突显的问题主要是，犯罪数额在后两种犯罪（即作为危险犯的生产、销售不符合安全标

准的食品罪以及作为行为犯的生产、销售有毒、有害食品罪）中的隐形价值，即如果“无证据证明足以造成严重食物中毒事故或者其他严重食源性疾病”或现有的检测手段或标准无法检测或确定某类物质是不是“有毒、有害的非食品原料”，行为是否构成犯罪，数额就成了一个必备要件，生产、销售伪劣产品罪是不是后两罪的一个“兜底性条款”？在这种情况下，如何界定它们之间的区别，以保证罪名适用的妥当性？

（三）相关刑罚司法裁量情况

1. 三罪罚金刑适用情况[①]

在我们对危害食品安全犯罪的罚金数额整体情况进行统计的过程中，为了保证数据统计的准确性与直观性，我们将罚金数额分为 4 个档次，分别为：0～5 万元的有 573 人，5 万～20 万元的有 116 人，20 万～50 万元的有 41 人，50 万元以上的有 34 人。如图 24 所示。

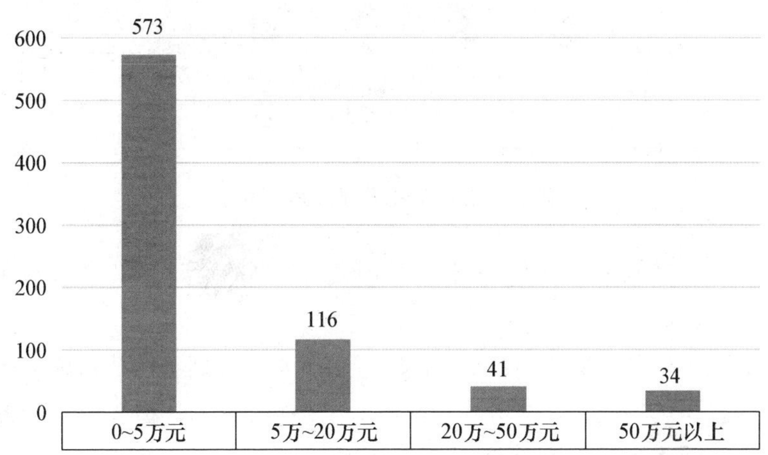


**图 24　三罪罚金刑罚金数额总览**

① 鉴于统计案件样本中没有涉及没收财产刑的情况，故直接对这三种具体犯罪案件中各案被告人被判处的罚金刑进行统计，即以被判处罚金的被告人（自然人）为对象进行统计，按自然人个数统计而不是案件个数统计。统计规则为 a≤X＜b，即包括下限不包括上限。因为将免予处罚的剔除在外，所以第一个区间值 0～5 万，既不包括 5 万也不包括 0，其他的区间符合 a≤X＜b 的统计规则。

2. 三罪拘役、有期徒刑等适用情况①

我们对这三种罪所判刑罚进行总体分析得出的情况是：免予处罚的 5 人，拘役的 89 人，有期徒刑 6 个月至 1 年的 210 人，有期徒刑 1 年至 3 年的 138 人，有期徒刑 3 年至 10 年的 38 人，有期徒刑 10 年至 15 年的 9 人，无期徒刑的 0 人。如图 25 所示。

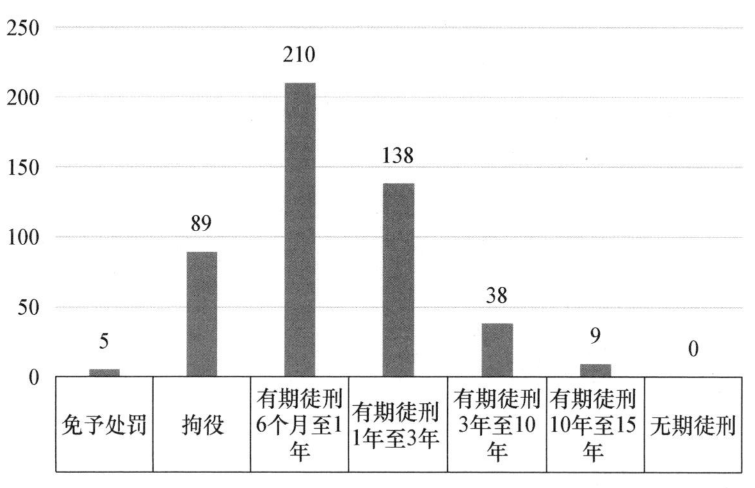


**图 25　三罪的犯罪刑罚适用情况**

这其中被判处拘役、3 年以下有期徒刑适用缓刑的情况，如图 26 所示。

3. 结论及问题

首先，从上述各犯罪适用罚金刑的情况可见，罚金刑是在处罚危害食品安全犯罪中普遍适用的刑罚，罚金数额主要集中在 5 万元左右，但生产、销售伪劣产品罪的罚金数额集中在 5 万～10 万元，生产、销售不符合安全标准的食品罪和生产、销售有毒、有害食品罪的罚金数额则主要集中在 5 万元以下，且一半左右的案例中罚金数额不满 1 万元；其次，从上述各罪被判处的主刑情况看，保留了

① 这 491 个案例中有一些是共同犯罪，遇到共同犯罪的情况仅统计主犯的刑期。统计规则为 a≤X<b，即包括下限不包括上限。

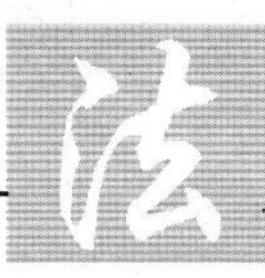

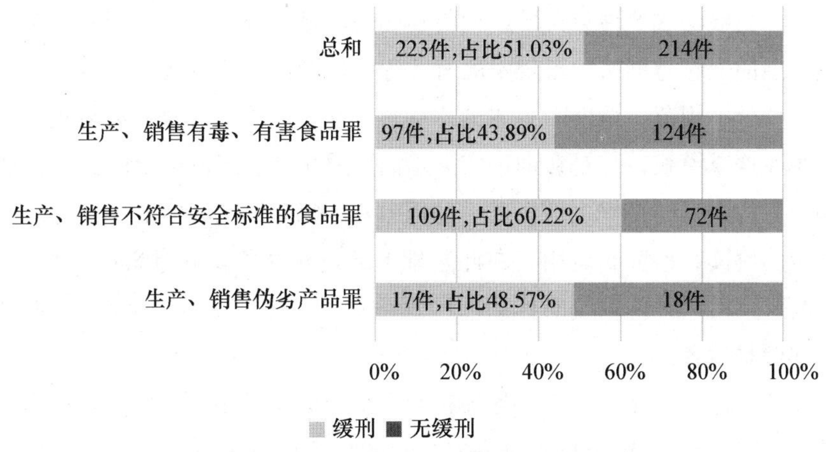


**图 26　被判处拘役、3 年以下有期徒刑适用缓刑情况**

死刑的生产、销售有毒、有害食品罪中没有被判处死刑的案例，三罪均无被判处无期徒刑的案例，样本案例所判刑种及刑期集中在拘役和 3 年以下有期徒刑这一范围内，而在这其中，又有近一半被适用缓刑。这里突显的问题是一个老问题，即在行政犯犯罪圈的划定过程中，如何最大限度地彰显刑法的谦抑性这一即便是在风险社会中依然必须坚守的刑法精神，从而妥当界定行为的行政违法与刑事犯罪？

## 四、惩治危害食品安全犯罪存在的问题之检讨

### （一）我们秉持的基本理论立场

通过上述对当下我国惩治危害食品安全犯罪之相当数量案例的实证考察与分析，可以看出存在问题颇多，鉴于本文篇幅关系，并基于通过对危害食品安全犯罪构成要件司法适用类型整理，以在理论上拟制可供司法裁判时参考的“构成要件裁判类型”的考虑，我们仅就与危害食品安全犯罪中主要犯罪之犯罪构成要件在司法适用中的意义解构与建构相关的问题，作进一步的研究与检讨。首先，我们需要明确四个基本理论观点。



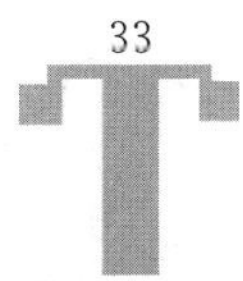

其一，犯罪构成要件意义的解构与建构一般是在两个层面上展开的。一是在刑法理论层面上超越刑法规范规定的有关犯罪构成模型的解构与建构，目的是建立起一套科学、规范、严谨的犯罪论体系，并基于该体系引导解构与建构各具体犯罪的犯罪构成模式；二是在刑法实务层面上遵从刑法规范规定的犯罪构成要件的解构与建构，目的是解决刑法适用过程中具体犯罪规定的构成要件意义在所裁判案件中的解读、诠释和运用，在此基础上通过对这些要件意义的类型化整理，形成一套可供后续案件裁判时作为一种理论观点参考的“裁判类型”。本文所要探讨的问题是后者。

其二，对危害食品安全犯罪各种犯罪之犯罪构成要件进行解构与建构的主要依据是“法律规定”，由于危害食品安全犯罪是行政犯罪，“基于我国‘一元式’刑事立法的特点，‘行政犯罪’系指违反行政法律法规并且被刑法规定为犯罪的行为。表现为违反了行政法律法规，并且一般是在情节严重或造成一定的损失或其他危害后果的情形下，量变引起质变，而被刑法规定为犯罪。故行政犯罪具有‘二次违法’的性质——先是违反了行政法，尔后又违反了刑法。”[①] 所以，这里作为解构与建构主要依据的“法律规定”，除了刑法规定之外，必然会有大量的相关行政法规定参与其中。而这其中最典型的，也是最重要的，就是那些被刑法规定并作为犯罪构成要件或要素“概念”的解构与建构。也就是说，在刑法对那些“概念”进行犯罪构成意义上的概念类型化之前，行政法已经对它们进行了行政违法行为意义上的概念类型化。行政违法行为的构成要件实际上是作为行政犯罪行为的基础构成要件而存在的，或者说行政犯罪行为构成要件的设置是在行政违法行为构成要件的基础上建构而成的，行政犯罪中的“概念类型”实际上在被犯罪化之前就已经被行政违法行为定型化、格式化了。行政犯罪行为的构成，实际上是在行政违法行为构成的质的类型化之基础上的量的增加。这就导致了行政违法行为与行政犯罪行为在构成要件的行为类型上存在一定的重叠现象。所以，对行政犯罪中所涉及“概念类型”意义的解构与建构，与其说是依据刑法规定进

① 张心向．我国知识产权刑事保护现象反思——基于实体法规范的视野．南开学报，2010（4）．

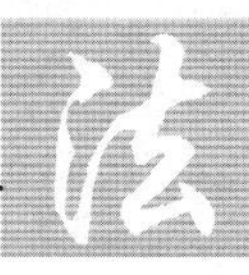

行诠释，毋宁说需要刑法与行政法共同作用才能完成更为妥当。

其三，在刑事裁判过程中，当我们在刑法所规定的某种具体犯罪之犯罪构成的要件或要素与当下所裁判之案件中具体事实要素之间进行“符合性”比对的时候，一般得出三种结论：案件事实要素与构成要件或要素完全匹配；案件事实要素与构成要件或要素基本匹配；案件事实要素与构成要件或要素部分匹配。[①] 类似卡多佐在《司法过程的性质》一书中总结的普通法传统下法官日常处理的三类案件：第一类，案件的事实与规则均甚简明，“争议的中心非法律规则而只是对事实如何适用法律规则的案件”[②]，这些“案件只有一条路，一种选择”[③]。第二类，事实是明晰的，“规则也是确定的，只是规则的适用令人怀疑”[④]。“当然，这些案件以及其他一些类似的案件常常在法官中引发不同的意见。然而，不论结果如何，却未触动法理。”[⑤] 第三类，案件的数量很少，但“这些案件的决定对未来很有价值，它们将推进或延滞法律的发展。”[⑥] “是司法过程中创造性因素发现自己的机遇和力量的案件。”[⑦] “在这里，开始起作用的就是对判决的平衡，是对类比、逻辑、效用和公道等考虑因素的检验和分类整理。”[⑧] 据此，我们在本文中拟根据“规范”与“事实”之间的“对应关系”程度，即刑法所规定的犯罪构成要件或要素与所裁判案件中具体事实要素之间作“符合性”判断时的“匹配程度”，将危害食品安全犯罪之犯罪构成要件或要素在样本案例事实中呈现出来的具体适用情况，整理成“典型适用类型”、“亚典型适用类型”和“非典型适用类型”三种类型。典型适用类型表现为刑法规定的犯罪构成要件或要素与案件具

---

① 有关该内容更详细的分析，张心向. 在遵从与超越之间——社会学视域下刑法裁判规范实践建构研究. 北京：法律出版社，2012：349-365.

② 本杰明·N. 卡多佐. 司法过程的性质. 苏力，译，北京：商务印书馆，2001：102.

③ 本杰明·N. 卡多佐. 法律的成长，法律科学的悖论. 董炯，彭冰，译，北京：中国法制出版社，2002：34-35.

④ 本杰明·N. 卡多佐. 司法过程的性质. 苏力，译，北京：商务印书馆，2001：103.

⑤ 同④103-104.

⑥ 同④104.

⑦ 同④104.

⑧ 同④104.

体事实要素的完全匹配，这种类型在裁判时直接运用三段论演绎推理就可得出唯一结论；亚典型适用类型表现为刑法规定的犯罪构成要件或要素与案件具体事实要素的基本匹配，这就意味着还有少许不匹配的情形存在。这种类型裁判时一般情况下运用三段论演绎推理就可推出一个大致“合理”的结论，即便是案件裁判过程中可供作为具体案件事实小前提选择的构成要件大前提答案可能不是唯一的，但总的来说还能够在意思相近或相似的答案中选择一个相对最合理的答案；非典型适用类型表现为刑法规定的犯罪构成要件或要素与案件具体事实要素的部分匹配，这就意味着还有相当一部分不匹配的情形存在，这种不匹配不仅是形式意义上的，有时还往往含有某些实质内容上的纠结。在这类案件中，要在作为大前提的犯罪构成要件与作为小前提的具体案件事实因素之间建立起三段论式的逻辑推理关系，就是一件极其困难的事情，因为不仅可供选择的裁判大前提绝对不是唯一的，而且彼此之间还往往不会意思相近或相似，在其中选择一个相对合理的答案，就意味着对其他答案的背离或否定，故而在这种类型的裁判中必须借助类比推理等因素才能在大、小前提之间建立起某种关联关系，以判断它们之间的匹配度进而确定裁判的依据，而这种最终裁判依据的决定与前两种类型相比是带有明显的价值判断因素的，有时还有可能关涉与罪刑法定相关的刑事法治问题，故对未来的意义较大，它们将推进或延滞刑法在某些方面的发展及相关功能作用的发挥。

其四，在分析危害食品安全各种犯罪之犯罪构成要件或要素所涉及的抽象概念类型在具体案件中的形象表现时，即具体事实情形与该罪法律规定的构成要件或要素的概念类型是否“符合”时，本文运用的主要是概念思维和类型思维这两种思维模式。在概念思维层面，主要分析刑法规定的犯罪构成要件或要素与案件事实要素之间是否存在以注释概念含义为核心的逻辑涵摄关系；在类型思维层面，主要从事物本质意义上分析刑法规定的犯罪构成要件或要素与案件事实要素之间是否存在因可以归类而能够“等置”为“同一类型”的逻辑关系。这里需要进一步强调的是，在某些情况下，只有从“事物本质”出发进行思考，才能将刑法规定的犯罪构成要件与具体案件的事实要素拉入同一个层面，从而才能以事物本质为评判标准，去衡量二者可否归于同一类型。这样，二者之间就不再是概念

思维中的一种具体案件的事实要素，只要具备刑法规定的全部构成要件的要素，就可被涵摄于该构成要件之下的“精准的”形式逻辑关系，而是一种类型思维中的由于二者在本质上存在归类可能而被以较高或较低的程度进行比对式“归类”“等置”为“同一类型”或由于不能“归类”“等置”而彼此区隔的“模糊的”类比逻辑关系。①

（二）“食品”的司法适用类型

“食品”是危害食品安全犯罪中的一个重要概念，但其概念含义并不由刑法规定，而是由《食品安全法》规定的。《食品安全法》第150条明确规定，“食品，指各种供人食用或者饮用的成品和原料以及按照传统既是食品又是中药材的物品，但是不包括以治疗为目的的物品。”从我们对上述案例所做的实证分析中可以看出，在“成品食品”和“半成品食品”类型中的绝大多数食品都是大众日常食用消费品，其具体食品种类是上述食品概念绝对可以涵摄的，问题主要出在“非食品性物质”上，即病死动物、空心胶囊、工业盐、假蜂蜜、毒死的狗等是否可以成为所有危害食品安全犯罪的犯罪对象？从上述实证分析数据可知，这些“非食品性物质”，在生产、销售伪劣产品罪中主要表现为病死动物肉，共有11件案例，占该罪样本案例的20%；在生产、销售不符合安全标准的食品罪中主要表现为病死动物肉及工业盐等，共有28件案例，占该罪样本案例的15%；在生产、销售有毒、有害食品罪中主要表现为假蜂蜜、毒死的狗、空心胶囊、病死猪肉等，共有15件案例，占该罪样本案例的4%。

这些在样本案例事实中存在的“非食品性物质”，作为生产销售伪劣产品罪、生产销售不符合安全标准的食品罪以及生产销售有毒、有害食品罪的犯罪对象，是否存在法律适用上的问题？

首先，在生产、销售有毒、有害食品罪的构成要件中，无论是在生产、销售的“食品中掺入有毒、有害的非食品原料”还是销售“掺有有毒、有害的非食品原料的食品”，这里的犯罪对象具体指涉的既不是《食品安全法》意义上的“食

① 张心向．刑事裁判思维中的犯罪构成论——一种方法论意义上的思考．东方法学，2014（6）．

品”，也不是脱离了“食品”存在的纯粹“有毒、有害的非食品原料”，而是一种在《食品安全法》意义上的“食品”中被掺入了有毒、有害的非食品原料的物质。由于被掺入了有毒、有害的非食品原料，所以，这种物质是不能作为食品的，当然更不能食用或饮用，否则会危及人身健康甚至生命。

其次，病死动物的肉及其制品等“非食品性物质”，作为其他用途未必有毒、有害，但如作为食品绝对是有毒、有害的，这如同某些“非食品原料”，如果单纯作为其他用途未必一定是有毒、有害，但作为食品添加剂就是有毒有害的一样，因而可以认为是一种有毒、有害的“非食品物质”或称之为“非食品原料”。问题在于单纯有毒、有害的“非食品原料”本身可否成为生产、销售有毒、有害食品罪的犯罪对象？从概念思维的层面看，作为生产、销售有毒、有害食品罪规定的构成要件的犯罪对象是“被掺入了有毒、有害的非食品原料的物质”的所谓“食品”，是由《食品安全法》意义上的“食品”和“有毒、有害的非食品原料”即禁止使用的食品添加剂这两部分混合而成的，病死动物的肉及其制品等“非食品性物质”，可以被认为全部都是“有毒、有害的非食品原料”，其中不包含任何《食品安全法》意义上的“食品”成分，因而二者之间不能形成以注释概念含义为核心的逻辑涵摄关系，故从概念思维解读的层面看，单纯有毒、有害的非食品物质是不符合生产、销售有毒、有害食品罪规定的犯罪对象构成要件之要求的。但如果从类型思维的层面看，二者却具有相同的本质意义，即二者均具备有毒害性及非食用性。前者表现为“被掺入了有毒、有害的非食品原料的物质”的所谓“食品”，后者是在具体的案件事实中被作为食品对待，因而可以归类为“同一类型”，进而存在实质上的符合性。由于后者的毒害性要远远重于前者的毒害性，这里所作出的实质上“符合”的判断依据，如果从刑法解释方法上讲应属于当然解释中的“举轻以明重”。“举轻以明重意味着，如果刑法将较轻的甲行为规定为犯罪，那么，比甲行为更严重的乙行为，应当构成犯罪；如果刑法对较轻的甲行为规定了重处罚，那么，比甲行为更严重的乙行为，也应当受到重处罚。”①

① 张明楷．刑法学中的当然解释．现代法学，2012（4）．

再次，如果我们在均具备有毒害性及非食用性这一本质意义上，把病死动物的肉及其制品等“非食品性物质”与“被掺入了有毒、有害的非食品原料的物质”的所谓“食品”归类为“同一类型”，从而得出病死动物的肉及其制品等可以成为生产、销售有毒、有害食品罪的犯罪对象，这是否就意味着所有单纯有毒、有害的“非食品原料”本身都可以成为生产、销售有毒、有害食品罪的犯罪对象？我们的回答是否定的。单纯有毒、有害的“非食品原料”只有在被当作、视为或有可能被当作、视为“食品”的情况下，如样本案例中的病死动物的肉及其制品等，才能认为符合生产、销售有毒、有害食品罪的犯罪对象要件之要求。即只有在被作为或可能被作为“食品”的情况下，才会在毒害性及非食用性这一意义上具有本质上的同类或一致。所以，单纯的法律禁止作为食品添加剂的物质，在没有被掺入食品“混合”之前或单独不可能被当作食品看待的情况下，不能成为生产、销售有毒、有害食品罪的犯罪对象，如“瘦肉精”。

最后，我们认为，司法实务中将大量生产、销售病死动物的肉及其制品的行为以生产、销售有毒、有害食品罪论处，这在现有法律规定的框架内是妥当的，而以生产、销售伪劣产品罪论处存在的主要问题是：病死动物的肉及其制品等显然不属于伪劣产品中“伪劣食品”的“劣质食品”，但是否可以认为是“伪装食品”？即“以假充真”对象中的“以不具有某种使用性能的产品冒充具有该种使用性能的产品”？[①] 我们认为不可以。这里的“以假充真”中的“产品”仅指假的产品，但不可以包括还有毒害性的产品，这也就是为什么生产、销售伪劣产品罪是结果犯，而生产、销售有毒、有害食品罪是行为犯的主要原因，二者在犯罪对象上有本质区别。对于以生产、销售不符合安全标准的食品罪论处存在的主要问题是：病死动物的肉及其制品本身就不是食品，当然就不存在其是否符合食品安全标准的问题。生产、销售不符合安全标准的食品罪的犯罪对象是不符合《食品安全法》意义上的安全标准的食品，不是具有毒害性的物质，所以，对生产、

① 参见最高人民法院、最高人民检察院《关于办理生产、销售伪劣商品刑事案件具体应用法律若干问题的解释》(法释〔2001〕10号)。

销售病死动物的肉及其制品的行为以生产、销售不符合安全标准的食品罪论处，是有悖于该罪犯罪对象这一构成要件的。据此，《食品安全犯罪司法解释》第1条第2项中规定的生产、销售“属于病死、死因不明或者检验检疫不合格的畜、禽、兽、水产动物及其肉类、肉类制品的”，亦构成生产、销售不符合安全标准的食品罪这一解释是值得进一步商榷的。有司法部门专家撰文指出：“第（二）项规定‘属于病死、死因不明或者检验检疫不合格的畜、禽、兽、水产动物及其肉类、肉类制品’的情形，主要考虑到食品安全法第二十八条明确禁止生产经营病死、死因不明或者检验检疫不合格的畜、禽、兽、水产动物及其肉类、肉类制品。上述食品中极有可能含有致病性微生物、病毒或者其他毒害成分，具有造成严重食物中毒事故或者其他严重食源性疾病的现实危险性。”① 我们认为，《食品安全法》之所以明确禁止生产经营病死、死因不明或者检验检疫不合格的畜、禽、兽、水产动物及其肉类、肉类制品，正是因为其是有毒、有害的非食品物质，而不能作为食品加工、销售。如果由此认为其“极有可能含有致病性微生物、病毒或者其他毒害成分，具有造成严重食物中毒事故或者其他严重食源性疾病的现实危险性”。实际上是把这类物质视为食品，并当作食品看待，这显然是有悖于《食品安全法》中关于食品的规定的。

综上所述，结合对上述样本案例的实证分析与考察，我们认为，对危害食品安全犯罪中“食品”概念解读的法律依据，主要是《食品安全法》第150条的规定。结合已裁决案件中的事实情况，就“食品”这一要件的司法适用情况，我们整理出三种类型：

1. 典型适用类型：成品食品，即各种供人直接食用或者饮用的大众日常消费食品。

2. 亚典型适用类型：半成品食品，即食品原料，是指消费者购买后需要进一步加工才可以食用或饮用的食品，主要是指蔬菜等种植产品或生发产品（如豆

---

① 陈国庆，韩耀元，吴峤滨.《关于办理危害食品安全刑事案件适用法律若干问题的解释》理解与适用. 人民检察，2013（13）.

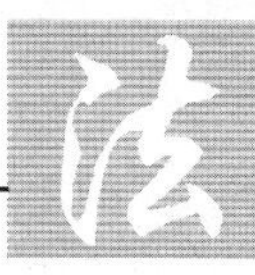

芽)，以及水产品、可供人们食用的动物等养殖产品。

3. 非典型适用类型：非食品性物质，即那些根本不能食用或饮用或者用根本不能食用或饮用的原料制作的所谓“食品”，如病死动物肉及其制品等。我们认为，在现有法律规定的框架内，前两种类型的食品可以成为危害食品安全犯罪中任何一种具体犯罪的犯罪对象，后一种类型只有在被视为或作为食品看待的情况下，才有可能成为生产、销售有毒、有害食品罪的犯罪对象。

### (三)“不符合安全标准的食品”及“有毒、有害的非食品原料”的司法适用类型

“不符合安全标准的食品”及“有毒、有害的非食品原料”分别是生产、销售不符合安全标准的食品罪和生产、销售有毒、有害食品罪中的犯罪构成要件。通过上述实证考察与分析，我们发现在司法实务中这两种分别属于不同犯罪之构成要件的情形，在被解构与建构过程中所面临与存在的问题却是共同的。

1. 关于“不符合安全标准的食品”的判断标准问题

“不符合安全标准的食品”是生产、销售不符合安全标准的食品罪之犯罪构成的必备要件，但在具体案件事实中的犯罪对象是否属于“不符合安全标准的食品”的判断标准，却是由相关行政法规定的。

《食品安全法》第26条规定了食品安全标准，第27条规定了如何制定这些标准，即“食品安全国家标准由国务院卫生行政部门会同国务院食品安全监督管理部门制定、公布，国务院标准化行政部门提供国家标准编号。”“食品中农药残留、兽药残留的限量规定及其检验方法与规程由国务院卫生行政部门、国务院农业行政部门会同国务院食品安全监督管理部门制定。”“屠宰畜、禽的检验规程由国务院农业行政部门会同国务院卫生行政部门制定。”同时其第29条还规定：“对地方特色食品，没有食品安全国家标准的，省、自治区、直辖市人民政府卫生行政部门可以制定并公布食品安全地方标准，报国务院卫生行政部门备案。食品安全国家标准制定后，该地方标准即行废止。”

这里需要注意的是，并不是所有食品都有一个相对应的法律意义上的“国家规定”的“安全标准”,“地方规定”的“特色食品的安全标准”只有“报国务院

卫生行政部门备案”的才能视为一种“安全标准”，企业标准即便是“严于食品安全国家标准或者地方标准”，也不能视为这里的“安全标准”。[①]

2. 关于“有毒、有害的非食品原料”的判断标准问题

“有毒、有害的非食品原料”是生产、销售有毒、有害食品罪之犯罪构成的必备要件，但判断具体案件事实中的某种物质是否属于“有毒、有害的非食品原料”的标准，也同样是由相关行政法规定的。

在是否是“有毒、有害的非食品原料”的判断依据中，《食品安全犯罪司法解释》规定，属于下列物质的，应当认定为“有毒、有害的非食品原料”，“（一）法律、法规禁止在食品生产经营活动中添加、使用的物质；（二）国务院有关部门公布的《食品中可能违法添加的非食用物质名单》《保健食品中可能非法添加的物质名单》上的物质；（三）国务院有关部门公告禁止使用的农药、兽药以及其他有毒、有害物质；（四）其他危害人体健康的物质。”可见，其判断标准同样也来自相关行政法的规定，而且是一种明确的形式上的判断，即只要法律、法规等有关于某种物质的禁用（除“其他危害人体健康的物质”外）规定，该种物质就属于“有毒、有害”的“非食品原料”的范畴。这里存在的问题主要是“非食品原料”与“有毒、有害”之间的关系，是在实质上判断“有毒、有害”，还是在形式上判断“有毒、有害”？最典型的当属近期影响较大的“毒豆芽”案件或事件。

据我们统计，在上述样本案例中，只有生产、销售有毒、有害食品罪涉及“毒豆芽”问题，共计56件。这些案件全部都有检测报告，其中由省（部）级行政机关作出的就占了18份。从样本案例判决的实际情况看，全部都采用了形式判断标准，裁判逻辑一般表现为[②]：(1)“经审理查德明，2013年7月18日，由留坝县公安局联合食药检、质检、工商局对张某某的豆芽生产作坊进行了检查，

① 参见《食品安全法》第30条：国家鼓励食品生产企业制定严于食品安全国家标准或者地方标准的企业标准，在本企业适用，并报省、自治区、直辖市人民政府卫生行政部门备案。

② 参见陕西省留坝县人民法院刑事判决书（2014）留刑初字第00017号。来源：中国裁判文书网。

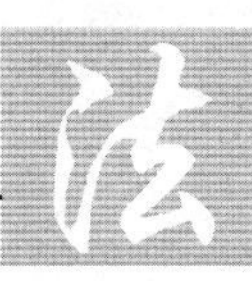

从作坊中提取3公斤豆芽，经陕西省产品质量监督检验所对从张某某家提取的豆芽样本进行检测，意见为：从张某某家查获的豆芽中检出6-苄基腺嘌呤，含量为11.3ug/kg。”(2)“另查明，2011年9月30日卫生部办公厅关于《食品添加剂使用标准》(GB2766—2011)有关问题的复函，国家卫生部已对6-苄基腺嘌呤等物质规定不得作为食品用加工助剂生产经营和使用。并于2011年11月4日发布公告。”(3)“本院认为，被告人张某某目无法纪，在明知‘无根水’不能作为食品原料添加剂使用的情况下，仍在生产豆芽时使用并销售，在其生产、销售的豆芽中检出国家明令禁止的6-苄基腺嘌呤成分，根据《食品安全犯罪司法解释》的规定，6-苄基腺嘌呤为有毒、有害物质，故被告人张某某的行为已触犯《中华人民共和国刑法》第一百四十四条之规定，构成生产、销售有毒、有害食品罪，留坝县人民检察院指控罪名成立”。

6-苄基腺嘌呤(6-BA)及4-氯苯氧乙酸钠(4-CPA)、赤霉酸(GA)等植物生长调节剂，又称“无根水”“无根剂”，其作为一种低毒农药，并未在农产品的生产中被禁用。但将其用于豆芽的生发过程，是否有毒、有害，以及毒害的程度及风险的可接受性，应该说还是有争议的。[①] 主张无毒害性或即便是有一定的毒害性也可以接受的观点认为：“使用6-苄基腺嘌呤和4-氯苯氧乙酸钠是现代科学技术革新在豆芽生产中的具体运用和体现”[②]，6-苄基腺嘌呤和(或)4-氯苯氧乙酸钠作为农药使用是合法的，并没有被禁用。因此，如果认为豆芽属于农产品，即便检测出以上两种物质，也不能构成犯罪。不能仅凭豆芽中检测出含有6-苄基腺嘌呤或者4-氯苯氧乙酸钠物质，就认定构成生产、销售有毒、有害食品罪[③]，对此，有些行业人士和法律专家对惩治“问题豆芽”犯罪分子的司法活动提出了

---

① 相关争议，请参见下述文章的整理：(1) 王伟国，姚国艳，强梅梅.“毒豆芽”罪与非罪：中国法学会203份判决分析报告公布.(2015-03-17) http://news.163.com/15/0317/11/AKTH5UTU00014SEH.html；(2) 欧锦雄.“问题豆芽”案的刑事法治报告. 北方法学，2016 (1)；(3) 曹洪恩，夏慧，杨益众. 植物生长调节剂的毒理学研究进展. 毒理学杂志，2011 (5).

② 王伟国，姚国艳，强梅梅.“毒豆芽”罪与非罪：中国法学会203份判决分析报告公布.(2015-03-17)http://news.163.com/15/0317/11/AKTH5UTU00014SEH.html.

③ 同②.

严肃批评。[①] 并由此导致了第一例“毒豆芽”案件无罪判决的产生，而且这一案件的判决竟成为了2015年食品安全9大事件之一。[②]

可见，认为“毒豆芽”无罪的核心立场，实际上就是主张对是否“有毒、有害”进行实质上的判断。对此，我们则更倾向于样本案例的做法，即在形式上判断“有毒、有害”。“行为人只要在生产、销售的食品中掺入法律、法规禁止在食品生产经营活动中添加、使用的物质，以及国务院有关部门公告禁止使用的农药、兽药以及其他有毒、有害物质，即构成生产、销售有毒、有害食品罪，至于添加的非食品原料是否具有毒害作用、是否造成危害后果属量刑情节，不影响罪名成立。”[③] 理由有三：(1) 这里的“有毒、有害”的判断不是就单纯物质本身有否毒害性的判断，而是其作为掺入食品的物质被人食用或饮用后，是否对人身体有毒、有害的判断；(2) 大部分的非食品原料是否“有毒、有害”不是简单的常识性认知，而是复杂的依赖大量科学数据和长期临床研究结果才能作出的判断，如在《“毒豆芽”罪与非罪：中国法学会203份判决分析报告公布》一文中，仅凭三份风险评估报告就得出6-苄基腺嘌呤和其他“无根剂”物质属于无毒无害物质的结论是不可靠的[④]，也不是应有的科学态度；(3) 形式判断虽有它明显的不足，但这也是行政犯罪的特点所决定的，与实质判断相比，且不论可以节省司

① 2015年2月6日，中国人民大学刑事法律科学研究中心组织召开了“无根豆芽案件法律问题学术研讨会”，在该研讨会初步形成的共识中，对司法机关惩治“毒豆芽”的行为提出了批评。童策．“无根豆芽案件法律问题学术研讨会”成功举行．(2015－03－13) http://xbxsf.nwupl.cn/Article/spaqfz/201503/19988.html.

② 辽宁葫芦岛市连山区人民法院对一起“毒豆芽”案件作出宣判，判决被告人无罪，法院判决如下：“没有证据证明二被告人在豆芽上喷洒‘速长王’（也称‘无根水’）后所检测出的4-氯苯氧乙酸钠、6-苄基腺嘌呤、赤霉素三种物质对人体造成何种危害……判决被告人郭某无罪，被告人鲁某无罪。”这在全国成为首例，并由此导致在这之前涉嫌违法添加使用“无根水”的芽农基本都是撤案或取保。参见杨国力．盘点2015年9大食品安全事件．http://tech.163.com/15/1228/08/BBTKKSOP0009.

③ 王伟国，姚国艳，强梅梅．“毒豆芽”罪与非罪：中国法学会203份判决分析报告公布．(2015-03-17) http://news.163.com/15/0317/11/AKTH5UTU00014SEH.html.

④ 如有研究得出：人体长期过量摄入6-苄基腺嘌呤、4-氯苯氧乙酸钠和赤霉素确实有致使儿童早熟、生育障碍、过早衰老、致癌以及致使其他疾病发生的潜在可能。参见郑先福，文雨婷，郑昊，万翠．植物生长调节剂使用过程中存在的主要问题和解决方法．现代农药，2014 (5).

法资源并能保证司法尺度的统一，更重要的是在当下严峻的食品安全形势下，至少可以在豆芽这一常见食品上更好地保护老百姓餐桌上的安全。当然“有毒、有害的非食品原料”是一个开放的结构，随着科学的发展，人们认识能力的提高，这个结构里样品目录会不断地变化①，出出进进会是常态，同时也不是所有的“有毒、有害的非食品原料”都会被纳入“黑名单”，当然，也不是所有被纳入“黑名单”的“非食品原料”绝对都是一成不变地被一直认为是“有毒、有害的”，而应根据执行情况进行跟踪评价，并根据评价结果及时修订。但在认定是否属于“有毒、有害的非食品原料”时，必须以现有行政规定为准，对于相关行政规定发生变化的，亦应采用从旧兼从轻原则选择适用认定标准。②

综上所述，我们认为：“不符合安全标准的食品”这一构成要件涉及两个要素，一曰“不符合”；二曰“安全标准”，核心概念是“安全标准”。依据《食品安全法》第26、27、29条的规定，结合样本案例中的犯罪事实情况，就该要件

---

① 如卫生部、国家食品药品监督管理局2012年第10号公告：“为保证食品安全，保障公众身体健康，根据《中华人民共和国食品安全法》及其实施条例的规定，现决定禁止餐饮服务单位采购、贮存、使用食品添加剂亚硝酸盐（亚硝酸钠、亚硝酸钾），自公告之日起施行。”再如，2014年5月14日，国家卫生计生委、工业和信息化部、质检总局、食品药品监管总局、国家粮食局《关于调整含铝食品添加剂使用规定的公告》第1条规定：“自2014年7月1日起，禁止将酸性磷酸铝钠、硅铝酸钠和辛烯基琥珀酸铝淀粉用于食品添加剂生产、经营和使用，膨化食品生产中不得使用含铝食品添加剂，小麦粉及其制品［除油炸面制品、面糊（如用于鱼和禽肉的拖面糊）、裹粉、煎炸粉外］生产中不得使用硫酸铝钾和硫酸铝铵。2014年7月1日前已按照相关标准使用上述食品添加剂生产的食品，可以继续销售至保质期结束。”

② 如在2014年7月1日之前制作膨化食品时添加了酸性磷酸铝钠、硅铝酸钠和辛烯基琥珀酸铝淀粉，不管何时判决，只要其铝的残留量≥100mg/kg，就属于“不符合安全标准”，如果由此“足以造成严重食物中毒事故或者其他严重食源性疾病的”，可构成生产、销售不符合安全标准的食品罪，如果其铝的残留量≤100mg/kg，就是符合食品安全标准的。但如果在2014年7月1日之后制作膨化食品时添加了上述添加剂，就属于在加工食品中掺入了“有毒、有害的非食品原料”，不管其铝的残留量是多少，都成立生产、销售有毒、有害食品罪。根据我们对上述样本案例的实证考察，涉及食品加工中添加酸性磷酸铝钠、硅铝酸钠和辛烯基琥珀酸铝淀粉的案例中，生产、销售伪劣产品罪中涉及“铝超标”的仅有1例，生产、销售不符合安全标准的食品罪中涉及“铝超标”的案例有114个，即在190个案例中有114个案例是关于“铝超标”的；生产、销售有毒、有害食品罪中涉及“铝”的有29个案例，即在247个案例中有29个案例是关于“铝”的；在后两种犯罪中我们注意到了由于“标准”的变化而引发的罪名起诉与审判以及一审和二审的变化。

的司法适用情况，我们整理出两种类型：

（1）典型适用类型：是不符合国家规定的食品安全标准的食品，即不符合“国务院卫生行政部门会同国务院食品药品监督管理部门制定、公布”的食品安全标准的食品。[①]

（2）亚典型适用类型，是不符合地方规定的特色食品安全标准的食品，即不符合省、自治区、直辖市人民政府卫生行政部门对没有食品安全国家标准的地方特色食品制定、公布并报国务院卫生行政部门备案的食品安全地方标准的食品。但我们认为，“备案”不等于“制定”，如果将这一地方性特色食品安全标准赋予了刑法意义上的食品安全标准价值，会有悖于罪刑法定原则和刑法的谦抑精神。故我们主张在该地方性特色食品安全标准未被国家标准“收编”之前，以不赋予其刑法意义为妥。

而“有毒、有害的非食品原料”这一构成要件亦涉及两个要素，一曰“有毒、有害”；二曰“非食品原料”。依据《食品安全法》第26、27、29条及《食品安全犯罪司法解释》的规定，结合样本案例中的犯罪事实情况，就该要件的司法适用情况，我们整理出三种类型：

（1）典型适用类型：是指在任何情况下都是有毒害性的且被法律、法规以及国务院有关部门公告明确禁止在食品生产经营活动添加、使用的物质，如氰化钾，以及只有在食品生产、经营中添加使用才有毒、有害的且被法律、法规以及国务院有关部门公告明确禁止在食品生产经营活动添加、使用的物质，如亚硝酸盐、三聚氰胺。

（2）亚典型适用类型：是指该物质用于食品的生产、经营活动是否有毒、有害在科学上还存在争议并有待研究验证，但法律、法规以及国务院有关部门公告却已明确禁止在食品生产经营活动添加、使用的物质，如上述“无根水”。

（3）非典型适用类型：是指虽然科学研究结果已确定该物质用于食品的生

① 这与刑法典第96条“本法所称违反国家规定，是指违反全国人民代表大会及其常务委员会制定的法律和决定，国务院制定的行政法规、规定的行政措施、发布的决定和命令”这一规定精神也是完全一致的。

产、经营活动是有毒、有害的，但法律、法规以及国务院有关部门公告尚未明确禁止其在食品生产经营活动中添加、使用的物质，就目前的样本案例中还未发现这种类型，但《食品安全犯罪司法解释》第20条“下列物质应当认定为‘有毒、有害的非食品原料’”中的第4项“其他危害人体健康的物质”的规定，似乎已预设了这种“非典型类型”存在的可能性。基于上述主张，对此种类型我们持保留意见，认为这种类型更符合上述“不符合安全标准的食品”的典型适用类型：即“不符合国家规定的食品安全标准的食品”。

（四）“足以造成严重食物中毒事故或者其他严重食源性疾病的”[①] 司法适用类型

通过对上述样本案例的考察与分析，我们可以看出，把具体案件事实中存在的“某些物质”与上述判断标准建立起刑法意义上联系的是检测报告。

首先，“食品”是否“不符合安全标准”及是否含有“有毒、有害的非食品原料”，尤其是安全标准中的“（一）食品、食品添加剂、食品相关产品中的致病性微生物，农药残留、兽药残留、生物毒素、重金属等污染物质以及其他危害人体健康物质的限量规定；（二）食品添加剂的品种、使用范围、用量；（三）专供婴幼儿和其他特定人群的主辅食品的营养成分要求……”[②] 这显然不是通过一般常识性知识和经验所能判断的，而是必须通过一定的科学检测手段才能得出的结论。所以，检测报告是我们判断具体案件事实中存在的“某些物质”是否“不符合安全标准”以及是否含有“有毒、有害的非食品原料”的重要证据。然而，在上述实证考察中我们却发现这样一个事实，“该三种犯罪共有491份裁判书，涉及检验报告的有454份，完全没有提到检验报告的有37份。在这454份检验报告中行政机关作出的有243份，非行政机关作出的有96份，检验机构不详的有115份。在这243份由行政机关作出的检验报告中，按照行政级别划分，

① 食源性疾病，指食品中致病因素进入人体引起的感染性、中毒性等疾病，包括食物中毒。食品安全事故，指食源性疾病、食品污染等源于食品，对人体健康有危害或者可能有危害的事故。参见《食品安全法》第150条。

② 《食品安全法》第26条的规定。

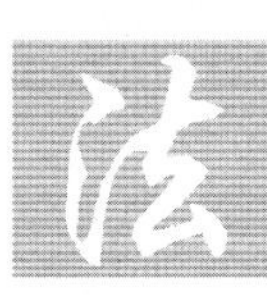



省（部）级的有 128 份，（地）市级的有 79 份，县级的有 36 份。”即便是减去 54 份生产、销售伪劣产品罪的裁判书中完全没有提到检验报告的 20 份以及涉及有检验报告的 34 份的情况，在其余两种罪中检验报告存在的问题也是非常严重的。如果依据《食品安全犯罪司法解释》以及《关于审理生产、销售伪劣商品刑事案件有关鉴定问题的通知》的规定，即这类案件的审理均需要有“省级以上药品监督管理部门设置或者确定的药品检验机构”和“省级以上卫生行政部门确定的机构”出具的鉴定意见来衡量的话，在这样一份在案件事实的认定中涉及罪与非罪、此罪与彼罪的重要证据——检测报告的问题上，生产、销售不符合安全标准的食品罪的样本案例裁判文书中的情况是：共计 190 份裁判文书中，只有 47 份裁判文书中的检测报告是由或基本上是由省级以上药品监督管理部门设置或者确定的药品检验机构作出的，仅占比 27.74%；生产、销售有毒、有害食品的样本案例裁判文书中的情况是：共计 247 份裁判文书中，只有 67 份裁判文书中的检测报告是由或基本上是由省级以上药品监督管理部门设置或者确定的药品检验机构作出的，仅占比 27.13 %。可见，检测报告作为这类案件的重要证据之一，有大致三分之二的案件是存在严重瑕疵的。

其次，对作为行为犯的生产、销售有毒、有害食品犯罪来说，只要检测报告中鉴定结论确定所检测的“对象”含有法律、法规以及国务院有关部门公告明确禁止在食品生产经营活动添加、使用的物质，行为人就具备了成立犯罪的客观要件。而对作为危险犯的生产、销售不符合安全标准的食品犯罪来说，不仅需要检测报告中鉴定结论确定所检测的“对象”是不符合国家规定的食品安全标准的食品，同时还需要“证明”这“足以造成严重食物中毒事故或者其他严重食源性疾病”。从上述样本案例裁判的情况看，基本上都采取了“事实推定”的做法，即只要检测报告中鉴定结论确定了所检测的“对象”不符合国家规定的食品安全标准，就推定为“足以造成严重食物中毒事故或者其他严重食源性疾病”。最典型的就是 2014 年 7 月 1 日之前发生的“铝超标”的案件。判决书基本上都是这样一种逻辑模式：(1)“经检验，油条中铝残留量为 744mg/kg。严重超出《食品安全国家安全标准食品添加剂使用标准》中规定铝的残留量≤100mg/kg 的标

准。”（2）“本院认为，被告人范某某超标使用含有重金属的添加剂生产不符合安全标准的食品并予以销售，足以造成食物中毒或其他严重食源性疾病，其行为已构成生产、销售不符合安全标准的食品罪。”[①] 就连北京市第二中级人民法院就蔡某犯生产、销售不符合安全标准的食品罪一案的二审刑事裁定书[②]也同样是这种模式。而我们通过统计整理发现，“铝超标”的残留量在不同的案件中是有很大区别的。在114件“铝超标”的生产、销售不符合安全标准的食品罪的样本案例中，最多的是皮冻中铝的残留量为6 518mg/kg[③]，最少的是灌汤包面团中铝含量为136mg/kg。[④] 这之间相差48倍。即便同样是油炸类食品，在114件涉及的40件油炸类食品案例中，对其中铝含量检测的结果是：最多的铝残留量是1 780mg/kg[⑤]，最少的铝残留量为171mg/kg[⑥]，这之间亦是相差了10倍，但所有推定结果却都是一样的，亦即不管铝的残留量是多少，只要超过了最低限度，即残留量≥100mg/kg的，都是“足以造成严重食物中毒事故或者其他严重食源性疾病”，而常识告诉我们这样判定肯定是不符合事实的。也正是如此，我们从样本案例中发现“足以造成严重食物中毒事故或者其他严重食源性疾病”，在生产、销售不符合安全标准的食品罪实际上已经失去了作为犯罪构成要件的价值和意义。《食品安全犯罪司法解释》似乎也是这样的思路，即“将实践中具有高度危险性的典型情形予以类型化，明确具有这些情形的即可认定为足以造成刑法规定的危险，其第一条规定在《食品安全法》第二十八条等规定的基础上，规定了生产、销售五类危险程度较高的食品即可认定为‘足以造成严重食物中毒事故或者其他严重食源性疾病’，以生产、销售不符合安全标准的食品罪定罪处罚。”[⑦]

---

① 河南省驻马店市驿城区人民法院刑事判决书（2015）驿刑初字第582号，来源：中国裁判文书网。

② 参见北京市第二中级人民法院刑事裁定书（2015）二中刑终字第1638号，来源：中国裁判文书网。

③ 参见陕西省神木县人民法院刑事判决书（2015）神刑初字第00819号，来源：中国裁判文书网。

④ 参见河南省开封市祥符区人民法院刑事判决书（2015）祥刑初字第449号，来源：中国裁判文书网。

⑤ 参见河南省唐河县人民法院刑事判决书（2015）唐刑初字第364号，来源：中国裁判文书网。

⑥ 参见河北省邢台市桥西区人民法院刑事判决书（2016）冀0503刑初105号，来源：中国裁判文书网。

⑦ 陈国庆，韩耀元，吴峤滨.《关于办理危害食品安全刑事案件适用法律若干问题的解释》理解与适用. 人民检察，2013（13）.

再次，是否“足以造成严重食物中毒事故或者其他严重食源性疾病的”，本来是该罪与《食品安全法》第123、124、125条规定的相关行政违法行为之间的重要界定标准，如此一来，如何区分二者，就成了一道难题。我们知道，行政犯实际上是行政违法行为的结果加重犯或情节加重犯。“我国行政法并没有对违反行政法的行为直接规定法定刑；刑法典也没有将一切行政违反行为规定为犯罪，而是有选择地将部分行政违反行为规定为犯罪；刑法典大多不是直接对违反行政法的行为规定法定刑，而是通过设置加重要素，使行政违反行为的法益侵害程度达到值得科处刑罚的程度。”① 表现为“行政违反＋加重要素”为构造的犯罪，一般分为三种类型：一是“行政违反＋严重结果”；二是“行政违反＋严重情节”；三是“行政违反＋选择性严重情节”②。这样原本是“行政违反＋危险状态”的生产、销售不符合安全标准的食品罪，由于“足以造成严重食物中毒事故或者其他严重食源性疾病”实际被废弃，就只剩下“行政违反”行为了。当然，作为行为犯的生产、销售有毒、有害食品罪也同样面临这一问题，即在该两罪一个本就是行为犯，一个在事实上就是行为犯的情况下，如何界定行政违法与刑事犯罪的区别，在现有的法律框架内更多的就成了一种“执法艺术”。

综上所述，可以看出，“足以造成严重食物中毒事故或者其他严重食源性疾病的”这一规定的司法适用，在样本案例中是存在一定问题的，一纸检测报告中的鉴定结论基本上就可以决定行为人是否构成犯罪以及是构成生产、销售不符合安全标准的食品罪还是生产、销售有毒、有害食品罪，而作出这纸检测报告的机构“位阶”达到规定要求的还不到三分之一，且在判决书中看不到任何反驳或反证，“足以造成严重食物中毒事故或者其他严重食源性疾病的”实际上已成了生产、销售不符合安全标准的食品罪中一个可有可无的要件。尽管《食品安全犯罪司法解释》第13条规定，“无证据证明足以造成严重食物中毒事故或者其他严重食源性疾病，不构成生产、销售不符合安全标准的食品罪”，第21条规定，“‘足

① 张明楷．行政违反加重犯初探．中国法学，2007（6）．

② 张明楷．行政违反加重犯初探．中国法学，2007（6）．

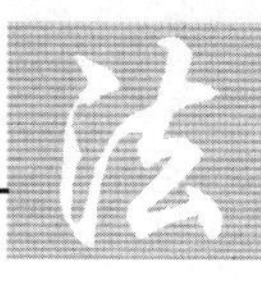

以造成严重食物中毒事故或者其他严重食源性疾病’‘有毒、有害非食品原料’难以确定的，司法机关可以根据检验报告并结合专家意见等相关材料进行认定。必要时，人民法院可以依法通知有关专家出庭作出说明。”但从样本案例中尚没有发现这样的情形，事实上即便是有证据证明的，也只能是检测报告中的鉴定结论出具的送检物质中是否含有不符合食品安全标准的物质、有害细菌或者其他污染物以及具体数值，而不可能对是否“足以造成严重食物中毒事故或者其他严重食源性疾患”作出判定。这里检测报告在程序上存在的瑕疵姑且不论，“足以造成严重食物中毒事故或者其他严重食源性疾病的”到底应否是该罪犯罪构成的必备要件，特别是在我国单一制刑事立法的情况下就成了我们在理论研究及司法实务中必须关注的问题。这一问题涉及危险犯特别是结果犯与具体危险犯、行为犯与抽象危险犯之界定的若干重大理论问题，由于本文篇幅关系，拟再另文研究。由此可见，关于“足以造成严重食物中毒事故或者其他严重食源性疾病的”的典型司法适用类型，从上述目前司法实务对这一刑法规定的操作形式看，就是《食品安全犯罪司法解释》第1条规定的做法，即只要检测报告检测出其所生产、销售的食品中具有该解释所规定的五情形之一的，就应当认定为“足以造成严重食物中毒事故或者其他严重食源性疾病”，而不管事实上如何。这种做法存在的问题是显而易见的，但目前看来好像还没有更好的可行性方案来替代它。

（五）“生产”“销售”的司法适用类型

“生产”“销售”是生产、销售伪劣产品罪，生产、销售不符合安全标准的食品罪以及生产、销售有毒、有害食品罪三罪之犯罪构成的共同要件。从上述对样本案例的实证考察和分析得出，“生产”“销售”行为发生在加工环节的案例为468件，发生在销售环节的案例为20件，发生在贮运等环节的案例为3件。[①] 可见，危害食品安全犯罪的具体行为绝大多数发生在食品的加工制作环节，少数发

① 参见湖南省邵阳县人民法院刑事判决书（2015）阳刑初字第118号，安徽省淮南市田家庵区人民法院刑事判决书（2014）田刑初字第00002号，福建省漳州市中级人民法院刑事裁定书（2014）漳刑终字第290号，来源：中国裁判文书网。

生在贩卖销售环节，极个别的发生在贮存、运输环节。而在《食品安全法》中使用频率最高的一个概念就是“食品生产经营活动”，在中华人民共和国境内从事任何食品生产经营活动，除该法另有规定的，都应当遵守该法，结合上述实证考察结果，并根据《食品安全犯罪司法解释》第8条和第9条的规定，我们认为，“生产”“销售”这一要件，不是指某一种具体的行为方式，而是指一种“概括性行为”以及这种“概括性行为”所必须具备的时空要素，即“与食品有关的生产经营活动”抑或“食品生产经营活动中的所有行为”。结合其司法适用情况，我们整理出三种类型：

1. 典型适用类型：表现为与“食品有关”的加工、制作、销售行为。

2. 亚典型适用类型：表现为农产品的种植、贩卖行为与水产品的养殖、贩卖行为，这是“生产”“销售”行为从概念上能够涵摄的几种行为。

3. 非典型适用类型：表现为与“食品有关”的运输、贮存、装卸、包装等行为。从概念的严格意义上说，与食品有关的运输、贮存、装卸、包装等行为，可以视为“食品生产经营活动”，但不能视为食品的“生产”“销售”。之所以能够将其视为“生产”“销售”行为，是因为它们在本质上都属于“食品生产经营活动”，把与“食品有关”的运输、贮存、装卸、包装等行为视为一种食品的“生产”“销售”行为，是类型思维在行为本质上将二者“归类”后而视为“同一类型”的结果，在这个意义上，与“食品有关”的运输、贮存、装卸、包装等行为，如果符合该几种危害食品犯罪的犯罪构成的其他要件，可单独成立该几种犯罪，而不是作为“生产”“销售”行为的帮助犯存在。在上述发生在贮运等环节的3件样本案例中，实际上只有彭某某、周某某生产、销售不符合安全标准的食品罪一案属于这种类型。①

---

① 该判决书认为“被告人彭某某明知他人生产、销售不符合安全标准的食品，而为其提供改换包装等帮助，被告人周某某明知他人生产、销售不符合安全标准的食品，而为其提供运输帮助，二被告人的行为均已构成生产、销售不符合安全标准的食品罪，公诉机关指控的罪名成立，应予惩处”。参见湖南省邵阳县人民法院刑事判决书（2015）阳刑初字第118号。来源：中国裁判文书网。

## 五、结语

危害食品安全犯罪是伴随着风险社会的到来并日趋加剧，民众对食品安全问题集体性恐慌而不断“成长”起来的一类犯罪。作为一种行政犯罪，其在立法上经过了从规范缺失到逐渐创制、从简单粗疏到初步完善的过程。特别是随着《刑法修正案（八）》的通过以及2015年修订的《食品安全法》的生效，相关立法之精致已渐渐显现。司法状况如何？通过上述实证考察与分析检讨，特别是我们对三种主要危害食品安全犯罪的犯罪构成要件在样本案例裁判中被适用情况的类型化解构，得出了这样的结论：立法虽不断精细，司法却依然粗疏。立法之效能在司法的过程中并没有被完美地体现出来，“文本中的法”在变成“行动中的法”的过程中被打了折扣。正因为如此，我们通过这种脱离犯罪构成论复杂的逻辑模型，仅基于刑法规定的三种主要危害食品安全犯罪之犯罪构成各具体要件或要素在样本案例裁判中被适用现象的简单分析解构，对这些要件在司法过程中已经存在的适用类型和可能存在的适用类型，分典型适用类型、亚典型适用类型和非典型适用类型进行了分析建构，力图为司法实践裁判类似案件时，在如何解读、适用这些犯罪的构成要件，及如何通过对这些构成要件适用类型的直观认知界定食品安全犯罪各罪彼此之间的区别，以及如何妥当处理危害食品安全的行政违法与刑事犯罪的衔接等方面，提供一份尽可能简单、清晰、明了的范本。

同时，我们认为，任何一个犯罪构成要件的司法适用类型，都是一个开放且不断成长的结构，其“动力”来源于法律自身所具有的强烈要求与社会同步共同发展的力量。所以，新鲜案例样本的不断出现将是这一类型结构不断获得丰富和发展的源泉，在这一过程中不仅可以通过司法裁判中对某一犯罪构成要件适用现状的形象考察，检视立法的功效以及疏失，同时对司法实务能在多大程度上以及应该如何回应立法对某一犯罪构成要件所设定的要求，也是一个直观的检验。由此希望我国惩治危害食品安全犯罪的刑事立法在这样的简单中愈加精细，刑事司法在这样的简单中走向精致。

# 关于食品药品犯罪司法解释的评估意见*

## 一、关于相关评估工作的基本情况

### （一）评估对象

北京师范大学刑事法律科学研究院刑法学术团队受委托本次进行的司法解释评估，对象是最高人民法院、最高人民检察院2013年5月2日联合发布的《关于办理危害食品安全刑事案件适用法律若干问题的解释》（法释［2013］12号，以下简称《食品安全犯罪司法解释》）和最高人民法院、最高人民检察院2014年11月18日联合发布的《关于办理危害药品安全刑事案件适用法律若干问题的解释》（法释［2014］14号，以下简称《药品安全犯

* 本文系笔者主持的最高人民检察院法律政策研究室委托项目的研究成果，由笔者与刘志伟教授、袁彬教授、张伟珂博士、赵学军博士合著，2017年5月12日完成并提交委托单位，为北京师范大学刑事法律科学研究院刑事法治发展研究报告（74），后载赵秉志主编：《刑事法治发展研究报告（2016—2017年卷）》，法律出版社2018年7月版。

罪司法解释》)。* 具体评估内容主要包括以下六个方面：(1) 合法性，即两个司法解释的制定是否符合制定权限、制定程序，是否违背立法原意或者超越法律规定。(2) 合理性，即两个司法解释的条文规定是否必要、适当；定罪量刑标准的设定是否与犯罪行为的性质、情节恶劣程度以及社会危害性大小相适应。(3) 协调性，即两个司法解释的规定是否与有关司法解释、部门规章、地方性法规、规范性文件以及国家政策存在冲突。(4) 可操作性，即两个司法解释规定是否切合司法实际，易于理解，便于操作；规定的程序和措施是否可行；是否存在大幅度增加司法成本的情况。(5) 规范性，即两个司法解释的制定技术是否规范；逻辑结构是否严密；表述是否准确。(6) 实效性，即两个司法解释是否得到普遍遵守和执行，是否有效地解决了司法实践中存在的法律适用问题，是否取得较好的法律效果和社会效果。

### (二) 评估方法

本次司法解释评估主要采取实证调研、裁判文书统计和理论分析等方法进行。具体包括：(1) 实证调研，主要针对部分食品、药品安全犯罪高发地区，以法院、检察院、公安机关、食品药品监督管理机关的办案人员为对象，组织座谈，听取办案人员对上述两个司法解释的意见和建议。(2) 裁判文书统计分析，主要以上述两个司法解释颁行后“中国裁判文书网”发布的裁判文书为基础，统计分析我国食品犯罪、药品犯罪刑事裁判文书的内容，具体涉及罪名、犯罪主体、食品/药品金额、危害后果、经营时间、主刑、罚金、缓刑、禁止令、从宽情节、从严情节等十余个因素，掌握上述两个司法解释在刑事裁判中的适用情况。(3) 理论分析，即根据有关刑法理论，对上述两个司法解释的内容进行理论分析，包括条文设置的合理性、不同条文之间的关系、解释条文与立法条文之间的关系等。

### (三) 评估过程

本次评估项目立项后，北京师范大学刑事法律科学研究院及时成立了以赵秉志教授为主持人的课题组，并围绕评估工作制订了调研和研究计划。之后，课题组成

* 需要指出的是，本文发表后，最高人民法院、最高人民检察院分别于 2021 年 12 月 30 日，2022 年 3 月 3 日发布了新的食品药品犯罪司法解释，对原司法解释进行了修订。——笔者补注

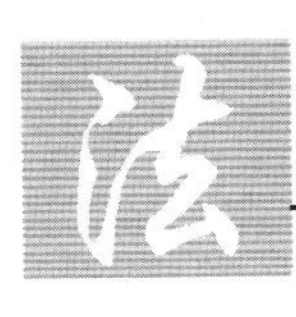



员围绕本次评估内容进行了相关的调查、分析和研究。评估的主要工作包括以下三个方面：(1) 课题调研。根据课题计划，课题组组织了三次课题调研，分别是2016年12月5日在上海市对数位法官、检察官访谈；2016年12月9日在广东省珠海市与20余位法官、检察官、警官和食品药品监督管理局行政执法人员座谈；2016年12月11日在河南省郑州市对数位法官、检察官、警官访谈。(2) 裁判文书分析。课题组组织了李鄂贤、张淑芬、龚红卫、张雍锭等4名博士生和徐永伟、李楠、孙文婷、刘司墨等4名硕士生对两个司法解释实施后的裁判文书进行了抽样分析，其中对药品安全犯罪的刑事裁判文书在全部下载后采取按比例抽样的方式抽取了2 500余份进行分析，对食品安全犯罪的刑事裁判文书在全部下载后采取按比例抽样的方式抽取了1 900余份进行分析，作为本次评估的实证材料之一。(3) 理论分析。课题组根据课题研究的需要，采取问题研讨、分工写作、综合讨论、最后定稿的方式对评估意见进行了理论阐述，并形成了最终评估意见。

## 二、关于食品安全犯罪司法解释的评估意见

### （一）本解释实施的基本情况

《食品安全犯罪司法解释》实施的基本情况，主要包括该解释实施以来的案件数量、适用罪名、犯罪主体、犯罪金额、生产销售时间、主刑适用、罚金刑适用、缓刑适用以及禁止令等九个方面。

1. 案件数量情况

与《食品安全犯罪司法解释》实施之前相比，《食品安全犯罪司法解释》实施后我国食品安全犯罪案件大量增加，表明该解释得到了较为广泛的适用。这具体体现在两个方面：一是食品安全犯罪案件数量明显增多。比较而言，在《食品安全犯罪司法解释》实施之前，我国法院审理的食品安全犯罪案件总体偏少，许多地区每年审理的食品安全犯罪案件只有1～2起。《食品安全犯罪司法解释》实施之后，我国法院审理的食品安全犯罪案件增加明显，这些地区上升至平均每年10起左右。在此基础上，我们以中国裁判文书网为据，以“食品”为关键词

对“裁判理由”部分进行检索（裁判作出时间为“2013 年 5 月 4 日至 2016 年 12 月 31 日”），共检索到 16 591 份裁判文书。但以同样的方法进行检索，在 2010 年 1 月 1 日至 2013 年 5 月 3 日期间，只检索到 178 份刑事裁判文书。尽管造成这种巨大差异的因素有裁判文书上网数量的原因，但食品安全犯罪案件发案数、审理数的差别才是根本。二是《食品安全犯罪司法解释》被裁判文书广泛引用。经中国裁判文书网的数据检索，以“关于办理危害食品安全刑事案件适用法律若干问题的解释”为关键词进行全文检索，在 2013 年 5 月 4 日至 2016 年 12 月 31 日期间，共检索到 6 127 份刑事裁判文书。这还不包括大量未列明但实际上以《食品安全犯罪司法解释》为裁判依据的裁判文书。这意味着《食品安全犯罪司法解释》在实践中适用广泛，发挥了相当大的规范指导作用。

2. 本解释适用罪名情况

食品安全犯罪涉及的刑法罪名较多。其中，《食品安全犯罪司法解释》明确提到的罪名主要是生产、销售不符合安全标准的食品罪，生产、销售有毒、有害食品罪，非法经营罪、食品监管渎职罪等。这些不同的罪名代表着食品安全犯罪的不同行为类型。以这些罪名为基础，我们通过统计裁判文书发现，食品安全犯罪案件涉及的罪名情况分别是：生产、销售不符合安全标准的食品罪占比 41.2%，生产、销售有毒、有害食品罪占比 48.7%，非法经营罪占比 7.2%，渎职犯罪占比 1.3%，涉及多个罪名或者其他罪名的占比 1.6%（参见表 1）。

**表 1　食品安全犯罪的适用罪名**

| 罪名 | 样本案例数（件） | 百分比（%） |
|---|---|---|
| 生产、销售不符合安全标准的食品罪 | 660 | 41.2 |
| 生产、销售有毒、有害食品罪 | 779 | 48.7 |
| 非法经营罪 | 116 | 7.2 |
| 渎职罪 | 21 | 1.3 |
| 多个罪名或其他 | 25 | 1.6 |
| 合计 | 1 601 | 100.0 |

这表明，在食品安全犯罪类型上，生产、销售不符合安全标准的食品罪和生产、销售有毒、有害食品罪占据了主要部分，两者合计占比 89.9%，是食品安全犯罪的主要行为类型。这与《食品安全犯罪司法解释》将这两个犯罪作为解释重点是一致的，体现出《食品安全犯罪司法解释》很强的针对性。

3. 相关犯罪主体情况

食品安全犯罪的主体类型较多，既有特殊主体（渎职犯罪），也有一般主体；既有自然人犯罪，也有单位犯罪。考虑到渎职犯罪在食品安全犯罪中的占比较少，只占 1.3%，我们主要以自然人与单位为标准对《食品安全犯罪司法解释》适用的犯罪主体情况进行了统计（见表 2）。

**表 2　食品安全犯罪的主体类型**

| 主体类型 | 样本案例数（件） | 百分比（%） |
|---|---|---|
| 自然人 | 1 591 | 99.4 |
| 单位 | 9 | 0.5 |
| 不明确 | 1 | 0.1 |
| 合计 | 1 601 | 100.0 |

表 2 显示，我国司法机关认定的食品安全犯罪案件，自然人犯罪案件占比 99.4%，单位犯罪只占比 0.5%。这表明，实践中查处的食品安全犯罪案件绝大多数都是由自然人实施，其中很多采取的是小作坊式的生产、销售模式，成规模的单位犯罪较为少见。

4. 犯罪金额情况

根据刑法典的规定，生产、销售不符合安全标准的食品罪属于具体危险犯，其入罪标准是“足以造成严重食物中毒事故或者其他严重食源性疾病”，生产、销售有毒、有害食品罪则属于抽象危险犯，只要实施了生产、销售有毒、有害食品行为即可构成犯罪。犯罪金额不是这两个犯罪的法定定罪情节，但《食品安全犯罪司法解释》第 3 条、第 6 条和第 7 条将食品安全犯罪的生产、销售金额作为量刑升格的标准。不过，通过对食品安全犯罪案件裁判文书的统计发现，实践中

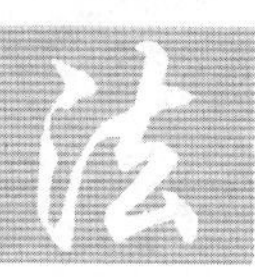

绝大多数案件的刑事裁判文书都没有认定生产、销售食品的金额，有的虽然认定了，但涉案金额均较小。

统计显示，92.3%的食品安全犯罪案件涉及生产、销售金额均低于10万元，其中84.8%的案件没有认定食品的生产、销售金额。这表明，对于食品安全犯罪而言，生产、销售金额在案件认定中的地位明显较低。这与《食品安全犯罪司法解释》对犯罪金额的态度相一致。

5. 生产销售持续时间情况

生产销售的持续时间是指食品安全犯罪中生产、销售不符合安全标准的食品或者生产、销售有毒、有害食品的持续时间。根据食品安全犯罪裁判文书认定的时间期限，我们将其持续时间大体分为“1年以内”“1年～3年”“3年～5年”“5年以上”。统计结果见表3。

**表3 食品安全犯罪中生产销售的持续时间**

| 持续时间 | 样本案例数（单位：件） | 百分比（%） |
| --- | --- | --- |
| 1年以内 | 817 | 51.1 |
| 1年～3年 | 381 | 23.8 |
| 3年～5年 | 101 | 6.3 |
| 5年以上 | 106 | 6.6 |
| 不明确 | 196 | 12.2 |

表3显示，我国食品安全犯罪的持续时间总体较低，其中持续时间在“1年以内”的占比51%，持续时间在“1年～3年”占比23.8%，持续时间在“3年～5年”占比6.3%，持续时间在“5年以上”占比6.6%。这部分反映了我国办案机关对食品安全犯罪案件的查处力度较大，食品安全犯罪的发现时间相对较早。

6. 主刑适用情况

食品安全犯罪案件适用的主刑主要是有期徒刑和拘役，未发现判处无期徒刑或者死刑的情况。为此，我们对这两种主刑的时间以“年”为单位进行了换算。

统计结果表明，我国食品安全犯罪案件主刑适用的总体情况是主刑刑期较短，其中刑期在1年以下的占比78.6%；刑期在3年以下（含1年以下）的占比高达96.8%；刑期在5年以上的仅占比2%。这也突出反映了食品安全犯罪的轻刑化特点。

7. 罚金刑适用情况

《食品安全犯罪司法解释》第17条对罚金的适用作了明确规定，即“一般应当依法判处生产、销售金额二倍以上的罚金”。鉴此，我们专门统计了食品安全犯罪案件的罚金适用情况。

统计发现，食品安全犯罪判处罚金的数额在1万元及以下的占比63.1%，罚金数额在1万元以上10万元以下的占比29.9%，两者合计94%；罚金数额在10万元以上的占比6%。罚金数额总体偏低。

8. 缓刑适用情况

《食品安全犯罪司法解释》第18条对食品安全犯罪案件的缓刑适用作出了明确规定，要求“对实施本解释规定之犯罪的犯罪分子，应当依照刑法规定的条件严格适用缓刑、免予刑事处罚”。我们统计发现，食品安全犯罪的缓刑适用率总体偏高（见表4）。

**表4　食品安全犯罪的缓刑适用**

| 适用状况 | 样本案例数（件） | 百分比（%） |
|---|---|---|
| 适用缓刑 | 733 | 45.8 |
| 不适用缓刑 | 867 | 54.1 |
| 不明确 | 1 | 0.1 |
| 合计 | 1 601 | 100.0 |

上表显示，我国食品安全犯罪的缓刑适用率高达45.8%。这意味着，有将近一半的食品安全犯罪分子被适用了缓刑。这与《食品安全犯罪司法解释》对缓刑所采取的严格限制态度显得不相一致。

9. 禁止令适用情况

禁止令是专门针对被判处管制、适用缓刑的犯罪分子适用的刑法预防性措

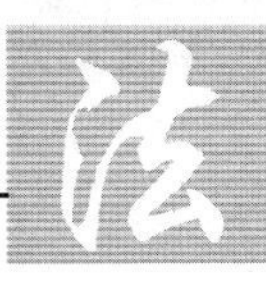

施。禁止令的内容是禁止犯罪分子“从事特定活动，进入特定区域、场所，接触特定的人”。但我国刑法对禁止令的适用规定是“可以”适用而非“应当”适用。但《食品安全犯罪司法解释》对禁止令的适用明确规定了“应当”宣告禁止令。经统计，我国食品安全犯罪的禁止令适用情况参见表5。

**表5　食品安全犯罪的禁止令适用**

| 适用状况 | 样本案例数（件） | 百分比（%） |
| --- | --- | --- |
| 适用禁止令 | 515 | 32.1 |
| 不适用禁止令 | 1 085 | 67.8 |
| 不明确 | 1 | 0.1 |
| 合计 | 1 601 | 100.0 |

由上表可见，我国食品安全犯罪的禁止令适用比例总体上较高，高达32.2%。其主要原因是我国对食品安全犯罪的缓刑适用率较高，这给予了禁止令较大的适用空间。

进一步分析可以发现，相当多的缓刑犯没有被宣告禁止令（参见表6）。

**表6　缓刑与禁止令的交叉情况**

| 缓刑 | 禁止令 | | 合计 |
| --- | --- | --- | --- |
| | 适用禁止令 | 不适用禁止令 | |
| 适用缓刑 | 491 | 242 | 733 |
| 不适用缓刑 | 24 | 843 | 867 |
| 合计 | 515 | 1 085 | 1 600 |

由上表可见，在被适用缓刑的733名犯罪人中，只有491人被适用了禁止令，另有242名犯罪人没有被适用禁止令。这与《食品安全犯罪司法解释》关于对缓刑犯必须适用禁止令的规定不相吻合。

（二）评估的初步结论及重点难点问题

1. 评估的初步结论

《食品安全犯罪司法解释》的评估主要涉及该司法解释的合法性、合理性、协调性、可操作性、规范性和实效性。结合上述情况和调研结果，我们形成了以


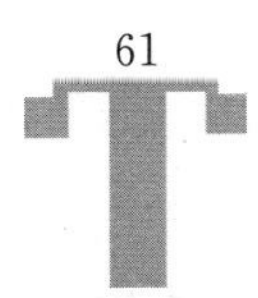

下初步结论。

第一，该解释制定的程序和内容合法。这主要体现在两个方面：一是《食品安全犯罪司法解释》制定的程序完整合法。该解释系由 2013 年 4 月 28 日最高人民法院审判委员会第 1576 次会议和 2013 年 4 月 28 日最高人民检察院第十二届检察委员会第 5 次会议通过，2013 年 5 月 2 日公布，2013 年 5 月 4 日施行。二是《食品安全犯罪司法解释》的内容合法。该解释是针对危害食品安全刑事案件适用法律问题所作的解释，主要涉及刑法典第 140 条、第 143 条、第 144 条、第 222 条和第 225 条等规定的内容，且没有超出法律规定的范围。解释的形式和内容符合《最高人民法院关于司法解释工作的规定》和《最高人民检察院司法解释工作的规定》的要求，程序完整，内容规范。

第二，该解释的内容基本合理。《食品安全犯罪司法解释》在内容上重点解释了刑法典第 143 条的“足以造成严重食物中毒事故或者其他严重食源性疾病”“对人体健康造成严重危害”“其他严重情节”“后果特别严重”，第 144 条“对人体健康造成严重危害”“其他严重情节”“致人死亡或者有其他特别严重情节”，生产、销售、非法使用添加剂、非食品原料、禁用物质等行为的定性，以及与食品安全有关犯罪的定罪量刑问题。其解释的内容基本合理，均较为契合《刑法》的立法内涵。例如，《食品安全犯罪司法解释》第 1 条对刑法典第 143 条的“足以造成严重食物中毒事故或者其他严重食源性疾病”的解释，围绕行为的危险性程度，列举了四种具体情形并规定了兜底条款，十分具体、明确。但个别条款也存在值得进一步完善之处。

第三，该解释的协调性较好。《食品安全犯罪司法解释》在内容上与相关规范之间保持较好的协调。这一方面体现在《食品安全犯罪司法解释》不同条款之间不重复，另一方面体现在《食品安全犯罪司法解释》与生产、销售伪劣产品罪等相关犯罪在定罪量刑标准上较为协调。但个别款项规定的协调性也存在值得商榷之处。例如，该解释第 2 条对“对人体健康造成严重危害”的列举限定中，第 1 项为“造成轻伤以上伤害的”，第 4 项为“造成十人以上严重食物中毒或者其他严重食源性疾病的”。这两项规定后果的严重性并不完全协调，即 10 人以上

严重食物中毒或者其他严重食源性疾病未必比 1 人轻伤的危害轻。

第四，该解释的可操作性较强。《食品安全犯罪司法解释》第 1～7 条详细规定了生产、销售不符合安全标准的食品罪和生产、销售有毒、有害食品罪的定罪量刑标准，其中对生产、销售金额和危害后果都作了较为详细的规定，有利于办案机关按图索骥地进行查询和对照。同时，该解释对实践中定性模糊的涉及食品添加剂、非食品原料、禁用物质等行为的定性问题都作了明确规定，有利于提高实践部门办案的可操作性。当然，该解释也存在一定的模糊用语，如该解释第 1 条第 1 项的“严重超出”、第 3 条第 2 项的“持续时间较长”、第 6 条第 5 项的“含量高”等含义不是很明确，在一定程度上影响了相关条款适用的可操作性。

第五，该解释的规范性较强。《食品安全犯罪司法解释》的形式规范、用语恰当、逻辑合理，值得肯定。但个别条款的规范性可进一步增强，主要是该解释的第 18 条。该条规定：“对实施本解释规定之犯罪的犯罪分子，应当依照刑法规定的条件严格适用缓刑、免予刑事处罚。根据犯罪事实、情节和悔罪表现，对于符合刑法规定的缓刑适用条件的犯罪分子，可以适用缓刑，但是应当同时宣告禁止令，禁止其在缓刑考验期限内从事食品生产、销售及相关活动。”该条的第一句和第二句的表述略显累赘，特别是第二句没有将其与第一句之间的关系表述清楚。而且，“可以适用缓刑”的表述无法涵盖我国刑法典第 72 条中规定的“应当宣告缓刑”情形。

第六，该解释的实效性较好。《食品安全犯罪司法解释》的实效性总体较好，特别是其关于定罪量刑标准的规定，大量食品安全犯罪案件据此得以处理。但该解释在实效性上也存在一定的问题。例如，《食品安全犯罪司法解释》第 18 条力图要限制食品安全犯罪的缓刑适用，并规定对判处缓刑的食品安全犯罪分子应当适用禁止令。但通过对裁判文书的统计表明，食品安全犯罪的缓刑适用率高达 45.8%，且相当多的缓刑犯没有适用禁止令。这使得该解释第 18 条关于食品安全犯罪分子缓刑、禁止令的适用规定在大量案件中落空，没有得到较好的执行。

2. 重点难点问题

(1)“食品”的范围过窄问题。


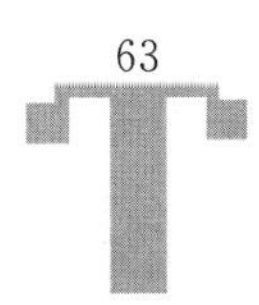

《食品安全犯罪司法解释》第10条、第11条和第14条区分了食品、食品添加剂、食品原料、食品相关产品等不同概念。这沿袭的是《食品安全法》的规定，将食品原料、食品添加剂、食品相关产品排除出了食品的范畴。由于生产、销售不符合安全标准的食品罪和生产、销售有毒、有害食品罪的对象仅限于食品，因此与食品存在密切关联的食品添加剂、食品原料、食品相关产品难以纳入食品安全犯罪的调整范围。这明显不利于维护食品安全。

危害食品安全犯罪判断食品的标准是食品安全标准，而伪劣产品犯罪、非法经营罪等的标准是产品质量标准。食品安全标准要明显高于产品质量标准。对于食品添加剂、食品相关产品而言，根据《食品安全犯罪司法解释》只能按照产品质量标准进行认定，而这显然难以实现对食品安全的有效保护，因为不符合安全标准的食品添加剂的危害并不亚于不符合安全标准的食品。实际上，食品添加剂不符合食品安全标准，或者食品相关产品中致病性微生物、农药残留、重金属等其他危害人体健康的有害物质含量超过食品安全标准限量，也同样会导致食品污染，进而危害食品安全。对此仅以生产、销售伪劣产品罪定罪处罚似乎不足以惩罚犯罪。目前大量的食品安全事故发生于食品原材料、添加剂和动植物养殖过程中，如果不能从源头上抑制此类行为的发生，显然不利于保障食品安全。对此问题，显然有必要通过立法和司法解释的方式进一步解决。

（2）生产、销售行为的不周延问题。

为了更好地与《食品安全法》相衔接，《食品安全犯罪司法解释》第7条、第8条和第14条第2项分别规定了在食品加工、销售、运输、贮存过程中滥用添加剂的行为和掺入有毒、有害非食品原料的行为属于危害食品安全犯罪，同时规定对于明知他人实施危害食品安全犯罪而为其提供运输、贮存、保管、邮寄、网络销售渠道等便利条件的行为以共犯论处。

《食品安全犯罪司法解释》对“生产”和“销售”行为方式的理解沿袭了《食品安全法》的标准，即生产、销售与贮存、运输等行为是各自独立的并列关系。同时，为了解决《刑法》规定的“生产”和“销售”范围的局限，《食品安全犯罪司法解释》对危害食品安全犯罪的行为方式进行了扩展，即将违法使用食

品添加剂、非食品原料的行为扩大至了贮存、运输领域，对于其他方式的运输、贮存行为则可按照共犯的规定进行处罚。这种规定对于严密惩治食品安全犯罪法网无疑具有重要的现实意义。但这也暴露出了一定问题：一是解释的越权问题。如果生产、销售与运输、贮存等行为是各自独立的并列关系，《食品安全犯罪司法解释》将运输、贮存等生产、销售以外的行为纳入生产、销售的行为范围，有超越解释权限之嫌。二是规定的不全面问题。《食品安全犯罪司法解释》仅规定在食品或食用农产品加工、销售、运输、贮存过程中滥用添加剂和掺入有毒、有害非食品原料的行为属于危害食品安全犯罪，但在运输、贮存过程中违反操作规程的行为同样会导致食品不符合安全标准或者有毒、有害，同样需要加以规制，但《食品安全犯罪司法解释》对此却没有涉及。

(3) 行刑衔接不合理问题。

这主要涉及《食品安全犯罪司法解释》规定的入罪标准与《食品安全法》规定的行政处罚标准重合问题。

我国《食品安全法》第 123 条规定对危害食品安全行为予以行政处罚的标准是：1）用非食品原料生产食品、在食品中添加食品添加剂以外的化学物质和其他可能危害人体健康的物质，或者用回收食品作为原料生产食品，或者经营上述食品；2）生产经营营养成分不符合食品安全标准的专供婴幼儿和其他特定人群的主辅食品；3）经营病死、毒死或者死因不明的禽、畜、兽、水产动物肉类，或者生产经营其制品；4）经营未按规定进行检疫或者检疫不合格的肉类，或者生产经营未经检验或者检验不合格的肉类制品；5）生产经营国家为防病等特殊需要明令禁止生产经营的食品；6）生产经营添加药品的食品。第 124 条第 1 项规定对危害食品安全行为予以行政处罚的标准是：生产经营致病性微生物，农药残留、兽药残留、生物毒素、重金属等污染物质以及其他危害人体健康的物质含量超过食品安全标准限量的食品、食品添加剂。

而《食品安全犯罪司法解释》第 1 条规定的入刑标准是：1）含有严重超出标准限量的致病性微生物、农药残留、兽药残留、重金属、污染物质以及其他危害人体健康的物质的；2）属于病死、死因不明或者检验检疫不合格的畜、禽、兽、水产动物及其肉类、肉类制品的；3）属于国家为防控疾病等特殊需要明令禁止生产、销售的；4）婴幼儿食品中生长发育所需营养成分严重不符合食品安全标准的；5）其他足以造成严重食物中毒事故或者严重食源性疾病的情形。

通过对比不难发现，两种处罚的对象存在难以区分甚至重合之处。例如，《食品安全法》第123条第3、4项规定的内容几乎与《食品安全犯罪司法解释》第1条第2、3项完全一致；对于其他几项的规定，《食品安全犯罪司法解释》仅对其内容增加了“严重”的情形，但并未明确“严重”的标准。

（4）罚金数额的执行不严格问题。

食品安全犯罪案件的罚金适用与食品销售金额的适用之间具有密切关系。统计发现，两者之间具有很高的相关性（参见表7）。这表明，《食品安全犯罪司法解释》关于生产、销售食品的金额在实践中被较多采用，特别是罚金与食品金额之间的关联性得到了较好体现。

**表7　食品金额与个人判处罚金的关联情况表**

| 控制变量 | | | 食品金额 | 个人罚金 |
|---|---|---|---|---|
| 危害后果&持续时间 | 食品金额 | 相关性 | 1.000 | 0.771 |
| | | 显著性（双侧） | 0 | 0 |
| | | df | 0 | 1 592 |
| | 个人罚金 | 相关性 | 0.771 | 1.000 |
| | | 显著性（双侧） | 0 | 0 |
| | | df | 1 592 | 0 |

说明：相关性表明相互关系，显著性是0，表明有效；双侧是双向检测，df是自由度。

不过，食品安全犯罪的罚金适用也遇到了两个现实难题：一是《食品安全犯罪司法解释》第17条的规定没有得到有效执行。该解释第17条对罚金数额的规定是“一般应当依法判处生产、销售金额二倍以上的罚金”，但实践中判处的罚金数额远低于这个标准。

二是罚金数额的规定模式不合理。《食品安全犯罪司法解释》第17条规定，对危害食品安全犯罪一般应当依法判处生产、销售金额二倍以上的罚金。而《食

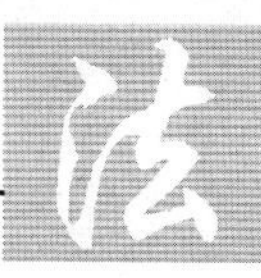

品安全法》第123条规定，违法生产经营的食品货值金额不足1万元的，并处10万元以上15万元以下罚款；货值金额1万元以上的，并处货值金额15倍以上30倍以下罚款。这意味着危害食品安全行为的行政处罚最低数额是10万元，而实践中判处的罚金数额要远低于行政处罚的罚款数额，出现了罚金数额与行政罚款数额的倒挂现象。

（三）完善的意见和建议

1. 适当扩大“食品”的范围

针对“食品”范围过窄的问题，从保护食品安全的角度看，可考虑采取以下两方面的措施：

（1）立法完善措施。对此，可在时机成熟时通过增加新罪名的方式解决，将“生产、销售不符合安全标准的食品添加剂”“生产、销售不符合安全标准的食品相关产品”行为单独入罪，设立生产、销售不符合安全标准的食品添加剂罪和生产、销售不符合安全标准的食品相关产品罪。

（2）司法完善措施。食品通常应具备两个基本特征：“通过人体消化系统消化、吸收的物品”和“主要用于满足人体生理需要和营养需要的物品”。在刑法立法未作修改的情况下，相关司法解释应当在《食品安全法》的基础上适当扩大食品的概念：一是将食品的原材料纳入食品的概念范围。二是将同时具有保健、治疗作用的物品纳入食品的范围。这主要涉及“既是食品又是药品”的物品，即其本来是作为食品存在而后被发现具有治疗功效的物品，这类物品需要根据国家相关机构的规定来确定。截至2012年，卫生部共公布了三批“既是食品又是药品”的名单，第一批包括《中华人民共和国药典》和中国医学科学院卫生研究所编著的《食物成分表》同时列入的30种和另外规定的34种物品，第二批和第三批各包括8种物品。到目前为止，我国共有80种既是食品又是药品的物品。三是在条件成熟时将作为辅料的添加剂和用于食品生产、加工、储存的辅助材料纳入食品的范围。实际上，将食品添加剂作为食品对待也是国外立法中的常见现象。例如，俄罗斯联邦《食品质量与安全法》第1条对食品作出如下定义：“食品：天然或经过加工的供人类食用的产品（包括儿童食品和特殊膳食食品）、瓶

装饮用水、酒精制品（包括啤酒）、非酒精饮料、口香糖以及食品原料、食品添加剂和生物活性添加剂。”同时，为了禁止利用食品之名侵害生命健康现象的发生，有必要将不能食用的实然食品作为犯罪对象进行规制，如不能食用的工业用猪油。实践中就有对用工业用猪油假冒食用猪油销售的行为定性为销售有害食品罪。[①] 虽然生产、销售有毒、有害食品罪强调的是在食品中掺入有毒、有害的非食品原料，但工业用的猪油本身不能食用，如不将其作为“食品”对待，就无法以该罪进行定罪。

2. 完善生产、销售的行为范围

针对食品安全犯罪中生产、销售的行为范围过窄问题，建议从立法和司法两个方面加以解决：

（1）立法完善措施。根据《食品安全法》的规定，销售行为、运输行为、贮存行为可以统摄于经营行为中，刑法典关于食品安全犯罪的规定也应当与《食品安全法》的规定相一致。建议通过修法方式将刑法典中的生产、销售行为修改为生产、经营行为。

（2）司法完善措施。在立法未作修改的情况下，对于食品运输、贮存、保管、邮寄过程中发生的食品安全问题，可以运用刑法的间接实行犯、片面共犯等原理，将其扩大解释为不符合安全标准食品或有毒、有害食品的生产、销售行为。

3. 加强行刑衔接

对于《食品安全犯罪司法解释》与《食品安全法》在行为类型上存在的重合问题，建议一方面可以通过修改《食品安全犯罪司法解释》，调整其表述，以区分食品安全的违法行为与犯罪行为；另一方面有必要总结实践中常见多发的危害食品安全犯罪案件，通过指导案例、文件的形式，逐步确立相对明确的入罪门槛，厘清罪与非罪的模糊界限。

4. 细化相关定罪量刑标准

对于《食品安全犯罪司法解释》多个表述较为模糊的规定，如该解释的第1

① 王作富．刑法分则实务研究：上．北京：中国方正出版社，2006：282-285.


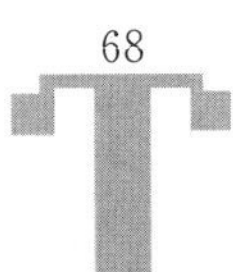

条第1项“严重超出”、第6条第5项“毒害性强”与“含量高”、第8条“超限量”与“超范围”，可以通过修改司法解释的方式进一步予以细化。

5. 改革罚金的数额模式

对于罚金的数额模式，建议通过修正《食品安全犯罪司法解释》的方式予以完善，即改变原来单一的倍数制罚金，采取《食品安全法》关于罚款数额的规定模式，在《食品安全犯罪司法解释》中既对危害食品安全犯罪确定最低罚金数额标准，同时对犯罪金额超过一定货值金额的犯罪分子处以相应倍数的罚金。

6. 完善缓刑和禁止令的规定

这涉及两个方面：一是修改《食品安全犯罪司法解释》第18条的规定，将“根据犯罪事实、情节和悔罪表现，对于符合刑法规定的缓刑适用条件的犯罪分子，可以适用缓刑，但是应当同时宣告禁止令，禁止其在缓刑考验期限内从事食品生产、销售及相关活动”修改为：“对于适用缓刑的，一般应当同时宣告禁止令，禁止其在缓刑考验期限内从事食品生产、销售及相关活动”，将禁止令的适用由“应当”修改为“一般应当”，增强其适用的灵活性。二是加大案例指导和监督的力度，确保宣告缓刑同时宣告禁止令的规定在实际中得到较好地贯彻落实，以扩大食品安全犯罪禁止令的适用。

## 三、关于药品安全犯罪司法解释的评估意见

### （一）该解释实施的基本情况

《药品安全犯罪司法解释》实施的基本情况主要包括案件数量、罪名适用、药品数量、犯罪主体、犯罪金额、犯罪危害后果、药品生产销售时间、药品种类、主刑适用、罚金适用、缓刑和禁止令适用等十一个方面的情况。

1. 案件数量情况

关于药品安全犯罪案件数量，我们发现，一些地方法院审理的药品安全犯罪案件数量在《药品安全犯罪司法解释》出台后有较大的上升。以H省为例，仅在2016年1—6月，全省共立案药品案件142件，同比上年增加65件，增长



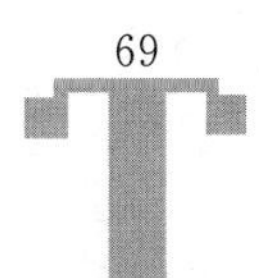

84.4%。其中责令停产停业 2 件，捣毁黑窝点 2 件，罚款金额 374.31 万元，没收违法所得 139.48 万元；货值金额 20 万以上的 3 件；移送司法机关案件 9 件，刑事立案 2 件。从案件类型看，不凭处方销售处方药 46 件，无证经营 24 件，销售假药 18 件，经营劣药 17 件，未按 GSP 经营药品 14 件，生产配制劣药 8 件，使用劣药 8 件，经营假药 6 件，生产配制假药 3 件，违反 GMP 规定 2 件。这较《药品安全犯罪司法解释》出台前有明显增加。

根据中国裁判文书网的查询结果显示，在《药品安全犯罪司法解释》实施前后，我国药品安全犯罪的案件数量呈现出较明显的上升趋势（见图 1）。

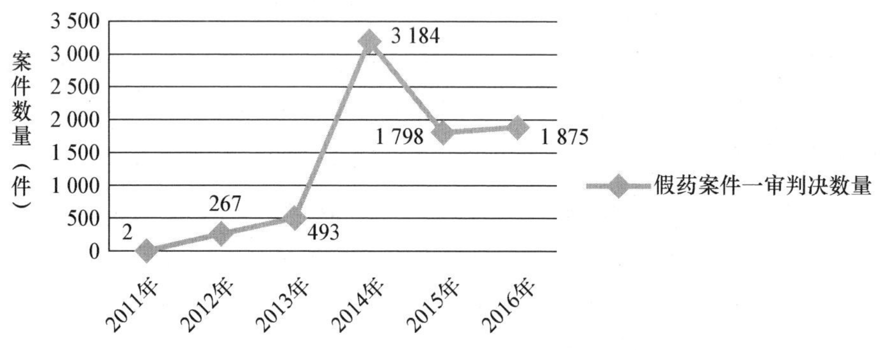


**图 1　2011—2016 年假药案件一审判决数量**

据图 1 显示，我国 2011 年假药一审裁判文书只有 2 份，2012 年增加至 267 份，2013 年增加至 493 份。之后，2014 年快速上升至 3 184 份，2015 年和 2016 年则维持在将近 2 000 份。这其中虽然与中国裁判文书网数据完善的进度有一定关系，但更重要的原因是，《药品安全犯罪司法解释》实施后，药品安全犯罪案件的适用标准更为明显，更多的案件因而进入了诉讼程序。

2. 罪名适用情况

罪名反映了犯罪的行为类型。《药品安全犯罪司法解释》涉及的罪名主要是生产、销售假药罪，生产、销售劣药罪，非法经营罪，虚假广告罪等多个罪名。我们对《药品安全犯罪司法解释》实施后作出的刑事裁决进行了统计分析，并得出了其罪名的分布情况（参见表 8）。



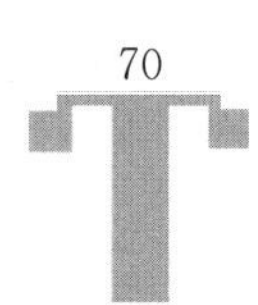

**表 8　药品安全犯罪的适用罪名**

| 罪名 | 样本案例数（件） | 百分比（%） |
|---|---|---|
| 生产、销售假药罪 | 1 966 | 91.3 |
| 生产、销售劣药罪 | 1 | 0 |
| 非法经营罪 | 120 | 5.6 |
| 虚假广告罪 | 9 | 0.4 |
| 综合或其他犯罪 | 57 | 2.5 |
| 合计 | 2 153 | 100.0 |

上表显示，《药品安全犯罪司法解释》实施后，我国药品安全犯罪案件适用的罪名主要是生产、销售假药罪，占比高达 91.3%；其次是非法经营罪，占比达 5.6%。生产、销售劣药罪只有 1 例；虚假广告罪和其他情况合计占比近 3%。之所以出现这种情况，我们认为，原因主要在于生产、销售假药罪的入罪门槛较低，只要实施了生产、销售假药的行为即可构成犯罪；而生产、销售劣药罪的入罪门槛较高，“对人体健康造成严重危害”较难认定，特别是要认定劣药与人体健康严重危害之间的因果关系十分困难。

3. 药品数量情况

《药品安全犯罪司法解释》没有明确列出药品具体数量与定罪量刑的关系，但在第 3 条、第 4 条规定要“根据生产、销售的时间、数量、假药种类等”认定“情节严重”或者“情节特别严重”。在实践中，药品安全犯罪中药品的总体数量并不高（参见表 9）。

**表 9　药品安全犯罪的药品数量**

| 数量 | 样本案例数（件） | 百分比（%） |
|---|---|---|
| 50 粒/盒及以下 | 679 | 31.5 |
| 50～100 粒/盒 | 245 | 11.4 |
| 100～500 粒/盒 | 348 | 16.2 |
| 500～1 000 粒/盒 | 93 | 4.3 |
| 1 000 粒/盒以上 | 249 | 11.6 |

续表

| 数量 | 样本案例数（件） | 百分比（%） |
| --- | --- | --- |
| 不清楚 | 539 | 25.0 |
| 合计 | 2 153 | 100.0 |

上表显示，我国药品安全犯罪涉及的药品数量略微偏低，其中“50 粒/盒及以下”所占比例最高，占比 31.5%；其次是“100～500 粒/盒”，占比 16.2%。此外，“50～100 粒/盒”和“1 000 粒/盒以上”，分别占 11.4%和 11.6%。总体上看，药品安全犯罪的药品数量分布较为分散。同时，统计结果发现，药品数量与药品安全犯罪的量刑之间并不具有直接对应关系。量刑在“1 年有期徒刑以下”的案件，也有药品数量在“1 000 粒/盒以上”区间的，量刑在“10 年以上有期徒刑”的案件，也有药品数量在“50 粒/盒及以下”区间的。

4. 犯罪主体情况

药品安全犯罪的主体主要涉及自然人与单位两类。在对药品安全犯罪裁判文书的统计中，我们也对药品安全犯罪的主体情况进行了统计（结果参见表 10）。

**表 10　药品安全犯罪的主体类型**

| 主体类型 | 样本案例数（件） | 百分比（%） |
| --- | --- | --- |
| 自然人犯罪 | 2 140 | 99.4 |
| 单位犯罪 | 13 | 0.6 |
| 合计 | 2 153 | 100.0 |

上表显示，与食品安全犯罪相似，药品安全犯罪的主体也主要集中在自然人方面，其占比高达 99.4%，单位犯罪只占 0.6%。这说明，当前我国的药品安全犯罪主要是单个人实施或者是不具有法人资格的个体作坊实施。

5. 犯罪金额情况

《药品安全犯罪司法解释》第 3 条、第 4 条明确将生产、销售假药的金额作为认定《刑法》第 141 条“其他严重情节”“其他特别严重情节”的具体标准之一。不过，统计发现，我国药品安全犯罪中涉及的药品金额均比较小。



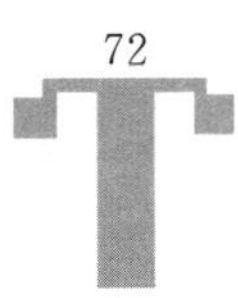

据统计，超过60%的药品安全犯罪案件中没有具体的药品金额（统计时标记为零）。生产、销售金额在1万元以下的占案件总数的78.2%。只有少数案件的药品金额较高。

6. 犯罪危害后果情况

一定的危害后果是生产、销售劣药罪的入罪标准，也是生产、销售假药罪的加重处罚情节。《药品安全犯罪司法解释》的多个条文也都涉及行为造成的危害后果问题。在统计中，我们也专门对药品安全犯罪造成的危害后果情况进行了统计（参见表11）。

**表11 药品安全犯罪的危害后果**

| 危害后果 | 样本案例数（件） | 百分比（%） |
| --- | --- | --- |
| 无危害后果 | 2 145 | 99.7 |
| 轻伤 | 2 | 0.1 |
| 轻伤10人以上（含重度残疾） | 1 | 0 |
| 死亡 | 4 | 0.2 |
| 不清楚 | 1 | 0 |
| 合计 | 2 153 | 100.0 |

如上表所示，高达99.7%的药品安全犯罪案件属于“无危害后果”案件，即没有对人体健康造成明显危害。只有0.3%的案件造成了轻伤以上的危害结果。我们认为，与食品安全犯罪类似，其中的重要原因是危害后果与生产、销售药品行为之间的因果关系较难认定。

7. 药品生产、销售时间情况

《药品安全犯罪司法解释》将生产、销售药品的时间列为认定《刑法》第141条规定的“其他严重情节”“其他特别严重情节”的标准之一，但并未列明具体时间。为了了解药品安全犯罪中药品的生产、销售时间，我们在裁判文书的统计过程中，专门统计了药品的生产、销售时间情况（见表12）。

**表 12　药品安全犯罪的药品生产、销售时间**

| 时间 | 样本案例数（件） | 百分比（%） |
|---|---|---|
| 1 年以内 | 1 246 | 57.9 |
| 1 年～3 年 | 525 | 24.4 |
| 3 年～5 年 | 113 | 5.2 |
| 5 年以上 | 49 | 2.3 |
| 不清楚 | 220 | 10.2 |
| 合计 | 2 153 | 100.0 |

如上表所示，药品生产、销售时间在“1 年以内”占比 57.9%，“1～3 年”占比 24.4%，两者合计占比高达 82.3%。这表明，药品安全犯罪的持续时间总体均较短。

同时，统计也发现，药品的生产、销售时间与量刑的轻重也具有一定的关联性。虽然药品生产、销售时间与主刑之间的相关性数值并不高，但值得关注。这也说明《药品安全犯罪司法解释》将生产、销售时间列为量刑情节，在实践中得到了贯彻实施。

8. 药品种类情况

《药品安全犯罪司法解释》第 11 条区分了民间传统配方制药和进口的国外、境外药品，规定销售少量这两类药品，没有造成他人伤害后果或者延误诊治，情节显著轻微危害不大的，不认为是犯罪。为此，我们也专门统计了药品安全犯罪案件中的药品类型（参见表 13）。

**表 13　药品安全犯罪的药品类型**

| 类型 | 样本案例数（件） | 百分比（%） |
|---|---|---|
| 国内药 | 1 580 | 73.4 |
| 进口药 | 258 | 12.0 |
| 民间配方药 | 113 | 5.2 |
| 综合或其他 | 202 | 9.4 |
| 合计 | 2 153 | 100.0 |

上表显示，我国药品安全犯罪案件中，绝大多数药品都属于国内药，占比高达73.4%。进口药占比为12%，民间配方药只占5.2%。

9. 主刑适用情况

药品安全犯罪的主刑主要是拘役、有期徒刑两类，适用无期徒刑、死刑的情况极为少见。从药品安全犯罪案件的裁判情况看，药品安全犯罪案件适用的主刑总体均较轻。

我国药品安全犯罪案件的主刑适用总体上较轻，表现为82.9%的案件被告人被判处1年以下有期徒刑或者拘役，判处10年有期徒刑以上刑罚的被告人只占总数的1.5%，只有1例案件的被告人被判处了无期徒刑。

10. 罚金适用情况

《药品安全犯罪司法解释》第12条对生产、销售假药定罪的罚金适用作了专门规定，即“一般应当依法判处生产、销售金额二倍以上的罚金；共同犯罪的，对各共同人合计判处的罚金应当在生产、销售金额的二倍以上”。总体上看，我国对药品安全犯罪的罚金适用金额较低。其中有相当一部分案件因为被适用免予刑事处罚而没有判处罚金，罚金数额在1万元以下（含免予刑事处罚的情况）的，占案件总数的72.9%。

11. 缓刑和禁止令适用情况

《药品安全犯罪司法解释》第11条第1款对缓刑的适用作了规定，要求严格适用缓刑，同时对宣告缓刑的犯罪分子应当同时宣告禁止令。不过，在司法实践中，药品安全犯罪的缓刑适用并没有得到严格的控制，其总体适用率较高（参见表14）。

**表14　药品安全犯罪的缓刑适用**

| 缓刑适用 | 样本案例数（件） | 百分比（%） |
|---|---|---|
| 适用缓刑 | 1 107 | 51.4 |
| 不适用缓刑 | 1 016 | 47.2 |
| 不清楚 | 30 | 1.4 |
| 合计 | 2 153 | 100.0 |

表14显示，药品安全犯罪案件的犯罪分子被宣告缓刑的比例较高，达到了52.1%。这与《药品安全犯罪司法解释》第11条第1款的规定显得不相协调。同时，我们通过查询一些刑事裁判文书也发现，有大量被宣告缓刑的犯罪分子没有被同时宣告禁止令。

（二）评估的初步结论及重点难点问题

1. 评估的初步结论

《药品安全犯罪司法解释》评估的初步结论主要包括该解释的合法性、合理性、协调性、可操作性和实效性等方面。

第一，该解释具有合法性。这主要体现在两个方面：一是《药品安全犯罪司法解释》制定的程序完整合法。该解释系2014年9月22日由最高人民法院审判委员会第1626次会议和2014年3月17日最高人民检察院第十二届检察委员会第18次会议通过，2014年11月3日公布，2014年12月1日起施行。二是《药品安全犯罪司法解释》的内容合法。该解释的内容是针对危害药品安全刑事案件适用法律问题所作的解释，主要涉及刑法典第140条、第141条、第142条、第222条和第225条等规定的内容，且没有超出法律规定。解释的形式和内容总体符合《最高人民法院关于司法解释工作的规定》和《最高人民检察院司法解释工作的规定》的要求。但是，个别条款的规定也存在越权解释的嫌疑。例如，《药品安全犯罪司法解释》第7条第1款对非法经营药品行为构成非法经营罪的表述是“违反国家药品管理法律法规”。从内涵上看，“法律法规”的含义十分广泛，包括了各种法律、行政法规范乃至地方法规等。而我国《刑法》第225条对非法经营罪的前提规定的是“违反国家规定”，其内涵仅限于全国人大及其常委会、国务院制定的规范，不包括其他法规。因此，《药品安全犯罪司法解释》第7条第1款关于非法经营的前提性规定与刑法典第225条的规定并不完全吻合，有越权解释之嫌。

第二，该解释的内容基本合理。《药品安全犯罪司法解释》在内容上重点解释了刑法典第141条的“对人体健康造成严重危害”“其他严重情节”“其他特别严重情节”，第142条“对人体健康造成严重危害”“后果特别严重”，生产、销售假药的“生产”，非法经营药品，生产、销售非药品原料、辅料，生产、销售假药、劣药的共同犯罪，并对罚金、罪数等问题作了详细的规定。其内容总体上较为科学合理，但也存在一些问题。例如，关于假药，《药品管理法》第 48 条第 3 款第 2 项明确将“依照本法必须批准而未经批准生产、进口，或者依照本法必须检验而未经检验即销售的”药品规定为按假药论处。对这类药也是按照假药处理并追究相关生产、销售行为的刑事责任，符合《药品管理法》和刑法典第 141 条第 2 款的规定。[①] 但从行为的危害性上看，这种情况毕竟不同于一般意义上的假药，对其处理应该有别于一般的假药。但《药品安全犯罪司法解释》没有对假药和按假药论处的情形进行区分。实际情况表明，许多属于假药的进口药的功效通常要高于国产药，仅仅因为其没有办理审批手续就不加区分地追究行为人的刑事责任，不太合理。

第三，该解释的协调性强。《药品安全犯罪司法解释》主要注意保持两方面的协调：一是涉及药品安全的不同犯罪在定罪量刑标准上的协调。这主要涉及刑法典第 141 条、第 142 条、第 222 条、第 225 条。二是《药品安全犯罪司法解释》与《药品管理法》之间的协调，包括假药、劣药的认定等。从整体上看，该解释的协调性较强。但《药品安全犯罪司法解释》第 7 条第 3 款关于非法经营药品数额的规定，与我国刑法典第 225 条非法经营罪的一般标准（即“非法经营额在五万元以上、违法所得在一万元以上”）相比，略显过高，不是很协调。

第四，该解释的可操作性强。《药品安全犯罪司法解释》第 1～6 条详细规定了生产、销售假药和生产、销售劣药的定罪量刑标准，第 7 条规定了生产、销售、使用药品经营许可证、非药品原料、辅料行为的定性，第 8 条规定了生产、销售假药、劣药的共同犯罪问题，第 9 条虚假广告罪，第 10～13 条对生产、销售假药、劣药涉及的罪数、刑罚适用、单位犯罪问题作了具体规定，第 14～16

---

① 2019 年 12 月 1 日起施行的《药品管理法》删除了原《药品管理法》第 48 条第 3 款“按假药论处”之情形。据此，原来按照假药论处的“依照本法必须批准而未经批准生产、进口”的药品，不再被认定为假药。相应地，《刑法修正案（十一）》也删除了刑法典第 141 条第 2 款的规定。以下如无特别说明，文中的《药品管理法》均指 2015 年原《药品管理法》。——笔者补注

条对“假药”“劣药”“生产、销售金额”“轻伤”“重伤”“轻度残疾、中度残疾、重度残疾”的认定标准与程序作了具体规定。这些规定十分明确、具体，有利于办案机关依照执行。当然，该解释也存在一些不明确的地方，如解释第 11 条第 2 款的“少量”等含义不是很明确，进而在一定程度上影响了相关条款适用的可操作性。

第五，该解释的实效性较好。《药品安全犯罪司法解释》在司法实践中得到了较好的运用，对药品安全刑事案件的办理起到了积极的指导作用。不过，与《食品安全犯罪司法解释》相似，《药品安全犯罪司法解释》第 11 条关于缓刑和禁止令、第 12 条关于罚金的规定在司法实践未得到充分的执行，高缓刑率与《药品安全犯罪司法解释》第 11 条的制定目的不相一致，且适用缓刑应当同时宣告禁止令的规定，没有得到有效的贯彻，说明该解释这两条的规定在实效性上存在一定问题，需要进一步完善。

2. 重点难点问题

（1）关于第 11 条第 2 款的适用问题。

《药品安全犯罪司法解释》第 11 条第 2 款规定，销售少量根据民间传统配方私自加工的药品，或者销售少量未经批准进口的国外、境外药品，没有造成他人伤害后果或者延误诊治，情节显著轻微危害不大的，不认为是犯罪。可以说，这一规定严格贯彻执行了刑法典第 13 条“但书”条款的要求，不仅是合法的，而且具有合理性，可以及时将那些不具有严重社会危害性但被行政监管部门认定为生产、销售“假药”的行为排除在犯罪圈之外，做到刑罚适用的公平、公正。

但从假药类型来看，当前的假药犯罪案件中属于《药品管理法》“以假药论处的”的药品案件居多。据裁判文书网查询，从 2011 年至今，一审审结的生产、销售假药案件 9 065 件，属于因进口药品未标注进口批号而被认定为假药的案件为 2 338 件，约占 1/4 多。尤其是在 2014 年审结的 3 194 件案件中，进口药案件占据了 957 件，约占 1/3 多。在《药品安全犯罪司法解释》生效实施以后，因进口药品没有进口批号而被认定为假药的犯罪案件呈先增后减的趋势，分别是 2015 年的 506 件和 2016 年至今的 429 件。从调研、座谈情况来看，办案机关对假

药案件之证明标准的理解发生了变化，导致假药案件的刑事立案数下降，是刑事案件数量趋于下降的原因之一。调研发现，这两年行政机关案件移送涉嫌假药犯罪的案件数量以及能够立案的数量均不大。据悉，2015 年我国药品行政执法案件查处 89 226 件，查处药品案件涉及物品总值 54 020.9 万元，与上年同期相比，增加 51.0%。药品监督管理部门向公安机关移送药品案件 1 529 件，同比减少 34.0%。移交案件受到刑事处罚 129 人，同比减少 66.4%。这种反常情况与《药品安全犯罪司法解释》第 11 条所规定的“情节显著轻微的不认为是犯罪”有一定联系。因为部分地区的公安司法机关将是否属于“情节显著轻微”的标准具体化为“是否足以造成危害后果”的危险性判断，这对行政执法部门移送假药案件提出了更高的证明要求，即不仅要求食药监管部门出具涉案药品属于假药的认定结论，而且要求出具涉案药品具有毒害性的证明。后者既不符合刑法关于犯罪事实的认定标准，也超出了行政检验检测的能力范围。以某省为例，2014—2015 年全省共向公安机关移送销售未经批准进口的国外、境外药品类假药案件 26 宗，其中涉案货值有数百元到上万元不等，公安机关立案 10 宗。其余案件不予立案的原因是公安机关认为涉案货值少，情节轻微，危害不大，不认为是犯罪。从结论上看，这种做法本没有问题，但问题是由于情节显著轻微的标准不明，行政执法机关、公安机关甚至司法机关在判断“是否属于情节显著轻微”时随意性强，致使行政执法部门难以操作。

在其他一些省份调研时也发现了上述问题，尤其是未经注册的进口药品认定假药容易，但公检法机关在认识上也有很大差异。例如，公安部门认为一些药品只是没办理进口药品批准文号却非常有效。此类案件起诉时就会特别困难，因为“什么情况应追究刑事责任，什么情况不需要追究刑事责任”不明。审判机关则认为“首先审查案件能否入罪的问题，下一步是量刑问题，涉及鉴定，如假药，不具备较大的社会危害性，且量小，不作为打击重点；如进口药品，具有较好的疗效，但无证（进口注册证），量刑时也会考虑是否缓刑。”可以说，由于该条款中的“少量”并无统一标准，遂成为影响假药案件办理的诱因之一。部分地区为了便于司法操作进行了探索，如某省食药局、省检察院及省高院在《食品药品行

政执法与刑事司法衔接工作办法实施细则（征求意见稿）》中拟定为“少量的标准是不满人民币五千元，但以孕产妇、婴幼儿、儿童或者危重病人为主要使用对象的除外，且曾因销售假药被判处刑罚或在一年内曾因销售假药受过行政处罚的，可以按前述标准的50%计算”。这种做法虽然有助于统一裁判的标准，但其是否合适值得商榷。可以说，由于该条款中“传统配方”“少量”等认定标准仍然是模糊的、抽象的，因此并没有明显提高此类案件查办效率。该条文也因难以操作而面临被架空的尴尬境地。

本条款在适用过程中之所以会出现上述问题，表面上看是因为用语过于模糊，不明确，但根本原因在于《药品管理法》关于假药的认定标准不科学。《药品管理法》第48条规定的假药并不都是严重威胁人体健康的假药。这说明行政认定的假药之危害性并不一定都达到了生产、销售假药罪中“假药”对公众健康与生命安全所产生的严重威胁之程度。这具体又包括三大类：一是传统观念上会直接威胁公共安全的药品，如《药品管理法》第48条第2款规定的假药；二是为了维护药品市场监管秩序的需要而经行政认定为假药，实质上不会危及公共安全，如没有经过批准而进口销售的境外上市药品；三是无法直接判断是否达到传统意义上的假药而以假药论处的其他情形，如变质、被污染的药品等。[①] 由于后两种假药并不必然会产生危及公共安全的后果，因此将其归为生产、销售假药罪之行为犯的调控范围，可能会不当地扩大刑法的适用范围，有违司法惩治的公平性。从调研来看，因为后两类案件数量较多，地方办案机关要求食药监管部门出具涉案药品具有毒害性的证据以证明移送的案件不属于“情节显著轻微”，并逐渐将这一标准扩展到几乎所有的假药案件。“即在出具涉案物品属于假药的行政认定结论后，需要另行出具‘足以造成严重危害后果’的毒害性证明及其成分检测报告。”这样不仅导致后两种意义上的假药难以移送处理，而且实质意义上的

① 2019年12月1日起施行的《药品管理法》删除了原《药品管理法》第48条第3款“按假药论处”之情形，将“污染的药品”规定为劣药，原来按照假药论处的“依照本法必须批准而未经批准生产、进口”的药品，也不再被认定为假药。——笔者补注

假药也存在移送障碍。正如某些省食药局在对实施细则的反馈中所提到的，不在检验报告和结论中认定假药的成分、标准和社会危害性，使得证据上不能达到刑法要求的确实、充分标准，对被告人难以定罪和量刑。

《药品安全犯罪司法解释》第 11 条因难以操作而逐渐被架空。这在一定层面上表明该条款的解释规则、表述虽然合法、合理，但其必要性值得商榷。即便没有该解释，公安司法机关仍然可以依据刑法典第 13 条和《刑事诉讼法》第 15 条，对销售少量根据民间传统配方私自加工的药品，销售少量未经批准进口的国外、境外药品，没有造成他人伤害后果或者延误诊治的情形，以“情节显著轻微危害不大的，不认为是犯罪”论处。

(2) 关于第 5 条的适用问题。

《药品安全犯罪司法解释》第 5 条规定，生产、销售劣药，造成轻伤或者重伤，造成轻度残疾或中度残疾，造成器官组织损伤导致一般功能障碍或严重功能障碍，或者其他对人体健康造成严重危害的，应当认定为刑法典第 142 条规定的“对人体健康造成严重危害”。但是从调研来看，该规定没有解决劣药犯罪认定的根本性问题：

一是解释第 5 条规定的标准是犯罪既遂标准还是犯罪成立标准，在实践中存有争议，影响案件的立案查办。根据刑法典第 142 条的规定，生产、销售劣药罪的犯罪客观方面特征包括两个要素：“生产、销售劣药”和“对人体健康造成严重危害”。《药品安全犯罪司法解释》第 5 条明确了“对人体健康造成严重危害”的具体内容。但对于行政执法机关、刑事侦查部门以及司法机关来说，该危害结果是犯罪成立要件还是犯罪既遂要件不无争议。调研发现，大多数地方办案部门将这一危害结果作为犯罪成立要件，即没有出现危害结果的，就不认为犯罪成立；对于食药监管部门来说，无证据证明危害后果出现时，就不认定为涉嫌犯罪案件进而予以移送。然而，由于伪劣药品案件的特殊性，要寻找劣药案件造成伤害后果的证据极为困难，致使实践中难以证实涉嫌劣药犯罪事实。最终导致行政执法机关移送涉嫌犯罪案件抑或是公安机关直接立案侦查的案件数量都极少。

二是实践中劣药和假药区分困难，导致假药认定优先于劣药。《药品管理法》


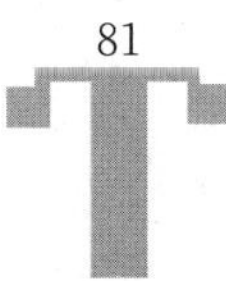

通过列举的办法将假药与劣药的表现形式列举出来，但这些表现形式在假、劣药认定过程中容易出现竞合，使得操作过程中难以区分。例如，《药品管理法》第49条①规定超过有效期的药品属于劣药，第48条规定变质药品属于假药，但超过有效期药品性质区别很大，部分超过有效期的药品还处在药品稳定期内，没有失去药效或者还没有变质，但有一些超过有效期的药品已经变质失效甚至产生有毒有害物质。这样一来，超过有效期的药品是假药还是劣药就可能出现竞合。其实，《药品管理法》第48条关于假药的认定标准涵盖了形式标准和实质标准，而第49条关于劣药的认定标准基本都属于形式标准，比如药品成分含量不合标的，超过有效期的，不注明或者更改生产批号的等等。这使得部分劣药可能在实质上也符合假药的认定标准，比如超过有效期的药品可能属于变质、污染的情形，不注明或者更改生产批号的药品也可能属于假药（即依法必须取得批准文号而未取得批准文号的原料药生产的药品）。办案机关考虑到从重适用的要求以及假药犯罪的证明标准较低，一般都将此类案件认定为假药犯罪案件。

三是因果关系的判断规则不明，导致地方部门不会轻易认定伤害结果与伪劣药品之间的因果关系。不管是将危害结果认定为生产、销售劣药罪的犯罪成立要件还是犯罪既遂要件，都涉及生产、销售劣药行为与危害结果之间的因果关系认定问题。但是，严格按照传统的因果关系理论，不仅在实践上难以证明劣药犯罪的实际危害，不利于执法办案，在理论上也备受质疑，因此，有观点提出用疫学因果关系等理论来解决司法认定问题。然而，由于我国刑法理论对于疫学因果关系的研究尚不成熟，司法机关也没有确立统一的解释规则，导致实践中办案机关在适用因果关系来解释劣药案件的危害性时无所适从。因此，《药品安全犯罪司法解释》虽然明确了危害后果的具体内容，但却难以证明危害后果与不法行为之间的因果联系，以致该条款难以发挥应有的作用。

（3）关于第7条的适用问题。

这涉及回收药品的问题。回收药品是指从病人手中买回再流入药品市场的药

---

① 2019年《药品管理法》修正后为该法第98条。



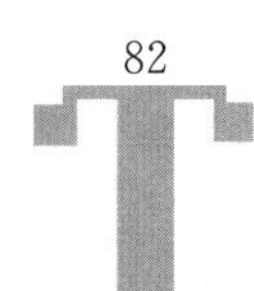

品。调研发现，回收药品的流程往往是从病人开始（也有药贩直接拿着他人医保卡购买药品），经私人药贩进入个体经营者或者医院（或乡医等），然后出售给病人。因此，回收药品属一种药品畸形回流的非正常情形。非法购进、出售回收药品，不仅扰乱市场秩序，而且给公众用药安全带来了很大隐患。《药品安全犯罪司法解释》对于此类行为的惩治也予以了明确。其第 7 条规定："违反国家药品管理法律法规，未取得或者使用伪造、变造的药品经营许可证，非法经营药品，情节严重的，依照刑法第二百二十五条的规定以非法经营罪定罪处罚。"但非法经营案件在药品安全犯罪案件中所占比重并不大。这一点与一些地方猖獗的"鬼市"回收药品情形截然相反，充分说明我们的惩治效果不佳。而这与我们当前的刑事立案标准不无关系。

《药品安全犯罪司法解释》第 7 条明确规定，非法经营数额在 10 万元以上，或者违法所得数额在 5 万元以上的，应当认定为刑法典第 225 条规定的"情节严重"；非法经营数额在 50 万元以上，或者违法所得数额在 25 万元以上的，应当认定为刑法典第 225 条规定的"情节特别严重"。然而，实践中回收药品的问题并没有因为《药品安全犯罪司法解释》的明确规定而得到有效惩治。比如，天津市南开区文水路地区俗称"鬼市"，非法药品交易行为（如私下收购药品、倒卖药品）较为严重。从 2001 年开始，食药监部门就一直进行整治，但不法人员扔了药品就跑的现象广泛存在，执法人员经常是明知此人违法但因查获涉案数额难以达到 10 万的追诉标准而导致难以继续深入追查。2015 年 9 月，公安部统一在全国展开集群战役，共抓获嫌疑人 201 名，查获各类非法销售的药品价值一亿多元，天津市的假药"鬼市"也被查处清理。但从现在的情况来看，天津"鬼市"依然是药品回收的集散地。

究其原因，《药品安全犯罪司法解释》第 7 条关于非法经营追诉标准过高，在一定程度上影响了对非法回收药品的惩治效果。《药品安全犯罪司法解释》确立了"非法经营数额在十万元以上，或者违法所得数额在五万元以上的"的追诉标准，但从事回收药品行为的人员往往分散、流动性较强，数额查证困难，这给行政执法部门认定涉嫌犯罪提出了更高的要求，使公安机关难以充分介入侦查，

最终导致难以对抓获的不法行为人定罪量刑。同时，这个追诉标准较其他非法经营犯罪来说也偏高。比如，最高人民检察院、公安部联合发布的《关于公安机关管辖的刑事案件立案追诉标准的规定（二）》第 79 条规定，“违反国家规定，进行非法经营活动，扰乱市场秩序，涉嫌下列情形之一的，应予立案追诉：……（八）从事其他非法经营活动，具有下列情形之一的：1. 个人非法经营数额在五万元以上，或者违法所得数额在一万元以上的……”也就是说，对于法律明确列举的非法经营行为之外的其他情形，非法经营罪的追诉标准是个人经营数额在 5 万元以上，或者违法所得在 1 万元以上。很显然，非法回收药品在《药品安全犯罪司法解释》发布之前属于这种情形。但《药品安全犯罪司法解释》提高了此类案件的追诉标准，导致相当多的案件无法进入犯罪治理的范畴，在一定程度上放纵了回收药品行为。其实，在该《追诉标准》中，其他非法经营行为的追诉标准也不高，如“违反国家烟草专卖管理法律法规，未经烟草专卖行政主管部门许可，无烟草专卖生产企业许可证、烟草专卖批发企业许可证、特种烟草专卖经营企业许可证、烟草专卖零售许可证等许可证明，非法经营烟草专卖品，具有下列情形之一的：1. 非法经营数额在五万元以上，或者违法所得数额在二万元以上的……”据此，如果按照现行《药品安全犯罪司法解释》标准，对于非法经营药品这种社会危害性程度更大的不法行为，追诉标准反而比烟草类非法经营行为要高，这不仅不协调，而且不合理。

（4）关于第 12 条的适用问题。

《药品安全犯罪司法解释》第 12 条规定，犯生产、销售假药罪的，一般应当依法判处生产、销售金额二倍以上的罚金。共同犯罪的，对各共同犯罪人合计判处的罚金应当在生产、销售金额的二倍以上。但调研中发现，该规定仅限于生产、销售金额的倍数，对于药店等没有从事生产行为的主体，在购入假药、劣药以后没有销售时，无法按照上述标准计算罚金，从而降低了刑罚裁量的针对性。

（5）关于第 14 条的适用问题。

《药品安全犯罪司法解释》第 14 条规定，是否属于刑法典第 141 条、第 142


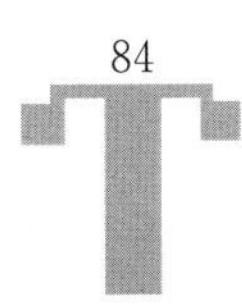

条规定的“假药”“劣药”难以确定的，司法机关可以根据地市级以上药品监督管理部门出具的认定意见等相关材料进行认定。必要时，可以委托省级以上药品监督管理部门设置或者确定的药品检验机构进行检验。然而，调研发现，假药、劣药的鉴定不仅仅是鉴定机构的问题，还有其他问题值得注意：1）鉴定标准问题，即对于没有国家药物标准的假药鉴定无标准可循。例如某医院一个被承包的科室，销售自制制剂（无医疗机构制剂许可证，无注册文号），宣称是民间处方或祖传秘方，属于假药。由于无法定标准，药品检验机构对未知药物无法检验，难以出具假药的鉴定报告。2）检验资质问题。各个层级检验部门的检验检测能力差距较大，同时地区间不同检验部门的检验检测资质不公开，严重影响执法办案过程中检验检测的效率；检验检测的行政属性以及检验检测关注定量分析的模式使其难以满足刑事证据的需要，影响案件移送和审判。

（6）关于临床数据造假问题。

当前药物临床试验数据造假问题一直比较突出，严重威胁公众用药安全，但《药品安全犯罪司法解释》没有对此作出相应规定。

2015 年 7 月，国家食药监总局发布《关于开展药物临床试验数据自查核查工作的公告》，要求申请人对申请上市和进口的 1 622 个注册申请的临床试验数据真实性、完整性、规范性进行自查，申请人对临床试验存在问题的注册申请可以主动撤回，补充完善后重新申报。扣除免临床试验的 193 个，需要进行自查的品种共计 1 429 个。截至 2016 年 6 月底，企业经自查主动申请撤回 1 193 个，占应自查总数的 83%。其间，国家食药监总局自 2015 年 10 月起组织对待批准的注册申请开展核查。截至 2016 年 9 月底，共核查 117 个注册申请，对其中存在真实性问题的 30 个作出了不予批准的决定，约占应自查核查品种的 20%；对涉嫌数据造假的 27 个品种 11 个临床试验机构和合同研究组织予以立案调查。从整个核查情况来看，自 2015 年以来，多家临床试验机构因数据造假被通报和立案调查。这种严重的药品临床数据造假行为不仅在行业内而且在社会上引起了强烈关注，也引发了社会公众对药物安全的担忧。

药品临床试验是检验药物安全性和有效性的唯一标准，是药品开发过程中的


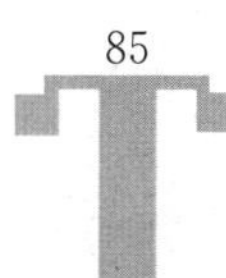

一个重要阶段，其结果是药品注册上市的主要依据。而在这一系列的临床数据造假事件中，涉案单位的主观恶性突出，其对临床数据造假所产生的危害性远远大于无证经营药品等不法行为。调研发现，国内临床试验机构数据造假已非一日之寒。这一方面是由于国内药物研发机构、临床试验机构存在拔苗助长的趋利化心态，一些从业人员的职业道德缺失；另一方面是由于人力所限，临床试验机构的管理还仅停留于认证式监管的层面。与此相关的是，对于核查发现临床数据造假行为的，是否涉嫌犯罪以及具体的判断标准，在规范层面并不明确。这也导致在这一问题上查办惩治力度不够。

临床数据造假具有较强的专业性，一般药品行政执法人员无法通过短期的现场检查发现问题，加之该事件涉及的机构均为国内知名的三甲医院和科研机构，使临床数据核查成为药品行政执法的薄弱环节。不过，调研发现，临床试验数据造假的方式包括试验用药品不真实、选择性使用数据、虚假数据、修改数据、分析测试数据不完整、数据不可溯源等多种方式。但从行为目的上看，进行数据造假的一方就是要帮助委托方完成临床试验以便成功申报新药，或者为了获得委托方的付款而通过提供虚假临床数据使其通过试验，放任药企以虚假数据成功申报新药。就此而言，临床数据造假的行为模式就是，行为人通过临床试验机构提供虚假临床试验数据，使制药企业的临床试验能够获得通过并且成功申报新药。当然，这种虚假数据的来源，既可以是临床试验机构自行虚构，也可以按照 CRO 甚至药企的要求完成。因此，规范层面上的核心问题是明确临床试验机构提供虚假临床试验数据的性质。实践中存有争议的问题还有，药品申请方故意提供虚假的药物临床试验证明材料，或者明知试验机构可能提供了虚假的药物临床试验报告仍然申报，以获得药品批准生产证明文件的行为，应当认定为共犯还是其他犯罪。在调研中了解到，药品申请方在与 CRO 签订合同时，有时会约定对方选择临床试验机构，或者药企直接选定的临床试验机构要确保“一定能够通过临床试验”等。这种情况下，药企在收到临床试验机构提供的临床数据时往往不去审查判断其真实性，而是直接用来申报。因此，如何规制这类数据造假问题，是我国药品安全犯罪治理亟须明确的问题。

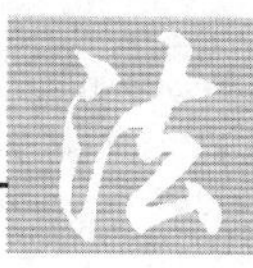

（三）完善的意见和建议

1. 关于第5条规定的完善

针对《药品安全犯罪司法解释》第5条关于生产、销售劣药罪入罪标准存在的问题，建议从三个方面考虑完善其司法认定问题：

一是通过制定新的司法解释，进一步明确危害结果是犯罪成立标准还是犯罪既遂标准。由于公安司法机关对这个问题的认识不一致，导致危害结果属于生产、销售劣药罪的犯罪成立要件还是既遂要件争议较大。如果最高司法机关拟将该危害结果作为犯罪成立的标准，可以在新的司法解释中对“危害结果”作出进一步明确，即规定“生产、销售劣药，具有本解释规定情形之一的，应当予以追诉……”；如果最高司法机关拟将该危害结果作为犯罪既遂的标准，可以在司法解释的现有规定的基础上增设一款，即规定“生产、销售劣药行为，足以对人体健康造成严重危害的，应当以生产、销售劣药罪的未遂犯论处”。

二是以指导案例或者通过新的司法解释明确疫学因果关系的适用规则。疫学因果关系的适用问题一直是刑法理论中的疑难问题，但从加强药品安全保障以及强化犯罪惩治力度的法治要求来看，必须探讨、明确疫学因果关系的适用规则。建议以制定新的司法解释或者发布指导案例的形式明确危害药品安全犯罪中疫学因果关系的证明标准、规则、条件等，为公安司法机关收集、运用、审查证据提供明确指引，以提高此类案件移送、侦办的效率。

三是修订《药品管理法》，取消假药和劣药的二元分类。现行假药、劣药的行政划分标准，不仅层次混乱，而且不能反映假药、劣药的实质性差异，存在宽严失度的问题。例如，对于一些民间传统私人配方药剂、未经批准的国外合法使用的进口药品等，将其纳入假药的范围，合理性存疑。而对于一些属于劣药但社会危害性较大的情形（如成分的含量严重不符合国家药品标准的药品），认定为劣药又有限制打击之虞。在“以假药论处”的假药类型中，一些地方食药监管部门因难以按照司法机关的要求提供涉案假药的毒害性证明而难以移送案件，对于劣药案件因无法证明危害后果不予侦办，都不符合从严惩治的政策要求。鉴此，我们应考虑在《药品管理法》中确立假药、劣药的实质性危害标准，即与其标注的适应症、治疗效果是否相符作为判断真假药品的标准。将那些仅仅是形式不符合药品审批程序，扰乱市场监管秩序，但实质上能够达到所标注的治疗效果的药品，排除在假药之外。

2. 关于第 7 条规定的完善

针对《药品安全犯罪司法解释》第 7 条涉及回收药品案件的追诉标准问题，建议通过制定新的司法解释予以完善：

一是在新的司法解释中降低此类案件的追诉标准。现行的追诉标准过高，不仅超出了一般非法经营行为的追诉标准，而且无法体现出药品安全犯罪的特殊性以及四个“最严”要求下严厉惩罚药品安全犯罪的政策导向。为此，应当考虑从以下方面调整非法经营行为的追诉标准：（1）区分个人和单位为不同责任主体。从实践来看，从事非法药品回收的主体既包括个人，也包括具有法人资格的药店等单位。《药品安全犯罪司法解释》第 7 条没有区分个人和单位这两种不同的责任类型，而适用相同的追诉标准，无法体现主体责任的差异性，应当予以区分。（2）明确个人、单位的不同追诉标准。从实践情况来看，在区分个人、单位不同主体的情况下，应当设定不同主体的追诉标准。对此，可以考虑规定：“违反国家药品管理法律法规，未取得或者使用伪造、变造的药品经营许可证，非法经营药品”“个人非法经营数额在五万元以上，或者违法所得数额在一万元以上的”“单位非法经营数额在十万元以上，或者违法所得数额在二万元以上的”，应当予以追诉。

二是在新的司法解释中丰富此类案件的追诉标准。现行的追诉标准以经营数额和违法所得数额为内容，虽然可以较为直观地表明不法行为的社会危害性，但却未必能够全面反映不法行为的社会危害性。为此，新的司法解释中应当考虑两个方面的调整：（1）借鉴《药品安全犯罪司法解释》第 14 条规定，明确规定回收药品价格检测的规则，提高实践中司法鉴定的效率和统一性，避免因为价格鉴定问题而影响案件查办。（2）丰富非法经营行为追诉标准的影响因素。对此，参考《追诉标准（二）》第 79 条第 5 项关于经营数额、违法所得数额、出版物的数量、不法行为被处罚的次数以及其他危害后果等明确出版、印刷、复制、发行严

重危害社会秩序和扰乱市场秩序的非法出版物行为的追诉标准，可以将非法经营药品的数量（如盒数、箱数等）、非法经营行为被行政处罚的次数以及造成的恶劣社会影响（有些并非假药、劣药，比如山东疫苗案件）等作为追诉标准的判断因素，以构建更加丰富的判断规则，实现犯罪的从严治理。

此外，本条关于“违反国家药品管理法律法规”的规定，可将其修改为符合《刑法》第225条规定内涵的“违反药品管理国家规定”。

3. 关于第11条的完善

《药品安全犯罪司法解释》第11条的完善主要包括以下两个方面：

第一，完善第11条第1款关于缓刑和禁止令的规定。其中最主要的是修订宣告缓刑必须同时宣告禁止令的规定，建议将《药品安全犯罪司法解释》第11条第1款规定中的“对于适用缓刑的，应当同时宣告禁止令，禁止犯罪分子在缓刑考验期内从事药品生产、销售及相关活动”修改为：“对于适用缓刑的，一般应当同时宣告禁止令，禁止其在缓刑考验期限内从事药品生产、销售及相关活动”，以增加禁止令适用的灵活性。

第二，完善第11条第2款关于民间配方药、进口药的规定。这又可从两个层面进行完善：一是在司法解释的层面上，可以考虑修订现行解释规则，即明确不认为是犯罪的标准。尤其是对于假药中“未经批准的进口药品、民间土方研制药品”，不宜简单照搬刑法典第144条的规定处理。同时，应当从销售金额、购进金额、生产金额、药品数量等方面明确“少量”的内容，统一定罪量刑标准。二是应当修订《药品管理法》中关于假药的认定标准，不宜将此类药品认定为假药，缩小现行的假药认定范围，但对于上述行为可按照扰乱市场经济秩序犯罪进行处理。

4. 关于第12条的完善

《药品安全犯罪司法解释》第12条是关于生产、销售假药罪的罚金适用，对此可从以下两个方面加以完善：一是增加罚金数额确定的因素。对于第12条所规范的罚金数额的影响因素，建议将“购进金额”等纳入在内，以便在假药的销售者没有销售额的情况下对其进行相应的处罚；二是明确生产、销售劣药罪的罚

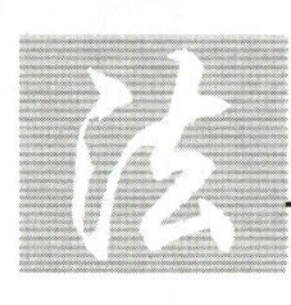



金标准。对此，可参照《药品管理法》的规定，规定“对生产、销售劣药罪的，一般应当依法判处生产、销售金额一倍以上的罚金”。

5. 关于第 14 条的完善

对于《药品安全犯罪司法解释》第 14 条所涉及的假药、劣药的认定问题，建议积极推动药品安全司法鉴定制度。当前，我国已经建立环境损害司法鉴定制度，并且在立法上明确提出了建立食品安全司法鉴定制度的要求，因此，应当以此为契机，利用《药品管理法》的修订，在制度上建立健全药品安全司法鉴定制度，完善假药的司法鉴定规则，提升证据规范以及案件认定的科学性。

6. 关于临床数据造假问题的规范完善

药物临床试验数据造假行为，不仅严重扰乱了药品市场的监管秩序，而且给公众用药安全带来了极大隐患。然而，对于这一存续多年甚至可以称之为行业潜规则的不法行为，却鲜见运用刑法予以规范。针对临床试验数据造假行为，可以通过现行刑法予以一定的规定，即可以认定为刑法典第 229 条的提供虚假证明文件罪。在药物临床试验过程中，承担试验任务并出具临床试验数据的机构即属于提供证明文件的中介组织，其理应根据真实的试验数据、样本等出具真实、公正的试验报告、数据分析结论。一旦中介组织的人员故意提供虚假的药物临床试验报告及相关材料，情节严重的，就应当认定为提供虚假证明文件罪。

对于行为人主观上具有明知可能是虚假证明文件仍然予以申报新药的行为，可以通过制定新的司法解释规定：（1）如果能够证明双方存在共谋，则按照提供虚假证明文件罪的共犯来处理；（2）如果无法认定为共谋，但在药品申请方的有关人员故意向临床试验单位提供虚假的药物临床试验证明材料的情况下，其行为符合间接共犯或者片面共犯理论的，也可以按照提供虚假证明文件罪处理。

当然，如果不能证明双方存在上述不同类型的共犯关系，则不宜认定为提供虚假证明文件罪，也不宜认定为生产、销售假药罪，但也可结合其主观心态认定其成立出具证明文件重大失实罪。

# 食品安全犯罪司法认定问题研究

## ——以法释［2013］12 号司法解释为视角[*]

### 一、前言

2013 年 5 月 3 日，最高人民法院、最高人民检察院发布了《关于办理危害食品安全刑事案件适用法律若干问题的解释》（法释［2013］12 号）（以下简称《食品安全犯罪司法解释》）[**]，为在危害食品安全犯罪的刑事案件之司法中统一法律适用、提升司法效果提供了法治保障。但在司法实践中，围绕食品安全犯罪的司法认定问题，该解释在适用过程中也引起了一些争议。基于此，本文以《食品安全犯罪司法解释》为视角，对食品安全领域相关犯罪的司法认定标准予以探讨。

---

* 与张伟珂博士合著，原载《中南民族大学学报（人文社会科学版）》2017 年第 2 期；中国人民大学复印报刊资料《刑事法学》2017 年第 6 期转载。

** 需要说明的是，本文发表后，最高人民法院、最高人民检察院于 2021 年 12 月 30 日发布《关于办理危害食品安全刑事案件适用法律若干问题的解释》（法释［2021］24 号），对该司法解释进行了修订。——笔者补注

## 二、行为对象：伪劣食品与伪劣产品的界分

在食品安全犯罪的规范治理中，“食品”是一个绕不开的基本范畴，因为它不仅决定刑法典第 143 条生产、销售不符合安全标准的食品罪和第 144 条生产、销售有毒有害食品罪（以下对这两种犯罪统一表述时概称为“生产、销售伪劣食品犯罪”，这两类食品统称为“伪劣食品”）的适用问题，而且影响到刑法典第 140 条生产、销售伪劣产品罪的司法认定。这种关系决定了伪劣食品与伪劣产品的区分看似简单却需要细细斟酌的司法问题。

### （一）食品与伪劣食品

论及食品的概念，虽然刑法中没有具体表述，但《食品安全法》第 150 条作出了明确规定：“食品，指各种供人食用或者饮用的成品和原料以及按照传统既是食品又是中药材的物品，但是不包括以治疗为目的的物品。”* 那么，司法实践中是否可以按照这一规定来理解刑法中的食品呢?

在 2012 年经媒体曝光而引起社会舆论广泛关注的系列“毒胶囊”案件中，法院在审理时面临的一个重要问题就是涉案胶囊是否属于食品。对此，浙江省新昌县人民法院在“赖某生产、销售有毒、有害食品案”的判决中认为，胶囊可以随食品被食用或者随药品入口进入人体而属于食品，从而否定了辩护方提出的“胶囊不是食品”的辩护意见。不过遗憾的是，判决没有详细说明裁判理由。当然，在这一诉讼焦点的背后，刑法理论对“食品”的理解也并非毫无争议。有学者认为，《食品安全法》关于食品的诠释是狭义的，指向对象是应然的食品；《刑法》中的“食品”是广义的界定，指的是实然的食品，外延应当大于《食品安全法》中“食品”，除了可为人所食用以外，还包括只是徒有食用之名而不能食用的“食品”①。从中可以看出，该论者之所以认为《刑法》中的食品范畴更大，是因为其包括了有毒有害“食品”等不能食用的物质。在笔者看来，该观点看似

* 本文发表于 2017 年，所引用法律条文为 2015 年修订的《食品安全法》，下同。——笔者补注

① 孙建保. 生产、销售有毒、有害食品罪司法认定解析. 政治与法律，2012 (2).

合理，却没有准确理解《食品安全法》中食品的特征，混淆了食品与安全食品这两个概念。《刑法》与《食品安全法》对于“食品”的理解应当是相同的。首先，《食品安全法》对食品的界定是中性的，只是形式化的表述，而不涉及本身的安全性。从结构上说，《食品安全法》从三个方面对“食品”进行了诠释：一是包括供人食用或者饮用的成品和原料；二是包括按照传统既是食品又是中药材的物品；三是不包括以治疗为目的的物品。该定义没有提到食品的安全性问题，意即只要是生产者以供他人食用、饮用的名义生产的成品或者原料，在不以治疗为目的（不具有药品的用途）的情况下，都可以视为食品，不论它是否符合国家食品安全标准。其次，直接把《食品安全法》中的食品等同于安全食品，是论者认为应该扩大刑法中的食品范围之重要原因。《食品安全法》第150条规定：“食品安全，指食品无毒、无害，符合应当有的营养要求，对人体健康不造成任何急性、亚急性或者慢性危害。”据此，《食品安全法》中的食品与安全食品是两个具有包容关系的词汇，后者具有无毒、无害和营养性的特征，这一点与食品相区别。其实，也正是因为食品本身不要求具有安全性，刑法中“不符合安全标准的食品”这一称谓才具有逻辑自洽性。因此，不宜对刑法和食品安全法中的食品作出区别理解，而应该按照后者的标准来认定刑法中“食品”的内涵。相应的，这里的伪劣食品，主要是相对于安全食品而言的，即指不符合食品安全标准的食品。

上述论者指出，如以工业酒精兑水后充作白酒出售的行为，根本不能称之为食品，若将两部法律中食品的概念等同，惩治这种严重危害社会的行为将无法可依。[①] 其实不然。工业酒精兑水后充作白酒出售，说明嫌疑人生产加工该假酒的目的是提供供人饮用且不以治疗为目的的“白酒”，这完全符合《食品安全法》中食品的定义，因此，亦可以认定为刑法中的食品。同时，由于行为人在加工白酒的过程中掺入了有毒有害的非食品原料，故而涉嫌生产、销售有毒有害食品罪。也就是说，惩治此类行为根本不会无法可依。同样，在“赖某生产、销售有毒、有害食品案”中，辩护人关于胶囊不是食品的辩护理由是不能成立的。因为

① 孙建保. 生产、销售有毒、有害食品罪司法认定解析. 政治与法律，2012（2）.

根据上述认定标准，用工业明胶生产的胶囊，是用于保健食品或者药品的外包装，是和保健食品、药品一起供人食用的成品，但胶囊本身不具有治疗用途。因此，涉案胶囊符合《食品安全法》的定义，应认定为食品。

在确定了刑法中食品概念的基础上，还需要明确食品与食品添加剂之间的关系，即作为可以在食品中添加的物质，食品添加剂是否可以归入食品的范畴呢？《食品安全犯罪司法解释》第10条规定："生产、销售不符合食品安全标准的食品添加剂，用于食品的包装材料、容器、洗涤剂、消毒剂，或者用于食品生产经营的工具、设备等，构成犯罪的，依照刑法第一百四十条的规定以生产、销售伪劣产品罪定罪处罚。"据此，该解释的制定者主张食品添加剂不是食品，而是普通产品。然而，理论上有观点认为，食品添加剂应当属于食品。因为"食品添加剂与食品原料或者食品在物品性质上无本质区别，已经成为各种现代食品不可缺少的构成要素之一。同时，《食品安全法》将食品添加剂的生产经营纳入其调整范围，表明对该物质进行安全化法律规制的重视程度。"① 如果按照这一观点，生产、销售不符合食品安全标准的食品添加剂的行为，应构成生产、销售不符合安全标准的食品罪，从而与司法解释的观点相冲突。

对于这两种不同的主张，笔者认为，食品添加剂不属于食品，而是非食品原料。如果生产、销售不符合食品安全标准的食品添加剂，应属于生产、销售伪劣产品行为。首先，根据《食品安全法》的规定，食品添加剂是为了改善食品质量，实现特殊工艺目的而添加在食品中的，因而，食品添加剂不属于食品本身的食物原料。具体到物品性质上，食品添加剂是食品科技发展的产物，只有在具有改善或丰富食品的色、香、味等品质的必要性时才允许使用，属于非食品原料。② 其次，食品添加剂本身具有一定的风险性，需要予以严格的风险评估并确保安全可靠的情况下才能使用；使用不当或者过量使用，会给人体健康带来严重

---

① 陈烨．食品安全犯罪的对象研究．西南政法大学学报，2012（4）．

② 信春鹰．中华人民共和国食品安全法解读．北京：中国法制出版社，2015：106．

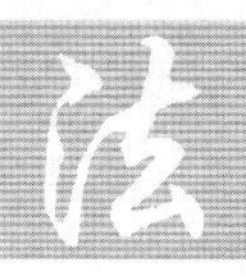

危害。因此，必须对食品添加剂的生产、品种、使用范围和用量进行严格限制。[①] 也就是说，《食品安全法》将食品添加剂的生产、经营纳入管控范围，并不是因为食品添加剂属于食品，而是因为它是关系食品安全的重要物质。否则，按照上述论者的逻辑，既然《食品安全法》第 41 条规定了食品用塑料包装、容器等食品相关产品的生产经营要求，就应该把这些相关产品视为食品，这显然是不妥当的。综合上述分析，食品添加剂不属于食品，《食品安全犯罪司法解释》第 10 条有关食品添加剂的规定是合理的。

（二）伪劣食品与伪劣产品

根据《食品安全犯罪司法解释》第 13 条的规定，生产、销售不符合安全标准的食品，在特定情况下可能构成生产、销售伪劣产品罪。这就涉及食品安全领域生产、经营伪劣食品犯罪与生产、经营伪劣产品犯罪的区分问题。

1. 刑法典第 140 条与刑法典第 143 条的区分因素："不符合安全标准的食品"和"足以造成严重食物中毒事故或者其他严重食源性疾病"。在轰动全国的"福喜食品案"[②] 中，涉案的冷冻腌制小牛排等产品属于不符合安全标准的食品，但最终法院没有判处被告方成立生产、销售不符合安全标准的食品罪，而是认定为生产、销售伪劣产品罪。对此，从刑法规定来看，在食品安全案件中区分适用这两个罪名涉及两个方面：一是两罪共同的基础性因素，即不符合安全标准的食品。也正是因为这一要素，伪劣食品必然是伪劣产品；二是两罪专属的差异性要素，即涉案食品是否足以造成严重食物中毒事故和其他严重的食源性疾病。

在食品安全犯罪案件中，不管把涉案食品认定为伪劣食品还是伪劣产品，都会涉及"不符合食品安全标准"的判断依据。我们认为，应当依照《食品安全法》以及相关规定中对"食品安全标准"的要求来认定。具体而言，不符合食品安全标准，是指不符合食品安全法规定的从事食品生产、经营应当执行的安全标准。从依据上说，食品安全标准应当以国家标准为准。从范围上看，应当包括

---

① 信春鹰. 中华人民共和国食品安全法解读. 北京：中国法制出版社，2015：69.

② 黄安琪，周琳. 福喜食品案一审宣判，两公司被罚 10 人被判刑. 法制日报，2016-02-02.

《食品安全法》有关条款规定的所有安全标准，如其第 26 条的八项内容。在此基础上，《食品安全法》第 33 条、第 34 条规定的关于食品安全标准的具体内容以及禁止生产经营食品、食品添加剂和相关产品等，也是判断食品安全标准的重要依据。这些条款共同构成了“不符合安全标准”的体系框架。

由于食品安全标准的范围较广，仅仅认定为生产、经营不符合食品安全标准尚不足以表明行为的严重危害性程度，为了准确打击严重危害食品安全的犯罪行为，刑法规定涉案食品“足以造成严重食物中毒事故或者其他严重食源性疾病”时才构成犯罪。这样一来，后一要素成为限制犯罪行为成立的客观处罚条件，合理约束犯罪圈的范围。如果行政检验检测不能认定涉案食品足以造成上述危险状态，这些食品就不是刑法意义上的“伪劣食品”，而是“伪劣产品”。

2. 刑法典第 140 条与第 144 条的区分要素：“有毒、有害的非食品原料”。生产、销售有毒、有害食品罪客观方面的突出特点，是在生产经营的食品中掺入了有毒、有害的非食品原料。但从罪状与罪名的关系上来看，两者并不一致，即罪状所描述的犯罪对象只是“掺入有毒、有害的非食品原料的食品”，而不是罪名中的有毒、有害食品。因此，本罪中的伪劣食品，究竟是指掺入有毒、有害的非食品原料的食品（不管食品本身是否有毒害），还是掺入有毒、有害的非食品原料后具有毒害性的食品，也不无分歧。如果将罪名中的有毒、有害食品理解为后者，则前者就不属于本罪中的伪劣食品，而应认定为伪劣产品。但这种观点似乎与罪状所表述的犯罪构成特征不一致，更与司法实践相冲突。

在最高人民法院编辑出版的指导性案例“张联新、郑荷芹生产、销售有毒、有害食品案”[①] 中，控辩双方的焦点之一是，在检测报告显示张联新炼制的猪油合格，并非有毒、有害食品的情况下，能否因为猪油原料属于猪肉加工废弃物（即地沟油的一种），而将其行为认定为生产、销售有毒、有害食品罪。笔者认为，基于罪刑法定原则的要求，犯罪构成是认定犯罪成立的唯一标准。在生产、销售的食品中掺入有毒、有害的非食品原料，已经符合刑法典第 144 条的规

① 最高人民法院刑事审判第一、二、三、四、五庭. 刑事审判参考（第 99 期）. 北京：法律出版社，2015.

定而构成本罪。即便成品没有毒害性，在常识上不能称之为有毒、有害食品，但由于罪名不具认定犯罪的类型化意义，所以把生产、销售过程中掺入有毒、有害的非食品原料的行为按照刑法典第144条的规定论处符合罪刑法定原则，“张联新、郑荷芹生产、销售有毒、有害食品案”的判决并无不当。但是，辩方的理由也不无道理，既然本罪的罪名是生产、销售有毒、有害食品罪，而无证据表明涉案食品具有毒害性，又如何解释涉案食品会危及公众安全而成立犯罪呢？就此而言，本罪的判决似乎超出了公众的认知范畴——涉案食品不是刑法典第144条罪名所指的有毒、有害食品，将其认定为伪劣产品也有合理之处。

出现这种分歧的原因，是因为刑法在表述本罪的构成要件时只是简单援引了食品安全法规范中的相关规定，忽略了食品安全法与刑法在行为对象上的差异，进而造成了罪状强调非食品原料的毒害性而罪名突出食品的毒害性的状况。食品安全法侧重于对食品生产经营过程的安全性管控，同时辅之以对成品的管理，而刑法作为食品安全的最后保障法，更应关注于食品本身是否危及公众食品安全。但刑法典第144条的罪状却将刑法规制的重心放在了生产经营过程的安全性上，借助“有毒、有害的非食品原料”这一食品安全法中的非规范概念扩大了刑法的处罚范围，从而把虽然掺入有毒有害的非食品原料但食品本身不具有毒害性的情形认定为犯罪，也给司法实践带来了不必要的争议。

## 三、行为性质：形式认定与实质判断的错位

### （一）《食品安全犯罪司法解释》第1条、第20条之认定规则及实践状况

《食品安全犯罪司法解释》第1条“采取了一般性、客观推定式的认定方法，即将实践中具有高度危险性的典型情形予以类型化，明确具有这些情形的即可认定为足以造成刑法规定的危险。”[①]对于该规定，解释制定者认为是以“列举＋概

① 陈国庆，韩耀元，吴峤滨.《关于办理危害食品安全刑事案件适用法律若干问题的解释》理解与适用.人民检察，2013（13）.

括”的方式设定了推定式的司法认定规则。即在这五种情况下，公诉方不需要提供证明足以造成刑法规定的危险状态之直接证据，只需提供证据证明存在该五种情形中的基础事实即可。这样一来，等于免除了公诉方本应承担的证明不法行为之危险性的法定义务，从而极大地便利了刑事诉讼。

然而，这种看似合理的解释规则却因背离了司法实践的现实状况而难以得到有效落实，甚至在执行中因司法人员的理解不同而引发司法混乱：(1) 上述规定将证明不符合安全标准的食品的证据用来作为证明“刑法规定的危险性”的证据，混淆了构成要件要素之间的差异性。这五种情形是在《食品安全法》第 34 条的基础上概括而来，但后者所列举的是不符合食品安全标准的情形，并不表明行为的危险性，更不用说高度危险性。但是司法解释却扩大了这种关联性，将作为不符合食品安全标准的证据用来证明行为的危险性，从而忽略了不符合安全标准的食品与“能够造成严重危险的”不符合安全标准食品之间的差异。(2) 这种认定规则属于形式认定，是对司法实践中具有高度危险性食品生产经营行为的类型化概括（解释制定者的理解）。但是，刑法中是否“足以造成严重食物中毒事故和严重食源性疾病”的判断应当属于实质判断，这是具体危险犯中认定危险状态的基本要求。将实质问题形式化，必然会因形式认定的笼统、宽泛而扩大司法惩治的范围，有违刑事处罚的公正、公平。比如，在生产、销售注水猪肉案件中，根据有关法律规定，注水猪肉属于检验不合格的动物肉类，也就是属于该司法解释第 1 条第 2 项规定的“检验检疫不合格的畜、禽、兽、水产动物及其肉类、肉类制品的”食品，应认定为“足以造成严重食物中毒事故或者严重食源性疾病”。然而，注水猪肉虽然是检验不合格的动物肉类，但这种不合格的肉类并不会产生上述严重的危险性，因此，按照上述认定规则就会导致不当处罚。为了避免此类情况，笔者在调研中发现，HN 省等地的公安司法机关在办理案件时都要求行政执法部门单独提供足以造成严重危险状态的证据，否则就不以刑事案件处理。这样一来，司法解释第 1 条规定的形式认定规则就被搁置起来。

《食品安全犯罪司法解释》第 20 条关于“有毒、有害的非食品原料”的认定标准也存在同样的问题。该条通过列举的方式规定了有毒有害非食品原料的认定

范围，但第 1 项和第 2 项中所规定的法律、法规或者国务院有关部门公布的文件中禁止添加的物质不一定都是有毒有害的非食品原料。这就给这一条的适用带来了很大的问题。比如，卫生部办公厅《关于〈食品添加剂使用标准〉（GB2760—2011）有关问题的复函（卫办监督函〔2011〕919 号）》（卫生部于 2013 年撤销，编者注）中明确指出 1-丙醇、4-氯苯氧乙酸钠、6-苄基腺嘌呤等 23 种物质，缺乏食品添加剂工艺必要性，不得作为食品用加工助剂生产经营和使用。从中可以发现，虽然该文件明文禁止在食品中添加上述 23 种物质，但不是因为它们具有毒害性，而是考虑到缺乏添加的必要性，即因这些物质不能改善食品的色、香、味、品质等而禁止添加于食品之中。所以一旦在实践中仅仅依据有关法律、法规等就直接将它们认定为有毒有害的非食品原料，就会因违背客观事实而出现司法错案。

比如，在“雷某某、谭某某生产、销售有毒有害食品案”中，被告人为了提高豆芽销售量，在生产豆芽的过程中往豆子里添加无根素（主要成分为 6-苄基腺嘌呤，此类豆芽俗称“毒豆芽”）。辩护人认为，6-苄基腺嘌呤不是有毒有害物质，不属于禁用的农药或生长调节剂。但法院经审理认为，国家质量监督检验检疫总局《关于食品添加剂对羟基苯甲酸丙酯等 33 种产品监管工作的公告》规定，食品生产企业禁止使用 6-苄基腺嘌呤。依照《关于办理危害食品安全刑事案件适用法律若干问题的解释》第 20 条第（1）、（3）项之规定应当认定为被禁止使用的有毒、有害物质，故判决被告人雷某某、谭某某成立生产、销售有毒、有害食品罪。但是，同样是“毒豆芽”案件，在“郭晓某、鲁某生产、销售有毒有害食品案”中法院却作出了无罪判决。法院认为，被告人虽在生产绿豆芽的过程中使用了非食品原料，但没有证据证明二被告人在豆芽上喷洒“速长王”后所检测出的 6-苄基腺嘌呤、赤霉素等三种物质对人体能造成何种危害，故二被告人行为应属情节显著轻微危害不大，不认为是犯罪。比较发现，“雷某某、谭某某生产、销售有毒有害食品案”是在贯彻执行司法解释的情况下作出的有罪判决，“郭晓某、鲁某生产、销售有毒有害食品案”则是基于对不法行为的实质判断而宣告被告人无罪，从法理上看两个案件似乎都无可争议。然而，这却真实地反映了司法

解释生效以后给司法机关处理此类案件带来的混乱状况。据媒体报道，“2015 年 4 月，两高（最高人民法院、最高人民检察院）已非正式暂停‘无根豆芽’案审理。在山东、福建等地多个在审案件当事人被取保。”① 虽然说“毒豆芽”案件只是个案，但考虑到第 1 条、第 20 条确立的以形式认定替代实质判断且有违客观实际的解释方式，这两个条款的未来命运值得关注。

（二）《食品安全犯罪司法解释》第 1 条、第 20 条之评述

透过上述问题，《食品安全犯罪司法解释》第 1 条、第 20 条总体上有两个方面需要注意：一是解释的不必要性；二是解释的不合理性。

1.《食品安全犯罪司法解释》第 1 条、第 20 条中个别条款是不必要的。司法解释是最高人民法院、最高人民检察院就审判和检察工作中的具体法律适用问题所进行的解释工作。因此，司法解释的首要价值是要解决具体的法律适用问题，化解分歧，明确标准，提高法律适用的统一性和权威性。否则，司法解释就是不必要的。然而，从实践来看，第 1 条关于“足以造成严重食物中毒事故和严重食源性疾病”的认定标准中两项解释是不必要的，即第（1）项“含有严重超出标准限量的致病性微生物、农药残留、兽药残留、重金属、污染物质以及其他危害人体健康的物质的”，第（4）项“婴幼儿食品中生长发育所需营养成分严重不符合食品安全标准的”。第 20 条关于“有毒、有害的非食品原料”的认定标准中有一项解释是不必要的，即第（3）项“国务院有关部门公告禁止使用的农药、兽药以及其他有毒、有害物质”。具体原因如下。

首先，关于第 1 条第（1）项和第（4）项，两项解释不必要的理由是相同的，即没有解决刑法规定的危险状态的认定问题。两项解释的共同特点是以“严重超出标准限量”或“严重不符合食品安全标准”来认定“足以……”的成立。即司法解释把证明的对象从危险状态转向了物质的限量标准，即严重超出标准限量和严重不符合食品安全标准，以此提高案件定罪量刑的效率。然而，这一解释

---

① 黄芳.“毒豆芽”案首现无罪判决，争议数年已有近千芽农获刑.（2016-09-16）http://www.thepaper.cn/news Detail_forward_1357530.



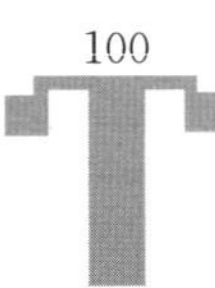

不仅未能改变司法困境，反而带来了新的难题，即何种程度才是严重超出标准限量、严重不符合食品安全标准亦无明确依据。就第（1）项而言，《食品安全法》第 26 条中规定的食品安全标准只是要求制定食物中致病性微生物、农药残留、兽药残留、生物毒素、重金属等污染物质以及其他危害人体健康的物质的限量标准，而没有规定其他标准。如在食品安全国家标准之有害物质限量要求中，砷的限量指标值是≤2.0mg/kg，但是并没有规定何种指标值属于严重超出标准限量。换句话说，司法解释中所提到的“严重超出标准限量”仍然是一个缺乏量化的指标；纵然超出标准限量可以通过定量检测予以证实，但是否属于严重超出标准限量所需的“定量（超出标准限量）＋定性（严重）”之检测结论却无规范可依。这也导致检验检测机构乃至相关领域专家进行个案认定时操作极其困难。

所以，要证明解释中提出的“严重超出标准限量”和“严重不符合食品安全标准”与刑法第 143 条规定的“足以造成严重食物中毒事故或者其他严重食源性疾病”的证明标准几乎存在同样的困难，司法解释未能便利司法，只是制造了新的问题。

其次，关于第 20 条第（3）项，之所以称之为不必要，是因为即使没有这一项规定，仍然应当将禁用农药、兽药认定为“有毒、有害的非食品原料”。该条款规定属于“国务院有关部门公告禁止使用的农药、兽药以及其他有毒、有害物质的”，即可以认定为“有毒、有害的非食品原料”。事实上，对于有关部门公告禁止使用的农药、兽药以及其他有毒有害物质，食用农产品的生产者一律不得使用，否则将承担相应的法律责任。[①] 在农业生产中，生产者不得使用它们的根本原因，是这些禁用的农药、兽药本身的毒害性会给人体造成伤害。这一点，也是区别于允许使用但用量和用药次数受到限制的低毒农药、兽药的原因。后者虽然也有一定的毒害性，但是，只要按照法律法规规定的用量、次数以及严格执行使用安全间隔期和休药期的规定，就不会对人体造成伤害。因此，它们可以在农产品的种植、牲畜养殖过程中使用。概而言之，国家有关部门公告禁用的农药、兽

① 信春鹰. 中华人民共和国食品安全法解读. 北京：中国法制出版社，2015：129.

药，一定是属于有毒、有害的非食品原料。所以，该项解释的必要性不无疑问。

2.《食品安全犯罪司法解释》第1条、第20条中个别条款是不合理的。司法解释不仅要在必要的时候对法律适用问题进行及时解释，而且应当对这些问题作出合理解释。这里的合理性，是指既不能违背罪刑法定等刑法原则，也需在逻辑、内容等方面体现公平、公正的法治价值。然而，《食品安全犯罪司法解释》第1条、第20条中个别条款具有明显的不合理性。对此，除了前述提到的《食品安全犯罪司法解释》第20条关于“有毒有害的非食品原料”的认定标准以外，这里主要对第1条部分规定的合理性问题进行分析。

第一，关于第1条第（2）项。该项规定“属于病死、死因不明或者检验检疫不合格的畜、禽、兽、水产动物及其肉类、肉类制品的”，就可以认定为“足以造成严重食物中毒事故或者其他严重食源性疾病。”对于该项解释，销售属于病死的畜、禽、兽、水产动物及其肉类、肉类制品，因这些动物及其肉类制品中含有致病菌，可以认定此种行为足以造成严重危险状态，但销售死因不明的或者检验检疫不合格的畜、禽、兽、水产动物及其肉类、肉类制品未必会造成刑法规定的危险状态。所谓死因不明，是指无法查明畜、禽、兽、水产动物的死因。既然无法确定死亡原因，是否足以造成严重的危险状态就具有不确定性。如果不考虑这一危险状态的现实性，就可能出现虽然死因不明但并不会出现危及公众安全的严重后果（在个别案件中，辩护方也许会提供证据证明动物本身不含致病菌等），此时直接适用该认定规则就会导致刑法处罚的不公平。检验检疫不合格的畜、禽、兽、水产动物也面临同样问题，不加区分检验检疫不合格之具体情况，一律认定为刑法规定的危险状态，势必扩大刑法的适用范围，有侵犯公众自由之嫌疑。

第二，关于第1条第（3）项。该项规定“属于国家为防控疾病等特殊需要明令禁止生产、销售的”，可以认定为“足以造成严重食物中毒事故或其他严重食源性疾病。”本项解释是依据国家有关行政法规而作出的形式认定，同样面临与实质判断不符的问题。所谓“国家为防控疾病等特殊需要明令禁止生产、销售的”情形，一般包括了国家为防控疾病等特殊需要明令禁止从国外进口、销售特

定的食品，如为了防止疯牛病传播，卫生部、国家质检总局发布《关于防止疯牛病传入的公告》（2002年 第1号），禁止从英国、爱尔兰、瑞士、法国等国家进口牛、羊等动物及其特定的肉类制品；或者国家为防控疾病等特殊需要对国内特定地区销售的食品作出特别规定，如《盐业管理条例》规定，在碘缺乏病地区必须供应加碘盐等。但是，“国家为防控疾病等特殊需要明令禁止生产、销售的”情形属于典型的预防性规定，并不意味着生产、经营这些食品会产生严重的危险状态，因此，这种预防性措施与刑法典第143条作为具体危险犯所要求的危险状态不一致。如果将预防性措施作为刑法典第143条规定的危险状态的征表，就等于提前启动了刑罚权，会导致犯罪圈的扩大，有悖于刑法的公平、公正。

3.《食品安全犯罪司法解释》第1条、第20条的效力、保障及再解释。在笔者看来，《食品安全犯罪司法解释》所出现的上述问题，是解释制定者在面对刑法适用问题时作出的无奈选择。然而，作为有权解释，司法解释已经颁行，即应产生法律效力，故而在没有新的司法解释或者其他规范性文件甚至以会议纪要的形式提出暂停执行上述规定的情况下，公安司法机关不能因个别问题而简单否定《食品安全犯罪司法解释》第1条、第20条的权威性。当然，考虑到刑事司法的公平性、公正性，我们应当运用刑事规则对司法解释进行矫正。对于不合理的司法解释，应当允许使用推定之反证规则，将不合理的推定推翻，以避免刑罚权的盲目扩张。比如，对于检验不合格的动物及其肉类制品，原则上适用该司法解释第1条的规定，只要行政机关作出上述行政结论，就应当推定“足以造成严重食物中毒事故或其他严重食源性疾病”，而无须提供后者的直接证据，除非有相反证据表明，该检验不合格所属情形不会造成上述危险状态。概言之，司法机关不宜以个别案例为由否定“检验不合格”作为认定危险状态存在的类型化意义，进而否定该项司法解释的权威性。除非有证据证明某种被禁止的非食品原料是因为技术上的不必要性而被禁止的，否则，就应当承认该条款的效力，以涉案物质被规范性文件禁止为由认定为“有毒、有害的非食品原料”，无须单独提供证明它具有毒害性的证据。

当然，将行政机关执法过程中出具的行政认定这一不符合刑事证据法定形式


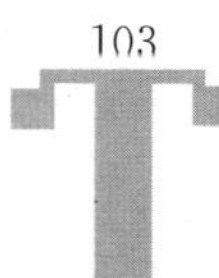

的结论性意见作为认定犯罪事实存在与否的证据，面临证据规则上的疑问。为此，《食品安全犯罪司法解释》第 21 条专门对此予以规定："'足以造成严重食物中毒事故或者其他严重食源性疾病''有毒、有害非食品原料'难以确定的，司法机关可以根据检验报告并结合专家意见等相关材料进行认定。必要时，人民法院可以依法通知有关专家出庭作出说明。"以此明确了行政认定、专家意见在食品安全犯罪刑事诉讼中的证明作用。然而，从实践来看，该条解释亟待相应的保障措施以确保其贯彻落实。因为公安司法机关在收到行政执法部门出具的定量式检验报告以后，很难找到相关领域的专家出具法律意见对之定性，尤其是对于基层执法、司法部门来说，这一条款更不现实。在笔者看来，要确保此类案件规范处置，从近期来看，至少在省级层面上要成立涵盖法学、医学、药学、食品工程等相关领域的专家库。不管是基于权威性的考虑还是公开性的要求，这样做都有助于提供合理、科学的专家意见，帮助公安司法机关乃至辩护方提供客观、公正的司法认定，推动案件规范办理。从专业性的发展趋势来看，建议借鉴环境损害领域司法鉴定制度，将食品安全领域的行政检验检测机构司法鉴定化，建立食品安全领域的司法鉴定制度，从而满足刑事证据的需要。

就该解释本身来说，基于长远考虑，应当在适当的时候尽早对该解释第 1 条、第 20 条进行重新修订。为此，考虑到司法解释的必要性和合理性，我们可以从以下两个方面考虑重新解释。

首先，对刑法典第 143 条的解释应当选择合适的解释对象，同时以发布指导性案例的形式明确相关认定标准。具体而言，本条款的解释重点应当是明确"严重食物中毒事故"和"严重食源性疾病"的内容、标准，而不是危险状态的类型。尤其是不宜参照《食品安全法》第 34 条关于禁止生产、经营行为的类型来对刑法规定的危险状态进行判断。其原因在于：(1)《食品安全法》第 34 条规定了禁止生产、经营的食品、食品添加和食品相关产品的类型。由于本条款是基于食品安全全过程监管的需要而制定的，因此，这些条款服务于行政监管的需要而不是刑事司法证明。所以这些事项不能体现出刑法典第 143 条危险状态的法定要求，也就不宜把前者作为后者的认定标准。(2) 对于具体危险犯来说，不法行为

是否具有危险性应进行实质判断，即在个案中具体判断是否足以造成严重危害后果。这种参照食品安全法相关规定的做法只是对行政执法实践的高度概括，未必能够全面、真实反映所列举情形的危险状态，故而不宜作为刑法规定的危险状态之类型化依据。（3）刑法典第 143 条认定的难点，从表面上看是危险状态的认定，但实际上是“严重食物中毒事故”和“严重食源性疾病”的概念不明。因为这两个作为危害结果的构成要素之内涵、外延不清楚，所以即便有了证实涉案食品属于不符合安全标准的食品的检测检验报告，也很难判断涉案食品能否足以造成上述危险结果，也就不会得出确定性结论。这也是专家进行定性分析时的难点所在。为此，新的司法解释应优先解决“严重食物中毒事故”和“严重食源性疾病”的范畴，从而为个案定性分析提供明确的判断标准。当然，由于生产、销售不符合安全标准食品的行为多种多样，为了确保刑法规定的危险状态即定罪标准上的统一性，较为合理的做法是由最高司法机关以判例的形式把全国范围出现的典型食品安全案件予以公布，详述某一类案件相关构成要件的证据标准以及裁判理由，进而形成指导性意见，指导全国司法机关对同类案件的处理。

其次，对刑法典第 144 条“有毒、有害非食品原料”的解释应当优先明确其概念，然后通过完善相关规范明确范围。现行解释绕开有毒、有害非食品原料的本质内涵，意图通过简单援引有关法律、法规等规范性文件的形式便利司法，结果适得其反。因为不管是司法实践还是理论研究，对于何为有毒有害的非食品原料都尚存分歧①，此时以列举的方式公布有毒有害非食品原料的范围必然引发混乱。在笔者看来，有毒有害的非食品原料并非《食品安全法》中的规范概念，但对其解释必须考虑《食品安全法》中非食品原料的内涵。从范围上，非食品原料既包括在限量范围内添加到食品中对人体无害的物质，如食品添加剂、低毒农药、污染物质、重金属等，也包括一旦掺入食品就会对人体产生伤害而禁止添加的物质，如“毒鼠强”。由于刑法典第 144 条属于行为犯，即行为一经实施就构

① 舒洪水．食品安全犯罪的罪与罚．北京：中国政法大学出版社，2014：53-55，79-81.

成犯罪，所以本条款中该类非食品原料必须具有严重的危险性，那么，第一种、第二种情形中的非食品原料应当被排除在外，即刑法中有毒有害的非食品原料应当是因具有安全风险而禁止在食品添加的非食品原料。明确了这一概念，我们就可以对现行禁止添加在食品中的非食品原料进行梳理，以确定司法解释可以明确的范围。以食品添加剂为例，它虽然有助于改善食品品质等，但终究是化学物质，为了不影响食品安全，减少对人体的伤害，它的使用需要符合不应对人体产生任何健康危害（安全性原则）以及在食品加工中具有工艺必要性（必要性原则）等要求。[①] 因此，如果禁止在食品中掺入某种添加剂，则可能是因为不必要而予以禁止使用，也可能是因为安全性问题而禁止使用。这样在制定司法解释时，若以列举的方式明确有毒有害的非食品原料的范围，就可以对现行法律、法规规定中禁止在食品中添加的非食品原料进行梳理，只要是基于安全性考虑而禁止添加的，就可以具体列举直接认定为“有毒有害的非食品原料”。这样既避免不当扩大有毒有害非食品原料范围，也以司法认定的形式减轻了公诉机关的证明负担。

## 四、共犯问题：片面帮助与共同犯罪的认定

《食品安全犯罪司法解释》第 14 条明确了危害食品安全犯罪共同犯罪的处理原则，即行为人成立共犯，只要求其意识到为他人生产、销售伪劣食品提供帮助即可，不需要双方具有共同犯罪的意思联络。那么，这种以司法解释的形式将片面帮助行为共犯化的规定是否妥当值得探讨。

### （一）片面帮助与共同犯罪的关系之争

片面帮助行为能否成立共同犯罪，核心问题是如何理解刑法典第 25 条所规定的“共同故意犯罪”。

---

① 赵同刚．食品添加剂的作用与安全性控制．食品工业科技，2010（5）．

在前述“雷某某、谭某某生产、销售有毒有害食品案”[①] 中，虽然辩护人提出公诉方无证据证明被告人胡某某与雷某某、谭某某共谋实施犯罪行为，不符合共同犯罪的构成特征，但司法机关直接引用《食品安全犯罪司法解释》中的共犯条款认定两人构成共犯。可以说，该判决错失了借此阐明片面帮助行为与共同犯罪关系的机会，回避了司法解释中共犯条款与共同犯罪通行理论之间的冲突。之所以这样说，与我国刑法学研究中占主导地位的共同犯罪的构成特征理论密切相关。

片面共犯能否认定为共同犯罪，这是古今中外刑法理论中长期存在的争议问题。我国刑法理论的通行主张是片面共犯不是共同犯罪，因为片面共犯不符合我国刑法中共同犯罪成立的主观条件，即共同犯罪的故意。该观点认为，“‘共同犯罪故意’包括了‘共同’和‘犯罪故意’两个要素。其中，‘共同’是量的要素，指二人以上具有共同实施犯罪的意图，区别于单独犯罪的罪过和相互之间没有意思联络的同时犯等，体现了其区别于一般犯罪故意的特殊性。因此，共同犯罪故意，是指行为人之间通过意思的传递、反馈而形成的，明知自己是和他人配合共同实施犯罪，并且明知共同的犯罪行为会发生某种危害社会的结果，希望或者放任这种危害结果发生的心理态度。”[②] 然而，主张片面共犯属于共同犯罪的观点则与之相反，强调共同犯罪的成立并不要求两人之间有意思联络。对此，既有观点认为“共同故意犯罪”是指共同“地”故意“的”犯罪，“共同”修饰的是“犯罪”而非“故意”，“共同故意犯罪”就是二人以上客观上共同促成犯罪行为及其结果。[③] 也有学者认为，共同犯罪故意包括两种形式：“一是行为人之间具有相互认识的全面共同故意，二是行为人之间具有单方认识的片面共同故意，即单方面认识也属于主观联系的一种方式，从而将片面共犯认定为共同犯罪。”[④]

---

① 四川省广安市广安区人民法院（2014）广安刑再初字第1号刑事判决书。

② 赵秉志．“片面共犯”不能构成共同犯罪．检察日报，2004-07-08.

③ 李强．片面共犯肯定论的语义解释根据．法律科学，2016（2）.

④ 田鹏辉．片面共犯研究．北京：中国检察出版社，2005：99.

在刑法立法上，我们看到主流观点对刑法总则中共同犯罪构成特征的诠释，等于否定了片面共犯属于共同犯罪的情形。如在全国人大常委会法工委刑法室对刑法典做条文释义时，就表达了这一看法。[①] 此外，刑法分则有关成立共犯的论述中也多强调行为人之间通谋的意思。如刑法典第 156 条、第 310 条和第 349 条第 3 款都专门规定了帮助行为以共犯论处的问题，但无不在帮助行为之外要求有事先通谋，强调共犯人在共同犯罪故意上的双向性。当然，认为片面共犯应当认定共同犯罪的观点在立法与司法层面也有体现。在立法上，刑法分则个别犯罪中明确规定片面帮助行为以共犯论处。如刑法典第 350 条第 2 款规定，“明知他人制造毒品而为其生产、买卖、运输前款规定的物品的，以制造毒品罪的共犯论处。”在司法上，将片面帮助行为认定为共犯的主张在多个司法解释中都有所体现。除了前述法释［2013］12 号司法解释关于共犯的规定以外，在最高人民法院、最高人民检察院发布的《关于办理侵犯知识产权刑事案件具体应用法律若干问题的解释》等其他司法解释中即有相似规定。然而需要注意的是，在司法上，虽然部分司法解释中明确规定的片面共犯类型在司法实践中得到执行，但是从最高司法机关到基层人民法院，没有将“片面帮助行为成立共同犯罪”的主张作为一项通行观点予以适用。如在最高人民法院发布的中国刑事审判指导案例“马俊、陈小灵等盗窃、隐瞒犯罪所得案”的裁判理由中明确提到，共同犯罪要求各共同犯罪人之间必须有共同的犯罪故意，即共同犯罪人存在一定的意思联络，认识到其行为会发生危害社会的后果，并决定参与共同犯罪。这种意思联络，必须发生在犯罪既遂前。[②]这一解释和刑法理论的通行观点相一致，在今天仍然影响着司法实践。

从上述分析可以看出，不管是刑法理论，还是司法实践，抑或是刑法典的规定，在片面共犯问题上尚未有统一的理解。由此引发出来的问题是，在司法裁判

---

① 全国人大常委会法制工作委员会刑法室.《中华人民共和国刑法》条文说明、立法理由及相关规定. 北京：北京大学出版社，2009：38.

② 最高人民法院刑事审判第一、二、三、四、五庭. 中国刑事审判指导案例（危害国家安全罪、危害公共安全罪、侵犯财产罪、危害国防利益罪). 北京：法律出版社，2009：597.

中应当按照何种观点来评价片面帮助行为的违法性问题，尤其是在司法解释中，能否直接将片面帮助行为认定为共犯不无疑问。因为片面帮助行为是否符合共同犯罪构成，在个案中只是关系到被告人的人身自由，但在司法解释中，则表明了该规范性文件对刑法适用疑难问题的解释是否合法，是否超越了刑法规定。这也是《食品安全犯罪司法解释》第 14 条所面临的现实问题。

（二）《食品安全犯罪司法解释》第 14 条之述评

按照通说观点，作为“共犯关系”存在的主观要件的共同犯罪故意必须是双向的。因此，从逻辑上说，共同犯罪中根本没有片面共犯的成立空间。[①] 但是，认为片面共犯应当成立共犯的学者则大多认为，现实存在的片面帮助行为具有严重社会危害性，如果不能运用共犯理论予以处理，则很难让人接受。[②]《食品安全犯罪司法解释》第 14 条的立法初衷也是如此。然而在理论上，我们可以基于犯罪治理的需要去选择一种合适的解释方式，以确保刑法能够有效地发挥作用，但在法治的立场上，司法解释中解释者能否为了实现犯罪惩治的需要而肯定片面共犯问题，还是取决于刑法条文有关共同犯罪的规定。

在笔者看来，刑法分则个别条款中将片面帮助犯认定为共同犯罪，只是一种例外性规定，不具有普遍性意义。必须承认的是，不管是全国人大法工委在刑法释义中的观点，还是学者们提出的通行主张，都属于学理解释的一部分而不具有权威性。就此而言，片面共犯否定论、肯定说都不能简单否定，而应当理性看待。但这不意味着我们在处理司法问题尤其是制定司法解释时可以自由地选择解释的方式而不受到刑法规范的限制。具体来说，如果认为刑法中承认片面共犯的话，那也是分则中的例外性规定，不能改变总则所确立的共犯原则。有学者认为，刑法典第 198 条第 4 款、第 350 条第 2 款规定的以共犯论处的情形，都属于注意性规定，因为这些行为完全符合刑法总则所规定的共同犯罪的成立条件。[③]

---

① 王志远．我国现行共犯制度下片面共犯理论的尴尬及其反思．法学评论，2006（6）．

② 张明楷．刑法学．北京：法律出版社，2014：393．

③ 张明楷．刑法分则的解释原理．北京：中国人民大学出版社，2011：623．

如果按照该论者的说法，刑法总则关于共同犯罪的规定肯定片面帮助行为的共犯性，那么，上述两个条款的确属于注意性规定。但是，按照这一逻辑，刑法分则第 156 条、第 310 条、第 349 条第 3 款规定相关行为以共犯论处时要求行为人之间必须事先通谋或者事前通谋的限制性条件，岂不多余。毕竟，按照共同犯罪理论，片面帮助行为成立共同犯罪时不存在双方通谋一说。因此，这两种不同的共犯表述方式所表达的含义以及对条文性质的影响应当是有区别的。刑法典第 156 条、第 310 条、第 349 条第 3 款三个条款以事前通谋限制共犯的成立范围，是对刑法典第 25 条共同故意犯罪主观的重申，这三个条款属于注意性条款，而刑法典第 198 条第 4 款、第 350 条第 2 款由于对帮助行为不要求有通谋的要件，故而不是注意性条款，而属于法律拟制性规定。因此，刑法中虽然存在片面帮助行为成立共犯的规定，但是这种规定不具有普遍性，只是刑法总则共同犯罪规定之外的特例。《食品安全犯罪司法解释》第 14 条承认片面帮助行为的共犯性，不无超越刑法规定进行解释的嫌疑。

但毋庸置疑的是，《食品安全犯罪司法解释》第 14 条具有重要的实践意义。面对严峻的食品安全形势，党和国家明确提出了以“四个最严”的标准来治理食品安全违法犯罪行为。其中，最严厉的监管、最严格的处罚，既是对食品安全法的要求，也是对刑事立法和刑事司法的期待。就此而言，立足于严密法网、严厉打击食品安全犯罪的现实需要而规定上述共犯条款，应当予以积极评价。那么，在司法实践中，若行为人以通说观点解释刑法总则关于共同犯罪的有关规定，能否抗辩《食品安全犯罪司法解释》第 14 条的有效性呢？笔者认为，虽然第 14 条的规定与通行观点不符，甚至有越权解释的嫌疑，但在没有宣布该项司法解释无效的情况下，基于司法解释的公定力，应当尊重第 14 条以共犯论处的司法规则。犯罪嫌疑人、被告人以该条规定不符合刑法总则第 25 条规定为由提出抗辩的，司法机关可以不予采信。

但基于罪刑法定原则的考虑，由立法机关来解决片面共犯问题更为适宜，而不是以司法解释的形式对各类犯罪中的片面帮助行为逐个明确。为此，可以考虑以下三种方式：一是在立法上丰富食品犯罪的行为类型，在生产、销售行为之外

增加独立的犯罪类型。其实，除了第 14 条所列举的四种情形以外，现实中还有许多具有严重危害食品安全的不法行为。如“明知他人利用网络实施生产、销售伪劣食品，为其犯罪提供互联网接入、服务器托管、网络存储、通信传输等技术支持或者广告推广、支付结算等帮助的行为。”[①] 因此，在当前生产、销售伪劣食品犯罪立法的基础上，将上述提供条件、帮助以及关联行为入罪化，不仅严密了刑事法网，而且有助于和食品安全法的法律责任体系相互衔接，密切两法衔接机制。二是借鉴刑法典第 350 条第 2 款的规定，在刑法典第 143 条、第 144 条中专门规定片面共犯的问题。在立法模式上，这不需要像司法解释一样详细说明帮助的方式，概括性表述更为妥当。司法解释以解决法律适用中的疑难问题，统一定罪量刑的规范为目的，所以解释务求详尽，但立法则要求具有包容性，以适应犯罪形势不断发展变化且不至于损害刑法的稳定性，故而只需表达出提供条件等片面帮助行为以共犯论处的处罚规则即可。当然，通过分则各罪构成要件直接处理片面共犯不利于刑法分则构成行为类型化的维持[②]，但这种方式的优点是维持了刑法总则关于共同犯罪规定的稳定性，避免了片面共犯范围的无限制扩张。三是对刑法总则有关共同犯罪的规定进行有权解释或者修改。总则与分则之间具有指导与被指导的关系，因此，对总则的有权解释或修改，在保持犯罪构成类型化的意义的同时，可以规范所有犯罪类型的共犯认定标准。当然，其影响也就大大超出了食品安全犯罪这一类不法行为的治理需求。从路径上来说，这种模式既可以通过立法解释的方式予以明确，即对共同故意犯罪之主观特征进行有权解释，明确共同与犯罪故意之间的联系，从而解构传统“共犯关系”的整体性，为片面共犯提供空间；也可以在保持刑法典第 25 条基本表述不变的情况下，另外增设一款关于片面共犯的规定，明确片面帮助行为、片面教唆行为等成立共犯的条件、特征，从而将片面共犯肯定说法定化。

---

① 赵秉志. 为互联网时代的食药安全提供有力的刑事法治保障//李春雷，许成磊. 惩治与保障：食品药品犯罪案件规范研究. 北京：群众出版社，2015：4.

② 王志远. 我国现行共犯制度下片面共犯理论的尴尬及其反思. 法学评论，2006 (6).

## 五、结语

本文所论述的食品安全犯罪司法认定中的一些问题，在一定程度上反映了行政犯罪之司法认定的特殊性和复杂性。与一般犯罪不同，行政犯罪的司法认定，不仅要熟知行政法规范的相关规定，而且应准确把握刑法规范与行政法规范在法律用语、调整对象等方面的关系。否则，就会因顾此失彼而在犯罪认定标准与刑法理论、公众认知等方面产生冲突与对立。食品安全犯罪的司法认定即是如此。既需要司法者在制定司法解释时加强了解行政执法的现状、行政法规范的相关规定，也要求刑法研究者能够对行政法规范作出准确的理解和判断；否则，会极大影响对不法行为的评价和责任追究。因此，对于兼具行政违法性与刑事违法性双重特点的食品安全犯罪来说，不管是立法解释还是司法认定，都应当尊重、坚持食品安全法规范与刑法规范的协调与配合。只有这样，才能确保刑法运行的顺畅。毕竟，刑法功能的实现，绝不仅仅是刑法自身的问题，在很多情况下均依赖于其他部门法的协调和保障，这也是刑事一体化理念的重要价值所在，更是以危害食品安全犯罪为代表的行政犯罪治理所亟待解决的问题。

# 中国洗钱犯罪的基本逻辑及其立法调整*

## 一、问题的提出

洗钱罪是当今国际社会和各国刑法都重视的一种金融犯罪。在刑法理论上，洗钱犯罪有狭义和广义之分。狭义上的洗钱犯罪仅指一国刑法规定的并以洗钱命名的犯罪，如中国刑法典第 191 条的洗钱罪，德国刑法典第 261 条的洗钱罪等。广义上的洗钱犯罪除了刑法上专门以洗钱罪命名的犯罪外，还包括传统意义上带有洗钱性质的赃物犯罪，如中国刑法典第 312 条的掩饰、隐瞒犯罪所得、犯罪所得收益罪和第 349 条的窝藏、转移、隐瞒毒品、毒赃罪，德国刑法典第 259 条的窝赃罪。刑法理论上所称的洗钱犯罪，一般是指广义上的洗钱犯罪。

关于洗钱犯罪的立法问题，中国刑法理论上有过较多的讨论。其中争议较多

---

* 与袁彬教授合著，原载《江海学刊》2018 年第 1 期。

的是洗钱罪的上游犯罪范围是否应当进一步扩大①，洗钱罪与掩饰、隐瞒犯罪所得、犯罪所得收益罪及窝藏、转移、隐瞒毒品、毒赃罪之间的关系②，上游犯罪行为人自洗钱行为是否应当入罪③等。针对这些问题的争论深化了人们对洗钱犯罪的认识，但也带来了新的立法和司法难题。客观地看，当前中国关于洗钱犯罪的立法和司法出现了明显的异化倾向，偏离了洗钱犯罪原本的立法逻辑。例如，我国最高人民法院的司法解释就明确将洗钱犯罪的上游“犯罪”扩大理解为上游“犯罪事实”，这客观上为自洗钱行为构成洗钱罪留下了司法空间；司法解释对洗钱犯罪的“明知”作扩大理解等。笔者认为，要厘清刑法理论上关于洗钱犯罪的这些争论，有必要从洗钱犯罪立法的基本逻辑出发，探讨洗钱犯罪出现的逻辑异化现象，进而探讨洗钱犯罪的立法和司法调整。

## 二、中国洗钱犯罪立法的基本逻辑

中国刑法上的洗钱犯罪包括刑法典第 191 条的洗钱罪、刑法典第 312 条的掩饰、隐瞒犯罪所得、犯罪所得收益罪和刑法典第 349 条的窝藏、转移、隐瞒毒品、毒赃罪。从立法内容上看，中国刑法关于洗钱犯罪的立法主要遵循了以下两个基本逻辑。

### （一）“事后行为”逻辑

正如许多行为，犯罪行为的发生发展有一个过程，且一般始于犯意的产生，终于犯罪的完成。但对于许多犯罪而言，犯罪的完成并不是整个行为过程的结束，它通常还会面临两个问题：一是毁灭罪证，如杀人后抛尸；二是处理赃物，

① 例如，阴建峰. 论洗钱罪上游犯罪之再扩容. 法学，2010（12）；彭凤莲. 从《联合国反腐败公约》看我国洗钱罪的立法趋势. 法学评论，2006（6）；赵军. 论洗钱罪上游犯罪的相关问题. 法学评论，2004（4）。贾宇，舒洪水. 洗钱罪若干争议问题研究. 中国刑事法杂志，2005（4）.

② 李云飞. 我国广义洗钱罪概念下的体系混乱及成因分析. 政治与法律，2014（8）；王新. 竞合抑或全异：辨析洗钱罪与掩饰、隐瞒犯罪所得、犯罪所得利益罪之关系. 政治与法律，2009（1）.

③ 吕绪勇，邓君韬. 上游犯罪人是否适格洗钱罪之主体探讨. 湖南社会科学，2010（6）.



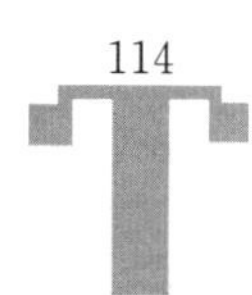

如盗窃后销赃。前一个问题可出现在所有的犯罪之中，后一个问题则只会出现在涉财犯罪之中。洗钱犯罪属于后一种情形的犯罪，其所要解决的是事后对犯罪所得、犯罪所得收益进行处置行为的定性。

基于洗钱行为在整个行为过程中所处的阶段，洗钱犯罪具有明显的事后性特征，并会呈现两种不同类型的行为：一是上游犯罪的行为人对赃物的处置行为，如上游犯罪行为人在犯罪之后对犯罪所得及其产生收益的转换、转移行为；二是在他人上游犯罪行为完成后行为人参与对赃物处置的行为，如窝藏、转移、购买赃物的行为。这两类行为与上游犯罪之间的逻辑联系是不同的：对于上游犯罪而言，前者是上游犯罪的事后行为，其对上游犯罪具有明显的延续性和依附性；后者则是独立的行为，其与上游犯罪在行为上没有直接联系，但其行为对象源自上游犯罪，因而也对上游犯罪具有一种依附关系。对于后者，在法律有明确规定的情况下，将该洗钱行为入罪不存在法理上的障碍。

但问题是，对于上游犯罪人自身的事后洗钱行为能否单独追究其洗钱犯罪的刑事责任？对此，联合国相关国际公约并没有强制性规定。例如，《联合国反腐败公约》第23条第2款第5项规定："在缔约国本国法律基本原则要求的情况下，可以规定本条第一款所列犯罪不适用于实施上游犯罪的人。"而毫无疑问，中国刑法的基本原则对此是持否定态度的，其理由主要包括两个方面：一方面，这是中国刑法禁止重复评价原理的要求。"犯罪所得"的含义表明，对犯罪所得的占有是上游犯罪的自然结果。洗钱行为所表现出的对犯罪所得及其收益的转换、转移是对犯罪所得及其收益的处理、处置行为，没有超出"占有"的范畴。在此情况下，如果法律规范要命令行为人"交出"犯罪所得及其收益（即放弃对犯罪所得及其收益的处理），其交出行为的义务来源是上游犯罪，即因为行为人通过上游犯罪这一先行行为非法占有他人财物，其负有交出非法占有财物的义务。不过，在处罚上游犯罪的同时，又以此处罚行为人对犯罪所得及其收益的处置行为，具有对上游犯罪行为进行两次评价的嫌疑，有违现代刑法禁止重复评价的原则。另一方面，这是中国刑法对吸收犯处断原则的要求。吸收犯是行为人实施数个达到犯罪程度的危害行为，这些犯罪行为之间存在吸收关系，其中一个犯罪吸收其他犯罪行为，对行为人仅以吸收之罪来定罪处罚之情形。[①] 上游犯罪与洗钱这一事后犯罪之间的关系在中国刑法理论上被认为属于吸收犯的一种典型情形。[②] 其中，洗钱犯罪相对于上游犯罪不具有独立性，在处罚时按照从一重罪处断之原则，只处罚上游犯罪，而不再另行处罚洗钱犯罪。这也是中国刑法的一贯做法。

洗钱犯罪的这一事后行为逻辑在中国刑法立法上也有一定的体现。例如，基于洗钱犯罪的事后行为逻辑，中国刑法对洗钱犯罪的立法强调了行为人对犯罪所得及其产生收益的"明知"[③]。

（二）"类型化"逻辑

洗钱犯罪的类型具有多样性。中国刑法典第 191 条、第 312 条和第 349 条主要是基于类型化思维将洗钱犯罪分为了三类：洗钱罪，掩饰、隐瞒犯罪所得、犯罪所得收益罪和窝藏、转移、隐瞒毒品、毒赃罪。对于这三个犯罪之间的关系，在中国政府自评的基础上，FATF[④] 评估认为中国刑法典第 312 条是洗钱罪的普通条款，而第 191 条和第 349 条属于特别性规定。[⑤] 我国立法机关认识亦如此。在《刑法修正案（六）》对刑法典第 312 条修法过程中，"法律委员会经同有关部门研究，认为有必要对刑法第 312 条的规定作出必要的补充修改，以便于对涉及洗钱方面的罪名都可以追究刑事责任，只是根据上游犯罪的差异而适用不同的条

---

① 赵秉志. 刑法总论. 北京：中国人民大学出版社，2016：278.

② 这种情形与大陆法系国家刑法理论中的"不可罚的事后行为"相同。我国刑法理论上有观点认为，这两者所指相同。张明楷. 刑法学（第 2 版）. 北京：法律出版社，2003：372-373。

③ 这是因为，如果立法本身处罚上游犯罪行为人的自洗钱行为，则立法没有必要强调对犯罪所得及其收益的明知。但应当注意的是，根据国际社会强化反洗钱刑法的普遍要求，我国全国人大常委会 2020 年 12 月通过的《刑法修正案（十一）》对刑法典第 191 条的洗钱罪作出了重要修改，删除了原本限于行为人"明知"是特定犯罪所得及其收益的规定，即将"自洗钱"行为也纳入了洗钱罪的调控范围。鉴于本文在此之前发表，故仍保持原貌。——笔者补注

④ 即国际反洗钱和恐怖融资的政府间国际组织——"反洗钱金融行动特别工作组"（Financial Action Task Force on Money Laundering，简称为 FATF）。

⑤ FATF. First Mutual Evaluation Report on Anti-Money Laundering and Combating the Financing of Terrorism on The People's Republic of China . 2007－06－29：22-24.

文、罪名。”①

按照中国洗钱犯罪的上述立法思路，中国对洗钱犯罪的分类逻辑是依据上游犯罪的差异分别规定了三种不同的洗钱犯罪。从条文上看，刑法典第 312 条掩饰、隐瞒犯罪所得、犯罪所得收益罪的上游犯罪包含了所有类型的犯罪；刑法典第 191 条洗钱罪的上游犯罪限于毒品犯罪、黑社会性质的组织犯罪、恐怖活动犯罪、走私犯罪、贪污贿赂犯罪、破坏金融管理秩序犯罪和金融诈骗犯罪七类；而刑法典第 349 条窝藏、转移、隐瞒毒品、毒赃罪的上游犯罪仅限于走私、贩卖、运输、制造毒品罪。由于毒品犯罪不仅包括走私、贩卖、运输、制造毒品罪，还包括其他类型的毒品犯罪，从上游犯罪的逻辑范围上看，刑法典第 312 条的上游犯罪包含了刑法典第 191 条的上游犯罪，刑法典第 191 条的上游犯罪又包含了刑法典第 349 条的上游犯罪。它们之间的法条关系是：刑法典第 312 条是洗钱犯罪的一般性规定，刑法典第 191 条相比于刑法典第 312 条是特别规定，刑法典第 349 条又是刑法典第 191 条的特别规定。按照特别法优先于普通法的法条竞合原则，刑法典第 349 条最为特别，可最优先适用；其次是适用刑法典第 191 条；最后才是适用刑法典第 312 条。

## 三、中国洗钱犯罪立法的逻辑异化

按照中国刑法典关于洗钱犯罪的上述立法逻辑，各法条之间的关系应该非常清楚，适用的对象和范围也是确定的。但问题是，中国洗钱犯罪立法的这一逻辑在实践运行中发生了异化，进而导致了不同法条之间的关系混乱。这主要体现在：

### （一）“事后行为”逻辑的司法异化

基于洗钱犯罪立法的“事后行为”逻辑，中国刑法基本原理决定了洗钱犯罪不适用于上游犯罪的行为人。不过，中国刑法关于洗钱犯罪的这一立法原则正面

① 王新．反洗钱：概念与规范诠释．北京：中国法制出版社，2012：176.

临着实践的挑战。这主要体现在有关洗钱犯罪的两个司法解释中：一是 2009 年 11 月 4 日最高人民法院发布的《关于审理洗钱等刑事案件具体应用法律若干问题的解释》。其第 4 条第 1、2 款规定："刑法第一百九十一条、第三百一十二条、第三百四十九条规定的犯罪，应当以上游犯罪事实成立为认定前提。上游犯罪尚未依法裁判，但查证属实的，不影响刑法第一百九十一条、第三百一十二条、第三百四十九条规定的犯罪的审判。""上游犯罪事实可以确认，因行为人死亡等原因依法不予追究刑事责任的，不影响刑法第一百九十一条、第三百一十二条、第三百四十九条规定的犯罪的认定。""上游犯罪事实"与"上游犯罪"是两个不同的概念，前者的范围包括了不予追究刑事责任的情形，后者则不一定包括，即前者的范围更大。二是最高人民法院 2015 年 5 月 29 日发布的《关于审理掩饰、隐瞒犯罪所得、犯罪所得收益刑事案件适用法律若干问题的解释》第 8 条规定："认定掩饰、隐瞒犯罪所得、犯罪所得收益罪，以上游犯罪事实成立为前提。上游犯罪尚未依法裁判，但查证属实的，不影响掩饰、隐瞒犯罪所得、犯罪所得收益罪的认定。""上游犯罪事实经查证属实，但因行为人未达到刑事责任年龄等原因依法不予追究刑事责任的，不影响掩饰、隐瞒犯罪所得、犯罪所得收益罪的认定。"该条明确规定不成立犯罪的事实（主体要件不符合）也属于"犯罪"。

上述两个司法解释实际上是用上游"犯罪事实"的概念替代了刑法典的上游"犯罪"概念。而在内涵上，"犯罪事实"仅是一种客观事实，它相当于具备德、日犯罪三阶层论中"构成要件该当性"和"违法性"的行为，行为是否有责，如是否达到刑事责任年龄、具备刑事责任能力，在所不论。这对洗钱犯罪的司法会产生两个重大影响：（1）明显扩大洗钱犯罪的适用范围。上述司法解释将犯罪主体要件排除出了犯罪事实的认定范围，其所称的"犯罪事实"实际上只是"违法事实"，类似于德国刑法典中的"违法行为"。这一做法的直接后果是会扩大洗钱犯罪"犯罪所得及其收益"的范围，进而导致洗钱犯罪范围的扩大。（2）上游犯罪行为人的自洗钱行为可被纳入洗钱犯罪。如前所述，对自洗钱行为定罪面临的主要障碍是事后行为的禁止重复评价问题。上述司法解释将上游"犯罪"扩大为上游"犯罪事实"，将未达到刑事责任年龄者实施的"犯罪事实"纳入洗钱犯罪

的上游“犯罪”范围，意味着部分上游犯罪行为人无须对上游犯罪承担刑事责任，如在行为人实施洗钱犯罪时不予追究刑事责任的情形消失，此时追究行为人的洗钱犯罪刑事责任并不会出现重复评价的问题，可对行为人的自洗钱行为按照洗钱犯罪进行处理。洗钱犯罪的“事后行为”逻辑就发生了改变，其行为的依附性正在减弱，进而逐渐具有更为独立的行为价值。

（二）“类型化”逻辑的结构异化

按照刑法典关于洗钱犯罪的现有分类逻辑，上游犯罪的类型是区分刑法典第 191 条、第 312 条和第 439 条的主要依据。但从刑法理论和刑事司法实践的角度看，这一立法逻辑已经出现了异化。这主要体现在：

第一，行为性质的异化。中国刑法典第 191 条和第 312 条对洗钱犯罪的行为都使用了“掩饰、隐瞒”一词作为对其行为本质的抽象和概括。但在行为的具体方式上，刑法典第 191 条在兜底条款之外列举了四种行为，即“提供资金账户”、“协助将财产转换为现金、金融票据、有价证券”、“通过转账或者其他结算方式协助资金转移”和“协助将资金汇往境外”，带有明显的金融洗钱色彩。这也和中国刑法典将该罪放在“破坏金融管理秩序”这一同类客体之下的地位相吻合。而刑法典第 312 条在兜底规定之外列举的四种行为是“窝藏、转移、收购、代为销售”，明显属于传统的洗钱行为。正因为如此，对于没有通过金融工具实施的洗钱行为，即便其上游犯罪属于刑法典第 191 条列举的上游犯罪，中国司法对此也有不少是以刑法典第 312 条的掩饰、隐瞒犯罪所得、犯罪所得收益罪进行处理。①

第二，行为目的的异化。这主要源于中国刑法典第 191 条、第 312 条对行为

① 这方面的案例有不少。例如，2008 年，同案人王某乙平因欲为其所在单位购买走私车，经人介绍认识了被告人王某甲，遂委托王某甲代为找车购买。王某甲随后联系到可提供走私车的“梁先生”，根据王某乙平所需车型，谈定价格和交易细节。王某甲在向“梁先生”取车、验车后，将车辆交付王某乙平，并通过现金、“做账”等方式收取车款。2009 年至 2013 年间，王某甲在明知所购车辆是走私车的情况下，仍然按照王某乙平的需求，先后为其购买了丰田霸道、日产贵士等品牌的汽车 18 辆。经核定，涉案汽车价值人民币 845.214 0 万元，应缴税额共计 381.224 5 万元。法院以被告人王某甲犯掩饰、隐瞒犯罪所得罪，判处其有期徒刑 3 年，并处罚金 30 万元。参见广东省广州市中级人民法院（2015）穗中法刑二初字第 80 号刑事判决书。

对象的表述差异。其中，刑法典第 191 条表述的是犯罪所得及其收益的“来源和性质”，第 312 条表述的是“犯罪所得及其收益”。据此，有观点认为，洗钱罪的目的是掩饰、隐瞒法定七类犯罪所得及其产生收益的来源和性质，从而达到“漂白”赃钱的目的；对于掩饰、隐瞒犯罪所得、犯罪所得利益罪，我国刑法则未明确规定目的要件，一般认为是行为人为了逃避司法机关的追查或者从中牟利，并没有“漂白”赃钱的意图。[①] 按照这一观点，如果行为人主观上不具有“漂白”犯罪所得及其收益的目的，则不能构成刑法典第 191 条的洗钱罪。这与中国刑法典关于洗钱犯罪的立法初衷并不吻合。

第三，行为后果的异化。这主要源于刑法典第 191 条和第 349 条的法定刑差异。根据中国刑法典的规定，刑法典第 191 条规定的法定刑为两档，分别是“五年以下有期徒刑或者拘役，并处或者单处洗钱数额百分之五以上百分之二十以下罚金”和“五年以上十年以下有期徒刑，并处洗钱数额百分之五以上百分之二十以下罚金”；而刑法典第 349 条规定的法定刑也是两档，即“三年以下有期徒刑、拘役或者管制”和“三年以上十年有期徒刑”。换言之，刑法典第 349 条作为特别法，其法定刑（包括主刑和附加刑）都要低于刑法典第 191 条。但在两者重合的范围内，刑法典第 349 条规定的上游犯罪（走私、贩卖、运输、制造毒品罪）要明显重于刑法典第 191 条规定的上游犯罪（即走私、贩卖、运输、制造毒品罪之外的毒品犯罪）。这就使得两罪在适用的正当性上面临障碍。

第四，行为主体的异化。这主要体现在刑法典第 191 条、第 312 条和第 349 条对单位犯罪的不同规定。其中，刑法典第 349 条没有针对窝藏、转移、隐瞒毒品、毒赃罪规定单位犯罪，第 312 条规定了单位犯罪同时规定对单位内部的直接责任人员与自然人犯罪同样处罚，第 191 条规定了单位犯罪但没有对单位内部的直接责任人员规定罚金。这意味着，由于刑法典第 349 条没有规定单位可以构成该条规定的洗钱犯罪，对于单位实施刑法典第 349 条规定洗钱犯罪行为，要想追

---

① 王新．竞合抑或全异：辨析洗钱罪与掩饰、隐瞒犯罪所得、犯罪所得利益罪之关系．政治与法律，2009（1）．

究单位的责任，只有改为适用刑法典第 191 条的规定。[①] 而这种适用是否符合刑法理论上关于法条竞合的处断原则，显然值得推敲。

上述洗钱犯罪的结构异化，直接模糊了刑法典第 191 条、第 312 条和第 349 条三个洗钱犯罪之间的界限，增加了司法实践中罪名适用的困难，同时也引发了刑法理论上的持续争议。

## 四、中国洗钱犯罪立法逻辑的结构调整

针对中国洗钱犯罪立法在理论上和实践中出现的逻辑异向，刑法立法应当审慎考虑并适时调整洗钱犯罪的自身逻辑以及不同洗钱犯罪之间的逻辑关系，进而调整洗钱犯罪的刑法立法。

### （一）洗钱犯罪立法调整的前提

中国要解决洗钱犯罪立法在理论上和实践中遇到的问题，需要适时调整洗钱犯罪立法的逻辑。而这还需要解决以下两个基本前提：

1. 洗钱犯罪的扩大化问题

关于洗钱犯罪的扩大化，刑法理论上多侧重于探讨刑法典第 191 条洗钱罪上游犯罪的范围扩大问题。但笔者认为，这并不是问题的关键，因为如前所述，中国反洗钱机构和 FATF 均是从广义上审查中国反洗钱犯罪立法，并将刑法典第 312 条视为洗钱犯罪的基础条款，因此刑法典第 191 条洗钱罪上游犯罪的扩大只能解决洗钱犯罪的法定刑提升问题。而当前，中国洗钱犯罪立法的扩大化之核心问题在于，是否应当将洗钱犯罪的上游犯罪由“犯罪”扩大至“违法行为”。对此，中国的司法实践采取了肯定的做法，只不过在客观上作了一定的限制，要求有基本的“犯罪事实”（包含依法不予追究刑事责任的情形），这将导致下游犯罪的入罪条件宽于上游犯罪的入罪条件。

---

① 中国司法机关曾针对贷款诈骗罪没有单位犯罪的情况，对单位实施的贷款诈骗行为以合同诈骗罪进行追究。

不过，最高人民法院关于洗钱犯罪的前述两个司法解释中提到的“依法不予追究刑事责任”概念在中国刑法中内涵并不明确。其分别提到的“行为人死亡”和“行为人未达到刑事责任年龄”是两个不同性质的事由。其中，“行为人死亡”普遍被认为是刑罚消灭事由，但不是出罪事由；而“行为人未达到刑事责任年龄”意味着犯罪主体要件不具备，“犯罪事实”并不构成犯罪。相比之前，刑罚消灭事由并不影响犯罪的成立，进而也不应影响洗钱犯罪上游犯罪的认定。但问题是，将不具备犯罪主体要件的事实纳入犯罪事实，是否适当?

事实上，在缺乏明确规定的情况下，最高人民法院上述司法解释中表述的上游“犯罪事实”究竟包含哪些要素，可能面临三种不同标准：一是“客观事实”标准，只要行为符合犯罪客观方面的要求即属于洗钱犯罪的上游“犯罪事实”，行为人是否具备责任能力和主观罪过不予考虑。这类似德国刑法典第 261 条洗钱罪中的“违法行为”。二是“客观事实＋主观要件”标准，要求行为只有同时符合犯罪客观方面和犯罪主观方面的要求才成立洗钱犯罪的上游“犯罪事实”。三是“客观事实＋主观要件＋客观处罚条件”标准，要求行为同时具备犯罪的客观事实要件、主观责任要件和客观处罚条件才属于洗钱犯罪的上游“犯罪事实”。其中，客观处罚条件的典型代表是刑法典第 201 条第 3 款前半段的规定。该前半段规定：“有第一款行为，经税务机关依法下达追缴通知后，补缴应纳税款，缴纳滞纳金，已受过行政处罚的，不予追究刑事责任。”在实践操作的层面上，中国司法机关将“经税务机关依法下达追缴通知后，不补缴应纳税款、不缴纳滞纳金或者不接受行政处罚”作为逃税罪的客观处罚条件。[①]

---

① 最高人民检察院、公安部 2010 年 5 月发布的《关于公安机关管辖的刑事案件立案追诉标准的规定（二）》第 57 条规定：“逃避缴纳税款，涉嫌下列情形之一的，应予立案追诉：（一）纳税人采取欺骗、隐瞒手段进行虚假纳税申报或者不申报，逃避缴纳税款，数额在五万元以上并且占各税种应纳税总额百分之十以上，经税务机关依法下达追缴通知后，不补缴应纳税款、不缴纳滞纳金或者不接受行政处罚的；（二）纳税人五年内因逃避缴纳税款受过刑事处罚或者被税务机关给予二次以上行政处罚，又逃避缴纳税款，数额在五万元以上并且占各税种应纳税总额百分之十以上的；（三）扣缴义务人采取欺骗、隐瞒手段，不缴或者少缴已扣、已收税款，数额在五万元以上的。纳税人在公安机关立案后再补缴应纳税款、缴纳滞纳金或者接受行政处罚的，不影响刑事责任的追究。”

基于中国反洗钱的国际责任和洗钱犯罪治理的现实需要，笔者赞同将洗钱犯罪的上游犯罪由“犯罪”扩大至范围更广的“犯罪事实”或者“违法事实”，但应遵循以下两个基本准则：一是立法明示原则，即应当是在刑法立法已经作出明确规定的情况下才能将洗钱犯罪的上游犯罪由“犯罪”扩大至“犯罪事实”或者“违法事实”。在立法未作明示性规定的情况下，司法解释直接用“犯罪事实”的概念取代“犯罪”的概念，有违反罪刑法定原则要求之嫌。二是范围限制原则，即要对“犯罪事实”或者“违法事实”加以严格限定。其中，对于不构成犯罪的事实部分，应当采取“客观事实＋主观要件＋客观处罚条件”标准。以刑法典第201条的规定为例，逃税犯罪事实的认定，不仅要求行为人实施了逃税行为，而且还必须不存在该条第3款前半段规定的阻却追责的客观要件。这是因为，该条第3款前半段在表述上使用了“不予追究刑事责任”，与最高人民法院司法解释的“依法不予追究刑事责任”表述一致。按照最高人民法院司法解释的表述，行为人没有受过行政处罚的逃税行为无疑也可以成为洗钱犯罪的上游犯罪事实，而这显然不合适。

2. 洗钱犯罪的归责依据问题

洗钱犯罪的归责依据解决的是洗钱犯罪的评价标准问题，它同时关乎入罪条件的设置和不同洗钱犯罪的法定刑配置。笔者认为，对洗钱犯罪的归责，应重点把握以下两个方面：

第一，洗钱犯罪的罪质。关于洗钱犯罪的罪质，刑法理论上历来有不同的认识。例如，对于刑法典第191条侵害的客体，刑法理论上就存在单一客体说、双重客体说和不确定客体说等多种学说。① 但多数观点都将“国家金融管理秩序和司法机关的正常活动”视为该罪的客体。② 同样，对于刑法典第312条侵害的客体，也多表述为“司法机关的正常活动”③。刑法典第349条侵害的客体则是国家

① 姜志刚. 洗钱罪比较研究. 现代法学，1999（1）.

② 高铭暄，马克昌. 刑法学. 5版. 北京：北京大学出版社，高等教育出版社，2011：418；王作富. 刑法分则实务研究（上册）. 北京：中国方正出版社，2014：488。

③ 高铭暄，马克昌. 刑法学. 5版. 北京：北京大学出版社，高等教育出版社，2011：557；李希慧. 刑法各论. 北京：中国人民大学出版社，2012：285.

司法机关同毒品犯罪作斗争的正常活动。[①] 综合而言，中国刑法理论上认为洗钱犯罪的基础罪质是对司法机关正常活动的侵犯。按照这一认识，对洗钱犯罪的归责应当坚持以下两个标准：一是洗钱犯罪的罪责与上游犯罪的危害性应当具有对应关系。换言之，上游犯罪的罪责越重，洗钱犯罪对司法机关正常活动侵犯所产生的危害也就越大。反之，洗钱犯罪的危害就越小。二是洗钱犯罪的罪责与法益的增加应当相适应。换言之，如果一种洗钱行为在侵犯司法机关正常活动的同时还侵害了其他法益，则其罪责也应当增加。例如，如果认为刑法典第 191 条在侵害司法机关正常活动的同时还侵害了国家金融管理秩序，则该条规定的洗钱犯罪罪责应该大于普通的洗钱犯罪，并在归责程度上予以体现。

但问题是，如果将洗钱犯罪的上游犯罪范围由“犯罪”扩大为“犯罪事实”，在上游犯罪事实不可追究刑事责任的情况下，上游犯罪的责任与属于下游犯罪的洗钱犯罪的责任就会不可避免地发生倒置。在此情况下，对洗钱犯罪的罪责评价就不能完全参考其上游犯罪。同时，洗钱犯罪的罪质也必然会因此发生变化，司法机关的正常活动不再是洗钱犯罪的法益，因为在不予追究刑事责任的情形中，司法机关不负有查证上游“犯罪事实”的责任。洗钱犯罪的法益将转变为国家有关部门对违法犯罪所得及其收益“来源的调查、发现、追缴、没收或者安全保管”活动（类似于德国刑法典第 261 条）。司法机关虽然仍然可能是这一活动的主要主体，但并非唯一主体。

第二，洗钱犯罪的手段。在刑法上，行为手段是区分不同犯罪的重要方面。这除了因为行为手段本身会包含一定意义的社会评价，如一般认为盗窃手段比诈骗手段对法益的侵害性更大因而更易受到社会的否定评价，还因为行为手段可能会在侵害基本法益的同时还侵害其他法益。例如，刑法典第 191 条的客体之所以被认为包含金融管理秩序，就是因为这类洗钱行为借助了金融工具，其手段行为会危害金融管理秩序。因此，在对洗钱犯罪进行刑法归责时，无疑也应当考虑洗钱犯罪所采取的手段。再例如，在美国，洗钱作为综合性罪名，被列为联邦级重

---

① 李希慧．刑法各论．北京：中国人民大学出版社，2012：334.

罪，包括非法金融交易罪、非法金融转移罪、推定洗钱罪、非法所得进行金融交易罪等四种具体的犯罪。[①] 其区分的主要标准就是行为的方式与手段。

行为手段及其侵害法益的差异是区分不同类型的洗钱犯罪并给予不同责任评价的重要依据。这可以用来解释中国刑法典第 349 条窝藏、转移、隐瞒毒品、毒赃罪的法定刑为何要低于刑法典第 191 条洗钱罪的法定刑，因为刑法典第 191 条的洗钱罪借助了金融工具，同时侵害了金融管理秩序。

（二）洗钱犯罪立法的逻辑调整

基于洗钱犯罪立法的扩大化思路，依照洗钱犯罪归责的依据，笔者认为，中国应当对洗钱犯罪的立法进行相应的调整。这种调整主要应体现在以下两个方面：

1. 洗钱犯罪归责的独立化

洗钱犯罪的扩大化倾向赋予了对洗钱犯罪进行独立责任评价的基础。从立法上看，洗钱犯罪归责的独立化可从以下两个方面加以体现：

第一，刑法立法明确将上游犯罪的范围由“犯罪”扩大至“犯罪事实”。这主要是考虑最高人民法院前述司法解释的内容有类推解释之嫌，应将其上升为立法。而在立法方式上，这又主要有两种：一是在刑法典进行具体修改之前，可以通过由立法机关进行立法解释的方式，将最高人民法院前述司法解释关于上游犯罪事实的规定予以立法化。例如，可以由中国全国人大常委会进行立法解释，规定：“刑法第一百九十一条、第三百一十二条、第四百三十九条规定的犯罪，既包括已经依法裁判确定的犯罪事实，也包括尚未依法裁判但查证属实的犯罪事实。犯罪事实经查证属实，但因行为人未达到刑事责任年龄等主体原因不构成犯罪或者因出现行为人死亡等刑罚消灭事由不予追究刑事责任的，不影响刑法第一百九十一条、第三百一十二条、第四百三十九条规定犯罪的认定。”二是在刑法修正时，可在刑法典中对洗钱的概念作出专门规定，并对上游犯罪的犯罪含义进行阐述，在立法内容上可将最高人民法院前述司法解释的内容纳入其中。

第二，自洗钱行为入罪的专门化。尽管中国刑法理论上对于自洗钱行为独立

---

① 刘宪权．国外对洗钱犯罪的规定．法制日报，2009-11-24.

成罪存在较大争议，但在境外和中国区际立法上，刑法立法明确规定自洗钱行为可以独立成罪的立法并不少见。这方面的代表性做法是我国台湾地区的“洗钱防制法”。该“法”第2条规定：“本法所称洗钱，指下列行为：一、掩饰或隐匿因自己重大犯罪所得财物或财产上利益者。二、掩饰、收受、搬运、寄藏、故买或牙保他人因重大犯罪所得财物或财产上利益者。”其中第1项规定的就是自洗钱犯罪，并在第11条中规定了较之他洗钱犯罪更轻的刑罚。[①] 笔者认为，“自洗钱行为应否构成犯罪”与“对自洗钱犯罪应否与上游犯罪数罪并罚”是两个不同的概念。中国刑法立法应当给予自洗钱行为独立成罪的法律依据，但在进行处断时，可允许依照“从一重罪从重处罚”的原则进行处理。特别是在将洗钱犯罪的上游犯罪由“犯罪”扩大至“犯罪事实”之后，自洗钱犯罪独立成罪、独立量刑的空间将进一步扩大。

2. 洗钱犯罪归责的统一化

洗钱犯罪归责的统一化是以合理分类为前提的。客观地看，中国刑法以上游犯罪为标准，将洗钱犯罪分为三种具体的犯罪，是值得肯定的。但问题是，相关法律条文的表述和法定刑的设置表明该立法模式存在明显缺陷。从合理确立洗钱犯罪责任的角度看，笔者认为，有必要对中国洗钱犯罪立法作以下两个方面的统筹与调整考虑：

第一，进一步明确刑法典第191条、第312条和第349条之间的法条关系。在基本层面上，这三个条文之间是一般法与特别法的关系。其中，刑法典第312条是一般法，刑法典第191条、第349条是特别法。而从进一步完善立法的考虑角度，对刑法典第349条可作两种处理：一是明确刑法典第349条是刑法典第312条的特别法，而非刑法典第191条的特别法，因为刑法典第349条不涉及金

① 我国台湾地区“洗钱防制法”第11条规定：“有第二条第一款之洗钱行为者，处五年以下有期徒刑，得并科新台币三百万元以下罚金。”“有第二条第二款之洗钱行为者，处七年以下有期徒刑，得并科新台币五百万元以下罚金。”“资助国际洗钱防制组织认定或追查之恐怖组织或该组织活动者，处一年以上七年以下有期徒刑，得并科新台币一千万元以下罚金。”“法人之代表人、法人或自然人之代理人、受雇人或其他从业人员，因执行业务犯前三项之罪者，除处罚行为人外，对该法人或自然人并科以各该项所定之罚金。但法人之代表人或自然人对于犯罪之发生，已尽力监督或为防止行为者，不在此限。”“犯前四项之罪，于犯罪后六个月内自首者，免除其刑；逾六个月者，减轻或免除其刑；在侦查或审判中自白者，减轻其刑。”应当注意的是，经台湾当局于2018年11月7日对该“法”予以修正，该条的内容也有所变更。

融管理秩序法益，它与刑法典第 191 条是一种交叉关系而非包含关系。在法条适用上，当刑法典第 312 条与第 349 条发生法条竞合时，按照特别法优于一般法的原则，适用刑法典第 349 条的规定；当刑法典第 191 条与第 349 条发生法条竞合时，按照重法优于轻法的原则，适用重法（通常是适用刑法典第 191 条）。二是删除刑法典第 349 条关于窝藏、转移、隐瞒毒品、毒赃罪的规定，这一方面是因为刑法典第 349 条规定的法定刑与第 312 条规定的法定刑差别不大且各有侧重，另一方面是因为在刑法典第 191 条的冲击下，刑法典第 349 条关于窝藏、转移、隐瞒毒品、毒赃罪规定的适用空间不大，实践中适用的案例也极少。

第二，进一步统一刑法典第 191 条和第 312 条的分类标准和立法表述。其中，在分类标准上，笔者认为，仅以上游犯罪的范围无法厘清刑法典第 191 条与第 312 条的理论与司法争议，而应以上游犯罪范围和洗钱手段综合进行分类。这一方面是刑法典第 191 条金融管理秩序之法益要求，洗钱行为只有侵害了这一法益，才能构成该条规定的犯罪；另一方面是刑法典第 191 条法定刑的要求，该条规定的法定刑要明显高于刑法典第 312 条的规定，仅以上游犯罪的不同很难赋予该罪法定刑规定的合理基础。事实上，除了刑法典第 191 条列举的七类犯罪，还有许多危害更为严重的上游犯罪，如危害国家安全罪以及抢劫、绑架等严重危及人身安全、财产安全的犯罪。在现有的立法框架下，对这些犯罪所得及其产生收益的掩饰、隐瞒行为，却只能依照刑法典第 312 条的规定适用较轻的刑罚，这在法理上说不通。据此，只有综合刑法典第 191 条侵害的法益和其所涉及的金融手段，才能对其法定刑设置的合理性予以充分说明。

在立法表述上，为了避免刑法典第 191 条与第 312 条之间关系的理解偏差，应当对刑法典第 191 条作两个方面的立法调整：一是删除刑法典第 191 条中的“来源和性质”，直接将其行为表述为“明知……犯罪的所得及其产生的收益而掩饰、隐瞒”，目的是与刑法典第 312 条的表述一致。[①] 除此之外，从司法适用的角度看，对“犯罪所得及其产生的收益”的掩饰、隐瞒必然会导致对“犯罪所得及

① 当然，也可以保留刑法典第 191 条的表述，在刑法典第 312 条中增加“来源和性质”的表述。

其产生收益的来源和性质”的掩饰、隐瞒。那种认为刑法典第312条只是改变犯罪所得及其产生的收益的处所和占有关系而未改变非法财产的非法性质和来源的观点[①]，不仅在理论上似是而非，而且在实践中无法操作。二是在刑法典第191条的兜底规定中增加利用金融工具的内容。刑法典第191条的兜底条款规定了“以其他方法掩饰、隐瞒犯罪所得及其收益的来源和性质”的行为，其立法表述上没有对“其他方法”进行限定。从该罪侵害的金融管理秩序法益角度，笔者认为，应当将这里的方法限定为“其他金融方法”。中国刑法典第191条也将会因此成为一个独立的金融洗钱罪。

## 五、结语

洗钱犯罪是现代刑法强化治理的一类重要犯罪。中国刑法典第191条、第312条和第349条规定的三种洗钱犯罪，意在针对不同类型的洗钱犯罪给予不同程度的制裁。但由于立法、司法等多种复杂因素的影响，中国洗钱犯罪的立法逻辑已经发生改变。洗钱犯罪已经不仅仅是上游犯罪的事后犯罪，其独立成罪、独立处罚的必要性明显增强。[②] 对此，中国应当从刑法立法上进一步厘清刑法典第191条、第312条和第349条之间的关系，并进一步扩大洗钱犯罪的适用范围，探索上游犯罪行为人自洗钱行为入罪的专门化立法，以不断推动中国洗钱犯罪立法的统一化和科学化。

---

① 王新．竞合抑或全异：辨析洗钱罪与掩饰、隐瞒犯罪所得、犯罪所得利益罪之关系．政治与法律，2009（1）．

② 应当注意的是，在本文发表之后，2020年通过的《中华人民共和国刑法修正案（十一）》第14条对刑法典第191条洗钱罪作出了重要修改，将实施该条规定的七类严重犯罪后的“自洗钱”行为明确规定为独立的犯罪，并作了其他一些修法，旨在为有效防治洗钱违法犯罪以及为我国的境外追逃、追赃法治行动提供充足的法律保障（参见全国人民代表大会宪法和法律委员会2020年10月13日在第十三届全国人大常委会第二十二次会议上所作：《关于〈中华人民共和国刑法修正案（十一）（草案）〉修改情况的汇报》）。当然，《刑法修正案（十一）》关于洗钱罪的修法之成效还有待实践检验，并需要刑法学理论深化研究。——笔者补注

# 涉私募基金非法集资犯罪司法治理研究*

## 一、前言

私募基金在我国资本市场中占有重要地位，但是近年来涉私募基金的违法犯罪活动日益增加，突出的表现是违法犯罪分子以私募基金为幌子，向社会公众非法集资，给投资者造成巨大经济损失，也严重危害了我国金融市场的稳定及声誉。针对此类犯罪的复杂情况，为正确而有力地惩治与防范涉私募基金的非法集资犯罪，本文拟在我国刑法已有的关于非法集资犯罪规制的基础上，着重探讨这类犯罪司法治理中的一些现实问题，并就防范此类犯罪略述己见。

* 与杨清惠博士合著，原载《北京师范大学学报（社会科学版）》2017 年第 6 期。

## 二、私募基金暨相关非法集资犯罪的特点

### （一）私募基金的界定及其特点

私募一词在英文中有两种表述“private placement”“private offering”，翻译为非公开发行。相对于公开发行（public offering）即公募，从广义上理解证券，私募本质上是证券的非公开发行，是具有自我保护能力的特定投资者以非公开方式发行证券的行为。①

关于私募基金的概念，一种观点认为：私募基金指通过非公开方式，面向少数特定资格的投资者募集资金，通常豁免审核而设立的投资基金②；另一种观点认为：私募基金是指通过非公开方式、向特定的投资者募集资金而形成的投资组织，由基金管理人受托管理，基金投资人按约定或按其出资比例享受投资收益和承担投资风险。③

中国证券监督管理委员会（以下简称证监会）2014 年颁布的《私募投资基金监督管理暂行办法》第 2 条规定：“本办法所称私募投资基金（以下简称私募基金），是指在中华人民共和国境内，以非公开方式向投资者募集资金设立的投资基金。”

根据我国《证券投资基金法》和上述《私募投资基金监督管理暂行办法》的规定，私募基金管理人应当在中国证券投资基金业协会（以下简称基金业协会）登记，私募基金募集完毕后应在基金业协会备案，私募基金只能采用非公开的方式，向合格投资者募集，且合格投资者人数不能超过 200 人。私募基金的合法法律载体为公司、合伙企业或契约制组织。我国私募基金具有以下几个特点：一是私募基金属于投资基金，基金份额持有者按份额享受收益和承担风险，私募基金

① 杨柏国. 中国私募证券法律规制研究. 北京：中国法制出版社，2012：19.
② 陈向聪. 中国私募基金立法问题研究. 北京：人民出版社，2009：17.
③ 彭夯. 私募基金监管法律问题研究. 上海：复旦大学出版社，2011：11.

财产的投资包括买卖股票、股权、债券、基金份额及投资合同约定的其他投资标的；二是募集方式是私募形式，需向合格投资者以非公开方式进行募集；三是私募基金的发行可以被豁免于证券法上的审核要求，但是要进行登记备案。私募基金按照投资对象，分为私募债券投资基金和私募股权投资基金；按照组织形式，分为信托型私募基金、公司型私募基金和合伙型私募基金；依开放程度，分为开放式、半开放式和封闭式三类。相比较公募基金，私募基金具有以下优势：一是发行成本节约和发行便捷，不需证监会审核，属于发行豁免；二是满足特定投资者的投资需求，投资者可以根据自身经济实力、风险承受能力，选择匹配的私募基金进行投资；三是灵活操作，私募基金的发起、募集、管理具有较大自主性。

受计划经济影响，私募基金在我国起步较晚，但是伴随着我国金融市场的繁荣，发展迅速。近年来，私募股权基金、阳光私募①等以私募为核心的投资，或者虽未使用私募名称，但实质采用私募形式的投资比如股权投资基金、创业投资、创业风险投资等在中国资本市场及投资领域流行，吸引了大量资金及投资者。截至 2016 年 5 月 1 日，已经在基金业协会登记并开展业务的私募证券、私募股权、创投等私募基金管理人 8 834 家，备案私募基金 28 534 只，认缴规模 6.07 万亿元，实缴规模 5.02 万亿元，私募基金从业人员超过 40 万人。② 私募基金通过提供资本支持和增值服务，在促进企业的创新创业、重组重建和实体经济发展诸方面发挥着独特的作用，成为资本市场的重要生力军。

但是私募基金繁荣发展的同时，由于监管漏洞、信息不对称、投资者法律意识淡薄等，一些不法分子以金融创新为噱头，打着私募的旗号，虚构项目募集资金，欺骗投资者；部分募集机构及从业者在负债端向投资者承诺高额固定收益，在项目端出现风险或资金周转困难，面临兑付风险时，选择“跑路”；募集机构

---

① 阳光私募基金是借助信托公司发行的，经过备案，资金实现第三方银行托管，有定期业绩报告的投资于股票市场的基金，阳光私募基金与一般私募证券基金的区别主要在于规范化、透明化，由于借助信托公司平台发行能保证私募认购者的资金安全。

② 基金业协会．打造诚信环境 推进行业发展——洪磊会长在“第三届中国机构投资者峰会”上的讲话．(2017-08-12) http://www.amac.org.cn/xhdt/zxdt/390592.shtml.

向非合格投资者募集资金，变相降低投资者门槛，向不特定对象公开募集，夸大或虚假宣传，投资者人数超过法定人数限制；部分私募基金不履行登记备受手续，脱离监管体外运营，非法私募的基金或者地下私募基金大量存在，破坏市场秩序。涉私募基金的非法集资犯罪逐渐成为近年来我国非法集资犯罪的重灾区，由于私募基金法律关系复杂、金融专业性较强、犯罪分子有意规避法律，司法机关在涉私募基金非法集资犯罪司法认定方面遇到诸多困境，对此问题有必要予以重视和研究。

（二）涉私募基金非法集资犯罪的特点

非法集资，是20世纪90年代以来随着改革开放及我国金融市场活跃而出现的金融异化违法犯罪现象。根据中国人民银行1999年发布的《关于取缔非法金融机构和非法金融业务活动中有关问题的通知》，非法集资是指单位或者个人未依照法定程序经有关部门批准，以发行股票、债券、彩票、投资基金证券或者其他债权凭证的方式向社会公众募集资金，并承诺在一定期限内以货币、实物以及其他方式向出资人还本付息或者给予回报的行为。我国刑法典对于非法集资活动规定了非法吸收公众存款罪（第176条），擅自发行股票、公司、企业债券罪（第179条）和集资诈骗罪（第192条）等多种罪名。私募基金是一种非公开的融资方式，犯罪分子借私募基金名义进行的非法集资犯罪具有以下特点：

其一，犯罪表现的非典型性。传统的非法集资犯罪客观表现多是“杀熟”和“博傻”。犯罪分子的宣传是从自己身边的亲属、朋友开始，再由亲属、朋友为中心点，进行辐射扩散，向社会不特定公众吸收资金，案件的被害人、投资人往往相互认识，具有血缘、亲缘、地缘、业缘联系。“博傻”本是金融领域的概念，是指市场参与者在明知股票或其他投资产品价格已被高估的情况下还再买入，寄希望于接下来还会有更“傻”的人以更高的价格接手的市场心理和行为。近年来，犯罪分子宣传的投资项目如种植仙人掌、冬虫夏草、养殖蚂蚁、开发高新技术产品等，其集资返利的利率均超过或明显超过一般储蓄、基金、证券等投资，年利率有时超过36%，甚至达到100%以上。投资者认为自己的投资安全，且会收回本息，即使集资者资金链断裂，也是击鼓传花，而自己肯定不是接盘者。涉

私募基金非法集资案件的募集机构或者发起人一般是理财公司、投资公司、资本公司，有些公司开展私募业务在其经营范围内，有些公司已按照规定在基金业协会登记，募集的过程表面上与合法私募形式一致，且采取合规的合伙企业组织形式，募集说明书、合伙协议、托管协议一应俱全，返利一般是年利率10%[①]，项目端的实体业务真实存在，所投资金如约投入项目端。这类犯罪的案发原因多是投资者或者基金份额持有人未按期收利，直接报案，后发现募集机构及从业人员在私募基金募集过程中多处违规。

其二，犯罪主体的精英化、专业化。募集机构或者私募发起人多聘请在金融、证券、法律等方面具有专业知识，曾从事过理财业务的专业人员，或者熟悉基金交易运作模式的人员参与。募集过程游走于合法私募和非法集资的边缘，变相吸收资金，犯罪手段隐蔽，具有较大欺骗性。此类犯罪主体的专业化、精英化、身份特殊化也使得这类非法集资活动具有较大的迷惑性，投资者较难辨认项目是否合法。

其三，投资人多不是合格投资者，社会危害较大。私募基金依规只能向合格投资者发行，且投资者的人数受到严格限制。涉私募基金非法集资案件中的投资者人数众多，投资人中有机构投资人，但绝大多数是个人投资者，他们受教育程度参差不齐，年龄结构偏大，不具有任何金融知识背景，明显不符合合格投资者的标准。另外，这类案件中很多私募基金的项目端真实存在，募集人并没有非法占有之目的，案件定性往往以非法吸收公众存款罪为主。

## 三、犯罪主体和主观方面的认定问题

### （一）主体方面的单位犯罪问题

私募基金的发行必须由基金管理人操作。在我国，基金管理人的组织形式为

---

① 区别于传统非法集资犯罪案件，涉私募非法集资募集的资金很多投向真实项目，项目的利润空间和发展前景比较明确，资金使用方是在充分评估融资成本后，才委托募集机构或者个人募集，从笔者收集的案例来看，募集机构及从业人员向投资者承诺的固定年利率一般在8%～12%之间，笔者计算平均值为10%。

公司或者合伙企业。以公司形式设立的基金管理人可以成为单位犯罪的主体自不待言，而对合伙企业形式的基金管理人可否成为单位犯罪的主体存有争议。有观点认为，对合伙企业追究刑事责任实际是对自然人一个犯罪行为的二次处罚，违反罪责刑相适应原则，因此合伙企业不是单位犯罪中所指的企业。[①] 笔者认为，单位犯罪中主体特征的界定应当体现两点：一是界定的主体应全面、明确、具体；二是界定的主体应与单位犯罪概念中的其他特征协调一致。合伙企业具有组织性，有自己的名称及生产经营场所，有合伙人实际缴付出资的财产，财产具有独立性，合伙企业能够形成独立的犯罪意志。因此，合伙企业形式的基金管理人应当成为单位犯罪的主体。另外，基金管理人的组织形式包括公司和合伙企业，在公司可以成立单位犯罪主体的情况下，如果合伙企业不能成为单位犯罪的主体，将使合伙企业形式的基金管理人逃避应有的处罚，显失公平。

（二）主观方面的违法性认识问题

“不知法律不免责”（Ignorantia juris non excusat ）是大陆法系和英美法系普遍遵循的刑事责任原则。刑法上的认识错误分为事实认识错误和法律认识错误两类，事实认识错误一般可以阻却犯罪故意；而法律认识错误不能阻却犯罪之故意。非法集资犯罪属于法定犯，由于私募基金发行的专业性，涉私募基金刑事案件中，部分违法犯罪分子可能作出违法性认识错误的免责抗辩。

案例 1：杨某是天宝公司理财经理，天宝公司为内蒙古某企业违规募集资金 600 余万元，其中杨某带领的销售团队募集 210 余万元，杨某自己也投入 16 万元，后由于该企业资金回笼较慢，未按期偿付。杨某于 2016 年 4 月主动到案。[②]

涉私募基金非法集资案件中，公司的财务部门、销售部门、行政部门林林总总，资产端、负债端、项目端、担保方错综复杂，公司多层管理，资金募集过程跨越时空，在此情况下，管理层对非法集资或者行为违规事实全面掌握，应承担责任。案例 1 中的杨某是销售团队负责人，其带领指挥销售人员非法募集资金，

① 臧冬斌．单位犯罪主体范围探讨．法学评论，2001（6）．

② 参见北京市朝阳区人民法院（2017）京 0105 刑初 292 号刑事判决书，判决已生效。

属于管理层，杨某的犯罪数额应当是整个团队所募集的资金总数，构成非法吸收公众存款罪。

非法集资犯罪分子在违规私募募集中，可能聘请律师出具意见书、“专家”进行产品介绍，同时对其招聘的业务员、财务人员、行政人员等进行培训，由于这类人员文化程度不高，并不一定具有专业知识，可能存在事实认识错误，认为公司处于正常合法经营状态，募集资金过程也合法。在此情况下，行为人对事实认识的错误将影响其犯罪故意的认定，进而影响其刑事责任的承担。如果行为人认为自己的行为只是违反了行政法规而没有触犯刑事法律，则属于法律认识错误，并不阻却其犯罪故意的成立。

## 四、涉私募基金非法集资犯罪行为的认定

最高人民法院2010年发布的《关于审理非法集资刑事案件具体应用法律若干问题的解释》第1条规定：“违反国家金融管理法律规定，向社会公众（包括单位和个人）吸收资金的行为，同时具备下列四个条件的，除刑法另有规定的以外，应当认定为刑法第一百七十六条规定的‘非法吸收公众存款或者变相吸收公众存款’：（一）未经有关部门依法批准或者借用合法经营的形式吸收资金；（二）通过媒体、推介会、传单、手机短信等途径向社会公开宣传；（三）承诺在一定期限内以货币、实物、股权等方式还本付息或者给付回报；（四）向社会公众即社会不特定对象吸收资金。”根据上述规定，我国刑法理论界与实务界一般认为，非法集资犯罪在客观上应满足“四性”即非法性、公开性、社会性、利诱性。因私募基金之募集在操作上具有特殊的规范要求，司法机关在认定涉私募基金的非法集资犯罪构成要件时，应从募集对象、募集方式、募集手段等方面，结合私募基金专业性特点，对上述“四性”要件进行审查，以厘清罪与非罪的界限。

### （一）关于非法性的认定

非法性是指违反国家规定吸收资金，具体表现为未经有关部门依法批准吸收资金或者借用合法经营的形式吸收资金。私募基金涉刑事案件中的非法性认定，

应当注意以下三个问题：

其一，非法性之“法”的位阶问题。当前我国私募基金适用的法律主要为《证券法》《证券投资基金法》，以及证监会出台的《私募投资基金监督管理暂行办法》，基金业协会发布的《私募投资基金管理人登记和基金备案办法（试行）》《私募投资基金信息披露管理办法》《私募投资基金募集行为管理办法》等。《证券法》《证券投资基金法》对于私募基金的规定较为原则，判断私募基金募集是否合规的主要依据之一是《私募投资基金监督管理暂行办法》，该办法为部门规章。最高人民检察院公诉厅 2017 年 6 月发布的《关于办理涉互联网金融犯罪案件有关问题座谈会纪要》指出，在办理涉互联网金融犯罪案件时，判断是否符合“违反国家规定”“未经有关国家主管部门批准”等要件时，应当以现行刑事法律和金融管理法律法规为依据。笔者认为，涉私募基金的非法性应为违反法律、行政法规的规定，表现为没有募集主体资格，或者募集方式、募集对象、募集资金来源不合法。《私募投资基金监督管理暂行办法》虽然由证监会颁布，但是其很多内容可以找到上位法，是对《证券法》《证券投资基金法》的解释。《证券投资基金法》颁布较早，《私募投资基金监督管理暂行办法》是对私募基金发展过程中新情况的回应，从严密刑事法网的角度考虑，在判断私募基金行为是否违规时可以参照《私募投资基金监督管理暂行办法》。如果在个案认定中问题突出，可以逐级向最高人民法院请示，通过个案请示，明确《私募投资基金监督管理暂行办法》在行政违法性判定方面的地位和作用。

其二，非法性之违法内容问题。我国对私募基金管理机构和发行私募基金不设行政审批，私募基金管理人没有严格的市场准入限制，只需向基金业协会登记，发行的私募基金仅进行备案。虽然我国对于私募基金管理人设置的门槛较低，私募基金也是审批豁免，但并不意味着私募基金的募集完全不需要条件，不存在“非法性”。合法的集资行为必须具备以下几个条件：一是集资的主体合法，二是集资的目的合法，三是集资的方式合法，四是集资的行为合法。[①] 合法设立

① 赵秉志．防治金融欺诈——基于刑事一体化的研究．北京：中国法制出版社，2014：215.

的私募基金管理人，已在基金业协会登记，如果公开向不合格投资者募集资金，属于具有主体资格，但经营行为违法，或者募集机构不具备私募经营范围，超出经营范围进行私募募集，都可能构成非法集资犯罪。

其三，募集资金用于合法真实项目时不阻却刑事责任。集资者将吸收资金用于真实项目能否以犯罪论，存在否定说。该说认为，只有当行为人非法吸收公众存款，用于货币、资本的经营时（如发放贷款），才能扰乱金融秩序，才应以本罪论处；如果将吸收公众存款用于货币、资本经营之外的生产、经营活动的被认定为非法吸收公众存款罪，实际上就意味着否定了部分民间借贷行为的合法性。[①] 笔者不认同否定说观点，金融业是诚信度要求极高的行业，行为人以合法经营、真实项目为投资旗号，开展融资行为，所得资金可能用于对外宣称的真实项目，也可能私自改变投资方向渠道，用于高风险性、投机性强的活动，但是只要集资手段不合法，就可能涉及非法集资。具体到私募基金来看，私募基金的募集过程必须是以非公开方式向合格投资者募集，如果募集对象、募集程序不合法，即便募集基金投入真实的项目或者生产经营活动，也按照合同约定还本付息，同样构成非法集资。

（二）关于公开性的认定

采用非公开方式推介是私募基金区别于公募基金的关键性特征。我国《证券投资基金法》第 91 条规定："非公开募集基金，不得向合格投资者之外的单位和个人募集资金，不得通过报刊、电台、电视台、互联网等公众传播媒体或者讲座、报告会、分析会等方式向不特定对象宣传推介。"

私募基金投资风险大，高风险也意味着高收益，普通百姓不易判断风险，也不具有风险承受能力，所以募集机构及从业人员只能向合格投资者（合格投资者的定义及判断，本文将于下文展开）募集和宣传推介，销售方式是基金管理人或从业人员私下与投资者协商。投资人一般通过以下方式获取私募基金信息：(1) 直接认识基金管理人；(2) 依据在上流社会获得的可靠投资消息和间接介绍

---

① 张明楷. 刑法学. 4 版. 北京：法律出版社，2014：687.

等；(3) 机构投资者的间接投资；(4) 投资银行、证券中介公司或投资咨询公司的特别推介；(5) 对冲基金研究咨询机构提供的信息；(6) 通过其他基金转入等。① 涉私募非法集资中，犯罪分子多采用变相公开的方式，比如讲座、报告会、分析会，受众群体具有局限性，很多还是邀请制。

案例 2：刘某某与徐某某以民富中联股权投资基金公司为普通合伙人，与投资人成立合伙企业，以投资河南安阳房地产等多个项目为由，通过拨打电话等方式，邀请投资人参加投资知识讲座，“专家”授课内容虽然包括投资知识，但更多的是推荐公司私募基金；或者电话邀请投资人参加酒会，在酒会上公司负责人介绍已投项目，总结公司过去业绩，宣传公司前景，介绍公司名下基金；通过采摘会、现场考察项目，向投资人介绍投资项目。投资人出资方式均是作为有限合伙人加入合伙企业并出资，且签订合伙协议、入伙协议、抵押担保函、股权质押担保书、基金募集说明书等，刘某某与徐某某累计吸收投资金额 3 亿余元。②

案例 3：雷某、刘某某等为帮助天津福丰达影视公司募集资金，成立昆湖资本管理（北京）有限公司及北京昆湖坤元投资管理中心（有限合伙），其中昆湖资本公司为昆湖坤元中心的普通合伙人，投资人为昆湖坤元中心的有限合伙人，昆湖资本公司委托第三方代理公司代为销售昆湖资本—福丰达 1 号基金。第三方代理公司的业务员、投资经理通过已有客户资源或经他人介绍，直接向投资人推荐该基金，共吸收 250 余名投资人投资款 3.5 亿余元，昆湖坤元中心将上述钱款转入福丰达公司，返息 3 500 余万元。③

结合以上案例及私募基金募集的特殊性，笔者认为，在私募基金公开性的认定方面，有以下几个问题需要研讨：

其一，公开方式的认定。私募基金不能向社会公众、不合格投资者进行公开

---

① 陈向聪. 中国私募基金立法问题研究. 北京：人民出版社，2009：32.

② 参见北京市朝阳区人民法院（2015）朝刑初字第 2148 号刑事判决书，北京市第三中级人民法院（2017）京 03 刑终 148 号刑事判决书。

③ 参见北京市朝阳区人民法院（2016）京 0105 刑初 118 号刑事判决书，北京市第三中级人民法（2017）京 03 刑终 11 号刑事判决书。

宣传，合格投资者只能主动了解可靠投资信息，或者通过特别推介了解信息。邀请会、推介会、酒会等活动中，未设置特定对象确定程序，参加者有不合格投资者，且发布的内容属于私募基金的推介，此即构成非法集资中的公开宣传。电话推介、发送手机短信等方式，如果信息接收人未加选择，虽然是一对一的方式，但范围并不是固定、封闭的，具有开放性，且有随机选择或者随时可能变化的不特定性，也具有公开性。上述案例2中的推介会、酒会虽然宣传范围有限，人数特定，但是受邀人群并未限定是合格投资者，宣传内容除了介绍公司，还宣传正在募集的私募基金信息，因而属于公开宣传。

其二，公开的对象问题。非法集资的行为对象具有公众性，受害群体广泛，社会危害性大。向不特定社会公众的宣传，决定了非法集资的公开性。私募基金的定向推介只能向合格投资者，除了投资者主动获得私募募集信息外，投资银行、证券中介公司或投资咨询公司、第三方代销机构可以向合格投资者特别推介。这里的推介是合规主体之间的信息推送，信息推介者是合法的私募基金代销机构或者私募发起人，信息接受者是合格投资者。如果信息推介者向普通投资者、一般公众进行推介，依然构成公开宣传。英国在限制私募基金广告宣传中明确要求，在私募信息传播过程中，需要投资者提供证明、投资者本人的申明、传播者在传播过程中发出警告及必要的防止其他非目标人员参与的机制。[①] 案例3中，虽然第三方代销机构是一对一的推荐，但是其推荐中不区分信息接收者，未考察信息接收者是否为合格投资者，仍然属于公开宣传。

其三，公开内容的真实与否不影响非法集资犯罪的成立。私募基金发起人及第三方代销机构向合格投资者推介私募基金时，应当如实披露私募基金管理人信息、私募基金的投资范围、投资策略、收益与风险的匹配情况、风险揭示等内容，不能违规使用“安全”“保证”等词语，不能使用“欲购从速”“申购良机”等片面强调集中营销时间限制的措辞。募集机构及其从业人员在宣传中可能如实披露，也可能存在虚假陈述或者夸大宣传，但是均不影响非法集资犯罪的认定。

① 李朝晖．证券市场法律监管比较研究．北京：人民出版社，2000：86.

因为对于非法集资犯罪的立法目的是打击违反国家金融管理秩序、侵害公民财产利益的行为，即使项目端真实存在，公开宣传内容与事实相符，但是违反私募基金不得公开宣传的法律规定，依然可能构成非法集资犯罪。

需要说明的是，“非公开性”针对的是特定的私募产品或者私募基金项目，不得进行公开宣传，但是募集机构可以通过合法途径公开宣传私募基金管理人的品牌、发展战略、投资策略，以及基金业协会公示的已备案募集完毕的私募基金的基本信息。

（三）关于社会性的认定

社会性是指面向社会公众非法募集，人数众多是社会性的固有特征。社会公众指不特定的多数人，特定的多数人不属于社会公众，如果将特定的多数人也视为社会公众，必然会扩大非法吸收公众存款行为的外延，从而不恰当地扩张了刑罚圈。① 合规私募基金的募集对象只能是合格投资者，如果行为人以私募基金为名，却向不特定公众募集资金，则可能构成非法集资犯罪。

其一，合格投资者制度。合格投资者是指具备一定的投资经验和风险承受能力，从而可以使得发行人向其发行证券而无须受到证券法严格约束的特定群体。② 私募基金是富人的游戏，设置合格投资者制度的目的就是尽量避免或减少缺乏风险识别能力和风险承受能力的人进入市场。根据《私募投资基金监督管理暂行办法》的规定③，私募中的合格投资者分为两种：一种是符合法定条件，经确认为合格的投资者；另一种是法律直接规定为合格投资者，例如机构投资人，

① 赵秉志，徐文文．民营企业家集资诈骗罪：问题与思考．法学杂志，2014（12）．

② 张雅．合格投资者制度：从美国证监会最新改革建议审视我国改革路径．西南金融，2016（12）．

③《私募投资基金监督管理暂行办法》第12条规定：“私募基金的合格投资者是指具备相应风险识别能力和风险承担能力，投资于单只私募基金的金额不低于100万元且符合下列相关标准的单位和个人：（一）净资产不低于1 000万元的单位；（二）金融资产不低于300万元或者最近三年个人年均收入不低于50万元的个人。前款所称金融资产包括银行存款、股票、债券、基金份额、资产管理计划、银行理财产品、信托计划、保险产品、期货权益等。”《私募投资基金监督管理暂行办法》第13条规定：“下列投资者视为合格投资者：（一）社会保障基金、企业年金等养老基金，慈善基金等社会公益基金；（二）依法设立并在基金业协会备案的投资计划；（三）投资于所管理私募基金的私募基金管理人及其从业人员；（四）中国证监会规定的其他投资者。”

其投资经验丰富且抗金融风险能力强。对于后者，基于其自身从事的业务或与该私募基金存在密切联系而自然具有相应的抗风险能力，属于合格投资人的范畴；而其他的投资者则需要严格按照程序确认其具备投资该产品所必需的风险识别能力和风险承担能力。

其二，合格投资者的判定。募集机构及从业人员负有合理审查投资者是否为合格投资者的义务，即在募集基金时应当对投资者的风险识别能力和风险承受能力以及合法资金进行必要的审查、评估，履行特定对象确定程序，并取得合理相信投资者符合合格投资者条件的证明，投资者应当以书面形式承诺其符合合格投资者标准，否则不应接纳该投资者的投资。如果募集机构及从业人员或者销售机构未审核投资者是否是合格投资者，或者只是表面审查，对所有投资者“来者不拒”，则属于向不合格投资者募集资金。资本市场中的合格投资者人数是有限的，面对更多的不合格投资者，募集机构及其从业人员可能采取变相突破合格投资者标准的方式，比如将私募基金份额或其收益权进行非法拆分转让，以此降低单个投资者的投资额；组织多个投资者汇集资金后以一个人名义进行投资，总计投资额超过 100 万元；组织合格投资者以非法拆分转让为目的购买私募基金，由合格投资者再向不合格投资者违规转让等等。

其三，合格投资者的穿透核查。《私募投资基金监督管理暂行办法》第 11 条规定：“私募基金应当向合格投资者募集，单只私募基金的投资者人数累计不得超过《证券投资基金法》《公司法》《合伙企业法》等法律规定的特定数量。”根据《证券投资基金法》《公司法》《合伙企业法》的相关规定①，如果投资者直接申购私募基金，该私募基金发行的投资者不能超过 200 人；采用有限责任公司及合伙企业组织形式的私募基金，投资者人数不能超过 50 人；采用股份有限公司组织形式的私募基金，投资者人数不能超过 200 人。

---

① 《证券投资基金法》规定：非公开募集基金应当向合格投资者募集，合格投资者累计不得超过 200 人。《公司法》规定：设立股份有限公司，应当有 2 人以上 200 人以下为发起人，其中须有半数以上的发起人在中国境内有住所；有限责任公司由 50 个以下股东出资设立。《合伙企业法》规定：有限合伙企业由 2 个以上 50 个以下合伙人设立，但是，法律另有规定的除外。

《私募投资基金监督管理暂行办法》第13条第2款规定：“以合伙企业、契约等非法人形式，通过汇集多数投资者的资金直接或者间接投资于私募基金的，私募基金管理人或者私募基金销售机构应当穿透核查最终投资者是否为合格投资者，并合并计算投资者人数。”有学者将穿透核查称为刺破原则，是指在计算私募基金投资者人数时，一般原则是每个人单独计算，但如果某个实体是专门为投资于私募基金所组织时，则其不过是这些投资者的一个工具，其面纱必须被刺破，这个实体的每一个受益人都被单独计算为私募基金的投资者。[①] 以合伙企业组织形式的私募基金为例，募集机构为了发行私募基金，与投资人组建合伙企业，一名投资人归集其他数名甚至数十名小额出资人的资金，再以其个人名义申购私募基金，登记的合伙人人数为50人之内，但进行穿透核查，则所有参与投资的人数将超过50人，且存在多名投资人不符合合格投资者要求的情况，即涉嫌非法集资犯罪。

（四）关于利诱性的认定

非法集资中的利诱性是指集资者向投资者承诺在一定期限内以货币、实物、股权等方式还本付息或者给予回报。英国经济学家亚当·斯密曾指出，获取利润是决定资本用途的唯一动机，投在什么行业上要看这一行业的利润。[②] 申购私募基金对于投资者来说就是经济利益的追逐，合格投资者以最大化自己的经济效益为目的，考虑自身风险承受能力，通过专业的信息判断，在风险和收益之间进行权衡，计算最优结果，从而选择申购。私募基金投资实为风险投资，未来收益具有不确定性，投资人按照私募基金持有份额享受投资收益，而非固定收益。募集机构及从业人员不能以任何方式承诺投资者资金不受损失，或者以任何方式承诺投资者最低收益或者固定回报即约定保底条款，同时应对投资风险予以明示。但从笔者收集的案例来看，以私募基金为名进行的非法集资活动，犯罪分子均对收益做出承诺，主要方式是按照固定利率标准支付利息，到期还本。投资者是否收

---

① 陈向聪．中国私募基金立法问题研究．北京：人民出版社，2009：239。

② 亚当·斯密．国富论．张兴，田要武，龚双红，译．北京：北京出版社，2008：84．

取固定收益或者回报，是合法私募基金与非法集资的一个重要区别。另外，互联网金融蓬勃发展的今天，很多不法分子以股权众筹、创业众筹等为幌子，通过私募的形式吸收资金，回报的形式可能是股权、预期份额、债权等，只要属于经济利益，均属于回报的范畴。

## 五、宽严相济刑事政策的适用

宽严相济刑事政策作为我国当前应对犯罪的基本策略思想，对于刑事立法、刑事司法和刑罚执行活动均具有重要的指导作用。宽严相济之“宽”，是指对于犯罪施以宽松刑事政策，在刑事处理上侧重宽大、宽缓、宽容；宽严相济之“严”，是指对于犯罪施以严格刑事政策，在刑事处理上侧重严密、严厉、严肃；宽严相济之“济”，是指协调运用宽松刑事政策与严格刑事政策，以实现二者的相互依存、相互补充、相互协调、有机统一。① 宽严相济刑事政策是现阶段适用最为普遍和贯彻司法实践始终的刑事政策，该政策的价值蕴含及其基本刑事政策的地位得到了理论界及实务界的认同，该政策对于涉私募基金犯罪同样适用。

首先，要注意严厉惩治非法集资犯罪。涉私募非法集资犯罪是一种破坏金融管理秩序，侵害人民群众财产权的犯罪，这种犯罪扰乱金融市场，破坏金融稳定，影响金融从业机构信用和声誉，降低社会公众对于金融机构的信心，应当依法严厉惩治与打击。对于经营模式的发起人、组织者，参与时间长、在犯罪中起主要作用的骨干人员，以及曾经因从事非法集资活动受过法律处罚又积极参与非法集资犯罪的，均应当从严处理。

其次，要注意对较轻犯罪的宽缓刑罚适用。涉私募基金犯罪一般不存在预备犯、中止犯，一般也不存在未成年人、老年人犯罪，但是有可能存在初犯、从犯情形。对于涉私募基金犯罪情节轻微，在公司未担任领导职务的一般员工，依照刑法规定不需要判处刑罚或者可以免除刑罚的，可以适用不起诉，或者采用非刑

① 赵秉志．和谐社会构建与宽严相济刑事政策的贯彻．吉林大学社会科学学报，2008（1）．

罚处罚方法解决。这种方式也有利于募集机构及从业人员盘活资产，偿还债务，最终可以减少或者挽回投资人的经济损失。

再次，要切实把好入罪关。针对证券的公开发行，我国目前的法律体系是以行政责任为中心，体现的是国家对证券市场的调节和干预的积极性及主动性，但是与公募发行不同，私募基金面向的投资者是特定的合格投资者而非一般社会公众，私募行为主要是由市场进行调控，强调行业自律，并倡导盈亏自负的投资理念。涉私募基金的刑事案件案发多是由于投资端资金链断裂或者经营遇到重大变故，未按时返还投资者本金和收益，而导致投资者报案。法律和司法解释并没有将资金链断裂不能偿还作为入罪的标准，司法机关不能仅凭资金链断裂不能偿还便断定行为人构成犯罪，要综合考虑非法集资的认定标准和构成要件，从实质上理解刑法关于非法集资的规定，而不能以集资成败论是否构成犯罪。还要注意违约行为、行政违法行为与犯罪行为的区分，对于社会危害较小，情节显著轻微的，不作为犯罪处理。

## 六、结语：关于防范涉私募基金犯罪的综合措施

刑法从来不应当是防范犯罪的唯一手段和根本途径，本着综合治理涉私募基金犯罪的精神，本文最后提出三点建言。

其一，完善相关监管体系。刑事处罚是防治犯罪的最后一道屏障，对于涉私募基金违法犯罪活动的“打早打小”应在行政执法阶段。我国对私募基金实行事中和事后监管，证监会不定期通过执法检查活动查处违规私募行为，但其检查对象是已经依法备案的私募基金管理人和私募基金，而没有备案的机构，反而逃避了监管。笔者认为，对于私募基金的监管，一方面要避免与公募基金同质化，应遵从私募基金的金融特性，不宜过多设置行政干预和限制；另一方面，要大力遏制非法集资，严打伪私募、假私募，加大对私募基金违法违规行为的行政和刑事处罚力度，将监管重点放在私募基金投资人资格、销售渠道管理、销售宣传途径上，以降低私募基金的投资风险。

其二，监管机构与司法机关开展联动协作。证监会对私募机构的专项检查中，对于私募机构的不同违规行为，应分别认定为涉嫌犯罪行为、严重违法违规行为、一般性违规行为和不规范问题。在此基础上，证监会应分别采取移送公安机关处理，行政监管措施或者交由基金业协会进行处理等措施。[①] 私募基金的监管机构证监会或者其下属机构应与司法机关建立联动协作机制，证监会结合其专业知识上的优势，为司法机关的要件审查比如合格投资者认定提供专业意见，并由证监会对行为性质及违法层次进行专业审查，这样有利于保证法律评价的统一性，体现出违法性的不同层级。

其三，建立诉讼援助机制，注意保护投资人利益。投资人的合法权益能否得到有效的保障，是投资基金行业能否持续健康发展的关键。笔者认为，为贯彻以民事责任为主体的私募规制法律体系，避免对刑法的过度依赖，有必要借鉴国外的诉讼援助机制，引导投资人正确维护自身权利。要确定证监会是提供诉讼援助的主体，当私募基金合同产生纠纷后，投资人可以向证监会申请诉讼援助，证监会审查后，可以提供以下帮助：对于涉嫌犯罪的直接移送公安机关进行处理，或者向司法机关出具违法性层级认定意见书，或者代理投资人提起诉讼，发表专业意见。

---

① 证监会通报 2016 年上半年私募基金专项检查执法情况.（2017－08－14）http://www.csrc.gov.cn/pub/newsite/smjjjgb/smbtzzyd/201608/t20160829_302733.html.

# 民间放高利贷行为入罪问题探讨*

## 一、引言

放高利贷是指放贷人将资金借给借贷人使用，以牟取高额利息的行为。高利贷具有悠久的历史渊源和现实基础，并因其具有盘剥性而饱受非议。新中国成立后，高利贷现象一度销声匿迹。近年来，在中小企业对融资不断增长的需求和金融机构贷款门槛较高的矛盾作用下，高利贷现象再度出现并呈现不断蔓延趋势。毋庸讳言，高利贷具有手续简便、资金到位迅速、无需或需要较少担保的优点，一定程度上解决了中小企业融资需求。但由于高利贷游离于国家金融监管体系之外，借贷双方私下约定的超过规定标准的高利率不受法律保护，缺少实现债权的有效途径，近年来由此所引发的民事纠纷甚至违法犯罪活动也屡见不鲜。针对上

* 与李昊翰博士合著，原载《河南大学学报（社会科学版）》2020 年第 2 期。应当注意的是，本文中所涉及的相关法律（包括民法典等）和司法解释有新立或修订，文章保持发表时的原文。——编者注

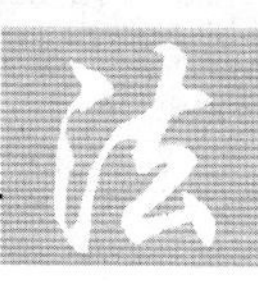

述问题，最高人民法院出台司法解释对审理高利贷民事案件进行规定。但我国《刑法》并未对利用金融机构信贷资金之外资金放高利贷行为规定具体罪名，理论上和司法实践中对此也存在争议。有鉴于此，本文就此类放高利贷行为的刑法规制问题进行探讨，尝试提出理论见解和立法建言。

## 二、我国关于高利贷的规定和研究现状

### （一）我国关于高利贷的相关规定

传统意义上的高利贷与普通借贷除了利率水平上的区分外，在行为方式上并无本质区别。传统借贷从本质上看是一种借款合同。在借款合同中，借款方支付的利息是使用对方资金所支付的使用费，也是对出借方一段时间不能或者延迟使用资金，并承受无法收回本息等不确定风险的一种经济补偿。获取利息具有激励出借方继续借款的作用，禁止收取利息会极大挫伤出借方的积极性，进而增加民众获取借款的难度。可能是基于以上考虑，我国相关立法并未对借款支付利息予以禁止，《民法通则》第 90 条、《合同法》第 196 条、第 211 条分别规定了合法的借贷关系受到法律保护；当事人签订借款合同可以约定支付利息，但不得违反国家有关规定等内容。近年来，随着小贷公司、网络借贷平台等的出现，借贷行为也突破了传统借贷个别的、偶发的、互助式的特点，呈现出传统借贷所不具备的经营性、持续性、发放对象不特定性等新特点。

关于高利贷的界定，央行《关于取缔地下钱庄及打击高利贷行为的通知》将利率超过央行公布的金融机构同期、同档次贷款利率（不含浮动）的 4 倍这个标准的民间借贷界定为高利贷。根据最高人民法院《关于审理民间借贷案件适用法律若干问题的规定》（以下简称《民间借贷规定》），借贷双方约定利率超过年利率 36％的部分的利息约定无效，借款人请求出借人返还已经支付的超过年利率 36％部分的利息，人民法院应予以支持。根据该规定，超过年利率 36％的贷款即属于高利贷。关于对放高利贷的法律责任，国务院《非法金融机构和非法金融

业务活动取缔办法》（以下简称《取缔办法》）第4条将未经中国人民银行批准，擅自从事非法发放贷款行为认定为非法金融业务活动。而根据中国人民银行办公厅《关于以高利贷形式向社会不特定对象出借资金行为法律性质问题的批复》（以下简称《央行办公厅批复》）中的规定，《取缔办法》中的非法发放贷款行为是指：未经金融监管部门批准，以营利为目的，向不特定的对象出借资金，以此牟取高额非法收入的行为。其主体包括单位和个人，并据此将武汉分行请示的冯某某发放高利贷的行为，认定为非法发放贷款行为。

我国《刑法》并未将用自有资金进行放高利贷行为规定为独立的罪名。《刑法》第175条规定的高利转贷罪，是指套取金融机构信贷资金高利转贷给他人牟利的行为；第186条规定的违法发放贷款罪，是指银行金融机构工作人员违规发放贷款的行为。对于实施非法吸收公众存款并放高利贷的，可能构成《刑法》第176条规定的非法吸收公众存款罪。2019年10月之前生效的涉高利贷的司法解释，对放高利贷行为持不作单独评价的态度，而是根据行为触犯的其他具体罪名如赌博罪、故意伤害罪、非法拘禁罪、强迫交易罪、抢劫罪、敲诈勒索罪、诈骗罪等追究行为人刑事责任。[①] 需要强调的是，最高人民法院2012年《关于被告人何伟光、张勇泉等非法经营案的批复》（以下简称《最高法批复》）规定，被告人何伟光、张勇泉等人发放高利贷的行为具有一定的社会危害性，但此类行为是否属于《刑法》第225条规定的“其他严重扰乱市场秩序的非法经营行为”，相关立法解释和司法解释尚无明确规定，故对何伟光、张勇泉等人的行为不宜以非法经营罪定罪处罚。

（二）我国关于放高利贷行为定性的理论和实务

我国目前关于放高利贷行为的定性问题，刑法理论界主要存在有罪说和无罪说之争。其中，有罪说又具体分为适用非法经营罪说和单独入罪说两种立场。

1. 适用非法经营罪说

适用非法经营罪说的学者主张，在现有罪名基础上，通过对非法经营罪兜底

① 可参考最高人民法院、最高人民检察院、公安部、司法部《关于办理非法放贷刑事案件若干问题的意见》设定的数额标准。

条款进行扩大解释，将高利贷行为纳入非法经营罪的调整范围。[①] 或者将高利贷划分为“个贷型”与“放贷型”两种类型，认为“放贷型”属于《取缔办法》所禁止的非法金融业务活动中的非法发放贷款行为，将其认定为非法经营罪不存在合法性障碍。[②] 受该说影响，全国各地也陆续出现不少以非法经营罪追究放高利贷行为人刑事责任的判例。其中，影响最大的是涂汉江、胡敏非法经营案。在这些案件判决之后，不少辩护人纷纷表示质疑，认为在缺少《刑法》及司法解释的明文规定的情况下认定为非法经营罪，有违反罪刑法定原则之嫌。近年来，各地对放高利贷行为适用非法经营罪持慎重态度，那些以非法经营罪判决的放高利贷的案例多发生在2012年之前，2012年《最高法批复》出台后，实践中鲜有将放高利贷行为以非法经营罪论处的判例。

2. 单独入罪说

单独入罪说则主张，在《刑法》中设置独立罪名来规制放高利贷行为，具体罪名表述则略有不同。该说的立场是建立在对适用非法经营罪说进行批驳的基础上的，有论者认为放高利贷行为缺少非法经营罪成立所应当具备的“违反国家规定”这个前提条件[③]；有论者认为单纯的放高利贷行为的社会危害性比高利转贷罪小，适用非法经营罪反而处罚比高利转贷罪更重[④]；还有论者认为将放高利贷行为认定为非法经营罪，与现行有关司法解释不协调，造成为他人赌博提供高利贷的以赌博罪共犯论（轻罪）[⑤]，不涉及为违法犯罪提供资金的放高利贷适用非法经营罪（重罪），造成量刑不公。[⑥]

---

① 最高人民法院、最高人民检察院《关于办理赌博刑事案件具体应用法律若干问题的解释》第4条；最高人民法院《关于对为索取法律不予保护的债务非法拘禁他人行为如何定罪问题的解释》；最高人民检察院《关于强迫借贷行为适用法律问题的批复》等。

② 孙昊，陈小炜，李德仁．对放高利贷行为基本理论及入罪合法性的研究．中国集体经济，2010（33）．

③ 胡启忠，秦正发．民间高利贷入罪的合法性论辩与司法边界厘定．社会科学研究，2014（1）．

④ 李腾．论民间高利贷不应司法犯罪化．法学杂志，2017（1）．

⑤ 陈庆安，罗开卷．民间高利贷刑法规制的困境与路径选择．广东社会科学，2015（4）．

⑥ 最高人民法院、最高人民检察院《关于办理赌博刑事案件具体应用法律若干问题的解释》第4条。

无罪说主张对放高利贷行为不予追究刑事责任。其主要理由：一是认为高利贷符合契约自由精神和意思自治原则，属于私法领域调整的对象，应由民事法律调整，刑法不宜调整，否则就造成了刑法对经济活动的过度干涉①；二是认为高利贷本身具有积极作用，不具有社会危害性。如有学者认为："民间高利贷可提高资金使用率，满足市场对资金的需求，刺激经济发展、分摊金融机构的贷款风险，拓宽中小企业的融资渠道，符合自由和效率的价值要求，于社会无害②。"三是认为高利贷的危害未达到入罪的程度，通过民事、行政手段同样能对被害人进行救济。③ 四是认为对高利贷行为追究刑事责任缺少法律依据。法律并未明文将放高利贷行为规定为犯罪，将民间高利贷以非法经营罪定罪处罚，无立法和司法解释上的依据。④

2012 年《最高法批复》出台后，司法机关对放高利贷行为不再单独作犯罪评价，无罪说在很长一段时间内占据优势。2019 年 10 月 21 日实施的最高人民法院、最高人民检察院、公安部、司法部《关于办理非法放贷刑事案件若干问题的意见》（以下简称《非法放贷意见》）第 2 条，将达到一定数额、发放对象达到一定人数或者造成一定严重后果的违规经常性向不特定对象放高利贷的行为认定为非法经营罪。《非法放贷意见》是对前述《最高法批复》的调整，体现了有罪说中的适用非法经营罪说。这就意味着对高利贷的评价也经历了从非法经营罪（不明确）到不评价为独立罪名，再到非法经营罪（明确规定）的过程。随着该意见的出台，将会出现以非法经营罪对放高利贷行为作出的判决。

## 三、放高利贷行为入罪肯定说之提倡

刑事立法是一项技术很强的工作，既要及时、有效地惩处新出现的严重危害

① 胡启忠，秦正发. 民间高利贷入罪的合理性论辩. 西南民族大学学报（人文社会科学版），2014（3）.

② 刘伟. 论民间高利贷的司法化的不合理性. 法学，2011（9）.

③ 张勇. 高利贷行为的刑法规制. 江西社会科学，2017（7）.

④ 姚万勤. 用刑法规制高利贷行为的合理性质疑. 内蒙古社会科学（汉文版），2016（4）.

社会的行为，又要保持理性和克制，体现刑法谦抑性和事后法的特征，以防止犯罪圈的肆意扩大对公民权益造成侵害。笔者主张对放高利贷行为应考虑入罪，主要基于以下几点原因。

（一）放高利贷行为入罪的理论依据

1. 严重的社会危害性

通过立法将具有社会危害性的行为评价为违法行为，将具有严重社会危害性的行为评价为犯罪行为，是法律对社会关系进行调整的体现。在《刑法》中增设罪名并不是随意的，而是要符合一定条件，其中是否具有严重的社会危害性是重要的判断标准，社会危害性体现了量和质的统一，只有在达到一定量的情况下，突破了违法和犯罪的界限，符合犯罪的本质，才能纳入刑法调整的范围，从而贴上犯罪的标签。是否具有严重社会危害性决定着犯罪圈的大小。行为是否具有严重社会危害性主要体现为是否侵害或威胁刑法所保护的法益。放高利贷行为侵害的法益为双重法益，即借贷人的合法权益和国家对民间借贷利率的监管制度。具体来说，其主要表现在：一是直接侵害借贷人的合法权益。这里的合法权益包括财产权益和人身权益。将高利贷作为获取暴利的手段就足以体现行为人的主观恶性和行为的社会危害性。一旦借贷者未及时返还本息，就陷入恶性循环。不少借贷人因借高利贷变得一贫如洗，甚至为还贷不惜铤而走险，走上了违法犯罪的道路。一些借贷人甚至因不堪催讨导致精神失常、甚至自杀。不少企业因借高利贷而增加了极大经营风险，导致企业破产，成为经济领域中的不稳定因素。二是扰乱了国家对利率管控和资金市场秩序。放高利贷形成对银行金融机构正常信贷活动的恶意竞争。同时，信贷具有调节金融政策的杠杆作用，而高利贷特别是职业放贷人开展银行从事的信贷业务，脱离了银行的监管，银行金融机构无从掌握客观的信贷情况，这在一定程度上削弱了信贷调节金融政策的杠杆作用，导致国家在制定金融政策时，不能客观反映信贷市场的真实情况，进而对金融市场管理秩序造成扰乱。三是诱发、滋生违法犯罪活动。高利贷作为放贷人牟取暴利、侵害借贷人权利的手段，其行为本身就具有严重社会危害性。由于高利贷资金来源的多样性，也往往成为一些不法分子实施洗钱、掩饰、隐瞒犯罪所得及收益的工

具。高利贷由于不受法律保护，其债权难以通过正当途径实现。为保障高利贷债权的实现，放贷人往往会通过暴力、威胁或者其他非法手段催收本金和利息，滋生一系列违法犯罪活动。借贷人往往为了还债容易实施抢劫、抢夺、盗窃、诈骗等侵财类违法犯罪活动，甚至在被逼无奈的情况下，对讨债者实施故意杀害、伤害等违法犯罪行为。

2. 民事、行政手段的有限性

在民事法律责任追究方面，根据最高人民法院《民间借贷规定》，对于超过年利率36%以上的部分仅仅是无效，在责任追究方面并未作明确规定，而且该规定并未对超出年利率上限做规定。在这种情况下，放高利贷者可以随意设定高利率，即使被发现，其后果最多是超过的部分无效，而对放高利贷的行为并未予以惩罚，造成其违法成本较低，对于放高利贷者无关痛痒。在行政法律责任追究方面，《央行办公厅批复》将个人、企业等非银行金融机构放高利贷行为认定为《取缔办法》所界定的非法金融业务。且不说央行办公厅是否有权对《取缔办法》进行解释，即便对放高利贷行为可以适用《取缔办法》，也只能处以没收非法所得、罚款等行政处罚。对于具有严重社会危害性的高利放贷行为，仅处以行政处罚，不能对危害行为进行充分评价，不能有效惩处放高利贷行为，进而遏制高利贷活动高发的趋势。从性质上看，民事制裁是为了对被害人损失予以赔偿和救济，行政制裁是维护管理秩序，而刑事制裁则是为了维护法益和社会生活安全、秩序，最具有强制力。对行为的评价，也应该根据行为的轻重程度而选择适用不同的法律制裁方式。从预防角度来说，刑罚具有特殊预防和一般预防的功能。放高利贷行为入刑不仅体现了惩处的需要，更体现了预防再犯，震慑潜在犯罪人，教育广大公民遵纪守法的需要。虽然行政处罚同样也有预防效果，但其与刑罚相比，作用往往有限，无法对行为人起到必要的震慑作用。

3. 现行刑法存在漏洞

（1）解决惩处单纯放高利贷行为无法可依的问题。长期以来，我国《刑法》和司法解释对单纯放高利贷行为并不单独作为犯罪评价，而对放高利贷行为引起的强迫借贷、暴力讨债、非法拘禁等行为以《刑法》中规定的相关罪名惩处。这

就容易造成以下问题：一方面，司法机关对因讨债而实施的行为入罪往往采取较为谨慎的态度。如根据最高人民法院、最高人民检察院《关于办理寻衅滋事刑事案件适用法律若干问题的解释》第1条第3款规定，行为人因债务等纠纷，实施殴打、辱骂、恐吓他人或者损毁、占用他人财物等行为的，一般不认定为“寻衅滋事”。另一方面，近年来，高利贷放贷人为规避刑事处罚，很少采取暴力、胁迫、非法拘禁等手段逼迫借贷人支付本息，而是采取语言威胁、泼油漆、拉横幅、跟踪、尾随、堵门、在借贷人家长期居住、电话信息“轰炸”、滋扰等“软暴力”手段实施催讨。在不构成其他犯罪的情况下，根据现行法律，难以追究行为人刑事责任。但这类“软暴力”行为亦具有严重的社会危害性，特别是采取骚扰等讨债手段，给被害人内心造成极大压力，其危害程度并不亚于传统型的暴力催债，甚至有可能会导致被害人精神失常、自杀等严重后果。笔者认为，放高利贷行为达到严重社会危害性程度的，具有独立的评判价值，将其吸收到其他犯罪行为中，是对行为的不完全评价，也是对严重危害社会行为的放纵。将高利贷行为单独规定为犯罪，同实施的其他犯罪进行并罚或者从一重论处，才能对行为进行整体、全面评价，做到不枉不纵，因此有必要通过立法对之加以惩处，及时填补相关法律漏洞。

（2）适用非法经营罪存在的问题。《非法放贷意见》虽然已经将放高利贷行为评价为非法经营罪，但从坚持罪刑法定原则考虑，还是在《刑法》中予以规定为妥。将放高利贷行为认定为非法经营罪，主要存在以下问题：一是放高利贷并不符合非法经营罪“违反国家规定”的前提条件。适用非法经营罪说多将《取缔办法》作为将放高利贷行为“违反的国家规定”的依据。从法律位阶上看，该《取缔办法》属于行政法规，属于《刑法》第96条规定的“国家规定”的范围。根据《央行办公厅批复》规定，放高利贷行为属于《取缔办法》所界定的非法金融业务。但《央行办公厅批复》属于部门规范性文件，其效力层次不属于国家规定。根据1999年5月国务院办公厅《关于行政法规解释权限和程序问题的通知》第1条规定，凡属于行政法规条文本身需要进一步明确界限或者作补充规定的问题，由国务院作出解释；第2条规定，凡属于行政工作中具体应用行政法规的问

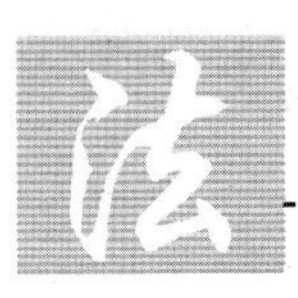



题，有关行政主管部门在职权范围内能够解释的，由其负责解释。对《取缔办法》中规定“非法发放贷款”做进一步解释，属于对行政法规条文本身的解释，应由国务院解释，而中国人民银行无权解释。即使中国人民银行有权对“非法发放贷款”进行解释，但也应当以央行的名义而不能以央行内设机构的名义解释。因此，《央行办公厅批复》对《取缔办法》的解释在效力上存在疑问。2018 年 5 月 4 日，中国银行保险监督管理委员会、公安部、国家市场监督管理总局和中国人民银行联合下发了《关于规范民间借贷行为维护经济金融秩序有关事项的通知》规定，未经有权机关依法批准，任何单位和个人不得设立从事或者主要从事发放贷款业务的机构或以发放贷款为日常业务活动。但该通知只能算是部门规范性文件，不属于《刑法》第 96 条“国家规定”的范围，不能作为构成非法经营罪的违法性前提。二是放高利贷行为的社会危害性并不仅仅体现在扰乱市场经济秩序。高利贷的存在侵害了国家对利率的管控制度，对国有银行等金融机构的信贷利益形成竞争，一定程度上扰乱了金融市场经济秩序。同时，高利贷行为的社会危害性，还表现为对借贷人人身、财产权益的侵害。单纯扰乱市场经济秩序无法对这部分内容加以涵盖。因此，将放高利贷行为认定为非法经营罪，只是对放高利贷行为的部分特征进行评价，无法对放高利贷行为进行完整评价。三是放高利贷行为并未侵害设立非法经营罪所要保护的法益。非法经营罪保护的法益是特殊行业准入秩序。国家仅对银行金融机构发放贷款设置许可，且必须按照国家规定的利率执行，不存在高利贷的问题。国家也根本不可能对个人、企业等非金融机构放高利贷设置许可。目前我国不存在同非法经营高利贷行为相对应的合法的高利贷行为，因此放高利贷行为并未侵犯非法经营罪保护的特殊法益。

（二）对否定说论据的商榷

1. 高利贷本身具有的优点并不能成为否定高利贷入罪的依据。

高利贷本身具有的优点，是持否定高利贷入罪观点的学者的一项重要论据。不可否认，高利贷也确实具有拓展多层次民间融资渠道、提高闲置资金使用率，解决个人、企业资金困难，降低银行金融机构的信贷风险，促进经济发展等积极作用。但是，事物都具有两面性，具有有益性的行为同样可能具有严重的社会危

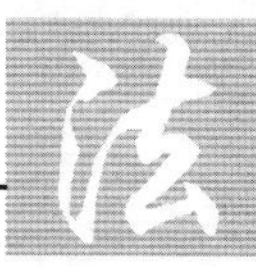

害性。有时同一行为针对不同对象而言，会呈现出不同的后果。如走私行为对国家而言，严重侵害了国家的进出口管制秩序，具有严重社会危害性；但走私行为对于消费者个体来说，可以提供物美价廉的产品，反而具有一定的有益性。因此，判断某一行为的性质应看其主要方面，围绕主要方面对其进行价值判断。这也是刑法规定走私罪、非法经营罪的主要原因。对于高利贷具有的积极作用，笔者也予以赞同，但这些积极作用是所有民间借贷所共同具有的，并不是放高利贷行为所独有，非高利的民间借贷同样具备上述优点。不能因放高利贷行为具备民间借贷的共有优点而否定对具有严重社会危害性的放高利贷行为的刑事制裁。纳入刑事制裁的放高利贷行为必须具有严重社会危害性和应受刑罚惩罚性，并不是对所有的放高利贷行为均入罪，这也体现对高利贷行为积极作用的肯定。因此，那些以高利贷具有积极作用为由，淡化高利贷严重社会危害性，进而否定高利贷行为入罪的观点，是站不住脚的。

2. 借贷人意思自治不能突破经济秩序的制约

对高利贷行为主张以意思自治、契约自由、单纯的民事私法来调整，这些观点也成为否定高利贷入罪论者的理论依据。从表面看，高利贷是双方自愿行为，体现了契约自由和当事人的意思自治。但是任何自由都不是绝对的，任何自由都应当受到合理、必要的限制，以防止因自由的滥用而侵害他人、社会的利益。契约自由也有限度，应当受制于在市场经济秩序下的共同利益和秩序等价值。个体的自由如果不加以限制，就会损害他人合法权益，进而破坏社会秩序。破坏社会秩序达到严重程度，就构成违法甚至犯罪。古今中外普遍认为放高利贷是一种显失公平且不道德的行为。从表面上看，放借高利贷是建立在借贷双方意思自由的基础上的。这种表面上平等的背后是借贷双方地位的不平等，放贷方利用自己资金上的优势地位不仅可以强迫借贷方接受苛刻的条件，而且还可能采取极端手段催收借款。从利息计算方式上看，一些放贷人还往往采取计复利等明显损害借贷人利益的利息计算方式，对借贷人造成的风险也远远超出了合理限度。因此，这种双方的意思自由是表面的、形式上的。从实质上看，高利贷出借方取得暴利，往往是建立在借贷方遭受重大损失基础上的。这种显失公平的交易对借贷方不仅

造成经济上的损失，而且产生心理上的冲击和压力。这种经济上的掠夺行为的危害性并不亚于盗窃、诈骗、抢劫等传统自然犯罪对被害人造成的危害。因此，在高利贷领域，难以真正实现契约自由。在放高利贷案件中，即便作为被害人的借贷人对自己财产权益受损害作出承诺，这种承诺也不能否认放贷人行为的违法性，因为这里的法益并不仅限于借贷人个人法益，而且还包括国家对贷款利率管控这一国家法益，对于涉及国家法益、社会法益以及公序良俗的承诺，无法起到否定行为的犯罪性效果。就犹如吸毒者对毒贩卖毒品给自己，侵害自身权利作出承诺，但并不能否认毒贩行为的犯罪性。

3. 高利贷入刑并不是刑法过度干预，不会导致刑法干预社会生活的泛化，也不会导致刑罚的泛滥

高利贷入刑并不是“一刀切”地将所有的放高利贷行为规定为犯罪，而是需要经过甄别和筛选，将极少数具有严重社会危害性和应受刑罚惩罚性的放高利贷行为入罪。对于虽然形式上属于高利贷，但危害性未达到一定程度或不值得处以刑罚的，可适用民事、行政法律追究责任。因此，高利贷入刑是要体现刑法的谦抑性和最后法的要求，对高利贷进行区分和甄别。这不仅不会导致刑法过度干预经济生活，而且是对刑法手段的校正，从而对犯罪进行精确打击。

4. 刑法的谦抑性并不代表对严重危害社会行为的放纵

刑法谦抑性的实质是主张刑法在立法和适用中应当保持克制，充当有限性、补充性、最后保障法的作用。谦抑性主张的限制适用刑法并不意味着一定要少用或不用刑法，在必要时适用刑法同刑法的谦抑性并不矛盾。谦抑性提倡刑法不得滥用，对于合理适用刑法，并不违反谦抑性。刑法是维护秩序的工具，当社会秩序出现危险，需要刑法来维护时，刑法应当履行职能，而不能坐视不管。也就是说，刑法在调整社会关系过程中，既不能越位也不能缺位。

## 四、放高利贷行为入罪的权衡与建言

《非法放贷意见》明确了对放高利贷行为的罪名适用，对于保护公民、法人



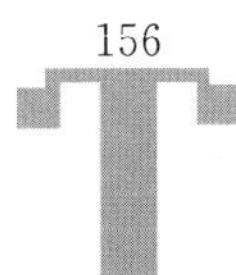

和其他组织合法权益具有一定的积极意义。但从长远来看，惩治放高利贷行为，还是在刑法典中设置独立罪名为宜。

（一）单独入罪的必要性

1. 贯彻罪刑法定原则的要求

罪刑法定原则是刑法的基本原则，是现代法治的体现。其中，明确性是罪刑法定原则的派生原则，也是贯彻罪刑法定所必须遵循的。坚持罪刑法定原则可以有效防止滥用司法权力，肆意扩大解释而入罪，以实现对人权的保障和对国家权力特别是司法机关权力限制的效果。非法经营罪兜底条款具有不明确性，在对兜里条款解释时，稍不留意就会造成类推解释，破坏罪刑法定原则。目前，主张对非法经营罪去“口袋化”的立场，已经为大多数学者所倡导，立法上也出现了通过对非法经营罪进行拆分，实现去“口袋化”的先例。① 在这个背景下，通过立法入罪，惩处放高利贷行为，体现了罪刑法定原则，也是未来立法发展趋势。

2. 放高利贷行为侵害的法益具有独特性

从侵害的法益来看，放高利贷行为主要侵犯的法益为双重法益，即借贷人的合法权益和国家对利率的监管秩序。目前，民间借贷不需要经过许可，放高利贷属于违法行为，更不会被允许。因此，对于高利贷来说，不存在相应的准入秩序法益。因此，放高利贷行为侵害的法益同非法经营罪侵犯的法益具有本质不同。因此，对于放高利贷设计独立罪名较为妥当。

3. 体现罪责刑相适应原则的要求

我国刑法中高利转贷罪基本犯的法定最高刑为有期徒刑 3 年，加重构成犯的法定最高刑为有期徒刑 7 年；而非法经营罪基本犯的法定最高刑为有期徒刑 5 年，加重构成犯的法定最高刑为有期徒刑 15 年。单纯放高利贷行为的社会危害性比上述两个罪名的社会危害性更轻，因此应当设计比高利转贷罪、非法经营罪更轻的法定刑，以体现罪责刑相适应原则。只有单独入罪，才能设计符合该罪特质的法定刑，真正实现罚当其罪。

---

① 赵长青. 民间高利贷不宜认定为非法经营罪. 检察日报，2012-04-25.

4. 相关域外立法经验的借鉴

世界上一些国家和我国港澳台地区也将放高利贷行为规定为独立犯罪。如德国刑法典第 291 条规定了暴利罪。[①] 意大利、丹麦、芬兰、瑞士、瑞典等国刑法典也均有类似规定。我国香港特别行政区《放债人条例》第 24 条规定，任何人以超过年息 60%的实际利率贷出款项或要约贷出款项，即属犯罪。我国澳门特别行政区《刑法典》第 219 条规定了暴利罪，我国台湾地区“刑法”第 344 条也规定了重利罪。我国社会同样面临这个问题，因此上述立法模式对我国也具有一定借鉴作用。我国将放高利贷设计单独的罪名，也符合国际惯例。

（二）增设放高利贷罪的设计理念

1. 对成立犯罪设置严格的条件

一是要达到国家规定的高利贷成立的标准即超过年利率 36%发放贷款。[②] 对于采取从本金中预扣利息或“阴阳合同”等方式掩饰高利贷本质的，只要超出上述比例，也应认定为高利贷。二是发放贷款的行为手段恶劣、后果严重。包括恶意计息方式、暴力催收，造成借款人自杀等。三是要达到一定数额。数额主要包括放贷数额、非法所得数额（借贷人损失数额）达到较大的标准。数额能够很大程度上反映行为人放高利贷的规模和危害程度，但也不是绝对的。上述数额也会受经营时间、经营管理水平等因素影响，而且非高利贷也会因出借数额巨大、借贷时间长而取得较大数额的利息。因此，不宜采用单纯的数额认定犯罪，而应与数额同手段、后果相结合进行综合判断。

2. 设置较轻的刑罚

放高利贷行为虽然会伴随着暴力催收等行为，但从放高利贷目的及侵害的主要法益来看，高利贷应属于非暴力型犯罪。非暴力型犯罪的轻刑化，是刑罚现代化的趋势。如果说放高利贷入刑是严密刑事法网的体现，对其设置较轻的刑罚则

---

① 《刑法修正案（七）》规定了组织、领导传销活动罪，是非法经营罪去“口袋化”在立法上的一次尝试。

② 国家规定的高利贷成立的标准，已于 2020 年变更为超过年利率 24%发放贷款。——笔者补注

是人道主义和保障人权的体现。两者相结合构建“严而不厉”科学的罪刑结构。另外，在高利贷借贷关系中，被害人作为完全民事行为能力人，对高利贷的危害应当具有完全的认知，其完全可以选择不去借高利贷。在有些高利贷借贷关系中，甚至是被害人主动要求、促成放贷人向其放高利贷。这就一定程度上减轻了放贷人的罪责。我国《刑法》虽然未在总则中规定被害人有过错以及过错程度对犯罪人处罚的影响，但在个罪设计法定刑时，适当减轻犯罪人罪责，也不失为一种可以考虑的思路。

3. 对放高利贷行为的定性没有必要区分一般高利贷和经营性高利贷

笔者认为，是否向不特定对象发放、是否具有经常性并不宜作为影响犯罪成立的条件，而是根据行为是否具有严重社会危害性，是否值得刑罚处罚来判断。无论是向社会不特定的公众还是向亲友、熟人发放高利贷款，无论是经常性发放贷款还是偶尔一次、几次发放贷款，一旦情节严重，均可作为犯罪处理。也就是说，普通高利贷也可能构成犯罪，经营性高利贷也不是均构成犯罪。

4. 放高利贷入刑的同时应当同时完善配套民事、行政法规

一般情况下，对高利贷行为，需要经过民事、行政调整再到刑法规制的过程。高利放贷行为应具有双重违法性，从法秩序统一性与刑法谦抑性原理分析，高利贷行为如果不具有民事、行政违法性就不会具有刑事违法性。而刑法作为事后法、保障法和制裁法，只有在民事、行政制裁对高利贷行为管控无效时，才可以启动。但刑事制裁也具有独立的地位和品格，并不是一定要以认定民事、行政违法为前提和必经程序，而是可以直接启动刑事制裁。放高利贷行为构成刑事违法，同时也违反民事、行政法规。为实现对放高利贷行为的分类评价，就需要建立完善的分层次的评价体系，以体现惩处的程度依次递进。特别是要通过完善立法，明确对尚未构成犯罪的放高利贷行为的行政责任，给予没收违法所得、暂扣或吊销执照以及警告、罚款、拘留等处罚。对待放高利贷行为，应采取多种法律治理的方式，体现分层次治理的需要，不应过于强调刑法作为社会治理的工具。

（三）放高利贷罪的具体制度设计

可考虑在《刑法》中增设放高利贷罪，规定在《刑法》分则第三章第四节破



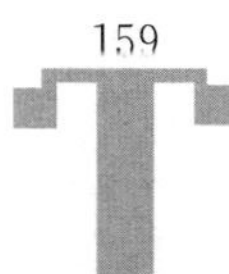

坏金融管理秩序中，作为第 175 条之二，即："违规发放高利息贷款，情节严重的，处二年以下有期徒刑或者拘役，并处违法所得一倍以上五倍以下罚金；情节特别严重的，处二年以上五年以下有期徒刑，并处违法所得一倍以上五倍以下罚金。单位犯前款罪的，对单位判处罚金，并对直接负责的主管人员和其他直接责任人员，依照前款的规定处罚。"

关于情节严重，笔者主张采取"数额＋行为的模式"，在放高利贷达到一定数额标准时[①]，实施以下行为即符合情节严重的入罪条件，这些行为主要包括：使用计算复利等恶意计息方式的；使用暴力、胁迫等手段催讨本息的；采取尾随、滋扰、堵截、通讯通信骚扰等方式催讨本息，严重干扰借贷人正常生活的；因放高利贷受过处罚，又实施放高利贷行为的；造成借贷人及其近亲属自杀、精神失常等严重后果的；向在校生、未成年人、70 周岁以上老人、低保户发放的。对实施放高利贷犯罪同时又实施其他犯罪的，根据行为的数量以及行为同目的、结果的牵连关系，选择数罪并罚或择一重罪处断。

## 五、结语

对放高利贷行为入刑一定程度上可以遏制此类犯罪高发趋势。但要想从源头上消除滋生高利贷的土壤，减少和预防涉高利贷违法犯罪，单靠刑事立法是不现实的，需要采取多种手段、综合施策。具体包括：完善相关民事、行政法律体系，实现法律责任追究多样化；不断完善国家对民间借贷的监管，从严设定从业准入条件和交易规则，合理引导民间融资依法规范开展；为小微企业、特殊群体提供信贷支持，解决其资金难的问题；进一步完善国家社会保障体系、个人征信体系等。

---

① 德国刑法典．冯军，译．北京：中国政法大学出版社，2000：174-175.

# 第十二编　侵犯人身权利犯罪专题

# 关于涉性别刑法规范的完善性思考*

## 一、前言

我国刑法典中存在一定数量的涉性别规范，这种涉性别的刑法规范可以区分为以下两种情形：其一是从犯罪主体方面，针对行为人为孕妇群体而在适用和执行刑罚时予以从宽处遇，具体体现为刑法典总则第 49 条对审判的时候怀孕的妇女不适用死刑的规定，以及刑法典总则第 72 条对符合法定缓刑条件的怀孕妇女应当宣告缓刑的规定；其二是从犯罪对象方面，针对侵犯女性人身权利犯罪而专门设置的罪刑规范，具体体现为刑法典分则第 236 条的强奸罪、第 237 条的强制猥亵、侮辱罪和第 240 条的拐卖妇女罪等。对上述两种涉性别的刑法规范，既不可基于“去性别化”的立场而全盘否定，也不宜过度强调对女性权利的关注而形成

* 与詹奇玮博士合著，原载《人民法院报》2017 年 12 月 6 日第 6 版。

对于男性权利保护的缺失。较为妥当的做法，应为采取人道主义和平等保护之立场予以区别对待并进行完善。

## 二、人道精神之弘扬：女性特殊群体的主体范围扩张与从宽力度提升

我国刑法典总则在关于刑事责任和刑罚的一般性规定中，设置了针对未成年人、老年人、孕妇等特殊群体的从宽处遇制度。与一般的犯罪主体相比，此类群体的犯罪人因自身特殊的生理原因而在一定程度上具有人道上的可宽宥性，所以需要法律在追究此类犯罪群体刑事责任之时进行从宽把握。与未成年人、老年人等群体不同的是，对孕妇群体予以从宽的刑事处遇，不仅因为其自身是社会弱势群体，也是为了保障其腹中胎儿健康顺利的发育。罔顾男性与女性在生理、心理方面的实质差异，过分强调男女之间在法律规定上的形式平等，并不能充分实现社会的公平正义，刑法的实施也难以取得良好的法律效果和社会效果。所以，不应认为这种基于性别而形成的差别处遇违反了男女平等的宪法原则。刑法不应仅是冷冰冰的规训与惩戒，也应当具备温情与人性。我国刑法典对怀孕妇女予以从宽处遇的规定，正是构建人道化、轻缓化和现代化的中国特色社会主义刑事法律制度的突出表现。因此，在充分肯定此类涉性别刑法规范之积极意义的同时，还可以考虑从以下两个方面进行完善。

一方面，应扩大女性特殊群体刑事从宽处遇的主体范围。目前，我国刑法典针对女性特殊群体的从宽处遇仅限于孕妇群体。这虽然体现了刑法对孕妇权益的充分关注，同时也说明对其他女性特殊群体缺乏应有的人道关怀。我们认为，可以进一步考虑将新生儿母亲纳入刑法典关于特殊群体从宽处罚的主体范围之中。这种做法的合理性与必要性在于：首先，新生儿母亲与孕妇的特殊性类似，亦具有一定的可宽宥性。新生婴儿及其母亲都是社会上的弱势群体，而且抚育并保证新生婴儿的健康成长既是每个母亲的神圣天职，也是全社会共同的责任，将其纳入从宽处遇的主体范围之中，既符合此类群体自身的生理、心理状况，也有利于弘扬刑法的人道主义精神和贯彻宽严相济的基本刑事政策要求。其次，对新生儿

母亲予以刑事从宽处遇符合有关国际公约的要求。例如，联合国经济与社会理事会《关于保护面临死刑的人的权利的措施》第3条规定，对孕妇或新生婴儿的母亲不得执行死刑。最后，对新生儿母亲予以特殊保护本就是我国重要的立法理念。《妇女权益保障法》《劳动法》《治安管理处罚法》《禁毒法》等数十部非刑事法律中，都将新生儿母亲（哺乳期妇女）作为与孕妇相并列的特殊群体而给予特殊保护。另外，我国《刑事诉讼法》第65条关于取保候审的规定、第72条关于监视居住的规定以及第254条关于监外执行的规定，也体现了我国刑事立法对新生儿母亲（即《刑事诉讼法》中“正在哺乳自己婴儿的妇女”）在强制措施和刑罚执行等方面人道关怀。

另一方面，应提升对特殊女性群体刑事处遇的从宽力度。目前，我国刑法典针对特殊女性群体的从宽处遇，体现在对审判时怀孕的妇女不适用死刑和对符合法定条件的孕妇必须适用缓刑两个方面。其中，前者在1979年刑法典中就已确立，并且在后来的司法解释中确立了从宽把握之精神；后者则是由2011年的《刑法修正案（八）》所增设。此两项规定在现实中均取得了较好的施行效果，并未引起人们的质疑与否定。这说明，对特殊女性群体予以人道的法律关怀，已成为当前我国社会之共识。基于此，可以考虑将特殊的女性群体纳入刑法典第17条之一当中，使之与老年犯罪人并列，上升为一种具有普遍意义的法定从宽情节。此外，在刑罚的运用层面，还可考虑增加对女性特殊群体从宽适用假释、减刑等制度的规定。

## 三、平等原则之贯彻：对有关犯罪“去性别化”以实现同等的刑法保护

我国刑法典在对女性特殊群体给予充分人道关怀的同时，亦不应忽视对人人平等和人权保障的宪法原则与刑法原则的贯彻。基于宪法人人平等原则而确立的适用刑法人人平等原则要求：任何人犯罪都应当受到法律的公正追究，不得享有超越法律规定的特权；任何人受到犯罪侵害都应当得到法律的保护，被害人同样的权益应当受到刑法同样保护。然而，近年来我国成年男性遭受性侵和被拐卖的

事件时有发生，但囿于刑法典在性侵犯罪和拐卖犯罪相关规定中对行为对象的限制，导致难以追究此类犯罪行为主体的刑事责任，不能贯彻男女平等和人权保障的宪法原则以及平等适用刑法的原则。因此，基于平等保护公民基本权利之考虑，亟须对上述两种侵犯人身权利犯罪进行“去性别化”。

其一，应对强奸罪和强制猥亵、侮辱罪进行“去性别化”。纵观域外法制，对性侵犯罪予以“去性别化”已成为各国刑法较为普遍的做法。例如，英国《1956年性犯罪法》第1条、法国刑法典第222-23条和第222-27条、意大利刑法典第609-3条、俄罗斯联邦刑法典第131条和第132条、德国刑法典第177条和第178条等，在其关于强奸犯罪和猥亵犯罪的刑法规定中，均未对犯罪对象的性别予以区分和限制。此外，2012年1月6日，时任美国总统奥巴马执掌的美国联邦政府司法部宣布，将“强奸”一词的定义拓展为违反女性或男性意愿的性行为；韩国于2012年12月对刑法典所作的第10次修改，将第297条中强奸罪的犯罪对象由“妇女”扩大为“人”；日本在2017年6月通过的刑法修正法案中，将强奸罪修改为“强制性交等罪”，并将男性也纳入该罪的保护范围之内。由此可见，不论是与我国政治、文化、社会存在较大差异的西方国家，还是作为我国邻国并深受中国传统文化影响的韩国与日本，都在其关于性侵犯罪的刑法规定中实现了“去性别化”。域外多国的这种立法通例和立法理念有其进步性与合理性，值得我国刑法立法借鉴。

就我国而言，在理论与实践的推动下，2015年通过的《刑法修正案（九）》第13条将强制猥亵犯罪的行为对象由“妇女”修改为“他人”，从而填补了我国男性被性侵的刑法保护之空白。但是，这种规定的保护力度不仅与上述国家的相关规定存在差距，而且也不利于协调强制猥亵、侮辱罪与强奸罪之间的关系。我国刑法中强制侮辱罪的行为对象仍仅限于女性，意味着如果男性遭受非公然的性侮辱，就会因不符合刑法典第237条第1款强制侮辱罪和第246条侮辱罪之规定而无法得到刑法保护。而且，强制猥亵罪中的“猥亵”行为是指采取性交以外的方式实施的性侵行为，并不能评价性侵行为的全部，即使将男性被强奸的行为评价为强制猥亵行为也有不妥之处。一方面，这会导致刑法典第237条中“猥亵”

一词的具体含义在评价不同性别行为对象的时候发生变化，不符合罪刑法定之确定性的内在意蕴；另一方面，刑法典为强制猥亵罪配置的法定刑明显要轻于强奸罪，即使以强制猥亵罪来评价强奸男性的行为，也难以在处罚力度上实现罪刑相称。还需注意的是，《刑法修正案（九）》虽然取消了广受争议的嫖宿幼女罪，对所有性侵的幼女行为统一按照强奸罪从重处罚，但是刑法典第 359 条第 2 款关于引诱幼女卖淫罪（法定最高刑为有期徒刑 15 年）的规定仍然存在，难以按照强奸罪（法定最高刑为死刑）对此类犯罪行为进行更严厉的惩罚。因此，应当进一步取消引诱幼女卖淫罪，对所有引诱未成年人卖淫的犯罪行为统一按照强奸罪定罪处罚；同时，为了实现对不同性别未成年人同等且有力的刑法保护，应将刑法典第 236 条第 2 款强奸罪从重处罚规定中的"幼女"修改为"未成年人"，对所有性侵未成年人的犯罪行为统一按照强奸罪从重处罚。总而言之，基于域外各国立法趋势、平等保护公民性自主权以及保证相关刑法规定协调一致的考虑，对我国刑法典中的强奸罪和强制猥亵、侮辱罪进行"去性别化"已经势在必行。

其二，应对拐卖妇女罪及其相关犯罪进行"去性别化"。人身自由和人格尊严作为基本人权的重要内容，如果国家不能进行强有力的保障，那么公民不仅无法充分行使政治、经济、社会等其他权利，而且也失去了作为一个"人"所应具备的伦理品格。可以说，对人身自由和人格尊严承认、尊重和保护的程度，乃是衡量一国文明水平和法治状况的重要标志。所谓拐卖犯罪，是指以买卖为目的所实施拐骗、绑架、收买、贩卖、接送、中转等行为，这种犯罪既侵犯了公民的人格尊严和人身自由，也破坏了稳定、和谐的社会秩序，具有严重的社会危害性，历来都是我国刑法予以重点打击的犯罪。虽然在实际生活中拐卖妇女、儿童的情况占拐卖行为的绝大多数，但是拐卖成年男性的现象较为罕见并不意味着拐卖成年男性的行为没有侵犯其人身自由和人格尊严，更不意味着被拐卖的成年男性不需要刑法的有力保护。事实上，近年来发生的山西洪洞黑砖窑拐卖并强迫成年男性做苦工、四川数十名成年男子被卖至新疆吐鲁番做包身工等拐卖成年男性的恶劣事件引起了广泛的社会关注，也使得我国刑法典在规制拐卖犯罪方面存在的性别差异更显突出。

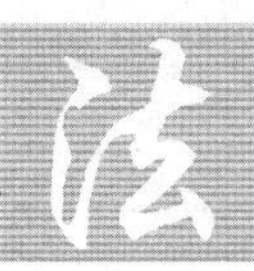

人身自由和人格尊严作为公民基本人权中最重要的内容，其享有主体具有最广泛的普遍性，不论民族与国籍也不论年龄与性别都应当享有。因此，为了实现刑法对不同性别主体的人格尊严和人身自由充分且平等之保护，应当对刑法典中的拐卖妇女、儿童罪及其相关犯罪进行“去性别化”，分别修改为拐卖人口罪、收买被拐卖的人口罪、聚众阻碍解救被拐卖的人口罪和不解救被拐卖人口罪。

# 关于增设故意传播艾滋病罪的立法建言*

## 一、前言

艾滋病（全称是“获得性免疫缺陷综合征”，英文表述为 Aequired Immune Deficiency Syndrome，简称 AIDs），它是一种由人体免疫缺陷病毒（HIV）侵入人体后破坏人体免疫功能，致使人体发生多种不可治愈的感染和肿瘤，最后导致被感染者死亡的严重传染病。[①] 艾滋病是当今世界最为严重的传染病，不仅可以通过性行为的方式传播，同时还可以通过血液、母婴（妊娠、分娩、哺乳）等途

* 本文系笔者主持的国务院防治艾滋病工作委员会办公室委托项目的研究成果，由笔者与袁彬教授及赵远博士、徐文文博士、商浩文博士合著，完成于 2015 年 6 月 10 日，为北京师范大学刑事法律科学研究院刑事法治发展研究报告（67），后载赵秉志主编：《刑事法治发展研究报告（2015—2016 年卷）》，法律出版社 2018 年 7 月版。

① 陈桂芬. 用酶联免疫法检测艾滋病毒抗体及影响检测结果因素的分析. 内蒙古中医药，2011 (9).

径传播。当代医学治疗艾滋病的方式仍然只是以控制和减轻病人的痛苦为主，还没有找到真正能治愈艾滋病的方法和药物。在目前尚无疫苗和有效治疗方法的情况下，感染艾滋病几乎就意味着死亡。在我国，艾滋病的流行经过散发期、局部流行期，已转入广泛流行期，社会上艾滋病感染人数众多。在现实社会生活中，部分艾滋病患者基于自己报复、仇恨社会的心理或是其他违法犯罪的动机，利用自身感染的艾滋病病毒或者获取他人的艾滋病病毒进行的故意传播艾滋病的违法犯罪活动时有发生，这种故意传播艾滋病的行为严重侵害了他人的生命与健康权利，受害人一旦感染就处于长期的恐惧和痛苦之中，且极易造成死亡后果。故意传播艾滋病行为具有极为严重的社会危害性，由刑法来规制十分必要，遗憾的是我国现行刑法并不能对故意传播艾滋病的行为进行有效规制，因而我国有必要通过适时增设“故意传播艾滋病罪”的方式强化刑事制裁，以便有效应对日益多发的故意传播艾滋病的行为。受国务院防治艾滋病工作委员会办公室委托，我们对我国刑法增设故意传播艾滋病罪的问题进行了专门研究，系统探讨了我国刑法规制故意传播艾滋病行为的必要性、可行性和立法构想。

## 二、刑法规制故意传播艾滋病行为的必要性

故意传播艾滋病，即明知自己是艾滋病患者或者艾滋病病毒携带者，故意通过艾滋病的传播途径（即性传播、血液传播、母婴传播等方式），向他人传播艾滋病病毒的行为。当下，我国面临着严峻的艾滋病流行形势，而一些故意传播艾滋病的行为更是加剧了艾滋病的扩散，严重损害了他人的生命、健康和社会安全。鉴于我国现行刑法在制裁故意传播艾滋病行为方面存在明显的不足，为了进一步保障艾滋病防治相关法律的实施，提升艾滋病防范的效果，我国有必要通过增设故意传播艾滋病罪的方式，完善我国对故意传播艾滋病行为的刑法规制。

### （一）我国艾滋病传播的形势严峻

我国当今艾滋病防治形势总体十分严峻。据报道，截至2014年底，我国报告存活的艾滋病病毒感染者和病人（以下简称感染者和病人）50.1万人，已死

亡15.9万人，还有约40%的感染者和病人没有被发现或者不知道自己的感染状况。全国有31个省（自治区、直辖市）和96.2%的县区均报告过相关病例，存活感染者人数超过1万的省份有12个，6个县区感染率超过1%，处于高流行状态。另外，重点人群疫情上升明显。2014年新发现的10.3万例感染者和病人中，60岁以上老年人为1.4万例（比上一年增加17.5%），15～24岁青年人为1.5万例（比上一年增加20.0%），其中学生病例2 552例（较上一年增长58.8%），并且学生中男性同性性行为传播占81.3%。

鉴于艾滋病作为重大传染病，严重危害人民的生命和健康，党和政府高度重视。国务院先后制定了《艾滋病防治条例》等系列法规，建立了艾滋病防治体系和工作机制，基本上阻断了艾滋病经输血、血制品途径传播，经静脉吸毒途径和经母婴途径传播降至较低水平，目前经性途径传播已成为主要的传播途径。每年新报告发现的病例中，异性性传播和男性同性性传播所占比例分别从2006年的30.6%和2.5%增加到2014的66.4%和25.8%。2014年新发现病例中，大城市男男性传播比例达47.6%，中小城市异性性传播和男性同性性传播所占比例分别为65.0%和28.60%，农村地区异性性传播比例占80%以上。

但艾滋病经性传播方式隐蔽，对于卖淫人员、男性同性性行为者等的有效干预仍是世界难题。尽管我国不断加大艾滋病防治宣传教育、推广使用安全套和早期开展抗病毒治疗等措施，但是高危人群安全套的使用率还不高，存在防治知识和行为改变脱离的现象。据统计，在我国艾滋病传播的过程中，以下三种是常见的通过性途径传播艾滋病的方式：(1) 通过卖淫嫖娼行为感染。通过卖淫嫖娼行为感染艾滋病是最为常见的一种方式。据统计，卖淫女性艾滋病感染率约为0.2%。近年来，卖淫妇女流动性强，多分布在城乡接合部和农村地区，传播风险大，干预十分困难。(2) 通过男男同性行为感染。哨点监测结果显示，男性同性性行为人群感染率已经从2006年的2.5%增加到2014年的7.7%。男性同性性行为人群活动隐蔽，有的还组建了家庭，造成家庭内传播。社会对多性伴、男性同性性行为的容忍度提高，这也加剧了艾滋病传播的可能性。(3) 艾滋病感染者与配偶和性伴侣发生无保护的性行为。一些艾滋病感染者明知自己感染艾滋

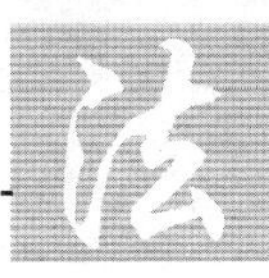

病，在不告知配偶或性伴侣的情况下，与其发生性关系，并且不采取保护措施。另外，随着婚前和婚外性行为、“一夜情”等现象增多，新型毒品的使用等加剧了无保护的多性伴和聚众淫乱等行为，甚至“毒”“性”交织，为控制艾滋病带来巨大压力，控制经性途径传播艾滋病的难度加大。

可见，当前我国艾滋病的传播形势十分严峻，亟须采取各种有效措施积极防治艾滋病的扩散。

### （二）故意传播艾滋病行为危害严重

在艾滋病的传播过程中，故意传播艾滋病的现象越来越突出。一些艾滋病患者基于自己报复、仇恨社会的心理或是其他违法犯罪的动机，在明知自身感染状况和艾滋病的传播风险的情况下，不告知对方自己的感染状况，参与卖淫嫖娼、吸毒贩毒、聚众淫乱等违法犯罪活动。例如，有卖淫、嫖娼行为的感染者在明知感染艾滋病后继续进行卖淫、嫖娼等活动，卖淫妇女感染者故意继续不使用安全套从事卖淫活动，男性感染者故意嫖娼、甚至强奸妇女报复社会；有的男性同性行为感染者故意与其他人发生不安全的性行为；也有一些感染者明知感染艾滋病，在不告知对方的情况下，继续与配偶或性伴侣发生无保护的性行为。一些地方甚至还发生了多起艾滋病感染者故意通过扎针、咬人、暴力袭警等行为传播艾滋病的案例。例如，2015 年 3 月 10 日，女司机付某（2009 年确诊为 HIV 阳性）在深圳酒后驾车，3 名交警在追踪肇事者的过程中遭付某的撕扯和抓咬，其后付某又故意与多名交警发生肢体接触。

故意传播艾滋病的行为给受害者带来了极大的生理和精神痛苦。由于目前全世界范围内对艾滋病尚无有效的生物疫苗和根治药物，感染艾滋病常常意味着死亡。就此而言，故意传播艾滋病的行为严重侵害了他人的身体健康乃至生命。另外，艾滋病主要通过性途径传播，一旦感染即会引起夫妻之间指责、戒备和疏远，破坏夫妻关系稳定，而且患者家属同患者本人一样承受着来自他人和社会的精神压力，容易造成家庭关系紧张，进而严重损害正常的社会生活秩序。可见，艾滋病不但会给患者本人带来身体和精神上的巨大伤害与痛苦，而且会不断冲击患者的整个家庭关系。


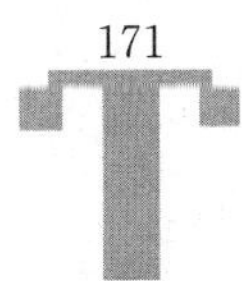

而从国家层面看，其危害更是多方面的。由于对故意传播艾滋病行为，我国目前主要是以故意传播性病罪进行定罪量刑，案件很少且量刑偏轻，导致部分艾滋病感染者有恃无恐，甚至通过扎针、咬人、暴力袭警等行为，恶意传播艾滋病或进行社会恐吓，不仅增加了艾滋病的传播风险，严重危害了人民的生命、健康，而且严重影响了社会秩序，威胁了社会安全，有必要以刑法加以规制。

（三）我国刑法对传播艾滋病行为的治理存在明显缺失

我国现行刑法典中并没有直接针对传播艾滋病行为的条款，也没有追究故意传播艾滋病行为的刑事责任方面的明文规定。但是在司法实践中，司法机关对于故意传播艾滋病的行为多以传播性病罪进行定罪处罚。此外，故意传播艾滋病行为根据其传播行为的不同，也可能涉及故意伤害罪、故意杀人罪以及以危险方法危害公共安全罪等多个不同的罪名。但总体而言，这些罪名在规制故意传播艾滋病行为方面存在明显缺失。这主要体现在：

第一，刑法典关于传播性病罪的立法存在行为范围过窄等缺陷。我国 1997 年刑法第 360 条第 1 款规定了传播性病罪，该罪属于刑法典分则在第六章“妨害社会管理秩序罪”的第八节“组织、强迫、引诱、容留、介绍卖淫罪”。根据刑法典第 360 条第 1 款的规定，“明知自己患有梅毒、淋病等严重性病卖淫、嫖娼的，处五年以下有期徒刑、拘役或者管制，并处罚金。”虽然艾滋病可被解释纳入“严重性病”之范围，但该条款关于传播性病罪的规定对于故意传播艾滋病行为的治理而言，存在行为适用范围过窄等缺陷：(1) 该罪对性行为以外的传播方式不适用。根据刑法典第 360 条第 1 款的规定，传播性病罪仅适用于有金钱交易的卖淫、嫖娼行为。一般而言，梅毒、淋病等严重性病的传播途径比较单一，而艾滋病主要是通过性接触、血液和母婴（妊娠、分娩、哺乳）三种途径传播的。刑法典关于传播性病罪的规定对于性交以外的扎针、撕咬等故意传播艾滋病的行为无法适用。(2) 该罪对非金钱交易的性传播方式不适用。根据刑法典第 360 条第 1 款的规定，传播性病罪主要适用于异性间有偿性行为传播性病，对于目前危害严重的男性同性性行为、无金钱物质交换的性行为、配偶间性行为等传播艾滋病等行为不能适用，其适用范围十分有限。(3) 该罪对传播艾滋病行为等同于传


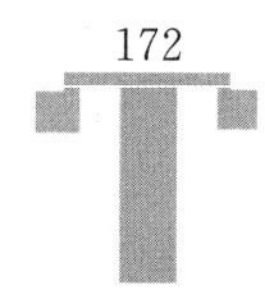

播梅毒、淋病等行为不合适。毫无疑问，故意传播艾滋病行为的社会危害性明显大于传播梅毒、淋病等严重性病的社会危害性。虽然从艾滋病的性质来看，现代医学认为，艾滋病与淋病、梅毒同属于严重传染病，而且都属于性病的范畴，但是淋病、梅毒等性病可以治愈，而艾滋病目前尚没有有效治愈办法。因而感染艾滋病后死亡率极高，艾滋病成为一种致命性的传染病。就此而言，故意传播艾滋病行为的社会危害性要明显大于故意传播其他可治愈的性病，应在刑法上分别予以不同的评价和治理。(4) 以传播性病罪规制故意传播艾滋病的行为不能做到罪责刑相适应。传播性病罪的法定刑为“五年以下有期徒刑、拘役或者管制，并处罚金”。但正如上所述，艾滋病是一种致命性的传染病，故意传播艾滋病的行为具有严重的社会危害性，相比之下传播性病罪的法定刑过低，以该罪的法定刑对故意传播艾滋病的行为进行定罪处罚难以实现罪责刑相适应。据 2012 年国务院防治艾滋病工作委员会在重庆、浙江、广西开展的调研，公安机关在打击卖淫嫖娼活动中发现的故意传播艾滋病的 5 起案件中，其中 4 起案件提起公诉，最终都是以刑法典第 360 条第 1 款“传播性病罪”定罪，判处有期徒刑 1 年～2 年，罚金 1 000～3 000 元不等。这样轻的量刑难以对故意传播艾滋病者予以应有的惩罚且难以对其他潜在行为人起到震慑作用。

第二，以故意杀人罪惩治故意传播艾滋病的行为，存在着结果和因果关系的认定困难。根据我国刑法典第 232 条的规定，故意杀人罪是故意非法剥夺他人生命的行为，故意杀人是结果犯，即其既遂标志是死亡结果的发生。目前我国司法实践中的确有以故意杀人罪追究故意传播艾滋病行为人刑事责任的做法。[①] 但严格来说，故意将艾滋病传播给特定人的行为，从行为人完成传播行为到被害人死

---

① 我国司法实践中有对故意传播艾滋病以故意杀人罪定罪的判例。例如，广西壮族自治区陆川县一名瘾君子谢龙因怀疑妻子与罗某有奸情，一直耿耿于怀，经打听得知，罗某女儿和自己的女儿在同一学校读书。2010 年 5 月的一天，谢龙邀请毒友（艾滋病病毒感染者）陈某在其家中吸毒后，用注射器抽取了陈某的血液。随后，谢龙以送自己女儿去学校为名进入学校教学楼，并寻机用注射器扎入罗某女儿的右手臂上。后经疾病中心检测，罗某女儿艾滋病毒检测呈阳性（已感染有艾滋病毒）。一审法院以故意杀人罪判处被告人谢龙有期徒刑 12 年，剥夺政治权利 2 年。莫小松，陈海松．男子给“情夫”女儿注射艾滋病血液被判杀人罪．法制日报，2012-05-15。

亡结果发生的时间是不特定的，至少需要数年，即行为人实施该行为并不会导致被传染者立即死亡。因为被传染者死亡结果发生的不即时性和相对不确定性，因此以故意杀人罪难以准确评判行为人故意传播艾滋病行为的刑事责任，如对故意传播艾滋病的行为人究竟是以故意伤害罪的既遂还是未遂来进行处理就很难确定。而且，即便被害人死亡，在有些情况下，也很难证明被害人的死亡结果是由行为人故意传播艾滋病行为造成的。因此，以故意杀人罪惩治故意传播艾滋病行为存在着结果和因果关系的认定困难。

第三，以故意伤害罪惩治故意传播艾滋病的行为，存在着伤害结果难以确定的问题。尽管我国刑法典第 234 条对故意伤害罪的入罪门槛没有明确规定，但司法实践中都要求伤害行为造成被害人轻伤以上结果才成立故意伤害罪。因此，以故意伤害罪追究故意传播艾滋病的行为，将面临如何证明感染艾滋病的情形属于造成他人轻伤以上结果。根据我国目前轻伤、重伤的认定标准，轻伤、重伤的认定是以身体实际受到的伤害为依据。而艾滋病侵害的是人的免疫系统，故意传播艾滋病的行为并不会直接造成他人身体损伤，以故意伤害罪追究故意传播艾滋病行为，伤害结果难以确定。这也是我国司法实践中基本没有以故意伤害罪追究故意传播艾滋病行为的原因所在。

第四，以以危险方法危害公共安全罪惩治故意传播艾滋病的行为，存在着行为对象和后果适用的困难。根据我国刑法典第 114 条的规定，以危险方法危害公共安全罪主要针对的是不特定多数人的生命、健康和重大公私财产安全以及公共生产、生活安全的行为。在现实生活中，有些故意传播艾滋病的行为是针对不特定多数人进行的。[①] 但故意传播艾滋病的行为有时则仅发生在特定的两人之间，

① 我国司法实践中有对故意传播艾滋病以以危险方法危害公共安全罪定罪的判例。例如，赵某是辽宁省朝阳市人，长期在大连谋生，曾因为诈骗、盗窃两次在大连被劳动教养。2010 年 1 月，赵某被辽宁省疾病预防控制中心确诊为 HIV-抗体阳性，成了艾滋病患者。得了此病的赵某觉得自己无所谓了，开始放纵自己。2011 年始，他通过网络认识过多个女网友，然后与她们在酒店、宾馆发生性关系。赵某向女网友隐瞒自己是艾滋病患者，与她们发生性关系时故意不采取任何安全措施。他这种行为持续至 2013 年。法院审理后，按照以危险方法危害公共安全罪，判处赵某 7 年有期徒刑。静和. 患艾滋病恶意向多女传播不知悔改还绑架勒索钱财. 大连晚报，2014-06-13。

并不会涉及不特定的多数人，以危险方法危害公共安全罪对此面临着适用对象的困难。同时，由于故意传播艾滋病行为的后果难以认定，因而难以对故意传播艾滋病行为适用刑法典第 115 条“致人重伤、死亡或者使公私财产遭受重大损失”之结果加重的情形，难以实现罪责刑的均衡。

可见，我国现行刑法典与故意传播艾滋病行为相关的规定并不能实现对故意传播艾滋病行为的有效覆盖、全面规制，不能达到应有的处罚力度，需要通过增设“故意传播艾滋病罪”的方式进一步完善立法。

（四）我国惩治传播艾滋病行为的行政法与刑法不协调

刑法是其他部门法的保护法。在许多情况下，没有刑法作后盾、作保证，其他部门法往往难以得到有效的贯彻实施。我国有关艾滋病防治和管理的行政法律规范与刑法的规定之间，就缺乏应有的衔接与协调。

2006 年国务院颁布的《艾滋病防治条例》第 62 条规定：“艾滋病病毒感染者或者艾滋病病人故意传播艾滋病的，依法承担民事赔偿责任；构成犯罪的，依法追究刑事责任。”2010 年 12 月国务院颁行的《关于进一步加强艾滋病防治工作的通知》中明确提出“依法打击故意传播艾滋病行为和利用感染者、病人身份进行的违法犯罪活动”。可见，我国相关的行政法律规范均将故意传播艾滋病行为规定为违法行为，并指引性地作了追究刑事责任的规定。但正如上所述，我国现行刑法典设置的与故意传播艾滋病行为相关的罪名并不能实现对故意传播艾滋病行为的全面覆盖，不能有效惩治故意传播艾滋病的行为。有关惩治故意传播艾滋病行为的行政法律规范与刑法规范之间显然缺乏有效衔接。而在当前我国艾滋病传播形势严峻、故意传播艾滋病危害严重的现实面前，我国应当进一步发挥刑法的保障法作用，增设“故意传播艾滋病罪”，积极加强对故意传播艾滋病行为的刑法规制，以实现行政法与刑法之间的良好衔接。

## 三、刑法规制故意传播艾滋病行为的可行性

当前，我国刑法规制故意传播艾滋病行为不仅具有必要性，而且也具有可行


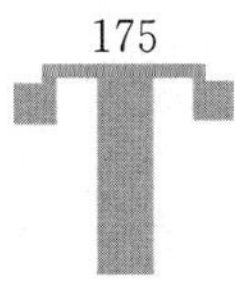

性。这种立法完善的可行性主要体现在以下四个方面：

（一）刑法规制故意传播艾滋病行为具有社会共识

鉴于故意传播艾滋病行为的严重社会危害性，我国社会对于采取刑事手段惩处故意传播艾滋病行为具有普遍共识。这主要体现在以下三个方面：

第一，社会公众对故意传播艾滋病的行为入罪高度认同。近些年，我国不少地区间或出现了艾滋病人、艾滋病感染者采取咬、抓等方式暴力抗拒执法导致执法者感染艾滋病病毒的事件，个别地方还出现过用装有艾滋病病人、艾滋病病毒感染者血液的针管扎人事件，受到社会的广泛关注。2002 年 1 月天津疯传的“艾滋病扎针”事件引起整个天津地区居民的恐慌，要求警方加大治理的呼声很高。[①] 总体而言，无论是社会公众、媒体还是政府部门都对这些故意传播艾滋病的行为表示谴责和关注，要求严惩故意传播艾滋病行为的呼声很高，并成为社会各界的基本共识。

第二，不少人大代表、政协委员强烈要求将故意传播艾滋病行为入罪。近年来，故意传播艾滋病行为的治理受到不少全国人大代表、政协委员的关注。许多人大代表、政协委员主张将故意传播艾滋病行为入罪。2015 年，民进党中央姚立迎等在全国政协十二届三次会议提交提案，建议全国人大修订和完善相关法律条文，加大对故意传播艾滋病的判决力度及法制教育。此前，2000 年，上海市政府参事、高级律师李树棠建议增设“故意传播艾滋病罪”，以涵盖故意传播艾滋病的行为；2001 年，党磊等 33 名人大代表提出，应在刑法中增设“故意传播艾滋病罪”；沈静珠等 31 名人大代表提出，应专设“艾滋病传播罪”。这些人大代表和政协委员的提案反映了我国社会对以刑法惩治故意传播艾滋病行为的强烈愿望和共识。

第三，政府部门对故意传播艾滋病的行为入罪积极赞同。如前所述，我国现有的法律法规无法实现对故意传播艾滋病行为的有效治理。从强化管理的角度，我国政府相关部门立足社会管理的实际，对故意传播艾滋病行为入刑持积极赞成

---

① 李菁，纪江玮．“艾滋病扎针”的真实与谎言．三联生活周刊，2002-01-29.

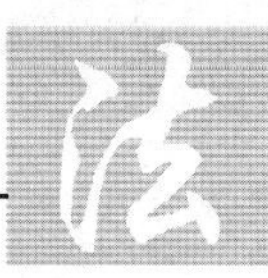

态度。前述国务院 2006 年出台的《艾滋病防治条例》、2010 年发布的《关于进一步加强艾滋病防治工作的通知》都主张在加强艾滋病防治的宣传教育之基础上，严惩故意传播艾滋病的行为。

我国社会各界对以刑法惩治故意传播艾滋病行为的上述共识，是我国故意传播艾滋病行为单独成罪的重要社会基础。

（二）刑法规制故意传播艾滋病行为具有国际共识

故意传播艾滋病行为不仅受到我国社会各界的高度关注，而且也受到了国际社会的普遍重视。许多国家和地区都专门针对故意传播艾滋病行为进行了立法。例如，《俄罗斯联邦刑法典》第 122 条专门规定传染艾滋病罪，该条第 1～3 款规定："1. 故意将他人置于感染艾滋病的危险之中的，处 3 年以下的限制自由；或处 3 个月以上 6 个月以下的拘役；或处 1 年以下的剥夺自由。2. 明知自己患有艾滋病而传染他人的，处 5 年以下的剥夺自由。3. 对 2 人以上或对明知未成年的人实施本条第 2 款规定的行为的，处 8 年以下的剥夺自由。"此外《越南刑法典》《蒙古国刑法典》《罗马尼亚刑法典》《斯洛伐克刑法典》《塞尔维亚共和国刑法典》以及我国台湾地区"刑法"都针对故意传播艾滋病行为进行了专门的立法。总体而言，域外关于故意传播艾滋病的刑法立法具有以下三个方面的显著特点。

第一，重视采取刑事手段治理故意传播艾滋病的行为。艾滋病危害大，但许多国家发现艾滋病的时间都较晚，不少国家和地区都是在 20 世纪 80 年代初才在本国、本地区首次发现艾滋病病人、艾滋病病毒感染者。基于对故意传播艾滋病行为的严重关注，许多国家和地区通过修改刑法典或者制定单行刑法、附属刑法的方式增设与故意传播艾滋病行为相关的犯罪。目前，仅就刑法典而言，至少有 28 个国家和地区的刑法典明确规定了"故意传播艾滋病罪"或者"故意传播传染病罪"等，可将故意传播艾滋病的行为直接纳入惩治的范围。仅在美国，就有三十多个州专门针对故意传播艾滋病行为进行了立法。这立法表明，域外刑法十分重视惩治故意传播艾滋病行为。

第二，对传播艾滋病行为的治理以故意犯罪为主、过失犯罪为辅。在现实

生活中，传播艾滋病的行为既可以是故意实施，也可以是过失实施。总体而言，域外关于传播艾滋病行为的刑法立法是以故意传播行为为主，但少数国家和地区同时惩治过失传播艾滋病的行为。例如，《斯洛伐克刑法典》中的“使他人遭受艾滋病危险罪”就既包括了故意传播艾滋病的行为，也包括了过失传播艾滋病的行为。《斯洛伐克刑法典》第166条第1款规定：“过失地使他人面临感染艾滋病的危险的，处1年以上5年以下监禁。”该条的第2、3款还分别规定了多种过失传播艾滋病行为的加重处罚情节。此外，《塞尔维亚共和国刑法典》中的传播艾滋病罪也同时包含了故意传播艾滋病的行为和过失传播艾滋病的行为。

第三，对传播艾滋病行为的刑罚处罚总体偏重。考虑到传播艾滋病行为对他人人身权利和公共健康的严重危害，域外刑法关于传播艾滋病行为的刑罚处罚总体偏重。例如，《越南刑法典》对故意传播艾滋病罪规定的法定刑就非常高，其法定最低刑为3年有期徒刑，法定最高刑为20年有期徒刑。《罗马尼亚刑法典》对故意传播艾滋病行为设定的刑罚是“五年以上十五年以下严格监禁”。《瑞典刑法典》甚至针对故意传播艾滋病的行为设置了“无期徒刑”，这对于已废止死刑的瑞典而言，已是最高刑。而《斯洛伐克刑法典》甚至针对过失传播艾滋病行为规定了最低1年有期徒刑、最高8年有期徒刑的刑罚，可谓处罚严厉。

域外关于传播艾滋病犯罪的上述刑法立法可以为我国治理故意传播艾滋病行为的刑法立法提供有益的经验和借鉴，值得我国刑法立法参考。

（三）刑法规制故意传播艾滋病行为具备法律前提

如前所述，我国现行刑法典没有专门针对故意传播艾滋病行为的规定，但我国现行刑法典第360条第1款的传播性病罪、第114条的以危险方法危害公共安全罪、第232条的故意杀人罪等都部分地涉及故意传播艾滋病的行为。我国现行刑法典对于故意传播艾滋病行为单独成罪而言，具有两方面的积极意义。

第一，有助于消除人们关于故意传播艾滋病行为应否入罪的顾虑。随着我国

社会的发展和人权意识的提升，有部分人对刑法立法的入罪化倾向持疑虑态度。在故意传播艾滋病行为入罪问题上，有个别人以艾滋病未来也许可以治愈为由反对将故意传播艾滋病行为入罪。但我国现行刑法的立法现实表明，故意传播艾滋病行为已经被纳入我国刑法典包括传播性病罪在内的多个犯罪的范围。对于故意传播艾滋病行为而言，当前的问题不是其应否入罪的问题，而是如何更好地、更合理地完善其入罪的范围问题。

第二，有助于统一人们关于扩大故意传播艾滋病行为入罪范围的认识。从现实的角度看，故意传播艾滋病的行为类型很多，如既可以通过性行为传播，也可以通过血液传播，还可以通过其他的方式传播；既可以传播给特定的个人，也可以传播给不特定的个人。我国刑法典第 360 条第 1 款传播性病罪所包含的故意传播艾滋病行为仅限于通过卖淫、嫖娼的方式传播。与这种传播方式相比，男男同性之间故意传播艾滋病行为的危害性并不低，而且有数据显示，以该种方式传播艾滋病行为比例正在上升。据报道，2012 年 1～10 月新报告的艾滋病病毒感染者中经性途径传播所占比例为 84.9%，其中男男同性性传播所占比例为 21.1%（2011 年同期为 15%）。[①] 通过与现行刑法典关于传播性病罪的规定对比，对于男男同性之间故意传播艾滋病等其他传播艾滋病行为治理的必要性突显，进而容易统一人们的认识。

（四）刑法规制故意传播艾滋病行为具备观念指导

罪刑法定是我国刑法的基本原则。我国刑法典第 3 条规定："法律明文规定为犯罪行为的，依照法律定罪处刑；法律没有明文规定为犯罪行为的，不得定罪处刑。"罪刑法定原则是我国刑法立法和刑事司法的基本准则。明确性是罪刑法定原则的基本内涵和要求，它是指规定犯罪的法律条文必须清楚明确，使人能够确切了解违法行为的内容，准确地确定犯罪行为与非犯罪行为的范围，以保障该规范没有明文规定的行为不会成为该规范适用的对象。[②]

---

① 卫生部. 参与艾滋病防治工作的民间组织将准予注册. 中国日报，2012-11-28.

② 高铭暄. 刑法专论. 2 版. 北京：高等教育出版社，2006：89.

罪刑法定原则的明确性要求对故意传播艾滋病行为入罪提出了两个基本要求：一是入罪的故意传播艾滋病的行为范围应当尽可能明确；二是对故意传播艾滋病行为的处罚应当尽可能明确。但如前所述，我国现行刑法典中虽然有多个罪名与故意传播艾滋病行为相关，但对于这些犯罪所包含的行为类型是否涵盖了故意传播艾滋病的行为，并不十分明确。例如，我国刑法典第 114 条规定的以危险方法危害公共安全罪、第 232 条的故意杀人罪、第 234 条的故意伤害罪是否包含了部分或全部的故意传播艾滋病行为，很难有一个明确的判断。从这个角度看，在刑法典中增设“故意传播艾滋病罪”既是罪刑法定原则的要求，同时也是因为有了罪刑法定原则的明确性而具备了立法的观念指引。

因此，无论是从社会观念、域外立法经验还是从我国现行刑法典的立法基础和立法观念等方面考察，我国都应当增设“故意传播艾滋病罪”。

## 四、关于增设故意传播艾滋病罪的立法构想

如上所述，我国刑法全面规制故意传播艾滋病行为既具备必要性，也具有可行性。在此前提下，我们认为，我国应当从以下四个方面进行故意传播艾滋病罪的立法：

### （一）关于故意传播艾滋病罪的立法模式

关于刑法集中规制故意传播艾滋病行为的立法模式，目前域外主要有以下两种：（1）独立成罪模式。所谓独立成罪，是指直接将故意传播艾滋病罪写进法条，设置专门的罪名。目前采用这种模式的主要有俄罗斯、越南以及我国台湾地区和美国的部分州等。例如，《俄罗斯联邦刑法典》第 122 条就专门设立了“传染艾滋病罪”，对“故意将他人置于感染艾滋病的危险之中”“明知自己患有艾滋病而传染他人”“对二人以上或对未成年人实施上述行为的”以及“因不适当地履行自己职责而使他人染上艾滋病的”行为处以相应的刑罚。我国台湾地区 1997 年 12 月 16 日通过了“后天免疫缺乏症候群防治条例”的修正案，规

定对明知自己感染艾滋病病毒，仍与他人有性行为或捐血供人使用者，即使无人受害，仍将被处7年以下有期徒刑的重罪。在美国，明知自己患有艾滋病，因过失而传染给他人的构成侵权行为，如果故意伤害他人则构成犯罪，应当承担刑事责任。如美国亚拉巴马州规定未在事先把自己感染艾滋病病毒的情况告诉他人而与该人性交的行为构成“艾滋病伤害罪”，属于B级重罪。(2) 非独立成罪模式。所谓非独立成罪模式，是指虽然对故意传播艾滋病的行为进行刑事处罚，但没有设置专门的罪名，而是囊括在其他罪名之下。这又包括两种情况：一是将其作为谋杀罪或者故意伤害罪论处。如美国佐治亚州规定，不管是否有预谋，对有意传播艾滋病病毒（包括性交、让人使用污染针头，捐送血液、血制器、人体组织或者器官）造成他人死亡者，按谋杀罪论处。芬兰、英国等国家也采用此种模式。二是将故意传播艾滋病的行为纳入传播传染病或者性病的相关责任法范畴进行处罚。瑞士、奥地利、日本、澳大利亚等国家都采用了此种模式。例如，《瑞士联邦刑法典》第231条规定：“(1) 故意传播危险的、可传染的人类疾病，处1个月以上5年以下监禁刑。行为人出于卑鄙思想为上述行为的，处5年以下重惩役。(2) 行为人过失为上述行为的，处监禁刑或罚金刑。”《挪威一般公民刑法典》第155条第1、2款规定：“明知或者推知自己患有接触传染性性病而性交或者为其他猥亵行为，传染他人或者使他人又被传染危险的，处3年以下监禁。”“明知或者推知他人患有接触传染性性病，帮助该人实施前款行为传染其他人或者使其他人有被传染危险的，依照前款的规定处罚。”

综合域外立法和我国的现实需要，我们认为，我国应当针对故意传播艾滋病行为采取单独成罪的模式，即在刑法典中增设一个专门的“故意传播艾滋病罪”。这主要有以下三个方面的考虑。

第一，我国设置统一的故意传播传染病罪或者故意传播性病罪目前面临一定的技术障碍。目前，我国刑法典中关于传播传染病或者性病的一般主体犯罪主要有刑法典第330条规定的妨害传染病防治罪、第360条规定的传播性病罪。其中，妨害传染病防治罪之传染病仅限于甲类传染病（鼠疫、霍乱），传播性病罪

之性病仅限于梅毒、淋病等严重性病（属于乙类传染病）[①]。据此，我国要设置一个统一的故意传播传染病罪或者故意传播性病罪[②]需要解决两个问题：一是传染病与性病范围的交叉问题。鉴于传染病的范围大于性病，因此故意传播传染病罪和故意传播性病罪一般难以共存，即只需设置故意传播传染病罪就可以涵盖所有故意传播性病的行为。二是传染病的范围限定问题。根据《传染病防治法》第3条的规定，艾滋病属于乙类传染病，尚不能纳入妨害传染病防治罪的范围。因此要设置一个统一的故意传播传染病罪，将艾滋病纳入其中，则必然要对传染病的范围作极大的扩张，即至少要包含乙类传染病。而我国是否有必要将所有传播乙类传染病的行为纳入刑法规制的范围，尚需进一步的论证。总体而言，我国要设立一个统一的传播传染病罪，尚需要作更多的技术处理。

第二，艾滋病不同于一般的传染病、性病，对故意传播艾滋病的行为应单独成罪。从类别上看，艾滋病可分别归入传染病、性病的范畴。我国《传染病防治法》第3条是将艾滋病与淋病、梅毒等统一规定为乙类传染病。其分类标准是："其暴发、流行情况和危害程度"[③]。在传染病的这三个分类标准中，"暴发""流行情况"优先于"危害程度"。但对于艾滋病而言，"危害程度"则是主要的，相比之下，其"暴发""流行情况"要远远低于其他传染病。因此，对于传播艾滋病行为的考察，需要重点考察其"危害程度"，同时辅之于"暴发"和"流行情况"。这也是传播艾滋病行为引起社会各界严重关注的主要原因所在。客观而言，

---

① 根据我国《传染病防治法》第3条规定，甲类传染病是指：鼠疫、霍乱。乙类传染病是指：传染性非典型肺炎、艾滋病、病毒性肝炎、脊髓灰质炎、人感染高致病性禽流感、麻疹、流行性出血热、狂犬病、流行性乙型脑炎、登革热、炭疽、细菌性和阿米巴性痢疾、肺结核、伤寒和副伤寒、流行性脑脊髓膜炎、百日咳、白喉、新生儿破伤风、猩红热、布鲁氏菌病、淋病、梅毒、钩端螺旋体病、血吸虫病、疟疾。丙类传染病是指：流行性感冒、流行性腮腺炎、风疹、急性出血性结膜炎、麻风病、流行性和地方性斑疹伤寒、黑热病、包虫病、丝虫病，除霍乱、细菌性和阿米巴性痢疾、伤寒和副伤寒以外的感染性腹泻病。上述规定以外的其他传染病，根据其暴发、流行情况和危害程度，需要列入乙类、丙类传染病的，由国务院卫生行政部门决定并予以公布。

② 鉴于传播传染病或性病之"传播"与刑法典第114条的投放危险物质罪在行为方式存在重大差别，在此不对传播传染病或者性病犯罪与投放危险物质罪进行比较。

③ 《传染病防治法》第3条第5款。

从危害性上看，艾滋病因其不可治愈性和致命性使得其危害程度要远甚于一般的传染病、性病。在此前提下，将故意传播艾滋病的行为纳入故意传播传染病、性病行为之中进行立法，难以实现对故意传播艾滋病行为的有效评价。

第三，将故意传播艾滋病行为单独成罪具有立法技术上的优越性。鉴于故意传播艾滋病行为的严重社会危害性，从我国刑法典规定的罪责刑相适应原则出发，对故意传播艾滋病行为的刑法评价当然应当区别于对故意传播一般的传染病或者性病行为的刑法评价。对此可有两种处理方式：一是将故意传播艾滋病的行为作为故意传播传染病或者故意传播性病的加重处罚情节；二是将故意传播艾滋病的行为单独规定为一个犯罪。相比之下，将故意传播艾滋病行为单独成罪具有两个方面的立法技术优越性：（1）可以避免传播艾滋病行为与传播其他传染病行为之间的罪责均衡障碍。客观地说，传播艾滋病行为与传播其他传染病行为在社会危害性的评价上各有侧重，传播艾滋病行为更侧重于艾滋病的危害性，传播其他传染病的行为则可能更侧重传染病的暴发、流行情况，要在传染病的危害程度与暴发、流行情况之间作一个很好的责任平衡显然非常困难，将故意传播艾滋病行为单独成罪则可以消解这一障碍。（2）可以避免将传播传染病入罪所可能面临的立法障碍，实现故意传播艾滋病行为入罪的及早立法。将传播艾滋病作为传播传染病罪的加重情节首先必须解决故意传播传染病罪的立法问题。如前所述，我国要设立一个独立的故意传播传染病罪，尚需在立法上作更多的考虑。相比之下，在刑法典中增设一个独立的故意传播艾滋病罪，既能解决故意传播艾滋病行为的立法必要性问题，又可在不涉及其他刑法条文调整[①]的基础上实现刑法的快速立法。

可见，对故意传播艾滋病行为采取独立成罪模式，在刑法典中增设一个独立的“故意传播艾滋病罪”，更为合理和可行。

（二）关于故意传播艾滋病罪的刑法归属

故意传播艾滋病罪的刑法归属，主要涉及两个方面：一是将故意传播艾滋病

① 增设故意传播艾滋病罪之后，该罪与传播性病罪之间是一种交叉关系，可适用特别法优先于一般法的原则，对行为人适用故意传播艾滋病罪。

罪放在刑法典中还是放在其他法律中作为附属刑法规范。二是故意传播艾滋病罪在刑法典中的具体位置。

关于将故意传播艾滋病罪放在刑法典中还是放在其他法律中作为附属刑法规范，域外主要有两种立法例：(1) 将故意传播艾滋病罪放在刑法典中。这是域外刑法立法的主要做法。越南刑法典、蒙古国刑法典、罗马尼亚刑法典、斯洛伐克刑法典、塞尔维亚共和国刑法典以及我国台湾地区“刑法”都是采取这一做法。(2) 将故意传播艾滋病罪放在单行刑法或者附属刑法中。例如，我国台湾地区就专门针对后天免疫缺乏症制定了“后天免疫缺乏症候群防治条例”，“传染人类免疫缺乏病毒罪”（主要是传染艾滋病罪）作为附属刑法规范被设置在这部法律之中。此外，还有许多国家和地区也针对故意传播艾滋病行为采取了附属刑法的立法模式。

关于故意传播艾滋病罪在刑法典中的具体位置，域外刑法立法主要有两种模式：(1) 将故意传播艾滋病罪放在侵犯公民人身权利类犯罪。这是目前域外关于故意传播艾滋病罪立法的多数做法。例如，《俄罗斯联邦刑法典》就将“传染艾滋病罪”放在“第十六章侵害生命和健康的犯罪”一章中。《蒙古刑法典》将“传染艾滋病罪”放在“第十五章侵犯生命和健康的犯罪”一章中。《斯洛伐克刑法典》将“使他人遭受艾滋病危险罪”放在分则“第三章威胁生命或者健康罪”一章中。《塞尔维亚共和国刑法典》将“传播艾滋病罪”放在“第二十三章侵犯人类健康的犯罪”一章中。《越南刑法典》也将“故意传播艾滋病罪”放在“第十二章危害他人生命、健康、人格名誉罪”一章中。(2) 将故意传播艾滋病罪放在危害公共健康、卫生类犯罪。例如，《罗马尼亚刑法典》就将“传播性病和艾滋病罪”放在分则“第四章危害公共健康罪”一章中。此外，对传播艾滋病行为采取非独立成罪模式的刑法典中，多数将传播传染病或者传播性病罪放在有关公共卫生、公共健康、公共危险专章中。例如，《新加坡刑法典》就将“可能导致某种致命疾病传染的恶意行为”放在“第十四章危害公共卫生、安全、便利、礼仪和道德的犯罪”一章中。但也有个别域外刑法典将传播传染病罪放在“威胁生命或者健康”类犯罪之中，如《捷克刑法典》中的“传播人类传染病罪”就属于

分则“第三章威胁生命或者健康罪”。

综合域外关于故意传播艾滋病罪的立法和我国的立法现实，我国增设的“故意传播艾滋病罪”既可以放在刑法典分则“第六章妨害社会管理秩序罪”的“第五节危害公共卫生罪”之中，也可放在刑法典分则“第四章侵犯公民人身权利、民主权利罪”之中。比较而言，我们认为，将增设的“故意传播艾滋病罪”放在我国刑法典分则第四章侵犯公民人身权利、民主权利罪一章更为合理和科学。具体而言，可将其放在刑法典第 234 条故意伤害罪之后，作为刑法典第 234 条之二。[①] 具体理由主要有：

第一，这符合我国刑法立法的基本模式。目前，我国刑法立法采取的主要方式是刑法修正案。1997 年全面修订刑法典之后，我国先后进行过多次刑法修正，其中只有最初一次（1998 年）采取的是单行刑法模式，其后的多次修改采取的都是刑法修正案的模式。这反映出我国刑法立法的法典化倾向，目的是保证刑法立法的体系化，尽可能地避免单行刑法、附属刑法立法多可能带来的刑法立法重复、混乱、不易掌握等不足。刑法的法典化趋向也是当前世界各个国家和地区立法的重要趋势。在此背景下，故意传播艾滋病罪的增设也有必要采取刑法修正案的方式，将该罪纳入现行刑法典体系之中。

第二，这符合域外刑法立法的普遍做法。如前所述，尽管域外也有少数刑法立法将故意传播艾滋病罪放在危害“公共卫生”“公共健康”等涉及公共利益的犯罪专章中，但域外多数刑法典都将故意传播艾滋病罪放在“侵犯生命和健康的犯罪”或者“危害他人生命、健康、人格名誉罪”专章中，而且在具体条文上都将其放在故意杀人（谋杀）、故意伤害（伤害）等传统侵犯人身权利的犯罪之后，这反映了域外刑法立法对故意传播艾滋病罪特征的一致认识，即故意传播艾滋病罪危害的主要是公民的生命或者健康权益，值得我国刑法立法借鉴。

第三，这符合故意传播艾滋病行为侵犯客体的特征。从侵犯的客体角度看，

---

① 《刑法修正案（八）》第 37 条增设的“组织出卖人体器官罪”系现行刑法典第 234 条之一。从减少立法修改条文数量的角度，可将“故意传播艾滋病罪”作为刑法典第 234 条之二。

故意传播艾滋病行为侵犯的客体包含两方面的内容：一是生命或者健康权利是故意传播艾滋病行为侵犯的必要客体，即所有故意传播艾滋病的行为都必然构成对他人生命或者健康权利的侵害。二是公共卫生、公共安全、公共健康等是故意传播艾滋病行为的选择客体，即故意传播艾滋病的行为并不必然构成对公共卫生、公共健康、公共安全等公共利益的侵害，只有针对不特定多数人实施的故意传播艾滋病行为才能构成对公共卫生、公共健康、公共安全等公共利益的侵害。考虑到选择客体只在某些情况下才会受到侵害，刑法立法在犯罪设置上必须以必要客体为依据。从必要客体的角度，将故意传播艾滋病罪放在我国刑法典分则第四章的侵犯公民人身权利、民主权利罪中故意伤害罪之后，符合故意传播艾滋病罪的客体特征。

### （三）关于故意传播艾滋病罪的罪状表述

故意传播艾滋病罪的罪状表述主要需解决两个问题：一是故意传播艾滋病罪的主观方面，即是否有必要将该罪的主观方面限定为“故意”；二是故意传播艾滋病罪的客观方面，即是否有必要详细列举该罪的传播行为、要求行为人隐瞒以及该罪入罪门槛设置。①

#### 1. 关于故意传播艾滋病罪的主观方面问题

关于传播艾滋病行为入罪的主观方面，域外刑法立法主要有两种做法：一是只惩处“故意”传播艾滋病的行为，对过失传播艾滋病的行为不入罪，如《越南刑法典》。二是既处罚“故意”传播艾滋病的行为，也处罚“过失”传播艾滋病的行为。例如，《斯洛伐克刑法典》中“使他人遭受艾滋病危险罪”的行为就既包括“故意地使他人面临感染艾滋病危险”，也包括“过失地使他人面临感染艾滋病的危险”。毫无疑问，无论是“故意”还是“过失”传播艾滋病的行为都具有社会危害性。但结合我国刑法典的立法现状和防止艾滋病传播的实际需要，我

① 从犯罪构成角度看，犯罪主体也是故意传播艾滋病罪的内容之一。但是考虑到域外刑法都将该罪的主体设置为一般主体，而且从我国防治艾滋病传播的角度也不宜对故意传播艾滋病罪的主体作特别限定。故此，不专门对故意传播艾滋病罪的主体作专门论述。

国当下只宜规定“故意传播艾滋病罪”，而不宜将过失传播艾滋病行为入罪。[①]这是因为：

第一，将过失传播艾滋病行为入罪与我国刑法典第330条妨害传染病防治罪的立法不相协调。一般认为，我国刑法典第330条的妨害传染病防治罪包含过失犯罪，入罪门槛是“引起甲类传染病传播或者有传播严重危险”。而根据我国《传染病防治法》第3条的规定，艾滋病属于乙类传染病。在立法未将乙类传染病纳入过失传播犯罪范围的情况下，单独将过失传播艾滋病这一乙类传染病的行为入罪，不符合刑法典第330条将乙类传染病排除妨害传染病防治罪范围的立法目的。

第二，将过失传播艾滋病行为入罪与我国加强艾滋病人权益趋向不相符合。随着人们对艾滋病的认识深化，艾滋病人作为一类特殊群体的权益保障问题日益受到重视。国务院颁布的《艾滋病防治条例》第3条规定：“任何单位和个人不得歧视艾滋病病毒感染者、艾滋病病人及其家属。艾滋病病毒感染者、艾滋病病人及其家属享有的婚姻、就业、就医、入学等合法权益受法律保护。”艾滋病的主要传播方式是性行为、血液和血液制品、母婴传播等。将过失传播艾滋病行为入罪，将极大限制艾滋病人、艾滋病感染者的结婚、生育等权利，同时也将对艾滋病人、艾滋病感染者的日常生活带来极大的不便，因为从过失犯罪的角度看，只要艾滋病人、艾滋病感染者客观上造成了他人感染艾滋病，且艾滋病人、艾滋病感染者对自身携带艾滋病病毒明知，基本都可推定其主观上有过失，容易造成艾滋病人、艾滋病感染者与社会的隔离。

2. 关于故意传播艾滋病罪的客观方面问题

如前所述，故意传播艾滋病罪的客观方面主要涉及三个问题：一是“传播”方式的限定问题，即是否有必要在刑法立法上明确规定该罪的传播方式；二是是否要求行为人有隐瞒行为；三是故意传播艾滋病罪的入罪门槛，如是否要求导致

---

① 当然，对于负有特定职责的国家机关工作人员过失导致艾滋病传播的，则可依照我国刑法典分则第九章的渎职犯罪追究行为人的刑事责任。考虑这类主体的特殊性，而本报告论述的是一般主体传播艾滋病的行为。故在此不对特定主体过失传播艾滋病行为的刑事责任问题进行论述。

他人感染艾滋病等。

关于故意传播艾滋病罪的传播方式，域外刑法立法主要有两种方式：一是明确限定了故意传播艾滋病罪的传播方式。例如，我国台湾地区的“传染人类免疫缺乏病毒罪”的行为方式就限于“危险性行为或共用针器施打”和“供血或以器官、组织、体液或细胞提供移植或他人使用”。二是对故意传播艾滋病罪的传播方式不作任何限制，仅表述为“传播”。客观地看，不同的传播途径，他人感染艾滋病的风险不一定相同，如无保护性行为、血液感染艾滋病的风险就明显要高于有保护措施的性行为。而且对传播行为进行列举，有助于发挥刑法立法的行为规制功能。但从刑法立法简洁的角度，我国增设“故意传播艾滋病罪”时，没有必要对传播的行为方式进行列举。这一方面是因为主观方面的“故意”设置可以将一些风险较低的传播艾滋病行为排除在该罪的范围之外①；另一方面是因为艾滋病传播的方式多样，且艾滋病人、艾滋病感染者在发现自己被感染艾滋病后基本上对艾滋病的传播方式都有所了解，对艾滋病的传播方式不作列举并不影响人们对该罪行为方式的认知。

关于故意传播艾滋病罪的隐瞒行为问题，域外刑法立法也主要有两种方式：一是对行为人是否有隐瞒自己系艾滋病人、艾滋病感染者的行为不作规定。这是域外刑法立法的多数做法。二是要求构成故意传播艾滋病罪必须隐瞒自己系艾滋病人、艾滋病感染者。对此在立法技术又有直接表达和间接表达两种不同的做法。其中，我国台湾地区采取的是直接表达的立法方式，即在条文中明确规定行为人“隐瞒”了自己系艾滋病人、艾滋病感染者的身份；《俄罗斯联邦刑法典》则采取间接表达的方式，其刑法典第 122 条“附注”规定：“实施本条第 1 款或第 2 款规定的行为的人，如果被置于艾滋病传染危险的人事先及时被告知行为人患有艾滋病而自愿同意实施构成传染危险的行为的，则免除刑事责任。”不过，从成立犯罪的角度看，行为人是否隐瞒其感染艾滋病的身份不是关键，关键在于

① 风险较低的传播艾滋病行为可认为行为人主观上是过失而不是出于故意，不能对行为人定性为“故意传播艾滋病罪”。

被置于感染艾滋病危险之中的“被害人”是否同意实施传播艾滋病的对向行为（如是否愿意与行为人发生危险的性行为）。这是因为，行为人即便将其感染艾滋病的身份信息告知被害人，但强行向被害人传播艾滋病（如强奸、撕咬、扎针等），无疑也应当承担故意传播艾滋病罪的刑事责任。而且在行为人并非艾滋病人或者艾滋病感染者的场合，使用采集的他人含有艾滋病病毒的血液进行传播，更不存在身份告知的问题。基于此，我国增设故意传播艾滋病罪时，无须在罪状中强调行为人是否有隐瞒行为。在通常情况下，行为人隐瞒其感染艾滋病的身份可作为认定行为人主观上具有传播艾滋病的“故意”依据之一。

关于故意传播艾滋病行为的入罪门槛问题，域外刑法主要有三种标准：一是“行为”标准，即行为人只要实施了故意传播艾滋病的行为即成立犯罪。例如，《罗马尼亚刑法典》第 384 条规定的是“明知自己患有艾滋病而进行传播的”。据此，行为人只要在明知自己患有艾滋病的情况下实施了传播艾滋病的行为即构成犯罪。二是“危险”标准，即行为人只要将他人置于有感染艾滋病的风险之中即构成犯罪。例如，《俄罗斯联邦刑法典》第 122 条“传染艾滋病”采取的表述是“故意将他人置于感染艾滋病的危险之中”。根据该规定，只要将他人置于感染艾滋病的风险之中即成立犯罪。此外，《斯洛伐克刑法典》《塞尔维亚共和国刑法典》采取的也都是这种标准。三是“结果”标准，即行为人必须将艾滋病传染给了他人才成立犯罪。我国台湾地区“后天免疫缺乏症候群防治条例”采取的是这一标准，行为人成立传染人类免疫缺乏病毒罪的标准是“致传染于人”，即必须使他人受到感染。应当说，这三种标准各有利弊，反映不同国家对传播艾滋病行为的不同认识。综合而言，我国增设的“故意传播艾滋病罪”在入罪门槛上有必要采取“行为”标准，即只要有故意传播艾滋病的行为即可入罪。这主要是考虑到艾滋病对人体的严重危害性，故意传播艾滋病的行为一经实施即将被害人置于对生命、健康具有巨大威胁的情境之中。刑法要防治艾滋病的传播，必须着眼于消除这种可能导致他人被感染的情境。

（四）关于故意传播艾滋病罪的法定刑设置

故意传播艾滋病罪的法定刑设置主要需解决三个问题：一是该罪的法定最低


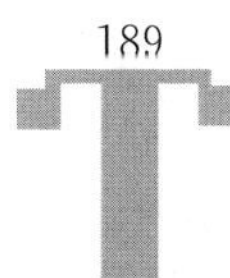

刑；二是该罪的法定最高刑；三是该罪的法定刑幅度。

关于故意传播艾滋病罪的法定最低刑，域外刑法立法的差异很大，有的刑法典规定的最低刑是“徒刑”（蒙古）、“3个月拘役”（俄罗斯），也有的刑法典规定的最低刑是“2年有期徒刑”（塞尔维亚）、“3年有期徒刑”（越南、斯洛伐克）、“5年严格监禁”（罗马尼亚）。比较而言，我国增设的“故意传播艾滋病罪”的法定最低刑宜设定为“二年有期徒刑”。这是因为：（1）这有助于与故意杀人罪的法定最低刑相协调。我国刑法典第232条故意杀人罪的法定最低刑是“三年有期徒刑”。相比之下，故意传播艾滋病罪的危害性显然要稍小于即刻剥夺他人生命的故意杀人罪，因而其惩罚性要稍小于故意杀人罪的法定最低刑。（2）这有助于与传播性病罪的法定最低刑相协调。我国刑法典第360条第1款传播性病罪的法定最低刑是“管制”。与传播性病罪相比，故意传播艾滋病罪的危害性和应受惩罚性显然都更高，将故意传播艾滋病罪的法定最低刑设定为“二年有期徒刑”，使其略高于传播性病罪的法定最低刑，有助于实现故意传播艾滋病罪与传播性病罪之间法定刑之间的协调。

关于故意传播艾滋病罪的法定最高刑，域外刑法的规定存在较大差异，有的规定为“终身监禁”（瑞典、保加利亚）、“20年有期徒刑”（越南）、“15年监禁”（斯洛伐克、塞尔维亚）、“10年严格监禁”（罗马尼亚），也有的规定为“8年剥夺自由”（俄罗斯）、“5年徒刑”（蒙古、瑞士）。比较而言，我们认为，我国增设的“故意传播艾滋病罪”的法定最高刑宜规定为“十五年有期徒刑”。这主要有三方面的考虑：（1）艾滋病虽然具有致命性，但它毕竟不会造成被感染者立即死亡，其行为的危害性与故意杀人、故意伤害致人死亡存在一定的区别，对其规定“十五年有期徒刑”的法定最高刑，符合我国刑法典规定的罪责刑相适应原则。（2）与域外关于故意传播艾滋病行为的刑罚立法相适应。如上所述，域外刑法关于故意传播艾滋病行为的最高刑中，尽管也有终身监禁的立法，但多数刑法立法都在终身监禁之下，采取的是有期自由刑，个别刑法立法的法定最高刑只有5年有期徒刑。将我国故意传播艾滋病行为的法定刑设置为15年有期徒刑，与域外关于故意传播艾滋病行为的刑罚立法相适应。（3）对于特别严重的故意传

播艾滋病行为，如果同时构成其他严重犯罪的，可根据法条竞合的处断原则，适用其他处罚更重的刑罚。例如，行为人如果向不特定多数人实施了故意传播艾滋病的行为并造成了严重危害后果，在符合以危险方法危害公共安全罪的情况下，可对行为人适用以危险方法危害公共安全罪，最高可判处行为人死刑。

关于故意传播艾滋病罪的法定刑幅度，域外刑法的规定大多采取的两档制或者三档制，也有少数刑法采取的是一档制或者四档制。相比之下同时结合我国刑法立法特点，我们认为，我国增设的“故意传播艾滋病罪”的法定刑幅度宜设定为两个幅度，具体可表述为“二年以上七年以下有期徒刑”和“七年以上有期徒刑”，并在法定刑幅度的界分标准上采取“情节严重”的方式。这是因为：(1) 将故意传播艾滋病罪的法定刑分为两档有助于促进刑罚的明确。根据罪刑法定原则的要求，法定刑的明确性越高越符合罪刑法定原则的明确性要求。考虑到故意传播艾滋病罪的法定刑跨度为“二年”至“十五年有期徒刑”，跨度很大，将其分为两档，有利于增强法定刑的相对确定性，缩小法官自由裁量权的范围，促进罪刑法定原则的实现。(2) 将故意传播艾滋病罪的法定刑分为“二年以上七年以下有期徒刑”和“七年以上有期徒刑”两档符合我国刑法的立法传统。从我国刑法典的法定刑立法方式看，其常见的法定刑幅度有“三年有期徒刑以下”“二年以上五年以下有期徒刑”“二年以上七年以下有期徒刑”“三年以上十年以下有期徒刑”“五年以上十年以下有期徒刑”等，而没有“二年以上有期徒刑”这种立法例。按照我国刑法典的这种立法传统，将二年至十五年有期徒刑的幅度从中间截开，分为“二年以上七年以下有期徒刑”和“七年以上有期徒刑”，符合我国刑法关于法定刑幅度的一贯立法。(3) 以“情节严重”作为故意传播艾滋病罪的法定刑幅度区分标准，具有一定的灵活性和合理性。在“情节严重”的判定上，应综合考虑行为的次数、行为的危险性、被害人的特征、行为造成的后果、行为的社会影响等因素加以认定。

综上，建议我国在刑法典第 234 条之一之后增加一条，作为刑法典第 234 条之二，明确规定：“故意传播艾滋病的，处二年以上七年以下有期徒刑；情节严重的，处七年以上有期徒刑。”同时增加一款关于法律适用的规定，即“犯前款

罪，同时构成其他犯罪的，依照处罚较重的规定定罪处罚”。其完整的刑法立法表述如下：

“第二百三十四条之二故意传播艾滋病的，处二年以上七年以下有期徒刑；情节严重的，处七年以上有期徒刑。

犯前款罪，同时构成其他犯罪的，依照处罚较重的规定定罪处罚。”

**附录：域外规定有传播艾滋病犯罪的刑法立法一览（内容从略）**

美国各州相关立法
越南刑法典（1999 年 12 月 21 日通过）
俄罗斯联邦刑法典（2003 年 12 月 8 日修订）
蒙古国刑法典（2002 年 9 月 1 日施行）
罗马尼亚刑法典（1996 年 11 月 14 日颁行）
斯洛伐克刑法典（2006 年 1 月 1 日施行）
塞尔维亚共和国刑法典（2006 年 1 月 1 日施行）
瑞典刑法典（1999 年 5 月 1 日修订）
新加坡刑法典（1998 年 18 法令修正）
捷克刑法典（2010 年 1 月 1 日施行）
挪威一般公民刑法典（1994 年 6 月 6 日修订）
瑞士联邦刑法典（2003 年 3 月 18 日修订）
墨西哥联邦刑法典（2009 年 8 月 20 日修订）
马耳他刑事法典（2003 年第 9 号法案修正）
尼日利亚刑法（1990 年施行）
斐济群岛刑法典（1985 年版）
所罗门群岛刑法典（1996 年修订版）
克罗地亚共和国刑法典（2008 年修正）
丹麦刑法典（2002 年 9 月 16 日颁行）

保加利亚刑法典（2004 年修订）

巴西刑法典（2007 年 11 月 29 日修正）

古巴刑法典（2001 年 12 月 20 日修正）

葡萄牙刑法典（2007 年 9 月 4 日修正）

阿根廷刑法典（1984 年颁行）

喀麦隆刑法典（1967 年颁行）

马其顿共和国刑法典（2008 年修正）

澳门刑法典（1996 年 1 月 1 日施行）

# 《关于办理涉艾滋病刑事案件适用法律若干问题的解释（专家建议稿）》暨理由论证*

## 一、概述

艾滋病是一种严重危害人体健康的疾病，涉艾滋病犯罪行为的社会危害十分严重。世界上许多国家和地区都专门针对涉艾滋病的犯罪问题进行了立法。据初步统计，全世界至少有29个国家和地区对艾滋病犯罪在立法上作了明确规定，其中仅美国就有33个州明确规定了涉艾滋病犯罪问题。在立法内容上，这些国家和地区规定了与艾滋病密切相关的多种具体犯罪，少的规定了1～2种罪名，多的则规定了5～6种甚至更多罪名。在这些罪名中，最重要的一个就是故意传播艾滋病罪或者故意传播传染病罪。这在许多刑法典中有明确规定。例如，《俄罗斯联邦刑法典》第122条专门规定传染艾滋病罪，该条第1—3款规定："1. 故

* 本文系笔者主持的国务院防治艾滋病工作委员会办公室委托项目的研究成果，由笔者与袁彬教授及张向东博士、商浩文博士、张拓博士合著，纳入北京师范大学刑事法律科学研究院刑事法治发展研究报告，后载赵秉志主编：《刑事法治发展研究报告（2015—2016年卷）》，法律出版社2018年7月版。

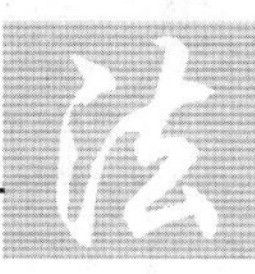

意将他人置于感染艾滋病的危险之中的，处3年以下的限制自由；或处3个月以上6个月以下的拘役；或处1年以下的剥夺自由。2. 明知自己患有艾滋病而传染他人的，处5年以下的剥夺自由。3. 对2人以上或对明知未成年的人实施本条第2款规定的行为的，处8年以下的剥夺自由。”此外，越南刑法典、蒙古国刑法典、罗马尼亚刑法典、斯洛伐克刑法典、塞尔维亚共和国刑法典以及我国台湾地区“刑法”都针对故意传播艾滋病行为进行了专门的立法。我国刑法典未明确使用“艾滋病”的概念，相关刑法条文中也没有关于艾滋病的专门规定。刑法理论上和实践中对于如何解决故意传播艾滋病行为的刑事责任问题存在重大的分歧。对该问题最有效的解决办法，当然是在刑法典中明确规定一个故意传播艾滋病罪。这需要等待新的立法机遇。不过，在司法上，该问题也并非完全没有解决办法。本意见稿旨在厘清涉艾滋病刑事案件的法律适用问题，主要思路是站在司法解释的角度对故意传播艾滋病及其他涉艾滋病刑事法律问题进行研究并提出建议草案。其相关条文及设置理由如下。

## 二、分述

为依法惩治涉艾滋病犯罪，根据刑法有关规定，现就办理此类刑事案件适用法律的若干问题解释如下：

**第一条** 利用感染艾滋病病毒的血液、血液制品、生物制品等物品故意向三人以上的不特定多数人传播艾滋病病毒的，或者明知自己感染艾滋病病毒故意不采取保护措施与三人以上的不特定多数人实施性行为、共用针头等危险行为的，依照刑法第一百一十四条的规定处理；致使他人感染艾滋病病毒的，依照刑法第一百一十五条第一款的规定处理。

**【理由】**

本条是关于利用艾滋病病毒危害公共安全行为构成以危险方法危害公共安全罪的规定。

本条设置的必要性主要体现在两个方面：一是本条所列行为具有严重的社会

危害性。在我国，艾滋病的流行经过散发期、局部流行期，已转入广泛流行期，社会上艾滋病感染人数众多。在现实社会生活中，部分艾滋病感染者基于自己报复、仇恨社会的心理或是其他违法犯罪的动机，利用自身感染的艾滋病病毒或者获取的艾滋病病毒故意传播艾滋病病毒的违法犯罪活动时有发生。一些行为人明知自身感染状况和艾滋病病毒的传播风险，却故意不告知对方，参与卖淫嫖娼、吸毒贩毒、聚众淫乱等违法犯罪活动。例如，有卖淫、嫖娼行为的感染者在明知自身感染艾滋病后故意不采取安全措施继续进行卖淫、嫖娼等活动。一些地方甚至还发生了多起艾滋病感染者故意通过扎针、咬人、暴力袭警等行为传播艾滋病的案例。这些故意向不特定人传播艾滋病的行为严重侵害了他人的生命与健康，受害人一旦感染就处于长期的恐惧和痛苦之中，且极易造成死亡，严重危害了社会公共安全，具有极为严重的社会危害性。

二是对本条所列行为具有以以危险方法危害公共安全罪进行处理的必要性。由于我国现行刑法典中并没有直接针对传播艾滋病行为的条款，也没有追究故意传播艾滋病行为刑事责任的明文规定。在司法实践中，司法机关对于故意传播艾滋病的行为多以传播性病罪进行定罪处罚。但是，刑法典关于传播性病罪的立法存在行为范围过窄等缺陷，且传播性病罪的法定刑仅为 5 年以下有期徒刑，而艾滋病是一种致命性的传染病，特别是故意向不特定人群传播艾滋病的行为具有严重的社会危害性，以传播性病罪的法定刑对故意向不特定人群传播艾滋病的行为进行定罪处罚难以实现罪责刑相适应。根据我国刑法典第 114 条的规定，以危险方法危害公共安全罪是采取以放火、决水、爆炸、投放危险物质以外的其他危险方法危害不特定多数人的生命、健康和重大公私财产安全以及公共生产、生活安全的行为。行为人利用感染艾滋病病毒的血液、血液制品、生物制品等物品故意或者意图向 3 人以上的不特定多数人传播艾滋病病毒的，或者明知自己感染艾滋病病毒而故意不采取保护措施与 3 人以上的不特定多数人发生危险行为的，符合以危险方法危害公共安全罪的性质和构成要件。艾滋病毒是传染病病原体，在目前的医疗条件下尚无法有效治疗，行为人为报复社会而向社会不特定人员故意传播艾滋病毒的行为（一般是通过性行为或者是利用感染艾滋病病毒的血液、血液

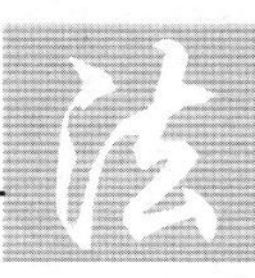

制品、生物制品等物品故意向不特定的多数人传播艾滋病），对他人的人身安全和社会稳定构成严重威胁，传播艾滋病毒属于危险方法。同时，由于行为人本身患有艾滋病或者感染艾滋病毒，行为人为了泄愤或报复社会而采取性交、咬人、针刺、输血、捐赠人体组织、人体器官等方式，把艾滋病病毒传染给不特定群体，严重危害不特定群体的生命健康权，并会在一定程度上造成社会恐慌，严重危害了公共安全，符合危害公共安全罪的入罪要求。

本条设置的争议点，是向 3 人以上的不特定多数人传播艾滋病病毒，导致他人感染艾滋病病毒的，是否属于"致人重伤、死亡或者使公私财产遭受重大损失"？这关系到对行为人能否适用刑法典第 115 条规定的问题。对此，本意见稿采取肯定态度，认为行为人故意向 3 人以上的不特定多数人传播艾滋病病毒，导致他人感染艾滋病病毒的，属于以其他危险方法"致人重伤、死亡或者使公私财产遭受重大损失"。主要理由：一是基于艾滋病病毒对人体免疫系统的侵害及其不可治愈性。艾滋病是一种免疫系统缺陷疾病，目前全世界尚无有效治疗艾滋病的药物和方法。人们一旦感染了艾滋病病毒，其免疫系统将不可避免地受到严重破坏，有的人可能因此丧失抵御其他疾病的能力而很快毙命，也有的人虽因自身身体素质较好而具有一定的抵御能力，但也必须终生服药。艾滋病对人体免疫系统的严重危害及其不可治愈性，是对向 3 人以上的不特定多数人传播艾滋病病毒行为予以严厉惩处的基础。二是我国相关司法解释对导致他人感染艾滋病病毒的行为采取了类似严厉的处理方法。最高人民法院、最高人民检察院 2008 年《关于办理非法采供血液等刑事案件具体应用法律若干问题的解释》第 4 条规定："对非法采集、供应血液或者制作、供应血液制品，具有下列情形之一的，应认定为刑法第三百三十四条第一款规定的'造成特别严重后果'，处十年以上有期徒刑或者无期徒刑，并处罚金或者没收财产：（一）因血液传播疾病导致人员死亡或者感染艾滋病病毒的；（二）造成五人以上感染乙型肝炎病毒、丙型肝炎病毒、梅毒螺旋体或者其他经血液传播的病原微生物的；（三）造成五人以上重度贫血、造血功能障碍或者其他器官组织损伤导致功能障碍等身体严重危害的；（四）造成其他特别严重后果的。"该条规定将非法采集、供应血液或者制

作、供应血液制品导致人员感染艾滋病病毒的，认定为“造成特别严重后果”，可对行为人适用10年有期徒刑以上刑罚，处罚十分严厉。三是可考虑将艾滋病病毒对人体免疫系统的损害明确纳入重伤范围。根据最高人民法院、最高人民检察院、公安部、国家安全部、司法部2013年8月30日发布的《人体损伤程度鉴定标准》第3.1条的规定，重伤是指“使人肢体残废、毁人容貌、丧失听觉、丧失视觉、丧失其他器官功能或者其他对于人身健康有重大伤害的损伤，包括重伤一级和重伤二级。”其第6.2条规定：“未列入本标准中的物理性、化学性和生物性等致伤因素造成的人体损伤，比照本标准中的相应条款综合鉴定。”根据这两条的规定，感染艾滋病病毒可视为因“生物性因素”导致的“其他对于人体健康有重大伤害”的情形。难题在于该标准第6.3条规定：“本标准所称的损伤是指各种致伤因素所引起的人体组织器官结构破坏或者功能障碍。反应性精神病、癔症等，均为内源性疾病，不宜鉴定损伤程度。”艾滋病病毒损害的是人体的免疫系统，不涉及人体的具体组织器官。不过，本意见稿认为，该条针对内源性疾病只是称“不宜鉴定损伤程度”，并非完全不能鉴定。在特殊情况下，对于具备可鉴定损伤程度条件的内源性疾病，应当也可以鉴定。在目前的医疗条件下，本意见稿认为可以考虑将“感染艾滋病病毒”的情形直接规定为“重伤”。

因此，如果行为人为向社会不特定群体故意传播艾滋病病毒的行为没有造成严重后果的，如艾滋病感染者意图通过扎针、咬人等行为传播艾滋病但被及时阻止的，或者行为人的传播行为没有造成多人感染艾滋病病毒的，此种情况下应当依据我国刑法典第114条的规定，判处3年以上10年以下有期徒刑；如果行为人向社会不特定人员故意传播艾滋病毒的行为造成多人感染艾滋病病毒的，则应当适用刑法典第115条的规定，判处10年以上有期徒刑、无期徒刑或者死刑。

**第二条** 利用感染艾滋病病毒的血液、血液制品、生物制品等物品故意向特定的个人传播艾滋病病毒，或者明知自己感染艾滋病病毒故意不采取保护措施与特定的个人实施性行为、共用针头等危险行为，致使他人感染了艾滋病病毒的，依照刑法第二百三十四条第二款的规定处理。

（另一种方案：利用感染艾滋病病毒的血液、血液制品、生物制品等物品故

意向特定的个人传播艾滋病病毒，或者明知自己感染艾滋病病毒故意不采取保护措施与特定的个人实施性行为、共用针头等危险行为，致使他人感染了艾滋病病毒的，依照刑法第二百三十二条的规定处理。）

**【理由】**

本条是关于向特定个人传播艾滋病病毒行为构成犯罪问题的规定。

本条设置的必要性是向特定个人传播艾滋病病毒的行为严重危害他人的身体健康、生命，但我国刑法理论上和司法实践中对该类行为的定性存在较大的认识分歧，需要以司法解释的形式予以明确。

本条设置的争议点，是故意向特定个人传播艾滋病病毒的行为是否构成犯罪以及构成何种犯罪的问题。对此，刑法理论上主要有三种不同的观点：第一种观点认为，对这种行为应该作无罪处理，理由是刑法没有对这种行为作出明确规定，其行为既不符合传播性病罪的规定，也不符合以危险方法危害公共安全罪的行为对象要求，属于法无明文规定，根据罪刑法定原则的要求，应当认定其无罪。第二种观点认为，对这种行为应当以故意伤害罪处理，理由是这种行为严重危害他人健康，应当以故意伤害罪追究其刑事责任。第三种观点则认为，对这种行为应当以故意杀人罪处理，理由是全球对艾滋病均无有效治愈的药物和方法，感染艾滋病病毒即意味着被害人必然会在一定的期限内死亡，针对特定个人传播艾滋病病毒的行为在性质上与故意杀人之剥夺他人生命的性质并无区别，应当对其以故意杀人罪进行定罪处罚。

本意见稿更倾向于上述第二种意见，认为对本条规定的行为，依照刑法典第234条第2款规定的故意伤害罪进行处理更为适宜。理由主要是：

第一，这符合艾滋病病毒的损伤特点。如前所述，艾滋病病毒对人体的损伤具有两个显著特点：一是严重损害性。艾滋病病毒对人体免疫系统的损害十分致命。特别是随着艾滋病病毒的自我复制、发展，人体免疫系统将逐渐被艾滋病病毒所侵蚀殆尽。艾滋病病毒对人体的这种严重损害性，凸显出故意传播艾滋病行为的严重社会危害性。二是非直接致命性。艾滋病病毒以对人体免疫系统的损害构成对人体健康的严重危害。但艾滋病病毒的这种损害并不具有直接致命性，一方面，艾滋病病毒在人体内的发展是一个渐进的过程，从感染艾滋病病毒到艾滋病病发，通常都要经过 5～8 年甚至更长的时间，可见它并不直接致命；另一方面，艾滋病病毒本身并不具有致命性，它是通过损害人体免疫系统，降低人体的免疫力，进而构成对人体的危害。艾滋病病人死亡的直接原因通常都是其他的疾病或损伤。根据现代医学的发展，艾滋病病毒感染者、艾滋病病人如果持续服药，可有效抑制艾滋病病毒的发展，多数人的寿命甚至可达至平均寿命的水平。艾滋病病毒对人体损伤的上述两个特点决定了对向特定个人传播艾滋病病毒的行为，既不能不追究，也不宜以故意杀人罪追究，特别是不能以故意杀人罪（既遂）追究。

第二，这符合故意伤害罪的后果要求。如前所述，最高人民法院、最高人民检察院《关于办理非法采供血液等刑事案件具体应用法律若干问题的解释》第 4 条明确将感染艾滋病病毒属于对人体“造成特别严重后果”，同时该解释第 6 条将“受血者感染艾滋病病毒”属于“造成危害他人身体健康后果”，而且最高人民法院、最高人民检察院、公安部、国家安全部、司法部发布的《人体损伤程度鉴定标准》并未完全堵住将感染艾滋病病毒的情形鉴定为重伤的司法路径。因此，在当前背景下，对向特定个人传播艾滋病病毒行为以故意伤害罪追究其刑事责任，在伤害后果并非无解决方案。在司法解释层面，可直接将故意向他人传播艾滋病病毒病导致他人“感染艾滋病病毒”的行为，规定为构成故意伤害（致人重伤）罪。

不过，将向特定个人传播艾滋病病毒行为规定以故意伤害罪进行追究，也面临一个罪责刑相适应的难题，即如仅以故意伤害（致人重伤）罪追究传播者的刑事责任，对其只能适用“三年以上十年以下有期徒刑”的法定量刑幅度，这与以危险方法危害公共安全罪和非法采集、供应血液，制作、供应血液制品罪中“感染艾滋病病毒”所可能判处的 10 有期徒刑以上刑罚不相均衡。从这个角度看，本意见稿认为，也可对向特定个人传播艾滋病病毒行为的司法处理采取另一种方案，即对向特定个人传播艾滋病病毒，致使他人感染了艾滋病病毒的，依照刑法第 232 条的规定，以故意杀人罪（未遂）追究其刑事责任。目前，我国司法实践

中已有这方面的案例，量刑一般掌握在10年有期徒刑左右。[①]

**第三条** 以他人感染艾滋病病毒的事实为由，以暴力或者其他方法公然侮辱艾滋病病毒感染者、艾滋病病人，构成侮辱罪的，依照刑法第二百四十六条第一款的规定从重处罚。

**【理由】**

本条是关于对侮辱艾滋病病毒感染者、艾滋病病人行为从重处罚的规定。

本条设置的理由是对艾滋病病毒感染者、艾滋病病人的人格尊严有予以特别保护的必要性。这包括两个方面：一方面，艾滋病病毒感染者、艾滋病病人本身属于弱势群体，有在法律上予以特别保护的必要。我国《艾滋病防治条例》第3条规定："任何单位和个人不得歧视艾滋病病毒感染者、艾滋病病人及其家属。艾滋病病毒感染者、艾滋病病人及其家属享有的婚姻、就业、就医、入学等合法权益受法律保护。"该行政法规之所以明确规定不得歧视艾滋病病毒感染者、艾滋病病人及其家属，就是考虑到艾滋病病毒感染者、艾滋病病人容易受到歧视。刑法是行为规制法。在司法解释中明确规定对艾滋病病毒感染者、艾滋病病人的特别保护，引领人们平等对待艾滋病病毒感染者、艾滋病病人，是刑事司法的基本责任。另一方面，这符合刑法的基本法理。行为对象的情况是犯罪情节评定的重要方面，也是对犯罪人从严或者从宽处理的重要依据。最高人民法院在2013年《关于常见犯罪的量刑指导意见》中明确规定："对于犯罪对象为未成年人、老年人、残疾人、孕妇等弱势人员的，综合考虑犯罪的性质、犯罪的严重程度等情况，可以增加基准刑的20%以下。"[②] 据此，对于以艾滋病病毒感染者、艾滋病病人这一弱势人员为对象实施犯罪的，在量刑上予以适当的从重处罚，具有充分的根据，也十分必要。

---

① 我国司法实践中有对故意传播艾滋病以故意杀人罪定罪的判例。莫小松，陈海松．男子给"情夫"女儿注射艾滋病血液被判杀人罪．法制日报，2012-05-15。

② 应当指出的是，在最高人民法院2017年印发的新版《关于常见犯罪的量刑指导意见》第三部分第13条中，完全保留了2013年版《关于常见犯罪的量刑指导意见》中关于犯罪对象为弱势人员的这一规定。——笔者补注

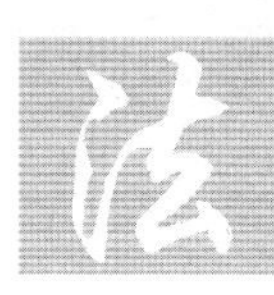


**第四条** 窃取或者以其他方法获取艾滋病病毒感染者、艾滋病病人感染艾滋病病毒的信息的，或者违反国家有关规定，向他人出售或者提供艾滋病病毒感染者、艾滋病病人感染艾滋病病毒的信息，构成侵犯公民个人信息罪的，依照刑法第二百五十三条之一的规定从重处罚。

**【理由】**

本条是关于侵犯艾滋病病毒感染者、艾滋病病人个人信息犯罪的从重处罚规定。本条设置的理由主要体现在两个方面：

第 ，强化艾滋病病毒感染者、艾滋病病人个人信息保护的刑法规范与行政规范的衔接。2004 年《传染病防治法》第 12 条规定：“疾病预防控制机构、医疗机构不得泄露涉及个人隐私的有关信息、资料。”2006 年《艾滋病防治条例》第 39 条规定：“未经本人或者其监护人同意，任何单位或者个人不得公开艾滋病病毒感染者、艾滋病病人及其家属的姓名、住址、工作单位、肖像、病史资料以及其他可能推断出其具体身份的信息。”在我国，艾滋病感染者相关信息系统被列为国家网络信息重点安全保护对象，并且按信息安全三级等级保护进行管理。[①] 艾滋病人的隐私一旦遭泄密，当事人将会面临骚扰、敲诈电话等多重困扰。据统计，2016 年 7 月，全国 30 个省份的 275 位艾滋病感染者称接到了诈骗电话，他们的个人信息疑似被大面积泄露。[②]

艾滋病人的个人信息属于隐私权保护的范畴，由于疾病本身的特殊性，艾滋病人的相关信息受到法律法规的严格保护。相关部门的工作人员故意泄露艾滋病感染者的信息，或者是不法之徒通过非法手段（比如黑客入侵）盗取艾滋病感染者的资料，情节严重的，应当追究刑事责任。2004 年《传染病防治法》第 68 条规定，疾病预防控制机构故意泄露传染病病人、病原携带者、疑似传染病病人、密切接触者涉及个人隐私的有关信息、资料的，构成犯罪的，应依法追究刑事责

---

① 高奕楠. 中国疾控中心回应“艾滋感染者信息疑泄露”. (2016－07－18) http://health.people.com.cn/n1/2016/0718/c398004-28562755.html.

② 乔志峰. 谁泄露了艾滋病感染者的信息. 长沙日报，2016-07-19.

任。2006年《艾滋病防治条例》第56条规定："医疗卫生机构违反本条例第三十九条第二款规定，公开艾滋病病毒感染者、艾滋病病人或者其家属的信息的，依照传染病防治法的规定予以处罚。出入境检验检疫机构、计划生育技术服务机构或者其他单位、个人违反本条例第三十九条第二款规定，公开艾滋病病毒感染者、艾滋病病人或者其家属的信息的，由其上级主管部门责令改正，通报批评，给予警告，对负有责任的主管人员和其他直接责任人员依法给予处分。"因此，对于违反国家有关规定，向他人出售或者提供艾滋病病毒感染者、艾滋病病人感染艾滋病病毒的信息的，或者将在履行职责或者提供服务过程中获得的艾滋病病毒感染者、艾滋病病人感染艾滋病病毒的信息，出售或者提供给他人的行为追究刑事责任，应当以侵犯公民个人信息罪追究刑事责任。这有助于强化艾滋病病毒感染者、艾滋病病人个人信息保护的刑法规范与行政规范的衔接。

第二，强化艾滋病病毒感染者、艾滋病病人个人信息的刑法保护力度。基于对艾滋病的一些不理性认识，社会上对艾滋病病毒感染者、艾滋病病人存在一些偏见，如认为艾滋病病毒感染者、艾滋病病人不洁身自好，或者认为与艾滋病病毒感染者、艾滋病病人的一般接触就容易感染艾滋病病毒。这给艾滋病病毒感染者、艾滋病病人的人际交往造成了不良影响，也容易给艾滋病病毒感染者、艾滋病病人的个人生活造成一定干扰。因此，与其他侵犯公民个人信息的行为相比，窃取或者以其他方法获取艾滋病病毒感染者、艾滋病病人感染艾滋病病毒的信息的，或者违反国家有关规定，向他人出售或者提供艾滋病病毒感染者、艾滋病病人感染艾滋病病毒的信息的行为，具有更大的社会危害性。对该类行为给予比其他侵犯公民个人信息犯罪行为更重的处罚，符合罪责刑相适应的基本原则。基于此，本意见稿认为，对这类行为可在法定量刑幅度范围内予以从重处罚。

**第五条** 虐待感染艾滋病病毒的家庭成员，构成虐待罪的，依照刑法第二百六十条第一款的规定从重处罚。

**【理由】**

本条是关于虐待感染艾滋病病毒的家庭成员从重处罚的规定。本条设置的理由与本意见稿第3条规定的理由类似，主要是为了加强对艾滋病病毒感染者、艾



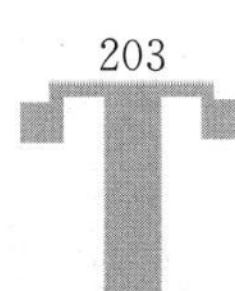

滋病病人这一弱势群体人员的保护。具体理由主要包括两个方面：一是感染艾滋病病毒的家庭成员具有更大的被虐待可能性。一般认为，家庭成员，包括配偶、父母、子女以及其他共同生活的近亲属。同时，具有家庭寄养关系的成员也属于家庭成员。在我国，家庭成员之间的暴力行为存在较为普遍。根据《反家庭暴力法》的规定，家庭暴力是家庭成员之间以殴打、捆绑、残害、限制人身自由以及经常性谩骂、恐吓等方式实施的身体、精神等侵害行为。虐待是家庭暴力的一种形式，主要是指家庭成员之间的身体侵害行为。作为家庭暴力的一种，虐待在家庭成员之间，尤其是抚养与被抚养、扶养与被扶养的成员之间更为常见。与一般的家庭虐待相比，感染艾滋病病毒的家庭成员更容易成为家庭矛盾的重要诱发因素甚至焦点，因而更容易成为虐待的对象。二是感染艾滋病病毒的家庭成员受虐待后所受到的身心伤害更大。在家庭之中，未成年人、老年人、重病患者等本身属于弱势人员，其受到家庭虐待后所可能遭受到的身心伤害更大，也更难痊愈。也正因为如此，我国《反家庭暴力法》第 5 条第 3 款明确规定："未成年人、老年人、残疾人、孕期和哺乳期的妇女、重病患者遭受家庭暴力的，应当给予特殊保护。"这里的重病患者显然也应该包括艾滋病病毒感染者、艾滋病病人。从保护的必要性上看，对虐待感染艾滋病病毒的家庭成员的行为在虐待罪的范围内予以从重处罚，体现了对这类对象的特殊保护，十分必要。

**第六条**　对于感染艾滋病病毒而没有独立生活能力的人，负有抚养、扶养义务而拒绝抚养、扶养，构成遗弃罪的，依照刑法第二百六十一条的规定从重处罚。

**【理由】**

本条是关于遗弃艾滋病病毒感染者、艾滋病病人构成遗弃罪的从重处罚规定。本条设置的理由与本意见稿前述第 3 条、第 5 条的规定类似，旨在强化对艾滋病病毒感染者、艾滋病病人的权利保护。

在现实生活中，出于对艾滋病病毒的恐惧，人们对艾滋病病毒感染者、艾滋病病人往往"敬而远之"，避之不及。这体现在家庭生活中表现为艾滋病病毒感染者、艾滋病病人被其家庭成员遗弃。近年来，我国许多地方都报道有艾滋病患

者被遗弃的情况。其中，最常见的被遗弃的是感染艾滋病病毒的儿童、妇女。这类成员在家庭中本来就处于相对弱势的地位，在感染艾滋病病毒后，其地位更是堪忧。而一旦离开原生家庭，他们既要感受流离失所带来的悲痛，又往往不能及时得到医疗上的救助，处境艰难。因此，强化对抚养义务人、扶养义务人对于感染艾滋病病毒而没有独立生活能力的人的遗弃行为的处罚，在司法上规定对其从重处罚，十分必要。

**第七条** 以暴力、胁迫手段组织感染艾滋病病毒的残疾人或者不满十四周岁的未成年人乞讨，构成组织残疾人、儿童乞讨罪的，依照刑法第二百六十二条之一的规定从重处罚。

**【理由】**

本条是关于组织感染艾滋病病毒的残疾人、儿童乞讨犯罪的处罚规定。本条设置的理由与本意见稿前述第 3、5、6 条的规定类似，目的是加强对艾滋病病毒感染者、艾滋病病人的权利保护。

我国刑法典第 262 条之一规定：“以暴力、胁迫手段组织残疾人或者不满十四周岁的未成年人乞讨的，处三年以下有期徒刑或者拘役，并处罚金；情节严重的，处三年以上七年以下有期徒刑，并处罚金。”该条规定旨在保护残疾人、不满 14 周岁的未成年人的人身权利。在实践中，组织乞讨行为不但侵害了残疾人与儿童的身心健康，而且也对社会正常的管理秩序带来了混乱。其中，残疾人与儿童的身心健康是本罪的主要客体。

我国为残疾人制定了一系列的保障措施，基本上保障了残疾人的基本权利和生活需要，但被他人以暴力、胁迫手段组织以乞讨为生，是对其人格尊严、健康权与身体权的严重侵害。同样，对于儿童而言，乞讨生活会对其今后的人生产生非常大的负面影响，必将危害未成年人正常的成长发育。同时，有预谋、有组织的团体性乞讨会也对正常的社会秩序造成一定的混乱。

组织感染艾滋病病毒的残疾人、不满 14 周岁的未成年人乞讨，较之于普通的组织残疾人、儿童乞讨行为，显然具有更严重的社会危害性：一是将对残疾人、儿童造成更严重的侵害。与普通的残疾人、儿童相比，感染艾滋病病毒或者

罹患艾滋病的残疾人、儿童需要更好、更多的保护。行为人采取暴力、胁迫手段组织这类残疾人、儿童进行乞讨，既使得他们无法享受正常的生活条件，而且还可能剥夺他们接受作为艾滋病病毒感染者、艾滋病病人所应享有的医疗条件，必将对这类残疾人、儿童的身心健康造成更严重的侵害。二是将对社会秩序造成更严重的危害。这种危害既包括组织感染艾滋病病毒的残疾人或者不满 14 周岁的未成年人乞讨行为本身对社会秩序将造成更严重的影响，也包括组织感染艾滋病病毒的残疾人或者不满 14 周岁的未成年人乞讨行为给社会管理者提出了更大的难题和考验。因此，从强化对感染艾滋病病毒的残疾人、儿童的权利保护的角度，规定对组织感染艾滋病病毒的残疾人、儿童乞讨行为的从重处罚，符合罪责刑相适应原则的基本要求。

**第八条** 编造虚假的艾滋病疫情、警情，在信息网络或者其他媒体上传播，或者明知是虚假的艾滋病疫情、警情信息，故意在信息网络或者其他媒体上传播，严重扰乱社会秩序的，依照刑法第二百九十一条之一第二款的规定处理。

**【理由】**

本条是关于编造、故意传播虚假艾滋病疫情、警情行为构成编造、故意传播虚假信息罪的规定。

本条规定只是一个提示性规定，明确编造虚假的艾滋病疫情、警情，在信息网络或者其他媒体上传播，或者明知是虚假的艾滋病疫情、警情信息，故意在信息网络或者其他媒体上传播，严重扰乱社会秩序的行为构成编造、故意传播虚假信息罪，未规定要对其从重处罚。本条设置的理由主要是：

第一，编造、故意传播艾滋病虚假疫情、警情行为具有严重的社会危害性。随着网络的普及，编造、传播虚假信息已经从口头相告、打电话等常见方式过渡到通过网络散布的方式，违法犯罪分子经常使用手机短信、QQ、微信、微博、网络论坛等现代网络传播方式扩散虚假信息。以“微博”“微信”为代表的网络“自媒体”工具的广泛运用，为编造、传播虚假信息创造了有利条件。在“自媒体”语境下，网络社会的每一个参与者均能成为信息的发起源。虚假信息不仅严重扰乱网络环境，很多事件在网络舆论上形成拥堵，进而导致现实生活中引发群

体事件，严重扰乱社会秩序。例如，2014 年 12 月 2 日，浙江省东阳市就有微信网友发了一条耸人听闻的消息，称东阳一名 19 岁的少女染上艾滋病，3 个月来疯狂报复男人，已有 324 人中招。这位网友还好心“提醒”，要“高度警惕”，后经警方证实为虚假消息。[①] 2002 年初，有新闻媒体报道了天津发生的“扎针”事件。传闻有人为报复社会利用扎针的方式来传播艾滋病，由于艾滋病的巨大危险性，该传闻给天津市民造成了极大的恐慌，后来经官方证实没有此事才消除了民众的恐慌。[②] 此类行为一般都是以报复社会为目的，其在公共场所公然传播艾滋病的相关虚假消息，造成了社会的恐慌，严重扰乱了社会秩序，应当予以严惩。

第二，编造、故意传播虚假艾滋病疫情、警情的行为符合编制、故意传播虚假信息罪的构成要件但无须规定从重处罚。关于编造、故意传播虚假信息罪，刑法典第 291 条之一第 2 款规定：“编造虚假的险情、疫情、灾情、警情，在信息网络或者其他媒体上传播，或者明知是上述虚假信息，故意在信息网络或者其他媒体上传播，严重扰乱社会秩序的，处三年以下有期徒刑、拘役或者管制；造成严重后果的，处三年以上七年以下有期徒刑。”编造虚假的艾滋病疫情、警情并在信息网络或其他媒体上传播，符合编造、故意传播虚假信息罪的构成要件。不过，与编造、故意传播重大灾情、险情、疫情、警情相比，该行为的社会危害性并不凸显。这受制于艾滋病病毒的传播方式，它主要是通过血液、体液、母婴传播，与其他重大传染病相比，其传播的方式和速度并不突出，社会危害性也不明显大于其他编造、故意传播虚假信息的犯罪。因此，对编造、故意传播虚假艾滋病疫情、警情的行为，无须规定从重处罚。

**第九条** 黑社会性质组织的组织者、领导者组织、领导艾滋病病毒感染者、艾滋病病人实施违法犯罪活动，为非作恶，欺压残害群众的，对组织者、领导者，依照刑法第二百九十四条第一款的规定从重处罚。

---

① 朱丽珍. 网传“艾滋女报复男人致 324 人中招”虚假信息发布者被拘. 钱江晚报，2014-12-05.

② 天津“艾滋病扎针”的真实与谎言. 三联生活周刊，2014-01-15.



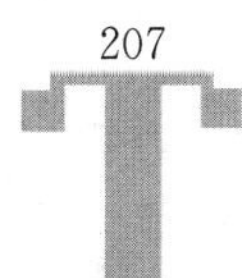

艾滋病病毒感染者、艾滋病病人参加黑社会性质的组织，但没有实施其他违法犯罪活动的，或者受蒙蔽、威胁参加黑社会性质的组织，情节轻微的，可不作为犯罪处理。

**【理由】**

本条是关于艾滋病病毒感染者、艾滋病病人涉黑社会性质组织犯罪的处罚规定。

本条设置的理由是为了区分艾滋病病毒感染者、艾滋病病人涉黑社会性质组织犯罪的不同责任。最高人民法院2010年发布的《关于贯彻宽严相济刑事政策的若干意见》第30条规定："对于恐怖组织犯罪、邪教组织犯罪、黑社会性质组织犯罪和进行走私、诈骗、贩毒等犯罪活动的犯罪集团，在处理时要分别情况，区别对待：对犯罪组织或集团中的为首组织、指挥、策划者和骨干分子，要依法从严惩处，该判处重刑或死刑的要坚决判处重刑或死刑；对受欺骗、胁迫参加犯罪组织、犯罪集团或只是一般参加者，在犯罪中起次要、辅助作用的从犯，依法应当从轻或减轻处罚，符合缓刑条件的，可以适用缓刑。""对于群体性事件中发生的杀人、放火、抢劫、伤害等犯罪案件，要注意重点打击其中的组织、指挥、策划者和直接实施犯罪行为的积极参与者；对因被煽动、欺骗、裹胁而参加，情节较轻，经教育确有悔改表现的，应当依法从宽处理。"据此，对于艾滋病病毒感染者、艾滋病病人涉黑社会性质组织犯罪的处罚应当区分两种情况：一是黑社会性质组织的组织者、领导者利用艾滋病病毒感染者、艾滋病病人实施违法犯罪活动的，应当从重处罚，因为它在加重危害社会公共秩序的同时，也必定会在一定程度上侵害艾滋病病毒感染者、艾滋病病人的人身权利，有必要对其从严惩治。二是艾滋病病毒感染者、艾滋病病人参加黑社会性质组织且没有从严处罚情节的，应适当予以从宽处罚。具体而言，可包括两种情形，即"没有实施其他违法犯罪活动的"和"受蒙蔽、威胁参加黑社会性质的组织，情节轻微的"，可考虑不将其作为犯罪处理。这也是贯彻宽严相济刑事政策之该严则严、当宽则宽的具体体现。

**第十条** 明知自己感染艾滋病病毒而卖淫、嫖娼的，依照刑法第三百六十条

的规定，以传播性病罪从重处罚。

犯前款罪，同时构成其他犯罪的，依照处罚较重的规定定罪处罚。

**【理由】**

本条是关于以卖淫、嫖娼的方式传播艾滋病病毒构成传播性病罪的规定。

本条设置涉及的争议点，是以我国刑法典第360条传播性病罪对以卖淫、嫖娼方式传播艾滋病的行为定罪处罚是否合适。对此，有些学者持否定态度。例如，有学者认为，“由于现行刑法第360条规定的故意传播性病罪没有明确列举艾滋病，根据该条惩治故意传播艾滋病的行为似乎依据不足，故有必要修改完善这一条款，以加强对故意传播艾滋病行为的打击和预防。”[①] 也有学者认为，从字面上看，传播艾滋病的行为构成传播性病罪，但是经过仔细分析，并不构成此罪。[②] 持否定立场的学者主要有如下理由：（1）传播性病罪对传播艾滋病行为等同于传播梅毒、淋病等行为不合适。毫无疑问，故意传播艾滋病行为的社会危害性明显大于传播梅毒、淋病等严重性病。虽然从艾滋病的性质来看，现代医学认为，艾滋病与淋病、梅毒同属于严重传染病，而且都属于性病的范畴，但是淋病、梅毒等性病可以治愈，而艾滋病目前尚没有有效治愈办法。因而感染艾滋病后死亡率极高，艾滋病成为一种致命性的传染病。就此而言，故意传播艾滋病行为的社会危害性要明显大于故意传播其他可治愈的性病，应在刑法上分别予以不同的评价和治理。（2）以传播性病罪规制故意传播艾滋病的行为不能做到罪责刑相适应。传播性病罪的法定刑为“五年以下有期徒刑、拘役或者管制，并处罚金”。但正如上所述，艾滋病是一种致命性的传染病，故意传播艾滋病的行为具有严重的社会危害性，相比之下传播性病罪的法定刑过低，以该罪的法定刑对故意传播艾滋病的行为进行定罪处罚难以实现罪责刑相适应。

本意见稿认为，虽然针对传播艾滋病的行为，我国刑法典第360条传播性病

---

① 金泽刚. 关于惩治故意传播艾滋病行为的立法建议——兼论刑法第三百六十条的修改完善. 中国刑事法杂志，2001（1）.

② 陈旭文. 故意传播艾滋病行为的刑法适用. 河北法学，2001（1）.



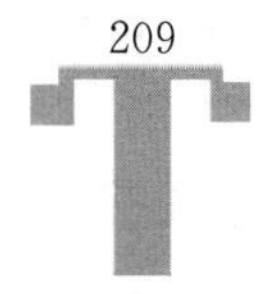

罪的立法确实存在行为范围过窄以及罪责刑不协调等方面的问题，但是在我国刑法典尚未将传播艾滋病的行为独立成罪的条件下，一般而言，将明知自己感染了艾滋病病毒卖淫、嫖娼的行为以传播性病罪从重处罚，具有相当的合理性。这是因为：

一方面，这符合传播性病罪的构成要件要求。根据我国刑法典第 360 条的规定，只要行为人明知自己患有梅毒、淋病等严重性病而实施卖淫、嫖娼行为的，即构成传播性病罪。可见，该条款对传播性病罪的犯罪构成设置了两方面的硬性要求：一是行为人患有严重性病；二是行为人实施了卖淫、嫖娼的行为。对于第一个要求，只要行为人患有的是严重性病即可。我国刑法典第 360 条对于疾病种类的规定采取的是“列举＋概括”的方式，即行为人所患疾病为严重性病，包括梅毒、淋病以及其他与梅毒、淋病的严重程度相当的性病。因此，严重性病不限于梅毒与淋病，只要其危害性达到梅毒与淋病的程度，就应当为该条款所规定的严重性病。对于艾滋病而言，正如前述观点所言，由于其属于性病的范围且无法被治愈，艾滋病的严重程度一般要高于梅毒与淋病。根据“举轻以明重”的原则，艾滋病也应当为该条款所规定的严重性病。对于第二个要求，不能因为卖淫、嫖娼无法囊括艾滋病传播的全部情形，而否定通过卖淫、嫖娼传播艾滋病的行为构成传播性病罪的可能。只要行为人在明知自己患有艾滋病的情况下依然实施卖淫、嫖娼的行为，就符合传播性病罪的行为要件。

另一方面，这符合该类犯罪控制的实际需要。根据中国疾病预防控制中心的统计，2015 年 1 月至 10 月新报告 9.7 万病例，在性传播、血液传播和母婴传播三种主要的艾滋病病毒传播途径中，异性性接触传播占 66.6％，男性同性性行为传播已经占到了 27.2％。可见，性途径已经逐渐成为艾滋病传播的主要途径。而在艾滋病的性传播中，通过卖淫、嫖娼行为传播艾滋病的情况较为严重。卖淫与嫖娼是以金钱为媒介的不正当的性交易，卖淫、嫖娼主体之间大多互不相识，难以判断对方是否患有艾滋病。对于对方是否患有艾滋病，行为人一般情况下很难作出准确判断。所以，卖淫、嫖娼的行为人更加容易感染艾滋病；同时，卖淫、嫖娼行为通常具有隐蔽性，负责艾滋病防治的相关部门难以有效掌控。虽然

我国并未将卖淫、嫖娼的行为予以犯罪化处理，但卖淫、嫖娼的行为在我国并不合法。为了逃避法律的追究，卖淫、嫖娼的交易场所及交易过程通常具有隐蔽性，这对防治以此类方式传播艾滋病的工作将会造成严重阻碍。因此，我国有必要对通过卖淫、嫖娼方式传播艾滋病的行为以传播性病罪从重处罚。

基于此，对于明知自己感染了艾滋病病毒而卖淫、嫖娼的，应当依照我国刑法典第 360 条的规定，以传播性病罪从重处罚。不过，作为例外，本意见稿认为，如果行为人明知自己感染艾滋病病毒，在卖淫、嫖娼过程中故意不采取保护措施，则可能同时构成本意见稿第 1 条等条款所规定的犯罪，对此，应依照处罚较重的规定定罪处罚。有鉴于此，对于这种情况，根据竞合犯的处罚原则，应当择一重罪定罪处罚。

**第十一条** 组织、教唆、胁迫、诱骗、煽动艾滋病病毒感染者、艾滋病病人从事犯罪活动，构成相关犯罪的，依照刑法有关规定从重处罚。

**【理由】**

本条是关于组织、教唆、胁迫、诱骗、煽动艾滋病病毒感染者、艾滋病病人从事犯罪活动的从重处罚规定。

本条设置的理由是利用艾滋病病毒感染者、艾滋病病人实施犯罪具有更大的社会危害性和治理的必要。这具体体现在：一是与普通的犯罪人相比，艾滋病病毒感染者、艾滋病病人因其身份的特殊性而具有特别的威慑性。在当前的医疗水平下，艾滋病尚无法被治愈，在一般人的观念里，感染艾滋病病毒意味着直接面临死亡的威胁。所以，未感染艾滋病的人基于感染艾滋病的忌惮会对艾滋病病毒感染者、艾滋病病人产生特殊的恐惧心理。二是艾滋病群体的某些特殊需求使其更易被犯罪分子所操控。例如，因为艾滋病的治疗需要高昂的费用，有些艾滋病患者为了维持治疗，甚至倾家荡产，进而不得不寻求非法手段来获取财物；又如，某些艾滋病患者本身由于无法治愈而产生心理上的负面情绪，加之在社会上受到某些不平等的待遇，很可能会产生报复社会的扭曲心理。因此，艾滋病群体的这些负面心理，给不法分子留下了广泛的可利用空间。三是对艾滋病病毒感染者、艾滋病病人实施关押与侦查存在难度。我国《看守所条例》第 10 条规定：

“看守所收押人犯，应当进行健康检查，有下列情形之一的，不予收押：（一）患有精神病或者急性传染病的……”我国《刑事诉讼法》（2012 年）第 254 条[①]规定：“对被判处有期徒刑或者拘役的罪犯，有下列情形之一的，可以暂予监外执行：（一）有严重疾病需要保外就医的……”可见，我国现有的法律赋予了艾滋病犯罪人更大的非监禁可能性。而科学、合理设计艾滋病人的羁押场所等技术性问题增加了监管艾滋病犯罪嫌疑人、罪犯的难度。

实践中，不乏利用艾滋病病毒感染者、艾滋病病人实施犯罪的案例。例如，2015 年 6 月湖北省公安机关打掉孝感市最大黑社会性质组织犯罪团伙，团伙头目连国胜以及 22 名团伙成员被抓获，连国胜以组织领导黑社会性质组织罪等六罪并罚被判处有期徒刑 20 年，并查封没收个人资产 1.2 亿元。在该案中，黑社会头目连国胜所培养的暴力团伙头目郭志勇，是一名艾滋病病毒感染者。他不仅藏有枪支、砍刀等作案工具，还仗着自己感染艾滋病病毒，四处进行恐吓[②]；又如，2014 年，一群自称艾滋病患者的人员住进待拆迁的南阳市三厂小区，恐吓居民，而“艾滋病拆迁队”到三厂小区后，已有十几户人家因为害怕搬走了。这些艾滋病患者时常替讨债公司“收账”，据相关人士介绍，艾滋病患一旦接到讨债的业务，就会天天跟着债务人，并且出示艾滋病病历卡。如果债务人躲在家里，他们会朝住户家门口吐口水，骂脏话。如果再不给钱，他们还会掏出一针管酷似血液的红色液体，威胁债务人。[③] 再如，2015 年江苏省苏州市公安局吴中分局越溪派出所一举摧毁一个雇佣艾滋病病人恶意讨薪的违法犯罪团伙，涉案艾滋病病人多达 11 人。苏州某汽车配件公司与一家建筑装饰公司因装修工程余款结算问题存在纠纷，后该建筑装饰公司法人倪某找到职业讨债公司老板代某，通过包工头陆某（艾滋病患者）雇佣 10 名安徽利辛籍艾滋病病人多次至汽车配件公司，通过堵门、堵车的方式恶意讨要欠款，严重扰乱该单位秩序。经公安机关侦

① 该条在 2018 年修法后成为第 265 条。——笔者补注

② 湖北双面黑老大：雇艾滋病人咬人 三只藏獒看门. http://hb.ifeng.com/app/hb/detail_2015_06/18/4019758_0.shtml.（2015-06-18）.

③ 吴伟，涂重航，尹瑞涛. 驻马店艾滋病拆迁队：熟人介绍“生意”. 新京报，2014-12-26.

查查明，建筑装饰公司法人倪某找到职业讨债公司老板代某以讨到工程款数额的10%作为酬劳，通过包工头陆某（艾滋病患者）雇佣10名安徽利辛籍艾滋病人进行工程款讨要，包吃包住并支付每人每天300元报酬。①

一般情况下，与普通的刑事犯罪相比，利用艾滋病病毒感染者、艾滋病病人实施犯罪的情况往往具有更大的社会危害性。因此，对这类犯罪人，应当加大惩处力度。有鉴于此，从贯彻宽严相济刑事政策的角度看，对于组织、教唆、胁迫、诱骗、煽动艾滋病病毒感染者、艾滋病病人从事犯罪活动的，构成犯罪的，应当从重处罚。在内涵上，这里的“组织”是指纠集、串联多名艾滋病病毒感染者、艾滋病病人实施犯罪的行为；“教唆”是指故意唆使艾滋病病毒感染者、艾滋病病人实施犯罪的行为；“胁迫”是指通过暴力威胁或精神威胁艾滋病病毒感染者、艾滋病病人实施犯罪的行为；“诱骗”是指采取欺骗的手段诱使艾滋病病毒感染者、艾滋病病人实施犯罪的行为；“煽动”是指以口头、书面、视频音频等方式对艾滋病病毒感染者、艾滋病病人进行鼓动、宣传进而实施犯罪的行为。这里的“构成犯罪的，应当从重处罚”，是指无论上述行为独立成罪还是与艾滋病病毒感染者、艾滋病病人构成共同犯罪，都应当在法定刑之内选择较重的刑种或者较长的刑期。当然，作为从重处罚的条件，犯罪的实施与艾滋病病毒感染者、艾滋病病人特殊的威慑性与恐怖性之间必须具有因果关系。如果行为人没有利用艾滋病病毒感染者、艾滋病病人这种特殊身份实施犯罪的，则不应当从重处罚。

**第十二条** 艾滋病病毒感染者、艾滋病病人以传染艾滋病病毒相威胁或者利用艾滋病病毒感染者、艾滋病病人身份，实施绑架、抢劫、敲诈勒索、故意毁坏财物、妨害公务、寻衅滋事等行为，构成犯罪的，依照刑法有关规定从重处罚。

**【理由】**

本条是关于艾滋病病毒感染者、艾滋病病人利用自身感染艾滋病病毒的情况

① 马超．江苏一公司雇佣艾滋病人恶意讨薪：每人每天300元．（2015-11-10）http：//politics. people. com. cn/n/2015/1110/c70731-27799721. html.



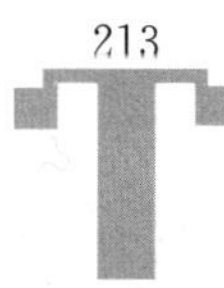

或者以传染艾滋病病毒相威胁实施犯罪的从重处罚规定。

本条设置的理由是该类行为具有更大的社会危害性。如前所述，艾滋病对许多人而言具有特殊的心理威慑性。如果艾滋病病毒感染者、艾滋病病人以感染艾滋病相威胁，实施抢劫、绑架、敲诈勒索、故意毁坏财物、妨害公务、寻衅滋事等犯罪行为，将会在犯罪过程中给被害人造成巨大的心理强制，犯罪成功的概率将会增大。艾滋病病毒感染者、艾滋病病人利用其患有艾滋病的犯罪优势来实施犯罪行为，因此也具有更大的社会危害性。我国实践中不乏这方面的案例：2014年3月秦淮公安分局禁毒大队民警林孔赛与同事在抓捕犯罪嫌疑人张某时，患有艾滋病的张某利用带有其血液的针管阻碍抓捕，并且在抓捕的过程中张嘴咬了民警林孔赛，致使林孔赛在一段时间内承受了很大的精神压力。[①] 可见，以感染艾滋病相威胁妨害公务的行为，不仅会严重阻碍执法，而且还会给执法主体造成长期的心理损害。

同时，以感染艾滋病相威胁实施的犯罪行为的危害性还表现在对其关押与侦查取证的难度上。如前所述，我国相关法律对艾滋病病人设置了一些不予关押的条款。例如，根据我国《刑事诉讼法》（2012年）第254条的规定，有严重疾病需要保外就医的可以暂予监外执行。因此，患有艾滋病的罪犯有不予监管的合法依据；又如，根据《看守所条例》第10条的规定，患有精神病或者急性传染病的，看守所不予收押。此外，与一般的犯罪嫌疑人和罪犯不同，艾滋病病人具有使他人感染艾滋病病毒的危险，怎样合理关押艾滋病病人增加了执行的难度。而艾滋病病人也有可能利用感染艾滋病的危险来阻碍侦查人员的执法活动。

因此，对于艾滋病病毒感染者、艾滋病病人以传染艾滋病病毒相威胁，实施绑架、抢劫、敲诈勒索、故意毁坏财物、妨害公务等行为的，如果构成犯罪，应当从重处罚。这样才能更好地保证罪责刑相适应原则的贯彻。

**第十三条** 明知他人感染艾滋病病毒，不采取保护措施与其实施性行为、共

① 民警惊险缉毒：艾滋毒贩突发狂张嘴咬我右手一口.（2015－06－26）http://m.cnr.cn/news/20150626/t20150626_518969185.html.

用针头等危险行为，感染艾滋病病毒的，对艾滋病病毒感染者、艾滋病病人，不作为犯罪处理。

**【理由】**

本条是关于自陷感染艾滋病病毒风险的责任规定。

本条设置的理由是被害人自陷风险的责任理论及其贯彻。被害人自陷风险，亦称风险接受、自担风险，是指被害人意识到危险并且自己积极地走进风险，或者被害人单纯被动地意识到危险，从而在被害人和行为人的共同作用下产生了法益侵害的结果。在自陷风险的情况下，由于被害人已经意识到了其行为的危险性，但仍然实施该行为，并最终导致了其自身权利受到侵害。由于被害人对危害结果的发生具有自由意志，因此其应对自身法益受到侵害的结果承担责任，对此不能追究行为人的刑事责任。

在可能感染艾滋病病毒的场合，被害人的行为具有两种情形：一是行为人明知他人感染艾滋病病毒，但为感染艾滋病病毒，仍积极地与他人发生可能导致其自己感染艾滋病病毒的危险行为。这种情形在实践中极为罕见，但境外确有这方面的报道。这种情形中，感染艾滋病病毒是被害人积极追求的结果，根据被害人承诺原理，当然不能追究艾滋病病毒感染者、艾滋病病人的刑事责任。二是行为人明知他人感染艾滋病病毒，但仍与对方发生可能导致其感染艾滋病病毒的危险行为，进而感染了艾滋病病毒。这种情形中，被害人对其可能感染艾滋病病毒的风险明知，如行为人将其感染艾滋病病毒的情况明确告知了被害人，根据自陷风险原理，被害人对可能感染艾滋病病毒有认识且具有相应的意志自由，其应对自己感染艾滋病病毒的后果承担责任，对此不应追究艾滋病病毒感染者、艾滋病病人的刑事责任。

**第十四条**　艾滋病病毒感染者、艾滋病病人隐瞒感染艾滋病病毒的事实，导致家庭成员感染艾滋病病毒的，一般不作为犯罪处理。

**【理由】**

本条是关于艾滋病病毒感染者、艾滋病病人过失传播艾滋病病毒行为的责任规定。



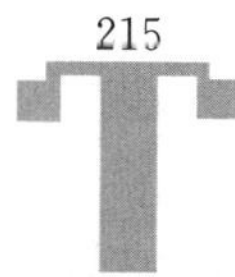

本条设置的理由是对于艾滋病病毒感染者、艾滋病病人过失导致家庭成员感染艾滋病病毒的，不宜作为犯罪处理。艾滋病病毒感染者、艾滋病病人隐瞒感染艾滋病病毒的事实，导致家庭成员感染艾滋病病毒的，属于过失传播艾滋病病毒的行为。本意见稿认为，结合我国刑法典的立法现状和防止艾滋病传播的实际需要，我国当下不宜将过失传播艾滋病行为入罪。① 这是因为：

第一，将过失传播艾滋病行为入罪与我国刑法典第 330 条妨害传染病防治罪的立法不相协调。一般认为，我国刑法典第 330 条的妨害传染病防治罪包含过失犯罪，入罪门槛是“引起甲类传染病传播或者有传播严重危险”。而根据我国《传染病防治法》第 3 条的规定，艾滋病属于乙类传染病。在立法未将乙类传染病纳入过失传播犯罪范围的情况下，单独将过失传播艾滋病这一乙类传染病的行为入罪，不符合刑法典第 330 条将乙类传染病排除妨害传染病防治罪范围的立法目的。

第二，将过失传播艾滋病行为入罪与我国加强艾滋病病人权益趋向不相符合。随着人们对艾滋病的认识深化，艾滋病病人作为一类特殊群体的权益保障问题日益受到重视。国务院颁布的《艾滋病防治条例》第 3 条规定：“任何单位和个人不得歧视艾滋病病毒感染者、艾滋病病人及其家属。艾滋病病毒感染者、艾滋病病人及其家属享有的婚姻、就业、就医、入学等合法权益受法律保护。”艾滋病的主要传播方式是性行为、血液和血液制品、母婴传播等。将过失传播艾滋病行为入罪，将极大限制艾滋病人、艾滋病感染者的结婚、生育等权利，同时也将对艾滋病病人、艾滋病病毒感染者的日常生活带来极大的不便，因为从过失犯罪的角度看，只要艾滋病病人、艾滋病病毒感染者客观上造成了他人感染艾滋病的结果，且艾滋病病人、艾滋病病毒感染者对自身感染艾滋病病毒明知，基本都可推定其主观上有过失，这容易造成艾滋病病人、艾滋病病毒感染者与家庭、社

① 当然，对于负有特定职责的国家机关工作人员过失导致艾滋病传播的，则可依照我国刑法典分则第九章的渎职犯罪追究行为人的刑事责任。考虑这类主体的特殊性，而本报告论述的是一般主体传播艾滋病的行为。故在此不对特定主体过失传播艾滋病行为的刑事责任问题进行论述。

会的隔离。

因此，艾滋病病毒感染者、艾滋病病人隐瞒感染艾滋病病毒的事实，导致家庭成员感染艾滋病病毒的，不宜作为犯罪处理，但应对其采取必要的行政措施。

**第十五条** 艾滋病病毒感染者、艾滋病病人以传染艾滋病病毒相威胁或者利用艾滋病病毒感染者、艾滋病病人身份实施犯罪，被判处管制、宣告缓刑的，人民法院应当禁止其在管制执行期间、缓刑考验期限内从事特定活动，进入特定区域、场所，接触特定的人。

**【理由】**

本条是关于艾滋病病毒感染者、艾滋病病人适用禁止令的规定。

本条设置的理由是对感染艾滋病病毒的犯罪分子予以管束的必要性。我国刑法典第38条第2款规定："判处管制，可以根据犯罪情况，同时禁止犯罪分子在执行期间从事特定活动，进入特定区域、场所，接触特定的人。"第72条规定："宣告缓刑，可以根据犯罪情况，同时禁止犯罪分子在缓刑考验期限内从事特定活动，进入特定区域、场所，接触特定的人。"据此，对于被判处管制、宣告缓刑的艾滋病病毒感染者、艾滋病病人，人民法院可以根据犯罪情况，禁止犯罪分子在管制执行期间、缓刑考验期限内从事特定活动，进入特定区域、场所，接触特定的人。

不过，本意见稿认为，艾滋病病毒感染者、艾滋病病人以传染艾滋病病毒相威胁或者利用艾滋病病毒感染者、艾滋病病人身份实施犯罪，被判处管制、宣告缓刑的，人民法院应当禁止其在管制执行期间、缓刑考验期限内从事特定活动，进入特定区域、场所，接触特定的人，即将适用禁止令的情形由"可以"上升为"应当"。理由主要包括两个方面：一是"艾滋病病毒感染者、艾滋病病人以传染艾滋病病毒相威胁或者利用艾滋病病毒感染者、艾滋病病人身份实施犯罪"可作为人民法院对犯罪分子适用禁止令的"犯罪情节"因素。我国刑法典赋予了人民法院根据"犯罪情节"决定是否对犯罪分子适用禁止令的自由裁量权。这里的"犯罪情节"包括了犯罪的手段、方法、对象等。将"艾滋病病毒感染者、艾滋病病人以传染艾滋病病毒相威胁或者利用艾滋病病毒感染者、艾滋病病人身份实施犯罪”作为人民法院对犯罪分子适用禁止令的“犯罪情节”，符合刑法典的规定，具有充分的法律根据。二是对于“以传染艾滋病病毒相威胁或者利用艾滋病病毒感染者、艾滋病病人身份实施犯罪”的艾滋病病毒感染者、艾滋病病人有适用禁止令的必要。客观地说，实践中部分艾滋病感染者、艾滋病病人之所以以传染艾滋病病毒相威胁或者利用艾滋病病毒感染者、艾滋病病人的身份实施犯罪，除了艾滋病病毒感染的可能性能够对被害人形成较大的心理威慑，以方便其犯罪行为的实施，更为重要的是，这部分艾滋病病毒感染者、艾滋病病人认为司法者也会忌惮其身份而不敢给予其应有的处罚。而在我国刑法典中，被判处管制、宣告缓刑的犯罪分子不需要被关押，只需实行社区矫正，惩罚性很弱。这恰恰印证了该部分艾滋病病毒感染者、艾滋病病人的观念，进而可能助长他们的犯罪行为。因此，对这部分艾滋病病毒感染者、艾滋病病人规定必须适用禁止令，禁止其在管制执行期间、缓刑考验期限内从事特定活动，进入特定区域、场所，接触特定的人。

**第十六条** 本解释所称艾滋病，是指人类免疫缺陷病毒（艾滋病病毒）引起的获得性免疫缺陷综合征。

行为人对自己是否感染艾滋病病毒提出异议的，由公安机关、人民检察院、人民法院委托专门机构进行鉴定。

**【理由】**

本条是关于艾滋病等相关概念及艾滋病鉴定程序的规定。

本条设置的理由是司法解释明确艾滋病及鉴定程序的必要性。关于艾滋病的概念，我国《艾滋病防治条例》第63条规定，艾滋病，是指人类免疫缺陷病毒（艾滋病病毒）引起的获得性免疫缺陷综合征。考虑到《艾滋病防治条例》属于国务院颁布的行政法规，对此有必要在司法解释予以进一步明确。

关于艾滋病的检测程序，我国《艾滋病防治条例》多个条文都作了规定，其第23条规定：“国家实行艾滋病自愿咨询和自愿检测制度。”“县级以上地方人民政府卫生主管部门指定的医疗卫生机构，应当按照国务院卫生主管部门会同国务院其他有关部门制定的艾滋病自愿咨询和检测办法，为自愿接受艾滋病咨询、检

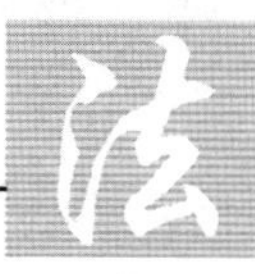

测的人员免费提供咨询和初筛检测。”第 24 条规定：“国务院卫生主管部门会同国务院其他有关部门根据预防、控制艾滋病的需要，可以规定应当进行艾滋病检测的情形。”目前我国对艾滋病的检测主要采取的是自愿检测制度，但特定情况下也可进行强制检测。因此，行为人对自己是否属于艾滋病病毒感染者、艾滋病病人提出异议的，可由公安机关、人民检察院、人民法院委托专门机构进行鉴定。这不违反我国《艾滋病防治条例》的规定。同时，我国 2006 年发布的《全国艾滋病检测工作管理办法》第 5 条规定：“省级以上卫生行政部门根据医疗卫生机构布局和艾滋病流行情况，统筹规划确定承担艾滋病检测工作的实验室。”据此，艾滋病的检测工作应由省级以上卫生行政部门指定的承担艾滋病检测工作的实验室进行检测。

# 英国家庭暴力犯罪风险评估及其启示*

## 一、前言

风险管理作为一种新的社会治理方式，近年来逐渐被司法系统所接受和应用，其目的是通过采取适当和及时的强制措施与制裁方式来为受害者提供更好的保护。21 世纪初，“风险（risk）”的概念被各国引入司法实践中，各类风险评估随之成为司法机关获取相关信息的重要工具。而在司法实践中通过对已经发生的家庭暴力或其他犯罪中的受害者进行系统评估，其目的是进而对甄选识别出的高风险受害者给与特定的关注与保护。本文拟对颇具特色的英国家庭暴力风险评估系统的产生、内容及如何运作这几个方面进行介述分析，同时指出其实践中存在的问题，并阐明英国暴力风险评估系统对我国治理家庭暴力工作的启示。

* 与丁文焯硕士合著，原载《南都学坛》2020 年第 2 期。

## 二、英国家庭暴力风险评估的出现与发展

### （一）相关背景与基础

1. 难以遏制的家庭暴力犯罪

家庭暴力犯罪也被称为亲密伴侣犯罪（Intimate partner violence），其受害者以女性为主。而针对暴力侵害妇女的行为，联合国《消除对妇女暴力行为宣言》将其定义为“任何可能导致对女性身体、性或心理伤害与痛苦的基于性别的暴力行为”①。与之相对应的，针对女性的家庭暴力行为包括使用凶器的家庭凶杀行为、各种形式与不同程度的身体暴力、性暴力与强迫性行为、持续侮辱与恐吓的精神虐待以及其他控制行为。② 该类行为在英国现实中尤为严峻：根据伦敦警察厅（Metropolitan Police）在2003年搜集的数据显示，家庭成员之间发生的凶杀案占伦敦凶杀案的25%，占苏格兰和威尔士所有凶杀案的35%③，英国内政部在2002—2003年对苏格兰和威尔士进行的英国犯罪调查（British Crime Survey）中指出，有45%的女性在其一生中至少遭受过一次来自情人、同居人或是丈夫的暴力对待，而家庭暴力的特点在于其重复性，数据表明有56%的家庭暴力受害者仅遭受过一次侵害，而23%的受害者遭受过三次及三次以上的家庭暴力侵害。④

针对此现状，英国法律在20世纪末针对男性对其伴侣的暴力行为进行过

---

① United Nations. Declaration on the Elimination of Violence Against Women. [2018-12-23] https://en.wikipedia.org/wiki/Declaration_on_the_Elimination_of_Violence_Against_Women.

② Watts C., Zimmerman C. Violence Against Women: Global Scope and Magnitude. The Lancet, 2002, 359 (9313), 1232-1237.

③ Laura L. Findings from the Multi-agency Domestic Violence Murder Reviews in London. [2018-12-23] https://www.dashriskchecklist.co.uk/wp-content/uploads/2016/09/Findings-from-the-Domestic-Homicide-Reviews.pdf.

④ Sylvia W., Jonathan A. Domestic Violence, Sexual Assault and Stalking: Findings from the British Crime Survey. [2018-12-23] http://nomsintranet.org.uk/roh/official-documents/HomeOfficeResearchStudy276.pdf.

多种改革，其中包括设置家庭暴力犯罪所特有的强制性逮捕、强制起诉以及各种形式的强制监禁，但都收效甚微，有关家庭暴力的逮捕率、起诉率以及监禁率依旧持续低迷。同时期内，英国在针对男性于亲密关系中的性暴力方面也作出过诸多法律改革，其中就包括撤销婚姻关系中的强奸豁免，以及通过减少性暴力起诉的必备要件和加大惩罚力度等改革来鼓励对于家庭性暴力犯罪①的控告，但亲密关系中的性暴力的犯罪率依旧居高不下，并且有着巨大的犯罪黑数。

家庭暴力犯罪过高的黑数归因于施暴人与受害者之间关系的特殊性，以及外界甚至警务人员与司法机关对于家庭矛盾与其他违反犯罪行为所持态度的微妙不同。这导致在刑事司法过程中，许多警务人员未能对受害者提供有效的回应与及时的帮助，从数据上看，仅有大约66%的家庭暴力犯罪受害者表示自己受到了警方应有的援助。② 除了司法机关的消极作为外，受害者本人也容易受到家人甚至家庭暴力行为人的劝阻而撤销上诉，从而导致刑事诉讼中家庭暴力犯罪案件的高流失率。③ 为改善这一被动局面，司法机关采取了相应的主动逮捕和宣判政策，但由于缺乏配套且有效的矫正与治疗手段，在遏制与预防家庭暴力犯罪的方面没有收到预期成效④，这也促成了之后针对家庭暴力行为风险评估工具的产生。

2. SARA工具的可借鉴性

在20世纪90年代的北美，以风险发生的原因与结果为基础的理论研究开始大量出现，并在此基础上开发了多种评估工具，用以识别新出现的、更容易遭到

---

① Carolyn H. Negotiating Domestic Violence: Police, Criminal Justice and Victims. Oxford: Oxford University Press, 1999: 247-248.

② Laura L. Findings from the Multi-agency Domestic Violence Murder Reviews in London. [2018-12-23] https://www.dashriskchecklist.co.uk/wp-content/uploads/2016/09/Findings-from-the-Domestic-Homicide-Reviews.pdf.

③ Linda G. M. The Heart of Intimate Abuse: New Interventions in Child Welfare, Criminal Justice, and Health Setting. Spring Publishing Co, 1999, 65 (2): 185.

④ Donald G. D., Philip R. K. A Review of Domestic Violence Risk Instruments. Trauma, Violence, & Abuse, 2000, 1 (2): 171-181.

亲密伴侣严重攻击的高风险女性受害者。[①] 其中较为普遍适用的是配偶威胁风险评估（Spousal Assault Risk Assessment）与安大略家庭威胁风险评估（Ontario Domestic Assault Risk Assessment），即 SARA 与 ODARA 这两种评估工具。

SARA 作为一项结构清晰的专业判断工具，是为家庭暴力犯罪开发的首批量表之一，以基于访谈的纸笔评估为主要形式，通过对于各种变量的采集与分析，旨在帮助心理健康专业人员判断被采访者是否有威胁其配偶、子女或其他家庭成员的可能，从而确定其实施家庭暴力犯罪的可能性与程度大小。SARA 中作为家庭暴力犯罪风险评估的变量有 20 项，其中囊括了行为人的犯罪史、生理调节功能、婚内暴力行为史与最近一次的违法犯罪行为，以及其他应当被考虑的开放性因素。[②] 通过与施暴人以及受害者的面谈，量化行为人曾经作出的身体虐待与情感虐待，并结合行为人的药物与酒精滥用历史，审查其包括警方报告、受害者陈述在内的犯罪记录，对行为人进行全方位的心理评估，将其评价为高、中、低三个家庭暴力风险等级。[③]

与倾向于为心理专业人士服务的 SARA 相比，ODARA 工具将风险评估变量更加精细化处理，由此减少由访谈所产生的数据中主观因素的影响比重，从而供基层警务人员来评估并预测未来可能发生家庭暴力事件。ODARA 同样采用多变量的方式，将可能发生家庭暴力的潜在变量分为六组，分别为行为人特征、家庭暴力行为史、一般犯罪行为史、家庭关系特征、受害者特征以及家庭暴力行为的详细特征，各组共包括 38 项具体变量，包括行为人与受害者是否出现失业与

---

① Lauren B. C. , Lisa A. G. Risk Factors for Reabuse in Intimate Partner Violence：A Cross-Disciplinary Critical Review. Trauma，Violence & Abuse，1999：141－175.

② Kroop P. R. , Hart，S. D. , Webster C. D. , Eaves D. Manual for the Spousal Assault Rosl Assessment Guide（2nd edition）. British Columbia：The British Columbia Institute on Family Violence，1995，35（3）：778.

③ MHS. Spousal Assault Risk Assessment. ［2018－11－20］https://books. google. fr/books? hl＝zh-CN&lr＝&id＝r6bHBQAAQBAJ&oi＝fnd&pg＝PA227&dq＝Spousal＋Assault＋Risk＋Assessment&ots＝r0vSYkKjtC&sig＝zLPk2ZHyO3F_8of4J4bT_5WGxk8＃v＝onepage&q＝Spousal%20Assault%20Risk%20Assessment&f＝false.

自杀情况、是否有药物滥用前科、性嫉妒报告、是否抚养孩子以及儿童的情况等各项详细类别指标，最大限度减少由于交叉验证所导致的数据分析利用率的收缩，同时删除SARA中的开放性问题，并建议通过现场模拟对警务人员进行各项培训，由此来控制主观因素对潜在变量数值的污染程度。①

在正式的临床适用中，由于SARA各类变量依赖于警务人员记录以及其他附属记录来评分，而这些记录与信息来源往往存在残缺或表意不明，所以难以判断大多数项目分数，故SARA在实践中能够大范围起到评估作用的变量只有14项，这14项变量在后期也得到了多次修改。而根据统计学的研究结果表明，除了一般的累犯之外，这14项SARA变量对暴力犯罪与家庭暴力犯罪风险具有非常好的预测准确性。② 同时，就ODARA工具而言，由于其所得到数据与评估直接来源于警方记录所带来的样本，因此其作为警方报告的病例风险预测工具同样收到良好效果，甚至对家庭暴力犯罪之外的一般家庭暴力行为同样有着较为准确的预测作用。③ 这些风险评估工具的理论与临床应用，都为英国在21世纪初将“风险”理论引入司法实践并进一步研发本国的家庭暴力风向评估工具提供了有力支撑。

## 三、英国关于家庭暴力风险评估的相关举措

### （一）立法与相关政策

基于英国内务部所提交的《政府关于家庭暴力的建议》（Safety and Justice：the Government′s Proposals on Domestic Violence）以及《双重危险和起诉上

---

① Hilton Z. N.，Harris T. G.，Rice E. M.，Lang C.，Cormier A. C. A Brief Actuarial Assessment for the Prediction of Wife Assault Recidivism：The Ontario Domestic Assault Risk Assessment. Psychological Assessment，2004，16（3）：267－275.

② Helmus L.，Bourgon G.. Talking Stock of 15 Years of Research on the Spousal Assault Risk Assessment Guide（SARA）. A Critical Review. International Journal of Forensic Mental Health，2004（10）. 64－75.

③ Jung S.，Buro K. Appraising Risk for Intimate Partner Violence in a Police Context. Criminal Justice and Behavior，2017，44（2）：240－260.

诉》(Double Jeopardy and Prosecution Appeals）等若干报告，英国国会在 2004 年颁布了《家庭暴力，犯罪与受害者法案》(Domestic Violence, Crime and Victims Act 2004)，指出普通攻击（common abuse）是可以被逮捕的罪行（arrestable offence）以及法院对被宣告无罪的人也可以施加限制令（restraining orders)。[①] 这意味着在家庭暴力犯罪的案件中，如果警务人员认为受害者有再一次遭受家庭暴力侵害的高度风险性，那么可以将仅仅实施了普通攻击行为、尚未构成家庭暴力的施暴人予以逮捕，而不是被迫让其与受害者一同离开，限制令则可以起到限制施暴人接近、骚扰受害者的作用，否则施暴人将会被强制执行限制令的内容，这有利于避免高风险受害者再次受到家庭暴力的侵害。在警务人员权利方面，该法案允许法警在必要时使用武力进入私人房屋，推翻了 1604 年后 Semayne 案所确定的司法惯例，即城堡主义（Castle doctrine)[②]，这有利于法警为家庭暴力受害者提供及时有效的帮助与保护。

在与法案相配套的指南手册中，首席警察协会（ACPO，Association of Chief Police Officers）同时强调了建立关于家庭暴力案件信息情报网、加强各部门以及与其他组织之间信息交流的必要性。指南中提到，在侦办家庭凶杀案的过程中，警察需要与之前调查家庭暴力案件的人员保持联系与合作关系，侦办过程中同样需要从相关合作机构中找寻行为人是否先前存在家庭暴力行为的信息，并将最终的目标落脚于“减少未来侵害发生的可能性”与“促进有效利用警务人员权力”之上。在此基础上，进一步的具体目标包括为警察以及其他机构的决策与行动提供信息、减少重复受害者、加快建立受害者与儿童以及其他弱势群体的安全规划进程等[③]，进一步将家庭凶杀案与家庭暴力联系在一起，由此来强调对于

① Parliament of the United Kingdom. Domestic Violence, Crime and Victims Act 2004. [2018-09-20] http://www.legislation.gov.uk/ukpga/2004/28/contents.

② WIKIPEDIA. Domestic Violence, Crime and Victims Act 2004. [2018-08-23] https://en.m.wikipedia.org/wiki/Domestic_Violence,_Crime_and_Victims_Act_2004.

③ ACPO. Guide on Investigating Domestic Violence [2018-10-02] https://eige.europa.eu/gender-based-violence/methods-and-tools/united-kingdom/guidance-investigating-domestic-violence.

家庭暴力风险评估的重要性，并提出通过风险评估实现对高风险受害者的保护以及提高受害者对警方应对家庭暴力的满意程度。信息交流方面，国家警务改善局NPIA（National Policing Improvement Agency）在报告中提出：（1）与家庭虐待有关的所有信息和情报应当需要掌握，并由警务人员定期管理协调；（2）警务人员应当通过数据来评估受害者与儿童面临的风险因素，识别与瞄准顽固罪犯；（3）所得到的数据应当与虐待儿童的数据以及其他相关调查综合考虑，由此来检测家庭暴力情报数据的准确性；（4）制作统计信息并在适当情况下与合作机构信息共享①，以此来定期检查是否有家庭暴力升级的迹象或其他受害者、儿童可能面临的其他风险。这些配套举措为风险评估的进行提供了支撑与保障，也推动了新的风险工具的产生与发展。

（二）使用风险评估工具DASH

1. DASH的产生与类型

在2005年和2006年期间，包括泰晤士河谷在内的大多数地区多运用的是SPECSS+风险评估方式，其中包括行为人与受害者的分居状况、是否怀孕、家庭关系恶化程度、公共问题以及行为人的跟踪与性侵犯史这几类变量。② 之后在2009年，首席警察协会ACPO召集并制定了新的评估模型——家庭虐待、跟踪和骚扰以及基于信仰的暴力行为（the Domestic Abuse，Stalking and Harassment，and Honour-Based Violence）风险评估，即DASH工具，此后除了默西塞德郡适用的默西塞德风险识别工具（MeRIT）外，英国警务与第三部门组织都依赖于通过DASH工具来识别家庭暴力中的高风险受害者。③

与SARA与ODARA的形式类似，DASH风险评估工具同样是通过访谈形

① NPIA. Guidance on Investigating Domestic Abuse. [2018-09-21]http://library.college.police.uk/docs/npia/Domestic_Abuse_2008.pdf.

② Laura R.. Findings from the Multi-agency Domestic Violence Murder Reviews in London. [2018-09-22] https://www.dashriskchecklist.co.uk/wp-content/uploads/2016/09/Findings-from-the-Domestic-Homicide-Reviews.pdf.

③ Juan J. M. A., Amanda R., Andy M.. Cheaper, Faster, Better: Expectations and Achievements in Police Risk Assessment of Domestic Abuse. A Journal of Police and Practice, 2016, 10 (4): 341-350.

式来制作相应的风险识别检查表，以此来帮助警察或是其他机构预测未来可能发生的家庭暴力行为，在获得英国多机构风险评估会议 MARAC（the Multi-Agency Risk Assessment Conference）帮助的同时，也为 MARAC 提供关于家庭暴力、跟踪与骚扰前科以及与宗教“荣耀谋杀”相关的家庭暴力信息。① 在使用者方面，DASH 工具针对两类人群有着两类不同数量的问卷问题，一是供警察专业人员使用的 NPCC Police DASH，其中包含了 27 个问题；二是为其他机构的心理专业人士服务的 Safe Lives DASH，其中包含了 24 个问题。后文所提到的 DASH 工具均指的是面向警察的 27 个问题的版本。

2. DASH 的变量与运行

DASH 所设计的 27 个问题之间有着一定程度上的重叠，例如其中有 17 个问题都涉及关于施暴人对受害者胁迫、威胁与恐吓的情况，这样的交叉验证虽然会使所得到的信息数据利用率降低，但 DASH 培训指南中指出这是旨在鼓励受害者从多种角度和访谈的各个阶段揭露更多的细节，以此来提高风险评估的准确性与预测的可能性。② DASH 的问题大致可以分为五组，分别从不同方面对于家庭暴力行为进行评估和预测。

第一组是有关家庭暴力中胁迫、威胁与恐吓的情况，共涵盖了 17 个问题。这些问题通过对受害者身体与心理状态所经受创伤的程度来界定其所遭受的家庭暴力行为的严重程度，在了解行为人是否曾经有对孩子、宠物的威胁行为以及损害物品的行为来判断其行为是否经常失控，从行为人曾经不遵守法院判决、联系安排和保护令的行为入手来判断其未来履行家庭暴力判决的可能性，行为人如果有暴力行为史或者是酒瘾和药物滥用者也会提高对于风险程度的评估。第二组是

① ACPO. Domestic Abuse，Stalking and Harassment and Honour Based Violence（DASH，2009）Risk Identification and Assessment and Management Model. ［2018－07－11］ https://www.sdast.co.uk/uploads/1/2/1/9/121989165/dash－2009.pdf.

② REQ：Domestic Abuse，Stalking and Harassment and Honour Based Violence（DASH，2009）.［2018－09－28］ https://www.royalberkshire.nhs.uk/Downloads/GPs/GP%20protocols%20and%20guidelines/Maternity%20Guidelines%20and%20Policies/STATIONERY/Safeguarding/DASH_Practice_Guidance_200911.pdf.

对于身体虐待程度的判断，共包含了7个问题，由于身体虐待包括从轻微拍打到重度殴打再到使用武器甚至杀人行为这几类程度不同的表现形式，通过了解受害人遭受身体暴力的具体类型以及所遭受各类暴力类型所占比例，能够预测其再次遭受家庭暴力的风险性大小。第三组是了解是否育有孩子或怀孕的情况，共包含6个具体问题，因为受害者怀孕或家中有儿童和继子女的存在会增加家庭暴力的风险与伤害，而行为人即使在离婚后也可能会以孩子为媒介继续接触甚至跟踪受害者。第五组是关于在经济上的管控甚至经济虐待，一方面受害者可能在家庭暴力行为发生前就在经济方面遭受其伴侣的强制控制，另一方面受害者可能依赖行为人获得收入或社会福利，这使得受害者难以摆脱受虐待的现状，而一旦行为人失去工作或面临失业风险，其再次实施家庭暴力行为的可能性也会急速提高。通过这五组问题，警察在现场对受害者进行风险识别访谈之后，对于受害者再次受到家庭暴力侵害的危险分为“标准”“中等”“高”这三个层次的初步风险评估，被确定为“高风险”的受害者通常会被转介到警察内部工作人员所组成的相关综合团队——家庭虐待支持小组DAST（Domestic Abuse Support Team）中，方便对受害者提供进一步的治疗与观测。①

DASH的运行指南中特别强调，这些变量的评价并不是一成不变的，风险的评估具有复杂性与连续性，风险评估与只会出现一次的侵害行为无关。也就是说行为人与受害者的家庭环境或其他情况都可能会发生快速而频繁的变化，这需要风险的评估过程必须保持动态，一方面，通过鼓励受害者写日记以及与受害者保持联系等方式掌握个案的变化，来为受害者提供及时的帮助与保护；另一方面，高风险的案件需要多机构的回应，这可能需要与MARAC等风险评估机构进行信息交流，以此来扩大评估工作所涵盖的范围。在此之外，为了应对风险评估的复杂性，运行指南中也要求警务人员在使用DASH工具前需要接受相应培训，并在问卷问题之外了解施暴人与受害者更多的心理状态以及并未详细说明的其他

① Juan J. M. A., Amanda R., Andy M.. Cheaper, Faster, Better: Expectations and Achievements in Police Risk Assessment of Domestic Abuse. A Journal of Police and Practice, 2016, 10 (4): 341-350.



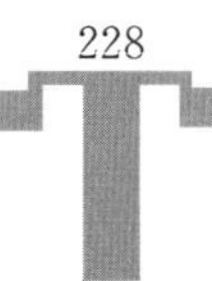

情况，比如是否因为宗教原因而存在暴力或谋杀、行为人滥用多个伴侣的情况、被害人是否处于极度恐惧的精神状态之中等等，由此来帮助识别高风险案件并编制安全措施计划。[①] 尽管 DASH 工具的设计已经足够周密合理，但就结果来看，依旧没有达到预期的效果。

## 四、英国家庭暴力风险出现的问题与出路探索

### （一）评估结果并未达到预期

在有关风险评估的法案以及 DASH 工具的广泛适用之后，就英国皇家警署 CPS（Crown Prosecution Service）所提供的数据而言，针对家庭暴力犯罪的起诉率有着一定的改善。2004—2005 年度遭到起诉的家庭暴力犯罪嫌疑人有 35 000 名，这个数字在 2009—2010 年度就已经翻了一倍多，达到 74 000 名；与此同时定罪率也在上升，2002 年 CPS 起诉家庭暴力行为的成功率只有 49%，2009—2010 年度已经攀升至 72%。[②] 与家庭暴力案件逐年攀升的起诉率与定罪率相对的是，在预测家庭暴力行为与帮助并保护受害者方面，警务人员的相关工作并没有收到预期的良好效果。

根据调查显示，在 2007—2009 年期间泰晤士河谷警区的 118 起家庭谋杀案中，55%的致命性案件中警方并没有与受害者进行过联系，21%的受害者仅与警方联系过一次，而在与警方联系过的 13 起有预谋的凶杀案中，并没有任何一起基于 DASH 被评估为高风险，相比之下同时期的 2 721 起其他家庭暴力案件被评估为高风险，却并未发生致命性的暴力事件。[③] 家庭凶杀案审查文件

---

① NPIA. Guidance on Investigating Domestic Abuse. ［2018-09-21］http://library.college.police.uk/docs/npia/Domestic_Abuse_2008.pdf.

② KEIR S.. Domestic violence: The facts, the issues, the future. International Review of Law, Computers & Technology, 2011, 25 (1-2): 9-15.

③ Sara T.. Police Attempts to Predict Domestic Murder and Serious Assaults: Is Early Warning Possible Yet. Cambridge Journal of Evidence-Based Policing, 2017, 1 (2-3): 64-80.

DHR（Domestic Homicide Reviews）来自于英国警察国家计算机数据库（the Police National Computer database），其职责中的一项是对家庭凶杀案中的所有材料进行全面审查并在案件完成后公布，但从 2013—2015 年的数据来看，只有 52.1%的受试者的情况得到了审查并公布，且仅在 2013 年所发生的家庭凶杀案中，仍存在 6.5%的案件审查并未完成①，DHR 的完成率与可用性远低于预期。

在一项针对 1009 户家庭进行的最大样本数量的家庭暴力随机对象实验（randomized controlled trial）中显示，在样本所报告的所有家庭暴力行为求救中，警务人员在 74%的案件中并没有进一步的行动，仅有 21%的犯罪嫌疑人被捕；而在受害者并未完整叙述、未能提供完整信息的案件中，仅有不到 10%的案件中警务人员采取了下一步行动，仅有 3.5%的案件对施暴人提起了上诉。而就家庭虐待支持小组的作用来看，仅有 49%的家庭暴力被害人接受了小组专业人员面对面会谈援助，而其中只有不到 35%的家庭访问是来自警务人员接到求救后的 24 小时之内。② 数据反映出前线警务人员对于家庭暴力案件的敏感度与识别能力不足，且在后续对于受害人的帮助回应也不够主动与及时。

（二）关于原因的探讨

苏格兰皇家警察局 HMIC 针对苏格兰警察在家庭暴力犯罪中的作用与效率问题，在 2014 年发布了《每个人的责任：改善警察对家庭暴力的回应》（Everyone's business：Improving the police response to domestic abuse），指出警察依旧没有做好应对风险评估的充足准备。首先在警方统筹方面，HMIC 指出许多地区没有将控制家庭暴力犯罪与控制其他犯罪置于同等重要的地位上，并未

① Eamonn B.，Heather S.，John P.，Lawrence W. S.. Intimate Partner Homicide in England and Wales 2011—2013：Pathways to Prediction from Multi-Agency Domestic Homicide Reviews. Cambridge Journal of Evidence-Based Policing，2017，1（2-3）：93-104.

② Martin F.，Jesse M.，Réka P.. Victim-police engagement in domestic violence cases：RCT evidence from a UK intervention. ［2018-12-22］http://conference.iza.org/conference_files/Gender_2017/matheson_j24842.pdf.

为控制家庭暴力犯罪配置足够的人员，例如并未部署应当设置的邻里警务小组（neighbourhood policing teams）来打击家庭暴力行为；同时在管理和指导最前线的警察方面，与他们的日常各类警务工作相比，并未将采取相应措施解决辖区内的家庭暴力问题置于工作中的优先地位。其次是警务人员有关风险评估能力与素养的问题，HMIC 指出，许多前线警务人员所经过的培训并不合格，难以准确地识别家庭暴力犯罪者的危险行为模式，特别是在没有公开的身体暴力的情况下，难以识别出是否有家庭暴力犯罪的存在，然而仅仅是心理恐吓与行为控制在足够恶劣的情况下同样会产生严重后果，同样可能导致家庭暴力犯罪的发生；就警务人员的综合素质来看，目前对于使用评估工具的培训方式很大程度上依赖于线上学习，HMIC 认为线上学习无法提供足够的讨论与反思的机会，也难以提供有效的模拟来提高警务人员应对家庭暴力的识别能力。①

笔者认为，这些问题与挑战的原因大概可以分为两个方面：一方面，英国没有其他具有权威性与公信力的评估机构，能够在拥有庞大、专业且多元化人力资源的前提下在全国范围内进行家庭暴力的风险评估，并同时公开对评估过程与评估质量负责，那么这就需要警方对大量的评估需求作出回应；而以大曼彻斯特地区为例，每年大约要进行 70 000 次评估②，且将其中的关键信息提供给 MARAC 综合管理，但 HMIC 的报告显示，在过去的几年中警察局面临严重的紧缩挑战，警察局预算削减、警察和工作人员数量大幅度减少③，使得本来就捉襟见肘的警力很难再为家庭暴力的评估与预测提供足够的人员支持。另一方面，DASH 工具

① HMIC. Everyone's Business：Improving the Police Response to Domestic Abuse. ［2018－11－23］https：//www. justiceinspectorates. gov. uk/hmicfrs/publications/improving-the-police-response-to-domestic-abuse.

② Juan J. M. A.，Amanda R.，Andy M.. Cheaper，Faster，Better：Expectations and Achievements in Police Risk Assessment of Domestic Abuse. A Journal of Police and Practice，2016，10（4）：341－350.

③ Eamonn B.，Heather S.，John P.，Lawrence W. S.. Intimate Partner Homicide in England and Wales 2011—2013：Pathways to Prediction from Multi-Agency Domestic Homicide Reviews. Cambridge Journal of Evidence-Based Policing，2017，1（2－3）：93－104.

的主要形式是纸笔访谈，对警务人员的主观判断与解读的依赖程度很深，这就需要其对于家庭暴力行为有着较高的洞察力，但前线警务人员大多并未面对面接受过心理学家或者资深社会工作者的培训，而且基于警务工作者的工作性质，他们也的确无法提供与心理学家或资深社会工作者同等水平的诊断与治疗，这就使得对家庭暴力的回应服务往往是匆忙和压力下的流于形式的努力，并不总能够与求救的受害者建立融洽关系，使其感受到安全，难以建立披露敏感问题的最佳环境。

（三）关于完善风险评估的探索

英国 HMIC 报告以及关于风险评估的各项数据已经提出了足够的问题，然而日益增长的需求与英国不断缩小的公共资金之间的矛盾难以调和，期望警察对于家庭虐待的风险评估便宜、快速且有效的理想并不现实，大多数研究将研究重心放在了改善评估工具的局限性这一方面。

1. 完善更新评估工具

PPIT（Priority Perpetrator Identification Tool，优先权识别工具）是建立在 SARA、DASH 的基础之上构建的潜在犯罪者识别工具，目的是补充以及利用其他现有工具，将重复且具有高风险的攻击行为综合录入识别工具之中，以便相关机关能够准确识别这些需要密切关注并优先行动的潜在犯罪者。

PPIT 工具目前还处于雏形阶段，总共包括 10 组问题，致力于将原本 DASH 工具的问题更加量化精确，比如采用英国内政部修订后的定义，将“家庭暴力行为人”的最低年龄拓展到了 16 岁，以及将受到家庭暴力攻击频率的期限界定为过去的 12 个月等。在此基础上，学者们关于 PPIT 工具提出了诸多补充意见：(1) 建议重新界定暴力升级中“升级”的性质；(2) 将相关违法行为内涵扩展到更广泛的反社会行为，比如纠缠行为的历史、虐待老年家庭成员等；(3) 不仅应包括心理健康问题和滥用药物问题，也应当考虑导致精神状态下降的其他情况，比如丧亲、家庭破裂等。由此将更多可能影响家庭暴力评估的因素纳入问卷所包含的变量之中，提高评估的准确性，由此来更准确地识别高风险受害者，为

其提供更及时的救助。[①]

2. 提出应当被考虑的其他变量

数据显示，遭受家庭暴力的女性产生自杀念头的概率比其他女性高 15 倍[②]，这反映出家庭暴力行为很可能导致女性产生自杀行为或自杀念头。DASH 评估工具关于受害者情况的具体变量中，就包括了受害者是否曾经有自杀意图（suicide ideation）这一评估变量。在此基础之上，有学者将自杀意图的关注点放在了犯罪人身上，提出应当将施暴人的自杀意图也纳入风险评估的变量之中。

通过对于家庭暴力犯罪的男性罪犯的特征分析的数据来看，最具有普遍性特征是药物滥用或酗酒（概率达到 60%），但这一特征在所有犯罪人群中都十分普遍，难以准确预测家庭暴力犯罪的发生。而与药物滥用或酗酒这一特征相比，自杀意图在其他犯罪中较为罕见，同时数据显示有 40%的男性罪犯曾经在实施家庭暴力之前有过自杀意图或自残行为[③]，当前有将施暴人自杀意图这一变量纳入家庭暴力风险评估也是增加预测准确性的有效途径之一。同时有调查表明，英国有 9%的人在犯罪和情报系统 CIS（Crime and Intelligence System）有自杀或自残标记[④]，也就是说关于家庭暴力犯罪人是否有过自杀意向有着较为可靠的数据来源，将自杀意向作为变量加入评估工具之中能够增强评估的可靠性以及预测结果的准确性。

在分析当前风险评估所出现问题的基础上，结合前述已经完成或正在进行的总结，有学者对整个风险评估提出宏观建议：（1）就警务环境中风险评估的基本

---

① Amanda R.，Anna C.. Development of the Priority Perpetrator Identification Tool (PPIT) for Domestic Abuse. UK：Cardiff University Press，2015：32-33.

② Karen D.，Charlotte W.，Mieko Y.. Violence against women is strongly associated with suicide attempts：Evidence from the WHO multi-country study on women's health and domestic violence against women. Social Science & Medicine，2011，73（1）：79-86.

③ Sara T.. Police Attempts to Predict Domestic Murder and Serious Assaults：Is Early Warning Possible Yet. Cambridge Journal of Evidence-Based Policing，2017，1（2-3）：64-80.

④ Button I. M. D.，Angel C.，Sherman L. W.. Predicting Domestic Homicide and Serious Violence in Cheaper Analysis. Cambridge Journal of Evidence-Based Policing，2017：1-11.

原理和相关目标进行更细致的讨论；（2）将关于实施系统的研究集中考虑，来促进更及时和更有力的二级评估程序；（3）需要更清楚地设计风险评估不同参与者之间的反馈循环；（4）必须建立如国家平台等适当的数据系统平台。[①] 综合来看，当前对于完善风险评估的关键在于确保评估工具帮助警务人员有效甄别高风险受害者，这就需要完善细化评估工具与提高警务人员工作能力二者并重，同时通过官方以及第三方平台的数据共享与数据串联加以辅佐，由此来提高预测结果的准确性，提前阻止家庭暴力行为与家庭暴力犯罪的产生。

## 五、英国家庭暴力风险评估的实践对我国的启示

当前，我国依旧是家庭暴力的重灾区，尽管 2016 年 3 月《反家庭暴力法》的出台体现了对于家庭暴力的重视，针对家庭暴力行为的人身安全保护令也提供了保护家庭暴力受害者的有力途径，然而自《反家庭暴力法》实施至 2017 年 10 月 31 日的调查数据表明，我国因家庭暴力所导致的死亡案件 533 起，致使至少 635 名成人和儿童死亡[②]，这表明当前我国对于家庭暴力的关注度与对妇女权益的保护力度仍亟须提高，而引入风险评估不失为一项良好的解决途径。英国关于家庭暴力的风险评估体系已经取得了一定的实践效果，对于我国治理家庭暴力行为与家庭暴力犯罪有着很好的借鉴意义。英国关于家庭暴力风险评估的运行主要由三个部分组成，分别为问卷形式的风险评估工具、警务人员访谈会话和数据平台信息整理信息共享，而将这些内容在我国的运作过程都可能面临着不同程度上的困难，所以应当避免拿来主义，从我国的实际国情出发，对风险评估模式予以吸收和内化。

有关问卷评估方面，DASH 工具等问卷中设计的问题大多与配偶家庭生活有

---

① Juan J. M. A., Amanda R., Andy M.. Cheaper, Faster, Better: Expectations and Achievements in Police Risk Assessment of Domestic Abuse. A Journal of Police and Practice, 2016, 10 (4): 341-350.

② 冯媛，曹莹，等. 宣传，处置，保护：国家意志尚需增强——《中华人民共和国反对家庭暴力法》实施 2 周年观察. (2019-02-01)http://www.chinadevelopmentbrief.org.cn/news-21050.html.

关，而回答问卷问题的主体为家庭暴力的施暴人以及受害者，在传统含蓄的亚文化背景下，家庭问题大多被认为是秘而不宣的私事，无论是受害者或施暴者都很难披露足够多的家庭问题来对问卷作出有效回应，访谈也就难以得到家庭暴力中的足够的细节来作出评估结果。除此之外，当前我国依旧有数量可观的家庭存在着传统的不平等性别结构，在这种男强女弱的两性关系模式下，受害妇女往往深陷被害境地难以摆脱①，如果盲目鼓励其披露受害细节而没有足够资源为其提供帮助与治疗，反而会将其置于更加不利的境地之中，加剧家庭暴力对受害者产生的危害。想要在我国建立家庭暴力风险评估系统，必须从国情出发，结合中国式家庭的特殊情况，总结出能够反映中国式家庭中暴力风险性的评估变量，建立我国特有的风险评估工具，以此提高预测未来家庭暴力发生的准确性，来甄别出高风险受害者并为其提供保护。

首先，在进行访谈的主体——警察方面，我国“清官难断家务事”的理念在办理家庭暴力案件中也多有体现，根据 2014—2016 年的数据显示，我国家庭暴力行为认定率不到 4%，即使是在首都北京地区，认定率也不不到 7%②，这说明当前我国警察对于家庭暴力危害的认识并不够清晰，认为家庭暴力是私事，而没有把家庭暴力与其他危害社会利益的违法犯罪行为置于同等地位。其次，在中国人口众多的大背景下，我国基层警察一直无法摆脱警力捉襟见肘的局面，很难再有警力去针对家庭暴力受害者作细致的纸笔访谈，警察也很难有时间和精力去接受有效的心理知识培训来对受访谈者回答作出准确的判断和分析，如果仓促实施风险评估只会让评估过程流于表面，而起不到真正的评估与预测作用。想要解决这些问题，就需要妇联及其他社区矫正部门的参与，这些部门具有足够的人员人力以及多年基层服务经验，相对于基层警察有着足够的时间去接受培训学习以及了解暴力行为发生的家庭，在我国当前的行政体制下，这些部门或许是比警察更适合作

① 佟新．不平等社会性别关系的生产与再生产——对中国家庭暴力的分析．社会学研究，2000（1）．

② 冯媛，曹莹，等．宣传，处置，保护：国家意志尚需增强——《中华人民共和国反对家庭暴力法》实施 2 周年观察．（2019-02-01）http://www.chinadevelopmentbrief.org.cn/news-21050.html.

为访谈的主体来主导整个风险评估的过程，能够使风险评估发挥其应有的效果。

关于家庭暴力的风险评估在我国尚未起步，或者说我国当前现状离起步还有很长的路要走，但这不代表我们可以忽视风险评估在治理家庭暴力行为、预防家庭暴力犯罪中的作用，相反，我们应当从中看到当前我国立法和司法体系的不足并加以弥补，来更好地保护家庭暴力中的受害者。

## 六、结语

风险评估是司法的一项全新尝试，体现了对于惩罚犯罪向预防犯罪的导向转变，精准有效的评估预示着准确的预测预防，有利于减少犯罪对于公民个人利益与社会利益的侵害与破坏。在所有的犯罪中，暴力犯罪的重复受害者比其他任何犯罪类型都要普遍，而在所有的暴力犯罪中，家庭暴力犯罪的重复性尤为明显。所以，对于家庭暴力犯罪的风险评估在所有的犯罪风险评估中最具有研究与现实价值。英国经过多年的理论与司法实践，在家庭暴力犯罪风险评估方面取得可观成就的同时，也暴露出了许多现实问题，他们正通过完善风险评估工具以及长远提高警务人员专业水平的方式来予以完善。英国的风险评估实践对我国有积极的启示与借鉴作用，未来在我国引入家庭暴力风险评估，将有利于我国在防治家庭暴力行为与保护受害者这两方面开拓思路、取得新的发展。

# 我国公民个人信息刑法保护前置条件之研讨[*]

## 一、前言

全国人大常委会2009年通过的《刑法修正案（七）》正式将侵犯公民个人信息的行为纳入刑法典，在刑法典第253条之一规定了出售、非法提供公民个人信息罪与非法获取公民个人信息罪。基于犯罪形势的变化，全国人大常委会2015年通过的《刑法修正案（九）》对于侵犯公民个人信息的犯罪进行了修改，并且将这两个罪名统一规定为侵犯公民个人信息罪。最高人民法院与最高人民检察院于2017年联合出台的《关于办理侵犯公民个人信息刑事案件适用法律若干问题的解释》（以下简称为《解释》），对侵犯公民个人信息罪的相关问题作出了进一步明确。在法律规范变化的整个过程中，侵犯公民个人信息犯罪的前置条件也经

* 与张拓博士合著，原载郎胜、朱孝清、梁根林主编：《时代变迁与刑法现代化（2017年全国刑法学术年会文集）》，中国人民公安大学出版社2017年11月版。



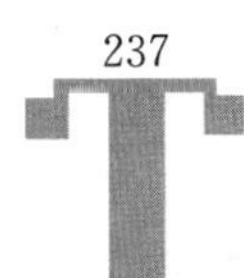

历了数次变化。而前置条件的设定方式不仅事关入罪范围的大小，而且还会影响到司法实践的具体运行。因此，本文拟在梳理我国公民个人信息刑法保护前置条件的演变过程之基础上，试比较各种设定方式的差异与优劣，以期为前置条件的进一步完善建言献策。

## 二、我国公民个人信息刑法保护前置条件之演变

从行为方式上来看，我国刑法典所设置的侵犯公民个人信息的犯罪行为具体包括三种情形，即“出售”“提供”与“获取”。这三种行为的前置条件经历了如下演变历程。

**表1　三种行为前置条件的演变**

| | 出售 | 提供 | 获取 |
|---|---|---|---|
| 《刑法修正案（七）》（包括草案一次、二次、三次审议稿与正式颁布的修正案） | “违反国家规定” | “违反国家规定”并且“非法” | “非法” |
| 《刑法修正案（九）（草案）》一次审议稿 | 一般情况下：“未经公民本人同意”特殊情况[①]下：“违反国家规定” | 一般情况下：“未经公民本人同意”并且“非法”特殊情况下：“违反国家规定” | “非法” |
| 《刑法修正案（九）（草案）》二次审议稿 | “违反规定” | “违反规定” | “非法” |
| 《刑法修正案（九）（草案）》三次审议稿 | “违反规定” | “违反规定” | “非法” |
| 《刑法修正案（九）》 | “违反国家有关规定” | “违反国家有关规定” | “非法” |

① 指行为对象是在履行职责或者提供服务过程中获得的公民个人信息的情况，下同。

续表

<table>
<tr><th></th><th>出售</th><th>提供</th><th>获取</th></tr>
<tr><td rowspan="2">《解释》</td><td colspan="2">“违反国家有关规定”（明确其具体含义，即“违反法律、行政法规、部门规章有关公民个人信息保护的规定”）</td><td rowspan="2">“非法”</td></tr>
<tr><td></td><td>“违反国家有关规定”并且“未经被收集者同意”（针对“将合法收集的公民个人信息向他人提供”）</td></tr>
</table>

（一）《刑法修正案（七）》之规定

随着社会的发展，大规模信息的收集变得更为便捷，并且公民个人信息被非法泄露和使用的可能性大大增强。基于此，针对在履行公务或提供服务活动中公民个人信息被泄露的情况，2009 年 2 月 28 日通过《刑法修正案（七）》增设了出售、非法提供公民个人信息罪与非法获取公民个人信息罪。[①] 在《刑法修正案（七）》中，“出售”行为的前置条件为“违反国家规定”，“提供”行为的前置条件为“违反国家规定”并且“非法”，而“获取”行为的前置条件为“非法”。这种设定方式自《刑法修正案（七）（草案）》一次审议稿起，到最后正式出台的《刑法修正案（七）》，均没有改变。

（二）《刑法修正案（九）》之规定

针对近年来出售、非法提供和非法获取公民个人信息的犯罪所出现的一些新情况，为了进一步加强对公民个人信息的保护，2015 年 8 月 29 日通过的《刑法修正案（九）》根据实践需要和有关方面的意见，对侵犯公民个人信息的犯罪进行了修改。[②] 在前置条件的修改方面，对于“获取”行为，《刑法修正案（九）（草

① 赵秉志．刑法修正案（七）专题研究．北京：北京师范大学出版社，2011：114.

② 全国人大常委会法制工作委员会刑法室编．中华人民共和国刑法修正案（九）条文说明、立法理由及相关规定．北京：北京大学出版社，2016：127.

案)》的三次审议稿以及最后正式公布的修正案均将前置条件设定为“非法”。而《刑法修正案（九）》对于“出售”与“提供”行为前置条件的修改经历了数次变化。《刑法修正案（九）（草案）》一次审议稿对于“出售”与“提供”行为，分为两种情况设定了前置条件：在一般情况下，“出售”的前置条件为“未经公民本人同意”，而“提供”则为“未经公民本人同意”并且“非法”；在特殊情况下，即行为对象是在履行职责或者提供服务过程中获得的公民个人信息的情况，“出售”和“提供”的前置条件均为“违反国家规定”。而《刑法修正案（九）》二次审议稿则完全删除了“未经公民本人同意”与“提供”行为中的“非法”，并且不再对一般情况与特殊情况下的前置条件进行区分，以及将“出售”与“提供”行为的前置条件由“违反国家规定”统一规定为“违反规定”。《刑法修正案（九）》三次审议稿则维持了二次审议稿的设定方式。但是，最终正式出台的《刑法修正案（九）》再次进行了调整，将“违反规定”修改为了“违反国家有关规定”。

（三）司法解释之规定

为了更加有效地治理侵犯公民个人信息的犯罪行为，最高人民法院与最高人民检察院于 2017 年 6 月 1 日联合出台专门的司法解释，对办理侵犯公民个人信息刑事案件的相关问题作出了进一步明确。其中，《解释》的第 2 条明确指出了“违反国家有关规定”的含义，即违反法律、行政法规、部门规章有关公民个人信息保护的规定。而《解释》第 3 条则对某些“提供”行为的前置条件进行了限缩，即对于将合法收集的公民个人信息向他人提供的，不仅要求“违反国家规定”，而且要求“未经被收集者同意”。

## 三、我国公民个人信息刑法保护前置条件之研读

从演变过程可以看出，我国公民个人信息刑法保护的前置条件前后共有 5 种类型，即“违反规定”“违反国家规定”“违反国家有关规定”“非法”以及“未

经公民本人同意”与“未经被收集者同意”[①]。虽然其中有些规定最终没有被纳入刑法典中，但是为了对前置条件作出进一步探讨，有必要对各种设定形式进行全面分析。

### （一）关于“违反规定”

“违反规定”最早出现在《刑法修正案（九）（草案）》的二次审议稿中，在最终出台的《刑法修正案（九）》中才修改为“违反国家有关规定”。“违反规定”所涉及的范围最为广泛，其中的“规定”既包括国家的法律、行政法规，也包括地方性法规、部门规章，甚至还可能包括一些内部规定。因此，“违反规定”的设置方式使得刑法对于公民个人信息的保护范围极为广泛。

### （二）关于“违反国家规定”

“违反国家规定”是《刑法修正案（七）》所设定的前置条件，直至《刑法修正案（九）（草案）》二次审议稿才修改为“违反规定”。根据我国刑法典第 96 条的规定，刑法典中的“国家规定”是指全国人民代表大会及其常务委员会制定的法律和决定，国务院制定的行政法规、规定的行政措施、发布的决定和命令。[②]最高人民法院于 2011 年出台的《关于准确理解和适用刑法中“国家规定”的有关问题的通知》第 2 条作出了进一步解释，明确指出“对于违反地方性法规、部门规章的行为，不得认定为‘违反国家规定’”[③]。因此，此处的“国家规定”应当仅指法律、行政法规中关于公民个人信息保护的条款，而不包括部门规章、地方性法规及其以下层级的规范。所以，“违反国家规定”对于入罪范围的设定相对狭窄。

### （三）关于“违反国家有关规定”

“违反国家有关规定”在《刑法修正案（九）》在最后正式出台的修正案中才出现，替代二次审议稿与三次审议稿中的“违反规定”。“违反国家有关规定”的

---

① “未经公民本人同意”与“未经被收集者同意”可以归为一种类型。

② 参见《中华人民共和国刑法》第 96 条。

③ 最高人民法院 2011 年 4 月 8 日发布的《关于准确理解和适用刑法中“国家规定”的有关问题的通知》第 2 条。



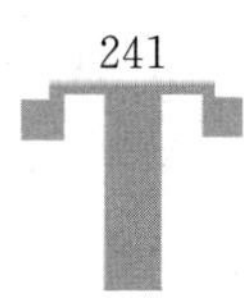

入罪范围介于“违反规定”与“违反国家规定”之间。根据《解释》第2条的规定，此处的“国家有关规定”具体是指法律、行政法规以及部门规章中有关公民个人信保护的规定，不包括地方性法规及其以下层级的规范。因此，“违反国家有关规定”相比“违反国家规定”还涉及部门规章，但是却没有“违反规定”的范围广泛。

（四）关于“非法”

在公民个人信息刑法保护的前置条件中，“非法”有两种类型：一是“获取”行为的“非法”，自《刑法修正案（七）》至《刑法修正案（九）》一直未曾改变；二是“提供”行为的“非法”，直至《刑法修正案（九）（草案）》二次审议稿才被删除。实际上，无论是“获取”行为中的“非法”，还是“提供”行为中的“非法”，均与同一文本中的“违反规定”“违反国家规定”以及“违反国家有关规定”的含义等同。一方面，“获取”行为中“非法”的含义应当与这些“违反……规定”的含义等同。《解释》第5条规定：“非法获取、出售或者提供公民个人信息……”而刑法典中“出售”和“提供”行为的前置条件是“违反国家有关规定”，可见，司法解释将“获取”行为与“出售”和“提供”行为的前置条件一致称为“非法”，表明此处的“非法”与“违反国家有关规定”具有相同的含义。并且，“《解释》第4条基于体系解释的原理明确规定‘非法’应当以是否违反国家有关规定作为判断标准。”① 因此，《刑法修正案（九）》中的“非法”含义等同于“违反国家有关规定”。同理，基于立法延续性的考虑，《刑法修正案（七）》和《刑法修正案（九）（草案）》一次审议稿中“获取”行为的“非法”应当与“违反国家规定”含义等同，而《刑法修正案（九）（草案）》二次、三次审议稿中获取行为的“非法”也应当与同一文本中的“违反规定”等同。另一方面，“提供”行为的“非法”也应当与“违反……规定”的含义等同。从立法修改的过程可以看出，在《刑法修正案（九）（草案）》一次审议稿中，无论是对于特殊的“提供”行为还是一般的“提供”行为，均不再要求“违反国家规定”与

---

① 喻海松. 侵犯公民个人信息罪司法适用探微. 中国应用法学，2017（4）.

“非法”并存，而是对特殊的“提供”行为规定“违反国家规定”，对一般的“提供”行为规定“非法”并且“未经公民本人同意”。可见，《刑法修正案（九）》一次审议稿已经注意到了“违反国家规定”与“非法”在含义上的重复性。《刑法修正案（九）（草案）》二次审议稿直接删除了“提供”行为的“非法”条件，将特殊与一般的“提供”行为的前置条件统一规定为“违反规定”，因此更能凸显出“非法”的含义等同于“违反……规定”。综上所述，“非法”实际上与同一文本中的“违反规定”“违反国家规定”以及“违反国家有关规定”的含义等同。

（五）关于“未经公民本人同意”与“未经被收集者同意”

“未经公民本人同意”出现在《刑法修正案（九）（草案）》一次审议稿中，但是在《刑法修正案（九）（草案）》二次审议稿中就被删除了。“未经被收集者同意”是《解释》针对某些“提供”行为作出的限缩规定，并不适用于其他行为。虽然表述不同，但是二者的实质含义均可以被理解为没有经过权利主体的许可。

从上述演变过程和各种设定方式的含义来看，我国依然采用的是以非刑法规范中关于公民个人信息保护规范为核心的前置条件设定方式。因为这种设定方式的判断依据是客观存在的法律规范，所以笔者称之为客观标准。“违反规定”“违反国家规定”“违反国家有关规定”与“非法”均属于这种类型。从修法的整个过程来看，在采取客观标准的基础上，我国最终所采纳的前置条件是入罪范围介于中间的“违反国家有关规定”。这种选择不仅能够有效应对侵犯公民个人信息犯罪形势的变化，以实现刑法的保护功能，而且对于刑法的介入程度作出了一定限制，体现出刑法的谦抑性，因此是宽严相济刑事政策的充分体现。而修法过程中所出现的“未经公民本人同意”以及《解释》中的“未经被收集者同意”均是以权利主体的态度为核心依据设定前置条件，因此笔者称之为主观标准。虽然我国没有采取这种设定方式，但是主观标准在国际社会上被广泛采纳。“无论是理论上的通说抑或实践中的通行做法，众多国际组织和国家均将个人信息处理的正当性建立于同意之上。”“将同意作为个人信息处理的正当性基础，不仅在立法中得到了体现，在实践中也得到了贯彻。”① 当然，国家与社会状况的差异使得国际社会的做法不一定能够适合我国的情况，但是《刑法修正案（九）（草案）》一次审议稿对于主观标准的短暂采纳，以及《解释》对主观标准的再次运用，是否说明主观标准对于完善我国公民个人信息保护的前置条件有所裨益，尚值得进一步思考。

## 四、前置条件中主观标准与客观标准之比较

在客观标准中，“非法”含义与其他的“违反……规定”在同一规范中含义相同，因此无须比较。而“违反国家有关规定”相对于“违反规定”和“违反国家规定”而言范围适中，因此也不再赘述。而主观标准与客观标准之间的差异，则需要进一步比较。所以，为了探析主观标准对于我国公民个人信息刑法保护前置条件的完善是否具有价值，笔者拟从比较主观标准与客观标准的差异入手，进行深入研究。主观标准与客观标准的差异，主要体现在如下方面。

### （一）法益保护功能之比较

从法益保护的功能来看，客观标准具有维护公共利益和社会秩序的作用，而主观标准更加注重对个人权利自由的保护。将前置条件设定为“违反……规定”的形式，实际上表明侵犯公民个人信息的犯罪行为是行政犯。“行政犯作为刑法理论上创造的一个概念，被用来描述严重违反行政法上的义务，而被科处刑罚的犯罪行为。”② 而客观标准则要求危害行为只有违反了相关非刑法规范才有可能构成犯罪，因此，“侵犯公民个人信息的危害行为从产生之时起就具备行政违法的性质，其所成立的犯罪就符合行政犯的特征。”③ “由于行政犯的立法目的重在行政秩序的维持，故其侵害的法益大多属于国家或社会的法益，而甚少涉及个人

① 任龙龙．论同意不是个人信息处理的正当性基础．政治与法律，2016（1）．

② 姜涛．行政犯与二元化犯罪模式．中国刑事法杂志，2010（12）．

③ 赵秉志．公民个人信息刑法保护问题研究．华东政法大学学报，2014（1）．

法益的维护。”[①] 因此，客观标准具有维护公共利益和社会秩序的作用，具体表现为对公民个人信息在生活、工作中所发挥的应有作用的维护，以及对公民个人信息储存、使用、交换等方面的正常秩序的保护。在这种情况下，公民的个人信息具有了社会属性，不再仅仅属于个人。对公民个人信息的适用还需要符合调整性规范的要求，在国家设定的程序内进行，发挥公民个人信息的作用，以达到维护正常生活、工作秩序的目的。而主观标准却有所不同，其更注重保护公民个人权利的自由。主观标准将判断行为是否具有社会危害性的权利赋予了权利主体。公民个人有权决定如何处理个人信息，也有权利认定其自身的权利是否遭受到了侵害，因此主观标准完全尊重公民的选择自由。有学者认为主观标准的理论基础是“个人信息控制权”（简称“个人信息权”），即“指个人信息本人依法对其个人信息所享有的支配、控制并排除他人侵害的权利”[②]。该学者的观点正是对主观标准注重保护个人权利自由的合理诠释。

可见，主观标准与客观标准对法益保护的侧重点有所不同。当然，这并不意味着客观标准仅仅维护公共利益和社会秩序，也不表明主观标准只是保护公民个人权利的自由。实际上，客观标准当然也保护公民个人权利的自由，因为从最终意义上来看，维护公共利益以及社会秩序也是服务于公民个人利益的保护，只不过是以更加宏观和整体的角度为出发点。而主观标准对于公民个人信息权利的维护也具有维护公共秩序的功能，因为如果每个公民的权利自由都无法得到保护，那么对公共利益和社会秩序的维护就会被虚化。但是，有时公共利益与个人利益确实会发生冲突，而前置条件的设置方式会影响到某些行为的正当性。例如，在追查犯罪分子时，执法机关可能会利用到公民个人信息，而此时打击犯罪的公共利益与保护公民信息权利自由的个人利益就会发生冲突。此时，如果前置条件为客观标准，则根据刑事诉讼的相关规定，执法机关的行为无疑具有正当性；而如果前置条件为主观标准，那么一旦权利主体不同意，则执法机关的行为可能会由

① 王利宾．行政犯研究．政治与法律，2008（12）．

② 齐爱民．论个人信息的法律保护．苏州大学学报（哲学社会科学版），2005（2）．

于违背了公民个人的意愿而侵犯到公民个人的信息自由与安全，其行为的正当性将会受到质疑。由此也可以看出主观标准与客观标准在法益保护功能上的侧重有所不同。

（二）可操作性之比较

从可操作性的角度来看，客观标准最大的优势在于其具有明确性，司法机关只要根据有关公民个人信息权利保护的规定来判断即可。符合相关规定，那么就存在入罪的可能性，否则，就不可能构成侵犯公民个人信息罪。当然，这取决于前置条件中的规定是否明确，如果对于一种行为有很多规定，并且各个规定之间还存在不协调之处，那么司法机关的裁量工作也不会十分便利。可见，客观标准虽然十分明确，但是这种明确性也是具有前提条件的。而相比之下，主观标准的可操作性或许有所差距。表面上看，在主观标准的前提下，只要查明公民个人是否同意即可判断行为人是否具有入罪的可能性。但是，实际上，这种判断存在一定的难度。一方面，存在虚假的可能性。主观标准要求根据公民个人的主观意志来判断，这就存在权利人编造谎言的可能性。或者权利人谎称没有同意，但实际上已经同意，从而对行为人不适当地定罪量刑；或者权利人实际上没有同意，但是谎称已经同意了，进而放纵了行为人。因此，司法机关可能还要根据其他证据来综合判断是否经过了权利人的同意，也即在查明行为事实的基础上，还需要另外调查权利人是否同意。据此，主观标准的可操作性可能会受到影响；另一方面，存在无法查明的可能性。主观标准中最为核心的证据当为权利人的证言，但是如果无法找到权利主体，或者即使找到权利主体也很难获取到证言，那么其可操作性将会被大打折扣。"从实践来看，除公民个人敏感信息外，涉案的公民个人信息动辄上万条甚至数十万条"①，有时还会达到数亿条乃至数百亿条。② 在这种情况下，这些信息的权利主体可能来自不同地区，并且数量庞大，如果依然

① 喻海松．侵犯公民个人信息罪司法适用探微．中国应用法学，2017（4）．

② 王春，冯群强．非法获取公民个人信息7亿余条 浙江松阳破获特大侵犯公民个人信息案．法制日报，2017-04-13；韩宇．辽宁破获特大侵犯公民个人信息案 各类公民个人信息被窃逾100亿条．法制日报，2017-08-01。

要获取这些人的证言，那么执法人员的工作量是相当巨大的，甚至是无法做到的。即使不需要获取这些权利主体的证言，那么围绕这些权利人的相关调查工作也将会十分困难。可见，在实践中，执法机关可能根本无法查明权利人是否同意。

（三）刑法介入程度之比较

无论是客观标准还是主观标准，都对刑法介入公民个人信息保护的程度作出了限制，这也是前置条件所应有的作用。从涵盖的范围来看，可能无法准确比较二者对于刑法介入的限制程度，因为违反客观标准的行为可能不违反主观标准，而违反主观标准的行为也很可能并不违反客观标准。例如，向他人出售公民个人信息的行为可能违反相关规定，但是经过了权利主体的同意；虽然没有经过权利人同意，但是获取公民个人信息的行为并不违反相关规定。然而，从刑法介入的谦抑程度来看，客观标准可能会更稳定一些。刑法具有谦抑性，是社会治安治理之法律体系中的最后一道防线，只有在非刑事法律规范治理无效或不妥当时才具有动用刑事手段的合理性。“作为第二保护性规则的刑法，并非第一保护性规则的替代，而是第一保护性规则的补充与保障，只有在仅凭第一保护性规则之力难以有效保障被严重侵犯的调整性法律关系恢复正常的情况下，才有济之以刑事责任的追究与刑事制裁的启动，以补充第一保护性规则责任追究与制裁力量之不足的必要，刑事法律保护也才有了存在的意义与价值。”① 主观标准虽然也遵循刑法的谦抑性，但是由于并不是以相关规范为前提，因此可能会跨越非刑事法律规范对公民个人信息的保护，进而造成刑法规范的不适当介入。其原因主要是由于未经同意的行为可能符合相关非刑事法律规范的要求或者非刑事制裁措施已经能够达到治理效果，但是由于前置条件并不是相关规定的违反，因此依然可能入罪。客观标准明确指出要以违反其他公民个人信保护的规范为前提，因此对于刑法作为后盾法与保障法性质表现得更为清晰。当然，并不能说主观标准一定比客观标准对于刑法谦抑性体现得要差，因为主观标准可能与客观标准的范围一致也

① 田宏杰. 行政犯的法律属性及其责任——兼及定罪机制的重构. 法学家，2013（3）.

可能小于客观标准。例如，未经同意的行为同时违反国家相关规定或者违反国家规定的行为经过了权利人同意，此时若以主观标准为依据，那么入罪的范围是小于或者等于客观标准的。所以，对于刑法介入的谦抑程度而言，客观标准要更为稳定，而并不是一定更强。此外，客观标准对于刑法谦抑程度的体现可能会超过必要的限度，因为如果前置规范中关于公民个人信息刑法保护的规定不系统、不全面，那么刑法介入的力度将会受到影响，进而导致放纵犯罪的危险。因此，前置规范的充分与合理程度能够影响客观标准对于刑法介入程度所发挥的作用。

## 五、结语

当前，对于前置条件的设定，我国刑法典采取的是客观标准。这种设定方式使我国对公民个人信息的保护兼顾了对公共利益和社会秩序的维护。但是，即使是采用客观标准的设定方式，也并不意味着应当忽视对公民个人信息自由的保护。实际上，从侵犯公民个人信息罪被规定在刑法典分则第四章“侵犯公民人身权利、民主权利罪”中即可看出，我国刑法典中侵犯公民个人信息罪所侵犯的法益主要还是公民个人信息的自由与安全。[①] “无论如何，‘公民个人信息’首先是公民个人法益，然后才是超个人法益属性，二者之间的主次关系不能颠倒。”[②] 如果说在《刑法修正案（九）》出台之前，侵犯公民个人信息的犯罪所侵犯的法益可能涉及公共利益和社会秩序，还具有相对的合理性[③]，毕竟《刑法修正案（七）》将侵犯公民个人信息的犯罪对象限定于国家机关或者金融、电信、交通、教育、医疗等单位在履行职责或者提供服务过程中获得的公民个人信息。但是，在《刑法修正案（九）》出台之后，侵犯公民个人信息罪的犯罪对象扩张到了一切公民个人信息，因此从当前对公民个人信息自由的全面保护来看，不能够

---

① 高铭暄，马克昌．刑法学．北京：北京大学出版社，高等教育出版社，2016：482.

② 曲新久．论侵犯公民个人信息犯罪的超个人法益属性．人民检察，2015（11）.

③ 赵军．侵犯公民个人信息犯罪法益研究——兼析《刑法修正案（七）》的相关争议问题．江西财经大学学报，2011（2）；曲新久．论侵犯公民个人信息犯罪的超个人法益属性．人民检察，2015（11）.

再认为该罪所侵犯的法益主要为公共利益和社会秩序。因此，虽然我国最终采纳了客观标准，但是依然不能忽视对公民个人信息自由的保护。当然，客观标准对公共利益和社会秩序的维护最终也是为了给公民个人信息的运用营造出一个自由与安全的氛围，是同样应当受到重视的。不过这种设定方式对于公共利益和社会秩序的偏重是必然存在的。因此，笔者建议，在现有客观标准的基础上，适当考虑加入主观标准，以维持该罪名对于公民个人信息自由和安全保护的核心地位。事实上，《解释》第3条充分考虑与《网络安全法》的衔接[①]，将“未经被收集者同意”作为“提供”行为的限缩条件，已经能够体现出主观标准的重要性。基于此，我们还可以看到，在无法及时修改刑法规范的情况下，可以在前置规范中适当引入主观标准，也不失为完善前置条件的良方。同时，虽然客观标准的设定方式更便于操作并且更具有刑法介入的合理性，但是这也是在具有完善的前置规范的基础上才能够实现的。否则，没有系统的前置性规范，司法机关操作起来反而会受到阻力并且可能使得介入的范围过于狭窄而导致弱化刑法对于公民个人信息的保护功能。总而言之，当前可以考虑将公民个人信息保护的前置法律规范系统化，进而适当将主观标准纳入前置条件当中，并且保证条文的可操作性以及刑法介入的合理性。

① 参见《中华人民共和国网络安全法》第41条；喻海松．侵犯公民个人信息罪司法适用探微．中国应用法学，2017（4）．

# 第十三编　妨害社会管理犯罪专题

# 中国重大公共卫生事件防控刑事政策研究

## ——以中国新冠疫情防控刑事政策为中心*

### 一、前言

2020 年以来肆虐全球的新型冠状病毒性肺炎（Corona Virus Disease 2019，简称“新冠肺炎”），是当前人类社会面临的一次重大公共卫生事件。相比于其他许多国家，中国新冠肺炎疫情防控的措施更为有力，有效遏制了新冠肺炎疫情的扩散，取得了疫情防控战役的重大胜利。与抗疫、防疫并存的是妨害疫情防控的犯罪频发。据最高人民检察院统计，2020 年 1～6 月，全国检察机关受理审查逮捕妨害新冠肺炎疫情防控犯罪 6 624 人，经审查，批准和决定逮捕 5 370 人，逮捕人数占审结的 84.7%，比总体刑事犯罪高 5.6 个百分点；受理审查起诉 8 991 人，经审查，决定起诉 5 565 人，起诉人数占审结的 94.1%，比总体刑事犯罪高 6.6 个百分点。随着疫情形势好转，这类犯罪案件也呈现了下降趋势，第二季度逮捕 2 250 人、起诉 3 321 人，环比分别下降 27.9%、上升 48%。

---

* 与袁彬教授合著，原载《江海学刊》2020 年第 6 期。

为惩治妨害新冠肺炎疫情防控的犯罪行为，中国快速采取措施，有效地稳定了社会秩序。早在2020年2月3日，中共中央政治局召开的常务委员会会议即提出要依法严厉打击利用疫情哄抬物价、囤积居奇、趁火打劫等扰乱社会秩序的违法犯罪行为，严厉打击制售假劣药品、医疗器械、医用卫生材料等违法犯罪行为，坚决依法打击各类违法犯罪，维护社会稳定和国家安全。2020年2月5日，中央全面依法治国委员会通过《关于依法防控新型冠状病毒感染肺炎疫情、切实保障人民群众生命健康安全的意见》，提出要依法严厉打击抗拒疫情防控、暴力伤医、制假售假、造谣传谣等破坏疫情防控的违法犯罪行为，保障社会安定有序。2020年2月6日，最高人民法院、最高人民检察院、公安部、司法部联合发布《关于依法惩治妨害新型冠状病毒感染肺炎疫情防控违法犯罪的意见》（以下简称《惩治涉疫违法犯罪意见》），提出要准确适用法律，依法严惩妨害疫情防控的各类违法犯罪。2020年3月10日至4月25日，最高人民法院发布了三批依法惩处妨害疫情防控犯罪典型案例。2020年2月11日至4月17日，最高人民检察院发布了十批依法惩处妨害疫情防控犯罪典型案例。在此基础上，许多地方司法机关也发布了依法惩治妨害新冠肺炎疫情防控违法犯罪的意见和典型案例。这一系列政治和法治政策举措，对于维护新冠肺炎疫情防控、稳定社会秩序和保障人民群众生命财产安全，起到了积极作用。①

在刑事政策层面，与2003年抗击“非典”疫情期间中国着重突出“从严”惩治有所不同，此次抗击新冠肺炎疫情，中国始终坚持法治思维和法治方式，既在总体上体现依法从严打击的政策要求，又要求避免不分具体情况搞“一刀切”的简单操作；既考虑行为社会危害性评价的一般标准，又关注防控疫情时期的特殊危害性及恶劣情节。② 相关刑事政策具有更强的灵活性和稳定性。新冠疫情防

---

① 需要注意的是，在本文写作和发表之后，全国人大常委会于2020年12月通过的《刑法修正案（十一）》，对刑法典第330条妨害传染病防治罪作了重要修正，主要是通过立法扩张的方式，将该罪调整范围原本限于“甲类传染病”，扩充为也包括依法确定的采取甲类传染病管理措施的传染病（如新冠肺炎）。这一立法修正，为我国重大公共卫生事件防控刑事政策有重要意义。——笔者补注

② 徐日丹. 涉疫情犯罪系列典型案例背后的法治思考. 检察日报，2020-03-09.

控的态势变化又对疫情防控刑事政策提出了新的要求。因此，对中国以新冠肺炎疫情为代表的重大公共卫生事件防控刑事政策进行系统梳理和探讨，有助于我们科学认识和正确发挥刑事政策在重大公共卫生事件防控尤其是当前新冠肺炎疫情防控中的积极作用。

## 二、中国新冠肺炎疫情防控的刑事政策定位

### （一）重大公共卫生事件防控刑事政策的定位依据

刑事政策是国家基于预防犯罪、控制犯罪以保障自由、维持秩序、实现正义的目的而制定、实施的准则、策略、方针、计划及具体措施的总称。[①] 在现代任何法治国家，刑事政策都是一个整体系统。从不同的角度，可以对刑事政策做不同的分类。例如，按照层次的不同，刑事政策可分为基本刑事政策和具体刑事政策；按照内容宽严的不同，刑事政策可分为从严的刑事政策、从宽的刑事政策和宽严结合的刑事政策；根据政策适用的时间不同，刑事政策可分为长期性刑事政策和临时性刑事政策。[②] 对于中国当前以新冠肺炎疫情为代表的重大公共卫生事件防控的刑事政策而言，其政策依据主要包括：

第一，现实依据：即防控新冠肺炎疫情的特殊需要。这种需要表现为要求对妨害新冠肺炎疫情的违法犯罪行为进行及时、精准打击。新冠肺炎疫情是人类遇到的突发灾难。这一重大灾难对人们的工作生活造成了多方面的重大影响，如打乱了人们正常的生活节奏、生活秩序，造成了人们心理和生活的不适应，使得人们对某些行为的判断发生改变。例如，对于不配合检测体温、不佩戴口罩等轻微违法行为，人们容易因为对疫情的惧怕心理而放大其危害性和危险性。同时，人们生活节奏的变化给某些罪犯以可乘之机，容易诱发新的犯罪或者导致某些犯罪的急剧增长。例如，一些不法分子利用疫情期间人们对口罩、药物的急需，哄抬

① 何秉松. 刑事政策学. 北京：群众出版社，2002：23.
② 马克昌. 论宽严相济刑事政策的定位. 中国法学，2007（4）.

物价、制假贩假、网络诈骗等。据最高人民检察院统计，2020 年 1～6 月，中国起诉妨害新冠肺炎疫情防控犯罪所涉罪名，以诈骗罪和妨害公务罪为主，诈骗罪起诉 2 417 人，占 43.4%；妨害公务罪 832 人，占 15%；非法狩猎罪 480 人，占 8.6%；非法收购、运输、出售珍贵、濒危野生动物以及珍贵、濒危野生动物制品罪 336 人，占 6%；生产、销售伪劣产品罪 251 人，占 4.5%；寻衅滋事罪 220 人，占 4%；六罪合占 81.5%。2020 年 1～6 月，共受理审查逮捕妨害传染病防治罪 23 人，批捕 13 人，不捕 7 人；受理审查起诉 138 人，起诉 80 人，不起诉 8 人。中国新冠肺炎疫情防控的现实需要要求对妨害新冠肺炎疫情行为进行精准、有效治理。

第二，政策依据：即上位政策和以往政策的贯彻与继承。这包括两个方面：一是上位刑事政策的贯彻。众所周知，宽严相济刑事政策是中国现阶段的基本刑事政策。该刑事政策的基本要求是该严则严、当宽则宽、宽严有度、宽严相济，是对中国刑事立法、刑事司法和刑事执行工作进行指导和约束的政策。中国对妨害新冠肺炎疫情犯罪的治理当然也应该在该刑事政策的指导下进行。但宽严相济刑事政策涉及的方面较多，对防控新冠肺炎疫情而言，该刑事政策的贯彻应当有所侧重。同时，疫情防控的刑事政策还应当贯彻国家对防控新冠肺炎疫情采取的整体政策。例如，2020 年 2 月 5 日中央全面依法治国委员会《关于依法防控新型冠状病毒感染肺炎疫情、切实保障人民群众生命健康安全的意见》提出要“依法严厉打击抗拒疫情防控、暴力伤医、制假售假、造谣传谣等破坏疫情防控的违法犯罪行为”。这就要求在刑事司法层面对这些违法犯罪行为予以重点惩治。二是以往刑事政策的继承。中国 2003 年发生的“非典”肺炎疫情与此次爆发的新冠肺炎疫情很相似。当时中国针对防控“非典”肺炎疫情坚持了总体从严的政策并取得了积极成效。中国新冠肺炎疫情防控显然有必要继续延续过去防控“非典”肺炎疫情的成功做法和刑事政策，并根据当前违法犯罪行为的态势适当进行调整。

第三，法律依据：即防控新冠肺炎疫情的刑事法根据。没有刑法的刑事政策，必将沦为不切实际的刑事政策；没有刑事政策的刑法，则不能触及刑事法律

之根本。[①] 防控新冠肺炎疫情的刑事司法活动必须具有刑事法根据，必须依法进行。其刑事法根据主要包括两个方面：一是针对疫情防控的专门法律规定，如中国《刑法》第330条妨害传染病防治罪、第332条妨害国境卫生检疫罪、第337条妨害动植物防疫、检疫罪。刑事政策要考虑这些法律条款规定的惩治范围和惩罚力度，合理确定对妨害疫情防控的违法犯罪行为打击力度。二是与疫情防控相关的一般法律规定，如对于疫情防控期间高发的网络诈骗、妨害公务、寻衅滋事、制假售假等违法犯罪行为，中国刑法都有规定。但这些规定本身并未考虑疫情防控因素，防控新冠肺炎疫情的刑事政策制定需要考虑刑事法律的预留空间，在刑法规定的范围内用好、用足法律。

（二）重大公共卫生事件防控刑事政策的具体定位

中国以新冠肺炎疫情防控为代表的重大公共卫生事件防控的刑事政策需要承上启下、瞻前顾后，既要考虑防控疫情的现实需要，又要考虑防控疫情的法律依据；既要考虑上位的刑事政策，又要考虑与以往刑事政策的衔接。在此基础上，中国重大公共卫生事件防控刑事政策的定位应当从纵向（层次）和横向（内容）两个方面进行把握。

第一，刑事政策的纵向定位：精准化刑事政策。纵向维度反映的是刑事政策的不同层次。一般而言，在纵向维度上，可以将刑事政策分为基本刑事政策（即总的刑事政策）和具体刑事政策（包括类罪的刑事政策和具体犯罪的刑事政策等）。前者是针对所有犯罪、所有情形而适用的刑事政策，后者则是针对某类犯罪、某些情形而适用的刑事政策。中国新冠肺炎疫情防控在类型上具有两个明显的特殊性：一是涉及犯罪行为的特殊性。中国刑法分则根据犯罪客体的不同将犯罪分为十章。在此基础上，犯罪被区分为一般犯罪（总体犯罪）、类罪和具体犯罪。中国新冠肺炎疫情防控涉及的典型犯罪（如妨害传染病防治罪）属于中国刑法分则第六章妨害社会管理秩序罪第五节危害公共卫生罪下的一种具体犯罪，属于特别具体的犯罪。这种犯罪与该节中的其他危害公共卫生罪（如第335条的医

① 许福生．刑事政策学．台北：元照出版有限公司，2017：26-28.

疗事故罪）存在明显区别，需要予以特别考虑。二是涉及犯罪情节的特殊性。社会形势（特别是社会治安形势）是影响定罪量刑的酌定情节。与一般的社会形势不同，新冠肺炎疫情形势对社会的影响更为紧迫、全面和深刻，其影响的不仅是社会治安形势，而且会对国家的政治、经济和人们的工作生活等众多领域造成重大影响。因此，如果说紧迫的社会形势是影响定罪量刑的因素，那么新冠肺炎疫情的重大社会影响无疑会放大社会形势对定罪量刑的影响面和影响力度。在此基础上，中国新冠肺炎疫情防控的刑事政策应当更为具体、更为精准。

第二，刑事政策的横向定位：依法从严的政策。刑事政策的横向定位主要解决的是刑事政策的内容问题，主要涉及两个方面：一是刑事政策的内容指向，即指向的是立法、司法还是执行，指向是对犯罪行为的处理还是包括对违法行为的处理。一般而言，基本刑事政策的内容指向必须具有全面性，能够适用于所有方面。但具体的刑事政策则不可能涉及所有方面，而必须有所侧重、有所限制。对于中国新冠肺炎疫情防控而言，政策的重点是妨害新冠肺炎疫情防控犯罪的司法适用，侧重于刑事司法政策。二是刑事政策的内容侧重。作为一项基本刑事政策，宽严相济刑事政策既包括了从宽的内容，也包括了从严的内容，还包括了宽严有度、宽严相济的内容。中国新冠肺炎疫情防控的刑事政策是宽严相济刑事政策的具体化，但在内容上是需要同时考虑政策的所有内涵，还是应该有所侧重？答案显然是应该有所侧重。从中国最高司法机关发布的指导意见和典型案例来看，中国新冠肺炎疫情防控的刑事政策在内涵上坚持的是“依法从严”，即总体上从严，但需依法有度。这种“度”主要体现在两个方面：“法”度和“情”度。前者要求在法律的框架内从严（从严的力度不能突破法律的限度，同时对于具备认罪认罚等从宽情节的，也要适用认罪认罚等从宽情节）；后者要求根据社会情势的变化合理从严（社会情势紧迫时从严力度相对较大，社会情势缓和时从严力度相对较小或者亦可不从严处罚）。

因此，中国新冠肺炎疫情防控的刑事政策应定位为精准化刑事政策，是具体刑事政策的进一步精准化。其政策制定需要综合疫情防控的现实需要、政策依据和法律依据等多种因素。

## 三、中国新冠肺炎疫情防控之刑事政策表达

### （一）重大公共卫生事件防控刑事政策的基本表述

对于中国以新冠肺炎疫情为代表的重大公共卫生事件防控的刑事政策，根据中央和“两高”等方面的规定，其主要存在两种不同的表述。

一是“依法严厉打击”。这主要体现在中央层面。习近平总书记在中央政治局常委会会议研究应对新型冠状病毒肺炎疫情工作时的讲话中明确指出：“要保持严打高压态势，依法严厉打击利用疫情哄抬物价、囤积居奇、趁火打劫等扰乱社会秩序的违法犯罪行为，严厉打击制售假劣药品、医疗器械、医用卫生材料等违法犯罪行为。”① “依法严厉打击”包含了“依法”和“严厉打击”两个方面：一方面是“依法”。习近平总书记针对全面提高依法防控依法治理能力健全国家公共卫生应急管理体系指出：“实践告诉我们，疫情防控越是到最吃劲的时候，越要坚持依法防控，在法治轨道上统筹推进各项防控工作，全面提高依法防控、依法治理能力，保障疫情防控工作顺利开展，维护社会大局稳定。”② 另一方面是“严厉打击”。习近平总书记在统筹推进新冠肺炎疫情防控和经济社会发展工作部署会议上的讲话中明确指出：“中外历史上，大疫大灾往往导致社会失序，社会失序又使抗疫抗灾雪上加霜。我们推动做好社会面安全稳定工作，妥善处理疫情防控中可能出现的各类问题，维护医疗秩序、市场秩序等，严厉打击涉疫违法犯罪，加强群众心理疏导和干预。”③ “依法严厉打击”是中央惩治涉疫违法犯罪的基本要求。

二是“依法及时、从严惩治”。2020 年 2 月 6 日最高人民法院、最高人民检

---

① 习近平．在中央政治局常委会会议研究应对新型冠状病毒肺炎疫情工作时的讲话．求是，2020（4）．

② 习近平．全面提高依法防控依法治理能力健全国家公共卫生应急管理体系．求是，2020（5）．

③ 习近平．在统筹推进新冠肺炎疫情防控和经济社会发展工作部署会议上的讲话．人民日报，2020-02-24．

察院、公安部、司法部联合发布的《惩治涉疫违法犯罪意见》提出，要“始终将人民群众的生命安全和身体健康放在第一位，坚决把疫情防控作为当前压倒一切的头等大事来抓，用足用好法律规定，依法及时、从严惩治妨害疫情防控的各类违法犯罪，为坚决打赢疫情防控阻击战提供有力法治保障。”2020年3月7日最高人民法院、最高人民检察院、公安部、司法部、海关总署《关于进一步加强国境卫生检疫工作依法惩治妨害国境卫生检疫违法犯罪的意见》提出：“面对当前新冠肺炎疫情在境外呈现扩散态势、通过口岸向境内蔓延扩散风险加剧的严峻形势，要依法及时、从严惩治妨害国境卫生检疫的各类违法犯罪行为，切实筑牢国境卫生检疫防线，坚决遏制疫情通过口岸传播扩散，为维护公共卫生安全提供有力的法治保障。”“依法及时、从严惩治”是中国司法层面惩治涉疫违法犯罪的政策指引。

从内涵上看，“依法从严打击”和“依法及时、从严惩治”略有不同，前者强调了“依法”和“从严”，后者在“依法”“从严”的基础上增加了“及时”的表述，是对前者的进一步细化和司法贯彻。此外，“打击”是侧重政策（包括社会政策和刑事政策）层面和政治维度的习惯用语；“惩治”则是侧重刑事政策和刑事法治领域的规范用语。考虑到刑事司法在中国当前惩治妨害新冠肺炎疫情防控中的关键作用和防控新冠肺炎疫情刑事政策的精准化要求，笔者认为，中国当下以新冠肺炎疫情为代表的重大公共卫生事件防控刑事政策的准确表述，应为“依法及时、从严惩治”。

（二）重大公共卫生事件防控刑事政策的具体贯彻

中国重大公共卫生事件防控的刑事政策“依法及时、从严惩治”在内容上强调了以下两个基本方面。

1. 刑事政策的精准性

这一基本方面要求刑事立法、司法精准地施用于犯罪。对于防控新冠肺炎疫情而言，这种精准性重点体现在两个方面：一是精准地“依法”，即在罪刑法定原则的要求下精准地把握法律的内涵，“用好”法律，不要逾越法律的边界；二是精准地“从严”，即在不逾越法律边界的情况下，“用足”法律，体现政策的从严要求。

第一，精准地“用好”法律。

为了精准适用法律惩治妨害新冠肺炎防控违法犯罪，《惩治涉疫违法犯罪意见》对抗拒疫情防控措施等十个方面涉疫违法犯罪的法律适用作了明确界定。该意见以提示性规定为主，但以下三个方面表明其注重精准适用法律：(1) 严格以危险方法危害公共安全罪的适用。以危险方法危害公共安全罪在刑法理论上被认为有“口袋罪”之嫌，相当于危害公共安全犯罪的兜底性罪名，很多涉及危害公共安全的犯罪行为都会习惯地往这个“口袋”里钻。[①] 但上述《惩治涉疫违法犯罪意见》对妨害疫情防控措施行为适用以危险方法危害公共安全罪作了严格限定，仅限于两种情形，即其一，“已经确诊的新型冠状病毒感染肺炎病人、病原携带者，拒绝隔离治疗或者隔离期未满擅自脱离隔离治疗，并进入公共场所或者公共交通工具的”；其二，“新型冠状病毒感染肺炎疑似病人拒绝隔离治疗或者隔离期未满擅自脱离隔离治疗，并进入公共场所或者公共交通工具，造成新型冠状病毒传播的”。这样就依法合理地缩紧了以危险方法危害公共安全行为入罪的“口袋”，体现了对以危险方法危害公共安全罪的精准适用。(2) 严格传播虚假信息犯罪的适用。在疫情防控期间，各种信息满天飞，其中很多属于虚假信息，对疫情防控和人们的工作生活造成了很大困扰。对此，上述《惩治涉疫违法犯罪意见》规定：“对虚假疫情信息案件，要依法、精准、恰当处置。对恶意编造虚假疫情信息，制造社会恐慌，挑动社会情绪，扰乱公共秩序，特别是恶意攻击党和政府，借机煽动颠覆国家政权、推翻社会主义制度的，要依法严惩。对于因轻信而传播虚假信息，危害不大的，不以犯罪论处。”这体现了对传播虚假信息犯罪的精准适用。(3) 严格破坏交通设施犯罪的适用。上述《惩治涉疫违法犯罪意见》规定：“办理破坏交通设施案件，要区分具体情况，依法审慎处理。对于为了防止疫情蔓延，未经批准擅自封路阻碍交通，未造成严重后果的，一般不以犯罪论处，由主管部门予以纠正。”这充分考虑了疫情防控期间的现实，要求依法

① 陈兴良. 口袋罪的法教义学分析：以以危险方法危害公共安全罪为例. 政治与法律，2013 (3).

合理地区分罪与非罪的界限，体现了对破坏交通设施犯罪的精准适用。

第二，精准地“用足”法律。

在从严的政策指引之下，如何在法律的范围之内“用足”法律，考验司法者的智慧。中国新冠肺炎疫情防控的法律适用，在从严“用足”法律方面，主要注重了以下两个方面：(1) 从严量刑情节：将疫情防控期间紧迫的社会形势作为量刑的酌定从重情节。“治乱世用重典”，社会形势是定罪量刑的酌定情节。上述《惩治涉疫违法犯罪意见》明确体现了这一立场，规定：“对于在疫情防控期间实施有关违法犯罪的，要作为从重情节予以考量，依法体现从严的政策要求，有力惩治震慑违法犯罪，维护法律权威，维护社会秩序，维护人民群众生命安全和身体健康。”这实际上是将疫情防控这一紧迫社会形势作为了定罪量刑的酌定从严情节。(2) 从严适用定罪标准：适当扩张特定犯罪的适用范围。上述《惩治涉疫违法犯罪意见》对非法经营罪（由经营对象扩大到经营方式）、非法拘禁罪（由剥夺人身自由扩大到限制人身自由）、非法收购珍贵、濒危野生动物以及珍贵、濒危野生动物制品罪（由收购扩大到购买）等都做了扩张适用。这其中既有对过去做法的延续，又有结合当前实际需要的创新。例如，《惩治涉疫违法犯罪意见》规定：“对医务人员实施撕扯防护装备、吐口水等行为，致使医务人员感染新型冠状病毒的”，以故意伤害罪定罪处罚。因感染病毒本身在伤害程度上具有不确定性（可能无症状，也可能出现轻度、中度甚至重度症状），以往认为，对这类情形适用故意伤害罪有障碍。《惩治涉疫违法犯罪意见》的这一规定富有创新性，体现了“用足”法律的政策精神。

2. 刑事政策的时效性

疫情的发生通常具有突发性，此次新冠肺炎疫情从发现到爆发只有不到一个月的时间。疫情的突发给人们的适应时间很短，容易造成人们的适应困难和社会失序。在此情况下，刑法要发挥作用，就必须作出快速反应。为了提高刑事政策和刑事法治的时效性，中国最高司法机关明确要求对犯罪的惩治要“及时”，并突出了对重点犯罪的惩治。这具体体现在：

第一，强调惩治犯罪的“及时”。上述《惩治涉疫违法犯罪意见》规定：“公


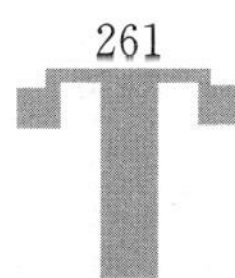

安机关对于妨害新型冠状病毒感染肺炎疫情防控的案件，要依法及时立案查处，全面收集固定证据。”“人民法院、人民检察院、公安机关、司法行政机关要加强沟通协调，确保案件顺利侦查、起诉、审判、交付执行。对重大、敏感、复杂案件，公安机关要及时听取人民检察院的意见建议。”当然，“及时”与“从快”“快速”还是存在区别，特别是要反对“一味从快”。在此基础上，最高人民检察院发布的第九批妨害疫情防控典型案例，强调了检察机关要依法提前介入侦查，引导取证，在最短的时间内完成批准逮捕、审查起诉等工作，并同时强调要反对“一味从快”。这也表明了中国最高司法机关“及时”惩治妨害疫情防控犯罪的决心。

第二，强调犯罪惩治的“重点”。为了在新冠肺炎疫情防控的特殊时期加强办案指导、警示犯罪和促进犯罪防范，迄今，最高人民法院先后发布了三批、最高人民检察院先后发布了十批典型案例。这些典型案例在指导全国司法的同时也强调了惩治的重点。被纳入重点惩治范围的犯罪，包括妨害传染病防治犯罪（最高法院典型案例第 3 批、最高检察院典型案例第 3 批）、产品类犯罪（最高法院典型案例第 2 批、最高检察院典型案例第 4 批）、诈骗犯罪（最高检察院典型案例第 5 批）、哄抬物价犯罪（最高检察院典型案例第 7 批）、妨害国境卫生检疫犯罪（最高检察院典型案例第 8 批）、严重暴力犯罪（最高检察院典型案例第 9 批）等。这与中国实际发生的涉疫违法犯罪重点相一致。根据前述最高人民检察院的统计，疫情发生以后全国检察机关办理的涉疫情犯罪案件，罪名相对集中在诈骗罪、寻衅滋事罪、妨害公务罪、生产销售伪劣产品罪和生产销售不符合标准的医用器材罪等几个罪名上，这几类罪名占了全部案件的八成。

## 四、中国重大公共卫生事件防控刑事政策面临的挑战与完善

### （一）重大公共卫生事件防控刑事政策面临的挑战

从时间上看，“依法及时、从严惩治”的刑事政策的提出是在 2020 年 2～3


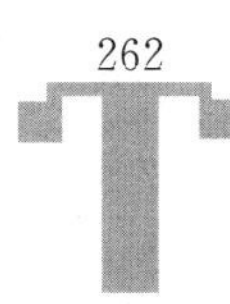

月，是中国新冠肺炎疫情最严重时期，该政策对中国惩治危害疫情防控犯罪发挥了积极作用。不过，在当前环境下，该刑事政策也面临着诸多新的挑战。

1. 新冠疫情防控的常态化挑战

新冠疫情暴发具有突发性、快速性和短暂性特点。与此相对应，新冠疫情防控措施具有应急性、短暂性的特点。“依法及时、从严惩治”的刑事政策也是针对新冠疫情防控的这一特点和需要作出的。但当前各个国家和地区在新冠疫情防控上遇到了一个共同的挑战，即新冠肺炎疫情防控的常态化。也许在未来一两年甚至更长时间内，新冠疫情防控措施仍然不能结束，新冠疫情防控将进入常态化阶段。新冠疫情防控的常态化对中国疫情防控刑事政策提出了多方面的挑战：

第一，挑战防控疫情的政策基础。“事急从权”，防控疫情刑事政策是建立在情势紧急的社会现实基础之上，也是因为疫情暴发容易导致的社会失序需要刑事法快速作出反应，进而才有了及时、从严惩治妨害新冠疫情防控犯罪的必要。但当新冠疫情防控进入常态化后，人们对新冠疫情和新冠疫情防控措施有了更进一步的认识和心理准备，社会心态逐渐趋向平和，社会形势和犯罪态势也逐渐趋于稳定，刑事司法的“及时、从严”示范效应是否还有必要，值得考虑。同时，新冠疫情防控的常态化只是新冠疫情防控的整体态势，并不排除在某个时间点、某个地区新冠疫情会出现反复。在此基础上，基于新冠疫情全面爆发时期犯罪态势急剧变化而确立的新冠疫情防控刑事政策是否有必要作出调整以及如何作出调整，就是一个挑战。

第二，挑战防控新冠疫情的政策内容。这包括两个方面：一是对“及时”的挑战。如前所述，中国最高司法机关将“及时”惩治妨害新冠疫情防控犯罪作为防控新冠疫情刑事政策的重要内容，最高人民检察院还发布了一批从快惩治妨害新冠疫情防控犯罪的典型案例。但这是建立在集中精力专办的基础之上的，也是为了提高刑事司法的示范效应。为了做到“及时”，新冠疫情防控期间中国很多地方司法机关都对不涉新冠疫情的刑事案件适用了诉讼中止制度，使得他们有更多的精力集中办理涉新冠疫情防控的刑事案件。但当新冠疫情防控进入常态化后，刑事司法工作必将步入正常轨道，能否做到对所有涉新冠疫情防控的刑事案

件都从快办理以及是否需要以从快提升司法的示范效应，就是需要认真考虑的一个现实问题。二是对“从严”的挑战。对妨害新冠疫情防控犯罪治理的“从严”基础，是新冠疫情暴发的紧迫社会形势。《惩治涉疫违法犯罪意见》也明确将新冠疫情期间紧迫的社会形势作为涉疫犯罪的从重处罚情节。但当新冠疫情防控进入常态化，社会形势不再紧迫时，社会形势能否再作为惩治妨害新冠疫情防控犯罪的酌定从严情节，以及能在多大范围、多深程度上作为惩治妨害新冠疫情防控犯罪的酌定从严情节，不无疑问。

2. 新冠疫情防控的法治化挑战

刑事法律是刑事政策运行的保障，但也是刑事政策运行的限制。所有刑事政策的运行都应当在刑事法律的框架下进行，正如习近平总书记提出的，“疫情防控越是到最吃劲的时候，越要坚持依法防控，在法治轨道上统筹推进各项防控工作。”① 为了提升疫情防控效果、从严惩治妨害疫情防控犯罪，司法实践中提出了要“用足”法律。这在最高司法机关的解释和具体司法工作中已有所体现。但这方面也存在两个问题：

第一，关于“用足”法律的边界问题。实事求是地讲，“用足”法律往往就意味着要扩张法律的适用，这就有一个界限问题，扩张过度就有可能违反罪刑法定原则的要求。当前争议较大的是将《刑法》第 330 条妨害传染病防治罪中的“甲类传染病”扩大至包括“按照甲类管理的乙类传染病”的法律适用问题。② 由于新冠肺炎被列为“按照甲类管理的乙类传染病”，因此对该问题的掌握涉及对妨害新冠肺炎疫情防治的行为能否按照妨害传染病防治罪进行治理的问题。对此，《惩治涉疫违法犯罪意见》规定：“其他拒绝执行卫生防疫机构依照传染病防治法提出的防控措施，引起新型冠状病毒传播或者有传播严重危险的，依照刑法第三百三十条的规定，以妨害传染病防治罪定罪处罚。”该规定延续了 2008 年最高人民检察院、公安部《关于公安机关管辖的刑事案件立案追诉标准的规

① 习近平. 全面提高依法防控依法治理能力健全国家公共卫生应急管理体系. 求是，2020（5）.

② 2020 年《刑法修正案（十一）》对该条作出了修订，下同。

定（一）》的规定，将“按照甲类管理的乙类传染病”纳入《刑法》第330条规定的“甲类传染病”范围。

但有观点认为，甲类传染病与乙类传染病存在明确的区分界限，按甲类管理的乙类传染病仍然属于乙类传染病，对乙类传染病的妨害防治行为不能适用《刑法》第330条的妨害传染病防治罪。[①] 在前置法上，中国《传染病防治法》第3条明确将传染病分为甲类、乙类和丙类，同时第4条第1款规定：“对乙类传染病中传染性非典型肺炎、炭疽中的肺炭疽和人感染高致病性禽流感，采取本法所称甲类传染病的预防、控制措施。其他乙类传染病和突发原因不明的传染病需要采取本法所称甲类传染病的预防、控制措施的，由国务院卫生行政部门及时报经国务院批准后予以公布、实施。”据此，甲类传染病包含了两种意义上的分类：一是传染病病毒类型上的甲类；二是传染病管理措施上的甲类。中国《刑法》第330条涉及传染病类型的表述是“引起甲类传染病传播或者有传播严重危险的”，这涉及的是行为结果（包括实害结果和危险结果），而非管理措施，更符合病毒类型上的甲类传染病。2008年最高人民检察院、公安部《关于公安机关管辖的刑事案件立案追诉标准的规定（一）》将“按照甲类管理的乙类传染病”纳入“甲类传染病”范围，面临立法依据不足的问题。

第二，关于“用足”法律的前提问题。“用足”法律的前提是要有相关的法律，能够通过扩大解释的方法将相关犯罪行为纳入刑法的惩治范围。但针对有些违法犯罪，中国尚没有任何相关的刑法条款，“用足”法律的前提不存在，“用足”法律也就无从谈起。例如，对于妨害传染病防治行为，中国《刑法》第330条只列举性地规定了四种行为，即“供水单位供应的饮用水不符合国家规定的卫生标准的”“拒绝按照卫生防疫机构提出的卫生要求，对传染病病原体污染的污水、污物、场所和物品进行消毒处理的”“准许或者纵容传染病病人、病原携带者和疑似传染病病人从事国务院卫生行政部门规定禁止从事的易使该传染病扩散的工作的”和“拒绝执行卫生防疫机构依照传染病防治法提出的预防、控制措施

① 张宝山．刑法修正案（十一）草案：回应人民关切．中国人大，2020（7）．

的。”但除了这四种行为，还有一些其他妨害传染病防治的行为，如非法出售、运输疫区被污染物品等，对这些妨害疫情防控的行为，无法进行刑法上的惩治，而是需要刑法立法予以完善。因此，如何基于疫情防控的常态化和未来疫情防控的需要完善中国的刑法立法，是中国“依法”防控疫情面临的新挑战。

（二）重大公共卫生事件防控刑事政策的调整与完善

针对防控疫情刑事政策遇到的挑战，中国应当根据疫情防控的现实状况和需要，适当调整和完善重大公共卫生事件防控的刑事政策。

第一，防控疫情刑事政策的动态化。

政策具有灵活性，可以适时进行调整；防控疫情的刑事政策亦然，可以进行动态调整。防控疫情刑事政策的动态调整包括两个层面：一是阶段性调整。按照以往的经验，防控疫情刑事政策的调整通常因疫情的爆发和结束而产生，往往发生在疫情开始和结束之时。但新冠肺炎疫情具有不同于非典疫情等以往疫情的特征，目前正经历“暴发—平稳—局部小爆发—平稳……”的过程，疫情防控呈现出常态化特征。对于常态化疫情防控形势下的防控刑事政策，最高人民检察院重申了从严的政策要求，提出要继续坚持依法防控，有关法律法规、政策措施必须严格执行，这是巩固来之不易的向好局面的前提和保障，并认为常态化疫情防控对法治提出了更高要求，对违反疫情防控管控秩序或在疫情期间进行其他涉疫违法犯罪，检察机关依然要从严惩处。应当说，这一提法在巩固防控效果的初期是适当的。不过，一旦疫情防控进入较长的平稳期，不存在巩固防控效果问题时，疫情防控的刑事政策就应当适时进行阶段性调整。二是局部性调整。当前中国新冠肺炎疫情防控的整体形势良好，只在个别地区出现了疫情反复的问题，而且时间都较短。在此情况下，防控疫情的刑事政策也有必要根据不同地区的状况进行局部调整。

第二，防控疫情刑事政策的法治化。

刑事政策的法治化是将刑事政策的要求贯彻、落实到法律之中，包括司法化和立法化。当前中国防控疫情刑事政策法治化面临的主要问题是立法化问题，即如何通过刑事立法为刑事政策的司法化提供法律依据。这主要包括三个方面：一



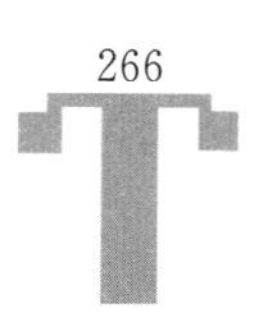

是完善紧迫社会形势等作为量刑情节的刑法立法。中国刑法没有关于从宽处罚和从严处罚情节的系统性立法，只是分别规定了自首、坦白、立功、累犯等几项量刑制度。其他大量能够影响量刑的情节，如犯罪动机、主体身份、犯罪手段、危害后果，都只是酌定量刑情节。与这些常见量刑情节相比，紧迫的社会形势（包括社会治安形势）对犯罪的影响更为间接（更多的是一种纯政策考虑），将其作为影响定罪量刑的情节缺乏法律根据，有必要在刑法上予以明确。具体而言，中国可以借鉴一些外国刑法的规定，采用列举的方式，将犯罪动机、犯罪手段、社会形势等影响定罪量刑的从重处罚、从轻处罚情节都进行列举，明确司法适用的标准。二是完善妨害疫情防控犯罪的刑法立法。这主要涉及进一步严密中国惩治妨害疫情防控犯罪的法网问题。对此，中国已提交全国人大常委会审议中的《刑法修正案（十一）（草案）》对妨害疫情防控犯罪进行了立法调整，主要是修改妨害传染病防治罪，进一步明确新冠肺炎等依法确定的采取甲类传染病管理措施的传染病，属于该罪调整范围，补充完善构成犯罪的情形，增加规定拒绝执行人民政府依法提出的预防控制措施，非法出售、运输疫区被污染物品等犯罪行为。在此基础上，中国还有必要对《刑法》第 332 条妨害国境卫生检疫罪等相关犯罪的构成要件和处罚进行调整，适当提高处罚力度。三是完善可能引发疫情行为的刑法立法。鉴于非典疫情的爆发与食用野生动物及其制品有关，而新冠肺炎疫情也与食用野生动物及其制品高度相关，中国全国人大常委会审议中的《刑法修正案（十一）（草案）》增设了非法猎捕、收购、运输、出售陆生野生动物罪，即在《刑法》第 341 条增加一款作为第 3 款，规定“违反野生动物保护管理法规，以食用为目的非法猎捕、收购、运输、出售前两款规定以外的陆生野生动物，情节严重的，依照前款的规定处罚。”[①] 不过，由于中国对野生动物实行分级保护，《野生动物保护法》也只保护“珍贵、濒危的陆生、水生野生动物和有重要生态、科学、社会价值的陆生野生动物”，该条所称的“陆生野生动物”范围不明确，且“以食用为目的”排除了其他目的的非法猎捕、收购、运输、出售行为，不甚

① 张宝山. 刑法修正案（十一）草案：回应人民关切. 中国人大，2020（7）.

合理，有必要予以进一步完善。①

## 五、结语

新冠肺炎疫情是当前人类社会共同面临的重大公共卫生事件。该疫情具有不同于以往疫情的一些特点，该疫情及相关社会情势、犯罪情况对中国防控疫情刑事政策提出了新的挑战和要求。总体而言，中国当前针对新冠肺炎疫情防控提出的“依法及时、从严惩治”刑事政策符合惩治妨害疫情防控犯罪的现实需要，并取得了积极成效。但新冠肺炎疫情防控的常态化和法治化趋势，要求中国新冠肺炎疫情防控的刑事政策进行动态化调整，同时也有必要完善刑法立法，将紧迫的社会形势等从重处罚情节、从轻处罚情节在刑法立法上进行列举式规定，并完善妨害疫情防控措施行为的刑法立法，严密法网。我们相信，当刑事政策与刑法能够充分兼容、相互配合时，中国重大公共卫生事件防控的刑事政策就一定能最大化地发挥其政策功能，取得疫情防控的最大效果。

① 本文上述提及的《刑法修正案（十一）（草案）》中的两项相关修法方案，在2020年12月26日由全国人大常委会通过的《刑法修正案（十一）》正式文本中都得以确立：即《刑法修正案（十一）》第37条对刑法典第330条妨害传染病防治罪作了修正；该修正案第41条在刑法典第341条中增加一款作为该条第3款，增设了非法猎捕、收购、运输、出售陆生野生动物罪。——笔者补注


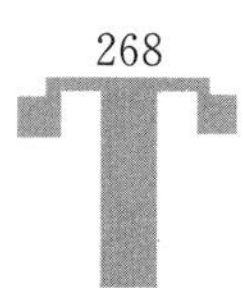

# 中国惩治有组织犯罪的立法演进及其前瞻

## ——以黑社会性质组织犯罪为视角*

### 一、前言

关于有组织犯罪的概念，学界可谓众说纷纭。有学者认为，根据《联合国打击跨国有组织犯罪公约》规定的基本精神，有组织犯罪应当是指 3 人以上组成的，具有比较稳定的组织结构，以追究经济利益为基本目标，在一定时期内采取暴力、威胁，贿赂或者其他手段实施的犯罪活动。参照我国刑法典的规定，主要包括一般的集团犯罪和黑社会性质组织犯罪。① 也有学者认为，有组织犯罪应有广义和狭义之分，即一般的有组织犯罪概念和典型的有组织犯罪概念。所谓广义的即犯罪学意义上的有组织犯罪，是指 3 人以上故意实施的一切有组织的共同犯

* 与张伟珂博士合著，原载《学海》2012 年第 1 期，后在提交给 2015 年海峡两岸学术会议时又有所修改。

① 张远煌. 犯罪学. 北京：中国人民大学出版社，2007：155.



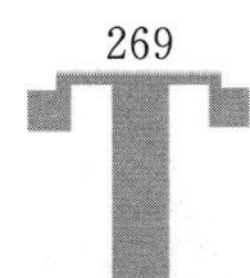

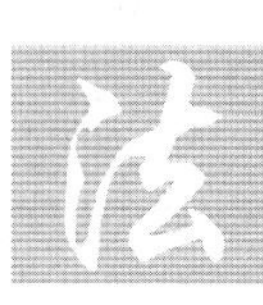



罪或犯罪集团。包括有一定组织行为的结伙性犯罪和团伙性犯罪，也包括有一定组织形式的集团性犯罪，还包括有一定组织机构的黑社会性质的犯罪。狭义的即刑法学意义上的有组织犯罪概念，是指由故意犯罪者操纵、控制或直接指挥和参与的，人数众多的犯罪分子的结合或几个犯罪集团的联合体，具有严密而稳定的组织结构，有一套能逃避社会控制和法律制裁的防护体系，通过暴力、恐怖等犯罪手段，以达到追求垄断，谋取经济利益，并对政治和社会问题施加影响的目的。[①] 按照这种观点，除了黑社会性质组织犯罪以外，恐怖活动组织犯罪也应当属于有组织犯罪的范畴。

而恐怖活动组织犯罪的立法也是近年来我国刑事立法的重点所在。尤其是2015年8月29日全国人大常委会通过的《刑法修正案（九）》适应恐怖活动犯罪的新变化，加强对恐怖活动组织的惩治力度，从多个方面对恐怖活动（组织）犯罪的刑事立法进行了完善，包括引入了“恐怖主义”“极端主义”的概念，通过增设多种新罪种、修改罪状等方式严密了涉恐犯罪体系，完善了刑罚配置，增设了财产刑，并且根据行为人在恐怖组织中的地位和作用，分别配置了并处没收财产、并处罚金和选处罚金的不同刑罚，从而为更有效地打击恐怖主义奠定了刑法基础。因此，对有组织犯罪的研究当然可以将恐怖活动犯罪尤其是恐怖犯罪组织及其惩治纳入。

然而，一般认为，我国有组织犯罪的典型表现形式乃是黑社会性质组织犯罪。因此，本文关于有组织犯罪之刑法立法的研究，将以黑社会性质组织犯罪的相关规定为基本对象；而在立法演进的考察中，亦兼顾对非典型的有组织犯罪即一般的集团犯罪的立法介述。

一个时期以来，随着社会经济转型步伐的加快，我国惩治和防范有组织犯罪的形势愈发严峻。一方面，从发展趋势来看，我国有组织犯罪依然“呈现出数量上日益增多，质量上由黑社会性质组织向典型的黑社会组织演化，活动区域趋于跨国跨地区性发展的特点；在组织架构上，呈现出组织化程度越来越高、组成人

① 康树华．当代有组织犯罪与防治对策．北京：中国方正出版社，1997：14-15.

员越来越多，职业化、智能化和现代化趋势愈加强化的基本特征。”① 另一方面，就发展模式而言，有组织犯罪中的“保护伞”特征更加明显，愈来愈多的黑社会（性质）组织通过向政界渗透，寻求官方保护，“以黑代政”“以政养黑”的现象亦较为普遍；而在产生形态层面，传统的帮派拉伙式组织形式逐渐被企业化运作的新型有组织犯罪模式所取代。可以说，我国惩治和防范有组织犯罪的社会形势，并没有因为1997年修订刑法典时增设有关黑社会（性质）组织犯罪的新罪名而有明显好转，也没有因为连续不断的“打黑除恶”专项斗争而有显著改观。究其原因，既受社会经济迅速发展的特定时代背景影响，也与刑法立法状况相关。尤其是面对有组织犯罪所呈现出的新特点，以及打击和预防有组织犯罪的新形势，传统的立法思维已难以适应司法实践的丰富多样性；而我们也需要认真反思有组织犯罪之刑法立法的相关内容，以根据有组织犯罪形势的新变化，及时调整和完善有关刑法立法，从而实现法律规范对有组织犯罪行为的有效惩治与防范。

## 二、中国惩治有组织犯罪的立法演进

中华人民共和国成立至今，伴随着社会有组织犯罪由盛转衰再到重新出现并快速发展的变化，我国惩治有组织犯罪的相关立法也经历了从无到有、从粗到细的发展历程。

### （一）有组织犯罪之刑法立法的孕育

虽然在1997年刑法典生效之前，中国并没有系统的惩治有组织犯罪的刑法立法，但是在中华人民共和国成立后起草的多份刑法草案中，对非典型的有组织犯罪即一般的集团犯罪早就有所规定，这些规定为以后的有组织犯罪的刑法立法奠定了基础。如早在1950年7月25日，在中央人民政府法制委员会刑法大纲起草委员会拟定的《刑法大纲草案》中，其总则第二章第15条即规定有“犯罪组

① 赵秉志，于志刚．论中国新刑法典对有组织犯罪的惩治．法商研究，1999（1）．

织”这一共同犯罪形式，其分则第四章第39条和第五章第58条则分别规定了组织或参加武装匪帮行为，利用、操纵、收买武装土匪、封建会门、或迷信团体行为，以及执持枪械，结合大帮行为的刑事责任。[①] 虽然立法者当时并没有明确犯罪组织的特征，但是已经将其作为共同犯罪的一种特殊形式。由此，该规定可以视为中华人民共和国刑法发展过程中关于有组织犯罪刑法立法的萌芽。国家立法工作机关于1954年下半年开始主持起草刑法，在之后的多部刑法草案中有进一步的相关规定，如1962年12月的《刑法草案（初稿）》（第27次稿），以“犯罪集团”之名代替了“犯罪组织”的称谓，不但在总则第23条对犯罪集团的组织者和领导者的处罚作了原则性规定，而且在分则第181条对流氓集团的首要分子的处罚也作了具体规定。[②] 尤其需要注意的是，在新中国刑法立法史上占有重要地位的1963年10月9日拟定出的《刑法草案（修正稿）》（第33次稿）中[③]，仍沿袭了该条款，其第23条第1款规定：“组织、领导犯罪集团进行犯罪活动的或者在共同犯罪中其主要作用的，是主犯。”[④] 此后的历次刑法草案也多沿用这一规定，直到1979年7月1日五届全国人大二次会议通过的中华人民共和国第一部刑法典（即1979年刑法）第23条第1款，仍然作了同样的表述。而此期间中国大陆有关有组织犯罪的立法，亦一直停留“犯罪集团”的表述上。

1979年刑法典是中华人民共和国成立后的第一部刑法典，其标志着中国当代刑法体系的基本形成。[⑤] 此后，中国自1988年将修改刑法典的工作提上国家立

---

① 高铭暄，赵秉志．新中国刑法立法文献资料总览（上）．北京：中国人民公安大学出版社，1998：147，150．

② 同①307．

③ 之所以说《刑法草案（修正稿）》（第33次稿）在刑法立法史上占有重要地位，一方面是因为该刑法草案曾经中共中央政治局常委审查通过；另一方面在于该刑法草案相对较为成熟，是1979年刑法的蓝本。

④ 高铭暄，赵秉志．新中国刑法立法文献资料总览（上）．北京：中国人民公安大学出版社，1998：342．

⑤ 赵秉志．当代中国刑法体系的形成与完善．河南大学学报，2010（6）．

法工作日程，至1997年间研拟了多个刑法典修订草案。其中对于有组织犯罪立法影响较大的刑法典修正草案是：(1) 全国人大常委会法制工作委员会刑法修改小组在1993年11月21日形成的《刑法分则条文汇集》。其第二十章第11条流氓罪的条文中增加了“结为团伙，称霸一方，欺压群众的”表述。[①] 这一表述与后来1997年刑法典关于黑社会性质组织犯罪的罪状描述已具有一定的相似性。(2) 1996年8月8日全国人大常委会法制工作委员会形成的《刑法分则修改草稿》第六章第2条规定，对组织犯罪集团，以非法手段控制社会经济组织或者试图控制国家机关的立法、行政活动的，应对组织者、领导者或者其罪恶重大者处以刑罚。[②] 从该罪状的表述来看，这是刑法立法过程中首次以叙明罪状的形式对那些在组织结构、非法控制方式等方面具有独特性的犯罪集团，在定罪量刑方面予以单独规定；更为重要的是，该条第2款明确规定了“犯本条规定之罪，与境外黑社会组织相勾结的，从重处罚”，从而在刑法草案中首次使用了“黑社会组织”的表述，表明立法者已经注意到黑社会组织与犯罪集团在社会危害性程度上的差异。因此，该条款可以称之为典型有组织犯罪立法的雏形。(3) 1996年12月20日全国人大常委会法制工作委员会印发的《刑法（修订草案）》，在总则第27条明确了犯罪集团的含义，即3人以上为共同实施犯罪而组成的较为稳定的犯罪组织，并在分则第六章第266条分3款设置了组织、领导、参加黑社会性质组织犯罪和入境发展黑社会组织犯罪两种行为方式以及数罪并罚的量刑原则[③]，对有组织犯罪的惩治作出了更为系统的规定。此稿经三次审议，在1997年2月17日第八届全国人大常委会第二十四次会议上讨论的《修改稿》中，又将犯罪集团概念中的“稳定的犯罪组织”改为“固定的犯罪组织”，同时在分则第

① 高铭暄，赵秉志. 新中国刑法立法文献资料总览（中). 北京：中国人民公安大学出版社，1998：990.

② 同①1193.

③ 同①1374，1426.

290 条增加了包庇、纵容黑社会性质组织罪。[①] 从而为 1997 年刑法典中有组织犯罪的创制奠定了基础。

（二）中国有组织犯罪立法的创制

1997 年 3 月 14 日在八届全国人大五次会议上新刑法典获得通过，是当代中国刑法体系发展历程中具有里程碑意义的事件。尽管在总体上其基本延续了 1979 年刑法典的体系，但是在具体设计上显然更为完备。[②] 就有组织犯罪立法方面而言，新刑法典弥补了旧刑法典的缺陷，初步创立了有关有组织犯罪的刑法立法体系。

具体来看，1997 年刑法典除了在总则中明确了犯罪集团的概念及其刑事责任认定的原则之外，在分则中，从五个方面加强了对有组织犯罪的刑法惩治：一是明确并强化对组织、领导、参加黑社会性质组织行为的惩治，在刑法典第 294 条第 1 款增设了组织、领导、参加黑社会性质组织罪，并根据行为人所实施的犯罪行为的轻重、主观罪过的差异等规定了不同的法定刑；二是在第 294 条第 2 款增设入境发展黑社会组织罪，旨在严厉打击境外黑社会组织的成员利用该组织的名义到境内实施发展成员的行为，从而防范中国的黑社会性质组织犯罪与境外黑社会组织犯罪相互勾结，形成跨境的有组织犯罪；三是在第 294 条第 4 款增设了包庇、纵容黑社会性质组织罪，以严厉惩治涉黑犯罪的国家工作人员，加大对黑社会性质组织“保护伞”的惩治力度；四是在第 294 条第 3 款明确了罪数形态上涉黑犯罪予以数罪并罚的原则，即触犯组织、领导、参加黑社会性质组织罪或入境发展黑社会组织罪，同时又有其他犯罪行为的，应当数罪并罚而不是择一重罪处罚，亦体现了严厉打击有组织犯罪的刑事政策；五是在第 191 条增设洗钱罪，将黑社会性质组织犯罪作为洗钱罪的上游犯罪之一，从而为依法严厉打击有组织犯罪中扰乱金融管理秩序的行为提供法律依据，有利于阻断有组织犯罪的经济来

① 高铭暄，赵秉志．新中国刑法立法文献资料总览（中）．北京：中国人民公安大学出版社，1998：1644，1699．

② 赵秉志．当代中国刑法体系的形成与完善．河南大学学报，2010（6）．

源，进而铲除其物质基础。

（三）中国有组织犯罪立法的发展

随着1997年刑法典的颁行，依法惩治和防范有组织犯罪进入新的历史时期。在此后迄今的十多年间里，根据犯罪形势的变化，最高司法机关和国家立法机关又相继通过司法解释、立法解释和刑法修正案，不断促进惩治有组织犯罪立法的发展。

1. 以法律解释的形式完善有关黑社会性质组织犯罪的立法

1997年刑法典虽然描述了黑社会性质组织犯罪的基本表现形态，但并没有对黑社会性质组织的构成特征作出具体的规定，由此造成司法机关无法准确区分黑社会性质组织犯罪与其他集团犯罪的司法困惑。为了更好地指导司法实践，最高人民法院2000年12月5日发布了《关于审理黑社会性质组织犯罪的案件具体应用法律若干问题的解释》，其主要内容就是从组织特征、经济特征、保护伞特征和客观危害特征等四个方面详细列举了黑社会性质组织应当具备的基本特征。[①] 2002年4月28日，为了解决最高司法机关之间对“保护伞”应否是黑社会性质组织的必备特征等问题所存在的分歧，九届全国人大常委会第二十七次会议通过了《关于〈中华人民共和国刑法〉第二百九十四条第一款的解释》，以立法解释的形式对黑社会性质组织的含义予以阐释，明确了其组织特征、经济特征、行为特征和非法控制特征。[②] 从其内容来看，这两个法律解释的最大区别在

① 该解释第1条规定：刑法典第294条规定的“黑社会性质的组织”，一般应具备以下特征：(1) 组织结构比较紧密，人数较多，有比较明确的组织者、领导者，骨干成员基本固定，有较为严格的组织纪律；(2) 通过违法犯罪活动或者其他手段获取经济利益，具有一定的经济实力；(3) 通过贿赂、威胁等手段，引诱、逼迫国家工作人员参加黑社会性质组织活动，或者为其提供非法保护；(4) 在一定区域或者行业范围内，以暴力、威胁、滋扰等手段，大肆进行敲诈勒索、欺行霸市、聚众斗殴、寻衅滋事、故意伤害等违法犯罪活动，严重破坏经济、社会生活秩序。

② 该解释载明，刑法典第294条第1款规定的“黑社会性质的组织”应当同时具备以下特征：(1) 形成较稳定的犯罪组织，人数较多，有明确的组织者、领导者，骨干成员基本固定；(2) 有组织地通过违法犯罪活动或者其他手段获取经济利益，具有一定的经济实力，以支持该组织的活动；(3) 以暴力、威胁或者其他手段，有组织地多次进行违法犯罪活动，为非作恶，欺压、残害群众；(4) 通过实施违法犯罪活动，或者利用国家工作人员的包庇或者纵容，称霸一方，在一定区域或者行业内，形成非法控制或者重大影响，严重破坏经济、社会生活秩序。

于，司法解释将“保护伞”作为黑社会性质组织犯罪的一个必备特征，而立法解释则将“保护伞”特征作为黑社会性质组织犯罪的一个选择性要素而非必备要素，从而降低了该罪的入罪门槛，扩大了其适用范围。

2. 以刑法修正案的形式完善有关黑社会性质组织犯罪立法

为了进一步加大对黑社会性质组织等犯罪的惩治，全国人大常委会2011年2月25日通过的《刑法修正案（八）》从五个方面对有关黑社会性质组织犯罪立法进行了完善：一是将全国人大常委会所作的黑社会性质组织特征的立法解释纳入刑法典中，从而在法律上明确了黑社会性质组织的特征；二是在刑罚方面，提高法定刑并增加了可以并处罚金、没收财产的规定，加大对相关犯罪的惩治力度；三是将包庇、纵容黑社会性质组织罪的基本法定刑由“三年以下有期徒刑、拘役或者剥夺政治权利”提高为“五年以下有期徒刑”，加大了对“保护伞”的打击力度；四是扩大特殊累犯的范围，将黑社会性质的组织犯罪纳入其中；五是调整、完善黑社会性质组织相关联犯罪的行为类型、入罪门槛并提高法定刑，主要涉及敲诈勒索罪、强迫交易罪和寻衅滋事罪。①

通览我国有组织犯罪的立法演进，其呈现出刑法立法与司法实践相互影响和彼此促进的鲜明特色。具体来讲，可以从以下两个方面加以概括：(1) 有组织犯罪刑法立法的孕育时期远远长于其创制、发展期，时间长达近半个世纪。这主要有两个方面的原因：一是受犯罪形势的客观影响。中华人民共和国成立以后，针对匪患严重，敌对势力猖獗的状况，中央人民政府通过查禁烟毒、取缔娼妓等整顿措施，摧毁了有组织犯罪赖以生存的经济来源和物质基础，而土地改革、清匪除霸、镇压反革命运动等则从根本上清除了以帮会组织为代表的黑社会犯罪组织。② 经过这一系列的严厉打击，在中华人民共和国成立后直至改革开放前夕的近30年时间里，有组织犯罪几乎在我国销声匿迹。直到改革开放以后，在国内

---

① 赵秉志.《刑法修正案（八）（草案）》热点问题研讨//刑法论丛：第4卷. 北京：法律出版社，2010：38-39.

② 何秉松. 中国有组织犯罪研究：中国大陆黑社会（性质）犯罪研究（第1卷）. 北京：群众出版社，2009：76-88.

外各种因素的影响下，我国才又出现了大量的团伙犯罪，黑社会性质组织犯罪也悄然而生，并进一步由黑社会性质组织犯罪向黑社会组织犯罪逐渐发展。因此，关于涉黑犯罪的立法直到20世纪90年代以后才出现在刑法修改草案中。二是受立法者主观认识的局限，立法前瞻性不足。比如在1979年到1997年间，我国共通过了24部单行刑法对较为严重的犯罪行为予以严厉惩治，但是由于主观上尚未对有组织犯罪的现状和发展规律有充分认识，因此对于严重危害社会秩序的黑社会（性质）组织犯罪并没有制定相应规范进行规制，只能以团伙犯罪或流氓集团之名进行打击，从而使刑法立法严重滞后于犯罪形势的发展，在一定程度上导致了20世纪80年代末到90年代出现大量的涉黑犯罪。（2）我国有组织犯罪立法的演变，向我们清晰地呈现了刑法规范从司法实践经验上升到刑法立法的发展脉络。这一方面表明我国立法的科学性、规范化程度有了较大提高，初步形成了以刑法典第294条和其他关联条款为主体，以刑法修正案和相关法律解释等法律文件为补充的有组织犯罪之立法惩治体系，从而为惩治和预防国内有组织犯罪并防范跨国有组织犯罪提供了必要的法律依据；另一方面也凸显出立法发展过程中非常注重对司法实践经验的总结，根据每一阶段打击犯罪的实际需要，从经验中发现立法的不足和缺陷并予以完善。但是，也正是由于立法者过于关注从经验中挖掘法律的“生命”，把积极地、及时地回应司法实践的需求作为立法工作的目标，而较少对犯罪预防、犯罪趋势作实证性分析，所以相关法律规范并未能充分而有效地应对有组织犯罪的发展趋势。

## 三、中国现行惩治有组织犯罪的立法评析

自1997年刑法典实施以来，现行立法在惩治和预防有组织犯罪方面扮演了重要角色，司法机关严厉处罚了一大批严重破坏公共秩序、威胁社会治安稳定的黑社会（性质）组织及其成员；同时，相关的立法规范对于遏制境外黑社会组织与境内犯罪组织的联系和结合发挥了积极的作用。但是，也要注意到，当前我国正处于社会矛盾的凸显期和刑事犯罪的高发期，滋生、发展黑恶势力的土壤和环

境仍然存在。虽然经过多年的专项打击，但黑恶势力犯罪处于活跃期的基本态势没有改变。① 在此情况下，全面回顾、理性审视现行有组织犯罪之刑法惩治体系的相关规定，根据国内外有组织犯罪出现的新情况、新问题，结合国际公约提出的新要求，客观评价其积极之处并予以坚持，发现其不足之处以促进自身改进，对于有组织犯罪的严厉惩治和有效预防十分必要。基于此，下面对我国惩治有组织犯罪的刑法立法从宏观和微观两个层面予以简要评析。

（一）宏观层面的立法评析

在宏观上，我国惩治有组织犯罪的刑法立法表现出以下特征。

1. 在立法体例上，我国关于有组织犯罪的刑法立法采取的是分布式立法，而非制定专门的反有组织犯罪法。从刑法典的规定来看，主要包括总则中的犯罪集团条款，分则中的组织、领导、参加黑社会性质组织罪，入境发展黑社会组织罪，包庇、纵容黑社会性质组织罪以及其他诸如洗钱罪、寻衅滋事罪等关联犯罪条款。从刑法立法进程来看，不管是 1979 年刑法典中的集团犯罪，还是 1997 年刑法典中的有组织犯罪，我国一贯采取的是纳入刑法典中由多个条文规定的分布式的立法模式。这样的选择与立法者对有组织犯罪的认识密切相关。在 1979 年刑法典实施期间，由于当时的立法者认为中国基本不存在有组织犯罪，司法机关也往往将其视为严重的共同犯罪加以惩处，因此不需要制定专门的立法加以调整；而在 1997 年刑法典生效以后，立法者采取了单一刑法典的立法模式，放弃了单行刑法和附属刑法等其他立法形式，所以也不可能对有组织犯罪采取专门立法。另外，受司法实践的影响，立法者对有组织犯罪的认识尚不全面。这样一来，不管从犯罪种类还是条文设计考虑，都不会制定专门的反有组织犯罪立法。当然，从域外相关立法情况来看，关于立法体例的选择也没有统一的做法。既有国家将有组织犯罪的立法规定于刑法典之中，如法国、奥地利、俄罗斯、泰国等国；也有国家以专门立法的形式惩治有组织犯罪，如 1982 年意大利制定的《黑手党犯罪斗争紧急处置法》《黑手党型犯罪对

① 赵秉志，彭新林．关于重庆“打黑除恶”的法理思考．山东警察学院学报，2011（1）．

策统一法律》，1970 年美国政府通过的《有组织犯罪控制法》，此外，德国、日本以及中国的香港地区也采取了专门立法的模式。[①] 而究竟哪种立法模式更有利于打击有组织犯罪，还有待于结合各国各地区反有组织犯罪的实践和需要作深入考察。

2. 在立法技术上，我国关于有组织犯罪的刑法立法可谓经验立法有余而科学立法不足。言之前者，即立法过于注重实践需要；谓之后者，乃立法缺乏前瞻性。在现代法治社会里，立法愈来愈趋向于被视为一门具有科学性的技术。立法科学性是立法规范化、文明化并最终获得公众认同的必然要求。而在理论层面，“立法如果依科学性而为之就应立足于法律制定中的自然意义，而非单单关注立法的人为环境和其他以人的因素为核心的非理性的东西。经验立法除了过分关注了立法中的人文因素外，还在于其以人们对法律涉及事物的先前认识为唯一的、绝对的依据，考虑的是人们在调适某一事态中的历史进路，而不是这一事态本身所具有的由自然因素决定的情势。”[②] 而我国刑法立法的相关修改与完善多与特定时期打黑除恶的需要有关。[③] 惩治有组织犯罪立法也恰恰是基于“适应与犯罪作斗争的实际需要，有必要对刑法进行修订、补充、完善”[④] 而作出的，从而导致立法中过于注重立法经验而缺少对犯罪发展的自然规律的把握。比如在 1997 年修订刑法典时，立法者基于“在中国，明显、典型的黑社会犯罪还没有出现，

---

① 意大利关于有组织犯罪的专门刑法文件较多，从 1956 年到 1990 年共颁布了 16 个打击和控制黑手党的刑事法律文件，其中包括打击非法勾结贩毒的法律。相比之下，日本近年来也一直加大对有组织犯罪的惩治力度，1992 年 10 月颁布了“麻药二法”（《毒品及精神药物取缔法等的部分修改法》《修改关于在国际合作之下防止助长与管制药品相关的非法行为的毒品以及精神药物取缔等特例法令的法律》）。1991、1993、1995 年三年，日本立法者三次修改了《枪炮持有取缔法》，如在罪名当中增加了走私手枪等武器预备罪（第 31 条第 12 项）（1991 年）；1999 年，日本通过了三部预防有组织犯罪的重要法律：包括电话窃听法、刑事诉讼法部分修改法、打击有组织犯罪及控制犯罪所得法。莫洪宪．国际社会反有组织犯罪立法概况．中国刑事法杂志，1998（3）；白取祐司．日本近期预防有组织犯罪立法及其问题．王鲲，译．国家检察官学院学报，2009（6）．

② 关保英．科学立法科学性之解读．社会科学，2007（3）．

③ 于改之．中国关于有组织犯罪的立法与司法完善．法学论坛，2004（5）．

④ 高铭暄，赵秉志．新中国刑法立法文献资料总览（中）．北京：中国人民公安大学出版社，1998：1827．

但带有黑社会性质的犯罪集团已经出现”[①] 的观念的影响，仅仅在刑法典中规定了三种有关黑社会性质组织的犯罪，因而导致在此后十多年间无法有效地充分打击新出现的其他严重有组织犯罪类型。事实上，从犯罪集团发展的规律来看，有组织犯罪在短时间内是不可能被消灭的，且极有可能再向更高级、更多样化的犯罪形态发展。他们一方面自己不断总结经验与教训，加强成员的选择与组织管理，同时也不断借鉴中国旧社会青、红帮的经验和注意吸收国外黑社会的管理方式，甚至模仿学习现代化国家组织及现代公司企业的管理方式。按照这一“规律”，以目前的立法状况，届时中国刑事司法对“明显的、典型的黑社会犯罪”的惩治就难免无法可依。[②] 因此，这种立法技术固然可以在短时期满足司法实践的需求，但是从长远来看则难以适应犯罪形势的发展变化。

3. 在立法视野上，我国既往关于有组织犯罪的刑法立法过于注重国内的犯罪状况，而忽视了国际犯罪形势的变化。随着全球经济一体化进程的加快，区域人口流动、文化交流的频率较以前也有较大提升，随之而来对立法的要求就是要有更为宽阔的视野，甚至需要以全球化的视角来确保法律的权威性和公信力。而中国惩治有组织犯罪的刑法立法恰恰对这一点有所忽略，即立法的全球化视野不足。以 2003 年 8 月由全国人大常委会批准并生效的《联合国打击跨国有组织犯罪公约》（以下简称《公约》）为例，该《公约》一方面将法人作为有组织犯罪的主体纳入其中，规定了刑事没收程序，并变通了刑事司法协助的一些国际原则，反映了国际社会严厉打击有组织犯罪的呼声；另一方面加强了对被害人的权利救济，彰显了国际社会一直呼吁的人权保障理念。而《公约》的这两个方面在中国惩治有组织犯罪立法中并未有充分体现，即使刚刚实施的《刑法修正案（八）》也未能关注这一点。可以说，中国刑法立法中所规定的情形与该《公约》的要求相比，存在犯罪网络不够严密、人权保障不够全面的现实问题。而这

① 高铭暄，赵秉志．新中国刑法立法文献资料总览（中）．北京：中国人民公安大学出版社，1998：1835.

② 田宏杰．试论中国“反黑”刑事立法的完善．法律科学，2001（5）．

恰恰背离了刑法立法的全球化趋势。“立法视野的全球化既表现在立法的整体格局上，也表现在一些具体的行为规则制定上。”[①] 也许我们在立法的整体格局上没有太大的瑕疵，但是在具体的行为规则上，可以说我国距离《公约》的要求还有很长的路要走。

（二）微观层面的立法评析

1997 年刑法典所规定的刑事惩治措施，为有组织犯罪立法的进一步完善搭建了良好的法治平台。但需要强调的是，这里仍然存在一些应当引起我们关注的、有待于补充和健全的地方。

1. 刑事制裁范围不完整。从近几年被依法惩治的有组织犯罪情况来看，黑社会性质组织向黑社会组织发展的趋势已经出现，境内外有组织犯罪相互来往、勾结的趋势也十分突出。在此情况下，现行刑法典的规定将黑社会（性质）组织犯罪的处罚范围仅限定为三类行为即组织、领导、参加黑社会性质组织的行为，入境发展黑社会组织的行为以及包庇、纵容黑社会性质组织行为，导致刑事制裁范围存在漏洞，显然不能满足司法实践的需要。我们认为，在区分黑社会性质组织与黑社会组织的前提下，刑事制裁范围的不完整性主要表现在：一是对于司法实践中存在的少数黑社会组织的组织者、领导者和参加者的处罚不力；二是对到境外实施组织、领导、参加黑社会组织行为的中国公民予以处罚的根据不够明确；三是对于包庇、纵容入境发展黑社会组织的境外成员之国家工作人员的处罚根据不够明确。

2. 刑事制裁对象不完整。根据刑法典第 30 条的规定，法律规定为单位犯罪的，应当负刑事责任。而从刑法典分则第 294 条的规定来看，有关黑社会性质组织犯罪的三种罪名都是纯正的自然人犯罪，不能成立单位犯罪，即犯罪主体只能是自然人，法人不能构成本罪。显然，刑法典关于有组织犯罪的犯罪主体未涵盖单位的规定没有充分反映社会发展的情势，在刑事制裁对象上是不完整的。在司法实践中，“随着形势的发展，有组织犯罪组织内部不断分工细化，有些犯罪组

① 关保英. 科学立法科学性之解读. 社会科学，2007（3）.

织出资并创立或控制公司，为其犯罪行为作掩饰；有些犯罪组织逐步采取‘公司法人’式的管理形式，犯罪组织与合法企业有时亦难以准确区分；一些单位、法人以合法经营为掩护，从事走私、制假、售假、侵犯知识产权、偷税、诈骗等犯罪活动。”[①] 法人参与有组织犯罪已不足为奇。事实上，国际社会也早已经注意到这一状况，不但有些国家已经立法将法人作为涉黑犯罪的犯罪主体，而且在《公约》中也明确要求各国政府严厉惩治参与有组织犯罪的法人。就此而言，我国对于有组织犯罪主体未涵盖单位的规定不仅不利于惩治国内犯罪，而且也未能与《公约》的规定充分衔接。

3. 刑罚种类配置不完整。在1997年刑法典中，涉嫌黑社会性质组织犯罪的刑罚配置主要涉及主刑中的有期徒刑、拘役和管制，以及附加刑中的资格刑，而缺少了财产刑的相关规定。但是，“从现实来看，犯罪现象和犯罪人的情况是复杂多样的，而作为对犯罪反应的刑罚方法也应该与这种复杂多样性相适应，从而保证所选刑种不仅与犯罪的社会危害性相适应，而且也与犯罪人的各种具体的情状相适应。”[②] 而附加刑以其适用灵活、针对性强的特点，成为实现刑罚个别化、满足特殊预防需要的有效方式。尤其是财产刑的配置，对于以获取经济利益为目的的犯罪而言，其对财产权的直接剥夺可以对犯罪行为形成较大威慑，同时也可以限制甚至剥夺犯罪分子的再犯能力。但遗憾的是，我国关于惩治有组织犯罪立法在附加刑配置方面始终存在不足。虽然《刑法修正案（八）》第43条为黑社会（性质）组织的有关犯罪配置了财产刑，弥补了刑法典第294条的不足，但是仍没有将剥夺政治权利适用到所有涉黑犯罪中，其刑罚配置依然不完整。而从域外的立法例来看，涉黑犯罪宜全面配置资格刑。如我国澳门特别行政区《有组织犯罪法》规定，对于有组织犯罪，法庭鉴于事实的严重性及针对行为人的公民品德，可对犯罪人科处在一定时间内中止政治权利、禁止从事公共职务或某种职业、禁止进入某些场所或地点、禁止在专营公司担任职务等等；意大利在惩治有

① 于改之．中国关于有组织犯罪的立法与司法完善．法学论坛，2004（5）．

② 王俊平．资格刑适用范围之比较．河南师范大学学报（哲学社会科学版），2002（6）．

组织犯罪立法也作了相似的规定。[①]

4. 配套制度不完整。所谓配套制度，主要是指在明确有组织犯罪的犯罪定性与刑罚措施之外，其他有助于打击有组织犯罪的相关措施。从现行刑法典的规定来看，惩治有组织犯罪的相关配套制度还有待进一步完善。比如《公约》规定了针对有组织犯罪的独立刑事没收制度，但是，我国并没有相应制度的存在。其没收规定依附于对人的刑事诉讼程序或者行政处罚程序，只有在解决人的责任之后，才能对物予以没收。而一旦犯罪嫌疑人死亡或潜逃，中国检察机关就不能对其提起公诉，法院亦不能缺席审判，没收就无从谈起。所以刑事没收制度难以满足司法实践的需要。同时，我国法律规定的没收对象过于狭窄，而可以没收的赃款赃物的范围也不明确。所有这些，都不利于我国与其他缔约国在没收事宜上开展国际合作。[②]

## 四、中国惩治有组织犯罪的刑法立法前瞻

中国惩治有组织犯罪之刑法立法的逐步完善和司法实践的不断丰富，一方面表明我国打击有组织犯罪之司法网络更加严密；另一方面也反映了国家法治机关坚决惩治有组织犯罪的决心和信心。可以预测的是，伴随着有组织犯罪国际化程度的进一步加强，我国愈发需要有针对性地加强与其他国家的刑事合作。在此背景下，如何健全刑法立法，建构科学、规范的刑法规范体系，完善相关犯罪惩治措施，是重要的现实问题。我们认为，完善相关刑法立法需要坚持两个基本方向：一是要以现阶段犯罪状况为基础，审慎并科学预测犯罪趋势，从而保证立法的前瞻性和规范性；二是以加强打击有组织犯罪的国际合作为目标，将国内立法与国际公约相衔接。鉴于此，考虑到中国的有组织犯罪实际状况和《公约》的有

① 卢建平，郭理蓉. 有组织犯罪的刑事责任与刑罚问题研究. 法学论坛，2003 (5).

② 赵秉志，杨诚.《联合国打击跨国有组织犯罪公约》与中国的贯彻研究. 北京：中国人民公安大学出版社，2009：118.

关规定，我国今后对有组织犯罪的立法规划应当从以下两个方面注意若干重要问题。

（一）立法技术层面

首先，建议保持现有的立法模式基本不变。对惩治有组织犯罪是采用分布式立法还是制定专门的反有组织犯罪法，学界存在较大的分歧。我们认为，对惩治有组织犯罪采取哪一种立法模式取决于两个因素：即一个国家一定时期内惩治相关犯罪的需要及其刑法立法的基本体例。晚近十多年来的司法实践已经充分证明，分布式的立法模式并未影响打击有组织犯罪的有效性，将相关规定统一纳入刑法典中，有利于社会公众对有组织犯罪和关联犯罪的法律规定予以全面了解，也便于司法机关在具体案件中予以适用。[①] 毕竟，对于一些关联犯罪如寻衅滋事罪而言，并非有组织犯罪中独立的犯罪类型，而是广泛存在于危害社会秩序的行为之中，统一规定在刑法典中便于灵活适用该类关联犯罪条款。另外，1997 年刑法典实施以后，关于犯罪和刑罚的修改主要通过刑法修正案方式进行，以保证刑法体例的协调和统一。如果采用专门立法的模式规定有组织犯罪的定罪量刑问题，势必打破中国现行的刑法典体例，浪费立法资源。因此，中国现阶段对有组织犯罪采用刑法典中的分布式立法的模式更为合适。

其次，立法的科学性取决于立法方法和立法视野，需要引起立法者的高度关注。法律的生命并不是仅仅来源于既往的司法实践，也特别需要运用合理的实证分析和逻辑推理，准确把握法律规范的发展趋势，使立法具有前瞻性，以此来保证立法的稳定和权威。而这一点对于有组织犯罪立法而言更为重要。就目前的形势来看，我国有组织犯罪正朝着严重化和高度组织化的方向发展，数量也在增多，而其活动已出现了跨区域、国际化的发展趋势。[②] 在此背景下，相关刑法立法的目标就不能仅仅立足于惩治国内黑社会性质组织犯罪，也应当将打击跨国有组织犯罪纳入我国的法治视野，以此健全国内立法并协调国际合作。这就要求立

① 杜邈. 反恐刑法立法研究. 北京：法律出版社，2008：224.

② 谢勇，王燕飞. 有组织犯罪研究. 北京：中国检察出版社，2005：151.

法者必须以全球化的视野，依托严谨的犯罪统计分析，准确把握有组织犯罪的发展趋势，建构针对性强、结构严密的有组织犯罪惩治体系。唯有如此，才能保证我国刑法立法不会在急速变化的犯罪形势面前不断疲于修改。

（二）刑法规范层面

以宏观层面的立法技术为基础，根据惩治犯罪的需要，有必要对现有的惩治有组织犯罪的刑法规范进行相应的调整和补充。

1. 刑法典总则部分

首先，应当对罪行严重的有组织犯罪的组织者、领导者禁用假释。基于社会防卫的需要，考虑到犯罪行为的客观危害性和犯罪人的人身危险性，《刑法修正案（八）》增加了放火、爆炸、投放危险物质或者有组织的暴力性犯罪被判处 10 年以上有期徒刑、无期徒刑的犯罪分子不得假释的规定。[①] 不过，这次修正并没有将组织、领导黑社会性质组织的犯罪分子纳入该范围之中。我们认为，现阶段刑法规范应当考虑将被判处 10 年以上有期徒刑、无期徒刑的有组织犯罪的组织者和领导者一并纳入不得假释的范围。主要理由在于：（1）伴随有组织犯罪快速发展的趋势，对有组织犯罪应坚持从严打击的刑事政策。这不仅体现在刑罚适用时从严，也应包括刑罚执行中的从严。[②] “刑罚执行从严”的要求之一就是较普通的刑事犯罪分子而言，应该对严重刑事犯罪分子的假释采取更为严格的限制条件甚至规定不得假释。根据刑法典第 294 条的规定，黑社会性质组织“称霸一方，在一定区域或者行业内，形成非法控制或重大影响，严重破坏经济、社会生活秩序”，这就决定其形成到发展应该需要经历相对较长的时间，从而也决定了其社会影响之深远可能超越其他严重暴力性犯罪。其不仅表现为犯罪行为所造成的客观危害，更重要的是也反映了组织者、领导者严重的人身危害性和主观恶性，因此，基于严厉惩治有组织犯罪并加强社会防卫的立场，将其纳入刑法典规定的不得假释的范围是必要的。（2）有利于与《刑法修正案（八）》之“不得假

① 赵秉志.《刑法修正案（八）》理解与适用. 北京：中国法制出版社，2011：139.

② 卢建平，郭理蓉. 有组织犯罪的刑事责任与刑罚问题研究. 法学论坛，2003（5）.

释”的情形相协调。从罪责刑相一致的协调性上看，《刑法修正案（八）》所列举的“不得假释”的范围过于狭窄。由于黑社会性质组织犯罪经常实施的寻衅滋事、强迫交易、敲诈勒索、组织卖淫等犯罪行为并不属于严重的“有组织的暴力性犯罪”，因此，可能会有相当数量的黑社会性质组织犯罪类型的组织者、领导者即使被判处10年以上有期徒刑或无期徒刑，也不能适用“不得假释”的规定。这样一来，势必造成有组织犯罪刑罚惩治和刑罚执行的失衡。基于上述分析，在立法上将被判处10年以上有期徒刑、无期徒刑的有组织犯罪的组织者和领导者纳入不得假释的范围是必要的。

其次，需要确立针对有组织犯罪的刑事没收制度。这不仅是基于打击有组织犯罪的现实需要，而且也是履行《公约》所赋予的法定义务的合理要求。根据《公约》第12条规定，缔约国应在本国法律制度允许的范围内尽最大可能采取必要措施，以便能够没收和扣押属于本《公约》所涵盖犯罪的犯罪所得或价值与其相当的财产以及用于或拟用于本《公约》所涵盖犯罪的财产、设备或其他工具。但是，我国并没有建立真正意义上的独立于审判程序之外的刑事没收制度，从而在犯罪嫌疑人、被告人外逃、死亡的情况下，无法没收、追缴其违法所得。基于此，我们认为，中国应考虑改变目前仅仅把没收财产作为一种刑罚种类加以适用的制度，尽快建立针对犯罪所得或者违法行为所得的、独立的财产没收制度。具体来说，该制度应当包括以下内容：(1) 适用对象是根据一定证据或合理怀疑认为来源于犯罪或者其他违法行为的财产；(2) 财产的合法归属和性质由持有人和权利主张人证明；(3) 所作裁决在通过专门的司法审查后，由审判法官独立作出；(4) 没收裁决不以定罪为条件，并可以适用于刑事诉讼的任何阶段。[①]

此外，有学者曾主张针对有组织犯罪设立特别自首制度，以鼓励犯罪集团的内部成员积极与司法机关合作，从而节省司法资源，也可以有效地避免由于证据

① 赵秉志，杨诚.《联合国打击跨国有组织犯罪公约》与中国的贯彻研究. 北京：中国人民公安大学出版社，2009：118.

不足而放纵核心犯罪人。[①] 我们认为，鉴于《刑法修正案（八）》已经将坦白作为一个法定量刑情节予以规定，那么，有组织犯罪之犯罪分子在任何时候都可以通过坦白制度获得从轻、减轻处罚，这样，设立特别自首制度的客观基础已经丧失，因而没有必要在刑法典总则中再设立针对有组织犯罪的特别自首制度。

2. 刑法典分则部分

1997 刑法典分则中有关有组织犯罪的立法规定在十多年的“打黑除恶”实践中发挥了积极功效，但是，也引发了刑法学界和司法实务界的一些争议。我们认为，从健全相关规范的角度看，有一些重要问题值得深入探讨。

首先，关于刑法典中“黑社会性质组织”的称谓是否需要修改为“黑社会组织”的问题，学者之间尚未达成共识。[②] 我们认为，从犯罪惩治的实际情况来看，在相当长的一段时期内尚无必要改变中国现行刑法典中“黑社会性质组织”之称谓为“黑社会组织”。其原因主要在于：（1）从发展程度看，黑社会组织犯罪是比黑社会性质组织犯罪更高一级的有组织犯罪形态，在构成特征、社会危害程度上都有更高的标准。这也决定了其从形成到发展需要经历较长的时间，但是如果我们一直贯彻现阶段严厉打击涉黑犯罪的刑事政策，对黑社会性质组织进行及时惩治，黑社会组织的生存土壤和发展空间将受到极大的压缩。那么，在可以预测的时间内，黑社会组织犯罪难以成为中国有组织犯罪的典型形态（当然，不排除极少数黑社会组织犯罪的出现[③]）。而在立法上，刑法典分则应当将具有严重社会危害性且普遍存在的行为作为犯罪予以惩治，将不具有代表性的黑社会组织犯罪单独规定在刑法典中显然不符合这一要求。所以，目前尚没有必要从立法

---

① 于志刚. 中国刑法中有组织犯罪的制裁体系及其完善. 中州学刊，2010（5）.

② 例如有观点认为，应当打破境内境外的界限，将第 294 条的罪名修改为“组织、领导、参加黑社会组织罪”和“包庇、纵容黑社会组织罪”，以求立法的统一。卢建平. 中国有组织犯罪相关概念特征的重新审视. 国家检察官学院学报，2009（6）.

③ 由于黑社会组织犯罪是黑社会性质组织犯罪的高级形态，因此，黑社会组织犯罪的特征在一定程度上也符合黑社会性质组织犯罪的构成特征。因此，对于这部分极少数的黑社会组织犯罪，可以援引组织、领导、参加黑社会性质组织罪予以惩处。

上设置专门的黑社会组织犯罪之罪名。（2）从犯罪惩治情况来看，现阶段甚至以后较长时期内“打黑除恶”所面临的主要问题，不是黑社会性质组织犯罪的罪名设置能否满足司法实践的需要，而是如何防范“打黑除恶”运动化、扩大化，避免人权保障遭受肆意侵犯的问题。如果以黑社会组织替代黑社会性质组织，提高司法认定的标准，一方面，会导致现阶段大量的黑社会性质组织犯罪行为因不符合构成特征而不能适用分则中的相应条款，使司法机关只能以“犯罪集团”来追究该类行为的刑事责任，从而降低打击的力度，不利于犯罪惩治和预防；另一方面，在与社会现实严重脱节的高标准和严厉惩治的刑事政策刺激下，势必导致打黑扩大化，从而破坏法制，不利于法治秩序的确立。① 基于以上分析，我们认为，在相当长的时期内，中国仍应当保持使用黑社会性质组织的称谓不变。当然，如果今后发展到一定时期，黑社会组织犯罪成为中国社会中典型的有组织犯罪，那么进行适当的立法调整也是必要的。但是，届时是采取黑社会性质组织与黑社会组织并列的立法模式，还是以黑社会组织之名称取代黑社会性质组织之表述，尚有待于深入研究。

其次，规范表述黑社会性质组织的基本特征，并扩大犯罪惩治的范围。黑社会性质组织的基本特征一直是刑法理论界和实务界争论的焦点，尤其是对保护伞特征和经济特征的表述。我们认为，应将“保护伞”作为黑社会性质组织犯罪的必备特征。因为无论是从全国“打黑除恶”的司法实践经验来看，还是从国际社会的立法和司法经验看，“保护伞”都是黑社会性质组织产生、存在和发展的必要条件；对于经济特征的表述，我们认为应当改为“较强的经济实力”。因为从提高打击黑社会性质组织犯罪的针对性和有效性的角度，将其经济特征限制在“较强的经济实力”的范围内，可以集中司法资源重点打击严重危害社会秩序、影响经济发展的有组织犯罪，而“一定的经济实力”之表述过于模糊，不能很好地区分黑社会性质组织犯罪与其他经济犯罪集团的界限。同时，从司法实践中也可以发现，较强的经济实力正是黑社会性质组织的重要特征，也是“打黑”的司

---

① 赵秉志，彭新林．关于重庆“打黑除恶”的法理思考．山东警察学院学报，2011（1）．

法经验。因此，应当提高黑社会性质组织认定中的经济门槛。[①] 另外，根据刑法典第294条的规定，法定的黑社会性质组织犯罪只有组织、领导、参加黑社会性质组织等3种类型，根据《公约》第5条的规定，缔约国应当将所有明知是黑社会组织仍然参与或者参与与黑社会组织有关的犯罪活动规定为犯罪。[②] 显然，中国关于黑社会性质组织犯罪的犯罪种类尚显狭窄。比如，基于《公约》的基本要求和适应打击跨国有组织犯罪的现实需要，应当将中国公民在境外组织、领导、参加黑社会组织的行为明确作为犯罪来处理，这样可以与其他黑社会组织犯罪一起构建完整的刑事司法网络，满足刑事立法和刑事司法的要求。

再次，应将单位作为黑社会性质组织犯罪的主体，并完善单位犯罪的刑事责任。根据《公约》第10条的规定，各缔约国均应采取符合其法律原则的必要措施，确立法人参与和实施公约所规定的犯罪时应承担的责任。在不违反缔约国法律原则的情况下，法人责任可包括刑事、民事或行政责任。法人责任不应影响实施犯罪的自然人的刑事责任。《公约》强调指出，各缔约国均应特别确保使参与和实施犯罪的法人受到有效、适度和劝阻性的刑事或非刑事制裁，包括金钱制裁。据此，《公约》关于法人责任主要包括三个方面的内容：(1) 法人可以成为有组织犯罪的刑事责任主体；(2) 法人责任的实现方式包括刑事、民事或行政责任；(3) 法人责任与自然人责任相互分离，互不影响。以此为基础分析中国的黑社会性质组织犯罪可以发现，我国刑法典中关于单位刑事责任的规定存在两点不足：一是黑社会性质组织犯罪只能由自然人构成，单位不能成为该类犯罪的犯罪主体；二是就单位犯罪的双罚制而言，单位责任影响着实施此种犯罪的自然人的刑事责任。可以说，刑法典的规定不仅与《公约》的要求不相一致，而且也不符

① 赵秉志.《刑法修正案（八）》热点问题研讨//赵秉志. 刑法论丛：2010年第4卷. 北京：法律出版社，2010：41.

② 《公约》第5条规定，各缔约国均应采取必要的立法和其他措施，将下列故意行为规定为刑事犯罪，即明知有组织犯罪集团的目标和一般犯罪活动或其实施有关犯罪的目的而积极参与下述活动的行为：(1) 有组织犯罪集团的犯罪活动；(2) 明知其本人的参与将有助于实现上述犯罪目标的该有组织犯罪集团的其他活动。除此之外，还应当将组织、指挥、协助、教唆、促使或参谋实施涉及有组织犯罪集团的严重犯罪的行为规定为刑事犯罪。

合司法实践的现状。我们认为应该将单位规定为有组织犯罪的主体，并合理设定其刑事责任。具体来讲，从长远看，应该改变现有立法模式，对单位犯罪的范围按照《公约》的要求重新进行设计，规定单位实施的危害行为只要构成犯罪的，都应负刑事责任；同时对单位犯罪双罚制进行调整，使单位的刑事责任不影响自然人刑事责任的承担，并删除“单位犯前款罪”的处罚条款之规定，与《公约》要求保持一致。①

最后，应当调整相关的法定刑设置。一方面，应该协调组织、领导、参加黑社会性质组织罪与入境发展黑社会组织罪的法定刑幅度。根据刑法典第294条的规定，组织、领导黑社会性质组织的起刑点是7年有期徒刑，而入境发展黑社会组织的起刑点在“情节严重”的情况下才是5年。理论上一般认为，黑社会组织的社会危害性要大于黑社会性质组织，那么两种行为的起刑点就应该是前者高于后者，但现有规定却正好相反，使境外人员发展黑社会组织行为的量刑可能在同等条件下低于境内人员发展黑社会性质组织行为的量刑，这显然有违刑罚公正，因此应予调整。另一方面，有关国家机关需根据黑社会性质组织犯罪②的不同情况注重剥夺政治权利的附加适用并予以合理裁量。根据刑法典第56条、第57条的规定，对于危害国家安全犯罪、判处死刑和无期徒刑的犯罪分子应当附加剥夺政治权利，而对于严重破坏社会秩序的犯罪分子，则是“可以”适用剥夺政治权利。据此，剥夺政治权利并不是黑社会性质组织犯罪的当然法律后果，即使行为人是黑社会性质组织犯罪的组织者、领导者。而这显然不能满足惩治与预防黑社会性质组织犯罪的现实需要。我们认为，对于黑社会性质组织犯罪而言，应注重剥夺政治权利的适用。具体来讲，对于触犯包庇、纵容黑社会性质组织罪的国家工作人员，因其犯罪行为在实质上是滥用了国家赋予行为人参与国家和社会管理的政治权利，故剥夺该类犯罪人的政治权利对于实现刑罚一般预防和特殊预防的

① 赵秉志，杨诚.《联合国打击跨国有组织犯罪公约》与中国的贯彻研究.北京：中国人民公安大学出版社，2009：112-113.

② 这里的黑社会性质组织犯罪，包括刑法典第294条的组织、领导、参见黑社会性质组织罪和包庇、纵容黑社会性质组织罪两种。

效果十分重要。因此，在立法上可以规定对包庇、纵容黑社会性质组织的犯罪分子应当附加剥夺政治权利。而在组织、领导、参加黑社会性质组织犯罪中，司法机关在刑罚裁量时应注意根据具体案情有针对性地对犯罪人处以剥夺政治权利的刑罚。即如果组织者和领导者通过国家工作人员身份，利用国家公权力扩大影响力，为实施犯罪活动提供便利的，那么司法机关在对被告人量刑时应当注重适用剥夺政治权利。这不仅体现了国家对该类严重犯罪人的政治否定，而且满足了刑罚个别化的要求，有利于防止犯罪人再犯。

## 五、结语

经济的全球化，国家边界的开放，贸易壁垒的减少，国家对经济控制的减弱，这些社会变革和经济、科技发展在给全人类带来许多好处的同时，也启动了一条生产罪恶的流水线——跨国有组织犯罪集团。[①] 可以说，改革开放以后我国有组织犯罪的发展历史已经向我们表明，防治有组织犯罪绝不是一个国家能够独自解决的问题。国际化的有组织犯罪集团之出现更是各国所面临的共同挑战。而在惩治与防范有组织犯罪的链条上，刑法立法仅仅是其中较为关键的一环，绝非全部。因此，打击有组织犯罪之立法体系的建构，不仅需要完善的刑法立法，而且需要刑事立法与非刑事立法诸如反洗钱法等法律规范的相互配合，需要国内立法与国际公约的相互协调。在严峻的有组织犯罪形势面前，我们要突破仅仅通过刑法措施控制跨国犯罪的传统模式，综合运用刑事、金融、行政等多种措施控制跨国有组织犯罪，将控制跨国犯罪的国际合作从单一的国际刑事合作发展为刑事、行政、金融等多重合作机制，从而形成控制跨国犯罪的国际合作的综合性法律机制，树立立足国内防控并加强国际协作的全球化视野，有效地推动国际间的交流与合作，这才是打击有组织犯罪的有效途径。

① 廖敏文．国际合作：打击跨国有组织犯罪之基石．中国人民公安大学学报，2004（1）．

# 包庇、纵容黑社会性质组织罪管辖主体研究*

## 一、问题的提出

在 2018 年 1 月召开的十九届中央纪律检查委员会第二次全会上，习近平总书记首次提出："要把扫黑除恶同反腐败结合起来，既抓涉黑组织，也抓后面的'保护伞'。"① 当月，中共中央、国务院发出《关于开展扫黑除恶专项斗争的通知》（以下简称《2018 年通知》），在全国范围内开展了以为时三年的到"2020 年，建立健全遏制黑恶势力滋生蔓延的长效机制，取得扫黑除恶专项斗争压倒性胜利"为目标的扫黑除恶专项斗争。此次三年的扫黑除恶专项斗争的收官时间将至②，

* 与陈诏博士合著，原载《河北法学》2021 年第 5 期。

① 习近平在十九届中央纪委二次全会上发表重要讲话强调，全面贯彻落实党的十九大精神以永远在路上的执着把从严治党引向深入. 人民日报，2018-1-12（1）.

② 本文写作于 2020 年年末。

如何通过此次专项斗争总结“两个一律”① 的实践经验，形成常态化扫黑除恶机制，需要中央的宏观谋划，也需要配套制度、规范的调整与完善，落实与落细。

就刑事规范而言，以 1997 年系统修订的《中华人民共和国刑法》（以下简称 1997 年刑法典）设立涉及黑社会性质组织的三种犯罪为标志，我国确立了打击黑社会性质组织犯罪的刑法规范，为历次扫黑工作提供了有效的法律支撑。但迄今二十余年的扫黑实践与理论研究也暴露出了一些新的问题。其中之一，也是当前较为凸显的问题，就是包庇、纵容黑社会性质组织罪的管辖主体存在理论与实践的错位，这在一定程度上减损了打击“保护伞”的力度，甚至滋生新的腐败。本文基于我国监察体制改革这一重大契机，审视与反思包庇、纵容黑社会性质组织罪管辖主体的现状与不足，提出将该罪管辖主体调整为监察机关的建议，以期为建立更为科学有力的常态化扫黑除恶机制提供思考。

## 二、我国包庇、纵容黑社会性质组织罪概述

包庇、纵容黑社会性质组织罪，由我国刑法典明文规定，概念较为明确。而“黑社会性质组织‘保护伞’”一词则更多地出现在有关“打黑”或者“扫黑”的领导讲话、政策文本以及文件之中。包庇、纵容黑社会性质组织罪与黑社会性质组织“保护伞”两个概念如何界定，是何关系，对于开展本文的专题研究具有基础性意义。

### （一）包庇、纵容黑社会性质组织罪和黑社会性质组织“保护伞”的概念

包庇、纵容黑社会性质组织罪的概念，根据我国 1997 年刑法典第 294 条之规定，是指国家机关工作人员包庇或者纵容黑社会性质组织进行违法犯罪活动的行为。

相比较而言，黑社会性质组织“保护伞”并非正式的法律概念，而是政策性术语。因此学界一直对“保护伞”概念存在不同理解。有学者将“保护伞”概念

① “两个一律”，即要求对涉黑案件一律深挖其背后腐败问题，对“保护伞”一律一查到底、绝不姑息。

归纳为“它是一个形象化的比喻语，是指支持、纵容、包庇黑恶势力的滋长、蔓延、扩大并逃避法律惩处的国家机关工作人员”[①]。有学者认为，“保护伞”“是指国家工作人员包庇纵容黑社会性质的犯罪行为，为其提供各种便利或非法保护，或者国家工作人员组织、领导、参与黑社会性质组织，与其沆瀣一气、共同实施犯罪的情况。”[②] 还有学者指出，“‘保护伞’是指国家机关工作人员为黑社会性质组织提供各种便利或者非法保护而涉及职务犯罪的情况，以及国家工作人员组织、领导、参加黑社会性质组织，包庇、纵容黑社会性质组织的情况。”[③] 针对上述不同观点或表述，笔者认为，“保护伞”概念相较于包庇、纵容黑社会性质组织罪这一法律术语，其在一定程度上缺少正式性、专业性与严谨性。适用的语境不同，“保护伞”可能存在多种理解方式，但上述观点基本认可“保护伞”形成了对黑社会性质组织的非法保护或者放纵，分歧主要集中在两点：一是关于“保护伞”的主体，系国家工作人员抑或是国家机关工作人员；二是关于“保护伞”的行为方式，除了对黑社会性质组织予以包庇或者纵容，是否还包括为其自己组织、领导、参加的黑社会性质组织予以包庇、纵容的情况。第二个争议并非本文论述的重点，在此不展开论述。本文旨在研究包庇、纵容黑社会性质组织罪的管辖主体问题，根据我国基本刑法理论，案件管辖主体与犯罪主体存在一定程度的关联性，因此本文就包庇、纵容黑社会性质组织罪中“保护伞”的主体问题予以探讨和明确。

聚焦到刑事领域，“保护伞”一词并未在我国刑法典中直接使用，而是在相关司法解释、指导意见等规范性文件中使用的：（1）最高人民检察院 2002 年 5 月 13 日《关于认真贯彻执行全国人民代表大会常务委员会〈关于刑法第二百九十四条第一款的解释〉和〈关于刑法第三百八十四条第一款的解释〉的通知》（高检发研字〔2002〕11 号）指出，“黑社会性质组织是否有国家工作人员

① 左昊，潮龙起．黑恶势力“保护伞”的危害及其防治．甘肃社会科学，2005（5）．

② 黄立．“保护伞”研究．河北法学，2005（8）．

③ 孙勤．我国刑法中黑社会性质组织探析．人民检察，2002（4）．

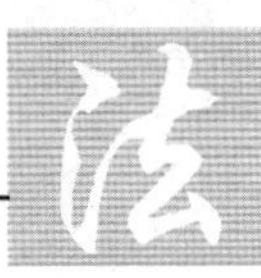

充当‘保护伞’，即是否要求国家工作人员参与犯罪或者为犯罪活动提供非法保护，不影响黑社会性质组织的认定”。(2) 最高人民法院、最高人民检察院、公安部、司法部2018年1月16日《关于办理黑恶势力犯罪案件若干问题的指导意见》(法发〔2018〕1号，以下简称《2018年指导意见》) 在第六部分“依法严惩‘保护伞’”中的第23条指出：“公安机关、人民检察院、人民法院对办理黑恶势力犯罪案件中发现的涉嫌包庇、纵容黑社会性质组织犯罪、收受贿赂、渎职侵权等违法违纪线索，应当及时移送有关主管部门和其他相关部门，坚决依法严惩充当黑恶势力‘保护伞’的职务犯罪。”

通过回溯本源规定的方式，可以看出，在刑事范畴内，“保护伞”主体明确表述为国家工作人员。因此，黑社会性质组织“保护伞”的概念可以界定为，国家工作人员对黑社会性质组织的非法保护或者放纵。

### (二) 包庇、纵容黑社会性质组织罪和黑社会性质组织“保护伞”的关系

就黑社会性质组织“保护伞”与“包庇、纵容黑社会性质组织罪”之间的关系而言，有学者直接将二者等同使用，指出1997年刑法典规定了包庇、纵容黑社会性质组织罪，作为惩治黑社会性质组织犯罪“保护伞”的专用性罪名。[①] 亦即，该观点认为，“保护伞”犯罪与包庇、纵容黑社会性质组织罪具有同样的内涵，后者是对前者在刑法立法层面的确认。有学者则认为“保护伞”可能涵盖的罪名更多，“通常触犯的罪名包括包庇、纵容黑社会性质组织罪、受贿罪以及在不同行业或领域中出现的渎职犯罪。”[②] 该观点认为，“保护伞”是对涉及黑社会性质组织的渎职、腐败等犯罪的概称，包庇、纵容黑社会性质组织罪是刑法中与“保护伞”最具有直接照应关系的罪名。

笔者认为，一方面，从规范意义上看，如上文所述，“保护伞”主体为“国家工作人员”，包庇、纵容黑社会性质组织罪主体为“国家机关工作人员”，二者

---

① 徐永伟．黑社会性质组织“保护伞”的刑法规制检视与调试——以涉黑犯罪与腐败犯罪的一体化治理为中心．北京社会科学，2019 (5).

② 王秀梅，戴小强．“打伞”式扫黑的法理分析．河南警察学院学报，2018 (6).

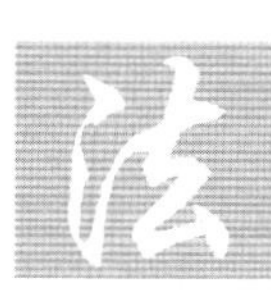


外延并不一致，不能完全等同。进言之，“保护伞”是判断是否成立组织、领导、参加黑社会性质组织罪的条件之一，对“保护伞”成立的判断将直接影响黑社会性质组织的成立可能性；而对包庇、纵容黑社会性质组织罪而言，“国家机关工作人员”是在黑社会性质组织已经成立的基础上，对该罪的成立所作的进一步限制。这一限制是针对包庇、纵容黑社会性质组织罪的主体，将其限定为“国家机关工作人员”，而非对“保护伞”的直接限定。因此，“保护伞”犯罪与包庇、纵容黑社会性质组织罪应当区别而论，不应当进行简单的同一理解。否则，将混淆各自成立的条件。另一方面，从实践层面上看，“国家工作人员”中国有单位中从事公务的人员以及受国有单位委派到非国有单位从事公务的人员等，均存在成为“保护伞”主体的可能。“保护伞”在刑法上的重要价值体现在作为认定黑社会性质组织成立的特征之一，其主体不应也不必被限定为国家机关工作人员。不当地限制会造成对刑法相关规定的缩小解释，会减损扫黑力度，不符合“扫黑”“打伞”的实践需要。

综上，笔者认为，二者关系上，“保护伞”的外延较大，包含了包庇、纵容黑社会性质组织罪等犯罪，包庇、纵容黑社会性质组织罪是在刑法中与“保护伞”具有最直接对应性的罪名。

### （三）“保护伞”特征的非必要性对包庇、纵容黑社会性质组织罪认定的影响

“保护伞”特征主要是对黑社会性质组织“非法控制特征”的形象概括，其对黑社会性质组织认定的作用也经历了一个变化过程。

在 1997 年刑法典第 294 条设立组织、领导、参加黑社会性质组织罪之后，为更加具体地指导司法实践，最高人民法院 2000 年 12 月 5 日制发出台《关于审理黑社会性质组织犯罪的案件具体应用法律若干问题的解释》（法释〔2000〕42 号，以下简称《高法解释》），其第 1 条对黑社会性质组织的特征予以明确，将“通过贿赂、威胁等手段，引诱、逼迫国家工作人员参加黑社会性质组织活动，或者为其提供非法保护”确立为黑社会性质组织的必要特征之一，认定黑社会性质组织时必须具备该“保护伞”特征。一年之后，最高人民检察院根据各地方检察机关反映的情况，认为《高法解释》将“保护伞”特征规定为黑社会性质组织

的必备特征，超出刑法立法本意，为此呈请全国人大常委会对“黑社会性质组织”的含义作出立法解释。第九届全国人大常委会 2002 年 4 月 28 日通过《关于〈中华人民共和国刑法〉第二百九十四条第一款的解释》（以下简称《2002 年解释》），对上述《高法解释》中黑社会性质组织的特征进行了修改，规定具备“利用国家工作人员的包庇或者纵容”或者“通过实施违法犯罪活动”二者之一即可认定具有“非法控制特征”。至此，对黑社会性质组织的认定，“保护伞”已经由司法解释中的必备要件，转变为立法解释中的可选条件。随后《刑法修正案（八）》则正式吸纳了立法解释的内容，以立法明确规定“保护伞”为黑社会性质组织成立的选择性条件。

至此，“保护伞”的查处与黑社会性质组织的查处之间由原来的“绝对配对”转变为“概率性事件”，即使没有或者无法证明存在“保护伞”，也不影响黑社会性质组织的认定。

笔者以“包庇、纵容黑社会性质组织罪”在“裁判文书网”“北大法律信息网”等司法判决数据库中搜索，以该罪名判决的案例数量明显少于“组织、领导、参加黑社会性质组织罪”的判决数量；如果将时间限定在 2018 年 1 月全国扫黑除恶 3 年专项斗争开始后的时间，“包庇、纵容黑社会性质组织罪”的数量也明显少于各地通报的黑社会性质组织犯罪及其“保护伞”的数量。虽然包庇、纵容黑社会性质组织犯罪与组织、领导、参加黑社会性质组织犯罪之间并无完全照应关系，但是，依据实践中黑社会性质组织大多存在“保护伞”的状况，不应当有如此显著的数量差。对于这两个“明显少于”，笔者认为原因如下：首先，包庇、纵容黑社会性质组织罪的查处难度较大，作为该罪主体的国家机关工作人员具有较强的反侦查意识，其中公安、检察、法院单位的工作人员尤为明显；其次，该罪与其他贿赂、渎职类犯罪经常并存。虽然该罪与其他贿赂、渎职类犯罪之间系数罪关系，但由于管辖主体不同，查处犯罪的重点不同，实践中多少会存在认定其中一罪即已足矣的办案态度，而以刑罚更重、适用更普遍的贿赂、渎职类犯罪为主开展调查工作，导致包庇、纵容黑社会性质组织罪判决数量大幅减少；最后，在“保护伞”由认定包庇、纵容黑社会性质组织罪的必备要件调整为

选择要件后，公安机关在侦办涉黑案件中深挖“保护伞”的积极性也有所减弱，存在一定程度的懈怠，导致该罪定罪数量与以组织、领导、参加黑社会性质组织罪定罪数量的巨大反差，甚至形成了“扫黑除恶不见‘伞’”的困局。

正基于此，2018 年开展的扫黑除恶专项工作提出了“两个一律”的要求，这并非是将“保护伞”重新定位为黑社会性质组织的必要条件，而是进行重申与强调，提示相关部门在扫黑工作开展时应当注重深挖黑社会性质组织背后的“保护伞”，以除恶务尽为原则，实现腐恶同除。如何纠正包庇、纵容黑社会性质组织罪实践适用不充分的问题，科学、精准、审慎适用该罪，完善配套制度与措施，笔者认为，对其管辖主体开展研究十分必要。

## 三、包庇、纵容黑社会性质组织罪的管辖主体现状考察

职能管辖，又称“部门管辖”“立案管辖”，是监察机关（监察委员会）、司法机关（人民检察院、人民法院）、公安机关按照职能划分对刑事案件的分工。司法实践中，对于刑事实体法所规定的各种犯罪，经由《中华人民共和国刑事诉讼法》（以下简称《刑事诉讼法》）、《中华人民共和国监察法》（以下简称《监察法》）等规定，对应各国家机关特点，在程序上进行的管辖主体分流。

### （一）包庇、纵容黑社会性质组织罪管辖主体的规定现状

根据 2018 年修订的《刑事诉讼法》第 19 条第 1 款关于职能管辖的规定，“刑事案件的侦查由公安机关进行，法律另有规定的除外。”此处的“除外”情况主要包括由检察机关、人民法院管辖的案件，以及监察体制改革后应当由监察机关管辖的案件。由于人民法院仅对自诉案件进行管辖，黑社会性质组织犯罪不在此列，在此不予讨论。经过整理，我国当前职能管辖的分工情况如下：(1) 公安机关：一般的刑事案件，基本以公安机关管辖为原则。(2) 监察委员会：《监察法》第 3 条规定：“各级监察委员会是行使国家监察职能的专责机关，依照本法对所有行使公权力的公职人员进行监察，调查职务违法和职务犯罪，开展廉政建设和反腐败工作，维护宪法和法律的尊严。”随后，2018 年 4 月 17 日中央纪委国

家监委以国监发〔2018〕1号印发的《国家监察委员会管辖规定（试行）》（以下简称《监委管辖规定（试行）》）对监察机关管辖范围作出配套规定，明确了监察机关对贪污贿赂类、滥用职权类、玩忽职守类、徇私舞弊类、责任事故类以及公职人员其他犯罪共计六大类88种犯罪具有管辖权。（3）检察机关：监察体制改革后，《刑事诉讼法》第19条第2款也对检察机关的管辖范围作出相应调整，规定："人民检察院在对诉讼活动实行法律监督中发现的司法工作人员利用职权实施的非法拘禁、刑讯逼供、非法搜查等侵犯公民权利、损害司法公正的犯罪，可以由人民检察院立案侦查。对于公安机关管辖的国家机关工作人员利用职权实施的重大犯罪案件，需要由人民检察院直接受理的时候，经省级以上人民检察院决定，可以由人民检察院立案侦查。"

综上所述，根据《刑事诉讼法》及有关法律规定，包庇、纵容黑社会性质组织罪的管辖主体十分明确，即为公安机关。

（二）包庇、纵容黑社会性质组织罪管辖主体的实践现状

从当前纪检监察部门、各官方媒体关于黑社会性质组织"保护伞"查处的绝大多数通报，以及关于扫黑除恶分工协作机制建立完善的报道等途径，可以看出，实践中，监察机关已经成为包庇、纵容黑社会性质组织罪的主要管辖主体。

关于黑社会性质组织"保护伞"管辖情况的通报中，几乎所有涉及黑社会性质组织"保护伞"的案件均以移送监察委员会管辖为原则，这其中当然包含涉嫌包庇、纵容黑社会性质组织犯罪。如陕西省纪委监委2019年6月24日通报：2018年10月以来，陕西省纪委监委组织依纪依法严肃查办延安市宝塔区以贾某某为首的黑社会性质组织背后的腐败和"保护伞"问题，对多名涉案党员领导干部进行了纪律审查和监察调查。① 黑龙江省纪委监委2019年7月2日通报：哈尔滨市呼兰区原副书记、政府原区长于某某涉嫌严重违纪违法，并为黑社会性质组

① 陕西省纪委监委一案查办多名涉黑"保护伞".［2019-07-10］http://www.ccdi.gov.cn/yaowen/201906/t20190624_195998.html.


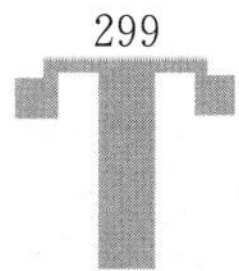

织充当“保护伞”，目前正接受纪律审查和监察调查。[①]

监察机关与公安机关分工协作机制中，公安机关主要负责打掉黑社会性质组织，监察委员会主要对黑社会性质组织背后的腐败与“保护伞”问题进行查办。例如，河北省纪委监委与省公安厅就对细化完善案件线索双向移送等细节联合印发《关于纪检监察机关与公安机关在扫黑除恶专项斗争中加强协作配合有关问题的通知》《关于建立查办涉黑涉恶案件协作机制的办法（试行）》，并通报全省公安机关打掉六百余个黑社会性质组织和恶势力团伙，纪检监察机关全部介入核查，已发现可能存在腐败和“保护伞”的团伙二百三十余个。[②]

由上可见，包庇、纵容黑社会性质组织罪作为“保护伞”在刑法规定中最具照应性的罪名，其管辖主体出现了理论与实践的背离。对此，现阶段或许可以通过会商、协调的方式予以个案解决，或者在某地范围内建立移送机制，但这与“全国一盘棋”形成“扫黑打伞”态势的要求仍有一定差距，也不符合建立“长效常治”体制机制的长远目标。

## 四、包庇、纵容黑社会性质组织罪管辖主体的审视与反思

本次全国扫黑除恶专项行动即将结束[③]，管辖主体错位问题的严重后果亟待正视。

### （一）包庇、纵容黑社会性质组织罪管辖主体错位减损“两个一律”打击要求

“两个一律”即“黑腐同除”，系本次中央“黑恶必除、除恶务尽”原则的具体体现：扫黑是针对反社会的组织实施的强权行为，以实现社会稳定、人民安居

---

① 哈尔滨市呼兰区原区长于传勇涉嫌严重违纪违法并为黑社会性质组织充当“保护伞”正接受纪律审查和监察调查.［2019－07－10］https://baijiahao.baidu.com/s?id=1637914380608766004&wfr=spider&for=pc.

② 董云鹏. 惩腐打“伞”如何深入——从总书记重要论述中找方法. 中国纪检监察，2018（23）：33.

③ 这次全国扫黑除恶专项斗争确定于2018—2020年进行，本文写作和完成于2020年下半年。

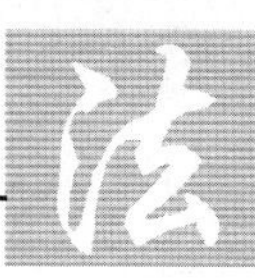

乐业；反腐是针对公权力的治理行为，以实现官场的风清气正。二者同时开展，必须“两手抓、两手都要硬”。而聚焦到刑法典的规定，“纽带”就是包庇、纵容黑社会性质组织罪规范的充分运用。惩治包庇、纵容黑社会性质组织罪是我国当前反腐败“零容忍”斗争与扫黑除恶专项工作推进的“七寸”，是两个难点、两大任务、两项部署的“联结点”。然而，当前司法判决中出现了该罪与组织、领导、参加黑社会性质组织罪在查办数量上的悬殊。上文已对原因进行了分析，但更深层次的体制机制问题更值得关注。在此，先看两例司法实践中报道的案件审判情况。

2019 年 3 月 29 日，山东省威海市荣成法院依法对张某某涉黑“保护伞”案件进行了审理：张某某在担任荣成市公安局石岛分局副局长期间，结交了黑社会性质组织的首要分子曹某（另案处理）。2013 年 4 月，在明知曹某被实名举报以及被公安机关侦办的情况下，张某某为曹某出谋划策，向曹某手下王某透露案件侦办信息，非法收受曹某人民币 5 万元，已对曹某黑社会性质组织起到了“保护伞”作用。法院最终对张某某以受贿罪一罪定罪量刑。①

2018 年 12 月 27 日，河北省大城法院对涉黑犯罪“保护伞”案件进行了审理：被告人姚某某（某派出所所长）与廊坊市安次区杨税务乡北小营村的杨某某关系密切。2016 年 11 月，在姚某某介入下，杨某某、崔某某、赵某某等人（因涉嫌组织、领导、参加黑社会性质组织罪、寻衅滋事罪、故意毁坏财物罪等罪名被公安机关立案侦查）实际控制了北小营村村址地块拆除、整理项目。2017 年 8 月至 9 月间，北小营村发生数起住宅被拆毁案、廊坊市安次区城南医院发生邢某某被打案。在杨税务派出所处理上述案件过程中，被告人姚某某认为上述案件与杨某某有关，遂利用其担任派出所所长的职务便利，徇私故意包庇涉案人员。法院最终对姚某某以徇私枉法罪定罪量刑。②

① 威海市宣判一起黑社会性质组织“保护伞”案件.［2019－07－10］http://www.sohu.com/305699042－813395.

② 河北大城：公开宣判一涉黑犯罪“保护伞”案件.［2019－07－10］https://www.chinacourt.org/article/detail/2019/01/id/3720560.shtml.

笔者认为，上述判决暴露出了一个共性问题，即包庇、纵容黑社会性质组织罪在司法实践中存在被“忽略”的情况，而仅以受贿犯罪或者徇私舞弊类犯罪定罪处罚。对于国家机关工作人员的行为既构成包庇、纵容黑社会性质组织罪，又构成贿赂犯罪、渎职犯罪的情况如何处理，一直存在较大争议。经《刑法修正案（八）》修正的刑法典第 294 条第 4 款对该情况予以明确：既犯包庇、纵容黑社会性质组织罪又犯其他犯罪的，数罪并罚。上述判决并未能充分遵循《刑法修正案（八）》对上述情况所作出的数罪并罚规定，忽略了包庇、纵容黑社会性质组织罪独立的行为评价价值，一定程度上造成了对中央“两个一律”政策的降格处理。之所以出现降格，原因之一就是包庇、纵容黑社会性质组织罪管辖主体的错位。具体而言，即当公安机关发现国家机关工作人员存在对黑社会性质组织包庇、纵容行为，而同时又有受贿或徇私舞弊等腐败行为时，多直接将案件移送监察机关管辖，而因为监察机关对包庇、纵容黑社会性质组织罪并无管辖权，在确定该人构成腐败犯罪后，很可能“忽视”对包庇、纵容黑社会性质组织罪的追究与惩治，而仅以腐败犯罪进行追究。

然而，包庇、纵容黑社会性质组织罪的认定具有独立性、必要性。在当前着重提出打击“保护伞”的大背景下，该罪不应再仅仅作为“扫黑”的手段或者附庸，而应当具有更加重要的作用：面向“黑”，其应当与“保护伞”相呼应，凸显其作为刑法评价“保护伞”的代表性罪名的地位；面向“腐”，应当更加凸显惩治腐败犯罪的面向，获得独立、充分评价。因此，明确包庇、纵容黑社会性质组织罪的管辖主体，对于“黑”“腐”的一律查处，具有关键作用。

### （二）从我国历次“严打”与“打黑”专项工作的不足看调整包庇、纵容黑社会性质组织罪管辖主体的现实需要

我国以往针对黑社会性质组织开展了多次整治且未曾停歇。在 2018 年的扫黑除恶专项斗争开展之前，国家曾开展三次“严打”活动：第一次“严打”为 1983 年 8 月至 1987 年 1 月，我国开展“以打击气焰嚣张的流氓犯罪分子和流氓犯罪团伙为重点，同时严厉打击杀人犯、抢劫犯和重大盗窃犯”为目标的“严

打”活动。1983 年 9 月，为与“严打”活动相配合，全国人大常委会制定了《关于严惩严重危害社会治安的犯罪分子的决定》和《关于迅速审判严重危害社会治安的犯罪分子的程序的决定》，实现了对包括黑社会性质组织犯罪在内的严重危害社会治安类犯罪的从重从快惩治。第二次“严打”为 1996 年 4 月至 1997 年 2 月，中央决定在全国组织开展一场“以打击杀人、抢劫、强奸等严重暴力犯罪、流氓犯罪、涉枪犯罪、毒品犯罪、流氓恶势力犯罪以及黑社会性质组织犯罪等严重刑事犯罪”的“严打”斗争。第三次“严打”的时间是 2001 年，主要是解决青少年犯罪和涉枪支、爆炸物犯罪问题，并着重打击黑恶势力。此外，中央政法委还在 2006 年 2 月部署全国开展“打黑除恶”专项斗争，在中央成立了“打黑除恶”专项斗争协调小组，并设立全国“打黑办”。由此可见，国家针对黑社会性质组织违法犯罪的查处一直十分重视，打击力度也越来越大。通过上述行动，在一定时间内取得了显著成效，成功摧毁了一批黑社会性质组织，净化了社会风气。

上述行动以“打”字当头的同时，也认识到了打击黑社会性质组织“保护伞”的重要性。2000 年与 2006 年开展的两次“打黑除恶”专项斗争也更多地结合了“打伞”、反腐内容，将严厉打击渗透、操控基层政权的黑恶势力作为重要指向开展“打黑”工作。然而，现在看来，在“严打”或专项斗争开展期间，社会治安明显好转，但随着“严打”或专项斗争的结束，黑社会性质组织犯罪却呈现出愈演愈烈，打不尽、灭不绝的升级发展。这一问题“周而复始”。究其原因，“严打”或者专项斗争过程中多存在口号式、命令式的上传下达，过于重视“短平快”的打击而忽视了制度的建立与完善，导致规范难以对后续实践进行“反哺”。更进一步讲，即对于黑社会性质组织与“保护伞”的关系缺乏客观、系统、深刻地把握，未能聚焦到管辖主体这一涉及体制机制的基础性问题开展深入研究，最终使打击“保护伞”流于形式。

习近平总书记在 2018 年 8 月 24 日中央全面依法治国委员会第一次会议上强调：“黑恶势力怎么就能在我们眼皮子底下从小到大发展起来？我看背后就存在执法者听之任之不作为的情况，一些地方执法部门甚至同黑恶势力沆瀣一气，充

当保护伞。”① 习近平总书记的讲话指向一个关键点：应当重视并充分研究黑社会性质组织与“保护伞”之间的互生关系——黑社会性质组织越是发展壮大，越需要具有抗制合法社会的力量，这种力量来源于“保护伞”的庇护与放纵；而愈发壮大的黑社会性质组织经济实力也更雄厚，能够对“保护伞”进行更具“诱惑力”的拉拢与腐蚀，使“伞”更加“厚实”。

深刻把握二者的互生关系，其联结点与纽带在于“利益”。黑社会性质组织能够得以发展壮大，获得经济利益，根源在于通过对抗或者寻求庇护而使得合法的社会控制力量弱化。在获得的经济利益中，一部分成为引诱、拉拢、收买国家工作人员将公权力异化为“保护伞”的诱饵，从而使得“保护伞”心甘情愿地纵容、豢养与庇护黑社会性质组织。黑恶势力和“保护伞”一前一后、一明一暗，或“收钱平事”、搞“权钱交易”，或“求官”与“求财”相互交织、彼此共生，久而久之便形成了“以黑经商、以商养黑、以商养官、以官护黑”的黑色利益链。②

确认二者互生关系并以“两个一律”开展扫黑工作意味着：在前端，通过扫黑，铲除黑社会性质组织本身，斩断其组织基础与经济基础；在后端，通过打击“保护伞”，打破黑社会性质组织的权力依附。这样，才能实现“一箭双雕”，才能确保跳出“治病”后“复发”，“再治病”然后“再复发”的怪圈。有鉴于此，将前端与后端两种性质、查处重点完全不同的犯罪的管辖权交予同一机关行使，难以充分发挥各机关职能优势，会降低案件查办质效；分别交予不同机关，将能够更加专业、高效地开展查办工作。这应当成为历次扫黑专项工作结束后仍难以扫除黑社会性质组织犯罪值得总结与反思的深层次问题。

### （三）公安机关作为包庇、纵容黑社会性质组织罪的管辖主体并不适宜

自包庇、纵容黑社会性质组织罪设立以来，其法定管辖主体即由刑事诉讼法确定为公安机关。但笔者认为，管辖主体的设定并非一成不变，应当在考虑案件

① 习近平. 加强党对全面依法治国的领导. 求是，2019（4）.

② 张全胜. 打掉“黑伞”无异于拔除黑“根”. 中国纪检监察，2018（20）.

性质、管辖主体职能特点、办案条件等基础上，结合遇到的新情况、新问题，予以综合考量。最终目的是确立适格的管辖主体，保证刑事诉讼顺利开展，对犯罪行为进行更为精准、科学、高效地调查与处置。

1. 精准性考量：公安机关职权特点与查办包庇、纵容黑社会性质组织罪不符

公安机关是国家的治安保卫机关，承担国家安全和社会治安保卫职责，以查办普通刑事案件为主，该类犯罪侵犯的法益多为人身安全、财产安全、社会管理秩序等。根据《监察法》第 15 条[①]规定，监察机关系“国家反腐败专责机关”，管辖对象为“公职人员”。从其负责监察的六类公职人员和有关人员的列举情况来看，涵盖了刑法典规定的“国家工作人员”“国家机关工作人员”等主体，范围更广。

根据法律分工，各机关在实际查办案件过程中，不断积累经验，建立了各有偏重、各具特色的办案机制，人员队伍也更加专业化。公安机关在刑事犯罪侦查上具有优势，主要依靠痕迹检验、文书检验、法医鉴定等手段“由事找人”，开展案件侦查；监察机关在反腐败调查上具有优势，主要依靠确定公职人员职责权限、调取财产情况、突破被调查人供述等方式“由人找事”，进行案件调查。

笔者认为，监察机关作为包庇、纵容黑社会性质组织罪调查主体较公安机关更为精准。首先，从案件性质上看，腐败犯罪的本质特征在于与权力相关联。包庇、纵容黑社会性质组织罪主体系国家机关工作人员，行为方式“包庇、纵容”表现为滥用公权力为黑社会性质组织的建立、发展提供庇护，体现出失职渎职、滥用职权等腐败犯罪特点。其次，从办案思路上看，对包庇、纵容黑社会性质组

① 《监察法》第 15 条规定：“监察机关对下列公职人员和有关人员进行监察：（一）中国共产党机关、人民代表大会及其常务委员会机关、人民政府、监察委员会、人民法院、人民检察院、中国人民政治协商会议各级委员会机关、民主党派机关和工商业联合会机关的公务员，以及参照《中华人民共和国公务员法》管理的人员；（二）法律、法规授权或者受国家机关依法委托管理公共事务的组织中从事公务的人员；（三）国有企业管理人员；（四）公办的教育、科研、文化、医疗卫生、体育等单位中从事管理的人员；（五）基层群众性自治组织中从事管理的人员；（六）其他依法履行公职的人员。”

织行为进行查办，多始于黑社会性质组织犯罪行为暴露，基本已有指向包庇、纵容者的线索，需要进一步开展调查，确定该人是否存在包庇、纵容行为，更符合“由人找事”的办案规律。最后，从实践需要上看，当前公职人员涉嫌腐败犯罪问题已交由监察机关管辖，考虑到包庇、纵容黑社会性质组织罪多与受贿罪、徇私枉法等犯罪同时存在，互相交织，将相关犯罪交由同一主体开展调查更符合办案规律，能够更加精准高效地查出“黑”与“伞”之间的利益纽带。

2. 科学性考量：公安机关“自我查办”情况极易滋生新的腐败

“公安机关作为社会治安主管部门，是扫黑除恶的主力军，广大公安民警为社会安定、人民安宁舍身忘我、不懈奋战，是和平时期牺牲最大、奉献最多的队伍。”[①]“扫黑除恶”专项工作开展至今，公安机关采取了清扫黑社会性质组织的雷霆行动，取得了显著成效。但是，不容回避的问题是，本次行动查处的“保护伞”几乎涵盖了各级国家机关工作人员甚至还包括公、检、法等机关，尤其是对黑社会性质组织具有查禁职责的公安机关，更是成为“保护伞”的重灾区。[②]毋庸讳言，当前，部分公安干警已然成为黑社会性质组织“保护伞”的主体。根据扫黑除恶专项工作开展后的通报与相关新闻报道，云南、山东等地都通报了公安机关领导干部或者普通民警为黑社会性质组织充当“保护伞”的情况，甚至已经形成了系统性、塌方性的严重情形。之所以扫黑主体成为“保黑主力”，是由于公安民警肩负着查处黑社会性质组织犯罪的职责，更容易成为黑社会性质组织拉拢腐蚀的对象，甚至“有的公安民警把交往社会‘老大’‘黑白通吃’当成一种能耐，与黑恶分子勾肩搭背、推杯换盏、称兄道弟，个别公安局局长由人民的‘保护神’蜕变成‘护黑’局长。”[③]因此，如果将包庇、纵容黑社会性质组织罪的管辖权继续交由公安机关承担，可能会出现“自我侦查”的情况，其结果难免

---

① 鲍爽. 各级公安纪检监察组织在扫黑除恶中强化监督执纪问责——以“零容忍”态度清除“害群之马”. 中国纪检监察报，2018-12-29 (3).

② 徐永伟. 黑社会性质组织“保护伞”的刑法规制检视与调试——以涉黑犯罪与腐败犯罪的一体化治理为中心. 北京社会科学，2019 (5)：6.

③ 同①.

造成对黑社会性质组织犯罪以及“保护伞”查处的放纵。

而根据《监察法》第 11 条[①]的规定，监察机关专责对公权力行使是否“廉洁、合规”开展“监督、调查、处置”。监察机关的职权不仅聚焦于职务违法犯罪查处，还包括对公职人员从政从业及道德操守情况进行监督。由监察机关作为包庇、纵容黑社会性质组织罪管辖主体，能够避免公安机关“自我侦查”的问题，也将更有利于在办理黑社会性质组织案件过程中，对公、检、法等部门是否正确履职等情况开展同步监督与调查。

3. 高效性考量：公安机关同时查办“黑”与“伞”力量有限

黑社会性质组织犯罪的查办本身存在涉案人员众多、犯罪事实复杂、罪名认定复杂等难点。在查办组织、领导、参加黑社会性质组织犯罪时，往往涉及讯问、询问多名黑社会性质组织成员以及被害人，核查多起犯罪事实等大量取证工作，公安机关对于黑社会性质组织案件投入的警力、精力已经很大，对于“保护伞”的查处，客观上存在人手难以调配、时间精力有限等问题，主观上也由于“保护伞”特征在法律上已经成为认定黑社会性质组织成立的选择性要件，而可能有所忽视。

此外，当前部分地区职能部门间建立了一定的线索移送机制，并基本确立了互涉案件一般以监察机关为主调查，其他机关予以协助的原则。[②] 但笔者认为，各地区做法不一，绝非长久之计。如公安机关在侦查黑社会性质组织犯罪阶段可能确认了该组织背后有国家机关工作人员为其提供包庇、纵容的情况，但并不一

---

① 《监察法》第 11 条规定：“监察委员会依照本法和有关法律规定履行监督、调查、处置职责：（一）对公职人员开展廉政教育，对其依法履职、秉公用权、廉洁从政从业以及道德操守情况进行监督检查；（二）对涉嫌贪污贿赂、滥用职权、玩忽职守、权力寻租、利益输送、徇私舞弊以及浪费国家资财等职务违法和职务犯罪进行调查；（三）对违法的公职人员依法作出政务处分决定；对履行职责不力、失职失责的领导人员进行问责；对涉嫌职务犯罪的，将调查结果移送人民检察院依法审查、提起公诉；向监察对象所在单位提出监察建议。”

② 如根据《监察法》第 34 条第 1 款规定：“人民法院、人民检察院、公安机关、审计机关等国家机关在工作中发现公职人员涉嫌贪污贿赂、失职渎职等职务违法或者职务犯罪的问题线索，应当移送监察机关，由监察机关依法调查处置。”第 2 款规定：“被调查人既涉嫌严重职务违法或者职务犯罪，又涉嫌其他违法犯罪的，一般应当由监察机关为主调查，其他机关予以协助。”

定能够及时确认提供包庇、纵容的人员是否涉及贿赂、渎职犯罪。如果确认同时存在贿赂、渎职犯罪而移送监察委员会开展调查，这样不会存在问题；然而，一旦难以确认同时存在收受贿赂、渎职侵权等犯罪，而监察委员会对包庇、纵容黑社会性质组织罪并没有管辖权，继续由公安机关管辖，则很可能错过了深挖其背后腐败问题的时机与力度。另外，就取证而言，到何种程度才可以认为涉嫌构成贿赂、渎职等腐败犯罪，进而启动移送程序，各地各级公安机关理解不一，由此也会导致对是否移送的不同理解与判断，影响办案质效。

国家监察委员会、最高人民法院、最高人民检察院、公安部、司法部 2019 年 10 月 20 日发布的《关于在扫黑除恶专项斗争中分工负责、相互配合、相互制约严惩公职人员涉黑涉恶违法犯罪问题的通知》（国监发〔2019〕3 号，以下简称《公职人员涉黑涉恶通知》）第四部分，专门对“形成打击公职人员涉黑涉恶违法犯罪的监督制约、配合衔接机制”进行了规定。其中第 11 条第 2 款第 2 项规定：“监察机关在信访举报、监督检查、审查调查等工作中发现公职人员涉黑涉恶违法犯罪线索的，应当将其中涉嫌包庇、纵容黑社会性质组织犯罪等由公安机关管辖的案件线索移送公安机关处理。”第 13 条规定：“公职人员涉黑涉恶违法犯罪案件中，既涉嫌贪污贿赂、失职渎职等严重职务违法或职务犯罪，又涉嫌公安机关、人民检察院管辖的违法犯罪的，一般应当以监察机关为主调查，公安机关、人民检察院予以协助。”实际上，在监察机关通过信访举报、监督检查等初步发现涉嫌包庇、纵容黑社会性质组织罪时，往往难以判断是否同时涉嫌贪污贿赂、失职渎职，是立即移送，还是深挖彻查；在此过程中相关部门之间是否会推诿扯皮；如果按照该规定移送公安机关，根据包庇、纵容黑社会性质组织与贿赂、失职渎职密切关联的特点，公安机关侦查后发现存在应当再移送回监察机关的情况，如何处置；等等。上述问题亦会影响办案质效。

根据上文所述，当前实践中，对“保护伞”的查处主要由各级监察机关承担。监察机关安排专门纪检监察人员进行查办，考虑到打击“保护伞”的重要性、复杂性，其上级监察机关也多进行督办、参办，保证办案质量。因此，笔者认为，直接明确由监察机关承担查办“保护伞”的职责，更有利于各职能部门间

力量的协调，减少不必要的问题线索移送，提升扫“黑”打“伞”的工作质效。

## 五、调整包庇、纵容黑社会性质组织罪管辖主体之具体路径

为形成更加集中统一、权威高效的反腐败体制，我国开展了纪检监察体制改革。本次改革，是在认识到我国原有的反腐败体制机制存在问题之后所作的大胆调整，是对国家监察制度的顶层设计。随着 2018 年 3 月《宪法修正案》及《监察法》的通过，监察委员会在我国法律与法治实践上得以正式确立，这无论在理论上还是在实践中，都为包庇、纵容黑社会性质组织犯罪管辖主体的再选择提供了“契机”。调整包庇、纵容黑社会性质组织罪管辖主体，可以通过以下具体路径进行。

### （一）重视包庇、纵容黑社会性质组织罪犯罪客体的渎职性

包庇、纵容黑社会性质组织罪被规定于 1997 年刑法典分则第六章“妨害社会管理秩序罪”中，体现了我国刑法对其侵害社会管理秩序这一客体的确认。然而，对于包庇、纵容黑社会性质组织罪的客体，理论上还存在不同认识。

其一，有学者认为，该罪侵犯的客体是单一客体。其中又分为“查禁活动说”与“社会治安管理活动说”两种。第一种观点认为，该罪侵犯了“查禁黑社会性质组织的正常活动”这一单一客体，具体表述又包括侵犯“司法机关同黑社会性质组织作斗争的正常活动”[①] 与侵犯“国家查禁黑社会性质组织犯罪的正常活动”[②]；第二种观点认为，该罪侵犯了“国家对社会的正常管理秩序”[③]。

其二，有学者认为，该罪侵犯的是复杂客体，即“国家机关同黑社会性质组织罪作斗争的正常活动和正常的社会治安管理秩序这一复杂客体。其中，正常的社会治安管理秩序是主要客体，国家机关同黑社会性质组织犯罪做斗争的正常活

① 刘杰. 包庇黑社会性质组织罪若干问题研究. 河北法学，2003（3）.

② 于天敏，等. 黑社会性质组织犯罪理论与实务问题研究. 北京：中国检察出版社，2010：112.

③ 周振想. 中国新刑法释论与罪案（下）. 北京：中国方正出版社，1997：1230.

动为次要客体。”①

以现行刑法典规定为基本依据，笔者赞成该罪侵犯的是复杂客体的观点。理由如下：

1. 单一客体说中的“查禁活动说”不符合刑法分则设置的基本规律。刑法分则根据犯罪的危害程度对各类犯罪进行排列与分类，从而形成了不同的章、节。包庇、纵容黑社会性质组织罪，组织、领导、参加黑社会性质组织罪与入境发展黑社会组织罪这三种犯罪集中规定在“妨害社会管理秩序罪”一章之下的“扰乱公共秩序”一节之中。该章犯罪的同类客体为社会管理秩序，即国家机关依法对社会活动进行管理而形成的稳定状态。“不过，由于《刑法》分则其他各章分别对侵犯国家安全、公共安全、市场经济、人身权利、民主权利、财产权利、国防利益、职务廉洁、国家机关正常活动以及军事利益等方面的管理秩序的行为作出了规定，所以，本类犯罪的客体不包括上述社会管理秩序，而仅指这些社会管理秩序之外的其他社会管理秩序。”② 据此，该罪的犯罪客体不应当单独体现为“国家机关的正常活动”这一客体，否则，就不应当被设置在“妨害社会管理秩序罪”—“扰乱公共秩序”章节之中。

2. 单一客体说中的“社会治安管理活动说”不能全面评价该罪的犯罪客体。一方面，国家机关工作人员的包庇、纵容行为会导致黑社会性质组织犯罪逃避查处而对社会治安管理秩序造成侵犯；另一方面，本罪的主体为国家机关工作人员，其违背正常履职要求而对黑社会性质组织予以包庇、纵容，也侵犯了国家机关查禁黑社会性质组织的正常活动。此外，需要明确，查禁的主体应当表述为“国家机关”而非“司法机关”，因为该罪的主体为国家机关工作人员，其代表的是整个国家机关，不应限于司法机关，除司法机关以外的其他国家机关也视具体情况，存在对黑社会性质组织的查禁职责。因此，只有通盘考虑两个方面，综合“治安管理活动说”与“国家机关查禁说”这两种学说的观点，才能全面评价该

① 田宏杰. 包庇、纵容黑社会性质组织罪研究. 湖南公安高等专科学校学报，2001（4）.

② 赵秉志，李希慧. 刑法各论. 3版. 北京：中国人民大学出版社，2016：260.

罪的犯罪客体。

3. 在现行刑法典规定之下，笔者赞成复杂客体说及其对主要、次要客体的判断，即以社会治安管理秩序为主要客体，以国家机关查禁黑社会性质组织的正常活动为次要客体。该说全面评价了包庇、纵容黑社会性质组织罪所侵犯的客体。之所以强调“在现行刑法典规定之下”，主要是考虑到对于侵犯复杂客体的犯罪而言，刑法典分则的章、节划分依据是犯罪的主要客体，所以，依据现行刑法典规定的情况，社会治安管理秩序才是本罪的主要客体。

但是，笔者认为，跳出现行规定，应当更加强调本罪对国家机关查禁黑社会性质组织的正常活动这一客体的侵犯。因为在司法实践中，包庇、纵容黑社会性质组织罪大多都与一定的职权相联系，基本都涉及出卖查处黑社会性质组织职责的问题，呈现出强烈的渎职性。从犯罪构成的其他方面观之，该罪犯罪主体为国家机关工作人员，行为方式为“包庇、纵容”，都体现出鲜明的渎职性。因此，有论者明确指出，包庇、纵容黑社会性质组织罪在性质上属于典型渎职犯罪。[①]

渎职罪是指国家机关工作人员滥用职权、玩忽职守，或者利用职权徇私舞弊，违背公务职责的公正性、廉洁性、勤勉性，妨害国家机关正常的职能活动，严重损害国家和人民利益的行为。该类犯罪所侵犯的客体为“国家机关的正常职能和人民利益”[②]。包庇、纵容黑社会性质组织罪与普通渎职罪在主体、行为方式等方面基本一致，主要区别在于犯罪对象。包庇、纵容黑社会性质组织罪的对象——“黑社会性质组织”，较普通渎职犯罪对象具有特殊性。

但是，犯罪对象对于一个罪名的犯罪客体的判断不具有直接关联性，更勿论决定性。进一步讲，黑社会性质组织犯罪通过行为人暴力等手段，侵害的主要是不特定人民群众的生命、财产安全，而包庇、纵容黑社会性质组织罪是对该类组织的保护。二者行为本质不同，侵犯的客体也不同。归根到底，包庇、纵容黑社

① 江苏省人民检察院课题组．查处“黑恶”势力犯罪及其“保护伞”的适用法律问题——《刑法》第 294 条质疑．江苏行政学院学报，2005（2）．

② 赵秉志，李希慧．刑法各论．3 版．北京：中国人民大学出版社，2016：412．

会性质组织罪已经侵害了国家机关的公正履职。不能因为本罪与组织、领导、参加黑社会性质组织罪二者都含有“黑社会性质组织”的字眼，就刻板地理解二罪侵犯的是相同的客体。认可包庇、纵容黑社会性质组织犯罪的渎职性，不仅有助于更加严谨、准确地把握该罪的犯罪客体，也更能体现对“保护伞”犯罪打击力度的重视与提升。因此，根据我国当前反腐败与扫黑形势，重新设置和调整该罪的章节位置具有合理性、必要性。

但是，对该罪进行立法修订需要时间，也有待更充分的论证。在当前刑法典的规定下，以罪刑法定为基本原则，更好的解决方式就是凸显渎职性在该罪犯罪客体中的地位，重视该罪对国家机关查禁黑社会性质组织犯罪正常活动的侵犯。在认定包庇、纵容黑社会性质组织罪时，绝不应仅仅从其侵犯了社会治安管理秩序来考察，而是应当更加全面地考虑到，国家机关工作人员将应当服务于人民的职权予以寻租或出让，包庇、纵容黑社会性质组织。这种对权力的亵渎与异化，是该罪成立与具有可罚性的基础。

（二）赋予监察委员会对包庇、纵容黑社会性质组织罪管辖权的具体规定

建立“两个一律”工作机制，要做到既各司其职、各负其责，又加强协作配合，形成工作合力。“各司其职”的首要要求是明确管辖主体。确定监察委员会成为包庇、纵容黑社会性质组织罪的管辖主体，能够切实回应实践需求，使监察委员会对该罪的管辖于法有据，“师出有名”。具体规定上，主要考虑以下三点。

1. 包庇、纵容黑社会性质组织罪的犯罪主体与监察机关管辖对象范围不存在出入。《监察法》对于监察机关管辖对象进行了原则性规定，即对所有行使公权力的公职人员进行监察。包庇、纵容黑社会性质组织罪的犯罪主体为“国家机关人员”，完全归属于“公职人员”，监察机关管辖范围可以涵盖包庇、纵容黑社会性质组织罪。因此，明确监察机关为包庇、纵容黑社会性质组织罪的管辖主体，不存在立法上的障碍。

2. 具体方式上，鉴于中央纪委国家监委在制订《监委管辖规定（试行）》时，对于如非国家工作人员受贿罪和国有公司、企业、事业单位人员失职罪等42种原由公安机关管辖的普通刑事犯罪或者是经济类犯罪，采取直接划归监察

机关管辖的方式进行“确权”，因此，对于包庇、纵容黑社会性质组织罪，可以继续采取此种方式，将其管辖权调整给监察机关行使。即在制订正式的《国家监察委员会管辖规定》时，考虑在当前六大类 88 种罪名之上，再补充增加包庇、纵容黑社会性质组织这一罪名。

3. 关注与检察机关的职责划分。2018 年 11 月 24 日，最高人民检察院印发了《关于人民检察院立案侦查司法工作人员相关职务犯罪若干问题的规定》（以下简称《检察院侦查犯罪规定》），以与修订后的《刑事诉讼法》和《监委管辖规定（试行）》进行调整与衔接。《检察院侦查犯罪规定》明确列举了检察机关有权管辖的 14 种罪名，即检察机关在对诉讼活动进行法律监督过程中，发现司法工作人员涉嫌利用职权实施的非法拘禁、非法搜查、刑讯逼供等侵犯公民权利、损害司法公正的案件，其中并不包括包庇、纵容黑社会性质组织罪。根据官方进一步解释，检察机关管辖的罪名具有三个基本特征：第一，犯罪主体为“司法工作人员”，具体包括有侦查、检察、审判、监管职责的工作人员；第二，犯罪手段表现为在诉讼活动中“利用职权实施”；第三，从犯罪客体来看，分别侵犯公民合法权利和损害司法公正。[①] 而包庇、纵容黑社会性质组织罪完全可能符合检察机关管辖的范围。因此，如果确认监察机关对包庇、纵容黑社会性质组织罪的管辖权，也应当同时确认检察机关对司法工作人员在诉讼活动中利用职权实施的包庇、纵容黑社会性质组织犯罪具有管辖权，并进一步按照《检察院侦查犯罪规定》第三部分“案件线索的移送和互涉案件的处理”中的规定[②]，依照监察

① 王建平，高翼飞.《关于人民检察院立案侦查司法工作人员相关职务犯罪若干问题的规定》理解与适用. 人民检察，2019（4）.

② 该规定为：“人民检察院立案侦查本规定所列犯罪时，发现犯罪嫌疑人同时涉嫌监察委员会管辖的职务犯罪线索的，应当及时与同级监察委员会沟通，一般应当由监察委员会为主调查，人民检察院予以协助。经沟通，认为全案由监察委员会管辖更为适宜的，人民检察院应当撤销案件，将案件和相应职务犯罪线索一并移送监察委员会；认为由监察委员会和人民检察院分别管辖更为适宜的，人民检察院应当将监察委员会管辖的相应职务犯罪线索移送监察委员会，对依法由人民检察院管辖的犯罪案件继续侦查。人民检察院应当及时将沟通情况报告上一级人民检察院。沟通期间，人民检察院不得停止对案件的侦查。监察委员会和人民检察院分别管辖的案件，调查（侦查）终结前，人民检察院应当就移送审查起诉有关事宜与监察委员会加强沟通，协调一致，由人民检察院依法对全案审查起诉。”

机关为主调查，人民检察院予以协助的原则分工负责，建立更加完善的针对包庇、纵容黑社会性质组织犯罪的管辖格局，共同形成深挖黑社会性质组织犯罪背后腐败问题的强大合力。

## 六、结语

2016 年底启动的监察体制改革蹄疾步稳、顺利推进，逐步完善、增强了对公权力与公职人员的监督制约；2018 年开展的为期三年的“扫黑除恶”专项工作也势如破竹、步步为营，形成了对黑社会性质组织的强大攻势与有力震慑。当前，以监察体制改革为契机，重视包庇、纵容黑社会性质组织罪的渎职性，将管辖权明确赋予监察机关，是对“两个一律”要求的恰当贯彻，将为“扫黑”与“打伞”建立更加规范化、专业化、法治化的长效机制。

# 关于增设侮辱国歌罪的思考与建言*

## 一、概述

国歌是宪法确立的国家重要象征和标志，代表着国家主权和形象，凝聚着爱国精神。一切公民和组织都应当尊重国歌，维护国歌的尊严。侮辱国歌的行为是对国家尊严、形象和爱国主义精神的亵渎与危害，具有相当的社会危害性，应视其情节轻重由行政法或刑法加以规制

全国人大常委会 2017 年 9 月 1 日通过的《中华人民共和国国歌法》（以下简称《国歌法》）第 15 条规定："在公共场合，故意篡改国歌歌词、曲谱，以歪曲、贬损方式奏唱国歌，或者以其他方式侮辱国歌的，由公安机关处以警告或者

---

* 与赵远博士合著，原载《法制日报》2017 年 10 月 11 日第 12 版；又载《澳门日报》2017 年 10 月 11 日 E6 版。需要注意的是，在本文发表之后不久，全国人大常委会于 2017 年 11 月 4 日通过的《刑法修正案（十）》在刑法典第 299 条中增设了侮辱国歌罪。本文系在该立法通过之前关于增设侮辱国歌罪的修法研讨和建言，关于该罪的理解与适用，应当以该罪的法律规定为准。——笔者补注

十五日以下拘留；构成犯罪的，依法追究刑事责任。”而我国现行刑法典中关于侮辱国歌构成犯罪要追究刑事责任的规定尚付之阙如，研究侮辱国歌行为的刑事责任及国歌法与刑法的衔接问题很有必要。

## 二、增设侮辱国歌罪的必要性

我们认为，在我国刑法规范中增设侮辱国歌罪的必要性在于：

其一，侮辱国歌行为具备相当程度的社会危害性和刑事应罚性。国歌是宪法所确立的国家重要象征和标志，代表着国家主权、形象，凝聚着爱国精神。在一个主权国家和法治社会里，一切公民和组织都应当尊重国歌，维护国歌的尊严。侮辱国歌的行为是对国家尊严、形象和爱国主义精神的亵渎与危害，具有相当程度的社会危害性，按照我国法治精神，应视其情节轻重由行政法或刑法加以规制。

其二，从《国歌法》与刑法的关系协调看。《国歌法》是行政法律，其第15条关于侮辱国歌行为构成犯罪的要追究刑事责任的规定属于指引性的附属性刑事条款，按照我国立法机关所坚持的刑法与行政法衔接关系的立法原则，应在刑法中增设侮辱国歌罪，从而使相应的刑事责任规范与《国歌法》第15条的规定相衔接。

其三，从侮辱国歌行为与侮辱国旗、国徽罪的立法协调看。依照我国宪法的规定，国旗、国徽、国歌都是国家的重要象征和标志，都应当受到公民和组织的尊重与维护。但受到相关立法先后通过的影响，侮辱国旗、国徽罪在我国刑法典中已先行设立（第299条），成为刑法中一种稳定的罪刑规范。随着《国歌法》的通过，与国旗、国徽同为国家象征和标志的国歌当然也应受到同样的尊重与保护，侮辱国歌的行为相应地也应受到法律的禁止与制裁，包括被认定为犯罪并追究刑事责任。因此，刑法典也要承担起规制侮辱国歌罪的责任。

其四，从对外国刑法立法的借鉴看。为了有效地维护国旗、国徽、国歌这些国家的象征和标志，有力地制裁侮辱国旗、国徽、国歌的危害行为，许多国家刑

法中都把侮辱国旗、国徽、国歌的行为规定为犯罪并予以刑事制裁。例如，德国刑法典第 90 条 A 诋毁国家及其象征罪规定，诋毁联邦德国或者某个州的旗帜、徽章或者国歌的，处 3 年以下自由刑或者金钱刑。其他如土耳其刑法典第 300 条、保加利亚刑法典第 108 条、意大利刑法典第 292 条、瑞士联邦刑法典第 270 条、西班牙刑法典第 543 条、泰国刑法典第 118 条、哈萨克斯坦共和国刑法典第 372 条等，在其关于侮辱国家标志罪或者侮辱国家罪中，基本上都将侮辱国歌的行为明确规定为犯罪并追究刑事责任。众多国家这一通行的法治经验也值得我国借鉴。

## 三、增设侮辱国歌罪的立法形式

那么，应当采用什么立法形式增设侮辱国歌罪？有附属刑法、单行刑法和刑法修正案几种途径。在《国歌法》以对侮辱国歌的犯罪行为设立指引性规范即未予设立罪刑规范的情况下，即是在单行刑法与刑法修正案两种立法形式之间进行抉择。笔者主张采取刑法修正案的形式，而不应考虑采用单行刑法的形式。1997 年刑法典颁行以来，我国立法机关在总结既往修法之经验教训的基础上，基本上摒弃了曾长期采用的单行刑法的修法方式，而采取了较为科学的刑法修正案的修法方式。刑法修正案既有与单行刑法类似的针对性强、修法方式灵活简便之特点，又有单行刑法所欠缺的维护刑法典的统一性、协调性之优点，是局部修改补充刑法典的最佳途径。因此，应当采用刑法修正案的形式对刑法典进行补充性修法，在刑法典中增设侮辱国歌的罪刑规范。

此外，为实现刑法与国歌法的及时衔接，应尽快创制和通过侮辱国歌罪的刑法规范，即应尽快通过此刑法修正案；在此前提下，如果国家立法机关可以同时将其他一些已研究成熟的修法规范一并纳入此刑法修正案予以通过当然很好，但如果没有其他已研究成熟的刑法修法内容可以纳入，那么此一刑法修正案就仅仅增设侮辱国歌罪一罪也未尝不可，而且这样也可显示出对增设此罪的高度重视。

## 四、增设侮辱国歌罪的立法安排

关于增设侮辱国歌罪之罪刑规范的立法安排方面，有两个问题需要加以探讨和明确。

一是关于该种罪行的归类问题。即侮辱国家象征的犯罪应当归入国事犯罪还是妨害社会管理的犯罪？这涉及对犯罪客体即犯罪侵犯法益的认识。从一些外国立法例看，他们大都把侮辱国家标志（国旗、国徽、国歌等）的犯罪纳入危害国家罪之类罪中，如德国、意大利、西班牙、土耳其、瑞士、保加利亚、泰国等国的刑法典均是如此。我国现行刑法典把侮辱国旗、国徽罪纳入刑法典分则第六章妨害社会管理秩序罪之类罪中，而没有将之纳入危害国家安全罪一章。我们的立法思想认为，侮辱国旗、国徽罪侵犯的客体是我国的国家尊严和国旗、国徽的正常管理秩序，但国家尊严并不等于国家安全，可见我国对危害国家安全罪的范围掌握得非常慎重和严格，这是符合我国相关国情民意对于国家安全的认识的。因此，相近似的侮辱国歌的犯罪行为也应纳入妨害社会管理秩序罪中，并且在位置上应与侮辱国旗、国徽罪紧密关联。

二是侮辱国歌的罪刑规范与侮辱国旗、国徽罪如何协调？可供选择的方案有三：（1）把侮辱国歌的行为与侮辱国旗、国徽的行为整合在一起，创制一个侮辱国家象征罪或者侮辱国旗、国徽、国歌罪，这一方案修法较大，但还是有研究和立法权衡之价值。（2）在刑法典第 299 条侮辱国旗、国徽罪后面增设第 299 之一条，专门规定侮辱国歌罪之罪刑规范，其优点是另立新罪清晰、完备，便于司法适用和进行立法研究。（3）在刑法典第 299 条侮辱国旗、国徽罪中增设第 2 款，专门规定侮辱国歌罪的罪状，并规定该罪适用前款侮辱国旗、国徽罪的刑罚。上述第二、三两个方案只是立法技术上的差别，方案三似更为简便。笔者认为，相比较而言，方案一最为合理，这一方案具有合理的概括性，并且妥善地解决了方案二、三可能出现的罪数问题；而方案二、三也都能基本满足实际需要。如何抉择，相信国家立法机关能够妥善衡量和决定。

## 五、关于侮辱国歌罪罪刑构建的设想

关于侮辱国歌罪的犯罪构成特征。根据《国歌法》第15条的规定和我国刑法的要求，笔者认为，侮辱国歌罪是指在公共场合，故意篡改国歌歌词、曲谱，以歪曲、贬损方式奏唱国歌，或者以其他方式侮辱国歌，情节严重的行为。其犯罪构成特征在于：一是行为人主观上具有侮辱国歌的故意，其动机可以是多种多样的；二是侮辱国歌的行为发生在公共场合，公共场合是公共场所与多人因素的结合，是聚集、出入公众或者特定多数人的公共场所，在公共场合实施侮辱国歌的行为必然危害国家的尊严；三是侮辱国歌的行为大体可以划分为三种类型，即篡改国歌歌词、曲谱，以歪曲、贬损方式奏唱国歌，以其他方式侮辱国歌，三类行为有一即可，具备两类以上行为仍可为侮辱国歌罪所涵括；四是侮辱国歌行为还要有入罪门槛，即“情节严重的”的才构成犯罪，若未达到情节严重程度的不属于犯罪，可由公安机关予以行政处罚。这一点与侮辱国旗、国徽罪有所不同，按照《国旗法》《国徽法》相关条文和刑法典第299条的规定，实施侮辱国旗、国徽行为的即构成犯罪，要依法追究刑事责任；对于“情节较轻的”行为才不认定为犯罪，而由公安机关予以行政处罚。

关于侮辱国歌罪的处罚，考虑到该罪危害性与侮辱国旗、国徽罪非常近似，因此建议采纳与侮辱国旗、国徽罪同样的法定刑，即处以3年以下有期徒刑、拘役、管制或者剥夺政治权利，也可以考虑同时增设罚金刑作为选择的刑种。

## 六、侮辱国歌罪在我国港澳特区的相应立法问题

最后，简要论述一下侮辱国歌罪在我国港澳特区的相应立法问题。按照港澳特别行政区基本法附件三的规定，我国《国旗法》《国徽法》均为在港澳特区适用的全国性法律。为了保护国旗、国徽并惩治侮辱国旗、国徽的行为，港澳特区均通过了相关的立法。香港特别行政区于1997年7月1日通过《国旗及国徽条

例》，其第 7 条规定了侮辱国旗或国徽的犯罪及其刑罚。澳门特别行政区于 1999 年 12 月 20 日通过了名为《国旗、国徽及国歌的使用及保护》的法律，其第 9 条规定了侮辱国家象征罪，犯罪对象包括了国旗、国徽和国歌。[①] 可见，以刑事立法保护国家象征，乃是港澳特区的法定职责。2017 年 9 月通过的《国歌法》，也必将通过法定程序纳入港澳特区基本法之附件三，成为在港澳特区适用的全国性法律。因此，港澳特区还应当通过相关立法保护国歌，并立法制裁侮辱国歌的犯罪行为。

就香港特别行政区而言，由于其先前的立法仅限于惩治侮辱国旗、国徽的罪行，今后就需要增补惩治侮辱国歌罪的规范。就澳门特别行政区而言，由于其先前立法之侮辱国家象征罪已包含了侮辱国歌的犯罪行为，故不需要增设新罪，但其相关罪状为“演奏国歌时蓄意不依歌谱或者更改歌词”，而没有包括《国歌法》第 15 条所列三类侮辱国歌行为中的后两类（“以歪曲、贬损的方式奏唱国歌”“以其他方式侮辱国歌”），所以澳门特别行政区应当通过立法对侮辱国歌的犯罪行为类型进行修改补充。[②]

总之，港澳特区应通过相应的修法，以使《国歌法》在港澳特区得以切实地贯彻实施，使侮辱国歌的行为被明确规定为犯罪并被追究刑事责任。

---

① 该法律及其中关于侮辱国家象征和标志罪的相关规定，已由澳门特别行政区立法会于 2019 年和 2021 年修改并重新公布。——笔者补注

② 2019 年和 2021 年修改并重新公布的澳门特别行政区《国旗、国徽及国歌的使用及保护》法律第 13 条第 1 款第 2 项，已增设了上述后两类侮辱国歌的行为。——笔者补注

# 关于完善扰乱无线电通讯管理秩序罪的立法建言*

## 一、前言

无线电是指不用人工波导而在空间传播的频率规定在 300GHz 以下的一种可以被利用来为社会创造财富的无线电磁波。广义上的无线电频率资源包括频率卫星轨道资源，是一种可以不断循环利用的、不可消耗的无限自然资源。不过，由于科技发展的局限，目前人类对 300GHz 以上频段还不能开发利用，因此在一定的时间、空间、地点，频率资源又是有限的，任何用户在一定时间、地点对一定

* 本文系笔者主持的国家工业和信息化部无线电管理局委托的立法研究项目的研究成果，由笔者与袁彬教授、祁锋处长、王文娟助理研究员、赵书鸿博士、商浩文博士、赵远博士合著，2014 年 8 月 20 日完成并提交给委托单位，为北京师范大学刑事法律科学研究院刑事法治发展研究报告（54），后载赵秉志主编：《刑事法治发展研究报告（2013—2014 年卷）》，法律出版社 2016 年 1 月版。需要注意的是，在本文完成之后，全国人大常委会于 2015 年 8 月 29 日通过的《刑法修正案（九）》对刑法典第 288 条的扰乱无线电管理秩序罪的罪状与法定刑都作了较大的修改与完善。本文作为《刑法修正案（九）》之前的修法建议文章维持原貌，但对该罪的理解与适用应以新法条为准。——笔者补注

频段的占用，都将排斥其他用户在该时间、地点内对这一频段的使用。同时，无线电波在传播的过程中容易受到自然噪声和人为噪声的干扰，进而会对无线电通信系统产生影响，造成接收的性能下降、误解或信息丢失等后果。

随着现代信息技术的迅速发展，我国无线电已广泛应用于各部门及社会生产、生活各领域，与国家安全、社会稳定以及人民的生命财产安全密切相关。但一些个人和单位为追逐利润，置国家无线电管理法律法规于不顾，以至于随意侵占国家频谱资源，非法出租、转让频率的现象时有发生，屡禁不止。常见的扰乱无线电管理秩序的行为主要有：(1) 擅自设置、使用无线电台（站）；(2) 侵占频谱和卫星轨道资源；(3) 破坏无线电通讯设施，干扰无线电通讯频率；(4) 非法生产、销售无线电设备；(5) 破坏无线电设施；等等。针对侵犯无线电管理的行为，我国刑法典第124条以及第288条将破坏广播电视设备、公用电信设施以及侵犯国家频谱资源、破坏国家无线电管理的行为规定为犯罪，相关司法解释也对这两类犯罪在法律适用中遇到的新情况作了细化说明。但随着无线电频率资源越来越紧张，无线电电磁环境日益复杂，现行刑法的相关规定已不能有效地治理这些危害行为，因而加强无线电的刑法保护、完善相关刑法立法势在必行。

## 二、我国无线电保护的刑事法治现状

### （一）我国无线电保护的刑法立法现状

为了惩治破坏无线电管理的犯罪行为，我国刑法典第124条和第288条等多个法律条文都作了明确规定，涉及的罪名主要是破坏广播电视设施、公用电信设施罪（刑法典第124条第1款），过失损坏广播电视设施、公用电信设施罪（刑法典第124条第2款），以及扰乱无线电通讯管理秩序罪（刑法典第288条）。[①]

① 刑法典第369条第1款的破坏武器装备、军事设施、军事通信罪以及第2款的过失损坏武器装备、军事设施、军事通信罪也可以将一些破坏无线电管理秩序的行为纳入其中。但这两个罪主要针对的是特定的军事设备，由特定部门进行管理，在此不作专门探讨。

它们分别针对的是破坏无线电设施和无线电通讯管理秩序的犯罪行为。

1. 关于无线电设施保护的刑法立法

关于无线电设施保护的刑法立法，主要涉及刑法典第 124 条的破坏广播电视设施、公用电信设施罪与过失损坏广播电视设施、公用电信设施罪。我国刑法典第 124 条规定："破坏广播电视设施、公用电信设施，危害公共安全的，处三年以上七年以下有期徒刑；造成严重后果的，处七年以上有期徒刑。""过失犯前款罪的，处三年以上七年以下有期徒刑；情节较轻的，处三年以下有期徒刑或者拘役。"从内容上看，刑法典第 124 条对无线电设施的保护具有以下三个方面的显著特点：

第一，行为的对象必须是广播电视设施、公用电信设施。根据刑法典第 124 条的规定，破坏广播电视设施、公用电信设施罪与过失损坏广播电视设施、公用电信设施罪的行为对象都必须是广播电视设施、公用电信设施。其中，广播设施是指发射无线电广播信号的发射台站等；电视设施是指传播新闻信息的电视发射台、转播台等；公用电信设施是指用于社会公用事业的通信设施、设备以及其他公用的通信设施、设备。当然，这些无线电设施，既包括各种机器设备，也包括其组成部分的线路等。

第二，行为的危害性必须达到"危害公共安全"的程度。这包括两个方面的意思：一方面，对于损害那些属于无线电设施但不可能影响公共安全的通信服务设备，如城市大街上的公用电话亭、一般的民用家庭电话等，不能构成刑法典第 124 条规定的侵害无线电设施犯罪，但可构成毁坏公私财物罪等其他相关犯罪；另一方面，对于损害了无线电设施但因程度较轻而不足以危害公共安全的，也不能构成刑法典第 124 条规定的破坏无线电设施犯罪。

第三，法定量刑幅度采取的是两档制。我国刑法典第 124 条针对侵害无线电设施的犯罪区分故意与过失分别设置了两个罪名、两档法定刑。其中，破坏广播电视设施、公用电信设施罪的两档法定刑分别是"三年以上七年以下有期徒刑"和"七年以上有期徒刑"，其法定最低刑是 3 年有期徒刑，法定最高刑是 15 年有期徒刑；过失损坏广播电视设施、公用电信设施罪的两档法定刑分别是"三年以上七年以下有期徒刑"和"三年以下有期徒刑或者拘役"，其法定最低刑是拘役，法定最高刑是7年有期徒刑。

2. 关于无线电通讯管理秩序保护的刑法立法

关于无线电通讯管理秩序保护的刑法立法，主要涉及的是我国刑法典第288条规定的扰乱无线电通讯管理秩序罪。该条规定："违反国家规定，擅自设置、使用无线电台（站），或者擅自占用频率，经责令停止使用后拒不停止使用，干扰无线电通讯正常进行，造成严重后果的，处三年以下有期徒刑、拘役或者管制，并处或者单处罚金。""单位犯前款罪的，对单位判处罚金，并对其直接负责的主管人员和其他直接责任人员，依照前款的规定处罚。"从立法内容上看，刑法典第288条的规定也具有以下三个方面的显著特点：

第一，行为的客体必须是无线电通讯管理秩序。即构成本罪的行为必须是扰乱无线电通讯管理秩序的行为，并在客观上主要表现为以下两种行为：(1) 擅自设置、使用无线电台（站）。根据《无线电管理条例》的规定，设置、使用无线电台（站）的单位和个人，必须提出书面申请，办理设台（站）审批手续，领取电台执照。其中，擅自设置、使用无线电台（站）的行为包括：行为人未向国家有关无线电管理机构提出设置及使用无线电台（站）的申请；行为人虽提出申请，但未获批准；行为人虽获批准但没有领取有效的电台执照，且超过规定时限致使该批准文件失效；行为人持有的电台执照不合法或已经失效；他人未经许可设置使用已合法注册的电台；紧急情况下动用电台的特定条件已经消失，该电台未经许可继续使用，以及其他符合上述特征的行为。擅自设置、使用无线电台（站）的行为侵犯了国家关于无线电通讯的管理秩序。(2) 擅自占用频率资源。根据《无线电管理条例》的规定，国家无线电管理机构对于无线电频率实行统一划分和分配。国家无线电管理机构、地方无线电管理机构根据设台（站）审批权限对于无线电频率进行指配。国务院有关部门对分配给本系统使用的频段和频率进行指配，并同时抄送国家无线电管理机构或者有关的地方无线电管理机构备案，因此非经指配而占用频率的行为即构成对无线电通讯秩序的妨害。实践中擅自占用频率资源的行为涉及范围较广，既包括非法设台以及合法设台但非法使用造成的频率侵占，也包括无线电台（站）之外的其他使用无线电的设备、设施

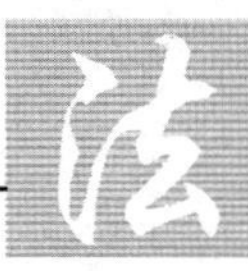

及辐射无线电波的非无线电设备、设施，因非法设置或合法设置非法使用所造成的频率侵占。

第二，行为的入罪标准严格，必须是经责令停止使用后拒不停止使用，干扰无线电通讯正常进行，并且造成严重后果的。根据刑法典第288条的规定，扰乱无线电通讯管理秩序的行为必须同时具备以下三个条件才能构成犯罪：(1) 必须是经责令停止后拒不停止使用；(2) 干扰无线电通讯正常进行；(3) 造成严重后果。据此，擅自设置、使用无线电台（站）、擅自占用频率的行为，须经责令停止使用后拒不停止使用，干扰无线电通讯正常进行且造成严重后果的，才构成犯罪，否则只构成一般的违法行为，只需承担相应的行政责任和民事责任。所谓干扰无线电通讯正常进行是指对依法开展无线电通讯业务的无线电通信系统的接收产生有害影响，通常表现为接收性能下降、误解或信息遗漏；所谓严重后果，一般是指干扰重要无线电通信系统的接收，造成重大误解或信息遗漏，危害严重的；干扰无线电导航或其他安全业务的正常进行，造成人身伤亡或财产损失的；干扰按照规划开展的无线电广播电视业务，严重损害、阻碍或一再阻断广播电视的接收，后果严重的；其他因干扰而造成严重后果的，如严重妨害公安机关对重大案犯的抓捕行动，妨害了军事行动，等等。

第三，量刑的法定刑幅度较低。根据刑法典第288条的规定，扰乱无线电通讯管理秩序罪的法定刑是“三年以下有期徒刑、拘役或者管制，并处或者单处罚金”。其法定最高刑是3年有期徒刑，法定最低刑是罚金。相比于侵害无线电设施犯罪的法定刑，其法定量刑幅度总体偏低。

可见，我国刑法典明确区分了无线电设施和无线电管理秩序，前者是物理性的，后者是非物理性的。在此基础上，我国针对侵害无线电设施和无线电管理秩序分别设置了不同的罪名和法定刑。

### （二）我国无线电保护的刑事司法现状

为了贯彻刑法典第124条、第288条关于无线电保护的刑法规定，最高人民法院和相关部门先后出台了多个司法解释和司法文件，明确了无线电的刑事司法适用标准。

1. 我国无线电刑法保护的司法规定

为了维护无线电设施的安全和通讯管理秩序，有效地惩治破坏无线电设施犯罪活动，最高司法机关针对破坏广播电视设施、公用电信设施罪在实践中出现的新情况，颁布了一系列的司法解释和文件。具体包括：

（1）最高人民法院2000年5月12日公布的《关于审理扰乱电信市场管理秩序案件具体应用法律若干问题的解释》。该解释规定，对违反国家规定，擅自设置、使用无线电台（站），或者擅自占用频率，非法经营国际电信业务或者涉港澳台电信业务进行营利活动，同时构成非法经营罪和刑法第288条规定的扰乱无线电通讯管理秩序罪的，依照处罚较重的规定定罪处罚。

（2）最高人民法院2004年12月30日公布的《关于审理破坏公用电信设施刑事案件具体应用法律若干问题的解释》。该解释明确了破坏公用电信设施罪的定罪量刑标准（即刑法典第124条规定的“危害公共安全”和“严重后果”的具体标准），同时对故意实施造成正在使用的公用电信设施，其功能性受到损坏而无法正常运行和工作的行为，也应当认定为属于刑法第124条规定的“破坏”，构成犯罪的，应当以破坏公用电信设施罪定罪处罚，明确了破坏公用电信设施罪与一些相近犯罪的处罚原则。

（3）最高人民法院2007年6月26日公布的《关于审理危害军事通信刑事案件具体应用法律若干问题的解释》。该解释规定，违反国家规定，擅自设置、使用无线电台、站，或者擅自占用频率，经责令停止使用后拒不停止使用，干扰无线电通讯正常进行，构成犯罪的，依照刑法第288条的规定定罪处罚；造成军事通信中断或者严重障碍，同时构成刑法第288条、第369条第1款规定的犯罪的，依照处罚较重的规定定罪处罚。

（4）最高人民法院2011年6月7日公布的《关于审理破坏广播电视设施等刑事案件具体应用法律若干问题的解释》。该解释明确了破坏广播电视设施罪的定罪量刑标准，包括破坏广播电视设施罪的入罪标准和“造成严重后果”的情形；过失损坏广播电视设施行为的定罪量刑标准；对建设、施工单位的有关人员损毁广播电视设施犯罪行为的处罚。

（5）最高人民法院、最高人民检察院、公安部、国家安全部2014年3月27日联合发布的《关于依法办理非法生产销售使用“伪基站”设备案件的意见》。该意见明确了非法生产、销售、使用“伪基站”设备犯罪行为的性质，具体包括非法生产、销售“伪基站”设备以非法经营罪追究刑事责任的情形、以非法生产、销售间谍专用器材罪追究刑事责任的情形；非法使用“伪基站”设备干扰公用电信网络信号，危害公共安全的，依照刑法典第124条第1款的规定，以破坏公用电信设施罪追究刑事责任；同时明确了构成虚假广告罪、非法获取公民个人信息罪、破坏计算机信息系统罪、扰乱无线电通讯管理秩序罪的，依照处罚较重的规定追究刑事责任。

2. 我国无线电刑法保护的司法适用特点

根据我国关于无线电刑法保护的上述司法解释和司法文件的规定以及司法适用的实际状况，我国关于无线电保护的刑法适用具有以下三个方面的显著特点：

第一，实践中对侵害无线电管理的行为主要适用的是刑法典第124条的两个罪名，尚没有适用刑法典第288条扰乱无线电通讯管理秩序罪的判例。1997年刑法典颁行以来，我国处理了大量妨害无线电管理秩序的违法犯罪行为。据统计，自2014年2月至7月，上海警方就已抓获268名利用新型“伪基站”牟利犯罪嫌疑人，其中涉及24个犯罪团伙，警方还缴获了165套相关设备。① 但从目前了解的情况看，过去18年来，我国对侵害无线电管理的违法犯罪行为，适用的主要法律依据是刑法典第124条第1款的破坏广播电视设施、公用电信设施罪，少数案件适用了刑法典第124条第2款的过失损坏广播电视设施、公用电信设施罪，尚没有发现适用刑法典第288条扰乱无线电通讯管理秩序罪的情况。

第二，最高司法机关对刑法典第124条第1款的“破坏广播电视设施、公用电信设施”采取了明显的扩张解释（个别解释甚至有类推解释的嫌疑）。其中，扩张解释的重点是“设施”。例如，最高人民法院2004年12月30日公布的《关

① 陈静. 上海严打“伪基站”犯罪　今年抓获268名犯罪嫌疑人.（2014－07－08）https://www.chinanews.com/fz/2014/07-08/6364661.shtml.

于审理破坏公用电信设施刑事案件具体应用法律若干问题的解释》第 1 条规定："采用截断通信线路、损毁通信设备或者删除、修改、增加电信网计算机信息系统中存储、处理或者传输的数据和应用程序等手段，故意破坏正在使用的公用电信设施"，以破坏公用电信设施罪定罪处罚。从内涵上看，"删除、修改、增加电信网计算机信息系统中存储、处理或者传输的数据和应用程序"是对公用电信设施功能的破坏，而非破坏公用电信设施本身。再如，最高人民法院、最高人民检察院、公安部、国家安全部 2014 年 3 月 27 日联合发布的《关于依法办理非法生产销售使用"伪基站"设备案件的意见》规定："非法使用'伪基站'设备干扰公用电信网络信号，危害公共安全的，依照《刑法》第一百二十四条第一款的规定，以破坏公用电信设施罪追究刑事责任"。该意见将"干扰公用电信网络信号"的行为解释为"破坏公用电信设施"，也有明显的扩张解释甚至类推解释的倾向。

第三，对"擅自占用频率"行为的法律适用前后不一。"擅自占用频率"是我国刑法典第 288 条干扰无线电通讯管理秩序罪的客观行为要件。对此，最高人民法院 2000 年 5 月 12 日《关于审理扰乱电信市场管理秩序案件具体应用法律若干问题的解释》和最高人民法院 2007 年 6 月 26 日《关于审理危害军事通信刑事案件具体应用法律若干问题的解释》明确规定，对"违反国家规定，擅自设置、使用无线电台（站），或者擅自占用频率"应以刑法典第 288 条扰乱无线电通讯管理秩序罪追究。但最高人民法院 2004 年 12 月 30 日公布的《关于审理破坏公用电信设施刑事案件具体应用法律若干问题的解释》和最高人民法院、最高人民检察院、公安部、国家安全部 2014 年 3 月 27 日联合发布的《关于依法办理非法生产销售使用"伪基站"设备案件的意见》则规定，对"擅自占用频率"的行为，可依照刑法典第 124 条第 1 款的破坏广播电视设施、公用电信设施罪进行追究。

可见，我国司法实践中对无线电的刑法保护采用的是通过扩张解释的方式扩张适用刑法典第 124 条的规定，将无线电设施和无线电管理秩序合二为一，而刑法典第 288 条的规定则因此完全被虚置。这与我国刑法典区分无线电设施和无线电管理秩序分别设置第 124 条和第 288 条的立法目的是不相一致甚至是完全违

背的。

## 三、我国无线电保护的刑法立法之缺陷

从立法上看，我国司法实践中对无线电的刑法保护之所以普遍扩张适用刑法典第124条而不适用刑法典第288条，其主要原因是因为我国刑法典第288条关于扰乱无线电通讯管理秩序罪的入罪门槛、定罪标准、法定刑配置等方面存在明显缺陷，在罪刑法定原则的约束下无法进行合理的扩张适用，以致无法适应我国治理妨害无线电管理秩序行为的需要。这具体体现在：

### （一）“经责令停止使用后拒不停止使用”的行政前置程序设置不科学

根据我国刑法典第288条的规定，构成扰乱无线电通讯管理秩序罪需要经过“经责令停止使用后拒不停止使用”这一行政前置程序，即没有“经责令停止使用后拒不停止使用”这一行政程序，相关的违法行为是无法进入刑事程序的。立法设置“经责令停止使用后拒不停止使用”行政前置程序体现了刑法的谦抑性，但是随着无线电技术的发展，该前置程序成为了适用该罪的一大障碍：一方面，许多非法使用无线电频率的个人及组织具有很强的隐蔽性及流动性，很难发现，更难对其责令停止使用。例如，山东省聊城市破获的一起非法调频广播电台案件中，不法分子就曾藏身于茌平一家酒店29层楼顶，并且每隔数周就进行转移。[①] 此外，还存在行为人远程遥控非法无线电台进行播报的情况。另一方面，相关违法行为在行政机关发现并责令停止使用前已经造成了较为严重的后果，但因未经这一前置的行政程序，违法的单位或个人至多只用接受行政处罚，容易造成对违法犯罪行为的放纵。例如，2006年女垒世锦赛期间的赛场无线电就曾混入来自工地和医院的声音。经查，这些干扰电波都来自岳各庄，原来是某无线电设备公司制造的设备非法使用了世锦赛女垒赛场电台的无线电频段，该公司不但自己使用还将设备卖给了附近的医院与工地。这一事故不但干扰了比赛的顺利进行，还

① 王瑞超．“黑电台”潜伏楼顶被当场取缔．齐鲁晚报．2014-07-31.

严重影响了中国的国际形象，但由于未经前述的行政前置程序，最终该公司只接受了行政处罚，并且还非常不当地被准予继续经营。[①]

我国《治安管理处罚法》第 28 条规定："违反国家规定，故意干扰无线电业务正常进行的，或者对正常运行的无线电台（站）产生有害干扰，经有关主管部门指出后，拒不采取有效措施消除的，处五日以上十日以下拘留；情节严重的，处十日以上十五日以下拘留。"《无线电管理条例》第 43 条规定，对于擅自设置、使用无线电台（站）的，或违反本条例规定研制、生产、进口无线电发射设备的，干扰无线电业务的，随意变更核定项目，发送和接收与工作无关的信号的，不遵守频率管理的有关规定，擅自出租、转让频率的。国家无线电管理机构或者地方无线电管理机构可以根据具体情况对于单位或者个人给予警告、查封或者没收设备、没收非法所得的处罚；情节严重的，可以并处 1 000 元以上、5 000 元以下的罚款或者吊销其电台执照。[②] 上述法律法规对于情节严重的扰乱无线电管理秩序的行为最多只能处以 5 000 元的罚款，10 日以上 15 日以下的拘留，这使得对于一些严重扰乱无线电管理秩序的行为，往往不能起到较好的制裁效果，特别是一些情况之下，行为人通过实施上述扰乱无线电管理秩序的行为获得的收益远远高于违法成本，这就使得一些扰乱无线电管理秩序的行为屡禁不止。

近期频频发生的行为人擅自设置、使用"伪基站"进行违法活动的案件就是其中的典型。"伪基站"设备是未取得电信设备进网许可和未经过无线电发射设备型号核准的非法无线电通信设备，能够搜索一定半径范围内的手机信号，可以任意冒用他人电话号码强行向用户手机群发各类短信息。"伪基站"设备体积小、易携带、设备费用低廉，不法分子一般在城市商圈、机场、车站等人流密集的场所，冒用他人电话号码或者伪装成通信运营商、银行客服，甚至是司法、行政机关，强行向不特定人群发短消息。由于"伪基站"设备费用低廉，几小时连续发信息就可以收回成本，获取非法利益既快又多，造成了恶劣影响；而且利用"伪

---

① 边雪霏．北京严查违法占用无线电频率行为．法制晚报，2006-09-25.

② 2016 年修订的《无线电管理条例》已对该条作了相应修改。——笔者补注

基站”设备的违法行为人跨区县跨省份流动，流动性较强，对于这些人，相关无线电管理机关很难适用“经责令停止使用后拒不停止使用”这一前置程序，因而无法适用刑法典第288条的扰乱无线电通讯管理秩序罪，在司法实践中对其以破坏公用电信设施罪定罪处罚，实属无奈之举。

（二）“造成严重后果”的结果要求具有明显的局限性

我国刑法典第288条规定：“违反国家规定，擅自设置、使用无线电台（站），或者擅自占用频率，经责令停止使用后拒不停止使用，干扰无线电通讯正常进行，造成严重后果的，处三年以下有期徒刑、拘役或者管制，并处或者单处罚金。”可见，我国刑法典中对于扰乱无线电通讯管理秩序罪设置了“结果犯”的处罚模式，即构成该罪必须行为造成严重后果。但是该罪“结果犯”的设置具有局限性，不能适应当下我国日益严峻的扰乱无线电管理秩序的现实情况。

在司法实践中，行为人实施扰乱无线电管理秩序的行为既有可能带来实实在在的危害结果，但也有可能只造成一种潜在的威胁。例如，行为人擅自设置、使用无线电台（站），如果被相关的邪教组织、恐怖组织或者是境内外敌对势力所利用，播放一些违规节目，宣扬邪教“教义”、恐怖主义以及其他危害性较大的言论，会给我国国家安全、公民的人身和财产安全造成潜在的威胁。以“伪基站”为例，行为人大都在人力密集的地方向不特定人群发送信息，这不仅会影响正常通信，还可能干扰周围的公用电波和磁场，诱发交通安全事故。而且“伪基站”发送的短信内容容易逃避监控，易被不法分子利用，传播不良信息，给国家安全和社会稳定带来隐患；行为人擅自使用频率，就有可能对民航、高铁等专用频率或者是国家重点保护的频率造成干扰，影响到不特定多数人的生命财产安全，对于这些行为，虽然并未实际上造成损害结果，但是具有很大的现实危险，应当将其纳入刑法规制的范围内。

据相关部门的介绍，我国已经发生过多起相关案例。如，2014年1月，一个非法电台的广播信号严重干扰到咸阳机场的航空频率，飞机在落地时与机场方面的通话几乎中断，这种事故征候严重程度仅次于飞机坠机；2013年7月，长沙机场因为江西受到非法电台广播信号干扰，最后导致北京、上海机场部分飞机

不能按时起飞。这些违法行为虽然没有造成实在的危害结果，却对我国的航空安全造成极大的危险。因此，刑法典第 288 条要求扰乱无线电管理秩序的行为必须造成严重后果，显然不利于对这些行为的规制，也容易导致该立法条文的虚置。

（三）法定刑的配置较低且缺乏层次性

法定刑配置是立法中一种制刑活动，属于刑事立法活动范畴。立法者在刑法分则中设置具体犯罪以后，再为这些犯罪进行对应的法定刑种、刑度等刑罚的配置。我国现行刑法典第 288 条针对扰乱无线电通讯管理秩序罪规定的法定刑是“三年以下有期徒刑、拘役或者管制，并处或者单处罚金。”可见，我国现行刑法典仅仅对扰乱无线电通讯管理秩序罪设置了单一的法定刑幅度。我国刑法典第 5 条明确规定：“刑罚的轻重，应当与犯罪分子所犯罪行和承担的刑事责任相适应。”因而在定罪量刑时我们需要充分考虑罪责刑相适应的原则。对于法定刑的设置而言，就是需要针对不同危害性的行为配置相适应的刑罚，也即刑罚需要具有一定的层次性。

在我国司法实践中，扰乱无线电管理秩序的行为形形色色，其造成的社会危害性也各不相同，仅仅配置单一的法定刑无法应对多样化的扰乱无线电管理秩序的行为，特别是对于一些造成巨大危害的行为，仅仅依靠现行刑法典中的刑罚配置，不能有效打击严重扰乱无线电管理的行为。我国刑法典中对于与扰乱无线电通讯管理秩序罪罪质类似的破坏计算机信息系统罪也配置了具有梯度性的法定刑，刑法典第 286 条规定：“违反国家规定，对计算机信息系统功能进行删除、修改、增加、干扰，造成计算机信息系统不能正常运行，后果严重的，处五年以下有期徒刑或者拘役；后果特别严重的，处五年以上有期徒刑。”相比之下，我国刑法典第 288 条对扰乱无线电通讯管理秩序罪设置的法定刑偏低而且缺乏一定的弹性和层次性，不利于惩治那些特别严重扰乱无线电通讯管理秩序的行为。

因此，基于贯彻罪责刑相适应的原则，出于有效打击扰乱无线电管理秩序的行为之考虑，有必要对我国刑法典第 288 条中的扰乱无线电通讯管理秩序罪的法定刑进行修改，使得该罪的法定刑具有一定的层次性，以便应对危害性不同的扰乱无线电管理秩序的行为。



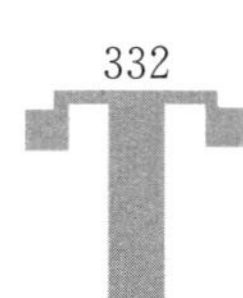

（四）罪状表述不完善

我国刑法典第288条对扰乱无线电通讯管理秩序罪采取了叙明罪状的方式，对其构成要件作了详细规定。从表述上看，刑法典第288条的罪状表述存在一定的不完善之处，在一定程度上影响了该罪的适用。这主要体现在：

1.“占用频率”用语不规范

“占用”一词从字面上来理解，可以理解为“占有并使用”。2007年10月1日起施行的《物权法》第50条规定：“无线电频谱资源属于国家所有。”[①]《无线电管理条例》第4条也规定：“无线电频谱资源属国家所有。国家对无线电频谱实行统一规划、合理开发、科学管理、有偿使用的原则。”[②] 正是基于无线电频谱资源属于国家所有，无线电管理机关代表国家对无线电频率资源进行管理。在无线电管理的过程中，无线电频谱资源的属性不会发生改变。由于无线电频谱资源并不是实在的物体，具有看不见、摸不着的特点，行为人违法使用无线电频谱资源，并不能实际占有无线电频率，只能是暂时取得了对无线电频谱资源的使用。“占用”一词用语不规范，因而应当对“占用频率”一词依据相关法律的规定进行修改，使其用语更加规范、科学。

2.“干扰无线电通讯正常进行”用语不完善

近年来，随着我国无线电技术的发展，新的无线电业务不断涌现，无线电业务的种类日益增多。依据国际电联《无线电规则》，我国2014年2月1日施行的《频率划分规定》中规定了43项无线电业务。这些业务分别是：无线电通信业务、固定业务、卫星固定业务、航空固定业务、卫星间业务、空间操作业务、移动业务、卫星移动业务、陆地移动业务、卫星陆地移动业务、水上移动业务、卫星水上移动业务、港口操作业务、船舶移动业务、航空移动业务、航空移动业务（航线内）、航空移动业务（航线外）、卫星航空移动业务、卫星航空移动业务（航线内）、卫星航空移动业务（航线外）、广播业务、卫星广播业务、无线电

---

① 《物权法》随着《民法典》的颁行而于2021年1月1日起失效。——笔者补注

② 2016年修订的《无线电管理条例》对该条作了相应修正。——笔者补注

测定业务、卫星无线电测定业务、无线电导航业务、卫星无线电导航业务、水上无线电导航业务、卫星水上无线电导航业务、航空无线电导航业务、卫星航空无线电导航业务、无线电定位业务、卫星无线电定位业务、气象辅助业务、卫星地球探测业务、卫星气象业务、标准频率和时间信号业务、卫星标准频率和时间信号业务、空间研究业务、业余业务、卫星业余业务、射电天文业务、安全业务、特殊业务。可见，在我国无线电技术广泛的被用于我国通信、广电、国防、应急、铁路、交通、航天等领域。无线电通讯仅仅是众多无线电业务中的一种，干扰无线电通讯仅仅是扰乱无线电管理秩序中的一种。扰乱无线电通讯可能造成严重的危害结果，干扰无线电其他业务也有可能造成一定的危害结果，从刑事法网的严密性角度考虑，应当将严重扰乱无线电其他业务的行为也纳入刑法规制的范畴。

另外，在无线电管理的相关法规规章中使用的是“无线电业务”一词。如《治安管理处罚法》第 28 条规定：“违反国家规定，故意干扰无线电业务正常进行的，或者对正常运行的无线电台（站）产生有害干扰……”《无线电管理条例》第 1 条中“为了加强无线电管理，维护空中电波秩序，有效开发、利用无线电频谱资源，保证各种无线电业务的正常进行，制定本条例。”第 31 条中“……不得对无线电业务产生有害干扰。”第 43 条“……干扰无线电业务的……”《频率划分规定》总则第 1 条就指出：“为了充分、合理、有效地利用无线电频谱资源，保证无线电业务的正常运行，防止各种无线电业务、无线电台站和系统之间的相互干扰，根据《无线电管理条例》、国际电信联盟《无线电规则》（2012 年版）和我国无线电业务发展的实际情况，制定本规定。”可见，我国有关无线电管理的相关法律法规规章中均使用的是“无线电业务”，“无线电通讯”一词不能涵括相关的破坏无线电管理秩序的行为。刑法是其他法律的保障法，干扰无线电通讯之外的行为也会造成严重的社会危害性，如，破坏卫星导航的行为就会造成重大的危害。因而从严密刑事法网的角度考虑，基于刑法与其他法律之间协调性考虑，也应当将刑法典中的“无线电通讯”用语与其他法律法规规章之间的用语保持一致。

（五）相关规定之间不协调

如前所述，我国现行刑法典中专门规制无线电管理秩序的罪名主要是第288条中的扰乱无线电通讯管理秩序罪、第124条第1款的破坏广播电视设施、公用电信设施罪以及第2款的过失损坏广播电视设施、公用电信设施罪。其中，破坏广播电视设施、公用电信设施罪是故意破坏正在使用中的广播电视设施、公用电信设施，危害公共安全的行为。按照我国最高司法机关的前述解释，“破坏”不仅仅包括设施的物理性损坏，也包括设施的功能性丧失，也即使得这些设施不能正常、安全地实现信息、信号的传输、接收。据此，如果行为人采用截断通信线路、非法占用频率等手段破坏正在使用的广播电视设施、公用电信设施，既危害了公共安全又扰乱了无线电管理秩序，属于想象竞合犯，一般应从一重罪处断。但一方面，我国刑法对扰乱无线电管理秩序设置了“经责令停止使用后拒不停止使用”行政前置程序，这使得相关的行为很难纳入扰乱无线电管理秩序的规制对象中。另一方面，刑法典第288条扰乱无线电通讯管理秩序罪的法定刑明显低于刑法典第124条两个犯罪的法定刑，在法定刑的比较上，前者要明显轻于后者。即便犯罪人的行为同时构成刑法典第124条和第288条规定的犯罪，依照从一重罪处断的原则，也应当适用刑法典第124条的规定。

而从入罪条件上看，刑法典第124条的破坏广播电视设施、公用电信设施罪的构成必须要求行为客观上危害了“公共安全”。不过，在司法实践中，有的行为人虽然擅自设置、使用无线电台（站），但是并没有危害公共安全，而仅是扰乱国家对无线电通讯的管理秩序，难以构成破坏广播电视设施、公用电信设施罪。在此情况下，由于扰乱无线电通讯管理秩序罪存在的相关入罪障碍，通常又无法以扰乱无线电通讯管理秩序罪进行处罚。

因此，从协调相关罪名之间关系的角度，我国应当对刑法典第288条的规定进行修改，以便充分发挥刑法典第124条和第288条对严重扰乱无线电管理秩序行为的治理功能。

## 四、我国无线电保护的刑法立法之完善

针对我国刑法典第 288 条存在的上述立法缺陷，我们建议，我国立法机关应当立足于强化无线电管理的刑法保护，从以下几个方面尽快完善刑法典第 288 条的规定：

（一）删除相应的行政前置程序

针对刑法典第 288 条关于扰乱无线电通讯管理秩序罪中“经责令停止使用后拒不停止使用”的规定，从完善立法的角度，应当将其删除。理由主要有：

第一，该行政前置程序的存在不合时宜。客观地看，该行政前置程序的确立在立法之初是为了避免司法权力的滥用、犯罪门槛过低，体现了刑法的谦抑性。应该说，以当时的信息科技水平，人民的生活状况，无线电的覆盖范围来衡量，这一立法设置是符合社会现实的。随着我国社会的飞速发展，当前我们已步入了信息化时代，特别是近十年来由互联网所引领的信息科技发展日新月异，公众对于无线电的认识与使用也与过去大不相同。然而，无线电事业的发展，也使不法分子认识到了这一领域的价值，他们或是利用无线电私设电台谋取非法利益，或是侵入电台、空管、公安甚至军队的专用无线电频道，无事生非，造成了严重的危害结果。从发展的眼光来考虑，应当说，该罪法条中“经责令停止使用后拒不停止使用”这一定罪的基础条件之立法要求已不再符合时宜。

第二，该行政前置程序在实践中无法适用。从内涵上，“经责令停止使用后拒不停止使用”要求行政机关首先发现了“擅自设置、使用无线电台（站），或者擅自占用频率”的行为存在，其次才能责令他人停止使用。这实际上赋予了相关行政机关积极全面地监测、发现他人非法使用无线电的特定职责。但现实中，使用“伪基站”等方式扰乱无线电通讯管理秩序的行为大量出现并呈爆发之势。要求相关行政机关及时发现这些非法使用无线电行为并责令其停止使用，显然十分困难，难以适用。

第三，删除该行政前置程序并不会影响对扰乱无线电通讯管理秩序行为的危

害性判断。客观地说，“擅自设置、使用无线电台（站），或者擅自占用频率”者经行政机关责令停止使用后拒不停止使用，通常表明其具有更大的主观恶性和危险性。但这只是扰乱无线电通讯管理秩序行为危害性判断的一个方面。事实上，扰乱无线电通讯管理秩序行为的危害性主要体现在扰乱的范围、次数、程度、造成危害结果等。删除“经责令停止使用后拒不停止使用”这一行政前置程序并不会影响对扰乱无线电通讯管理秩序行为的危害性判断。

第四，删除该行政前置程序有利于与相关犯罪的规定相协调。如前所述，我国涉及无线电管理的犯罪除了刑法典第288条规定的扰乱无线电通讯管理秩序罪，还有刑法典第124条的破坏广播电视设施、公用电信设施罪、过失损坏广播电视设施、公用电信设施罪，以及刑法典第369条第1款的破坏武器装备、军事设施、军事通信罪以及第2款的过失损坏武器装备、军事设施、军事通信罪。此外，与扰乱无线电通讯管理秩序罪相当的犯罪还有计算机信息类犯罪。目前我国刑法典对这些犯罪都没有设置行政前置程序，因此对刑法典第288条的扰乱无线电通讯管理秩序罪也没有必要保留行政前置程序。

（二）将“造成严重后果”的定罪条件改为“情节严重”

针对刑法典第288条关于扰乱无线电通讯管理秩序罪的“造成严重后果”规定，从扩大该罪适用范围的角度看，宜将其改为“情节严重”。理由如下：

第一，“情节严重”可以涵盖“造成严重后果”的情形。从内涵上看，情节是一个内涵较为宽泛的综合概念，可以涵盖犯罪人、犯罪目的、犯罪动机、犯罪手段、犯罪时间地点、犯罪结果等各个方面的内容。“严重后果”是“情节严重”的情形之一。因此，将“造成严重后果”改为“情节严重”可以涵盖该罪之前“造成严重后果”的所有情形。

第二，将该罪的定罪条件由“造成严重后果”扩大至“情节严重”，符合我国治理相关犯罪行为的现实需要。从内涵上看，若将该罪的基本构成由“结果犯”改为“情节犯”，则该罪的“情节严重”既包括造成一定的危害后果，也应当包括多次或多人实施危害行为、针对特殊领域实施危害行为以及实施的危害行为造成严重危险等情况。例如，很多严重威胁他人生命及财产安全、扰乱社会秩

序的破坏无线电管理的行为并不一定当即产生现实的危害结果，然而，即便是仅产生一定的危险的破坏无线电管理的行为有时其社会危害性也不容小觑。如前所述，任意占有无线电频段的情况也会出现在航空领域中。2014 年第一季度，天津机场的调度频率屡受“黑广播”的影响，据奥凯航空执行副总裁刘宗辉所述，民航通过甚高频电台进行指挥调度，频段与调频广播相邻，很容易受到广播“跳频”的干扰。“‘黑广播’所用设备质量较差，在播放广告时很容易‘跳频’到民航指挥频段。”从 2013 年 10 月到 2014 年 4 月，天津市执法部门共查处涉嫌影响到民航无线电调频的“黑电台”19 个。然而，这些“黑广播”“黑电台”就像野草一般，“春风吹又生”，屡禁不止。以行政处罚为主的惩罚方式，也使得不法分子有恃无恐。据我国无线电管理部门介绍，“黑广播”对民航飞机的干扰是全国性的，吉林、山东、陕西、广东等多省也都有类似的事件发生过。① 对这些非法使用航空调频而致使他人生命安全受到严重威胁的个人及组织，从其行为危害程度考虑，无疑应当适用刑法中的针对性罪名即扰乱无线电通讯管理秩序罪予以规制，仅仅予以行政处罚显然失之过轻。

第三，将该罪的定罪条件由“造成严重后果”扩大至“情节严重”，有利于与相关犯罪的规定相平衡。该罪法条不仅要求只有“造成严重后果的”情况才构成犯罪，而且所规定的仅有一个罪刑单位和最高法定刑仅为 3 年有期徒刑的法定刑幅度。以罪责刑相适应原则来考虑，该罪之刑罚设置难免有重罪轻罚之嫌。相比较而言，与该罪危害大体相当的其他犯罪，如刑法典第 124 条破坏公用电信设施罪，第 285 条所规定的非法侵入计算机信息系统罪，非法获取计算机信息系统数据、非法控制计算机信息系统罪及提供侵入、非法控制计算机信息系统程序、工具罪，第 286 条所规定的破坏计算机信息系统罪，要么有着相比较低的入罪标准，无须造成严重后果；要么具有更高的法定刑标准。这就使得该罪与上述罪种的刑罚轻重比较而言显得不相协调，从而影响整个刑法典罪刑体系的协调性和严谨性。

① 沈昌．黑广播干扰无线电可致航班失联．山西晚报，2014-07-30.

### （三）增设一个加重的罪刑单位和量刑档次

刑法典第288条针对扰乱无线电通讯管理秩序罪只规定了一个罪刑单位和量刑档次，最高法定刑为3年有期徒刑。这种单一的罪刑单位和法定刑幅度显然不够科学，既不利于区分该罪危害程度不同的犯罪情况，不利于对该罪危害严重的情况予以有效惩治，造成司法实践中扰乱无线电管理秩序危害程度显著不同的行为在量刑上差别不大的窘境；同时也导致该罪与其他危害相当的犯罪之量刑档次不相协调。此外，触犯该罪的犯罪行为很多时候也会同时触犯其他罪名，如非法经营罪，非法获取公民个人信息罪，虚假广告罪，诈骗罪，甚至是以危险方法危害公共安全罪。此种情况下，依照相关刑法理论及司法解释，属于想象竞合犯的情况，应择一重罪处罚。但较为尴尬的是，由于扰乱无线电通讯管理秩序罪当前的刑罚设置过轻，就会使得在绝大多数扰乱无线电管理秩序行为与其他罪名构成想象竞合犯的情况下，该罪总是得不到适用。这样就等同于架空了该罪，使得该罪存在的必要性受到质疑。因此，我们建议，应给扰乱无线电通讯管理秩序罪增设一个加重的罪刑单位和法定刑更高的量刑档次。

具体而言，应在该罪"情节严重"的基本构成之后，再增设一款"情节特别严重的"加重构成之规定。即在"情节严重"的基本构成基础上递进的"情节特别严重"(情节加重犯)。至于该罪加重构成犯法定刑幅度的设定，我们建议，可以参考破坏公用电信设施等罪的规定，设定为有期徒刑3年以上7年以下较为合理与可行。首先，由于现行刑法典中关于该罪的量刑档次的最高刑为3年有期徒刑，因而以此为下一量刑档次的起点较为符合刑法典中关于量刑档次的规定。以有期徒刑3年为第一、二个量刑档次划分的标准在刑法典所规定的罪名中是较为常见的。尽管有些罪名也以有期徒刑5年为划分标准，但这要改变该罪当前的量刑规定，没有必要也没有太多的益处。其次，最高刑设为7年有期徒刑同样也是现行刑法典中常见的量刑设置。若将最高刑设立为有期徒刑10年，则不免显得刑罚有些过重了，似不符合罪责刑相适应的刑法基本原则。况且现行刑法中该罪的最高刑仅为3年有期徒刑，一次性将量刑提高过多有违刑法典的相对稳定性，难免损害刑法的威严。再次，我们认为，从该罪的危害性质和现实危害程度相结

合来考虑，设立基本构成和加重构成两个罪刑单位和量刑档次就已足够，没有必要设立再加重的第三个罪刑单位和量刑档次。若设立第三个罪刑单位和量刑档次，则第三档次的刑罚未免过重，且很难被真正使用。

（四）改进现行法条中的部分用词

从法条用语科学性和可操作性上来考虑，我们建议，对扰乱无线电通讯管理秩序罪的法条用语可作如下两点修改：

其一，应当把“占用”无线电频率更改为“使用”无线电频率。如前所述，无线电资源为国家所有，并且无线电频率是一种无形的资源，看不见、摸不着，该罪法条中使用“占用”一词并不是十分准确，容易让人误解、产生歧义。而“使用”则更符合当前扰乱无线电管理秩序罪的实际情况。因为，私设“黑广播”“黑电台”的个人或单位一般是通过设备进入一个固有的波段之内，目的是要“使用”而非“占用”中“占有”的意思。

其二，应当将该罪法条中的“无线电通讯”更改为“无线电业务”。如前所述，“无线电通讯”随着我国无线电事业的发展已经只能算是总体无线电业务中的一小部分了。无线电业务应当包括无线电通讯业务与其他无线电业务，其他多项无线电业务已如前所述，这里不再赘述。然而，刑法典本身很难将所有的无线电业务都一一罗列，这样有违刑法条文应具备的简洁性。因此，较为合理的做法是在刑法典中将“无线电通讯”更改为“无线电业务”，而在相关的司法解释中罗列具体的无线电业务名称。

（五）整合相关立法

当前，扰乱无线电通讯管理秩序罪与其他犯罪有着一定的交叉关系。然而，因为之前该罪的成立须具有“经责令停止使用后拒不停止使用”的行政前置程序，使得该罪的适用率很低，多数案件都被定性为破坏广播电视设施、公用电信设施罪，非法经营罪等。如果下一步新出台的刑法修正案能将该罪的行政前置程序删除，那么该罪将会与破坏广播电视设施、公用电信设施罪，非法经营罪等产生一定的适用冲突。遇到此类案件若完全依靠法官自由裁量，则很有可能产生同样案件不同判决的情况。因此，刑法修正案修改该罪法时还应将这几类犯罪的界

限划清，将破坏广播电视设施、公用电信设施罪与非法经营罪种涉及妨害无线电管理方面的内容明确归入该罪予以规制，同时这样也可以避免当前司法实践中非常突出的非法经营罪因适用过宽而被人们诟病为“口袋罪”的尴尬。这也就意味着，诸如 2011 年 5 月由最高人民法院公布的《关于审理破坏广播电视设施等刑事案件具体应用法律若干问题的解释》及 2014 年 3 月由最高人民法院、最高人民检察院、国家安全部及公安部联合发布的《关于依法办理非法生产销售使用“伪基站”设备案件的意见》中，涉及扰乱无线电管理秩序行为如何定性的部分需要被更改或替代。

综上，从加强妨害无线电通讯管理秩序犯罪治理的角度，我国立法机关应当将刑法典第 288 条第 1 款修改为：“违反国家规定，擅自设置、使用无线电台（站），或者擅自使用无线电频率，干扰无线电业务正常进行，情节严重的，处三年以下有期徒刑、拘役或者管制，并处或者单处罚金；情节特别严重的，处三年以上七年以下有期徒刑，并处罚金。”同时增加一款作为第 3 款规定：“犯本罪，同时构成其他犯罪的，依照处罚较重的规定定罪处理。”

## 五、结语

无线电是一种重要的国家资源。对无线电的刑法保护对于保障我国国家安全、社会稳定和公民个人权利都具有积极作用。我国现行刑法典第 288 条关于扰乱无线电通讯管理秩序罪的规定在构成要件、入罪条件、用语使用和法定刑等方面都存在较明显的缺陷，导致该规定在刑事司法实践中完全被虚置。我们建议，国家立法机关应当立足当前我国治理妨害无线电管理秩序行为的现实需要和罪刑法定原则的基本要求，对刑法典第 288 条的规定及时作适当的立法修改，以合理扩张其适用范围，不断提升其法治效果和水平。

# 《关于办理扰乱无线电通讯管理秩序刑事案件具体应用法律若干问题的解释（建议稿）》暨理由论证*

## 一、概述

相关实际情况和理论研究表明，我国 1997 年刑法典原第 288 条扰乱无线电通讯管理秩序罪的规定，存在着设置行政前置程序不科学，结果犯的设置具有明显的局限性，其法定刑配置较低且缺乏层次，罪状表述不完善，相关罪名之间不协调等立法缺陷。[①] 基于我国加强无线电通讯管理秩序刑法保护的现实需要，全国人大常委会 2015 年 8 月 29 日通过的《刑法修正案（九）》对刑法典第 288 条扰乱无线电通讯管理秩序罪作了必要的修正：一是删除了扰乱无线电通讯管理

---

* 本文系笔者主持的国家工业和信息化部无线电管理局委托的立法研究项目的研究成果，由笔者与袁彬教授和商浩文博士、李昊翰博士、张拓博士合著，纳入北京师范大学刑事法律科学研究院刑事法治发展研究报告。后载赵秉志主编：《刑事法治发展研究报告（2016—2017 年卷）》，法律出版社 2018 年 7 月版。

① 赵秉志，袁彬，等. 关于完善扰乱无线电通讯管理秩序罪的立法建议//赵秉志. 刑事法治发展研究报告（2013—2014 年卷）. 北京：法律出版社，2016.

秩序罪的行政前置程序；二是将“造成严重后果”的定罪条件改为“情节严重”；三是增设了一档加重处罚的法定量刑幅度。从司法适用的角度看，对修正后的刑法典第288条规定，有两个问题亟须解决：一是明确扰乱无线电通讯管理秩序行为的定罪量刑标准。修改后的扰乱无线电通讯管理秩序行为入罪不再有行政前置程序，入罪标准改为“情节严重”，并增加了“情节特别严重”的规定，这有助于加大对扰乱无线电管理秩序行为的惩治力度。从实践的角度看，“情节”的内涵十分广泛，可以包括危害行为的目的、手段、对象、后果、时间、地点等诸多方面。对此，需要结合司法实践，对“情节严重”和“情节特别严重”的标准进行明确。二是协调扰乱无线电通讯管理秩序罪与相关犯罪的定罪量刑标准。扰乱无线电通讯管理秩序罪与其他不少犯罪有着一定的关联。在《刑法修正案（九）》之前，因刑法典原第288条的入罪门槛过高，受罪刑法定原则的约束，绝大多数扰乱无线电通讯管理秩序犯罪案件被定性为破坏广播电视设施、公用电信设施罪、非法经营罪等。《刑法修正案（九）》施行后，扰乱无线电通讯管理秩序行为入罪的原有障碍不再存在，相关犯罪行为的定性应当回归刑法典第288条。这就需要协调相关司法解释、司法文件的规定，特别是最高人民法院2004年《关于审理扰乱电信市场管理秩序案件具体应用法律若干问题的解释》和《关于审理破坏公用电信设施刑事案件具体应用法律若干问题的解释》、2007年《关于审理危害军事通信刑事案件具体应用法律若干问题的解释》、2011年《关于审理破坏广播电视设施等刑事案件具体应用法律若干问题的解释》及最高人民法院、最高人民检察院、国家安全部、公安部2014年《关于依法办理非法生产销售使用“伪基站”设备案件的意见》等司法解释和司法文件均涉及扰乱无线电管理秩序行为的规定，需要予以研究和协调。基于此，我们受国家工业和信息化部无线电管理局的委托，研究并拟定了本建议稿。现将具体条文及论证理由介述如下。

## 二、分述

为依法惩治扰乱无线电通讯管理秩序犯罪活动，维护无线电通讯管理秩序，



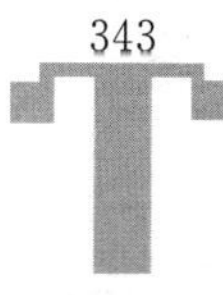

根据刑法有关规定，现就办理这类刑事案件具体应用法律的若干问题解释如下。

**第一条** 违反国家规定，擅自设置、使用无线电台（站），或者擅自使用无线电频率，干扰无线电通讯秩序，具有下列情形之一的，应当认定为刑法第二百八十八条第一款规定的“情节严重”，处三年以下有期徒刑、拘役或者管制，并处或者单处人民币一万元以上十万元以下罚金：

（一）两年内因干扰无线电秩序受过行政处罚又干扰无线电通讯秩序，或者一年内实施干扰无线电通讯秩序活动三次以上的；

（二）在国家举办重大活动等重要活动时期，擅自设置、使用无线电台（站），或者擅自使用无线电频率，可能干扰活动正常进行的；

（三）擅自设置、使用无线电台（站），或者擅自使用无线电频率，传播违法犯罪信息的；

（四）在航空站、高铁沿线、航运码头等重要区域，擅自设置、使用无线电台（站），或者擅自使用无线电频率的；

（五）组织未成年人、残疾人等弱势人员实施干扰无线电通讯管理秩序行为的；

（六）干扰火警、匪警、医疗急救、交通事故报警、救灾、抢险、防汛等重要通信的；

（七）造成县级以上广播电视传输信号中断的；

（八）造成一万以上用户通信中断，或者以营利为目的，干扰无线电通讯秩序，造成二千以上用户通信中断的；

（九）擅自设置、使用无线电台（站），或者擅自使用无线电频率，干扰国家机关或者其他单位工作正常进行的；

（十）其他情节严重的情形。

**【理由论证】**

本条主要是关于扰乱无线电通讯管理秩序行为入罪标准的规定，包括两个方面：一是情节严重的司法标准；二是罚金的具体标准。其中，对于罚金的数额，本建议稿拟定的数额是“一万元以上十万元以下”，主要考虑的是本罪的实施通


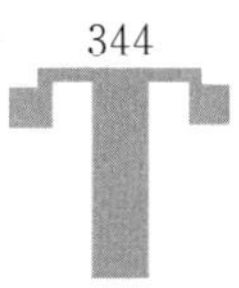

常都需要一定的设备和经济条件，对其规定一个高于罚金刑适用最低标准（1 000 元）的标准，符合该罪的实际，同时考虑到本条对应的是一个轻罪，罚金刑也不宜过高。

本条设置的难点是如何准确判定扰乱无线电通讯管理秩序行为的危害性及协调本解释与之前相关规定的内容。本建议稿结合相关司法实践和司法文件，总结、拟定了十种扰乱无线电通讯管理秩序应当入罪的情形，现作如下简要说明。

关于第 1 项。本建议稿第 1 条第 1 项规定的情节严重情形是“两年内因干扰无线电秩序受过行政处罚又干扰无线电通讯秩序，或者一年内实施干扰无线电通讯秩序活动三次以上的”。这主要是考虑到行为的次数，具体包括两种情形：一是行为人在两年内因扰乱无线电秩序受过行政处罚，又扰乱无线电通讯秩序的，表明行为人具有较大的人身危险性。最高人民法院 2000 年《关于审理扰乱电信市场管理秩序案件具体应用法律若干问题的解释》第 3 条中也规定了“两年内因非法经营国际电信业务或者涉港澳台电信业务行为受过行政处罚两次以上”作为认定“情节严重”的标准。但是考虑到非法经营罪的第一档法定刑为 5 年以下有期徒刑，而扰乱无线电通讯管理秩序罪的第一档法定刑为 3 年以下有期徒刑，因而参考以往的司法解释经验，比较非法经营罪的定罪标准，适当降低本罪的入罪门槛。二是行为人一年内实施干扰无线电通讯秩序活动 3 次以上，体现了行为人较大的人身危险性，基于刑罚预防之目的考虑，将其作为入刑标准。其中，“三次”与我国刑法典针对盗窃罪、抢夺罪等犯罪所规定的“多次”的内涵一致。

关于第 2 项。本建议稿第 1 条第 2 项规定的情节严重情形是“在国家举办重大活动等重要活动时期，擅自设置、使用无线电台（站），或者擅自使用无线电频率，可能干扰活动正常进行的”。本项主要考虑的是行为的发生时间，重点强调了两个方面：一是时间的特定性，即在重要活动时期。这里所称的重要活动，既包括国家举办的如国庆阅兵等重大活动，也包括各个地方举办的如地方选举等重要活动。二是对活动的干扰性。其干扰可体现在多个方面，如在活动场所或者附近使用“伪基站”“黑广播”、无线电干扰器等，或者非法远程占用卫星无线电频率、非法远程使用卫星无线电频率，但要求对活动本身有干扰性。



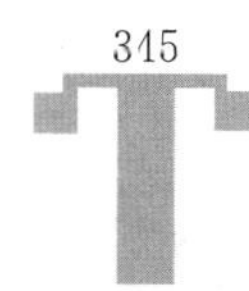

关于第 3 项。本建议稿第 1 条第 3 项规定的情节严重情形是“擅自设置、使用无线电台（站），或者擅自使用无线电频率，传播违法犯罪信息的”。本项主要考虑的是行为的危险性。这里所指的“传播违法犯罪信息”包含了三种情形：一是行为人虽没有与实施违法犯罪活动的人通谋，但帮其传播违法犯罪信息的情形；二是行为人为了实施其他违法犯罪活动而非法利用无线电台（站）、频率传播违法犯罪信息尚未构成相关犯罪的情形；三是行为人为了实施其他违法犯罪活动而非法利用无线电台（站）、频率传播违法犯罪信息构成了相关犯罪，但处罚比扰乱无线电通讯管理秩序罪要轻的情形。从危险性上看，非法利用无线电台（站）、频率传播违法犯罪的行为即便没有造成实际危害，也会给我国国家安全、公民人身和财产安全造成潜在的威胁，因而应当认定属于“情节严重”。2016 年 5 月 3 日，上海市公检法司四部门印发了《关于本市对使用“伪基站”违法犯罪案件适用法律的若干意见》，其中也明确，公安部门查获使用“伪基站”设备发送违法信息的，信息内容涉及实施违法犯罪活动，如电信诈骗等行为的，就可以以涉嫌扰乱无线电通讯管理秩序罪移送检察机关审查起诉。同时，实践中也有相关判例。[①]

关于第 4 项。本建议稿第 1 条第 4 项规定的情节严重情形是“在航空站、高铁沿线、航运码头等重要区域，擅自设置、使用无线电台（站），或者擅自使用无线电频率的”。本项考虑的是行为的发生地点。航空、高铁、航运对无线电频率的使用率高且重要。行为人在与这些活动相关的区域，擅自使用无线电台（站）、频率，很容易对民航、高铁、航运等的专用频率或者是国家重点保护的频率造成干扰，影响不特定多数人的生命财产安全，具有很大的危险性。基于刑法对特定领域的重点保护，有必要将这些行为纳入刑法的制裁范围。

关于第 5 项。本建议稿第 1 条第 5 项规定的情节严重情形是“利用未成年人、残疾人等弱势人员实施干扰无线电通讯管理秩序行为的”。本项主要考虑的

---

① 浙江省宁波一男子董某将伪基站设备藏在电动车内，利用伪基站发送诈骗短信，影响了 3 000 余名手机用户的正常通信。2016 年 10 月 15 日，宁波市鄞州区人民法院对董某扰乱无线电通讯管理秩序案件作出判决，依判处其有期徒刑 1 年，缓刑 1 年 6 个月，并处罚金人民币 1 万元，作案工具短信发射器及手机等设备均予以没收。

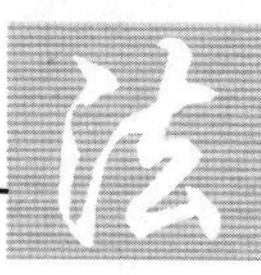

是行为的手段。其入罪的必要性主要体现在两个方面：一是未成年人、残疾人等特殊群体本身属于弱势群体，需要法律的特别保护。行为人利用未成年人、残疾人等弱势人员实施违法犯罪活动，其行为本身就具有更大的可谴责性。二是干扰无线电通讯管理秩序的行为与弱势人员这两个要素的结合，提升了行为人行为的危害性，有予以重点惩处的必要。

关于第 6 项。本建议稿第 1 条第 6 项规定的情节严重情形是“干扰火警、匪警、医疗急救、交通事故报警、救灾、抢险、防汛等重要通信的”。本项主要考虑的是行为的对象，即干扰的对象。设定本条主要是参照 2011 年最高人民法院《关于审理破坏广播电视设施等刑事案件具体应用法律若干问题的解释》[①] 以及最高人民法院 2004 年《关于审理破坏公用电信设施刑事案件具体应用法律若干问题的解释》[②] 中的相关规定，考虑到扰乱无线电管理秩序的行为，会造成火警、匪警、医疗急救、交通事故报警、救灾、抢险、防汛等这些特定的领域和行业的通信中断或者严重障碍，对公民的财产、人身安全等造成潜在的威胁。如 2014 年 1 月，一个非法电台的广播信号严重干扰到咸阳机场的航空频率，飞机在落地时与机场方面的通话几乎中断，这种事故征候严重程度仅次于飞机坠机；2013 年 7 月，长沙机场因为受到非法电台广播信号干扰，最后导致北京、上海机场部分飞机不能按时起飞，对我国的航空安全造成极大的危险。对此类行为有提前予以规制的必要，即只要对火警、匪警、医疗急救、交通事故报警、救灾、抢险、防汛、航空等重要通信造成了干扰，即可入罪。

---

① 该解释第 1 条规定：“采取拆卸、毁坏设备，剪割缆线，删除、修改、增加广播电视设备系统中存储、处理、传输的数据和应用程序，非法占用频率等手段，破坏正在使用的广播电视设施，具有下列情形之一的，依照刑法第一百二十四条第一款的规定，以破坏广播电视设施罪处三年以上七年以下有期徒刑：（一）造成救灾、抢险、防汛和灾害预警等重大公共信息无法发布的……”

② 该解释第 1 条规定：“采用截断通信线路、损坏通信设备或者删除、修改、增加电信网计算机信息系统中存储、处理或者传输的数据和应用程序等手段，故意破坏正在使用的公用电信设施，具有下列情形之一的，属于刑法第一百二十四条规定的‘危害公共安全’，依照刑法第一百二十四条第一款规定，以破坏公用电信设施罪处三年以上七年以下有期徒刑：（一）造成火警、匪警、医疗急救、交通事故报警、救灾、抢险、防汛等通信中断或者严重障碍，并因此贻误救助、救治、救灾、抢险等，致使人员死亡一人、重伤三人以上或者造成财产损失三十万元以上的……”

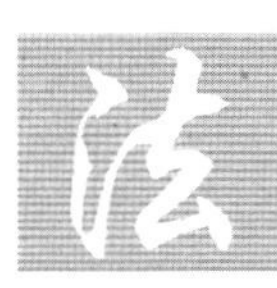



关于第7项。本建议稿第1条第7项规定的情节严重情形是“造成县级以上广播电视传输信号中断的”。本项和后面的第8、9项主要考虑的都是行为的危害后果。与此项最相关的是行为人擅自设立无线电台（站），包括“伪基站”“黑广播”等，其行为会对广播电视传输信号产生直接甚至长期的干扰。而县级以上广播电视在社会生活中作用明显。在很多情况下，这类行为即便未造成实际的损害，但若造成县级以上广播电视传输信号中断或者严重障碍，常常会对社会造成重大不良影响。参照最高人民法院2011年6月7日公布的《关于审理破坏广播电视设施等刑事案件具体应用法律若干问题的解释》中的有关规定，本建议稿主张将其作为犯罪处理。

关于第8项。本建议稿第1条第8项规定的情节严重情形是“造成一万以上用户通信中断，或者以营利为目的，干扰无线电通讯秩序，造成二千以上用户通信中断的”。本项主要考虑的是行为的危害后果，立足的是扰乱无线电管理秩序行为影响的用户数量。相关内容参考了最高人民法院2004年《关于审理破坏公用电信设施刑事案件具体应用法律若干问题的解释》中的有关规定。① 这里主要区分了两种情况：一是行为人自己非法设立无线电台（站）、使用频率，干扰无线电通讯管理秩序，造成电信用户通信中断的。对此，以“一万以上用户”为标准。目前已有这方面的判例。② 二是行为人以营利为目的，经营性地设立无线电

---

① 该解释第1条规定：“采用截断通信线路、损坏通信设备或者删除、修改、增加电信网计算机信息系统中存储、处理或者传输的数据和应用程序等手段，故意破坏正在使用的公用电信设施，具有下列情形之一的，属于刑法第一百二十四条规定的‘危害公共安全’，依照刑法第一百二十四条第一款规定，以破坏公用电信设施罪处三年以上七年以下有期徒刑：……（二）造成二千以上不满一万用户通信中断一小时以上，或者一万以上用户通信中断不满一小时的……”

② 2014年10月下旬，被告人吴某甲在阿荣旗某甲镇开设一家“某某”皮衣店，为推销商品其在网上购买了一套“伪基站”设备。2014年11月上旬至12月22日，被告人吴某甲带着该设备驾驶一辆起亚牌轿车在阿荣旗某甲镇、某乙镇、某丙镇、某甲乡某某村、某乙乡、某丁镇及某戊镇等地，使用该“伪基站”设备，占用中国移动通信集团呼伦贝尔分公司的网络信号，给不特定移动用户群发宣传“某某”皮衣店的短信息，局部阻断公众移动通信网络信号，造成15 320个用户通信短时中断。2015年12月29日内蒙古自治区阿荣旗人民法院以被告人吴某甲犯扰乱无线电通讯管理秩序罪，判处有期徒刑1年6个月，缓刑2年；并处罚金人民币1万元。参见内蒙古自治区阿荣旗人民法院刑事判决书（2015）阿刑初字第00219号。

台（站）、使用频率，其行为的危害性要明显大于非经营性行为。对此，以“二千以上用户”为标准。

关于第9项。本建议稿第1条第9项规定的情节严重情形是“擅自设置、使用无线电台（站），或者擅自使用无线电频率，干扰国家机关或者其他单位工作正常进行的”。本项也主要是考虑了行为的危害后果。理由有两个方面：一是扰乱无线电通讯管理秩序罪属于“扰乱公共秩序罪”的范畴，而国家机关或者其他单位的工作秩序是公共秩序的重要方面，有予以保护的必要。二是我国刑法典所设置的聚众扰乱社会秩序罪（刑法典第290条第1款）、扰乱国家机关工作秩序罪（刑法典第290条第3款）等都强调了工作秩序的保护。而有些国家机关等单位在工作过程中都可能使用无线电频率，如果行为人的非法使用无线电台（站）、频率，干扰了相关单位工作正常进行的，有必要将其入罪。

关于第10项。本建议稿第1条第10项规定的情节严重情形是“其他情节严重的情形”。此项作为一项兜底性条款，主要是对于上述不能完全列举的严重扰乱无线电通讯管理秩序的行为进行兜底性规定。

**第二条** 违反国家规定，擅自设置、使用无线电台（站），或者擅自使用无线电频率，干扰无线电通讯秩序，具有下列情形之一的，应当认定为刑法第二百八十八条第一款规定的“情节特别严重”，处三年以上七年以下有期徒刑，并处人民币十万元以上五十万元以下罚金：

（一）在国家举办重大活动暨重要活动时期，擅自设置、使用无线电台（站），或者擅自使用无线电频率，严重干扰活动正常进行的；

（二）干扰无线电通讯秩序，造成公共秩序严重混乱的；

（三）组织未成年人、残疾人等弱势人员实施干扰无线电通讯管理秩序行为，造成未成年人、残疾人等弱势人员重伤、死亡的；

（四）造成火警、匪警、医疗急救、交通事故报警、救灾、抢险、防汛等重要通信中断或者严重障碍，并因此贻误救助、救治、救灾、抢险等，致使人员死亡一人、重伤三人以上或者造成财产损失三十万元以上的；

（五）造成县级以上广播电视传输信号连续或者累计中断达三小时以上的；



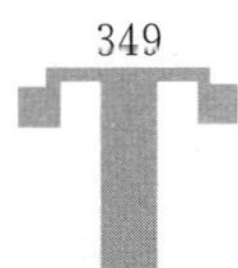

（六）造成五十万以上用户通信中断，或者以营利为目的，干扰无线电通讯秩序，造成十万用户通信中断的；

（七）擅自设置、使用无线电台（站），或者擅自使用无线电频率，致使国家机关或者其他单位工作无法进行的；

（八）其他情节特别严重的情形。

**【理由论证】**

本条主要是关于扰乱无线电通讯管理秩序"情节特别严重"标准的规定，同时对本档犯罪对应的罚金数额进行了规定。其中，本建议稿结合已有司法解释中关于扰乱无线电通讯管理秩序行为的有关规定，考虑到罪刑设置的规律、罪名的协调性，立足于本建议稿第1条规定的"情节严重"情形，拟定了八种认定标准。现将具体设置的理由作以下简要说明：

第一，关于第1项。本建议稿第2条第1项规定："在国家举办重大活动暨重要活动时期，擅自设置、使用无线电台（站），或者擅自使用无线电频率，严重干扰活动正常进行的"。与本建议稿第1条第2项相比，本项规定主要是从行为的后果上进行限定，主要考虑的是在国家举办重大活动暨重要活动时期，擅自设置、使用无线电台（站）或者擅自使用无线电频率，造成严重后果的情形。由于该行为是发生"在国家举办重大活动等重要活动时期"，因此其行为直接后果是对活动正常进行的影响，据此本项将该行为的后果限定为"严重干扰活动正常进行"。至于该行为造成的其他间接后果，在符合其他项的情况下，可按其他项的规定进行处理；如不符合其他项，则宜作为酌定从重处罚情节。

第二，关于第2项。本建议稿第2条第2项规定："干扰无线电通讯秩序，造成公共秩序严重混乱的"。本项主要考虑的是行为的严重后果。这里的公共秩序混乱，包括了本建议稿第1条第4项行为所引起的航空站、高铁站、航运码头等重要区域的公共秩序严重混乱，也包括在其他场所实施了干扰无线电通讯管理秩序的行为，如使用"黑广播"，造成公共场所秩序严重混乱的情形。

第三，关于第3项。本建议稿第2条第3项规定："组织未成年人、残疾人等弱势人员实施干扰无线电通讯管理秩序行为，造成未成年人、残疾人等弱势人

员重伤、死亡的”。这主要是对比刑法典第 262 条之二的规定。我国刑法典第 262 条之二规定：“组织未成年人进行盗窃、诈骗、抢夺、敲诈勒索等违反治安管理活动的，处三年以下有期徒刑或者拘役，并处罚金；情节严重的，处三年以上七年以下有期徒刑，并处罚金。”在组织未成年人、残疾人等弱势人员进行了干扰无线电通讯管理秩序行为，造成了未成年人、残疾人等弱势人员重伤、死亡的，其行为的危害性应该类似于刑法典第 262 条之二的规定，可将其认定为扰乱无线电通讯管理秩序罪的“情节特别严重”，对其适用“三年以上七年以下有期徒刑，并处罚金”。

第四，关于第 4 项。本建议稿第 2 条第 4 项规定：“造成火警、匪警、医疗急救、交通事故报警、救灾、抢险、防汛等重要通信中断或者严重障碍，并因此贻误救助、救治、救灾、抢险等，致使人员死亡一人以上、重伤三人以上或者造成财产损失三十万元以上的。”本项作为扰乱无线电通讯管理秩序罪的加重情节，主要是因为扰乱无线电通讯管理秩序的行为已经造成了严重的犯罪后果，造成了人员伤亡、财产损失。之所以将犯罪后果设定为“致使人员死亡一人、重伤三人以上或者造成财产损失三十万元以上”，主要是考虑到破坏电信设施的行为与扰乱无线电通讯秩序的行为具有行为的相似性、手段的牵连性，而扰乱无线电管理秩序罪的加重法定刑与破坏公用电信设施罪的基本法定刑相近，故而参照最高人民法院 2004 年《关于审理破坏公用电信设施刑事案件具体应用法律若干问题的解释》中的有关规定[①]进行设定。

第五，关于第 5 项。本建议稿第 2 条第 5 项规定：“造成县级以上广播电视传输信号连续或者累计中断达三小时以上的”。此项是在本建议稿第 1 条第 7 项

① 该解释第 1 条规定：“采用截断通信线路、损坏通信设备或者删除、修改、增加电信网计算机信息系统中存储、处理或者传输的数据和应用程序等手段，故意破坏正在使用的公用电信设施，具有下列情形之一的，属于刑法第一百二十四条规定的‘危害公共安全’，依照刑法第一百二十四条第一款规定，以破坏公用电信设施罪处三年以上七年以下有期徒刑：（一）造成火警、匪警、医疗急救、交通事故报警、救灾、抢险、防汛等通信中断或者严重障碍，并因此贻误救助、救治、救灾、抢险等，致使人员死亡一人、重伤三人以上或者造成财产损失三十万元以上的……”

“情节严重”标准上的进一步规定。最高人民法院 2011 年《关于审理破坏广播电视设施等刑事案件具体应用法律若干问题的解释》第 1 条将“造成县级、地市（设区的市）级广播电视台中直接关系节目播出的设施无法使用，信号无法播出的”和“造成省级以上广播电视传输网内的设施无法使用，地市（设区的市）级广播电视传输网内的设施无法使用三小时以上，县级广播电视传输网内的设施无法使用十二小时以上，信号无法传输的”，作为适用破坏广播电视设施罪“处三年以上七年以下有期徒刑”的情形。考虑到擅自设置、使用无线电台（站）或者擅自使用无线电频率，造成广播电视传输信号长时间中断的难度要大于破坏广播电视设施的行为，因此本建议稿认为“造成县级以上广播电视传输信号连续或者累计中断达三小时以上”，即已表明其行为的危害性特别严重，需要予以加重处罚。

第六，关于第 6 项。本建议稿第 2 条第 6 项规定：“造成五十万以上用户通信中断，或者以营利为目的，干扰无线电通讯秩序，造成十万用户通信中断的”。本项主要是比照本建议稿第 1 条第 8 项的规定，采取的是 50 倍的标准，即一般造成用户通信中断达到 50 万户的①，或者以营利为目的造成用户通信中断达到 10 万户的，可认为“情节特别严重”，其中重点惩治的是非法经营无线电台（站）、频率的行为。同时，考虑到我国刑法典第 225 条和相关解释对非法经营罪的定罪量刑标准有明确规定且主要采取的是“非法经营数额”，因此本建议稿未采取“非法经营数额”或者“违法所得数额”的标准，也是为了防止两种犯罪之间的交叉重复。

---

① 实践中的判例目前采取的标准比本建议稿的规定要高。例如，被告人张某某于 2014 年 11 月至 2015 年 3 月期间利用其购买的未经国家相关部门无线电发射设备型号核准的两套安装在其驾驶车辆（辽 BB195C）上的“伪基站”设备，一套安装在其租住的插间（长春市汽车厂 3 街区 39 栋 2 单元 10 中门）内的“伪基站”设备在绿园区政府、锦江广场等地占用移动通信系统所用频率发送以促销广告为内容的短信息，干扰无线电通讯秩序，影响用户数量为 501 728 人，每个用户影响时长 8 秒。2016 年 5 月 17 日长春市绿园区人民法院以被告人张某某犯扰乱无线电通讯管理秩序罪，判处有期徒刑 1 年，缓刑 2 年，并处罚金人民币 13 万元（参见长春市绿园区人民法院刑事判决书（2015）绿刑初字第 274 号）。在该判例中，影响的用户数量超过了 50 万户，但只被判处了 1 年有期徒刑。

第七，关于第 7 项。本建议稿第 2 条第 7 项规定："擅自设置、使用无线电台（站），或者擅自使用无线电频率，致使国家机关或者其他单位工作无法进行的"。本项主要是比照本建议稿第 1 条第 9 项，规定该类型的"情节特别严重"标准。其中，第 1 条第 9 项对"情节严重"使用的是"干扰国家机关或者其他单位工作正常进行的"，本项在此基础上作了更进一步的限制，即要求"致使国家机关或者其他单位工作无法进行的"。这里所称的"无法进行"是指相关单位无线网络中断，工作完全无法进行。这也表明该行为所造成的后果特别严重，需要加重处罚。

第八，关于第 8 项。本建议稿第 2 条第 8 项规定："其他情节特别严重的情形"。此项为兜底性规定，由司法人员依据司法实践中具体案情的不同进行合理确定，主要是为了防止本条前 7 项规定所涵盖的范围不足而可能导致的遗漏。

**第三条** 单位实施本解释第一条、第二条规定的行为构成犯罪的，对单位判处罚金，并对其直接负责的主管人员和其他直接责任人员，依照刑法第二百八十八条第一款的规定处罚。

（另一种方案：单位实施本解释第一条行为的，对单位判处人民币二万元以上二十万元以下罚金，并对其直接负责的主管人员和其他直接责任人员依照本解释第一条的规定处罚。

单位实施本解释第二条行为的，对单位判处人民币二十万元以上一百万元以下罚金，并对其直接负责的主管人员和其他直接责任人员依照本解释第二条的规定处罚。）

**【理由论证】**

本条是关于扰乱无线电通讯管理秩序罪单位犯罪处罚的规定。对于单位违反国家规定，擅自设置、使用无线电台（站），或者擅自使用无线电频率，干扰无线电通讯秩序的，采取双罚制，即对单位判处罚金，同时对直接负责的主管人员和其他直接责任人员，情节严重的，处 3 年以下有期徒刑、拘役或者管制，并处或者单处罚金；情节特别严重的，处 3 年以上 7 年以下有期徒刑，并处罚金。本建议稿认为，对于扰乱无线电通讯管理秩序罪设置单位犯罪的规定，主要有如下

两方面的理由。

一方面，司法实践中已经出现了单位实施扰乱无线电通讯秩序行为的迹象。实践中，某些公司、企业利用“伪基站”等设备通过群发短信的方式强制推销产品或者发送商业广告，严重扰乱正常的无线电通讯秩序。例如，山东省青岛市民高某经营了一家广告公司，在经营中他发现利用“伪基站”发送广告短信获利空间巨大，在未经相关部门审批的情况下，于 2014 年私自购进“伪基站”设备 2 台，为某房地产公司等单位发送广告短信牟利。后被公安机关联合无线电管理部门抓获。经勘验，高某及其公司共计发送短信量为 1 128 万余条，数据库实发数为 109 万余条。同年 7 月 18 日，高某被青岛市黄岛区检察院以涉嫌扰乱无线电通讯管理秩序罪批准逮捕。[①] 在该案中，高某经营广告公司，并且利用“伪基站”通过群发广告短信的方式牟利，因此高某的行为与该广告公司的利益密切相关。可见，实践中已经出现了单位实施作为扰乱无线电通讯管理秩序的迹象。

另一方面，以往的司法解释不能有效应对犯罪形势的客观变化。关于单位实施扰乱无线电通讯管理秩序的行为，最高人民法院 2000 年《关于审理扰乱电信市场管理秩序案件具体应用法律若干问题的解释》第 4 条作出了相关规定：“单位实施本解释第一条规定的行为构成犯罪的，对单位判处罚金，并对其直接负责的主管人员和其他直接责任人员，依照本解释第二条、第三条的规定处罚。”根据该解释的规定，对于单位违反国家规定，采取租用国际专线、私设转接设备或者其他方法，擅自经营国际电信业务或者涉港澳台电信业务进行营利活动，扰乱电信市场管理秩序的，对单位判处罚金，同时对直接负责的主管人员和其他直接责任人员按照非法经营罪定罪处罚。而实践中，扰乱无线电管理秩序的行为方式具有多样性，该解释并不能涵盖全部情形。例如，该解释仅将扰乱无线电通讯秩序的范围限定在国际电信业务或者涉港澳台电信业务中，而对于其他业务领域并没有涉及；又如，该解释作出了“进行营利活动”的限制条件，因此对于没有进行营利活动或者无法查明是否进行营利活动的行为，无法追究其刑事责任。可

① 卢金增，周洁，张德军．乱发短信也能构成犯罪．检察日报，2016-08-13.

见，该解释无法涵盖扰乱无线电通讯秩序的全部情形，具有局限性。

基于上述考虑，本建议稿认为，对于单位实施扰乱无线电通讯管理秩序的行为应当进行定罪处罚。但对于是否要明确对单位判处的罚金数额，本建议稿有两种方式，首选的是第一种方案，主张采取无限额罚金制，主要是考虑到实践中的情况较为复杂，对罚金的具体数额进行限定可能会导致不合理情形的出现。但不对罚金数额作任何限制，也可能会导致罚金适用的混乱，因此作为备选方案，也可以分情况规定不同的罚金数额：一是对单位判处“二万元以上二十万元以下”罚金，对单位内部的直接责任人员判处“一万元以上十万元以下”罚金；二是对单位判处“二十万元以上一百万元以下”罚金，对单位内部的直接责任人员判处“十万元以上五十万元以下”罚金。其中，自然人的罚金数额基本掌握在单位罚金数额的50％左右。

**第四条** 非法使用“伪基站”设备、无线电干扰器，属于擅自设置、使用无线电台（站），具有本条解释第一条、第二条情形之一的，依照刑法第二百八十八条第一款的规定，以扰乱无线电通讯管理秩序罪追究刑事责任。

**【理由论证】**

本条是关于对非法使用“伪基站”设备、无线电干扰器行为按照扰乱无线电通讯管理秩序罪进行处理的规定。其中重点是非法使用“伪基站”设备行为的定性。

关于非法使用“伪基站”设备行为的刑法性质，2014年3月27日最高人民法院、最高人民检察院、公安部、国家安全部联合发布的《关于依法办理非法生产销售使用“伪基站”设备案件的意见》第1条第2款规定：“非法使用‘伪基站’设备干扰公用电信网络信号，危害公共安全的，依照《刑法》第一百二十四条第一款的规定，以破坏公用电信设施罪追究刑事责任；同时构成虚假广告罪、非法获取公民个人信息罪、破坏计算机信息系统罪、扰乱无线电通讯管理秩序罪的，依照处罚较重的规定追究刑事责任。”基于该条规定，在《刑法修正案（九）》生效之前，我国司法实践中对非法使用“伪基站”设备的行为，主要都是按照破坏公用电信设施罪追究该类行为的刑事责任。

不过，本建议稿认为，在《刑法修正案（九）》生效后，对非法使用“伪基站”设备的行为，应该以干扰无线电通讯管理秩序罪追究，而不宜再以破坏公用电信设施罪追究。这是因为：

第一，非法使用“伪基站”设备本质上是一种擅自设置、使用无线电台（站）的行为。“伪基站”即假基站，它能够搜取以其为中心、一定半径范围内的手机卡信息，并任意冒用他人手机号码强行向用户手机发送诈骗、广告推销等短信息。此类设备运行时，用户手机信号被强制连接到该设备上，进而无法连接到公用电信网络，以致影响手机用户的正常使用。据此，“伪基站”的原理主要包括两方面：一是搜取一定范围内的手机卡信息，并将其强制连接到该设备上；二是任意冒用他人手机号码强行向手机发送短信息。“伪基站”的这两个特点表明，非法使用“伪基站”设备的行为不会对电信设施本身造成破坏，其是通过搜取他人手机卡信息强行向其发送短信，系通过强行介入他人手机信号频率，发送无线电信号，这与一般的公用电信网络的基站功能基本相同，因此其本质是一种擅自设置、使用无线电台（站）的行为，而非破坏公用电信设施的行为。

第二，以破坏公用电信设施罪追究非法使用“伪基站”设备行为是司法的无奈之举。在《刑法修正案（九）》生效之前，我国刑法典第 288 条第 1 款针对扰乱无线电通讯管理秩序罪的入罪门槛规定的是“经责令停止使用后拒不停止使用，干扰无线电通讯正常进行，造成严重后果”。根据该规定，扰乱无线电通讯管理秩序的行为要构成扰乱无线电通讯管理秩序罪必须同时具备三个条件：一是必须是经责令停止后拒不停止使用；二是干扰无线电通讯正常进行；三是造成严重后果。其中，“经责令停止使用后拒不停止使用”要求行为人至少实施了两次以上的扰乱无线电通讯管理秩序的行为，而非法使用“伪基站”设备的行为流动性大，且非常隐蔽，即便其再次实施一般也很难被发现。这使得该罪的适用十分困难。而受罪刑法定原则的限制，司法机关又不能突破刑法立法的这些限制规定。鉴此，司法机关不得不转而适用入罪门槛较低的破坏公用电信设施罪。因此，对非法使用“伪基站”设备行为以破坏公用电信设施罪追究，可谓不得已情况下的无奈之举。

第三，经《刑法修正案（九）》修正的刑法典第288条可以较好地涵盖非法使用“伪基站”设备的行为。修正后的刑法典第288条的入罪门槛被修改为“情节严重”。根据本建议稿第1条的规定，“情节严重”的评价包括了行为的目的、次数、手段、地点、持续时间、造成的危害后果等各个方面。非法使用“伪基站”设备的行为，其情节严重的判断主要涉及三个方面：一是行为的目的，即是否为实施违法犯罪行为而使用“伪基站”设备；二是行为的持续时间，即行为人是短时使用还是长期使用；三是行为的危害后果，包括造成了多少用户手机信号中断、是否威胁或造成国家重要无线电网络中断及中断时间长短等危害后果。这些行为和情节都可被修正后的刑法典第288条纳入扰乱无线电通讯管理秩序罪的评价范围。

第四，我国司法实践中已经将非法使用“伪基站”设备的行为纳入修正后的刑法典第288条的评价范围，将行为定性为扰乱无线电通讯管理秩序罪。例如，2014年3月16日至2014年4月4日，李某伙同他人（另案处理）驾驶租赁的黑色伊兰特轿车，车载1台笔记本电脑、1台“伪基站”、1根天线，先后在北京市市区、房山区长阳镇等地，非法占用移动通信使用频率，强行与有限范围内的不特定移动用户手机建立连接，迫使手机用户和移动通信网络连接中断，并发送广告短信牟利。经北京市人民检察院鉴定，李某使用该台“伪基站”设备发送开票短信，共造成131 102个用户通信中断。法院经审理认为，李某违反国家规定，擅自使用无线电频率，干扰无线电通讯秩序，情节严重，其行为已构成扰乱无线电通讯管理秩序罪，依法应予惩处。最终北京市房山区人民法院以李某犯扰乱无线电通讯管理秩序罪，判处李奇有期徒刑1年，并处罚金5 000元。[①] 类似的判例在浙江、内蒙古、吉林等省市都有。

基于以上考虑，本建议稿认为，对非法使用“伪基站”设备的行为应以刑法典第288条的扰乱无线电通讯管理秩序罪进行定罪处罚，而不宜再以破坏公用电信设施罪进行处理。

---

① 邢文娟. 非法占用通信使用频率 操控伪基站者终获刑一年. 法制日报，2016-10-15.

**第五条** 擅自设置、使用无线电台（站），或者擅自使用无线电频率，非法占用广播电视等无线电频率，具有本条解释第一条、第二条情形之一的，依照刑法第二百八十八条第一款的规定，以扰乱无线电通讯管理秩序罪追究刑事责任。

**【理由论证】**

本条是关于非法占用广播电视等无线电频率行为按照扰乱无线电通讯管理秩序罪定罪处罚的规定。

关于“非法占用频率”的刑法性质，我国司法实践中曾有过将其定性为破坏广播电视设施、公用电信设施罪。最高人民法院 2011 年 6 月 7 日发布的《关于审理破坏广播电视设施等刑事案件具体应用法律若干问题的解释》第 1 条规定：“采取拆卸、毁坏设备，剪割缆线，删除、修改、增加广播电视设备系统中存储、处理、传输的数据和应用程序，非法占用频率等手段，破坏正在使用的广播电视设施，具有下列情形之一的，依照刑法第一百二十四条第一款的规定，以破坏广播电视设施罪处三年以上七年以下有期徒刑：（一）造成救灾、抢险、防汛和灾害预警等重大公共信息无法发布的；（二）造成县级、地市（设区的市）级广播电视台中直接关系节目播出的设施无法使用，信号无法播出的；（三）造成省级以上广播电视传输网内的设施无法使用，地市（设区的市）级广播电视传输网内的设施无法使用三小时以上，县级广播电视传输网内的设施无法使用十二小时以上，信号无法传输的；（四）其他危害公共安全的情形。”该解释明确将“非法占用频率”作为破坏广播电视设施行为之一。此外，非法使用“伪基站”设备的行为也包含了“非法占用频率”的行为内容，而如前所述，最高人民法院、最高人民检察院、公安部、国家安全部 2014 年 3 月 27 日联合发布的《关于依法办理非法生产销售使用“伪基站”设备案件的意见》也明确构成破坏公用电信设施罪。本建议稿认为，在《刑法修正案（九）》对刑法典第 288 条进行修正以后，对“非法占用频率”的行为应当按照扰乱无线电通讯管理秩序罪进行追究。这是因为：

第一，“非法占用频率”的行为核心是干扰无线电通讯秩序，而非破坏破坏广播电视设施、公用电信设施。这主要涉及对广播电视设施、公用电信设施进行

"功能破坏"行为的定性理解，即在设施之外对设施延伸功能进行干扰、影响能否定性为对设施本身的破坏。对此，本建议稿持否定态度，认为对设施的"物理破坏"包括对相关计算机信息系统的破坏可以称之为破坏设施，但在设施之外对设施延伸功能的破坏、干扰不能定性为对设施的破坏。理由主要有：一是"非法占用频率"不针对广播电视设施、公用电信设施的基本功能。一般而言，这些设施的基本功能是发射无线电频率，能否发送是判断其功能是否正常的主要标准。"非法占用频率"的行为不会影响广播电视设施、公用电信设施的发射无线电频率的功能，严格地说，不属于对这些设施的功能破坏。二是将"非法占用频率"定性为对设施的破坏有违公众的一般认识。《现代汉语词典》将"设施"解释成"为满足某种需要而建立起来的机构、系统、组织等"。这符合一般公众对设施基本含义的认识。对"设施"的破坏可以理解为对这些"机构、系统、组织等"的物理破坏及与相关的基本功能的破坏。将"非法占用频率"这种危害"设施"延伸功能的行为界定为对"设施"本身的破坏，超出了一般公众的理解范围，可认为是在"设施"这一词的语义射程之外，有违罪刑法定原则。

第二，我国之前的司法解释明确将"非法占用频率"的行为规定为"扰乱无线电通讯管理秩序"。这主要涉及两个司法解释，即最高人民法院 2000 年 5 月 12 日发布的《关于审理扰乱电信市场管理秩序案件具体应用法律若干问题的解释》和 2007 年 6 月 26 日发布的《关于审理危害军事通信刑事案件具体应用法律若干问题的解释》。其中，最高人民法院 2000 年 5 月 12 日发布的《关于审理扰乱电信市场管理秩序案件具体应用法律若干问题的解释》第 5 条明确规定："违反国家规定，擅自设置、使用无线电台（站），或者擅自占用频率，非法经营国际电信业务或者涉港澳台电信业务进行营利活动，同时构成非法经营罪和刑法第二百八十八条规定的扰乱无线电通讯管理秩序罪的，依照处罚较重的规定定罪处罚。"最高人民法院 2007 年 6 月 26 日发布的《关于审理危害军事通信刑事案件具体应用法律若干问题的解释》第 6 条第 4 款规定："违反国家规定，擅自设置、使用无线电台、站，或者擅自占用频率，经责令停止使用后拒不停止使用，干扰无线电通讯正常进行，构成犯罪的，依照刑法第二百八十八条的规定定罪处罚；造成

军事通信中断或者严重障碍，同时构成刑法第二百八十八条、第三百六十九条第一款规定的犯罪的，依照处罚较重的规定定罪处罚。”这两个司法解释都明确使用了“擅自占用频率”的表述，而非刑法典第288条规定的“擅自使用”，意味着对“非法占用频率”的行为应当定性为扰乱无线电通讯管理秩序行为。可见，在《刑法修正案（九）》之前，我国已有相关司法解释明确将“非法占用频率”的行为规定为“扰乱无线电通讯管理秩序”。

第三，对“非法占用频率”的行为以扰乱无线电通讯管理秩序罪进行追究更能体现罪责刑相适应原则，并对应其罪质。理由主要有：一是从罪责刑相适应的角度看，经《刑法修正案（九）》修正的刑法典第288条能够有效应对“非法占用频率”行为。客观地说，我国司法机关以前之所以对“非法占用频率”行为以破坏广播电视设施、公用电信设施罪进行处理，主要是因为《刑法修正案（九）》之前的刑法典第288条规定的入罪门槛过高，处罚力度较轻。但《刑法修正案（九）》不仅将刑法典第288条关于扰乱无线电通讯管理秩序罪的入罪门槛调整为“情节严重”，以方便该罪的司法适用，而且针对该罪增设了“三年以上七年以下有期徒刑，并处罚金”这一档法定量刑幅度，加强了对扰乱无线电通讯管理秩序行为的处罚力度。这使得该罪既能惩治那些危害程度相对较小的“非法占用频率”行为，也能惩治那些危害程度较大的“非法占用频率”行为。二是从罪质的角度看，对“非法占用频率”的行为以扰乱无线电通讯管理秩序罪进行处理，更符合其罪质特征。如前所述，“非法占用频率”的核心不是对无线电设施的破坏，而是对无线电设施延伸功能的破坏。在行为类型上，行为人要“非法占用频率”，就必须要发射一定的频率，如果行为人自身不发射与合法发射的频率相同的频率，则不存在占用的问题。因此，“非法占用频率”的前提是行为人擅自发射了与合法发射的频率相同的频率，擅自发射无线电频率是“非法占用频率”的行为表现和核心。而行为人的这种擅自发射无线电频率的行为无疑符合了刑法典第288条规定的“擅自使用无线电频率”。对这类行为以扰乱无线电通讯管理秩序罪进行处理，显然更符合其罪质特征。

基于以上考虑，本建议稿认为对“非法占用频率”的行为应当按照扰乱无线

电通讯管理秩序罪进行追究，而不宜按照破坏广播电视设施、公用电信设施罪进行定罪处罚。

**第六条** 明知他人实施扰乱无线电通讯秩序犯罪，为其提供资金、场所、技术、设备等帮助的，以扰乱无线电通讯管理秩序罪的共同犯罪论处。

**【理论论证】**

本条是关于扰乱无线电通讯管理秩序罪中帮助行为定罪处罚的规定。根据共同犯罪的基本原理，为他人实施扰乱无线电通讯秩序的犯罪提供资金、场所、技术和设备等方面帮助的，以扰乱无线电通讯管理秩序罪的共同犯罪论处。该条的设置具有两方面的考虑：

第一，惩治帮助行为有利于扰乱无线电秩序罪的深入治理。在实践中，实施扰乱无线电秩序的行为通常需要一定的资金、设备和人员基础。在缺少设备、缺乏技术以及单独作案的情况下，行为人很难将犯罪行为顺利完成。例如，在2016年浙江省金华市中级人民法院审理的黄某等扰乱无线电通讯管理秩序案中，被告人林某于2013年7、8月份为了替金华五院义乌门诊部宣传推广，经被告人黄某同意，以人民币27 000元的价格购得一台“伪基站”（由一台电脑主机、一台笔记本电脑、一根天线以及一台电源组成），购买“伪基站”的费用由金华五院义乌门诊部财务部门报销。① 虽然与犯罪分子的收益相比，几万元的犯罪成本并非很高，但是与普通的盗窃、伤害等案件相比还是要求犯罪分子具有一定的经济基础。又如，在2016年北京市第三中级人民法院审理的刘振等扰乱无线电通讯管理秩序罪上诉案件中，被告人朱某于2015年4月至11月期间，出资购买“伪基站”设备，雇用被告人刘某驾驶其提供的白色东风某牌小型轿车，在某市某区内轻轨某线沿线附近通过使用伪基站设备，向周边群众手机发送广告信息，作案工具天线、手机、笔记本电脑、电瓶、稳压器、短信发射器各1个及白色东风某牌小型轿车1辆已被公安机关扣押。② 该案中，犯罪分子不仅需要设备与场

① 参见浙江省金华市中级人民法院刑事判决书（2016）浙07刑终125号。

② 参见北京市第三中级人民法院刑事判决书（2016）京03刑终341号。

所，还需要其他人员协助实施犯罪行为。总而言之，扰乱无线电秩序的行为通常需要多人共同实施，而为犯罪行为提供资金、技术、设备以及人员方面帮助的行为同样具有严重的危害性。因此，惩治帮助实施扰乱无线电秩序的行为有利于从源头上间接治理扰乱无线电秩序的犯罪行为。

第二，我国以往的司法解释有相同形式的规定但是具有局限性。2014 年最高人民法院等部门《关于依法办理非法生产销售使用“伪基站”设备案件的意见》第 1 条第 3 款作出了相同形式的规定：“明知他人实施非法生产、销售‘伪基站’设备，或者非法使用‘伪基站’设备干扰公用电信网络信号等犯罪，为其提供资金、场所、技术、设备等帮助的，以共同犯罪论处。”该司法解释明确规定帮助他人扰乱公用电信网络信号成立共同犯罪。可见，对于帮助他人实施扰乱无线电秩序的行为，我国司法机关已经注意到了其危害的严重性，并且意识到了打击帮助行为对于惩治扰乱无线电秩序犯罪行为的积极作用。但是在实践中，利用“伪基站”只是扰乱无线电秩序行为方式的一种，仅将被帮助的行为限定为利用“伪基站”实施扰乱无线电秩序的情形具有局限性。

第三，对帮助实施扰乱无线电通讯秩序的行为以共同犯罪定罪处罚符合共同犯罪的基本原理。共同犯罪是二人以上共同故意犯罪，构成共同犯罪必须具备如下条件：行为人为二人以上、共同的犯罪行为以及共同的犯罪故意。帮助行为是共同犯罪行为方式的一种，是指故意提供信息、工具或者排除障碍协助他人故意实施犯罪的行为。可见，为他人实施扰乱无线电通讯秩序犯罪提供资金、场所、技术和设备的行为属于共同犯罪中的帮助行为。因此，应当以共同犯罪论处。值得注意的是，此处要求行为人主观上有意思联络（包括明示和默示，实践中最常见的是默示），片面的帮助行为不能以共同犯罪定罪处罚。

基于上述分析，本建议稿认为，对于明知他人实施扰乱无线电通讯管理秩序而提供资金、场所、技术、设备和人员等方面帮助的行为，应当以共同犯罪论处。

**第七条** 违反国家规定，擅自设置、使用无线电台（站），或者擅自使用无线电频率，实施危害国家安全、非法营利、诈骗等活动，构成扰乱无线电通讯管

理秩序罪，同时构成其他犯罪的，依照处罚较重的规定定罪处罚。

**【理论论证】**

本条的规定是关于扰乱无线电通讯秩序罪罪数形态的规定。行为人违反国家规定，擅自设置、使用无线电台（站），或者擅自使用无线电频率，实施其他危害社会的行为，同时构成扰乱无线电通讯管理秩序罪和其他犯罪的，按照处罚较重的规定定罪处罚。本条的设置既有司法实务的实践依据，也有刑法规范的制度基础。

一方面，一些犯罪分子通过扰乱无线电管理秩序来达到其他目的。实践中，一些犯罪分子以扰乱无线电秩序为手段，来实现其他犯罪目的，如危害公共安全、危害国家安全以及牟取不正当利益等。例如，两名广东籍男子赖某某与詹某某，从 2016 年 2 月份来到济南，将“伪基站”放进摩托车座下到处发布售卖假发票的信息，已发布 350 万多条，开具面值 250 余万元的发票。[①] 又如本文第四条“理由论证”部分“第四”里所列举的北京市房山区人民法院所判处的李某扰乱无线电通讯管理秩序罪的案例。可见，实践中有些犯罪分子并非单纯地实施扰乱无线电秩序的行为，其行为往往与其他犯罪密切相关。因此，这类案件可能会产生想象竞合犯或者牵连犯的定罪处罚问题。根据我国刑法理论，想象竞合犯与牵连犯均应当按照行为所触犯的数个罪名中法定刑较重的犯罪定罪处罚，而不实行数罪并罚[②]，因此，对于同时构成扰乱无线电管理秩序罪与其他犯罪的，应当按照处罚较重的规定定罪处罚。

另一方面，以往的司法解释为本条款的规定提供了制度基础。最高人民法院 2000 年《关于审理扰乱电信市场管理秩序案件具体应用法律若干问题的解释》第 5 条规定：“违反国家规定，擅自设置、使用无线电台（站），或者擅自占用频率，非法经营国际电信业务或者涉港澳台电信业务进行营利活动，同时构成非法经营罪和刑法第二百八十八条规定的扰乱无线电通讯管理秩序罪的，依照处罚较

---

① 杜洪雷．摩托车一动，卖发票信息狂发．齐鲁晚报，2016-10-21.

② 高铭暄，马克昌．刑法学．7 版，北京：北京大学出版社，高等教育出版社，2016：187，195.

重的规定定罪处罚。”最高人民法院 2007 年《关于审理危害军事通信刑事案件具体应用法律若干问题的解释》第 6 条第 4 款规定：“违反国家规定，擅自设置、使用无线电台、站，或者擅自占用频率，经责令停止使用后拒不停止使用，干扰无线电通讯正常进行，构成犯罪的，依照刑法第二百八十八条的规定定罪处罚；造成军事通信中断或者严重障碍，同时构成刑法第二百八十八条、第三百六十九条第一款规定的犯罪的，依照处罚较重的规定定罪处罚。”从这两项司法解释可以看出，我国司法机关已经关注扰乱无线电管理秩序罪中想象竞合犯与牵连犯的问题，并且明确了从一重罪处罚的原则。但是，上述两项司法解释仅对非法经营罪和破坏武器装备、军事设施、军事通信罪两项罪名与扰乱无线电管理秩序罪的想象竞合与牵连问题进行了规定，而对于其他的如电信诈骗、危害国家安全等相关犯罪并没有作出规定，缺乏全面性。

基于上述分析，本建议稿认为，应当明确在扰乱无线电通讯管理秩序罪与其他犯罪具有想象竞合或者牵连关系的情况下，以处罚较重的规定定罪处罚。

**第八条** 对实施扰乱无线电通讯管理秩序行为的犯罪嫌疑人、被告人的处理，应当结合其主观恶性大小、行为危害程度以及在案件中所起的作用等因素，区别对待。

对组织、指挥扰乱无线电通讯管理秩序的，应当依法从严惩处；对受雇佣实施干扰无线电通讯管理秩序行为，未取得高额收入且作用次要的，应当作为从犯依法从宽处理。

**【理由论证】**

本条是关于扰乱无线电通讯管理秩序罪刑罚裁量的规定。本条的理由有如下三个方面：

首先，罪责刑相适应原则的基本要求。罪责刑相适应是刑法的基本原则，其基本含义是犯多大的罪，就应当承担多大的刑事责任，法院也应判处其相应轻重的刑罚，做到重罪重罚，轻罪轻罚，罪刑相称，罚当其罪。在扰乱无线电通讯管理秩序的案件中，负责组织、谋划并且主要实施的犯罪嫌疑人、被告人与仅仅负责辅助工作的犯罪嫌疑人相比较，无论在行为的客观危害与行为人的主观恶性方

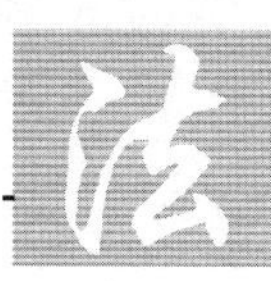

面，还是在社会危害性与人身危险性方面，都会有所区别。因此，根据罪责刑相适应的刑法基本原则，应当区分罪行的严重程度进行合理量刑。

其次，宽严相济刑事政策的具体贯彻。宽严相济是我国的基本刑事政策，其基本含义为当宽则宽，该严则严，轻中有严，重中有宽，宽严有度，宽严适时，其核心是区别对待。我国与扰乱无线电通讯秩序相关的司法文件中对此也有明确规定。最高人民法院等部门2014年《关于依法办理非法生产销售使用“伪基站”设备案件的意见》第2条明确规定要严格贯彻宽严相济刑事政策。而在实践中，司法机关不仅应当对利用“伪基站”实施扰乱无线电通讯秩序的行为人区别对待，对于通过其他方式扰乱无线电通讯秩序的行为人也应当充分贯彻宽严相济的刑事政策。因此，对于处理扰乱无线电通讯秩序的案件，区别犯罪分子的罪行严重程度而进行刑罚的裁量是宽严相济刑事政策的基本要求。

最后，司法实务的实践要求。事实上，司法机关已经在司法实践中区分犯罪分子罪行的严重程度判处刑罚。例如，在2016年上海市宝山区人民法院审理的望某扰乱无线电通讯管理秩序案件中，被告人望某如实供述罪行，依法可以从轻处罚。[①] 又如，在北京市第一中级人民法院审理的冀某扰乱无线电通讯管理秩序罪二审刑事案件中，法院认为，冀某在到案后能如实供述犯罪事实，认罪态度较好，对其依法从轻处罚。[②] 可见，司法机关在实际审理案件中已经根据具体情形对行为人作出不同的刑罚裁量。

**第九条**　本解释所称用“伪基站”、无线电干扰器、用户数、通信中断、严重障碍的标准和时间长度，由地方相关行业主管部门依照有关规定确定或者

① 2016年5月6日始，被告人望某驾驶电动自行车携带“伪基站”设备，冒充工商银行等金融机构等，使用“伪基站”设备发射无线电信号占用中国移动通信集团上海有限公司的工作频段，在上海市普陀区、长宁区、静安区等地区发送不实信息。同年5月10日，被告人望某在上海市长宁区古北路天山路路口附近被抓获，正在使用的“伪基站”设备被缴获。经中国移动通信集团上海有限公司测算，上述被查获的“伪基站”设备共发送短信2 876条。被告人望某到案后如实供述犯罪事实。法院以望某犯扰乱无线电通讯管理秩序罪，判处有期徒刑六个月，并处罚金人民币5 000元。参见上海市宝山区人民法院刑事判决书（2016）沪0113刑初1383号。

② 参见北京市第一中级人民法院刑事裁定书（2016）京01刑终317号。



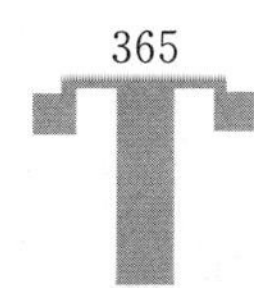

认定。

**【理由论证】**

本条是关于扰乱无线电通讯秩序罪中认定相关设备和基础数据的规定。在扰乱无线电通讯秩序的案件中，一些诸如用户数、通讯中断、严重障碍的标准和时间长度等基础数据的认定，事关行为人是否构成犯罪以及应当受到何种处罚。因此，应当对此做出科学合理的界定。本建议稿认为，按照已有的国家电信行业主管部门的有关规定进行认定即可，无必要也不应当在本解释中做出具体规定。理由如下：

相比较而言，对于无线电的运作机制，国家广播电视、电信行业主管部门比司法实务部门更为熟悉与了解。国家广播电视、电信行业主管部门专门负责无线电秩序的日常管理工作，因此对于认定“伪基站”、无线电干扰器、用户数、通信中断、严重障碍的标准和时间长度等基础数据更具有优势。而我国相关法律法规对无线电的日常监管工作有详尽的规定，这些法律法规主要有：《军事设施保护法》《民用航空法》《电信条例》《无线电管理条例》《无线电管制规定》以及《民用机场管理条例》等。这些法律法规也对国家电信行业主管部门科学制定基础数据的认定规则提供了制度便利。而司法机关并未接触无线电秩序的日常管理工作，只是对其中可能涉及的法律问题进行针对性了解。此外，我国司法机关在以往的司法解释中也持同样的观点。最高人民法院 2004 年《关于审理破坏公用电信设施刑事案件具体应用法律若干问题的解释》第 5 条规定：“本解释中规定的公用电信设施的范围、用户数、通信中断和严重障碍的标准和时间长度，依据国家电信行业主管部门的有关规定确定。”由此可见，按照已有的国家广播电视、电信行业主管部门的有关规定进行认定即可，无必要也不应当在本解释中作出具体规定。

**第十条** 本解释自颁布之日起施行。最高人民法院、最高人民检察院此前发布的规范性文件与本解释不一致的，以本解释为准。

本解释施行前发生的行为，此前发布的司法解释不认为是犯罪或者处罚较轻的，适用此前的司法解释。

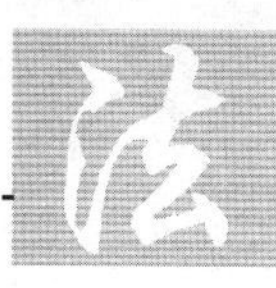

**【理由论证】**

本条是关于本解释与相关解释、规定之间效力的规定，核心是本解释的溯及力问题。从时间效力上看，本解释的效力主要涉及两方面：

第一，从生效与失效时间的角度，本解释旨在解决本解释与之前由最高人民法院、最高人民检察院等单位发布的解释、规定之间的效力问题。这主要涉及前述的最高人民法院 2011 年 6 月 7 日发布的《关于审理破坏广播电视设施等刑事案件具体应用法律若干问题的解释》和最高人民法院、最高人民检察院、公安部、国家安全部 2014 年 3 月 27 日联合发布的《关于依法办理非法生产销售使用“伪基站”设备案件的意见》。其中，《关于依法办理非法生产销售使用“伪基站”设备案件的意见》属于司法文件但不属于司法解释，其法律效力要低于司法解释，因此其与本解释规定不同的，按照效力位阶原理，应该适用本解释；而《关于审理破坏广播电视设施等刑事案件具体应用法律若干问题的解释》也属于司法解释，与本解释的效力相同，但按照新法优于旧法的原则并以本条的明确规定，原解释与本解释相冲突的规定，应当废止。

第二，从溯及力的角度，本解释旨在解决本解释与之前司法解释的从旧兼从轻原则之适用问题。本条所称“之前的司法解释”主要是指最高人民法院 2011 年 6 月 7 日发布的《关于审理破坏广播电视设施等刑事案件具体应用法律若干问题的解释》，不包括最高人民法院、最高人民检察院、公安部、国家安全部 2014 年 3 月 27 日发布的《关于依法办理非法生产销售使用“伪基站”设备案件的意见》，因为后者不属于司法解释。从法定刑的角度看，刑法典第 124 条破坏广播电视设施、公用电信设施罪的法定刑是两档，分别是“三年以上七年以下有期徒刑”和“七年以上有期徒刑”；而刑法典第 288 条扰乱无线电通讯管理秩序罪的法定刑也是两档，分别是“三年以下有期徒刑、拘役或者管制，并处或者单处罚金”和“三年以上七年以下有期徒刑，并处罚金”。因此，一般情况下，对相关行为以扰乱无线电通讯管理秩序进行定罪，其处罚要轻，根据从旧兼从轻原则，应适用《刑法修正案（九）》修正后的刑法典第 288 条和本解释。但也不排除在特殊情况下，按照刑法典第 288 条和本解释的规定，行为对无线电通讯管理秩序

的扰乱达到了“情节特别严重”的程度，应适用“三年以上七年以下有期徒刑，并处罚金”，而按照刑法典第124条和之前司法解释的规定，行为对公共安全的危害没有“造成严重后果”，对其只能适用“三年以上七年以下有期徒刑”。在这种情况下，两罪的主刑相同，但扰乱无线电通讯管理秩序罪规定了“并处罚金”，附加刑要重，根据从旧兼从轻原则，应适用刑法典第124条和之前的司法解释。

# 第十四编　中国区际刑法专题

# 澳门特别行政区反恐刑法要论*

## 一、前言

曾被葡萄牙长期占领和实行殖民统治的我国澳门地区，于 1999 年实现主权回归而成为中华人民共和国的一个特别行政区。回归后的澳门特别行政区（以下简称“澳门特区”）根据“一国两制”的方针，基本保留其原有的法律和法制不变，成为与祖国内地并列的、处于中华人民共和国领域内的一个特殊的法域，有其包括刑法在内的自身的法律体系。现阶段澳门特区实行的不同于祖国内地的法律体系，于广义而言，应当属于当代中国法律制度的范畴。因此，研究当代中国刑法领域的反恐刑法，当然亦有必要适当关注有别于内地刑法的澳门特区刑法中的反恐刑法。

* 原载《刑法论丛》2019 年第 4 卷和 2020 年第 1 卷。

在当今世界国际国内恐怖主义犯罪活动愈演愈烈的形势下，没有任何一个国家和地区可以置身事外而敢于掉以轻心。澳门特区虽然迄今尚未发生恐怖袭击事件，但从其周边环境及社会状况来看，这里也并非可以远离恐怖主义犯罪活动的一方净土。总体看来，澳门特区亦面临现实的防恐怖反恐怖之需要。正如有的论者所考察和概括，澳门特区面临的反恐局势主要表现为：一是澳门特区的经济自由化、国际化程度较高，居于经济支柱地位的博彩业必然伴随着大量的国际资金流动，政府在经济方面奉行积极不干预政策、资金流动及对外投资障碍极少，对金融与银行业限制也极少。上述特征有助于促进澳门特区经济的发展，但也蕴含着涉恐资金暗流涌动的风险。恐怖组织、恐怖分子可能利用金融、贸易管理中的漏洞实施涉恐洗钱、融资或购买武器等活动；二是澳门特区对外国人居留持相对宽容的态度，其国际多元文化为恐怖分子藏匿、活动提供了便利；三是澳门作为东西方文化交汇的地区，自回归祖国以来一直受到国际社会的关注，不排除恐怖势力为扩大影响而在澳门实施恐怖活动的可能性；四是国际恐怖主义的泛滥使中东—中亚—南亚—东南亚这一弧形地带成为当前国际恐怖活动的多发地带之一，澳门特区位于亚太要冲，毗邻南亚、东南亚这一恐怖活动高发地带，存在国际恐怖组织渗入、发展的可能性，国际恐怖主义的这一地缘特征也给澳门特区带来了较大的恐怖主义威胁。①

由上可见，澳门特区也面临恐怖主义的现实威胁，必须提高警惕，未雨绸缪，予以包括法治举措在内的综合防范与遏制。其中，由于恐怖主义行为的严重社会危害性，运用刑事法律武器予以预防和遏制成为极为重要的方面。为预防及惩治现实的国际恐怖主义威胁，澳门特区在 1995 年《澳门刑法典》第 289 条、第 290 条规定“恐怖组织犯罪”和“恐怖主义犯罪”的基础上，于 2006 年颁行了专门的单行反恐刑事法律《预防及遏止恐怖主义犯罪》，之后又于 2017 年对这

① 王秀梅，杜邈．我国港澳台地区反恐怖立法比较研究//赵秉志．刑法论丛：第 16 卷．北京：法律出版社，2008：277-279；杜邈．港澳特区的反恐立法．人民公安，2011（24）；江星苒．澳门反恐立法述评．理论月刊，2016（11）．

部单行反恐刑事法律进行了较大幅度的修改补充，形成了现行的反恐刑事法律规范。并自2018年起，又在酝酿和推进对这部反恐刑事法律进行更大幅度和更为系统的修改完善。澳门特区现行的反恐刑法规范虽然还有其不尽完善之处，但显然有其特色与长处。澳门特区希望通过与时俱进并有前瞻性的法律修订措施，健全其反恐刑事法律乃至整个反恐法律体系，从而为其反恐法治的现代化和科学化奠定基础，并造福于澳门社会。此一反恐立法宗旨和举措值得充分肯定及研究、弘扬。

考察相关研究可以发现，既往已有少数论著对《澳门刑法典》和2006年单行反恐刑事法律中的反恐刑法进行了初步的论述①，但相关研究尚不够系统和深入，并且由于时间的限制尚缺乏对澳门特区2017年修法以后的现行反恐刑法规范的研究。有鉴于此，本文拟在尽可能占有澳门特区反恐刑法之立法与理论资料的基础上，对澳门特区反恐刑法规范的演进及基本内容予以较为全面和系统的论述，并试图对澳门特区反恐刑法规范及其发展的主要特点予以分析和归纳。期望本文有助于引起我国刑法学界对澳门特区反恐刑法乃至其刑法其他重要课题的关注，从而也有助于我国刑法学研究的进一步开拓与繁荣，并就教于澳门特区和我国内地的专家学者。

## 二、澳门特区刑法和反恐刑法演进之考察

### （一）澳门刑法概述

#### 1. 澳门刑法的沿革

“澳门，包括澳门半岛、凼仔岛和路环岛，自古以来就是中国的领土，十六

① 赵秉志．中国内地与澳门刑法分则之比较研究．澳门：澳门基金会，1999：第五章第五节恐怖组织罪（作者：崔建新），205-213；赵秉志．国际恐怖主义犯罪及其防治对策专论．北京：中国人民公安大学出版社，2005：第七章港澳台地区关于恐怖主义犯罪的刑事立法要论（作者：廖万里），179-187；王秀梅、杜邈．我国港澳台地区反恐怖立法比较研究//赵秉志．刑法论丛：第16卷．北京：法律出版社，2008：277-279；江星苒．澳门反恐立法述评．理论月刊，2016（11）．

世纪中叶以后被葡萄牙逐步占领。”① 16世纪中叶之前，澳门适用的是中国古代当时的法律，包括其刑法。

16世纪中叶至1840年鸦片战争这一阶段，葡萄牙人在澳门不断扩充势力而为最终占领澳门积蓄力量，但澳门的主权仍然得以通过当地中国官府继续由中国行使，在澳门适用的法律整体上属于当时中国封建法制的组成部分。② 这一阶段澳门刑法逐渐并行存在两种形式，参照《唐律》中“诸化外人，同类自相犯者，各依本俗法；异类相犯者，依法律论”的规定实施，即：中国明朝、清朝的刑法主要适用于当地的中国居民；葡萄牙刑法主要适用于当地的葡萄牙人；案件同时涉及中国人和葡萄牙人时，适用中国的刑法。③

1840年鸦片战争之后，随着葡萄牙对澳门的全面占领，以及1887年12月1日中国清政府被迫和葡萄牙政府签订《中葡和好通商条约》，清政府承认葡萄牙对澳门的永久占领及管制权，自此，中国刑法已不能再适用于澳门，延伸至澳门适用的1886年《葡萄牙刑法典》适用于澳门的所有刑事案件。④ 从此之后，在澳门特别行政区成立以前的澳葡政府管制期间的很长一段时间，直至20世纪70年代，澳门本地并没有立法权，澳门适用的法律均为葡萄牙立法机关制定的法律，葡萄牙法律通过葡萄牙政府法令、训令并在澳门政府公报上公布的方式延伸适用于澳门地区。当时在澳门适用的刑法主要是1886年的《葡萄牙刑法典》。

1974年4月，葡萄牙国内发生了反法西斯的政变（亦称“4.25”革命），葡萄牙成立民主共和国并宣布对外推行非殖民地政策，承认澳门是葡国管制下的中

---

① 中国第八届全国人民代表大会第一次会议于1993年3月31日通过的《中华人民共和国澳门特别行政区基本法》序言。另有论著指出，据文物考证，早在距今6 000多年前的史前时代，已有中国的炎黄子孙移居澳门；至秦朝统一中国，澳门被正式划入了中国南海郡番禺县的版图。刘高龙，赵国强. 澳门法律新论：上卷. 北京：社会科学文献出版社，2011：3.

② 刘高龙，赵国强. 澳门法律新论（上卷）. 北京：社会科学文献出版社，2011：4.

③ 赵国强，闽卫国. 澳门刑法之历史沿革及表现形式//高铭暄，赵秉志. 中国区际刑法与刑事司法协助研究. 北京：法律出版社，1999.

④ 赵秉志. 中国内地与澳门刑法总则之比较研究. 澳门：澳门基金会，2000：7；赵国强. 澳门刑法概说（犯罪通论）. 北京：社会科学文献出版社，2012：37-38；方泉. 澳门特别刑法概论. 澳门：澳门基金会，北京：社会科学文献出版社，2014：1.

国领土（此前葡国 1955 年的《海外省法》将澳门作为其一个海外省），葡萄牙议会于 1976 年 2 月 17 日专门为澳门地区制定了《澳门组织章程》，规定澳门为受葡萄牙管制并享有行政、经济、财政及立法自治权的特殊地区。此后，葡国制定的法律（包括刑法）一般不再适用于澳门地区。如 1982 年通过的新的《葡萄牙刑法典》并未延伸适用于澳门地区；1982 年以前葡萄牙曾对其 1886 年刑法典所作的一些修改，其中有些内容也没有延伸适用于澳门。① 自 1974 年 4 月、实际上是自 1976 年《澳门组织章程》通过之后，澳门地区才有了自身的立法权（包括刑事立法权），澳门本地刑法才应运而生。但自 1976 年至 1995 年（即《澳门刑法典》1996 年 1 月 1 日施行前）的近 20 年间，澳门的刑事立法实际上处于一种本地立法与葡萄牙立法共存的局面。其间，1987 年 4 月 13 日，中葡两国政府签署了《关于澳门问题的联合声明》（以下简称《中葡联合声明》），确认中华人民共和国政府于 1999 年 12 月 20 日恢复对澳门行使主权，从而实现了长期以来中国人民收回澳门的共同愿望。② 这一时期除 1886 年的《葡萄牙刑法典》继续在澳门地区生效外，随着 1987 年《中葡联合声明》签订后澳门地区政治前途的明朗化，澳门本地立法也取得了长足的发展，澳门回归前本地立法机关（包括澳门总督和立法会）制定了一系列特别刑法（包括 15 部单行刑事法律和若干附属刑法条款），这些特别刑法充实了当时在澳门实施的 1886 年《葡萄牙刑法典》以及后来的《澳门刑法典》。③

随着 1987 年《中葡联合声明》的签订，澳门地区进入了 1999 年 12 月 20 日中国对澳门恢复行使主权前的过渡期。④ 在澳门回归前的过渡期，凡在澳门适用的葡萄牙法律都面临本地化的迫切需要，其中在澳门适用的葡萄牙五大法典（刑法典、刑事诉讼法典、民法典、民事诉讼法典、商法典）的本地化成为当时澳门

---

① 华荔．澳门法律本地化历程．澳门：澳门基金会，2000：60.

② 参见《中华人民共和国澳门特别行政区基本法》序言。

③ 赵国强．澳门刑法概说（犯罪通论）．北京：社会科学文献出版社，2012：41-42.

④ 杨允中．中华人民共和国澳门特别行政区宪政法律文件汇编．增订 2 版．澳门：澳门理工学院一国两制研究中心，2015：132-134.

法律本地化的中心工作，而刑法典的本地化更是五大法典本地化中的一个首要的环节和步骤。[①] 在中葡两国政府的共识和合作下，澳葡当局对澳门新刑法典的起草工作予以高度重视。澳葡政府 1990 年度的施政方针把推动刑法本地化纳入其该年度的工作内容中，澳门立法会于 1990 年 5 月 17 日成立了由八位议员组成的临时委员会负责编制澳门刑法和刑事诉讼法草案的工作[②]；澳葡政府于 1991 年聘请葡国刑法学家迪亚斯教授（Jorge de Figueiredo Dias）负责起草《澳门刑法典》；在 1993 年 11 月的中葡联络小组第十八次会议上，葡方向中方正式提交了本地化的《澳门刑法典（草案）》的中译本。[③] 尔后，在中葡双方多轮磋商的基础上，1995 年 6 月，中葡联合联络小组中葡双方就《澳门刑法典（草案）》的磋商在原则性问题上取得共识，双方并同意可先向澳门立法会申请立法许可，然后由澳门总督以法令的形式颁布《澳门刑法典》。[④]《澳门刑法典》法案之后由澳门立法会原则通过，并于 1995 年 7 月 25 日赋予澳门总督立法许可；1995 年 8 月 7 日，《澳门政府公报》刊登第 11/95/M 号法律，为核准《澳门刑法典》的有关立法许可事宜作出规定[⑤]；澳门总督依法于 1995 年 11 月 8 日核准《澳门刑法典（草案）》，并于 1995 年 11 月 14 日以澳门政府第 58/95/M 号法令在《澳门政府公报》上正式核准和公布了《澳门刑法典》。该法令规定《澳门刑法典》自 1996 年 1 月 1 日起生效实施，同时宣布废止之前在澳门地区实施的 1886 年《葡萄牙刑法典》和一些不合时宜的单行刑法，使《澳门刑法典》成为之前在澳门生效的葡萄牙五大法典中第一个实现本地化的法典。[⑥] 至此，澳门地区有了其

---

① 华荔．澳门法律本地化历程．澳门：澳门基金会，2000：60.

② 同①19，24-25.

③ 同①59.

④ 同①78.

⑤ 同①79.

⑥ 同①82；赵秉志．中国内地与澳门刑法总则之比较研究．澳门：澳门基金会，2000：8-9；赵秉志．中国内地与澳门刑法分则之比较研究．澳门：澳门基金会，1999：16-18；赵国强．澳门回归十年刑事立法的回顾与展望．澳门研究，2010（2）；徐京辉．澳门刑法总论．澳门：澳门基金会，北京：社会科学文献出版社，2017：13-14.

本土化的第一部刑法典，其意义重大而深远。

1999 年 12 月 20 日，中国恢复对澳门行使主权，中华人民共和国澳门特别行政区成立。根据《中华人民共和国澳门特别行政区基本法》（以下简称《澳门基本法》）的规定，澳门立法会成为澳门唯一的立法机关，澳门特区行政长官并不像澳门回归前的澳门总督那样享有立法权。[①] 《澳门基本法》第 8 条明确规定："澳门原有的法律、法令、行政法规和其他规范性文件，除同本法相抵触或经澳门特别行政区的立法机关或其他有关机关依照法定程序作出修改者外，予以保留。"澳门回归前夕，中国全国人大常委会又于 1999 年 10 月 31 日通过了《关于根据〈中华人民共和国澳门特别行政区基本法〉第一百四十五条处理澳门原有法律的决定》（以下简称《决定》）。[②] 根据《澳门基本法》和《决定》的规定，澳门原有的近 900 个法律和法令中，除少数因与《澳门基本法》相抵触被废止外[③]，其余绝大多数法律和法令均得到保留，并被采纳为澳门特别行政区的法律。在刑法领域，1995 年通过并于 1996 年实施的《澳门刑法典》，以及澳门回归前制定实施的许多单行刑法和附属刑法规范等，于澳门回归后仍保留适用于澳门特区，构成了澳门特区的刑法体系。在澳门特区成立后二十余年来，澳门特区立法会对《澳门刑法典》进行了少量的局部修改，并制定或修正了若干单行刑法和附属刑

---

① 但澳门特区行政长官根据《澳门基本法》第 50 条第 5 项的规定有权制定并颁行行政法规。参见《澳门基本法》第 50 条的规定："澳门特别行政区行政长官行使下列职权：……（五）制定行政法规并颁布执行"。

② 杨允中. 中华人民共和国澳门特别行政区宪政法律文件汇编. 增订 2 版. 澳门：澳门理工学院一国两制研究中心，2015：120-125.

③ 关于澳门原有法律和法令因与《澳门基本法》相抵触而在澳门特区成立后被废止的数量，有澳门法学界的资深学者介绍说有 25 个法律和法令被废止。赵国强. 澳门回归十年刑事立法的回顾与展望. 澳门研究，2010（2）；经笔者查阅，全国人大常委会 1999 年 10 月通过的《关于根据〈中华人民共和国澳门特别行政区基本法〉第一百四十五条处理澳门原有法律的决定》附件一、附件二所列澳门原有法律、法令和其他规范性文件因抵触《澳门基本法》而不采用为澳门特区法律的共计 15 件，另有附件三所列澳门原有法律、法令的部分条款因抵触《澳门基本法》而不采用为澳门特区法律的涉及 18 件法律、法令，二者相加为 33 件。杨允中. 中华人民共和国澳门特别行政区宪政法律文件汇编. 增订 2 版. 澳门：澳门理工学院一国两制研究中心，2015：122-124。虽然数字不一，但相比于得以保留而采用为澳门特区的数量庞大的澳门原有法律、法令，被废止的法律、法令为数很少当无异议。

法条款，发展完善了澳门特区的刑法体系和规范。[①] 有学者的研究指出，当今的澳门特区刑法在几个原则性问题（包括严格贯彻罪刑法定原则、切实保障《刑法典》总则的指导地位、合理协调《刑法典》分则与特别刑法间的竞合关系）上还存在进一步完善的必要和空间。[②] 笔者非常赞同这一有见地的观点。

2. 澳门特区刑法的渊源

澳门特区刑法的渊源（表现形式）有哪些?

一般认为，澳门特区现行刑法的渊源（表现形式）主要有两大类。

其一是《澳门刑法典》，这是澳门特区刑法的基本和主要的组成部分。由于澳门长期适用葡萄牙法律（包括其刑法），《澳门刑法典》又是由葡萄牙刑法学家受澳门回归前的澳葡政府聘请而起草，其体例深受葡萄牙刑法立法传统尤其是当时在葡萄牙生效的 1982 年《葡萄牙刑法典》的影响。同大陆法系国家和地区的刑法典一样，《澳门刑法典》分为总则和分则两卷，共计 350 条。第一卷总则，包含七编，共 127 条，内容上大体为刑法的一般原则及犯罪和刑事责任（刑罚和保安处分）制度性的规定。第二卷分则，包含五编，共计 223 条，多数编下分章，部分章下分节，内容上为各类各种犯罪之罪状与法定刑的规定，其第一编为侵犯人身罪（分为八章），第二编为侵犯财产罪（分为四章），第三编为危害和平及违反人道罪（其下未分章节），第四编为妨害社会生活罪（分为五章），第五编为妨害本地区罪（分为五章）。[③]

其二是澳门的特别刑法，这是澳门特区刑法规范的另一重要组成部分，其中又包含单行刑法和附属刑法（在非刑事法律中设置的刑法条款）两类，其性质是独立于刑法典而对刑法典有修改补充功能的刑法规范，其内容主要是具体犯罪的

---

① 赵国强. 澳门回归十年刑事立法的回顾与展望. 澳门研究，2010 (2)；徐京辉. 澳门刑法总论. 澳门：澳门基金会，北京：社会科学文献出版社，2017：14-21.

② 赵国强. 论澳门刑法的修订与完善. 澳门法学，2018 (1).

③ 1995 年《澳门刑法典》的体系与 1982 年的《葡萄牙刑法典》非常近似，尤其是其分则部分。1982 年《葡萄牙刑法典》第二卷分则的五编为：第一编为侵犯人身罪，第二编为侵犯财产罪，第三编为种族、宗教、性别歧视罪，第四编为妨害社会生活罪，第五编为危害国家罪。陈志军. 葡萄牙刑法典. 北京：中国人民公安大学出版社，2010：目录。

罪刑规范。澳门特区现行刑法中的特别刑法呈现出数量繁多、内容庞杂的特点：有论者列举目前在澳门特区有效的主要单行刑法达 17 部，设置有附属刑法规范的非刑事法律有 41 部①；有学者在 2012 年出版的论著中指出，澳门当时已有的单行刑事法律共计 25 部（其中，对刑法典进行修改而成为刑法典组成部分的单行刑事法律有 2 部；涉及新罪名的补充型单行刑事法律有 15 部，不涉及新罪名的补充型单行刑事法律有 7 部），加上分布广泛、为数众多的附属刑法，澳门特别刑法共规定了 200 多个罪名，而《澳门刑法典》分则规定的罪名是 185 个。②

还应该指出，根据《澳门基本法》的规定，该法附件三所列的全国性法律亦在澳门特区适用，这些全国性法律也应被视为澳门特区现行有效的法律。在这些适用于澳门特区的全国性非刑事法律中，《中华人民共和国外交特权与豁免条例》《中华人民共和国国旗法》《中华人民共和国国徽法》《中华人民共和国国歌法》和《中华人民共和国澳门特别行政区驻军法》等法律中均包含有刑法条款。笔者认为，这些适用于澳门特区的全国性非刑事法律中的刑法条款，也应归入澳门特区的附属刑法之范畴。③ 按照《澳门基本法》第 18 条第 2 款的规定，凡列于《澳门基本法》附件三的全国性法律，“由澳门特别行政区在当地公布或立法实施”。所谓“公布实施”，是指将附件三所列的全国性法律在澳门特区公报上予以公布，即可使其完全适用于澳门特区；所谓“立法实施”，是指基于某种情况，附件三中所列的全国性法律的全部或部分不能直接在澳门特区实施，而需

① 徐京辉．澳门刑法总论．澳门：澳门基金会，北京：社会科学文献出版社，2017：17-21.

② 赵国强．澳门刑法概说（犯罪通论）．北京：社会科学文献出版社，2012：44－49。另有学者 2014 年的考察也大体相同，认为当时澳门现行有效的单行刑法多达 23 部，加上若干附属刑法，相比《澳门刑法典》中的 180 多个罪名，澳门单行刑法和附属刑法中共设有超过 200 个罪名。方泉．澳门特别刑法概论．澳门：澳门基金会，北京：社会科学文献出版社，2014：2.

③ 有论者把此类适用于澳门特区的全国性法律中的刑法规范视为澳门刑法渊源中与刑法典和特别刑法并列的单独的一类渊源。徐京辉．澳门刑法总论．澳门：澳门基金会，北京：社会科学文献出版社，2017：25-27。笔者认为，把这种刑法规范视为澳门刑法中单独的一类渊源也未尝不可，但按其性质和特点，将其纳入特别刑法中的附属刑法就更为贴切。

要澳门特区立法机关根据全国性法律的规定自行制定相关的法律以实施相应的全国性法律。[①]

除上述两类刑法渊源外，有论者指出，在澳门特区生效的国际条约（国际公约），也应视为澳门特区的刑法渊源之一。[②] 笔者认同这种主张。葡萄牙将其所参加的国际条约视为其国内法的组成部分，这一原则也同样适用于澳葡政府管制时期的澳门。[③]《澳门基本法》肯定了国际条约在澳门特区的可适用性及法律渊源地位[④]；《澳门刑法典》在规定澳门刑法的空间适用原则时规定，国际条约和司法协助协定在澳门特区应优先适用。[⑤] 目前，在澳门特区适用的包含刑事内容的多边国际公约或双边国际条约达十多个。[⑥] 关于国际公约在本国或本地区是否可以作为直接引用的法律规范，各国或各地区主要有"直接适用"（将国际公约视为本国或本地区法律之组成部分，且在具体案件处理时可直接引用国际公约的规定，如美国、葡萄牙）和"间接适用"（承认国际公约对本国或本地区的约束力，但需透过国内法来具体实施国际公约，处理具体案件仍需引用国内法的规定，如中国）两种方式。澳门特区一些刑法学者认为，国际公约在澳门作为具有优先适用性的刑法渊源已无疑义，不过在适用方式上目前仍缺乏明确允许直接引用国际公约定罪量刑的宪制性法律规定，但从《澳门基本法》第 40 条关于国际人权公约和国际劳工公约必须通过澳门特区制定法律予以实施的规定类比，在澳门适用的国际公约中的刑法规范也应当通过澳门特区制定法律予以实施；此外，《澳门刑法典》第 5 条第 2 款和澳门《关于遵守若干国际法文书的法律》第 2 条

---

① 徐京辉. 澳门刑法总论. 澳门：澳门基金会，北京：社会科学文献出版社，2017：26-27.

② 赵国强. 澳门刑法概说（犯罪通论）. 北京：社会科学文献出版社，2012：48；徐京辉. 澳门刑法总论. 澳门：澳门基金会，北京：社会科学文献出版社，2017：21-27.

③ 1976 年 2 月 17 日葡萄牙议会制定的《澳门组织章程》第 70 条规定："国家协定、国际协约及法规于《政府公报》公布后五日期间届满时起，在澳门地区开始生效，但有特别声明者除外。"

④ 参见《中华人民共和国澳门特别行政区基本法》第 138 条。

⑤ 参见《澳门刑法典》第 4 条、第 5 条。此外，《澳门刑事诉讼法典》第 6 条在规定澳门刑事诉讼法的空间适用原则时，也将国际条约和司法协助协定视为澳门刑事诉讼法的渊源，且优先适用。

⑥ 徐京辉. 澳门刑法总论. 澳门：澳门基金会，北京：社会科学文献出版社，2017：21-25.

的规定，也包含了国际公约在澳门应当间接适用之意。[①] 虽然还有不尽相同的观点[②]，但笔者赞同这种主张国际公约在澳门应当间接适用的观点，间接适用是合理的、务实的，可操作性强。

还有论者认为，澳门特区参与制定的区际刑事法律也应被视为澳门特区的刑法渊源之一。所谓区际刑事法律，即区际刑事协定或安排，指现阶段中国各法域（中国内地、香港特区、澳门特区及中国台湾地区）共同制定和适用的刑事法规范性文件，目前主要是指两个以上法域间签订的刑事司法协助协议或安排。[③] 例如，2005 年 5 月 20 日澳门特区与香港特区签署的《澳门特别行政区与香港特别行政区关于移交被判刑人的安排》即属区际刑事法律；而中国大陆的海峡两岸关系协会与台湾地区的财团法人海峡交流基金会于 2009 年 4 月 26 日签订的《海峡两岸共同打击犯罪及司法互助协议》，是两岸半官方机构达成的协议（实际上为两岸官方所认可），因此也许只能称得上是"准"区际刑事法律。有内地论者认为，在中国不同法域之间达成刑事司法互助协议后，相关法域各方宜通过相关立法途径予以确认，以增强其权威性和保障其贯彻实施[④]；还有澳门特区的论者认为，区际刑事法律毕竟不是立法机关依法定程序制定的法律，因而其是否符合澳门立法法（第 13/2009 号法律《关于订定内部规范的法律制度》）以及效力、地位如何等问题，尚需要进一步研究。[⑤] 笔者对这些见解深以为然。

（二）澳门反恐刑法的演进

反恐刑法是澳门特区刑法的组成部分，在澳门特区现行刑法的各类渊源中，

---

① 赵国强. 澳门刑法概说（犯罪通论）. 北京：社会科学文献出版社，澳门：澳门基金会，2012：48；徐京辉. 澳门刑法总论. 澳门：澳门基金会，北京：社会科学文献出版社，2017：22-24.

② 有学者认为，由于宪制性法律根据的不明确，"除了《澳门基本法》第 40 条规定中需要立法实施的国际公约外，其他适用澳门的国际条约是直接适用，还是立法实施（即间接适用），由特别行政区行政长官决定"。骆伟建. 澳门特别行政区基本法新论. 北京：社会科学文献出版社，2012：202.

③ 徐京辉. "一国两制"框架下的我国区域刑事法律及刑事司法协助//赵秉志，等. 中国区际刑事司法协助探索. 北京：中国人民公安大学出版社，2003：7；徐京辉. 澳门刑法总论. 澳门：澳门基金会，北京：社会科学文献出版社，2017：27.

④ 赵秉志. 关于我国内地与香港建立刑事司法互助关系的研讨. 现代法学，2000（2，3）.

⑤ 徐京辉. 澳门刑法总论. 澳门：澳门基金会，北京：社会科学文献出版社，2017：27.

反恐刑法有不同程度的体现。

澳门反恐刑法立法之创立和演进，以其刑法典和特别刑法之相关规范为基本线索，迄今为止主要经历了三个阶段。

1. 澳门刑法典创立反恐刑法阶段（1996—2006 年）

澳门反恐刑法的创立，是澳门反恐刑法的第一阶段，时间是自 1996 年《澳门刑法典》实施至 2006 年澳门制定单行的反恐刑法前。其起始节点以《澳门刑法典》设置反恐刑法规范为标志。

随着 20 世纪 60 年代末期（国际公认以 1968 年为起点）现代恐怖主义的崛起，全球出现了暗杀、爆炸、绑架、劫机、炸机等恐怖活动的高潮，据不完全统计，1968—1980 年全球共发生恐怖事件 6 714 起、导致 3 668 人无辜丧生。① 但总的来看，这一时期恐怖主义犯罪主要集中于特定国家或地区，在犯罪手段、危害后果等方面与普通犯罪的区别尚不显著，其全球影响力尚属有限。因此，除以色列等反恐局势严峻的少数国家外，多数国家并未针对恐怖主义活动制定专门的法律应对，但一些国家已开始注意在其刑法典中设置反恐刑法规范对其予以惩治，葡萄牙即在此类国家之列。葡萄牙在建立共和国后于 1982 年制定了新的《葡萄牙刑法典》，该法典第二卷分则的第四编妨害社会生活罪之第五章为妨害公共秩序与公共安宁罪，在该章的第二节危害公共安宁罪下，以第 300 条规定了恐怖组织罪，第 301 条规定了恐怖主义罪。② 澳门刑法立法深受葡萄牙刑法立法的影响，在反恐刑法立法上也是如此。相似地，1995 年通过并于 1996 年实施的《澳门刑法典》，也是在其分则卷的第四编妨害社会生活罪之第五章妨害公共秩序及公共安宁罪下，设置了两种涉恐犯罪，即以第 289 条规定了恐怖组织罪，第 290 条规定了恐怖主义罪。

《澳门刑法典》第 289 条规定的恐怖组织罪，是指以实施恐怖活动为目的，

---

① 中国现代国际关系研究所反恐怖研究中心. 国际恐怖主义与反恐怖斗争. 北京：时事出版社，2003：2.

② 陈志军. 葡萄牙刑法典. 北京：中国人民公安大学出版社，2010：139.

发起、创立、加入、支持，以及领导、指挥恐怖团体、组织或集团的行为；该法典第290条规定的恐怖主义罪，是指为达到以暴力妨碍本地区政治、经济或社会制度正常运行之目的，而实施的侵害他人人身、财产权益，危害公共安全的各种恐怖活动的行为。该法典的上述恐怖犯罪中还规定了加重情节、加重处罚和特别减轻情节等内容，以及预备组成恐怖组织罪之处罚。

此外，《澳门刑法典》第288条规定的犯罪集团罪，有其特定的构成特征和处罚原则。在犯罪集团与恐怖组织的关系上，犯罪集团是有组织犯罪的普通形态，恐怖组织是犯罪集团的特殊形态，恐怖组织无疑属于犯罪集团的范畴，因而关于犯罪集团罪的法律规范和相关法理，无疑对恐怖组织及其犯罪的确定具有指导意义，也在广义上可以纳入此一时期澳门反恐刑法的领域。

由于当时“恐怖主义还被视为国家和地区的内部问题”[①]，因此，《澳门刑法典》上述反恐刑法规范的立法旨意，在于其“所保护的法益是内部的公共安宁，即确保居民有条件在澳门特别行政区的保护下安宁及安全地生活，并确保该等条件维持不变”[②]。《澳门刑法典》关于恐怖主义犯罪的上述规定虽然尚属粗略，但其意义不可低估，其标志着在澳门刑法体系中创立了反恐刑法，并以此奠定了澳门反恐刑法日后发展完善的基础。

除《澳门刑法典》的上述反恐刑法规范外，这一阶段澳门刑法规范中的反恐刑法，还有以下两类：(1) 澳门立法会于1997年7月制定的《有组织犯罪法律制度》(第6/97/M号法律)。该法律在内容上主要是实体性规范，同时也规定了一些针对有组织犯罪的特殊程序性规范，包括侦查卧底制度、国际公约和联合国决议的适用等内容，其主要锋芒指向有组织犯罪、尤其是黑社会犯罪。由于恐怖组织亦属犯罪组织，恐怖主义犯罪多为有组织犯罪，因而该法律也适用于对恐怖组织和恐怖主义犯罪的惩治。(2) 这一阶段适用于澳门地区的关于惩

① 澳门立法会第三常设委员会. 第1/Ⅲ/2006号意见书//澳门特别行政区立法会. 单行刑事法律汇编之预防及遏止恐怖主义犯罪. 2001 (10): 37.

② 澳门特区政府.《预防及遏止恐怖主义犯罪》法案理由陈述//澳门特别行政区立法会. 单行刑事法律汇编之预防及遏止恐怖主义犯罪. 2001 (10): 18.

治恐怖主义犯罪的国际公约以及联合国作出的反恐决议，也是澳门地区惩治恐怖主义犯罪的法律依据。对此，《澳门刑法典》第5条和《澳门刑事诉讼法典》第6条有明确的肯定；澳门立法会于2002年4月2日通过的《关于遵守若干国际法文书的法律》（第4/2002号法律）也进一步明确了国际法文书在澳门的可适用性。①

2. 澳门特区制定单行反恐刑事法律阶段（2006—2017年）

澳门反恐刑法立法发展的第二阶段，自澳门特区立法会2006年制定单行的反恐刑事法律起至2017年修改并重新公布单行的反恐刑事法律之前。其起始节点以2006年3月30日澳门立法会通过单行的反恐刑事法律《预防及遏止恐怖主义犯罪》为标志。

澳门特区制定这部单行的反恐刑事法律的背景，主要有以下两个方面：其一，国际恐怖主义加剧的形势及国际社会共同反恐的要求。20世纪90年代以后，现代恐怖主义活动越演越烈，并日益朝着跨国性、国际性方向发展，2001年“9.11”美国恐怖袭击事件震惊了全球；一些国家和组织资助恐怖主义的现象也日渐突出。面对国际恐怖主义发展与猖獗的现实，多国和国际社会均认同必须强化对恐怖主义的遏制及预防，需要建立和加强打击恐怖主义的国际合作机制。在这种局势下，联合国于1997年制定了《制止恐怖主义爆炸的国际公约》、1999年制定了《制止向恐怖主义提供资助的国际公约》、2000年制定了《打击跨国有组织犯罪公约》，联合国安理会在2001年“9.11”美国恐怖袭击发生后的当月即2001年9月28日就极为迅速地通过了以国际合作防止恐怖主义行为为主题的第1373号决议，“打击清洗黑钱财务行动特别组织”（FATF）于2001年10月31日制定（2004年10月22日修订）了《关于向恐怖主义提供资助的九项特别建议》。在此背景下，澳门特区政府和立法会认识到，“有需要使澳门的法律体系配合上述国际文书，使能更有效打击威胁国内及国际和平（安宁及安全）的恐怖

① 方泉. 澳门特别刑法概论. 澳门：澳门基金会，北京：社会科学文献出版社，2014：124.

主义犯罪”[①]；中国中央人民政府也于2001年10月24日命令澳门特别行政区实施联合国安理会第1373号反恐决议[②]；因此，澳门特区政府和立法会认为：“为使澳门的法律配合国际文书，必须将恐怖主义定为犯罪，借此保护内部的公共安宁及国际的公共安宁，并透过保护所有人及国家或国际组织免受在澳门特别行政区或澳门特别行政区外实施的恐怖袭击，以预防及遏制‘国际恐怖主义’。”[③] 其二，基于澳门特区完善反恐刑事法律的迫切需要。澳门特区政府和立法会认识到，澳门特区必须强化对内外恐怖主义犯罪和资助恐怖主义行为的全面惩治与防范，但现有的《澳门刑法典》中仅有的两条涉恐犯罪的反恐刑法显然不能担负此种重任，而需要系统完善反恐刑法。根据对未来反恐刑法立法完善之及时性、系统性和科学性诸方面的考虑，澳门特区政府和立法会决定制定一部单行的反恐刑事法律，同时废止刑法典中的反恐刑法法条并将其整合纳入其中，而不是修改补充刑法典本身的反恐刑法。[④]

经过法定的起草和审议程序，澳门特区《预防及遏止恐怖主义犯罪》法案于2005年10月28日在澳门立法会全体会议上获一般性通过，2006年3月30日在澳门立法会全体会议上获一致性通过，澳门特区时任行政长官何厚铧于2006年4月1日签署并发布命令，并于4月10日在澳门特区公报上作为第3/2006号法律予以公布，该法案自公布翌日起生效。

澳门特区第3/2006号法律《预防及遏止恐怖主义犯罪》（以下简称《恐怖犯罪法》）这部单行反恐刑事法律包含4章、16个条文：第一章“一般规定”（第1～3条），内容涉及立法旨意、本法与刑法典的关系、本法的适用范围；第

① 澳门特区政府.《预防及遏止恐怖主义犯罪》法案理由陈述//澳门特别行政区立法会. 单行刑事法律汇编之预防及遏止恐怖主义犯罪，2010：17-18.

② 按照中央人民政府的命令，澳门特区已通过第60/2001号行政长官公告于澳门特区公布实施联合国安理会第1373号反恐决议。澳门立法会第三常设委员会. 第1/Ⅲ/2006号意见书//澳门特别行政区立法会. 单行刑事法律汇编之预防及遏止恐怖主义犯罪，2010：38.

③ 澳门特区政府《预防及遏止恐怖主义犯罪》法案理由陈述//澳门特别行政区立法会. 单行刑事法律汇编之预防及遏止恐怖主义犯罪，2010：18-19.

④ 同③18.

二章“刑法规定”（第 4～10 条），内容涉及恐怖组织类型的犯罪，实施恐怖主义破坏活动类型的犯罪，资助恐怖主义罪，煽动恐怖主义罪，以及对恐怖犯罪适用的附加刑和法人涉恐犯罪的刑事责任；第三章“预防性规定”（第 11 条），内容为适用第 2/2006 号法律第 6～8 条的规定以防治资助恐怖主义[①]；第四章“最后规定”（第 12～16 条），内容涉及本法程序的紧急性、修改刑事诉讼法典和刑法典个别条文、废止刑法典第 289 条及第 290 条、本法的生效。虽然该法的内容尚不够充实，但毕竟是一部专门的反恐刑事法律。自此，澳门特区有了专门的、单行的反恐刑事法律，可以说，澳门特区的反恐刑法从此进入了一个新的发展阶段。

根据《恐怖犯罪法》第 11 条，为预防及遏止资助恐怖主义，第 2/2006 号法律《预防及遏止清洗黑钱犯罪》（以下简称《黑钱犯罪法》）第 6～8 条的规定经作出必要配合后，可予以延伸适用。而根据《黑钱犯罪法》第 8 条的规定，授权行政法规订定该法第 7 条所定预防及遏制清洗黑钱暨资助恐怖主义之义务的前提条件和内容，以及订定相关监察制度和处罚制度，建立或指定监察机关并赋予其职能。澳门特区行政长官根据《澳门基本法》第 50 条第 5 项以及第 2/2006 号法律第 8 条第 1 款和第 3/2006 号法律第 11 条的规定，经征询澳门特区政府行政会的意见，于 2006 年 4 月 7 日制定了第 7/2006 号行政法规《清洗黑钱及资助恐怖主义犯罪的预防措施》（以下简称《2006 行政预防措施》）。[②]《2006 行政预防措施》规定了预防实施清洗黑钱及资助恐怖主义犯罪的义务之前提条件和内容，并规定了关于该等义务履行情况的监察制度、监察机构及其职权。从广义而言，

① 澳门特区第 2/2006 号法律《预防及遏止清洗黑钱犯罪》由澳门立法会于 2006 年 3 月 23 日通过，澳门特区行政长官何厚铧于 2006 年 3 月 25 日签署并发布命令于 4 月 3 日在澳门特区公报上命令公布，自公布翌日起生效。为加强反洗黑钱的力度，该法第 6 条与既往的相关法律规定相比，扩大了反洗钱犯罪之预防性制度的主体适用范围（共有六类）；为合理平衡加强反洗黑钱工作和保障公民个人信息方面的隐私权，第 7 条明细列出了预防工作之主体应遵守的义务，并借订定监察义务遵守情况和更佳处理所收集的资料的制度，建立一套更合理及有效的机制。第 8 条是相关的细则性规定。澳门特别行政区立法会. 单行刑事法律汇编之预防及遏止清洗黑钱犯罪，2010：13－14，20－21；方泉. 澳门特别刑法概论. 澳门：澳门基金会，北京：社会科学文献出版社，2014：138－139.

② 《2017 行政预防措施》于 2017 年 5 月 29 日在《澳门特别行政区公报》上公布，根据其第 10 条，该行政法规于公布后满 180 日生效。

《2006 行政预防措施》作为与 2006 年《恐怖犯罪法》配套的行政法规，是该阶段澳门特区反恐刑法体系的辅助部分。

还应当指出，为了有效地执行联合国安理会就打击恐怖主义及防止大规模杀伤性武器扩散方面通过的有关决议所载的冻结资产决定，并落实中华人民共和国中央政府关于将安理会这些决议适用于澳门特区的决定①，澳门特区立法会于 2016 年 8 月 12 日通过了第 6/2016 号法律《冻结资产执行制度》。② 该法律规定了根据安理会有关反恐决议的冻结资产机制、禁止提供资产和金融服务制度、必须提供资料的义务，以及违反上述机制的行政处罚和法人的责任。该行政法律也是该阶段澳门特区反恐刑法体系的辅助部分。

这一阶段，除上述《恐怖犯罪法》这部单行的反恐刑事法律和《黑钱犯罪法》的部分条款外，澳门特区刑法规范中的反恐刑法还有该阶段适用于澳门地区的关于惩治恐怖主义犯罪的国际公约以及联合国作出的反恐决议，这些也是澳门特区惩治恐怖主义犯罪的法律依据。此外，2005 年 5 月 20 日澳门特区与香港特区签署的《澳门特别行政区政府与香港特别行政区政府关于移交被判刑人的安排》，也可以在其特定的领域发挥相应的反恐刑事法治的功能。

3. 澳门反恐单行刑事法律的发展阶段（2017 年至今）

第三阶段是澳门特区反恐单行刑事法律的发展阶段，时间上自澳门特区立法会 2017 年 5 月修改并重新公布单行的反恐刑事法律直至现在。其起始节点以澳门特区立法会 2017 年 5 月 11 日通过修改并重新公布单行反恐刑事法律《恐怖犯罪法》为标志。该法律即第 3/2017 号法律，由澳门特区行政长官崔世安于 2017 年 5 月 16 日签署并发布命令，并于同月 22 日在澳门特区公报上公布，自公布翌

① 联合国安理会就打击恐怖主义及防止大规模杀伤性武器扩散方面通过的有关决议，包括打击恐怖主义方面的安理会第 1267（1999）号决议、第 1373（2001）号决议、第 1988（2011）号决议；以及防止大规模杀伤性武器扩散的安理会第 1718（2006）号决议、1737（2006）号决议。这些决议均对中华人民共和国有约束力，并由中华人民共和国中央政府决定亦适用于澳门特区，且已公布于《澳门特别行政区公报》。

② 该法律由澳门特区行政长官于 2016 年 8 月 22 日签署，自公布翌日起生效。

日起生效。澳门特区此次修改这部单行的反恐刑事法律，是在该法律公布实施十余年来国际社会和多国加强反恐法治，祖国内地通过第八、第九两个《刑法修正案》完善反恐刑法并颁布《中华人民共和国反恐怖主义法》健全反恐法律体系，香港特区亦已显著推进其反恐法制的背景下，考虑保障澳门特区安全稳定发展的需要，以及澳门特区作为中华人民共和国的一个特别行政区和国际组织成员所必须履行的参与国际反恐的法律义务[①]，是在研究检讨澳门特区单行的反恐刑事法律之得失的基础上作出的重要立法改进举措，旨在“确保澳门特别行政区的经济在履行国际标准的同时能保持竞争力和可持续发展，使澳门特别行政区在履行其国际义务的工作上保持在前线位置”[②]。

澳门特区第 3/2017 号法律共计 9 条，该法律同时修改了第 2/2006 号法律《黑钱犯罪法》及第 3/2006 号法律《恐怖犯罪法》，其第 5 条是对第 3/2006 号法律的修改，其第 6 条是对第 3/2006 号法律的增加。概括起来看，第 3/2017 号法律对第 3/2006 号法律修改补充的主要内容有以下几点：（1）将第 3/2006 号法律第 6 条第 3 款“恐怖主义犯罪预备行为者”的法定刑由“一年至五年徒刑”提高为“一年至八年徒刑”，以与该法第 7 条“资助恐怖主义罪”之“一年至八年徒刑”的法定刑平衡。[③]（2）扩充了第 3/2006 号法律第 7 条资助恐怖主义罪的内容。此一修订颇为重要。澳门特区立法机构认为，根据反洗钱金融行动特别工作组（FATF）已修订的 40 项建议，有必要“伸延资助恐怖主义犯罪的范围至经济资源或任何类型的财产，以及可转化为资金的产品或权利，务

---

① 澳门特区这方面的法律义务包括：根据国际联合国反恐法律文件、金融行动特别组织（FATF）新修订的 40 项建议，以及改善亚太地区清洗黑钱组织（APG）于 2006 年对澳门进行的评估过程中发现的不足之处，完善澳门特区的相关法律。参见澳门特区政府：《修改第 2/2006 号法律〈预防及遏止清洗黑钱犯罪〉及第 3/2006 号法律〈预防及遏止恐怖主义犯罪〉（法案）理由陈述》（2017 年 5 月 11 日）；澳门特区立法会第三常设委员会：《第 3/V/2017 号意见书》。

② 澳门特区政府：《修改第 2/2006 号法律〈预防及遏止清洗黑钱犯罪〉及第 3/2006 号法律〈预防及遏止恐怖主义犯罪〉（法案）理由陈述》（2017 年 5 月 11 日）。

③ 参见澳门特区立法会第三常设委员会：《第 3/V/2017 号意见书》（事由：《修改第 2/2006 号法律〈预防及遏止清洗黑钱犯罪〉及第 3/2006 号法律〈预防及遏止恐怖主义犯罪〉》法案）（2017 年 5 月 4 日）。

求将与资助恐怖主义相关的一切财产均涵盖在内”；“此外，亦有需要将资助恐怖主义组织及恐怖分子的行为涵盖于资助恐怖主义犯罪的范围内，即使与特定的恐怖主义行为无联系者亦然”①。（3）修改补充了第 3/2006 号法律第 11 条关于为预防及遏止资助恐怖主义而适用第 2/2006 号法律《黑钱犯罪法》部分条款的内容，在该条增加第 1 款，将这次修订中适用于清洗黑钱犯罪的特别诉讼措施延伸至该法律，并因应第 2/2006 号法律的新行文，调整了该条第 2 款的准用部分。（4）在第 3/2006 号法律第 6 条规定的恐怖主义核心罪名的基础上，引人注目地增补了第 6-A 条“其他方式的恐怖主义”犯罪，旨在“扩大恐怖主义犯罪的范围，以涵盖联合国安理会通过的第 2178（2014）号决议②所指定的关于外国恐怖主义战斗人员的各类犯罪”，“填补第 3/2006 号法律有关这方面的空白”③。具体包括前往或企图前往国外接受恐怖主义训练、为恐怖主义提供后勤支持或进行恐怖主义培训，前往或企图前往国外加入恐怖组织或实施恐怖主义行为，以及对上述两种涉恐行为予以组织、资助或协助的行为。经过第 3/2017 号法律的上述修改和重新公布，澳门特区现行的单行反恐刑事法律第 3/2006 号法律《恐怖犯罪法》得到了显著的完善和强化。

在这一阶段，随着 2017 年 5 月 11 日澳门特区立法会通过第 3/2017 号法律《修改第 2/2006 号法律〈预防及遏止清洗黑钱犯罪〉及第 3/2006 号法律〈预防及遏止恐怖主义犯罪〉》，澳门特区行政长官亦根据《澳门基本法》第 50

① 澳门特区政府：《修改第 2/2006 号法律〈黑钱犯罪法〉及第 3/2006 号法律〈预防及遏止恐怖主义犯罪〉（法案）理由陈述》（2017 年 5 月 11 日）。

② 联合国安理会第 2178（2014）号决议“表示严重关注外国恐怖主义战斗人员造成的威胁日益严重，这些人员指的是前往其居住国或国籍国之外的另一国家，以实施、筹划、筹备或参与恐怖行为，或提供或接受恐怖主义训练，包括因此参与武装冲突的个人；决心消除这一威胁”，“决定所有会员国均应确保本国法律和条例规定严重刑事罪，使其足以适当反映罪行的严重性，用以起诉和惩罚下列人员和行为：……”“强调迫切需要立即全面执行这一关于外国恐怖主义战斗人员的决议”。段洁龙，徐宏．最新国际反恐法律文件汇编．北京：中国民主法制出版社，2016：384-390。

③ 澳门特区政府：《修改第 2/2006 号法律〈预防及遏止清洗黑钱犯罪〉及第 3/2006 号法律〈预防及遏止恐怖主义犯罪〉（法案）理由陈述》（2017 年 5 月 11 日）。

条第5项，以及经第3/2017号法律修改的第2/2006号法律《黑钱犯罪法》第8条第1款和第3/2006号法律《恐怖犯罪法》第11条第2款的规定，经征询澳门特区政府行政会的意见，于2017年5月26日制定了第17/2017号行政法规《修改第7/2006号行政法规〈清洗黑钱及资助恐怖主义犯罪的预防措施〉》并予以重新公布（以下简称《2017行政预防措施》）。《2017行政预防措施》在《2006行政预防措施》的基础上，进一步完善了预防实施清洗黑钱及资助恐怖主义犯罪之义务的监察制度。《2017行政预防措施》作为与2017年《恐怖犯罪法》配套的行政法规，也是该阶段澳门特区反恐刑法体系的组成部分。

当然，与第二阶段类似，这一阶段澳门刑法规范中的反恐刑法规范，还有该阶段适用于澳门地区的关于惩治恐怖主义犯罪的国际公约以及联合国作出的反恐决议。此外，2005年澳门特区与香港特区签署的《澳门特别行政区政府与香港特别行政区政府关于移交被判刑人的安排》，仍在其特定的领域发挥相应的反恐刑事法治的功能。

## 三、澳门特区反恐刑法基本内容之研析

经第3/2017号法律修改和重新公布的第3/2006号法律《恐怖犯罪法》是一部单行的反恐刑事法律，也是澳门特区现行的反恐刑法的主要规范。这部《恐怖犯罪法》包含4章、17个条文，第一章“一般规定”有3条，内容涉及立法旨意（第1条）、本法与刑法典的关系（第2条）、域外恐怖犯罪的管辖原则（第3条）；第二章“刑法规定”有8条，内容涉及恐怖组织类犯罪（第4条），其他恐怖组织类犯罪（第5条），实施恐怖主义活动类犯罪（第6条），其他方式的恐怖主义类犯罪（第6-A条，即与外国恐怖主义战斗人员有关的犯罪），资助恐怖主义罪（第7条），煽动恐怖主义罪（第8条），对恐怖犯罪适用的附加刑（第9条），法人涉恐犯罪的刑事责任（第10条）；第三章“预防性规定”有1条，内

容为适用第 2/2006 号法律的部分规定以防治资助恐怖主义（第 11 条）[①]；第四章“最后规定”有 5 条，内容涉及本法程序的紧急性（第 12 条）、修改刑事诉讼法典（第 13 条）和刑法典（第 14 条）个别条文、废止刑法典第 289 条及第 290 条（第 15 条）、本法的生效（第 16 条）。下面主要对《恐怖犯罪法》中的反恐刑法规范予以简要阐述。

（一）《恐怖犯罪法》的空间适用范围

根据《澳门刑法典》第 4～7 条的规定，在刑法的空间适用范围问题上，澳门与祖国内地乃至其他大陆法系国家刑法的通例基本一致，即对域内犯罪原则上采用属地管辖原则，对域外犯罪则区分不同情况单独或混合采用属人管辖原则、保护管辖原则和普遍管辖原则。但需要注意的是，在刑法的空间适用问题上，无论是对域内犯罪，还是对域外犯罪，《澳门刑法典》均肯定了适用于澳门的国际协约和司法协助协定优先适用的原则。[②]《澳门刑法典》这种“国际法优于国内法”的规定，乃是受到了澳门回归前葡萄牙奉行的此一法律传统的影响。[③]

那么，《恐怖犯罪法》的空间适用范围如何？

对于在澳门特区之内实施的《恐怖犯罪法》所规定的所有涉恐犯罪，均当按属地管辖原则适用本法，因而该法并未就此再作重复规定，该法第 2 条“《刑法典》的规定，补充适用于本法律的犯罪”之规定即是法律根据。

---

① 澳门特区第 2/2006 号法律《预防及遏止清洗黑钱犯罪》由澳门立法会于 2006 年 3 月 23 日通过，澳门特区时任行政长官何厚铧于 2006 年 3 月 25 日签署并发布命令，于 4 月 3 日在澳门特区公报上公布，自翌日起生效。为加强反洗黑钱的力度，该法第 6 条与既往的相关法律规定相比，扩大了反洗钱犯罪之预防性制度的主体适用范围（共有六类）；为合理平衡加强反洗黑钱工作和保障公民个人信息方面的隐私权，第 7 条明细列出了预防工作之主体应遵守的义务，并借订定监察义务遵守情况和更佳处理所收集的资料的制度，建立一套更合理及有效的机制。第 8 条是相关的细则性规定。澳门特别行政区立法会. 单行刑事法律汇编之预防及遏止清洗黑钱犯罪，2010：13-14，20-21；方泉. 澳门特别刑法概论. 澳门：澳门基金会，北京：社会科学文献出版社，2014：138-139。

② 《澳门刑法典》第 4 条（在空间上之适用之一般原则）规定：“澳门刑法适用于在下列空间作出之事实，但适用于澳门之国际协约或属司法协助领域之协议另有规定者，不在此限……”《澳门刑法典》第 5 条（在澳门以外作出之事实）规定：“澳门刑法亦适用于在澳门以外作出而属下列情况之事实，但适用于澳门之国际协约或属司法协助领域之协议另有规定者，不在此限……”

③ 徐京辉. 澳门刑法总论. 澳门：澳门基金会，北京：社会科学文献出版社，2017：105.

对于域外恐怖犯罪即在澳门特区之外实施的《恐怖犯罪法》所规定的涉恐犯罪，该法第3条（在澳门特别行政区以外地方作出的事实）规定了如下三项适用规则。

1. 适用于澳门的国际协约和司法协助协定优先适用。此一规则与《澳门刑法典》第4条、第5条的规定完全相同。

2. 对于《恐怖犯罪法》所规定的恐怖组织类犯罪（第4条）、实施恐怖主义活动罪（第6条第1款）、资助恐怖主义罪（第7条）及煽动恐怖主义罪（第8条），若该等犯罪是在澳门特区之外针对澳门特区实施的，则适用澳门特区的《恐怖犯罪法》。这一规则体现的是保护管辖原则。

3. 对于《恐怖犯罪法》所规定的其他恐怖组织类犯罪（第5条，即外部恐怖组织类型的犯罪）、涉外部和国际恐怖主义的犯罪（第6条第2款）、资助恐怖主义罪（第7条）及煽动恐怖主义罪（第8条），若该等犯罪是在澳门特区之外针对下列两种对象实施，且具备一定的条件的，适用澳门特区的《恐怖犯罪法》：

（1）该犯罪是针对中华人民共和国实施的，但行为人必须为澳门特区居民或被发现身在澳门特区；

（2）该犯罪是针对外国或国际组织实施的，但行为人必须被发现身在澳门特区，且不能被移交至另一地区或国家。

上述（1）所指的情况又分为两种：其一，由澳门特区居民（包括中国公民和其他国家公民）实施的针对中华人民共和国的恐怖犯罪。此种情况下适用澳门特区的《恐怖犯罪法》体现的主要是属人原则。有学者认为此种情况下也体现了保护原则，因为澳门特区是中华人民共和国的组成部分，因而针对中华人民共和国实施的犯罪，本质上亦属侵犯澳门特区利益的犯罪，所以可以认为此种情况反映了保护管辖原则的要求。① 这一见解有一定道理，但一般认为一种犯罪情况不能适用两种以上的管辖原则，因而笔者认为对此见解还需要进一步研究和论证。其二，若实施针对中华人民共和国之恐怖犯罪的行为人不是澳门特区的居民，则该行为人必须身在澳门，即在澳门特区可以对该行为人进行实际有效的司法管辖

① 徐京辉．澳门刑法总论．澳门：澳门基金会，北京：社会科学文献出版社，2017：125.

的条件下，则可以适用澳门特区的《恐怖犯罪法》。在此种情形下，体现的是附条件的保护管辖原则。“附条件”即行为人必须身在澳门，“保护管辖”即所保护的是包括澳门特区之利益在内的中华人民共和国的整体利益。

在上述（2）所指的情况下，恐怖犯罪是在澳门特区之外实施的，因而澳门特区不能适用属地管辖原则管辖而适用澳门法律；行为人不是澳门特区的居民，因而澳门特区亦不能适用属人管辖原则；恐怖犯罪是针对外国或国际组织实施的，不是针对澳门特区或者中华人民共和国实施的，因而澳门特区也没有适用保护管辖原则的余地；澳门《恐怖犯罪法》规定，对此种犯罪在“行为人必须被发现身在澳门特区”且“不能被移交至另一地区或国家”[①] 的情况下，适用澳门《恐怖犯罪法》。这种情况下适用澳门刑法基本上体现的是普遍管辖原则，保护的是国际社会和全人类的安全与和平利益，但是还要进而适用“不移交即起诉”的规则。

还应当指出，《恐怖犯罪法》第 3 条（在澳门特别行政区以外地方作出的事实）的规定并没有涉及 2017 年修法时增设的第 6-A 条“其他方式的恐怖主义罪”（即与外国恐怖主义战斗人员有关的犯罪）的法律适用问题，因而从法理上考虑，应当理解为《恐怖犯罪法》只能适用于此种犯罪于澳门特区境内实施的情况，而不能适用于此种犯罪在澳门特区境外实施的情况；但其合理性尚值得研究。

（二）各种恐怖犯罪

1. 恐怖组织类犯罪

恐怖组织类犯罪规定于 2017 年修订并重新公布的《恐怖犯罪法》第 4

① 所谓“不能被移交至另一地区或国家”，主要指以下三种情况：一是缺乏移交行为人的法律依据，即澳门特区没有相关移交的本地法律或者可适用的国际公约或刑事司法协助协定；二是澳门特区有移交行为人的法律依据，但存在移交行为人的法律障碍，即根据澳门特区可适用的本地法律、国际公约或刑事司法协助协定的规定，澳门特区不得进行移交行为；三是澳门特区虽然有移交行为人的法律依据，也不存在移交行为人的法律障碍，但没有国家或地区向澳门提出移交行为人的请求，或者没有国家或地区接受澳门提出的移交行为人的请求。徐京辉. 澳门刑法总论. 澳门：澳门基金会，北京：社会科学文献出版社，2017：115-117。

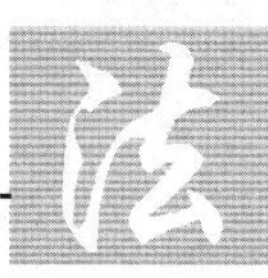

条（恐怖组织）中。该条是在《澳门刑法典》第289条（恐怖组织）的基础上，经第3/2006号法律《恐怖犯罪法》第4条（恐怖组织）修改补充而来。第3/2017号法律修改第3/2006号法律《恐怖犯罪法》时，并未修正本条犯罪。

现行的《恐怖犯罪法》第4条（恐怖组织）规定："一、恐怖团体、组织或集团，是指二人或二人以上的集合，其在协同下行动，目的系借着作出下列任一事实，以暴力阻止、变更或颠覆已在澳门特别行政区确立的政治、经济或社会制度的运作，或迫使公共当局作出一行为、放弃作出一行为或容忍他人作出一行为，又或威吓某些人、某人群或一般居民，只要按有关事实的性质或作出时的背景，该等事实可严重损害澳门特别行政区或所威吓的居民：（一）侵犯生命、身体完整性或人身自由的犯罪；（二）妨害运输安全及通讯安全的犯罪，该等通讯尤其包括信息、电报、电话、电台或电视；（三）借着造成火警，爆炸，释放放射性物质、有毒或令人窒息的气体，造成水淹或雪崩，使建筑物崩塌，污染供人食用的食物及水，又或散布疾病、蔓延性祸患、有害的植物或动物等而故意产生公共危险的犯罪；（四）将交通或通讯工具或交通信道、公共事业的设施，又或供应或满足居民根本需要的设施，确定性或暂时全部或部分破坏，又或使之确定性或暂时全部或部分不能运作或偏离正常用途的行为；（五）研究或发展核子武器、生物武器、或化学武器；（六）有使用核能、火器、生物武器、化学武器、爆炸性物质、爆炸装置、任何性质的燃烧工具，又或内有特别危害性装置或物质的包裹或信件而作出的犯罪。二、发起、创立、加入恐怖团体、组织或集团者，或对其给予支持，尤其是透过提供情报或物资者，处十年至二十年徒刑。三、领导或指挥恐怖团体、组织或集团者，处十二年至二十年徒刑。四、如恐怖团体、组织或集团，又或第二款及第三款所指的人，占有第一款（六）项所指的任一工具，则刑罚的最低及最高限度，均加重三分之一。五、作出组成恐怖团体、组织或集团的预备行为者，处一年至八年徒刑。六、如行为人阻止该等团体、组织或集团存续，或对此认真作出努力，又或为使当局能避免犯罪的实施而通知当局该等团体、组织或集团的存在者，可特别减轻以上各款所指的刑罚，或可不处罚有关事实。”

（1）关于恐怖组织的界定。

本条规定了数种涉恐怖组织类型的犯罪。因而正确界定澳门特区反恐刑法中的恐怖组织，是正确解读和认定这类犯罪的前提与基础。

根据《恐怖犯罪法》第 4 条第 1 款的规定，恐怖组织包括恐怖团体、组织或集团，是指以实施特定的恐怖犯罪活动为目的的犯罪组织。恐怖组织的基本特征有三个。

其一，组织特征方面，恐怖组织要求是二人或二人以上的集合。即恐怖组织的成员至少要为二人以上，从实践中看恐怖组织一般少则三五人，多则数十人乃至上百人，像“基地”组织、“伊斯兰国”那样的超级恐怖组织的成员甚至可达成千上万。恐怖组织的众多成员之间往往具有相对稳定且较密切的组织关系，即有其严密的组织架构和领导者、骨干成员、一般成员之分。

这里有必要对澳门《恐怖犯罪法》及其他相关刑法规范关于一般共同犯罪和有组织犯罪（犯罪集团、犯罪组织）之主体人数下限的规定问题作些探讨。按照当代各国刑法典的通例和刑法学的通行理论，共同犯罪是指二人以上共同故意犯罪的形态。因而一般共同犯罪的主体即行为人必须是两个或两个以上具有刑事责任能力的自然人；而在法律明确规定处罚法人犯罪的情形下，共同犯罪人也可以是两个或两个以上的法人或分别由自然人和法人组成。[①]《澳门刑法典》关于共同犯罪的规定中并无关于其主体人数的明确规定[②]，但在澳门刑法理论上并不否认而是承认共同犯罪必须是二人以上实施的犯罪。[③] 另一方面，澳门刑法中有关于有组织犯罪（犯罪集团、犯罪组织）的主体人数之规定，但这个规定并未设置在《澳门刑法典》总则的共同犯罪规范中，也没有设置于专门规定有组织犯罪的第 6/97/M 号法律《有组织犯罪法律制度》中，而是规定在其反恐刑法规范中。

① 赵国强. 澳门刑法概说（犯罪通论）. 北京：社会科学文献出版社，2012：408。

② 参见《澳门刑法典》第一卷总则第二编事实第二章犯罪之形式（第 24～28 条）。

③ 徐京辉. 澳门刑法总论. 澳门：澳门基金会，北京：社会科学文献出版社，2017：381；赵秉志. 中国内地与澳门刑法总则之比较研究. 澳门：澳门基金会，2000：211.

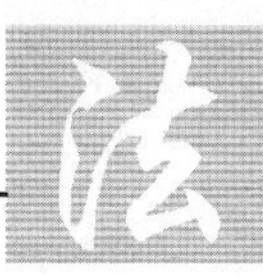

起初，是规定在《澳门刑法典》第 289 条（恐怖组织）第 2 款中："恐怖团体、组织或集团，系指所有二人或二人以上之集合，其在协同下行动，目的系借着实施下列犯罪……"后来为第 3/2006 号法律《恐怖犯罪法》第 4 条（恐怖组织）第 1 款所沿用，至第 3/2017 号法律修改《恐怖犯罪法》时予以保留，形成了现行的关于恐怖组织的主体人数必须是二人或二人以上的规定，并被认为这一主体人数要求亦适用于澳门刑法中的犯罪集团罪（《澳门刑法典》第 288 条）和黑社会犯罪（第 6/97/M 号法律《有组织犯罪法律制度》第 2 条）。[①] 笔者认为，上述澳门刑法规范关于共同犯罪和有组织犯罪之主体人数下限的规定和处理有失科学、合理，应从以下三点予以完善。

一是应当明确规定共同犯罪的主体人数为二人或二人以上，这是当代各国刑法所公认的共同犯罪主体人数的通例，也是澳门刑法贯彻其罪刑法定原则明确性要求的必要体现。

二是应当明确规定与一般共同犯罪相区别的有组织犯罪（即犯罪集团、犯罪组织）的主体人数，其人数应为"三人或三人以上"，而不应是"二人或二人以上"。一方面，我们可以考察一下对澳门刑法有参考意义的国际和国别的相关法律规范：联合国《打击跨国有组织犯罪公约》（2000 年 11 月 15 日通过）是联合国指引世界各国各地区有组织犯罪立法的重要规范，为各国各地区所普遍重视，其第 2 条第 1 款载明，在本公约中："'有组织犯罪集团'系指由三人或多人所组成的、在一定时期内存在的、为了实施一项或多项严重犯罪或根据本公约确立的犯罪以直接或间接获得金钱或其他物质利益而一致行动的有组织结构的集团"[②]。葡萄牙刑法尤其是其 1982 年颁布的《葡萄牙刑法典》对《澳门刑法典》具有直接而重要的影响，其总则的共同犯罪部分虽然同样没有关于一般共同犯罪暨犯罪集团（犯罪组织）之主体人数的明确规定，但其在分则第 299 条犯罪集团罪之第 5 款规定，"对本条而言，由至少三人组成、在一定的期限内共同实施犯罪的团

① 徐京辉．澳门刑法总论．澳门：澳门基金会，北京：社会科学文献出版社，2017：385.

② 杨宇冠，杨晓春．联合国刑事司法准则．北京：中国人民公安大学出版社，2003：70.

体、组织、集团，视为犯罪团体、组织、集团”[①]。澳门属于奉行大陆法系的地区，大陆法系国家和地区关于恐怖组织、犯罪集团的人数规定，虽然也有个别立法例规定为“两人或两人以上”[②]，但更为通行的是规定为“三人或三人以上”。例如，意大利是大陆法系的代表性国家之一，其刑法典第 416 条的犯罪集团罪规定，“当三人或三人以上为实施数项犯罪的目的而结成集团时，对发起、建立、或组织该集团的人员，仅因此行为，处以三年至七年有期徒刑”；其第 416 条-2 黑手党型集团罪规定，“参加由三人或三人以上组成的黑手党型集团的，处以五年至十二年有期徒刑”[③]。其他再如大陆法系国家立法例《芬兰刑法典》（修订至 2003 年版）第 34a 章第 6 条关于恐怖主义集团人数的规定[④]、《黑山刑法典》（2003 年颁行，修订至 2010 年）第 401-a 条关于犯罪集团人数的规定[⑤]、《土耳其刑法典》（2004 年通过）第 220 条关于犯罪集团人数的规定[⑥]，也都是要求为 3 人以上。澳门作为中华人民共和国的一个特别行政区，其刑法规范在遵从“一国两制”原则和维护其法律传统的基础上，也可以适当参考中华人民共和国刑法中成熟的规范，中国内地 1997 年刑法在第 25 条规定“共同犯罪是指二人以上共同故意犯罪”的基础上，其第 26 条第 2 款明确规定，“三人以上为共同实施犯罪而组成的较为固定的犯罪组织，是犯罪集团”。以上国际法律文件和国别刑法立法例都规定犯罪集团（犯罪组织）的主体人数应为三人或三人以上，值得《澳门刑法典》及澳门涉及有组织犯罪的单行刑事法律参考与采纳。另一方面，从法理上考虑，犯罪集团（犯罪组织）的主体人数也应当区别于一般共同犯罪，要求至少有三人以上，因为犯罪集团（犯罪组织）作为为了

---

① 陈志军．葡萄牙刑法典．北京：中国人民公安大学出版社，2010：138-139.

② 例如，土耳其《1991 年打击恐怖主义法》第 1 条恐怖主义的概念第 2 款规定：“本法所称的组织是由两人或两人以上为了共同目标所组成。”赵秉志，等．外国最新反恐法选编．北京：中国法制出版社，2008：337。

③ 黄风．最新意大利刑法典．北京：法律出版社，2007：148.

④ 肖怡．芬兰刑法典．北京：北京大学出版社，2005：101.

⑤ 王立志．黑山刑法典．北京：中国人民公安大学出版社，2012：174.

⑥ 陈志军．土耳其刑法典．北京：中国人民公安大学出版社，2009：95.

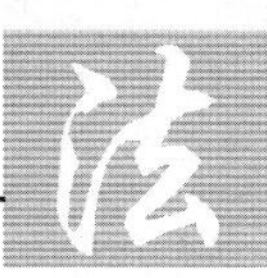

特定的犯罪目的而组织起来共同行动的团体，有一定的组织架构和不同的成员身份（组织者、领导者、骨干成员、一般成员等），具备较多的人数才能保证其组织特征和犯罪特点，三人应为其法定的最低主体人数，实践中往往人数更多。①

三是关于一般共同犯罪暨犯罪组织（犯罪集团）主体人数的规定，应当设置于《澳门刑法典》总则关于共同犯罪的部分，如此方能发挥该规定规制所有一般共同犯罪暨犯罪组织（犯罪集团）的功能；在刑法典有此规定的基础上，若规制某种犯罪组织（如恐怖组织、黑社会组织）的法律有需要，可以照应和采纳刑法典的相关规定，明确其关于犯罪主体人数的要求。

笔者认为，以上三点在澳门特区完善其刑法时应予以考虑。

其二，主观犯罪目的特征方面，恐怖组织旨在通过实施侵害他人人身、危害公共安全的恐怖犯罪活动，达到以暴力阻止、变更或颠覆澳门地区政治、经济或社会制度的正常运行，或者迫使澳门公共当局做出某行为、放弃做出某行为或容忍他人做出某行为，或者威吓居民生命、财产安全的危害结果。

其三，客观行为特征方面，恐怖组织的行为表现为恐怖组织成员在协同下行动，为达到上述犯罪目的而打算实施侵害他人人身权利、危害公共安全等犯罪行为。恐怖组织打算实施的恐怖犯罪活动包括以下六类：一是侵犯生命、身体完整或人身自由的犯罪；二是妨害运输安全及通讯安全（尤其包括电报、电话、电视或电台之通讯）的犯罪；三是借着造成火警，释放放射性物质、有毒或令人窒息的气体，造成水淹或雪崩，使建筑物崩塌，污染供人食用之食物或水，又或散布疾病、蔓延性祸患、有害的植物或动物等，而故意产生公共危险的犯罪；四是破坏罪，指将交通或通讯工具或交通通道、公共事业之设施，又或供应或满足居民根本需要之设施，确定性或暂时性全部或部分破坏，又或使之确定性或暂时性全

① 澳门也有论者曾指出，“就语意而言，所谓组织应是指多人在一定程度上的集合。……一个人、两个人均不能视为是多人，只有三人或三人以上时，方可称为多人。……犯罪组织在成员数量上以最少三人为标准是比较科学的。”徐京辉．澳门惩治有组织犯罪的法律与实务探析//赵国强．澳门刑事法研究（实体法篇）．澳门：澳门基金会，2005：141。

部或部分不能运作或偏离正常用途的行为①；五是研究或发展核子武器、生物武器，或化学武器②；六是有使用核能、火器、核武器、生物武器、化学武器、爆炸性物质、爆炸装置、任何性质的燃烧工具，又或内有特别危害性装置或物质的包裹或信件而作出的犯罪。③

澳门特区反恐刑法中的恐怖组织，就是具备上述三个基本特征的犯罪组织。实施发起、创立、加入、支持、领导、指挥恐怖组织的行为人，依法分别构成发起、创立、加入、支持恐怖组织罪，或者是领导、指挥恐怖组织罪；此外还有预备组成恐怖组织罪。

（2）发起、创立、加入、支持恐怖组织罪。

根据《恐怖犯罪法》第 4 条第 2 款的规定，发起、创立、加入、支持恐怖团体、组织或集团的，构成发起、创立、加入、支持恐怖组织罪。

本罪的犯罪构成特征为：其一，犯罪主体为一般主体。其二，犯罪主观方面出于故意，其犯罪目的在于希望发起、创立、加入、支持恐怖团体、组织或集团，并进而希望通过自己所参与的恐怖组织实施侵害人身、危害公共安全的恐怖犯罪活动，达到以暴力阻止、变更或颠覆澳门地区政治、经济或社会制度的正常运行，或者迫使澳门公共当局做出某行为、放弃做出某行为或容忍他人做出某行为，或者威吓居民生命、财产安全的危害结果。其三，本罪在客观方面表现为，行为人实施了发起、创立、加入恐怖团体、组织或集团，或者对其给予支持，尤其是透过提供情报或者提供物资对恐怖组织给予支持的行为。其四，本罪侵犯的法益，是澳门特区的公共安全和社会秩序的稳定，直接侵害的是不特定多数人的人身和财产安全。

本罪中的“恐怖组织”即“恐怖团体、组织或集团”，应根据《恐怖犯罪法》

---

① 此类犯罪在《澳门刑法典》第 289 条中仅简单规定为“破坏罪”；第 3/2006 号法律《预防及遏止恐怖主义犯罪》将其作了上述具体化的规定。

② 此类犯罪在《澳门刑法典》第 289 条中没有规定，系第 3/2006 号法律《预防及遏止恐怖主义犯罪》所增补。

③ 此类犯罪中的“核武器、生物武器、化学武器”在《澳门刑法典》第 289 条中没有规定，系第 3/2006 号法律《预防及遏止恐怖主义犯罪》所增补。

第4条第1款的规定予以认定。澳门特区立法者认为，恐怖组织是具有特别危险性和巨大危害性的犯罪组织，仅仅是恐怖组织的成立和存在，即已对公共安全造成极大威胁和隐患，所以将发起、成立、加入、支持恐怖组织的行为视为抽象的危险犯，即使排除恐怖组织通常会实施的恐怖活动犯罪，发起、创立恐怖组织等行为，也应视为涉恐犯罪予以惩治与预防。①

本罪的刑事责任规定贯彻了宽严相济的立法精神：其一，根据《恐怖犯罪法》第4条第2款的规定，构成发起、创立、加入、支持恐怖组织罪的，处10～20年徒刑，处罚比较严厉。其二，根据该条第4款的规定，如果具有该条第1款第6项的加重情节，即犯罪人如果是有该项所指的使用核能、火器、核武器、生物武器、化学武器、爆炸性物质、爆炸装置、任何性质的燃烧工具，又或内有特别危害性装置或物质的包裹或信件而作出的犯罪之任一工具的情形，则其刑罚之最低及最高限度均加重1/3，可谓重上加重。因为这些犯罪工具具有较大的杀伤力和破坏性，其危险性较大，所以要加重处罚。其三，构成本罪的，可以并科本法第9条规定的四种附加刑之一种或多种。其四，对于中止犯、准中止犯有减轻处罚或免除处罚的规定。即如行为人阻止恐怖组织之存续，或对此认真做出努力，又或为使当局能避免犯罪的实施而通知当局该等恐怖组织的存在的，可特别减轻处罚，或可不处罚有关事实。这是立足于犯罪预防和减轻、避免犯罪危害的从宽举措。

（3）预备组成恐怖组织罪。

澳门特区刑法以不处罚预备犯为原则。② 但由于澳门特区立法者认为实际组成恐怖组织对重要法益的威胁非常严重，本着防患于未然的立法精神，需要将组成恐怖组织犯罪的法益保护前置，对其预备行为即作为独立的犯罪予以处罚。故在《恐怖犯罪法》第4条第5款规定了预备组成恐怖组织罪。

预备组成恐怖组织罪，即行为人在组成恐怖组织的故意心态支配下，“作出

① 澳门立法会第三常设委员会. 第1/Ⅲ/2006号意见书//澳门特别行政区立法会. 单行刑事法律汇编之预防及遏止恐怖主义犯罪，2010：49.

② 《澳门刑法典》第20条规定：“预备行为不处罚，但另有规定者除外。”

组成恐怖团体、组织或集团的预备行为。”这里，“作出组成恐怖团体、组织或集团的预备行为”，即“发起、创立恐怖组织”的预备行为，如拟定发起、创立恐怖组织的计划，制定恐怖组织的纲领、组织架构、组织纪律，筹集建立恐怖组织所需的经费、交通工具、武器弹药、刀具等凶器，物色参加恐怖组织的同伙，以及筹备成立恐怖组织的其他相关事宜。

根据《恐怖犯罪法》第 4 条第 5 款的规定，构成预备组成恐怖组织罪的，处 1～8 年徒刑；可以并科本法第 9 条规定的附加刑之一种或多种。如果构成本罪的预备行为同时又构成其他犯罪的实行行为的，属于想象竞合犯，形式上触犯两种罪名，应当按照想象竞合犯的处断原则，从一重罪处断。[①] 如行为人通过勒索他人而为成立恐怖组织筹集资金的，形式上同时触犯本罪和《澳门刑法典》第 215 条的勒索罪，勒索罪基本构成的法定刑为 2 年至 8 年徒刑，重于本罪，因而此种情形应以勒索罪定罪处刑。

（4）领导、指挥恐怖组织罪。

根据《恐怖犯罪法》第 4 条第 3 款的规定，领导、指挥恐怖组织罪，是指以实施恐怖活动为目的，领导、指挥恐怖团体、组织或集团的行为。

本罪的犯罪构成特征为：其一，犯罪主体为恐怖组织的领导者或指挥者，他们作为恐怖组织的首领，比恐怖组织中的其他成员具有更大的危险性和危害性。恐怖组织中的领导者与指挥者的关系如何？笔者认为，二者在多数情况下是重合的，即指挥者大抵都可归于领导者，因此，中国内地刑法典第 120 条“组织、领导、参加恐怖组织罪”中就只有领导者而没有指挥者；但澳门《恐怖犯罪法》第 4 条第 3 款之所以在恐怖组织的领导者之外又规定指挥者，应该是认为二者不尽相同，有时或有的指挥者未必是领导者，例如指挥恐怖组织某次活动的人可能就不具备恐怖组织领导者的身份和地位。其二，犯罪主观方面出于故意，其犯罪目的在于希望通过领导、指挥恐怖组织实施侵害人身、危害公共安全的恐怖犯罪活动，达到以暴力阻止、变更或颠覆澳门政治、经济或社会制度的正常运行，或者

① 赵秉志．当代刑法学．北京：中国政法大学出版社，2009：246-248.

迫使澳门公共当局实施或不实施或容忍某行为，或者威吓居民生命、财产安全的危害结果。其三，犯罪客观方面，表现为领导或指挥恐怖组织的行为。“恐怖组织”即“恐怖团体、组织或集团”，应根据《恐怖犯罪法》第 4 条第 1 款的规定来认定。其四，本罪侵犯的法益是澳门特区的公共安全和社会秩序的稳定，直接侵害的是不特定多数人的人身和财产安全。

本罪的刑事责任规范为：其一，根据《恐怖犯罪法》第 4 条第 3 款的规定，构成领导、指挥恐怖组织罪的，处 12～20 年徒刑，此一法定刑显然重于前罪。其二，根据该条第 4 款的规定，如果具有该条第 1 款第 6 项的加重情节，即犯罪人如果有该项所指的使用核能、火器、核武器、生物武器、化学武器、爆炸性物质、爆炸装置、任何性质的燃烧工具，又或内有特别危害性装置或物质的包裹或信件而作出的犯罪之任一工具的情形，则其刑罚之最低及最高限度均加重 1/3。此一加重处罚情形与力度和前罪相当。其三，构成本罪的，可以并科本法第 9 条规定的附加刑之一种或多种。其四，根据该条第 6 款的规定，如行为人阻止恐怖组织之存续，或对此认真做出努力，又或为使当局能避免犯罪的实施而通知当局该等恐怖组织的存在的，此即中止犯、准中止犯的情形，可特别减轻处罚，或可不处罚。此一从宽处遇也与前罪相同。

这里需要讨论一下《恐怖犯罪法》第 4 条规定的两种涉恐怖组织的犯罪（发起、创立、加入、支持恐怖组织罪和领导、指挥恐怖组织罪）分立方面的一个问题。笔者认为，《恐怖犯罪法》第 4 条把“发起、创立恐怖组织”的行为与“加入恐怖组织”的行为等而视之纳入一罪是不妥的，而应当把“发起、创立恐怖组织”的行为与“领导、指挥恐怖组织”的行为大体等同而纳入一罪。因为“发起、创立恐怖组织”的行为之危害性一方面明显要大于“加入恐怖组织”的行为，另一方面又与“领导、指挥恐怖组织”的行为大体相当。[①] 此外，《恐怖犯

① 如中国刑法典第120条即把组织、领导恐怖组织作为一罪规定，并区别于同条的参加恐怖组织罪。其组织、领导恐怖组织罪中的组织行为，大体可以涵盖澳门《恐怖犯罪法》第 4 条中的发起、创立恐怖组织的行为；其中的领导行为，大体可以涵盖澳门《恐怖犯罪法》第 4 条中的领导、指挥恐怖组织的行为。中国内地刑法典中的上述规定，似值得澳门反恐刑法立法参考。

罪法》第4条把“支持”恐怖组织的行为亦纳入组织、加入恐怖组织的犯罪之做法似也值得推敲，因为这样易与后面的资助恐怖主义罪相混淆。

（5）“其他恐怖组织”及其犯罪。

《恐怖犯罪法》第5条规定了“其他恐怖组织”及其犯罪。所谓“其他恐怖组织”，依照该条第1款的规定，是指二人或二人以上的集合，如其在协同下行动，目的系借着做出该法第4条第1款所述的事实，侵犯一国家的完整性或独立，或以暴力阻止、变更或颠覆一国家、地区或国际组织的机构的运作，或迫使有关当局做出某行为、放弃做出某行为或容忍他人做出某行为，又或威吓某些人、某人群或一般居民，只要按有关事实的性质或做出时的背景，该等事实可严重损害该国、地区、国际组织或所威吓的居民，则等同视其为第4条第1款所指的恐怖团体、组织及集团。此即关于国际恐怖组织的规定。国际恐怖组织也应具备前述的恐怖组织的三个特征。相对于《澳门刑法典》第289条恐怖组织罪的规定，本条“其他恐怖组织”的规定被澳门特区立法者认为是2006年《恐怖犯罪法》“所引入的最重要的修改”，该规定之国际恐怖主义与国内恐怖主义的概念大体相同，不同之处在于国际恐怖主义的规定所保护的法益已不是澳门特区的公共安全，而是澳门特区之外的中国其他区域和国际社会的公共安全，因而本条规定体现了“将国际恐怖组织及国际恐怖主义等同于内部恐怖组织及内部恐怖主义”的立法精神，就其“所保障的法益而言，不同之处在于受刑事保护的对象已不是澳门特区及其居民，而是任何国家、国际组织或人民”①。本条规定也体现了澳门特区的反恐立法认同担负防治国际恐怖主义犯罪之国际义务和参与反恐国际合作的立场。

对于构成上述“其他恐怖组织”即国际恐怖主义组织的行为，《恐怖犯罪法》第5条第2款规定：“第四条第二款至第六款的规定，相应适用之。”即相应地，本条也包括三个罪名：A. 发起、创立、加入、支持其他恐怖组织罪；B. 预备

① 澳门立法会第三常设委员会. 第1/Ⅲ/2006号意见书//澳门特别行政区立法会. 单行刑事法律汇编之预防及遏止恐怖主义犯罪，2010：47，51.

组成其他恐怖组织罪；C. 领导、指挥其他恐怖组织罪。对此三罪应按照《恐怖犯罪法》第 4 条规定的法定刑予以适用，同时也可以并科第 9 条规定的附加刑之一种或多种，并适用《恐怖犯罪法》第 4 条规定的中止犯、准中止犯减轻处罚或免除处罚的制度。

2. 实施恐怖主义活动类犯罪

《恐怖犯罪法》第 6 条规定的实施恐怖主义活动类犯罪，是从《澳门刑法典》第 290 条（恐怖主义）的规定发展而来的。2006 年创制的第 3/2006 号法律《预防及遏止恐怖主义犯罪》第 6 条（恐怖主义），增设了本条第 2 款规制第 5 条第 1 款之国际恐怖组织实施的国际恐怖主义犯罪的规定，以及本条第 3 款对恐怖主义犯罪的预备行为处 1～5 年徒刑的规定；2017 年修改《预防及遏止恐怖主义犯罪》的第 3/2017 号法律，将实施恐怖主义活动犯罪的预备行为的处刑修改提高为“处 1～8 年徒刑”。

《恐怖犯罪法》第 6 条（恐怖主义）“对内部和国际的恐怖主义犯罪，或者说，对恐怖主义活动的具体行为的实施及其相关刑罚作出了规定”①：“一、存有第四条第一款所指的意图，而作出该款所指的事实者，处三年至十二年徒刑；如所实施的犯罪的相应刑罚，相等或高于上述刑罚，则处以此相应刑罚，而其最低及最高限度均加重三分之一。二、存有第五条第一款所指的意图，而作出第四条第一款所指的事实者，处以上款相同的刑罚。三、作出以上两款所定恐怖主义犯罪的预备行为者，如按其他法律的规定不科处更重刑罚，则处一年至八年徒刑。四、如行为人因已意放弃其活动、排除或相当程度减轻该活动所引起的危险，或阻止法律拟避免的结果发生，可特别减轻刑罚，或可不处罚有关事实。五、如行为人在收集证据方面提供具体帮助，而该等证据系对识别其他应负责任的人的身份或将之逮捕有决定性作用，可特别减轻刑罚。”

① 澳门立法会第三常设委员会. 第 1/Ⅲ/2006 号意见书//澳门特别行政区立法会. 单行刑事法律汇编之预防及遏止恐怖主义犯罪，2010：51.

按照《恐怖犯罪法》第 6 条的规定，实施恐怖主义活动[①]类型的犯罪，是指以暴力危害澳门特区或中国其他区域或国际社会的和平与安全的一组恐怖犯罪。这是恐怖主义犯罪活动的核心部分，其危害矛头指向他人人身、财产权益和澳门本地与外部的公共安全。具体包括实施恐怖主义活动罪（第 6 条第 1 款）、实施国际恐怖主义活动罪（第 6 条第 2 款）、预备实施恐怖主义活动罪（第 6 条第 3 款及第 1 款）、预备实施国际恐怖主义活动罪（第 6 条第 3 款及第 2 款）。

（1）实施恐怖主义活动罪。

根据《恐怖犯罪法》第 6 条第 1 款的规定，实施恐怖主义活动罪，是指行为人以暴力阻止、变更或颠覆澳门特区政治、经济或社会制度的正常运行，或者迫使澳门公共当局作出某行为、放弃作出某行为或容忍他人做出某行为，或者威吓居民生命、财产安全为目的，而实施的侵害他人人身、财产或危害公共安全的犯罪行为。

本罪的犯罪构成特征为：1）关于本罪的犯罪主体。在 2006 年制定第 3/2006 号法律《预防及遏止恐怖主义犯罪》之前的《澳门刑法典》第 290 条生效的背景下，有的论者认为如恐怖组织罪一样仍是一般主体[②]；另有的论者认为该罪是不纯正的有组织犯罪，即该罪既可以是恐怖犯罪组织的行为，也可以是个人的行为[③]；还有的著作认为本罪的主体与恐怖组织罪的有所不同，“本罪主体是具体实施各种侵害他人人身、财产权益，危害公共安全行为的恐怖组织成员，也不排除参与犯罪行为的组织者、领导者和指挥者”[④]。即主张本罪的主体应为恐怖组织的成员。在笔者看来，本罪的主体应为一般主体，其中主要是恐怖组织的成

① 在《澳门刑法典》第 290 条规定的“恐怖主义”犯罪生效时，该条也被有的论者直接称为“实施恐怖活动罪”。赵秉志. 中国内地与澳门刑法分则之比较研究. 澳门：澳门基金会，1999：206-207；陈海帆，崔建新. 澳门刑法典分则罪名释义. 澳门：澳门基金会，2000：173；赵秉志. 国际恐怖主义犯罪及其防治对策专论. 北京：中国人民公安大学出版社，2005：184。

② 赵秉志. 国际恐怖主义犯罪及其防治对策专论. 北京：中国人民公安大学出版社，2005：185.

③ 徐京辉. 澳门惩治有组织犯罪的法律与实务探析//赵国强. 澳门刑事法研究（实体法篇）. 澳门：澳门基金会，2005：145.

④ 陈海帆，崔建新. 澳门刑法典分则罪名释义. 澳门：澳门基金会，2000：173.

员，也包括个体的恐怖分子。根据《澳门刑法典》第290条第1款和《恐怖犯罪法》第6条第1款一脉相承的规定，二者规定的实施恐怖主义活动罪，均是指存有“恐怖组织”法条之犯罪意图，而实施恐怖组织所意图实施之犯罪的行为。由此法律规定可见，“立法者是将实施恐怖活动罪作为组织、领导、参加恐怖组织罪的衍生罪加以规定的。事实上，实施恐怖活动罪的确也是与组织、领导、参加恐怖组织罪密切相关的犯罪。……尽管实施恐怖活动罪通常是由恐怖组织所实施，但是无论从理论上分析，还是从实践中考察，均不应排除非组织性的个人实施恐怖主义行为的可能性”[①]。从实践需要考虑，如果将实施恐怖主义活动罪的主体限于恐怖组织的成员，那么对近年来不乏出现的“独狼式”恐怖活动犯罪该如何处置？对此种犯罪情形若不以本罪惩治，又有其他何种涉恐罪名可以惩治？而且，从法理上分析，把本罪的主体解读为包括个体恐怖分子，并不违背而恰恰是符合《澳门刑法典》第290条第1款和《恐怖犯罪法》第6条第1款之规定的。因为法律规定的是怀有恐怖组织之主观意图（即恐怖主义的主观目的）而实施恐怖组织所欲实施的种种恐怖主义犯罪活动的行为，法律并未限定行为人必须具有恐怖组织成员的身份；而恐怖主义的主观目的既可以为恐怖组织及其成员所存有，当然也可以为个体恐怖分子所怀有。2）本罪的主观方面出于故意，其犯罪意图，在于通过实施侵害他人人身、危害公共安全的恐怖犯罪活动，希望达到以暴力阻止、变更或颠覆澳门地区政治、经济或社会制度的正常运行，或者迫使澳门公共当局作出某行为、放弃作出某行为或容忍他人做出某行为，或者威吓居民生命、财产安全的危害结果。3）本罪的客观方面表现为，行为人在存有上述恐怖主义意图并受其支配的情况下，实施以下六类犯罪行为：一是侵犯生命、身体完整或人身自由的犯罪；二是妨害运输安全及通讯安全（尤其包括电报、电话、电视或电台之通讯）的犯罪；三是借着造成火警，释放放射性物质、有毒或令人窒息的气体，造成水淹或雪崩，使建筑物崩塌污染供人食用之食物或水，又或散布疾病、蔓延性祸患、有害的植物或动物等，而故意产生公共危险的犯罪；四是破坏

① 赵秉志. 国际恐怖主义犯罪及其防治对策专论. 北京：中国人民公安大学出版社，2005：184.

罪，指将交通或通讯工具或交通通道、公共事业之设施，又或供应或满足居民根本需要之设施，确定性或暂时性全部或部分破坏，又或使之确定性或暂时性全部或部分不能运作或偏离正常用途的行为；五是研究或发展核子武器、生物武器、或化学武器；六是有使用核能、火器、核武器、生物武器、化学武器、爆炸性物质、爆炸装置、任何性质的燃烧工具，又或内有特别危害性装置或物质的包裹或信件而作出的犯罪。4）本罪侵犯的法益，是澳门特区社会秩序的稳定和公共安全。

关于本罪的定罪，应当注意以下两点：1）根据《澳门刑法典》分则，实施本罪客观方面列举的前四类危害行为，均可构成各自相应的普通犯罪之罪名，但一旦行为人存有本罪之特定意图和目的，即通过实施这些类型的犯罪行为而妨碍澳门本地区已确立的各项制度之正常运作或威胁公共安全之目的的，一律按本罪即实施恐怖主义活动罪定罪量刑。这里，实施恐怖主义活动罪和《澳门刑法典》分则中的其他相应罪名存在着法条竞合关系，本罪即实施恐怖主义活动罪是特殊法条，应当优先适用。2）根据《恐怖犯罪法》第 6 条第 1 款和第 4 条第 1 款第 5 项、第 6 项的规定，实施本罪客观方面所列举的后两类危害行为，即研究或发展核子武器、生物武器、或化学武器的（第 5 项）；以及有使用核能、火器、核武器、生物武器、化学武器、爆炸性物质、爆炸装置、任何性质的燃烧工具，又或使用内有特别危害性装置或物质的包裹或信件而实施危害行为的（第 6 项），均构成本罪。笔者理解，其立法原意意味着只要使用这些工具、物质实施危害行为的，不论刑法典中有无相应的罪名，也不论其行为的具体情节如何，一律构成实施恐怖主义活动罪。这体现了对使用这些具有巨大危害性和高度危险性的工具、物质实施犯罪必须从严惩处的立法思想。

本罪的刑事责任规定如下：1）对本罪的处罚明显重于相应的普通犯罪。鉴于本罪所包含的多种犯罪行为与多种普通犯罪存在法条竞合关系，《恐怖犯罪法》第 6 条第 1 款前半段先就实施恐怖主义活动罪规定了一个基础的量刑幅度：犯实施恐怖主义活动罪的，处 3 年至 12 年徒刑，即构成本罪的其处罚不能低于此一量刑幅度；按照该条第 1 款后半段的规定，如果所实施的犯罪按其所触犯的普通犯罪罪名的相应刑罚等于或高于 3 年至 12 年徒刑之量刑幅度的，则处法律对相

应的普通犯罪规定的刑罚，且所处刑罚的最低及最高限度均加重1/3。即在这种法条竞合的情形下，按照重法优于轻法的原则适用法律，并在此基础上再加重其刑，从而体现了对实施恐怖主义活动犯罪在量刑上一律明显重于相应的普通犯罪的立法精神。笔者理解，本罪即实施恐怖主义活动罪亦为刑法理论所言的当代许多国家反恐刑法之恐怖活动罪中的核心罪名，因而予以特别重视，重点防治。2）构成本罪的，可以并科本法第9条规定的附加刑之一种或多种。3）本罪规定有两种特别减轻情节。《澳门刑法典》中有总则规定的特别减轻情节和分则规定的特别减轻情节之分。[①]《恐怖犯罪法》第6条第4款、第5款规定了本罪的两种特别减轻情节：一是行为人因己意放弃其犯罪活动、排除或在相当程度上减轻该犯罪活动所引起的危险，又或阻止法律拟避免的结果发生的，得特别减轻刑罚，或者得不处罚（第4款）。此种情形为中止犯或准中止犯。二是如果行为人在收集证据方面提供具体帮助，而该等证据系对识别其他应负责任者之身份或将之逮捕起决定性作用者，亦得特别减轻刑罚（第5款）。此种情形相当于中国内地刑法中的坦白和立功。《恐怖犯罪法》关于实施恐怖主义活动罪的之刑事责任的上述从重处罚和特别减轻处罚或免除处罚的双重规定，表现出其反恐刑法之区别对待的科学性和合理性，值得肯定。

（2）实施国际恐怖主义活动罪。

根据《恐怖犯罪法》第6条第2款的规定，实施国际恐怖主义活动罪，是指行为人存有第5条第1款所指的意图，而作出该法第4条第1款所述的事实。即行为人怀有国际恐怖主义的犯罪目的，而实施该法第4条第1款所列的六类犯罪的行为。其犯罪构成特征与实施恐怖主义活动罪大体相同，主要区别在于其犯罪主观方面具有国际恐怖主义的犯罪目的，其犯罪客体是澳门境外中国其他区域和国际社会的和平与公共安全。

关于本罪的刑事责任：其一，根据《恐怖犯罪法》第6条第2款的规定，对国际恐怖主义犯罪行为的定罪处罚，适用与本条第1款（实施恐怖主义活动罪）

① 赵秉志. 中国内地与澳门刑法总则之比较研究. 澳门：澳门基金会，2000：336.

相同的刑罚。即其基础法定刑为3～12年徒刑；如果所实施的犯罪行为所触犯的普通犯罪的相应刑罚等于或高于3～12年徒刑的，则适用该普通犯罪的相应刑罚，同时其最低刑及最高刑均再加重1/3。其二，构成本罪的，可以并科本法第9条规定的附加刑之一种或多种。其三，根据《恐怖犯罪法》第6条第4款、第5款的规定，对于本罪的中止犯和准中止犯，可特别减轻处罚或不处罚；对于类似坦白、立功的情形，可特别减轻处罚。

（3）预备实施恐怖主义活动罪；预备实施国际恐怖主义活动罪。

鉴于实施恐怖主义活动巨大的社会危害性和危险性，按照《恐怖犯罪法》第6条第3款的规定，预备实施本条第1款和第2款犯罪的行为均被规定为犯罪并予以处罚，并且是分别构成两种预备性质的独立罪名：其一，预备实施本条第1款之犯罪行为的，即预备实施危害澳门的恐怖主义活动的，构成预备实施恐怖主义活动罪；其二，预备实施本条第2款之犯罪行为的，即预备实施危害中国其他区域或国际社会的恐怖主义活动的，构成预备实施国际恐怖主义活动罪。

上述两种犯罪的刑事责任为：构成上述两种犯罪，如按其他法律的规定不科处更重刑罚的，处1～8年徒刑；如其他法律的处罚更重的，则择重适用其他法律的刑罚。同时，构成上述两种犯罪的，可以并科本法第9条规定的附加刑之一种或多种。本条第4款和第5款设置的对中止犯、准中止犯、坦白、立功情形可特别减轻处罚或免除处罚的制度，也适用于上述二罪。

3. 其他方式的恐怖主义类犯罪

如前所述，2017年第3/2017号法律所作的一个重要的补充，就是在第3/2006号法律第6条规定的“恐怖主义”核心罪名的基础上，增补了第6-A条“其他方式的恐怖主义”犯罪，以涵盖联合国安理会第2178（2014）号决议所指的关于外国恐怖主义战斗人员的各种犯罪行为，从而填补第3/2006号法律这方面的空白。①

① 澳门特区政府：《修改第2/2006号法律〈预防及遏止清洗黑钱犯罪〉及第3/2006号法律〈预防及遏止恐怖主义犯罪〉（法案）理由陈述》（2017年5月11日）。

经第 3/2017 号法律修正的《恐怖犯罪法》第 6-A 条（其他方式的恐怖主义）规定："一、存有第六条第一款或第二款所指的意图，而以任何途径前往或企图前往非其国籍国或居住国的地方，以便接受训练、提供后勤支持或培训他人，从而作出该两款所定事实者，处一年至八年徒刑。二、存有第六条第一款或第二款所指的意图，而以任何途径前往或企图前往非其国籍国或居住国的地方，以便加入恐怖组织或作出该两款所定事实者，处一年至八年徒刑。三、组织、资助或协助以上两款所定的前往或企图前往他地者，处一年至八年徒刑。"

据此法条规定，其他方式的恐怖主义类犯罪，是指行为人在国内或国际恐怖主义犯罪目的的驱使下，实施与外国恐怖主义战斗人员相关的行为。具体而言，笔者认为，本条规定即其他方式的恐怖主义类犯罪包含四种具体的罪名。

（1）赴国外意图接受涉恐训练、提供涉恐后勤支持或培训罪。

根据《恐怖犯罪法》第 6-A 条第 1 款的规定，本罪是指行为人在国内或国际恐怖主义犯罪目的的驱使下，以任何途径前往或企图前往非其国籍国或居住国的地方，以便接受恐怖主义训练、为恐怖主义提供后勤支持或者对他人进行恐怖主义培训，从而实施恐怖主义犯罪的行为。

本罪的构成特征为：犯罪主体为一般主体，包括澳门特区的居民暨身在澳门特区的外国人；犯罪主观方面出于故意，行为人具有实施恐怖主义活动的目的；犯罪客观方面，表现为行为人前往或企图前往非其国籍国或居住国的地方，以便接受恐怖主义训练、为恐怖主义提供后勤支持或者对他人实行恐怖主义培训，从而实施恐怖主义犯罪的行为；犯罪客体为澳门特区和国际社会的公共安全。

构成本罪的，处 1～8 年徒刑；可以并科《恐怖犯罪法》第 9 条所规定的附加刑之一种或多种。

（2）赴国外意图加入恐怖组织或实施恐怖主义行为罪。

根据《恐怖犯罪法》第 6-A 条第 2 款的规定，本罪是指行为人在国内或国际恐怖主义犯罪目的的驱使下，以任何途径前往或企图前往非其国籍国或居住国的地方，意图加入恐怖组织或实施恐怖主义犯罪活动的行为。本罪的构成特征，犯罪主体、犯罪主观方面和犯罪客体均与上罪大体相同；在犯罪客观方面，本罪表现为行为人前往或企图前往非其国籍国或居住国的地方，意图加入恐怖组织或实施恐怖主义犯罪活动的行为。对本罪的处罚与上罪相同，即处1～8年徒刑；可以并科本法第9条规定的附加刑之一种或多种。

（3）组织或帮助赴国外接受涉恐训练、提供涉恐后勤支持或培训罪；组织或帮助赴国外加入恐怖组织或实施恐怖主义行为罪。

根据《恐怖犯罪法》第6-A条第3款的规定，对于组织、资助或协助本条第1款、第2款规定的两种犯罪活动者，处1～8年徒刑。关于第3款的这一规定，有一个法理问题首先需要明确：即第3款与第1款、第2款是什么关系？亦即第3款规定的组织、资助或协助第1款、第2款的行为，应视为第1款、第2款犯罪的共犯，还是另外成立独立的罪名？笔者认为，由于第3款的规定包含了独立的罪状和法定刑，因而应视为不同于第1款和第2款的独立的罪名，这也是澳门反恐刑法将原本的共犯行为予以正犯化规制的适例，类似于中国内地刑法典第120条之一设立的帮助恐怖活动罪，表现了强化反恐刑法的精神。进而言之，《恐怖犯罪法》第6-A条第3款的规定，包含了两种罪名：一是组织或帮助赴国外接受涉恐训练、提供涉恐后勤支持或培训罪，二是组织或帮助赴国外加入恐怖组织或实施恐怖主义行为罪。

上述两种犯罪的构成特征为：犯罪主体均为一般主体；犯罪主观方面均出于故意，犯罪动机则可能有所不同；犯罪客体均为澳门特区或中国其他区域或国际社会的公共安全。在犯罪客观方面，组织或帮助赴国外接受涉恐训练、提供涉恐后勤支持或培训罪，表现为对意图赴国外接受涉恐训练、提供涉恐后勤支持或培训者予以组织、资助或协助的行为；组织或帮助赴国外加入恐怖组织或实施恐怖主义行为罪，表现为对意图赴国外加入恐怖组织或实施恐怖主义行为者予以组织、资助或协助的行为。

关于上述二罪中的资助行为与本法第7条（资助恐怖主义罪）的关系。上述二罪中的资助行为从广义上讲也是一种资助恐怖主义的行为，因而规定上述二罪的《恐怖犯罪法》第6条第3款与第7条属于部分内容重合的法规竞合关系，第6条第3款属于特别规定（特定的资助行为），第7条属于普通规定，“法规竞合

的处理原则应以特别法优于普通法为原则”①，因而第 6 条第 3 款之特定的资助行为应论以该条规定的上述犯罪，而不适用第 7 条资助恐怖主义罪定罪处罚。

根据《恐怖犯罪法》第 6-A 条第 3 款的规定，对构成上述二罪的，均为处 1 年至 8 年徒刑；且均可以并科处该法第 9 条规定的附加刑之一种或多种。

4. 资助恐怖主义罪

为应对近年来愈演愈烈的资助恐怖主义的危害行为，联合国 1999 年 12 月 9 日订立的《制止向恐怖主义提供资助的国际公约》第 2 条第 1 款规定，任何人以任何手段，直接或间接地非法和故意地提供或募集资金，其意图是将全部或部分资金用于，或者明知全部或部分资金将用于实施公约所指的恐怖主义活动的，即应构成犯罪并予以刑罚处罚；公约第 4 条规定，每一缔约国都应酌情采取措施在本国法中规定第 2 条所述罪行为刑事犯罪，并根据罪行的严重性质以适当的刑罚予以惩治。② 在美国“9.11”恐怖袭击事件发生后不久，联合国安理会于 2011 年 9 月 28 日通过了以反恐为主题的《第 1373（2001）号决议》，该决议第 1 条要求所有成员国应防止和制止资助恐怖主义的行为，并将以任何手段直接或间接和故意提供或筹集资金，意图将这些资金用于恐怖主义行为或知晓资金将用于此种行为的资助恐怖主义行为认定为犯罪。③ 上述关于打击资助恐怖主义的联合国公约和安理会决议，均对澳门特区具有约束力。

为响应联合国及安理会的号召，贯彻上述联合国公约和安理会决议，澳门立法会在创制第 3/2006 号法律《预防及遏止恐怖主义犯罪》时，以第 7 条将资助恐怖主义行为设置为独立罪名④，其规定为：“意图全部或部分资助作出恐怖主义行为，而提供或收集资金者，如按以上各条的规定不科处更重刑罚，则处一年至八年徒刑。”之后经过 11 年，澳门立法会在 2017 年又以第 3/2017 号法律对该

① 赵秉志. 当代刑法学. 北京：中国政法大学出版社，2009：425.

② 段洁龙，徐宏. 最新国际反恐法律文件汇编. 北京：中国民主法制出版社，2016：71-72.

③ 同②272.

④ 澳门特区政府《预防及遏止恐怖主义犯罪》法案理由陈述//澳门特别行政区立法会. 单行刑事法律汇编之预防及遏止恐怖主义犯罪，2010：17-18.

罪的法条作了大幅度的修改补充，其修法背景和意图是：鉴于反洗钱金融行动特别工作组（FATF）的40项建议已修订完毕，澳门反恐刑法中资助恐怖主义的概念亦须做相应修订，以“伸延资助恐怖主义犯罪的范围至经济资源或任何类型的财产，以及可转化为资金的产品或权利，务求将与资助恐怖主义相关的一切财产均涵盖在内”；“此外，亦有需要将资助恐怖主义组织及恐怖分子的行为涵盖于资助恐怖主义犯罪的范围内，即使与特定的恐怖主义行为无联系者亦然”①。

经2017年修改而重新公布的《恐怖犯罪法》第7条（资助恐怖主义）规定：“一、意图全部或部分资助实施恐怖主义而提供或收集资金、经济资源或任何类型的财产，以及可转化为资金的产品或权利者，如按以上各条的规定不科处更重刑罚，则处一年至八年徒刑。二、如资助作下列用途，则属作出上款所定的不法行为：（一）作出特定的恐怖主义行为；（二）供恐怖组织或恐怖分子用于与实施恐怖主义有关的任何用途，即使该资助与作出任何特定的恐怖主义行为无关者亦然。”根据现行《恐怖犯罪法》上述第7条的规定，资助恐怖主义罪，是指意图全部或部分资助实施恐怖主义行为而提供或收集资金、经济资源、任何类型的财产或可转化为资金的产品或权利的行为。

本罪的构成特征为：（1）犯罪主体为一般主体。（2）犯罪主观方面为故意心态，其故意的内容系意图为实施恐怖主义行为提供或筹集全部或部分的资金、物资等经济支持。（3）本罪客观方面表现为为资助恐怖主义行为实施而提供或筹集资金、物资等的行为，其行为类型有两种：一为向恐怖主义行为实施提供资金、物资等的行为，二为基于资助恐怖主义行为意图而筹集资金、物资等的行为；其提供、筹集行为的对象，包括资金、经济资源、任何类型的财产、可转化为资金的产品、可转化为资金的权利。（4）本罪侵犯的法益，为澳门特区的公共安全，以及国际社会的安全与和平。

关于本罪之资助恐怖主义行为的认定，《恐怖犯罪法》第7条第2款列举了

① 澳门特区政府：《修改第2/2006号法律〈预防及遏止清洗黑钱犯罪〉及第3/2006号法律〈预防及遏止恐怖主义犯罪〉（法案）理由陈述》（2017年5月11日）。


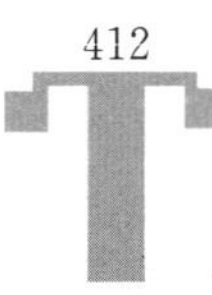

两种情形：一是行为人资助恐怖组织或恐怖犯罪实施特定的恐怖主义行为的，自当认定为本罪的资助恐怖主义行为；二是只要能确认行为人对恐怖组织或恐怖分子的资助用于与其实施恐怖主义行为有关的任何用途，即可认定为本罪的资助恐怖主义行为，即使该资助与恐怖组织或恐怖分子实施任何特定的恐怖主义行为无关者亦然，即只要能确定行为人向恐怖组织或恐怖分子提供资助是为了支持其从事恐怖活动即可。

本罪的刑事责任为：根据《恐怖犯罪法》第 7 条第 1 款的规定，构成资助恐怖主义行为的，“如按以上各条的规定不科处更重刑罚，则处一年至八年徒刑”[①]。那么，《恐怖犯罪法》“以上各条”罪名的法定刑如何？第 4 条（恐怖组织）和第 5 条（其他恐怖组织）中设置的发起、创立、加入、支持恐怖组织罪和发起、创立、加入、支持其他恐怖组织罪的法定刑均为 10 年至 20 年徒刑，领导、指挥恐怖组织罪和领导、指挥其他恐怖组织罪的法定刑均为 12 年至 20 年徒刑；第 6 条（恐怖主义）中实施恐怖主义活动罪和实施国际恐怖主义活动罪的法定刑均为 3 年至 12 年徒刑；第 6-A 条（其他方式的恐怖主义）中各罪的法定刑均为 1 年至 8 年徒刑。比较衡量可知，对于行为人资助恐怖主义的行为，如果能够认定为第 4 条、第 5 条中的支持恐怖组织的犯罪或者第 6 条中的实施恐怖主义活动罪、实施国际恐怖主义活动罪之共犯的，应适用这些犯罪较重的法定刑处罚；其余的只能认定为资助恐怖主义罪，依法适用本罪 1 年至 8 年的法定刑处罚，即择重适用刑罚。此外，构成本罪的，可以并科本法第 9 条规定的附加刑之一种或多种。

5. 煽动恐怖主义罪

《澳门刑法典》关于恐怖主义犯罪的立法，仅有第 289 条规定的恐怖组织罪和第 290 条规定的恐怖主义罪；《澳门刑法典》中关于煽动型的犯罪，则只有第

① 这一处罚原则为第 3/2006 号法律《预防及遏止恐怖主义犯罪》第 7 条所订立（澳门特别行政区立法会. 单行刑事法律汇编之预防及遏止恐怖主义犯罪，2010：12）。2017 年之修改本法对本罪沿用了此一处罚原则。

286 条的公然教唆犯罪与之相近。澳门特区第 3/2006 号法律《恐怖犯罪法》之第 8 条创设了煽动恐怖主义罪，其立法动因是澳门特区在反恐领域要使其现行法律适应“9.11”恐怖袭击事件后恐怖主义所呈现的跨国性特征，并注意到了联合国安理会第 1617 号决议对煽动恐怖主义的关注，所以决定增设本罪，“将公然煽动他人作出恐怖主义行为及组成恐怖团体、组织或集团者定为犯罪。”[①] 澳门特区第 3/2017 号法律修改第 3/2006 号法律时，对其第 8 条（煽动恐怖主义）未作修改而继续沿用。

根据现行的《恐怖犯罪法》第 8 条（煽动恐怖主义）的规定，公然及直接煽动他人作出恐怖主义行为或组成恐怖团体、组织或集团者，构成煽动恐怖主义罪。

本罪的犯罪构成特征为：(1) 本罪主体为一般主体，即具备一般犯罪主体资格者（达到刑事责任年龄并具备刑事责任能力者）均可构成，但从犯罪实际情况看多为恐怖组织成员，也可包括个体恐怖分子以及受恐怖主义思想影响的其他人员。(2) 本罪主观方面出于故意，其犯罪目的为煽动他人实施恐怖犯罪活动或者组成恐怖组织。(3) 本罪客观方面，表现为公然及直接煽动他人实施恐怖主义犯罪活动或者组成恐怖组织的行为。关于本罪的客观行为，应当明确其必须具备的三个要点：其一，本罪的行为是一种煽动恐怖主义的行为。所谓“煽动”，是指以口头、书面、视频、音频等方式对他人进行鼓动、宣传，意图使他人产生犯意，从而去实施所煽动的行为。本罪煽动的具体内容，包括致使他人实施恐怖主义犯罪活动，或者组成恐怖组织。[②] 其二，本罪是一种公然煽动恐怖主义的行为。所谓“公然”煽动，即行为人在公共场所对多数人或不特定人为对象，这种情形可以表现为在公共场所或集会的演讲，或者透过社会媒体包括互联网，或者

① 澳门特区立法会第三常设委员会. 第 1/Ⅲ/2006 号意见书//澳门特别行政区立法会. 单行刑事法律汇编之预防及遏止恐怖主义犯罪，2010：47，55. 联合国安理会第 1617 号决议，对恐怖组织及其成员利用社会媒体，包括互联网，宣传恐怖主义及煽动实施恐怖暴力活动，表示关注。

② 赵秉志.《中华人民共和国刑法修正案（九）》理解与适用. 北京：中国法制出版社，2016：120.

通过散发、派发传单或其他文件的方式，进行恐怖主义的鼓动、宣传。① 其三，本罪是一种直接煽动恐怖主义的行为。所谓“直接”煽动，即行为人公然煽动的内容为明确指向鼓动、唆使对方实施恐怖主义犯罪活动或者组成恐怖组织，而不包括隐晦或默示的方式。怎样理解本罪法条所说的“公然及直接煽动他人作出恐怖主义行为或组成恐怖团体、组织或集团”的两种煽动的内容？所谓“作出恐怖主义行为”，有的论者认为，是指作出本法第 4 条所列恐怖主义行为或煽动组成恐怖团体、组织或集团②，如此理解即只限于本法第 4 条所列的六类恐怖主义犯罪活动及组成恐怖组织；笔者认为对这里的“作出恐怖主义行为”应做广义的理解，除本法第 4 条所列举的六类恐怖主义犯罪活动当然包括在内外，还应包括本法第 7 条的资助恐怖主义罪以及其他各种属于恐怖主义的犯罪。所谓“组成恐怖团体、组织或集团”，笔者认为也应作广义理解，即应包括组成恐怖组织以及加入恐怖组织的行为。(4) 本罪侵犯的法益，是澳门特区暨国际社会的公共安全。

澳门特区政府在 2006 年起草《恐怖犯罪法》设立本罪时指出，要注意把煽动恐怖主义罪与刑法典中的公然教唆犯罪罪相区别。③《澳门刑法典》分则第四编第五章第 286 条规定的公然教唆犯罪罪，是妨害公共安宁罪的一种，是指在公开集会中，透过社会传播媒介，或借着散布文书或其他以技术复制信息之方法，引起或煽动他人实施某一犯罪的行为。构成公然教唆犯罪罪的，如按其他法律之规定不科处更重的刑罚的，则处最高 3 年徒刑或科罚金。公然教唆犯罪罪与煽动恐怖主义罪是普通法与特殊法的关系，公然教唆犯罪罪是普通法，煽动恐怖主义罪是特殊法、也是重法，二者发生法条竞合，按照法条竞合时适用法律的原则（以适用特殊法为原则，以适用重法为补充）④，自然应适用《恐怖犯罪法》

---

① 澳门特区立法会第三常设委员会. 第 1/Ⅲ/2006 号意见书//澳门特别行政区立法会. 单行刑事法律汇编之预防及遏止恐怖主义犯罪，2010：54.

② 方泉. 澳门特别刑法概论. 澳门：澳门基金会，北京：社会科学文献出版社，2014：67.

③ 澳门特区政府.《预防及遏止恐怖主义犯罪》法案理由陈述//澳门特别行政区立法会. 单行刑事法律汇编之预防及遏止恐怖主义犯罪，2010：20.

④ 赵秉志. 当代刑法学. 北京：中国政法大学出版社，2009：425-426.

的煽动恐怖主义罪。

本罪的刑事责任为：构成煽动恐怖主义罪的，处1～8年徒刑；可以并科本法第9条规定的附加刑之一种或多种。

（三）相关刑罚制度

1. 对恐怖犯罪配置的附加刑

第3/2006号法律《预防及遏止恐怖主义犯罪》第9条（附加刑）专条规定了对本法设立的恐怖犯罪适用的附加刑；第3/2017号法律修改第3/2006号法律时，没有修改其第9条，而是完全保留和沿用了该条文。

如同大陆法系国家和地区刑法典的通例，澳门刑法中的刑罚体系亦是由主刑和附加刑两大类型所组成。主刑，是指可以独立适用于一切犯罪的基本刑罚；附加刑，是指补充主刑适用的刑罚。根据《澳门刑法典》总则第三编第二章的规定，澳门刑法中的主刑包括徒刑和罚金两种。按照《澳门刑法典》的规定和刑法理论，徒刑和罚金这两种主刑只能分别独立适用，不能同时适用，即二者只能选科而不能并科；但在澳门特区一些特别刑法中，亦有徒刑和罚金并科的规定，如第10/78/M号法律《订立在本地区贩卖、陈列及展出色情及猥亵物品》第4条第1款即有并科徒刑与罚金的规定。① 根据《澳门刑法典》总则第三编第三章及分则有关条文的规定，《澳门刑法典》中的附加刑有四种：总则部分规定了“禁止执行公共职务”（第61条）和“中止执行公共职务”（第62条）两种附加刑；分则部分规定的两种附加刑是“停止亲权、监护权或保佐权”（第173条，适用于分则第一编第五章侵犯性自由及性自决罪的被判刑人）和“剥夺选举权或被选举权”（第238条，适用于分则第三编危害和平及违反人道罪的被判刑人；第307条，适用于分则第五编第一章妨害政治、经济及社会制度罪的被判刑人）。而澳门特别刑法中规定的附加刑，则种类繁多，除上述《澳门刑法典》规定的四种附加刑外，还有：中止政治权利，剥夺获公共部门或实体给予津贴或补贴的权利，禁止从事须具公共凭证或获公共当局许可或批准方得从事的职业或活动，禁止在

① 徐京辉．澳门刑法总论．澳门：澳门基金会，北京：社会科学文献出版社，2017：492.

公法人、纯为公共资本或大多数为公共资本的企业、在公共服务或财货的承批企业担任管理、监察或其他性质的职务，禁止与某些人士接触，禁止在专营公司执行任何职务，停止亲权、监护权、保佐权及财产管理权，停止驾驶机动车辆、飞行器或船只的权利，禁止进行活动，禁止进入某些场合或地点，受法院强制命令约束，禁止离开本地区或未经许可下离境，驱逐出境或禁止进入澳门特区，暂时封闭场所，永久封闭场所，公开有罪裁判，由法院解散，等等。作为适用主刑时补充适用的刑罚，附加刑只能随主刑适用，而不能独立适用。[①]

现行的《恐怖犯罪法》第9条（附加刑）规定："一、对于因犯第四条至第八条所指犯罪而被判刑者，经考虑该事实的严重性，以及该事实在行为人公民品德方面所反映出的情况后，可科处下列附加刑：（一）中止政治权利，为期二年至十年；（二）禁止执行公共职务，为期十年至二十年；（三）被驱逐出境或禁止进入澳门特别行政区，为期五年至十年，但仅以非本地居民的情况为限；（四）受法院强制命令约束。二、附加刑可予并科。三、行为人因诉讼程序中的强制措施、刑罚或保安处分而被剥夺自由的时间，不计入第一款（一）及（二）项所指的期间内。"

正确理解和适用《恐怖犯罪法》第9条关于恐怖犯罪之附加刑的上述规定，笔者认为，应当把握以下几点。

（1）关于上述附加刑的适用对象。

《恐怖犯罪法》第9条的规定为"因犯第四条至第八条所指犯罪而被判刑者"，笔者认为应当涵盖《恐怖犯罪法》所规定的所有恐怖犯罪的被判刑人，既包括第3/2006号法律第4～8条所规定的恐怖犯罪的被判刑人，也包括第3/2017号法律所增补的第6-A条其他方式的恐怖主义罪的被判刑人。简言之，所有恐怖犯罪之被判刑人均应纳入适用《恐怖犯罪法》第9条规定的附加刑之范围。笔者认为作上述广义的解读是符合相关法理和司法实务需要的，如果笔者的解读也

① 徐京辉. 澳门刑法总论. 澳门：澳门基金会，北京：社会科学文献出版社，2017：492，497-498.

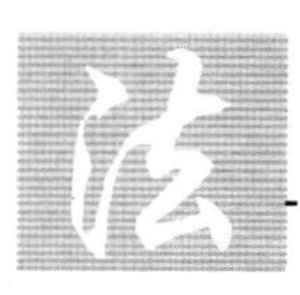



符合《恐怖犯罪法》第9条所欲表达的立法意图，则笔者建议《恐怖犯罪法》上述“因犯第四条至第八条所指犯罪而被判刑者”的规定即应予以适当的修改，明确涵盖《恐怖犯罪法》所规定的所有恐怖犯罪的被判刑人。

（2）关于上述附加刑的适用条件。

第9条的规定要求“考虑该事实的严重性，以及该事实在行为人公民品德方面所反映出的情况”。即是否科处附加刑以及科处何种附加刑，要考察两个条件：一是该恐怖犯罪的严重性，通过犯罪性质、犯罪情节和犯罪后果等予以考察；二是通过犯罪事实考察行为人的主观恶性和人身危险性。

（3）关于上述附加刑的刑罚内容。

上述附加刑包括以下四种。

其一，中止政治权利，为期2年至10年。澳门特区居民（包括永久性居民和非永久性居民）[①] 所享有的政治权利规定于《澳门基本法》第26条和第27条：“澳门特别行政区永久性居民依法享有选举权和被选举权”（第26条）；“澳门居民享有言论、新闻、出版的自由，结社、集会、游行、示威的自由，组织和参加工会、罢工的权利和自由”（第27条）。恐怖犯罪之被判刑人在被判处中止政治权利期间，停止享有其相应的政治权利。

其二，禁止执行公共职务，为期10年至20年。禁止执行公共职务，也是《澳门刑法典》总则第61条对公务员职务犯罪设置的一种附加刑[②]，是指禁止行为人在一定时间内执行公共职务或须具公共资格或须获公共当局许可或认可方得

---

① 《澳门基本法》第24条规定：“澳门特别行政区居民，简称澳门居民，包括永久性居民和非永久性居民。”

② 《澳门刑法典》第61条（执行公共职务之禁止）规定：“一、公务员在其被任用、委任或选出从事之活动中实施犯罪而被处以超逾三年之徒刑，且所作之事实属下列情况者，亦禁止执行该等职务，为期二年至五年，但不影响法律规定之特别制度：a）在明显及严重滥用其职务或明显及严重违反其职务所固有之义务下作出者；b）显示在担任官职时有失尊严者；或c）引致丧失执行该职务所需之信任者。二、上款之规定，相应适用于须具公共资格或须获公共当局许可或认可方得从事之职业或业务。三、行为人因法院之裁判而被剥夺自由之时间，不算入禁止期间内。四、如因同一事实而依据第九十二条之规定科处禁止从事业务之保安处分，则不科处禁止从事职业之附加刑。五、公务员因实施犯罪而被判刑者，法院须将该判刑通知其所从属之当局。”

从事的职业或业务。刑法典中此一附加刑适用的条件为：适用对象须是在从事职务活动中犯罪且被判刑超过 3 年徒刑者；该犯罪是在明显及严重滥用其职务或明显及严重违反其职务所固有之义务下作出的，或该犯罪显示该公务员在担任职务时有失尊严，或该犯罪引致其丧失执行该职务所需之信任。刑法典中此一“禁止执行公共职务”的期间为 2 年至 5 年，行为人因法院裁判而被剥夺自由的时间不计入禁止执行公共职务的时间内。但《恐怖犯罪法》第 9 条所规定的对恐怖犯罪之被判刑人适用的“禁止执行公共职务”的附加刑，显然要比《澳门刑法典》中的此一附加刑严厉得多：一是凡恐怖犯罪之被判刑人皆可适用；二是行为人被判刑即可适用，而不要求判刑超过 3 年徒刑；三是禁止的时间为 10 年至 20 年，大大超过《澳门刑法典》之 2 年至 5 年。

其三，驱逐出境或禁止进入澳门特区。适用于非澳门特区居民，为期 5～10 年。

其四，受法院强制命令约束。“透过该机制，法官可命令被判刑者遵守一些被视为最符合具体个案的禁止性规定及行为规则”[①]，如禁止或限制行为人在澳门特区的活动。

（4）关于上述附加刑的科处。

行为人因犯恐怖罪行被判处徒刑的，可科处上述附加刑（本条第 2 款）。所谓“可科处”，属于授权性规定，在法理上应理解为法律的一种倾向性要求[②]，即原则上要科处附加刑，亦即除非有特别理由，否则即应科处附加刑。而且，这四种附加刑可视需要予以并科，即可以对一人同时科处两种以上的附加刑。这种附加刑的得并科制度，是《澳门刑法典》中所没有的。

（5）关于上述附加刑的期间计算。

按照本条第 3 款的规定，行为人因诉讼程序中的强制措施、判处刑罚或予以

① 澳门特区立法会第三常设委员会. 第 1/Ⅲ/2006 号意见书//澳门特别行政区立法会. 单行刑事法律汇编之预防及遏止恐怖主义犯罪，2010：55.

② 赵秉志. 当代刑法学. 北京：中国政法大学出版社，2009：349－350.

保安处分而被剥夺人身自由的时间，不能计入中止政治权利和禁止执行公共职务这两种附加刑的期间内。即中止政治权利和禁止执行公共职务的期间，应从被判刑人徒刑刑期执行完毕开始起算。

上述各点关于恐怖犯罪之附加刑的规范，在主刑之基础上，进一步贯彻了澳门特区严惩恐怖犯罪的立法精神。

2. 法人恐怖犯罪及其刑事责任

第 3/2006 号法律《预防及遏止恐怖主义犯罪》第 10 条专条规定了法人等实体的恐怖犯罪及其刑事责任制度；第 3/2017 号法律修改第 3/2006 号法律时，没有修改其第 10 条，而是将之完全保留和沿用。

在现代社会中，法人对推动社会经济发展起到了重要作用；但同时，由法人实施的违法犯罪行为对社会秩序和经济良性运行造成了严重危害与威胁，在一些特定领域及很多犯罪情况下，其危害甚至远远大于自然人犯罪。针对法人的危害行为，英美法系的国家和地区早在百余年前即开始在其制度法中明确规定法人犯罪及其处罚；大陆法系国家和地区曾长期坚持自然人犯罪的刑事责任原则，自 20 世纪 90 年代以《法国刑法典》（1992 年通过）和《中华人民共和国刑法典》（1997 年通过）设置法人犯罪为标志，大陆法系国家和地区的刑法典方开始迈入法人犯罪的时代。[①] 作为《澳门刑法典》最重要参照的 1982 年《葡萄牙刑法典》总则中原本并无法人犯罪的规定，葡萄牙 2007 年 9 月 4 日的第 59/2007 号法律在《葡萄牙刑法典》中增设了法人犯罪，经此法律修订的《葡萄牙刑法典》第 11 条第 2 款规定，除国家、其他公法人和公共国际组织之外的法人与类似实体可以成为犯罪主体。[②]《葡萄牙刑法典》这一关于法人犯罪之主体范围的限制性规定，可以说是与 1992 年《法国刑法典》的相关规定一脉相承的。1992 年《法国刑法典》首创大陆法系国家刑法典中承认和设立法人犯罪及其刑罚处罚的制度，在第四卷第二编恐怖主义罪中的第 422-5 条和第 422-6 条相应地规定了

① 赵国强. 澳门刑法概说（犯罪通论）. 北京：社会科学文献出版社，2012：297-298.

② 葡萄牙刑法典. 陈志军，译. 北京：中国人民公安大学出版社，2010：（前言）5，6-8.

构成恐怖主义罪的法人的刑事责任；同时在第 121-2 条限定国家不构成法人犯罪，地方行政单位及其联合组织仅对在从事可以订立公共事业委托协议的活动期间实施的犯罪行为负刑事责任；并在第 131-39 条第 3 款明确规定，法人犯罪的部分严厉刑罚（法人解散，禁止从事职业或社会活动，司法监督）不适用于公法法人，亦不适用于政党或政治团体、行业工会。[①] 而 1997 年中国内地刑法典在创设近似于法人犯罪的单位犯罪制度时，在单位犯罪之主体范围上，并没有《法国刑法典》和《葡萄牙刑法典》（经 2007 年修正）那样的限制，而是在其第 30 条规定“公司、企业、事业单位、机关、团体”都可以构成单位犯罪并应当负刑事责任。

在《澳门刑法典》通过（1995 年）和生效（1996 年）的年代，放眼全球范围，大陆法系国家的刑法典中，当时还仅有《法国刑法典》（1992 年通过，1994 年实施）规定有法人犯罪，《葡萄牙刑法典》（1982 年）尚未规定法人犯罪，《澳门刑法典》也仍基本保持着犯罪主体限于自然人的传统。《澳门刑法典》第 10 条规定：“仅自然人方负刑事责任，但另有规定者除外。”这一规定表明，澳门刑法典的立法理念是，自然人归责是最基本和最普遍的刑事归责原则，而法人承担刑事责任只是一种例外。

正因为如此，在《澳门刑法典》的总则部分并未设置法人犯罪制度，在其分则部分也只有极个别罪名（如第 153-A 条贩卖人口罪[②]）有法人承担刑事责任的规定。澳门刑法中现有的法人犯罪，几乎全部规定在单行法律（包括单行刑事法律和单行非刑事法律）中，其立法性质属于特别刑法。据有关研究和统计，《澳门刑法典》颁行后，自 1996 年至 2018 年间，澳门特区制定的设置有法人犯罪的

---

① 最新法国刑法典. 朱琳，译. 北京：法律出版社，2016：7，31，198.

② 《澳门刑法典》分则第 153-A 条规定的“贩运人口罪”，系依据第 6/2008 号法律《打击贩卖人口犯罪》所增加。根据该法律第 5 条的规定，如果法人（包括属不合规范设立或无法律人格的社团的机关或代表人）以该等实体名义及为其利益实施“贩卖人口罪”的，该等实体须负刑事责任，同时并不排除有关行为人的个人责任。法人等实体构成“贩卖人口罪”的，对法人等实体可科处罚金和法院命令解散两种主刑，还可对法人等实体单科或并科禁止从事某些业务、剥夺获公共部门或实体给予津贴或补贴的权利、有期限或永久封闭场所、受法院强制命令约束、公开有罪判决的附加刑。

单行法律共计 21 个（包括《恐怖犯罪法》），涉及可由法人等实体构成的独立罪名达 98 种之多；其中 7 个单行法律规定的可由法人等实体构成的罪名，尚涉及《澳门刑法典》第 317 条的违反判决所定之禁止罪及第 312 条第 1 款的违令罪、第 2 款的加重违令罪。[①] 值得注意的是，从澳门单行法律所规定的可由法人等实体构成的独立罪名（即刑法典中所没有的罪名）来看，其特点不仅是数量庞大，而且不少犯罪都属于澳门常见、多发性的犯罪，如涉及选举、贩卖人口、洗黑钱、毒品、侵犯知识产权和电脑等方面的犯罪。

澳门刑法中关于法人犯罪的这种刑法典总则基本否定、刑法典分则仅个别条文承认、而特别刑法予以各行其是的众多肯定性规定的立法状况，失于规范化、系统化和协调性、统一性，一个时期以来已引起澳门特区法律界和法学界的关注，澳门特区政府遂决定推动研讨和系统完善《澳门刑法典》中有关法人犯罪的规定。[②] 但是，按照罪刑法定原则，在《澳门刑法典》修订增设总则规范的法人犯罪制度之前，对法人涉恐怖犯罪及其刑事责任问题，还是要根据澳门现行的《恐怖犯罪法》第 10 条的规定予以阐释和适用。

（1）法人恐怖犯罪的界定及其处罚原则。

关于法人恐怖犯罪的界定，《恐怖犯罪法》第 10 条（法人的刑事责任）第 1 款有明确规定："一、如出现下列任一情况，则法人，即使属不合规范设立者，以及无法律人格的社团，须对第四条至第八条所指的犯罪负责：（一）其机关或代表人以该等实体的名义及为其利益而实施第四条至第八条所指的犯罪；（二）听命于（一）项所指机关或代表人的人以该等实体的名义及为其利益而实施第四条至第八条所指的犯罪，且因该机关或代表人故意违反本身所负的监管或控制义务方使该犯罪有可能发生。"据此规定，《恐怖犯罪法》中的法人犯罪，可

① 参见澳门特区政府法务局：《澳门特别行政区修订〈刑法典〉有关法人犯罪的规定咨询文件》（2018 年 12 月），第 7－10 页；澳门法律改革委员会跟进《刑法典》检讨专责小组：《关于完善法人刑事责任立法的研究报告》（2018 年 7 月 21 日），第 2－6 页。

② 参见澳门特区政府法务局：《澳门特别行政区修订〈刑法典〉有关法人犯罪的规定咨询文件》（2018 年 12 月），第 3－5 页。

以由三类实体构成：一是具有法律人格的法人组织，如民商法中的公司法人或企业法人，行政法中的社团法人或财团法人；二是不合规范而设立的法人组织，这种组织虽设立程序上不合规范或有其他瑕疵，但其是以法人组织之面貌存在并开展活动的，其设立程序的不合法、不合格不影响其作为法人实体之刑事责任；三是无法人组织之法律人格的社团，此类社团依照法律规定虽不具有法人组织之法律人格（例如澳门众多的同乡会、联谊会之类的组织），但也可以成为法人恐怖犯罪之主体。[①] 以上三类实体均可构成《恐怖犯罪法》所规定的恐怖犯罪。根据《恐怖犯罪法》第 10 条第 1 款第 1、2 项的规定，法人恐怖犯罪的构成除以上述三类实体为犯罪主体之前提条件外，还要求同时具备三个条件：1）恐怖犯罪的实施者为该实体的机关或代表人；或者实施者是听命于该实体的机关或代表人的其他人，但该实体的机关或代表人的命令系故意违反其本身所负的监管或控制义务，如此方使该犯罪有可能发生。所谓该实体的机关，即该实体的领导和决策机构，如法人组织的董事会，非法人实体的领导班子。2）恐怖犯罪行为是以该实体的名义实施的。3）恐怖犯罪行为是为该实体的利益（当然是非法利益）而实施的。只有同时具备上述三个条件，才能认定有关的法人组织或非法人实体构成恐怖犯罪。这也是法人恐怖犯罪认定方面所要求与体现的罪刑法定原则和罪责自负原则。

关于法人恐怖犯罪的处罚原则，根据《恐怖犯罪法》第 10 条第 1 款规定，法人等实体构成本法所规定的恐怖犯罪的，应负刑事责任；该条第 2 款规定："上款所指实体的责任并不排除有关行为人的个人责任。"由此可见，立法者对法人恐怖犯罪之处罚，乃是采取了澳门特别刑法关于法人犯罪之处罚原则的通例，即双罚制[②]，既处罚构成法人犯罪的法人组织等实体，也处罚对法人犯罪负有直接责任的自然人个人，包括实施或决策实施犯罪行为的法人机关成员和代表人，以及听命于法人机关和代表人的其他人。关于适用于构成恐怖犯罪之法人等实体的刑罚将在下面述及；适用于有关自然人个人的刑罚，自然是《恐怖犯罪法》第

① 赵国强．澳门刑法概说（犯罪通论）．北京：社会科学文献出版社，2012：299-300.

② 同①300.

4～8 条对各种恐怖犯罪设置的主刑（徒刑），以及该法第 9 条对各种恐怖犯罪设置的四种附加刑。

在研究法人恐怖犯罪及其刑事责任时，关于法人犯罪的排除责任条款问题应当论及。所谓法人犯罪的排除责任条款，是指出于某种正当理由而规定的排除法人须承担刑事责任的条款。据统计，在澳门特区现有的包含法人犯罪规范的 21 个单行法律中，有 11 个单行法律中设置有此种条款，其通常表述为“行为人违反有权者之明确命令或指示而作出行为，则排除法人实体的责任”；另有包括《恐怖犯罪法》在内的 10 个单行法律则未设置此种排除责任条款。澳门特区政府建议在《刑法典》订定有关法人犯罪的总则性规定时，引入关于排除法人刑事责任条款的统一性规定。[①] 笔者赞同澳门特区政府这一科学合理的修法主张，并认为在目前《澳门刑法典》和《恐怖犯罪法》尚无此种排除责任条款的立法背景下，也可以并且应当依照此种排除责任条款之含义来解释和认定法人恐怖犯罪之构成与刑事责任。如此解读不仅是因为此种排除罪责的条款合理，而且可以找到法律依据：《恐怖犯罪法》第 2 条规定，“《刑法典》的规定，补充适用于本法律所规定的犯罪”；而《澳门刑法典》总则关于犯罪必备的主客观要素的规定，贯彻了主观与客观相统一的定罪和刑事责任原则，此种情形下相关法人实体并无主观犯罪意图，因而应当排除其罪责。

（2）对法人恐怖犯罪科处的主刑。

按照《恐怖犯罪法》第 10 条第 3～7 款的规定，对构成恐怖犯罪的法人等实体科处的主刑有两种，一是罚金，二是法院命令的解散。

其一，罚金。罚金是各国刑法处罚法人犯罪的主要刑罚方法，如中国内地现行刑法典第 31 条把罚金规定为对犯罪单位适用的唯一刑罚；《法国刑法典》第 131-37 条亦把罚金规定为惩治法人犯罪的首要的刑罚方法。[②] 澳门特区《恐

---

① 参见澳门特区政府法务局：《澳门特别行政区修订〈刑法典〉有关法人犯罪的规定咨询文件》（2018 年 12 月），第 20-21 页。

② 最新法国刑法典. 朱琳，译. 北京：法律出版社，2016：30.

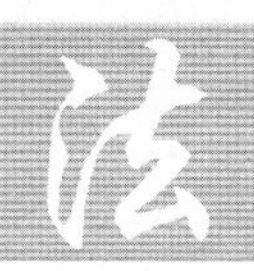

怖犯罪法》对构成恐怖犯罪之法人等实体规定的罚金规范较为详细，包括：罚金以日数确定，最低限度为 100 日、最高限度为 1 000 日，罚金日额为澳门币 100 元至 20 000 元；如对一无法律人格的社团科处罚金，则该罚金以该社团的公共财产支付，如该社团无共同财产或共同财产不足时，则以该社团各成员的财产按连带责任方式支付。这里应当注意一个问题：关于处罚犯罪的社团可令社团成员的财产负连带责任的规定，也见于经 2007 年立法修正增补法人犯罪的《葡萄牙刑法典》第 11 条第 11 款的规定[①]，澳门特区政府在修订刑法典有关法人犯罪的咨询文件中也有此种倾向性的立法建议。[②] 但笔者认为，对社团类法人犯罪直接株连社团成员财产的处罚原则之立法要认真检讨、慎重采纳，毕竟罪责自负、反对株连无辜是现代刑法的基本原则之一，而此种犯罪情况下没有参与犯罪的社团成员当然是无辜的。

其二，法院命令的解散。此种司法解散性质的刑罚对法人等实体非常严厉，相当于对自然人犯罪所判处的死刑。“从通过对法人科处刑事责任所欲达致的预防犯罪的要求来看，该项措施将可产生比作为主刑的罚金更为强有力的阻吓作用。”[③] 所以《恐怖犯罪法》规定的适用条件非常严格，即仅当实体的创立人具备单一或主要意图，并利用该等意图实施有关犯罪，或仅当该犯罪的重复实施显示其成员或负责行政管理工作者单纯或主要利用该实体实施该等犯罪时，方可科处此刑罚。

（3）对法人恐怖犯罪科处的附加刑。

根据《恐怖犯罪法》第 10 条第 8 款的规定，对构成恐怖犯罪的法人等实体可以科处的附加刑包括：

A. 禁止从事某些业务，为期 1～10 年；

B. 剥夺获公共部门或实体给予津贴或补贴的权利；

---

① 葡萄牙刑法典. 陈志军，译，北京：中国人民公安大学出版社，2010：8.

② 参见澳门特区政府法务局：《澳门特别行政区修订〈刑法典〉有关法人犯罪的规定咨询文件》(2018 年 12 月)，第 20 页。

③ 澳门特区立法会第三常设委员会. 第 1/Ⅲ/2006 号意见书//澳门特别行政区立法会. 单行刑事法律汇编之预防及遏止恐怖主义犯罪，2010：56.

C. 封闭场所，为期 1 个月至 1 年；

D. 永久封闭场所；

E. 受法院强制命令约束；

F. 公开有罪裁判。此公开并非限于在法庭上公开宣判之公开有罪的裁判，而是要求要透过在澳门特区最多人阅读的中文报章及葡文报章作出，以及在从事业务的地点以公众能清楚看到的方式，张贴以中葡文书写的告示作出，张贴期不少于 15 日；且上述一切费用均由被判罪者负担。

根据《恐怖犯罪法》第 10 条第 9 款的规定，对构成恐怖犯罪的法人等实体可以科处的上述六种附加刑，可以予以并科。

综上所述，澳门特区反恐单行刑事法律《恐怖犯罪法》对法人犯罪设置的主刑及附加刑，充分体现了其严厉和全面惩治法人恐怖犯罪的立法精神。

（四）关于恐怖犯罪的预防性规定

2006 年的《恐怖犯罪法》第三章为“预防性规定”，该章下仅有第 11 条（准用）一个条文，该条规定：“为预防及遏止资助恐怖主义，第 2/2006 号法律第六条、第七条及第八条的规定经作出必要配合后，适用之。”查第 2/2006 号法律《预防及遏止清洗黑钱犯罪》（以下简称《黑钱犯罪法》）共计 4 章 12 个条文，第一章一般规定（1～2 条），第二章刑法规定（3～5 条），第三章预防性规定（6～7 条），第四章最后及过渡规定（8～12 条）。其中，第三章预防性规定的第 6 条规定了预防洗黑钱制度的六类主体，第 7 条规定了六类主体须履行的预防洗黑钱的一系列义务；第四章最后及过渡规定的第 8 条（细则性规定）为授权行政法规设立与本法之反洗钱预防制度配套的制度，以及计划设立的反洗钱金融情报机构及其职权的规定。该法律之立法理由认为，相对于澳门特区现行有关的法律制度，《黑钱犯罪法》第三章的预防性规定是这部法律中最具革新意义的部分（笔者认为这一看法也适用于评价《恐怖犯罪法》中的预防性规定）[①]；澳门

---

① 澳门特区政府．“预防及遏止清洗黑钱犯罪”法案理由陈述//澳门特别行政区立法会．单行刑事法律汇编之预防及遏止清洗黑钱犯罪，2010：20.

立法会在审议该法律立法时，充分肯定该章的第6条及第7条“扩大了预防性制度的主体适用范围，明细列出应遵守义务，并借订定一监察义务遵守情况和更佳处理所收集的资料的制度，建立一套更合理及有效的机制”①。关于《恐怖犯罪法》设置预防性规定的立法理由和意义，澳门特区政府在立法理由中指出：“随着经济一体化而产生的技术及高科技的通讯设备，以及金融体系的弱点，通常会被恐怖主义犯罪分子利用，从而轻易获得经济财政资源。因此，必须设立预防、查明及制止向恐怖主义活动提供资助的行为的监察机制，而参与该机制者应包括所进行的业务特别容易被利用作为资助恐怖主义活动的途径的人员和实体，以及具备识别及监控有关活动的知识和技术的人员和实体。为此，准用适用于预防及遏止清洗黑钱活动的预防制度。希望透过将设立的预防制度，能达致如国际组织的建议，对清洗黑钱和资助恐怖主义等活动作整体及统一处理的目的。”② 澳门特区立法会则在立法审议中指出，《恐怖犯罪法》第11条明确援引《黑钱犯罪法》第6～8条的规定，在打击恐怖主义犯罪方面，适用清洗黑钱范围内的有关预防性规范。而该法对清洗黑钱范围的规制，是为了贯彻联合国《制止向恐怖主义提供资助的国际公约》特别是其第18条的规定，即要求各成员国采取必要措施规定金融机构和从事金融交易的其他行业应采取有效措施以识别客户和可疑的交易情况，以便于预防和避免资助恐怖主义犯罪以及恐怖主义行为的实施。③ 打击恐怖主义不仅在于将恐怖主义行为入罪，本质上更在于预防。清洗黑钱活动在很多情况下是与恐怖主义犯罪联系在一起的，两种犯罪之现实紧密相关。《黑钱犯罪法》第6条则是规定将以行政法规订定对预防清洗黑钱负有义务的实体及行业的监察制度及相应的处罚制度。因此，《恐怖犯罪法》第11条关于准用《黑钱

---

① 澳门特区立法会第二常设委员会. 第1/Ⅲ/2006号意见书，澳门特别行政区立法会. 单行刑事法律汇编之预防及遏止清洗黑钱犯罪，2010：53.

② 澳门特区政府《预防及遏止恐怖主义犯罪》法案理由陈述//澳门特别行政区立法会. 单行刑事法律汇编之预防及遏止恐怖主义犯罪，2010：20-21.

③ 段洁龙，徐宏. 最新国际反恐法律文件汇编. 北京：中国民主法制出版社，2016：72-73，77-78.

犯罪法》相关条文之规定以防范资助恐怖主义犯罪是必要而合理的。①

2017 年通过的澳门特区第 3/2017 号法律，同时修改了第 2/2006 号法律《预防及遏止清洗黑钱犯罪》及第 3/2006 号法律《预防及遏止恐怖主义犯罪》。其中，包括了对于这两部法律中涉及预防性规定的修改补充。第 3/2017 号法律对于第 2/2006 号法律《预防及遏止清洗黑钱犯罪》中预防性规定的修改，包括增设第二-A 章（特别诉讼措施），下设增设的两个条文，即第 5-A 条（管制银行账户）和第 5-B 条（保密义务）；对于第 6 条预防洗黑钱制度之主体范围的修改补充，对于第 7 条各类主体须履行的预防洗黑钱义务的修改补充，对于第 8 条（细则性规定）作的补充；增补了第三-A 章（处罚制度），包括第 7-A 条（虚假资料罪）、第 7-B 条（行政违法行为）、第 7-C 条（程序）、第 7-D 条（法人的责任）和第 7-E 条（缴纳罚款的责任）。第 3/2017 号法律对于第 3/2006 号法律《预防及遏止恐怖主义犯罪》中的第三章（预防性规定）第 11 条（准用）作了两方面的修改补充：一是增补一款作为该条的第 1 款，规定将此次修法中上述对第 2/2006 号法律增设的适用于清洗黑钱犯罪的特别诉讼程序（即第 5-A 条和 5-B 条）延伸至第 3/2006 号法律《恐怖犯罪法》适用；二是将该条原条文作为该条的第 2 款，并因应经 2017 年修法后的第 2/2006 号法律的新行文，调整了该款的准用部分。

归纳起来看，经 2017 年修法后的现行《恐怖犯罪法》第三章（预防性规定）第 11 条（准用）包括两方面的内容：一是关于恐怖犯罪调查和审理的诉讼措施，二是关于预防及遏制资助恐怖主义的措施。

1. 关于恐怖犯罪调查和审理的诉讼措施。

2006 年的法律没有这方面的规定，这是 2017 年修法所新增设的内容。根据该条第 1 款的规定，凡属于调查和审理《恐怖犯罪法》所规定的恐怖犯罪事宜的，适用第 2/2005 号法律《预防及遏止清洗黑钱犯罪》第二-A 章规定的特别诉

① 澳门特区立法会第三常设委员会．第 1/Ⅲ/2006 号意见书//澳门特别行政区立法会．单行刑事法律汇编之预防及遏止恐怖主义犯罪，2010：58.

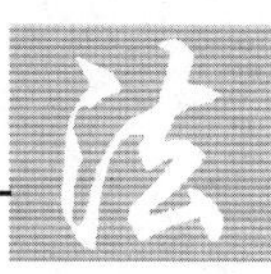

讼措施。

(1) 关于管制银行账户（第 5-A 条）。

出于预防实施恐怖犯罪的必要，经法官以批示作出许可或命令，可对银行账户实行管制；法官的批示须指明管制措施所涉及的银行账户、受管制的时间，以及负责管制的司法当局或刑事警察机关；在银行账户受管制的情况下，相关信用机构必须在账户发生任何活动后的 24 小时内，将该等活动通知有关司法当局或刑事警察机关。

(2) 关于信用机构方面的保密义务（第 5-B 条）。

根据该条第 1 款的规定，第 5-A 条所指的相关信用机构，及其领导人、职员、合作人须就所知该条所定的行为（即监控被管制的银行账户并将其活动通知司法当局或刑事警察机关）受司法保密约束，尤其不得向账户受管制者或被要求提供资料、文件所属的人披露有关事宜。根据该条第 2 款的规定，向司法当局或刑事警察机关善意提供资料不构成违反任何保密的义务，而提供资料者亦无须承担任何责任。

2. 关于预防及遏制资助恐怖主义的措施。

2006 年的法律已有这方面的规定，但 2017 年的修法对原有的内容作了一些修改和较大的补充。根据该条第 2 款的规定，为预防及遏止对恐怖主义的资助，适用经作出配合后的第 2/2006 号法律第 6 条、第 7 条、第 7-A 条、第 7-B 条、第 7-C 条、第 7-D 条、第 7-E 条及第 8 条的规定。

(1) 关于对预防及遏止资助恐怖主义负有义务的主体及其义务。

其一，负有义务的主体。

根据经 2017 年修法的第 3/2006 号法律第 11 条第 2 款、第 2/2006 号法律第 6 条（主体的范围）以及经第 17/2017 号行政法规修正的《2017 行政预防措施》第 2 条的规定，对预防及遏止资助恐怖主义负有义务的六类实体及其监察机构如下。

一是所从事业务受澳门金融管理局监察的实体，尤指信用机构、金融公司、离岸金融机构、保险公司、兑换店及现金速递公司。

二是所从事业务受博彩监察协调局监察的实体，尤指经营幸运博彩、彩票或互相博彩的实体，以及娱乐场幸运博彩中介人。

三是从事涉及每件商品均属贵重物品的交易的商人，尤指从事质押业的实体，从事贵重金属、宝石或名贵交通工具交易的实体，以及从事拍卖的实体。这类主体由澳门特区政府经济局监察。

四是从事不动产中介业务或从事购买不动产以作转售的业务的实体，即房地产中介人及房地产经纪人，由澳门特区政府房屋局监察。

五是在从事本身职业时，参与或辅助进行以下活动的律师（由澳门律师公会监察）、法律代办（由澳门的法律代办纪律权限独立委员会监察），公证员、登记局局长（此二者由澳门特区政府法务局监察），核数师、会计师及税务顾问（此三者由澳门特区政府财政局监察）。这些活动包括：A. 买卖不动产；B. 管理客户的款项、有价证券或其他资产；C. 管理银行账户、储蓄账户或有价证券账户；D. 筹措用作设立、经营或管理公司的资金；E. 设立、经营或管理法人或无法律人格的实体，又或买卖商业实体。

六是提供劳务的实体，当其在以下业务范围内为某客户准备进行或实际进行有关活动时：A. 以代办人身份设立法人；B. 作为某公司的行政管理机关成员或秘书、股东，又或作为其他法人的与上述者具有相同位置的人；C. 向某公司、其他法人或无法律人格的实体提供公司住所、商用地址、设施，又或行政或邮政地址；D. 作为信托基金或机构的管理人；E. 在损益归他人的情况下，以股东身份参与活动；F. 进行必要措施，使第三人以 B、D、E 所指的方式行事。本项之 C、D、F 分项所指业务的实体由澳门贸易投资促进局监察；其余的 A、B、E 分项业务的实体由澳门特区政府经济局监察。

其二，特定主体的义务。

根据经 2017 年修法的第 3/2006 号法律第 11 条第 2 款和第 2/2006 号法律第 7 条（义务）第 1 款的规定，上述六类主体对预防及遏止资助恐怖主义负有以下义务：

一是对合同订立人、客户及幸运博彩者采取客户尽职审查措施，包括识别和

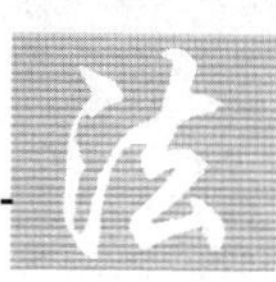

核实身份的义务；

二是采取侦测资助恐怖主义可疑活动的适当措施；

三是如不获提供为履行上述两项所定义务属必需的资料，则应拒绝进行有关活动；

四是在合理期间保存涉及履行上述两项义务的文件；

五是举报有迹象显示有人实施资助恐怖主义犯罪的活动或实施未遂的有关活动，不论其金额大小；

六是与所有具有预防和遏止恐怖主义犯罪职权的当局合作。

为了保证上述义务的正确履行，第 2/2006 号法律第 7 条第 2～6 款还规定了有关主体履行预防和遏止资助恐怖主义犯罪之义务的几个特殊问题。

A. 进行第 6 条第 5 项所指活动的律师及法律代办，无须因履行第 7 条第 1 款第 5、6 项所定义务而提供下列数据：评定客户的法律状况和提供法律咨询服务时所取得的数据，在某一诉讼中为客户辩护或代理时所取得的数据，以及涉及某一诉讼程序的数据，包括关于建议如何提起或避免某一诉讼程序的数据，不论此等数据是在诉讼之前、诉讼期间或诉讼之后取得。笔者理解，如此规定，是为了避免要求律师和法律代办履行义务而作出与其身份相悖的不利于委托人的活动。

B. 第 6 条所指实体及其领导人、职员和合作人，为履行第 7 条第 1 款第 5、6 项所定义务而善意提供资料，不构成违反任何保密的义务，而提供数据的人，亦无须因此而负任何性质的责任。如此规定是为履行义务的特定主体提供法定的免责保障。

C. 第 6 条所指实体及其领导人、职员和合作人，不得向合同订立人、客户、幸运博彩者或第三人透露因履行职务而得悉的、与履行第 7 条第 1 款第 5、6 项所指义务有关的事实。如此规定是要求相关主体保守秘密。

D. 在第 6 条所指实体怀疑活动涉及资助恐怖主义犯罪且合理预期履行尽职审查措施可使合同订立人、客户或幸运博彩者提高警觉的情况下，可终止实施有关措施，并应以举报进行中的可疑活动替代之。如此规定是要求相关主体不要因

履职审查而令可疑者有所察觉。

E. 因他人履行第 7 条第 1 款所定义务而获得的数据仅可用于刑事诉讼程序，或预防及遏止资助恐怖主义犯罪。这是对相关资料用途必要的严格限制。

经第 17/2017 号行政法规修正的《2017 行政预防措施》第二章第 3～8 条，对 2017 年修正的第 2/2006 号法律第 7 条上述的义务作了更加细密化的规定，其第 3 条为对合同订立人、客户及幸运博彩者采取客户尽职审查措施的义务，第 4 条为采取侦测可疑活动的适当措施的义务，第 5 条为拒绝进行特定活动的义务，第 6 条为保持证明文件的义务，第 7 条为举报可疑活动的义务，第 8 条为合作义务。

（2）关于对违反预防及遏止资助恐怖主义义务之行为的处罚制度。

2017 年的修法对第 2/2006 号法律《黑钱犯罪法》所作的补充中，包含增加了第三-A 章（处罚制度），该章设有 5 个条文。根据《恐怖犯罪法》第 11 条第 2 款的规定，为预防及遏止对恐怖主义的资助，适用经作出配合后的第 2/2006 号法律第三-A 章第 7-A 条、7-B 条、7-C 条、7-D 条和 7-E 条的规定。这些条文包含了对违反预防及遏止资助恐怖主义义务之行为的刑事处罚和行政处罚两种处罚制度。

其一，刑事处罚：虚假资料罪的罪与罚。

根据《恐怖犯罪法》第 11 条第 2 款和《黑钱犯罪法》第 7-A 条的规定，信用机构的公司机关成员与雇员，或向该等机构提供服务的人，如在根据《黑钱犯罪法》第二-A 章（特别诉讼措施，包含第 5-A 条管制银行账户和第 5-B 条保密义务）的规定命令开展的旨在预防及遏止资助恐怖主义的特别程序活动中，提供或提交虚假或经篡改的数据或文件，又或在无合理理由的情况下拒绝提供数据或提交文件，或阻止扣押该等文件者，构成虚假资料罪。对构成虚假资料罪者，依法处 6 个月至 3 年徒刑，或科不少于 60 日的罚金。

其二，相关行政违法行为及其处罚。

根据《恐怖犯罪法》第 11 条第 2 款和《黑钱犯罪法》第 7-B 条的规定，不履行《恐怖犯罪法》第 11 条第 2 款和《黑钱犯罪法》第 5-A 条、第 5-B 条及



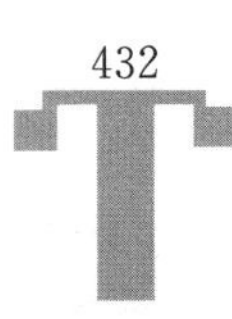

第 7 条所定的预防及遏止资助恐怖主义的义务，构成行政违法行为。对违反该等义务构成该项行政违法行为的自然人科澳门币 1 万元至 50 万元的罚款，对违反该等义务构成该项行政违法行为的法人则科澳门币 10 万元至 500 万元的罚款；如违法者因作出有关违法行为而获得的经济利益高于上述最高罚款额的一半，则最高罚款额提高至该利益的两倍。

《黑钱犯罪法》第 7-C 条是关于行政违法行为及其处罚的有关程序的规定，该规定载明，行政长官具有对有关程序作出最终决定的权限且该权限不得转授，行政长官在作出决定前先听取有关行政监察当局的建议；违法者即使已被科处处罚并已缴纳罚款，仍须履行其尚能履行的有关义务。

《黑钱犯罪法》第 7-D 条是关于涉及法人的上述行政违法行为之法律责任的规定。据该条和《恐怖犯罪法》第 11 条第 2 款的规定，构成法人在预防及遏制资助恐怖主义方面的上述行政违法行为之责任的实体，包括三类：一是合规范设立的法人，二是不合规范设立的法人，三是无法律人格的社团及特别委员会。这三类实体均须对其机关或代表以其名义且为其集体利益而作出本法律和《恐怖犯罪法》所规定的预防及遏制资助恐怖主义方面的行政违法行为承担责任，同时不排除有关行为人的责任，即实行“双罚制”；但如相关行政违法行为系行为人违抗法人等实体之有权者的明确命令或指示而实施的，则排除法人等实体本身的责任，而仅追究作为自然人的违法行为人的责任，但法人等实体对违法行为人被判支付的罚金或罚款、赔偿、诉讼费用及其他给付均须负连带责任。

根据《恐怖犯罪法》第 11 条第 2 款和《黑钱犯罪法》第 7-E 条的规定，对上述行政违法行为缴纳罚款虽属违法者的责任，但在下述两种情形下有连带责任问题：一是，违法者为法人时，其行政管理机关成员或以任何其他方式代表该法人的人，如被判定须对有关行政违法行为负责，须就罚款的缴纳与该法人负连带责任。二是，如违法者为无法律人格的社团或特别委员会，则对其科处的罚款以该社团或委员会的共同财产支付；如该实体无共同财产或共同财产不足，则以各社员或委员会成员的财产以连带责任方式支付。

经第 17/2017 号行政法规修正的《2017 行政预防措施》第 9 条亦规定，不履

行《2017行政预防措施》第3～8条所规定的义务者（包括自然人和法人等实体），应按2017年修正后的第2/2006号法律第7-B条至第7-E条规定的行政违法处罚的规定予以处罚。

（3）关于行政法规订定的相关监察制度。

根据《恐怖犯罪法》第11条第2款、《黑钱犯罪法》第8条及《2017行政预防措施》第2条第3款、第4款的规定，关于行政法规订定的预防及遏止资助恐怖主义之义务及其履行的相关监察制度包含以下要点。

其一，授权澳门政府以行政法规订定《恐怖犯罪法》第11条第2款和《黑钱犯罪法》第7条所定预防及遏止清洗黑钱义务（延伸适用于预防及遏止资助恐怖主义）的前提条件及内容，并订定关于该等义务履行情况的监察制度。

其二，要求澳门特区政府建立一个监察机构（或选择一个既存的机构）并赋予其收集、分析及提供因他人履行法律规定的预防及遏止资助恐怖主义义务而获得的资料的职权。

其三，授权上述监察机构为履行其监察预防及遏止资助恐怖主义的职能，可要求任何公共或私人实体提供必要的数据，还可为履行区际协议或任何国际法文书而向澳门特区以外的实体提供必要的数据。如监察机构在行使其监察职权时得悉使人怀疑有人实施资助恐怖主义犯罪的事实，则须将该事实通知澳门检察院。监察机构为有效履行其监察义务，可进行其认为属必要的监察行动。

## 四、澳门特区反恐刑法主要特点之评论

综观澳门特区反恐刑法的演进及规范，可以发现，在其立法动因、立法政策、立法模式、罪刑规范诸方面，澳门反恐刑法都有其特点。

### （一）立法动因

所谓立法动因，即立法原因，是影响和决定立法创制与发展的主要因素。那么，澳门反恐刑法的立法动因何在？笔者认为，影响和决定澳门反恐刑法创制与演进的主要因素有三个方面：一是葡萄牙反恐刑法的影响，二是相关的国际因



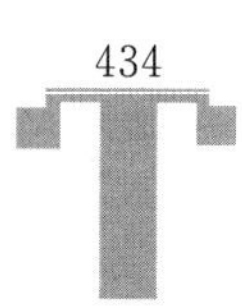

素，三是相关的本地因素。

1. 葡萄牙反恐刑法的影响

众所周知，葡萄牙曾对澳门长期实行殖民统治，澳门因此在回归祖国前的一个多世纪里曾延伸适用葡萄牙的法律，在其刑法领域亦曾长期适用 1886 年的《葡萄牙刑法典》。即使随着 1987 年《中葡联合声明》的签订、澳门进入回归祖国前的过渡期而迈开其主要法律本地化步伐后，其 1995 年通过的澳门本地的第一部《澳门刑法典》，也是聘请葡萄牙刑法专家迪亚斯教授主持起草并几乎完全是以 1982 年的《葡萄牙刑法典》为参照蓝本而订立的。[①] 应当承认，1982 年的《葡萄牙刑法典》在当时是一部相对比较完备和先进的大陆法系国家的刑法典，其立法精神、体系结构、基本制度和主要内容都对《澳门刑法典》产生了显著的影响。这种影响也表现在反恐刑法规范的设置方面。1982 年《葡萄牙刑法典》在其第二卷分则第四编妨害社会生活罪之第五章妨害公共秩序与公共安宁罪的第二节危害公共安宁罪下，以两个条文规定了恐怖犯罪，即第 300 条的恐怖组织罪和第 301 条的恐怖主义罪；而《澳门刑法典》也是在其分则卷的第四编妨害社会生活罪之第五章妨害公共秩序及公共安宁罪下设置了两种恐怖犯罪，即第 289 条的恐怖组织罪和第 290 条的恐怖主义罪。这两部刑法典中的恐怖犯罪之规定，从罪名设置到犯罪归类都完全相同。当然，1982 年《葡萄牙刑法典》属于较早在刑法典中设置了反恐刑法条款，受其影响并于十余年后才通过的《澳门刑法典》，其反恐刑法的设置在大陆法系刑法典中也还算为时不晚。[②]

甚至葡萄牙反恐刑法立法模式的调整，直接影响到了澳门特区反恐刑法的立法模式。美国“9.11”恐怖袭击事件发生以后，葡萄牙加强了其反恐立法并调整了其反恐刑法的模式，于 2003 年 8 月 22 日通过第 52/2003 号法律，以单行法的

① 澳门大学法学院资深刑法学教授赵国强曾指出：“尽管新的《澳门刑法典》实际上为 1982 年《葡萄牙刑法典》的翻版，但作为澳门历史上第一部本地刑法典，其诞生不仅在澳门刑法史上具有里程碑的意义，而且也为澳门刑法领域的平稳过渡打下了坚实的基础。”赵国强. 澳门刑法概说（犯罪通论）. 北京：社会科学文献出版社，2012：41。

② 如中国内地是在 1997 年刑法典中开始设置反恐刑法条款。

模式规制恐怖主义犯罪，同时以该法律废止了《葡萄牙刑法典》中第 300 条的恐怖组织罪和第 301 条的恐怖主义罪。澳门特区立法会随之于 2006 年 3 月通过了第 3/2006 号法律《预防及遏止恐怖主义犯罪》，并废止了《澳门刑法典》中第 289 条的恐怖组织罪和第 290 条的恐怖主义罪，使其反恐刑法由刑法典模式调整为单行刑事法律模式。

可见，澳门特区反恐刑法的创立及其立法模式的调整，都受到了葡萄牙反恐刑法的影响。

2. 相关的国际因素

20 世纪 60 年代末期以来现代恐怖主义的崛起，严重危害了世界各国的安全和人类社会的和平。21 世纪初美国“9.11”恐怖袭击事件是国际恐怖主义登峰造极的罪恶标志。国际国内恐怖主义被公认为世界各国和全人类的共同敌人。以联合国为代表的国际组织多年来强烈呼吁各国各地区要重视通过立法惩治恐怖主义，建立和强化国际反恐法治合作机制，并主导出台了多个国际反恐法律文件。各国各地区反恐立法（包括反恐刑法）的制定与发展，可以说都是在相当程度上受到了国际国内恐怖主义犯罪形势和国际反恐法律文件要求的影响；澳门作为中华人民共和国的一个特别行政区有其应当承担的反恐国际法律义务①，作为一个国际化程度很高的地区其既受到国际因素的影响也非常关注国际形势，在其反恐刑法的发展进程中，澳门特区更为鲜明地体现出对国际恐怖主义犯罪形势的关注和对履行国际反恐法律义务的重视。

如在酝酿和决定创制第一部反恐单行刑事法律即第 3/2006 号法律《预防及遏止恐怖主义犯罪》的过程中，澳门特区政府和立法会就是基于国际恐怖主义犯罪愈演愈烈的形势，为贯彻联合国及其安理会一系列反恐国际公约和决议的要求（尤其是《制止向恐怖主义提供资助的国际公约》的要求）②，以及响应反洗

① 参见《澳门基本法》第 138 条的规定。

② 之前在澳门刑法规范中并无处罚此种行为的明确规定和独立罪名。

钱金融行动特别工作组（FATF）的建议，而作出的完善反恐刑法的重要举措。[①] 而这部单行反恐刑事法律中关于域外恐怖犯罪之管辖权的规定（第 3 条），关于处罚恐怖组织罪之预备犯（第 4 条第 5 款）和恐怖主义罪（实施恐怖主义活动）之预备犯（第 6 条第 3 款）的规定，关于惩治资助恐怖主义罪（第 7 条）和煽动恐怖主义罪（第 8 条）的规定，都是澳门特区反恐刑法贯彻反恐国际法律文件的例证，因为确立这些反恐刑法规范都是近年来联合国及其安理会等国际组织在其一系列反恐国际法律文件中所力倡和要求的。

再从澳门特区修改其反恐刑法看。2017 年 5 月，澳门特区第 3/2017 号法律《修改第 2/2006 号法律〈预防及遏止清洗黑钱犯罪〉及第 3/2006 号法律〈预防及遏止恐怖主义犯罪〉》对其反恐刑事法律作了一系列修改补充。此次修法中，澳门特区政府和立法会体现出对履行相关国际反恐法律义务的高度重视。[②] 此次关于反恐刑法的修正中，最为重要的修改补充有两个方面：一是修改补充资助恐怖主义罪，二是增补其他方式的恐怖主义犯罪（即有关外国恐怖主义战斗人员的各种犯罪行为）。在这两个方面的修法中，澳门特区都体现出对相关国际因素的高度重视。关于修改补充资助恐怖主义罪，此次立法大大扩充了资助恐怖主义罪的内容，该项立法理由认为，根据联合国制止资助恐怖主义国际公约的要求和反洗钱金融行动特别工作组已修订的 40 项建议，有必要“伸延资助恐怖主义犯罪的范围至经济资源或任何类型的财产，以及可转化为资金的产品或权利，务求将与资助恐怖主义相关的一切财产均涵盖在内”；“亦有需要将资助恐怖主义组织及恐怖分子的行为涵盖于资助恐怖主义犯罪的范围内，即使与特定的恐怖主义行为

① 澳门特区政府．《预防及遏止恐怖主义犯罪》法案理由陈述；澳门特区立法会第三常设委员会．第 1/Ⅲ/2006 号意见书//澳门特别行政区立法会．单行刑事法律汇编之预防及遏止恐怖主义犯罪，2010：17-18，38-47.

② 澳门特区政府在此次修法“理由陈述”中指出，此次修法的一个主要目的，就是要贯彻落实澳门特区所应履行的相关国际反恐法律文件的立法要求；澳门特区立法会在审议此次立法及其理由时，表明认同特区政府此次修法的政治决定及相关立法取向，包括贯彻相关国际反恐法律文件的立法精神。参见澳门特区政府：《修改第 2/2006 号法律〈预防及遏止清洗黑钱犯罪〉及第 3/2006 号法律〈预防及遏止恐怖主义犯罪〉（法案）理由陈述》；澳门特区立法会第三常设委员会：《第 3/V2017 号意见书》。

无联系者亦然”①。关于增补其他方式的恐怖主义犯罪（即有关外国恐怖主义战斗人员的犯罪行为），该项立法理由指出，之所以增设第 6-A 条其他方式的恐怖主义犯罪而扩大恐怖主义犯罪的范围，规定有关外国恐怖主义战斗人员的犯罪，乃是“由于联合国安全理事会已通过关于制裁外国恐怖主义战斗人员的措施，故有需要加入本条，以填补第 3/2006 号法律有关这方面的空白”②。

3. 相关的本地因素

按照马克思主义法学关于法律与经济之关系的观点，“无论是政治的立法或市民的立法，都只是表明和记载经济关系的要求而已”③。澳门特区反恐刑法的发展，从根本上而言，乃是澳门特区经济社会健康发展和完善反恐刑法以防治恐怖主义犯罪的需要。澳门特区在制定和完善其反恐刑法体系时，注意和体现了相关本地因素的影响。

例如，在 2006 年制定《预防及遏止恐怖主义犯罪》这部单行刑事法律并以之取代《澳门刑法典》中的反恐刑法条款时，澳门特区政府和立法会把相关国际因素（国际恐怖主义犯罪形势和澳门特区履行遵守反恐国际法律文件之义务）置于首位予以考虑，同时也在修改补充刑法典反恐刑法规范与制定独立于刑法典的单行反恐刑事法律之间进行了权衡，最终选择采取制定单行反恐刑事法律的模式，是认为这样有助于反恐刑法规范的系统性、科学性和修法的及时性④，当然这也是符合澳门本地单行刑事法律之传统的，即着重考虑了澳门本地相关法律体系科学设置与运行的要求。

而到了 2017 年以第 3/2017 号法律修改 2006 年的《预防及遏止清洗黑钱犯

---

① 澳门特区政府：《修改第 2/2006 号法律〈预防及遏止清洗黑钱犯罪〉及第 3/2006 号法律〈预防及遏止恐怖主义犯罪〉（法案）理由陈述》（2017 年 5 月 11 日）。

② 澳门特区政府：《修改第 2/2006 号法律〈预防及遏止清洗黑钱犯罪〉及第 3/2006 号法律〈预防及遏止恐怖主义犯罪〉（法案）理由陈述》（2017 年 5 月 11 日）。

③ 马克思恩格斯全集：第 4 卷. 北京：人民出版社，1958：121-122.

④ 澳门特区政府.《预防及遏止恐怖主义犯罪》法案理由陈述；澳门特区立法会第三常设委员会. 第 1/Ⅲ/2006 号意见书//澳门特别行政区立法会. 单行刑事法律汇编之预防及遏止恐怖主义犯罪，2010：18-19，37-46.

罪》及《预防及遏止恐怖主义犯罪》时，澳门特区政府在立法理由陈述中把澳门本地因素置于首位，其开篇即表明，“制定此法案，旨在保障澳门特别行政区的经济持续发展，从而保持各经济体系安全稳健，并为本地及境外的投资建立一个既安全又具吸引力的平台”；其次才指出了澳门特区应当履行的国际义务也是此次修法的重要理由。[①] 澳门特区立法会在审议该法案及其理由陈述时，充分肯定了澳门特区政府的上述宏观修法理由。[②]

（二）立法政策

中国内地刑事法学界一般认为，刑事政策根据层次（或者从纵向看）可以区分为根本刑事政策、基本刑事政策及具体刑事政策三个层次：根本刑事政策，亦称为总的刑事政策，即综合治理犯罪的方针；基本刑事政策，现阶段即为宽严相济的刑事政策；具体刑事政策，即在具体领域的刑事政策，如暴力犯罪的刑事政策、腐败犯罪的刑事政策、未成年人犯罪的刑事政策等。根据制定的主体不同（或者从横向划分），刑事政策还可以划分为刑事立法政策、刑事司法政策、刑事执行政策（罪犯处遇政策）。[③] 由上述分类观点来衡量，反恐刑法的立法政策属于具体刑事政策的范畴，是根本刑事政策和基本刑事政策指导与制约下的一项具体的刑事立法政策，确切地说，就是在反恐刑法领域的一项刑事立法政策。刑事政策与刑法立法的关系怎样？有的学者指出：“从刑事政策与刑事法律的关系上看，刑事政策可以成为对固定的法律规范的一种合理校正。”[④]而下述表述则被认为是通行的、主流的主张与看法：“刑事政策是刑法的灵魂和核心，刑法是

① 参见澳门特区政府：《修改第 2/2006 号法律〈预防及遏止清洗黑钱犯罪〉及第 3/2006 号法律〈预防及遏止恐怖主义犯罪〉（法案）理由陈述》（2017 年 5 月 11 日）。

② 参见澳门特区立法会第三常设委员会：《第 3/V/2017 号意见书》。

③ 何秉松．刑事政策学．北京：群众出版社，2002：65-66；侯宏林．刑事政策的价值分析．北京：中国政法大学出版社，2005：102-107；谢望原，卢建平，等．中国刑事政策研究．北京：中国人民大学出版社，2006：236-241；严励．刑事政策的建构理性．北京：中国政法大学出版社，2010：82；卢建平．刑事政策学．2 版，北京：中国人民大学出版社，2013：18-19.

④ 孙万怀．刑事政策合法性的历史．北京：法律出版社，2016：19.

刑事政策的条文化与定性化。”[①] 因此，反恐刑事立法政策对反恐刑法立法起着重要的指导和制约作用，而反恐刑法立法则反映与体现着反恐刑事立法政策的精神和导向。对澳门特区的反恐刑法立法规范予以考察，笔者认为，澳门特区反恐刑法所贯彻与体现的立法政策，最主要的表现为两条：一是预防与遏制相结合，二是宽严相济。

1. 预防与遏制相结合

惩治和防范恐怖主义犯罪，乃是各国各地区反恐法、反恐刑法中大体都会包含的两个方面（当前大多更重视打击即惩治的方面），有些国家（地区）的反恐法还会将“预防”纳入其基本原则[②]；不过一般都是在法律名称上冠以“反恐怖主义法”的用语，而很少在法律名称上直接使用“预防”一词。[③] 值得注意的是，澳门特区 2006 年制定并于 2017 年修改的单行反恐刑事法律之名称，即为《预防及遏止恐怖主义犯罪》，在法律名称上就明确包含了防范和惩治两个方面。这里，我们需要首先研究该法律名称中的两个小问题，弄清其中易生歧义的词语之含义和正确的用法。

问题之一：该法律名称为什么用“遏止”而不用“遏制”？二者有什么区别？查《现代汉语词典》，“遏”字的含义为“阻止”“禁止”，“遏止”的含义为“用力阻止”，“遏制”的含义为“制止”“控制”[④]。显而易见，“阻止”和“制止”的含义相同，所以在表达“阻止”“制止”的含义上“遏止”和“遏制”相同、可以通用；而“遏制”的“控制”含义则是“遏止”所没有的。因此，就对

① 陈兴良．刑法的人性基础．北京：中国方正出版社，1999：386.

② 例如，俄罗斯《2006 年反恐怖主义法》第 2 条反恐怖主义的基本原则中规定了“重在预防原则”；白俄罗斯《2002 年反恐怖斗争法》第 2 条反恐斗争的基本原则中规定了“预防至上原则”。赵秉志，等．外国最新反恐法选编．北京：中国法制出版社，2008：321，349．2015 年《中华人民共和国反恐怖主义法》第 5 条也规定了“防范为主、惩防结合”的原则。

③ 赵秉志，等．外国最新反恐法选编．北京：中国法制出版社，2008．另外，中国 2015 年通过的反恐法之名称《中华人民共和国反恐怖主义法》亦是如此。

④ 中国社会科学院语言研究所词典编辑室．现代汉语词典（修订本）．北京：商务印书馆，1996：330。

象（宾语）为“恐怖主义犯罪”而言，似乎用“遏制”取其“控制”之义更为贴切，因为一个社会的犯罪是不可避免的，对犯罪往往难以完全“禁止、阻止、制止”，而可以予以“控制”。但大体说来，“遏止”和“遏制”含义很相近，似也可以通用。至于澳门特区立法会在法律名称上用“遏止”而不用“遏制”，也许只是用语习惯问题。[①] 但作为反恐刑法之立法政策，笔者认为还是用“遏制”取其“控制”之义更为科学。

问题之二：该法律名称中为什么是“预防及遏止”而不是“预防和（与）遏止”？用“及”与用“和（与）”有什么区别？从现代汉语语法看，“及”“和”“与”这三个字在前后两个并列的名词或名词性词组之间使用时都是连词，但“和”“与”是平行连接，其前后连接的成分无主次之分；而用“及”连接的成分多在意义上有主次之分，主要的成分放在“及”的前面。[②] 值得注意的是，中国内地全国人大常委会法制工作委员会制作的《立法技术规范（试行）（一）》中关于“和”“以及”含义及用法的解释，也表明“和”仅表示前后成分并列、不分主次，而“以及”既表示前后成分并列又表示前主后次之义。[③] 因此，在笔者看来，澳门特区单行反恐刑事法律之名称把“预防”前置、“遏止”后置而用“及”连接二者，清晰地表达了澳门特区对恐怖主义犯罪采取“预防”为主、“遏止”为次、二者相结合的立法政策精神。据上所析，笔者认同澳门特区反恐刑法采取的这一立法政策，并将其表述为“预防与遏制相结合”的反恐刑法立法政策。

---

① 例如，澳门特区单行刑事法律名称中用“遏止”而不用“遏制”的法律，还有第 2/2006 号法律《预防及遏止清洗黑钱犯罪》、第 19/2009 号法律《预防及遏止私营部门贿赂》。

② 中国社会科学院语言研究所词典编辑室．现代汉语词典（修订本）．北京：商务印书馆，1996：509，588，1537.

③ 全国人大常委会法制工作委员会制作的《立法技术规范（试行）（一）》三、法律常用词语规范 13.1：“和”连接的并列句子成分，其前后成分无主次之分，互换位置后在语法意义上不会发生意思变化，但是在法律表述中应当根据句子成分的重要性、逻辑关系或者用语习惯排序。13.2：“以及”连接的并列句子成分，其前后成分有主次之分，前者为主，后者为次，前后位置不宜互换。参见全国人大常委会法工委发［2009］62 号文件。

所谓“预防与遏制相结合”的反恐刑法立法政策，其基本含义就是对治理恐怖主义犯罪之刑法立法，首先要立足于预防，要强调防患于未然，努力防止恐怖主义犯罪的发生；其次要重视遏制，对发生的恐怖犯罪活动要予以有力而理性的惩治，并遏制其产生更为严重的危害结果；而且要注意预防犯罪与遏制犯罪的合理兼顾和有机结合，不可偏废。

澳门特区反恐刑法对恐怖主义犯罪的预防，主要体现为专章设置了预防性规定，这是最直接最突出的预防恐怖主义之法律举措。根据 2017 年修法所增设的《恐怖犯罪法》第二章第 11 条第 1 款的规定，凡属于调查和审理该法律所规定的恐怖犯罪事宜的，适用《黑钱犯罪法》第二-A 章规定的特别诉讼措施，涉及银行账户管制和信用机构方面的保密义务；根据该条第 2 款的规定，为预防及遏止资助恐怖主义的行为，对为数众多的实体机构赋予了特定的义务，对违反该等义务者要予以刑事处罚或行政处罚。澳门立法者希望通过这些预防性规范和措施，切实防范恐怖主义犯罪及资助恐怖主义犯罪的活动之发生。据悉，在澳门特区政府目前正在进行的对现行反恐刑事法律的修订中，将进一步加强对恐怖主义犯罪的预防措施。这种反恐立法理念和举措无疑是值得充分肯定的。

而以下各点，则体现了澳门特区反恐刑法对恐怖主义犯罪的遏制与预防的兼顾和结合：（1）针对恐怖主义犯罪一旦实施危害广泛、后果极其严重的特点，把性质上原本属于犯罪预备形态的行为予以实行化对待，把性质上原本属于共犯的行为予以正犯化对待，贯彻法益保护前置和强化的立法理念。例如：把发起、创立、加入恐怖组织或者领导、指挥恐怖组织的行为都规定为独立的罪名并严厉处罚（《恐怖犯罪法》第 4 条、第 5 条）；把预备发起、创立恐怖组织犯罪的行为（第 4 条第 5 款）设置为预备组成恐怖组织罪之独立的罪名，把意图实施具体恐怖活动犯罪的恐怖主义罪的预备犯（第 6 条第 3 款）设置为预备实施恐怖主义活动罪和预备实施国际恐怖主义活动罪，均予以严厉处罚；把性质上原本属于共犯的组织、资助或协助有关外国恐怖主义战斗人员的犯罪行为规定为独立的罪名并与原本的正犯罪行同等处罚（第 6-A 条第 3 款）。显

然，这类罪刑设置既有对涉恐犯罪严厉惩治之功效，又有着力防范实施和完成恐怖主义犯罪的旨意。(2) 对构成恐怖犯罪的自然人，《恐怖犯罪法》第 9 条规定了较《澳门刑法典》更加广泛而严厉且可以并科的附加刑，包括中止政治权利（2 年至 5 年)、禁止执行公共职务（10 年至 20 年)、适用于非澳门居民的驱逐出境或禁止入境（5 年至 10 年）和受法院强制命令约束等，其功效和目的也是兼顾遏制与防范恐怖主义犯罪两个方面。(3) 设置了法人等实体构成恐怖犯罪及其处罚的规定。对构成恐怖犯罪的法人等三类实体机构，不仅设置有严厉的主刑，包括罚金（最高可达澳门币 2 000 万元）和法院命令的解散；同时也配置了种类繁多、内容严厉且可并科的附加刑，包括禁止从事某些业务（1 年至 10 年)、封闭场所（1 个月至 1 年)、永久性封闭场所等；并且对法人涉恐怖犯罪一律实行双罚制。对法人涉恐怖犯罪之罪与罚的这些规定，既是有力地惩罚此类犯罪行为的体现，也是为了有效地防范这类往往较自然人犯罪危害更大的法人恐怖犯罪活动的发生。

澳门特区所采取的在反恐刑法中贯彻预防与遏制相结合的刑事政策，是有力且有效地同恐怖主义犯罪作斗争的需要，也是各国各地区理性治理国际国内恐怖主义犯罪的法治经验。

2. 宽严相济

宽严相济的刑事政策思想在中国有其悠久的历史，可以追溯到中国古代“宽猛相济”的政策思想，孔子就曾提出“宽猛相济”方能实现“政和”的主张。[①]宽严相济的治国理念和刑事政策思想，成为中国几千年间历朝历代的政治经验和法治智慧。[②] 新中国建立以后的近半个世纪，基本刑事政策经历了从“镇压与宽大相结合政策”到“惩办与宽大相结合政策”的更迭与延续，自 2004 年和 2005 年逐渐提出治理犯罪要实行“宽严相济的刑事政策”，至 2006 年中共十

---

① 赵秉志. 和谐社会构建与宽严相济刑事政策的贯彻. 吉林大学学报（社会科学版)，2008 (1).

② 李卫红. 刑事政策学的重构及展开. 北京：北京大学出版社，2008：228-229；卢建平. 刑事政策学. 2 版. 北京：中国人民大学出版社，2013：128-129；孙万怀. 刑事政策合法性的历史. 北京：法律出版社，2016：203.

六届六中全会通过的《中共中央关于构建社会主义和谐社会若干重大问题的决定》始将“宽严相济的刑事政策”正式确立为中国现阶段的基本刑事政策。[①]宽严相济的基本刑事政策提出和确立后，得以在中国近年来的刑法修正案立法（包括反恐刑法规范）中得到了贯彻和体现。[②]

相同社会发展阶段的世界各国各地区的法律和法律政策具有趋同性。第二次世界大战以后、尤其是晚近半个世纪以来，为了有效地应对复杂的犯罪情况，西方国家普遍实行了“两极化”的刑事政策。所谓“两极化”的刑事政策，亦称为“轻轻重重”的刑事政策，即对于主观恶性不重的轻微犯罪，要采取宽松的刑事政策，处罚要更轻，谓之轻者更轻；对于重大犯罪和危险性大、主观恶性大的严重犯罪，要采取严厉的刑事政策，处罚要更重，谓之重者更重。关于西方国家“两极化”亦即“轻轻重重”的刑事政策，有两种现象或曰动向值得注意：其一，各国乃至不同的区域在其不同的犯罪态势下，并受到各自人文传统和刑事政策理念等因素的影响，“轻轻重重”的“两极化”刑事政策的“轻轻”与“重重”往往具有不同的侧重，其中一个突出的现象，是美国与其他欧美国家的侧重点有所不同，大体说来，美国当代的两极化刑事政策主要表现为“轻轻重重，以重为主”，其他欧美国家的两极化刑事政策则主要表现为“轻轻重重，以轻为主”；其二，自 20 世纪 90 年代以后尤其是 21 世纪以来，随着犯罪的大幅度增长，特别是国际国内恐怖主义犯罪猖獗情势下强化反恐法治的需要，西方国家的刑事政策也有所调整，开始从“轻轻重重，以轻为

---

① 中共中央关于构建社会主义和谐社会若干重大问题的决定（中国共产党第十六届中央委员会第六次全体会议 2006 年 10 月 11 日通过）. 中华人民共和国国务院公报，2006（33）；马克昌. 论宽严相济刑事政策的定位. 中国法学，2007（4）；赵秉志. 和谐社会构建与宽严相济刑事政策的贯彻. 吉林大学学报（社会科学版），2008（1）.

② 中国 2009 年通过的《刑法修正案（七）》中开始对宽严相济的刑事政策有所体现，2011 年通过的《刑法修正案（八）》和 2015 年通过的《刑法修正案（九）》中较为充分地体现了宽严相济的刑事政策的精神。赵秉志.《刑法修正案（七）》的宏观问题研讨. 华东政法大学学报，2009（3）；赵秉志：《刑法修正案（八）》观察与思考. 刑法评论，2011（1）；赵秉志，袁彬. 中国刑法立法改革新思维——以《刑法修正案（九）》为中心. 法学，2015（10）.

主”普遍向“轻轻重重，以重为主”转向。[①] 西方国家“两极化”的刑事政策及其演变也必然体现在其刑事立法中，尤其体现在其反恐立法的制定和修正中。[②]

澳门特区迄今尚未通过立法或其他文件正式明确提出和确立其刑事政策[③]，但是，澳门特区作为中华人民共和国的一个特别行政区和一个国际化程度很高的城市，其实际推行的刑事政策和刑事立法，不可避免地要受到中国内地宽严相济的刑事政策以及当代西方国家“两极化”刑事政策的影响。观察和分析澳门特区现行的反恐刑法，笔者认为，其反恐刑法亦在一定程度上体现了宽严相济的刑事政策之精神。

例如，《恐怖犯罪法》第 4 条、第 5 条对其所设置的发起、创立、加入、支持本地恐怖组织或国际恐怖组织的犯罪的基本构成处 10 年到 20 年徒刑，对领导、指挥本地或国际恐怖组织的犯罪的基本构成处 12 年到 20 年徒刑，而《澳门刑法典》规定的徒刑刑期最高为 25 年，可见《恐怖犯罪法》对属于尚未实施具体恐怖主义犯罪活动的单纯的恐怖组织罪的处罚可谓相当严厉；不仅如此，《恐怖犯罪法》还对恐怖组织罪设置有加重构成，即犯罪人如果具有使用核能、火器、核武器、生物武器、化学武器、爆炸性物质、爆炸装置、燃烧工具等特定的具有较大杀伤力和破坏性、危险性较高的犯罪工具的，还要加重处罚，其刑罚之最低及最高限度均加重 1/3。上述规范体现了宽严相济的刑事政策中对危害性暨危险性极大的恐怖组织罪尤其是其加重情节予以严厉惩罚的一面。另一方面，《恐怖犯罪法》第 4 条第 5 款对于预备组成恐怖组织罪规定的法定刑为 1 年到 8 年徒刑，相比于该条第 2 款规定的实行犯性质的发起、创立恐怖组织的犯罪之 10 年到 20 年徒刑的处罚显然要轻不少；该条第 6 款还有对于中止犯、准中止犯可

① 陈兴良．宽严相济刑事政策研究．法学杂志，2006（1，2）；马克昌．论宽严相济刑事政策的定位．中国法学，2007（4）；李卫红．刑事政策学的重构及展开．北京：北京大学出版社，2008：229－230；张远煌．宽严相济刑事政策与刑法改革研究．北京：中国人民公安大学出版社，2010：62－65；卢建平．刑事政策学．2 版．北京：中国人民大学出版社，2013：72－73.

② 赵秉志，等．外国最新反恐法选编．北京：中国法制出版社，2008.

③ 据悉，澳门特区在其正在进行的关于现行反恐刑事法律的修订规划中，将考虑订立关于反恐刑事政策和基本原则的内容。

特别减轻处罚或不予处罚的规定。这些从宽举措，体现了宽严相济的刑事政策中对性质严重的恐怖组织犯罪之主客观危害较小的情形予以从宽处置的一面。

再如，《恐怖犯罪法》第 6 条规定的属于恐怖主义核心罪行的实施恐怖主义活动的犯罪，也是既对基本构成犯和加重构成犯规定了相当严厉的刑罚，又对预备实施恐怖主义活动的犯罪规定了相对较轻的刑罚，亦规定了对于中止犯、准中止犯的特别减轻处罚或者得不处罚，尤其是还规定对于相当于内地刑法中的坦白和立功情形的得特别减轻处罚①，从而对恐怖活动犯罪之处罚贯彻了宽严相济的刑事政策精神，使其反恐刑法更具有科学性与合理性。

恐怖主义犯罪属于危害性质和危害程度都极为严重的犯罪类型，反恐刑法需要对恐怖主义犯罪采取严厉惩治的主基调，这是世界各国各地区对待恐怖主义犯罪的基本法治共识。但是，再严重的犯罪类型，也有犯罪情节和犯罪人情况相对危害较轻的情形，也有需要采取轻重不同的惩罚措施以分化瓦解共同犯罪特别是恐怖组织的犯罪、贯彻罪责刑相适应原则的需要，而不区分犯罪情节和犯罪人情况的一味严厉的惩治并不能产生良好的治理效果，这也是各国各地区在多年来的反恐防治实践中逐步形成的重要法治共识。基于对治理恐怖主义犯罪的理性思考，有论者曾提出对恐怖主义犯罪应采取“宽严相济，以严为主”的刑事政策②；笔者对此观点基本赞同。在此基础上，笔者认为还应进一步完善该政策的表述，主张对恐怖主义犯罪的刑事治理应采取“宽严相济，以严为主，以宽济严，宽严适度”的刑事政策。

以上“预防与遏制相结合”和“宽严相济”，是笔者认为澳门特区反恐刑法中所体现的两项立法政策。鉴于反恐刑事政策对反恐刑事立法和整体反恐法治的重要指引和约束功能，建议未来澳门特区在相关完善其反恐刑事法律中，明确规定若干反恐刑事政策，除应规定“预防与遏制相结合”和“宽严相济”两项政策

① 《恐怖犯罪法》第 6 条（恐怖主义）第 5 款规定：“如行为人在收集证据方面提供具体帮助，而该证据系对识别其他应负责任的人的身份或将之逮捕有决定性作用，可特别减轻刑罚。”

② 王秀梅，赵远. 当代中国反恐刑事政策研究. 北京师范大学学报（社会科学版），2006（3）.

外，借鉴《中华人民共和国反恐怖主义法》[①] 和其他一些国家反恐法的规定，还可以考虑规定“反对一切形式的恐怖主义，不妥协、不庇护”“依法反恐”“标本兼治，综合施策”“保障人权，禁止歧视”等反恐刑事政策。

（三）立法模式

一国或一地区反恐刑法的立法模式，属于其反恐刑法的宏观问题，对其反恐法治的科学性和成效具有重要的意义。

现代汉语中“模式”一词的含义，是指某种事物的标准形式或使人可以照着做的标准样式。[②] 所谓立法模式，有学者认为，是指对立法例的表象所反映出来的共同性的一种形式上的抽象、概括和归纳。[③] 笔者赞成对于立法模式，应将其立法表象（形式）与立法内容结合起来予以考察的观点。[④] 所谓反恐立法模式，主要是指按照立法技术标准划分的反恐立法方式。[⑤] 关于当代世界各国各地区反恐法的立法模式，理论上有种种主张和概括：有的认为，从立法形式而言，有独立式、附属式、复合式之分；从立法内容而言，有平面防御式与立体防御式之分。[⑥] 有的认为，反恐立法模式可以区分为分散型、专门型和综合型。[⑦]有的指出，各国反恐刑法大体上可以区分为三种类型：专门式单独立法模式、分布式多元立法模式、结合式复合立法模式。[⑧] 有的学者从多个不同角度对反恐法律模式进行区分：以反恐法律形式为分类标准，区分为独立式、附属式和复合式；以反恐法律内容为分类标准，区分为平面防御型和立体防御型；以反恐法律取向为分类标准，区分为进攻型和防卫型；以反恐法律效力为分类标准，区分为一般法和

① 参见《中华人民共和国反恐怖主义法》第 2 条、第 4 条、第 5 条。

② 中国社会科学院语言研究所词典编辑室．现代汉语词典（修订本）．北京：商务印书馆，1996：894。

③ 张文，刘艳红．罪名立法模式论要．中国法学，1999（4）．

④ 赵远．当代中国反恐刑法研究．北京：北京师范大学，2016：110.

⑤ 赵秉志，杜邈．反恐立法模式的理性选择．法学，2008（3）．

⑥ 赵秉志．国际恐怖主义犯罪及其防治对策专论．北京：中国人民公安大学出版社，2005：102-108.

⑦ 陈晓济．国际反恐立法模式与中国反恐法律构建．湖南公安高等专科学校学报，2007（1）．

⑧ 王燕飞．恐怖主义犯罪立法比较研究．北京：中国人民公安大学出版社，2007：48-56.

特别法；以反恐法律之立法权限为分类标准，区分为集中型和分权型。[①] 中国现行的反恐法体系，形成了以专门、全面、系统的反恐行政法——《中华人民共和国反恐怖主义法》（以下简称《反恐怖主义法》）（2015 年）为基础，以经过多个刑法修正案修正[②]的刑法典和经过两次修正[③]的刑事诉讼法典的反恐刑事法规范为核心，以《突发事件应对法》《反洗钱法》《人民武装警察法》《外国人入境出境管理条例》《支付机构反洗钱和反恐怖融资管理办法》《涉及恐怖活动资产冻结管理办法》等行政法律法规为辅助的比较完备的法律规范格局。而中国内地的反恐刑法从其创立、发展到完善，都坚持了采取刑法典集中规制的模式，即其反恐刑法规范均设置于刑法典之中，其他反恐法律（如《反恐怖主义法》）中仅有与刑法典之反恐刑法具有呼应性质的附属刑法规范。[④]

澳门特区的反恐刑法之立法模式，从最初的刑法典模式（1995 年），演变为后来的单行刑事法律模式（2006 年起）。澳门特区反恐刑法之立法模式的这种演变，其原因在于受到澳门单行刑事法律传统的影响。在澳门刑法体系中，其特别刑法尤其是其中的单行刑事法律具有与许多大陆法系国家和地区不同的情形，澳门的单行刑事法律不仅数量繁多、涉及领域广泛、设置的罪名超过刑法典分则中的罪名，而且其设置的是独立的罪名，具有完整的罪刑规范而可以独立适用，最为重要的是其单行刑事法律还可以突破刑法典总则的规范。[⑤] 澳门特区现行的反恐刑法，呈现出以单行刑事法律（《恐怖犯罪法》）为核心，以《刑法典》《刑事诉讼法典》以及其他单行刑事法律（《黑钱犯罪法》《有组织犯罪法律制度》）和相关国际反恐法律文件为补充，以金融、博彩等领域的其他行政法律法规为辅助的格局。笔者认为，澳门反恐刑法的立法模式大体上有三个特点：其一，最为突

---

① 赵秉志，杜邈．反恐立法模式的理性选择．法学，2008（3）．

② 主要是《刑法修正案（三）》（2001 年）、《刑法修正案（八）》（2011 年）和《刑法修正案（九）》（2015 年）的修改补充。

③ 即 2012 年 3 月 14 日的修正和 2018 年 10 月 26 日的修正。

④ 且这种附属刑法规范并不完整，均无处罚规范，一般亦无详细的罪状规定。

⑤ 澳门特区单行刑事法律可以不受刑法典总则约束的现象亦受到澳门学者的关注和批评。赵国强．论澳门刑法的修订与完善．澳门法学，2018（1）．

出之处，是主要表现为单行反恐刑事法的形式，而且可以不受刑法典总则的约束[①]；其二，与许多国家的反恐立法体系中都有一部专门的反恐法与其反恐刑法相配合的情形不同，澳门特区欠缺一部专门、全面、系统的反恐行政法作为其反恐刑法的前提法；其三，澳门特区欠缺特殊的反恐刑事诉讼法规范与其反恐刑法相配合[②]，虽然其《恐怖犯罪法》和《黑钱犯罪法》中也有涉及反恐程序的部分规定，但却是明显不够的。

据悉，澳门特区政府将通过目前正在推进中的对于澳门现行反恐单行刑事法律较大幅度的修改和调整，使其改变成为一部包括反恐刑事法律在内的综合性的反恐法律，届时，澳门反恐刑法的立法模式也会发生相应的变化。我们期待澳门特区反恐刑法和反恐法立法模式的转变与进步。

（四）罪刑规范

澳门特区《恐怖犯罪法》是一部以反恐刑法规范为主体的单行刑事法律。从罪刑规范上看，这部法律规定了域外恐怖犯罪的管辖原则、恐怖组织和恐怖主义的概念、恐怖犯罪的主观目的、各种恐怖犯罪的罪与刑、恐怖犯罪的附加刑以及法人涉恐犯罪的刑事责任等内容，可以说是一部内容比较全面、具有相对完整性的反恐刑法法律。

在以上对于澳门反恐刑法基本内容所包含的罪名进行分析的基础上，笔者整理出下面的“澳门特区《恐怖犯罪法》设置的罪名及其法定刑一览表”，以方便研讨。

**表 1　澳门特区《恐怖犯罪法》设置的罪名及其法定刑一览表**

| 法律条款 | 罪名 | 法定刑（主刑） |
| --- | --- | --- |
| 第 4 条第 2 款 | 1. 发起、创立、加入、支持恐怖组织罪 | 10 年至 20 年徒刑 |

① 前述的《恐怖犯罪法》中关于附加刑和法人之刑事责任的规定，都是单行反恐刑事法律不受澳门刑法典总则约束的例证。

② 江星苒．澳门反恐立法述评．理论月刊，2016（11）．

续表

| 法律条款 | 罪名 | 法定刑（主刑） |
|---|---|---|
| 第4条第3款 | 2. 领导、指挥恐怖组织罪 | 12年至20年徒刑 |
| 第4条第5款 | 3. 预备组成恐怖组织罪 | 1年至8年徒刑 |
| 第5条，第4条第2款 | 4. 发起、创立、加入、支持其他恐怖组织罪 | 10年至20年徒刑 |
| 第5条，第4条第3款 | 5. 领导、指挥其他恐怖组织罪 | 12年至20年徒刑 |
| 第5条，第4条第5款 | 6. 预备组成其他恐怖组织罪 | 1年至8年徒刑 |
| 第6条第1款 | 7. 实施恐怖主义活动罪 | 3年至12年徒刑；如所实施的犯罪的相应刑罚相等或高于上述刑罚，则处以此相应刑罚，而其最低及最高限度均加重1/3 |
| 第6条第2款 | 8. 实施国际恐怖主义活动罪 | 同上罪 |
| 第6条第1、3款 | 9. 预备实施恐怖主义活动罪 | 1年至8年徒刑；如按其他法律处罚更重的择重处罚 |
| 第6条第2、3款 | 10. 预备实施国际恐怖主义活动罪 | 同上罪 |
| 第6-A条第1款 | 11. 赴国外意图接受涉恐训练、提供涉恐后勤支持或培训罪 | 1年至8年徒刑 |
| 第6-A条第2款 | 12. 赴国外意图加入恐怖组织或实施恐怖主义行为罪 | 1年至8年徒刑 |
| 第6-A条第1、3款 | 13. 组织或帮助赴国外接受涉恐训练、提供涉恐后勤支持或培训罪 | 1年至8年徒刑 |
| 第6-A条第2、3款 | 14. 组织或帮助赴国外加入恐怖组织或实施恐怖主义行为罪 | 1年至8年徒刑 |
| 第7条 | 15. 资助恐怖主义罪 | 如按本法以上各条的规定不科处更重刑罚，则处1年至8年徒刑 |
| 第8条 | 16. 煽动恐怖主义罪 | 1年至8年徒刑 |

笔者认为，澳门《恐怖犯罪法》在罪刑规范方面主要有三个特点。

1. 在罪名全面性之基础上有其重点罪和特色罪

一方面，关于反恐罪名的全面性。《恐怖犯罪法》根据预防及惩治恐怖主义犯罪的实际需要和相关的国际反恐法律文件的指引，并参考其他有关国家和地区反恐刑法规范的立法经验，通过 2006 年的反恐刑法制定和 2017 年的修法，设置了多个环节的多达 16 种涉及恐怖组织和恐怖主义活动方面的罪名，包括数种涉恐怖组织类的犯罪、数种涉实施恐怖主义活动的犯罪、数种涉及外国恐怖主义战斗人员的犯罪、资助恐怖主义罪以及煽动恐怖主义罪等，从而形成了较为完备的涉恐怖活动犯罪的罪名体系，值得肯定。当然，言其较为完备，即意味着澳门反恐刑法在增设新罪名以严密反恐刑事法网方面还有其需要进一步完善的空间，例如，相关国际性、区域性反恐法律文件要求予以入罪化的宣扬恐怖主义、非法持有涉恐物品和为恐怖主义进行招募、培训、接受训练等行为，以及作为恐怖主义思想基础的极端主义危害行为，都还有待于予以入罪化的规制；对种种严重违反预防恐怖主义之法律规定的行为，还有设立若干种针对性的罪名予以遏制的需要。

另一方面，关于反恐罪名中的重点罪和特色罪。(1) 实际危害最大的实施恐怖主义活动罪和实施国际恐怖主义活动罪成为澳门反恐刑法的重点罪名，设置有内容丰富、宽严相济的罪刑规范，用以惩治实施具体恐怖主义犯罪活动的行为，该类犯罪在各国各地区涉恐犯罪中亦处于核心罪名的地位。相比之下，中国内地刑法典中虽然近年来也通过刑法修正案的形式增补了多种恐怖犯罪，但迄今尚未明确设置实施恐怖主义活动的核心罪名，从而被学界认为是内地反恐刑法立法的一大缺憾，包括笔者在内的一些学者都曾提出中国内地刑法中应增设实施恐怖主义活动罪（恐怖活动罪、恐怖主义行为罪）之核心罪名的立法建言。[①] 就此而言，澳门特区《恐怖犯罪法》明确规定恐怖主义活动之核心罪名的立法值得中国

① 赵秉志，阴建峰．论惩治恐怖活动犯罪的国际国内立法．法制与社会发展，2003 (6)；赵秉志．论中国遏制恐怖活动犯罪的法治对策//赵秉志．刑法评论：第 7 卷．北京：法律出版社，2005；杜邈．反恐刑法立法研究．北京：法律出版社，2009：359-365；赵远．关于我国反恐刑法的反思与完善．公安学研究，2020 (1).

内地反恐刑法之立法借鉴。(2) 由于澳门特区高度的经济自由化和蓬勃兴旺的博彩业作为支柱产业所形成的跨境资金流动性较大的社会背景，防范与惩治恐怖主义洗钱和融资受到澳门特区政府和立法会的高度重视，资助恐怖主义罪遂成为其特色罪名，不仅《恐怖犯罪法》予以规制，亦通过《黑钱犯罪法》和相关的行政法律法规予以规制和管控。这也是一个值得称道的反恐刑法之立法经验。

2. 主刑为单一自由刑并配置了种类较多且处罚严厉的附加刑

一方面，我们知道，《澳门刑法典》总则中设置的主刑仅有徒刑和罚金两种，而《恐怖犯罪法》中给各种恐怖犯罪配置的主刑仅有徒刑这一个刑罚种类，而且各种犯罪的主刑都只有一个刑罚幅度，其刑罚幅度一般都较大（如 1 年至 8 年徒刑、10 年至 20 年徒刑、12 年至 20 年徒刑）。笔者认为，澳门反恐刑法对恐怖犯罪配置的这种主刑格局，由于刑罚方法的单一性，以及法定刑的单一幅度和跨度较大，会在一定程度上影响刑罚适用的准确性和公正性，影响罪责刑相适应原则和刑罚个别化原则的有效贯彻，因而有必要予以检讨，应考虑调整与完善。

另一方面，《恐怖犯罪法》对其所设置的各种恐怖犯罪，又超越《澳门刑法典》总则关于附加刑仅有禁止执行公共职务（第 61 条）和中止执行公共职务（第 62 条）的规定，除规定更为严厉的禁止执行公共职务（为期 10 年至 20 年）外，还增设了中止政治权利（为期 2 年至 10 年）、针对非澳门居民的驱逐出境或禁止入境（为期 5 年至 10 年）、受法院强制命令约束等几种处罚严厉的附加刑，并规定了附加刑可以并科的刑罚制度。这些附加刑及其可以并科制度的设立，显著增强了澳门反恐刑法惩治与预防恐怖犯罪的针对性和整体力量。

3. 设置了涵盖广泛且处罚严厉的法人恐怖犯罪的刑事责任制度

如前所述，与《澳门刑法典》总则不承认法人犯罪的制度主张与安排显著不同，在澳门多达 21 部单行法律中，设置有法人犯罪的罪刑规范。《恐怖犯罪法》第 10 条也规定了法人涉恐怖犯罪及其刑事责任的内容。按照该条的规定，三类实体（合格的法人组织、不合格的法人组织以及无法人资格的社团）均可构成该法所规定的各种恐怖犯罪并应承担刑事责任，其涵盖可谓广泛。对法人涉恐怖犯罪一律实行双罚制，既处罚法人等实体组织，亦处罚法人等实体组织中对犯罪负

直接责任的自然人个人。对法人犯罪中自然人的处罚，适用《恐怖犯罪法》关于个人相关各种恐怖犯罪的刑罚。对构成恐怖犯罪的法人等实体的刑事处罚最有特色，包括了作为主刑的罚金和法院命令的解散（后者更为严厉），以及禁止从事某些业务、封闭场所、受法院强制命令约束、公开有罪裁判等六种附加刑。虽然各国反恐法、反恐刑法规范中都肯定恐怖组织是恐怖活动犯罪的当然主体，但明确规定法人等正当的实体组织可以构成各种恐怖犯罪及其处罚的立法例，在其他国家或地区反恐法、反恐刑法中尚属鲜见。[①] 例如，中国《反恐怖主义法》（2015 年通过）第九章法律责任中，在与刑事责任衔接的附属刑法性质的第 79 条、第 80 条中，并没有涉及单位实体的刑事责任问题；该章其他多个条文中，涉及的是单位实体的行政违法责任及行政处罚内容。[②] 而中国内地现行刑法典中，在对单位犯罪采取总则原则规定与分则特别规定相结合制度的情形下，其分则中除第 121 条之一（帮助恐怖活动罪）规定了单位犯罪及其处罚外，其他多种涉恐犯罪均未规定单位犯罪。由此可见，澳门特区反恐刑法的上述规定显然有其特色。其利弊得失，笔者认为值得关注和进一步研究。

## 五、结语

本文对澳门特区反恐刑法的立法演进、基本内容和主要特点进行了较为系统的考察和研析，意在抛砖引玉，引起两地尤其是我国内地法学界对澳门特区反恐刑法和刑法其他重要课题的关注。由于篇幅所限，本文尚未专门展开对澳门特区反恐刑法与内地反恐刑法的比较研究，而将这个有意义的课题留待今后考虑。

据悉，从 2018 年起，澳门特区政府有关部门又在酝酿和准备进一步修改、补充与完善其现行的反恐刑事法律。其修改现行反恐刑事法律的大体构想，除对

---

① 笔者仅见有《法国刑法典》第 422-5 条、第 422-6 条中明确规定有法人触犯恐怖主义行为罪之刑事责任的内容。朱琳. 最新法国刑法典. 北京：法律出版社，2016：198。

② 郎胜，王爱立. 中华人民共和国反恐怖主义法释义. 北京：法律出版社，2016：287-351.

原有的实体法即反恐刑法规范进行包括增设罪名、完善罪状、调整刑罚幅度等局部修正外，主要是拟增订预防及打击恐怖主义的政策、机构及权限的规定，大量充实和增加“预防”及“调查”恐怖主义犯罪方面的内容，并增设面临恐怖袭击紧急状态情形下的法治应对措施。其完善现行反恐刑事法律规范后仍拟采用单行和专门法律的模式。这部新的反恐法律将是涵盖反恐刑事处罚、刑事调查和刑事诉讼、刑事预防及相关行政预防措施于一体的主要包含刑事法和行政法在内的综合性的专门反恐法。澳门特区保安司司长黄少泽近期在回答议员有关质询时表示，澳门特区准备进行更完整的反恐立法，计划在《中华人民共和国澳门特别行政区维护国家安全法》的框架下订立预防调查及遏止恐怖主义犯罪及相关行为的制度，目前已大体起草完毕，正待时机进一步推动进入立法程序。[①] 笔者相信，这部综合性的专门反恐法未来的通过和生效实施，必将进一步增强澳门特区包括反恐刑事法治在内的整个反恐法治的力量。这部新的反恐法值得我们期待，也有待于澳门暨内地法学界、法律界未来予以关注和研究。

① 本报记者. 政府透过国家安全教育展等形式向大众宣传国安. 澳门日报，2020-04-30 (1).

# 第十五编　学术研究综述与反思

# 改革开放时代刑法问题的研究与探索

## ——我的主要刑法学术观点述略

### 一、前言

我是一位"50后"的刑法学者，迄今65年的人生深深地打上了共和国曲折发展的烙印。在前20年的生涯中，我度过了无忧无虑的童年，以及十年"文化大革命"中先是荒疏学业、后为下乡知青的特殊岁月。国家实行改革开放以来的四十多年是新中国繁荣发展极其重要的时期，也是我人生最重要的阶段。这一时期我走上法学道路，之后既在法学院以刑法学教学研究为己任，还得以经常参与国家刑事法治建设的立法和司法活动，并曾在一段不短的时间里肩负主持我们刑法学术团队学术研究和组织协调全国刑法学研究与中外刑法学交流的职责。[①] 这

① 本人自1997—2005年向担任中国人民大学法学院副院长暨刑法学科的学术带头人之一，1999—2005年担任教育部普通高等院校人文社会科学重点研究基地中国人民大学刑事法律科学研究中心主任暨刑法学科带头人；2005—2017年间担任北京师范大学刑事法律科学研究院院长暨刑法学科带头人；并曾担任中国刑法学研究会（其前身为中国法学会刑法学研究会）会长（2001—2021年），担任国际刑法学协会副主席（2009—2019年）暨国际刑法学协会中国分会主席（2011年迄今）。

一时期我与刑法学研究结下不解之缘，这方面既有职责所在、有使命感，也有学术兴趣。数十年来笔耕不辍，我陆续出版、发表了较为丰硕的刑法学论著。[①] 在数十年的刑法学研究生涯中，我始终不忘崇尚公正的初心，牢记维护法治的使命，注意结合我国社会主义刑事法治建设的实践及其发展进步需要来开展刑法学研究，个人学术研究轨迹和国家实行改革开放、加强现代化法治建设背景下我国刑法学研究繁荣发展的道路基本同步，我所关注的刑法理论与实务问题和相关学术见解也在一定程度上反映了数十年间我国刑法学的发展状况。

时光荏苒，年轮飞驰，转瞬我已从芳华青年步入中老年人生阶段。在我已经离开法学和法治一线工作岗位的当下，梳理自己既往 40 年的理论研究和学术观点，主要是对个人学术生涯、学术道路、学术关注、学术见解和学术贡献的一个回顾和反思，亦希冀能对我国刑法学研究事业的学术传承和学术更新换代稍有助益。这就是本人整理这篇文字的初衷。

本文旨在梳理和简介本人过去 40 年间学术论著中的刑法主要学术观点，由于时间跨度较大，而我关注和研究的范围也较为广泛，涉及中国刑法学的多个领域，以及中国区际刑法学领域，乃至国际刑法学和比较刑法学的一些课题，因而本文在对自己所研究问题的选择上只能重点反映，有所取舍；在观点介述上只能言简意赅，不宜展开。由此力图全面与重点相结合、宏观与微观相配合地客观反映本人既往 40 年间的刑法学学术研究状况和学术见解。经过认真比较删选，我选择了下述八个方面的刑法学学术研究领域予以梳理和介述。

（1）刑法基本理论问题。涉及我国刑法学研究、刑法哲学研究、刑事政策问题、刑法机能问题、刑法与宪法及其他部门法的关系问题、刑法基本原则、刑法解释和刑事责任等宏观问题的观点。

（2）刑法立法及其改革问题。涉及如何修订完善 1979 年刑法典诸方面的建言，关于我国刑法的百年变革及法典化问题的认识，以及今后我国刑法立法改革

---

① 40 余年来本人出版个人专著暨合著 30 余部，出版个人学术文集 19 部，主编、参著、合编、合译专业书籍 300 余部，发表论文和文章千余篇。其中绝大部分是刑法学作品。

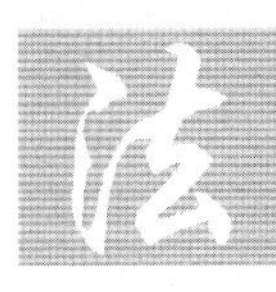



的若干主张。

（3）犯罪主体及其刑事责任问题。涉及犯罪主体的概念、共同要件和地位，犯罪主体对刑事责任的影响，未成年人、老年人、精神障碍人、醉酒人、特殊身份者等的刑事责任问题，以及人工智能发展提出的犯罪主体问题。

（4）故意犯罪的停止形态问题。涉及故意犯罪停止形态的基本问题，以及犯罪既遂、犯罪预备、犯罪未遂和犯罪中止等故意犯罪各种停止形态犯的认定、处罚原则和立法完善问题。

（5）死刑制度的改革问题。涉及我国死刑制度改革的基本问题，我国死刑政策完善和死刑制度改革的策略问题，我国死刑制度改革的模式、路径和步骤问题，以及我国死刑制度改革的具体措施问题。

（6）罪刑总论的其他重要问题。涉及犯罪概念和社会危害性问题，犯罪构成理论问题，犯罪主观方面、共同犯罪、正当防卫的若干问题，以及赦免（特赦）制度问题。

（7）罪刑各论问题。涉及恐怖活动犯罪问题，腐败犯罪问题，妨害司法活动犯罪问题，侵犯知识产权罪问题，侵犯财产罪问题，金融诈骗罪问题，破坏环境资源保护罪问题，计算机、网络和信息犯罪问题，以及民营企业的刑法保护问题。

（8）中国区际刑法问题。涉及我国内地与港澳特区间刑事管辖权的合理划分和刑事司法协助问题，以及祖国大陆与台湾地区间的刑事法治问题。

应当指出，我对上述八个领域的研究并不是等量齐观的：犯罪主体、犯罪停止形态和中国区际刑法问题主要是本人在早前20年学术生涯中关注的学术领域；刑法立法及其改革是本人在整个40年学术生涯中持续关注的学术领域；死刑制度的改革则是我于晚近20年即新世纪以来重点关注的学术领域；而本人对刑法基本理论、罪刑总论和罪刑各论领域若干课题的关注则是各有特点，不能一概而论。

对所选定的上述八个领域而言，本文在介述中一般先勾勒当时的法治和学术背景，概述我的相关研究概况，然后以问题为经、以刑法立法发展进程或时间演

进为纬梳理问题、介述观点，梳理问题力求聚焦症结，展开问题力求层次清晰，介述观点力求历史视野、客观精神、简要表达、根据详实，从而力图实现前述的整理这篇作品的初衷。

## 二、刑法基本理论问题

刑法基本理论问题大体上属于刑法学通论或绪论的范畴，对全部刑法问题都具有基础性、全局性的指导意义。随着我国改革开放的推进和建设现代法治、繁荣法学的步伐，刑法基本理论问题也曾多次被纳入全国刑法学术年会的议题。①

本人长期以来比较注意关注这一学术领域，论述的主要问题涉及关于我国刑法学和刑法哲学研究的基本认识，我国刑事政策问题，刑法机能问题，刑法与宪法及其他部门法的关系，刑法基本原则问题，刑法解释问题，刑事责任问题等。下面择要介述。

### （一）关于我国刑法学研究的基本认识

对既往我国刑法学研究道路的客观审视总结，以及对未来我国刑法学研究方向、方法和重点问题的科学展望，关系到我国刑法学研究的健康发展和刑事法治的完善，乃是刑法学界关注的重要课题②，当然也应当是刑法学者学术使命感和

---

① 例如，“刑法学研究对象及其体系”是首届即1984年全国刑法学术年会的三个议题之首；“刑法理论与刑法教学改革”是1988年全国刑法学术年会的三个议题之一；“社会管理创新与刑法理念发展”是2011年全国刑法学术年会的理论议题；其他多届全国刑法学术年会也包含有刑法基本理论方面的议题。赵秉志. 中国刑法学研究会学术研究30年. 北京：法律出版社，2014：860-864。以下涉及1984—2014年间全国刑法学术年会议题的，除特别另行注明出处以外，均为参见上引书籍。

② 在一些重要的年份和节点，全国刑法学术年会都注意对我国刑法学研究和刑事法治建设的既往历程予以回顾和总结。例如，“刑法学研究50年回顾与21世纪展望”是1999年全国刑法学术年会的议题之一；“改革开放30年刑事法治建设的回顾与展望”是2008年全国刑法学术年会的理论议题；“新中国刑法建设60年：回顾与展望”是2009年全国刑法学术年会的理论议题；“中国刑法学研究的回顾与前瞻”是2014年全国刑法学术年会的理论议题；“十一届三中全会以来刑事法治的回顾与前瞻”是2018年全国刑法学术年会的理论议题；“新中国成立70年来刑事法治和刑法理论的变迁与反思”是2019年全国刑法学术年会的理论议题。

责任心的重要所在。这也是本人数十年来始终关注和不断探索的一个领域。早在20世纪80年代中期博士生阶段参编导师高铭暄教授主编的我国刑法学界（也是法学界）第一部学术综述著作[①]时起，本人便对这一领域充满了学术兴趣，并自20世纪80年代末期开始发表这方面的论著[②]；后来又参与承担国家有关方面委托的这方面的调研任务[③]，参与撰写发表我国刑法学研究的年度综述并为中国法学会主编出版的《中国法律年鉴》撰写年度刑法学科发展综述，也陆续编著了几本这方面的文集或综述著作。[④] 在这些著述中，包含了本人关于我国刑法学研究若干宏观问题的一些认识与主张。

1. 关于我国刑法学研究历程的分期

历史分期是学科学术发展史中的一个基本命题。历史分期也是把握我国刑法学研究之演进所必须明了的基本问题。本人认为，新中国刑法学研究的发展历程大致可以分为三个时期：（1）1949年10月至1957年上半年，为新中国刑法学研究的创立和初步发展时期，它为我国刑法学研究的发展奠定了基础。（2）1957年下半年至1976年10月，为新中国刑法学研究的萧条和停滞时期。（3）1976年10月至今，是新中国刑法学研究从复苏到繁荣的时期。这一时期又可以分为1977—1978年的复苏阶段和1979年以后的逐步繁荣阶段。这三个时期各有其相应的学术特点和学术成果表现。第三个时期中，1978年年底十一届三中全会关于建立和健全社会主义法制的决策，促使我国刑法学研究逐渐步入了全面发展

① 高铭暄．新中国刑法学研究综述（1949—1985）．郑州：河南人民出版社，1986.

② 赵秉志．现阶段我国刑法学如何发展论略．法律科学，1989（2）.

③ 高铭暄，赵秉志，等．改革开放十七年来刑法学的研究现状与发展趋势（全国哲学社会科学规划办公室委托的调查研究报告）；赵秉志．刑法总论问题研究．北京：中国法制出版社，1996：1-36；高铭暄，赵秉志．改革开放30年的刑法学研究．中国刑事法杂志，2009（3）；赵秉志，袁彬．“十一五”期间刑法学科发展与“十二五”展望——中国刑法学科调查报告；赵秉志．刑事法治发展研究报告（2009—2010年卷）．北京：中国人民公安大学出版社，2011.

④ 高铭暄，赵秉志．新中国刑法学研究历程．北京：中国方正出版社，1999；高铭暄，赵秉志．新中国刑法学五十年（上中下册）．北京：中国方正出版社，2000；高铭暄，赵秉志．新中国刑法学研究60年．北京：中国人民大学出版社，2009；高铭暄，赵秉志，袁彬．新中国刑法学研究70年（上下册）．北京：中国人民大学出版社，2019.

繁荣的快车道；而其中1979年刑法典的颁行、1988年国家立法机关决定修改刑法典和1997年新刑法典的通过，都是影响和促进我国刑法学研究的重大法治事件，并使改革开放以来我国刑法学的研究在不同的时段呈现出不同的研究重心。①

2. 关于我国刑法学研究状况的评估

在20世纪90年代中期，本人曾撰文认为：中共十一届三中全会以后近二十年间的我国刑法学的研究，呈现出联系新时期经济体制改革和商品经济、市场经济发展的需要暨适应对外开放的需要来开展刑法学研究，以及注意开展对我国刑事司法和刑事立法完善问题的探讨等特点，并在人才培养、科研成果、学术组织的组建和学术活动的展开、参与国家立法与司法解释之研讨咨询等方面取得了显著成绩，比国内其他一些法学学科的成果更为丰硕，理论较为成熟。但是，同国外刑法学的研究现状相比，我国刑法学的研究仍存在相当的不足，主要表现在：一是基础理论研究相对薄弱，整个刑法学体系还有待于较大的变革和调整，一些涉及刑法深层理论的课题也有待于进一步开拓和深入研究；二是对司法实务问题的关注不够，缺乏对司法实践的应有指导力；三是对刑法新领域的研究尚待关注和深入，目前国外刑法学开辟了诸多新的研究领域（如刑事政策学、国际刑法学、环境犯罪、计算机犯罪、有组织犯罪、与生物遗传工程有关的犯罪、恐怖主义犯罪等），中国刑法学虽然对上述课题初步有所涉及，但研究力度和层次都有待进一步提高；四是研究方法较为单一，一个明显的现象是偏重使用注释方法来研究刑法问题，以至于刑法学的研究唯刑法立法、刑事司法马首是瞻，缺乏独立、高层次的理论品格。②

随着我国改革开放和法治事业的进展，我国刑法学研究也在不断进步。在改革开放30周年之际，本人认为，我国刑法学研究逐步呈现出促进刑法改革、服务刑事司法实践、注释刑法学与理论刑法学并存、拓展国际刑法和区际刑法研究

① 高铭暄，赵秉志．新中国刑法学研究50年之回顾与前瞻//赵秉志．刑法论丛：第4卷．北京：法律出版社，2000；高铭暄，赵秉志．改革开放30年的刑法学研究．中国刑事法杂志，2009（3）．

② 高铭暄，赵秉志，等．刑法学的研究现状与发展趋势．法学家，1995（6）．

等特点，并在一系列重大课题上取得显著进展。[①] 在改革开放40周年之际，本人指出，经过改革开放40年的探索和发展，我国刑法学研究除了研究成果数量的大量增加外，更重要的是在研究范式、研究重心、研究话语和研究工具诸方面都发生了质的飞跃，即：研究范式由平面研究到综合研究的转型；研究重心由单一研究到多元研究的转化；研究话语由问题导向向体系导向的转换；研究工具由以实质为主到形式与实质并重的转变。[②]

3. 关于我国刑法学研究如何发展的建言

本人关于我国刑法学研究未来如何发展的思考和建言，大体包括更新基本观念、调整研究方向、改进研究方法和拓展研究视野等几个方面。

本人在早期（20世纪80年代末）的有关研究中认为，现阶段我国刑法学研究要科学发展，需要从三个方面进行变革和完善：（1）更新基本观念。一是更新刑法调整功能的观念，将其由突出对敌专政的功能观，转为强调促进经济发展和民主政治完善的功能观；并确立刑法的多种功能观，弘扬刑法直接保护人民、促进经济发展的功能。二是更新犯罪观，树立与我国社会主义初级阶段的商品经济和民主政治发展需要相适应的犯罪观。三是更新刑罚观，树立与我国现阶段的商品经济和民主政治发展相适应的刑罚功能观、刑罚种类和刑罚制度观、刑罚适用观，以及刑罚人道观。（2）明确研究重点。包括加强对社会主义初级阶段刑法调整宏观问题的研究，开展对刑事法制协调统一问题的研究，加强对经济犯罪和职务犯罪的研究，加强对中国区际犯罪、涉外犯罪和国际犯罪问题的研究。（3）改进研究方法。包括注重研究刑法完善问题，加强专题研究，定性研究与定量研究相结合，繁荣比较研究。[③]

在上述建言的基础上，在20世纪90年代中期本人与高铭暄教授的有关合作

---

① 高铭暄，赵秉志. 改革开放30年的刑法学研究. 中国刑事法杂志，2009（3）.

② 赵秉志，袁彬. 改革开放40年的刑法学研究：发展脉络与知识转型//赵秉志，陈泽宪，陈忠林. 改革开放新时代刑事法治热点聚焦（全国刑法学术年会文集：2018年度）. 北京：中国人民公安大学出版社，2018.

③ 赵秉志. 现阶段我国刑法学如何发展论略. 法律科学，1989（2）.

研究中，对于我国刑法学研究应当如何健康发展，我们又补充了要调整研究方向的主张，即认为要改变以往过分偏重注释刑法学研究的方向，形成注释刑法学研究与理论刑法学研究的协调发展，实现刑法学研究应用性与科学性的有机统一。①

及至我国改革开放30周年和40周年之际，本人对我国刑法学研究发展的道路及其得失又进行了认真的反思与探讨，在研究方向、研究方法和研究重点诸方面进一步深化或更新了以往的一些主张：(1)在研究方向上，要在不忽视应用刑法学研究的同时，加强理论刑法学的研究，朝着专业化和多元化的方向发展，开拓对刑法学相关交叉学科的研究；(2)在研究方法上，应倡导定性研究与定量研究的有机结合，重视思辨研究与实证研究的合理并用，繁荣和优化实证研究，根据需要借鉴、引进其他文理科学的某些研究方法；(3)在研究重点上，要更加重视研究科学发展观和宽严相济刑事政策在刑事法治中的贯彻，注重开展对新中国成立以来尤其是改革开放以来刑法学理论的总结性研究，注重开展关于刑法解释、刑法基础理论、刑法学体系、外向型刑法以及我国刑事法治模式选择和刑法现代化等领域或课题的研究。②

### (二)关于我国刑法哲学研究的基本认识

任何一种刑法理论都离不开一定的哲学基础的指导。刑法哲学作为刑法学的基础理论学术领域，对于刑法学的深入发展具有重大意义。在新中国刑法学研究的进路中，刑法哲学研究起步较晚，其受到关注和逐步兴起大体在20世纪80年代末90年代初，本人同窗陈兴良教授在当时出版的《刑法哲学》一书尤为引人注目。③

而本人对刑法哲学研究的关注则是在21世纪初期。当时由教育部人文社会

---

① 高铭暄，赵秉志．新中国刑法学研究50年之回顾与前瞻//赵秉志．刑法论丛：第4卷．北京：法律出版社，2000.

② 赵秉志．中国刑法学研究的现状与未来．学术交流，2009(1)；赵秉志，袁彬．改革开放40年的刑法学研究：发展脉络与知识转型//赵秉志，陈泽宪，陈忠林．改革开放新时代刑事法治热点聚焦(全国刑法学术年会文集：2018年度)．北京：中国人民公安大学出版社，2018.

③ 陈兴良．刑法哲学．北京：中国政法大学出版社，1992.

科学重点研究基地中国政法大学诉讼法学研究院轮值主办的2004年全国法学领域重点研究基地的联席会议于当年12月在海南博鳌举行，这次会议的主题是“部门法学哲理化问题”，本人作为另一重点研究基地中国人民大学刑事法律科学研究中心的主任应邀前往参会并需要作专题发言。基于这一契机，本人决定对早已打算涉猎的刑法哲学研究问题进行较为系统的考察和研讨，遂邀约本单位理论功底扎实的博士生魏昌东协助我进行这一课题的研究。经过几个月的集中搜集资料、梳理问题和切磋研讨，我们形成了有关刑法哲学研究的综合成果，不仅完成了海南博鳌会议的研讨任务，后来还发表了几篇学术论文，并合编了《刑法哲学专题整理》一书①，对我国刑法哲学领域研究的考察和梳理略有贡献，也形成了本人关于刑法哲学及其研究的一些粗浅认识。

1. 关于中国刑法哲学的产生和发展

对中国刑法哲学的历史沿革作系统考察可知，中国刑法哲学萌生于民国时期，转型于新中国刑法学的创立和发展时期，勃兴、繁荣于20世纪90年代末期。② 当代中国刑法哲学的发展，肇始于中国刑法理论界对作为刑法调整对象的犯罪与刑罚辩证关系的审视，以及由此而产生的对刑法学体系的改造、完善与重构问题的深入思考。在强调对刑法的人性和价值等本原性问题进行理性追问的同时，刑法哲学还在研究方法上实现了由传统刑法学以注释刑法条文规范或者以对刑法条文规范的合理性进行简单评析的方法，向以思辨性研究为基本模式的飞跃和转变。哲学思辨不仅成为当代中国刑法学研究的一个新进路，也成为刑法哲学研究的主要方法。③

中国刑法哲学在当代中国刑法学研究中的勃兴，不仅是当代中国刑法学者积极探索拓宽刑法学研究领域、更新刑法学研究方法的结果，同时也是中国刑法哲学长期发展、历史积淀的产物。中国刑法哲学研究尽管因政治的原因而在不同历

---

① 赵秉志，魏昌东．刑法哲学专题整理．北京：中国人民公安大学出版社，2007.

② 赵秉志，魏昌东．中国刑法哲学的产生和发展．法制与社会发展，2005（2）.

③ 赵秉志，魏昌东．当代中国刑法哲学研究述评．中国法学，2006（1）.

史时期发生过指导思想的变化，并由此而出现过一定的“断裂”或停滞，导致了刑法哲学研究发展中所呈现的阶段性特征，但是，对刑法进行价值评判和哲理化分析的传统是一脉相承的。对于学科发展轨迹的反思性研究，必将有助于这一学术领域乃至我国整个刑法学研究的深化和发展。①

2. 当代中国刑法哲学研究的主要内容

当代中国刑法哲学的发展，以罪刑关系合理性的评析和构建为进路，经历了从对刑法的整体功能、价值审视到对作为刑法基本范畴、构成基本要素之犯罪、刑事责任和刑罚的哲理性评析为研究视点的拓展过程。其研究内容可以归纳为以下四个主要方面。②

（1）关于刑法哲学的本体研究。主要包括两个方面：一方面是关于如何界定刑法哲学的内涵。学界大致有“方法说”、“法理说”、“本原说”和“综合说”等四种代表性的观点。本人主张综合说，因为对刑法哲学的定义涉及对其研究体系和内容的构建，应当充分借鉴法哲学的研究成果。而法哲学是关于法学世界观及其方法论的理论化、系统化的学问，是以哲学的思维方式和研究方法研究法治现象、法律制度和法律思想，即同时强调法哲学的世界观和方法论意义。从总体上看，刑法哲学是法哲学的组成部分，两者之间存在一般与特殊的关系，法哲学的一般原理必然会对刑法哲学产生影响。另一方面是关于如何科学地界定刑法哲学的基本范畴。存在两种主要观点：一是“双层范畴体系说”，认为刑法学的基本范畴包括刑事责任、犯罪、犯罪人、刑罚、量刑、行刑等，它们是刑法学这一科学之网的纽结，刑法学正是通过这些纽结才成为一个系统的理论体系。二是“三范畴体系说”，该说在具体体系设计上又存在两种不同的主张：一种是主张“价值—实体—关系范畴体系”，即“价值范畴”涉及自由、秩序、正义与功利四大范畴，“实体范畴”涉及犯罪、犯罪人、刑事责任、刑罚四大范畴，“关系范畴”

① 赵秉志，魏昌东．中国刑法哲学的产生和发展．法制与社会发展，2005（2）．

② 赵秉志，魏昌东．当代中国刑法哲学研究述评．中国法学，2006（1）；赵秉志，魏昌东．中国刑法哲学的产生和发展．法制与社会发展，2005（2）．

涉及罪刑法定、罪刑相当、刑罚个别化和刑罚人道主义四大范畴。另一种是主张“犯罪—刑罚—罪刑关系范畴体系”，即认为刑法哲学的范畴包括犯罪本体论、刑罚本体论、罪刑关系论三类范畴。

（2）以刑法为整体的刑法哲学研究。主要包括以下四个方面：一是刑法价值研究，主要涉及刑法价值的内涵及特征、刑法基本价值的内容和层次、刑法价值的根源等内容；二是刑法机能（功能）研究，主要包括刑法功能的科学定位、刑法功能结构等内容；三是刑法精神研究，主要涉及对当代刑法所应追求的基本品质、刑法存在的根本意义等内容的研究；四是更新刑法观念的研究。

（3）关于犯罪论和刑事责任论基本问题的刑法哲学研究。主要包括以下四个方面：一是犯罪概念的哲学思考；二是犯罪观的研究，即对犯罪的实质和特征属性以及犯罪的价值和规范评价问题的研究；三是关于犯罪本质的研究；四是关于犯罪功能的研究，即从犯罪所具有的多重社会功能的角度对犯罪进行的解析。此外，学者们还对主客观相统一原则，刑法因果关系的对象、性质及其与哲学因果关系的区别，刑事责任的功能和根据，以及人身危险性等问题，进行了以思辨性为基本特征的刑法哲学研究。

（4）关于刑罚论基本问题的刑法哲学研究。可归纳为以下七个主要方面：刑罚权研究，刑罚价值研究，刑罚目的研究，刑罚正当性根据研究，刑罚功能与效益研究，罪刑均衡研究，刑罚现代化研究。此外，还有学者对刑罚的一般预防、刑罚个别化、刑罚进化论、配刑以及具体刑罚制度，特别是死刑存废等问题，从价值论和方法论的不同视角，进行了刑法哲理性的分析和研究。

3. 对当代中国刑法哲学研究发展的基本评价

关于中国刑法哲学的发展之于中国刑法学研究的积极作用，至少表现在以下三个方面：其一，对当代中国新刑法观确立的促进作用。刑法哲学研究使刑法学者能够从一个新的视角，对刑法展开具有相当深度和广度的研究与思考。这种思考对于重新审视刑法的价值和功能，理性评价刑法的作用，合理设置刑法调整和控制社会的范围，起到重要的启示作用。其二，对创新刑法学研究方法的引导作用。刑法哲学以思辨为其主要方法，这种研究对刑法学研究实现方法论上的创新


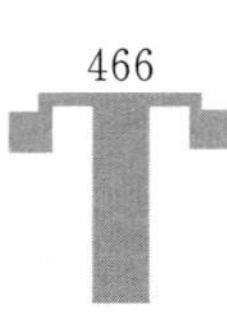

颇有助益。思辨研究与注释研究、实证研究的有机结合对中国刑法学的发展起到巨大的促进作用。其三，对刑法学体系更新的整合作用。刑法哲学研究还促使学者们对刑法学体系的完善和发展进行深入的思考，从而对科学构建我国刑法学新体系发挥促进作用。

中国刑法哲学研究在发展过程中存在不足而需要在今后研究中注意改进完善的主要问题有三：一是刑法哲学内涵的模糊，表现为刑法哲学的研究范围尚待进一步论证和厘定；二是刑法哲学定位的模糊，表现为刑法哲学与注释刑法学的关系尚待厘清；三是刑法哲学研究的领域尚待拓展。①

4. 关于中国刑法哲学发展完善的展望

应当以基础性、现实性和批判性作为中国刑法哲学发展的方向：（1）基础性。关注中国刑法哲学研究的基础性，是基于中国刑法哲学作为独立知识体系的基本要求。（2）现实性。中国刑法哲学只有以中国现实以及未来的社会基础与发展状况作为价值评判的基础，才有可能真正承担起评判实在法、发现应然法、确定应然刑法的发展方向与目标，从而最终实现刑法哲学之于中国刑法学研究的积极意义与作用。（3）批判性。中国刑法哲学批判性品性的坚持，不仅标志着中国刑法学者们刑法哲学“研究意识”的真正觉醒，也是中国刑法哲学研究进入成熟阶段的标志。②

我国刑法哲学的研究应当着重解决下述四个方面的问题，力争在新世纪为中国刑法实现“规范化、科学化、现代化和国际化”的目标作出更大的贡献：（1）促进刑法哲学与刑法注释学的融合。（2）促进刑法哲学研究的进一步发展和繁荣，真正实现刑法哲学在传统刑法观转变和现代刑法观确立中的推动和促进作用，为国家合理构建刑法调控社会的范围、程度和方法选择的规范体系提供强有力的理论支持。（3）促进刑法哲学教育的发展，充分发挥刑法哲学教育在塑造、培养新一代刑法学人中的积极作用，使刑法哲学对刑法价值、功能、观念的诸多

① 赵秉志，魏昌东．当代中国刑法哲学研究述评．中国法学，2006（1）．

② 赵秉志，魏昌东．论中国刑法哲学的发展方向．政治与法律，2007（6）．

思考、关注和成熟的研究成果逐步成为内化刑法学人基本刑法价值观念的基本通识，促进现代刑法观念广泛、现实地转变，实现刑法哲学所关注的刑法价值和理念对司法实践之引导功能。(4) 正确处理刑法哲学的国际化和本土化之间的关系，发展中国的刑法哲学。西方法哲学、特别是西方刑法哲学对中国刑法哲学的发展具有积极意义，但也不应忽视中国传统刑法哲学对当代中国刑法哲学发展的影响和积极意义。①

当前中国刑法哲学研究尤其要侧重探讨刑法的“根源世界”和“意义世界”两个方面。前者解决的是国家刑法权力的正当性问题，解释国家基于其稳定与发展需要而限制国民权利的正当性问题；而后者解决的是刑法的价值性问题，即刑法之于特定社会的意义及其实现问题。刑法学者对刑法哲学进行研究，应充分考虑刑法制度建构的民族基础与现实环境，反对不加分析地简单移植他国的刑法观念与价值。应在继续关注学科基本范畴与体系建构等基础领域的同时，坚持关照中国现实立法问题，为刑法改革提供充分的理论依据。②

(三) 关于我国刑事政策的主要观点

刑事政策是国家在惩治和预防犯罪方面所采取的总体战略、策略和措施，是刑事法治的灵魂和核心，其在维护社会公平正义、维护社会秩序的稳定和保障人权等方面具有独特的功能与作用。刑事政策学是刑事科学的一个基础性学科，是刑法学极为重要的关联学科。因而关于刑事政策的理论素养也是刑法学者所应当具备的。

本人自本世纪初以后，从开始关注“严打”刑事政策到逐渐关注基本刑事政策，主编出版了刑事政策方面的专题书籍③，指导博士生撰写通过了基本刑事政策方面的博士论文④；后来在国家倡导构建和谐社会和逐步确立宽严相济刑事政

---

① 赵秉志，魏昌东．当代中国刑法哲学研究述评．中国法学，2006 (1).

② 赵秉志．中国刑法哲学发展面临新机遇．人民日报，2015-12-13.

③ 赵秉志．刑事政策专题探讨．北京：中国人民公安大学出版社，2005.

④ 廖万里．中国当代基本刑事政策研究．北京：中国人民大学，2005.

策的背景下，又致力于研究宽严相济的刑事政策并有相关论文获省部级奖项[①]；近年来又积极关注刑事法治重点领域（死刑改革、反恐、反腐败等）的刑事政策问题，并陆续引导和指导数位博士生撰写通过了在这些领域具有一定开拓性的博士论文。[②]

这里扼要介述本人关于基本刑事政策和“严打”刑事政策的主要见解，而本人有关刑事法治重点领域刑事政策（如死刑政策）的学术观点，则另见有关专题。

1. 关于惩办与宽大相结合的刑事政策

在宽严相济刑事政策提出之前，惩办与宽大相结合的刑事政策曾是我国长期坚持的基本刑事政策，并在 1979 年刑法典中有明确的规定。本人在与廖万里博士的有关合作研究中认为，惩办与宽大相结合的刑事政策在诸多刑事政策中处于最基本、最重要的地位，该政策也是当代中国犯罪预防体系中司法预防的基本指导方针与策略，指引着刑罚及相关措施的制定和运用。为了防止刑事政策的恣意性，同时也为了保证基本刑事政策发挥作用，国家有必要通过合法的程序，将该政策上升为法律的规定，从而使其规范化，得以长久地发挥稳定而有效的作用。[③]

2. 关于“严打”的刑事政策

依法从重从快严厉打击严重刑事犯罪活动，曾是我国特定时期惩治犯罪、维护社会治安的一个重要方针，是我国社会综合治理工作的首要环节。我国从 20 世纪 80 年代初以来陆续开展了三次大规模的“严打”整治斗争，分别是 1983 年“严打”、1996 年“严打”和 2000 年“严打”，这三次“严打”在打击犯罪和维护社会稳定方面虽然也起到了一定的积极作用，但在总体上远未达到预期的效

---

① 赵秉志. 和谐社会构建与宽严相济刑事政策的贯彻. 吉林大学学报（人文社科版），2008（1）. 该文被《新华文摘》2008 年第 9 期转载，并于 2013 年 3 月荣获“教育部第六届高等学校科学研究成果一等奖”。

② 徐文文. 当代中国死刑政策研究. 北京：北京师范大学，2016；张拓. 当代中国反恐刑事政策研究. 北京：北京师范大学，2018；詹奇玮. 当代中国反腐败刑事政策研究. 北京：北京师范大学，2020.

③ 赵秉志，廖万里. 中国当代基本刑事政策视野内的刑事法律完善//赵秉志. 刑事法治发展研究报告（2005—2006 年卷）. 北京：中国人民公安大学出版社，2006：384-385.

果。多年来，刑法学界对“严打”进行了深刻的反思乃至严厉的批评，2003 年全国刑法学术年会曾把对“严打”政策与法治的反思作为研讨的议题之一。[①] 本人在有关研究中结合刑法原则与刑法适用对“严打”刑事政策进行了积极的思考并提出了主张和建言。

（1）关于“严打”政策的正确定位。

首先，“严打”作为中央针对特定严重刑事犯罪而提出的一项重要刑事政策，应当在社会主义法治轨道上进行，必须符合国家依法治国方略的长远目标和内在要求。“严打”作为一项刑事政策，与刑事法律分属于两个不同的领域。法律实务部门的刑事政策活动必须遵循宪法和法律的规定，不能突破法律界限和超越法律程序而另搞一套。只有使“严打”方针的具体操作符合依法治国这一长远的治国方略的内在要求，才谈得上“严打”方针是依法治国在现阶段贯彻实施的具体体现，也才能对依法办事起到积极的促进作用。

其次，“严打”的基本内容就是适用刑罚的“从重”和适用刑事程序上的“从快”。这两项基本内容的正确实施，必须对刑罚本身的功能和效益予以恰当的认识。刑罚绝非抗制犯罪的唯一手段。刑罚功能的充分发挥，主要的不在于其严厉性和残酷性，而在于犯罪之刑事责任的不可避免和及时性。因而贯彻“严打”政策必须坚决摒弃刑罚万能理论和刑罚工具主义，刑罚的功能及其发挥都是有限的，必须在坚持人权保障的理念下对刑罚予以合理运用。“严打”只是特殊时期的特殊手段，只能是社会治安形势严峻、某些严重犯罪居高不下形势下的权宜治理之计，它并不能从根本上解决问题。应当在坚持“严打”方针的同时，贯彻“打防结合，以防为主”的斗争策略，综合治理，综合防范，并使“严打”政策的具体操作在法治的轨道上运行。[②]

---

① 2003 年全国刑法学术年会的实务议题之一是“1983 年以来我国刑事法治与刑事政策的回顾与反思”。赵秉志，张军. 刑法实务问题研究——中国刑法学年会文集·2003 年度：第 2 卷. 北京：中国人民公安大学出版社，2003.

② 赵秉志.“严打”中刑法适用若干问题研讨//中国检察理论研究所.“严打”中的法律与政策适用. 北京：中国检察出版社，2002；赵秉志. 关于“严打”的几点思考. 法制日报，2003-03-06.

（2）关于“严打”政策与人权保障。

在贯彻“严打”政策时，必须在摒弃刑罚万能论和刑罚工具主义的基础上，在人权保障的理念下合理运用刑罚。从刑罚效益的角度看，“严打”中的“从重”必须有一个限度，不能一律“顶格判处”；就“从快”方针而言，应代之以“及时”，即在保证办案质量前提下保障刑罚适用的及时性，这才符合刑法的公正和功利价值。而不宜过分强调“从快”，以免损及当事人的诉讼权利。①

（3）关于“严打”政策实践中刑法基本原则的贯彻问题。

“严打”政策实践活动中应当切实贯彻刑法基本原则，即必须以维护刑法的实体公正为原则，在此前提下才谈得上“严打”政策的正确贯彻执行。就罪刑法定原则的贯彻而言，司法运作过程中，必须严格遵守“严打”的对象要求，刑法具体制度的规定必须严格执行而不能突破法律的界限，认定具体犯罪必须坚持法定的犯罪构成要件，司法解释不能因为“严打”而超越法律的基本精神而作出不利于被告人的解释。就罪责刑相适应原则的贯彻而言，“从重”必须是在法定范围内的从重，是相对于该种犯罪在一般情况下不从重而言的；罪行有轻重之分，从重的处罚幅度也应有所不同，不能不论犯罪情节、危害程度、悔罪表现等一概从重，也不能一概地“顶格”处理。“严打”中还要切实贯彻适用刑法人人平等原则。②

3. 关于宽严相济的刑事政策

在构建和谐社会的背景下，我国自2010年代中期逐步开始强调确立宽严相济的刑事政策。正确贯彻和运用这一政策，有助于最大限度地遏制、预防和减少犯罪，从而维护国家的安全与稳定，促进社会的和谐与发展。宽严相济的刑事政策也被作为2006年全国刑法学术年会的议题之一。③

① 柴春元．赵秉志谈宽严相济刑事政策与人权保障．检察日报，2007-01-18.

② 赵秉志．“严打”中刑法基本原则的贯彻．当代检察官，2002（2）；赵秉志．“严打”中刑法适用若干问题研讨//中国检察理论研究所．“严打”中的法律与政策适用．北京：中国检察出版社，2002.

③ 赵秉志．和谐社会的刑事法治，上卷：刑事政策与刑法改革研究．北京：中国人民公安大学出版社，2006.

本人及时关注和重点研究宽严相济刑事政策的理解与贯彻问题，提出了相关见解与主张，并主持完成了中央政法委和中国法学会的相关研究课题。[①] 在最高人民法院于 2010 年 2 月 8 日制发《关于贯彻宽严相济刑事政策的若干意见》这份重要的司法文件后，我们刑法学术团队与最高人民法院合作、本人与最高人民法院时任党组副书记暨副院长张军博士共同主编了《宽严相济刑事政策司法解读》一书[②]，对该《意见》进行权威解读和全面阐释，且涵盖当时最新立法《刑法修正案（八）》的相关内容，努力促进了宽严相济刑事政策在司法实务中的理解和贯彻。

（1）关于宽严相济刑事政策的定位。

宽严相济刑事政策提出后的一段时间里，关于宽严相济刑事政策的地位产生了不同的看法和争鸣，主要争议点是该政策是刑事司法政策还是基本刑事政策，该政策同惩办与宽大相结合刑事政策的关系如何。本人认为，宽严相济的刑事政策应当被理解和确定为我国当前的基本刑事政策，是惩办与宽大相结合基本刑事政策在新时期的继承和发展，而不能单纯将其理解为我国的刑事司法政策。《中共中央关于构建社会主义和谐社会若干重大问题的决定》提出要“实施宽严相济的刑事司法政策”，主要是针对刑事司法工作而言的，重在强调我国的刑事司法工作必须坚持宽严相济刑事政策。不能因为中央文件提出了“要实施宽严相济的刑事司法政策”，就认为宽严相济刑事政策只是我国的刑事司法政策，而不是刑事立法和刑罚执行方面应当贯彻的政策，从而否定其基本刑事政策的地位。而在宽严相济刑事政策同惩办与宽大相结合刑事政策的关系上，本人认为，宽严相济的刑事政策是我国在新的历史时期，在努力构建社会主义和谐社会的进程中所提出的一项新的基本刑事政策。该项刑事政策继承了惩办与宽大相结合刑事政策的

① 赵秉志主持的中央政法委委托课题暨中国法学会重点研究课题．贯彻宽严相济刑事政策之问题及对策研究．北京师范大学刑事法律科学研究院“刑事法治发展研究报告（18）”//赵秉志．刑事法治发展研究报告（2007—2008 年卷）．北京：中国人民公安大学出版社，2009.

② 张军，赵秉志．宽严相济刑事政策司法解读——最高人民法院《关于贯彻宽严相济刑事政策的若干意见》的理解与适用．北京：中国法制出版社，2011.

精髓，同时根据新时期的社会背景作了创造性的发展。两者在表述方式、侧重基点、司法倾向、关注重点等方面均存有差异。[①] 相对而言，宽严相济的刑事政策不仅更强调和侧重于刑事政策中“宽”的一面，而且更加强调宽松刑事政策与严格刑事政策之间的“相济”即协调运作。它是我们处在新的时代，面对刑事案件数量急剧增加，就刑事法律如何保持社会良好运行状态所作的新思考，提出的新理念，其背后有着积极的时代意义与实务价值。[②]

关于宽严相济刑事政策与“严打”政策的关系。“严打”并非常态法治社会应对严重刑事犯罪的有效措施，该政策不应长期存在，更不应纳入基本刑事政策之中。进而言之，“宽严相济”刑事政策中的“严”有严密法网、严厉惩治、严肃执法之意，与“严打”政策之内涵有着根本的区别。在严重刑事犯罪的发生率较为稳定的情况下，对于严重刑事犯罪的处理，“严打”的政策与方针应该让位于宽严相济的刑事政策。[③]

（2）宽严相济刑事政策的基本内涵。

我们可以从“宽”“严”“济”三个方面分析宽严相济刑事政策的基本内涵。宽严相济之“宽”，是指对于犯罪施以宽松刑事政策，在刑事处理上侧重宽大、宽缓、宽容；宽严相济之“严”，是指对于犯罪施以严格刑事政策，在刑事处理上侧重严密、严厉、严肃；而宽严相济之“济”，蕴含着结合、配合、补充、渗透、协调、统一、和谐之意，亦即协调运用宽松刑事政策与严格刑事政策，以实现二者的相互依存、相互配合、相互补充、相互协调、有机统一。概而言之，宽严相济刑事政策的内容可以归结为：当宽则宽，该严则严，轻中有严，重中有宽，宽严有度，宽严适时。其核心则是区别对待。[④]

（3）宽严相济刑事政策之于和谐社会构建的必要性。

---

① 赵秉志．和谐社会构建与宽严相济刑事政策的贯彻．吉林大学学报（人文社科版），2008（1）．

② 黄京平．“宽严相济”刑事政策的时代含义及实现方式//赵秉志．和谐社会的刑事法治（上卷：刑事政策与刑罚改革研究）．北京：中国人民公安大学出版社，2006：326-329．

③ 柴春元．赵秉志谈宽严相济刑事政策与人权保障．检察日报，2007-01-18．

④ 赵秉志．和谐社会构建与宽严相济刑事政策的贯彻．吉林大学学报（人文社科版），2008（1）．

切实贯彻宽严相济的刑事政策，合理地组织对犯罪的理性反应，对于社会主义和谐社会的构建具有重要的现实意义。通过协调运作该政策所包含的宽松刑事政策与严格刑事政策，宽严相济刑事政策对于和谐社会的构建，可以从总体上发挥不断化解社会矛盾和促进民主法治的功能；侧重运用宽松刑事政策，有助于充分保障人权，营造宽松、理性、祥和的社会氛围；合理运用严格刑事政策，有助于公正惩治犯罪，维护和谐、稳定的社会秩序。在中国现阶段处于社会转型期、失范现象严重的社会情境下，通过确立和贯彻宽严相济的刑事政策，既可以有力地打击和威慑犯罪，维护法制的严肃性，又可以尽可能减少社会对抗，化消极因素为积极因素，实现法律效果和社会效果的有机统一，有效地助力于构建和谐社会。①

（4）贯彻宽严相济刑事政策应当坚持的原则。

在刑事立法和刑事司法活动中贯彻宽严相济刑事政策，应主要坚持以下五个原则。

一是罪刑法定原则。罪刑法定原则对宽严相济刑事政策之“宽”和“严”的标准具有界限功能，即“宽”和“严”都必须符合罪刑法定原则的要求，不得超越法律的规定，不得任意出入人罪，不得法外定罪量刑或免刑。

二是罪责刑相适应原则。宽严相济刑事政策的核心是区别对待。在区别对待上，坚持罪责刑相适应原则是贯彻宽严相济刑事政策的必然要求。由此，罪责刑相适应原则对宽严相济刑事政策之“宽”和“严”的度提供了标准，解决了“如何宽，如何严”“宽多少，严多少”“宽严如何相济”之量的把握问题，即对具体犯罪设定、裁量和执行的刑罚在量上要以犯罪行为的社会危害性大小以及犯罪人的主观恶性大小、人身危险性大小、再犯可能性程度为基本依据。

三是主客观相统一的原则。在定罪阶段，必须坚持主客观相统一，反对主观归罪或者客观归罪；在量刑阶段，必须坚持客观危害与主观恶性和人身危险性的统一，全面衡量反映犯罪行为的客观危害和行为人的主观恶性、人身危险性的情

① 赵秉志．和谐社会构建与宽严相济刑事政策的贯彻．吉林大学学报（人文社科版），2008（1）．

节；在刑罚执行阶段，宽严相济也要坚持主客观相统一，准确评价犯罪人的人身危险性和教育改造效果，决定应否对行为人予以减刑、假释。

四是正当程序原则。宽严相济刑事政策就是要解决司法机关对犯罪人是否批捕、起诉，是否定罪、是从宽还是从严量刑等自由裁量权问题，要保证这种裁量权的合理运用及防止滥用，就必须创制和遵守正当的程序。只有通过正当的法定程序，才能得出公正的实体结果。

五是注重效果的原则。司法机关贯彻宽严相济刑事政策过程中，既要保证执法办案的法律效果，维护法律的严肃性；又要讲求执法办案的社会效果，使执法办案活动有利于震慑严重犯罪、维护社会稳定，有利于最大限度地化解社会矛盾、减少社会对抗，有利于依法保障人权、维护公民权益，促进社会和谐稳定，从而实现法律效果、社会效果和政治效果的有机统一。①

（5）贯彻宽严相济刑事政策应当树立的理念。

我国目前的刑事法治实践中，在某种程度上仍存在宁“左”勿“右”、宁重勿轻的思想，甚至存在“杀人偿命”等同态复仇心理，以至于过分注重打击而忽视保护，片面强调“严打”而忽视“宽缓”的一面，突出强调犯罪扩大化、刑罚重刑化。同时，由于存在证据意识淡薄、习惯有罪推定、轻信口供等认识，有的司法人员在有罪与无罪的证据存疑时，往往作有罪处理；在罪重与罪轻的证据存疑时，往往作罪重处理。这些认识和做法显然有悖于宽严相济刑事政策的基本要求，直接影响到该政策的贯彻实施。要从根本上解决上述这些问题，必须牢固树立以下理念。

一是要树立正确的犯罪控制观。犯罪虽可在规模和形式上控制，但却不能完全予以消灭。这是合乎社会发展基本规律的犯罪控制观。因此，不能寄望于“严打”而消灭犯罪，对待犯罪的正确方式应是科学地、系统地研究其发生、发展的客观规律，综合利用包括刑事制裁在内的各种社会管控手段尽可能地预防和控制犯罪；要把刑事政策纳入社会政策体系，使之在防控犯罪中和谐地发挥作用；要

① 赵秉志．和谐社会构建与宽严相济刑事政策的贯彻．吉林大学学报（人文社科版），2008（1）．

按照刑事法治的规则进行立法和司法，合理设定犯罪圈，准确定罪和量刑，该宽则宽，当严则严，宽严有度，宽严互补，做到宽严相济。

二是要树立正确的刑罚功能观。刑罚的严厉性及功能局限性决定了它只能是最后的制裁手段，只有在其他社会规范调整手段不力时，才能不得已而用之。实践也充分表明，重刑主义只会激化矛盾，从来不能维持社会的长治久安。

三是要坚持以人为本、保障人权的理念。与我国以往“惩办与宽大相结合”的刑事政策和“严打”刑事政策相比，宽严相济刑事政策中更蕴含着人权保障的基本意蕴。在其宽松刑事政策之一面，强调对于轻微犯罪及有改善可能性的犯罪人，尽量抑制刑罚权的行使，改以其他措施来代替刑罚，以达到防止再犯及预防犯罪的目的，更侧重于对犯罪人、被告人合法权益的保障。而在严格刑事政策之一面，尽管强调对重大犯罪及危险犯罪人采取严格处遇，但该政策同时也要求严格地使用国家独占的刑罚权，这同样体现了对犯罪人、被告人合法权益的保障。可以说，宽严相济刑事政策之宽松一面与严格一面各有侧重，相得益彰，共同凸显了宽严相济刑事政策所具有的人权保障之底蕴。[①] 贯彻宽严相济刑事政策必然要求在依法打击犯罪的同时必须注重保障人权，保障被害人和被告人的合法权益，保证被告人受到合法、公正、文明的刑事追诉与审判；必然要求贯彻重证据、不轻信口供的原则，切实做到认定案件事实清楚、证据确实充分；必然要求坚持罪刑法定和罪责刑相适应原则，切实做到定罪准确，量刑适当，确保无罪的人不受刑事追究。[②]

（6）宽严相济刑事政策在刑事司法中的贯彻。

作为基本刑事政策，宽严相济的刑事政策对刑事立法、刑事司法均具有重要的指导意义。这一政策将引起刑事立法和刑事司法的一系列变化，刑事立法和刑事司法也必须对这一政策予以回应、体现和贯彻。刑事司法在宽严相济刑事政策

---

① 柴春元. 赵秉志谈宽严相济刑事政策与人权保障. 检察日报，2007-01-18.

② 赵秉志. 贯彻宽严相济刑事政策宏观问题论要//赵秉志，等. 宽严相济刑事政策与和谐社会构建. 北京：中国法制出版社，2009：17-21；赵秉志，等. 贯彻宽严相济刑事政策之问题及对策研究//赵秉志. 刑事法治发展研究报告（2007—2008年卷）. 北京：中国人民公安大学出版社，2009：7-8.

的贯彻执行中具有重要的地位和作用。宽严相济刑事政策在我国刑事司法中的贯彻，大体可以包括刑事司法理念、刑事司法原则、刑事司法制度、刑事司法工作机制和刑事司法人员等五个方面。①

在本人主持的《贯彻宽严相济刑事政策之问题及对策研究》中，还详细分析了贯彻宽严相济刑事政策的实体问题、程序问题，并提出了相应的对策性建言。②

(四) 关于刑法机能问题的基本主张

刑法的机能，又称刑法的功能，是指刑法客观上能够发挥的积极作用。刑法机能是刑法学的重要基础理论问题。1997年新刑法典通过后，本人在对“严打”刑事政策的反思中开始思考刑法的机能问题，尤其是对刑法的人权保障机能进行了重点探讨。

1. 刑法三个方面的机能之理解

现代刑法具有三个方面的机能，即规制机能、秩序维护机能和自由保障机能。

刑法的规制机能，是指刑法所具有的规范社会成员的行为，将一定行为规定为犯罪并配置一定的刑罚，从而禁止社会成员实施该行为的作用。刑法的规制机能由两方面的内容组成：一是评价机能，二是决定机能。在发挥刑法的规制机能时，应当注意保持最大限度的公正、合理，这样才能使刑法的规制机能与刑法的正义价值保持协调。为了使刑法的规制机能在公正、合理的限度内发挥出来，立法机关一方面应当注意保持刑法条文内容本身的公正、合理性，另一方面应当注意法条之间内容的协调、统一性；司法机关则应当严格遵守、执行刑法，维护司法公正。

刑法的秩序维护机能，是指刑法所具有的通过对社会成员进行一般性的警示，以及运用刑罚对犯罪人进行惩罚，以预防犯罪，保护国家利益、社会利益和个人利益，从而维护社会秩序的作用。刑法的秩序维护机能主要通过以下两个重

① 赵秉志. 宽严相济刑事政策视野中的中国刑事司法. 南昌大学学报（人文社科版），2007 (1).

② 赵秉志，等. 贯彻宽严相济刑事政策之问题及对策研究//赵秉志. 刑事法治发展研究报告 (2007—2008年卷). 北京：中国人民公安大学出版社，2009：8-33.

要方面表现出来：一是刑法的利益保护机能，二是刑法的犯罪预防机能。作为刑法机能的预防犯罪，与作为刑罚目的的预防犯罪的具体含义不同：前者是指刑法客观上具有防止他人实施犯罪的作用，后者是指适用刑罚所追求的效果是防止他人犯罪，即前者的内容是客观的，后者的内容是主观的。刑罚的目的是预防犯罪，这并不影响刑法具有预防犯罪的机能。

刑法的自由保障机能，是指刑法所具有的通过明确规定只有什么行为才是犯罪，以限制国家刑罚权的发动，保障普通公民的自由，同时也保障犯罪人自由的作用。刑法的自由保障机能通过两个方面发挥出来：一是保障普通公民的自由，表现为只要公民没有实施刑法所禁止的行为，就不得对其处以刑罚；二是保障犯罪嫌疑人、被告人的自由（或曰合法权利），表现为犯罪嫌疑人和被告人不得受到刑法规范以外的刑罚处罚，以及在刑法规范以内受到的刑罚处罚应当公正、平等。这两方面的机能都是通过限制国家刑罚权的发动来实现的。①

2. 刑法的秩序维护机能与自由保障机能的对立和协调

刑法所具有的秩序维护机能和自由保障机能，是一种相互对立、相互克制，但又能够互相协调的关系。两种机能能否正常、充分发挥，关系到刑法能否很好地实现自己的价值、完成自己的任务，进而影响整个国家的刑事法治发展水平。因此，如何协调刑法的这两种机能，可以说是刑法理论和刑事司法实践的核心问题。

两种机能的对立表现在：刑法的秩序维护机能要通过扩大刑法的适用范围来实现，刑法的自由保障机能则要通过限制刑法的适用范围来实现；刑法的秩序维护机能是要稳定社会秩序，限制甚至剥夺社会成员的自由，刑法的自由保障机能则是要保障社会成员的行动自由。二者是一种此消彼长的对立关系：刑法越想施展其秩序维护机能，就越容易损害其自由保障机能；刑法的自由保障机能发挥得越多，其秩序维护机能就越难以实现。

刑法的秩序维护机能和自由保障机能虽然是对立的，但又必须加以协调，因为两者各有其任务，两方面的任务均不可偏废。过分强调其中的任何一种机能，

① 赵秉志．略论刑法的机能．北京联合大学学报（人文社会科学版），2006（2）．

都会引发不良的社会效果。在一定限度内，对刑法这两种机能加以协调不但是可行的，而且是社会成员所期盼的。刑法这两种机能的冲突在任何情况下都是具体的并且难以两全的，并非也不能在任何情况下都要让刑法的权利保障机能（指自由保障机能）优先，而是要看所保障的权利是否合理，以及我们如何认识这种权利的合理性。显然，在不同的时代背景之下，对这两种机能的冲突，其解决的方式和处理的结果都可能是不同的。那种认为罪刑法定原则的确立意味着刑法的权利保障机能必须绝对优先的观点，实际上是对罪刑法定原则的片面理解。虽然罪刑法定主义系以限制国家刑罚权之行使为主要目的，而以保障个人自由为最高目标，但这一原则仅仅表明不以刑法的明文规定为根据来惩罚犯罪人是不能容忍的，以及在是否可以法外施罚以维护秩序的问题上，刑法的秩序维护机能让位给了自由保障机能；而不能将其意义扩展到整个刑法，进而认为刑法必须优先考虑自由保障机能。①

3. 关于刑法的人权保障机能

人权保障是现代刑法基本机能的重要内容。新中国成立以后，我国刑法在较长的时期里过于偏重刑法基本机能中维护社会秩序的一面，而对刑法的人权保障机能多有忽视，导致了对公民基本权利保障不力的消极后果。1998 年，本人即发表论文，主张人权保障应是当代刑法改革的鲜明主题之一。② 此后，在“人权入宪”、建设社会主义法治国家和确立宽严相济的基本刑事政策的时代背景下，本人又多次撰文强调人权保障乃当代刑法之鲜明主题，也是全球化时代中国刑法改革的鲜明主题，同时也是宽严相济刑事政策的重要蕴含。

人权的改善和进步需要多层次、全方位的保障，法律保障是其中的重要方面。在人权的法律保障中，刑法由于其所保护利益的广泛性、重要性及其对违法制裁的特殊严厉性，而对人权的全面保障具有特别重要的意义。强化对人权

---

① 赵秉志．略论刑法的机能．北京联合大学学报（人文社会科学版），2006（2）．

② 赵秉志．刑法改革与人权保障．法制日报，1998-09-05；赵秉志，谢望原．刑法改革与人权保障．中国刑事法杂志，1998（5）．

的保障是全球化时代刑法改革的主旋律。作为国家法治的重要组成部分，刑法直接关涉公民的基本人权，人权保障是刑事法治理念的基础性要求，是当代刑法机能所蕴涵的重要内容。刑法不仅可以通过依法惩罚犯罪来维护社会正常秩序，也保障无罪的人不受刑罚处罚，防止惩罚权的滥用，甚至在惩罚罪犯时也应维护其应有权益，保证其免受不公正的惩罚，并通过刑罚的执行来感化和改造犯罪人，促使其重新回归社会。因此，现代刑法既是“犯罪人的大宪章”，也是“善良公民的大宪章”。鉴于刑法对人权保障特别重要，不仅各种国际规约日益注重以刑事措施保障人权，当代各国立法者一般也都根据本国实际情况尽可能充分有效地利用刑法对人权加以保护。尤其是 20 世纪 90 年代以来，随着人权保障的呼声日益高涨，各国、各地区在以刑法手段强化人权保障方面迈出了更大的步伐。可以说，人权保障已经成为当代刑法的一个鲜明主题。而且，基于国家性质及刑事政策之考量，为秉承人权保障之宪制精神而进一步强化刑法对人权的全面而有效的保障，人权保障也应成为全球化背景下中国刑法改革发展的鲜明主题之一。

人权保障在全球化时代中国刑法中的确立并不能仅仅依靠简单的“移植”，它首先有赖于人权观念的变革。没有相应的人权观念变革为基础，人权保障根本不可能在刑事法治领域得到真正的贯彻。审视中国 1997 年刑法典颁行之前人权保障方面的刑法立法与刑事司法实践，可以看出，立法者与司法者人权观念的缺失乃是刑事法治领域曾经普遍漠视人权的重要根由。片面强调刑法机能中社会保护内容的做法，虽似可以换得社会表面的安宁，却是以公民权利被漠视乃至被践踏为代价的。其实，人权保障亦是现代刑法基本机能的重要内容，它强调的是对公民人权的维护，以对犯罪人人权之保障为首要目标，并以此为基础实现对全体公民权利的保障。从权力运作角度看，刑法机能中的人权保障起到了限制国家刑罚权的动用之功效，避免了无限度动用刑罚权对公民权利带来的侵害。而且，在市场经济体制下，刑法的价值构造应当顺应全球化时代的发展，兼顾刑法基本机能中社会保护和人权保障两个方面，并适当向人权保障方面倾斜，加重刑法的人权蕴涵。这不仅是当代民主政治与人权理论的要求，也是衡量一部刑法先进与

否、是否具有时代特色的判断标准之一。这一价值取向不仅应该在刑法立法中予以确立和贯彻，更应在刑事司法运作中得到充分体现。一方面，以人为本、尊重和保障人权是全球化时代刑法立法的必然含义，而中国以往刑法立法对人权的保障尚存有某些观念障碍。唯有认真梳理、反思和检讨我国刑法立法在观念层面的误区，并在价值观念上真正融入人权保障的意蕴，真正实现刑法立法中人权观念的嬗变和更新，中国刑法立法才能最终走上良性发展的轨道。相比较而言，在中国 1997 年刑法典的修订过程中，人权观念得到了较为明显的改善：罪刑法定原则等三项刑法基本原则的确立和有罪类推制度的废除；通过保留并更加重视人道性的刑种“管制”以及努力限制和减少死刑，促进了刑罚的人道化；对保安处分制度进行完善；进一步完善未成年人刑事责任范围；刑法分则体系的改进等等。这些都充分说明，我国立法者已把人权保障这一刑法价值提到了极其显要的位置。另一方面，如果没有相应的刑事司法观念的变革，关涉人权保障的刑法立法的真正贯彻必然会举步维艰、流于形式。在刑事司法活动中贯彻人权保障原则，在宏观上应当树立人权保障理念，遵循和谐统一司法、公正严肃司法的原则，协调好“严打”政策与人权保障的关系，借鉴法治发达国家“两极化”刑事政策的合理内核；在具体刑事司法活动中，应当严格依法进行司法解释，慎重适用死刑，将死刑核准权收归最高人民法院，依法合理行使法官自由裁量权，正确运用量刑情节；在刑罚执行中应当贯彻人道主义原则，积极稳妥地开展社区矫正，文明地执行死刑。

但是，也必须看到，我国刑事立法乃至刑事司法的状况与我国已签署的某些国际人权公约相对照，尚存在诸多亟待修改、完善之处。在“人权入宪”的今天，如何将人权领域所出现的新形势、新精神反映到刑法立法和刑事司法中，是我国刑法理论与实务界必须直面并着力解决的问题。①

① 赵秉志. 人权保障是当代刑法之鲜明主题//赵秉志. 刑法评论：第 7 卷. 北京：法律出版社，2005；赵秉志. 全球化时代中国刑法改革中的人权保障. 吉林大学社会科学学报，2006（1）；赵秉志. 当代中国刑法中的人权保护. 中共中央党校学报，2004（4）、2005（1）；赵秉志. 论中国刑事司法中的人权保障. 北京师范大学学报（社会科学版），2006（3）；赵秉志. 深入领会修宪精神 推动刑事法治进步. 法制日报，2004-04-01（10）.

（五）关于刑法与宪法及其他部门法律关系的主张

在现代法制体系中，刑法是宪法统帅之下的国家基本实体法律之一。从法律关系上看，宪法与刑法的关系较为明确，系母法与子法、基本法与具体部门法之间的关系，但对此问题仍然需要强调和加强研究。至于刑法与民法、行政法、经济法等部门实体法的关系，无论是在刑法理论上还是其他相关部门法理论上，都存在较大的争议。近年来，随着刑民交叉、刑行交叉案件以及民事、行政违法行为犯罪化现象的增多，刑法与民法、经济法、行政法、环境法等相关部门法的关系问题日益受到重视，并且逐渐成为我国刑法立法、刑事司法领域的热点问题。如何正确看待和恰当处理刑法与相关部门法的关系，也成为我国刑法理论研究所必须面对的重要问题。本人作为中国刑法学研究会的会长，及时认识到这一课题的重要研究价值，极力倡导并促成了 2012 年、2013 年和 2016 年三次全国刑法学术年会将刑法与宪法和其他部门法的关系问题纳入年会研讨议题①，并且积极参与了这一课题领域的研究。

1. 刑法与宪法的关系

宪法是国家的根本大法，是刑法立法和刑事司法的依据，宪法发展与刑法进步之间存在互动关系。从形式上看，宪法发展对刑法进步的影响，主要体现在宪法规范对刑法规范的强制作用及其对刑法立法与刑事司法的引导作用。与宪法对刑法的影响相类似，刑法对宪法发展的影响也主要体现在刑法立法、刑事司法理念的转变会促进宪法观念的革新和刑法规范的宪法化。

1982 年以后的四次宪法修正对我国刑法的发展产生了重要影响。在方式上，我国宪法发展对刑法的影响方式有三个显著特点：一是在影响范围上，宪法观念、原则、规范及其修法形式对刑法发展的影响全面；二是在影响形式上，宪法对刑法发展的影响主要是间接影响；三是在影响路径上，宪法与刑法发展之间的

① 2012 年全国刑法学术年会的理论议题是“当代中国刑法与宪法的协调发展”，其背景是纪念我国现行宪法（1982 年宪法）颁行 30 周年；2013 年全国刑法学术年会的理论议题是“刑法与相关部门法的协调发展”；2016 年全国刑法学术年会的理论议题是“刑法改革中刑法与行政法的关系问题研究”。

影响是相互的。[①]

未来，我国刑法应在宪法发展的指引下，进一步树立罪刑法定的理念、适度犯罪化的理念、保障人权的理念和注重刑罚效果的理念[②]，促进刑法的宪法化、宪法的刑法化和刑法的法典化。[③]

2. 刑法与相关部门法的关系

关于刑法与民法、行政法、经济法等相关部门法的关系。法律调整对象是刑法与相关部门法关系划分的实质标准，法律调整方法是刑法与相关部门法关系划分的形式标准。刑法调整社会关系的特殊性决定了刑法是相关部门法的保障法，也决定了刑法必须与相关部门法保持良好的衔接。而这种衔接，既体现在法律规范上的静态衔接，也体现在法律调整范围上的动态平衡。从静态的法律规范上看，刑法与相关部门法的关系，主要体现在不同法律规范的行为模式和法律后果方面；在法律调整范围的动态关系上，刑法与相关部门法的关系，主要体现在一般违法行为的入罪化以及犯罪行为的出罪化两个方面。

我国刑法与相关部门法的关系在总体上基本合理，但也存在着刑法的前提性规范欠缺、法律制裁的衔接不合理、刑法的入罪根基不牢固等缺陷。应通过完善刑法与相关部门法的法律用语、法律规则、法律制裁，坚持动态上的适度犯罪化和适时非犯罪化方向，合理调整刑法与相关部门法的关系。[④]

（六）关于刑法基本原则的主要观点

刑法的基本原则，是刑法立法和刑事司法中的一个具有全局性、根本性的问题，当然也是我国刑法学研究中的一个关乎全局的基本而极其重大的理论课题。我国 1979 年刑法典中没有规定刑法的基本原则。但是，该刑法典颁布之后，刑法的基本原则仍作为一个重大理论问题受到刑法理论界和实务界的高度重视与关注。尤其是在对 1979 刑法典修改研拟过程中，围绕刑法基本原则的界定、刑法

① 赵秉志，袁彬．论宪法发展与刑法进步．法学杂志，2012（10）．

② 赵秉志，王鹏翔．论我国宪法指导下刑法理念的更新．河北法学，2013（4）．

③ 赵秉志，袁彬．论宪法发展与刑法进步．法学杂志，2012（10）．

④ 赵秉志，袁彬．刑法与相关部门法关系的调适．法学，2013（9）．

基本原则应否在刑法典中增设，以及如何规定刑法基本原则等问题，我国刑法学界曾展开广泛的争鸣。经过长期酝酿和修订充实而终于出台的1997年新刑法典，于第3条至第5条明确规定了三项刑法基本原则，即罪刑法定原则、适用刑法人人平等原则和罪责刑相适应原则，从而解决了刑法基本原则的立法问题。但是，有关刑法基本原则的理论探讨和争鸣，并未因1997年新刑法典对刑法基本原则的明确规定而结束，而是在新的高度和深度得以继续展开。①

国家立法机关于1988年3月将修改1979年刑法典的任务提上立法工作日程，本人于当年下半年开始得以参与立法工作机关主持的对1979年刑法典的修改研拟工作。② 结合参与1979年刑法典修改研拟工作而进行相关理论研究的需要，本人对于完善刑法典体系结构的修法问题产生了浓厚的学术兴趣并发表了专题论文③，以后又结合参与刑法修法工作承担的任务带领学术小团队完成并向立法工作机关提交了全面系统完善刑法典体系结构暨若干重要制度的研究报告，关于如何界定刑法基本原则及其外延皆是其中重要的问题④；此后及1997年新刑法典颁行后的一段时间里，关于刑法基本原则的宏观问题及其外延尤其是罪刑法定原则、主客观相统一原则等，本人都曾关注与研讨。这里简述本人关于刑法基本原则问题在不同时期的主要学术见解。

1. 关于刑法基本原则的确立标准

在1979年刑法典颁行后至1997年新刑法典颁行前的相当一段时间里，我国刑法学界通行的观点认为，刑法基本原则的确立应当有两条标准：一是刑法基本原则必须是刑法所特有的，而不是宪法或部门法所共有的，否则就不是“刑法”的基本原则；二是刑法的基本原则必须是贯穿于全部刑法之中的，而不是刑法中

---

① 赵秉志．刑法总论．3版．北京：中国人民大学出版社，2016：30.

② 赵秉志．新刑法全书．北京：中国人民公安大学出版社，1997：72.

③ 赵秉志．关于完善我国刑法典体系和结构的研讨．中国社会科学，1989（4）.

④ 赵秉志等．关于修改刑法若干基本问题的建议——《中国刑法改革与完善基本问题研究报告》概要·1996-07-10//高铭暄，赵秉志．新中国刑法立法文献资料总览．2版．北京：中国人民公安大学出版社，2015：1405-1409．该研究报告后经修改充实，以论文形式发表。赵秉志，等．中国刑法修改若干问题研究．法学研究，1996（5）.

局部性的具体原则，否则就称不上是刑法的“基本”原则。通行观点据此确立了我国刑法的四项基本原则：罪刑法定原则，罪刑相适应原则，罪责自负、反对株连原则，惩罚与教育相结合原则。①

20 世纪 80 年代末，在修订刑法典的有关研究中，本人在主张我国刑法典中应当明确规定罪刑法定等基本原则和果断废止类推制度的同时，也对刑法基本原则的确立标准问题进行了思考和研究，我赞同上述标准中的第二条，认为只有那些能够体现刑法基本精神、指导全部刑事法律活动始终的准则，才称得上是刑法的基本原则；但对上述第一条标准提出了质疑，并经过分析予以否定。主要理由是：第一，从逻辑上分析，法制的一般原则与各个部门法的基本原则是一般与特殊、抽象与具体的关系，法制一般原则指导和制约各部门法的基本原则的确立，部门法基本原则则具体体现法制的一般原则，二者相互依存、密切关联。如果离开各部门法基本原则的具体体现，法制一般原则就难免空泛无用。第二，从其他部门法关于基本原则的规定看，刑事诉讼法和民事诉讼法中的“以事实为根据，以法律为准绳”“适用法律上一律平等”等基本原则，以及民法通则中的“当事人在民事活动中的地位平等”的基本原则，都是我国社会主义法制一般原则或者这些一般原则在各法律中的具体体现。因此，刑法不宜完全排斥把法制的一般原则作为其基本原则。当然，把法制的一般原则作为刑法的基本原则时要结合刑法的特性予以具体化，如把法律面前人人平等原则作为刑法基本原则时，应具体化为刑法面前人人平等原则。② 1997 年新刑法典确立的三项刑法基本原则中，适用刑法人人平等原则显然就是法律面前人人平等的法制一般原则在刑法中的贯彻。可见，1997 年新刑法典关于刑法基本原则的确立标准，并未采纳学界前述的“刑法基本原则必须是刑法所特有的”这一条标准。

在 1997 年新刑法典确立三项刑法基本原则的背景下，本人经进一步研究而

① 高铭暄．刑法学．2 版．北京：法律出版社，1984：37－42；高铭暄．中国刑法学．北京：中国人民大学出版社，1989：30－37；林准．中国刑法教程．北京：人民法院出版社，1989：10－13；金凯．中华人民共和国刑法简明教程．济南：山东人民出版社，1987：11－15。

② 赵秉志．关于完善我国刑法典体系和结构的研讨．中国社会科学，1989（4）.

提出了我国刑法基本原则确立的三个标准（亦即三个主要特征）：其一，刑法基本原则必须是贯穿全部刑法规范的原则。只有那些对刑法的制定、修改、补充具有全局性意义，并且在刑法的全部规范体系中具有根本性意义的原则，才能成为刑法的基本原则。其二，刑法基本原则具有指导和制约全部刑事立法和刑事司法的意义。其三，刑法基本原则必须体现我国刑事法制的基本性质和基本精神。一项原则如果不能体现我国刑事法制的基本性质和基本精神，即使其对刑事立法和刑事司法具有全局性、根本性的指导意义，也谈不上是刑法的基本原则。刑法基本原则体现刑事法制的基本性质和基本精神，是通过协调罪责刑的关系表现出来的。[①] 因此，本人主张，刑法的基本原则，是指贯穿全部刑法规范、具有指导和制约全部刑事立法和刑事司法意义的、体现我国刑事法制的基本性质与基本精神的准则、规则。上述见解在刑法学界逐渐得到了认可。[②]

2. 关于罪刑法定原则

（1）罪刑法定原则在新中国刑法中的确立及其意义。1979 年刑法典受到当时法治状况和立法思想的限制，没有规定罪刑法定原则，并设置了与该原则相悖的有罪类推制度。但在此立法状况下，我国刑法学界主流观点仍然认为我国刑法基本上还是倾向于罪刑法定原则的。经过修订 1979 年刑法典过程中围绕应否确立并明定罪刑法定原则的重大争论，我国 1997 年新刑法典明确规定了罪刑法定原则并废止了有罪类推制度。罪刑法定原则的确立和明确规定，具有重要的立法价值、司法价值和社会价值，对于我国刑事法治的整体进步具有深远的意义。[③]

（2）罪刑法定原则的基本要求和基本内容。其基本要求有三：一是法定化，即犯罪和刑罚必须事先由法律作出明文规定，不允许法官自由擅断；二是实定

---

① 赵秉志. 新刑法教程. 北京：中国人民大学出版社，1997：45-48；赵秉志. 刑法基本理论专题研究. 北京：法律出版社，2005：144-145.

② 高铭暄，马克昌. 刑法学. 9 版. 北京大学出版社，高等教育出版社，2019：22；《刑法学》编写组. 刑法学：上册·总论. 北京：高等教育出版社，2019：55-56.

③ 赵秉志. 略论罪刑法定原则立法化的价值. 法学，1995（3）；赵秉志，肖中华. 罪刑法定原则的确立历程. 河北法学，1998（3）.

化，即对于什么行为是犯罪和犯罪所产生的具体法律后果，都必须作出实体性的规定；三是明确化，即刑法条文必须文字清晰，意思确切，不得含糊其辞或模棱两可。其基本内容，就是指犯罪与刑罚必须预先由法律加以明确规定。

（3）传统罪刑法定主义的派生原则。一是法律主义原则，即刑法必须是成文的，也即罪刑的法定性，而且成文的刑罚法规一般应当由立法机关制定；二是禁止事后法原则，即不溯及既往原则，该原则只能适用于犯罪化规范或不利于罪犯的规范；三是禁止类推解释，即对犯罪化规范或不利于罪犯的规范不得类推；四是明确性原则，是指规定犯罪的法律条文必须清楚明确，使人能够确切了解违法行为的内容，准确地确定犯罪行为与非犯罪行为的范围，以保障该规范没有明文规定的行为不会成为该规范适用的对象；五是刑罚法规正当原则，该原则首先要求禁止处罚不当罚的行为，其次要求禁止残虐的、不均衡的刑罚。①

（4）罪刑法定原则面临的挑战及发展。罪刑法定原则产生于近代资产阶级革命带来的刑法变革中，经过几个世纪以来的社会变迁尤其是犯罪浪潮的冲击和成文法局限的彰显，已由当初的绝对罪刑法定原则演变为当今的相对罪刑法定原则。相对罪刑法定原则较为灵活而又不失罪刑法定原则的基本精神，是对传统的绝对罪刑法定原则的合理修正。

（5）罪刑法定原则的理论基础与价值蕴涵。自然法理论、三权分立思想与心理强制说作为罪刑法定原则产生的理论基础，都只具有沿革的意义；西方学者现在一般认为，民主主义和尊重人权主义必然要求罪刑法定主义。而自由与安全，乃是罪刑法定原则的价值蕴涵。不受他人专断意志的强制是自由的基本内涵，它包括意志自由和行动自由；罪刑法定原则的安全价值，主要是指它能让国民有预测刑法的可能性，从而给国民提供一种安全感、安宁感。②

（6）罪刑法定原则的立法暨司法缺憾及其反思。罪刑法定原则在我国现行刑法和司法的贯彻体现中还有若干缺憾，需要认真反思和研究对策。刑事司法是贯

① 赵秉志．罪刑法定原则研究//赵秉志．刑法论丛：第6卷．北京：法律出版社，2002：88-97．

② 同①80-87．

彻罪刑法定原则的关键环节，司法活动所贯穿的“有法必依、执法必严、违法必究”的法制原则，正是罪刑法定原则对司法活动的基本要求。我国司法实践中切实贯彻执行罪刑法定原则，必须准确认定犯罪和适当判处刑罚，并正确进行司法解释。①

3. 关于罪责刑相适应原则

罪责刑相适应原则是我国刑法重要的基本原则之一，它贯穿于整个刑事立法和刑事司法中。罪责刑相适应原则的正确含义，应是指刑罚的轻重既与已然的犯罪及其社会危害性程度相适应，又与未然的犯罪的可能性及犯罪人的人身危险性相适应。其具体要求是：有罪当罚，无罪不罚；轻罪轻罚，重罪重罚；一罪一罚，数罪并罚；同罪同罚，罪罚相当；刑罚性质与犯罪性质相适应。刑法上明确规定罪责刑相适应原则，有助于刑罚特殊预防和一般预防目的的实现，也有助于强化重罪重罚、轻罪轻罚的刑事立法和刑事司法意识，从而有益于促进我国刑事立法与刑事司法的完善。

近代西方关于罪责刑相适应原则的理论学说主要有两种：一是报应主义，二是功利主义。我国新刑法典中罪责刑相适应原则的理论基础，是以报应主义为主而以功利主义为辅，而报应与功利是手段与目的的关系。

1997 年新刑法典的相关规定较为充分、合理地体现了罪责刑相适应原则的要求。但刑法立法上的罪责刑相适应原则是概括的、抽象的，是作为文本上的法律原则而存在的；其真正实现，必须依赖于刑事司法对该原则的贯彻。司法实务中贯彻罪责刑相适应原则时，应当注意纠正重定罪轻量刑的错误倾向，把量刑与定罪置于同等重要的地位；纠正大面积重刑主义和极个别过度从宽处罚的两个错误极端现象，强化量刑公正的执法观念；纠正不同法院量刑轻重悬殊的现象，实现司法中的平衡和协调统一。②

---

① 赵秉志. 罪刑法定原则研究. 刑法论丛：第 6 卷. 北京：法律出版社，2002：132-133.

② 赵秉志，等. 论罪责刑相适应原则. 郑州大学学报（哲学社会科学版），1999（5）；赵秉志. 刑法基本理论专题研究. 北京：法律出版社，2005：157-158.

4. 关于适用刑法人人平等原则

针对1997年新刑法典第4条关于适用刑法人人平等原则的规定，本人经研究认为，该原则的基本含义是，就犯罪人而言，任何人犯罪，都应当受到法律的追究，任何人不得享有超越法律规定的特权；对于一切犯罪行为，不论犯罪人的社会地位、家庭出身、职业状况、财产状况、政治面貌、才能业绩如何，都应一律平等地适用刑法，在定罪量刑时不应有所区别。这是该原则既往的基本认识，也是该原则的基本和主要含义。本人特别指出，罪责刑相适应原则还有其另一方面的含义，即就被害人而言，任何人受到犯罪侵害，都应当依法追究罪犯、保护被害人的权益；被害人同样的权益，应当受到刑法同样的保护；不得因为被害人身份、地位、财产状况等情况的不同而对犯罪和犯罪人予以不同的刑法适用。这也是该原则所不能缺少和忽视的内涵。当然，适用刑法人人平等原则并不否定因犯罪人或被害人特定的个人情况而在立法上、司法上允许定罪量刑有其符合刑法公正性的区别。在司法上，犯罪分子的主体情况以及被害人的个人情况，如果是对犯罪行为的危害程度或犯罪人的主观恶性大小有影响的，也允许乃至要求在适用刑法上有所区别和体现。其关键在于犯罪人、被害人的身份等个人情况对犯罪的性质和危害程度有无影响，有影响的在定罪量刑上应有所区别，无影响的则不应有所区别。适用刑法人人平等原则不是孤立地、机械地调节刑法适用的，它要和罪责刑相适应原则等相互配合来合理地调节刑法的适用。①

适用刑法人人平等原则包含立法和司法两个方面，其中最为重要的，是指刑法适用即司法上的平等。在刑事司法中贯彻适用刑法人人平等原则，必须做到公正司法，反对特权。②

5. 关于刑法的其他基本原则

本人认为，除1997年新刑法典明确规定的三项基本原则外，我国刑法理论长期主张的罪责自负原则和主客观相统一的刑事责任原则也应当是我国刑法的基

① 赵秉志. 新刑法典的创制，北京：法律出版社，1997：36.

② 赵秉志. 刑法基本理论专题研究，北京：法律出版社，2005：153-155.

本原则，司法实务中也应当予以贯彻落实。

罪责自负原则的基本含义，是由犯罪者本人承担刑事责任和受刑罚处罚。罪责自负原则反对定罪量刑上连累无辜。

主客观相统一原则的刑事责任原则的基本含义，是对刑事被告人追究刑事责任，必须同时具备主观和客观两个方面的条件，而且主观和客观方面还应当具有内在的联系。主客观相统一原则反对主观归罪和客观归罪。①

（七）关于刑法解释的主要观点

刑法解释关乎刑法规范的正确理解和适用，是刑法理论和刑事法治实务中的一个基本问题，为诸多刑法学者所重视。刑法解释问题也是本人长期关注和研究的一个学术领域，早在 20 世纪 80—90 年代，本人就曾数次撰文对刑法的扩张解释、刑事司法解释和刑法立法解释问题进行过初步探讨②，甚至还提出过我国法学领域可以考虑创建司法解释学的建言。③ 1997 年新刑法典颁行后，关于刑法解释之理论研究的重要性进一步上升。有鉴于此，在引导自己指导的博士生和硕士生于刑法解释领域选择学位论文的同时④，本人亦继续拓展对刑法解释问题的研究，进一步探讨了刑法解释的方法问题、刑法立法解释的理解与完善问题、刑事司法解释的改革问题和越权刑法解释问题等；同时，还论及了一些热点、疑难犯罪方面的法律解释问题。⑤ 这一时期本人还主持完成了中国法学会研究项目《刑

---

① 赵秉志. 刑法基本理论专题研究，北京：法律出版社，2005：158-162.

② 赵秉志. 简论刑法中的扩张解释. 人民司法，1986（6）；赵秉志，王勇. 论我国刑法的最高司法解释. 法学研究，1988（1）；赵秉志. 略论刑法的立法解释. 电大法学，1989（8）.

③ 赵秉志，等. 创建司法解释学刍议. 法制日报，1990-02-15.

④ 陈志军. 刑法司法解释研究. 北京：中国人民大学，2004；杨丹. 论刑法的立法解释. 北京：中国人民大学，2003；黄晓亮. 论刑法的学理解释. 北京：中国人民大学，2003.

⑤ 赵秉志. 关于挪用公款罪法律解释的思考和建议. 关于黑社会性质的组织犯罪司法解释的若干思考. 刑事法判解研究：2002 年第 1 辑. 北京：人民法院出版社，2002；赵秉志，时延安. 试论奸淫幼女型强奸罪的“明知”与“自愿”问题——《最高人民法院关于行为人不明知是不满十四周岁幼女双方自愿发生性关系是否构成强奸罪问题的批复》的理解与适用. 刑事法判解研究：2003 年第 3 辑. 北京：人民法院出版社，2003；赵秉志，许成磊. 论黑社会性质组织的成立条件——以司法解释和立法解释为视角//刑法评论：第 2 卷. 北京：法律出版社，2003；赵秉志，黄俊平. 对严格责任制度的考察——兼评最高人民法院［2003］4 号司法解释. 刑事法判解研究：2004 年第 1 辑. 北京：人民法院出版社，2004。

法解释研究》，并在此基础上主编出版了专著[①]；倡导将刑法解释问题作为2003年全国刑法学术年会的理论议题，主编出版了研讨刑法解释问题的全国刑法学术年会文集[②]；组织中国法学会刑法学研究会成员围绕最高人民法院关于奸淫幼女罪司法解释引起的争议展开专题研讨，在此基础上主编出版了专题文集。[③]

1. 关于刑法司法解释及其改革问题

20世纪80年代末期，本人在我国刑法学界率先提出刑法的最高司法解释（即最高司法机关所作的刑法司法解释）的命题并对其基本理论问题进行了具有开拓性的专题研究，主要见解如下：（1）刑法的最高司法解释，是指国家最高司法机关作出的具有通行效力的关于运用刑法的司法解释。该种解释具有三个主要特征：一是特定的解释主体，即只能是最高人民法院和最高人民检察院；二是特定的解释对象，仅限于司法机关在司法活动中遇到的有关刑法适用问题；三是普遍的司法效力，即具有通行全国的司法效力。最高司法解释是连接刑法规范与刑事司法工作的桥梁，是协调全国刑事司法工作的杠杆，是加强刑法同犯罪作斗争力量的重要手段。（2）刑法的最高司法解释不仅与刑法的立法解释和学理解释截然不同，而且与1979年刑法典背景下刑法的类推适用有三点主要区别：一是二者的性质和内容不同，二是二者的适用主体有所不同，三是二者生效的程序和效力不相同。（3）刑法最高司法解释的制定，应当坚持维护法制的协调统一的原则，以及及时与慎重相结合的原则。（4）为从程序上保证最高司法解释内容的正确性，最高司法机关应当通过多种渠道和多种形式调查、了解、总结与概括司法实践，对于要通过最高司法解释对实际工作加以指导的问题获得丰富的材料和准确的把握；在制定最高司法解释的过程中，最高司法机关对最高司法解释所要解决的问题的准确性，对采用最高司法解释予以解决的必要性，对解释应采取的形

① 该项目于2004年被中国法学会批准立项，2005年10月顺利结项，后经修改充实形成专著出版。赵秉志. 刑法解释研究. 北京：北京大学出版社，2007。该书对刑法解释问题进行了全面系统的研究。

② 赵秉志，张军. 刑法解释问题研究（中国刑法学年会文集·2003年度：第一卷）. 北京：中国人民公安大学出版社，2003.

③ 赵秉志. 主客观相统一：刑法现代化的坐标. 北京：中国人民公安大学出版社，2004.


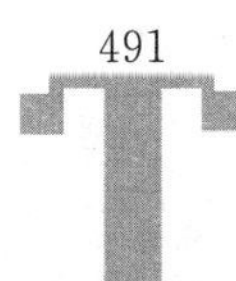

式，对解释的意见和内容是否正确可行等问题，应当进行充分的理论研究和论证，并且应当重视邀请有关部门及刑法学界的专家学者共同研究。最高司法解释的用语必须明确和具体；最高司法解释的颁行应当贯彻公开化的原则。①

之后，本人与李希慧教授当时的合作中就我国刑法司法解释的一些基本问题及其完善问题进行了研讨，提出了若干建议：（1）关于“两高”司法解释主体的地位及其协调问题。我国现行法律确认了“高法”和“高检”均享有司法解释权，“高法”和“高检”作为司法解释的主体地位是平等的，“两高”所作的司法解释的效力也是相同的，因而在刑事司法解释工作中“两高”的相互协调就非常重要，若各行其是就会妨碍刑事法律适用的统一性。为合理协调“两高”在刑事司法解释工作方面的关系，首先要厘清只能由“高法”或“高检”单独作出司法解释的内容（这种情况下不存在需要相互协调的问题），以及“高法”和“高检”均可进行解释的内容（这种情况下需要两家协调）；其次，针对两家均可进行解释的内容，在仅由一家单独解释时应充分征求另一家的意见并力求统一认识，在采取两家联合解释形式时要切实改变仅由一家负责而另一家只是会签的做法，从而保证联合解释真正体现两家共同的认识和主张。（2）刑事司法解释制定的原则、形式和程序。制定刑事司法解释主要应当贯彻三项原则：合法性原则，准确与具体原则，及时与慎重原则。刑事司法解释的制定还要形成规范的解释形式：要改变我国现有的刑事司法解释名称繁多的状况，统一于“解释”和“答复”两种；刑事司法解释要废弃口头方式，统一于文字方式；刑事司法解释要废止五花八门的编号方式，视“高法”“高检”单独制定及“两高”联合制定三种情况分别采用三种编号方式。刑事司法解释还要形成科学的制定与颁行程序。（3）关于刑事司法解释可否在司法文书中直接引用：对于“两高”的联合解释，司法文书应该直接引用；对于仅有“两高”中一家单独制发的司法解释，司法文书也应直接引用；在“两高”分别有解释且解释意见有分歧的情况下，司法文书如何引用是个难题，应当通过加强“两高”的司法解释工作的协调，防止有分歧的

① 赵秉志，王勇．论我国刑法的最高司法解释．法学研究，1988（1）．

"两高"司法解释出台。(4)刑事司法解释的汇编和编纂工作要科学化、经常化。①

在1997年新刑法典颁行后，本人进一步探讨了刑法司法解释的一些基本问题，尤其是其体制改革问题。

在与田宏杰教授于本世纪初的有关合作研究中，我们认为，从全国人大常委会《关于加强法律解释工作的决议》的规定看，我国的司法解释体制包括刑事司法解释体制采取的是二元一级模式，即司法解释权由最高人民法院和最高人民检察院分别行使，共同作为司法解释主体的模式。但事实上，我国的刑事司法解释体制是多元多极的。主要表现在：司法解释中的刑事司法解释除了"两高"单独或联合制发的以外，还有相当一部分刑事司法解释是由"两高"会同其他部门，如公安部、国家安全部、司法部等共同制发的；除了最高司法机关外，地方各级司法机关以及处理刑事案件的司法人员实际上都在行使着刑事司法解释的权力。由于最高司法机关的司法解释文件存在过于原则的问题，司法工作人员不得不对司法解释文件进行再解释。针对刑事司法解释的上述问题，我们主张建立一元多极司法解释体制，即我国刑法司法解释的现代化建构可分为两步走：第一步，最高人民检察院不再行使刑事司法解释权，以维护司法公正和法制统一；第二步，打破现有的一级刑事司法解释体制格局，建立从最高人民法院到地方各级人民法院的一元多级的刑事司法解释体制，彻底根除刑事司法解释与刑事法律规范界限不清、立法权与司法权权限不明的弊端，使刑事司法解释真正成为沟通刑事立法与刑事司法的桥梁。②

之后在与陈志军教授当时的有关合作研究中，我们进一步发展和深化了关于刑法司法解释权配置体制改革的主张。我们认为：行政机关等非司法机关不享有刑法的司法解释权，从应然维度看，最高人民检察院也不应享有刑法的司法解释

① 赵秉志，李希慧．关于完善刑事司法解释的研讨．检察理论研究，1993（4）．

② 赵秉志，田宏杰．刑事司法解释研究//赵秉志．刑事法实务疑难问题探索．北京：人民法院出版社，2002：118．

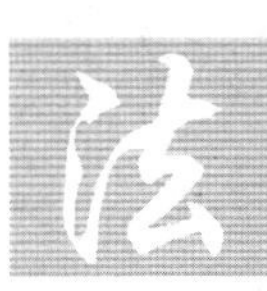



权，不应赋予地方司法机关刑法的司法解释权，也不应将法官的刑事司法自由裁量权纳入刑法司法解释权的范畴。在此基础上，我们主张最终建立最高人民法院一元一级刑法司法解释体制，但考虑到我国的现实国情，改革方案可以分两步实施：第一步，依法纯化刑法司法解释主体（排除行政机关、地方司法机关和最高司法机关的内部机构），建立"两高"联合刑事司法解释委员会；第二步，取消最高人民检察院的刑法司法解释权，建立最高人民法院一元一级刑法司法解释体制。①

关于刑法司法解释的溯及力问题，本人认为：(1) 刑法司法解释的时间效力问题尤其是其溯及力问题，是我国司法实务中客观存在的关乎刑事案件正确处理的重要问题。由于刑法司法解释是具有法律效力的、作为司法机关处理刑事案件重要依据的规范性文件，所以刑法司法解释的溯及力与刑法规范本身的溯及力问题具有同样重要的意义。(2) 最高人民法院和最高人民检察院于 2001 年联合发布的《关于适用刑事司法解释时间效力问题的规定》载明："两高"作出的司法解释，自发布或者规定之日起施行，效力适用于法律的施行期间（第 1 条)。对于存在新旧司法解释的，其溯及力采取"从旧兼从轻"的原则处理（第 3 条)。当然，刑事司法解释的溯及力问题，不单单是新旧司法解释的选择适用问题，还涉及刑事司法解释与相关刑法规范的配合适用问题。根据罪刑法定原则的要求，刑事司法解释和刑法一样，原则上都应当只对其施行之后的行为有评价作用，只有在有利于被告的情形下司法解释才可以溯及其施行之前的行为。刑事司法解释应当与其所解释的刑法规范一同适用，而刑法规范有时会与其配套的司法解释的规定不一致、有轻重之别，因而刑事司法解释与相关刑法规范结合一体对行为评价时，必须坚持贯彻"从旧兼从轻"的原则，对于行为后施行的不利于被告人的刑事司法解释，即不应允许适用。(3) 上述"两高"《规定》第 2 条规定："对于司法解释实施前发生的行为，行为时没有相关司法解释，司法解释施行后尚未处

① 赵秉志，陈志军．刑法司法解释改革若干问题研究//赵秉志．刑事法治发展研究报告（2004 年卷)．北京：中国人民公安大学出版社，2005：193-209.

理或者正在处理的案件，依照司法解释的规定办理。”这一规定是对司法解释的效力和司法解释对刑法规范具有依附性的一般规定，并没有特别考虑到行为时法律规定行为不为罪、行为后司法解释却规定行为为犯罪的特殊情形，不能认为根据“两高”这一规定，即使适用行为后的司法解释较适用行为时的法律不利于被告人，也必须将司法解释与法律规定结合适用而作出不利于被告人的裁决。因而绝对强调刑事司法解释对刑法规范的依附性和无条件适用是错误的，是有悖于有利于被告人原则的。即刑事司法解释的溯及力也应采用“从旧兼从轻”的原则。[①]

2. 关于刑法立法解释及其完善问题

刑法立法解释，是国家立法机关对刑法规范含义的阐明。刑法立法解释具有特定的解释主体、解释对象和创制程序，具有立法效力。

在20世纪80年代末，与当时通行观点的见解有所不同，本人经研究认为刑法的立法解释有三种形式：一是刑事法律审议通过时，国家立法机关所作的起草说明或者对法律草案的修改说明，但必须限于与法律规定相一致的内容；二是在“两高”的刑事司法解释有原则性分歧而呈报全国人大常委会时，全国人大常委会对有关的刑法规范含义所作的解释；三是全国人大常委会根据其了解的情况和实际需要，主动对有关刑法规范的含义所作的阐述和明确。刑法立法解释主要具有三种功能：一是将刑法规范含义明确化的功能，二是将刑法规范含义具体化的功能，三是对刑法规范进行修改、补充的功能。[②]

1997年新刑法典颁行后，本人在与杨丹教授当时的合作研究中进一步深化了对于刑法立法解释的研究：（1）2000年我国《立法法》的颁行，全面解决了立法解释的法律依据问题，近年来多个刑法立法解释相继颁布，表明了全国人大常委会对刑法立法解释工作必要性的认识和重视。但重视立法解释并非要废除司法解释，只是将司法解释限定在其应有的范围之内。（2）进行刑法立法解释应当

---

① 赵秉志，肖中华．刑事司法解释的溯及力问题（上、下）．检察日报，2002-02-15，2002-02-19．

② 赵秉志．略论刑法的立法解释．电大法学，1989（8）．

同时符合下列条件：一是刑法适用过程中大量、多次、重复出现对刑法规定的某个或某类问题的不同理解；二是对刑法规定产生不同理解是由于刑法规定本身的不明确引起的，并且已达到足以影响定罪量刑的程度；三是对刑法规定的解释可以在刑法条文的界限内进行；四是对刑法规定的解释必须并且只能由全国人大常委会作出；五是由法定提案机关依法定程序提出刑法立法解释的要求。(3) 刑法立法解释的原则，是指能够贯穿于刑法立法解释过程的始终，体现在最后形成的刑法立法解释结论中，体现刑法立法解释本身的特性，具有纲领性、指导性的准则。包括合法性原则、必要性原则和科学性原则。(4) 刑法立法解释的效力等级。依照我国《立法法》的规定，刑法的立法解释与被解释的刑法规范具有同等效力。但在其与刑法规范相矛盾时，刑法立法解释当属无效。刑法立法解释的效力高于刑法司法解释，与立法解释相抵触的司法解释无效，二者的效力等级取决于二者的制定机关在国家机关体系中的不同地位。(5) 刑法立法解释的生效时间应为公布之日或解释中规定的生效时间，其失效方式和时间包括明示废止与默示废止。(6) 刑法立法解释的溯及力问题。刑法立法解释是依附于相关刑法规定的法律规范，刑法立法解释与刑法立法之间不存在溯及力问题，刑法立法解释的溯及力从属于其所解释的对象。只有针对同一刑法规定先后出现了两个以上的立法解释且各个解释之间存在差异的情况下，才产生刑法立法解释的溯及力问题。此时刑法立法解释的溯及力从属于刑法溯及力的一般原则，即刑法立法解释的溯及力适用“从旧兼从轻”的原则。(7) 未来对于刑法立法解释要加强相关的理论研究以保证其合法性、必要性和科学性，还需要完善的制度保障。①

3. 关于刑法解释方法问题的探讨

本人首先关注的有 1979 年刑法典背景下关于刑法扩张解释的探讨。在刑法

① 赵秉志，杨丹. 刑法立法解释探讨//赵秉志. 刑事法治发展研究报告（2003 年卷·上册）. 北京：中国人民公安大学出版社，2003-12：43-77；赵秉志，杨丹. 试论刑法立法解释的效力问题//赵秉志，张军. 刑法解释问题研究（中国刑法学年会文集·2003 年度：第一卷）. 北京：中国人民公安大学出版社，2003：368-376.

中规定有类推制度的情况下[①]，由于扩张解释与类推极易混淆，因而对扩张解释需要研究。(1) 刑法扩张解释，是指按照立法原意把刑法条文作合乎逻辑的、大于其字面含义范围的解释。按照解释权力的大小所决定的解释效力的强弱，刑法扩张解释可以分为四种：立法扩张解释，有通行效力的司法扩张解释，无通行效力的司法扩张解释，纯学理的扩张解释。(2) 对刑法进行扩张解释的必要性在于：弥补立法技术上的不足，解决法律术语与日常用语含义不尽相同的矛盾，适应同犯罪作斗争的新情况的需要。(3) 扩张解释与类推的主要区别在于：其一，适用类推的犯罪行为是刑法分则条文无明文规定的，并且是有关条文无论字面上还是逻辑上都不能包含的；而适用扩张解释的行为和事实，则仅仅是法律条文的字面无明文规定、字面意思没有包含，但在逻辑上能够包含。其二，适用类推依法的犯罪行为与被比照的法条规定的犯罪行为不一致，一般只是在行为的方式、方法上有所不同；而适用扩张解释的情况，主要表现为其犯罪对象未被法条列举的对象所包括，而又相类似。其三，适用类推定罪判刑的案件依法必须报请最高人民法院核准，而适用扩张解释定罪判刑并无如此严格的程序要求。[②]

在与曾粤兴教授当时的有关合作研究中，我们提出：刑法解释应当具有辩证思维、逻辑思维、理性思维和比较思维；刑法解释方法至少要受到四个方面的制约，即文本制约、目的制约、原则调控（合法原则、合理原则、正当原则）、立场制约。[③]

本人也关注了刑事司法解释的方法问题，主要见解如下：方法要受到目标的制约，因而研究刑事司法解释的方法，必须首先明确刑事司法解释欲达到的目标。关于刑事司法解释的目标，理论上历来存在探寻立法者主观意思的主观解释论和探求存在于刑事法律规范中的客观意思的客观解释论的对立。在刑事司法解释的方法中，狭义解释方法的理论基础是主观解释论，其解释的目标旨在还原立

---

① 当时适用的 1979 年刑法典第 79 条规定了有罪类推制度。

② 赵秉志. 简论刑法中的扩张解释. 人民司法，1986 (3).

③ 赵秉志，曾粤兴. 刑法解释方法研究//赵秉志. 刑事法判解研究：2003 年第 3 辑. 北京：人民法院出版社，2003.

法者立法时的原意；而广义解释方法的理论基础是客观解释论，其不拘泥于立法者制定法律时的原意，而是随着时代的变迁，去探求与时代相契合的内在于法律中的意义和目的。广义解释的方法是一种实用主义的方法，它能够使法律的适用最大限度地满足现实生活对法律的期盼。但必须看到，运用广义解释方法的过程不可否认地具有一种立法的倾向，因而它有混淆立法与司法界域划分之虞。因此，广义解释方法对适用它的国家的法治状况及法官素质都有很高的要求。就我国目前的刑事司法现状来看，无疑还不能为广义解释方法的普遍适用提供这些方面的保证。所以，立足于人权保障的立场，中国目前的刑事司法解释应当以狭义解释为主，广义解释的方法必须限制在有利于被告的场合。但这只是囿于我国的司法现状而采取的一种权宜之计，中国刑事司法解释现代化的目标选择应当是客观解释而不是主观解释，现代化的刑事司法解释方法，也应当以广义解释方法为主，同时兼采狭义解释方法。这也应当成为我国司法实务努力的方向。司法解释的创造性是保持法律鲜活生命力的源泉，允许司法解释一定程度的创造性是必要的。但司法解释的创造性不是随心所欲、没有限制的，它必须受到一定的制约，以保证司法解释在进行“司法立法”的同时不致对立法机关权力进行不正当的司法干预和侵入。在划定刑事司法解释合理边界方面，应坚持增进社会福利的正义原则和自律原则的约束。[①]

4. 关于越权刑法解释问题的警惕与对策

越权刑法解释包括有解释权的机关作出的违背解释规则的解释和无解释权的其他机关作出的解释。我国目前主要存在的越权刑法解释包括越权刑事立法解释和越权刑事司法解释两大类。越权刑事立法解释又包括违背刑法基本原则的刑法立法解释和对刑法规范进行立、改、废的刑法立法解释。越权刑事司法解释具体包括四类：一是违背刑法基本原则的司法解释，二是违背立法原意的司法解释，

① 赵秉志. 刑法解释研究. 北京：北京大学出版社，2007：389－417；赵秉志，田宏杰. 刑事司法解释研究//赵秉志. 刑事法实务疑难问题探索. 北京：人民法院出版社，2002；赵秉志. 刑法总则问题专论. 北京：法律出版社，2004：275－294.

三是最高司法机关内部各部门发布的刑法解释性文件，四是地方各级法院、检察院所发布的刑法解释性文件。

越权刑法解释的存在原因主要有三个，即：立法的抽象性和司法的具体性之间的矛盾，立法的稳定性和社会的易变性之间的矛盾，对刑法解释权缺乏应有的制约机制。

越权刑法解释是我国刑事法治建设中的一个重大的负面问题，已经成为我国刑法废除类推制度后罪刑法定原则的最大敌人，它会动摇罪刑法定原则的根基，对刑法的人权保障机能造成直接的严重危害，最终也会危及刑法的社会保护机能。

为防止越权司法解释的出现，要明确刑法司法解释应当遵循的总体规则，即刑法司法解释不能超出现行刑法的应有之义。在此基础上，还可以对刑法司法解释的创制确立一些更具体的规则，主要包括：必须遵循刑法基本原则，必须遵循相关刑法规范的立法原意，必须由具有司法解释权的主体来解释。

针对越权刑法解释的原因，应采取以下六个方面的对策：一是坚持细密刑法立法观和超前立法观，二是及时行使刑法修改权，三是最高司法机关及时行使司法解释权，四是保证司法机关独立行使司法解释权，五是以法律形式对刑法解释的制定程序进行规定；六是建立完善的刑法解释撤销机制。①

### （八）关于刑事责任的基本观点

犯罪、刑事责任和刑罚三者构成现代刑法的基本内容。刑事责任论是随着我国改革开放以来刑法学理论的繁荣和深化而逐步发展起来的一个哲理性较强的学术领域，当时老一辈刑法学者高铭暄先生和青年刑法学者敬大力、张智辉等都是刑事责任理论领域的早期开拓者。②

---

① 赵秉志，陈志军．莫让越权解释动摇罪刑法定根基．检察日报，2003-12-25（3）；赵秉志，陈志军．论越权刑法解释．法学家，2004（2）．

② 高铭暄．论刑事责任．中国人民大学学报，1988（2）；敬大力．理论的批判与批判的理论——刑事责任论//赵秉志，等．全国刑法硕士论文荟萃（1981—1988 届）．北京：中国人民公安大学出版社，1989；张智辉．刑事责任通论．北京：警官教育出版社，1995．

本人对刑事责任问题的关注较早但缺乏系统深入的理论研究，早在20世纪80年代读硕士生和博士生阶段研究犯罪停止形态尤其是犯罪主体问题时，本人就在其中的若干具体问题特别是论述各种犯罪人的论文中屡屡涉及其刑事责任问题[①]；在本人1987年完成并于1988年3月通过答辩的博士学位论文《犯罪主体论》中，曾辟专节较为系统地研讨过刑事责任的基本问题，出版博士论文时由于篇幅限制删去了该节但保留了本人关于刑事责任的基本观点[②]；后来在博士论文相关内容的基础上进行充实完善也发表了专门论述刑事责任的两篇浅论[③]；彼时本人主持的我国青年刑法学者合编的第一部全国刑法学教材，可能是较早在刑法学教材体系中设立刑事责任专章并在刑法学总论中确立"罪—责—刑"体系结构的刑法教材，本人还参与撰写了其中的"刑事责任"一章。[④] 这些著述中包含了本人关于刑事责任基本理论问题的主要认识。

1. 刑事责任的概念和功能

关于刑事责任的概念。刑事责任的概念在刑法理论上历来众说纷纭，存在着"法律后果说"、"法律责任说"、"特殊义务说"、"谴责说"与"否定评价说"的分歧。上述种种观点，对刑事责任的本质、特征或主要内容都有不同程度的揭示，但均有缺陷或不完善之处。按照概念应当准确而全面地揭示被反映事物的本质和主要特征的要求来考虑，刑事责任作为特定法律责任，是依照刑事法律规定，针对犯罪行为及其他影响犯罪社会危害性程度的案件事实，犯罪人应当

① 赵秉志．略论犯罪主体对刑事责任实现的意义．政法学刊，1988（2）；赵秉志．试探中国刑法史上年龄对刑事责任的影响．政法论丛，1988（3）；赵秉志．论老年人犯罪的刑事责任问题．法律学习与研究，1988（2）；赵秉志．论少数民族公民的刑事责任问题．中国法学，1988（5）；赵秉志．病理性醉酒人的危害行为与刑事责任．西北政法学院学报，1988（3）；赵秉志．略探"一国两制"时期港澳台人犯罪的刑事责任．法学杂志，1988（6）；赵秉志．关于我国生理醉酒人刑事责任问题的研讨．法学研究，1989（1）；赵秉志．论现阶段港澳台人犯罪的刑事责任问题．法学评论，1989（2）；赵秉志．关于完善精神障碍人和生理醉酒人刑事责任立法的建议．浙江法学，1989（2）．

② 赵秉志．犯罪主体论．北京：中国人民大学出版社，1989：38-40．

③ 赵秉志．略论刑事责任的基本问题．学习与辅导，1990（2）；赵秉志．刑事责任基本理论问题研讨．中央政法管理干部学院学报，1995（1）．

④ 赵秉志，吴振兴．刑法学通论（高等学校法学教材）．北京：高等教育出版社，1993：313-329．

承担而国家司法机关也强制犯罪人接受的刑法上的否定评价（即刑事责任），它是犯罪人应当承担而国家司法机关也应当强制犯罪人接受的刑事法律制裁的标准。

关于刑事责任的功能。刑事责任的功能何在？或者说刑事责任与犯罪和刑罚的关系如何？对此，应当从刑事立法和刑事司法角度分别加以阐述：一是在刑事立法上，统治阶级以其刑事责任观指导其犯罪观，按照确定刑事责任的要求宣布那些被认为危害其利益和统治秩序的行为为犯罪，并规定一定的犯罪构成要件；同时，统治阶级也以其刑事责任观及其所决定的犯罪观指导刑罚观，按照犯罪情况规定是否必须适用刑罚，以及应适用刑罚的种类、轻重程度和刑罚运动中的调整制度。因此，在立法上，是刑事责任问题决定犯罪和刑罚的问题。二是在刑事司法中，行为是否构成犯罪，决定行为人应否负刑事责任，刑事责任的存否及刑事责任的程度又决定刑罚的存否及是否实际判处和执行刑罚，以及实际适用刑罚的轻重。因此，在司法中，刑事责任是介于犯罪和刑罚之间对犯罪和刑罚的关系起调节作用的调节器。

2. 刑事责任的根据

刑事责任的根据，即关于犯罪人为何应当承担刑事责任以及国家为何应当追究其刑事责任的问题。刑事责任有其哲学根据和法学根据之分。追究犯罪人刑事责任的哲学依据在于，犯罪人基于其主观能动性而实施犯罪行为且其具有社会性。更为重要的是刑事责任的法学根据问题，即：从法理上看，犯罪人承担刑事责任的根据何在？

关于刑事责任的法理根据问题，刑法学界分歧很大。如有学者认为，罪过是刑事责任的根据；大多数学者主张犯罪构成是刑事责任的根据，其中有的还主张犯罪构成是刑事责任的唯一根据。本人在仔细分析上述观点的基础上指出，罪过只是从主观一个方面影响刑事责任，只能是刑事责任的主观根据或基础；而所谓犯罪行为是刑事责任的根据，与犯罪构成是刑事责任的根据之通行观点在本质上是一致的，只不过表述不同而已；鉴于使用“犯罪行为”一词易造成把刑事责任的根据仅归于客观方面的行为要件而忽视其他要件意义的误解，比较而言，以犯

罪构成来说明刑事责任的根据或基础较为妥当。

犯罪构成是刑事责任唯一根据的观点值得商榷。尽管犯罪构成事实是决定刑事责任是否存在以及刑事责任程度大小之基本和重要的根据，但还不是确定其刑事责任程度的唯一根据。除犯罪构成要件的事实以外，在犯罪案件的客观、主观、主体及其他方面，还存在着一系列能够影响和说明犯罪的刑事责任程度轻重的事实，例如犯罪客观方面的犯罪手段、犯罪工具、犯罪时间、犯罪地点以及犯罪对象情况等，犯罪主观方面的犯罪动机、犯罪意志坚决程度等情况，犯罪主体范畴的犯罪人一贯表现、其有无前科、其生理心理状况等情况。基于上述分析，刑事责任程度的大小，取决于包括犯罪构成要件事实在内但不以此为限的各方面实际影响和说明犯罪的社会危害性（包含犯罪行为的社会危害性和犯罪人的人身危险性）大小的各种案件事实，其中，犯罪构成要件事实是决定刑事责任程度的最基本和最重要的事实。因此，行为具备犯罪构成，既是确定行为人应负刑事责任的唯一根据，也是确定刑事责任程度的多种因素中最根本的因素。

3. 刑事责任的开始和终结

关于刑事责任的开始。应当对刑事责任客观上的开始、追究行为人刑事责任的开始以及行为人实际负刑事责任的开始加以区别。行为人实施了犯罪行为，其刑事责任实际上已经开始；行为人成为刑事被告人即诉讼中的立案之时，是追究行为人刑事责任的开始；人民法院的有罪判决确定之时，为行为人实际负刑事责任的开始。

关于刑事责任的终结。应当区分不同情况来分别确定刑事责任终结的时间：对伴随刑罚的刑事责任来说，刑罚执行完毕或者赦免或者免予刑罚执行之时，就是刑事责任的终结；对仅有定罪而没有伴随刑罚的刑事责任来说，人民法院免予刑事处分的有罪判决发生法律效力之时，即为刑事责任的终结；对于根本没有被依照刑事诉讼程序追究刑事责任的犯罪（包括告诉才处理的犯罪而未被告诉的，以及告诉才处理的犯罪告诉后又撤回告诉的），刑法所规定的追诉时效期满之时，即标志着刑事责任的终结；犯罪人死亡的，其死亡之时即为其刑事责任终结之时。

4. 刑事责任的实现

刑事责任的实现也即刑事责任的解决问题。根据我国刑法的规定，刑事责任的实现即解决，基于不同情况可以分别采取几种不同的方式或途径：一是定罪判刑方式，这是实现刑事责任的主要方式；二是定罪免刑方式，这是解决犯罪人刑事责任的另一种较为常见的方式；三是消灭处理方式，如特赦，这也是客观上原本存在的刑事责任的一种解决和处理方式；四是转移处理方式，专用于享有外交特权和豁免权的外国人，其刑事责任问题依法不由我国司法机关解决，而是转移为通过外交途径解决。

## 三、刑法立法及其改革问题

### （一）概述

刑法立法是刑事法治的基础和起点，是刑事司法的根据和指南。刑法立法的改革和进步是达致科学完善的刑事法治的首要条件，因而刑法立法及其改革对于国家构建现代化刑事法治至关重要。改革开放四十余年来，我国刑法立法的发展进步成绩斐然，1979 年刑法典和 1997 年新刑法典的先后颁行及之后二十余年来一系列刑法修正案的相继问世，使我国刑法立法在建设现代法治国家的进程中得以与时俱进、不断完善，为我国刑事司法提供了坚实的法律基础，也给我国刑法学理论研究不断注入新的活力与动力。数十年来，我国刑法理论界关于刑法立法及其改革的研究成为一道长盛不衰的风景线，这是我国刑法学者的使命感使然。

本人学习、研究刑法学的过程与国家改革开放以来构建和完善刑法立法的历程基本同步，加之本人在导师的引导和影响下对刑法立法之重要作用早有认识，因而在数十年刑法学研究的学术生涯中始终对刑法立法及其改革问题情有独钟，将之作为自己最主要的学术领域之一不断予以探索。尤其是又有幸参与了国家立法机关修订 1979 年刑法典和 1997 年新刑法典颁行之后创制一系列刑法修正案及刑法立法解释的研拟工作，更促进了本人对刑法立法改革完善问题的关注和研究兴趣。可以说，关于刑法立法及其改革问题的研究，乃是贯穿本人四十余年来刑法学研究学术生涯的一个极其重要的学术领域。

本人关于刑法立法及其改革问题的研究历程，大体可以以 1997 年新刑法典通过为界限，划分为前后两个时期。

第一时期：自 20 世纪 80 年代初中期至 1997 年新刑法典通过的十多年间。

自 20 世纪 80 年代初期至 1988 年立法机关开始刑法典修订工作之前，为本人师从我国著名刑法学家高铭暄教授先后读刑法专业硕士研究生和博士研究生的阶段，那时开始了本人从事刑法学研究的生涯。高铭暄教授是自 1954 年至 1979 年自始至终参与我国第一部刑法典立法研究的刑法学者，他在教学与研究活动中对刑法立法原意的精准阐发和对刑法立法问题的理性商榷，以及他的《中华人民共和国刑法的孕育和诞生》[①] 这部论述 1979 年刑法典的立法著作的启迪，引起了本人对刑法立法问题了解和研究的浓厚兴趣。本人自那时起即开始注意在刑法专题研究中从立法维度予以考察和拓展，撰写和发表了数篇涉及刑法立法完善问题的论文[②]，并在由硕士学位论文和博士学位论文修订而成的两本个人专著中均专门研究了该领域的刑法立法完善问题。[③]

这一时期的 1988 年至 1997 年新刑法典通过之前，在国家立法机关修改 1979 年刑法典的法治工作背景下，刑法立法的完善研究成为全国刑法学界关注的热点和重点，高铭暄教授担任总干事（后改称会长）的中国法学会刑法学研究会自 1988 年至 1996 年间曾先后四次把刑法立法的修改与完善问题作为全国刑法学术年会的议题[④]，国家立法机关的有关领导和专家也莅临全国刑法学术年会做刑

---

① 高铭暄. 中华人民共和国刑法的孕育和诞生. 北京：法律出版社，1981.

② 其中，论文《论贪污罪的司法及立法的完善》（王作富、赵秉志，载《法学评论》1987 年第 2 期）于 1988 年 7 月获中国法学会“1987 年优秀法学论文评选”纪念奖。

③ 赵秉志. 犯罪未遂的理论与实践. 北京：中国人民大学出版社，1987：第十章；赵秉志. 犯罪主体论. 北京：中国人民大学出版社，1989：第十章.

④ 中国法学会刑法学研究会 1988 年、1992 年、1994 年的学术年会曾把刑法的修改与完善作为主题之一，1996 年的学术年会把“我国刑法的改革”作为唯一主题。赵秉志. 中国刑法学研究会学术研究 30 年. 北京：法律出版社，2014：860-861.

法修改方面的报告并听取与会学者们的修法主张。①

这一时期也是本人从事刑法立法完善问题研究最重要的阶段。1988 年本人博士毕业留校并在当年破格晋升为副教授，恰好修订 1979 年刑法典的任务也在 1988 年被纳入国家立法机关的工作日程，承蒙导师推荐和国家立法工作机关信任，本人得以以刑法学者身份先后两度应邀成为全国人大常委会法工委刑法修改小组的成员，参与了国家立法工作机关主持的修改 1979 年刑法典的研拟工作；与此同时，在 1993 年至 1994 年全国人大常委会法工委委托本人所在团队中国人民大学法律系刑法专业研究和提出刑法总则修改草案的活动中，本人协助主持人高铭暄教授和王作富教授总体设计与协调该项修法工作，并承担了若干部分的研究和起草工作；这一时期本人还应邀参加了全国人大常委会法工委主持召开的几乎所有的关于刑法典修改的座谈会和研讨会。② 参与这些修法工作和研讨活动，极大地促进了本人这一时期致力于刑法立法完善研究的学术热情和法治使命感。同时，本人也参与了这一时期中国法学会刑法学研究会包含完善刑法立法议题的有关年会的组织和研究工作。③ 在刑法立法修改与完善领域，本人在这十年中撰写发表了 80 余篇相关论文和文章④；协助王作富教授主持完成了国家社科基金项

① 在修改刑法典刚刚提上立法工作日程不久，全国人大常委会法工委及其刑法室负责同志出席 1988 年全国刑法学术年会做了关于准备修改 1997 年刑法典的报告；在 1997 年刑法典修改通过前的重要时刻，全国人大常委会法工委主要领导同志出席 1996 年全国刑法学术年会介绍了刑法典修改草案，并向与会代表征求意见。赵秉志. 中国刑法学研究会学术研究 30 年. 北京：法律出版社，2014：841、843.

② 赵秉志. 积极促进刑法立法的改革与完善——纪念 1997 年刑法典颁行十周年感言. 法学，2007 (9)；赵秉志. 新刑法全书. 北京：中国人民公安大学出版社，1997：72、80；高铭暄，赵秉志. 新中国刑法立法文献资料总览：2 版. 北京：中国人民公安大学出版社，2015：1340.

③ 本人在中国法学会刑法学研究会中自 1988 年起担任理事暨副秘书长、1996 年担任副会长并参与学术年会的组织工作，曾参与以刑法修改为议题的 1988 年年会文集《刑法发展与司法完善》（杨敦先、赵秉志、王勇编，中国人民公安大学出版社 1989 年版）和 1996 年年会文集《刑法修改建议文集》（高铭暄主编，赵秉志、胡云腾副主编，中国人民大学出版社 1997 年版）的编辑工作。

④ 其中比较重要的有 30 余篇，发表在权威期刊《中国社会科学》《中国法学》《法学研究》上的有 9 篇，获奖的有 4 篇。

目“改革开放与刑事立法完善研究”①；个人主持完成了国家社科基金项目“中国刑法改革问题研究”②；主持完成了国家教委“八五”博士点项目“中国特别刑法研究”③；主持撰写并向全国人大常委会法工委提交了总计十余万字、包含11个专题的关于刑法修改研究的报告④；另外还出版了几本相关的著作或文集。⑤ 上述著论研究的重点和特色，就是针对我国刑法典的修改与完善，检讨问题，提出修法建议并进行研究和论证。

第二时期：自1997年新刑法典通过以来的二十多年间。

1997年修订通过的新刑法典，是一部具有时代特色、实现重大改革和多方面进展的统一的、比较完备的刑法典，是我国刑法立法发展进步的一个里程碑。作为曾在此前十年间深度参与国家立法机关主持的刑法典修订工作和相关研究工作的刑法学者，本人对新刑法典的通过及其成就欢欣鼓舞，认识到这部新刑法典把我国刑事法治提高到了一个新的水平，也为我国刑法学研究开辟了新的天地。这一时期迄今的二十多年来，根据社会发展、防治犯罪和进一步完善刑法的需要，国家立法机关又陆续通过了一部单行刑法、11个刑法修正案和13个刑法立法解释，不断对刑法典进行局部修改完善，努力保持刑法典的科学性和实践性品格。本人有幸应邀参与了国家立法机关绝大部分局部修改完善刑法典的修法研拟工作，并保持了对刑法改革领域的持续关注和研究热情。这一时期，本人带领学

① 该项目的阶段性成果为赵秉志主编：《刑法修改研究综述》，中国人民公安大学出版社1990年版；最终成果为王作富主编、赵秉志副主编：《刑法完善专题研究》，中央广播电视大学出版社1996年版。

② 该项目的最终成果为赵秉志：《刑法改革问题研究》，中国法制出版社1996年版。该书于1998年12月获教育部“普通高等学校第二届人文社会科学研究成果奖”二等奖。

③ 该项目的最终成果为赵秉志主编：《中国特别刑法研究》，中国人民公安大学出版社1997年版。

④ 赵秉志等：《中国刑法改革与完善基本问题研究报告》，其简编本为《关于修改刑法若干基本问题的建议》。高铭暄，赵秉志. 新中国刑法立法文献资料总览：下册. 北京：中国人民公安大学出版社，1998：3052-3071.

⑤ 赵秉志，张智辉，王勇. 中国刑法的运用与完善. 北京：法律出版社，1989；董成美，赵秉志，王利明. 法律调整新论（其中刑法篇作者为赵秉志）. 北京：中国人民大学出版社，1990；赵秉志. 改革开放中的刑法理论与实务. 长春：吉林人民出版社，1994；赵秉志，鲍遂献. 大陆刑法的改革与趋势. 台北：中庸出版社，1994；赵秉志. 新刑法全书. 北京：中国人民公安大学出版社，1997；赵秉志. 新刑法典的创制. 北京：法律出版社，1997.

术团队针对刑法修正案的研拟或其他刑法完善课题的需要，完成并向国家立法机关提交了相关研究报告 20 余个①；出版了数种有关刑法立法及其改革的书籍②，撰写发表了相关论文和文章近 200 篇③；并积极倡导全国刑法学术年会持续关注了刑法立法及其改革方面的议题。④

在 2007 年纪念 1997 年新刑法典颁行 10 周年之际，本人在回顾自己参与刑法立法活动和从事刑法立法研究的文章中，曾提出关于刑法立法的几点认识和感悟：其一，刑法立法是刑事法治的基础和起点，是刑事司法的根据和指南；其二，刑法立法工作是一门科学，它必须探寻、总结和遵循同犯罪作斗争的客观规律，理性地治理犯罪；其三，刑法立法工作是一门艺术，要艺术地处理刑法立法所面对的一系列重大关系和立法技术问题；其四，刑法立法的完善是一个不断演进的过程；其五，刑法学者参与刑法立法活动具有重要意义，有助于刑法立法的科学性和民主性，也有助于刑法学者研究能力的提升。⑤

下面，简述本人在刑法立法及其改革领域几个方面的若干代表性学术观点。

---

① 北京师范大学刑事法律科学研究院历年编辑出版的《刑事法治发展研究报告》(先后由中国人民公安大学出版社和法律出版社出版)；赵秉志主编：《面向实践的刑事法研究——北师大刑科院建院 10 周年刑事法治研究报告选辑》，北京师范大学刑事法律科学研究院 2015 年 8 月编印。

② 高铭暄，赵秉志．中国刑法立法之演进（中英文本）．北京：法律出版社，2007；赵秉志．刑法修正案最新理解适用．北京：中国法制出版社，2009；赵秉志《刑法修正案（七）》专题研究．北京：中国法制出版社，2011；赵秉志．环境犯罪及其立法完善研究——从比较法的角度．北京：北京师范大学出版社，2011；赵秉志《刑法修正案（八）》理解与适用．北京：中国法制出版社，2011；赵秉志．刑法立法研究．北京：中国人民大学出版社，2014，该书于 2017 年 8 月获第十四届北京市哲学社会科学优秀成果奖二等奖；赵秉志．中华人民共和国《刑法修正案（九）》理解与适用．北京：中国法制出版社，2016；赵秉志，袁彬．刑法最新立法争议问题研究．南京：江苏人民出版社，2016；赵秉志．新中国刑法 70 年．北京：法律出版社，2019；赵秉志．《中华人民共和国刑法修正案（十一）》理解与适用．北京：中国人民大学出版社，2021。

③ 其中比较重要的有 50 余篇，刊载于权威期刊《中国法学》《法学研究》《新华文摘》上的有 7 篇，获奖的有 5 篇。

④ 自本人担任全国刑法学研究会会长起 2001 年以来 20 年的全国刑法学术年会中，多次年会的议题中都包含有刑法立法（刑法修正案）及其改革方面的内容。

⑤ 赵秉志．积极促进刑法立法的改革与完善——纪念 1997 年刑法典颁行十周年感言．法学，2007 (9).

（二）关于修订完善1979年刑法典的建言

在1997年以前，主要是自1988年国家立法机关将刑法典修订提上日程至1997年新刑法典修订通过的这十年时间里，本人针对如何修订完善1979年刑法典进行密集研究，曾提出一系列修法建议并进行了论证。

1. 刑法立法完善的根据和原则

完善我国刑法立法，有其社会进步之要求、司法实践之需要、1979年刑法典存在缺陷、刑法规范协调发展所必需等多方面的根据。[①] 与完善刑法的根据相关的问题，是应从社会发展的阶段、任务及刑法调整的现状去认识刑法调整的变革需要，从刑法改革的的高度认识刑法立法完善的重要性。[②]

完善我国刑法立法的原则，主要包括：（1）以维护改革开放为宗旨；（2）坚持立足现实与预见未来相结合，立足本国实践经验与借鉴外国立法经验、考虑世界刑法发展趋势相结合；（3）重视立法技术的科学性；（4）贯彻立法的民主性；（5）理论与实践相结合；（6）促进法治建设。[③]

2. 刑法观念更新与刑法立法改革

刑法观念的更新和变革是刑法改革的首要问题，是刑法改革的前奏与先导。刑法改革要求更新和确立多种新的刑法观念：（1）多功能刑法观；（2）经济刑法观；（3）效益刑法观；（4）民主刑法观；（5）平等刑法观；（6）开放刑法观；（7）刑法功能有限观。[④]

3. 刑法完善的宏观争议问题之抉择

（1）对于立法指导思想上的超前立法与经验立法之争，应摒弃经验立法而采纳超前立法。超前立法既不排斥经验的积累，也不是主张在没有客观依据和可行

① 赵秉志. 试述目前完善我国刑事立法的根据. 法制日报，1989-06-12；赵秉志. 论完善大陆刑事立法的根据、原则和方式. 华冈法粹，1992（7）.

② 赵秉志. 略论我国现阶段的刑法调整亟需变革. 河南法学，1988（4）.

③ 赵秉志. 略论目前完善我国刑事立法的原则. 光明日报，1989-02-21；赵秉志. 论完善大陆刑事立法的根据、原则和方式. 华冈法粹，1992（7）.

④ 赵秉志. 现阶段我国刑法学如何发展论略. 法律科学，1989（2）；赵秉志，鲍遂献. 论刑法观念的更新和变革. 中国法学，1994（2）.

性前提下的贸然立法，而是以动态、发展的眼光把握刑法机制的完善，科学地处理现实与预见、引导未来相结合的关系。

（2）对于立法技术的粗疏化与细密化之争，应力戒“宁粗勿细”的观念，而采取细密化立法的主张。

（3）对于刑法调控范围的犯罪化与非犯罪化之争，应摒弃“非犯罪化说”和“犯罪化说”的主张，而基本采纳折中说的见解，并完善其表述。

（4）对于刑罚轻重的轻刑化与重刑化之争，重刑化说和轻刑化说均不可取，“适度化说”在重刑化的立法现实情况下亦无济于事，因而完善我国刑罚设置轻重的关键是要克服和摒弃现存的重刑主义思想，进而再按照罪刑相适应原则的要求，建立轻重适度的刑罚体系和法定刑幅度。①

4. 关于刑法完善的方式

本人当时主张可以采用多种形式来完善刑法。

（1）单行刑法和非刑事法律中的附属刑法是当时完善刑事立法的两种重要的方式，既往它们在很大程度上弥补了刑法典的缺陷与不足。但是，这些特别刑法本身存在缺陷和弊端。因此，在创制单行刑法和附属刑法规范时，应当注意立法权的统一性、立法内容的协调性、立法技术的科学性等问题，如此才能真正发挥其对刑事立法完善的功能。特别刑法完善的前景是将其整合纳入刑法典中。②

（2）刑事立法解释具有将刑法规范含义明确化、具体化以及对刑法规范进行修改、补充的功能，是国家立法机关指导与协调刑事立法、完善刑法规范的一种重要方式。但当时除立法机关关于刑事法律的起草说明外，其他形式的立法解释十分罕见，整个刑事立法解释工作非常薄弱，应纠正这种状况，大力重视和逐步

① 赵秉志. 刑法修改中的宏观问题研讨. 法学研究，1996（3）；赵秉志. 试论刑法典立法技术的完善问题. 法学杂志，1989（3）；赵秉志. 略论我国刑罚制度的完善. 河南法学，1989（3）；赵秉志，鲍遂献. 我国刑法改革若干热点问题论略. 河北法学，1993（5）.

② 赵秉志. 论刑法典自身完善的方式. 法学杂志，1990（4）；赵秉志. 论完善大陆刑事立法的根据、原则和方式. 华冈法粹，1992（7）；赵秉志，赫兴旺. 论特别刑法与刑法典的修改. 中国法学，1996（4）；赵秉志. 论非刑事法律中刑法规范的立法原则及其发展前景. 政法论坛，1988（1）.

加强刑法立法解释工作，使之担负起指导刑事司法工作的重任，发挥其应有的及时、灵活地完善我国刑事立法的作用。①

（3）刑法典本身完善的方式。刑法典是国家刑法规范的主体或核心，其完善包括两个方面：一是对刑法典的结构和内容进行必要的调整；二是将特别刑法规范中经实践检验属于成熟的部分整理纳入刑法典。对我国刑法典予以发展完善可以采取两种方式：一是部分地修改补充刑法典，二是全面系统地修改补充刑法典。当今全面系统修改刑法典的时机业已成熟。②

总结我国立法实践并参考借鉴别国的立法经验，为科学地完善刑法典，在对刑法典进行部分修改补充时，应采取颁行刑法修正案的方式，并在修正案颁行后及时将其内容直接吸收进刑法典中。发布刑法修正案的方式不但灵活、及时和针对性强，而且明确了其与刑法典的关系。刑法修正案一经颁行，其内容即被刑法典所吸收。这样就避免了新的修改补充与刑法典的有关内容不协调、不明确的问题，既促进了立法的协调完善，又便于司法中对立法的正确适用，而且有助于维护刑法典的统一性和完备性。③

5. 完善刑法典体系结构的构想

刑法典体系结构的完善与否，在很大程度上影响与制约着刑法典内容的完善和功能的发挥，并对刑法理论和司法实务产生广泛影响，因而在我国刑事法治基础建设中至关重要。作为有机会参与国家立法机关刑法修法研拟工作的刑法学者，本人较早系统探讨了 1979 年刑法典体系结构的完善问题，并随着修法研拟工作的进展适时修正和完善了这方面的主张，力图为我国刑法典体系结构的完善建言献策。

其一，关于刑法典总则体系结构的完善。

在 1979 年刑法典修订工作展开的前期研究中，本人主张将刑法典总则设计

---

① 赵秉志. 略论刑法的立法解释. 电大法学，1989（8）.

② 赵秉志. 论刑法典自身完善的方式. 法学杂志，1990（4）；赵秉志. 论完善大陆刑事立法的根据、原则和方式. 华冈法粹，1992（7）.

③ 赵秉志. 论刑法典自身完善的方式. 法学杂志，1990（4）.

为以下十章的模式：(1) 刑法的任务和基本原则；(2) 刑法的适用范围；(3) 犯罪；(4) 正当行为；(5) 刑事责任；(6) 刑罚；(7) 刑罚的适用和免除；(8) 未成年人犯罪的特殊处遇；(9) 保安处分；(10) 名词和用语的释义。[①] 在 1979 年刑法典修订工作后期的研究中，本人主张将刑法典总则设计为九章模式，主要改变是把上述第三章犯罪和第五章刑事责任合并为第三章犯罪和刑事责任。[②]

对上述设想涉及的章节增删和调整，本人作了详细论证，择其要者：(1) 关于增设“刑法的基本原则”专章。从性质上、功效上和比较借鉴的角度看，刑法基本原则的立法化既可行又必要；刑法基本原则可选择五条，即罪刑法定原则、罪刑相适应原则、主观与客观相统一的刑事责任原则、罪责自负原则以及刑事责任的公平原则。这些原则得以确立为刑法的基本原则因其符合两条标准：一是贯穿全部刑法和刑事司法，二是体现我国刑事法治的基本性质和基本精神。鉴于当时对刑法基本原则之选择争议很大，也可以先规定罪刑法定这一首要原则，在条件成熟后再适时补充规定刑法的其他基本原则。(2) 关于“刑法的适用范围”独立成章及其内容的充实。刑法的效力范围及管辖权乃一类独立的问题，在现行刑法中也有相当的条文，加之尚有许多需补充的条文内容，因而可以考虑独立成章，并应把 1979 年刑法典第 80 条、第 89 条移入本章，再增设对国际犯罪行使普遍管辖权的规定、引渡制度以及关于港澳台人涉大陆犯罪刑法适用的内容。(3) 关于增设“正当行为”专章。1979 年刑法典将正当防卫和紧急避险行为纳入“犯罪”一章是缺乏内在逻辑和科学性的；为明确和强调正当行为的非犯罪性，并鼓励公民积极与各种违法犯罪行为作斗争，有必要增设“正当行为”专章，将正当防卫和紧急避险经修改充实纳入该章的同时，再增加依法实施的职务行为、执行命令的行为和正当业务行为等三个正当行为的种类。(4) 增设“未成年人犯罪的特殊处遇”专章，有利于贯彻我国处理未成年人犯罪的一贯政策，有利于促进整个社会对未成年人犯罪惩治与防范的关注，亦有利于我国刑事立法与

① 赵秉志．关于完善我国刑法典体系和结构的研讨．中国社会科学，1989 (4).

② 赵秉志．关于完善刑法总则体系的思考．法制日报，1997-02-01.

相关国际趋势协调发展。该章具体构想可分为三节：第一节规定特殊处遇原则，第二节规定对未成年犯从宽处理的各项内容，第三节规定对未成年人、未成年犯的保安处分措施。(5) 增设“保安处分”专章，是完善保安处分措施并使其与刑罚的关系明晰化的需要，也符合世界性的先进潮流和趋势。未来刑法典中保安处分的种类应主要包括七种：收容教养、强制医疗、治疗监护、强制禁戒、监督考察、驱逐出境、物的没收。[①]

其二，关于刑法典分则体系结构的完善。

关于刑法典分则的体系结构，在不同时期，国家立法工作机关曾先后尝试采取大章制、小章制、大章制基础上的章节制等不同模式。与之相协调，本人也分别就这几种模式提出过相应的关于刑法典分则体系结构的设计建言。

1979 年刑法典修订研拟工作启动之初（1980 年代末期），在国家立法工作机关主张刑法典分则继续沿用大章制模式的背景下，本人经研究建议对刑法典分则体系结构进行修改、补充、调整，形成如下 12 章的体系结构：(1) 危害国家安全罪（由反革命罪一章更名而来）；(2) 危害公共安全罪；(3) 侵犯公民人身权利罪；(4) 侵犯公民民主权利罪（新增，由侵犯公民人身权利、民主权利罪一章分解而来）；(5) 渎职罪；(6) 妨害司法活动罪（新增）；(7) 破坏社会主义经济秩序罪；(8) 破坏自然资源罪（新增）；(9) 侵犯财产罪；(10) 妨害社会管理秩序罪；(11) 妨害婚姻、家庭罪；(12) 危害国防罪（或危害军事利益罪，新增）。本人并对反革命罪章更名和其他四章的增设进行了论证，对调整分则各章的排列顺序进行了说明。[②]

后来在修法工作中，一些刑法学者和国家立法工作机关的专家认为 1979 年刑法典分则这种粗放型的大章制犯罪分类模式难以适应法治科学发展的要求，因而倾向于改采小章制，即主张将原来内容庞杂、条文过多的犯罪类型划分为较多

---

① 赵秉志. 关于完善我国刑法典体系和结构的研讨. 中国社会科学，1989 (4)；赵秉志. 关于全面修订中国大陆刑法典的基本构思. 华冈法粹，1990 (2)；赵秉志，等. 中国刑法修改若干问题研究. 法学研究，1996 (5).

② 赵秉志. 关于完善我国刑法典体系和结构的研讨. 中国社会科学，1989 (4).

的若干章，章下不分节，以求维持各章之间体例的统一和罪种、条文的协调，并便于司法适用。在这种主张的影响下，全国人大常委会法工委刑法修改小组于 1993 年至 1995 年整理的几个刑法分则稿本探索了采取小章制的模式。[①] 本人作为该小组的成员对刑法典分则犯罪分类改采小章制予以赞同，并在有关研究中，主张对 1979 年刑法典分则中的类罪名主要作出如下完善：(1) 将反革命罪更改为危害国家安全罪，以符合罪名规范化的要求及适应改革开放形势的需要；(2) 增设侵犯公民民主权利罪、侵犯公民劳动权利和妨害婚姻、家庭罪三章；(3) 增设妨害司法活动罪专章，以维护我国司法活动的正常进行；(4) 增设破坏自然资源罪专章，以强化对生态环境和自然资源的刑法保护；(5) 将危害国防罪和军人违反职责罪纳入刑法典；(6) 将贪污罪、贿赂罪与普通渎职犯罪分立并置于普通渎职犯罪之前；(7) 将破坏社会主义经济秩序罪和妨害社会管理秩序罪按照同类客体的标准进行内容充实和类型分解。[②] 进而言之，刑法典分则体系结构的完善应遵循全面充实、科学分类和合理排列三项原则，大体上按照同类犯罪的社会危害程度由重至轻排序。即主张按照小章制的模式，可将未来刑法典分则设计为以下 26 章犯罪：(1) 危害国家安全罪；(2) 危害国防罪；(3) 军人违反职责罪；(4) 危害公共安全罪；(5) 贪污罪与贿赂罪；(6) 普通渎职罪；(7) 侵犯公民人身权利罪；(8) 侵犯公民民主权利罪；(9) 侵犯公民劳动权利罪；(10) 侵犯财产罪；(11) 妨害婚姻、家庭罪；(12) 危害资源、环境罪；(13) 非法生产、经营罪；(14) 妨害企业管理罪；(15) 妨害海关管理罪；(16) 破坏金融秩序罪；(17) 妨害证券、票证管理罪；(18) 侵犯知识产权罪；(19) 妨害公平竞争罪；(20) 妨害税收罪；(21) 妨害司法活动罪；(22) 妨害社会管理秩序罪；(23) 毒品罪；(24) 妨害风化罪；(25) 妨害文物管理罪；(26) 妨害国（边）境管理罪。本人特别强调危害国防罪和军人违反职责罪

① 高铭暄，赵秉志. 新中国刑法立法文献资料总览：2 版. 北京：中国人民公安大学出版社，2015：373-415，422-442.

② 赵秉志. 关于完善刑法典分则体系结构的新思考. 法律科学，1996 (1).

应纳入刑法典，认为这是保证刑法典体系的完整性和其作用权威性的需要，也有利于这两类犯罪立法的协调，有助于提高这两类犯罪在刑法立法中的地位；主张贪利型渎职罪应与普通渎职罪分立，妨害司法活动罪应独立成章，侵犯公民人身权利罪、侵犯公民民主权利罪与侵犯公民劳动权利罪应各自独立成章。根据合理排列的原则，刑法典分则各章犯罪的排列应当具有内在逻辑性，并反映刑法的时代特色和价值取向，因而未来刑法典分则 26 章犯罪的体系结构，大体可依次划分为五组相近似的犯罪类型：第一组为侵犯国家安全、国家国防安全、国家军事利益以及社会公共安全的犯罪（第 1 至 4 章）；第二组为渎职犯罪（第 5、6 章）；第三组为侵犯公民人身、民主、劳动、财产、婚姻家庭等方面的基本权利的犯罪（第 7 至 11 章）；第四组为破坏国家自然资源与环境、经济秩序的各类犯罪（第 12 至 20 章）；第五组为妨害国家司法活动以及国家对社会不同方面的管理秩序的犯罪（第 21 至 26 章）。①

1996 年 4 月起，国家立法机关修订刑法典的工作进入了集中力量全面修改并加快步伐的阶段，此后由全国人大常委会法工委研拟而成的《刑法分则修改草稿》（1996 年 8 月 8 日）和多个刑法修订草案中，都改弦更张，将刑法典分则的体系结构由小章制又改回了大章制，不过对内容繁多的经济犯罪和妨害社会管理秩序罪两章在其章下设置多节②，实际上形成了大章制基础上的部分章节制。在此背景下，本人在有关研究中，按照章节制的模式建议未来刑法典分则设立八章犯罪：（1）危害国家安全罪；（2）危害国家军事利益罪；（3）危害公共安全罪；（4）侵犯公民基本权利罪；（5）破坏社会经济秩序罪；（6）渎职罪；（7）侵犯财产罪；（8）妨害社会管理秩序罪。并建议注意两点：一是应尽量在多数章采取章节制，以求各章间的体例协调，并避免大章制对犯罪分类过于粗略、不便适用的弊端；二是在章节制的体例下，对章的划分应当坚持按同

① 赵秉志．关于完善刑法典分则体系结构的新思考．法律科学，1996（1）．

② 赵秉志．新刑法全书．北京：中国人民公安大学出版社，1997：81；高铭暄，赵秉志．新中国刑法立法文献资料总览．2 版．北京：中国人民公安大学出版社，2015：455-733．

类客体对犯罪进行分类的统一标准，但对章下各节的划分可根据需要采取不同的划分标准，可以是根据客体、行为、主体、对象等因素，只要是特点相同相近的犯罪即可归为一节，以便于归纳和适用。上述分则体系八章犯罪中，第二章危害国家军事利益罪为新增，建议下设“军人违反职责罪”和“危害国防利益罪”两节；第四章侵犯公民基本权利罪建议下设侵犯公民人身权利罪、侵犯公民民主权利罪、侵犯公民劳动权利罪和妨害婚姻、家庭罪四节；第六章渎职罪建议分节规定贪污罪、贿赂罪、玩忽职守罪等犯罪类型。关于刑法典分则各章犯罪的排列，应大体上按照各类犯罪总体的社会危害性质及程度由重至轻排列，并注意体现现代刑法应有的时代特色和价值取向，适当兼顾各类犯罪之间的内在逻辑顺序。① 在全国人大常委会法工委于 1996 年 11 月在北京召开的集中研讨修订刑法典草案（1996 年 10 月稿本）的大型会议上，本人被安排为大会交流发言的三位学者代表之一，发言的主题就是刑法典分则体系结构的完善问题。

1997 年刑法典颁行后，本人在对该刑法典分则体系进行客观评价的基础上，提出了进一步完善的构想与建言。

关于 1997 年刑法典分则体系的评价。1997 年刑法典分则在采取大章制的基础上，将条文繁多的罪章依照同类客体的性质进行了进一步划分，较之 1979 年刑法典，显然有进步，更便于研究和适用，但还明显存在一些问题：一是罪章体例不统一。即只是在少数罪章之下设置有节，大多数罪章内没有设置节的层次，造成立法体例不统一，不利于分则的研究和适用。二是罪章排列不尽合理。1997 年刑法典分则没有彻底贯彻按犯罪社会危害性大小从重到轻的排列顺序，如对于危害国防利益罪、职务犯罪、侵犯公民基本权利犯罪的分则体系安排过于靠后。三是罪章分类不够科学。1997 年刑法典分则未能始终坚持按同类客体分类的科学标准，如将妨害婚姻、家庭罪和侵犯他人劳动权利犯罪置于侵犯公民人身权

① 赵秉志．论刑法修改中分则体系结构的完善．中国律师报，1997-03-12.

利、民主权利罪章之中。①

关于进一步调整刑法典分则体系结构的具体构想。在 1997 年刑法典分则采取大章制立法模式已成立法定局的背景下，本人主张应立足于章节制展开对刑法典分则的立法完善，具体设想仍是如上所述将刑法典分则体系分为八章。并提出需要注意以下四点：（1）危害国家军事利益罪包括军人违反职责罪和危害国防利益罪，其社会危害性较其他犯罪类型的更大，应置于刑法典分则第二章。（2）侵犯公民基本权利罪涵盖公民的人身权利、民主权利、劳动权利和婚姻家庭权利，在罪章名称上更名为侵犯公民基本权利罪更为确切；而将其置于破坏社会主义市场经济秩序罪之前，能更好地体现犯罪社会危害性的轻重顺序。（3）贪污贿赂犯罪本质上具有渎职的属性，应与渎职犯罪合并于一章之中；该类犯罪的社会危害性较大，在分则体系中的位置也应适当前移。（4）至于章下各节的划分方法，可以根据便于研究和适用的原则，只要是特点相同或相近的犯罪就可归为一节。②

6. 关于刑法立法技术的完善

刑法立法技术的完善，直接关系到刑法立法内容的科学性和可行性，并进而关系到实践中对法律的准确理解和正确运用，应予以重视。受特定历史条件的限制，1979 年刑法典在立法技术上存在弹性大、不具体、可操作性差的缺陷，这是刑法学界的共识。广大刑法学者较为一致地认为，对 1979 年刑法典立法中“宜粗不宜细”“宁疏勿密”的立法技术原则有必要进行认真的反思，主张修改刑法典时，应增设刑法典条文标题，以助于对法条的准确把握与正确使用；还要力求条文及用语上的科学性，采取明确、严谨和尽可能具体化的表述方法，以提高

① 赵秉志．关于完善刑法典体系结构的思考与建言//赵秉志．刑法总论问题专论．北京：法律出版社，2004：163；高铭暄，赵秉志．新中国刑法立法文献资料总览：中册．北京：中国人民公安大学出版社，1998：939-1215；高铭暄，赵秉志．中国刑法立法之演进．北京：法律出版社，2007：163-165.

② 赵秉志．关于完善刑法典体系结构的思考与建言//赵秉志．刑法总论问题专论．北京：法律出版社，2004：163；高铭暄，赵秉志．中国刑法立法之演进．北京：法律出版社，2007：165-166.

刑法典的科学水平，并给执法提供便于正确操作运用的法律武器，给守法提供便于遵守的行为规范。①

但是，在研究如何修订1979年刑法典的过程中，在如何具体完善我国刑法的立法技术、处理“粗疏”与“细密”的关系这一问题上，学者间仍有不同的见解。本人认为，1979年刑法典立法技术上“宜粗不宜细”原则作为特定历史条件的产物，固然有其一定的理由，但在我国社会已经发生历史性转变的情况下，这种原则不应继续保留，应当坚决予以摒弃，而转向立法技术的细密化，尽可能地做到详备具体、明确严谨。这不仅是直接根源于刑事司法实践的需要，也是罪刑法定原则的要求。② 但对立法技术的细密化又不宜作机械的理解，不能认为立法应当不分场合地一律予以细密化，甚至认为法律的规定越细致就越好。要从实际出发，科学合理地解决立法技术的细密化问题。

就刑法分则条文的立法技术完善而言，一些共性问题亟须注意：(1) 条文结构的科学化。包括：罪名标题明示化；条文体例明晰化；罪状明确化；量刑幅度层次化。(2) 条文具体内容的科学化。一是删除无犯罪内容的分则条文，修改不科学的罪名，根据需要与可能增补新罪名；二是切忌在分则条文中使用含混、笼统和过于原则或不严谨的语词、表述；三是注意犯罪情节的适当具体化、犯罪数额立法方式的科学化；四是对1979年刑法典规定的投机倒把罪、流氓罪、玩忽职守罪等几个“口袋罪”应作分解或内涵的调整。(3) 条文关系的科学化。一是在对具体犯罪及其刑事责任的规定上，既要反映出该种犯罪的特征，又要注意与相近犯罪的规定相协调；二是注意各种犯罪法定刑之间的协调性、平衡性和合理性，建立科学的法定刑机制；三是对分则各章内条文的排列，原则上应根据各种犯罪的危害程度大小由重至轻进行排列，同时要考虑到犯罪性质相同、相近的条

① 赵秉志．刑法改革问题研究．北京：中国法制出版社，1996：293-298.

② 赵秉志．略论罪刑法定原则立法化的价值．法学，1995 (3).

文应尽量集中加以规定。[①]

此外，在这一时期，本人还对刑法典修改完善的总则方面和分则方面的其他一系列问题进行过研究并提出了修法建议[②]，并为侵犯公民人身权利罪、侵犯公民民主权利罪、侵犯公民劳动权利罪、妨害司法活动罪等罪章设计了具体法条。[③] 限于篇幅，不再逐一介述。

（三）关于我国刑法的百年变革及法典化问题

1. 关于我国刑法百余年的变革

中国刑法经历了由清末民初、民国政府到新中国迄今的百余年历程，期间产生了《大清新刑律》、《中华民国刑法》（1935 年）、《中华人民共和国刑法》（1979 年）和《中华人民共和国刑法》（1997 年）等几部代表性刑法典，使我国刑法逐步实现了从传统刑法到近代刑法再到现代刑法的历史性转变，完成了刑法从理念到体系、从内容到技术的重大变革，建立起了理念先进、体系完善、结构合理、内容科学的现代刑法体系。[④]

就新中国刑法体系的演进而言：（1）1979 年刑法典的颁行是当代中国刑法体系初步形成的标志。（2）1979 年刑法典实施至 1997 年新刑法典的修订通过，是当代中国刑法体系的初步发展阶段。1997 年新刑法典虽然在体系结构、内容和立法技术方面都还存有一些不足，但其无疑是一部具有重大改革和多方面进展的具有时代特色的先进的刑法典，是当代中国刑法发展进程中的一个里程碑。（3）1997 年新刑法典公布实施以来，当代中国刑法体系进入了深入发展和

① 赵秉志．试论刑法典立法技术的完善问题．法学杂志，1989（3）；赵秉志．我国刑法典分则完善探略．河北法学，1989（3）；赵秉志．关于全面修订中国大陆刑法典的基本构思．华冈法粹，1990（2）；赵秉志．刑法修改中的宏观问题研讨．法学研究，1996（3）；赵秉志．中国刑法修改若干问题研究．法学研究，1996（5）．

② 刘志伟，李山河．赵秉志教授刑法立法思想要览//赵秉志，郎胜．和谐社会与中国现代刑法建设．北京：北京大学出版社，2007：88-94．

③ 赵秉志，肖中华．关于侵害公民人身权利立法完善之探讨．检察理论研究，1996（4）；赵秉志，等．关于侵犯公民民主权利罪和侵犯公民劳动权利罪立法完善之构想．现代法学，1996（4）；赵秉志，等．关于完善妨害司法活动罪立法的研讨．政法论坛，1996（4）．

④ 赵秉志．中国刑法的百年变革——纪念辛亥革命一百周年．政法论坛，2012（1）．

完善的阶段。[①]

中国刑法百余年的变革历程告诉我们，刑法立法良性发展必须正确处理好几个关系：(1) 合理处理刑法立法中的批判与继承、借鉴的关系。(2) 审慎处理刑法立法的科学性与政治性的关系。刑法立法的政治性毋庸置疑，但刑法立法也有其必须考虑的内在的科学性和规律。如果刑法立法仅仅为实现其政治目的而忽视其内在规律，则其不仅难以成为良法，也难以长久。(3) 正确处理刑法立法的现实性与超前性的关系。现实性是刑法立法的基本特性，但刑法立法还必须具有一定的超前性，否则将很快失去生命力。(4) 恰当处理刑法立法的价值与技术的关系。刑法立法的外在价值体现为其对社会需求、立法目的的实现的效用，其会随着社会变迁而有重复或变异；刑法立法的内在价值体现为其对刑法自身规律和内在品格的坚守（如刑法的人权保障、人道价值），其相对稳定。刑法立法的技术主要体现为立法的形式要求，它是刑法价值的载体。中国未来的刑法立法，要积极实现立法价值与立法技术的融合，进而促进刑法立法的科学发展。[②]

2. 关于我国刑法的法典化问题

刑法的法典化是现代国家法典化的主要表现形式之一。中国现代意义上的刑法法典化努力在 1979 年取得初步的标志性成果，即颁布了第一部粗略但不失为法典的刑法，并在 1997 年全面修订刑法典时得到了较为充分的体现。现阶段如何进一步深化刑法的法典化，已经成为中国刑事法治建设亟需解决的重要问题。本人早在 20 世纪 80 年代末 90 年代初即关注了中国刑法的法典化问题，并对其中诸多问题进行过研究。[③] 在此基础上，近年来本人又结合中国刑法立法的新进展，对当代中国刑法的法典化问题作了进一步思考和探讨。[④]

---

① 赵秉志. 当代中国刑法体系的形成与完善. 河南大学学报，2010 (6)；赵秉志. 积极促进刑法立法的改革与完善——纪念 1997 年刑法典颁行十周年感言. 法学，2007 (9)；赵秉志，肖中华. 中国刑法的最新改革. 现代法学，1998 (2).

② 赵秉志. 中国刑法的百年变革——纪念辛亥革命一百周年. 政法论坛，2012 (1)；赵秉志. 大变革时代的中国刑法问题研究——赵秉志自选集. 北京：法律出版社，2017：95-96.

③ 赵秉志. 刑法改革问题研究. 北京：中国法制出版社，1996.

④ 赵秉志. 当代中国刑法法典化研究. 法学研究，2014 (6).

（1）我国刑法法典化的历程和特点。

中国现代刑法的法典化经历了一个曲折的历程，并呈现出独特的特点。无论形式还是实质，1979 年刑法典都没有真正实现中国刑法的法典化。1997 年通过的新刑法典是一部真正意义上的统一刑法典，标志着中国刑法法典化的进一步发展。1997 年以来主要采用刑法修正案的方式对刑法典进行局部修正，表明中国刑法法典化正朝着更加统一的刑法典方向不断迈进，进入了逐步完善时期。

我国刑法的法典化呈现出以下特征：一是刑法的法典化程度与社会稳定程度息息相关。社会形势越稳定，刑法的法典化程度通常越高。二是刑法的法典化程度与国家法治的整体发展水平相一致。三是刑法的法典化程度与立法者的立法技术密切相关。法典化既是一种立法形式，更是一种立法技术。中国的刑法立法技术也经历了一个由粗疏到精细、由分散到集中、由不科学到比较科学的过程。立法技术的提升为中国刑法的法典化提供了更大的空间。①

（2）我国刑法法典化的价值和目标。

中国刑法的法典化是中国历史与现实的必然选择，具有重要价值：一是法律文化价值。法典因其统一性和完整性而被赋予了特殊的历史使命。二是比较法价值。中国的法律文化与大陆法系国家的法律文化更易融合。在刑法法典化程度尚显不足、现代刑事法治理念尚未完全确立的当下，中国刑法应当借鉴大陆法系国家的成功模式，坚持法典化的前进道路。中国刑法法典化的全面实现，还必须在两个方面实现对大陆法系和英美法系刑法法典化的突破：一方面，中国刑法的法典化应当在大陆法系国家刑法法典化的基础上再进一步，追求所有刑法规范的全面法典化；另一方面，中国刑法的法典化并不排斥英美法系国家的判例法，但只允许其存在于刑法适用层面。三是社会价值。刑法典通过自身体系的完善能容纳各种新型犯罪；法典化的修正案方式能快速应对犯罪形势的变化；刑法典保护范围的全面性能够满足犯罪治理的一体化要求；刑法典的统一性能够充分适应刑事政策的变化。四是现代法治价值。刑法的法典化对形式理性的追求，有利于促进

① 赵秉志. 当代中国刑法法典化研究. 法学研究，2014（6）.

刑法的科学化，进而推动现代刑事法治的科学发展。保障和促进现代刑事法治是中国刑法法典化最重要的价值所在。刑法法典化的现代法治价值主要在于：既有利于发挥刑法的权威力量，也有利于促进刑法的科学性。五是规范价值。统一的刑法典既可以最大限度地减少刑法规范之间的重复与冲突，也有助于推动刑法内容的完善和结构的协调，从而创立一个内容完备、结构合理、体系科学的刑法规范体系。这既是发挥刑法的指引、评价、引导等规范作用的基本要求，也是社会主义法治建设的重要内容。

我国刑法法典化的目标，即创制一部形式合理、内容全面而科学、统一的刑法典，从而实现刑法典的形式理性与实质理性的有机结合，最大限度地发挥刑法典的价值。"形式合理"要求刑法立法在形式上符合基本逻辑，主要体现在三点：一是刑法立法采取的是法典的形式，而未采取特别刑法规范的形式；二是刑法典的结构划分合理，不存在交叉或冲突，符合逻辑的自洽性要求；三是刑法典的条文设置适当，不存在矛盾或重复。"内容全面而科学"是刑法法典化的实质要求，主要体现在两点：一是刑法典必须有合理的立法理念——应强调社会保护与人权保障的有机结合，即既要注重运用刑法惩治犯罪，又要防止刑法的滥用，保障当事人的合法权益。该理念是整个刑法典的核心，对刑法典的立法起提纲挈领作用。二是刑法典的立法理念在刑法条文和结构中要得到有效贯彻。"统一的刑法典"要求刑法修正案是除全面修订刑法典之外唯一科学的局部修法方式。[①]

（3）我国刑法法典化的内外策略。

我国刑法要实现法典化目标，首先应从外部入手，实现刑法典在形式上的统一。这方面突出的问题，是需要将目前我国现存唯一的单行刑法（《关于惩治骗购外汇、逃汇和非法买卖外汇犯罪的决定》）尽早纳入刑法典。同时，在今后的刑法修改与完善过程中，立法机关应当坚守刑法法典化的方向和原则，而不宜以犯罪治理的专门需要为由，制定诸如环境刑法、食品安全犯罪刑法、经济刑法、反贪污贿赂法等单行刑法。同时，我国刑法的法典化还应注重采取以下内部完善

① 赵秉志. 当代中国刑法法典化研究. 法学研究，2014（6）.

策略：一是适度犯罪化与非犯罪化；二是完善现行刑法典的结构，包括适当扩充刑法典分则体系，以及适当整合并增设部分章节；三是根据社会形势变化和刑事政策调整的需要，及时全面修订刑法典。[①]

（四）关于今后刑法立法改革的主张

1997 年新刑法典及其颁行以来的刑法立法改革可谓成就辉煌，但这些成就并未终结刑法立法改革的道路，而是在新的社会发展时期和更高的法治水准上开拓了刑法立法进一步改革的前景，提出了新的、更大力度的刑法改革的任务。[②]

1. 关于刑法改革的方向问题

现阶段我国刑法的改革，应以有助于构建和谐社会、强化人权保障和贯彻宽严相济的刑事政策为发展方向，并着重致力于死刑制度改革、加强人权保障和应对时代发展等方面的重要问题，努力探索刑法改革的科学方式。凡有悖于、有碍于这个发展方向的，均应予以纠正或者摈弃。[③]

至于在刑法改革方向之下的我国刑法体系的完善方向，则应当朝着内容完备、结构科学的方向进行补充、调整。所谓内容完备，是指刑法体系的完善应当在章、节层次上进一步充实有关内容，如不仅可以考虑增设“适用范围”“未成年人犯罪的刑事责任”“国际犯罪”等专章，还可以考虑在刑法典总则第二章“犯罪”之下增设“罪数”专节等，以进一步充实刑法典体系。所谓结构科学，是指刑法体系的完善应当注重结构的合理调整，进一步强化刑法体系结构的逻辑性和科学性。对此，一方面要选择适当的标准，合理排列刑法体系内各章及章内各节的顺序，以体现刑法的价值追求；另一方面要根据各章节的内容，合理确定

---

① 赵秉志．当代中国刑法法典化研究．法学研究，2014（6）．

② 赵秉志．积极促进刑法立法的改革与完善——纪念 1997 年刑法典颁行十周年感言．法学，2007（9）．

③ 赵秉志．积极促进刑法立法的改革与完善——纪念 1997 年刑法典颁行十周年感言．法学，2007（9）；赵秉志．中国刑法改革新思考——以《刑法修正案（八）（草案）》为主要视角．北京师范大学学报（社会科学版），2011（1）．

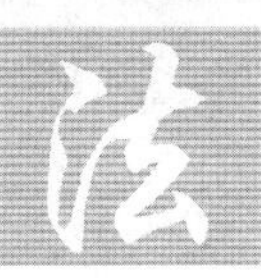


各章节的名称，以使其准确反映各章节的同类客体，强化对相关客体的特别保护。①

2. 关于刑法改革的重点问题

当前对中国刑法体系的完善，除了要解决完善的方向和途径外，还需要针对中国刑法体系中的重点问题，从总则和分则两个方面分别加以完善。

刑法典总则体系的完善，应考虑将“刑法适用范围”独立成章；增设罪数专节；将正当行为独立成章并予以扩充；增设保安处分专章；设立未成年人（或特殊群体）犯罪的刑事责任专章。另外，在我国已废止劳动教养制度的情况下，基于刑事法治完善的长远考量，需要对我国法律体系中的保安处分措施进行系统整理，在刑法典总则中专章规定保安处分措施。②

我国刑法典分则体系的完善，不仅需要增设新型类罪、合并相关类罪，而且还需要贯彻章节体例，并调整逻辑顺序。一是要增设新型类罪，特别是有关国际犯罪、恐怖活动犯罪和计算机网络犯罪的规定；二是要合并相关类罪，可将“危害国防利益罪”和“军人违反职责罪”合并为“危害国家军事利益罪”一章，也可考虑将“贪污贿赂罪”和“渎职罪”合并为职务犯罪一章；三是要贯彻章节体例，刑法典分则应当在每章下都设节的层次；四是要调整逻辑顺序以使其更为科学与合理。③

3. 关于刑法改革的方式问题

关于刑法典局部修正完善的方式。改革开放以来我国刑法立法的主要成就，不仅表现为颁行了两部刑法典、逐步确立了保障人权的观念以及刑罚制度改革逐渐与国际化趋势相协调；而且包括局部修改完善刑法典的模式基本成熟，即确立了以刑法修正案为主并辅之以刑法立法解释的方式。刑法修正案开创了刑法修改

① 赵秉志．当代中国刑法体系的形成与完善．河南大学学报，2010（6）；赵秉志，阴建峰，等．中国刑法的修改完善论纲//赵秉志．刑法论丛：2012年第4卷．北京：法律出版社，2013.

② 赵秉志，商浩文．论劳动教养制度的废止与刑法调整．法律科学，2015（3）.

③ 赵秉志．当代中国刑法体系的形成与完善．河南大学学报，2010（6）；赵秉志，阴建峰，等．中国刑法的修改完善论纲//赵秉志．刑法论丛：2012年第4卷．北京：法律出版社，2013.

的崭新模式，这种修法方式不仅具有灵活、及时、针对性强、立法程序相对简便的优点，而且一经通过即被纳入刑法典之中，既促进了立法的协调完善，又便于司法中对立法的正确理解和适用。刑法立法解释是国家立法机关可以借此明确刑法规范之含义、促进刑事法治的重要途径。今后我国刑法的局部修改、补充和完善，主要应限于采用刑法修正案和刑法立法解释两种方式，而摈弃单行刑法的方式，附属刑法也宜仅限于呼应刑法典或刑法修正案的方式。但要严格区分和准确选用刑法修正案与刑法立法解释；还要认真贯彻刑法基本原则和基本原理对这两种方式的要求，提高其内容的科学性和语言的准确性、明确性；并且要注意改变以往的刑法修正案仅关注刑法分则规范的倾向，根据需要创制刑法总则方面的刑法修正案，以促进刑法基本规则和制度的发展完善。

关于刑法典的编纂和全面系统修订。首先，国家立法机关要适时地进行刑法典的编纂工作，吸纳已颁行的刑法修正案，并将刑法立法解释文件编附在相应刑法条文之后，以方便刑法的适用、研究和宣传。其次，在适当的时机，国家立法机关可以考虑将全面系统修改刑法典提上立法工作的日程，以修订出更加科学、完备因而具有更长久适应性的刑法典。①

以上侧重从几个宏观方面简述了本人关于我国刑法立法及其改革完善的观点与建言。此外，在本人所主持的有关刑法修改完善的专项研究中，就我国刑法的修改完善提出了包括一般问题、总则问题和分则问题在内的系统性修法建议并有所论证②；本人所发表的其他多篇相关论文，也论及了刑法立法及其改革的诸多问题。篇幅所限，不再一一述及。

---

① 赵秉志. 积极促进刑法立法的改革与完善——纪念 1997 年刑法典颁行十周年感言. 法学，2007 (9)；赵秉志. 改革开放 30 年我国刑法建设的成就与展望. 北京师范大学学报（哲学社会科学版），2009 (2)；赵秉志，王俊平. 改革开放三十年的我国刑法立法//赵秉志. 刑事法治发展研究报告（2007—2008 年卷）. 北京：中国人民公安大学出版社，2009：64-68；赵秉志. 当代中国刑法体系的形成与完善. 河南大学学报，2010 (6).

② 赵秉志，阴建峰，等. 中国刑法的修改完善论纲//赵秉志. 刑法论丛：2012 年第 4 卷. 北京：法律出版社，2013.



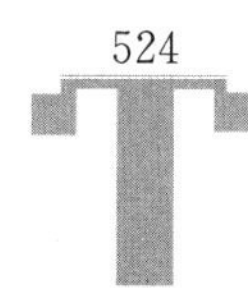

## 四、犯罪主体及其刑事责任问题

### (一) 概述

中国刑法中的犯罪主体，是指实施危害社会行为并依法应负刑事责任的人。犯罪主体是犯罪构成必须具备的要件之一，对于定罪量刑具有重要的意义。犯罪主体理论也是我国刑法学基础理论中的一个重要领域。在 20 世纪 80 年代，由于我国刑法学基础理论的研究还不够繁荣和发达，加之一般认为犯罪主体就是刑事责任年龄和刑事责任问题，内容并不复杂且难度也不大，而犯罪主体领域的拓展研究还需涉及犯罪学、司法精神病学、刑事执行法学、刑事诉讼法学、哲学、心理学、社会学等多门学科的有关原理和知识，有较大的挑战性，因而当时对于犯罪主体的专题研究尚未引起重视，相关理论比较薄弱。①从全国刑法学界的重点关注问题看，直至新世纪的前十年，犯罪主体领域的未成年人犯罪问题和单位犯罪问题，才分别成为 2004 年和 2007 年全国刑法学术年会的议题之一。②

本人在师从高铭暄教授攻读法学硕士学位之后，1985—1987 年又在高铭暄教授指导下继续攻读法学博士学位，作为新中国首届刑法学专业的博士研究生，本人当时意气风发，不畏艰难，选择了犯罪主体问题作为博士学位论文的选题，志在拓展此一领域的研究，填补犯罪主体领域专题研究和专著方面的空白。在博士学位论文研究和写作的过程中，我开始发表关于犯罪主体领域的论文。1987 年年底完成的博士学位论文《犯罪主体论》约 38 万字，于 1988 年 3 月通过答

---

① 正如高铭暄教授当时所指出，这个专题的研究在现代各国刑法理论中都还不甚发达，在较为年轻的新中国刑法理论中更是相当薄弱，尚未得到必要的开拓，有分量的专论不多，专著尚付阙如。这种状况不能不说是刑法理论研究方面的一大缺憾。高铭暄. 努力开拓和繁荣我国刑法学研究——《犯罪主体论》评介. 法学杂志，1989 (5).

② "未成年人犯罪"是 2004 年全国刑法学术年会的五个实务议题之一；"单位犯罪基本理论研究"是 2007 年全国刑法学术年会的理论议题。

辩，获得由全国权威刑法学家组成的博士论文答辩委员会的高度评价[①]，《法制日报》对这次答辩也作了报道。在1987年至1989年间，本人集中在犯罪主体领域发表了20余篇论文，其中有3篇刊载于权威期刊《中国法学》和《法学研究》。我的博士学位论文经过修订，以《犯罪主体论》为书名，于1989年由中国人民大学出版社作为“博士论文文库”首批入选著作出版。该书是我国刑法学犯罪主体领域的第一本学术专著，问世后几年间先后获得多个奖项。[②] 其后，本人对犯罪主体领域一直保持关注，并对其中某些问题有进一步的研究，在20世纪90年代以后又陆续发表相关论文和文章20余篇，主编出版了关于单位犯罪方面的一本专著[③]；尤其是承蒙国家对于未成年人犯罪问题研究的鼎力支持，本人在近年来得以作为首席专家主持和完成了教育部重大攻关项目“未成年人犯罪问题研究”，并主编了项目成果中的未成年人犯罪之刑法问题的专著。[④] 可以说，犯罪主体问题是本人在刑法基本理论研究方面的专长领域之一，尤其是我在青年时代主攻的一个领域，本人在这一领域的研究提出了一些新的见解，并对一些问题有所拓展和深化。

### （二）犯罪主体的概念和共同要件

#### 1. 犯罪主体的概念

在20世纪80年代晚期本人撰写博士论文时，我国刑法理论上对犯罪主体的

---

① 该答辩委员会由高铭暄、马克昌、王作富、杨春洗、樊凤林五位著名刑法教授组成，由杨春洗教授担任答辩委员会主席。

② 赵秉志著《犯罪主体论》（中国人民大学出版社1989年9月版）于1991年10月获得光明日报社“光明杯优秀哲学社会科学学术著作”三等奖；1992年10月获得国家教育委员会“高等学校出版社优秀学术专著”特等奖；1994年6月获得中国人民大学优秀科研成果荣誉奖；1995年12月获得国家教育委员会“全国高等学校人文社会科学优秀成果”二等奖。

③ 赵秉志. 单位犯罪比较研究. 北京：法律出版社，2004. 该书为本人任总主编的国家人文社科重点研究基地重大项目“当代新型犯罪比较研究”成果十卷本的第1卷，该十卷本系列专著2006年获得北京市第九届哲学社会科学优秀成果二等奖。

④ “未成年人犯罪问题研究”为教育部重大攻关项目（项目批准号：06JZD0010），北京师范大学刑事法律科学研究院为承担单位，赵秉志为首席专家。该项目成果包括犯罪学、刑事政策学、刑法、刑事诉讼法、刑事执行法学等五卷书籍，由赵秉志任总主编。刑法方面的专著为赵秉志主编：《未成年人犯罪刑事实体法问题研究》，北京师范大学出版社2014年版。

概念已有多种表述。本人认为，犯罪主体的概念应当既能把犯罪主体与其他主体相区别，又能把犯罪主体与犯罪构成的其他要件相区别。我国刑法中的犯罪主体[①]，是指具备刑事责任能力、实施犯罪行为并且依法应负刑事责任的自然人。这一概念中的几项内涵，对犯罪主体的外延起着逐步限制、层层明确的作用：首先，犯罪主体必须是自然人，自然人以外的动物、物品、自然现象等等，都不能纳入犯罪主体的范畴；其次，犯罪主体应当是具备刑事责任能力的自然人，因年龄、精神状况等因素而不具备刑事责任能力的人不是刑法中的犯罪主体；再次，犯罪主体必须是实施犯罪行为即严重危害行为的自然人；最后，犯罪主体必须是依照刑法规范应负刑事责任的自然人。[②]

2. 犯罪主体的共同要件暨年龄与刑事责任能力的关系

犯罪主体的共同要件，也即一般犯罪主体必须具备的条件或特征。当时我国刑法学理论沿用苏联学界的观点，认为一般犯罪主体的要件有三个：其一，必须是自然人；其二，自然人必须达到刑事责任年龄；其三，自然人必须具备刑事责任能力。本人经研究提出一般犯罪主体的要件应当是两个而不是三个：一为自然人，二为具备刑事责任能力，即犯罪主体必须是具备刑事责任能力的自然人。至于刑事责任年龄则不是与刑事责任能力并列的犯罪主体的要件，把刑事责任年龄作为与刑事责任能力并列的要件是不符合二者之间的逻辑关系的，年龄是与精神状况等并列来影响和决定刑事责任能力具备与否的一个因素。年龄与刑事责任能力的关系就在于，达到一定年龄，是自然具备刑事责任能力而可以作为犯罪主体的一个重要的前提条件和外部标志。[③] 本人关于一般犯罪主体的要件及刑事责任年龄与刑事责任能力关系的观点，逐渐为我国刑法理论的通说所采纳。[④]

---

① 指当时的现行刑法即 1979 年刑法典。

② 赵秉志. 犯罪主体论. 北京：中国人民大学出版社，1989：5-11.

③ 同②10，30-31，63-64.

④ 高铭暄. 刑法学原理：第 1 卷. 北京：中国人民大学出版社，1993：618-619，636；王作富. 刑法. 北京：中国人民大学出版社，1999：68-73；高铭暄，马克昌. 刑法学. 8 版. 北京：北京大学出版社，高等教育出版社，2017：83-90；等等。

（三）犯罪主体的地位问题

我国刑法理论界的主流观点认为犯罪主体是犯罪构成的四大要件之一。但也有少数学者否定犯罪主体作为犯罪构成要件的地位。本人认为，犯罪主体作为犯罪构成要件之一是不容否定也否定不了的。

不仅如此，本人还进一步主张，犯罪主体（而非犯罪客观方面）乃是犯罪构成诸要件中的第一要件。主要理由在于：首先，从犯罪主体要件与犯罪构成其他三要件（客观要件、客体要件、主观要件）各自的关系看，犯罪主体要件是其他三要件存在的前提和基础，若犯罪主体要件不存在，便没有其他三要件的存在，这样也就没有了犯罪构成整体的存在。其次，从犯罪构成内部四要件在决定犯罪时的逻辑顺序看，犯罪主体要件处于首位。犯罪构成四要件在实际犯罪中发生作用而决定犯罪成立的实际逻辑顺序是“犯罪主体一犯罪主观方面一犯罪客观方面一犯罪客体”，可见犯罪主体与其他要件相比处于第一位。再次，犯罪主体要件是主客观相统一的定罪原则赖以建立的基础。主客观相统一的定罪原则是犯罪构成的核心，该原则是以犯罪主体要件为前提条件的，没有行为人，便谈不到犯罪人的主客观要件及其统一问题；行为人不符合犯罪主体条件，也不可能有主客观要件的统一。①

（四）犯罪主体对刑事责任的影响

本人较早系统地探讨了犯罪主体对刑事责任的影响问题，认为犯罪主体对刑事责任的确定和解决都具有重要意义。

1. 犯罪主体对刑事责任确定的意义

首先，犯罪主体决定和影响刑事责任的存在。犯罪主体作为犯罪构成必备要件及主客观相统一的定罪原则之基础的地位，决定了犯罪主体要件对于犯罪的成立与否及某些犯罪的性质具有一定的决定和影响作用；通过对定罪的作用，犯罪主体进而对刑事责任的存在与否具有重要的决定和影响作用。

其次，犯罪主体影响刑事责任的程度。犯罪主体要件的事实影响刑事责任的

---

① 赵秉志. 论犯罪主体在犯罪构成中的地位和作用. 法律学习与研究，1989（4）.



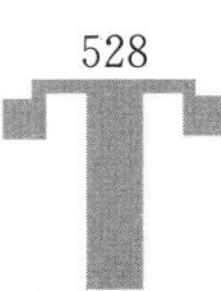

存在并且在相当程度上影响刑事责任的大小，犯罪主体要件以外的属于主体范畴即行为人范畴的一些法定的和酌定的事实，由于在一定程度上对犯罪案件的危害程度有影响，因而也影响到刑事责任的程度并进而对刑罚的适用具有相当重要的意义：（1）犯罪主体刑事责任能力的不完备程度，对犯罪的刑事责任程度有重要的影响；（2）某些犯罪主体的特定身份对刑事责任程度有一定的影响；（3）犯罪主体范畴的其他说明犯罪主体的情况，对刑事责任程度也有一定的影响。①

2. 犯罪主体对刑事责任解决的意义

犯罪主体对刑事责任的实现方式即定罪判刑方式（这是解决刑事责任的基本且最重要的方式）具有重要影响作用。从犯罪主体角度而言，采用这种方式解决刑事责任的，必须是根据其年龄和精神状况在实施危害行为时具有刑事责任能力的人，而且必须是在追究、确定和承担刑事责任过程中具有刑事责任能力的人。只有符合这样条件的犯罪主体，才能够通过对其定罪判刑和执行刑罚使刑事责任得到实际的实现。

（1）犯罪主体对刑罚目的的实现具有重要意义。因为从特殊预防而言，行为人只有具备刑事责任能力，才能理解自己行为的性质和意义，才能感受到刑罚的威慑力，对其适用刑罚才能达到预防其再犯罪的目的；而从一般预防角度来考虑，刑罚的对象只能是有责任能力的行为人，且只有适用刑罚的轻重与主体的责任程度相适应，这样的刑罚才能得到人民群众的理解和支持，从而才有可能发挥刑罚的一般预防作用。

（2）犯罪主体因素通过影响刑事责任程度进而对刑罚立法和刑罚裁量具有重要影响。这主要表现在：因犯罪主体情况的影响而从宽适用刑罚、从严适用刑罚、限制刑种适用，或者犯罪主体情况成为确定犯罪危害程度和刑罚适用轻重时应考虑的情节；犯罪主体对刑罚执行有一定影响。②

---

① 赵秉志. 犯罪主体论. 北京：中国人民大学出版社，1989：41-52.

② 赵秉志. 略论犯罪主体对刑事责任实现的意义. 政法学刊，1988（2）；赵秉志. 犯罪主体论. 北京：中国人民大学出版社，1989：53-62.

犯罪主体对刑事责任的其他三种解决方式（定罪免罚方式、刑事责任消灭方式以及刑事责任转移处理方式）的选择和确定也具有一定的意义。[①]

（五）未成年年龄对刑事责任的影响

1. 我国刑法中的最低刑事责任年龄应否降低

早在 20 世纪 80 年代中期，针对实践中时有发生的不满 14 周岁的未成年人实施严重危害行为的情况，理论上和实务中就曾产生过将我国刑法中的已满 14 岁的最低刑事责任年龄降低为已满 12 岁或 13 岁的主张。

本人当时认为，刑法中的最低刑事责任年龄规定直接关系到不负刑事责任和负刑事责任的年龄范围，并反映出一个国家的刑法对待少年儿童危害行为的立法精神及刑罚目的，我国刑法中已满 14 周岁的最低刑事责任年龄的规定不宜降低，主要理由在于：（1）基于刑事责任能力和刑罚目的对最低刑事责任年龄的要求；（2）基于我国处理少年儿童危害行为一贯的刑事政策；（3）基于刑法基本制度相对稳定的要求；（4）基于对现代各国刑法及国际刑法规范对待最低刑事责任年龄的通例及其发展趋势的借鉴。因此，降低刑事责任年龄的主张并不科学，不是我国刑法的发展完善方向。对未达最低刑事责任年龄的未成年人实施严重危害行为的正确对策，不是降低刑事责任年龄，而是综合治理及完善保护、教育措施。[②] 进而言之，在刑法立法上，还应当考虑对不满 14 周岁为绝对不负刑事责任年龄作出明文规定。[③]

在近年来未成年人恶性犯罪低龄化现象受到关注及一些方面降低刑事责任年龄的呼声高涨的背景下，全国人大常委会 2020 年 12 月通过的《刑法修正案（十一）》第 1 条附条件地将最低刑事责任年龄由年满 14 周岁降低为年满 12 周岁，但在立法过程中对此问题的争议很大，立法修改后对于降低刑事责任年龄的必要性及合理性依然存疑。[④] 本人在参与《刑法修正案（十一）（草案）》研拟过程中曾鲜明地表示不赞同降低最低刑事责任年龄，认为这不是解决当前我国未成年人

① 赵秉志. 犯罪主体论. 北京：中国人民大学出版社，1989：53-54.

② 赵秉志. 我国刑法中的最低刑事责任年龄不应降低. 政治与法律，1988（1）.

③ 赵秉志. 犯罪主体论. 北京：中国人民大学出版社，1989：392-393.

④ 赵秉志.《刑法修正案（十一）》理解与适用. 北京：中国人民大学出版社，2021：34-39.

犯罪低龄化挑战的根本措施和有效办法，且与联合国的主张及国际社会的普遍做法不符，也与我国人权保障的法治精神及治理未成年人违法犯罪的一贯政策方针相悖。① 后来在《刑法修正案（十一）（草案二审稿）》已拟定降低刑事责任年龄的修法方案的情况下②，基于此一立法的现实与趋势，本人表示该修法方案虽降低了刑事责任年龄，但在实体和程序方面都作了严格限制，涉及面不会太宽，这样付诸实践也不失为对此年龄段未成年人的惩罚与教育挽救相结合。③

2. 处理未成年人犯罪的刑事责任原则

在博士学位论文《犯罪主体论》中，本人认为，根据 1979 年刑法典的规定，我国处理未成年人犯罪的刑事责任原则有两条：一是不适用死刑的原则，二是从宽处罚的原则。④ 在后来的研究中，本人提出，还有两个原则也应作为解决未成年人犯罪刑事责任的基本原则：一是相称原则，即对未成年犯罪人的处罚，既要考虑到未成年犯罪人的犯罪行为的严重程度和给社会造成的危害，又要考虑到行为人之未成年的具体情况，诸如年龄、智力、受社会不良因素的影响、社会责任等，要使刑罚适用与未成年人的相关情况相称，充分体现对未成年犯的刑罚个别化。二是双向保护原则，即在对未成年犯罪人追究刑事责任和适用刑罚时，既要注重对未成年人的保护，又要注意保护社会利益。⑤

下面侧重介述关于未成年人犯罪不适用死刑和从宽处罚两项原则的观点。

（1）对未成年犯罪人不适用死刑的原则。

其一，对已满 14 岁不满 16 岁而构成 1979 年刑法典第 14 条第 2 款所规定之罪的未成年人，不管其犯罪的危害程度多么严重，都一概不能适用死刑（包括死刑立即执行和缓期 2 年执行）。

---

① 赵秉志. 关于《拟新增相关犯罪的初步方案》的意见（2020 年 9 月 3 日）。

② 《刑法修正案（十一）（草案二审稿）》第 1 条中规定："已满十二周岁不满十四周岁的人，犯故意杀人、故意伤害罪，致人死亡，情节恶劣的，经最高人民检察院核准，应当负刑事责任。"

③ 赵秉志. 关于《刑法修正案（十一）（草案二审稿）》的完善建言（2020 年 11 月 2 日）。

④ 赵秉志. 犯罪主体论. 北京：中国人民大学出版社，1989：126.

⑤ 赵秉志. 未成年人犯罪的刑事责任问题研究. 山东公安专科学校学报，2001（2-3）.

其二，对已满 16 岁不满 18 岁的未成年犯罪人，在绝大多数情况下也不能适用死刑，但是依法（指 1979 年刑法典）“如果所犯罪行特别严重，可以判处死刑缓期二年执行”。所谓“罪行特别严重”，实践中一般掌握为杀死多人的、抢劫杀人的、强奸并杀人灭口的、强奸多人情节严重的、以非常残酷的方法实施杀人或强奸犯罪且后果严重的，等等。所谓“可以”判处死缓，是一种倾向性的要求，即在所犯罪行特别严重时，一般要判处死缓，但也允许综合具体案情，在特殊情况下不判处死缓，而判处无期徒刑或长期徒刑。

其三，关于跨未成年年龄段的死刑适用，要严格掌握，不能仅仅或者主要根据行为人未成年时所犯的严重罪行而对其适用死刑。①

（2）对未成年人犯罪从宽处罚的原则。

怎样理解 1979 年刑法典第 14 条第 3 款对未成年人犯罪应当从轻或者减轻处罚的规定？所谓“应当”，是命令性规定，不许可有例外；所谓“从轻”处罚，就是在法定刑幅度内比没有未成年这个情节的成年人犯罪所应判处的刑罚适当轻一些，而且应理解为应当在具体犯罪内每一罪刑单位的法定刑幅度内从轻；所谓“减轻”处罚，是指低于法定刑的最低刑判处刑罚，既可以是同一刑种内不同刑度的减轻，也可以是减为法定刑内没有的另一种更轻的刑种。正确适用对未成年人犯罪从宽处罚的原则，应特别注意把握几点。

其一，未成年犯罪人年龄的差别。从责任能力的角度、刑罚目的的要求和有关立法的精神来看，对未成年犯罪人的量刑，在坚持一概适用从宽处罚的前提下，具体选择从轻还是减轻处罚及其幅度时，未成年犯罪人的年龄差别即接近成年年龄的距离，无疑是应当考虑的一个重要因素。为正确体现未成年犯罪人的年龄差别对其刑罚轻重的影响，一是要把已满 14 岁不满 16 岁的低年龄段与已满 16 岁不满 18 岁的高年龄段区别开来，适用从宽处罚的不同程度应当与两个年龄段未成年人的年龄差别成正比；二是在未成年的低年龄段和高年龄段各自的内部，从宽处罚的不同程度也要适当体现年龄差别的影响。

---

① 赵秉志．论我国刑法中对未成年人不适用死刑的原则．法学学刊，1987（4）．

其二，未成年人从宽处罚情节与其他从严或从宽处罚情节并存的情况。未成年人犯罪案件同时具备其他一种甚至多种从宽处罚情节，而不具备或基本不具备其他从严处罚情节的，即使多种情节中没有只能减轻处罚的情节，也应当尽量地予以减轻处罚；如果未成年人犯罪案件同时存在其他从严处罚情节，对其量刑应当适当重一些，但也应当较相同相近的成年人犯罪案件适当轻一些；如果同时还并存其他宽严情节，应当综合全案情节，按照罪责刑相适应原则和刑罚目的的要求决定量刑，但也应当轻于同样的成年人犯罪案件。此外，在共同犯罪案件中对未成年人的处罚，应特别注意把未成年情节和主犯、从犯、胁从犯等各种宽严情节结合考虑，尽量适当地予以从宽处罚。

其三，未成年人犯罪跨责任年龄的刑事责任问题。应视不同情况区别对待，充分体现对未成年人犯罪从宽处罚的原则：一是对于行为人已满 14 岁不满 16 岁期间实施 1979 年刑法典第 14 条第 2 款所规定的严重犯罪的，应与其满 16 岁后的犯罪一并追究责任；如果实施的危害行为不在 1979 年刑法典第 14 条第 2 款所规定的范围内，即使其满 16 岁前后实施的危害行为性质相同，也只能追究其满 16 岁后实施的危害行为的刑事责任。二是对于满 16 岁者在满 18 岁前后实施犯罪的刑事责任，不得将前后罪笼统相加作为判处死刑的依据，除对已满 16 岁不满 18 岁期间实施的犯罪依法可判处死缓的情况外，对行为人满 18 岁前后的犯罪，应作如下处理：满 18 岁前后实施的是同种犯罪的，如果主要犯罪是在不满 18 岁时实施的，对全案仍应适用从宽处罚未成年人犯罪的原则；如果主要犯罪是在满 18 岁后实施的，对次要罪行仍应适用从宽处罚未成年人犯罪的原则；如果满 18 岁前后实施的犯罪难分主次的，可对全案考虑较成年人犯罪适当从轻处罚；满 18 岁前后实施的是不同性质的犯罪的，对满 18 岁前的犯罪之量刑应适用从宽处罚未成年人犯罪的原则。①

其四，在刑罚制度及刑种（死刑除外）适用方面贯彻对未成年人犯罪的从宽处罚，应当注意几点特殊处遇：一是应尽量适用缓刑；二是应注意适用免刑处

① 赵秉志．论我国刑法中对未成年人犯罪从宽处罚的原则．政法论坛，1989（1）．

理；三是一般不宜科处罚金、没收财产或剥夺政治权利，必须科处这几种刑罚时在数额或刑期上也应从宽掌握；四是应当严格限制无期徒刑的适用。[①] 关于无期徒刑，后来本人在研究中指出，如果严格理解与贯彻罪刑法定原则和对未成年人犯罪一律从宽处罚的原则，对未成年人犯罪实际上没有适用无期徒刑的余地。因为依法对未成年人犯罪一律不适用死刑，即刑法分则各种犯罪对未成年人的法定最高刑只能是无期徒刑；而依法对未成年人犯罪应当一律从轻或者减轻处罚，无期徒刑因为没有幅度而无法从轻，这样就只能适用减轻处罚，即对未成年犯罪人就只能减轻为低于无期徒刑的刑种刑度处罚了。[②]

3. 关于完善未成年人犯罪刑事责任制度的建言

针对1979年刑法典和1997年新刑法典中关于未成年人犯罪刑事责任的相关规定，本人先后提出了若干完善建议。

（1）明确规定不满14周岁者不负刑事责任。我国两部刑法典虽然都规定了已满14岁（周岁）才开始负刑事责任，但并无不满14周岁不负刑事责任的明文规定。无论是从立法科学性还是从立法技术性要求考虑，都应在条文中对此予以明文规定。有了这一明文规定，就在立法上杜绝了实践中错误追究未达最低刑事责任年龄者刑事责任的可能，也使绝对无责任年龄、相对负责任年龄和完全负责任年龄的规定齐全对应、科学严谨。

（2）明确规定有关刑种的限制使用。我国刑法中所规定的刑种及其适用条件，除死刑外，并无成年人与未成年人犯罪时适用上的不同。从完善的角度讲，在刑种上可以考虑补充规定：限定对未成年犯罪人适用有期徒刑的最高刑期，使之较对成年犯罪人适用的有期徒刑最高刑期低一些；禁止或原则上禁止对未成年犯罪人适用罚金刑和没收财产刑；禁止对未成年犯罪人单独适用剥夺政治权利，并限制附加剥夺政治权利的适用；严格限制且最好禁止对未成年犯罪人适用无期徒刑，等等。

---

① 赵秉志. 论我国刑法中对未成年人犯罪从宽处罚的原则. 政法论坛，1989（1）.

② 赵秉志. 未成年人犯罪的刑事责任问题研究. 山东公安专科学校学报，2001（2-3）.

（3）明确规定较为宽缓的量刑制度。可考虑放宽未成年人犯罪后成立自首的条件，并明确规定未成年人犯罪后自首的应当减轻处罚；对未成年人犯罪较成年人犯罪放宽缓刑的适用条件；未成年期间两次犯罪的，或者前罪系未成年期间所犯的，不以累犯论处，等等。

（4）建立非刑罚的处理方法，除进一步完善我国刑法中已规定的几种非刑罚的处理方法外，可以考虑增设司法警告、善行保证、管教协助、保护观察处分、社区公益活动等非刑罚处理方法。

（5）在刑法典总则中设立未成年人犯罪的刑事责任专章。未成年人的刑事责任问题相当复杂，涉及多方面的刑法制度，世界上多数国家或者制定专门的未成年人刑法，或者在刑法典中设立专章加以规定，而我国刑法对此方面的规定过于简单，这种立法状况不仅与相关国际潮流不符，也不利于我国未成年人犯罪刑事政策的贯彻落实。因此，应当考虑在刑法典中设立专章，对未成年人犯罪之刑事责任所涉及的各种问题，作出详细明确的规定，为司法实践中正确解决未成年人犯罪的刑事责任提供有效的法律武器。

（6）构建未成年人犯罪前科消灭制度。与前科报告制度相配套，为消除前科对未成年犯罪人的不利影响，我国法律规定了对未成年犯罪人的前科保护制度。但是，由于犯罪标签的存在和前科报告制度的影响，这种前科保护制度基本上不能消除前科对未成年犯罪人的不利影响，并极可能导致未成年犯罪人再社会化的失败，从而使其重新走上再犯之路。因此，应构建消除未成年人犯罪记录的前科消灭制度。①

（六）老年人犯罪的刑事责任问题

老年人犯罪的刑事责任问题有其特点，各国刑法中多有从宽的特别规定，联

① 赵秉志．犯罪主体论．北京：中国人民大学出版社，1989：392-396；赵秉志．论我国刑法中对未成年人不适用死刑的原则．法学学刊，1987（4）；赵秉志．未成年人犯罪的刑事责任问题研究．山东公安专科学校学报，2001（2-3）；赵秉志，廖万里．论未成年人犯罪前科应予消灭——一个社会学角度的分析．法学论坛，2008（1）。应当指出，全国人大常委会2011年通过的《刑法修正案（八）》在从宽处理未成年人犯罪方面有明显的新进展：一是规定未成年人犯罪不构成累犯，二是对未成年人犯罪从宽适用缓刑，三是对被判处5年以下有期徒刑的未成年人免除前科报告义务。

合国有关公约中也有从宽的倡导与要求，但我国1979年刑法典和1997年新刑法典中均未有对老年人犯罪刑事责任问题的特别规定，刑法理论中长时期也没有关注老年人犯罪的刑事责任问题。

本人在20世纪80年代研究犯罪主体问题时即开始关注老年人犯罪之刑事责任的特殊问题，经研究认为，老年人犯罪，在犯罪的原因和动机、责任能力状况、犯罪的类型、承受刑罚和执行刑罚诸方面，都有着不同于普通成年人犯罪的特点，因而其刑事责任的确定和实现也有其自身的特色。为了贯彻罪责刑相适应原则和刑罚日的的需要，司法实践中对老年人犯罪及其刑事责任问题也要予以区别对待和特殊处置，在从宽处罚和刑种、刑罚制度适用上给予特别考虑。例如，尽量以管制代替拘役；尽量不适用死刑（包括不适用死缓）；尽量适用缓刑；刑罚执行中应尽可能地实行分押分管并照顾老年人的身心特点，对患重病而需要保外就医的老年罪犯应及时准许暂予监外执行；对服刑中的老年罪犯应适当放宽减刑、假释的适用。①

全国人大常委会2011年通过的《刑法修正案（八）》在老年人犯罪的刑事责任问题上取得立法突破，即在刑法典中确立了对审判时已满75周岁的老年人犯罪原则上不适用死刑、从宽处罚以及从宽适用缓刑的制度。本人在《刑法修正案（八）》通过前后对这一立法进步予以充分肯定，并提出了进一步完善的建言：（1）应当将老年人犯罪从宽处罚和不适用死刑的年龄标准降低为“已满70周岁”甚至更低；（2）对老年人犯罪的不适用死刑不应有例外；（3）应规定年满70周岁的老年人犯罪不构成累犯；（4）应放宽对老年犯罪人适用减刑、假释的条件；（5）应增设对老年犯罪人的非刑罚处置措施。②

---

① 赵秉志. 论老年人的刑事责任问题. 法律学习与研究，1988（2）.

② 赵秉志.《刑法修正案（八）（草案）》热点问题研讨//赵秉志. 刑法论丛：2010年第4卷. 北京：法律出版社，2011；赵秉志. 关注老年人犯罪应否免死问题. 法制日报，2010-10-27；赵秉志. 中国刑法改革新思考——以《刑法修正案（八）（草案）》为主要视角. 北京师范大学学报（社会科学版），2011（1）；赵秉志. 当代中国死刑改革的进展与趋势. 法学，2011（11）；赵秉志.《刑法修正案（八）》观察与思考. 刑法评论，2011（1）；赵秉志. 中国死刑制度改革前景展望.（香港）中国法律，2012（1）；赵秉志，阴建峰，等. 中国刑法的修改完善论纲//赵秉志. 刑法论丛：2012年第4卷. 北京：法律出版社，2013.

（七）精神障碍对刑事责任的影响

精神障碍是影响人的责任能力状况并进而影响其刑事责任的重要因素之一。在 20 世纪 80 年代本人研究犯罪主体问题时，精神障碍对刑事责任的影响是其中一项重要的内容。精神障碍对刑事责任的影响或者说其与刑事责任的关系，从法律、实务与理论的结合上看，可以大体区分为完全无刑事责任的精神障碍人、完全负刑事责任的精神障碍人和限制刑事责任的精神障碍人三类。

1. 完全无刑事责任的精神障碍人

1979 年刑法典第 15 条第 1 款的规定，就是当时我国刑法认定和处理完全无刑事责任的精神障碍人危害行为的规范。该规范关于精神障碍人无责任能力的认定标准，与现代多国刑法的规定一致，即采用的是医学标准与心理学（法学）标准相结合的模式，在心理学（法学）标准上采纳的是丧失辨认能力或者控制能力的择一说。医学标准是指从医学上看，行为人是基于精神病理的作用而实施了刑法所禁止的危害社会行为的精神病人；心理学（法学）标准是指从心理学（法学）上看，患有精神病的危害行为实施者由于精神病理的作用，在其实施行为时丧失了辨认或者控制自己触犯刑法之行为的能力。

无责任能力的精神病人不负刑事责任的法律根据在于：首先，行为人由于不具备责任能力而缺乏犯罪主体要件，进而不具备犯罪主观要件，因而不符合主客观相统一的犯罪构成；其次，由于行为人不具备责任能力和主观罪过，因而对其适用刑罚达不到刑罚目的。司法实践中正确贯彻无责任能力的精神病人不负刑事责任的法律原则，既要坚决反对追究无责任能力的精神病人刑事责任的客观归罪错误倾向，又要力戒“有病无罪论”的错误偏向。①

此外，我国刑法典中关于“精神病”的规定过于概括，影响准确界定和法律适用。建议予以适当具体化的修改，指明包括慢性精神病、暂时性精神失常、痴呆症等。②

① 赵秉志．犯罪主体论．北京：中国人民大学出版社，1989：179-189.

② 赵秉志．关于完善精神障碍人和生理醉酒人刑事责任立法的建议．浙江法学，1989（2）.


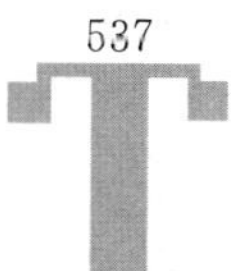

2. 完全负刑事责任的精神障碍人

依据我国刑法规定和司法精神病鉴定实践及司法实务经验，因责任能力完备而应完全负刑事责任的精神障碍人有两类：一是精神正常时期的“间歇性精神病人”。“间歇性精神病”是指具有间歇发作特点的精神病，包括精神分裂症、躁狂症、抑郁症、癫痫性精神病、周期精神病、分裂情感性精神病、癔症性精神病等。二是大多数非精神病性精神障碍人。非精神病性精神障碍的主要种类有各种类型的神经官能症、各种人格障碍式变态人格、性变态、生理性醉酒、轻微精神发育不全等。[①]

此外，由于“间歇性精神病”的用语并非我国临床精神医学和司法精神病学的规范用语，难免给司法精神病学鉴定和司法实务造成困扰，因而相关刑法立法似也有必要考虑予以规范化的修改。[②]

3. 限制刑事责任的精神障碍人

我国1979年刑法典第15条对精神障碍人及其刑事责任采取两分法，即完全无责任能力而不负刑事责任的实施危害行为的精神病人和责任能力完备而完全负刑事责任的精神正常时期实施危害行为的“间歇性精神病人”。1997年新刑法典第18条对精神障碍人及其刑事责任采取三分法，即在1979年刑法典两分法的基础上，以该条第3款增设了限制刑事责任的精神障碍人之规定：“尚未完全丧失辨认或者控制自己行为能力的精神病人犯罪的，应当负刑事责任，但是可以从轻或者减轻处罚。”这是一个进步的修法。

在1979年刑法典的立法背景下，本人指出，从我国司法精神病学鉴定理论与实践和司法实践看，责任能力有所减弱的精神障碍人是客观存在的，对此种限制责任能力的精神障碍人的危害行为应追究其刑事责任，但应减轻其刑事责任和从宽处罚，这是有充分理由的：（1）符合责任能力与刑事责任及刑罚的关系；（2）符合刑罚目的的要求；（3）符合我国司法实践的经验；（4）与我国刑法

① 赵秉志．犯罪主体论．北京：中国人民大学出版社，1989：189-192.

② 同①398.

中对其他限制责任能力人犯罪的处罚原则相协调；(5) 符合现代多数国家的刑法立法通例。因此，我国刑法中应当补充规定限制责任能力的精神障碍人犯罪的刑事责任条款，规定对此种人犯罪应从宽（从轻、减轻或者免除）处罚。[①]

4. 精神障碍与司法实务

除上述三类精神障碍人及其刑事责任问题外，本人当年还探讨了司法实务中精神障碍人刑事责任能力的判定及精神障碍对刑事诉讼和刑罚执行的影响问题。

关于精神障碍人刑事责任能力的判定，应当经过司法精神病学鉴定和司法判定两个步骤：司法精神病学鉴定结论应当包含临床精神病学的诊断和司法精神病学的诊断与归类，并提出被鉴定人行为时有无责任能力以及当下有无诉讼能力、刑罚适应能力的意见，此一鉴定结论是提供给司法机关作司法判定的证据材料；而司法机关的司法判定要以医学和法学相结合的标准审查司法精神病学鉴定结论，并结合案情进行审查，经过庭审查证属实，方可作为定案的根据。[②]

关于精神障碍对刑事诉讼和刑罚执行的影响问题。精神障碍不仅会对行为人行为时的刑事责任能力产生影响，而且会对行为人的应诉能力和刑罚适应能力产生影响，并进而影响其刑事诉讼和刑罚执行。(1) 应诉能力也称受审能力，是指行为人能够正常参与刑事诉讼并且有承担诉讼义务和行使诉讼权利的能力。行为人在诉讼过程中因精神障碍丧失应诉能力的，应当中止诉讼，待其应诉能力恢复后再继续刑事诉讼。(2) 刑罚适应能力亦称服刑能力，是指行为人对被判处刑罚和执行刑罚能正常理解和承受的能力。行为人因精神障碍丧失对自由刑的服刑能力的，不得在监狱、劳改场所关押执行刑罚，而应予以监外执行和医疗；对完全丧失刑罚适应能力的死刑犯，应当暂时停止执行死刑并予以强制性精神医疗，待其恢复刑罚适应能力后再执行死刑。[③] 从现代法治的科学、完善、人道维度考虑，可以在刑事立法上补充规定，对有责任能力者在刑事诉讼中因患精神病而丧

① 赵秉志. 犯罪主体论. 北京：中国人民大学出版社，1989：192-196，397-398.

② 同①196-201.

③ 赵秉志. 论精神障碍对刑事诉讼和刑罚执行的影响. 政法论丛，1989 (1).

失应诉能力的，应当中止诉讼；对犯罪后或服刑中因精神病而丧失应诉能力或服刑能力的行为人，应补充规定可采取强制医疗措施。[①]

（八）醉酒对刑事责任的影响

醉酒人犯罪是司法实务中常见但亦有其特殊性的犯罪情况。在20世纪80年代相关研究尚缺乏的情况下，本人对醉酒人（主要包括生理醉酒和病理性醉酒两类情况）犯罪之刑事责任问题进行了有一定开拓性和深度的研讨。

1. 生理醉酒人犯罪的刑事责任问题

生理醉酒（又称普通醉酒、单纯性醉酒，简称醉酒）是通常最多见的一种急性酒精中毒，多发生于一次性大量饮酒后，指因饮酒过量而致精神过度兴奋甚至神志不清的情况。生理醉酒的发生及其表现，与血液中酒精浓度及个体对酒精的耐受力关系密切。在生理醉酒状态下，人的生理、心理和精神变化大致可分为兴奋期、共济运动（即身体控制）失调期和昏睡期三个时期。现代精神医学和司法精神病学认为，生理醉酒不是精神病。实践表明，在生理醉酒的上述前两个时期，醉酒者对作为或不作为方式的危害行为均有能力实施，而且一般容易实施作为方式的危害行为，较为常见的如冲动性侵犯他人人身的杀、伤行为和非法的性行为等；在第三个时期，作为方式与不作为方式的危害行为仍可以实施，但因为醉酒者往往昏睡，因而较少有能力实施作为方式的危害行为。

我国刑法把生理醉酒人与精神病人明确加以区分，规定醉酒的人（即生理醉酒人）犯罪应当负刑事责任。生理醉酒人实施危害行为应当负刑事责任的主要根据在于：其一，精神医学和司法精神病学证明，生理醉酒人的辨认和控制行为能力只是有所减弱，但并未完全丧失，不属于无刑事责任能力人；其二，生理醉酒人在醉酒前对自己醉酒后可能实施危害行为应当预见到，甚至已有所预见，在醉酒状态下实施危害行为时具备故意或过失的犯罪主观要件；其三，醉酒陋习完全是人为的，是可以戒除的。因此，对生理醉酒人犯罪应当追究其刑事责任。

对醉酒人犯罪案件处罚时，应当注意到行为人在醉酒前有无犯罪预谋，行为

① 赵秉志. 犯罪主体论. 北京：中国人民大学出版社，1989：398-399.

人对醉酒有无故意、过失的心理态度，醉酒犯罪与行为人一贯品行的关系，以及醉酒犯罪是否发生在职务或职业活动中等不同情况，予以轻重不同的处罚，以使刑罚与犯罪的醉酒人的责任能力程度及其犯罪的危害程度相适应。

为保障和完善司法实践对醉酒犯罪进行合理、有效的惩治，我国刑事立法可考虑参照某些外国立法例，补充规定：行为人无故意亦无过失而醉酒并在醉酒状态中实施刑法所禁止的危害行为的，视其行为时责任能力系丧失还是减弱，分别认定为无责任能力或限制责任能力；应补充规定一些影响醉酒犯罪量刑轻重的情节，以利于司法实践中根据醉酒犯罪的不同危害程度而适用不同的刑罚；可以考虑在刑法分则规定中增补具有特定职务或从事特定职业者在执行职务、业务活动中的单纯醉酒即为犯罪，而无须酿成事故；刑法还应考虑补充对醉酒犯罪人在适用刑罚之外再附加适用强制医疗措施的规定。①

2. 病理性醉酒的刑事责任问题

我国刑法对病理性醉酒人实施危害行为应否负刑事责任问题未作明文规定，刑法理论中存在不同的主张。对于病理性醉酒人实施危害行为原则上不应追究其刑事责任，主要理由是：(1) 病理性醉酒属于精神病，而不属于我国刑法典中规定的“醉酒”的范畴。因为从立法原意上看，我国刑法典中关于“精神病人”“醉酒人”的规定，是以我国司法精神病学的理论与实践为基础的。立法上之“精神病”的概念，既包括慢性精神病，也包括暂时性精神病，后者就包括病理性醉酒在内。(2) 病理性醉酒人的危害行为不符合主客观相统一的犯罪构成。因为病理性醉酒人在醉酒状态下实施危害行为时，完全丧失了辨认及控制自己行为的能力，并不具备犯罪的主观要件。(3) 对实施危害行为的病理性醉酒人追究刑事责任，无法达到刑罚的目的。(4) 对病理性醉酒人的危害行为追究刑事责任，也与现代各国刑法及实践的通例不合。但这一原则并不排除病理性醉酒人应负刑事责任的特殊情况，即对故意复发病理性醉酒并危害社会者，应当追究其刑事

① 赵秉志. 关于我国生理醉酒人刑事责任问题的研讨. 法学研究，1989 (1).

责任。[①]

（九）犯罪主体的特殊身份及其对刑事责任的影响

主体要求特殊身份的犯罪称为身份犯，刑法上规定身份犯即规定犯罪主体特殊身份的目的，是借助特殊主体来界定某些犯罪及其危害程度，即从犯罪主体角度调整危害行为与刑事责任的关系，从而更加有效与合理地惩治犯罪。我国 1979 年刑法典背景下的犯罪主体特殊类型大体包括军人、公务员等八类。法律之所以把特殊身份规定为某些罪名必备的主体条件，原因就在于立法者认定具有特定身份者破坏其特定权利义务关系的行为达到了刑法所要规制的严重危害社会的程度，特定身份就成为与犯罪构成主客观要件密切关联且主客观要件赖以存在的基础条件，缺此特定身份条件即缺主体基础而无特定的犯罪构成。主体特定身份之所以影响刑罚轻重，是因为特定身份与特定的权利义务关联而影响到刑事责任程度。[②]

在特殊主体的共同犯罪问题中，关于有特定身份者与无特定身份者共同实施犯罪实行行为即同为实行犯的如何定罪颇有争议，大体有按照主犯犯罪性质定罪说、分别定罪说、依有身份者犯罪性质定罪说等主张。本人主张对此类案件原则上应依照有特定身份的实行犯的犯罪性质定罪，这样是遵循了共同犯罪的原则原理，充分承认了主体特定身份对全案性质的影响，也保证了定罪的统一，并有助于贯彻罪刑相适应原则；但在少数情况下，无身份者实施犯罪没有利用有身份者的身份或职务便利的，应当采用分别定罪的方式处理。[③]

（十）人工智能发展提出的刑法之犯罪主体问题

立足于现代人工智能迅速发展的现状与趋势，现代刑法需以正确、理性的态度应对其提出的刑法问题。近年来，本人对人工智能发展的相关刑法问题有所关注，主要是探讨了与人工智能相关的犯罪主体问题。

---

① 赵秉志．病理性醉酒人的危害行为及刑事责任．西北政法学院学报，1988（3）.

② 赵秉志．犯罪主体论．北京：中国人民大学出版社，1989：269－294.

③ 赵秉志．论主体特定身份与共同犯罪．中南政法学院学报，1989（2）.

1. 专用人工智能与通用人工智能区别对待

人工智能是利用数字计算机或者数字计算机控制的机器模拟、延伸和扩展人的智能，感知环境、获取知识并使用知识获得最佳结果的理论、方法、技术及其应用系统。① 根据应用范围的不同，人工智能可以分为专用人工智能、通用人工智能、超级人工智能三类。这三个类别也对应于人工智能的不同发展层次：专用人工智能又被称作为弱人工智能，指的是通过感知以及记忆存储来实现特定领域或者功能为主的人工智能，这种人工智能技术正处于高速发展阶段，并已经取得较为丰富的成果；通用人工智能，又称为强人工智能，是基于认知学习与决策执行的能力可实现多领域的综合智能，虽然已有的人工智能技术或研究远未达到这种水平，却是人工智能的未来发展方向；超级人工智能会在行动能力、思维能力和创造能力等方面全方位超越人类，但这还只是人类遥远的幻想。

专用人工智能与通用人工智能有着本质上的差别。由于专用人工智能没有形成类似于人类的自主意识，将其纳入刑法规制的行为主体范围不具备现实必要性，因而也就无需对以自然人为中心建立的犯罪论体系和刑罚体系进行彻底改造。刑法在现阶段应注重对围绕专用人工智能产生的刑事风险进行防控。专用人工智能最具变革性的影响，在于推进网络空间与现实空间实现全面而深入的交融。专用人工智能的内部风险极有可能是围绕海量数据与智能算法而产生的，而其外部风险则表现为对人工智能技术的滥用，以及由内部风险转化为现实危害的安全威胁。对此，刑法应坚守罪刑法定的底线和谦抑性的内在品质，加强对数据安全的保护力度，并在此基础上实现对人工智能从设计到使用的全方位调控。

对未来可能出现的通用人工智能（即通用智能机器人）可否将其作为与自然人并列的刑事责任主体？这存在较大难度。因为，其一，对犯罪人追究刑事责任的哲学根据在于行为人具有相对的意志自由，而通用智能机器人存在的根本目的是为人类服务的，其不会也不应有追求自在价值的自由意志；其二，通用智能机器人的非生命体征使其与刑法学中的各种行为理论难以兼容；其三，若承认智能

① 中国电子技术标准化研究院《人工智能标准化白皮书（2018版）》第5页。

机器人独立的刑事责任主体资格会涉及诸多司法实践难题；其四，对于智能机器人适用刑罚的合理性问题也难以解决。因此，刑法对遥远的未来也许会面临的通用人工智能机器人能否成为犯罪主体并承担刑事责任的问题应持谨慎克制的态度。[①]

2. 人工智能主体的刑法价值问题探讨

（1）技术、政策与法律：人工智能主体的刑法共识维度。

其一，人工智能的技术维度。根据技术水平和智能化程度的不同，人工智能可分为弱人工智能、强人工智能和超级人工智能。从技术与人工智能的主体地位上看，人工智能主体至少可分为两种情形：一是完全不具有独立主体地位的人工智能，包括弱人工智能和强人工智能，它们主要依赖于人类设计的程序，不能脱离人类而独立存在，必须要有人类的因素参与，因而不可能具有独立的刑法主体地位；二是可能具有独立主体地位的人工智能，主要是指超级人工智能，因强大的智能表现，其可以脱离人类而独立存在，甚至可能具有完全的自主意识，具备在法律上给予单独评价的技术基础。但这也只是一种技术可能性，能否或者是否有必要成为刑法上的独立主体，则不是一个单纯的技术问题。本文对未来人工智能是否具有自主意识这种技术可能性基本持中立立场，即不排除其可能具有自主的意识。

其二，人工智能的政策维度。政策是技术和法律的指导。人工智能的政策既会对人工智能的技术发展产生重要影响，也会对人工智能的法律主体地位产生重要影响。这里的关键是人机的责任分配问题，即在人工智能开展社会活动造成危害后果时如何将这种责任分配到人和人工智能之上，包括人工智能的设计者、制造者对人工智能行为后果的责任承担程度和范围。这种责任的划分不是一个单纯的法律问题，而要从国家发展、人工智能推广、人类社会安全等方面进行综合考量，且要有配套的制度设计。只有国家允许人工智能独立活动，且为人工智能独立承担责任提供了保障（如设立了专门的赔偿基金），人工智能才有可能具有独

① 赵秉志，詹奇玮．现实挑战与未来展望：关于人工智能的刑法学思考．暨南学报（哲学社会科学版），2019（1）．



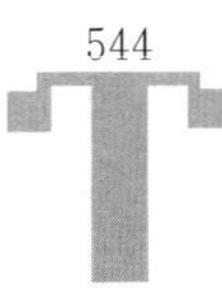

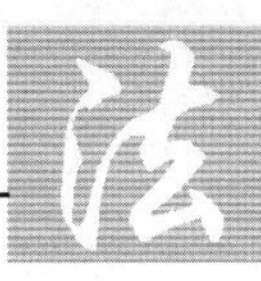

立的法律地位，进而才能探讨人工智能的独立刑法主体地位。

其三，人工智能的法律维度。对人工智能的广泛应用引发的新问题的治理，最终都离不开法律规制。人工智能的法律问题众多，核心问题体现在两个方面：一是赔付，即当人工智能造成社会损害时，由谁承担对被害方（包括个人和单位）的赔付责任？人工智能有没有独立承担赔付责任的能力，决定其能否在民事法律层面享有独立的主体地位。二是改正，即当人工智能会造成社会损害时，应该怎样进行行为纠正（谁承担这种纠正责任）？人工智能如不能进行自我行为纠正，而是需要由人工智能背后的设计者、制造者、使用者承担起纠正责任，那么人工智能就不可能成为刑法上的独立主体。只有人工智能能对自己的不当行为进行自我纠正时，人工智能才有可能成为刑法上的独立主体。不过，人工智能具有自我纠正能力不等于它就一定能成为刑法上的独立主体。这是因为，人工智能的行为纠正可能不是单一的，即既可能由超级人工智能进行自我行为的纠正，也可能由人工智能背后的设计者、制造者、使用者、维护者通过修改程序的方式强行对人工智能进行行为纠正。在这两种行为纠正方式中，如果选择后者，则人工智能也不可能取得刑法上的独立主体地位；只有选择前者，人工智能才有可能成为刑法上的主体。相比之下，后一种行为纠正方式可能更为简单、便捷、高效，往往会成为立法者的首选。换言之，即便人工智能具备成为刑法上独立主体地位的条件，赋予人工智能以刑法主体地位，也可能不会是一种优先的选择，还需要考虑不同法律之间的关系。

(2) 关系与逻辑：人工智能主体的刑法价值基础。

其一，人机关系：“人—人工智能”的互为进退。人工智能的智能化水平越高，其对人类的依赖程度就越低，人类就越有可能减少对人工智能的操控，让人工智能独立参与社会活动；反之，人工智能的智能化水平越低，其对人类的依赖程度就越高，人类就越需要操控人工智能，越不可能让人工智能独立参与社会活动。这是一种互为进退的关系。从长远看，当人工智能高度智能化后，人类将不可避免地逐步退出“人—人工智能”关系，让人工智能独立从事社会活动。这在当前的自动驾驶领域体现得较为明显。人工智能的智能化程度和人类退出人机关系的程度，将直接决定人工智能的法律地位。只有人类完全退出“人—人工智能”关系，完全允许人工智能独立开展社会活动，法律才有可能让人工智能独立承担法律责任，进而才有可能受到刑法的认可，成为刑法上的独立主体。反之，如果技术和政策都不允许人类退出“人—人工智能”关系，人工智能就不可能成为刑法上的独立主体，但这不妨碍人工智能本身在刑法上具有其他方面的独立研究价值。

其二，法际关系：刑法与非刑事法律的保障关系。在国家法律体系中，刑法与其他法律之间是一种保障与被保障的关系，刑法是其他法律的后盾法和保障法，同时也是最后的法律手段。[①] 只有当其他法律对社会矛盾的解决无力或者过于低效时，刑法才可能介入。对于人工智能而言，即便人工智能的智能化程度足够高且具备独立承担法律责任的条件，也面临着是由刑法还是由其他法律对其进行调整的问题。从刑民、刑行关系上看，只有当民事、行政等其他非刑事法律无法有效规范人工智能的活动时，才可能需要刑法的介入，才会赋予人工智能以刑法的主体地位。

其三，范畴关系：刑法基本范畴的逻辑关系。现代刑法以相对的理性人为假设前提，并围绕人的行为改变建立了相对自由意志、刑事责任能力、罪过、预防目的、刑罚等范畴，以及这些范畴之间的内在逻辑关系。其中，与人工智能相关的范畴及关系是：相对自由意志—刑事责任能力—罪过—预防目的—刑罚。这包含了两个内在的逻辑关系：一是犯罪行为发生的逻辑，即建立在相对的自由意志的哲学根基之上，行为人能在一定程度上自我决定进而具有刑事责任能力（此处侧重犯罪能力），才能产生罪过，并在罪过作用下实施犯罪行为；二是刑事处罚的逻辑，即建立在相对的自由意志的哲学根基之上，行为人具有受罚能力，能够自我改变，才能运用刑罚，促使其改变，从而实现预防犯罪的刑罚目的。人工智能要成为刑法上的独立主体，至少必须满足上述范畴的要求以及范畴之间的逻辑关系要求，否则人工智能即便有成为刑法主体的可能和必要，也难以纳入现代刑

① 高铭暄，马克昌．刑法学．10版．北京：北京大学出版社，高等教育出版社，2021：59.

法体系内进行规范。

3. 渐进多元：人工智能主体的刑法阶段价值

（1）近期价值。

第一，人工智能完全不具有独立的刑法主体价值。一方面，在技术层面，不具有独立发现问题、分析问题、解决问题和独立意识的弱人工智能完全受制于人类，在技术上不具备独立承担法律责任的能力和条件，不能成为刑法上的独立主体；另一方面，在政策层面，目前没有国家普遍地赋予人工智能独立的政策地位，不具备推动立法赋予人工智能独立主体地位的政策动力。人工智能的目前这种状况取决于人工智能的技术和政策，在今后数十年乃至数百年这种状况都可能不会发生根本性改变。

第二，人工智能发展会部分弱化人类的刑事责任。随着人工智能的技术发展，在“人—人工智能”关系中，人类的作用将逐渐弱化，对于人工智能导致的危害后果，人类的刑事责任（包括责任形态和责任程度）将逐步弱化。

（2）远期价值。

这里的远期是指未来人工智能技术足够发达，人工智能能够实现类人类、超人类的智能水平的阶段。判断这一阶段出现的根本标准是人工智能能够脱离人类，完全独立从事社会活动，甚至有可能形成完全的自主意识，具有现代意义上的自由意志。这一阶段是否会出现、多久会出现，完全是未知的，对这一阶段出现的设想反映了人类对未来超级人工智能发展的美好期许，同时也反映了人类对未来超级人工智能发展可能不受控制的担忧。

其一，超级人工智能远期的现代刑法价值。即使未来的超级人工智能会满足现代刑法的犯罪行为发生的范畴及逻辑关系，但它也无法满足刑事处罚的范畴（特别是在特殊预防目的、刑罚处罚必要性上）及逻辑关系，因而它仍然无法具备现代刑法意义上的独立刑法主体的地位。

其二，超级人工智能远期的未来刑法价值。人工智能未来能否以及何时能发展到具有完全自主意识，现在还完全不可预料，也许永远都不会出现。届时刑法的发展水平和状况如何，也难以预料。未来刑法不排除赋予具有完全自主意识的

人工智能一个独立的刑法主体地位。而未来刑法要做到这一点，需要刑法的定位由惩罚法转向保安法，刑法范式由行为范式转向人机范式，刑法与其他法律的关系由相互独立转变为高度融合。

4．人机关系的扩展：人工智能主体的当代刑法价值实现

（1）人机关系的刑法适用价值。人机关系是一种进退关系。在人机关系中，人是主导，机是辅助。这使得在人机共同导致危害后果发生时，人是责任承担的主体，机无法独立承担责任。不过，随着人工智能的技术进步，人机在相互关系中的此消彼长将更为突出，进而会影响刑事责任的判定。从刑法适用的角度看，最重要的是人机关系的刑事责任减免条件。人工智能的设计者、制造者、使用者是否应对人工智能从事活动造成的一切危害后果承担全部责任，还是应当设置一定的条件予以责任的阻隔？这是现代刑法应当重点关注的问题，该问题的解决也会反过来影响人工智能的技术进步与应用。

（2）人机关系的刑法立法价值。人工智能的技术发展现状决定了现代刑法不可能赋予人工智能独立的刑法主体地位。但弱人工智能在社会生活中作为人类的辅助，应用得越来越广泛。在人机关系中，可能存在多种违法犯罪类型，这就对刑法立法提出了新的要求。①

（十一）犯罪主体领域的其他问题

其一，关于港澳台人涉内地（大陆）犯罪的刑事责任问题。在现阶段，对我国内地（大陆）刑法而言，由于港澳地区原为被外国管制的中国领土并在回归后实行“一国两制”的历史与现实，以及台湾地区的政治和法治现状等因素，港澳台人（专指居住在港澳台地区的中国公民）涉内地（大陆）犯罪的刑事责任问题属于我国区际刑法问题，具体说来属于刑法空间效力方面的对人的效力问题，亦即刑事管辖权问题，同时也可以说是与犯罪主体相关的问题。对这一崭新的刑法问题领域，本人在20世纪80年代研究犯罪主体专题时即已关注，曾在博士论文中设专章予以开拓和研讨，从犯罪主体视角论述了现阶段（港澳地区回归前）和

① 赵秉志，袁彬．人工智能主体的刑法价值问题探讨．本文收入本文集时尚未发表。



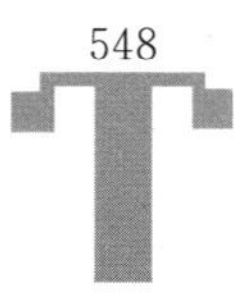

"一国两制"时期（港澳地区回归后）港澳台人涉内地（大陆）犯罪的刑事责任[①]；之后与此密切相关的中国区际刑法问题成为本人持续关注的学术领域。为节省篇幅和避免重复，关于本人在港澳台人涉内地（大陆）犯罪的刑事责任方面的观点，本专题不予展开介述，详见下面的专题九"中国区际刑法问题"。

其二，在犯罪主体领域，除上述内容外，本人还就生理功能丧失者（聋哑人和盲人）的刑事责任问题、法人犯罪（单位犯罪）及其刑事责任问题、少数民族公民犯罪的刑事责任问题等[②]，以及外国人犯罪的刑事责任问题[③]，进行过有一定深度的研究并提出了一些见解，限于篇幅，本专题未予述及。

其三，关于设立"特殊群体的刑事责任"专章的建言。除上述内容中涉及犯罪主体领域不同方面的立法完善建言外，在2011年《刑法修正案（八）》对未成年人犯罪和老年人犯罪的刑事责任问题作出立法改进之后，本人在近年来的有关研究中，还进一步提出了关于设立"特殊群体的刑事责任"专章的构想与建议，认为我国现有的关于未成年人、孕妇、老年人等特殊群体从宽处遇的刑法立法内容分散、对象有限、从宽制度不成体系、从宽力度不够、对未成年人犯罪欠缺刑罚消灭制度，有待于进一步完善和强化。为构筑一个科学、完善的特殊群体从宽制度，我国应当完善特殊群体从宽制度的立法模式，考虑在刑法典总则中设立"特殊群体的刑事责任"专章，适当扩大特殊群体从宽制度的适用对象范围，将新生儿母亲、精神障碍人等特殊群体亦纳入其中，并进一步完善对特殊群体尤其是未成年人、老年人犯罪从宽适用刑罚和刑罚制度及非刑罚处置措施等的规范。[④]

---

① 赵秉志. 犯罪主体论. 北京：中国人民大学出版社，1989：358-386.

② 同①第六章，第八章，第七章第三节.

③ 赵秉志，杜邈. 关于外国人犯罪的刑事管辖权研究//赵秉志. 刑法论丛：第4卷. 北京：法律出版社，2009.

④ 赵秉志，袁彬. 特殊群体从宽制度的完善——以《中华人民共和国刑法修正案（八）（草案）》为视角. 法学杂志，2010（12）；赵秉志，袁彬. 我国未成年人犯罪刑事立法的发展与完善. 中国刑事法杂志，2010（3）；赵秉志. 中国刑法改革新思考——以《刑法修正案（八）（草案）》为主要视角. 北京师范大学学报（社会科学版），2011（1）.

## 五、故意犯罪的停止形态问题

### （一）概述

故意犯罪的停止形态是指故意犯罪纵向发展过程中的不同犯罪情况，对刑事责任有重要的意义。故意犯罪的停止形态论是刑法基本理论中一个错综复杂的重要领域，对故意犯罪各种停止形态的认定也是刑事司法实践中的主要难题之一。

本人于20世纪80年代初考取中国人民大学法律系刑法专业硕士研究生时，我国第一部刑法典（即1979年刑法典）颁行不久，刑法学体系尚在探索创建中，刑法学理论问题的专题研究刚刚起步，硕士学位论文是当时刑法学专题研究的主要形式之一。[①] 在攻读硕士学位期间，本人在刑法总论专业课的学习研究中对故意犯罪的停止形态问题产生了浓厚的学术兴趣，认为这个领域兼有理论与实务的研究价值和意义，遂将之作为硕士学位论文的选题范围，进而在此领域内经比较把犯罪未遂问题作为硕士学位论文的选题，因为犯罪未遂问题在故意犯罪的四种停止形态中内容最为复杂，而且居于与其他三种停止形态均密相关联的核心地位，所以相比之下最有研究价值，如果认真研究解决了犯罪未遂形态的问题，则故意犯罪停止形态的所有问题基本上都会迎刃而解。之后经过理论联系实际的系统深入研究，本人于1984年年底完成题为《论我国刑法中的犯罪未遂》的硕士学位论文并顺利通过答辩。[②] 随后在读博士期间，本人将7万余字的硕士学位论文进行大幅度充实和修订，形成23万字的专著，以《犯罪未遂的理论与实践》为书名由中国人民大学出版社纳入其“法学丛书”于1987年出版。[③] 该书以犯罪未遂形态为研究中心，同时对犯罪预备、犯罪中止和犯罪既遂等故意犯罪的停止

---

① 当时我国刑法学专业还没有招收博士学位研究生。

② 该文是我国刑法学故意犯罪停止形态领域的第二篇硕士论文，该领域的第一篇硕士论文是张全仁的《论犯罪实行行为的着手》。赵秉志，等．全国刑法硕士论文荟萃（1981—1988届）．北京：中国人民公安大学出版社，1989.

③ 该书是我国故意犯罪停止形态领域的第一本学术专著。

形态问题也有所论及。对本人的该第一本个人学术专著，导师高铭暄教授和中国政法大学资深刑法学者曹子丹教授均予以充分肯定，认为该书作为我国第一部关于犯罪未遂问题的学术著作，是一项具有开拓性的科研成果，使犯罪未遂专题的研究达到了一个新的广度和深度。① 此后，本人继续对故意犯罪停止形态领域予以密切关注。在20世纪90年代初参与高铭暄教授主编的《刑法学原理》一书的写作中，本人通过撰写故意犯罪的停止形态专章，进一步梳理和形成了自己关于故意犯罪停止形态的系统见解。② 在此后本人主编或参编的数本刑法学教材中，通过本人分工撰写的关于故意犯罪停止形态的章节，本人所形成的关于故意犯罪停止形态的基本观点在相当程度上为刑法学界所接受。本人还主编出版了一本论述故意犯罪停止形态疑难理论与实务问题的著作③，多年来本人发表的关于故意犯罪停止形态问题的论文有30余篇。④ 在《犯罪未遂的理论与实践》出版20年之后，本人于2007年对之进行了系统修订和充实，修订版将原著的23万字扩充至50万字，以《犯罪未遂形态研究》为书名交由中国人民大学出版社出版。修订版根据相关理论与实践的新发展，不仅增删内容、增补资料、完善规范，而且经研究修正了部分重要观点，从而使本书较原著有了全面的提高和深化，并得以获得省部级奖励。⑤

可以说，故意犯罪的停止形态问题是本人在青年时代最早主攻的一个领域，也是本人在刑法基本理论研究方面持续关注和稍有专长的学术领域之一。本人在这一领域的研究和提出的一些见解，对我国刑法学拓展和深化故意犯罪停止形态的理论略有贡献。

---

① 赵秉志. 犯罪未遂的理论与实践. 北京：中国人民大学出版社，1987：《犯罪未遂的理论与实践》序（高铭暄）；曹子丹，谢正权. 评《犯罪未遂的理论与实践》. 政法论坛，1988（1）.

② 高铭暄. 刑法学原理：第2卷. 北京：中国人民大学出版社，1993：第十九章“故意犯罪的停止形态”（作者赵秉志）.

③ 赵秉志. 犯罪停止形态适用中的疑难问题研究. 长春：吉林人民出版社，2001。

④ 其中发表在较为重要期刊上的有近10篇，发表在权威期刊《法学研究》上的有2篇。

⑤ 赵秉志著《犯罪未遂形态研究》（中国人民大学出版社2008年1月版）于2009年10月获司法部“第三届全国法学教材与科研成果奖”一等奖。

下面对本人在故意犯罪停止形态领域的主要学术观点予以概要性介述。

（二）故意犯罪停止形态的基本问题

1. 故意犯罪停止形态的概念和性质

对于故意犯罪纵向发展过程中犯罪的预备、未遂、中止和既遂等不同犯罪情况的性质及概括称谓，刑法理论上有不同的主张：有的概括为故意犯罪的过程，有的称为故意犯罪的阶段（故意犯罪可能停顿的阶段），还有的称为故意犯罪的形态。本人认为，故意犯罪的过程、故意犯罪的阶段和故意犯罪的形态，是三种不同的范畴。

故意犯罪的过程，是指故意犯罪发生、发展和完成所要经过的程序、阶段的总和与整体，它是故意犯罪运动、发展和变化的连续性在时间和空间上的表现。故意犯罪的阶段，亦称故意犯罪的发展阶段，是故意犯罪发展过程中因主客观具体内容有所不同而划分的段落。故意犯罪过程包含若干具体的故意犯罪阶段，这些具有不同特征的故意犯罪阶段处于故意犯罪发展的总过程中，呈现出前后相互连接、此伏彼起的递进和发展变化关系。运动、发展和变化，乃是故意犯罪过程和阶段所共有的属性及特征。

故意犯罪的停止形态，是指故意犯罪在其发生、发展和完成的过程及阶段中，因主客观原因而停止下来的各种犯罪状态。故意犯罪的停止形态大体包括完成犯罪的既遂形态，以及未完成犯罪的预备、未遂和中止形态。故意犯罪的各种停止形态有一个至关重要的共同特征，即它们都是故意犯罪过程和阶段中不再发展变化而固定下来的相对静止的不同结局，各种停止形态之间是一种彼此独立存在且不可能再互相转化的关系。从概念的科学性和准确性上考虑，不能把犯罪的预备、未遂、中止和既遂称为“故意犯罪的阶段”或“故意犯罪可能停顿的阶段”，停止下来的就不是“阶段”而是“停止形态”。

故意犯罪的过程以行为人开始实施犯罪的预备行为（而不是形成犯意或表达犯意）为起点，期间一般经过两个具体的阶段——犯罪的预备阶段和实行阶段而达到完成犯罪，在犯罪过程和阶段中因主客观原因而可能停止在犯罪的预备、未遂、中止或既遂等状态。


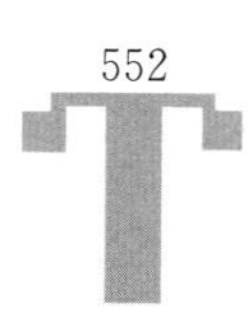

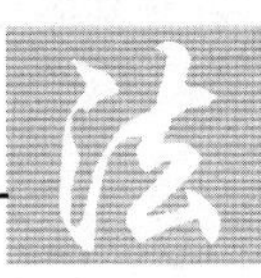

故意犯罪的停止形态与故意犯罪的过程及阶段的区别和联系在于：(1) 故意犯罪的形态是故意犯罪过程中不再发展而固定下来的相对静止的不同结局，就一个实施某种犯罪的案件而言，它只能构成犯罪停止形态中的某一种犯罪形态，不可逆转或转化。而故意犯罪过程及阶段则在整体上呈现出前后相互连接、此伏彼起的递进和发展变化关系。一个人实施某种具体的犯罪行为，完全可能同时具有两个犯罪阶段及完整的犯罪过程。(2) 各种犯罪停止形态的产生及界定，依赖犯罪过程和阶段的存在及其不同发展程度。由于无法根据犯罪过程和阶段而只能根据犯罪停止形态来确定行为人的刑事责任，因而如果没有犯罪停止形态，犯罪过程和阶段在刑法中就失去了实际意义。

关于故意犯罪的各种停止形态与犯罪发展过程和阶段的一般关系可作如下概括：在犯罪预备阶段，可能出现犯罪预备和犯罪中止这两种形态与结局；在犯罪实行阶段，可能出现犯罪的未遂和中止这两种形态与结局；在犯罪实行阶段终了（而不仅仅是犯罪实行行为终了）即犯罪完成之时，出现犯罪的既遂形态。[①]

2. 故意犯罪停止形态存在的范围

对于间接故意犯罪是否存在停止形态，以及是否所有直接故意犯罪都存在停止形态，刑法理论上存在不同的主张。

间接故意犯罪不存在犯罪停止形态。因为间接故意犯罪主观上“放任”危害结果发生的特点，不符合犯罪未完成形态的主观特征；其客观上出现的此种状态或彼种结局，亦都符合其放任心理而无“未完成”特定犯罪的问题。同时，由于不存在未完成形态，间接故意犯罪也就失去了存在与之相对而言的完成形态即犯罪既遂的意义和可能。即间接故意犯罪只有构成与否之分，而无犯罪停止形态的称谓。

---

① 赵秉志. 犯罪未遂的理论与实践. 北京：中国人民大学出版社，1987：44-46；赵秉志. 论故意犯罪停止形态的性质. 河南法学，1991 (1)；高铭暄. 刑法学原理：第 2 卷. 北京：中国人民大学出版社，1993：261-268.

直接故意犯罪也并非均存在各种犯罪停止形态。(1) 从罪种方面分析，有几类直接故意犯罪不存在某种或某几种犯罪的未完成形态：一是依法一着手即告完成犯罪的举动犯，不可能存在犯罪未遂；二是刑法上把“情节严重”“情节恶劣”规定为构成犯罪限制性要件的情节犯，不可能存在犯罪未遂；三是结果加重犯，由其构成特征所决定，不存在犯罪既遂与未遂之分，而只构成一种状态。① (2) 从具体案件方面考察，突发性的直接故意犯罪案件一般不存在犯罪的预备阶段而直接着手实施犯罪实行行为，因而往往也不可能存在犯罪的预备形态以及犯罪预备阶段的中止形态，而只有犯罪未遂、犯罪实行阶段的犯罪中止以及犯罪既遂形态存在的可能。②

3. 故意犯罪未完成形态负刑事责任的根据

现代刑法理论普遍认为，故意犯罪未完成形态具有可罚性，但是，对犯罪未完成形态应负刑事责任的根据如何论证和解释长期未能得到科学的解决。

运用中国刑法理论中主客观相统一的刑事责任原理，对故意犯罪完成形态与未完成形态的犯罪构成模式加以科学地区别和界定，有助于科学地解决犯罪未完成形态负刑事责任的根据问题，而且能使犯罪完成形态负刑事责任的根据与未完成形态负刑事责任的根据在逻辑上达到协调统一。(1) 犯罪的未完成形态负刑事责任的根据，应当也只能在于主客观相统一的犯罪构成。否则，不但无法建立处罚犯罪未完成形态的科学根据，而且会导致中国刑法学中刑事责任论的不彻底性。(2) 坚持故意犯罪的完成形态与未完成形态负刑事责任的根据均为行为符合主客观相统一的犯罪构成，并不意味着犯罪的未完成形态与完成形态的犯罪构成

① 在1987年出版的《犯罪未遂的理论与实践》一书以及此后参编的几本刑法学教材中，本人曾经主张结果加重犯与情节加重犯均不存在既遂与未遂之分。在2007年对《犯罪未遂的理论与实践》一书进行修订的过程中，本人根据我国1997年刑法典有关情节加重犯立法的变化及相关理论研究的发展情况，对原有的观点进行了修正，转而认为结果加重犯只有构成与否而无既遂与未遂之分，但情节加重犯则存在既遂与未遂之分，且情节加重犯的既遂与未遂区分的标准同于基本犯。赵秉志. 犯罪未遂形态研究. 北京：中国人民大学出版社，2008：269-273.

② 高铭暄. 刑法学原理：第2卷. 北京：中国人民大学出版社，1993：268-277（此部分作者为赵秉志）；赵秉志，吴振兴. 刑法学通论. 北京：高等教育出版社，1993：182-185（此部分作者为赵秉志）。

是完全划一、毫无差别的。恰恰相反，犯罪的未完成形态与完成形态的犯罪构成模式是不同的。犯罪未完成形态的犯罪构成是修正的犯罪构成，它不可能也不需要具备完成形态的全部构成要件之要素。[①] 但是，修正的犯罪构成也是要件完整齐备的犯罪构成，同犯罪完成形态情形下的犯罪构成一样，成为负刑事责任的根据。在理解未完成形态负刑事责任的根据这一问题上，不能拿完成形态的犯罪构成模式去要求和衡量未完成犯罪而停止下来的情况。(3) 从刑罚目的的需要来看，对未完成形态追究刑事责任，在特殊预防上有助于阻止犯罪者本人将未完成的犯罪进行到底，更有助于使犯罪人通过刑事责任的承担和刑罚的适用而避免再次犯罪；在一般预防上，亦将警戒社会上的不稳定分子，实施危害社会的犯罪行为，哪怕未完成犯罪，也可能要承担一定的刑事责任和被判处刑罚。[②]

（三）犯罪既遂的概念和类型

1. 犯罪既遂的概念

关于犯罪既遂的概念，中外刑法理论上大体有三种不同的主张：即犯罪结果说、犯罪目的说和犯罪构成要件说。犯罪构成要件说是我国刑法理论中的通说，应予坚持和完善。中国刑法中存在犯罪既遂形态与未遂形态之分的直接故意犯罪有三种类型：一是以法定的犯罪结果的发生作为犯罪既遂形态标志的犯罪；二是以法定的犯罪行为的完成作为既遂形态标志的犯罪；三是以法定的客观危险状态的具备作为既遂形态标志的犯罪。以犯罪目的达到或者以犯罪结果发生作为犯罪既遂的标准的主张，由于它们不能贯彻到我国刑法中存在既遂与未遂之分的一切犯罪中，从而将这些犯罪的既遂与未遂正确区分开来，因而不够全面和确切。具

① 在2007年对《犯罪未遂的理论与实践》一书的修订中，在故意犯罪未完成形态应负刑事责任的根据问题上，本人将过去主张的已经成为我国刑法理论通说的认为犯罪完成形态是“未齐备犯罪构成的全部要件”之观点，修正为认为犯罪未完成形态是“未齐备犯罪构成要件的全部要素”，以区别“构成要件”与“构成要件的要素”两个不同层次的概念，意在更科学地说明犯罪未完成形态与犯罪构成要件及其要素之间的关系。赵秉志．犯罪未遂形态研究．北京：中国人民大学出版社，2008：56-64．

② 赵秉志．论故意犯罪未完成形态负刑事责任的根据．政法学刊，1991（5）．

体来说：有些犯罪行为人实施犯罪后虽然没有达到犯罪目的，但在法律上已完全具备犯罪构成要件的全部要素，应为犯罪的既遂而不是未遂；虽然有不少犯罪是以法律规定的犯罪结果的发生与否区分犯罪既遂与否的，但犯罪结果是否发生并不能作为一切犯罪既遂与否的区分标志，尤其是对那些以结果的危险状态作为构成要件的犯罪来说，既遂的结果说是无法贯彻的。只有犯罪构成要件说能够完全贯彻到这三类犯罪中，从而把它们的既遂形态与未遂形态明确地区分开来。但是，应当注意的是，传统的犯罪构成要件说存在用语上的不妥当、不精确之处，即没有明确区分“构成要件”与“构成要件之要素”两个含义有别的用语，而是在同一意义上混用这两个概念。犯罪构成要件说中的“齐备犯罪构成的全部要件”更为准确的表达，应为“齐备犯罪构成要件之全部要素”。所以，对犯罪构成要件说的更为确切的表达应当是：所谓犯罪既遂，是指行为人所故意实施的行为已经齐备了具体犯罪构成要件之全部要素。犯罪构成要件说以犯罪具备具体犯罪构成要件的全部要素作为既遂的标准，不但有明确统一的法律规定可供司法实践遵循贯彻，而且能够适用于一切存在既遂状态的犯罪并将其既遂与未遂区分开来。因为既遂在不同类型犯罪里的具体标志，无论是犯罪结果的发生，犯罪行为达到一定程度的完成，还是法律规定的危险状态的具备，都分别是犯罪构成要件之全部要素具备的具体表现形式。①

2. 犯罪既遂的类型

关于犯罪既遂的类型，我国刑法理论界也存在不同的认识。有二类型说（行为犯与结果犯，其中又有把危险犯包括在行为犯中或者包括在结果犯中的不同主张)、三类型说（行为犯、危险犯和结果犯）等主张。根据我国刑法分则对各种直接故意犯罪构成要件的不同规定，本人主张四类型说，即犯罪既遂主要包括四种类型：(1) 结果犯，指不仅要实施具体犯罪构成客观要件的行为，而且必须发

① 赵秉志. 犯罪未遂的理论与实践. 北京：中国人民大学出版社，1987：95-110；高铭暄. 刑法学原理：第2卷. 北京：中国人民大学出版社，1993：291-295（此部分作者为赵秉志)；赵秉志. 犯罪未遂形态研究. 北京：中国人民大学出版社，2008：110-119.

生法定的犯罪结果才构成既遂的犯罪。(2) 行为犯，指以法定的但并非着手即告完成的犯罪行为之完成作为既遂标志的犯罪。(3) 危险犯，指以行为人实施的危害行为造成法定的发生某种危害结果的危险状态作为既遂标志的犯罪。(4) 举动犯，亦称即时犯，指按照法律规定，行为人着手犯罪实行行为即告犯罪完成并完备构成要件从而构成既遂的犯罪。[①]

### (四) 犯罪预备形态

1. 犯罪预备形态的概念

中国刑法立法和刑法理论在犯罪预备形态的概念和特征问题上曾长期受苏联的影响，把犯罪的预备行为视为犯罪预备形态和预备犯。如 1979 年刑法典第 19 条规定："为了犯罪，准备工具、制造条件的，是犯罪预备。"[②] 一些论著和教材即直接以该规定作为犯罪预备形态或预备犯的表述。后来由马克昌教授和高铭暄教授所倡导，将犯罪预备行为与预备犯的概念区分开来[③]，逐渐成为我国刑法学的通说。本人赞同将犯罪预备形态和预备犯区别于犯罪预备行为的观点，认为犯罪预备形态（简称犯罪预备），是指行为人为实施犯罪而开始创造条件的行为，由于行为人意志以外的原因而未能着手犯罪实行行为即停止下来的状态。符合犯罪预备形态的行为人即为预备犯。

2. 犯罪预备形态的特征

根据犯罪预备形态的上述概念，犯罪预备形态在主观和客观两方面均具有两层含义。其客观特征的含义是：(1) 行为人已经开始实施犯罪的预备行为，即为犯罪的实行和完成创造便利条件的行为。(2) 行为人尚未着手犯罪的实行行为。所谓犯罪的实行行为，是指分则具体犯罪构成客观方面的行为。这一特征乃是犯罪预备形态与犯罪未遂形态区别的显著标志。其主观特征的含义是：(1) 行为人

---

① 赵秉志．论犯罪既遂的概念和类型．法学学刊，1990 (4)；高铭暄．刑法学原理：第 2 卷．北京：中国人民大学出版社，1993：296-299（此部分作者为赵秉志）。

② 1997 年刑法典第 22 条沿用了 1979 年刑法典第 19 条的规定。

③ 马克昌．论预备犯．河南法学，1984 (1)；高铭暄．刑法学教学大纲．北京：中国人民大学出版社，1985：42.

进行犯罪预备活动的意图和目的，是顺利地着手实施和完成犯罪。(2) 犯罪在实行行为尚未着手时停止下来，从主观上看是违背行为人的意志的，即是由于行为人意志以外的原因所致。这一特征是犯罪预备阶段的犯罪预备形态与犯罪中止形态区别的关键所在。

犯罪预备行为就是为实施犯罪创造便利条件的行为，准备工具是其最常见的形式，此外还有其他为实施犯罪创造便利条件的行为。①

3. 犯罪预备形态的认定

对司法实践中和刑法理论上认定犯罪预备形态时争议较多的几类特殊情况应予以正确判定。

(1) 在非入室作案的场合，被告人尚未开始对被害人或犯罪对象直接施加侵害行为的情况，细分可包括行为人未上路或尚在途中、行为人尾随被害人、行为人守候被害人和行为人寻找被害人等四种情形，这些情形都是行为人为犯罪实行创造便利条件的行为，而不是实行行为本身，都属于尚未着手实行犯罪实行行为，因而均应认定为犯罪预备行为。

(2) 在入室作案的场合，仅有入室或正在入室的行为，还没有直接加害于犯罪对象的情况，又大致可以分为“非暴力、胁迫的入室”和“以暴力、胁迫的入室”两种情形。对前者而言，在故意杀人、抢劫、强奸等犯罪的场合，这些犯罪要求的着手行为是非法剥夺他人生命的杀害行为或侵害他人人身的暴力、胁迫等行为。单纯的非暴力、胁迫的入室行为，一方面不符合这些犯罪要求的着手行为，另一方面又正是为这些犯罪的实行创造便利条件的行为，所以，这种入室行为应认定为这些犯罪的预备行为。而对入室盗窃案件来说，盗窃罪中的秘密入室行为已经侵入他人控制和保护财产的范围，已经超出了为实行盗窃创造条件的预备行为的范围，而完全符合了盗窃罪犯罪构成所要求的秘密窃取行为的特征，成为秘密窃取行为有机组成的一部分，因此应认定为犯罪的实行行为而非预备行

① 赵秉志. 论犯罪预备的概念和特征. 北京律师，1991 (1)；高铭暄. 刑法学原理：第2卷. 北京：中国人民大学出版社，1993：301-307页（此部分作者为赵秉志）。

为。当然，如果是骗得室内人同意而进入室内，准备寻找时机窃取财物，则这种入室行为就还只是为实行盗窃创造便利条件的预备犯罪行为。对“以暴力、胁迫的入室”这种情形而言，在抢劫、强奸、杀人、伤害等案件中发生的这种入室行为，一般来说并不是这些犯罪实行行为的着手。因为这些犯罪要求的实行行为，是侵害被害人人身的行为，而这种入室行为还只是在为侵犯被害人人身的实行行为的实施创造便利条件，而不是这些实行行为本身所包括的内容。只有在阻拦者就是被害人时，对其实施暴力、胁迫而入室的行为，才有可能是着手行为而不是预备行为。

（3）寻找犯罪对象的行为。在故意杀人、故意伤害或抢劫等犯罪案件中，行为人公开或秘密寻找犯罪对象的行为，绝不是杀害、伤害和抢劫等犯罪的实行行为本身，而只是这些犯罪实行行为的预备行为。寻找犯罪对象的行为不具有这些犯罪实行行为的上述性质和作用，而只能产生找到或未找到犯罪对象的“结果”。即使在寻找中已经发现了犯罪对象，只要尚未持凶器直接逼向或追杀、伤害被害人，或尚未开始实施抢劫中的暴力、胁迫或其他侵犯人身的手段行为，就仍然是犯罪的预备而不是犯罪实行行为的着手。[①]

（五）犯罪实行行为着手与否的界定和认定

1. 犯罪实行行为着手与否的界定

刑法分则具体犯罪构成所规定的犯罪实行行为着手与否，是犯罪预备形态、犯罪预备阶段的中止形态与犯罪未遂形态相区别的重要标志。“着手实行犯罪”的概念和认定问题比较复杂，刑法理论上围绕“着手”存在较多的争议和分歧。

中国刑法理论通说认为，犯罪实行行为的着手，是指行为人已经开始实施刑法分则规定的具体犯罪构成客观方面的行为。本人认为，这只是通说对于着手的一个概括性的表述，实行行为的着手包含丰富的内容，对实行行为的着手应予以全面理解和把握，强调犯罪实行行为的着手乃是主观与客观的统一，而并非仅仅

---

① 赵秉志．犯罪未遂的理论与实践．北京：中国人民大学出版社，1987：80－88；赵秉志．犯罪未遂形态研究．北京：中国人民大学出版社，2008：93－99.

认为着手是客观行为与刑法分则的具体构成客观要件相符合。具体而言，着手同时具备主客观两个基本特征：主观上，行为人实行犯罪的意志通过客观实行行为的开始充分表现出来，而不同于在此之前预备实行犯罪的意志。客观上，行为人已开始直接实施具体犯罪构成客观方面的行为，这种行为已不再属于为犯罪的实行创造便利条件的预备犯罪的性质，而是实行犯罪的性质，这种行为已使刑法所保护的具体客体（法益）初步受到危害或面临实际存在的威胁。在有犯罪对象的场合，这种行为已直接指向犯罪对象。如果不出现行为人意志以外原因的阻碍或行为人的自动中止犯罪，这种行为就会继续进行下去，直到犯罪的完成即既遂的达到；在既遂包含犯罪结果的犯罪中，还会有犯罪结果合乎规律地发生。这两个主客观基本特征的结合，从犯罪构成的整体上反映了着手行为的社会危害性及其程度，也给认定着手行为提供了一般标准。其中客观特征是着手最明显的、可以直接把握的特征，主观特征也要通过客观特征来体现。①

2. 犯罪实行行为着手与否的认定

上述犯罪实行行为着手的含义及主客观特征，为着手的认定提供了原则性的标准。要正确而具体地认定犯罪实行行为的着手，尤其应当从以下两个方面进行把握。

（1）分类把握具体犯罪构成实行行为着手的特点。这方面包括两个步骤和要点：一是借助罪状的不同类型正确确定犯罪的实行行为，二是区分实行行为的不同类型把握其着手。

（2）从预备行为与实行行为的区别来认定着手。一要把握预备行为与实行行为的本质和作用之区别，二可借助对预备行为外延的概括分类来区分预备行为与着手。②

---

① 赵秉志．犯罪未遂的理论与实践．北京：中国人民大学出版社，1987：65－74；赵秉志．论犯罪实行行为着手的含义．东方法学，2008（1）；赵秉志．犯罪未遂形态研究．北京：中国人民大学出版社，2008：81－88.

② 赵秉志．犯罪未遂的理论与实践．北京：中国人民大学出版社，1987：74－80；赵秉志．犯罪未遂形态研究．北京：中国人民大学出版社，2008：99－104.

（六）犯罪分子意志以外的原因及其认定

1. 犯罪分子意志以外的原因

已经开始的故意犯罪没有继续实行和完成，而停止在未完成状态，是由于犯罪分子意志以外的原因还是其意志以内的原因所致，乃是预备阶段的犯罪中止形态与犯罪预备形态以及着手实行后的犯罪中止形态与犯罪未遂形态的关键区别所在。怎样理解和界定“犯罪分子意志以外的原因”？本人在我国刑法理论中首次提出，根据我国刑法的基本原理和犯罪停止形态的立法思想，应该以“足以阻止犯罪意志的原因”作为认定犯罪分子“意志以外的原因”的标准。具体而言，“意志以外的原因”应当是以下几点的有机统一：首先，“意志以外的原因”指的是行为人本人的意志之外的原因；其次，从主观上看，“意志以外的原因”作用的对象是“犯罪意志”及其支配下的犯罪行为；再次，“意志以外的原因”应该是阻碍犯罪意志的原因，这是对其性质的揭示；最后，“意志以外的原因”应该是足以阻止犯罪意志的原因，这是对“意志以外的原因”量的要求的揭示。如何确定对犯罪完成有不利影响的因素是否达到了足以阻止犯罪意志的程度？应当以行为人主观感受为基本标准，以因素的客观性质和作用程度为必要补充。①

2. 犯罪分子意志以外原因的认定

司法实践中正确认定犯罪分子意志以外的原因，科学判定犯罪未完成的被迫性与自动性，尤其要注意以下三类情况。

（1）在轻微不利因素的情况下放弃犯罪的定性问题。这类案件在司法实践中常见且争议较多的主要有以下几种：一是强奸未逞案中的被害人怀孕或来月经案。如果是行为人基于被害人怀孕或来月经等不利因素和思想斗争而对犯罪意志和犯罪完成自动放弃的，应认定为犯罪中止；如果行为人因知识、阅历的欠缺而误认为这时发生性关系会危害自己的生命、健康或者会导致被害人的死亡、重伤，因而放弃了继续实行和完成强奸犯罪的，或是行为人因被害妇女来月经和反抗、哀求，暂时停止了犯罪，但却威逼被害女性日后要与其发生性关

① 赵秉志. 论犯罪分子意志以外的原因. 法学研究，1986（3）.

系的，都是犯罪未遂而不是犯罪中止。二是着手实行暴力犯罪场合因遇熟人而放弃犯罪的案件，认定为犯罪中止符合法律的规定和精神。三是因显然不足以制止犯罪完成的其他不利因素而放弃犯罪完成的案件，行为人在这些不利因素的影响下，经过思想斗争，最终选择放弃了犯罪意志和犯罪完成的，应当认定为犯罪中止。

（2）完全或主要基于认识错误而未完成犯罪案件的定性问题。行为人无论是因对犯罪对象、犯罪工具、犯罪因果关系、犯罪客观环境条件的认识错误而放弃着手实行或完成犯罪，还是因被害人施计哄骗而未完成犯罪的，均不应认定为犯罪中止，而应认定为犯罪预备或犯罪未遂。①

（3）“放弃可能重复的侵害行为”② 案件的定性问题。放弃可能重复（实施）的侵害行为，一般是指行为人使用可以一下子造成犯罪结果的工具，实施了足以发生其所追求的犯罪结果的行为，但是由于其意志以外的原因这种结果没有发生，行为人根据主客观条件认为仍可实施重复侵害行为，但却基于某种原因自动放弃了实施重复侵害行为，使犯罪结果不再可能发生的情况。放弃可能重复的侵害行为的适例，如开枪杀人，第一枪未能射中，当时有条件再射杀，但行为人出于本人意愿而自动放弃了继续射杀，使犯罪结果没有发生的情况。以往中国刑法理论的传统观点受苏联刑法学说的影响，认为放弃可能重复的侵害行为属于实行终了的犯罪未遂而非犯罪中止。本人于 20 世纪 80 年代中期在我国刑法学界率先对通行观点提出质疑，鲜明主张放弃可能重复的侵害行为应属犯罪中止而非犯罪未遂。主要理由是：首先，对可能重复的侵害行为的放弃，是发生在犯罪实行未终了的过程中，具备中止犯罪所需要的时空条件。其次，对可能重复的侵害行为的放弃是自动的而不是被迫的。上述适例中，第一枪未射中的确是行为人意志以外的原因所致，但关键在于其整个犯罪活动并未实施终了，行为人意志以外的原

① 赵秉志．犯罪未遂的理论与实践．北京：中国人民大学出版社，1987：115-140.

② 本人在 1987 年出版的《犯罪未遂的理论与实践》一书及其早期的相关论文中，曾经使用过“放弃重复侵害行为”的表述。在 2008 年修订出版的《犯罪未遂形态研究》一书中，改为使用“放弃可能重复的侵害行为”这一概念。两个概念的含义相同，但后者更为确切。

因仅仅导致其第一枪未射中而不是阻止了其整个犯罪活动的继续进行。行为人在整个犯罪行为未实施终了，客观上可以继续犯罪而且主观上对继续犯罪有认识也有控制力的情况下，出于其本意放弃了本可继续实施的犯罪行为，即表明了他放弃犯罪的自动性。最后，由于行为人对可能重复的侵害行为自动而彻底的放弃，使犯罪在未完成形态下停止下来而不再向前发展，从而使得既遂形态的犯罪结果没有发生。这也符合犯罪中止形态的最后一个特征和条件。① 此后，放弃可能重复的侵害行为属于犯罪中止而非犯罪未遂的观点逐步成为我国刑法学界的通说。

（七）故意犯罪各种停止形态犯的处罚原则

中国刑法对故意犯罪各种停止形态犯设立了从既遂犯、未遂犯、预备犯到中止犯依次由重到轻的处罚原则，其立法根据在于主客观因素的统一所决定的故意犯罪各种停止形态不同的社会危害程度，亦即我国刑法中罪刑相适应原则和刑罚目的的要求。

对故意犯罪中各种未完成犯罪的停止形态犯（未遂犯、预备犯、中止犯）的从宽处罚，均应当以既遂犯为所比照的对象。司法实务对未完成犯（未遂犯、预备犯、中止犯）应当确定与完成犯（既遂犯）同样的罪名，并将其未完成形态在罪名后用括弧表示，如“故意杀人罪（未遂）”“抢劫罪（预备）”。

确定对未完成形态犯是否从宽处罚以及从宽处罚幅度时，应当着重考察四个方面的因素：一是犯罪的未完成形态在不同性质的犯罪中对危害程度的不同影响，二是未完成形态距离犯罪完成的远近，三是未完成形态所属的类型，四是未完成形态犯的犯罪意志的坚决程度。②

（八）故意犯罪停止形态立法的完善

我国 1979 年刑法典中包括犯罪未遂在内的故意犯罪停止形态的立法规定尚不够完备，今后应当予以发展完善，考虑作以下几方面的修改补充。

---

① 赵秉志．放弃重复侵害行为应属犯罪中止．法学季刊，1984（1）；赵秉志．再论放弃重复侵害行为的性质．法制园林，1985（2）；赵秉志．论犯罪分子意志以外的原因．法学研究，1986（3）.

② 赵秉志．我国刑法中犯罪未遂的处罚原则．法学研究，1985（4）；高铭暄．刑法学原理：第 2 卷．北京：中国人民大学出版社，1993：378－395（此部分作者为赵秉志）.

1. 修改节的标题并增补犯罪既遂条文。即把刑法典中“犯罪的预备、未遂和中止”一节修改为“故意犯罪的停止形态”，并在该节内增设“犯罪既遂”专条。

2. 改变立法模式。可考虑把现行刑法典总则中对犯罪预备、犯罪未遂和犯罪中止单纯的总则概括规定模式，修改为总则概括规定与分则具体规定相结合的模式，即在刑法总则中载明故意犯罪的预备形态、未遂形态和中止形态的一般概念及处罚原则，并指明它们的定罪处罚以刑法分则有明文规定者为限；在刑法分则条文中，具体规定哪些犯罪的预备、未遂和中止形态要予以处罚。

3. 修改补充现行刑法之相关内容。

对刑法典总则关于犯罪未遂的一般概念和一般处罚原则的规定，可以考虑在认真研究的基础上作一些修改补充。

（1）在犯罪未遂的概念里明确未遂是故意犯罪的停止形态之一。

（2）考虑到科学地区别犯罪未遂与犯罪预备、犯罪既遂的需要，宜将刑法典中的“已经着手实行犯罪”修改为“已经着手实行本法分则规定的犯罪”。

（3）对于犯罪未遂形态区别于犯罪既遂形态的特征，可考虑把刑法典中的“未得逞”修改为“未能完成犯罪”（即未能具备犯罪构成要件的全部要素）。

（4）补充规定适用未遂犯的处罚原则时应综合考虑的一些重要因素，例如犯罪未遂的类型、犯罪意志的坚决程度、造成实际损害结果的情况以及距离犯罪完成的远近等。

（5）考虑在立法上补充对迷信犯、愚昧犯不作为犯罪未遂处罚的规定，从而有助于从立法到司法都把应罚的犯罪未遂行为（包括不能犯未遂）与不应定罪处罚的迷信、愚昧行为明确区分开来。①

在故意犯罪停止形态方面，除上述内容外，本人对不作为犯罪、共同犯罪、间接实行犯、原因自由行为、加重构成犯、不能犯以及连续犯、牵连

① 赵秉志. 犯罪未遂形态研究. 北京：中国人民大学出版社，2008：393-398；赵秉志，王勇. 关于完善刑法总则的几个问题. 法学，1989（3）.

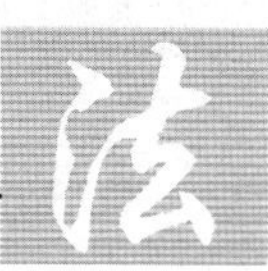

犯、情节犯等犯罪形态中涉及的犯罪未遂问题，以及若干类型犯罪中多种常见多发罪名的未遂形态问题，也有所研究并提出了见解。[①] 因篇幅所限，在此不述。

## 六、死刑制度的改革问题

### （一）概述

死刑制度及其改革问题是改革开放以来中国刑事法治改革最为重要的议题之一。受到国情民意和犯罪情势暨刑事法治状况等因素的制约，在我国实行改革开放和建设法治国家的早期即20世纪的最后20年间，关于死刑制度改革的研究尚未形成气候，但当时已有了青年刑法学者胡云腾博士引人注目的两本死刑专著的出版。[②] 新世纪之初以后，在构建和谐社会和加强人权保障等因素的影响下，死刑改革研究逐步繁荣，并极大地配合和推进了我国死刑制度从司法到立法的改革，乃至死刑观念的变革与进步。

2006年，在中国死刑制度的司法改革呼之欲出、立法改革也在积极酝酿准备中、相关理论研究也如火如荼的背景下，在对本人此前二十余年间对于死刑及其改革领域的研究进行阶段性总结与反思时，我曾写下这样一段话：死刑制度改革关乎中国刑事法治的进步，关乎社会的文明发展，亦关乎我国发展的国际环境，其意义显然已超越刑事法的视野，而为全社会所关注。改革理论是改革实践的引导和促进力量，而死刑制度的改革由于其复杂性和艰难性就更加需要强有力的理论支撑。加之死刑是中国现行刑法中的主刑之一，死刑理论也是中国刑法学中的一个基础理论范畴，因而近年来我国刑法学者日益聚焦于现阶段中国死刑制度及其改革的研究，这是学者们的学术眼光使然，更

① 有关内容参见赵秉志著《犯罪未遂的理论与实践》（中国人民大学出版社1987年版）及《犯罪未遂形态研究》（中国人民大学出版社2008年版）两书的相应章节。

② 胡云腾. 死刑通论. 北京：中国政法大学出版社，1995；胡云腾. 存与废：死刑基本理论研究. 北京：中国检察出版社，2000.

是中国知识分子忧国忧民、关心社会发展进步的历史责任感之优良传统使然。[①] 2006 年之后迄今 15 年来，中国死刑制度的司法改革和立法改革都迈开了坚实的步伐[②]而为举世瞩目和盛赞，而关于死刑制度改革的研究仍长盛不衰、方兴未艾，因为学者们深知，中国死刑制度的改革尚在途中，任重而道远，我们仍需努力！

回首既往，本人关于死刑制度及其改革的学术研究和学术活动，大体上可以分为三个时期。

（1）自 20 世纪初读硕士生至 1997 年新刑法典修订通过之前。

这一阶段我国死刑立法在 1979 年刑法典采取严格限制主张后不久，即进入单行刑法之死刑快速扩张时期，死刑改革问题是一个敏感且极具争议性的问题。本人的相关研究，一方面表现为在一些具体问题上论及死刑制度及其改革问题，如关于死缓立法之内容缺陷[③]，在研究犯罪主体问题时涉及未成年人犯罪和老年人犯罪的死刑限制问题[④]，以及翻译各国死刑概况书籍过程中对于全球死刑存废及其发展趋势的认识。[⑤] 另一方面，在 1988—1997 年间作为全国人大常委会法工委刑法修改小组成员全程参与刑法典修改研拟的过程中，本人曾发表多篇论文，其中明确主张我国刑法典修改中应严格限制并努力削减死刑，死刑立法完善应当坚持四项原则：一是总则与分则相结合控制死刑；二是分则死刑条款切实贯彻总则限制死刑的立法精神与要求；三是单行刑法之死刑规定要慎入刑法

---

① 赵秉志. 死刑改革研究与时代发展——我的相关学术经历暨反思//赵秉志. 死刑改革探索. 北京：法律出版社，2006：762.

② 在死刑制度的司法改革方面，中国于 2007 年起将死刑案件的核准权收回最高人民法院统一行使，并制定了一系列相关司法解释；在死刑制度的立法改革方面，中国立法机关于 2011 年和 2015 年先后通过的《刑法修正案（八）》和《刑法修正案（九）》，成规模地废止了 22 种罪名的死刑配置，并规定了其他限制死刑适用的措施。

③ 赵秉志. 简析死缓期满如何处理的立法与实践. 司法，1985（3）.

④ 赵秉志. 论我国刑法中对未成年人发展不适用死刑的原则. 法学学刊，1987（4）；赵秉志. 论老年人犯罪的刑事责任问题. 法律学习与研究，1988（2）.

⑤ 赵秉志. 关于死刑存废及其发展趋势的思考. 法律科学，1991（1）. 此文系本人为《现代世界死刑概况》（赵秉志等译，中国人民大学出版社 1992 年版）所撰写的译者前言。

典；四是从某些犯罪种类上排除或基本排除死刑配置，对于经济犯罪和财产犯罪原则上应删除死刑。而在此基础上本人所主张的削减死刑立法的具体措施主要包括：明确增设限制死刑适用的原则，完善死刑立法的若干规定，统一由最高人民法院行使死刑复核权，摒弃绝对死刑的立法，删除不必要的死刑条文与罪名。①

而这一时期比较鲜明反映本人关于死刑改革的学术见解的，是1996年我主持的一项有关刑法典修改的一些重要问题的系统研究报告中所包括的“死刑的立法完善”的构想。该研究报告经精简后呈送给全国人大常委会法工委及其刑法室等部门参考②，全文得以刊载于我国权威法学期刊。③

(2) 1997年新刑法典通过至2007年最高人民法院收回死刑案件核准权前。

1997年通过的新刑法典开始步入限制死刑之路，虽然受到相关条件的制约其力度尚不够大。之后又过十载，2007年最高人民法院一举收回死刑核准权，我国死刑制度的司法改革取得标志性的进展。

这一阶段的前期即2003年之前，本人一是通过论著对新刑法典关于死刑的立法控制予以阐述和肯定；二是对死刑制度进行了一些比较研究④；三是重申和强调进一步削减我国死刑的核心主张，包括建议在刑法总则中明确增设限制死刑适用的原则，将死刑复核权收回最高人民法院统一行使，以及原则上应废除经济

---

① 高铭暄，赵秉志，等. 中国刑法立法十年的回顾与展望. 中国法学，1989 (2)；赵秉志. 略论我国刑罚制度的完善. 河南法学，1989 (3)；赵秉志，等. 关于完善刑法总则几个问题. 法学，1989 (3)；赵秉志，等. 我国刑法改革热点问题略论. 河北法学，1993 (4)；赵秉志. 刑法修改中的宏观问题研讨. 法学研究，1996 (3)；赵秉志. 中国刑法修改中死刑立法完善研究//西原春夫先生古稀祝贺论文集. 北京：法律出版社，东京：成文堂. 1997.

② 高铭暄，赵秉志. 新中国刑法立法文献资料总览：下册. 北京：中国人民公安大学出版社，1998：3066.

③ 赵秉志，等. 中国刑法修改若干问题研究. 法学研究，1996 (5)；赵秉志，等. 论特别刑法与刑法典的修改. 中国法学，1996 (4).

④ 赵秉志. 死刑改革研究与时代发展——我的相关学术经历暨反思//赵秉志. 死刑改革探索. 北京：法律出版社，2006：772-776.

犯罪和财产犯罪的死刑。[①]

这一阶段的后期即2003年起，基于本人对于我国死刑改革之重要性和时机的认识，死刑改革研究遂成为本人重点研究的学术领域，并且在本人的倡导、组织和推动下，逐渐成为本人所主持的刑法学术团队乃至全国刑法学界关注的一个重要议题。[②] 在死刑改革领域，本人这一时期不仅出版5本书籍、发表近30篇论文，主持完成十余个有关的科研项目或咨询报告，指导多篇博士论文，主持或参加相关学术会议二十多次，作死刑改革主题的学术讲座和演讲三十多次；而且创建了专门的学术论坛、学术丛书和学术机构。[③] 本人在《法制日报》主持的“刑法视野”栏目所连续发表的多位知名学者关于逐步废止非暴力犯罪死刑的数篇文章[④]，以及在此基础上主编出版的废止非暴力犯罪死刑的中英文文集[⑤]，引起广泛关注，产生较大影响。由于集体攻关和理论界与实务界的结合，死刑改革研究成为推进我国死刑法治进步的重要因素，本人的相关研究也得以汇集其中成为其组成部分。这一时期本人研究死刑改革问题的代表作，主要是《中国逐步废除死刑论纲》和《论中国非暴力犯罪死刑的逐步废止》两篇论文[⑥]暨《死刑改革探

① 赵秉志，肖中华．论死刑的立法控制．中国法学，1998（1）；赵秉志，肖中华．死刑的限制与扩张之争．法学，1998（10）．

② 本人自2001年起担任全国刑法学研究会会长，基于促进我国死刑制度立法改革和司法改革的认识，倡导促成将“死刑制度的改革与完善”作为2004年全国刑法学术年会的理论议题，将“死刑的司法限制适用问题研究”作为2007年全国刑法学术年会的两个实务议题之一。赵秉志．中国刑法学研究会学术研究30年．北京：法律出版社，2014：862-863．

③ 学术论坛为“关注死刑改革”论坛；学术丛书为“促进死刑改革系列”；学术机构为“促进死刑改革研究中心”，后改为“死刑研究国际中心”。上述论坛、丛书和机构均设在本人工作单位北京师范大学刑事法律科学研究院，并具有对外开放或全国性质。赵秉志．死刑改革研究与时代发展——我的相关学术经历暨反思//赵秉志．死刑改革探索．北京：法律出版社，2006：797-799．

④ 该栏目当时较为集中地发表了高铭暄、赵秉志、黄京平、卢建平、张明楷、张智辉等教授论述废止非暴力犯罪死刑的文章，参见：法制日报，2003-06-26，2003-07-03．

⑤ 赵秉志．中国废止死刑之路探索——以现阶段非暴力犯罪废止死刑为视角（中英文对照本）．北京：中国人民公安大学出版社，2004．

⑥ 论文《论中国非暴力犯罪死刑的逐步废止》（赵秉志，载《法学》2005年第1期）于2006年10月获中国法学会“西湖杯”优秀年会论文特别奖；论文《中国逐步废止死刑论纲》（赵秉志，载《政法论坛》2005年第1期）于2008年12月获第二届“钱端升法学研究成果奖”三等奖。

索》这本文集。[①] 本人在著论里表达的有关死刑改革的学术见解主要涉及：关于中国现阶段死刑政策的认识及其改进的建言，死刑改革与人权保障的关系，关于中国分三个阶段逐步废止死刑的构想，中国先行逐步废止非暴力死刑的建言，关于构建中国死刑赦免制度的建议，关于死刑复核程序完善的主张，等等。[②]

这一时期在本人参加的以死刑改革为主题的多次会议中，有一次特别重要，即由最高人民法院于 2005 年 11 月 18 日至 19 日在武汉东湖宾馆召开的“党内法学家座谈会”（简称“11·18”会议），此次会议由我国首席大法官、最高人民法院院长肖扬主持，最高人民法院分管刑事审判工作的六位副院长、大法官专委和办公厅、相关审判庭、研究室的负责人，以及刑事法学界的八位学者出席。会议主题就是最高人民法院收回死刑核准权问题，主要是听取与会刑事法专家的意见和建议。与会专家们一致支持最高人民法院尽快收回死刑核准权，并围绕最高人民法院将要实施的这一重大司法改革举措，研讨了当前死刑改革制度存在的问题、最高人民法院推进落实死刑核准制度面临的形势、如何做好制度准备工作以充分实现这项重要的制度改革以及相关的刑事司法理念转变等问题。本人作为刑法学者应邀出席会议并作了系统发言，还就最高人民法院收回死刑案件核准权应贯彻的原则等问题补充提交了书面意见。这次会议为最高人民法院决策收回死刑核准权进行了必要的思想准备和理论论证，被认为是最高人民法院在决策收回死刑核准权方面的一次极为重要的高层会议，中央领导同志对最高人民法院召开的这次重要会议及其成果给予了充分肯定。[③]

（3）2007 年最高人民法院收回死刑核准权以来。

2007 年最高人民法院收回死刑核准权使我国死刑的司法改革取得重大进展。

---

① 文集《死刑改革探索》（赵秉志著，法律出版社 2006 年版）于 2008 年获北京市第十届哲学社会科学优秀成果奖二等奖。

② 赵秉志．死刑改革研究与时代发展——我的相关学术经历暨反思//赵秉志．死刑改革探索．北京：法律出版社，2006：776－792．

③ 肖扬．重大的决策 成功的实践——死刑核准权制度改革回顾与思考：上册，2017：61－69；赵秉志．死刑改革探索．北京：法律出版社，2006：794．

中国法学会刑法学研究会也及时予以配合，在2009年和2010年两个年度的全国刑法学术年会中都把死刑改革问题作为议题之一。[①] 本人所带领的北师大刑法学术团队，自2003年以来尤其是2007年以来也日益聚焦于我国死刑改革问题研究，举办了多次专题论坛，编著出版了多本死刑改革研究著作或文集，其代表性主张是向国家立法机关和最高司法机关提交并结集出版的多份关于死刑改革的研究报告。[②]

经过各方面的共同努力并得到中央决策的支持，我国死刑的立法改革终于在2011年取得重大突破：《刑法修正案（八）》一次性成规模地废止了13种经济性、非暴力犯罪的死刑，并设立了老年人犯罪原则上免死的制度；2015年通过的《刑法修正案（九）》继续跟进死刑立法改革的步伐，又一次成规模地废止了9种犯罪的死刑，并提高死缓犯执行死刑的门槛，废除了绑架罪、贪污罪和受贿罪之绝对死刑的规定。死刑的立法改革俨然成为不可逆转的趋势。

在我国死刑改革于司法和立法领域均取得突破性进展的鼓舞下，这一时期本人进一步关注和重点研究死刑制度改革问题，迄今15年来，计出版死刑书籍十余本（包括本人主持而得到欧盟资助的中国死刑改革项目的成果[③]和本人主持的中美死刑项目成果）[④]，其中最具代表性的是本人关于死刑改革的第二本专题文

① “死缓制度适用与完善研究”是2009年全国刑法学术年会的三个实务议题之一；“死刑的立法控制问题”是2010年全国刑法学术年会的四个实务议题之一。赵秉志．中国刑法学研究会学术研究30年．北京：法律出版社，2014：863.

② 赵秉志．死刑改革研究报告．北京：法律出版社，2007。该书2010年10月获北京市第十一届“哲学社会科学优秀成果”二等奖。

③ 赵秉志．死刑个案研究．北京：中国法制出版社，2009；赵秉志，夏巴斯．死刑立法改革专题研究．北京：中国法制出版社，2009；赵秉志，等．穿越迷雾：死刑问题新观察．北京：中国法制出版社，2009；赵秉志．死刑改革的中国实践（中英文对照）．北京：中国法制出版社，2011；赵秉志．死刑改革的域外经验（中英文对照）．北京：中国法制出版社，2011；赵秉志．死刑适用标准研究（中英文对照）．北京：中国法制出版社，2011.

④ Jerome A. Cohen，赵秉志．中美死刑制度现状与改革比较研究．北京：中国人民公安大学出版社，2007；杰罗姆·柯恩，赵秉志．死刑司法控制论及其替代措施．北京：法律出版社，2008.

集[①]；发表死刑改革问题论文和文章近百篇（其中在比较重要的学术期刊上发表的有二十余篇，并有两篇获奖[②]）；主持完成有关死刑改革的科研项目或咨询报告十余个，指导完成死刑改革方面的博士论文或博士后出站报告十余篇，主持或参加相关学术会议（论坛）、作学术讲座（演讲）等三十多次。[③]

这一时期本人关于死刑改革的研究得以进一步深化和拓展，不仅注重结合我国死刑改革的实践探讨其方向、道路、策略和疑难问题，而且注意以比较法和国际法的视野来审视中国的死刑改革问题。例如，在 2007 年我国死刑司法改革取得显著进展的背景下，本人在探讨我国死刑制度改革的一篇论文中，列举了我国死刑制度改革必然会面临的社会环境条件、死刑既有立法、死刑司法现状、死刑观念影响诸方面的难点，并提出了有针对性的五个方面的对策建言：一是司法改革与立法改革相结合并以死刑的司法改革为中心；二是观念变革与制度改进相配合并以死刑的观念变革为基础；三是促进决策者认识与民意的共同提升并以提升决策者认识为重点；四是确定死刑限制与废止逐步进展的方向、路径与切实可行的步骤；五是研究与死刑制度改革配套的立法与司法措施。[④]

下面就本人近年来关于我国死刑制度改革在刑法领域几个方面的主要学术观点予以简述。

### （二）中国死刑制度改革的基本问题

#### 1. 关于死刑制度改革的必要性和根据

为纠正我国死刑立法过多和司法过宽的弊端，促进我国刑事法治和人权保护

① 赵秉志. 死刑改革之路. 北京：中国人民大学出版社，2014。该书于 2017 年 8 月获北京市第十四届哲学社会科学优秀成果奖二等奖。

② 获奖的两篇论文为：(1) 赵秉志. 我国现阶段死刑制度改革的难点及对策——从刑事实体法视角的考察. 中国法学，2007 (2)，2014 年 10 月获第五届“钱端升法学研究成果奖”二等奖；(2) 赵秉志. 关于中国现阶段慎用死刑的思考. 中国法学，2011 (6)，2015 年 1 月获第十三届北京市哲学社会科学优秀成果二等奖，2015 年 10 月获教育部第七届高等学校科学研究优秀成果奖（人文社会科学）二等奖。

③ 赵秉志教授有关死刑改革的学术成果和学术活动一览（2007—2013）//赵秉志. 死刑改革之路. 北京：中国人民大学出版社，2014。

④ 赵秉志. 我国现阶段死刑制度改革的难点及对策——从刑事实体法视角的考察. 中国法学，2007 (2).

事业的进步，顺应国际社会限制与废止死刑的潮流和趋势，履行我国相关的国际义务，迫切需要及时推进中国死刑制度的改革。①

人道性应当成为我国死刑限制、减少乃至最终废止最主要的根据。这是因为：人道性是现代法治发达和文明进步国家废止死刑的主要根据；我国人权观念的发展状况能为死刑废止提供必要的空间；功利性作为死刑废止的根据，存在难以证实的缺陷。②

2. 人权保障是死刑制度改革的重要价值

人权保障是当代刑法改革的鲜明主题之一。③人权保障也是我国死刑制度改革的重要价值所在。④ 对现阶段尚需要保留死刑的国度而言，严格控制与合理减少死刑的立法规定和司法适用，事关刑法的人权保障，是当代刑罚向人道化方向发展的共识与大势。我国现阶段的死刑立法在实体与程序上都存在诸多严重的弊端，因而有必要强调通过实体与程序相结合来控制死刑，从而使我国刑法中的死刑及其适用更加科学、文明、合理和人道。而死刑的司法控制在我国现阶段相对于死刑立法控制而言更为现实，是促进刑法之人权保障的重要环节，因而要予以充分重视。⑤

3. 中国死刑制度改革的目标或趋势

在未来相当长的一段时间内，中国应当把进一步限制和减少死刑作为其死刑制度改革的近期目标，这主要是由中国现实的国情民意所决定的；放眼未来，中国应当将全面而彻底地废止死刑作为其死刑制度改革的远期目标，这是理性考察

---

① 赵秉志. 我国现阶段死刑制度改革的难点及对策——从刑事实体法视角的考察. 中国法学，2007 (2)；赵秉志. 当代中国死刑改革的进展与趋势. 法学，2011 (11).

② 赵秉志. 当代中国死刑改革争议问题论要. 法律科学，2014 (1).

③ 赵秉志，等. 刑法改革与人权保障. 中国刑事法杂志，1998 (5).

④ 赵秉志. 当代中国死刑改革的进展与趋势. 法学，2011 (11).

⑤ 赵秉志. 全球化时代中国刑法改革中的人权保障. 吉林大学学报（社会科学版），2006 (1)；赵秉志. 论中国刑事司法中的人权保障. 北京师范大学学报（社会科学版），2006 (3)；赵秉志，彭新林. 国家人权行动计划有关死刑规定的新视点. 人民法院报，2009-05-27.

相关国际国内因素所得出的结论。[①]

当代中国死刑制度改革的总趋势，是以现有的死刑制度为基础，逐步限制和减少死刑，并最终废止死刑。其中，限制和减少死刑是中国死刑制度改革的近期趋势，全面而彻底地废止死刑则是中国死刑制度改革的最终目标。[②]

4. 中国死刑制度改革中的民意问题

死刑民意是死刑改革无法回避的社会问题和政治问题。[③] 崇尚以死刑来报应严重犯罪的观念，在中国社会中可谓根深蒂固。中国社会这种死刑观念的形成与存续，不仅受到传统文化的深刻影响，而且与我国当前的犯罪状况、司法状况直接相关。崇尚死刑的观念过分看重甚至夸大死刑的作用。[④] 但是，有关死刑的民意是可以引导、进步的。在死刑改革问题上，国家不仅需要聆听民众的声音，更负有引导民意循着理性方向发展之职责。[⑤] 民意是否支持死刑改革，不仅关涉死刑改革的进度和深度，而且决定着死刑改革的合理性和权威性，因而死刑改革绝不能无视民意、排斥民意。死刑改革中应对民意的理性态度，就是引导公众理解和支持死刑改革，使公众成为推动死刑改革的主要社会力量。死刑改革的过程也必然是引导死刑民意不断进步的过程。国家决策者、学者、媒体和社会组织都应当成为死刑改革的中坚力量和死刑民意的引导主体。[⑥]

引导死刑民意，必须遵循死刑心理形成、变化的客观规律，其基本策略就是在理解公众关于死刑改革问题的利益需求之基础上，充分调动国家、学者、媒体和社会力量参与死刑改革的积极性，确立死刑民意引导的基本路径，即以死刑政

① 赵秉志. 中国死刑制度改革前景展望. 中国法律，2012 (1).

② 赵秉志. 当代中国死刑改革的进展与趋势——纪念《法学》复刊30周年. 法学，2011 (11)；赵秉志. 晚近中国大陆死刑制度演进之观察——纪念韩忠谟先生百年诞辰. 南都学坛，2013 (3).

③ 赵秉志，张伟珂. 论死刑民意的引导之策——以慎用死刑为视角. 国家检察官学院学报，2013 (4).

④ 赵秉志. 我国现阶段死刑制度改革的难点及对策——从刑事实体法视角的考察. 中国法学，2007 (2).

⑤ 赵秉志. 中国逐步废止死刑论纲. 政法论坛，2005 (1).

⑥ 赵秉志，张伟珂. 论死刑民意的引导之策——以慎用死刑为视角. 国家检察官学院学报，2013 (4).

策为基础，以死刑司法为主线，以死刑立法为根本。死刑民意引导要注意制度建设和理论研究并举、心理引导与个案引导并重。① 而引导民众死刑观念向着理性的方向发展，应当着力培育三个方面的死刑观念：一是少杀、慎杀的观念，二是宽容的观念，三是人道的观念。②

在死刑个案的司法中，不应当惧怕和排斥民意，而应当以必要的制度与合理的渠道适当倾听和考虑民意，以使案件裁判更加公正合理。当然，对民意也要注意进行理智的分析和正确的引导。③ 死刑裁判不能盲从或一味迁就民意，而是要通过制度化的途径引导民意理性发挥作用，这不仅有利于增强死刑裁判的社会基础，而且有助于司法权威和公信力的提升。④

5. 中国死刑制度改革中决策者的作用和认识问题

国家决策者对死刑改革具有举足轻重的作用，应当站在时代潮流之前列，对法治发展、人权进步、死刑改革有清醒的认识，顺应死刑废止的国际趋势，努力推动中国死刑改革的进程。⑤

强有力的政治领导对死刑改革具有重要作用。在不能即刻进行死刑立法变革的情况下，政治领导人应承担起推进社会改革、促进社会文明发展的历史重任。在实然层面，死刑改革最终是一项由立法权来确定的社会变革，而立法权是国家权力的重要组成部分，并由国家领导人来行使。政治家在关键时刻要能够担当起历史重任，把握死刑改革的本质和民意的实质，果断地废止部分犯罪的死刑来引导民意的进步，直至逐步废止死刑。⑥

---

① 赵秉志，张伟珂. 论死刑的民意引导——以慎用死刑为视角. 国家检察官学院学报，2013 (4).

② 赵秉志，彭新林. 中国死刑适用若干现实问题研讨——以李昌奎案及其争议为主要视角. 当代法学，2012 (3).

③ 赵秉志. 当代中国死刑改革争议问题论要. 法律科学，2014 (1).

④ 赵秉志，彭新林. 中国死刑适用若干现实问题研讨——以李昌奎案及其争议为主要视角. 当代法学，2012 (3).

⑤ 赵秉志. 中国逐步废止死刑论纲. 政法论坛，2005 (1).

⑥ 赵秉志，张伟珂. 论死刑民意的引导之策——以慎用死刑为视角. 国家检察官学院学报，2013 (4).

6. 死刑制度改革与死刑观念变革的关系

死刑观念的变革是中国现阶段死刑制度改革的必要基础。中国死刑制度的改革不能仅限于制度层面，还要有社会观念层面的配合。只有具备与制度相协调的社会观念，制度才能够顺利运行并发挥其积极的功效。①

当前中国死刑制度改革从总体上看还是比较注意迎合民众的死刑观念，《刑法修正案（八）》对死刑罪名的削减和对老年人犯罪免死的例外规定，都体现了对现存观念的顺应。②

在促进死刑制度改革的过程中，促进民众死刑观念的转变具有同样重要甚至更为重要的作用。但这并不意味着制度改革要一味地迎合、顺应现存的民众观念。实际上，制度作为一种强制力量，只要不与民众的观念形成强烈的对立，制度变革及其成功运行就会对社会观念变革产生积极的引导作用。因此，可以通过适度超前的死刑制度改革引导民众崇尚死刑观念的转变，这已为域外许多国家和地区死刑改革的实践所证实。要重视中国死刑制度改革对民众死刑观念变革的积极引导作用，而且这应当成为我国死刑改革之制度与观念关系中更为重要的方面。③

7. 中国死刑制度改革中的国际因素问题

废止死刑已成为势不可挡的国际潮流。人权无疑是当今国际社会废止死刑的一个重要理由，对当今国际死刑废止运动起着推动作用。然而，政治才是国际死刑废止趋势的决定因素，即民主、民主化进程、死刑废止国与保留国之间的政治博弈，才是国际死刑废止的决定因素。死刑衰亡的历史表明，政治的高度民主化是彻底废止死刑的前提。但政治不是唯一影响国际死刑废止的因素，刑罚的文化特征（特别是死刑的文化特征），也是影响国际死刑废止的因素之一。④

---

① 赵秉志. 我国现阶段死刑制度改革的难点及对策——从刑事实体法视角的考察. 中国法学，2007（2）；赵秉志. 死刑改革新思考. 环球法律评论，2014（1）.

② 赵秉志. 当代中国死刑改革的进展与趋势——纪念《法学》复刊30周年. 法学，2011（11）.

③ 赵秉志. 死刑改革新思考. 环球法律评论，2014（1）；赵秉志. 再论我国死刑改革的争议问题. 法学，2014（5）.

④ 赵秉志，王水明. 当代国际死刑废止趋势及其影响因素研究. 中南民族大学学报（人文社会科学版），2013（4）.

国际人权法规范对各国死刑废止具有影响。各个主权国家之所以趋向于遵守国际人权法规范或者向其靠拢，是因为国际人权力量在世界范围内能够对各国在国际社会中的利益、身份和声誉施加广泛影响力。既往国际人权法规范对我国死刑改革有一定的影响但其影响力又很有限，关键问题在于我国多元、复杂的国情。国际社会在助力我国死刑改革时，需要深入了解我国社会的具体政治、历史及文化条件，并采用平等、灵活而柔和的沟通方式。①

在全球化不断发展的当代，死刑制度的国际发展呈现出废止死刑成为主要潮流、深受国际人权观念和人权运动影响、受到国际组织力量的有力推动以及国际法治化特点明显等趋势，并在适用的罪种、对象、溯及力、救济措施、执行方式和数字公开等方面严格限制死刑。中国死刑制度在死刑适用的效力标准和死刑执行的方式标准两个方面基本符合死刑国际化的要求，但在死刑的价值、罪种、对象、救济、公开死刑数字等方面，还存在明显的问题和差距：一是注重人权保障的价值理念仍有待加强；二是死刑适用的罪种范围存在泛化倾向；三是刑法典对死刑适用与执行对象的禁止仅限于“犯罪的时候不满十八周岁的人”和“审判的时候怀孕的妇女”，而联合国《公民权利和政治权利国际公约》等国际法律文件已经将不得适用或执行死刑的对象范围扩大到了“新生婴儿的母亲”、“弱智人”、“精神病患者”和老年人；四是死刑判决的救济手段十分有限；五是一直没有公开死刑判决和执行的数字。②

### （三）中国死刑政策完善和死刑制度改革的策略问题

#### 1. 中国死刑政策及其完善问题

（1）关于我国死刑政策及其演进的基本认识。

死刑政策是死刑法治和死刑制度改革的指导思想，也是本人长期关注的重点问题。本人关于我国死刑政策及其演进的基本认识如下：其一，死刑政策是一项

---

① 赵秉志，苗苗．论国际人权法规范对当代中国死刑改革的促进作用．吉林大学社会科学学报，2013 (4).

② 赵秉志．论全球化时代的中国死刑制度改革——面临的挑战与对策．吉林大学社会科学学报，2010 (2).



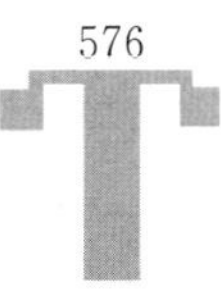

具体而重要的刑事政策，可以划入公共政策的范畴；其二，我国源于民主革命时期并于新中国建立后逐步确立的“保留死刑，少杀、慎杀，可杀可不杀的坚决不杀”的死刑政策是理性的，这一政策基本得以贯彻于1979年刑法典中；其三，1979年刑法典颁行后的十几年间，由于抗制严重经济犯罪和严重社会治安犯罪的需要，加之重刑主义思想的影响，我国刑法之立法与司法实践均背离了我国的死刑政策，但死刑政策的正确性不容置疑；其四，1997年刑法典在限制死刑方面的诸多努力，实际上是重新确立和强调“少杀、慎杀”的死刑政策；其五，在当代全球废止与限制死刑的浪潮中，我国废止死刑具有政治、经济、社会和立法技术诸方面的可行性，但从我国国情和社会平稳发展考虑，无法采纳立即废止死刑的“突然死亡法”，而应采纳严格限制、逐步减少到全部废止死刑的“慢性死亡法”，为此要通过政策引导暨立法与司法控制、实体与程序控制等多种渠道的努力。①

（2）关于死刑政策如何贯彻的见解。

在保留死刑的现状下，“少杀、慎杀”即成为我国现行死刑政策的主旨，这也是宽严相济基本刑事政策在死刑配置与适用方面的具体体现。其中的“慎杀”即慎用死刑，既是我国现阶段死刑司法政策的基本要求，也在立法层面对死刑的配置起着制约与指导作用。“慎用死刑”是契合我国社会发展和法治进步的必然选择，它不仅强调死刑适用的合理性和节制性，还强调死刑适用的慎重性与不得已性，并侧重于对死刑审判的质量提出要求。为切实贯彻慎用死刑的政策，需要在严格掌握死刑适用标准的基础上，合理衡量案件情节，以罪中情节作为决定死刑适用与否的首要依据，以罪前、罪后情节作为其必要补充，并适当参酌舆情民意，努力追求法律效果与社会效果的有机统一。②

（3）关于死刑政策调整与完善的建言。

我国现阶段的死刑政策是“保留死刑，严格限制和慎重适用死刑”。本人主

---

① 赵秉志．从中国死刑政策看非暴力犯罪死刑的逐步废止问题．法制日报，2003-07-07；赵秉志，郭理蓉．死刑存废的政策分析与我国的选择．法学，2004（4）；赵秉志，王鹏祥．中国死刑改革之路径探索．中州学刊，2013（6）．

② 赵秉志．关于中国现阶段慎用死刑的思考．中国法学，2011（6）．

张，应结合我国死刑改革的现实需要，对我国现阶段的死刑政策作更加积极的合理调整，将其修改调整为："现阶段暂时保留死刑，但严格控制和慎重适用死刑，并且逐步减少死刑和最终废止死刑。"

关于修改调整我国死刑政策的理由。首先，若能在死刑政策中规定只是"现阶段暂时保留死刑"，明确要"逐步减少死刑"，尤其是要"最终废止死刑"，必将有助于进一步明确我国死刑制度改革的方向和目标，有力地推动当下的我国死刑改革，并使我国的死刑法治发展前景与国际社会的死刑改革大趋势相一致。① 其次，将"废止死刑"明确纳入死刑政策的必要性和理由在于：一是符合我国死刑改革发展的最终趋势；二是有助于进一步明确我国死刑制度的改革方向和目标；三是有助于发挥死刑政策的指导作用，调动各方面的力量加强废止死刑的政策宣传，完善相关立法和司法的配套制度建设，从而促进我国死刑制度改革进一步朝着最终废止死刑的方向和目标迈进。②

（4）关于死刑政策立法化的主张。

死刑政策的立法化在当前背景下十分必要。一方面，死刑政策的立法化是保持死刑政策稳定性的重要举措。过去数十年来，虽然我国一直都提倡限制和减少死刑，但死刑政策前后差别仍然很大。从保持政策稳定性的角度看，我国有必要将死刑政策立法化。另一方面，死刑政策的立法化是严格贯彻死刑政策的重要保证。经立法化的政策兼具政策的指导力和法律的强制力，死刑政策的立法化将赋予死刑政策以法律的约束力。在此基础上，如果将"废止死刑"作为我国的死刑政策并纳入刑法典，那么它必将对死刑立法和司法改革产生极大的促进力，可以不断提升我国死刑改革的速度、力度和范围。③

---

① 赵秉志. 死刑改革新思考. 环球法律评论，2014（1）；赵秉志. 当代中国死刑改革争议问题论要. 法律科学，2014（1）；赵秉志，徐文文. 当代中国死刑政策问题检讨暨完善建言. 湖南科技大学学报（社会科学版），2017（3）.

② 赵秉志. 当代中国死刑改革争议问题论要. 法律科学，2014（1）.

③ 赵秉志. 中国死刑立法改革新思考——以《刑法修正案（九）（草案）》为主要视角. 吉林大学社会科学学报，2015（1）.

2. 中国死刑制度改革的策略问题

概而言之，现阶段促进我国死刑制度改革的策略，包括调整死刑政策、推动立法修改、强化司法控制和理性引导民意等几个方面。而推动立法修改和强化司法控制尤其重要且内容丰富。

我国死刑改革中立法改革方面的策略或举措，主要包括：(1) 进一步完善死刑适用标准；(2) 进一步扩大限制死刑适用的对象范围；(3) 以无期徒刑和长期自由刑逐步替代死刑；(4) 进一步成规模地削减死刑罪名；(5) 提高“死刑大户”罪名适用死刑的规格；(6) 摒弃绝对死刑的法定刑；(7) 增设死刑赦免制度；(8) 适当提高有期徒刑的刑期；等等。

我国死刑改革中司法改革方面的策略或举措，主要包括：(1) 切实贯彻宽严相济的基本刑事政策和死刑政策的精神；(2) 明确死刑的适用标准；(3) 充分重视并扩大死缓的适用；(4) 在法定刑选用上要注意最后选择死刑；(5) 充分注意法定和酌定从宽情节对死刑控制的积极作用；(6) 要特别重视程序法对死刑控制的重要价值；(7) 公开死刑执行的数字；(8) 慎重制定相关的司法解释；(9) 严格重罪犯减刑、假释的适用；等等。①

（四）中国死刑制度改革的模式、路径和步骤问题

1. 关于死刑制度改革的模式问题

关于我国死刑改革中废止死刑的模式问题，理论上有立即（或短时期内）全面、彻底废止与逐渐废止的不同主张。从中国的历史和现实情况来看，中国不适宜、也不可能立即或在短时期内全面、彻底地废止死刑，而应当以现阶段的国情、民意和社会发展需要为基础，以国际社会的经验为参照，采取渐进式的改革模式，即逐步减少、限制死刑的适用，要结合社会的发展进程、死刑罪名的性质和司法适用情况以及社会的可接受程度，科学设计减少、废止死刑的类型、路线

① 赵秉志. 中国逐步废止死刑论纲. 法学，2005 (1)；赵秉志. 当代中国死刑改革的进展与趋势. 法学，2011 (11)；赵秉志. 中国死刑制度改革前景展望. 中国法律，2012 (1)；赵秉志. 死刑改革新思考. 环球法律评论，2014 (1)；赵秉志，王鹏祥. 中国死刑改革之路径探索. 中州学刊，2013 (6).

图和时间表，逐步走向最终全面、彻底废止死刑的目标。①

参照我国港澳两个特别行政区已经废止死刑的立法例，在我国内地经济较为发达、文化比较昌明、社会治安良好、暴力犯罪较少的地区，可以考虑先行建立全面废止所有暴力犯罪死刑的试验区（刑事司法特区），在该地区用其他惩罚性严厉的刑种替代死刑，为全国在未来逐步全面废止死刑提供司法经验。这个问题有待进一步研究。②

2. 中国死刑制度改革的路径问题

关于我国死刑制度改革的路径，理论上有司法改革路径、立法改革路径及二者并进路径等不同的主张。晚近三十余年来我国死刑制度历经初步限制、膨胀扩张和重新限制三个演进阶段，并以限制和减少死刑为主线，呈现出逐步限制与废止死刑的渐进模式，其中各种主客观因素交相影响、制约，但始终坚持立法改革与司法改革并进且以司法改革为主的路径。死刑的立法改革具有基础性、决定性的作用，但其程序繁多而复杂；死刑的司法改革不涉及复杂的立法程序，具有更为方便、快捷、适宜的特点。未来我国死刑制度改革应继续坚持采取立法改革与司法改革并进的路径，这是我国死刑制度改革的成功经验总结，是实现两者优势互补、减少死刑改革阻碍的需要，也是符合立法与司法特点的理智举措。应当指出，现阶段中国死刑制度的改革，固然需要立法改革与司法改革齐头并进，但更有必要以司法改革为中心③；若就中国死刑制度改革的最终目标而言，死刑制度的司法改革应被定位为现阶段的过渡手段，因为死刑制度改革目标的实现最终必

---

① 赵秉志．中国短期内能否废止死刑问题要论．法学杂志，2009（8）；赵秉志．死刑改革新思考．环球法律评论，2014（1）；赵秉志．再论我国死刑改革的争议问题．法学，2014（5）．

② 赵秉志．中国短期内能否废止死刑问题要论．法学杂志，2009（8）．

③ 赵秉志．我国现阶段死刑制度改革的难点及对策——从刑事实体法视角的考察．中国法学，2007（2）；赵秉志．当代中国死刑改革的进展与趋势——纪念《法学》复刊30周年．法学，2011（11）；赵秉志．晚近中国大陆死刑制度演进之观察——纪念韩忠谟先生百年诞辰．南都学坛，2013（3）；赵秉志．再论我国死刑改革的争议问题．法学，2014（5）．

须借助立法手段。[①]

3. 中国死刑制度改革的步骤问题

设计和论证死刑制度改革的立法步骤，对我国死刑制度改革的顺利推进和成功至关重要。结合我国21世纪社会发展的阶段性目标，并考虑中国的国情民意，参考国外的经验，本人在2005年率先提出了我国应分三个阶段逐步废止死刑和先行废止非暴力犯罪死刑的构想与建言[②]，并在后续相关研究中坚持和完善了这一构想。

第一阶段，先行逐步废止非暴力犯罪的死刑（至2020年中国计划实现小康社会之发展目标时）。从许多国家大幅度限制死刑和逐步废止死刑的进程看，首先废除非暴力犯罪的死刑乃是一条成功之路，也符合社会发展的基本规律。中国废止死刑之路，也应以逐步而及时地废止非暴力犯罪的死刑为切入点。[③] 在废止非暴力犯罪死刑的立法步骤上，可区分以下三种情形逐步废止我国非暴力犯罪的死刑：(1) 对于侵犯个人法益的侵犯财产型非暴力犯罪，以及无具体被害人的侵犯社会法益型非暴力犯罪，诸如破坏市场经济秩序型非暴力犯罪、妨害社会管理秩序型非暴力犯罪等，目前即应当从立法上及时全面地废止其死刑规定。废止这些犯罪的死刑，较易为公众所接受而不至于引起较大的负面社会影响。(2) 对于侵犯社会法益的危害公共安全型非暴力犯罪，以及侵犯国家法益的危害国家安全型、危害国防利益型、军人违反职责型非暴力犯罪，通过逐步限制、减少死刑的适用，在2020年前完全废止其死刑条款。(3) 对于贪污罪、受贿罪等贪利型职务犯罪以及严重的毒品犯罪，在现阶段应首先通过提高其死刑的适用标准以严格限制与减少其死刑适用，并根据社会和人权发展状况考虑废止其死刑的时间，力

① 赵秉志. 论全球化时代的中国死刑制度改革——面临的挑战与对策. 吉林大学社会科学学报，2010 (2).

② 赵秉志. 中国逐步废止死刑论纲. 法学，2005 (1)；赵秉志. 论中国非暴力犯罪死刑的逐步废止. 政法论坛，2005 (1).

③ 赵秉志. 论中国非暴力犯罪死刑的逐步废止. 政法论坛，2005 (1).

争在 2020 年前废止其死刑，或者至少将其死刑限制为极少适用的情形。[①]

第二阶段，继而逐步废止非致命性普通暴力犯罪的死刑。未来中国废止非致命性普通暴力犯罪死刑之立法步骤，应区分以下情形逐步进行：（1）对于某些暴力程度相对较低通常不危及被害人生命的普通暴力犯罪，也可不必等到 2020 年，而可伴随着某些非暴力犯罪的死刑废止进程而先行废止其死刑。分阶段逐步废止中国的死刑是从整体上而言，并非将每一阶段截然割裂开来。对于此类普通暴力犯罪，例如拐卖妇女、儿童罪，强迫卖淫罪，因为从整体上讲其社会危害性相对较低，当然可以在条件成熟时即行废止其死刑。（2）对于某些过失致命性普通暴力犯罪，在适当时机也应先行废止其死刑。这类犯罪的行为人主观恶性相对较小，不能与故意致命性暴力犯罪等同视之，例如强奸过失致死、抢劫过失致死、故意伤害致死、绑架过失致死等。可以通过刑法立法提高其死刑适用标准的方式，对上述过失致命性暴力犯罪排除适用死刑。（3）对于大部分原本属于故意致命性的普通暴力犯罪，可以通过立法技术的调整，将其转以故意杀人罪论处，从而从立法技术的角度废止其死刑条款。即凡是故意侵犯生命的犯罪情形，一律按故意杀人罪论处。总之，经过逐步努力，在全面废止非暴力犯罪死刑后，再经过 10 年到 20 年的发展，伴随着“全面建设小康社会”之进程，中国的法治持续发展和人权不断弘扬，届时中国应基本废除普通暴力犯罪的死刑，而在立法上只保留故意杀人罪和战时暴力犯罪的死刑条款。[②]

第三阶段，致命性暴力犯罪与战时暴力犯罪死刑的限制与废除。我国现阶段要废止致命性暴力犯罪的死刑面临的困难很大，但从立法上对致命性暴力犯罪的死刑适用作更严格限制则十分必要。限制措施可重点考虑两条：一是取消绝对确定死刑的立法，增加“无期徒刑”刑种，将其法定刑由“处死刑”修改为“处无

① 赵秉志．中国逐步废止死刑论纲．法学，2005（1）；赵秉志．论中国非暴力犯罪死刑的逐步废止．政法论坛，2005（1）；赵秉志．中国逐步废止死刑之建言——以废止非暴力犯罪死刑为中心//赵秉志．刑事法治发展研究报告（2004 年卷）．北京：中国人民公安大学出版社，2005：14-16.

② 赵秉志．中国逐步废止死刑论纲．法学，2005（1）；赵秉志．中国死刑制度改革前景展望．中国法律，2012（1）；赵秉志．再论我国死刑改革的争议问题．法学，2014（5）.

期徒刑或者死刑”[①]；二是应进一步从立法上对致命性暴力犯罪的死刑适用标准作更加严格的限制，如可以明确规定致命性暴力犯罪的死刑只适用于造成他人死亡的情形。[②] 通过前两个阶段的努力，我国死刑立法和司法状况将大为改观。在我国刑法立法上基本废除普通暴力犯罪死刑后，再经过若干年的发展，至迟到2050年亦即新中国成立100周年之际，应将废除故意杀人罪和战时暴力犯罪的死刑提上立法日程。当然，在此过程中，也可根据社会发展和法治完善的程度，将战时暴力犯罪中非致命性犯罪之死刑先行废止。在此基础上，再考虑彻底而全面地废止死刑，最终完成死刑废止之漫漫征途。[③]

（五）中国死刑制度改革的具体措施问题

1. 死刑适用标准的统一与完善问题

关于死刑适用标准的把握。对于我国刑法典第48条第1款所规定的死刑适用标准“罪行极其严重”的理解，应站在贯彻“严格限制和慎重适用死刑”的死刑政策之高度，按照主客观相统一的思路，从具体犯罪的性质、犯罪的客观危害、犯罪人的主观恶性及犯罪人的人身危险性等要素作限制解释。[④]

实现死刑适用标准的统一化，是死刑核准权收回最高人民法院之后切实限制和减少死刑的重要措施之一。死刑适用标准的统一化，主要包括对死刑适用标准的一致性认识，以及对死刑裁量情节的总结和归纳。最高人民法院在死刑适用标准统一化方面起着主导作用。死刑适用标准统一化的具体建构，需要从死刑适用

① 在刑法学界的倡导下，我国立法机关已在2015年8月通过的《刑法修正案（九）》中取消了绑架罪、贪污罪、受贿罪中绝对死刑的规定，从而迈开了废止绝对死刑的步伐。

② 赵秉志．中国死刑立法改革新思考——以《刑法修正案（九）（草案）》为主要视角．吉林大学社会科学学报，2015（1）．

③ 赵秉志．中国逐步废止死刑论纲．法学，2005（1）；赵秉志．中国逐步废止死刑之建言——以废止非暴力犯罪死刑为中心//赵秉志：刑事法治发展研究报告（2004年卷）．北京：中国人民公安大学出版社，2005：16-17；赵秉志．中国死刑制度改革前景展望．中国法律，2012（1）；赵秉志．再论我国死刑改革的争议问题．法学，2014（5）．

④ 赵秉志．论暴力犯罪死刑适用标准的合理确定．人民检察，2013（23）．

标准一致化、情节的具体化、犯罪的类型化等方面入手。[1]

关于我国刑法中死刑适用标准的改革。死刑适用标准是死刑立法的关键问题。对于死刑适用的标准，我国 1979 年刑法典规定的是“罪大恶极”，1997 年新刑法典改为“罪行极其严重”，联合国《公民权利和政治权利国际公约》第 6 条第 2 款规定的是“最严重的罪行”。在国家立法机关起草《刑法修正案（九）》的研拟过程中，曾有修法方案本着进一步严格控制、慎用死刑的精神，主张在死刑适用标准中吸纳联合国上述公约的规定，后因与会者意见分歧而令人遗憾地被搁置了。[2]

本人在参与《刑法修正案（九）（草案）》的研拟讨论中和有关研究中都明确主张修改我国刑法典第 48 条的死刑标准，借鉴联合国上述公约第 6 条第 2 款的规定，将“最严重的罪行”纳入我国刑法之死刑适用的标准。主要理由在于：一是联合国公约所称“最严重的罪行”是指所有犯罪中整体性质最为严重的犯罪，而我国刑法中“罪行极其严重”的死刑标准主要涉及的是行为的客观危害、行为人的主观恶性和人身危险性，其内涵较为模糊，与联合国公约条款的含义颇有差距。从严格限制死刑考虑，需要与联合国公约接轨。二是“最严重的罪行”标准可以作为我国死刑适用标准的进一步限制。“最严重的罪行”标准与“罪行极其严重”标准各有侧重，可以相互结合，即在立法上用“最严重的罪行”标准将死刑限制在特殊性质的犯罪，在此基础上再在司法中用“罪行极其严重”标准限制犯罪的情节。三是将“最严重的罪行”标准纳入我国死刑适用的标准，有助于进一步限制死刑的适用。一方面，在立法上，将“最严重的罪行”纳入刑法典总则关于死刑适用的标准，可以利用刑法典总则对刑法典分则的制约关系，促使立法者名正言顺地取消刑法典分则中非暴力犯罪和非致命性暴力犯罪的死刑，因为这两类犯罪在性质上都不应该属于“最严重的罪行”；另一方面，在司法上，将

---

① 赵秉志，黄晓亮. 论死刑适用标准的统一化问题——以限制死刑适用为立场. 政治与法律，2008 (11).

② 赵秉志. 中国死刑立法改革新思考——以《刑法修正案（九）（草案）》为主要视角. 吉林大学社会科学学报，2015 (1).

“最严重的罪行”纳入刑法典，有助于推动最高人民法院严格控制死刑适用的犯罪类型，扩大实践中不适用死刑罪名的范围，为死刑罪名的立法废止创造条件。①

2. 死刑适用对象的限制问题

对死刑适用对象的限制，主要涉及未成年人、老年人以及精神障碍人等特殊主体的死刑限制适用问题。

关于未成年人犯罪的死刑适用限制问题。对未成年人不判处死刑是联合国多个公约所确立的一项基本原则。我国自 20 世纪初以来即开始了确立这一原则的努力，但直到 1997 年新刑法典才实现了与这一原则的“无缝衔接”。考察未成年人不判处死刑原则在我国确立的历程，至少有三点启示：一是尽管艰难，但彻底废除死刑在我国仍具有实现的可能性；二是从犯罪主体角度废除死刑要比从罪行性质的角度入手更具可行性，也更为平和而较少带来负面影响；三是基于年轻青年与未成年人有着诸多类似之处，可以考虑首先将未成年人不判处死刑规则延伸于这一群体，这也是避免误判不满 18 岁未成年人死刑的需要。②

关于老年人犯罪的死刑限制适用问题。《刑法修正案（八）》设立老年人原则上免死的制度值得肯定，但我认为将老年人犯罪免死的年龄由“已满 75 周岁”改为“已满 70 周岁”更为合理。③ 对老年人犯罪免死不应有例外规定：一是例外规定不符合老年人犯罪免死的国际惯例，二是例外规定不符合老年人犯罪免死的刑罚人道主义之法理基础，三是例外规定不符合我国老年人犯罪死刑适用的实际状况。④

我国刑法还应当建立哺育期母亲、精神障碍人、聋哑人等特殊主体的免死制度。主要理由：一是符合联合国公约的要求，二是符合刑法的基本精神，三是符

① 赵秉志. 中国死刑立法改革新思考——以《刑法修正案（九）（草案）》为主要视角. 吉林大学社会科学学报，2015（1）.

② 赵秉志，姚建龙. 废除死刑之门——未成年人不判死刑原则及其在中国的确立与延伸. 河北法学，2008（1）.

③ 赵秉志. 关注老年人犯罪应否免死问题. 法制日报，2010-10-27.

④ 赵秉志. 中国死刑立法改革新思考——以《刑法修正案（九）（草案）》为主要视角. 吉林大学社会科学学报，2015（1）.

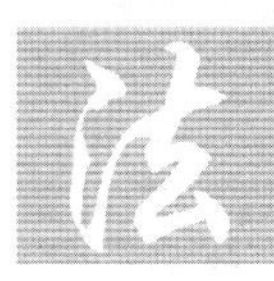



合刑法有关规定的蕴含，四是符合我国死刑政策的要求。[①]

3. 量刑情节限制死刑适用问题

（1）量刑情节对死刑限制适用的影响。死刑案件中的各种罪前、罪中和罪后量刑情节，是决定应否适用死刑以及选择何种死刑执行方式的根据所在。死刑政策的切实贯彻有赖于在准确把握死刑适用标准的基础上，对案件所蕴含的各种罪前、罪中和罪后情节予以正确衡量，综合判定其是否属于“罪行极其严重”、是否属于“不是必须立即执行”。

不同种类的量刑情节在内容和性质上可能属于犯罪的某个方面，但其对行为人的罪行是否符合死刑适用标准的揭示和说明并不是单一的，因而根据量刑情节来分析罪行是否极其严重，需要对具体案件的所有量刑情节从整体上进行考量，而不能单纯依靠某一个或者某一方面的量刑情节就确定对犯罪人适用或者不适用死刑。只有将死刑适用与否的裁决根植于对具体案件的所有罪前、罪中与罪后情节进行整体的合理衡量的基础上，才能彰显慎用死刑政策所强调的合理性、节制性、慎重性与不得已性。

申言之，尽管刑罚裁量的本质根据在于犯罪的社会危害程度，但它又通过犯罪的事实、犯罪的性质和情节表现出来。其中，发生在犯罪实施过程中、表现行为社会危害性及其程度的犯罪事实，亦即罪中情节，是裁量刑罚的基本的和首要的依据，包括犯罪构成事实和犯罪构成事实以外的其他犯罪事实；而不具有犯罪构成的事实意义，却能反映犯罪行为的社会危害程度或者行为人主观恶性的各种罪前、罪后情节，则是衡量刑罚轻重的重要补充。罪中情节尤其是犯罪行为及其危害后果应是整体考量的决定性因素；而罪前、罪后情节只能起辅助作用，不能本末倒置地颠覆罪中情节的应有影响。因此，死刑案件之裁量，应以罪中情节作为决定死刑适用与否的首要依据，以罪前、罪后情节作为决定死刑适用与否的必

① 赵秉志. 中国死刑立法改革新思考——以《刑法修正案（九）（草案）》为主要视角. 吉林大学社会科学学报，2015 (1).

要补充。[①]

（2）死刑限制适用的法定情节问题。目前我国从立法上大规模废除刑法分则的死刑罪名并不现实，而从总则关于法定量刑情节的立法完善入手，对于切实推进死刑的司法限制具有重要意义。刑法总则规定的法定量刑情节，包括应当型情节和可以型情节。在死刑裁量中，只要不存在反向量刑情节，一旦具有应当型法定从宽量刑情节，就应该绝对排除死刑的适用；而可以型从宽量刑情节不具有绝对排除死刑适用的功能，只是存在排除死刑适用的可能性，最终是否适用死刑，仍需要根据犯罪的事实、性质和其他情节等因素来综合评价被告人所犯之罪是否达到了“罪行极其严重”的程度。刑法总则中规定的可以型法定从宽量刑情节中，具有在外国已经受过刑罚、限制刑事责任能力的精神病人犯罪、聋哑人或者盲人犯罪、预备犯、未遂犯、未遂教唆等从宽情节的被告人，实践中被判处死刑的极少，即这几种法定从宽量刑情节所蕴含的原则上从宽的立法倾向在实践中得到了较好的贯彻；而自首、坦白、立功这三种常见的可以型法定从宽量刑情节在实践中限制死刑适用功能的发挥则并不理想，这种状况与相关刑事政策所强调的原则上应当从宽形成悖论。可否待时机成熟时将这些可以型情节转化成应当型情节，尚有待深入研究。[②]

（3）死刑限制适用的酌定情节问题。通过酌定量刑情节限制死刑的适用，是当前我国死刑司法控制的一条重要而又现实的路径。充分发挥酌定量刑情节在限制死刑适用中的功效，一要强化“少杀、慎杀”观念，培育“宽容”观念，淡化“报应”观念，以及确立“重视酌定量刑情节”的观念；二要完善刑法关于量刑根据的规定和实现部分酌定量刑情节的法定化；三要尽快出台典型死罪的死刑适用指导意见和积极推行死刑案例指导制度；四要健全死刑案件缠诉、闹访的防控机制以及完善死刑案件的舆论引导机制。[③]

① 赵秉志．关于中国现阶段慎用死刑的思考．中国法学，2011（6）．

② 赵秉志，任能能．法定量刑情节与死刑适用关系论纲//赵秉志．刑事法治发展研究报告（2012—2013年卷）．北京：中国人民公安大学出版社，2014．

③ 赵秉志，彭新林．论酌定量刑情节在限制死刑适用中的作用．中国刑事法杂志，2011（12）．

死刑裁量应当考察的酌定情节，从罪中情节角度应考察犯罪行为方式及其表现、犯罪手段残忍与否、犯罪对象情况、危害后果的性质及其程度、犯罪故意类型及其程度等对死刑裁量的应有影响；从罪前情节角度应考察犯罪人的一贯表现情况、犯罪动机卑劣与否、被害人过错情况、民间矛盾激化情况等对死刑裁量的影响；从罪后情节方面应考察被告人民事赔偿情况、被害人谅解与否情况等对死刑裁量的影响。[①]

4．中国死缓制度的改革问题

死缓制度是中国特色刑罚制度的重要体现，其设立宗旨就在于既保留死刑的威慑力，又能在最大限度上限制、减少死刑的实际适用。死缓制度较好地体现了我国“保留死刑，严格控制和慎重适用死刑”的死刑政策，为逐步废除死刑打下民意基础。对死缓制度改革应当贯彻明确性、谦抑性原则。[②]

关于死缓的地位问题。我国应将死缓规定为死刑的主要执行制度。因为当前我国死缓的地位不甚明晰，弱化了死缓的功能；若能明确死缓在死刑执行制度中的主要地位，在立法上将死缓规定为死刑执行的主要或者优先适用的制度，有助于死缓功能的充分发挥，并以此弱化死刑立即执行的刑法地位。具体而言，可对 1997 年新刑法典第 48 条第 1 款后半段的规定进行调整，将其修改为：“对于应判处死刑的犯罪分子，应当判处死刑同时宣告缓期二年执行，但确属必须立即执行的除外。”[③]

关于死缓的适用条件。我国应当在刑法立法上对死缓适用条件作更为明确的规定。条件不明确容易导致死缓适用标准的不统一，也容易导致死缓制度的功能受损。死缓虽与死刑立即执行同为死刑制度，但它实际上是为限制死刑立即执行

① 赵秉志．关于中国现阶段慎用死刑的思考．中国法学，2011（6）．

② 赵秉志，常凯．死缓制度立法完善问题研究．南都学坛，2016（2）．

③ 赵秉志．中国死刑立法改革新思考——以《刑法修正案（九）（草案）》为主要视角．吉林大学社会科学学报，2015（1）；赵秉志，徐文文．《刑法修正案（九）》死刑改革的观察与思考．法律适用，2016（1）．

而创造的。死缓适用条件越明确，越有利于其限制死刑功能的发挥。[①]

关于死缓犯执行死刑门槛的提高。《刑法修正案（九）》将死缓犯执行死刑的门槛由“故意犯罪”提高至“故意犯罪，情节恶劣的”，有利于更加严格限制死缓犯执行死刑，是一个进步，也是合理可行的：最高人民法院统一行使死刑核准权能够防止对“情节恶劣”理解的不统一和扩大化；死缓犯又故意犯罪的情况可能很复杂，采用“故意犯罪，情节恶劣的”标准既可以严格限制死缓犯执行死刑，又可以相对灵活地涵盖某些恶劣情节。[②]

5. 死刑的替代措施问题

死刑逐步废止后，死刑替代措施是其制度建构的重要一环。死刑替代措施是指在对某些具体犯罪不适用死刑时，基于罪责刑相适应原则的要求而采取的其他严厉性大体相当或者相近的刑罚措施。对于明显不必配置死刑的犯罪，应该直接删除其法定刑中的死刑，或者在司法上根本不予适用，并不涉及以其他刑罚措施替代其死刑的问题；死刑替代措施只适用于那些本应适用死刑的具有极其严重的社会危害性的犯罪，如故意杀人、抢劫等严重暴力犯罪。因此，死刑替代措施是指在立法上替代具体犯罪法定刑之死刑的刑罚措施。死刑替代措施的价值和意义体现为，在立法上废止具体犯罪死刑的情况下，使对该犯罪的刑事制裁仍维持在相当严厉的程度，以贯彻罪责刑相适应原则的内在要求，并在客观上适应大幅度削减死刑罪名乃至逐步全面废止死刑的实际需要。[③]

死刑替代措施有立法替代措施与司法替代措施之分。从司法层面上看，死缓可以作为我国死刑立即执行的替代措施；从立法层面上看，无期徒刑可

---

① 赵秉志. 中国死刑立法改革新思考——以《刑法修正案（九）（草案）》为主要视角. 吉林大学社会科学学报，2015（1）；赵秉志，常凯. 死缓制度立法完善问题研究. 南都学坛，2016（2）；赵秉志，詹奇玮. 论我国死缓变更立即执行的条件——关于《刑法修正案（九）》第二条及其相关争议的分析. 河南警察学院学报，2017（1）.

② 赵秉志.《刑法修正案（九）》修法争议问题研讨//赵秉志. 刑法论丛：2015年第4卷. 北京：法律出版社，2015.

③ 赵秉志. 中国死刑替代措施要论. 学术交流，2008（9）.

作为我国死刑的替代措施，这主要是指被限制减刑、假释的严格的无期徒刑。①

未来在立法上替代死刑的刑罚措施，主要是无期徒刑（包括终身监禁），还有长期自由刑。一方面，替代死刑的无期徒刑（终身监禁）主要是指被限制减刑、假释的严格的无期徒刑（终身监禁）。不可减刑亦不可假释的无期徒刑（终身监禁）近乎于终身刑，在违反人道、摧残犯罪人人格尊严方面似并不亚于死刑，在立法上并不是替代死刑可取的措施。而在一定期间内不得减刑、不得假释的无期徒刑（终身监禁），并没有湮灭犯罪人改恶从善后出狱的希望，因而相对而言更具可取性。另一方面，长期自由刑也能在一定程度上起到替代死刑的作用。总之，不管是以何种措施替代死刑，都应确保犯罪人被剥夺自由的期限足够长久，以适应对其严重犯罪予以严厉惩治的需要。参考有关国家和地区的规定，考虑到犯有严重罪行的犯罪人较早释放后的再犯可能性，并结合我国男女的平均寿命和犯罪年龄的实际情况，此类犯罪人在监狱中实际执行的刑期不应少于20年或25年。

由于死刑替代措施的价值在于使未来从立法上削减死刑罪名乃至全面废止死刑成为可能，因而它应该具备与死刑基本相当或者至少相近的惩罚严厉程度，否则就难以贯彻罪责刑相适应原则的要求，也难以实现刑罚的目的。但是，我国现行刑罚体系所存在的“生刑过轻、死刑过重”的结构性缺陷，导致既有刑罚种类在严厉性上与死刑有着过于悬殊的差距，其实际执行也存在诸多亟待改善之处。所以，如果不从立法上进行完善和改进，就很难适应限制和减少死刑适用乃至全面废止死刑的客观需要。因此，应从立法上革新和完善现行刑法典所规定的无期徒刑、有期徒刑以及数罪并罚、减刑、假释等制度，建构合理的死刑替代措施，以适应未来大幅度削减死刑罪名乃至全面废止死刑的趋势。②

---

① 赵秉志．当代中国死刑改革争议问题论要．法律科学，2014（1）．

② 赵秉志．中国死刑替代措施要论．学术交流，2008（9）．



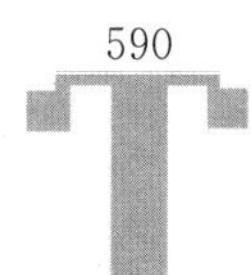

6. 死刑案件和解问题

死刑案件和解制度有助于我国死刑制度改革，应当倡导。这具体体现在：一是死刑和解具有积极的现实意义；二是死刑和解具有普遍的正当性，与“以钱买命”存在本质区别；三是我国刑法中的酌定从轻情节规定使死刑和解存在制度空间。[①]

7. 死刑赦免问题

在我国当前继续保留死刑并主张限制和慎用死刑的背景下，死刑赦免制度有助于加强死刑的限制和控制，值得倡导。主要理由在于：一是构建死刑赦免制度是我国履行相关国际公约义务的要求；二是构建死刑赦免制度有助于推进我国死刑制度的实际废止；三是我国的赦免实践可以为死刑赦免制度的建构提供制度和经验支持。[②]

8. 死刑数字公开问题

近年来刑事法学界提出的我国应单独公开死刑执行数量的主张值得肯定，主要理由有三：一是公开死刑执行数字是我国履行相关国际公约的要求；二是我国死刑执行数量已有较大幅度的下降，公开死刑数字所可能面临的国际压力也将明显降低；三是公开死刑执行数字有利于更好地促进限制和减少死刑适用的死刑政策的贯彻落实。[③]

（六）以刑事一体化为视角对我国死刑制度改革的体系化思考

为庆贺北京大学法学院资深教授暨北京师范大学刑事法律科学研究院特聘教授储槐植先生即将到来的90华诞，北京大学法学院拟于2022年编辑出版祝贺文集，该文集确定围绕“刑事一体化：源流、传承与发展”主题，邀请与储槐植教授学术情谊深厚的部分学界同仁，撰写并提交最新创作的原创性祝寿论文。本人作为与储槐植老师有数十年忘年交学术友谊的晚辈，荣幸地受到邀请共襄盛举，

① 赵秉志．当代中国死刑改革争议问题论要．法律科学，2014（1）．

② 同①．

③ 同①．

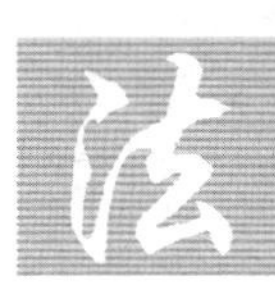


并深知祝寿文集以储老师的学术标签“刑事一体化”为主题的意义。遂邀约也特别敬重储老师的同仁袁彬教授切磋数日，希冀以“刑事一体化”为新视角来拓展和深化关于我国死刑制度改革的研究，形成如下关于我国死刑制度改革的体系化思考与见解。

加强死刑制度改革是当代中国刑法改革的重要任务。死刑改革是当代中国刑法改革过程中最受关注且最具现实意义的重大问题。自 1997 年全面修订刑法典以来，我国对死刑制度的立法改革和司法改革都取得了巨大的进步。虽然 2020 年 12 月通过的《刑法修正案（十一）》因种种原因没有涉及死刑改革问题，但这并不妨碍我国死刑制度改革今后的继续推进。我国现行刑法典在 46 种具体犯罪中还规定有死刑，并在司法中适用死刑达到一定的规模，我国刑罚总体上仍是重刑体系，需要更进一步的改革。

我国刑法理论上对死刑改革问题的现有研究较为丰富，但多是致力于研究死刑改革的具体问题，视角也往往局限于研究者自身的学科。但死刑不止是一个刑法或刑事法问题，而是一个多领域、多学科交叉的问题，既在刑法之内又在刑法之外。死刑问题的拓展研究需要系统化、一体化的思维，需要借鉴我国著名刑法学家储槐植教授曾提出的刑事一体化思想，其内涵是刑法内部结构合理（横向协调）与刑法运行前后制约（纵向协调）①，是把刑事一体化视为观念和方法的结合。② 以刑事一体化的观念和方法来考量，我国死刑制度改革既要立足于刑法之内，又要放眼于刑法之外，要左右联动，上下协调，对死刑制度进行体系化改革。

1. 刑事一体化：死刑制度体系化改革的内外逻辑

死刑制度体系化改革的基本逻辑，是主张死刑改革应当保持刑法的内在一致性和刑法与其他领域的外在协调性。

（1）死刑改革的内在一致性逻辑。基于此，死刑制度的体系化改革需要遵循以下内部逻辑：一是死刑的制度要素要合理，即要合理设计死刑适用条件、死刑

① 储槐植. 建立刑事一体化思想. 中外法学，1989（2）.

② 储槐植，闫雨. 刑事一体化践行. 中国法学，2013（2）.


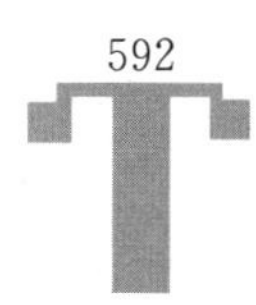

适用标准、死刑适用对象、死刑适用范围、死刑核准程序、死刑执行方式等；二是死刑的制度结构要素要协调，不能互相冲突；三是死刑的制度目标要统一，“减少死刑”“最终废止死刑”应该作为我国死刑制度改革目标的正确选项。唯有如此，我国死刑制度的体系化改革才能获得更大的动力支持，促进社会的文明发展。

（2）死刑改革的外在协调性逻辑。死刑制度的立法和司法要受到外界多种因素的影响和制约，其外在因素主要包括两类：一是刑法之外的其他刑事法律的规定；二是刑法之外的非刑事法律因素，如社会治安形势、公众舆论、国家宏观政策（包括死刑政策）等。基于外在的协调性，死刑制度的体系化改革要遵循以下两个方面的逻辑：一是死刑制度的相对独立性，由此以观，死刑制度改革不能完全照应社会治安形势、社会民众观念等因素。二是死刑制度的相对开放性，死刑制度要向死刑制度之下、之中和之上的领域延伸。其中，向下应当向犯罪学（含犯罪心理学）等事实学科领域延伸，夯实死刑制度改革的事实基础；中间应当向刑事诉讼法、刑事执行法等刑事学科领域延伸，完善死刑制度改革的配套制度；向上应当向刑事政策学等价值学科领域延伸，合理确定死刑制度改革的价值目标。

死刑制度体系化改革的上述逻辑，反映的是刑事一体化逻辑。以此观之，我国死刑制度的体系化改革应当重点把握刑事一体化的内部结构合理（横向协调）与运行前后制约（纵向协调）。

2. 刑法之内：死刑制度的内部冲突及其体系化改革

（1）我国死刑制度的内部冲突考察。

死刑规定的要素间内部冲突：一是在死刑的适用条件上，“罪行极其严重”的定位和内涵不明，难以对死刑的适用范围和具体犯罪的死刑适用标准进行限制。二是在死刑的适用标准上，具体犯罪规定的死刑适用标准不统一。三是在死刑的适用范围上，刑法规定的可以适用死刑的犯罪范围缺乏一致标准，涵盖了多种手段（暴力与非暴力）和侵害多种法益（生命、健康、财产、社会）的犯罪。四是在死刑的适用对象方面，刑法规定不适用死刑的对象的内在逻辑不统一。刑法规定对犯罪时不满 18 周岁、审判时怀孕的妇女不适用死刑，对审判时已满 75 周岁的人原则上不适用死刑，其不适用死刑的标准看似是基于刑法人道主义，但

对于同样应予人道对待的新生儿母亲、精神障碍人等，刑法却没有规定不适用死刑。五是在死刑的核准程序上，刑法区分死刑立即执行和死刑缓期二年执行规定了不同的核准程序，有失合理。

死刑制度的内在结构冲突：主要表现为刑法典总则规定的死刑适用条件（“罪行极其严重”）与刑法典分则规定的死刑适用范围不相协调，46 种死刑罪名中包含了大量不涉及侵害生命法益的罪种。

（2）关于我国死刑制度内部体系化改革的探索。

第一，完善死刑制度要素的科学设置。在死刑适用条件上，应当增加规定“最严重的犯罪”予以限制，并明确死刑缓期二年执行的适用条件；在死刑适用标准上，应当严格限定具体犯罪死刑适用的情节标准，将对生命法益的侵害作为死刑适用标准的核心要素；在死刑适用范围上，要进一步削减死刑罪名，将死刑罪名严格限定在侵害生命法益的犯罪范围内，逐步减少直至最终完全废止死刑；在死刑适用对象上，应当进一步扩大不适用死刑的对象范围，进一步将精神障碍人、新生儿母亲纳入不适用死刑的范围，将老年人不适用死刑的年龄降至审判时已满 70 周岁，同时取消老年人不适用死刑的例外规定；在死刑核准程序上，应将所有死刑（含死刑缓期二年执行）案件的核准权都交由最高人民法院行使。

第二，完善死刑制度的内在结构。要建立起刑法典总则的死刑适用条件与分则的死刑适用范围之间的制约机制，从犯罪类型上限制分则的死刑罪名，逐步取消经济犯罪、非致命性犯罪等不属于“最严重罪行”的犯罪的死刑，在立法上把死刑罪名减少到 10 种左右；还要建立起刑法典总则的死刑适用条件对具体犯罪死刑适用标准的限制机制。

3. 刑法之外：死刑制度的外部冲突及其体系化改革

（1）死刑制度之刑法外部冲突的体系性考察。

第一，死刑实体规范与死刑程序规范的不协调。主要体现为：死刑案件的核准程序与普通二审程序容易发生混同，导致死刑案件核准程序被虚置；死刑案件核准程序的限制功能没有发挥到最大；刑事诉讼法的规定与刑法关于不适用死刑对象的规定之间不完全对接。我国刑事诉讼法针对一些特殊对象（如审判时不

满18周岁的人、审判时怀孕的妇女等）作了特别规定，但对审判时已满75周岁的人并没有特别的规定。

第二，死刑的刑法根据与犯罪学、犯罪心理学等事实学科根据的冲突。

第三，死刑的刑法根据与相关政策因素不协调。主要体现在：社会治安形势的变化性与死刑制度的稳定性不相协调；民众死刑观念的非理性与死刑制度的理性存在冲突。

（2）死刑制度之刑法外部的体系化改革探索。

借鉴刑事一体化思维，死刑制度的外部体系化改革应当加强以下两个方面：一是横向协调，即推动死刑制度的刑法与刑事诉讼法的联动改革；二是纵向制约，即依托包括犯罪学等事实学科在内的多学科完善死刑制度，明确逐步减少直至最终废止死刑的改革目标，以及正视外界因素，适当调整死刑改革的策略。

我国死刑制度改革应当在前期具体制度改革的基础上，进一步树立体系化的立场，将死刑制度改革作为一项系统工程，由刑法之内到刑法之外，既改革死刑的刑法规定，也改革死刑的其他刑事法律和非刑事法律的配套规定，并通过合理的制度建设引导社会民众死刑观念的理性发展。唯有如此，我国死刑制度改革才能顺应社会文明的发展，并发挥其推动社会进步的作用。①

除上述问题之外，关于死刑制度改革，本人研究和论述的问题还涉及：死刑改革的域外经验②；死刑改革的宪法控制途径③；死刑改革的程序控制④；非暴力

---

① 赵秉志，袁彬．中国死刑制度改革的体系化思考——以刑事一体化为视角．本文系向北京大学法学院拟编辑出版的祝贺储槐植教授90华诞文集提交的论文。

② 赵秉志，郑延谱．中美两国死刑制度之立法原因比较．现代法学，2008（2）；赵秉志，袁彬．俄罗斯废止死刑及其启示．法制日报，2009-12-02；赵秉志，黄耀佳．台湾地区死刑废除运动的困境及建议——以港澳地区死刑废除经验为借鉴．刑法论丛，2016（1）．

③ 赵秉志，雷建斌．完善死刑立法控制的宪政思考//赵秉志．刑事法治发展研究报告．（2007—2008年卷）．北京：中国人民公安大学出版社，2009。

④ 赵秉志．略论最高人民法院收回死刑核准权之目标与原则．刑法评论．（总第10卷）．北京：法律出版社，2006；赵秉志，时延安．慎用死刑的程序保障——对我国现行死刑复核制度的检讨及完善建言．现代法学，2004（4）；赵秉志，时延安．论中国死刑核准制度的改革．刑法评论．（总第8卷）．北京：法律出版社，2005；赵秉志，王超．中国死刑控制的程序困惑及其出路．中国刑事法杂志，2006（3）．

犯罪死刑的司法控制[①]；暴力犯罪死刑的司法适用与控制[②]；雇凶杀人案件中死刑的限制适用[③]；经济犯罪死刑的限制与废止[④]；金融犯罪和税收犯罪的死刑废止[⑤]；集资诈骗犯罪的死刑废止与控制问题[⑥]；故意杀人罪死刑的司法控制[⑦]；组织卖淫罪死刑的废止[⑧]；毒品犯罪死刑的限制与废止，尤其是运输毒品罪死刑的限制与废止[⑨]；贪污受贿犯罪死刑的司法控制和立法废止[⑩]；死刑改革视野下的终身监禁制度问题[⑪]；等等。由于篇幅限制，对这些问题的观点在此未予介述。

---

① 赵秉志，张远煌. 论非暴力犯罪死刑的司法控制//赵秉志. 刑事法治发展研究报告（2005—2006年卷）. 北京：中国人民公安大学出版社，2006.

② 同①.

③ 赵秉志，何荣功. 论雇凶杀人案件中死刑的限制适用. 法商研究，2010（2）.

④ 赵秉志，万云峰. 论经济犯罪死刑案件数额认定之正当程序. 人民司法，2005（1）；赵秉志，万云峰. 当前我国经济犯罪限制死刑适用之思考//赵秉志. 刑事法治发展研究报告（2005—2006年卷）. 北京：中国人民公安大学出版社，2006：123-166.

⑤ 赵秉志等. 中国废除金融犯罪死刑研究. 赵秉志. 从实践到理论：中国税收犯罪死刑问题研究//赵秉志. 刑事法治发展研究报告（2004年卷）. 北京：中国人民公安大学出版社，2005.

⑥ 高铭暄，赵秉志，等. 关于废止组织卖淫罪、集资诈骗罪死刑的立法建议//赵秉志. 刑事法治发展研究报告（2009—2010年卷）. 北京：中国人民公安大学出版社，2011；赵秉志. 中国死刑立法改革新思考——以《刑法修正案（九）（草案）》为主要视角. 吉林大学社会科学学报，2015（1）。2015年8月29日全国人大常委会通过的《刑法修正案（九）》已经废止了集资诈骗罪的死刑。

⑦ 赵秉志，阴建峰. 论故意杀人罪死刑的司法控制//赵秉志. 刑事法治发展研究报告（2007—2008年卷）. 北京：中国人民公安大学出版社，2009.

⑧ 高铭暄，赵秉志，等. 关于废止组织卖淫罪、集资诈骗罪死刑的立法建议//赵秉志. 刑事法治发展研究报告（2009—2010年卷）. 北京：中国人民公安大学出版社，2011。2015年8月29日全国人大常委会通过的《刑法修正案（九）》已经废止了组织卖淫罪的死刑。

⑨ 赵秉志，李运才. 毒品犯罪死刑的限制与废止//赵秉志，威廉·夏巴斯. 死刑立法改革专题研究. 北京：中国法制出版社，2009；赵秉志，李运才. 论毒品犯罪的死刑限制——基于主观明知要件认定的视角. 中南民族大学学报（人文社会科学版），2010（5）；赵秉志，阴建峰. 论中国毒品犯罪死刑的逐步废止. 法学杂志，2013（5）；赵秉志，张伟珂. 论运输毒品罪死刑废止的可行性. 河北法学，2020（11）.

⑩ 赵秉志. 论中国贪污受贿犯罪死刑的立法控制及其废止——以《刑法修正案（九）》为视角. 现代法学，2016（1）；赵秉志. 中国死刑立法改革新思考——以《刑法修正案（九）（草案）》为主要视角. 吉林大学社会科学学报，2015（1）；赵秉志，李慧织. 贪污贿赂犯罪死刑的司法控制——以刑事实体法控制为视角. 人民检察，2010（15）.

⑪ 赵秉志. 终身监禁新规之解读. 法制日报，2016-10-12；赵秉志，商浩文. 论死刑改革视野下的终身监禁制度. 华东政法大学学报，2017（1）.

## 七、罪刑总论的其他重要问题

罪刑总论是数十年来本人关注的重点领域之一。以上属于罪刑总论领域的犯罪主体、犯罪停止形态和死刑制度等几个专题为本人关注的罪刑总论领域的重中之重的课题，故分设专节予以介述；除此之外，在罪刑总论领域，本人还关注过其他若干重要专题，包括犯罪概念和社会危害性问题，犯罪构成理论问题，犯罪主观方面的问题，共同犯罪的某些问题，正当防卫的若干问题，以及赦免（特赦）制度问题等，本节予以简要介述。

### （一）关于犯罪概念和社会危害性问题

在我国刑法学的犯罪论理论体系中，犯罪概念居于最基础的地位。甚至可以说，刑法理论中的几乎所有课题，均与犯罪概念问题密切相关。1979 年和 1997 年两部刑法典中都规定了犯罪概念，我国刑法学界也一贯重视对犯罪概念问题的研究，2010 年全国刑法学术年会的理论议题即为“社会危害性理论问题”①。本人在相关论著和论文中对犯罪概念和社会危害性问题有所关注，这方面主要是和陈志军博士合著论文发表过一些有一定深度的理论反思和见解。

#### 1. 犯罪概念的表述

关于如何表述犯罪的概念，刑法理论上有形式犯罪概念、实质犯罪概念、混合犯罪概念之说。究竟应当怎样评价各种犯罪概念的表述？本人认为，研究犯罪概念问题，既要重视阶级分析的方法，又不能离开历史观察的方法。形式意义上的犯罪概念，虽然只从犯罪的法律特征上去阐释“犯罪是什么”，在犯罪的概念中仅仅强调犯罪是法律规定的一类（供评价的）行为，有意无意地回避犯罪的阶级本质；但是，资产阶级刑法学者提出的这种犯罪概念，在历史上是具有巨大的进步意义和价值的，其产生也有历史的必然性。因为他们最早提出犯罪的

① 赵秉志. 中国刑法学研究会学术研究 30 年. 北京：法律出版社，2014：863.

形式意义之概念，旨在突出地强调犯罪乃“刑法之明定”的内容，矛头直指封建刑法的罪刑擅断，可谓旗帜鲜明。只要坚持罪刑法定主义的观点，形式意义的犯罪概念是绝对不可以被忽视甚至否定的。我国一些学者对形式意义的犯罪概念一味予以否定评价或作片面批判评价，不甚公正。实质意义上的犯罪概念，是将犯罪置于法律之前或之上来给犯罪下定义。在认识角度上，与形式意义的犯罪概念注重司法认定犯罪应如何寻找根据不同，这种犯罪概念注重的是刑事立法中应当如何设置犯罪。这种犯罪概念的表述与统治阶级的犯罪观和刑事责任观是紧密联系的。从实质意义上给犯罪下定义，本身已不纯粹是一个刑法理论问题，同时也是重要的政治问题。值得指出的是，实质意义上的犯罪概念，虽然从深层次上给犯罪下定义，但是，如果脱离形式意义上的犯罪概念，仅仅依靠实质意义的犯罪概念，刑事司法必然无所适从，甚至极易造成定罪的随意性和刑罚的滥用，因为否定了形式意义的犯罪概念，就等于否定了罪刑法定原则。

在本人看来，犯罪的形式定义仅从犯罪的法律特征上给犯罪下定义，而不揭示为什么将该行为规定为犯罪，即未能揭示出犯罪的阶级本质，当然是存在缺陷的；而犯罪的实质定义，仅从立法者为何将该行为规定为犯罪上给犯罪下定义，而不列举犯罪的法律特征，显然会与罪刑法定原则的精神存在冲突，同样是不妥当的。因此，妥当而正确的选择，应该是兼收并蓄、扬长避短，吸收犯罪的形式定义与实质定义各自的优点，克服二者的不足，采取混合的犯罪概念。我国刑法中的犯罪概念，不仅揭示了在我国犯罪对社会主义国家和公民权利具有严重社会危害性的实质，也没有忽视其法律特征。

此外，犯罪的混合概念并不是把形式意义上的犯罪概念和实质意义上的犯罪概念加以混淆或“弄混”，而是从两个不同的观察角度把犯罪的阶级本质和法律形式“结合”在一起。阶级本质和法律形式的结合、政治评价与法律评价的并用，并不存在逻辑上的缺陷；将犯罪的形式概念和实质概念有机统一起来，也不影响犯罪概念在刑事立法和刑事司法中分别起指导作用。因此我国刑法中的混合

犯罪概念是科学的。①

2. 社会危害性的相关问题

社会危害性概念是刑法学中的一个重要的基础概念。近年来，基于“去苏俄化”的出发点，有论者主张将社会危害性概念从中国刑法理论中“驱逐”出去。本人认为有必要对社会危害性理论在当代中国刑事法治建设进程中的地位进行全面审视，主张社会危害性是社会科学尤其是法学的基本概念；社会危害性决定犯罪圈的大小和法定刑的轻重，因而是我国刑法立法之圭臬；我国严格区分犯罪与一般违法界限的立法模式，决定了刑事司法中必须使用社会危害性标准作为区分罪与非罪的界限，而且社会危害性标准蕴含的司法人员自由裁量权是立法预留的，不是恣意行使的，故而社会危害性是刑事司法不可或缺的标尺；社会危害性也是外国刑法学说包括德日刑法学说中的重要理论，只不过其所使用的概念、名词在形式上有所差异。主张从我国刑法学中“驱逐”社会危害性理论，既不可行也不可能。②

本人认为，社会危害性与刑事违法性作为刑法理论上的一对基本范畴，二者之间关系的处理与刑法理论、刑事立法及刑事司法中的许多重大基本问题都紧密相关，应将其提到刑法重大基本理论问题的高度进行研究。社会危害性作为一种行为评价标准，具有易变性、模糊性两个基本特征；刑事违法性作为一种行为评价标准，则具有稳定性、明确性的特点。社会危害性与刑事违法性矛盾的价值根源，在于二者的价值取向存在差异：社会危害性关注的是行为给社会造成或可能造成的损害的实质属性，即重视实质合理性；而刑事违法性关注的是行为违反刑法规范的形式属性，即重视形式合理性。二者追求实质合理性与形式合理性的不同旨趣，根源于秩序本位与自由本位两种刑法价值观的对立。

社会危害性与刑事违法性之间是一种既对立又统一的辩证关系，片面强调两

① 赵秉志. 刑法基本理论专题研究. 北京：法律出版社，2005：232-233；赵秉志，陈志军. 论社会危害性与刑事违法性的矛盾及其解决. 法学研究，2003（3）.

② 赵秉志，陈志军. 社会危害性理论之当代中国命运. 法学家，2011（6）.

者的对立是不科学的。作为二者对立根源的刑法秩序价值观与自由价值观之间的对立也并非是不可调和的，这种调和正是社会正常发展的需要，过分强调秩序价值或过分强调自由价值都不是一种理性的态度，社会危害性与刑事违法性之间的矛盾具有调和的必要性和可能性。应当怎样理解二者之间的对立统一关系？一方面，没有社会危害性就没有刑事违法性，首先是由于行为具有严重的社会危害性，然后才将这种行为在刑法上规定为犯罪，才具有刑事违法性；另一方面，社会危害性如果不与刑事违法性结合在一起，就无所谓犯罪的社会危害性，也即社会危害性不能脱离刑事违法性而独立存在。因而可以说，行为的社会危害性是刑事违法性的前提，而刑事违法性则是社会危害性的法律表现。与此同时，同社会危害性一样，我国刑法中的犯罪的刑事违法性也是主客观的统一。只有行为人不仅有客观危害行为，而且主观上也是有责任能力和罪过的，才谈得上有刑事违法性。至于两者冲突时的解决办法，总的标准是应当充分体现罪刑法定原则和保障人权的精神。具体来说，在入罪时应当坚持刑事违法性优于社会危害性的标准，这是罪刑法定原则的题中应有之义，否则势必会超出国民的预测可能性，危及人权的保障；在出罪时则应当将社会危害性与刑事违法性作为共同的评价标准，在特殊情况下（如刑法规定的某种犯罪行为因时势变迁已丧失了严重的社会危害性或者不再具有社会危害性，但立法又未来得及修改的情况下）可以社会危害性为评价标准将某种行为排除出犯罪圈。这也是罪刑法定主义保障人权精神的体现。①

应当分别从刑法理论、刑事立法以及刑事司法三个层面对社会危害性与刑事违法性的矛盾表现及其解决办法予以认识。从刑法理论层面而言，二者的对立主要体现在犯罪概念和刑法基本原则上。具体来说，在犯罪概念问题上表现为犯罪的实质概念与犯罪形式概念的对立，即应以社会危害性还是刑事违法性为根据来构筑犯罪定义的分歧；在刑法基本原则上则体现为罪刑擅断主义与绝对罪刑法定主义的对立。解决矛盾的途径，一是在于提出犯罪的混合概念即既指出犯罪的社会危害性特征，又指出犯罪的刑事违法性特征的犯罪概念；二是提倡相对的罪刑

① 赵秉志，陈志军．论社会危害性与刑事违法性的矛盾及其解决．法学研究，2003（6）．



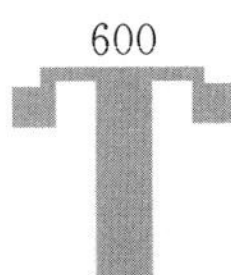

法定主义。在刑法立法层面，两者的矛盾主要表现为立法指导思想上的粗疏立法观与细密立法观的对立、经验立法观与超前立法观的对立，以及出入罪方面的界限不明确和出入罪的错置等。解决立法层面的矛盾，应坚持细密和超前立法观，根据实践的需要，在刑法立法的条文设计、法条内容、立法用语等方面力求详备具体、明确严谨，并针对我国社会处于重大转型期的时代特点，在刑事立法上坚持立足现实与预见未来相结合。还应当反对越权司法解释，虽然司法解释具有弥补立法缺陷的功能，但是需要明确，基于社会易变性欠缺而产生的出入罪的不明确，一般不能通过司法解释途径来解决，而应当通过立法的废、改、立来解决。而在刑事司法层面，社会危害性与刑事违法性两种评价标准的矛盾，主要表现为应当以社会危害性还是以刑事违法性作为指导司法活动的标准。事实上，单纯依据其中之一指导刑事司法实践都是有失偏颇的，也是有害的。只有社会危害性与刑事违法性两种评价标准互相配合、互相补充，刑事司法活动才能顺利进行和完成。具体而言，在罪与非罪的区分中，需要将社会危害性与刑事违法性作为共同的评价标准；在此罪与彼罪的区分中，主要应以刑事违法性为评价标准；而在罪轻与罪重的区分中，主要以社会危害性作为评价标准。①

### （二）关于犯罪构成理论

犯罪构成理论在我国刑法学基本理论领域至关重要，且近年来争议巨大。我国刑法学中的诸多重大问题，可以说都与犯罪构成理论直接或间接相关。伴随我国改革开放的启动而建设法治、繁荣法学的步伐，早在 2002 年的全国刑法学术年会上，“犯罪构成与犯罪成立基本理论”即列为这次会议的理论议题②；之后晚近十数年以来，随着我国刑法学界关于犯罪构成理论的研讨不断深入，对我国犯罪构成理论进行完善和改造乃至否定的呼声也日渐高涨，学者们之间存在着较大的分歧：许多刑法学者认为应当在保留我国通行的“四要件”犯罪构成体系的

---

① 赵秉志，陈志军．论社会危害性与刑事违法性的矛盾及其解决．法学研究，2003（6）；赵秉志．应坚持犯罪行为评价的双重标准．检察日报，2004-04-15（3）．

② 赵秉志．中国刑法学研究会学术研究 30 年．北京：法律出版社，2014：862．

基础上对其予以进一步的完善，认为德日“三阶层”的犯罪论体系也有其问题且并不适宜取代我国“四要件”犯罪构成体系，老一辈刑法学家高铭暄教授和马克昌教授的有关论文鲜明地表达了这种立场[①]；另有些学者则主张在吸收德日犯罪论体系的基础上重构中国的犯罪构成理论，甚至还有少数学者主张彻底放弃中国现行的犯罪构成理论，径直引进德日的“三阶层”犯罪论体系。这种理论上的分歧在 2009 年 5 月国家司法考试大纲刑法部分一度采用德日三阶层犯罪论体系[②]之后更加凸显出来。我国犯罪构成理论体系究竟应当向何处去？这成为我国刑法学界讨论的一个焦点问题。

在犯罪构成理论问题上，本人长期以来一直坚持我国通行的“四要件”犯罪构成体系的基本立场，主张在此基础上予以完善，相关学术见解体现在 20 世纪 80 年代末期以来本人的个人学术论著和主编（或协助主编）的刑法教材中。本人于 2010 年主持、2015 年完成的国家社科基金重点项目“犯罪构成论体系比较研究”，深入比较研讨了域外的犯罪构成体系，并结合中国现行犯罪构成理论体系提出了相关完善性建言。[③]

1. 犯罪构成模式的演进与抉择

（1）关于中国通行的四要件犯罪构成理论与苏联犯罪构成理论的关系。

在应否彻底改造甚或废弃我国通行的四要件犯罪构成理论的争论中，如何评价我国四要件犯罪构成理论与苏联犯罪构成理论的关系，成为争论的一个焦点，也在很大程度上影响着我们对四要件犯罪构成理论的评价。“照搬论”者认为我国通行的四要件犯罪构成理论乃是从苏联照搬而来，因其并不符合中国的国情而需要彻底放弃，并应转而引进德日三阶层犯罪成立理论；“吸收论”者认为我国通行的犯罪构成理论并未机械照搬苏联的犯罪构成理论，而是在借鉴过程中弃其

---

① 高铭暄．论四要件犯罪构成理论的合理性暨对中国刑法学体系的坚持．中国法学，2009（2）；高铭暄．对主张以三阶层犯罪成立体系取代我国通行犯罪构成理论者的回应．刑法论丛，2009（3）；马克昌．简评三阶层犯罪论体系//赵秉志．刑法论丛：2009 年第 3 卷．北京：法律出版社，2009．

② 中华人民共和国司法部．2009 年国家司法考试大纲．北京：法律出版社，2009．

③ 赵秉志．犯罪构成论体系比较研究．北京：法律出版社，2021（9）．

糟粕吸收其精华而形成的。①

本人认为，从根本上讲，“照搬论”与“吸收论”的对立是由于存在视角上的差异，两种观点在对中国犯罪构成理论具体发展走向的认识上是难以调和的。从犯罪构成理论涉及的基本概念、基本原则、结构框架、组成部分、主体内容和观点甚至研究方法以及哲学基础上来看，“照搬论”是有一定道理的。可以说，中国的犯罪构成理论在上述内容上与苏联的犯罪构成理论基本无异。难以否认，从历史渊源上来说，中国的犯罪构成理论与以特拉伊宁的《犯罪构成的一般学说》为主要代表的苏联犯罪构成理论之间确实存在着一脉相承的关系。但是，“照搬论”的观点过于绝对。事实上，中国社会的实际情况和司法实践的需要使得中国刑法学者不可能完全照搬苏联犯罪构成理论观点及其所有具体内容，而是在学习和借鉴苏联犯罪构成理论的过程中有所取舍，并在某些方面作了重要修正。所以，从这种并非简单“拿来”而是进行局部取舍的视角来看，“吸收论”也是成立的。新中国刑法学在接受苏联犯罪构成理论的过程中，确实有一些创新的看法和观点。

总的来看，“照搬论”忽视了新中国犯罪构成理论对苏联犯罪构成理论继承基础上的发展和修正，亦即忽略了新中国犯罪构成理论的“吸收”成分；而“吸收论”则有意无意地忽略了新中国犯罪构成理论在整体架构方面对苏联理论的继承和移植。但在中国现有的犯罪构成理论存在缺陷并需要发展完善的认识上，这两种观点的基本主张是一致的。只是两种观点在交锋中都往往倾向于将对方的缺陷予以夸大：一方面，“照搬论”被误解成要“破除”现有的犯罪构成理论，以“改革”为借口而否定中国传统犯罪构成理论的存在合理性；另一方面，“吸收论”也被误解成是反对改革传统的犯罪构成理论。而从本质上来说，这两种观点之间的真正分歧在于：我国通行的四要件犯罪构成理论到底是苏联的翻版，还是自己在继承基础上创建发展的犯罪构成理论？两者均是既讲继承也讲发展，只是由于视角的不同，在发展的具体走向的认识上存在重大差异。刑法学者没有必要

① 赵秉志，王志祥．中国犯罪构成理论的发展历程与未来走向//赵秉志．刑法论丛：2009 年第 3 卷．北京：法律出版社，2009.

过多在两种观点非此即彼的对立之间纠缠，而应当着力研究我国通行的犯罪构成理论继承发展的道路，以及今后发展的基础和走向问题。[①]

（2）中国通行的犯罪构成理论与大陆法系犯罪成立理论的优劣比较。

本人认为，关于犯罪成立模式如何评价与选择这一问题，其前提和基础应是对中国犯罪构成理论、大陆法系的犯罪成立理论以及英美法系的犯罪成立理论有一个全面而客观的认识，对各种犯罪成立理论的优劣利弊有一个清晰而明确的评价。而从文化基础、法律传统、历史传承及学术研究现状等多个方面来看，我国目前都明显不具备采纳英美法系犯罪成立理论的条件。因此，在当下的中国，如何选择犯罪构成理论的模式和路径，其实质和关键，在于如何认识和对待中国通行的犯罪构成理论与大陆法系的犯罪成立理论。

我国目前通行的四要件犯罪构成理论，其构成四要件是从各个方面对犯罪成立进行审查，并最终再把原本结合在一起而密不可分的主客观要件统一起来判断犯罪的成立与否。其优点在于，不仅能够通过各种相互联系、相互作用的要件及其要素，充分反映出社会危害性这一犯罪的本质，而且从总体上避免或减少了对行为是否构成犯罪作烦琐的重复评价。再者，从刑法对犯罪构成的规定来看，任何犯罪的构成要件的确可以划分为几个方面的要件，中国现行的犯罪构成理论所确立的犯罪构成要件的结构模式，使犯罪构成理论与犯罪构成的法律实定达到了和谐与协调状态。构成要件的内容，直接就是犯罪成立的要素。这样，犯罪构成理论就在逻辑上以立法为依托，且便于司法实际操作和掌握，极具实践品格。近年来有的学者参照大陆法系犯罪成立理论对我国犯罪构成理论提出的诸多批评是难以成立的，我国通行的四要件犯罪构成理论表现出形式与实质、立法与司法、主观与客观的统一，作为一个理论体系，其总体上确系可取。

我国四要件犯罪构成理论也存在种种不足，如：犯罪构成理论与犯罪构成极易发生混淆；在犯罪的认定方面，有罪推定的可能性大于大陆法系的犯罪成立理

① 赵秉志，王志祥．中国犯罪构成理论的发展历程与未来走向//赵秉志．刑法论丛：2009 年第 3 卷．北京：法律出版社，2009.

论；在犯罪构成要件的排列顺序方面存有内在逻辑困难；在解释排除犯罪性行为为何不是犯罪时容易出现体系性的矛盾；犯罪构成要件的填充性与责任的评价一体进行，容易使刑事责任的地位和内容虚置。①

大陆法系的“三阶层”犯罪论体系虽然注重理论的抽象研究，与法律对犯罪诸要素的规定不具有直接联系，但其逻辑思考过程严密、先后有序、不可互易，这使得犯罪成立理论上对犯罪成立要件的叙述与实践中认定犯罪的过程之实际情况基本上保持了形式的一致，反映了理论与实践的统一，对犯罪的认定比较严格，对于犯罪人的人权保障具有一定的积极意义。其构成要件的“该当性（符合性）—违法性—有责性”的递进，体现的是一种从外表、客观为主到内在、主观为主的评价过程和顺序。这种直观地反映刑事诉讼循序渐进过程的性质，在中国犯罪构成理论中难以体现。总之，大陆法系的犯罪成立理论在逻辑上具有递进性，有助于明确要件之间的逻辑关系；具有较强层次性和动态性，能够厘定各种要件之间的界限；在一定程度上具有高度的理性和抽象性，有助于较好地维护法律适用的安全性，有助于实现结果的正义性。但大陆法系的犯罪成立理论也存在其固有的缺陷：如其没有把主观要件与客观要件统一或完全统一在构成要件中，而是对行为进行三个层次和阶段的评价，这不仅使要素的评价发生不必要的重复，而且还使得构成要件的该当性（符合性）、违法性、有责性之间的关系与内在联系难以在理论上取得一致的解释，并由此也使得这三个要件的含义莫衷一是，构成要件理论学说纷争异常复杂。再如有的学者所指出，大陆法系犯罪成立理论在体系上存在冲突，存在构成要件的推定机能在正当防卫、紧急避险等场合失灵的情况；在有关违法性、有责性判断上有先入为主的倾向；还存在唯体系论的倾向，偏离了现实的司法实践。②

此外，本人还曾尝试立足于不同的文化模式，对德日三阶层犯罪构成理论体

① 赵秉志，王志祥．中国犯罪构成理论的发展历程与未来走向//赵秉志．刑法论丛：2009 年第 3 卷．北京：法律出版社，2009．

② 同①．

系与中国四要件犯罪构成理论体系的利弊进行分析和认识：中国文化模式属于机体宇宙论，与“天人合一”的自本体观和直觉体悟的认识论相关联；西方文化模式属于机械宇宙论，与“征服自然”的他本体观和逻辑分析的认识论相关联。中国的犯罪构成是机体的犯罪构成，体现的诉讼规则是综合规则；西方的犯罪构成是机器的犯罪构成，体现的诉讼规则是可废除规则。在提高司法效率与实现司法公正方面，机体的犯罪构成与机器的犯罪构成均能实现各自均衡。机体的犯罪构成更利于贯彻无罪推定原则和实现刑法的人权保障机能，但在控制犯罪和实现刑法的社会秩序维护机能方面相对弱化；机器的犯罪构成更利于控制犯罪和实现刑法的社会秩序维护机能，但在贯彻无罪推定原则和刑法的人权保障机能方面相对弱化。①

总之，中国犯罪构成理论与大陆法系国家犯罪成立理论在体系及其表现的价值观念直至哲学基础上存在较大差异，这是历史、社会、政治、文化等多种原因综合作用的结果。在对不同的犯罪成立理论进行全方位的比较和鉴别的基础上，才能真正客观而全面地认识各种理论的优劣利弊，进而为中国犯罪构成理论的发展提供科学的理论支持。②

（3）中国犯罪构成理论的理性发展与未来走向。

以“重构模式”或“引进模式”取代我国通行的四要件犯罪构成理论，要直面三个基本问题：一是通行的四要件理论是否确实存在重大缺陷？二是通行的四要件理论能否有效地指导刑事司法实践？三是重构或引进后的犯罪论体系是否明显优于通行的四要件理论？本人对这三个问题深入思考后的结论是：我国刑法学不需要重构其犯罪构成理论，更不需要引进德日的犯罪成立理论。主要理由如下。

首先，以四要件犯罪构成理论为核心和基础的新中国刑法学体系已建立半个多世纪，在我国早已广为传播、深入人心。作为新中国刑法学体系的核心和基

① 赵秉志，彭文华．文化模式与犯罪构成．法学研究，2011（5）．

② 赵秉志，王志祥．中国犯罪构成理论的发展历程与未来走向//赵秉志．刑法论丛：2009年第3卷．北京：法律出版社，2009．

础，四要件犯罪构成理论早已成为理论研究工作者普遍接纳的主流观点，也被认为是当代中国刑法基础理论的特色和标志。尽管该理论曾受到过一些质疑，但这些质疑只是“犯罪客体有无必要作为一个要件而存在”“犯罪主体是犯罪构成的要件还是犯罪成立的前提”“四要件应如何排列”等非根本性的问题，而对该理论的根本性质疑则极为鲜见，该理论通行观点的地位数十年来从未动摇过。这说明四要件理论不仅具有历史的必然性，也具有现实的合理性。

其次，犯罪构成理论的优劣不能仅由理论研究工作者来定夺，还要取决于司法实务工作者的反应和评价。四要件犯罪构成理论不仅在我国刑法理论研究者中居于通说地位，而且得到了我国司法实务界的普遍认同。四要件犯罪构成理论方便、实用乃是我国司法实务界的普遍观点。目前尚未有实务界人士明确提出由于运用四要件犯罪构成理论而导致重大冤案、错案的发生。正是因为如此，以“重构模式”或“引进模式”取代四要件犯罪构成理论的观点在我国司法实务界得到的反应也甚为冷淡。完全有理由相信，让刑事司法人员放弃本已熟练掌握和运用的四要件犯罪构成理论，转而采用所谓“重构”的或“引进”的德日犯罪成立理论，必将使司法实务界无所适从，从而严重干扰国家刑事司法工作的正常展开。

最后，重构或引进后的犯罪构成体系也很难说明其显优于通行的四要件理论。“三阶层”犯罪论体系源于百余年前的德国刑法学界，被当代日本部分刑法学者所接受并有所发展，此外并未受到大陆法系其他主要发达国家（如法、意等）刑法学界的青睐，因而被称为德日犯罪论体系。即便在当代德日刑法学界，三阶层犯罪论体系也因为存在理论体系前后冲突、发展现状与建立初衷背离、过于强调纯理论体系而偏离司法实践等诸多弊端而受到质疑。从我国近年来已翻译出版的德日刑法教科书来看，采用“三阶层”犯罪论体系的其实也寥寥无几。由此可见，某些学者所认为的“三阶层”犯罪论体系所具有的“先进性”“现代性”“优越性”显然是言过其实的。

我们要认识到，每一种犯罪成立理论都有其优点和局限性。在对待我国通行的四要件犯罪构成理论的态度问题上，我们既不可夜郎自大，也不可妄自菲薄。就我国通行的四要件犯罪构成理论而言，在充分肯定其合理性、实用性的基础

上，也应当认识到其并不是完美无缺的，还存在诸多应当改进之处。当前亟须取得较大突破的是犯罪构成与犯罪概念之间的关系、犯罪构成与违法阻却事由之间的关系以及犯罪构成的动态性、精确性及阶层性问题等。在研讨这些问题的过程中，应当注意汲取其他国家和地区犯罪成立理论模式的“营养成分”，通过与其他犯罪成立理论模式的比较，分析我国通行的四要件犯罪构成理论的不足，以期促进我国四要件理论的发展和完善。①

在对我国传统的四要件犯罪构成理论体系进行改良时，应当坚持主观与客观相统一的原则、原则与例外相协调的原则、定性与定量相结合的原则。根据主观与客观相统一的原则，犯罪成立的要件基本上可分为客观要件与主观要件；根据原则与例外相协调的原则，犯罪成立的要件也包括排除客观违法的事由与排除主观责任的事由，符合客观要件的行为和缺乏排除客观违法事由的行为都是主观要件认识的内容；根据定性与定量相结合的原则，犯罪成立的要件还包括定量要素，定量要素既属于客观要件的内容，亦属于主观要件认识的内容。②

2. 犯罪构成共同要件的抉择

众所周知，我国刑法理论中的“四要件”犯罪构成理论通说主张任何犯罪的成立都必须具备四个要件，即犯罪客体、犯罪客观方面、犯罪主体和犯罪主观方面。近年来对通说观点提出的挑战中，在犯罪构成共同要件的抉择上也提出了种种不同的主张，其中主要是质疑犯罪主体和犯罪客体能否作为犯罪构成的要件。本人就此表达了维护通说的意见。

（1）犯罪主体是犯罪构成不可或缺的要件之一。

质疑犯罪主体是犯罪构成要件的理由是不能成立的：犯罪是人的行为，而行为与实施行为的主体是密不可分的，因而犯罪构成不可能只是行为构成而不包括行为人；犯罪成立与否绝不是不受主体因素影响，犯罪主体是成立犯罪的条件之

① 赵秉志，王志祥．中国犯罪构成理论的发展历程与未来走向//赵秉志．刑法论丛：2009 年第 3 卷．北京：法律出版社，2009.

② 贾济东，赵秉志．我国犯罪构成理论体系之完善．法商研究，2014（3）.

一；犯罪主体要件的内容也不能包容于犯罪主观要件中，主体要件的基本内容是人的责任能力，主观要件的基本内容是人实施严重危害社会行为时的心理态度，即主体要件是主观要件的载体，但主体要件不能包容在主观心理活动中，二者的性质和范畴不同。

本人认为，犯罪主体要件在犯罪构成中有其独立的地位和重要的意义：从犯罪主体要件与犯罪构成其他三要件各自的关系看，犯罪主体要件是其他三要件存在的前提和基础；从犯罪构成四要件在决定犯罪时的逻辑顺序看，犯罪主体要件处于首位；犯罪主体要件是主客观相统一的定罪原则赖以建立的基础。[①]

（2）犯罪客体是犯罪构成的必备要件之一。

理论界关于“犯罪客体是否为犯罪构成要件”的争论，具有实质意义的应是“行为侵犯的合法权益方面是否存在犯罪构成要件”？即在犯罪构成中是否存在由法律规定的、前置性地用于界定行为是否成立犯罪的“犯罪客体要件”？对此应予以肯定。因为离开行为侵犯的合法权益的特性，仅仅由犯罪客观要件、主体要件和主观要件结合起来，未必能完整地反映社会危害性而解决定罪问题。例如，某些正当行为，若仅考察其他三要件方面而不考察行为是否侵犯合法权益一面，显然会得出错误定性；而刑法规定的某些罪与非罪、此罪与彼罪的界限，也需要借助“行为是否侵犯某种合法权益、侵犯了什么权益”来区分。因此，在行为侵犯的合法权益方面存在犯罪构成要件，即犯罪客体要件。[②]

3. 犯罪构成的分类问题

犯罪构成的分类，是指通过对刑法规定的各种具体犯罪构成的研究，找出其中内在的共同特征和规律，并根据一定的标准，从不同的角度，对各种具体犯罪构成进行的科学概括和归类。研究犯罪构成的分类问题，有助于深入理解和把握不同类型的犯罪构成的特点，进而有助于完善刑法立法和司法。本人认为，应

---

① 赵秉志. 论犯罪主体在犯罪构成中的地位和作用. 法律学习与研究，1989（4）；赵秉志. 犯罪主体论. 北京：中国人民大学出版社，1989：47-50.

② 赵秉志. 刑法基本理论专题研究. 北京：法律出版社，2005：257-261.

摒弃在犯罪构成分类问题上“为分类而分类”的形式主义做法，主要考虑犯罪构成分类的应有价值。因而可以从以下几个角度对犯罪构成进行分类：（1）以犯罪构成要件组成的繁简程度为标准，可将犯罪构成分为单纯的犯罪构成与混合的犯罪构成，后者又可区分为复合的犯罪构成与择一的犯罪构成。（2）以犯罪构成要件是否被刑法条文完整地规定下来为标准，可将犯罪构成分为完结的犯罪构成与开放的犯罪构成。（3）按照犯罪构成类型所依赖的犯罪形态是否典型，可将犯罪构成分为基本的犯罪构成与修正的犯罪构成。（4）按照犯罪行为的危害程度大小，可将犯罪构成分为普通的犯罪构成、加重的犯罪构成和减轻的犯罪构成。①

4. 关于犯罪构成共同要件排列顺序的重新审视与主张

我国刑法中的犯罪构成四要件应当以怎样的顺序排列？应当体现一种怎样的思维逻辑？犯罪构成共同要件的逻辑顺序问题，关系到犯罪构成体系乃至刑法学体系的科学性，也关涉犯罪构成理论对司法实务的正确指导，因而对之有研究和阐明的必要。

我国刑法理论界通行的观点一直认为，犯罪构成四要件的排列顺序应为“犯罪客体→犯罪客观方面→犯罪主体→犯罪主观方面”。但我国刑法理论长期以来并没有就此顺序的逻辑关系及其合理与否的问题进行过论述和研讨，甚至苏联的犯罪构成论中也没有关注过这个问题。

本人在20世纪80年代中期研究和撰写关于犯罪主体的博士论文中对犯罪构成要件的逻辑顺序问题进行了思考，后来在1989年出版的博士论文《犯罪主体论》中首次对通说的犯罪构成四要件之排列顺序提出了质疑，并主张对犯罪构成四要件按照犯罪行为本身的发展过程进行排列，即“犯罪主体→犯罪主观方面→犯罪客观方面→犯罪客体”②。此后，这一观点逐步在本人主编的多部刑法学教

① 赵秉志．刑法基本理论专题研究．北京：法律出版社，2005：243-250.

② 赵秉志．犯罪主体论．北京：中国人民大学出版社，1989：47-50.

材中得到贯彻[①]，并逐渐获得一些刑法学者的赞同，也引起了刑法学界对此问题的关注和争鸣。在此背景下，到了1997年新刑法典颁行后的20世纪末期，在本人参编的采纳传统观点的权威刑法教科书中，基于本人的建议和两位主编高铭暄教授、马克昌教授的认同，对传统的犯罪构成要件的排列顺序问题进行了分析，认为其排列顺序大体反映了司法实践中认定犯罪的逻辑顺序。[②]

之后，本人对犯罪构成四要件的逻辑顺序问题继续进行思考和探索，撰文认为，基于犯罪的认定与犯罪行为本体的关系，从方法论上讲，以认定犯罪的过程为标准或者以犯罪行为发展的过程为标准对犯罪构成要件进行排列都是可以的，也都有其合理性。对犯罪构成四要件以认定和处理犯罪的过程为依据进行排列，可以为司法实务人员提供具体的操作规程，因而具有重要的理论指导意义；而对犯罪构成四要件以犯罪行为本体的发展规律为依据进行排列，则并未拘泥于司法实务层面，而是进一步探求实务操作规程背后所蕴含的犯罪发生与演进的内在逻辑，更为深入地揭示了犯罪构成诸要件之间支配与被支配的关系，从而更有助于深化理论研究，推动司法活动的公正化、科学化和合理化进程。两个标准从不同角度、不同侧面论述犯罪构成四要件之间的排列逻辑，而因具有不同的功用，具有彼此不可替代的作用。但是，无论按照哪一个标准，都必须使理论与实际达到一致，并在整个刑法学科体系中贯彻到底，这是理论体系逻辑性的要求。

由于存在某些特殊案件，传统观点的排列顺序在犯罪的认定中尚缺乏普遍适应性，无法始终贯彻到司法实践中，因而存在一定的缺陷。并且，传统观点在论述犯罪行为之前就谈及犯罪客体，很显突兀，也不符合司法实践中认定犯罪的实际过程。所以，即令主张传统观点，也应将其顺序修正为“犯罪客观要件→犯罪主体要件→犯罪主观要件→犯罪客体要件”。而犯罪行为本身的发展过程则无一例外地呈现为：符合犯罪主体要件的人基于其主观犯罪心理态度的支配，实施一

---

① 赵秉志，吴振兴．刑法学通论．北京：高等教育出版社，1993；赵秉志．新刑法教程．北京：中国人民大学出版社，1997；赵秉志．刑法新教程．北京：中国人民大学出版社，2001；赵秉志．刑法原理与实务．北京：高等教育出版社，2002.

② 高铭暄，马克昌．刑法学（上编）．北京：中国法制出版社，1999：51-54.

定的犯罪行为，进而危害一定的客体，从而鲜明地反映了犯罪行为自身的形成过程与发展规律，相对而言更为合理、可取。①

因此，刑法学的体系总体上应按照适用规范的过程设置，但是，此一特点并不能否定在对某些具体概念、范畴、原理的阐述中可以按犯罪行为自身发展路线来进行，只要在理论上其逻辑性、合理性自洽即可。犯罪构成要件从主体要件到主观要件、客观要件，最后到客体要件的排列，即是如此。事实上，这种排列也无碍于规范的适用，并不影响司法实务人员根据具体案件的实际情况对犯罪成立与否的认定采用不同的方法和步骤。②

在主张犯罪构成四要件的两种排列顺序均有其合理性的前提下，本人认为，在刑法教科书的层面上，基于教科书之理论整体性的考量，刑法总论“犯罪构成”宏观论述中应述及两种排列顺序及其标准和各自的功能，交代清楚其所采纳的究系哪种排列顺序。因为在教科书层面，刑法学不只是研究认定与处理犯罪的司法操作规程，仍需要探究犯罪行为本体的形成过程与发展规律，深入揭示犯罪构成诸要件之间支配与被支配的关系。进言之，在论述犯罪构成诸要件的诸章，应按其采纳的犯罪构成要件之逻辑顺序排列；而在刑法分论中，各罪的构成要件一般也应按其所采纳的基本顺序排列，但对于特殊罪种，也可以根据需要略作调整。③

（三）关于犯罪主观方面的若干主张

犯罪主观方面是犯罪构成的基本要件之一，是我国刑法主客观相统一的犯罪构成和刑事责任原则的一个极其重要的方面，也是我国刑法基本理论方面的一个重要课题。本人的同门师弟姜伟教授在其博士学位论文基础上于 20 世纪 90 年代出版的《犯罪形态通论》，是本人所知的这一领域早期有代表性的学术专著。④本人自 20 世纪 80 年代中期即开始关注犯罪主观方面的罪过形式、犯罪目的和犯

① 赵秉志．论犯罪构成要件的逻辑顺序．政法论坛，2003（6）．

② 同①．

③ 同①．

④ 姜伟．犯罪形态通论．北京：法律出版社，1994．

罪动机等问题，在论文中提出过一些略有新意的见解[①]，在后来的教学科研生涯中也曾继续研讨过犯罪主观方面的问题。

1. 犯罪故意中的危害性与违法性认识问题

对于犯罪故意的认识内容中是否应包含社会危害性认识和违法性认识，我国刑法学界长期以来存在着严重的分歧。通说认为，一般来说，社会危害性应是犯罪故意的认识内容，而违法性认识则不是犯罪故意的认识内容；但在法律有特别规定的特殊情况下，如果行为人确实不知有特别规定而认为自己行为合法，则不应认为其具有犯罪故意。

本人在对刑法学界各种观点进行检讨的基础上，提出了关于犯罪故意认识内容的社会危害性认识与违法性认识“择一说”的新见解。首先，“社会危害性认识说”虽具有一定的合理成分，但存在着片面、偏颇而脱离实际的倾向，客观上存在某些行为人主观上虽有违法认识但无社会危害性认识的情况，如“大义灭亲”“为民除害”的案例，对这种情形应当根据行为人的违法性认识认定其主观上的刑事违法故意。对其行为以犯罪论处并追究其刑事责任，完全符合我国刑法主客观相统一的原则。其次，“违法性认识说”无疑将为某些故意实施危害行为者借口不知行为违法性而逃避刑罚制裁提供口实，同时也难免给司法机关证明犯罪带来很多困难。再次，通说尽管较另外几种观点合理，但也存在着不足之处。主要表现在通说没有理清社会危害性认识与违法性认识的关系，以为只要认识到违法性就一定能认识到行为的社会危害性，因而坚持认为社会危害性认识应是犯罪故意的认识内容，而违法性认识则不是犯罪故意的认识内容。本人提出的“择一说”认为，行为人主观上无论是具有社会危害性认识，还是具有违法性认识，只要具备两者之一，即可认为成立犯罪故意。因为无论社会危害性认识，还是违法性认识，都足以表明行为人主观上具有反社会的主观恶性或罪过，对这种主观

① 赵秉志．谈谈犯罪的动机和目的．河南司法，1983（5）；赵秉志．简论间接故意犯罪有无犯罪未遂．司法，1985（5）；赵秉志．论犯罪动机对故意罪定罪量刑的意义．河南法学，1985（3）；赵秉志．简论犯罪直接故意与间接故意的划分．江海学刊（经济社会版），1986（2）．

罪过支配下的行为予以惩罚，完全符合主客观相统一的追究刑事责任原则。①

2. 犯罪直接故意与间接故意的划分

（1）犯罪直接故意与间接故意划分的意义。这两种犯罪故意划分的意义主要体现在三个方面：一是通过对不同犯罪故意的认识因素和意志因素的解析界定，可以合理限制故意犯罪尤其是间接故意犯罪的存在范围；二是阐明就间接故意而言，只有危害结果的实际发生和放任心理态度相结合，才能对行为人追究刑事责任，因而准确区分直接故意和间接故意，有时关系到罪与非罪区分的原则性问题；三是在一般情况下，直接故意反映的主观恶性比间接故意要大，所以犯罪故意类型的划分对于故意犯罪的量刑也具有重要意义。上述第三个方面的意义在司法实践中被普遍认可，而前两个方面的意义则受关注不够而值得重视。②

（2）“明知必然发生而放任”的犯罪故意形式是否存在？在犯罪直接故意与间接故意的划分上，对“明知危害结果必然发生而放任结果的发生”这种情况究应属于直接故意还是间接故意，受到苏联刑法理论的影响，20 世纪 80 年代的我国刑法学界曾莫衷一是：主流观点认为基于放任心态，这种情形应属于间接故意；也有观点主张基于认识因素的“明知必然性”，这种情形应属于直接故意。本人在 20 世纪 80 年代中期较早就此问题进行思考和研究，提出了“明知必然发生而放任”的罪过形式实则不存在的主张，认为在明知必然发生危害结果仍故意实施危害行为的情况下，行为人的意志因素不会是放任，而只能是希望。因为第一，对我国刑法典关于犯罪故意定义的规定进行分析可知，区分直接故意与间接故意的关键在于意志因素的不同，意志因素表现为“希望”危害结果发生的是直接故意，表现为“放任”危害结果发生的是间接故意；认为直接故意里的意志因素既有希望也有放任，必然违背法律区分希望和放任的规定，因而这种情形不能属于直接故意。第二，无论从逻辑上还是从实际上看，“明知自己的行为必然发生危害结果并且放任结果发生”的犯罪故意，根本不可能存在。因为放任危害结

① 赵秉志．刑法基本理论专题研究．北京：法律出版社，2005：362-370．

② 赵秉志，肖中华．故意类型的划分和实践意义（上）．人民法院报，2003-04-23．

果发生的心理，只能建立在预见到事物发展客观结局的多种可能性和不固定性的基础上。换言之，只有行为人认为自己的行为可能发生也可能不发生某种特定的危害结果，才谈得上放任这种结果的发生。进言之，刑法论著中列举的所谓“明知危害结果必然发生而放任该结果发生”的例子，都是发生在为追求某种犯罪目的而放任他种结果发生的场合，而按照犯罪目的与犯罪故意关系的科学原理及犯罪目的的固定含义，犯罪目的是以确定的犯罪结果为追求目标的，可能发生也可能不发生的犯罪结果不可能成为犯罪目的的目标；犯罪目的中也不可能加入“放任”的内容。据此，犯罪直接故意与间接故意的划分，根本标准在于意志因素的不同，凡希望危害结果发生的为直接故意，凡有意放任危害结果发生的是间接故意。[①]

本人的上述观点首先在中国人民大学的刑法教材中得到了认同。[②] 后来本人进一步深化了上述观点，认为间接故意的概念应准确地表述为“指行为人明知自己的行为可能发生危害社会的结果，并且放任这种结果发生的心理态度”。即间接故意的认识因素只能表现为认识到行为之危害结果发生的“可能性”而不能是“必然性”，而“明知必然性＋放任”的罪过心理形式是不存在的。主要理由是从犯罪故意的认识因素与意志因素的辩证关系看，“必然性”的认识无法与“放任结果发生”的心理态度结合在一起。[③] 上述观点逐步在刑法学界获得共鸣，如今已成为刑法理论界的通说。[④]

3. 犯罪动机对故意犯罪定罪量刑的意义

犯罪目的和犯罪动机是故意犯罪的主观心理因素。我国刑法理论既往的通说认为，考察犯罪目的的主要作用是其侧重影响故意犯罪的定罪，而考察犯罪

---

① 赵秉志. 简论犯罪直接故意与间接故意的划分. 江海学刊（经济社会版），1986（2）.

② 高铭暄，王作富. 刑法总论. 北京：中国人民大学出版社，1990：154-155.

③ 赵秉志. 刑法基本理论专题研究. 北京：法律出版社，2005：370-372.

④ 高铭暄. 刑法学. 北京：中央广播电视大学出版社，1994：173-174；高铭暄，马克昌. 刑法学. 北京：北京大学出版社，高等教育出版社，2000：110-112；陈兴良. 刑法哲学（修订3版）. 北京：中国政法大学出版社，2004：175；高铭暄，马克昌. 刑法学. 北京：北京大学出版社，高等教育出版社，2019：106；等等。

动机的主要作用是其影响故意犯罪的量刑。本人在 20 世纪 80 年代中期研究犯罪目的和犯罪动机的过程中，对犯罪动机问题予以深化并提出了有新意的见解。

（1）关于犯罪动机影响故意犯罪定罪量刑的根据。首先，这是由于犯罪动机在故意犯罪中对其危害行为的危害程度有重要的影响，这可以从犯罪动机的形成及其形成后与犯罪主客观要件的关系这两个方面考察；其次，我国刑法立法和刑事司法在故意犯罪定罪量刑上承认犯罪动机对其的影响。

（2）犯罪动机对故意犯罪定罪的意义。犯罪动机的功能不仅仅是影响故意犯罪的量刑，它也具有影响故意犯罪定罪的作用。首先，犯罪动机在一定程度上，尤其是在某些情况下，有可能成为影响故意犯罪构成与否的因素之一。例如，在刑法典关于犯罪概念的“但书”和“免予刑事处分”的规定中，以及刑法分则规范中“情节犯”的规定中，犯罪动机都可以是影响定罪的因素之一。其次，根据司法实践经验，犯罪动机在某些情况下可以成为区分某些方面相似的此罪与彼罪的根据或标准之一。[①]

上述犯罪动机影响故意犯罪定罪的见解，先是在本人主持的与我国青年刑法学者合作编著的第一部刑法教材中得到认可[②]，如今已基本成为我国刑法学界的通说。[③]

（四）关于共同犯罪的若干主张

共同犯罪是一种特殊的犯罪形态，共同犯罪理论是我国刑法学基本理论中的一个重要而复杂的专门领域。本人的同窗陈兴良教授在其博士学位论文基础上出版的《共同犯罪论》一书，是共同犯罪研究领域早期的代表性专著之一。[④] 本人早在 20 世纪 80 年代，即结合硕士学位论文和博士学位论文的主题，对共犯的犯

---

① 赵秉志．论犯罪动机对故意罪定罪量刑的意义．河南法学，1985（3）．

② 赵秉志，吴振兴．刑法学通论（高等学校法学教材）．北京：高等教育出版社，1993：131-138.

③ 高铭暄，马克昌．刑法学．北京：北京大学出版社，高等教育出版社，2019：119.

④ 陈兴良．共同犯罪论．北京：中国社会科学出版社，1992.

罪未遂问题和特殊主体的共同犯罪问题有过初步研究[①]；1997 年新刑法典颁行后，又对该法典的共同犯罪新规范和一些相关的理论问题有所探讨。[②] 从而在共同犯罪领域的若干问题上表达了自己的见解。

1. 共犯的犯罪未遂问题

(1) 共同实行犯的犯罪未遂问题。共同实行犯也称为共同正犯，是指二人以上共同故意实行某一具体犯罪构成的实行行为的共同犯罪人。共同实行犯的犯罪未遂在未遂形态的三个特征上都有其特点：首先，只要共同实行犯中一人着手实行犯罪，整个犯罪即进入着手实行状态。其次，导致犯罪未遂的犯罪分子“意志以外的原因”，除单个人犯罪中的那些原因外，还有其他共犯有效的中止犯罪这种特殊原因。最后，共同实行犯的“犯罪未得逞”问题较为复杂：在以犯罪结果发生与否作为既遂与未遂区分标志的犯罪里，结果一旦发生全体共同实行犯均属既遂，结果未发生时则共同实行犯可能均为未遂也可能表现为未遂与中止并存；在以犯罪行为完成与否作为既遂与未遂区分标志的犯罪里，并非一人既遂全体共同实行犯均属既遂，也并非一人未遂全体共同实行犯均属未遂，而是各个共同实行犯在既遂与未遂上表现出各自的独立性。[③]

(2) 教唆犯的犯罪未遂问题。教唆犯是故意引起他人实行犯罪意图的人，是复杂共犯中危害性较大的一类共同犯罪人。教唆犯的犯罪未遂是共同犯罪理论中最为复杂也争议较大的问题之一。本人在 20 世纪 80 年代出版的由硕士学位论文扩充的专著中，即对教唆犯的犯罪未遂问题进行了较为系统的研究[④]；后来又继续关注和探讨了此一问题。

本人认为，正确理解教唆犯与实行犯在共同犯罪发展中的关系，是解决教唆

① 赵秉志．论共同实行犯的犯罪未遂问题．河北法学，1985 (6)；赵秉志．论教唆犯的犯罪未遂问题．河南法学，1987 (1)；赵秉志．论主体特定身份与共同犯罪．中南政法学院学报，1989 (2).

② 赵秉志，陈一榕．关于共同犯罪问题的理解与适用．中国刑事法杂志，1999 (2)；赵秉志，魏东．论教唆犯的未遂．法学家，1999 (3)；赵秉志．共犯与身份问题研究．中国法学，2004 (1)；赵秉志，许成磊．不作为共犯问题研究．中国刑事法杂志，2008 (4).

③ 赵秉志．论共同实行犯的犯罪未遂问题．河北法学，1985 (6).

④ 赵秉志．犯罪未遂的理论和实践．北京：中国人民大学出版社，1987：211-219.

犯犯罪未遂问题的关键。在教唆犯与实行犯的关系及其犯罪形态问题上，各国刑法和刑法理论中主要有从属性说和独立性说两派主张。根据我国刑法主客观相统一的原则和教唆犯的特点，教唆犯与实行犯的关系表现为独立性与从属性的有机统一。其独立性应有两层含义：一是教唆犯具备独立的主客观相统一的负刑事责任的根据，因而其构成犯罪不取决于实行犯（被教唆人）是否实施犯罪；二是教唆行为的实施和完成不受实行犯行为实施和完成与否的制约，因为教唆行为是由刑法总则补充规定而成为犯罪行为的，它与刑法分则具体犯罪构成中的行为有别。其从属性也应有两层含义：一是教唆犯所构成的具体犯罪和罪名，取决于其教唆实行犯实施的特定犯罪，没有抽象的脱离具体犯罪的教唆犯；二是教唆犯构成犯罪既遂要依赖于实行犯的犯罪达到既遂。根据上述教唆犯之独立性和从属性相统一的原理，教唆犯以开始实行教唆行为为其犯罪的着手，以教唆行为的完成为其犯罪行为的实行终了，以实行犯完成犯罪（既遂）为其犯罪既遂。教唆犯的未遂可以表现为未实行终了的未遂，但更多的是表现为实行终了的未遂，此种情形下被教唆人可能是无罪的（未实施犯罪）或者构成预备犯、未遂犯、中止犯。刑法理论上的“教唆未遂”指教唆犯因被教唆人未实行被教唆之罪而构成的犯罪未遂，“未遂的教唆”指被教唆人接受教唆着手实行犯罪而未遂时教唆犯构成的犯罪未遂；建议将“教唆未遂”改称为“教唆未成未遂”，将“未遂的教唆”改称为“教唆已成未遂”①。

进而言之，在教唆犯的性质问题上，教唆犯的二重性说总体上贯彻了主客观相统一的原则，具有合理性。一方面，教唆犯的犯罪意图只有通过被教唆人的决意并且去实施所教唆的犯罪行为，才能发生危害结果或者达到犯罪目的，所以就教唆犯与被教唆者的关系而言，教唆犯处于从属地位，具有从属性。另一方面，教唆犯教唆他人犯罪的行为本身是对社会有严重危害性的行为，无论被教唆的人是否实施了被教唆的犯罪行为，教唆行为都构成犯罪。从这种意义上讲，教唆犯在共同犯罪中又具有相对独立性。教唆犯是从属性和相对独立性二者的有机统

---

① 赵秉志. 论教唆犯的犯罪未遂问题. 河南法学，1987（1）.

一。而从属性说和独立性说，从片面的客观主义或者主观主义立场出发，完全割裂了教唆犯罪行为主观和客观的内在联系，忽视或者否定教唆犯与实行犯的对立统一关系，因而是不妥当的。①

我国1997年刑法典第29条第2款规定："如果被教唆的人没有犯被教唆的罪，对于教唆犯，可以从轻或者减轻处罚。"对此一条款规定的教唆犯到底处于犯罪的何种停止形态，我国刑法理论界分歧很大，主要有预备说、既遂说、成立说、特殊教唆犯说以及未遂说五种观点。本人在基本赞同"未遂说"观点的基础上，对该款规定予以研析并提出了完善的建议。首先，该款规定没有穷尽教唆犯未遂的所有情形，至少未将下列两种情形的教唆犯未遂包括在内：一是被教唆者的犯罪行为停止于犯罪预备形态或者预备阶段的中止形态；二是被教唆者在着手实行犯罪后犯罪未遂或者自动中止犯罪。其次，该款所规定的情形并非都宜于适用"可以从轻或者减轻处罚"的规定。如果被教唆人因教唆而产生特定的犯意，只是在后来因有犯意上的变化（但有犯意上的联系），而针对同一犯罪对象或与之密切相关的其他人或物实施相对较重的犯罪，从而在法律特征上教唆犯仍构成未遂，但实际上其社会危害性并不比既遂小，因此，尽管此时不能要求教唆犯负既遂责任，但亦不宜对其从宽处理。而该款中的"可以"一词表明通常都要予以从轻或者减轻处罚。因此，上述特殊情形下的教唆犯即使只构成未遂，也不宜包括在该款的规定中，而应作"除外"规定。建议将该款作如下修改："如果被教唆的人没有犯被教唆的罪，或者没有完成被教唆的罪，对于教唆犯，可以从轻或者减轻处罚；但是，被教唆的人实施了与被教唆之罪的犯罪对象密切有关的相对较重的犯罪的除外。"②

2. 不同身份者共同犯罪的定性问题

共犯与身份问题，历来是刑法理论和司法实务中的难题之一。其中较为棘手的问题主要有两个：其一，无特定身份者与有特定身份者共同实施要求特殊身份之罪的，如何认定犯罪的性质？其二，当此身份犯与彼身份犯共同实施要求特殊

① 赵秉志，魏东. 论教唆犯的未遂. 法学家，1999（3）.

② 同①.

身份之罪（包括彼此加功之情形）的，犯罪性质依谁而定？

20 世纪 80 年代末，本人曾撰文对上述第一个问题进行了研究，认为对此种情形按照主犯的犯罪特征定罪（有关司法解释的主张）和对有特定身份者与无身份者分别定罪的观点均有所不妥，提出应当采取原则上依照有身份的实行犯之犯罪性质定罪，个别种类的犯罪则可分别定罪的主张和解决方案。[①] 此后，本人对共犯与身份问题继续予以关注和探索。

对上述第二个问题，我国刑法学界长期存在分别定罪说、实行行为决定犯罪性质说以及主犯行为性质决定说的分歧。本人认为，分别定罪说的实质在于主张共犯独立说，这种观点割裂了共犯之间各自行为与造成同一犯罪结果的有机统一关系，实际上也抹杀了一般身份者行为对特殊身份者行为的从属性，最终结果是把共同犯罪拆解为单个人犯罪，不仅会给实现罪责刑相适应原则带来困难，更主要的是对立法关于共犯的规定造成不合理的冲击，同时还极易导致司法不公。而且此说也无法解决具有两种特定身份者均为实行犯的问题。主犯行为性质决定说具有相当的合理性，也为“两高”的司法解释所肯定。[②] 但此说实际上是先确定共犯种类，再来确定共犯性质，有本末倒置之嫌。而且，如果主犯为二人以上，其中有国家工作人员和非国家工作人员，其定性也会出现困难。本人提出应当根据“为主的职权行为”来确定共犯性质，即由共犯主要利用的职权决定犯罪性质。主要理由是：这一主张符合我国刑法主客观相统一的原则，又吸收了实行行为决定说和主犯决定说的合理因素，同时又可以弥补其存在的缺陷，也不违背“有利于被告”的原则。它既符合哲学关于矛盾的主要方面决定事物性质的基本原理，又能体现公平、公正的基本要求。“为主职权行为决定说”这一定罪原则包括两层意思：第一，普通身份者加功于特殊身份者的犯罪行为时，由于以后者身份所包含的职权内容为主，故以后者的行为定性；第二，特殊身份者加功于普

① 赵秉志．论主体特定身份与共同犯罪．中南政法学院学报，1989（2）.

② 参见最高人民法院、最高人民检察院 1985 年 7 月 8 日《关于当前办理经济犯罪案件具体应用法律若干问题的解答（试行）》，最高人民法院 2000 年 6 月 27 日《关于审理贪污、职务侵占案件如何认定共同犯罪几个问题的解释》。

通身份者的犯罪行为时，由于前者的身份所含之职权居于次要地位，故以后者的行为定性。本人并建议在刑法总则中对身份问题以及共犯与身份的关系问题作出全面规定。①

3．新刑法典对共同犯罪规范的修改之认识

为适应有效惩治危害严重、情况复杂的共同犯罪形态的需要，我国1997年新刑法典对1979年刑法典中关于共同犯罪的规定进行了若干重要修改，主要表现为规定了犯罪集团的概念，明确了主犯的定罪范围，取消了对主犯从重处罚的原则，等等。本人撰文认为，从总体来看，这些改动不乏合理之处，但其中也有值得商榷之处：

（1）犯罪集团概念的法定化。1997年新刑法典第26条第2款载明，“三人以上为共同实施犯罪而组成的较为固定的犯罪组织，是犯罪集团”，从而将犯罪集团概念予以法定化，这是我国刑法立法的一个进步，其意义在于：它是我国有关刑法立法和实务经验的科学总结；它澄清了犯罪集团的构成特征，有助于司法实务中准确认定和重点打击犯罪集团；它弥补了此前刑事立法在犯罪集团规定方面的缺陷，是罪刑法定原则的体现。在犯罪集团的认定问题上，要特别注意犯罪集团与犯罪团伙、犯罪集团与聚众犯罪的区分。

（2）主犯定罪范围的规定与适用。我国1979年刑法典只对主犯的量刑问题有所规定，而未涉及定罪问题，这是一个缺陷。1997年新刑法典对首要分子和其他主犯承担刑事责任的范围作了明确规定。这一规定化解了以往刑事立法、刑法理论在共同犯罪人定罪范围方面的纷争，使以前只出现于少数单行刑法和司法解释中并针对某些具体犯罪的个别规定上升为刑法典总则规范中对相关具体犯罪均具有普遍效力的条文，无疑使我国的共同犯罪立法更趋科学，更鲜明地体现了罪责刑相适应原则和罪责自负原则，同时也在司法实践中具有更强的操作性。理解和适用此一规定，要注意区分“集团所犯的全部罪行”与“集团成员所犯的全部罪行”，后者的外延有时更宽泛。对于集团成员的实行行为过限，主要应结合

① 赵秉志．共犯与身份问题研究．中国法学，2004（1）．

犯罪集团的性质及其犯罪计划等进行判断。

（3）主犯从重处罚原则的取消问题。1979 年刑法典第 23 条第 2 款规定："对于主犯，除本法分则已有规定的以外，应当从重处罚。" 1997 年新刑法典第 26 条第 3 款规定："对组织、领导犯罪集团的首要分子，按照集团所犯的全部罪行处罚。" 其第 4 款又规定："对于第三款规定以外的主犯，应当按照其所参与的或者组织、指挥的全部犯罪处罚。" 也即 1997 年新刑法典取消了 1979 年刑法典中对主犯从重处罚的规定，而以其参与、组织或指挥的全部犯罪处罚的原则规定取而代之。这一改动引起了刑法学界的争论。本人认为改动后的处理原则存在以下弊端：一是无法体现对共同犯罪的处罚重于单独犯罪的立法思想；二是司法实践中有时会出现犯罪集团只犯一罪的情形，此时只能对首要分子、其他主犯、从犯和胁从犯适用同一处罚原则，很不合理；三是在首要分子和其他主犯犯相同数罪的情况下也没有明确的法律依据根据其社会危害性的大小而确定各自的刑罚。1997 年新刑法典之所以作出这样的修改，主要原因在于对共犯承担刑事责任范围的理论问题还存在某些误解，而且立法对共犯的定罪与量刑有所混淆。在今后的刑法修正中，应当对主犯从重处罚的问题再进行立法上的完善。①

4. 不作为共犯问题

不作为犯因其本身所具有的特点在其与共犯问题交织时理论上会产生一定的复杂性。对不作为犯与共犯的关系这一问题，我国刑法学界的研究总的来说不够深入和充分，近年来一些学者开始关注这方面的问题，并通过对德、日相关刑法学说的译介，推动了我国刑法理论的相关研究。本人与许成磊博士合作撰文对此问题进行了探讨，提出了一些见解。

（1）不作为的共同正犯问题。对于不作为的共同正犯问题，一般从两个方面加以探讨，即不作为之间可否成立共同正犯问题和不作为与作为之间可否成立共同正犯问题。对此，德、日刑法学界大致存在全面否定说、全面肯定说和限制肯定说三种观点；我国刑法学界大体倾向于全面肯定说，也有部分学者支持限制肯

① 赵秉志，陈一榕. 关于共同犯罪问题的理解与适用. 中国刑事法杂志，1999（2）.

定说。本人亦持全面肯定说的观点。①

（2）不作为的教唆问题。所谓不作为的教唆，是指以不作为方式实施的教唆行为。德、日刑法学界及我国大陆、台湾地区刑法学界的通说对此持否定意见，认为不作为不可能成立教唆犯；也有少数学者认为，不作为虽难以引起他人的犯意，但可坚定他人的犯意，引起或者坚定他人犯罪意图的一切作为和不作为均可成为教唆的手段。② 本人认为，在不作为的教唆问题上存在的肯定说与否定说的对立，其根源在于对教唆犯性质认识的差异，即教唆行为仅指引起他人犯意的情况，还是也包括坚定他人犯意的情况。而依照我国刑法理论的通说，教唆犯仅应指引起他人犯意的情况，因此，通过不作为坚定他人犯罪意思的情形不应被认定为不作为的教唆。在这个意义上，否定说的观点较妥。③

（3）不作为的帮助问题。以不作为方式能否帮助他人犯罪，刑法学界及实务界一般持肯定态度，认为具有阻止正犯的犯罪行为、防止结果发生的法律上义务的人，在违反该义务，使正犯的实行行为易于实施的时候就满足帮助的要件，因而成立不作为的帮助犯。④ 本人赞同肯定说，并且肯定不作为帮助者应具有保证人的地位，认为以不作为形式实行的帮助行为与帮助他人实施不作为行为不同，对于后者不需要帮助者具有作为义务，但以不作为形式实行的帮助行为，从本质上说属于不作为犯，自然应以具备保证人地位为其前提。⑤

在不作为的帮助问题上，中外刑法理论争议较大的，是对不作为的帮助犯与共同正犯以何种标准加以区分的问题。对此，德、日刑法学界大体存在主观理论、行为支配理论、保障义务理论、区别否定理论、义务犯罪理论等多种学说，我国刑法学者在借鉴德、日刑法相关学说的基础上也提出了多种观点。在综合分析上述各种学说观点的基础上，本人认为根据保证人义务的不同性质，

---

① 赵秉志，许成磊．不作为共犯问题研究．中国刑事法杂志，2008（4）.

② 李学同．论不作为与共同犯罪．法律科学，1996（6）.

③ 赵秉志，许成磊．不作为共犯问题研究．中国刑事法杂志，2008（4）.

④ 刘凌梅．帮助犯研究．武汉：武汉大学出版社，2003：149.

⑤ 赵秉志，许成磊．不作为共犯问题研究．中国刑事法杂志，2008（4）.

区分不作为的帮助犯与正犯，即采用保证人义务理论基本上是较为妥当的。[①]

（五）关于正当防卫的若干主张

正当防卫是当代各国刑法中普遍设立的一项重要制度，也是各国刑法基本理论中的一个重要的学术领域。我国 1979 年刑法典中即规定有正当防卫制度，1997 年新刑法典本着强化公民正当防卫权利的精神对该制度作了重要修改和补充。我国刑法理论界结合司法实践和刑法典修改进程把正当防卫作为一个重要的课题进行了开拓研究，并在近年来涉正当防卫典型案件争议不断、司法实务窘迫的背景下，把“正当防卫制度的适用与完善”作为 2019 年全国刑法学术年会的三个实务议题之首进行了研讨。[②]

就个人研究而言，在 1997 年新刑法典通过之前的修法研拟阶段，本人从立法完善的角度论述正当防卫问题，主张在刑法典中增设正当行为专章，在原有的正当防卫和紧急避险的基础上，增加依法实施的职务行为、执行命令的行为和正当业务行为等正当行为的种类，并完善正当防卫和防卫过当的若干立法内容[③]；在 1997 年新刑法典颁行后，本人结合正当防卫制度的立法新进展又对之作过一些探讨[④]；近年来又就正当防卫制度的相关理论问题和典型疑难争议案件有所研究[⑤]，

---

① 赵秉志，许成磊．不作为共犯问题研究．中国刑事法杂志，2008（4）．

② 赵秉志，贾宇，张旭．新中国 70 年刑法的变迁与发展——全国刑法学术年会文集：2019 年度，上下卷．北京：中国人民公安大学出版社，2019．

③ 赵秉志．关于完善我国刑法典体系和结构的研讨．中国社会科学，1989（4）；赵秉志，等．中国刑法修改若干问题研究．法学研究，1996（5）．

④ 赵秉志，肖中华．正当防卫立法的进展与缺憾．法学，1998（12）；赵秉志，田宏杰．特殊防卫权问题研究．法制与社会发展，1999（6）；赵秉志，刘志伟．正当防卫理论若干争议问题研究．法律科学，2001（2）．

⑤ 赵秉志，张伟珂．论聚众斗殴与正当防卫的界限——以聚众打斗案件的司法认定为主要视角．刑法与刑事司法，2012（1）；赵秉志，黄静野．正当防卫时间要件疑难问题研究．京师法律评论（第八卷）．北京：北京师范大学出版社，2016；赵秉志．于欢案防卫过当法理问题简析．人民法院报，2017-06-24（2）；赵秉志，彭新林．于欢故意伤害案法理问题解析．法律适用（司法案例），2017（14）；赵秉志，彭新林，等．正当防卫制度的理解和适用//魏东．刑法解释（总第 5 卷）．北京：法律出版社，2020；赵秉志，彭新林．中国正当防卫制度司法适用问题要论//赵秉志．中韩刑法正当化事由比较研究．北京：群众出版社，2020．

并主持了最高人民法院关于国内外正当防卫典型案例研究的相关委托课题。①

下面介述本人关于正当防卫制度的若干见解。

1. 防卫性质的认定问题

依照我国正当防卫制度的法律规定和法理，防卫意图、防卫对象和防卫时间的认定，是判定行为人的行为是否具有防卫性质的关键。

（1）关于防卫意图的认定。

防卫意图是防卫认识因素与意志因素的统一。实践中，应遵循主客观相统一原则进行分析和判断。

首先，防卫认识是防卫意图的首要因素，是形成防卫目的的认识前提，具体是指行为人对不法侵害的存在、不法侵害正在进行、不法侵害人、不法侵害的紧迫性、防卫的可行性及其可能的损害结果等有相应的认识。防卫认识可以是明确而具体的，也可以是概括性的。在行为人形成的防卫意图是否真实有效的问题上，一般应要求防卫人具有完全的刑事责任能力，但也不应完全排除限制能力的情形。

其次，防卫目的是防卫意图的核心。所谓防卫目的，是指通过采取防卫措施制止不法侵害，以保护合法利益的意图和主观愿望。如果行为人意图保护的是非法利益，则否定其具有正当防卫的意图。②

互殴与正当防卫的区分，是涉正当防卫案件司法实践中面对的难点之一。聚众斗殴与正当防卫在主观特征方面，不仅认识要素和意志因素不同，而且尤其在行为目的方面有重要区别：聚众斗殴以扰乱公共秩序为主要目的因而具有不正当性，正当防卫以保护合法权益为主要目的因而具有正当性。因此，互殴行为一般都因缺乏正当防卫意图而不被认为是正当防卫行为，但是，互相斗殴在某些情况下也可能存在正当防卫的条件，应当根据不同的互殴情形，具体判断是否存在防

① “国内正当防卫典型案例研究”和“国外正当防卫典型案例研究”均系赵秉志主持（彭新林和周振杰分别为协助主持人）的最高人民法院2017年特别委托课题，两项课题结项后的研究成果均载赵秉志主编：《刑事法判解研究》第39辑，人民法院出版社2020年10月版。

② 赵秉志. 于欢案防卫过当法理问题简析. 人民法院报，2017-06-24（2）；赵秉志，彭新林，等. 正当防卫制度的理解和适用//魏东. 刑法解释（总第5卷）. 北京：法律出版社，2020.

卫意图：双方事前都明知是互殴的，不存在防卫意图；一方基于斗殴意图的反击行为，不能认定具有防卫意图；对不法侵害即时进行的反击行为，不能认定为互殴，可以存在防卫意图；事先具有积极的加害意思的反击行为，应当认定为互殴的意图；预先准备工具的反击行为，不能绝对否定该方的防卫意图。①

此外，防卫挑拨与偶然防卫缺乏防卫意图，假想防卫也因缺乏防卫前提而丧失防卫意图的正当性，实践中一般都不被认为是正当防卫。②

（2）关于防卫对象的认定。

正当防卫的对象一般只能是不法侵害人，但在特定情况下也包括不法侵害人的财产（财物）。

一般来说，正当防卫的对象必须是具体实施不法侵害行为的本人；如果属于多数人实施不法侵害的情形，可以根据实际情况确定具体的不法侵害人，特殊情况下也可以对共同的不法侵害者实施防卫。

一般而言，无责任能力或限制责任能力人实施不法侵害的，原则上都可以对其实施正当防卫，但在防卫时间与防卫限度上要做出更高的要求，只有在迫不得已的情形下，才可以采取伤害更小的防卫措施进行防卫。

对于动物自发的侵袭，因其不属于刑法中的不法侵害，受害人的反击也不存在是否属于正当防卫的问题；但是，如果有人利用动物来侵害他人，则防卫人反击动物的行为可以认为是正当防卫，但其实质仍然是针对动物背后的唆使或指使者。③

（3）关于防卫时间及其认定。

从防卫时间看，防卫行为必须是针对正在进行的不法侵害实施的。“正在进

---

① 赵秉志，彭新林，等．国内正当防卫典型案例研究//赵秉志．刑事法判解研究：第39辑．北京：人民法院出版社，2020；赵秉志，张伟珂．论聚众斗殴与正当防卫的界限——以聚众打斗案件的司法认定为主要视角．刑法与刑事司法，2012（1）．

② 赵秉志，彭新林，等．国内正当防卫典型案例研究//赵秉志．刑事法判解研究：第39辑．北京：人民法院出版社，2020．

③ 同②．



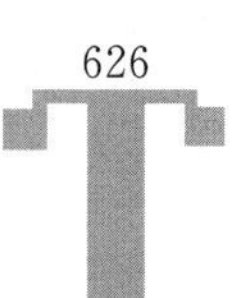

行”的开端是不法侵害已经开始，不法行为着手与否是判断的要点，这是确定正当防卫开始时间的关键。从正当防卫时间上看，不法行为开始后还必须处于持续状态，即尚未结束。

传统刑法理论要求正当防卫只有在不法侵害正在进行或是即刻发生的情况下才可以实施，但是这一立场受到了来自理论和实践的挑战。因而有必要调整正当防卫的时间要件，以对防卫行为性质和必要性原则的反思与理解为基础。防卫时间要件的重点在于在不法侵害发生和继续的可能性达到多大的情况下才可以进行防卫，也即对于防卫必要性的思考和衡量。

防卫的必要性原则旨在维护法益保护的平衡，防止防卫风险在防卫人、不法侵害人和社会三者间的不当分配。

在明确防卫行为的预见性，并对正当防卫必要性原则的内容与理论地位进行重构之后，作为必要性原则的下位要件，正当防卫的时间要件自当以此作为理论建构和调整的依据，并在不法侵害的开始与终了这两个模糊的临界点之间进行不断探索，从而对相应的疑难问题做出符合价值和常识的应对。因此，在兼顾必要性原则的积极层面和消极层面的基础上，正当防卫行为在启动时间上的调整将更为切合逻辑与现实需求。在合理预见不法侵害将要发生的场合，应当基于防卫效果的考虑赋予防卫者正当防卫的权利；而在受虐者杀伤处于消极状态的施虐者，抑或追击者在侵害人成功脱离有效控制范围后实施杀伤行为的场合下，正当化的进路无疑将导致防卫风险分配不均，引发法益保护的失衡，因此不应被纳入正当防卫的范畴。①

当然，在常见多发的家暴案件中，要注意对长期虐待行为的刑事评价以及对虐待致人重伤、死亡行为的定罪区分，同时尤其要注意对以暴制暴行为的定性，并适当参酌国外“受虐妇女综合征”的理论，酌情从宽处罚长期遭受家暴而杀夫的被告人，合理认定正当防卫。对家暴犯罪行为的量刑，要重点考虑被害人过错

---

① 赵秉志，黄静野．正当防卫时间要件疑难问题研究//赵秉志．京师法律评论（第八卷）．北京：北京师范大学出版社，2016.

和防卫过当等影响量刑从宽的因素。我国应当完善预防制止家暴犯罪的罪刑规范，并予以综合防范。①

2. 防卫前提的把握问题

依照刑法规定，正当防卫得以行使的前提条件，是必须有“正在进行的不法侵害”。所谓“正在进行的不法侵害”，包括犯罪行为和一般违法行为，并应具有不法性、侵害性、紧迫性和现实性等四个特点。②

（1）关于不法侵害之不法性的把握。

所谓不法性，是指正当防卫制止的侵害必须是不法侵害，而不能是合法行为。如对于依法执行命令的行为、正当业务行为、依照法令的行为、正当防卫行为以及紧急避险行为等，不得实行正当防卫。

（2）关于不法侵害之侵害性的把握。

所谓侵害性，是指当某一行为对刑法所保护的国家、公共利益、本人或者他人的人身、财产等合法权益造成侵害或者威胁时，才可以实行正当防卫。在司法实践中，对公民个人利益的不法侵害较为常见。对不法侵害性的理解，主要有以下问题值得研讨。

对职务违法行为能否进行正当防卫？主体不合法、超越职权、内容违法、程序违法的职务违法行为均属于不法侵害，公民对其享有正当防卫的权利。

对于防卫过当和避险过当不得实行正当防卫。因为防卫行为和避险行为是否过当是一个十分复杂的问题，在紧急情况下不可能作出准确的判断。如果容许对防卫过当和避险过当实施正当防卫，则一方面在事后无法查明防卫行为和避险行为是否过当，另一方面无异于给不法侵害人抵挡正当防卫和紧急避险提供了借口。③

---

① 赵秉志，郭雅婷. 中国内地家暴犯罪的罪与罚——以最高人民法院公布的四起家暴刑事典型案件为主要视角. 法学杂志，2015（4）；赵秉志，原佳丽. 对女性“以暴制暴”行为的刑法学思考——基于家庭暴力视野下的思考. 人民检察，2015（13）.

② 赵秉志. 于欢案防卫过当法理问题简析. 人民法院报，2017-06-24（2）.

③ 赵秉志，等. 刑法学. 北京：北京师范大学出版社，2010：179.

(3) 关于不法侵害之紧迫性的把握。

所谓紧迫性，是指不法侵害系具有紧迫危险性的行为。从实践情况看，通常只有对那些迫在眉睫或者正在进行且往往带有暴力性、破坏性、紧迫性的不法侵害行为，在实行防卫可以减轻或者消除侵害威胁的情况下，才可以实行正当防卫。

在实际生活中，不法侵害形式多种多样，其能否构成正当防卫中的不法侵害，关键在于能否形成具有紧迫性的侵害状态。学术界就此关注较多的，主要是对过失和不作为的不法侵害能否进行正当防卫的问题，虽然相关司法案例并不多见，但理论研究有其价值。一般认为，这两类情况只要对合法权益形成侵害的紧迫性，就应当允许实行正当防卫。[①] 本人曾对此问题有所探讨。

关于对不作为犯罪能否实行正当防卫，刑法学界存在否定说和肯定说两种观点。否定说认为，对不作为犯罪不能实行正当防卫，因为不作为犯罪不具备危害的紧迫性，而且正当防卫也不能制止不作为犯罪；肯定说则认为，对不作为犯罪也可以实行正当防卫，因为有些不作为犯罪也可以形成侵害紧迫性。本人认为，在某些案件中，如在扳道工在列车到来前故意不扳道岔的案件中，显然不作为犯罪能够形成侵害紧迫性，也可以通过正当防卫制止不作为犯罪，所以否定说的观点是不正确的。但是为避免防卫权的滥用，也需要对肯定说进行修正。对于不作为犯罪，在其将给合法权益造成损害的紧迫性的情况下，可否进行正当防卫，还必须结合刑法设立正当防卫制度的宗旨来考虑，结合防卫行为的有效性进行考察，不可一概而论，具体而言：

其一，如果防卫人自己可直接实施某种行为避免危害结果的发生，却通过加害犯罪人身体的方式逼迫其履行作为义务，在避免了危害结果发生的情况下成立正当防卫当然没有问题。但犯罪人如果没有履行作为义务，或者答应履行但尚未履行，危害结果仍然发生了，或者犯罪人正在履行甚至已经履行了义务，而危害结果仍然没有避免，在这种情况下，如果仅强调防卫的意图而不考虑防卫的效

① 赵秉志，彭新林，等. 国内正当防卫典型案例研究//赵秉志. 刑事法判解研究：第39辑. 北京：人民法院出版社，2020.

果，容易助长防卫权的滥用，防卫人采用的方法从效益上也不够妥当，因此将其认定为正当防卫有所不妥。但在立法对此尚无规定的情况下，从刑法谦抑性上考虑，以对防卫人不追究刑事责任为宜。

其二，如果防卫人自己不可能采用某种积极的行为去直接避免危害结果的发生，而只能通过采用一定的暴力损害犯罪人身体逼迫其履行作为义务，除犯罪人明确表示即使死也不会履行作为义务，而防卫人仍用暴力伤害了犯罪人，而犯罪人最终也未履行作为义务的情形以外，其余情况均以认定为正当防卫为宜。①

目前我国刑法中，除少数以危险状态的出现为构成要件的过失犯罪外，其他过失犯罪均以物质性实害结果的出现作为构成犯罪的必要条件。无论是以哪种结果为犯罪构成必要条件的过失犯罪，犯罪的成立之时即是危害结果发生之时，在危害结果发生之前其行为还不能被称为犯罪，因此，对于过失犯罪由于缺乏犯罪行为“正在进行”这一正当防卫的时间条件而不能实行正当防卫。但是，刑法典第20条第1款规定的“不法侵害”并非仅限于犯罪行为，而是也包括一般违法行为，所以对于在危害结果发生前的过失行为，如果具有造成国家、社会、本人或他人合法权益损害的紧迫性，同时又可以通过损害过失行为人的某种权益从而使国家、社会、本人或他人的合法权益得以保全，应当允许实行正当防卫。②

（4）关于不法侵害之现实性的把握。

所谓现实性，是指不法侵害必须是真实且客观存在的行为。如果客观上没有不法侵害，但行为人误以为存在不法侵害，进而实施了所谓的防卫行为，则属于假想防卫。对此情况，一般认为，应当根据案件的具体情况，依照事实认识错误的处理原则来解决，认定为过失犯罪或者意外事件。③

① 赵秉志，刘志伟．正当防卫理论若干争议问题研究．法律科学，2001（2）．

② 同①．

③ 赵秉志．刑法新教程．4版．北京：中国人民大学出版社，2012：135．



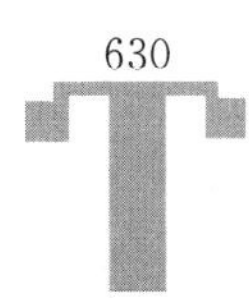

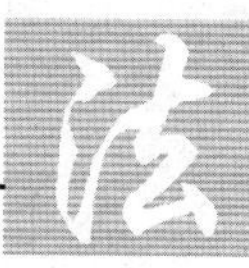

3. 防卫过当及其罪过形式问题

(1) 防卫过当的判定。

根据刑法典第 20 条的规定，防卫过当是指防卫明显超过必要限度造成重大损害，应当负刑事责任的行为。防卫过当与正当防卫都是具有防卫性的行为。要成立防卫过当，也必须符合正当防卫的前四个条件，只是因为防卫行为不符合正当防卫的限度条件，或者说防卫行为明显超过必要限度造成了重大损害，才使防卫由适当变成过当，因而防卫过当是一种非法侵害行为。对于防卫过当和正当防卫区分与认定的关键，在于对防卫限度条件的理解和把握。

正当防卫的限度条件，是防卫必须不能明显超过必要限度且不能对不法侵害人造成重大损害；如果防卫行为明显超过必要限度且对不法侵害人造成重大损害，应属于防卫过当。在我国以往的刑法理论和司法实践中，对于正当防卫的“必要限度”的理解，曾有“基本相适应说”“必要说”“折中说”等三种观点。“折中说”为通说，主张对防卫行为的必要限度应从两个方面考察：一要看防卫行为是否为制止不法侵害所必需，二要看防卫与不法侵害行为是否基本相适应。[①]

何为“明显超过必要限度”？1997 年新刑法典将防卫过当的标准由原先的“超过必要限度造成不应有的损害”修正为“明显超过必要限度造成重大损害”，其修法目的意在明确和放宽正当防卫的成立标准，因而对于防卫过当限度条件的掌握不能过于严格。

在具体案件的判断中，行为人在确实具有防卫必要性的基础上实施防卫行为，如果防卫行为本身的强度与不法侵害强度基本相当，或者小于不法侵害的强度，而造成重大损害结果，不能认为是“明显超过必要限度”；如果防卫人采用强度较小的行为就足以制止不法侵害，却采用了明显不必要的强度更大的行为并造成了重大损害结果，可以认定为“明显超过必要限度”。

但是需要注意，一些案件中即使防卫行为本身的强度超出不法侵害的强度，但从行为时一般人的标准来判断，该防卫行为系制止不法侵害所必需时，仍不能

① 高铭暄，马克昌. 刑法学：6 版. 北京：北京大学出版社，高等教育出版社，2014：134.

认为防卫行为“明显超过必要限度”。

关于“造成重大损害”。1997年新刑法典将“不应有的危害”改为“重大损害”，这一修改更有利于司法人员从客观方面把握与判断“重大损害”。“重大损害”意味着防卫行为所造成的损害与不法侵害可能造成的侵害相比悬殊，明显失衡。一般而言，所谓的“重大损害”，仅限于致人重伤或死亡，不包括造成被害人轻伤或财产方面的损失。

关于“明显超过必要限度”与“造成重大损害”的关系，有并列说、交叉说、等同说等观点。并列说较为合理，即只有防卫行为与“造成重大损害”同时具备，方可构成防卫过当。

关于防卫过当限度条件的认定思路。在具体案件中认定防卫过当：首先，应当在全面分析不法侵害的强度、缓急、性质，侵害方与防卫方的力量对比，现场情势等事实和情节基础上进行综合判断；其次，需要从一般人的观念出发，考虑一般人的可能认识和合乎情理的抉择；最后，要适当作有利于防卫人的考量。①

（2）防卫过当的罪过形式。

关于防卫过当的罪过形式，刑法学界存在分歧。通说认为，防卫过当的罪过形式可以是疏忽大意的过失、过于自信的过失，也可以是间接故意，但不能是直接故意。司法实务中多认定为间接故意，也有认定为过失或直接故意的。②

本人认为，从实践中看，防卫人对过当结果存在直接故意、间接故意和过于自信的过失三种心理态度，关键问题在于对这三种情形下的行为可否视为防卫过当而对防卫人从宽处罚。由于刑法典第20条第2款并未将防卫过当的罪过形式限于某种罪过心理，所以，实事求是地将实践中客观存在的防卫人的各种罪过心理形态视为防卫过当的罪过形式，应当说是符合刑法设立正当防卫制度的精神的。而且，如果否认防卫人对过当结果的故意或过于自信的过失是防卫过当的罪

① 赵秉志，彭新林，等．国内正当防卫典型案例研究//赵秉志．刑事法判解研究：第39辑．北京：人民法院出版社，2020.

② 赵秉志．于欢案防卫过当法理问题简析．人民法院报，2017-06-24（2）.

过形式，势必会对防卫人按无防卫因素的故意犯罪或过失犯罪定罪判刑，那么就不仅剥夺了其进行正当防卫的权利，否认了其根据该权利实行正当防卫的正当性，而且对其处罚也是过于苛刻的。另外，防卫人往往对自己的行为是否过当存在着不确定的认识，如果一旦过当就按无防卫因素的故意犯罪或过失犯罪判刑，客观上必然挫伤广大公民同犯罪作斗争的积极性，从而与设立正当防卫制度的精神相悖。

一些学者认为，若将直接故意视为防卫过当的罪过形式，会导致直接故意的犯罪目的与防卫目的相矛盾。这种观点是错将保护合法权益的意图当作防卫行为的目的了。防卫行为在客观上是防卫人实施的对不法侵害人的人身或财产的造成损害的行为，该行为的结果当然就是对不法侵害人的人身或财产造成损害，该结果反映在主观上就是防卫人的目的。而保护合法权益或制止不法侵害行为只是促使防卫人实施防卫行为或损害不法侵害人的人身或财产的行为，进而实现对不法侵害人的人身或财产造成损害目的的内在动机或内心起因。由于动机的性质并不必然决定目的的性质，因而防卫的动机与对不法侵害人的人身或财产造成损害的目的可以在同一防卫行为中兼容。①

4. 特殊防卫权的规定及其立法完善问题

1997 年新刑法典关于正当防卫制度的修改，最引人注目的莫过于其第 20 条第 3 款增设的关于特殊防卫权的规定，这被认为是大力强化公民正当防卫权利的重要修法。但对这一制度也颇有争议。

(1) 特殊防卫权规定的理解。

特殊防卫权的设立，有助于制止严重暴力犯罪侵害和保护合法权益。特殊防卫的适用前提，是防卫人针对严重危及人身安全的暴力犯罪的侵害人而实施防卫行为。实践中正确适用特殊防卫条款的关键，就在于准确把握“严重危及人身安全的暴力犯罪”的内涵和外延。

从刑法规定来看，不仅其明确列举的“杀人、抢劫、强奸、绑架”等是典型

---

① 赵秉志，刘志伟. 正当防卫理论若干争议问题研究. 法律科学，2001 (2).

的暴力犯罪，而且其所使用的概括性词语“其他严重危及人身安全的暴力犯罪”，也表明特殊防卫只能针对暴力犯罪实施，并且必须是针对严重危及人身安全的暴力犯罪。这是刑法对特殊防卫适用前提条件的刚性规定。

具体来说：第一，必须在发生了危及人身安全的暴力犯罪侵害时才能实施，对于没有危及人身安全的犯罪，哪怕是暴力犯罪，如暴力毁坏财物的犯罪，也不允许进行特殊防卫，而只能对其进行一般防卫。第二，暴力犯罪的侵害还要求达到严重危及人身安全的程度。暴力侵害行为未达到严重危及人身安全程度的，就只能对其进行一般防卫，而不能实施特殊防卫。对暴力犯罪的侵害程度，应根据犯罪人所实际使用的暴力达到的危及人身安全的威胁程度来甄别，对于行为强度足以致人重伤或者死亡的，则应当认为属于严重的暴力犯罪，可以实施特殊防卫。[①]

（2）特殊防卫权规定的弊端及其完善。

特殊防卫权的设立，将公民的正当防卫权利提高到了不应有的高度，其实际效果有悖于刑法上正当防卫的立法宗旨。不论特殊防卫权的适用范围如何限制，其导致正当防卫权滥用的弊端都是在所难免的。从实践的角度看，即使对再严重的暴力犯罪，实行防卫都不能绝对排除防卫过当的情况，不宜一概认为都不属于防卫过当。在设立特殊防卫权赋予公民这种宽泛权利的背后隐藏着危险：首先，公民个人的私力救济在很大程度上替代了国家的公力救济，这种国家责任的不恰当转嫁，存在破坏法治的危险；其次，特殊防卫权的宽泛性，无异于鼓励防卫人利用无限防卫权的合法形式去对不法侵害人实施不应有的侵害，这种侵害实际上隐含着犯罪行为，容易激发新的严重暴力犯罪；最后，该款对“行凶”和“其他严重危及人身安全的暴力犯罪”的规定也不清晰，在司法实践中界定标准必定不一致，这也容易导致防卫权利的滥用。

针对 1997 年新刑法典关于特殊防卫权规定的弊端，将来修改刑法时可以选择两种模式予以完善：一是在进一步充实完善刑法典第 20 条第 2 款关于防卫限度规定的基础上，取消特殊防卫权的单独规定，将其融入防卫限度的规定

① 赵秉志. 于欢案防卫过当法理问题简析. 人民法院报，2017-06-24（2）.

之中；二是在保留特殊防卫权单独规定的现行立法的基础上，取消“行凶”等模糊不清的非法律术语，代之以特殊防卫权所适用的严重危及人身安全的暴力犯罪侵害的明确列举，并通过立法或者司法解释，对不能明确列举的“其他严重危及人身安全的暴力犯罪”予以严格的限制，以确保特殊防卫权的正确适用。①

(六) 关于赦免 (特赦) 制度的主张

赦免是指国家宣告对犯罪人免罪、免刑的法律制度。赦免有大赦和特赦之分：大赦是既赦其罪亦赦其刑；特赦是只赦其刑。我国现行宪法只规定了特赦而没有规定大赦。新中国成立迄今先后实行了九次特赦：1959 年至 1975 年间实行的前七次特赦的主要对象是战争罪犯；时隔 40 年后于 2015 年实行的第八次特赦是为纪念中国人民抗日战争暨世界反法西斯战争胜利 70 周年，2019 年实行的第九次特赦是为了庆祝新中国成立 70 周年。由于现代赦免制度尤其是特赦制度具有的积极而重要的刑事政策意义和社会价值，近年来该制度逐步为我国刑法学界所关注和研究。

本人在新世纪之初就开始关注赦免制度，注意引导博士生致力于赦免制度的专题研究②，并倡议和参与了这一领域的研讨。我们认识到，现代赦免制度具有调节利益冲突、衡平社会关系的重要刑事政策机能，特别是在中国经济和社会的变革与发展导致社会诸多矛盾凸显甚至激化的背景下，适当地运用赦免制度，有助于缓解社会矛盾、调节利益冲突，因此，我国的现代赦免制度有必要进行重构和完善。③

2004 年，我们曾就合理赦免民营企业“原罪”问题向有关中央政法机关提

① 赵秉志，肖中华. 正当防卫立法的进展与缺憾. 法学，1998 (12)；赵秉志，田宏杰. 特殊防卫权问题研究. 法制与社会发展，1999 (6)；赵秉志. “无限防卫权”还是“特殊防卫权”. 检察日报，2004-07-29 (3).

② 阴建峰. 现代赦免制度论衡. 北京：中国人民大学，2005. 阴建峰在其博士论文基础上出版的同名专著《现代赦免制度论衡》(中国人民公安大学出版社 2006 年版) 是该领域有代表性的学术著作。

③ 赵秉志，阴建峰. 和谐社会呼唤现代赦免制度. 法学，2006 (2).

交研究咨询报告。[①] 在本人的倡议和组织下，2006 年，我们学术团队两次就中国现代赦免制度的重构问题向有关中央政法机关提交研究咨询报告[②]；新中国成立 60 周年前夕，我们再次向中央政法领导机关提交题为《关于在新中国成立 60 周年之际实行特赦的建议》的研究咨询报告[③]；新中国成立 70 周年前夕，我们又一次向中央政法领导机关提交题为《关于在新中国成立 70 周年之际实行特赦之建议》的研究咨询报告[④]；2021 年是我国执政党中国共产党成立 100 周年的重要年份，我们又于 2020 年 11 月向中央政法领导机关提交了关于我国在建党百年之际再次行赦的建议。[⑤] 同时，十余年来，本人也参与写作发表了多篇研究赦免和特赦制度的论文[⑥]，并合编出版了关于我国特赦专题的著作。[⑦] 本人还得以应国家有关机关之邀参与了关于 2015 年第八次特赦决策的咨询和事后的研讨解析工作。在这些学术作品和学术活动中，本人表达了关于赦免和特赦制度的若干学术见解与主张。

---

① 赵秉志，阴建峰．合理解决民营企业“原罪”问题：兼顾社会发展的需要和法治原则的贯彻//赵秉志．刑事法治发展研究报告．北京：中国人民公安大学出版社，2005.

② 赵秉志，阴建峰．现代赦免制度之重构方略//赵秉志．刑事法治发展研究报告（2005—2006 年卷）．北京：中国人民公安大学出版社，2006；赵秉志，阴建峰．我国死刑赦免制度建构研究//赵秉志．刑事法治发展研究报告（2005—2006 年卷）．北京：中国人民公安大学出版社，2006.

③ 高铭暄，赵秉志，阴建峰．关于在新中国成立 60 周年之际实行特赦的建议//北京师范大学刑事法律科学研究院．刑事法治发展研究报告．北京：中国人民公安大学出版社，2009.

④ 高铭暄，储槐植，赵秉志，阴建峰．关于在新中国成立 70 周年之际实行特赦的建议//北京师范大学刑事法律科学研究院．刑事法治发展研究报告．北京：中国人民公安大学出版社，2019．该作品于 2021 年 9 月荣获南京师范大学中国法治现代化研究院第三届“方德法治研究奖”特等奖。

⑤ 高铭暄，赵秉志，阴建峰．关于在中国共产党建党百年之际再次实行特赦的建议//北京师范大学刑事法律科学研究院．刑事法治发展研究报告．北京：中国人民公安大学出版社，2020．该建议被中国法学会《要报》2021 年第 6 期所采纳，并得到中央领导同志重要批示。

⑥ 赵秉志，阴建峰．和谐社会呼呼现代赦免制度．法学，2006（2）；赵秉志，阴建峰．现代赦免制度之重构方略//赵秉志．刑事法治发展研究报告（2005—2006 年卷）．北京：中国人民公安大学出版社，2006：614-641；高铭暄，赵秉志，阴建峰．新中国成立 60 周年之际实行特赦的时代价值与构想．法学，2009（5）；高铭暄，赵秉志．中国新时期特赦的政治与法治意义．法制日报，2015-08-31（4）；赵秉志，阴建峰．我国新时期特赦的法理研读．法制日报，2015-09-02（2）；高铭暄，赵秉志，阴建峰．国庆 70 周年特赦之时代价值与规范解读．江西社会科学，2019（7）.

⑦ 赵秉志，阴建峰．新时期特赦的多维透视．台北：新学林出版股份有限公司，2020.

1. 现代赦免制度的刑事政策功能

现代赦免制度是国家在适用刑罚之外对犯罪现象实施理性反应的工具，该制度具有诸多刑事政策功能：(1) 化解国家祸乱，缓和国内外矛盾，促进社会和谐；(2) 彰显国家德政，昭示与民更始；(3) 疏减监狱囚犯，节约司法资源；(4) 弥补法律不足，救济法治之穷，缓和刑罚严苛；(5) 纠正司法误判，维护公民权益；(6) 鼓励犯人自新，促成刑罚目的的实现。①

2. 关于我国应创立大赦制度的问题

刑法学界对于我国应否设置大赦制度及其设置的途径和方法有所争议。本人主张在我国现代赦免制度中恢复大赦制度。主要理由是：其一，世界主要国家多设置有大赦制度，值得我国借鉴；其二，尽管大赦制度具有弊端，但基于刑事政策的考量而保全社会整体利益，正是大赦制度的存在价值；其三，大赦与特赦之间具有质的差别，大赦有其自身的适用空间，并非特赦所能取代。

至于设置大赦的途径和方法，有学者主张仅通过修宪方式解决，不倾向于专门立法。本人认为，由于我国宪法属于刚性宪法，修宪复杂性及难度较大，可以先考虑采取立法解释的方法变通而灵活地解决包括大赦、一般减刑、一般复权在内的一般赦免权无宪法根据的问题，并由全国人大常委会通过对《宪法》第 62 条第 15 项的解释，将一般赦免权明确为全国人大的职权。在条件成熟时，通过宪法修正案的形式，在我国现行法律框架内恢复大赦制度。② 若仅简单地在宪法中恢复大赦制度，却不对大赦权的行使加以限制，就不能有效地防止大赦的滥用。因此，建议同时由全国人大常委会颁行专门的赦免法，其中应就大赦的范围、效力、程序、法律后果等作出详细的规定，从而规范大赦权的行使。③

---

① 高铭暄，赵秉志，阴建峰. 新中国成立 60 周年之际实行特赦的时代价值与构想. 法学，2009 (5).

② 高铭暄，赵秉志，阴建峰. 新中国成立 60 周年之际实行特赦的时代价值与构想. 法学，2009 (5)；赵秉志，阴建峰. 和谐社会呼唤现代赦免制度. 法学，2006 (2).

③ 赵秉志，阴建峰. 和谐社会呼唤现代赦免制度. 法学，2006 (2)；赵秉志，阴建峰. 现代赦免制度之重构方略//赵秉志. 刑事法治发展研究报告（2005—2006 年卷）. 北京：中国人民公安大学出版社，2006：614-641.

3. 关于特赦制度的完善

我国特赦制度可以包容普通特赦和特别特赦两种情形，以普通特赦为主，以特别特赦为补充，并可借鉴法国、德国等国的经验，对赦免的适用附加特定条件，以增强特赦的合理性、合法性，弥合社会整体利益和个人利益之间的冲突，缓解社会和被害人及其家属可能存在的不满。特赦原则上应适用于一切犯罪，犯罪的性质对于特赦的请求不宜具有任何意义，而且所有犯罪人都可以得到特赦。就适用的刑罚类型而言，特赦既可以适用于死刑，也可以适用于自由刑、财产刑乃至资格刑。

4. 关于赦免性减刑和赦免性复权

除大赦和特赦外，赦免性减刑和赦免性复权也应成为我国现代赦免制度的内容，可以考虑通过全国人大常委会对《宪法》第 67 条第 21 项的解释，将其纳入“全国人民代表大会授权的其他职权”的范畴，从而使全国人大常委会行使这两项权力。①

5. 关于在几个重要时间节点实行特赦的建议

考虑到历史经验和现实需要，特赦在国家具有特殊意义的年份实行更有可能和价值。有鉴于此，晚近十余年来，我们学术团队几位教授曾主张在新中国成立 60 周年、70 周年和中国共产党建党 100 周年等几个重要年份实行特赦，并在这些重要时间节点到来之前向中央政法领导机关提交相关研究建议和提出学术倡导；在国家于 2015 年实行第八次特赦和 2019 年实行第九次特赦后，我们也及时进行了跟进研究与弘扬。

（1）关于新中国成立 60 周年实行特赦的建言。

应将新中国既往七次特赦实践所确立的“确实改恶从善”之实质条件修改为“确有悔改表现，不致再危害社会”，并由有关部门根据罪犯在一定刑罚执行期间

① 赵秉志，阴建峰. 和谐社会呼唤现代赦免制度. 法学，2006（2）；赵秉志，阴建峰. 现代赦免制度之重构方略//赵秉志. 刑事法治发展研究报告（2005—2006 年卷）. 北京：中国人民公安大学出版社，2006：614-641.

内的服刑改造表现，结合各种主客观因素予以综合判断。需要严格控制特赦的适用对象与范围，使之只适用于犯罪性质不严重、犯罪情节相对较轻、宣告刑期与残余刑期不长，并且“确有悔改表现，不致再危害社会”的犯罪人。

在上述前提下，可进一步对此次特赦的对象与范围问题提出如下初步设想：一是从犯罪性质和犯罪情节而言，此次特赦应侧重适用于犯罪性质不严重、犯罪情节相对较轻的未成年犯、过失犯、初犯、偶犯等情形；二是就原判刑罚和残余刑期而言，宜限定为宣告刑不超过 5 年有期徒刑且已经执行原判刑期三分之一以上者；三是从排除适用范围上来讲，对累犯以及杀人、爆炸、抢劫、强奸、绑架等严重危及人身安全的暴力性犯罪不宜特赦；四是从犯罪主体角度看，年满 70 周岁或者因身患严重疾病而丧失危害社会能力的犯罪人，则可以作为前述情形之例外而适用特赦。①

（2）关于 2015 年的第八次特赦。

2015 年 8 月 29 日，根据 2015 年 8 月 29 日第十二届全国人大常委会第十六次会议通过的《全国人民代表大会常务委员会关于特赦部分服刑罪犯的决定》，国家主席习近平签署主席特赦令，对参加过抗日战争、解放战争等四类服刑罪犯实行特赦。本人应邀在事前参与了中央政法领导机关筹备和决策此次特赦的研究论证，事后参与了有关的阐释和宣传。本人撰文指出这次特赦具有重大的政治与法治意义，它不仅发挥了赦免制度所固有的刑事政策功能，还凸显出诸多重大的时代价值，创新了我国现行法律框架中特赦制度的实践，并借此促进了我国现代赦免制度的重构与运作。②

本人认为，在时隔 40 年之后，再次依照宪法施行特赦，传递的是依宪治国、依宪执政的理念，也是创新宪法实践的重要举措。从法律规范层面来说，尽管特赦制度在我国现行法律体系中尚欠缺系统、完备的规定，但此次特赦也是有宪法

---

① 高铭暄，赵秉志，阴建峰．新中国成立 60 周年之际实行特赦的时代价值与构想．法学，2009（5）．

② 高铭暄，赵秉志．我国新时期特赦的政治与法治意义．法制日报，2015－08－31；赵秉志，阴建峰．我国新时期特赦的法理研读．法制日报，2015－09－02．

和刑事法律依据的。此次特赦由全国人大常委会依据我国现行《宪法》第 67 条所赋予的职权作出决定，并由国家主席依据《宪法》第 80 条发布。而且，我国《刑事诉讼法》第 15 条第 3 项和刑法典第 65 条都为特赦制度的运作预留了制度空间，提供了相应的规范依据。

以往的七次特赦从适用时机、具体形式、适用对象与范围、适用条件、适用程序等方面为此次特赦提供了实践依据。第一，此次特赦的对象包括四类特定的正在服刑的罪犯。第二，此次特赦将以往七次特赦实践所确立的“确实改恶从善”之实质条件，修改为“释放后不具有现实社会危险性”，从实质条件上对服刑罪犯的要求有所放宽。第三，关于特赦的法律后果。以往七次对战犯的特赦除免除刑罚执行外，有时还伴随着赦免性减刑。与以往不同的是，由于这次特赦所适用的对象主要是“一老一少”，其中老年犯均已基本丧失危害社会的能力，少年犯则系“被判处三年以下有期徒刑或者剩余刑期在一年以下”，赦免性减刑已无必要，故对于服刑罪犯而言获得特赦的结果均为“释放”，亦即免除剩余刑期的执行。第四，此次特赦之效力也只及于刑而不及于罪，并且只是使国家的刑罚权部分消灭，而不是全部消灭，更不是使宣告刑归于无效。第五，关于特赦的程序。以往七次特赦已形成了较为固定的适用程序，此次特赦大体遵循以往的程序，也根据适用对象的不同和司法实践的变化做出了适当的调整。[①]

(3) 关于新中国成立 70 周年实行特赦的建言和研究。

2019 年适逢新中国成立 70 周年。第十三届全国人大常委会第十一次会议于 2019 年 6 月 29 日通过了《关于在中华人民共和国成立七十周年之际对部分服刑罪犯予以特赦的决定》，国家主席习近平当日签署并正式发布了特赦令，对依据 2019 年 1 月 1 日前人民法院作出的生效判决正在服刑的九类罪犯予以特赦。这是新中国的第九次特赦，受到举世关注和好评。

在新中国成立 70 周年前夕的 2019 年 5 月，经本人倡议和协调，我们学术团队几位教授向中央政法领导机关提交了题为《关于在新中国成立 70 周年之际实

---

① 赵秉志，阴建峰. 我国新时期特赦的法理研读. 法制日报，2015-09-02.

行特赦之建议》的研究咨询报告；第八次特赦令颁布后，我们又撰文对这次特赦的意义和规范进行了解析。[①] 通过专题研究报告和论文，表达了我们的相关见解和主张。

我们认为，在新中国成立70周年之际实行特赦，具有重要的时代价值：有助于促进国家治理体系和治理能力的现代化；有助于彰显依宪治国、依宪执政的治国理念；有助于体现依法治国和以德治国的有机结合；有助于切实贯彻宽严相济的基本刑事政策；有助于推动特赦的制度化、法治化运作。

关于新中国成立70周年之际如何实行特赦的若干构想和建言：其一，建议采用附条件特赦的形式，规定罪犯在特赦后5年内再次故意犯罪的撤销特赦；其二，将服刑或社区矫正期间再次故意犯罪或者多次违反治安管理处罚法作为推断罪犯释放后具有“现实社会危害性”的基础事实；其三，特赦之适用对象范围应适当扩大，可以包括防卫过当案件的罪犯、在企业经营过程中因制度缺陷而犯罪的民营企业家、有无人监管的未成年子女的罪犯、因新旧法律变更导致被判罪刑严重失衡的罪犯、曾获得国家级表彰奖励及以上荣誉的罪犯；其四，完善特赦程序，采取自上而下和自下而上相结合的启动模式，允许服刑罪犯及其近亲属申请特赦，允许刑罚执行机构和检察机关提请特赦。[②] 第八次特赦的决定中，关于特赦的对象范围，有部分内容与我们的建议相一致或者相近，例如第三、五、八条规定之情形。[③]

(4) 关于建党百年实行特赦的建言。

在中国共产党建党百年前夕，我们结合新时期前两次特赦的相关实践，就建党百年之际再次实行特赦向中央政法领导机关提出了建言：

其一，主张我国应借鉴德国、韩国、日本等国家之立法经验，采用集中立法

---

① 高铭暄，赵秉志，阴建峰. 国庆70周年特赦之时代价值与规范解读. 江西社会科学，2019 (7).

② 高铭暄，储槐植，赵秉志，阴建峰. 关于在新中国成立70周年之际实行特赦之建议//北京师范大学刑事法律科学研究院. 刑事法治发展研究报告. 北京：中国人民公安大学出版社，2019.

③ 参见全国人大常委会《关于在中华人民共和国成立七十周年之际对部分服刑罪犯予以特赦的决定》(2019年6月29日)。

模式，制定专门的《中华人民共和国特赦法》，对特赦的含义类型、权限配置、适用范围、适用条件、法律效力、运行程序等内容作出详细而明确的规定，为特赦制度的高效、规范、常态运行提供坚实的规范依据和程序保障。

其二，关于附条件特赦形式之提倡和“现实社会危险性”之评估标准，维持了在新中国成立70周年实行特赦之研究报告中的主张。

其三，适度恢复赦免性减刑之适用，对于曾为党和国家的建设做过较大贡献、被判处长期自由刑且已服刑10年以上的服刑罪犯，如果确已真诚悔罪，也可以通过赦免性减刑，在合理的幅度内缩减其服刑的刑期。

其四，适用对象范围应适当扩大。对既有适用对象予以合理保留和适当调整，可考虑将老年服刑罪犯对象的年龄由75周岁降至70周岁，并拓展与增列新的适用对象：在企业经营过程中因制度缺陷而犯罪的民营企业家、因新旧法律变更导致被判罪刑严重失衡的服刑罪犯、为党和国家的发展与建设做过较大贡献并曾获得省部级以上荣誉称号的服刑罪犯。此外，对引起我国与相关国家之间的外交纷争而已在国内判刑的犯罪人，必要时可以考虑借助赦免制度所具有的缓解国际矛盾、解决外交冲突之刑事政策功能，将部分可能关涉外交纷争的外籍服刑罪犯纳入特赦之范畴。当然，为避免触及民众的安全感与稳定感，不致引起太大的社会震荡，仍可以对部分适用对象附加排除适用范围，对故意杀人、抢劫、强奸、绑架、放火、爆炸、投放危险物质或者有组织的暴力性犯罪、黑社会性质的组织犯罪、危害国家安全犯罪、恐怖活动犯罪、有组织犯罪的主犯以及累犯等不予特赦，并排除对被特赦后重新犯罪者再次特赦。

6. 关于我国现代赦免制度程序设置的建议

（1）一般赦免的程序设计。可以在全国人大常委会下设立赦免事务委员会（或赦免事务室）作为常设性机构，专门负责处理具体的赦免事务。赦免事务委员会的成员由全国人大常委会任命。一般赦免案的起草工作主要由赦免事务委员会完成。一般赦免案完成后，可以交由全国人大专门委员会根据《立法法》第24条的规定向全国人大常委会提出，由委员长会议决定列入常务委员会会议议程。常务委员会通过的一般赦免由国家主席签署主席令予以公布。

（2）个别赦免的程序设计。可以实行自下而上和自上而下并行的模式。一方面，可以由赦免权人根据赦免事务委员会的建议，主动对特定犯罪人予以赦免；另一方面，也可以由犯罪人本人或者其亲属提出申请，或者由犯罪人服刑场所、有关检察机关等代为提请。为防止当事人滥用申请，可以借鉴有些国家之经验，对其提出申请的时间、条件等加以限制。①

7. 关于刑事法律的相应修改建议

一旦颁行专门的赦免法，我国刑事法的有关内容应考虑作如下修改：

（1）关于累犯的构成前提。由于现行刑法典第 65 条、第 66 条规定“赦免以后”可以是构成累犯的前提之一，而罪刑皆免的免罪性赦免不能成为累犯构成的前提条件。因此，刑法典第 65 条、第 66 条中的“赦免以后”，不甚妥贴，应修改为“免除以后”。

（2）关于特别假释的设置。我国现行刑法中规定的特别假释制度，其本质与特赦并无区别，该制度的设置实质上架空了全国人大常委会的特赦权，从而使宪法中的特赦制度处于被虚置的境地。因此，随着现代赦免制度的建立，应当废止特别假释的规定，恢复特赦制度的应有领地。

（3）在我国刑法典中应确立针对犯罪单位的赦免制度，从而为犯罪单位获得大赦、特赦或者赦免性复权提供法律依据。

（4）有必要在刑法总则第四章“刑罚的具体运用”中，在其第八节“时效”之后，以第九节专节规定赦免，通过原则性的规定来呼应专门赦免法的相应内容。②

---

① 赵秉志，阴建峰．现代赦免制度之重构方略//赵秉志．刑事法治发展研究报告（2005—2006 年卷）．北京：中国人民公安大学出版社，2006：614-641；高铭暄，赵秉志，阴建峰．关于在中国共产党建党百年之际再次实行特赦的建议//北京师范大学刑事法律科学研究院．刑事法治发展研究报告．北京：中国人民公安大学出版社，2020.

② 赵秉志，阴建峰．现代赦免制度之重构方略//赵秉志．刑事法治发展研究报告（2005—2006 年卷）．北京：中国人民公安大学出版社，2006：614-641；高铭暄，赵秉志，阴建峰．关于在中国共产党建党百年之际再次实行特赦的建议//北京师范大学刑事法律科学研究院．刑事法治发展研究报告．北京：中国人民公安大学出版社，2020.

## 八、罪刑各论问题

### （一）概述

刑法学是一门实践性极强的应用法学学科。其中，研究刑法分则的罪刑各论问题与司法实践的结合最为紧密，因而是刑法学界和法律实务界共同关注的极为重要而纷繁复杂的领域，其研究也呈现出百花齐放、百家争鸣的局面。

关注法治现实问题、坚持理论联系实际，是本人在学术生涯中一贯推崇并坚持追求的学术风格，因而本人在重视刑法总论问题研究的同时，也始终注意对刑法分则罪刑各论领域的持续研究和探索。多年来，本人在罪刑各论领域主持完成了十余个科研项目①，出版了数十本著作②，发表了数百篇论文和文章③，相关研究力图有助于合理解决司法实践中的具体罪责刑问题，进而促进刑事司法的公正。可以说，罪刑各论是与刑法总论并列而受到本人一贯重视和持续关注的主要学术领域之一。

本人在罪刑各论领域的研究层面上，既涉及对刑法分则体系之宏观问题的研究，更有对多类、多种具体犯罪问题的研究，特别是对常见、多发、疑难、新型犯罪的研究。本人比较重视、研究较多的犯罪类型，包括“危害公共安全罪”章中的恐怖活动犯罪，“破坏社会主义市场经济秩序罪”章中的金融犯罪、侵犯知识产权罪，侵犯财产罪，“妨害社会管理秩序罪”章中的计算机犯罪和网络犯罪、妨害司法罪、破坏环境资源保护罪，贪污贿赂罪，等等；此外，还论及多种其他

---

① 例如：国家社科基金青年项目“妨害司法活动罪研究”（1990 年）；国家教委“八五”博士点项目“中国特别刑法研究”；北京市哲学社会科学“九五”规划项目“侵犯财产罪研究”（1996 年）；教育部人文社会科学重点研究基地重大科研项目“当代新型犯罪比较研究”（系列著作，1999 年）；国家环保部委托课题“环境犯罪及其立法完善研究”（2008 年）；北京市哲学社会科学“十一五”规划项目“防治金融欺诈的法律对策研究”；国家安全部课题“危害国家安全罪及相关犯罪法律适用研究”（2013 年）；等等。

② 本人在罪刑各论领域出版（含独著、合著、主编等）的专业著作八十余本，其中有 11 本获得省部级等各种奖励。

③ 其中，本人在罪刑各论领域发表于核心学术期刊的论文一百余篇，发表于权威期刊《中国法学》和《法学研究》的论文 10 篇。


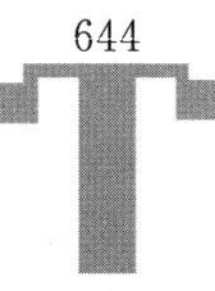

具体罪种。注意对类罪的系统研究，注重对新型犯罪和常见多发、热点、疑难犯罪问题的研究，倡导理论研究与立法、司法实践相结合，乃是本人在罪刑各论领域的研究特点和研究风格。下面择要予以介述。

（二）恐怖活动犯罪问题

恐怖主义是当代世界各国普遍面临的国际公害。中国也是恐怖主义活动的受害国。在中国一贯坚持反对各种形式的恐怖主义的鲜明立场的背景下，中国刑法近年来不断强化了对恐怖活动犯罪的惩治。加强对恐怖主义和恐怖活动犯罪的理论研究，无疑具有重大的现实意义。中国刑法学研究会近年来曾两度把恐怖活动犯罪的惩治作为全国刑法学术年会的议题之一予以研讨。① 本人指导的杜邈博士在其博士论文基础上出版的反恐刑法专著②，以及本人同事王秀梅教授指导的赵远博士在其博士论文基础上出版的反恐刑法专著③，是本人所知的在《刑法修正案（九）》通过之前和之后我国反恐刑法研究领域较有代表性的学术著作。

本人较早开始关注惩治恐怖主义犯罪及其相关问题的研究，发表有多篇论文，于 2002 年 8 月主持申报了题为“国际恐怖主义犯罪及其法律对策”的国家社科基金项目，并曾接受国家反恐怖工作协调小组办公室、公安部反恐怖局等部门的委托，就“国家反恐怖科技专项基础研究”“反恐怖法术语界定”“涉外、涉港澳台恐怖活动的法律适用”“外国反恐法比较研究”等课题展开研究。在此基础上进一步翻译、编译和主编了有关著作④，对反恐刑法问题进行拓展研究，并

---

① “惩治危害国家安全犯罪暨恐怖活动犯罪的刑法对策研究”系 2014 年全国刑法学术年会的三个实务议题之首，“恐怖主义犯罪的司法适用”系 2016 年全国刑法学术年会的两个实务议题之一。

② 杜邈. 反恐刑法立法研究. 北京：法律出版社，2009.

③ 赵远. 当代恐怖活动犯罪暨反恐刑法研究（上、下册）. 台北：新学林股份出版有限公司，2021.

④ 赵秉志. 9·11 委员会报告：美国遭受恐怖袭击国家委员会最终报告. 北京：中国人民公安大学出版社，2004；赵秉志，等. 世纪“9·11”——《美国“9·11”委员会报告》. 北京：中国人民公安大学出版社，2005；赵秉志. 惩治恐怖主义犯罪理论与立法. 北京：中国人民公安大学出版社，2005；赵秉志. 国际恐怖主义犯罪及其防治对策专论. 北京：中国人民公安大学出版社，2005；赵秉志. 中国反恐立法专论. 北京：中国人民公安大学出版社，2007；赵秉志. 外国最新反恐法选编. 北京：中国法制出版社，2008；赵秉志，杜邈，康海军. 外国反恐法比较研究（国家反恐怖软科学课题成果）. 北京：中国人民公安大学出版社，2009；赵秉志，杜邈. 中国反恐法治问题研究（中英文对照本）. 北京：中国人民公安大学出版社，2010.

提出了完善我国反恐刑法的具体构想。

1. 恐怖主义和恐怖主义犯罪的概念

关于恐怖主义的概念，理论上争议纷呈。本人认为，恐怖主义并非一个法律用语，而是社会政治学意义上的概念。恐怖主义本质上是一种思想、理念，应具有一定的体系性、逻辑性和理论基础。作为政治和意识形态色彩浓厚的概念，恐怖主义之所以“恐怖”，就在于其目的和手段具备恐怖性：（1）目的的恐怖性。恐怖主义以制造社会恐慌，进而实现政治、民族、宗教等社会要求为目的。（2）手段的恐怖性。恐怖主义主张采取暴力、威胁或其他破坏手段。概言之，恐怖主义是指主张使用暴力、威胁或其他破坏手段，达到制造社会恐慌，进而实现政治、民族、宗教等社会要求之目的的思想、理念。恐怖主义行为的性质应当包括两个基本内容：一是目标的随意性，唯一的方法是暴行；二是结果的无可预测性，唯一可预测的结果就是在人群中产生直接的、极大的恐怖与震撼。

不宜将恐怖主义犯罪等同于恐怖活动犯罪。尽管恐怖活动是恐怖分子为制造社会恐慌所实施的手段行为，但是这并不意味着恐怖活动必然与恐怖主义相结合。恐怖主义所谓之恐怖活动是以恐怖分子的内在信仰为前提的，离开了基于系统理论和主张的内在信仰，恐怖活动便不是恐怖主义行为，恐怖活动犯罪也便不是恐怖主义犯罪。总之，所谓恐怖主义犯罪，是指基于政治、社会或者其他动机，为制造社会恐慌，以恐怖性手段所实施的侵犯人身、财产等严重危害社会而依法应受刑罚处罚的行为。[①]

2. 恐怖组织的界定

其一，界定恐怖组织的原则。恐怖组织的内涵和外延，是随着社会的发展、统治阶级的变化和具体历史条件的变化而变化的，是历史与逻辑的统一。根据国际恐怖组织和我国国内恐怖组织的发展特点及趋势，从维护国家安全、社会稳定

① 赵秉志，王秀梅. 国际恐怖主义犯罪及其惩治理念. 江海学刊，2002（4）；赵秉志，阴建峰. 论惩治恐怖活动犯罪的国际国内立法. 法制与社会发展，2003（6）；赵秉志，杜邈. 我国反恐怖主义立法完善研讨. 法律科学，2006（3）.

的大局出发，在界定恐怖组织时，应注意把握以下几个方面：(1) 全面把握恐怖组织的本质特征，准确确定其内涵；(2) 确定其概念外延的适当范围；(3) 充分考虑恐怖组织的发展趋势；(4) 既反映本国的实际情况，又有利于国际合作；(5) 坚持简洁明晰、便于社会了解的原则。只有准确把握恐怖组织的本质特征，才能科学概括恐怖组织的内涵，并为分析其具体特征奠定基础。①

其二，恐怖组织的本质特征。组织性不是恐怖组织的本质特征。因为根据组织性特征，不能有效地将其与普通的犯罪集团区别开来，也会导致对其界定的扩大化错误。恐怖组织的本质特征主要表现为以下两个方面：(1) 客观上实施犯罪活动的恐怖性。这是恐怖组织最为本质的特征之一，也是其鲜明的客观表现，主要反映为：一是实施恐怖活动犯罪；二是侵害对象的不特定性；三是行为方式和手段不断升级；四是后果的严重性、破坏性和恐怖性；五是犯罪活动的公开性；六是国际化、跨国性趋势更加显著。(2) 主观上具有恐吓、要挟社会的目的性。尽管国际恐怖组织一般都具有政治目的，但仍有一些政治目的不明而社会目的明确的恐怖组织在滋生和发展；国际反恐公约明确规定了恐怖组织犯罪是可引渡之罪，各国刑事立法也未将政治目的作为恐怖组织的构成要件。因而不宜认为主观上的政治目的是恐怖组织的必备特征。②

其三，恐怖组织的认定模式。我国可考虑采取的恐怖组织的认定模式，主要有单轨制司法认定模式、单轨制行政认定模式以及双轨制司法和行政认定模式；而我国对恐怖组织事实上采取了司法认定和行政认定并存的双轨制模式。比较而言，我国应采用单轨制行政认定模式，主要理由是：(1) 双轨制容易导致认定上的紊乱，妨害恐怖组织认定工作的效率并会造成国家资源的浪费。(2) 单轨制司法认定模式主张基层司法机关有权按照立法解释对恐怖组织进行认定，如此将恐怖组织认定权下放难免会带来恣意性，难以保证正确认定恐怖组织，因而单轨制

① 赵秉志，蒋娜．刑法中恐怖组织的界定问题研究//赵秉志．刑事法治发展研究报告（2003年卷·下册）．北京：中国人民公安大学出版社，2003．

② 同①．

司法认定模式不能适应我国国情的需要。(3) 单轨制行政认定模式更符合恐怖组织认定的特点。从工作内容、人员配备、情报来源、国际协作等方面看，司法机关不可能也不必要承担该项职责，而国家最高行政机关或其授权的部门则具备这些条件。此外，恐怖组织通常具有的某种政治目的以及与打击恐怖组织密切联系的国际合作的要求都决定了采用行政认定模式的合理性。因此，在未来制定的反恐法中应设立专章，明确恐怖组织的认定主体、程序、公布、标准及附带制裁。①

3. 刑法在反恐中的功能与局限

刑法在反恐怖斗争中具有预防和惩治恐怖主义、保障公民的合法权利、促进反恐怖斗争的开展的功能；但同时，刑法在反恐怖斗争中也存在局限性，如难以消除恐怖主义的根源，不能涵盖反恐怖工作的各个环节，给罪犯打上“恐怖主义”烙印而不利于其复归社会，等等。为了最大限度地发挥刑法的反恐作用，就必须正确地认识刑法的反恐功能和局限：一是高度重视和充分发挥刑法的反恐功能；二是对刑法的反恐功能保持足够的理性与谨慎，不应将刑法作为应对恐怖主义的唯一或主要手段，并要充分考虑人权保障问题，对公民的基本权利不得克减；三是对恐怖主义应进行综合治理，采用多种手段和措施，以形成预防和打击恐怖主义的合力。②

4. 我国惩治恐怖活动犯罪的刑法立法经验

新中国惩治恐怖活动犯罪刑法立法，随着恐怖主义现实危害的不断上升和刑事法治的发展而逐步完备。考察我国惩治恐怖活动犯罪的刑法立法演进过程，可以总结出若干宝贵经验：(1) 立足本国国情和反恐局势。刑法内容要与客观现实相符合，以确保反恐条款能够被司法机关适用，而不是任凭主观随意性和主观臆想进行立法。因为恐怖主义还处在剧烈的发展变化中，只能把较为成熟的认识以及迫切需要规定的规范先规定下来，而不宜强求完备和应有尽有。(2) 借鉴吸收

---

① 赵秉志，杜邈．恐怖组织认定模式之研究．现代法学，2006 (3)．需要注意的是，全国人大常委会 2015 年 12 月通过的《中华人民共和国反恐怖主义法》第二章“恐怖活动组织和人员的认定”，仍采取了行政认定和司法认定并存的双轨制模式。

② 赵秉志，杜邈．论刑法在反恐怖斗争中的功能与局限．政治与法律，2009 (11).

国外先进立法。这样能节省成本、缩短周期，也更能适应预期的不确定性需要。(3) 贯彻国际反恐公约要求。联合国等国际组织通过的一系列国际反恐公约，从总体上看是各国刑事司法活动实践经验的总结，是人类智慧的共同结晶，尽管各国因政治体制、经济条件、社会制度等的不同在具体适用时可能有所差异，但不能因此否认这些标准的普遍适用价值。(4) 强调对恐怖活动组织的打击。我国面临的恐怖主义威胁主要来自"东突"恐怖组织。为了维护我国的国家安全和社会稳定，刑法应当对恐怖组织实行重点打击，这也是反恐怖斗争的关键。①

5. 关于反恐刑法和反恐法律体系的完善

(1)《刑法修正案（三）》背景下的立法完善建言。

其一，单独规定恐怖行为罪，作为恐怖活动犯罪的基本罪名。从有利于惩治与防范恐怖活动犯罪的角度考虑，有必要借鉴外国立法例，单独规定恐怖行为罪，以作为恐怖活动犯罪的基本罪名，从而将为制造社会恐慌以恐怖性手段实施的爆炸、放火、决水、投放危险物质、杀人、伤害等行为以独立的恐怖行为罪定罪处罚，而不必再论以普通刑事犯罪。在设定恐怖行为罪之法条时，应明确规定"本法另有规定的，依照规定"，以将恐怖行为罪与其他特别规定的恐怖活动犯罪区别开来。至于现行刑法典第 120 条所规定的组织、领导、参加恐怖活动组织罪，则亦可以作为恐怖行为罪之犯罪预备形态予以处理，没有必要单独加以规定。②

其二，增设国际公约所要求的相关恐怖活动犯罪。如增设《制止危害大陆架固定平台安全的非法行为议定书》所确立的危害大陆架固定平台安全罪、《联合国海洋法公约》等国际公约所规定的海盗罪等。

其三，专章规定国际犯罪，并将恐怖活动犯罪纳入其中予以集中规定。

---

① 赵秉志，杜邈. 我国惩治恐怖活动犯罪的刑法立法经验考察. 华东政法大学学报，2008 (6).

② 赵秉志，商浩文. 我国恐怖活动犯罪刑法制裁体系及其完善//赵秉志，张军，郎胜. 现代刑法学使命. 北京：中国人民公安大学出版社，2014：510.

其四，强调对恐怖活动组织的打击。我国面临的恐怖主义威胁主要来自“东突”恐怖组织。为了维护我国的国家安全和社会稳定，我国刑法在当前和今后一个时期应当对恐怖组织实行重点打击，这也是反恐怖斗争的关键。①

（2）《刑法修正案（九）》的反恐刑法进展及其进一步完善。

《刑法修正案（九）》从两个方面完善了相关立法：一是修改了已有的 4 种犯罪。二是新增了 6 种新的恐怖主义、极端主义罪行，后 5 种新罪行被界定为 5 种新罪。

关于新增反恐罪名的合理与否的问题，存在不同看法。本人认为，《刑法修正案（九）》基于法益保护前置的理念，将多种恐怖主义、极端主义犯罪的帮助行为、预备行为单独成罪予以规定，是现实的需要，且较好地实现了法益保护与人权保障的平衡。例如，为了防止入罪范围的过分扩大，《刑法修正案（九）》专门对非法持有宣扬恐怖主义、极端主义物品行为的入罪增加了“情节严重”的限制。② 概而言之，《刑法修正案（九）》通过引入专门概念、严密犯罪体系、完善刑罚配置等方式，进一步加大了对恐怖活动犯罪的惩治力度。总体上看，《刑法修正案（九）》肯定以刑法典应对恐怖主义犯罪的立法模式，体现“去极端化”的反恐立法重点，对重大法益提前保护，反映国际反恐立法的新趋势。为有效应对恐怖主义，我国刑法立法在反恐领域应当确立“适度犯罪化”理念，明确专门概念及其相互关系，为暴恐活动设立专门罪名，注重刑法与《反恐怖主义法》等法律的衔接。③

此外，近年来，在联合国相关决议的号召下，各国纷纷采取多种立法措施抗制愈演愈烈的外国恐怖主义战斗人员涉恐现象。我国《刑法修正案（九）》针对外国恐怖主义战斗人员进行了必要而及时的规制。但是，立法机关还有必要以刑事处罚为基础，兼顾行政制裁与社会方法，针对外国恐怖主义战斗人员的招募与

---

① 赵秉志，杜邈．我国惩治恐怖活动犯罪的刑法立法经验考察．华东政法大学学报，2008（6）．

② 赵秉志．《刑法修正案（九）》修法争议问题研讨．刑法论丛，2015（4）．

③ 赵秉志，杜邈．中国反恐刑法的新进展及其思考——《刑法修正案（九）》相关内容评述．山东社会科学，2016（3）．

流动制定综合性预防政策。①

（3）关于构建反恐法律体系的建言。

除在刑法典中完善反恐刑法外，还要进行我国反恐法律体系建设：

其一，在宪法中增设反对恐怖主义的明确依据。可以考虑在我国宪法序言第12自然段中，增加反对恐怖主义的内容，即："坚持反对帝国主义、霸权主义、殖民主义、恐怖主义，加强同世界各国人民的团结。"宪法是国家的根本大法，明确反对恐怖主义的宪法依据，在价值选择、社会效用等各方面都具有积极意义。

其二，我国应制定专门的反恐怖主义法。我国现行的反恐怖主义立法呈现出"以刑为主、诸法配合"的格局，但是，对于恐怖主义立法而言，刑事制裁不能涵盖全部内容，"以刑为主"的格局也容易造成重制裁、轻预防的不良倾向，有悖于国际反恐立法的趋势。因此，完善我国反恐怖主义立法，应当构建"以宪法为依据，以反恐怖法为主导，诸法配合"的反恐怖主义立法新格局。我国迫切需要有一部全方位、多维度的反恐法作为支撑和保障，以法治手段促进反恐怖斗争的深入开展。我国反恐立法的总体取向应当是以社会防卫为核心，兼顾人权保障，努力实现人权保障与社会防卫的动态平衡。从国内和国际两个视角来看，反恐怖法不应是单纯的刑事法、行政法或军事法，而应综合采取多种法律手段，在明确"恐怖活动"等基本概念的基础上，综合采取行政、司法、外交、军事等手段，着力解决反恐怖工作中的主要问题，应当包括基础性内容、组织性内容、预防性内容、处置性内容、制裁性内容、恢复性内容等等。从调整范围、调整手段、权力主体等方面来看，反恐怖法应当以行政法为主要内容。建议不在反恐怖法中规定实体性的刑事法内容，而是通过设置"依法追究刑事责任"等附属性条款，与刑法进行衔接；对于需要增设、修订的内容，可以通过修改刑法予以解决。②

① 周振杰，赵秉志．惩治外国恐怖主义战斗人员的国际与国内刑事立法研究．吉林大学社会科学学报，2016（2）.

② 赵秉志．论中国遏制恐怖主义犯罪活动的对策//赵秉志．刑法评论（第7卷）．北京：法律出版社，2005；赵秉志，杜邈．我国反恐怖主义立法完善研讨．法律科学，2006（3）；赵秉志．略谈《反恐怖法》的立法定位．法制日报，2014-05-28．需要指出，全国人大常委会2015年12月27日已经通过了专门的《中华人民共和国反恐怖主义法》，该法于2016年1月1日起施行。

6. 惩治恐怖活动犯罪的刑事司法对策

我国惩治恐怖活动犯罪的司法实践成效斐然，有力地震慑了境内外的恐怖势力，有效地维护了国家安全、社会稳定和人民群众的生命、财产安全。但相关司法实践在犯罪认定、刑罚裁量、国际刑事司法合作等方面还存在诸多问题，应当正视刑事司法在反恐领域存在的薄弱环节和问题，并有针对性地加以改进和调整，以适应有效遏制不断发展的恐怖活动犯罪的需要：

（1）依法从重而及时地惩治恐怖活动犯罪。所谓依法从重，是指根据刑法的有关规定，在法定的条件和法定的量刑幅度以内从重量刑；所谓依法及时，是指在查明犯罪事实的前提下，依照刑事诉讼法规定的程序和时限，以最快之速度追诉和惩治罪犯。

（2）重点惩治恶性恐怖活动犯罪。就犯罪类型而言，应当着重打击有组织、暴力型、跨国型犯罪；就犯罪人类型而言，应当着重打击恐怖组织的首要人物、累犯、思想极端分子等。

（3）从源头上预防恐怖袭击的发生。应当对往往与恐怖活动犯罪密相关联的有关危险物质、枪支弹药爆炸物、危险物品犯罪，洗钱罪，偷越国（边）境罪，传授犯罪方法罪，走私武器弹药罪等犯罪的惩治给予充分重视，通过司法手段建构对恐怖分子、可疑资金、危险物品的立体防御格局，最大限度地降低恐怖袭击发生的可能性。

（4）加强涉恐情报的搜集研判和社会防控力量的调动，构建政、军、警、民一体化的立体反恐体系，形成联合打击恐怖主义的整体合力。

（5）对恐怖活动犯罪人予以区别对待，并贯彻于量刑和行刑阶段。

（6）强化网络信息安全防护。包括完善法律制度、加强网络监管和运用网络安全技术等手段，坚决遏制和严厉打击暴恐音视频传播行为，从源头上遏制暴力恐怖犯罪活动。

（7）在反恐刑事司法中注意尊重和保障人权。

（8）加强反恐领域的国际刑事司法合作。应维护联合国在反恐合作中的主导与核心地位，在联合国框架内在政治、经济、法治等各方面展开国际反恐合

作，加强和完善法治建设，解决诸如引渡、刑事司法协助、越境打击是否符合国际法等具体法律问题，客观、公正、准确地统一制定反恐合作规则。还应重视同西方国家尤其是欧美国家开展反恐合作，积极探索刑事司法合作的不同形式和范围。[①]

7. 关于惩治恐怖活动犯罪的域外比较与借鉴

（1）关于俄罗斯与中亚诸国反恐怖主义法的考察与借鉴。

受政治、历史、地理、民族、宗教等因素的影响，俄罗斯与中亚诸国恐怖犯罪形势较为严峻。为应对日益严重的恐怖主义威胁，俄罗斯与中亚诸国相继制定了反恐怖主义法，包括基础性、预防性、处置性、制裁性与恢复性内容。其主要特点可以归纳为：其一，均采取独立式的立法模式；其二，注重与其他法律法规的衔接；其三，以立法推进反恐怖机制建设；其四，体现国际合作反恐的精神；其五，肯定军事反恐的必要性与重要性；其六，力求在维护秩序与保障人权之间寻求平衡。以上海合作组织的视角来看，俄罗斯与中亚诸国反恐怖主义法可为我国反恐怖法制建设所借鉴。[②]

（2）关于我国海峡两岸反恐法治的比较。

在日益严重的恐怖主义危害面前，我国海峡两岸均加快了反恐法治建设的步伐，力求为反恐怖斗争提供更完备、更具针对性的立法保障，但对反恐问题的看法不尽相同。在立法模式上，我国大陆由刑法集中规定反恐条款，在行政法、军事法中多为零散的规定，使反恐立法呈现一种“以刑为主、诸法配合”的格局；而我国台湾地区除个别行政法条外，并未设置专门的反恐条款，体现了以普通法律手段防治恐怖主义的理念。在反恐基础概念、工作体制、预防措施、刑事制裁等立法内容上，两岸反恐立法也存在不一致的地方。在预防和惩治恐怖主义这个重大课题面前，海峡两岸的法治建设都还存在一些困惑和滞后，需要进一步确立

① 赵秉志，杜邈．中国惩治恐怖主义犯罪的刑事司法对策．北京师范大学学报（社会科学版），2008（5）；赵秉志．以法治思维和方式应对暴力恐怖犯罪．法制日报，2014-03-05；赵秉志．中国恐怖活动犯罪的防治对策．光明日报，2014-08-29。

② 赵秉志，杜邈．俄罗斯与中亚诸国反恐怖主义法述评．法学评论，2007（1）．

适度超前的立法观念，制定专门反恐法；科学界定基础概念，兼顾中华特色与国际趋势；合理创设反恐措施，注重保障公民权利；以完善法治为契机，拓宽两岸反恐合作渠道。①

（3）关于澳门特区反恐刑法的考察与借鉴。

为防治现实的国际恐怖主义威胁，我国澳门特区在其 1995 年《澳门刑法典》第 289、290 条规制“恐怖组织犯罪”和“恐怖主义犯罪”的基础上，于 2006 年颁行了专门的单行反恐刑事法律《预防及遏止恐怖主义犯罪》，之后又于 2017 年对该法律进行了大幅修正补充，形成了现行的反恐刑事法律规范。在其立法政策上，主要强调和体现了预防与遏制相结合及宽严相济；在其立法模式上，表现为单行反恐刑事法的形式且不受刑法典总则的约束，没有专门的反恐法作为反恐刑法的前提法；就罪刑规范而言，在罪名全面性（16 种涉恐罪名）之基础上有重点罪（实施恐怖主义活动罪和实施国际恐怖主义活动罪）和特色罪（资助恐怖主义罪），主刑为单一的自由刑并配置有种类较多且处罚严厉的附加刑，设置有涵盖广泛且处罚严厉的法人恐怖犯罪的刑事责任制度。澳门特区的反恐刑法虽有缺陷，但也有值得内地研究借鉴之处。②

（三）腐败犯罪问题

腐败是当今人类社会所共同面临的阻碍社会健康发展的世界性严重问题。腐败亦是当前困扰中国经济发展和社会进步的重大现实问题之一，它严重威胁着国家的稳定与发展，并为滋生其他犯罪创造条件与土壤。而在经济体制转型期间，腐败犯罪的衍生与蔓延对市场经济健康发展以及国家法治建设具有更为严重的社会危害性。改革开放四十余年来尤其是党的十八大和十九大以来，我们党和国家高度重视同腐败做斗争，把遏制腐败视为关系到党和国家生死存亡的大事来对待，在刑事法治领域也坚持把腐败犯罪作为重点惩治与防范的犯罪类型。中国刑法学研究会一贯重视组织和引导全国刑法学界适时开展对腐败犯罪及其刑法治理

---

① 赵秉志．海峡两岸反恐立法之比较．法学杂志，2010（6，7）．

② 赵秉志．澳门特别行政区反恐刑法要论．刑法论丛，2019（4）、2020（1）．

的研究，在20世纪曾三度在全国刑法学术年会中设置专门议题①；在本世纪尤其是党的十八大以来对此问题更加重视，曾先后五次聚焦这一议题。② 毫无疑问，对刑法学者而言，重视对腐败犯罪及其防治问题的研究，应该是其专业使命担当和学术职责所在。

本人自20世纪80年代中后期开始涉足腐败犯罪的研究③，长期以来一直重视这一重要的学术领域，先后主持了近十项有关反腐败刑事法治的课题或项目④，主编或参编相关著作十余本⑤，发表论文和文章五十余篇。⑥ 本人在这一领

---

① “正确运用刑法武器惩治腐败”是1989年全国刑法学术年会的三个议题之一；“廉政建设中的刑法问题”是1990年全国刑法学术年会的唯一主题；“贪污贿赂犯罪的立法完善问题”是1995年全国刑法学术年会的三个议题之一。

② “职务犯罪的疑难问题”是2001年全国刑法学术年会的三个议题之一；“当代中国腐败犯罪的防制对策研究”是2013年全国刑法学术年会的实务议题；“贪污贿赂犯罪的刑法治理问题研究”是2014年全国刑法学术年会的三个实务议题之一；“治理腐败与遏制妨害社会管理秩序犯罪的立法完善”是2015年全国刑法学术年会的实务议题；“金融领域腐败犯罪的惩治与预防”是2019年全国刑法学术年会的三个实务议题之一。

③ 王作富，赵秉志．论贪污罪的司法及立法的完善．法学评论，1987（2）（该文1988年7月获中国法学会“1987年优秀法学论文评选”纪念奖）；赵秉志．挪用公款罪研究．中国律师，1989（3）；等等。

④ 如主持最高人民检察院2001年重点课题“贿赂罪共同犯罪问题研究”，2005年主持中国法学会重点课题“反腐败法制完善研究——以刑事法制为中心”，2006年主持加拿大刑法改革与刑事政策国际中心资助项目“《联合国反腐败公约》与中国的贯彻”，2007年主持中国法学会重点课题“实施《联合国反腐败公约》刑事政策调整研究”，2008年主持中国法学会重点项目“《联合国反腐败公约》与中国刑事法治的完善”，2014年主持教育部社会科学科普读物项目“反腐败新观察”，2015年主持教育部社科基金专项项目《习近平反腐败刑事法治思想研究》，等等。

⑤ 赵秉志，等．反贪污贿赂国际惯例．海口：海南出版社，1993；赵秉志．贪污贿赂及相关犯罪认定处理．北京：中国方正出版社，1999；赵秉志．贪污贿赂的惩治与防范．海口：海南出版社，1999；赵秉志．反腐败法治建设的国际视野——《联合国反腐败公约》与中国刑事法治之协调完善研究．北京：法律出版社，2008；赵秉志．贪污贿赂犯罪的惩治与防范．北京：中国人民公安大学出版社，2010；赵秉志，杨诚．《联合国反腐败公约》在中国的贯彻．北京：法律出版社，2011；赵秉志．腐败犯罪的惩治与司法合作．北京：北京师范大学出版社，2013；赵秉志．腐败犯罪的惩治与预防．北京：北京师范大学出版社，2014；赵秉志．新形势下贿赂犯罪司法疑难问题．北京：清华大学出版社，2015；赵秉志，彭新林．薄熙来案件的罪与罚．台北：新学林股份出版有限公司，2015；赵秉志．中国反腐败新观察．南京：江苏人民出版社，2016；赵秉志．最新贪污贿赂司法解释的理解与适用．北京：清华大学出版社，2017；赵秉志．反腐败追逃追赃重大案件精选．北京：中国方正出版社，2019；等等。

⑥ 其中有3篇论文刊载于权威学术期刊《中国法学》、《法学研究》和《新华文摘》。

域的研究，主要涉及腐败犯罪及其治理的基本问题，贪污罪、贿赂犯罪、挪用公款罪等典型腐败犯罪的理论与实务问题，反腐败刑事法治的国际化问题，以及反腐败刑事法治的不足检讨和完善建言等方面。本人关于这些论题的研究，在不同的立法背景下有不同的内容或侧重，可以大体区分为1997年新刑法典颁行前、1997年新刑法典颁行后至《刑法修正案（九）》通过前以及《刑法修正案（九）》通过以来三个时期。下面基本按这三个时期择要予以介述。

1. 1997年新刑法典颁行前的有关研究

1979年刑法典颁行后至1997年新刑法典颁行前，我国刑法中规定的腐败犯罪罪名共有8种，包括1979年刑法典分则第三章“破坏社会主义经济秩序罪”中第126条的挪用特定款物罪，第五章“侵犯财产罪”中第155条的贪污罪，第八章“渎职罪”中第185条的受贿罪、行贿罪和介绍贿赂罪，以及全国人大常委会1988年1月通过的单行刑法《关于惩治贪污罪贿赂罪的补充规定》所增设的挪用公款罪、巨额财产来源不明罪、隐瞒境外存款罪。在上述立法背景下，在这一时期，本人在腐败犯罪研究领域研讨的问题涉及贪污罪、贿赂犯罪、挪用公款罪、巨额财产来源不明罪，关于增设拒不申报财产罪和建立国家工作人员财产申报制度的建言，以及反腐刑事立法完善的宏观问题等。

（1）关于贪污罪立法完善的建议。

20世纪80年代，本人曾基于对贪污罪与盗窃罪、诈骗罪在定罪量刑标准方面失调的考察与反思，提出关于贪污罪立法完善的建议，主张在修订刑法典时，撤销贪污罪的罪名，将利用职务便利盗窃、骗取公共财物的行为分别纳入盗窃罪、诈骗罪之中，作为其加重情节；并增设侵占罪，将利用职务便利侵吞公共财物的设置为侵占罪的加重情节，由此达到有力地惩治刑法中的贪污罪各种犯罪行为的效果。①

（2）市场经济条件下贿赂犯罪的防治问题。

市场经济与贿赂犯罪之间存在以下关系：其一，市场经济自身固有的消极因素是滋生贿赂犯罪的重要原因。与计划经济相比，市场经济具有物质利益性、自主

① 王作富，赵秉志. 论贪污罪的司法及立法的完善. 法学评论，1987（2）.

性、平等竞争性和开放性的属性。这既是市场经济的活力所在，又是其产生消极因素、滋生贿赂犯罪的重要原因。其二，转轨时期体制上的某些空隙和漏洞给贿赂犯罪以可乘之机。

市场经济条件下，治理贿赂犯罪应当防治并举，着重解决以下五个方面的问题：一是完善贿赂罪立法，包括重新界定受贿罪主体，采用罪刑系列的立法方式规定受贿罪具体罪名，扩大“贿赂”的范围，增设对自然人贿赂的罚金刑等；二是改善有关贿赂犯罪的刑事司法，包括建立打击贿赂犯罪的协作网，健全和完善举报制度，等等；三是加强经济立法，包括完善市场主体立法、市场运行立法、国家宏观调控和经济管理立法，以堵塞各种可能产生贿赂犯罪的制度漏洞；四是建立和完善国家公务员制度，包括建立严格的公务员任用、考核、奖惩、回避以及财产申报和登记制度，合理提高公职人员薪金待遇；五是强化对公职人员的监督机制，包括强化党和国家权力机关的监督，加强政纪和法律监督，以及充分重视社会监督。①

(3) 受贿罪犯罪既遂的标准。

关于受贿罪的既遂标准，我国刑法理论中有承诺说、收受说、谋利说等不同观点。本人认为，受贿罪仍要以其犯罪构成要件之全部要素是否完备作为区分既遂与未遂的标准。什么情况下属于受贿罪犯罪构成全部要素完备？首先，国家工作人员必须有利用职务之便为他人谋取利益的允诺行为，并且以此为交换条件，向对方索取财物或者表示愿意接受对方的财物，开始此允诺行为即为着手实行受贿犯罪；其次，受贿人利用职务便利为行贿人谋取利益的行为虽是大多数受贿案件所实际具有的，但属于受贿人的主观故意所包含的因素，不是受贿罪所必备的构成要素，只是表明受贿罪案件中危害程度的情节，而这一行为也不是受贿罪犯罪构成要件之要素完备的标志；最后，应当以是否收到财物作为受贿罪既遂形态与未遂形态的区分标准，行为人收到贿赂就构成受贿罪的既遂形态。开始着手实施犯罪，因受贿人意志

① 赵秉志，肖中华．市场经济体制下的贿赂犯罪及防治对策．河北法学，1995 (1)；赵秉志，肖中华．关于完善贿赂罪立法的建言．中国律师报，1995-01-28.

以外的原因未能收受到贿赂的，则是受贿罪的未遂形态。[①]

（4）关于巨额财产来源不明罪立法的商榷和拒不申报财产罪的增设。

《关于惩治贪污罪贿赂罪的补充规定》第11条设立了巨额财产来源不明罪。在立法起草过程中，对该罪设置的合理性，存在肯定说和否定说的争议。本人主张否定说，并在该补充规定通过的当年发表了对该罪立法的商榷文章，认为该罪名的设置违背了当代刑法、刑事诉讼法的基本原理。一是不符合我国刑法所确定的主客观相统一的犯罪构成理论。国家工作人员的财产或支出明显超过合法收入，差额巨大，又不能说明其来源是合法的情况，从主观上尚不能确定该人员有罪过，更无法确定是何种罪过，从客观上也不能确定其是否实施了犯罪行为以及实施了何种犯罪行为，这就不符合犯罪构成的基本要求。二是从刑事诉讼法上看，公诉案件中证明责任和举证责任应在控诉一方，在怀疑国家工作人员有非法收入时要责令该人员说明来源，就把举证和证明责任推给了被告人一方；对于疑难案件，应采取“疑罪从无”的处理方式，而该罪的确立则是“疑罪从有”的表现，这是不符合现代刑事诉讼文明和我国刑事诉讼法的要求的。此外，还可从不利于保护公民（包括国家工作人员）的基本权利、混淆罪与非罪的界限、宽纵犯罪以及对国外立法的借鉴态度等方面论证该罪设置的不合理性。[②]

在否定巨额财产来源不明罪之立法正当性的同时，还应思考和研究如何更为合理地通过刑法来规制国家工作人员的财产或支出明显超过合法收入的情况。巨额财产来源不明罪的立法精神在于监督国家工作人员廉洁奉公，对此应当予以肯定；为避免立法意图与巨额财产来源不明罪立法之间的冲突，可以考虑增设拒不申报财产罪取代巨额财产来源不明罪。拒不申报财产罪，是指国家工作人员违反国家工作人员财产申报制度，故意隐瞒其在国内或境外的财产，逃避纳税和国家廉政监督，情节严重的行为。该罪侵害的客体是国家机关的正常活动和国家工作人员的声誉与威信，是一种渎职犯罪而不是侵犯财产犯罪。该罪在客观方面表现为：一是行为人必

① 赵秉志．犯罪未遂的理论与实践．北京：中国人民大学出版社，1987：294-300．

② 赵秉志．关于说不清合法来源即可定罪的商榷．法律学习与研究，1988（5）．

须有依法申报自己财产的特定义务；二是行为人有不如实申报或拒不申报的行为；三是行为人拒不申报财产的行为必须达到情节严重的程度。①

（5）关于建立国家工作人员财产申报制度的建言。

1995 年 10 月 6 日至 10 日，由中国最高人民检察院和监察部共同举办的第七届国际反贪污大会在北京举行。本人作为专家学者应邀参加会议，向大会提交了关于财产申报制度和受贿罪的两篇论文，并于 1995 年 10 月 8 日下午在大会上作了题为“论中国公职人员财产申报制度及其完善”的发言。② 在这次大会发言和有关论文中，本人以 1995 年中共中央办公厅、国务院办公厅联合发布的《关于党政机关县（处）级以上领导干部收入申报的规定》为依据，梳理了当时我国公职人员财产申报制度的基本内容；进而分析了相关规定的缺陷和不足之处，包括法律地位不明确、内容过于粗略、存在缺漏和罚则欠缺刑事责任等；最后提出并论述了从提升立法层级、扩大申报主体范围、扩大申报财产范围、明确申报机构等方面进一步完善我国公职人员财产申报制度的建言。③

（6）关于反腐刑事立法完善的宏观问题。

我国反腐刑事立法的完善，应从宏观上强调贯彻惩罚和预防相结合、治标与治本相结合的刑事政策思想。职务犯罪的产生有其深刻而复杂的历史、社会和个人原因。防治职务犯罪一方面应当不断完善刑事立法，通过惩治职务犯罪，预防行为人重新犯罪；另一方面，要彻底根除腐败现象，还必须从根本上铲除和杜绝腐败现象产生的根源，如加强国家工作人员的职业道德教育、制定公务员法、健全财经制度等等。④

此外，在这一时期，在腐败犯罪研究领域，本人论及的问题还有：挪用公款罪

① 赵秉志，余欣喜. 试论增设拒不申报财产罪. 法制日报，1990-09-03.

② 第七届国际反贪污大会组委会秘书处学术部. 反贪污与社会的稳定和发展. 北京：红旗出版社，1996：818-828，1089.

③ 赵秉志，赫兴旺. 论中国公职人员财产申报制度及其完善. 政法论坛，1995（5）；赵秉志. 完善我国公职人员财产申报制度. 政治与法律，1996（2）.

④ 赵秉志，余欣喜. 廉政建设与刑事立法的完善. 法学评论，1990（4）.

的理解和适用问题[①]；关于贿赂罪的比较研究[②]；关于贪污罪的比较研究[③]等。

2. 1997 年新刑法典颁行后至 2015 年《刑法修正案（九）》通过前的有关研究

1997 年新刑法典颁行后至 2015 年《刑法修正案（九）》通过前这一时期，我国刑法关于腐败犯罪罪名的规定情况为：1997 年新刑法典分则中设立了第八章“贪污贿赂罪”专章，该章规定了 12 种罪名，即贪污罪（第 382 条）、挪用公款罪（第 384 条）、受贿罪（第 385 条）、单位受贿罪（第 387 条）、行贿罪（第 389 条）、对单位行贿罪（第 391 条）、介绍贿赂罪（第 392 条）、单位行贿罪（第 393 条）、巨额财产来源不明罪（第 395 条第 1 款）、隐瞒境外存款罪（第 395 条第 2 款）、私分国有资产罪（第 396 条第 1 款）和私分罚没财物罪（第 396 条第 2 款）；2009 年通过的《刑法修正案（七）》在“贪污贿赂罪”一章增设了利用影响力受贿罪（第 388 条之一）。[④] 此外，《刑法修正案（七）》也对巨额财产来源不明罪的罪刑规范作了修改完善。可见，这一时期的反腐败刑法立法丰富，时间也长达 18 年。

在上述立法背景下，在这一时期，本人在腐败犯罪领域的研究也较多，研讨涉及若干腐败犯罪的理论与实务问题、腐败犯罪的司法治理问题，以及关于我国反腐败刑事立法不足的反思和立法完善的建言等几个方面。

（1）具体腐败犯罪的理论与实务问题。

其一，贪污罪犯罪未遂的认定问题。刑法学界就贪污罪犯罪未遂形态的认定

---

① 赵秉志. 挪用公款罪研究. 中国律师，1989（3）；赵秉志. 认定挪用公款罪的几个界限. 北京律师，1988（5）.

② 高铭暄，赵秉志，等. 关于贿赂罪的比较研究. 法学研究，1991（2）；赵秉志，李希慧. 外国及港台法律中受贿罪的比较研究. 法律科学，1993（6）；赵秉志，李希慧. 外国和港台法律中受贿罪的刑罚裁量一考. 法学与实践，1993（6）；赵秉志，李希慧. 国外及港台法律中行贿罪的认定及其惩治. 法律适用，1993（6）；赵秉志. 亚洲国家和地区受贿罪立法的比较研究. 法学评论，1996（2）.

③ 赵秉志，李希慧. 外国和港台法律中贪污罪的认定及惩治. 中央检察官管理学院学报，1993（3，4）.

④ 应当指出，1997 年刑法典及 2011 年《刑法修正案（八）》在“破坏社会主义市场经济秩序罪”章规定或增设的非国家工作人员受贿罪、对非国家工作人员行贿罪、挪用资金罪和对外国公职人员、国际公共组织官员行贿罪从广义而言也应属于腐败犯罪之列，本人这里采取通行的狭义观点，尚未包括这些非公职人员的腐败犯罪。

标准所提出的“失控说”、“控制说”和“占有说”等观点中，“控制说”更为合理。一方面，“控制说”以行为人是否实现对公共财物的控制与支配作为贪污罪既遂与未遂的区分标准，既考虑到公共财物所有人对财物失去控制的一面，又兼顾到贪污行为人对财物非法占有的一面，符合刑法对贪污罪完成形态的犯罪构成要求；另一方面，“控制说”将“非法占有”理解为行为人对财产的实际控制，即使行为人通过第三人实现对财物的实际支配的情形，也可以认定其构成贪污既遂，这样可以避免“占有说”将“占有”的含义限制得过于狭窄的弊端。①

其二，受贿罪的起刑点数额问题。如何科学地设置受贿罪的起刑点，一直是我国反腐败刑法理论研究关注的一个重点。较之 1979 年刑法典的模糊规定，1997 年新刑法典关于受贿罪入罪数额的统一规定更加明确、公正，但随着经济的发展和物价的变化，受贿罪原有的 5 000 元的起刑点数额标准已经很难体现合理区分违法与犯罪的立法思想。对受贿罪的刑罚几乎完全按照受贿数额来规定法定刑档次的做法，也导致了司法实践中极不合理的种种现象。因此，应当改变规定具体数额且只注重数额的模式，而代之以数额和情节并用且仅规定数额档次的立法模式，例如，可以考虑设定三个法定刑档次：数额较大或者情节较重、数额巨大或者情节严重、数额特别巨大或者情节特别严重，追诉受贿罪的具体数额标准则可不作详细规定，而是交由最高司法机关用司法解释的形式，根据经济社会的发展变化来作适当调整，或由最高司法机关授权省级司法机关根据当地情况作相应规定。②

其三，单位贿赂犯罪的共犯问题。单位贿赂共同犯罪在主客观方面具有以下特征：一是参与共同受贿、行贿的主体必须至少有一个是符合法定条件的单位；二是参与犯罪的自然人或单位都各自以独立的主体身份参与贿赂犯罪，彼此不存在犯罪过程中的隶属关系；三是在主观方面其不同于自然人共同贿赂犯罪之处在于，不仅单位的决策者、实施者要形成本单位实施贿赂犯罪的故意，而且单位的

① 赵秉志．犯罪未遂形态研究．2 版．北京：中国人民大学出版社，2008：359-363.

② 赵秉志，等．受贿罪的起刑点红线应该在哪里．法制日报（法治周末），2010-05-27.

主管人员和其他直接责任人员也要与共同实施贿赂犯罪的其他自然人或单位形成犯意联络，但不要求双方具有同一的内容；四是在犯罪客观方面，要求单位与单位或自然人共同实施了贿赂行为。这里要注意两点：一是要求法律规定该具体的贿赂犯罪可以由单位构成，否则无由构成单位共同贿赂犯罪。二是共同的受贿所得或因行贿取得的违法所得只能在单位之间或单位与自然人之间进行分配，单位一方的受贿所得或因行贿取得的违法所得归属于本单位，如果将之归为个人所有，则不构成单位共同受贿犯罪，而应以自然人之共同受贿罪论处。

对于单位和自然人共同受贿或共同对国家工作人员行贿的行为之定罪处罚，应根据我国刑法的共犯理论予以解决。具体而言，在单位与个人共同受贿案件中，如果不是双方均利用职务便利，而是只有一方利用了职务便利，则对此只能依照实行犯行为的性质进行定性，即要么是以单位受贿罪定性，要么是以（自然人）受贿罪定性，对没有利用职务便利的一方则作为该罪的共犯论处。但是，如果作为共同犯罪一方的自然人主体没有利用单位的身份或职务便利，同样单位也没有利用自然人的职务便利，而是分别利用各自的职务便利进行索取贿赂或收受贿赂，则以对单位和自然人分别定罪为宜。即对单位以单位受贿罪、单位行贿罪论处，对自然人以受贿罪、行贿罪论处；但在量刑时，应在各自的法定刑幅度内考虑单位与自然人在共同犯罪中所起的具体作用程度，并根据案情区分主犯与从犯，合理地量刑。

单位内部的自然人可否与本单位构成贿赂犯罪的共同犯罪？在一般情况下，单位内部的自然人尤其是对单位犯罪负有直接责任的主管人员不会与本单位构成共犯，但并非单位内部的所有成员都不能与本单位构成共同犯罪。这种情形往往表现为：单位内部的自然人不是以其单位内部成员的身份而是以独立的个人身份与单位共同实施某种犯罪，但此时的个人与代表单位实施犯罪的直接责任人员不能为同一人。如果单位内部的自然人以单位犯罪的具体执行者的身份出现，并在为单位谋取利益的同时也为自己谋取利益，应如何处理？在很多情况下，单位直接负责人员为自己牟利并不为单位所知，与单位并未达成意思联络，从而缺乏构成共同犯罪的主观基础。所以，此时行为人一方面作为单位犯罪的直接责任人员

要受到单位犯罪的追究，另一方面其还单独构成自然人贿赂犯罪，应对其实行数罪并罚。①

其四，高官腐败犯罪中的“特定关系人”问题。在腐败犯罪中，高官腐败犯罪特别具有代表性和典型性。依法追究和惩处高官腐败犯罪分子，彰显了中央反腐败的决心和力度，贯彻了法律面前人人平等的法治原则，顺应了人民群众对反腐的新要求和新期待。② 在高官与特定关系人共同受贿犯罪中，由于高官与特定关系人关系的紧密性、经济的关联性、活动的隐蔽性，加之高官位高权重，对这种新型腐败犯罪的发现、证明和查处，比传统型腐败犯罪难度更大，任务更艰巨。准确认定高官与特定关系人的新型受贿犯罪，应当分清楚罪与非罪、此罪与彼罪之间的界限，并要注意以下几点：

一是国家公职人员利用职务上的便利为请托人谋取利益，授意请托人将有关财物给予特定关系人的，对国家公职人员以受贿罪论处；特定关系人与国家公职人员通谋，共同实施前述行为的，对特定关系人以受贿罪的共犯论处；特定关系人与国家公职人员没有通谋，国家公职人员收受他人财物后，与特定关系人共同占有或者消费的，该国家公职人员构成受贿罪，对特定关系人不以犯罪论处。

二是特定关系人向国家公职人员代为转达请托事项，索取或者收受请托人财物并告知该公职人员的，或者国家公职人员明知其特定关系人收受了请托人财物，仍按照特定关系人的要求利用自身职权为请托人谋取利益的，该国家公职人员构成受贿罪，其特定关系人亦应以受贿罪的共犯论处。

三是国家公职人员事先知道其特定关系人利用自己的职权或地位形成的便利条件，索取或者收受请托人财物，仍默许或者不反对其特定关系人通过其他国家

① 赵秉志，许成磊. 贿赂罪共同犯罪问题研究. 国家检察官学院学报，2002（1）；赵秉志，等. 贿赂罪共同犯罪问题研究//赵秉志. 刑事法治发展研究报告（2002年卷・首卷）. 北京：中国人民公安大学出版社，2002；赵秉志，姜伟. 贿赂犯罪中的共同犯罪. 法制日报，2003-02-13.

② 赵秉志. 中国反腐败刑事法治的若干重大现实问题研究. 法学评论，2014（3）. 本人较早对高官腐败犯罪进行了研究，这里主要介述高官腐败犯罪中的“特定关系人”问题，关于高官腐败犯罪的异地审判和死刑适用问题另行介述。

公职人员职务上的行为为请托人谋取不正当利益，或者国家公职人员事先不知道其特定关系人利用自己的职权或地位形成的便利条件，通过其他国家公职人员职务上的行为为请托人谋取不正当利益，事后知道并予以认可的，该公职人员及其特定关系人构成《刑法修正案（七）》所增设的利用影响力受贿罪的共犯。

四是国家公职人员对其特定关系人通过自己的职务行为，或者利用自己的职权、地位形成的便利条件，通过其他国家公职人员职务上的行为，为请托人谋取利益，索取或者收受请托人财物等所有情况始终不知情的，国家公职人员不构成犯罪，仅应对特定关系人以利用影响力受贿罪论处。国家公职人员虽然按照其特定关系人的要求，利用职权为请托人谋取利益，但对特定关系人索取或者收受请托人财物不知情也没有事后知情并认可的，对特定关系人应以利用影响力受贿罪论处，该公职人员则既不构成利用影响力受贿罪的共犯，也不应以受贿罪共犯论处。

五是国家公职人员索取或者收受请托人财物，让其特定关系人利用自己职权或地位形成的便利条件，通过其他国家公职人员职务上的行为为请托人谋取不正当利益，特定关系人对此权钱交易不知情的，对该国家公职人员应以受贿罪论处，特定关系人则既不构成受贿罪，也不构成利用影响力受贿罪。在此种情况下，特定关系人所起的作用实际上相当于国家公职人员受贿为请托人谋利的工具。①

其五，性贿赂应否犯罪化的问题。性贿赂应否犯罪化，实际上涉及贿赂的范围问题。结合现代刑法的科学性、合理性、可操作性要求暨性贿赂的复杂情况来考虑，我国刑法不宜将性贿赂犯罪化。刑法规范应当具有明确性和谦抑性，这是性贿赂不宜犯罪化的重要原因。我国刑法典将贿赂限于财物并规定了相应的数额标准，虽然与《联合国反腐败公约》的有关规定相比有一定差距，但该标准相对较为明确，可操作性强，在司法实践中比较容易把握，总的来说是合理的。当然，对于可转化为金钱或者财物来衡量的性贿赂，可以在进一步研究的基础上考

① 赵秉志，彭新林．我国当前惩治高官腐败犯罪的法理思考．东方法学，2012（2）．

虑将其适当纳入贿赂的范围，进行刑法规制。[①]

（2）腐败犯罪的司法治理问题。

其一，查处腐败犯罪的刑事推定问题。能否适用以及如何适用推定，一直是困扰我国反腐败司法实践的难点问题。能否确立刑事推定规则，关乎腐败犯罪的认定和对腐败犯罪的惩治力度。在查处腐败犯罪案件中，确立刑事推定规则的理论与实践，有助于破解腐败犯罪证据收集的困境，有利于提高诉讼效率，节约司法资源，有利于契合当前严惩腐败犯罪之刑事政策的需要。但是，我国现行刑事立法中关于腐败犯罪刑事推定的程序性规则匮乏，推定适用范围狭窄，推定适用的对象有限。

完善我国查处腐败犯罪刑事推定的立法，可考虑从以下几个方面着手：一是关于巨额财产来源不明罪法条中“非法所得”的推定。建议将刑法典第 395 条第 1 款中的“可以责令说明来源”改为“应当责令说明来源”；将“不能说明来源的”改为“本人拒不说明来源或者作虚假说明的”[②]。二是关于腐败犯罪主观要素的推定。建议参照《联合国反腐败公约》第 28 条的规定，适度扩大推定和举证责任倒置的适用范围，将腐败犯罪中某些确实难以证明的主观构成要素纳入其中。三是关于贿赂行为的推定，可参考借鉴国外有关贿赂行为推定的立法规定，设立贿赂行为的推定规则。[③]

其二，惩治腐败犯罪的异地审判问题。近年来我国刑事司法中对腐败犯罪案件实行异地审判，取得了非常好的效果，有效地排除了案件查处中的各种干扰和阻力，也有效地消除了部分社会公众对审判工作的担忧和误解。虽然当前我国腐败犯罪案件实行异地审判尚没有法律或司法解释予以明文规定，但却已经形成了惯例，并正在朝制度化的方向发展。但是腐败犯罪案件的异地审判缺乏具体的评

① 赵秉志. 中国反腐败刑事法治的若干重大现实问题研究. 法学评论，2014（3）.

② 全国人大常委会于 2009 年 2 月 28 日通过的《刑法修正案（七）》对刑法典第 395 条规定的巨额财产来源不明罪的罪状作了修改，并增设了“差额特别巨大”的加重法定刑档次。但这次修法并未涉及笔者此处所提出的修法建议的内容。

③ 赵秉志. 中国反腐败刑事法治的若干重大现实问题研究. 法学评论，2014（3）.

判标准，耗费较大的司法成本，影响司法效率，异地审判与检察机关异地侦查、起诉的衔接也不协调。未来应当对腐败犯罪案件异地审判予以完善：

一是要实现对腐败犯罪案件异地审判的制度化和规范化。要尽快完善相关配套措施，规定异地审判的条件和标准，明确公检法各机关的职责，保证案件的顺利办理和及时审判。

二是要探索针对特定主体尤其是高官腐败犯罪案件实行集中管辖。对于党和国家领导人（包括已卸任的）腐败犯罪案件，可考虑由最高人民法院直接进行管辖，或者由最高人民法院根据案件及被告人情况指定某一高级人民法院（或解放军军事法院）做一审管辖。对于省部级官员的腐败犯罪案件，一般情况下，可由北京市的中级人民法院管辖（北京市的省部级官员除外）；北京市的省部级官员腐败犯罪案件，可由天津、上海或者重庆这三个直辖市的中级人民法院管辖。从长远来看，较为理想的做法是，确立大的审区对省部级官员腐败犯罪案件进行集中管辖。具体来说，建议将全国划分为东北、西北、华北、华东、华南、中南、西南七大审区，每个大的审区选择一个省市、自治区）的省会所在地的中级人民法院作为一审管辖，该省（市、自治区）高级人民法院作为二审管辖，该省（市、自治区）的高官腐败案件则选择该大审区内另一省管辖。同时还可考虑，确立的集中管辖本审区内省部级官员腐败犯罪案件的中级人民法院，并不是一成不变的，可根据实际情况适时进行调整，如可与省区党委政府换届同步实行五年一轮换。对于厅局级官员腐败犯罪案件，非省会城市的以及省直机关等的厅局级官员腐败犯罪案件，统一由省会城市的中级人民法院管辖；省会城市的官员腐败犯罪案件，则可确定由本省省会城市以外的某一审理腐败犯罪经验丰富的市中级人民法院管辖。对于地方县处级主要官员的腐败犯罪案件，一般由地级市党委政府所在区的人民法院管辖；所在区的县处级干部，则可确定由本市辖区内的另一区县人民法院管辖（在上述两种情形下，如属于可能判处无期徒刑或者死刑的，则由该地级市的中级人民法院管辖）。

三是要完善腐败犯罪异地审判法检以及纪委与司法的衔接协调机制。为避免在腐败犯罪异地审判问题上指定审判管辖与指定侦查管辖、起诉管辖的不协调，

应当进一步理顺腐败犯罪异地审判与异地侦查、异地起诉之间的关系，建立法院与检察院之间关于腐败犯罪案件指定管辖的常态协调机制。与此同时，从我国腐败犯罪案件办理的实际情况出发，还要进一步完善纪委与司法机关在指定异地审判程序中的沟通和协调机制。①

（3）高官腐败犯罪的死刑适用问题。

在我国刑法目前对严重腐败犯罪配置有死刑的情况下，对于犯罪数额特别巨大且情节特别严重的腐败犯罪高官依法判处死刑包括立即执行，这并不是对限制、减少死刑适用的否定，而恰恰是严格了死刑的适用标准，这也是我国限制、减少死刑适用并逐步废止死刑进程中正常的、合法合理的步骤与现象。对于死刑在反腐败斗争中的作用，应当有辩证的、理性的、恰当的认识。死刑不是反腐败法治的最有效手段，在当前我国反腐败斗争中，我们应当十分慎重地适用死刑。尽管我国在现阶段保留对贪污受贿罪的死刑有其必要性和合理性，但从长远来看，最终还是应当废止贪污罪、受贿罪的死刑。②

（4）治理腐败犯罪的境外追逃问题。

近年来我国境外追逃工作取得了不少成绩，但也存在境外追逃困难、成本高昂以及相关技术条件有待提高等问题。为进一步改善和强化新形势下我国对腐败分子的境外追逃工作，建议着力抓好以下几个方面的工作：一是加快与《联合国反腐败公约》有关要求进行衔接，破解境外追逃的法律障碍；二是境外追逃要与境外追赃双管齐下，发挥反腐追逃的整体合力；三是实行境外追逃关口前移，进一步健全防范腐败分子外逃的工作机制；四是继续深化司法改革，树立我国司法公正形象；五是加强检察机关境外追逃的技术力量。③

涉及广泛而严重的腐败问题的赖昌星集团走私等系列案件（又称福建远华案件）受到国内外的广泛关注。本人受到加拿大政府的邀请曾于 2001 年两度远赴

① 赵秉志. 中国反腐败刑事法治的若干重大现实问题研究. 法学评论，2014（3）；赵秉志. 腐败犯罪的异地审判需要实现制度化和规范化. 检察日报，2014-09-02.

② 赵秉志，彭新林. 我国当前惩治高官腐败犯罪的法理思考. 东方法学，2012（2）.

③ 赵秉志. 中国反腐败刑事法治的若干重大现实问题研究. 法学评论，2014（3）.

加拿大出席其难民裁判庭，就本人作为辩护律师曾参与的司法机关审理的福建远华系列案中的部分案件的情况，以及本人作为刑法专家所了解的中国刑事法治的有关情况在法庭上提供证言。[①] 在赖昌星 2011 年被遣返回国、2012 年被定罪判刑后，本人对赖昌星遣返案的追逃等有关法理问题进行了研究。赖昌星遣返主要经历了加拿大方面的难民身份确认程序和遣返前的风险评估程序。在此过程中，影响赖昌星遣返的主要法律障碍是政治犯罪问题、死刑问题和酷刑问题。反思赖昌星遣返案件，我国应当加大反腐败力度，遏制腐败犯罪分子外逃；加强自身法治建设，努力完善国际形象；作出并信守不判处死刑的承诺，切实推动死刑改革进程；积极与西方发达国家缔结双边引渡条约，开拓国际刑事司法合作的新领域。[②]

在当前条件下，我国可以充分利用移民遣返措施追捕外逃涉腐犯罪嫌疑人。利用移民遣返措施是一种引渡替代措施，它利用涉腐犯罪嫌疑人所逃往国家的有关移民法，将犯罪嫌疑人遣返回国。移民遣返措施较为方便、灵活，但是在运用移民遣返措施追捕外逃涉腐犯罪嫌疑人时，却存在难民问题、酷刑问题和死刑问题三个难点，这在一定程度上阻碍了移民遣返措施的运用，需要我国依据有关国家移民法的规定，克服相关困难，将逃往境外的涉腐犯罪嫌疑人遣返回国，使其接受法律制裁。[③]

（5）治理腐败犯罪的境外追赃问题。

将腐败犯罪外移资产追回（境外追赃），有利于挽回国家巨额经济损失，更有助于挤压腐败分子的生存空间，有助于震慑潜在腐败分子，因而具有重要意义。在境外追赃实践中，我国通过建立健全涉案资产追回和返还等工作机制，根据国际公约以及双边司法协助条约和协定，综合运用直接追回资产、民事诉讼追回资产等手段，有效追回了大量涉案的腐败犯罪资产，取得了明显成效。

---

① 赵秉志，张磊．赖昌星案件的罪与罚．台北：新学林出版股份有限公司，2015：61-93.

② 赵秉志，张磊．赖昌星案件法律问题研究．政法论坛，2014（4）.

③ 赵秉志，商浩文．运用移民遣返措施追捕外逃涉腐犯罪嫌疑人之路径与难点．江西社会科学，2014（2）.

今后完善我国腐败犯罪外移资产追回机制，应着重考虑以下措施：一是确立以“违法所得的没收程序”为主体的多元资产追回机制；二是组建一支境外追赃的跨部门的特别侦查队伍；三是进一步发挥检察机关在腐败犯罪境外追赃工作中的主要职能作用和主渠道作用；四是确立我国境外追缴腐败犯罪资产的分享机制。①

(6) 关于我国反腐刑事立法不足的反思。②

在刑事法治领域，经过多年来不断的修改完善，迄今我国的刑事法律已经基本上涵盖了腐败犯罪的各种类型，相关刑事处罚日益文明，刑事程序渐趋公正，我国反腐败刑事法治逐渐呈现出一种国际化、现代化的面貌和趋势，特别是在我国加入《联合国反腐败公约》以及反腐败方面的其他国际公约后，进行相关的国内立法的修改完善，使得这一趋势更为明显。

但目前我国反腐败刑事法治方面仍然存在一些问题与不足之处，有必要予以检讨和重视。

其一，反腐败刑事法治理念有待更新。主要表现为两点：一是对腐败犯罪的治理，存在着一定的刑法依赖观念；二是对腐败犯罪的刑罚适用存在着一定的抓大放小心理。

其二，反腐败刑事法网不甚严密。一是罪名体系不完善：贪污贿赂罪和渎职罪均属于职务犯罪，分立为两章不甚合理；我国刑法中的腐败犯罪罪名设置尚不全面，与《联合国反腐败公约》等国际条约的要求相比，罪名仍有缺漏。二是行为对象限定不合理：将作为贿赂犯罪对象的“贿赂物”限定为“财物”不合理；将挪用犯罪的对象限定为“公款”和“特定款物”不合理。三是行为方式设置不当：将挪用公款“归个人使用”作为挪用公款罪的基本行为特征之限定过严；将行贿的行为方式限定为“给予国家工作人员以财物”过严。四是行为目的限定不

① 赵秉志. 中国反腐败刑事法治的若干重大现实问题研究. 法学评论，2014 (3).

② 赵秉志. 论我国反腐败刑事法治的完善. 当代法学，2013 (3)；赵秉志. 中国反腐败刑事法治领域中的国际合作. 国家检察官学院学报，2010 (5).

合理，主要体现于行贿罪的“为谋取不正当利益”之限定上。

其三，腐败犯罪的定罪量刑标准设置不合理。这主要体现为贪污受贿数额的规定不科学。1997 年刑法典中对贪污受贿犯罪的起刑点和量刑幅度采用的是刚性的具体数额标准，这种固定数额标准设置甚不合理，使得贪污受贿犯罪的司法适用日益偏离立法精神，主要存在三个方面的弊端：一是不能适应经济社会发展的需要，定罪判刑的数额起点过低，致使人的自由价值低廉，追究刑事责任范围太广，实际上也造成了有法难依、执法不严的局面；二是导致不同情节、不同危害程度的犯罪的量刑档次拉不开，难以实现罪责刑相适应原则；三是量刑标准难以准确、全面反映具体犯罪的社会危害程度，不利于实现刑罚公正，无法让公众在每一个贪污受贿案件之查处中感受到公平正义。

其四，腐败犯罪构成要件的立法设置不科学。犯罪构成要件应当是对需要以刑罚惩治的危害行为的本质和主要特征的科学概括，而不是对现实中所发生的该危害行为的现象描述。而我国刑法典规定的腐败犯罪特别是贪污贿赂犯罪的构成要件，有些就是关于犯罪现象的描述，并没有把握犯罪行为的本质。比如，受贿罪行为的本质不在于为他人谋取利益，而是索取或者收受贿赂以作为其在执行公务时作为或者不作为的条件，而我国现行刑法典中受贿罪的构成却规定了为他人谋取利益的要件。此外，《刑法修正案（七）》中关于影响力交易罪的规定也是如此。该罪规定的宽泛的主体范围，并未与国家工作人员合意或勾结而形成共犯关系，却要纳入职务腐败的范畴，而且对离职的国家工作人员构成犯罪也没有时间的限制，就很值得推敲。该条的根本缺陷就在于没有抓住行为的本质，没有认识到影响力交易行为的本质在于利用影响力，而不在于主体具有什么身份。

其五，腐败犯罪的刑罚设置不科学。我国刑法对腐败犯罪采取的是以自由刑为中心，同时对部分犯罪配置死刑和财产刑，但基本上没有配置资格刑的刑罚模式。这种刑罚模式与腐败犯罪的罪质不符。一是未设置合理的资格刑和罚金刑，影响对腐败犯罪惩治的有效性；二是对腐败犯罪设置和适用死刑，处罚过于严厉而成效不大。

其六，反腐败刑法的相关前提性法律制度缺失。《联合国反腐败公约》的宗

旨在于注重对腐败犯罪的预防。我国政府愈来愈认识到反腐败中预防工作的重要性，强调反腐败要惩防并举。要做好反腐败的预防工作，重要的一点就是要建立健全一系列廉政法律制度，堵塞腐败漏洞，同时为反腐败的刑罚惩治奠定前提性法律制度。在此方面，当今我国存在的一个比较突出的问题，是公职人员财产申报制度的不健全。

其七，反腐败国际合作面临重重困难。我国反腐败刑事法治与其他国家存在一些差异，特别是我国当今对贪污受贿犯罪还配置有死刑，而死刑犯不引渡是公认的国际法则，这就成为我国与西方国家在腐败罪犯的引渡或者遣返方面的主要障碍。

（7）关于我国反腐败刑事立法完善的建议。①

新中国成立以来，我国反腐败刑事法治建设与我国社会的总体形势和发展水平是相一致的，我国反腐败刑事政策日趋科学，刑事立法日益健全，刑事司法日渐理性。但反腐败的刑事法治理念有待更新，反腐败的刑事法网有待于进一步严密，腐败犯罪的定罪量刑标准需要进一步完善，反腐败的刑罚设置应当进一步科学化。

其一，更新反腐败法治理念。我国刑法对腐败犯罪的规制在立法模式上尚存在明显的“厉而不严”之偏差，即刑度过于严厉，刑事法网不够严密。应树立和强化反腐败的刑法谦抑、宽严相济、严密法网、严而不厉的理念，以与国际反腐败刑事法治通例接轨，并有利于反腐败领域的国际刑事法治合作。

其二，严密和完善反腐败刑事法网。针对反腐败刑事法网尚不够严密的情况，我国需要通过修改刑事法的方式适当完善反腐败刑事法网。相关修法要点包括：一是修改贿赂的范围，将贿赂犯罪对象中的“贿赂物”由“财物”扩大至“利益”或“不正当好处”，以使收受或者给予财产性利益和非财产性利益的行为都得到惩治。二是增加贿赂犯罪情节犯的规定，改变目前单一数额犯的做法。三

① 赵秉志．论我国反腐败刑事法治的完善．当代法学，2013（3）；赵秉志．中国反腐败刑事法治领域中的国际合作．国家检察官学院学报，2010（5）．

是适当扩大部分腐败犯罪的行为范围，删除受贿犯罪和行贿犯罪中的“为他人谋取利益”“为谋取不正当利益”要件之规定；扩大行贿的行为方式，将允诺、提议给予好处的行为纳入行贿的行为方式范畴；将挪用公款罪的对象由“公款”“资金”扩大至“财物”，同时取消挪用公款进行营利或者非法活动的“归个人使用”的限制。四是完善影响力交易罪，对现有刑法条文中的有关影响力交易行为的规定进行整合，增加所遗漏的影响力交易行为，并且不要将影响力交易罪规定为特殊主体的犯罪。五是增设向外国公职人员或者国际公共组织官员行贿罪和向特定关系人行贿罪，以适应《联合国反腐败公约》的要求。六是修改完善贿赂犯罪的刑罚，增加资格刑、罚金刑，扩大没收财产的范围，适当提高行贿犯罪的法定刑，对腐败犯罪在严密法网、严肃追究和惩治的同时，也应适当地减缓我国现行刑法中过于严厉的处罚，尤其是要限制、减少乃至合理地逐步废止死刑，贯彻罪责刑相适应的刑法基本原则。七是从体系完善的角度，在采取章节制的前提下，可以考虑将“贪污贿赂罪”与“渎职罪”两章合并为“职务犯罪”一章。

其三，及时合理调整贪污受贿犯罪的定罪量刑标准。贪污受贿犯罪定罪量刑标准的修订紧密关涉贪贿犯罪圈的划定、国家对贪贿犯罪的惩治力度、刑事司法资源的负重、公众对刑法的认同等重大问题，对其改革完善可谓“牵一发而动全身”，务必要审慎稳妥、科学合理、切合实际地统筹考虑，既要注意克服当前贪污受贿犯罪定罪量刑标准的缺陷，满足惩治贪污受贿犯罪司法实践的需要；又要注意刑法规范明确性与司法可操作性之间的平衡，以实现量刑公正和罪责刑相适应，增强公众的刑法认同。秉持上述理念和原则，应着力从以下五个方面改革完善我国贪污受贿犯罪定罪量刑标准及相关立法：一是确立“数额＋情节”的二元弹性定罪量刑标准。即取消现行刑法典中贪污罪、受贿罪定罪量刑的具体数额标准，改为“数额＋情节”并重的二元弹性模式；再由司法解释对贪污受贿犯罪定罪量刑的具体数额、情节标准作出明确规定。确立这一标准要注意两点：第一点是这里的数额是指概括数额（数额较大、数额巨大、数额特别巨大等档次），而非具体数额；第二点是数额和情节应当并重，应当提升情节在贪污受贿犯罪定罪量刑标准中的地位，使之在贪污受贿犯罪的定罪量刑中都发挥决定性的作用。二

是引入罪群立法模式并明确各自定罪量刑标准。建议修法形成以一般贪污罪、受贿罪为主体部分，以其他特殊贪污受贿犯罪为补充，次层分明而又互相衔接的贪污受贿犯罪的罪群体系，以突出重点、合理协调；并统一按照“数额＋情节”的两元弹性模式，根据各种犯罪的危害程度配置法定刑；再由司法解释对定罪量刑的具体数额、情节标准作出明确规定并适时调整。三是分开设立受贿罪和贪污罪的定罪量刑标准。两罪有所区别，不应适用同一的定罪量刑标准，而应予以分立。四是应由司法解释规定并科学、合理地设定具体数额标准。贪污受贿犯罪的具体定罪量刑数额标准应当适度提高。在《刑法修正案（九）》修法过程中，有观点主张对贪污受贿犯罪采取“零容忍”政策，认为应当降低贪污受贿犯罪定罪量刑的数额标准。这种主张值得商榷，对贪污受贿行为的“零容忍”，不等于对贪污受贿犯罪要坚持“零起点”。对贪污受贿行为除了定罪量刑，还有党纪政纪处分。应适当提高贪污受贿犯罪的起刑点数额，适当拉开不同量刑档次的级差，以更好地贯彻罪责刑相适应原则。与贪污受贿犯罪被剥夺的人身自由相对应的贪污受贿数额应当合理，应与国民经济水平相适应。而就我国目前的经济发展水平而言，贪污受贿犯罪的起刑点应当较 1997 年刑法典有大幅的提高，初步考虑，可以按 3 万元、30 万元、300 万元作为贪污受贿犯罪之“数额较大”“数额巨大”“数额特别巨大”的数额标准掌握。五是妥善解决数额标准适用时的我国省际冲突问题。[①]

其四，严格限制乃至废止腐败犯罪的死刑。应当辩证、理性、恰当地认识死刑在反腐败斗争中的作用。在当前情况下，要严格限制腐败犯罪的死刑适用。尽管客观地看，我国现阶段保留对贪污罪、受贿罪的死刑有其必要性和合理性，但从长远来看，最终废止贪污罪和受贿罪的死刑是未来的必然趋势。

其五，合理增设腐败犯罪的资格刑和罚金刑。关于合理增设腐败犯罪的资格刑：一是增设部分犯罪尤其是贪污罪、受贿罪、挪用公款罪等主要腐败犯罪的资

① 赵秉志. 贪污受贿犯罪定罪量刑标准问题研究. 中国法学，2015（1）；赵秉志. 完善贪污受贿犯罪定罪量刑标准的思考和建议//赵秉志. 刑法论丛：2015 年第 2 卷. 北京：法律出版社，2015.

格刑，可以单处或者附加适用；二是对资格刑增加新的内容，包括剥夺从事特定职业的权利，剥夺犯罪单位荣誉称号，禁止一定期限内的从业资格，停业整顿，刑事破产，等等，并规定资格刑可以分解适用。关于合理增设腐败犯罪的罚金刑：一是从协调考虑对非国家工作人员受贿罪、行贿罪增设罚金刑；二是对贪污罪、职务侵占罪、挪用公款罪等未规定罚金刑的主要腐败犯罪应规定可以或者应当并处罚金。①

其六，关于行贿犯罪刑事政策的调整和法治完善问题。应以“刑罚的必定性”来增强对行贿犯罪的约束力为主要目标，对行贿罪刑事政策进行调整和重构，从立法和司法上扩大行贿罪的犯罪圈，进一步严密行贿罪的刑事法网，将更多的行贿行为予以犯罪化。关于行贿罪的立法完善：一是行贿罪犯罪构成的完善，在犯罪主观方面取消“为谋取不正当利益”构成要件，在犯罪客观方面扩大贿赂内容和贿赂行为方式，从而达到扩大行贿罪犯罪圈、严密行贿罪刑事法网的目的。二是行贿罪刑罚结构的完善，应从均衡刑量和丰富刑种上进行。可把行贿罪主刑即自由刑的刑罚结构调整为：基本构成的法定刑幅度为3年以下有期徒刑或者拘役，加重构成的法定刑幅度为3年以上10年以下有期徒刑，第二档次加重构成的法定刑幅度为10年以上有期徒刑或者无期徒刑。行贿罪财产刑的设置，在保留没收财产刑的同时，应增设罚金刑，并采用既可选科又可并科的方式，选择相对确定的罚金刑。行贿罪应增设禁止从事与犯罪有关的特定职业或社会活动的资格刑，对于行贿犯罪严重的国家工作人员可以并处禁止担任公职的资格刑，对于行业性特点明显的行贿人可以并处在一定期限内禁止从事特定职业或活动的资格刑。增设“追缴行贿犯罪所得”的条款，扩大追缴范围。关于行贿罪的司法完善：一是对现行行贿罪罪刑规范予以合理解释，包括合理解释“为谋求不正当利益”，将“财物”扩大到“财产性利益”，将“被追诉前”解释为提起公诉之前；二是对行贿罪罪刑规范予以正确适用，必须准确把握行贿罪与相关犯罪的界限，准确认定行贿罪，对配合司法机关办案而作如实供述的行贿人依法减轻或者

---

① 赵秉志. 论我国反腐败刑事法治的完善. 当代法学，2013（3）.

免除处罚。①

其七，健全反腐败的相关法律制度。反腐败法治是一项系统工程，应建立健全反腐败的一系列法律制度，例如，制定统一的反腐败预防法，完善公务员财产申报的法律制度，等等。

其八，增强反腐败刑事法治中的人权保障功能。应当以保障人权为基本要求进一步完善中国的反腐败刑事法治，促进公正文明司法，实体公正与程序正当并重，使中国的反腐败刑事法治及其国际化建立在一个坚实的根基之上。

其九，强化检察机关在反腐败国际合作中的作用。应当重视发挥最高人民检察院在反腐败国际合作中的中央执行机关的作用，重视和加强检察机关反腐败国际合作的体系、制度和人才建设，注意加强与刑事法专门研究机构的联系合作。②

其十，加强反腐败刑事法治领域的国际合作。腐败及其治理乃当今国际社会所共同面临的难题。单靠一国或一地区之力，断然难以疗治人类社会的这一顽疾，因而需要国际社会形成反腐败的合力方能奏效。中国应加强反腐败刑事法治领域的国际合作，建立健全腐败犯罪分子的引渡机制和腐败犯罪所涉财产追回机制。通过国际合作，一方面使腐败分子得到有效惩治，腐败犯罪所涉资产得以追回；另一方面，在国际合作中不断改进和完善中国的反腐败刑事法治，推进中国反腐败刑事法治的国际化，并通过国际化的反腐败刑事法治，进一步推动中国反腐败的国际法治合作，使反腐败刑事法治领域的国际合作形成良性循环机制。③

此外，在这一时期，在腐败犯罪研究领域，本人论及的问题还有：我国实施

---

① 赵秉志，董桂文. 行贿罪法治完善问题研究//赵秉志. 刑事法治发展研究报告（2012—2013 年卷）. 北京：中国人民公安大学出版社，2014；赵秉志，黎伟华. 打击行贿需从修改刑法入手. 民主与法制，2006（21）.

② 赵秉志. 中国反腐败刑事法治国际化论纲. 江海学刊，2009（1）.

③ 赵秉志. 中国反腐败刑事法治国际化论纲. 江海学刊，2009（1）；赵秉志. 关于我国刑事法治与《联合国反腐败公约》协调的几点初步探讨. 法学杂志，2005（1）.

《联合国反腐败公约》的刑事政策调整和刑事立法转化问题[①]，寻租型职务犯罪问题[②]，贪污贿赂犯罪死刑的司法控制和立法控制问题[③]，以及中美贿赂犯罪立法的比较[④]等。

3. 2015 年《刑法修正案（九）》通过以来的有关研究

这一时期我国刑法关于腐败犯罪的立法进展，是 2015 年通过的《刑法修正案（九）》在刑法典分则“贪污贿赂罪”一章增设了对有影响力的人行贿罪（第 390 条之一），并修改了贪污受贿犯罪的定罪量刑标准，加大了对行贿罪的处罚力度，完善了对腐败犯罪的预防性措施。[⑤] 与此同时，党和国家规划的新时代反腐败战略，以及习近平总书记提出和形成的反腐败思想体系，极大地推动了我国十八大、十九大以来的反腐败斗争和反腐败法治实践，也使我国反腐败刑法学研究得到空前的繁荣和加强。在上述立法背景和社会背景下，在这一时期，本人在腐败犯罪研究领域论及的问题主要有：贪污受贿犯罪定罪量刑标准的修正问题，贪污受贿犯罪死刑的立法控制与废止问题，贪污罪、受贿罪死缓犯的终身监禁制度的理解与适用，以新时代反腐败刑事政策为视野对刑事司法的检讨与改善，对我国惩治腐败犯罪立法的检讨与完善，以及我国境外追逃追赃的问题等。下面择要介述。

（1）关于贪污受贿犯罪定罪量刑标准的修正。

《刑法修正案（九）》因应贪污罪、受贿罪的治理需要，删去了 1997 年新刑法典对贪污罪、受贿罪规定具体数额的定罪量刑模式，对于贪污受贿犯罪的定罪量刑标准主要作了以下修改：一是将贪污受贿犯罪定罪量刑标准改为“概括数

---

① 赵秉志，黄风，等. 我国实施《联合国反腐败公约》刑事政策调整问题研究//赵秉志. 刑事法治发展研究报告（2006—2007 年卷）. 北京：中国人民公安大学出版社，2008；魏昌东，赵秉志.《联合国反腐败公约》在中国刑事立法中的转换模式评析. 南京大学学报，2008（2）.

② 赵秉志，魏昌东. 寻租型职务犯罪的衍生机理和控制对策. 人民检察，2008（3）.

③ 赵秉志，李慧织. 贪污贿赂犯罪的司法控制——以刑事实体法控制为视角. 人民检察，2010（15）；赵秉志，李慧织. 贪污贿赂犯罪的立法控制//赵秉志. 刑事法治发展研究报告（2009—2010 年卷）. 北京：中国人民公安大学出版社，2011.

④ 赵秉志，刘科. 中国内地、香港特区暨美国贿赂犯罪刑事法律之比较. 特区法坛，2009（6）.

⑤ 赵秉志.《中华人民共和国刑法修正案（九）》理解与适用. 北京：中国法制出版社，2016：34-36.

额＋情节”的模式，即原则规定数额较大或者情节较重、数额巨大或者情节严重、数额特别巨大或者情节特别严重三种情况，同时将之前依据刑罚从重到轻排列法定刑改为从轻到重的三档刑罚；二是明确贪污受贿犯罪死刑适用的标准为贪污受贿数额特别巨大并使国家和人民利益遭受特别重大损失的，但同时将无期徒刑作为可选择的刑种；三是将司法实践中常见的贪污受贿犯罪酌定量刑情节法定化，规定对犯贪污受贿罪，如实供述自己罪行、真诚悔罪、积极退赃，避免、减少损害结果发生的，可以从宽处理。

《刑法修正案（九）》对贪污受贿犯罪采取“概括数额＋情节”的二元化立法模式和标准，既有利于应对我国经济社会发展对贪污受贿数额评价的影响，方便最高司法机关根据社会发展的情况适时调整贪污受贿罪的定罪量刑标准，又有利于通过对数额和情节的综合考量，更好地实现罪责刑相适应，符合对贪污受贿犯罪予以科学治理的实际需要，值得充分肯定。

从今后立法更加完善考虑，受贿罪与贪污罪的定罪量刑标准应分开设立。目前我国对贪污罪和受贿罪共用同一定罪量刑标准，这种立法模式首先在形式上不科学，从实质上考量也不妥当。尽管贪污罪与受贿罪都属于贪污贿赂类犯罪，都侵犯了国家工作人员职务的廉洁性，但两罪在侵犯的具体客体、社会危害程度、犯罪成本、反腐政策指向的重点等方面都存在相当差异，不应适用同一定罪量刑标准，而应该分开设立。①

（2）我国贪污受贿犯罪死刑的立法控制与废止问题。

我国现行刑法对腐败犯罪中的贪污罪和受贿罪配置并适用死刑。基于死刑的法治缺陷以及贪污罪、受贿罪的罪质特征，对贪污罪、受贿罪不应配置和适用死刑，将来必定要废止贪污罪、受贿罪的死刑。但是受制于我国历史传统和现实国情，尤其是当前反腐败形势的需要，我国立即或者在短期内废止严重贪污罪、受贿罪的死刑尚不现实，因而需要对其死刑予以严格控制。在对贪污罪、受贿罪死

① 赵秉志.《刑法修正案（九）》修法争议问题研讨//赵秉志. 刑法论丛：2015 年第 4 卷. 北京：法律出版社，2015.

刑的司法控制和立法控制中，立法控制由于能够在源头上限制死刑，因而是对其死刑进行控制的基础和根本，当前应在刑法立法上采取有效措施进一步严格限制其死刑适用，待时机成熟时应在刑法立法上彻底废止贪污罪、受贿罪的死刑。

关于贪污罪、受贿罪死刑的立法控制。2015 年通过的《刑法修正案（九）》在贪污罪、受贿罪死刑的立法控制上取得了新进展：一是将贪污罪、受贿罪死刑的适用标准由原来的贪污受贿“数额十万元以上，情节特别严重，处死刑，并处没收财产”，修改为贪污受贿“数额特别巨大，并使国家和人民利益遭受特别重大损失的，处无期徒刑或者死刑，并处没收财产”。从而明确了贪污罪、受贿罪死刑的适用标准，缩小了死刑的适用范围；摒弃了绝对确定死刑的法定刑模式，并注意发挥情节限制死刑适用的功能。在此立法改进背景下，建议最高司法机关以司法解释形式科学、合理地对“数额特别巨大”和“使国家和人民利益遭受特别重大损失”的死刑标准予以明确。二是规定行为人在提起公诉前如实供述自己罪行、真诚悔罪、积极退赃，避免、减少损害结果发生的，可以从宽处罚。这样通过将以往酌定量刑情节法定化，有助于积极限制死刑的适用。三是设立危害严重的贪污罪、受贿罪之死缓犯可适用终身监禁的制度，着力减少死刑的实际执行。

关于贪污罪、受贿罪死刑的立法废止。一是在废止贪污罪、受贿罪死刑的路径方面：现阶段可通过立法修改将死缓作为贪污罪、受贿罪死刑适用的基本方式，以有效地限制死刑立即执行的适用；可考虑在独立规定受贿罪定罪量刑标准时择机先行废止受贿罪的死刑。二是从彻底性而言，我国适时废止贪污受贿犯罪的死刑是其死刑立法控制的根本，对贪污罪、受贿罪配置和适用死刑与其罪质不符，与联合国相关公约关于死刑适用的标准不符，废止其死刑也是推动我国死刑立法改革进一步发展所需。

最后，在贪污罪、受贿罪死刑立法控制及废止的进程中，加强死刑观念的转变与促进死刑制度的变革同样重要。在当前我国腐败形势依然严峻、各项制约腐败犯罪的制度尚不健全的情况下，对贪污罪、受贿罪死刑的立法控制应当理性谨

慎，但也不能过于保守。[①]

（3）贪污罪、受贿罪死缓犯终身监禁制度的理解与适用。

《刑法修正案（九）》有一项新规定，即对犯贪污罪、受贿罪危害特别严重而被判处死缓的，法院根据犯罪情节等情况可以同时决定在其死缓期满依法减为无期徒刑后，终身监禁，不得减刑、假释。此即对贪污罪、受贿罪设立了终身监禁的刑罚制度。终身监禁制度有其弊端，但也有重大的积极意义：一方面是在于严惩严重的腐败犯罪。腐败犯罪虽从其犯罪性质、社会危害性考量不应配置死刑，但在当下特殊的反腐严峻形势之下，尚难以废除死刑。从限制、减少死刑的实际执行出发对严重的腐败犯罪增设终身监禁，符合罪责刑相适应原则的要求。另一方面，该制度对死刑改革的推进也有积极意义。[②]

不可减刑、假释的终身监禁不是独立刑种，它是针对严重贪污受贿犯罪的死缓执行方式，是一种特殊的惩罚措施。关于终身监禁新规的时间效力，应当是限制严厉刑罚，尽量扩大有利的宽缓，总体上应当从宽，溯及力上要区分具体情况看待。终身监禁新规只能适用于论罪应当判处死刑的贪污罪、受贿罪的被告人。从立法原意而言，终身监禁是一判定终身，不可因重大立功而减刑、假释；但从立法科学性看，该规定排斥重大立功，只考虑了震慑效果，而忽略了刑法对犯罪人的改造目的，显然不妥。终身监禁制度在实践上应当大踏步探索，有必要对其不合理之处作出立法修正，例如可以作出区别于普通死缓犯的立功减刑规定。而关于终身监禁的适用前景，如在可预见的期间不会在立法上废除死刑的前提下，对例如严重毒品犯罪、严重暴力犯罪等，也可以考虑通过设置终身监禁制度来限制、减少死刑的实际执行。[③]

（4）反腐败刑事政策视野下的刑事司法问题研究。

当代中国的反腐败刑事政策，是指新时期在中国共产党的领导下，由党和国

---

① 赵秉志．论中国贪污受贿犯罪死刑的立法控制及其废止——以《刑法修正案（九）》为视角．现代法学，2016（1）．

② 赵秉志．终身监禁第一案之观察．人民法院报，2016－10－10．

③ 赵秉志．终身监禁新规之解读．法制日报，2016－10－12．

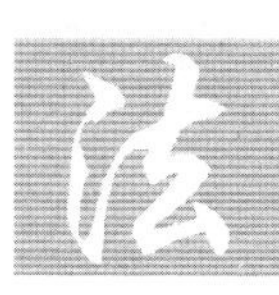



家有关机关制定和实施，通过运用刑事措施等一系列手段，开展腐败犯罪治理的战略、方针和策略、方法。近年来，党和国家在反腐败斗争中逐步形成了以“有腐必反、依法反腐、标本兼治、注重预防”为主要内容的中国新时代的反腐败刑事政策，直接影响着反腐败的法治实践。

其一，对反腐败刑事司法状况的考察。党的十八大以来，我国刑事司法活动积极配合“高压反腐”态势的发展与维持，积极践行“打虎拍蝇”“受贿行贿一起抓”等反腐新理念，彰显了党和国家“有腐必反”的坚定立场与决心；作为“法治反腐”的重要组成部分，刑事司法惩治腐败犯罪的规范化、精细化程度不断提升；在腐败犯罪案件查办中适用认罪认罚从宽制度，在特定领域开展腐败犯罪专项整治，表明在逐渐破除“重刑反腐”的基础上，刑事司法活动对腐败发生机制和腐败治理规律的认识得到进一步升华，“标本兼治”作为治腐根本方法得到进一步贯彻；“监察反腐”的确立和“检察反腐”的转型，不仅推动了“不敢腐、不能腐、不想腐”的具体落实，而且对腐败犯罪案件的警示意义和整改价值，实现了更深层次的发掘。

其二，关于反腐败刑事政策视野下的刑事司法问题检讨。要清醒地看到，我国反腐败刑事司法的运行机制及效果仍然存在一些不足。这其中既有以往有所忽视且尚未明显改善的短板，也有因反腐败形势变化和体制变动而产生的新问题：1）纪检监察机关与检察机关衔接不畅形成“以罚代刑”现象，而且涉及贪污、挪用、贿赂、渎职等多种类型的腐败犯罪罪名。虽然“以罚代刑”并非完全放纵腐败犯罪分子，却也从侧面反映出“纪法衔接”有待进一步明确化和规范化。2）某些涉腐犯罪的司法解释表现出的过度扩张倾向，是司法权积极适应惩治腐败的现实需要而“侵入”立法权的具体表现，这有违罪刑法定原则。但是，无论是“有腐必反”的基本立场，还是“标本兼治”的治理方法，都应当在“依法反腐”的总体框架下贯彻。3）腐败犯罪刑罚适用标准及效果面临宽严失当的困境。这既表现在规范层面的腐败犯罪内部的刑罚适用标准宽严失当，以及腐败犯罪与其他犯罪的刑罚适用标准宽严失当；也表现在司法实务中的贪污受贿犯罪量刑不均衡现象仍在一定程度上存在，腐败犯罪的财产刑适用存在不统一、不均

衡现象，以及“重受贿，轻行贿”现象仍未得到彻底改善。

其三，新时代反腐败刑事政策视野下的刑事司法改善建言。1）要妥当处理纪检监察与司法的各自反腐定位和相互关系。纪检监察机关在反腐败职权运行中的主体责任作用，不仅在于自身反腐作用的发挥，还在于推动司法机关发挥惩治腐败犯罪的保障作用；从“标本兼治，注重预防”的角度来看，纪检监察机关应当更加侧重其监督职责的治本作用，即加强对党员和公职人员的日常监督，对腐败违纪违法行为“打早打小”，避免进一步恶化为严重的腐败犯罪行为；结合当前的反腐败形势来看，司法反腐的定位和作用应当得到更加充分的尊重，监察机关与司法机关在反腐败工作中不仅要注意相互配合，而且要形成有效的双向制约机制。2）对反腐败政策目标的追求应当尊重刑事司法特性。刑事立法内容与刑事政策目标在刑事司法解释中存在的张力，应当以尊重刑事司法特性作为调节基准。“依法反腐”不仅是对腐败治理活动的指导和要求，同样也是对反腐败刑事政策贯彻实现的自我理性约束，它意味着罪刑法定原则是法治社会的刑事政策不可逾越的藩篱，也是新时代反腐败刑事政策区别于一般性反腐败政策的根本所在。3）提升腐败犯罪刑事制裁的规范化和精细化程度。为发挥对腐败犯罪的“严而不厉”的刑事法网的治理效能，必须在刑事司法活动中坚决贯彻“从严处理”的立场，即通过提升腐败犯罪刑事制裁的规范化和精细化程度，实现严格追诉犯罪和严肃依法惩治。主要改进建言包括：一是树立公正优先于效率的办案意识，切实贯彻“有腐必反”和“受贿行贿一起抓”，摒弃片面追求办案成果而“部分追究、部分宽纵”的选择性思维；二是对腐败犯罪的定罪量刑标准（尤其是起刑点数额标准）进行全面完善，为腐败犯罪提供更加充分、明确的追诉依据；三是对司法解释中不科学、不均衡的刑罚适用标准进行调整，提升裁判规则的合理性和可操作性，进一步限缩财产刑适用的自由裁量权，对罚金刑的具体数额和档次划分进行再细化，对没收财产刑的适用条件和没收范围作出更具体的规定；四是提升犯罪情节在定罪量刑过程中的独立地位和影响程度，充分发挥犯罪情节在刑事责任与犯罪数额之间的“修正”作用；五是更加重视指导性案例和典型案例的指导作用，与司法解释形成优势互补。①

（5）我国惩治腐败犯罪的立法问题研究。

当代中国惩治腐败犯罪的立法，是中国特色反腐败法治体系的重要组成部分。

新中国惩治腐败犯罪的刑法立法演进，起步于新中国成立之初的20世纪50年代，随后历经1979年刑法典、1997年刑法典的相继规范和多个单行刑法、刑法修正案、刑法立法解释的不断修改补充，方形成当今的格局，并总体呈现出“规制范围较为周全和广泛”暨“刑事制裁相对完备且较为严厉”两大特点。

其一，我国腐败犯罪规制范围方面的问题检讨与修正建言。1）问题检讨：腐败犯罪的规制范围尚有粗疏阙漏，整体上造成法网“广而不密”。例如：挪用公款罪的犯罪对象仅限于“公款”，单位不能成为挪用公款罪的主体，不利于实现对公共财产的全面保护；浪费行为没有得到刑法的专门规制；贿赂犯罪的贿赂内容仅限于“财物”而没有明确包含“财产性利益”，难免放纵新型贿赂犯罪；贿赂犯罪的“谋取利益”要求设置不当；巨额财产来源不明罪的规定限制了刑事推定的适用；等等。2）修正建言：需要提升腐败犯罪规制范围的严密程度。包括：拓展挪用公款罪的行为主体和犯罪对象；将严重浪费国家资财行为设立成罪；将我国贿赂犯罪中的“财物”扩展为“不正当好处”，以使其涵盖“财产性利益”和“非财产性利益”；调整受贿罪和行贿罪中“谋取利益”的规定；改善和扩大腐败犯罪刑事推定的适用；等等。

其二，我国腐败犯罪刑事制裁方面的问题检讨与修正建言。1）腐败犯罪的刑罚配置方面：存在贪污罪与受贿罪的异罪同罚、各种受贿犯罪之间的处罚失调、各种行贿犯罪之间的处罚失调、贪污罪与私分型腐败犯罪之间的处罚失调以及徇私型渎职犯罪没有充分彰显腐败性质等缺陷；应当有针对性地推动刑罚配置系统的均衡协调，包括对贪污罪与受贿罪分别配置法定刑、缩小贪污罪与私分型腐败犯罪之间的处罚差距、加大对单位受贿罪和利用影响力受贿罪的惩罚力度、削弱“单位”因素对行贿犯罪处罚的影响以及将“徇私”情节专门作为刑罚加重

① 赵秉志，詹奇玮．新时代反腐败刑事政策视野下的刑事司法论纲．上海政法学院学报，2022（1）．

情节等。2）关于腐败犯罪的刑种设置方面：对腐败犯罪的刑种设置偏重人身性质，以限制、剥夺人身自由或生命为主，财产刑的适用有限，资格刑的配置缺失，影响了对腐败犯罪惩罚的针对性和有效性；建议提升非监禁刑的配置比重，通过改善财产刑配置、增设资格刑配置，使腐败犯罪的刑罚种类更加多元、刑罚强度趋于合理轻缓。

（6）关于我国境外追逃追赃的思考与建言。

我国境外追逃追赃的法治原则。我国境外追逃追赃之所以要确立和坚持法治原则，在于这是依法治国的必然要求，是国际关系法治化和开展法律外交的切实需要，是我们统筹国内国际两个大局所必需，也是贯彻习近平反腐败追逃追赃思想中法治反腐理念的体现；境外追逃追赃坚持法治原则的基础，是要具备并依据完备的相关国内国际立法；我国境外追逃追赃坚持法治原则的关键，是要遵守他国法律和国际规则；我国境外追逃追赃坚持法治原则的体现，是依法进行公正审判，并在刑事追诉和审判中切实兑现我国向被请求国作出的各项外交承诺，包括追诉、定罪量刑及相关诉讼权利的承诺。①

从黄海勇引渡案看我国境外追逃的法理问题。黄海勇引渡案是我国历尽艰辛而取得成功的标志性境外追逃案件，本人作为曾出席黄海勇引渡案国际法庭庭审作证的中国专家证人②，在参与庭审前后围绕该案的相关法理问题进行了一些研

① 赵秉志，张磊．试论我国境外追逃追赃的法治原则//张远煌．当代刑事法领域热点问题研讨．北京：中国人民公安大学出版社，2020：421-433．

② 黄海勇系我国重大走私犯罪案件的首犯，他在案发后于1998年出逃境外，2001年6月我国海关总署通过国际刑警组织对黄海勇发出红色通缉令，2008年10月30日黄海勇在秘鲁入境时被秘鲁警方收押，2016年7月黄海勇被秘鲁政府移交我国并由武汉海关缉私局押解回国执行逮捕，2017年4月武汉市人民检察院以其犯走私普通货物罪提起公诉，2019年6月12日武汉市中级人民法院一审判决认定黄海勇犯走私普通货物罪，判处有期徒刑15年，宣判后黄海勇服判未上诉。从黄海勇1998年逃往国外到2016年被引渡回国，我国有关机关对犯罪嫌疑人黄海勇追逃历时18年，启动引渡程序历时8年，其间历尽曲折，该案不仅穷尽了秘鲁国内的引渡程序，而且还被提交到美洲人权委员会和美洲人权法院裁决。在美洲人权委员会审理阶段，应秘鲁政府邀请并经美洲人权法院批准，本人作为秘鲁政府的专家证人，于2014年9月3日在巴拉圭的美洲人权法院审理黄海勇引渡案的巡回法庭上出庭作证，就我国刑事法治的相关问题回答庭审各方的提问。该案最终引渡成功，是美洲人权法院成立以来首次就引渡逃犯案件作出判决，是我国首次在国际人权法院出庭并首战告捷，也是我国首次从拉美国家成功引渡犯罪嫌疑人，被认为将会对我国今后在拉美国家的追逃工作产生直接影响，并可能在一定程度上影响我国在欧洲方向的追逃工作，因而具有标志性的意义。赵秉志．黄海勇引渡案法理聚焦．南京：江苏人民出版社，2019。

讨，尤其是探讨了关于我国境外追逃的法理问题，其中最主要的一条，就是我国应重视和推动反腐败国际追逃（具体到黄海勇案是引渡）工作的法治化。主要包括：一是关于外交承诺的法治化，本案涉及不判处死刑，不会遭受酷刑等残忍、不人道的待遇，保障诉讼权利等的承诺，我国虽然作出了这些承诺，但存在诸多瑕疵和不规范之处，需要进行法治化、规范化的改进。二是关于将外逃人员境外羁押期间予以折抵的法治化问题。对于犯罪嫌疑人因我国的引渡请求而被外国羁押的期间，能否在其被引渡回国后的国内判决中予以折抵刑期，我国现行刑法和引渡法中均无明确规定，本人主张应予折抵。[①] 2019 年 6 月武汉市中级人民法院就黄海勇案作出的一审判决书，对于黄海勇在秘鲁被羁押的近八年期间作了刑期折抵，这一做法具有开创性、合理性的法律意义。它开创了追逃方面将境外羁押期间折抵国内判决刑期的先例，充分体现了刑法保障人权和刑事诉讼有利于被告的法治精神内涵，有助于鼓励在境外被羁押的外逃人员尽早回国自首，也给我国刑法、引渡法和双边引渡条约中增设境外羁押折抵境内判决刑期的规定提出了完善法律的命题。三是关于引渡合作基础的法治化问题，以往相关实践一再表明，我国境外追逃的引渡合作能否顺利推进的关键，在于我国刑事法治发展的整体状况，其中影响引渡合作最为关键的是死刑和酷刑问题。建议我国加快削减乃至废止死刑的步伐，尤其是应尽早废除包括腐败犯罪在内的非暴力犯罪的死刑；并严格禁止酷刑（刑讯逼供），充分保障犯罪嫌疑人（被告人）的人权和诉讼权利。四是要促进办案人员法治化思维和理念的养成，使其在引渡合作阶段和国内办案阶段都能贯彻法治化。此外，还要认真研究和妥善运用已有成功案例中的法律和法理依据，研究相关国家和国际法庭的法律及其实际操作，研究并遵守引渡方面的国际法律与惯例，从而推动境外追逃和引渡逃犯工作的顺利

---

① 赵秉志，张磊. 黄海勇引渡案法理问题研究. 法律适用，2017（4）；赵秉志，张磊. 黄海勇案引渡程序研究——以美洲人权法院黄海勇诉秘鲁案判决书为主要依据. 法学杂志，2018（1，2）.

开展。[①]

此外，在这一时期，在腐败犯罪研究领域，本人论及的问题还有：关于习近平反腐倡廉思想和反腐败追逃追赃思想的研究，行贿罪从宽处罚制度的司法问题[②]、受贿罪量刑标准之司法的检讨与完善问题[③]，以及受贿罪与财产型滥用职权罪的界限问题[④]等。

（四）妨害司法活动犯罪问题

妨害司法活动的犯罪，侵犯国家司法权的正常行使，破坏司法的权威性和公正性，是一种严重损害社会公平、正义观念的犯罪行为，历来是各国刑法关注和惩治的重点犯罪类型之一。我国 1979 年刑法典中未设置妨害司法活动罪的独立章节，数种此类犯罪分散于反革命罪、侵犯公民人身权利罪、扰乱社会管理秩序罪和渎职罪等罪章中，这种立法模式不利于相关司法实务和理论研究。

本人在早期的刑法教学研究中发现了我国刑法中的上述问题并进行了初步思考和研究，在之后所参编的刑法论著中曾提出在刑法分则中增设“妨害司法活动罪”专章的立法建议。[⑤] 自 1988 年下半年开始国家立法机关启动修改 1979 年刑法典的研拟工作，至 1997 年 3 月修订通过新刑法典，本人得以全程参与了这一期间国家立法工作机关主持的刑法典修法及研讨工作，在参与修法过程中，本人曾数次提出增设“妨害司法活动罪”专章的立法建议。这一阶段本人对“妨害司

① 赵秉志. 关于进一步推动我国境外追逃工作的几点思考——我在美洲人权法院巡回法庭黄海勇引渡案中出庭作证//赵秉志. 刑法论丛：2016 年第 1 卷. 北京：法律出版社，2016；赵秉志，张磊. 黄海勇引渡案法理问题研究. 法律适用，2017（4）；赵秉志，张磊. 黄海勇案引渡程序研究——以美洲人权法院黄海勇诉秘鲁案判决书为主要依据. 法学杂志，2018（1，2）；赵秉志，张磊. 从黄海勇引渡案看中国（大陆）引渡合作的法治化问题//甘添贵教授八秩华诞祝寿论文集编辑委员会. 刑事法学的浪潮与涛声（刑事政策・刑事诉讼法）——甘添贵教授八秩华诞祝寿论文集. 台北：元照出版有限公司，2021：842-857.

② 赵秉志. 论行贿罪从宽处罚制度的司法适用. 人民检察，2016（12）.

③ 赵秉志，商浩文. 受贿罪量刑标准之司法运作检讨及其完善建言//赵秉志. 刑事法治发展研究报告（2016—2017 年卷）. 北京：法律出版社，2018：175-185.

④ 赵秉志，袁彬. 受贿罪与财产型滥用职权罪的法理界限//赵秉志. 中国疑难刑事名案法理研究（第七卷）. 北京：北京大学出版社，2020：443-453.

⑤ 王作富. 中国刑法适用. 北京：中国人民公安大学出版社，1987：66.

法活动罪”的专门立法问题作了进一步的研究，并在 1990 年以“妨害司法活动罪研究”为题申报国家法学青年社会科学基金项目获得批准，此后历时三年多完成这一项目研究，发表了数篇论文，提出了立法建议方案，也主编出版了这一领域的第一本学术专著。[①] 后来本人在修订 1979 年刑法典的继续研究中，对上述修法主张略有修正，改为主张在增设“妨害司法活动罪”专章的同时，将妨害司法活动的司法渎职罪归于渎职罪一章中。[②] 在我国刑法学界和立法、司法实务界的共同努力下，1997 年修订通过的我国新刑法典分则第六章第二节设立了“妨害司泆罪”专节，并增设了妨害证据罪、破坏监管秩序罪等新罪名，这无疑是我国刑事立法的一个重要进步。

但是应当注意的是，1997 年新刑法典中的妨害司法活动的犯罪实则分设于四处，除较为集中地规定于分则第六章第二节“妨害司法罪”外，还有：分则第九章“渎职罪”中的司法人员渎职罪，如徇私枉法罪，私放在押人员罪，徇私舞弊减刑、假释、暂予监外执行罪等；分则第四章“侵犯公民人身权利、民主权利罪”中的数种同时侵犯人身权利和妨害司法的犯罪，如诬告陷害罪、刑讯逼供罪、暴力取证罪、虐待被监管人罪等；分则第六章第七节中的包庇毒品犯罪分子罪；等等。此外，2015 年通过的《刑法修正案（九）》，又在刑法典分则第六章第二节“妨害司法罪”中增补了 3 种犯罪，即虚假诉讼罪，泄露不应公开的案件信息罪和披露、报道不应公开的案件信息罪，并对该节其他一些犯罪也有所修改补充。[③]

在 1997 年新刑法典颁行以后，在本人担任总主编所组织的刑法理论界与司法实务界合作的大型项目“新刑法典分则实用丛书”中，聚焦于刑法典分则第六章第二节“妨害司法罪”所规定的犯罪的理解和适用，本人主编了《妨害司法罪》一书[④]；在几年后对于该项目组织的修订中，本人又参与合著了《妨害司法

---

① 赵秉志．妨害司法活动罪研究．北京：中国人民公安大学出版社，1994.

② 赵秉志，等．关于完善妨害司法活动罪立法的研讨．政法论坛，1996（4）.

③ 赵秉志，袁彬．刑法最新立法争议问题研究．南京：江苏人民出版社，2016：147-169.

④ 赵秉志．妨害司法罪．北京：中国人民公安大学出版社，1999.

罪》一书的修订本。[①]

多年来，在妨害司法活动罪的研究领域，除对其类罪立法问题的研究与倡导外，通过上述著作和发表有关论文与文章，本人对妨害司法活动的若干具体犯罪也有所探讨。

1. 关于专门规定妨害司法活动罪类罪的主张

针对 1979 年刑法典中未对妨害司法活动罪专门集中规定而是分散于数章的立法状况，本人较早提出并论证了应在刑法典中增设妨害司法罪专章的主张，认为 1979 年刑法典过于分散的立法方式忽视了妨害司法活动这类犯罪的自身规律和特点，显系失当，妨害司法活动这一类犯罪的共同之处在于，其行为都破坏国家正常的司法秩序，妨碍司法的正常运作，因而有必要增设妨害司法活动罪的专章。[②]

此后，本人又进一步对妨害司法活动罪的概念、特征和立法模式等问题，进行了较为系统的论述，力图为妨害司法活动罪立法的专设和理论体系的构建奠定基础。本人认为，妨害司法活动罪，是指行为人妨害司法机关的正常司法活动，破坏国家司法权的行使，情节严重的行为。该类犯罪的犯罪主体是具有刑事责任能力的自然人，其中有些犯罪还需要具备特殊的主体资格；在主观内容上，该类犯罪主要表现为故意，但也包括过失，因此应将司法失职罪作为一个单独罪名规定在妨害司法活动罪专章之中；在客观方面，该类罪表现为妨害司法活动的多种形式的犯罪行为；该类犯罪侵犯的客体是司法活动的正常秩序。在妨害司法活动犯罪的立法模式上，本人在比较加拿大和奥地利模式、联邦德国和日本模式、法国模式、苏联和东欧模式以及英美模式的基础上，提出了在我国刑法中设置妨害司法活动罪专章、章内罪名排列、新增罪名等立法完善建议，并对该章的法条和罪名进行了初步设计，每条一罪，共有如下 28 个条文和 28 种罪名：（1）诬告罪；（2）知情不举罪；（3）伪证罪；（4）拒不作证罪；（5）妨害作证罪；（6）妨

① 赵秉志，等. 妨害司法罪. 北京：中国人民公安大学出版社，2003.

② 赵秉志. 关于完善我国刑法典体系和结构的研讨. 中国社会科学，1989（4）.

害刑事证据罪；（7）刑讯逼供罪；（8）非法搜查罪；（9）非法执行或不执行强制措施罪；（10）非法管制罪（非法限制他人自由罪）；（11）非法拘禁罪（非法剥夺他人自由罪）；（12）帮助罪犯隐避罪；（13）窝赃罪；（14）销赃罪；（15）购买赃物罪；（16）帮助毒品罪犯罪；（17）拒不受理罪；（18）干扰法庭秩序罪；（19）枉法追诉、裁判罪；（20）抗拒执行法院裁判罪；（21）妨害监管秩序罪；（22）劫狱罪；（23）逃离监所罪；（24）私放罪犯罪；（25）体罚、虐待被监管人罪；（26）非法行刑罪；（27）非法干扰司法活动罪；（28）司法失职罪。[①]

在此之后，更为紧密地结合1979年刑法典的修法方案，本人经进一步研究，在维持专门集中规定妨害司法活动罪之主张的基础上，对之前增设妨害司法活动罪专章的立法建议进行了修正和完善，即将所有的妨害司法活动的罪名分为两类：将非渎职性的普通性质的妨害司法活动罪集中规定于妨害司法活动罪专章，将司法人员渎职性质的妨害司法活动罪归入“渎职罪”一章作为司法渎职罪的特殊类型。司法渎职罪既妨害司法活动也亵渎公职，根据其主要客体是公职的廉洁性而将之归入“渎职罪”一章。关于这两类妨害司法活动罪的法条暨罪名设计如下：“妨害司法活动罪”专章设计18个条文18种罪名：（1）诬告陷害罪；（2）虚构犯罪罪；（3）帮助罪犯隐匿罪；（4）知情不举罪；（5）伪证罪；（6）拒不作证罪；（7）妨害作证罪；（8）妨害证据罪；（9）干扰法庭秩序罪；（10）拒不执行法院裁判罪；（11）侵害司法人员、诉讼参与人罪；（12）妨害监管秩序罪；（13）劫狱罪；（14）逃离监所罪；（15）窝赃罪；（16）销赃罪；（17）购买赃物罪；（18）拒不履行司法协助义务罪。“渎职罪”章中的“司法渎职罪”设计8个条文8种罪名：（1）拒不受理罪；（2）刑讯逼供罪；（3）枉法追诉、裁判罪；（4）非法释放被监管人罪；（5）体罚虐待被监管人罪；（6）非法行刑罪；（7）司法失职罪；（8）非法干扰司法活动罪。[②]

---

① 赵秉志．妨害司法活动罪研究．北京：中国人民公安大学出版社，1994：1-21，785-790；赵秉志，孙力．妨害司法活动罪研究．法律科学，1994（3）．

② 赵秉志．关于完善妨害司法活动罪立法的研讨．政法论坛，1996（4）；赵秉志．刑法改革问题研究．北京：中国法制出版社，1996：715-740．

2. 刑讯逼供罪研究

刑讯逼供是严重侵犯公民人身权利和妨害司法活动的犯罪，也是国际公约所认定的酷刑行为。这种犯罪行为不仅严重侵犯人身权利，而且严重妨害司法活动正常进行，极为容易造成冤错案件，从而导致司法机关威信的降低和国家法治的破坏。因而各国刑法和国际公约都重视严肃惩治刑讯逼供。

本人在1997年新刑法典修订研拟过程中，曾探讨过关于1979年刑法典中刑讯逼供罪的立法完善问题；在1997年新刑法典通过后，又对刑讯逼供罪有进一步的研究，并主持过相关的遏制酷刑的研究课题。①

(1) 关于1979年刑法典中刑讯逼供罪的立法完善建言。

在对联合国《禁止酷刑和其他残忍、不人道或有辱人格的待遇或处罚公约》中规定的酷刑犯罪和中外刑法中的刑讯逼供罪进行比较分析的基础上，本人认为，我国1979年刑法典第136条的刑讯逼供罪应在以下方面进行立法完善：

一是关于刑讯逼供的类罪归属问题。刑讯逼供罪侵犯的客体具有双重性，即同时侵犯公民的人身权利和司法机关的正常活动。以法治的原则或精神来衡量，将之作为职务犯罪能说明此种犯罪的本质。同时基于此种犯罪主要是侵犯国家司法活动，属于特殊的职务犯罪，应将之纳入“妨害司法活动罪”类罪中。

二是关于犯罪主体和对象问题。1979年刑法典中刑讯逼供罪的行为主体为“国家工作人员”，范围过于宽泛，存在大量规范剩余现象；而行为对象又限于“人犯”，范围过于狭窄，出现规范上的漏洞。应将该罪的行为主体限定为“司法工作人员”，而行为对象则应扩大为“犯罪嫌疑人、刑事被告人或者其他人员”。

三是关于主观要件方面的问题。刑讯逼供罪具有特殊的目的，即逼取口供，刑法应对这一特定目的作出明确规定。

四是完善刑讯逼供罪的法定刑，应注重两个方面，即增加资格刑和明确加重情节的定罪量刑标准。②

---

① 赵秉志. 酷刑遏制论. 北京：中国人民公安大学出版社，2003.

② 赵秉志，赫兴旺. 刑讯逼供罪比较研究. 法制与社会发展，1995 (1，2).

（2）刑讯逼供罪的犯罪对象问题。

根据我国刑法的规定，刑讯逼供罪的犯罪对象必须是犯罪嫌疑人或被告人。如何理解犯罪嫌疑人？一种观点认为，作为本罪犯罪对象的犯罪嫌疑人，应是司法工作人员根据一定的证据怀疑有犯罪事实并对其采取刑讯逼供的人；另一种观点认为，犯罪嫌疑人是因涉嫌犯罪而被刑事司法机关采取了强制措施的人。第一种观点把对犯罪嫌疑人的认定完全依赖于司法工作人员的主观认识，容易扩大本罪的对象成立范围；第二种观点则完全否认随着掌握证据程度的变化而引起的司法工作人员主观认识变化对特定人员身份的影响。为了严格犯罪嫌疑人的成立范围，使其界定更为客观化、更具可操作性，应按照刑事诉讼法的规定，将本罪中的犯罪嫌疑人限定为经侦查机关采取特定刑事强制措施的人。

一般违法者能否成为本罪的犯罪对象？刑法学界也有不同观点。一般认为，基于罪刑法定的要求，只有刑事案件中的犯罪嫌疑人、被告人才能成为本罪的对象。也有论者认为，从暴力取证罪的犯罪对象包括民事与行政案件中证人的对比角度，可以看出将治安案件和民事案件中的违法当事人也作为刑讯逼供罪的对象是符合立法本意的。尽管上述观点有一定的道理，但将治安案件和民事案件违法当事人作为刑讯逼供的犯罪对象有违反罪刑法定之嫌。犯罪嫌疑人是一个特定的法律概念，有其特定的含义，尽管犯罪嫌疑人有可能同治安案件和民事案件违法当事人一样，其经过法律程序认定的最终结果都是普通违法行为人，但二者不可混为一谈，否则刑法对本罪的对象为“犯罪嫌疑人、被告人”的这种限制性规定的意义也就荡然无存了。[①]

（3）对刑讯逼供罪中“致人伤残、死亡”的理解。

应当怎样理解1997年新刑法典第247条刑讯逼供罪法条中规定的“致人伤残、死亡”？多数学者主张，这种情况以故意伤害罪、故意杀人罪定罪，须以行为人对被逼供者的伤残、死亡主观上至少存在放任的心态为前提。这种观点是比较妥当的，但还须作进一步的分析。首先，对刑法规定的“致人伤残、

① 赵秉志．酷刑遏制论．北京：中国人民公安大学出版社，2003：162-165.



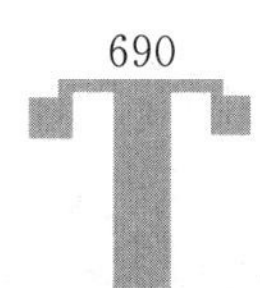

死亡”，应坚持罪责刑相适应原则予以具体把握。从司法实践中发生的刑讯逼供致人伤残、死亡结果的情形来看，既包括行为人对他人重伤、死亡具有过失心理的情况（符合结果加重犯的特征），也包括出于故意的情形（符合转化犯的构成条件）。刑法典第247条的规定实际上仅就第二种情形作了规定，而对于结果加重犯的情形并没有作出明确规定。从罪责刑相适应的角度考虑，结果加重犯的情形既不能以故意杀人罪、故意伤害罪的法定刑幅度从重处罚，也不能按刑讯逼供罪的基本法定刑予以处罚，其法定刑幅度应介乎二者之间。从这个角度讲，刑法典第247条后半段的规定存在一定缺陷。但从法理上可将这种本应规定为结果加重犯的情形理解为刑讯逼供罪与过失致人死亡罪、过失致人重伤罪的想象竞合。根据想象竞合犯的处罚原则，当刑讯逼供罪与过失致人死亡罪竞合时，按过失致人死亡罪定罪；当刑讯逼供罪与过失致人重伤罪竞合时，由于两罪的法定刑幅度完全一致，不妨仍以刑讯逼供罪定罪处罚。其次，根据转化犯的成立条件，当刑讯逼供过程中行为人对他人的伤残、死亡持故意心理时，完全符合转化犯的构成特征。因为这种情况下的刑讯逼供致人伤残或者死亡，已经超出了刑讯逼供罪自身的构成范围，存在轻罪向重罪转化的时空条件。在此，关键是把握刑讯逼供罪中行为人采用肉刑或变相肉刑的行为对犯罪嫌疑人、被告人造成的身体伤害程度。只有将其限定于“轻伤”，才能保证刑讯逼供罪与故意伤害罪的罪刑协调。

结合刑法典第247条的规定，可将司法实践中发生的种种因刑讯逼供致人伤残、死亡的情形，分别按照以下几种情况进行处理：一是在刑讯逼供过程中，行为人对犯罪嫌疑人、被告人被刑讯致残、死亡结果具有放任乃至希望心理的，应定故意伤害罪或故意杀人罪，并从重处罚；二是在刑讯逼供过程中，行为人对犯罪嫌疑人、被告人身体受到伤害具有希望或放任心理，但出乎意料因伤重而导致当场死亡或经抢救无效死亡的，应定故意伤害（致人死亡）罪，而不应定故意杀人罪；三是在刑讯逼供过程中，被害人自杀身亡的，对行为人而言往往都是过失或者意外，不能认定为故意杀人罪，一般仍应认定为刑讯逼供罪；四是在刑讯逼供过程中，行为人对犯罪嫌疑人、被告人的伤残、死亡具有过失心理的，属于刑讯逼供罪结果加重的情形，但由于刑法没有规定刑讯逼供罪的结果加重犯，对此可以按照想象竞合犯的处理原则进行处断；五是在行为人对刑讯逼供致人死亡具有故意心理的案件中，并非一律对行为人只定故意杀人罪一罪，也存在对行为人以刑讯逼供罪和故意杀人罪实行数罪并罚的可能。这种情况不具有刑讯逼供罪向故意杀人罪转化的必备特征，完全是两个犯意，实施了两个独立的行为。当然按这种情形处理的案件极少。①

(4) 刑讯逼供与有罪推定及冤错案件的关系。

近年来，我国发生和揭露出了一系列典型的刑事冤错案件。考察产生这些典型冤错案件的因素，首要因素即是司法人员主观上的"有罪推定"和"疑罪从轻"理念。实践证明，有罪推定理念是冤错案件形成的逻辑起点，有罪推定导致刑讯逼供，刑讯逼供直接造成冤错案件。②

3. 非法拘禁罪的疑难问题

非法拘禁罪也是同时侵犯公民人身权利和妨害司法活动的犯罪。其理论和实务中的一些疑难问题值得研究。

(1) 非法拘禁罪能否由间接故意构成?

非法拘禁罪是故意犯罪，此乃刑法学界的共识。但对于非法拘禁罪可否由间接故意构成，刑法理论中则有不同的看法：有的认为本罪的主观方面包括直接故意和间接故意；另有的则认为本罪在主观上只能由直接故意构成。第二种观点更为合理，非法拘禁罪在主观上只能表现为直接故意，行为人具有非法剥夺他人人身自由的目的。③

(2) 非法拘禁罪客观行为的持续时间问题。

非法拘禁罪是一种典型的持续犯，关于该罪客观行为的持续时间，理论上看

---

① 赵秉志，许成磊. 刑讯逼供罪中"致人伤残、死亡"的理解与认定. 河南省政法管理干部学院学报，2004 (2).

② 赵秉志. 当代中国冤错案件防治问题研究——以近年来典型冤错案件为视角. 刑事司法指南：总第 56 集. 北京：法律出版社，2013.

③ 赵秉志，阴建峰. 非法拘禁罪构成中若干问题研讨. 河南省政法管理干部学院学报，2004 (2).

法不一。非法拘禁罪的客观行为是否有持续时间的要求，应该从基本构成时间和从重构成时间两个层次来把握。一方面，作为典型的持续犯，非法拘禁罪应当具备持续犯的基本特征。对于持续犯来讲，其犯罪行为与不法状态的持续，必须有相应的时间作保证。对非法拘禁罪而言，其客观行为及其所造成的被害人行动自由被剥夺的不法状态，必须持续一定的时间，否则便不能构成犯罪。至于基本构成时间持续的长短，尽管刑法分则条文未作明确的规定，但这并不意味着在任何情况下一经实施非法剥夺他人人身自由的行为就构成非法拘禁罪，而应根据具体犯罪的动机、手段、后果和危害程度等因素综合分析确定。在单纯非法拘禁而没有其他情节的情况下，其基本构成时间可界定得长一些；在非法拘禁且具有其他从重情节的情况下，其基本构成时间则可界定得相对短一些。另一方面，须从从重或加重构成时间的角度来分析。持续犯之所谓从重或加重构成时间，是指犯罪构成既遂之后直至犯罪行为终了的一定时间，是作为量刑情节予以考虑的时间因素。具体到非法拘禁罪，如果其客观行为在持续一定时间构成犯罪之后依然持续，持续时间的长短是影响量刑的重要因素。①

（3）非法拘禁罪的对象问题。

非法拘禁罪的对象，即被非法拘禁的被害人。法律对之未作任何限制，可以是依法享有人身自由的任何公民。值得研究的是，精神病患者或者婴儿能否成为非法拘禁罪的犯罪对象。基于公民人身自由所具有的绝对性与相对性之特征，对此问题不能一概而论。一方面，人身自由是宪法赋予一切公民的权利，即便是精神病患者或者婴儿，亦莫能外；另一方面，对于精神病患者和婴儿而言，由于其不具备意志能力，因此他们的人身自由只能借助其监护人或者亲友的行为来实现，而这种实现本身就意味着在一定程度上对其人身自由的限制甚至在某种场合下的剥夺。因此，在肯定精神病患者和婴儿能够成为非法拘禁罪的对象以保障他们应有的人身自由的同时，也要注意保障他们的监护人的监护权。若监护人为保护精神病患者的安全或者为防止其行为危害社会而将其暂时禁闭，则不构成非法

---

① 赵秉志，阴建峰．非法拘禁罪行为构造研析．河北法学，2005（1）．

拘禁；但如果在危害已经排除的情况下，仍对之继续加以捆绑或关押，则属于非法拘禁行为无疑。当然，这种情况是否构成犯罪，还须结合其他情节综合考虑。

此外，本罪中行为的成立并不需要作为本罪对象的被害人意识到其自由被束缚，亦即并不需要被害人具有感知能力。只要被害人可能的自由被剥夺，即是对其人身自由的侵犯，而无须再探究其现实意识如何。就此而论，熟睡或酣醉者也能成为本罪的对象。如果行为人将酣醉者、昏迷者或熟睡之人反锁屋中，即使在其觉醒之前已开启门锁，仍属拘禁行为，不影响该行为的性质。①

（4）非法限制他人人身自由的行为能否构成非法拘禁罪？

1979 年刑法典在以第 143 条规定非法拘禁罪的情况下，还以第 144 条规定了非法管制罪，将无权管制他人的机关、团体、单位的工作人员或者个人，擅自决定和实施非法限制他人人身自由的行为规定为非法管制罪。1997 年修订的新刑法典取消了非法管制罪。有人认为，此后，对于非法限制公民人身自由的行为，也不能依非法拘禁罪论处，这是罪刑法定原则的要求。本人认为，对于非法限制他人人身自由的行为，在必要时可以按非法拘禁罪定罪处罚。主要理由是：其一，“限制”与“剥夺”并没有截然不同的界限，往往难以恰当区分。“限制”实际上也是一种剥夺，至少是部分剥夺。其二，根据现今刑法理论界之通说，尽管被害人在特定空间范围之内尚有一定的行动自由，但在行为人的强制下，却并不能自主脱离该空间范围，因而其人身自由亦已遭受侵害，也应属于非法拘禁。可以理解为过去所谓的限制他人自由的行为现已被纳入非法拘禁之范畴了。其三，通过刑法解释将“限制”纳入“剥夺”的范畴，并不违背罪刑法定原则：从立法沿革看，这样解释符合立法原意；这样解释也符合保障公民人身自由的立法初衷；将“限制”纳入“剥夺”的范畴只是一种扩大解释，而非类推解释；现行刑法有关收买被拐卖的妇女、儿童罪的立法和司法解释亦已明确将非法限制人身自由的行为纳入非法拘禁罪之调整范围。此外，从外国刑法理论来看，通常也将非

---

① 赵秉志，阴建峰．非法拘禁罪构成中若干问题研讨．河南省政法管理干部学院学报，2004（2）．

法限制他人人身自由的行为论以非法拘禁罪。①

4. 关于增设妨害监管秩序罪的研讨

在研究修订1979年刑法典的背景下，本人对新刑法典中增设妨害监管秩序罪的问题进行了研讨。

关于增设妨害监管秩序罪的必要性。鉴于狱中妨害监管秩序行为的严重危害性，而现有的非刑罚法律措施不足以防治犯人在狱中的危害行为，现有的刑法规范对狱中危害行为的调控并不充分、防范也不得力，因而从维护监管秩序的迫切需要考虑，在刑法中增设妨害监管秩序罪是十分必要的。

关于增设妨害监管秩序罪的可行性。反对增设该罪者认为，增设该罪会形成一个新的“口袋罪”，实践中难掌握，立法中也易形成广泛的法条竞合，有碍法律的协调。实则该罪的设立利大于弊。首先是关于“口袋罪”问题。在目前情况下，为全面涵盖狱中的各种危害行为，最稳妥的办法就是设立妨害监管秩序罪这样一个“口袋罪”，待积累经验和条件成熟时，可考虑通过立法修正将其中有特点的行为分离出来另定罪名。其次是关于法条竞合问题。增设本罪所带来的法条竞合，是刑法在保护社会关系的不断发展中进步和发达的标志。即这种法条竞合不是立法不协调的表现，而是立法者真实反映了犯罪的复杂情况。当然，法条竞合给司法者提出了更高的要求，这应当通过提高司法者业务水平去解决，而不是立法要顾忌的问题。②

5. 拒不执行判决、裁定罪问题

在1997年新刑法典修订之前，本人在主持的“妨害司法活动罪研究”项目中对该罪进行了探讨。

（1）本罪名称为“拒不执行判决、裁定罪”是不确切的。其一，罪名的外延不周延。根据我国诉讼法的有关规定，法院作出具有法律效力的裁判并不限于判

① 赵秉志，阴建峰．非法拘禁罪行为构造研析．河北法学，2005（1）．

② 赵秉志，李志增．关于我国刑法中应增设妨害监管秩序罪的研讨．公安大学学报，1992（4）．应该指出，1997年刑法典在“妨害司法罪”专节中已设立了破坏监管秩序罪（第315条）。

决和裁定，还有法院调解、决定等与判决、裁定具有同等法律效力的裁判形式。其二，“拒不执行”不符合本罪的行为特征。在多数情况下，并不是当事人不履行判决就导致裁判无法执行，而是行为人主动实施的一些破坏行为才使得法院无法执行裁判。“拒不执行”一词，容易使人理解为不执行裁判就是犯罪，不能确切表达本罪的实际行为特征。因此，将本罪的罪名改为“抗拒执行法院裁判罪”更为合理。

（2）关于本罪的构成特征。本罪在客观方面要求具有抗拒执行法院裁判的行为，包括作为和不作为。具体体现为：其一，拒绝履行法院裁判确定的义务的行为，包括拒绝履行裁判确定之实体义务的行为、拒绝履行协助义务的行为、拒绝按裁判的指令履行司法义务的行为。其二，主动妨害法院执行活动的行为，如故意毁损财产。以上行为必须要有危害结果，即损害了法院正常的执行活动或导致法院裁判客观上不能及时执行的后果。在犯罪对象上，从狭义角度理解“判决、裁定”的观点有所不妥，应从保护法院审判权角度出发，对法院裁判作广义理解，即是指包括判决、裁定在内的法院各种裁处决定，只要这些裁处决定具有法律执行效力并具有可执行内容，都可以成为本罪的犯罪对象。本罪的犯罪主体除传统意义上的执行裁判义务人以外，还应当包括协助执行裁判的义务人，如被执行人是单位的，单位负责人就属于协助执行人。此外，还应包括其他抗拒执行法院裁判的人，如诸如家庭成员之类虽非当事人却与裁判有直接利害关系的人。①

在《刑法修正案（九）（草案）》拟对拒不执行判决、裁定罪进行修正的情况下，本人对该草案拟作的两处修正，即增设一档加重的法定刑和增加单位犯罪的规定都表示赞同，但认为研讨中提出的将该罪修正为同时也是被害人自诉罪的主张不妥，因为该罪不符合设立为自诉罪的要求。②

---

① 赵秉志．妨害司法活动罪研究．北京：中国人民公安大学出版社，1994：343-370.

② 赵秉志，商浩文．论妨害司法罪的立法完善——以《刑法修正案（九）（草案）》为主要视角．法律适用，2015（1）.

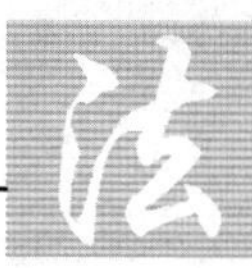

6. 脱逃罪既遂与未遂的区分标准

脱逃罪是直接妨害司法活动的犯罪行为，历来为各国刑法所注意惩处。对于脱逃罪的犯罪既遂与未遂的区分标准，中外刑法理论上争议颇多。有的主张应以是否逃出羁押、关押场所为标准，也有的认为应以是否逃出了监管机关和监管人员的控制范围为标准。本人认为，这两种观点都没有考虑到脱逃时行为人所处的具体环境的不同，而以单一标准判断脱逃罪的既遂与否，都有所不妥。按照脱逃罪的构成要件分析，依法被逮捕、关押的犯罪分子开始实施逃离司法机关和司法工作人员对其羁押和监管的行为，就是已着手实施脱逃犯罪。脱逃罪既遂形态与未遂形态的区分标准，应当是在着手实施脱逃行为后，行为人的行为是否具备了构成要件的全部要素，即以行为是否达到了逃离羁押、关押的程度为标志。对这种“程度”的实际掌握，应当区分不同的情况：在有监管和羁押犯罪人的设施或警戒线的情况下，犯罪分子逃出监管设施范围或警戒线的，即成立脱逃罪的既遂；在没有明确的关押范围和警戒线的情况下，应以行为人是否实际摆脱了监管、押解人员的实际控制来判定其既遂与未遂，行为人逃出实际控制范围的为既遂，未能逃出实际控制范围的为未遂。①

7. 关于律师刑事责任问题的研究

对于1997年新刑法典第306条第1款规定的辩护人、诉讼代理人毁灭证据、伪造证据、妨害作证罪，理论上一直存在很大的争议，尤其是几乎遭到律师界一致的强烈反对。对该罪的相关问题可以从两个层面进行研析：

(1) 从立法价值上分析。从立法价值上对本罪进行分析，立法者在1997年新刑法典中设置本罪的动因无外乎两个：一是对于律师行为的特别规制；二是希望将所有的单行刑法以及附属刑法规范均纳入统一的刑法典中。这两个动因均值得推敲。就第一个动因而言，律师实施毁灭证据、伪造证据、妨害作证行为，其行为性质与一般主体实施这种犯罪并没有质的不同，而就社会危害性来看也没有量的不同。从法定刑的设置上看，立法者对这一点也是予以肯定的。将辩护人、

① 赵秉志. 犯罪未遂的理论与实践. 北京：中国人民大学出版社，1987：287-294.

诉讼代理人作为特殊主体规定一种独立的犯罪，实际上就是针对律师而设，因为在刑事诉讼中担任辩护人、诉讼代理人角色的，绝大多数是律师。即便立法者在修订刑法典时没有歧视律师的意思，但客观上对此法条的误读确实普遍存在。这种误读不仅给律师在刑事诉讼中进行执业活动带来极大的心理压力，不利于开展正常的辩护工作，而且在公众心目中，尤其在执法人员心目中，难免会对律师的职业信誉、社会形象产生怀疑。就第二个动因分析，创制统一的刑法典不是将所有的附属刑法或者单行刑法简单地相加，而是将这些刑法规范进行合理的整合，对于不必要的条款以及与宪法或基本法律相冲突的规定均要予以删除。在相关的刑法分则条款已经完全可以对《刑事诉讼法》第 38 条有关辩护律师和其他辩护人刑事责任的规定进行协调的情况下，就没有必要再针对律师设立单独的妨害证据的罪刑规范。否则，一方面导致法条规定的重叠，使法条显得十分烦琐；另一方面也必然导致司法适用中不必要的困惑。

（2）从规范层面分析。在规范层面，1997 年新刑法典第 306 条第 1 款的设置引发了两个问题：一是在适用本罪时如何理解该条中的“帮助”和“引诱”；二是本罪与伪证罪（刑法典第 305 条）、妨害作证罪（刑法典第 307 条第 1 款）和帮助毁灭、伪造证据罪（刑法典第 307 条第 2 款）的法条竞合，是否有立法过剩和立法资源浪费的问题。对于第一个问题，从刑法解释论上给出的答案还是比较清楚的，实际上可以说本罪的罪状还是比较明确的，只要从本罪的犯罪构成出发进行判断不会出现太大的问题。在司法实践中，对于出现律师“误导”与“引诱”不易认定的情况，主要结合相应的其他证据予以判断，考察其是否有犯罪故意，如果不能证明律师在行为时有故意，就不能认定是犯罪；如果证据不能充分证明其有故意，同样根据有利于被告原则和“罪疑惟轻”“罪疑从无”的原则予以处理。对于第二个问题，从法条竞合的角度出发，可以认为本罪所评价的犯罪行为的范围与伪证罪、妨害作证罪和帮助毁灭、伪造证据罪规定的范围是重合的。本罪所要解决的刑事责任问题，完全可以由上述后三种罪名来完成。本罪的存在确有立法过剩之嫌。而且，本罪与伪证罪、妨害作证罪的法定刑也完全一致，因而作为法条竞合理由之一的对特殊主体予以特别处罚的立法规则，也无法

找到落脚点。

基于以上分析，1997年新刑法典第306条第1款在立法价值和立法技术两方面均存在缺陷。从实践中反馈的信息看，这一条款的社会效果也不容乐观，对全国的刑事辩护工作产生了非常不利的影响，而且对我国整个民主法治建设也有一定程度的负面作用。这一条款的设置，加剧了刑事诉讼中控、辩双方的诉讼地位的失衡，有助长职业报复、恶化控辩双方正常关系之嫌，对我国律师事业的发展难免产生消极作用。总之，从总体上看，1997年新刑法典第306条第1款的立法价值主要是负面的，有必要在适当的时候由国家立法机关予以修改或者删除。①

8. 关于将诉讼诈骗和虚假诉讼行为独立入罪的建议

1997年新刑法典中没有关于诉讼诈骗罪和虚假诉讼罪的规定。2015年通过的《刑法修正案（九）》在刑法典分则第六章第二节“妨害司法罪”中增设了虚假诉讼罪（第307条之一）。在《刑法修正案（九）》出台之前，本人对这方面的相关问题进行了研究并提出了立法建言。

（1）关于增设诉讼诈骗罪的构想和建议。

可以将诉讼诈骗界定为：行为人以非法占有为目的，通过提起民事诉讼，虚构事实、隐瞒真相，致使法院作出错误裁决，从而非法获取他人财物的行为。诉讼诈骗包括以下五个特征：一是以非法占有为目的；二是行为人提起民事诉讼；三是行为人在诉讼中虚构事实、隐瞒真相，其方式既包括伪造证据、隐匿证据，也包括提出虚假诉讼请求；四是法院确认了行为人所提供的虚假证据或提出的诉讼请求，并据此作出错误的裁决；五是行为人获取受害人的财产或财产性利益。诉讼诈骗与三角诈骗有着截然不同的结构特征，其主要表现就是诉讼诈骗中的被骗者（即法院）并不是被骗财产或财产性利益的处分权人。我国现行关于惩治诉讼诈骗罪的司法意见受现行刑法规范的限制，未能根据诉讼诈骗犯罪的行为特征

① 赵秉志，时延安．关于律师刑事责任两个热点问题的研讨．中国律师，2001（7）；赵秉志，时延安．律师刑事责任问题研究//赵秉志．刑事法治发展研究报告（2002年卷·首卷）．北京：中国人民公安大学出版社，2002：258-283；赵秉志，时延安．律师的刑事责任问题．法制日报，2003-03-20.

和侵害法益全面评价诉讼诈骗行为，使犯罪惩治未能达到理想状态。因而对于诉讼诈骗而言，确立一个罪状详细、外延适当的独立的诉讼诈骗罪（或诉讼欺诈罪）是必要的，也是合理的。在具体罪名设置上，应当将诉讼诈骗罪纳入刑法典分则第六章第二节的“妨害司法罪”中；诉讼诈骗罪的罪状设置应当以上述的五个行为特征为基础，按照罪状设置的基本规则加以表述。但在罪状中不需要增加“数额较大”的情节限制，不需要参照刑法典第 307 条的规定将诉讼诈骗罪的实行行为和帮助行为分别表述并单独定罪量刑。在诉讼诈骗罪中，“获取他人财物或财产性利益”应当是该罪犯罪客观方面的主要内容之一及其犯罪完成的标志。诉讼诈骗罪犯罪既遂的成立，应以行为人获取了他人的财产或财产性利益为标志，否则就是本罪的犯罪未遂。[①]

（2）关于增设虚假诉讼罪的研讨与建议。

虚假诉讼是指行为人为了实现不正当目的，虚构事实或者隐瞒真相，向人民法院提起民事诉讼，骗取法院裁判文书，企图通过法院的裁决来实现自己的不正当利益的行为。应当将这种虚假诉讼行为独立入罪：一是从行为特征看，虚假诉讼行为与一般的诈骗行为区别较大，独立成罪更为合适；二是其侵犯的客体主要是司法威信和司法公信，独立成罪更能反映其行为的性质；三是独立成罪有利于统一而有效地惩治这种犯罪行为。将虚假诉讼行为独立入罪，可将其纳入刑法典分则第六章第二节“妨害司法罪”中，以准确评价其犯罪性质。在确定本罪的罪状时，需要体现虚假诉讼行为的核心要素，虚构事实和隐瞒真相都能作为本罪的行为方式。在法定刑的设计上，要体现相关罪名法定刑之间的协调，可考虑将司法工作人员实施虚假诉讼的行为作为本罪加重处罚情节进行处理；同时需要协调好本罪与相关罪名之间的关系。[②]

在妨害司法活动罪领域，除上述问题和罪名外，本人早期还曾对窝赃、销赃

① 赵秉志，张伟珂．诉讼诈骗问题新论．甘肃社会科学，2012（6）．

② 赵秉志，商浩文．简论应将虚假诉讼行独立入罪．人民法院报，2014-08-13；赵秉志，商浩文．论妨害司法罪的立法完善——以《刑法修正案（九）（草案）》为主要视角．法律适用，2015（1）．

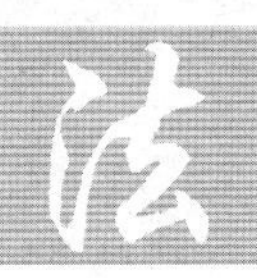

罪的主观特征和客观特征问题进行过研究①；在前些年研讨《刑法修正案（九）（草案）》中的妨害司法活动罪修法方案时，对于后来《刑法修正案（九）》增设的泄露不应公开的案件信息罪（刑法典第308条之一第1款）和披露、报道不应公开的案件信息罪（刑法典第308条之一第3款）的相关立法问题，以及《刑法修正案（九）》对扰乱法庭秩序罪（刑法典第309条）增设行为类型的立法修正问题，本人也有所研讨，并提出了相关见解与主张。②

（五）侵犯知识产权罪问题

随着知识产权在当代经济发展中发挥的作用日益重要，侵犯知识产权的犯罪也呈上升趋势。近年来侵犯知识产权犯罪作为新型、热点犯罪也在我国备受立法机关、司法机关和刑法学界的关注，最高司法机关于2004年、2007年、2020年先后发布了针对侵犯知识产权犯罪的三个司法解释文件③，全国人大常委会2020年12月通过的《刑法修正案（十一）》对知识产权犯罪作了系统的修正④，全国刑法学术年会曾两度把知识产权犯罪纳入会议议题。⑤

本人自20世纪90年代开始关注侵犯知识产权犯罪的研究领域，迄今陆续发表十多篇相关论文，并主编出版了6部相关著作。⑥ 鉴于侵犯知识产权犯罪及其刑事抗制均具有全球性和国际化的特点，本人主张并注重以国际化的视野开展侵犯知识产权犯罪的研究，并主持完成多个科研项目和主持举办了多次专题研讨会议。在本人2000年起主持的教育部全国高校人文社科重点研究基地重大项目“当代新型犯罪比较研究”（多卷本）中设置了“侵犯知识产权犯罪比较研究”子

---

① 赵秉志，赫兴旺．窝赃、销赃罪的主客观特征研讨．武汉检察，1994（2）．

② 赵秉志，商浩文．论妨害司法罪的立法完善——以《刑法修正案（九）（草案）》的相关修法为主要视角．法律适用，2015（1）．

③ 刘志伟．刑法规范总整理．北京：法律出版社，2021：534-540．

④ 赵秉志．《刑法修正案（十一）》理解与适用．北京：中国人民大学出版社，2021：200-201．

⑤ “侵犯知识产权犯罪”曾为2003年和2004年两次全国刑法学术年会的实务议题之一。

⑥ 赵秉志．侵犯知识产权犯罪研究．北京：中国方正出版社，1999；赵秉志．侵犯知识产权疑难问题司法对策．长春：吉林人民出版社，2000．

课题，本人主持并于2003年完成①；2005年主持完成由欧盟资助的题为“中国知识产权的刑法保护及对欧盟经验的借鉴”的中欧合作项目②；2007年主持完成与商业软件联盟的合作项目“中国著作权刑法保护问题研究”③；2009年主持完成中央政法委交由中国法学会委托课题“侵犯商业秘密罪立法完善研究”④；2012年主持完成由中国外商投资企业协会优质品牌保护委员会和商业软件联盟委托课题“侵犯知识产权犯罪的立法完善”⑤。在本人的倡导和主持下，本人工作单位北京师范大学刑事法律科学研究院与学术合作单位香港特别行政区海关分别于2006年8月和2007年3月联合举办“侵犯著作权犯罪立法问题”和“内地与香港侵犯版权刑法论坛”学术研讨会；本人工作单位北京师范大学刑事法律科学研究院和国际刑法学协会中国分会及德国马普学会外国刑法与国际刑法研究所于2009年12月在泰国曼谷联合主办了以“国际化背景下知识产权的刑事法保护”为主题的第三届当代刑法国际论坛⑥；2013年7月北京师范大学刑事法律科学研究院主办了“侵犯知识产权犯罪立法完善问题”研讨会。通过这些主题鲜明、内容前沿的国际国内学术交流和学术研讨活动，不仅促进了本人及我们学术团队对于侵犯知识产权犯罪的研究，而且也有助于开阔我国知识产权刑法保护实践及其研究的国际视野，为我国知识产权刑法保护的法治现代化提供有益参考。

1. 我国知识产权违法犯罪的特点、原因及对策

当前我国知识产权违法犯罪具有以下几个基本特点：(1) 案件高发多发，总

---

① 赵秉志，田宏杰．侵犯知识产权犯罪比较研究．北京：法律出版社，2004．该书是本人主持的国家重点研究基地重大项目“当代新型犯罪比较研究”成果10卷本中的第5卷，该项目的10卷本于2006年获北京市第九届哲学社会科学优秀成果二等奖。

② 赵秉志．中国知识产权的刑法保护及对欧盟经验的借鉴．北京：法律出版社，2006．

③ 赵秉志．侵犯著作权犯罪研究．北京：中国人民大学出版社，2008．

④ 赵秉志，等．侵犯商业秘密罪立法完善研究//赵秉志．刑事法治发展研究报告（2009—2010年卷）．北京：中国人民公安大学出版社，2011；赵秉志，刘志伟，刘科．关于侵犯商业秘密罪立法完善的研讨．人民检察，2010 (4)．

⑤ 赵秉志，等．侵犯知识产权犯罪的立法完善问题研究．刑法评论，2013 (2)．

⑥ 赵秉志．国际化背景下知识产权的刑事法保护（第三届“当代刑法国际论坛”论文集）．北京：中国人民公安大学出版社，2011．

量上升，涉案金额不断增大；（2）违法犯罪的专业化、科技化和智能化趋势增强；（3）跨国（境）犯罪突出。

我国现阶段侵犯知识产权的违法犯罪之所以在政府高压态势下，仍然呈现出增加趋势，其根本原因在于国民知识产权意识淡漠，知识产权保护制度的实施缺乏相应的社会基础；其直接原因是立法，尤其是刑事立法有待进一步完善，执法效率也亟待进一步提高。

我国当前控制侵犯知识产权违法犯罪的对策思考，应当以对此类违法犯罪的发生规律和影响这类违法犯罪的主要因素进行理性分析为基础，并基于必要性和可行性原则系统地提出事前预防和事后打击的对策与措施。从对策思考和实施的主体上，可以分为个人、社会组织、社会公众和国家四个层次。就个人和企业如何预防侵犯知识产权违法犯罪行为并积极维护自身合法权益而言：一是观念预防；二是制度预防；三是技术预防。①

2. 侵犯知识产权犯罪立法完善的共性问题建言

（1）完善侵犯知识产权犯罪的立法理念。一是要树立重视知识产权人的利益保护的理念；二是树立完善知识产权的刑法保护应视其类型而有所区别的理念，要看到并非所有的知识产权都有纳入刑法保护范围的必要，同时对纳入刑法保护范围的知识产权也应当区分类型予以不同程度的保护。

（2）完善侵犯知识产权犯罪的立法政策。一是对侵犯知识产权犯罪要贯彻宽严相济的刑事政策，宽严要适度。二是采取适度从严政策是当前我国惩治知识产权犯罪的现实选择，因为当前我国知识产权犯罪呈总体上升趋势，而当前我国刑法对知识产权犯罪的惩治力度总体偏小，业内加强知识产权犯罪治理的呼声高涨。

（3）完善侵犯知识产权犯罪的立法途径。一是要加强知识产权刑法保护的力度，包括适当扩大知识产权刑法保护的范围，适当提高侵犯知识产权犯罪的惩治

① 赵秉志，张远煌．中国侵犯知识产权违法犯罪的现状、原因及对策思考．欧洲法律与经济评论，2005（7，8）．

力度；二是要增强惩治侵犯知识产权犯罪立法的明确性。

（4）完善侵犯知识产权犯罪的刑罚。一是改革主刑，针对侵犯知识产权犯罪之主刑总体偏轻和犯罪之间主刑不平衡的缺陷，有必要整体提高侵犯知识产权犯罪的法定最高刑，并针对不同犯罪合理设置不同档次的法定刑；二是在附加刑方面增设资格刑。[①]

3. 我国著作权刑法保护的立法完善

与发达国家和国际公约的有关规定相比，我国侵犯著作权犯罪的立法（1997年新刑法典第217条侵犯著作权罪和第218条销售侵权复制品罪）存在着主观要件过于严格、保护对象不够全面、定罪量刑情节单一、刑罚结构体系不完善等问题，在一定程度上影响了对侵犯著作权犯罪的惩治力度。应当从六个方面完善我国著作权刑法保护的立法：

（1）取消侵犯著作权犯罪中“以营利为目的”的主观要素，主要理由是：其一，这是适应现代科技发展，加强对著作权刑法保护的需要；其二，这是降低司法机关查处犯罪的证明难度，严密惩治侵犯著作权犯罪刑事法网的需要；其三，这是与TRIPS协定第61条有关规定相协调的需要；其四，这是与我国刑法典规定的其他侵犯知识产权犯罪规定相协调的需要。

（2）增设侵犯著作权犯罪的行为方式。一是增设非法出租侵权复制品的行为；二是增设商业使用盗版软件的行为；三是增设侵犯网络传输与公共传播权的行为；四是增设破坏技术保护措施的行为。此外，还应将刑法典第217条第1项、第3项中的“复制发行”修改为“复制、发行”，以避免不必要的争议。

（3）扩大侵犯著作权犯罪的对象范围。应将未经表演者许可而擅自出版的对表演者的表演制作的录音录像，未经广播电台、电视台许可而擅自复制发行的广播、电视节目，以及假冒他人署名的一切作品，纳入侵犯著作权犯罪的对象范围。这主要是考虑到平等保护著作权法中所规定的作品以及与TRIPS协定的规定相协调的需要。

---

① 赵秉志，等．侵犯知识产权犯罪的立法完善问题研究．刑法评论，2013（2）．

（4）完善刑法中构成侵犯著作权犯罪的情节标准。总体来说，要将那些能够准确反映侵犯著作权行为的社会危害性及其程度、自身含义较为明确、司法查证比较便利的情节，明确规定为侵犯著作权犯罪的犯罪情节；同时还要从立法技术上尽可能做到既讲究重点，又顾及全面，以避免重复累赘和挂一漏万情况的出现。具体而言，建议对侵犯著作权犯罪定罪情节作以下修改：取消“违法所得数额”的情节设置；将侵犯著作权罪的定罪情节修改为“非法经营数额较大，复制发行侵权作品数量较大、给权利人造成重大损失或者有其他严重情节的”；将销售侵权复制品罪的犯罪情节修改为“销售金额数额较大，销售侵权复制品数量较多、次数较多，给权利人造成重大损失或者有其他严重情节的”。

（5）改抽象罚金制为倍比和限额罚金制。对于侵犯著作权犯罪的罚金刑，我国刑法典第 217 条、第 218 条采用了抽象罚金制，未明确规定罚金的具体数额或者与犯罪数额的比例或者倍数关系，判案时罚金数额由法官自由裁量。这种罚金刑模式会造成司法不统一甚至任意裁决，导致量刑的偏差和不均衡。另外，抽象规定罚金而缺乏明确的适用幅度或者数额，显然有违于罪刑法定原则的明确性和确定性的要求。从立法完善看，侵犯著作权犯罪的罚金刑究竟是采取限额罚金制还是倍比罚金制，需要结合各种侵犯著作权犯罪的具体情况而定。首先，以侵犯著作权犯罪的销售金额或者非法经营数额为标准，对犯罪人判处销售金额或者非法经营数额一定倍数或者一定百分比的罚金；其次，在犯罪人的销售金额、非法经营数额难以准确计量，侵犯著作权犯罪的规模较大，情节比较严重的情况下，可采用限额罚金制，对犯罪人选择适用特定数额的罚金。

（6）重视对被侵权人的经济补偿。在严厉惩治侵犯著作权犯罪的同时，还应当有效地保护被侵权人的合法权益。建议我国刑法典在此方面予以完善，在第 64 条删去“没收的财物和罚金，一律上缴国库，不得挪用和自行处理”的规定，增设“没收的财物可以折抵价值赔付给因犯罪遭受重大损失的被害人或者被侵权人”的规定。我国著作权法也可以作出相应调整，在其第 51 条中规定，“没收的财物可以折抵价值赔付给因犯罪遭受重大损失的权利人、与著作

权相关的权利人”①。

4. 关于侵犯注册商标权犯罪

（1）妨害商标犯罪的司法认定。其一，要将假冒注册商标罪与商标侵权行为区分；其二，对于以假冒注册商标为手段生产、销售伪劣商品的犯罪，应以牵连犯以一罪重处；其三，对于销售假冒注册商标且系伪劣商品的犯罪，应按照想象竞合犯，从一重罪论处；其四，对于制售注册商标标识犯罪，要从数额及其他情节上区分罪与非罪的界限。②

（2）假冒注册商标罪的罪过形态。假冒注册商标罪能否由间接故意构成？有关争议影响了对此类案件的正确处理。主张间接故意也可以成立本罪的观点，没有正确界定假冒注册商标罪的性质和客观特征，也没有正确解读我国刑法关于犯罪故意的规定。假冒注册商标罪的主观罪过只能是直接故意而不可能是间接故意。因为刑法中有的犯罪的既遂，并不要求有具体危险状态或者物质性损害结果的出现，只要行为人认识到特定的对象而仍积极实施特定的犯罪行为就构成犯罪，这种情况下一般表现为直接故意；假冒注册商标罪即是这种犯罪，根据刑法典第213条的规定，假冒注册商标罪是行为犯而非结果犯，因而只要行为人知道自己使用商标的行为是没有经过商标权人许可的，而在同种商品上使用该商标的，就构成该罪，其主观上表现为直接故意。③

（3）侵犯注册商标权犯罪的立法完善。随着经济的发展，我国有必要进一步完善商标的刑事保护，建议对侵犯注册商标权犯罪作以下修改完善：其一，将未经注册商标所有人许可，在相似商品上使用相同的商标、相似的商标的行为，规定为犯罪。其二，将反向假冒注册商标的行为规定为犯罪，打击不正当的竞争行

---

① 赵秉志. 关于完善我国侵犯著作权犯罪立法的几点建言——TRIPS协议与我国著作权犯罪立法之比较. 深圳大学学报，2006（5）；赵秉志. 中国著作权刑法保护的立法完善. 法制日报，2007-04-22（16）；赵秉志，等. 侵犯著作权犯罪立法完善研究//赵秉志. 刑事法治发展研究报告（2006—2007年卷）. 北京：中国人民公安大学出版社，2008.

② 赵秉志，鲍遂献. 假冒注册商标罪的构成、认定和处罚. 中国检察报，1994-01-01.

③ 赵秉志，许成磊. 侵犯注册商标权犯罪问题研究. 法律科学，2002（3）；赵秉志，等. 侵犯知识产权罪的立法完善问题研究. 刑法评论，2013（2）.

为。反向假冒注册商标的行为，是指未经商标注册人同意，更换其注册商标并将该更换商标的商品又投入市场的行为。这种行为破坏他人对其商标的正常使用，非法剥夺商品生产或者销售者的商标使用权，情节严重的，应规定为犯罪。其三，应将服务商标也纳入侵犯商标犯罪的犯罪对象。其四，应规定国家已经认定但并没有注册的驰名商标（包括外国驰名商标和国内驰名商标），也可以成为侵犯商标权犯罪的犯罪对象。①

5. 侵犯商业秘密罪的立法完善

（1）侵犯商业秘密罪主观要件方面的立法完善。1997年新刑法典第219条第2款中关于第三人过失侵犯商业秘密罪的规定不合理，应予取消，因为：其一，这一规定不利于科技、信息的交流和传播，妨碍科技进步和社会发展。其二，这一规定与刑法典第219条第1款关于直接侵犯商业秘密罪的规定相冲突：主观上出于故意才能构成本罪，过失不能构成本罪；而刑法典第219条第2款却规定第三人出于过失间接侵犯商业秘密的行为可以构成侵犯商业秘密罪。两种过失行为对社会的危害程度相比，出于过失而直接侵犯商业秘密的行为通常显然要重于出于过失而间接侵犯商业秘密的行为，对前者不以犯罪论处，却把后者作为犯罪处理，显然不合理。

（2）对于在刑法中增设过失泄露商业秘密罪的主张应予以否定。主要理由是：第一，增设过失泄露商业秘密罪，与刑事处罚的谦抑性原则相抵触。第二，增设过失泄露商业秘密罪，会造成我国刑法关于经济犯罪基本上限于故意犯罪的立法格局失衡，也与我国刑法奉行的以处罚故意犯罪为原则、处罚过失犯罪为例外的精神相背离。第三，设立过失泄露商业秘密罪，国际上也鲜有先例。

（3）侵犯商业秘密罪定罪量刑情节的完善。侵犯商业秘密罪的行为方式多种多样，相应地对其定罪量刑情节也应有不同的要求，我国现行刑法典仅以“重大损失”和“造成特别严重的后果”作为该罪的定罪量刑情节，难以准确反映各种

① 赵秉志，许成磊．侵犯注册商标权犯罪问题研究．法律科学，2002（3）．

侵犯商业秘密行为的社会危害性及其程度，应把以危害后果为唯一定罪量刑情节的模式修改为“危害后果与其他综合性情节”相结合的模式，即：其一，把侵犯商业秘密罪的定罪情节“给商业秘密的权利人造成重大损失”修改为“给商业秘密的权利人造成重大损失或者有其他严重情节的”；其二，把加重量刑情节“造成特别严重后果的”修改为“造成特别严重后果或者有其他特别严重情节的”①。此外，还可考虑再增设“为境外窃取、刺探、收买或者非法提供商业秘密的，应当从重处罚”的规定。

(4) 适当提高侵犯商业秘密罪的法定刑。刑法典第 219 条侵犯商业秘密罪的法定刑有两档，其基本犯是“处三年以下有期徒刑或者拘役，并处或者单处罚金”，加重犯是“处三年以上七年以下有期徒刑，并处罚金”。建议适当提高该罪的法定刑，将其基本犯调整为“处五年以下有期徒刑或者拘役，并处或者单处罚金”，将加重犯调整为“处五年以上十年以下有期徒刑，并处罚金”，从而既适当加大对于侵犯商业秘密罪的惩罚力度，又有效地防止缓刑的滥用。②

（六）侵犯财产罪问题

侵犯财产罪是侵犯公私财产所有权的犯罪，是历史悠久、常见多发、危害广泛的犯罪类型，是我国刑事法治历来注意惩治与防范的重点犯罪类型之一，也是我国刑法理论一向聚讼的主要犯罪领域之一。

本人自 20 世纪 80 年代中期开始涉足侵犯财产罪领域的研究，一些习作陆续问世，并有论文得以在权威学术期刊登载③，学术研究热情受到鼓舞；后有机会参加金凯教授主编的侵犯财产罪专著，分工对抢劫罪和抢夺罪进行了较为系统深

---

① 全国人大常委会 2020 年 12 月通过的《刑法修正案（十一）》第 22 条已将该罪修改为“情节犯”模式，即该罪的基本犯为“情节严重的”，加重犯为“情节特别严重的”。

② 赵秉志，等. 关于侵犯商业秘密罪立法完善的研讨. 人民检察，2010 (4)；赵秉志，等. 侵犯知识产权罪的立法完善问题研究. 刑法评论，2013 (2). 这里要指出，全国人大常委会 2020 年 12 月通过的《刑法修正案（十一）》第 22 条已将该罪加重犯的法定刑作了提高，修改为“处三年以上十年以下有期徒刑，并处罚金”。

③ 赵秉志. 抢劫中故意杀人的定罪问题. 法学研究，1987 (4).

入的研究[①]，更增强了研究侵犯财产罪的兴趣。20 世纪 90 年代本人又有机会主持完成了北京市社科研究项目“侵犯财产罪研究”[②]，并主编了此一领域的司法实务著作[③]；特别是在 1997 年新刑法典颁行后对刑法理论和司法实践提出新要求的背景下，本人担任总主编组织出版了“最新刑法典分则实用丛书”，并分工撰著了其中的《侵犯财产罪》一书，又于几年后对该书进行了修订[④]，从而对我国刑法典分则中的侵犯财产罪进行了系统的论述和研究；多年来本人在侵犯财产罪方面发表的一些论文，也研究和探讨了一些相关的理论与实务难题，从而形成了本人在侵犯财产罪领域的学术见解。

1. 侵犯财产罪的构成特征

我国刑法中的侵犯财产罪，是指故意非法占有、挪用、毁坏公私财物的行为。

侵犯财产罪中多数犯罪的主体是一般主体，职务侵占罪、挪用资金罪和挪用特定款物罪的主体为特殊主体。

侵犯财产罪的主观方面只能是出于故意心态，过失心态不构成这类犯罪。其故意的内容具体表现为：行为人明知是公私财物，仍然以非法占有、挪用、毁坏的意图进行侵犯。侵犯财产罪一般由直接故意构成，少数情况下（如故意毁坏财物罪）间接故意也可构成。根据行为人主观方面内容的不同，可以将侵犯财产罪区分为四种类型：（1）以非法占有为目的的直接故意犯罪；（2）以非法使用为目的的直接故意犯罪；（3）既可以由直接故意也可

---

① 金凯．侵犯财产罪新论．北京：知识出版社，1988．该书第二章“抢劫罪”和第六章第一节“抢夺罪”为本人撰写，该书于 1991 年 12 月获“河南省社会科学优秀成果”二等奖，1994 年 3 月获得河南省法学会“1988—1989 年度优秀论著”一等奖。

② 赵秉志．侵犯财产罪研究．北京：中国法制出版社，1998．本书是本人主持完成的北京市哲学社会科学“九五”规划“百人工程”研究项目“侵犯财产罪研究”的最终成果，2000 年 6 月获第七届中国人民大学优秀科研成果专著奖。

③ 赵秉志．侵犯财产罪疑难问题司法对策．长春：吉林人民出版社，2000.

④ 赵秉志．侵犯财产罪．北京：中国人民公安大学出版社，1999；赵秉志．侵犯财产罪．北京：中国人民公安大学出版社，2003.

以由间接故意构成的犯罪；（4）须具备一定的特殊犯罪目的才能构成的犯罪。

侵犯财产罪在客观方面表现为各种侵犯财产的行为。各种具体侵犯财产犯罪的性质主要是由其犯罪客观方面所决定的。侵犯财产罪客观方面形形色色的行为可以概括为三种情况：(1）以非法手段占有公私财物的行为；(2）以非法手段挪用财物的行为；(3）毁损公私财物的行为。绝大多数侵犯财产犯罪都只能由作为形式构成，破坏生产经营罪可由作为或不作为构成。除抢劫罪外，其他侵犯财产罪的定罪还要求达到数额较大或者情节严重的程度。

侵犯财产罪所侵犯的客体，是公私财产的所有权。占有权、使用权、收益权和处分权之和构成财产所有权的全部内容。侵犯财产罪多数情况下是对财产所有权全部权能的侵犯；挪用公款罪和挪用特定款物罪虽然直接侵犯的是单位资金或特定款物的使用权，但通过对使用权的侵犯必然影响到财产所有权其他权能的行使，所以仍然是侵犯了财产所有权。

侵犯财产罪的犯罪对象是公私财物，财物从不同角度可以分为不同的种类。动产、有形财产、非违禁品、合法财产以及多数无形财产（如电力、煤气、天然气）等可以成为侵犯财产罪的对象乃基本共识。以下情形需要注意：(1）不动产也可以成为侵犯财产罪的对象，但是受侵犯财产犯罪行为的性质和特点的限制，有些侵犯财产犯罪（如抢劫罪、抢夺罪、挪用资金罪、挪用特定款物罪、聚众哄抢罪）的对象只能是动产，而不能是不动产。(2）无形财产可以作为侵犯财产罪的对象，但宜由法律作出明确规定。(3）违禁品从其性质上可以成为侵犯财产罪的对象，但刑法已规定为特定罪名的（如盗窃、抢夺、抢劫枪支、弹药、爆炸物、危险物质的犯罪）另当别论。(4）侵犯专有技术和知识产权的行为因为已有特定的罪名规制，因而专有技术和知识产权也不宜作为侵犯财产罪的对象。(5）非法所得的财物仍然可以成为侵犯财产罪的对象。(6）侵犯财产罪的对象还应该是具有价值和使用价值且具有经济价值的财物。(7）财产性利益可以成为某些侵犯财产罪如诈骗罪的对象，但一般不能成

为抢劫罪的对象。[①]（8）网络中的虚拟财产完全具备传统财产罪之所谓“财产”的属性，应通过扩张解释的方式将虚拟财产纳入侵犯财产罪的对象范畴，对侵犯虚拟财产的行为以现行刑法中的财产罪予以规制，解决以盗窃、诈骗方式侵犯虚拟财产行为的定性问题。这样解释和适用侵犯财产罪的法律没有超出其可能的含义范围，而且亦完全符合国民的一般预测可能，并不违背罪刑法定原则。因此，最高司法机关应尽快就此做出明确的司法解释，将虚拟财产纳入财产罪的对象范畴。[②]

2. 抢劫罪的理论与实务问题

我国刑法中的抢劫罪，是指以非法占有为目的，用对公私财物的所有人、保管人或其他在场人当场实施暴力、以当场实施暴力相胁迫或者采用其他当场侵犯人身的方法，迫使被害人当场交出财物或者当场夺走其财物的行为。抢劫罪是一种历史悠久、常见多发且性质最为严重的侵犯财产犯罪，是我国刑法典分则在“侵犯财产罪”一章设置的首要犯罪，在刑法理论和司法实务中存在诸多争议和疑难问题。本人在 20 世纪 80 年代即在论文中对抢劫罪展开研究，此后，在《犯罪未遂的理论与实践》《侵犯财产罪》等著作中，对抢劫罪的历史沿革、中外立法概况、犯罪构成特征、停止形态、司法适用等问题进行了比较全面系统的论述，提出了自己的见解。下面择要介述。

（1）抢劫罪的犯罪对象问题。

抢劫罪侵犯的客体是公私财物的所有权，犯罪对象是不为行为人所有或占有的公私财物和暴力、胁迫或其他方法所指向的人。相关理论争议问题主要有两个：

一是抢劫罪的对象是否包括不动产？本人认为不动产不能成为抢劫罪的犯罪

---

① 赵秉志. 侵犯财产罪研究. 北京：中国法制出版社，1998：18－39；赵秉志. 财产罪总论问题探究//顾肖荣. 经济刑法 1. 上海：上海人民出版社，2003；赵秉志. 侵犯财产罪. 北京：中国人民公安大学出版社，2003：10－23.

② 赵秉志，阴建峰. 侵犯虚拟财产的刑法规制研究. 法律科学，2008（4）；赵秉志，袁慧. 盗窃网络虚拟财产案件定性//赵秉志. 刑事法判解研究：2010 年第 3 辑. 北京：人民法院出版社，2011.

对象。因为在构成要件上，抢劫罪要求当场取得财物，而当场能够取得的只能是动产，不动产是难以被当场取得并占有的，对于行为人采用暴力手段赶走房主强占房屋的情况，行为人有伤害、杀人行为的，可以定故意伤害罪、故意杀人罪；故意毁坏财产的，可以定故意毁坏公私财物罪；属于一般违法的，应按照治安法律来处理。

二是抢劫罪的对象是否包括违禁品？本人认为，违禁品有一定的价值，能否成为抢劫罪的对象需要具体分析，如果刑法已经专门规定了抢劫有关违禁品的犯罪（如抢劫枪支、弹药、爆炸物、危险物质罪），就排除其成为抢劫罪犯罪对象的可能性，因而抢劫这些违禁品的就不能以抢劫罪论处；如未规定，就可以成为本罪的对象，如抢劫毒品的行为，可定为抢劫罪。①

（2）抢劫罪手段行为中的暴力行为。

暴力行为是抢劫罪中最常见的手段行为方式。抢劫罪的暴力行为必须当场实施，而且是作为强行非法占有他人财物的手段加以实施。暴力行为指向的对象，一般是财物所有人或者保管人本人或与其有密切关系的人。关于抢劫罪的暴力行为，主要涉及以下两个问题：

其一，抢劫罪中的暴力行为是否要足以危害被害人的生命与健康？一种观点认为，只有足以危害被害人的生命与健康的暴力，才能构成抢劫罪中的暴力行为。这种观点不够妥当。我国刑法并未对抢劫罪的暴力行为之程度作任何限制，只要行为属于暴力的范畴，又是当场针对被害人人身实施并用以排除被害人反抗的，都应当属于抢劫罪中的暴力。②

其二，抢劫罪中的暴力行为是否包括故意杀人？对此问题刑法理论界曾有激烈争论，提出过三种观点：一是认为抢劫罪中的“致人死亡”只能是过失犯罪，不包括故意杀人；二是认为抢劫罪中的“致人死亡”包括过失或间接故意造成死

① 赵秉志．侵犯财产罪．北京：中国人民公安大学出版社，2003：51；金凯．侵犯财产罪新论．北京：知识出版社，1988：42.

② 赵秉志．略论抢劫罪的犯罪手段行为．政法论丛，1987（3）；赵秉志．侵犯财产罪．北京：中国人民公安大学出版社，2003：53.

亡，但不包括直接故意杀人；三是认为抢劫罪中的“致人死亡”既包括过失或间接故意造成死亡，也包括直接故意造成死亡。本人赞同第三种观点，并主张在此基础上仍需进一步阐述理由：首先，抢劫罪中“致人死亡”包括故意杀人的内容，符合我国刑法中的犯罪构成理论。为抢劫而杀人的，杀人是手段行为，非法占有财物是目的行为，手段行为服务于目的行为，因此，抢劫罪的构成要件中可以包含杀人行为。其次，我国刑法并未排除抢劫罪所采用的暴力手段包括故意杀人，抢劫罪暴力手段的外延是最为广泛的，完全可以包括故意杀人。再次，从立法原意上看，抢劫罪中“致人死亡”的含义并非仅限于过失而不包括故意杀人。自始至终参加1979年刑法典起草工作的高铭暄教授在解释该刑法典中抢劫罪“致人死亡”是否包括故意杀人时，认为应当包括当场使用暴力把人杀死或用毒药把人毒死的情况，这是实践中常常被用于抢劫财物的手段[①]，而1997年刑法典对抢劫罪致人死亡并未作任何修改。因此，将抢劫“致人死亡”理解为包括故意杀人，是符合刑法立法原意的。最后，抢劫罪中“致人死亡”包括故意杀人，只定抢劫罪，同样能达到严惩犯罪分子的目的。当然，这里所指的抢劫“致人死亡”不包括抢劫后的杀人灭口行为，因为此时的杀人已经不是抢劫的手段，而是属于以新的犯意支配实施的另一犯罪，因而应另定故意杀人罪，实行数罪并罚。[②]

（3）抢劫罪“致人重伤、死亡”情形下的犯罪形态问题。

对于1979年刑法典第150条抢劫罪法条中规定的在犯抢劫罪“致人重伤、死亡的”情形下，如何确定其犯罪形态，刑法学界有三种不同的观点：一是认为属于结合犯，是一般抢劫罪与故意杀人罪或故意伤害罪的结合；二是认为是包容犯，即抢劫罪包含着故意伤害、杀人等犯罪的构成；三是认为是结果加重犯。本人主张第三种观点，因为：其一，根据结合犯的基本模式，在结合犯中原罪和被

---

① 高铭暄. 中华人民共和国刑法的孕育和诞生. 北京：法律出版社，1981：206.

② 赵秉志. 抢劫罪中故意杀人的定罪问题. 法学研究，1987（4）；赵秉志. 侵犯财产罪. 北京：中国人民公安大学出版社，2003：58.

结合之罪具有异质性特征，而我国刑法抢劫罪法条前半段与该条后半段“致人重伤、死亡”情况下的抢劫罪是同质的，而非异质的；此外，在结合犯中，原罪和被结合之罪之间具有独立性，而在为抢劫而故意杀人的情况下，故意杀人行为与杀人后的取财行为具有密不可分性，两行为之间并不具有独立性。因而认定为结合犯的理由不能成立。其二，强调包容犯的概念并无必要，因为包容犯的提法并不恰当，抢劫罪也不是包容犯。其三，结果加重犯是实施某种犯罪而发生的严重结果，法律特别规定的，必须加重其刑罚的犯罪情况。结果加重犯对结果发生的心理态度既包括故意也包括过失。抢劫罪中“致人重伤、死亡的”符合结果加重犯的特征。①

（4）抢劫罪既遂与未遂的区分标准。

抢劫罪既遂与未遂的区分标准，长期以来为刑法理论和司法实践所关注。争议观点主要有以下五种：一是认为应当以行为人是否非法占有了公私财物为标准；二是认为应当以是否实施了侵犯人身权利的行为为标准；三是认为抢劫罪中有结合犯和非结合犯，两者的既遂标准不同，前者只要原罪或被结合之罪中有一个构成既遂，即构成结合犯的既遂，后者以行为人取得财物作为既遂标准；四是认为应当区分基本构成的抢劫罪和加重构成的抢劫罪两种情况，前者应以取得财物作为抢劫罪既遂的标志，后者不存在犯罪未遂问题；五是认为应当区分基本构成类型的抢劫罪、结果加重类型的抢劫罪和情节加重类型的抢劫罪，来分别论述其既遂形态的判断标准问题。

本人认为，上述前三种观点均不能成立。第一种观点忽视了抢劫罪规定中加重构成的特点及其犯罪未遂形态的基本理论。第二种观点忽略了抢劫罪属于侵犯财产罪的基本事实。第三种观点的理论基础能否成立还需探讨，并且在结合犯的理论之下会出现抢劫造成轻伤的虽未取得财物也认定为抢劫罪既遂的定性，违背抢劫罪的基本犯以发生占有财物结果作为既遂标准的法律要求。而第四种观点曾

---

① 金凯．侵犯财产罪新论．北京：知识出版社，1988：81－88；赵秉志．侵犯财产罪．北京：中国人民公安大学出版社，2003：70－74．


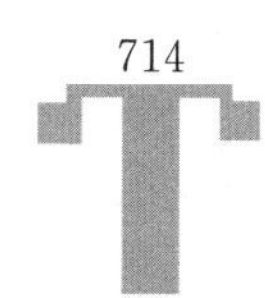

是我国刑法学界的通说，也是本人在1979年刑法典背景下主张的观点。[①] 这一观点的产生，是以1979年刑法典第150条抢劫罪第2款的加重构成规范为研究对象的，该款的情节加重犯仅笼统规定为“情节严重的”；但1997年新刑法典第263条抢劫罪的情节加重犯有了较大变化，该法条列举了7种属于抢劫罪加重构成犯的情形。在此立法背景下，本人经研究改变了以往认为情节加重犯只有成立而不存在既遂与未遂之分的观点，主张区分抢劫罪中情节加重犯和结果加重犯两种加重构成类型来认定其既遂与未遂，认为上述第五种观点较为合理并可进一步补充和完善，即：1979年刑法典第150条前半段（1997年新刑法典第263条前半段）属于抢劫罪的基本犯，对财物的强行非法占有是区分其既遂与未遂的标志；1979年刑法典第150条后半段（1997年新刑法典第263条后半段之第5项）“抢劫致人重伤、死亡的”，属于结果加重犯的情形，仅有成立与否而无既遂与未遂之分；而1997年新刑法典第263条后半段除第5项之外的其他各项，均为抢劫罪的情节加重犯，均有未遂的情形，其中争议较大的“多次抢劫”，仍然也可能存在未遂情形，即发生在数次抢劫均未达到既遂状态的情况下；对1997年新刑法典第269条规定的“转化型抢劫”的既遂形态与未遂形态的区分，应当以行为人实施后续暴力或暴力胁迫后是否获取了财物为标准。[②]

（5）转化型抢劫罪的成立条件。

1979年刑法典第153条和1997年新刑法典第269条都规定了转化型抢劫罪。对于转化型抢劫罪的成立条件之理解，刑法理论和司法实践中都存在不尽一致甚至截然相反的见解和做法。比如，在转化型抢劫的前提条件上，就有“数额较大说”、“无需数额说”和“折中说”等三种观点。本人认为，转化型抢劫罪的成立条件有三：一是前提条件。行为人必须是先行实施盗窃、诈骗、抢夺罪行为，而不是其他行为。不应对先行的盗窃等行为的数额进行任何限制，只要先行实施盗

① 赵秉志. 犯罪未遂的理论与实践. 北京：中国人民公安大学出版社，1987：275-277；赵秉志. 谈谈抢劫罪的加重构成. 人民司法，1988（1）.

② 赵秉志. 犯罪未遂形态研究. 2版. 北京：中国人民大学出版社，2008：334-337.

窃、诈骗、抢夺，无论是既遂还是未遂，只要为窝赃、拒捕、毁证而当场实施暴力或以暴力相威胁，综合全案又不属于“情节显著轻微危害不大的”，都应当认定构成转化型抢劫罪。二是客观条件。具体可分为行为条件和时空条件。行为条件即实施暴力或以暴力相威胁的行为，其内涵与刑法典第263条抢劫罪中的暴力与胁迫行为相同；时空条件为“当场”，其一是指实施盗窃等行为的现场；其二是指刚一离开实施盗窃等行为的现场就被人及时发觉而立即追捕过程中的场所。三是主观条件。即行为人当场实施暴力或以暴力相威胁的目的，是“窝藏赃物、抗拒逮捕或毁灭罪证”。实践中应当注意在两种情况下不应认定为转化型抢劫罪：一是行为人在实施盗窃过程中，被人发现或遇到反抗阻力，不是出于窝赃、拒捕或毁证目的，而是出于临时转变的强行非法占有财物的目的，当场使用暴力或以暴力相威胁，直接按1997年新刑法典第263条抢劫罪定罪；二是行为人在先行实施盗窃等行为后，不是出于窝赃、拒捕或毁证目的，而是出于灭口、报复等其他动机杀害、伤害他人，应定故意杀人罪、故意伤害罪等。①

（6）“携带凶器抢夺”问题。

1997年新刑法典第267条第2款规定，“携带凶器抢夺的”，要以抢劫罪定罪处罚。最高人民法院2000年11月17日作出的《关于审理抢劫案件具体应用法律若干问题的解释》第6条规定，所谓“携带凶器抢夺的”，“是指行为人随身携带枪支、爆炸物、管制刀具等国家禁止个人携带的器械进行抢夺或者为了实施犯罪而携带其他器械进行抢夺的行为”。根据法律和司法解释的这一规定，“携带凶器抢夺”可分为两种情况：其一，行为人在抢夺时随身携带有枪支、爆炸物、管制刀具等国家禁止个人携带的器械。军警人员等依法配备枪支、弹药的人员在非合法执行职务期间或者在合法执行职务期间随身携带枪支、弹药进行抢夺的，均应属于此种情形，应以抢劫罪论处。其二，行为人在抢夺时为了实施犯罪而携带其他器械。这里的“为了实施犯罪”应当限定理解为为了实施抢夺或抢劫犯罪。

---

① 金凯．侵犯财产罪新论．北京：知识出版社，1988：91-109；赵秉志．侵犯财产罪．北京：中国人民公安大学出版社，2003：110-121.

如果行为人是为了实施其他犯罪而随身携带其他器械，临时起意实施抢夺犯罪而没有使用器械，不宜以抢劫罪论处；如果行为人出于防身等非犯罪目的而随身携带其他器械，临时起意实施抢夺犯罪而没有使用器械，也不宜以抢劫罪论处；如果难以确证行为人随身携带其他器械是否为了犯罪之用，应按照重罪轻罪相疑从轻的原则，以抢夺罪论处。①

3. 盗窃罪的理论与实务问题

（1）关于盗窃罪的既遂标准。

中外刑法理论中关于盗窃罪既遂形态与未遂形态的区分标准众说纷纭，主要有“接触说”、“转移说”、“藏匿说”、“控制说”（又称“掌握说”或“取得说”）、“失控说”和“失控＋控制说”。“控制说”也是我国刑法理论上的通说。基于区分犯罪既遂形态与未遂形态的“犯罪构成要件说”，盗窃罪犯罪构成要件之全部要素齐备的客观标志，就是秘密窃取的犯罪行为造成了行为人非法占有所盗公私财物的犯罪结果。因此，非法占有财物的犯罪结果是否发生，是盗窃罪既遂形态与未遂形态的区分标准。其中的“非法占有”，只能理解为行为人获得对财物的实际控制，而不能是其他含义。这里的实际控制，并非指财物一定就在行为人手里，而是说行为人能够支配处理该项财物。这种实际控制并无时间长短的要求，也不要求行为人实际上已经利用了该财物。“控制说”之所以较为妥当，不仅是因为“控制说”能够较好地满足盗窃罪犯罪构成要件的要求，正确把握了盗窃罪的内涵，反映了盗窃罪既遂的法律特征，而且是因为“控制说”还能够较好地适应犯罪对象的变化。而其他观点，如“失控说”和“失控＋控制说”，就显然无法适用于盗窃对象为无形财产的情况，因为如果盗窃对象是重要技术成果、电信服务这类无形财产，由于其本身的特点，在失窃后，所有人、持有人、使用人并未完全失去对其无形财产的控制。②

---

① 赵秉志．侵犯财产罪．北京：中国人民公安大学出版社，2003：124-126.

② 赵秉志．论盗窃罪的既遂未遂问题．西北政法学院学报，1985（3）；赵秉志．犯罪未遂形态研究．2版．北京：中国人民大学出版社，2008：338-340.

对于盗窃罪的既遂与未遂的认定，司法实践中运用“控制说”时应注意以下几点：其一，在某些情况下，所有人或保管人脱离了对财物的控制，而行为人因意志以外的原因也未能获得对财物的实际控制，对此应该视为行为人非法占有财物的犯罪结果未发生，即犯罪构成要件之全部要素未齐备，应认定为盗窃罪的未遂。其二，在某些情况下，所有人或保管人脱离对财物的控制，与盗窃人实际控制财物同时或紧密相接而发生，这时以行为人是否实际控制财物作为既遂与未遂的区分标准也毫无问题，行为人获得对财物的实际控制，实际上也就意味着所有人或保管人脱离了对财物的控制。其三，确定盗窃分子是否已经控制所窃财物，进而认定其构成既遂还是未遂，应当根据盗窃的对象、环境和条件的不同，具体情况具体分析。盗窃罪的既遂形态与未遂形态问题非常复杂，对实际控制财物的认定还应当结合时间、地点、犯罪手段等多种因素具体分析，而且，对某些特殊情况下的盗窃是否既遂，理论上可能难以得出唯一确定的答案。①

（2）关于盗窃罪的财物数额与犯罪未遂的关系。

在盗窃罪的盗窃数额与犯罪未遂的关系方面，有两个问题看法不一：其一，对于以数额巨大或者特别巨大的财物为目标实施盗窃而未能得逞的，究竟应当按照盗窃罪基本构成的未遂犯处罚，还是按照盗窃罪加重构成的未遂犯处罚？其二，对于行为人意图盗窃数额巨大的财物，但实际上只控制了数额较大的财物时，应按照盗窃罪的基本构成的既遂处理，抑或按照盗窃罪加重构成的未遂犯处理？

首先，犯罪决定于主客观要件的统一，盗窃罪里的“数额”要求也应包括主客观两个方面的含义。因此，主观上企图造成且客观上也已经实际造成了数额较大以上损失的盗窃案，当然构成盗窃罪的既遂形态；行为人主观上企图盗窃数额较大的财物并已着手实行盗窃，由于行为人意志以外的原因未能实际取得数额较大的财物（包括分文未得和取得的财物数额较小）时，应该认定为盗窃罪的未遂

① 赵秉志．侵犯财产罪．北京：中国人民公安大学出版社，2003：185-187；赵秉志．犯罪未遂形态研究．2版．北京：中国人民大学出版社，2008：340-345.

形态，而不是不构成犯罪。不过，这并不意味着对这种案件的行为人一概要作为盗窃罪之未遂犯予以处罚；对这种情况，当然可以综合整个案情认定为“情节显著轻微危害不大”而不构成犯罪，或情节轻微予以免除处罚。不能对数额较大构成盗窃罪和盗窃罪之未遂形态作机械的、形而上学的理解。

其次，1997 年新刑法典第 264 条中段和后段对盗窃“数额巨大”或者“数额特别巨大”的公私财物的规定并不是结果加重犯的规定，对“数额巨大”“数额特别巨大”与盗窃罪未遂形态的关系，应该与刑法典第 264 条前段的“数额较大”作同样的理解。即这里的“数额巨大”“数额特别巨大”，照样既可指实际造成的损失数额，也可以包括主观上企图造成的损失数额。因此，刑法典第 264 条中段和后段规定的盗窃罪也存在犯罪未遂形态。如果行为人潜入银行金库、博物馆等处作案，从主观犯意和客观盗窃行为上都明确地以盗窃数额巨大或者特别巨大的财物为目标，只是因为行为人意志以外的原因未能取得巨额财物的，可以而且应当认定为数额巨大或数额特别巨大的盗窃罪的未遂犯。[①]

4. 诈骗罪的理论与实务问题

诈骗罪也是历史悠久、常见多发、危害广泛的侵犯财产犯罪之一。近年来刑法理论将更多的目光投向合同诈骗罪和各种金融诈骗罪等新的诈骗犯罪形式，但对新型诈骗犯罪的把握不能脱离对普通诈骗罪的深入研究。长期以来，本人在关注新型诈骗犯罪的同时，也始终注意对包括诈骗罪在内的常见多发的传统重点犯罪的研究。

(1) 单位能否成为诈骗罪的主体?

传统刑法理论否认单位可以成为诈骗罪的主体，但也有观点提出在我国刑法典已经明确规定单位可以成为犯罪主体而承担刑事责任的前提下，将单位作为诈骗罪的主体符合主客观相一致的原则，也能体现刑罚目的的要求。

本人主张单位不能成为诈骗罪的主体。因为我国刑法一直否定单位作为诈骗

---

① 赵秉志. 论盗窃罪的既遂未遂问题. 西北政法学院学报，1985 (3)；赵秉志. 犯罪未遂形态研究. 2 版. 北京：中国人民大学出版社，2008：345-347.

罪主体，在现行刑法大量增加单位犯罪的情况下，虽然承认单位可以成为某些特殊诈骗罪的主体，如集资诈骗罪，但却明确不承认单位可以成为普通诈骗罪的主体。因而对于实践中发生的以单位名义实施的某些诈骗行为，应当按照以下原则处理：其一，如果是经单位领导成员集体讨论决定，并将非法所得财物分给成员的，应按自然人共同犯罪论处；其二，以单位名义行骗，非法获得数额较大以上财物的，无论是否中饱私囊，均应以诈骗罪追究主管人员和其他直接责任人员的刑事责任。

（2）间接故意能否构成诈骗罪？

关于间接故意能否构成诈骗罪，刑法学界存在争议。本人认为诈骗罪只能由直接故意构成，主要理由是：其一，诈骗罪通常表现为，行为人预见到其诈骗行为会发生非法占有他人数额较大以上财物的结果，并希望这种危害结果的发生，这就显然是直接故意。其二，诈骗罪是一种智力犯罪，行为人要使对方产生错误认识并“自愿”地交付财物，必须采取有效的欺骗手段，在欺骗手段上采取漠不关心的放任态度，是不可能使人受骗的。其三，诈骗罪具有非法占有他人财物所有权的犯罪目的，这决定了诈骗罪的罪过形式只能是直接故意。

（3）诈骗罪与合同诈骗罪的界限。

区分合同诈骗罪与诈骗罪的关键，在于诈骗行为是否发生在签订、履行合同过程中。而怎样界定“合同”的内涵外延，对于合同诈骗罪的司法认定具有重要意义。

正确界定合同诈骗罪中的“合同”之义，需要考虑以下两点：一是合同诈骗罪的客体性质。即合同诈骗罪中的“合同”，必须存在于合同诈骗罪客体的领域内，否则与刑法的立法宗旨是不符的。合同诈骗罪中所谓的“合同”，必须是能够体现市场秩序的，大凡与这种社会关系无关的各种“合同”“协议”，如婚姻、收养、扶养、监护等有关身份关系的协议，行政法上的行政合同，劳动法中的劳务合同，都不在该罪“合同”之列。另外，行为人虽然利用了可以体现市场秩序的合同形式，但该合同在当时的条件、环境下并不具有规范市场行为的性质，对行为人也不应以合同诈骗罪论处。例如，行为人以生活窘迫为名，立下借条（合



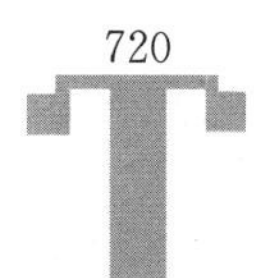

同）骗借他人财物后挥霍一空而不予偿还的，不宜以合同诈骗罪定罪处罚。二是要考虑定罪证据的客观可见性。由罪刑法定原则决定，在合同诈骗罪的认定中，需要能够证明被告人所利用“合同”存在的证据，这是最起码的要求。在总体上，合同具有各种各样的形式，包括书面形式、口头形式和其他形式（公证形式、鉴证形式）。不同形式的合同，在民事诉讼和刑事诉讼中具有举证难易程度的差异。因此，从证据的客观可见性要求来说，口头合同不应成为合同诈骗罪中的“合同”。

（4）诈骗罪中诈骗数额的认定。

对于诈骗罪的数额认定，刑法理论界和司法实务界有“主观说”“所得说”“侵害说”“交付说”等观点。应当坚持我国刑法理论主客观相一致的原则对诈骗数额进行具体分析：其一，在诈骗犯罪既遂的情况下，诈骗犯罪的数额应当是行为人实际所得的数额；其二，在诈骗未达到既遂，即诈骗未遂、预备、中止的情况下，诈骗数额是行为人主观上希望骗到的财物数额。[①]

5. 抢夺罪的理论与实务问题

抢夺罪也是一种比较常见的侵犯财产罪，但在1979年刑法典颁行后的20世纪80年代，刑法理论界对该罪的关注还不是很多。本人当时对该罪进行了研究，提出了具有一定新意的见解。

（1）“乘人不备”不是抢夺罪客观方面的必备特征。

当时关于抢夺罪的传统理论中，往往把公然夺取财物时的“乘人不备”视为抢夺罪必备的特征。本人认为，抢夺罪夺取财物的行为多是“乘人不备”实施的，但是不宜将“乘人不备”绝对化，不应以此来认定案件是否构成抢夺罪。因为在实践中有这样的情况，财物的所有人或者保管人对行为人抢夺财物的意图已有察觉甚至有所防备，行为人也明确知道这一点，但是行为人利用了当时的客观条件，如在偏僻无人的地方，公然夺取或者拿走了被害人的财物，但并未对被害

---

① 赵秉志. 侵犯财产罪. 北京：中国人民公安大学出版社，2003：200-219；赵秉志，肖中华. 合同诈骗罪中的疑难问题. 检察日报，2002-08-13.

人的人身使用暴力或者以暴力相威胁。在这类情况下显然不能说行为人夺取财物是“乘人不备”，但是行为人主观上具备抢夺财物的故意，客观上实施的是公然抢夺财物但并未侵犯他人人身的行为，完全符合抢夺罪的特征，应认定为抢夺罪而不是其他犯罪。[①]

(2) 对抢夺罪中“数额较大”的理解。

1979 年刑法典第 151 条和 1997 年新刑法典第 267 条都规定，抢夺行为侵犯财物“数额较大”的才应作为犯罪予以追究。如何理解“数额较大”与抢夺罪构成的关系？理论上和实践中存在着不同的主张。对抢夺罪里“数额较大”的规定，应当结合刑法理论和司法实践加以辩证的理解，但是这种理解不能超越立法原意及法条规定的应有之义，应该把法律规定的实际含义与法律应当怎样规定区别开来加以探讨。

其一，抢夺罪法条里“数额较大”规定的作用有两点：一是“数额较大”的下限是抢夺行为罪与非罪的界限，也即抢夺行为所侵犯的财物达到“数额较大”起点的才有可能构成犯罪，以此发挥控制打击面的作用。但并不是说抢夺行为达到“数额较大”就必然构成犯罪，因为财物数额虽是决定抢夺行为危害程度的一个重要因素，但还不是唯一的和全部的因素。虽然抢夺财物已达“数额较大”，但综合全案看尚属“情节显著轻微危害不大”的，依据刑法典犯罪概念法条“但书”的规定应认为不是犯罪。二是将“数额较大”的上限与“数额巨大”的下限相结合，作为区分抢夺罪的基本构成犯与加重构成犯的界限。

其二，“数额较大”的含义及在抢夺案件中的认定。根据主客观相统一原则，抢夺罪里的数额要求也应包括主客观两个方面的含义，而不能理解为仅指行为人抢夺行为实际非法占有的数额。据此，抢夺案件的定性大致可分为以下几种情况：一是行为人主观上同时包含有抢夺数额巨大、数额较大或数额未达较大的财物的意图，即不管抢多少都可以，客观上实施了抢夺行为的，应按其实际非法取

① 赵秉志．略论抢夺罪的几个问题．中南政法学院学报，1987（2）；赵秉志．侵犯财产罪．北京：中国人民公安大学出版社，2003：228.


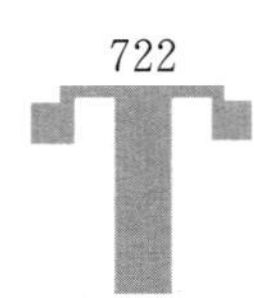

得的财物数额定性。二是行为人主观上企图抢夺数额较大的财物，客观上实施了抢夺财物行为的，若得财数额较大，应认定为刑法典第 267 条第 1 款第一种情况的抢夺罪的既遂；若因行为人意志以外的原因未能实际取得数额较大的财物（包括分文未得和得财数额较小），综合全案又不属于“情节显著轻微危害不大的”，应认定为刑法典第 267 条第 1 款第一种情况的抢夺罪的未遂。三是行为人主观上企图抢夺数额较大或者数额巨大的财物，客观上实施了抢夺财物行为的，若因行为人意志以外的原因分文未得或得财数额较小，应认定为第 267 条第 1 款第一种情况的抢夺罪的未遂；若得财数额较大，应认定为第 267 条第 1 款第一种情况的抢夺罪的既遂；得财数额巨大，应认定为第 267 条第 1 款第二种情况的抢夺罪的数额加重犯。四是行为人主观上明确地只具有抢夺数额巨大财物的故意，客观上实施了这种抢夺行为的，如果得财数额巨大，应认定为第 267 条第 1 款第二种情况的抢夺罪的数额加重犯；如果由于其意志以外的原因未能取得巨额财物，应认定为第 267 条第 1 款第二种情况的抢夺罪的未遂。①

（3）对“飞车抢夺”案件的定性。

对司法实践中行为人骑摩托车猛力抢得行人财物后迅速逃走的“飞车抢夺”案件，应当区分情况，根据抢夺罪和抢劫罪各自的特征分别解决其定性问题：其一，如果行为人一下子就抢走了财物（或者未抢走财物）就开车逃离，应认定为抢夺罪；如果造成被害人倒地而死亡或伤害，应作为从重情节在量刑上从重处罚。其二，如果行为人抢夺财物时被害人不撒手，行为人利用机动车行进的力量强行拖拽，而致被害人倒地死伤，应认为是在抢夺过程中遇反抗而转化为直接以暴力作为取得财物的手段，应认定为抢劫罪。②

6. 侵占罪的理论与实务问题

侵占罪是 1997 年新刑法典新设置的一种侵犯财产罪，这种犯罪常见多发、

---

① 赵秉志. 略论抢夺罪的几个问题. 中南政法学院学报，1987（2）；赵秉志. 侵犯财产罪. 北京：中国人民公安大学出版社，2003：230-232.

② 赵秉志. 略论抢夺罪的几个问题. 中南政法学院学报，1987（2）；赵秉志. 侵犯财产罪. 北京：中国人民公安大学出版社，2003：237.

情况复杂，在刑法理论和司法实务中均存在诸多难题。在 1997 年新刑法典颁行前，本人曾对侵占罪的立法增设问题进行了探讨，提出了设立普通侵占罪与业务侵占罪两个具体罪名、修改贪污罪主体要件从而明确贪污罪与侵占罪的界限等立法建议。[①] 1997 年新刑法典颁行后，本人对侵占罪的理论和实务问题作了进一步的探讨。

（1）关于“代为保管的他人财物”的范围。

侵占罪中“代为保管的他人财物”，可以是多种多样的：既可以是动产，也可以是不动产；既可以是有形财产，也可以是无形财产；既包括公民个人财产，也包括公共财产；既包括合法财产，也包括违禁品、赃物和用于违法或者犯罪目的的财物。[②]

（2）“拒不退还”或者“拒不交出”的时间认定。

对于侵占罪中行为人拒不退还代为保管的他人财物，或者拒不交出他人的遗忘物或者埋藏物的时间认定，刑法学界一直存在不同认识：有的认为应以一审判决作为判断时限；也有的认为应以二审判决作为判断时限；还有的认为要区分公诉与自诉的情况。

以上观点都将侵占罪是否成立与是否能对侵占罪之行为人追究刑事责任这两个不同性质的问题混为一谈了。所谓“拒不退还”或者“拒不交出”，应当于侵占人第一次以某种方式明确地向财物的所有人、占有人或者其委托人以及有关机关表示其拒不退还或拒不交出侵占物的意思时即已成立，若同时具备侵占罪的其他要件，此时犯罪即已构成。即使行为人在事后又反悔并最终退还或者交出了所侵占的财物，那也只是其犯罪后的表现，并不影响犯罪的成立；类似地，即使被害人因某种原因未对行为人的侵占行为提起告诉，或者在告诉后又撤诉，也不影响行为人的行为已经构成犯罪之基本事实。[③]

---

① 赵秉志，肖中华．侵占财物犯罪立法完善之探讨．人民检察，1996（8）．

② 赵秉志，等．论侵占罪的犯罪对象．政治与法律，1999（2）．

③ 赵秉志，周加海．侵占罪疑难实务问题．现代法学，2001（5）．

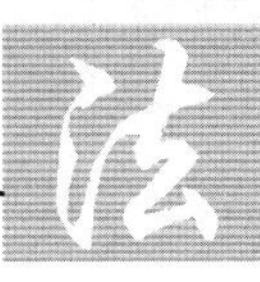

(3) 侵占罪的犯罪形态及其追诉时效的起算问题。

侵占罪是继续犯还是即成犯？侵占罪的追诉时效期限从何时起算？这些问题对侵占案件的正确处理具有重要意义。有学者从有利于保障被害人时效利益角度出发，认为侵占罪是继续犯，追诉时效应当从侵占人归还或交出侵占物时起算。

本人认为侵占罪属于即成犯而不是继续犯，其追诉时效应当从侵占人表明其拒不退还或者拒不交出侵占物的立场时起算。因为一方面，侵占罪不符合继续犯的特征。对于侵占罪来说，一旦侵占人表明其拒不退还或者拒不交出，不论之前经过的时间长短，其犯罪均已成立，不存在作为继续犯必要的时间持续性。对侵占罪来说，一旦已经成立，达到既遂，就不存在危害行为仍处于持续状态的问题。因为此时对被害人财产权利被侵害的状态及其程度已经固定，在事实上侵占人不可能对被害人的财产权利造成进一步的侵害。另一方面，侵占罪符合即成犯的特征。即成犯包括只要实施了刑法分则规定的某种行为就构成既遂的犯罪，也包括不仅实施了犯罪构成客观要件的行为，而且必须引起不法状态或实际危害结果，才构成既遂的犯罪，即所谓的状态犯。侵占罪就是典型的状态犯。再者，以是否“有利于充分保障被害人的时效利益”决定犯罪的形态属性，显然有倒果为因的逻辑错误，不能成为侵占罪属于继续犯的理由。[①]

(4) 侵占犯罪的立法缺陷及完善建言。

我国现行刑法中对侵占犯罪的规定，存在以下几个方面的缺陷：一是罪种划分不尽科学。不少国家和地区的刑法依据行为人持有他人财物的原因不同，将侵占犯罪划分为侵占脱离他人持有物罪、普通侵占罪、业务侵占罪。这种划分方法不仅从持有财物的原因上体现了各种侵占行为的不同特点，而且由于这几种侵占行为的社会危害严重程度各不相同，将其分别规定为独立的犯罪，显然有助于罪刑法定、罪刑相适应原则之价值的充分实现。相比之下，我国刑法典第270条规定的侵占罪中实际上包括了侵占脱离他人持有物的行为、侵占因受他人委托而持有的他人财物的行为和侵占因从事业务而持有的他人财物的行为，而这三种行为

① 赵秉志. 侵犯财产罪. 北京：中国人民公安大学出版社，2003：289-292.



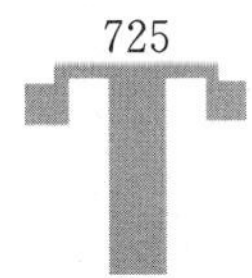

的性质和危害社会的严重程度各不相同，将其合并规定为同一种犯罪显然不科学。此外，刑法典第 271 条规定的职务侵占罪实际上只是属于业务侵占行为中的部分行为，将其单独规定为一种犯罪，淡化了其与其他业务侵占行为的共通性质，也欠妥当。二是定罪量刑标准过于绝对。影响犯罪社会危害性的因素具有多元性。刑法典除第 270 条在侵占罪法定刑的第二量刑幅度，将其他严重情节与数额巨大并列规定为量刑的标准外，侵占罪和职务侵占罪的定罪标准或其他量刑标准均规定为数额的标准，极易使人误认为该数额标准为两罪绝对的定罪量刑标准。三是法定刑设置不尽合理：如上所述，刑法典第 270 条规定的侵占行为实际上包括三种侵占他人财物的行为，三者的危害社会的程度各不相同，对它们配置完全相同的法定刑不符合罪责刑相适应原则要求；职务侵占罪的法定最高刑偏低，与盗窃罪、诈骗罪及贪污罪存在失衡；对财产刑的适用重视不够；告诉制度的规定欠缺细化及合理化，可以行使“告诉才处理”这一诉权的人应限于与行为人存在一定亲近关系的范围内。

应从四个方面完善我国刑法有关侵占犯罪的立法：一是重构侵占犯罪的罪名体系。将其划分为侵占委托物罪、业务侵占罪、侵占脱离他人持有的财物罪和公务侵占罪（贪污罪），即把现行刑法典第 270 条的侵占罪一分为三，同时把第 271 条规定的职务侵占罪容纳于业务侵占罪之中，将其作为一个从重或加重的量刑情节。二是科学界定侵占犯罪定罪量刑的标准。除突出犯罪数额在侵占犯罪定罪量刑中的重要作用外，其他影响侵占犯罪定罪量刑的因素也应有所体现。具体可采用“数额较大或者有其他严重情节的”和“数额巨大或者有其他特别严重情节的”规定方式。三是重设侵占犯罪的法定刑。侵占脱离他人持有的财物罪、侵占委托物罪、业务侵占罪、公务侵占罪的法定刑，应当按照行为社会危害性程度以从轻到重的顺序设置；侵占犯罪的法定刑应当重于盗窃、诈骗等相关犯罪的法定刑；注意财产刑对侵占犯罪的全面适用，除对判处无期徒刑的应规定并处没收财产外，对判处有期徒刑或拘役的一律并处罚金，对犯罪情节轻微不宜判处有期徒刑和拘役的应一律单处罚金。四是修改“告诉才处理”制度。对行使告诉权的被害人的范围不宜限制得过窄，否则就无法实现为维护社会团结和社会关系稳定而

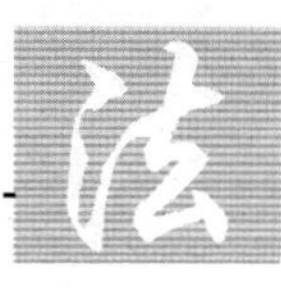

设立的“告诉才处理”制度的立法意旨。①

7. 敲诈勒索罪与抢劫罪的区分

通行观点认为：抢劫罪，是指以非法占有为目的，以暴力、胁迫或者其他方法，当场强行劫取公私财物的行为；敲诈勒索罪，是指以非法占有为目的，以威胁或者要挟的方法，强索公私财物，数额较大或者多次敲诈勒索的行为。可见，抢劫罪和敲诈勒索罪是非常近似的犯罪：二罪都是复杂客体的侵犯财产罪，均为既侵犯财产所有权，又侵犯人身权利；二罪主观方面都具有非法占有的目的；二罪在客观方面也有相似与重叠之处。但抢劫罪与敲诈勒索罪是危害程度明显不同而刑罚处罚严厉性也显著有别的两种犯罪，抢劫罪是首要的、最严重、处罚也最严厉的侵犯财产罪，因而刑法理论和司法实务都要求切实区分这两种犯罪。

关于以胁迫方式取财情形下抢劫罪与敲诈勒索罪的区分。胁迫是抢劫罪和敲诈勒索罪可以共用的取财手段，二罪均可以当场采用威胁的方式，迫使被害人立即交付财物。在以胁迫方式取财的情形下，抢劫罪与敲诈勒索罪存在以下重要的区别点：(1) 威胁的实施方式有所不同。抢劫罪的威胁，是当场直接向被害人发出的，具有直接性和公开性；敲诈勒索罪的威胁，既可以是当场直接向被害人发出，还可以是利用书信、通信设备或者由第三人转告被害人而间接实施的。(2) 威胁的内容不同。抢劫罪的威胁，都是直接侵害他人生命健康的暴力威胁；敲诈勒索罪威胁的内容较为广泛，可以是以对人身实施暴力相威胁，也可以是以毁人名誉、毁人前途、设置困境等相威胁。(3) 威胁内容可能实施的时间不同。抢劫罪的暴力威胁可能实施的时间具有当场性；敲诈勒索罪的威胁是在将来的某个时间将威胁内容付诸实施。(4) 威胁索取的利益之性质不同。抢劫罪索取利益的性质，只能是动产，不能是不动产；敲诈勒索罪索取利益的性质，可以是动产或者不动产。(5) 非法取得财物的时间有所不同。抢劫罪非法取得财物的时间，只能是当场；敲诈勒索罪非法取得财物的时间，可以是当场或者日后。(6) 威胁的目

① 赵秉志，刘志伟. 论侵占犯罪立法的完善. 法学，2000 (12).

的和作用有所不同。抢劫罪中威胁手段的实施，是为了使被害人当场受到精神强制，使其完全丧失反抗的意志，被迫当场交出财物；而敲诈勒索罪中威胁手段的实施，是为了使被害人产生恐惧感和压迫感，使被害人权衡之后不敢反抗，从而被迫当场交出财物或者答应日后交付财物。[①]

关于以暴力方式当场取财情形下抢劫罪与敲诈勒索罪的区分。传统观点认为，敲诈勒索罪的手段限于威胁或者要挟的方法，但实际上暴力行为也可以作为敲诈勒索罪的手段之一，即当场实施暴力也可以成为敲诈勒索罪的手段行为。司法实务中，行为人当场实施较轻的暴力行为，并以今后会实施更重的暴力相威胁而意图非法获取财物的敲诈勒索案件时有发生，即为明显的例证。由此，在以暴力行为当场取财的情形下，也需要正确区分抢劫罪与敲诈勒索罪，此种情形下两罪的暴力具有如下区别：（1）两罪暴力的目的不同。抢劫罪中暴力的目的，是排除被害人的反抗而劫取财物；敲诈勒索罪中暴力的目的，是让被害人产生心理恐惧而被迫交付财物。（2）两罪暴力的程度不同。抢劫罪中的暴力是使被害人不能反抗或不敢反抗，被害人没有回旋的余地；敲诈勒索罪中的暴力是让被害人不敢反抗，被害人完全有回旋的余地。（3）两罪暴力针对的对象不同。抢劫罪的暴力是针对被害人的人身；敲诈勒索罪的暴力不仅仅针对被害人的人身，更可能是使被害人产生会给自己或亲朋的正常生活、工作、财物带来破坏的恐惧。（4）两罪暴力实施的时间不同。两罪均可当场实施暴力并当场取财，但以日后实施暴力相威胁的必然不构成抢劫罪而可能构成敲诈勒索罪；在当场实施暴力并当场取财情形下，需结合上述暴力的目的和程度等对两罪进行区分。综上，对两罪界分的关键不是行为人是否当场取得财物，而是被害人交付财物的真正原因及其当时的主观意志自由情况。在行为人当场实施暴力并当场取得财物的情况下，对抢劫罪而言，被害人是基于暴力侵害不能反抗、不敢反抗或者不知反抗，他已丧失了意志自由；而对于敲诈勒索罪来说，被害人可能基于暴力也可能基于其他的威胁而产生恐惧心理从而交付财物，此时被害人不是不能反抗，只是不敢反抗，即他还具

① 赵秉志．侵犯财产罪．北京：中国人民公安大学出版社，2003：362-363.

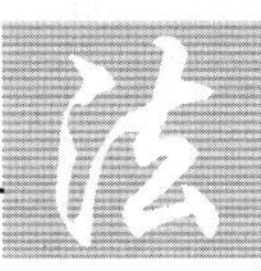

备一定程度的意志自由，仍然可以决定是否交付财物。[①]

对抢劫罪与敲诈勒索罪的区分，可以从立法和司法两个层面予以完善。在刑法立法上，可将敲诈勒索罪的简单罪状改为叙明罪状，明确暴力可以成为敲诈勒索罪的手段之一，如将敲诈勒索罪规定为："以轻微暴力或者威胁方法敲诈勒索公私财物，数额较大或者多次敲诈勒索的，处……"这种规定模式有多国刑法立法例可资借鉴。在司法完善方面：一是可在司法解释中明确两罪的本质区别；二是可将区分两罪的典型案例选为最高人民法院的指导性案例；三是法官要坚持主客观相统一和综合判断的标准认定与区分两罪；四是对两罪的定罪量刑，司法实务中要贯彻罪责刑相适应原则和有利被告原则。[②]

（七）金融诈骗罪问题

金融诈骗罪是近年来发生在金融领域波及面广泛、社会危害性严重、在涉金融犯罪中增长最快的高频多发犯罪类型。本人在1997年新刑法典修订之前就开始关注某些金融诈骗犯罪的问题[③]；1997年新刑法典在分则"破坏社会主义市场经济秩序罪"一章专设一节对金融诈骗罪予以规制，也给刑法学界和司法实务界提出了许多新的研究课题。[④] 在新的刑法立法背景下，本人进一步加强了对金融诈骗罪的研究，发表多篇论文，并先后主编出版了研究金融诈骗罪的多本著作[⑤]，试图深化相关理论研究，释解司法实务难题。

---

① 赵秉志，刘春阳. 论敲诈勒索罪与抢劫罪之界分——以当场实施暴力、当场取得财物为中心. 人民检察，2014（11）.

② 同①.

③ 赵秉志. 刑法各论问题研究. 北京：中国法制出版社，1996：316-327；赵秉志，肖中华. 试析保险诈骗罪. 中国律师，1995（11）.

④ 针对金融诈骗犯罪的复杂实务问题研究的需要，2003年的全国刑法学术年会曾把金融诈骗犯罪纳入会议的实务议题。赵秉志. 中国刑法学研究会学术研究30年. 北京：法律出版社，2014：862.

⑤ 赵秉志. 金融犯罪界限认定司法对策. 长春：吉林出版社，2000；赵秉志. 金融诈骗罪新论. 北京：人民法院出版社，2001；赵秉志，杨诚. 金融犯罪比较研究. 北京：法律出版社，2004（该书是本人主持的国家重点研究基地重大项目"当代新型犯罪比较研究"成果10卷本中的第4卷，该项目的10卷本于2006年获北京市第九届哲学社会科学优秀成果二等奖）；赵秉志. 防治金融欺诈——基于刑事一体化的研究. 北京：中国法制出版社，2014.

1. 金融诈骗罪的概念和构成特征

（1）金融诈骗罪的概念。

关于金融诈骗罪概念的表述众说纷纭。经过比较分析并根据刑法典分则第三章第五节的规定，金融诈骗罪，是指以非法占有为目的，采取法定的虚构事实或隐瞒真相的方式，进行集资、贷款、金融票据、金融凭证、信用卡、保险、有价证券诈骗，数额较大，或者进行信用证诈骗的行为。这个概念虽然不够简洁，但其优点有三：一是明确了金融诈骗罪要以非法占有为目的；二是表明行为人采取的是“法定的虚构事实或隐瞒真相的方式”；三是并不限定骗取财产的所属。①

金融诈骗罪的概念与金融欺诈犯罪的概念相近但不相同。金融欺诈犯罪，是指在金融活动中，违反国家规定，作虚假陈述以非法谋取利益，或者以非法占用为目的，采取虚构事实或者隐瞒真相等欺骗方法取得财物，破坏金融管理秩序，触犯刑法而应受刑罚处罚的行为。因而金融欺诈犯罪与金融诈骗罪之间是一种包容关系，即金融欺诈犯罪包括金融诈骗罪在内，此外它还包括部分不以非法占用为目的的破坏金融管理秩序的犯罪，这些犯罪有骗取贷款、票据承兑、金融票证罪，编造并传播证券、期货交易虚假信息罪，诱骗投资者买卖证券、期货合约罪。②

（2）金融诈骗罪的构成特征问题。

在刑法理论和司法实践中，关于金融诈骗罪的构成特征，对其主体和主观特征存在较大争议。

其一，关于金融诈骗罪的主体特征。金融诈骗罪的主体有两种：一种是只能由自然人构成的金融诈骗犯罪；另一种是既可以由自然人构成也可以由单位构成的金融诈骗犯罪。根据刑法典第 199 条第 3 款、第 200 条的规定，可以由单位构成的金融诈骗罪，有保险诈骗罪、集资诈骗罪、票据诈骗罪、金融凭证诈骗罪和信用证诈骗罪；只能由自然人构成的金融诈骗罪，有贷款诈骗罪、信用卡诈骗

① 赵秉志．论金融诈骗罪的概念和构成特征．国家检察官学院学报，2001（1）．

② 赵秉志．防治金融欺诈——基于刑事一体化的研究．北京：中国法制出版社，2014：128-129．

罪、有价证券诈骗罪。实践中经单位集体决策，为单位利益，实施只能由自然人构成的金融诈骗犯罪行为（贷款诈骗、有价证券诈骗、恶意透支），将骗得的财产归单位所有的现象时有发生，单位实施的使用伪造的信用卡、作废信用卡以及冒用他人信用卡的犯罪也大量存在。对此类行为应如何处理，理论上存在不同意见。本人认为，在目前的立法和司法状况下，即使单位不构成贷款诈骗罪、信用卡诈骗罪、有价证券诈骗罪，仍可以对单位直接负责的主管人员和其他直接责任人员追究刑事责任。当然，如此追究责任的案件必须在实质上符合单位犯罪和本罪的构成条件，而且在起刑数额上一般应比自然人犯罪的起刑数额高。有关的司法解释也体现了这种基本精神。当然，该问题的最终合理解决有赖于立法的完善，即增设上述犯罪的单位犯罪主体，从而与其他金融诈骗罪相协调。①

其二，金融诈骗罪均应以“非法占有目的”为要件。有些学者和司法实务人员认为，只有法律明确规定以“非法占有目的”为要件的犯罪，该特定目的才是特定犯罪的构成要件，除此之外的其他金融诈骗罪并不以此为要件。这种理解失之偏颇。金融诈骗罪的行为人主观上均应当具有非法占有的目的，主要理由是：第一，金融诈骗罪是从传统诈骗罪中分离而来的，其兼具金融犯罪与财产犯罪的双重属性，其侵犯的客体是复杂客体，一方面侵犯金融管理秩序，另一方面侵犯公私财产所有权，而侵犯财产所有权的犯罪是以非法占有为其行为特征的，主观上非法占有目的正是该种犯罪的题中之义。因而金融诈骗罪主观上理应具有非法占有的目的。刑法典仅对集资诈骗、贷款诈骗及恶意透支规定了特定的“非法占有目的”，而对其他金融诈骗罪未规定该目的，这并非立法的疏漏，而只是出于立法技术上的考虑所作的不同处理。第二，将非法占有目的解释为包括金融诈骗罪在内所有的诈骗罪的主观要件，是系统解释论的当然结论，也是目的解释论的

① 赵秉志．论金融诈骗罪的概念和构成特征．国家检察官学院学报，2001（1）．应该指出，后来全国人大常委会于2014年4月24日通过的立法解释文件《关于〈中华人民共和国刑法〉第三十条的解释》载明：“公司、企业、事业单位、机关、团体等单位实施刑法规定的危害社会的行为，刑法分则和其他法律未规定追究单位的刑事责任的，对组织、策划、实施该危害社会行为的人依法追究刑事责任。”此一规定与本人的上述主张一致。

应有之义。正如同不能因刑法典未规定盗窃、诈骗等取得型犯罪的非法占有目的，而否认盗窃罪、诈骗罪等的非法占有目的这一“不成文的构成要件要素”一样，我们也不能因为刑法典未规定某些金融诈骗罪的非法占有目的，而否认该主观要件在认定这些金融诈骗罪中的决定性意义。①

其三，金融诈骗罪不能由间接故意构成。理论上有观点认为，金融诈骗罪也可以由间接故意构成，行为人可能存在事中或者事后的放任心理。这种观点值得商榷：第一，结合刑法典规定的八种金融诈骗罪的具体行为方式来看，行为人往往是采取虚构事实或者故意隐瞒事实真相的方式实施骗取行为，行为人对此也是明知的，虽然行为人并不能确定他人是否会陷于错误认识而交付财产，但对他人陷于错误认识而交付财产只能是积极追求的，否则也就不会采取欺骗的手段。第二，行为人在实施诈骗过程中，对他人是否会基于其欺骗行为而陷于错误认识从而交付财产可能并无把握。这里的确可能存在放任问题，但这种放任并非行为人诈骗的放任故意，不能将这一对他人行为的心理态度混同于诈骗犯罪的主观罪过。这种情况下若发生他人交付的结果且行为人也非法占有了，则行为人对此非法占有应是直接故意，而非间接故意。第三，根据我国刑法学界的通说，在间接故意犯罪中不存在犯罪目的，而金融诈骗罪是目的犯，如果认为间接故意可以构成金融诈骗罪，则违背了犯罪目的只存在于直接故意中的基本原理。②

2. 信用证诈骗罪中的“以非法占有为目的”问题

我国1997年新刑法典第195条（信用证诈骗罪）中，缺少第192条（集资诈骗罪）、第193条（贷款诈骗罪）中的“以非法占有为目的”的表述。理论上对信用证诈骗罪是否必须具备“以非法占有为目的”的要件存在很大争议，司法

① 赵秉志．论金融诈骗罪的概念和构成特征．国家检察官学院学报，2001（1）；赵秉志，许成磊．金融诈骗罪司法认定中的若干疑难问题研讨．刑事司法指南，2000（4）.

② 赵秉志．论金融诈骗罪的概念和构成特征．国家检察官学院学报，2001（1）；赵秉志，许成磊．金融诈骗罪司法认定疑难问题研究//赵秉志．刑事法治发展研究报告（2002年卷·首卷）．北京：中国人民公安大学出版社，2002：154-219；赵秉志，许成磊．金融诈骗罪认定中若干共性问题探讨．法制日报，2003-02-20（10）.

实践中认为信用证诈骗罪不以“以非法占有为目的”为要件的观点也有一定市场，并依此观点判处了一些有关信用证犯罪的案件。

（1）“以非法占有为目的”应是信用证诈骗罪的必备要件。主要理由是：其一，对不以非法占有为目的的信用证诈骗行为以信用证诈骗罪论处，不符合立法原意。通过考察和分析相关的实证资料，可以发现，立法者未在刑法典第 195 条载明“以非法占有为目的”，乃是因为从通常观念和长期司法实践看，非法占有目的乃是“诈骗”一词中的应有之义。换言之，对一切诈骗犯罪（包括普通诈骗罪、金融诈骗罪和合同诈骗罪）而言，非法占有目的均是其当然的构成要件之一；对有些诈骗犯罪，刑法典在描述其罪状时载明“以非法占有为目的”，是为了帮助人们更好地认定和把握此罪与彼罪、罪与非罪的界限。因而不能以立法者没有明文规定为由否认信用证诈骗罪中非法占有目的的必要性。其二，立法者将信用证诈骗罪归入“金融诈骗罪”一节，表明其主要客体是公私财产所有权，也可推论出此种犯罪应具备“以非法占有为目的”的特征。其三，从刑法典第 195 条的语法结构、“欺诈”一词的语义、信用证诈骗罪之法定刑的构造以及体系解释等多方面因素，也可以得出信用证诈骗以非法占有目的为必备要件的结论。

（2）基于应将“以非法占有为目的”作为信用证诈骗罪必备要件的分析之建议。其一，有关机关应当尽快作出有权司法解释，明确信用证诈骗罪之构成必须以非法占有为目的，以救济立法缺陷，消除歧见，统一执法。其二，为维护法律的权威和尊严，有关司法机关应当尽快对一些错误判决作出纠正，并在今后司法实践中，对信用证诈骗罪严格强调其构成必须具有非法占有目的。其三，鉴于不以非法占有为目的的信用证欺诈犯罪的社会危害严重以及在司法实践中证明非法占有目的的困难，可考虑通过修法途径将刑法的防卫线适当前置，对某些不以非法占有为目的的信用证欺诈行为（主要是骗取信用证、挪用信用证项下资金的行为）予以犯罪化，以严密刑事法网。①

① 赵秉志，周加海．论“以非法占有为目的”是信用证诈骗罪的必备要件．人民检察，2001（3）．

3. 关于信用卡诈骗罪

（1）盗窃信用卡并使用行为的定性问题。

1997年新刑法典第196条第3款对盗窃信用卡并使用的行为载明按照盗窃罪定罪处罚，这一规定并没有平息理论争论且属定性不当。盗窃信用卡并使用的行为不应按照盗窃罪定罪处罚，主要理由是：

其一，以盗窃罪定罪不能正确反映该行为的性质。信用卡只是一种信用凭证，本身并无多少财产价值，如果只盗窃信用卡并未使用，并不能构成盗窃罪。通过持卡人的挂失手续，行为人所窃取的信用卡便成为废卡，其先前的盗窃行为对其非法占有财物失去决定性作用，因此，以盗窃罪定罪不能正确恰当地反映该行为的性质。

其二，单纯盗窃信用卡的行为不构成犯罪，盗窃信用卡又使用的行为当然就谈不上“事后不可罚行为”的问题。即令盗窃信用卡本身构成犯罪，但其侵犯的利益只限于财产权，而由于其后的“使用”行为构成了对信用卡管理秩序的侵害，在这种情况下，后来的使用行为无法包括在对前行为的评价中。

其三，盗窃信用卡并使用的行为并不同于盗窃印鉴齐全的银行空白支票并使用的行为，持“盗窃罪说”的论者忽视了这二者的本质性区别，从而导致对盗窃信用卡使用行为的定性不当。信用卡属于记名的金融工具，使用时需要同时出示合法持卡人的有效身份证件或印鉴，以便银行或特约商户核对。行为人盗窃了信用卡并不能有效地获取财物，客观上要求进一步实施有关的欺骗行为，方可实现其目的。

其四，对这种行为若按照盗窃罪定性，会面临诸多无法解决的实践问题。一方面，在处理该类犯罪的未遂时，将会面临以下问题：在盗窃信用卡后的使用过程中，由于行为人意志以外的原因而未得逞，即未能骗得财物的，应构成犯罪未遂，但属于何种性质的未遂？依“盗窃罪说”，显然系盗窃未遂，但这与常理相悖，因为盗窃行为已经结束，未遂的只是其后使用过程中的诈骗行为。另一方面，在法律评价上，对盗窃信用卡并使用以盗窃罪定罪，易使人认为该种犯罪仅仅侵犯了公私财产所有权，而没有侵犯信用卡管理秩序。

由于信用卡特殊的操作机制，行为人的“使用”行为并非如盗窃了不记名、不挂失的有价支付凭证、有价证券、票证一样，只要实施了窃取行为就意味着实际控制了该笔财物；行为人实施了窃取信用卡的行为后，为了将财物骗到手，还必须实施积极的虚构事实、隐瞒真相的欺骗行为，如伪造合法持卡人的签名、身份证，窃取合法持卡人的密码，等等。没有这些欺骗行为，信用卡所代表的财产权利并不会变现。因而从整体上看，行为人的诈骗行为是决定行为人盗窃信用卡并使用的行为构成犯罪的关键。这种行为实际上是冒用他人信用卡的行为，完全符合信用卡诈骗罪中的“冒用他人信用卡”的规定，应当以信用卡诈骗罪定性。但在立法既有规定的情况下，只能以盗窃罪定罪处罚；这一问题的最终合理解决，只能依赖于立法改进。①

（2）恶意透支型信用卡诈骗罪的立法完善。

恶意透支型信用卡诈骗罪是司法实践中多发的一种关于信用卡的犯罪，立法上应将恶意透支行为独立成罪，主要理由在于：恶意透支犯罪确有与使用伪造的信用卡，作废的信用卡、冒用他人信用卡进行的诈骗构成的信用卡诈骗罪不同之处，后者是典型的诈骗行为，而恶意透支具有一定的背信性质。二者的区别具体表现在：其一，犯罪主体的特殊性。恶意透支行为人只能是信用卡的合法使用人，其他人只能作为犯罪参加人加以考虑；而后者则系非合法持卡人所为。其二，犯罪主观方面的特殊性。恶意透支必须明确“非法占有”这一目的要件，否则无法区分恶意透支与善意透支，而且，“经发卡银行催收后仍不归还”的行为，只是认定其主观上具有非法占有目的的客观征表；而后者，由于行为本身就可以充分地体现出行为人非法占有的意图，故无须特别规定非法占有的目的要件。其三，犯罪客观方面的特殊性。从司法认定的角度来看，恶意透支有一个从民事法律关系到刑事法律关系的转化过程，而后者则是直接构

① 赵秉志，许成磊. 盗窃信用卡并使用行为的定性分析与司法适用. 浙江社会科学，2000（6）；赵秉志，许成磊. 金融诈骗罪司法认定疑难问题研究//赵秉志. 刑事法治发展研究报告（2002年卷·首卷）. 北京：中国人民公安大学出版社，2002：154-219.

成刑事法律关系。此外，从国外的刑法理论与立法例看，许多国家刑法是将这种实为恶意透支性质的滥签信用卡的行为作为独立犯罪规定的。

在主张恶意透支行为应独立成罪的前提下，对恶意透支的成立要件应当予以立法完善。现行刑法没有将“明知无力偿还”作为恶意透支型信用卡诈骗犯罪的主观内容，只是在相关司法解释中对此有所规定，虽然这种明知无力偿还的故意从解释论上也可以归于“非法占有目的”范畴，或者说是非法占有目的的一种形式，但为不致引起理解上的分歧，在立法上明确规定“明知无力偿还”作为其主观上选择要件之一更为恰当。另外，规定“经发卡银行催收后仍不归还”这一要件虽有其合理的一面，但若严格贯彻也会放纵真正的犯罪分子。为此，应将此要件作为客观方面的选择要件。这样，综合持卡人的主客观特征，可以将恶意透支的概念作如下表述：恶意透支，是指持卡人以非法占有为目的，或者明知无力偿还，超过规定限额或者规定期限透支，并且经发卡银行催收后仍不归还的行为；但采取欺骗方法申领信用卡而透支，或者持卡人非法占有目的明显的，不受“经发卡银行催收后仍不归还”的限制。[①]

（八）破坏环境资源保护罪问题

生态环境和自然资源是人类生存和发展的重要基础，环境资源破坏是当代世界各国，尤其是发展中国家面临的重大社会问题之一。吸取了惨痛的教训，国际社会和各国政府都非常重视对环境资源的法律保护，环境资源的刑法保护在其中至关重要。

参加 1986 年全国刑法学术年会时提交的论文，是本人涉及环境犯罪领域研究的开端[②]；在 20 世纪 90 年代末期，本人又发表了几篇论述国外境外环境犯罪

① 赵秉志，许成磊．恶意透支型信用卡诈骗犯罪问题研究．法制与社会发展，2001（3）；赵秉志，许成磊．金融诈骗罪司法认定疑难问题研究//赵秉志．刑事法治发展研究报告（2002 年卷·首卷）．北京：中国人民公安大学出版社，2002：154-219.

② 赵秉志．论盗伐、滥伐林木罪//中国法学会刑法学研究会，等．经济体制改革与打击经济犯罪．上海：上海社会科学院出版社，1987.

和环境刑法的合著论文[①]；后来又围绕我国环境刑法的立法问题发表论文数篇；并曾应邀专程赴韩国于 2016 年 8 月 25 日全天在韩国刑事政策研究院就中国的环境犯罪刑法立法问题作学术演讲和交流。[②] 本人在此一领域出版的专著有两本：一是合著的对环境犯罪进行比较研究的著作[③]；二是 2008 年受环境保护部的委托所主持的"环境犯罪及其立法完善"课题的研究成果所形成的专著。[④] 这些论著涉及了对中外环境犯罪和环境刑法若干问题的研讨。下面侧重对本人关于我国环境刑法立法及其完善方面的研究予以介述。

1. 我国环境犯罪刑法立法的演进

中国有关环境犯罪的立法可谓源远流长，自商朝以降历朝历代的刑法立法中都有惩治环境犯罪的相关规定，其中以唐律的规定最具代表性。新中国环境犯罪的立法演进，大体上可分为探索、确立和发展三个时期。

（1）环境犯罪立法的探索时期。

即 1949 年中华人民共和国成立至 1979 年刑法典颁行。这一时期，我国尚未制定统一的刑法典，也没有环境犯罪的单行刑法，有关环境犯罪的立法只是零星散见于《森林保护条例》《防止沿海水域污染暂行规定》等少量非刑事法规之中。这一时期的环境犯罪立法具有以下两个特点：一是缺乏正式的立法渊源，表现为非刑事法律中的附属刑法规范不甚明确，刑法草案实际成为环境犯罪的非正式法律渊源；二是环境犯罪规范数量极少且相当分散，只能算是一种摸索性立法。

① 赵秉志，王秀梅. 国际环境犯罪与国家刑事责任的承担. 法学，1998（4）；赵秉志，王秀梅. 海峡两岸环境犯罪之比较研究. 刑事法杂志，1999（2）；赵秉志，王秀梅. 现代环境刑法之演进与定位. 天津政法管理干部学院学报，1999（3）；赵秉志，王秀梅. 大陆法系国家环境刑法探究. 南京大学法律评论，1999（秋季号）.

② 北师大刑科院. 刑事法律科学研究院简报，2016（24）.

③ 赵秉志，王秀梅，杜澎. 环境刑法比较研究. 北京：法律出版社，2004. 该书系本人主持并担任总主编的国家重点研究基地重大项目"当代新型犯罪比较研究"10 卷本成果的第 10 卷，该项目的 10 卷本于 2006 年获北京市第九届哲学社会科学优秀成果二等奖。

④ 赵秉志. 环境犯罪及其立法完善研究——从比较法的角度. 北京：北京师范大学出版社，2011.

（2）环境犯罪立法的确立时期。

即1979年刑法典颁行至1997年全面修订刑法典。这一时期，我国颁行了1979年刑法典，并出台了大量单行刑法和附属刑法规范。[①] 这一时期我国的环境犯罪立法具有以下三个特点：

一是立法形式多元，包括刑法典、单行刑法和附属刑法。1979年刑法典分则中没有设置危害环境资源犯罪的专门章节，但在其分则总计103条条文中，直接或间接与环境犯罪相关的条文就有近10条，涉及放火、决水、爆炸、以危险方法危害公共安全（第105～106条）、盗伐林木、滥伐林木、非法捕捞水产品、非法狩猎（第128～130条）等犯罪；单行刑法方面，即《关于惩治捕杀国家重点保护的珍贵、濒危野生动物犯罪的补充规定》（1988年）设立了非法捕杀珍贵、濒危野生动物罪；附属刑法方面的环境犯罪规范，散见于海洋环境保护法、水污染防治法、森林法、渔业法、野生动物保护法、环境保护法、大气污染防治法、固体废物污染环境防治法、矿产资源法和环境噪声污染防治法等10余个非刑事法律之中，立法方式或者采取“依法追究刑事责任”的笼统、概括性规定，或者采取“依照”或者“比照”刑法有关条款处罚的规定，即都没有在非刑事法律中直接规定相关环境犯罪的法定刑。

二是立法规范数量较多但较为分散。相关条文数量多达50余条，包括刑法典中的9条、单行刑法中的1条和附属刑法规范40余条。但法条分布比较分散：刑法典分则中没有设置环境犯罪的专章或者专节，关于环境犯罪的法条散见于分则第二、三、六、八多章；有关环境犯罪的立法以附属刑法规范为主，40余个条文分散在18部非刑事法律之中。这种分散立法影响了人们对环境犯罪的认识，也影响了其法律实施效果。

三是立法调控的行为范围明显扩大。与前一时期只有个别附属刑法规范相比，我国这一时期环境犯罪的立法扩张是全面的：其一，刑法典、单行刑法设置

---

① 据统计，自1981年至1997年刑法典全面修订前，我国全国人大常委会先后通过了25部单行刑法，并在107部非刑事法律中设置了附属刑法规范。高铭暄，赵秉志. 中国刑法立法之演进. 北京：法律出版社，2007：42.

了多种专门的环境犯罪，惩治的范围涵盖比较广泛；其二，附属刑法规范中的“依照”“比照”等规定，扩大了环境刑法的治理范围，较为全面地涵盖了对涉及环境的多个领域的危害行为的治理。

(3) 环境犯罪立法的发展时期。

即 1997 年全面修订刑法典以来。这一时期，我国通过了 1 部经全面修订的刑法典和 11 个刑法修正案，同时出台了 1 部单行刑法和 1 个法律修改的决定。这一时期我国环境犯罪的刑法立法具有以下三个特点：

一是立法形式由多元走向统一。这一时期我国刑法的立法形式由多元走向了统一。其中，关于环境犯罪的立法，1997 年新刑法典作了专门规定，之后又有第二、四、八、十一共计四个刑法修正案对环境犯罪有所修正。

二是立法规范由分散走向集中。这除了表现为环境犯罪立法摒弃了单行刑法和附属刑法的立法形式，还在于 1997 年新刑法典分则第六章“妨害社会管理秩序罪”中设立了第六节“破坏环境资源保护罪”专节。虽然该节并没有涵盖与环境相关的所有犯罪，但该节（及刑法修正案）用 11 个条文较为集中地规定了以环境资源保护为主要客体的 16 种环境犯罪。其他一些犯罪，如动植物检疫徇私舞弊罪（刑法典第 413 条第 1 款）和动植物检疫失职罪（刑法典第 413 条第 2 款）等虽然也与环境保护相关，但立法者认为它们所侵害的主要客体不是生态环境而没有将其纳入“破坏环境资源保护罪”专节。因此，1997 年新刑法典虽然没有对环境犯罪完全予以集中规定，但较之于 1997 年新刑法典修订之前，其立法的集中性明显得到了加强。现阶段我国环境犯罪的刑法立法以刑法典为主，非刑事法律中的附属刑法规范仅具有呼应性的辅助作用。

三是立法内容更加科学合理。主要体现在：增加了单位犯罪主体，扩大了环境犯罪的主体范围；扩大了环境犯罪的处罚范围；加大了对环境犯罪的处罚力度。①

---

① 赵秉志．中国环境犯罪的立法演进及其思考．江海学刊，2017 (1)；赵秉志，陈璐．当代中国环境犯罪刑法立法及其完善研究．现代法学，2011 (6)；赵秉志，袁彬．《刑法修正案（十一）》宏观问题要论．澳门法学，2021 (1).

2. 我国环境犯罪的刑法调控理念

环境犯罪的刑法调控理念，即环境犯罪的刑法立法观，是指在刑法立法中应以何种态度对待环境犯罪，它是刑法惩治环境犯罪的观念支撑。树立怎样的调控理念，在一定程度上决定了刑法对环境犯罪调控范围的划定和调控标准的确立。因此，在环境犯罪的刑法治理中，首先应当树立科学的立法调控理念。“现代的价值观念以及现行法律的基本原理与构造决定着刑法保护环境的价值取向”[①]。即树立怎样的环境刑法观，取决于坚持以何种环境伦理观来指导处理人类与自然界的关系，以及经济发展与环境保护的关系。

环境伦理学将环境伦理观划分为人类中心主义与生态中心主义两大基本立场。两种环境伦理观反映在刑法立法方面，体现为应否运用刑法的手段对环境犯罪进行早期化治理的争论：人类中心主义主张事后治理的观念，生态中心主义主张早期化治理的理念。树立科学的环境犯罪立法调控理念，就不宜片面强调人类中心主义或者生态中心主义之其中一端。环境问题的早期化治理，并不意味着环境问题刑法治理的早期化，因为环境犯罪之刑法治理不仅要考虑环境问题的具体态势，同时也要兼顾刑法自身的严厉性、补充性和其“保护法”之特性。因此，我国环境刑法应坚持“全面保护、重点治理”的调控理念，即在严密环境犯罪刑事法网的同时，突出对某些环境犯罪行为的重点治理。一方面，要以人类中心主义的观念为支撑，保障环境犯罪事后治理的全面性，坚持法益保护的传统刑法理念，严密环境犯罪的刑事法网，将严重危害社会利益和公民权利的破坏环境的行为纳入刑法治理的范围；另一方面，要积极借鉴生态中心主义的观念，结合我国当前环境犯罪的严峻形势和整体社会现状，在不对当前社会发展水平和居民生活水平造成明显影响的前提下，对于高发、频发、易反复的破坏生态环境的现象和造成难恢复、不可逆的严重污染等突出问题，刑法应适当提前介入进行早期化治理。这种调控理念适当兼顾了人类中心主义和生态中心主义的合理因素，符合我国当前环境治理的总体态势，有助于指导

---

① 赵秉志，王秀梅，杜澎. 环境犯罪比较研究. 北京：法律出版社，2004：32.

对突出环境问题的刑事治理。[①]

就环境污染犯罪治理而言，环境污染犯罪治理理念的正确定位对于实现对环境污染犯罪的有效治理，促进全球生态的可持续发展，都具有重要的现实意义。对环境污染犯罪的治理，内在地要求以全球生态的均衡发展为目的来设计治理机制。环境污染犯罪刑事立法的价值取向，是对环境利益的保护优于对经济利益的保护，因此应该坚持环境污染犯罪刑事立法的生态本位。在环境污染犯罪中，区分罪与非罪、重罪与轻罪以及刑罚裁量的依据或标准，应该是人类环境可能遭受的破坏程度。[②]

3. 我国环境犯罪立法的调控标准

可将环境刑法的调控标准分为前置标准与后置标准。其中，前置调控标准涉及对环境刑法行政从属性的探讨，而后置标准涉及对具体个罪犯罪形态的探讨。关于环境刑法调控标准的讨论，应着眼于体现环境刑法重点调控之侧面，从而贯彻宽严相济的刑事政策。

（1）前置调控标准：坚持相对的行政从属性。

环境犯罪具有鲜明的行政从属性。环境犯罪的构成，往往以违反环境行政法律为前提，而且对一些环境犯罪构成要素的解释与认定，也需要借助行政法律法规予以明确化。考虑到刑法自身的特性与环境治理的现实需求，在环境刑法前置调控标准方面，应坚持相对的行政从属性。这既是由刑法自身特性所决定的，也是刑法与行政法之间的关系所决定的，更是充分实现生态环境良好治理的现实必要性所决定的。同时，还应注意保持环境刑法一定的独立性，这可以有效避免环境行政执法中由于依据滞后而出现的处罚漏洞，也有助于明确划定刑事处罚与行政处罚之间的界限，有利于环境刑法和环境行政法在各自规制范围内充分发挥作用，还可以彰显刑法的谦抑性。

---

① 赵秉志，詹奇玮．当代中国环境犯罪立法调控问题研究．中国地质大学学报（社会科学版），2018（4）．

② 赵秉志，冯军．论环境污染的刑法治理：理念更新与立法完善．法治研究，2013（4）．

（2）后置调控标准：适当降低部分入罪门槛。

环境犯罪的后置标准，是指环境刑法具体个罪的成立标准。该标准的高低，在一定程度上直接决定了刑法介入环境治理的程度。在环境问题日益突出并广受社会关注的情况下，我国环境刑法有必要对个别犯罪的入罪标准进行下调，但是也不能“一刀切”，而是应当结合环境犯罪的类型分别设定。

4. 我国环境犯罪的立法模式问题

环境犯罪的立法模式是环境犯罪及其刑事责任的外在表现形式，即环境犯罪的立法体例是采取刑法典、单行刑法，还是采取附属刑法规范的立法方式？

当今世界各国的环境犯罪立法体例大致有四种类型：一是刑法典模式，即在刑法典中设立环境犯罪的专门章节，如德国、俄罗斯；二是单行刑法模式，即在普通刑法典之外制定专门的单行环境刑法来规定环境犯罪，如日本；三是附属刑法模式，即通过行政法中的附属刑法条款来惩治环境犯罪，如英国、美国等多数英美法系国家，其中又有是否在环境行政法中直接规定刑事罚则之分；四是一些国家的复合型模式，即刑法典、附属刑法或者特别刑法相结合对环境犯罪作出规定。

我国环境犯罪的立法体例经历了一个由分散走向综合再走向统一的过程，目前的立法体例基本上采取的是统一的刑法典模式，即所有环境犯罪的规范都被规定在刑法典中，环境行政法中的附属刑法条款只有呼应性的意义。但关于我国环境犯罪的应然立法模式也有不同的主张：有的认为应当走特别环境刑法集中立法与环保法律分散立法相结合的道路，有的认为应采取刑法典、单行刑法、附属刑法相互配合的模式。本人认为，我国环境犯罪的理想立法体例仍然是目前采取的刑法典模式。这是因为：其一，环境犯罪立法的单一刑法典模式是我国法典化立法传统的要求和具体体现；其二，环境犯罪的性质正逐渐由法定犯走向自然犯，其法益日益增强的独立性削弱了环境犯罪立法的附属刑法模式价值；其三，我国既往附属刑法不单独规定法定刑和依附于刑法典的立法特点，决定了环境犯罪立法不宜采取附属刑法模式；其四，我国刑法的独立性和完整性决定了不宜对环境

犯罪采取特别刑法立法模式。①

5. 我国环境犯罪的立法调控范围

我国环境犯罪的立法调控范围即其立法保护范围，主要涉及两个方面：一是环境犯罪的种类，即罪名设置；二是具体环境犯罪的入罪标准。

(1) 关于环境犯罪的种类（罪名）设置。

关于环境犯罪的分类，刑法理论上有不同的观点。本人主张将我国刑法典中的环境犯罪分为“污染环境类犯罪”、“损害资源类犯罪”和“与环境犯罪相关的犯罪”三类，这种分类能够全面涵盖我国1997年新刑法典分则第六章第六节和其他章节中的全部环境犯罪。第一类“污染环境类犯罪”包括4种罪名，分别是污染环境罪（刑法典第338条），非法处置进口的固体废物罪和擅自进口固体废物罪（第339条第1、2款），非法引进、释放、丢弃外来入侵物种罪（第344条之一)；第二类“损害资源类犯罪”包括12种罪名，分别是非法捕捞水产品罪（第340条），危害珍贵、濒危野生动物罪（第341条第1款），非法狩猎罪（第341条第2款），非法猎捕、收购、运输、出售陆生野生动物罪（第341条第3款），非法占用农用地罪（第342条），破坏自然保护地罪（第342条之一），非法采矿罪（第343条第1款），破坏性采矿罪（第343条第2款），危害国家重点保护植物罪（第344条），盗伐林木罪（第345条第1款），滥伐林木罪（第345条第2款），非法收购、运输盗伐、滥伐林木罪（第345条第3款）；第三类“与环境犯罪相关的犯罪”包括刑法典分则第二、三、六、九章中相关的20余种罪名，其中比较典型的是走私珍贵动物、珍贵动物制品罪（第151条第2款），走私国家禁止进出口的货物、物品罪（含走私珍稀植物、珍稀植物制品行为，第151条第3款），走私废物罪（第152条第2款），违法发放林木采伐许可证罪（第407条），环境监管失职罪（第408条），非法批准征用、占用土地罪（第410条)、动植物检疫徇私舞弊罪（第413条），动植物检疫失职罪（第

① 赵秉志. 中国环境犯罪的立法演进及其思考. 江海学刊，2017 (1)；赵秉志. 环境犯罪刑法立法完善研究//李恒远，常纪文. 中国环境法治：2008年卷. 北京：法律出版社，2009.

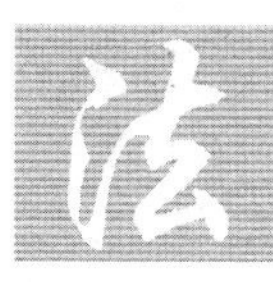


413 条），等等。

（2）关于环境犯罪的入罪标准。

环境犯罪的入罪标准主要涉及环境犯罪的形态问题。我国 1997 年新刑法典规定的环境犯罪入罪标准主要有四种类型：一是行为标准，即只要实施了危害行为即构成犯罪；二是情节标准，即以危害行为达到一定严重程度的情节入罪；三是危险标准，即要求行为具有足以造成一定危害结果的危险才入罪；四是结果标准，即以造成特定的危害结果入罪。在上述四种入罪标准中，以结果作为入罪标准的立法要求最为严格，不利于刑法对危害环境行为的及时惩治。为了加强对环境犯罪的惩治，2011 年《刑法修正案（八）》对环境犯罪的入罪标准作了两方面的重要修改：一是将污染环境罪由结果犯降为行为犯；二是将非法采矿罪由结果犯降为情节犯。上述两方面的修改，扩大了环境犯罪的处罚范围，受到刑法理论界与实务界的肯定，但仍有进一步扩大环境犯罪处罚范围的主张。①

6. 我国环境犯罪刑法立法的缺陷

深入认识和深刻反思我国环境犯罪刑法立法存在的问题，是完善我国环境犯罪刑法立法的前提和基础。目前我国环境犯罪刑法立法在罪名体系、犯罪构成和刑罚处罚等方面都存在问题。

（1）罪名体系方面的主要问题。

其一，罪名体系化程度不高。我国环境犯罪的罪名除较为集中地规定于 1997 年新刑法典分则第六章第六节“破坏环境资源保护罪”中外，还规定于第六章其他节和第二、三、九章中。罪名的分散规定在一定程度上不仅会淡化环境犯罪的客体特征，而且也会对环境犯罪的体系化产生负面影响。

其二，罪名规制范围较窄。作为后位保障法，环境刑法的罪名设置应当与环境管理法所包含的环境要素对应一致。但是，我国环境刑法却采用了最狭义的环境概念，相关罪名所针对的对象是自然环境，不包括人文环境和社会环境，而且即使是自然环境，也未能涵盖《环境保护法》中的全部自然环境要素，未能将诸

① 赵秉志. 中国环境犯罪的立法演进及其思考. 江海学刊，2017（1）.


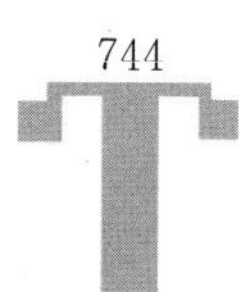

如草原、湿地、风景名胜区、自然保护区等自然环境要素包括在内。例如在污染环境类犯罪方面存在欠缺，没有将噪声污染入刑，擅自进口固体废物罪的对象仅限于固体废物而没有包括液态废物和气态废物；在损害资源类犯罪方面涵盖不全面，非法占用农用地罪的行为方式仅限于“占用”，没有涵盖其他破坏农用地的行为，如单纯破坏耕地、林地、草原等行为，对动物的保护仅限于珍贵、濒危野生动物，且行为方式仅限于猎捕、杀害、非法收购、运输和出售行为，没有包含对普通野生动物、一般动物实施的一些残忍行为，如虐待动物行为；在与环境犯罪相关的犯罪方面，没有将抗拒环境保护部门的环境监督管理的行为入罪。

其三，罪名结构单一。我国环境刑法中的罪名都是针对已然的环境危害，要求必须出现实际的环境危害结果，属于一种事后惩治。注重事后惩治是传统刑法中结果本位立法理念的体现，也是刑法谦抑性原则的表现。但是，当今社会经济、技术、科技的高速发展，使得环境污染的危害系数大大增加，环境侵害所产生的风险变得更不确定，过多强调结果本位的立法理念，将无助于对环境侵害的有效治理。

(2) 犯罪构成方面的问题。

我国对环境犯罪强调事后打击而不是事前预防，由此造成在环境犯罪各罪的犯罪构成上存在以下问题：

其一，犯罪对象的范围较窄。如污染环境罪的犯罪对象不包括生活垃圾和一般废物，非法占用农用地罪的犯罪对象不包括非农用土地资源，等等。

其二，危害行为的类型较为单一。如盗伐林木罪和滥伐林木罪中只规定了违法砍伐这一种行为。

其三，危害结果的规定不合理。如污染环境罪将严重危害结果作为犯罪的客观要件要素，导致刑法介入的时间过于滞后。

其四，主观罪过的形式单一。如污染环境罪的罪过形式只能是过失，但实践中并不能排除主观上出于故意的情况。

(3) 刑罚处罚方面的问题。

其一，在刑罚适用原则方面。一是对刑法的事先预防功能重视不够，结果加



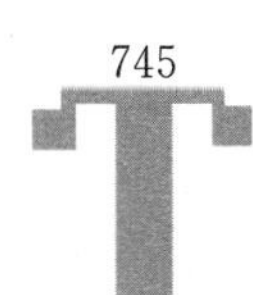

重原则尚未得到普遍适用；二是没有引入严格责任制度，刑罚的威慑效果大为减弱；三是责任推定原则没有法定化，因果关系的认定难度较大。

其二，在刑罚种类方面。一是没有确立资格刑在环境犯罪刑罚体系中的应有地位；二是缺乏非刑罚措施的配合适用。

其三，在刑罚力度方面。一是部分环境犯罪（如污染环境罪）的法定刑较轻，存在罪责刑不相适应的现象；二是在一些情节较轻的具体犯罪情形中，刑法规定只能并处罚金而不能单处罚金，不利于充分发挥罚金刑的作用。[①]

7. 我国环境犯罪刑法立法的完善

(1) 关于环境犯罪在刑法典分则中独立成章的问题。

关于环境犯罪的章节设置，在对 1979 年刑法典进行修订并曾考虑分则实行小章制的过程中，国家立法工作机关曾有将环境犯罪设置专章的设想和安排，后来又决定刑法典分则仍采用大章制，这样就在 1997 年新刑法典分则第六章“妨害社会管理秩序罪”中设第六节“破坏环境资源保护罪”专节对环境犯罪作了较为集中的规定，同时，在分则第二、三、九章和第六章其他节中也规定有一些环境犯罪。鉴于环境的重要性、环境犯罪客体的独立性，以及其他国家环境刑法立法模式的可借鉴性，应确立环境犯罪在我国刑法典中的重要地位。可将刑法典分则第六章第六节“破坏环境资源保护罪”从该章中独立出来，并将分散在分则其他各章节中有关环境犯罪的规定纳入其中，单独成立“危害环境罪”专章。环境犯罪独立成章有助于强化刑法对环境犯罪的治理，也有助于环境犯罪的类型化。

关于独立成章的危害环境罪在我国刑法典分则中的位置，可以考虑将其安排于第五章“侵犯财产罪”之后、第六章“妨害社会管理秩序罪”之前，甚或可以考虑安排在第二章“危害公共安全罪”之后，以体现对其重视。

① 赵秉志，陈璐．当代中国环境犯罪刑法立法及其完善研究．现代法学，2011（6）；赵秉志，李山河．中国环境犯罪刑法立法缺陷及其改进研究//赵秉志．刑事法治发展研究报告（2008—2009 年卷）．北京：中国人民公安大学出版社，2010：471-505；赵秉志．中国环境犯罪的立法演进及其思考．江海学刊，2017（1）．

（2）环境犯罪罪名体系的完善。

这方面的立法完善，既应充分考虑我国环境问题现状和环境犯罪刑法立法现状，又要考虑环境犯罪若在刑法典分则中独立成章后环境犯罪的系统协调等问题。

其一，将现有的设置于其他章节的环境犯罪整合纳入危害环境罪专章。将刑法典分则第六章第二节中的走私珍贵动物、珍贵动物制品罪，走私国家禁止进出口货物、物品罪中的有关走私珍稀植物、珍稀植物制品的犯罪行为，以及走私废物罪纳入危害环境罪专章中；将刑法典分则第六章第四节中的故意毁损名胜古迹罪，盗掘古文化遗址、古墓葬罪，盗掘古人类化石、古脊椎动物化石罪纳入危害环境罪专章中。至于刑法典分则第九章“渎职罪”中的环境渎职犯罪，考虑到该章的立法宗旨及章内各类渎职犯罪的协调，该章的环境渎职犯罪以维持立法现状为宜。

其二，适当增设环境犯罪新罪名。目前急需增设破坏草原罪、破坏湿地罪、虐待动物罪、破坏自然保护区罪和抗拒环保行政监督管理罪等。从完善环境刑法调控范围的角度而言，要将制造严重噪声污染的行为纳入环境刑法的调控范围，并进一步完善对土地资源、动物资源的刑法保护。

其三，合理界定部分环境犯罪的调控范围。一是污染环境类犯罪的罪名过少，而污染环境罪又是一个极具包容性的罪名，应将污染环境罪进行细化和拆分，分解出水污染罪、海洋污染罪、大气污染罪和土地污染罪；二是为维护环境刑法体系的统一性和协调性，应将走私废物纳入环境刑法的调控范围，并对涉及废物的环境犯罪罪名作出调整。

（3）修改相关环境犯罪的犯罪构成。

为严密刑事法网，加大对环境保护的力度，需对以下犯罪的构成要件进行完善，包括：污染环境罪，非法处置固体废物罪，擅自进口固体废物罪，盗伐林木罪，滥伐林木罪，非法收购、运输盗伐、滥伐林木罪，危害国家重点保护植物罪，走私珍贵动物、珍贵动物制品罪，危害珍贵、濒危野生动物罪，非法占用农地罪，非法采矿罪和破坏性采矿罪。

从入罪标准的角度而言，要合理调整环境犯罪的入罪标准：一是对污染环境类的环境犯罪，可考虑将现有的结果犯下调为危险犯，这主要涉及擅自进口固体废物罪；二是对损害资源类的环境犯罪，可考虑将现有的结果犯下调为情节犯，这主要涉及非法占有农用地罪、非法采矿罪和破坏性采矿罪。

（4）环境犯罪刑罚适用原则的完善。

应从下述方面对我国环境犯罪刑罚适用的原则予以完善：一是要考虑增加环境犯罪的危险犯；二是要适度引入严格责任制度；三是应将责任推定原则法定化。

（5）环境犯罪刑罚种类的完善。

可从以下方面来加强环境犯罪的刑罚体系建设：

其一，完善环境犯罪的财产刑，加大财产刑的处罚力度，对于情节轻微的环境犯罪，可以独立适用财产刑；充分发挥罚金刑对环境犯罪的处罚作用。

其二，完善环境犯罪的资格刑。针对实施环境犯罪的企业法人，设置限制或剥夺企业的生产经营能力的资格刑，最大限度地防止危害结果扩大化和降低再犯可能性，符合罪责刑相适应原则和刑罚经济原则的要求，可以起到特殊预防效果。完善环境犯罪的资格刑在立法方式上可有三种选择：一是在刑法典总则增设剥夺政治权利刑之外新的资格刑类型，包括可适用于环境犯罪的刑事破产和禁止从事特定业务活动；二是扩大《刑法修正案（九）》增设的职业禁止的适用范围，使其不仅可适用于犯罪的自然人，也可适用于实施环境犯罪的单位；三是在危害环境罪独立成章的基础上，专门针对单位环境犯罪增设刑事破产和禁止从事特定业务活动的刑罚措施。此外，还应考虑完善环境犯罪的非刑罚处理方法，把环境恢复义务作为非刑罚处理方法。

（6）环境犯罪刑罚力度的完善。

环境犯罪的刑罚力度主要体现在其主刑方面。在《刑法修正案（八）》和《刑法修正案（十一）》对环境犯罪修法之前的环境刑法立法背景下，本人提出，尽管从整体上看我国环境犯罪的法定刑基本符合罪责刑相适应原则的要求，但从横向比较的角度看，对于环境犯罪的处罚仍然存在刑罚力度不够的问

题。应对某些环境犯罪的法定自由刑进行调整，以使其罪刑关系协调，并从横向上使其与相关环境犯罪的法定刑协调。这主要是应提高污染环境罪的法定刑，该罪的法定最高刑为7年有期徒刑，明显偏低，应提高至10年有期徒刑，以使罪责刑相适应①；此外，也应适当提高盗伐林木罪的法定刑，以使其与盗窃罪的法定刑协调。

在环境犯罪的现行刑法条件下，对于我国环境犯罪的刑罚处罚力度，刑法理论上也还有要求进一步提高环境犯罪法定刑的主张，这主要涉及环境犯罪中几种法定最高刑相对较低的犯罪，包括非法捕捞水产品罪，非法狩猎罪，危害珍贵、濒危野生动物罪，危害国家重点保护植物罪，盗伐林木罪。本人主张我国刑法对环境犯罪的刑罚处罚力度不宜再普遍提高，主要理由有三点：一是与其他犯罪治理一样，环境犯罪治理的重点在于法网的严密性，而非处罚的严厉性；二是我国环境犯罪的刑罚处罚总体上已明显高于国外境外的环境刑法立法；三是对环境犯罪的刑罚处罚若再普遍提高则与我国刑罚改革的趋势不相符合。因而在此立法与实务背景下，我国目前没有必要再普遍提高环境犯罪的法定刑。②

（九）计算机、网络和信息犯罪问题

随着现代科技的发展，计算机和互联网在社会和经济生活中扮演越来越重要的角色，与此相关的计算机犯罪、网络犯罪和信息犯罪遂作为新型犯罪出现，它们具有不同于传统犯罪的崭新特征，并具有极大的破坏性。作为全国刑法学界关

---

① 2011年的《刑法修正案（八）》扩大了污染环境罪的行为对象范围并修正了其入罪的危害后果，2020年的《刑法修正案（十一）》对污染环境罪增设了“七年以上有期徒刑”的加重量刑幅度，均体现了对污染环境罪予以严厉惩治的立法精神。

② 赵秉志. 环境犯罪刑法立法完善研究. 中国环境法治（2008年卷）. 赵秉志. 中国环境犯罪的立法演进及其思考. 江海学刊，2017（1）；赵秉志，李山河. 中国环境犯罪刑法立法缺陷及其改进研究//赵秉志. 刑事法治发展研究报告，（2008—2009年卷）. 北京：中国人民公安大学出版社，2010：471-505；赵秉志，陈璐. 当代中国环境犯罪刑法立法及其完善研究. 现代法学，2011（6）；赵秉志，冯军. 论环境污染的刑法治理：理念更新与立法完善. 法治研究，2013（4）；赵秉志，詹奇玮. 当代中国环境犯罪立法调控问题研究. 中国地质大学学报（社会科学版），2018（4）.

注的一个重要标志，全国刑法学术年会自新世纪之初即两度将此问题作为议题之一[①]；近年来又数度关注这一新型犯罪议题。[②] 本人较早开始关注计算机犯罪和网络犯罪问题，在 20 世纪 90 年代中期就曾撰文较为系统地论述计算机犯罪问题[③]；在 1997 年新刑法典颁行后，又对刑法典第 285 条非法侵入计算机信息系统罪进行研究[④]，并合著了计算机犯罪方面的著作。[⑤] 在 2009 年《刑法修正案（七）》和 2015 年《刑法修正案（九）》对信息和网络犯罪进行修法完善之后，亦及时予以关注和研究。[⑥]

1. 计算机犯罪问题

（1）计算机犯罪对刑事立法及传统刑法理论的冲击。

计算机犯罪，是指利用计算机操作所实施的危害计算机信息系统（包括内存数据及程序）安全的犯罪行为。[⑦] 随着社会经济与技术的发展和人们对计算机与网络整体依赖性的增强，我国计算机犯罪出现一些新特点，并由此引起与刑事立法和刑法理论的冲突。

计算机犯罪对刑事立法的冲击表现在以下方面：

其一，对刑法典规范设置的冲击。一是罪名的欠缺。如对于非法占用他人计

① “计算机、网络、电子商务中的犯罪与刑法对策”是 2000 年全国刑法学术年会的议题之一，“网络犯罪”是 2004 年全国刑法学术年会的议题之一。

② “网络犯罪问题研究”是 2014 年全国刑法学术年会的议题之一，“信息网络犯罪的司法适用”是 2016 年全国刑法学术年会的两个实务议题之一，“公民个人信息的刑法保护”是 2017 年全国刑法学术年会的三个实务议题之一，“涉信息网络犯罪的刑法防治对策研究”是 2018 年全国刑法学术年会的三个实务议题之一。

③ 赵秉志，刘建．试析金融计算机犯罪的方式和原因．公安大学学报，1995（1）；赵秉志，等．论计算机犯罪的定义．现代法学，1998（5）．

④ 赵秉志，等．论非法侵入计算机信息系统罪．法学研究，1999（2）．

⑤ 赵秉志，等．计算机犯罪比较研究．北京：法律出版社，2004．该书系本人主持并担任总主编的国家重点研究基地重大项目“当代新型犯罪比较研究”10 卷本成果中的第 6 卷，该项目的 10 卷本于 2006 年获北京市第九届哲学社会科学优秀成果二等奖。

⑥ 赵秉志．刑法修正案最新理解适用．北京：中国法制出版社，2009；赵秉志．《中华人民共和国刑法修正案（九）》理解与适用．北京：中国法制出版社，2016；赵秉志，袁彬．刑法最新立法争议问题研究．南京：江苏人民出版社，2016．

⑦ 赵秉志，等．论计算机犯罪的定义．现代法学，1998（5）．

算机存储容量、窃取计算机时间等行为，我国刑法未作出特别规定，导致无法可依，以至于轻纵此种严重危害行为。二是我国刑法对于计算机犯罪缺乏资格刑的规定。三是面对计算机犯罪低龄化的趋势，我国刑法需要对未成年人负刑事责任的范围作出适当调整。四是计算机犯罪具有危害公共安全的性质，要求我国刑法对于计算机犯罪的类型归属进行调整。五是需要增设关于单位计算机犯罪的规定。

其二，在刑事诉讼法规范的设置方面。我国刑事诉讼法缺少强制报案制度，有关的证据类型也存在不足，不利于对计算机犯罪的有力打击。

其三，目前我国刑事法律有关计算机犯罪的规定也造成了司法协助方面的一些障碍。如我国刑法典对计算机犯罪的刑罚设置普遍偏低，导致对引渡制度的实际冲击与阻碍。

在刑法理论方面，计算机犯罪在无国界犯罪所引起的管辖、传统型犯罪计算机化以及计算机空间的共同犯罪等问题上，均对以往的刑法理论造成了一定的冲击。①

（2）刑事立法及刑法理论对计算机犯罪的应有回应。

面对计算机犯罪所导致的刑事立法与理论的滞后，刑法理论界应当直面挑战，前瞻性地探讨计算机犯罪立法的可行模式与法条设置，并及时修正传统刑法理论以指导刑事司法：

其一，完善国内立法。一是应制定专门的反计算机犯罪法。二是应完善现行刑法典中的计算机犯罪惩治条款，除增设“非法使用信息网络资源罪”外，还应当扩展刑法典第 285 条非法侵入计算机信息系统罪的构成条件，具体可借鉴我国台湾地区“刑法”中的“非法入侵电脑罪”，将非法输入他人账号密码、破解使用电脑的保护措施，或利用电脑系统的漏洞而入侵他人的电脑或其相关设备，情节严重的行为犯罪化。此外，非法侵入计算机信息系统罪的法定刑应予提高，以严厉打击犯罪人并消除引渡等刑事司法协助的障碍。三是应完善现行行政法规，

① 赵秉志，等. 计算机犯罪及其立法和理论之回应. 中国法学，2001 (1).

配套刑法典的贯彻实施。四是应在《治安管理处罚法》中增加对计算机违法行为的惩治。

其二，建立健全惩治计算机犯罪的国际合作体系。当务之急是各国的国内刑事立法应当对计算机犯罪，尤其是网络犯罪有一个全面而系统的刑罚惩治体系，这不仅是具体贯彻未来惩治计算机犯罪的国际刑法规范的前提，而且是各国遏制当前计算机犯罪猛烈发展势头的首要任务。

其三，变革传统刑法理论。一是拓展刑事管辖的时空范围。应当采取有限管辖原则，即在属人管辖之外，以犯罪行为对本国或者本国公民的侵害或者影响关联性为标准来确定是否具有刑事管辖权。基于未来惩治计算机犯罪国际公约所确立的普遍管辖权，则不在此限制之内。这种关联性的具体含义，是指犯罪行为对于本国或者本国公民已经形成实际侵害或者影响，即已经与本国或者本国公民发生了直接联系。二是拓展刑法典的基本制度。对于以下几项制度，存在加以重新解释的必要：就未成年人犯罪而言，由于非法侵入计算机信息系统，制造、传播破坏性计算机程序等犯罪行为的犯罪人，相当大一部分是未成年人，因而适当降低未成年人实施计算机犯罪的刑事责任年龄，或者是为未成年人的此类犯罪设置单独的刑罚制度，例如禁止、限制使用计算机的保安处分制度，具有现实合理性；就单位犯罪而言，面对现实存在的单位计算机犯罪，应当在立法上予以及时补足和跟进，对于单位所实施的制造、传播破坏性计算机程序的犯罪行为，应当及时予以立法规制和司法惩治；对于网络环境下的共同犯罪，尤其是集团犯罪，刑法典上的概念界定与刑法理论上的解释应当及时加以修正；等等。此外，关于传统犯罪类型的理论也应有针对性地进行创新。①

2. 网络犯罪及其刑法遏制

（1）网络犯罪的界定。

从网络犯罪的共性出发，对其应作广义上的界定，即网络犯罪是以计算机网

---

① 赵秉志，等. 计算机犯罪及其立法和理论之回应. 中国法学，2001（1）；赵秉志，阴建峰. 侵犯虚拟财产的刑法规制研究. 法律科学，2008（4）.



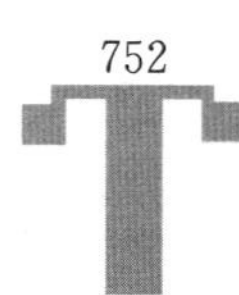

络为犯罪工具或者犯罪对象而实施的严重危害网络空间安全的行为。网络活动作为一种重要的社会生活现象，理应受到国家法律比较全面的调整。这种调整既体现在国家对网络运行的管理方面，也体现在对网络自身的保护上，还应当包括对网络所维系的社会公众的人身财产权的保护方面。考察我国网络犯罪的现状，我国的网络犯罪主要包括侵犯网络经营秩序、侵犯计算机信息系统、侵犯计算机资产和滥用网络等行为方式，其特点表现为犯罪形式多样化、犯罪行为明显化和犯罪结果多元化。

（2）关于治理网络犯罪的宏观问题。

新型网络犯罪行为层出不穷，使得原有的法律难以对其进行有效预防和制裁，网络犯罪的刑法治理已成为当下中国重大的理论和实务课题。网络犯罪的复杂性决定了对其治理不可能一蹴而就。面对网络犯罪的新情况、新变化，应当从刑法理论、刑法立法和司法解释诸方面同时发力，以法治思维和法治方式推进对网络犯罪的科学有效治理：

其一，理论研究方面。网络犯罪在主客观要件、共犯形式、犯罪停止形态以及犯罪的定量评价等方面，均有异于传统刑法理论的具体形态。我国应当加强对网络犯罪的研究，建立起关于网络犯罪的刑法基础理论。

其二，刑法立法方面。不同的网络犯罪类型具有不同的特点，有必要在刑法中依据不同的网络犯罪类型设置不同的刑法制裁体系。对于网络作为“犯罪对象”的网络犯罪，可以依据网络的不同直接规定侵害系统、数据、网络的犯罪；对于网络作为“犯罪工具”的网络犯罪，可以规定一般性罪名。对于传统犯罪异化的网络犯罪，需要扩大传统犯罪的适用范围，增加一些引导性、指向性条款的犯罪，以应对发生于网络空间中的犯罪行为。2015 年通过的《刑法修正案（九）》结合我国近年来网络违法犯罪行为的新情况，从多方面进一步完善了有关网络犯罪的规定，对于网络犯罪的治理产生了积极的作用。在今后立法修改时，有必要考虑在刑法分则中设立单独的“网络犯罪”专章，努力构建适用于网络犯罪规制的刑法立法体系。

其三，司法适用方面。需要在遵循基本法治原则前提下兼顾现行刑法规范与



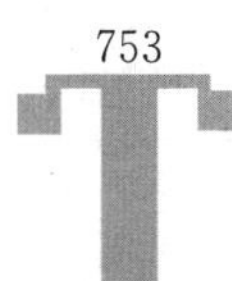

新增解释规范之间的协调，对常见多发的网络犯罪罪名的适用问题进行司法解释，以适应网络犯罪治理需要。相关司法解释要注重对刑法术语和具体犯罪定罪量刑标准的网络化解释，以推动传统刑法罪名体系向网络空间延伸适用，建立反映网络空间特点的定罪量刑标准。①

（3）网络犯罪的司法问题。

关于网络犯罪教唆犯的认定。网站管理者明知行为人在网络上实施教唆犯罪行为而不予以制止的，是一种不作为的教唆行为，同样可以成立网络教唆犯罪；在网络教唆中，教唆者在对被教唆者身份不明知的情况下，教唆未成年人实施侵害行为的，应以事实认识错误论，教唆者不成立间接正犯，而属于教唆犯；由于网络连接的广泛性以及技术的复杂性，有时行为人对特定行为所导致的危害后果并不明知，如果单纯考虑实际发生的危害后果显然有悖于刑罚的公正性，其解决的根本途径在于将网络教唆行为单独定罪处罚；从长远来看，随着网络在社会生活中的作用日益凸显，对于网络服务提供者的义务有必要予以严格化，在特定情形下，可以考虑使网络服务提供者承担相应的监督过失责任。

关于网络诽谤的刑事责任问题。网络诽谤仅靠被害人个人力量往往难以查明犯罪嫌疑人身份，网络诽谤具有传播速度快、范围广，成本低廉，危害难以消除等特点。关于网络诽谤犯罪的主体：网络诽谤内容的发布者应该承担网络诽谤的全部或主要的刑事责任，行为人虽然客观上发布了损害被害人人格、名誉的信息，但依据法律或法理其主观上不应预料到这一结果的，则不应负刑事责任；网络诽谤内容的传播者，一般不应承担刑事责任，但在特殊情况下，某些传播者亦应负部分或全部刑事责任；网络的管理者在一般情况下也不应为网络诽谤承担刑事责任，但是网络管理者协助他人进行网络诽谤行为，则应认定为网络诽谤的共犯，依法承担刑事责任；追究新闻媒体的相关责任，可以督促它们对原始信息进行严格审查，同时也为受害者提供了一条简单、有效的诉讼途径。在认定网络诽谤犯罪范围时，要区分行为的目的，区分所发布的信息是否为行为人所捏造，区

① 赵秉志．治理网络犯罪迫在眉睫．人民日报，2016-07-20.

分发布或传播言论的范围。在认定网络诽谤的对象范围时，在网络诽谤的对象为地方党政领导的情形下，应为自诉案而非公诉案，然而，由于网络诽谤的特点可能会导致被害人难以自诉的问题，在符合危害的严重性、被害人无力自诉而要求公诉、公诉机关查明网络诽谤属实的条件下，应允许检察机关对网络诽谤犯罪提起公诉。网络诽谤犯罪存在行为地、结果地的不确定性，确定管辖时要贯彻应当性、可能性、公正性原则。①

（4）遏制网络犯罪的立法完善问题。

面对日益严峻的网络犯罪形势，我国遏制网络犯罪的刑事立法有待完善。我国在网络犯罪立法方面的政策性立法占主导地位，且主要集中在计算机互联网络的经营秩序和信息系统安全方面，而关于计算机资产的保护和滥用计算机所造成危害行为的规制则较少，在诸如计算机硬件、计算机数据及计算机网络服务的保护等方面亟须加强和完善。

对于不能为现行刑法条款所包容的在网络上侵犯虚拟财产的行为，如果硬性通过法律解释牵强地将其纳入现行刑法的适用范围，则会损及罪刑法定原则。而此类行为的社会危害性又从客观上要求给予其必要的刑法规制。因而有必要及时完善立法，为规制侵犯虚拟财产提供有效的法律武器。在刑法立法层面可以考虑：增设“非法使用信息网络资源罪”；扩展刑法典第285条非法侵入计算机信息系统罪的构成条件；赋予网络运营商更大的法律监管责任。②

《刑法修正案（九）》结合我国近年来网络违法犯罪行为的新情况，从多方面进一步完善了有关网络犯罪的规定，包括增加规定利用信息网络侮辱、诽谤犯罪的证据提供，修改侵犯公民个人信息罪的规定，对计算机犯罪增设单位犯罪主体，完善扰乱无线电管理秩序罪，以及增设新罪名，等等。增设的四种新罪名为：拒不履行信息网络安全管理义务罪，非法利用信息网络罪，帮助信息

---

① 赵秉志，赵远．论网络诽谤刑法问题．比较刑事法研究（韩文），2010（2）．

② 赵秉志，阴建峰．侵犯虚拟财产的刑法规制研究．法律科学，2008（4）；赵秉志，袁慧．盗窃网络虚拟财产案件定性．刑事法判解研究，2010（3）．

网络犯罪活动罪，编造、故意传播虚假信息罪。《刑法修正案（九）》新增拒不履行信息网络安全管理义务罪是合情合理的，是有效治理网络空间乱象所必需的；新增非法利用信息网络罪和帮助信息网络犯罪活动罪是恰当的，将网络犯罪的实行行为阶段提前有其现实需要，因为非法利用网络和帮助信息网络犯罪活动的行为本身即具有较大的社会危害性，若达到情节严重的程度，就有单独入罪的必要。①

3. 信息犯罪问题

关于侵犯公民个人信息罪。2009 通过的《刑法修正案（七）》，首次在刑法规范中增设了侵犯公民个人信息罪这一具有时代特色的新罪名，确立了对公民个人信息给予刑法保护的立法精神，并以叙明罪状详尽规定犯罪成立的全部要素，灵活处理成立犯罪之侵犯行为的危害程度问题，值得肯定。该罪在司法适用方面需要注意：一是要合理认定公民个人信息范围。这里的公民不应当局限于我国公民，任何人的个人信息都可以成为该罪的犯罪对象；个人信息应当具备专属性、重要性；对于隐秘或者公开地从公民个人那里直接刺探或者收集个人信息的行为，可根据手段行为的性质以及后续利用行为的性质来追究法律责任。二是行为人只要没有获取公民个人信息的法律依据或者资格而获取相关个人信息的，就可能构成犯罪。三是具有公权力并非本罪之单位主体的基本特征。四是出售、非法提供公民个人信息的犯罪行为在主观方面为直接故意。在立法方面考量，该罪尚缺乏完备的行政法律制裁作为前提，未彻底贯彻罪刑法定原则，对网络危害行为的防治力不从心，有必要进一步完善。②

关于编造、传播虚假信息罪。在 2015 年《刑法修正案（九）》设置编造、故意传播虚假信息罪之前，我国现行刑法通过散见于刑法中的一些条款，对编造、传播虚假信息的行为进行规制。通过对编造、传播虚假信息犯罪司法适用的探

---

① 赵秉志.《刑法修正案（九）》修法争议问题研讨//赵秉志. 刑法论丛：2015 年第 4 卷. 北京：法律出版社，2015；赵秉志，袁彬. 刑法最新立法争议问题研究. 南京：江苏人民出版社，2016：66-89.

② 赵秉志.《刑法修正案（七）》的宏观问题研讨. 华东政法大学学报，2009（3）；赵秉志. 公民个人信息刑法保护问题研究. 华东政法大学学报，2014（1）.

讨，本人当时对编造、传播虚假信息犯罪的立法完善提出建议：一是应适当扩大编造、传播虚假信息犯罪中某些特殊犯罪主体的范围，同时明确自然人犯罪与单位犯罪的范围；二是完善其犯罪客观方面的相关规定，适当扩大某些犯罪中“虚假信息”的范围，明确对“传播”虚假信息行为的刑法规制；三是调整法定刑的配置，协调同类犯罪间的自由刑，完善罚金刑的配置，将单位犯罪中的单罚制改为双罚制；四是主张在刑法立法上增设编造、传播虚假信息罪。① 这种通过分散立法对编造、传播虚假信息行为进行规制的方式，致使相关立法存在较大差异和明显不足：对虚假信息入罪的行为方式覆盖不全面、设置不科学，对虚假信息的入罪标准设置不合理，对虚假信息犯罪的刑罚不协调。《刑法修正案（九）》新增编造、故意传播虚假信息罪有利于整合我国刑法关于虚假信息犯罪的相关立法，但新增的编造、故意传播虚假信息罪的规制范围过小且与编造、传播虚假恐怖信息罪以及诽谤罪，损害商业信誉、商品声誉罪的关系不协调，其入罪标准和法定刑升档均采用以后果限定方式影响司法操作，因而该罪之立法需要进一步完善：其规制的虚假信息类型应扩充至虚假公共信息；其行为类型应限定为“传播”；其入罪标准应修改为“危害公共利益，情节严重的”；其法定刑升档标准应修改为以行为是否达到“情节特别严重”而设为两档刑罚。②

（十）民营企业的刑法保护问题

由于特定历史条件下法治理念的局限，我国刑法立法及其实践中存在着对非公有制经济的刑法平等保护方面的偏差，而且刑法学界对此早有警觉。早在2003年的全国刑法学术年会上，经主持当年年会的研究会两位负责人倡导，首次将“非公有制经济的刑法平等保护”作为会议的实务议题之一。③ 2006年的全

① 赵秉志，徐文文. 论我国编造、传播虚假信息的刑法规制. 当代法学，2014（5）.

② 赵秉志，袁彬. 刑法最新立法争议问题研究. 南京：江苏人民出版社，2016：73-78.

③ 当年轮值主持全国刑法学术年会的是刑法学研究会会长赵秉志和时任司法部副部长的副会长张军，将“非公有制经济的刑法平等保护”作为此次年会的实务议题之一主要是张军副会长的提议，他当时经调查研究认为这个问题非常重要，有必要纳入年会议题以引起全国刑法学界的关注。当年年会有关该议题的研究，参见赵秉志，张军. 刑法实务问题研究——全国刑法学术年会文集·2003年度：第2卷. 北京：中国人民公安大学出版社，2003.

国刑法学术年会再次聚焦该议题。[①] 近年来，在党和国家关于完善产权保护制度，尤其是强化民营企业产权保护政策的支持与推动下，我国最高司法机关也通过发布司法文件暨开展相关司法实务提出和强调了加强对民营企业产权的刑事法保护的司法政策。2018 年的全国刑法学术年会议题也适时配合了国家保护企业产权的刑事政策。[②]

本人近年来注意结合所参与的典型刑事案件，对涉民营企业产权和民营企业家权益的刑事法保护问题进行梳理和分析[③]，对相关问题进行刑法学研究[④]，并主编出版了相关议题的会议文集[⑤]，力图在这一重要方面有理论与实务相结合的参与和贡献。

1. 对民营企业产权应否予以平等的刑法保护

我国刑法典通过总则中关于刑法任务的规定以及分则中多种具体犯罪的设置，包含了对非公有财产和民营企业产权多方面的刑法保护。而且，对非公有制经济给予和公有制经济同等的刑法保护，在 2001 年我国加入世界贸易组织时就已经提出，并已在理论上达成基本共识，即在我国加入世界贸易组织、发展市场经济的时代背景下，应当通过修改立法，逐步实现刑法对非公有制经济的平等保护。但之后多年来，我国刑法对非公有制经济的平等保护仍不尽如人意。刑法立法中不平等的内容没有得到完全修改，刑事司法实践中不重视乃至损害民营企业合法权益的情况仍然存在，这种法治状况显然不利于我国经济的健康发展和刑事法治的公正，因而有必要思考如何加强刑法对非公有制经济的

---

① “刑法对非公有制经济的平等保护”是 2006 年全国刑法学术年会的两个实务议题之一。赵秉志．和谐社会的刑事法治——全国刑法学术年会文集·2006 年度．北京：中国人民公安大学出版社，2006.

② “企业产权保护领域刑法问题研究”系 2018 年全国刑法学术年会的三个实务议题之首。赵秉志，陈泽宪，陈忠林．改革开放新时代刑事法治热点聚焦——全国刑法学术年会文集：2018 年度（上下卷）．北京：中国人民公安大学出版社，2018.

③ 赵秉志，左坚卫．民营企业产权保护第一案——张文中案件的参与暨思考．北京：法律出版社，2019.

④ 本人近年来在报刊上发表相关论文数篇。

⑤ 赵秉志．依法治国背景下企业产权的刑事法保护．北京：清华大学出版社，2018.

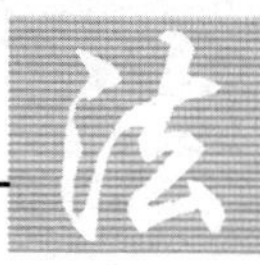

平等保护问题。

理论上出现的否定刑法平等保护非公有制经济的观点存在三个问题：一是将立法未予平等保护的现状与立法应予改革的目标混为一谈；二是将非公有制经济在国民经济中的占比地位和支撑作用与非公有制经济的法律地位混为一谈，前者不等于后者；三是没有看到经济体制改革和时代变迁对刑法应当平等保护非公有制经济的影响。

当前之所以要求对以民营企业为主要代表的非公有制经济给予刑法平等保护，主要理由有三：一是市场经济体制要求刑法平等保护非公有制经济；二是世界贸易组织规则要求刑法平等保护非公有制经济；三是党和国家有关政策性文件以及司法文件都要求刑法平等保护非公有制经济。①

2. 对民营企业产权予以平等刑法保护面临的问题

当前，对民营企业产权予以平等刑法保护面临三大问题：

（1）对刑法应当平等保护民营经济的理论准备不足。

尽管刑法理论界多数人认为刑法应当平等保护民营经济，但对于刑法为何要平等保护民营经济，研究和论证并不充分。对于刑法平等保护民营经济的理论准备不足，主要体现在以下两个方面：

其一，关于刑法为何要平等保护民营经济的正面论述不充分。主要体现为：认为我国宪法已经确立了平等保护非公有制经济的立场；认为我国刑法典规定的刑法面前人人平等的基本原则已经要求刑法对非公有制经济给予平等保护；认为民营企业地位的不断提升就是刑法对其平等保护的理由；既认为刑法对民营经济和国营经济应当平等保护，又认为对侵害民营企业和国有企业的相同法益（如财产所用权）的同种类型行为，可以甚至应当异罪异罚。

其二，由于正面论证不够充分，导致理论对实践的指导作用大大弱化，同时还促成了相反观点的出现。主张刑法对民营经济的保护就应当有别于刑法对国营

① 赵秉志，左坚卫．为什么要对非公有财产加强刑法保护．光明日报，2016－12－19（10）；赵秉志，左坚卫．清除法律障碍实现刑法平等保护非公经济．检察日报，2017－08－09（3）．

经济的保护的观点，其理由主要是我国宪法和刑法都确认了重视保护公有制经济的立场，这种不平等保护是由两种行为的社会危害性不同决定的，也是我国社会主义国家优先保护公有制经济所决定的。

(2) 刑法平等保护民营经济的法律障碍。

现行宪法，特别是刑法的有关规定，成为刑法平等保护民营经济的法律障碍。

其一，我国现行宪法的规定对刑法平等保护民营经济的消极影响。法律面前人人平等这一宪法原则，并不能必然导出对民营经济和国营经济应当给予刑法平等保护的结论。1993 年宪法修正案确立国家实行社会主义市场经济的发展战略，实际上就已经蕴含了应当给予民营经济刑法平等保护的精神。遗憾的是，长期以来，宪法没有对这一市场经济的应有之义作出任何明确规定，人们甚至没有认识到国家实行社会主义市场经济当然意味着对民营经济等非公有制经济给予法律平等保护。即便在经过多次修改后，现行宪法也仍然没有确立对民营经济给予法律平等保护的立场。而宪法对国营经济和民营经济在国民经济中所处地位、具有的作用以及支持力度上的不同表述，对国营经济和民营经济厚此薄彼的态度清晰可见。因为有上述宪法内容的引导，加上宪法又没有明确宣告对民营经济给予平等的法律保护，致使许多人认为，宪法对民营经济和国营经济并没有采取一视同仁的态度，仍然是实行差别保护。在这样的认识下，刑法对国有经济和民营经济实行有差别的保护也就在所难免了。

其二，我国现行刑法对民营经济和国营经济实行的差别保护。不可否认，我国刑法确实通过总则和分则多种规范，在不断加强对包括民营经济在内的非公有制经济的保护。尽管如此，但至今在许多方面，我国刑法对民营经济实行的仍然是有失公平的差别保护甚至保护缺失。一是刑法典总则（第 92 条）对民营经济权益予以全面保护的立场不够明确，中外合资企业、混合制企业及其权益保护在刑法典总则中没有得到体现；二是某些立法只惩治侵害国有经济利益的行为，对侵害民营经济利益的同类行为却不予规制，例如刑法典第 165～169 条规定的犯罪；三是对侵害客体相同、表现形式相同的行为，按侵害的对象是民营经济还是

国营经济区别对待，配置相差悬殊的法定刑，体现出对公有财产和非公有财产的不平等保护、对民营经济明显的歧视，例如，贪污罪与职务侵占罪、挪用公款罪与挪用资金罪、受贿罪与非国家工作人员受贿罪等立法，都存在这方面的问题。

（3）民营经济刑法平等保护的司法困境。

理论的混乱、立法的缺陷以及计划经济时代遗留下来的“厚公薄私”的思维定式，难免影响到司法实务，给刑事司法中贯彻对民营经济的刑法平等保护带来阻碍。近年来，民营经济在刑事司法中往往没有得到平等保护，而是时常受到歧视。具体表现为以下几种情况：一是存在对民营经济权益受侵害有案不立，推诿搪塞，受理后无人负责，案件一拖再拖，最后不了了之的情况；二是违法立案和追诉民营企业负责人，这种情况在某些时候、某些地方，甚至形成了一种势头，许多民营企业家受到追诉或者追诉威胁，导致民营企业人人自危；三是在刑事诉讼中非法占有、处置、毁坏民营企业财产的情况屡见不鲜；四是在刑事诉讼中只追究民营企业，放纵国有企业的违法犯罪活动。这些不公正乃至违法犯罪现象挫伤了民营企业发展的积极性，甚至引发民营资本向海外转移，破坏了国家鼓励、支持及引导民营经济健康发展的大政方针。①

3. 如何实现对民营企业产权平等的刑法保护

其一，立足宪法，修改和补充宪法对国营经济和民营经济法律地位的有关规定，补充和完善平等保护民营经济的规定，促进刑法平等保护非公有制经济，乃是势在必行。如果我们继续坚持社会主义社会的本质决定宪法对民营经济的法律地位和保护政策必须采取区别对待的立场，那么，在刑法上就难以实现对民营经济和国营经济的平等保护。

其二，本着对不同所有制财产予以平等保护的原则，修改或者废除刑法中对非公有财产不平等保护的规定，补充完善平等保护非公有财产的规定，通过增设罪名弥补缺失，通过补充立法明确模糊地带，通过修改立法纠正现有的歧视性规定。

---

① 赵秉志，左坚卫. 刑法平等保护民营经济面临的三大问题. 净月学刊，2017（4）.

其三，坚持有错必纠，甄别纠正已经发生的事实不清、证据不足、适用法律错误的涉民营企业的刑事错案冤案。司法人员应当改变观念，树立对非公有财产平等保护意识，从根本上改变对非公有财产的歧视心态。司法机关应当通过启动刑事追诉程序，依法惩治侵犯非公有企业产权，以及侵犯非公有制经济投资者、管理者、从业人员财产权益的犯罪。

其四，严格遵循相关刑法原则，以发展眼光客观看待和依法妥善处理民营企业涉罪案件。对于改革开放以来民营企业因经营不规范所引发的问题，要以历史和发展的眼光客观看待，严格遵循罪刑法定、疑罪从无、从旧兼从轻等原则，依法公正处理。对虽属违法违规但不构成犯罪，或者罪与非罪区别不清的案件，应当宣告无罪。

其五，严格规范涉罪财产处置的法律程序。应当进一步细化对涉嫌犯罪的非公有企业和人员财产处置的规则，依法慎重决定是否采取相关强制措施。对涉案非公有企业和人员，应当综合考虑行为性质、危害程度以及配合诉讼的态度等情况，依法慎重决定是否适用刑事强制措施和查封、扣押、冻结措施，最大限度地降低对企业正常生产经营活动的不利影响。

其六，审慎把握处理产权和经济纠纷的司法政策。要充分考虑非公有制经济的特点，严格把握刑事犯罪的认定标准，严格区分合同纠纷与合同诈骗的界限、企业正当融资与非法集资的界限、民营企业参与国有企业兼并重组中涉及的经济纠纷与恶意侵占国有资产的界限，准确把握经济违法行为入罪标准，准确认定经济纠纷和经济犯罪的性质，坚决防止把经济纠纷当作犯罪处理。防范刑事司法介入经济纠纷，防止选择性司法。

其七，加大对涉民营企业知识产权的刑法保护力度。对知识产权的刑法保护是对民营企业平等刑法保护的一个重要方面。应当完善知识产权刑事审判工作机制，积极发挥知识产权法院作用，推进知识产权民事、刑事、行政案件审判“三审合一”，加强知识产权行政执法与刑事司法的衔接，加大知识产权刑事司法保护力度。完善涉外知识产权执法机制，加强刑事执法国际合作，加大涉外知识产权犯罪案件侦办力度。严厉打击不正当竞争犯罪行为，加强品牌商

誉保护。①

4. 通过典型案件促进对民营企业产权平等的刑法保护

(1) 通过参与知名民营企业家张文中涉嫌诈骗等罪案，研究和促进对民营企业产权及民营企业家权益平等的刑法保护。②

最高人民法院关于张文中案件的再审判决之所以得到广泛肯定和好评，主要原因有三：一是对罪刑法定原则的遵守；二是对证据裁判原则的遵守；三是注重说理。

首先，再审判决对罪刑法定原则的坚守，体现在严格按照诈骗罪的构成要件来评判民营企业物美集团在申报和实施国债技改项目过程中的存在瑕疵甚至违法之处的行为。判决以全面论证物美集团作为民营企业有资格申报 2002 年国债技改项目为起点，以诈骗罪客观方面的构成要件为准据，逐一还原了那些与认定诈骗有关的案件事实的真相，包括是否存在欺骗行为，是否使负责审批的主管部门产生错误认识，项目是否真实。同时，还澄清了物美集团在申报和实施国债技改项目过程中的某些不规范行为的法律属性，论证了为何这些不规范行为不属于诈骗行为。例如，查明了物美集团以诚通公司下属企业的名义申报项目的真相和原因，并得出了物美集团并非以这种方式骗取国债技改贴息资金的结论。

---

① 赵秉志，左坚卫. 为什么要对非公有财产加强刑法保护. 光明日报，2016-12-19 (10)；赵秉志，左坚卫. 刑法平等保护民营经济面临的三大问题. 净月学刊，2017 (4).

② 河北省衡水市中级人民法院 2008 年 10 月 9 日作出一审刑事判决：认定知名民营企业物美集团原董事长张文中犯诈骗罪、单位行贿罪、挪用资金罪，判处有期徒刑 18 年，并处罚金 50 万元；被告单位物美集团犯单位行贿罪，判处罚金 530 万元。河北省高级人民法院 2009 年 3 月 30 日作出二审刑事判决：上诉人张文中犯诈骗罪、单位行贿罪、挪用资金罪，改判有期徒刑 12 年，并处罚金 50 万元；被告单位物美集团犯单位行贿罪，判处罚金 530 万元。张文中在服刑期间经两次减刑，于 2013 年 2 月 6 日刑满释放。后经张文中向河北省高级人民法院和最高人民法院提出申诉，最高人民法院经审查于 2017 年 12 月 27 日作出再审和提审本案的决定，2018 年 2 月 12 日开庭审理本案，2018 年 5 月 30 日作出终审判决，宣告张文中和物美集团均无罪。最高人民法院对张文中案件的再审及改判无罪，作出了突出的法治贡献，受到广泛关注和好评，纳入了最高人民法院的指导性案例，被认为是我国司法机关贯彻中央保护民营企业产权政策的第一案，是我国当代刑事司法上的一个具有里程碑意义和标杆性作用的重大法治事件。本人担任张文中案件一审、二审和再审的辩护人，全程参与了张文中案件的诉讼，并在案件诉讼过程中和之后研究了民营企业和民营企业家权益的刑法保护的相关问题。赵秉志，左坚卫. 民营企业产权保护第一案——张文中案件的参与暨思考. 北京：法律出版社，2019。

其次，再审判决对证据裁判原则的坚守，体现在对每一起案件事实的认定都提供了充分的、有针对性的证据进行支持。例如，解决本案定性问题的关键，在于查明民营企业是否有资格申报2002年国债技改项目。一旦确认物美集团有资格申报2002年国债技改项目，原审法院关于“张文中明知物美集团作为民营企业没有资格申报国债技改贴息项目，仍然决定让物美集团冒充国企诚通公司的下属企业进行申报”的结论也就显然不能成立。为此，再审判决中组织了大量的书证和证人证言，充分证明了从文件规定，到时代背景，再到具体负责项目审批的负责人和具体工作人员，都能得出民营企业有资格申报国债技改项目的结论。可以说，本案合议庭在判决书中对证据裁判的运用，是奉行证据裁判原则的典范，值得推广。

再次，再审判决的注重说理，体现在对争议和疑难问题的解答有理有据，思路清晰，分析透彻。仔细阅读本案的再审判决书，能够发现有大段的内容在论证民营企业有资格申报2002年国债技改项目，论证物美集团所申报项目并非虚构，论证物美集团以诚通公司下属企业名义申报项目并未使负责审批的主管部门产生错误认识，论证违规使用国债技改贴息资金不属于诈骗行为。这些重点论证的事项，正是本案是否成立诈骗罪的重点和难点，争议较大，大家都期待能有个明确的说法。这种直面争议焦点、大胆说理的做法，既体现了本案合议庭对需要解决问题的清楚认识，对以理服人的重视，也体现了合议庭法官们的专业素养。

最高人民法院再审判决对作为张文中案件主罪的诈骗罪部分的改判，至少建立或者重申了以下对民营企业涉嫌犯罪，尤其是涉嫌诈骗罪的裁判规则：一是对政策性文件内容的理解应当以文理解释为基础，同时参考文件制定的时代背景和实际执行情况；二是对违反政策性文件的企业不规范行为，包括弄虚作假行为，应当查明行为发生的原因、行为实施的目的、行为的具体内容，以确定行为的性质，不能一概定性为诈骗行为；三是被欺骗对象没有因欺骗行为而产生错误认识的，可以阻却诈骗罪的成立；四是在以虚假项目获取资金支持型诈骗罪中，项目是否虚假不能以项目是否完成或者按项目规划书的要求完成作为判断标准，而应当以项目内容是否可行，行为人是否为完成项目作出了实际努力作为判断依据；五是在以虚假项目获取资金支持型诈骗罪中，行为人是否严格按照财经制度使用

项目资金对定性没有构成要件方面的价值，不能以行为人没有按照财经制度使用项目资金为理由，认定行为人构成诈骗罪。①

概而言之，最高人民法院对张文中案件的再审判决在法治层面的突出贡献至少表现在以下四点：一是适用法律要坚守法律解释的基本原理，对法律文本和政策性文件的解释要求文理解释优先，论理解释次之；二是案件审理要坚持全面审查证据的原则；三是司法认定和裁决要坚持疑罪从无原则；四是行为定性要严格区分违规与犯罪的界限。②

（2）通过典型的民营企业家集资诈骗案，研究刑法适用的相关法理问题。

近年来，集资诈骗犯罪逐步成为民营企业家触犯频率较高的罪名之一。本人选取这方面极为典型并颇具争议的吴英案③和曾成杰案④予以考察，研究该类案件查处的诸多实务与理论难题。

其一，集资诈骗罪的司法正确认定问题。

集资诈骗罪司法认定的难点，主要涉及集资诈骗罪与合法的民间借贷行为间的界限，以及集资诈骗罪与非法吸收公众存款罪的区别两个问题，并主要包括对“非法占有目的”、“社会公众”和“诈骗方法”三个方面的认定。

一是集资诈骗罪与民间借贷的界限。集资诈骗与民间借贷都是不通过国家认可的金融机构而自行进行的集资借贷活动。从广义上说，实践中许多集资诈骗案

---

① 赵秉志，左坚卫．我国民营企业产权之刑法保护第一案——张文中案（诈骗罪部分）的事实澄清与法理展开．法律适用·司法案例，2018（12）．

② 赵秉志，左坚卫．民营企业产权保护第一案——张文中案件的参与暨思考．北京：法律出版社，2019：545－546．

③ 浙江本色控股集团有限公司原法定代表人吴英（女，时年26岁）被认定向11人非法集资7.7亿余元（至案发仍有3.8亿余元无法归还），在一审、二审中均被认定犯集资诈骗罪，被判处死刑立即执行。该案的死刑判决披露后引起广泛关注和极大争议。2012年4月20日，最高人民法院裁定不核准吴英死刑立即执行，并将该案发回浙江省高级人民法院重审。2012年5月21日，浙江省高级人民法院重审作出终审判决，以集资诈骗罪改判处吴英死缓。吴英案成为集资诈骗罪死刑应当废止的一个典型案件。

④ 湖南三馆房地产开发集团有限公司原总裁曾成杰被认定非法集资34.5亿余元，实际投入工程项目支出仅5.56亿余元，不仅造成集资户财产巨大损失，还引发了群体性事件和自焚恶性事件，在一审、二审中均被认定犯集资诈骗罪并被判处死刑立即执行，经最高人民法院复核核准于2013年7月12日被依法执行死刑。该案在吴英案改判后又以集资诈骗罪被适用死刑立即执行，引起社会关注和争议。

件也属于民间借贷，但属于非法的民间借贷，而且由于其社会危害性极其严重，已经需要动用刑法加以制裁；而正常的民间借贷则属于民事法律行为，受法律保护。因此，集资诈骗罪与民间借贷之间极易混淆，需要严格加以区分。集资诈骗罪尽管也具有民间借贷的特征，但因为与民间借贷在借款目的、借款对象、承诺的利息方面有所不同而与之相区别。在这些区别中，借款目的和借款对象是两者主要的区别。也就是说，如果行为人具有非法占有目的，且面向社会公众进行集资行为，就可能构成集资诈骗罪，否则为民间借贷行为。尤其是集资诈骗罪中对“非法占有目的”的认定，一直是理论和实务中争论的焦点。对非法占有目的的认定，应该强调坚持主客观相统一的刑事责任原则，既要避免客观的依结果归罪，也不能仅凭行为人的供述归罪，而应当根据具体案件具体分析，排除任何其他可能，以得出正确的结论。关于“社会公众”的含义，理解为不特定的多数人较为妥当，如果将特定的多数人也视为社会公众，必然会扩大吸收公众存款行为的外延，误将一些民间借贷行为入罪，从而不恰当地扩张了刑罚圈。

二是集资诈骗罪与非法吸收公众存款罪的区别。两罪在客观上都表现为非法集资的行为，两者的主要区别有二：首先是非法集资人是否具有非法占有目的；其次是非法集资人是否使用了诈骗的方法。如果非法集资人具有非法占有的目的，并且使用了诈骗的方法，构成集资诈骗罪，否则构成非法吸收公众存款罪。在认定非法集资者是否使用诈骗方法时，应分别从集资者与集资对象两方面进行分析：从集资者方面看，判断集资者是否实施了诈骗行为，主要看集资者有没有进行虚假宣传、有无真实的投资项目以及是否把大部分集资款投入到项目中；从集资的对象方面看，判断集资者的行为是否构成诈骗罪，还要看集资对象是否因集资者虚假的宣传或虚构的项目而陷入错误认识，并基于这一错误认识参与集资活动。但这只是一般情况下的大致判断，在具体案件中还应该结合案情进行具体分析判断。[①]

其二，集资诈骗罪的死刑严格限制适用问题。

---

① 赵秉志，徐文文．民营企业家集资诈骗罪：问题与思考．法学杂志，2014（12）．

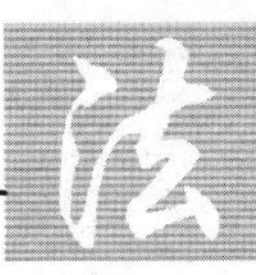

在集资诈骗罪立法过程中及立法之后，关于集资诈骗罪应否设立死刑的争议不断。此后，在《刑法修正案（八）》取消其他金融诈骗罪死刑而唯独保留集资诈骗罪死刑的背景下，在普通诈骗罪不设置死刑且其他金融诈骗罪的死刑也已被废止的情况下，保留集资诈骗罪的死刑显然不具有合理性。[①] 吴英集资诈骗被判处死刑立即执行案，最终以最高人民法院不核准吴英死刑、发回浙江省高级人民法院重新审判并改判死缓而告终。自此，吴英案被视为中国死刑改革道路上的一个标志性案件，也表明最高司法机关正在朝着限制甚至搁置集资诈骗案件死刑适用的方向前进。但是，随着曾成杰因犯集资诈骗罪被判处死刑立即执行并得到最高人民法院的核准，最高司法机关对此类犯罪死刑适用的态度再一次模糊。

在立法尚未取消集资诈骗罪死刑的情况下，司法机关应严格限制并基本搁置集资诈骗案件的死刑适用，以司法实践推动立法尽快彻底废止集资诈骗罪的死刑。在适用集资诈骗罪的死刑时，必须慎之又慎，尤其是考虑到以下几个方面的因素，一般不宜对集资诈骗案件的被告人判处死刑，至少是不宜判处死刑立即执行。一是集资诈骗罪“数额特别巨大”与死刑适用的关系，“数额特别巨大”只是本罪可以适用死刑的因素之一，应否适用死刑还应该在考虑其他情节后进行综合评判；二是按照刑法典第 48 条关于死刑适用条件的规定，死刑适用要同时考察行为危害是否达到极其严重的程度，以及犯罪人的主观恶性和人身危险性的大小；三是其他因素（被害人过错和舆情民意）对死刑适用的合理影响。

在市场化语境下，刑法应当充分体现其谦抑精神，不宜过早、过快地介入民间融资活动，给民间融资以较大的自由空间。同时也要认识到，关于集资诈骗罪的死刑，司法上严格限制甚至搁置集资诈骗罪的死刑适用只是暂时的权宜之计，而从立法上尽快彻底废止集资诈骗罪的死刑才是根本的长久之策。[②]

---

① 全国人大常委会 2015 年通过的《刑法修正案（九）》已废止了集资诈骗罪的死刑。

② 赵秉志. 简论严格限制民营企业家集资诈骗罪的死刑适用. 河南大学学报（社会科学版），2014（6）；赵秉志，徐文文. 民营企业家集资诈骗罪：问题与思考. 法学杂志，2014（12）.

在罪刑各论领域，除上述犯罪问题外，本人还对其他若干种类的犯罪有所关注和研究，并提出了自己的认识和学术见解，主要包括：在危害国家安全罪方面，涉及反革命罪罪名的更改问题①、反革命罪的既遂与未遂区分问题等②；在危害公共安全罪方面，涉及交通肇事罪认定的疑难问题③、"危险驾驶罪"的司法与立法完善问题④，以及安全事故犯罪等⑤；在破坏社会主义经济秩序罪方面，主要涉及经济犯罪的基本问题⑥，生产、销售伪劣商品犯罪⑦，商业贿赂犯

---

① 赵秉志．完善刑法典分则体系结构的基本设想．法学研究，1989（2）；赵秉志．关于完善我国刑法典体系和结构的研讨．中国社会科学，1989（4）；赵秉志．关于完善刑法典分则体系结构的新思考．法律科学，1996（1）．

② 赵秉志．反革命罪也有既遂未遂之分．法学季刊，1985（3）．

③ 赵秉志．简析交通肇事罪的犯罪主体．法制日报，1988-04-20；赵秉志，田宏杰．交通肇事逃逸致人死亡问题研究．人民检察，2000（1）；赵秉志，肖中华．交通肇事后逃逸案件的处理．检察日报，2001-11-20．

④ 赵秉志．"酒驾"肇事案件的刑法对策．人民法院报，2009-10-14；赵秉志，张磊．关于"酒驾"危害行为的刑法立法对策之思考．法学杂志，2009（12）；赵秉志，张伟珂．醉驾审慎入罪的法理分析．检察日报，2011-05-17；赵秉志，赵远．危险驾驶罪的研析与思考．政治与法律，2011（8）；赵秉志，袁彬．"醉驾入刑"热点问题探讨//赵秉志．刑法论丛：2011年第3卷．北京：法律出版社，2011；赵秉志，袁彬．醉驾入刑诸问题新探讨．法学杂志，2012（8）；赵秉志，侯帅．危险驾驶罪立法与司法完善研究//赵秉志．刑事法治发展研究报告（2014—2015年卷）．北京：法律出版社，2017．

⑤ 赵秉志，刘志伟．教育设施重大安全事故罪客观要件中的疑难问题研讨．法商研究，2001（1）．

⑥ 赵秉志，赫兴旺．关于经济刑事法律宏观完善的若干问题．中国人民大学学报，1992（4）；赵秉志，李希慧．论如何区分区分经济活动中罪与非罪的界限．法律适用，1993（1）；赵秉志．刑法各论问题研究．北京：中国法制出版社，1996：89-101．

⑦ 赵秉志，鲍遂献．论《关于惩治生产、销售伪劣商品犯罪的决定》．人民检察，1993（12）；赵秉志，鲍遂献．生产销售不卫生化妆品罪的构成、认定及处罚．光明日报，1994-04-05；赵秉志，许成磊．生产、销售伪劣商品罪若干疑难问题研究．法律应用研究，2001（2）；赵秉志．论制售假冒伪劣商品犯罪的刑法抗制．河南省政法管理干部学院学报，2002（2）；赵秉志，许成磊．放纵制售伪劣商品犯罪行为罪的司法疑难问题探讨．刑事法判解研究，2003（1）；赵秉志，刘媛媛．食品危险的刑法规制研究//赵秉志．刑事法治发展研究报告（2011—2012年卷）．北京：中国人民公安大学出版社，2013；赵秉志．危害食品安全犯罪定性问题研究——以河南特大"瘦肉精"案件为主要样本．河南大学学报（社会科学版），2014（1）；赵秉志．以法治思维和方式治理互联网时代食药犯罪．法制日报，2015-08-05；赵秉志，张心向．中国大陆惩治危害食品安全犯罪之实证考察与检讨——以危害食品安全犯罪构成要件司法适用类型整理为视角．澳门法学，2016（2）；赵秉志，张伟珂．食品安全犯罪司法认定问题研究——以法释［2013］12号司法解释为中心．中南民族大学学报（人文社会科学版），2017（2）．

罪[①]，破坏金融管理秩序犯罪等[②]；在侵犯公民人身权利犯罪方面，主要涉及相约自杀的刑事责任[③]、故意伤害罪的疑难问题[④]、家暴犯罪问题[⑤]、强奸罪的疑难问题[⑥]、绑架罪的争议问题[⑦]、虐待罪[⑧]、诽谤罪[⑨]、嫖宿幼女罪的存废问题等[⑩]；妨害社会管理秩序罪方面，主要涉及有组织犯罪暨黑社会性质犯罪问题[⑪]，毒品

① 赵秉志. 论商业贿赂的认定及处理. 国家检察官学院学报，2006（3）；赵秉志. 商业行贿犯罪中"谋取不正当利益"的认定与修改. 人民检察，2006（7）（上）；赵秉志. 立足本国应对商业贿赂犯罪. 法制日报，2006-07-05（3）.

② 赵秉志. 刑法各论问题研究. 中国法制出版社，1996：304-327；赵秉志，万云峰. 非法吸收公众存款罪探讨. 人民司法，2004（2）；赵秉志，杨清惠. 涉私募基金非法集资犯罪司法治理研究. 北京师范大学学报（社会科学版），2017（6）；赵秉志，李昊翰. 民间放高利贷行为入罪问题探讨. 河南大学学报（社会科学版），2020（2）.

③ 赵秉志. 相约自杀案件的刑事责任. 人民公安，1997（21）.

④ 赵秉志. 故意伤害罪的未遂初探. 法学，1986（8）；赵秉志. 犯罪未遂形态研究. 2 版. 北京：中国人民大学出版社，2008：300-301.

⑤ 赵秉志，郭雅婷. 中国内地家暴犯罪的罪与罚——以最高人民法院公布的四起家暴刑事典型案件为主要视角. 法学杂志，2015（4）；赵秉志，原佳丽. 对女性"以暴制暴"行为的刑法学思考——基于家庭暴力视野下的思考. 人民检察，2015（13）；赵秉志，丁文焯. 英国家庭暴力犯罪风险评估及其启示. 南都学坛，2020（2）.

⑥ 赵秉志. 试论强奸妇女罪既遂未遂的区分标准. 中国法制报，1986-11-24；赵秉志，时延安. 试论奸淫幼女型强奸罪的"明知"与"自愿"问题. 刑事法判解研究，2003（3）.

⑦ 赵秉志，肖中华. 绑架罪适用中的疑难问题研讨（上、中、下）. 检察日报，2002-01-15，2002-01-22，2002-02-05；赵秉志，赵远. 试论绑架罪的立法完善. 法制日报，2009-02-18；赵秉志，钱小平. 绑架罪要点问题新论//赵秉志. 京师法律评论：第 4 卷. 北京：北京师范大学出版社，2010；赵秉志. 绑架罪的若干争议问题//郭书原. 当代名家法治纵横谈. 北京：中国检察出版社，2011.

⑧ 赵秉志，徐文文. 关于虐待罪立法完善问题的研讨. 法治研究，2013（3）.

⑨ 赵秉志，彭新林."严重危害社会秩序和国家利益"的范围如何确定——对刑法典第 246 条第 2 款但书规定的理解. 法学评论，2009（5）；赵秉志，赵远. 论网络诽谤的刑法问题. 比较刑事法研究（韩国），2010（秋季卷）.

⑩ 赵秉志.《刑法修正案（九）》修法争议问题研讨//赵秉志. 刑法论丛：2015 年第 4 卷. 北京：法律出版社，2015.

⑪ 赵秉志，赫兴旺. 跨国跨地区有组织犯罪及其惩治与防范. 政法论坛，1997（4）；赵秉志，等. 论我国新刑法典对有组织犯罪的惩治. 法商研究，1999（1）；赵秉志. 关于黑社会性质的组织犯罪司法解释的若干思考. 刑事法判解研究，2002（1）；赵秉志. 黑社会性质犯罪疑难问题研究. 刑事法判解研究，2004（2）；赵秉志. 多维度确立应对黑社会性质组织犯罪的刑事政策. 人民法院报，2007-01-23；赵秉志，张伟珂. 中国惩治有组织犯罪的立法演进及前瞻. 学海，2012（1）.

犯罪问题[①]，危害公共卫生犯罪等。[②] 由于与上述犯罪关注程度的不同以及篇幅限制，本文对这些犯罪问题的研究从略。

## 九、中国区际刑法问题

### （一）概述

基于历史和现实的原因，在当前和今后相当长的时间内，我国内地（大陆）的司法管辖权不可能在全中国统一行使，我国内地（大陆）与香港特别行政区、澳门特别行政区、台湾地区成为中国领域内相对独立的四个司法管辖区域，形成“一国两制三法系四法域”的特殊状况。尽管这只是在我国统一过程中的特殊时期法治状况的一种特殊表现形式，但不容否认的是，这种状况造成了我国内地（大陆）与港澳台地区之间在法治领域，尤其是在刑事法治领域中的现实冲突，在法学理论和司法实务层面都形成了诸多难题。如何科学、合理地处理我国四法域间的法治关系，尤其是其中敏感而重要的刑事法治关系问题，对于我国各法域的社会发展进步和祖国统一大业，都可谓意义重大。

我国刑法学界对于我国不同法域间刑事法治关系领域的中国区际刑法问题的研究，曾在1997年香港回归和1999年澳门回归前后有过较密集的关注，1999年

---

① 高铭暄，赵秉志，等．论毒品犯罪的罪名与刑罚适用．中国法学，1992（3）；赵秉志，李希慧．论毒品犯罪构成的一般特征．云南法学，1992（3）；赵秉志，肖中华．论运输毒品罪和非法持有毒品罪之立法旨趣与隐患．法学，2000（2）；赵秉志．毒品犯罪司法实务疑难问题研讨//赵秉志．刑事法实务疑难问题探索．北京：人民法院出版社，2002：344-380.

② 赵秉志．从章俊理案论非法行医罪的有关法理问题//王工，张赞宁．非法行医罪与“三章”系列案．南京：东南大学出版社，2003；赵秉志，等．突发公共卫生事件相关犯罪刑法适用研究——以“非典”事件及相关司法解释为中心．刑事法判解研究，2005（2—4）；赵秉志，左坚卫．非法行医罪主观要件的认定——以章俊理等非法行医案为例．刑事法判解研究，2006（2）；赵秉志，左坚卫．非法鉴定胎儿性别与人工终止妊娠行为犯罪化研究//赵秉志．刑事法治发展研究报告（2006—2007年卷）．北京：中国人民公安大学出版社，2008；赵秉志，袁彬．关于增设故意传播艾滋病罪的立法建言//赵秉志．刑事法治发展研究报告（2016—2017年卷）．北京：法律出版社，2018；赵秉志，袁彬．中国重大公共卫生事件防控刑事政策——以中国新冠疫情防控刑事政策为中心．江海学刊，2020（6）.

和 2000 年的全国刑法学术年会议题中曾两度涉及这一领域[①]；之后对于这一领域的关注逐渐放缓。在香港特别行政区成立 20 周年之际，2017 年的全国刑法学术年会又把“中国区际刑法 20 年的实践”作为会议议题之一。[②]

本人较早涉足我国区际刑法学领域的开拓研究，自 20 世纪 80 年代中期撰写题为《犯罪主体论》的博士学位论文时，即从犯罪主体角度展开对现阶段和未来“一国两制”时期港澳台人涉内地（大陆）犯罪之刑事责任问题的研究[③]；之后本人继续关注相关问题并扩展至中国区际刑法研究的整个领域，陆续写作和发表了多篇相关论文[④]，先后主持完成了多个相关研究项目[⑤]，并出版有二十余本相关著作。[⑥]

在本人看来，中国区际刑法问题研究，广义而言，可以包括两个方面：一是静态维度的我国各法域间的刑法及刑法理论的比较研究；二是动态维度的各法域间互涉的刑法及其实务问题研究。其中，前者是后者的基础并对后者产生影响，

---

① “区际刑法与国际刑法问题”是 1999 年全国刑法学术年会的议题之一；“祖国统一方面的刑法问题”是 2000 年全国刑法学术年会的议题之一。

② 2017 年全国刑法学术年会的三个实务议题之一是“中国区际刑法 20 年实践的检讨与发展”。郎胜，朱孝清，梁根林．时代变迁与刑法现代化——2017 年度全国刑法学术年会文集．北京：中国人民公安大学出版社，2017.

③ 赵秉志．犯罪主体论．北京：中国人民大学出版社，1989.

④ 本人不同时期出版的多本文集都收录有这一领域的论文。

⑤ 例如国务院台湾事务办公室 20 世纪 90 年代初期委托课题“现阶段大陆涉台刑事法律问题研究”“海峡两岸合作惩治与防范海上犯罪研究”“海峡两岸间刑事案件移交和已决犯移管问题研究”及 2007 年委托课题“追究“台独”首要分子分裂国家罪责研究”，霍英东教育基金会项目“海峡两岸刑法比较研究”（1993—1998），国家教委博士点项目“‘一国两制’中互涉刑法问题研究”（1997—1999），司法部法治建设与法学理论研究项目“中国区际刑法冲突与刑事司法协助研究”（2003—2006）等。

⑥ 赵秉志．外向型刑法问题研究（上卷）．北京：中国法制出版社，1997；赵秉志．中国区际刑法专论．北京：法律出版社，2004；赵秉志．两岸刑法总论之比较研究．台北：五南图书出版公司，1998；赵秉志．海峡两岸刑法总论比较研究（上、下卷）．北京：中国人民大学出版社，1999（该书 2002 年 11 月获第四届吴玉章人文社会科学奖一等奖，2003 年 2 月获司法部法学教材和优秀科研成果一等奖）；赵秉志．中国内地与澳门刑法分则之比较研究．澳门：澳门基金会，1999；赵秉志．中国内地与澳门刑法总则之比较研究．澳门：澳门基金会，2000；赵秉志．世纪大劫案：张子强案件及其法律思考——中国内地与香港刑事管辖权冲突问题．北京：中国方正出版社，2000；赵秉志．海峡两岸刑法各论比较研究（上、下卷）．北京：中国人民大学出版社，2000；赵秉志．中国区际刑法问题专论．北京：中国人民公安大学出版社，2005；赵秉志．中国区际刑事司法协助新探．北京：中国人民公安大学出版社，2010.

后者则是中国区际刑法研究的主要部分和关键所在。

在静态维度的我国各法域间刑法暨刑法理论的比较研究方面，本人涉及了我国内地（大陆）与港澳台地区刑法在立法沿革、体系结构、立法技术诸方面的比较研究，以及关于我国四法域刑法总论与各论部分若干重要内容的比较研究。①限于篇幅，本文对这方面的研究及见解省略不述。

在中国区际刑法领域，本人关注的重点是动态维度的我国各法域间互涉的刑法及其实务问题的研究，主要涉及我国内地（大陆）与港澳台地区间的刑事管辖权冲突及其合理解决，以及彼此之间的刑事司法协助问题。其中，关于我国内地与港澳特区间以及海峡两岸间的刑事管辖权和刑事司法协助问题又有所区别。以下主要介述本人这方面的研究和观点。

（二）我国内地与港澳特区刑事管辖权的合理划分

港澳人在港澳地区回归前的刑事责任问题。此一时期，港澳人在我国内地实施触犯内地刑法的行为的，要适用内地刑法解决其刑事责任问题，而且是将其作为我国公民及内地刑法中的犯罪主体予以定罪量刑；此一时期港澳人在港澳地区或者外国犯罪的刑事责任问题，应由港澳地区或内地司法机关根据案件的不同情况进行司法管辖和处理。此一时期港澳人涉我国其他地区（内地或者港澳彼此的地区）的犯罪之刑事责任追究，需要所涉地区间予以司法协作来解决。②

随着香港和澳门两个特别行政区的相继建立，带来了我国区际刑事管辖冲突

---

① 这方面的代表性论文，例如有：赵秉志，王勇．我国海峡两岸刑法总则问题的比较研究．中国法学，1989（6）；赵秉志，王勇．我国海峡两岸刑法典分则的比较研究．中国法学，1991（3）；赵秉志，颜茂昆．海峡两岸刑法中妨害司法活动犯罪之比较．法学家，1994（6）；赵秉志，杨正根．香港刑法述论．南京大学法律评论，1996（春季号、秋季号）；赵秉志，肖中华．澳门新刑法典基本原则之探讨．法律科学，1997（1）；赵秉志．海峡两岸犯罪中止形态比较研究．法制与社会发展，1997（5）；赵秉志，田宏杰．中国内地与澳门刑事立法之宏观比较．政治与法律，2000（1）；赵秉志．中国内地与澳门刑法中的犯罪主体之比较研究．河南政法管理干部学院学报，2000（2）；赵秉志，时延安．略论中国内地刑法中的危害国家安全罪——以港澳特别行政区基本法的23条为视野．河南政法管理干部学院学报，2003（1）；赵秉志．海峡两岸反恐立法之比较．法学杂志，2010（6，7）；等等。

② 赵秉志．论现阶段港澳台人犯罪的刑事责任问题．法学评论，1989（2）．

的不可避免性，并彰显出解决冲突的必要性和艰巨性。20 世纪 90 年代末发生的涉我国内地与香港特区的张子强案件（又称大富豪案件）和李育辉案件（又称香港德福花园五尸命案），更增加了刑法理论对我国区际刑事管辖权冲突问题进行研究的紧迫性。

如上所述，本人自 20 世纪 80 年代中期开始关注港澳台人涉内地（大陆）犯罪的刑事责任问题，后来又随着实践的发展对我国区际刑法中的管辖权问题，尤其是内地与港澳特区刑事管辖权的划分问题不断进行思考，努力拓展研究深度，从而在我国区际刑事管辖权冲突及其解决问题上形成了从指导思想、基本原则到具体制度的较为完整的理论见解。

1. 解决我国内地与港澳特区间刑事管辖权冲突的指导思想

“一国两制”应当作为解决中国区际刑事管辖权冲突的指导思想，即所有解决中国区际刑事管辖权冲突的立法、措施和制度，都必须体现“一国两制”的精神。就刑事管辖权冲突的解决而言，“一国两制”包括两层含义：

（1）“一国”是实行“两制”的基本前提和重要基础。于此要注意三点：首先，各个法域都是中华人民共和国领土不可分割的部分，港澳特区在与内地面对刑事管辖冲突及其解决问题时，不能片面强调自己的独立性。其次，我国各法域之间的刑事管辖权冲突是一个国家内的不同区域间的刑事管辖权冲突，没有涉外性质，不能将我国区际刑事管辖冲突混同于国际刑事管辖冲突，尤其不应把解决国家刑事管辖冲突时体现国家主权的一些原则和做法，如“双重犯罪原则”等适用于港澳特区与内地之间的区际刑事管辖冲突的解决，解决我国区际刑事管辖冲突的程序和规则也应与解决国际刑事管辖冲突的程序和原则有所区别。最后，某个法域签订或者参加的国际条约，只能作为解决该法域与外国处理刑事管辖权冲突的依据，不能成为我国各法域相互之间解决区际刑事管辖权冲突的依据。

（2）“两制”是保障与维护“一国”的必要途径和重要策略。在解决我国区际刑事管辖权冲突时，必须注意到我国内地与港澳特区的刑事管辖权冲突涉及社会主义法律体系与资本主义法律体系中的普通法法系、大陆法法系之间的区别，各法域应采取宽容的态度，既不能以彼此法律制度上的差异作为否定对

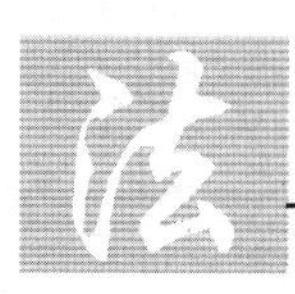



方刑事管辖权的理由，也不能将自己处理司法问题的原则或观点强加于其他法域之上。

由“一国两制”的基本内涵产生出两个重要的派生性要求：其一，禁止适用体现主权国家的管辖原则。对于我国内地与港澳特区刑事管辖权的划分，学者们一般从确立国家刑事管辖权的属地原则、属人原则、保护原则或普遍管辖原则角度寻求合理解释，但这些原则都是基于国家主权而产生的，而我国区际刑事管辖权的冲突是基于一个主权国家内不同法域之间的高度自治权发生的，因而绝对不能适用体现国家主权的刑事管辖原则（属地原则、属人原则、保护原则、普遍管辖原则等）。其二，排斥直接适用中国内地刑法和刑事诉讼法。刑事管辖权由刑事实体法规定，而刑事程序法是就已经拥有刑事管辖权的不同司法机关之间的刑事管辖分工所作的规定，两者不能混为一谈。此外，港澳基本法也有关于港澳特区不适用内地刑法和刑事诉讼法的明确规定。①

2. 解决我国内地与港澳特区间刑事管辖权冲突的原则

20 世纪 90 年代初期，本人就从总体上提出了解决我国区际刑事管辖权冲突的三项基本原则，即坚决维护祖国统一原则、平等保障同胞利益原则以及相互尊重历史和现实的原则。② 在香港回归后，本人针对我国内地与香港区际刑事管辖冲突的解决，提出了四项基本原则：维护国家主权统一的原则；相互尊重、互不干涉的原则；平等协商的原则；及时、有效地惩治犯罪的原则。③ 此后，伴随着对于我国区际刑事管辖权合理划分之指导思想认识的不断成熟，本人对前述观点进行了修正，认为解决我国区际刑事管辖权冲突的指导思想和基本原则是不同的，“一国两制”是解决我国区际刑事管辖权冲突的指导思想，其中包括了维护国家统一、相互尊重、平等协商的内涵；而“一国两制”时期解决我国区际刑事管辖权冲突问题的关键，是合理划分我国内地与港澳特区的刑事管辖权。解决我

① 赵秉志. 中国内地与港澳特别行政区刑事管辖权冲突合理划分论纲. 法学家，2002 (4)；赵秉志. 中国区际刑法专论. 北京：法律出版社，2004：45-48.

② 高铭暄，赵秉志. 海峡两岸互涉刑事法律问题的宏观探讨. 法律学习与研究，1992 (1).

③ 赵秉志，田宏杰. 中国内地与香港刑事管辖权冲突研究. 法学家，1999 (6).

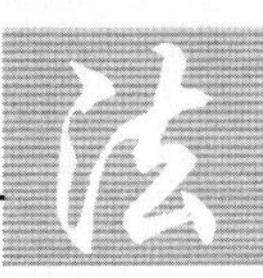

国区际刑事管辖权冲突的基本原则，应当是以地域管辖原则为主，以合理、有效地惩治防范犯罪原则为辅，这是合理解决我国内地与港澳特区刑事管辖权冲突的必然选择。

应当特别指出，本人主张的解决我国区际刑事管辖权冲突的“地域管辖原则”，不同于之前学者们所普遍主张的“属地管辖原则”。“属地管辖原则”是解决国家间管辖关系的原则之一，而“地域管辖原则”是解决我国不同法域间管辖关系的原则，即是指我国内地与港澳特区以各自的行政区域为界，凡是在港澳特区内实施的犯罪行为，依照港澳特区刑法应当受到惩治的，均由港澳特区司法机关管辖，内地有关机关有责任协助抓获逃犯，并迅速将其移交给港澳有关机关处理，反之亦然。强调“地域管辖原则”是坚持“一国两制”的必然结果，因为我国内地、香港特区和澳门特区都属于中华人民共和国领域，中国的区际刑事管辖权冲突，归根到底还是一国范围内不同法域之间为合理行使治权而不是国家主权所发生的冲突，以“地域管辖原则”作为解决我国内地与港澳特区刑事管辖权冲突的基本原则，不仅不会危及国家主权，而且正是“一国两制”的题中之义。这也符合港澳基本法的规定，有利于维护我国内地与港澳特区的社会稳定。此外，解决我国区际刑事管辖权冲突是为了保障诉讼活动的顺利进行，为保证犯罪分子得到及时、有效的惩治，防止因我国区际刑事管辖冲突的发生，而使犯罪分子有机可乘，尤其应当避免犯罪分子将一方法域作为实施犯罪活动的“避风港”，因而“合理、有效地惩治防范犯罪”应成为解决我国内地与港澳特区刑事管辖权冲突的另一项重要原则。[①]

3. 我国内地与港澳特区互涉刑事案件的管辖划分

在上述指导思想的指引下，对我国内地与港澳特区可能互涉的七类刑事案件（跨境犯罪案件的管辖；数罪分涉三地的刑事案件的管辖；互派人员犯罪案件的管辖；涉及国防、外交犯罪案件的管辖；对于背叛祖国、分裂国家等危害国家

① 赵秉志. 中国内地与港澳特别行政区刑事管辖权冲突合理划分论纲. 法学家，2002（4）；赵秉志. 中国区际刑法专论. 北京：法律出版社，2004：50-52.

安全犯罪案件的管辖；对于港澳特区中国居民涉外犯罪案件的管辖；对于港澳特区中国居民在国外实施国际犯罪后逃回国内案件的管辖），应切实贯彻“地域管辖”为主的原则，并辅之以“合理、有效地惩治防范犯罪”的原则，以妥善解决相关的刑事管辖和刑事责任问题。

应当特别指出，我国内地刑法典关于管辖原则的现有规定，均是以国家主权而不是以内地、香港和澳门特别行政区的治权为基础设立的。对于我国区际刑事管辖冲突的处理原则，在我国内地现行刑法典中至今仍是一个盲点。因此，建议我国内地今后对刑法典修订完善时，考虑在刑法典空间效力范围之规范中设立专条，对我国内地与港澳特区刑事管辖权的确立原则作出明确的规定。①

（三）我国内地与港澳特区间的刑事司法协助

1. 我国内地与港澳建立刑事司法协助关系的原则

在早期研究中，本人曾提出我国内地与港澳特别行政区间的刑事司法协助应当贯彻六项基本原则，即“一国两制”原则、平等协商原则、尊重对方法律原则、适当保留公共秩序原则、诚实合作原则以及合理界定管辖权原则。② 后来又经思考与研讨，本人主张在我国区际刑事司法互助关系上应当坚持和遵循以下四项原则：

（1）维护国家主权的原则。

这应是双方建立刑事司法协助关系所要坚持的首要原则。据此原则应当明确和贯彻以下几点：

其一，两地刑事司法协助关系的性质，是一个统一的单一制国家内不同法域之间的刑事司法方面的互助协作关系，而非不同国家之间的国际刑事司法互助关

① 赵秉志．中国内地与港澳特别行政区刑事管辖权冲突合理划分论纲．法学家，2002（4）；赵秉志，田宏杰．中国内地与香港刑事管辖权冲突研究．法学家，1999（6）；赵秉志．中国区际刑法专论．北京：法律出版社，2004：50-57；赵秉志，时延安．正确解决中国区际刑事管辖权冲突之制度构想//赵秉志．刑法论丛：第8卷．北京：法律出版社，2004.

② 赵秉志，赫兴旺．中国内地与港澳特别行政区的刑事司法协助问题研究．法学家，1995（2）.

系。因而两地间区际刑事司法协助关系的建立和运作，虽然可以参考借鉴国际刑事司法协助中一些成功的经验，尤其是其中一些内容和技术，但不得适用国际刑事司法协助中一些带有强烈国家主权关系色彩和国际性质的原则与做法。

其二，根据双方区际刑事司法协助关系的性质，在双方刑事司法协助关系的建立与运作中，负责外交事务的机构不宜介入。

其三，根据双方区际刑事司法协助关系的性质和维护国家主权与整体利益的要求，国际刑事司法协助中一些基于维护各自国家主权的原则与惯例，包括政治犯不引渡、军事犯不引渡、死刑犯不引渡、本地居民不引渡以及双重犯罪原则等，不能适用于双方区际刑事司法互助关系中，对于“公共秩序保留”原则也要进行严格的限制适用。

(2) 平等协商、相互尊重的原则。

港澳基本法中港澳特区可以与全国其他地区的司法机关通过协商进行司法方面的联系和相互提供协助的规定，是我国区际刑事司法协助中确立平等协商原则的法律依据。该规定包含两层含义：

其一，与我国内地法域开展区际刑事司法协助，是港澳特区自治范围内的事务。

其二，我国内地与港澳特区作为彼此独立的法域，在开展刑事司法协助时双方地位是完全平等的，双方要本着宽容的态度，实事求是地尊重对方法域的法律制度，在平等协商的基础上积极进行刑事司法协助。

(3) 有效惩治犯罪的原则。

双方区际刑事司法协助关系的建立，应当以有利于共同惩治与防范双方的互涉犯罪活动、有效维护双方的社会治安为基本出发点，防止因双方刑事管辖冲突的发生，而使犯罪分子有机可乘。贯彻有效惩治犯罪的原则，应注意简便性、及时性和规范性。

(4) 合理界定管辖权的原则。

由于祖国内地与港澳特区存在法律上的差异和刑事管辖上的冲突，在刑事司法协助中就必须界定双方分别管辖的范围。合理解决管辖权冲突的基本原则，具

体表现为以地域管辖原则为主，以合理、有效地惩治防范犯罪原则为辅。①

2. 我国区际刑事司法协助的主体、模式和机制构建

(1) 关于我国区际刑事司法协助的主体。

根据港澳基本法的规定，港澳特区可与全国其他地区的司法机关通过协商依法进行司法协助。要正确判别我国区际刑事司法协助的主体，关键在于如何理解“全国其他地区的司法机关”。对此应当注意以下两点：

其一，这里的“全国其他地区”，应当从法域而不是行政区划的层面上理解。因此，“全国其他地区”应当是指除本法域以外的我国其他三个独立的法域，即对香港而言就是我国内地法域、澳门法域和台湾地区法域。

其二，这里的所谓“司法机关”应是广义的。就我国内地法域来说，这里的“司法机关”不仅包括法院和检察院，而且也包括公安机关和司法行政机关。

(2) 关于我国区际刑事司法协助的模式。

对此模式，我国学界主要存在“中央统一立法模式说”、“示范法模式说”和“区际协议模式说”三种观点。“区际协议模式说”中又存在“窗口协议”模式、“分片”模式和“委员会模式”三种具体主张。②

在早期研究中，本人认为我国不同法域间的刑事司法协助模式可因具体问题而有不同选择，既可签订协议予以统一规范，也可就个案进行协商。③ 在其后的研究中，结合对学者们所提出的“委员会模式”，本人对自己之前的观点进行了修正，认为：“委员会模式”不仅严格遵循港澳基本法关于区际司法协助的规定，实现了平等协商的要求，同时考虑到了我国的客观实际情况，有利于在“一国两制”思想的指导下开展区际司法协助，是解决内地与港澳特区间的区际刑事司法协助的一条行之有效的途径；但从法治的要求出发，对“委员会模式”还应进行适当的完善。本人的初步设想是：在两个法域的区际刑事司法协助委员会达成区

① 赵秉志．关于祖国大陆与香港建立刑事司法互助关系的研讨．现代法学，2000 (2)；赵秉志．中国内地与港澳特别行政区刑事管辖权冲突合理划分论纲．法学家，2002 (4).

② 黄进，黄风．区际司法协助研究．北京：中国政法大学出版社 1993：63.

③ 赵秉志，赫兴旺．中国内地与港澳特别行政区的刑事司法协助问题研究．法学家，1995 (2).

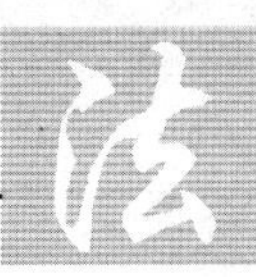

际刑事司法协助的书面协议后，我国内地法域最好由全国人大常委会制定单行刑事法律或者由最高人民法院、最高人民检察院制定司法解释，吸纳该协议的内容，使协议内容转变为适用于我国内地法域所有行政区域的规范性法律文件，以增强该区际刑事司法协议的权威性，使之在内地法域能够得到更好的贯彻实施；就港澳方面而言，则可以由其立法会通过立法途径，对订立的区际刑事司法协助协议予以法律确认。①

（3）关于我国内地与港澳特区间区际刑事司法协助机制的构建。

对此问题，本人以我国内地与澳门特区间为视角进行了研讨。

我国内地与澳门特区之间至今尚未构建全面、系统的刑事司法互助机制。这种状况是与内地和澳门特区的法律关系定位、经济文化合作状况不相协调的。两地应该总结已有的警务合作的经验，依据各自的刑事司法协助立法来考虑签订全面的框架性刑事司法互助协定，具体规则和内容可根据“一国两制”的原则考虑使用各自刑事司法协助法的相关规定。②

澳门的刑事司法协助包括区际刑事司法协助和国际刑事司法协助，内容上包括移交逃犯、执行刑事判决等方面。澳门刑事司法协助的法律制度尚处于雏形阶段，需大量的自身立法、双边国际条约和区际协定不断充实。立足未来，澳门与我国其他法域宜采用集中式的立法模式签署一项涵盖全部刑事司法协助内容的协定；进一步完善刑法空间效力的规定，确立协商管辖原则；同时，澳门应以检察院作为刑事司法协助唯一的中央机关，以便更好地保障刑事司法协助的执行；除此之外，澳门应依据《联合国打击跨国有组织犯罪公约》和《联合国反腐败公约》的规定，在内部设立执行刑事司法协助请求的监督机制，并按区际刑事司法协助一般程序的要求设置其基本流程。③

---

① 赵秉志．关于中国内地与香港建立刑事司法互助关系的研讨．现代法学，2000（3）．

② 赵秉志，黄晓亮．论我国内地与澳门特别行政区刑事司法互助机制的构建//赵秉志．刑事法治发展研究报告（2012—2013年卷）．北京：中国人民公安大学出版社，2014：399-413．

③ 赵秉志，徐京辉．澳门刑事司法协助制度及其完善//赵秉志．刑法论丛：2007年第4卷．北京：法律出版社，2007．

3. 我国区际刑事司法协助的内容考察

对于我国区际刑事司法协助的内容，学者们之间多有争议。

本人认为，我国区际刑事司法协助会涉及的情形主要包括：(1) 一方居民在本区内犯罪后逃至另一方，有管辖权的一方要求对方逮捕犯罪嫌疑人并将之遣送的协助；(2) 一方居民在另一区违反所属区刑法，有管辖权的一方要求犯罪嫌疑人所在方缉捕并遣送犯罪嫌疑人和调查证据的协助；(3) 一方居民在另一区违反所在区的刑法，且已为有管辖权的一方拘捕，有管辖权的一方要求犯罪嫌疑人所属方提供行为人个人情况的协助；(4) 一方居民在另一区违反所在区的刑法，行为人又逃回所属区的，有管辖权的一方要求犯罪嫌疑人所属方逮捕并遣送犯罪嫌疑人的协助；(5) 对跨地区的刑事犯罪，双方或多方进行联合侦破的协助；(6) 一方居民在所属区内违反本区及他区刑法而在他区受到审判，审判方要求他方提供犯罪证据、犯罪人情况以及判决后向对方送达法律文书的协助；(7) 一方居民为另一方区域内刑事案件的证人或被害人，有管辖权的一方要求证人或被害人所属方、所在方协助调查取证的协助；(8) 行为人实施跨地区的犯罪行为，同时违反多方刑法，有管辖权的各方协商管辖及移送案犯和案件材料的协助；(9) 数人共同违反多方刑法后为有管辖权的多方分别捕获，多方进行合并审理及移送案件和犯罪嫌疑人的协助；(10) 一方居民在他方同时违反双方或多方刑法，有管辖权的一方在审判后将已决犯移送罪犯所属区执行刑罚的协助；(11) 其他各方交流犯罪情报的协助；等等。

而我国区际刑事司法协助的主要内容包括：(1) 犯罪情报交流；(2) 缉捕犯罪嫌疑人；(3) 文书的送达和调查取证；(4) 遣送犯罪嫌疑人；(5) 刑事案件管辖的移交；(6) 已决犯的移管；(7) 赃款赃物的追缴和移交；等等。[①]

关于我国内地与港澳特区间被判刑人移管机制构建。被判刑人移管符合现代

---

① 赵秉志，赫兴旺. 中国内地与港澳特别行政区的刑事司法协助问题研究. 法学家，1995 (2)；赵秉志. 关于中国内地与香港建立刑事司法互助关系的研讨. 现代法学，2000 (3)；赵秉志，等. 跨国跨地区犯罪的惩治与防范. 北京：中国方正出版社，1996：401-406.

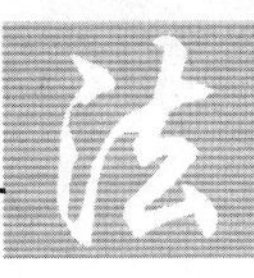

刑事政策所倡导的刑罚目的和人道主义原则，也充分体现了互助互利的司法协助精神。港澳特区根据各自基本法的规定，通过协商于2005年5月20日签订了《关于移交被判刑人的安排》，标志着我国不同法域间开展刑事司法协助的重要进步。在内地与港澳特区间构建被判刑人移管机制，亦具有理论、立法、司法的坚实基础，通过深入研究和制度合理设计，可以克服现存的一些障碍。具体设想为：(1) 确立积极的承认和执行外国及我国其他法域的刑事判决的制度。这对于与他国或我国其他法域开展被判刑人移管、赃款赃物的没收等国际、区际刑事司法协助活动，有着积极的推动意义。具体而言，可以先修改我国内地刑法典第10条的规定，再在内地刑事诉讼法中规定完整的积极承认和执行外国及我国其他法域刑事判决的制度。(2) 签订我国内地与港澳特区互相承认与执行刑事判决的协议。首先，可以考虑采用分立模式构建中国区际刑事司法协助机制。在我国内地与香港、澳门特区之间采用分别签约的模式开展区际刑事司法协助活动，符合不同法域之间在刑事法治方面不断磨合、逐渐适应的实际情形，能够更好地解决中国内地与港澳特区在跨境犯罪刑事管辖权方面的冲突，维护各方的司法权和终审权。其次，就我国内地而言，现阶段可不必拘泥于区际被判刑人移管协议的法律地位问题。我国内地最高司法机关可以积极主动地与港澳特区有关机构签订被判刑人移管的协议，并在条件成熟时将此协议内容纳入立法中。香港、澳门特区则可通过修改法律的方式改变固有的规定，赋予该协议法律规范的性质，或者将协议内容纳入法律。最后，考虑到"一国两制"的现实政治制度，在坚持一般原则的情况下，可根据实际情况改变通常与其他国家或者地区签订被判刑人移管的条约或者协议所涉及的某些内容。①

关于我国内地与港澳特区间刑事诉讼转移制度的构建。以内地与香港特区间为例，针对同一起跨境犯罪，我国内地与香港特区在根据各自刑事法律均享有刑事管辖权，且均已启动刑事诉讼程序时，可进行区际刑事诉讼转移，即就该案件

---

① 赵秉志．我国内地与港澳特区之间被判刑人移送机构构建探讨．环球法律评论，2009 (5)；赵秉志，黄晓亮．港澳特区间《关于移交被判刑人的安排》之考察与启示．法学论坛，2009 (4)．


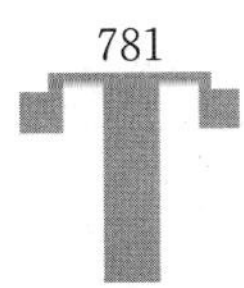

刑事管辖权的实际行使达成共识，由一方来行使刑事管辖权，对犯罪予以追究，他方承认实际管辖方所作出的刑事判决。在“一国两制”原则的指导下，我国内地与香港特区间开展刑事诉讼转移的刑事司法合作活动，须遵循“双重犯罪原则”、“有限的犯罪地管辖原则”和“一事不二审原则”。我国内地与香港特区刑事诉讼转移制度的构建，可以从原则、条件、程序和刑事诉讼转移的拒绝四个方面入手予以考虑。刑事诉讼转移不仅有利于解决不同法域针对同一跨境犯罪的刑事管辖权冲突，而且也是各法域进行合作、开展刑事司法协助的重要形式，这对于构建我国区际刑事司法合作法律机制有着显而易见的积极意义，值得充分关注和肯定。①

关于我国区际追赃问题。妥善处理刑事案件中的罪赃，是有效惩治犯罪、保护社会秩序和维护被害人合法权益的现实需要。我国区际追赃活动所指向的对象是犯罪的罪赃，具体包括犯罪人从犯罪中所非法获得的财物违禁品、供犯罪所用的财物、应当对被害人或者其他合法利益受到侵害者承担的赔偿。对于已决犯，某法域司法机关在进行区际追赃时，会因是否附带民事诉讼而遇到不同的疑难问题，需处理好刑事判决的承认和执行问题。而对于未决犯，应当正确认识追逃与追赃的关系，承认并努力建立独立追赃的机制。与此同时，在构建中国区际追赃机制时，要妥善处理好双重犯罪、罪赃调查和保全方面的合作、罪赃善意取得、罪赃分享这四个方面的问题。区际追赃法律机制的构建对我国区际刑事司法的进步有着极大的推动作用。②

（四）祖国大陆与台湾地区间的刑事法治问题

此外，本人关于我国区际刑事法治问题的探讨，还涉及了祖国大陆与台湾地区间的刑事法治问题。本人早期（20 世纪 80 年代中后期和 90 年代初期）对该方面问题的关注，主要是探讨解决海峡两岸互涉的历史和现实刑事责任的原则问题及具体追究问题；后来随着两岸交往关系的发展及其需要，本人又进一步研究了

① 赵秉志，黄晓亮. 论内地与香港特区间刑事诉讼转移制度的构建. 现代法学，2010 (3).

② 赵秉志，黄晓亮. 中国区际追赃问题研究//赵秉志. 京师法律评论：第 5 卷. 北京：北京师范大学出版社，2011：211-224.

两岸之间的刑事管辖权冲突和刑事司法协作问题。本人这方面研究的问题主要包括：(1) 海峡两岸刑事管辖冲突及其解决原则和措施①；(2) 关于祖国大陆涉台历史与现实刑事责任问题的处理原则和措施②；(3) 海峡两岸刑事司法协作关系的构建原则与运行步骤③；(4) 关于我国台湾地区“两岸人民关系法律”中刑事规范的考察与评论④；(5) 关于追究“台独”首要分子分裂国家罪责问题的探讨⑤；(6) 关于完善两岸互涉刑事法治问题处理的建言。⑥ 限于篇幅，对于这方面的研究不展开介述。

## 十、结语：关于我的刑法学研究的审视与反思

本文以上选择从八个方面梳理和介述了本人在过去四十年间的刑法主要学术观点，这八个领域的研究对本人的学术意义也并不是平分秋色的，其中刑法立法完善、死刑制度改革、犯罪主体、犯罪停止形态和中国区际刑法问题这五个领域的分量更重一些，对本人而言在一定意义上也可以说是本人刑法研究的学术标签或符号；与这五个领域比较而言，本文以上同时述及的关于刑法基本理论、罪刑

---

① 赵秉志. 两岸交往中的刑法问题//赵秉志. 外向型刑法问题研究：上册. 北京：中国法制出版社，1997：437-455.

② 赵秉志. 涉台刑事法律问题研讨. 中南政法学院学报，1989 (4)；赵秉志. 犯罪主体论. 北京：中国人民大学出版社，1989：374-386；高铭暄，赵秉志. 海峡两岸互涉刑事法律问题的宏观探讨. 法律学习与研究，1992 (1).

③ 赵秉志. 关于两岸合作惩治海上犯罪的初步研讨. 法学研究，1992 (3)；赵秉志，等. 关于建立海峡两岸刑事司法协作关系的研讨，海峡两岸刑事案件移交和已决犯移管问题研究//赵秉志. 外向型刑法问题研究：上册. 北京：中国法制出版社，1997：526-597；赵秉志. 海峡两岸共同打击犯罪问题新探讨. 江海学刊，2014 (1). 赵秉志. 海峡两岸跨境经济犯罪防治问题研究. 南都学坛，2014 (1)；赵秉志，黄晓亮. 论中国区际刑事司法合作机制的构建——以《海峡两岸共同打击犯罪及司法互助协议》为切入点. 江海学刊，2011 (2).

④ 赵秉志. 评析台湾“两岸人民关系条例”中的刑事规范. 政法论坛，1994 (2、3).

⑤ 赵秉志，等. 追究“台独”首要分子分裂国家罪责研究//赵秉志. 刑事法治发展研究报告 (2007—2008 年卷). 北京：中国人民公安大学出版社，2009：295-320.

⑥ 赵秉志. 涉台刑事法律问题研讨. 中南政法学院学报，1989 (4)；赵秉志. 论中国海峡两岸交往中的刑法问题. 中国法研究学刊（美国哥伦比亚大学法学院）（英文版）1989 年秋季号.

总论和罪刑各论这三个方面若干课题的研究的分量则可能稍逊一些。除本文已述及的上述八个方面之外，本人既往研究所涉及的中国刑法学领域的其他一些问题，诸如刑法总论方面的刑法效力范围问题，刑罚基础理论问题，刑罚体系暨自由刑、财产刑、资格刑的立法完善问题，刑罚制度及其改革问题，劳动教养制度的改革与废止问题等，罪刑各论方面涉及危害国家安全罪、危害公共安全罪、破坏社会主义市场经济秩序罪、侵犯公民人身权利犯罪、妨害社会管理秩序犯罪领域的若干具体犯罪问题，以及国际刑法和比较刑法方面的一些课题，则由于本人关注和研究程度的不同以及篇幅所限，本文并未述及。

时光匆匆，岁月留痕。立足于人生的一个重要节点，在梳理和简介本人以往数十年间刑法主要学术观点的基础上，似有必要对自己的学术风格和研究特点作一些归纳，并就此作一些得失与长短的审视和反思。

实际上，作为终生致力于刑法学研究的学者，多年来本人也时常注意思考和探索刑法学研究之道，并在数十年刑法学专业领域研究、跋涉、探讨、笔耕的历程中，在经意与不经意之间，逐步形成了自己的学术风格、学术品味和研究特点。择其要者，大体有以下八点。

其一，坚持以实践为导向的理论研究。

在我的硕士生和博士生时代，两位导师高铭暄教授和王作富教授所倡导的以实践为导向、理论联系实际的学风，就深深地影响了本人学术风格的养成。及至留校任教，特别是成为教授也肩负指导培养硕士生、博士生的职责时，我对以实践为导向、理论联系实际的学风逐渐有了进一步的思考和感悟。我认识到，一门学科科学的治学之道，应当受其性质和内容所制约，并有助于促进其价值的实现。刑法学是应用性突出的实体部门法学，是研究罪责刑规范的设置、运用及发展变化规律的理论，由宏观而言关乎防治犯罪、保障人权、保卫社会的刑法理念、刑法原则、刑事政策和刑法制度，从微观来说涉及具体犯罪的准确、公正、有效的惩治，对这些宏观、微观问题的正确认识与解决，都离不开司法实务和相关的社会实际。因此，刑法学研究的第一要义，就是要坚持理论联系实际、研究与解决实践问题的学术道路和研究风格，即要以实践为导向，提炼学术理论问题

和刑法司法适用规则。应当力戒脱离国家法治发展现实、脱离刑法立法和司法实务的经院哲学式的研究道路与方法。这样，刑法学研究才能切实担当起引导和促进国家刑事法治建设与社会进步的使命。

刑法学研究中的以实践为导向、理论联系实际，有其丰富而合理的内涵，至少应当正确地把握以下三点开展研究：一是刑法理论与刑法实务相结合；二是法治现实与法治发展需要相结合；三是刑法实践与相关社会实践（国家和社会的政治、经济、文化、生活的现状及其发展变化的实际）相结合。[①]

后来我进一步认识到，以实践为导向、理论联系实际学风的根本，实际上就是本土立场，是立足于本土立场的“实事求是”。以实践为导向、理论联系实际中的这个“实践”与“实际”，就是本国的刑事法治实践及关乎其发展进步的现实的和真实的问题。我国刑法学理论只有紧密联系与结合这个“实践”与“实际”，坚持研究和解决“实践”与“实际”问题的基本立场和特色，即“实事求是”，才有其生命力和实际意义，才能立于世界代表性国家的刑法学之林而可以被称为“中国刑法学”。也正是基于这一基本立场及对之切实表达的追求，我在写作过程中，力戒晦涩概念用语和刻意学术包装，尽可能用通俗易懂的文字和简洁平实的文风，来严谨准确地论述中国刑法学的理论与实践问题。

总之，在本人看来，立足中国改革开放和社会发展的背景，发现（面对）中国犯罪治理的现实问题，运用准确、平实、畅达的中国话语，探索切实可行的完善刑事法治的中国对策，乃是我国刑法学研究的根本和精髓。这也是我始终努力坚持和追求的基本学术立场与学术风格。

基于这样的认识，我在数十年的刑法学研究中，坚持以实践为导向、理论联系实际的学风，坚持立足于本土立场的“实事求是”，注意发现、研究和着力解决我国刑事法治实践中的宏观与微观问题，从而使我的学术研究获益匪浅，产生了一些学术影响，作出了一定的法治贡献。我在年届六旬时出版的自选集，即是

① 赵秉志．刑法总论问题研究．北京：中国法制出版社，1996：序言 2-3.

本人这方面的代表作。[①]

作为学术团队的带头人和全国刑法学术团体的负责人，我也努力把以实践为导向、理论联系实际的学风贯彻于我们学术团队和全国刑法学界的学术研究活动中。我们学术团队多年来的一系列学术活动和学术研究都强调要以实践为导向、理论联系实际，我们学术团队与从中央到地方的法律实务部门都建立和发展了密切的交流合作关系。自本人 2001 年担任全国刑法学研究会会长起，我就本着以实践为导向、理论联系实际暨理论界与实务界相结合的精神，力主建立了学术年会议题包含理论议题和实务议题两个方面的年会学术制度，每年年会选择确定实务议题，除当年轮值的研究会负责人与研究会秘书处的同事们切磋并征求学界其他研究会负责人的意见外，我们一定要重点听取最高司法机关负责刑事司法工作的领导同志的意见，以保证学术年会所选定的实务议题确实是我国刑事司法实务中需要聚焦研究的具有普遍意义的现实问题。

其二，关注国家重大刑事法治问题。

我国刑事法治的实际问题形形色色，各种刑事法治实际问题都应纳入刑法学者的研究视野。而刑事法治的重大现实问题往往事关国家法治建设、社会进步和公民基本权益，尤其应当为刑法学者所重点关注和积极参与研究。可以说，是否关注和推动国家重大刑事法治现实问题的进步，乃是衡量刑法学者的社会责任感和学术良知的重要标志。

本着关注国家重大刑事法治现实问题的使命感，在参与 1979 年刑法典修改研拟的过程中，我积极研究刑法典体系结构的完善、废除有罪类推制度并确立罪刑法定原则、强化正当防卫制度、更改反革命罪罪名为危害国家安全罪、限制死刑、改革乃至废除劳动教养制度、取消三大“口袋罪”等我国刑事法治改革进程中面临的重大现实问题，为促进我国刑事法治的进步不遗余力。[②]

---

① 赵秉志．大变革时代的中国刑法问题研究——赵秉志自选集．北京：法律出版社，2017.

② 赵秉志．死刑改革研究与时代发展——我的相关学术经历暨反思//赵秉志．死刑改革探索．北京：法律出版社，2006：801.

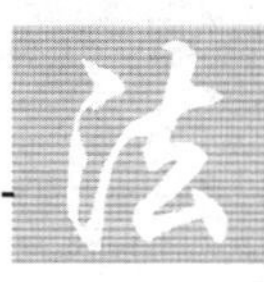

本人还努力组织、推动、主持我们学术团队研究一系列国家层面的重大刑事法治改革课题，多年来我们完成并向国家立法、司法领导机关提交这方面的研究报告百余个，并陆续出版了十多卷《刑事法治发展研究报告》①，发表了多篇相关研究论文，在引导和促进我国刑事法治发展方面作出了贡献。同时，结合本人及我们学术团队对重大刑事法治现实问题的关注和了解，我也致力于组织、引导全国刑法学研究会的学术年会和专题研讨会将其议题聚焦于国家重大刑事法治现实问题。②

死刑制度改革无疑是我国现阶段面临的极其重大的刑事法治现实问题。在1997年通过的新刑法典取得重大改革和多方面进展的情况下，死刑改革力度不够的问题凸显出来。针对这一问题，本人经进一步思考认识到，国家重大刑事法治问题的产生、发展及解决，是有规律、有条件的，其中至关重要的条件就是我国现实的社会发展状况即时代特点。国家重大刑事法治问题的研究尤其是其解决必然要受到时代发展状况的制约，这既包括社会的经济、政治、法治等制度性因素，也包括社会心理、文化、决策者观念、民众意识等非制度性因素。刑法学研究可以对国家重大刑事法治问题的合理解决发挥引导、促进作用，但却不能超越时代条件的制约。否则，就会“欲速则不达”，甚至还会延缓国家刑事法治发展的步伐。③

我国死刑制度在20世纪90年代修订1979年刑法典时还不具备大幅度改革的条件，而时至新世纪的到来，尤其是在我国提出构建和谐社会和2004年人权保障载入宪法的背景下，迈开死刑改革步伐的必要性和重要性就进一步凸显出

---

① 《刑事法治发展研究报告》自2002年起出版，先后由中国人民公安大学出版社和法律出版社出版。

② 本世纪二十年来，中国刑法学研究会学术年会议题聚焦了一系列重大刑事法治现实问题，如腐败犯罪问题，恐怖活动犯罪问题，重大疫情防控中的刑法适用与立法完善问题，扫黑除恶中的刑法适用问题，金融犯罪问题，信息网络犯罪问题，侵犯知识产权犯罪问题，商业贿赂犯罪问题，正当防卫制度的适用与完善问题，刑法对非公有制经济的平等保护问题，死刑制度改革问题，未成年人犯罪问题，以及第五、六、七、八、九、十一《刑法修正案》的理解与适用问题，等等。

③ 赵秉志．死刑改革研究与时代发展——我的相关学术经历暨反思//赵秉志．死刑改革探索．北京：法律出版社，2006：801-802.

来，并逐步具备了法治基础和社会条件。但鉴于死刑改革的敏感性、复杂性和国情民意的制约，在死刑改革的研究及其实践问题上，脱离时代条件的“一蹴而就”“毕其功于一役”都是不现实的、不合理的，因而也是难以实现的；而积极稳妥地推进逐步限制、减少死刑，才是应有的务实之道。

我自本世纪以来二十余年间所致力的以“逐步废止死刑”“首先废止非暴力犯罪死刑”为标志、为主线的关于死刑改革问题的研究和主张，乃至本人所带领的学术团队和所倡导的全国刑法学界对于死刑改革问题的关注，正是由于走的是务实、合理的逐步改革之路，才能够对我国晚近十多年来进行的死刑制度的立法改革和司法改革发挥积极的配合与促进作用。

如何有效地推进关于国家重大刑事法治问题的研究并促使其产生实际推动作用？除刑法学者要有使命感、要准确把握时代发展动向和趋势外，我认为还应当注意提倡以下三点：一是要提倡集体攻关，营造社会氛围。对于重大刑事法治问题的研究，仅靠学者个人自发的单兵作战是难有重大影响与长效的；而由学术机构、学术团体组织的集体攻关研究，则会产生广泛的社会影响。二是要强调理论界与实务界配合、理论与实务结合。这是以实践为导向、理论联系实际学风的应有之义，这一点对重大刑事法治问题的研究尤为重要。针对重大刑事法治问题由理论界与实务界携手进行理论联系实际的探索并提出切实可行的解决方案，这是深化刑法学理论、促进刑事法治实践的宝贵中国经验，也是近年来我国在死刑制度改革等重大刑事法治问题研究方面不断取得进步和长效的重要原因所在。三是要注意中外学术交流和秉持全球视野。在重大刑事法治问题的研究上参考借鉴法治发达国家和国际社会的先进制度与理论，有助于我们开阔视野、革新观念、少走弯路。①

其三，重视基础理论问题研究。

现代刑法学由刑法学总论与刑法学各论（分论）两大部分组成。刑法学总论

① 赵秉志. 死刑改革研究与时代发展——我的相关学术经历暨反思//赵秉志. 死刑改革探索. 北京：法律出版社，2006：803-804.

主要研究刑法总则规范及其规定的犯罪、刑事责任和刑罚的一般原理、原则和基本制度、共性问题，刑法学各论研究各类各种具体犯罪的罪责刑问题，二者具有不同的使命和特色，并相辅相成构成刑法学的整体。刑法学总论中所研究的基础理论问题，在根本上影响和制约着整个刑法学的发展水平，刑法学总论各项制度论和刑法学各论具体犯罪论的研究水准，在很大程度上受到刑法学基础理论的影响和制约；刑法学基础理论的研究水平对刑法立法和司法实践的完善进步也至关重要。刑法学作为一门内容丰富、逻辑严谨、充满理论魅力的法学学科，其理论性和逻辑性在基础理论中表现得尤为突出。可以说，刑法学基础理论问题是整个刑法学的理论支撑和基石，其繁荣和发达程度影响乃至决定了整个刑法学理论的拓展幅度和深度。

我的导师高铭暄教授的教学研究以刑法总论为主，他非常重视刑法学基础理论，并注意引导他早期指导的我们几届研究生着重在这方面进行开拓研究。受到导师的影响以及基于自己对于刑法学基础理论重要性的认识，加之研究生时代面临我国刑法学基础理论课题亟须开拓的状况，本人的硕士学位论文和博士学位论文均选择在刑法基础理论领域，分别为犯罪未遂问题和犯罪主体问题，硕士学位论文和博士学位论文后来经修订均以专题著作出版[①]，由此打下了我走上刑法学研究之路的理论基础和学术兴趣。及至博士毕业留校任教三十多年来，我的教学研究也是以刑法学总论为主，并在学术生涯中始终保持了对刑法学基础理论问题的重视态度和学术热情。

数十年来，我的研究涉及刑法学基础理论的多个领域和课题，包括刑法立法模式的理论问题，中国刑法法典化的理论问题，刑法的机能问题，基本刑事政策问题，刑事责任问题，刑法基本原则尤其是罪刑法定原则的理论问题，刑法解释问题，犯罪概念及社会危害性理论问题，犯罪构成论尤其是其中的犯罪主体论问题，犯罪停止形态尤其是其中的犯罪未遂论问题，正当防卫问题，刑罚制度完善

① 赵秉志．犯罪未遂的理论与实践．北京：中国人民大学出版社，1987；赵秉志．犯罪主体论．北京：中国人民大学出版社，1989．

尤其是死刑制度改革的理论问题，等等。关注和研究这些刑法基础理论问题，不但直接深化了我对这些重要理论问题的理解和把握，也促进了我对刑法学其他总论问题以及各论具体犯罪问题的研究与拓展。

其四，树立前沿意识和问题导向。

前沿意识和问题导向对任何学科的研究都是极为重要的。因为前沿问题引领学科的发展方向和道路，问题导向则使学术研究有的放矢、解决问题、促进发展。当然，各学科的前沿意识和问题导向有其独特的内容和使命。

我体会到，树立前沿意识，就要求研究者要通过各种渠道，通过经常的考察与研究，对本学科的演进历程、研究现状、主要问题、发展动向有全面而准确的把握，并在此基础上敏锐地捕捉和掌握本学科的发展趋势与前沿问题。坚持问题导向，要求研究者的研究课题应当是存在疑问、颇有争议而需要释疑解惑、需要统一认识或者深化研究的问题，研究和解决这样的问题有助于学科理论或实务问题的解决，即有其研究价值。而要坚持问题导向就要养成经常思考、勇于质疑的学养和习惯，善于发现问题、提出问题、梳理问题和确定需要研究的问题。

本着这种认识，多年来本人对我国刑法改革一系列宏观问题和种种微观问题的持续关注研究，对新时期宽严相济的刑事政策、刑法与宪法和其他相关部门法的关系问题、刑法哲学问题等刑法学新课题的注意研究，对经济繁荣、科技发展背景下若干新型犯罪问题（如恐怖活动犯罪、金融犯罪、环境资源犯罪、信息网络犯罪等）的注目，对祖国统一进程中我国区际刑法问题的开拓性探索，对开放背景下中国刑法与国际刑法规范协调的研究，等等，都是本人关注刑事法治和刑法学前沿问题的努力；而对于社会危害性理论、犯罪构成理论、正当防卫制度适用、特赦制度启动及赦免制度重构、腐败犯罪防治、侵犯知识产权犯罪对策、民营企业产权刑法保护以及疑难刑事名案相关法理问题①的关注和研究，则是本人重视刑事法治和刑法学热点问题、争议问题、疑难问题的体现。

其五，秉持开放的心态暨开阔的视野。

---

① 赵秉志．疑难刑事名案法理研究（第一至七卷）．北京：北京大学出版社，2008—2020．

在当今全球化的时代，开放的心态和全球化的视野是促使我国各项事业与国际先进水平看齐和同步发展的必要条件，我国的刑法学研究事业亦然。注意结合我国国情及其发展需要借鉴他国和国际社会先进的刑事法治经验与刑法理念，无疑会有益于我国刑事法治的进步和刑法学理论的繁荣发展。

我多年来注意开展中国区际刑法、国际刑法、比较刑法等外向型刑法领域的研究，在中国刑法领域的专题研究中也注意参考借鉴外部刑法和刑法理论的规范与主张（我尤其注意考察和借鉴国外境外刑法和国际刑法的立法规范，认为刑法立法规范是其刑事法治和刑法学理论的精髓），在先后主持中国人民大学和北京师范大学刑法学专业博士点时力主把外国刑法学和国际刑法学作为与中国刑法学并列的博士生入学考试专业课之一，并且在我国高校刑法学科中较早主编出版了国际刑法学和外国刑法学领域配套的几种教材①，在晚近二十余年来积极推动我们学术团队和全国刑法学界的对外学术交流②，这些都是出于对我国刑法学研究需要放眼世界的认识和追求。

其六，注意研究的持续性和扩展性。

在长期的学术研究过程中，我逐渐体会到，注意课题（问题）研究的持续性和扩展性，是深化研究、提高研究效率和扩大研究成果的有效方法，也有助于相关课题（问题）成为研究者的学术专长。所谓持续性，是指对一个课题（问题）的研究要切忌“浅尝辄止”“打一枪换一个地方”，而应当在完成课题（问题）研究、产出课题（问题）研究成果之后，继续关注此一课题（问题）的研究动态，并继续收集有关资料和经常思考有关问题，在适当时机再对此课题（问题）予以深化研究或者变换角度研究，争取推出新的研究成果。所谓扩展性，是说在研究某一课题（问题）的过程中或者完成研究之后，对与其相关的问题也适当予以关

① 赵秉志. 外国刑法原理（大陆法系）. 北京：中国人民大学出版社，2000；赵秉志. 新编国际刑法学. 北京：中国人民大学出版社，2004；赵秉志. 英美刑法学. 北京：中国人民大学出版社，2004；赵秉志. 外国刑法各论（大陆法系）. 北京：中国人民大学出版社，2006.

② 晚近二十余年间，本人基于担任相关学术职务的职责和使命感，积极推动了我们学术团队和全国刑法学界与国际刑法学界的交流，以及我国内地（大陆）与港澳台地区刑法学界的交流。

注，待条件具备时将相关问题也纳入研究范围，以扩展研究领域，并产出新的研究成果。[①]

以本人关于犯罪未遂形态的研究为例。犯罪未遂形态最初是本人选择的硕士学位论文题目，1984 年年底我完成了题为《论我国刑法中的犯罪未遂》的硕士论文并通过了学位论文答辩，这篇硕士论文以 7 万余字的篇幅探讨了犯罪未遂形态的主要理论问题和若干常见多发、疑难争议的实务问题；在随后读博士期间，我继续对犯罪未遂课题进行深入挖掘和全面充实，于 1987 年出版了 23 万字的专著《犯罪未遂的理论与实践》[②]；在高铭暄教授主编并于 1993 年出版的国家社科"七五"规划重点项目成果《刑法学原理》（三卷本）中，我是"故意犯罪的停止形态"一章的作者[③]，这可以说是我对犯罪未遂形态的扩展性研究成果；之后我仍在教学研究中时常关注这一领域，并在多年后修订出版了 50 万字的《犯罪未遂形态研究》一书。[④] 上述本人关于犯罪未遂形态及其上位范畴犯罪停止形态的研究，就体现了研究的连续性和扩展性。

对一些重大课题（问题）的研究，尤其不能满足于完成一个项目的成果，而需要注意研究的持续性和扩展性，这样才能深化和拓展研究，始终站在课题（问题）研究的前沿，并不断产出契合当下理论与实践发展需要的学术成果。例如，本人对于刑法立法完善问题、死刑制度改革问题、犯罪主体因素的刑事责任问题、恐怖活动犯罪问题、腐败犯罪问题、中国区际刑法问题等重大课题（问题）的研究和关注，就是持续性、扩展性的，并因此得以把握这些课题（问题）研究的新动向、产出新成果，也使其中一些课题（问题）成为了自己的学术专长。

其七，个人研究与团队及刑法学界的研究相结合。

十几年前，我曾就个人学术事业的追求写下自己的体会："只有你将个人的

---

① 赵秉志．怎样积极有效地从事社会科学研究//赵秉志．外向型刑法问题研究（下卷）．北京：中国法制出版社，1997：996-997.

② 赵秉志．犯罪未遂的理论与实践．北京：中国人民大学出版社，1987.

③ 高铭暄．刑法学原理．第 2 卷．北京：中国人民大学出版社，1993.

④ 赵秉志．犯罪未遂形态研究．2 版．北京：中国人民大学出版社，2008.

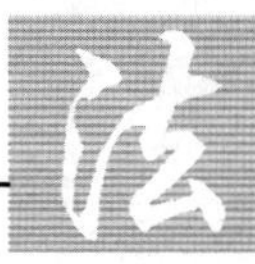

事业追求纳入学术团队的事业之中，纳入国家的事业发展大局之中，纳入时代的发展需要之中，个人的学术事业才会不断发展，前程远大。”①

我是一个刑法学者，刑法学研究是我的职责；多年来本人也担任了学术团队的带头人和全国刑法学术团体的主要负责人，因而我对本单位的学术事业和全国刑法学的发展也负有责任。我始终牢记这一点。因而数十年来，我坚持以学术为本，对刑法学研究不敢稍有懈怠；并且在学术研究和学术活动中，时时注意不要拘泥于具体问题，而要努力探索和把握学科发展的动向与趋势、前沿课题和重点问题。本人与我们团队在学术研究上呈现为一种相互影响、相互促进的关系：一方面，作为学术团队的负责人和学术带头人，我时常在考虑团队的学术发展，我的学术方向和研究重点在一定程度上会影响我们学术团队关于研究方向和重点课题的选择；另一方面，学术团队在我的主导和同事们的群策群力下确定我们的研究方向和重点课题，我也会据此对自己的研究计划作出调整，主持或参与学术团队的课题研究。而在对待全国刑法学术团体的研究方面，我既把本人及我们学术团队关于研究课题的相关认识提供给中国刑法学研究会参考选择，我本人也要承担起作为刑法学研究会会长的主导责任，经过磋商研究，要确保纳入全国刑法学术年会议题的是关涉我国刑事法治进步和刑法学发展的重大问题、前沿问题、热点问题，并且本人及我们学术团队的同事们会积极参与议题的研究。

总之，多年来，我努力把自己的使命感和关于刑法学发展方向与重点问题的认识融入我们学术团队乃至全国刑法学界的相关学术研究活动中，产生了相得益彰的效果。

其八，学术研究与人才培养相结合。

作为法学院刑法专业的教授，我的主要职责是教学科研和培养人才，后者包括指导培养硕士生、博士生和博士后研究人员。从自己读硕士和博士成长的经历中，我感受到了导师引导研究生进行学术研究的重要性；在我成为高校教师之

① 赵秉志．死刑改革研究与时代发展——我的相关学术经历暨反思//赵秉志．死刑改革探索．北京：法律出版社，2006：805.

后，我在培养人才方面积极探索和贯彻了寓学术研究于人才培养之中、人才培养与学术研究相结合的方法。

多年来在指导培养硕士生、博士生以及与博士后合作研究的过程中，我常常根据他们的学术专长、研究能力和学术兴趣，吸收他们参加我所主持的研究课题，并把自己所掌握、所认定的一些重要的、前沿性的课题推荐给他们进行专题研究乃至作为他们的学位论文或出站报告选题。这样师生相互启发、共同切磋、教学相长，既引导和促进了他们的学术成长，也吸收他们参与了导师的课题研究和写作，产出了共同的学术成果，为我国刑法学的发展和刑事法治的进步作出了学术贡献。

例如，20 世纪 90 年代初期，本人为配合刑法典的修改而主持的国家社科基金青年项目“妨害司法活动罪研究”，就吸收了我指导的首届 7 位刑法硕士研究生共同参与，经我引导他们的硕士学位论文都选择了这一领域的相关罪名为选题，这个项目的研究成果对刑法修法发挥了促进作用，形成的专著也成为我们师生的共同学术贡献与纪念。[①]

再如，本人所主持的“海峡两岸刑法比较研究”“侵犯知识产权犯罪研究”“金融诈骗罪研究”“刑法解释研究”“疑难刑事名案法理问题研究”等多个课题或专题的研究成果，也都吸纳了我所指导的硕士生、博士生相关学位论文的精华。[②]

尤为值得一提的是，自本世纪之初起，根据对我国刑事法治改革趋势和动向的认识，本人及我们学术团队逐步聚焦于我国死刑制度改革问题，我不仅在此领域独自暨合作发表了多项研究论著，同时，也认识到我国死刑制度改革研究的长期性和艰巨性，认识到对这一领域以博士学位论文和博士后出站报告形式予以拓展的必要性和重要性，遂努力引导和促成我所指导的多篇博士学位论文和博士后出站研究报告聚焦死刑制度改革问题，对死刑制度改革的理念暨民意、刑事政

① 赵秉志. 妨害司法活动罪研究. 北京：中国人民公安大学出版社，1994.

② 赵秉志. 海峡两岸刑法总论比较研究（上下卷）. 北京：中国人民大学出版社，1999；赵秉志. 侵犯知识产权犯罪研究. 北京：中国方正出版社，1999；赵秉志. 金融诈骗罪新论. 北京：人民法院出版社，2001；赵秉志. 刑法解释研究. 北京：北京大学出版社，2007；赵秉志. 中国疑难刑事名案法理研究（第一至七卷）. 北京：北京大学出版社，2008—2020.

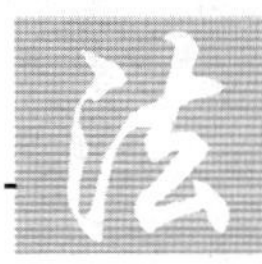

策、立法完善、司法措施、重点类罪暨重点罪名，以及外部死刑制度的考察借鉴等多维度进行多方面的开拓研究，并逐渐形成规模效益，这些青年学者为我国新世纪所开启的死刑制度改革作出了有目共睹的可贵贡献。①

又如，经由本人引导或支持的博士生所选择的一些前沿性学位论文选题，促使他们在特定领域取得了领先性、代表性的学术成果。②

总之，从过去四十年从事刑法学研究的历程中，我深刻地体会到，实践性、本土性、基础性、前沿性、开放性应当是我国刑法学研究应有的主要学术品格和正确的研究方向。唯有如此，我国刑法学研究才能切实担负起繁荣发展刑法学理论和促进刑事法治事业的使命。当然，这也是本人不断明确和坚定的学术追求。

人贵有自知之明。回首既往的学术研究之路，我认识到，本人在学术研究方

---

① 本人在本世纪20年来指导的近70篇博士学位论文中，有20篇属于死刑制度改革方面的题目：(1)《经济犯罪限制与废止死刑研究》(万云峰，2005)；(2)《非暴力犯罪废止死刑研究》(张远煌，2006)；(3)《暴力犯罪死刑问题研究》(黄晓亮，2006)；(4)《死刑司法控制论》(马松建，2006)；(5)《中美死刑制度比较研究》(郑延谱，2007)；(6)《我国死刑观念及其变革研究》(王东阳，2007)；(7)《死刑立法控制论》(雷建斌，2008)；(8)《中国死刑存废中的民意与国家决策的关系研究》(周国良，2009)；(9)《故意杀人罪死刑限制与废止研究》(马晓炜，2010)；(10)《酌定量刑情节限制死刑适用研究》(彭新林，2010)；(11)《贪污贿赂犯罪死刑限制与废止研究》(李慧织，2010)；(12)《毒品犯罪死刑限制与废止研究》(李运才，2010)；(13)《故意伤害罪死刑限制与废止研究》(陈超，2011)；(14)《台湾地区死刑适用制度研究》(钱小平，2011)；(15)《国际死刑演变及其对中国的启示》(王水明，2012)；(16)《死刑控制背景下的中国刑罚制度改革》(于靖民，2012)；(17)《法定量刑情节限制死刑适用研究》(任能能，2013)；(18)《论中国死刑改革视野下的死刑民意引导》(张伟珂，2013)；(19)《当代中国死刑适用标准研究——以司法限制适用研究》(王鹏祥，2014)；(20)《当代中国死刑政策研究》(徐文文，2016)。还有本人指导的3篇博士后出站研究报告也属于死刑制度改革方面的题目：(1)《中国死刑制度控制研究》(聂立泽，2005)；(2)《死刑适用若干疑难问题研究》(何荣功，2008)；(3)《当代中国死缓制度问题检讨暨完善研究》(张剑锋，2017)。这些博士学位论文和博士后出站研究报告在通过答辩之后，大多经修订出版了专著，对我国死刑制度改革及其理论研究产生了广泛而重要的学术影响。

② 例如，肖中华．犯罪构成及其关系论．北京：中国人民大学出版社，2000；田宏杰．中国刑法现代化研究．北京：中国方正出版社，2000(其同名博士学位论文荣获“全国百篇优秀博士学位论文”)；时延安．中国区际刑事管辖权冲突及其解决研究．北京：中国人民公安大学出版社，2005；曾粤兴．刑法学方法的一般理论．北京：人民出版社，2005；阴建峰．现代赦免制度论衡．北京：中国人民公安大学出版社，2006；杜邈．反恐刑法立法研究．北京：法律出版社，2009；商浩文．当代中国贪污受贿犯罪定罪量刑标准研究．北京：中国人民公安大学出版社，2019.

法和特点上也存在一些明显的短板与缺陷。

其一，体系性思考与研究有所欠缺。

现代刑法学是一门历史悠久、发展成熟的博大精深的应用法学学科，其体系结构严谨，基本理论丰富、系统而深刻，各部分内容之间有着内在的逻辑联系和彼此照应的关系，其中刑法学总论的理论性尤为显著并统领刑法学各论。对刑法学许多课题尤其是内容复杂、关涉广泛的课题予以深入开拓研究，往往需要放眼整个刑法学视野进行系统性思考和关联性探索，这就要求研究者要有系统性的思维及相关理论知识素养。而系统性的思维方式需要一个自觉认识和逐渐养成的过程，它在很大程度上也依赖于研究者系统性理论知识的支撑。

本人虽然在学生时代曾系统性地学习过中国刑法学理论，在数十年的教学研究生涯中也主编过多种刑法学教材并在其中分工撰写过总论及各论部分的多个章节，但由于种种原因，始终没能撰写和出版个人独著的完整的刑法学教材，曾经出版的一本刑法学总论也不是系统完整的刑法总论著作，而是对于刑法基本理论若干专题研究的论著。① 这种研究状况和理论素养难免对本人学术研究中的体系性思考造成不利影响，而体系性思考的欠缺又会影响自己研究的广度和深度。例如，研究刑法立法完善中一项总则制度或者一种罪名的增删或修改，不仅要研究其本身，还要从总则与分则的结合上探讨这样增删或修改与其他相关规范的协调问题；研究刑法某个理论问题往往也需要这样的“前顾后瞻”“左顾右盼”。回首既往，在一些课题的研究上，本人的这种体系性思考是有所欠缺的。

其二，实证研究方法欠缺。

刑法作为应用性突出的实体法学部门，其实证研究方法无疑有助于刑法学研究的深入和发达，对其中一些课题甚至具有极其重要的意义。然而，对我国年龄稍长的相当一部分刑法学者而言，欠缺运用实证研究方法又是一个较为普遍的现象。造成这种状况的原因来自主客观两个方面：客观原因在于获得实证研究所需要的罪刑方面的资料和数据确实不易；主观原因是研究者缺乏关于实证研究方法

---

① 赵秉志. 刑法基本理论专题研究. 北京：法律出版社，2005.

的训练和技能，往往也有畏难情绪或重视不够。

正是基于上述主客观原因，本人也成为欠缺运用实证研究方法的刑法学研究者中的一员。而实证研究方法的欠缺，导致本人对那些特别需要实证研究方法的课题，要么不敢轻易涉足，要么缺乏研究的深度和对策性。

其三，对外国刑法学和国际刑法学的系统考察研究欠缺。

在当今全球化的时代，开放和相互联系表现在多个领域。有刑法学者说，不了解外国刑法学，就不了解本国刑法学。虽然此言稍显过度，但就强调了解外部刑法学有助于通过比较更为深刻地掌握本国刑法学而言是不错的。

本人早就认识到了解外国刑法学和国际刑法学对于促进我们本国刑法学研究的重要意义，因而如前所述较早主编出版了代表性法系的外国刑法学和国际刑法学的教材，但由于诸多因素的限制与影响，本人欠缺对外国刑法学和国际刑法学的系统的考察研究。这种状况使本人在诸多课题研究中虽然注意参考借鉴外国刑法和国际刑法方面的立法资料，但并不能得心应手地运用外国刑法学和国际刑法学的相关理论，从而对研究的深度和广度也有影响。

其四，学科关联研究不够。

现代刑法学的特征之一，是其调整社会关系的广泛性。由此出发，并基于辩证唯物主义关于世界普遍联系的观点，现代刑法学问题研究需要在内外联系中拓展。在其内部联系中拓展，即前述的对问题研究进行刑法学本身的体系性思考与研究，在此不赘。在刑法学的外部联系中拓展，我认为大体可以区分为两个层次：一是刑事一体化视野下的拓展，即刑法学与其他刑事学科（犯罪学、犯罪心理学、犯罪统计学、刑法史学、刑事政策学、刑事执行法学、刑事诉讼法学、司法精神病学等）的关联研究，这种关联主要是有助于深化刑法学研究；二是刑法学与其他非刑事法律学科（主要涉及宪法学、行政法学、民商法学等）乃至其他非法学学科（如哲学、政治学、经济学、社会学、历史学、民族学、宗教学、心理学、精神医学等）的关联研究，这种关联主要是有助于拓展刑法学研究。

在以往的一些课题研究中，本人对于刑法学与其他学科的关联研究有所注意。例如，在犯罪主体专题的研究中，涉及了刑法史学、外国刑法学、刑事执行法学、司法精神病学、刑事诉讼法学、宪法学、民商法学、心理学、老年学等学科的理论和知识；在死刑制度改革的研究中，涉及了犯罪学、犯罪心理学、刑事政策学、刑事诉讼法学、刑事执行法学、刑法史学、外国刑法学、国际刑法学、宪法学、经济学、社会心理学等学科的理论和知识；在恐怖活动犯罪专题的研究中，涉及了犯罪学、犯罪心理学、刑事政策学、刑事诉讼法学、刑事执行法学、外国刑法学、国际刑法学、政治学、社会学、民族学等学科的理论和知识。这种关联视角拓展和深化了本人关于这些课题的研究。但总的说来，由于对关联学科的理论和知识的了解或者查询能力有限等原因，本人在刑法学研究中的学科关联研究还是比较欠缺的，有所涉及的有些也只是简单引用相关学科的一些观点或资料，而缺乏对之系统性的考察研究、分析运用。学科关联研究的欠缺，当然也影响了本人对一些专题研究的拓展和深化。

检讨和反思既往是为了今后的扬长补短。以上这些既往研究中存在的明显缺陷或短板，应当在自己未来的研究中努力予以弥补或纠正；对本人既往研究中的其他不足之处，我还要进一步反思和认识。

一个人的生命及其学术生涯都是有限的，其间有勃兴时期也有消退阶段，但人类社会的世代更迭和人类文化与学术的传承更新是生生不息的。长江后浪推前浪，一代人有一代人的使命。本人在离开刑法学一线教学研究工作岗位之后历经数月整理形成本文，主要是为了回顾自己的研究生涯、归纳本人的学术见解、反思个人的学术研究得失，也期盼能为我国刑法学研究和刑事法治事业提供一些资料和参考。当然，学术研究工作者有一个优势，就是即使已经从工作岗位上退休，只要自己有意愿、有能力、有兴趣继续从事学术研究，那退休也不是问题。本人当本着“活到老、学到老”的人生态度，以年逾九旬高龄仍在刑法学领域辛勤耕耘的恩师、荣获“人民教育家”国家荣誉称号的高铭暄先生为榜样，在余生尽己所能地在刑法学研究领域和国家刑事法治建设中继续贡献绵薄之力。

岁月如歌，往事如烟。凡是过往，皆为序章。挥别既往，走向未来。

2022年3月

# 附录　赵秉志教授作品目录（2016—2021 年）

## 一、书籍

（一）独著、合著（编）的书籍

1. 高铭暄，赵秉志，商浩文. 新中国刑法立法沿革全书. 北京：中国人民公安大学出版社，2021 .

2. 赵秉志，阴建峰. 新时期特赦的多维透视. 台北：新学林出版社，2020.

3. 高铭暄，赵秉志，袁彬. 新中国刑法学研究 70 年. 北京：中国人民大学出版社，2019.

4. 刘志伟，赵秉志，等. 反恐怖主义的中国视角和域外借鉴. 北京：中国人民公安大学出版社，2019.

5. 赵秉志，左坚卫. 民营企业产权保护第一案：张文中案件的参与暨思考. 北京：法律出版社，2019.

6. 赵秉志. 大变革时代的中国刑法问题研究——赵秉志自选集. 北京：法律出版社，2017.

7. 赵秉志，彭新林，等. 中国反腐败新观察. 南京：江苏人民出版社，2016.

8. 赵秉志，袁彬. 刑法最新立法争议问题研究. 南京：江苏人民出版社，2016.

9. 赵秉志，陈志军. 中国近代刑法立法文献汇编. 北京：法律出版社，2016.

10. 赵秉志，彭新林. 寻衅滋事罪专题整理. 北京：中国法制出版社，2016.

（二）主编的书籍

1. 赵秉志，贾宇，黄京平.《刑法修正案（十一）》的理论与实务问题研究（全国刑法学术年会文集：2021 年度，上下卷）. 北京：中国人民公安大学出版社，2021.

2. 赵秉志. 犯罪构成论体系比较研究. 北京：法律出版社，2021.

3. 赵秉志.《刑法修正案（十一）》理解与适用. 北京：中国人民大学出版社，2021.

4. 赵秉志. 中国疑难刑事名案法理研究：第 7 卷. 北京：北京大学出版社，2020.

5. 赵秉志，刘宪权，梅传强. 现代刑事法治视野下的国家与社会安全（全国刑法学术年会文集：2020 年度）. 北京：中国人民公安大学出版社，2020.

6. 赵秉志. 现代刑法问题研究：上下册. 北京：法律出版社，2020.

7. 赵秉志. 中韩刑法正当化事由比较研究. 北京：群众出版社，2020.

8. 赵秉志. 反腐败追逃追赃重大案件精选. 北京：中国方正出版社，2019.

9. 赵秉志. 关于在死刑案件中贯彻宽严相济刑事政策的意见. 北京：中国法制出版社，2019.

10. 赵秉志. 黄海勇引渡案法理聚焦. 南京：江苏人民出版社，2019.

11. 赵秉志. 新中国刑法 70 年. 北京：法律出版社，2019.

12. 赵秉志，贾宇，张旭. 新中国 70 年刑法的变迁与发展（全国刑法学术年会文集：2019 年度，上下卷）. 北京：中国人民公安大学出版社，2019.

13. 赵秉志. 刑事大案要案中的法治理性. 南京：江苏人民出版社，2019.

14. 赵秉志. 全国刑法学优秀博士学位论文荟萃. 北京：法律出版社，2019.

15. 赵秉志，陈泽宪，陈忠林. 改革开放新时代刑事法治热点聚焦（全国刑法学术年会文集：2018 年度，上下卷）. 北京：中国人民公安大学出版社，2018.

16. 赵秉志. 依法治国背景下企业产权的刑事法保护. 北京：清华大学出版社，2018.

17. 赵秉志. 刑事法治发展研究报告（2016—2017 年卷）. 北京：法律出版社，2018.

18. 赵秉志. 有组织犯罪的防制对策. 北京：清华大学出版社，2018.

19. 赵秉志. 刑事法前沿问题探究. 北京：中国法制出版社，2017.

20. 赵秉志. 当代中国刑法立法新探索——97 刑法典颁行 20 周年纪念文集. 北京：法律出版社，2017.

21. 赵秉志. 最新贪污贿赂司法解释的理解与适用. 北京：清华大学出版社，2017.

22. 赵秉志. 刑事法时评：第 5 卷. 北京：中国法制出版社，2017.

23. 赵秉志. 刑事法治发展研究报告（2014—2015 年卷）. 北京：法律出版社，2017.

24. 赵秉志，莫洪宪，齐文远. 中国刑法改革与适用研究（全国刑法学术年会文集：2016 年度，上下卷）. 北京：中国人民公安大学出版社，2016.

25. 赵秉志，李希慧. 刑法各论. 3 版. 北京：中国人民大学出版社，2016.

26. 赵秉志. 月旦法学——刑事法判例研究汇编. 北京：北京大学出版社，2016.

27. 赵秉志. 刑事法治. 北京：中国法制出版社，2016.

28. 赵秉志. 法学新论：北师大法学院教师法学论文荟萃（上下卷）. 北京：中国法制出版社，2016.

29. 赵秉志. 全国刑法学优秀博士学位论文荟萃（2012—2014）. 北京：法律出版社，2016.

30. 赵秉志. 刑事法治发展研究报告（2013—2014 年卷）. 北京：法律出版社，2016.

31. 赵秉志. 中韩恐怖主义犯罪的惩治与防范（“第 13 届中韩刑法学术研讨会”学术文集）. 北京：法律出版社，2016.

32. 赵秉志.《中华人民共和国刑法修正案（九）》理解与适用. 北京：中国法制出版社，2016.

33. 赵秉志. 刑法总论. 3 版. 北京：中国人民大学出版社，2016.

（三）主编的丛刊

1. 赵秉志. 刑法论丛：2020 年第 4 卷，总第 64 卷. 北京：法律出版社，2021.

2. 赵秉志. 刑法论丛：2020 年第 3 卷，总第 63 卷. 北京：法律出版社，2021.

3. 赵秉志. 刑法论丛：2020 年第 2 卷，总第 62 卷. 北京：法律出版社，2021.

4. 赵秉志. 刑事法判解研究：总第 39 辑. 北京：人民法院出版社，2020.

5. 赵秉志. 刑法论丛：2020 年第 1 卷，总第 61 卷. 北京：法律出版社，2020.

6. 赵秉志. 刑法论丛：2019 年第 4 卷，总第 60 卷. 北京：法律出版社，2020.

7. 赵秉志. 刑法论丛：2019 年第 3 卷，总第 59 卷. 北京：法律出版社，2020.

8. 赵秉志. 刑法论丛：2019 年第 2 卷，总第 58 卷. 北京：法律出版社，2019.

9. 赵秉志. 刑法论丛：2019 年第 1 卷，总第 57 卷. 北京：法律出版社，2019.

10. 赵秉志. 刑法论丛：2018 年第 4 卷，总第 56 卷. 北京：法律出版社，2019.

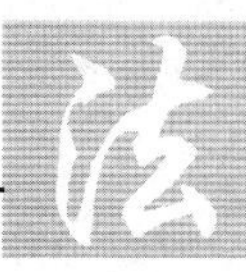

11. 赵秉志，等. 当代德国刑事法研究：第 3 卷. 北京：法律出版社，2019.

12. 赵秉志. 刑事法判解研究，总第 38 辑. 北京：人民法院出版社，2019.

13. 赵秉志. 刑法评论：2019 年第 1 卷，总第 32 卷. 北京：法律出版社，2019.

14. 赵秉志. 刑法论丛：2018 年第 3 卷，总第 55 卷. 北京：法律出版社，2019.

15. 赵秉志. 刑法论丛：2018 年第 2 卷，总第 54 卷. 北京：法律出版社，2019.

16. 赵秉志. 刑法评论：2018 年第 1 卷，总第 31 卷. 北京：法律出版社，2018.

17. 赵秉志. 刑事法判解研究，总第 37 辑. 北京：人民法院出版社，2018.

18. 赵秉志. 刑法论丛：2018 年第 1 卷，总第 53 卷. 北京：法律出版社，2018.

19. 赵秉志. 刑法论丛：2017 年第 4 卷，总第 52 卷. 北京：法律出版社，2018.

20. 赵秉志. 刑法论丛：2017 年第 3 卷，总第 51 卷. 北京：法律出版社，2018.

21. 赵秉志. 刑法论丛：2017 年第 2 卷，总第 50 卷. 北京：法律出版社，2017.

22. 赵秉志. 刑事法判解研究，总第 36 辑. 北京：人民法院出版社，2017.

23. 赵秉志. 刑法评论：2017 年第 1 卷，总第 30 卷. 北京：法律出版社，2017.

24. 赵秉志，等. 当代德国刑事法研究：2017 年第 1 卷，总第 2 卷. 北京：法律出版社，2017.

25. 赵秉志. 刑法论丛：2017 年第 1 卷，总第 49 卷. 北京：法律出版社，2017.

26. 赵秉志. 刑法论丛：2016 年第 4 卷，总第 48 卷. 北京：法律出版社，2017.

27. 赵秉志. 刑事法判解研究：总第 35 辑. 北京：人民法院出版社，2017.

28. 赵秉志，等. 当代德国刑事法研究：2016 年第 1 卷. 北京：法律出版社，2017.

29. 赵秉志. 刑法论丛：2016 年第 3 卷，总第 47 卷. 北京：法律出版社，2016.

30. 赵秉志. 刑法论丛：2016 年第 2 卷，总第 46 卷. 北京：法律出版社，2016.

31. 赵秉志. 刑法论丛：2016 年第 1 卷，总第 45 卷. 北京：法律出版社，2016.

32. 赵秉志. 刑法评论：2016 年第 1 卷，总第 29 卷. 北京：法律出版社，2016.

33. 赵秉志. 刑法评论：2015 年第 2 卷，总第 28 卷. 北京：法律出版社，2016.

34. 赵秉志. 京师法律评论：第 10 卷. 北京：中国法制出版社，2016.

35. 赵秉志. 刑事法判解研究：总第 34 辑. 北京：人民法院出版社，2016.

## 二、论文和文章

### （一）论文

1. 赵秉志，詹奇玮. 新时代反腐败刑事政策视野下的刑事司法论纲. 上海政法学院学报（法治论丛），2022（1）.

2. 赵秉志，袁彬. 当代中国刑法立法模式的演进与选择. 法治现代化研究，2021（6）.

3. 詹奇玮，赵秉志. 妨害安全驾驶罪的规范考察与适用探析. 贵州社会科学，2021（10）.

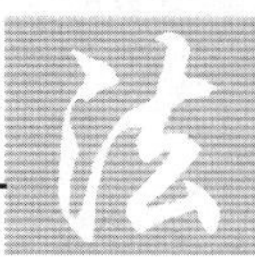

4. 赵秉志，陈诏．包庇、纵容黑社会性质组织罪管辖主体研究．河北法学，2021（5）．

5. 詹奇玮，赵秉志．当代中国腐败犯罪立法的检视与完善．河南师范大学学报（哲学社会科学版），2021（4）．

6. 赵秉志，袁彬．《刑法修正案（十一）》罪名问题研究．法治研究，2021（2）．

7. 赵秉志，张磊．从黄海勇引渡案看我国引渡合作的法治化问题//甘添贵教授八秩华诞祝寿论文集编辑委员会编．刑事法学的浪潮与涛声（刑事政策·刑事诉讼法）．台北：元照出版有限公司，2021．

8. 赵秉志，袁彬．《刑法修正案（十一）》宏观问题论要．澳门法学，2021（1）．

9. 赵秉志，袁彬．中国重大公共卫生事件防控刑事政策——以中国新冠疫情防控刑事政策为中心．江海学刊，2020（6）．

10. 赵秉志，张伟珂．论运输毒品罪死刑废止的可行性．河北法学，2020（11）．

11. 赵秉志，彭新林，等．国内正当防卫典型案例研究．刑事法判解研究（39）．北京：人民法院出版社，2020．

12. 赵秉志，周振杰，等．国外正当防卫典型案例研究．刑事法判解研究（39）．北京：人民法院出版社，2020．

13. 赵秉志，张磊．试论我国境外追逃追赃的法治原则//张远煌当前刑事法治领域热点问题研究．北京：中国人民公安大学出版社，2020．

14. 赵秉志．澳门特别行政区反恐刑法要论．刑法论丛，2019 年第 4 卷、2020 年第 1 卷．北京：法律出版社，2020．

15. 赵秉志、彭新林．中国正当防卫制度司法适用问题要论//赵秉志．中韩刑法正当化事由比较研究．北京：群众出版社，2020．

16. 赵秉志，袁彬．当代中国大陆刑法立法模式的演进与选择//虞平．法治流变及制度构建——两岸法律四十年之发展．台北：（台湾）元照出版有限公司，2020．

17. 赵秉志，彭新林，等. 正当防卫制度的理解和适用. 魏东. 刑法解释（总第5卷）. 北京：法律出版社，2020.

18. 赵秉志，李昊翰. 民间放高利贷行为入罪问题探讨. 河南大学学报（社会科学版），2020（2）.

19. 赵秉志. 法治反恐的国际视角：难点与对策. 东南大学学报（哲学社会科学版），2020（2）.

20. 赵秉志，丁文焯. 英国家庭暴力犯罪风险评估及其启示. 南都学坛，2020（2）.

21. 赵秉志，詹奇玮. 论拒不履行信息网络安全管理义务罪的罪过形式. 贵州社会科学，2019（12）.

22. 赵秉志，张伟珂. 新中国刑法司法70年：回顾与前瞻. 法律适用，2019（19）.

23. 赵秉志. 客观归责理论：体系性的思考——《当代德国刑事法研究》（第3卷）前言//赵秉志. 当代德国刑事法研究：第3卷. 北京：法律出版社，2019.

24. 赵秉志，牛忠志：我国反恐刑事政策的调整暨刑法总则的完善//刘志伟，等. 反恐怖主义的中国视角和域外借鉴. 北京：中国人民公安大学出版社，2019.

25. 赵远，赵秉志. 中国反恐刑法的反思与完善//刘志伟，等. 反恐怖主义的中国视角和域外借鉴. 北京：中国人民公安大学出版社，2019.

26. 赵秉志，赵远. 帮助恐怖活动罪//刘志伟，等. 反恐怖主义的中国视角和域外借鉴. 北京：中国人民公安大学出版社，2019.

27. 高铭暄，赵秉志，阴建峰. 新中国成立70周年特赦之时代价值与规范研读. 江西社会科学，2019（7.）

28. 赵秉志，袁彬. 我国网络犯罪立法的合理性及其展开. 南都学坛，2019（3）.

29. 赵秉志. 改革开放40年我国刑法立法的发展及其完善. 法学评论，

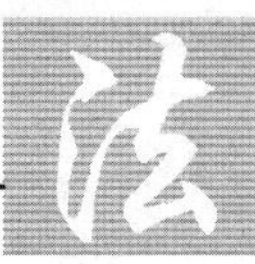

2019 (2).

30. 赵秉志，詹奇玮. 现实挑战与未来展望：关于人工智能的刑法学思考. 暨南学报（哲学社会科学版），2019 (1).

31. 赵秉志，袁彬. 改革开放 40 年的刑法学研究：发展脉络与知识转型//赵秉志，陈泽宪，陈忠林. 改革开放新时代刑事法治热点聚集（全国刑法学术年会文集：2018 年度）. 北京：中国人民公安大学出版社，2018；FRONTIERS OF LAW IN CHINA VOL 13 NO. 4. 2018（英文版）.

32. 赵秉志，袁彬. 改革开放 40 年中国死刑立法的演进与前瞻. 湖南科技大学学报（社会科学版），2018 (5).

33. 赵秉志，詹奇玮. 当代中国环境犯罪立法调控问题研究. 中国地质大学学报（社会科学版），2018 (4).

34. 赵秉志，左坚卫. 张文中案：事实澄清与法理展开——诈骗罪部分. 法律适用（司法案例），2018 (12).

35. 赵秉志，左坚卫. 论加强对非公有经济的平等保护//赵秉志. 依法治国背景下企业产权的刑事法保护. 北京：清华大学出版社，2018.

36. 赵秉志，刘志伟，等. 关于食品药品犯罪司法解释的评估意见//赵秉志. 刑事法治发展研究报告（2016—2017 年卷）. 北京：法律出版社，2018.

37. 赵秉志，袁彬，等. 关于增设故意传播艾滋病罪的立法建言//赵秉志. 刑事法治发展研究报告(2016—2017 年卷). 北京：法律出版社，2018.

38. 赵秉志，袁彬，等. 关于办理艾滋病刑事案件适用法律若干问题的解释（专家建议稿）理由论证//赵秉志. 刑事法治发展研究报告(2016—2017 年卷). 北京：法律出版社，2018.

39. 赵秉志，商浩文. 受贿罪量刑标准之司法运作检讨及其完善//赵秉志. 刑事法治发展研究报告（2016—2017 年卷）. 北京：法律出版社，2018.

40. 赵秉志，袁彬，等. 关于办理扰乱无线电通讯管理秩序刑事案件具体应用法律若干问题的解释//赵秉志. 刑事法治发展研究报告（2016—2017 年卷）. 北京：法律出版社，2018.

41. 赵秉志，张磊. 习近平反腐败追逃追赃思想研究. 吉林大学社会科学学报，2018（2）.

42. 赵秉志，张磊. 习近平反腐败追逃追赃思想的科学定位与贯彻执行. 河南大学学报（社会科学版），2018（2）.

43. 赵秉志，张磊. 黄海勇案引渡程序研究（上下）——以美洲人权法院黄海勇诉秘鲁案判决书为主要依据. 法学杂志，2018（1～2）.

44. 赵秉志，牛忠志. 我国反恐刑法分则的完善之建言——以恐怖活动犯罪的罪刑规范为视角. 南都学坛，2018（2）.

45. 赵秉志，张拓. 晚近 20 年中国反恐刑法修法问题研究. 华南师范大学学报（社会科学版），2018（1）.

46. 赵秉志，袁彬. 中国洗钱犯罪的基本逻辑及其立法调整. 江海学刊，2018（1）.

47. 赵秉志. 当代中国犯罪化的基本方向与步骤——以《刑法修正案（九）》为主要视角. 东方法学，2018（1）.

48. 赵秉志、张伟珂. 我国惩治有组织犯罪的立法演进及其前瞻//赵秉志. 有组织犯罪的防治对策. 北京：清华大学出版社，2018.

49. 赵秉志. 当代中国大陆死刑改革争议问题论纲//台湾比较刑法学会. 国际刑事法学之新脉动：余振华教授六秩晋五寿诞祝贺论文集（第二卷）. 台北：新学林出版股份有限公司，2017.

50. 赵秉志，詹奇玮. 关于涉性别刑法规范的完善性思考. 人民法院报，2017-12-06.

51. 赵秉志，张拓. 我国公民个人信息刑法保护前置条件之研讨//郎胜，朱孝清，梁根林. 时代变迁与刑法现代化（全国刑法学术年会文集：2017 年度）. 北京：中国人民公安大学出版社，2017.

52. 赵秉志. 晚近 20 年我国刑法立法发展要论//郎胜，朱孝清，梁根林. 时代变迁与刑法现代化（全国刑法学术年会文集：2017 年度）. 北京：中国人民公安大学出版社，2017.

53. 赵秉志，杨清惠. 涉私募基金非法集资犯罪司法治理研究. 北京师范大学学报（社会科学版），2017（6）.

54. 赵秉志. 中国刑法立法晚近 20 年之回眸与前瞻. 中国法学，2017（5）.

55. 赵秉志，左坚卫. 清除法律障碍实现刑法平等保护非公经济. 检察日报，2017-08-09.

56. 商浩文，赵秉志. 终身监禁新规法理争议问题论要. 现代法学，2017（4）.

57. 赵秉志，左坚卫. 刑法平等保护民营经济面临的三大问题. 净月学刊，2017（4）.

58. 赵秉志，彭新林. 于欢故意伤害案法理问题解析. 法律适用（司法案例），2017（14）.

59. 赵秉志，赵远. 关于增设侮辱国歌罪的思考与建言. 法制日报，2017-10-11.

60. 赵秉志. 案例是实践中的法律和法理. 法律适用（司法案例），2017（10）.

61. 赵秉志. 于欢案防卫过当法理问题简析. 人民法院报，2017-06-24.

62. 赵秉志，王剑波. 金融反恐国际合作法律规范及其执行情况之考察//刑法论丛：2016 年第 4 卷. 北京：法律出版社，2017.

63. 赵秉志. 刑事法的科学性：学者的使命——《当代德国刑事法研究》2017 年第 1 卷（总第 2 卷）前言//赵秉志. 当代德国刑事法研究：2017 年第 1 卷. 北京：法律出版社，2017.

64. 赵秉志. 判例是实践中的法律和法理（代序）//赵秉志.《月旦法学》刑事法判例研究汇编. 北京：北京大学出版社，2017.

65. 赵秉志，徐文文. 当代中国死刑政策问题检讨暨完善建言. 湖南科技大学学报（社会科学版），2017（3）.

66. 赵秉志，刘春阳. 被害人过错限制死刑适用研究//赵秉志. 刑事法治发展研究报告（2014—2015 年卷）. 北京：法律出版社，2017.

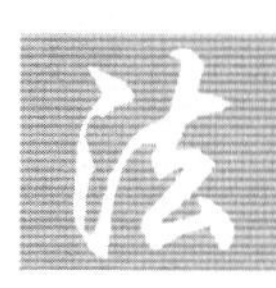


67. 赵秉志，侯帅. 危险驾驶罪立法与司法完善研究//赵秉志. 刑事法治发展研究报告（2014—2015 年卷）. 北京：法律出版社，2017.

68. 赵秉志，张伟珂. 食品安全犯罪司法认定问题研究——以法释〔2013〕12 号司法解释为视角. 中南民族大学学报（人文社会科学版），2017（2）.

69. 赵秉志，孟军. 我国刑事诉讼中的隐私权保护——以刑事被追诉人为视角. 法治研究，2017（2）

70. 赵秉志，张磊. 黄海勇引渡案法理问题研究. 法律适用（司法案例），2017（4）.

71. 赵秉志，牛忠志.《反恐怖主义法》与反恐刑法衔接不足之探讨. 法学杂志，2017（2）.

72. 赵秉志，孙倩. 英美法系刑法中的“犯意”理论探源——兼与大陆法系刑法相关理论的比较. 中国刑事法杂志，2017（1）.

73. 赵秉志，袁彬. 我国死刑司法改革的回顾与前瞻. 社会科学，2017（2）.

74. 赵秉志，詹奇玮. 论我国死缓变更立即执行的条件——关于《刑法修正案（九）》第二条及其相关争议的分析. 河南警察学院学报，2017（1）.

75. 赵秉志，商浩文. 论死刑改革视野下的终身监禁制度. 华东政法大学学报，2017（1）.

76. 赵秉志. 中国刑法最新修正宏观争议问题研讨. 学术界，2017（1）.

77. 赵秉志. 中国环境犯罪的立法演进及其思考. 江海学刊，2017（1）.

78. 赵秉志. 架起中德刑事法交流的桥梁——《当代德国刑事法研究》前言//赵秉志. 当代德国刑事法研究：2016 年第 1 卷. 北京：法律出版社，2017.

79. 赵秉志. 略谈周永康案件的罪与罚. 法学杂志，2016（10）.

80. 赵秉志. 终身监禁第一案之观察. 人民法院报，2016-10-10.

81. 赵秉志. 终身监禁新规之解读. 法制日报，2016-10-12.

82. 赵秉志. 关于进一步推动我国境外追逃工作的几点思考——在美洲人权法院巡回法庭黄海勇引渡案中出庭作证的体会//赵秉志. 刑法评论：2016 年第 1 卷. 北京：法律出版社，2016.

83. 赵秉志，王焱. 编造、故意传播虚假恐怖信息典型案件法理研究. 法律适用（司法案例），2016（13）.

84. 赵秉志，杜邈. 中国反恐刑法的新进展及其思考——《刑法修正案（九）》相关内容评述. 山东社会科学，2016（3）.

85. 赵秉志，黄静野. 正当防卫时间要件疑难问题研究//《京师法律评论》第 10 卷. 北京：中国法制出版社，2016.

86. 赵秉志、张心向. 中国大陆惩治危害食品安全犯罪之实证考察与检讨. 澳门法学，2016（2）.

87. 赵秉志，常凯. 死缓制度立法完善问题研究. 南都学坛，2016（2）.

88. 赵秉志，张伟珂. 传统与现代：死刑改革与公众"人道"观念的转变. 当代法学，2016（2）.

89. 赵秉志. 略谈最新司法解释中贪污受贿犯罪的定罪量刑标准. 人民法院报，2016-04-19.

90. 赵秉志，黄耀佳. 我国台湾地区死刑废除运动的困境及建议——以港澳地区死刑废除经验为借鉴//赵秉志. 刑法论丛：2016 年第 1 卷. 北京：法律出版社，2016.

91. 赵秉志，赵远. 修法特点与缺憾：《刑法修正案（九）》简评. 求索，2016（1）.

92. 赵秉志. 论中国贪污受贿犯罪死刑的立法控制及其废止——以《刑法修正案（九）》为视角. 现代法学，2016（1）.

93. 赵秉志，徐文文.《刑法修正案（九）》死刑改革的观察与思考. 法律适用，2016（1）.

94. 赵秉志. 论行贿罪从宽处罚制度的司法适用. 人民检察，2016（1）.

95. 赵秉志，刘志伟，等. 侵犯知识产权犯罪的立法完善问题研究//赵秉志. 刑事法治发展研究报告（2013—2014 年卷）. 北京：法律出版社，2016.

96. 赵秉志，袁彬，等. 关于完善扰乱无线电通讯管理秩序罪的立法建议//赵秉志. 刑事法治发展研究报告（2013—2014 年卷）. 北京：法律出版社，2016.



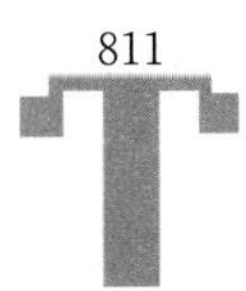

97. 赵秉志，张远煌，等. 关于通过刑法解释按照非法采矿罪严惩非法采砂活动的建议//赵秉志. 刑事法治发展研究报告（2013—2014 年卷）. 北京：法律出版社，2016.

98. 赵秉志，张远煌，等. 关于增设“非法占用水域罪”的立法建议//赵秉志. 刑事法治发展研究报告（2013—2014 年卷）. 北京：法律出版社，2016.

99. 高铭暄，赵秉志，等. 关于加大防逃追逃追赃力度 加强反腐败国际合作工作的若干建议//赵秉志. 刑事法治发展研究报告(2013—2014 年卷). 北京：法律出版社，2016.

（二）文章

1. 高铭暄，赵秉志. 刑法学事业的益友. 中华读书报，2020-12-16（16）.

2. 赵秉志，袁彬. 刑法学（综述）//中国法律年鉴编辑部. 中国法律年鉴（2020 年）. 北京：中国法律年鉴社，2020.

3. 赵秉志，袁彬. 刑法学（综述）//中国法律年鉴编辑部. 中国法律年鉴（2019 年）. 北京：中国法律年鉴社，2019.

4. 赵秉志. 积极为改革开放新时代法治建设进步贡献力量——中国刑法学研究会 2018 年年会工作报告//赵秉志. 刑法评论：2019 年第 1 卷. 北京：法律出版社，2019.

5. 赵秉志. 江海一样的学术情怀——我与《江海学刊》交往的几点感悟. 江海学刊，2019（2）.

6. 赵秉志. 努力推进习近平新时代中国特色社会主义刑事法治的繁荣与发展—中国刑法学研究会 2017 年年会工作报告//赵秉志. 刑法评论：2018 年第 1 卷. 北京：法律出版社，2018.

7. 赵秉志，袁彬. 刑法学（综述）//中国法律年鉴编辑部. 中国法律年鉴（2018 年）. 北京：中国法律年鉴社，2018.

8. 赵秉志，袁彬. 刑法学研究的理论与实践展开——2017 年我国刑法学研究综述. 人民检察，2018（1）.

9. 赵秉志. 刑法学：理论与实践的回顾、反思及前瞻. 检察日报，2018-



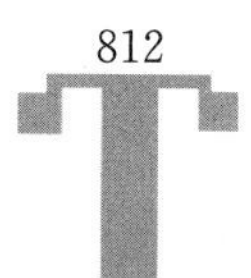

01-02 (3).

10. 赵秉志. 刑法立法体现了民主性和科学性. 检察日报. 2017-12-05 (3).

11. 赵秉志. 坚定不移地促进刑法学术繁荣——中国刑法学研究会 2016 年年会开幕致辞//赵秉志. 刑法评论：2017 年第 1 卷. 北京：法律出版社，2017.

12. 赵秉志. 不断开拓刑法学研究事业的新局面——中国刑法学研究会第一届理事会工作报告//赵秉志. 刑法评论：2017 年第 1 卷. 北京：法律出版社，2017.

13. 赵秉志，张磊. 推动中国刑法改革与适用研究的全面开展——中国刑法学研究会 2016 年学术年会综述//赵秉志. 刑法评论：2017 年第 1 卷. 北京：法律出版社，2017.

14. 赵秉志，袁彬. 刑法学（综述）//中国法律年鉴编辑部. 中国法律年鉴（2017 年）. 北京：中国法律年鉴社，2017.

15. 赵秉志. 深化司法行政改革大有可为. 中国司法，2017 (9).

16. 赵秉志. 白恩培受贿被判终身监禁案（点评）. 中国审判，2017 (8).

17. 赵秉志，袁彬，等. 密切关注刑事法制建设领域热点问题——2016 年我国刑法学研究综述. 人民检察，2017 (1).

18. 赵秉志. 刑法学：面向实践开展理论探索. 检察日报，2017-01-02 (3).

19. 赵秉志. 为什么要对非公有财产加强刑法保护. 光明日报，2016-12-19 (10).

20. 赵秉志，袁彬. 刑法学（综述）//中国法律年鉴编辑部. 中国法律年鉴，2016 年). 北京：中国法律年鉴社，2016.

21. 赵秉志. 健全完善规制食药犯罪的刑事法律体系. 现代世界警察，2016 (8).

22. 赵秉志. 加强反腐败工作的规范化、科学化和制度化. 人民检察，2016 (14).



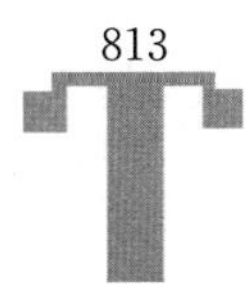

23. 赵秉志. 治理网络犯罪迫在眉睫. 人民日报，2016-07-20（7）.

24. 赵秉志. 促进查办职务犯罪工作规范化制度化科学化. 检察日报，2016-07-01（3）.

25. 赵秉志. 繁荣法学 促进法治——中国刑法学研究会 2015 年年会开幕致辞//赵秉志. 刑法评论：2015 年第 2 卷. 北京：法律出版社，2016.

26. 赵秉志，袁彬，等. 聚焦当代中国刑法理论与实务热点问题——中国刑法学研究会 2015 年学术年会综述//赵秉志. 刑法评论：2015 年第 2 卷. 北京：法律出版社，2016.

27. 赵秉志. 风雨兼程 跨越发展——北师大刑科院十年发展巡礼//赵秉志. 刑法评论：2015 年第 2 卷. 北京：法律出版社，2016.

28. 赵秉志，袁彬. 关注刑法改革是刑法理论的重要使命——2015 年我国刑法理论研究巡礼与前瞻. 人民检察，2016（1）.

29. 赵秉志. 刑法学：立足现实深化理论研究. 检察日报，2016-01-02（3）.

30. 赵秉志，阴建峰，等. 关于《刑法修正案（九）（草案二次审议稿）》的修法建议//赵秉志. 刑事法治发展研究报告（2013—2014 年卷）. 北京：法律出版社，2016.

31. 赵秉志，袁彬. 中国刑法立法改革的新思维——以《刑法修正案（九）》为中心. 中国检察官，2016（1）.

**图书在版编目（CIP）数据**

刑法完善与理论发展. 下卷/ 赵秉志著. --北京：
中国人民大学出版社，2022.6
ISBN 978-7-300-30214-0

Ⅰ.①刑… Ⅱ.①赵… Ⅲ.①刑法-文集 Ⅳ.
①D914.04-53

中国版本图书馆 CIP 数据核字（2022）第 046994 号

"十三五"国家重点出版物出版规划项目
中国当代法学家文库
赵秉志刑法研究系列
**刑法完善与理论发展（下卷）**
赵秉志　著
Xingfa Wanshan yu Lilun Fazhan

| | | | |
|---|---|---|---|
| **出版发行** | 中国人民大学出版社 | | |
| **社　　址** | 北京中关村大街 31 号 | **邮政编码** | 100080 |
| **电　　话** | 010－62511242（总编室） | | 010－62511770（质管部） |
| | 010－82501766（邮购部） | | 010－62514148（门市部） |
| | 010－62515195（发行公司） | | 010－62515275（盗版举报） |
| **网　　址** | http://www.crup.com.cn | | |
| **经　　销** | 新华书店 | | |
| **印　　刷** | 涿州市星河印刷有限公司 | | |
| **规　　格** | 170mm×228mm　16 开本 | **版　　次** | 2022 年 6 月第 1 版 |
| **印　　张** | 51.75 插页 4 | **印　　次** | 2022 年 6 月第 1 次印刷 |
| **字　　数** | 769 000 | **定　　价** | 798.00 元（全三册） |